THE COLLECTION OF THE SUPREME PEOPLE'S COURT'S
JUDICIAL RULES (4rd)

最高人民法院
司法观点集成

〔第四版〕

行政及国家赔偿卷

①

人民法院出版社 编

人民法院出版社

图书在版编目（CIP）数据

最高人民法院司法观点集成. 行政及国家赔偿卷 / 人民法院出版社编. -- 4版. -- 北京：人民法院出版社，2024.3

ISBN 978-7-5109-3788-0

Ⅰ.①最… Ⅱ.①人… Ⅲ.①行政法－法律解释－中国②国家赔偿法－法律解释－中国 Ⅳ.①D920.5

中国国家版本馆CIP数据核字(2023)第071010号

最高人民法院司法观点集成（第四版）·行政及国家赔偿卷
人民法院出版社 编

责任编辑	尹立霞　陈　思　罗羽净
装帧设计	天平文创视觉设计
出版发行	人民法院出版社
地　　址	北京市东城区东交民巷27号（100745）
电　　话	（010）67550637（责任编辑）　67550558（发行部查询） 65223677（读者服务部）
客 服 QQ	2092078039
网　　址	http：//www.courtbook.com.cn
E－mail	courtpress@sohu.com
印　　刷	三河市国英印务有限公司
经　　销	新华书店
开　　本	787毫米×1092毫米　1/16
字　　数	1800千字
印　　张	105.25
版　　次	2024年3月第1版　2024年12月第3次印刷
书　　号	ISBN 978-7-5109-3788-0
定　　价	328.00元（全2册）

版权所有　侵权必究

汇集最高法院司法观点大成
推动统一法律适用纵深发展

在中国式现代化背景下、全面依法治国进程中,最高人民法院坚持以习近平新时代中国特色社会主义思想为指导,坚持党对司法工作的绝对领导,进一步贯彻落实好党的二十大精神和习近平法治思想,以司法审判工作现代化服务保障中国式现代化,充分发挥监督指导全国审判工作、确保法律正确统一适用的职能作用,紧紧围绕"公正与效率"这个主题,履行为大局服务、为人民司法,促进厚植党执政的政治根基的职责使命,把能动司法贯穿新时代新发展阶段审判工作始终,努力让人民群众在每一个司法案件中感到公平正义。

为准确理解和适用法律,最高人民法院根据立法法、人民法院组织法的授权,针对人民法院在审判工作中具体应用法律的问题,制定了大量刑事、民事、商事、行政、诉讼程序等司法解释,构建了多层次的司法解释框架体系。制定司法解释是法律赋予最高人民法院的重要职责,是在司法工作中确保法律统一正确实施的重要方式,为人民法院裁判各类案件提供了具体的规则。

为指导各级人民法院做好审判工作,最高人民法院还制定、印发了大量涉及法律适用问题的司法指导性文件、会议纪要、通知等,如《最高人民法院关于印发〈全国法院民商事审判工作会议纪要〉的通知》(法〔2019〕254号)、《最高人民法院、最高人民检察院印发〈关于常见犯罪的量刑指导意见(试行)〉的通知》(法发〔2021〕21号)、《最高人民法院关于虚开增值税专用发票定罪量刑标准有关问题的通知》(法〔2018〕226号),等等。这些司法政策性文件不能作为裁判依据直接援引,但应当在裁判文书的"本院认为"

部分作为说理依据。此外，在全国性审判工作会议上，最高人民法院院庭长讲话往往涉及一些重大、疑难法律适用问题阐述，也属于司法政策性文件的范畴。

为总结审判经验，发挥案例的指导作用，最高人民法院先后印发《最高人民法院印发〈关于案例指导工作的规定〉的通知》《最高人民法院关于统一法律适用加强类案检索的指导意见（试行）》，确定并统一发布对全国法院审判、执行工作具有指导作用的指导性案例，要求各级人民法院审判类似案例时应当参照。最高人民法院发布的典型案例及裁判生效的案件，也可以作为人民法院作出裁判的参考。

最高人民法院各审判庭、巡回法庭对全国法院相应的审判条线负有指导职责，也会以"答复""法官会议纪要""解答"等形式，总结类案审理的裁判规则，阐述对具体法律适用问题的意见或倾向性意见。这些审判业务意见虽然不具有普遍指导意义，但在不同的程度和层面反映和代表最高人民法院的司法态度和立场。

最高人民法院审判庭室在重要法律、司法解释颁布或修正后，通常会组织编写出版法律、司法解释"理解与适用"类图书，从学理分析和实务应用的双重角度，阐明法律、司法解释的精义和适用要点。这些"理解与适用"类图书是法官、检察官、律师等法律实务工作者、专家学者学习和运用法律、司法解释不可或缺的工具书。此外，最高人民法院各审判庭室及法官个人等，对审判工作中的新情况、新问题特别是疑难复杂问题的研究著述，对司法实务也具有一定影响，他们代表最高人民法院法官群体的主流观点，也具有参考性的意义，也是最高人民法院司法观点的组成部分。

为了让广大法律实务工作者能够全面、快捷、方便地查找与了解以上最高人民法院的司法观点，人民法院出版社以近十五年之功，精心打造一套集最高人民法院司法解释、司法政策文件、指导性案例、典型案例、答复、裁判文书与权威著述于一体，兼具检索与研习功能的大型法律适用工具书——《最高人民法院司法观点集成》，自2009年起，先后推出该书第一版、第二版、第三版和2017~2020年增补版。

各版次出版情况如下：

一、《最高人民法院司法观点集成》第一版

2009年年初,编辑出版《最高人民法院司法观点集成·民商事卷》(第1~3册);2010年编辑出版《最高人民法院司法观点集成·行政、国家赔偿卷》(第4册)、《最高人民法院司法观点集成·刑事卷》(第5、6册);2011年续编出版《最高人民法院司法观点集成·民商事卷续》(第7、8册)。

二、《最高人民法院司法观点集成》第二版

根据《最高人民法院2014年第一季度工作要点》(法办发〔2014〕2号)中要求人民法院出版社"做好《司法观点集成》(修订版)的编辑出版工作"的指示精神,人民法院出版社于2014年7月编辑出版《最高人民法院司法观点集成》第二版,含《刑事卷》《民事卷》《商事卷》《民事诉讼卷》《知识产权卷》《行政·国家赔偿卷》。

三、《最高人民法院司法观点集成》第三版

2014年以后,全国人民代表大会及其常务委员会制定了民法总则,修改了刑法、民事诉讼法、行政诉讼法、公司法等一系列重要的法律。最高人民法院也出台了若干重要的司法解释。根据《最高人民法院关于人民法院在互联网公布裁判文书的规定》,中国裁判文书网公布了大量的裁判文书。在此背景下,人民法院出版社对《最高人民法院司法观点集成》进行了全面修订,自2017年8月起陆续编辑出版《最高人民法院司法观点集成》第三版,含《刑事卷》《民事卷》《商事卷》《知识产权卷》《民事诉讼卷》《执行卷》《行政·国家赔偿卷》。

四、《最高人民法院司法观点集成》2017~2020年增补本

《最高人民法院司法观点集成》2017~2020年增补本含《刑事卷》《民事

卷》《商事卷》《民事诉讼卷》4卷，与第三版相关分卷形成无重复衔接和延伸，亦收录第三版中漏收的相关内容。

五、"民法典时代"的《最高人民法院司法观点集成》第四版

2021年起施行的民法典是新中国成立以来第一部以"法典"命名的法律，是新时代我国社会主义法治建设的重大成果。民法典完成了民商事法律规范的法典化、体系化，是我国社会主义法律体系成熟化、科学化的标志，自此我国民事法律制度迈入"民法典时代"。根据习近平总书记关于"民法典专业术语很多，要加强解读。要聚焦民法典总则编和各分编需要把握好的核心要义和重点问题，阐释好民法典关于民事活动平等、自愿、公平、诚信等基本原则，阐释好民法典关于坚持主体平等、保护财产权利、便利交易流转、维护人格尊严、促进家庭和谐、追究侵权责任等基本要求，阐释好民法典一系列新规定新概念新精神"[①]的重要指示精神，最高人民法院坚决贯彻落实党和国家重大决策部署，对标民法典立法精神和法律规定，完成对591件司法解释及相关规范性文件、139个指导性案例的清理工作，废止116件，修改111件，不再参照适用指导性案例2件；重点开展了社会关注度高、实践急需的如总则、物权、担保、人格权、婚姻家庭继承、时间效力等配套司法解释制定工作，解决新旧规范衔接适用问题，有针对性地出台了多批司法政策；并在实现司法系统全员培训的基础上，引导刑事、民事、商事、行政、诉讼程序等不同业务条线，对民法典的精神要义、基本原则、条文规范实现统一理解、准确把握，全力保障民法典得到统一实施。

《最高人民法院司法观点集成》第四版的编写根据最高人民法院贯彻落实党的二十大决策部署、推进统一法律适用工作向纵深发展的工作要求开展：

（一）注重对民法典立法精神的贯彻落实

民法典的颁布与实施，不仅对于民法适用具有重要意义，而且对于商法、刑法、行政法、程序法的法律适用等都具有很强的指引作用。在各卷编写中，

---

① 习近平：《习近平著作选读（第二卷）》，人民出版社2023年版，第317页。

我们从体系化、系统性角度，作出对包括刑事、民事、商事、刑民交叉、行政、行民交叉、诉讼程序等在内的不同业务条线的司法规范、审判会议意见、主流观点、裁判文书、案例评析等的全面清理，做到该更新的更新、该废止的废止、该修改的修改。

（二）注重对新制度、新规则的汇总梳理

2020年以来，刑法修正案（十一）、民事诉讼法及其司法解释等多部法律、司法解释出台、修改，不仅扩充了各类法律关系的调整内容，调整了各审判门类案件的裁判规则，也对当事人的利益衡量产生了重要影响。各卷的编写既汇集整理了体现新制度、新规则精神实质的各类规范，又认真梳理了体现在最高人民法院裁判文书中的法律适用标准的具体内容。

（三）注重对起到规则填补作用的相关资料的收集整合

"民法典时代"的司法实践仍有许多问题在被不断检验和探索，很多新问题、新情况正在案件的裁判过程中形成规则，对立法规范作出补充、细化。各卷的编写中结合了最高人民法院司法实践，尤其是具体适用民法典条文的最新裁判案例、观点等。

六、《最高人民法院司法观点集成》第四版的编写特点

《最高人民法院司法观点集成》第四版保留了前三版和2017~2020年增补本中仍有适用参考价值的部分内容，重点以2020年以来公布的法律规范、司法解释与司法政策、最高人民法院审理的案例等为素材和依据，删旧增新，逐件修订，并选摘部分最高人民法院法官的著述，针对当前审判实务中难点、疑点、热点以及前沿问题，全面系统地总结和梳理了数千个最高人民法院类案审判实践中的裁判理念和法律适用问题，以帮助读者深入全面地理解和把握最高人民法院指导审判实践的具体方法、办案依据和裁判尺度，对办理案件提供参考、借鉴，推进审判理念现代化。

本书具有三大特点：

（一）全面

本书以最高人民法院司法裁判资源为基础，囊括了最高人民法院发布的

司法解释、司法政策精神、答复、通知、问答、会议纪要，以及指导性案例、公报案例、裁判文书、典型案例等，并选摘了部分最高人民法院大法官著述、主流观点和案例解析等，将散见于各种司法文献资料中的对审判工作具有指导性、参考性的内容进行收集、分类、归纳，内容全面、丰富。

（二）务实

本书收录了最高人民法院各庭、室、局及巡回法庭的审判指导意见和法官对实践中新情况、新问题，尤其是疑难复杂问题的研究著述，解决司法实务工作者在实际办案中遇到难点、疑点、热点以及前沿问题时寻找确定性司法依据的需求问题，对审判实务具有重要参考意义。

（三）新颖

本书对最高人民法院公布的各项司法解释、司法政策文件、指导性案例、裁判文书等的法律效力进行仔细甄别；对因新法、新司法解释等实施而废止或修改的相关规范作出了准确、合理的对应性标注；剔除失效、过时的内容，只选取现行有效的文件和资料，同时增加新内容。对比之前的版本，第四版更新率近80%，新颖性更加突出。

《最高人民法院司法观点集成》第四版包括《刑事卷》《民事卷》《商事卷》《金融卷》《民事诉讼卷》《执行卷》《行政·国家赔偿卷》共七卷。

由于我们掌握的资料有限，第四版内容可能有所疏漏；同时，由于我们水平有限，对观点的理解可能不准确，请读者指正，以便再版时及时修订。本书所梳理的最高人民法院司法观点仅供在司法实务中参考适用，并且其中有一定的滞后性，故凡与法律、司法解释有不一致的，或者今后法律、司法解释有新规定的，应当按法律、司法解释规定执行。

本书在编写过程中，引用了最高人民法院有关庭室和法官部分著述的内容，对此表示衷心感谢。

人民法院出版社
二〇二三年十一月

凡 例

一、栏目设置

为深入开展统一法律适用工作，加强专业化审判体系建设，推进商事审判理念现代化，《最高人民法院司法观点集成》第四版·商事卷（以下简称商事卷）从商事审判实际出发，结合多年来的编写经验和读者反馈，对各栏目具体设定如下：

——**最高人民法院司法解释**。商事卷摘编最高人民法院重要的司法解释条文，为了加强条文理解，以附录形式收录相关的最高人民法院主流观点和最高人民法院法官著述等。

——**最高人民法院司法政策精神**。最高人民法院公布的各种审判指导意见、会议纪要、最高人民法院院长对审判工作有重要指导意义的讲话，最高人民法院各主管副院长在全国性审判工作会议上的讲话是审判工作中不可或缺的参考内容，本卷予以全面收录和摘选。

——**最高人民法院答复**。由最高人民法院及有关审判业务庭、局、室就下级法院及其他部门对法律适用问题或具体案件的处理问题的请示、函等所作出的答复。

——**最高人民法院审判业务意见**。包括由最高人民法院各审判业务庭及巡回法庭在各审判专业领域召开专业法官会议后形成的会议纪要、裁判规则等统一法律适用的成果，如"民事审判第一庭意见""民事审判第二庭法官会议纪要""第一巡回法庭法官会议纪要""第二巡回法庭法官会议纪要""第四巡回法庭意见""第五巡回法庭法官会议纪要"等。根据《最高人民法院关于完善人民法院专业法官会议工作机制的指导意见》(法发〔2021〕2号),专业法官会议是人民法院向审判组织和院庭长履行法定职责提供咨询意见的内部工作机制,讨论案件的法律适用问题或者与事实认定高度关联的证据规则适用问题。专业法官会议讨论形成的意见供审判组织和院庭长参考。就此,本卷对最高人民法院审判业务意见予以整理收录。审判业务意见还包括有关审判业务庭庭长在全国性审判工作会议上的讲话。

——最高人民法院指导性案例、最高人民法院公报案例、最高人民法院裁判文书、最高人民法院公布的典型案例。根据《最高人民法院关于统一法律适用加强类案检索的指导意见(试行)》(法发〔2020〕24号),类案是指与待决案件在基本事实、争议焦点、法律适用问题等方面具有相似性,且已经人民法院裁判生效的案件。类案检索范围一般包括:第一,最高人民法院发布的指导性案例;第二,最高人民法院发布的典型案例及裁判生效的案件。检索到的类案为指导性案例的,人民法院应当参照作出裁判,检索到其他类案的,人民法院可以作为作出裁判的参考。就此,本卷全面整理收录了如下最高人民法院案件,包括:(1)最高人民法院指导性案例。由最高人民法院确立并统一发布的,对全国法院审判、执行工作具有指导作用的指导性案例,各级人民法院审判类似案例时应当参照。(2)最高人民法院公报案例。《最高人民法院公报》除登载最高人民法院终审裁判文书外,所选登的案例都是由最高人民法院正式选编并作为参考性案例公布的,虽然其中大部分案例不是由最高人民法院直接审理的,但通过这些案例分析提炼出的一般性规则,都得到了最高人民法院的认可,直接反映了最高人民法院对有关法律适用问题的具体意见。(3)最高人民法院裁判文书。由最高人民法院审判的、确立了一项新的裁判规则的案例,或者虽然未确立新的裁判规则,但对法律、司法解释中不够具体的规则进行了界定、解释或者例证的案例,包括在中国裁判文书网、法信网上公布的裁判文书。(4)最高人民法院公布的典型案例。最高人民法院公布的典型案例旨在以案例的形式将法律精神传播给社会大众,也是进一步彰显以公开促公正理念,切实推进司法公开工作的重要举措。

——最高人民法院大法官著述。最高人民法院大法官们在演讲、教学和撰写的文章中涉及法律适用问题的精彩内容。

——附录：最高人民法院主流观点。最高人民法院各审判业务庭组织编写的新法、新司法解释理解与适用类图书中代表最高人民法院实务观点的内容。为系统反映最高人民法院贯彻实施民法典的举措成果，全面总结新时代审判经验，本书特广泛收录和大量摘选了我社享有专有出版权的"中华人民共和国民法典理解与适用丛书""民法典司法解释理解与适用丛书""最高人民法院实施民法典清理（立改废、继续有效适用）司法解释丛书""中国民法典适用大全丛书"等最高人民法院审判实务丛书"富矿"，以帮助读者全面快速了解最高人民法院对审判实践中重点难点问题的立场、观点，将民法典的核心精神、基本原则和具体制度贯彻落实到审判执行工作的各方面。

应予说明的是，部分司法解释修正或修订后尚未编写出版相应的新的司法解释理解与适用图书，我们选摘了这些司法解释修正或修订前的理解与适用图书中仍有参考价值的内容。在本卷的相关部分不再逐一作出说明。

——附录：最高人民法院法官著述。最高人民法院各庭、室、局及巡回法庭的法官发表在最高人民法院审判指导类刊物上的著述。这些著述反映了最高人民法院各庭、室、局及巡回法庭的法官对一些法律问题研究、探讨的情况和倾向性意见，虽尚不具有普遍的指导意义，但具有一定的参考性。

——附录：《民事审判信箱》《司法信箱》等。最高人民法院各庭、室、局主办的审判指导类刊物中的栏目，其内容一般由最高人民法院各庭、室、局的业务骨干以"本书编写组"名义撰写。

二、编辑体例

商事卷分为商事审判工作总论，公司、企业，企业破产，涉外民商事审判，担保总论，保证担保，担保物权共七章。因应人民法院民事审判庭室审判领域或类案划分的一般分工，个别内容较集中的章再分为若干节，节下再分为专题，总体采用分门别类、提炼观点、串联观点的体例形式。

每个专题的题目力求简明、恰当；涉及民法典条文有新规定的，优先设置民法典的具体条文，而后是有密切关系的司法解释、司法政策精神、审判业务意见、案例文书等；所有的附录观点则皆位于上述内容之后。对每个专题均提炼出关键词，编制成"索引"，置于书末，以方便读者查阅。

本书在编辑过程中对原文做了必要的提炼，但对其中引用的法律简称、法条序号等均保留原貌，未作更动；对于最高人民法院主流观点、最高人民法院法官著述中引用的法律文本、司法解释已经修改、废止的情形，以脚注的形式作出了标注，对因民法典施行而废止的九部法律及修改的一百余件司法解释等，均作出对应新规范条文的特别注明；本书中所引用的文件和著述，除规范文件外，亦尽量注明其出处。

三、资料来源

本书大多数内容来自以下公开出版物：《最高人民法院公报》、"法律条文理解与适用丛书""司法解释理解与适用丛书""中华人民共和国民法典理解与适用丛书""民法典司法解释理解与适用丛书""最高人民法院实施民法典清理（立改废、继续有效适用）司法解释丛书""中国民法典适用大全丛书""中国审判指导丛书"，和以最高人民法院各庭、室、局及巡回法庭名义编写的著作。对作者谨致谢忱。

总 目 录

第一章 行政审判总论 ·· 1
第二章 受案范围 ·· 51
第三章 管　辖 ·· 199
第四章 起诉和受理 ··· 213
第五章 审理与判决 ··· 393
　　一、综　合 ··· 393
　　二、第一审普通程序 ·· 413
　　三、第二审程序 ·· 446
　　四、审判监督程序 ··· 453
第六章 证据及事实审查 ·· 463
第七章 法律适用 ·· 527
第八章 行政诉讼裁判 ··· 649
第九章 执　行 ·· 717
第十章 几类常见行政案件的审理 ··· 739
　　一、房屋、土地征收和补偿 ·· 739
　　二、不动产登记、物业管理 ·· 976
　　三、劳动和社会保障 ··· 1027
　　四、政府信息公开 ·· 1142
　　五、行政复议 ··· 1201
　　六、行政协议 ··· 1259
　　七、税　务 ·· 1310
　　八、海　关 ·· 1318
　　九、城乡建设规划 ·· 1321
　　十、其　他 ·· 1333
第十一章 国家赔偿 ··· 1339

一、综　　合……………………………………………… 1339
二、行政赔偿………………………………………………… 1365
三、刑事赔偿………………………………………………… 1478
四、赔偿方式和计算标准…………………………………… 1532
五、其　　他……………………………………………… 1573

第十二章　司法救助………………………………………… 1583

附：关键词索引……………………………………………… 1595

目 录

第一章　行政审判总论

1. 坚持新时代能动司法 ………………………………………… 1
2. 推进行政审判理念现代化 …………………………………… 5
3. 行政审判要增强大局意识，坚决防止司法代替行政 ……… 6
4. 加强行政审判工作，促进行政争议实质性化解和源头治理 … 6
5. 创建协调机制，妥善化解行政争议 ………………………… 7
6. 准确适用法律，统一裁判尺度 ……………………………… 10
7. 正确处理适用法律与执行政策关系 ………………………… 11
8. 人民法院可以通过完整的统计、分析报告、生动的现实案例等适当形式将行政机关负责人出庭应诉情况向社会公开 ……… 13
9. 因《行政诉讼法》修改之前订立的招商引资协议引发争议的救济路径 … 15
10. 行政机关负责人应当出庭应诉中"应当"的含义 ………… 16
11. 行政机关负责人应当出庭应诉中"出庭"的含义 ………… 17
12. 行政机关负责人应当出庭应诉中"相应的工作人员"的内涵 ………… 18
13. 行政机关负责人应当出庭应诉中的"相应的工作人员"与"出庭负责人"之间的关系 ……………………………… 20
14. 关于地方人民政府中参与分管的负责人的认定 …………… 21
15. 关于政府法律顾问或者公职律师的出庭身份问题 ………… 22
16. 行政应诉专用章的法律效力 ………………………………… 24
17. 对于原告起诉的共同被告不符合条件的，如何确定负责人出庭 … 25
18. 行政机关负责人不出庭应承担的责任性质 ………………… 26
19. 行政机关负责人未出庭应诉的，如何处理 ………………… 27
20. 行政机关负责人未出庭应诉是否可以继续开庭审理 ……… 28
21. 行政机关在首次开庭没有履行负责人出庭义务，但在后续开庭时履行的，能否适用该项规定免除其首次开庭没有履行负责人出庭义务的相关责任 ……………………… 30
22. 关于案件是否属于行政机关负责人未履行主动出庭应诉义务，行政机关与人民法院认识出现分歧时的处理 ……… 31

23. 人民法院未正确履行通知职责的法律后果 …… 32
24. 行政机关负责人出庭应诉案件中原告被人民法院按撤诉处理后可否再诉 …… 33
25. 行政机关诉讼代理人应当向人民法院提交的材料 …… 35
26. 行政机关负责人委托相应工作人员的性质认定 …… 36
27. 行政机关负责人出庭应诉的顺序 …… 37
28. 律师以行政机关法律顾问身份出庭应诉时是否属于"相应的工作人员" …… 38
29. 依法审理环境资源行政案件 …… 38
30. 依法妥善办理征收拆迁、拆违等非诉行政执行案件 …… 39
31. 明确申诉再审分工，着力解决行政案件信访突出问题 …… 44
32. 建设服务型政府，要求行政机关既要严格执法以维护社会管理秩序，也要兼顾相对人实际情况 …… 44
33. 法院判决行政机关依法改正的条件是什么 …… 46

第二章 受案范围

34. 村民自治活动违反规定的不属于行政诉讼的受案范围 …… 51
35. 申请上级行政机关履行监督下级行政机关的信访回复职责的，上级行政机关是否作出处理均不属于行政诉讼受案范围 …… 52
36. 土地权属在争议期间的，人民法院是否可以受理相关权属登记纠纷案件 …… 52
37. 被诉行政行为的可诉性不受行政复议决定效力的约束 …… 53
38. 登记立案的范围 …… 54
39. 登记立案的程序 …… 55
40. 公安局击毙犯罪嫌疑人的行为不属于行政诉讼受案范围 …… 56
41. 公安机关在刑事侦查活动终结后作出的没收行为是可诉具体行政行为 …… 56
42. 发布立即停航紧急通知行为属行政强制措施 …… 57
43. 监察机关作出开除处分行为不属于行政诉讼受案范围 …… 58
44. 应根据行政机关采取的具体措施确定取缔的性质 …… 59
45. 责令改正行为属于行政处罚 …… 61
46. 通报批评行为属于行政处罚 …… 64
47. 行政强制执行决定作出前催告行为的可诉性 …… 65
48. 县级人民政府对一般事故调查报告的批复具有可诉性 …… 66
49. 政府行政征收通告是否属于行政诉讼的受案范围 …… 67
50. 对订立征收补偿协议后又作出征收补偿决定的处理 …… 68

51. 重复征收公告内容的通告是催告履行行为，不属于行政诉讼的
受案范围 ·· 69
52. 收缴违禁品或非法物品的法律性质 ·· 70
53. 司法局"对年满 70 岁的律师不再注册"的规定系抽象行政行为 ····· 71
54. 行政机关出具介绍信行为的可诉性 ··· 73
55. 包含有具体行政行为的公告具有可诉性 ·································· 75
56. 受理行为的可诉性 ··· 77
57. 公司登记案件中备案事项的可诉性 ··· 77
58. 答复行为、通知行为的可诉性 ··· 78
59. 行政检验、检测、检疫的可诉性 ·· 80
60. 监督检查事实行为的可诉性 ··· 81
61. 督查通知的可诉性问题 ·· 81
62. 行政许可案件的受案范围 ·· 82
63. 公证机构作出的公证行为不属于行政诉讼的受案范围 ············ 83
64. 行政奖励行为的可诉性 ·· 84
65. 规范性文件包含具体行政行为内容时具有可诉性 ···················· 85
66. 行政机关无法律依据授权其内设机构、派出机构或者其他组织
行使行政职权的视为行政委托 ··· 87
67. 行政机关依照法院准予执行行政裁定组织实施的行为不可诉 ····· 88
68. 地方人民政府的组织实施行为是否可诉要看其是否产生外部法律效力 ··· 90
69. 完全依据政策进行决策行为不具有行政可诉性 ······················· 91
70. 行政指导及其可诉性 ··· 93
71. 违背当事人意愿的"行政调解行为"可诉 ································· 95
72. 未作出具体权利义务承诺、意向性协商订立行政协议的行为不
属于行政诉讼的受案范围 ·· 95
73. 内部行政行为外部化具有可诉性 ·· 97
74. 行政机关为作出行政行为而实施的程序性行为不具有可诉性 ·········· 100
75. 行政机关作出批复、函、会议纪要等公文行为的可诉性 ········ 101
76. 内部审批行为是否属于行政复议受理范围 ······························ 103
77. 未对相对人权利义务产生直接影响的会议纪要是否属于受案范围 ······ 104
78. 上级机关的批复和指示是否属于受案范围 ······························ 105
79. 地方人民政府对其所属行政管理部门、下级政府的请示作出的
批复是否可诉 ··· 106
80. 市政府向规划部门作出的规划批复意见一般不属于行政诉讼
受案范围 ·· 107
81. 城镇总体规划是否具有可诉性 ·· 108

82. 不直接设定相对人权利义务的会议纪要是否属于受案范围 …………… 110
83. 对当事人权利义务不产生实际影响的政府会议纪要不具有可诉性 …… 111
84. 行政机关在会议纪要中作出的行政允诺,可转化为该行政机关的
    法定职责 …………………………………………………………………… 113
85. 行政机关根据协助执行通知书等实施的行为不属于行政诉讼
    受案范围 …………………………………………………………………… 116
86. 地方人民政府的组织实施行为是否可诉 ………………………………… 118
87. 行政机关不履行人民法院协助执行义务行为,不属于行政诉讼
    受案范围 …………………………………………………………………… 119
88. 行政机关不履行协助执行义务的可诉性分析 …………………………… 120
89. 原告申请被告履行法定职责的理由是否成立难以判断时的处理 ……… 121
90. 如何理解诉请行政机关履行保护人身权、财产权等合法权益的
    法定职责 …………………………………………………………………… 124
91. 行政机关撤销或者变更已经出的协助执行行为是否属于行政诉讼
    受案范围 …………………………………………………………………… 126
92. 行政机关不履行其上级机关交办的安置破产改制国有企业职工
    法定职责行为,属于行政诉讼受案范围 ………………………………… 126
93. 乡镇政府对村委会的监督是否属于受案范围 …………………………… 127
94. 当事人起诉要求法院判决上级行政机关履行层级监督法定职责
    是否属于受案范围 ………………………………………………………… 130
95. 当事人申请启动层级监督的应如何处理 ………………………………… 131
96. 改变原处理意见的信访答复行为具有可诉性 …………………………… 132
97. 信访事项中涉及的行政行为可诉性问题 ………………………………… 135
98. 当事人的实质诉求是对信访事项不服提起诉讼的,不属于行政
    诉讼的受案范围 …………………………………………………………… 136
99. 行政机关撤换企业法定代表人行为的可诉性 …………………………… 137
100. 对行政机关强行作出的全民所有制工业企业分立决定不服,可以
     提起行政诉讼……………………………………………………………… 142
101. 人事主管部门对企事业单位工作人员作出开除公职处分行为属于
     行政诉讼受案范围………………………………………………………… 143
102. 政府依职权批准兼并全民所有制企业决定不可诉………………………… 145
103. 在原公司法定代表人是公司实际控制人的情况下,其与后续工商
     变更登记具有法律上的利害关系,如对变更登记有异议,可以
     提起行政诉讼……………………………………………………………… 146
104. 取消入学资格、作退学处理、开除学籍等直接导致学生身份丧失
     行为的可诉性……………………………………………………………… 147

105. 高校不依法发放奖学金、贷学金、助学金等行为的可诉性……………148
106. 高考录取行为的可诉性……………………………………………………149
107. 高校颁发学历、学位证书行为属于行政诉讼受案范围…………………150
108. 村民对乡（镇）人民政府就村民待遇问题的处理行为可以提起
　　 行政诉讼……………………………………………………………………153
109. 建设行政主管部门对集体土地住宅小区颁发验收合格证行为可诉……153
110. 国有土地使用权拍卖、公告行为的可诉性………………………………154
111. 有关土地权属争议受案范围及重新起诉应否受理问题…………………156
112. 对存在权属争议的不动产行政登记行为的司法审查……………………157
113. 土地行政主管部门拍卖出让国有土地使用权与竞得人签署成交
　　 确认书行为属于可诉具体行政行为………………………………………158
114. 对具有土地行政管理职能的市、县人民政府决定收回国有土地
　　 使用权的行为不服提起诉讼的，属于行政诉讼受案范围………………160
115. 收回国有土地使用权行为具有可诉性……………………………………160
116. 要求实施征地补偿安置方案是否属于受案范围…………………………163
117. 对生产留地补偿款分配的争议是否属于受案范围………………………164
118. 政策性关闭行为所引发的补偿问题属于行政诉讼受案范围……………165
119. 以卫生行政机关拒绝对医疗争议作出处理决定为由提起行政诉
　　 讼，人民法院应予受理……………………………………………………170
120. 破产清算组依据法院裁定对破产企业财产的处置行为不具有可诉性…171
121. 地质矿产主管部门作出的非法采矿及破坏性采矿鉴定结论不属于
　　 行政诉讼受案范围…………………………………………………………173
122. 事故调查结论可能影响相对人权利义务时具有可诉性…………………174
123. 劳动能力鉴定结论不具有可诉性…………………………………………175
124. 火灾事故认定不具有可诉性………………………………………………177
125. 征收城市排水设施有偿使用费纠纷案件的受理…………………………178
126. 受委托实施行政管理行为的单位以自己名义与行政相对人签订的
　　 项目开发合同属行政合同…………………………………………………178
127. 特种设备监督检验所出具的《电梯验收检验报告》具有可诉性………179
128. 残疾人联合会为残疾人补贴培训学费的行为是可诉的具体行政行为…180
129. 行政机关依职权改变行政合同的行为具有可诉性………………………181
130. 行政机关在诉讼中提供证明材料的行为，是否属于行政诉讼的
　　 受案范围……………………………………………………………………182
131. 货币鉴定行为本身不属于行政诉讼受案范围……………………………183
132. 价格鉴定、认证不属于行政诉讼受案范围………………………………183
133. "裁执分离"后强制执行行为的可诉性……………………………………184

134. 司法强制执行行为是否属于行政诉讼受案范围……………………… 186
135. 责令限期改正决定是否属于行政诉讼受案范围…………………… 187
136. 行政机关作出关于成立某项工作领导小组的通知是否属于行政
   诉讼的受案范围………………………………………………………… 188
137. 中国人民银行分支机构与其行员之间发生的人事争议是否属于
   人民法院受案范围……………………………………………………… 189
138. 行政批复的可诉性如何判断………………………………………… 189
139. 行政机关针对信访事项作出的登记、受理、交办、转送、复查、
   复核意见等不属于人民法院行政诉讼受案范围…………………… 190
140. 行政机关未履行信访答复复查职责的行为是否属于行政诉讼
   受案范围………………………………………………………………… 191
141. 事业单位改制的人事变动不属于行政诉讼的受案范围…………… 192
142. 刑事行为不属于行政复议受理范围，也不属于行政诉讼的受案范围…… 192
143. "裁执分离"后行政机关组织实施行为是否可诉，应根据当事人
   的诉讼请求及理由作区分处理……………………………………… 193
144. "裁执分离"后行政机关组织实施行为是否具有可诉性 ………… 194
145. 仅对赔偿义务机关不作为提起确认违法诉讼不属于受案范围 …… 195
146. 单独提起行政赔偿诉讼无需经过赔偿义务机关先行处理程序情形…… 195
147. 征收补偿方案的可诉性及登报公告效力的认定…………………… 196
148. 依据《城市房屋拆迁管理条例》签订的拆迁补偿安置协议不属于
   行政诉讼受案范围……………………………………………………… 197
149. 行政相对人的债权人是否与行政行为有利害关系………………… 198

第三章 管 辖

150. 行政案件的管辖制度………………………………………………… 199
151. 人民法院以案件不属于本院管辖为由，裁定不予立案或者驳回
   起诉的，应当对其他起诉条件一并审查…………………………… 200
152. 涉及人身权的地域管辖问题………………………………………… 202
153. 行政诉讼第三人具备提起管辖权异议的资格……………………… 202
154. 因不动产提起的行政诉讼不再由中级人民法院管辖……………… 203
155. 土地行政确权案件由不动产所在地或作出具体行政行为的行政
   机关所在地法院管辖………………………………………………… 204
156. 国有资产产权界定行政案件的管辖………………………………… 205
157. 行政案件级别管辖制度……………………………………………… 206
158. 行政协议案件中协议选择多个管辖法院的处理…………………… 207

159. 行政协议案件中管辖协议无效的情形……………………………… 209

第四章　起诉和受理

160. 依法做好行政案件受理和审理工作……………………………… 213
161. 实体从新、程序从旧及保护诉权原则的运用…………………… 214
162. 海事法院审理行政案件…………………………………………… 215
163. 当事人请求行政机关履行法定职责的，应当先向该行政机关提出申请… 217
164. 行政主体程序性行为、过程性行为，通常不能单独申请行政复议或提起诉讼……………………………………………………… 218
165. 对复议机关程序性驳回复议申请决定不服提起行政诉讼的，复议机关与作出原行政行为的机关不是共同被告，当事人不能同时起诉复议行为和原行政行为………………………………………… 219
166. 行政相对人通过其他途径获取行政文书复印件但行政机关并未履行送达程序的如何确定行政相对人知道行政行为内容的时间…… 221
167. 提起一般给付之诉应当是请求给付的金额已获明确……………… 222
168. 公民作为诉讼代理人是否可以收取报酬………………………… 223
169. 诉讼请求不明确的处理…………………………………………… 224
170. 应适用裁定驳回起诉而判决驳回诉讼请求的问题……………… 226
171. 可以提起不履行法定职责之诉的情形…………………………… 226
172. 政府与其职能部门的法定职责不能相互替代、混同…………… 227
173. 履行职责案件中原告主体资格问题……………………………… 229
174. 不履行查处职责案件的适格被告………………………………… 229
175. 债权人行政诉讼原告资格的认定………………………………… 230
176. 行政不作为并赔偿案件中原告主体资格问题…………………… 236
177. 国有企业职工对单位改制不具有提起行政诉讼的原告资格…… 237
178. 获得补偿后的被征收人诉补偿前的行政行为不具有原告资格… 238
179. 房屋征收案件中被告主体资格问题……………………………… 240
180. 政府法制办公室不具备行政诉讼被告主体资格………………… 241
181. 主张保护其反射性利益的当事人是否有原告资格……………… 241
182. 具有较为广泛社会影响力的行政行为，应赋予蒙受最直接最严重不利影响的对象诉权…………………………………………… 245
183. 与行政行为有利害关系是提起诉讼的公民、法人或者其他组织具备原告诉讼主体资格的基本前提…………………………… 246
184. 与行政行为有利害关系的民事主体是否有原告资格…………… 248
185. 以撤销行政行为为请求的诉讼中"利害关系"的含义…………… 249

186. 竞争权人的原告资格 ……………………………………………… 252
187. 受害人的原告资格 ………………………………………………… 254
188. 行政强制拆除案件确认诉讼中原告主体资格、被告主体资格问题 …… 255
189. 被告不适格的情形以及相应的处理方式 ………………………… 256
190. 非为维护自身合法权益而向行政机关投诉者与投诉处理结果的
     利害关系 ………………………………………………………… 259
191. 投诉与举报的区分标准 …………………………………………… 261
192. 对于行政机关的举报处理行为，举报人原告资格的有无，取决于
     行政机关对举报事项作出处理所依据的行政法律规范是否赋予了
     举报人此种主观权利 ……………………………………………… 261
193. 投诉举报人的行政复议申请主体资格的认定 …………………… 262
194. 举报人一般不具备提起行政诉讼的原告资格 …………………… 263
195. 举报人就其自身合法权益受侵害向行政机关进行举报的，与行政
     机关的举报处理行为具有法律上的利害关系，具备行政诉讼原告
     主体资格 …………………………………………………………… 266
196. 行政行为作出后经受让取得权益的债权人不具有撤销之诉原告资格 …… 268
197. 普通债权人的原告资格 …………………………………………… 268
198. 债权人的行政诉讼原告资格的认定 ……………………………… 270
199. 查阅权诉讼的原告资格 …………………………………………… 271
200. 行政相对人的信赖利益受到具体行政行为影响的具有原告资格 …… 271
201. 行政相对人的合法权益受到潜在影响的具有原告资格 ………… 273
202. 村民委员会或农村集体经济组织成员的原告资格 ……………… 274
203. 村委会主任、村民小组组长以村委会、村民小组名义起诉的法律效力 …… 276
204. 立案阶段对被告适格问题进行审查的限度 ……………………… 278
205. 被告适格包括形式上适格与实质性适格 ………………………… 279
206. 与被征收人签订补偿协议的部门是否是适格被告 ……………… 281
207. 当事人对村民委员会或村民小组接受依据法律、法规、规章的授
     权作出的行政行为不服提起诉讼的，是否为适格被告 ………… 283
208. 申请人对高等学校不授予其学位的决定不服提起行政诉讼的，
     人民法院应当依法受理 …………………………………………… 284
209. 未经清算的组织仍应具有诉讼主体的资格 ……………………… 286
210. 合伙组织的合伙人能否以企业或者自己的名义提起行政诉讼 …… 288
211. 个体工商户的家庭成员能否以自己的名义提起行政诉讼 ……… 289
212. 股份制企业的控股股东能否以企业或者自己的名义提起行政诉讼 …… 289
213. 股份制企业的董事能否以企业或者自己的名义提起行政诉讼 …… 290
214. 非国有企业的出资人能否以企业或者自己的名义提起行政诉讼 …… 291

215. 商标独占许可权人的原告资格………………………………………292
216. 非国有企业被强制终止或改变企业形态后的诉权………………293
217. 企业资产行政划转后原企业法定代表人起诉国有资产监督管理委员会具有行政诉讼原告资格以及对企业债务处理达成的协议不能等同于财务报告…………………………………………………293
218. 企业被吊销营业执照后依然具有诉讼主体资格…………………294
219. 股份制企业权力机构的原告资格…………………………………295
220. 股份制企业股东的诉权……………………………………………296
221. 中国人民银行分支机构具有行政诉讼主体资格…………………296
222. 被征收人获得安置补偿的，与涉案土地不再具有法律上的利害关系，不具有原告资格…………………………………………………300
223. 采矿权实际享有人具有采矿权及矿补费纳费义务主体资格……301
224. 对因历史原因已经设立的部分重叠的采矿权，则应在不影响安全生产和环境保护且更有利于不同种类矿产资源全面节约利用的前提下综合衡量…………………………………………………302
225. 婚姻登记案件的原告资格和判决方式……………………………304
226. 婚姻关系当事人死亡的其近亲属可以起诉婚姻登记行为………307
227. 婚姻关系当事人死亡后近亲属能否提起行政诉讼………………308
228. 受委托组织只能在委托范围内实施行政处罚，如果受委托组织超出委托范围，对于超出委托范围的行政处罚行为，应当由谁当被告…308
229. 被限制人身自由公民的近亲属受委托提起行政诉讼的条件……309
230. 继承权未经依法确认即以继承人身份起诉不具有原告资格……310
231. 原告错列被告且拒绝变更的应怎样裁判…………………………310
232. 如何确定适格被告…………………………………………………311
233. 综合整治指挥部非行政诉讼适格被告……………………………312
234. 政府办公厅（室）不能作为政府信息公开行政争议的行政复议被申请人和行政诉讼被告…………………………………………313
235. 政府信息公开案件中原告主体资格、被告主体资格问题………314
236. 经济开发区管理机构的被告主体资格……………………………315
237. 村委会可以作为行政诉讼被告……………………………………316
238. 经过复议程序的案件起诉时应当列谁为被告……………………317
239. 废止劳动教养制度、撤销劳动教养管理委员会之后，公民、法人或者其他组织对劳动教养决定不服提起行政诉讼的，应当以谁为被告………………………………………………………………………318
240. 行政机关所作出的行政行为后，该行政机关被撤销或者发生职权变更，应该以谁为被告……………………………………………319

241. 行政机关与非行政主体联合执法应以行政机关为被告……………… 320
242. 行政主体确系受其他行政机关委托行使职权的,应当以委托的
 行政机关为被告……………………………………………………… 321
243. 无书面委托情况下如何认定被告………………………………… 322
244. 如何厘清变更被告与追加被告两种被告不适格的情形………… 323
245. 无主体拆迁行为主体的推定与行政诉讼被告的确定…………… 324
246. 交通警察支队下属大队可以作为行政处罚主体………………… 327
247. 公安机关交通管理部门对不礼让行人的机动车驾驶人依法作出
 行政处罚的,人民法院应予支持…………………………………… 329
248. 行政处罚裁量结果应当全面考虑违法行为的特殊性、客观原因、
 危害后果、主观过错及事后的补救完善等因素…………………… 330
249. 行政诉讼第三人参加诉讼的时间………………………………… 336
250. 对被诉的涉信访事项的行政复议行为如何处理………………… 337
251. 为生效裁判所羁束的认定问题…………………………………… 338
252. 行政公益诉讼中的起诉和受理程序……………………………… 339
253. 起诉明显无查处职责行政机关案件的处理……………………… 341
254. 政府与其职能部门各自享有的行政职权不能相互替代、混同…… 342
255. 提起确认行政行为无效之诉无须先向作出行政行为的机关提出
 确认请求…………………………………………………………… 344
256. 当事人在一个案件中同时对多个行政行为提出诉讼属于诉讼请求
 不明确……………………………………………………………… 345
257. 起诉人同时起诉多个行政行为的,人民法院应当如何处理……… 346
258. 必须参加诉讼的当事人人数众多,人民法院是否可以发出公告,
 通知权利人在一定期间向人民法院登记参加诉讼………………… 347
259. 处理投诉与提起诉讼的期限……………………………………… 348
260. 滥用诉权、恶意诉讼的应如何处理……………………………… 349
261. 未告知期限的是否可认定该许可没有期限限制………………… 350
262. 当事人因选择管辖法院错误而耽误起诉期限的,被耽误的时间
 是否计算在起诉期限内…………………………………………… 353
263. 普遍登记背景下相对人对登记行为起诉期限的计算…………… 354
264. 拒收行政处理决定时起诉期限的计算…………………………… 355
265. 其他财产共有人起诉期限的计算………………………………… 356
266. 原行政行为超过起诉期限或者当事人不具有原告资格以及其他不
 符合起诉条件情形的,当事人申请行政复议,复议机关作出维持
 原行政行为决定。当事人对原行政行为及复议决定一并提起
 诉讼,人民法院应当如何审查并作出裁判………………………… 357

267. 当事人因原行为机关未履行行政复议决定，就相关实体事项提起行政诉讼，而未请求行政复议机关或者有关上级行政机关责令其限期履行，人民法院是否应当受理……358
268. 行政机关依据不同法律作出一项处理内容而不同法律对起诉期限规定不一致的，按照最长起诉期限计算……359
269. 非起诉人自身原因超过起诉期限的，被耽误的时间不计算在起诉期间内……359
270. 起诉期限的扣除问题……361
271. 诉请确认行政行为无效以规避起诉期限的审查处理……362
272. 行政协议之诉的起诉期限……363
273. 行政许可办理期限的起算点……365
274. 依职权行政不作为起诉期限的计算……365
275. 与低温雨雪冰冻灾害有关的行政案件的起诉期限……368
276. 请求确认行使行为无效案件的起诉期限问题……369
277. 经过公告行为的起诉期限起算……370
278. 行政复议机关对明显违反行政复议制度的复议申请不予受理，当事人不服提起诉讼的，可以裁定不予立案，或者立案后裁定驳回起诉……371
279. 因被告原因无从判断复议前置时可直接起诉……372
280. 被诉行政行为经终审判决生效后，其他利害关系人再次对该行政行为提起行政诉讼，可否立案受理……374
281. 请求事项不属于职责范围的应如何裁判……375
282. 诉讼程序中原告申请撤诉的处理……375
283. 行政赔偿诉讼撤诉后再次提起同一行政赔偿诉讼的处理……376
284. 当事人在没有新的足以推翻原判决的证据的情况下，另外起诉属于重复起诉……376
285. 因被告未履行承诺原告撤诉后又提起诉讼不属重复起诉……377
286. 未同时满足当事人相同、诉讼标的相同、诉讼请求相同条件的，一般不认定为重复起诉……378
287. 同一行为的撤销诉讼与确认违法诉讼构成重复起诉……378
288. 民事诉讼败诉后再对同一争议提起行政诉讼的，属于重复起诉……379
289. 准确理解行政案件案由的确定规则……381
290. 几种特殊行政案件案由确定规则……385
291. 行政诉讼的公民代理问题……391
292. 台湾地区诉讼当事人可以委托台湾地区居民以公民个人名义担任诉讼代理人……391

第五章 审理与判决

一、综　合

293. 处理好当事人主义与职权主义的关系……………………………… 393
294. 法院可以超出原告诉讼请求对行政行为的合法性进行审查………… 394
295. 行政诉讼程序繁简分流改革中应促进行政争议诉前分流…………… 395
296. 可以引导起诉人申请诉前调解的案件………………………………… 396
297. 可以引导起诉人选择适当的非诉讼方式解决的案件………………… 397
298. 行政争议调前达成调解协议与司法确认及裁定驳回………………… 397
299. 行政争议诉前调解的终止……………………………………………… 398
300. 廉租住房申请处理等行政给付及其变动行为，能否通过调解方式结案………………………………………………………………… 399
301. 征收补偿案件中的自由裁量权行使问题……………………………… 400
302. 可以合并审理的情形…………………………………………………… 400
303. 提起行政诉讼首先要明确被诉行政行为，起诉多个关联行政行为可以决定合并审理………………………………………………… 401
304. 行政争议与民事争议交叉问题………………………………………… 404
305. 公司登记涉及民事法律关系的处理…………………………………… 407
306. 裁定准予撤诉的时机及裁判方式……………………………………… 408
307. 原告因行政机关改变具体行政行为而申请撤诉的适用范围………… 409
308. 撤诉后诉讼费用的承担………………………………………………… 409
309. 行政机关不正当行使诉讼权利加重相对人负担的应承担相应费用…… 410
310. 先予执行的条件………………………………………………………… 411
311. 不同当事人就同一财产分别提出先予执行和财产保全申请，应当先采取财产保全再采取先予执行…………………………………… 412

二、第一审普通程序

312. 庭前准备程序需要解决的问题………………………………………… 413
313. 审查期限的起算点计算………………………………………………… 414
314. 延长审查期限的次数和批准权………………………………………… 415
315. 起诉行政机关不履行法定职责，起诉人应当提供证据初步证明其享有相应的合法权益、行政机关具有相关法定职责……………… 416

316. 确认违法判决的适用条件……417
317. 行政行为内容正确只是缺少形式要件的属于程序违法……418
318. 行政行为被确认违法但并不当然无效……419
319. 行政行为违法性的继承……420
320. 行政机关作出行政行为时并无不当，但有新的证据证明行政行为错误时应当如何裁判……421
321. 被诉行政行为违法，但撤销将会损害国家利益、公共利益的，人民法院应当如何判决……422
322. 被诉行政行为违法，但撤销被诉行政行为将会损害善意第三人合法权益的，是否可以判决确认违法不撤销保留效力……423
323. 人民法院在确定行政机关履行法定职责的期限时，如存在正当理由或不可抗力的，即便行政机关超出人民法院生效判决所确定的期限作出行政决定，亦不能认定该行为构成程序违法……424
324. 行政机关作出行政允诺后，随意解释其允诺内容，人民法院不予支持……428
325. 与案件实体、程序相关民事事实人民法院应予审查……431
326. 公安机关交通管理部门对涉嫌违法的机动车长期扣留不予处理，是否构成滥用职权……433
327. 具有行政许可权的行政机关滥用职权的认定……434
328. 滥用诉权造成他方当事人律师费、差旅费、误工损失等，是否可以判决由滥用诉权方负担……436
329. 对"网约车"形成的诉讼，要综合涉案行为的社会危害性、行政处罚程序的正当性和行政处罚的比例原则等综合考量判断……437
330. 生效裁判文书中裁判理由的内容能否被认定为"已为人民法院发生法律效力的裁判所确认的事实"……439
331. 行政机关在纠正过往错误颁证行为时，应当遵循正当程序原则，同时兼顾保障相对人的信赖利益……440
332. 行政机关撤销已经生效的行政许可，应当遵守行政许可法规定的法定程序……441
333. 行政机关在注销行政许可时仍应遵循程序正当原则，向行政相对人说明行政行为的依据、理由……442
334. 乡镇政府有权纠正集体经济组织作出的侵犯离婚妇女合法权益的相关决定……443
335. 行政案件的审理期限……445

三、第二审程序

336. 以对法律法规的认知程度非常有限为由提出应允许其变更诉讼请求，不属于法律规定的正当理由 …………………………… 446
337. 请求确认行政行为无效是否受起诉期限的限制；请求确认行政行为无效案件，一审未尽变更诉讼请求的释明义务，二审应当如何处理 ………………………………………………………………… 447
338. 当事人确认一系列征地行为违法，一般不宜认定为诉讼请求不明确；一审法院未予释明的情况下，二审法院仍可以诉讼请求不明确为由维持一审驳回起诉的裁定 ……………………………… 449
339. 一审中未提出先予执行申请，二审中提出的由二审法院作出裁定 … 449
340. 普通共同诉讼中，一审法院认为应当分别起诉、分别受理的，二审对此类裁定应当予以维持 ………………………………… 450
341. 二审法院可以作出对上诉人不利的裁判 …………………………… 452

四、审判监督程序

342. 人民法院作出的准许或者不准许执行行政机关行政决定的裁定，不属于可以申请再审的裁定 ……………………………………… 453
343. 行政行为的合法性受生效裁判羁束，对被诉行政行为的合法性的审查只能通过审判监督程序来实现 ……………………………… 453
344. 上诉人经合法传唤，无正当理由拒不到庭的，是否可以按照撤诉处理 … 456
345. 发回重审或指令继续审理案件，是否应当再给被告一次举证的机会 … 457
346. 人民法院在审查再审申请案件中可以作为询问主体的范围和询问参加人 ……………………………………………………………… 458
347. 人民法院在审查再审申请案件过程中询问的基本流程 …………… 459
348. 启动再审程序应当以再审申请人的实体权利受损为前提 ………… 460
349. 再审案件的审理范围 …………………………………………………… 461
350. 再审程序中当事人撤回原抗诉申请的处理 ………………………… 462

第六章　证据及事实审查

351. 行政诉讼证据的证明对象是与被诉具体行政行为合法性有关的案件待证事实 ………………………………………………………… 463
352. 行政诉讼举证责任分配原则 ………………………………………… 464

353. 行政不作为案件不以原告提出申请为起诉条件……………………465
354. 共同被告中证据提交和事实认定应怎样进行…………………467
355. 严格违反法定程序收集的证据不能作为定案根据………………468
356. 被告经复议机关同意收集的证据不能作为认定原具体行政行为
 合法性的依据………………………………………………………469
357. 被告复议中未提交的证据不能作为认定原具体行政行为合法的依据…470
358. 其他行政机关在被诉具体行政行为作出后收集的证据不得作为
 被诉具体行政行为合法的根据……………………………………471
359. 省文物鉴定委员会出具的鉴定意见，能否作为定案证据使用 …471
360. 鉴定结论的审查方法………………………………………………472
361. 专业意见的审核认定………………………………………………474
362. 上市公司信息披露违法责任人的证明……………………………474
363. 内幕交易行为的认定………………………………………………475
364. 证明原告知道具体行政行为内容的证据需要达到排除合理怀疑程度…476
365. 应如何认定行政机关违法进行证据保存…………………………478
366. 行政诉讼证据交换范围……………………………………………480
367. 无关联证据排除规则的运用………………………………………480
368. 推定规则的适用……………………………………………………482
369. 行政诉讼证明标准…………………………………………………483
370. 优势证明标准的适用情形…………………………………………484
371. 清楚而具有说服力的证明标准的适用情形………………………487
372. "案卷"外证据可以在行政行为作出后搜集和提出 ……………489
373. 行政不作为案件的举证责任………………………………………491
374. 证券行政处罚案件的举证责任……………………………………493
375. 行政赔偿诉讼中原告应对被诉具体行政行为造成损害的事实承担
 举证责任……………………………………………………………495
376. 原告对被诉行政行为的初步证明责任……………………………495
377. 原告应对其提出的被诉具体行政行为未认定但与该行为合法性有
 关联的事实承担举证责任…………………………………………497
378. 被告逾期举证时对于证据、期限的要求…………………………498
379. 被告未履行举证义务的判决方式应考虑第三人合法权益的保护…499
380. 允许被告补充证据的特殊情形……………………………………501
381. 法院允许原告或者第三人要求被告补充对被告不利证据的条件…503
382. 行政诉讼案件中第三人的举证权利………………………………503
383. 法院允许第三人要求被告补充对第三人有利证据的条件………505
384. 法院有限的调取证据权……………………………………………506

385. 法院根据被告申请调取证据的特殊情形……507
386. 对证据"三性"进行质证的顺序……508
387. 当事人对庭前证据交换中无争议的证据在庭审中反悔的,应当进行质证……509
388. 民行交叉行政案件中,当事人对基础民事争议既不一并也不另行提起民事诉讼,人民法院对基础民事法律关系应当审查到什么程度……511
389. 行政争议中调前调解过程中的证据保全……511
390. 如果听证结束后,行政机关发现了听证笔录以外的新事实和新证据,或者当事人提出新的辩护理由和证据,该如何处理……512
391. 行政诉讼中当事人出示证据的顺序……513
392. 涉密证据的质证方式……513
393. 被告申请行政执法人员出庭作证的条件……515
394. "品格证据"的证明效力……516
395. 查封、扣押清单的证明效力……518
396. "相关行政执法人员出庭说明"是否属于证人出庭作证……519
397. 电子证据证明效力的认定……520
398. 诉讼上自认的证明效力……522
399. 诉讼外自认的证明力由法官据情酌定……524
400. 涉及身份关系的行政案件不应排除在自认范围之外……525

第七章 法律适用

401. 关于审理行政案件适用法律规范问题……527
402. 新旧法不一致时应按程序从新、实体从旧兼从轻原则适用法律……530
403. 参照民事法律规范认定涉及民事问题的行政行为的合法性……533
404. 法律之间存在冲突的必须中止案件审理,请示最高人民法院作出答复……534
405. 法规与法律相抵触的人民法院可以直接适用法律……536
406. 行政处罚应当遵循比例原则,行政处罚决定书应当载明违反法律、法规或者规章的事实和证据……537
407. 行政处罚"违法行为发生时"应如何界定……539
408. 如何理解不同违法行为的起算标准……540
409. 国务院办公厅颁布的规范性文件的法律效力……542
410. 地方性法规与法律、行政法规相抵触的人民法院可以直接适用法律、行政法规……547

411. 地方性法规规定对未缴纳养路费的单位、个人扣留车辆的行政强制措施无效…………………………………………………………… 549
412. 法律法规已经设定行政许可的，下级行政机关可以依法通过制定规范性文件的方式明确许可所具备的条件…………………………… 550
413. 行政机关适用兜底条款的情形，应与同条款中已经明确列举的情形具有相同或相似的价值，在性质、影响程度等方面具有一致性，且符合该条款的立法目的………………………………………… 552
414. 涉诉行政规范性文件如果与国家标准等存在一定区别，对该行政规范性文件的实施问题应当在行政处罚适当性审查中予以衡平考量… 553
415. 行政机关制定规章超越权限范围的不能适用……………………… 556
416. 农村液化气管理问题在法律、行政法规尚无明确规定前提下，可以参照地方政府规章………………………………………………… 557
417. 地方政府规章违反法律规定设定行政许可、行政处罚的不予参照适用…………………………………………………………………… 557
418. 公安交警部门不能以交通违章行为未处理为由不予核发机动车检验合格标志………………………………………………………… 563
419. 《呼和浩特市废旧金属管理暂行规定》任意扩大公安部门职责范围，人民法院审理案件不应参照…………………………………… 565
420. 规范性文件设定行政处罚种类，缺乏法律、法规依据，不宜作为审理依据…………………………………………………………… 566
421. 行政解释符合法律规范原意时才能作为衡量具体行政行为的标准…… 566
422. 行政机关的个案解释不能作为裁判依据…………………………… 569
423. 行政解释性文件的生效时间应当追溯到所解释的法律生效之日…… 570
424. 下位法的解释必须符合宪法规定的基本精神和原则……………… 572
425. 对语义有所扩大并且有害于立法目的的，一般倾向于作限缩解释…… 574
426. 应当根据社会的发展需要解决法律规定中有关部门职权的冲突…… 576
427. 对保护行政相对人有利的通常应作等外解释……………………… 578
428. 地方性法规的行政处罚规定与上位法的规定相抵触的应当适用上位法… 580
429. 一般规范性文件不违反上位法时应如何适用……………………… 580
430. 下位法扩大上位法规定的义务或限缩义务主体的范围、性质、条件，与上位法抵触时的处理…………………………………… 582
431. 下位法超越其他行政主体职权，与上位法抵触时的处理………… 583
432. 下位法缩小特定术语的内涵和外延，导致行政机关义务缩减与公民权益扩大，与上位法抵触时的处理………………………… 584
433. 如何判断行政处罚上位法与下位法是否一致……………………… 584
434. 新旧法律规定不一致时应如何适用………………………………… 586

435. 与旧法配套的实施细则在新法实施后的适用问题……587
436. 同一位阶的法律规范特别法优于一般法……590
437. 行政机关受理许可申请与作出行政许可决定之间法律规范发生变更时的法律适用……591
438. 行政许可作出时不符合当时的法律规定但符合变更后的法律规定的处理……594
439. 法律规范中有关行政程序问题规定不一致时的适用规则……595
440. 部门规章对同一事项规定不一致但与上位法均不抵触的，优先适用根据专属职权制定的规章……595
441. 地方政府文件违反上位法规定，存在限制市场公平竞争等违法情形的，该规范性文件不得作为认定被诉行政行为合法的依据……598
442. 联合规章优先于其中一个部门单独制定的规章……599
443. 部门规章之间有关部门职权规定冲突的优先适用联合规章……600
444. 实施性规定应当优先适用……601
445. 同一法律规范内部条文之间相互不一致的，人民法院应当根据实际情况按照不同条文之间的联系进行解释……602
446. 对行政惯例的合理依赖应予适当保护……603
447. 工商机关对被举报车辆进行堵截并暂扣所载涉嫌假酒的措施不属上路设卡检查行为……604
448. 工商行政管理部门颁发个体户营业执照无需以环保评价许可为前置条件……604
449. 工商行政管理部门查处非法转包建筑工程行为缺乏法律依据……607
450. 工商机关对严格准入行业经营者的审查义务……608
451. 责令改正非撤销工商登记的前提条件……609
452. 雷电防护设施检测执法中法律与地方性法规、地方性法规与部门规章规定不一致时的法律适用……611
453. 违法不建防空地下室应缴纳防空地下室异地建设费……614
454. 用水单位从水库取水应否缴纳水资源费……618
455. 银行业不正当竞争行为的处罚权由银监部门行使……619
456. 委托他人代为调剂人民币非私自买卖外汇的违法行为……620
457. 应当适用当事人行为发生时生效的法律规范处理案件……621
458. 佣金、折扣入账是否构成商业贿赂的判断……621
459. 对于分期付款保留所有权的车辆应当由所有权人承担养路费缴纳义务……626
460. "坐堂医生"宣传推销自己研制的药品并为患者代购药品不宜认定为反不正当竞争法所规定的经营者……626

461. 学位授予单位制定的授予学士学位的条件与上位法不一致应如何适用法律……………………………………………………………… 627
462. 设定行政处罚应遵循法律优先原则、法律保留原则和处罚公开原则… 628
463. 工业盐制销企业向肠衣加工企业销售工业用盐，供其生产香肠肠衣的行为，盐务部门有权依照《食盐专营办法》规定作出处理……… 630
464. 行政机关变相限制竞争的认定………………………………………… 630
465. 招投标过程中对重新评标审核决定的司法审查标准………………… 632
466. 安监部门对道路安全问题予以行政处罚的法律适用………………… 633
467. 公路管理机构对公路桥梁下面修建的违法建筑，有强制拆除的权力… 635
468. 无证驾驶致人重伤不宜吊销与肇事车型无关的其他类型驾驶证…… 636
469. 如何区分授权实施行政处罚中的直接授权、间接授权和行政委托… 637
470. 公安派出所对于在其法定授权范围内的治安案件，有权作出处罚决定或者不予处罚决定……………………………………………… 638
471. 扣押财物作为无主物处理的条件……………………………………… 638
472. 相对人作出的不合法行为存在"一果多因"时的处罚………………… 639
473. 将淫秽物品出售后应当视为违法行为已经终了……………………… 640
474. 禁毒法中强制隔离戒毒的适用………………………………………… 641
475. 在已取得土地使用权的范围内开采砂石无需办理矿产开采许可证… 641
476. 以出让方式取得的国有土地使用权应当是用于建设的国有土地…… 642
477. 农村集体经济组织范围内无有效证据证明权属为国家的土地属于集体所有………………………………………………………………… 643
478. 农村集体土地被征收后能否判决政府履行征地公告及征地补偿、安置方案公告法定职责………………………………………………… 644
479. 基础法律关系相关因素存有争议时不得径行物权登记……………… 645
480. 财政部作为全国国有资产管理的主管部门有权纠正下级行政机关的行政行为……………………………………………………………… 645
481. 贷款银行以外的主体可以成为在建工程的抵押权人………………… 646

第八章 行政诉讼裁判

482. 行政机关在职权范围内对行政协议约定的条款进行的解释，对协议双方具有法律约束力…………………………………………… 649
483. 只引用有关定性或定性和处理的原则条文，未引用具体处理条文属适用法律错误…………………………………………………… 650

484. 行政机关作出具体行政行为时未引用具体法律条款，且在诉讼中不能证明该具体行政行为符合法律的具体规定，应当视为该具体行政行为没有法律依据……………………………………………… 651
485. 同一违法行为同时触犯两个或两个以上法律规范的处理……… 652
486. 合法的行政行为对公民、法人或其他组织的财产造成损失的，行政主体应当对其直接损失给予行政补偿…………………… 653
487. 考试机构的内设机构无权确认考试成绩无效………………… 654
488. 行政机关作出否定生效判决的处理决定属超越职权…………… 655
489. 行政主管部门对无证采伐林木的行为处以行政处罚欠缺法律依据，属超越职权……………………………………………… 657
490. 乡镇企业管理局免去挂靠企业投资人厂长职务和任命他人为厂长，以及查封企业财产属超越职权行为……………………… 658
491. 两地行政机关都有管辖权的，由先发现的进行处理……………… 659
492. 下级公安机关在上级公安机关的具体行政行为未被认定错误与撤销之前不能作出与其相冲突的行为…………………………… 660
493. 正当程序原则在司法审查中的运用…………………………… 660
494. 对授益性行政行为的程序应如何审查………………………… 662
495. 规划许可内容改变应遵循听证程序…………………………… 663
496. 行政强制措施程序违法的司法救济…………………………… 664
497. 行政机关作出对当事人不利的行政行为，未听取其陈述、申辩，违反正当程序原则的，属于行政诉讼法"违反法定程序"的情形…… 665
498. 法律、法规关于行政强制措施的程序规定与行政强制法的程序规定不一致时的适用………………………………………… 668
499. 行政机关重新作出具体行政行为，不必完成完整的行政程序…… 669
500. 行政机关将自己主管业务范围内收到的公民来信批转无处理权的单位处理属不履行法定职责……………………………… 670
501. 工商局以不构成医疗广告为由不予查处属未依法履行法定职责……… 671
502. 教育机构不向受教育者颁发毕业证书构成不履行法定职责……… 672
503. 行政机关自设义务可归入法定职责…………………………… 673
504. 邮电局对符合条件的医院拒绝开通"120"急救电话属不履行法定职责………………………………………………… 677
505. 公安机关不得以当事人应承担民事责任为由拒绝履行法定职责…… 679
506. 履行法定职责判决中可以提示行政机关按照法院的法律见解作出特定行为……………………………………………… 679
507. 行政机关许诺的政策补偿因客观情况变化难以实现可以判决金钱补偿……………………………………………………… 680

508. 以虚假材料获取公司登记案件的审查与判决……682
509. 登记机关以进一步核实申请材料为由不予登记案件的判决……683
510. 原告和第三人逾期提供证据时的判决方式……683
511. 原告和第三人在二审中举证被采纳后的判决方式……684
512. 行政补偿案件可以参照行政赔偿方式直接作出具体补偿数额的判决…685
513. 行政许可作出时不符合当时的法律规定但符合变更后的法律规定的处理……686
514. 行政处理决定形式上存在瑕疵，应当判决驳回原告诉请……687
515. 行政裁决案件可以在查清事实基础上直接对裁决结果判决变更……688
516. 不予许可案件的判决方式……690
517. 违法收回国有土地建设公共设施的应如何裁判……690
518. 撤销将导致公共利益受损的应当适用何种判决……691
519. 紧急情况下即时强制措施的审查要点……692
520. 公安机关采取精神病人强制治疗措施案件的审查要点……693
521. 行政机关因涉嫌犯罪将案件与被扣押、查封、冻结的财物移送司法机关，当事人起诉行政强制措施的处理……694
522. 法院不得直接判令政府作出拆迁决定……695
523. 裁判时机成熟时可直接判决高校为学生颁发毕业证书……696
524. 行政强制措施适当性的判断……697
525. 工商局未经清算和申请即注销企业登记缺乏依据……698
526. 可以依据法律原则认定行政程序的合法性……700
527. 对是否保证相对人的程序性权利应如何审查……702
528. 先行登记保存与查封、扣押的区别……704
529. 不履行法定职责包括拒绝履行和实际未履行……705
530. 公安机关不履行或者拖延法定职责，致使公民、法人或者其他组织人身、财产遭受损失的，应当承担相应的行政赔偿责任……707
531. 人民政府在债务人和担保人明确的情形下无须重新确定债务人和担保人……707
532. 对尚无法律规范但符合政策精神的行政行为，只有达到权力滥用地步才予以撤销……709
533. 与低温雨雪冰冻灾害有关的行政处罚、行政强制措施类行政案件的处理……710
534. 与低温雨雪冰冻灾害有关的行政征用、发放救济款物以及减免税费、救助、抚恤、安置等类行政案件的处理……711
535. 违反法定程序但未影响当事人行使诉讼权利的不需发回重审……711
536. 未经核实直接依据广告宣传材料作出行政处罚决定属主要证据不足…713

537. 公安机关交通管理部门有权对道路外交通事故的责任人进行处罚…… 713
538. 在起诉公司变更登记的行政案件中，人民法院所作维持判决对被诉企业变更登记的羁束力以该判决认定的事实为限，行政机关以该判决认定的事实之外的其他事实为依据对原行政行为予以改变的，与前述维持判决的羁束力不矛盾……………………… 714

第九章　执　行

539. 人民法院应予受理乡政府申请执行农民承担村提留、乡统筹款行政决定案件……………………………………………………… 717
540. 行政机关根据"裁执分离"原则依据经生效裁决认可其合法性的行政决定所实施的执行行为属于行政强制执行…………………… 717
541. 行政机关申请法院强制执行行政处罚决定的时效………………… 719
542. 行政机关未在法定期限内申请强制执行的后果…………………… 720
543. 当事人对人民法院强制执行生效具体行政行为的案件提出申诉的处理……………………………………………………………… 721
544. 对行政机关履行公务必需的财产不能采取执行措施……………… 722
545. 行政诉讼中执行和解的范围………………………………………… 723
546. 执行登记在被执行人名下的股权一般不认定构成对隐名股东的错误执行……………………………………………………………… 724
547. 行政强制执行催告程序的适用……………………………………… 726
548. 加强和改进非诉行政行为的审查执行……………………………… 727
549. 非诉行政执行案件的听证程序……………………………………… 728
550. 非诉行政执行的审查标准…………………………………………… 730
551. 法院受理非诉行政执行后的审查期限……………………………… 731
552. 非诉行政强制执行的异议程序……………………………………… 732
553. 判决驳回原告诉讼请求行政判决应以行政机关申请非诉执行方式执行……………………………………………………………… 733
554. 非诉执行中没收的地上建筑物的移交……………………………… 735
555. 加处罚款或者滞纳金要作出行政决定……………………………… 736
556. 改变原处理意见的信访答复行为属于可诉的行政行为…………… 736

第一章 行政审判总论

1. 坚持新时代能动司法

关键词

新时代能动司法

中华人民共和国首席大法官著述

一、坚持与时俱进、守正创新,以做深做实新时代能动司法把习近平法治思想落到实处

习近平法治思想是马克思主义法治理论中国化时代化的最新成果,是中国特色社会主义法治理论的重大创新发展,是新时代全面依法治国的根本遵循和行动指南。人民法院自觉深入贯彻习近平法治思想,在司法审判工作中真正做到讲政治、顾大局,更好为大局服务、为人民司法,就必须以高度的政治自觉、法治自觉、审判自觉,做深做实新时代能动司法,加快推进审判工作现代化,服务保障厚植党长期执政的政治根基、服务保障经济社会高质量发展、服务保障人民群众根本利益,努力让人民群众在每一个司法案件中感受到公平正义。

(一)坚持新时代能动司法是贯彻落实习近平法治思想的必然要求。习近平总书记指出:"现在,我们依然要推动全党学习马克思主义哲学,依然要推动全党掌握历史唯物主义基本原理和方法论。学习的目的,就是更好认识国情,更好认识党和国家事业发展大势,更好认识历史发展规律,更加能动地推进各项工作。"[1] 在讲到全面深化改革时,习近平总书记强调"要处理好尊重客观规律和发挥主观能动性的关系"[2]。案件受理是被动的,不能主动揽案;审判

---

[1] 习近平:《坚持历史唯物主义不断开辟当代中国马克思主义发展新境界》,载《求是》2020年第2期,第6页。

[2] 习近平:《坚持历史唯物主义不断开辟当代中国马克思主义发展新境界》,载《求是》2020年第2期,第11页。

必须依法，不能想当然擅断，但我们的工作完全可以而且必须是能动的。坚持新时代能动司法，必须坚持党的绝对领导、坚持以人民为中心、坚持中国特色社会主义法治道路，通过发挥主观能动性，把习近平法治思想作为"纲"和"魂"自觉融入审判执行工作全过程、各方面，体现人民意志、维护人民利益。

必须坚持党的绝对领导。习近平总书记指出："党的领导是中国特色社会主义法治之魂，是我们的法治同西方资本主义国家的法治最大的区别。"[①] 坚持党的绝对领导，不仅要坚决落实党的路线、方针、政策，更重要的是形成高度政治自觉、法治自觉、审判自觉，在坚持党领导下的中国特色社会主义政治制度、司法制度前提下，积极地、创新地通过能动司法，捍卫、保障、促进党的绝对领导在党和国家各方面工作中落到实处。

必须坚持以人民为中心。习近平总书记指出："江山就是人民、人民就是江山，打江山、守江山，守的是人民的心。"[②] 始终牢记民心是最大的政治，感受公平正义的主体只能是人民群众，在办理具体案件过程中，以努力让人民群众感受到公平正义为目标，在法律框架内，努力寻求案件处理的最佳方案。更加注重裁判说理、辨法析理，努力使司法审判对法律条文——"文本法"的适用，符合包括当事人在内的人民群众感受的"内心法"。

必须坚持中国特色社会主义法治道路。习近平总书记指出："评价一个国家的司法制度，关键看是否符合国情、能否解决本国实际问题。"[③] 实践证明，党绝对领导下的中国特色社会主义法治符合中国实际，是真管用的法治。正是在党的领导下，实行社会主义法治，才有力助推、保障实现了经济快速发展和社会长期稳定的"两大奇迹"。要增强走中国特色社会主义法治道路的自信、底气和定力，自觉抵制西方所谓"宪政""三权鼎立""司法独立"等错误思潮影响，做实做优"从政治上看"司法，以高度的政治自觉激发能动履职的强大动力。

（二）新时代能动司法的理论和实践基础。新时代能动司法是在习近平法治思想指引下，立足新时代新发展阶段人民司法实际，对古今中外司法实践有益经验的丰富发展，在中华法系的优秀内涵里、在人民司法的血脉基因里、在马克思主义法治理论的精髓里，都有深厚渊源。

---

① 习近平：《在省部级主要领导干部学习贯彻党的十八届四中全会精神全面推进依法治国专题研讨班上的讲话》（2015年2月2日），载中共中央文献研究室编：《习近平关于协调推进"四个全面"战略布局论述摘编》，中央文献出版社2015年版，第115页。

② 习近平：《在庆祝中国共产党成立100周年大会上的讲话》（2021年7月1日），载《求是》2021年第14期，第9页。

③ 习近平：《加快建设公正高效权威的社会主义司法制度》（2014年1月7日），载习近平：《论坚持全面依法治国》，中央文献出版社2020年版，第59页。

能动司法是人民司法一脉相承的红色基因。人民司法始终在党绝对领导之下，是党在践行初心使命的历史进程中设立的，自设立之初就围绕、服务党和国家的中心任务，捍卫、保护人民根本利益。1927年，党在湖北黄安成立了最早的革命法庭——七里坪革命法庭，主要任务就是审判土豪劣绅，运用法律手段服务土地革命运动。中华苏维埃政权成立后，无论是在中央苏区审理的苏维埃政权反腐第一案谢步升贪污案，还是在陕甘宁边区审理的黄克功枪杀女青年案，无不是通过能动的司法裁判巩固发展红色政权。建国初期，处决刘青山、张子善等贪污犯，既是以事实为根据、以法律为准绳的依法审判，更是从维护党和国家长治久安出发，从治国理政、民心向背的高度去衡量和要求的能动司法。

能动司法是世界司法制度发展的历史性趋势。西方国家司法在"服务大局"方面的能动表现一样存在，并且越来越成为世界司法制度发展趋势。当前涉外审判领域面临激烈的国际竞争，越来越多的国家把涉外司法能力建设作为国家重要竞争力，法院的设置也充分体现了能动的竞争性要求。一些国家纷纷成立专门的国际商事法庭，促进提升国家整体竞争力，背后的逻辑体现的也是司法的能动。世界银行全球营商环境评估中有诸多与司法相关的指标，各国法院都非常重视，也说明了这个问题。

能动司法是中华法系博大精深思想内涵的重要元素。习近平总书记指出，"中华法系是在我国特定历史条件下形成的，显示了中华民族的伟大创造力和中华法制文明的深厚底蕴"[1]。在中华法系里，司法一直被赋予辅国理政的辩证能动职责使命。比如，追求"无讼"。孔子曰："听讼，吾犹人也，必也使无讼乎。"意思就是，就断案来讲，我和其他人没什么差别，但是我的目标在于使人们不争讼。这体现了能动司法、诉源治理。比如，强调"慎刑"。早在西周时期，周公旦就提出"明德慎罚"，慎刑不是不刑、不罚，而是主张"德主刑辅"，根本目的在于稳固统治地位。人民司法是维护人民根本利益的司法，在发挥司法功能作用方面应该更积极主动。

能动司法是法律的本质要求。翻开司法审判必须严格遵循的法律，几乎没有哪个条文是绝对的、确定的处罚条款、责任条款，都留有法官能动司法的空间，这个空间是自由裁量的空间，是赋权、赋责，更是明责、压责。自1954年人民法院组织法始，不同时期法院组织法的制定修订，都强调司法工作必须为国家政治任务服务，要求人民法院运用自己特有的职能即"通过审判活动"服务各个时期的中心工作。我国刑法明确的罪责刑相适应原则，需要法官能动地去裁量运用刑罚；民法典确立诚信原则、公序良俗原则等，民

---

[1] 习近平：《从全局和战略高度推进全面依法治国》（2020年11月16日），载《习近平著作选读》第二卷，人民出版社2023年版，第379页。

事诉讼法及司法解释在释明权、依职权收集证据、证据保全以及财产保全等方面作出规定，都给予司法人员足够的自由裁量权；行政诉讼法除了规定人民法院依法审理案件外，还要求监督行政机关依法行使职权。各级法院要积极作为，把法律赋予的权力、更是责任积极主动能动履行到位。

（三）推进新时代能动司法的实践要求。推进新时代能动司法不仅是为了更好适应党和国家事业发展要求，更好满足人民群众法治需求、司法需求，也旨在解决制约影响司法质效的突出问题。一段时间以来，人民司法工作在取得巨大发展进步的同时，也存在思想理念、制度机制、司法成效等方面需与时俱进、更加积极主动作为、跟上经济社会发展要求的问题。推进新时代能动司法，必须解决好这些问题。

要坚决摒除错误认识。按照马克思主义国家学说，阶级国家出现以后，军队、警察、法庭、监狱等都是国家机器，这清晰阐明了法庭（审判机关）的本质属性。为了维护国家根本利益，司法与立法、行政、监察、检察等有必要的职能、权责分工，但前提都是"为了维护国家根本利益"！人民法院作为人民民主专政的国家政权机关，必须肩负起捍卫党的领导和人民民主专政的国家政权、服务党和国家工作大局的使命任务。要旗帜鲜明讲政治，在重大问题上头脑要特别清醒、立场要特别坚定，摒除往往是不自知的错误认识，在党的领导下依法独立行使审判权，把讲政治和讲法治有机结合起来、落到实处。

要避免教条主义、机械司法。法律条文是抽象的、原则的，但实践是鲜活的、具体的，处理案件时的社会背景是变动的、复杂的。因此，法官必须充分且正确地发挥主观能动性，按照法律包括司法解释的规定运用自由裁量权，依据法庭查明的事实，在社会主义法治理念支配下作出裁判，实现案件裁判乃至社会治理的最佳效果。自由裁量，无不源于法律的明确规定，依据案件事实和证据，同时考虑案发时社会环境等方面因素，所以从来没有不受约束的"自由裁量"。自由裁量所追求的"三个效果"中，法律效果是政治效果、社会效果的基础，因此自由裁量必须严格依法作出，牺牲法律效果片面强调所谓的"政治效果""社会效果"，不会实现好的政治效果和社会效果。

要杜绝结案了事、疲于应付。当前，有的司法人员认为每天被海量案件推着走、压着走，除了办案以外无暇他顾，反映到审判执行工作中很可能就是结案了事、疲于应付。这实际上是一种躺平式思维。躺平不仅指不干事，疲于应付、得过且过、只顾眼前办案、不考虑肩负的政治责任和使命，也是躺平。面对不断推高的案件"增量"，如果只是追求"结案了事"，那结果很可能是"萝卜快了不洗泥""一案结而多案生"。司法是国家治理的重要组成部分，法官不仅要通过审理个案抓末端、治已病，还承担着延伸审判职能抓前端、治未病的更重责任。个案审理是硬任务，诉源治理、服务高质量发展也是硬任务,是更重责任,是司法能动空间更大的领域,人民法院、人民法官必须知责、担责、尽责。

——张军:《学深悟透做实习近平法治思想 以审判工作现代化服务保障中国式现代化》,载《习近平法治思想研究与实践》专刊2023年第8期(《民主与法制》周刊2023年第36期)。

2. 推进行政审判理念现代化

关键词

行政审判理念现代化

中华人民共和国首席大法官著述

二、推进审判工作现代化,根本在审判理念的转变,在审判理念的现代化

习近平总书记指出:"法治建设既要抓末端、治已病,更要抓前端、治未病。"[①] 理念是行动的先导,理念一新天地宽。审判工作现代化,最首要的、最关键的是审判理念现代化,以审判理念现代化统领、引导、促进各项工作现代化。要围绕厚植党长期执政的政治根基,坚持个案办理与诉源治理一体推进,把"抓前端、治未病"贯穿刑事、民事、行政审判和执行各领域全过程,从源头上预防和减少类案多发高发,通过办案关注、思考类案的成因,特别是相关类案明显升降的原因等,针对性提出司法建议、工作意见,促推国家治理、社会治理现代化。

加快推进行政审判理念现代化。行政诉讼既要保护公民的合法权益,又要监督行政机关依法行使职权,必须深刻认识行政权和司法权在根本上统一于党的绝对领导、统一于人民根本利益,在行政审判工作中牢固树立双赢多赢共赢的理念,把监督就是支持、支持就是监督贯穿审判执行全过程各方面。要支持促进政府加强对重点领域矛盾纠纷的源头治理,深入分析行政案件特别是行政上诉案件的类型、特点,找准问题的症结所在,把主要矛盾、矛盾的主要方面分析清楚后,针对重点领域的突出问题,及时向党委、政府报告,或通过发布行政审判白皮书、给有关部门发出司法建议等方式,促进依法行政。要支持促进政府在行政争议纠纷处置环节化解矛盾,进一步健全行政执法与司法审判的衔接联动机制,通过联合发布典型案例、开展同堂培训等方

---

① 习近平:《从全局和战略高度推进全面依法治国》(2020年11月16日),载《习近平著作选读》第二卷,人民出版社2023年版,第384页。

式，把以人民为中心的执法司法理念、处罚裁判标准更明确具体落实在行政执法和司法环节，促进行政机关在行政复议、行政复核程序中落实依法行政、实质性化解行政争议。这样，既能促进依法行政，又能实现案结事了、政通人和的良好效果，进入法院的案件也能大量减少，这就做实了厚植党的执政根基。要携手检察机关推动解决社会公共利益领域的突出问题，针对食药安全、生态环境保护、土地征用等涉及社会公共利益领域行政案件，法院要敏于感知、分析案件背后的问题，在尚未形成大量诉讼前商请检察机关以公益诉讼解决好涉及公共利益、老百姓共同利益的问题，促进从源头上解决问题。

——《真抓实干　能动履职　以高质量司法审判促进厚植党的执政根基》，载《人民法院报》2023年11月8日。

3. 行政审判要增强大局意识，坚决防止司法代替行政

关键词

行政审判　依法行政　合法性审查

最高人民法院司法政策精神

行政审判要增强大局意识，支持监督行政机关依法行政，强化合法性审查，同时坚决防止司法代替行政，到位不越位。

——《2022年人民法院工作要点》（2022年1月20日，法发〔2022〕6号）。

4. 加强行政审判工作，促进行政争议实质性化解和源头治理

关键词

行政审判　源头治理　实质性化解

最高人民法院司法政策精神

5. 营造市场化法治化国际化营商环境。持续抓好服务新时代加快完善社会主义市场经济体制意见落地落实。坚持"两个毫不动摇"，不断健全产权司法保护制度，保障各类市场主体依法平等使用生产要素、公开公平公正参与市场竞争、同等受到法律保护。强化市场主体法治意识和契约精神，依法惩治恶意拖欠账款和逃废债行为。加强反垄断和反不正当竞争司法，明确不正当竞争行为判断标准，服务建设高效规范、公平竞争、充分开放的全国统一大市场。加强行政审判工作，健全多元化解机制，促进行政争议实质性化解

和源头治理,服务法治政府建设。

——《2022年人民法院工作要点》(2022年1月20日,法发〔2022〕6号)。

5. 创建协调机制,妥善化解行政争议

关键词

协调机制　行政诉讼撤诉

最高人民法院司法政策精神

按照"坚持合法审查,促进执法完善,依法规范撤诉,力求案结事了"的要求,积极探索行政案件处理新机制

人民法院在查清事实,分清是非,不损害国家利益、公共利益和他人合法权益的前提下,可以建议由行政机关完善或改变行政行为,补偿行政相对人的损失,人民法院可以裁定准许行政相对人自愿撤诉。特别是对因农村土地征收、城市房屋拆迁、企业改制、劳动和社会保障、资源环保等社会热点问题引发的群体性行政争议,更要注意最大限度地采取协调方式处理。既要有娴熟的司法审查能力,又要具备高超的沟通协调能力和群众工作能力;既要依法保护群众的切身利益,又要善于引导当事人正当合法行使权利;既要保证个案处理的公正性,又要注意社会效益的最大化;既要全力做好本职工作,又要善于取得和依靠党委、政府的支持,要防止和避免因工作方法不当导致矛盾激化和转化,力争将案件处理的负面影响减少到最低限度。

探索和完善协调机制应当正确处理好以下关系:一是合法性审查与协调的关系。人民法院要在查明事实、分清是非,不损害国家利益、公共利益和他人合法权益的前提下,协调处理行政争议。二是自愿撤诉与积极协调的关系。原告申请撤诉必须建立在自愿的基础上,不得代替当事人表达意愿,更不能强迫当事人接受某种条件。三是协调与裁判的关系。当事人不同意撤诉或者和解后又反悔的,应当及时恢复审理、作出裁判,不得片面追求撤诉率而当判不判,久拖不结。四是撤诉与执行的关系。在确认当事人协议效力的同时,对按约应即时履行没有履行的,不能急于送达裁定;对于约定到期履行的,应对义务方履行协议情况进行监督,防止因毁约或者失信而导致循环诉讼。

——《最高人民法院关于加强和改进行政审判工作的意见》(2007年4月24日,法发〔2007〕19号)。

执行最高人民法院《关于行政诉讼撤诉若干问题的规定》中应注意处理

好的问题

一是以依法妥善处理行政争议为目标。制定最高人民法院《关于行政诉讼撤诉若干问题的规定》（以下简称《撤诉规定》）的主要目的，是妥善化解行政争议，依法审查行政诉讼中行政机关改变被诉具体行政行为及当事人申请撤诉的行为。人民法院经审查认为被诉具体行政行为违法或者明显不当，可以根据案件的具体情况，建议被告改变其所作的具体行政行为，主动赔偿或补偿原告的损失，原告同意后可以申请撤诉。这种处理机制是在法律允许范围内的制度创新，是新形势下解决行政争议的一项有效制度，是实现"案结事了"，促进"官"民和谐的必然要求。各级人民法院要通过认真执行《撤诉规定》，积极探索协调解决行政争议的新机制。特别是对于群体性行政争议、因农村土地征收、城市房屋拆迁、企业改制、劳动和社会保障、资源环保等社会热点问题引发的行政争议，更要注意最大限度地采取协调方式处理。鼓励和提倡双方当事人通过合意协商，在妥善解决争议的基础上通过撤诉的方式结案。

二是正确处理合法性审查与当事人撤诉的关系。提倡和鼓励以当事人撤诉的方式结案，不能排除或放弃合法性审查原则。人民法院应当在通过对具体行政行为的合法性、适当性进行审查，初步确认具体行政行为违法或明显不当的基础上，根据案件具体情况建议被告改变被诉具体行政行为。被告改变其所作的具体行政行为及原告申请撤诉只有符合法定条件，人民法院才能作出准许撤诉的裁定。

三是准确把握审判组织在新机制中的地位和作用。由于行政诉讼中被告改变其所作的具体行政行为，原告同意并申请撤诉，是建立在当事人自愿的基础上，合议庭可以发挥宣传、建议、协调和法律释明的作用，但要严格遵循当事人自愿原则，坚决防止和杜绝动员甚至强迫当事人撤诉的现象。既要尽可能通过协调化解行政争议，又不能片面追求撤诉率，侵害当事人合法权益。

四是注意选择裁定准许撤诉的时机。在当事人之间达成的和解中，往往具有履行权利义务的内容，人民法院应当关注和解内容的履行情况，对于有履行内容且履行完毕，符合撤诉条件的，应当裁定准许撤诉；不能即时或者一次性履行的，可以裁定准许撤诉，也可以裁定中止审理，以防止约定的义务不能及时履行或者不履行，使当事人的权益再次受到侵害。

五是正确处理撤诉与裁判的关系。及时救济权利，兼顾行政效率，是行政审判应当追求的目标。要正确处理好撤诉与裁判的关系，防止当判不判，久拖不结。经审查申请撤诉不符合法定条件，或者行政机关改变被诉具体行政行为后当事人不撤诉的，应当及时作出裁判。

六是完善撤诉的结案方式。为了满足审判实践的需要，《撤诉规定》对撤诉裁定的方式进行了必要的完善。准许撤诉裁定可以载明被告改变被诉具体行政行为的主要内容，并可以根据案件具体情况，在裁定理由中明确被诉具体行政行为全部或者部分不再执行。准许撤回上诉或者再审申请的裁定参照上述要求制作，并可以明确被诉具体行政行为或者原裁判全部或者部分不再执行，以解决双方当事人的合意与被诉具体行政行为或者原裁判的冲突。通过对行政机关改变具体行政行为的内容及履行情况加以确认，使当事人的权利义务更加明确。由于裁定通常只解决诉讼程序方面问题，因此，上述已在裁定理由中明确、涉及实体处理的内容，在裁定主文中不再表述。

七是注意撤诉的适用范围。行政机关改变被诉具体行政行为后原告申请撤诉，一般发生在第一审诉讼期间，但在第二审和再审期间也可能出现，如果片面强调判决的既判力和稳定性而不允许撤诉，不利于实现化解行政争议、妥善解决纠纷的目的。《撤诉规定》对此也作了明确规定，当事人在第二审期间申请撤回上诉，再审期间申请撤回再审申请的，均可参照本规定执行。

——《最高人民法院关于认真贯彻执行〈关于行政诉讼撤诉若干问题的规定〉的通知》(2008年1月31日，法发〔2008〕9号)。

要善于运用协调手段有效化解行政纠纷，促进社会和谐。在不违反法律规定的前提下，将协调、和解机制贯穿行政审判的庭前、庭中和庭后全过程。协调过程既可以由法官主持，也可以委托其他机关和个人主持。下级法院协调处理案件存在困难的，可以请求上级法院予以协助。要通过推动行政机关法定代表人出庭应诉制度，为协调、和解提供有效的沟通平台。要关注撤诉和解协议的执行情况，防止裁定撤诉后和解协议得不到及时有效执行而引起新的争议。

要探索建立制度化的沟通协调平台，形成司法与行政良性互动机制。通过制度化的良性互动机制，积极争取当地党委和政府的支持，形成协调、和解的合力，有效化解行政争议，维护社会和谐。

——《最高人民法院关于当前形势下做好行政审判工作的若干意见》(2009年6月26日，法发〔2009〕38号)。

6. 着力做好行政案件协调工作。在依法维护和监督行政机关依法行使行政职权的同时，要针对不同案件特点，通过积极有效的协调、和解，妥善化解行政争议。

在不违背法律规定的前提下，除了对行政赔偿案件依法开展调解外，在受理行政机关对平等主体之间的民事争议所作的行政裁决、行政确权等行政案件，行政机关自由裁量权范围内的行政处罚、行政征收、行政补偿和行政合同等行政案件，以及具体行政行为违法或者合法但不具有合理性的行政案件时,应当重点做好案件协调工作。

对一些重大疑难、影响较大的案件,要积极争取党委、人大支持和上级行政机关配合,邀请有关部门共同参与协调。对具体行政行为违法或者合法但不具有合理性的行政案件,要通过协调尽可能促使行政机关在诉讼中自行撤销违法行为,或者自行确认具体行政行为无效,或者重新作出处理决定。

——《最高人民法院关于进一步贯彻"调解优先、调判结合"工作原则的若干意见》(2010年6月7日,法发〔2010〕16号)。

6. 准确适用法律,统一裁判尺度

关键词

法律适用　审判经验　裁判标准

最高人民法院司法政策精神

准确适用法律规范,确保行政案件公正审理。

行政审判涉及的法律规范层级和门类较多,《立法法》施行以后有关法律适用规则亦发生了很大变化,在法律适用中经常遇到如何识别法律依据、解决法律规范冲突等各种疑难问题。这些问题能否妥当地加以解决,直接影响行政审判的公正和效率。而且,随着我国法治水平的提高和适应加入世贸组织的需要,行政审判在解决法律规范冲突、维护法制统一中的作用越来越突出。为准确适用法律规范,确保行政案件的公正审理,维护国家法制的统一和尊严,促进依法行政,最高人民法院行政审判庭就审理行政案件适用法律规范的突出问题进行专题调研,并征求有关部门意见。2003年10月,最高人民法院在上海召开全国法院行政审判工作座谈会期间,就审理行政案件适用法律规范问题进行了专题座谈。与会人员在总结审判经验的基础上,根据《立法法》《行政诉讼法》及其他有关法律规定,对一些带有普遍性的问题形成了共识。

——《最高人民法院关于印发〈关于审理行政案件适用法律规范问题的座谈会纪要〉的通知》(2004年5月18日,法〔2004〕96号)。

规范请示程序,正确处理行政、民事交叉和"以罚代刑"等问题。

要严格规范法律适用问题请示程序。各级人民法院在审理行政案件中遇到法律适用的疑难问题,可以向上级法院请示。上报请示应当严格执行最高人民法院关于请示问题的规定,请示的内容应当限于法律和司法解释的适用问题,不得就案件的事实认定问题、定性问题或者实体处理问题进行请示,更不得全案请示。法律适用问题请示应当逐级上报，不得越级请示。请示法院应当对请示问题的事实负责，并且经过审判委员会讨论提出倾向性意见。

正确处理行政诉讼案件和民事诉讼案件交叉的问题。要区别责任发生的时间、法律对责任实现顺序是否有专门规定，以及是否涉及国家利益、公共利益，审慎解决民事责任和行政责任的冲突。要立足我国社会主义初级阶段的国情，既重视保障民事受害人的及时有效救济，也要兼顾行政与民事两种赔偿责任承担的基本公平。对选择民事或行政救济途径法律规定不明确的，要加强法院内部的沟通协商，不轻易否定起诉人的行政诉权或民事诉权。如争议的民事法律关系是行政行为合法的基础性前提性事实和主要构成要件的，应当先行中止行政诉讼，等候民事诉讼的判决结果；反之则可以行政诉讼先行。不同审判庭或者法院之间应当主动加强沟通协调，不得各行其是。

充分尊重生效裁判的既判力，防止对同一事实或者同一法律问题作出不同裁判。无论是行政案件还是民事案件，在裁判发生法律效力后未经法定程序改判之前，对当事人、司法机关以及其他主体都具有拘束力，其他法院均不得作出与生效裁判不一致的裁判。即使生效裁判确有错误，也必须通过法定程序依法予以纠正，不得无视生效裁判的存在。

高度重视"以罚代刑"的问题。当前在行政程序中，"以罚代刑"的现象比较突出。各级人民法院在行政审判中发现违法行为已经构成犯罪的，应当及时移送刑事侦查机关处理；对于行政机关可能存在"以罚代刑"、放纵犯罪问题的，要向行政机关或者有关部门及时提出司法建议。

——《最高人民法院关于加强和改进行政审判工作的意见》(2007年4月24日，法发〔2007〕19号)。

7. 正确处理适用法律与执行政策关系

关键词

法律适用　执行政策　服务大局

最高人民法院司法政策精神

及时有力支持行政机关依法行政

各级人民法院在依法保护行政相对人合法权益，监督行政机关依法行政的同时，对于行政机关依法实施的行政管理活动及合法行政行为，要给予及时有力的支持。要依法正确受理和及时执行非诉行政执行案件，支持行政机关依法行政。对于各级行政机关依法实施经济调控、市场监管、公共服务、社会管理职能，要积极提供有效的司法保障。要坚决依法支持各级政府和相关行政部门打击制裁土地违法行为、金融证券领域的违法违规行为、侵犯知识产权的违法行为、危害食品药品安全的违法行为、破坏自然资源和环境保护的违法行为、损害农民合法权益的违法行为等专项执法活动，维护正常的行政管理秩序、经济秩序和社会秩序，维护各级政府和行政部门的权威和良好形象。

——《最高人民法院关于加强和改进行政审判工作的意见》（2007年4月24日，法发〔2007〕19号）。

充分发挥司法保障作用，依法支持行政机关为应对金融危机而采取的各项政策、措施

各级人民法院要切实增强为大局服务的意识，认真审理好因金融危机应对措施引发的行政诉讼案件。要深刻领会党和政府的各项大政方针、决策部署，全面了解相关政策、措施的出台背景，密切跟踪分析形势，及时调整行政审判为大局服务的思路和方法，注意克服就案办案、孤立办案的倾向。

要着眼于科学发展，本着有利于实现"三保"目标的原则，充分尊重行政机关的选择和判断。对于行政机关在拉动内需、促进企业发展、实行积极的财政政策和适度宽松的货币政策、压缩行政许可和行政审批事项、防范金融风险等方面实施的各项行政行为，在坚持合法性审查的基础上依法维护和支持。

对于因行政指导或政策调整而引发的案件，既要注意保护各类企业的信赖利益、公平竞争，促进政府诚实守信，也要考虑因金融危机而导致的情势变更因素，充分考虑特殊时期行政权的运行特点，妥善处理好国家利益、公共利益和个人利益的关系。

要依法慎重受理和审理政府信息公开行政案件，正确处理公开与例外的关系。既要保障公民、法人和其他组织的知情权、参与权、表达权、监督权，促进政务公开和服务型政府建设，又要注意把握信息披露的时间、对象和范围，保证政府信息公开不危及国家安全、经济安全、公共安全和社会稳定。

正确处理适用法律与执行政策关系，努力实现法律效果与社会效果的有机统一

要坚持法制的原则性和灵活性相结合，法律标准与政策考量相结合。在对规范性文件选择适用和对具体行政行为进行审查时，充分考虑行政机关为应对紧急情况而在法律框架内适当采取灵活措施的必要性，既要遵循法律的具体规定，又要善于运用法律的原则和精神解决个案的法律适用问题。对于没有明确法律依据但并不与上位法和法律原则相抵触的应对举措，一般不应作出违法认定。

要始终坚持法制统一原则，不能以牺牲法律为代价迁就明显违反法律强制性规定、侵犯当事人合法权益的行为。对于那些以应对危机为借口擅自突破法律规定，形成新的地方保护和行业垄断，侵犯公民、法人和其他组织合法权益的违法行为，要依法予以纠正。

主动建言献策，促进依法行政，不断强化行政审判的服务功能

要高度重视法律服务工作。积极参与党委、政府为"保增长、保民生、保稳定"出台重大政策、重大项目的研究论证，主动提供司法意见和法律咨询，积极为党委和政府建言献策，协助行政机关完善各项制度措施，从源头上预防和减少争议。

要高度重视司法建议工作。对于个案审理中发现的行政执法方面存在的问题，及时向有关行政机关提出改进意见和建议。对于政府决策和行政管理活动中出现的共性问题，书面报送当地党委、人大和政府，为领导决策和改进工作提供参考。

要高度重视立法建议工作。在审判活动中发现现行法律、法规或者规章确实不适应经济社会发展要求、无法满足应对金融危机需要的，应当通过法定程序及时向有关机关提出修改或者废止的建议。

改进和加强非诉行政案件审查执行，确保各项应对措施落到实处

高度重视与"保增长、保民生、保稳定"密切相关的行政行为的非诉执行工作，对于行政机关和权利人依法提出的非诉执行申请，人民法院要尽可能缩短审查期间，及时审查，及时执行。情况紧急需要先予执行的，可以依法先予执行。确有必要采取保全措施的，一般应当准许。在掌握非诉执行的审查标准时，要充分考虑应对金融危机和服务"三保"的特殊需要，不过多纠缠细枝末节，切实保证行政效率和人民群众合法权益的及时救济。

——《最高人民法院关于当前形势下做好行政审判工作的若干意见》（2009年6月26日，法发〔2009〕38号）。

8. 人民法院可以通过完整的统计、分析报告、生动的现实案例等适当形式将行政机关负责人出庭应诉情况向社会公开

关键词

行政机关负责人出庭应诉　适当形式

最高人民法院司法解释

第十四条　人民法院可以通过适当形式将行政机关负责人出庭应诉情况向社会公开。

人民法院可以定期将辖区内行政机关负责人出庭应诉情况进行统计、分

析、评价,向同级人民代表大会常务委员会报告,向同级人民政府进行通报。

——《最高人民法院关于行政机关负责人出庭应诉若干问题的规定》(2020年6月22日,法释〔2020〕3号)。

最高人民法院发布的典型案例

蔡某某诉山东省泗水县人民政府土地征收案

裁判要点:人民法院可以通过适当形式将行政机关负责人出庭应诉情况向社会公开,使社会公众可以参与监督、共同促进行政机关负责人出庭应诉工作,切实发挥出行政机关负责人出庭应诉制度的各项功能。

基本案情

蔡某某系山东省泗水县村民,在该村承包土地用于种植果树。2018年初,因鲁南高铁项目施工,蔡某某承包土地上果树在未签订征地补偿协议的情况下被强制清除,蔡某某认为其合法权益受到侵害,提起行政诉讼。经审理,山东省济宁市中级人民法院一审判决确认山东省泗水县人民政府(以下简称泗水县政府)征占蔡某某承包地的行政行为违法。泗水县政府不服,向山东省高级人民法院(以下简称山东高院)提起上诉。

出庭应诉情况

山东高院公开开庭审理本案,泗水县政府的出庭负责人到庭参加诉讼。在庭审过程中,出庭负责人认真倾听行政相对人意见,并积极"出声",表示已经了解了行政争议的根源所在,将与蔡某某积极沟通协商,采取有效措施妥善解决争议,申请撤回上诉。山东高院举行了山东省行政机关负责人庭审观摩活动,以视频会议的形式进行,在山东高院设主会场,各中级人民法院、基层人民法院设分会场。山东省、市、县三级万名行政机关人员共同旁听本案庭审。庭审结束后,参加观摩活动的山东省副省长、省委政法委副书记、公安厅厅长对山东省全省行政机关人员强调,做好行政应诉工作是行政机关的法定义务,要严格落实行政机关负责人出庭应诉制度,做到"出庭又出声"。

典型意义

根据《最高人民法院关于行政机关负责人出庭应诉若干问题的规定》第十四条规定,人民法院可以通过适当形式将行政机关负责人出庭应诉情况向社会公开,使社会公众可以参与监督、共同促进行政机关负责人出庭应诉工作,切实发挥出行政机关负责人出庭应诉制度的各项功能。公开的形式,既可以是一份完整的统计、分析报告,也可以是一个个生动的现实案例。本案中，山东高院组织的行政诉讼庭审观摩活动，是一堂生动而深刻的法治教育课，对于推动行政机关负责人出庭应诉常态化，提高领导干部运用法治思维和法治方法推动改革发展、维护社会稳定的能力，推进全面依法治省向纵深发展具有重要意义，相关经验和做法值得借鉴。

——《最高人民法院发布行政机关负责人出庭应诉典型案例》（2021年7月29日）。

9. 因《行政诉讼法》修改之前订立的招商引资协议引发争议的救济路径

关键词

行政诉讼法　招商引资协议　救济路径

最高人民法院审判业务意见（行政庭法官会议纪要）

涉案招商引资协议系区管委会为地方国民经济和社会发展所订立，具有公共利益属性，该协议中所约定的双方权利义务，涉及国土、交通、财税、房管、物价、工商、规划、建设、质监等多个行政管理领域，多个行政机关作出的一系列行政批准行为，形成相应多个行政法律关系，依法属于《行政诉讼法》规定的行政协议。虽然招商引资协议签订于《行政诉讼法》修改以前，但是当时的法律、法规、司法解释没有明确规定此类纠纷只能通过民事诉讼途径解决，对于行政机关不履行招商引资协议约定义务行为提起行政诉讼，在《行政诉讼法》修改前后都属于行政诉讼的受案范围。对此类争议，人民法院应当尊重当事人的选择权。修改后的《行政诉讼法》实施后，当事人坚持对修改后的《行政诉讼法》实施前订立的行政协议案件提起行政诉讼的，人民法院按照行政案件对相关争议作出处理，也不存在法律和事实上的障碍。在这一前提下，当事人对行政机关不履行招商引资协议约定义务行为提起行政诉讼的，根据《行政诉讼法》第十二条第一款第十一项的规定，属于人民法院行政诉讼的受案范围。

附：案情简介

某区管委会与某公司，于2013年9月、12月先后签订《某区工业项目招商合同书》《补充协议书》（以下统称招商引资协议），该公司于2014年完成土地摘牌，以新注册的某有限公司作为受让人，与出让人市国土资源局签订《国有建设用地使用权出让合同》。因认为市政府、区政府、区管委会未依照招商引资协议的约定履行义务，该公司于2015年5月18日提起行政诉讼，请求判决：责令市政府、区政府、区管委会立即履行招商引资协议；由某区管委会支付土地差价款，并承担相应的违约责任。

——《行政案件适用调解结案的范围》，载最高人民法院行政审判庭编著：《最高人民法院行政审判庭法官会议纪要（第二辑）》，人民法院出版社2023年版，第1~10页。

10. 行政机关负责人应当出庭应诉中"应当"的含义

关键词

行政机关负责人　出庭应诉

附录：最高人民法院法官著述

《行政诉讼法》采用的表述是行政机关负责人应当出庭应诉，将负责人出庭应诉作为行政机关的一般性、原则性义务，即原则上所有案件的行政机关负责人都应当出庭应诉。对此项含义的理解，无论是理论界抑或实践界，都存在不同的观点。

一种观点认为，立法规定已经非常清楚，采用"应当"之表述，即表明所有的行政诉讼案件，行政机关负责人都要出庭应诉。另一种观点认为，尽管立法采取"应当"的表述，但对于实践中确有正当理由不能出庭或者出庭没有太大价值的案件，也应当适当允许负责人并不实际出庭。笔者认为，前述两种观点都各有合理之处，前者是对立法进行严格的字义解释，后者是结合行政与司法实践情况进行的合理阐释。相比而言，要兼顾该两种观点的合理成分，应当结合《行政诉讼法》第三条第三款的规定进行体系解释，即行政机关负责人应当出庭应诉。不能出庭的，应当委托相应的工作人员出庭。具体理解应从以下方面进行把握：一是由于行政机关负责人的法定范围已经相对较为广泛，原则上都具备委派其中一位负责人出庭应诉的条件，即行政机关负责人原则上应当尽可能出庭应诉。二是不过度追求负责人出庭的绝对比例，避免行政机关负责人出庭流于形式。对于行政机关负责人出庭没有任何意义的，如当事人具有滥诉情形等，并不强行要求行政机关负责人都一律出庭应诉。另外，对于确有正当理由不能出庭的，也不追究其实际未出庭的相关责任。此时，可以将其归入"不能出庭的"情形，可以委托相应的工作人员出庭应诉。三是对于行政机关负责人确有必要出庭应诉的案件，即使行政机关负责人可能存在"不能出庭的"正当事由，人民法院亦应当依法采取有效措施尽可能创造条件使负责人能出庭。

需要注意的是，在具体理解"应当出庭"与"不能出庭的"之间的关系时，不能简单地将二者视为非此即彼或依次进行等单一适用关系，而应结合案件审理的具体需要进行判断。换言之，对于不属于"不能出庭的"情形而未出庭应诉的，人民法院也可能不追究其负责人未实际出庭的相应责任；对于属于"不能出庭的"情形，人民法院也可能采取相应措施确保负责人最终可以实际出庭。事实上，《最高人民法院关于行政机关负责人出庭应诉若干问题的规定》亦采取前述法律精神进行了相关的制度设计，最为直接的体现即为行政机关应当主动出庭以及人民法院通知出庭的特殊案件与其他普通行政案件在负责人出庭应诉方面的区别。就此问题，笔者将在后面的章节详细论述。

——章文英编著：《行政机关负责人出庭应诉制度实务指引》，人民法院出版社 2021 年版，第 51~52 页。

11. 行政机关负责人应当出庭应诉中"出庭"的含义

关键词

行政机关负责人　出庭应诉

附录：最高人民法院法官著述

一、行政机关负责人出庭的地点要求

为体现庭审程序的合法性及严肃性，开庭审理工作通常仅限于法庭。但对于因特殊情况致使开庭审理工作难以在日常理解的法庭内进行，人民法院已明确相应的场所发挥法庭作用的，且已配备法庭的基本要素的，该场所也可以视为法庭，如司法实践中较为常见的就地便民审判等。

二、行政机关负责人出庭的程序要求

关于司法机关受理的行政争议非诉程序以及非传统意义的开庭程序如听证或询问程序，能否适用行政机关负责人出庭制度，在《最高人民法院关于行政机关负责人出庭应诉若干问题的规定》制定过程中存在不同意见。一种意见认为，行政争议客观存在，无论其具体表现形式如何，行政机关和司法机关都应当依法予以解决。对此，行政机关负责人"出庭"发挥的作用与诉讼程序无异，不宜简单机械地限于诉讼案件的庭审程序。另一种意见认为，开庭活动通常仅限于诉讼程序，且庭审属于行政机关负责人最能发挥作用的程序，若将其范围过于扩大，将给行政机关增加过重的负担，也会带来实践操作的一系列问题。

在《最高人民法院关于行政机关负责人出庭应诉若干问题的规定》征求意见稿中，曾写明一审、二审、再审审查、再审等诉讼程序，但最终采用了后一种意见,即严格按照立法规定进行字义解释,将出庭活动限于一审、二审、再审等诉讼程序,而将"再审审查"予以删除。但客观而言,第一种观点在特定情形下可能更符合司法实践需求。如行政机关申请非诉执行程序,人民法院认为所申请的行政行为并不具有合法性等情形时,行政机关负责人有必要了解掌握相关情况,规范行政机关的执法行为时,亦可以通知负责人出庭参加听证或询问程序。又如在申请再审审查程序,双方当事人通常已经过一、二审程序,诉讼周期已相对较长,此时更应该实质性化解行政争议,尽快定分止争。此时,人民法院经审查认为行政机关负责人有必要参与到询问或听证程序中,亦应当赋予人民法院必要的裁量权限。因此,在《行政诉讼法》及《最高人民法院关于行政机关负责人出庭应诉若干问题的规定》已作出明确规定的情况下,人民法院不能将其作为法定适用的范围,但人民法院根据案件处理需要,认为行政机关负责人的参与确能发挥重要作用时,也可以通知或建议行政机关负责人参与到询问或调解程序,不同的是其性质更多属于鼓励而非强制,即行政机关负责人最终未能实际参与到相关程序的,人民法院不能追究其相关责任。

三、行政机关负责人出庭的时间要求

庭审环节是一个独立、完整的环节,行政机关负责人应当自庭审开始至结束整个环节参加开庭活动。通常而言,行政机关负责人实际参与到庭审之时,无论是各方当事人抑或人民法院,都应当将行政机关负责人可以发挥的作用尽量在庭审程序中予以体现或完成。如在武汉某公司因与武汉市洪山区人民政府、武汉市洪山区青菱都市工业园管理委员会申请再审一案[①]中,最高人民法院认为,"由于一审未开庭审理,武汉某公司认为行政机关负责人或工作人员未出庭,程序违法的问题并不存在。"根据前述案例可以得知:属于行政诉讼程序的案件,人民法院径行裁定驳回起诉的,因未经开庭审理程序,并不存在被诉行政机关履行负责人出庭应诉义务之问题。

——章文英编著:《行政机关负责人出庭应诉制度实务指引》,人民法院出版社2021年版,第53~56页。

12. 行政机关负责人应当出庭应诉中"相应的工作人员"的内涵

关键词

相应的工作人员　出庭应诉　行政机关负责人

---

① 参见最高人民法院(2017)最高法行申5956号行政裁定书。

附录：最高人民法院法官著述

《行政诉讼法》第三条第三款就行政机关负责人出庭应诉制度，同时规定了两个主体即行政机关负责人与相应的工作人员。但关于两个主体的理解，因立法机关并未进一步明确，一直存在较大争议。关于行政机关负责人范围的理解，主要争议在于是否限定于正职或法定代表人。关于相应的工作人员，主要争议在于是否属于特定的概念尤其是"相应的"是否有特定要求，以及是否限于该行政机关具有行政编制的人员。最高司法机关根据实践中反映出的问题，结合该项制度的立法目的，将两个主体的范围逐步予以明确，使制度设计与实践情况更为吻合，将制度实施带来的问题降到最低限度，使之更有效、全面地得到实施并充分发挥其制度优势。如根据2015年《行政诉讼法》实施之初的问题，《行政诉讼法解释》对两个主体作出初步规定以明确其范围，即明确行政机关负责人并不限于正职，也包括副职或者其他分管的负责人；明确相应的工作人员不限于具有国家行政编制的工作人员，也包括其他不具有行政编制但可以依法履行公职的工作人员。但因其内容不够详尽，且对部分疑问并未进行回应，致使理解与适用过程中仍出现分歧，并由此直接影响制度的实施效果。对此，《最高人民法院关于行政机关负责人出庭应诉若干问题的规定》对两个主体进一步作出规定，以解决实践中存在的突出问题。如关于行政机关负责人范围，引导由分管被诉行政行为实施工作的负责人出庭，因已在本章第二节部分详细分析，在此不再赘述；关于相应的工作人员，则作出专门规定进一步予以细化。因此，关于相应的工作人员的判断，应当同时适用《行政诉讼法解释》第一百三十条规定"行政诉讼法第三条第三款规定的'行政机关相应的工作人员'，包括该行政机关具有国家行政编制身份的工作人员以及其他依法履行公职的人员。被诉行政行为是地方人民政府作出的，地方人民政府法制工作机构的工作人员，以及被诉行政行为具体承办机关工作人员，可以视为被诉人民政府相应的工作人员"以及《最高人民法院关于行政机关负责人出庭应诉若干问题的规定》第十条第一、第二款规定"行政诉讼法第三条第三款规定的相应的工作人员，是指被诉行政机关中具体行使行政职权的工作人员。行政机关委托行使行政职权的组织或者下级行政机关的工作人员，可以视为行政机关相应的工作人员"。

根据前述规定，对于"相应的工作人员"的理解，应注意以下方面：

第一，相应的工作人员属于特定的概念，其与行政机关的其他普通工作人员有所区别，其主要区别在于"相应的"范围，具体指向被诉行政行为，即相应的实施被诉行政行为的工作人员。

第二，相应的工作人员范围，属于依法履行被诉行政行为所涉公职的工作人员即可。无论其级别高低或是否具有国家行政编制，若其不具体实施或参与被诉行政行为，都不能作为相应的工作人员；反之，即使其不具有国家行政编制或者其属于下级行政机关的工作人员，只要其属于具体实施被诉行政行为的工作人员，都可以依法由被诉行政机关确定为相应的工作人员。

第三，关于"相应的"判断，关键在于遵循其所蕴含的法律精神，即因了解案件有关事实以及相关争议的来龙去脉，其出庭有助于案件的审理。如在包头市某公司诉内蒙古自治区包头市人民政府收回土地使用权行为申请再审一案[①]中，申请再审的理由之一为"被申请人的行政机关负责人无正当理由不出庭应诉，仅委托律师和一名包头市国土资源局的工作人员作为诉讼代理人，一审程序违法，二审不纠正一审错误亦违法"。对此，最高人民法院认为，"被申请人的负责人虽未出庭，但已委托包头市国土资源局的工作人员作为诉讼代理人出庭，该工作人员所隶属的行政机关即收回涉案国有土地使用权的职权机关，该机关工作人员出庭有利于查明相关事实"。因此，《最高人民法院关于行政机关负责人出庭应诉若干问题的规定》将"相应的"界定为"具体行使行政职权"。这里的行政职权是指与被诉行政行为直接相关的职权，其目的即为参加庭审的人员对案件情况予以了解，可以直接明确争议的焦点所在。但实践中，被诉行政行为在正式对外作出之时，可能涉及多个内部职能机构，具体参与的工作人员也可能存在多个。原则上，这些工作人员都可以作为相应的工作人员参加庭审，具体人员的确定属于行政机关的权利。同样，下级机关具体实施被诉行政行为的工作人员，也应当符合具体行使行政职权的前提。

第四，关于是否包含法制工作人员问题，《最高人民法院关于行政机关负责人出庭应诉若干问题的规定》在征求意见稿中也列举了法制工作人员。与对行政机关负责人范围的建议相同，立法机关也建议予以删除，其理由也相同，即法制工作人员可能被误导为专门用以出庭应诉，而其在广义上也可以被列入相应的工作人员范围等。

——章文英编著：《行政机关负责人出庭应诉制度实务指引》，人民法院出版社 2021 年版，第 58~61 页。

13. 行政机关负责人应当出庭应诉中的"相应的工作人员"与"出庭负责人"之间的关系

关键词

相应的工作人员　出庭负责人

[①] 参见最高人民法院（2018）最高法行申 6299 号行政裁定书。

> **附录：最高人民法院法官著述**
>
> 1. 相应的工作人员仅在行政机关负责人不出庭的情况下才存在。即被诉行政机关已经委派出庭负责人的，则通常不存在或不需要审查是否有相应的工作人员问题。尽管出庭负责人与相应的工作人员都可以参加庭审活动，但以出庭负责人作为是否履行出庭义务的优先判断依据，在出庭负责人不符合法定条件时，才进一步核实相应的工作人员是否符合法定条件。
>
> 2. 相应的工作人员属于行政机关负责人出庭应诉制度的一部分，其本质上是代替负责人履行相关应诉职责。即行政机关负责人因有正当理由不能出庭的，则必须委派相应的工作人员出庭，否则，可以直接认定行政机关未履行负责人出庭义务。
>
> 3. 相应的工作人员与出庭负责人的诉讼地位不完全等同。前者占用诉讼代理人名额，需要办理行政机关的委托代理诉讼手续如授权委托书，而后者并不占用诉讼代理人名额，仅需办理委派手续即可，并不当然需要办理授权手续。换言之，出庭负责人履行完出庭义务之后，原则上不再承担其他具体的法定义务（尽管出庭负责人的实际职责或作用远不仅限于出庭，但从法定义务履行以及未履行的法律后果来看，出庭即其唯一的法定义务。关于出庭负责人应发挥的具体作用，本书将在其他章节进行详述，此不赘述）。但相应的工作人员履行完出庭义务之后，其继续承担诉讼代理人的职责，代理完成庭审结束后的相关诉讼行为。
>
> 4. 二者与被诉行政行为之间的关系也有所不同。相应的工作人员要求必须具有紧密的联系，即前期已实际参与到被诉行政行为工作，对作出被诉行政行为的法定职权、法定要求、事实根据以及引发争议的问题所在等都要较为熟知的工作人员，而出庭负责人尽管也要求存在一定的联系，即要分管被诉行政行为实施工作，但并不要求前期直接参与到被诉行政行为。换言之，相应的工作人员强调对被诉行政行为的熟知，出庭负责人强调对被诉行政行为的决策权限。
>
> ——章文英编著：《行政机关负责人出庭应诉制度实务指引》，人民法院出版社2021年版，第61~62页。

14. 关于地方人民政府中参与分管的负责人的认定

关键词

地方人民政府　参与分管　负责人

最高人民法院司法解释

第二条 行政诉讼法第三条第三款规定的被诉行政机关负责人，包括行政机关的正职、副职负责人、参与分管被诉行政行为实施工作的副职级别的负责人以及其他参与分管的负责人。

被诉行政机关委托的组织或者下级行政机关的负责人，不能作为被诉行政机关负责人出庭。

——《最高人民法院关于行政机关负责人出庭应诉若干问题的规定》（2020年6月22日，法释〔2020〕3号）。

附录：最高人民法院主流观点

根据《最高人民法院关于行政机关负责人出庭应诉若干问题的规定》第二条第一款的规定，地方人民政府作为被告的，地方人民政府的秘书长、副秘书长和政府法制部门的负责人，可以作为行政机关负责人出庭应诉，但前提是必须与被诉行政行为有分管关系。在我国目前的行政体制中，县政府一般不设置秘书长，市政府以上的才设置秘书长，通常也被列为市政府领导。因此，秘书长和副秘书长可以作为"参与分管被诉行政行为实施工作的副职级别的负责人或其他参与分管的负责人"出庭应诉。政府法制部门负责本级政府的法制工作，如果被诉行政行为如行政复议由政府法制部门具体经办或具有其他业务关系，且其负责人亦属于行政机关的副职负责人或副职级别的负责人，则其出庭应诉也有助于纠纷解决，可以视为"参与分管被诉行政行为实施工作的副职级别的负责人或其他参与分管的负责人"。另外，由于我国行政体制的特殊性，有些行政机关还单独设有负责党务、纪检监察等工作的副职或副职级别的负责人，如果其被安排分管与被诉行政行为有关系的工作，则其亦应当属于"参与分管被诉行政行为实施工作的副职级别的负责人或其他参与分管的负责人"，可以作为行政机关负责人出庭应诉。

——最高人民法院行政审判庭编著：《最高人民法院关于行政机关负责人出庭应诉司法解释理解与适用》，人民法院出版社2021年版，第41~42页。

15. 关于政府法律顾问或者公职律师的出庭身份问题

关键词

政府法律顾问　公职律师　出庭身份

最高人民法院司法解释

第六条 行政机关负责人出庭应诉的，应当于开庭前向人民法院提交出庭应诉负责人的身份证明。身份证明应当载明该负责人的姓名、职务等基本信息，并加盖行政机关印章。

人民法院应当对出庭应诉负责人的身份证明进行审查，经审查认为不符合条件，可以补正的，应当告知行政机关予以补正；不能补正或者补正可能影响正常开庭的，视为行政机关负责人未出庭应诉。

第十条 行政诉讼法第三条第三款规定的相应的工作人员，是指被诉行政机关中具体行使行政职权的工作人员。

行政机关委托行使行政职权的组织或者下级行政机关的工作人员，可以视为行政机关相应的工作人员。

人民法院应当参照本规定第六条第二款的规定，对行政机关相应的工作人员的身份证明进行审查。

——《最高人民法院关于行政机关负责人出庭应诉若干问题的规定》（2020年6月22日，法释〔2020〕3号）。

附录：最高人民法院主流观点

司法实践中，除了一般由律师事务所就某一特定案件委托律师参加行政诉讼之外，还有一些有律师身份者，以政府法律顾问或者以公职律师的身份参加到诉讼中来。这里的核心问题是，他们可否视为本规定所规定的"行政机关相应的工作人员"？

我们认为，通常情况下，律师如果以行政机关法律顾问的身份出庭应诉时，由于法律顾问也是《律师法》赋予律师开展执业、提供服务的方式之一，无论是短期或者一案一聘的法律顾问，还是长期的法律顾问，其执业身份仍然为律师，不宜视为本条所规定的行政机关相应的工作人员。如果是不具有律师身份和执业资格的人员担任法律顾问（如学者、退休的司法人员），原则上也不应当视为相应的工作人员。本规定第十条第一款规定的"行政诉讼法第三条第三款规定的相应的工作人员，是指被诉行政机关中具体行使行政职权的工作人员"，主要落脚点在于"具体行使行政职权"。针对上述情况，行政机关负责人不能出庭应诉时，则必须委托至少一名行政机关相应的工作人员出庭应诉，不能仅委托律师出庭应诉。

《行政诉讼法解释》第一百二十八条第二款规定的"不得仅委托律师出庭"的禁止性规定，有其独特的实践价值。重在强调告"官"要见"官"，同时，负有行政职权的人到庭更便于人民法院全面查明事实、了解情况。但是，考虑到实践中的复杂性，法律顾问在很多时候是另一套管理制度与模式，在不违反法律的禁止性规定的情况下，针对个案特定情形，将少数不具有律师身份、长期实际在行政机关接触工作、行使职权，熟悉该机关复议、应诉情况且有明确委托手续的法律顾问，视为行政机关的相应的工作人员，并非绝对禁止。同时，随着司法行政相关改革的逐步推开，有关行政机关积极推进公职律师制度改革，一些行政机关对外公开招聘公职律师，甚至由其本身相应的工作人员担任公职律师的情形越来越多。他们有别于一般的社会化的律师事务所的律师，长期在行政机关办公，领取相应的报酬，享受相应的待遇，甚至人事关系亦属于行政机关管理的内部人员；在出庭身份上，也可以视为《行政诉讼法解释》第一百三十条有关"该行政机关具有国家行政编制身份的工作人员以及其他依法履行公职的人员"中的两种情形之一，不视为构成违反《行政诉讼法解释》第一百二十八条第二款有关"不得仅委托律师出庭"之禁止性规定的情形。也即，政府公职律师在特定情形下可以视为行政机关相应的工作人员。

——最高人民法院行政审判庭编著：《最高人民法院关于行政机关负责人出庭应诉司法解释理解与适用》，人民法院出版社2021年版，第139~141页。

16. 行政应诉专用章的法律效力

关键词

行政应诉专用章　法律效力

最高人民法院司法解释

第六条　行政机关负责人出庭应诉的，应当于开庭前向人民法院提交出庭应诉负责人的身份证明。身份证明应当载明该负责人的姓名、职务等基本信息，并加盖行政机关印章。

人民法院应当对出庭应诉负责人的身份证明进行审查，经审查认为不符合条件，可以补正的，应当告知行政机关予以补正；不能补正或者补正可能影响正常开庭的，视为行政机关负责人未出庭应诉。

——《最高人民法院关于行政机关负责人出庭应诉若干问题的规定》（2020年6月22日，法释〔2020〕3号）。

附录：最高人民法院主流观点

应诉材料经审定后，应当在答辩状、身份证明、授权委托书上加盖行政机关的印章，并在法定期限内提交人民法院。实务中，行政机关可以根据印章管理相关规定，结合工作实际，适用本机关的行政诉讼专用章或者本机关印章，制作相关行政应诉法律文书。对于已经作出通知、公告或者制定应诉办法、规定来启用"行政应诉专用章"的行政机关，可以在上述应诉材料上加盖行政应诉专用章来代替，与行政机关印章具有同等的法律效力。

——最高人民法院行政审判庭编著：《最高人民法院关于行政机关负责人出庭应诉司法解释理解与适用》，人民法院出版社2021年版，第88页。

17. 对于原告起诉的共同被告不符合条件的，如何确定负责人出庭

关键词

原告起诉　共同被告　出庭应诉　被告不适格

附录：最高人民法院法官著述

由于行政机关难以判断人民法院是否以被告不适格为由而裁定驳回原告对其提起的诉讼，除所有共同被告不适格而无需开庭审理之外，所有共同被告原则上都应当做好负责人出庭的准备。此时，可能存在一些特殊情形，如部分被告认为自己显然不属于适格被告的，并未委派负责人出庭，人民法院应当如何处理，存在两种不同意见：

一种意见认为，应当追究其负责人未出庭的相关责任，主要理由为：人民法院决定开庭审理的，被告无法确定其负责人是否无需出庭，原则上都应当履行负责人出庭义务。负责人出庭与是否裁定驳回对其提起的诉讼属于两个不同层面的问题，该被告未委派负责人出庭，表明其有未履行负责人出庭的意愿及行为，依法应当承担相应责任。

另一种意见认为，由于原告对该被告提起的诉讼最终被人民法院裁定驳回起诉，其负责人实质上无需出庭应诉，以此追究其未出庭的相关责任并无实际意义。

对于前述两种意见的采纳，《最高人民法院关于行政机关负责人出庭应诉若干问题的规定》并未进一步规定，可以在实践经验相对成熟时予以明确。笔者认为，两种意见都有其合理之处，但都不宜过于绝对以此作为所有情形的判断标准，而应当由人民法院根据案件的审理需要以及被告不适格的具体情形等因素作出处理。如对于该行政机关显然不属于适格被告（如原告明知不适格而故意追加为被告或明显缺乏相关的诉讼知识等），人民法院可以径行裁定驳回原告对该被告的起诉，即按照第二种意见进行处理，避免给相关行政机关增加过多的负责人出庭义务；对于难以直接判断该行政机关是否属于适格被告（如机构改革前、后原行政主体与权利义务承继主体等难以直接确定适格被告主体的），人民法院可以结合行政机关未委派负责人出庭的具体表

现,决定采取第一种意见或第二种意见进行处理,但宜以第一种意见进行处理为主。

——章文英编著:《行政机关负责人出庭应诉制度实务指引》,人民法院出版社2021年版,第78~79页。

18. 行政机关负责人不出庭应承担的责任性质

关键词

行政机关负责人　出庭应诉

最高人民法院司法解释

第十二条　有下列情形之一的,人民法院应当向监察机关、被诉行政机关的上一级行政机关提出司法建议:

(一)行政机关负责人未出庭应诉,且未说明理由或者理由不成立的;

(二)行政机关有正当理由申请延期开庭审理,人民法院准许后再次开庭审理时行政机关负责人仍未能出庭应诉,且无正当理由的;

(三)行政机关负责人和行政机关相应的工作人员均不出庭应诉的;

(四)行政机关负责人未经法庭许可中途退庭的;

(五)人民法院在庭审中要求行政机关负责人就有关问题进行解释或者说明,行政机关负责人拒绝解释或者说明,导致庭审无法进行的。

有前款情形之一的,人民法院应当记录在案并在裁判文书中载明。

——《最高人民法院关于行政机关负责人出庭应诉若干问题的规定》(2020年6月22日,法释〔2020〕3号)。

附录:最高人民法院主流观点

行政机关仅委托律师出庭,虽然违反《行政诉讼法》《行政诉讼法解释》及本规定关于"行政机关负责人应当出庭应诉"的有关规定,但行政机关承担的仅仅是纪律责任,而非败诉的法律风险。因为,行政机关负责人及其工作人员并非案件的当事人,其仅仅是被告的法定代表人或委托诉讼代理人,在应当出庭而没有出庭的情况下,承担的责任性质应为违反法定义务的纪律责任,此种责任性质与被告无正当理由拒不到庭或未经法庭许可中途退庭的法律后果不同。

行政机关负责人出庭应诉是法律科以被告配合人民法院审判工作的单方诉讼义务,被告并不因履行该项诉讼义务而获得相应的诉讼权利,原告也不能以此主张其享有对应的诉讼权利。当事人以行政机关负责人出庭应诉情况为由提出对自己有利的诉讼主张,人民法院不予支持。

——最高人民法院行政审判庭编著:《最高人民法院关于行政机关负责人出庭应诉司法解释理解与适用》,人民法院出版社2021年版,第162~163页。

19. 行政机关负责人未出庭应诉的,如何处理

关键词

行政机关负责人　出庭应诉

最高人民法院司法解释

第四条 对于涉及食品药品安全、生态环境和资源保护、公共卫生安全等重大公共利益,社会高度关注或者可能引发群体性事件等的案件,人民法院应当通知行政机关负责人出庭应诉。

有下列情形之一,需要行政机关负责人出庭的,人民法院可以通知行政机关负责人出庭应诉:

(一)被诉行政行为涉及公民、法人或者其他组织重大人身、财产权益的;

(二)行政公益诉讼;

(三)被诉行政机关的上级机关规范性文件要求行政机关负责人出庭应诉的;

(四)人民法院认为需要通知行政机关负责人出庭应诉的其他情形。

第十二条 有下列情形之一的,人民法院应当向监察机关、被诉行政机关的上一级行政机关提出司法建议:

(一)行政机关负责人未出庭应诉,且未说明理由或者理由不成立的;

(二)行政机关有正当理由申请延期开庭审理,人民法院准许后再次开庭审理时行政机关负责人仍未能出庭应诉,且无正当理由的;

(三)行政机关负责人和行政机关相应的工作人员均不出庭应诉的;

(四)行政机关负责人未经法庭许可中途退庭的;

(五)人民法院在庭审中要求行政机关负责人就有关问题进行解释或者说明,行政机关负责人拒绝解释或者说明,导致庭审无法进行的。

有前款情形之一的,人民法院应当记录在案并在裁判文书中载明。

——《最高人民法院关于行政机关负责人出庭应诉若干问题的规定》(2020年6月22日,法释〔2020〕3号)。

附录：最高人民法院主流观点

关于是否需要处理行政机关的负责人未出庭应诉的，有不同观点：一种意见认为应当处理，主要理由为：行政机关属于负责人应当主动出庭而未出庭的情形，且行政机关具有违反诚信原则的表现。另一种意见认为不宜处理，主要理由为：《最高人民法院关于行政机关负责人出庭应诉若干问题的规定》第十二条关于处理的规定，列举了五项具体情形，并未设计兜底条款。因此，除了所列举的情形，其余情形并不需要进行处理。我们认为，该规定第十二条第一款第一项可以作为处理依据，但在具体适用时应当慎重。一方面，要认真审查行政机关负责人未出庭应诉是否有正当理由，有正当理由的，不能处理。没有正当理由的，人民法院没有固定相关的证据可以证明行政机关违反诚信原则的，不宜处理。另一方面，因人民法院未履行通知职责，可推定行政机关负责人未出庭的过错程度不高，人民法院通过通知行政机关负责人出庭应诉以及另行开庭审理等方式促使行政机关负责人实际出庭应诉，其效果要优于简单按行政机关负责人未出庭应诉进行处理的方式。因此，对于行政机关负责人应当主动出庭而未出庭的，通常仅在有证据证明行政机关违反诚信原则，且又单方不同意延期开庭审理等恶意规避负责人出庭应诉义务的情形，人民法院才可以按照该规定第十二条的规定进行处理。

——最高人民法院行政审判庭编著：《最高人民法院关于行政机关负责人出庭应诉司法解释理解与适用》，人民法院出版社2021年版，第69~70页。

20. 行政机关负责人未出庭应诉是否可以继续开庭审理

关键词

行政机关负责人　出庭应诉　开庭审理

最高人民法院司法解释

第十二条 有下列情形之一的，人民法院应当向监察机关、被诉行政机关的上一级行政机关提出司法建议：

（一）行政机关负责人未出庭应诉，且未说明理由或者理由不成立的；

（二）行政机关有正当理由申请延期开庭审理，人民法院准许后再次开庭审理时行政机关负责人仍未能出庭应诉，且无正当理由的；

（三）行政机关负责人和行政机关相应的工作人员均不出庭应诉的；

（四）行政机关负责人未经法庭许可中途退庭的；

（五）人民法院在庭审中要求行政机关负责人就有关问题进行解释或者说

明，行政机关负责人拒绝解释或者说明，导致庭审无法进行的。

有前款情形之一的，人民法院应当记录在案并在裁判文书中载明。

——《最高人民法院关于行政机关负责人出庭应诉若干问题的规定》（2020年6月22日，法释〔2020〕3号）。

附录：最高人民法院主流观点

《最高人民法院关于行政机关负责人出庭应诉若干问题的规定》第十二条第一款第二项虽然规定了"行政机关有正当理由申请延期开庭审理"的情形，但该项针对的是，行政机关接到人民法院的开庭通知后明确提出其负责人因正当理由不能出庭应诉的情形，对于行政机关没有在开庭前提出、开庭后发现其负责人未出庭的情况如何处理？在此情况下，人民法院可以根据个案情况，决定是否需要延期开庭审理或继续开庭审理。决定继续开庭审理的，既可以继续开庭审理后依法作出裁判，也可以决定再次开庭并通知行政机关负责人出庭应诉。易言之，行政机关负责人应当出庭而未出庭，人民法院可以按照相应措施进行处理，但不影响案件的审理。因为行政机关负责人出庭应诉制度，不是当事人双方的诉讼权利与义务制度，而是法律赋予人民法院审理行政案件可以合理运用的裁量权限和有效措施，以保障行政审判职能得到更全面的发挥，促使行政案件的审理获得更为良好的效果。

司法实践中比较常见的情况是，原告对行政机关负责人未出庭应诉提出异议，甚至以此为由提起诉讼。例如，孙某安诉北京市人民政府行政复议一案，最高人民法院在裁判理由中阐明："被诉行政机关负责人出庭应诉是我国的一种基本行政诉讼制度。被诉行政机关负责人虽有法定义务参与行政诉讼活动，但该义务的履行不以公民、法人或其他组织的申请为前提，亦不以直接保护公民、法人或其他组织的合法权益为目的。设立该制度的基本立法本意是，被诉行政机关负责人通过出庭应诉，参与行政诉讼活动，直接面对公民、法人或其他组织，了解本行政机关的执法情况，有效解决行政争议，有利于全面推进依法行政，加强法治政府建设。被诉行政机关负责人不能出庭的，应当委托相应的工作人员出庭。如果被诉行政机关负责人不出庭应诉也不委托相应的工作人员出庭，需要就此追究有关人员责任的，应当通过《中华人民共和国公务员法》《中华人民共和国行政监察法》等规定的内部追责程序加以解决，而不属于行政复议和行政诉讼的受案范围。"[1] 再如，王某英诉青岛市市北区人民政府信息公开行政告知一案，山东省高级人民法院在裁判文书中载明："被告向本院提交《行政机关负责人出庭应诉反馈表》，写明其负责人不能出庭。在此种情况下，被告应依照上述规定委托相应的工作人员出

---

[1] 详见最高人民法院（2017）最高法行申559号行政裁定书。

庭。但被告仅委托两名律师出庭，显然不符合上述规定，法院予以指出。但鉴于两名律师持有被告的授权委托书，能够证明被告授权其参与本案诉讼活动，且原告庭审中亦表示虽对被告出庭人员身份持有异议，但仍要求进入庭审程序，故对被告委托的两名律师代理行为的有效性予以确认。"①

——最高人民法院行政审判庭编著：《最高人民法院关于行政机关负责人出庭应诉司法解释理解与适用》，人民法院出版社2021年版，第163~164页。

21. 行政机关在首次开庭没有履行负责人出庭义务，但在后续开庭时履行的，能否适用该项规定免除其首次开庭没有履行负责人出庭义务的相关责任

关键词

行政机关　首次开庭　负责人　出庭应诉

附录：最高人民法院法官著述

实践中主要有两种不同意见：（1）认为可以。主要理由为：其一，无论被诉行政机关的负责人在何次庭审出庭，形式上与《最高人民法院关于行政机关负责人出庭应诉若干问题的规定》出庭一次即已履行出庭义务的规定相吻合，且其客观上已经履行了出庭义务，可以发挥负责人出庭应有的作用。其二，若不能免除被诉行政机关负责人首次未能出庭的责任，那么将严重影响被诉行政机关在再次庭审中委派负责人出庭以弥补首次未能出庭过失的积极性，与促进被诉行政机关负责人出庭的目的相违背。（2）认为不可以。主要理由为：行政机关负责人出庭应诉制度是人民法院用以妥善审理行政争议的司法措施，赋予人民法院依法追究责任的权限，其目的就在于保障该项制度可以得到切实贯彻实施。对于已经违反了负责人出庭义务行为且依法应当追究责任的，该行为已经完成且不能被后续的负责人出庭行为所抹除，人民法院对其依法予以责任追究，在于对其未依法履行义务的行为进行否定性评价，反之容易诱导行政机关在履行出庭应诉义务时的侥幸心理。笔者认为，前两种意见都有其合理之处，在具体实践操作过程中，应当将二者有机结合。即在判断此情形下是否追究行政机关负责人未出庭应诉责任时，应当把握以下方面：一是人民法院可以追究行政机关负责人未出庭责任。二是人民法院是否实际追究责任，具有最终的裁量权限。换言之，人民法院可以根据行政机关负责人未出庭的表现以及带来的负面影响等要素，在个案中判断是否追

---

① 详见山东省高级人民法院（2017）鲁行终2119号行政裁定书。

究相关责任。

——章文英编著:《行政机关负责人出庭应诉制度实务指引》,人民法院出版社 2021 年版,第 86~87 页。

22. 关于案件是否属于行政机关负责人未履行主动出庭应诉义务,行政机关与人民法院认识出现分歧时的处理

关键词

行政机关负责人　出庭应诉

最高人民法院司法解释

第四条　对于涉及食品药品安全、生态环境和资源保护、公共卫生安全等重大公共利益,社会高度关注或者可能引发群体性事件等的案件,人民法院应当通知行政机关负责人出庭应诉。

有下列情形之一,需要行政机关负责人出庭的,人民法院可以通知行政机关负责人出庭应诉:

(一)被诉行政行为涉及公民、法人或者其他组织重大人身、财产权益的;

(二)行政公益诉讼;

(三)被诉行政机关的上级机关规范性文件要求行政机关负责人出庭应诉的;

(四)人民法院认为需要通知行政机关负责人出庭应诉的其他情形。

——《最高人民法院关于行政机关负责人出庭应诉若干问题的规定》(2020 年 6 月 22 日,法释〔2020〕3 号)。

附录:最高人民法院主流观点

对于行政机关负责人应当出庭应诉的三类特殊案件,因具有较强的主观性以及现行法律未确定具体标准,在相关结论的认识上出现分歧的可能性较大。当被诉行政机关与人民法院出现不同认识时,尤其是行政机关负责人实际未出庭的,人民法院应当如何处理,有必要予以明确。在具体操作时,应当把握以下方面:(1)以人民法院的认识为最终依据。根据司法终局性特征,当事人就同一问题与司法机关的认识不一致的,应当以司法机关的认识为准。同理,人民法院认为属于三类特殊案件,而行政机关认为不属于的,应当以人民法院的认识为准。但是,若行政机关认为属于三类特殊案件的,人民法院应当支持行政机关的观点。(2)对于行政机关的不一致认识但又有合理之

处的,不宜简单以其认识错误为由而苛责于行政机关。换言之,对于本身争议较大的事项,即影响公共利益的程度是否达到严重等,行政机关能有合理解释的,不宜认定其具有不履行负责人主动出庭应诉义务的主观故意。(3)对于明显属于三类特殊案件,即普通公众对此通常都能形成多数意见或出现较少分歧的,行政机关以其主观认识出现偏差为由进行抗辩的,人民法院则不予采纳,应当推定行政机关具有不履行负责人主动出庭应诉义务的主观故意。(4)人民法院应当根据行政机关是否具有不履行负责人出庭应诉义务的故意,来确定是否具有向有关机关提出处理司法建议的必要性。

——最高人民法院行政审判庭编著:《最高人民法院关于行政机关负责人出庭应诉司法解释理解与适用》,人民法院出版社2021年版,第67~68页。

23. 人民法院未正确履行通知职责的法律后果

关键词

非书面形式通知　出庭应诉

最高人民法院司法解释

第五条　人民法院在向行政机关送达的权利义务告知书中,应当一并告知行政机关负责人出庭应诉的法定义务及相关法律后果等事项。

人民法院通知行政机关负责人出庭的,应当在开庭三日前送达出庭通知书,并告知行政机关负责人不出庭可能承担的不利法律后果。

行政机关在庭审前申请更换出庭应诉负责人且不影响正常开庭的,人民法院应当准许。

——《最高人民法院关于行政机关负责人出庭应诉若干问题的规定》(2020年6月22日,法释〔2020〕3号)。

附录:最高人民法院主流观点

通知行政机关负责人出庭应诉,既是人民法院的职权,也是法定的义务。属于特殊案件的,人民法院应当履行通知出庭应诉的义务;人民法院认为不属于本规定列举的范围但又确需要负责人出庭应诉的,也可以依法行使通知的职权。实践中,当事人认为人民法院未正确履行通知职责,并以此为由要求主张其获得相关诉权或追究人民法院的相关责任的,对此如何处理,《最高人民法院关于行政机关负责人出庭应诉若干问题的规定》并未进一步规定。但可以明确的是,行政机关负责人出庭应诉制度并不是当事人的诉讼权利义务制度,当事人不能以此作为上诉或申请再审的法定理由。但关于是否可以通过人民法院内部申诉途径进行反映或救济，仍有待进一步论证。主要理由为：（1）负责人出庭应诉本身属于行政机关的法定的普遍义务，人民法院要求行政机关负责人出庭应诉并未超出法定权限范围，也不属于过于增加行政机关负担的情形。（2）即使人民法院在通知或未通知负责人出庭应诉方面存在过错或瑕疵，其本身并不直接影响案件裁判结论。若行政机关认为人民法院通知其负责人出庭没有必要性，尤其是具有增加其负担的故意之时，其在有相关正当理由时主观选择不按照要求或客观未能履行出庭义务的，即使人民法院向有关机关发送处理的司法建议，被诉行政机关仍可以在有权机关的处理环节进行陈述并提出其异议，避免实际承担相关不利后果。（3）是否通知出庭本身属于人民法院的裁量权限，对于行使是否妥当，不同主体可能有不同观点。除非明显存在不当，否则应当尊重人民法院的判断。

——最高人民法院行政审判庭编著：《最高人民法院关于行政机关负责人出庭应诉司法解释理解与适用》，人民法院出版社2021年版，第79~81页。

24. 行政机关负责人出庭应诉案件中原告被人民法院按撤诉处理后可否再诉

关键词

行政机关负责人　出庭应诉　撤诉

最高人民法院司法解释

第十三条　当事人对行政机关具有本规定第十二条第一款情形提出异议的，人民法院可以在庭审笔录中载明，不影响案件的正常审理。

原告以行政机关具有本规定第十二条第一款情形为由拒不到庭、未经法庭许可中途退庭的，人民法院可以按照撤诉处理。

原告以行政机关具有本规定第十二条第一款情形为由在庭审中明确拒绝陈述或者以其他方式拒绝陈述，导致庭审无法进行，经法庭释明法律后果后仍不陈述意见的，人民法院可以视为放弃陈述权利，由其承担相应的法律后果。

——《最高人民法院关于行政机关负责人出庭应诉若干问题的规定》（2020年6月22日，法释〔2020〕3号）。

附录：最高人民法院主流观点

关于撤诉后是否允许原告再诉，面临着利益平衡问题。一方面是要对原告通过司法获得二次救济的必要性及遵从撤诉法理一贯性进行考量；另一方面要斟酌国家司法资源的有限性与遏制原告滥用权利的要求。"无条件地允许撤诉后再诉"或者"一刀切式地不允许再诉"都导致利益衡平的偏颇。

《行政诉讼法》确立的撤诉制度包括原告申请撤诉及拟制撤诉两种情形。拟制撤诉又包括两种情形，即原告未按照法律规定预交案件受理费型和无正当理由拒不出庭或者未经法庭允许中途退庭型。《行政诉讼法解释》第六十条规定，人民法院裁定准许原告撤诉后，原告以同一事实和理由重新起诉的，人民法院不予立案。准予撤诉的裁定确有错误，原告申请再审的，人民法院应当通过审判监督程序撤销原准予撤诉的裁定，重新对案件进行审理。第六十一条规定，原告或者上诉人未按规定的期限预交案件受理费，又不提出缓交、减交、免交申请，或者提出申请未获批准的，按自动撤诉处理。在按撤诉处理后，原告或者上诉人在法定期限内再次起诉或者上诉，并依法解决诉讼费预交问题的，人民法院应予立案。从以上规定来看，原告可否在撤诉后再行起诉要根据撤诉类型的不同而作出区分处理。

首先，准许原告申请撤诉的，原告原则上不得再行起诉。即人民法院尊重原告的处分权，同意其撤诉后，如果其以同一事实和理由重新起诉，人民法院不予立案。允许原告在其撤诉后可以再次起诉，除了引发浪费国家有限司法资源问题外，还有可能使撤诉沦为原告采用恶意诉讼战略的手段。例外的情形是原告再次起诉时事实和理由发生了变化，前诉与后诉的事实与理由并不相同。判断是否为同一事实和理由应以主要的事实和理由为准，次要的事实和理由发生改变并不意味着非同一事实和理由。

其次，未按照法律规定预交案件受理费型的拟制撤诉，原告原则上可以再行起诉。因为此种情形下，原告的"撤诉"行为因为缴费问题未进入受理阶段，可以视为未起诉，其再次起诉不属于就同一事实和理由重新起诉。原告再行起诉符合立案的条件为：一是原告依法解决诉讼费预交问题；二是原告在法定期限内再次起诉。

最后，无正当理由拒不出庭或者未经法庭允许中途退庭型拟制撤诉，原告原则上不得再行起诉。具体理由为：一是当案件的诉讼标的为行政行为时，行政行为会涉及众多社会关系的稳定性。如果允许原告再次起诉不利于行政机关实施合法、有效的行政管理，影响行政效率。二是在原告已经因滥用诉讼权利承担按撤诉处理的不利后果后，其再次起诉不符合诉讼行为正当性的要求。三是允许原告再次起诉会浪费司法资源，也有损司法审查的严肃性。只有禁止原告再诉才能促使原告审慎对待并行使诉讼权利，成为防止其滥用权利的制约手段。值得注意的是，行政赔偿诉讼可以作为禁止原告再行起诉的例外情形。行政赔偿诉讼与行政诉讼在审查对象、案件处理方式等方面存在不同。行政诉讼审理的对象是被诉行政行为的合法性，而行政赔偿诉讼审理的对象是违法行政行为是否对当事人的合法权益造成损失以及如何赔偿的问题。行政赔偿诉讼与民事（赔偿）诉讼在审查内容、裁判方式等方面具有同质性，都涉及被告对原告的赔偿问题。因此，行政赔偿诉讼处理具体程序问题时，不能简单适用《行政诉讼法》及其司法解释的规定，而应参照《民事诉讼法》及其司法解释的相关规定。《民事诉讼法解释》第二百一十四条第一款规定："原告撤诉或者人民法院按撤诉处理后，原告以同一诉讼请求再次起诉的，人民法院应予受理。"因此，原告可再次提起行政赔偿诉讼。

——最高人民法院行政审判庭编著：《最高人民法院关于行政机关负责人出庭应诉司法解释理解与适用》，人民法院出版社2021年版，第181~183页。

25.行政机关诉讼代理人应当向人民法院提交的材料

关键词

行政机关　诉讼代理人

最高人民法院司法解释

第一百二十八条　行政诉讼法第三条第三款规定的行政机关负责人，包括行政机关的正职、副职负责人以及其他参与分管的负责人。

行政机关负责人出庭应诉的，可以另行委托一至二名诉讼代理人。行政机关负责人不能出庭的，应当委托行政机关相应的工作人员出庭，不得仅委托律师出庭。

——《最高人民法院关于适用〈中华人民共和国行政诉讼法〉的解释》（2018年2月6日，法释〔2018〕1号）。

附录：最高人民法院主流观点

行政机关的诉讼代理人除依法提交的材料外，还应当按照下列规定向人民法院提交相关材料：如果是律师的应当提交律师执业证、律师事务所证明材料，而行政机关委托相应的工作人员按照本司法解释第一百三十一条第二款规定，应当向人民法院提交加盖行政机关印章并载明工作人员的姓名、职务和代理权限的授权委托书外，还应当提交身份证件或者其他身份证明材料。诉讼代理人列入人民法院认定的诉讼代理失信名单的，在失信期间内，人民法院不准许其作为诉讼代理人参加诉讼活动。

——最高人民法院行政审判庭编著：《最高人民法院行政诉讼法司法解释理解与适用》，人民法院出版社2018年版，第597~598页。

26. 行政机关负责人委托相应工作人员的性质认定

> **关键词**

行政机关负责人　委托　相应工作人员

> **最高人民法院司法解释**

第一百三十一条　行政机关负责人出庭应诉的，应当向人民法院提交能够证明该行政机关负责人职务的材料。

行政机关委托相应的工作人员出庭应诉的，应当向人民法院提交加盖行政机关印章的授权委托书，并载明工作人员的姓名、职务和代理权限。

——《最高人民法院关于适用〈中华人民共和国行政诉讼法〉的解释》（2018年2月6日，法释〔2018〕1号）。

> **附录：最高人民法院主流观点**

一种意见认为，属于行政机关负责人个人进行的委派。另一种意见认为，行政机关负责人属于所在机关进行的委托。这里的"委托"是行政机关负责人个人委派，与民法上的委托不同。在行政诉讼法上，委托代理人是指接受当事人、法定代理人的委托，以当事人的名义，在当事人授权范围内代为诉讼行为的人。行政机关负责人不是行政诉讼的当事人，不能"委托"代理人。一般而言，行政机关的负责人可以委派其下级工作人员出庭应诉；行政机关负责人也可以协调政府法制部门委派其工作人员出庭应诉。①《最高人民法院关于适用〈中华人民共和国行政诉讼法〉的解释》第一百三十一条第二款规定"行政机关委托相应的工作人员出庭应诉的，应当向人民法院提交加盖行政机关印章的授权委托书，并载明工作人员的姓名、职务和代理权限"，该规定似乎明确了以行政机关的身份进行委托，进而统一行政诉讼活动当中的相关法律文书。

在行政机关负责人不能出庭的情况下，需要委派行政机关工作人员出庭应诉。对于委派的工作人员，由于其并非当事人，严格讲也属于委托代理人。根据《行政诉讼法》第三十一条的规定，当事人、法定代理人，可以委托一至二人作为诉讼代理人。如果委派的工作人员视为委托代理人，这里出现一个问题，即被委托的相应行政机关工作人员与被告委托的代理律师名额之间

---

① 江必新、梁凤云：《最高人民法院新行政诉讼法司法解释理解与适用》，中国法制出版社2015年版，第60页。

是否发生冲突。也就是，出庭的行政机关工作人员是否占用委托律师的名额。因为第三十一条规定的诉讼代理人中，也包括单位工作人员。从委托行政机关相应工作人员和委托律师的目的上看，二者是有差别的，前者是为了从行政行为角度进行应诉，后者是为了从律师提供法律服务角度进行的委托。因此，似乎第三条中委托相应工作人员亦不应占用被告委托律师的名额。

——最高人民法院行政审判庭编著：《最高人民法院行政诉讼法司法解释理解与适用》，人民法院出版社 2018 年版，第 608~609 页。

27. 行政机关负责人出庭应诉的顺序

关键词

行政机关负责人　出庭应诉　顺序

最高人民法院司法解释

第一百二十八条　行政诉讼法第三条第三款规定的行政机关负责人，包括行政机关的正职、副职负责人以及其他参与分管的负责人。

行政机关负责人出庭应诉的，可以另行委托一至二名诉讼代理人。行政机关负责人不能出庭的，应当委托行政机关相应的工作人员出庭，不得仅委托律师出庭。

——《最高人民法院关于适用〈中华人民共和国行政诉讼法〉的解释》（2018 年 2 月 6 日，法释〔2018〕1 号）。

附录：最高人民法院主流观点

一是行政机关正职和副职负责人出庭应诉是有顺序的。有人从字面解释"行政机关负责人"，认为行政机关负责人一般情形就是指行政机关的法定代表人，只有在例外情形下，才由分管副职负责人或主管副职负责人代为行使法定代表人的职权。多数学者、法官从行政审判的实际出发，认为行政机关负责人不仅仅指行政机关的法定代表人，还应包括分管副职负责人或主管副职负责人。后者拓展了"行政机关负责人"的范畴。另外，在立法之前的相关政策中，行政机关负责人所指也与后者相同，此解释几成惯例。这个争议虽然此次司法解释予以解决，但是，这次司法解释并未解决行政机关负责人出庭应诉顺序问题。我们认为，行政机关负责人出庭应诉一般情形首先就是指行政机关的法定代表人，只有在其不能出庭应诉的情形下，才由有关副职负责人出庭应诉。也就是说，被诉行政机关负责人应当出庭应诉，首先是如果正职负责人能够出庭的，应当亲自出庭应诉；如果正职负责人不能出庭的，应当由主持工作或者常务的副职负责人出庭应诉；如果上述负责人均不能出庭的，应当由分管副职负责人出庭应诉。

——最高人民法院行政审判庭编著：《最高人民法院行政诉讼法司法解释理解与适用》，人民法院出版社 2018 年版，第 597 页。

28. 律师以行政机关法律顾问身份出庭应诉时是否属于"相应的工作人员"

关键词

律师　行政机关　法律顾问

最高人民法院司法解释

第一百三十条　行政诉讼法第三条第三款规定的"行政机关相应的工作人员"，包括该行政机关具有国家行政编制身份的工作人员以及其他依法履行公职的人员。

被诉行政行为是地方人民政府作出的，地方人民政府法制工作机构的工作人员，以及被诉行政行为具体承办机关工作人员，可以视为被诉人民政府相应的工作人员。

——《最高人民法院关于适用〈中华人民共和国行政诉讼法〉的解释》（2018 年 2 月 6 日，法释〔2018〕1 号）。

附录：最高人民法院主流观点

我们认为，律师虽然是行政机关法律顾问但不是本条所规定的行政机关相应的工作人员，其身份仍为律师，如行政机关负责人不能出庭应诉，则必须委托至少一名相关行政机关工作人员出庭应诉，不能仅委托律师出庭应诉。若行政机关相应的工作人员本身为公职律师，则另当别论。

——最高人民法院行政审判庭编著：《最高人民法院行政诉讼法司法解释理解与适用》，人民法院出版社 2018 年版，第 605~606 页。

29. 依法审理环境资源行政案件

关键词

环境资源行政案件　合法权益　环境安全

> **最高人民法院司法政策精神**

依法受理环境资源行政案件,充分保障当事人诉权。案件审理既要从程序上审查行政机关的执法程序是否合法,也要从实体上审查行政许可、行政处罚等行为是否符合法定标准,特别要加强对行政机关不履行查处违反环境资源保护法律法规行为职责案件的审理,督促行政机关依法履职。谨慎适用协调手段结案,最大限度保护行政相对人的合法权益以及社会公众的环境健康与安全。妥善审理山林权属纠纷及确权行政案件,促进健全自然资源资产产权制度,加强对土地、矿产、水源、森林等自然资源的保护。妥当处理因同一环境资源纠纷引发的民事诉讼与行政诉讼的关系,避免不同审判组织对同一行政行为作出矛盾认定。积极探索环境行政诉讼与民事诉讼的合并审理,不断完善环境行政诉讼证据规则和法律适用规则。

——《最高人民法院关于全面加强环境资源审判工作为推进生态文明建设提供有力司法保障的意见》(2014年6月23日,法发〔2014〕11号)。

30. 依法妥善办理征收拆迁、拆违等非诉行政执行案件

> **关键词**

征收拆迁　拆违　非诉行政执行　裁执分离

> **最高人民法院司法政策精神**

防止和杜绝土地征收、房屋拆迁强制执行中发生恶性事件

一、必须高度重视,切实增强紧迫感和危机感。土地征用、房屋拆迁往往事关人民群众切身利益和社会稳定大局,是社会高度关注的问题,也是矛盾多发的领域。各级人民法院的领导和干警必须站在依法保护人民群众合法权益、维护社会和谐稳定、巩固党的执政地位和国家政权的高度,充分认识做好这项工作的极端重要性,将此作为坚持群众观点、贯彻群众路线的重要载体,以更加严格执法的信念、更加严谨审慎的态度、更加务实细致的方法,依法慎重处理好每一起强制执行案件,坚决反对和抵制以"服务大局"为名、行危害大局之实的一切错误观点和行为,坚决防止因强制执行违法或不当而导致矛盾激化、引发恶性事件。

二、必须严格审查执行依据的合法性。对行政机关申请法院强制执行其征地拆迁具体行政行为的,必须严把立案关、审查关,坚持依法审查原则,不得背离公正、中立立场而迁就违法或不当的行政行为。凡是不符合法定受案条件以及未进行社会稳定风险评估的申请,一律退回申请机关或裁定不予

受理；凡是补偿安置不到位或具体行政行为虽然合法但确有明显不合理及不宜执行情形的，不得作出准予执行裁定。

三、必须严格控制诉讼中的先予执行。对涉及征地拆迁申请法院强制执行的案件，凡是被执行人尚未超过法定起诉期限的，一律不得受理；凡是当事人就相关行政行为已经提起诉讼，其他当事人或有关部门申请先予执行的，原则上不得准许，确需先予执行的，必须报上一级法院批准。

四、必须慎用强制手段，确保万无一失。对当事人不执行法院生效裁判或既不起诉又不履行行政行为确定义务的案件，要具体情况具体分析，注意听取当事人和各方面意见，多做协调化解工作，尽力促成当事人自动履行。凡最终决定需要强制执行的案件，务必要做好社会稳定风险评估，针对各种可能发生的情况制定详细工作预案。凡在执行过程中遇到当事人以自杀相威胁等极端行为、可能造成人身伤害等恶性事件的，一般应当停止执行或首先要确保当事人及相关人员的人身安全，并建议政府和有关部门做好协调、维稳工作，确保执行活动安全稳妥依法进行。

五、必须加强上级法院的监督指导。上级法院要切实履行监督指导职责，增强工作协同性，及时发现和纠正下级法院存在的各种问题。下级法院要主动争取上级法院的指导和支持，充分发挥执行工作统一管理的优势。凡涉及征地拆迁的强制执行案件，相关法院在执行前必须报上一级法院审查同意后方可实施。

六、进一步优化执行工作司法环境。鉴于目前有关征地拆迁的具体强制执行模式尚待有关国家机关协商后确定，各级人民法院要紧紧依靠党委领导，争取各方理解和支持。凡涉及征地拆迁需要强制执行的案件，必须事前向地方党委报告，并在党委统一领导、协调和政府的配合下进行。同时，积极探索"裁执分离"即由法院审查、政府组织实施的模式，以更好地发挥党委、政府的政治、资源和手段优势，共同为有效化解矛盾营造良好环境。

七、严格重大信息报告制度。凡在执行中发生影响社会稳定重大事件的，有关法院必须迅速向当地党委和上级法院如实报告有关情况，做到信息准确、反应灵敏。对不具备交付执行条件的案件，凡遇到来自有关方面的压力和不当干扰的，必须及时向上级法院和有关机关报告，坚决防止盲目服从、草率行事、不计后果的情况发生。

八、明确责任，严肃追究违法失职行为。凡是因工作失误、执法不规范或者滥用强制手段、随意动用法院警力实施强制执行导致矛盾激化，造成人员伤亡或财产严重损失等恶性后果以及引发大规模群体性事件，或者对重大信息隐瞒不报、歪曲事实，造成影响社会稳定等负面效果持续扩大的，要严肃追究有关法院领导和直接责任人员的责任，并予以曝光通报。

——《最高人民法院关于坚决防止土地征收、房屋拆迁强制执行引发恶性事件的紧急通知》(2011年5月6日，法明传〔2011〕327号)。

强化非诉执行司法审查维护人民群众合法权益

一、充分认识制定实施《关于办理申请人民法院强制执行国有土地上房屋征收补偿决定案件若干问题的规定》的重要意义

制定实施《规定》是人民法院服务大局、回应社会关切的需要。房屋征收与补偿事关社会稳定、人民安居乐业、经济社会协调发展，党中央、国务院高度重视。《中华人民共和国行政强制法》《国有土地上房屋征收与补偿条例》(以下称《条例》)颁布实施以来，有关市、县级人民政府申请人民法院强制执行房屋征收补偿决定(以下称征收补偿决定)以及新旧规定衔接等问题成为社会关注焦点。人民法院审判、执行工作面临许多新情况、新问题，需要统一法律、法规适用标准，明确具体工作规范。《规定》是对相关法律、法规规定精神的进一步细化和落实。

制定实施《规定》是解决现实工作难题、保障合法权益与实现公共利益的需要。近年来，一些地方因强制拆迁引发的恶性事件屡屡发生，为此，国务院下大力气进行专项整治，我院也下发紧急通知并开展专项检查，取得了明显成效。《规定》从案件受理、审查和执行等各个环节作出明确规定，规范相关程序和执行主体，有利于从制度上切实保障人民群众合法权益和公共利益的实现，理顺征收与补偿工作秩序，防止类似事件的发生。

制定实施《规定》是探索和改革执行方式、创新和加强社会管理的需要。《条例》是一项重大制度创新，关于强制执行方式问题《行政强制法》尚未明确规定，为人民法院的探索和改革留有空间。《规定》充分反映了有关国家机关反复协商后形成的共识，是紧密结合中国国情，创新和完善执行工作体制和工作机制的重要举措，对推进人民法院司法改革、创新和加强社会管理必将发挥积极的促进作用。各级人民法院要深刻理解制定实施《规定》的重要性，在审判实践中认真贯彻执行。

二、注意处理好有关问题

一是案件管辖问题。《规定》明确了申请人民法院强制执行征收补偿决定的案件，以房屋所在地基层人民法院管辖为原则，旨在体现将矛盾化解在基层的处理纠纷总原则。因案件情况和各地执法环境存在较大差异，《规定》授权高级人民法院可根据本地实际情况决定管辖法院，包括可以就相关案件管辖作出统一规定，也包括可以就个案管辖作出具体处理。各高级人民法院要准确、灵活地适用法律和司法解释有关规定，科学配置中、基层人民法院的管辖权。

二是案件受理问题。《规定》明确了申请机关提出强制执行申请时应当提交的各项材料，其中社会稳定风险评估材料应当依据《条例》第十二条有关

规定形成（涉及被征收人数量较多的还应包括经政府常务会议讨论决定方面的材料）。人民法院要认真审查申请是否符合形式要件、材料是否齐全，依照《规定》和《最高人民法院关于执行〈中华人民共和国行政诉讼法〉若干问题的解释》（以下称《若干解释》）的有关规定作出相应处理。

三是审查方式和标准问题。《规定》明确了人民法院审查时可以根据需要调取相关证据、询问当事人、组织听证或者进行现场调查，列举了裁定不准予执行的八种情形。特别是"明显不符合公平补偿原则，严重损害被执行人合法权益，被执行人基本生活、生产经营条件没有保障""明显违反行政目的，严重损害公共利益"以及"严重违反法定程序或者正当程序"等规定，具有鲜明的针对性。人民法院要准确理解和把握其精神实质，坚持以人为本的正确导向，坚持程序合法性与正当性审查标准，坚决防止滥用强制手段和"形式合法、实质不合法"现象的发生。

四是审查期限问题。《规定》依照《行政强制法》第五十八条规定，将相关案件审查期限规定为三十日，主要考虑此类案件许多具有复杂性和敏感性，法官需要有相对充分的审查时间，以做到审慎稳妥、判断准确，防止因草率裁定而损害被征收人合法权益或者使公众产生审查程序流于形式的误解。因特殊情况（如案情疑难复杂、需征求有关部门意见或调查取证等）需要延长审查期限的，由高级人民法院批准。基层人民法院应参照《若干解释》第八十二条规定的程序，直接报请高级人民法院批准，同时报中级人民法院备案。

五是裁决方式问题。人民法院在相关案件受理、审查和复议程序中所作的裁定，都应当说明理由，特别要注重增强不准予执行裁定的逻辑严密性和说理透彻性。上级人民法院经复议撤销原审裁定的同时，既可以直接作出是否受理或者是否准予执行的裁定，也可以针对原审裁定认定事实不清、证据不足等情形，裁定发回原审法院重新审查，申请机关对重新审查后的裁定可再次依法申请复议。

六是强制执行方式问题。《规定》明确了人民法院裁定准予执行的，一般由作出征收补偿决定的市、县级人民政府组织实施的总原则，以体现"裁执分离"的改革方向。人民法院在作出准予执行的裁定时，可以同时载明由相关政府组织实施；认为自身有足够能力实施时（个别例外情形），也可以依照《规定》由人民法院执行。

七是司法建议问题。人民法院作出准予执行的裁定时，可以根据案件的实际情况，就审查中预见的与强制执行相关的问题，书面建议申请机关依法采取必要措施消除隐患或者落实必要的应对预案，也可以针对政府组织实施行为提出相关建议，以保障征收与补偿活动依法有序顺利实施。人民法院不得与地方政府搞联合执行、委托执行；对被执行人及利害关系人认为强制执行过程中具体行政行为违法而提起的行政诉讼或者行政赔偿诉讼，应当依法受理。

八是新旧规定衔接问题。《规定》明确对行政机关依据《条例》施行前的规定作出的房屋拆迁裁决,人民法院裁定准予执行的,参照《规定》第九条精神办理。对行政机关就上述裁决提出的强制执行申请,人民法院应当依照相关法律、法规及司法解释的规定,严格立案、审查,认真执行《最高人民法院关于坚决防止土地征收、房屋拆迁强制执行引发恶性事件的紧急通知》(法明传〔2011〕327号)的具体要求,凡存在补偿安置不到位或其他不宜强制执行情形的,不得裁定准予执行;对于裁定准予执行的,要按照《规定》第九条确定的强制执行方式妥善处理,以促进房屋拆迁活动依法稳妥有序进行。

——《最高人民法院关于认真贯彻执行〈关于办理申请人民法院强制执行国有土地上房屋征收补偿决定案件若干问题的规定〉的通知》(2012年4月5日,法〔2012〕97号)。

认真研究解决征收拆迁案件的新情况新问题

当前征收拆迁主要问题集中在违法征收土地和房屋、补偿标准偏低、实施程序不规范、滥用强制手段和工作方法简单粗暴等方面。各级人民法院要结合当地实际,认真研究受案范围、立案条件、审理标准、执行方式等具体法律适用问题,着力解决群众反映强烈的补偿标准过低、补偿不到位、行政权力滥用等突出问题。对于审判执行工作中的重大问题,要及时向当地党委汇报取得支持,加强与政府的沟通互动,积极探索创新社会管理方式,疏通行政争议化解渠道,努力实现保护人民群众合法权益与维护公共利益的有机统一,保障促进社会和谐稳定。

规范司法行为强化审判执行监督

各级人民法院在办理征收拆迁案件过程中,立案、审查、执行机构要注意加强沟通配合,创新工作机制,共同研究解决办案中的重大疑难问题。对行政机关申请强制执行国有土地上房屋征收补偿决定(或拆迁裁决)的案件,要严格按照《关于办理申请人民法院强制执行国有土地上房屋征收补偿决定案件若干问题的规定》及最高人民法院相关通知精神办理,严把立案、审查、执行关,切实体现"裁执分离"的原则,不得与地方政府搞联合执行、委托执行。要依法受理被执行人及利害关系人因行政机关强制执行过程中具体行政行为违法而提起的行政诉讼或者行政赔偿诉讼;对申请先予执行的案件,原则上不得准许;凡由人民法院强制执行的,须报经上一级人民法院审查批准方可采取强制手段;对涉及面广、社会影响大、社会关注度高的案件,上级人民法院应当加强监督指导,防范和制止下级人民法院强制执行中的违法行为和危害社会稳定的情形发生。

——《最高人民法院关于严格执行法律法规和司法解释依法妥善办理征收拆迁案件的通知》(2012年6月13日,法〔2012〕148号)。

31. 明确申诉再审分工,着力解决行政案件信访突出问题

关键词

申诉再审分工　行政案件信访

最高人民法院司法政策精神

进一步规范行政案件申诉复查和再审工作分工,提高行政审判的质量和效率

行政申诉和申请再审案件,经立案庭审查,符合立卷复查条件的,立案后统一由各级人民法院行政审判庭负责复查和再审;裁定不予受理案件的申诉复查和再审工作由立案庭负责。当事人向作出生效裁判的人民法院申诉或申请再审,符合立卷复查条件的,立案后由审判监督庭负责复查和再审。

——《最高人民法院关于行政案件申诉复查和再审工作分工的通知》(2012年8月31日,法发〔2012〕18号)。

32. 建设服务型政府,要求行政机关既要严格执法以维护社会管理秩序,也要兼顾相对人实际情况

关键词

服务型政府　社会管理秩序

最高人民法院公报案例

刘某务诉山西省太原市公安局交通警察支队晋源一大队道路交通管理行政强制案〔最高人民法院(2016)最高法行再5号行政判决书〕

裁判摘要:建设服务型政府,要求行政机关既要严格执法以维护社会管理秩序,也要兼顾相对人实际情况。行政处理存在裁量余地时,应当尽可能选择对相对人合法权益损害最小的方式;实施扣留等暂时性控制措施不能代替对案件的实体处理,行政机关无正当理由长期不处理的,构成滥用职权。

最高人民法院认为：本案的争议焦点为再审被申请人晋源交警一大队扣留涉案车辆的行政强制措施是否合法。具体涉及以下三个问题：

（一）决定扣留涉案车辆的程序是否合法。依照全国人民代表大会常务委员会于2003年10月28日通过的《中华人民共和国道路交通安全法》第九十六条第一款及公安部于2004年4月30日发布的《道路交通安全违法行为处理程序规定》第十三条第二项的规定，晋源交警一大队在行政执法中发现车辆涉嫌套牌的，有依法扣留的职权。在再审申请人刘某务提交合法年审手续后，晋源交警一大队又发现涉案车辆无发动机号码、无法识别车架号码而涉嫌套牌时，可依法继续扣留。但是，晋源交警一大队决定扣留应遵循《中华人民共和国道路交通安全法》第一百一十二条第一款和《道路交通安全违法行为处理程序规定》第十一条第一款规定的告知当事人违法行为的基本事实、拟作出行政强制措施的种类、依据及其依法享有的权利，听取当事人的陈述和申辩，制作行政强制措施凭证并送达当事人等行政程序。晋源交警一大队违反上述行政程序，始终未出具任何形式的书面扣留决定，违反法定程序。在刘某务提供合法年审手续后，晋源交警一大队初始以未经年审为由扣留车辆的行为应已结束，其关于以车辆涉嫌套牌为由继续扣留无需另行制作扣留决定的主张，依法不能成立，本院不予支持。

（二）认定涉案车辆涉嫌套牌而持续扣留证据是否充分。比对切割查验后显示的涉案车辆车架号码和涉案车辆行驶证载明的车架号码，前者共16位字符，后者共17位字符，前者缺失了代表车辆生产国家或者地区的首字母。再审申请人刘某务主张缺失的首字母"L"系在切割查验时不慎损毁所致，再审被申请人对此未发表相反意见。鉴于涉案汽车确系中国生产，且对于该型号的东风运输汽车而言，切割查验后显示的车辆车架号码和涉案车辆行驶证载明的车架号码的最后8位字符均为"11022219"，可以认定被扣留的车辆即为刘某务所持行驶证载明的车辆。晋源交警一大队在刘某务先后提供购车手续、山西省威廉汽车租赁有限公司出具的说明、山西吕梁东风汽车技术服务站出具的三份证明等相关证据材料后，认定涉案车辆涉嫌套牌而持续扣留，构成主要证据不足。

（三）既不调查核实又长期扣留涉案车辆是否构成滥用职权。车辆车体打刻的发动机号码、车架号码，是确认车辆身份的重要证明。根据公安部于2004年4月30日发布的《机动车登记规定》第九条、第十条的规定，刘某务在车辆生产厂家指定的维修站对涉案车辆的发动机、车架进行维修，并不违法。且仅为对涉案车辆更换发动机缸体而非更换发动机。但刘某务未及时请相关单位在相应部位重新打刻号码并履行相应手续不当。在涉案车辆发动机缸体未打刻发动机号码且车架号码被钢板铆钉遮盖无法目视确认的情况下，刘某务让所雇佣的司机驾驶车辆上路具有过错，晋源交警一大队认为涉嫌套牌依法有权扣留车辆，刘某务应承担相应责任。但扣留车辆属于暂时性的行政强制措施，不能将扣留行为作为代替实体处理的手段。晋源交警一大队扣留车辆后，应依照《中华人民共和国道路交通安全法》第九十六条第二款和《道路交通安全违法行为处理程序规定》第十五条的规定，分别作出相应处理：如认为刘某务已经提供相应的合法证明，则应及时返还机动车；如对刘某务所提供的机动车来历证明仍有疑问，则应尽快调查核实；如认为刘某务需要补办相应手续，也应依法明确告知补办手续的具体方式方法并依法提供必要的协助。刘某务先后提供的车辆行驶证和相关年审手续、购车手续、山西省威廉汽车租赁有限公司出具的说明、山西吕梁东风汽车技术服务站出具的三份证明，已经能够证明涉案车辆在生产厂家指定的维修站更换发动机缸体及用钢板铆钉加固车架的事实。在此情况下，晋源交警一大队既不返还机动车，又不及时主动调查核实车辆相关来历证明，也不要求刘某务提供相应担保并解除扣留措施，以便车辆能够返回维修站整改或者返回原登记的车辆管理所在相应部位重新打刻号码并履行相应手续，而是反复要求刘某务提供客观上已无法提供的其他合法来历证明，滥用了法律法规赋予的职权。

行政机关进行社会管理的过程，也是服务社会公众和保护公民权利的过程。建设服务型政府，要求行政机关既要严格执法以维护社会管理秩序，也要兼顾相对人实际情况，对虽有过错但已作出合理说明的相对人可以采用多种方式实现行政目的时，在足以实现行政目的的前提下，应尽量减少对相对人权益的损害。实施行政管理不能仅考虑行政机关单方管理需要，而应以既有利于查明事实，又不额外加重相对人负担为原则。实施扣留等暂时性控制措施，应以制止违法行为、防止证据损毁、便于查清事实等为限，不能长期扣留而不处理，给当事人造成不必要的损失。因此，晋源交警一大队扣留涉案车辆后，既不积极调查核实车辆相关来历证明，又长期扣留涉案车辆不予处理，构成滥用职权。

——《最高人民法院公报》2017年第2期。

33. 法院判决行政机关依法改正的条件是什么

关键词

行政机关依法改正　无主财产上缴财政　行政行为合法性

最高人民法院裁判文书

居泰安物业管理有限公司诉上海市工商行政管理局黄浦分局无主财产上缴财政案［最高人民法院（2013）行提字第7号行政判决书］

裁判要点：行政行为合法性的判断一般应当以行为作出时所依据的事实依据和法律规范为基准。行政机关在发现行政行为存在瑕疵的情况下，有义务加以改正。行政机关拒绝改正的，人民法院可以判决行政机关履行改正义务。

最高人民法院认为，本案存在三个主要争议焦点：一是居泰安公司作为本案再审申请人是否适格；二是被诉行政行为是否合法以及被申请人是否负有相应的改正义务；三是涉案羊毛拍卖款应否返还给再审申请人。

1. 关于居泰安公司作为本案再审申请人是否适格的问题

对黄浦工商分局作出的认定涉案羊毛为无主财产并上缴财政的决定，厦门建行享有包括起诉、上诉和申请再审在内的寻求司法救济的一系列诉讼权利。厦门建行之所以享有上述诉讼权利，基础在于其涉案羊毛质权人的特定身份，这一身份使其对被诉行政行为具有了诉的利益，而该利益通过质权的连续两次转让，已经连同厦门建行对凯天公司的债权一并转移至居泰安公司名下。厦门中院根据两份转让合同作出的（2001）厦经执字第36号民事裁定，将（1999）厦经初字第215号民事判决的申请执行人变更为居泰安公司，并明确由居泰安公司继续行使厦门建行的权利义务，表明该公司的质权人身份已经得到司法确认。在此情况下，居泰安公司承继厦门建行原有诉讼地位的条件已经成就，加之厦门建行在本院庭审中对于居泰安公司申请再审明确表示同意，故本院认可居泰安公司的再审申请人资格。针对被申请人提出以票据、债券、存款单、仓单、提单出质的，质权人再转让或者质押无效为由否认居泰安公司再审申请人资格的主张，因涉案质权系以羊毛为标的的动产质押，而非以有关单据为标的的权利质押，本院对此不予支持。针对被申请人提出再审申请人以打包形式低价购入涉案债权和质权，系通过民事法律手段变相造成国有资产流失行为的主张，根据《最高人民法院关于金融资产管理公司收购、处置银行不良资产有关问题的补充通知》（法发〔2005〕62号）第三条有关"金融资产管理公司转让、处置已经涉及诉讼、执行或者破产等程序的不良债权时，人民法院应当根据债权转让协议和转让人或者受让人的申请，裁定变更诉讼或者执行主体"之规定，上述主张难以成立。针对被申请人提出涉案羊毛的质权自2000年7月26日厦门中院的民事判决生效时方成立，并指出厦门建行1999年12月6日将质权进行转让与该行在原审中陈述的事实矛盾，意在否认质权转让效力并据此否认居泰安公司承继诉权资格的主张，根据《中华人民共和国担保法》第六十四条关于"出质人和质权人应当以书面形式订立质押合同。质押合同自质物移交于质权人占有时生效"之规定，结合厦门建行与柏德公司质押合同签订时间为1998年7月31日、该行实际取得质物时间为同年7月22日等事实可以认定，涉案羊毛的质押合同至少在质权转让之前的 1998 年 7 月 31 日即已生效，故上述主张于法无据。

2. 关于被诉行政行为是否合法以及被申请人是否负有改正义务的问题

评价被诉行政行为的合法性，一般应当以该行为作出时行政机关能够发现的事实为依据。事后出现的新证据，即使足以证明被诉行政行为作出时所依据的法律事实与客观事实不符，只要该客观事实是行政机关在作出行为时无法发现的，人民法院就不宜以此简单否定行政行为的合法性并据此撤销。但是，按照依法行政的基本原则，行政机关一旦发现已经作出的行政行为赖以存在的基础事实发生重大变化，且该行为会损害或者可能损害公民、法人或者其他组织的合法权益时，即有义务依法及时改正。本案中，被申请人对涉案羊毛进行调查，由于查找不到相关当事人且货物所有人经公告仍未出现，遂依照当时生效的《暂行规定》对无主财产认定的相关要求，作出了被诉行政行为。鉴此，在现有证据不能证明被申请人知道涉案羊毛设有质权的情况下，对再审申请人提出的撤销被诉行政行为的请求，本院不予支持。同时，被申请人事后发现涉案羊毛设有质权，其知道或者应当知道被诉行政行为与客观事实不符，即依法负有改正义务。该义务包括两项内容：一是就涉案羊毛可能涉及的违法问题，依照法律规定的处理权限作出判断。被申请人如果无权处理，则交由有权机关继续调查；如果有权处理，则自行组织调查。二是被申请人如果有权处理，则应一并对再审申请人提出的返还请求作出处理。参照国家工商行政管理总局《工商行政管理机关行政处罚程序规定》的有关规定，被申请人应在判决生效之日起 15 日内移交有权机关调查；如果自行调查，则应在启动调查之日起 120 天内作出处理。对于再审申请人提出的被诉行政行为依据的《暂行规定》未经公布，而且与《中华人民共和国民事诉讼法》相抵触的主张，由于《暂行规定》于 1996 年 10 月 17 日颁布，该规定第六十一条中的无主财产与《中华人民共和国民事诉讼法》规定的无主财产性质并不相同，故该主张于法无据，本院不予支持。居泰安公司还提出，被诉行政行为是没收决定，并进而主张该决定违反行政处罚程序规定。本院认为，被诉行政行为系依据《暂行规定》第六十一条作出的视为无主财产上缴财政的决定，并非针对相对人违法行为作出终局处理的没收决定，在性质上不属于行政处罚。一审判决针对厦门建行提出的相同主张进行审查，在作出同样结论的同时指出被申请人参照没收物品进行处理的做法欠妥，并无不当。

3. 关于涉案羊毛拍卖款应否返还给再审申请人的问题

被申请人将涉案羊毛拍卖款上缴财政是被诉行政行为的核心内容，再审申请人提出的判令被申请人返还涉案羊毛拍卖款的再审请求能否实现，取决于被申请人在本案判决之后对涉案羊毛涉嫌走私问题如何作出处理。对此，如果能够认定涉案羊毛为走私物，则应当由有权机关依据有关法律规定作出处理决定;如果涉案羊毛不属于走私物,则以无主财产为由没收设有质权的涉案羊毛拍卖款显属不当。虽然被申请人在拍卖款上交国库后已不实际控制这笔款项,但作为给付义务主体,其负有启动涉案羊毛拍卖款返还程序的义务。根据现有证据,涉案羊毛是否为走私物尚不明确。依据《中华人民共和国海关法》等有关规定,走私物的认定属于海关等行政机关的法定职权,不宜由法院直接作出认定。因此,对涉案羊毛是否属于走私物作出判定并进而判断被申请人是否负有启动返还程序的义务,需要有关行政机关通过相应的行政行为予以认定。

——最高人民法院行政审判庭编:《最高人民法院行政裁判要旨及评述(第一卷)》,人民法院出版社2019年版。

第二章　受案范围

34. 村民自治活动违反规定的不属于行政诉讼的受案范围

关键词

村民自治　行政诉讼受案范围

最高人民法院裁判文书

楼某合等 4 人诉浙江省浦江县人民政府、浦江县浦南街道办事处不履行法定职责案［最高人民法院（2021）最高法行申 2808 号行政裁定书］

　　裁判要点：《中华人民共和国村民委员会组织法》第二十七条第三款规定，村民自治章程、村规民约以及村民会议或者村民代表会议的决定违反前款规定的，由乡、民族乡、镇的人民政府责令改正。村民对村委会制定的方案不服的，应向镇政府、街道办反映，不属于行政诉讼的受案范围。

　　最高人民法院经审查认为，本案中，楼某合等 4 人的诉求实质上是要求浦江县人民政府撤销文溪社区居委会制定的《文溪社区城中村改造实施方案》。《中华人民共和国村民委员会组织法》第二十七条第三款规定，村民自治章程、村规民约以及村民会议或者村民代表会议的决定违反前款规定的，由乡、民族乡、镇的人民政府责令改正。参照该规定，楼某合等 4 人应向浦南街道办事处反映前述实施方案存在的问题，浦江县政府不具有撤销该方案的法定职责，一审法院驳回起诉、二审法院予以维持并无不当。

　　——中国裁判文书网。

35. 申请上级行政机关履行监督下级行政机关的信访回复职责的，上级行政机关是否作出处理均不属于行政诉讼受案范围

关键词

不履行法定职责　行政诉讼受案范围

最高人民法院裁判文书

舒某萍诉广东省公安厅不履行法定职责案［最高人民法院（2020）最高法行申14016号行政裁定书］

　　裁判要点：当事人对行政机关的信访回复不服，向上级行政机关请求履行监督职责的，因信访回复对当事人权利义务不产生实际影响，故上级行政机关对当事人请求履行监督职责的申请作出或者未作出处理，均对其权利义务不产生实际影响，不属于行政诉讼受案范围。

　　最高人民法院经审查认为，《最高人民法院关于适用〈中华人民共和国行政诉讼法〉的解释》第一条第二款第九项规定，行政机关针对信访事项作出的登记、受理、交办、转送、复查、复核意见等行为不属于行政诉讼的受案范围。本案系舒某萍对佛山市顺德区公安局大良派出所作出的《信访诉求回复意见书》不服，向广东省公安厅提交申请，请求广东省公安厅履行对下级行政机关的监督职责。因广东省公安厅未作出处理，舒某萍提起本案行政诉讼。根据上述法律规定，案涉《信访诉求回复意见书》不属于行政诉讼受案范围。广东省公安厅对舒某萍就《信访诉求回复意见书》提出的申诉申请作出或者未作出处理意见，亦属于对其权利义务不产生实际影响的信访处理行为，依法不属于行政诉讼受案范围。原审法院裁定驳回起诉，符合法律规定。

　　——中国裁判文书网。

36. 土地权属在争议期间的，人民法院是否可以受理相关权属登记纠纷案件

关键词

土地权属争议　行政诉讼受案范围

> 最高人民法院裁判文书

翻园村民小组与三亚市政府林权行政登记纠纷申请再审案［最高人民法院（2021）最高法行申 923 号行政裁定书］

　　裁判要点：土地权属纠纷正在行政裁决或行政诉讼中的，人民法院不应受理对该土地相关权属登记的起诉。

　　最高人民法院经审查认为，《中华人民共和国土地管理法》第十四条第一款规定，土地所有权和使用权争议，由当事人协商解决；协商不成的，由人民政府处理。本案中，翻园村民小组以争议林地归其所有，但被诉林权证将争议林地登记在保球村民小组名下为由，请求撤销被诉林权证。但是翻园村民小组已申请海南省三亚市吉阳区人民政府（以下简称吉阳区政府）对包含争议林地在内的荔仙公墓项目（二期工程）所征土地进行权属纠纷处理，海南省高级人民法院作出（2020）琼行终 44 号生效行政判决，认为吉阳区政府有依法处理的职责，并责令其予以处理。鉴于争议土地的权属纠纷将由人民政府处理，二审法院裁定驳回翻园村民小组的起诉，并无不当。翻园村民小组若是对人民政府作出的权属纠纷处理决定不服，有权申请行政复议并提起行政诉讼。翻园村民小组主张的再审事由不能成立，本院不予支持。

——中国裁判文书网。

37. 被诉行政行为的可诉性不受行政复议决定效力的约束

> 关键词

行政复议　行政诉讼　受案范围

> 最高人民法院裁判文书

李某明诉辽宁省辽中县人民政府行政答复案［最高人民法院（2015）行监字第 650 号行政裁定书］

　　裁判要点：行政复议机关作出维持复议决定后，当事人对原行政行为不服提起行政诉讼，人民法院认为原行政行为不属于行政诉讼受案范围的，可以依法裁定不予受理或者驳回起诉，不受行政复议决定效力的约束。

最高人民法院认为：《最高人民法院关于执行〈中华人民共和国行政诉讼法〉若干问题的解释》第一条第二款第五项①之规定，"驳回当事人对行政行为提起申诉的重复处理行为"不属于人民法院行政诉讼的受案范围。本案中，李某明系李某全之子，李某全生前曾向辽中县政府就本案争议林木、林地权属申请确权，辽中县政府作出《处理决定》，将涉案林木、林权确权归乌伯牛村集体所有，《处理决定》并经行政复议决定和人民法院生效判决予以确认。作为继承人，李某明在其父亲去世之后，再次对已确权的林地权属提出确权请求，实质是对辽中县政府就李某全申请林木、林地确权作出的《处理决定》不服的申诉行为。辽中县政府针对李某明的申诉作出《答复书》，内容仅仅是告知李某明，涉案林地已确权并经行政复议决定和生效行政判决确认的事实，属于驳回李某明对《处理决定》提出申诉的重复处理行为，未对李某明的权利义务产生新的不利影响。因此，二审裁定认为被诉《答复书》不属于行政诉讼受案范围，依法有据。针对李某明申请再审提出的理由，本院认为，本案被诉对象是辽中县政府作出的《答复书》，李某明提出的"依据1953年《公私合作造林合同》，涉案土地应属国家所有""涉案林地没有变更登记手续或政府批准文件，政府确权给村集体所有违法"等申请再审理由，是对辽中县政府作出的《处理决定》不服提出的质疑，与本案无直接的关联性，不属于本案审查范围。据此，李某明申请再审理由不能成立，最高人民法院不予支持。

——中国裁判文书网。

38. 登记立案的范围

关键词

登记立案　管辖范围

最高人民法院司法政策精神

二、登记立案范围

有下列情形之一的，应当登记立案：

（一）与本案有直接利害关系的公民、法人和其他组织提起的民事诉讼，有明确的被告、具体的诉讼请求和事实依据，属于人民法院主管和受诉人民法院管辖的；

---

① 现为《最高人民法院关于适用〈中华人民共和国行政诉讼法〉的解释》（法释〔2018〕1号）第一条第二款第四项。

（二）行政行为的相对人以及其他与行政行为有利害关系的公民、法人或者其他组织提起的行政诉讼，有明确的被告、具体的诉讼请求和事实根据，属于人民法院受案范围和受诉人民法院管辖的；

（三）属于告诉才处理的案件，被害人有证据证明的轻微刑事案件，以及被害人有证据证明应当追究被告人刑事责任而公安机关、人民检察院不予追究的案件，被害人告诉，且有明确的被告人、具体的诉讼请求和证明被告人犯罪事实的证据，属于受诉人民法院管辖的；

（四）生效法律文书有给付内容且执行标的和被执行人明确，权利人或其继承人、权利承受人在法定期限内提出申请，属于受申请人民法院管辖的；

（五）赔偿请求人向作为赔偿义务机关的人民法院提出申请，对人民法院、人民检察院、公安机关等作出的赔偿、复议决定或者对逾期不作为不服，提出赔偿申请的。

有下列情形之一的，不予登记立案：

（一）违法起诉或者不符合法定起诉条件的；

（二）诉讼已经终结的；

（三）涉及危害国家主权和领土完整、危害国家安全、破坏国家统一和民族团结、破坏国家宗教政策的；

（四）其他不属于人民法院主管的所诉事项。

——《最高人民法院关于印发〈人民法院推行立案登记制改革的意见〉的通知》（2015年4月15日，法发〔2015〕6号）。

39. 登记立案的程序

关键词

登记立案　程序规定

最高人民法院司法政策精神

三、登记立案程序

（一）实行当场登记立案。对符合法律规定的起诉、自诉和申请，一律接收诉状，当场登记立案。对当场不能判定是否符合法律规定的，应当在法律规定的期限内决定是否立案。

（二）实行一次性全面告知和补正。起诉、自诉和申请材料不符合形式要件的，应当及时释明，以书面形式一次性全面告知应当补正的材料和期限。在指定期限内经补正符合法律规定条件的，人民法院应当登记立案。

（三）不符合法律规定的起诉、自诉和申请的处理。对不符合法律规定的起诉、自诉和申请,应当依法裁决不予受理或者不予立案,并载明理由。当事人不服的,可以提起上诉或者申请复议。禁止不收材料、不予答复、不出具法律文书。

(四)严格执行立案标准。禁止在法律规定之外设定受理条件,全面清理和废止不符合法律规定的立案"土政策"。

——《最高人民法院关于印发〈人民法院推行立案登记制改革的意见〉的通知》(2015年4月15日,法发〔2015〕6号)。

40. 公安局击毙犯罪嫌疑人的行为不属于行政诉讼受案范围

关键词

击毙犯罪嫌疑人 刑事侦查行为 受案范围

最高人民法院答复

甘肃省高级人民法院:

你院〔2004〕甘行终字第117号《关于李某莲、姜某诉兰州市公安局违法使用武器及行政赔偿一案的法律适用问题请示》收悉。经研究,答复如下:

依据《最高人民法院关于执行〈中华人民共和国行政诉讼法〉若干问题的解释》第一条第二款第(二)项①的规定,李某莲、姜某诉兰州市公安局违法使用武器及请求赔偿一案,不属于人民法院行政诉讼受案范围。

此复

——《最高人民法院行政审判庭关于李某莲、姜某诉兰州市公安局违法使用武器及行政赔偿一案请示的电话答复》(2005年12月29日,法〔2005〕行他字第3号)。

41. 公安机关在刑事侦查活动终结后作出的没收行为是可诉具体行政行为

关键词

行政处罚 刑事侦查行为 具体行政行为

---

① 现为《最高人民法院关于适用〈中华人民共和国行政诉讼法〉的解释》(法释〔2018〕1号)第一条第二款第一项。

行政审判指导案例

杜某星诉湖北省松滋市公安局行政处罚案[行政审判指导案例第 121 号]

裁判要点：公安机关在刑事侦查行为终结后作出的没收非法所得决定，非刑事司法行为，属具体行政行为，相对人不服提起行政诉讼的，人民法院应当受理。

被告松滋市公安局对原告杜某星是以偷税罪立案并进行刑事侦查的。刑事侦查终结后，向松滋市人民检察院提请批准逮捕嫌疑人杜某星，检察院以该案证据不足、事实不清向其制作送达了不批准逮捕决定书，松滋市公安局对原告杜某星变更采取取保候审的强制措施，在取保候审期满后已制作送达解除取保候审的决定书，此时松滋市公安局应按《公安机关办理刑事案件程序规定》第二百六十八条的规定，将杜某星偷税案移送松滋市国税局依法作出行政处理。但被告松滋市公安局作出没收杜某星 12 万元的非法所得并付诸实施的这一行为，非刑事司法行为，属具体行政行为。且实施该没收非法所得这一具体行政行为时，因松滋市公安局不具备主体资格，其超越职权处罚的行政行为违法，应予撤销。被告应对违法处罚所没收原告的款项予以返还。

——江必新主编、最高人民法院行政审判庭编：《中国行政审判案例》第 4 卷，中国法制出版社 2013 年版，第 2 页。

42. 发布立即停航紧急通知行为属行政强制措施

关键词

港务监督　停航通知　行政强制措施

最高人民法院答复

辽宁省高级人民法院：

你院〔2000〕辽行疑字第 12 号"关于大连康大船务公司诉大连港务监督停航通知行政行为的性质的请示报告"收悉。经研究，原则上同意你院审判委员会多数人的意见，即：大连港务监督大港监字〔1999〕第 25 号《关于南海明珠轮立即停航的紧急通知》，其性质属于行政强制措施，应适用《中华人民共和国海上交通安全法》。

此复

——《最高人民法院行政审判庭关于对人民法院审理港务监督行政案件

适用法律问题的答复》(2000年11月1日,行他〔2000〕第13号)。

43. 监察机关作出开除处分行为不属于行政诉讼受案范围

关键词

行政监察机关　行政处分　内部行政行为　受案范围

最高人民法院答复

海南省高级人民法院：

你院〔1999〕琼行终字第12号《关于孙某金诉海南省监察厅行政赔偿一案应否驳回上诉的请示报告》收悉。经研究，原则同意你院审判委员会的意见，即：本案监察机关作出的开除处分行为，不属于人民法院行政诉讼受案范围。

——《最高人民法院对孙某金诉海南省监察厅行政赔偿一案应否驳回上诉的请示的答复》(2000年11月1日,行他〔2000〕3号)。

附录：最高人民法院法官著述

司法实践中，外部行政行为和内部行政行为有时很难划分清楚。例如，某县监察局对该县土地管理局公务员兼下属土地管理局的某公司经理孙某，作出一个行政处分决定，认定孙某在任公司经理期间有违法行为，并决定没收其违法所得1万元，追缴赃款2万元。该监察局在作出行政处分决定时，没有引用所依据的法律规范，孙某向法院提起行政诉讼。对于孙某的起诉，法院是否应当受理的问题，有两种观点：一种观点认为，监察局对孙某的处分对象是其任公司经理期间的违法行为，作为监察机关，无权对孙某的经营行为作出行政处分。因此，监察局对孙某的行政处分，实质上是一个行政处罚决定，是一个外部行政行为，法院应当受理孙某的起诉。另一种观点认为，行政监察机关作为政府的一个组成部门，实施的行政处分行为，应当被认定为内部行政行为。根据行政监察法的规定，行政监察机关有权对有违法行为的行政机关工作人员作出没收违法所得，追缴非法财物的行政处分决定。该县监察局对作为行政机关工作人员的孙某，作出没收和追缴的决定，是获得行政监察法授权的内部行政行为。该县监察局在作出行政处分决定时，没有引用规范性依据，只能说明该行政处分决定是一个违法的行政监察行为，并不能改变该行为作为内部行政行为的性质。如果所有违法的监察行为都可诉的话，划分内部行政行为和外部行政行为也就失去了意义。我们同意第二种观点。值得一提的是，尽管孙某的违法行为是在其任公司经理期间实施的，但监察机关是根据法律的授权将孙某作为行政机关工作人员来对待而作出行政处分的，而非将孙某作为行政管理相对人来对待作出行政处分。监察机关实施的没收、追缴的行政处分行为，是《行政诉讼法》第十二条第三项规定的惩罚行为。基于行政诉讼法的规定，在我国，对行政机关作出的这类处分行为，相对人只能寻求行政救济。我们认为，根据行政诉讼法的规定，作出行政处分行为的行政机关是否获得法律的明确授权，是划分内部行政行为和外部行政行为的一个重要标准。需要说明的是，这类行政处分行为往往直接涉及当事人的人身权、财产权，在有些国家，这类行为是可以提起行政诉讼的。

——蔡小雪、甘文：《行政诉讼实务指引》，人民法院出版社2014年版，第19~20页。

44. 应根据行政机关采取的具体措施确定取缔的性质

关键词

依法取缔　行政处罚　行政许可

最高人民法院公报案例

再胜源公司诉上海市卫生局行政强制决定案［上海市第二中级人民法院］

　　裁判摘要：脐带血属于《中华人民共和国献血法》及有关行政规章的调整范围。根据《中华人民共和国献血法》第8条和第18条的规定，血站是国家法定的采集、提供临床用血机构，除卫生行政部门依法定职权批准的血站外，任何单位和机构从事采集、提供临床用血的，都构成违法，卫生行政部门有权依法予以取缔。

　　血液的采集、分离等环节关系到人的健康与生命。根据《中华人民共和国献血法》（以下简称《献血法》）第8条的规定，血站是国家法定的专门从事采集、提供临床用血的机构，设立血站向公民采集血液，必须经国务院卫生行政部门或者省、自治区、直辖市人民政府卫生行政部门批准。《献血法》第8条及《血站管理办法（暂行）》（以下简称《管理办法》）第21条的规定，我国目前对血液的采集实行许可证管理制度。《献血法》第18条规定，县级以上政府的卫生行政部门，有权处理非法采集血液的行为。这说明，除卫生行政部门依法定职权批准的血站外，任何单位和机构从事采集、提供临床用血的，都是法律禁止的，卫生行政部门都有权依法予以查处，故本案中卫生局依法具有作出行政强制决定的主体资格。

脐带血的称谓是根据解剖部位而来。脐带血是采自胎盘的血液，其成分与新生儿的血液成分一致。本案中，采集脐带血是为了分离提取造血干细胞，造血干细胞的存储目的是用于临床治疗。所以，脐带血属于《管理办法》中所称的血液范畴，脐带血采集行为属于《管理办法》调整的范围。脐带血造血干细胞库的设置要求，高于一般的血库，需要具备相当的条件，应符合血液管理的技术规范。储存脐带血造血干细胞需要经过脐带血的采集、检测、分离等过程，卫生行政主管部门对有关操作人员、条件、实验室等均有明确的资质要求。所以，采集脐带血需要得到卫生行政许可。

卫生局的执法目的，在于加强对血液的监督管理，防止血液性传染病的发生，保障公司的合法权益，故对被上诉人执法目的的合法性应予以确认。本案中，卫生局提供的证据来源及形式合法，内容真实，符合证据的关联性、合法性、真实性要求。现场检查笔录反映当时在再胜源公司内发现了用于储存脐带血造血干细胞的液氮容器以及"脐血处理室"等。再胜源公司法定代表人及工作人员在卫生局的询问笔录中亦认可该公司通过医院采集脐带血样本。被上诉人提供的证据之间能够相互印证，其认定上诉人有擅自采集血液的行为，事实清楚，证据充分。上诉人提供的证据虽来源合法，具有真实性，但不能证明其不存在擅自采集血液的事实。再胜源公司所取得的企业法人营业执照只能证明其符合开办企业的条件，获得了工商许可，但不能证明其已获得开展脐带血造血干细胞储存等业务的卫生行政许可，故对再胜源公司的上诉理由不予支持。

卫生局经调查取证，发现再胜源公司有擅自采集血液行为，遂作出取缔的行政强制决定，并将行政文书当场送达给上诉人，其行政执法程序合法。但卫生局在作出取缔的同时，对再胜源公司又课以没收液氮容器，具有行政制裁性质，属于我国法律规定的行政处罚种类，而卫生局在作出该没收决定时，未依据《行政处罚法》的规定履行相关处罚程序，故该行政处罚依法不能成立。

综上，卫生局具有作出行政强制决定的执法主体资格。卫生局认定再胜源公司存在未经许可擅自采集血液的行为，事实清楚，证据充分。卫生局据此认定再胜源公司违反了《管理办法》第21条，并依据《行政处罚法》第48条之规定对其违法行为作出取缔的行政强制决定，适用法律正确，执法目的合法。因卫生局作出没收决定时未履行法律规定的相关处罚程序，违反《行政处罚法》的规定，原审法院判决确认该没收行为无效，符合法律规定。上诉人的上诉请求缺乏事实证据和法律依据，不予支持。

——《最高人民法院公报》2005年第1期。

附录：最高人民法院主流观点

我们认为，从时间情况看，"取缔"是国家对违法活动采取的一系列制止性、制裁性措施的统称。这些措施既可能包括行政强制措施，比如《无照经营查处取缔颁发办法》第9条规定："县级以上工商行政管理部门对涉嫌无照经营行为进行查处取缔时，可以行使下列职权：（一）责令停止相关经营活动；（二）向与无照经营行为有关的单位和个人调查、了解有关情况；（三）进入无照经营场所实施现场检查；（四）查阅、复制、查封、扣押与无照经营行为有关的合同、票据、账簿以及其他资料；（五）查封、扣押专门用于从事无照经营活动的工具、设备、原材料、产品（商品）等财物；（六）查封有证据表明危害人体健康、存在重大安全隐患、威胁公共安全、破坏环境资源的无照经营场所。"也可能包括行政处罚，比如国务院国函〔1994〕111号文件批复的《关于清理、取缔"三无"船舶的通告》中关于"对海上航行、停泊的'三无'船舶"，一经查获，一律没收，并可对船主处船价2倍以下的罚款的规定；又比如《非法金融机构和非法金融业务活动取缔办法》[①]第22条规定："设立非法金融机构或者从事非法金融业务活动，构成犯罪的，依法追究刑事责任；尚不构成犯罪的，由中国人民银行没收非法所得，并处非法所得1倍以上5倍以下的罚款；没有非法所得的，处10万元以上50万元以下的罚款。"可见，"取缔"在很多情况下是一个统称，不宜简单地将其认定为行政处罚或行政强制，而要看行政机关取缔而采取的具体措施是什么而定。

——江必新主编、最高人民法院行政强制法研究小组编著：《〈中华人民共和国行政强制法〉条文理解与适用》，人民法院出版社2012年版，第70页。

45. 责令改正行为属于行政处罚

关键词

责令改正　行政处罚　行政制裁

最高人民法院公报案例

邵某国诉黄浦区安监局安全生产行政处罚决定案［上海市黄浦区人民法院］

---

① 已失效，失效依据：《防范和处置非法集资条例》。

裁判摘要：《中华人民共和国安全生产法》第81条第2款所称"前款违法行为"，是指该条第1款"生产经营单位的主要负责人未履行本法规定的安全生产管理职责"的行为。这种违法行为无论是否被安全生产监管部门发现并责令限期改正，只要导致发生了生产安全事故，安全生产监管部门都有权依照《中华人民共和国安全生产法》第81条第2款规定，直接对生产经营单位的主要负责人给予行政处罚，不必先责令限期改正后再实施行政处罚。

《安全生产法》第81条第2款规定："生产经营单位的主要负责人有前款违法行为，导致发生生产安全事故，构成犯罪的，依照《刑法》有关规定追究刑事责任；尚不够刑事处罚的，给予撤职处分或者处二万元以上二十万元以下的罚款。"而第1款的规定是："生产经营单位的主要负责人未履行本法规定的安全生产管理职责的，责令限期改正；逾期未改正的，责令生产经营单位停产停业整顿。"显然，第2款所说的"违法行为"，是指第1款中"未履行本法规定的安全生产管理职责"的行为。按照第1款规定，对"未履行本法规定的安全生产管理职责"的违法行为，安全生产监管部门发现后，应当责令生产经营单位的主要负责人限期改正，对逾期未改正的，责令停产停业整顿。然而在安全生产监管部门发现前，或者在安全生产监管部门发现并责令改正后，"未履行本法规定的安全生产管理职责"的违法行为导致发生生产安全事故的，则与第1款无关，是第2款规定所指的情形，应当按照第2款规定处理。安全生产监管部门的职责，只是对辖区内各生产经营单位的安全生产工作进行监督管理，以落实《安全生产法》的规定。《安全生产法》颁布施行后，每一个生产经营单位都有自觉遵守执行的义务，并非只有在安全生产监管部门的监督管理下，生产经营单位才有执行《安全生产法》的义务；安全生产监管部门的监督管理不及时或者不到位，也不能因此免除生产经营单位的这种义务。邵某国认为，对其"未履行本法规定的安全生产管理职责"的违法行为，黄浦区安监局只有先行责令限期改正后才能再对其实施处罚，是对《安全生产法》第81条的误解。

——《最高人民法院公报》2006年第8期。

附录：最高人民法院法官著述

《行政处罚法》第23条[①]规定："行政机关实施行政处罚时，应当责令当事人改正或者限期改正违法行为。"目前，大多数的行政法律规范中，一般在实施行政处罚时同时要求责令当事人改正违法行为。在制定《行政处罚法》

---

① 现为《中华人民共和国行政处罚法》（2021年修正）第二十八条第一款。

时，对于责令改正的性质主要有两种观点：

第一种观点认为，责令改正是一种行政处罚。理由是：其一，行政处罚的强度和功能存在不同。有的行政处罚具有较强的惩罚性质，行政机关要对当事人科以额外的义务。也就是说，除了迫使其承担一定的弥补性的违法后果之外，还要对其给予人身自由或者财产权益方面的剥夺或者限制。有的行政处罚则具有较强的补偿性质，也就是行政处罚并未科以当事人一定的义务，而是促使其在能够履行义务时继续履行原来应当履行的义务或者通过其他方式达到与履行义务相同的状态。其二，有的行政法律规范中明确规定了责令改正的行政处罚，特别是在一些涉及资源管理和民事权益保护方面的法律中更为常见。例如，《森林法》第34条、第37条的规定，《水法》第45条至第47条，《产品质量法》第37条至第44条等。因此，责令改正是一种行政处罚。在行政处罚法的试拟稿中，也曾经将"责令改正"作为行政处罚的一个种类加以规定。

第二种观点认为，责令改正不是一种行政处罚。理由是：其一，行政处罚的最重要的特征是其惩罚性，而非补偿性，对于补偿可以通过民事途径加以解决。责令改正没有体现出行政处罚的惩罚性，本质上不过是行政机关对违法行为同时构成民事侵权行为时，依法作出的行政裁决或者行政强制。其二，在相当多的情况下，责令改正的行为具有教育性。也就是责令改正是要求行政相对人有错必纠，任何违法行为不管是否需要处罚，首先都要求纠正违法行为。其三，责令改正还具有救济性的特征，是一种救济性处罚。救济性处罚是指恢复被侵害的权利秩序或为使侵害不再继续，而对违法者采取的处罚。①

立法机关在讨论时，认为对于任何一种违法行为都应当予以改正。因此责令改正不应当是一种独立的处罚。责令改正是一种包容性极强的概念，除了责令行政相对人承担民事责任外，有关责令行政相对人作为或者不作为都可以归入到责令改正当中去。《行政处罚法》第23条规定的"责令改正"虽然没有规定在该法第8条中，但是按照该条第七项的规定，其他单行法律、行政法规将其作为行政处罚规定的，就应当视为行政处罚。目前，有相当多行政法律法规中，对责令改正作了规定，是否意味着"责令改正"可以作为一种单独的行政处罚行为而存在。

我们认为，应当根据以下几种情况加以判断：（1）如果行政法律法规仅仅规定了责令改正，应当视为单独的行政处罚。（2）如果行政法律法规规定在作出行政处罚时，"应当"责令改正的，则应将责令改正视为附属于行政处罚的从行政行为，不是独立的行政处罚。例如，《行政许可法》第66条规定，

---

① 江必新等编著：《行政程序法概论》，北京师范大学出版社1991年版，第214~215页。

被许可人未依法履行开发利用自然资源义务或者未依法履行利用公共资源义务的,行政机关应当责令限期改正;被许可人在规定期限内不改正的,行政机关应当依照有关法律、行政法规的规定予以处理。(3)如果行政法律法规规定在作出行政处罚时,"可以"责令改正的,行政机关应当按照《行政处罚法》第23条的规定责令改正。行政机关实质上并无是否责令改正的裁量权,此时责令改正亦为行政处罚的先行行为或者后续行为,不具有独立的行政处罚的地位。

——江必新、梁凤云:《行政诉讼法理论与实务(第三版)》,法律出版社2016年版,第219~220页。

46. 通报批评行为属于行政处罚

关键词

通报批评　警告　行政处罚

附录:最高人民法院法官著述

根据学术界的一般观点,申诫罚主要是警告和通报批评。前者是通过个别方式作出的,影响的范围较小;后者则是通过公开的方式在较大范围内作出的,影响范围相对较广。行政处罚法没有规定通报批评的行政处罚方式,对于通报批评的性质,学术界目前仍然有两种观点。

一种观点认为,通报批评是一种独立的行政处罚种类。理由是:警告和通报批评不同,警告不能包容通报批评。通报批评主要是针对行政相对人和行政相对人以外的其他公民、法人和其他组织,影响的范围和可能受到的损害程度并不相同。

另一种观点认为,通报批评不是一种独立的行政处罚。理由是:其一,警告和通报批评在处罚的性质和目的方面是一致的,只是在形式和告知的范围方面不一样。也就是说,如果警告的范围扩大到行政相对人以外的其他公民、法人或者其他组织甚至全社会,警告就可以取代通报批评。其二,对于通报批评主要适用于机关内部指出错误的一种方法,在概念上也有不严谨的特点。

立法者采纳了第二种意见,即通报批评不作为申诫罚的独立处罚形式。

——江必新、梁凤云:《行政诉讼法理论与实务(第三版)》,法律出版社2016年版,第220~221页。

47. 行政强制执行决定作出前催告行为的可诉性

关键词

行政强制措施　催告行为　准行政行为　可诉性

附录：最高人民法院主流观点

催告行为是一个准行政行为，当事人对催告通知有异议，可以向催告的行政机关提出申辩。通常情况下，催告行为是不可诉的，当事人不服提起行政诉讼，人民法院应当不予受理。其理由是：通常催告行为并不增加当事人新的权利义务，只是通知当事人按照已经生效的行政决定所确定的义务限期履行。根据《行政诉讼法若干问题解释》第 1 条第 2 款第 6 项[①]的规定："对公民、法人或者其他组织权利义务不产生实际影响的行为"不属于人民法院行政诉讼的受案范围。先行催告通知只是重复已经生效的行政决定给当事人确定的义务，没有对当事人的权利义务产生实际影响，因此不可诉。

但是，催告行为不可诉的，也不是绝对的。例外的情况是：催告行为改变了生效行政决定确定的义务主体、内容等，当事人的权利义务因催告行为发生变化，经陈述申辩，行政机关仍不予采纳，此时当事人起诉催告行为，应当属于人民法院受案范围。理由是：这时的催告行为不再是对行政决定确定的行政义务的简单重复督促履行，它改变了行政决定的实体内容，构成了一个新的具体行政行为，对当事人的权利义务产生了实际影响，该行为不再是形式意义上的催告通知，不是一个准行政行为，应当属于可诉的行政行为。

应当注意的是，当事人对催告行为提起行政诉讼的，必须初步证明催告行为的催告履行的行政法义务，与行政决定确定的行政法义务存在不同之处，催告行为侵犯了行政决定未包含的当事人合法权益。所谓初步证明责任，仅是需要当事人就催告行为与行政决定确定的义务表面存在不同即可，无须证明催告行为确实影响或者侵害了其行政决定内容之外的合法权益，"确实侵害"这个事实应当在进入行政诉讼程序之后，通过实体审查予以查清，而不是在起诉阶段就要求原告举证证明属实，否则，原告对催告行为的起诉条件就成了必须证明其有胜诉的绝对把握，这是不符合诉讼原理的。

——江必新主编、最高人民法院行政强制法研究小组编著：《中华人民共和国行政强制法》条文理解与适用》，人民法院出版社 2012 年版，第

[①] 现为《最高人民法院关于适用〈中华人民共和国行政诉讼法〉的解释》（法释〔2018〕1 号）第一条第二款第十项。

199~200 页。

48. 县级人民政府对一般事故调查报告的批复具有可诉性

关键词

事故调查报告批复　可诉性

最高人民法院裁判文书

安徽国汉建设监理咨询有限公司与湖北省松滋市人民政府再审案〔最高人民法院（2018）最高法行再127号行政裁定书〕

　　裁判要点：县级人民政府对一般事故调查报告的批复，虽从形式上看是上级行政机关对下级行政机关所作，但其认定了事故责任，且这种认定具有公定力和约束力，对公民、法人或其他组织的合法权益可能产生不利影响，具有可诉性。

　　最高人民法院认为，通常而言，上级行政机关基于下级行政机关的请示所作批复在性质上属于上下级行政机关之间的内部行为，并不直接对外产生法律效果，不属于可诉的行政行为范畴。但判断上级行政机关所作批复是否可诉，根本上取决于其是否直接对公民、法人或其他组织权利义务产生实际影响。按照《生产安全事故报告和调查处理条例》（国务院第493号令，以下简称《条例》）第十九条第二款、第二十五条、第二十九条、第三十条第一款的规定，一般事故的调查由县级人民政府负责，其可以直接组织事故调查组进行调查，也可以授权或委托有关部门组织事故调查组进行调查。事故调查组履行的职责包括认定事故性质和事故责任。事故责任的认定是事故调查组提交的事故调查报告应当包括的内容。《条例》第三十二条第一款、第二款规定，一般事故处理的基本程序为，先由负责事故调查的人民政府对事故调查报告作出批复，然后由有关机关按照人民政府的批复，依照法律、行政法规规定的权限和程序，对事故发生单位和有关人员进行行政处罚，对负有事故责任的国家工作人员进行处分。从上述规定看，县级人民政府对一般事故调查报告的批复，虽从形式上看是上级行政机关对下级行政机关所作，但其认定了事故责任，且这种认定具有公定力和约束力，对公民、法人或其他组织的合法权益可能产生不利影响，故根据上述规定所作批复具有可诉性。

　　——中国裁判文书网。

49. 政府行政征收通告是否属于行政诉讼的受案范围

关键词

行政征收通告　受案范围

最高人民法院裁判文书

庞某宝、庞某钦、庞某贤与北海市合浦县人民政府行政征收通告案〔最高人民法院（2021）最高法行申1804号行政裁定书〕

　　裁判要点：根据土地管理法的相关规定，县级以上地方人民政府依法发布征收公告，仅仅是将批准征地机关、批准文号、征收土地的用途等事项公示告知的行为。一般认为，如征收公告内容与实际征地批复的重要内容不相符，被征收人以此为由提起诉讼的，属于人民法院的受案范围。但本案中的征收公告与实际征地批复的内容相符，因此征收公告属于程序性公示告知行为，对原告的权利义务不产生实际影响，不属于人民法院行政诉讼的受案范围。

最高人民法院经审查认为，本案审查的主要问题为庞某宝等三人的起诉是否符合法定起诉条件。根据《中华人民共和国土地管理法》第四十六条以及《中华人民共和国土地管理法实施条例》第二十五条的规定，县级以上地方人民政府依法发布征收公告的行为，仅仅是将批准征地机关、批准文号、征收土地的用途、范围、面积以及征地补偿标准、农业人员安置办法和办理征地补偿的期限等批准事项，在被征收土地所在地的乡（镇）、村予以公示告知的行为，对被征收人权利义务产生实际影响的是征收土地批复以及后续相关征收土地行为，而非征收公告行为。一般认为，被征收人以征收公告内容与征地批复批准征收土地的范围、用途、面积、补偿标准等内容不相符为由提起诉讼的，属于人民法院的受案范围。但本案中，合浦县政府根据广西壮族自治区人民政府桂政土批函〔2015〕134号《关于合浦县2015年第二批次乡镇建设用地的批复》(以下简称134号批复)作出被诉71号通告。71号通告内容与134号批复内容相符。71号通告属于程序性公示告知行为，对庞某宝等三人的权利义务不产生实际影响。原审法院根据《最高人民法院关于适用〈中华人民共和国行政诉讼法〉的解释》第一条第二款第十项关于"下列行为不属于人民法院行政诉讼的受案范围：……（十）对公民、法人或者其他组织权利义务不产生实际影响的行为"的规定，裁定驳回庞某宝等三人的起诉,理据充分,并无不当。

——中国裁判文书网。

50.对订立征收补偿协议后又作出征收补偿决定的处理

关键词

征收补偿协议　征收补偿决定

最高人民法院审判业务意见（行政庭法官会议纪要）

征收补偿协议属于行政协议,引发的相关争议属于行政诉讼的受案范围。在订立征收补偿协议行为已经被依法提起行政诉讼,协议内容已为生效判决确认合法有效的情形下,行政机关应当按照生效判决确认有效的征收补偿协议内容执行,不宜再就同一征收事项又作出征收补偿决定。行政机关为履行协议,按照征收补偿协议内容再次作出的"征收补偿决定",可以视为催告履行通知行为,是对征收补偿协议事项的重复处理,未对被征收人的权利义务产生实际影响。对被征收人权利义务产生实质影响的,仍然是征收补偿协议。为此,针对"征收补偿决定"提起的行政诉讼,实质是对订立征收补偿协议行为提起的诉讼,受生效判决羁束。

附：案情简介

县政府因城际铁路工程需要征收集体土地,并成立了城际铁路指挥办公室,王某等人的住宅在征收范围内。镇政府分别与王某等人签订了补偿安置协议,王某等人尚未领取补偿款,镇政府为补偿安置资金设置了专款账户,王某等人的补偿款已存入专款账户。王某等人以县政府、镇政府为共同被告,诉请确认补偿安置协议无效,法院生效判决驳回了其诉讼请求。之后,城际铁路指挥办公室、镇政府对王某等人分别作出房屋征收补偿决定,补偿决定确定的金额与补偿安置协议约定的补偿金额一致。王某等人不服诉至法院,请求撤销房屋征收补偿决定。

——《行政案件适用调解结案的范围》,载最高人民法院行政审判庭编著：《最高人民法院行政审判庭法官会议纪要（第二辑）》,人民法院出版社2023年版,第11~27页。

51. 重复征收公告内容的通告是催告履行行为，不属于行政诉讼的受案范围

关键词

征收安置补偿方案　催告履行　受案范围

最高人民法院裁判文书

戴某诉湖南省长沙市开福区人民政府土地行政征收案［最高人民法院（2017）最高法行申 3044 号行政裁定书］

　　裁判要点：征收安置补偿方案公告已经明确被征收人停止经营活动、限期腾地的内容后，为进一步督促被征收人及时停止生产经营活动，在规定的期限内自行搬迁，国土资源部门再次发布终止经营活动、限期搬迁的通告，该通告行为属于行政强制法规定的催告履行行为，未额外增加被征收人负担、减损其合法权益，对被征收人的合法权益不产生实际影响，不属于行政诉讼的受案范围。

　　最高人民法院认为，本案的争议焦点是 36 号通告对戴某的合法权益是否产生实际影响。

　　本案被诉的开福区政府在 36 号通告中，要求戴某等征地范围内自营或租赁经营的业主必须在 2014 年 11 月 5 日前终止经营活动，妥善处理门面、房屋租赁关系。在此之前，开福区政府及长沙市国土资源局开福区分局已发布《征收土地方案公告》《征地补偿安置方案征求意见公告》，并发布《征地补偿安置方案实施公告》明确被征地单位和个人应在 2014 年 10 月 14 日至 2014 年 12 月 5 日以前实施拆迁腾地。根据《长沙市征地补偿安置条例》第十五条第一款的规定，被征地的农村集体经济组织、村民和其他权利人应当在征地补偿安置方案实施公告规定的期限内腾地。据此，戴某应于 2014 年 10 月 14 日至 2014 年 12 月 5 日以前实施拆迁腾地。可见，36 号通告要求戴某在 2014 年 11 月 5 日前终止经营活动，妥善处理门面、房屋租赁关系，并未额外增加其负担，亦未减损其合法权益，因此对其合法权益不产生实际影响。一、二审法院依据《最高人民法院关于适用〈中华人民共和国行政诉讼

法〉若干问题的解释》第三条第一款第八项① "行政行为对其合法权益明显不产生实际影响的,已经立案的,应当裁定驳回起诉"的规定,裁定驳回其起诉,并无不当。因此,戴某关于36号通告系独立的行政行为、对其产生不利影响的申请再审理由不能成立,其要求依法撤销一、二审行政裁定,指令一审法院继续审理的请求,本院不予支持。

——最高人民法院第一巡回法庭编著:《最高人民法院第一巡回法庭典型行政案件裁判观点与文书指导(第1卷)》,中国法制出版社2020年版,第69~72页。

52. 收缴违禁品或非法物品的法律性质

关键词

收缴违禁品　收缴非法物品　行政处罚

附录:最高人民法院主流观点

《治安管理处罚法》没有将没收或收缴违禁品、非法物品明确作为治安管理的行政处罚种类,该法第10条规定的违反治安管理行为的处罚种类包括警告、罚款、拘留和吊销公安机关发放的许可证,不包括没收违法所得和非法财物。第11条规定,办理治安案件所查获的毒品、淫秽物品等违禁品,赌具、赌资、吸食、注射毒品用具以及直接用于实违反治安管理行为的本人所有的工具,应当收缴,按照规定处理。对此有观点认为,《治安管理处罚法》把收缴违禁品和非法物品排除在行政处罚种类之外,将收缴作为一种附属性的强制措施,与《行政处罚法》第8条②将没收违法所得、没收非法财物作为行政处罚种类之一不同,两者属于特别法与一般法的关系,因此,治安管理领域中收缴违禁品、非法物品的在法律属性上不是行政处罚,属于处分性行政强制措施。我们认为,治安管理中的收缴,是公安机关对违反治安管理所得的财物、查获的违禁品以及违法行为人使用的本人所有的工具或财物无偿收归国有的一种制裁手段,与《行政处罚法》规定的没收在本质上是一致的,属于行政处罚行为。该行为可以在公安机关执法过程中先行作出,不依赖对违法行为的最终处理,在程序上与行政强制措施具有相似性,二者虽然用词不同,但本质相同,不能因为收缴违禁品、违法物品在程序和处理上的即时

---

① 现为《最高人民法院关于适用〈中华人民共和国行政诉讼法〉的解释》(法释〔2018〕1号)第六十九条第一款第八项。

② 现为《中华人民共和国行政处罚法》(2021年修正)第九条。

性、紧急性等特征与其他行政处罚行为不同,而否认二者法律性质的一致性。二者在《治安管理处罚法》和《行政处罚法》中的不同表述,是语言习惯和立法技术的缘故,并非一般法与特别法的关系,并且法律、法规中类似将"没收"表述为"收缴"的情况并非《治安管理处罚法》独有,如《动物防疫法》第79条规定:"违反本法规定,转让、伪造或者变造检疫证明、检疫标志或者畜禽标识,并处三千元以上三万元以下罚款。"因此,在行政审判中,对类似收缴违禁品、非法物品或者法律、法规规定的其他物品的行为,应当定性为行政处罚,按照行政处罚的审查标准进行审理。

——江必新主编、最高人民法院行政强制法研究小组编著:《〈中华人民共和国行政强制法〉条文理解与适用》,人民法院出版社2012年版,第164页。

53. 司法局"对年满70岁的律师不再注册"的规定系抽象行政行为

关键词

律师注册　抽象行政行为　受案范围

最高人民法院裁判文书

王某三诉重庆市司法局不予执业注册上诉案〔最高人民法院(2000)行终字第1号行政裁定书〕

> 裁判要点:司法局"对年满70岁的律师不再注册"的规定,是具有普遍效力的规范性文件,系抽象行政行为,不属于行政诉讼受案范围。

最高人民法院认为:上诉人王某三、田某丰、周某惠将申请律师注册的材料交到所在重庆学苑律师事务所后,该所并未按照申请注册的程序向重庆市司法局上报,上诉人称重庆学苑律师事务所将材料上报及被上诉人未给予注册的事实并不存在。被上诉人重庆市司法局在未接到上诉人注册申请的情况下,不发生未履行律师注册法定职责问题,上诉人请求重庆市司法局履行律师注册法定职责缺乏事实依据。重庆市司法局〔1999〕渝司办54号文件中关于"对年满70岁的律师不再注册"的条款,是依据司法部《律师执业证管理办法》和司法部司复〔1994〕4号《关于律师执业年龄问题的批复》制定的,重庆市司法局〔1999〕渝司办54号文件以及该文件中有关"对年满70

岁的律师不再注册"的规定,均是具有普遍效力的规范性文件,属于抽象行政行为。上诉人关于重庆市司法局〔1999〕渝司办54号文件中有关"对年满70岁的律师不再注册"的规定是具体行政行为的上诉理由不能成立。上诉人对抽象行政行为提起诉讼,不符合《行政诉讼法》的规定。

——最高人民法院行政审判庭编:《最高人民法院最新行政裁判汇编》,人民法院出版社2006年版,第680页。

附录:最高人民法院法官著述

王某系律师事务所兼职律师,领有律师资格证书及律师执业证书。1999年4月,某市司法局发布了《关于1999年度律师事务所年检和律师注册工作的通知》,该文件在律师注册条件中规定"根据司法部司复〔1999〕4号文件规定:对年满70岁的律师不再注册"。1999年,王某填写了该市律师执业证年度注册审核登记表,并将有关申请材料送到所在律师事务所。鉴于该市文件已规定了律师注册年龄,故该事务所未将上诉人的申请注册材料上报市司法局,王某因此未能注册。之后,上诉人向司法部申请行政复议。1999年7月,司法部作出不予受理裁决书。该裁决认为,市司法局《关于1999年度律师事务所年检和律师注册工作的通知》是具有普遍效力的规范性文件,属于抽象行政行为。对抽象行政行为提出行政复议申请,不符合行政复议条例第九条"申请复议范围"和第三十一条"申请复议应当符合下列条件"之第(四)项"属于申请复议范围"的规定。根据行政复议条例第三十四条第(二)项的规定,裁决不予受理。王某不服,于1999年8月向人民法院提起行政诉讼,诉称:被告市司法局的文件第二条关于"对年满70岁的律师不再注册"的规定没有宪法、法律和行政法规依据,与律师法相抵触,同时违反老年人权益保障法的精神。请求一审法院判决撤销该市司法局文件关于"对年满70岁的律师不再注册"的规定,判令被告履行律师注册的法定职责。

法院收到起诉状后遇到的第一个问题,同样是被诉行政行为的性质的问题。"对年满70岁的律师不再注册"的规定是具体行政行为还是抽象行政行为,直接决定着法院能否对该规定的合法性进行审查。该案的法律问题引起了最高人民法院的关注。为此,我们曾在国家法官学院召开论证会。在京的一些行政法专家参加了论证会。会上的观点不一致。一种观点认为,这是一个抽象行政行为。主要理由是,这个规定是针对特定的对象作出的。满70岁的律师的人数在不断地发生变化,发布规定的当天可能是10位,但第二天可能是11位,因为可能有一位律师刚好第二天满70岁。另外,这个规定可以反复适用。因此该规定是一个抽象行政行为。另一种观点认为,这是一个具体行政行为。主要理由是,该规定是针对特定的对象作出的。因为,在规定发布的当天,满70岁的律师是确定的,即使第二天增加了1位,也是确定的。以后增加或者减少（假设满 70 岁律师死亡同时没有新的满 70 岁的律师产生）律师人数都是可数的。因此，该规定是一个具体行政行为。

尽管最高人民法院只能在两种观点中选择其中一种观点作为裁判的结论，但这两种观点在逻辑上都是成立的。笔者认为，在这个案件中，行政行为针对的对象的数量应该是一个关键的问题，但在论证会上似乎没有专家提到这个问题。

我们作一个极端的假设：满 70 岁的律师只有 1 位，而且在今后的几年中，也只有 1 位律师。我们还能说这是一个针对不特定对象的抽象行政行为吗？很显然，从这位满 70 岁的律师的角度考虑，我们无法理解这个规定不是针对这 1 位律师作出的。对象只有一个，显然不能得出针对不特定对象的结论。我们再作另一个极端的假设：满 70 岁的律师有 1000 位，而且每天、每月人数都在发生很大的变化。我们或许会更倾向于认为这是一个抽象行政行为。在其他案件特别是拆迁行政案件中也会遇到类似的问题。拆迁许可证的对象只有几十户时，有的法院会认为这是一个具体行政行为；拆迁许可证的对象有几万户时，大部分法院会认为这是一个抽象行政行为。

因此，我们发现行政行为针对的对象数量，在影响着我们对行政行为性质的判断。当然，在判断的过程中，还会掺杂判断者的价值观念、利益衡量等因素。但有一点是明确的，行政行为对象的数量影响着行政行为的性质。而这一点是行政诉讼法和最高人民法院司法解释没有也无法涉及的。我们无法明确对象有多少个，对象的变化程度多大的时候，可以认定某个行政行为是具体的或是抽象的，但我们不能回避这样的事实：行政行为对象的数量及其变化程度在影响我们对行政行为性质的判断。

——蔡小雪、甘文：《行政诉讼实务指引》，人民法院出版社 2014 年版，第 26~27 页。

54. 行政机关出具介绍信行为的可诉性

关键词

出具介绍信　行政证明　准行政行为　受案范围

最高人民法院答复

辽宁省高级人民法院：

你院《关于大连市教育局出具介绍信的行为是否为具体行政行为的疑请报告》收悉。经研究如下：教育行政主管部门出具介绍信的行为对行政相对人的权利义务产生实际影响的，属于可诉的具体行政行为。

——《最高人民法院关于教育行政主管部门出具介绍信的行为是否属于可诉具体行政行为请示的答复》(2003年11月26日,〔2003〕行他字第17号)。

附录：最高人民法院法官著述

证明行为是指行政机关或法律、法规授权的组织，以国家的名义证实某种法律状态存在的行为。行政机关的证明行为，在理论上往往被界定为准法律行为。最高人民法院作出的〔2003〕行他字第17号《关于教育行政主管部门出具介绍信的行为是否属于可诉具体行政行为请示的答复》指出"教育行政主管部门出具介绍信的行为对行政相对人的权利义务产生实际影响的，属于可诉的具体行政行为"。该司法解释性的答复确定了一基本原则：行政机关出具的对当事人的权利义务产生实际影响的介绍信的行为属于可诉的具体行政行为。如果这种影响是间接的，且通过其他具体行政行为对当事人的权利义务不产生直接的实际影响，那么，这种行为属于一种证据或者一种内部行为；如果这种证明行为对当事人的权利义务产生直接的实际影响，那么，这种证明行为就属于可诉的具体行政行为。应当说出具介绍信的证明行为属于准具体行政行为，准具体行政行为是否可诉关键看是否对当事人的权利义务产生直接的实际影响。

——王达：《行政机关出具介绍信对相对人的权利义务产生影响的行为具有可诉性》，载万鄂湘主编、最高人民法院行政审判庭编：《行政审判指导》2004年第1辑（总第1辑），人民法院出版社2004年版，第143~144页。

附录：司法信箱

教育行政机关出具介绍信的行为是否属于可诉的具体行政行为？

问题：我们办理这样一起行政诉讼案件：实行董事会领导下的校长负责制的民办学校的主要股东未经董事会决定免去校长职务，并申请教育主管部门出具证明，教育行政主管部门依照申请向其他有关行政机关出具了证明。该校长不服提起行政诉讼，是否受理存在两种不同的观点。第一种意见认为，教委出具介绍信的行为，不是可诉的具体行政行为；第二种意见认为，行政机关出具介绍信的行为是准行政行为，应为可诉的具体行政行为。请问哪种意见正确？

《人民司法》研究组认为：行政机关出具介绍信的行为是一种证明行为，证明行为是否可诉，关键看这种证明行为对当事人的权利义务是否产生实际影响。如果这种影响是间接的，且通过另外一具体行政行为对当事人的权利义务产生实际影响，那么，这种行为属于一种证据或者一种内部行为；如果这种证明行为对当事人的权利义务产生直接的实际影响，那么，这种证明行为就属于可诉的具体行政行为。本案中出具介绍信的证明行为对当事人的权利义务产生直接的实际影响,理由如下:第一,根据最高人民法院《关于执行〈中华人民共和国行政诉讼法〉若干问题的解释》第1条①的规定,证明行为在可诉之列。第二,根据《教育法》的规定,教育局是在本区域内法定的教育行政管理机关。第三,依据《社会力量办学印章管理暂行规定》,教育局有出具介绍信的法定职权。出具介绍信的行为对经法定程序产生的校长职权的行使产生影响。第四,出具介绍信的行为对当事人的经营权直至财产权产生影响。基于上述理由,教育行政主管部门出具介绍信的行为对行政相对人的权利义务产生实际影响的,属于可诉的具体行政行为。

——《人民司法》2004年第1期。

55. 包含有具体行政行为的公告具有可诉性

关键词

公告　具体行政行为　受案范围

附录:最高人民法院法官著述

抽象行政行为是针对不特定对象作出的,因此,像公告这样的行政行为,通常被理解为抽象行政行为。但最高人民法院有时并不这么理解。

例如(公告案),1999年11月,某市人民政府发出《关于将市辖八区及市属特定管理区范围划为石矿黏土矿禁采区的公告》,主要内容为:市人民政府决定将市辖八区及市属特定管理区范围划为石矿、黏土矿禁采区;在禁采区范围内已开办的采石矿场、黏土矿场,按照《省采石取土管理规定》实行分期分批无条件关闭,至2001年6月1日前关闭完毕;靠近市区、严重影响风景区、城市环境和自然景观的石矿、黏土矿开采场及石场采石工作面对城市主干道的石矿、黏土矿开采场等为第二批关闭的石场,关闭的时间为2000年3月1日前;第三批关闭的石矿场是指影响自然生态环境和自然景观,远离市中心的其他石矿、黏土矿开采场,关闭时间为2001年6月1日前;被划为禁采区范围内的石矿、黏土矿开采场,不论采矿许可证是否到期,都必须在规定时间内自行关闭,并由开采者负责按自然生态环境治理标准进行治理和复垦绿化工作;关闭石矿、黏土矿开采场的具体名单,由市地矿管理部门依法定程序予以公布,逾期不关闭的,由市地矿管理部门依法作出关闭决定。某石矿公司到期没有关闭,市地矿管理部门向其发出关闭通知。某石矿公司

---

① 现为《最高人民法院关于适用〈中华人民共和国行政诉讼法〉的解释》(法释〔2018〕1号)第一条。

认为市人民政府的行为缺乏法律依据，侵犯了其合法的采矿权，向省高级人民法院起诉，请求撤销公告中有关关闭该石矿公司石矿场的决定。省高级法院经审理认为，市政府的公告是针对不特定的对象作出的，属于抽象行政行为，裁定驳回起诉。该公司不服，向最高人民法院提起上诉。最高人民法院经审理认为，该公告要求包括该石矿公司在内的所有采石场都要限期关闭，包含有具体行政行为的内容，因此是一个可诉的行政行为。裁定撤销原裁定，发回重审。

最高人民法院在这个裁定中确立了一个新的规则：行政行为若包含有具体行政行为内容，则是一个可诉的行政行为。包含有具体行政行为的公告本身是抽象行政行为还是具体行政行为呢？最高人民法院似乎不愿意回答这样的问题。一般而言，公告会被视为抽象行政行为，所谓公告，顾名思义，即针对公众告知。凡是与公告内容有关的人都受到政府公告的约束，因此，对象具有不特定性。但从本案的具体情形看，市辖区内的采石场是可数的。尽管该行政行为的形式表现为公告，但具有针对性。因此，最高人民法院认定该行为具有可诉性。

从这个案件中，我们看到了省高级法院和最高人民法院审理案件的价值取向不同。从裁判的结论上，我们可以推测高级法院的思路是：认定公告行为是抽象行政行为，不可诉，并没有完全剥夺原告寻求司法救济的权利。原告仍然可以通过诉市地矿管理部门的通知而寻求司法救济。也就是说，认定公告行为是抽象行政行为，则通知为具体行政行为。当事人的合法权利仍然可以通过司法途径获得保护。

最高人民法院的思路是：若只允许原告诉市地矿管理部门的通知行为，则只解决一个案件。因为，通知是针对原告作出的。其他公司与市政府的行政纠纷，则需要通过另案解决。若允许原告诉公告行为，通过对公告行为合法性的判断，可以解决所有采矿公司与市政府公告行为的行政纠纷。从这一点看，最高人民法院的司法政策的覆盖面要宽于高级法院的司法政策。当然，这两种司法政策在案件中的具体体现，都需要一个合法的裁判过程和解释过程。但至少与本文观点有关的一个问题是明确的：行政行为的性质具有相对性；行政行为的性质可能受司法政策的左右。

在这个案件中，我们还可以延伸得出另一个结论：市地矿管理部门的通知行为的性质也受司法政策的左右。在高级法院看来，公告是一个抽象行政行为，因而，市地矿管理部门的通知行为是具体行政行为。在最高人民法院看来，公告本身是一个包含有具体行政行为内容的可诉的行政行为，那么，通知行为又是什么性质的行为呢？在行政法理论上，具体行政行为通常被理解为执行抽象行政行为的行政行为，而执行具体行政行为的行为则被认为是一个不具有独立性的执行行为。执行行为本身是不可诉的。因此，从最高人民法院裁定的结论看，市地矿管理部门的通知，只能理解为执行公告（如果我们认为它是一个具体行政行为的话）行为的执行行为。如果我们同意最高人民法院的逻辑，那么，结论是：这个公告行为是可诉的，但通知行为是不可诉的。

我们很难说，最高人民法院和省高级法院的判断孰优孰劣，两种解释都言之有理，只不过是体现不同的司法政策而已。

——蔡小雪、甘文：《行政诉讼实务指引》，人民法院出版社2014年版，第24~25页。

56. 受理行为的可诉性

关键词

受理　准行政行为　受案范围

附录：最高人民法院法官著述

受理行为一般是预备性的、程序性的行为，并不包含特定的发生法律效果的意思表示，因而并非完整的行政决定，意即未完成的行为。在一般情况下，受理行为是不可诉的。但是，如果受理行为在下列情形下得成为可诉的准行政决定。（1）否定性受理行为成为阻碍行政相对人权益实现的主要因素。此时，行政机关的拒绝受理行为或者拖延受理的行为，已经对行政相对人获取权益造成了实际的、确定性的不利影响，该否定性的受理行为属于可诉的行为。（2）否定性的受理行为直接导致今后行政行为无法作出。（3）行政受理行为可能导致行政相对人无法在法定的或者合理期限享有权利或者减少、免除义务。（4）行政相对人对于行政机关的管辖权提出异议。（5）行政相对人认为，行政机关的受理行为可能导致其权益受到实际影响的其他行为。

——江必新、梁凤云：《行政诉讼法理论与实务（第三版）》，法律出版社2016年版，第363~364页。

57. 公司登记案件中备案事项的可诉性

关键词

备案行为　公司登记可诉性

> 最高人民法院司法政策精神

备案申请人或者备案事项涉及的董事、监事、经理、分公司和清算组等备案关系人,认为登记机关公开的备案信息与申请备案事项内容不一致,要求登记机关予以更正,登记机关拒绝更正或者不予答复,因此提起行政诉讼的,人民法院应予受理。

备案申请人以外的人对登记机关的备案事项与备案申请人之间存在争议,要求登记机关变更备案内容,登记机关不予变更,因此提起行政诉讼的,人民法院不予受理,可以告知通过民事诉讼等方式解决。

——《最高人民法院办公厅关于印发〈关于审理公司登记行政案件若干问题的座谈会纪要〉的通知》(2012年3月7日,法办〔2012〕62号)。

58. 答复行为、通知行为的可诉性

> 关键词

答复行为　通知行为　准行政行为　事实行为　受案范围

> 最高人民法院司法解释

第三条　公民、法人或者其他组织仅就行政许可过程中的告知补正申请材料、听证等通知行为提起行政诉讼的,人民法院不予受理,但导致许可程序对上述主体事实上终止的除外。

——《最高人民法院关于审理行政许可案件若干问题的规定》(2009年12月14日,法释〔2009〕20号)。

> 行政审判指导案例

马某俊不服湖北省武汉市蔡甸区人民政府侏儒街办事处等地矿行政决定案〔行政审判指导案例第81号〕

裁判要点:通知是否属于具体行政行为因内容而异。若通知的内容为单纯告知此前作出的行政决定内容,或重复引述行政合同条款,对外不产生实际影响,不属于具体行政行为。若通知同时具有针对特定相对人产生实际影响的内容,应属具体行政行为。

被上诉人侏儒办事处等五单位鉴于上诉人马某俊临时林地占用许可证和采矿许可证已到期限,根据湖北省林业局《关于停止蔡甸区国有洪北林场土

萤山森林地带石材开采行为的函》和2006年12月2日蔡甸区政府专题会议，以及五单位按照湖北省林业局要求联合制定的《关于停止蔡甸区国有洪北林场土萤山森林地带石材开采的整治方案》与马某俊在2007年1月20日签订的整治协议，作出《停采通知》并不违反法律规定。上诉人马某俊请求撤销该《停采通知》无法律依据，本院不予支持。《停采通知》是侏儒办事处、蔡甸矿产总站、蔡甸林业局、蔡甸安监局、蔡甸公安分局为保护土萤山地区生态环境，保护山林植被和矿产资源，根据湖北省林业局《关于停止蔡甸区国有洪北林场土萤山森林地带石材开采行为的函》和2006年12月22日蔡甸区政府专题会议要求共同作出的，符合武汉"两型社会"建设总体要求，亦是武汉"两型社会"建设组成环节。

——江必新主编、最高人民法院行政审判庭编：《中国行政审判案例》第3卷，中国法制出版社2013年版，第2~3页。

附录：最高人民法院法官著述

答复或者通知行为因针对的事项而具有不同的法律性质，主要考察以下因素：

一是观察行政机关是否具有法定的答复或者通知的义务。如果行政机关具有作出答复或者通知的义务，且该答复或者通知行为对行政法律关系的产生、变更或者消灭产生影响的，应当属于可诉的准行政决定；如果行政机关没有作出答复或者通知的法定义务，且该答复或者通知对行政法律关系的产生、变更或者消灭未产生影响的，则属于以观念表示作出的事实行为，不属于可诉的行为。德国行政法学上，答复行为和通知行为一般被称为信息性或者交流性的行政活动。但是，如果通知的目的是将一个手工业者开除出手工行业，该通知就不是事实行为，而是行政决定。因为，通知中包含了开除的决定。①

二是观察答复或者通知行为是否仅仅构成行政决定的中间性程序。如果答复或者通知行为构成行政行为的中间性程序，则一般不属于可诉的行为。例如，在行政处罚程序中，对于符合法定的行政程序条件的，可以进行听证。行政机关应当在听证的七日前，通知当事人举行听证的时间、地点。这里的"通知"构成了听证程序中的一个中间性程序，不具备可诉性。

三是观察答复或者通知行为是否构成行政行为的构成要件。有的通知行为属于行政行为的构成部分，即通知构成了行政行为生效要件和载体。例如在一般情况下，行政机关在作出行政行为时必须通过一定的书面形式体现出

---

① ［德］汉斯·J.沃尔夫、奥托·巴霍夫、罗尔夫·施托贝尔：《行政法》（第二卷），商务印书馆2002年版，第190~191页。

来，该书面文件则有答复或者通知的含义。此时，答复行为或者通知行为构成行政行为的要件，并不具有独立性和可诉性。此外，根据澳门特区《行政程序法典》第70条的规定，通知内应当包括下列内容：（1）行政行为之全文；（2）行政程序之识别资料，包括作出该行为者即作出行为之日期；（3）有权限审查对该行为提出申诉之申诉机关，以及提出申诉之期间；（4）指出可否对该行为提出司法上诉。对于这种通知行为不服的，实际上是对行政行为不服，应当以该行政行为为诉讼标的提起行政诉讼。

——江必新、梁凤云：《行政诉讼法理论与实务（第三版）》，法律出版社2016年版，第366~367页。

59. 行政检验、检测、检疫的可诉性

关键词

行政许可　行政检验、检测、检疫　可诉性

附录：最高人民法院法官著述

如果行政许可申请人对行政许可核准类里的检验、检测、检疫等行为不服，向人民法院提起行政诉讼，检验、检测、检疫行为是否属于可诉的行政许可。根据《行政诉讼法》和《行政许可法》的规定，检验、检测、检疫行为不可诉。理由为：依据《行政许可法》第五十五条规定："实施本法第十二条第四项所列事项的行政许可的，应当按照技术标准、技术规范依法进行检验、检测、检疫，行政机关根据检验、检测、检疫的结果作出行政许可决定。行政机关实施检验、检测、检疫，应当自受理申请之日起5日内指派两名以上工作人员按照技术标准、技术规范进行检验、检测、检疫。不需要对检验、检测、检疫结果作进一步技术分析即可认定设备、设施、产品、物品是否符合技术标准、技术规范的，行政机关应当当场作出行政许可决定。行政机关根据检验、检测、检疫结果，作出不予行政许可决定的，应当书面说明不予以行政许可所依据的技术标准、技术规范。"可以得出三个结论：

第一，检验、检测、检疫本身不是行政许可，但其属于取得行政许可条件。第二，提起行政许可申请，对需要检验、检测、检疫的，遵守行政许可收取费用的限制性规定。有法律法规的，依法律法规规定执行；无法律法规规定的，按照国际通行做法予以接轨。第三，检验、检测、检疫是取得该核准类行政许可的前置条件，是作出是否准予行政许可的根据。故而检验、检测、检疫本身不可诉。

——杨临萍：《行政许可司法解释理解与适用》，中国法制出版社2010年

版,第54~55页。

60. 监督检查事实行为的可诉性

关键词

监督检查　事实行为　可诉性

附录：最高人民法院法官著述

依据《行政许可法》的规定,行政机关负有监督检查的法定职责,既有书面审查职责,又有实地检查、定期检查的职责；既有下级行政机关对上级行政机关的监督检查职责,又有行政机关对行政相对人的监督检查职责；既有亲自实地监督检查职责,又有督促重要设备、设施的设计、建造、安装和使用单位自检制度,防止突发事件等。根据行政诉讼法的规定,对于监督检查的事实行为当然可诉,对于中止监督检查的事实行为也是可诉的。

——杨临萍：《行政许可司法解释理解与适用》,中国法制出版社2010年版,第54~55页。

61. 督查通知的可诉性问题

关键词

督查通知　可诉性

最高人民法院审判业务意见

行政行为具有行政机关行为、公法行为、具体行为、公权力行为、法效性、单方行为等特征。通知是否具有可诉性应根据其内容、外观是否具备行政行为特征来判定。如果行政机关作出的通知对当事人的权利义务产生实质影响,则属于行政诉讼受案范围；否则,不属于受案范围。

如甲矿业、乙公司、丙公司分别诉某市政府确认行政行为违法等案,三公司因不服市政府作出的督查通知单等提起诉讼。督查通知单系市政府向供电公司出具,要求该单位对有关采石场停止供电,并拆除相关供电设施。虽然督查通知单的相对人是供电公司,但责令供电公司对甲矿业等公司的停电行为对其权利义务产生了实质影响,因而具有可诉性。

——《最高人民法院第二巡回法庭建庭以来行政案件审理情况分析报告——以申请再审案件为核心（2015.01-2020.06）》。

62. 行政许可案件的受案范围

关键词

行政许可　受案范围

最高人民法院司法解释

第一条　公民、法人或者其他组织认为行政机关作出的行政许可决定以及相应的不作为，或者行政机关就行政许可的变更、延续、撤回、注销、撤销等事项作出的有关具体行政行为及其相应的不作为侵犯其合法权益，提起行政诉讼的，人民法院应当依法受理。

——《最高人民法院关于审理行政许可案件若干问题的规定》（2009年12月14日，法释〔2009〕20号）。

最高人民法院司法政策精神

要依法受理行政许可案件，充分保护申请人以及其他利害关系人的诉权。行政许可案件类型较多，如利害关系人诉行政机关对他人作出的行政许可的案件、诉行政机关不予以行政许可的决定的案件、诉行政机关不履行有关行政许可的法定职责的案件、诉行政机关撤销或者注销行政许可决定的案件、诉有关行政许可的行政处罚的案件、因行政机关违法实施行政许可遭受损害的行政赔偿案件以及因行政机关依法变更或者撤回已生效行政许可遭受损失的行政补偿案件。对于涉及行政许可的行政争议，只要符合受理条件，就应当积极受理，依法审判。《行政许可法》开辟了行政诉讼新领域，增加了行政补偿等新类型案件，人民法院还缺乏审理这些案件的经验，在审理中必然会遇到各种新情况新问题，对此要认真研究，确保审判质量。

——江必新：《牢固树立司法为民思想，把行政审判工作提高到一个新的水平——在全国法院行政审判工作座谈会上的讲话》（2003年10月21日），载江必新主编、最高人民法院行政审判庭编：《行政执法与行政审判》2003年第4集（总第8集），法律出版社2003年版，第13页。

附录：最高人民法院法官著述

行政许可是一个动态的过程，其申请行政许可到颁发行政许可证或者变更、延续、撤销或注销行政许可等，会产生一系列形态的行政行为。按照行政许可法的规定，行政许可行为可以分为两类：一是是否作出准予许可的决定；二是就行政许可的变更、延续、撤回、注销、撤销等事项作出的行政行为。相应地，行政许可案件的范围包括针对以上两类行为及相应的不作为提起诉讼的案件。当事人对以上行政许可行为不服提起诉讼的，人民法院应当依法受理。

该条需要注意的问题：

一为行政许可作为的行为和行政许可不作为的行为同等重要，随着服务政府法治理念的提高，公民、法人或者其他组织对行政机关不作为的行为越来越关注，请求政府履行职责的案件越来越多。只要属于行政机关履行职责的范畴，尽管其并未颁发许可证，但发生事故仍要追究其责任。因为行政许可法对重许可轻监管的问题予以法律规制，专章明确规定了行政许可机关的监督检查职责及法律责任。

二为行政许可行为有各种形态，大致分为两类，主要为是否准予行政许可行为和行政许可的变更、延续等过程中的行为。但并不局限于列举的行为，还有监督检查行为、查阅权行为、补偿行为、处罚行为甚至执行罚行为等，因难以囊括，故有"等"字。

三为尽管有概括性的规定，但是凡行政许可法规定的行为涉及公民、法人或者其他组织的合法权益，均可依据行政许可法提起行政诉讼。但不一定属于行政许可诉讼，有可能属于行政处罚诉讼等，要视具体情况予以鉴别。

四为总结行政许可案件类型，大致可分为行政许可案件、行政许可补偿案件、行政许可赔偿案件。行政许可法规定的信赖利益保护原则明确了行政补偿诉讼类型的法律扩张；行政许可申请人对申请材料的真实性负责和行政许可机关审查职责奠定了民事赔偿和行政赔偿的混合，决定了两种赔偿方式的一并解决，从而实现便民诉讼和诉讼经济原则。

——杨临萍：《行政许可司法解释理解与适用》，中国法制出版社2010年版，第7~8页。

63. 公证机构作出的公证行为不属于行政诉讼的受案范围

关键词

公证机构　公证行为　行政诉讼　受案范围

最高人民法院审判业务意见

公证行为并非行政确认的一种，也不属于其他行政行为，仅系国家、社会认可的证明活动，当事人、公证事项利害关系人不服该公证行为的，不能通过提起行政诉讼寻求救济。

我国公证机构虽行使国家证明权，但不论是行政体制、事业体制或合作

（伙）制，均不属于行政机关，系社会主义市场经济的中介服务机构。公证机构作出的公证行为不属于行政行为，当事人、公证事项的利害关系人对公证书内容有异议，认为侵犯其合法权益的，可以提起民事诉讼或通过其他途径解决，不属于人民法院行政诉讼的受案范围。

——姜伟主编、最高人民法院第四巡回法庭编：《最高人民法院第四巡回法庭疑难案件裁判要点与观点》，人民法院出版社2020年版，第535~541页。

64. 行政奖励行为的可诉性

关键词

行政奖励　招商引资　内部行政行为　外部行政行为　受案范围

行政审判指导案例

张某脉、裘某玲诉浙江省绍兴市人民政府不履行招商引资奖励行政职责案［行政审判指导案例第56号］

　　裁判要点：行政机关的奖励系其应当履行的职责之一，承诺的内容可构成对其履行行为进行合法性审查的规范依据。

　　浙江省高级人民法院认为：一、上诉人张某脉、裘某玲的起诉并未超过起诉期限。一审判决相关认定符合法律规定。二、应以上海茂盛公司实际投入到甬金高速项目公司的资本作为计奖基数。由于当事人系在绍政发〔2002〕6号文件内容的基础上达成有关招商引资奖励的一致意思表示，因此，该文件的内容应成为本案审查之依据。首先，除据以确定注册资金数额的验资报告外，该文件并未明确要求提供其他能够证明有关资金数额的材料。鉴此，如果把"实际到位金额"理解为项目实际投资总额，那么，在"办理程序"中未明确要求提供据以确定项目实际投资总额的相关材料不合常理。因此，上诉人提出的以投资总额作为计奖依据的上诉理由不能成立。其次，由于绍政发〔2002〕6号文件对于实际到位金额的计算应截止于何时并未作出限制，且绍兴市人民政府相关部门为实施该文件而制定的《实施细则》也明确规定："凡项目规定分期出资的，项目奖金根据实际资金到位情况分批兑现。"因此，本案应以上海茂盛公司实际投入的注册资金总和作为计奖依据。尽管期间上海茂盛公司与其他主体之间发生了一系列的股权转让，但对于奖励设定方绍兴市人民政府而言，上海茂盛公司的股权转让行为对引资目的的实现并无实质影响，故原审法院以股权转让致使计算发生困难为由未将注册资金总和作为计奖依据不当。此外，鉴于上海茂盛公司存在抽逃出资1.5亿元的犯罪事实，对该部分资金应从实际到位的注册资金总和中扣除。综上，本案上海茂盛公司实际投入的注册资金总和为3.3亿元（即第一期注册资本1.05亿元＋第二期注册资本1.05亿元＋第三期注册资本2.7亿元－上海茂盛公司抽逃出资的1.5亿元）。绍兴市人民政府应给予张某脉、裘某玲两人人民币99万元的奖励。至于张某脉、裘某玲提出支付自2005年12月28日通车日至付清之日止每日万分之二点四的逾期付款违约金的请求，缺乏法律依据，不予采纳。综上，原审判决以甬金项目公司成立时上海茂盛公司投入的注册资本作为本案计奖依据不当，依法应予纠正。据此判决：一、撤销绍兴市中级人民法院（2009）浙绍行初字第5号行政判决；二、绍兴市人民政府按绍政发〔2002〕6号文件规定履行向张某脉、裘某玲支付招商引资奖金人民币99万元的职责，款限本判决生效之日起10日内付清；三、驳回张某脉、裘某玲的其他诉讼请求；四、驳回绍兴市人民政府的上诉。

——江必新主编、最高人民法院行政审判庭编：《中国行政审判案例》第2卷，中国法制出版社2011年版，第100页。

附录：最高人民法院法官著述

行政奖励亦是新型行政管理方式之一，其一出现，可诉性争论也就随之出现了。过去，尤其在新的司法解释出台之前，法院多倾向于不受理。这种状况在新司法解释实施之后有了较大改变，法院的态度由消极转向积极。这方面比较典型的是税务举报奖励的可诉性问题。从法院受理案件的情况看，当事人不仅可以就税务机关未履行或未按标准履行发放举报奖金的行为提起诉讼，甚至还可以就税务机关调查违法发票迟延至其无法及时领取奖金这样的问题提起诉讼。最高人民法院就此问题尚未作出解释、批复和裁判，但是其编写的《人民法院案例选》《行政审判与行政执法》等刊物已多次登载了法院受理行政奖励诉讼的案例，亦有某种导向作用。

——王振宇：《行政诉讼的诉权保护》，载《人民司法·应用》2010年第7期（总第594期）。

65. 规范性文件包含具体行政行为内容时具有可诉性

关键词

规范性文件　具体行政行为　受案范围

> 最高人民法院司法政策精神

2. 规范性文件包含具体行政行为内容时的可诉性问题

行政机关发布的具有普遍约束力的规范性文件不可诉,但包含具体行政行为内容的,该部分内容具有可诉性。

——《最高人民法院办公厅关于印发〈行政审判办案指南(一)〉的通知》(2014年2月24日,法办〔2014〕17号)。

> 行政审判指导案例

易某广诉湖南省株洲县人民政府送电线路建设工程征地拆迁补偿安置决定案〔行政审判指导案例第44号〕

裁判要点: 县级人民政府为辖区内特定工程出台的房屋拆迁补偿标准文件,关涉人数固定、范围确定的征地拆迁补偿安置相对人的合法权益,是可诉的具体行政行为。

株洲县人民政府是湖南省送变电建设公司长衡500KV送电线路工程株洲县段建设工程项目征地、拆迁的组织者和实施者,其制定的株县政办发〔2007〕9号《拆迁补偿安置办法》,是针对长衡500KV送电线路工程株洲县段范围内特定的征地对象所制定,具有一定的时限性,也不能反复适用,属于超越法定职权的具体行政行为。

——江必新主编、最高人民法院行政审判庭编:《中国行政审判案例》第2卷,中国法制出版社2011年版,第23~24页。

> 最高人民法院裁判文书

重庆市垫江县桂溪镇北苑小区董某华等108户被拆迁户诉重庆市人民政府行政复议决定上诉案〔最高人民法院(2001)行终字第14号行政判决书〕

裁判要点: 政府机关作出的通知中有关拆迁补偿安置的标准、办法以及未按通知执行的法律后果等内容涉及当事人权利义务,针对的对象是特定的,不能反复使用,因此该通知中含有具体行政行为的内容,属于申请复议的范围。

最高人民法院认为:政府机关作出的通知中有关拆迁补偿安置的标准、办法以及未按通知执行的法律后果等内容涉及当事人权利义务,上述内容针对的对象是特定的,即小区的全部被拆迁单位和被拆迁户。上述内容的效力只适用于小区旧城改造范围的被拆迁单位和被拆迁户,其效力不及于其他对象,不能反复使用,一旦小区的拆迁工作完成,该通知即失去其效力。该通知第2条第1款规定,对个别超过拆迁公告规定的拆迁期限,并经拆迁动员单位督促后,仍拒不拆、搬的,在给予一定经济惩罚的基础上,依法实施强制拆除。该规定不仅为相对人设定了义务,而且规定一旦相对人未履行义务,将直接承担被强制拆除的法律后果。综上,政府机关作出的通知中含有具体行政行为的内容,根据《中华人民共和国行政复议法》第2条、第6条的规定,属于申请复议的范围。

——肖扬总主编、最高人民法院行政审判庭编:《中华人民共和国最高人民法院判案大系》(行政卷1994年~2002年卷),人民法院出版社2003年版,第211~213页。

66. 行政机关无法律依据授权其内设机构、派出机构或者其他组织行使行政职权的视为行政委托

关键词

行政委托　主体资格

附录:最高人民法院法官著述

行政委托是一种法律行为,是指行政机关将其职权的一部分依法委托给其他组织或者个人行使。被委托的组织和个人以委托机关的名义实施具体行政行为,由委托机关承担相应的法律责任。关于行政委托的法律依据,有三种不同的观点:第一种观点认为行政委托必须有法律、法规或者规章的依据。第二种观点认为,某些行政管理领域应当有法律、法规关于委托的明确规定,如税收、行政许可等;在有些行政管理领域,只要不违背法律的精神和法律目的,即可实施委托,如物价、卫生、治安等。第三种观点认为,行政委托与行政授权不同,行政委托可以在没有法律、法规和规章依据的情况下实施。我们认为委托是否有法律依据与委托是否成立是两个问题。因此,行政机关在没有法律、法规或者规章规定的情况下,委托其内设机构、派出机构或者其他组织行使行政职权,当事人不服提起诉讼的,应当以该行政机关为被告。

与此相关,有三个问题需要讨论:

第一,没有法定的委托形式是否影响委托关系成立。有的学者认为,没有法律、法规或规章依据的行政委托关系亦能成立,那么,没有法定形式的情况下,只要能够确定有委托这回事即可。我们认为,法院在确定被告的时候,委托的法律依据与委托的形式不同,没有法律依据的委托可能成立,但

没有法定形式的委托则可能不能成立。例如，某县政府通过某个领导，以口头的形式委托其所属的部门行使行政职权。该部门以自己的名义行使了行政职权。相对人不服提起行政诉讼。对于该案中行政委托关系是否成立的问题，有不同观点。我们认为，行政机关行使任何行政职权，都应当遵循正当的法律程序。其中，有必要的法律形式是正当程序的要求。行政委托也是如此，应当有必要的形式。该案中县政府以口头形式委托，应当视为委托形式不合法，不能成立。如果政府以政府令的形式实施委托，即使该委托没有法律依据，仍应当视为委托成立。

第二，被委托机关没有以自己的名义行使行政权力，委托关系是否成立。对此有两种观点：一种观点认为，由于被委托机关没有以委托机关的名义行使行政职权，行政委托关系不成立；另一种观点认为，委托关系是否成立，应视委托机关的委托行为是否合法，而不受被委托机关行为的影响。上述案例中，若县政府的委托行为合法，即使被委托机关没有以县政府的名义行使行政职权，该委托关系仍然成立。我们同意后一种观点。

第三个需要讨论的问题是，若委托关系成立，是否应当以委托机关为被告。我们认为，委托关系是否成立并不必然决定何机关为被告。上述案例中，被委托机关以自己的名义行使行政权力，对于相对人来说，行使行政职权的是被委托机关，与相对人形成法律关系的是被委托机关，应当以被委托机关为被告。

——蔡小雪、甘文：《行政诉讼实务指引》，人民法院出版社2014年版，第60~61页。

67. 行政机关依照法院准予执行行政裁定组织实施的行为不可诉

关键词

行政机关　行政裁定　不可诉

最高人民法院裁判文书

汤某建诉辽宁省义县人民政府强制拆除房屋案［最高人民法院（2016）最高法行申4140号行政裁定］

裁判要点：根据裁执分离原则，市、县人民政府依照人民法院准予执行裁定，组织实施强制拆除房屋的行为，属于人民法院司法行为的继续，不是行政行为，不属于行政诉讼的受案范围。除非当事人认为政府组织实施强制拆除行为超出准予执行行政裁定的执行范围，或者强制执行措施、强度超过法律规定造成当事人合法权益损失，一般情况下，市、县人民政府依照人民法院准予执行行政裁定组织实施的行为不可诉。

最高人民法院经审查认为：根据《中华人民共和国行政强制法》第五十三条、五十四条的规定，当事人在法定期限内不申请行政复议或者提起行政诉讼，又不履行行政决定的，没有行政强制执行权的行政机关可以自期限届满之日起三个月内，依照规定申请人民法院强制执行。行政机关申请人民法院强制执行前，应当催告当事人履行义务。催告书送达十日后当事人仍未履行义务的，行政机关可以向所在地有管辖权的人民法院申请强制执行。《最高人民法院关于办理申请人民法院强制执行国有土地上房屋征收补偿决定案件若干问题的规定》第九条规定，人民法院裁定准予执行的，一般由作出征收补偿决定的市、县级人民政府组织实施。本案中，义县政府对汤某建作出1号补偿决定后，汤某建在法定期限内既未申请行政复议又未提起行政诉讼，义县政府在履行催告程序后申请人民法院强制执行，并根据义县人民法院作出的非诉执行裁定，实施拆除行为，符合上述法律和司法解释的规定。汤某建主张义县政府没有各种项目的审批、没有召开听证会，没有选举评估机构，拆迁不是出于公共利益需要等理由，实质上是对义县政府作出的1号征收决定不服。1号征收决定的合法性，业经辽宁省高级人民法院生效判决确认。汤某建的该项主张不能成立，本院不予支持。汤某建主张，义县政府凌晨六点实施强制拆除，违反《中华人民共和国行政强制法》第四十三条关于行政机关不得在夜间或者法定节假日实施行政强制执行的规定。但是，义县9月下旬的日出时间大约在5点40分左右，早上6时义县天已大亮并非夜晚，且当日也不是法定节假日，6点开始实施强制拆除，不违反法律规定，汤某建的该项主张没有事实和法律根据。汤某建还主张，强拆三年来没有见到保存的物品。义县政府已将屋内物品转移至高中北胡同73号存放，汤某建本人拒绝领取。因此，其该项主张没有事实根据，亦不能成立。

应当指出的是，根据裁执分离原则，市、县人民政府依照人民法院准予执行裁定，组织实施强制拆除房屋的行为，属于人民法院司法行为的继续，不是行政行为，不属于行政诉讼的受案范围。除非当事人认为政府组织实施强制拆除行为超出准予执行行政裁定的执行范围，或者强制执行措施、强度超过法律规定造成当事人合法权益损失，一般情况下，市、县人民政府依照人民法院准予执行行政裁定组织实施的行为不可诉。本案中，汤某建对义县政府依照义县人民法院准予执行裁定行为实施的强制拆除行为提起行政诉讼，其理由并非义县政府实施强制拆除过程中存在超范围准予执行行政裁定范围，或者强制执行措施、强度不当造成其人身、财产损失的情形。因此，汤某建的起诉不符合法定的立案条件，原本应当裁定驳回起诉。但是，鉴于汤某建申请再审，人民法院不能作出对再审申请人更为不利的裁判，且经审查一、二审判决驳回汤某建的诉讼请求，实体处理结果亦无不当，本案再审没有实际意义，不予再审。

——中国裁判文书网。

68. 地方人民政府的组织实施行为是否可诉要看其是否产生外部法律效力

关键词

地方人民政府　可诉性　外部法律效力

最高人民法院裁判文书

徐某安、郑州市金水区人民政府再审审查与审判监督案［最高人民法院（2017）最高法行申9274号行政裁定书］

裁判要点：按照职权法定原则，地方人民政府和所属工作部门都会被法律、法规授予对特定事项的管辖权，无论是地方人民政府还是工作部门，都应当基于法律、法规的授权并在权限范围内行使权力。地方人民政府虽然"领导所属各工作部门和下级人民政府的工作"，但领导不是替代。地方人民政府可以就一些重点工作组织有关工作部门或下级人民政府实施，在有些情况下，也可以通过发出指示，对所属工作部门和下级人民政府施加影响，但具体的实施还应当由各工作部门或下级人民政府根据其法定管辖权以自己的名义分别落实。

究竟地方人民政府的组织实施行为可诉，还是所属工作部门或下级人民政府的具体实施行为可诉，则要看哪一个行为是"产生外部法律效力的行为"。因为一个可诉的行政行为，必须具有"对外性"和"法效性"，也就是该行为必须是直接对外发生法律效果。当存在这些直接对外发生法律效果的具体实施行为的情况下，坚持起诉属于内部指示范畴的金水区政府的"组织实施"行为，就不符合法定的起诉条件。

最高人民法院认为：本案的争议焦点是，地方人民政府的组织实施行为是否可诉？厘清这一问题，需要从分析地方人民政府与所属工作部门的关系入手。《中华人民共和国地方各级人民代表大会和地方各级人民政府组织法》第五十四条规定:"地方各级人民政府是地方各级人民代表大会的执行机关,是地方各级国家行政机关。"第六十四条第一款规定:"地方各级人民政府根据工作需要和精干的原则,设立必要的工作部门。"法律之所以规定地方人民政府设立必要的工作部门,主要基于三个方面的考虑:一是统一性。通过行政机关活动范围的划分,可以避免重复劳动、推诿扯皮,确保行政的统一性。二是明确性。便于公民、法人或者其他组织知道哪一个行政机关负责处理自己的事件。三是专业性。只有主管机关才具备受过专门训练、通晓专业的人员和必要的设备,而这正是作出正确决定的保障所在。按照职权法定原则,地方人民政府和所属工作部门都会被法律、法规授予对特定事项的管辖权,无论是地方人民政府还是工作部门,都应当基于法律、法规的授权并在权限范围内行使权力。地方人民政府虽然"领导所属各工作部门和下级人民政府的工作",但领导不是替代。地方人民政府可以就一些重点工作组织有关工作部门或下级人民政府实施,在有些情况下,也可以通过发出指示,对所属工作部门和下级人民政府施加影响,但具体的实施还应当由各工作部门或下级人民政府根据其法定管辖权以自己的名义分别落实。究竟地方人民政府的组织实施行为可诉,还是所属工作部门或下级人民政府的具体实施行为可诉,则要看哪一个行为是"产生外部法律效力的行为"。因为一个可诉的行政行为,必须具有"对外性"和"法效性",也就是该行为必须是直接对外发生法律效果。具体到本案,再审申请人坚持起诉金水区政府对于合村并城的组织实施行为,但其自称,"合村并城实施行为包括了多个机关的多个行为",诸如立项、土地规划、环境评估、征地审批、房屋拆迁、道路建设等,那么,当存在这些直接对外发生法律效果的具体实施行为的情况下,坚持起诉属于内部指示范畴的金水区政府的"组织实施"行为,就不符合法定的起诉条件,一审法院裁定驳回起诉,二审法院驳回上诉,维持原裁定,并无不当。再审申请人的再审理由,本院不予支持。

综上,再审申请人徐某安的再审申请不符合《中华人民共和国行政诉讼法》第九十一条规定的情形。

——中国裁判文书网。

69. 完全依据政策进行决策行为不具有行政可诉性

关键词

行政可诉性

最高人民法院裁判文书

张某诉伊通县政府辞退民办教师行为案〔最高人民法院（2017）最高法行申 2245 号行政裁定书〕

裁判要点：1. 行政机关完全依据政策进行决策的行为，人民法院无法对其合法性进行审查，不属于行政诉讼的受案范围。

2. 根据《行政诉讼法》第五十三条第一款的规定，公民、法人或者其他组织认为行政行为所依据的国务院部门和地方人民政府及其部门制定的规范性文件不合法，在对行政行为提起诉讼时，可以一并请求对该规范性文件进行审查。一并提起对规范性文件审查的前提条件是，作为本诉的被诉行政行为符合法定起诉条件。如果本诉不符合法定起诉条件，一并请求对规范性文件进行合法性审查，当然也不符合法定起诉条件。

3. 裁定驳回起诉，可以同时适用多个理由（本案适用了受案范围和起诉期限两个理由）。

最高人民法院经审查认为：《中华人民共和国行政诉讼法》第四十九条第四项规定，提起诉讼应当属于行政诉讼的受案范围。第六条规定，人民法院审理行政案件，对行政行为是否合法进行审查。行政机关完全依据政策进行决策的行为，人民法院无法对其合法性进行审查，不属于行政诉讼的受案范围。本案中，伊通县政府对张某的口头辞退行为，是根据国家有关民办教师清理政策规定，结合当地实际，作出的政策性处理行为，人民法院对该行为无法进行合法性审查，本案不属于行政诉讼的受案范围。一、二审裁定对张某的起诉不予立案，并无不当。张某申请再审主张，依据 96 号文件，张某是定向培养的民办教师，伊通县政府口头予以辞退违法。而本案一、二审系裁定不予立案，辞退行为是否违法并不属于一、二审审理范围，以此为由申请再审，理由不能成立。

《中华人民共和国行政诉讼法》第五十三条第一款规定，公民、法人或者其他组织认为行政行为所依据的国务院部门和地方人民政府及其部门制定的规范性文件不合法，在对行政行为提起诉讼时，可以一并请求对该规范性文件进行审查。一并提起对规范性文件审查的前提条件是，被诉行政行为属于可诉的行政行为。本案中，张某请求对 115 号文件的合法性一并进行审查，但其所诉行政行为不属于行政诉讼的受案范围，本诉不能成立，一并对 115 号文件进行合法性审查，当然也不符合法定的起诉条件。一、二审裁定对其该项诉讼请求不予立案，亦无不当。

《最高人民法院关于执行〈中华人民共和国行政诉讼法〉若干问题的解释》第四十一条[①]规定，行政机关作出行政行为时，未告知公民、法人或者其他组织诉权或者起诉期限的，起诉期限从知道或者应当知道行政行为内容之日起最长不得超过2年。这里的"知道"包括实际知道和法律上推定的"应当知道"。本案中，张某于1999年3月被口头辞退，并停发工资，张某当时就已经知道被诉行政行为的主要内容，2015年12月28日提起本案行政诉讼，已经远远超过2年的法定起诉期限。据此，一、二审裁定对其起诉不予立案，亦无不当。

——中国裁判文书网。

70. 行政指导及其可诉性

关键词

履行法定职责　行政指导　法律行为

最高人民法院裁判文书

张某仙诉太原市人民政府不履行法定职责案［最高人民法院（2018）最高法行申906号行政裁定书］

　　裁判要点：对于履行法定职责之诉而言，不仅要看当事人是否向行政机关提出过申请、行政机关是否拒绝履行或者不予答复，更要看当事人申请行政机关履行的是否属于该行政机关的法定职责。指导、支持、帮助等行为，在性质上属于行政指导。通常情况下，行政指导因其不具有羁束力和强制力，不能成为撤销之诉的对象。基于同样的道理，也不能通过提起一个履行法定职责之诉，要求判令行政机关履行行政指导职责，因为，履行法定职责之诉要求作出的行为必须是一个法律行为，但行政指导显然并不属于这样一种旨在设定某种法律后果的个别调整。

　　最高人民法院认为：本案的起因，源于再审申请人作为居民委员会成员与其所属的居民委员会的争议。根据《城市居民委员会组织法》第二条第一款的规定，"居民委员会是居民自我管理、自我教育、自我服务的基层群众性

---

① 现为《最高人民法院关于适用〈中华人民共和国行政诉讼法〉的解释》（法释〔2018〕1号）第六十四条。

自治组织。"虽然《最高人民法院关于适用〈中华人民共和国行政诉讼法〉的解释》第二十四条第一款规定，村民委员会或者居民委员会可以成为行政诉讼的被告，但被诉行为应当限于"依据法律、法规、规章的授权履行行政管理职责的行为"。换句话说，村民委员会或者居民委员会之所以能够成为行政诉讼的被告，不是因为它本身属于行政机关，而是因为它在有些情况下，依据法律、法规、规章的授权，行使了某种行政管理的职权。因此并非村民委员会或者居民委员会作出的所有行为都具有可诉性，可诉的行为仅限于那些既有法律、法规、规章的授权依据，在性质上又属于履行行政管理职责的行为。

本案中，再审申请人并非直接起诉居民委员会，而是以太原市政府为被告，请求人民法院判令太原市政府履行保护公民人身权财产权、保护妇女男女平等的法定职责，具体内容是，由太原市政府责令武家庄居委会给其补发被取消了的一切村民福利。再审申请人提起诉讼的主要依据是《行政诉讼法》第十二条第一款第六项。该项规定："申请行政机关履行保护人身权、财产权等合法权益的法定职责，行政机关拒绝履行或者不予答复的。"对于这类履行法定职责之诉而言，不仅要看当事人是否向行政机关提出过申请、行政机关是否拒绝履行或者不予答复，更要看当事人申请行政机关履行的是否属于该行政机关的法定职责。再审申请人主张，《地方各级人民代表大会和地方各级人民政府组织法》第五十九条第六项、第九项规定了县级以上地方各级人民政府有保护公民财产权、人身权，保障宪法和法律赋予妇女的男女平等权利的法定职责。但是，由哪一级政府履行、如何履行这些法定职责，需要法律、法规或者规章的具体规定。就各级人民政府与居民委员会的关系而言，《城市居民委员会组织法》只是在第二条第二款中规定："不设区的市、市辖区的人民政府或者它的派出机关对居民委员会的工作给予指导、支持和帮助……"第二十条规定："……市、市辖区的人民政府的有关部门，可以对居民委员会有关的下属委员会进行业务指导。"这些指导、支持、帮助等行为，在性质上属于行政指导。通常情况下，行政指导因其不具有羁束力和强制力，不能成为撤销之诉的对象。基于同样的道理，也不能通过提起一个履行法定职责之诉，要求判令行政机关履行行政指导职责，因为，履行法定职责之诉要求作出的行为必须是一个法律行为，但行政指导显然并不属于这样一种旨在设定某种法律后果的个别调整。对于本案来讲，更为关键的是，该法并没有将针对居民委员会的行政指导职责赋予像太原市政府这样的设区的市政府，更没有规定设区的市政府有直接责令居民委员会调整其成员福利待遇的法定职责。在一个行政机关明显不具有原告所申请履行的法定职责的情况下，不能因为原告曾经提出过申请并且行政机关拒绝履行或者不予答复而就此拥有了诉权。针对一个明显没有管辖权的行政机关提起履行职责之诉，属于不符合法定起诉条件，人民法院应当不予立案或者裁定驳回起诉。

——最高人民法院第四巡回法庭编：《最高人民法院第四巡回法庭典型行政案件裁判观点 2017—2018》，法律出版社 2020 年版，第 234~238 页。

71. 违背当事人意愿的"行政调解行为"可诉

关键词

行政调解　乡（镇）人民政府　受案范围

最高人民法院答复

浙江省高级人民法院：

你院浙高法〔2001〕201号《关于一方当事人对乡（镇）人民政府就民间纠纷作出的调处决定不服而起诉的，人民法院应以何种案件受理的请示》收悉。经研究，答复如下：

乡（镇）人民政府对民间纠纷作出调处决定，当事人不服并就原争议标的向人民法院起诉的，应当按照最高人民法院《关于如何处理经乡（镇）人民政府调处的民间纠纷的通知》的规定，由人民法院作为民事案件受理。但乡（镇）人民政府在调解民间纠纷的违背当事人的意愿，强行作出决定，当事人以乡（镇）人民政府为被告诉讼的，由人民法院作为行政案件受理。

——《最高人民法院研究室关于当事人对乡（镇）人民政府就民间纠纷作出的调处决定不服而起诉人民法院应以何种案件受理的复函》（2001年2月19日，法研〔2001〕26号）。

72. 未作出具体权利义务承诺、意向性协商订立行政协议的行为不属于行政诉讼的受案范围

关键词

具体权利义务承诺　意向性协商　行政协议　受案范围　可诉性

最高人民法院裁判文书

益阳华龙垃圾焚烧发电有限公司诉湖南省益阳市人民政府行政赔偿案
〔最高人民法院（2018）最高法行申8174号行政裁定书〕

裁判要点：《最高人民法院关于适用〈中华人民共和国行政诉讼

法〉的解释》第一条第二款第六项规定，行政机关为作出行政行为而实施的准备、论证、研究、层报、咨询等过程性行为，对当事人的权利义务不产生实际影响，不属于行政诉讼的受案范围。行政协议案件中，行政机关为订立行政协议，事先与行政相对人进行会晤、商谈，或召开会议形成政府会议纪要，仅是对双方签订行政协议的意向性表达，未对双方具体权利义务作出承诺或约定的，属于对当事人权利义务不产生实际影响的过程性行政行为，不可诉。反之，订立意向性协议已经为当事人设定具体明确的义务，可能对当事人人身权、财产权等合法权益造成损害的，属于可诉的订立行政协议的行为。

最高人民法院经审查认为，《中华人民共和国国家赔偿法》第二条规定，国家机关和国家机关工作人员行使职权，有本法规定的侵犯公民、法人和其他组织合法权益的情形，造成损害的，受害人有依照本法取得国家赔偿的权利。第四条规定，行政机关及其工作人员在行使行政职权时有造成财产损害的违法行政行为的，受害人有取得赔偿的权利。存在违法侵权的行政行为，是当事人获得行政赔偿的前提条件。本案中，没有证据证明益阳市政府在签订特许经营协议前，对华龙公司作出具体明确的承诺，并有违背承诺造成华龙公司财产损失的行为，不存在行政赔偿的前提条件。华龙公司作为企业法人主体，拟参与政府特许经营项目的投资经营活动，招投标前进行的项目可行性研究报告、市场调查等前期准备工作，属于市场主体的风险投入，请求行政赔偿，于法无据。一、二审判决驳回其行政赔偿诉讼请求，判决结果并无不当。华龙公司主张，基于对政府信赖为益阳市垃圾焚烧项目进行可行性研究报告、项目选址、环评、勘察设计等造成的损失，属于行政赔偿的范畴。但是，根据《中华人民共和国行政许可法》第五十三条规定，对于直接关系公共利益的特定行业的市场准入行政许可，行政机关应当通过招标、拍卖等公平竞争的方式作出决定。垃圾焚烧行业属于直接关系公共利益的政府特许经营行业，市场准入依法需要通过招标、拍卖等竞争方式决定。华龙公司进行的前期工作，是为获得竞争优势进行的前期投入，属于市场主体的风险投资，并非基于政府信赖而产生的信赖利益损失。以此为由申请再审，缺乏事实法律依据。

应当指出的是，《最高人民法院关于适用〈中华人民共和国行政诉讼法〉的解释》第一条第二款第六项规定，行政机关为作出行政行为而实施的准备、论证、研究、层报、咨询等过程性行为，对当事人的权利义务不产生实际影响，不属于行政诉讼的受案范围。本案中，华龙公司获悉益阳市城市生活垃圾焚烧发电特许经营项目后，主动与益阳市政府相关部门联系招商引资活动。

益阳市政府与华龙公司进行会晤、商谈,并召开会议,形成政府会议纪要,仅是对双方开展政府特许经营项目合作的意向性表达,并不存在益阳市政府对华龙公司作出任何具体承诺的事实根据,对华龙公司的权利义务不产生实际影响,属于不可诉的行政行为。在被诉行为实际不可诉的情形下,应当依法裁定驳回起诉。一、二审未对被诉行为的可诉性进行审查,直接判决作出驳回华龙公司的行政赔偿诉讼请求不妥,本院予以指正。鉴于一、二审判决驳回华龙公司行政赔偿请求的处理结果并无不当,再审本案无实际意义,本案不予再审。

——第一巡回法庭微信公众号。

73. 内部行政行为外部化具有可诉性

关键词

内部行政行为外部化　行政行为的成熟性　受案范围

最高人民法院答复

安徽省高级人民法院:

你院《关于魏某高、陈某志诉来安县人民政府收回土地使用权行政批复一案适用法律问题的请示》收悉。经研究,答复如下:

地方人民政府针对其所属土地行政管理部门作出的同意收回国有土地使用权批复,土地行政管理部门直接据此付诸实施且已经过复议程序,原国有土地使用权人对地方人民政府同意收回土地使用权的批复不服提起诉讼的,人民法院应当依法受理。

——《最高人民法院关于地方人民政府作出的同意收回国有土地使用权批复是否属于可诉具体行政行为问题的答复》(2012年8月23日,〔2012〕行他字第9号)。

最高人民法院指导性案例

魏某高、陈某志诉来安县人民政府收回土地使用权批复案〔最高人民法院指导案例22号〕

裁判要点:地方人民政府对其所属行政管理部门的请示作出的批复,一般属于内部行政行为,不可对此提起诉讼。但行政管理部门直接将该批复付诸实施并对行政相对人的权利义务产生了实际影响,行政相对人对该批复不服提起诉讼的,人民法院应当依法受理。

法院生效裁判认为：根据《土地储备管理办法》和《安徽省国有土地储备办法》以收回方式储备国有土地的程序规定，来安县国土资源行政主管部门在来安县人民政府作出批准收回国有土地使用权方案批复后，应当向原土地使用权人送达对外发生法律效力的收回国有土地使用权通知。来安县人民政府的批复属于内部行政行为，不向相对人送达，对相对人的权利义务尚未产生实际影响，一般不属于行政诉讼的受案范围。但本案中，来安县人民政府作出批复后，来安县国土资源行政主管部门没有制作并送达对外发生效力的法律文书，即直接交来安县土地储备中心根据该批复实施拆迁补偿安置行为，对原土地使用权人的权利义务产生了实际影响；原土地使用权人也通过申请政府信息公开知道了该批复的内容，并对批复提起了行政复议，复议机关作出复议决定时也告知了诉权，该批复已实际执行并外化为对外发生法律效力的具体行政行为。因此，对该批复不服提起行政诉讼的，人民法院应当依法受理。

——《最高人民法院关于发布第五批指导性案例的通知》（2013 年 11 月 8 日，法〔2013〕241 号）。

说明

指导案例 22 号魏某高、陈某志诉来安县人民政府收回土地使用权批复案，旨在明确内部行政行为外部化后的可诉性问题。该案例明确下级行政机关直接将上级行政机关的批复付诸实施，并对相对人的权利义务产生了实际影响，相对人对该批复不服提起诉讼的，人民法院应当依法受理。该案例法律适用符合行政诉讼法立法精神，有利于畅通行政相对人权利救济的渠道，监督和促进行政机关依法行政。

最高人民法院裁判文书

赖某安诉重庆市人民政府不予复议上诉案［最高人民法院（1998）行终字第 10 号行政判决书，法公布（2000）第 8 号］

裁判要点：内部行政行为不可诉，如果内部行政行为通过行政权力运作的方式外化了，在满足其他条件的情况下，该行政行为就成为可诉的行为。但外化了的内部行政行为在不成熟的状态下，仍然不可诉。

最高人民法院认为：重庆市教育委员会重教函〔1996〕21 号报告从形式上看属于行政机关内部公文，但在抄送赖某安本人后，即已具有具体行政行为的性质；由于该报告需待上级主管部门审批，其内容尚未最终确定，对赖某安的权利义务并未产生实际影响,故该行为属不成熟的行政行为,不具有可诉性,重庆市人民政府裁定不予受理赖某安的复议申请,其结论是正确的。赖某安因该报告与重庆市教育委员会产生的纠纷是否可以申请复议,国务院《行政复议条例》未作明确规定。重庆市人民政府渝府复裁〔1993〕3号行政复议裁定关于"赖某安要求复议的事项属于教育行政机关或教育机构对教职工的内部管理行为,不属于申请复议的范围"的认定,缺乏法律依据,一审法院据此维持重庆市人民政府的复议裁定亦缺乏法律依据。但鉴于《行政复议法》已经颁布实施,且明确规定此类事项不属于申请复议的范围,故判决撤销该复议裁定并判令重庆市人民政府重新作出复议裁定已无实际意义。此外,赖某安提出的由渝州大学赔偿经济损失的上诉请求,不属于本案审理范围,应予驳回。

——李国光主编、最高人民法院行政审判庭编:《行政执法与行政审判参考》2000年第1辑(总第1辑),法律出版社2002年版,第316~317页。

李某镒诉青海省残疾人联合会、中国残疾人联合会不履行法定职责上诉案〔最高人民法院(2004)行终字第1号行政判决书〕

> 裁判要点:内部行政行为外部化并不指内部行政行为因通知利害关系人或者以其他途径为利害关系人所知悉而转化为外部具体行政行为。送达或者是否为相对人知悉,不是衡量内部行政行为外部化的标准,认定内部行政行为是否外部化,关键在于行为本身的性质,即内部行为是否具有外部效果。

最高人民法院认为:被上诉人青海省残疾人联合会和中国残疾人联合会不具有为上诉人李某镒核发《残疾人证》的法定职责。被上诉人青海省残疾人联合会签收上诉人李某镒递交的《评残申请书》及相关资料并就有关问题进行请示后所作的回复,并不是行使核发《残疾人证》行政职权的行为,而仅是对申诉的处理和答复,不属于具体行政行为。被上诉人中国残疾人联合会组织联络部以组函字〔2003〕59号函所作的答复,既不是行使核发《残疾人证》行政职权的行为,亦不是上诉人李某镒上诉中所称的"批准"行为,而仅是对核发《残疾人证》有关问题的内部说明,并未对上诉人李某镒设定权利义务,同样不属于具体行政行为。上诉人李某镒以被上诉人青海省残疾人联合会为被告提起行政诉讼缺乏事实和法律依据。一审法院在依法要求上诉人李某镒变更被告,上诉人李某镒拒绝变更并提交了《不同意变更被告异议书》的情况下,依照《最高人民法院关于执行〈中华人民共和国行政诉讼法〉若干问题的解释》第 23 条第 1 款①"原告所起诉的被告不适格，人民法院应当告知原告变更被告；原告不同意变更的，裁定驳回起诉"的规定，作出驳回上诉人李某镒起诉的裁定正确。

——最高人民法院行政审判庭编：《最高人民法院最新行政裁判汇编》，人民法院出版社 2006 年版，第 898~899 页。

74. 行政机关为作出行政行为而实施的程序性行为不具有可诉性

关键词

行政行为　程序性行为　可诉性

最高人民法院裁判文书

李某明诉辽宁省凌海市人民政府土地行政征收案［最高人民法院（2020）最高法行申 6826 号行政裁定书］

裁判要点：具备成熟性、终结性是可诉行政行为的必备要件。行政机关在作出行政行为之前所进行的准备工作并非最终的行政行为，不具备可诉性。程序性行为的效力通常为最终的行政行为所吸收和覆盖，当事人可以通过起诉最终的行政行为获得救济。

最高人民法院再审审查认为：《最高人民法院关于适用〈中华人民共和国行政诉讼法〉的解释》第一条第二款第六项规定，行政机关为作出行政行为而实施的准备、论证、研究、层报、咨询等过程性行为不属于人民法院行政诉讼的受案范围。由此可知，可诉的行政行为需要具备成熟性、终结性。行政机关在作出具有法律效果的最终行政行为之前所实施的准备工作不具备可诉性。程序性行为的效力通常为最终的行政行为所吸收和覆盖，当事人可以通过起诉最终的行政行为获得救济。本案中，李某所诉入户核量工作系凌海市政府为征收补偿行为而实施的准备工作，并非最终的征收补偿行为，因不具有最终的法律效力而不具备可诉性。入户核量工作的效力被最终的征收补偿行为所吸收和覆盖，李某可以通过对凌海市政府所实施的征收补偿行为提起行政诉讼获得救济。因此，李某不服凌海市政府实施的入户核量工作提起的本案诉讼，依法不属于行政诉讼的受案范围。遂驳回李某的再审申请。

---

① 现为《最高人民法院关于适用〈中华人民共和国行政诉讼法〉的解释》（法释〔2018〕1 号）第二十六条第一款。

——第二巡回法庭微信公众号。

75. 行政机关作出批复、函、会议纪要等公文行为的可诉性

关键词

公文行为　受案范围

最高人民法院司法政策精神

1. 会议纪要的可诉性问题

行政机关的内部会议纪要不可诉。但其直接对公民、法人或者其他组织的权利义务产生实际影响，且通过送达等途径外化的，属于可诉的具体行政行为。

——《最高人民法院办公厅关于印发〈行政审判办案指南（一）〉的通知》（2014年2月24日，法办〔2014〕17号）。

最高人民法院公报案例

吉某仁等四人不服盐城市人民政府行政决定案［江苏省高级人民法院］

裁判摘要：会议纪要针对特定主体就特定事项作出决定，且明确要求必须执行，不属于抽象行政行为，而是一种可诉的具体行政行为。

所谓行政指导行为，是指行政机关在进行行政管理的过程中，所作出的具有咨询、建议、训导等性质的行为，不具有行政强制执行力。而该《会议纪要》第五条中有关公交车辆在规划区规定免交规费的规定，是明确要求必须执行的，因此，被上诉人认为该行为属行政指导行为无法律依据。该项免交规费的规定，是针对公交公司这一特定的主体、就特定的事项，即公交公司在规划区内开通的线路是否要缴纳交通规费所作出的一项决定，《会议纪要》的上述内容实际上已经直接赋予了公交公司在规划区内免交交通规费的利益，不应认定为抽象行政行为。同时，由于该《会议纪要》是一种赋予一方当事人权利的行为，公交公司作为受益人参加了此次会议，因此《会议纪要》虽未向利益相对方直接送达，但《会议纪要》的相关内容在其后已经得到执行，城区交通局也已经将无法对公交公司进行行政管理的原因及《会议纪要》的内容书面告知了吉某仁等四人，因此应当认定盐城市政府《会议纪要》中作出的有关公交车辆在规划区免征规费的行为是一种可诉的具体行政

行为。被上诉人认为不可诉的答辩理由不能成立。

——《最高人民法院公报》2003年第4期。

广州市海龙王投资发展有限公司诉广东省广州市对外经济贸易委员会行政处理决定纠纷案［最高人民法院（2001）行终字第2号行政裁定书］

裁判摘要：会议纪要主要适用于记载和传达会议情况和议定事项，其性质主要是针对会议进行情况以及最后结论的记录，只具有指导意义，本身并不对外发生法律效力，即未对行政相对人的法律地位产生影响，因此不具有可诉性。但会议纪要具有确定某一行政事项如何处理的初步意见，因此具有证据意义。

最高人民法院认为：珠江侨都项目筹委会是按照广州市人民代表大会常务委员会《关于审议市人民政府办理市九届人大三次会议第42号议案实施方案的决议》成立的一个指导和协调机构，该决议对筹委会的性质和职责有明确的说明。珠江侨都项目筹委会与被上诉人广州市外经委之间不存在行政隶属关系。筹委会的纪要只具有行政指导性质，不具有强制力，该纪要关于"同意海龙王公司参加珠江侨都项目的投资"的表述，不能改变侨都公司各方的法律地位。海龙王公司只有通过与珠江侨都公司各方谈判，并经过主管机关依照法定程序予以审批，成为珠江侨都公司的股东，方可拥有对珠江侨都项目的投资开发权。有关珠江侨都项目的工作纪要，并不能在法律上产生新的权利和义务关系，不具有行政法律效力。上诉人海龙王公司认为筹委会的工作纪要与被上诉人广州市外经委的233号通知与其形成了法律上的利害关系的上诉理由不能成立。

——最高人民法院行政审判庭编：《最高人民法院最新行政裁判汇编》，人民法院出版社2006年版，第845~846页。

最高人民法院裁判文书

申某诉河南省中牟县教育委员会不履行义务上诉案［最高人民法院（1997）行终字第14号行政判决书］

裁判要点：对于会议纪要是否具有可诉性，不能仅仅从名称或形式上判断，而必须通过会议纪要的内容来确定。如果行政机关以"会议纪要"的形式确定行政相对人的权利义务，对行政相对人产生实际影响的，属于可诉的行政行为。

最高人民法院认为：原中牟县教育局于 1996 年 1 月 23 日制作的《中牟县教育局局长办公会议纪要》，系教育行政主管部门为解决电器化学校举办人之间的纠纷拟定的处理意见，《会议纪要》中的部分条款设定了教育行政管理部门行使职权的内容，且该纪要条款以举办人各方签名同意为生效条件，应视为中牟县教委与电器化学校的两名举办人三方签订的行政协议。被上诉人申某在中牟县教委不履行协议中确定的义务条款时，以被上诉人中牟县教委不履行义务提起行政诉讼，属于人民法院的受案范围。该协议对办学经费使用分配以及该经费由教育行政主管部门保管并审批使用的约定，与国家教育委员会〔1986〕教高三字 016 号《关于社会力量办学的若干暂行规定》第 16 条关于"社会力量举办学校的全部收入以及固定资产，归学校所有"、《河南省社会力量办学管理办法》第 14 条关于"学校的全部收入及固定资产归学校所有"等规定不相符合，故该协议中有关电器化学校教育经费用于校外投资另行举办学校的条款应属无效，因而，对被上诉人申某诉请中牟县教委全面履行协议的请求不予支持。一审判决对案外人新郑市教育委员会及有关部门设定监督管理义务，超出了人民法院对被诉具体行政行为合法性审查的范围。

——最高人民法院行政审判庭编：《最高人民法院最新行政裁判汇编》，人民法院出版社 2006 年版，第 129~130 页。

76. 内部审批行为是否属于行政复议受理范围

关键词

内部审批行为　行政复议　受理范围

最高人民法院裁判文书

张某峰等诉西安市人民政府不予受理行政复议申请决定案〔最高人民法院（2016）最高法行申 4469 号行政裁定书〕

裁判要点：上级行政部门对下级行政部门关于城中村改造方案的批复，是上级对下级行政部门的审批，属于内部行政行为；是城中村改造的一个程序性环节，并不直接对外创设权利义务，因此不属于复议受案范围。行政相对人进行权利救济需要遵循合法原则，内部行政行为未直接创设或影响其权利义务时，应当以行政部门最终的行政行为作为诉讼对象进行权利救济。

最高人民法院认为：本案的争议焦点是西安市城改办作出涉案批复行为

是否属于行政复议的受案范围。《中华人民共和国行政复议法》第二章专门对行政复议范围作了规定,公民、法人或者其他组织认为行政行为侵犯其合法权益的,可以向行政机关申请行政复议。根据现行行政法理论和行政诉讼法律的规定,行政机关的内部行政行为不属于行政复议和行政诉讼受案范围。本案中,西安市未央区城中村改造办公室根据《西安市城中村改造管理办法》的有关规定组织编制《联合村城中村改造方案》,并报送西安市城改办审批,西安市城改办于2013年9月5日作出市城改发〔2013〕232号批复,原则同意联合村按上述方案实施改造,并就项目概况、改造工作内容、工作要求责任及措施等事项予以批复。该批复系根据地方性文件的规定,上级行政机关对下级行政机关改造方案的内部审批行为,并不直接对外创设权利义务,仅系整个城中村改造的一个程序性环节。对再审申请人权利义务产生实际影响的是城中村改造过程中的拆迁安置及补偿行为,再审申请人如对安置补偿行为不服,应直接针对安置补偿行为提起行政诉讼。涉案批复虽然通过政府信息公开的形式于2015年3月3日为再审申请人知悉,但并未改变其系内部行政行为的性质,依法不属于行政复议的受案范围,西安市政府作出被诉不予受理行政复议申请决定并无不当。据此,一审法院判决驳回其诉讼请求,二审法院判决驳回上诉维持一审判决,亦无不当。

——最高人民法院行政审判庭编:《最高人民法院行政裁判要旨及评述(第一卷)》,人民法院出版社2019年版。

77. 未对相对人权利义务产生直接影响的会议纪要是否属于受案范围

关键词

会议纪要 可诉性

最高人民法院裁判文书

北京世纪佳联教育技术发展有限公司诉山东省日照市人民政府会议纪要案[最高人民法院(2016)最高法行申2711号行政裁定书]

裁判要点:会议纪要内容为上级行政机关对下级行政机关的内部指导,对相对人的权利义务不产生直接影响的,不属于行政诉讼受案范围。当事人对会议决议事项不服的,可以通过对实际实施行政行为的行政机关提起复议或诉讼进行权利救济。

最高人民法院认为:会议纪要作为行政机关用于记载和传达有关会议情

况和议定事项的内部公文，通常不对行政相对人的权利和义务产生影响。只有在其转化为对外发生效力的行政行为时，才具有法律上的强制执行力。判断会议纪要是否属于行政诉讼的受案范围，主要审查其是否对行政管理相对人的权利和义务产生直接影响。本案中，日照市政府第6次市长办公会议形成的案涉《会议纪要》，仅是原则同意日照市教育局关于一佳合作学校改革调整的工作思路和对其操作过程提出指导性意见。该会议纪要应属上级机关对下级行政机关的内部指导行为，对再审申请人世纪佳联公司的权利义务不产生直接影响，原审认为案涉会议纪要不属于行政诉讼受案范围，认定事实清楚，适用法律正确。

——最高人民法院行政审判庭编：《最高人民法院行政裁判要旨及评述（第一卷）》，人民法院出版社2019年版。

78. 上级机关的批复和指示是否属于受案范围

关键词

批复、指示　行政诉讼　受案范围

最高人民法院裁判文书

王某宏诉宣城市人民政府房屋拆迁行政决定案［最高人民法院（2016）最高法行申275号行政裁定书］

裁判要点：上级行政机关对下级行政机关的请示作出的批复、指示，一般属于内部行为，未对相对人权利义务产生实际影响的，不属于行政诉讼受案范围。但下级行政机关直接将该批复、指示付诸实施并对相对人权利义务产生了实际影响，相对人对该批复、指示不服提起诉讼的，法院应当依法受理。

最高人民法院经审查认为，王某宏的诉讼请求是撤销宣城市人民政府作出的《190号决定》。但该决定系宣城市人民政府针对宣城市城市管理执法局就强制拆除王某宏违法建设的请示而作出，未向王某宏送达，且宣城市城市管理行政执法局收到该决定后，于2013年6月28日作出了宣城管强拆字〔2013〕第13024号强制拆除决定，并据此强制拆除了王某宏的房屋。故对外发生法律效力的应是宣城管强拆字〔2013〕第13024号强制拆除决定，而非《190号决定》。原审法院认定宣城市人民政府作出《190号决定》的行为实质属于上下级行政机关之间的内部行为，不属于人民法院行政诉讼受案范围,并无不当。王某宏主张《190号决定》严重侵犯其合法权益,人民法院应当受理的理由不能成立。

《最高人民法院关于执行〈中华人民共和国行政诉讼法〉若干问题的解释》第十九条①规定"当事人不服经上级行政机关批准的具体行政行为,向人民法院提起诉讼的,应当以在对外发生法律效力的文书上署名的机关为被告"。本案中,强制拆除王某宏房屋的法律依据以及对王某宏权利有实际影响的是宣城管强拆字〔2013〕第13024号强制拆除决定,该决定才是对外发生法律效力的文书,署名机关应是宣城市城市管理行政执法局,而非宣城市人民政府。故王某宏认为宣城市人民政府对宣城市城市管理行政执法局的请示作出了批准决定,加盖了公章,其可以对宣城市人民政府作出的批准强拆决定行为提起行政诉讼,无法律依据。

至于王某宏提出一审法院超期立案的问题,再审期间王某宏未向本院提交相关证据予以佐证。况且,即使存在超期立案的瑕疵问题,亦不影响本案的最终审查结果。

——最高人民法院行政审判庭编:《最高人民法院行政裁判要旨及评述(第一卷)》,人民法院出版社2019年版。

79. 地方人民政府对其所属行政管理部门、下级政府的请示作出的批复是否可诉

关键词

所属行政管理部门、下级政府 内部行政行为外部化

最高人民法院裁判文书

司某峰等人诉太原市小店区人民政府行政批复案〔最高人民法院(2018)最高法行申580号行政裁定书〕

裁判要点:一般来讲,行政机关作出的不产生外部法律效力的行为,对公民、法人或者其他组织权利义务不产生实际影响的行为,不属于人民法院行政诉讼的受案范围,行政机关作出的内部行政行为就属于此类不可诉的行政行为。地方人民政府对其所属行政管理部门、下级政府的请示作出的批复,一般属于内部行政行为,不可

---

① 现为《最高人民法院关于适用〈中华人民共和国行政诉讼法〉的解释》(法释〔2018〕1号)第十九条。

对此提起行政诉讼，但所属行政管理部门、下级政府直接将批复予以实施并对公民、法人或者其他组织权利义务产生实际影响的，属于内部行政行为的外部化，是不可诉的例外情形。

内部行政行为外部化并不是指内部行政行为因通知利害关系人或者以其他途径为利害关系人所知悉而转化为外部行政行为。送达或者是否为相对人知悉，不是衡量内部行政行为外部化的标准，认定内部行政行为是否外部化，关键在于行为本身的性质，即内部行政行为是否产生外部法律效力，是否对公民、法人或者其他组织的权利义务直接产生影响。然而，涉案批复仅是原则上级政府同意下属街道办请示的涉案安置补偿方案，并无设定相应权利义务的内容，因此并不对当事人的权利义务产生影响。

——中国裁判文书网。

80.市政府向规划部门作出的规划批复意见一般不属于行政诉讼受案范围

关键词

规划批复意见　行政诉讼　受案范围

附录：最高人民法院主流观点

《行政诉讼法》第二条第一款规定，公民、法人或者其他组织认为行政机关和行政机关工作人员的行政行为侵犯其合法权益，有权依照该法向人民法院提起诉讼。《行政诉讼法》第十二条规定了人民法院行政诉讼的受案范围，该条对属于人民法院受案范围的行政行为进行了正面列举，第十三条规定了人民法院不予受理的范围。但是，司法实践中，对于行政机关作出的特定行为是否属于可诉的行政行为，常常存在争议。本案争议的问题是规划批复行为是否具有可诉性。

行政规划行为种类繁多，效力各有不同。根据《城乡规划法》的规定，城乡规划包括编制、审批、实施、修改等不同环节。审判实践中，某一规划或规划批准行为是否可诉，应当从该规划行为是否具有外部性，即是否对外发生法律效力，是否对特定人的权利义务产生了实际影响等特征分析判断。对外发生法律效力，是从法律效果的角度去看；而对公民、法人或者其他组织权利义务产生实际影响，则是从权利义务关系角度去分析。本案中，被诉规划批复系市政府针对规划部门呈报的用地控制规划作出的原则性同意的批复意见，性质上属于规划编制的内部管理行为，具有一定的内部性、过程性特征，而不具备可诉行政行为的外部法律效力。所谓外部法律效力，是指行为针对或者作用的对象是行政机关以外的公民、法人或者其他组织，而不是仅在行政机关内部或者行政机关之间产生内部效力。另外，就本案被诉规划批复的内容而言，亦没有对特定人设定新的权利义务内容，即对行政机关以外的公民、法人或者其他组织的权利义务不产生直接的实际影响，故该类规划批复行为不具有可诉性，不属于人民法院行政诉讼受案范围。

——姜伟主编、最高人民法院第四巡回法庭编：《最高人民法院第四巡回法庭疑难案件裁判要点与观点》，人民法院出版社2020年版，第427~432页。

81. 城镇总体规划是否具有可诉性

关键词

城乡规划　行政许可　行政复议　合法性审查

最高人民法院公报案例

湛江喜强工业气体有限公司与遂溪县住房和城乡规划建设局等编制并批准土地利用总体规划纠纷案［最高人民法院（2019）最高法行申10407号行政裁定书］

裁判要点： 就城镇总体规划可诉性而言，总体规划内容实施尚有不确定性，且需借助详细规划尤其是修建性详细规划才能实施，更需要通过"一书两证"才能得以具体化。当事人认为总体规划内容侵犯其合法权益的，应当通过对实施总体规划的详细规划尤其是修建性详细规划的异议程序以及对颁发或不颁发"一书两证"行政行为的司法审查程序寻求救济。对总体规划的监督既可以通过《城乡规划法》第十六条等规定的民主审议程序进行，也可以通过专业判断和公众参与等程序进行，但不宜通过司法审查程序监督。

最高人民法院经审查认为，本案再审审查的焦点问题为岭北镇人民政府编制、遂溪县人民政府审批《遂溪县岭北镇（2012-2030）总体规划》行为是否属于行政诉讼受案范围。

《城乡规划法》第二条、第五条规定，城市规划、镇规划分为总体规划和详细规划。详细规划分为控制性详细规划和修建性详细规划。其中，城市总体规划是依据城市社会经济发展的战略对一定时期的城市性质、发展规模、土地利用、空间布局以及各项城市基础设施所做的综合部署和空间安排，是城市建设和发展的总体部署和总纲，具有综合性、战略性、政策性、长期性和指导性。城市总体规划编制主要考虑当地的社会经济发展情况、自然条件、资源条件、历史背景、现状特点，统筹兼顾、综合协调，属于公共政策和规范制定范畴，具有抽象性和实施中的不确定性，其法律意义在于对下一层次的规划权力进行限制，而不是对具体的建设项目进行直接约束。总体规划的内容，需要通过控制性详细规划和修建性详细规划来加以落实和具体化，并通过对建设项目颁发"一书两证"（即建设项目选址意见书、建设用地规划许可证和建设工程规划许可证）等行政许可决定才能得以具体化。而控制性详细规划即为城市总体规划在城市局部地区的解释与深化，确定局部地区建设用地中可开发地块的土地使用性质、开发强度等控制指标以及道路和市政规划控制要求的空间安排，是城市总体规划与土地开发的桥梁，是行政权对建设项目管理的直接依据。修建性详细规划则是依据控制性详细规划确定的指标，对将要进行建设的地区，编制的具体的、操作性的规划，作为各项建筑和工程设施设计和施工的依据，更是颁发"一书两证"和规划管理的依据。因此，就总体规划可诉性而言，总体规划内容实施尚有不确定性，且需借助详细规划尤其是修建性详细规划才能实施，更需要通过"一书两证"才能得以具体化。当事人认为总体规划内容侵犯其合法权益的，应当通过对实施总体规划的详细规划尤其是修建性详细规划的异议程序以及对颁发或不颁发"一书两证"行政行为的司法审查程序寻求救济。对总体规划的监督既可以通过《城乡规划法》第十六条等规定的民主审议程序进行，也可以通过专业判断和公众参与等程序进行，但不宜通过司法审查程序监督。

　　编制和修改详细规划，的确可能影响土地权利人对土地的开发和利用，甚至是减损权利人已经依法取得的土地利用权和开发权。尤其是控制性详细规划一经批准，就形成约束力，是规划管理的最直接依据，是国有土地使用权出让、开发和建设管理的法定前置条件，城乡规划部门必须严格按规划实施管理，建设单位必须严格按规划实施建设，各相关利益群体必须服从规划管理。因此对地方政府编制和修改详细规划行为亦有司法救济的必要。但与仅设定特定行政管理相对人权利义务的传统行政行为不同，详细规划涉及局部地区建设用地中可大批量开发地的总体空间安排且具有高度政策性和公众参与性，司法机关对详细规划行为受理和合法性审查应当审慎。特定地块权利人一般并不宜对详细规划的整体内容提起诉讼。权利人对与其土地利用权有直接利害关系的内容提起诉讼的，人民法院仍应结合详细规划实施情况、权利人或者利益相对方申请许可情况以及是否已经依据详细规划取得"一书两证"情况等综合判定被诉行政行为、起诉时机以及具体的审查内容和审查标准。只有在详细规划已经直接限制当事人权利且无须通过"一书两证"行为即能得出明确限制结论的情况下，才宜考虑承认修建性详细规划中有关特定地块规划限制内容的可诉性；相对人还应明确具体的诉讼请求。对详细规划内容的合法性审查，应尊重总体规划控制和专业判断，尊重行政机关的政策调整，并考虑详细规划的稳定性；合法性审查更多体现在程序合法性审查。规划行政主管部门已经依据详细规划作出"一书两证"行为的，当事人应直接对颁发"一书两证"行为申请行政复议或提起行政诉讼，或者对规划行政主管部门不依法履行颁发"一书两证"行政许可职责的行为申请行政复议或提起行政诉讼，而不宜再对详细规划的内容申请复议和诉讼。当事人认为详细规划侵犯其土地利用权的，可以根据《中华人民共和国行政复议法》第七条[1]、《中华人民共和国行政诉讼法》第五十三条等规定在对"一书两证"行为引发的复议和诉讼案件中，一并请求对详细规划进行审查，以维护合法权益。详细规划的编制和修改给权利人已经取得的权利造成损失的，权利人还可依据《城乡规划法》第五十条规定精神，直接诉请相关主体依法补偿损失。

总之，根据《中华人民共和国行政诉讼法》第十三条规定以及《最高人民法院关于适用〈中华人民共和国行政诉讼法〉的解释》第二条第二款规定，人民法院不受理公民、法人或者其他组织对行政机关制定、发布的具有普遍约束力的决定、命令提起的诉讼，城市总体规划和镇总体规划，不应纳入行政诉讼受案范围，以避免现行法律制度框架下原告资格、起诉期限、合法性审查标准和审查强度、既判力范围等方面的冲突。湛江喜强公司对岭北镇人民政府编制、遂溪县人民政府审批《遂溪县岭北镇（2012—2030）总体规划》行为的起诉，不属于行政诉讼受案范围。一、二审人民法院分别裁定驳回其起诉和上诉，符合法律规定。湛江喜强公司认为规划行政主管部门向广东北部湾公司颁发地字第440823201400012号《建设用地规划许可证》《建设工程规划许可证》等侵犯其合法权益的，可以直接以颁证机关为被告、以相关规划行政许可为审查对象，依法申请行政复议或提起行政诉讼。

——《最高人民法院公报》2022年第3期。

82. 不直接设定相对人权利义务的会议纪要是否属于受案范围

关键词

会议纪要　相对人权利义务　受案范围

最高人民法院裁判文书

张某玲等人诉北京市海淀区人民政府会议纪要案［最高人民法院（2016）

---

[1] 现为《中华人民共和国行政复议法》（2023年修正）第十三条。

最高法行申 1720 号行政裁定书〕

裁判要点：会议纪要不直接设定相对人权利义务时，不属于行政诉讼受案范围。会议所决议的事项一般另行通过行政行为实施，当事人对会议决议事项不服的，可以通过对实际实施行政行为的行政机关提起复议或诉讼进行权利救济。

最高人民法院认为：再审申请人起诉所针对的被诉会议纪要，系海淀区政府专题研究当地整治项目的专题会议纪要，参加人员有区领导、区发改委、区国资委、区财政局、国土分局、规划分局、海淀镇等行政机关，主要内容是有关成立项目开发公司、加快确定安置房规划与设计方案、规划设计、启动资金保障、项目成本等方面。该被诉会议纪要系政府就整治项目推进作出的内部规范性文件，并不直接设定再审申请人的权利义务，也不会直接造成再审申请人房屋的拆除。再审申请人主张其房屋被强制拆除，住宅权和财产权受到影响，应当以实际作出并实施了强制拆除决定和强制拆除行为的行政机关或者具体实施主体为被告提起诉讼；如认为所得的补偿安置低于《中华人民共和国土地管理法》等法律规定的标准，也可在另案诉讼中一并解决。再审申请人请求撤销被诉会议纪要和相关规范性文件，不符合《中华人民共和国行政诉讼法》的规定，一、二审法院对其诉讼请求不予支持，并无不当。
——最高人民法院行政审判庭编：《最高人民法院行政裁判要旨及评述（第一卷）》，人民法院出版社 2019 年版。

83. 对当事人权利义务不产生实际影响的政府会议纪要不具有可诉性

关键词

政府会议纪要　实际影响　可诉性

最高人民法院裁判文书

四平市海丰园房屋开发有限公司诉吉林省四平市人民政府、四平九洲房地产开发有限责任公司变更项目开发主体会议纪要案〔最高人民法院（2015）行监字第 1680 号行政裁定书〕

裁判要点：政府会议纪要通常属于行政机关集体研究讨论相关议题形成的内部意向性处理意见，对外不发生法律效力，对当事人的权利义务不会产生实际影响，属于不可诉的行政行为。但是，政府以会议纪要的形式,形成对外发生法律效力的行政决定,则属于可诉的行政行为。政府会议纪要"外化",不是会议纪要可诉的法定要件。会议纪要内容告知当事人,或者向相关当事人送达,但是外化后会议纪要内容仍然仅仅是一种拟处理的意向,而非生效行政决定的,仍然属于对当事人权利义务未产生实际影响的不可诉的行政行为。

最高人民法院认为:海丰园公司2004年签订协议时已经知道《会议纪要》的主要内容,2015年提起本案诉讼,超过法定起诉期限。一、二审裁定对海丰园公司的起诉不予立案,结果并无不当。海丰园公司申请再审的请求,最高人民法院不予支持。

一、关于《会议纪要》的对外效力问题

《最高人民法院关于执行〈中华人民共和国行政诉讼法〉若干问题的解释》(以下简称《若干解释》)第一条第二款第六项[①]规定:"公民、法人或者其他组织不服对其权利义务不产生实际影响的行为提起行政诉讼的,不属于人民法院行政诉讼的受案范围。"一般情况下,行政机关作出的会议纪要是行政机关的内部行政行为,不对外发生法律效力,对当事人的权利义务不产生实际影响,不属于行政诉讼的受案范围。但本案被诉的《会议纪要》系四平市政府针对海丰园小区历史遗留问题所进行的专门会议上形成的会议纪要,其就海丰园公司的经营管理问题、海丰园小区B、C、D区的开发权的归属问题以及相应的措施等进行了详细的阐述,实际上已经将海丰园公司的开发权交给九洲公司。九洲公司以该《会议纪要》为依据,与海丰园公司签订了《协议书》,致使海丰园公司丧失了开发权,已对海丰园公司的权利义务产生实际影响。一、二审裁定以《会议纪要》属于内部行政行为,没有对海丰园公司的权利义务产生影响为由不予立案,确属不当,最高人民法院予以纠正。

二、关于人民法院适用起诉期限的问题

在海丰园公司与九洲公司于2004年7月9日签订的《协议书》中已经明确提及《会议纪要》。据此可以认定,自协议签订之日起,海丰园公司就已经知道被诉《会议纪要》的内容。根据《若干解释》第四十一条第一款的规定,海丰园公司于2015年5月11日向吉林省四平市中级人民法院提起行政诉讼,明显超过了法定的起诉期限,一、二审对海丰园公司的起诉裁定不予立案并无不当。《若干解释》第四十四条规定,对超过法定期限起诉且无正当理由的,应当裁定不予受理;已经受理的,裁定驳回起诉。行政案件属于公

[①] 现为《最高人民法院关于适用〈中华人民共和国行政诉讼法〉的解释》(法释〔2018〕1号)第一条第二款第十项。

法诉讼，涉及公共利益和社会管理秩序的稳定性。根据上述司法解释的规定，审查起诉是否符合法定条件时，人民法院对起诉是否在法定期限内提出这一法定条件当然要依职权进行审查。海丰园公司认为二审主动审查起诉期限，审判程序违法，是对法律的误读，其该项申请再审理由不能成立。

三、关于其他诉讼请求问题

海丰园公司提出的其他再审理由均是被诉《会议纪要》、签订协议是否合法等问题。因本案已裁定不予立案，海丰园公司提出的上述理由均属实体问题，故不属于本案审查范围。

——郭修江、蔡小雪主编：《行政典型案例及审判经验》，人民法院出版社2019年版，第32~33页。

附录：本案解析

行政机关的会议纪要是否属于可诉的行政行为，判断可诉的标准是什么，长期以来，司法实践观点比较模糊。过去有一种意见认为，只要会议纪要内容外化，就属于可诉的行政行为。笔者认为，这种观点是值得商榷的。行政行为是否可诉，核心因素是对当事人的权利义务是否产生实际影响，即是否产生直接的执行效力，直接对当事人的权利义务发生减损或消灭等不利影响的效果。会议纪要内容是否外化，并不当然产生对当事人权利义务造成直接影响的法律后果。例如，会议纪要内容是对行政机关之间就某一特定事项的工作部署和安排，会议纪要要求相关职能部门根据会议纪要的精神，依职权进行调查处理。那么，即便是会议纪要的内容外化，该会议纪要仍然属于行政机关的内部工作安排部署行为，未对当事人的权利义务产生实际影响，属于不可诉的行政行为。对当事人权利义务产生实际影响的是相关职能部门最终作出的影响其权利义务的行政行为，该行政行为才是可诉的行政行为。本案中，《会议纪要》决定将海丰园公司的开发权交给九洲公司，并依据该《会议纪要》实际将海丰园公司的开发权交给九洲公司，《会议纪要》已经对外发生法律效力，对海丰园公司的权利义务产生实际影响，属于可诉的行政行为。

——郭修江、蔡小雪主编：《行政典型案例及审判经验》，人民法院出版社2019年版，第35页。

84. 行政机关在会议纪要中作出的行政允诺，可转化为该行政机关的法定职责

关键词

会议纪要　行政允诺　行政机关　法定职责　可诉性

> **最高人民法院裁判文书**

王某江等诉辽宁省沈阳市人民政府履行会议纪要职责案［最高人民法院（2018）最高法行申1589号行政裁定书］

  裁判要点：判断行政行为是否可诉的标准是行政行为是否侵犯相对人的合法权益，即对相对人权利义务产生实际影响的行为属于行政诉讼的受案范围，具有可诉性。会议纪要已经议定的事项，具有法定效力，非依法定程序不得否定其效力，无论是行政机关还是相对人均应遵照执行。会议纪要议定的行政机关职责，亦因此而转化为该行政机关的法定职责。

  最高人民法院认为，再审申请人王某江等人因履行法定职责一案将沈阳市政府诉至法院，请求沈阳市政府按照会议纪要的内容履行法定职责，如不能履行，则给予房屋置换或给予合理经济补偿。经审查，本案的争议焦点为会议纪要是否属于可诉的行政行为、沈阳市政府是否负有履行会议纪要的职责以及如何履行的问题。

  关于会议纪要的可诉性问题。《中华人民共和国行政诉讼法》第二条第一款规定，公民、法人或者其他组织认为行政机关和行政机关工作人员的行政行为侵犯其合法权益，有权依照本法向人民法院提起诉讼。第十二条第一款第十二项规定，公民、法人或者其他组织认为行政机关侵犯其他人身权、财产权等合法权益的提起行政诉讼的，人民法院应予受理。由此可知，判断行政行为是否可诉的标准是行政行为是否侵犯相对人的合法权益，即对相对人权利义务产生实际影响的行为属于行政诉讼的受案范围，具有可诉性。本案中，会议纪要为解决王某江等人与沈阳军区住管办之间的房屋遮光纠纷而作出，涉及了被遮光住户房屋回购、新建房屋规划审批等事项，内容明确具体。会议纪要作出后，王某江等人即停止上访和阻碍部队施工行为，会议纪要所涉单位也已按照会议纪要的内容开展了部分工作。故会议纪要已对王某江等人的权利和义务产生了直接影响，具有可诉性。沈阳市政府提出会议纪要不具有可诉性，本案不属于行政诉讼受案范围的答辩意见，于法无据，不予支持。

  关于沈阳市政府是否负有履行会议纪要的职责问题。《中华人民共和国行政诉讼法》第十二条第六款规定，公民、法人或者其他组织因申请行政机关履行保护人身权、财产权等合法权益的法定职责，行政机关拒绝履行或者不予答复而提起诉讼的，人民法院应予受理。第七十二条规定，人民法院经过审理，查明被告不履行法定职责的，判决被告在一定期限内履行。此处所指

"法定职责"的渊源甚广，既包括法律、法规、规章规定的行政机关职责，也包括上级和本级规范性文件，还包括行政机关基于行政机关的先行行为、行政允诺、行政协议而形成的职责。会议纪要是行政机关常用的公文格式。原《国家行政机关公文处理办法》第二条规定，行政机关的公文，是行政机关在行政管理过程中形成的具有法定效力和规范体式的文书，是依法行政和进行公务活动的重要工具。第九条第十三项规定，会议纪要适用于记载、传达会议情况和议定事项。《党政机关公文处理工作条例》第八条第十五项规定，纪要适用于记载会议主要情况和议定事项。由此可见，会议纪要已经议定的事项，具有法定效力，非依法定程序不得否定其效力，无论是行政机关还是相对人均应遵照执行。会议纪要议定的行政机关职责，亦因此而转化为该行政机关的法定职责。就本案而言，会议纪要是沈阳市政府为解决王某江等人与沈阳军区住管办之间的房屋遮光纠纷作出的行政允诺，即沈阳市政府等行政部门对王某江等人作出的将来作出一定行为的具有法律约束力的承诺。允诺行为本身即是行政机关对相对人作出的一项承诺。恪守诺言、兑现承诺是行政机关遵守诚信原则的应有之义。因此，按照会议纪要内容履行行政允诺依法属于沈阳市政府及相关工作部门应当履行的法定职责。沈阳市政府提出其不存在行政不作为，不应作为本案被告的答辩意见，没有事实和法律依据。

关于沈阳市政府如何履行会议纪要的问题。会议纪要作出后，王某江等人即停止上访和阻碍部队施工行为。按照会议纪要议定的内容，和平区政府作出了《关于对和平区砂南路15-4号、15-5号和15-6号居民住宅房屋实施回购的通知》、沈阳市自然资源局向沈阳军区住管办颁发《建设工程规划许可证》。而后，会议纪要确定的相关部门未能继续按照已经议定的内容开展回购工作，行政机关存在未兑现先前作出承诺的行为。在此情况下，王某江等人有权通过行政诉讼寻求救济，提起履责之诉。王某江等人要求沈阳市政府履行会议纪要规定的职责，具有事实和法律依据，沈阳市政府应当履行回购被遮光房屋的承诺。从实现诚信原则要求和保护相对人正当信赖角度出发，即便因王某江等人被遮光房屋不符合回购政策等因素导致沈阳市政府无法履行作出的回购承诺，其亦应当依照信赖利益保护原则，对王某江等人的损失给予合理补偿。因此，二审法院判决责令沈阳市政府履行对王某江等人被遮光房屋回购的义务或对被遮光房屋的损失给予合理补偿，并无不当。王某江等44人提出回购是解决其采光权受损的唯一途径，没有事实和法律依据，不予支持。

——中国裁判文书网。

85. 行政机关根据协助执行通知书等实施的行为不属于行政诉讼受案范围

关键词

被诉协助执行行为　受案范围

最高人民法院司法解释

第二条第一款　房屋登记机构根据人民法院、仲裁委员会的法律文书或者有权机关的协助执行通知书以及人民政府的征收决定办理的房屋登记行为，公民、法人或者其他组织不服提起行政诉讼的，人民法院不予受理，但公民、法人或者其他组织认为登记与有关文书内容不一致的除外。

——《最高人民法院关于审理房屋登记案件若干问题的规定》（2010年11月5日，法释〔2010〕15号）。

第二条　土地登记机构根据人民法院生效裁判文书、协助执行通知书或者仲裁机构的法律文书办理的土地权属登记行为，土地权利人不服提起诉讼的，人民法院不予受理，但土地权利人认为登记内容与有关文书内容不一致的除外。

——《最高人民法院关于审理涉及农村集体土地行政案件若干问题的规定》（2011年8月7日，法释〔2011〕20号）。

最高人民法院司法政策精神

五、执行生效裁判和仲裁裁决的问题

对登记机关根据生效裁判、仲裁裁决或者人民法院协助执行通知书确定的内容作出的变更、撤销等登记行为，利害关系人不服提起行政诉讼的，人民法院不予受理，但登记行为与文书内容不一致的除外。

公司登记依据的生效裁判、仲裁裁决被依法撤销，利害关系人申请登记机关重新作出登记行为，登记机关拒绝办理，利害关系人不服提起行政诉讼的，人民法院应予受理。

多份生效裁判、仲裁裁决或者人民法院协助执行通知书涉及同一登记事项且内容相互冲突，登记机关拒绝办理登记，利害关系人提起行政诉讼的，人民法院经审理应当判决驳回原告的诉讼请求，同时建议有关法院或者仲裁机关依法妥善处理。

——《最高人民法院办公厅关于印发〈关于审理公司登记行政案件若干

问题的座谈会纪要〉的通知》(2012年3月7日，法办〔2012〕62号)。

> **行政审判指导案例**

周某华、周某诉江苏省镇江市房产管理局房屋行政登记案〔行政审判指导案例第47号〕

  裁判要点：行政机关履行法院协助执行通知的行为不属于行政诉讼受案范围，不具有可诉性。

  ——江必新主编、最高人民法院行政审判庭编：《中国行政审判案例》第2卷，中国法制出版社2011年版，第41页。

> **附录：最高人民法院法官著述**

关于物权性行政许可的协助执行

  由房屋登记机构协助执行法院协助执行通知书，延伸到协助执行物权性行政许可问题。需要注意三点：

  第一，被执行人不能履行判决确定的金钱给付义务的，人民法院有权强制执行其所有的各种财产或财产权利，不需要判决指明。根据《矿业权出让转让管理暂行规定》的规定，采矿权为财产权，并可依法转让。因此，人民法院有权强制执行被执行人的采矿权。《矿产资源法》《行政许可法》等法律法规对权利人自主转让采矿权规定了审批程序，但并未涉及法院强制转让。应当认为，法院在执行程序中应积极与国土资源部门进行沟通。但已经完成强制转让的，只要竞买人资格等符合相关法律法规对采矿权转让规定的实质条件，国土资源部门应协助法院办理采矿权变更登记手续。

  第二，因物权性行政许可涉及《行政许可法》的规定以及行政许可的特殊功能，对之应当遵循《行政许可法》的规定，多与行政许可部门沟通研究，对涉及高度属人性、属技术性等行政范畴的事项，要尊重行政机关的首次判断权，实行司法自限。

  第三，对有关行政许可部门协助法院办理采矿权变更登记手续问题提出复议申请或行政诉讼的，应当区分情况分别对待。行政机关根据法院协助执行通知书实施的行为，是行政机关应当履行的法定协助义务，不属于法院行政诉讼范围。行政复议与行政诉讼相通，上述协助执行行为也不应属于行政复议的受案范围。但如果当事人认为行政机关在协助执行时缩小或扩大了范围或违法采取措施造成其损害，提起行政诉讼的，人民法院应当受理。同理，申请行政复议也应当受理。

  ——杨临萍：《审理房屋登记行政案件中的若干问题》，载江必新主编、最高人民法院行政审判庭编：《行政执法与行政审判》2009年第2集（总第34集），人民法院出版社2009年版，第71~72页。

86. 地方人民政府的组织实施行为是否可诉

关键词

地方人民政府　组织实施行为　可诉性

最高人民法院裁判文书

王某五诉郑州市金水区人民政府行政行为违法案［最高人民法院（2017）最高法行申9275号行政裁定书］

裁判要点：按照职权法定原则，地方人民政府和所属工作部门都会被法律、法规授予对特定事项的管辖权，无论是地方人民政府还是工作部门，都应当基于法律、法规的授权并在权限范围内行使权力。地方人民政府虽然"领导所属各工作部门和下级人民政府的工作"，但领导不是替代。地方人民政府可以就一些重点工作组织有关工作部门或下级人民政府实施，在有些情况下，也可以通过发出指示，对所属工作部门和下级人民政府施加影响，但具体的实施还应当由各工作部门或下级人民政府根据其法定管辖权以自己的名义分别落实。究竟地方人民政府的组织实施行为可诉，还是所属工作部门或下级人民政府的具体实施行为可诉，则要看哪一个行为是"产生外部法律效力的行为"。因为一个可诉的行政行为，必须具有"对外性"和"法效性"，也就是该行为必须是直接对外发生法律效果。

最高人民法院认为：本案的争议焦点是，地方人民政府的组织实施行为是否可诉？厘清这一问题，需要从分析地方人民政府与所属工作部门的关系入手。《中华人民共和国地方各级人民代表大会和地方各级人民政府组织法》第五十四条规定："地方各级人民政府是地方各级人民代表大会的执行机关，是地方各级国家行政机关。"第六十四条第一款规定："地方各级人民政府根据工作需要和精干的原则，设立必要的工作部门。"法律之所以规定地方人民政府设立必要的工作部门，主要基于三个方面的考虑：一是统一性。通过行政机关活动范围的划分，可以避免重复劳动、推诿扯皮，确保行政的统一性。二是明确性。便于公民、法人或者其他组织知道哪一个行政机关负责处理自己的事件。三是专业性。只有主管机关才具备受过专门训练、通晓专业的人员和必要的设备，而这正是作出正确决定的保障所在。按照职权法定原则，地方人民政府和所属工作部门都会被法律、法规授予对特定事项的管辖权，无论是地方人民政府还是工作部门，都应当基于法律、法规的授权并在权限范围内行使权力。地方人民政府虽然"领导所属各工作部门和下级人民政府的工作"，但领导不是替代。地方人民政府可以就一些重点工作组织有关工作部门或下级人民政府实施，在有些情况下，也可以通过发出指示，对所属工作部门和下级人民政府施加影响，但具体的实施还应当由各工作部门或下级人民政府根据其法定管辖权以自己的名义分别落实。究竟地方人民政府的组织实施行为可诉，还是所属工作部门或下级人民政府的具体实施行为可诉，则要看哪一个行为是"产生外部法律效力的行为"。因为一个可诉的行政行为，必须具有"对外性"和"法效性"，即该行为必须是直接对外发生法律效果。具体到本案，再审申请人坚持起诉金水区政府对于合村并城的组织实施行为，但其自称，"合村并城实施行为包括了多个机关的多个行为"，诸如立项、土地规划、环境评估、征地审批、房屋拆迁、道路建设等，那么，当存在这些直接对外发生法律效果的具体实施行为的情况下，坚持起诉属于内部指示范畴的金水区政府的"组织实施"行为，就不符合法定的起诉条件，一审法院裁定驳回起诉，二审法院驳回上诉，维持原裁定，并无不当。再审申请人的再审理由，本院不予支持。

——李广宇：《诉讼类型化与诉的利益》，法律出版社2018年版，第35页。

87. 行政机关不履行人民法院协助执行义务行为，不属于行政诉讼受案范围

关键词

行政机关　法院协助执行义务　行政诉讼受案范围

最高人民法院答复

辽宁省高级人民法院：

你院《关于宫某斌诉大连市道路客运管理处、大连市金州区交通局、大连市金州区公路运输管理所不履行法定职责及行政赔偿一案的请示报告》收悉，经研究，答复如下：

行政机关根据人民法院的协助执行通知书实施的行为，是行政机关必须履行的法定协助义务，公民、法人或者其他组织对该行为不服提起诉讼的，

不属于人民法院行政诉讼受案范围。

行政机关拒不履行协助义务的,人民法院应当依法采取执行措施督促其履行;当事人请求人民法院判决行政机关限期履行协助执行义务的,人民法院不予受理。但当事人认为行政机关不履行协助执行义务造成其损害,请求确认不履行协助执行义务行为违法并予以行政赔偿的,人民法院应当受理。

此复

——《最高人民法院关于行政机关不履行人民法院协助执行义务行为是否属于行政诉讼受案范围的答复》(2013年7月29日,〔2012〕行他字第17号)。

88. 行政机关不履行协助执行义务的可诉性分析

关键词

协助执行义务　执行措施

最高人民法院审判业务意见(行政庭法官会议纪要)

当事人起诉请求人民法院确认不履行协助执行义务行为违法并予以行政赔偿,其前提应当是行政机关存在不履行协助执行义务的行为,且以后也不存在履行协助执行义务的可能,或者当事人能提出充分证据证明行政机关未予协助执行对其已经造成实际损害或者该实际损害的范围和数额已经固定;如果行政机关还存在协助执行义务的可能,且当事人不能提交充分证据证明行政机关未予协助执行对其造成实际损害或者该实际损害的范围和数额已经固定,则当事人仅能申请人民法院依法采取执行措施督促其履行,人民法院对其起诉不予受理。

附:案情简介

甲公司的执行拍卖过程中依法竞得乙公司51%股权,之后人民法院作出执行裁定书并向A工商局发出协助执行通知书,要求协助执行该股权的解除冻结并变更登记事宜。A工商局签收法院文书,但以股权变更工作需由被执行方主动提出为由拖延办理,甲公司就此多次与A工商局沟通,并致函人民法院请求督促执行工作。之后,B工商局联系甲公司,告知A工商局将权力下放,已将该股权转让的协助执行工作移交B工商局办理,并要求提供相关材料予以确认。甲公司按照要求提供相关材料,后B工商局称其并非人民法院协助执行通知的主体。甲公司起诉,请求确认A工商局不履行协助执行义务的行为违法。

——《行政案件适用调解结案的范围》，载最高人民法院行政审判庭编著：《最高人民法院行政审判庭法官会议纪要（第二辑）》，人民法院出版社2023年版，第28~39页。

89. 原告申请被告履行法定职责的理由是否成立难以判断时的处理

关键词

法定职责　重新作出处理

最高人民法院裁判文书

达某某、张某甲诉青海省互助土族自治县人民政府不履行法定职责案

[最高人民法院（2020）最高法行再266号行政判决书]

裁判要点：对于履行法定职责之诉，若对公民、法人或其他组织请求行政机关履行法定职责的理由是否成立难以作出确定性判断，宜由行政机关重启行政程序进一步调查、裁量后再作决定的，则人民法院可判决行政机关对公民、法人或其他组织的履行法定职责请求重新作出处理。

最高人民法院经审理认为，本案诉讼属于履行法定职责之诉。从再审申请人达某某、张某甲一审起诉时的诉称情况看，《关于海东工业园区曹家堡临空经济园部分地面附着物征收补偿标准及搬迁安置方案进行调整的批复》（以下简称《44号批复》）第1条第4项是其申请登记安置房的重要依据。二再审申请人主张其符合安置房登记条件，在征地补偿初始登记时已被纳入登记范围，但在复核程序中又被认定为不符合条件。在审理中，再审被申请人互助土族自治县政府并未对其负有安置房登记职责提出异议，核心主张是二再审申请人不符合安置房登记条件。再审被申请人通过互助土族自治县红崖子沟乡政府作出答复明示拒绝安置房登记的理由是二再审申请人未按照海东工业园区互助工作协调领导小组的决议提供村"两委"出具的常住户证明，而取得该证明系否定"空挂户"的决定性标准。"空挂户"不享受补偿安置待遇的规定则是《44号批复》第1条第5项。体系地看，《44号批复》第1条第4项系关于积极条件的一般规定，第5项则系关于消极情形的例外规定。对于二再审申请人是否属于第5项规定的情形，再审被申请人应承担举证责任。

二再审申请人的户籍在红崖子沟乡下寨村，其在提起本案诉讼时提交的常住人口登记卡、身份证复印件、农村土地承包经营权证、农村土地承包合同书、征地拆迁安置补偿费评估表、房屋测绘图及照片、家庭财产分单、青海省互助土族自治县人民法院（2014）互民初字第1674号判决等证据材料，在一定程度上能够证明二再审申请人在该村集体经济组织生产、生活，进而符合《44号批复》第1条第4项规定的安置房申请条件。尽管再审被申请人在行政程序中查证再审申请人达某某后相继与其他公民结婚，再审申请人张某甲与村外公民结婚，但并无证据证明二再审申请人的户籍曾迁出，或应迁出而未迁出，亦无证据证明二再审申请人曾放弃在该村集体经济组织生产、生活，也无证据证明其已在其他农村集体经济组织享受成员待遇。鉴于此，再审被申请人将村"两委"出具常住户证明作为认定二再审申请人是否属于《44号批复》第1条第5项规定情形的决定性标准，欠缺相关事实根据及法律依据，对二再审申请人不予安置房登记构成主要证据不足。一审、二审法院以二再审申请人未提供村"两委"出具的常住户证明为由认定属于《44号批复》第1条第5项规定的情形，进而判决驳回二再审申请人的诉讼请求及上诉，构成认定事实错误，依法应予纠正。

综上所述，达某某、张某甲提出的再审主张部分成立，一审、二审判决认定事实错误，均应依法撤销。本案现有证据倾向于支持达某某、张某甲请求互助土族自治县政府登记安置房的理由成立，但由于涉及《44号批复》第1条第5项的适用，尚难以得出相关事实和法律条件确实皆已具备的结论，故宜由互助土族自治县政府重启行政程序，经进一步调查、裁量后再作决定。据此，依照《行政诉讼法》第72条、第89条第1款第2项及《行政诉讼法解释》第91条、第119条第1款之规定，判决撤销一审、二审判决，互助土族自治县政府于本判决生效之日起2个月内对达某某、张某甲的安置房登记申请重新作出处理。

附录：最高人民法院法官著述

本案诉讼系因再审申请人达某某、张某甲认为再审被申请人互助土族自治县政府未依法对其登记安置房而提起。达某某、张某甲认为其符合登记安置房条件，但互助土族自治县政府在复核工作中将其排除在安置房登记之外。故本案诉讼的争议焦点是互助土族自治县政府是否应当对达某某、张某甲履行安置房登记的法定职责。

对本案争议的处理，须首先明确本案的诉讼类型。不同的诉讼类型决定了不同的裁判方式。诉讼类型确定准确，裁判方式才能得当，才能有效回应当事人诉讼请求，实质化解行政争议。在诉讼类型上，本案诉讼属于履行法定职责之诉，即请求判令行政机关作出特定行政行为的诉讼。该种诉讼之所以被提起，往往是因为公民、法人或其他组织认为其事实状态符合行政机关作出其所申请的行政行为的条件，但行政机关在此前的行政程序中明示拒绝、逾期未作处理或行政机关作出的行政行为未达到预期，主张其合法权益受到了侵犯。由此，公民、法人或其他组织请求行政机关履行法定职责的理由是否成立为该种诉讼审理和裁判的根本关注点，行政机关在形式上是否对申请作出了处理位居其次。解决本案争议，核心是审查达某某、张某甲请求互助土族自治县政府为其登记安置房的理由是否成立，即其是否符合安置房登记条件。互助土族自治县政府通过红崖子沟乡政府作出的答复，拒绝了达某某、张某甲的安置房登记申请。尽管互助土族自治县政府在形式上对达某某、张某甲的申请作出了处理，但由于在实质上未予认可，故依照《最高人民法院关于规范行政案件案由的通知》的规定精神，对达某某、张某甲而言，该县政府仍然构成不作为，即不履行补偿安置法定职责。

对于履行法定职责之诉，《行政诉讼法》及《行政诉讼法解释》规定了较为明确的裁判方式。依照《行政诉讼法》第 69 条的规定，若公民、法人或其他组织申请行政机关履行法定职责的理由不成立，则可判决驳回公民、法人或其他组织的诉讼请求；依照《行政诉讼法》第 72 条的规定，若理由成立，则可判决行政机关在一定期限内履行法定职责；依照《行政诉讼法》第 74 条第 2 款第 3 项的规定，若判决履行法定职责没有意义，则可判决确认违法。由于该种诉讼之前的行政程序通常系因公民、法人或其他组织的申请而启动，行政机关对作出其所申请的行政行为所应具备的事实和法律条件的调查认定可能并不完善，相关事实和法律状况可能并不十分清晰明确，在诉讼中亦可能难以对公民、法人或其他组织请求行政机关履行法定职责的理由是否成立确定性地作出是或否的判断，宜由行政机关重启行政程序作进一步调查和裁量后，再作处理。对于这种情况，《行政诉讼法解释》第 91 条规定，判决行政机关对公民、法人或其他组织的请求重新作出处理。

对本案争议的处理，需结合《44 号批复》第 1 条第 4 项和第 5 项的规定，按照履行法定职责之诉的裁判方式作出裁判。在逻辑关系上，《44 号批复》第 1 条第 4 项系一般规定，即申请安置房登记的积极条件；《44 号批复》第 1 条第 5 项则系例外规定，即不予安置房登记的消极情形。达某某、张某甲的户籍在互助土族自治县红崖子沟乡下寨村，其在提起本案诉讼时提交的常住人口登记卡、农村土地承包经营权证、农村土地承包合同书等证据材料，在一定程度上能够证明二再审申请人在该村集体经济组织生产、生活，进而符合《44 号批复》第 1 条第 4 项规定的安置房申请条件。换言之，从正面看，本案现有证据倾向于支持达某某、张某甲请求互助土族自治县政府为其登记安置房的理由是否成立。对于达某某、张某甲是否属于《44 号批复》第 1 条第 5 项规定的"空挂户"情形，互助土族自治县政府将村"两委"出具常住户证明作为作出认定的决定性标准，欠缺相关事实根据及法律依据。但这只是否定了互助土族自治县政府可不予安置房登记的一种情形，至于达某某、张某甲是否不存在该项"婚嫁后户口未迁出的人员属于易地居住、空挂户口，应尽快办理迁出手续，不享受任何优惠政策"规定的其他情形，目前尚难以得出确定性的结论。因此，在裁判方式的选择上，不宜直接判决互助土族自治县政府对达某某、张某甲履行安置房登记的法定职责，宜依照《行政诉讼法解释》第91条的规定，判决该县政府对达某某、张某甲的安置房登记申请重新作出处理，依法保障达某某、张某甲在补偿安置中的基本居住权益。

——中国应用法学研究所主编：《最高人民法院案例选（第6辑）》，法律出版社2022年版。

90. 如何理解诉请行政机关履行保护人身权、财产权等合法权益的法定职责

关键词

行政机关　保护人身权、财产权　法定职责

最高人民法院裁判文书

王某英等四人诉湖南衡阳市政府不履行法定职责案［最高人民法院（2017）最高法行申6527号行政裁定书］

裁判要点：根据《中华人民共和国行政诉讼法》第十二条第一款第六项的规定，申请行政机关履行保护人身权、财产权等合法权益的法定职责，行政机关拒绝履行或者不予答复，公民、法人或者其他组织因此提起诉讼的，人民法院应当受理。此处的法定职责，是指行政机关依据法律、法规或者规章等规定，具有针对行政管理相对人的申请直接进行处理、直接解决行政管理相对人诉求的职责，不应包括上级行政机关对下级行政机关、本级人民政府对所属工作部门的层级监督、内部管理职责。行政管理相对人申请履行保护人身权、财产权等合法权益的法定职责，一般应当向具有直接管理职责，能够直接解决其具体请求的行政机关提出。行政管理相对人对具有管理职权的行政机关的处理不满意，可以直接向上级行政机关或同级人民政府投诉、举报、反映，要求上级行政机关或者同级人民政府监督、督促具有相应管理职权的行政机关依法履行职责；上级行政机关或者同级人民政府也有权依据《中华人民共和国地方各级人民代表大会和地方各级人民政府组织法》及相关法律规定进行相应处理。

最高人民法院认为，根据《中华人民共和国行政诉讼法》第十二条第一款第六项的规定，申请行政机关履行保护人身权、财产权等合法权益的法定职责，行政机关拒绝履行或者不予答复，公民、法人或者其他组织因此提起诉讼的，人民法院应当受理。此处的法定职责，是指行政机关依据法律、法规或者规章等规定，具有针对行政管理相对人的申请直接进行处理、直接解决行政管理相对人诉求的职责，不应包括上级行政机关对下级行政机关、本级人民政府对所属工作部门的层级监督、内部管理职责。行政管理相对人申请履行保护人身权、财产权等合法权益的法定职责，一般应当向具有直接管理职责，能够直接解决其具体请求的行政机关提出。行政管理相对人对具有管理职权的行政机关的处理不满意，可以直接向上级行政机关或同级人民政府投诉、举报、反映，要求上级行政机关或者同级人民政府监督、督促具有相应管理职权的行政机关依法履行职责；上级行政机关或者同级人民政府也有权依据《中华人民共和国地方各级人民代表大会和地方各级人民政府组织法》及相关法律规定进行相应处理。

本案中，王某英等四人向衡阳市政府提交申请，要求衡阳市政府、市法制办依职权履行法定职责，但其要求履行的职责主要属于衡阳市政府相应工作部门以及其他行政机关的职责范围。衡阳市政府作为地方一级人民政府，一般不宜代替相应工作部门对该工作部门职权范围内事项直接作出对外发生法律效力的行政决定。如果王某英等四人认为衡阳市政府相应工作部门及其他行政机关未依法履行保护其人身权、财产权等合法权益的法定职责，亦应以相应工作部门为被告提起诉讼。王某英等四人以衡阳市政府为被告，要求衡阳市政府直接作出其相应工作部门职责范围内的行政行为以及责令其相应工作部门作出行政行为，没有法律依据。根据《最高人民法院关于适用〈中华人民共和国行政诉讼法〉若干问题的解释》第三条第一款第八项①的规定，行政行为对其合法权益明显不产生实际影响的，人民法院可以径行裁定驳回起诉。因此，针对原告以上级行政机关或者同级人民政府为被告而提起的不履行法定职责违法之诉或者要求履行法定职责之诉，人民法院如无须实体审查即能得出被告不具有诉请履行的法定职责的，可以径行裁定驳回起诉。一、二审裁定驳回王某英等四人要求衡阳市政府履行法定职责的起诉，并无不当。

关于依法进行土地更正登记并公告和确认《整改函告》违法无效的诉讼请求，王某英等四人主张不属于重复起诉。所谓重复起诉，是指当事人对同一被诉行政行为提起诉讼，经人民法院依法处理后，再次提起诉讼的情形。因王某英等人曾就上述被诉行政行为提起过诉讼，法院经审理已作出生效裁

---

① 现为《最高人民法院关于适用〈中华人民共和国行政诉讼法〉的解释》（法释〔2018〕1号）第六十九条第一款第八项。

判,一、二审认定属于重复起诉并无不当。

《中华人民共和国国家赔偿法》第九条第二款规定,赔偿请求人要求赔偿,可以在提起行政诉讼时一并提出。一并提起行政赔偿诉讼,对被诉行政行为的起诉为主诉。如果对被诉行政行为主诉提起的诉讼不符合法定起诉条件,一并提起的行政赔偿诉讼当然也不符合法定起诉条件,人民法院应当一并裁定驳回起诉。本案中,王某英等四人以衡阳市政府为被告,在对不履行法定职责、依法进行土地更正登记并公告和确认《整改函告》违法无效等提起行政诉讼的同时,一并提起行政赔偿诉讼。主诉裁定驳回王某英等四人的起诉,王某英等四人一并提起的行政赔偿诉讼,不符合法定起诉条件,一、二审裁定驳回起诉,处理结果亦无不当。

——中国裁判文书网。

91. 行政机关撤销或者变更已经出的协助执行行为是否属于行政诉讼受案范围

关键词

协助执行行为　撤销　变更　行政诉讼受案范围

最高人民法院答复

辽宁省高级人民法院:

你院〔2013〕辽行终字第41号请示收悉,经研究答复如下:

行政机关认为根据人民法院生效裁判或者协助执行通知书作出相应行政行为可能损害国家利益、公共利益或他人合法权益,可以向相关人民法院提出建议;行政机关擅自撤销已经作出的行政行为,相对人不服提起行政诉讼的,人民法院应当依法受理。

——《最高人民法院行政审判庭关于行政机关撤销或者变更已经作出的协助执行行为是否属于行政诉讼受案范围请示问题的答复》(2014年10月31日,〔2014〕行他字第6号)。

92. 行政机关不履行其上级机关交办的安置破产改制国有企业职工法定职责行为,属于行政诉讼受案范围

关键词

不履行法定职责　行政诉讼受案范围

> 最高人民法院答复

海南省高级人民法院：

你院《关于上诉人海南省昌江黎族自治县人民政府与被上诉人周某顺请求履行法定职责案的请示》收悉。经研究，答复如下：

国有企业破产、改制过程中，企业职工认为行政机关不履行上级行政机关交办的法定安置职责侵犯其合法权益，向人民法院提起行政诉讼的，属于人民法院行政诉讼受案范围。

——《最高人民法院行政审判庭关于行政机关不履行其上级机关交办的安置破产改制国有企业职工法定职责行为是否属于行政诉讼受案范围问题的答复》(2011年7月7日，〔2011〕行他字第51号)。

93. 乡镇政府对村委会的监督是否属于受案范围

> 关键词

乡（镇）人民政府　行政诉讼　受案范围

> 最高人民法院裁判文书

毛某营诉吉林省长春市二道区人民政府不履行行政职责案〔最高人民法院（2016）最高法行申42号行政裁定书〕

裁判要点：1. 根据《中华人民共和国村民委员会组织法》的规定，村民委员会不依照法律、法规的规定履行法定义务的，由乡、镇人民政府责令改正。村民向乡、镇人民政府提出行使监督权的申请，有管辖权的乡、镇人民政府即有履行法定监督职责的义务，乡、镇人民政府不履行监督职责的，构成不履行法定职责，属于行政诉讼受案范围。

2. 当事人对不服信访工作机构依据《信访条例》作出的处理意见、复查意见、复核意见或者不履行《信访条例》规定的职责不服的，不属于行政诉讼受案范围。但信访答复行为重新设定了当事人的权利义务或者对当事人权利义务产生实际影响的，属于行政诉讼受案范围。

3. 对于是否属于政策性或者历史遗留问题，应当依据当事人的请求和案件事实进行判断，并应具有明确的法律、法规、司法解释的依据，不宜采取宽泛的解释。

最高人民法院经审查认为，毛某营就20世纪70~80年代与宏伟村村委会之间有关社员身份问题长期上访，在二道区政府信访办公室、英俊乡政府于2004年已经就其信访事项作出明确答复意见后，仍继续就同一信访事项反复请求相关政府予以答复，二道区政府对其信访诉求不予重复答复的行为，未对其权利义务产生实际影响，依法不属于行政诉讼的受案范围，一、二审裁定驳回其起诉，裁定结果并无不当。毛某营申请再审理由不能成立。

1. 关于乡、镇人民政府不履行监督义务行为的可诉性

2010年实施的《中华人民共和国村委会组织法》第三十六条规定："村民委员会或者村民委员会成员作出的决定侵害村民合法权益的，受侵害的村民可以申请人民法院予以撤销，责任人依法承担法律责任。村民委员会不依照法律、法规的规定履行法定义务的，由乡、民族乡、镇的人民政府责令改正。乡、民族乡、镇的人民政府干预依法属于村民自治范围事项的，由上一级人民政府责令改正。"根据上述条文规定，村民委员会成员对村民委员会作出的侵犯村民合法权益的行为有两条救济途径：一是向人民法院提起诉讼，二是由乡、镇人民政府责令改正。这两条途径均是村民依法获得救济的法定渠道，村民可以选择通过诉讼途径解决其与村民委员会之间的侵权纠纷，也可以选择请求乡、镇人民政府行使行政监督权，依法责令村民委员会改正侵权的决定。当村民选择通过行政程序获得救济时，村民一旦向乡、镇人民政府提出行使监督权的申请，有管辖权的乡、镇人民政府即有履行法定监督职责的义务，不履行监督义务，构成不履行法定职责。根据《中华人民共和国行政诉讼法》第十二条第一款第（六）项规定，公民、法人或者其他组织申请行政机关履行保护人身权、财产权等合法权益的法定职责，行政机关拒绝履行或者不予答复的，属于人民法院行政诉讼受案范围，当事人依法提起行政诉讼，人民法院应当立案受理。但是，对于当事人就信访事项提出的申请，相关政府部门不予答复的，不属于通常情况下行政机关不履行法定职责的行为，不适用上述规定。本案中，毛某营认为宏伟村村委会20世纪80年代取消其社员身份的行为侵犯其合法权益长期上访，二道区政府信访办、英俊乡政府于2004年就其信访事项已经作出答复。毛某营不服，就该信访事项再次向二道区政府提出申请，二道区政府对其信访事项不予答复的行为，不同于普通的不履行监督职责义务的行为，不适用《中华人民共和国村委会组织法》及《中华人民共和国行政诉讼法》的相关规定，应当按照有关信访答复行为可诉性的规定予以处理。

2. 关于不履行信访答复义务行为的可诉性问题

《中华人民共和国行政诉讼法》第二条第一款规定："公民、法人或者其他组织认为行政机关和行政机关工作人员的行政行为侵犯其合法权益，有权依照本法向人民法院提起诉讼。"也就是说，只有可能侵犯公民、法人或者其

他组织合法权益的行政行为,才是可诉的行政行为,如果行政行为根本不可能对当事人的合法权益造成侵害,则属于不可诉的行政行为。为此,《最高人民法院关于执行〈中华人民共和国行政诉讼法〉若干问题的解释》第一条第二款第(六)项规定①,"对公民、法人或者其他组织权利义务不产生实际影响的行为"属于不可诉的行政行为。(2005)行立他字第 4 号《最高人民法院关于不服县级以上人民政府信访行政管理部门、负责受理信访事项的行政管理机关以及镇(乡)人民政府作出的处理意见或者不再受理决定而提起的行政诉讼人民法院是否受理的批复》,针对信访机构行为的可诉性问题,进一步作出明确解释:"信访工作机构是各级人民政府或政府工作部门授权负责信访工作的专门机构,其依据《信访条例》作出的登记、受理、交办、转送、承办、协调处理、监督检查、指导信访事项等行为,对信访人不具有强制力,对信访人的实体权利义务不产生实质影响。信访人对信访工作机构依据《信访条例》处理信访事项的行为或者不履行《信访条例》规定的职责不服提起行政诉讼的,人民法院不予受理。"根据上述规定,信访机构作出的对当事人权利义务没有产生实际影响的作为和不作为行为,均是不可诉的。本案中,二道区政府就毛某营提出的同一信访事项不再予以重复答复的行为,未对其合法权益造成实际的不利影响,一、二审驳回毛某营的起诉,裁定结果并无不当。

3. 关于一、二审的裁定理由问题

毛某营一审诉讼请求是确认二道区政府不履行法定职责的行为违法,并判决二道区政府在一定期限内作出保护其合法财产权和民主权的行政行为。据此,本案被诉行政行为应当是二道区政府不履行监督法定职责的不作为行为。一审裁定从适格被告的角度,以东站街道办事处是履行监督职责的行政机关,二道区政府不是本案的适格被告,经释明毛某营拒绝变更被告为由,裁定驳回毛某营的起诉。本院认为,根据《中华人民共和国行政诉讼法》第六十九条规定,原告申请被告履行法定职责理由不成立的,应当判决驳回原告诉讼请求,而不是裁定驳回起诉。毛某营向二道区政府提出申请,二道区政府不予答复,并非被告不适格,而是其请求二道区政府履行法定职责的理由不能成立。因此,一审以被告不适格为由裁定驳回毛某营的起诉,理由错误。同时,根据《中华人民共和国行政诉讼法》第八十七条规定,人民法院审理上诉案件应当对原审人民法院的判决、裁定和被诉行政行为进行全面审查,本案二审裁定改变了一审裁定理由维持一审裁定结果,没有对一审裁定理由予以正面评价并说明理由,确有不妥,本院予以指正。但是,二审未对一审裁定理由予以评价说明,并非再审的法定事由,以此为由申请再审,本

---

① 现为《最高人民法院关于适用〈中华人民共和国行政诉讼法〉的解释》(法释〔2018〕1 号)第一条第二款第十项。

院不予支持。二审变更一审裁定理由,以毛某营所诉事项属于适用政策问题和历史遗留问题,不属于人民法院行政诉讼受案范围为由,驳回上诉,维持原裁定。本院认为,二审裁定理由也是不能成立的。所谓政策性问题和历史遗留问题不属于人民法院行政诉讼受案范围,必须要有充分的事实根据和法律、法规、司法解释依据,不得泛化。就本案而言,毛某营的诉讼请求是请求判决二道区政府履行法定职责,并非政策调整事项,同时,也没有法律、法规或者司法解释明确规定,此类案件属于政策性问题或者历史遗留问题,不属于行政诉讼受案范围,二审裁定理由缺乏事实和法律依据,同样不能成立。但是,如前所述,毛某营所诉事项属于重复信访行为,二道区政府的不予答复行为未对其合法权益产生实际影响,依照《中华人民共和国行政诉讼法》及相关司法解释的规定,不属于行政诉讼受案范围,二审裁定结果并无不当,再审没有实际意义。据此,毛某营以此为由申请再审,本院亦不予支持。

——最高人民法院行政审判庭编:《最高人民法院行政裁判要旨及评述(第一卷)》,人民法院出版社 2019 年版。

94. 当事人起诉要求法院判决上级行政机关履行层级监督法定职责是否属于受案范围

关键词

申请启动层级监督　行政诉讼　受案范围

最高人民法院裁判文书

张某、张某艳诉北京市海淀区人民政府不履行法定职责案〔最高人民法院(2016)最高法行申 1186 号行政裁定书〕

裁判要点:内部层级监督属于行政机关上下级之间管理的内部事务,法律法规规定的内部层级监督并不直接设定当事人新的权利义务关系。当事人起诉要求法院判决上级行政机关履行层级监督法定职责,不属于《中华人民共和国行政诉讼法》第十二条第一款第六项规定的情形,即"申请行政机关履行保护人身权、财产权等合法权益的法定职责,行政机关拒绝履行或者不予答复的",当事人提起此类履行法定职责诉讼,人民法院应不予受理。

最高人民法院认为:人民法院对行政机关行使职权行为的监督应当依照

行政诉讼法的规定进行。《北京市建设征地补偿安置办法》第三条第三款虽规定了区、县人民政府应当对本行政区域内的征地补偿安置工作实施监督管理，但此种职权系基于上下级行政机关之间的层级监督关系而形成，上级人民政府不履行层级监督职责，一般并不直接设定当事人新的权利义务，当事人可以通过直接起诉所属工作部门或者下级人民政府作出的行政行为来维护其合法权益。在存在更为有效便捷的救济方式的情况下，当事人坚持起诉人民政府不履行层级监督职责，不具有权利保护的必要性和实效性，也不利于纠纷的及时解决，且易于形成诉累。因此，海淀区政府是否受理当事人的申请、是否启动层级监督程序不属于司法监督范畴。一、二审法院裁定驳回张某、张某艳起诉和上诉，符合法律规定。再审申请人如认为海淀区政府不履行相关的监督职责违法，应循其他法律渠道解决。

——最高人民法院行政审判庭编：《最高人民法院行政裁判要旨及评述（第一卷）》，人民法院出版社2019年版。

95. 当事人申请启动层级监督的应如何处理

关键词

层级监督　房屋征收　可诉性

最高人民法院裁判文书

吴某兰诉河南省郑州市人民政府不履行法定职责案［最高人民法院（2016）最高法行申2178号行政裁定书］

裁判要点：层级监督是基于行政隶属关系，由上级行政机关对下级行政机关进行的检查和督促。行政系统内的责任追究是对不履行或者不正确履行职责，造成不良影响或后果的行政机关工作人员追究行政责任。上级行政机关是否受理当事人的申请启动层级监督和责任追究，不直接设定当事人新的权利义务，人民法院应当在告知起诉人寻求更便利直接的救济渠道的基础上，裁定不予立案或者驳回起诉。

最高人民法院认为：再审申请人吴某兰要求郑州市政府对新郑市政府违法实施房屋征收的行为予以查处，属于公民要求上级行政机关启动对下级行政机关的内部监督管理机制。上级行政机关对下级行政机关的监督管理是有一定的"内部性"，是行政机关内部的层级关系，上级行政机关是否启动、如何启动这种内部的层级监督管理，人民法院不宜率先介入。这并不意味着公民、法人或者其他组织就此难以寻求司法救济，如果公民、法人或者其他组织认为下级行政机关的行政行为或不履行法定职责的行为侵犯其合法权益，完全可以直接针对下级行政机关提起诉讼，相比之下，这种救济途径反而更为便捷和直接。此外，再审申请人吴某兰还要求郑州市政府追究有关单位和直接责任人相关法律责任，但是，《中华人民共和国行政诉讼法》第十三条第三项规定，人民法院不受理公民、法人或者其他组织针对行政机关对行政机关工作人员的奖惩、任免等决定提起的诉讼。就本案而言，虽然行政机关尚未作出一个对行政机关工作人员的奖惩、任免决定，但行政机关是否应当作出这样一个决定，如何作出这样一个决定，人民法院同样不应介入审查。总之，在一般情况下，涉及上下级行政机关内部层级监督管理以及行政机关对行政机关工作人员的奖惩、任免等决定的起诉，人民法院应当在告知起诉人寻求更便利直接的救济渠道的基础上，裁定不予立案或者驳回起诉。考虑到本案已经走完一审和二审程序，判决结果亦遵循了司法审查的必要限度，因此并无启动再审程序裁定驳回起诉的必要。

——最高人民法院行政审判庭编：《最高人民法院行政裁判要旨及评述（第一卷）》，人民法院出版社2019年版。

96. 改变原处理意见的信访答复行为具有可诉性

关键词

受案范围　信访答复　可诉性

最高人民法院裁判文书

马某本诉黑龙江省嫩江县人民政府不履行发放移民安置补偿款法定职责案[最高人民法院（2015）行提字第33号行政裁定书]

裁判要点：通常情况下，信访答复、复查、复核意见以及行政机关对信访事项不予答复的行为，是对当事人权利义务不产生实际影响的重复处理行为，不属于行政诉讼的受案范围。但是，信访答复、复查或者复核意见改变原处理意见，对当事人的权利义务作出新的处理的，是行政机关对当事人信访事项作出的新的行政行为，属于可诉的行政行为。

相关权利人对行政机关不履行其上级指示、命令的行为提起行政诉讼的，人民法院应当依法予以受理。

最高人民法院认为：马某本因修建水利工程公共利益需要，签订移民协议，理应获得相关移民安置补偿费用。在黑河市政府作出信访复核意见，明确要求将调整后增加的安置补偿款交给移民接收地后，嫩江县政府不履行上级政府的指令，属于不履行法定职责的行为。二审裁定认为，因黑河市政府作出的信访复核意见不属于行政诉讼受案范围，马某本要求嫩江县政府执行该意见亦不属于行政诉讼受案范围，裁定维持一审驳回起诉结果，裁判理由不能成立，依法应予纠正。

一、关于信访复核意见的可诉性问题

根据《最高人民法院关于执行〈中华人民共和国行政诉讼法〉若干问题的解释》（以下简称《若干解释》）第一条第二款第五、六项规定①，驳回当事人对行政行为提起申诉的重复处理行为和对公民、法人或者其他组织权利义务不产生实际影响的行为，不属于行政诉讼的受案范围。也就是说，行政机关针对当事人的申诉作出的答复意见，内容仍然是坚持既往的处理意见，对公民、法人或者其他组织的权利义务没有产生实际影响的信访答复意见以及相应的复查意见、复核意见，均不属于行政诉讼的受案范围。但是，如果信访答复意见、复查意见或者复核意见否定了既往的处理意见，作出新的处理决定，对当事人的权利义务作出了不同于既往处理意见的新的安排，实质是对公民、法人或者其他组织的权利义务产生了新的实际影响。在此情形下，无论是信访答复意见，还是信访复查意见、信访复核意见，均应当属于行政诉讼的受案范围。本案中，黑河市政府作出的《关于马某本信访事项的复核意见书》[黑市政信复核决字（2011）第12号]，撤销了嫩江县政府作出的《关于马某本同志信访事项的复查决定》，要求嫩江县政府负责协调，将调整后的补偿款交给移民接收地。黑河市政府的信访复核意见是对马某本申诉事项作出的新的处理，对马某本的权利义务作出了新的安排，已经对其权利义务产生了新的实际影响，应当属于行政诉讼的受案范围。二审裁定依据《最高人民法院关于不服信访工作机构依据〈信访条例〉作出的处理信访事项的行为提起行政诉讼人民法院是否受理的复函》，认为黑河市政府的信访复核意见不属于行政诉讼的受案范围，属于适用法律错误，依法应予以纠正。

二、关于不履行发放移民补偿款法定职责行为的可诉性问题

根据《地方各级人民代表大会和地方各级人民政府组织法》第五十九条第十项的规定，县级以上的地方各级人民政府对上级国家行政机关交办的事项要予以执行。本案中，黑河市政府的信访复核意见撤销了嫩江县政府作出的《关于马某本同志信访事项的复查决定》，要求嫩江县政府负责协调，将调

---

① 现为《最高人民法院关于适用〈中华人民共和国行政诉讼法〉的解释》（法释〔2018〕1号）第一条第二款第四项、第十项。

整后的补偿款交给移民接收地。嫩江县政府对黑河市政府作出的信访复核意见所要求的事项须予以执行。马某本依据该信访复核意见申请嫩江县政府给付土地补偿款，嫩江县政府未予处理，属于不履行法定职责的行为。根据修改前的《行政诉讼法》第十一条第一款第八项的规定，公民、法人或者其他组织认为，行政机关的具体行政行为侵犯其人身权、财产权的，属于行政诉讼受案范围。因此，嫩江县政府不履行发放移民补偿款法定职责的行为，侵犯了马某本的财产权，依法属于行政诉讼的受案范围。二审裁定认为不履行信访复核意见的行为不属于行政诉讼受案范围，于法无据，应予纠正。

三、关于是否超过法定起诉期限问题

修改前的《行政诉讼法》第三十九条规定，公民、法人或者其他组织直接向人民法院提起诉讼的，应当在知道作出具体行政行为之日起3个月内提出。《若干解释》第四十一条①规定，行政机关作出具体行政行为时，未告知公民、法人或者其他组织诉权或者起诉期限的，起诉期限从公民、法人或者其他组织知道或者应当知道诉权或者起诉期限之日起计算，但从知道或者应当知道具体行政行为内容之日起最长不得超过2年。《若干解释》第三十九条还规定，公民、法人或者其他组织申请行政机关履行法定职责，行政机关在接到申请之日起60日内不履行的，公民、法人或者其他组织向人民法院提起诉讼，人民法院应当依法受理。《最高人民法院关于行政诉讼证据的规定》第四条第三款规定，被告认为原告起诉超过法定期限的，由被告承担举证责任。根据上述规定，不履行法定职责案件，当事人的起诉期限应当从行政机关接到履行义务申请后期满60日开始计算，因不履行法定职责案件中行政机关不可能告知当事人诉权和起诉期限，在修改后的《行政诉讼法》实施之前，当事人的起诉期限应当为2年；同时，如果行政机关认为原告起诉超过法定起诉期限的，应当承担举证责任。本案中，黑河市政府于2011年6月27日作出信访复核意见，收到复核意见后，马某本多次向嫩江县政府提出拨款申请，嫩江县政府一直未履行拨款义务。2013年10月16日，马某本提起本案行政诉讼。从上述事实并结合法律、司法解释的相关规定，难以得出马某本起诉已经超过2年的结论，且嫩江县政府在本案一、二审过程中亦未提供证据证明马某本起诉超过法定期限，应当推定马某本起诉未超过法定起诉期限。

——中国裁判文书网。

附录：本案解析

根据《行政诉讼法》第二条规定，公民、法人或者其他组织认为被诉行

---

① 现为《最高人民法院关于适用〈中华人民共和国行政诉讼法〉的解释》（法释〔2018〕1号）第六十四条。

政行为侵犯其合法权益的,有权依法提起行政诉讼。也就是说,只有有可能侵犯公民、法人或者其他组织合法权益的行政行为,才属于可诉的行政行为;对公民法人或者其他组织权利义务不产生实际影响,不可能侵犯其合法权益的行政行为,属于不可诉的行政行为。为此,《最高人民法院关于执行〈中华人民共和国行政诉讼法〉若干问题的解释》第一条第二款第五项、第六项规定,驳回当事人对行政行为提起申诉的重复处理行为以及对公民、法人或者其他组织权利义务不产生实际影响的其他行政行为,均属于不可诉的行政行为。信访答复意见、复查意见、复核意见通常情况下仅仅是对当事人申诉事项的重复处理,不会对当事人的权利义务产生实际影响,所以,属于不可诉的行政行为。《最高人民法院关于不服县级以上人民政府信访行政管理部门、负责受理信访事项的行政管理机关以及镇(乡)人民政府作出的处理意见或者不再受理决定而提起的行政诉讼人民法院是否受理的批复》(〔2005〕行立他字第4号)也明确规定,信访人对信访工作机构依据《信访条例》处理信访事项的行为或者不履行《信访条例》规定的职责不服提起行政诉讼的,人民法院不予受理;行政机关根据《信访条例》作出的处理意见、复查意见、复核意见和不再受理决定,信访人不服提起行政诉讼的,人民法院不予受理。但是,应当注意的是,信访处理行为不可诉的前提条件是重复处理、对当事人的权利义务不产生实际影响。如果行政机关作出的信访处理意见改变过去的处理结果,对当事人的权利义务作出新的处理,该信访处理意见属于新的行政行为,不属于对当事人权利义务不产生实际影响的重复处理行为,属于可诉的行政行为。本案中,黑河市政府作出的复核意见,撤销嫩江县人民政府复查决定,要求嫩江县政府协调处理,将调整后的安置补偿款交给移民接收地。该复核意见改变了过去的处理意见。嫩江县政府不履行上级政府行政决定的行为,属于不履行法定职责的行为,应当是可诉的行政行为。

——郭修江、蔡小雪主编:《行政典型案例及审判经验》,人民法院出版社2019年版,第24~26页。

97. 信访事项中涉及的行政行为可诉性问题

关键词

信访事项　行政行为　可诉性

附录:最高人民法院主流观点

公民、法人或者其他组织不服行政机关及其工作人员的职务行为,可以依据《信访条例》的规定向有关行政机关提出信访申请。行政机关针对信访事项作出的协调处理、复查、复核意见等行为,对信访人的实体权利义务不产生实质影响,不属于人民法院行政诉讼的受案范围。但是,信访处理行为不可诉,不是指当事人信访事项中涉及的所有行政行为一概不可诉。应当分清楚信访处理行为和信访处理行为中包含的信访事项中的行政行为,信访事项中的行政行为并不等同于信访处理行为。

在当事人已就相关问题提出信访、后又提起行政诉讼的情况下,人民法院审理行政案件首先应当明确被诉行政行为。如果被诉行为并非信访处理行为,人民法院不能笼统地以当事人实质上是对信访处理意见不服为由裁定驳回起诉。

——姜伟主编、最高人民法院第四巡回法庭编:《最高人民法院第四巡回法庭疑难案件裁判要点与观点》,人民法院出版社 2020 年版,第 423~427 页。

98. 当事人的实质诉求是对信访事项不服提起诉讼的,不属于行政诉讼的受案范围

关键词

实质诉求　信访　受案范围

最高人民法院裁判文书

谢某等 137 人诉湖南省城步苗族自治县人民政府养老保险待遇案〔最高人民法院(2017)最高法行申 6506 号行政裁定书〕

裁判要点:当事人为规避对信访事项重复处理不可诉的规定,将对信访事项处理结果不服,转变为请求行政机关履行相关事项法定职责案件提起行政诉讼的,其实质仍然是对信访事项的处理结果不服提起的诉讼,不属于行政诉讼的受案范围。人民法院应当裁定不予立案;已经立案的,裁定驳回起诉。

最高人民法院经审查认为,《最高人民法院关于执行〈中华人民共和国行政诉讼法〉若干问题的解释》第一条第二款第五项[①]规定,驳回当事人对行政行为提起申诉的重复处理行为,不属于行政诉讼的受案范围。〔2005〕行立他字第 4 号《最高人民法院关于不服信访工作机构依据〈信访条例〉处理信访

---

① 现为《最高人民法院关于适用〈中华人民共和国行政诉讼法〉的解释》(法释〔2018〕1 号)第一条第二款第四项。

事项的行为提起行政诉讼人民法院是否受理的复函》第二条规定，对信访事项有权处理的行政机关，依据《信访条例》作出的处理意见、复查意见、复核意见和不再受理决定，信访人不服提起行政诉讼的，人民法院不予受理。也就是说，当事人对信访事项不服，提起行政诉讼，只要有关该信访事项的行政行为未对当事人的权利义务产生实际影响，就不属于行政诉讼的受案范围。当事人为了规避有关信访事项处理的行政行为不属于行政诉讼受案范围的规定，将对信访事项处理结果不服，转变为请求行政机关履行法定职责案件提起诉讼，其实质仍然是对信访事项的处理结果不服提起的诉讼，人民法院应当按照其实质诉求，依法作出处理。本案中，2003 年土桥农场体制改革后，原城步劳保局已经按照 44 号文件规定，将农场管理区相关退休人员纳入国有农垦企业职工基本养老保险。2012 年谢某等 9 名水泥厂退休人员请求城步人社局将其纳入城镇企业基本养老保险，实质是对已经办理的退休待遇不服提出的申诉。城步人社局作出信访答复意见，认为按照 44 号文件规定，不能支持其请求。后经信访复查、复核程序，邵阳人社局、湖南人社厅均驳回其信访请求。2015 年 8 月，谢某等人又以城步县政府为被告，提起本案行政诉讼，请求判令将其纳入城镇企业基本养老保险，实质仍然是对信访事项不服提起的诉讼。根据上述规定，谢某等人的起诉事项不属于行政诉讼的受案范围，一、二审裁定驳回其起诉，并无不当。谢某等 137 人主张，城步县二水泥厂职工和退休人员按规定应当纳入城镇企业职工基本养老保险。但是，本案一、二审系裁定驳回起诉，是否应当纳入城镇企业职工基本养老保险，属于案件实体审理范围的事项，不属于本案的审查范围。谢某等 137 人还主张，依法追回 131 万元关停经费安置职工，请求判令行政机关承担职工参保企业应缴纳的费用，赔偿退休经济损失等。上述主张并非一审中提出的诉讼请求，申请再审中提出新的诉讼请求，本院不予支持。

——最高人民法院第一巡回法庭编著：《最高人民法院第一巡回法庭典型行政案件裁判观点与文书指导（第 1 卷）》，中国法制出版社 2020 年版，第 12~15 页。

99. 行政机关撤换企业法定代表人行为的可诉性

关键词

撤换法定代表人　企业经营自主权　受案范围

最高人民法院答复

陕西省高级人民法院：

你院〔1996〕陕高法行监字第26号请示收悉。经研究，答复如下：

原则同意你院审判委员会的倾向性意见。即县委工交财贸部作出的"免职决定"不属于具体行政行为，亦不能视为县人民政府的行为，故市第二运输公司以县人民政府为被告提起行政诉讼，不符合《行政诉讼法》规定的起诉条件。

此复

——《最高人民法院行政审判庭关于对兴平第二运输公司诉兴平市人民政府侵犯企业经营自主权一案受理问题的答复》（1997年10月27日，〔1997〕行他字第15号）。

四川省高级人民法院：

你院〔1996〕川行他字第10号请示报告收悉。经研究并报院审判委员会讨论决定答复如下：原则同意你院审判委员会倾向性意见，即：成都市青羊区大通商贸公司是由成都市青羊区城乡管理委员会的下属单位环境卫生管理局申办的，区工商行政管理局核发的营业执照表明该公司为集体所有制企业，主管部门也由环境卫生管理局变更为青羊区城乡管理委员会。青羊区城乡管理委员会关于暂停许某风的大通公司法定代表人、总经理的职务，暂停公司营业活动的决定是合法的，人民法院应判决予以维持。

——《最高人民法院关于成都青羊区大通商贸公司企业经济性质问题的答复》（1998年5月15日，〔1997〕行他字第4号）。

最高人民法院公报案例

刘某元不服蒲江县乡镇企业管理局侵犯财产权、经营自主权处理决定行政纠纷案〔四川省高级人民法院〕

裁判摘要：乡镇企业管理局作出的免去私营企业主厂长职务、任命他人为厂长的决定，以及查封企业财产的行为，侵犯了私营企业的财产所有权和经营自主权，应当依法予以撤销。

成都蒲江小蘖碱厂、成都市朝阳印刷厂和成都鹤山矿泉饮料厂的建厂资金均是上诉人刘某元个人投资，其分配形式、经营管理实际上是按私营企业进行的，根据《中华人民共和国私营企业暂行条例》第7条第1款关于"独资企业是指一人投资经营的企业"的规定，上述三个企业应为私营企业，企业财产属刘某元所有。被上诉人蒲江县乡镇企业管理局作出的免去刘某元厂长职务和任命他人为厂长的决定，以及查封企业财产的行为，是于法无据的超越职权的具体行政行为。这一行为致使刘某元失去了对其财产的实际控制，又使其无法组织企业的生产经营，侵犯了刘某元的财产所有权和私营企业经营自主权。故对被上诉人的行为属违法的具体行政行为，应予撤销。一审判决撤销被上诉人的任免决定和查封行为是正确的，应予维持。

——《最高人民法院公报》1994年第2期。

附录：最高人民法院法官著述

行政机关能否撤换法定代表人的问题，与法定代表人产生的程序以及法定代表人的具体含义有着密切联系。对此，不同的法律法规作了不同的规定。

以全民所有制企业为例，《全民所有制工业企业法》第45条规定，厂长是企业的法定代表人。第44条规定，厂长的产生，除国务院另有规定外，由政府主管部门根据企业的情况决定采取下列一种方式：政府主管部门委任或者招聘；企业职工代表大会选举。政府主管部门委任或者招聘的厂长人选，须征求职工代表的意见；企业职工代表大会选举的厂长，须报政府主管部门批准。政府主管部门委任或者招聘的厂长，由政府主管部门免职或者解聘，并须征求职工代表的意见；企业职工代表大会选举的厂长，由职工代表大会罢免，并须报政府主管部门批准。以城镇集体所有制企业为例，《城镇集体所有制企业条例》第31条规定，集体企业实行厂长（经理）负责制，厂长（经理）对企业职工（代表）大会负责，是集体企业的法定代表人。第32条规定，厂长（经理）由企业职工代表大会选举或者招聘产生。选举和招聘的具体办法，由省、自治区、直辖市人民政府规定。由集体企业联合经济组织投资开办的集体企业，其厂长（经理）可以由该联合经济组织任免。投资主体多元化的集体企业，其中国家投资达到一定比例的，其厂长（经理）可以由上级管理机构按照国家有关规定任免。以乡村集体所有制企业为例，《乡村集体所有制企业条例》第18条规定，企业财产属于举办该企业的乡或者村范围内的全体农民集体所有，由乡或者村的农民大会（农民代表会议）或者代表全体农民的集体经济组织行使企业财产的所有权。企业实行承包、租赁制或者与其他所有制企业联营的，企业财产的所有权不变。第19条规定，企业所有者依法决定企业的经营方向、经营形式、厂长（经理）人选或者选聘方式。以私营企业为例，《私营企业暂行条例施行办法》第9条规定，独资企业申请人是指投资者本人，合伙企业申请人是指合伙人推举的负责人，有限责任公司申请人是指投资者推举的企业负责人。根据《中外合资经营企业法》第6条的规定，合营企业设董事会，其人数组成由合营各方协商，在合同、章程中确定，并由合营各方委派和撤换。董事长和副董事长由合营各方协商确定或由董事会选举产生。中外合营者的一方担任董事长的，由他方担任副董事长。根据《中外合作经营企业法》第12条的规定，合作企业应当设立董事会或者联合管理机构，依照合作企业合同或者章程的规定，决定合作企业的重大问题。中外合作者的一方担任董事会的董事长、联合管理机构的主任的，由他方担任副董事长、副主任。董事会或者联合管理机构可以决定任命或者聘请总经理负责合作企业的日常经营管理工作，总经理对董事会或者联合管理机构负责。此外，依照《合同法》第68条①的规定，国有独资公司的董事会成员由国有资产监督管理机构委派；但是，董事会成员中的职工代表由公司职工代表大会选举产生。董事会设董事长一人，可以设副董事长。董事长、副董事长由国有资产监督管理机构从董事会成员中指定。第69条规定，国有独资公司设经理，由董事会聘任或者解聘。经理依照本法第50条②规定行使职权。经国有资产监督管理机构同意，董事会成员可以兼任经理。此外，对于法定代表人的范围，公司法作了新的规定，即按照《公司法》第13条的规定，公司法定代表人依照公司章程的规定，由董事长、执行董事或者经理担任，并依法登记。公司法定代表人变更，应当办理变更登记。也就是说，如果企业符合公司成立条件的，其法定代表人可以根据公司章程的规定，由董事长、执行董事或者经理担任。

可见，行政机关是否具有撤换法定代表人的职权，与企业的性质有非常大的关系。对于非全民所有制的企业，由于行政机关没有撤销企业法定代表人的权力，如果行政机关撤换其法定代表人的，属于明显的侵犯企业经营自主权的行为，企业得提起行政诉讼。③对于全民所有制企业，行政机关具有一定的人事任免权力，需要具体分析。

按照《全民所有制工业企业法》《全民所有制工业企业转换经营体制条例》的规定，政府及其主管部门有权决定或者批准全民所有制企业厂长（经理）的任免。按照公司法的规定，法定代表人即可能是董事长亦可能是经理。国有独资公司的董事会成员、董事长、副董事长均由行政机关委派或者指定，经理则由董事会聘任或者解聘。法律只对全民所有制企业、国有独资公司的法定代表人具有一定的人事任免权力，对于其他所有制形式的企业则没有此项权力。这主要是考虑到全民所有制企业财产归国家所有，政府撤换企业法定代表人行使的是资产所有者的权利。换言之，法律未赋予企业这项自主权，自然也就谈不上侵犯经营自主权了。④当然，司法实践中，情况可能更为复杂。

---

① 对应《中华人民共和国民法典》第五百二十七条。
② 对应《中华人民共和国民法典》第五百二十八条。
③ 毛兴无：《浅析行政机关任免企业负责人的法律性质》，载《中央政法管理干部学院学报》1994年第3期。
④ 梁立新：《审理侵犯企业经营自主权行政案件的有关问题》，载《法律适用》1995年第2期。

我们认为,在审理国有企业法定代表人被撤换的行政案件中,应当注意以下两个问题。

一是注意国有企业法定代表人的产生方式。根据全民所有制工业企业法的规定,法定代表人的产生方式包括两种:一种是由政府及其主管部门任命产生的,政府及其主管部门当然有权力予以撤换,企业不能以侵犯企业经营自主权提起行政诉讼;另一种是由选举产生的,即企业职工代表大会选举的厂长,由职工代表大会罢免,并须报政府主管部门批准。如果政府及其主管部门越俎代庖,直接擅自撤换的,则侵犯了企业对于法定代表人的人事自主权,企业得提起行政诉讼。这同时也意味着,如果行政机关根据企业职工代表大会任免厂长(经理)的报告,作出批准职工代表大会任免厂长(经理)报告的决定,不能认为行政机关的批准行为侵犯了企业的经营自主权。因为行政机关批准企业职工代表大会的报告,实际上是在保护企业的经营自主权。

二是在特定的情形下,国有企业的法定代表人可以代表企业提起行政诉讼。有一种观点认为,国有企业的法定代表人与一般企业的法定代表人的性质有所区别。行政机关对于国有企业的撤换行为属于内部行为,不具有可诉性。我们认为,行政机关撤换国有企业法定代表人的行为,可能是依据法律规定作出的。同时,也可能是违背法律规定作出的。例如前述跳过职工代表大会直接撤换的行为,就是侵犯企业经营自主权的行为。国有企业法定代表人的身份具有双重性:政府及其主管部门委派其作为管理企业的代表;维护企业经营自主权的代表。①如果不允许被撤换的国有企业的法定代表人提起行政诉讼,将非常不利于企业法定代表人运用法律手段保护企业的经营自主权。因此,在特定的情形下,应当允许其原法定代表人提起行政诉讼。最高人民法院在一个批复中体现了这一精神,即在企业法定代表人被行政机关变更或撤换的情况下,原企业法定代表人有权提起行政诉讼。需要注意的是,上述问题已经和正在发生不断的变化。政企关系涉及社会主义市场经济是否能够真正建立,司法实践中可能表现得更为复杂。因此,对于行政机关撤换法定代表人的行为需要动态地加以考虑。

——江必新、梁凤云:《行政诉讼法理论与实务》(第三版),法律出版社2016年版,第291~294页。

---

① 也有学者认为,企业法定代表人的双重性主要体现在该行政侵权行为:既侵犯了经营自主权中人事民主管理权,又侵犯了厂长(经理)的名誉权。金代权:《审理侵犯企业经营自主权案件的几点意见》,载《人民司法》1994年第1期。

100. 对行政机关强行作出的全民所有制工业企业分立决定不服，可以提起行政诉讼

关键词

国有企业分立决定　企业经营自主权　受案范围

最高人民法院答复

山西省高级人民法院：

你院〔1994〕晋法行字第14号请示收悉。经研究，我们认为，根据《中华人民共和国全民所有制工业企业法》第2条第2款、《全民所有制工业企业转换经营机制条例》第6条和《中华人民共和国行政诉讼法》第11条第1款第3项①的规定，当事人对行政机关强行作出的关于全民所有制工业企业分立的决定不服，依法向人民法院提起行政诉讼的，人民法院应作为"侵犯法律规定的经营自主权的"行政案件受理。

此复

——《最高人民法院关于当事人对行政机关作出的全民所有制工业企业分立的决定不服提起诉讼人民法院应作为何种行政案件受理的复函》（1994年6月27日，法函〔1994〕34号）。

附录：最高人民法院法官著述

《最高人民法院关于执行〈中华人民共和国行政诉讼法〉若干问题的解释》第17条②仅对非国有企业的诉权作出规定，而未涉及国有企业的诉权问题。根据现有法律规定，行政机关可以对国有企业采取多种措施影响企业的经营状况，如撤销、合并、兼并、分立或改变企业隶属关系和企业经营范围等。关于国有企业对行政机关的分立决定不服是否可以提起行政诉讼的问题，最高人民法院1994年法函〔1994〕34号《关于当事人对行政机关作出的全民所有制企业分立的决定不服提起诉讼的人民法院应作为何种行政案件受理的复函》中规定，对此类案件应当作为"侵犯法律规定的经营自主权的"行政案件受理。我们认为，对于行政机关兼并、合并等行为，同样可以作为"侵犯法律规定的经营自主权的"案件提起行政诉讼。国有企业是否具有与非国

---

① 现为《中华人民共和国行政诉讼法》（2017年修正）第十二条第一款第七项。
② 现为《最高人民法院关于适用〈中华人民共和国行政诉讼法〉的解释》（法释〔2018〕1号）第十六条第三款。

有企业相同的诉权,应当依照法律、法规或者司法解释的相关规定处理。

——甘文:《行政诉讼司法解释之评论——理由、观点与问题》,中国法制出版社2000年版,第74~75页。

司法实践中,当事人对行政机关强行作出的关于全民所有制工业企业分立的决定不服,依法向人民法院提起行政诉讼的,应当作为何种案件受理存在不同意见。第一种意见认为,根据《全民所有制工业企业法》第18条和《全民所有制工业企业转换经营机制条例》第42条第4项的规定,决定企业分立是政府及其职能部门的职责,是政府在实施宏观调控过程中对所属企业进行组织结构调整的行为,不属企业享有的经营自主权。即使不当,也构不成对企业经营自主权的侵犯,应依照上述条例第47条的规定,经当事人申诉后,由上级行政机关责令改正,法院受理此案无法律依据。第二种意见认为,根据上述条例第35条的规定,政府及有关部门对企业的分立只享有"批准权"。若违反企业分立的程序,采取行政手段强行将企业的分支机构分立出来,必然导致企业失去对合法取得的部分国家财产享有的经营管理权。这种行为是侵犯企业经营管理权的行为。该条例第47条第1款第11项规定:"未依照法定程序和条件,阻止或者强迫企业进行组织结构调整的",政府及有关部门应承担相应的法律责任。最高人民法院支持了第二种意见,当事人对行政机关强行作出的关于全民所有制工业企业分立的决定不服,依法向人民法院提起行政诉讼的,人民法院应作为"侵犯法律规定的经营自主权"的行政案件受理。①

——江必新、梁凤云:《行政诉讼法理论与实务》(第三版),法律出版社2016年版,第286页。

101. 人事主管部门对企事业单位工作人员作出开除公职处分行为属于行政诉讼受案范围

关键词

开除公职　行政处分　内部行政行为　受案范围

---

① 《最高人民法院关于当事人对行政机关作出的全民所有制工业企业分立的决定不服提起诉讼人民法院应作为何种行政案件受理的复函》(法函〔1991〕34号,1994年6月27日)。

最高人民法院答复

云南省高级人民法院：

你院〔1997〕云高行请字第2号《关于赵某妹诉剑川县人事局开除公职一案是否属于受案范围的请示报告》收悉。经研究，同意你院倾向性意见。即本案应作为行政案件予以受理。

此复

——《最高人民法院行政审判庭关于开除公职是否属于受案范围请示的答复》（1998年2月11日，〔1997〕行他字第28号）。

附录：最高人民法院法官著述

司法实践中，人事主管部门针对企事业单位的工作人员作出的行政处分决定是否具有可诉性，存在两种不同意见。

一种意见认为，不属于人民法院受案范围。理由是，人事局对企事业单位工作人员作出开除公职的行政处分属于行政诉讼法规定的内部行为，人民法院不应受理。

另一种意见认为，应该属于人民法院的受案范围。理由是，行政诉讼法规定的内部行为，指的是行政机关对行政机关工作人员的奖惩、任免决定，而非企事业单位的职员。作为企事业单位的工作人员，不是行政机关的工作人员。人事局对其作出开除公职的行政处分不属行政诉讼法规定的排除范围，应视为可诉的行政行为。根据《行政诉讼法》第12条的规定，人民法院应予受理。

我们认为，对于行政机关针对行政机关工作人员作出的奖惩、任免等决定不能作过于宽泛的理解。首先，《行政诉讼法》仅仅就行政机关对行政机关工作人员的奖惩、任免等决定作出了排除规定，本条规定并非对于所谓"特别权力关系"的排除，不宜理解为是关于"特别权力关系"的排除规定。至于是否排除其他涉及"特别权力关系"的行为，需要法律尤其是《行政诉讼法》作出明确规定。其次，对于"行政机关工作人员"不宜作宽泛的理解。行政机关的工作人员包括了公务员（选任制和聘任制）、工勤人员等、行政协助人员、临时工人等。其中，只有公务员是依法履行公职、纳入国家行政编制、由国家财政负担工资福利的工作人员。其余人员并不履行行政职务，并非行政诉讼法上的"行政机关的工作人员"。例如，行政机关针对工勤人员作出的辞退决定，不属于此处的内部行为。应当按照劳动法的有关规定寻求救济。最后，对于"行政机关对行政机关工作人员的奖惩、任免等决定"的内容应当准确理解。根据参与立法的学者解释，此处的"奖惩、任免等决定"是参考当时的有关国家公务员的法律法规作出的规定，即行政机关对其所属的工作人员作出的警告、记过、撤职、留用察看、开除等纪律处分以及停职检查或者任免等措施。①这个范围不可谓不宽泛,显然没有采取学术界所称的"等内说"。可见,上述观点认为前述决定毋宁是涉及公务员权利义务的决定。据此,《若干解释》规定,本项规定的"对行政机关工作人员的奖惩、任免等决定",是指行政机关作出的涉及该行政机关公务员权利义务的决定。这一规定包含三个要件:一是作出行政处分的是公务员所隶属的行政机关。如果公务员与行政机关之间没有隶属关系,不属于此处的行政处分。二是行政处分针对的是行政机关公务员。行政处分针对的如果不是行政机关的公务员,而是行政机关之外的人员,属于外部行政法律关系,具有可诉性。三是行政处分涉及的是公务员的权利义务。行政处分涉及如果不是公务员的权利义务关系,而是其他法律关系,不属于内部行为。

最高人民法院支持了第二种意见。②理由主要是:其一,《行政诉讼法》和司法解释认为,所谓内部行为是指行政机关对其工作人员作出的影响其权利义务关系的决定。并不包括行政机关针对行政机关工作人员之外的公民。其二,人事部门作出的行为具有很强的外部特征,企事业单位的工作人员在事实上处于行政相对人的法律地位。其三,将此类行政案件纳入行政诉讼受案范围有利于保护相关公民在行政诉讼法上的合法权益。

——江必新、梁凤云:《行政诉讼法理论与实务》(第三版),法律出版社2016年版,第435~436页。

102. 政府依职权批准兼并全民所有制企业决定不可诉

关键词

批准兼并企业 行政管理 受案范围

最高人民法院裁判文书

刘某生等原黄石市海观山宾馆 118 名职工诉湖北省黄石市人民政府批准兼并企业决定上诉案[最高人民法院(2002)行终字第 1 号行政裁定书]

裁判要点:政府批准兼并企业决定系行政管理行为,被兼并企业职工认为该行为影响其合法权益的,应通过企业职工代表大会向

---

① 胡康生主编:《行政诉讼法释义》,北京师范学院出版社1989年版,第27~28页。
② 《最高人民法院行政审判庭关于开除公职是否属于受案范围请示的答复》(1998 年 2 月 11 日,〔1997〕行他字第 28 号)。

企业提出意见，不具备向法院起诉兼并决定的原告资格。

最高人民法院认为：黄石市人民政府办公室作出黄办发〔2001〕3号《关于黄石东贝冷机集团公司兼并市海观山宾馆的会议纪要》，批准由黄石东贝冷机集团公司以承担债权债务的方式兼并黄石市海观山宾馆并整体接收安置宾馆职工，系黄石市人民政府依职权对全民所有制企业实施行政管理的行为。上诉人作为被兼并企业的职工认为该行为影响其合法利益，应根据《中华人民共和国劳动法》的有关规定，通过企业职工代表大会向企业提出意见。上诉人对黄石市人民政府批准兼并的决定不服径行向人民法院提起行政诉讼缺乏法律依据。

——最高人民法院行政审判庭编：《最高人民法院最新行政裁判汇编》，人民法院出版社2006年版，第881页。

103. 在原公司法定代表人是公司实际控制人的情况下，其与后续工商变更登记具有法律上的利害关系，如对变更登记有异议，可以提起行政诉讼

关键词

原公司法定代表人　后续工商变更登记

最高人民法院答复

福建省高级人民法院：

你院〔2013〕闽行他字第12号《关于原公司法定代表人与后续工商变更登记是否有法律上的利害关系的请示》收悉。经研究，答复如下：

在原公司法定代表人是公司实际控制人的情况下，其与后续工商变更登记具有法律上的利害关系，如对变更登记有异议，可以提起行政诉讼。因后续变更登记行为已经发生，若仅对涉及其本人的首次变更登记行为起诉，不利于解决实际纠纷，人民法院应当释明其对首次变更登记行为及后续变更登记行为一并提起行政诉讼，行政复议机关应当受理原公司法定代表人提出的复议申请，如果需要等待相关民事诉讼就公司股权纠纷的确认，可中止复议程序。

——《最高人民法院关于原公司法定代表人与后续工商变更登记是否有法律上利害关系的请示的答复》（2014年7月1日，〔2014〕行他字第7号）。

104. 取消入学资格、作退学处理、开除学籍等直接导致学生身份丧失行为的可诉性

关键词

开除学籍　受教育权　可诉性

最高人民法院裁判文书

甘某诉暨南大学开除学籍决定再审案〔最高人民法院（2011）行提字第12号行政判决书〕

裁判要点：学生对高等学校作出的开除学籍等严重影响其受教育权利的决定可以依法提起诉讼。人民法院裁判时以法律、法规为依据，参照规章，并可参考高等学校正式公布的校纪校规。但校纪校规违反上位法规定的，人民法院不予适用。

最高人民法院认为：高等学校学生应当遵守《高等学校学生行为准则》《普通高等学校学生管理规定》，并遵守高等学校依法制定的校纪校规。学生在考试或者撰写论文过程中存在的抄袭行为应当受到处分，高等学校也有权依法给予相应的处分。但高等学校对学生的处分应遵守《普通高等学校学生管理规定》第五十五条规定，做到程序正当、证据充足、依据明确、定性准确、处分恰当。特别是在对违纪学生作出开除学籍等直接影响受教育权的处分时，应当坚持处分与教育相结合原则，做到育人为本、罚当其责，并使违纪学生得到公平对待。违纪学生针对高等学校作出的开除学籍等严重影响其受教育权利的处分决定提起诉讼的，人民法院应当予以受理。人民法院在审理此类案件时，应依据法律法规、参照规章，并可参考高等学校不违反上位法且已经正式公布的校纪校规。

《暨南大学学生管理暂行规定》第五十三条第五项规定，剽窃、抄袭他人研究成果，情节严重的，可给予开除学籍处分。《暨南大学学生违纪处分实施细则》第二十五条规定，剽窃、抄袭他人研究成果，视情节轻重，给予留校察看或开除学籍处分。暨南大学的上述规定系依据《普通高等学校学生管理规定》第五十四条第五项的规定制定，因此不能违背《普通高等学校学生管理规定》相应条文的立法本意。《普通高等学校学生管理规定》第五十四条列举了七种可以给予学生开除学籍处分的情形，其中第（四）项和第五项分别列举了因考试违纪可以开除学籍和因剽窃、抄袭他人研究成果可以开除学

生学籍的情形,并对相应的违纪情节作了明确规定。其中第(五)项所称的"剽窃、抄袭他人研究成果",系指高等学校学生在毕业论文、学位论文或者公开发表的学术文章、著作,以及所承担科研课题的研究成果中,存在剽窃、抄袭他人研究成果的情形。所谓"情节严重",系指剽窃、抄袭行为具有非法使用他人研究成果数量多、在全部成果中所占的地位重要、比例大,手段恶劣,或者社会影响大、对学校声誉造成不良影响等情形。甘某作为在校研究生提交课程论文,属于课程考核的一种形式,即使其中存在抄袭行为,也不属于该项规定的情形。因此,暨南大学开除学籍决定援引《暨南大学学生管理暂行规定》第五十三条第五项和《暨南大学学生违纪处分实施细则》第二十五条规定,属于适用法律错误,应予撤销。一、二审法院判决维持显属不当,应予纠正。鉴于开除学籍决定已生效并已实际执行,甘某已离校多年且目前已无意返校继续学习,撤销开除学籍决定已无实际意义,但该开除学籍决定的违法性仍应予以确认。甘某在本院再审期间提出的其在原审期间未提出的赔偿请求,本院依法不予审查。

——江必新主编、最高人民法院行政审判庭编:《行政执法与行政审判》2012年第2集(总第52集),中国法制出版社2012年版,第11~12页。

105. 高校不依法发放奖学金、贷学金、助学金等行为的可诉性

关键词

发放奖学金、贷学金、助学金　可诉性

附录:最高人民法院法官著述

高等学校根据国家有关规定分配国家设立的奖学金、贷学金、助学金,是高等学校根据法律法规的授权从事的行为,资金来源于国家公共财政,高等学校受授权和国家委托发放此类资金,也是国家为了履行保护特殊学生群体受教育权利的一种形式,因此,学生申请国家设立的奖学金、贷学金、助学金,高等学校拒绝的,是高等学校侵犯学生财产权的一种行为,学生可以依法以高等学校为被告提起行政诉讼。

——耿宝建:《高等教育行政案件中的司法谦抑》,载江必新、贺荣主编,最高人民法院行政审判庭编:《行政执法与行政审判》2012年第5集(总第55集),中国法制出版社2013年版,第74页。

106. 高考录取行为的可诉性

关键词

高考录取行为　可诉性

附录：最高人民法院法官著述

目前，全国不少法院均已经成功受理了此类案件，并作出了较好的裁判，取得了较好的效果。但仍然存在一定的不同意见。反对者认为，影响高考学生被招录的原因很多，且高考录取时间很短，录取环节多（涉及高校、招生办、考试院甚至是教育厅等主体），司法审查通常都是事后介入，此时招生已经结束，学生可能已被其他高校录取，已经不能及时给参加高考的学生提供有效的救济。反对者还认为，目前高校招生监察已经形成了比较完善的制度，如果学校不予录取，学生可以寻求行政救济或者行政裁决，可以快速地解决此类纠纷。同时，高等学校的招生具有自主权，有时并不是简单地从高到低分进行录取，特别是有的招生，尤其是硕士博士的自主招生，法院很难进行实体审查。因此法院不宜受理此类案件。

我们认为，司法审查的介入时机和介入程度，与特定领域的公民权利救济体制的完善程度密切相关，也与该领域对公民基本权利的侵犯的可能性紧密相连。而高校招生领域目前存在的侵犯考生受教育权利的情况并不鲜见，招生不公平、不公正、不公开的现象时有发生。在号称最为公平的高考制度屡有沦陷的背景下，司法的适度介入，将有助于保障高考招录的规范化和法治化，促进社会的和谐稳定。因此，我们认为，不宜简单否定因违法被侵犯受教育权的考生起诉的权利，也不能简单地将高考招生录取行为排斥在行政诉讼的受案范围之外。但同样鉴于高考招录行为的特殊性和复杂性，人民法院对高考招录行为的司法审查应当是有限度的，要充分尊重高校与教育行政部门的判断，不能简单地以分数作为评判依据。因此，原告的主体资格、诉讼请求的种类、被告的确定以及法院的审理和裁判，也仍有待各地的审判实践来探索，目前作出统一规定的时间仍不成熟。

——耿宝建：《高等教育行政案件中的司法谦抑》，载江必新、贺荣主编、最高人民法院行政审判庭编：《行政执法与行政审判》2012年第5集（总第55集），中国法制出版社2013年版，第74~75页。

107. 高校颁发学历、学位证书行为属于行政诉讼受案范围

关键词

颁发毕业证 授予学位 受案范围

最高人民法院司法政策精神

9. 高等院校的适格被告问题

高等院校依据法律、法规授权作出颁发学历、学位证书以及开除学籍等影响学生受教育权利的行政行为，当事人不服提起行政诉讼的，以高等院校为被告。

——《最高人民法院办公厅关于印发〈行政审判办案指南（一）〉的通知》（2014年2月24日，法办〔2014〕17号）。

最高人民法院指导性案例/公报案例

田某诉北京科技大学拒绝颁发毕业证、学位证案［最高人民法院指导案例38号］

裁判要点：1. 高等学校对受教育者因违反校规、校纪而拒绝颁发学历证书、学位证书，受教育者不服的，可以依法提起行政诉讼。

2. 高等学校依据违背国家法律、行政法规或规章的校规、校纪，对受教育者作出退学处理等决定的，人民法院不予支持。

3. 高等学校对因违反校规、校纪的受教育者作出影响其基本权利的决定时，应当允许其申辩并在决定作出后及时送达，否则视为违反法定程序。

法院生效裁判认为：根据我国法律、法规规定，高等学校对受教育者有进行学籍管理、奖励或处分的权力，有代表国家对受教育者颁发学历证书、学位证书的职责。高等学校与受教育者之间属于教育行政管理关系，受教育者对高等学校涉及受教育者基本权利的管理行为不服的，有权提起行政诉讼，高等学校是行政诉讼的适格被告。

高等学校依法具有相应的教育自主权，有权制定校纪、校规，并有权对在校学生进行教学管理和违纪处分，但是其制定的校纪、校规和据此进行的教学管理和违纪处分，必须符合法律、法规和规章的规定，必须尊重和保护当事人的合法权益。本案原告在补考中随身携带纸条的行为属于违反考场纪

律的行为，被告可以按照有关法律、法规、规章及学校的有关规定处理，但其对原告作出退学处理决定所依据的该校制定的第068号通知，与《普通高等学校学生管理规定》第二十九条规定的法定退学条件相抵触，故被告所作退学处理决定违法。

退学处理决定涉及原告的受教育权利，为充分保障当事人权益，从正当程序原则出发，被告应将此决定向当事人送达、宣布，允许当事人提出申辩意见。而被告既未依此原则处理，也未实际给原告办理注销学籍、迁移户籍、档案等手续。被告于1996年9月为原告补办学生证并注册的事实行为，应视为被告改变了对原告所作的按退学处理的决定，恢复了原告的学籍。被告又安排原告修满四年学业，参加考核、实习及毕业设计并通过论文答辩等。上述一系列行为虽系被告及其所属院系的部分教师具体实施，但因他们均属职务行为，故被告应承担上述行为所产生的法律后果。

国家实行学历证书制度，被告作为国家批准设立的高等学校，对取得普通高等学校学籍、接受正规教育、学习结束达到一定水平和要求的受教育者，应当为其颁发相应的学业证明，以承认该学生具有的相当学历。原告符合上述高等学校毕业生的条件，被告应当依《中华人民共和国教育法》第二十八条第一款第五项及《普通高等学校学生管理规定》第三十五条的规定，为原告颁发大学本科毕业证书。

国家实行学位制度，学位证书是评价个人学术水平的尺度。被告作为国家授权的高等学校学士学位授予机构，应依法定程序对达到一定学术水平或专业技术水平的人员授予相应的学位，颁发学位证书。依《中华人民共和国学位条例暂行实施办法》第四条、第五条、第十八条第三项规定的颁发学士学位证书的法定程序要求，被告首先应组织有关院系审核原告的毕业成绩和毕业鉴定等材料，确定原告是否已较好地掌握本门学科的基础理论、专业知识和基本技能，是否具备从事科学研究工作或担负专门技术工作的初步能力；再决定是否向学位评定委员会提名列入学士学位获得者的名单，学位评定委员会方可依名单审查通过后，由被告对原告授予学士学位。

——《最高人民法院关于发布第九批指导性案例的通知》（2014年12月24日，法〔2014〕337号）；《最高人民法院公报》1999年第4期。

> **说明**

指导案例38号田某诉北京科技大学拒绝颁发毕业证、学位证案，旨在明确高等学校可以成为行政诉讼的适格被告，人民法院对校纪、校规的司法审查权限，以及教育行政管理应当遵循正当法律程序原则等问题。本案作为我国首例大学生因受高校退学处理产生的教育行政纠纷案件，确认了高等学校作为法律法规授权组织的行政主体地位，可以成为行政诉讼被告。这对规范教育领域乃至其他法律法规授权的组织的管理活动具有积极作用和现实意义。

> **最高人民法院公报案例**

杨某玺诉天津服装技校不履行法定职责案［天津市河东区人民法院］

　　裁判摘要：根据《教育法》第四十二条第一款第（三）项的规定，受教育者享有完成规定的学业后获得相应的学业证书的权利。教育机构没有直接向其准予毕业的受教育者发放毕业证书的行为，构成了违法。

根据《中华人民共和国教育法》第 42 条第 1 款第 3 项的规定，受教育者享有完成规定的学业后获得相应的学业证书的权利。教育机构应向在学校接受教育且完成规定学业的学生颁发学业证书。教育机构以受教育者的毕业证书已交上级主管单位为由，不向受教育者颁发毕业证的行为，缺乏法律依据，侵犯了其依法应享有的受教育权，故应承担相应的法律责任。教育机构的主管单位应承担监督管理的职责，及时清查教育机构的遗留问题，督促其纠正违法行为。

——《最高人民法院公报》2005 年第 7 期。

> **行政审判指导案例**

褚某诉天津师范大学不履行授予学位证法定职责案［行政审判指导案例第 5 号］

　　裁判要点：按照行政诉讼法和司法解释的有关规定，相对人不服高等学校根据法律、法规授权行使行政职权的行为，提起行政诉讼，以高等学校为被告。高等学校对受教育者授予学位、颁发学位证书的行为系代表国家行使行政职权，属于行政诉讼受案范围。

——江必新主编、最高人民法院行政审判庭编：《中国行政审判指导案例》第 1 卷，中国法制出版社 2010 年版，第 23~24 页。

武某玉诉华中农业大学教育行政行为案［行政审判指导案例第 9 号］

　　裁判要点：高等学校有权依照《中华人民共和国学位条例暂行实施办法》第二十五条的规定，在不与上位法相冲突的情况下，结合本校实际情况制定学位授予工作细则，并据此作出相应的行政行为。司法机关应就以上行为证据是否充分、程序是否合法进行有限度的司法审查。

——江必新主编、最高人民法院行政审判庭编:《中国行政审判指导案例》第 1 卷,中国法制出版社 2010 年版,第 44 页。

108. 村民对乡(镇)人民政府就村民待遇问题的处理行为可以提起行政诉讼

> 关键词

乡(镇)人民政府　村民待遇　不履行法定职责　受案范围

> 最高人民法院答复

陕西省高级人民法院:

你院《关于杨某艳、宋某媛及宁某莲诉宝鸡市渭滨区神镇人民政府有关村民待遇案适用法律的请示》收悉。经研究,原则同意你院审判委员会第一种意见,即:

根据《中华人民共和国地方各级人民代表大会和地方各级人民政府组织法》第 61 条和《中华人民共和国妇女权益保障法》第 30 条规定,以及《陕西省实施〈中华人民共和国妇女权益保障法〉办法》第 35 条的规定,乡(镇)人民政府负有保障公民的人身权利、民主权利和其他权利及妇女合法权益的职责。杨某艳、宋某媛、宁某莲等认为其合法权益受到侵犯,请求镇政府予以处理,符合上述规定的精神。

请示所涉及的具体案件,请你院依法处理。

——《最高人民法院行政审判庭关于杨某艳、宋某媛及宁某莲诉宝鸡市渭滨区神镇人民政府有关村民待遇案适用法律的请示的答复》(2001 年 11 月 27 日,〔2001〕行他字第 6 号)。

109. 建设行政主管部门对集体土地住宅小区颁发验收合格证行为可诉

> 关键词

验收合格证　行政证明　受案范围

> **最高人民法院公报案例**

夏某荣诉徐州市建设局行政证明纠纷案［江苏省高级人民法院］

  裁判摘要：建设行政主管部门对在集体土地上建造的住宅小区组织竣工综合验收并颁发验收合格证，不违背《城市房地产开发经营管理条例》关于"房地产开发项目竣工，经验收合格后，方可交付使用"的立法原意，是依职权实施的具体行政行为。该行为直接影响住宅小区居民的利益，属可诉的具体行政行为。

  国务院《城市房地产开发经营管理条例》第17条规定："房地产开发项目竣工，经验收合格后，方可交付使用；未经验收或者验收不合格的，不得交付使用。""房地产开发项目竣工后，房地产开发企业应当向项目所在地的县级以上地方人民政府房地产开发主管部门提出竣工验收申请。房地产开发主管部门应当自收到竣工验收申请之日起30日内，对涉及公共安全的内容，组织工程质量监督、规划、消防、人防等有关部门或者单位进行验收。"建设部《城市住宅小区竣工综合验收管理办法》第3条第3款规定："城市人民政府建设行政主管部门负责组织实施本行政区域内城市住宅小区竣工综合验收工作。"现行法律、法规和规章虽然规定建设行政主管部门负责本行政区域内城市住宅小区的组织竣工综合验收工作，但建设行政主管部门对建设在集体土地上的住宅小区组织竣工综合验收，也不违背"房地产开发项目竣工，经验收合格后，方可交付使用"的立法原意。无论世纪花园住宅小区所在的土地是国有还是集体所有，原审被上诉人徐州市建设局都必须依其享有的行政职权，才能对该住宅小区组织竣工综合验收。其在竣工综合验收后颁发15号验收合格证，直接影响世纪花园住宅小区居民的利益，属可诉的行政行为。原审第三人恒信房产公司认为徐州市建设局对世纪花园颁发验收合格证的行为不属于行政诉讼受案范围，理由不能成立。

  ——《最高人民法院公报》2006年第9期。

110. 国有土地使用权拍卖、公告行为的可诉性

> **关键词**

  国有土地使用权拍卖出让公告 行政行为 受案范围

> 最高人民法院司法政策精神

4. 国有土地使用权拍卖行为的可诉性问题

土地管理部门出让国有土地使用权之前作出的拍卖公告等相关拍卖行为属于可诉的具体行政行为。

——《最高人民法院办公厅关于印发〈行政审判办案指南（一）〉的通知》（2014年2月24日，法办〔2014〕17号）。

> 最高人民法院答复

四川省高级人民法院：

你院〔2009〕川行终字第64号《关于土地管理部门出让国有土地使用权以及与之相关的拍卖、拍卖公告等行为性质的请示》收悉。经研究，答复如下：

原则同意你院第二种意见，即土地管理部门出让国有土地使用权之前的拍卖行为以及与之相关的拍卖公告等行为属于行政行为，当事人不服提起行政诉讼的，人民法院应当依法受理。

此复

——《最高人民法院关于土地管理部门出让国有土地使用权之前的拍卖行为以及与之相关的拍卖公告等行为性质的答复》（2009年12月23日，〔2009〕行他字第55号）。

> 行政审判指导案例

湖南泰和集团股份有限公司诉湖南省岳阳市人民政府、岳阳市国土资源局国有建设用地使用权拍卖出让公告案〔行政审判指导案例第45号〕

裁判要点：土地管理部门出让国有建设用地使用权之前的拍卖行为以及与之相关的拍卖公告等属于行政行为，具有可诉性。行政相对人或利害关系人对该行为不服提起行政诉讼的，人民法院应当作为行政案件予以受理。

——江必新主编、最高人民法院行政审判庭编：《中国行政审判案例》第2卷，中国法制出版社2011年版，第28~29页。

> 附录：最高人民法院法官著述

由于土地管理部门出让国有土地使用权以及与之相关的拍卖、拍卖公告等行为有可能剥夺行政管理相对人的合法权益，因该类行为是在国有土地使用权出让、转让合同之前作出的,与该类合同的实体内容无直接关系,不依赖国有土地使用权出让、转让合同的效力就可以作出判断。为了及时保护与该类行为有法律上的利害关系人的合法权益,故他们对此类行为不服可以依法提起行政诉讼。

人民法院在审理国有土地使用权之前的拍卖行为以及与之相关的拍卖公告等行为的案件时,应当注意以下问题:

1. 有关管理部门决定土地使用权出让、转让、出租、抵押、终止及有关的地上建筑物、其他附着物的登记的行为,亦属于具体行政行为,同样不依赖国有土地使用权出让、转让合同的效力就可以作出判断,故属于可诉的具体行政行为。

2. 如果土地管理部门已经作出拍卖决定,后又公告具体的拍卖时间,前者是一个具体行政行为,后者仅属于通知性质,其依赖前者的存在而存在,原告对前者提起行政诉讼并符合其他起诉条件的,人民法院应当受理。如果仅以后者提起行政诉讼的,应当告知原告变更诉讼对象。

3. 根据〔2009〕行他字第55号答复的规定,对该类行为不服提起行政诉讼,具有原告资格的人,必须是与该类行为具有法律上的利害关系的人。具体来讲,就是,一旦实施了该类行为,就有可能丧失国有土地的使用权的人、抵押权人等。参加竞买人因决定是否拍卖行为并不会损害其合法权益,故这类行为与他们之间不具有法律上的利害关系,也就不具有原告资格。

——蔡小雪:《关于土地管理部门出让国有土地使用权以及与之相关的拍卖、拍卖公告等行为的性质问题》,载江必新主编:《行政与执行法律文件解读》2010年第3辑(总第63辑),人民法院出版社2010年版,第98~101页。

111. 有关土地权属争议受案范围及重新起诉应否受理问题

关键词

土地权属争议　受案范围

最高人民法院审判业务意见

(1)土地登记发证后已经明确了土地的所有权和使用权,土地登记发证后提出的争议,不属于《土地管理法》(2019年修正)第十四条规定的需要人民政府先行处理的土地权属争议。土地所有权、使用权依法登记后,第三人对其结果提出异议的,利害关系人向法院提起行政诉讼,人民法院应予受理。

(2)行政机关向原告承诺改变具体行政行为的,原告撤诉后,行政机关不改变具体行政行为,原告又对原具体行政行为提起诉讼的,可以认定为其再次起诉具有"正当理由",不属于重复起诉。
——《最高人民法院第二巡回法庭建庭以来行政案件审理情况分析报告——以申请再审案件为核心(2015.01—2020.06)》

112. 对存在权属争议的不动产行政登记行为的司法审查

关键词

权属争议　不动产登记行为　司法审查

最高人民法院审判业务意见(行政庭法官会议纪要)

当事人因不动产权属争议,对不动产登记行为申请行政复议或提起行政诉讼的,复议机关或人民法院可以告知当事人先行解决不动产权属基础民事纠纷。当事人坚持申请行政复议或提起行政诉讼,不同意先行解决不动产权属民事纠纷的,复议机关或人民法院应当依法受理其对不动产登记行为的复议申请或起诉,不得以复议或起诉条件不成熟为由,不予受理。

附:案情简介

相邻的甲、乙两村联合修建丙小学。2008年,当地土地管理部门组织甲、乙两村签订《土地权属界线协议书》,附图显示丙小学归乙村所有。上述协议有甲村村民委员会的印章、土地管理部门调查员的签字,并无乙村村民委员会的印章或签字。2012年,乙村村民委员会向当地区政府申请集体土地确权登记,同时提交了上述《土地权属界线协议书》。土地登记部门组织甲、乙两村现场指界后,制作了《地籍调查表》《宗地图》。在地籍调查过程中,甲村未对上述《土地权属界线协议书》确定的两村界限提出异议。2012年12月,当地区政府为乙村颁发集体土地所有证。甲村村民委员会认为丙小学两次向西扩建均系占用甲村土地,丙小学一直由甲村管理,第五次人口普查区域图、相关法律文书和教育局网站等都载明丙小学位于甲村范围内,故甲村一直误以为丙小学土地已登记在学校和教委名下,故在土地管理部门两次地籍调查时,才会认可丙小学不在甲村范围内。甲村村民委员会于2016年1月向当地市政府申请行政复议,请求撤销上述集体土地所有证并将丙小学土地确权归甲村所有。当地市政府在组织听证后,作出行政复议决定,撤销区政府为乙村颁发的案涉集体土地所有证,责令区政府依法重新作出土地登记。乙村村民委员会不服上述行政复议决定,向人民法院提起行政诉讼,请求判决撤销。

——《行政案件适用调解结案的范围》,载最高人民法院行政审判庭编著:《最高人民法院行政审判庭法官会议纪要(第二辑)》,人民法院出版社2023

年版,第 59~70 页。

113. 土地行政主管部门拍卖出让国有土地使用权与竞得人签署成交确认书行为属于可诉具体行政行为

关键词

国有土地使用权拍卖　成交确认书　具体行政行为　受审范围

最高人民法院答复

山东省高级人民法院:

你院鲁高法函〔2010〕17 号《关于国有土地使用权拍卖后土地管理部门与竞得人签署的成交确认书行为的性质问题的请示》收悉。经研究,答复如下:

土地行政主管部门通过拍卖出让国有建设土地使用权,与竞得人签署成交确认书的行为,属于具体行政行为。当事人不服提起行政诉讼的,人民法院应当依法受理。

此复

——《最高人民法院关于拍卖出让国有建设用地使用权的土地行政主管部门与竞得人签署成交确认书行为的性质问题请示的答复》(2010 年 12 月 21 日,〔2010〕行他字第 191 号)。

行政审判指导案例

莱芜市泰和房地产开发有限公司诉山东省莱芜市国土资源局行政拍卖案
[行政审判指导案例第 83 号]

> 裁判要点:土地行政主管部门通过拍卖出让国有土地使用权,与竞得人签署成交确认书的行为,属于具体行政行为。当事人不服提起行政诉讼的,人民法院应当受理。

《招标拍卖挂牌出让国有建设用地使用权规定》第六条第一款规定:"市、县人民政府国土资源行政主管部门应当按照出让年度计划,会同城市规划等有关部门共同拟订拟招标拍卖挂牌出让地块的出让方案,报经市、县人民政批准后,由市、县人民政府国土资源行政主管部门组织实施。"本案中,莱芜市国土局作为政府土地管理部门,根据法律规定的权限具有行使出让国有土地使用权的职权,其在国有土地使用权挂牌拍卖后与魏某东签署了成交确认书，确认魏某东竞得出让的国有土地使用权。该行政行为作出后对行政相对人的权利义务产生实际影响。因此，本案被诉行为属于行政诉讼的受案范围。

——江必新主编、最高人民法院行政审判庭编：《中国行政审判案例》第3卷，中国法制出版社2013年版，第12页。

附录：最高人民法院法官著述

人民法院在适用〔2010〕行他字第191号答复审理诉拍卖出让国有建设用地使用权的土地行政主管部门与竞得人签署成交确认书行为的案件时，应当注意以下问题：

1. 与最高人民法院《关于审理涉及国有土地使用权合同纠纷案件适用法律问题的解释》以及《关于土地管理部门出让国有土地使用权之前的拍卖行为及与之相关的拍卖公告等行为性质的答复》的关系问题。根据最高人民法院《关于审理涉及国有土地使用权合同纠纷案件适用法律问题的解释》，国有土地使用权出让合同在订立、履行过程中的民事纠纷，应按照民事案件受理。根据最高人民法院《关于土地管理部门出让国有土地使用权之前的拍卖行为及与之相关的拍卖公告等行为性质的答复》，土地管理部门出让国有土地使用权之前的拍卖行为以及与之相关的拍卖公告等行为属于行政行为，当事人不服提起行政诉讼的，人民法院应当依法受理。〔2010〕行他字第191号答复针对的拍卖出让国有建设用地使用权的土地行政主管部门与竞得人签署成交确认书行为，是拍卖之后、土地使用权出让合同缔结以前的行为，与二者是并列的关系。人民法院在审理诉拍卖出让国有建设用地使用权的土地行政主管部门与竞得人签署成交确认书行为的案件时，不能受最高人民法院《关于审理涉及国有土地使用权合同纠纷案件适用法律问题的解释》的影响，简单地将相关纠纷划归民事案件受理；也不能直接依据〔2009〕行他字第55号答复而按照行政案件受理。

2. 根据〔2010〕行他字第191号答复，拍卖出让国有建设用地使用权的土地行政主管部门与竞得人签署成交确认书行为属于可诉具体行政行为，参加竞买人因与该行为具有法律上的利害关系，具有原告资格。而根据〔2009〕行他字第55号答复的规定，国有土地使用权之前的拍卖行为以及与之相关的拍卖公告等行为虽属于可诉的具体行政行为，但参加竞买人因决定是否拍卖行为并不会损害其合法权益，故这类行为与他们之间不具有法律上的关系，也就不具有原告资格。

3.〔2010〕行他字第191号答复虽然只规定了"土地行政主管部门通过拍卖出让国有建设用地使用权，与竞得人签署成交确认书的行为，属于具体行政行为。当事人不服提起行政诉讼的，人民法院应当依法受理"。对于土地行政主管部门依法应当作出确认而不作为的，当事人也可提起行政诉讼。

——邵长茂：《拍卖出让国有土地使用权的土地行政主管部门与竞得人签署成交确认书行为的性质及监督救济方式》，载江必新主编、最高人民法院行政审判庭编：《行政执法与行政审判》2011年第2集（总第46集），人民法院出版社2011年版，第69~70页。

114. 对具有土地行政管理职能的市、县人民政府决定收回国有土地使用权的行为不服提起诉讼的，属于行政诉讼受案范围

关键词

收回国有土地使用权　行政诉讼受案范围

最高人民法院答复

山东省高级人民法院：

你院《关于青岛九方集团有限公司诉海阳市人民政府收回国有土地使用权通知一案适用法律问题的请示》收悉。经研究，答复如下：

同意你院审判委员会少数意见。在国有土地使用权出让合同纠纷中，具有土地行政管理职能的市、县人民政府决定收回国有土地使用权的行为，是单方履行行政职权的行为，对该行为不服提起诉讼的，属于行政诉讼受案范围。

——《最高人民法院关于收回国有土地使用权案件适用法律问题的答复》（2012年12月29日，〔2012〕行他字第10号）。

115. 收回国有土地使用权行为具有可诉性

关键词

行政合同　收回国有土地使用权　受案范围

最高人民法院答复

山东省高级人民法院：

你院《关于青岛九方集团有限公司诉海阳市人民政府收回国有土地使用权通知一案法律适用问题的请示》收悉。经研究，答复如下：

同意你院审判委员会少数意见。在国有土地使用权出让合同纠纷中，具有土地行政管理职能的市、县人民政府决定收回国有土地使用权的行为，是单方履行行政职权的行为，对该行为不服提起诉讼的，属于行政诉讼受案

范围。

——《最高人民法院关于收回国有土地使用权案件适用法律问题的答复》（2012年12月24日，〔2012〕行他字第10号）。

最高人民法院裁判文书

武汉兴松房地产开发有限公司诉湖北省武汉市国土资源管理局收回国有土地使用权上诉案〔最高人民法院（2002）行终字第7号行政判决书〕

裁判要点：国有土地使用权出让合同纠纷本质是行政纠纷，应当通过行政诉讼的途径解决。审理行政合同案件，法律有特别规定的，适用法律的规定，没有规定的可以适用《合同法》的规定。收回土地使用权的处罚实际是解除合同行为，属于最严厉的制裁措施，应当是在一方严重违约，致使合同目的不能实现时，另一方采取的制裁措施。在出让合同约定收回土地使用权的期限未超过时，土地管理部门即作出收回土地使用权处罚决定，认定事实不清，证据不足。

最高人民法院认为：武汉市土地局与兴松公司签订的《国有土地使用权批租合同》（以下简称《批租合同》）合法有效，合同双方应当依照合同的约定履行合同义务。兴松公司在发出拆迁线2年内未能完成还建安置，违反了《批租合同》第4条的约定，根据《中华人民共和国城镇国有土地使用权出让和转让暂行条例》（以下简称《暂行条例》）第17条第2款关于"未按合同规定的期限和条件开发、利用土地的，市、县人民政府土地管理部门应当予以纠正，并根据情节可以给予警告、罚款直至无偿收回土地使用权的处罚"的规定，武汉市土地局可以根据兴松公司违反合同情节的程度作出相应的处罚。收回土地使用权的处罚实际上是解除合同的行为，属于最严厉的制裁措施，应当是在一方严重违约，致使合同目的不能实现时，另一方采取的制裁措施。根据《批租合同》第6条的约定，兴松公司自1993年11月17日起4年内无正当理由未能完成规划确定的写字楼、商住楼、还建住宅的项目建设的，武汉市土地局有权作出收回该土地使用权的处罚决定。虽然兴松公司未能按照《批租合同》第4条的约定，在发出拆迁线2年内完成还建安置，但在武汉市土地局1997年4月16日作出收回土地使用权的处罚决定时，尚未超过合同第6条约定的期限。因此武汉市土地局作出收回兴松公司已取得的固有土地使用权处罚决定，认定事实不清，主要证据不足。鉴于武汉市土地局武土行决字〔1997〕第002号行政处罚决定已经实际执行，为维护社会公共利益，一审判决确认该决定违法，并无不当。因该决定违法给兴松公司造成的财产损失应当由武汉市土地局承担赔偿责任。

——最高人民法院行政审判庭编：《最高人民法院最新行政裁判汇编》，人民法院出版社2006年版，第551页。

附录：最高人民法院法官著述

在计划经济体制下，土地不能进入市场，取得国有土地的途径，只能是政府依据土地使用计划进行无偿划拨。随着改革开放和经济建设的发展，国有土地使用发生了由无偿划拨到有偿出让的法律变化。1990年国务院颁布了《中华人民共和国城镇国有土地使用权出让和转让暂行条例》（以下简称《暂行条例》）；1994年全国人大常委会颁布了《中华人民共和国城市房地产管理法》，这一系列法律、法规的颁布标志着国有土地使用权已由无偿划拨的计划体制转入了有偿出让的市场经济体制的轨道。国有土地制度的法律变化，同时标志着国有土地使用权出让这一新型法律关系的产生。

根据有关法律的规定，土地使用权出让，是指国家将国有土地使用权在一定年限内出让给土地使用者，由土地使用者向国家支付土地使用权出让金的行为。土地使用权出让由有批准权的人民政府批准后，土地管理部门代表国家以出让方的身份，与土地使用者签订土地出让合同，明确双方的权利义务关系。合同生效后，出让方和受让方都必须全面、实际地履行合同。在履行合同过程中，有时会因一方或双方认为对方违反合同约定而引起合同纠纷，出现纠纷后往往会诉诸法院寻求司法救济。传统上，合同纠纷都是作为民事案件受理，那么土地使用权出让合同的纠纷是否也和一般的合同纠纷一样，作为民事案件受理，理论上有不同的看法，实践中也有不同的做法。

一种意见认为：土地出让合同是基于平等、自愿、等价有偿原则签订的。从签订合同的全过程看，国有土地管理部门以出让者的身份与公民、法人及其他组织通过协议、拍卖或招标方式，就某处国有土地的出让条件进行协商，受让方是否接受，全凭自愿，出让方不能利用行政职权强迫命令受让方签订合同；出让方只能以平等民事主体资格出现，而不能以管理者与相对人的不平等身份出现，出让双方在是否签订出让合同上，不存在管理与服从的关系。因此，土地出让合同仍然是一种特殊的民事合同，这类合同纠纷诉讼到法院，仍应作为民事案件受理。

另一种意见认为：国有土地使用权出让合同属行政合同。国有土地使用权出让，是由行政机关通过行政权来实现的，是土地所有者处置土地的一种方式。在法律表现上，是政府机关对使用土地的批准，土地管理部门与土地使用者的关系是管理与被管理的关系，出让人行政机关处于管理者的地位。土地管理部门与土地使用者签订的书面出让合同，确立的是一种行政法律关系，不是民事法律关系。这种合同与普通的民事合同不同，具有以下特征：

1. 国有土地使用权出让合同的当事人中，必有一方是代表国家的政府土地管理部门，也就是土地出让合同的出让方，他们是代表国家行使行政管理职权的行政机关。

2. 土地管理部门签订国有土地出让合同的目的，是实现对土地的管理，取得最佳的土地利用效益，而不是为了自身利益。这就和以实现对方当事人自身经济利益为目的的民事合同不一样。

3. 签订合同的当事人地位不同。合同在成立之前，土地出让方和受让方处于领导与被领导地位，合同的成立基于管理与被管理的关系，在行政合同的履行过程中，行政主体享有一定的特权，如《暂行条例》第十七条第二款规定，未按合同规定的期限和条件开发、利用土地的，市、县人民政府土地管理部门应当予以纠正，并根据情节可以给予警告、罚款直到无偿收回土地使用权的处罚。

4. 出让合同的主要条款一般由出让方提出，虽然有的条款可以通过双方协商达成，但很多条款不具有协商性多具规范管理性。

以上特征表明，国有土地使用权出让合同不同于普通的民事合同，是一种特殊的合同。这种合同反映的是行政职权作用于他人权益的特殊法律行为形式，是行政职权受合同规则调整的法律状态，是公法规则与私法规则共同作用的结果，表现出行政与合同的双重属性。在行政法理论上，将这种合同称为行政合同。由于行政合同法律关系的内容是行政法上的权利义务，从而在根本上决定了该法律关系的性质是行政法律关系的性质。因此，土地出让合同纠纷本质上还是行政纠纷，因此应当通过行政诉讼的途径来解决。

由于理论界对土地出让合同纠纷应作为民事案件受理还是行政案件受理还存在分歧，因此实践中各地做法也不尽一致。近年来，越来越多的土地出让合同纠纷作为行政案件受理，法院通过行政诉讼解决了大量的土地出让合同纠纷，本案是最高人民法院几起通过行政诉讼审理的土地出让合同纠纷案件之一。

——马永欣：《武汉兴松房地产开发有限公司诉湖北省武汉市国土资源管理局收回国有土地使用权上诉案》，载万鄂湘主编、最高人民法院行政审判庭编：《行政审判指导》2004年第1集（总第1集），人民法院出版社2004年版，第177~179页。

116. 要求实施征地补偿安置方案是否属于受案范围

关键词

征地补偿安置方案

最高人民法院裁判文书

李某成诉湖南省涟源市人民政府拆迁行政管理案〔最高人民法院（2016）最高法行申 1976 号行政裁定书〕

裁判要点：对补偿标准有争议的，由县级以上地方人民政府协调；协调不成的，由批准征收土地的人民政府裁决。当事人对征地补偿安置方案无异议，起诉要求行政机关落实征地补偿安置方案的，属于行政诉讼受案范围。根据"一户一宅基地"原则，农民在被安置取得一处宅基地后，不得再行通过继承等方式要求行政机关为其安排另一处宅基地。

最高人民法院认为：《中华人民共和国土地管理法》第六十二条第一款规定："农村村民一户只能拥有一处宅基地，其宅基地的面积不得超过省、自治区、直辖市规定的标准。"涟源市政府拆除的房屋系李某成岳父母所有，其岳父母已经去世。李某成在本集体经济组织内已经拥有一处宅基地，故其要求涟源市政府再为其安置一处宅基地的请求没有法律依据。

——最高人民法院行政审判庭编：《最高人民法院行政裁判要旨及评述（第一卷）》，人民法院出版社 2019 年版。

117. 对生产留地补偿款分配的争议是否属于受案范围

关键词

生产留地补偿款　行政诉讼　受案范围

最高人民法院裁判文书

柳某等诉湖南省长沙县人民政府征地补偿安置争议案〔最高人民法院（2016）最高法行申 1823 号行政裁定书〕

裁判要点：1. 在征收补偿采取的留地安置模式中，生产留地补偿款的分配争议，是申请人与其所在村集体经济组织之间的纠纷，当事人针对生产留地补偿款分配起诉政府的，不属于行政诉讼受案范围。

2. 行政给付是依申请的行政行为，当事人请求给付抚恤金、社会保险金、最低生活保险费和其他福利、补贴的，依法应先向行政机关申请。当事人未向行政机关申请而直接向法院起诉,要求行政给付的,人民法院不予支持。

最高人民法院认为:关于申请人提出的同等享受 15 万元/人的生产留地补偿款的请求。根据《长沙市征地补偿安置条例》(2000 年)第三十六条、第三十九条的规定,在留地安置模式中,县政府及其土地主管部门将生活、生产留地安置指标核算到农村集体经济组织后,其使用、收益和分配均由农村集体经济组织依据村民自治的原则实施,县政府只负责监督、指导和协调。因此,本案中,生产留地补偿款的分配问题系申请人与其所在村集体经济组织之间的纠纷,该类争议不属于行政审判的范围,原审裁定驳回起诉并无不当。

关于申请人提出的每人享受 55 ㎡生活安置建房用地的请求。因生活留地安置的补偿方案是按照长沙市政府 60 号令针对被征收人实施的,在 2003 年龙华村征地时上述安置补偿方案就已经在申请人所在村、组公告。申请人于 2015 年向一审法院提起诉讼已超过法定起诉期限,原审裁定驳回起诉并无不当。

关于申请人提出的享受失地农民城镇最低生活保障费的请求。根据《湖南省农村最低生活保障办法》(湖南省政府 221 号令)和《湖南省城镇最低生活保障办法》(湖南省政府 167 号令)的相关规定,申请人要求给付低保待遇的,应持相关资料先向村委会或乡镇政府、街道办提出申请。未经行政程序直接起诉请求法院判决其享受低保待遇的,人民法院不予受理。

——最高人民法院行政审判庭编:《最高人民法院行政裁判要旨及评述(第一卷)》,人民法院出版社 2019 年版。

118. 政策性关闭行为所引发的补偿问题属于行政诉讼受案范围

关键词

政策性关闭　受案范围　行政补偿

最高人民法院裁判文书

北川县擂鼓硫铁矿诉四川省北川羌族自治县人民政府行政补偿申请再审案[最高人民法院(2018)最高法行再 69 号行政裁定书]

裁判要点:对于政策性关闭矿山行为以及相关补偿问题,目前还缺乏明确的法律依据。司法实践中,有的法院未经严格审查即对可能涉及政策性关闭的案件不予立案或者驳回起诉，显然不利于对相对人合法权益的保护。因此，人民法院针对此类案件，应当首先对是否属于政策性关闭进行严格审查，并据此认定此类案件是否属于行政诉讼的受案范围。对于因政策性关闭而进行的补偿，当事人不服提起诉讼的，属于行政诉讼的受案范围。

最高人民法院对此案提审后认为，行政行为即使是合法的，如果对行政相对人的合法权益造成损害，也应当给予公正合理的补偿。在行政相对人穷尽行政救济手段仍未得到公正合理补偿的情况下，有权依法提起行政诉讼。本案中，根据四川省北川羌族自治县擂鼓镇人民政府《关于请求关闭擂鼓硫铁矿、麻柳湾硫铁矿、规矩特性水泥厂朱家山石灰石矿山采矿的请示》《关于建议关闭擂鼓硫铁矿和麻柳湾硫铁矿的请示》，以及四川省北川羌族自治县安全生产监督管理局《关于县第三届人民代表大会第一次会议第95号建议的回复》等文件，北川县擂鼓硫铁矿系取得工商营业执照和采矿许可证、安全生产许可证等手续齐全的合法矿山。"5·12"地震后，麻柳湾村地区形成了较为严重的地质灾害隐患，由于该矿山位处因灾失地农民的集中安置点上方，对矿山下方几百名居民的生命财产安全造成了一定程度的威胁，为消除安全隐患，北川县政府及相关部门围绕关闭北川县擂鼓硫铁矿开展了一系列工作。二审法院认定，2012年2月9日，北川县政府组织相关部门到北川县擂鼓硫铁矿现场调研后，考虑到安全隐患等问题，口头要求停止生产，关闭矿山，北川县摇鼓硫铁矿同意关闭。此后，北川县政府向北川县擂鼓硫铁矿先行支付了职工安置的相关费用207万余元，但并未对北川县擂鼓硫铁矿的财产损失进行补偿。《行政诉讼法》第十二条第一款第十二项规定，公民、法人或者其他组织认为行政机关侵犯其他人身权、财产权等合法权益的，可以提起行政诉讼。北川县擂鼓硫铁矿在向北川县政府提交《行政赔偿申请书》未得到答复后，有权向人民法院提起行政诉讼。本案北川县政府于2012年2月9日要求关闭北川县擂鼓硫铁矿，而54号通知于2012年11月4日才发布实施，故原审法院认为其系因该通知的发布而关闭矿山没有事实依据。由于本案缺乏北川县擂鼓硫铁矿适用于政策性关闭的依据和相关证据，故原审法院以北川县擂鼓硫铁矿对于政策性关闭非金属矿山的补偿行为提起诉讼，不属于人民法院行政诉讼的受案范围为由，裁定驳回北川县擂鼓硫铁矿的起诉及上诉，确有不当。北川县政府关于北川县擂鼓硫铁系依法自行关闭不可能获得任何行政补偿的答辩理由，与本案事实不符，不予支持。北川县擂鼓硫铁矿提起本案诉讼符合法定受理条件。据此，最高人民法院作出终审裁定：一、撤销四川省高级人民法院（2017）川行终367号行政裁定，撤销四川省绵阳市中级人民法院（2016）川07行初38号行政裁定；二、指令四川省绵阳市中级人民法院重新审理本案。

——载最高人民法院行政审判庭编：《行政执法与行政审判》总第78集，中国法制出版社2020年版，第104~108页。

附录：本案解析

对于因政策性关闭行为所引发的行政补偿案件是否属于行政诉讼受案范围，司法实践中各地裁判不一。有些地区并未将此类案件排除出行政诉讼受案范围，而是进行实体审理并作出相应判决；有些地区却一律以涉及政策性关闭问题为由，认为不属于人民法院行政诉讼受案范围。由于将涉及政策性关闭的案件排除出行政诉讼受案范围并非个案，本案对政策性关闭行为行政案件的审查及相关补偿问题的处理具有较强的指导意义，有利于对行政相对人合法权益的保护。

一、行政补偿制度是保护公民财产权的需要

2004年的《宪法修正案》将"公民的合法的私有财产不受侵犯"正式写入宪法，财产权作为公民、法人和其他组织最重要的基本权利之一，成为我国法律规范体系中重要的保护对象。而行政补偿制度的重要目的之一就是对公民的财产权进行保护，使公民个人的财产权不至于在公共利益的名义下被完全淹没在社会共同体的汪洋大海之中。行政补偿制度的理论基础众多，如公平负担平等说、特别牺牲说、社会协作说等，但无论哪一种学说，强调的都是行政相对人因社会公共利益而受到了超出社会一般义务的损失。行政机关作为国家公权力的行使者，在实施行政行为时，应当自觉将保护公民、法人或者其他组织的财产权作为当然义务，把不侵犯公民、法人或者其他组织的合法权益作为行使职权的限制。但由于行政机关行使职权是以单方面的意志决定影响行政相对人的权利义务，尤其是负担性行政行为是以减损甚至剥夺行政相对人的权益为代价来实现行政管理目的或者维护公共利益的。对此，基于私人权利要受到社会义务和公共利益的制约，行政相对人负有容忍的义务，但如果该义务超过必要的限度，则行政相对人可以主张补偿或者赔偿，而不论行政机关基于何种正当理由。具体来说，行政机关在履行行政职能过程中，如因违法的行政行为给公民、法人或者其他组织的合法权益造成损失的，应当予以赔偿；如因合法的行政行为给公民、法人或者其他组织的合法权益造成损失，则应当由国家依法予以补偿。这也是行政补偿与行政赔偿的本质区别。

就本案而言，北川县擂鼓硫铁矿系取得工商营业执照和采矿许可证、安全生产许可证等手续齐全的合法矿山，其企业财产权依法受到保护。为了公共利益的需要，应政府要求而关闭矿山，企业财产权在一定程度上受到损失，故应对其因公共利益所遭受的损失进行补偿。

二、行政补偿行为属于行政诉讼法受案范围

如前所述,行政补偿行为是行政主体的合法行政行为使行政相对人的合法权益受到损失,由国家通过行政机关给予补偿的行为。"无救济则无权利",一项权利要落到实处,必须建立在权利救济制度之上,行政补偿的救济也是如此。一般来说,行政补偿的救济主要有两种途径,即行政救济和司法救济。在行政救济中,无论是行政裁决还是行政复议,本质上仍是由行政机关单方面作出决定,不可避免地会出现"自己做自己的法官"的情形,此时如果行政相对人的行政补偿请求权不能得到司法层面的保障,任由其处于司法保护的范围之外,那么这种救济制度难免形同虚设。从行政相对人的角度出发,由于与行政机关的地位不平等,其对于裁决或复议结果的公平性的质疑也就不难理解了。司法救济则不同,即便双方在法庭之外的地位有着巨大差异,但在法庭之上的诉讼地位是平等的,而司法救济的立法本意也倾向于保护受到行政行为侵害的相对人的合法权利。由此可见,司法救济与行政救济相比,有着绝对的优势,将行政补偿行为纳入司法审查范围也就有了充分的理论依据。

根据《行政诉讼法》关于受案范围的规定,行政行为是否纳入人民法院行政诉讼受案范围受行政行为的种类、行政行为影响行政相对人权益的性质以及法律或者法规的特殊规定等因素影响。《行政诉讼法》第二条规定:"公民、法人或者其他组织认为行政机关和行政机关工作人员的行政行为侵犯其合法权益,有权依照本法向人民法院提起诉讼。前款所称行政行为,包括法律、法规、规章授权的组织作出的行政行为。"该法第十二条第一款第十二项规定,"人民法院受理公民、法人或者其他组织提起的下列诉讼……(十二)认为行政机关侵犯其他人身权、财产权等合法权益的……"原则上,凡是行政机关作出的行政行为侵犯行政相对人人身权、财产权,该行政行为就具有可诉性,除非属于该法第十三条所规定的四种例外情况。因此,行政补偿行为作为一种直接影响行政相对人财产权益的行政行为,应当具有可诉性。本案北川县政府因关闭北川县擂鼓硫铁矿而未对其财产损失进行补偿,侵犯了北川县擂鼓硫铁矿的企业财产权,根据《行政诉讼法》的相关规定,属于人民法院行政诉讼受案范围。

需要注意的是,在一般的行政诉讼中,对行政行为的合法性进行审查是司法审查的主要内容,只有在行政行为明显不当而又不违反合法性的情况下才对该行政行为的合理性进行审查。这是因为行政权在行使中往往具有较强的自由裁量的性质,行政机关在处理行政事务的过程中积累了大量行政事务的专业经验,这些经验是司法人员在短时间可能难以掌握的,让司法机关代为行使行政权的自由裁量,不仅不合理,在效率上也不允许。但是对行政补偿争议案件中合理性的审查却占有举足轻重的地位。因为在行政补偿案件中,

引起行政补偿本身的前行为已经被推定为合法的，所以不存在对前行为合法性进行审查的问题。而对具体补偿行为的审查，则更多地体现在其合理性上，包括补偿的范围、标准、数额等。这是行政补偿案件的特点，也是很多地方法院不愿将行政补偿案件纳入受案范围的主要因素之一。在行政补偿中，纠纷可能发生于行政补偿的各个阶段，从行政补偿决定的作出、程序、依据、主体、权限的合法性，到补偿范围、方式、标准、数额的合理性等，每个案件都会有较大差别。由于缺乏统一的行政补偿法律体系，各个法律规范规定不一，如"合理补偿""给予适当的补偿""应给予相应的补偿""依照国家有关规定补偿"，使得行政补偿案件具有更高的复杂性。但是，这些都不是法院将行政补偿案件排除出司法审查的理由。

三、对是否属于政策性关闭应当进行司法审查

有些地方法院过于随意将行政机关的关闭行为定性为政策性行为，并一律将其排除在行政诉讼受案范围之外，而不对该关闭行为是否属于政策性关闭进行司法审查，极易导致行政机关权利的滥用和行政补偿的不作为，损害行政相对人的合法权益。因此，人民法院在审理此类案件时，应当对其是否符合政策性关闭的条件进行严格审查。本案中，一、二审法院认为本案系对政策性关闭非金属矿山的补偿行为提起的诉讼，该认定就没有事实依据。首先，北川县政府要求关闭北川县擂鼓硫铁矿发生在2012年2月9日，而作为政策性关闭依据的54号通知于2012年11月4日才发布实施。其次，根据54号通知的规定，各省级人民政府要组织制订2012年至2015年矿山整顿关闭工作方案，明确整顿关闭工作目标、方法步骤和配套的政策措施，细化关闭矿山的范围和对象，而该工作方案在一、二审中均未被提及。54号通知第四条第四项要求加强宣传引导和社会监督，按照确定的矿山关闭计划，分期分批将关闭对象在当地主流媒体进行公告，而一、二审也并未列出北川县擂鼓硫铁矿被告知过其矿山适用于政策性关闭范围的证据。故一、二审法院将北川县擂鼓硫铁矿的关闭认定为政策性关闭，并对其以此提出的行政补偿诉讼排除出行政诉讼受案范围，没有事实和法律依据。

对于因政策性关闭而提起的补偿诉讼，因为司法并不审查前行为即关闭行为的合法性，而只是对行政补偿行为进行审查，故当事人就行政补偿行为提起诉讼的，也应当属于行政诉讼的受案范围。

——刘潋：《政策性关闭行为所引发的补偿问题应纳入行政诉讼受案范围——北川县擂鼓硫铁矿诉四川省北川羌族自治县人民政府行政补偿申请再审一案》，载最高人民法院行政审判庭编：《行政执法与行政审判》总第78集，中国法制出版社2020年版，第108~111页。

119. 以卫生行政机关拒绝对医疗争议作出处理决定为由提起行政诉讼，人民法院应予受理

关键词

医疗事故鉴定　行政处理决定　不履行法定职责　受案范围

最高人民法院答复

安徽省高级人民法院：

你院〔1994〕皖行监字第06号请示报告收悉。经研究，答复如下：医疗事故鉴定委员会已作出不属于医疗事故的最终鉴定，卫生行政部门对医疗争议拒绝作出处理决定，当事人以不履行法定职责为由依法向人民法院提起诉讼，人民法院应予受理。

此复

——《最高人民法院关于对〈当事人以卫生行政部门不履行法定职责为由提起行政诉讼人民法院应否受理〉的答复》（1995年6月14日，〔1995〕行他字第6号）。

附录：最高人民法院法官著述

对于当事人之间的医疗事故争议发生争议要求行政机关处理，行政机关不作出相应行为的，属于可诉的行政行为。关于医疗事故鉴定和卫生行政机关处理决定之间的关系问题，主要有两种观点。一种观点认为，医疗事故鉴定为最终的鉴定，并为卫生行政部门处理医疗事故的依据，法律法规没有明确规定卫生行政机关有必须进行处理的法定义务。即便卫生行政机关作出处理决定，卫生行政机关亦无其他处理内容。因此，提起诉讼没有任何实际意义。另一种观点认为，对于医疗事故鉴定有争议的，卫生行政机关应当作出行政处理决定。理由是，《医疗事故处理办法》第11条规定，病员及其家属和医疗单位对医疗事故或事件的确认和处理有争议的，可提请当地医疗事故技术鉴定委员会进行鉴定，由卫生行政部门处理。卫生部1994年9月20日卫政发〔1994〕第29号文对河南省卫生厅关于永卫医函字〔1994〕第1、2号文的复函中答复："病人及其家属或医疗机构对当地医疗事故技术鉴定委员会作出的鉴定结论有异议，根据《医疗事故处理办法》第十一条的规定，可以向上一级医疗事故技术鉴定委员会申请重新鉴定，但不论重新鉴定的结论同原鉴定的结论是否相同，都由原鉴定地的政府卫生行政部门根据新鉴定结论作出处理决定。"参照卫生部上述答复，从法条上理解《医疗事故处理办

法》第11条，不论鉴定结论是否为医疗事故，卫生行政机关都应依此作出处理决定。否则，就是不履行法定职责。虽然卫生行政机关的依据是，不属医疗事故的鉴定结论作出处理决定不具什么实际意义。但从保护行政相对人的诉权来讲，人民法院仍应依法判决其履行法定职责。最高人民法院支持了第二种意见。其认为，医疗事故鉴定委员会已作出不属于医疗事故的最终鉴定，卫生行政部门对医疗争议拒绝作出处理决定，当事人以不履行法定职责为由依法向人民法院提起诉讼，人民法院应予受理。①

——江必新、梁凤云：《行政诉讼法理论与实务》（第三版），法律出版社2016年版，第368页。

120. 破产清算组依据法院裁定对破产企业财产的处置行为不具有可诉性

关键词

破产清算　行政行为　可诉性

最高人民法院裁判文书

芦某昌等诉辽宁省鞍山市铁东区人民政府不履行法定职责案〔最高人民法院（2016）最高法行申575号行政裁定书〕

裁判要点：破产申请人申请人民法院宣告破产，人民法院作出准予进入破产程序的裁定后，依法指定破产清算组组成人员，清算组成员作出的对于破产财产的保管、清理、估价、处理及分配等一系列活动，均属于人民法院的司法行为，不是行政行为，不属于行政诉讼的受案范围。

最高人民法院认为：根据《行政诉讼法》第二条第一款规定，公民、法人或者其他组织认为行政机关和行政机关工作人员的行政行为侵犯其合法权益，有权依法向人民法院提起行政诉讼。也就是说，可以提起行政诉讼的行为应当是行政机关或行政机关的工作人员所作出的行政行为，司法行为不属于行政诉讼的受案范围。本案纠纷发生时有效的1988年10月1日施行的《企业破产法（试行）》第二十四条规定："人民法院应当自宣告企业破产之日

---

① 《最高人民法院关于对"当事人以卫生行政部门不履行法定职责为由提起行政诉讼人民法院应否受理"的答复》（〔1995〕行他字第6号），1995年6月14日。

起十五日内成立清算组,接管破产企业。清算组负责破产财产的保管、清理、估价、处理和分配。清算组可以依法进行必要民事活动。清算组成员由人民法院从企业上级主管部门、政府财政部门等有关部门和专业人员中指定。清算组可以聘任必要的工作人员。清算组对人民法院负责并且报告工作。"也就是说,破产申请人申请人民法院宣告破产,人民法院作出准予进入破产程序的裁定后,依法指定破产清算组组成人员,清算组成员作出的对于破产财产的保管、清理、估价、处理及分配等一系列活动,均属于人民法院的司法行为,不是行政行为,不属于行政诉讼的受案范围。本案中,芦某昌等3人所诉企业破产清算中遗留的拖欠职工各项安置费用问题,实质是对在鞍山市中级人民法院主持下,清算组依法对破产企业财产进行分配的司法行为不服提起的诉讼,并非铁东区政府作出的行政行为。故,不属于行政诉讼的受案范围。一、二审裁定驳回芦某昌等3人的起诉,并无不当。

——中国裁判文书网。

附录:本案解析

如何区分行政行为和司法行为,是判断被诉行为是否可诉的核心标准之一。被诉行为是司法行为,当然不属于行政诉讼的受案范围。行政机关会经常性地参与司法活动,行政机关按照司法机关的指令实施的行为,是司法行为的组成部分,不属于行政行为,不可诉。《最高人民法院关于审理企业破产案件若干问题的规定》(法释〔2002〕23号)第十八条规定:"人民法院受理企业破产案件后,除可以随即进行破产宣告成立清算组的外,在企业原管理组织不能正常履行管理职责的情况下,可以成立企业监管组。企业监管组成员从企业上级主管部门或者股东会议代表、企业原管理人员、主要债权人中产生,也可以聘请会计师、律师等中介机构参加。企业监管组主要负责处理以下事务:(一)清点、保管企业财产;(二)核查企业债权;(三)为企业利益而进行的必要的经营活动;(四)支付人民法院许可的必要支出;(五)人民法院许可的其他工作。企业监管组向人民法院负责,接受人民法院的指导、监督。"在审理涉及具有国有资产的企业破产案件时,无论是成立清算组,还是设立企业监管组,其成员中均会有政府工作人员的参与,代表政府行使监管职权。但是,无论作为破产清算组成员还是企业监管组成员,政府工作人员只能在破产清算组或者企业监管组内部发挥作用,对外只能以破产清算组或者企业监管组的名义行使职权、履行义务。而破产清算组或者企业监管组必须接受人民法院的指导、监督,对人民法院负责,其行为性质实质是司法行为的组成部分,不是行政行为,也不同于一般的普通民事行为。正因为如此,司法破产程序中,破产清算组或者企业监管组实施的行为不属于行政诉讼的受案范围,不可诉。本案中,芦某昌等3人所诉企业破产清算中遗留的拖欠职工各项安置费用问题，实质是对司法破产程序中清算组根据人民法院的指令对破产财产的处置行为不服提起的诉讼，当然不属于行政诉讼的受案范围。

——郭修江、蔡小雪主编：《行政典型案例及审判经验》，人民法院出版社 2019 年版，第 66~67 页。

121. 地质矿产主管部门作出的非法采矿及破坏性采矿鉴定结论不属于行政诉讼受案范围

关键词

鉴定结论　准行政行为　受案范围

最高人民法院答复

河北省高级人民法院：

你院〔2004〕冀法行字第 1 号请示报告收悉，经研究，答复如下：

最高人民法院《关于审理非法采矿、破坏性采矿刑事案件具体应用法律若干问题的解释》第 6 条中规定的"地质矿产主管部门所作的鉴定结论"，作为刑事案件中的证据，将在刑事诉讼中接受审查，对当事人不直接产生权利义务的实质影响。因此，当事人对地质矿产主管部门作出的上述鉴定结论有异议，可以依照《刑事诉讼法》的有关规定要求重新鉴定，一般不能直接向人民法院提起行政诉讼。

此复

——《最高人民法院行政审判庭关于地质矿产主管部门作出的非法采矿及破坏性采矿鉴定结论是否属于人民法院受案范围问题的答复》（2005 年 2 月 22 日，〔2004〕行他字第 16 号）。

附录：最高人民法院法官著述

和交通事故责任认定一样，公证行为、火灾事故责任认定行为都属于纯粹事实判断的准行政行为。其他纯粹事实判断的准行政行为还包括行政机关出具鉴定书的行为。例如：某省地质矿产厅根据某市检察院的委托对某煤矿非法采矿所造成的破坏后果作出鉴定结论。该煤矿企业以该鉴定结论依据的资料不真实，结论错误为由，向法院提起行政诉讼，请求撤销该鉴定结论。法院应当裁定不予受理。

该案中，省地质矿产厅所作的鉴定结论是一个技术的判断，作为检察机关提起公诉时的证据，也是一个纯粹的事实判断。该煤矿若认为该鉴定结论不真实,可以在刑事诉讼程序中提出反驳的证据,但不能对其提起行政诉讼。

——蔡小雪、甘文:《行政诉讼实务指引》,人民法院出版社 2014 年版,第 32~33 页。

122. 事故调查结论可能影响相对人权利义务时具有可诉性

关键词

农业行政检查　事故调查结论　受案范围　法定职责

最高人民法院司法政策精神

3. 行政处理过程中特定事实之确认的可诉性问题

行政机关依职权就特定事实作出确认,并将其作为行政处理决定事实根据的,该确认行为不能成为独立的诉讼客体,但其直接对公民、法人或者其他组织的权利义务产生实质影响的具有可诉性。

——《最高人民法院办公厅关于印发〈行政审判办案指南(一)〉的通知》(2014 年 2 月 24 日,法办〔2014〕17 号)。

行政审判指导案例

李某飞等六人诉浙江省宁波市镇海区农业局农业行政检查案 [行政审判指导案例第 43 号]

　　裁判要点:事故调查结论不同于处理决定,因其不属最终处理而不具有可诉性;但行政机关依法具有对该类事故进行查处的法定职责时,如该调查结论依据不足或没有明确结论,则可能对行政相对人的权利义务产生影响,此时该调查结论具有可诉性。

浙江省宁波市镇海区人民法院认为:行政机关作出的具体行政行为必须以事实为依据。本案中,由于被告在作出被诉具体行政行为时认定的事实缺乏相应的证据,且 2008 年 7 月 31 日下午的调查取证和其他事后补证也依法不能作为被诉具体行政行为作出时的依据,为此,被告所作的被诉具体行政行为认定的事实缺乏主要证据,应予撤销。根据国务院《饲料和饲料添加剂管理条例》的规定,被告有依法查处"经营饲料、饲料添加剂失效、霉变或者超过保质期的"职权。据此判决撤销被告宁波市镇海区农业局于 2008 年 7 月 30 日作出的调查结果通报;并责令被告宁波市镇海区农业局于本判决生效之日起三十日内对第三人胡昌兆在 2008 年 4 月至同年 6 月期间是否经营发霉变质玉米饲料进行调查处理。

——江必新主编、最高人民法院行政审判庭编：《中国行政审判案例》第2卷，中国法制出版社2011年版，第18页。

123. 劳动能力鉴定结论不具有可诉性

关键词

伤残鉴定结论　行政行为　专门技术鉴定结论　复议机关　可诉性

最高人民法院裁判文书

袁某祯诉辽宁省人民政府不履行行政复议职责案［最高人民法院（2015）行监字第95号行政裁定书］

裁判要点：劳动鉴定委员会不属于法律、法规及规章授权行使行政权的组织，不是行政主体，是依法成立的技术鉴定机构；劳动鉴定委员会作出的伤残鉴定结论不属于行政行为，属专门技术鉴定结论。

复议机关应当以行政复议决定书方式作出不予受理复议申请决定，以通知书方式作出不予受理复议申请决定的，行政行为形式不当，人民法院应当予以指正。

最高人民法院认为：根据《行政复议法》第二条规定，公民、法人或者其他组织认为具体行政行为侵犯其合法权益，可以依法申请行政复议。该法第六条还规定，公民、法人或者其他组织认为行政机关的具体行政行为侵犯其合法权益的，属于行政复议的受案范围。据此，公民、法人或者其他组织只有对具体行政行为不服，才能依法申请行政复议。如果申请复议的对象不是具体行政行为，则不能申请行政复议。具体行政行为，行为的主体是行政机关或者法律、法规授权的组织；行为的内容是行使行政职权的活动。劳动能力鉴定委员会作出的劳动能力鉴定结论，无论是作出主体，还是行为内容都不符合具体行政行为的标准，其实质是技术鉴定结论。根据《工伤保险条例》第二十四条、第二十五条规定，劳动能力鉴定委员会由社会保险行政部门、卫生行政部门、工会组织、经办机构代表以及用人单位代表组成。劳动能力鉴定委员会建立医疗卫生专家库，列入专家库的医疗卫生专业技术人员应当具有医疗卫生高级专业技术职务任职资格、掌握劳动能力鉴定的相关知识。设区的市级劳动能力鉴定委员会收到劳动能力鉴定申请后，应当随机抽取 3 名或者 5 名相关专家组成专家组,由专家组提出鉴定意见。设区的市级劳动能力鉴定委员会根据专家组的鉴定意见作出工伤职工劳动能力鉴定结论。从上述规定可以看出,劳动能力鉴定委员会实际是一个对专业技术问题进行综合决策的机构,不是行政机关或者法律、法规授权的组织;决策的内容是依据专家组提出的意见对伤残职工的伤残等级这一专业技术性问题作出判断,而非行政职权活动。所以,《工伤保险条例》第二十六条还规定,省、自治区、直辖市劳动能力鉴定委员会作出的劳动能力鉴定结论为最终结论。《人力资源社会保障行政复议办法》第八条第三项亦明确规定,公民、法人或者其他组织对劳动能力鉴定委员会的行为不服,不能申请行政复议。据此,辽宁省政府对袁某祯就辽宁省劳动鉴定委员会作出的《鉴定结论通知单》申请行政复议不予受理,于法有据,一、二审判决驳回原告诉讼请求并无不当。应当指出的是,根据《行政复议法》第十七条[①]规定,行政复议机关对不符合《中华人民共和国行政复议法》规定的受理条件的,应当决定不予受理,并书面告知申请人。因此,行政复议机关应当制作不予受理决定书送达申请人。辽宁省政府以通知形式书面告知申请人、作出不予受理决定的形式不妥,应予纠正。

——中国裁判文书网。

附录:本案解析

法律、法规及规章授权的组织,通常会就一些专门技术性问题作出行政行为,与技术鉴定机构的职能性质有许多相似之处,实践中,两者非常容易混淆。区别二者的关键是看授权内容的性质。法律、法规及规章授予的职能是专门技术鉴定,不属行政职权,只是技术鉴定机构,而非行政主体。反之亦然。根据《工伤保险条例》第二十四条、第二十五条规定,劳动能力鉴定委员会由社会保险行政部门、卫生行政部门、工会组织、经办机构代表以及用人单位代表组成,其主要职能是作出工伤职工劳动能力鉴定结论。《工伤保险条例》授权成立的劳动能力鉴定委员会在法律性质上属于技术鉴定机构,其行使的职能属于专门技术鉴定性质的行为,不属于行政职权范畴。为此,《人力资源社会保障行政复议办法》第八条第三项规定,公民、法人或者其他组织对劳动能力鉴定委员会的行为不服,不能申请行政复议。

根据《行政复议法》第二条规定,公民、法人或者其他组织认为行政机关的具体行政行为侵犯其合法权益的,可以依法申请行政复议。也就是说,只有对行政行为不服,才属于行政复议的受案范围;对行政行为以外的其他行为不服,不能通过行政复议途径解决争议。本案中,袁某祯对辽宁省劳动

---

① 现为《中华人民共和国行政复议法》(2023 年修正)第三十条。

鉴定委员会作出的《鉴定结论通知单》申请行政复议，由于劳动鉴定委员会不属于行政机关，不具有行政主体资格；致残鉴定结论也不是行政行为，属于技术鉴定结论。因此，袁某祯对该行为申请行政复议，确实不属于行政复议的受案范围，辽宁省政府不受理其复议申请，结果并无不当。但是，根据《行政复议法》第十七条第一款规定，行政复议机关收到行政复议申请后，经审查认为不符合行政复议受理条件，决定不予受理的，应当书面告知申请人。这里的"书面告知申请人"，是指应当制作行政复议不予受理决定书，文书内容应当由首部、案号、行政复议当事人基本情况、案件由来、复议请求和理由、被申请人答辩、复议机关查明的事实、不予受理复议申请的主要理由和法律根据、不予受理决定结果、告知诉权和起诉期限、复议机关签章、文书制作形成日期等内容。本案中，辽宁省政府以《告知书》形式代替行政复议不予受理决定书，文书缺乏必要的形式要件，法律文书格式不完整，应当予以纠正。

——郭修江、蔡小雪主编：《行政典型案例及审判经验》，人民法院出版社 2019 年版，第 9~11 页。

124. 火灾事故认定不具有可诉性

关键词

火灾事故　可诉性

最高人民法院公报案例 / 裁判文书

杨某绅、任某芳诉伊犁哈萨克斯坦自治州公安消防支队、新疆维吾尔自治区公安消防总队火灾事故认定复核决定案［最高人民法院（2016）最高法行申 775 号行政裁定］

裁判要点：火灾事故认定作为处理火灾事故的证据，是公安消防机构对火灾产生原因的客观评价，是一种专业技术鉴定行为，本身并不确定当事人的权利义务，不是一种独立的行政行为。

最高人民法院经审查认为：根据《中华人民共和国消防法》第五十一条第三款[①]规定："公安机关消防机构根据火灾现场勘验、调查情况和有关的检验、鉴定意见，及时制作火灾事故认定书，作为处理火灾事故的证据。"因

---

① 现为《中华人民共和国消防法》（2021 年修正）第五十一条第一款。

此,火灾事故认定作为处理火灾事故的证据,是公安消防机构对火灾产生原因的客观评价,是一种专业技术鉴定行为,本身并不确定当事人的权利义务,不是一种独立的行政行为。本案中,杨维坤、任某芳对火灾事故认定复核决定、复核申请不予受理通知不服提起诉讼,不属于行政诉讼受案范围。原审裁定不予立案正确。

——中国裁判文书网。

125. 征收城市排水设施有偿使用费纠纷案件的受理

关键词

行政征收　城市排水设施使用费　受案范围

最高人民法院答复

湖北省高级人民法院:

你院《关于征收城市排水设施有偿使用费发生的纠纷人民法院可否作为经济纠纷案件受理的请示报告》收悉。经研究,答复如下:

有关部门根据人民政府的授权,征收城市排水设施使用费与行政管理相对方发生的争议属于行政争议。根据行政诉讼法第十一条①的规定,行政管理相对一方对有关部门作出的处理决定不服,依法向人民法院起诉的,人民法院应作为行政案件受理。行政管理相对一方在法定期限内不起诉,又不履行行政处理决定的,作出行政处理决定的有关部门可依法申请人民法院强制执行。

——《最高人民法院关于征收城市排水设施有偿使用费发生纠纷案件受理的答复意见》(1996年8月24日,〔1996〕法行字第10号)。

126. 受委托实施行政管理行为的单位以自己名义与行政相对人签订的项目开发合同属行政合同

关键词

行政委托　行政合同　民事合同

---

① 现为《中华人民共和国行政诉讼法》(2017年修正)第十二条。

最高人民法院裁判文书

海南南庄装饰工程有限公司诉海口市人民政府违法批转土地、不履行土地经营权交付义务以及请示行政赔偿上诉案〔最高人民法院（2002）行终字第8号行政裁定书〕

裁判要点：受委托实施行政管理行为的单位以自己名义与行政相对人签订的项目开发合同属行政合同而非民事合同，应当由行政机关承担相应的法律后果。

最高人民法院认为：海滩管理公司根据市政府批复中关于同意海滩管理公司代市政府负责进行海滩管理的授权，与公司签订《假日海滩项目合作开发合同书》，属于受委托实施行政管理的行为。虽然海滩管理公司是以其自己的名义签订的合同，但市政府未提出该公司的行为超出政府授权范围的证据，因此应当由市政府承担相应的法律后果。合同双方在该合同履行过程中发生的争议，属于行政争议，公司认为市政府不履行合同义务并将涉诉土地批转给第三人的行为侵犯其合法权益，有权向人民法院提起行政诉讼。一审裁定认为公司与海滩管理公司签订的合同属民事合同，属于认定事实不清，适用法律错误，应予撤销。

——最高人民法院行政审判庭编：《最高人民法院最新行政裁判汇编》，人民法院出版社2006年版，第884~894页。

127. 特种设备监督检验所出具的《电梯验收检验报告》具有可诉性

关键词

电梯验收检验报告　行政许可　受案范围

最高人民法院答复

湖北省高级人民法院：

你院〔2010〕鄂行他字第2号《关于特种设备监督检验机构出具〈电梯验收检验报告〉是否属于可诉行政行为的请示》收悉。经研究，答复如下：

根据《中华人民共和国行政许可法》第十二条第（四）项、第三十九条第二款的规定，特种设备检验机构对电梯实施检验检测后出具的《电梯验收检验报告》，似可作为行政许可行为对待。但凯恩斯国际置业（武汉）有限公司是否具有本案原告资格,请你院进一步研究后作出正确认定。

此复

——《最高人民法院关于特种设备监督检验所出具的〈电梯验收检验报告〉是否属于可诉行政行为问题的答复》(2012年6月5日,〔2011〕行他字第100号)。

128. 残疾人联合会为残疾人补贴培训学费的行为是可诉的具体行政行为

关键词

残疾人联合会　补贴培训学费　适格被告　受案范围　具体行政行为

行政审判指导案例

吴某敏诉北京市朝阳区残疾人联合会要求报销培训学费案〔行政审判指导案例第41号〕

　　裁判要点:残疾人联合会补贴残疾人职业技能培训学费的行为是具体行政行为,属于行政诉讼的受案范围。

依据《中华人民共和国残疾人保障法》《残疾人就业条例》《中国残疾人联合会章程》以及《北京市朝阳区残疾人联合会职能配置、内设机构和人员编制规定》的有关规定,朝阳区残联是北京市残疾人联合会的地方组织,是各类残疾人的代表组织、社会福利团体和事业管理机构融为一体的事业团体,具有依照法律、法规、章程或者接受政府委托,开展残疾人工作,动员社会力量,发展残疾人事业的职能。同时,依据《残疾人就业条例》第六条规定、财政部《残疾人就业保障金管理暂行规定》第四条、第六条规定,《暂行办法》第十二条、第十三条规定,区残联具有促进本区残疾人就业,加强残疾人职业培训,对残疾人参加职业技能培训按规定给予学费补贴的审核权,该补贴费在区残联就业保障金中列支。

原告吴某敏参加由区残联举办的职业技能培训并享受学费补贴是其合法权利,同时,区残联为残疾人核定学费补贴数额应依法进行。原告吴某敏系北京中策北京啤酒有限公司退养职工,与用人单位存在劳动关系,为在职人员。区残联依据《暂行办法》第八条的规定,审核同意给予吴某敏职业技能培训一次性学费补贴50%,审核行为事实清楚,适用规范性文件并无不当,予以支持。此外,关于原告认为朝阳区残疾人活动中心残疾人职业技能培训科目公示牌公示的内容与原告本次参加的培训没有关联性，展板上记载的内容亦不是被告对残疾人职业技能培训补贴申请作出审核意见的依据。原告所述其实际收入低于北京市最低生活保障线标准以及 2006 年参加培训按学费 90% 报销的诉讼意见，均不是区残联审核原告 2007 年 5 月参加培训应予补贴学费数额的法定理由，故对于原告的诉讼意见亦不予采纳。

——江必新主编、最高人民法院行政审判庭编：《中国行政审判案例》第 2 卷，中国法制出版社 2011 年版，第 6~7 页。

129. 行政机关依职权改变行政合同的行为具有可诉性

关键词

依职权行为　行政合同　受案范围

附录：最高人民法院法官著述

平山县渔政站是负责国家所有的黄壁庄水库渔政管理工作的行政机构，该站将黄壁庄水库水面实行承包，是实施行政管理的一种方式。其作出的《通知》虽是基于行政合同约定的特权单方面作出的，但该行为的权力是源于其自身的职权而产生的，本质上属于行使行政职权的行为，并由此而导致两个协议无法履行。因而《通知》不是平等主体之间的民事行为，应当定性为行政行为，当事人对此行为不服，可以依据《行政诉讼法》的有关规定提起行政诉讼。

《会议纪要》是由石家庄市委、政府信访局共同作出的，虽然石家庄市委属于党的机关，不属于行政机关，其不能成为行政主体，但石家庄市政府信访局属于石家庄政府的下属机关，属于行政主体，因石家庄市委和市政府信访局共同署名作出的《会议纪要》，该纪要具有信访局行使职权的表示，故《会议纪要》可以成为行政行为。《会议纪要》中明确提出"平山县渔政站代表鹿泉市、灵寿县、平山县与承包人签订的承包合同无效，停止执行"。正因为市信访局属于市政府的下属部门，其通过纪要的形式宣布两个协议无效并停止执行，应当认定为行使行政职权的行为。据此，亦应认定《会议纪要》属于行政行为。

但是，《会议纪要》是在石家庄市委、政府信访局召集三县市水务局、信访办、渔政站等部门负责同志和县、市领导参加的内部协调会后形成的。该纪要仅仅是重申了《通知》内容，并未向张保刚送达，也就意味着，对张保刚不具有任何约束力。

平山县渔政站的《通知》属于对外发生法律效力的文件，石家庄市委和信访局的《会议纪要》不属于对外发生法律效力的文件,根据《最高人民法院关于执行〈中华人民共和国行政诉讼法〉若干问题的解释》第一条第二款第(六)项①"对公民、法人或者其他组织权利义务不产生实际影响的行为"不属于人民法院行政诉讼的受案范围的规定,张保刚所诉的《会议纪要》,法院不应受理。

——蔡小雪:《行政机关依职权改变行政合同的行为具有可诉性》,载江必新、贺荣主编、最高人民法院行政审判庭编:《行政执法与行政审判》2012年第5集(总第55集),中国法制出版社2013年版,第188页。

130. 行政机关在诉讼中提供证明材料的行为,是否属于行政诉讼的受案范围

关键词

行政诉讼　证明材料　受案范围　可诉性

最高人民法院裁判文书

吴某章等诉安徽省亳州市人民政府等行政证明案[最高人民法院(2019)最高法行申1141号行政裁定书]

裁判要点:《中华人民共和国行政诉讼法》第二条第一款的规定:"公民、法人或者其他组织认为行政机关和行政机关工作人员的行政行为侵犯其合法权益,有权依照本法向人民法院提起诉讼"。此处的行政行为是指行政主体作出的能够产生行政法律效果的行为,即行政主体行使行政职权,进行行政管理,产生了对行政相对人权利的减损或义务的增加等行政法律效果。行政机关将已经存在的相关材料向人民法院提供,是配合人民法院开展诉讼活动的行为,没有造成申请人权利的减损或义务的增加,没有产生行政法律效果,不属于行政诉讼法第二条规定的行政行为,不具有可诉性。

最高人民法院经审查认为,本案的争议焦点是亳州市人民政府、亳州市谯城区人民政府向人民法院提供证明材料的行为是否属于人民法院行政诉讼的受案范围。《中华人民共和国行政诉讼法》第二条第一款的规定:"公民、

---

① 现为《最高人民法院关于适用〈中华人民共和国行政诉讼法〉的解释》(法释〔2018〕1号)第一条第二款第十项。

法人或者其他组织认为行政机关和行政机关工作人员的行政行为侵犯其合法权益,有权依照本法向人民法院提起诉讼"。此处的行政行为是指行政主体作出的能够产生行政法律效果的行为,即行政主体行使行政职权,进行行政管理,产生了对行政相对人权利的减损或义务的增加等行政法律效果。本案中,亳州市人民政府、亳州市谯城区人民政府将已经存在的相关材料向人民法院提供,是配合人民法院开展诉讼活动的行为,没有造成申请人权利的减损或义务的增加,没有产生行政法律效果,不属于行政诉讼法第二条规定的行政行为,不具有可诉性。原审法院认定被诉行为不属于行政诉讼的受案范围,裁定不予立案并无不当。吴某章、张某若有证据证明亳州市人民政府、亳州市谯城区人民政府妨碍人民法院审理案件,可依照法定程序提请有关部门依法监督。

——第二巡回法庭微信公众号。

131. 货币鉴定行为本身不属于行政诉讼受案范围

关键词

货币鉴定行为 行政诉讼受案范围

最高人民法院答复

天津市高级人民法院:

你院《关于孙某剑请求撤销中国人民银行天津分行〈货币真伪鉴定书〉一案的请示》收悉,经研究,答复如下:

货币真伪鉴定系中国人民银行或者其委托的国有独资商业银行业务机构对货币的真伪问题实施的科学技术鉴定行为,人民法院难以通过诉讼程序对相关科学技术问题进行合法性审查。因此,货币鉴定行为本身不属于行政诉讼受案范围。人民法院可以在当事人对没收假币行为提起的行政诉讼中对货币真伪鉴定行为作为证据进行审查。

——《最高人民法院关于货币真伪鉴定行为是否可诉的电话答复》(2012年5月17日,〔2012〕行他字第4号)。

132. 价格鉴定、认证不属于行政诉讼受案范围

关键词

价格鉴定认证 行政行为 受案范围

> 最高人民法院司法政策精神

3. 行政处理过程中特定事实之确认的可诉性问题

行政机关委托有关社会组织就特定事实作出确认，并将其作为行政处理决定事实根据的，该确认行为不可诉。

——《最高人民法院办公厅关于印发〈行政审判办案指南（一）〉的通知》（2014年2月24日，法办〔2014〕17号）。

> 行政审判指导案例

蔡某杰诉天津市河东区价格认证中心价格鉴定案［行政审判指导案例第40号］

裁判要点：价格鉴定、认证行为不属于行政诉讼受案范围，对其不服可以依法申请重新鉴定、认证。

被上诉人天津市河东区价格认证中心是依法设立的价格鉴证机构，系事业单位法人，不是行使行政职权的行政机关。依据《价格认证管理办法》第二条的规定，被上诉人所作的价格鉴定行为是其接受各类市场主体及公民的委托，对所提出的各类商品（财产）和有偿服务项目价格进行的公证性认定。当事人对价格鉴定结论有异议，参照《价格认证管理办法》第十八条的规定，可以向认证机构要求补充认证或重新认证。仍然有异议时，可以委托上级价格鉴定机构重新鉴定。

——江必新主编、最高人民法院行政审判庭编：《中国行政审判案例》第2卷，中国法制出版社2011年版，第2页。

133."裁执分离"后强制执行行为的可诉性

> 关键词

裁执分离　强制执行　可诉性

> 最高人民法院司法解释

第一百六十条　人民法院受理行政机关申请执行其行政行为的案件后，应当在七日内由行政审判庭对行政行为的合法性进行审查，并作出是否准予执行的裁定。

人民法院在作出裁定前发现行政行为明显违法并损害被执行人合法权益

的，应当听取被执行人和行政机关的意见，并自受理之日起三十日内作出是否准予执行的裁定。

需要采取强制执行措施的，由本院负责强制执行非诉行政行为的机构执行。

——《最高人民法院关于适用〈中华人民共和国行政诉讼法〉的解释》（2018年2月6日，法释〔2018〕1号）。

附录：最高人民法院主流观点

各地在推进"裁执分离"改革过程中遇到的一个现实问题是，行政机关或第三人申请法院强制执行后，经适用"裁执分离"原则，由行政机关组织实施之后，该组织实施的强制执行行为是否属于行政诉讼受案范围。一种意见认为，由行政机关组织实施的活动在性质上属于《行诉解释》第一条第二款第七项所规定的"行政机关根据人民法院的生效裁判、协助执行通知书作出的执行行为，但行政机关扩大执行范围或者采取违法方式实施的除外"，通常不属于行政诉讼的受案范围；另一种意见认为，行政非诉案件的执行依据并非法院裁定，而是行政机关的行政决定，其组织实施行为在性质上仍是行政强制执行，应当接受人民法院的司法审查。至于是否存在"行政机关扩大执行范围或者采取违法方式实施"，恰恰是立案受理之后的审查事项，而非限制立案的条件。

我们认同后一种意见主要理念的同时，结合当事人就此类执行行为提起诉讼的理由，在处理方式上可作进一步细分。最高人民法院审判委员会对此问题研究后形成的意见是：行政机关申请人民法院强制执行，人民法院依法作出准予执行裁定后，行政机关就其申请并经法院审查准予执行的行政决定所实施的强制执行行为，其行为本身仍然是行政行为，并非司法行为。因当事人在人民法院受理准予执行案件后未在法定期限内对征收补偿决定提起行政诉讼，其已经丧失对征收补偿决定的诉权，故在行政机关强制执行后当事人针对征收补偿决定提起行政诉讼的，人民法院不应予以受理。行政机关强制执行后，被执行人及利害关系人以征收补偿决定违法等为由笼统起诉执行行为违法的，人民法院也不应予以受理。被执行人及利害关系人以行政机关强制执行行为存在违反法定程序、执行行为超过法院裁定确定的范围等特定情形，造成其不应有的损失为由提起行政诉讼的，属于行政诉讼的受理范围，人民法院应予受理。

结合对上述意见的理解，我们认为，"裁执分离"主要是强制执行的审查活动与组织实施活动在法律主体、法律关系以及法律责任上的分离，尽管有的经过了行政诉讼，但是，对于自身具有强制执行权的行政机关而言，其作出的行政强制执行行为所涉及的权利义务与生效行政判决涉及的权利义务并不完全一致，也就是说，行政强制执行行为在行政裁判之外影响了当事人的权利义务，因此，应当允许被执行人对行政强制执行行为提起行政诉讼。对于根据法院裁判而组织实施强制执行的行政机关而言，尽管其系依据法院裁判而有权组织实施的，但是，法院裁判仅赋予了行政机关组织实施的职权，对于行政机关具体组织实施中的程序是否合法、有无侵犯被执行人的合法权益等问题，难以由先期的法院裁判所预知和羁束，因此应允许被执行人对其后的强制执行行为提起行政诉讼。当然，如果被执行人仅起诉行政机关无组织实施职权或者以征收补偿决定违法等为由笼统起诉执行行为违法的情形可以除外。同样，法院在其后被执行人提起的针对此类行政事实行为的行政诉讼中，通常不再专门审查作为执行依据的行政行为本身的合法性（因在诉讼过程中已经进行过审查），主要审查重点为行政机关在组织实施过程中是否有新出现的行政违法情形。对此，2012年4月5日颁布的《最高人民法院关于认真贯彻执行〈关于办理申请人民法院强制执行国有土地上房屋征收补偿决定案件若干问题的规定〉的通知》（法〔2012〕97号）明确规定了法院"对被执行人及利害关系人认为强制执行过程中具体行政行为违法而提起的行政诉讼或者行政赔偿诉讼，应当依法受理"。另需说明的是，"裁执分离"后的强制执行行为，不仅包括经过行政非诉程序后行政机关组织实施的执行行为，也包括法院在诉讼中作出驳回原告诉讼请求裁定之后，行政机关依据行政诉讼法第九十五条经向法院申请并由法院裁定准予执行后所组织实施的执行行为（执行的实体依据依然是生效行政决定）。此外，上述意见指出，如果行政机关强制执行后，被执行人及利害关系人以征收补偿决定违法等为由笼统起诉执行行为违法的，人民法院不应予以受理。根据《行诉解释》第六十九条相关规定精神，已经立案的，应当裁定驳回起诉。

——最高人民法院行政审判庭编著：《最高人民法院行政诉讼法司法解释理解与适用》，人民法院出版社2018年版，第760~762页。

134. 司法强制执行行为是否属于行政诉讼受案范围

关键词

司法强制执行行为　受案范围

最高人民法院裁判文书

魏某与湖南省长沙市开福区人民政府土地行政强制申请再审案［最高人民法院（2021）最高法行申1816号行政裁定书］

裁判要点：《中华人民共和国行政诉讼法》第二条第一款规定，"公民、法人或者其他组织认为行政机关和行政机关工作人员的行政行为侵犯其合法权益，有权依照本法向人民法院提起诉讼。"涉案房屋的拆除是由开福区国土分局申请人民法院进行的司法强制执行行为，而不是行政机关所为的行政强制行为，不属于人民法院行政诉讼的受案范围。据此，魏某的起诉不具有事实根据，不符合《中华人民共和国行政诉讼法》第四十九条规定的起诉条件。

最高人民法院经审查认为，本案审查的主要问题是魏某的起诉是否符合法定起诉条件。根据原审法院查明的事实，73号行政复议决定认定，涉案大塘基社区217号房屋为袁某文所有的非法建筑。而开福区国土分局以袁某文户为行政相对人作出长国土资开腾〔2015〕82号《限期腾地决定书》（以下简称82号腾地决定书）的合法性已为人民法院生效裁判确认。故在袁某文拒不交出土地的情况下，开福区国土分局向湖南省长沙市开福区人民法院（以下简称开福区法院）申请强制执行，符合法律规定。执行中，执行法院虽曾裁定终结本次执行程序，但开福区国土分局于2017年8月22日提出《恢复执行申请书》，2017年8月28日，开福区法院作出《行动告知书》并送达袁某文。2017年8月29日，开福区法院组织人员对涉案大塘基社区217号、219号房屋进行强制拆除，并将屋内财产进行造册登记、异地保存。因此，原审法院认为，涉案房屋的拆除是由开福区国土分局申请人民法院进行的司法强制执行行为，而不是行政机关所为的行政强制行为，不属于人民法院行政诉讼的受案范围；并根据《中华人民共和国行政诉讼法》第四十九条第四项关于"提起诉讼应当符合下列条件：……（四）属于人民法院受案范围和受诉人民法院管辖"的规定，作出驳回魏某起诉的处理意见，事实和法律依据充分，本院予以认可。

——中国裁判文书网。

135. 责令限期改正决定是否属于行政诉讼受案范围

关键词

受案范围　责令限期改正决定

最高人民法院裁判文书

芙蓉区政府与李某国行政复议纠纷申请再审案〔最高人民法院（2021）最高法行申2757号行政裁定书〕

裁判要点：责令限期改正决定若独立影响行政相对人实体权益，属于行政诉讼的受案范围。

最高人民法院经审查认为，《中华人民共和国行政处罚法》（2017年修正）第二十三条规定："行政机关实施行政处罚时，应当责令当事人改正或者限期改正违法行为。"本案中，芙蓉区环保局在作出行政处罚决定二十余日前，对李某国（长沙市芙蓉区悦鑫宝汽车维修服务中心）作出《责令改正违法行为决定书》，责令其立即停止违法行为，并限期改正违法行为，同时告知了李某国申请行政复议和提起行政诉讼的权利。因《责令改正违法行为决定书》可能影响李某国的经营权，应当可以申请行政复议或提起行政诉讼。芙蓉区政府不予受理李某国针对《责令改正违法行为决定书》的复议申请，适用法律错误。一审判决予以纠正，二审判决予以维持，符合法律规定。芙蓉区政府主张的再审事由不能成立，本院不予支持。

——中国裁判文书网。

136. 行政机关作出关于成立某项工作领导小组的通知是否属于行政诉讼的受案范围

关键词

受案范围　不产生外部法律效力的行为

最高人民法院裁判文书

李某兰与西安市人民政府行政行为违法申请再审案［最高人民法院（2021）最高法行申2794号行政裁定书］

裁判要点：行政机关作出的关于成立某项工作领导小组的通知，对公民、法人或者其他组织权利义务不产生实际影响，属于不产生外部法律效力的行为，不属于行政诉讼的受案范围。

最高人民法院认为，李某兰明确其诉讼请求是确认137号通知违法，本案的核心争议是137号通知是否属于行政诉讼受案范围。原审法院经审理查明，137号通知载明："按照省、市工作要求，为进一步加强碑林历史文化街区保护改造工作的协调和领导，市政府决定成立西安市碑林历史文化街区保护改造工作领导小组，现将领导小组成员名单通知如下：……待此项工作完成后，本领导小组自行撤销。"该通知系西安市政府针对其下级人民政府以及所属工作部门发布的成立西安市碑林历史文化街区保护改造工作领导小组的通知,属于行政机关内部行为,对李某兰的权利义务不产生实际影响,不属于行政诉讼的受案范围。

——中国裁判文书网。

137. 中国人民银行分支机构与其行员之间发生的人事争议是否属于人民法院受案范围

关键词

中国人民银行　人事争议　受案范围

最高人民法院答复

河南省高级人民法院:

你院《关于中国人民银行分支机构与行员之间的人事争议是否属于人民法院受案范围的请示》收悉。经研究,答复如下:中国人民银行是国务院组成部门,根据履行职责的需要设立分支机构。中国人民银行分支机构与其执行行员工资制度的正式工作人员之间发生的人事争议,不属于行政诉讼受案范围,亦不属于劳动争议,应当按照《中国人民银行行员管理暂行办法》第八十五条规定的途径解决。

此复

——《最高人民法院关于中国人民银行分支机构与其行员之间发生的人事争议是否属于人民法院受案范围的答复》[2021年3月15日,(2021)最高法行他2号]。

138. 行政批复的可诉性如何判断

关键词

不产生外部效力的行为　行政批复

最高人民法院裁判文书

公主岭市天源纸箱材料有限责任公司诉吉林省公主岭市人民政府、吉林省公主岭市生态环境局行政批复再审案[最高人民法院(2021)最高法行再146号行政裁定书]

裁判要点：一般而言，行政机关在行政程序内部所作的行为，未对公民、法人或者其他组织合法权益产生何种实际影响，并不对外发生法律效力。但是，该种行为一旦通过行政机关的职权行为外化后，如对相对人的权利义务产生确切的实际影响，则应纳入行政诉讼受案范围。

最高人民法院认为，本案的争议焦点是公主岭市政府作出的公政函〔2018〕133号批复是否属于可诉的行政行为。

1. 公主岭市政府是关闭天源公司的法定主体。

公主岭市政府2018年5月30日作出公政函〔2018〕133号《公主岭市人民政府关于同意关闭公主岭市天源纸箱材料有限公司等12家企业的批复》，该批复中写明"市政府研究决定，同意依据《中华人民共和国水污染防治法》第八十七条的相关规定，对公主岭市天源纸箱材料有限公司等12家企业予以关闭。"根据批复内容及法律规定，公主岭市政府具有关闭天源公司的法定职权，是关闭天源公司的法定主体。

2. 公主岭市政府的批复已经外化且发生法律效力。

根据本案查明的事实能够认定，公主岭市政府作出的案涉公政函〔2018〕133号批复已经外化，对外发生法律效力，且对天源公司的权益造成实际影响。一、二审裁定认定案涉批复是行政机关内部行为，不对外发生法律效力，未对天源公司合法权益产生影响，并据此认定天源公司的起诉不符合法定起诉条件，属适用法律错误，本院予以纠正。

——中国裁判文书网。

139. 行政机关针对信访事项作出的登记、受理、交办、转送、复查、复核意见等不属于人民法院行政诉讼受案范围

关键词

信访答复　行政诉讼受案范围

最高人民法院裁判文书

舒某成诉奉节县政府信访答复案〔最高人民法院（2020）最高法行申15423号行政裁定书〕

裁判要点：奉节县政府以上行为属于规定的行政机关针对信访事项作出的登记、受理、交办、转送、复查、复核意见等不属于人

民法院行政诉讼受案范围的行为。信访人对信访工作机构依据《信访条例》处理信访事项的行为或者不履行《信访条例》规定的职责不服提起行政诉讼的，人民法院不予受理。

最高人民法院认为，舒某成不服奉节县水利局作出的奉水信访初字〔2019〕1号《关于舒某成信访事项的复函》，向奉节县政府申请复查，奉节县政府以舒某成的诉求不属于信访事项受理范围为由，作出奉府信访复查告字〔2019〕1号《信访事项复查告知书》，告知舒某成不予复查。奉节县政府以上行为属于《最高人民法院关于适用〈中华人民共和国行政诉讼法〉的解释》第一条第二款第（九）项规定的行政机关针对信访事项作出的登记、受理、交办、转送、复查、复核意见等不属于人民法院行政诉讼受案范围的行为。另根据《最高人民法院关于不服县级以上人民政府信访行政管理部门、负责受理信访事项的行政管理机关以及镇（乡）人民政府作出的处理意见或者不再受理决定而提起的行政诉讼人民法院是否受理的批复》第一条的规定，信访人对信访工作机构依据《信访条例》处理信访事项的行为或者不履行《信访条例》规定的职责不服提起行政诉讼的，人民法院不予受理。故一、二审法院裁定驳回舒某成的起诉并无不当。

——中国裁判文书网。

140. 行政机关未履行信访答复复查职责的行为是否属于行政诉讼受案范围

关键词

不履行法定职责　信访事项　行政诉讼受案范围

最高人民法院裁判文书

陈某林诉江苏省盐城市亭湖区人民政府不履行法定职责申请再审案〔最高人民法院（2021）最高法行申1380号行政裁定书〕

裁判要点：《最高人民法院关于适用〈中华人民共和国行政诉讼法〉的解释》第一条第二款第九项规定，行政机关针对信访事项作出的登记、受理、交办、转送、复查、复核意见等行为，不属于人民法院行政诉讼的受案范围。信访申请人因认为行政机关未履行信访答复复查职责而提起诉讼的，不属于行政诉讼受案范围。

最高人民法院经审查认为：《最高人民法院关于适用〈中华人民共和国行政诉讼法〉的解释》第一条第二款第九项规定，行政机关针对信访事项作出的登记、受理、交办、转送、复查、复核意见等行为，不属于人民法院行政诉讼的受案范围。本案中，再审申请人因认为亭湖区政府未履行信访答复的复查职责而提起诉讼，根据上述规定，一、二审认定其起诉不属于行政诉讼受案范围，并无不当。再审申请人提出的再审理由尚不足以否定原生效裁判，其再审请求本院不予支持。

——中国裁判文书网。

141. 事业单位改制的人事变动不属于行政诉讼的受案范围

关键词

事业单位改制　行政诉讼受案范围

最高人民法院裁判文书

周某礼诉浙江省衢州市人民政府确认违法案［最高人民法院（2021）最高法行申705号行政裁定书］

裁判要点：行政机关在改革过程中的职工下岗分流，属于行政机关内部的人事变动，不属于行政诉讼的受案范围。

最高人民法院经审查认为，本案中，周某礼以其原系衢州市房地产管理处事业编制职工，2004年事业单位改制中将其下岗分流不当为由提起诉讼。周某礼起诉的事项明显属于行政机关内部的人事变动，不属于行政诉讼的受案范围，一审法院不予立案并无不当。

——中国裁判文书网。

142. 刑事行为不属于行政复议受理范围，也不属于行政诉讼的受案范围

关键词

刑事行为　行政诉讼受案范围

> 最高人民法院裁判文书

恽某平诉江苏省公安厅确认违法案［最高人民法院（2021）最高法行申774号行政裁定书］

裁判要点：对于刑事行为，无论公安机关、检察机关是否作出处理，均应依据刑事诉讼法的规定行使权利，不属于行政复议的受理范围，也不属于行政诉讼的受案范围。

最高人民法院经审查认为，本案中，恽某平因对常州市公安局武进分局作出的刑事不予立案决定书和复议决定书不服，向检察机关申请监督，在检察机关已经受理的情况下，继续向常州市公安局和江苏省公安厅申请行政复议。根据《最高人民法院关于适用〈中华人民共和国行政诉讼法〉的解释》第一条第二款第一项的规定，刑事行为既不属于行政复议的受理范围，也不属于行政诉讼的受案范围，故一审法院不予立案、二审法院予以维持并无不当。

——中国裁判文书网。

143."裁执分离"后行政机关组织实施行为是否可诉，应根据当事人的诉讼请求及理由作区分处理

> 关键词

裁执分离　行政机关　实施行为　可诉性

> 最高人民法院答复

浙江省高级人民法院：

你院《关于"裁执分离"组织实施行为可诉性问题的请示》（浙高法〔2017〕165号）请示收悉。经研究，答复如下：

人民法院受理行政机关申请执行其行政行为的案件，对行政行为的合法性进行审查。人民法院依法作出准予执行裁定的，行政机关就其申请并经法院审查准予执行的行政决定所实施的强制执行行为，仍属于行政行为。该行为是否可诉，应根据当事人的诉讼请求及理由作区分处理：

一、人民法院作出准予执行裁定后，公民、法人或者其他组织又就行政机关申请执行的行政行为提起行政诉讼或者行政赔偿诉讼的，人民法院不予受理。

二、被执行人及利害关系人仅以行政机关据以申请执行的行政行为（决定）本身违法等为由主张行政机关实施的强制执行行为违法提起行政诉讼或者行政赔偿诉讼的，人民法院不予受理。

三、被执行人及利害关系人以行政机关实施的强制执行行为存在违反法定程序，与人民法院作出的准予执行裁定确定的范围、对象不符等特定情形，给其造成损失为由提起行政诉讼或者行政赔偿诉讼的，人民法院应当依法受理。

此复

——《最高人民法院关于"裁执分离"后行政机关组织实施行为是否具有可诉性问题的批复》(2018年3月7日，〔2017〕最高法行他550号)。

144. "裁执分离"后行政机关组织实施行为是否具有可诉性

关键词

裁执分离　组织实施行为　可诉性

最高人民法院审判业务意见

浙江省高级人民法院：

你院《关于"裁执分离"组织实施行为可诉性问题的请示》(浙高法〔2017〕165号)请示收悉。经研究，答复如下：

人民法院受理行政机关申请执行其行政行为的案件，对行政行为的合法性进行审查。人民法院依法作出准予执行裁定的，行政机关就其申请并经法院审查准予执行的行政决定所实施的强制执行行为，仍属于行政行为。该行为是否可诉，应根据当事人的诉讼请求及理由作区分处理：

一、人民法院作出准予执行裁定后，公民、法人或者其他组织又就行政机关申请执行的行政行为提起行政诉讼或者行政赔偿诉讼的，人民法院不予受理。

二、被执行人及利害关系人仅以行政机关据以申请执行的行政行为（决定）本身违法等为由主张行政机关实施的强制执行行为违法提起行政诉讼或者行政赔偿诉讼的，人民法院不予受理。

三、被执行人及利害关系人以行政机关实施的强制执行行为存在违反法定程序，与人民法院作出的准予执行裁定确定的范围、对象不符等特定情形，给其造成损失为由提起行政诉讼或者行政赔偿诉讼的，人民法院应当依法受理。

此复

——《最高人民法院关于"裁执分离"后行政机关组织实施行为是否具有可诉性问题的批复》(2018年3月7日,〔2017〕最高法行他550号)。

145. 仅对赔偿义务机关不作为提起确认违法诉讼不属于受案范围

关键词

受案范围　不作为

最高人民法院审判业务意见

在符合提起行政赔偿诉讼要件的情况下,赔偿请求人在向赔偿义务机关提出赔偿申请后,如赔偿义务机关存在不作为等情形的,其可以向人民法院提起赔偿诉讼,而不是针对赔偿义务机关不作为另行提起确认违法之诉。

——《最高人民法院第二巡回法庭建庭以来行政案件审理情况分析报告——以申请再审案件为核心(2015.01-2020.06)》。

146. 单独提起行政赔偿诉讼无需经过赔偿义务机关先行处理程序情形

关键词

单独提起诉讼　赔偿义务机关

最高人民法院审判业务意见

《最高人民法院行政法官专业会议纪要(一)》提出:已通过行政诉讼程序确认行政行为违法的,当事人再行提起行政赔偿诉讼无需经过赔偿义务机关先行处理程序。国家赔偿法第九条第二款规定:赔偿请求人要求赔偿,应当先向赔偿义务机关提出,也可以在申请行政复议或者提起行政诉讼时一并提出。

对于这两种途径,赔偿请求人可以自行选择。赔偿请求人先提起行政诉讼,之后又提起行政赔偿诉讼,表明其没有选择向行政机关直接提出赔偿请求的途径,而是选择由人民法院解决其行政赔偿问题。对于这种特殊请求如何处理,国家赔偿法没有明确规定。在这种情况下,如果要求赔偿请求人再向赔偿义务机关提出赔偿请求方可提起行政赔偿诉讼,实际上剥夺了赔偿请求人在赔偿程序上的选择权,增加了赔偿程序的复杂性,不利于畅通赔偿渠道。

据此，如果行政行为已经行政诉讼确认违法，无需再要求行政机关对违法行为进行确认，这也体现了司法最终原则。

——《最高人民法院第二巡回法庭建庭以来行政案件审理情况分析报告——以申请再审案件为核心（2015.01-2020.06）》。

147. 征收补偿方案的可诉性及登报公告效力的认定

关键词

征收补偿方案　并诉　独立起诉　登报公告

最高人民法院审判业务意见／主审法官会议纪要

征收补偿方案具有相对的独立性，要尊重相对人的选择权，可以并诉也可以独立起诉。

用媒体进行登报等形式的公告并不能免除政府应在当地进行张贴公告的义务，在考虑登报公告的效力问题上，未在当地张贴属于程序上的瑕疵，不应简单以此为由否定进行了告知的效力。本案中，结合当地征收工作开展的社会经验，以及过往案件的裁判标准，登报公告的告知效力可以得到确认。

附：案情简介

2012年12月17日，梅江区政府作出梅区府（2012）41号《梅州市江南新城铁路以北区域房屋征收决定的公告》（以下简称41号征收决定）和（2012）42号《梅州市江南新城铁路以北区域房屋征收补偿安置方案》（以下简称42号补偿方案），决定对北起丽都中路，南至广梅汕铁路线，东以梅江为界，西至G206国道及农科所周边红线范围内的房屋实施征收，并于2012年12月20日将上述征收决定及补偿安置方案在《梅州日报》上予以公告。公告的42号补偿方案未明确公告期限，未向被征收人告知对征收补偿方案不服申请行政复议和提起行政诉讼的权利和期限。李某某的两处房产、夏某某的一处房产在本次征收范围内。2013年12月26日，梅江区政府对李某某作出梅区府征补（2013）第11号《房屋征收补偿决定书》，并于次日在三角镇三角村第九村民小组予以张贴送达，梅州市嘉应公证处工作人员见证。2014年2月24日，梅江区政府对李某某的另一处房产作出梅区府征补（2014）第11号《房屋征收补偿决定书》；对夏某某作出梅区府征补（2014）第10号《房屋征收补偿决定书》。2014年2月27日，梅江区政府分别在嘉应公证处两名工作人员的见证下，对李某某的补偿决定和41号征收决定予以张贴送达；对夏某某的补偿决定和41号征收决定留置其家中送达。2016年2月11日，李某某等四人申请政府信息公开，获取42号补偿方案。2016年4月14日，李某某等四人向梅州市政府提出行政复议申请，请求撤销42号补偿方案。2016年4月20日，梅州市政府以42号补偿方案不是具体行政行为，不属于行政复议范围为由，作出梅府行复（2016）37号《不予受理行政复议申请决定书》。李某某等四人不服，提起行政诉讼，请求撤销该决定。2016年9月2日，梅州市中级人民法院作出（2016）粤14行初77号行政判决，撤销梅府行复（2016）37号《不予受理行政复议申请决定书》，责令梅州市政府予以受理。2016年9月23日，梅州市政府向李某某等四人发出《行政复议受理通知书》，2016年12月9日，梅州市政府以李某某等四人未在法定期限内申请行政复议，且无其他正当理由为由，作出121号复议决定，驳回李某某、夏某某的行政复议申请，并于2016年12月12日送达李某某、夏某某。2016年12月27日，李某某、夏某某提起本案行政诉讼，请求撤销121号复议决定。

——《征收补偿方案的可诉性及登报公告效力认定问题》，载最高人民法院第一巡回法庭编著：《最高人民法院第一巡回法庭行政主审法官会议纪要（第1卷）》，中国法制出版社2020年版，第8~14页。

148.依据《城市房屋拆迁管理条例》签订的拆迁补偿安置协议不属于行政诉讼受案范围

关键词

拆迁安置补偿协议　受案范围

最高人民法院审判业务意见

《城市房屋拆迁管理条例》（2011年1月21日废止）第四条规定：拆迁人应当依照本条例的规定，对被拆迁人给予补偿、安置；被拆迁人应当在搬迁期限内完成搬迁。本条例所称拆迁人，是指取得房屋拆迁许可证的单位。本条例所称被拆迁人，是指被拆迁房屋的所有人。一般而言，拆迁人与被拆迁人之间的法律关系为民事法律关系。

如刘某诉某区政府房屋拆迁补偿案，刘某认为被拆迁的房屋尚有装修费用未涵盖于其与拆迁人于2010年12月签订的《住宅房屋拆迁产权调换协议书》内，要求区政府赔偿装修损失及利息。拆迁刘某涉案房屋的法律依据是《城市房屋拆迁管理条例》，区政府并非涉案房屋的征收主体。刘某认为其被拆迁的房屋尚有装修费用未予补偿，应依据《城市房屋拆迁管理条例》的规定向取得房屋拆迁许可证的拆迁人主张权利，而非依据《国有土地上房屋征收与补偿条例》规定向区政府主张权利。

——《最高人民法院第二巡回法庭建庭以来行政案件审理情况分析报告——以申请再审案件为核心（2015.01—2020.06）》。

149. 行政相对人的债权人是否与行政行为有利害关系

关键词

行政诉讼受案范围　行政相对人的债权人提起行政诉讼

最高人民法院裁判文书

魏某庆与珠海市政府行政复议纠纷申请再审案［最高人民法院（2021）最高法行申2690号行政裁定书］

　　裁判要点：行政相对人的债权人一般无权以行政行为影响其权利实现为由提起行政诉讼。

　　最高人民法院经审查认为，根据《中华人民共和国行政复议法实施条例》第二十八条的规定，提起行政复议申请的申请人应当与具体行政行为有利害关系。本案中，根据一、二审法院查明的事实，魏某庆与珠海路桥房产开发有限公司（以下简称路桥公司）签订了《荣岱市场房屋买卖合同》，约定路桥公司将位于荣岱农贸市场一层2号、3号商铺出售给魏某庆。后原珠海国土局根据路桥公司提交的《关于荣岱农贸市场办理房地产变更手续的请示》作出涉案批复，同意路桥公司拥有的荣岱农贸市场用地在补交地价后，土地性质由划拨变更为出让，同时规定路桥公司在办理变更登记时应符合下列条件：1.不得改变原批准的农贸市场功能；2.今后不得分割转让或销售；3.项目今后不得分割登记办证。魏某庆不服涉案批复申请行政复议，珠海市政府以魏某庆与涉案批复无利害关系为由作出被诉复议决定，驳回魏某庆的复议申请。

　　因魏某庆不是涉案批复的行政相对人，其与路桥公司签订合同后并未办理房屋转移登记，仅对路桥公司享有债权。珠海市政府作出被诉复议决定，驳回魏某庆的行政复议申请，符合法律规定。一、二审判决分别驳回魏某庆的诉讼请求和上诉，亦符合法律规定。魏某庆主张的再审事由不能成立，本院不予支持。

　　——中国裁判文书网。

第三章 管 辖

150. 行政案件的管辖制度

关键词

管辖 公正、独立审判

最高人民法院司法政策精神

要积极推进行政案件管辖制度的改革和完善,通过加大指定管辖、异地审理的力度,防止和排除地方非法干预,为人民法院依法独立公正审理行政案件提供制度保障。

探索管辖制度改革应当正确处理好以下问题:一是要以确保司法公正为目标。无论是指定管辖还是提级管辖,其目的都在于防止和排除不当干预,保证人民法院依法公正处理行政案件。对于由当地基层法院管辖可能会影响公正审理的案件,中级人民法院可以根据当事人的申请,决定指定管辖或者提级管辖,以确保案件审理的公正性。二是当事人选择和法院决定相结合。当事人可以向被告所在地基层人民法院起诉,也可以申请中级人民法院管辖,或者请求中级人民法院指定本辖区其他基层人民法院管辖,是否准许由中级人民法院决定。三是方便诉讼与案件平衡相兼顾。指定管辖应当考虑当事人的困难和负担,尽可能以就近为原则。同时可以通过指定管辖均衡各基层法院承办行政案件的数量。四是立案和审判机构相配合。在决定指定管辖或者提级管辖时,立案庭和行政庭要加强沟通与配合,如何确定管辖法院可以由行政庭提出意见。五是以解决基层法院公正司法为重点,尽可能把行政争议解决在基层。中级以上人民法院案件的管辖问题,应当按照现行法律和司法解释的规定执行。

——《最高人民法院关于加强和改进行政审判工作的意见》(2007年4月24日,法发〔2007〕19号)。

151. 人民法院以案件不属于本院管辖为由，裁定不予立案或者驳回起诉的，应当对其他起诉条件一并审查

关键词

管辖权　起诉条件　立案

最高人民法院裁判文书

辽宁中宇房地产开发有限公司与沈阳市人民政府、沈阳市人民检察院暂扣、移交公司证件案〔最高人民法院（2015）行终字第1号行政裁定书〕

裁判要点：人民法院以案件不属于本院管辖为由，裁定不予立案或者驳回起诉的，应当对其他起诉条件一并审查。认为符合其他起诉条件的，可以在裁定中释明，起诉人有权依法向有管辖权的法院起诉；认为不符合其他起诉条件的，也应在裁定中予以明确。

最高人民法院认为：

（一）关于确认沈阳市人民政府会议处理决定违法诉求。《最高人民法院关于行政诉讼证据若干问题的规定》第四条第一款规定："公民、法人或者其他组织向人民法院起诉时，应当提供其符合起诉条件的相应的证据材料。"也就是说，起诉人提起行政诉讼，应当对其起诉是否符合法定条件承担初步的证明责任。《中华人民共和国行政诉讼法》第四十九条第（三）项规定，提起诉讼应当符合下列条件："有具体的诉讼请求和事实根据"。所谓"具体的诉讼请求"前提是要有明确的被诉行政行为。起诉人提起行政诉讼应当初步证明被诉行政行为的存在。如果不能证明被诉行政行为的存在，起诉人的起诉不符合法定条件，人民法院应当依照《最高人民法院关于执行〈中华人民共和国行政诉讼法〉若干问题的解释》第四十四条第一款第（十一）项之规定，裁定不予受理；已经受理的，裁定驳回起诉。本案中，中宇公司一审请求"确认沈阳市人民政府于2003年9月5日作出的将暂扣中宇公司证件移交沈阳市城乡建设委员会的会议处理决定违法"，但是，并未提供充分证据证明沈阳市政府作出过相关的"会议处理决定"，其所提供的2009年12月3日沈阳市人民检察院向其出具的《检察机关处理信访事项答复意见书》也只能证明"2003年9月5日，联合调查组由中共沈阳市纪委牵头召开协调会……决定将暂扣证件移交市城乡建设管理委员会"，不能证明沈阳市政府曾就相关移交事项作出对外发生法律效力的行政决定。因此，中宇公司的该项起诉不

符合起诉的法定条件，原审裁定不予受理的处理结果并无不当。

（二）关于确认沈阳市人民检察院移交行为违法诉求。《中华人民共和国行政诉讼法》第二条规定："公民、法人或者其他组织认为行政机关和行政机关工作人员的行政行为侵犯其合法权益，有权依照本法向人民法院提起诉讼。""前款所称行政行为，包括法律、法规、规章授权的组织作出的行政行为。"据此，行政诉讼中，只有依法享有行政职权的行政机关或者法律、法规、规章授权的组织实施的行为，才可能是行政诉讼法规定的可诉的行政行为；只有行政机关和法律、法规、规章授权的组织，才可能成为行政诉讼的适格被告。中宇公司以沈阳市人民检察院为被告，对其移交暂扣物品的行为提起行政诉讼。根据上述规定，沈阳市人民检察院移交暂扣物品的行为不是行政行为，不属于人民法院行政诉讼受案范围；沈阳市人民检察院不是行政机关或者法律、法规、规章授权的组织，亦不是行政诉讼的适格被告。根据《最高人民法院关于执行〈中华人民共和国行政诉讼法〉若干问题的解释》第四十四条第一款第（一）（十一）项的规定，本案一审对中宇公司的第二项诉讼请求裁定不予立案，结果亦无不当。

（三）关于高级人民法院管辖一审案件的标准。《中华人民共和国行政诉讼法》第十六条规定："高级人民法院管辖本辖区内重大、复杂的第一审行政案件。"对于条文中"重大、复杂"，法律和司法解释并未作出明确界定和解释，高级人民法院应当根据案件的性质、疑难程度、规则价值、社会影响等，全面分析考量认定。由于法律规定的抽象性、原则性，本条规定实质是赋予了高级人民法院对何谓"本辖区内重大、复杂的第一审行政案件"一定程度的司法自由裁量权，上级法院一般应当尊重下级法院的判断。据此，中宇公司以被告为沈阳市政府、案情特别复杂、涉及面广、诉讼标的特别巨大等为由，主张本案应属高级人民法院管辖的"重大、复杂"的第一审行政案件，其理由是否成立，应属辽宁省高级人民法院的司法自由裁量权范畴。二审中，上诉人未提出新的、更有说服力的事实和理由，本院对一审裁定理由和结果应予维持。当然，就本案而言，一审未对本案起诉人的起诉是否有具体的诉讼请求和事实根据、被告是否适格、起诉事项是否属于人民法院受案范围等事关中宇公司起诉成立与否的其他法定条件进行审查，确有不妥，本院予以纠正。

——中国裁判文书网。

152. 涉及人身权的地域管辖问题

关键词

限制人身自由　原告所在地　管辖

最高人民法院答复

江西省高级人民法院：

你院赣高法函〔1993〕4号《关于在同一事实中对同一当事人，行政机关同时作出限制人身自由和扣押财产两种具体行政行为，当事人依法向其住所地法院起诉，受诉法院是否可以合并审理问题的请示》收悉。经研究，我们原则同意你院的意见。行政机关基于同一事实，对同一当事人作出限制人身自由和扣押财产两种具体行政行为，如果当事人对这两种具体行政行为均不服，向原告所在地人民法院提起诉讼，原告所在地人民法院可以将当事人的两个诉讼请求合并审理。

——《最高人民法院关于江西省高级人民法院赣高法函〔1993〕4号请示的答复》(1993年7月9日)。

153. 行政诉讼第三人具备提起管辖权异议的资格

关键词

管辖权异议　第三人

行政审判指导案例

孙某佳诉商丘市梁园区文化和旅游局文化行政许可案〔行政审判指导案例第90号〕

　　裁判要点：行政诉讼第三人与被诉具体行政行为有法律上的利害关系的，可以提出管辖权异议。

——江必新主编、最高人民法院行政审判庭编：《中国行政审判案例》第3卷，中国法制出版社2013年版，第44~45页。

154. 因不动产提起的行政诉讼不再由中级人民法院管辖

关键词

不动产　行政诉讼　管辖

最高人民法院司法解释

第九条　行政诉讼法第二十条规定的"因不动产提起的行政诉讼"是指因行政行为导致不动产物权变动而提起的诉讼。

不动产已登记的，以不动产登记簿记载的所在地为不动产所在地；不动产未登记的，以不动产实际所在地为不动产所在地。

——《最高人民法院关于适用〈中华人民共和国行政诉讼法〉的解释》（2018年2月6日，法释〔2018〕1号）。

附录：最高人民法院主流观点

实践中，行政诉讼原告一般对何为因不动产提起的行政诉讼有较深的误解，这也导致其对相关案件的管辖法院、起诉期限的计算等问题产生错误认识。如司法实践中，房屋被征收人对市县人民政府所作的房屋征收补偿决定提起诉讼时，往往会主张该纠纷属于因不动产引起的纠纷，应当由不动产所在地人民法院管辖，在起诉期限上也应当适用20年的最长保护期限。从本条司法解释的规定我们可以获知，因不动产提起的行政诉讼，必须是被诉行为产生了不动产物权设立、变更、转让或消灭的法律效果，而非行政诉讼中涉及不动产物权的因素即为因不动产引起的纠纷。

此外，值得注意的是，实践中涉以县级以上政府名义颁发不动产权属证书的案件数量较多，我们认为这类案件一律由中级法院一审，既无必要又大量增加中级法院和高级法院的工作量。颁发各类不动产权属证书，虽然颁证机关名义上是政府，但实际上均是土地、林业、房屋等政府职能部门的行为。提级管辖的目的在于避免行政干预，而上述物权登记案件表面上是行政争议，而其真正的争议往往是作为平等主体的原告和第三人之间的民事权益争议，政府一般不会干预法院公正审理。因此，《行政案件管辖规定》对此规定为：被告为县级以上人民政府的案件由中级法院管辖，但以县级以上人民政府名义颁发不动产权属证书的案件可以除外。2014年11月24日公布的《不动产登记暂行条例》第六条规定，国务院国土资源主管部门负责指导、监督全国不动产登记工作。县级以上地方人民政府应当确定一个部门为本行政区域的不动产登记机构，负责不动产登记工作，并接受上级人民政府不动产登记主管部门的指导、监督。第七条规定，不动产登记由不动产所在地的县级人民政府不动产登记机构办理；直辖市、设区的市人民政府可以确定本级不动产登记机构统一办理所属各区的不动产登记。跨县级行政区域的不动产登记，由所跨县级行政区域的不动产登记机构分别办理。不能分别办理的，由所跨县级行政区域的不动产登记机构协商办理；协商不成的，由共同的上一级人民政府不动产登记主管部门指定办理。国务院确定的重点国有林区的森林、林木和林地，国务院批准项目用海、用岛，中央国家机关使用的国有土地等不动产登记，由国务院国土资源主管部门会同有关部门规定。从该条例的规定来看，不动产登记由不动产所在地的县级人民政府不动产登记机构办理。从过去的不动产登记实际情况来看，登记工作也是由不动产所在地的县级人民政府不动产登记机构办理的。例如，《房屋登记办法》第四条第一款规定，房屋登记，由房屋所在地的房屋登记机构办理。但是，房屋登记簿上盖章的一般是县级以上人民政府。对于县级人民政府作被告的情形，还应当有不动产所在地专属管辖的例外。鉴于今后不动产的登记，不再由县级人民政府而是由不动产登记机构办理，因此，这类案件也将不再由中级人民法院管辖。

——最高人民法院行政审判庭编著：《最高人民法院行政诉讼法司法解释理解与适用》，人民法院出版社 2018 年版，第 83 页。

155. 土地行政确权案件由不动产所在地或作出具体行政行为的行政机关所在地法院管辖

关键词

土地行政确权　不动产所在地　行政机关所在地　管辖

最高人民法院答复

山东省高级人民法院：

你院《关于沙德兰诉曹县人民政府土地行政确权一案适用法律的请示》收悉，经研究，答复如下：

原则同意你院 1996 年 6 月 27 日审委会对该案的处理意见，即根据《土地管理法》第 6 条、第 8 条的不动产所在地或作出具体行政行为的行政机关所在地的法院管辖，由哪个法院执行可由申请执行人选择。

此复

——《最高人民法院行政审判庭关于对山东高院〈沙德兰诉曹县人民政府土地行政确权一案适用法律问题的请示〉的答复》（1995 年 8 月 24 日，〔1996〕行他字 15 号）。

156. 国有资产产权界定行政案件的管辖

关键词

国有资产　产权界定　管辖

最高人民法院司法解释

当事人因国有资产产权界定行为提起行政诉讼的，应当根据不同情况确定管辖法院。产权界定行为直接针对不动产作出的，由不动产所在地人民法院管辖。产权界定行为针对包含不动产在内的整体产权作出的，由最初作出产权界定的行政机关所在地人民法院管辖；经过复议的案件，复议机关改变原产权界定行为的也可以由复议机关所在地人民法院管辖。

——《最高人民法院关于国有资产产权管理行政案件管辖问题的解释》（2001年2月16日，法释〔2001〕6号）。

附录：最高人民法院法官著述

产权界定部门对涉案单位整体产权作出界定之后，当事人对产权界定不服，提起行政诉讼，意味着当事人对整体产权存在异议。由于整体产权中包括了不动产，因此，除非当事人声明对其中的不动产产权没有争议，法院不能当然地推定当事人对其中的不动产产权没有争议。在这种情况下，可以有两种不同的处理方式。

一种处理方式是，只要当事人没有对其中的不动产申明没有异议，该案就由不动产所在地人民法院管辖；当事人申明对其中的不动产没有异议，由被告所在地人民法院管辖。另一种处理方式是，无论当事人是否对其中的不动产有异议，均由被告所在地人民法院管辖。

我们认为，第二种处理方式符合《行政诉讼法》的有关规定。主要理由是：

（一）产权界定部门对整体产权进行界定，既可能涉及动产也可能涉及不动产，而其中的不动产可能分布在不同地区，如果采用第一种处理方式，在当事人没有申明对其中的不动产没有异议的情况下，只要是不动产所在地的人民法院（可能有多个）都有管辖权，这可能会造成管辖权上的混乱。

（二）当事人对产权界定部门的整体产权界定不服，提起诉讼，是因整体产权的归属而提起的诉讼。因《行政诉讼法》第19条[①]规定的是，因不动产

[①] 现为《中华人民共和国行政诉讼法》（2017年修正）第二十条。

提起诉讼的由不动产所在地人民法院管辖。这里的"因不动产",不能理解为当事人提起诉讼的原因,而是指当事人对不动产作出的具体行政行为不服。产权界定部门针对整体产权作出产权界定行为,当事人提起诉讼,不服的是针对整体产权作出的产权界定行为,不属于"因不动产"的情形。从原告的诉讼请求看,当事人对整体产权界定行为不服,其诉讼请求只能是要求撤销、变更针对整体产权作出的产权界定行为,即使当事人对其中的不动产产权归属不服是提起诉讼的直接原因,或者对其中的不动产产权归属有异议,当事人提起行政诉讼,也不属于"因不动产"提起的行政诉讼。

(三)产权界定部门对整体产权作出界定,当事人提起行政诉讼,不服的是有关整体产权的产权界定行为,其中,既可能是对涉及不动产的界定不服,也可能是对涉及动产的界定不服。而不动产可能在整体产权中只占极少的份额,如果这类案件由不动产所在地人民法院管辖,不利于法院对产权界定行为进行合法性审查。

——甘文:《〈最高人民法院关于国有资产产权管理行政案件管辖问题的解释〉涉及的法律问题》,载李国光主编、最高人民法院行政审判庭编:《行政执法与行政审判参考》2001年第2辑(总第3辑),法律出版社2002年版,第216~218页。

157. 行政案件级别管辖制度

关键词

管辖权　行政案件级别管辖　基层人民法院管辖

最高人民法院司法政策精神

第二条　下列以县级、地市级人民政府为被告的第一审行政案件,由基层人民法院管辖:

(一)政府信息公开案件;

(二)不履行法定职责的案件;

(三)行政复议机关不予受理或者程序性驳回复议申请的案件;

(四)土地、山林等自然资源权属争议行政裁决案件。

第三条　中级人民法院对于公民、法人或者其他组织以县级、地市级人民政府为被告提起的诉讼,根据本办法第二条不属于本院管辖的,应当及时告知其向有管辖权的基层人民法院提起诉讼;当事人坚持起诉的,可以将案件直接移送有管辖权的基层人民法院。

——《最高人民法院印发〈关于完善四级法院审级职能定位改革试点的

实施办法〉的通知》(2021年9月27日，法〔2021〕242号)。

附录：最高人民法院法官著述

（一）完善行政案件级别管辖制度

按照《行政诉讼法》第十五条第一项的规定，对县级以上地方人民政府所作的行政行为提起诉讼的第一审行政案件，由中级人民法院管辖。实践中，部分行政案件虽以县级以上地方人民政府为被告，但审理难度不大，基本不存在地方干预，由基层人民法院管辖，更有利于实质性化解矛盾纠纷。

根据《审级改革方案》和《授权决定》，《最高人民法院关于完善四级法院审级职能定位改革试点的实施办法》(以下简称《试点实施办法》)第二条明确下列以县级、地市级人民政府为被告的第一审行政案件，由基层人民法院管辖：

1. 政府信息公开案件；
2. 不履行法定职责的案件；
3. 行政复议机关不予受理或者程序性驳回复议申请的案件；
4. 土地、山林等自然资源权属争议行政裁决案件。

根据《行政诉讼法》第十八条第二款的规定，除地域管辖外，对上述四类案件还可以实行跨行政区划管辖，交由集中管辖相关行政案件的基层人民法院审理。即使某些案件因其他因素不宜由基层人民法院审理，按照《试点实施办法》第四条确立的提级管辖标准，还可以根据《行政诉讼法》第二十四条第二款报请中级人民法院审理，兼顾案件特点和当事人诉求，充分保障当事人合法权益。

实践中，对于因土地房屋征收、征用、补偿、责令停产停业、吊销相关证照等对当事人合法权益可能产生较大影响的行政行为引起的第一审行政案件，仍由中级人民法院管辖，确保案件能够得到公正审理。但是，在确定案件级别管辖时，必须严格按照《最高人民法院关于正确确定县级以上地方人民政府行政诉讼被告资格若干问题的规定》(法释〔2021〕5号)，准确理解"谁行为，谁被告"的被告确定规则。

——刘峥、何帆：《〈关于完善四级法院审级职能定位改革试点的实施办法〉的理解与适用》，载《人民司法·应用》2021年第31期。

158. 行政协议案件中协议选择多个管辖法院的处理

关键词

多个管辖法院　原告所在地　起诉方所在地

最高人民法院司法解释

第七条 当事人书面协议约定选择被告所在地、原告所在地、协议履行地、协议订立地、标的物所在地等与争议有实际联系地点的人民法院管辖的,人民法院从其约定,但违反级别管辖和专属管辖的除外。

——《最高人民法院关于审理行政协议案件若干问题的规定》(2019年11月27日,法释〔2019〕17号)。

附录:最高人民法院主流观点

从民事诉讼的审判实践来看,可能会出现当事人协议约定多个管辖法院的情形,比如当事人约定由各自所在地、原告所在地或者起诉方所在地人民法院管辖等。这种表述实际上选择了双方当事人所在地的人民法院,即两个以上的人民法院管辖。有的意见认为,这类管辖协议选择法院不唯一,约定不明确,难以确定管辖法院,应当认定为无效。我们认为,对于此类管辖协议,不宜认定为无效,采取认定为有效的处理方式更为妥当。理由包括三点。一是根据民事诉讼的审判实践,协议管辖中约定由原告所在地、起诉方所在地等法院管辖的占比很大,如果认定为无效,则会出现大量无效的管辖协议,不利于实现设立协议管辖制度的初衷。二是民事诉讼审判实践也逐渐从认定为无效转变为承认有效。1992年《最高人民法院关于适用〈中华人民共和国民事诉讼法〉若干问题的意见》第二十四条规定:"合同的双方当事人选择管辖的协议不明确或者选择民事诉讼法第二十五条规定的人民法院中的两个以上人民法院管辖的,选择管辖的协议无效,依照民事诉讼法第二十四条的规定确定管辖。"按照该条规定,当事人选择两个以上法院的,一律认定为无效。但是2012年民事诉讼法修改后,《民诉解释》对此作出不同的规定。该解释第三十条规定:"根据管辖协议,起诉时能够确定管辖法院的,从其约定;不能确定的,依照民事诉讼法的相关规定确定管辖。管辖协议约定两个以上与争议有实际联系的地点的人民法院管辖,原告可以向其中一个人民法院起诉。"实际上在2012年民事诉讼法修改以前,最高人民法院已经对此作出了改变。《最高人民法院公报》2005年第8期刊登的最高人民法院(2005)民二终字第94号裁定书认为,双方可向各自住所地人民法院起诉的约定,实质是选择原告住所地人民法院管辖,约定有效。另外,最高人民法院法经〔1994〕266号、法经〔1994〕278号和法函〔1995〕86号等通知对此约定亦予以认可,且认为对此类约定造成的管辖竞合问题,可适用1991年《民事诉讼法》第三十五条予以解决,即"两个以上人民法院都有管辖权的诉讼,原告可以向其中一个人民法院起诉;原告向两个以上有管辖权的人民法院起诉的,由最先立案的人民法院管辖"。1991年《民事诉讼法》第三十五条规定被

2012年《民事诉讼法》第三十五条所承继。三是借鉴域外的立法实践。德国、日本的立法均承认此类管辖协议的效力,其虽然要求协议管辖的法院应是特定法院,但又认为不限于唯一法院,既可以协议约定一个法院为其管辖法院,也可以协议约定数个法院为其管辖法院。综上所述,目前,各国和地区解决此类管辖权竞合争议时一般均采用"先受诉法院管辖"的规则,我国民事诉讼实践亦是如此。另外,《行政诉讼法》第二十一条亦明确了"先受诉法院管辖"规则在行政诉讼中的适用,该条规定:"两个以上人民法院都有管辖权的案件,原告可以选择其中一个人民法院提起诉讼。原告向两个以上有管辖权的人民法院提起诉讼的,由最先立案的人民法院管辖。"因此,对于行政协议纠纷中当事人约定了两个以上管辖法院的情形,完全可以依照《行政诉讼法》第二十一条的规定来解决管辖权的冲突问题,没有必要认定为无效。

——最高人民法院行政审判庭编著:《最高人民法院关于审理行政协议案件若干问题的规定理解与适用》,人民法院出版社2020年版,第109~111页。

159. 行政协议案件中管辖协议无效的情形

关键词

管辖协议　无效情形　约定不明确　约定仲裁条款

最高人民法院司法解释

第七条　当事人书面协议约定选择被告所在地、原告所在地、协议履行地、协议订立地、标的物所在地等与争议有实际联系地点的人民法院管辖的,人民法院从其约定,但违反级别管辖和专属管辖的除外。

——《最高人民法院关于审理行政协议案件若干问题的规定》(2019年11月27日,法释〔2019〕17号)。

附录:最高人民法院主流观点

管辖协议必须符合法律规定的条件,除了合同法规定的合同无效情形及管辖协议因违反级别管辖、专属管辖规定无效以外,以下三种情形的管辖协议亦应认定为无效。

1. 针对不特定法律关系纠纷所订立的管辖协议

根据民法理论,管辖协议必须是针对一定法律关系所产生的诉讼作出,方才有效。当事人不能预先就不特定的法律关系或者一切诉讼订立管辖协议。这种无任何法律关系基础的管辖协议,通常会损害一方当事人的管辖利益,造成诉讼的不公平,故为保护一方当事人的管辖利益,对其效力不予承认。

对于此种观点，国内外立法基本一致。比如，《最高人民法院关于内地与香港特别行政区法院相互认可和执行当事人协议管辖的民商事案件判决的安排》第三条规定："本安排所称'书面管辖协议'，是指当事人为解决与特定法律关系有关的已经发生或者可能发生的争议，自本安排生效之日起，以书面形式明确约定内地人民法院或者香港特别行政区法院具有唯一管辖权的协议。"《日本民事诉讼法》第十一条第二款规定："本条前款的协议，如果不是基于一定法律关系而发生的诉讼，并且不是以书面形式进行协议的，则不产生其效力。"《德国民事诉讼法》第四十条第一项规定："关于管辖的合意，如非就一定的法律关系以及由此法律关系而生的诉讼而为者，不生法律上的效力。"

2. 约定不明确的管辖协议

审判实践中有两种较为常见的约定不明确的管辖协议。一是约定由当地法院管辖。由于何为当地法院指代不明，常常会发生争议。有的理解为当事人所在地，有的理解为协议履行地，有的理解为标的物所在地。我们认为，在当事人管辖协议约定不明确的情况下，该管辖协议不属于必然无效，应当综合考量全案情况，包括当事人的合意内容、合同类型等因素，区分不同情况进行处理。如果能够明确"当地"指向的，应当认定为有效；如果不能明确的，就属于约定不明确，应当认定为无效。比如最高人民法院在（2010）民申字第809号裁定书中就当事人在施工合同中约定不明确之情形进行了阐述。该裁定书认为，在施工合同中约定"在合同执行中发生争议，双方应协商解决；协商不成向当地人民法院起诉"所称的当地，系指工程所在地（即合同履行地）。二是约定由守约方所在地法院管辖。由于判断何方当事人为守约方是要经过实体审理后方能明确，在确定管辖权的阶段无法判明，如果当事人在合同中约定"由守约方所在地法院管辖"，则该管辖协议无法执行，应当认定为无效。这一点在《最高人民法院关于金利公司与金海公司经济纠纷案件管辖问题的复函》（法函〔1995〕89号）中予以了明确，该函认为：金利公司与金海公司在再次补充协议中约定，"如甲、乙双方发生争议，由守约方所在地人民法院管辖。"该约定不符合《民事诉讼法》第二十五条的规定，应认定协议管辖的条款无效。

3. 约定仲裁条款的管辖协议

此种情形在《行政协议解释》第二十六条作出了明确规定："行政协议约定仲裁条款的，人民法院应当确认该条款无效，但法律、行政法规或者我国缔结、参加的国际条约另有规定的除外。"根据仲裁法的规定，仲裁规则是为了解决民事、商事合同纠纷而产生的，其适用于作为平等主体之间的自然人、法人或者其他组织之间发生的合同纠纷和其他财产权益纠纷，而行政协议是行政机关和行政相对人之间订立的，因此仲裁不适合解决行政协议纠纷。另外，由于仲裁机构属于民间机构，行政协议的纠纷往往与行政机关行使公权力有关,因此根据仲裁法的规定,仲裁机构无权依据仲裁协议或者仲裁条款针对行政协议进行仲裁。但是如果法律、行政法规以及我国缔结或者参加的国际条约另有规定的,则从其规定。但是需要注意的是,根据《行政协议解释》第二十六条的规定,行政协议约定仲裁条款的,人民法院应当确认该条款无效,但这并不意味着该管辖协议当然无效,只是说约定仲裁的具体条款无效,至于该管辖协议其他条款是否有效,是否能够确定协议管辖法院,需要视案件的具体情况来确定。

——最高人民法院行政审判庭编著:《最高人民法院关于审理行政协议案件若干问题的规定理解与适用》,人民法院出版社2020年版,第105~107页。

第四章 起诉和受理

160. 依法做好行政案件受理和审理工作

关键词

行政案件 受理 审理

最高人民法院司法政策精神

二、依法做好行政案件受理和审理工作

严格执行行政诉讼法和《最高人民法院关于人民法院登记立案若干问题的规定》,进一步强化行政诉讼中的诉权保护,不得违法限缩受案范围、违法增设起诉条件,严禁以反复要求起诉人补正起诉材料的方式变相拖延、拒绝立案。对于不接收起诉状、接收起诉状后不出具书面凭证,以及不一次性告知当事人需要补正的起诉状内容的,要依照《人民法院审判人员违法审判责任追究办法(试行)》《人民法院工作人员处分条例》等相关规定,对直接负责的主管人员和其他直接责任人员依法依纪作出处理。坚决抵制干扰、阻碍人民法院依法受理和审理行政案件的各种违法行为,对领导干部或者行政机关以开协调会、发文件或者口头要求等任何形式明示或者暗示人民法院不受理案件、不判决行政机关败诉、不履行人民法院生效裁判的,要严格贯彻落实《领导干部干预司法活动、插手具体案件处理的记录、通报和责任追究规定》《司法机关内部人员过问案件的记录和责任追究规定》,全面、如实做好记录工作,做到全程留痕,有据可查。

——《最高人民法院关于行政诉讼应诉若干问题的通知》(2016年7月28日,法〔2016〕260号)。

161. 实体从新、程序从旧及保护诉权原则的运用

关键词

实体从新、程序从旧　保护诉权　新旧法的适用

最高人民法院司法政策精神

三、关于新旧法律规范的适用规则

根据行政审判中的普遍认识和做法，行政相对人的行为发生在新法施行以前，具体行政行为作出在新法施行以后，人民法院审查具体行政行为的合法性时，实体问题适用旧法规定，程序问题适用新法规定，但下列情形除外：

（一）法律、法规或规章另有规定的；
（二）适用新法对保护行政相对人的合法权益更为有利的；
（三）按照具体行政行为的性质应当适用新法的实体规定的。

——《最高人民法院关于审理行政案件适用法律规范问题的座谈会纪要》（2004年5月18日，法〔2004〕96号）。

最高人民法院答复

河南省高级人民法院：

你院豫法（告）请（1991）38号《关于不服工商行政机关的查封、划拨通知书能否按民事或行政侵权案件受理的请示》收悉。经我院审判委员会讨论，同意你院请示报告中的第二种意见，即：开封市工商局1988年对开封市曹门经销部作出冻结划拨酒款通知书，并以"白条"为收据提走其1653件川曲酒替开封市豫川副食品联营公司冲抵货款的行为，是行政侵权行为，但案发在行政诉讼法施行之前，当时的法律没有规定法院受理此类案件，因此，人民法院不能受理。曹门经销部应向有关行政机关申请解决。

——《最高人民法院关于〈行政诉讼法〉施行前法律未规定由法院受理的案件应如何处理的批复》（1993年2月15日，〔1993〕民他字第10号）。

黑龙江省高级人民法院：

你院报送的《关于当事人起诉的行政行为发生在行政诉讼法施行以前，起诉时行政诉讼法已施行且未超过起诉期限的，人民法院是否受理问题的请示》收悉。经研究，答复如下：

从请示案件的材料看，被诉具体行政行为在《中华人民共和国行政诉讼法》实施之前即已作出，故当事人的起诉应当适用《中华人民共和国行政诉

讼法》实施之前的法律及相关司法解释的规定。

——《最高人民法院行政审判庭关于当事人起诉的行政行为发生在行政诉讼法施行以前，起诉时行政诉讼法已施行且未超过起诉期限的，人民法院是否受理问题的答复》(2005年4月4日，〔2004〕行他字第21号)。

162. 海事法院审理行政案件

关键词

海事行政案件　管辖

最高人民法院司法解释

二、关于海事行政案件管辖

1. 海事法院审理第一审海事行政案件。海事法院所在地的高级人民法院审理海事行政上诉案件，由行政审判庭负责审理。

2. 海事行政案件由最初作出行政行为的行政机关所在地海事法院管辖。经复议的案件，由复议机关所在地海事法院管辖。

对限制人身自由的行政强制措施不服提起的诉讼，由被告所在地或者原告所在地海事法院管辖。

前述行政机关所在地或者原告所在地不在海事法院管辖区域内的，由行政执法行为实施地海事法院管辖。

——《最高人民法院关于海事诉讼管辖问题的规定》(2016年2月24日，法释〔2016〕2号)。

五、海事行政案件

79. 因不服海事行政机关作出的涉及海上、通海可航水域或者港口内的船舶、货物、设备设施、海运集装箱等财产的行政行为而提起的行政诉讼案件；

80. 因不服海事行政机关作出的涉及海上、通海可航水域运输经营及相关辅助性经营、货运代理、船员适任与上船服务等方面资质资格与合法性事项的行政行为而提起的行政诉讼案件；

81. 因不服海事行政机关作出的涉及海洋、通海可航水域开发利用、渔业、环境与生态资源保护等活动的行政行为而提起的行政诉讼案件；

82. 以有关海事行政机关拒绝履行上述第79项至第81项所涉行政管理职责或者不予答复而提起的行政诉讼案件；

83. 以有关海事行政机关及其工作人员作出上述第79项至第81项行政行为或者行使相关行政管理职权损害合法权益为由，请求有关行政机关承担国

家赔偿责任的案件;

84. 以有关海事行政机关及其工作人员作出上述第 79 项至第 81 项行政行为或者行使相关行政管理职权影响合法权益为由,请求有关行政机关承担国家补偿责任的案件;

85. 有关海事行政机关作出上述第 79 项至第 81 项行政行为而依法申请强制执行的案件。

——《最高人民法院关于海事法院受理案件范围的规定》(2016 年 2 月 24 日,法释〔2016〕4 号)。

最高人民法院司法政策精神

各省、自治区、直辖市高级人民法院,各海事法院:

2016 年 2 月我院发布《最高人民法院关于海事诉讼管辖问题的规定》(法释〔2016〕2 号)和《最高人民法院关于海事法院受理案件范围的规定》(法释〔2016〕4 号)以来,各海事法院紧紧围绕服务海洋强国建设大局,通过专业化审判妥善化解海事行政纠纷,得到海事行政机关和人民群众的高度认可。为进一步加强海事行政审判工作,现就有关事项通知如下:

一、《最高人民法院关于海事诉讼管辖问题的规定》(法释〔2016〕2 号)规定"海事法院审理第一审海事行政案件",各海事法院应依照该规定,切实履行海事行政审判职能。

二、各海事法院要积极探索与海事行政机关建立制度化的沟通协调平台,形成海事司法与海事行政良性互动机制,有效化解行政争议,维护正常海事行政管理秩序,促进社会和谐。

三、各海事法院要强化海事行政审判服务功能,重视司法建议工作。对在海事行政审判中发现的海事行政执法中存在的共性问题,及时提出改进意见和建议,为海事行政机关改进工作提供参考。

四、各海事法院应采取措施,切实做好海事行政案件的立案、审理和执行工作。工作中遇到的疑难问题,及时报告海事法院所在地的高级人民法院行政审判庭。

五、各高级人民法院、海事法院要组织学习培训,加强海事行政审判队伍建设,不断提升海事行政审判人员专业水平,确保海事行政审判质效。

——《最高人民法院关于进一步加强海事行政审判工作的通知》(2018 年 3 月 9 日,法〔2018〕63 号)。

163. 当事人请求行政机关履行法定职责的，应当先向该行政机关提出申请

关键词

法定起诉条件　履行法定职责　行政不作为

最高人民法院裁判文书

王某云诉辽宁省阜新市太平区人民政府给付取暖费案［最高人民法院（2015）行监字第960号行政裁定书］

裁判要点：当事人请求行政机关履行法定职责的，应当先向该行政机关提出申请，未经申请直接向人民法院提起诉讼的，不符合法定起诉条件。

最高人民法院认为：起诉人提起行政诉讼应当符合法定的起诉条件。王某云的诉讼请求不符合法定的起诉条件。关于给付取暖费及今后按年度报销。王某云请求判令太平区政府给付取暖费及今后按年度报销取暖费，按照修改前的《行政诉讼法》的规定，该项诉讼请求属于不履行法定职责之诉。根据《最高人民法院关于行政诉讼证据若干问题的规定》第四条第二款规定，公民、法人或者其他组织在起诉被告不作为的案件中，应当提供其在行政程序中曾经提出申请的证据材料。本案中，王某云未提供曾向太平区政府提出报销取暖费申请的相关证据。同时，根据阜太政发（2001）10号文件的规定，太平区政府只是对取暖费补贴标准作出规定，并非取暖费报销的具体实施单位。取暖费报销的具体实施单位应当是太平区政府辖区内的各街道办事处、区政府各部门以及法律、法规授权的组织。因此，即便王某云能够证明其向相关部门提出过报销取暖费的申请，其以太平区政府为被告，提起请求给付取暖费的行政诉讼，仍然属于被告不适格。鉴于此，一、二审法院对王某云的该项诉讼请求裁定不予立案受理，裁判结果应予支持。

——中国裁判文书网。

164. 行政主体程序性行为、过程性行为，通常不能单独申请行政复议或提起诉讼

关键词

程序性行为　过程性行为　行政复议

最高人民法院裁判文书

沈某华诉江苏省公安厅行政撤销及履行法定职责案［最高人民法院（2017）最高法行申4409号行政裁定书］

　　裁判要点：行政主体程序性行为、过程性行为，通常不能单独申请行政复议或提起诉讼，除非该程序性行为具有事实上的最终性，并影响公民、法人或者其他组织的合法权益。

　　最高人民法院认为，《中华人民共和国行政复议法》第二条规定，公民、法人或者其他组织认为具体行政行为侵犯其合法权益，向行政机关提出行政复议申请，行政机关受理行政复议申请、作出行政复议决定，适用本法。一般而言，可申请行政复议的行政行为，应当是行政主体直接设定行政相对人权利义务或者对相对人权利义务直接产生影响、对外发生法律效果的行为，也即行政管理活动的最终行政决定。一般不包括行政主体在作出最终行政决定过程中针对程序性事项所作的决定和处理。此类针对程序性事项所作的行为以及过程性行为虽具有一定法律意义，也会间接影响相对人权利义务，但它的法律效果是依附并被最终的行政决定所吸收，除非过程性行为具有独立的价值且对当事人权利义务产生重大影响。对过程性行为合法性的评价，可以在对最终的行政决定合法性评价中一并进行，过程性、程序性行为存在违法情形的，可能会导致最终的行政决定被认定为违法。依据《中华人民共和国行政复议法》第二十八条、《中华人民共和国行政诉讼法》第六十九条、第七十条、第七十四条的规定，行政行为是否符合法定程序是行政复议机关和人民法院审查行政行为合法性的重要方面，行政行为违反法定程序的，行政复议机关和人民法院有权予以撤销并可责令重作；行政行为程序轻微违法，但对当事人权利不产生实际影响的，人民法院可以判决确认违法而不撤销行政行为。因此，行政主体在行政程序中所作的程序性行为以及过程性行为的合法性问题，可以在对最终的行政决定的合法性审查中予以解决。对于在最终行政决定作出后，甚至行政相对人已对最终的行政行为申请复议或提起诉

讼的情况下，当事人再对过程性行为、程序性行为单独提起行政诉讼，显然已不再具有诉的利益，不再具备诉讼的必要性和实效性。因此，行政主体程序性行为、过程性行为，通常不能单独申请行政复议或提起诉讼，除非该程序性行为具有事实上的最终性，并影响公民、法人或者其他组织的合法权益。

本案中，再审申请人沈某华认为无锡市公安局批准延长办案期限行为违法，向江苏省公安厅申请行政复议。无锡市公安局批准延长办案期限，属办理治安行政处罚案件中的程序性行为，不直接对沈某华增加义务或减损权利，即使存在超过办案期限的问题，也只能在针对行政处罚所提起的案件中进行审查，而不能单独就行政处罚案件办案期限问题申请行政复议。事实上，沈某华已就无锡市公安局新吴分局作出的新公（旺）行罚决字［2015］753号行政处罚决定向人民法院提起行政诉讼，人民法院在该案中对延长办案期限问题进行了审查并作出评价。嗣后，沈某华又单独就延长办案期限问题向江苏省公安厅申请行政复议，江苏省公安厅根据《中华人民共和国行政复议法》第十六条第二款有关公民、法人或者其他组织向人民法院提起行政诉讼，人民法院已经依法受理的，不得申请行政复议的规定，决定不予受理，符合法律规定。一、二审法院对沈某华不服江苏省公安厅不予受理决定提起的诉讼，应当依法判决驳回诉讼请求，但一、二审法院分别以裁定方式不予立案和驳回上诉，适用法律错误。但考虑到江苏省公安厅对被诉行政行为作出不予受理决定符合法律规定，沈某华的诉讼请求从实体上不能支持，为避免讼累，本案不再启动再审程序。

——中国裁判文书网。

165. 对复议机关程序性驳回复议申请决定不服提起行政诉讼的，复议机关与作出原行政行为的机关不是共同被告，当事人不能同时起诉复议行为和原行政行为

关键词

复议机关　程序性驳回　复议申请决定　同时起诉

最高人民法院裁判文书

张某功诉南通市人民政府、江苏省人民政府房屋行政补偿及行政复议案
［最高人民法院（2017）最高法行申4311号行政裁定书］

裁判要点：驳回行政复议申请决定属于对行政复议申请的程序性驳回，不同于"复议机关决定维持原行政行为"之情形。在复议

机关不受理复议申请的情况下，当事人可以起诉原行政行为，也可以起诉复议机关驳回行政复议申请的决定，但不可以同时起诉两项行为。

最高人民法院认为，本案中，南通市政府提交的张贴证明及照片、8号征收补偿决定的送达回证等证据材料可以证明，南通××技术开发区管理委员会的房屋征收部门于2014年4月9日在张某功户房屋外墙张贴了8号征收补偿决定及补偿决定公告，并于2014年4月24日将8号征收补偿决定进行了留置送达。张某功主张未送达，与事实不符。该8号征收补偿决定明确告知了申请行政复议及提起行政诉讼的权利和期限。2015年1月30日，张某功向江苏省政府申请行政复议，已超过《行政复议法》第九条规定的申请期限。江苏省政府据此决定驳回其复议申请，符合法律规定。

2015年5月，张某功提起本案诉讼，被诉行政行为同时包括两项，一是南通市政府作出的8号征收补偿决定，二是江苏省政府作出的022号驳回复议申请决定。首先，关于8号征收补偿决定。《行政诉讼法》第四十六条规定，公民、法人或者其他组织直接向人民法院提起诉讼的，应当自知道或者应当知道作出行政行为之日起六个月内提出。法律另有规定的除外。因不动产提起诉讼的案件自行政行为作出之日起超过二十年，其他案件自行政行为作出之日起超过五年提起诉讼的，人民法院不予受理。另外，根据《最高人民法院关于适用〈中华人民共和国行政诉讼法〉若干问题的解释》第三条①的规定，是否遵守起诉期限属于起诉条件的一种，对于起诉条件的审查，人民法院应当依职权进行，无须等待当事人的申请，也不用基于当事人的抗辩，对于"超过法定起诉期限且无正当理由的"，人民法院可以不予立案或者裁定驳回起诉。本案张某功于2014年4月即知道或应当知道8号征收补偿决定，其直至2015年5月才针对该决定提起诉讼，已经超过法定起诉期限；且二十年最长起诉期限，仅适用于当事人一直不知道行政行为主要内容的情形，本案并不适用。张某功因起诉期限超过而丧失诉权，并不因其曾申请行政复议而受影响。因此，张某功本项起诉不符合法定条件，应当裁定驳回。其次，关于022号驳回复议申请决定。因张某功申请行政复议超过法定的申请期限，江苏省政府作出022号驳回行政复议申请决定。根据《最高人民法院关于适用〈中华人民共和国行政诉讼法〉若干问题的解释》第六条第一款②规

---

① 现为《最高人民法院关于适用〈中华人民共和国行政诉讼法〉的解释》（法释〔2018〕1号）第六十九条。

② 现为《最高人民法院关于适用〈中华人民共和国行政诉讼法〉的解释》（法释〔2018〕1号）第一百三十三条。

定,"行政机关决定维持原行政行为"包括复议机关驳回复议申请或者复议请求的情形,但以复议申请不符合受理条件为由驳回的除外。022号驳回行政复议申请决定从性质上属于对行政复议申请的程序性驳回,未对被申请行政行为的合法性作出实体性评判和处理,不同于"复议机关决定维持原行政行为"之情形。在复议机关不受理复议申请的情况下,根据《行政诉讼法》第四十四条的规定,当事人可以起诉原行政行为,也可以起诉复议机关驳回行政复议申请的决定,即行政不作为。但当事人不可以同时起诉两项行为,因为后者审查的结果可能是撤销驳回行政复议申请的决定,重启行政复议程序,由此造成人民法院和行政复议机关在并行的两个法定程序中对同一行为即原行政行为合法性进行审查,两个程序重复且结果可能矛盾,也违背司法最终原则。同时,根据《行政诉讼法》第二十六条第二款规定,复议机关是共同被告的情形,限于"复议机关决定维持原行政行为"。江苏省政府虽为复议机关但不满足作为共同被告的条件。张某功同时起诉8号征收补偿决定和022号驳回复议申请决定,并将南通市政府与江苏省政府作为共同被告向人民法院提起诉讼,不符合法律规定。一审裁定驳回起诉,二审裁定驳回上诉,并无不当。

——最高人民法院第三巡回法庭编著:《最高人民法院第三巡回法庭典型行政案件理解与适用》,中国法制出版社2019年版,第135~138页。

166. 行政相对人通过其他途径获取行政文书复印件但行政机关并未履行送达程序的如何确定行政相对人知道行政行为内容的时间

关键词

行政批复之诉 起诉期限 送达

最高人民法院裁判文书

王某兰与邢台经济开发区管委会行政批复再审复查案〔最高人民法院(2020)最高法行申4939号行政裁定书〕

裁判要点:当事人主张其仅获取相关批复的复印件且行政机关未依法向其送达,不能否认其已经知道被诉行政行为内容的事实。

最高人民法院经审查认为,根据《最高人民法院关于适用〈中华人民共和国行政诉讼法〉的解释》第六十四条第一款之规定,行政机关作出行政行为时,未告知公民、法人或者其他组织起诉期限的,起诉期限从公民、法人或者其他组织知道或者应当知道起诉期限之日起计算,但从知道或者应当知道行政行为内容之日起最长不得超过一年。本案中,再审申请人于2016年9月1日向邢台市桥西区人民法院提起民事诉讼案件时,将开发区管委会作出的邢开管字(2016)14号《关于对〈河北佰裕东面业有限公司"10·5"触电事故调查报告〉的批复》作为证据向法院提交,可以认定再审申请人于2016年9月1日即已知道开发区管委会作出的批复内容,其于2018年11月28日提起本案诉讼要求撤销该批复,已经超过法定起诉期限。再审申请人主张其2016年9月1日仅获取了上述批复的复印件且再审被申请人未依法向其送达,但该主张不能否认再审申请人于当日知道被诉行政行为内容的事实,故原审法院裁定驳回王某兰的起诉并无不当。再审申请人的诉请原审法院已予充分回应,其再审申请没有提出新的证据与理由,依法难以支持。

——中国裁判文书网。

167. 提起一般给付之诉应当是请求给付的金额已获明确

关键词

行政给付　金额确定

最高人民法院裁判文书

肖某炼诉湖南省隆回县人民政府行政给付案〔最高人民法院(2019)最高法行申3965号行政裁定书〕

裁判要点:《中华人民共和国行政诉讼法》第七十三条规定,人民法院经过审理,查明被告依法负有给付义务的,判决被告履行给付义务。也就是说,人民法院经审查查明行政机关依法负有给付义务的,就应判决其履行该给付义务。但是,对于当事人要求行政机关直接给付金钱的,请求给付的金额必须已经确定,如果须由行政机关事先核定给付金额的,则仍应由行政机关先行处理,当事人如对处理结果不服,可以再另行寻求救济。

最高人民法院经审查认为,《中华人民共和国行政诉讼法》第七十三条规定,人民法院经过审理,查明被告依法负有给付义务的,判决被告履行给付义务。也就是说,人民法院经审查查明行政机关依法负有给付义务的,就应判决其履行该给付义务。但是,对于当事人要求行政机关直接给付金钱的,请求给付的金额必须已经确定,如果须由行政机关事先核定给付金额的,则仍应由行政机关先行处理，当事人如对处理结果不服，可以再另行寻求救济。本案中，25号决定规定社办学校的财政补贴由教育行政主管部门核定，再由隆回县财政按照核定人数统一拨付。在肖某炼提起本案诉讼时，隆回县政府尚未就承包洪底小学的起止期限等问题与其达成一致意见，也未核定洪底小学2004年下学期以后的学生人数。因此，肖某炼在本案中请求给付的财政补贴还须由行政机关先行处理。肖某炼提出的直接判决隆回县政府支付办学补贴和奖励的请求，因缺乏法律依据，本院不予支持。需要指出的是，隆回县政府根据一审判决已经对肖某炼提出的财政补贴问题作出处理，肖某炼若不服，仍可以通过申请复议或者提起诉讼的方式寻求救济。

肖某炼主张增加判令隆回县政府支付2001年下学期至2006年上学期期间学生奖励15540元。《最高人民法院关于适用〈中华人民共和国行政诉讼法〉的解释》第七十条规定，起诉状副本送达被告后，原告提出新的诉讼请求的，人民法院不予准许，但有正当理由的除外。本案已经过一审、二审及再审等程序，但肖某炼直到继续审理后的一审开庭前才提出要求支付学生奖励15540元的新诉求，不属于有正当理由的情形，一、二审对该项诉求不予支持，并无不当。肖某炼还主张隆回县政府应赔偿其误工等损失113573元，因其未提供证据证明本案被诉行政行为与其主张的损失存在因果关系，其提出的赔偿请求缺乏事实和法律依据，一、二审对该项诉求不予支持，亦无不当。肖某炼请求对18号决定、25号决定、18号规定一并审查，因超出原审诉讼请求，本院对此不予审查。

——中国裁判文书网。

168. 公民作为诉讼代理人是否可以收取报酬

关键词

公民　诉讼代理人　报酬

最高人民法院司法解释

第三十三条第一款　根据行政诉讼法第三十一条第二款第三项规定，有关社会团体推荐公民担任诉讼代理人的，应当符合下列条件：

（一）社会团体属于依法登记设立或者依法免予登记设立的非营利性法人组织；

（二）被代理人属于该社会团体的成员，或者当事人一方住所地位于该社会团体的活动地域；

（三）代理事务属于该社会团体章程载明的业务范围；

(四)被推荐的公民是该社会团体的负责人或者与该社会团体有合法劳动人事关系的工作人员。

——《最高人民法院关于适用〈中华人民共和国行政诉讼法〉的解释》(2018年2月6日,法释〔2018〕1号)。

> **附录:最高人民法院主流观点**

实践中,对于公民作为诉讼代理人是否可以收取报酬的问题,争议较大。一种意见认为,根据1997年律师法第十四条,《司法部关于公民个人未经批准不得从事有偿法律服务的批复》以及《司法部、国家工商行政管理局关于进一步加强法律服务管理有关问题的通知》的相关规定,公民担任诉讼代理人不能收取报酬,公民从事有偿代理业务违反法律的强制性规定,委托代理协议无效。另一意见则认为,2007年律师法第十三条规定,"没有取得律师执行证书的人员,不得以律师名义从事法律业务;除法律另有规定外,不得从事诉讼代理或者辩护业务",该条规定已经删除了1997年律师法第十四条规定的"不得为牟取经济利益从事诉讼代理或者辩护业务"的规定。鉴于现行法律没有对此问题作出明确规定,不宜直接认为公民担任诉讼代理人收取费用的协议无效。但是,从规范公民担任诉讼代理人行为角度出发,应当对公民担任诉讼代理人收费问题进行必要限制。最高人民法院民一庭在2010年9月16日曾对重庆高院《关于公民代理合同中给付报酬约定的效力问题的请示》作出答复:未经司法行政机关批准的公民个人与他人签订的有偿法律服务合同,人民法院不予保护;但对于受托人为提供服务实际发生的差旅等合法费用,人民法院可以支持。本司法解释对公民代理收费问题未作规定,实践中,宜仍按照上述答复意见,对代理合同中约定的高额代理费用不予支持,但可以根据代理行为的完成情况和代理人实际支出的相关费用,对差旅费等实际发生的相关费用予以支持。

——最高人民法院行政审判庭编著:《最高人民法院行政诉讼法司法解释理解与适用》,人民法院出版社2018年版,第185页。

169. 诉讼请求不明确的处理

> **关键词**

诉讼请求不明确

> **最高人民法院审判业务意见**

依照处分权主义,人民法院不得为诉外裁判。诉讼标的是原告提起诉讼时必须予以明确的内容，也是法院审理的对象。诉讼标的通过当事人的诉讼请求予以固定，因此诉讼请求必须满足实现诉讼标的个别化的要件。在撤销诉讼中，明确原告争议的行政行为即可；在课予义务诉讼中，明确原告申请作出的行政行为即可；在确认诉讼中，明确原告要求确认存在或者不存在的诉争法律关系即可；在给付诉讼中，原告需明确根据何种法律关系请求给付。明确的诉讼请求要求原告具体陈述被诉行政行为的违法之处以及损害其权利的内容。

根据行政诉讼法第五十一条第三款、《最高人民法院关于适用〈中华人民共和国行政诉讼法〉的解释》（以下简称《行诉解释》）第六十八条第三款的规定，当事人提起行政诉讼，但诉讼请求不明确的，人民法院应当对当事人进行指导和释明，要求其予以补正，法院不能未经释明直接自行确认被诉行政行为，或者直接以诉讼请求不明确为由驳回起诉。

在起诉状内容欠缺或者未正确表达诉讼请求的情况下，人民法院应当进行指导和释明，要求当事人完善起诉状内容、明确诉讼请求，尤其要注意要求当事人明确被诉行政行为。行政诉讼多是对被诉行政行为的合法性进行审查，当事人所诉行政行为不明确，人民法院将无法进行案件的审理和裁判。原告诉讼请求不明确，一审法院未向原告释明要求其明确诉讼请求的，二审法院不宜简单以诉讼请求不明确为由认定原告的起诉不符合起诉条件，因为法院未经释明即以诉讼请求不具体为由裁定驳回当事人的起诉，违反诉讼程序，适用法律错误。

此外，审判中要区分诉讼请求不明确与同时对多个行政行为提起诉讼情形。诉讼请求不明确属于不符合行政案件受理条件范畴；同时对多个行政行为提起诉讼的，人民法院应当分别对每一个行政行为是否符合法定起诉条件进行审查。起诉人起诉的多个行政行为系关联性行为，均符合法定起诉条件的，人民法院可以合并审理。如果无法合并审理的，应当依法释明，要求起诉人分别起诉。起诉人坚持一并起诉的，人民法院可以根据《行诉解释》第六十九条第一款第十项规定，以起诉不符合合并审理法定条件为由，裁定驳回起诉，但应当在裁定理由部分明确如果当事人同意一案一诉、并符合其他起诉条件再次起诉的，人民法院应当予以受理。

——《最高人民法院第二巡回法庭建庭以来行政案件审理情况分析报告——以申请再审案件为核心（2015.01—2020.06）》。

170. 应适用裁定驳回起诉而判决驳回诉讼请求的问题

关键词

裁定驳回起诉　判决驳回诉讼请求

最高人民法院审判业务意见

起诉要件是诉讼成立要件,即判断当事人提起诉讼能否成立的形式要件。如果原告起诉不具备起诉要件,人民法院应以原告起诉不合法为由,通过裁定形式驳回起诉。如于某诉某区政府确认行政行为无效案,于某诉求确认《区人民政府关于恢复实施某地块改造项目国有土地上房屋征收补偿工作的决定》(简称恢复实施决定)无效,《行诉解释》第一百六十二条规定:公民、法人或其他组织对 2015 年 5 月 1 日之前作出的行政行为提起诉讼,请求确认行政行为无效的,人民法院不予立案。由于恢复实施决定发生于 2015 年 5 月 1 日之前,不属于人民法院行政诉讼受案范围,应裁定不予立案或者驳回起诉。

——《最高人民法院第二巡回法庭建庭以来行政案件审理情况分析报告——以申请再审案件为核心(2015.01—2020.06)》

171. 可以提起不履行法定职责之诉的情形

关键词

不履行法定职责

最高人民法院司法解释

第六十六条　公民、法人或者其他组织依照行政诉讼法第四十七条第一款的规定,对行政机关不履行法定职责提起诉讼的,应当在行政机关履行法定职责期限届满之日起六个月内提出。

——《最高人民法院关于适用〈中华人民共和国行政诉讼法〉的解释》(2018 年 2 月 6 日,法释〔2018〕1 号)。

附录:最高人民法院主流观点

不履行法定职责之诉,又称作义务之诉。这种诉讼类型又可分类两类:一类是"被拒绝",即所谓的否定决定之诉;另一类是"未作出",即所谓的不作为之诉。本条司法解释主要解决的是不作为之诉的起诉期限问题。而对于否定决定之诉，由于行政机关已经通过否定性决定拒绝作出行政行为，被拒绝申请的人就可以凭借这个拒绝决定，像提起撤销之诉那样去提起一个义务之诉。也就是说，如果行政机关在履行职责期限之内就作出拒绝决定，则不受履行职责期限的限制，公民、法人或者其他组织可以即时针对拒绝决定提起诉讼。在此情况下，提起义务之诉，就与提起一个撤销之诉一样，适用通常期限。

另外，提起不履行职责之诉，还存在一个起诉时机成熟的问题。"法律不保护权利上的睡眠者"，因此，过于迟延地请求法律救济将不受到法律的保护。但在有些情况下，过早地请求法律救济，同样不被法律所允许。正如最高人民法院在（2017）最高法行申307号王守保诉宣城市政府一案的行政裁定中所指出，"就行政诉讼来说，通常都是针对一个行政处理提起诉讼，这就存在一个起诉时机问题。按照成熟原则，行政程序必须发展到适宜由法院处理的阶段才算成熟，才能允许进行司法审查。起诉行政机关不履行法定职责就是如此。行政机关履行法定职责通常需要一个过程，……如果行政机关超过法定期限未履行职责，公民、法人或者其他组织即可以提起诉讼；反之，如果法定履行职责的期限未届满就提起诉讼，就属于起诉时机不成熟，人民法院应当不予立案或者裁定驳回起诉"。

——最高人民法院行政审判庭编著：《最高人民法院行政诉讼法司法解释理解与适用》，人民法院出版社2018年版，第337~338页。

172. 政府与其职能部门的法定职责不能相互替代、混同

关键词

政府职能部门　法定职责

最高人民法院裁判文书

陈某英诉湖南省永州市人民政府行政审批行为及不履行行政监督职责案

［最高人民法院（2018）最高法行申10883号行政裁定书］

裁判要点：原告对行政机关作出的行政行为提起行政诉讼，应当提供证据初步证明被诉行政行为存在，不能初步证明被诉行政行为存在的，原告起诉缺乏基本的事实根据，不符合法定起诉条件。对行政机关不履行法定职责提起行政诉讼的，该行政机关应当具有相应的法定职责，行政机关没有相应法定职责的，被告不适格，起

诉亦不符合法律条件。

政府与其职能部门是不同的行政主体,依法享有各自不同的行政职权,独立承担相应的法律责任,不能相互替代、混同。政府组织相关职能部门对产生的问题进行研究,并不表示政府具有法定的监管职责,法定监管职责是由法律、法规或者规章授权行政机关依法享有的职责义务。

最高人民法院经审查认为,《中华人民共和国行政诉讼法》第四十九条第(二)(三)项规定,提起行政诉讼应当有明确的被告、具体的诉讼请求和事实根据。《最高人民法院关于行政诉讼证据若干问题的规定》第四条第一款规定,公民、法人或者其他组织向人民法院起诉时,应当提供其符合起诉条件的相应的证据材料。根据上述规定,原告对行政机关作出的行政行为提起行政诉讼,应当提供证据初步证明被诉行政行为存在,不能初步证明被诉行政行为存在的,原告起诉缺乏基本的事实根据,不符合法定起诉条件。对行政机关不履行法定职责提起行政诉讼的,该行政机关应当具有相应的法定职责,行政机关没有相应法定职责的,被告不适格,起诉亦不符合法律条件。本案中,陈某英请求确认永州市政府的行政审批行为违法,但是没有提供初步证据证明,永州市政府对幸福园作出过任何行政审批行为;陈某英还请求确认永州市政府不履行对幸福园运营监督职责违法,但陈某英亦承认幸福园是在永州市民政局、市质量与监督管理局注册登记的民办非企业养老单位,永州市政府对幸福园并不享有法定的监管职责。为此,陈某英的两项诉讼请求均不符合法定的起诉条件,一、二审对其起诉裁定不予立案,并无不当。陈某英主张,永州市政府由其所属的民政、工商等部门组成,民政部门、工商部门为幸福园注册登记发证、颁发营业执照的审批行为,就是永州市政府的行政审批行为。但是,政府与其职能部门是不同的行政主体,依法享有各自不同的行政职权,独立承担相应的法律责任,不能相互替代、混同。以此为由申请再审,理由不能成立。陈某英还主张,幸福园早就列入永州市政府的工作议事日程,永州市政府对幸福园具有监管职责。但是,永州市政府组织相关职能部门,就幸福园产生的问题进行研究,并不表示永州市政府对幸福园具有法定的监管职责。法定监管职责是由法律、法规或者规章授权行政机关依法享有的职责义务,没有法律规定县市级以上人民政府对民办非企业养老单位具有法定的监管职责。以此为由申请再审,理由同样不能成立。陈某英又主张,一、二审没有调查和询问当事人,审判程序违法。但是,《最高人民法院关于适用〈中华人民共和国行政诉讼法〉的解释》第六十九条第三款规定,人民法院经过阅卷、调查或者询问当事人,认为不需要开庭审理的,可以径行裁定驳回起诉。一、二审对于裁定驳回起诉案件不开庭审理径行作出裁定，并无不当。陈某英该项申请再审理由，本院亦不予支持。
——中国裁判文书网。

173. 履行职责案件中原告主体资格问题

关键词

履行职责诉讼　原告资格

最高人民法院审判业务意见

履行职责的诉讼系课予义务诉讼，属于广义的给付诉讼。在课予义务诉讼中，只有起诉人可能具有请求行政机关履行职责的主观权利时，才能成为适格的原告。具体可以从以下三方面进行审查：一是其有无提交行政机关负有法定职责的具体规定；二是该规定是否为保护"私人"的权益；三是起诉人是否是规定保护的对象。三个条件缺一不可，只有同时具备，起诉人才具备原告主体资格。

如甲公司诉某区政府履行补偿职责案，甲公司主张其房屋被征收，要求区政府履行补偿职责。首先，区政府作为征收主体，具有补偿职责。其次，有关补偿的规定是为了保护被征收人的合法权益。最后，甲公司只要满足其为征收补偿有关规定的保护对象即为适格原告。根据该案查明的事实，已有生效裁判文书认定依据生效的执行公证书，涉案房屋已经评估作价后抵给了案外人所有。据此，甲公司并不是被征收房屋的所有权人，其并非征收补偿相关规定的保护对象，因而不是提起履责诉讼的适格原告。
——《最高人民法院第二巡回法庭建庭以来行政案件审理情况分析报告——以申请再审案件为核心（2015.01-2020.06）》。

174. 不履行查处职责案件的适格被告

关键词

不履行　查处职责案件　适格被告

最高人民法院审判业务意见（行政庭法官会议纪要）

人民法院应当根据法律、法规、规章有关事务、地域、级别管辖的规定，综合判断行政机关是否具有查处投诉的职责并确定适格被告。

不违反上位法管辖规定的规范性文件，可以作为人民法院判断管辖的依据。法律、法规、规章和合法有效的规范性文件对上、下级行政机关受理投诉职责规定不明确,下级行政机关按照行政惯例行使管辖权的,人民法院可予尊重。

——《最高人民法院行政法官专业会议纪要(六)(投诉领域)》(2019年11月29日)。

175. 债权人行政诉讼原告资格的认定

关键词

行政诉讼　原告资格

最高人民法院裁判文书

十堰市中达建筑安装工程有限公司诉十堰市自然资源和规划局房屋行政登记案〔最高人民法院(2019)最高法行再24号行政裁定书〕

裁判要点:1. 由债权的相对性所决定,在一般情况下,债权人不具有基于其债权针对行政机关对债务人所作的行政行为提起诉讼的原告资格。

2.《行政诉讼法司法解释》第13条之规定属于有限地承认债权人原告资格的例外情形。在债权人已经依循法定方式对债务人相关财产权施以限制的情况下,行政机关作出行政行为时应当预见到该行为可能对债权实现产生不利影响,此时行政机关应当对债权人的利益予以保护,并对是否作出相应的行政行为慎重考虑。当行政机关在未予以适当保护或考虑的情况下作出行为时,债权人有权对该行为提起行政诉讼。

3. 在涉及房屋登记类行政案件中,判断行政机关在作出行政行为时是否应当保护或考虑行政相对人的债权人的利益,应当根据不动产登记所依据的法律、法规、规章等对行政机关的审查内容和审查强度进行分析评判。

最高人民法院经审理认为,由债权的相对性所决定,在一般情况下,债权人不具有基于其债权针对行政机关对债务人所作的行政行为提起诉讼的原告资格。《行政诉讼法司法解释》第13条关于"行政机关作出行政行为时依法应予保护或者应予考虑的除外"的规定,属于有限地承认债权人原告资格的例外情形。因转移登记与初始登记均属于不动产物权变动的法定情形,且行政机关作出的行政行为在职权依据、适用法律等方面均无本质区别，故本院可以适用《房屋登记案件规定》第4条。根据中达建筑安装工程公司提供的证据，本案并不存在前述规定中行政机关作出行政行为时依法应予保护或者应予考虑的相应情形，此时如要求行政机关作出行政行为时考虑对债权实现的影响既无法律法规依据，亦不符合一般登记规则。故中达建筑安装工程公司与十堰市房管局核发房屋所有权证的初始登记行政行为之间无法律上的利害关系，不具备行政诉讼原告资格。原裁定认定事实清楚，适用法律正确。最高人民检察院的抗诉理由不能成立，裁定维持湖北省高级人民法院（2014）鄂行再终字第00006号裁定。

附录：最高人民法院法官著述

《行政诉讼法》第25条第1款规定："行政行为的相对人以及其他与行政行为有利害关系的公民、法人或者其他组织，有权提起诉讼。"在我国现行行政诉讼制度中，具备原告资格的主体可分为两类：一是行政行为的相对人，二是与行政行为有利害关系的人。通常情况下，行政行为的相对人总是有诉权的，因为一个不利行政行为给其造成权利侵害之可能显而易见。但是，受到行政行为影响的利害关系人的原告资格往往不易判断。从我国制定法及司法解释的规定看，行政诉讼原告资格经历了从"直接利害关系"标准、"行政相对人"标准、"法律上利害关系"标准到"利害关系"标准的演变。行政诉讼原告资格的范围呈现一个不断拓宽的趋势，行政诉讼原告资格的判断标准从主观转向客观，与本世纪法治国家发展和权利保护需求相适应，符合实质法治的精神。

债权人是否具有原告资格的问题，既是实践中比较常见的疑难问题之一，也是原告资格标准中较难以把握的部分。2018年《行政诉讼法司法解释》第13条规定："债权人以行政机关对债务人所作的行政行为损害债权实现为由提起行政诉讼的，人民法院应当告知其就民事争议提起民事诉讼，但行政机关作出行政行为时依法应予保护或者应予考虑的除外。"上述条款是对债权人原告资格的专门规定，即原则上债权人不具有原告资格，仅在例外情况下承认其原告资格。虽然《行政诉讼法司法解释》第13条提供了判断标准，但留下的判断余地仍然较大，法律适用也存在一定的不确定性。

一、普通债权人原则上不具有原告资格

司法实践中，有的债权人认为行政机关作出的行政行为影响了其债权的实现，常常对此提起行政诉讼。例如，有的债权人认为，行政机关的罚款决定导致被处罚人（其债务人）无法履行到期债务；有的承租人认为，行政机关作出的征收房屋决定影响了其租赁权等。尽管债权是法律明确规定应予保护的一项合法权利，而且现实生活中因行政行为的间接影响导致不利于债权实现的情形的确存在，但通常情况下，行政机关在进行相关领域内的管理活动时，法律不会要求其对行政相对人的负债情况进行调查，行政管理行为也不因行政相对人的负债情况而有所差异。

这是因为，债权人与债务人之间的债权债务关系属于民事法律关系，行政机关作出的行政行为与行政相对人之间形成行政法律关系，即使行政相对人同时负有债务，其债权人能否实现债权与行政机关针对相对人作出的行政行为之间并不存在必然的联系。故一般情况下，债权人不具有针对行政机关对相对人（债务人）所作的行政行为提起诉讼的原告资格。况且，债权属于私法范畴，通常不属于具有公法性质的行政法律规范的调整范围，债权人主张债权应通过民事诉讼途径获得救济。《行政诉讼法司法解释》第13条关于"行政机关作出行政行为时依法应予保护或者应予考虑的除外"的规定，属于有限地承认债权人原告资格的例外情形。故本案中需要审查的争议焦点是，行政机关在进行不动产登记时，是否需要将登记申请人的负债情况纳入审核范围，即登记申请人的对外债务是否属于不动产登记时行政机关应予考虑的范畴。

二、债权人在特定情形下具有原告资格

在行政诉讼中，判定债权人是否属于《行政诉讼法司法解释》第13条但书规定的例外情形，需要参酌相关法律法规及司法解释的规定。比如《房屋登记案件规定》第4条规定了四种情形：（1）以房屋为标的物的债权已办理预告登记的；（2）债权人为抵押权人且房屋转让未经其同意的；（3）人民法院依债权人申请对房屋采取强制执行措施并已通知房屋登记机构的；（4）房屋登记机构工作人员与债务人恶意串通的。当存在该四种情形之一时，房屋登记机构为债务人办理房屋转移登记，债权人对该转移登记行为不服提起诉讼的，人民法院应当依法受理。上述规定说明，在债权人已经依循法定方式对债务人相关财产权施以限制的情况下，行政机关作出房屋转移登记行为时应当预见到该行为可能对债权实现产生不利影响，此时行政机关应当对债权人的利益予以保护，并对是否作出相应行政行为慎重考虑。若行政机关未予以保护即作出房屋转移登记行为，债权人有权对该转移登记行为提起行政诉讼，故此时特定债权人具有原告资格。

在北京国联裕丰投资管理有限公司（以下简称裕丰投资管理公司）诉武汉市住房保障和房屋管理局行政登记案中，法院认为，裕丰投资管理公司受让取得涉案债权及抵押权，虽然裕丰投资管理公司承继该民事权利的民事行为发生在本案被诉行政行为作出之后，但因被诉行政行为与裕丰投资管理公司具有直接利益关系，故裕丰投资管理公司与被诉行政行为之间具有法律上的利害关系。因此，裕丰投资管理公司具有本案原告诉讼主体资格。根据有关法律、法规规定，抵押权仅因主债权消灭、抵押权已经实现、抵押权人放弃抵押权和抵押物灭失等法定事由而消灭。在建工程竣工后，抵押人和抵押权人未按照《城市房地产抵押管理办法》《房屋登记办法》的相关规定重新办理房地产抵押登记，并不必然导致抵押权消灭。除非房管局能够证明其作出被诉房屋所有权转移登记行为时，该房屋的抵押权已消灭或者抵押关系已解除，否则仅仅凭借涉案房屋所有权登记信息中记载的房屋抵押状态显示为"无"即认定对该房屋没有设定抵押，存在失职，应当承担转移登记行为带来的不良影响。在该案中，虽然三级法院对于是否支持原告诉讼请求存在不同意见，但均认为原告受让建设银行武汉市分行对武汉市同昌房地产开发有限公司享有的债权及抵押权，符合最高人民法院《房屋登记案件规定》第4条规定的第二种情形，其与被诉房屋转移登记行为具有利害关系，具备原告资格。此案情况即属于《行政诉讼法司法解释》第13条但书部分"行政机关作出行政行为时应予保护或者应予考虑"之情形，因行政机关对抵押权应当保护而未予保护，导致抵押权人的权益受损，抵押权人可以作出转移登记行为的行政机关为被告，提起行政诉讼。

本案中，中达建筑安装工程公司以十堰市房管局违法给特铁厂办理房屋所有权初始登记侵犯其享有的建设工程价款优先受偿权为由提起诉讼，请求撤销上述房屋所有权初始登记。但根据中达建筑安装工程公司提供的证据，本案并不存在前述规定中行政机关作出行政行为时依法应予保护或者应予考虑的相应情形，此时如要求行政机关作出行政行为时考虑对债权实现的影响，既无法律法规依据，亦不符合一般登记规则。

三、债权人与行政行为之间利害关系的厘定

准确把握"利害关系"的实质标准才能够在纷繁复杂的现象面前不迷失。判断是否具有利害关系，原告需要具备如下四个条件：一是原告主张的必须是一项合法权益；二是该权益归属于原告，如果原告主张的利益属于他人，或者属于公共利益，不宜承认其与行政行为之间具有利害关系；三是权益损害的可能性须必然存在而非主观臆想，虽然在立案阶段并不要求权益受到行政行为侵害的结果已经实际发生，但因行政行为给原告造成损害的后果是可以预见的；四是原告主张的权益应受到行政法律规范的保护，即原告所主张的利益从规范或者目的来看，属于行政机关在作出行政行为时应予保护或考虑的范畴。

具体到房屋登记管理类案件中，若要肯定债权人的行政诉讼原告资格，则须判断房屋登记管理机关的登记行为对债权人是否产生实际影响。《民法典》第209条第1款规定："不动产物权的设立、变更、转让和消灭，经依法登记，发生效力；未经登记，不发生效力，但是法律另有规定的除外。"根据上述规定，包括所有权、担保物权等在内的不动产物权变动，均须由行政机关通过登记程序予以确认。债权人对这一行政确认程序是否有权提起行政诉讼，司法实践中确实存在争议。

本案中，判断中达建筑安装工程公司是否具有利害关系的关键在于，中达建筑安装工程公司所主张的利益是否属于房屋登记机关在作出初始登记或者转移登记行为时需要予以保护或考虑的范畴。在这个意义上，既要明确该公司主张因行政机关登记行为导致自身何种权益受到侵犯，也须判断行政机关在进行房屋登记时是否尽到了审慎审查义务。

首先，本案债权人中达建筑安装工程公司主张受损的权利属于何种利益。中达建筑安装工程公司认为，根据《城镇房屋所有权登记暂行办法》《城市房屋权属登记管理办法》的相关规定，新建房屋办理所有权登记需要先办理竣工手续，并且需要提交相应的证明文件。十堰特铁厂在申请办理涉案房屋产权登记时，没有提交建设工程规划许可证、施工许可证及房屋竣工验收资料等相关文件，而十堰市房管局在十堰特铁厂未提交上述文件的情况下，仅根据有关批示即为其办理相关房屋产权证书，系作出的行政行为缺乏主要证据，违反相关法律法规规定。中达建筑安装工程公司承建的建设工程由十堰市房管局违法进行了初始登记，后该房产又办理了抵押登记，十堰市房管局的登记颁证行为导致其债权无法实现。根据审理查明的事实，中达建筑安装工程公司与十堰特铁厂之间属于债权债务关系，因十堰特铁厂进入破产程序，该债权已在破产程序中进行申报和处理，无论其债权性质属于优先债权抑或普通债权，均应在破产程序中予以确认并清偿，其若有异议，亦应根据《企业破产法》规定的相应程序主张债权。

其次，本案中行政机关是否尽到了审慎审查义务。我国的房屋登记机构属于行政机关，根据依法行政的基本原则，其行使职权必须有法律法规的明文规定，其既不能超越法律的授权，也不能违背法律的规定。不动产登记机关对于已经受理的登记申请进行审查时，其法律依据为不动产登记实体法与程序法，包括《民法典》《不动产登记暂行条例》《土地管理法》《房屋登记办法》等法律法规。《民法典》第212条和《不动产登记暂行条例》第17~19条都规定了登记机关的审查义务。《民法典》第212条规定："登记机构应当履行下列职责：（一）查验申请人提供的权属证明和其他必要材料；（二）就有关登记事项询问申请人；（三）如实、及时登记有关事项；（四）法律、行政法规规定的其他职责。申请登记的不动产的有关情况需要进一步证明的，登记机构可以要求申请人补充材料，必要时可以实地查看。"对于该条关于登记机关审慎审查义务模式的规定，我国学者有不同解读，基本可以概括为无规定说、形式审查说、实质审查说、形式审查为主说四种。其中，以形式审查为主、实质审查为辅既有利于交易效率也可以保障交易安全，在一般情况下行政机关往往只需对当事人提交的材料进行形式审查，少数情况下还要负责审查申请材料的真伪，在特殊情况下对法律关系的真实性也要审查。如《不动产登记暂行条例》第19条第2款的规定。但是，无论审查强度如何，若出现《房屋登记案件规定》第4条规定的四种情形时，行政机关均负有相应的审慎审查义务，若未尽审慎审查义务导致登记行为对利害关系人（债权人）造成不利影响，则行政机关应承担相应的法律责任。如在前述北京国联裕丰投资管理有限公司诉武汉市住房保障和房屋管理局行政登记一案中，对于被诉行政行为合法性的考量，无论在建工程抵押权效力是否及于已完工程、抵押权是否因当事人未申请将在建工程抵押登记转为房屋抵押登记而消灭，只需考量有无相关法律规定要求行政机关在审查在建工程抵押权转移登记时，是否注意到应当征询抵押权人（债权人）的意见，若未经抵押权人同意即办理转移登记，则行政机关未尽审慎审查义务。而本案中，十堰市房管局在作出房屋初始登记行为时，被登记房屋并不存在权属争议，且不存在《房屋登记案件规定》第4条规定的四种情形，中达建筑安装工程公司享有的债权未获清偿与行政机关的登记颁证行为并无直接利害关系，故判定债权人中达建筑安装工程公司不属于《行政诉讼法司法解释》第13条之但书情形，不具备本案原告资格。

四、不同阶段对法定起诉条件的审查应遵循同一标准

《行政诉讼法》第49条规定："提起诉讼应当符合下列条件：（一）原告是符合本法第二十五条规定的公民、法人或者其他组织；（二）有明确的被告；（三）有具体的诉讼请求和事实根据；（四）属于人民法院受案范围和受诉人民法院管辖。"该法第25条即规定了原告资格的核心标准为"与行政行为有利害关系"。既然原告资格是法定起诉条件之一，属于行政诉讼的程序问题，应当在立案阶段进行审查。但是，是否符合法定起诉条件往往也是行政诉讼的难点问题之一，例如原告资格、适格被告、受案范围等，在立案阶段进行准确判断确实存在一定难度。况且，《行政诉讼法》第51条明确规定了立案方式和时限，即当场立案和7日内立案。立案登记制实施后，很多地方法院将立案审查的内容局限在形式审查，只要当事人提交的起诉状等材料在形式上符合法律规定即立案，故《行政诉讼法司法解释》第69条第1款规定了十种情形，存在该十项规定情形之一，已经立案的，应当裁定驳回起诉。司法解释的规定说明，无论在立案阶段还是立案后，人民法院均应当按照法律规定审查起诉条件，凡是不符合《行政诉讼法》规定的起诉条件的，即使已经立案，仍应当裁定驳回起诉。例如本案对债权人原告资格的审查，三级法院均坚持了同一实质性标准，即中达建筑安装工程公司与被诉行政行为是否存在利害关系。

然而，《行政诉讼法》及司法解释关于原告资格的利害关系标准、债权人原告资格的规定等归根结底属于程序性规定，而判断利害关系是否存在还应当依据相关实体法律规范确定。以本案为例，本案为不动产登记管理类行政

纠纷,对债权人与不动产登记行为是否具有利害关系的判断,应参酌《民法典》《不动产登记暂行条例》《房屋登记案件规定》等法律法规和司法解释的相关规定。在适用实体法律规范时,不仅要厘清不同法律规范条文之间的内在逻辑关系,还要在适用法条时注意个案情形的特殊性。

本案中,直接适用《房屋登记案件规定》第4条似乎存在障碍。因为该司法解释第4条规定的适用前提是"房屋登记机构为债务人办理房屋转移登记",而本案情形是房屋登记机构为债务人办理房屋初始登记。此种情况下,本案能否适用该司法解释的规定?最高人民法院认为,上述规定虽然与本案情形稍有不同,但转移登记与初始登记均属于不动产物权变动的法定情形,且行政机关作出的行政行为在职权依据、适用法律等方面均无本质区别,故上述司法解释的精神可以适用于本案。

此外,关于中达建筑安装工程公司提出的被诉房屋登记行为违反法律规定及一并提出的行政赔偿请求,均属于进入实体审理后应审查的问题,因中达建筑安装工程公司与被诉行政行为不存在利害关系,其起诉不符合法定起诉条件,本案尚未进入实体审理,故上述主张不属于审查起诉阶段的审理范围。

五、结语

判断债权人是否具备行政诉讼原告资格,实质上是判断与行政行为相对人具有债权债务关系的第三人是否与被诉行政行为具有法律上的利害关系。因行政活动具有显著的辐射效果,行政行为第三人的范围和数量难以计数,故哪些受到行政行为影响的人能够被纳入行政诉讼保护范围需要慎重考虑。本案提供了一个债权人是否具有行政诉讼原告资格的典型案例,深化了对《行政诉讼法司法解释》第13条的适用与理解,对于债权人行政诉讼原告资格认定标准的进一步厘清具有重要意义。

——中国应用法学研究所主编:《最高人民法院案例选(第6辑)》,法律出版社2022年版。

176. 行政不作为并赔偿案件中原告主体资格问题

关键词

行政不作为 原告资格

最高人民法院审判业务意见

行政赔偿责任的承担以行政机关违法行使职权侵犯受害人的合法权益并造成损害为前提。在判断行政不作为是否违法时,首先需要确定行政机关的不作为必须是基于具体的事由、针对特定的相对人承担的具体的作为义务，不是抽象、普遍意义上的法定职责义务。换言之，有关规定中的法定职责只有是为了保护"私人"权益的职责，起诉人才与行政机关不作为存在利害关系。如果行政机关的法定职责是抽象、普遍意义上的法定职责义务，那么起诉人与行政机关不作为之间不具有利害关系，其不具有原告主体资格。

如王某诉某公安分局行政赔偿案，在刘某伤害白某案件中，加害人刘某与白某达成调解协议后，某公安分局同意刘某回家。此后，刘某殴打了王某。王某认为某公安分局存在"失职和纵容"的不履行法定职责行为，要求某公安分局承担行政赔偿责任。《最高人民法院关于公安机关不履行法定行政职责是否承担行政赔偿责任问题的批复》（法释〔2001〕23号，简称批复）[①]规定："由于公安机关不履行法定行政职责，致使公民、法人和其他组织的合法权益遭受损害的，应当承担行政赔偿责任。"

此批复中的不履行法定职责"致使"公民、法人和其他组织的合法权益遭受损害，应当是指基于具体的事由，公安机关对特定的行政相对人承担的具体的作为义务，公安机关没有履行相关义务，从而造成该行政相对人人身、财产损害的情形。批复中所称"法定职责"，不是抽象、普遍意义上的法定职责、义务。否则，公安机关负有保障全社会每一个公民人身、财产安全的法定职责，每一个受到违法犯罪行为侵害的公民，均可以公安机关没有维护好社会治安，违法犯罪频发，系不履行法定职责为由，要求公安机关承担行政赔偿责任。

该案中，王某受到刘某伤害，与某公安分局不履行法定职责行为之间，未形成特定的职责义务对应关系。因此，该案并不符合批复的适用条件。王某以某公安分局不履行法定职责为由提起该案诉讼，不是适格原告。

——《最高人民法院第二巡回法庭建庭以来行政案件审理情况分析报告——以申请再审案件为核心（2015.01-2020.06）》

177. 国有企业职工对单位改制不具有提起行政诉讼的原告资格

关键词

国有企业改制　行政诉讼原告资格

最高人民法院裁判文书

黄某诉浙江省嵊州市人民政府确认违法案〔最高人民法院（2021）最高

[①] 已废止。

法行申 2769 号行政裁定书]

裁判要点：根据《最高人民法院关于适用〈中华人民共和国行政诉讼法〉的解释》第十六条第三款的规定，只有非国有企业被行政机关采取注销、撤销、合并、改变隶属关系等强制措施的，才可以提起行政诉讼。对于国有企业的改制，单位职工没有提起行政诉讼的原告资格。

最高人民法院经审查认为，本案中，黄某因对嵊州市经济体制改革委员会办公室 2003 年 5 月作出的《关于同意浙江省嵊州市五金交电化工总公司实施产权制度改革和劳动关系转换的批复》不服，2020 年 4 月提起行政诉讼。从黄某的起诉书看，嵊州市五金交电化工总公司系原嵊州市商业局下属企业。根据《最高人民法院关于适用〈中华人民共和国行政诉讼法〉的解释》第十六条第三款的规定，只有非国有企业被行政机关采取注销、撤销、合并、改变隶属关系等强制措施的，才可以提起行政诉讼，故黄某不具有提起本案诉讼的原告资格。

——中国裁判文书网。

178. 获得补偿后的被征收人诉补偿前的行政行为不具有原告资格

关键词

房屋征收　征收补偿　利害关系　原告资格

最高人民法院裁判文书

胡某玲诉辽宁省抚顺市人民政府及抚顺市九三房地产开发有限公司出让国有土地使用权批复案［最高人民法院（2015）行监字第 74 号行政裁定书］

裁判要点：房屋征收案件中，被征收人在达成房屋征收协议或者征收补偿决定作出后，超过法定起诉期限未起诉，或者起诉后人民法院生效判决驳回原告诉讼请求，被征收人又对征收决定（包括征收补偿方案）或者之前的用地批复等征收决定前置行为提起行政诉讼的，因被征收人已经丧失对被征收土地及房屋的权利，其与行政机关针对涉案土地、房屋作出的征收决定及其相关前置行为不具有利害关系，失去了原告资格，人民法院对其起诉，应当裁定不予立案或者驳回起诉。

最高人民法院认为：根据《最高人民法院关于执行〈中华人民共和国行政诉讼法〉若干问题的解释》第十二条①规定，与被诉行政行为有法律上利害关系的公民、法人或者其他组织，是行政诉讼的适格原告。行政机关作出同意出让国有土地使用权给第三人的批复，直接影响出让土地范围内原土地使用权人的合法权益。因此，通常情况下，原土地使用权人与政府出让土地批复行为具有法律上的利害关系，属于适格原告。本案中，胡某玲作为出让土地范围内的宅基地使用权人，出让土地批复将直接影响胡某玲的宅基地使用权，胡某玲与被诉188号批复具有法律上的利害关系，原本依法属于本案适格原告。但是，在本案起诉之前，胡某玲以九三房地产公司为被告提起民事侵权赔偿之诉，抚顺市中级人民法院于2012年3月31日作出（2012）抚中民一终字第55号民事判决，九三房地产公司赔偿胡某玲45平方米门市房一处及拆迁补助费、临时安置费、设备拆装重置费和停业损失。在该案执行过程中，胡某玲与九三房地产公司于2012年10月17日达成执行和解协议。2013年3月14日，抚顺市顺城区人民法院执行局收到九三房地产公司交付的房屋和车库钥匙。上述事实证明，胡某玲已经接受了九三房地产公司的拆迁安置补偿，同时丧失了对原宅基地的使用权，至2014年4月提起本案行政诉讼时，胡某玲与被诉188号批复已不再具有法律上的利害关系。故一、二审生效裁定以胡某玲不具有本案原告主体资格为由驳回其起诉并无不当。胡某玲申请再审时主张，抚顺市政府在未征地的情况下，将其宅基地批复给九三房地产公司的行为违法。但是，本案终审裁定是驳回胡某玲的起诉，再审申请的审查只围绕胡某玲起诉是否符合法定条件进行，至于被诉188号批复是否违法，属于案件实体审理问题，并非胡某玲是否享有诉权的法定条件。因此，该项主张不属于本案审查范围，最高人民法院不予支持。胡某玲还主张，在相关民事诉讼程序中，九三房地产公司不执行民事终审判决，致使其得不到应有的赔偿。根据一、二审法院查明的事实可以证明，在相关民事判决的执行过程中，胡某玲与九三房地产公司达成执行和解协议，协议已经实际履行。因此，胡某玲的此项主张不符合本案事实，最高人民法院亦不予支持。至于胡某玲提出的一审裁定认定其超过法定起诉期限剥夺其诉权的问题，因二审裁定已经更正了一审裁定的理由，故胡某玲的该项主张不能作为支持其对生效的二审裁定申请再审的理由。

——中国裁判文书网。

---

① 现为《最高人民法院关于适用〈中华人民共和国行政诉讼法〉的解释》（法释〔2018〕1号）第十二条。

附录：本案解析

根据《最高人民法院关于执行〈中华人民共和国行政诉讼法〉若干问题的解释》第十二条规定，与被诉行政行为有法律上利害关系的公民、法人或者其他组织，具有行政诉讼的原告资格。根据《行政诉讼法》第二十五条第一款规定，行政行为的相对人以及其他与行政行为有利害关系的公民、法人或者其他组织，有权提起诉讼。行政诉讼原告资格的法定条件是"与行政行为有利害关系"。根据《行政诉讼法》第四十九条第一项规定，提起诉讼的原告应当符合"本法第二十五条规定的公民、法人或者其他组织"的法定条件。在集体土地征收和国有土地上房屋征收案件中，被征收人已经获得征收补偿或征收补偿费用已经提存，丧失对征收补偿决定或者征收补偿协议的起诉权，或者起诉后被判决驳回原告诉讼请求的，被征收人因获得征收补偿安置而丧失了对被征收土地、房屋的权利，因此，其与行政机关就涉案土地、房屋作出的任何行政行为不再具有利害关系，不具有原告资格。本案中，胡某玲与拆迁人达成执行和解，已经获得拆迁补偿，胡某玲在涉案房屋、土地上已经不再具有任何合法权利。因此，在获得征收补偿后，胡某玲又对之前的用地批复及颁证行为提起行政诉讼，不具有原告资格。

——郭修江、蔡小雪主编，最高人民法院第二巡回法庭编著：《行政典型案例及审判经验》，人民法院出版社2019年版，第78~79页。

179. 房屋征收案件中被告主体资格问题

关键词

房屋征收　被告资格

最高人民法院审判业务意见

《国有土地上房屋征收与补偿条例》第四条第一、二款规定：市、县级人民政府负责本行政区域的房屋征收与补偿工作。市、县级人民政府确定的房屋征收部门组织实施本行政区域的房屋征收与补偿工作。第二十五条、第二十六条规定：房屋征收部门作为具体实施部门，可与被征收人协商一致，签订补偿协议；未能在签约期限内达成补偿协议的，报请作出房屋征收决定的市、县级人民政府作出补偿决定。

据此，被征收人对补偿协议不服，应当以房屋征收部门为被告提起诉讼。但是，被征收人对补偿决定不服，或者没有签订补偿协议，亦没有作出补偿决定，被征收人请求履行补偿职责的，应当以作出征收决定的市、县级人民政府为被告。

如于某等诉某区政府、某街道办事处（简称街道办）履行补偿职责案，根据《国有土地上房屋征收与补偿条例》相关规定，市、县级人民政府负责本行政区域的房屋征收与补偿工作，因此该案适格被告为区政府。

——《最高人民法院第二巡回法庭建庭以来行政案件审理情况分析报告——以申请再审案件为核心（2015.01—2020.06）》

180. 政府法制办公室不具备行政诉讼被告主体资格

关键词

政府法制办公室　行政诉讼　主体资格

最高人民法院答复

天津市高级人民法院：

你院津高法〔2017〕141号《关于张殿堃与天津市南开区人民政府、天津市南开区人民政府法制办公室行政复议一案的请示》收悉。现答复如下：

经征求国务院法制办公室意见，本院给北京市高级人民法院〔2016〕最高法行他109号答复对此问题已经明确。即政府法制机构所承担的法规审查、行政复议、备案审查等工作均由同级人民政府作出最终决定，政府法制机构本身并不独立对外行使行政管理职权，不宜作为行政诉讼的被告。请你院遵照执行。

此复

——《最高人民法院关于政府法制办公室是否具备行政诉讼被告主体资格问题请示的答复》（2017年12月27日，〔2017〕最高法行他318号）。

181. 主张保护其反射性利益的当事人是否有原告资格

关键词

反射性利益　原告资格

最高人民法院裁判文书

刘某明诉张家港市人民政府行政复议案〔最高人民法院（2017）最高法行申169号行政裁定书〕

裁判要点：行政诉讼原告资格虽有扩大趋势，但是基于司法资源等因素综合考量，仍应坚持与被诉行政行为具有"法律上的利害关系"之要件，目前尚不宜将这一"利害关系"扩大至反射利益关系和事实利害关系。

最高人民法院认为，本案的争议焦点是如何理解行政诉讼法规定的"利害关系"暨如何认定原告主体资格问题。

《中华人民共和国行政诉讼法》第二十五条规定，行政行为的相对人以及其他与行政行为有利害关系的公民、法人或者其他组织，有权提起诉讼。《中华人民共和国行政复议法》第十条也有关于利害关系的规定。显然，上述法条规定的"有利害关系的公民、法人或者其他组织"，不能扩大理解为所有直接或者间接受行政行为影响的公民、法人或者其他组织；所谓"利害关系"仍应限于法律上的利害关系，不宜包括反射性利益受到影响的公民、法人或者其他组织（以下统称当事人）。同时，行政诉讼乃公法上之诉讼，上述法律上的利害关系，一般也仅指公法上的利害关系；除特殊情形或法律另有规定，一般不包括私法上的利害关系。因而，举凡债务人夫妻的离婚登记行为、债务人的非抵押房屋转移登记行为、抵押人的公司股东变更登记行为，虽有可能影响民事债权人或者抵押权人债权或抵押权的实现，债权人或者抵押权人因而与上述行政登记行为有了一定的利害关系，但因此种利害关系并非公法上的利害关系，也就不宜承认债权人或者抵押权人在行政诉讼中的原告主体资格。上述债权人的普通债权和抵押权人的抵押权等民事权益，首先应考虑选择民事诉讼途径解决。申言之，只有主观公权利，即公法领域权利和利益，受到行政行为影响，存在受到损害的可能性的当事人，才与行政行为具有法律上利害关系，才形成了行政法上权利义务关系，才具有原告主体资格（原告适格），才有资格提起行政诉讼。

公法（行政法）上利害关系的判断，同样较为复杂。原告主体资格问题与司法体制、法治状况和公民意识等因素密切相关，且判断是否具备原告主体资格的标准多重，并呈逐渐扩大和与时俱进态势。其中，保护规范理论或者说保护规范标准，将法律规范保护的权益与请求权基础相结合，具有较强的实践指导价值。即以行政机关作出行政行为时所依据的行政实体法和所适用的行政实体法律规范体系，是否要求行政机关考虑、尊重和保护原告诉请保护的权利或法律上的利益（以下统称权益），作为判断是否存在公法上利害关系的重要标准。实践中，对行政实体法某一法条或者数个法条保护的权益范围的界定，不宜单纯以法条规定的文义为限，以免孤立、割裂地"只见树木不见森林"，而应坚持从整体进行判断，强调"适用一个法条，就是在运用整部法典"。在依据法条判断是否具有利害关系存有歧义时，可参酌整个行政实体法律规范体系、行政实体法的立法宗旨以及作出被诉行政行为的目的、内容和性质进行判断，以便能够承认更多的值得保护且需要保护的利益，属于法律保护的利益，从而认可当事人与行政行为存在法律上的利害关系，并承认其原告主体资格，以更大程度地监督行政机关依法行政。但需要强调的是，个案中对法律上利害关系，尤其是行政法上利害关系或者说行政法上权利义务关系的扩张解释，仍不得不兼顾司法体制、司法能力和司法资源的限制；将行政实体规范未明确需要保护、但又的确值得保护且需要保护的权益，扩张解释为法律上保护的权益，仍应限定于通过语义解释法、体系解释法、历史解释法、立法意图解释法和法理解释法等法律解释方法能够扩张的范围为宜。

将当事人是否具有法律保护的权益，作为判断当事人是否具有原告主体资格的重要标准，与行政行为合法性审查原则也相互契合。法院对行政行为合法性的评判，除了依据行政诉讼法等行政基本法，更要依据行政机关所主管的行政实体法；在实体问题上的判断，更多是依据行政实体法律、法规、规章甚至规范性文件。如果原告诉请保护的权益，并不是行政机关作出行政行为时需要考虑和保护的法律上的权益，即使法院认可其原告主体资格，但在对行政行为合法性进行实体审查时，仍然不会将行政机关未考虑原告诉请保护权益之情形，作为认定行政行为违法的标准。也即，即使当事人所主张的权益客观存在，也可能会间接受到行政行为的影响，但因不属于行政实体法保护的权益，故并不会得到实体裁判支持，原告最终仍然只能承担不利的后果。申言之，即使法院认可其原告主体资格，受理其起诉，因其所诉请保护的权益并不会在诉讼中得到保护和尊重，其起诉也就丧失了必要性，不具备诉的利益；因而不承认其原告主体资格，也并不会侵犯其任何权益。对于仅具有反射性利益，而非法律上权益的当事人而言，也不能以被诉行政行为被作否定性评价后，可能会间接有利于保护其所主张的权益为由取得原告主体资格。申言之，当事人民法上的权益或者习惯法上的权益，只有在有关行政法律规范对其加以保护的情形下，才能成为行政法上保护的权益，才能形成行政法上的利害关系，才能取得原告主体资格，才能请求司法保护该权益。否则，上述相关权益，只宜通过民事诉讼或者针对直接对其设定权利义务的行政行为提起行政诉讼等方式来保护。而且，对行政行为合法性的评价，主要依据行为作出时的事实和法律状态，一般不受事后变化了的事实和法律规定的影响；因而当事人主张的权益，应当是行政机关作出行政行为时已经存在和需要考虑的权益，原则上对于事后形成的权益或者已经消失的权益，当事人无权提起诉讼，除非存在因行政法律关系存续而事后受到影响等特殊情形或者法律有特殊规定。

将当事人是否具有法律保护的权益，作为判断当事人是否具有原告主体资格的重要标准，与现行公益诉讼的立法和实践相一致。行政诉讼的立法宗旨，体现了权利保护和权力监督的统一性。适格原告的起诉，既在主观上维护自身合法权益，又在客观上维护法秩序，监督依法行政，有利于法治国家建设，从而体现出主观为自己，客观为他人的样态。因而，通过适度扩大原告主体资格、坚持合法性全面审查、严格审查标准等，可以在一定程度上弥合行政诉讼主、客观诉讼的争议。但行政诉讼虽有一定的公益性，却显然不能将原告主体资格范围无限扩大，将行政诉讼变相成为公益诉讼。现行行政诉讼法在确定原告主体资格问题上，总体坚持主观诉讼而非客观诉讼理念，行政诉讼首要以救济原告权利为目的，因此有权提起诉讼的原告，一般宜限定为主张保护其主观公权利而非主张保护其反射性利益的当事人。即使在消费者权益保护、环境污染、公共服务等领域，部分原告提起的诉讼，客观上具备一定程度公益诉讼特点，呈现自益为形式而公益为目的的特征；但在原告主体资格上，一般仍然限于提起自益形式的公益诉讼，仍然坚持原告本人需要提供证据证明其存在与普通公众不同的独特的权益，且该种权益受行政实体法律规范所保护，并存在为被诉行政行为侵害的可能性；法律明确规定其属于可以直接提起公益诉讼的主体除外。因而，在行政机关不依法处理投诉举报事项等行政不作为引发的诉讼中，认可因自己法律上的权益受侵害而投诉举报的当事人的原告主体资格，就比认可因公共利益受损而投诉举报的当事人的原告主体资格，更具有正当性。

就本案而言，根据《国务院关于投资体制改革的决定》(国发〔2004〕20号)、《中央预算内直接投资项目管理办法》《政府核准投资项目管理办法》《江苏省企业投资项目备案暂行办法》等规定，发展改革部门对政府投资项目的审批行为和企业投资项目的核准和备案行为，主要是从维护经济安全、合理开发利用资源、保护生态环境、优化重大布局、保障公共利益、防止出现垄断等方面，判断某一项目是否应予审批、核准或备案（以下统称项目审批行为）。考察上述一系列规定，并无任何条文要求发展改革部门必须保护或者考量项目用地范围内的土地使用权人权益保障问题，相关立法宗旨也不可能要求必须考虑类似于刘某明等个别人的土地承包经营权的保障问题。发展改革部门在作出项目审批行为时，也就无需审查项目用地范围内的征地拆迁、补偿安置等事宜，无需考虑项目用地范围内单个土地、房屋等权利人的土地使用权和房屋所有权的保护问题。因此，项目建设涉及的土地使用权人或房屋所有权人与项目审批行为不具有利害关系，也不具有行政法上的权利义务关系，其以项目审批行为侵犯其土地使用权或者房屋所有权为由，申请行政复议或者提起行政诉讼，并不具有申请人或者原告主体资格。具体到本案中，张家港市发改委作出823号通知即使涉及刘某明依法使用的土地，刘某明也不能仅以影响其土地承包经营权为由申请行政复议。张家港市政府以再审申请人的行政复议申请不符合《实施条例》第二十八条第二项的规定为由,作出驳回其申请之决定,符合法律规定。一、二审法院判决并无不当。再审申请人刘某明如认为项目建设过程中行政机关的土地征收与补偿等行为侵犯其合法权益,应当通过其他法定途径解决。

另外,人民法院审理行政案件原则上应当公开进行,但人民法院可依法决定书面审理或者开庭审理、公开开庭或者不公开开庭。不能认为所有的一审行政案件和二审行政案件,都必须要经过公开开庭审理程序。为节约司法成本,减轻各方当事人诉讼负担,对于原告或者上诉人所诉之请求,在法律上显无理由者,人民法院可基于职权,不经言词辩论,直接不予支持。因此,根据《最高人民法院关于适用〈中华人民共和国行政诉讼法〉若干问题的解释》第三条①以及《最高人民法院关于行政诉讼应诉若干问题的通知》的相关规定,对于一审行政案件,合议庭认为不需要开庭审理的,可以径行裁定驳回起诉;根据《中华人民共和国行政诉讼法》第八十六条规定,对于二审行政案件,合议庭认为不需要开庭审理的,也可以不开庭审理。因本案的主要争议是法律适用问题,二审法院未开庭审理而采用书面方式审理,系法院职权所在且不违反法律规定。再审申请人有关二审法院未经询问即书面审理违法的再审理由,亦不能成立。

——最高人民法院行政审判庭编:《最高人民法院行政裁判要旨及评述(第一卷)》,人民法院出版社 2019 年版。

182. 具有较为广泛社会影响力的行政行为,应赋予蒙受最直接最严重不利影响的对象诉权

关键词

社会影响 最严重不利影响 诉权

最高人民法院裁判文书

张某青诉郑州市金水区人民政府不履行法定职责案〔最高人民法院(2017)最高法行申 1759 号行政裁定书〕

裁判要点:实践当中,针对特定对象作出的行政行为,其效果往往并非局限于其所针对的事项或人员,而是具有一定的复效性,

---

① 现为《最高人民法院关于适用〈中华人民共和国行政诉讼法〉的解释》(法释〔2018〕1 号)第六十九条。

会在一定范围内产生不同程度的影响力。对于这些具有较为广泛社会影响力的行政行为，为确保行政诉讼救济的有效性和针对性，应当赋予由此蒙受最直接、最严重不利影响的对象提起诉讼的权利。

最高人民法院认为：《行政诉讼法》第二十五条第一款规定："行政行为的相对人以及其他与行政行为有利害关系的公民、法人或者其他组织，有权提起诉讼。"可见，行政诉讼的目的，在于保护被行政行为侵害的合法利益。具体到因申请行政机关履行相关职责而引发的行政给付诉讼中，一个拒绝原告申请的不作为行为虽然在表面上也使其受到了某种"不利"，但由于原告的相关权益却并非一定会因此受到损害，因此，在此类诉讼中，原告除必须依据《行政诉讼法》第三十八条第一款以及第四十九条第三项的规定，证明其提出申请并遭到拒绝外，还需要证明他的某种合法权益存在因此受到侵害的可能。据此，本案问题的关键就在于，被诉不作为行为是否构成对原告权利的侵害。本案中，张某青既非被诉行政行为的相对人，亦未举证证明金水区政府的不作为侵害了其人身权、财产权、相邻权等合法权益。本院于本案再审审查期间，组织双方当事人到现场进行了勘验，经查，涉案建筑物对张某青个人的通风、采光、通行等权益均未造成实际影响。至于再审申请人提出被诉不作为行为导致"德亿时代城"全体小区业主的正当合法权益受到损害的问题，本院认为，实践当中，针对特定对象作出的行政行为，其效果往往并非局限于其所针对的事项或人员，而是具有一定的复效性，会在一定范围内产生不同程度的影响力。对于这些具有较为广泛社会影响力的行政行为，为确保行政诉讼救济的有效性和针对性，应当赋予由此直接蒙受最大不利影响的对象提起诉讼。本案中，涉案建筑物确实存在对部分业主的通风、采光、通行等权益造成不利影响的可能，但由于这种不利影响存在的可能性并不归属于原告，因此，原审法院认定其与被诉讼行政行为没有法律上的利害关系，不具备本案原告主体资格，并无不当。再审申请人如认为小区公共利益受到损害，应由法律规定的主体按照法定途径予以解决。

——最高人民法院第四巡回法庭编：《最高人民法院第四巡回法庭典型行政案件裁判观点2017-2018》，法律出版社2020年版，第130~132页。

183. 与行政行为有利害关系是提起诉讼的公民、法人或者其他组织具备原告诉讼主体资格的基本前提

关键词

行政不作为　损失范围　因果关系　赔偿标准

> **最高人民法院裁判文书**

张某尧等五人诉山东省东营市人民政府国土资源行政批复案〔最高人民法院（2017）最高法行申 995 号行政裁定书〕

> 裁判要点：依照《行政诉讼法》第二十五条第一款的规定，与行政行为有利害关系是提起诉讼的公民、法人或者其他组织具备原告诉讼主体资格的基本前提。通常认为，该款中的利害关系不仅表现为其利益可能受到行政行为的不利影响，而且这种利益依照法律或者法律精神属于行政机关作出行政行为时应予考虑保护或者不得损害的情形。

最高人民法院认为，本案争议为再审申请人张某尧等五人是否具备对再审被申请人东营市政府所作《批复》提起行政诉讼的原告诉讼主体资格。依照《中华人民共和国行政诉讼法》第二十五条第一款的规定，与行政行为有利害关系是提起诉讼的公民、法人或者其他组织具备原告诉讼主体资格的基本前提。通常认为，该款中的利害关系不仅表现为其利益可能受到行政行为的不利影响，而且这种利益依照法律或者法律精神属于行政机关作出行政行为时应予考虑保护或者不得损害的情形。就本案而言，新绿洲公司已处于破产还债程序之中，该公司将不再使用涉案国有土地是再审被申请人经东营市国土资源局请示而作出《批复》的事实基础。再审被申请人作出《批复》收回新绿洲公司对涉案国有土地的使用权所适用的行政法律规范应为《中华人民共和国土地管理法》第五十八条第一款第四项，即用地单位停止使用原划拨的国有土地的，由有关人民政府土地行政主管部门报经原批准用地的人民政府或者有批准权的人民政府批准，可以收回国有土地使用权。此项规定要求人民政府批准收回国有土地使用权时，应当考虑原用地单位的权益。至于作为原用地单位职工或者居民的五位再审申请人，其在生产生活中实际使用土地的利益是建立在其与原用地单位之间关系的基础上，其所称劳动权益和土地承包经营权益受到影响的问题，并非再审被申请人依据《中华人民共和国土地管理法》第五十八条第一款第四项作出《批复》时所应当考虑的合法权益，故其与《批复》并不形成行政法上的利害关系。因此，再审申请人提起本案诉讼不符合《中华人民共和国行政诉讼法》第二十五条第一款、第四十九条第一项的规定。一审法院裁定驳回起诉，二审法院裁定驳回上诉、维持一审裁定，均无不当。再审申请人所称其劳动权益和土地承包经营权益受到影响等问题，可通过本案之外的其他法定途径另行寻求救济。

——中国裁判文书网。

184. 与行政行为有利害关系的民事主体是否有原告资格

关键词

法律上利害关系　行政诉讼　原告资格

最高人民法院裁判文书

姜堰市新惠奶牛养殖专业合作社诉江苏省泰州市姜堰区人民政府行政强制案〔最高人民法院（2016）最高法行申1355号行政裁定书〕

> 裁判要点：在民事租赁使用合同成立的前提下，具有法律上利害关系的使用人或实际占有人，在行政行为对合同标的物造成影响时，有权作为原告提起行政诉讼。

行政行为的作出应当符合行政法上的比例原则，在实现行政管理目的的前提下，选择对利害关系人造成损害最小的手段。法院在审查行政强制行为时，应当着重考察行政强制措施是否符合妥当性原则、必要性原则及最小侵害性原则。

根据国家赔偿理论和现行法律规定，行政主体在行使职权过程中，对行政相对人及其他人造成的直接财产损失，应当承担相应的赔偿或补偿责任。对于赔偿或补偿非直接财产损失的诉讼请求，法院不予支持。

最高人民法院认为，《江苏省口蹄疫防控应急预案》二（一）规定："动物疫病预防控制机构接到疫情报告后，立即派出两名以上具备相关资格的防疫人员到现场进行临床诊断，符合口蹄疫典型症状的可确认为疑似病例。"本案中，姜堰区政府在接到疫情报告后，姜堰区疫控中心和泰州市疫控中心即派出4名具备兽医资质的兽医到现场进行临床诊断并经会诊确认新惠奶牛合作社场区内养殖的奶牛为疑似口蹄疫病例，符合上述程序规定。根据原农业部《口蹄疫防控应急预案》4.1 "在发生疑似疫情时……必要时采取封锁、捕杀等措施"的规定，只需发生疑似疫情、确有必要时，即可由行政机关采取封锁、捕杀等处置措施。因此，姜堰区政府在疑似口蹄疫疫情发生后，作出封锁、捕杀等措施，程序合法。

《口蹄疫防控应急预案》4.1规定，"在发生疑似疫情时……必要时采取封锁、捕杀等措施"，因此本案中姜堰区政府对奶牛全部捕杀的决定亦在规则赋予的权限范围之内。对奶牛实施全部捕杀是否确有必要，行政机关有权在疫情发生时作出专业判断。申请人未能提出被申请人将奶牛全部捕杀的行为超过了合理限度的证据。

根据《中华人民共和国国家赔偿法》和《最高人民法院关于审理行政赔偿案件若干问题的规定》的规定，行政机关承担行政赔偿责任的前提是行政行为被确认违法。本案中，姜堰区政府的应急处置措施已被确认是合法的，申请人请求姜堰区政府就其所遭受的损失进行赔偿的诉讼请求缺乏事实依据和法律依据。因此，一、二审判决驳回申请人的赔偿请求并无不当。

——最高人民法院行政审判庭编：《最高人民法院行政裁判要旨及评述（第一卷）》，人民法院出版社2019年版。

185. 以撤销行政行为为请求的诉讼中"利害关系"的含义

关键词

撤销行政行为　利害关系

最高人民法院裁判文书

甘肃宁氏实业有限责任公司、国土资源部土地行政管理再审审查与审判监督行政裁定书［最高人民法院（2013）行监字第00446-1号行政裁定书］

裁判要点：在以撤销行政行为为请求的诉讼当中，至少包含三层含义：一是原告主张的必须是自身依据法律规定而享有的权利，或者说原告的主张在法律上必须具有请求权基础；二是该权利有可能受到了被诉行政行为的不当侵害，有必要在进一步查明被诉行政行为是否确实非法侵害原告权利的基础上，保护原告权利；三是被侵害的权利可以通过所提之诉得到有效救济，从而使原告与诉请事项具有诉讼法上的利益。

行政诉讼中原告资格的取得，不仅要求其与被诉行为具有一定的利害关系，这种利害关系还必须能够通过所提之诉得以有效救济。具体到撤销诉讼，如果即使撤销被诉行政行为也不能够给原告带来任何实际利益，或是这种利益应当通过其他更为直接、有效的诉讼手段得以实现，则原告与被诉行为之间的利害关系就无法通过所提之诉表现出来，或者说，就其所提之诉讼而言其诉的利益就不复存在，原告的起诉也应当据此被驳回。

最高人民法院认为：本案争议的焦点为宁氏公司是否具有适格的原告资格。对此，《中华人民共和国行政诉讼法》第四十九条规定："提起诉讼应当符合下列条件：（一）原告是符合本法第二十五条规定的公民、法人或者其他组织;"第二十五条规定:"行政行为的相对人以及其他与行政行为有利害关系的公民、法人或者其他组织,有权提起诉讼。"本案中,由于宁氏公司并非被诉颁证行为的相对人,因此,其是否具有原告主体资格,取决于与被诉颁证行为是否具有"利害关系"。而本条规定的"利害关系",在以撤销行政行为为请求的诉讼当中,至少包含三层含义:一是原告主张的必须是自身依据法律规定而享有的权利,或者说原告的主张在法律上必须具有请求权基础;二是该权利有可能受到了被诉行政行为的不当侵害,有必要在进一步查明被诉行政行为是否确实非法侵害原告权利的基础上,保护原告权利;三是被侵害的权利可以通过所提之诉得到有效救济,从而使原告与诉请事项具有诉讼法上的利益。

一、宁氏公司所提诉讼请求,具有相应的权利基础。本案中,宁氏公司之所以要求撤销国土资源部颁发给宇臻公司的第 T01120080803012858 号探矿权许可证,是认为该证侵害了宁氏公司基于甘地矿证管字(1996)第 08 号采矿许可证和文县国土资源局在该证基础上作出的恢复争议矿段采矿权的承诺而享有的相关权利。对此,再审被申请人提出,"甘肃化工新技术有限公司"已经于 2002 年 1 月 11 日被吊销营业执照,该公司因取得甘地矿证管字(1996)第 08 号采矿许可证而享有的相关权益并未传递给"甘肃宁氏实业有限责任公司"。本院对此不予认可,理由在于:最早取得甘地矿证管字(1996)第 08 号采矿许可证的企业虽然是"甘肃化工新技术有限公司",但是,根据宁氏公司提供的(1998)甘公审证字第 028 号验资报告、甘肃化工新技术有限公司甘化(1998)06 号董事会决议、兰州市工商行政管理局兰州高新技术产业开发区分局于 2000 年 3 月 8 日和 2010 年 10 月 13 日出具的证明、该局电脑市场管理所于 1998 年 9 月 17 日出具的证明、甘肃省工商行政管理局(甘)企名函字 063 号"通知函"等证据,同时,结合国家工商行政管理局工商企字〔1995〕第 215 号《关于〈原有有限责任公司和股份有限公司重新登记实施意见〉的通知》第一条"凡在 1994 年 6 月 30 日前,依照有关法律、行政法规、地方性法规和国务院有关部门制定的《有限责任公司规范意见》《股份有限公司规范意见》登记注册的有限责任公司和股份有限公司,包括依照前述两个规范意见设立的名称中不含'有限责任'、'股份有限'字样的公司,均必须申请办理重新登记。"的规定,可以证实"甘肃化工新技术有限公司"于 1998 年因企业名称规范和业务范围扩展等原因变更为"甘肃宁氏化工实业有限责任公司"。而宁氏公司提供的 1998 年 11 月 16 日的变更登记申请书、兰州市工商行政管理局兰州高新技术产业开发区分局分别于 2000 年 3 月 8 日和 2010 年 10 月 13 日出具的证明能够证明"甘肃宁氏化工实业有限责任公司"其后经工商部门审批变更为"甘肃宁氏实业有限责任公司",即本案再审申请人。因此,从权利继受关系上看,本案再审申请人"甘肃宁氏实业有限责任公司"可以继受"甘肃化工新技术有限公司"的相关权利义务，再审被申请人的主张不成立。

二、宁氏公司对争议矿段享有的权利确有可能受到了被诉行政行为的不当侵害。《探矿权采矿权转让管理办法》第五条第三项规定，转让探矿权，探矿权属应当无争议。《探矿权采矿权转让审批有关问题的规定》第二条第一款第4项规定："探矿权权属无争议"，须由转让审批机关向下级地矿行政管理机关核实。由此，国土资源部门不仅应当在授予探矿权时核实矿产资源的权属情况，在转让探矿权时，也应当出于对潜在权利人利益的保护核实被转让矿产的权属情况。本案中，再审申请人于2000年换证后，就基于文县国土资源局的承诺而成为涉案矿段的潜在权利人，并在此后一直申请要求恢复争议矿段的采矿权。从甘国土资矿发（2006）98号文件载明的内容看，甘肃省国土资源厅最迟于2006年已经知晓上述情况，并要求再审申请人向有关部门汇报协调，提出处理意见，逐级上报。对此，再审被申请人在2008年作出被诉颁证行为时，如果严格按照《探矿权采矿权转让管理办法》第五条第三项和《探矿权采矿权转让审批有关问题的规定》第二条第一款第4项的规定，向下级国土资源部门核实相关情况，就应当能够发现作为潜在权利人的再审申请人与转让登记申请人之间的争议并依法作出处理，从而减少本案纠纷的复杂程度，最大限度保护相关权利人的利益。但在本案中，再审申请人基于行政机关承诺而享有的潜在利益却由于再审被申请人没有履行相关征询义务而被忽略，实为不当，本院在此予以指正。再审被申请人提出的转让变更申请，没有必要征求下级国土资源主管部门意见的答辩意见不成立，本院不予支持。

三、宁氏公司被侵害的权利无法通过本案诉讼得到有效救济。如前所述，行政诉讼中原告资格的取得，不仅要求其与被诉行为具有一定的利害关系，这种利害关系还必须能够通过所提之诉得以有效救济。具体到撤销诉讼，如果即使撤销被诉行政行为也不能够给原告带来任何实际利益，或是这种利益应当通过其他更为直接、有效的诉讼手段得以实现，则原告与被诉行为之间的利害关系就无法通过所提之诉表现出来，或者说，就其所提的诉讼而言其诉的利益就不复存在，原告的起诉也应当据此被驳回。本案中，宁氏公司的诉讼请求是撤销国土资源部颁发给宇臻公司的第T01120080803012858号勘察许可证中与甘地矿证管字（1996）第08号采矿许可证重合的部分。然而，宁氏公司2000年换证后，涉案矿段的探矿权共发生过两次转移，分别是：2004年，明科公司通过0100000410067号勘察许可证取得争议矿段的金矿探矿权；2008年，宇臻公司通过第T01120080803012858号勘察许可证取得争议矿段的重晶石矿探矿权。由于后者，也就是本案被诉行为是在2004年明科公司取得的探矿权基础上所进行的权利转移和矿种变更，因此，在国土资源部给明科公司的颁证行为没有被撤销或确认违法的情况下，即使宁氏公司在本案中胜诉,也无法实现其恢复争议矿段采矿权的诉讼目的。故而,宁氏公司只能通过一并起诉两次转移登记行为或是首先对国土资源部给明科公司的颁证行为提起诉讼方能实现其诉的利益,而非仅针对国土资源部给宇臻公司的颁证行为提起诉讼。因此,在宁氏公司仅针对颁发给宇臻公司的第T01120080803012858号探矿权许可证提起诉讼的情况下,其与该颁证行为不具有法律上之利害关系,无法成为本案的适格原告。

综上,再审申请人宁氏公司与被诉行政行为在本案中没有法律上的利害关系,无权提起本案诉讼。

——中国裁判文书网。

186. 竞争权人的原告资格

关键词

免征规费　公平竞争权　原告资格

最高人民法院公报案例

吉某仁等四人不服盐城市人民政府行政决定案[江苏省高级人民法院]

裁判摘要:原告等交通运营户与公交公司车辆运行线路重合,存在竞争关系。盐城市政府免除公交公司运输规费的行为造成了竞争主体之间不平等、不公平的后果,因此原告以公平竞争权受侵害为由起诉具有原告资格。

关于吉某仁等四人是否具备本案的原告主体资格问题。被上诉人答辩认为,上诉人不具备行政诉讼的主体资格。上诉人与《会议纪要》无法律上的利害关系,不能以自己的名义直接起诉。公交公司和上诉人之间不存在竞争。作为公益性的公交行业是微利甚至亏损的行业,营利不是其主要目标且服务对象也不一致。上诉人认为,道路客运客观上存在数量限制的竞争,由于公交车得以免去各种交通规费,即使上诉人已经亏损,公交车还有丰厚的盈利,公交公司与上诉人根本不是在同一起跑线上公平竞争,上诉人因此具有竞争者依法享有的原告资格。原审判决认定上诉人具有原告主体资格是正确的。

由于公交公司的5路、15路公交车与吉某仁等经营户经营的线路存在重叠,其在营运上的竞争是客观存在的。公交公司营运中微利或者是亏损并不能否定此种竞争关系。上诉人认为盐城市政府的《会议纪要》规定公交公司免交有关交通规费,导致不平等竞争,因而提起行政诉讼,符合《最高人民法院关于执行〈中华人民共和国行政诉讼法〉若干问题的解释》第13条第1款①的规定。吉某仁等人作为领取了经营许可证的业主，其经济利益与车辆的营运效益密切相关，其认为行政行为侵犯其公平竞争权，就有权以原告身份提起诉讼。是否存在不公平竞争并不应影响其作为原告行使诉权。原审判决对此认定合法，被上诉人认为上诉人不具有原告主体资格的答辩理由依法不能成立。

——《最高人民法院公报》2003年第4期。

附录：最高人民法院法官著述

公平竞争权在行政许可法中有专门的规定，行政机关实施有限自然资源开发利用、公共资源配置以及直接关系公共利益的特定行业的市场准入等事项的行政许可，应当采取招标、拍卖或者公平竞争的方式进行，这是行政许可法的一大制度创新。行政许可事项是指有限自然资源开发利用、公共资源配置以及直接关系公共利益的特定行业的市场准入等，需要赋予特定权的事项。这类事项在学理上称为特许，特许在性质上是赋权行为，通常由行政机关代表国家依法向相对人转让某种特定权利，如海域使用权许可、客运牌照许可、国有土地使用权许可等，由于该类许可主要是对稀缺资源进行配置，有一定的数量限制，这就决定了特许只能为一定数量的申请人享有，并且特许一旦授予某一个人或者组织后，就排除了其他个人或者组织享有该项特许的机会。为防止行政机关借特许为某些人或者组织"设租""寻租"，谋取私利，行政许可法专门对特许规定了招标、拍卖等公平竞争的方式。当然法律、行政法规另有规定的，依照其规定。

招标、拍卖基本上是民事活动，当事人认为招标、拍卖程序违法的，可以依法提起民事诉讼，这是各国通例。公平竞争权同样是民事上的权利，一般情况下，对公平竞争权的侵害主要来自其他竞争者违反公平竞争原则的行为。但在有的情况下，行政机关的行为破坏了公平竞争的环境或者规则，也可能成为公平竞争侵权。在我国，比较突出的问题是，行政机关运用行政权力干预招标、拍卖活动，或者不依法举行招标、拍卖或者不依据招标、拍卖结果择优作出行政许可决定，破坏了公平竞争的秩序。这些违法行为从其性质上讲，都是行政违法行为，通过民事诉讼无法救济。鉴于此，为保护申请人的合法权益，保护竞争权人的合法权益，行政许可法专门规定授予其依法

---

① 现为《最高人民法院关于适用〈中华人民共和国行政诉讼法〉的解释》（法释〔2018〕1号）第十二条第一款第一项。

申请行政复议、提起行政诉讼的权利。《若干解释》第十三条①也专门对竞争权人诉权予以专项规定。

——杨临萍：《行政许可司法解释理解与适用》，中国法制出版社2010年版，第59~60页。

187. 受害人的原告资格

关键词

治安管理处罚决定　被侵害人申诉　举报人　原告资格

最高人民法院公报案例

焦某刚诉和平公安分局治安管理处罚决定行政纠纷案〔天津市第一中级人民法院〕

裁判摘要：有权对治安管理处罚决定提出申诉的，只能是被处罚人和因民间纠纷引起的打架斗殴等违反治安管理事件中的被侵害人。

最高人民法院认为：错误的行政处罚决定，只能依照法定程序纠正。根据《治安管理处罚条例》第39条规定，有权对治安管理处罚决定提出申诉的，只能是被处罚人和因民间纠纷引起的打架斗殴等违反治安管理事件中的被侵害人。交通民警是国家工作人员，交通民警是根据法律的授权才能在路上执行查车任务。交通民警依法执行职务期间产生的责任，依法由国家承担，与交通民警个人无关。交通民警依法执行职务的行为受法律特别保护，行政相对人如果对依法执行职务的交通民警实施人身攻击，应当依法予以处罚。行政相对人所侵害的直接客体是公共秩序和执法秩序。因此，无论是交通民警还是其所供职的天津市公安局公安交通管理局，都不是治安管理处罚条例所指的被侵害人，都无权以被侵害人身份对行政相对人和处罚决定书提出申诉。

——《最高人民法院公报》2006年第10期。

---

① 现为《最高人民法院关于适用〈中华人民共和国行政诉讼法〉的解释》（法释〔2018〕1号）第十二条。

附录：最高人民法院法官著述

消费者向负有处理质量申诉职责的行政机关提出申诉后，该机关不作处理或者消费者认为其给予违法行为人的处罚太轻，消费者对此不服，是否具有原告资格提起诉讼？

传统观念认为，法律上的利害关系，是指具体行政行为生效后，将使其权利义务增加或者减少，或将来可能取得的权利得到认可或者不能取得。具体行政行为是针对被处理人作出的，不是针对被侵害人作出的，因此不可能影响被侵害人的合法权益，所以被侵害人不具有原告的资格，不能提起诉讼。我国现行法律中，绝大多数都未规定被侵害人对行政机关的具体行政行为不服可以提起诉讼。但也有两部法律中规定被侵害人对行政机关的具体行政行为不服可以依法提起诉讼：一部是《治安管理处罚条例》第39条；另一部是《商标法》第53条。在《最高人民法院关于执行〈中华人民共和国行政诉讼法〉若干问题的解释》施行之前，绝大多数人民法院仅仅认定这两类案件的被侵害人具有原告资格。对法律未作明确规定的被侵害人一般不认定为具有原告资格，因此将被侵害人排除在行政诉讼之外。

《最高人民法院关于执行〈中华人民共和国行政诉讼法〉若干问题的解释》第13条[①]中明确规定，被侵害的公民、法人或者其他组织不服行政机关行政处罚决定或不处罚行为，要求主管行政机关追究加害人法律责任的，可以依法提起诉讼。为了贯彻落实全国整顿和规范市场经济秩序工作会议的精神，依法保障整顿规范市场秩序工作的顺利进行，推动人民法院行政审判工作深入开展，各地人民法院一定要积极受理这类案件，绝不能以任何理由将这类案件拒之门外。

——蔡小雪：《〈产品质量法〉的修改与适用》，载李国光主编、最高人民法院行政审判庭编：《行政执法与行政审判参考》2001年第2辑（总第3辑），人民法院出版社2002年版，第96~99页。

188. 行政强制拆除案件确认诉讼中原告主体资格、被告主体资格问题

关键词

行政强制拆除　原告资格　被告资格

[①] 现为《最高人民法院关于适用〈中华人民共和国行政诉讼法〉的解释》（法释〔2018〕1号）第十二条。

> **最高人民法院审判业务意见**

行政强制拆除案件确认诉讼的原告主体资格不同于有关征收案件中的原告主体资格。

在征收案件中，被征收人在达成征收补偿协议或者征收补偿决定作出后，超过法定起诉期限未起诉，或者起诉后人民法院生效判决驳回原告诉讼请求的，被征收人对行政机关就征收后收归国家的土地予以出让、给他人颁发国有土地使用证等行为提起行政诉讼的，因其已经获得安置补偿，与涉案土地不具有利害关系，不具有原告主体资格。

而在行政强制拆除案件确认诉讼中，即便实施征收的行政机关在强制拆除行为实施后与被征收人签订了征收补偿协议或者作出征收补偿决定，被征收人在确认诉讼中仍与强制拆除行为有利害关系。被征收人请求确认行政机关实施的强制拆除行为违法的，人民法院应予受理。

如来某诉某区政府强制拆除房屋案，区政府先强制拆除来某的房屋，后虽与来某签订了产权调换协议书，但来某作为被拆除房屋的所有权人，其与确认签订产权调换协议书之前的强制拆除行为违法性之间有正当的利益，因此其与被诉强制拆除行为有利害关系，具有提起诉讼的原告主体资格。

强制拆除案件中，原告对被告是否适格承担初步证明责任。在行政机关已经发布征收决定或者作出违法建筑确认决定的情况下，原则上推定作出征收决定或者违法建筑确认决定的行政机关是强制拆除机关。除非作出决定机关有证据证明强制拆除行为确属其他相关部门或者组织所为。

如周某诉某区政府、某区城管局、某镇政府行政其他纠纷案，周某向一审法院提交了强制拆除现场的录像、照片及视频说明，用以证明在强拆现场有区政府副区长、区城管局局长、镇政府副镇长等在场，有关的行政机关工作人员实施强制拆除行为。周某提供的证据可初步证明强制拆除行为系三行政机关共同实施，已经完成了举证责任。

——《最高人民法院第二巡回法庭建庭以来行政案件审理情况分析报告——以申请再审案件为核心（2015.01—2020.06）》

189. 被告不适格的情形以及相应的处理方式

> **关键词**

被告不适格　行政强制　行政赔偿

最高人民法院裁判文书

刘某运诉山东省庆云县人民政府行政强制及行政赔偿案［最高人民法院（2016）最高法行申 2907 号行政裁定书］

裁判要点：在行政诉讼中，被告适格包括两个层面的含义。一是形式上适格，也就是《中华人民共和国行政诉讼法》第四十九条第二项规定的"有明确的被告"，以及第二十六条规定的关于适格被告的各款规定。形式上适格属于法定起诉条件的范畴，不符合这些规定的，应当裁定不予立案或者在立案后裁定驳回起诉。二是实质性适格，它是指被诉的行政机关作出了被诉的那个行政行为，并且该机关在此范围内能对案涉标的进行处分。实质性适格问题相对复杂，通常需要通过实体审理查明，如果通过实体审理确实不构成实质性适格，则以理由不具备为由判决驳回原告的诉讼请求。当然，也不排除在特别明显地不具备实质性适格的情况下，在进入实体审理之前即以起诉不符合法定条件为由裁定驳回起诉。

最高人民法院认为：在行政诉讼中，被告适格包括两个层面的含义。一是形式上适格，也就是《中华人民共和国行政诉讼法》第四十九条第二项规定的"有明确的被告"，以及第二十六条规定的关于适格被告的各款规定。形式上适格属于法定起诉条件的范畴，不符合这些规定的，应当裁定不予立案或者在立案后裁定驳回起诉。二是实质性适格，它是指被诉的行政机关作出了被诉的那个行政行为，并且该机关在此范围内能对案涉标的进行处分。实质性适格问题相对复杂，通常需要通过实体审理查明，如果通过实体审理确实不构成实质性适格，则以理由不具备为由判决驳回原告的诉讼请求。当然，也不排除在特别明显地不具备实质性适格的情况下，在进入实体审理之前即以起诉不符合法定条件为由裁定驳回起诉。本案中，再审申请人以庆云县政府为被告提起诉讼，要求确认庆云县政府行政强制行为违法并请求行政赔偿，由于"有明确的被告"，原告也提供了一些初步的事实证据，原审法院认定再审申请人提起本案诉讼符合法定条件并予以受理，不仅较好地保护了原告的诉权，也提供了通过言词审理进一步查清案件事实的机会。在经过开庭审理之后，原审法院认为再审申请人所提供的证据和证人证言并不能足以证明庆云县政府实质性适格，亦即并不能足以证明被诉行政强制行为系由庆云县政府实施。而且，通过证人证言、被告答辩、第三人陈述意见的相互印证，特别是通过再审申请人在庭审中的自认，能够认定被诉行政强制行为系庆云县政府组织、第三人渤海路街道办实施，在此情况下，再审申请人对庆云县政府的指控显然缺乏事实根据，原审法院判决驳回其诉讼请求符合法律规定。再审申请人提出的"主体问题应当是裁定方式结案"的主张依法不能成立。

《中华人民共和国行政诉讼法》第三十四条虽然规定，"被告对作出的行政行为负有举证责任，应当提供作出该行政行为的证据和所依据的规范性文件"，但这不是说，行政诉讼中的所有待证事实都要由被告承担举证责任。对于指控的行政行为是否存在、该行政行为是否由被告实施，显然应当由原告举证证明，这属于原告赖以指控行政机关作出了侵犯其合法权益的行政行为的事实根据，也属于诉讼请求能够成立的实质理由，并非将行政行为违法的举证责任转嫁给原告一方。同理，在行政赔偿诉讼中，"原告应当对行政行为造成的损害提供证据"，也已为《中华人民共和国行政诉讼法》第三十八条第二款所明文规定。原审法院正是在再审申请人没有提供充足证据的情况下才分别驳回其要求确认庆云县政府行政强制行为违法并赔偿经济损失的两项诉讼请求。再审申请人在再审申请中质疑"再审被申请人未举证，所谓的第三人仅提供《关于刘某运葡萄园补偿情况的说明》"，是对《中华人民共和国行政诉讼法》规定的举证责任分配规则的误解，该再审理由依法不能支持。

再审申请人刘某运还对第三人问题提出质疑，认为"原一审追加第三人程序违法，一审判决书查明的事实和裁判结果看不出追加第三人的必要性和合法性"。"原审法院未查明谁组织实施强制占用再审申请人家庭承包责任地，第三人与被申请人谁承担责任"。本院认为，第三人制度是《中华人民共和国行政诉讼法》的明确规定，该法第二十九条第一款规定："公民、法人或者其他组织同被诉行政行为有利害关系但没有提起诉讼，或者同案件处理结果有利害关系的，可以作为第三人申请参加诉讼，或者由人民法院通知参加诉讼。"一般认为，行政诉讼第三人制度的性质是"诉讼参加"，设立这一制度不仅是对利害关系人权利的尊重和维护，也有利于增强判决的确定性和稳定性，减少诉讼周折，从而实现诉讼的最佳效益。与被诉行政行为有关的其他行政机关作为第三人参加诉讼，通常属于一种单纯辅助参加，尤其在涉及批准行为、前置行为、辅助行为、行政合同以及超越职权的案件中，允许其他行政机关作为第三人参加诉讼，对于查明案件事实、分清法律责任，更具有积极意义。本案中，作为被诉行政行为实际实施者的渤海路街道办显然与本案具有密切关系，通知其参加诉讼对于查清案件事实肯定有所帮助，所以原审法院通知其参加诉讼，不仅必要，而且合法。原审法院根据再审申请人的诉讼请求以及查明的案件事实，在不予认可其对于庆云县政府的指控的同时，不去确定仅是单纯辅助参加而非共同被告的第三人承担何种责任，亦符合不告不理的诉讼原则。

《中华人民共和国行政诉讼法》第八十六条规定："人民法院对上诉案件，应当组成合议庭，开庭审理。"但该条同时规定："经过阅卷、调查和询问当事人，对没有提出新的事实、证据或者理由，合议庭认为不需要开庭审理的，也可以不开庭审理。"按照本条的规定，行政诉讼的第二审程序并非完全是"以新的一审代替原一审"，第二审程序中实行言词审理，主要限于"提出新的事实、证据或者理由"的情形，而且，在第二审程序中提出"新的证据"也并非不加任何限制，主要应当限于《最高人民法院关于行政诉讼证据若干问题的规定》第五十二条规定的三种证据，即：在一审程序中应当准予延期提供而未获准许的证据；当事人在一审程序中依法申请调取而未获准许或者未取得，人民法院在第二审程序中调取的证据；原告或者第三人提供的在举证期限届满后发现的证据。而本案并不存在以上情形。因此，二审法院在认为不符合开庭审理的条件时采用书面审理的方式，并不违反行政诉讼法第八十六条的规定，再审申请人主张"二审不应进行书面审理"，"二审程序严重违法"，依法不能成立。

——最高人民法院行政审判庭编：《最高人民法院行政裁判要旨及评述（第一卷）》，人民法院出版社2019年版。

190. 非为维护自身合法权益而向行政机关投诉者与投诉处理结果的利害关系

关键词

自身合法权益　投诉者　投诉处理结果

最高人民法院裁判文书（六巡裁判规则）

兰州永安贸易商行诉甘肃省司法厅行政管理案［最高人民法院（2021）最高法行申5707号行政裁定书］

裁判要点：为维护自身合法权益向行政机关投诉，具有处理投诉职责的行政机关作出或者未作出处理的，投诉者与该行政行为具有利害关系。据此，原告起诉司法行政机关不履行对某一案件中委托诉讼代理律师的投诉进行处理的法定职责时，如原告既非委托人，也不是该案件当事人，则其与该案诉讼标的无利害关系，不具备提起相应履责之诉的原告资格。

附录：最高人民法院法官著述

一、裁判理由

《最高人民法院关于适用〈中华人民共和国行政诉讼法〉的解释》第12条规定，"有下列情形之一的，属于行政诉讼法第二十五条第一款规定的'与行政行为有利害关系'：……（五）为维护自身合法权益向行政机关投诉，具有处理投诉职责的行政机关作出或者未作出处理的；……"本案中，在案证据显示，委托秦××律师作为诉讼代理人的是鲍××而非永安商行。故永安商行以自己名义向甘肃省司法厅投诉秦××律师，嗣后又起诉该厅不履行法定职责，不符合前述司法解释规定。二审裁定说理不妥，但认为永安商行的起诉不符合法定条件、本案应驳回起诉的结论和裁定结果并无不当。

综上，永安商行的再审申请不符合《行政诉讼法》第91条规定的情形。依照《最高人民法院关于适用〈中华人民共和国行政诉讼法〉的解释》第116条第2款的规定，法院裁定驳回兰州永安贸易商行的再审申请。

二、评析

《行政诉讼法》第49条第1项规定，"提起诉讼应当符合下列条件：（一）原告是符合本法第二十五条规定的公民、法人或者其他组织"；第25条第1款规定，"行政行为的相对人以及其他与行政行为有利害关系的公民、法人或者其他组织，有权提起诉讼"；《最高人民法院关于适用〈中华人民共和国行政诉讼法〉的解释》第12条规定，"有下列情形之一的，属于行政诉讼法第二十五条第一款规定的'与行政行为有利害关系'：……（五）为维护自身合法权益向行政机关投诉，具有处理投诉职责的行政机关作出或者未作出处理的……"本案中，第一，根据现有证据材料和已查明认定的事实，投诉事件的起因是兰州市房地产开发公司诉鲍××拆迁安置纠纷一案，该案中鲍××本人委托秦××律师作为诉讼代理人参与诉讼，永安商行既非该案当事人和秦××律师的委托人，亦非拆迁所涉房产的所有权人。第二，在永安商行寄送案涉《行政履职督促申请书》前，作为永安商行负责人的鲍××本人已基于同一事实向甘肃省律师协会投诉秦××律师，请求对其违法行为作出处理，并且已于2019年12月26日收到甘肃省律师协会直属分会惩戒委员会作出的甘肃省律师协会直属分会甘律直惩字（2018）07号《撤销案件决定书》，此举应视为永安商行亦已知悉投诉处理结果。综合上述两点，永安商行基于同一事实再次要求甘肃省司法厅查处秦××律师在该案中的违法行为的投诉，不属于前述司法解释规定的为维护自身合法权益向行政机关投诉的情形，不具备提起本案履责之诉的原告资格。

——杨临萍主编：《最高人民法院第六巡回法庭裁判规则》，人民法院出版社2022年版，第595~596页。

191. 投诉与举报的区分标准

关键词

投诉　举报

最高人民法院审判业务意见（行政庭法官会议纪要）

公民、法人或者其他组织认为第三人实施的违法行为侵犯自身合法权益，请求行政机关依法查处的，属于《最高人民法院关于适用〈中华人民共和国行政诉讼法〉的解释》第十二条第五项规定的投诉。投诉人与行政机关对其投诉作出或者未作出处理的行为有法律上的利害关系。

公民、法人或者其他组织认为第三人实施的违法行为侵犯他人合法权益或者国家利益、社会公共利益，请求行政机关依法查处的，属于举报。举报人与行政机关对其举报作出或者未作出处理的行为无法律上的利害关系。

——《最高人民法院行政法官专业会议纪要（六）（投诉领域）》（2019年11月29日）。

192. 对于行政机关的举报处理行为，举报人原告资格的有无，取决于行政机关对举报事项作出处理所依据的行政法律规范是否赋予了举报人此种主观权利

关键词

法定职责　举报人

最高人民法院裁判文书

杨某柱诉江苏省物价局物价行政检查行为违法及中华人民共和国国家发展和改革委员会行政复议案［最高人民法院（2018）最高法行申4816号行政裁定书］

裁判要点：对于行政机关的举报处理行为，包括作为和不作为，是否可以提起行政诉讼，取决于法律、法规及规章是否有关于行政机关对于举报事项要在一定期限内受理并依法作出处理的明确规定，即规定行政机关的法定职责。对于行政机关已经受理并作出相应处理的，举报人提起诉讼应当有法律的明确规定。

最高人民法院认为：一审法院认为，提起行政诉讼应当符合法律规定的条件。根据《中华人民共和国行政诉讼法》的规定，有权提起行政诉讼的主体应为被诉行政行为对其权利义务直接产生影响的公民、法人或其他组织。本案中，杨某柱不是案涉酒品的销售者，其在《申请》中提出的"低价倾销"并未对其权益产生实际影响，其主张的知情权、财产损失等问题，亦非江苏省物价局的案涉查处行为产生的影响。故应认定江苏省物价局的案涉查处行为并未对杨某柱的权益产生实际影响。《98号行政复议决定》系对江苏省物价局的查处行为作出的行政复议行为，故国家发改委的行政复议行为亦对杨某柱的权益不产生实际影响。一审法院裁定驳回杨某柱的起诉。

二审法院认为，根据《价格违法行为举报处理规定》，价格举报系相对人提供他人相应的违法行为线索，最终由价格主管部门依职权对违法行为作出相应处理。故价格主管部门的处理结果对举报人并不产生直接利害关系。本案中，杨某柱向江苏省物价局提交《申请》，指出浩扬公司涉嫌多次低价倾销"汤沟酒"，要求江苏省物价局对该公司进行查处，对其进行奖励并保密。杨某柱的上述《申请》系价格举报行为。江苏省物价局针对杨某柱《申请》中的内容，依照相关法律规范的规定，将查处结果通过《告知书》的形式告知了杨某柱，已经履行了相关法定义务，且江苏省物价局的行政检查行为对举报人杨某柱的权利义务并未造成增加或减损。相关《98号行政复议决定》对杨某柱的权益亦不产生实际影响。《最高人民法院关于适用〈中华人民共和国行政诉讼法〉的解释》第一条第二款第十项规定，对相对人权利义务不产生实际影响的行为不属于人民法院行政诉讼的受案范围。故一审法院裁定驳回上诉人杨某柱的起诉并无不当。浩扬公司作为涉案行政检查行为的当事人，一审法院将其追加为第三人参加诉讼，并未违反法律的相关规定。杨某柱一审庭审中提出的主张，超出了《告知书》的审查范围，对此不予理涉。如杨某柱认为其作为消费者的合法权益受到侵害，可以另行寻求救济。二审法院裁定驳回上诉，维持一审裁定。

——最高人民法院第三巡回法庭编著：《最高人民法院第三巡回法庭典型行政案件理解与适用》，中国法制出版社2019年版，第81~83页。

193. 投诉举报人的行政复议申请主体资格的认定

关键词

投诉举报人　行政复议　主体资格

> **最高人民法院审判业务意见（行政庭法官会议纪要）**

投诉人为维护自身合法权益向有管辖权的行政机关投诉举报公民、法人或者其他组织的行政违法行为，不服相关职能部门不履行行政处理法定职责或者作出的处理决定的，与行政机关的处理或者不处理行为有利害关系。为此，项目参与人为维护自身合法权益、确保投资安全，向有管辖权的行政机关投诉举报项目公司违法建设行为，有管辖权的行政机关不履行处理的法定职责或者未作出处理，项目参与人不服的，与该处理或者不处理行为有利害关系。但是，项目参与人与项目公司之间的民事纠纷已经通过法定救济途径解决，双方的合作关系被解除，变为普通债权债务关系后，项目参与人为泄私愤举报项目公司的违法建设行为，有管辖权的行政机关作出处理或不予处理决定，项目参与人不服申请复议或者提起诉讼的，与相关行政行为没有利害关系，不具有复议申请人和原告资格。

> **附：案情简介**

A公司与B公司签订协议书，约定共同合作开发某一房地产项目，开发过程中双方因投资问题产生纠纷并提起民事诉讼，生效民事判决认定B公司与A公司系合作合同关系，判决解除协议书并解除合作合同关系，A公司向B公司支付相应资金并赔偿损失。因A公司未能履行生效民事判决，B公司申请法院强制执行，但A公司名下无财产可供执行，执行尚未到位。执行期间，A公司在未办理相关手续的情况下开工建设，市城乡规划局及相关部门曾作出责令整改通知、停工通知并进行查处，但A公司仍然建设并预售房屋。B公司向市城乡规划局投诉，认为A公司未经许可建设并低价出售房屋，侵犯了其在上述民事生效判决中确定的合法权益，请求查处A公司违法建设行为，市城乡规划局未予以理会。B公司申请复议，复议机关市政府认为B公司与申请事项没有利害关系，作出不予受理复议决定。B公司提起行政诉讼，请求撤销被诉不予受理复议决定。

——《行政案件适用调解结案的范围》，载最高人民法院行政审判庭编著：《最高人民法院行政审判庭法官会议纪要（第二辑）》，人民法院出版社2023年版，第99~112页。

194. 举报人一般不具备提起行政诉讼的原告资格

> **关键词**

投诉　举报人　诉讼利益　原告资格　利害关系

最高人民法院裁判文书

王某金安全生产行政许可及规范性文件审查案［最高人民法院（2018）最高法行申165号行政裁定书］

裁判要点：对于公民的投诉和举报应予以区分，为维护自身合法权益向行政机关投诉，投诉人与行政机关针对其投诉作出的处理结论有利害关系，可以作为原告向法院提起行政诉讼；但对于举报，法律法规赋予举报人举报权的目的主要在于为行政机关查处被举报人违反法律、法规或者规章的行为提供线索，规范目的在于维护公共利益，而非保障举报人自身的合法权益，接受举报的行政机关是否启动对举报的核查程序、是否对被举报人作出处理、对被举报事实作出何种认定，则与举报人没有法律上的利害关系，举报人对此不具有诉讼利益，进而也就不具备提起行政诉讼的原告资格，人民法院对举报人的起诉应当裁定不予立案或者驳回起诉。

最高人民法院经审查认为，本案涉及的焦点问题在于安监局所作《报告》是否实际影响王某金的权利义务，王某金与该《报告》是否有利害关系。《行政诉讼法》第二十五条第一款规定："行政行为的相对人以及其他与行政行为有利害关系的公民、法人或者其他组织，有权提起诉讼。"诚如王某金在其申请书中所引用的《最高人民法院关于进一步保护和规范当事人依法行使行政诉权的若干意见》规定，当事人因投诉、举报、检举或者反映问题等事项不服行政机关作出的行政行为而提起诉讼的，人民法院应当认真审查当事人与其投诉、举报、检举或者反映问题等事项之间是否具有利害关系，对于确有利害关系的，应当依法予以立案，不得一概不予受理。但同时该《最高人民法院关于进一步保护和规范当事人依法行使行政诉权的若干意见》也规定，对于明显不具有诉讼利益、无法或者没有必要通过司法渠道进行保护的起诉，比如当事人向明显不具有事务、地域或者级别管辖权的行政机关投诉、举报、检举或者反映问题，不服行政机关作出的处理、答复或者未作处理等行为提起诉讼的，人民法院依法不予立案。所以王某金与《报告》是否有利害关系为本案关键。

一般来讲，对于投诉和举报应予以区分，为维护自身合法权益向行政机关投诉，投诉人与法定的处理其投诉的行政机关作出的处理结论有利害关系，可以作为原告向法院提起行政诉讼；但对于举报，法律法规赋予举报人举报权的目的主要在于为行政机关查处被举报人违反法律、法规或者规章的行为提供线索或者证据，规范目的在于维护公共利益，而非保障举报人自身的合法权益，行政机关针对举报所作的处理结论，对举报人自身合法权益并没有直接影响，由此举报人也就不具备提起行政诉讼的原告资格，属于明显不具有诉讼利益，人民法院对举报人的起诉应当裁定不予立案或者驳回起诉。

本案情形就属于王某金就和顺正邦公司违法生产向安监局进行的举报。根据《安全生产许可证条例》第十七条的规定，任何单位或者个人对违反本条例规定的行为，有权向安全生产许可证颁发管理机关或者监察机关等有关部门举报。行政法规明确赋予了单位或者个人对违反《安全生产许可证条例》行为的举报权，如经查实被举报人存在违反《安全生产许可证条例》的行为，则职权部门可以根据《安全生产许可证条例》第十八条至第二十二条的规定对被举报人进行处罚。但接受举报的行政机关是否启动对举报的核查程序、是否对被举报人作出处理、对被举报事实作出何种认定，则与举报人没有法律上的利害关系，举报人对此不具有诉讼利益。如王某金在其申请书中所言，调查结果与其有利害关系，如果认定和顺正邦公司违法生产，《综采采煤合作协议书》的效力就存在质疑，和顺正邦公司就应当赔偿王某金全部损失，如果认定和顺正邦公司不违法，双方就应当按照合同约定履行相应义务。但王某金在其申请书中所理解的这种"利害关系"，并非行政诉讼法所要求的原告与行政行为之间必须具备的利害关系。权利义务可能受安监局《报告》影响的是和顺正邦公司，安监局《报告》结论可能影响《综采采煤合作协议书》的效力，但不能就此认定安监局《报告》与举报人王某金有法律上的利害关系。

本案王某金向安监局进行举报和顺正邦公司违法生产，安监局依法核查举报线索，出具《报告》进行答复，认定和顺正邦公司当时的采煤工作面推进情况符合地方煤炭政策和煤矿监管措施要求。该《报告》结论没有对王某金设定任何权利义务，对于其合法权益明显不产生实际影响，王某金对该《报告》起诉不具备原告资格，进而其要求对涉案规范性文件进行合法性审查亦不符合《中华人民共和国行政诉讼法》第五十三条的规定，故一、二审法院裁定对王某金的起诉不予立案及驳回其上诉，并无不当。

——最高人民法院第四巡回法庭编：《最高人民法院第四巡回法庭典型行政案件裁判观点2017-2018》，法律出版社2020年版，第139~143页。

195. 举报人就其自身合法权益受侵害向行政机关进行举报的，与行政机关的举报处理行为具有法律上的利害关系，具备行政诉讼原告主体资格

关键词

行政诉讼　举报答复　受案范围　原告资格

最高人民法院指导性案例

罗某荣诉吉安市物价局物价行政处理案〔最高人民法院指导案例 77 号〕

裁判要点：1. 行政机关对与举报人有利害关系的举报仅作出告知性答复，未按法律规定对举报进行处理，不属于《最高人民法院关于执行〈中华人民共和国行政诉讼法〉若干问题的解释》第一条第六项①规定的"对公民、法人或者其他组织权利义务不产生实际影响的行为"，因而具有可诉性，属于人民法院行政诉讼的受案范围。

2. 举报人就其自身合法权益受侵害向行政机关进行举报的，与行政机关的举报处理行为具有法律上的利害关系，具备行政诉讼原告主体资格。

法院生效裁判认为：关于吉安市物价局举报答复行为的可诉性问题。根据《中华人民共和国行政诉讼法》（以下简称《行政诉讼法》，1989 年 4 月 4 日通过）第十一条第一款第五项规定，申请行政机关履行保护人身权、财产权的法定职责，行政机关拒绝履行或者不予答复的，人民法院应受理当事人对此提起的诉讼。本案中，吉安市物价局依法应对罗某荣举报的吉安市电信公司收取卡费行为是否违法进行调查认定，并告知调查结果，但其作出的举报答复将《关于江西电信全业务套餐资费优化方案的批复》（以下简称《批复》）中规定的 UIM 卡收费上限标准进行了罗列，未载明对举报事项的处理结果。此种以告知《批复》有关内容代替告知举报调查结果行为，未能依法履行保护举报人财产权的法定职责，本身就是对罗某荣通过正当举报途径寻求救济的权利的一种侵犯，不属于《最高人民法院关于执行〈中华人民共和国行政诉讼法〉若干问题的解释》（以下简称《行政诉讼法解释》）第一条第

---

① 现为《最高人民法院关于适用〈中华人民共和国行政诉讼法〉的解释》（法释〔2018〕1 号）第一条第二款第十项。

六项①规定的"对公民、法人或者其他组织权利义务不产生实际影响的行为"的范围,具有可诉性,属于人民法院行政诉讼的受案范围。

关于罗某荣的原告资格问题。根据《行政诉讼法》第二条、第二十四条第一款及《行政诉讼法解释》第十二条规定,举报人就举报处理行为提起行政诉讼,必须与该行为具有法律上的利害关系。本案中,罗镕容虽然要求吉安市物价局"依法查处并没收所有电信用户首次办理手机卡被收取的卡费",但仍是基于认为吉安电信公司收取卡费行为侵害其自身合法权益,向吉安市物价局进行举报,并持有收取费用的发票作为证据。因此,罗某荣与举报处理行为具有法律上的利害关系,具有行政诉讼原告主体资格,依法可以提起行政诉讼。

关于举报答复合法性的问题。《价格违法行为举报规定》第十四条规定:"举报办结后,举报人要求答复且有联系方式的,价格主管部门应当在办结后五个工作日内将办理结果以书面或者口头方式告知举报人。"本案中吉安市物价局作为价格主管部门,依法具有受理价格违法行为举报,并对价格是否违法进行审查,提出分类处理意见的法定职责。罗某荣在申诉举报函中明确列举了三项举报请求,且要求吉安市物价局在查处结束后书面告知罗某荣处理结果,该答复未依法载明吉安市物价局对被举报事项的处理结果,违反了《价格违法行为举报规定》第十四条的规定,不具有合法性,应予以纠正。

——《最高人民法院关于发布第十五批指导性案例的通知》(2016年12月28日,法〔2016〕449号)。

说明

指导案例77号《罗某荣诉吉安市物价局物价行政处理案》,旨在明确行政机关实施的与举报人有利害关系的举报处理行为具有可诉性,属于人民法院行政诉讼的受案范围,举报人就其自身合法权益受侵害向行政机关进行举报的,与行政机关的举报处理行为具有法律上的利害关系,具备行政诉讼原告主体资格。该案例明确了实践中较为常见的行政机关对举报处理行为的可诉性问题,明确了行政机关实施的与举报人有利害关系的举报处理行为具有可诉性,以及此种情形下举报人具有行政诉讼的原告主体资格。该案例明确的裁判规则有助于厘清实践中对举报处理行为的模糊认识,有利于依法保护当事人诉权,监督行政机关依法行政。

---

① 现为《最高人民法院关于适用〈中华人民共和国行政诉讼法〉的解释》(法释〔2018〕1号)第一条第二款第十项。

196. 行政行为作出后经受让取得权益的债权人不具有撤销之诉原告资格

关键词

行政行为　债权人　撤销之诉　原告资格

附录：最高人民法院主流观点

根据《行政诉讼法》第二十五条的规定，行政行为的相对人以及其他与行政行为有利害关系的公民、法人或者其他组织，有权提起诉讼。因此，不是行政行为的相对人时，只有与行政行为有利害关系的，才能取得提起行政诉讼的原告资格。这里的与行政行为有利害关系应当指受到行政行为的实际影响，即行政行为实际上处分了其权利义务，包括行政行为增加了其义务或减损了其权利等情形。因此，只有行政行为确与当事人的权利义务增减得失相关的，当事人权利和法律上利益才有受到行政行为侵害的可能性。而且，行政诉讼的裁判基准时，应当以行政行为作出时的事实和法律状态为判断的基准。只有行政行为作出时，受其影响的主体才具备提起诉讼的资格。如果在行政行为作出后事实发生了变化，那么之后参与的主体及其利益也不是行政机关作出行政行为时所能考虑的对象及利益。

——姜伟主编、最高人民法院第四巡回法庭编：《最高人民法院第四巡回法庭疑难案件裁判要点与观点》，人民法院出版社2020年版，第487~492页。

197. 普通债权人的原告资格

关键词

普通债权人　原告资格　车辆行政登记

最高人民法院审判业务意见

7. 物权转移登记案件中债权人的原告资格问题

行政机关依债务人申请作出的物权转移登记行为，债权人一般不具有起诉的原告资格，但该登记所涉不动产或者动产因抵押、裁判执行等因素与债权产生特定联系的除外。

——《最高人民法院办公厅关于印发〈行政审判办案指南（一）〉的通知》（2014年2月24日，法办〔2014〕17号）。

行政审判指导案例

吕某青诉山东省烟台市公安局交通警察支队车辆行政登记案［行政审判指导案例第49号］

  裁判要点：在由交通肇事引发的债权债务关系中，债务人将肇事车辆转让他人，行政机关为其办理了转移登记，债权人与该转移登记行为不具有法律上利害关系，不具有起诉该登记行为的原告资格。

  根据《机动车登记规定》的相关规定，机动车转移登记行为，是公安机关交通管理部门在已经注册登记的机动车所有权发生转移的情况下，根据现机动车所有人在机动车交付后提出的申请和机动车所有权转移的证明、凭证、将机动车登记在现所有人名下，以法律的形式公示现所有人享有该车的所有权而履行的法定登记职责。机动车作为动产，其所有权转移以交付的方式实现，而非以在公安机关交通管理部门进行机动车转移登记的方式实现。虽然机动车所有权发生转移的应当在公安机关交通管理部门办理转移登记，但该转移登记的目的是对机动车所有权的公示和进行机动车的管理和备案，并不具有不动产转移登记所产生的物权变动效力。

  本案中，上诉人与原审第三人王爱平之间系因侵权行为而存在债权债务关系，并非与涉案车辆存在所有权的纠纷，且上诉人亦未通过法律手续限制涉案车辆的转移或设置涉案车辆的担保物权。在被上诉人的转移登记行为不是涉案车辆物权发生变动要件的情况下，上诉以普通债权人的身份试图通过追究被上诉人转移登记涉案车辆的行为而达到向原审第三人王爱平实现债权的目的不符合法律规定。而且，被上诉人的转移登记行为，也没有带来导致涉案车辆物权发生变动的法律结果。故上诉人与涉案车辆的转移登记行为不存在法律上的直接利害关系，在原审第三人之间因买卖、交付而产生的涉案车辆物权变动后，上诉以普通债权人的身份对涉案车辆不享有法律上的追及力。该转移登记行为对上诉人的权利义务不产生实际影响，上诉人没有提起本案诉讼的原告主体资格，原审裁定正确，应予维持。

  ——江必新主编、最高人民法院行政审判庭编：《中国行政审判案例》第2卷，中国法制出版社2011年版，第52~53页。

198. 债权人的行政诉讼原告资格的认定

关键词

原告资格　行政诉讼

最高人民法院审判业务意见（行政庭法官会议纪要）

由债权的相对性所决定，一般情况下，债权人不具有基于其债权针对行政机关对债务人所作的行政行为提起诉讼的原告资格。《行政诉讼法司法解释》第十三条规定，债权人以行政机关对债务人所作的行政行为损害债权实现为由提起行政诉讼的，人民法院应当告知其就民事争议提起民事诉讼，但行政机关作出行政行为时依法应予保护或者应予考虑的除外。建筑工程施工单位因法定的工程价款优先受偿权，原本与行政机关针对建筑物的违法颁证行为具有利害关系，有权依法提起行政诉讼。但是，因破产过程中人民法院以其行使优先受偿权超过法定期限且主张的相关证据系伪证为由确认其不享有优先受偿权。之后，施工单位以普通债权人身份对行政机关给其施工建设的建筑物颁发产权证书的行为不具有原告资格。

《最高人民法院关于审理房屋登记案件若干问题的规定》第四条规定："房屋登记机构为债务人办理房屋转移登记，债权人不服提起诉讼，符合下列情形之一的，人民法院应当依法受理：（一）以房屋为标的物的债权已办理预告登记的；（二）债权人为抵押权人且房屋转让未经其同意的；（三）人民法院依债权人申请对房屋采取强制执行措施并已通知房屋登记机构的；（四）房屋登记机构工作人员与债务人恶意串通的。"在没有明确法律规定的情形下，则应当根据相应的法律精神予以判断，如行政机关作出行政行为时，债权人已经确定且存在合法权益需要保护，行政机关依法可以且应当查明债权人情况，以及行政行为的作出可能损害债权人的合法权益等情况。

附：案情简介

甲公司与乙厂签订合同，约定由甲公司承建乙厂厂房等建筑工程，乙厂欠甲公司部分工程款未支付。后乙厂申请破产，甲公司向破产清算组申报债权并主张优先受偿权。破产清算组以书面形式通知甲公司，确认其债权数额，但以其行使优先受偿权超过法定期限且主张的相关证据系伪证为由确认其不享有优先受偿权。后法院裁定宣告终结乙厂破产程序，未得到清偿的债权不再清偿。甲公司对乙厂享有的债权在破产程序中未获清偿。乙厂破产前，曾向市房管局申请办理相关不动产登记。乙厂在资产剥离办理房产抵押过程中，只有建筑工程临时许可证,但市房管局根据市政府的批示进行审批后同意先办理房产证,有关手续后续补办。此后,由甲公司承建的相关不动产登记在房产证下。其后,该房产证所对应的房产办理多次转移登记,现产权人是丙公司,该房产证已于乙厂破产程序终结后被市房管局收回作废。多年后,甲公司获知该房产证登记信息,以市房管局违法给乙厂办理房屋所有权初始登记侵犯其对乙厂享有的工程价款优先受偿权为由,向法院提起本案诉讼,请求撤销市房管局对乙厂作出的房屋所有权初始登记。

——《行政案件适用调解结案的范围》,载最高人民法院行政审判庭编著:《最高人民法院行政审判庭法官会议纪要(第二辑)》,人民法院出版社2023年版,第86~98页。

199. 查阅权诉讼的原告资格

关键词

行政许可　查阅权诉讼　原告资格

最高人民法院司法解释

第二条　公民、法人或者其他组织认为行政机关未公开行政许可决定或者未提供行政许可监督检查记录侵犯其合法权益,提起行政诉讼的,人民法院应当依法受理。

——《最高人民法院关于审理行政许可案件若干问题的规定》(2009年12月14日,法释〔2009〕20号)。

200. 行政相对人的信赖利益受到具体行政行为影响的具有原告资格

关键词

信赖利益　原告资格

最高人民法院公报案例/裁判文书

益民公司诉周口市政府等行政行为违法案〔最高人民法院(2004)行终字第6号行政判决书〕

裁判摘要:行政相对人基于对行政行为的信赖进行投入及合理

期待而产生的利益受到被诉具体行政行为影响的具有原告资格。

河南省高级人民法院认为：

1999年4月益民公司已取得工商营业执照，其经营范围包括燃气，2000年7月，益民公司又取得原周口地区建设局关于授予益民公司管道燃气专营权的批复，其中注明益民公司经营的燃气项目既能近期满足周口市（川汇区）工业与民用对燃气的需要，又能与"西气东输"工程接轨。2003年5月到6月，市计行和市政府基于建设部建城〔2002〕272号《关于加快市政公用行业市场化进程的意见》关于公用事业要开放市场、通过招标确定独家经营权人的政策规定，就周口市的天然气管网项目进行招标并确定了亿星公司对周口市天然气管网项目的独家经营权。由于当时益民公司的燃气经营权未被废止或撤销，亿星公司的天然气管网项目独家经营权直接与益民公司的燃气经营权冲突。如果被诉行政行为成立或产生法律效果，益民公司对天然气的经营权就不能行使。所以，益民公司与被诉行政行为有法律上的利害关系，具备本案的原告主体资格。

——《最高人民法院公报》2005年第8期。

附录：最高人民法院法官著述

我们认为，益民公司具有原告主体资格，主要理由是：（1）按照通常理解，行政诉讼的原告范围不限于权利受到影响的人，也可以包括利益受到影响的人。益民公司获得的批文上写明"批准你公司为周口城市管道燃气专营单位"，该批文同时还称该项目"能与天然气西气东输工程接轨"。尽管该批文并没有直接授予益民公司经营天然气西气东输城市管网的权利，但毕竟足以使益民公司基于对该批文的信赖而进行一定的投入，并对经营城市管网产生合理期待，这种基于信赖的投入及合理期待即为益民公司利益之所在。很明显，益民公司的上述利益受到了被诉行政行为的影响。（2）益民公司在获得批文的过程中未被发现存在恶意违法的情形，该批文又不存在其他无效情形，因此，法院只能在推定该批文合法的基础上，把益民公司对天然气城市管网项目经营的期待利益看作应受法律保护的利益，并据此承认益民公司的原告资格。虽然批文在诉讼过程中被有关机关撤销，但是益民公司的信赖利益仍然存在，故法院不应据此否认益民公司的原告资格。

——周红耕、王振宇：《周口益民燃气有限公司诉周口市人民政府、周口市发展计划委员会行政特许及相关招标行为上诉案评析》，载最高人民法院行政审判庭编：《行政审判指导》2005年第1辑（总第3辑），人民法院出版社2005年版，第184页。

201. 行政相对人的合法权益受到潜在影响的具有原告资格

关键词

原告资格　土地登记　潜在影响

最高人民法院司法政策精神

6. 受行政行为潜在影响者的原告资格问题

公民、法人或其他组织认为行政行为对自身合法权益具有潜在的不利影响，如果这种影响以通常标准判断可以预见，则其对该行政行为具原告资格。

——《最高人民法院办公厅关于印发〈行政审判办案指南（一）〉的通知》（2014年2月24日，法办〔2014〕17号）。

行政审判指导案例

王某仁等诉福建省福鼎市人民政府土地行政登记案［行政审判指导案例第2号］

裁判要点：合法权益受到潜在影响的公民、法人和其他组织，有权依据行政诉讼法的规定提起行政诉讼。

被上诉人王某仁、林某莲与本案被诉颁证鼎国用〔2005〕第3116号《国有土地使用权证》存在法律上的利害关系，具备原告行政诉讼主体资格，其于2006年11月30日知悉具体颁证内容，于2007年7月30日提起行政诉讼未超过2年的起诉期限。上诉人福鼎市人民政府颁证认定"东至柱壁外侧为界"仅注明东至的北段，而对东至南段未进行指界确认，属认定事实不清，程序违法。原审予以撤销并判令重作正确，依法应予以维持。

——江必新主编、最高人民法院行政审判庭编：《中国行政审判指导案例》第1卷，中国法制出版社2010年版，第8~9页。

附录：最高人民法院法官著述

行政诉讼的原告是认为其合法权益受到被诉行政行为侵害的公民、法人或其他组织。一般认为，合法权益的侵害是现实发生的。本案中，因被告未依法履行职责，王某仁、林某莲与本案第三人相邻土地的部分界址不明。这种情况下是否构成对王某仁、林某莲权益的侵害？正是对这个问题有不同的理解，才有以上不同的处理意见。实际上，对合法权益侵害，不仅包括现实的,在一定情况下也包括将来的;不仅包括明显的,而且也应当包括潜在的。由于部分界址登记不明,王某仁、林某莲土地使用权处于一个不完全确定的状态,对其合法权益是有潜在影响的。例如,王某仁、林某莲如果打算卖房屋,由于土地使用权范围没有最终明确,将影响其交易。虽然这类"侵害"不是现实的,但是其影响也是客观存在的。在这种情况下,应认定"部分界址不明"也是侵害其合法权益的一种情形,王某仁、林某莲是与被诉行为有"法律上利害关系"的人,因此具有原告资格。解决了这个问题,本案的处理就比较明确了。

——江必新主编、最高人民法院行政审判庭编:《中国行政审判指导案例》第1卷,中国法制出版社2010年版,第9页。

202. 村民委员会或农村集体经济组织成员的原告资格

关键词

村委会 农村集体组织成员 原告资格

最高人民法院司法解释

第三条 村民委员会或者农村集体经济组织对涉及农村集体土地的行政行为不起诉的,过半数的村民可以以集体经济组织名义提起诉讼。

农村集体经济组织成员全部转为城镇居民后,对涉及农村集体土地的行政行为不服的,过半数的原集体经济组织成员可以提起诉讼。

——《最高人民法院关于审理涉及农村集体土地行政案件若干问题的规定》(2011年8月7日,法释〔2011〕20号)。

附录:最高人民法院主流观点

一、过半数户的代表或过半数的原集体经济组织户的代表是否可以集体经济组织名义或自己名义提起诉讼

本条仅仅规定,村民委员会或者农村集体经济组织或农村集体经济组织成员全部转为城镇居民后,过半数的村民或过半数的原集体经济组织成员可以集体经济组织名义或自己名义提起诉讼,而并未规定过半数户的代表是否可以以集体经济组织名义或自己名义提起诉讼。《村民委员会组织法》第二十一、二十二条规定,村民会议由本村十八周岁以上的村民组成。召开村民会议,应当由本村十八周岁以上村民的过半数,或者本村三分之二以上的户的代表参加,所作决定应当经到会人员的过半数通过。按照上述规定,我们认为,村民委员会或农村集体经济组织不起诉的,或者农村集体经济组织成员

全部转为城镇居民后,过半数户可以以集体经济组织名义或自己名义提起诉讼。否则,既违反公平原则,也与《村民委员会组织法》第二十一、二十二条规定不相符合。

二、如何确定"过半数的村民或户"或"过半数的原集体经济组织成员过户"

确定"过半数的村民或户"或"过半数的原集体经济组织成员或户"的问题就是确定村集体经济组织的意思表示。根据《村民委员会组织法》第二条、第二十二条、第二十三条的规定,村民委员会向村民会议、村民代表会议负责并报告工作,村民会议是村集体的最高意思表示机构,对涉及村民利益的重大事项具有最终决定权。所以,组成村民会议的多数集体成员(过半数的十八周岁以上村民,或者本村三分之二以上的户的代表)可以用村民委员会或者农村集体经济组织的名义提起行政诉讼。如上述多数村民在诉讼中的意思表示与村民委员会或者农村集体经济组织不一致,应将多数村民的意思表示视为是集体经济组织的意思表示。尤其是多数村民坚持诉讼而村民委员会或者农村集体经济组织要求申请撤诉的,应当认定撤诉申请不能代表原告真实意思表示。司法实践中有三方面值得注意:

一是"过半数的村民或户"或"过半数的原集体经济组织成员或户"指的是什么?本条第一款的"过半数的村民或户",是指合法参加村民会议的村民或户的"过半数"还是村民委员会或者农村集体经济组织村民或户的"过半数"?我们认为,既包括农村集体经济组织村民的"过半数",也包括合法参加村民会议村民的"过半数"。因为本条的立法原意是要赋予具有代表性的村民可以集体名义提起诉讼,上述两种情况都可以代表集体经济组织的意思表示。同理可得,本条第二款的"过半数的原集体经济组织成员或户",亦应既包括原农村集体经济组织村民或户的"过半数",也包括合法参加村民会议的村民或户的"过半数"。

二是"过半数的村民或户"或"过半数的原集体经济组织成员或户"的形成方式可以是多种多样的。既可以会议表决,又可以私下联署,甚至可以其他方式。

三是如何审查甄别村民身份和每个个体的具体意思表示存在巨大的困难。由于在一些农村大量农民外出打工,也往往很难召集到合法比例的村民。建议可以以委托投票方式表达意见或法院通过电话方式征询意见等等对村民具体意思表示予以确认。总之,不宜以程序上司法成本较高为由侵害相对人寻求司法救济的权利,尽可能以简单方式甄别"过半数的村民或户"或"过半数的原集体经济组织成员或户"的问题。

三、农村集体经济组织的个别成员在一定条件下也可以具有原告主体资格

按照本条规定,村民委员会或者农村集体经济组织或农村集体经济组织

成员全部转为城镇居民后,过半数的村民或过半数的原集体经济组织成员可以集体经济组织名义或自己名义提起诉讼,而农村集体经济组织的个别成员是不具有原告主体资格的。

　　但是,我们认为,实践中,对于这个问题不可以片面理解。从加大土地保护力度的角度出发,对土地违法行为或相关不履行职责行为起诉,原告资格应当放宽,只要是具有法律上利害关系的公民、法人或其他组织,都可以起诉。这些利害关系人通常包括所涉土地的所有权人、使用权人,相关集体经济组织的多数村民,村委会,以及占有、使用争议土地的集体成员(如土地承包权人、宅基地使用权人等)等。司法实践中存在争议较大的是并不占有、使用相关土地的其他集体成员能否起诉。我们认为,一般情况下这类成员不能仅以其具有该集体成员资格而获得诉权,因为非法占地等土地违法行为虽然直接侵害了集体经济组织整体的合法权益,然而并不一定直接影响所有集体成员个人的权利义务。如果这类成员能够举证证明即使其没有使用该土地,但土地违法行为已经直接影响其合法权益(如相邻权),人民法院对其起诉也应受理。且实际中村委会本身就是土地违法行为主体的情况很多,如不赋予集体组织成员诉权,则土地违法行为难以及时发现、纠正、查处。综上,农村集体经济组织的成员如能证明其与被诉行为具有法律上的利害关系,可以以自己名义起诉。而且这里所说的利害关系要从宽解释,只要某个公民、组织能够证明其与被诉行政行为具有别人所不具有的利害关系,或具有某种特殊利益,那么,就应当认为其与行政行为具有利害关系。但其仅以具有集体组织身份为由起诉,人民法院应当依照《若干解释》第四十四条第一款第(二)项①的规定,以起诉人无原告诉讼主体资格为由裁定不予受理。

　　——江必新主编:《最高人民法院〈关于审理涉及农村集体土地行政案件若干问题的规定〉理解与适用》,中国法制出版社2013年版,第44~47页。

203. 村委会主任、村民小组组长以村委会、村民小组名义起诉的法律效力

关键词

村民会议　村民小组会议　法律效力

---

　　① 现为《最高人民法院关于适用〈中华人民共和国行政诉讼法〉的解释》(法释〔2018〕1号)第十二条。

最高人民法院裁判文书

广西壮族自治区兴安县溶江镇千家村委田洞村第 13 村民小组诉广西壮族自治区兴安县人民政府征地补偿案[最高人民法院（2020）最高法行申 11241 号行政裁定书]

裁判要点：《中华人民共和国村民委员会组织法》第二十八条规定的重大事项须经村民会议或村民代表会议半数同意才能作出决定，属于村委、村民小组的内部议事程序。村主任、组长，作为村委会、村民小组的负责人，为维护村集体利益，有权在未经村民小组会议讨论的情况下，以村民小组的名义提起行政诉讼。除非在村主任、组长起诉后，经村民委员会、村民小组全体村民会议或村民代表会议过半数讨论决定，以村民小组名义申请撤回起诉，人民法院不得以村主任、组长未经村委会、村民小组会议讨论为由，否定村主任、组长以村委会、村民小组名义起诉的法律效力。

最高人民法院经审查认为，《中华人民共和国行政诉讼法》第二十五条第一款规定，行政行为的相对人以及其他与行政行为有利害关系的公民法人或者其他组织，有权提起行政诉讼。本案中，根据田洞 13 组以往对征地补偿款的分配习惯，包括土地补偿费在内的征地补偿款分配给承包人或土地使用权人。生效的 36 号行政判决已经确认，$BL \times 6$、$P3 \times 2$ 地块的土地使用权和林木所有权属于满福中等七人，田洞 13 组或满家 1 组不具有分配土地补偿费或青苗补偿费的事实基础，与土地补偿费分配行为不具有利害关系，没有原告资格；田洞 13 组和满家 1 组对兴安县政府将 $BL \times 1$ 地块的土地补偿费、青苗补偿费支付给张某某星的行为不服，但没有申请对该地块土地使用权和地上附着物所有权归属的确权，亦未提供初步证据证明，兴安县政府向张某某星发放该块土地补偿费、青苗补偿费行为侵犯其合法权益，同样不具有原告主体资格。一、二审裁定驳回田洞 13 组起诉，处理结果并无不当。

应当指出的是，《中华人民共和国村民委员会组织法》第二十八条第一、三款规定，办理有关村民小组集体所有的土地、企业和其他财产的经营管理以及公益事项，应当召开村民小组会议，由本村民小组十八周岁以上的村民三分之二以上，或者本村民小组三分之二以上的户的代表参加，并经到会人员过半数同意，才能作出决定。对政府分配土地补偿费的行为不服提起行政诉讼，属于该条第一款规定的有关村民小组集体所有的土地征收补偿款分配公益事项，应当经过村民小组会议讨论决定。但是，该程序属于村民小组的内部议事程序。村民小组组长，作为村民小组的负责人，为维护村民小组的集体利益，有权在未经村民小组会议讨论的情况下，以村民小组的名义提起行政诉讼，除非在组长起诉后，经村民小组会议讨论决定，以村民小组名义请求撤回起诉，人民法院不得以村民小组组长未经村民小组会议讨论为由，否定组长以村民小组名义起诉的法律效力。一、二审裁定仅以起诉未经田洞13组村民会议讨论决定为由，否定该小组起诉的效力不妥，本院予以指正。鉴于田洞13组不具有原告资格，一、二审裁定结果并无不当，再审徒增诉累。

还应当指出的是，《中华人民共和国土地管理法实施条例》第二十六条第一款规定，土地补偿费归农村集体经济组织所有；地上附着物及青苗补偿费归地上附着物及青苗的所有者所有。土地补偿费应当由集体经济组织按照其成员集体讨论形成的分配方案，另行分配给其成员，并非由政府直接支付给集体经济组织成员。本案中，兴安县政府仅仅按照既往的分配惯例，直接将土地补偿费支付给集体土地使用权人不妥，本院予以指正。鉴于本案满立云等人以田洞13组名义提起行政诉讼，主要是对涉案土地的使用权归属不服，而非对土地补偿费分配规则有异议，再审本案亦没有实际意义，本案不予再审。

——第一巡回法庭微信公众号。

204. 立案阶段对被告适格问题进行审查的限度

关键词

立案　适格被告

最高人民法院审判业务意见（行政庭法官会议纪要）

行政诉讼采立案登记制有效解决了行政诉讼"立案难"的问题，其目的是充分保障公民、法人和其他组织的行政诉权，进而保障其实体法上的合法权益获得救济。在立案阶段，根据起诉材料能够明显判断被告不适格的，人民法院应及时向起诉人释明告知其变更被告，起诉人不同意变更的，及时裁定不予立案，更有利于起诉人高效获得实体权利救济。立案阶段应对适格被告问题进行必要审查而非过度审查，在审查的材料上主要限于起诉材料及起诉人在立案时所作陈述等；在对被告不适格的判定上仅限于明显不适格的情形。对于根据起诉材料不能判定被告明显不适格的，应当予以登记立案，经进一步审查后再对适格被告问题作出准确判定。前述案件中，钟某提交的《安置协议》中载明系参照而非依据有关征地补偿安置文件进行农房搬迁，且其中未涉及征地过程中应当进行的土地、青苗、人员安置等补偿安置事项。

《安置协议》及其他起诉材料中均未载明有关征地批复、征地公告及补偿安置方案等内容。前述起诉材料并不足以认定《安置协议》系在实施征地过程中签订,不能排除系甲街道办为达成其他行政管理目的而签订。一审法院在立案阶段仅依据前述起诉材料即认定该协议系在征地补偿安置程序中签订,并据此认定适格被告,缺乏事实依据。据此,再审裁定撤销一、二审裁定,指令一审法院继续审理。

附:案情简介

钟某与甲街道办签订《某项目用地农房搬迁过渡安置协议》(以下简称《安置协议》)。钟某诉称该协议系甲街道办代表乙市人民政府、乙市国土局签订的行政协议,遂诉请确认乙市人民政府、乙市国土局为履行《安置协议》对钟某实施的安置行为违法,并责令乙市人民政府、乙市国土局依法履行安置职责。一、二审法院认为,被诉行政行为属于征地补偿、安置方案的实施行为,根据《中华人民共和国土地管理法实施条例》的规定,乙市人民政府并非具体行使征地补偿、安置方案实施职权的行政主体,钟某将乙市人民政府列为被告属于错列被告,而起诉乙市国土局的第一审行政案件应由基层法院管辖,故裁定不予立案。

——《立案阶段对被告适格问题进行审查的限度》,载李少平主编:《最高人民法院第五巡回法庭法官会议纪要》,人民法院出版社2021年版,第377~380页。

205. 被告适格包括形式上适格与实质性适格

关键词

被告适格　形式上适格　实质性适格

最高人民法院裁判文书

李某山诉怀远县人民政府房屋强拆案[最高人民法院(2017)最高法行申366号行政裁定书]

裁判要点:在行政诉讼中,被告适格包含两个层面的含义。第一层含义是形式上适格,亦即《行政诉讼法》第四十九条第二项规定的"有明确的被告"。所谓"有明确的被告",是指起诉状指向了具体的、特定的被诉行政机关。但"明确"不代表"正确",因此,被告适格的第二层含义则是实质性适格,也就是《行政诉讼法》第二十六条第一款规定的,"公民、法人或者其他组织直接向人民法院提起诉讼的,作出行政行为的行政机关是被告"。又按照《行政诉讼法》第四十九条第三项的规定,提起诉讼应当"有具体的诉讼请求和事实根据",这里的"事实根据"就包括被告"作出行政行为"的相关事实根据。

最高人民法院认为:本案的核心争议是再审申请人李某山起诉的被告是否适格的问题。在行政诉讼中,被告适格包含两个层面的含义。第一层含义是形式上适格,亦即《行政诉讼法》第四十九条第二项规定的"有明确的被告"。所谓"有明确的被告",是指起诉状指向了具体的、特定的被诉行政机关。但"明确"不代表"正确",因此被告适格的第二层含义则是实质性适格,也就是《行政诉讼法》第二十六条第一款规定的,"公民、法人或者其他组织直接向人民法院提起诉讼的,作出行政行为的行政机关是被告"。又按照《行政诉讼法》第四十九条第三项的规定,提起诉讼应当"有具体的诉讼请求和事实根据",这里的"事实根据"就包括被告"作出行政行为"的相关事实根据。就本案而言,再审申请人以怀远县政府对其房屋实施了强制拆除行为为由,以怀远县政府为被告提起本次诉讼,被告虽然是明确的,但并不符合实质性适格的要求。根据原审法院查明的事实,怀远县政府提交的行政处罚决定书、行政执法执行决定书、执行公告等证据已证明系怀远县城市管理行政执法局对再审申请人的房屋具体实施了拆除行为,且怀远县城市管理行政执法局作为政府工作部门,是独立的行政主体,亦具有为其行为独立承担法律责任的能力。再审申请人虽提供了照片、证人证言等材料,以此证明怀远县政府是实施主体,但其提供的证据均不能否定怀远县城市管理行政执法局作出的行政处罚决定书、行政执法执行决定书等法律文件的效力。在此情况下,再审申请人仍坚持以怀远县政府为被告进行诉讼,显然不具有《行政诉讼法》第四十九条第三项要求的"事实根据"。在原审法院予以释明的情况下,再审申请人仍拒绝变更被告,属于《最高人民法院关于适用〈中华人民共和国行政诉讼法〉若干问题的解释》第三条第一款第三项①规定的"错列被告且拒绝变更","已经立案的,应当裁定驳回起诉"的情形,一审法院裁定驳回起诉、二审法院裁定驳回上诉,并无不当。至于再审申请人所主张的强拆行为违法等问题,不是在审查是否符合法定起诉条件阶段所应审查的事项,因此对于再审申请人的该项主张,本院不予支持。

——最高人民法院第四巡回法庭编:《最高人民法院第四巡回法庭典型行

---

① 现为《最高人民法院关于适用〈中华人民共和国行政诉讼法〉的解释》(法释〔2018〕1号)第六十九条第一款第三项。

政案件裁判观点 2017-2018》，法律出版社 2020 年版，第 177~180 页。

206. 与被征收人签订补偿协议的部门是否是适格被告

关键词

征收补偿协议　适格被告

最高人民法院裁判文书

陈某生、张某平诉安徽省金寨县人民政府房屋征收补偿协议案［最高人民法院（2016）最高法行申 2719 号行政裁定书］

　　裁判要点：行政诉讼的被告须为依法成立，能以自己名义作出行政行为且能够独立对外承担责任的行政主体。房屋征收部门作为征收行为的实施主体，具有行政主体资格，能够以自己的名义与被征收人签订行政征收补偿协议，被征收人对该征收行政协议不服的，应以房屋征收部门为行政诉讼的被告。

　　最高人民法院认为：本案系再审申请人陈某生、张某平针对其与金寨县征补办签订的房屋征收补偿协议提起诉讼。起诉是以金寨县政府为被告。金寨县政府辩称，其不是协议的签订人，不是适格被告。一审法院则认定再审申请人将金寨县政府列为被告系主体错误，并据此裁定驳回起诉。因而，适格被告问题就成为本案的核心争议。本院经审查认为，以金寨县政府为被告提起本案诉讼，确系错列被告。在再审申请人拒绝变更的情况下，一审法院裁定驳回起诉，符合《最高人民法院关于适用〈中华人民共和国行政诉讼法〉若干问题的解释》第三条第一款第三项①的规定。理由如下：

　　1. 以协议相对方以外的其他主体为被告违背了合同相对性原则

　　再审申请人系针对其与金寨县征补办签订的房屋征收补偿协议提起诉讼，请求人民法院判决撤销该协议，并判决被告予以补偿、赔偿。根据《中华人民共和国行政诉讼法》第十二条第一款第十一项的规定，认为行政机关不依法履行、未按照约定履行或者违法变更、解除政府特许经营协议、土地房屋征收补偿协议等协议的，属于行政诉讼受案范围。因此，本案属于行政协议之诉。所谓行政协议，是指行政机关为实现公共利益或者行政管理目标，在

---

　　① 现为《最高人民法院关于适用〈中华人民共和国行政诉讼法〉的解释》（法释〔2018〕1 号）第六十九条第一款第三项。

法定职责范围内，与公民、法人或者其他组织协商订立的具有行政法上权利义务内容的协议。尽管行政协议在性质上仍然属于一种行政行为，在主体、标的以及目标等方面与民事合同多有不同，但它的确是一种"最少公法色彩、最多私法色彩"的新型行政行为。与民事合同类似，行政协议同样是一种合同，同样基于双方或者多方当事人的意思合致，同样具有合同当事人地位平等以及非强制性等特点。正是基于这种类似性，《最高人民法院关于适用〈中华人民共和国行政诉讼法〉若干问题的解释》第十四条①才规定，在行政协议诉讼中"可以适用不违反行政法和行政诉讼法强制性规定的民事法律规范"。在民事合同法律规范中，合同相对性原则具有基础地位。该原则是指，合同主要在特定的合同当事人之间发生法律约束力，只有合同当事人一方才能基于合同向合同的相对方提出请求或者提起诉讼，而不能向合同相对方以外的其他主体主张。本案中，金寨县征补办系依据《国有土地上房屋征收与补偿条例》第二十五条与再审申请人订立房屋征收补偿协议。而该条第二款"补偿协议订立后，一方当事人不履行补偿协议约定的义务的，另一方当事人可以依法提起诉讼"的规定也正是合同相对性原则的具体体现。所以，如果再审申请人针对补偿协议提起诉讼，只能以协议的相对方金寨县征补办为被告，其以合同相对方以外的其他主体金寨县政府为被告提起诉讼，是对合同相对性原则的违反，也是对《国有土地上房屋征收与补偿条例》第二十五条第二款规定的违背。

2. 法定主体原则要求谁行为谁为被告

行政协议虽以合同的面貌出现，但说到底还是一种行政行为。即以传统的行政诉讼当事人规则审视本案，金寨县政府也不应成为适格的被告。在行政诉讼中，确定适格被告的依据是所谓法定主体原则，即：行政机关作出了被诉的那个行政行为，或者没有作出被申请的行政行为，并且该机关在此范围内能对争议的标的进行处分。《中华人民共和国行政诉讼法》第二十六条第一款"公民、法人或者其他组织直接向人民法院提起诉讼的，作出行政行为的行政机关是被告"的规定就是法定主体原则的具体体现。通常情况下，法定主体原则具体包括这样两个要件：第一，谁行为，谁为被告；第二，行为者，能为处分。以行政协议之诉而言，所谓"谁行为"，就是指谁是行政协议的相对方；"能处分"，就是指该相对方有能力履行协议所约定的给付义务。本案中，金寨县征补办是房屋征收补偿协议的另一方当事人，并无争议。再审申请人所强调的是，依照《国有土地上房屋征收与补偿条例》第四条第一款的规定，"市、县级人民政府负责本行政区域的房屋征收与补偿工作"，这

---

① 现为《最高人民法院关于适用〈中华人民共和国行政诉讼法〉的解释》（法释〔2018〕1号）第一百三十八条。

无疑已确定金寨县政府的征收补偿主体资格,签订房屋征收补偿协议只是一种具体落实。因此,其以金寨县政府为被告提起诉讼,完全符合条例的原意。本院认为,《国有土地上房屋征收与补偿条例》第四条第一款的确规定:"市、县级人民政府负责本行政区域的房屋征收与补偿工作。"但这里所谓的"负责",只是明确一种主体责任,并非指该行政区域房屋征收与补偿方面的所有工作都由市、县级人民政府负责。考虑到房屋征收与补偿工作量大面广,不可能都由人民政府具体实施,该条第二款紧接着规定:"市、县级人民政府确定的房屋征收部门组织实施本行政区域的房屋征收与补偿工作。"房屋征收部门与市、县级人民政府在房屋征收与补偿工作中各有分工,各负其责。例如,依照该条例第二十五条的规定,与被征收人订立补偿协议就由房屋征收部门以自己的名义进行;达不成补偿协议的,则依照该条例第二十六条的规定,由房屋征收部门报请市、县级人民政府作出补偿决定。房屋征收部门虽然是由"市、县级人民政府确定",但其职责并非由市、县级人民政府授权,也非由市、县级人民政府委托,其和市、县级人民政府一样,都是在该条例的授权之下以自己的名义履行职责。此外,金寨县征补办也有能力履行协议所约定的给付义务,从而具有诉讼实施权。依照该条例第十二条第二款的规定,在金寨县政府因涉案建设项目而作出房屋征收决定前,征收补偿费用应当足额到位、专户存储、专款专用。即使金寨县征补办在房屋征收补偿协议诉讼中被判令承担继续履行、采取补救措施或者赔偿损失等责任,也因有充分的资金准备而具有承担法律责任的能力。

——最高人民法院行政审判庭编:《最高人民法院行政裁判要旨及评述(第一卷)》,人民法院出版社2019年版。

207. 当事人对村民委员会或村民小组接受依据法律、法规、规章的授权作出的行政行为不服提起诉讼的,是否为适格被告

关键词

村民委员会或村民小组　行政行为　适格被告

最高人民法院审判业务意见

2. 当事人对村民委员会或村民小组接受依据法律、法规、规章的授权作出的行政行为不服提起诉讼的,是否是适格被告。

答:当事人对村民委员会依据法律、法规、规章授权作出的行政行为不服提起行政诉讼的,是适格的被告。但是,就现行法律、法规、规章规定来看,审判实践中尚未发现法律、法规、规章授权村委会或村民小组行使行政

权的情形。

理由：《行政诉讼法》第二条第二款规定，前款所称行政行为，包括法律、法规、规章授权的组织作出的行政行为。《最高人民法院关于适用〈中华人民共和国行政诉讼法〉的解释》第二十四条第一款规定，当事人对村民委员会或者居民委员会依据法律、法规、规章的授权履行行政管理职责的行为不服提起诉讼的，以村民委员会或者居民委员会为被告。

应当注意区分授权与委托、授权与行使自治权的关系。村委会或村民小组受委托行使行政权的情形实践中是经常发生的，例如，集体土地征收过程中，土地管理部门委托村委会与村民签订征收补偿协议。此时，应当以委托的行政机关为被告。村委会或村民小组行使村民自治权的行为，不属于行政行为。根据《中华人民共和国村民委员会组织法》第三十六条规定，村民委员会或村民小组行使自治权的决定侵犯村民合法权益的，可以通过民事诉讼解决，或者向乡镇政府举报，由乡镇政府依法行使监督权，责令其纠正。

——《最高人民法院第一巡回法庭关于行政审判法律适用若干问题的会议纪要》（2018年7月23日）。

208. 申请人对高等学校不授予其学位的决定不服提起行政诉讼的，人民法院应当依法受理

关键词

行政诉讼　学位授予　高等学校　学术自治

最高人民法院指导性案例

何某强诉华中科技大学拒绝授予学位案［最高人民法院指导案例39号］

裁判要点：1. 具有学位授予权的高等学校，有权对学位申请人提出的学位授予申请进行审查并决定是否授予其学位。申请人对高等学校不授予其学位的决定不服提起行政诉讼的，人民法院应当依法受理。

2. 高等学校依照《中华人民共和国学位条例暂行实施办法》的有关规定，在学术自治范围内制定的授予学位的学术水平标准，以及据此标准作出的是否授予学位的决定，人民法院应予支持。

法院生效裁判认为：本案争议焦点主要涉及被诉行政行为是否可诉、是否合法以及司法审查的范围问题。

一、被诉行政行为具有可诉性。根据《中华人民共和国学位条例》等法律、行政法规的授权，被告华中科技大学具有审查授予普通高校学士学位的法定职权。依据《中华人民共和国学位条例暂行实施办法》第四条第二款"非授予学士学位的高等院校，对达到学士学术水平的本科毕业生，应当由系向学校提出名单，经学校同意后，由学校就近向本系统、本地区的授予学士学位的高等院校推荐。授予学士学位的高等院校有关的系，对非授予学士学位的高等院校推荐的本科毕业生进行审查考核，认为符合本暂行办法及有关规定的，可向学校学位评定委员会提名，列入学士学位获得者名单"，以及国家促进民办高校办学政策的相关规定，华中科技大学有权按照与民办高校的协议，对于符合本校学士学位授予条件的民办高校本科毕业生经审查合格授予普通高校学士学位。

本案中，第三人武昌分校是未取得学士学位授予资格的民办高校，该院校与华中科技大学签订合作办学协议约定，武昌分校对该校达到学士学术水平的本科毕业生，向华中科技大学推荐，由华中科技大学审核是否授予学士学位。依据《中华人民共和国学位条例暂行实施办法》的规定和华中科技大学与武昌分校之间合作办学协议，华中科技大学具有对武昌分校推荐的应届本科毕业生进行审查和决定是否颁发学士学位的法定职责。武昌分校的本科毕业生何某强以华中科技大学在收到申请之日起六十日内未授予其工学学士学位，向人民法院提起行政诉讼，符合《最高人民法院关于执行〈中华人民共和国行政诉讼法〉若干问题的解释》第三十九条第一款[①]的规定。因此，华中科技大学是本案适格的被告，何某强对华中科技大学不授予其学士学位不服提起诉讼的，人民法院应当依法受理。

二、被告制定的《华中科技大学武昌分校授予本科毕业生学士学位实施细则》第三条的规定符合上位法规定。《中华人民共和国学位条例》第四条规定："高等学校本科毕业生，成绩优良，达到下述学术水平者，授予学士学位：（一）较好地掌握本门学科的基础理论、专门知识和基本技能……"《中华人民共和国学位条例暂行实施办法》第二十五条规定："学位授予单位可根据本暂行条例实施办法，制定本单位授予学位的工作细则。"该办法赋予学位授予单位在不违反《中华人民共和国学位条例》所规定授予学士学位基本原则的基础上，在学术自治范围内制定学士学位授予标准的权力和职责，华中科技大学在此授权范围内将全国大学英语四级考试成绩与学士学位挂钩，属于学术自治的范畴。高等学校依法行使教学自主权，自行对其所培养的本科生教育质量和学术水平作出具体的规定和要求，是对授予学士学位的标准的细

---

① 本条规定已被《最高人民法院关于适用〈中华人民共和国行政诉讼法〉的解释》（法释〔2018〕1号）废止。

化,并没有违反《中华人民共和国学位条例》第四条和《中华人民共和国学位条例暂行实施办法》第二十五条的原则性规定。因此,何某强因未通过全国大学英语四级考试不符合华中科技大学学士学位的授予条件,武昌分校未向华中科技大学推荐其申请授予学士学位,故华中科技大学并不存在不作为的事实,对何某强的诉讼请求不予支持。

三、对学校授予学位行为的司法审查以合法性审查为原则。各高等学校根据自身的教学水平和实际情况在法定的基本原则范围内确定各自学士学位授予的学术水平衡量标准,是学术自治原则在高等学校办学过程中的具体体现。在符合法律法规规定的学位授予条件前提下,确定较高的学士学位授予学术标准或适当放宽学士学位授予学术标准,均应由各高等学校根据各自的办学理念、教学实际情况和对学术水平的理想追求自行决定。对学士学位授予的司法审查不能干涉和影响高等学校的学术自治原则,学位授予类行政诉讼案件司法审查的范围应当以合法性审查为基本原则。

——《最高人民法院关于发布第九批指导性案例的通知》(2014年12月24日,法〔2014〕337号)。

说明

指导案例39号何某强诉华中科技大学拒绝授予学位案,旨在明确高等学校作出不授予学位的决定属于行政诉讼的受案范围,以及高等学校在学术自治的范围内有依法自行制定学术评价标准的职权。这对正确理解学术自治与司法审查范围的关系有重要指导意义,具有较强的普遍性和现实意义。

209. 未经清算的组织仍应具有诉讼主体的资格

关键词

未经清算的组织　市场登记证　诉讼主体资格

最高人民法院裁判文书

咸池坳农贸市场管理委员会诉湖南省麻阳苗族自治县人民政府不履行土地变更登记法定职责案〔最高人民法院(2017)最高法行申5037号行政裁定书〕

裁判要点:市场登记证并非取得经营机构主体资格的证明文件,更不是取得相关市场土地使用权的证明文件。依照该项许可成立的相关组织,没有依法办理工商营业执照,不能取得企业法人资格。

但是，作为经营性法人组织的筹备单位，未经发起单位组织清算，终结其主体资格，即便市场登记证过期失效，该组织对筹备过程中形成的权利义务关系，仍应当具有诉讼主体的资格。

最高人民法院经审查认为，《行政诉讼法》第二十五条第一款规定，行政行为的相对人以及其他与行政行为有利害关系的公民、法人、其他组织有权提起诉讼。《最高人民法院关于行政诉讼证据若干问题的规定》第四条规定，公民、法人或者其他组织向人民法院起诉时，应当提供其符合起诉条件的相应的证据材料。在诉行政机关不履行法定职责案件中，起诉人应当提供初步证据证明，诉请行政机关履行法定职责，有一定的事实根据和法律依据。如果起诉人起诉行政机关履行法定职责，但没有任何的事实根据和法律依据，其请求明显不能成立，行政机关不履行相关法定职责不可能侵犯其合法权益的，起诉人与被诉不履行法定职责行为没有利害关系，不具有原告资格。本案中，咸池坳市场经营范围内的土地原分属谭家寨乡梅场村和跃平村，咸池坳市管会未取得涉案土地的承包、经营使用权。后咸池坳市场内的部分土地被征收，性质变更为国有建设用地；部分土地分配给舒甲、舒乙、吴某等村民使用。咸池坳市管会对政府批准他人使用涉案土地的行政行为不服提起行政诉讼，二审法院维持一审驳回起诉的裁定，相关批准使用行为已经发生法律效力。咸池坳市管会在涉案土地已经登记在他人名下、未取得涉案土地任何合法权利的情况下，请求麻阳县政府履行土地权属变更登记法定职责，没有事实和法律根据，其请求变更登记的主张明显不能成立。麻阳县政府不履行变更登记法定职责的行为，不可能侵犯其合法权益。因此，咸池坳市管会与麻阳县政府不履行法定职责行为没有利害关系，不具有本案原告主体资格。一、二审裁定驳回咸池坳市管会起诉，并无不当。咸池坳市管会主张，其已取得麻阳县工商局颁发的市场登记证，是争议土地的使用权人，具有本案原告资格。其该项主张是对市场登记证法律性质的错误理解。根据《商品交易市场登记管理办法》第十二条、第十六条规定，市场登记证是依法开办市场的凭证，市场开办单位设立经营机构的，应当在办理市场登记注册后，申请机构的登记注册。市场登记证并非取得经营机构主体资格的证明文件，更不是取得相关市场土地使用权的证明文件。咸池坳市管会以此为由申请再审，理由不能成立。咸池坳市管会还主张，开办市场过程中赎买屠行和铺面，改建市场得到相关领导的批准，具有原告资格。但是，现有证据不足以证明相关赎买协议已经得到实际履行，咸池坳市管会已经取得相关土地及铺面合法权益，个别行政机关负责人批准改建市场，也不是咸池坳市管会取得涉案土地合法权益的证明文件。咸池坳市管会的上述主张，缺乏事实根据，本院亦不予支持。

应当指出的是，咸池坳市管会尽管没有依法办理工商营业执照，取得企业法人资格。但是，作为改建咸池坳市场的筹备单位，未经发起单位组织清算，终结其主体资格，即便市场登记证过期失效，其对筹备过程中形成的权利义务关系，仍应当具有诉讼主体的资格。一、二审裁定在没有证据证明咸池坳市管会已由发起人清算终结的情况下，以其不属于合法组织为由，否定咸池坳市管会的原告资格，裁判理由不妥，本院予以指正。

——最高人民法院第一巡回法庭编著：《最高人民法院第一巡回法庭典型行政案件裁判观点与文书指导（第1卷）》，中国法制出版社2020年版，第52~55页。

210. 合伙组织的合伙人能否以企业或者自己的名义提起行政诉讼

关键词

合伙人　行政诉权

最高人民法院司法解释

第十五条第一款　合伙企业向人民法院提起诉讼的，应当以核准登记的字号为原告。未依法登记领取营业执照的个人合伙的全体合伙人为共同原告；全体合伙人可以推选代表人，被推选的代表人，应当由全体合伙人出具推选书。

——《最高人民法院关于适用〈中华人民共和国行政诉讼法〉的解释》（2018年2月6日，法释〔2018〕1号）。

附录：最高人民法院主流观点

对于商事合伙而言，合伙企业分为两种形式。一是普通合伙，所有的合伙人均参与经营，均承担责任，对于合伙企业的财产是共有，同时对于执行合伙事务享有同等的权利。在这种情况下，由于合伙人对于合伙的财产是共有，对合伙的债务承担连带责任，合伙组织与合伙人之间其实是密不可分的关系，损害合伙组织的利益直接就损害到合伙人的利益，因此如果合伙人认为行政机关的行政行为损害了合伙组织的合法利益，作为利害关系人，可以以自己的名义提起行政诉讼以维护自身合法权益。二是有限合伙，由于有限合伙人以出资额为限对合伙企业的债务承担责任，且并无执行合伙企业事务的权利，与合伙企业相对独立，故不宜赋予其独立的行政诉权。

——最高人民法院行政审判庭编著：《最高人民法院行政诉讼法司法解释

理解与适用》，人民法院出版社 2018 年版，第 114~115 页。

211. 个体工商户的家庭成员能否以自己的名义提起行政诉讼

关键词

个体工商户　家庭成员　行政诉权

最高人民法院司法解释

第十五条第二款　个体工商户向人民法院提起诉讼的，以营业执照上登记的经营者为原告。有字号的，以营业执照上登记的字号为原告，并应当注明该字号经营者的基本信息。

——《最高人民法院关于适用〈中华人民共和国行政诉讼法〉的解释》（2018 年 2 月 6 日，法释〔2018〕1 号）。

附录：最高人民法院主流观点

根据《个体工商户条例》第八条第二款"个体工商户登记事项包括经营者姓名和住所、组成形式、经营范围、经营场所。个体工商户使用名称的，名称作为登记事项"之规定，个体工商户的登记只有经营者以及相关的字号，因此对于外界而言，无法获知相应的个体工商户是属于个人经营还是家庭经营，根据商事法的"外观主义"原则，不宜认可个体工商户的家庭成员以自己的名义因个体工商户的利益提起相关的行政诉讼。

——最高人民法院行政审判庭编著：《最高人民法院行政诉讼法司法解释理解与适用》，人民法院出版社 2018 年版，第 115 页。

212. 股份制企业的控股股东能否以企业或者自己的名义提起行政诉讼

关键词

股份制企业　控股股东　行政诉权

最高人民法院司法解释

第十六条第一款　股份制企业的股东大会、股东会、董事会等认为行政机关作出的行政行为侵犯企业经营自主权的，可以企业名义提起诉讼。

第二款　联营企业、中外合资或者合作企业的联营、合资、合作各方，认为联营、合资、合作企业权益或者自己一方合法权益受行政行为侵害的，可以自己的名义提起诉讼。

——《最高人民法院关于适用〈中华人民共和国行政诉讼法〉的解释》（2018年2月6日，法释〔2018〕1号）。

> **附录：最高人民法院主流观点**

对于股份有限公司和有限责任公司而言，为了维护公司利益，减少恶意诉讼，节省司法资源，如果普通股东认为行政机关行政行为损害了公司的合法权益，只能向公司提出相关请求，或者是要求公司管理层采取必要法律措施，或者是建议董事会采取相关法律措施，或者是在股东会（股东大会）上提起相关议案，说服股东会（股东大会）作出相关决议，但是不能以自己的名义提起行政诉讼。如果是公司的控股股东能否以自己的名义提起行政诉讼？控股股东作为公司实际利益享有者，其利益与公司的利益息息相关，但是从法律角度看，公司作为独立法人，与其控股股东之间是相互独立的法律关系，如果控股股东认为行政机关的行为侵犯了企业的合法权益，应当通过股东会（股东大会）作出相应决议提起诉讼，而不能以自己的名义起诉。当然，这一制度也存在例外，即联营企业、中外合资企业、中外合作企业的出资人可以按照本条第二款的规定，以自己的名义起诉。

——最高人民法院行政审判庭编著：《最高人民法院行政诉讼法司法解释理解与适用》，人民法院出版社2018年版，第119~120页。

213. 股份制企业的董事能否以企业或者自己的名义提起行政诉讼

> **关键词**

股份制企业　董事　行政诉权

> **最高人民法院司法解释**

第十六条第一款　股份制企业的股东大会、股东会、董事会等认为行政机关作出的行政行为侵犯企业经营自主权的，可以企业名义提起诉讼。

——《最高人民法院关于适用〈中华人民共和国行政诉讼法〉的解释》（2018年2月6日，法释〔2018〕1号）。

> **附录：最高人民法院主流观点**

《公司法》第四十六条规定了董事会决定公司的主要事项，对公司股东会负责。与境外不同的是，我国的董事会是集体负责制，即董事通过参加董事会进行讨论、表决来对公司事务进行管理，但是不能以自己的名义独立管理公司事务，故股份制企业的董事认为行政机关的行为侵犯企业权益，只能通过要求召开董事会，并经董事会多数表决后，以企业的名义提起行政诉讼，但是不能以自己的名义提起行政诉讼。当然，也存在一个例外，根据公司法第五十条的规定，有限责任公司可以不设董事会，只有执行董事，执行董事如果认为行政机关的行为侵犯企业权益，可以以企业的名义提起行政诉讼，但仍然不能以自己的名义提起行政诉讼。

——最高人民法院行政审判庭编著：《最高人民法院行政诉讼法司法解释理解与适用》，人民法院出版社2018年版，第120页。

214. 非国有企业的出资人能否以企业或者自己的名义提起行政诉讼

关键词

非国有企业　出资人　行政诉权

最高人民法院司法解释

第十六条第三款　非国有企业被行政机关注销、撤销、合并、强令兼并、出售、分立或者改变企业隶属关系的，该企业或者其法定代表人可以提起诉讼。

——《最高人民法院关于适用〈中华人民共和国行政诉讼法〉的解释》（2018年2月6日，法释〔2018〕1号）。

附录：最高人民法院主流观点

非国有企业的含义很广泛，包括集体所有企业、股份制企业、合伙企业、个人独资企业、中外合资企业、中外合作企业。一般我们认为是否赋予企业的出资人享有以自己的名义提起行政诉讼的原告主体资格，应取决于出资人对于企业债务承担责任的方式，如果出资人承担的是以出资额为限的有限责任，则出资人与企业之间相互独立（人格独立、财产独立、行为独立、利益独立、责任独立），不宜赋予出资人享有独立的提起行政诉讼的诉权。如股份制企业，出资人只能通过股东会以企业的名义提起诉讼；对于合伙企业，有限责任的合伙人就不享有诉权；同理，集体所有制企业的出资人按照《城镇集体所有制企业条例》第五条、第六条的规定，其设立人或者出资人不享有诉权；例外的是中外合作企业、中外合资企业，出资人可以按照本条第二款的规定提起行政诉讼。但是如果出资人与企业的财产、债务不可分，出资人对于企业债务承担的是无限连带责任，企业形式实质上都是出资人的企业表现，从本质上讲，这种企业是自然人在商法上的延伸，其商法人格与自然人的个人人格不能分离，自然人的属性影响着独资企业的属性，企业是附着于个人人格上的商事主体。如普通合伙企业、个人独资企业等，损害企业的利益实质上是损害出资人的利益，则应依据《行政诉讼法》第二十五条的规定，认定出资人作为相关行政行为的利害关系人，可以以自己的名义提起行政诉讼。

——最高人民法院行政审判庭编著：《最高人民法院行政诉讼法司法解释理解与适用》，人民法院出版社2018年版，第120~121页。

215. 商标独占许可权人的原告资格

关键词

商标独占许可权　原告资格　受案范围

行政审判指导案例

浙江梅泰克诺新型建筑板材有限公司诉上海市工商行政管理局奉贤分局工商撤案决定案［行政审判指导案例第82号］

裁判要点：1. 在行政调查终结后作出的撤案决定对当事人的权利义务产生实际影响，属于行政诉讼受案范围。
2. 商标独占许可权人在约定的期间、地域上，独占享有注册商标的专用权，与因处理商标侵权纠纷而作出的撤案决定具有法律上利害关系，具有行政诉讼的原告资格。

本案中，起诉人梅泰克诺公司系"BREMET"注册商标在中国境内的独占许可使用人，其就快联公司涉嫌商标侵权的行为向工商奉贤分局具名投诉，工商奉贤分局对该投诉的处理结果与起诉人梅泰克诺公司所享有的商标权益具有法律上的利害关系。因此，起诉人梅泰诺克公司对工商奉贤分局的撤案行为依法提起行政诉讼，符合法律规定的受理条件。故裁定撤销原审不予受理裁定，指令奉贤法院依法立案受理本案。

——江必新主编、最高人民法院行政审判庭编：《中国行政审判案例》第3卷，中国法制出版社2013年版，第6页。

216. 非国有企业被强制终止或改变企业形态后的诉权

关键词

非国有企业强制终止　改变企业形态　主体资格

附录：最高人民法院法官著述

《最高人民法院关于执行〈中华人民共和国行政诉讼法〉若干问题的解释》第17条[①]没有规定，被强制终止的企业应由谁来提起行政诉讼。我们认为，被强制终止的企业，在一般情况下，在法律上应当视为无行为能力，不能对外实施某些具有法律意义的行为，如经营活动、提供担保等。但如果企业是被行政机关强制终止的，则应当赋予其诉讼权利，以寻求司法救济。因此，被终止的企业具有诉讼权利能力和诉讼行为能力。该企业的诉权内容应当与未终止时是一致的。企业中相关的权力机构都有权行使诉讼权利。当然，企业被强制终止后，由于有权决定提起行政诉讼的机构，如董事会、股东大会等可能难以召开会议，往往由法定代表人提起行政诉讼。值得注意的是，董事会的一部分成员反对提起行政诉讼，不能成为否定法定代表人提起行政诉讼理由。这是由法定代表人的法律地位所决定的。同样道理，法定代表人主张不提起行政诉讼，也不能以此而否定董事会决定提起行政诉讼权利。

——甘文：《行政诉讼司法解释之评论——理由、观点与问题》，中国法制出版社2000年版，第74页。

217. 企业资产行政划转后原企业法定代表人起诉国有资产监督管理委员会具有行政诉讼原告资格以及对企业债务处理达成的协议不能等同于财务报告

关键词

企业资产行政划转　原企业法定代表人　行政诉讼原告资格　财务报告

最高人民法院答复

新疆维吾尔自治区高级人民法院生产建设兵团分院：

[①] 现为《最高人民法院关于适用〈中华人民共和国行政诉讼法〉的解释》（法释〔2018〕1号）第十六条第三款。

你院〔2011〕新高兵法行示字第 1 号《关于企业资产行政划转后，原企业法定表人起诉国有资产监督管理委员会主体是否适格以及对企业债务处理达成的协议能否等同于清算报告的请示》收悉。经研究，答复如下：

一、企业资产行政划转后，原企业法定代表人起诉国有资产监督管理委员会的，具有行政诉讼原告资格。

二、企业资产行政划转过程中，对企业内部债务处理达成的协议不能等同于财政部财管字〔1999〕301 号《关于企业国有资产办理无偿划转手续的规定》第九条规定的"财务报告"。

请你院在综合考量维护国家利益和保障当事人权益两方面因素的基础上，妥善协调处理本案。

——《最高人民法院行政审判庭关于企业资产行政划转后原企业法定代表人起诉国有资产监督管理委员会主体是否适格以及对企业债务处理达成的协议能否等同于财务报告的答复》（2013 年 9 月 16 日，〔2012〕行他字第 14 号）。

218. 企业被吊销营业执照后依然具有诉讼主体资格

关键词

吊销营业执照　注销企业登记　原告资格

最高人民法院裁判文书

烟台龙晴建设开发公司诉山东省烟台市土地管理局行政处罚上诉案〔最高人民法院（2000）行终字第 3 号行政裁定书〕

裁判要点：公司被工商局吊销营业执照，因此而丧失从事经营活动的行为能力，但并不意味着该公司终止，在公司依法进行清算和被注销登记之前，公司法人主体资格依然存在，当其认为合法权益受到侵害时，有权以公司的名义提起诉讼。

最高人民法院认为：根据《中华人民共和国公司登记管理条例》第 2 条关于"公司经登记机关依法核准登记"，领取企业法人营业执照，方取得企业法人资格及第 38 条关于"经公司登记机关核准注销登记，公司终止"的规定，公司经依法核准登记，领取企业法人营业执照，即取得企业法人资格；公司在被登记机关注销登记后才终止。本案原审原告长城公司于 1998 年 12 月 28 日被开发区工商局吊销营业执照，该公司因此而丧失了从事经营活动的行为能力,但并不意味着该公司终止,在公司依法进行清算和被注销登记之前,公司法人主体资格依然存在;当其认为合法权益受到侵害时,有权以公司的名义提起诉讼。原审原告长城公司虽然被工商管理机关吊销营业执照,但尚未被公司登记机关注销登记,其不服市土地局对其作出的烟土监字〔1999〕第1号《土地违法案件行政处罚决定书》,向人民法院提起行政诉讼,具备原告主体资格。

——最高人民法院行政审判庭编:《最高人民法院最新行政裁判汇编》,人民法院出版社2006年版,第795~796页。

北海鑫工物业发展公司、黄某平诉湖南省益阳市公安局资阳分局扣押财产、收容审查决定及行政赔偿上诉案[最高人民法院(2004)行终字第2号行政判决书]

裁判要点:公司经依法核准登记并领取营业执照后,即取得企业法人资格,只有经过依法注销才终止。企业被工商登记机关吊销营业执照,丧失从事经营活动的行为能力,但并不意味着该公司终止,在公司依法进行清算和被注销登记之前,公司法人主体资格仍然存在,当其认为自己的合法权益受到侵害时,有权以公司的名义提起诉讼。

——最高人民法院行政审判庭编:《最高人民法院最新行政裁判汇编》,人民法院出版社2006年版,第589~590页。

219. 股份制企业权力机构的原告资格

关键词

职工大会 原告资格

最高人民法院答复

甘肃省高级人民法院:

公司的法定代表人应以在公司登记机关登记备案为准。经股东大会或者董事会任命的董事长虽未依法办理法定代表人登记手续,但在全体股东对股东大会或者董事会决议的合法性无异议的情况下,可以代表公司申请行政复议或提起诉讼。如其后的股东大会、董事会已经通过新的决议否定了对原董事长的任命,则原董事长无权代表公司申请复议或诉讼。公司股东对行政复议机关或人民法院受理原董事长的复议申请或起诉提出异议后,行政复议机关或人民法院不应作出实体裁判,而应中止案件审理,要求相关当事人先行依法解决公司决议纠纷,明确公司代表权。

——《最高人民法院行政审判庭关于谭某智不服甘肃省人民政府房产登记行政复议决定请示案的答复》(2011年7月12日,〔2011〕行他字第26号)。

220. 股份制企业股东的诉权

关键词

股东诉权　行政行为

最高人民法院答复

上海市高级人民法院:

你院沪高法〔2001〕236号《关于上海水仙电器股份有限公司股票终止上市后引发的诉讼应否受理等问题的请示》收悉。经研究,答复如下:

一、水仙公司作为上市公司,虽已被证监会终止上市,但其作为独立法人的资格并不因此受到影响,对债权人以水仙公司为被告提起的民事诉讼,只要符合《民事诉讼法》第108条规定的起诉条件,人民法院以受理为宜。

二、根据《公司法》和《证券法》的规定,证监会是依法具有行政职权的证券市场的监督管理者。证监会按照其法定职权针对特定的上市公司作出的退市决定,属于在《行政诉讼法》中可诉的具体行政行为,股东对证监会作出的退市决定提起诉讼的,人民法院应依法受理。

三、关于正在审理、执行的民事案件是否中止审理、执行的问题,法律已有明确规定,不属请示的范围,可由你院根据案件的具体情况依法视情而定。

以上意见供参考。

——《最高人民法院关于上海水仙电器股份有限公司股票终止上市后引发的诉讼应否受理等问题的复函》(2001年7月17日,〔2001〕民立他字第32号)。

221. 中国人民银行分支机构具有行政诉讼主体资格

关键词

人民银行分支机构　行政处罚　主体资格

最高人民法院答复

中国人民银行办公厅：

你厅银办函〔2002〕236号函收悉。经研究认为，根据《中华人民共和国中国人民银行法》等法律、法规、规章和《中华人民共和国行政诉讼法》及司法解释的有关规定，当事人对人民银行分支机构依法律授权作出的金融监管的具体行政行为不服提起行政诉讼的，应当以人民银行分支机构为被告。

——《最高人民法院办公厅关于中国人民银行分支机构是否具有行政诉讼主体资格问题的复函》（2002年5月31日，法办〔2002〕119号）。

北京市高级人民法院：

你院京高法〔2003〕191号《关于当事人不服商业银行行政处罚提起行政诉讼，应如何确定被告的请示》收悉，经研究，答复如下：

根据《中华人民共和国中国人民银行法》第12条和《支付结算办法》第239条的规定，商业银行受中国人民银行的委托行使行政处罚权，当事人不服商业银行行政处罚提起行政诉讼的，应当以委托商业银行行使行政处罚权的中国人民银行分支机构为被告。

此复

——《最高人民法院关于诉商业银行行政处罚案件的适格被告问题的答复》（2003年8月8日，〔2003〕行他字第11号）。

附录：最高人民法院法官著述

这两个案件的适格被告应当分别由人民银行石景山支行和人民银行新街口支行，理由如下：

（一）中国人民银行的分支机构是对辖区内的金融活动实施行政管理权的唯一主体

《中华人民共和国银行法》第十二条规定："中国人民银行根据履行职责的需要设立分支机构，作为中国人民银行的派出机构，中国人民银行对分支机构实行集中统一领导和管理。中国人民银行的分支机构根据中国人民银行的授权，负责本辖区的金融监督管理，承办有关业务。"根据该条的规定，对辖区内的金融监督管理，中国人民银行的分支机构得到了中国人民银行的"概括性"授权，即中国人民银行的支付机构应当对辖区内的金融活动实施行政管理权。据此最高人民法院曾对该问题作出法办〔2002〕119号《最高人民法院办公厅关于中国人民银行分支机构是否具有行政诉讼主体资格问题的复函》，该函的主要内容是："根据《中华人民共和国人民银行法》等法律、法规、规章和《中华人民共和国行政诉讼法》及司法解释的有关规定，当事人对人民银行分支机构依法律授权作出的金融监管的具体行政行为不服提起行政诉讼的，应当以人民银行分支机构为被告。"

（二）商业银行实施行政处罚的职权来源于中国人民银行分支机构的行政委托

中国人民银行制定的《支付结算办法》（银发〔1997〕393号）第二百三十九条明确规定："对单位和个人承担行政责任的处罚，由中国人民银行委托商业银行执行。"可见，中国人民银行与商业银行之间的委托关系和委托内容十分明确、具体，对于这种委托不应存在异议。中国人民银行《中国人民银行关于结处处罚问题的复函》（银函〔2003〕111号）对《支付结算办法》第二百三十九条的含义解释所作的解释是错误的，其将规章已经明确的委托行为解释为授权行为，违背和曲解了规章规定的原意。

综上，人民银行分支机构行使行政管理的权力来源于《中华人民共和国人民银行办法》的授权，而商业银行依据《支付结算办法》第二百三十九条规定实施行政处罚的权力仅来源于中国人民银行分支机构的行政委托。《中华人民共和国行政诉讼法》第二十五条第四款[①]明确规定："由法律、法规授权的组织所作的具体行政行为，该组织是被告。由行政机关委托的组织所作的具体行政行为，委托的行政机关是被告。"据此，本请示案件中中国建设银行石景山支行和北京商业银行股份有限公司新街口支行行使的行政处罚权应视为对其进行监督管理的人民银行石景山支行和人民银行新街口支行授予的。据此，人民银行石景山支行和人民银行新街口支行，应当分别作为这两个行政案件的适格被告。

适用时需要注意的问题：

（一）关于人民银行分支机构与实施行政处罚权的商业银行的法律关系

人民银行分支机构与实施行政处罚权的商业银行的法律关系实际上是一种平级委托关系。人民银行分支机构行使行政管理的权力来源于《中国人民银行法》的"概括性"授权，而商业银行实施行政处罚的权力来源于《支付结算办法》第239条的"概括性"委托。实践中，商业银行实施行政处罚的权力直接来源于人民银行分支机构的行政委托，因此，人民银行分支机构与实施行政处罚权的商业银行的法律关系实际上是一种平级委托关系。

（二）关于人民银行分支机构与商业银行的委托关系的合法性

在受理案件时，为了准确无误地确定案件被告，应当严格地按照《行政处罚法》第18条规定，对具体实施行政处罚权的商业银行和与其平级的人民银行分支机构之间的委托关系的合法性进行审查。只有在确定了二者委托关

[①] 现为《中华人民共和国行政诉讼法》（2017年修正）第二十六条第四款、第五款。

系确实存在并且符合《行政处罚法》第18条、第19条①规定的委托要件，才能将二者确定为法律意义上的委托关系，才能正确适用法律确定案件的被告。

另外，2003年8月，第十届全国人民代表大会常务委员会第四次会议首次对《中国人民银行法修正案》提出审议，也就意味着有关人民银行对有关金融行政管理的职责问题会有所变化，因此，我们在运用该司法解释时，需要特别关注新法对原有金融行政管理职责问题是否进行修改，当新法修改以后，新法的规定与该司法解释不一致的，应适用新法的规定。

——段小京：《关于商业银行实施行政处罚案件的适格被告问题》，载江必新主编、最高人民法院行政审判庭编：《行政执法与行政审判》2003年第3辑（总第7辑），法律出版社2003年版，第69~72页。

附录：司法信箱

因为开空头支票受到商业银行的处罚，如何确定行政诉讼的被告？

问题：某公司在某商业银行开设了一个账号，该银行认为该公司开出一张空头转账支票，依据《票据管理办法》《支付结算办法》作出行政处罚，强行从该公司账户上划走了两万元。该公司认为，该银行的行政处罚权来源于中国人民银行的行政委托，故以中国人民银行为被告提起行政诉讼。法院在审理中对如何确定被告产生分歧：一种观点认为应当以该商业银行为被告，权利来源是规章授权；另一种观点认为应当以中国人民银行为被告。请问如何确定该行政诉讼的被告？

《人民司法》研究组认为：该案件应当由该商业银行所在地的人民银行支行为被告。理由如下：第一，商业银行实施行政处罚的职权来源于行政委托。中国人民银行制定的《支付结算办法》第二百三十九条明确规定："对单位和个人承担行政责任的处罚，由中国人民银行委托商业银行执行。"可见，中国人民银行与商业银行之间的委托关系和委托内容十分明确、具体，对于这种委托不应存在异议。第二，《最高人民法院关于中国人民银行分支机构是否具有行政诉讼主体资格问题的复函》称："根据中国人民银行法等法律、法规、规章和行政诉讼法及司法解释的有关规定，当事人对人民银行分支机构依法律授权作出的金融监管的具体行政行为不服提起行政诉讼的，应当以人民银行分支机构为被告。"第三，人民银行支行行使行政管理的权力来源于中国人民银行法的授权，故人民银行支行应当作为该起行政案件的被告。

——《人民司法》2003年第9期（总第476期）。

---

① 现为《中华人民共和国行政处罚法》（2021年修正）第二十条、第二十一条。

222. 被征收人获得安置补偿的，与涉案土地不再具有法律上的利害关系，不具有原告资格

关键词

房屋征收　法定起诉期限　安置补偿　原告资格

最高人民法院裁判文书

胡某明诉抚顺市人民政府及抚顺市九三房地产开发有限公司出让国有土地使用权批复案〔最高人民法院（2015）行监字第75号行政裁定书〕

裁判要点：房屋征收案件中，被征收人在达成房屋征收协议或者征收补偿决定作出后，超过法定起诉期限未起诉，或者起诉后人民法院生效判决驳回原告诉讼请求，被征收人又对政府就征收后收归国家的土地予以出让、给他人颁发国有土地使用证的行为提起行政诉讼的，被征收人因已经获得安置补偿，与涉案土地不再具有法律上的利害关系，不具有原告资格。

最高人民法院认为：根据《最高人民法院关于执行〈中华人民共和国行政诉讼法〉若干问题的解释》第十二条①规定，与被诉行政行为有法律上利害关系的公民、法人或者其他组织，是行政诉讼的适格原告。行政机关作出同意出让国有土地使用权给第三人的批复，直接影响出让土地范围内原土地使用权人的合法权益，因此，通常情况下，原土地使用权人与政府出让土地批复行为具有法律上的利害关系，属于适格原告。本案中，胡某明作为出让土地范围内的宅基地使用权人，出让土地批复将直接影响胡某明的宅基地使用权，原本胡某明与被诉188号批复具有法律上的利害关系，依法属于本案适格原告。但是，在本案起诉之前，胡某明以九三房地产公司为被告，提起民事侵权赔偿之诉，抚顺市中级人民法院于2012年4月6日作出（2012）抚中民一终字第65号民事判决，要求九三房地产公司赔偿胡某明60平方米门市房一处及拆迁补助费、临时安置费、设备拆装重置费和停业损失。在该案执行过程中，胡某明与九三房地产公司于2012年10月17日达成执行和解协议，并于2013年3月14日从抚顺市顺城区人民法院领取了九三房地产公

---

① 本条规定已被《最高人民法院关于适用〈中华人民共和国行政诉讼法〉的解释》（法释〔2018〕1号）废止。

司交付的房屋和车库钥匙。上述事实证明，胡某明已经接受了九三房地产公司的拆迁安置补偿，同时丧失了对原宅基地的使用权，至2014年4月提起本案行政诉讼时，胡某明与被诉188号用地批复已不再具有法律上的利害关系。故原审生效判决以胡某明不具有本案原告主体资格为由裁定驳回其起诉并无不当。

——中国裁判文书网。

223. 采矿权实际享有人具有采矿权及矿补费纳费义务主体资格

关键词

矿产资源补偿费　采矿许可证　主体资格

最高人民法院裁判文书

贵州省盘江矿务局诉贵州省盘县特区矿产资源管理局行政处罚上诉案
[最高人民法院（1997）行终字第13号行政判决书]

　　裁判要点：尽管被上诉人尚未领取矿区采矿许可证，但其事实上一直在行使采矿权，且地矿行政主管部门亦认可其采矿权人资格，因此不能否认被上诉人具有采矿权及矿补费纳费义务主体资格。

　　最高人民法院认为：国务院《中华人民共和国矿产资源法实施细则》和《矿产资源补偿费征收管理规定》规定，矿产资源补偿费应由采矿权人缴纳；矿产资源补偿费征收管理部门应当依法向取得采矿许可证的采矿权人征收。而国家统配煤矿企业有其特殊性，采矿许可证和征收矿补费制度的实施较晚，有其历史演变和完善过程。尽管目前被上诉人尚未领取矿区采矿许可证，但其事实上一直在行使采矿权，且地矿行政主管部门亦认可其采矿权人资格；被上诉人系企业法人，所属行政矿是其分支机构，煤炭由被上诉人统一对外销售和结算。因此，原审判决否认被上诉人具有采矿权和可以成为矿补费纳费义务主体，缺乏足够的事实根据和理由。根据《矿产资源补偿费征收管理规定》有关规定，矿产资源补偿费应以原煤为计征对象。上诉人以被上诉人对外销售的洗精煤计征矿产资源补偿费，缺乏法律法规依据。

——最高人民法院行政审判庭编：《最高人民法院最新行政裁判汇编》，人民法院出版社2006年版，第118~126页。

224. 对因历史原因已经设立的部分重叠的采矿权，则应在不影响安全生产和环境保护且更有利于不同种类矿产资源全面节约利用的前提下综合衡量

关键词

采矿权投影重叠　采矿许可证

最高人民法院裁判文书

郴州饭垄堆矿业有限公司、国土资源部土地行政管理再审案［最高人民法院（2018）最高法行再6号行政判决书］

裁判要点：在现行法律、法规并未禁止设立垂直投影重叠的采矿权的情形下，国土资源管理部门对因历史原因已经设立的部分重叠的采矿权，则应在不影响安全生产和环境保护且更有利于不同种类矿产资源全面节约利用的前提下，综合衡量矿产资源形成状态和地质条件，尊重不同矿业权人的不同开采意向、开采能力与开采工艺以及矿藏的开发规律等因素，区别进行处理。对因采矿权主体不同一且采矿权重叠之情形，处理方式是多重的且可以综合运用，撤销重叠的采矿许可仅为其中一种处理方式。能否仅凭部分重叠即撤销采矿权人已经依法取得的采矿许可，则应全面、客观、历史地看待。

最高人民法院认为，采矿权人开采矿产资源权利的取得，虽以有权机关颁发采矿许可证为标志，但采矿权出让合同依法生效后即使未取得采矿许可证，也仅表明受让人暂时无权进行开采作业，除此之外的其他占有性权利仍应依法予以保障。同样，采矿许可证规定的期限届满，仅仅表明采矿权人在未经延续前不得继续开采相应矿产资源，采矿权人其他依法可以独立行使的权利仍然有效。

不论是行政许可机关、行政复议机关还是人民法院，对首次许可与延续许可行为合法性的判断标准与审查重点均应有所不同。行政系统作出首次许可、许可延续以及撤销许可时，裁量幅度应当有所不同。首次许可时，许可机关可以依法裁量不予许可；但是否延续许可的裁量和判断，则应受首次许可的约束，兼顾信赖利益保护问题。即使首次许可存在瑕疵或者违法，许可机关仍应审慎行使不予延续职权。同理，行政复议机关或者人民法院对许可

机关裁量权进行审查时，亦应秉持谦抑原则，尊重许可机关对自身裁量权的限缩，除非这种限缩性裁量明显不合理或者违背了立法目的，抑或构成滥用裁量权。

一、关于采矿权矿区范围垂直投影能否重叠的问题

一般认为，采矿权矿区范围垂直投影重叠，是指两个分别处于上、下位置的采矿权矿区范围，虽然不发生物理交叉，但垂直投影后在平面上形成重叠。由于可供开采的矿产资源分布于地表上下，不同种类矿藏可能在不同深度的垂直空间分层分布，采矿权矿区范围垂直投影重叠也就难以完全避免。

国土资源部〔2001〕85号文件与〔2011〕14号文件，均未规定重叠设置的采矿权只能予以撤销，且均强调对因历史原因形成重叠且采矿权人不同一时，应当逐步妥善处理。而如果进一步考察矿产资源的共生和伴生过程，以及不同类型的矿产资源可能分别蕴藏于不同的垂直分层这一地质现象，如果简单强调在同一矿区范围已经存在采矿权的情况下，不考虑矿产资源种类和开采工艺的差别，对垂直投影重叠的其他采矿权一律不予设置，或者要一律撤销已经设立的重叠的采矿权，既不利于推进有限矿产资源的全面节约与循环高效利用，也与国土资源部既有规定不相一致。《国土资源部关于矿产资源勘查登记、开采登记有关规定的通知》（国土资发〔1998〕7号）附件二《矿产资源开采登记有关规定》第一条规定说明，在同一立体空间依法可以存在两个采矿权（或探矿权），在不影响已有采矿权、已有采矿权人同意开采的情况下，采矿登记管理机关审核后，可以依法划定重叠的矿区范围。此即说明现行立法并未完全禁止设立区分矿业权或者重叠矿业权。总之，基于特定的矿藏以及不同开采工艺水平限制等因素考虑，强调在特定历史时期，垂直投影重叠的采矿权原则上由同一个矿业权人拥有，有其积极意义，应当得到支持。而在现行法律、法规并未禁止设立垂直投影重叠的采矿权的情形下，国土资源管理部门对因历史原因已经设立的部分重叠的采矿权，则应在不影响安全生产和环境保护且更有利于不同种类矿产资源全面节约利用的前提下，综合衡量矿产资源形成状态和地质条件，尊重不同矿业权人的不同开采意向、开采能力与开采工艺以及矿藏的开发规律等因素，区别进行处理。

二、关于重叠采矿许可证的处理与撤销的条件问题

现行法律、法规、规章以及被诉复议决定所引用的相关规范性文件，对类似于本案因历史原因形成的重叠的采矿权撤销程序、步骤、方法及具体情形均无具体规定。〔2001〕85号文件对于违法设置的相互重叠或者交叉的采矿许可，要求依法抓紧进行纠正，而纠正的方式包括"该吊销的要依法吊销，该注销的要坚决注销，该协调处理的要妥善处理"。实践中，解决重叠有多种方式，包括将不同采矿权主体推动整合为同一采矿权主体、调整并缩小采矿许可证范围以解决重叠问题、在不同采矿权主体间建立开采协调机制、区

分矿产资源开发时序且在确保安全生产的前提下签订承诺协议、撤销一方采矿许可并通过补偿或者赔偿等方式弥补损失，等等。据此，对因采矿权主体不同一且采矿权重叠之情形，处理方式是多重的且可以综合运用，撤销重叠的采矿许可仅为其中一种处理方式。本案存在部分重叠属实，而能否仅凭部分重叠即撤销采矿权人已经依法取得的采矿许可，则应全面、客观、历史地看待。

国土资源部在重新作出复议决定时，如经相应专业机构认定饭垄堆公司与中信兴光公司的《采矿许可证》矿区范围和各自的开采工艺存在确属不能重叠的情形，或者饭垄堆公司非重叠部分不能独立设立采矿权，或者重叠部分已经影响中信兴光公司的安全生产且无法通过采取其他防范措施的方法予以解决，又无法通过整合、并购等方式实现采矿权主体同一的，国土资源部仍可依据所查明事实和相应鉴定意见，在衡量全案各种因素和处理结果且充分说明理由的情况下，正确援引法律规范，依法作出撤销行政许可的复议决定；饭垄堆公司对其合法产权受到的损失则可依法申请国家赔偿。

——中国裁判文书网。

225. 婚姻登记案件的原告资格和判决方式

关键词

婚姻登记案件　原告资格　判决方式

最高人民法院答复

浙江省高级人民法院：

你院《关于婚姻关系当事人以外的其他人可否对婚姻登记行为提起行政诉讼及对程序违法的婚姻登记行为能否判决撤销的请示》收悉。经研究，答复如下：

一、依据《中华人民共和国行政诉讼法》第二十四条第二款规定，有权起诉婚姻登记行为的婚姻关系当事人死亡的，其近亲属可以提起行政诉讼。

二、根据《中华人民共和国婚姻法》第八条规定，婚姻关系双方或一方当事人未亲自到婚姻登记机关进行婚姻登记，且不能证明婚姻登记系男女双方的真实意思表示，当事人对该婚姻登记不服提起诉讼的，人民法院应当依法予以撤销。

此复

——最高人民法院行政审判庭关于婚姻登记行政案件原告资格及判决方式有关问题的答复（2005年10月8日，法〔2005〕行他字第13号）。

附录：最高人民法院著述

本案涉及两个问题：一是对行政机关依本人申请作出的结婚登记行为，本人的近亲属是否具有起诉的原告资格。二是对程序违法的被诉婚姻登记应当如何判决。

（一）近亲属的原告资格问题

关于行政诉讼的原告资格，2014年《行政诉讼法》有两个条款作出了规定：一是该法第2条规定，原告是认为自己的合法权益受到行政行为侵犯的公民、法人或者其他组织。二是该法第25条第1款规定，原告的范围限于"行政行为的相对人以及其他与行政行为有利害关系的公民、法人或者其他组织"[①]。其将原告分为行政行为相对人和其他利害关系人两大类。前者重在指导当事人，后者则更多地为法院提供审查标准。婚姻登记案件中，行政相对人的近亲属是否具有原告资格，就看其与婚姻登记是否具有利害关系。

"利害关系"是一个不确定的法律概念，但是司法实践一直不断地在做具体化的努力。2018年《行诉解释》第12条列举了与被诉行政行为有利害关系的具体情形，明确了行政行为涉及的相邻权人或者公平竞争权人、行政复议等行政程序的第三人、要求行政机关追究加害人责任的民事侵权受害人、受到行政行为改变影响的人、为自身利益投诉举报者等特定主体针对特定行政行为提起诉讼的原告资格，解决了很多实践难题。第13条在原则排除债权人起诉行政机关对债务人所作的行政行为的原告资格之后，规定"但行政机关作出行政行为时依法应予保护或者应予考虑的除外"。该规定以规范保护理论为基础，揭示了"利害关系"的基本内涵，提出了可操作的普适性标准，为决疑提供了更为具体的指导，意义重大。

按照规范保护理论，提起行政诉讼的人所主张的利益不仅必须属于合法权益，而且该权益必须处在相关行政法律规范保护或者调整的范围内。进言之，规范保护理论要求原告所主张的利益，必须属于相关行政法律规范要求行政机关要么予以保护，要么予以考虑的利益。起诉人只有主张这样的利益时，才与行政行为具有利害关系，也才具有原告资格。如果对起诉人主张的利益，相关行政法律规范并不要求行政机关予以保护或者考虑，则其与行政行为就不具有利害关系，也就没有原告资格。

本案中，对行政机关为郑某之子胡某与第三人张某办理的结婚登记，郑某是否具有起诉的原告资格，就看郑某起诉所主张的利益，行政机关在办理

[①] 2014年《行政诉讼法》第2条规定源自1989年《行政诉讼法》第2条规定的保留。2014年《行政诉讼法》第25条规定则源自对2000年《行诉解释》第12条规定内容的吸收，至于两条规定中的"利害关系"和"法律上利害关系"，作为界定原告资格的重要标准，并无实质不同。

结婚登记时,《婚姻法》及婚姻登记规则是否要求其予以保护或者予以考虑。郑某是胡某的母亲,是第一顺位的继承人。如果郑某以被诉结婚登记侵害其继承权为由提起诉讼,则接下来需要分析的问题就是:继承权是否受到《婚姻法》及婚姻登记规则的保护。胡某与张某的结婚登记,客观上会减少郑某未来的继承份额,结婚登记对继承权的影响是显而易见的。但是按照《婚姻法》规定,结婚最重要的原则是自愿原则,不许任何一方对他方加以强迫或者任何第三者加以干涉。如果在结婚登记时保护继承权,继承权人的意志将凌驾于婚姻双方之上;即使纳入考虑范围,对婚姻双方亦将构成难以摆脱的干扰。因此,保护继承权的诉求与结婚自愿的原则严重抵牾,无法兼容。也就是说,继承权虽然是受法律保护的利益,但它是婚姻登记制度"无法承受之重",在结婚登记程序中无法提供保护,因此,郑某如果认为被诉结婚登记侵犯其继承权,则无法获得原告资格。

不过,本案中郑某并未把继承权作为起诉的权利基础。她提出,结婚登记都是张某单方办理,胡某并不知情。也就是说,她主张的是儿子胡某的婚姻自主权,而婚姻自主显然是婚姻登记规则应当保护的权利。根据当时的《行政诉讼法》第24条第2款(现为该法第25条第2款)规定,郑某作为胡某的母亲,在胡某死亡的情况下,可以自己的名义提起行政诉讼。需要注意,从《行政诉讼法》该款规定有关"有权提起诉讼的公民死亡,其近亲属可以提起诉讼"的内容看,近亲属只有在主张死亡公民的权利且该公民本来具有原告资格时才有诉权。如果近亲属主张自己的权利提起诉讼,则不能援引本款规定。其是否具有原告资格,只能运用规范保护理论作出判断。

(二)程序违法的判决方式

《婚姻法》规定,要求结婚的男女双方必须亲自到婚姻登记机关进行结婚登记。这是结婚登记的一个程序要求。胡某与张某办理结婚登记时双方没有到场,不符合程序要求,登记机构予以办理结婚登记亦为违反法定程序。按照《行政诉讼法》规定,违反法定程序的行政行为应当判决撤销,那么此种情况能否判决撤销胡某和张某的结婚登记呢?最高人民法院的答复意见是,仅有上述违法还不够,还须不能证明结婚出自申请双方真实意思表示才可以撤销。笔者认为,最高人民法院的答复意见可以从以下两个角度进行分析:

一是从个人角度看,胡某和张某对于结婚登记的信赖利益值得保护。只要结婚登记出于胡某和张某的真实意思,则实体上已经符合了婚姻法上最为重要的结婚自愿或者婚姻自主的原则,就应当优先考虑信赖保护原则的适用。当然,适用信赖保护原则对当事人亦有特殊的要求。首先,申请人没有婚姻无效或者可撤销的重大瑕疵。比如,双方为直系血亲或者三代以内的旁系血亲,诉讼时仍不到法定婚龄,等等。其次,申请人没有重大过失,且对于违法行政行为的作出没有产生影响。就本案而言,申请人不到场确实属于程序违法,但申请人不存在恶意欺诈、隐瞒等重大过失的情形。行政机关作为执法者,以及行政法律关系中的主动一方,完全左右行政行为的合法性,申请人并无能力误导行政机关。在此情况下,行政机关本应告知申请人依照法律规定到场登记,但径予办理登记,属于把关不严。申请人虽有程序上"抄近路"的过失,但在结婚登记结果正确性未受影响的情况下,双方对结婚登记的信赖利益不宜否定。

二是从社会角度来看,个人的信赖利益如果普遍化就不再是单纯的个人利益,而是社会公共利益。婚姻登记直接关系家庭的稳定,进而影响社会稳定。正所谓"宁拆十座庙,不破一桩婚"。在撤销婚姻登记时应当慎之又慎。事实上,1950年《婚姻法》即要求结婚登记须双方到场,其后,《婚姻法》经历了数次修改,始终保留了这一要求。而且,这一要求在程序上的确非常重要。但是,现实情况中,这一规定长期以来并未受到应有的重视。尤其是时间越早,结婚双方或者单方没有到场的情况越多,如果简单地以程序违法为由判决撤销,将对家庭、社会造成很大冲击。笔者认为,类似情况实已符合情况判决的适用条件。

——王振宇:《行政诉讼与国家赔偿审判理论与实务》,人民法院出版社2023年版,第162~169页。

226. 婚姻关系当事人死亡的其近亲属可以起诉婚姻登记行为

关键词

婚姻登记　近亲属　原告资格转移

最高人民法院答复

浙江省高级人民法院:

你院《关于婚姻关系当事人以外的其他人可否对婚姻登记行为提起行政诉讼及对程序违法的婚姻登记行为能否判决撤销的请示》收悉。经研究,答复如下:

一、依据《中华人民共和国行政诉讼法》第24条第2款[①]规定,有权起诉婚姻登记行为的婚姻关系当事人死亡的,其近亲属可以提起行政诉讼。

二、根据《中华人民共和国婚姻法》第8条规定,婚姻关系双方或一方当事人未亲自到婚姻登记机关进行婚姻登记,且不能证明婚姻登记系男女双方的真实意思表示,当事人对该婚姻登记不服提起诉讼的,人民法院应当依

[①] 现为《中华人民共和国行政诉讼法》(2017年修正)第二十五条第二款。

法予以撤销。

此复

——《最高人民法院行政审判庭关于婚姻登记行政案件原告资格及判决方式有关问题的答复》(2005年10月8日,〔2005〕行他字第13号)。

227. 婚姻关系当事人死亡后近亲属能否提起行政诉讼

关键词

婚姻关系当事人死亡　近亲属　行政诉讼

最高人民法院答复

安徽省高级人民法院:

你院〔2014〕皖行终字第056号婚姻登记请示收悉,经研究,答复如下:

对婚姻登记行为不服提起诉讼的,一般只能是婚姻关系当事人婚姻关系当事人死亡后,其近亲属仅以婚姻登记程序违法等为由提起诉讼的,人民法院一般不予受理。婚姻关系当事人死亡后,其近亲属以婚姻关系当事人未到场办理婚姻登记、事后也不知晓婚姻登记为由提起诉讼,请求确认婚姻登记行为无效的,人民法院应当依法受理,并依据查明的事实依法作出裁判。请求确认婚姻登记行为无效的诉讼,起诉期限从近亲属知道婚姻登记行为之日起计算,但最长不得超过两年。

——《最高人民法院行政审判庭关于婚姻关系当事人死亡后近亲属能否提起行政诉讼请示的答复》(2014年12月26日,〔2014〕行他字第17号)。

228. 受委托组织只能在委托范围内实施行政处罚,如果受委托组织超出委托范围,对于超出委托范围的行政处罚行为,应当由谁当被告

关键词

受委托组　委托范围　行政处罚

附录:最高人民法院法官著述

主要有四种意见:第一种意见认为,由受委托组织作为被告。理由是,根据民法上关于委托代理的理论,对于超出委托权限的部分,应当由受委托

组织作为行政诉讼被告。第二种意见认为，应当由委托行政机关作为被告。理由是，委托行为是由委托行政机关作出的，法律效果应当归于委托行政机关。第三种意见认为，应当由委托行政机关和受委托组织作为共同被告。[①] 理由是，委托的行政行为是由两个组织共同作出的。第四种意见认为，应当由委托行政机关作为被告，受委托组织作为第三人参加诉讼。我们认为，如果针对的是超出委托事项的行政行为，第四种意见是比较稳妥的。理由如下：第一，民法上关于委托的规定不能直接适用于行政法，因此不能将民法上关于超越委托范围的规定直接用于行政诉讼当中。况且，民法上尚有表见代理之制，即对于代理人之行为，虽无代理权，而有可使第三人信其有代理权之事由，因而使本人对于相对人负授权人责任之无权代理。[②] 行政委托事项由于其具有的对公权力行为的先定力、公定力等效力，相对人一般予以信赖，大多数情况下可准用民法上关于"表现代理"的规定处理，即以委托行政机关作为行政诉讼被告。第二，受委托组织大多数不是行政机关，因此将其与委托行政机关一起列为共同被告，在理论上还存在障碍。但是，对于超越委托事项范围的行为，如果没有受委托组织的参与，案件的事实有可能难以查清。根据《行政诉讼法》的规定，同被诉行政行为有利害关系但没有提起诉讼，或者同案件处理结果有利害关系的，可以作为第三人申请参加诉讼，或者由人民法院通知参加诉讼。受委托组织显然与被诉行政行为存在法律上的权利义务关系，应当列为第三人。

——江必新主编：《行政处罚法条文精释与实例精解》，人民法院出版社2021年版，第111页。

229. 被限制人身自由公民的近亲属受委托提起行政诉讼的条件

关键词

限制人身自由　近亲属　委托代理诉讼

附录：最高人民法院法官著述

公民因被限制人身自由无法提起行政诉讼委托其近亲属代为起诉的情况不属于原告资格的转移。在这种情况下需要注意以下几个问题：（1）公民被限制人身自由不能提起诉讼，其近亲属可以代为起诉。若公民被限制人身自由但仍能实施诉讼行为的，则不能口头委托近亲属代为起诉。只要行政机关

[①] 杨小君：《析行政诉讼上的授权与委托》，载《法商研究》1998年第3期。
[②] 史尚宽：《民法总论》，中国政法大学出版社2000年版，第545~546页。

不能举证证明被限制人身自由的公民可以实施诉讼行为，法院就应当受理该公民近亲属依口头委托提起的行政诉讼。（2）被限制人身自由的公民可以以口头或者书面的形式委托近亲属提起诉讼。《行政诉讼法》对委托代理的形式未作规定，根据《民事诉讼法》的规定，委托代理诉讼必须向法院提交书面的委托书。而公民在被限制人身自由的时候，很难进行书面委托。因此，有必要赋予被限制人身自由的公民口头委托权利。（3）近亲属只能以被限制人身自由的公民的名义提起行政诉讼，而不能以自己的名义提起诉讼。

——江必新、梁凤云：《行政诉讼法理论与实务》（第三版），法律出版社2016年版，第554页。

230. 继承权未经依法确认即以继承人身份起诉不具有原告资格

关键词

继承人　公安机关返还财产　原告资格

最高人民法院裁判文书

任某熔、叶某奎、孙某凤诉湖北省房县公安局扣押财产上诉案［最高人民法院（1997）行终字第5号行政裁定书］

裁判要点：在继承权未被依法确认前，以继承人身份起诉公安机关扣押被继承人财产行为不具有原告资格。

最高人民法院认为：被上诉人任某熔、叶某奎、孙某凤在未被依法确认对台胞叶文英的存款有合法继承权的情况下，即对房县公安局提起行政诉讼，不符合《中华人民共和国行政诉讼法》规定的起诉条件。一审法院对尚不具备原告资格的任某熔、叶某奎、孙某凤的起诉予以受理欠妥。

——最高人民法院行政审判庭编：《最高人民法院最新行政裁判汇编》，人民法院出版社2006年版，第706页。

231. 原告错列被告且拒绝变更的应怎样裁判

关键词

错列被告　拒绝变更

最高人民法院裁判文书

江苏大方广告有限公司诉浙江省桐乡市人民政府城建行政强制及行政赔偿案［最高人民法院（2016）最高法行申 2519 号行政裁定书］

裁判要点： 在行政诉讼中，如果存在原告错列被告且原告拒绝变更的情形，人民法院在尽到必要的释明义务后，已经立案的，应当裁定驳回起诉，而非将应列为被告的行政主体追加为第三人。如果原告认为自身合法权益受损，仍可以其他渠道主张权益救济。

最高人民法院认为：从原审法院查明的事实看，桐乡市政府虽然向再审申请人大方公司作出了《责令限期拆除通知书》，但有关证据显示实际拆除行为系由屠甸镇政府、高桥镇政府作出，并无充分证据证明桐乡市政府是涉案广告牌的直接拆除主体。原审法院考虑上述因素，告知再审申请人变更被告，并无不妥。在再审申请人拒绝变更的情形下，二审法院根据《最高人民法院关于适用〈中华人民共和国行政诉讼法〉若干问题的解释》第三条第一款第三项①有关"错列被告且拒绝变更的，已经立案的，应当裁定驳回起诉"的规定，纠正了一审法院未按上述规定裁定驳回起诉，而是错误追加该屠甸镇政府、高桥镇政府以原审第三人身份参加诉讼的做法，撤销一审判决，裁定驳回起诉，并无不当。如果再审申请人认为自身合法权益受损，仍可以其他渠道主张。由于并无相关行政行为被确认违法，对于再审申请人的赔偿诉求，本院不予支持。

——最高人民法院行政审判庭编：《最高人民法院行政裁判要旨及评述（第一卷）》，人民法院出版社 2019 年版。

232. 如何确定适格被告

关键词

被告　适格

最高人民法院司法解释

第六十七条　原告提供被告的名称等信息足以使被告与其他行政机关相

---

① 现为《最高人民法院关于适用〈中华人民共和国行政诉讼法〉的解释》（法释〔2018〕1号）第六十九条第一款第三项。

区别的,可以认定为行政诉讼法第四十九条第二项规定的"有明确的被告"。

——《最高人民法院关于适用〈中华人民共和国行政诉讼法〉的解释》(2018年2月6日,法释〔2018〕1号)。

> **附录：最高人民法院主流观点**

《行政诉讼法》第四十九条对适格被告的要求是"明确",而非"正确"。对于明确的被告与正确的被告的关系,最高人民法院在(2017)最高法行申366号李某山诉怀远县政府一案的裁定中进行了论述,裁定指出:"在行政诉讼中,被告适格包含两个层面的含义。一是形式上适格,亦即行政诉讼法第四十九条第二项规定的'有明确的被告'。……但'明确'不代表'正确',因此被告适格的第二层含义则是实质性适格,也就是《行政诉讼法》第二十六条第一款规定的,'公民、法人或者其他组织直接向人民法院提起诉讼的,作出行政行为的行政机关是被告'。"实质性适格问题相对复杂,通常需要通过实体审理查明,如果通过实体审理确实不构成实质性适格,则以理由不具备为由判决驳回原告的诉讼请求。当然,也不排除在特别明显地不具备实质性适格的情况下,在进入实体审理之前即以起诉不符合法定条件为由裁定驳回起诉。

——最高人民法院行政审判庭编著：《最高人民法院行政诉讼法司法解释理解与适用》,人民法院出版社2018年版,第340页。

233. 综合整治指挥部非行政诉讼适格被告

> **关键词**

综合整治指挥部　临时机构　主体资格

> **最高人民法院公报案例**

陈某诉徐州市泉山区城市管理局行政处罚案［江苏省高级人民法院］

裁判摘要：综合整治指挥部是城市管理局自行设立的内部工作协调机构,不具行政诉讼被告资格。暂扣单上虽然盖有综合整治指挥部的章,暂扣物品行为的法律后果应由城市管理局承担。

因综合整治指挥部是城市管理局的内设协调机构,且2002年8月21日晚暂扣原告陈某物品行为是城市管理局工作人员实施的,该局是依法成立具有行政主体资格的行政组织,故本案中城市管理局应作为适格的被告,暂扣陈某物品行为的法律后果，应由城市管理局承担。故综合整治指挥部不具行政诉讼的被告资格，区人民政府与本案被诉行政行为无直接的法律关系，也不应承担法律责任。

——《最高人民法院公报》2003 年第 6 期。

234. 政府办公厅（室）不能作为政府信息公开行政争议的行政复议被申请人和行政诉讼被告

关键词

政府办公厅（室） 行政复议 被申请人 行政诉讼被告

最高人民法院答复

天津市高级人民法院：

你院津高法〔2015〕207 号《关于姚淑芬诉天津市河东区人民政府政府信息公开行政复议上诉一案的请示》收悉。经研究，并征求国务院法制办公室及国务院办公厅政府信息与政务公开办公室意见，答复如下：

公民、法人或其他组织向政府办公厅（室）提出的信息公开申请，应当视为向本级人民政府提出。人民政府对公民、法人或者其他组织提出的申请，可以政府办公厅（室）的名义进行答复，也可由负责政府信息公开工作的部门加盖"某某人民政府办公厅（室）信息公开专用章"的形式答复。公民、法人或者其他组织对以政府办公厅（室）或负责政府信息公开工作部门作出的政府信息公开行政行为不服提起诉讼的，应当以本级人民政府作为被告。

——《最高人民法院关于政府办公厅（室）能否作为政府信息公开行政争议的行政复议被申请人和行政诉讼被告问题的请示的答复》（2016 年 3 月 18 日，〔2015〕行他字第 32 号）。

最高人民法院裁判文书

叶某来、胡某根诉浙江省人民政府信息公开案〔最高人民法院（2017）最高法行申 4870 号行政裁定书〕

最高人民法院认为：本案的争议焦点是对政府法制办公室的行为不服引发诉讼的，应当以政府法制办公室还是同级政府为被告。

行政诉讼中的被告是被原告起诉到法院的、由法院通知应诉的行政机关。"谁行为，谁被告"是确定行政诉讼被告的基本原则。《中华人民共和国行政诉讼法》第二十六条第一款规定："公民、法人或者其他组织直接向人民法院提起诉讼的，作出行政行为的行政机关是被告。"但同时，由于行政管理的多样性以及行政主体资格的复杂性，可能出现实施行为主体与承担法律责任主体的不一致性。《最高人民法院关于执行〈中华人民共和国行政诉讼法〉若干问题的解释》第二十条第一款[①]即规定，行政机关组建并赋予行政管理职能但不具有独立承担法律责任能力的机构，以自己的名义作出具体行政行为，当事人不服提起诉讼的，应当以组建该机构的行政机关为被告。而对于各级政府设立的办事机构，如政府办公室，法制办公室等，其所有权依据相关组织法规定行使相关职权，并以自己名义作出相应的行为，但发生诉讼后仍应以相应的政府作为名义被告。根据《国务院行政机构设置和编制管理条例》《国务院关于机构设置的通知》（国发〔2013〕14号）以及《浙江省人民政府办公厅关于印发浙江省人民政府法制办公室主要职责内设机构和人员编制规定的通知》（浙政办发〔2009〕127号）等规定，浙江省政府法制办公室是浙江省政府办事机构，其职能定位为浙江省政府负责同志的参谋助手和法律顾问，浙江省政府法制办公室所具体承担的法规审查、行政复议、备案审查等工作，依法均由浙江省政府作出最终决定，浙江省政府法制办公室本身不具有独立的行政管理职能，也不对外行使行政管理职权。因此，浙江省政府法制办公室所作出的行为，其法律责任应当由浙江省政府承担。本案叶某来、胡某根因认为浙江省政府法制办公室未在规定期限内提供所申请获取的政府信息，坚持以浙江省政府为被告提起行政诉讼，符合现行有关政府法制办公室法律地位的规定。一、二审法院以其起诉的被告主体不适格为由，裁定驳回其起诉和上诉，可能存在适用法律错误情形。

综上，叶某来的再审申请符合《中华人民共和国行政诉讼法》第九十一条第一项规定的情形。

——最高人民法院第三巡回法庭编著：《最高人民法院典型行政案件裁判观点与文书指导》，中国法制出版社2018年版，第118页。

235. 政府信息公开案件中原告主体资格、被告主体资格问题

关键词

政府信息公开　原告资格　被告资格

[①] 现为《最高人民法院关于适用〈中华人民共和国行政诉讼法〉的解释》（法释〔2018〕1号）第二十条第一款。

> **最高人民法院审判业务意见**

在政府信息公开案件中,针对"利害关系"的审查需满足原告"可能"因为被诉行政行为导致其权益受到损害的条件。如韩某诉某街道办事处(简称办事处)撤销政府信息不存在告知书案,韩某主张其父(已去世)是原海域使用权人,申请公开有关海域使用权征收的政府信息。韩某作为死亡的有权提起诉讼公民的近亲属,办事处作出的信息不存在告知书"可能"导致其权益受到损害。因此,韩某提起该案诉讼已经满足原告"可能"因为被诉行政行为导致其权益受到损害的条件,即与被诉行政行为具有利害关系,具有原告主体资格。

《中华人民共和国政府信息公开条例》第四条第一款规定:各级人民政府及县级以上人民政府部门应当建立健全本行政机关的政府信息公开工作制度,并指定机构(以下统称政府信息公开工作机构)负责本行政机关政府信息公开的日常工作。

(2015)行他字第32号《最高人民法院关于政府办公厅(室)能否作为政府信息公开行政争议的行政复议被申请人和行政诉讼被告问题的请示的答复》规定:公民、法人或其他组织向政府办公厅(室)提出的信息公开申请,应当视为向本级人民政府提出。人民政府对公民、法人或其他组织提出的申请,可以政府办公厅(室)的名义进行答复,也可由负责政府信息公开工作的部门加盖"某某人民政府办公厅(室)信息公开专用章"的形式答复。公民、法人或其他组织对以政府办公厅(室)或负责政府信息公开工作部门作出的政府信息公开行政行为不服提起诉讼的,应当以本级人民政府作为被告。

据此,人民法院在审查政府信息公开案件时,对政府办公厅(室)或者负责政府信息公开工作部门作出的政府信息公开行政行为应当视为本级人民政府作出的政府信息公开行为,本级人民政府是政府信息公开案的适格被告。如刘某诉省政府履行政府信息公开职责案,省政府办公厅作为省政府确定的政府信息公开工作主管部门,在收到刘某的信息公开申请后,以自己的名义对刘某作出告知书,应当视为省政府履行了政府信息公开法定职责。

——《最高人民法院第二巡回法庭建庭以来行政案件审理情况分析报告——以申请再审案件为核心(2015.01—2020.06)》。

236. 经济开发区管理机构的被告主体资格

> **关键词**

开发区管委会　派出机构　主体资格

> **附录：最高人民法院法官著述**

经济开发区管理机构虽然是派出机构，却是一个适格被告。司法实践中遇到许多经济开发管理机构进行城市房屋拆迁引发行政诉讼的问题。经济开发区管理机构虽然属于派出机构，却是一种比较特殊的派出机构；绝大多数的经济开发区是经过国务院或者省级以上的人民政府批准成立的。它一般有明确的行政管理权限和范围，有独立的经费，有独立的行政编制，能够独立地承担行政法律责任，并且以自己名义作出行政行为，不依托于所属的城市。此外，最高人民法院在1993年作出决定，在经济开发区设立相应的审判机构可以作为一个反证。一般而言，我国审判机构的设置是以行政区域为依据的；最高人民法院在经济开发区设立审判机构，实际上是承认了经济开发区是一个特殊的行政区域，是一个独特的行政主体，可以作为行政诉讼的被告。

——江必新、梁凤云：《行政诉讼法理论与实务》（第三版），法律出版社2016年版，第645~646页。

> **附录：司法信箱**

对开发区管委会及其所属部门作出的具体行政行为不服提起的诉讼，如何确定被告？

问题：当事人对开发区管委会及其所属部门作出的具体行政行为不服提起诉讼，如何确定被告？我们把握不准。请予解答。

《人民司法》研究组认为：地方人民政府未经有权机关批准设立开发区管委会及其所属部门的，公民、法人或者其他组织对开发区管委会及其所属部门的具体行政行为不服，可以设立该开发区管委会的地方人民政府为被告，依法向人民法院提起行政诉讼。

——《人民司法》2004年第12期（总第491期）。

237. 村委会可以作为行政诉讼被告

> **关键词**

村委会　授权　主体资格

> **附录：最高人民法院法官著述**

对于村委会作为行政诉讼被告，一些法院作了积极的探索。因其案件较为新颖和特别,一般也被媒体关注和报道。①但是,案件受理的数量非常少。值得一提的是,山东省高级人民法院于1997年12月2日曾经就此类案件作出规范,该院的意见是,对于村委会违法收取乡镇统筹、村提留、违法要求承担劳务、摊派、集资等行政管理行为,应当将村委会作为行政诉讼的被告。该院认为,村委会依据法律、法规(如《农民承担费用和劳务管理条例》)向农民作出的行为,是"法律法规授权的组织实施的行政管理行为"。据了解,山东、湖南一些地方的法院已经受理了若干案件,已经形成一些比较成熟的做法,这些已经成为受理此类案件的有益经验。

综上,村委会可以作为行政诉讼的被告在理论上和实践上是可行的。依据《村民委员会组织法》以及相关法律规定,笔者认为,公民、法人或者其他组织认为村委会下列行政管理行为侵犯其合法权益的,可以作为行政诉讼的被告:乡统筹、村提留等有关费用的收缴;村集体经济项目的立项、承包,产业结构调整;村公益事业的经费筹集和建设承包;村集体经济收益的管理和使用;征用土地各项补偿费、安置补助费的发放;村民的土地承包经营;宅基地的使用;(以上见《村民委员会组织法》第19条)优抚、救灾救济、扶贫助残等款物的发放;计划生育工作;水电费及其他有偿服务费的收缴;(以上见《村民委员会组织法》第22条)村民户籍关系变更(见湖北《实施意见》);由村委会作出的侵害村民合法权益的其他行政管理行为。

——江必新、梁凤云:《行政诉讼法理论与实务》(第三版),法律出版社2016年版,第656~657页。

238. 经过复议程序的案件起诉时应当列谁为被告

关键词

复议程序　起诉　被告

最高人民法院司法解释

第二十一条　当事人对由国务院、省级人民政府批准设立的开发区管理机构作出的行政行为不服提起诉讼的,以该开发区管理机构为被告;对由国

---

① 例如,被媒体披露的"全国首例村民状告村委会案起诉10个月后终开庭"即是。据报载,2003年4月7日,南昌市青云谱区施尧村十几户村民,一纸行政诉讼状将本村村委会告上了法庭,"要求施尧村村委会依法召开村民会议,公布村务、财务;依法撤销《施尧村关于建象湖农民公寓土地补偿决定》"。然而两个月后,法院将村民们的起诉驳回,理由是被告"不适格"。南昌市青云谱区法院在行政裁定书上称:"起诉不符合受理条件。被告施尧村委会是村民自我管理、自我教育、自我服务的基层群众性自治组织,因此是不适格的被告。"

务院、省级人民政府批准设立的开发区管理机构所属职能部门作出的行政行为不服提起诉讼的,以其职能部门为被告;对其他开发区管理机构所属职能部门作出的行政行为不服提起诉讼的,以开发区管理机构为被告;开发区管理机构没有行政主体资格的,以设立该机构的地方人民政府为被告。

——《最高人民法院关于适用〈中华人民共和国行政诉讼法〉的解释》(2018年2月6日,法释〔2018〕1号)。

附录:最高人民法院主流观点

对于经过复议程序的案件,公民、法人或者其他组织起诉时应当列谁为被告,是人民法院在立案阶段或者立案之后重点审查的内容之一,实务中要注意区分变更被告和追加被告的适用情形。

1. 被告不适格情形。公民、法人或者其他组织提起诉讼错列被告的,属于"被告主体不适格",考虑到被起诉的被告不是应当承担法律责任的行政机关,人民法院应当告知公民、法人或者其他组织变更被告,公民、法人或者其他组织不同意变更的,人民法院依法裁定不予立案或者驳回起诉,不能未经告知就简单地依法处理。

2. 遗漏被告情形。人民法院发现原行政行为其实已经经过复议程序,但是公民、法人或者其他组织未告知的,根据"复议机关恒为被告"的诉讼原则,属于遗漏被告,应当追加复议机关为被告。复议机关作共同被告的,应当追加为被告,而不是追加为第三人。

——最高人民法院行政审判庭编著:《最高人民法院行政诉讼法司法解释理解与适用》,人民法院出版社2018年版,第141页。

239. 废止劳动教养制度、撤销劳动教养管理委员会之后,公民、法人或者其他组织对劳动教养决定不服提起行政诉讼的,应当以谁为被告

关键词

劳动教养 决定 行政诉讼 被告

最高人民法院司法解释

第二十三条 行政机关被撤销或者职权变更,没有继续行使其职权的行政机关的,以其所属的人民政府为被告;实行垂直领导的,以垂直领导的上一级行政机关为被告。

——《最高人民法院关于适用〈中华人民共和国行政诉讼法〉的解释》

（2018年2月6日，法释〔2018〕1号）。

> **附录：最高人民法院主流观点**

由于劳动教养制度被废除之后，劳动教养管理委员会被撤销，没有其他机关继续行使该项职权，依照《行诉解释》第二十三条的规定，应当以其所属的人民政府为被告。因为劳动教养管理委员会原属于当地政府的职能部门，行使的是国家职权，其被撤销后的遗留问题应当由上级机关即其所属的人民政府承担。

——最高人民法院行政审判庭编著：《最高人民法院行政诉讼法司法解释理解与适用》，人民法院出版社2018年版，第143页。

240. 行政机关所作出的行政行为后，该行政机关被撤销或者发生职权变更，应该以谁为被告

> **关键词**

行政机关　撤销　职权变更　被告

> **最高人民法院司法解释**

第二十三条　行政机关被撤销或者职权变更，没有继续行使其职权的行政机关的，以其所属的人民政府为被告；实行垂直领导的，以垂直领导的上一级行政机关为被告。

——《最高人民法院关于适用〈中华人民共和国行政诉讼法〉的解释》（2018年2月6日，法释〔2018〕1号）。

> **附录：最高人民法院主流观点**

关于资格转移发生后的处理：一是在行政行为作出之后、提起诉讼之前被撤销或者发生职权变更的，公民、法人或者其他组织应当依法列明被告机关；二是发生在诉讼过程中、人民法院作出裁判之前被撤销或者发生职权变更的，人民法院应当依法更换被告后通知新的被告参加诉讼。

——最高人民法院行政审判庭编著：《最高人民法院行政诉讼法司法解释理解与适用》，人民法院出版社2018年版，第143页。

241. 行政机关与非行政主体联合执法应以行政机关为被告

关键词

共同署名　联合执法　主体资格

附录：最高人民法院法官著述

如果在行政机关和企业等非行政机关联合执法的情形下，首先应当明确这种情形违反了依法行政的要求，正是我们要破除的。如果发生此种情况，应当以作出决定的行政机关作为被告。因为，这种行为包含了行政机关行使职权的意思表示，具有行政性，是行政行为的表现形式之一，因而不能以非行政机关的社会团体为被告。[1] 但是，如果侵犯公民、法人或者其他组织合法权益，有可能需要承担赔偿责任的，人民法院可以通知非行政机关作为第三人参加诉讼。[2]

如果行政机关和党委共同作出行政行为的，应当以行政机关作为被告。事实上，根据党政分开原则，党委不应当与行政机关共同作出任何属于行政管理权限的行政行为。不能由于党委和行政机关共同作出行政行为就认为此行政行为不可诉，而是应当由行政机关单独作为行政诉讼被告接受司法审查。对于对党委行为不服的，应当通过申诉途径由双方协商解决。有的学者提出，对于党政联合的行政行为，由于党委的行为属于超越职权的行为，应当作为行政诉讼共同被告。理由是，行政诉讼法上关于"超越职权"的规定，不仅包括行政机关和受权组织，而应当作广义的理解，即凡是具有行政管理属性，并具有约束力的行为是越权作出的，属于超越职权的行为，可以作为行政诉讼被告。[3] 我们认为，行政诉讼法上关于超越职权的规定，针对的主要是行政机关之间的越权行为。主要包括以下几种情形：行政机关行使了不属于行政职权的权力；下级行政机关行使上级行政机关行政职权；不具有行政隶属关系的行政机关的行政越权：超越时间、空间管辖范围、方式、幅度作出行政行为等。对于行政机关和党委共同作出行政行为的，由于党委不是行政机关，不能适用行政诉讼法上关于超越职权的规定。否则，任何社会组织都可能成为行政诉讼被告，行政诉讼法上关于被告资格的规定将失去意义。

---

[1] 张树义：《冲突与选择——行政诉讼的理论与实践》，时事出版社1992年版，第153页。

[2] 参见已经废止的原《贯彻意见》。《行政诉讼法》和《若干解释》没有对此种情形作出规定，我们认为，原《贯彻意见》做法仍然具有借鉴意义。

[3] 朱跃杰：《确认行政诉讼被告的几个问题》，载《法律科学》1992年第3期。

——江必新、梁凤云：《行政诉讼法理论与实务》(第三版)，法律出版社2016年版，第619页。

242. 行政主体确系受其他行政机关委托行使职权的，应当以委托的行政机关为被告

关键词

行政强制措施　行政主体资格　委托行政机关

最高人民法院裁判文书

唐某兴诉绥中县人民政府、辽宁省东戴河新区管理委员会行政强制措施并赔偿案[最高人民法院（2015）行监字第96号行政裁定书]

裁判要点：经国务院或者省级人民政府批准成立的开发区管委会，具有行政主体资格，能够独立承担法律责任。但是，行政主体确系受其他行政机关委托行使职权的，应当以委托的行政机关为被告。

最高人民法院认为：根据《中华人民共和国行政强制法》第八条、第三十四条、第三十五条规定，公民、法人或者其他组织对行政机关实施行政强制，享有陈述权、申辩权；公民、法人和其他组织在行政机关决定的期限内不履行义务的，具有行政强制执行权的行政机关可以依法自行强制执行，没有强制执行权的行政机关应当申请人民法院强制执行；行政机关实施强制执行，应当事先书面催告当事人履行义务。本案中，无论是绥中县政府、还是东戴河管委会，均没有提供证明其有权在港口库区内实施行政强制行为的有效法律依据，超越法定职权。《中华人民共和国海域使用法》第四十七条关于"违反本法第二十九条第二款规定"，"由县级以上人民政府海洋行政主管部门委托有关单位代为拆除"的规定，适用于"海域使用权终止，原海域使用权人不按规定拆除用海设施和构筑物的"情形，无论是行政主体还是适用范围，均与本案不同，不能作为本案绥中县政府或者东戴河管委会对港口库区内堆放物品享有强制搬移行政强制职权的法律根据。同时，在实施强制搬移行为前，绥中县政府或者东戴河管委会及其综合执法局、公安局也未向唐某兴发送限期履行的书面催告通知书；在实施强制搬移行为过程中，亦未给予唐某兴陈述、申辩的权利，强制搬移行为违反法定程序。因此，原一、二审判决确认被诉行政强制搬移行为违法并无不当。

关于二审判决是否遗漏责任主体问题。东戴河管委会的前身是绥中滨海经济区管理委员会，原为葫芦岛市政府的派出机构。2010年底，辽宁省政府决定绥中县实行省管县体制，并于2011年3月29日批准成立绥中高新技术产业开发区，由绥中县政府管理。2012年更名为"东戴河新区管理委员会"。参照《中华人民共和国地方各级人民代表大会和地方各级人民政府组织法》第六十八条第二款规定，省级人民政府批准成立的区公所、开发区管委会等县级人民政府的派出机关，具有独立的行政主体资格。东戴河管委会是经辽宁省人民政府批准成立的、隶属于绥中县政府的派出机关，依法应当具有独立的行政主体资格，对其以自身名义作出的行政行为，应当依法独立承担法律责任。但是，本案中，绥中县政府认可东戴河管委会及其综合执法局、公安局的强制搬移行为是受其委托所为。根据修改前的《中华人民共和国行政诉讼法》第二十五条第四款规定，行政机关委托的组织所作的行政行为，委托的行政机关是被告。绥中县政府委托东戴河管委会实施强制搬移，东戴河管委会不是本案适格被告，委托的绥中县政府是本案适格被告。因此，二审判决绥中县政府承担行政赔偿责任并无不当，唐某兴主张二审遗漏责任主体，没有事实和法律根据，本院不予支持。

——中国裁判文书网。

243. 无书面委托情况下如何认定被告

关键词

行政委托　被告

最高人民法院司法解释

第二十四条　当事人对村民委员会或者居民委员会依据法律、法规、规章的授权履行行政管理职责的行为不服提起诉讼的，以村民委员会或者居民委员会为被告。

当事人对村民委员会、居民委员会受行政机关委托作出的行为不服提起诉讼的，以委托的行政机关为被告。

当事人对高等学校等事业单位以及律师协会、注册会计师协会等行业协会依据法律、法规、规章的授权实施的行政行为不服提起诉讼的，以该事业单位、行业协会为被告。

当事人对高等学校等事业单位以及律师协会、注册会计师协会等行业协会受行政机关委托作出的行为不服提起诉讼的，以委托的行政机关为被告。

——《最高人民法院关于适用〈中华人民共和国行政诉讼法〉的解释》

（2018年2月6日，法释〔2018〕1号）。

> **附录：最高人民法院主流观点**

《行政诉讼法》规定，公民、法人或者其他组织提起行政诉讼的，需要就被诉行政行为、具体被告主体等事项进行初步举证，否则人民法院可以不符合起诉条件为由，裁定不予立案或者驳回起诉。对于征地拆迁中村民委员会代行政机关实施强制拆除等行为，虽然双方并未制作行政委托的书面文书，行政相对人可以提交有关证据证明被诉强制拆除行为是在当地政府机关决策部署下，由村民委员会组织实施的事实。在无证据证明村民委员会具有实施强制拆除的法定授权的情况下，人民法院可以据此认定构成行政委托，认定当地政府机关为适格被告。

——最高人民法院行政审判庭编著：《最高人民法院行政诉讼法司法解释理解与适用》，人民法院出版社2018年版，第147页。

244. 如何厘清变更被告与追加被告两种被告不适格的情形

> **关键词**

变更被告　追加被告

> **最高人民法院司法解释**

第二十六条　原告所起诉的被告不适格，人民法院应当告知原告变更被告；原告不同意变更的，裁定驳回起诉。

应当追加被告而原告不同意追加的，人民法院应当通知其以第三人的身份参加诉讼，但行政复议机关作共同被告的除外。

——《最高人民法院关于适用〈中华人民共和国行政诉讼法〉的解释》（2018年2月6日，法释〔2018〕1号）。

> **附录：最高人民法院主流观点**

变更被告与追加被告属于两种不同性质的被告不适格情形，相应的处理方式也存在不同。故此，正确区分二者的差异，避免司法审判实践选用不适当的处理方式显得尤为重要。具体而言，二者的区别主要表现在三个方面。（1）性质不同，即变更被告属于被告不正确的问题，而追加被告则涉及被告不完全、不健全的问题。（2）适用情形不同，即变更被告适用于原告错列单一被告和多列被告的情形，而追加被告适用于原告遗漏被告的情形。（3）拒绝改变的法律效果不同，即原告拒绝变更被告的，人民法院应当以不符合法定条件为由,驳回起诉,诉讼程序终结;而原告拒绝追加被告时,人民法院或者通知未被追加为被告的行政主体以第三人身份参加诉讼,或者依职权追加为被告,相应的诉讼程序正常进行,不会因原告的拒绝追加而结束诉讼程序。

——最高人民法院行政审判庭编著:《最高人民法院行政诉讼法司法解释理解与适用》,人民法院出版社2018年版,第156页。

245. 无主体拆迁行为主体的推定与行政诉讼被告的确定

关键词

无主体拆迁行为　主体资格

最高人民法院裁判文书

李某夫妇诉惠民县政府行政强制及行政赔偿案［最高人民法院（2018）最高法行再113号］

最高人民法院再审认为,本案中,一、二审法院均以李某夫妇提供的证据不能证明被征收的房屋系被县政府强制拆除为由,认为县政府并非本案适格被告,进而裁定驳回起诉。故本案的焦点问题为,被申请人是否为被诉行政强制行为的主体。

行政诉讼的适格被告应当根据"谁行为,谁被告;行为者,能处分"原则确定。通常情况下,行政行为一经作出,该行为的主体就已确定。但在某些特殊情况下,行政行为的适格主体在起诉时难以确定,只能通过审理并运用举证责任规则作出判断。《国有土地上房屋征收与补偿条例》第4条第1款、第2款规定:"市、县级人民政府负责本行政区域的房屋征收与补偿工作。市、县级人民政府确定的房屋征收部门组织实施本行政区域的房屋征收与补偿工作。"第5条规定:"房屋征收部门可以委托房屋征收实施单位,承担房屋征收与补偿的具体工作,房屋征收实施单位不得以营利为目的。房屋征收部门对房屋征收实施单位在委托范围内实施的房屋征收与补偿行为负责监督,并对其行为后果承担法律责任。"上述规定明确了市、县级人民政府及房屋征收部门、实施单位之间因房屋征收补偿工作产生的法律责任。如果对强拆行为没有主体声明负责,人民法院应当根据职权法定原则及举证责任作出认定或推定。如果用地单位、拆迁公司等非行政主体实施强制拆除的,应当查明是否受行政机关委托实施。

至于实施本案被诉行政强制行为的主体,虽然李某夫妇曾报案称房屋被拆迁公司故意毁坏，但公安机关不予立案并说明不存在刑事犯罪。一、二审法院在未查明是否系由用地单位或者拆迁公司所拆，以及是否受行政机关委托的情况下，以县政府否认实施强拆为由，认为李某夫妇未尽举证责任显为不当。李某夫妇提交的证据可以初步证明，县政府负有征收涉案房屋并予以补偿的法定职责，在双方未达成补偿安置协议且涉案房屋被强制拆除的情况下，县政府除非有证据证明涉案房屋系因其他原因灭失，否则可以推定其实施或委托实施了被诉强拆行为并承担相应责任。据此裁定撤销一、二审裁定，指令中院继续审理。

附录：最高人民法院著述

实践中，有的地方政府和行政部门急功近利，片面强调公益需要，为了建设项目尽快实施，早日见到效益，采取所谓"无主体拆迁"的方式，解决"钉子户"问题。即在被拆迁人不予配合时，不是依法采取强拆方式，而是趁被拆迁人不在家时，采取偷袭的方式强行拆除，以便更快实现执法目的。被拆迁人提起行政诉讼时，由于被拆迁人很难证明强拆系行政机关所为，加之行政机关不承认，很多案件因此不能进门。由于行政审判一开始的保守立场，致使"无主体拆迁"不仅没有被及时遏止，反而被越来越多地效仿。为充分发挥行政诉讼的救济功能，回应人民群众期盼，本案再审判决运用事实推定的方法，通过推定被诉强制拆除房屋行为的主体，确定相关行政机关为适格被告，向"无主体拆迁"的做法说不。有评论认为，类似本案这样的案件"让政府学会了'守规矩'"。[①]

事实推定是一种由已知事实求得未知事实的诉讼状态，是包含实质内容的程序规则，反映了法院对案件事实的认识结果。[②] 推定介于推测和认定之间。推测是对事实所作的主观、任意猜测。认定是对事实所作的客观、终局认定。推定是依据经验法则作出的事实判断。在事实审查中，推测没有证明作用；认定可以起到终局证明作用，认定的事实具有法律真实性和不可反驳性，不能用反证推翻；推定的本来涵义是"暂定真实"[③]，推定的事实具有高度盖然性，但尚未达到法律真实的程度，具有可反驳性。推定的重要作用在于合理减轻当事人的举证负担，即在案件查明的事实已经足以推定出对一方当事人有利的事实时，举证责任转移，由另一方当事人提供反证。如果另一方当事人不能提供反证或者反证不成立时，则推定的事实成立。

---

① 参见《30年来这10起案件，让政府学会了"守规矩"》，载《21世纪经济报道》2019年4月1日。
② 参见江伟主编：《证据法学》，法律出版社1999年版，第122页。
③ 参见江伟主编：《证据法学》，法律出版社1999年版，第129页。

按照《行政诉讼法》关于起诉要"有明确的被告"以及"有具体的诉讼请求和事实依据"等要求，原告起诉时必须证明被诉行为系由被告所为。但本案中，原告李某夫妇在强拆行为发生时不在场，其举证能力受到客观情况的限制，难以确切证明强拆系谁所为。在此情况下，应当考虑事实推定方法之运用。

运用事实推定方法，关键就看前提事实是否具备。就本案而言，推定强拆行为系被告所为，必须具备两种关联性。其一，职责关联性。也就是说被诉行为与被告的职责具有关联性，或者说被诉行为在被告的权力范围内。结合《国有土地上房屋征收与补偿条例》和最高人民法院相关司法解释，市、县政府有权实施征收强拆。其二，事实关联性。仅仅因为被告有权实施征收拆迁，还不足以证明被诉强拆行为系其所为，因此必须证明其存在实施强拆的意图和动机。就本案来讲，县政府作出征收决定后，公布了补偿标准，多次与原告协商，但4年仍未达成协议。原告的房屋已经成为征收决定长期得不到实施的障碍，县政府具有拆除该房屋的强烈意愿。两种关联性结合起来，事实推定的前提事实已经具备。

运用事实推定方法，应当注意以下三点：一是原告仍需对前提事实的存在承担举证责任。"推定的事实既不需要主张也不需要证明，取而代之应当对推定的前提条件，即所谓推定基础，进行主张并且在发生争议时进行证明。"①行为主体的推定，虽不要求原告直接证明被诉行政行为系由被告所为，但并未免除原告的举证负担，仍需对推定被告的前提事实负举证责任。就本案而言，李某夫妇至少要证明行政机关有拆除其房屋的明显动机。原告的举证负担，在国有土地上房屋征收和以前的城市房屋拆迁中有所不同。在国有土地上房屋征收中，行政机关是征收人，具有包括实施强拆在内的法定职权，也是强拆的受益者，故原告一般只要证明被告已经作出征收决定并予实施即可。城市国有土地上房屋征收的前身是城市房屋拆迁，二者在被告推定规则的适用上存在根本不同。过去的城市房屋拆迁案件中，行政机关是拆迁人和被拆迁人之间的仲裁者，强拆的最大受益者是拆迁人，仅仅证明行政机关依程序推进拆迁工作是不够的，至少还要证明其已经作出了强拆决定，或者实际上有这样的意思表示，才可以推定其为强拆的实施主体。二是要给予被告提供反证的机会。并非原告证明或者法院查明前提事实之后，马上就可以作出行政机关是适格被告的结论，而是在此之前必须先给被告提供反证的机会。因此，事实推定与举证责任倒置紧密相连，只有在被告不提供反证或者提供的反证不能成立的情况下，才可以作出事实推定。被告提供反证时仅仅陈述不

---

① 参见［德］罗森贝克等：《德国民事诉讼法》，李大雪译，中国法制出版社2007年版，第833页。

是自己所为是不够的，而是必须要指出并证明房屋是被谁拆除的。三是对其他主体认领责任应适当审查。有时会有征收部门或者征收实施单位主动揽责的情况，承认系自己所为。法院怎么办？按照《国有土地上房屋征收与补偿条例》和相关司法解释规定，市、县人民政府才是强拆行为的权利义务承受者。征收部门和征收实施单位只有接受市、县人民政府委托方可实施强拆。在此情况下，法院应当查明该拆除行为是否受行政机关委托而实施。

行政诉讼的一方是公民、法人或者其他组织，另一方是行政机关。行政机关拥有的权力和能力远非公民、法人或者其他组织所能及。"一开始，诉讼双方基本上是不平等的。行政法的目标就是要纠正这种不平等，要尽可能保障在法庭面前，把个人和国家放在平等的地位上。"[①] 本案中，面对原告因拆迁法律关系中的不利地位导致诉权难以行使的困境，人民法院精准运用事实推定原理解决了问题，使公平正义得以彰显。2021年4月1日，最高人民法院颁布实施了《最高人民法院关于正确确定县级以上地方人民政府行政诉讼被告资格若干问题的规定》（法释〔2021〕5号），对相关认定规则加以明晰。

——王振宇：《行政诉讼与国家赔偿审判理论与实务》，人民法院出版社2023年版，第170~177页。

246. 交通警察支队下属大队可以作为行政处罚主体

关键词

交通行政处罚职权依据　简易程序

最高人民法院答复

山东省高级人民法院：

你院《关于郭玉文诉烟台市公安局交通警察支队第二大队道路交通行政处罚案适用法律问题的请示》收悉。经研究，答复如下：

根据《中华人民共和国道路交通安全法实施条例》第一百零九条第一款"对道路交通安全违法行为人处以罚款或者暂扣驾驶证处罚的，由违法行为发生地的县级以上人民政府公安机关交通管理部门或者相当于同级的公安机关交通管理部门作出决定"的规定，如果烟台市公安局交通警察支队下设的大队相当于县级公安机关交通管理部门，其可以以自己名义作出处罚决定。

——《最高人民法院关于交通警察支队的下属大队能否作为行政处罚主体等问题的答复》（2009年12月2日，〔2009〕行他字第9号）。

---

① 参见〔美〕施瓦茨：《行政法》，徐炳译，群众出版社1986年版，第25页。

附录：最高人民法院法官著述

根据《中华人民共和国道路交通安全法》第五条、《中华人民共和国道路交通安全法实施条例》第一百零九条第一款以及《道路交通安全违法行为处理程序规定》第四十六条第（三）项规定，对道路交通安全违法行为人处以罚款处罚的，可以由县级以上人民政府公安机关交通管理部门或者相当于同级的公安机关交通管理部门作出。这三条仅仅规定，对道路交通安全违法行为人可以作出行政处罚的最低一级的公安机关。也就是说，县级以上人民政府公安机关交通管理部门或者相当于同级的公安机关交通管理部门对道路交通安全违法行为人都具有行政处罚职权。交通警察支队下属的大队如果相当于县级的公安机关交通管理部门，就具有对道路交通安全违法行为人的行政处罚职权，反之则没有该项职权。由于各地人民政府对公安交通警察支队下属的大队授予的层级职权不同，有的地方人民政府将公安交通警察支队下属的大队按照县级的公安机关交通管理部门对待，有的地方人民政府将公安交通警察支队下属的大队按照县的公安机关交通管理部门内部的下设机构对待。公安部给广西省公安厅的答复中指出："市区的市公安机关交通管理机构下设的公安交通警察大队，属于实施条例第109条规定的相当于同级的公安机关交通管理部门。"根据该答复的意见，一般设区的市公安机关交通管理机构下设的公安交通警察大队相当于县级的公安机关交通管理部门，具有对道路交通安全违法行为人的行政处罚职权；不设区的市公安机关交通管理机构下设的公安交通警察大队一般属于县级的公安机关交通管理部门的内部机构，不具有对道路交通安全违法行为人的行政处罚职权。

有关道路交通安全的法律、行政法规仅仅规定了作出行政处罚主体的下限，作为地方人民政府可以在规定的范围内作出具体的层级职权的规定，其作出的规定一般应当作为法定职权的依据。但是，一般不能作出完全剥夺法律、行政法规授予最低一级行政机关的行政职权。只有在出现最低一级行政机关行使该项职权确有困难时，才可以免除其行使该项职权。2003年烟台市人民政府第93号令公布的行政主体有烟台市公安局交通警察支队，对其下属的大队是否具有对道路交通安全违法行为人的行政处罚职权未作出规定。从2005年至今，烟台市政府法制办对支队直属各大队的执法主体均予认可，也就意味着，烟台市公安局交通警察支队下属的大队具有对道路交通安全违法行为人作出行政处罚的职权。

据此，从法理上讲，倘若烟台市人民政府将烟台市公安局交通警察支队下属的大队按照相当于县级的公安机关交通管理部门对待，该大队就可以以自己的名义作出行政处罚决定，反之，则不能以自己的名义作出行政处罚决定。

人民法院在审理交通安全行政处罚案件中适用〔2009〕行他字第9号《答复》需注意以下问题:

根据《道路交通安全法实施条例》第一百零九条第一款的规定,相当于县级的公安机关交通管理部门的交通警察支队的下属大队可以以自己的名义作出处罚决定,但是,如果行政规章或者上级行政机关对有关行政处罚层级职权作出具体规定的,一般应当作为判断层级职权的法定依据,若违反这些规定作出的行政处罚,一般应认定为超越层级职权。

——蔡小雪:《关于交通警察支队下属的大队能否作为行政处罚主体的问题》,载江必新主编:《行政与执行法律文件解读》2010年第2辑(总第62辑),人民法院出版社2010年版,第100~103页。

247. 公安机关交通管理部门对不礼让行人的机动车驾驶人依法作出行政处罚的,人民法院应予支持

关键词

行政处罚　机动车让行　正在通过人行横道

最高人民法院指导性案例

贝某丰诉海宁市公安局交通警察大队道路交通管理行政处罚案〔最高人民法院指导案例90号〕

裁判要点:礼让行人是文明安全驾驶的基本要求。机动车驾驶人驾驶车辆行经人行横道,遇行人正在人行横道通行或者停留时,应当主动停车让行,除非行人明确示意机动车先通过。公安机关交通管理部门对不礼让行人的机动车驾驶人依法作出行政处罚的,人民法院应予支持。

法院生效裁判认为:首先,人行横道是行车道上专供行人横过的通道,是法律为行人横过道路时设置的保护线,在没有设置红绿灯的道路路口,行人有从人行横道上优先通过的权利。机动车作为一种快速交通运输工具,在道路上行驶具有高度的危险性,与行人相比处于强势地位,因此必须对机动车在道路上行驶时给予一定的权利限制,以保护行人。其次,认定行人是否"正在通过人行横道"应当以特定时间段内行人一系列连续行为为标准,而不能以某个时间点行人的某个特定动作为标准,特别是在该特定动作不是行人在自由状态下自由地做出,而是由于外部的强力原因迫使其不得不做出的情

况下。案发时，行人以较快的步频走上人行横道线，并以较快的速度接近案发路口的中央位置，当看到贝某丰驾驶案涉车辆朝自己行走的方向驶来，行人放慢了脚步，以确认案涉车辆是否停下来，但并没有停止脚步，当看到案涉车辆没有明显减速且没有停下来的趋势时，才为了自身安全不得不停下脚步。如果此时案涉车辆有明显减速并停止行驶，则行人肯定会连续不停止地通过路口。可见，在案发时间段内行人的一系列连续行为充分说明行人"正在通过人行横道"。再次，机动车和行人穿过没有设置红绿灯的道路路口属于一个互动的过程，任何一方都无法事先准确判断对方是否会停止让行，因此处于强势地位的机动车在行经人行横道遇行人通过时应当主动停车让行，而不应利用自己的强势迫使行人停步让行，除非行人明确示意机动车先通过，这既是法律的明确规定，也是保障作为弱势一方的行人安全通过马路、减少交通事故、保障生命安全的现代文明社会的内在要求。综上，贝某丰驾驶机动车行经人行横道时遇行人正在通过而未停车让行，违反了《中华人民共和国道路交通安全法》第四十七条的规定。海宁交警大队根据贝某丰的违法事实，依据法律规定的程序在法定的处罚范围内给予相应的行政处罚，事实清楚，程序合法，处罚适当。

——《最高人民法院关于发布第十七批指导性案例的通知》（2017年11月15日，法〔2017〕332号）。

248. 行政处罚裁量结果应当全面考虑违法行为的特殊性、客观原因、危害后果、主观过错及事后的补救完善等因素

关键词

行政处罚　违法行为的特殊性

最高人民法院裁判文书

文昌盈海清澜水务有限公司诉海南省文昌市生态环境局等行政处罚及行政复议案〔最高人民法院（2022）最高法行再329号行政判决书〕

裁判要点："法律不强人所难"。行政机关作出被诉处罚决定时，未能全面考虑行政相对人违法行为的特殊性，未全面考虑违法行为客观原因、危害后果、主观过错以及事后的补救完善等因素，裁量结果明显不当，应予撤销。

最高人民法院认为，本案系文昌市环境局认为盈海公司在清澜污水处理

厂试运营期限届满后，相关环境保护设施未按规定进行竣工验收即正式运营构成"未验收先运营"因而作出处罚决定而引发。原审判决业已查明，清澜污水处理厂处理后排放的污水符合国家规定，达到排放标准要求。本案争议的特殊性在于：在文昌市政府批复清澜污水处理厂3个月试运营期限届满后，由于污水收集管网建设滞后造成输送到清澜污水处理厂的污水量和污水浓度低，污水处理厂工况达不到设计产能的75%，文昌市环境局根据规定不同意环保竣工验收，而文昌市政府及文昌市水务局又因处理污水实际需要不同意停止运营的情况下，环保部门再次以违反"未经验收或者验收不合格的，不得投入生产或者使用"规定作出处罚决定是否合法、是否与盈海公司的违法行为事实、性质、情节以及社会危害程度相当的问题。具体而言，本案涉及四个焦点问题：（一）关于环境保护设施竣工验收制度目的与验收主体变革问题；（二）关于盈海公司环保设施未竣工验收的原因与验收标准变革问题；（三）关于盈海公司"未验收先运营"的主观过错与主动纠正问题；（四）关于被诉处罚决定的合法性与必要性问题。

（一）关于环境保护设施竣工验收制度目的与验收主体变革问题

"三同时"制度是我国环境保护法律所确认的重要管理制度，其中，建设项目竣工环境保护验收制度作为监督建设项目落实环境影响评价文件要求的保障性措施，是"三同时"制度的重要组成部分。随着政府职能转变和行政审批体制改革推进，结合环境保护实践需要，相关立法对竣工验收制度不断改革完善，验收主体、验收程序、验收标准持续简化优化。1989年制定的《中华人民共和国环境保护法》第二十六条第一款规定"建设项目中防治污染的设施，必须与主体工程同时设计、同时施工、同时投产使用。防治污染的设施必须经原审批环境影响报告书的环境保护行政主管部门验收合格后，该建设项目方可投入生产或者使用"。1998年制定的《建设项目环境保护管理条例》第二十条规定"建设项目竣工后，建设单位应当向审批该建设项目环境影响报告书、环境影响报告表或者环境影响登记表的环境保护行政主管部门，申请该建设项目需要配套建设的环境保护设施竣工验收"。而2014年修订的《中华人民共和国环境保护法》明确删除了修订前该法第二十六条第一款有关"防治污染的设施必须经原审批环境影响报告书的环境保护行政主管部门验收合格后，该建设项目方可投入生产或者使用"的规定。在此基础上，2017年7月16日修订的《建设项目环境保护管理条例》取消了建设项目竣工环境保护验收行政许可，对验收主体和监督方式作了改革，将竣工验收的主体由环保部门调整为建设单位，并改环保部门事前验收许可为事中事后监管。该条例第十七条规定"编制环境影响报告书、环境影响报告表的建设项目竣工后，建设单位应当按照国务院环境保护行政主管部门规定的标准和程序，对配套建设的环境保护设施进行验收，编制验收报告。建设单位在环保护设施验收过程中，应当如实查验、监测、记载建设项目环境保护设施的建设和调试情况，不得弄虚作假。除按照国家规定需要保密的情形外，建设单位应当依法向社会公开验收报告"。

本案中，文昌市政府于 2017 年 4 月 24 日作出 350 号《批复》，要求盈海公司在试运营期间监测合格后可向文昌市环境局申请办理环保验收；海口恒科检测公司于 2017 年 11 月 23 日向文昌市水务局出具《不同意验收说明》称环保部门不同意竣工验收。2019 年盈海公司第二次验收时，按新的规定自行组织验收并验收通过。可见，清澜污水处理厂项目竣工验收恰逢新旧竣工验收制度过渡期。然而，修订后的《建设项目环境保护管理条例》已经于 2017 年 10 月 1 日施行，文昌市环境局之后并无组织验收的行政职权，盈海公司自行组织验收并如实编制验收合格报告，即可正式运营。因此，文昌市环境局在新条例施行后，本应主动进行行政指导，及时告知盈海公司尽快自行组织验收，但其却告知检测单位不同意竣工验收。此既有违新条例规定和改革方向，又客观上造成清澜污水处理厂试运营期满后即面临"未验收先运营"困境。

（二）关于盈海公司环保设施未竣工验收的原因与验收标准变革问题

海口恒科检测公司的《不同意验收说明》业已载明："文昌市清澜污水处理厂设计规模 20000m^3/d，实际规模 5000m^3/d，生产负荷未达到设计能力的 75% 以上，文昌市生态环境保护局不同意该项目进行竣工环境保护验收"。2000 年发布的《建设项目环境保护设施竣工验收监测技术要求（试行）》第 9.1.1 条规定"工业生产型建设项目，验收监测应在工况稳定、生产达到设计生产能力的负荷达 75% 以上（国家、地方排放标准对生产负荷另有规定的按标准规定执行）的情况下进行"，因此将生产负荷达到 75% 以上标准（以下简称 75% 验收工况标准）作为环境保护设施竣工验收的技术标准，有相应的规定作为依据。然而，企业生产负荷是否达到 75% 验收工况标准，取决于多种因素。建设项目环境保护设施竣工验收，应当重点验收建设项目工况是否稳定、环境保护设施能否正常运行、实际工况是否如实记录监测，而不宜拘泥于 75% 验收工况标准。生产负荷达到 75% 以上始终是一个循序渐进的过程，一概要求未达 75% 验收工况标准的污水处理厂不得验收，进而不得投入使用，容易让建设项目陷入"两难"：投入运营构成违法面临处罚；停止运营则无法逐步提升工况，从而始终达不到 75% 验收工况标准，始终无法竣工验收。此境况不仅让污水处理厂无法得到有效利用，且与"三同时"制度和环境保护设施竣工验收制度的初衷相悖。"法律不应强人所难"，至少就部分建设项目而言，75% 验收工况标准应当予以修订。环境保护部 2016 年 7 月 13 日发布的《关于废止部分环保部门规章和规范性文件的决定》，即明确废止了 75% 验收工况标准。2017 年 11 月施行的《建设项目竣工环境保护验收暂行办法》第五条第一款、第二款规定"建设项目竣工后，建设单位应当如实查验、监测、记载建设项目环境保护设施的建设和调试情况，编制验收监测（调查）报告。以排放污染物为主的建设项目，参照《建设项目竣工环境保护验收技术指南 污染影响类》编制验收监测报告"；2018年5月发布的《建设项目竣工环境保护验收技术指南 污染影响类》第6.1条进一步规定"验收监测应当在确保主体工程工况稳定、环境保护设施运行正常的情况下进行，并如实记录监测时的实际工况以及决定或影响工况的关键参数，如实记录能够反映环境保护设施运行状态的主要指标。典型行业主体工程、环保工程及辅助工程在验收监测期间的工况记录推荐方法见附录3"。新的技术规范取消了验收监测期间工况应达75%以上的要求，明确了验收监测应在确保主体工程工况稳定、环境保护设施运行正常的情况下进行，如实记录监测时的实际工况即可。

本案中，文昌市环境局在《关于废止部分环保部门规章和规范性文件的决定》于2016年7月13日施行后，即不应再沿用75%验收工况标准，并应在修订后的《建设项目环境保护管理条例》于2017年10月1日施行后，主动对清澜污水处理厂进行行政指导，督促其尽快按新规委托竣工验收，并无需再考虑75%验收工况标准。但《不同意验收说明》已经充分证明，文昌市环境局至少在2017年4月至11月间，仍继续执行75%验收工况标准，且继续行使竣工验收权，客观上造成清澜污水处理厂未及时竣工验收并形成"未验收先运营"困境。相应不利后果，不应全部由清澜污水处理厂承担。

（三）关于盈海公司"未验收先运营"的主观过错与主动纠正问题

根据《中华人民共和国水污染防治法》第四十九条第三款规定，县级以上地方人民政府建设主管部门应当按照城镇污水处理设施建设规划，组织建设城镇污水集中处理设施及配套管网，并加强对城镇污水集中处理设施运营的监督管理。根据文昌市水务局（甲方）与盈海公司（乙方）签订的《BOT合同》第8.3条约定，甲方应确保在整个特许经营期内，收集和输送污水至污水处理项目交付点，基本达到本合同第9条款规定的水量和进水水质。因此，文昌市水务局不仅负有建设配套管网和收集污水的职责，而且还要确保收集的污水达到基本水量和进水水质的要求。文昌市环境局2018年8月24日向文昌市政府作出的《文昌市环境局报告》也载明，当日进水量占设计日处理能力的51%，污水处理量远未达到设计处理水量负荷；污水进水浓度不到设计进水水质浓度的50%，进水主要污染物浓度严重偏低。该报告建议加快污水收集管网的改造与建设，实施新增管网建设等，以解决污水进水水量和进水浓度严重偏低的"两低"难题。由此可见，清澜污水处理厂生产负荷未达设计能力75%，系因污水收集配套管网建设不到位而造成的"两低"所致，清澜污水处理厂对此不具有主观过错。

为尽快解决"两低"问题，通过竣工环保验收，盈海公司接受首次行政处罚后，即积极与文昌市水务局沟通并主动向文昌市政府提出报告。文昌市水务局于 2018 年 4 月 23 日作出的《研究清澜污水处理厂项目存在的问题专题会议纪要》载明，会议研究清澜污水处理厂项目竣工验收等问题，要求尽快解决清澜污水处理厂"两低"问题，文昌市水务局尽快完成清澜片区污水截污并流工程（二期）施工，收集高隆大道白金路以东片区污水；加快推进清澜片区污水截污并流工程（三期）项目前期工作，争取早日开发建设。文昌市环境局 2018 年 8 月 24 日向文昌市政府提交的《文昌市环境局报告》也建议加快清澜地区污水收集管网的改造与建设，解决"两低"难题。

为加快推进竣工验收，盈海公司于 2018 年 12 月 20 日还向文昌市水务局提出《关于文昌市清澜污水处理厂项目环境竣工验收的申请》，恳请文昌市水务局支持牵头做好该项目的环境竣工验收工作。2019 年 1 月 3 日，文昌市水务局向盈海公司作出《关于文昌市清澜污水处理厂项目环境竣工验收的批复》，同意盈海公司按规定委托有资质的机构对项目进行环境竣工验收工作。2019 年 1 月 14 日，盈海公司即与海南中环能检测技术有限公司签订《建设项目竣工环境保护验收委托协议书》，委托其进行竣工环保验收监测工作。2019 年 4 月 14 日，验收工作组出具《文昌市清澜污水处理厂项目竣工环境保护验收意见》，项目基本满足国家建设项目竣工环保验收条件，同意该项目通过竣工环境保护验收，同时将相关信息在网上进行了公示，该项目竣工环保验收材料还于 2019 年 5 月 15 日在全国建设竣工环境保护验收信息系统进行备案。2019 年 5 月 16 日，盈海公司向文昌市环境局提出《关于文昌市清澜污水处理厂竣工环境保护验收工作情况的报告》，报告已完成竣工环境保护验收工作情况。2019 年 5 月 23 日，盈海公司向文昌市水务局作出《关于文昌市清澜污水处理厂申请正式运营的报告》，提出正式运营的申请。

上述表明，文昌市环境局对生产负荷长期未达到 75% 验收工况标准的原因是明知的，即进水量和进水浓度"两低"主要系政府污水收集配套管网建设不足。此均非盈海公司所能控制，也非其责任，其不具有主观过错。盈海公司在首次处罚决定作出后一个月即请求文昌市水务局牵头做好环境竣工验收工作，委托检测公司进行环境竣工验收，并在第二次处罚决定作出之前四个月即已完成所有验收手续，在主观上具有纠正违法状态的意愿，客观上根据行政机关指引实施了主动纠正违法的行为。盈海公司对"未验收先运营"状态未能及时消除并不存在主观过错，且积极进行了改正。文昌市环境局实施行政处罚时应当全面、客观、公正地调查并收集对当事人不利及有利的证据，亦应将违法行为客观原因与主观过错等因素与情节纳入考量范围，其有关不应考虑违法行为客观原因等主张，不符合 2017 年修正的《中华人民共和国行政处罚法》（以下简称《行政处罚法》）第三十六条规定的"必须全面、客观、公正地调查，收集有关证据"的规定。原审判决认为违法行为产生的原因，不属于行政诉讼中对行政行为合法性审查的范围的观点，于法不合，应予纠正。

（四）关于被诉处罚决定的合法性与必要性问题

《行政处罚法》第四条第二款规定，设定和实施行政处罚必须以事实为依据，与违法行为的事实、性质、情节以及社会危害程度相当。第二十七条第二款规定，违法行为轻微并及时纠正，没有造成危害后果的，不予行政处罚。《环境行政处罚办法》第六条第一款规定，行使行政处罚自由裁量权必须符合立法目的，并综合考虑以下情节：违法行为所造成的环境污染、生态破坏程度及社会影响；当事人的过错程度；当事人改正违法行为的态度和所采取的改正措施及效果等。

盈海公司建设运营的清澜污水处理厂具有净化和处理污水、防治水污染、保护水生态、保护和改善环境、维护公众健康的公益性；此不同于产生和排放污水的企业。文昌市环境局作出的《文昌市环境局报告》亦认定清澜污水处理厂污水经处理后均达到排放标准要求，各项污染物指标均符合《城镇污水处理厂污染物排放标准（GB18918-2002）》限值。故盈海公司虽存在"未验收先运营"，但不仅未造成环境污染和生态破坏的后果，反而有利于环境保护。

盈海公司主张，其在接受第一次行政处罚后，曾向文昌市政府提出报告，请求暂时关停污水处理厂，但未获回应。文昌市水务局还于2018年11月16日函告盈海公司，同意接收当地16家餐饮单位排放污水、2018年12月12日函告盈海公司，要求其对海南勤富食品有限公司排放污水接入厂区进行处理。而且，将各项排放指标达标的清澜污水处理厂关停，有可能造成当地大量生产生活污水得不到处理，从而直排入海造成环境污染。污水处理厂内滞留的废水、废液、废渣等污染物亦可能存在二次污染的风险。生态环境部2019年9月8日发布的《关于进一步深化生态环境监管服务推动经济高质量发展的意见》（环综合〔2019〕74号）规定，严禁为应付督察不分青红皂白采取紧急停工停业停产等简单粗暴措施，以及"一律关停""先停再说"等敷衍应对做法，对相关生态环境问题整改，坚持依法依规，注重统筹推进，建立长效机制。清澜污水处理厂之所以"未验收先运营"，系根据相关部门要求与污水处理的客观需要而实施，其自身善意无主观过错；虽形式上违反法律规定，但与法律原则和立法精神一致，且不会造成环境污染恶果。

根据生态环境部《关于进一步规范适用环境行政处罚自由裁量权的指导意见》（环执法〔2019〕42号）第四条第十三项规定，违法行为如"未批先建"未造成环境污染后果，且企业自行实施关停或者实施停止建设、停止生产等措施的，可以免于处罚；其他违法行为轻微并及时纠正，没有造成危害后果的，可以免予处罚。文昌市环境局在调查处理时，应当参照本条精神，并综合考虑"未验收先运营"违法行为的原因、后果但未予考虑，裁量权行使不当。即便文昌市环境局对"未验收先运营"首次处罚30万元尚有一定合法性与必要性；但在盈海公司接受行政处罚后，及时根据《建设项目竣工环境保护验收暂行办法》规定，积极与政府部门沟通促进配套管网建设，主动请求文昌市水务局牵头做好环境竣工验收工作，并在第二次处罚决定作出之前即已完成竣工验收的情况下，文昌市环境局对全年污水处理费收入仅300-500余万元的企业，作出100万元的罚款，既不合法，也不合理，亦无必要，且易生推卸上级环保督察责任之嫌。

——中国裁判文书网。

249. 行政诉讼第三人参加诉讼的时间

关键词

行政诉讼第三人　参加诉讼时间

附录：最高人民法院法官著述

对第三人参加诉讼的时间，一般说来应当是诉讼开始以后，判决作出之前。但这里的判决是指一审判决还是包括二审判决？实践中有下述不同理解。

第一种观点认为，从理论上考察，第三人参加诉讼的时间应理解为终审判决之前。即在二审作出终审判决之前，第三人仍可以申请参加诉讼。

第二种观点认为，第三人参加诉讼只能在一审判决作出之前。其理由是：第一，允许第三人直接参加二审诉讼，即恢复了他依法已经丧失了的诉权；第二，导致对第三人的诉讼请求为一审终审；第三，与设立第三人的目的相悖，因设立第三人的目的是让其在诉讼中充分发表意见，二审是对一审判决进行审查，一审遗漏的当事人，第二审法院应当依法发回重审才是。①

第三种观点认为，根据案件的不同情况分别予以处理。在民事诉讼中，如果有独立请求权的第三人或需要承担实体义务的无独立请求权的第三人，由于特殊情况，未在一审判决作出前参加诉讼的，是否丧失了诉权？根据司法解释的规定，他仍然可以参加二审诉讼。通过两种方法解决：一是能通过调解结案的，通过调解结案，原审法院的判决视为被撤销；二是不能调解结案的，裁定撤销原判，发回重审。鉴于行政诉讼不适用调解结案，不能机械地套用民事诉讼法的做法。应该说，一审程序和二审程序只是同一完整诉讼

---

① 马原主编：《中国行政诉讼法教程》，人民法院出版社1992年版，第94页。

程序的两个阶段，只要一审判决没有生效，第三人随时可申请参加二审诉讼。这样做有利于二审法院查清案件事实，对一审判决作出客观正确的评价，避免损害第三人的利益。《行政诉讼法》第 61 条对二审判决规定了三种结案方式：驳回上诉，维持原判；依法改判；撤销原判，发回重审。第一种方式显然不能采用，第二种方式等于剥夺了第三人的上诉权，对其诉讼主张实际上形成了一审终审，违背了我国行政诉讼二审终审原则，也不能采用。唯一的办法就是以一审法院认定事实不清为由，裁定撤销原判，发回重审。这样就保证了第三人享有上诉权，实际上是保护了其合法权益。但是，对于行政赔偿诉讼，因为《行政诉讼法》第 67 条规定"可以适用调解"，因而可比照民事诉讼的办法加以解决。①

我们认为，在一般情况下，第三人应当在立案后尽快确定，至迟应当在一审庭审结束前参加。有的国家或者地区的要求更早。例如，我国澳门特别行政区的《行政诉讼法典》第 40 条规定，辅助人（第三人）应当在陈述阶段前参与司法上诉程序。但是，为平衡公平和效率两种价值，也可以作变通处理。如果在一审中法院未履行通知义务，当事人在二审中可以申请参加，法院亦可通知其参加，一般情况下应当发回重审，但达成调解协议（如在行政合同案件中）的和第三人放弃程序权利主张的可以例外。

——江必新、梁凤云：《行政诉讼法理论与实务》（第三版），法律出版社 2016 年版，第 676~677 页。

250. 对被诉的涉信访事项的行政复议行为如何处理

关键词

信访　行政复议

最高人民法院裁判文书

范某友诉重庆市人民政府行政告知纠纷案［最高人民法院（2016）最高法行申 450 号行政裁定书］

裁判要点：信访与诉讼相分离原则，已在顶层制度设计予以确定。但实践中的情形较为复杂，尤其是信访事项与复议、诉讼存在

---

① 王红岩：《行政诉讼第三人探析》，载《政法论坛》1991 年第 3 期；马怀德、解志勇：《行政诉讼第三人研究》，载《法律科学》2000 年第 3 期；周郁昌：《行政诉讼第三人辨析》，载《政法论丛》2001 年第 4 期。

一定交集时，如何正确处理相互之间的关系仍存在较大争议。对此，需正确理解与适用有关信访的现行规定，准确界定不属于行政诉讼受案范围的涉信访行政行为，既要避免信访与诉讼不当交织而引发法律关系混乱，又要避免滥用信访事项之名不当地排除依法应予受理的事项。信访事项不属于行政复议的受案范围，信访人就信访事项申请行政复议的，复议机关可以作出不予受理的复议决定。信访人对该复议决定不服提起行政诉讼的，人民法院可以裁定不予立案或驳回起诉。

最高人民法院认为，2012年12月3日，范某友通过政府信息公开途径，已经知晓重庆市人民政府作出的渝府地〔2003〕1320号批复（以下简称1320号批复）的内容，范某友于2015年3月18日向重庆市人民政府提交《确认征地批复违法申请书》，请求重庆市人民政府确认1320号批复违法，已超过法定的行政复议期限，该请求属于行政申诉信访。重庆市人民政府收到该请求后，于2015年4月15日作出《告知书》（以下简称4月告知书），告知"……土地征收批准文件自下达后生效，你们申请确认违法的批准文件目前未经法定程序确认违法，并无不当。"该告知书系对信访申诉的处理，对范某友的权利义务不产生实际影响，依法不属于行政复议的受案范围。范某友对4月告知书向重庆市人民政府申请行政复议，重庆市人民政府于2015年5月19日作出《告知书》（以下简称5月告知书），告知"……你的行政复议申请不属于行政复议受理范围，其结论并无不当。"重庆市人民政府仅作出5月告知书，而未作出不予受理行政复议决定，不符合《中华人民共和国行政复议法》第三十一条第二款规定的形式，存在瑕疵，但该瑕疵不影响5月告知书结论的正确性。范某友对5月告知书不服，向人民法院提起行政诉讼，人民法院应当予以受理。原审法院裁定驳回起诉，不符合法律规定。但鉴于范某友诉请人民法院撤销5月告知书的请求没有事实根据，依法应当判决予以驳回，通过审判监督程序亦难以支持其诉讼请求，为减少诉累和降低诉讼成本，本院对范某友的再审请求不予支持。

——最高人民法院行政审判庭编：《最高人民法院行政裁判要旨及评述（第一卷）》，人民法院出版社2019年版。

251. 为生效裁判所羁束的认定问题

关键词

生效裁判　既判力

最高人民法院审判业务意见

（1）既判力理论要求对于已经被生效裁判确定的法律效果，排除任何重新审理及裁判，且在嗣后的诉讼程序中，不得作出与确定判决内容相反的裁判。生效民事裁定已经认定被诉行为是行政行为，驳回当事人的民事诉讼起诉的，在生效民事裁定尚未被依法撤销的情况下，一、二审又以"本案不属于行政诉讼的受案范围"为由裁定驳回起诉，与生效的民事裁定相抵触，即便应当属于民事诉讼，也应当中止审理，通过审判监督程序撤销生效民事裁定后，恢复审理，依法作出裁判。

（2）《行诉解释》第六十九条第一款第九项规定：对诉讼标的已为生效裁判或者调解书所羁束的，已经立案的，应当裁定驳回起诉。

对于当事人而言，其就已经被生效裁判或者调解书所羁束的诉讼标的，不得再次起诉。一般而言，未经立案审理，行政行为被羁束很难成立，因此应谨慎适用"已为生效裁判所羁束"的规定。人民法院在判断该案诉讼是否受生效判决效力所羁束时，必须要审查诉讼标的是否同一。审查时，不仅需要审查当事人所诉行政行为与作出生效判决案件所审查的行政行为的同一性，而且要注重审查不同案件的当事人之间是否存在相同或相似的诉的理由与诉的利益，应当在充分比较、鉴别的基础上，审慎认定诉讼标的是否"已为生效裁判所羁束"。

如张某诉某区政府房屋征收决定案，另案已对征收决定进行了审理，生效判决确认征收决定符合法律规定。该案与前诉的当事人并不相同，能否适用既判力理论需要审理确定，应就再审申请人原审诉求及理由是否涵盖于上述生效判决中原告的诉讼理由之中、诉的利益是否相同及是否存在个案中有别于其他人的、特定的、需要法律保护的合法诉讼利益与实体权益等进行全面审查。

——《最高人民法院第二巡回法庭建庭以来行政案件审理情况分析报告——以申请再审案件为核心（2015.01-2020.06）》

252. 行政公益诉讼中的起诉和受理程序

关键词

行政公益诉讼　起诉受理程序

附录：最高人民法院法官著述

行政公益诉讼中，起诉受理程序主要包括以下几方面内容：

一是，人民法院向人民检察院送达出庭通知书。《最高人民法院、最高人民检察院关于检察公益诉讼案件适用法律若干问题的解释》（以下简称《公益诉讼解释》）第八条规定，人民法院开庭审理人民检察院提起的公益诉讼案件，应当在开庭三日前向人民检察院送达出庭通知书。这与《最高人民法院关于适用〈中华人民共和国行政诉讼法〉的解释》（以下简称《行政诉讼法解释》）第七十一条的规定有所不同。《行政诉讼法解释》第七十一条对于当事人规定应当在开庭三日前用传票传唤当事人，只有对证人、鉴定人、勘验人、翻译人员采用通知书通知到庭。

二是，人民检察院应当履行出庭义务。即，人民检察院应当派员出庭，并应当自收到人民法院出庭通知书之日起三日内向人民法院提交派员出庭通知书。派员出庭通知书应当写明出庭人员的姓名、法律职务以及出庭履行的具体职责。出庭的检察人员应当履行以下职责：宣读公益诉讼起诉书；对人民检察院调查收集的证据予以出示和说明，对相关证据进行质证；参加法庭调查，进行辩论并发表意见；依法从事其他诉讼活动。

三是，人民检察院提交起诉材料的义务。《公益诉讼解释》第二十二条规定，人民检察院提起行政公益诉讼应当提交下列材料：行政公益诉讼起诉书，并按照被告人数提出副本；被告违法行使职权或者不作为，致使国家利益或者社会公共利益受到侵害的证明材料；检察机关已经履行诉前程序，行政机关仍不依法履行职责或者纠正违法行为的证明材料。对于人民检察院派员出庭通知书已经载明了出庭履行职责的，人民法院可以按照出庭通知书的内容依法确认出庭检察人员诉讼行为的法律效力。除《行政诉讼法》第四十九条第一项关于行政诉讼原告资格的规定外，人民法院对于符合起诉条件的，应当登记立案。即，人民检察院依据《行政诉讼法》第二十五条第四款的规定提起行政公益诉讼，符合《行政诉讼法》第四十九条第二项、第三项、第四项及《公益诉讼解释》规定的起诉条件的，人民法院应当登记立案。

司法实践中，需要注意以下几个问题：

第一，对于证明人民检察院已经履行诉前程序材料的，应当及时登记立案，无须要求提交组织机构代码证、法定代表人身份证明书、授权委托书等身份证明材料。《最高人民法院关于人民法院登记立案若干问题的规定》第六条规定，起诉人是法人或者其他组织的，需要提交组织机构代码复印件等身份证明材料。考虑到检察机关是为了公共利益而提起诉讼，与普通原告地位并不相同。检察机关不需要通过提供组织机构代码证明其合法性，而检察长亦是权力机关任命的，也无须提交身份证明。授权委托书主要是针对私方当事人适用。检察人员出庭是法律和司法解释规定的，无须通过授权委托书确定。

第二，对于行政公益诉讼案件，暂时不向人民检察院收取诉讼费用。被告败诉的，诉讼费用由被告依法承担。有关行政公益诉讼费用的问题，需要对国务院《诉讼费用交纳办法》作相应的修改。

第三，关于公民、法人或者其他组织就同一行政行为提起行政诉讼的，仍得准许。最高人民检察院《人民检察院提起公益诉讼试点工作实施办法》[①]第二十八条规定，公民、法人或者其他组织没有直接利害关系，没有也无法提起诉讼的，可以向人民法院提起公益诉讼。可见，该司法文件是将行政公益诉讼作为普通行政诉讼的补充性救济机制。同时，在公益诉讼的启动程序上增加了检察机关的前置程序，也增加了检察机关的审核义务。《行政诉讼法》第二十五条第四款和《公益诉讼解释》均未对此予以规定。实践中可能出现检察机关提起公益诉讼之后，公民、法人或者其他组织也就同一行政行为提起诉讼的问题。由于针对的是同一行政行为的合法性问题，就面临是否属于重复起诉的问题。根据《行政诉讼法解释》第一百零六条的规定，只有前诉和后诉的当事人相同的情况下，才构成重复起诉。因此，公民、法人或者其他组织提起诉讼的，应得准许。同时，为了保证裁判的一致性，对于后诉应当中止审理等待行政公益诉讼的裁判结果。

第四，关于公益诉讼起诉人的举证责任。根据被诉行政行为是作为和不作为，举证责任亦有所不同。在作为类案件中，被诉行政机关对其作出的行政行为的合法性承担举证责任，公益诉讼起诉人对于是否履行了诉前程序、国家利益或者社会公共利益处于被侵害状态等事项承担举证责任；对于不作为类案件，公益诉讼起诉人应当就已经履行诉前程序、行政机关具有监管义务、行政机关拒不纠正或者不履行法定职责以及国家利益或者社会公共利益处于被侵害状态承担举证责任。

——梁凤云：《行政公益诉讼制度若干重大问题解析》，载最高人民法院行政审判庭编：《行政执法与行政审判》总第76集，中国法制出版社2019年版，第8~10页。

253. 起诉明显无查处职责行政机关案件的处理

关键词

起诉　无查处职责　行政机关

[①] 该文件已被《最高人民检察院关于废止部分司法解释和司法解释性质文件的决定（2020）》（高检发释字〔2020〕4号）废止。

最高人民法院审判业务意见（行政庭法官会议纪要）

当事人起诉有下列情形之一的，人民法院可以根据《最高人民法院关于适用〈中华人民共和国行政诉讼法〉的解释》第五十五条第二款之规定，退回诉状并记录在册；坚持起诉的，不予立案并载明不予立案的理由：

（1）被诉行政机关明显不具有对投诉事项的事务、地域或级别管辖职责的；

（2）被诉行政机关依法将投诉事项转交有管辖职责的下级行政机关查处的；

（3）当事人对下级行政机关作出的查处或不予查处行为不服，请求上级行政机关履行层级监督职责，上级行政机关不予答复或作出不改变下级行政机关处理决定的答复等，当事人以上级行政机关为被告提起诉讼的。

——《最高人民法院行政法官专业会议纪要（六）（投诉领域）》（2019年11月29日）。

254. 政府与其职能部门各自享有的行政职权不能相互替代、混同

关键词

政府职能部门　行政职权

最高人民法院裁判文书

陈某诉永州市政府行政审批行为及不履行行政监督职责案［最高人民法院（2018）最高法行申10844号行政裁定书］

裁判要点：1. 原告对行政机关作出的行政行为提起行政诉讼，应当提供证据初步证明被诉行政行为存在，不能初步证明被诉行政行为存在的，原告起诉缺乏基本的事实根据，不符合法定起诉条件。2. 对行政机关不履行法定职责提起行政诉讼的，该行政机关应当具有相应的法定职责，行政机关没有相应法定职责的，被告不适格，起诉亦不符合法律条件。3. 政府与其职能部门是不同的行政主体，依法享有各自不同的行政职权，独立承担相应的法律责任，不能相互替代、混同。

最高人民法院经审查认为，《中华人民共和国行政诉讼法》第四十九条第

(二)(三)项规定,提起行政诉讼应当有明确的被告、具体的诉讼请求和事实根据。《最高人民法院关于行政诉讼证据若干问题的规定》第四条第一款规定,公民、法人或者其他组织向人民法院起诉时,应当提供其符合起诉条件的相应的证据材料。根据上述规定,原告对行政机关作出的行政行为提起行政诉讼,应当提供证据初步证明被诉行政行为存在,不能初步证明被诉行政行为存在的,原告起诉缺乏基本的事实根据,不符合法定起诉条件。对行政机关不履行法定职责提起行政诉讼的,该行政机关应当具有相应的法定职责,行政机关没有相应法定职责的,被告不适格,起诉亦不符合法律条件。本案中,陈某请求确认永州市政府的行政审批行为违法,但是没有提供初步证据证明,永州市政府对幸福园作出过任何行政审批行为;陈某还请求确认永州市政府不履行对幸福园运营监督职责违法,但陈某亦承认幸福园是在永州市民政局、市质量与监督管理局注册登记的民办非企业养老单位,永州市政府对幸福园并不享有法定的监管职责。为此,陈某的两项诉讼请求均不符合法定的起诉条件,一、二审对其起诉裁定不予立案,并无不当。陈某主张,永州市政府由其所属的民政、工商等部门组成,民政部门、工商部门为幸福园注册登记发证、颁发营业执照的审批行为,就是永州市政府的行政审批行为。但是,政府与其职能部门是不同的行政主体,依法享有各自不同的行政职权,独立承担相应的法律责任,不能相互替代、混同。以此为由申请再审,理由不能成立。陈某还主张,幸福园早就列入永州市政府的工作议事日程,永州市政府对幸福园具有监管职责。但是,永州市政府组织相关职能部门,就幸福园产生的问题进行研究,并不表示永州市政府对幸福园具有法定的监管职责。法定监管职责是由法律、法规或者规章授权行政机关依法享有的职责义务,没有法律规定县市级以上人民政府对民办非企业养老单位具有法定的监管职责。以此为由申请再审,理由同样不能成立。陈某又主张,一、二审没有调查和询问当事人,审判程序违法。但是,《最高人民法院关于适用〈中华人民共和国行政诉讼法〉的解释》第六十九条第三款规定,人民法院经过阅卷、调查或者询问当事人,认为不需要开庭审理的,可以径行裁定驳回起诉。一、二审对于裁定驳回起诉案件不开庭审理径行作出裁定,并无不当。陈某该项申请再审理由,本院亦不予支持。

——中国裁判文书网。

255. 提起确认行政行为无效之诉无须先向作出行政行为的机关提出确认请求

关键词

行政行为无效　作出行政行为的机关　两审判审制　再审程序

最高人民法院裁判文书

周某生诉汉川市人民政府确认征收土地行为无效案〔最高人民法院（2017）最高法行申1174号行政裁定书〕

裁判要点：1. 在一些国家和地区，的确要求当事人在提起确认行政行为无效之诉时，必须已向作出行政行为的机关请求确认行政行为无效而未被允许或未获答复。规定此一先行程序，有利于穷尽更为便捷的行政救济手段，避免滥诉。但该先行程序通常必须基于法律的明文规定。而在我国，行政诉讼法以及其他法律、法规对此并未规定。由此驳回当事人的起诉，客观上不仅会对当事人行使诉权增设门槛，也会为行政机关附加法定之外的先行处理义务。

2. 我国实行两审终审制，再审是对已经发生法律效力的判决、裁定提出的特殊不服请求。人民法院启动再审程序，一方面要对"确有错误"的判决、裁定予以纠正，以恢复人民群众对于裁判的信赖；另一方面，也要考虑权利救济的实际需要。如果有其他途径同样能够达到目标，甚至更为便捷经济，未必一律启动再审程序。

最高人民法院认为：《行政诉讼法》第七十五条规定："行政行为有实施主体不具有行政主体资格或者没有依据等重大且明显违法情形，原告申请确认行政行为无效的，人民法院判决确认无效。"该条规定的虽然只是一种判决方式，但根据《最高人民法院关于适用〈中华人民共和国行政诉讼法〉若干问题的解释》第二条第一款第四项①的规定，公民、法人或者其他组织可以向人民法院请求判决确认行政行为无效。本案中，再审申请人的诉讼请求正是要求人民法院确认汉川市政府征收土地行为无效。一审法院认为，"确认无效诉讼必须先经行政机关确认是否无效，只有在行政机关在法定期限内不予答

---

① 现为《最高人民法院关于适用〈中华人民共和国行政诉讼法〉的解释》（法释〔2018〕1号）第六十八条第一款第四项。

复或者未被确认无效的情况下,才能提起确认行政行为无效诉讼"。"由于周某生未先向行政机关申请确认征收土地行为无效,不具有请求确认行政行为无效的前提条件",因而裁定驳回再审申请人的起诉。再审申请人对此提出质疑,认为原审法院的上述理由"实在无法无据"。对此本院认为,在一些国家和地区,的确要求当事人在提起确认行政行为无效之诉时,必须已向作出行政行为的机关请求确认行政行为无效而未被允许或未获答复。规定此一先行程序,有利于穷尽更为便捷的行政救济手段,避免滥诉。但该先行程序通常必须基于法律的明文规定。而在我国,行政诉讼法以及其他法律、法规对此并未规定。因此,一审法院的裁判理由尽管合乎法理,却没有明确的法律依据,由此驳回当事人的起诉,客观上不仅会对当事人行使诉权增设门槛,也会为行政机关附加法定之外的先行处理义务。

我国实行两审终审制,再审是对已经发生法律效力的判决、裁定提出的特殊不服请求。人民法院启动再审程序,一方面要对"确有错误"的判决、裁定予以纠正,以恢复人民群众对于裁判的信赖;另一方面,也要考虑权利救济的实际需要。如果有其他途径同样能够达到目标,甚至更为便捷经济,未必一律启动再审程序。经本院了解,再审申请人在二审裁定生效后,已向再审被申请人递交《确认无效申请书》,再审被申请人对此也未作处理。在此情况下,再审申请人完全可以重新提起诉讼,即使本案不启动再审,也不影响再审申请人继续行使诉权。

——最高人民法院第四巡回法庭编:《最高人民法院第四巡回法庭典型行政案件裁判观点 2017-2018》,法律出版社 2020 年版,第 243~246 页。

256. 当事人在一个案件中同时对多个行政行为提出诉讼属于诉讼请求不明确

关键词

多个行政行为　诉讼请求不明确　同一行政主体　不同行政主体

最高人民法院裁判文书

於某坤诉浙江省海宁市人民政府及海宁市人民政府海洲街道办事处征拆行为案〔最高人民法院(2018)最高法行申 352 号行政裁定书〕

裁判要点:当事人的起诉涉及同一行政主体的不同行为或者不同行政主体的不同行为,如果在一个诉讼中处理,显然不便于当事人应诉抗辩,也不符合人民法院有针对性地配置审判资源、科学调查处理案件、作出公正裁判；同时，可能存在诉讼请求不明确或者与人民法院级别管辖不相符的情形，不符合《行政诉讼法》第四十九条第三项规定的起诉条件。

最高人民法院认为：本案涉及的关键问题是再审申请人於某坤的起诉是否符合法定起诉条件。再审申请人在原审中的诉讼请求，一是请求法院确认海宁市政府征地拆迁过程中侵犯人身权、财产权行为违法，并赔偿损失196982.24元，二是请求确认海洲街道办与其签订的房屋拆迁合同无效，对其商业用房重新作出拆迁安置。从以上诉讼请求内容看，再审申请人在原审中的起诉涉及不同行政主体的不同行政行为，其中既有以海宁市政府为被告却表述含糊、可能蕴含多个行政行为的"征地拆迁过程中侵犯人身权、财产权行为违法"，也有以海洲街道办为被告的签订房屋拆迁合同行为。这些行为如果在一个诉讼中处理，显然不便于当事人应诉抗辩，也不符合人民法院有针对性地配置审判资源、科学调查处理案件、作出公正裁判，同时也存在与人民法院的级别管辖权不相符的情形。因此，从整体上看，再审申请人的起诉不符合《行政诉讼法》第四十九条第三项规定的起诉条件，存在诉讼请求不明确以及与受诉法院级别管辖不相符的情形。特别是在一审法院向其释明后其仍拒绝作出合理变更的情况下，一审法院裁定不予立案，二审法院驳回上诉、维持一审裁定，于法有据，并无不当。

——最高人民法院第三巡回法庭编著：《最高人民法院第三巡回法庭典型行政案件理解与适用》，中国法制出版社2019年版，第49~51页。

257. 起诉人同时起诉多个行政行为的，人民法院应当如何处理

关键词

多个行政行为　关联性行为

最高人民法院审判业务意见

13. 起诉人同时起诉多个行政行为的，人民法院应当如何处理。

答：起诉人同时对多个行政行为提起诉讼，人民法院应当分别对每一个行政行为是否符合法定起诉条件进行审查。起诉人起诉的多个行政行为系关联性行为，均符合法定起诉条件的，人民法院应当合并一案立案审理。人民法院认为起诉人起诉的多个行政行为不宜合并一案审理的，应当向起诉人进行指导和释明，要求起诉人分别起诉。起诉人坚持一并起诉的，人民法院可以根据《最高人民法院关于适用〈中华人民共和国行政诉讼法〉若干问题的

解释》（以下简称《适用解释》）第六十九条第一款第（十）项规定，以起诉不符合合并审理法定条件为由，裁定驳回起诉。

理由：每一个行政行为均构成一个独立的诉，人民法院审查立案，应当分别对每一个被诉行政行为是否符合起诉条件分别进行审查，作出判断。合并审理是节约诉讼成本、实质化解争议的有效方式。对于几个相互关联的行政行为，人民法院一并审理，有利于减少诉累，节约司法成本。是否应当合并审理，是法定的起诉条件之一，对于不符合合并审理条件，起诉人坚持合并一案起诉的，人民法院可以适用《适用解释》第六十九条第一款第（十）项规定，裁定驳回起诉。

——《最高人民法院第一巡回法庭关于行政审判法律适用若干问题的会议纪要》（2018年7月23日）。

258. 必须参加诉讼的当事人人数众多，人民法院是否可以发出公告，通知权利人在一定期间向人民法院登记参加诉讼

关键词

行政诉讼　利害关系

最高人民法院审判业务意见

5. 必须参加诉讼的当事人人数众多，人民法院是否可以参照民事诉讼法第五十四条规定，发出公告，说明案件情况和诉讼请求，通知权利人在一定期间向人民法院登记参加诉讼？

答：行政诉讼中，同一被诉行政行为涉及多人，则必须参加诉讼的当事人人数很多，部分利害关系人起诉，其他利害关系人在一审开庭前申请参加诉讼的，作为共同原告加入诉讼。未参加诉讼的利害关系人，在其他人提起的诉讼判决生效后，受生效判决羁束。行政诉讼中不适用民事诉讼第五十四条的规定。

理由：《最高人民法院关于适用〈中华人民共和国行政诉讼法〉若干问题的解释》第二十七条第一款规定，必须共同参与诉讼的当事人没有参加诉讼的，人民法院应当依法通知其参加；当事人也可以向人民法院申请参加。但是，征收案件中，个别被征收人对征收决定或征收补偿方案提起行政诉讼，而征收决定或征收补偿方案涉及的行政相对人人数众多，公告通知全部被征收人参加诉讼，容易形成群体性诉讼，不利于纠纷的解决。因此，实践中通常不主动通知其他未起诉的被征收人参加诉讼。判决生效后，其他被征收人对同一被诉行政行为提起诉讼的，人民法院应当以诉讼标的受生效判决羁束

为由，裁定不予立案。

审判实践中难以处理的问题是，必须参加诉讼的利害关系人在一审开庭后、二审判决生效前，对同一行政行为提起诉讼。此时追加后起诉的利害关系人为共同原告，需重新开庭审理，将耽误时间、影响审判效率；对同一行政行为起诉属于必要的共同诉讼，必须合并审理，对后起诉的案件另行立案审理判决又违反必要的共同诉讼必须合并一案审理的基本原则。对此，审判实践中确实难以处理。我们的建议是，对一审开庭后、二审判决生效前，其他利害关系人又对同一行政行为起诉的，人民法院以完善起诉材料等为由，暂不立案受理。二审判决生效后，再以起诉标的受生效判决羁束为由，裁定不予立案。

根本解决问题的方式是修改行政诉讼法或者以司法解释形式明确：对被诉行政行为涉及利害关系人人数众多的案件，部分利害关系人提起诉讼的，其他利害关系人可以在一审开庭前申请作为共同原告或第三人参加诉讼。未在一审开庭前申请作为共同原告或第三人参加诉讼的，人民法院不再通知其以共同原告或第三人身份参加诉讼，利害关系人也不得对同一行政行为另行提起行政诉讼。部分利害关系人起诉案件的行政判决，应当予以公告，并对全体利害关系人发生法律效力。未参加诉讼的利害关系人对生效判决不服的，有权以案外人身份依法申请再审。

——《最高人民法院第一巡回法庭关于行政审判法律适用若干问题的会议纪要》（2018年7月23日）。

259. 处理投诉与提起诉讼的期限

关键词

投诉　提起诉讼

最高人民法院审判业务意见（行政庭法官会议纪要）

公民、法人或者其他组织认为第三人实施的违法行为侵犯自身合法权益，请求行政机关查处，行政机关应当在法律、法规、规章或合法有效的规范性文件规定的查处期限内依法处理。行政机关未依法作出处理的，当事人可以在法定期限届满之日起六个月内依法提起行政诉讼。

法律、法规、规章或合法有效的规范性文件对行政机关查处期限未作具体规定的，人民法院可以根据《中华人民共和国行政诉讼法》第四十七条的规定确定相应期限。即行政机关在接到查处申请之日起两个月内不履行查处义务的，当事人可以在两个月期限届满之日起六个月内依法提起行政诉讼。

——《最高人民法院行政法官专业会议纪要（六）（投诉领域）》（2019年11月29日）。

260. 滥用诉权、恶意诉讼的应如何处理

关键词

法定期限　诉权　胜诉权

最高人民法院裁判文书

张某为诉天津市人民政府拆迁行政复议案［最高人民法院（2016）最高法行申2385号行政裁定书］

　　裁判要点：公民应当依法维护自身权益，恶意诉讼、滥用行政诉权违背诚实信用原则，不当占用行政资源和司法资源，影响其他公民、法人和其他组织诉权的正常行使，损害司法权威，阻碍法治进步，对于不以保护合法权益为目的，长期反复提起诉讼的当事人，人民法院可以依法不予立案，但在认定时应当从严把控标准，避免泛化。

　　最高人民法院认为：提起行政诉讼是法律赋予公民、法人和其他组织保护其合法权益的重要途径。人民法院应当保障公民、法人和其他组织的起诉权利，对应当受理的行政案件依法受理。公民、法人和其他组织行使诉权亦应依法进行，不符合法定起诉条件的，人民法院应当裁定不予立案，或者立案后裁定驳回起诉。本案的争议焦点即为再审申请人张某为的起诉是否符合法定起诉条件。经本院审查，张某为的起诉不符合法定起诉条件，原审法院裁定驳回张某为起诉符合法律规定，张某为申请再审的理由依法不能成立。

　　1.再审申请人过于迟延地申请行政复议，已经超过法定申请期限

　　行政复议和行政诉讼共同构成解决行政争议、维护合法权益的行政救济渠道，但公民、法人或者其他组织寻求行政救济也应在一定期限内完成。过于迟延地申请行政复议或者提起行政诉讼，不利于行政法律关系的稳定、有违诚实信用原则，对于当事人及时保护自身权利也无益处。《中华人民共和国行政复议法》第九条第一款规定："公民、法人或者其他组织认为具体行政行为侵犯其合法权益的，可以自知道该具体行政行为之日起六十日内提出行政复议申请；但是法律规定的申请期限超过六十日的除外。"本案中，和平区政府所作282号限期搬迁决定于1998年8月3日送达再审申请人，再审申请

人迟至 2015 年 5 月才就该决定申请行政复议，显已超过申请行政复议的法定期限。再审申请人虽然主张其于 2015 年 3 月 27 日通过政府信息公开方获知该 282 号限期搬迁决定，但没有证据否定该决定当时已对其送达的事实。

2. 再审申请人申请复议、提起诉讼缺乏权利保护必要

行政复议和行政诉讼既属权利救济制度，当事人申请行政复议、提起行政诉讼就应具备权利保护的必要性。本案争议系因房屋拆迁安置补偿问题引发，但根据原审法院查明，再审申请人已于 2006 年与相关单位签订安置补偿协议，并且已实际履行，再审申请人的安置补偿权益已经依法得到保障。在此情况下转而申请复议、提起诉讼，明显缺乏权利保护必要。更为重要的是，再审申请人申请行政复议的 282 号限期搬迁决定作出在前，与相关单位签订安置补偿协议在后，应当视为再审申请人通过签署安置补偿协议表达了对于前置限期搬迁决定的认可，即使存在权利保护必要，也属自愿放弃了相关权利。

3. 再审申请人已经自愿抛弃权利保护，仍旧提起诉讼有违诉讼诚信

诉权是公民、法人和其他组织享有的法定权利，神圣不可侵犯，但诉权却可以自愿抛弃。抛弃权利保护的方式包括单方向人民法院表示、单方向诉讼的另一方当事人表示，也包括当事人之间自愿达成合意。如果当事人在自愿抛弃权利保护之后再行实施诉权，则属出尔反尔，有违诚实信用。经原审法院查明，再审申请人在与相关单位所签安置补偿协议中已经承诺不再上访、诉讼，其后又长期多次申请行政复议及提起行政诉讼，不断违反自己所作权利抛弃承诺，这种权利保护的滥用同样构成不符合法定起诉条件的情形。

——最高人民法院行政审判庭编：《最高人民法院行政裁判要旨及评述（第一卷）》，人民法院出版社 2019 年版。

261. 未告知期限的是否可认定该许可没有期限限制

关键词

行政许可　期限告知义务　行政程序

最高人民法院裁判文书

张某文、陶某等诉四川省简阳市人民政府侵犯客运人力三轮车经营权案
[最高人民法院（2016）最高法行再 81 号行政判决书]

裁判要点：行政许可具有法定期限，行政机关在作出行政许可时，应当明确告知行政许可的期限，行政相对人也有权利知道行政

许可的期限。行政相对人仅以行政机关未告知期限为由，主张行政许可没有期限限制的，人民法院不予支持。

行政机关在作出行政许可时没有告知期限，事后以期限届满为由终止行政相对人行政许可权益的，属于行政程序违法，人民法院应当依法判决撤销被诉行政行为。但如果判决撤销被诉行政行为，将会给社会公共利益和行政管理秩序带来明显不利影响的，人民法院应当判决确认被诉行政行为违法。

最高人民法院认为，根据《中华人民共和国行政诉讼法》第六条的规定，人民法院审理行政案件，对行政行为是否合法进行审查。据此，四川省简阳市人民政府作出的《公告》和《补充公告》的合法性是本案的主要问题。根据张某文、陶某的再审申请理由和简阳市人民政府的答辩意见，本案的争议焦点涉及以下三个方面：

1. 关于被诉的《公告》和《补充公告》的合法性问题

根据《中华人民共和国行政诉讼法》第六十九条的规定，人民法院对被诉的《公告》和《补充公告》的合法性进行审查，不仅要审查被诉的《公告》和《补充公告》适用法律法规是否正确等，还要审查是否违反法定程序。在适用法律法规方面，《四川省道路运输管理条例》第4条规定"各级交通行政主管部门负责本行政区域内营业性车辆类型的调整、数量的投放"和第24条规定"经县级以上人民政府批准，客运经营权可以实行有偿使用。"四川省交通厅制定的《四川省小型车辆客运管理规定》（川交运〔1994〕359号）第8条规定："各市、地、州运管部门对小型客运车辆实行额度管理时，经当地政府批准可采用营运证有偿使用的办法，但有偿使用期限一次不得超过两年"。可见，四川省地方性法规已经明确对客运经营权可以实行有偿使用。四川省交通厅制定的规范性文件虽然早于地方性法规，但该规范性文件对营运证实行有期限有偿使用与地方性法规并不冲突。从行政执法和行政管理需要来看，客运经营权也需要设定一定的期限。

从被诉的《公告》和《补充公告》作出程序上看，被诉的行政行为存在程序瑕疵。该《公告》和《补充公告》的内容是对于对原已具有合法证照的客运人力三轮车经营者实行重新登记，经审查合格者支付有偿使用费，逾期未登记者自动弃权的措施。该《公告》和《补充公告》是对既有的已经取得合法证照的客运人力三轮车经营者收取有偿使用费，而上述客运人力三轮车经营者的权利是在1996年通过经营权许可取得的。前后两个行政行为之间存在承继和连接关系。对于1996年的经营权许可行为，行政机关作出行政许可等授益性行政行为时，应当明确告知行政许可的期限。行政机关在作出行政许可时，行政相对人也有权知晓行政许可的期限。明确行政许可的期限，既是为了保障公共利益的需要，也是为了保障许可申请人的选择权利。本案中，市政府在1996年实施人力客运三轮车经营权许可之前，尚未实行过经营权有偿使用。在1996年实施人力客运三轮车经营权许可之时，未告知张某文等人人力客运三轮车两年的经营权有偿使用期限。张某文等人并不知道其经营权有偿使用的期限。市政府在答辩中对此事实亦予认可。由于市政府在作出行政许可行为的过程中未履行相应的告知义务，致使张某文等人误认为其获得的经营权没有期限限制，并据此作出选择。因此，市政府1996年的经营权许可在程序上存在明显不当，直接导致与其存在前后承继关系的本案被诉的《公告》和《补充公告》的程序明显不当。

2. 关于客运人力三轮车经营权的期限问题

申请人主张，因市政府在1996年实施人力客运三轮车经营权许可时未告知许可期限，据此认为经营许可是无期限的。本院认为，市政府实施人力客运三轮车经营权许可，目的在于规范人力客运三轮车经营秩序。人力客运三轮车是涉及公共利益的公共资源配置方式，设定一定的期限是必要的。客观上，四川省交通厅制定的《四川省小型车辆客运管理规定》也明确了许可期限。市政府没有告知许可期限，存在程序上的瑕疵，但申请人据此认为行政许可没有期限限制，本院不予支持。

3. 关于张某文等人实际享受"惠民"政策的问题

市政府在答辩中还提出，为了解决张某文等人的信访问题、保障其合法权益，市政府在整顿城区小型车辆营运秩序后，按照人力客运三轮车退市的优惠政策，对张某文等人给予了充足的补偿，其利益已得到全面保护。本院对张某文等人接受退市营运的运力配置方案并作出承诺的事实予以确认。本案被诉的行政行为是市政府作出的《公告》和《补充公告》，张某文等人在诉讼中亦未提出补偿的诉讼请求，据此，有关补偿事项不属于本案审理范围。

市政府还提出，市政府通过"惠民"进行补偿，已经对被诉行政行为进行了否定或者补充，该补偿行为已经涵盖了过去的有瑕疵的行政行为。本院认为，被诉的行政行为未经人民法院、行政机关或者其他有权机关撤销，应当认定其没有改变。况且，根据《最高人民法院关于执行〈中华人民共和国行政诉讼法〉若干问题的解释》第五十条第二款①关于"被告改变原具体行政行为，原告不撤诉，人民法院经审查认为原具体行政行为违法的，应当作出确认其违法的判决"的规定，行政机关即便改变行政行为，行政相对人对原行政行为不服并且不撤诉的，人民法院应当就原行政行为的合法性作出相应的判决。市政府以此主张被诉行政行为合法，缺乏事实和法律依据，本院不予支持。

---

① 现为《最高人民法院关于适用〈中华人民共和国行政诉讼法〉的解释》（法释〔2018〕1号）第八十一条第一款。

需要指出的是，四川省简阳市人民政府根据当地实际存在的道路严重超负荷、空气和噪声污染严重、"脏、乱、差""挤、堵、窄"等问题进行整治，符合城市管理的需要，符合人民群众的意愿，其正当性应予肯定。简阳市人民政府为了解决因本案诉讼遗留的信访问题，先后作出两次"惠民"行动，为实质性化解本案争议作出了积极的努力，其后续行为也应予以肯定。但是，行政机关在作出行政行为时必须恪守依法行政原则，确保行政权力依照法定程序行使。四川省简阳市人民政府应当从本案中吸取经验和教训，深入推进依法行政，严格规范公正文明执法，加快推进法治政府建设进程。

——最高人民法院行政审判庭编：《最高人民法院行政裁判要旨及评述（第一卷）》，人民法院出版社 2019 年版。

262. 当事人因选择管辖法院错误而耽误起诉期限的，被耽误的时间是否计算在起诉期限内

关键词

管辖法院错误　起诉期限

最高人民法院审判业务意见（行政庭法官会议纪要）

为了切实保护当事人诉权，我国《行政诉讼法》明确规定了起诉期限扣除与延长的情形。根据当时有效的《执行解释》第四十三条明确规定，"由于不属于起诉人自身的原因超过起诉期限的，被耽误的时间不计算在起诉期间内"。2015 年修改后的《行政诉讼法》吸收了这一规定并作了进一步完善，第四十八条第一款规定："公民、法人或者其他组织因不可抗力或者其他不属于其自身的原因耽误起诉期限的，被耽误的时间不计算在起诉期限内。"但是上述规定均没有对何为"不属于起诉人自身的原因"作出具体规定和解释。根据《行政诉讼法》保护公民、法人或者其他组织合法权益的立法宗旨，从切实保障当事人诉权的角度出发，司法实践中，对确有正当理由超过法定期限提起的诉讼，应当作有利于公民、法人或者其他组织的解释。判断超过起诉期限是否具备正当理由，应当充分考虑行政相对人是否已经积极行使诉权，是否存在行政相对人因不属于其自身的原因而耽误起诉期限的情形。起诉人在法定起诉期限内行使起诉权，虽然管辖法院选择错误，但经过人民法院释明，起诉人在合理期限内已经向有管辖权的人民法院提起诉讼，因此而耽误起诉期限具有正当理由，属于非因当事人自身原因耽误的时间，不应计算在起诉期限内。

附：案情简介

乙区政府于2014年11月19日对被征收人陈某等人作出补偿决定。陈某等人不服该补偿决定，于2014年12月17日向甲市政府申请行政复议。甲市政府于2015年2月12日作出复议决定，维持了该补偿决定，并告知陈某等人，如不服行政复议决定，可在收到行政复议决定之日起十五日内向人民法院起诉。该行政复议决定于2月15日送达。陈某等人于2015年3月1日向乙区人民法院邮寄行政起诉状。乙区人民法院于2015年3月10日向陈某等人邮寄释明函、原起诉材料。陈某等人于3月11日签收该邮政特快专递。2015年3月17日，陈某等人向甲市中级人民法院邮寄行政起诉状，请求依法确认乙区政府作出的补偿决定违法，并依法撤销该补偿决定。

——《行政案件适用调解结案的范围》，载最高人民法院行政审判庭编著：《最高人民法院行政审判庭法官会议纪要（第二辑）》，人民法院出版社2023年版，第113~132页。

263. 普遍登记背景下相对人对登记行为起诉期限的计算

关键词

普遍登记　起诉期限　具体行政行为

行政审判指导案例

陈某顶诉贵州省镇宁自治县人民政府土地登记案［行政审判指导案例第129号］

裁判要点： 在行政机关就与相对人特定权益密切相关的事项开展普遍登记活动期间，相对人未获登记或领取相关权证，且对他人获取登记或相关权证的事实已知的，推定其知道行政机关已经将该事项登记在他人名下。起诉期限的计算，从应当知道具体行政行为内容之日起最长不得超过2年。

本案所诉的1998年8月16日镇宁县政府颁发给杨跃华的《土地承包经营权证》上记载的争议地瓦窑田1.057亩，是延续1983年将该土地发包给杨跃华耕种管理的行为。陈某顶与杨跃华一直都居住在江龙镇二村，耕种的田地毗邻，陈某顶应当知道被上诉人江龙二村委会将争议地瓦窑田处的土地发包给杨跃华耕种的具体行政行为和1998年我国第二轮土地承包颁发《土地承包经营权证》的事实,所以从 1998 年第二轮土地承包时起算,陈某项已经超过两年的起诉期限,根据《最高人民法院关于执行〈中华人民共和国行政诉讼法〉若干问题的解释》第四十四条第一款第(六)项①的规定,应当依法驳回起诉。

——江必新主编、最高人民法院行政审判庭编:《中国行政审判案例》第 4 卷,中国法制出版社 2012 年版,第 43~44 页。

264. 拒收行政处理决定时起诉期限的计算

关键词

拒收处理决定　知道具体行政行为内容　起诉期限

附录:司法信箱

该案的起诉期限应当如何计算?

问题:某乡政府对相对人作出一个行政处理决定。8 月 9 日乡政府送达处理决定时,当场向相对人宣读了该处理决定的内容,并告知相对人诉权和起诉期限。当时,当事人拒绝签收处理决定书,但同年 9 月 6 日相对人在乡政府办公楼里签收了处理决定书。法院审理时对本案当事人起诉期限的起算日期有不同意见。一种意见认为应从 8 月 9 日开始计算;另一种意见认为应从 9 月 6 日开始计算。请问哪种意见正确?

《人民司法》研究组认为:《行政诉讼法》第 39 条②规定:"公民、法人或者其他组织直接向人民法院提起诉讼的,应当在知道作出具体行政行为之日起 3 个月内提出。法律另有规定的除外。"根据该条规定,在公民、法人或者其他组织知道诉权和起诉期限的情况下,其起诉期限从知道或者应当知道具体行政行为内容之日起计算。在上述案件中,乡政府送达处理决定书时当场向相对人宣读了处理决定的内容,并告知相对人诉权和起诉期限。在这种情况下,如果相对人确实已经知道具体行政行为的内容、诉权和起诉期限,其起诉期限应当自 8 月 9 日起计算。虽然相对人 9 月 6 日才签收处理决定书,但不应改变本案行政处理决定送达的日期和起诉期限的起算日期。

——《人民司法》2001 年第 1 期(总第 444 期)。

---

① 本条规定已被《最高人民法院关于适用〈中华人民共和国行政诉讼法〉的解释》(法释〔2018〕1 号)废止。

② 现为《中华人民共和国行政诉讼法》(2017 年修正)第四十六条。

265. 其他财产共有人起诉期限的计算

关键词

财产共有人 起诉期限

最高人民法院答复

山东省高级人民法院：

你院《关于金延花诉烟台市芝罘区人民政府房屋行政登记一案有关法律适用问题的请示》收悉，经研究，答复如下：

一方共有人未经其他共有人同意处分共有财产，行政机关作出产权变更登记，有证据证明其他共有人不知道该产权变更登记行为的，其他共有人自知道该变更登记内容之日起2年内，有权依法提起行政诉讼。抵押权的实现是物权变更的原因和方式之一，同样可以适用善意取得制度。

——《最高人民法院行政审判庭关于其他财产共有人起诉期限计算以及对抵押权人是否适用善意取得问题的答复》（2011年12月13日，〔2011〕行他字第75号）。

附录：最高人民法院法官著述

从答复来看，在认定其他共有人是否应当知道产权变更登记行为时，首先是推定其他共有人与实施转移登记行为的共有人应当是同时知道该转移登记行为的。为何如此规定，主要是基于共有人之间的特殊的身份关系，夫妻共有财产、其他家庭成员之间的共有财产或者是非家庭成员之间产生的共有财产，通常情况下共有人之间都会具有区别于一般人的特别亲密关系。基于这种特殊的亲密关系，其中一位共有人代表其他共有人处分共有财产，通常会告知其他共有人，并征得其他共有人的同意。同样基于共有人这种特殊的亲密关系，对外而言，其中一位共有人的行为往往会被其他人认为是代表其他共有人的行为，构成表见代理。正因为如此，一般情况下，推定共有人知道转让登记行为的时间是同时的，代为办理转移登记的共有人知道转移登记的时间就是所有共有人知道转移登记行为的时间。但是，现实是复杂多样的，确实也会存在共有人之一未经其他共有人同意，擅自处分共有财产，侵犯其他共有人合法权益的情形。如何维护其他共有人的合法权益，从行政诉讼的角度，就是应当赋予其他共有人对此转移登记行为的起诉权，只要有证据证明其他共有人对转移登记行为确实不知情，就应当从其实际知道转移登记行为内容起计算其起诉期限，因未告知诉权和起诉期限，其起诉期限为2年。

谁来承担"不知道该产权变更登记行为"的举证责任？举证达到何种程度算是完成举证责任？这些问题也是需要解决的。我们认为，起诉人应当对此负举证责任，因为，根据生活常识和代理规则，通常推定共有人知道转移登记行为的时间是一样的，其他共有人主张对另一共有人处分共有财产行为不知情，应当说明理由并举证加以证明。只要有证据能够证明其他共有人可能存在不知情的情形，即，相对于认定其办理转移登记时就知道该转移登记行为内容，起诉人的举证证明其当初不知道变更登记行为更具有说服力，就可以认为起诉人已经完成了举证责任。

——郭修江：《关于对其他财产共有人起诉期限计算及对抵押权人是否适用善意取得制度答复的解读》，载江必新、贺荣主编、最高人民法院行政审判庭编：《行政执法与行政审判》2013年第1集（总第57集），中国法制出版社2013年版，第11页。

266. 原行政行为超过起诉期限或者当事人不具有原告资格以及其他不符合起诉条件情形的，当事人申请行政复议，复议机关作出维持原行政行为决定。当事人对原行政行为及复议决定一并提起诉讼，人民法院应当如何审查并作出裁判

关键词

行政行为　不符合起诉条件　行政复议　提起诉讼

最高人民法院审判业务意见（行政庭法官会议纪要）

此议题在《最高人民法院关于适用〈中华人民共和国行政诉讼法〉的解释》（以下简称《行政诉讼法解释》）颁布之前提出。该司法解释第一百三十六条第七款对此予以明确规定，即原行政行为不符合复议或者诉讼受案范围等受理条件，复议机关作出维持决定的，人民法院应当裁定一并驳回对原行政行为和复议决定的起诉。

《行政诉讼法》以及《行政诉讼法解释》规定的行政诉讼受理条件，与行政复议法及《行政复议法实施条例》规定的复议受理条件基本一致。例如当事人与原行政行为的利害关系、申请复议期限与起诉期限等。以利害关系为例，复议机关如果对申请人申请复议的主体资格判断有误，进而作出维持原行政行为的复议决定，当事人不服提起行政诉讼。人民法院经过审查认为原告因与原行政行为没有利害关系而不具有申请复议的资格，人民法院应当一并驳回当事人对原行政行为和复议决定的起诉，而不宜对复议决定进行实体审查。在原行政行为超过起诉期限的前提下，复议机关作出维持决定，当事人不服提起行政诉讼的，人民法院亦应对全案裁定驳回起诉。此外，从维护行政法律关系的稳定性及行政诉讼起诉制度的严肃性考虑，亦不应当让已经超过起诉期限的当事人通过行政复议程序重新获得已经丧失的诉权。

——《最高人民法院行政法官专业会议纪要（二）（复议诉讼领域）》（2019年11月29日）。

267. 当事人因原行为机关未履行行政复议决定，就相关实体事项提起行政诉讼，而未请求行政复议机关或者有关上级行政机关责令其限期履行，人民法院是否应当受理

关键词

行政复议决定　行政诉讼　限期履行

最高人民法院审判业务意见（行政庭法官会议纪要）

被申请人不履行复议决定的，由行政复议机关或者上级行政机关责令其履行，当事人不服提起行政诉讼的，人民法院不予受理。

行政复议决定一经送达，即发生法律效力。作为复议机关下级机关的被申请人，应当在收到决定书之后开始履行决定。《行政复议法》第三十二条①规定，被申请人应当履行行政复议决定。被申请人不履行或者无正当理由拖延履行行政复议决定的，行政复议机关或者有关上级行政机关应当责令其限期履行。故对于行政机关无正当理由延缓履行复议决定或者不履行的，行政复议机关或者有关机关都可以依照该规定，责令被申请人履行复议决定。同时立法机关在该规定的释义中进一步阐述"如果复议机关或上一级行政机关对被申请人没有采取责令限期履行措施的，申请人也可以依照本条规定向人民法院申请强制执行。申请强制执行应依照行政诉讼法和最高人民法院有关执行的司法解释进行"。根据该规定及释义精神，对于履行行政复议决定的救济，并无提起行政诉讼进行救济的路径。当事人应当申请上级机关责令履行或通过法院进行强制执行。

——《最高人民法院行政法官专业会议纪要（三）（复议诉讼领域）》（2019年11月29日）。

---

① 现为《中华人民共和国行政复议法》（2023年修正）第七十七条。

268. 行政机关依据不同法律作出一项处理内容而不同法律对起诉期限规定不一致的，按照最长起诉期限计算

关键词

期间竞合　起诉期限　保护诉权

附录：最高人民法院法官著述

司法实践中，经常有不同的法律对行政机关管辖的同一事项作出规定，行政机关据此作出只有一项处理内容的行政行为。但是，不同的法律对起诉期限的规定不一致。例如，行政机关在一个行政行为中，分别引用甲法和乙法作出行政处罚。甲法的起诉期限为1个月，乙法的起诉期限为3个月。只要没有超过乙法规定的起诉期限，人民法院就应当受理。原《贯彻意见》第43条规定，行政机关根据两个以上法律、法规作出的一个具体行政行为中，只有一项处理内容，如果法律、法规规定的起诉期限不一致，当事人起诉时，只要未超过其中最长的起诉期限，人民法院应予受理。当然，这个规定中也有不足。例如，法规不能规定起诉期限的问题。根据最高人民法院的司法解释，如果行政法规规定的起诉期限长于法律规定的起诉期限，且行政机关在作出行政行为时告知的是行政法规规定的起诉期限。行政相对人亦可以在行政法规规定的起诉期限内起诉。当然，这仅仅是对行政相对人诉权的保护，而非承认行政法规可以规定起诉期限。[①]原《贯彻意见》的规定虽然已经失效，但是，该司法解释中关于保护行政相对人诉权的精神则具有参考意义。

——江必新、梁凤云：《行政诉讼法理论与实务》（第三版），法律出版社2016年版，第1093页。

269. 非起诉人自身原因超过起诉期限的，被耽误的时间不计算在起诉期间内

关键词

非自身原因　起诉期限

[①] 最高人民法院的该精神可以参见《最高人民法院行政审判庭关于税务行政案件起诉期限问题的电话答复》(1990年12月27日)。

最高人民法院公报案例

眉山气雾剂厂诉眉山市人民政府、眉山市国土局土地行政登记案〔四川省高级人民法院〕

裁判摘要：根据《最高人民法院关于执行〈中华人民共和国行政诉讼法〉若干问题的解释》第43条①的规定，由于不属于起诉人自身的原因超过起诉期限的，被耽误的时间不计算在起诉期限内。对于当事人提起行政诉讼，人民法院应该立案而不立案，又未出具书面裁定，造成当事人因向其他部门上访、申请而超过起诉期限的，属于非自身原因耽误的期间，不应计算在起诉期限内。

《行政诉讼法》第39条②规定："公民、法人或者其他组织直接向人民法院提起诉讼的，应当在知道作出具体行政行为之日起3个月内提出。法律另有规定的除外。"《最高人民法院关于贯彻执行〈中华人民共和国行政诉讼法〉若干问题的意见（试行）》第35条规定："行政机关作出具体行政行为未告知当事人的诉权和起诉期限，致使当事人逾期向人民法院起诉的，其起诉期限从当事人实际知道诉权或者起诉期限时计算，但逾期的期间最长不得超过1年。"原眉山县人民政府虽然是于1996年4月颁发的1842号《国有土地使用证》，但气雾剂厂是于1998年9月3日查阅颁证档案时才确切知道该1842号《国有土地使用证》内容的，且在知道当时并没有被告知诉权和起诉期限。气雾剂厂于1999年11月向原眉山县人民法院提起行政诉讼，没有超过逾期1年的规定，其起诉符合《行政诉讼法》第41条③规定的起诉条件。由于原眉山县人民法院对气雾剂厂于1999年11月提起的诉讼，既未按规定立案，也未按规定向当事人出具不予立案的书面裁定，致使气雾剂厂不断向其他部门申诉和上访，直到2003年12月收到眉山市国土局以重复登记为由作出的《不予受理土地登记通知书》后，才再次向眉山市中级人民法院提起行政诉讼。气雾剂厂反复向有关行政机关上访、申诉的时间，非因自身原因造成，根据《最高人民法院关于适用〈中华人民共和国行政诉讼法〉若干问题的解释》（以下简称《若干解释》）第43条"由于不属于起诉人自身的原因超过起诉期限的，被耽误的时间不计算在起诉期间内"的规定，气雾剂厂向其

---

① 本条规定已被《最高人民法院关于适用〈中华人民共和国行政诉讼法〉的解释》（法释〔2018〕1号）废止。
② 现为《中华人民共和国行政诉讼法》（2017年修正）第四十六条。
③ 现为《中华人民共和国行政诉讼法》（2017年修正）第四十九条。

他行政部门上访、申诉的时间不应当计算在起诉期间内。气雾剂厂于1998年9月3日知道被诉行政登记行为内容,扣除非因自身原因耽误的时间1999年11月至2003年12月,其于2004年3月5日提起的行政诉讼,符合《若干解释》第41条"行政机关作出具体行政行为时,未告知公民、法人或者其他组织诉权或者起诉期限的,起诉期限从公民、法人或者其他组织知道或者应当知道诉权或者起诉期限之日起计算,但从知道或者应当知道具体行政行为内容之日起最长不得超过2年"的规定,人民法院应当立案受理。气雾剂厂的上诉理由成立。

——《最高人民法院公报》2005年第2期。

270. 起诉期限的扣除问题

关键词

起诉期限扣除

最高人民法院审判业务意见

《行政诉讼法》第四十八条第一款规定:公民、法人或者其他组织因不可抗力或者其他不属于其自身的原因耽误起诉期限的,被耽误的时间不计算在起诉期限内。

(1)当事人提交的证据材料能够证明其在法定起诉期限内提起诉讼的,人民法院在审查起诉期限时应当审慎审查当事人提起行政诉讼是否超过起诉期限。

(2)当事人基于对行政机关的信赖,等待其就相关争议事项进行协调、处理,导致耽误起诉期限,属于非自身原因耽误起诉的情形,被耽误的时间不计算在起诉期限内。

如刘某诉某县政府行政赔偿案,刘某提供了相关证据证明某县政府引导其将本不属于仲裁受理范围的争议申请仲裁,导致其未在行政复议期满十五日内向人民法院提起诉讼,某县政府出具说明亦认可此事。某县政府将争议引入仲裁程序而被耽误的时间应予扣除。

——《最高人民法院第二巡回法庭建庭以来行政案件审理情况分析报告——以申请再审案件为核心(2015.01-2020.06)》。

271. 诉请确认行政行为无效以规避起诉期限的审查处理

关键词

确认行政行为无效　起诉期限　审查

最高人民法院裁判文书

王某荣诉吉林省长春市绿园区人民政府确认征补协议无效案［最高人民法院（2020）最高法行再341号行政裁定书］

裁判要点：当事人对2015年5月1日之后作出的行政行为可以随时提起确认无效请求，不受起诉期限限制。同时，为避免出现当事人滥用确认无效诉讼请求以规避起诉期限制度的情况，原告一方应当对被诉行政行为属于无效情形举证，被告一方亦可提出证据否定对方主张。人民法院应当对行政行为是否属于无效情形进行审查，认为行政行为属于无效情形的，则不受起诉期限限制；认为行政行为不属于无效情形的，人民法院应当向原告予以释明。经释明，原告变更请求撤销行政行为的，人民法院应当继续审理并审查是否符合撤销之诉的起诉期限规定，超过法定起诉期限的，裁定驳回起诉；原告拒绝变更诉讼请求的，判决驳回其诉讼请求。

最高人民法院认为，王某荣提起本案诉讼，请求确认其与绿园区政府签订的行政协议无效。本案争议焦点是确认行政协议无效之诉是否受起诉期限限制。《最高人民法院关于适用〈中华人民共和国行政诉讼法〉的解释》第九十四条规定，公民、法人或者其他组织起诉请求撤销行政行为，人民法院经审查认为行政行为无效的，应当作出确认无效的判决。公民、法人或者其他组织起诉请求确认行政行为无效，人民法院审查认为行政行为不属于无效情形，经释明，原告请求撤销行政行为的，应当继续审理并依法作出相应判决；原告请求撤销行政行为但超过法定起诉期限的，裁定驳回起诉；原告拒绝变更诉讼请求的，判决驳回其诉讼请求。第一百六十二条规定，公民、法人或者其他组织对2015年5月1日之前作出的行政行为提起诉讼，请求确认行政行为无效的，人民法院不予立案。从上述司法解释可以得出，重大且明显违法的行政行为即无效行政行为，自始、绝对无效，不因时间推移而具有合法效力。当事人对2015年5月1日之后作出的行政行为可以随时提起确认无效请求，不受起诉期限限制。同时，为避免出现当事人滥用确认无效诉讼请求以规避起诉期限制度的情况，原告一方应当对被诉行政行为属于无效情形举证，被告一方亦可提出证据否定对方主张。人民法院应当对行政行为是否属于无效情形进行审查，认为行政行为属于无效情形的，则不受起诉期限限制；认为行政行为不属于无效情形的，人民法院应当向原告予以释明。经释明，原告变更请求撤销行政行为的，人民法院应当继续审理并审查是否符合撤销之诉的起诉期限规定，超过法定起诉期限的，裁定驳回起诉；原告拒绝变更诉讼请求的，判决驳回其诉讼请求。本案中，案涉《住宅房屋附着物征迁补偿协议书》载明的签订时间为 2016 年 12 月 15 日，再审申请人王某荣陈述该协议实际签订时间为 2017 年 7 月 6 日，时间节点均在 2015 年 5 月 1 日之后。因此，根据上述司法解释，王某荣请求确认 2015 年 5 月 1 日之后签订的行政协议无效，不受起诉期限限制。一、二审裁定以王某荣的起诉超过起诉期限为由，裁定不予立案，适用法律错误，应予纠正。

——中国裁判文书网。

272. 行政协议之诉的起诉期限

关键词

行政协议　行政优益权　起诉期限

最高人民法院裁判文书

田某啟诉武汉市江夏区人民政府行政协议案［最高人民法院（2017）最高法行申 7758 号行政裁定书］

裁判要点：行政协议虽然仍属于一种行政活动方式，但它却借用了民法合同的方式，行政机关与协议相对人之间虽然本质上不属于平等的民事主体，但却是以平等协商的方式订立并履行协议，正是基于这种平等性和双方性，当因为行政协议的订立和履行产生争议时，可以适用不违反行政法和行政诉讼法强制性规定的民事法律规范。但行政协议终究不是民事合同，行政机关因公共利益需要或者其他法定理由，可以单方变更、解除协议，这种行政优益权的行使，与传统的单方行政行为并无不同，因此针对行政机关单方变更、解除协议的行为提起诉讼的，仍然适用《行政诉讼法》及其司法解释关于起诉期限的规定。

最高人民法院认为：本案的争议焦点为，再审申请人请求撤销被诉《征补协议》并责令江夏区政府与其重新签订协议,是否应当参照民事法律规范关于撤销权行使的相关规定。再审申请人认为,"再审申请人是请求撤销《征补协议》而不是请求行政机关依法履行或按照约定履行协议,《最高人民法院关于适用〈中华人民共和国行政诉讼法〉若干问题的解释》第十二条① 未规定提起撤销诉讼要参照民事法律规范关于诉讼时效的规定。且被诉协议是不平等主体之间签订的,不应参照合同法的规定。"《最高人民法院关于适用〈中华人民共和国行政诉讼法〉若干问题的解释》第十二条对于行政协议之诉的诉讼时效和起诉期限进行了"两分法"处理,一是"公民、法人或者其他组织对行政机关不依法履行、未按照约定履行协议提起诉讼的,参照民事法律规范关于诉讼时效的规定";二是"对行政机关单方变更、解除协议等行为提起诉讼的,适用行政诉讼法及其司法解释关于起诉期限的规定"。这是基于行政协议既有双方性又有单方性,行政协议之诉既有关系之诉的新特点,又有行为之诉的旧传统,而作出的区别处理。行政协议虽然仍属于一种行政活动方式,但它却借用了民法合同的方式,行政机关与协议相对人之间虽然本质上不属于平等的民事主体,但却是以平等协商的方式订立并履行协议,正是基于这种平等性和双方性,当因为行政协议的订立和履行产生争议,可以适用不违反行政法和行政诉讼法强制性规定的民事法律规范。但行政协议终究不是民事合同,行政机关因公共利益需要或者其他法定理由,可以单方变更、解除协议,这种行政优益权的行使,与传统的单方行政行为并无不同,因此针对行政机关单方变更、解除协议的行为提起诉讼的,仍然适用《行政诉讼法》及其司法解释关于起诉期限的规定。据此,一审和二审法院认定再审申请人提起的合同撤销之诉应参照《合同法》的相关规定予以审查,符合上述法律及司法解释的规定精神。

此外,再审申请人主张因其他诉讼耽误的时间应予扣除的理由缺乏法律依据。至于被诉《征补协议》的签订时间问题。再审申请人提供的《征补协议》落款时间为 2011 年,虽无具体签订日期,但结合其提交的 2011 年 7 月 10 日《青龙南路房屋征收补偿安置承诺书》等材料,二审法院认定其与江夏区政府于 2011 年 7 月前签订了被诉《征补协议》,并无不当。

——最高人民法院第四巡回法庭编:《最高人民法院第四巡回法庭典型行政案件裁判观点 2017-2018》,法律出版社 2020 年版,第 477~481 页。

---

① 现为《最高人民法院关于适用〈中华人民共和国行政诉讼法〉的解释》(法释〔2018〕1 号)第一百三十八条。

273. 行政许可办理期限的起算点

关键词

行政许可　办理期限

最高人民法院司法解释

第六条　行政机关受理行政许可申请后,在法定期限内不予答复,公民、法人或者其他组织向人民法院起诉的,人民法院应当依法受理。

前款"法定期限"自行政许可申请受理之日起计算;以数据电文方式受理的,自数据电文进入行政机关指定的特定系统之日起计算;数据电文需要确认收讫的,自申请人收到行政机关的收讫确认之日起计算。

——《最高人民法院关于审理行政许可案件若干问题的规定》(2009年12月14日,法释〔2009〕20号)。

274. 依职权行政不作为起诉期限的计算

关键词

行政不作为　起诉期限

附录:最高人民法院主流观点

行政不作为案件中,如果行政机关已经明确告知将不作出相应行政行为的,此时原告就已经知道不履行法定职责行为的存在,即应开始计算起诉期限。依职权行政不作为案件中,行政机关已经明示不履行相应职责的,一般起诉期限无法重新计算,因此,此种情况应当与提起撤销诉讼一样,适用通常起诉期限。

我们倾向于依职权行政不作为应受起诉期限的限制,主要有以下几个原因:

第一,从起诉期限制度设立的目的及价值取向看,依职权行政不作为应受起诉期限限制。法律具有秩序、效率、自由、公正等价值取向。基于分权制约、行政效率、诉讼效益等理论,行政诉讼设立了起诉期限制度。起诉期限制度在追求法律的公正、自由价值的同时,更倾向于追求法律的秩序和效率价值。行政不作为属于行政行为的一种,其产生的法律后果与作为类的行政行为没有本质上的不同,对行政相对人的行政诉讼权利也应进行必要的限制，督促权利人及时行使权利，这也是诉权保护的应然之意。如对怠于行使诉权的人不进行必要的限制，允许其在任何时候均可以提起行政诉讼，有鼓励、放任当事人怠于行使权利之嫌，也将使行政行为一直处于被质疑和不确定的状态，既影响了行政效率，又给行政管理带来混乱，还有可能因时代久远导致人员更迭、证据湮灭，给当事人举证造成困难，不利于人民法院查明事实。

第二，通过与依申请行政不作为的比较可知，依职权行政不作为应受起诉期限限制。依职权行政不作为和依申请行政不作为的区别在于作为义务的形成方式是否依当事人的申请，两类行为的持续时间、法律后果基本相同。《行政诉讼法》及其司法解释对依申请行政不作为的起诉期限进行了明确规定，说明作为义务的持续时间并非起诉期限可持续计算的法定理由。如果依职权行政不作为的起诉不受起诉期限的限制，破坏《行政诉讼法》及其司法解释整体构架的协调统一。有观点认为，根据依申请行政行为的特点，即使申请人在6个月内没有提起诉讼，在很多情况下仍然可以通过再次申请的方式启动行政程序，进而通过行政诉讼寻求救济，因而依申请的行政不作为实际不受起诉期限的限制。我们认为，依申请行政不作为案件中，超过起诉期限后相对人可以重新提出申请，起诉期限能够重新计算的原因是，依申请行政不作为中，作为义务形成始于当事人提出申请。相对人在超过起诉期限后重新提出申请，开启了新的行政法律关系，行政机关未履行相应职责的，与前一行政不作为行为并非同一行为，新的行政行为的起诉期限当然需要重新计算。① 因此，不能以依申请行政不作为案件当事人可重新申请、重新起诉为由认为行政不作为不受起诉期限的限制。

第三，通过与域外诉讼制度及民事诉讼时效制度的比较可知，依职权行政不作为应受起诉期限限制。很多国家也规定了行政不作为的起诉期限②，在德国、日本等国家虽然没有对怠于处分诉讼起诉期限进行规定，但如果原告在长时间不提起诉讼，相关行政机关对该案件已经不再有应付诉讼的期望，因而原告将丧失提起行政不作为诉讼的诉权。③ 另外，通常认为由于行政机关在人类共同生活中所负担的公共利益责任及其在实现秩序价值所发挥的不可替代的作用，决定了行政行为较私人行为应当具有更为稳定的可预测性与可

---

① 如（2018）最高法行申11122号裁定认为："超过六个月起诉期限，公民、法人或者其他组织再次提出履责申请，行政机关有义务继续履行，否则仍然构成不履行法定职责。此为行政机关新的不履责行为，与已超过起诉期限的前一个不履责行为不是同一个行政行为，公民、法人或者其他组织在行政机关两个月履责期限届满之日起六个月内提起行政诉讼，人民法院应当依法受理。"

② 江必新、梁凤云编著：《行政诉讼法及司法解释关联理解与适用》，中国法制出版社2018年版，第403页。

③ 熊菁华：《论行政不作为的救济》，中国政法大学2001年博士学位论文。

信任性。比较民事诉讼的诉讼时效制度，行政诉讼的起诉期限制度更加严厉地对权利的行使加以法律上的限制与剥夺。在民事诉讼中，与行政不作为的诉讼类型相似的是给付之诉。《民法总则》[①]及《民事诉讼法》仅规定关于身份、人格关系发生的请求权及物权请求权等不受诉讼时效的限制，但并未将"给付义务一直存在"作为给付之诉不适用诉讼时效的理由。作为对诉权限制更为严格的行政诉讼，依职权行政不作为之诉中对起诉期限进行限制是可行且必要的。

对于依职权行政不作为起诉期限如何计算，《行政诉讼法》及其司法解释均未明确规定。根据《行政诉讼法》第四十七条、《行政诉讼法司法解释》第六十六条的规定，依申请行政不作为起诉期限的起算点为"行政机关履行法定职责期限届满之日起"，具体可分为三种情况：（1）一般情况下，起诉期限起算点为行政机关接到申请之日起满两个月起；（2）法律、法规对行政机关履行职责的期限另有规定的，起诉期限起算点为行政机关接到申请之日起至法律、法规规定的履职期限届满之日；（3）紧急情况下，起诉期限的起点不受上述规定的限制。将"行政机关履行法定职责期限届满之日起"作为依申请行政不作为起诉期限的起算点，是因为申请人提出履行法定职责申请后，对行政机关作出相应的行为已经有了明确的期待，《行政诉讼法司法解释》又明确规定了行政机关的履职期限，故行政机关在期限内未作出行政行为的，申请人能够及时、直接地感知，在行政机关履行法定职责期限届满时申请人就应当知道行政不作为的存在。但依职权行政不作为并不依赖于申请作出，行政机关履行职责期限的起始点不易确定，且《行政诉讼法》及其司法解释均未对依职权履行职责的期限进行规定，故"知道或应当知道行政机关履行法定职责期限届满之日"往往不容易认定。在此情况下，可以在权利救济与社会秩序稳定等价值间取得相对平衡为原则，结合案件事实，运用逻辑推理，结合生活经验、生活常识综合判断起诉期限的起算点。如果行政机关的行为足以使当事人知晓行政机关将不再履行相应职责的，当事人即能够直观、清晰地感知其权益受损的事实，因而可以以该时点作为起诉期限的起算点。本案中，H市B区房屋征迁证照确认小组于2015年6月3日对符合补偿条件的人员名单进行了公示，公示名单中未包括卫某。在此情况下，未被公示的人员是否已确定排除在补偿范围外尚需进一步明确，需要更为有力的证据证明卫某已经明确知晓行政不作为的存在。而在卫某上访过程中，F镇人民政府、B区人民政府已经明确告知卫某不符合补偿条件，对其补偿请求不予支持，此时卫某已经明确知晓行政不作为行为的存在及权利受损的事实，即可以开

---

① 现为《中华人民共和国民法典》总则编。

始计算起诉期限。[①]

关于起诉期限的长度,《行政诉讼法司法解释》规定,依申请行政不作为的起诉期限为 6 个月,其原因在于申请人的申请可开启新的行政法律关系,故不会影响行政相对人诉讼权利的行使。但依职权行政不作为中,行政法律关系不依赖于申请人的申请而开启,在行政机关明确告知相对人将不作出相应行为,相对人超过起诉期限后难以通过向行政机关提出申请的方式重新起算起诉期限,如再适用 6 个月的起诉期限,不利于对行政相对人诉讼权利的保护,在依职权行政不作为案件中,应按照作为类行为计算起诉期限。本案卫某所提诉讼的起诉期限从 2015 年 9 月开始计算,于 2018 年 1 月 24 日提起行政诉讼。根据卫某起诉时有效的《行政诉讼法司法解释》第 41 条第 1 款的规定,行政机关作出具体行政行为时未告知公民、法人或者其他组织诉权或者起诉期限的,从知道或者应当知道具体行政行为内容之日起最长不得超过 2 年。根据该规定,卫某已经超过起诉期限,一、二审法院裁定驳回卫某的起诉并无不当。

——姜伟主编、最高人民法院第四巡回法庭编:《最高人民法院第四巡回法庭疑难案件裁判要点与观点》,人民法院出版社 2020 年版,第 568~574 页。

275. 与低温雨雪冰冻灾害有关的行政案件的起诉期限

关键词

低温雨雪冰冻灾害　起诉期限　不可抗力

最高人民法院司法政策精神

(一)关于起诉期限。公民、法人或者其他组织因低温雨雪冰冻灾害耽误法定起诉期限,在障碍消除后的 10 日内申请延长期限的,人民法院应当认定属于行政诉讼法第四十条[②]规定的不可抗力。低温雨雪冰冻灾害的起止时间,

---

[①] 有人认为,明确告知不履行职责或明示拒绝的行为属于行政作为,应按照作为类案件进行审查。我们认为,学理中虽对此类行为的性质有较大分歧,但我国已将行政诉讼类型化引入行政诉讼,所以我们可以在实践中搁置争议,根据当事人的诉讼请求划分不同的诉讼类型,采取不同审理方向和判决内容。若当事人要求撤销明确告知不履行职责或明示拒绝行为的,可将该行为视为作为类案件进行审理,如行为违法应予撤销的,可以适用《行政诉讼法》第 70 条的规定,在必要时判决被告重新作出行政行为;如果当事人起诉要求履行法定职责,则归为不作为类案件进行审理,以实质回应当事人的诉讼请求。但无论采取何种诉讼类型,对起诉期限的认定应当保持一致,即针对同一实质行政争议,不能仅因当事人诉讼请求的不同导致起诉期限计算方式不同,从而规避起诉期限的规定,这也从侧面说明了依职权行政不作为应当受起诉期限的限制。

[②] 现为《中华人民共和国行政诉讼法》(2017 年修正)第四十八条。

原则上应以当地气象部门的认定为准。

——《最高人民法院关于审理与低温雨雪冰冻灾害有关的行政案件若干问题座谈会纪要》(2008年4月29日，法〔2008〕139号)。

276. 请求确认行使行为无效案件的起诉期限问题

关键词

确认行使行为无效　起诉期限

最高人民法院审判业务意见

《最高人民法院关于适用〈中华人民共和国行政诉讼法〉若干问题的解释》第九十四条规定：公民、法人或者其他组织起诉请求撤销行政行为，人民法院经审查认为行政行为无效的，应当作出确认无效的判决。公民、法人或者其他组织起诉请求确认行政行为无效，人民法院审查认为行政行为不属于无效情形，经释明，原告请求撤销行政行为的，应当继续审理并依法作出相应判决；原告请求撤销行政行为但超过法定起诉期限的，裁定驳回起诉；原告拒绝变更诉讼请求的，判决驳回其诉讼请求。

第一百六十二条规定：公民、法人或者其他组织对2015年5月1日之前作出的行政行为提起诉讼，请求确认行政行为无效的，人民法院不予立案。重大且明显违法的行政行为即无效行政行为自始、绝对无效，不因时间的推移而具有合法效力。

《行政诉讼法》及司法解释均未明确规定确认行政行为无效是否受起诉期限的限制，但从上述条款中可以看出，当事人对2015年5月1日之后作出的行政行为提起确认无效诉讼的，不受起诉期限的限制，应予立案。为避免当事人滥用确认无效请求以规避起诉期限制度，原告一方应当对行政行为符合无效的情形承担举证责任，被告一方亦可提出证据否定对方主张。人民法院应当审查行政行为是否属于无效情形，认为行政行为属于无效情形的，则不受起诉期限的限制；认为行政行为不属于无效情形的，人民法院应当向原告予以释明。原告变更请求撤销行政行为的，人民法院应当继续审理并审查是否符合撤销之诉的法定起诉期限，超过法定起诉期限的，裁定驳回起诉；原告拒绝变更诉讼请求的，判决驳回其诉讼请求。

如王某诉某区政府确认征补协议无效案，王某于2019年5月提起诉讼，请求确认其与区政府于2017年7月签订的《住宅房屋附着物征迁补偿协议书》无效。被诉协议的订立时间在2015年5月1日之后，王某要求确认征补协议无效的诉讼请求是确认无效诉讼，不受起诉期限的限制，因此其提起该案诉讼未超过起诉期限。

——《最高人民法院第二巡回法庭建庭以来行政案件审理情况分析报告——以申请再审案件为核心（2015.01-2020.06）》。

277. 经过公告行为的起诉期限起算

关键词

公告　起诉期限

最高人民法院司法解释

第九条　涉及农村集体土地的行政决定以公告方式送达的，起诉期限自公告确定的期限届满之日起计算。

——《最高人民法院关于审理涉及农村集体土地行政案件若干问题的规定》（2011年8月7日，法释〔2011〕20号）。

附录：最高人民法院主流观点

一、土地征收及征地补偿安置方案公告对不在家农民的法律效力

土地征收过程中，一些被征地农民可能因为举家在外地打工等特殊情形不在家，行政机关在征地范围张贴的土地征收公告或者征地补偿、安置方案公告，该农民确实无从知晓，该农民"知道具体行政行为内容"的日期应当如何确定？其起诉期限应当从何日开始计算？

我们认为，举家外出打工的农民，在离家时有义务向村委会或者村民小组告知其去向和联系方式。对举家外出打工的农民，其土地、房屋在被征收范围的，在调查摸底过程中行政机关应当了解相关情况，及时与其取得联系，告知其土地征收及安置补偿的相关情况，动员其早日回乡处理相关事宜。但是，根据《土地管理法》等相关法律规定，单个通知相关被征收土地农民不是行政机关的法定义务，如果个别被征地农民因为外出打工等原因未能及时了解到公告内容的，从公共利益和维护绝大多数农民合法权益的角度考虑，其对相关征地及补偿安置方案行政决定的起诉期限并不因为确实不知道行政决定内容而推迟，其起诉期限与其他农民一样，从公告期满的第二天开始计算。

应当注意的是，这里的公告期满是指行政机关在公告中指定的公告期满法律文书生效的期间，而不是公告要求农民办理征地补偿登记或者其他事项的期限。行政机关应当根据征地范围和涉及农户的多少合理确定公告后相关法律文书的生效日，要尽可能保证相关农户都能够有时间通览公告内容之后，

相关法律文书再生效。一般情况下,行政机关至少应当指定 3—10 日期间为公告期。

二、公告内容错误的法律后果

一些行政机关在公告过程中,将当事人的姓名、名称明显弄错,将土地证的证号写错,将土地的位置表述错误,等等。这些错误如果足以导致当事人对相关公告的法律文书内容产生误解,误以为不是针对其所享有权利的土地作出的行政行为,此时,该公告行为由于公告内容的严重错误,应当视为公告无效。当事人的起诉期限应当从其实际知道具体行政行为内容之日起计算,而不能从无效公告期满的第二天起计算。

但是,如果公告中的错误仅仅是个别错别字,按照一般正常人的理解,并不足以导致当事人对行政决定的相对人、标的物、处理结果等主要内容产生误解的,应当视为公告存在瑕疵,尚不足以否定公告的效力。当事人的起诉期限应当从该公告期满之日第二天开始计算。

——江必新主编:《最高人民法院〈关于审理涉及农村集体土地行政案件若干问题的规定〉理解与适用》,中国法制出版社 2013 年版,第 114~115 页。

278. 行政复议机关对明显违反行政复议制度的复议申请不予受理,当事人不服提起诉讼的,可以裁定不予立案,或者立案后裁定驳回起诉

关键词

行政复议制度　复议申请

最高人民法院审判业务意见(行政庭法官会议纪要)

违反一级复议制度的复议申请,明显不符合行政复议受理条件。公民、法人或者其他组织随后对行政复议机关作出的不予受理决定或者程序性驳回复议申请决定提起诉讼,明显缺乏通过诉讼解决争议的实际价值,只会造成诉讼程序的无谓虚耗。对此种起诉,可直接裁定不予立案,或者立案后裁定驳回起诉。

附:案情简介

杨某某不服甲省乙市丙区法律援助中心所作不予法律援助决定,向乙市丙区司法局提出异议。该局作出答复意见,认为该不予法律援助决定内容适当。杨某某对该答复意见不服,向乙市司法局申请行政复议。该局于 2013 年 10 月 23 日告知其所提复议申请已超过法定申请期限。杨某某对该告知不服,

向乙市人民政府申请行政复议。该市人民政府于 2013 年 10 月 30 日告知其所提行政复议申请不符合行政复议受理条件。杨某某又不服，向甲省人民政府申请行政复议。甲省人民政府于 2013 年 11 月 18 日对其作出不予受理行政复议申请决定。杨某某不服，提起行政诉讼，请求撤销该不予受理决定，判令甲省人民政府赔偿损失。

——《明显缺乏诉的利益的案件裁判方式》，载最高人民法院行政审判庭编：《最高人民法院行政审判庭法官会议纪要（第一辑）》，人民法院出版社 2022 年版，第 55~56 页。

279. 因被告原因无从判断复议前置时可直接起诉

关键词

复议前置　起诉时间

最高人民法院裁判文书

上海金港经贸总公司诉新疆维吾尔自治区工商行政管理局行政处罚案
[最高人民法院（2005）行提字第 1 号行政裁定书]

最高人民法院认为，根据 1989 年《行政处罚法》第 31 条、第 39 条之规定，行政机关在作出行政处罚决定前，应当告知当事人作出行政处罚决定的事实、理由及依据，并告知当事人依法享有的权利；行政机关在其作出的行政处罚决定书上亦应当载明当事人"违反法律、法规或者规章的事实和证据""行政处罚的种类和依据"以及"当事人不服行政处罚决定，申请行政复议或者提起行政诉讼的途径和期限"等必要内容。工商局出具的罚款证明，既未告知某公司的违法事实，亦未告知适用的法律依据，在此情况下，某公司无从判断其行为性质及相应的法律规范，且有关证据表明，此笔款项实际上已作为工商局办案经费。原一、二审法院以某公司未经复议直接向人民法院起诉，不符合《投机倒把行政处罚暂行条例》第 11 条关于复议前置之规定为由裁定不予受理，于法无据。据此作出裁定：撤销一、二审裁定，指令中院按照第一审程序对本案进行审理。

附录：最高人民法院著述

关于复议与诉讼的衔接关系，很多国家把复议前置作为规范行政诉讼门槛的一个原则。我国的情况有所不同。从《行政诉讼法》和《行政复议法》的规定看，均是以当事人选择为原则，复议前置为例外。法律、法规可以设置复议前置的例外规定。按照行政法原理,规定复议前置的情形一般应限于专业性强或者条线管理需要加强内部监督的行政领域。

对法院而言,复议前置有助于查明行政行为的事实问题。复议借助行政系统的专业优势,使复杂的专业性问题变得更为容易理解。在行政诉讼中,前置的复议程序还可以减轻法院的审查负担,便于法院发挥优势和专长,集中精力对法律问题作出精准判断。对当事人而言,复议具有方便高效等诸多好处,但复议前置有时可能会变成一种负担或者不利益。本案的情况就是如此。

《投机倒把行政处罚暂行条例》规定,依据该条例作出的处罚行为,对之不服提起行政诉讼的,实行复议前置。在行政诉讼中,复议前置是一道诉讼门槛,如果没有经过复议,相对人就没有提起行政诉讼的权利。一般情况下,行政机关依据上述规定,针对其认定的投机倒把行为,对相对人作出处罚决定后,如果相对人没有经过复议就提起行政诉讼,裁定予以驳回当然没有问题。但本案中,行政机关只是直接扣押了相对人的款项,出具了罚款收据,而没有告知相对人有什么违法行为,违反了哪个法律条款。站在相对人的角度,由于无法判断该行为是否应当先行复议,故其直接起诉并无过错。诉讼中,被告指出原告从事的是投机倒把行为,按照《投机倒把行政处罚暂行条例》的规定,应当先行复议。在诉讼已经开始进行的情况下,按照被告的意见驳回起诉,让原告再去申请复议,无端增加原告的救济负担,等于用被告的错误惩罚原告。在此情况下,再审判决没有拘泥于法条,而是特别强调保护诉权的重要性,要求原审法院打开诉讼大门,让本案直接进入实体审理。

本案还涉及一个值得注意的问题,复议前置是刚性要求,如果相对人实体上可能存在被告指出的特定违法,是否就必须要先经复议才能诉讼呢?笔者认为没有必要。主要理由有三点:一是复议前置不能成为妨碍当事人诉权行使的幌子。在行政机关违反法定程序,不依法作出行政决定,导致相对人无从判断是否诉讼需要先行复议时,不允许其直接诉讼,显然有失公平。这种情况下,只要不是行政事项的专业性、技术性强到法院无法直接审理的程度,就应依法受理此类案件。而对于行政机关来说,如果不希望相对人越过复议程序直接起诉,就应依法规范地行使权力,故允许相对人直接起诉有倒逼依法行政的作用。二是行政问题的专业性、技术性的确会给行政诉讼造成困难,但并非不可逾越。"行政行为涉及专业性、技术性等问题适合复议前置得到认可,但由于专业性、技术性的判定却比较难,这意味着即使规定类似标准,结果可能仍取决于单行立法的规定。"[①] 事实上,过去的很多单行法,尤其是法规设定复议前置的情形,规范的内容都很难称得上专业性、技术性问

[①] 杨伟东:《行政复议与行政诉讼的协调发展》,载《国家行政学院学报》2017年第6期。

题。本案所涉投机倒把的认定和处理，就不属于专业性、技术性门槛很高的情形。三是法院不能回避对事实问题的审查。退一步讲，即便仍把复议前置作为本案受理的一道门槛，被告仅是答辩中声称原告存在投机倒把行为，并以此为由主张复议前置，法院在此情况下亦不应照单全收，至少应该审查作为相对人的原告存在投机倒把是否具有较大的可能性。如此，法院已经跨过了所谓的专业技术门槛，深入到最难的行政事实部分进行审查了。既然面对近在咫尺的球门只剩下临门一脚，又何必非要回传给行政机关呢？即使事实问题具有复杂性、专业性，出于及时救济的需要，亦不应对迎难而上的法院加以指责。

——王振宇：《行政诉讼与国家赔偿审判理论与实务》，人民法院出版社 2023 年版，第 178~183 页。

280. 被诉行政行为经终审判决生效后，其他利害关系人再次对该行政行为提起行政诉讼，可否立案受理

关键词

终审判决生效　行政行为　利害关系人

最高人民法院审判业务意见

8. 被诉行政行为经终审判决生效后，其他利害关系人再次对该行政行为提起行政诉讼，可否立案受理。

答：行政行为经终审判决生效后，原告之外的其他利害关系人再次对该同一行政行为起诉的，被诉行政行为受生效判决羁束，起诉不符合法定条件，应当裁定不予立案。

理由：人民法院对被诉行政行为的合法性全面审查，不受原告诉讼请求和理由的限制。被诉行政行为经判决生效后，其他利害关系人再次对该行政行为提起行政诉讼，人民法院没有对同一行政行为的合法性再次进行审查并作出判决的必要。未参加生效判决诉讼活动的利害关系人，对生效判决不服，可以通过审判监督程序寻求救济。

——《最高人民法院第一巡回法庭关于行政审判法律适用若干问题的会议纪要》（2018 年 7 月 23 日）。

281. 请求事项不属于职责范围的应如何裁判

关键词

法定职责　职责范围

最高人民法院裁判文书

李某芝诉北京市昌平区人民政府不履行法定职责案［最高人民法院（2016）最高法行申1890号行政裁定书］

裁判要点：人民政府及其工作部门应当依法履职，人民政府不得违法行使其所属工作部门的法定职权，工作部门也不得违法行使属于人民政府的法定职权。当事人认为政府工作部门不履行法定职责，应以相应的管理部门为被告，提起不履行法定职责之诉，而不能直接以人民政府为被告提起不履行法定职责之诉。

最高人民法院认为：《中华人民共和国行政诉讼法》第四十九条第（三）项规定："提起诉讼应当符合下列条件：……（三）有具体的诉讼请求和事实根据"。本案中，李某芝要求昌平区政府责令他人停止非法占地、违章建楼、非法圈占公建水渠、泄洪通道等行为，并恢复土地原状。根据相关法律法规规定，再审申请人的上述请求明显不属于昌平区政府的法定职责。一审法院据此裁定驳回再审申请人起诉、二审法院裁定驳回其上诉，并无不当。

——最高人民法院行政审判庭编：《最高人民法院行政裁判要旨及评述（第一卷）》，人民法院出版社2019年版。

282. 诉讼程序中原告申请撤诉的处理

关键词

诉讼程序　原告　申请撤诉

最高人民法院审判业务意见（行政庭法官会议纪要）

复议决定维持原行政行为，当事人提起诉讼的，作出原行政行为的行政机关经复议机关同意，在人民法院宣告判决或者裁定前撤销或改变原行政行为，原告申请撤诉且不损害国家利益、社会公共利益和他人合法权益的，人民法院应予准许,但作出原行政行为的行政机关撤销或改变原行政行为未经复议机关同意或认可的除外。

——《最高人民法院行政法官专业会议纪要会议纪要(八)(复议诉讼衔接领域)》(2019年11月29日)。

283. 行政赔偿诉讼撤诉后再次提起同一行政赔偿诉讼的处理

关键词

赔偿申请　诉讼请求　重复起诉

最高人民法院审判业务意见(行政庭法官会议纪要)

行政赔偿诉讼中,人民法院裁定准予当事人撤诉或者按撤诉处理后,当事人再次向赔偿义务机关提出赔偿申请,逾期赔偿义务机关决定不予赔偿的,属于基于新的赔偿请求产生的新的诉讼请求,不构成重复起诉。

附:案情简介

区政府非法强拆某公司仓库,某公司对该强拆行为不服提起行政诉讼,该强拆行为被生效判决确认违法。某公司提起行政赔偿诉讼,一审法院将案件移交至另一人民法院审理。另一法院以某公司经两次合法传唤无正当理由拒不到庭视为申请撤诉为由作出行政裁定。之后,某公司通过快递方式向区政府提出赔偿请求,区政府签收该赔偿申请后,一直未就赔偿申请作出答复。某公司就同一强拆行为提起本案行政赔偿诉讼。

——《行政案件适用调解结案的范围》,载最高人民法院行政审判庭编著:《最高人民法院行政审判庭法官会议纪要(第二辑)》,人民法院出版社2023年版,第40~58页。

284. 当事人在没有新的足以推翻原判决的证据的情况下,另外起诉属于重复起诉

关键词

重复起诉　认定标准

最高人民法院裁判文书

温岭万华工艺品有限公司诉温岭市人民政府、温岭工业园区管理委员会

行政协议案［最高人民法院（2020）最高法行申 12555 号行政裁定书］

　　裁判要点：重复起诉的认定标准应当只有一个，即以推翻生效判决为目的，已经起诉过的案件，当事人在没有新的足以推翻原判决的证据的情况下，另外起诉就可以认定为以推翻原判决为目的，属于重复起诉。

　　最高人民法院经审查认为，本案中，万华公司以温岭市政府、温岭市工业园区管理委员会为被告提起行政赔偿诉讼。从一审法院查明的事实看，万华公司 2018 年 8 月曾以温岭市政府为被告，基于和本案同样的事实提起赔偿诉讼，生效裁定以温岭市政府不是适格被告为由驳回起诉；从涉案协议书的签订主体看，甲方系温岭市城市新区（即温岭市工业园区）建设办公室，故一审法院认定万华公司针对温岭市政府的起诉构成重复起诉，进而将本案移送基层法院管辖并无不当。

　　——中国裁判文书网。

285. 因被告未履行承诺原告撤诉后又提起诉讼不属重复起诉

关键词

改变具体行政行为　撤诉　重复起诉

附录：最高人民法院法官著述

　　对被告行政机关向原告承诺改变具体行政行为的，在原告撤诉之后，行政机关不改变具体行政行为，原告又对原具体行政行为提起诉讼的，是否属于重复起诉问题，审判实践中有两种不同的观点。一种观点认为，由于行政机关不履行承诺致使原告撤诉的，原告可以再行提起诉讼，其再次诉讼的性质与重复起诉的性质有本质上的不同，如果人民法院不受理原告的起诉，不符合《行政诉讼法》保护公民、法人和其他组织合法权益的宗旨。另一种观点则认为，如果受理了原告的起诉，不符合《行政诉讼法》有关原告撤诉的规定。我们认为，被诉具体行政行为在未经人民法院裁判是否合法的情况下，如果行政机关向原告提出以原告撤诉为前提改变具体行政行为要求，人民法院是不应准许的。否则，只要原告起诉，被告即可作出改变具体行政行为的承诺，原告撤诉后，被告又不履行承诺，原告重新起诉，法院只能受理。被告若再次承诺，原告可能再次申请撤诉。如此反复，将使人民法院的审判工作失去严肃性。因此，我们认为，如果原告申请撤诉的原因是被告承诺改变具体行政行为，人民法院不应准许。如果人民法院准许了，原告因被告未履行承诺而又向人民法院提起诉讼的，人民法院不应将其作为重复起诉处理，而应依法受理。

——蔡小雪、段小京：《行政诉讼法司法解释讲座（一）·第六讲起诉与受理》，载李国光主编、最高人民法院行政审判庭编：《行政执法与行政审判参考》2000年第1辑（总第1辑），法律出版社2000年版，第260~261页。

286. 未同时满足当事人相同、诉讼标的相同、诉讼请求相同条件的，一般不认定为重复起诉

关键词

重复起诉　诉讼标的　诉讼请求

最高人民法院审判业务意见

禁止重复起诉是诉讼系属效力的体现，同一当事人就同一诉讼标的不能再重新提起诉讼。根据《最高人民法院关于适用〈中华人民共和国行政诉讼法〉若干问题的解释》第一百零六条的规定，构成重复起诉须同时满足三个条件：一是后诉与前诉的当事人相同；二是后诉与前诉的诉讼标的相同；三是后诉与前诉的诉讼请求相同，或者后诉的诉讼请求被前诉裁判所包含。实践中，如果当事人就同一事实反复提起不同种类的诉讼，虽然其诉讼请求不同，但并无实质差异，亦为重复起诉。

判断后诉与前诉案件是否具有同一性，应同时具备当事人相同、诉讼标的相同、诉讼请求相同三个条件。其中诉讼请求相同，可以是诉讼请求完全相同，也可以是后诉的诉讼请求实质上被前诉裁判所包含。

——《最高人民法院第二巡回法庭建庭以来行政案件审理情况分析报告——以申请再审案件为核心（2015.01—2020.06）》。

287. 同一行为的撤销诉讼与确认违法诉讼构成重复起诉

关键词

重复起诉　撤销诉讼　确认违法

最高人民法院审判业务意见

当事人针对同一行政行为提起撤销之诉，再次提起确认违法之诉的，后

诉因前诉已进行全面的合法性审查而构成重复起诉。如甲公司诉某区政府答复意见违法案，甲公司不服区政府作出的答复意见提起诉讼，请求确认答复意见违法。甲公司对答复意见不服，已经提出撤销之诉，其再次就答复意见提起该案确认违法之诉，两诉原、被告相同，诉讼标的相同。诉讼请求虽存在不同之处，但无论撤销之诉还是确认违法之诉，人民法院均会对涉案行政行为作出全面审查和评价。实体上，后诉均会因前诉已进行全面的合法性审查而构成重复起诉。

——《最高人民法院第二巡回法庭建庭以来行政案件审理情况分析报告——以申请再审案件为核心（2015.01—2020.06）》。

288. 民事诉讼败诉后再对同一争议提起行政诉讼的，属于重复起诉

关键词

同一争议　民事诉讼　行政诉讼　重复起诉

最高人民法院裁判文书

郑某晚诉湖南省邵阳市大祥区人民政府签订征收补偿协议行为案〔最高人民法院（2017）最高法行申5519号行政裁定书〕

裁判要点：所谓重复起诉，是指当事人对同一被诉行政行为提起诉讼，经人民法院依法处理后，再次提起诉讼的情形。其特点是原告和被诉行政行为均为同一个。对于一些案件究竟应当通过民事诉讼途径解决，还是通过行政诉讼途径解决，实践中存有争议的，当事人只能选择一种途径进行救济。当事人提起民事诉讼败诉后，又对同一争议所涉行政行为再次提起行政诉讼的，亦属于重复起诉的情形。所谓"诉讼标的为生效判决羁束"是指当事人起诉所指向的诉讼标的已经不具有可争议性，诉讼标的物的归属或者法律关系的性质，已经被生效的人民法院判决所确认。此种情形中，起诉人并非一定是生效判决的起诉人，包括生效判决案件的诉讼当事人，也包括其他相关联的案外人。生效判决具有对世的法律效力，不仅对案件当事人有拘束力，对案件当事人之外的公民、法人或者其他组织同样具有拘束力。

最高人民法院认为，《最高人民法院关于执行〈中华人民共和国行政诉讼

法〉若干问题的解释》第四十四条第一款第（八）项①规定，起诉人重复起诉的，人民法院不予受理；第（十）项②规定，诉讼标的为生效判决的效力所羁束的，人民法院不予受理。所谓重复起诉，是指当事人对同一被诉行政行为提起诉讼，经人民法院依法处理后，再次提起诉讼的情形。其特点是原告和被诉行政行为均为同一个。对于一些案件究竟应当通过民事诉讼途径解决，还是通过行政诉讼途径解决，实践中存有争议的，当事人只能选择一种途径进行救济。当事人提起民事诉讼败诉后，又对同一争议所涉行政行为再次提起行政诉讼的，亦属于重复起诉的情形。所谓"诉讼标的为生效判决羁束"是指当事人起诉所指向的诉讼标的已经不具有可争议性，诉讼标的物的归属或者法律关系的性质，已经被生效的人民法院判决所确认。此种情形中，起诉人并非一定是生效判决的起诉人，包括生效判决案件的诉讼当事人，也包括其他相关联的案外人。生效判决具有对世的法律效力，不仅对案件当事人有拘束力，对案件当事人之外的公民、法人或者其他组织同样具有拘束力。本案中，郑某晚、伍栋梁曾就征收补偿协议的效力问题以援建指挥部为被告提起过民事诉讼。征收补偿协议的效力争议，与本案对签订协议行为提起的行政诉讼，实质属于同一纠纷。在《中华人民共和国行政诉讼法》修改之前，征收补偿协议争议究竟应当通过行政诉讼途径解决，还是通过民事诉讼途径解决，确实存在争议。但是，无论是选择民事诉讼，还是行政诉讼，当事人对同一纠纷只能选择一次救济。郑某晚、伍栋梁在民事诉讼败诉后，再次提起行政诉讼，属于重复起诉，一、二审裁定驳回两人的起诉，处理结果并无不当。对岳小琴、岳小利、岳小容而言，先前并未提起过民事诉讼，但是终审民事判决的结果已经对其本次提起的行政诉讼的诉讼标的——征收补偿协议的效力作出明确确认，协议效力已经不具有可争议性。郑某晚等人又针对该协议的效力问题提起行政诉讼，受民事生效判决的羁束。一、二审裁定驳回郑某晚等人的起诉，亦无不当。郑某晚等人主张，2015年5月1日后征收补偿协议属于行政诉讼的受案范围，起诉不属于受生效判决羁束的情形，系对法律条文的错误理解。以此为由申请再审，本院不予支持。

应当指出的是，行政协议案件属于行政诉讼的受案范围，是指行政协议行为属于行政诉讼的受案范围。行政协议行为既包括行政机关不依法履行、未按照约定履行或者单方变更、解除行政协议的行为，也包括行政机关与协议相对人签订行政协议的行为。一审裁定将签订行政协议行为排除在行政诉

---

① 现为《最高人民法院关于适用〈中华人民共和国行政诉讼法〉的解释》（法释〔2018〕1号）第六十九条第一款第六项。
② 现为《最高人民法院关于适用〈中华人民共和国行政诉讼法〉的解释》（法释〔2018〕1号）第六十九条第一款第九项。

讼受案范围之外不妥，二审裁定予以纠正，符合法律规定。修改后的《中华人民共和国行政诉讼法》第十二条第一款第（十一）项列举的可诉行政协议行为并非完全列举，凡是有可能对公民、法人或者其他组织人身权、财产权等合法权益造成侵害或者不利影响的行政协议行为，包括本案签订协议的行为，都是可诉的行政行为，均属于行政诉讼的受案范围。

——中国裁判文书网。

289. 准确理解行政案件案由的确定规则

关键词

行政案件案由　案由确定规则

最高人民法院司法政策精神

四、准确理解案由的确定规则

（一）行政案件案由分为三级

1. 一级案由。行政案件的一级案由为"行政行为"，是指行政机关与行政职权相关的所有作为和不作为。

2. 二、三级案由的确定和分类。二、三级案由是对一级案由的细化。目前我国法律、法规对行政机关作出的行政行为并无明确的分类标准。三级案由主要是按照法律法规等列举的行政行为名称，以及行政行为涉及的权利内容等进行划分。目前列举的二级案由主要包括：行政处罚、行政强制措施、行政强制执行、行政许可、行政征收或者征用、行政登记、行政确认、行政给付、行政允诺、行政征缴、行政奖励、行政收费、政府信息公开、行政批复、行政处理、行政复议、行政裁决、行政协议、行政补偿、行政赔偿及不履行职责、公益诉讼。

3. 优先适用三级案由。人民法院在确定行政案件案由时，应当首先适用三级案由；无对应的三级案由时，适用二级案由；二级案由仍然无对应的名称，适用一级案由。例如，起诉行政机关作出的罚款行政处罚，该案案由只能按照三级案由确定为"罚款"，不能适用二级或者一级案由。

（二）起诉多个被诉行政行为案件案由的确定

在同一个案件中存在多个被诉行政行为时，可以并列适用不同的案由。例如，起诉行政机关作出的罚款、行政拘留、没收违法所得的行政处罚时，该案案由表述为"罚款、行政拘留及没收违法所得"。如果是两个以上的被诉行政行为，其中一个行政行为适用三级案由，另一个只能适用二级案由的，可以并列适用不同层级的案由。

(三) 不可诉行为案件案由的确定

当事人对不属于行政诉讼受案范围的行政行为或者民事行为、刑事侦查行为等提起行政诉讼的案件，人民法院根据《中华人民共和国行政诉讼法》第十三条和《最高人民法院关于适用〈中华人民共和国行政诉讼法〉的解释》第一条第二款规定中的相关表述确定案由，具体表述为：国防外交行为、发布决定命令行为、奖惩任免行为、最终裁决行为、刑事司法行为、行政调解行为、仲裁行为、行政指导行为、重复处理行为、执行生效裁判行为、信访处理行为等。例如，起诉行政机关行政指导行为的案件，案由表述为"行政指导行为"。应当注意的是，"内部层级监督行为""过程性行为"均是对行政行为性质的概括，在确定案件案由时还应根据被诉行为名称来确定。对于前述规定没有列举，但法律、法规、规章或者司法解释有明确的法定名称表述的案件，以法定名称表述案由；尚无法律、法规、规章或者司法解释明确法定名称的行为或事项，人民法院可以通过概括当事人诉讼请求所指向的行为或者事项确定案由，例如，起诉行政机关要求为其子女安排工作的案件，案由表述为"安排子女工作"。

——《最高人民法院印发〈关于行政案件案由的暂行规定〉的通知》（2020年12月25日，法发〔2020〕44号）。

附录：最高人民法院法官著述

(三) 案由的确定规则

1. 案由的三级递进体系

为了进一步推进行政案件案由适用的准确性和规范化，此次起草的《最高人民法院印发〈关于行政案件案由的暂行规定〉的通知》（以下简称《印发通知》）中对案由的确定规则进行了规范。首先，确立了三级案由适用规则。行政案件案由分为三级，案由设置从三级到一级遵循由细到粗的原则。一级案由为"行政行为"，是指行政机关与行政职权相关的所有作为和不作为。之所以在《印发通知》中对作为一级案由的"行政行为"进行定义，主要是考虑到无论是司法实践还是行政法理论中对"行政行为"这一概念一直都有争议，在此处予以明确以便更好地与行政诉讼制度接轨，为案由体系的设置提供明确指引。其次，二级案由是由种类化的行政行为构成，包括行政处罚、行政强制措施、行政强制执行、行政许可、行政征收或者征用、行政登记、行政确认、行政给付、行政允诺、行政征缴、行政奖励、行政收费、政府信息公开、行政批复、行政处理、行政复议、行政裁决、行政协议、行政补偿、行政赔偿及不履行职责、公益诉讼。二级案由的设定优先考虑行政审判工作中常见的行政行为种类，对于行政审判实践中仍有较大争议的行政行为暂未列入二级案由之中，主要考虑行政案件案由与行政诉讼受案范围紧密相关，若在行政诉讼理论及审判实践对于行政行为可诉性尚有明显分歧的情况下将该行政行为列入案由体系中,势必会向全社会传递一种信息,即该行政行为是可诉的,如果公民、法人或者其他组织对其提起行政诉讼,人民法院应当受理。尽管行政案件案由规定与行政诉讼的受案范围之间有区别,但对社会公众而言,是无法进行准确辨别的。为了避免出现认知上的分歧,对于尚有较大争议的行政行为在此次制定《暂行规定》时暂时不予列入,待今后司法实践进一步成熟、基本形成共识之时再确定其是否列入案由规定中。《暂行规定》中的三级案由是由被诉的具体的行政行为构成,按照现行有效法律法规等的规定并结合行政审判实践予以列举。

行政案件案由从三级案由开始适用,若无法找到对应的三级案由,则适用二级案由,二级案由仍然无法找到对应类型的,适用一级案由。例如:某市交管部门对甲作出罚款200元的行政处罚,甲不服该行政处罚提起行政诉讼,该行政案件案由为"罚款",适用三级案由。需要注意的是:在确定案件案由时,如果被诉的行政行为在《暂行规定》中三级、二级案由中均没有找到能够对应的表述,如果该被诉行政行为是依托于行政主体发布的规范性文件之中的,则可以以该文件对被诉行政行为的描述作为案由。《暂行规定》中的一级案由实际上属于兜底性质的案由,只有在穷尽一切手段都无法准确确定案由的情况下才能够适用。

2. 起诉多个被诉行政行为案件案由的确定

一个行政案件中有时候涉及的被诉行政行为不止一个,公民、法人或者其他组织在向人民法院提起行政诉讼时,所提诉讼请求也会涉及多个行政行为,此种情况下,案件案由需要如何写?如起诉行政主体作出的罚款、行政拘留以及没收违法所得的行政处罚时,之前起草的行政案件案由规定版本对于起诉多个被诉行政行为的案件,规定的是可以选择两个最主要的被诉行政行为确定案由,如果多个被诉行政行为可以归属于同一个二级案由的,案件案由可以只写二级案由。后来考虑到案由精准化的需要,《暂行规定》对于起诉多个被诉行政行为案件案由的数量并没有明确规定,仍然是优先适用三级案由。根据行政审判工作的实际情况,公民、法人或者其他组织起诉多个被诉行政行为的案件,案由原则上不超过三个。

3. 不同层级案由可以并用

当公民、法人或者其他组织起诉多个被诉行政行为案件时,案由优先适用三级案由,但有时候各个被诉行政行为性质不同,有的能适用三级案由,而有的只能适用二级案由,此时我们确定案由时,可以同时适用三级案由和二级案由。

4. 不可诉行为案件案由的确定

行政案件案由规定不仅需要将能够进入到行政诉讼的案件案由予以规

范,也需要将公民、法人或者其他组织向人民法院提起诉讼的案件涉及的案由如何确定也进行归纳,这是由案由自身功能决定的。对于行政诉讼而言,并不是所有的行政行为或行政争议事项都能够通过司法诉讼程序解决的,因此有一些案件中被诉的尽管是行政行为,但并不属于行政诉讼案件的受理范围,由于此类案件也需要人民法院经过审查或审理后才能判定,所以此类案件也需要确定案由,以方便对案件名称进行表述。首先,对于公民、法人或者其他组织起诉的行政行为不属于行政诉讼法规定的受理范围的案件,仍以被诉行政行为名称作为案由,若法律、法规及规章或司法解释等对该行政行为有规范名称的,则以该法定的规范名称为案由名称;若没有法定的规范名称,则以该行政行为的惯常通称作为案由,若没有惯常通称的,我们需要自行归纳。其次,对于公民、法人或者其他组织对不是行政行为的其他争议事项提起诉讼的案件,该类案件案由需要我们根据争议事项的名称来归纳案由,若争议事项名称无法归纳的,我们可以通过概括诉讼请求的方式来确定案由。确定案由的标准就是找到最能准确概括案件争议的法律关系或法律事实的要素即可。

此外,需要注意的是,《行政诉讼法》第十三条规定:"人民法院不受理公民、法人或者其他组织对下列事项提起的诉讼:(一)国防、外交等国家行为;(二)行政法规、规章或者行政机关制定、发布的具有普遍约束力的决定、命令;(三)行政机关对行政机关工作人员的奖惩、任免等决定;(四)法律规定由行政机关最终裁决的行政行为。"《最高人民法院关于适用〈中华人民共和国行政诉讼法〉的解释》(以下简称《行政诉讼法解释》)第一条第二款规定:"下列行为不属于人民法院行政诉讼的受案范围:(一)公安、国家安全等机关依照刑事诉讼法的明确授权实施的行为;(二)调解行为以及法律规定的仲裁行为;(三)行政指导行为;(四)驳回当事人对行政行为提起申诉的重复处理行为;(五)行政机关作出的不产生外部法律效力的行为;(六)行政机关为作出行政行为而实施的准备、论证、研究、层报、咨询等过程性行为;(七)行政机关根据人民法院的生效裁判、协助执行通知书作出的执行行为,但行政机关扩大执行范围或者采取违法方式实施的除外;(八)上级行政机关基于内部层级监督关系对下级行政机关作出的听取报告、执法检查、督促履责等行为;(九)行政机关针对信访事项作出的登记、受理、交办、转送、复查、复核意见等行为;(十)对公民、法人或者其他组织权利义务不产生实际影响的行为。"《印发通知》中提到《行政诉讼法》第十三条和《行政诉讼法解释》第一条第二款可以作为确定不可诉行为案件案由的依据,相关案由可以表述为:国防外交行为、发布决定命令行为、奖惩任免行为、最终裁决行为、刑事司法行为、行政调解行为、仲裁行为、行政指导行为、重复处理行为、执行生效裁判行为及信访处理行为等。其中"国防外交行为"这一表述需要结合具体案件情况来确定,如案件涉及的是国防行为,案由则表述为"国防行为",若涉及的是国防或者外交之外的其他国家行为的案件,案由则可以表述为"国家行为"。上述法律、司法解释中规定的"不产生外部法律效力的行为""过程性行为""内部层级监督行为""不产生实际影响的行为"等,仅是对不属于行政诉讼受案范围的行为之特征或者性质的描述性表述,该表述并不能直接作为案件的案由,如"不产生外部法律效力的行为"是对行政行为或者其他行为法律效果的描述,实际上具体表现为多种多样的行政行为或者其他行为等,在确定案件案由时须结合案情,根据案件中被诉的行政行为名称来表述案由,不能使用"不产生外部法律效力的行为"作为案件案由。

《印发通知》通过对案由确定规则的细化加强了对行政审判人员实际使用案由的指导,避免将案由写为"其他"或"其他行政行为"的情况出现。

——仝蕾:《行政案件案由制度解析与适用》,人民法院出版社2022年版,第57~61页。

290. 几种特殊行政案件案由确定规则

关键词

行政案件案由　案由确定规则

最高人民法院司法政策精神

五、关于几种特殊行政案件案由确定规则

(一)行政复议案件

行政复议机关成为行政诉讼被告,主要有三种情形:一是行政复议机关不予受理或者程序性驳回复议申请;二是行政复议机关改变(包括撤销)原行政行为;三是行政复议机关维持原行政行为或者实体上驳回复议申请。第一、二种情形下,行政复议机关单独作被告,按《暂行规定》基本结构确定案由即可。第三种情形下,行政复议机关和原行政行为作出机关是共同被告,此类案件案由表述为"××(行政行为)及行政复议"。例如,起诉某市人民政府维持该市某局作出的政府信息公开答复的案件,案由表述为"政府信息公开及行政复议"。

(二)行政协议案件

确定行政协议案件案由时,须将行政协议名称予以列明。当事人一并提出行政赔偿、解除协议或者继续履行协议等请求的,要在案由中一并列出。例如,起诉行政机关解除公交线路特许经营协议,请求赔偿损失并判令继续履行协议的案件,案由表述为"单方解除公交线路特许经营协议及行政赔偿、继续履行"。

(三)行政赔偿案件

行政赔偿案件分为一并提起行政赔偿案件和单独提起行政赔偿案件两类。一并提起行政赔偿案件,案由表述为"××(行政行为)及行政赔偿"。例如,起诉行政机关行政拘留一并请求赔偿限制人身自由损失的案件,案由表述为"行政拘留及行政赔偿"。单独提起行政赔偿案件,案由表述为"行政赔偿"。例如,起诉行政机关赔偿违法强制拆除房屋损失的案件,案由表述为"行政赔偿"。

(四)一并审查规范性文件案件

一并审查规范性文件案件涉及被诉行政行为和规范性文件两个审查对象,此类案件案由表述为"××(行政行为)及规范性文件审查"。例如,起诉行政机关作出的强制拆除房屋行为,同时对相关的规范性文件不服一并提起行政诉讼的案件,案由表述为"强制拆除房屋及规范性文件审查"。

(五)行政公益诉讼案件

行政公益诉讼案件案由按照"××(行政行为)"后缀"公益诉讼"的模式确定,表述为"××(行政行为)公益诉讼"。例如,人民检察院对行政机关不履行查处环境违法行为法定职责提起行政公益诉讼的案件,案由表述为"不履行查处环境违法行为职责公益诉讼"。

(六)不履行法定职责案件

"不履行法定职责"是指负有法定职责的行政机关在依法应当履职的情况下消极不作为,从而使得行政相对人权益得不到保护或者无法实现的违法状态。未依法履责、不完全履责、履责不当和迟延履责等以作为方式实施的违法履责行为,均不属于不履行法定职责。

在不履行法定职责案件案由中要明确行政机关应当履行的法定职责内容,表述为"不履行××职责"。例如,起诉行政机关不履行行政处罚职责案件,案由表述为"不履行行政处罚职责"。此处法定职责内容一般按照二级案由表述即可。确有必要的,不履行法定职责案件也可细化到三级案由,例如"不履行罚款职责"。

(七)申请执行人民法院生效法律文书案件

申请执行人民法院生效法律文书案件,案由由"申请执行"加行政诉讼案由后缀"判决""裁定"或者"调解书"构成。例如,人民法院作出变更罚款决定的生效判决后,行政机关申请人民法院执行该判决的案件,案由表述为"申请执行罚款判决"。

(八)非诉行政执行案件

非诉行政执行案件案由表述为"申请执行××(行政行为)"。其中,

"××（行政行为）"应当优先适用三级案由表述。例如，行政机关作出责令退还非法占用土地的行政决定后，行政相对人未履行退还土地义务，行政机关申请人民法院强制执行的案件，案由表述为"申请执行责令退还非法占用土地决定"。

——《最高人民法院印发〈关于行政案件案由的暂行规定〉的通知》（2020年12月25日，法发〔2020〕44号）。

附录：最高人民法院法官著述

《最高人民法院印发〈关于行政案件案由的暂行规定〉的通知》（以下简称《印发通知》）对行政复议案件、行政协议案件、行政赔偿案件、一并审查规范性文件案件、行政公益诉讼案件、不履行法定职责案件、申请执行人民法院生效法律文书案件以及非诉行政执行案件等八类案件的案由作出了专门性规定。这八类案件相对较为特殊，都有各自的特点，确定案由时比一般行政案件略显复杂，而且司法实践中各地人民法院使用的案由表述方式也存在差异，确实有必要进行统一规范。

上述特殊案件案由中，对于行政赔偿案件、不履行法定职责案件案由，基本沿用了2004年《案由通知》的相关规定。曾经将一并审理民事争议案件也列进《印发通知》（稿）之中，当时考虑一并审理民事争议案件同一并审查规范性文件案件一样，是行政诉讼法修订后新规定的案件类型，为了明确案由的确定方法，也须在《印发通知》中列明。后来经过不断的讨论和研究，对于一并审理民事争议案件的案由实际上并没有争议，尽管行政案件和相关联的民事案件是由同一个审判组织审理，但行政案件和民事案件分别立案，行政案件案由依照行政案件案由规定确定，民事案件案由则是按照民事案件案由规定确定。鉴于一并审理民事争议案件案由的确定规则是明确的，因此，该类案件也就未被列入《印发通知》的定稿中。

1. 行政复议案件案由

《行政诉讼法》第二十六条第二款规定："经复议的案件，复议机关决定维持原行政行为的，作出原行政行为的行政机关和复议机关是共同被告；复议机关改变原行政行为的，复议机关是被告。"行政复议案件中对于被告的确定是行政诉讼法修订后较大的变化，相应地，行政复议案件案由的确定也与之前有较大区别，需要加以明确。对于复议机关单独做被告的案件，按照案由基本结构确定即可；而对于复议机关与原行政行为作出机关作为共同被告的案件，案由则体现"双行为"，即表述为"××（行政行为）及行政复议"，但司法实践中对于此类案件的案件名称表述则存在差异，主要有两种：一是"××诉原行政行为作出机关及行政复议机关＋××（行政行为）及行政复议"；二是"××诉原行政行为作出机关××（行政行为）及行政复议机关行政复议"。第一种表述方式是将两个被诉行政主体与两个被诉行政行为分别排列，第二种则是将行政行为与作出该行为的行政主体紧密相接，两种表述方式的效果没有实质差异，都能够将被诉行政主体和行政行为表述清楚，为了更好地体现被诉行政行为与被诉行政主体之间的关系，建议采用第二种表述方式。

2. 行政协议案件案由

行政协议案件涉及的法律关系较为复杂，当事人所提诉讼请求一般都是复合性的，涉及对行政主体所作行政行为合法性进行判断、行政主体是否存在违反行政协议约定的情形以及行政主体是否应当对协议另一方的损失予以赔偿或补偿等。行政协议案件案由的表述既要体现案件的核心法律关系，也要兼顾案由的简洁性。行政协议案件案由主要分为三种情况：一是当事人仅起诉行政主体作出的与行政协议相关的行政行为，案件案由可按照基本结构确定，如起诉甲市人民政府单方解除××行政协议一案，案由为"单方解除××（行政协议）"；二是当事人除了对行政主体的行政行为不服外，还要求法院判令行政主体继续履行协议或者赔偿损失等。如起诉甲市人民政府不履行××行政协议并要求判令其继续履行和赔偿损失一案，案由为"未按约定履行××（行政协议）及行政赔偿、继续履行"；三是当事人请求法院判决解除××行政协议或者确认××行政协议无效或有效等案件，案由为"解除××（行政协议）""确认××（行政协议）无效/有效"。行政协议案件案由采用了"被诉行政行为"结合当事人诉讼请求的方式予以确定，这是由行政协议案件的特点决定的。另外，行政协议案件案由中须将行政协议的名称写上，以准确地显示行政协议案件涉及的相关领域。

3. 行政赔偿案件案由

行政赔偿案件分为一并提起行政赔偿案件和单独提起行政赔偿案件两类。一并提起行政赔偿案件，案由表述为"××（行政行为）及行政赔偿"。例如，起诉行政主体强制拆除房屋行为一并请求赔偿经济损失的案件，案由表述为"强制拆除房屋及行政赔偿"。单独提起行政赔偿案件，案由表述为"行政赔偿"。例如，起诉行政主体赔偿违法行政拘留造成损失的案件，案由表述为"行政赔偿"。

4. 一并审查规范性文件案件案由

一并审查规范性文件案件是行政诉讼法修正后新增的案件类型，各地人民法院对于此类案件案由的表述方式并不一致，有的仅在案由中表述被诉行政行为名称，对规范性文件的一并审查并不体现在其中；有的是在案由中将被诉行政行为与规范性文件审查一起列出，作为案件案由；还有的则是除了将被诉行政行为与规范性文件审查作为案件案由外，还在案由里写明了规范性文件的名称等。一并审查规范性文件案件审查的也是两类对象，即被诉行政行为和该行为所依据的规范性文件，对该类案件案由的表述也须体现出这两类审查对象，但考虑到若将规范性文件名称放在案由之中则会使得案由过于冗长，再加上，有时当事人在案件中提出一并审查的规范性文件不止一个，因此在一并审查规范性文件案件的案由中，就不需要再添加规范性文件的名称了，仅体现案件审查的两个对象即可，一并审查规范性文件案件案由表述为：××（行政行为）及规范性文件审查。例如，起诉行政主体作出的强制拆除房屋行为，同时对相关的规范性文件不服一并提起行政诉讼的案件，案由表述为"强制拆除房屋及规范性文件审查"。

5. 行政公益诉讼案件案由

《行政诉讼法》第二十五条第四款规定："人民检察院在履行职责中发现生态环境和资源保护、食品药品安全、国有财产保护、国有土地使用权出让等领域负有监督管理职责的行政机关违法行使职权或者不作为，致使国家利益或者社会公共利益受到侵害的，应当向行政机关提出检察建议，督促其依法履行职责。行政机关不依法履行职责的，人民检察院依法向人民法院提起诉讼。"行政公益诉讼案件涉及的行政管理领域较多，涉及的行政行为与一般行政案件也基本相同，但其在提起主体、提起目的、诉前程序以及举证等方面与一般行政案件确实有差别，为了体现行政公益诉讼案件的特殊性，使其与一般行政案件相互区别，结合司法实践中的使用习惯，我们在行政案件案由体系里为其设置了特殊的案由表述方式，即行政公益诉讼案件案由表述为：××（行政行为）公益诉讼，如某人民检察院对某市环保局不履行查处环境违法行为法定职责行为，向人民法院提起行政公益诉讼，案件案由为"不履行查处环境违法行为职责公益诉讼"。

6. 不履行法定职责案件案由

近年来，不履行法定职责案件在行政案件中占比越来越大，从不履行法定职责案件的各种具体情形来看，此类案件的"包容性"较强，无论被诉行政主体是否实施了相关行政行为以及如何实施行政行为，当事人均可以该行政主体未依照法律法规的规定履行其法定职责为由诉诸法院，这也是不履行法定职责案件数量增长速度较快的原因之一，同时也造成了法院审理的不履行法定职责案件的表现形式呈现出多样化的态势。因此就有必要对不履行法定职责案件进行定义或者概括，以对"真性"不履行法定职责案件和"假性"不履行法定职责案件进行区分，从而准确地确定案件案由。"不履行法定职责"是指负有法定职责的行政机关在依法应当履职的情况下消极不作为，从而使得行政相对人权益得不到保护或者无法实现的违法状态。未依法履责、不完全履责、履责不当和迟延履责等以作为方式实施的违法履责行为，均不属于不履行法定职责。

从理论层面上较容易区分不履行法定职责案件，但司法实践中情况要更加复杂一些。对于被诉行政主体已经履行了相关法定职责的情况，若公民、法人或者其他组织以该行政主体未履行法定职责为由提起行政诉讼的案件，案由该如何确定呢？理论层面上对不履行法定职责的定义是从被诉行政主体履行职责的实际情况出发去判定的，也就是从实质意义上去区分是否履行法定职责，但对案件审理而言，只有对案件进行全面的实体审理之后才能判断被诉行政主体是否履行了法定职责，在立案时可以将案件案由定为"不履行法定职责"，在审理完成后如果发现被诉行政主体已经履行了法定职责，不存在当事人所主张的不履行职责情形，是否还有必要再行更改案由呢？如需更改案由，改成什么案由呢？这个问题确实比较棘手。对于不履行法定职责案件，需要增加一个释明的环节，即在对案件进行实体审理之前，应当先询问确定当事人所主张的被诉行政主体不履行法定职责究竟指的是什么，是行政主体"无所作为"，还是对行政主体实施的行政行为不满，由此依据行政案件案由规定确定对应的案由，同时也向当事人作出一定的解释和提示，可能通过这样的方式才能够确定较为准确的案由。

为了增强案由的准确性，在不履行法定职责案件案由中需要写明行政主体应当履行的法定职责内容，案由表述为"不履行××职责"。原来曾经将该类案件案由写为"不履行××法定职责"，当时主要是考虑到只有当行政主体不履行法定职责，公民、法人或者其他组织才能够对其提起行政诉讼，但加上"法定"二字的实际意义并不大，"职责"二字本身就已经包含了法定职责的含义，而且司法实践中，公民、法人或者其他组织认为行政主体未履行的某种职责可能经审理后发现其并不是该行政主体的法定职责，属于其他行政主体应履行的职责，在此种情形下，案件案由里写上"法定"二字似乎与案件实际情况不相符合。在综合考虑了各种因素之后，最后在《暂行规定》中将不履行法定职责案件的案由确定为"不履行××职责"。

7. 申请执行人民法院生效法律文书案件案由

申请执行人民法院生效法律文书案件案由的确定是根据行政审判及执行工作中的实际使用习惯加以归纳总结而来。申请执行人民法院生效法律文书案件案由由"申请执行"加行政诉讼案由后缀"判决""裁定"或者"调解书"构成。例如，人民法院作出判决被诉行政主体行政赔偿的生效判决后，行政主体未在判决载明的期限内履行法院的生效判决，公民、法人或者其他组织向人民法院提出强制执行生效判决申请的案件，其案由可写为"申请执行行政赔偿判决"。

8. 非诉行政执行案件案由

非诉行政执行案件案由的确定是根据行政审判及执行工作中的实际使用习惯加以归纳总结而来。非诉行政执行案件均是由行政主体向人民法院提起，依据的是生效的行政处理决定，其案由表述为"申请执行××（行政行为)",其中"××(行政行为)"也按照三级案由的适用规则来写。例如,行政主体作出责令交还土地决定后,行政相对人未履行该交还土地的义务,也未在法定期限内申请行政复议或者提起行政诉讼的,行政主体向人民法院申请强制执行责令交还土地决定的案件,其案由为"申请执行责令交还土地决定"。

——仝蕾:《行政案件案由制度解析与适用》,人民法院出版社2022年版,第57~61页。

291. 行政诉讼的公民代理问题

关键词

公民代理　诉讼代理人

最高人民法院答复

四川省高级人民法院:

你院《关于曾少梅、张昌洪等四人不服成都市人民政府行政复议上诉一案的请示》收悉。经研究,答复如下:

根据《中华人民共和国行政诉讼法》第二十九条、《法官法》第十七条之规定并参照《最高人民法院关于适用〈中华人民共和国民事诉讼法〉若干问题的意见》第六十八条等规定,人民法院是否准许其他公民作为诉讼代理人,应当考虑该公民的行为能力、是否存在法定的回避情形、是否可能损害被代理人利益以及是否可能妨碍诉讼活动等因素,不能简单以其曾受到刑事处罚或不具有关法律知识为由否定其代理资格。

人民法院经审查认为其他公民不宜作诉讼代理人的,应当作出书面或口头决定,并告知理由。口头决定的,应记录在案。

——《最高人民法院关于行政诉讼中当事人委托其他公民担任诉讼代理人有关问题的答复》(2012年4月12日,〔2011〕行他字第93号)。

292. 台湾地区诉讼当事人可以委托台湾地区居民以公民个人名义担任诉讼代理人

关键词

台湾地区居民　诉讼代理人

最高人民法院答复

上海市高级人民法院:

你院《关于行政诉讼中台湾地区居民能否以个人名义担任诉讼代理人的请示》收悉。经研究,答复如下:

参照《中华人民共和国民事诉讼法》及有关司法解释的规定,台湾地区诉讼当事人可以委托台湾地区居民以公民个人名义代理诉讼,但不得以律师身份代理。

——《最高人民法院关于行政诉讼中台湾地区居民能否以个人名义担任诉讼代理人等有关问题的答复》(2004年4月9日,〔2004〕行他字第4号)。

附录:司法信箱

我国台湾地区诉讼当事人能否委托台湾地区居民代理行政诉讼?

问题:我院正在办理一起原告系台湾地区居民的行政诉讼案件,该原告委托台湾地区居民作为其诉讼代理人。因对台湾地区居民能否以个人名义担任诉讼代理人,行政诉讼法及其司法解释没有明确规定,在审判实践中应如何处理?请予解答。

《人民司法》研究组认为:参照《中华人民共和国民事诉讼法》及有关司法解释的规定,我国台湾地区诉讼当事人可以委托台湾地区居民以公民个人名义代理诉讼,但不得以律师身份代理。

——《人民司法》2004年第6期(总第485期)。

第五章　审理与判决

一、综　合

293. 处理好当事人主义与职权主义的关系

关键词

当事人主义　职权主义　诉讼模式

最高人民法院司法政策精神

诉讼模式的选择直接决定着当事人的诉讼地位，涉及当事人诉讼权利义务的不同安排。当事人主义和职权主义是当今流行的两大基本诉讼模式。概括地说，在当事人主义模式中，诉讼的发动和诉讼程序的推进主要由当事人控制，法院处于被动地位；在职权主义模式中，法院在诉讼程序的推进中居于主导地位，当事人处于被动地位。从现实情况看，尽管不同国家的诉讼模式各有侧重，但以两种模式相互结合居多，几乎没有纯粹的当事人主义或者职权主义。我国在相当一段时期内采取的是法院几乎包揽一切诉讼事项的超职权主义诉讼模式，随着审判方式改革的推进，超职权主义模式已得到根本性的改变，逐渐形成职权主义与当事人主义相结合的诉讼模式。行政诉讼模式既要考虑我国大多数地方生产力比较落后，群众的整体文化素质不高，法律知识相对缺乏的国情，又要适合行政诉讼的特殊性，考虑行政诉讼的职权色彩；既要调动和发挥当事人在诉讼程序中的积极性和主动性，避免法院越俎代庖，又要防止法院放弃必要的审判职权。要妥善地整合两种模式的要素，推进诉讼模式的科学化，维护诉讼制度的公平和正义。要坚持全面审查原则。行政诉讼除以解决行政争议为基本目标外，还具有监督依法行政的特殊职能，这就决定了无论第一审程序不是第二审程序，都必须坚持对被诉行政行为合法性的全面审查原则，依职权主动全面审查，在合法性的认定上不采取当事人处分原则,对于依职权发现的具体行政行为不合法的应当主动予以处理,不能因为当事人没有主张就轻易放过。要充分运用释明权。诉讼具有严格的程序性和一定的技巧性,当事人尤其是原告往往受文化水平和法律知识的局限,缺乏必要的诉讼知识和技术,影响其诉讼权利和实体权利的实现。为切实保护当事人尤其是原告的诉讼权利,维护诉讼地位实质平等,人民法院应当充分运用释明权,通过必要、公正的诉讼指导方式,充分告知当事人举证责任及其他各种诉讼权利义务,充分听取当事人的答辩和意见,避免当事人因请不起律师或者缺乏诉讼知识而承受不利后果。法院应当依法主动行使必要的审判职权,如符合法定条件时的调取证据及挤进诉讼程序等审判职权,充分保护诉讼当事人的合法权益,实现诉讼目的。

——江必新:《牢固树立司法为民思想,把行政审判工作提高到一个新的水平——在全国法院行政审判工作座谈会上的讲话》(2003年10月21日),载江必新主编、最高人民法院行政审判庭编:《行政执法与行政审判》2003年第4集(总第8集),法律出版社2003年版,第4~5页。

294. 法院可以超出原告诉讼请求对行政行为的合法性进行审查

关键词

行政诉讼审理模式　不告不理　全案审查

附录:最高人民法院法官著述

我国《行政诉讼法》确立的是对行政行为的合法性审查原则,这与《民事诉讼法》确立的"不告不理"原则大异其趣。《行政诉讼法》确立的合法性审查原则实际上赋予了法院可以在原告诉讼请求之外作出判决的权力。这个权力既有优势又存在不足。优势在于可以弥补原告在诉讼请求上的弱势,扩大对违法行政行为的监督广度;不足之处在于对于原告的主观意愿尊重不够,导致原告获得的判决并不能解决实际问题。我们认为,《行政诉讼法》确立的是客观诉讼的架构,因此,法院可以超出原告诉讼请求对行政行为合法性进行审查,否则就是法院的失职。同时,在一些涉及原告可以处分的领域、行政机关具有一定的酌处权的领域,应当尊重原告的主观意愿,促使行政纠纷妥善解决。

——江必新、梁凤云:《行政诉讼法理论与实务》(第三版),法律出版社2016年版,第1148页。

295. 行政诉讼程序繁简分流改革中应促进行政争议诉前分流

关键词

行政诉讼程序　繁简分流　诉前分流

最高人民法院司法政策精神

二、促进行政争议诉前分流

第四条　人民法院应当强化行政争议的诉源治理，完善行政诉讼与行政复议、行政裁决等非诉讼解纷方式的分流对接机制，探索建立诉前和解机制，依托司法与行政的良性互动，加强行政争议多元化解及相关平台建设。

第五条　行政诉讼法规定可以调解的案件、行政相对人要求和解的案件，或者通过和解方式处理更有利于实质性化解行政争议的案件，人民法院可以在立案前引导当事人自行和解或者通过第三方进行调解。开展诉前调解应在调解平台上进行，并编立相应案号。

建立非诉讼调解自动履行正向激励机制，通过将自动履行情况纳入诚信评价体系等，引导当事人自动、即时履行调解协议，及时化解行政争议。

第六条　经诉前调解达成和解协议，当事人共同申请司法确认的，人民法院可以依法确认和解协议效力，出具行政诉前调解书。

当事人拒绝调解或者未达成和解协议，符合法定立案条件的，人民法院应当依法及时登记立案。

立案后，经调解当事人申请撤诉，人民法院审查认为符合法律规定的，依法作出准予撤诉的裁定。

第七条　诉前调解中，当事人没有争议的事实应当记入调解笔录，并由当事人签字确认。

在审理过程中，经当事人同意，双方在调解过程中已确认的无争议事实不再进行举证、质证，但当事人为达成和解协议作出妥协而认可的事实或者有相反证据足以推翻的事实除外。

——《最高人民法院关于推进行政诉讼程序繁简分流改革的意见》（2021年5月14日，法发〔2021〕17号）。

296. 可以引导起诉人申请诉前调解的案件

关键词

登记立案前　调解组织　诉前调解

最高人民法院司法政策精神

11. 对于行政赔偿、补偿以及行政机关行使法律、法规规定有裁量权的案件，在登记立案前，人民法院可以引导起诉人向依法设立的调解组织，申请诉前调解：

（一）起诉人的诉讼请求难以得到支持，但又确实存在亟待解决的实际困难的；

（二）被诉行政行为有可能被判决确认违法保留效力，需要采取补救措施的；

（三）因政策调整、历史遗留问题等原因产生行政争议，由行政机关处理更有利于争议解决的；

（四）行政争议因对法律规范的误解或者当事人之间的感情对立等深层次原因引发，通过裁判方式难以实质化解争议，甚至可能增加当事人之间不必要的感情对立的；

（五）类似行政争议的解决已经有明确的法律规范或者生效裁判指引，裁判结果不存在争议的；

（六）案情重大、复杂，涉案人员较多，或者具有一定敏感性，可能影响社会稳定，仅靠行政裁判难以实质性化解的；

（七）行政争议的解决不仅涉及对已经发生的侵害进行救济，还涉及预防或避免将来可能出现的侵害的；

（八）行政争议涉及专业技术知识或者行业惯例，由相关专业机构调解，更有利于专业性问题纠纷化解的；

（九）其他适宜通过诉前调解方式处理的案件。

——《最高人民法院关于进一步推进行政争议多元化解工作的意见》（2021年12月22日，法发〔2021〕36号）。

297. 可以引导起诉人选择适当的非诉讼方式解决的案件

关键词

行政争议　多元化解　非诉讼方式

最高人民法院司法政策精神

三、突出前端化解

10. 人民法院收到起诉材料后,应当主动向起诉人了解案件成因,评估诉讼风险。对下列案件,可以引导起诉人选择适当的非诉讼方式解决:

(一)行政争议未经行政机关处理的,可以引导起诉人申请由作出行政行为的行政机关或者有关部门先行处理;

(二)行政争议未经行政复议机关处理的,可以引导起诉人依法向复议机关申请行政复议;

(三)行政争议的解决需以相关民事纠纷解决为基础的,可以引导起诉人通过人民调解、行政调解、商事调解、行业调解、行政裁决、劳动仲裁、商事仲裁等程序,依法先行解决相关民事纠纷;

(四)行政争议有其他法定非诉讼解决途径的,可以引导起诉人向相关部门提出申请。

——《最高人民法院关于进一步推进行政争议多元化解工作的意见》(2021年12月22日,法发〔2021〕36号)。

298. 行政争议调前达成调解协议与司法确认及裁定驳回

关键词

调解协议　司法确认

最高人民法院司法政策精神

14. 经诉前调解达成调解协议,当事人可以自调解协议生效之日起三十日内,共同向对调解协议所涉行政争议有管辖权的人民法院申请司法确认。人民法院应当依照行政诉讼法第六十条规定进行审查,调解协议符合法律规定的,出具行政诉前调解书。

15. 经审查认为,调解协议具有下列情形之一的,人民法院应当裁定驳回申请:

（一）不符合行政诉讼法第六十条规定的可以调解的行政案件范围的；

（二）违背当事人自愿原则的；

（三）违反法律、行政法规或者地方性法规强制性规定的；

（四）违背公序良俗的；

（五）损害国家利益、社会公共利益或者他人合法权益的；

（六）内容不明确，无法确认和执行的；

（七）存在其他不应当确认情形的。

人民法院裁定驳回确认申请的，当事人可以就争议事项所涉行政行为依法提起行政诉讼。

——《最高人民法院关于进一步推进行政争议多元化解工作的意见》（2021年12月22日，法发〔2021〕36号）。

299. 行政争议诉前调解的终止

关键词

诉前调解　终止调解

最高人民法院司法政策精神

16. 诉前调解出现下列情形之一的，应当及时终止调解：

（一）当事人存在虚假调解、恶意拖延，或者其他没有实质解决纠纷意愿的；

（二）当事人坚持通过诉讼途径解决纠纷的；

（三）纠纷的处理涉及法律适用分歧的；

（四）纠纷本身因诉前调解机制引起，或者当事人因其他原因对诉前调解组织及相关调解人员的能力、资格以及公正性产生合理怀疑的；

（五）通过诉前调解机制处理，超过一个月未取得实质进展，或者三个月未解决的；

（六）其他不适合通过调解解决纠纷的。

对于终止调解的案件，诉前调解组织应当出具调解情况报告，写明案件基本情况、当事人的调解意见、未能成功化解的原因、证据交换和质证等情况，一并移交人民法院依法登记立案。

——《最高人民法院关于进一步推进行政争议多元化解工作的意见》（2021年12月22日，法发〔2021〕36号）。

300. 廉租住房申请处理等行政给付及其变动行为，能否通过调解方式结案

关键词

廉租住房　行政给付　行政调解

最高人民法院审判业务意见（行政庭法官会议纪要）

《行政诉讼法》上有关"行政机关行使法律、法规规定的自由裁量权的案件可以调解"的规定，用意在于排除"行政行为是否合法问题无调解余地"的情形。行政案件调解结案与被诉行政行为的具体类型无关，既可以适用行政处罚等传统高权行为，也可以适用行政给付及其变动行为。行政案件调解的具体适用，以行政机关作出被诉行政行为时是否存在裁量空间为前提，以行政争议双方当事人对调解事项是否具有处分权为基础，以调解结果不得损害国家利益、社会公共利益和他人合法权益为界限。在行政争议实质性解决的路径谱系中，调解相对于宣示性判决而言具有一定的比较优势，更有助于被诉行政行为背后实质争议的一揽子解决。

附：案情简介

2010年5月，甲市房管局根据他人实名举报，经调查认定林某存在连续六个月未在通过摇号取得的廉租房内实际居住等情形。林某主张其系因肢体残疾，所签廉租房位置偏远且交通不便，故居住不久后即搬出。2010年7月，甲市房管局收回涉案廉租房，并于同年9月给林某办理了廉租房租金补贴。林某从2010年7月开始在外租房居住，又于2011年重新申请并取得该年度廉租房实物配租资格，后以当年房源不适合居住为由放弃摇号选房。2011年4月，林某将甲市房管局诉至法院，请求依法确认该局取消实物配租资格的行政行为违法，判令该局赔偿其退房次日起至重新取得实物配租房之日止的相应租金损失。

——《行政案件适用调解结案的范围》，载最高人民法院行政审判庭编：《最高人民法院行政审判庭法官会议纪要（第一辑）》，人民法院出版社2022年版，第76~77页。

301. 征收补偿案件中的自由裁量权行使问题

关键词

征收补偿　自由裁量权

最高人民法院审判业务意见

自由裁量权的行使必须立足于案件事实、必须依法进行，实现使法律从一般公正转化为个别公正的目的。裁量行为的理由应是合理的，裁判结论需符合法律目的且合乎情理。如果被征收人在与征收主体在签订补偿协议时存在欺诈行为，法院在酌定补偿数额时，要兼顾公共利益与个体利益，合理确定补偿数额。

——《最高人民法院第二巡回法庭建庭以来行政案件审理情况分析报告——以申请再审案件为核心（2015.01—2020.06）》。

302. 可以合并审理的情形

关键词

强制执行措施　行政处罚　合并审理

附录：司法信箱

在诉讼期间，行政机关又作出行政处罚，应如何处理？

问题：我院在审理一起不服交通管理行政机关扣押、变卖汽车的行政案件时，被告交通管理行政机关在诉讼期间又以原告欠缴养路规费为由作出罚款决定。对这一问题应如何处理，有两种意见：一种意见认为行政机关只要在没有超过行政处罚追究时效的情况下，就可以作出行政处罚决定；另一种意见认为，行政机关扣押、变卖了当事人的财产，以变卖财产款项抵缴了养路规费，视为行政机关对此事处理完毕，不能再给予行政处罚。请问哪一种意见正确？

《人民司法》研究组认为，《公路法》第76条规定："未按照国家有关规定缴纳应缴纳的公路建设、养护费用的，由交通主管部门责令限期缴纳，从欠缴之日起，按日加收滞纳金；逾期仍不缴纳的，处欠缴费款3倍以下的罚款并由交通主管部门依法申请人民法院强制执行。"根据该条的规定，交通行政主管部门责令原告缴纳养路规费，原告在限期内未缴纳的，被告可以根据该条的规定对原告作出罚款处罚。本案中，被告交通管理行政机关责令原告缴纳养路规费，原告仍未缴纳，被告采取了强制执行措施，原告不服，提起诉讼。在原告起诉前，被告行政机关未对其作出罚款处罚，仍属对逾期不缴纳养路规费的行为未进行处理，因此，被告只要在对逾期缴纳养路规费行为未超过行政处罚追究时效的情况下，仍有权进行罚款处罚。据此，人民法院可以将不服交通管理行政机关的扣押、变卖行为与罚款决定一并审理，并对这两个具体行政行为的合法性进行审查，依法作出判决。

——《人民司法》1999年第5期（总第424期）。

303. 提起行政诉讼首先要明确被诉行政行为，起诉多个关联行政行为可以决定合并审理

关键词

被诉行政行为　多个关联行政行为　合并审理

最高人民法院裁判文书

姚某明诉广东省广州市从化区人民政府征收土地公告及行政赔偿案［最高人民法院（2017）最高法行申6929号行政裁定书］

　　裁判要点：提起诉讼应当有具体的诉讼请求和事实根据。所谓具体的诉讼请求，关键是要有明确的被诉行政行为。起诉人提起诉讼的被诉行政行为不明确的，人民法院应当予以指导和释明，经释明起诉人仍然不能明确被诉行政行为的，人民法院应当裁定不予立案；已经受理的，裁定驳回起诉。但是，经释明起诉人明确被诉行政行为的，无论起诉人明确起诉的是一个行政行为，还是数个行政行为，人民法院都应当对被诉行政行为是否符合其他起诉条件逐一进行审查，不得以起诉多个行政行为为由不予受理。

　　通常情况下，市、县人民政府根据省级人民政府征地批复作出的征地公告行为，仅仅是对征地批复内容的告知，是一个对当事人的权利义务不产生实际影响的程序性行为，不属于行政诉讼的受案范围。但是，如果被征收人以征收公告范围与征地批复不一致为由，对征收公告提起行政诉讼，并提供初步的事实根据的，人民法院就不能以前述理由简单裁定不予立案或驳回起诉。

　　最高人民法院经审查认为，《中华人民共和国土地管理法》第四十六条第

一款规定，国家征收土地依照法定程序批准后，由县级以上地方人民政府予以公告并组织实施。《中华人民共和国土地管理法实施条例》第二十五条第一款规定，征收土地方案经依法批准后，由被征收土地所在地的市、县人民政府组织实施，并将批准征地机关、批准文号、征收土地的用途、范围、面积以及征地补偿标准、农业人员安置办法和办理征地补偿的期限等，在被征收土地所在地予以公告。《广东省实施〈中华人民共和国土地管理法〉办法》第三十二条第一项①规定，国家征收土地，依照法定程序批准后，市、县人民政府应当在被征收土地所在地的乡（镇）、村范围内发布征地公告。根据上述规定，征收土地方案依法经省级人民政府批准后，市、县人民政府应当将批准征地机关、批准文号、征收土地的用途、范围、面积以及征地补偿标准、农业人员安置办法和办理征地补偿的期限等，在被征收土地所在地予以公告。但是，法律、行政法规、广东省的地方性法规均未对公告的具体方式作出明确规定。实践中，通常采取在征收范围内予以张贴，并在纸质媒体刊登、互联网政府官方网站发布的方式实施。本案中，经广东省人民政府批准同意，下发44号批复后，从化区政府通过互联网发布75号公告，将批准文号、建设用地项目名称、征收土地位置、被征地村及面积、土地补偿安置标准等事项在网上予以公告。之后，将草拟的征地补偿方案直接送达给城郊村委会，并发布1号公告，征求被征收人意见。从化区政府发布征收公告的程序和内容不违反法律、行政法规和地方性法规的规定。从化区政府未提供证据证明在征收范围内的乡（镇）、村予以张贴，程序不符合土地征收的通常做法不妥，但不构成程序违法。一、二审判决驳回姚某明确认从化区政府发布公告行为违法的诉讼请求，并无不当。姚某明主张75号公告征收的土地不在44号批复征收范围内，并提供44号批复附件作为新证据提交本院。经审查，44号批复附件一"建设用地项目呈报说明书"中第十三号地块所指的12.8251公顷被征收土地，包括街口村、城郊村，且有勘测定界的具体界址点坐标。75号公告内容与44号批复第十三号地块的征地面积完全一致，征收范围基本相同。姚某明仅以44号批复附件为新证据否定75号公告征地范围在44号批复批准的征地范围内，证据不足，本院不予采信。姚某明还主张，一、二审未审查征地批复及其后续行为的合法性，亦未审查行政赔偿的事实与请求。首先，征地批复是广东省人民政府作出的最终裁决行为，且不属于本案被诉行政行为，一、二审未予审查并无不当；其次，征地批复的后续征收行为包含一系列行政行为，所诉对象不明确，一、二审不予审查亦无不当；第三，一、二审对行政赔偿请求已经作出明确回应，认为征收土地公告行为不违法，

---

① 现为《最高人民法院关于适用〈中华人民共和国行政诉讼法〉的解释》（法释〔2018〕1号）第六十九条第一款第十项。

行政赔偿不能成立，姚某明的该项主张没有事实根据。

应当指出的是，《中华人民共和国行政诉讼法》第四十九条第三项规定，提起诉讼应当有具体的诉讼请求和事实根据。所谓具体的诉讼请求，关键是要有明确的被诉行政行为。起诉人提起诉讼的被诉行政行为不明确的，人民法院应当根据《中华人民共和国行政诉讼法》第五十一条第三款规定予以指导和释明，经释明起诉人仍然不能明确被诉行政行为的，人民法院应当根据《最高人民法院关于执行〈中华人民共和国行政诉讼法〉若干问题的解释》第四十四条第一款第十一项规定，裁定不予立案；已经受理的，裁定驳回起诉。但是，经释明起诉人明确被诉行政行为的，无论起诉人明确起诉的是一个行政行为，还是数个行政行为，人民法院都应当对被诉行政行为是否符合其他起诉条件逐一进行审查，不得以起诉多个行政行为为由不予受理。本案中，姚某明起诉时的诉讼请求是确认从化区政府的征收土地行为违法，诉讼请求不明确。经一审释明后，姚某明将其诉讼请求进一步细化为确认从化区政府发布征地公告、批准并发布征地补偿安置方案以及"清障活动"违法。释明后的诉讼请求尽管包含多个行政行为，但被诉行政行为已经具体明确，一审本应围绕姚某明提出的三个相互关联的行政行为，分别审查是否符合法定起诉条件，并作出裁判。但是，一审却以姚某明的诉讼请求包含多个行政行为为由，要求姚某明进一步予以明确，在姚某明仍坚持其全部诉讼请求时，一审又自主决定只审查从化区政府发布征地公告的合法性，这一做法没有法律根据，本院予以指正。鉴于批准并发布征地补偿安置方案行为属于行政机关内部程序性行为，对当事人的权利义务不产生实际影响，因此不可诉。"清障活动"发生于2013年2月1日，姚某明于2015年6月提起行政诉讼，超过2年法定起诉期限。在此情形下，再以漏审批准并发布征地补偿安置方案和"清障活动"为由，对本案予以再审，没有实际意义，本案不予再审。

还应指出的是，《中华人民共和国行政诉讼法》第二十五条第一款规定，行政行为的相对人以及其他与行政行为有利害关系的公民、法人或者其他组织，有权提起诉讼。征收土地案件中，被征收人获得征收补偿，对征收决定超过法定起诉期限不起诉，自起诉期限届满之日起，丧失对被征收房屋及相应土地的权利。之后又针对行政机关就涉案房屋、土地作出的行政行为提起行政诉讼，与被诉行政行为没有利害关系，不具有原告资格。2012年12月，从化国土局已经将征收补偿数额告知姚某明并对征收补偿款予以公证提存，至2014年年底，姚某明未对该补偿决定提起行政诉讼，丧失对涉案土地的权利，2015年6月对75号公告提起行政诉讼，已经丧失原告资格。同时，根据《最高人民法院关于审理涉及农村集体土地行政案件若干问题的规定》第九条规定，以公告方式送达的，起诉期限应当自公告确定的期限届满之日起计算。75号公告于2006年12月在网上予以公告，2015年6月姚某明提起诉讼，显然超过法定 2 年起诉期限，且无正当理由。为此，一、二审受理姚某明对 75 号公告行为的起诉不妥，本院亦予以指正。鉴于姚某明申请再审，人民法院不宜作出对再审申请人更为不利的裁判，本案不予再审。

再要指出的是，通常情况下，市、县人民政府根据省级人民政府征地批复作出的征地公告行为，仅仅是对征地批复内容的告知，是一个对当事人的权利义务不产生实际影响的程序性行为，不属于行政诉讼的受案范围。但是，如果被征收人以征收公告范围与征地批复不一致为由，对征收公告提起行政诉讼，并提供初步的事实根据的，人民法院就不能以前述理由简单裁定不予立案或驳回起诉，姚某明起诉的理由即是如此。所以本案不能以 75 号公告属于对被征收人权利义务不产生实际影响的程序性行为为由不予受理。

——第一巡回法庭微信公众号。

304. 行政争议与民事争议交叉问题

关键词

民行交叉行政案件　行政附带民事诉讼　中止诉讼

最高人民法院司法政策精神

19. 正确处理行政诉讼案件和民事诉讼案件交叉的问题。要区别责任发生的时间、法律对责任实现顺序是否有专门规定，以及是否涉及国家利益、公共利益，审慎解决民事责任和行政责任的冲突。要立足我国社会主义初级阶段的国情，既重视保障民事受害人的及时有效救济，也要兼顾行政与民事两种赔偿责任承担的基本公平。对选择民事或行政救济途径法律规定不明确的，要加强法院内部的沟通协商，不轻易否定起诉人的行政诉权或民事诉权。如争议的民事法律关系是行政行为合法的基础性前提性事实和主要构成要件的，应当先行中止行政诉讼，等候民事诉讼的判决结果。反之则可以行政诉讼先行。不同审判庭或者法院之间应当主动加强沟通协调，不得各行其是。

——《最高人民法院关于加强和改进行政审判工作的意见》（2007 年 4 月 24 日，法发〔2007〕19 号）。

8. 为有效化解行政管理活动中发生的各类矛盾纠纷，人民法院鼓励和支持行政机关依当事人申请或者依职权进行调解、裁决或者依法作出其他处理。调解、裁决或者依法作出的其他处理具有法律效力。当事人不服行政机关对平等主体之间民事争议所作的调解、裁决或者其他处理，以对方当事人为被告就原争议向人民法院起诉的，由人民法院作为民事案件受理。法律或司法解释明确规定作为行政案件受理的，人民法院在对行政行为进行审查时，可对其中的民事争议一并审理，并在作出行政判决的同时，依法对当事人之间的民事争议一并作出民事判决。

行政机关依法对民事纠纷进行调处后达成的有民事权利义务内容的调解协议或者作出的其他不属于可诉具体行政行为的处理，经双方当事人签字或者盖章后，具有民事合同性质，法律另有规定的除外。

——《最高人民法院关于建立健全诉讼与非诉讼相衔接的矛盾纠纷解决机制的若干意见》(2009年7月24日，法发〔2009〕45号)。

最高人民法院审判业务意见

对于行政裁决案件，可以根据实际情况对民事纠纷一并作出处理。审判实践中，对于诉行政机关就平等主体之间民事争议所作裁决的案件，有些法院只判决撤销或确认具体行政行为违法，或者判令被告重新作出具体行政行为，而不审理民事争议，致使纠纷得不到解决，往往形成循环诉讼，给当事人增加诉累。根据《最高人民法院关于执行〈中华人民共和国行政诉讼法〉若干问题的解释》第61条①规定，在对具体行政行为撤销或者确认违法的同时，应尽可能对相关民事争议一并作出处理。这不仅体现了诉讼经济原则，也可以为当事人减轻诉讼负担。要注意研究此类案件的特点和具体操作问题，必要时可以通过请示答复或司法解释加以规范。

近几年来，在法院审理的行政案件和民事案件中，往往存在基于同一事实而产生的行政案件和民事案件分别审判实体内容相互冲突的情形，不仅有损司法裁判的严肃性，也影响了当事人合法权益的实现。对此，应当采取相应的措施加以解决。首先，在审理行政案件过程中，如果发现同时存在基于同一事实而正在审理的民事案件，应当本着此案的审理以彼案判决结果为依据的原则，确定审理的先后顺序；其次，如果民事案件已经作出判决，而且对行政案件的审理产生拘束力，应当中止或者终结行政案件的诉讼；再次，如果民事案件的裁判确有错误，应当通过申请再审或者审判监督程序处理。

——王秀红：《切实贯彻司法为民思想，努力开创行政审判工作新局面——在全国法院行政审判工作座谈会上的讲话》(2003年10月21日)，载江必新主编、最高人民法院行政审判庭编：《行政执法与行政审判》2003年第4集(总第8集)，法律出版社2003年版，第27~28页。

审判实践中，民事纠纷和行政争议相互交叉，不能很好衔接和统筹解决，

---

① 本条规定已被《最高人民法院关于适用〈中华人民共和国行政诉讼法〉的解释》(法释〔2018〕1号)废止。

是长期困扰行政审判和民事审判工作难题，也是造成纠纷和争议无法实质性解决，老百姓申诉上访不止的重要因素之一。这个问题解决不好，会直接导致案结事不了，形成申诉上访。因此，各级法院要进一步研究这一课题，探索行政、民事一并审理的方式和程序，力争通过并案审理解决实质矛盾。对于被诉的具体行政行为涉及原告和第三人之间民事争议的，可以尝试在征得原告和第三人同意的情况下，一并审理民事争议。有的法院已经尝试建立了行政诉讼、民事诉讼间的沟通衔接机制，对行政裁判无法解决当事人实体纠纷的，在文书中指明救济渠道，并做好与立案部门、民事审判部门衔接工作，避免当事人因错误理解行政裁判而申诉上诉。有的法院还在探索完善裁判文书的内容，充分运用司法变更权，防止重复诉讼和循环诉讼；有的法院在判决责令行政机关重新作出行政行为时，还尽可能使裁判内容具体明确，便于执行，避免案结事不了。这些有利于行政纠纷实质性解决的探索和试点，应当肯定和支持，条件成熟后，应尽快通过制定司法解释或者发布司法政策性文件的形式加以规范和统一。

——赵大光：《在全国法院行政审判工作座谈会上的总结讲话》（2010年5月23日），载江必新主编、最高人民法院行政审判庭编：《行政执法与行政审判》2010年第3集（总第41集），中国法制出版社2010年版，第13页。

最高人民法院答复

四川省高级人民法院：

你院〔2002〕川行他字第1号《关于行政诉讼与民事诉讼交叉引起的审判程序问题的请示》收悉。经研究，答复如下：根据《中华人民共和国民事诉讼法》第136条第1款第（5）项的规定，当行政诉讼与民事诉讼交叉且行政诉讼的裁判结果是民事诉讼的定案根据或裁决依据时，应当中止民事诉讼，待行政诉讼终结后再恢复民事诉讼。

——《最高人民法院行政审判庭关于对行政诉讼与民事诉讼交叉引起的审理程序如何处理问题的答复》（2002年8月1日，〔2002〕行他字第10号）。

附录：最高人民法院法官著述

审判实践中，当民事诉讼、刑事诉讼与行政诉讼发生交叉关系时，就优先处理问题的一般做法是：

1. 当行政诉讼的判决成为民事诉讼的附属问题时，根据不同情况分别采取不同的管辖方法：（1）如果当事人起诉时或者诉讼中未对涉及的行政争议提起行政诉讼的，由民事审判庭对民事诉讼及有关属于行政诉讼的问题一并管辖，不过，民事审判庭只对行政行为的合法性进行形式上的审查，即：只要行政行为外在形式的表现内容合法，即可以作为民事案件的定案根据。其理论依据是：行政诉讼也应坚持"不告不理"的法律原则，行政诉讼只能由当事人提起，如果当事人没有提起行政诉讼，依法受理行政争议的行政审判庭不能主动立案受理和审理。因此，如果当事人起诉时或者诉讼中未对涉及的行政争议提起行政诉讼的，只能由民事审判庭对属于行政诉讼程序解决的问题进行审查。（2）如果当事人在民事诉讼进行中又因行政争议向行政审判庭提出行政诉讼，民事审判庭应当先中止民事诉讼程序，待行政审判庭作出裁判后，再恢复民事诉讼的审理。其理论依据是：当行政机关的具体行政行为成为民事判决的依据时，该诉讼证据必须查证属实，才能作为定案根据，而这种证据又是比较特殊的证据，其必须要通过行政诉讼进行合法性审查并被确认为合法之后，才能作为民事诉讼中的证据使用。因此，民事审判庭应先中止民事诉讼程序，由行政审判庭对民事判决的前提问题作出裁判后再恢复对民事案件的审理。

2. 当民事判决成为行政诉讼的附属问题时，一般采取先民事后行政的审理原则。在行政诉讼过程中，如果本院或其他有管辖权的法院已受理了与之相关的民事案件，且该民事判决是行政判决的依据时，裁定中止行政诉讼程序，待民事诉讼终结后再恢复行政诉讼。

——段小京：《行政诉讼的附属问题及其管辖研究》，载最高人民法院行政审判庭编：《行政执法与行政审判》2005年第1集（总第13集），法律出版社2005年版，第27页。

305. 公司登记涉及民事法律关系的处理

关键词

民行交叉行政案件　公司登记

最高人民法院司法政策精神

三、公司登记涉及民事法律关系的问题

利害关系人以作为公司登记行为之基础的民事行为无效或者应当撤销为由，对登记行为提起行政诉讼的，人民法院经审查可以作出如下处理：对民事行为的真实性问题，可以根据有效证据在行政诉讼中予以认定；对涉及真实性以外的民事争议，可以告知通过民事诉讼等方式解决。

——《最高人民法院办公厅关于印发〈关于审理公司登记行政案件若干问题的座谈会纪要〉的通知》（2012年3月7日，法办〔2012〕62号）。

306. 裁定准予撤诉的时机及裁判方式

关键词

改变具体行政行为　准予撤诉　裁判方式

最高人民法院司法解释

第五条　被告改变被诉具体行政行为，原告申请撤诉，有履行内容且履行完毕的，人民法院可以裁定准许撤诉；不能即时或者一次性履行的，人民法院可以裁定准许撤诉，也可以裁定中止审理。

第六条　准许撤诉裁定可以载明被告改变被诉具体行政行为的主要内容及履行情况，并可以根据案件具体情况，在裁定理由中明确被诉具体行政行为全部或者部分不再执行。

第七条　申请撤诉不符合法定条件，或者被告改变被诉具体行政行为后当事人不撤诉的，人民法院应当及时作出裁判。

——《最高人民法院关于行政诉讼撤诉若干问题的规定》（2008年1月14日，法释〔2008〕2号）。

最高人民法院司法政策精神

四是注意选择裁定准许撤诉的时机。在当事人之间达成的和解中，往往具有履行权利义务的内容，人民法院应当关注和解内容的履行情况，对于有履行内容且履行完毕，符合撤诉条件的，应当裁定准许撤诉；不能即时或者一次性履行的，可以裁定准许撤诉，也可以裁定中止审理，以防止约定的义务不能及时履行或者不履行，使当事人的权益再次受到侵害。

五是正确处理撤诉与裁判的关系。及时救济权利，兼顾行政效率，是行政审判应当追求的目标。要正确处理好撤诉与裁判的关系，防止当判不判，久拖不结。经审查申请撤诉不符合法定条件，或者行政机关改变被诉具体行政行为后当事人不撤诉的，应当及时作出裁判。

六是完善撤诉的结案方式。为了满足审判实践的需要，《撤诉规定》对撤诉裁定的方式进行了必要的完善。准许撤诉裁定可以载明被告改变被诉具体行政行为的主要内容，并可以根据案件具体情况，在裁定理由中明确被诉具体行政行为全部或者部分不再执行。准许撤回上诉或者再审申请的裁定参照上述要求制作，并可以明确被诉具体行政行为或者原裁判全部或者部分不再执行，以解决双方当事人的合意与被诉具体行政行为或者原裁判的冲突。通过对行政机关改变具体行政行为的内容及履行情况加以确认，使当事人的权利义务更加明确。由于裁定通常只解决诉讼程序方面问题,因此,上述已在裁定理由中明确、涉及实体处理的内容,在裁定主文中不再表述。

——《最高人民法院关于认真贯彻执行〈关于行政诉讼撤诉若干问题的规定〉的通知》(2008年1月31日,法发〔2008〕9号)。

307. 原告因行政机关改变具体行政行为而申请撤诉的适用范围

关键词

改变具体行政行为　撤诉

最高人民法院司法解释

第八条　第二审或者再审期间行政机关改变被诉具体行政行为,当事人申请撤回上诉或者再审申请的,参照本规定。

准许撤回上诉或者再审申请的裁定可以载明行政机关改变被诉具体行政行为的主要内容及履行情况,并可以根据案件具体情况,在裁定理由中明确被诉具体行政行为或者原裁判全部或者部分不再执行。

——《最高人民法院关于行政诉讼撤诉若干问题的规定》(2008年1月14日,法释〔2008〕2号)。

最高人民法院司法政策精神

行政机关改变被诉具体行政行为后原告申请撤诉,一般发生在第一审诉讼期间,但在第二审和再审期间也可能出现,如果片面强调判决的既判力和稳定性而不允许撤诉,不利于实现化解行政争议、妥善解决纠纷的目的。《撤诉规定》对此也作了明确规定,当事人在第二审期间申请撤回上诉,再审期间申请撤回再审申请的,均可参照本规定执行。

——《最高人民法院关于认真贯彻执行〈关于行政诉讼撤诉若干问题的规定〉的通知》(2008年1月31日,法发〔2008〕9号)。

308. 撤诉后诉讼费用的承担

关键词

撤诉　诉讼费用

> **附录：司法信箱**

因被告改变具体行政行为而撤诉的案件，诉讼费用应由谁负担？

问题：在行政诉讼过程中，因被告行政机关改变被诉具体行政行为，原告申请撤诉后，人民法院依法裁定准许原告撤诉的案件，其诉讼费用应由谁承担？对此问题有两种不同意见：一种意见认为，原告申请人民法院撤诉，是因为行政机关改变具体行政行为引起的，其责任在行政机关，案件诉讼费用应当由被告负担；另一种意见认为，《最高人民法院关于执行〈中华人民共和国行政诉讼法〉若干问题的解释》中对因行政机关改变具体行政行为，原告申请撤诉的案件，案件受理费应当由谁负担未作规定，因此，应当参照《民事诉讼法》及《诉讼费用交纳办法》的有关规定，撤诉的案件受理费由原告负担，减半收取，其他诉讼费用按实际支出收取。请问哪一种意见正确？

《人民司法》研究组认为：在行政诉讼中，被告改变具体行政行为，原告申请撤诉，法院裁定准予撤诉的，意味着被告改变其违法或者不当的具体行政行为得到法院的认可，因而，被告实际上是败诉方。根据《行政诉讼法》第74条①中"诉讼费用由败诉方承担，双方都有责任的由双方分担"的规定，这类案件的诉讼费用应当由被告承担。此类案件应按照《行政诉讼法》的规定办理，不宜参照《民事诉讼法》的有关规定。

——《人民司法》2002年第1期（总第456期）。

309. 行政机关不正当行使诉讼权利加重相对人负担的应承担相应费用

> **关键词**

不正当行使诉讼权利　诉讼费用

> **最高人民法院公报案例**

陈某诉徐州市泉山区城市管理局行政处罚案［江苏省高级人民法院］

裁判摘要：行政机关两次接到开庭传票后，拒不到庭且不说明任何理由，实际上加重了相对人的负担，基于公平原则，行政机关应当负担相对人因此次诉讼而支付的直接的、合理的费用。

---

① 现为《中华人民共和国行政诉讼法》（2017年修正）第一百零二条。

案件当事人一审判决后在法定期限内提起上诉，是其诉讼权利。但本案中，城市管理局在案件的一审期间未在法定期限内提交答辩状，也未提供行政处罚的证据和依据，依照《最高人民法院关于执行〈中华人民共和国行政诉讼法〉若干问题的解释》第二十六条①规定，应当承担败诉的法律后果，且城市管理局的委托代理人在一审庭审陈述时，已自认其行政行为理由不充足。城市管理局在一审被判决败诉后，虽然提起上诉，却怠于行使自己的诉讼权利，未向法院提交法定代表人身份证明书，也未委托诉讼代理人参加诉讼。在接到第一次开庭传票后，既未申请延期开庭也未提供任何材料且拒不到庭，后也未按要求提供有关不能到庭的正当理由的说明；第二次接到开庭传票后，仍然拒不到庭且不说明任何理由，应视为申请撤诉。由于城市管理局不正当地行使了自己的诉讼权利，实际上加重了被上诉人陈某的负担，基于公平原则，城市管理局应当负担陈某因此次诉讼而支付的直接的、合理的费用，即二审期间的委托代理费用及诉讼参与人两次往返必需的交通费用共计人民币1570元。

——《最高人民法院公报》2003年第6期。

310. 先予执行的条件

> 关键词

先予执行　行政给付　履行能力

> 最高人民法院司法政策精神

当前采取先予执行措施的做法比较混乱，有些法院擅自扩大先予执行范围，致使违法的先予执行时有发生，行政相对人的合法权益受到侵害，甚至造成一些不可逆转的后果。为制止和防止这类情况的发生，各级法院应当严格依法采取先予执行措施，不得擅自扩大先予执行的范围。按照《最高人民法院关于执行〈中华人民共和国行政诉讼法〉若干问题的解释》第94条②规定，先予执行必须在诉讼过程中采取，必须符合"不及时执行可能给国家利益、公共利益或者他人合法权益造成不可弥补的损失"的条件，且要求申请执行人提供相应的财产担保。司法解释规定的"不可弥补的损失"，是指涉

---

①　本条规定已被《最高人民法院关于适用〈中华人民共和国行政诉讼法〉的解释》（法释〔2018〕1号）废止。

②　本条规定已被《最高人民法院关于适用〈中华人民共和国行政诉讼法〉的解释》（法释〔2018〕1号）废止。

重大国家利益、公共利益或者他人合法权益，不及时执行无法挽回或者无法恢复的特殊情况。各级法院必须按照司法解释的规定，严格掌握先予执行的法律条件，慎用先予执行措施，绝不能使人民法院的强制执行权成为给某些单位或者个人牟取私利的工具。

——李国光：《深入贯彻党的十六大精神，努力开创行政审判工作新局面，为全面建设小康社会提供司法保障——在全国行政审判工作会议上的讲话》(2003年2月13日)，载李国光主编、最高人民法院行政审判庭编：《行政执法与行政审判》2003年第1辑（总第5辑），法律出版社2003年版，第25~26页。

先予执行对当事人的合法权益影响很大，对于行政案件的公正审理也有很大的潜在影响，法律和司法解释严格限定先予执行的适用条件。为准确贯彻立法精神，对于先予执行应当严加限制，决不能乱开口子。在起诉或者行政复议期限届满前，人民法院不受理非诉执行行政案件。在诉讼期间，除非有不予强制执行将给国家利益或者社会公共利益造成不可弥补的重大损失的情形，人民法院不得先予执行。

——江必新：《牢固树立司法为民思想，把行政审判工作提高到一个新的水平——在全国法院行政审判工作座谈会上的讲话》(2003年10月21日)，载江必新主编、最高人民法院行政审判庭编：《行政执法与行政审判》2003年第4集（总第8集），法律出版社2003年版，第7页。

311. 不同当事人就同一财产分别提出先予执行和财产保全申请，应当先采取财产保全再采取先予执行

关键词

先予执行　财产保全　竞合

附录：最高人民法院法官著述

从广义上讲，先予执行和财产保全都属于保全措施。司法实践中，在特定的情况下，不同的当事人就同一财产分别提出了先予执行和财产保全的申请，如果在二者发生竞合的情况下，何者效力优先？主要有以下三种观点：第一种观点认为，应当财产保全优先。理由是，财产保全是一种保护性的措施，它能够有效保证案件的正确、及时处理，切实保护当事人的合法权益；但是，先予执行只是一种维护当事人合法权益的暂时的法律救济方式。先予执行措施的采取可能导致被执行人为逃避他案义务的履行而转移隐匿其持有

的财产,并且该种救济仅仅能满足当事人的一时之需,而无法保证案件的圆满解决。第二种观点认为,应当先予执行优先。理由是,先予执行的条件一般是情况紧急,如果不先予执行将严重影响当事人的生产经营乃至正常生活或者发生严重后果,如果不先予执行导致诸如当事人困顿死亡等严重后果,则是法律和道德都无法接受的。第三种观点认为,二者具有同等的效力。理由是,法律没有就二者的效力作出规定,应当推定两种具有相同的效力。

我们认为,上述观点都存在一定的缺陷。第三种观点是一种含混的观点,司法实践中容易导致财产被重复查封或者冻结,直接违反《民事诉讼法》第103条第2款的规定。第一种观点和第二种观点都有失绝对。实际上,这两种裁定都属于广义上的诉讼保全范围。在发生竞合的情况下,应当充分发挥两种裁定的优势。财产保全的优势在于对于财产保全的条件较为宽松,实施条件和解除条件都相对宽松,亦无预决之效力;先予执行的优势在于对于特定的涉及严重影响生产、生活的,保护较为及时。因此,一般情况下,应当首先采取财产保全的措施,如果在采取保全措施后发现还不能满足申请人生活、生产上的急需的,可以再考虑先予执行的措施。

——江必新、梁凤云:《行政诉讼法理论与实务》(第三版),法律出版社2016年版,第1276~1277页。

二、第一审普通程序

312. 庭前准备程序需要解决的问题

关键词

庭前准备　交换证据

最高人民法院司法政策精神

要正确处理庭前交换证据与庭审质证的关系。庭前交换证据主要是为了强化信息披露,防止当事人搞证据上的"突然袭击",避免当事人不正当地使用诉讼技艺对公正审判的不良影响。对于庭前交换证据活动中没有争议的证据,合议庭经记录在卷并在庭审质证中征询当事人是否有反悔的意见以后,才作为无需质证的证据进行审核认定。如果当事人在质证中反悔,应当对该证据进行质证。要规范庭前交换证据活动,避免庭前交换证据活动的繁琐化或者使其成为变相的开庭。

——李国光:《深入贯彻党的十六大精神,努力开创行政审判工作新局面,为全面建设小康社会提供司法保障——在全国法院行政审判工作会议上的讲话》(2003年2月13日),载李国光主编、最高人民法院行政审判庭编:《行政执法与行政审判》2003年第1辑(总第5辑),法律出版社2003年版,第23页。

附录:最高人民法院法官著述

庭前准备程序至少应当解决以下问题:(1)确定没有争议的事实和法律问题;(2)确定争议事实和焦点;(3)确定需要传唤的证人,确定证人名单,以及将要提供的证据;(4)确定哪些证据需要鉴定、现场勘验或应由法院调取;(5)确定案件审理的主要阶段;(6)告知当事人可以或应当陈述的内容以及行使的权利、履行的义务;(7)约定送达或传唤方式;(8)决定是否采取保全措施;等等。对上述内容应当进行口头或书面裁定或决定,进行口头裁定的,应当记入笔录。庭前准备程序中的"证据交换",有人叫"证据开示",这些说法都不尽准确,我们倾向于用"证据披露"来概括。证据披露不是证据互换,而是双方提供证据清单,当事人要求复制的可以复制。

——江必新:《论庭审制度的改革》,载最高人民法院行政审判庭编:《行政执法与行政审判》2005年第2集(总第14集),法律出版社2006年版,第7页。

313.审查期限的起算点计算

关键词

审查期限　起算点

最高人民法院司法解释

第一百一十二条　人民法院应当自再审申请案件立案之日起六个月内审查,有特殊情况需要延长的,由本院院长批准。

——《最高人民法院关于适用〈中华人民共和国行政诉讼法〉的解释》(2018年2月6日,法释〔2018〕1号)。

附录:最高人民法院主流观点

《民事诉讼法》第二百零四条第一款规定的3个月审查期限的起算点为收到再审申请书之日,而《最高人民法院关于适用〈中华人民共和国行政诉讼法〉若干问题的解释》(以下简称《行诉解释》)规定行政申请再审案件的审查期限自再审申请案件立案之日起算。一般而言,如果再审申请人初次提交的再审申请书等材料在形式和实质上均符合要求,且再审申请符合其他法定条件的,那么按照立案登记制的精神,人民法院即应及时登记立案,此时再审审查的期限即开始计算。在这种情况下,"收到再审申请书之日"与"再审申请案件立案之日"相差不远,甚至可能是同一日。另一方面,立案登记制并非登记立案制,即使在申请再审案件中,人民法院也要对当事人的立案申请依法进行适度审查,况且实践中不少再审申请人初次提交的再审申请书等材料尚需进一步补正,故人民法院初次收到再审申请书等材料之后,未必即能对再审申请予以立案并转入实质审查环节,人民法院对立案申请适度审查的时间、当事人补正材料的时间等,亦不宜计入再审审查期限。因此,《行诉解释》将立案之日确定为再审审查期限的起算点,更加符合工作实际。就民事再审申请审查实践而言,"目前司法实务中一般是从当事人提交符合条件的申请再审材料,人民法院受理申请再审案件之日起计算3个月的审查期限"。[①]

——最高人民法院行政审判庭编著:《最高人民法院行政诉讼法司法解释理解与适用》,人民法院出版社2018年版,第532~533页。

314. 延长审查期限的次数和批准权

关键词

审查期限　延长　次数　批准权

最高人民法院司法解释

第一百一十二条　人民法院应当自再审申请案件立案之日起六个月内审查,有特殊情况需要延长的,由本院院长批准。

——《最高人民法院关于适用〈中华人民共和国行政诉讼法〉的解释》(2018年2月6日,法释〔2018〕1号)。

附录:最高人民法院主流观点

本条虽然对存在特殊情况案件的批准延长审查期限作了规定,但并未对申请延长的次数作出限制,因此对于少数经延长后仍难以审查完毕的案件,可再次申请延长,是否批准由本院院长决定。实践中,部分法院院长将延长审查期限的批准权授予分管副院长、庭长行使,亦应认为并不违背本条精神。

[①] 最高人民法院民事诉讼法修改研究小组编著:《〈中华人民共和国民事诉讼法〉修改条文理解与适用》,人民法院出版社2012年版,第457页。

需要强调的是，具有批准权的法院相关领导应从严掌握延长标准，加强对延长理由的审核，特别是要加强对多次报请延长审限案件的审核，慎重决定是否批准，不断促进提升工作的规范性，减少随意性，督促合议庭、承办法官着力提升审查效率。

——最高人民法院行政审判庭编著：《最高人民法院行政诉讼法司法解释理解与适用》，人民法院出版社2018年版，第533页。

315. 起诉行政机关不履行法定职责，起诉人应当提供证据初步证明其享有相应的合法权益、行政机关具有相关法定职责

关键词

证据初步证明　法定职责

最高人民法院裁判文书

刘某瑛诉广西壮族自治区贺州市人民政府不履行责成改制企业支付资产股受益款法定职责案［最高人民法院（2017）最高法行申6384号行政裁定书］

> 裁判要点：行政机关不履行保护人身权、财产权等合法权益法定职责的行为，属于可诉的行政行为。但是，提起诉讼时，起诉人应当提供证据初步证明其享有相应的合法权益、行政机关具有相应的法定职责义务。不能初步证明的，起诉缺乏事实根据，不符合法定起诉条件。

最高人民法院经审查认为，《中华人民共和国行政诉讼法》第四十九条第三项规定，提起行政诉讼，要有具体的诉讼请求和事实根据。第十二条第一款规定，申请行政机关履行保护人身权、财产权等合法权益的法定职责，行政机关拒绝履行或者不予答复的，属于行政诉讼的受案范围。行政机关不履行保护人身权、财产权等合法权益法定职责的行为可诉，应当同时具备两个前提条件：一是公民、法人或者其他组织具有合法的、值得法律保护的权益；二是行政机关依照法律规定、行政协议约定或者先前行为产生的附随义务等，具有保护当事人合法权益的职责义务。《最高人民法院关于行政诉讼证据若干问题的规定》第四条第一款规定，公民、法人或者其他组织向人民法院起诉时，应当提供其符合起诉条件的相应的证据材料。提起不履行法定职责诉讼，起诉人应当提供证据初步证明其享有相应的合法权益，行政机关具有相应的

法定职责义务。不能初步证明的,起诉不符合法定条件。本案中,刘某瑛等48人主张华安公司应当支付其资产股受益款15420000元。但是,即便作为公司股东,是否能够实现分红的权利,也要根据公司的盈利情况,由股东大会决议是否分红以及分红的具体形式和数额。股东的收益与公司的经营风险、盈利状况直接相关联,并非只要是股东就必然会有收益。刘某瑛等48人以享有华安公司资产股为由,主张华安公司应当向其支付资产股受益款15420000元,其主张缺乏事实和法律根据。同时,刘某瑛等48人提起本案行政诉讼,并未提供证据初步证明,根据法律、法规、规章规定,或者行政协议约定,或者因先前行为产生的附随义务,在华安公司拒不支付刘某瑛等48人资产收益款的情形下,贺州市政府具有责令华安公司支付相应款项的法定义务。因此,刘某瑛等48人以贺州市政府为被告提起本案行政诉讼,请求判令贺州市政府履行责令华安公司支付资产收益款法定职责,起诉缺乏基本的事实根据。一、二审裁定不予立案,处理结果并无不当。刘某瑛等48人主张,诉请贺州市政府履行法定职责属于行政诉讼的受案范围,其主张本身并无错误。但是,鉴于起诉时,刘某瑛等48人没有提供证据证明起诉具有初步的事实根据,以此为由申请再审,本院不予支持。

应当指出的是,作为改制企业,将职工安置费折成资产股,交由改制后的民营公司持股会管理,且公司章程明确规定"资产股只有收益权,没有所有权,职工调离、辞(退)职、除名、开除,资产股归公司",上述约定侵犯改制企业职工的合法权益。从维护社会和谐稳定,处理好企业改制过程中的历史遗留问题的角度考虑,作为国有企业改制主导方的贺州市政府及其职能部门,应当积极协调处理好改制后的民营企业与改制企业职工的利益平衡关系,通过组织各方协商谈判等方式,尽可能妥善解决改制企业职工合法权益的保护问题。同时,作为改制企业职工,在自愿签订《离岗退养(内退)合同书》,同意将职工安置费折成资产股,交民营公司持股会管理后,也应当对自己当初的选择承担相应的投资风险责任,要面对现实、实事求是地主张权利,积极配合贺州市政府及其职能部门的协调处理工作,依法维护自身合法权利。

——第一巡回法庭微信公众号。

316. 确认违法判决的适用条件

关键词

违法判决　适用条件

最高人民法院审判业务意见（行政庭法官会议纪要）

处置变现价格与实际价值相比明显偏低、委托拍卖过程中存在不符合《拍卖法》有关规定等问题，但撤销处置变现行为将导致公共利益受损，应当依法判决确认被诉行政行为违法。

附：案情简介

1996年4月30日，甲市政府批准乙公司在案涉土地上投资建设"庄园广场"项目，建筑规模为八层。乙公司于1998年动工建设该项目到三层框架后于当年停建。2001年，甲市处置办将该项目列为甲市停缓建工程项目。2003年7月，甲市政府批复同意乙公司续建，乙公司于当年底续建到五层框架后再次停建至今。2005年3月，甲市政府根据乙公司的申请批复同意复工续建"庄园广场"项目。乙公司先后向甲市政府递交三份书面报告，请求批准将"庄园广场"项目改变用途并自主处置。甲市政府2006年5月19日委托评估。同年7月6日，甲市建设局和甲市处置办作出《关于停缓建工程"庄园广场"自主处置的答复》。同年8月21日，甲市政府作出《关于庄园广场停缓建工程项目复工方案等问题的复函》。同年8月31日，该项目被拍卖给案外人。乙公司提起行政诉讼，请求撤销甲市政府作出的《复函》和甲市建设局作出的《答复》。

——《确认违法判决的适用条件》，载最高人民法院行政审判庭编：《最高人民法院行政审判庭法官会议纪要（第一辑）》，人民法院出版社2022年版，第163~165页。

317. 行政行为内容正确只是缺少形式要件的属于程序违法

关键词

土地承包经营权证　土地承包合同　形式要件　程序违法

最高人民法院审判业务意见／主审法官会议纪要

行政行为实体内容正确，仅仅是缺少形式要件的，属于程序违法。在颁证案件中，土地承包经营权证的颁发行为，实质是对承包人已经实际取得土地承包经营权的民事权利的确认。所以，应当以实际取得土地承包经营权为颁证依据。申请办证时，未能提交土地承包合同等材料申报土地承包经营权证，行政机关亦未对此遗漏材料审查并要求补正，但能够证明颁证对象存在经营管理的事实，确实属于合法承包经营者的，系颁证行为程序轻微违法，人民法院应判决确认颁证行为违法，不撤销、保留该颁证行为的法律效力。

案情简介

1986年左右，陈某一家在"黑尚"园地开荒，种植小叶桉树。2005年9月20日，乐东县政府给陈某等人颁发《农村土地承包经营权证》，该证项下记载有一块"黑尚"园地，面积10亩；四至记载清晰，承包期限自1998年12月31日至2027年12月31日；经营权共有人为陈某、麦某、陈某甲、陈某乙、陈某丙、陈某丁六人。2015年左右，因陈某等人砍伐林木、翻耕土地，准备重新种植其他农作物，与第六经济社相邻村民发生纠纷。第六经济社部分村民以经济社名义提起行政诉讼，请求撤销乐东县政府给陈某等人颁发的《农村土地承包经营权证》。海南省第二中级人民法院以超过2年法定起诉期限为由，裁定驳回起诉。第六经济社不服并提起上诉，海南省高级人民法院认为第六经济社村民代表起诉，原告主体资格不完善，裁定驳回上诉，维持原裁定，同时告知第六经济社村民，可以在完善原告主体资格后另行起诉。第六经济社村民完善原告资格手续后，提起本案行政诉讼，请求撤销乐东县政府给陈某等人颁发的《农村土地承包经营权证》上记载地名为"黑尚"园地的登记内容。

——《行政行为内容正确只是缺少形式要件的属于程序违法》，载最高人民法院第一巡回法庭编著：《最高人民法院第一巡回法庭行政主审法官会议纪要（第1卷）》，中国法制出版社2020年版，第170~172页。

318. 行政行为被确认违法但并不当然无效

关键词

公定力　房屋征收决定　程序违法　当然无效

最高人民法院裁判文书

刘某强诉合肥市蜀山区人民政府房屋征收补偿决定案［最高人民法院（2017）最高法行申8174号行政裁定书］

裁判要点：行政行为具有公定力，除因严重违法而自始无效外，在未经法定机关和法定程序撤销或变更之前，都推定为有效。房屋征收决定虽被法院确认违法但未被撤销，依然是作为有效的行政行为而存在，对行政机关相对人、其他利害关系人以及其他国家机关仍具有约束力，可以作为后续房屋征收补偿决定的依据，本案被诉的房屋征收补偿决定并不因为该房屋征收决定曾被确认程序违法而**当然违法。**

最高人民法院经审查认为：本案的争议焦点系已被法院判决确认违法的前一行政行为能否成为后一行政行为作出的依据。由于行政行为具有的公定力，除因严重违法而自始无效外，在未经法定机关和法定程序撤销或变更之前，都推定为有效。蜀山区政府所作的合蜀房征决〔2014〕第6号《合肥市蜀山区房屋征收决定》业经原审两级法院审查，确认其在拟定征收补偿方案和进行社会稳定风险评估的主体、对征求意见情况和根据公众意见修改情况的及时公布、征收补偿费用的专户管理等程序上存在一定的缺陷或瑕疵，但同时认为若撤销该房屋征收决定会给公共利益造成重大损害，遂依法确认该房屋征收决定违法，并责令蜀山区政府采取相应的补救措施。因此，该房屋征收决定在仅被法院确认违法而未被撤销的情况下，依然是作为有效的行政行为而存在，对行政机关、相对人、其他利害关系人以及其他国家机关仍具有约束力，可以作为后续房屋征收补偿决定的依据，本案被诉的房屋征收补偿决定并不因为该房屋征收决定曾被确认程序违法而当然违法。本案中，再审申请人刘某强因与房屋征收部门在征收补偿方案确定的签约期限内达不成补偿协议，经房屋征收部门报请，蜀山区政府依照有关房屋征收补偿的地方政府规章和规范性文件，按照已公告的征收补偿方案对刘某强作出蜀政征字〔2015〕14号《房屋征收补偿决定书》，并无不当。另经查，关于涉案拆迁安置项目的性质，业经原审两级法院审查确认为旧城区改造，符合公共利益的需要。再审申请人刘某强所提其他诉求不足以推翻原审判决，本院不予支持。

——最高人民法院第四巡回法庭编：《最高人民法院第四巡回法庭典型行政案件裁判观点2017—2018》，法律出版社2020年版，第376~379页。

319. 行政行为违法性的继承

关键词

违法性的继承　行政行为

最高人民法院审判业务意见（行政庭法官会议纪要）

行政行为的公定力理论具有重要价值，在行政法理论与实践中需要严格遵守和维护，一般被认为是行政行为违法性继承的最大阻断。但违法性阻断意味着先前行政行为的违法性无法得以纠正，继而通过后续行政行为对行政相对人的权益造成侵害，破坏行政诉讼权利救济的有效性。因此，从公民权利救济和实质性化解行政争议的角度出发,应允许在一定条件下对行政行为公定力理论有所突破。即当行政机关先后作出两个有关联的行政行为时,法院可基于全面审查原则对先前行政行为进行证据效力的审查。在这种情形下,当先前行政行为存在违法性,并足以否定其证明效力的,则应确认后续行政行为也具有违法性。

附:案情简介

1996年8月,甲市政府对240辆人力客运老年车改型为人力客运三轮车的经营者每人收取了有偿使用费3500元。1996年11月,对原有的161辆客运人力三轮车经营者每人收取了有偿使用费2000元。从1996年11月开始,甲市政府开始实行经营权有偿使用,有关部门对限额的401辆客运人力三轮车收取了相关规费,但并没有明确经营权有偿使用的期限。1999年7月15日、7月28日,甲市政府针对有偿使用期限已届满两年的客运人力三轮车,发布《关于整顿城区小型车辆营运秩序的公告》(以下简称《公告》)和《关于整顿城区小型车辆营运秩序的补充公告》(以下简称《补充公告》)。其中,《公告》要求"原已具有合法证照的客运人力三轮车经营者必须在1999年7月19日至7月20日到市交警大队办公室重新登记",《补充公告》要求"经审查,取得经营权的登记者,每辆车按8000元的标准(符合《公告》第六条规定的每辆车按7200元的标准)交纳经营权有偿使用费"。张某某等182名经营者认为甲市政府作出的《公告》和《补充公告》侵犯其经营自主权,遂向甲市法院提起行政诉讼,要求撤销上述《公告》和《补充公告》。

——《行政行为违法性的继承》,载最高人民法院行政审判庭编:《最高人民法院行政审判庭法官会议纪要(第一辑)》,人民法院出版社2022年版,第188~189页。

320. 行政机关作出行政行为时并无不当,但有新的证据证明行政行为错误时应当如何裁判

关键词

新证据 行政行为错误

最高人民法院审判业务意见(行政庭法官会议纪要)

被诉行政行为作出时无明显不当,但因出现新的情况,行政机关仍需要根据新的情况进一步作出处理,给付相对人一个新的行政行为,人民法院应当判决被告根据新的事实纠正原行政行为,履行相应义务。

附：案情简介

甲市某工商分局于1999年对存放于甲市乙区某仓库的涉案澳大利亚进口羊毛采取了扣留措施，并进行调查。嗣后，因羊毛出现脱脂变质现象，该分局将羊毛先行拍卖，得款人民币7196545.66元。此后，由于查不到相关当事人，该分局于1999年10月16日在报纸公告后，于2000年3月7日作出了涉案被扣羊毛为无主财产并上缴财政的决定。某市建设银行因在涉案羊毛之上设有质权，且该批羊毛为唯一可供执行财产，遂提起本案行政诉讼，以该批羊毛并非无主财产为由，请求判决撤销甲市某工商分局作出的没收涉案羊毛的决定，并判决该局给付某市建设银行拍卖上述财产所得款人民币7196545.66元。

——《公法上不当得利返还与公私秩序的兼顾》，载最高人民法院行政审判庭编：《最高人民法院行政审判庭法官会议纪要（第一辑）》，人民法院出版社2022年版，第134~135页。

321. 被诉行政行为违法，但撤销将会损害国家利益、公共利益的，人民法院应当如何判决

关键词

行政行为　损害国家利益、公共利益

最高人民法院审判业务意见

23. 被诉行政行为违法，但撤销将会损害国家利益、公共利益的，人民法院应当如何判决。

答：被诉行政行为存在行政诉讼法第七十条规定的违法情形，但撤销将会损害国家利益、公共利益的，人民法院应当依据行政诉讼法第七十四条第一款第（一）项之规定，判决确认违法，不撤销保留效力。

理由：被诉行政行为违法包括行政诉讼法第七十条列举的六种情形，无论被诉行政行为违法程度严重到何种程度，只要符合行政诉讼法第七十四条第一款第（一）项规定的，人民法院均应当判决确认违法，不撤销保留效力。例如：被诉行政行为严重违反法定程序，但判决撤销重做，将会形成循环诉讼，浪费司法资源和行政资源，不符合行政诉讼法实质化解行政争议的立法目的，损害国家利益和公共利益的，人民法院应当依法判决确认违法，保留效力，不能判决撤销重做。又如，被诉行政行为存在事实不清，主要证据不足，或者适用法律、法规错误，但判决撤销将会损害国家利益和公共利益，亦应判决确认违法，不撤销保留效力。

需要进一步说明的是,一定要克服只有撤销被诉行政行为才是监督的错误观点,确认违法判决同样是对被诉行政行为合法性监督的有效形式。

——《最高人民法院第一巡回法庭关于行政审判法律适用若干问题的会议纪要》(2018年7月23日)。

322. 被诉行政行为违法,但撤销被诉行政行为将会损害善意第三人合法权益的,是否可以判决确认违法不撤销保留效力

关键词

行政行为　损害善意第三人合法权益

最高人民法院审判业务意见

24. 被诉行政行为违法,但撤销被诉行政行为将会损害善意第三人合法权益的,是否可以判决确认违法不撤销保留效力。

答:被诉行政行为违法,但撤销被诉行政行为将会损害善意第三人合法权益的,人民法院应当依照《行政诉讼法》第七十四条第一款第(一)项规定,判决确认违法,不撤销保留效力。

理由:《物权法》第一百零六条[①]规定的保护善意第三人制度,目的并非仅仅在于对善意第三人合法权益的保护,更重要的是对社会交易秩序稳定性、可期待性的保护,属于公共利益的范畴。撤销被诉行政行为将损害善意第三人合法权益,属于损害公共利益的情形,应当依照《行政诉讼法》第七十四条第一款第(一)项判决确认违法,不撤销保留效力。鉴于此,《最高人民法院关于审理房屋登记案件若干问题的规定》第十一条第三款关于被诉房屋登记行为违法,但判决撤销将会损害善意第三人合法权益的,判决确认被诉行为违法,不撤销登记行为的规定,与《行政诉讼法》第七十四条第一款第(一)项规定不冲突,仍然可以继续适用。

应当注意的是,被确认违法保留效力的行政行为,应当是指以虚假事实取得不当权利的行政行为。而善意第三人基于该行为获得权利的行政行为,应当是合法有效的。原告对这一合法有效的行为同时提起诉讼的,应当判决驳回其该项诉讼请求。

——《最高人民法院第一巡回法庭关于行政审判法律适用若干问题的会议纪要》(2018年7月23日)。

---

① 对应《中华人民共和国民法典》第三百一十一条。

323. 人民法院在确定行政机关履行法定职责的期限时，如存在正当理由或不可抗力的，即便行政机关超出人民法院生效判决所确定的期限作出行政决定，亦不能认定该行为构成程序违法

关键词

行政机关　法定职责　程序违法

最高人民法院公报案例

启东市发圣船舶工程有限公司诉启东市人民政府渡口行政许可及南通市人民政府行政复议案（判决时间：2020年8月19日，二审法院：江苏省高级人民法院）

裁判摘要：人民法院在确定行政机关履行法定职责的期限时，应当遵循一定的原则。当法律规范明确规定了行政机关的履责期限，除特殊情形外，人民法院一般应当参照相关法律规范的规定确定行政机关的履责期限；法律规范未对行政机关履责期限作出规定的，人民法院应结合具体案情，充分考虑当事人合法权益保护的及时性和行政机关履责的可行性等因素，根据《中华人民共和国行政诉讼法》第四十七条的规定，合理确定行政机关的履责期限。如存在正当理由或不可抗力的，即便行政机关超出人民法院生效判决所确定的期限作出行政决定，亦不能认定该行为构成程序违法。

江苏省高级人民法院二审认为：

一、关于被上诉人启东市政府作出的《1号不予许可决定》是否具有事实根据和法律依据问题

《内河交通安全管理条例》第三十五条、第三十六条规定，设置或者撤销渡口，应当经渡口所在地的县级人民政府审批；县级人民政府审批前，应当征求当地海事管理机构的意见。渡口的设置应当具备下列条件：（一）选址应当在水流平缓、水深足够、坡岸稳定、视野开阔、适宜船舶停靠的地点，并远离危险物品生产、堆放场所；（二）具备货物装卸、旅客上下的安全设施；（三）配备必要的救生设备和专门管理人员。《江苏省渡口管理办法》第八条规定，渡口以必须设置为前提，并应当具备下列条件：（一）有合格的渡船；（二）有相应资格的船员；（三）有符合要求的码头；（四）有相应的安全管理制度；（五）公路渡口应当有与公路相连接的符合公路工程技术标准要求的满

足渡运量需要的道路。渡口应当设置在河势稳定、岸平水缓、河道宽敞、上下方便的地方。不得在狭窄、弯曲、水流湍急的河段上设渡，不得在易燃易爆生产场所和仓库地设渡。本案中，被上诉人启东市政府依据（2016）苏06行初86号行政判决启动相关程序，对上诉人发圣公司申请渡口行政许可进行审查处理，并根据上述法律规范的规定，分别向启东海事处、崇明海事局和启东市交通运输局发函，了解上述专业机关对设置渡口的意见。启东海事处和崇明海事局的反馈意见表明，因附近已建有崇启大桥，欲设置渡口地的上游亦另设有渡口，故新设渡口的必要性不强，且考虑到长江口北支下游水域水文及通航条件复杂多变，暗沙浅滩较多，目前无常驻应急救援力量，新设渡口安全隐患大等因素，发圣公司不具备申请设置红阳港至兴隆沙渡口的条件。启东市交通运输局在《关于发圣船舶工程有限公司申请筹建和经营红阳港至兴隆沙渡口征求意见的回复》中也明确表示发圣公司不具备设置渡口的条件。由于渡口设置涉及较强的专业性问题，人民法院在对被诉行政行为涉及专业性问题审查时，应当秉承司法的谦抑性，尊重行政机关的专业判断权。本案中启东市政府收到发圣公司申请设置渡口的材料后，依法向启东海事处、崇明海事局以及启东市交通运输局征求意见，并根据上述专门机关出具的意见，结合当地的实际情况，作出不准许发圣公司申请的决定，其已尽到法定的、审慎的审查义务。故应当认为，启东市政府作出的《1号不予许可决定》具有事实根据和法律依据。

二、关于被上诉人启东市政府作出的《1号不予许可决定》程序是否合法问题

本案中，各方当事人对被上诉人启东市政府作出的《1号不予许可决定》程序是否合法存在较大争议。上诉人发圣公司认为，一审法院作出的（2016）苏06行初86号行政判决责令启东市政府在判决生效后六十日内对其设置渡口的申请作出答复，但该市政府作出《1号不予许可决定》的时间明显超过了上述判决所确定的期限，属于程序违法。启东市政府认为，扣除上诉期和向有关机关征求意见的合理时间，其作出《1号不予许可决定》未超过生效判决确定的六十日期限，不构成违法。被上诉人南通市政府同意启东市政府的观点。

二审法院认为，本案在卷证据显示，2016年11月26日，被上诉人启东市政府收到一审法院（2016）苏06行初86号行政判决，后于2017年2月24日作出《1号不予许可决定》。在二审法院庭审中，上诉人发圣公司和被上诉人启东市政府均认可，启东市政府在2017年2月28日向发圣公司直接送达了《1号不予许可决定》。单从时间上看，启东市政府作出的《1号不予许可决定》确实超过了人民法院生效判决确定的六十日期限，但判断该行为是否构成程序违法，还需要考虑多种因素。《中华人民共和国行政诉讼法》第七

十二条规定，查明被告不履行法定职责的，人民法院判决被告在一定期限内履行。人民法院在确定行政机关履行法定职责的期限时，虽然拥有一定的裁量权，但该权力的行使并非不受限制，应当遵循一定的原则。当法律规范明确规定了行政机关履责期限的，除因特殊情形外，人民法院一般应当按照法律规范的规定确定行政机关的履责期限；如法律规范未对履行期限作出明确规定的，人民法院应结合个案具体情况，考量相关因素后，根据《中华人民共和国行政诉讼法》第四十七条的规定，确定行政机关的履责期限。一旦人民法院确定了行政机关的履责期限，即便该期限与法律、法规所规定的行政机关履责期限不一致，也因人民法院具有司法裁判权，进而在案件审理中拥有最终确定行政机关履行法定职责期限的权力，故行政机关应依据人民法院确定的履责期限作出相关行政处理决定。除非存在正当事由或不可抗力，行政机关超过该期限作出行政决定的，构成程序违法。就本案而言，启东市政府作出的《1号不予许可决定》并未超过法定期限，主要理由如下：

（一）被上诉人启东市政府履行法定职责的时间应当从一审法院（2016）苏06行初86号行政判决生效之日起计算。《中华人民共和国行政许可法》第三十二条第一款规定，行政机关对申请人提出的行政许可申请，应当根据下列情况分别作出处理：1. 申请事项依法不需要取得行政许可的，应当即时告知申请人不受理；2. 申请事项依法不属于本行政机关职权范围的，应当即时作出不予受理的决定，并告知申请人向有关行政机关申请；3. 申请材料存在可以当场更正的错误的，应当允许申请人当场更正；4. 申请材料不齐全或者不符合法定形式的，应当当场或者在五日内一次告知申请人需要补正的全部内容，逾期不告知的，自收到申请材料之日起即为受理；5. 申请事项属于本行政机关职权范围，申请材料齐全、符合法定形式，或者申请人按照本行政机关的要求提交全部补正申请材料的，应当受理行政许可申请。为了督促行政机关尽快对申请材料作出审查，避免拖延，《中华人民共和国行政许可法》对行政机关的受理期限作出了较为严格的规定，要求许可机关快速处理当事人的行政许可申请。如果存在申请材料不齐全的情形，行政机关应当自收到申请材料之日起五日内一次性告知申请人补正。超过五日而未告知的，视为已经受理了当事人的许可申请。本案中，上诉人发圣公司曾于2014年提出设置渡口的申请，启东市政府当时的分管领导在该申请上签署"请交通局按程序审核批准，确保安全和运营规范"的意见。此后，发圣公司又提出了申请，但启东市政府直至发圣公司2016年6月提起不履行法定职责之诉时，一直未向该公司作出答复。依据上述法律规定，应当认定启东市政府已经受理了发圣公司的申请。虽然启东市政府曾于2016年12月12日向发圣公司发出补正通知，要求补充提交相关材料，但该补正行为并不影响启东市政府已经受理了发圣公司行政许可申请的认定。因此，启东市政府履行法定职责的时间应当从一审法院（2016）苏 06 行初 86 号行政判决生效之日起计算。

（二）被上诉人启东市政府履行案涉法定职责所需征求意见的时间应当扣除。《内河交通安全管理条例》第三十五条规定，设置或者撤销渡口，应当经渡口所在地的县级人民政府审批；县级人民政府审批前，应当征求当地海事管理机构的意见。《江苏省渡口管理办法》第七条第一款规定，渡口的设置、迁移与撤销应当经所在地设区的市、县（市）交通主管部门审查同意后，报所在地同级人民政府批准。本案所涉及的渡口设置事关公民的人身和财产安全等重大公共利益，应当征求海事等机关的意见。在江面宽阔、航运繁忙、水文条件复杂的长江下游设置渡口，更应当认真听取相关专业机关的评审意见。因此，征求海事等机关的意见是启东市政府在处理渡口申请过程中应当履行的法定程序。《中华人民共和国行政许可法》第四十五条规定，行政机关作出行政许可决定，依法需要听证、招标、拍卖、检验、检测、检疫、鉴定和专家评审的，所需时间不计算在本节规定的期限内。《江苏省行政程序规定》第六十六条第三款规定，行政机关在法定期限或者承诺期限内，非因法定或者正当事由，虽然启动行政执法程序但是未及时作出行政执法决定的，属于拖延履行法定职责。根据上述规定，启东市政府在作出行政许可之前，应当征求相关行政机关意见，但现行法律规范并未对渡口设置相关部门何时反馈征求意见作出明确规定。本案中，启东市政府于 2016 年 12 月 29 日、2016 年 12 月 30 日和 2017 年 1 月 5 日相继向启东海事处、启东市交通运输局和崇明海事局发出函件，就上诉人发圣公司申请筹建和经营红阳港至兴隆沙渡口征求意见，上述三个单位分别于 2016 年 12 月 30 日、2017 年 2 月 6 日和 2017 年 1 月 11 日作出回复。被上诉人启东市政府收到相关回复意见后，于 2017 年 2 月 24 日作出《1 号不予许可决定》，并于同年 2 月 28 向发圣公司送达。依照上述法律规定审查相关时间节点，应当认为，启东市政府征求意见符合法律规定，且所用时间在合理范围之内。扣除上诉期和征求意见的时间，启东市政府作出的《1 号不予许可决定》并未超过生效判决所确定的六十日期限，行政程序合法。

三、关于是否存在启东市政府及其职能部门曾口头承诺启东红阳港渡口复航问题

"谁主张，谁举证"是诉讼的基本原则。上诉人发圣公司主张被上诉人启东市政府及其职能部门曾口头承诺启东红阳港渡口复航，应当对此负有举证责任。但在本案一、二审审理过程中，发圣公司均未能提供充分证据证明启东市政府或其职能部门曾作出过上述承诺。因此，应当认为发圣公司的该主张缺乏事实根据，依法不予支持。

四、关于《88 号复议决定》合法性问题

《中华人民共和国行政复议法》第二十八条①第一款第一项规定，行政行为认定事实清楚，证据确凿，适用依据正确，程序合法，内容适当的，决定维持。该法第三十一条第一款规定，行政复议机关应当自受理申请之日起六十日内作出行政复议决定；但是法律规定的行政复议期限少于六十日的除外。情况复杂，不能在规定期限内作出行政复议决定的，经行政复议机关的负责人批准，可以适当延长，并告知申请人和被申请人；但是延长期限最多不超过三十日。本案中，上诉人发圣公司不服《1号不予许可决定》申请行政复议，被上诉人南通市政府于2017年3月13日收悉复议申请。因案情复杂，南通市政府决定延期审理，并于2017年5月10日向双方当事人送达了延期审理通知书。经审理，南通市政府于2017年6月6日作出《88号复议决定》，认定被上诉人启东市政府作出的《1号不予许可决定》符合渡口设置许可的相关法律规定，行政程序亦无不当，作出维持《1号不予许可决定》的行政复议决定符合上述法律规定。

此外，本案在卷的2017年9月13日一审庭审笔录证明，一审法院当庭组织了各方当事人对上诉人发圣公司提交的与《1号不予许可决定》相关的证据进行质证。上诉人提交的（2016）苏06行初86号行政判决书、《1号不予许可决定》以及《88号复议决定》分别系生效的人民法院裁判文书和本案被诉行政行为，其真实性为各方当事人所认可，一审法院未在庭审中对此进行质证并无不当。发圣公司称一审法院未对其提供的部分证据进行质证，审理程序违法的主张缺乏事实根据。

需要指出的是，本案一审行政判决书第七页第五行中"在7日内按照《中华人民共和国内河交通安全管理条例》"的表述不准确。在卷证据显示，被上诉人启东市政府于2016年12月12日向上诉人发圣公司寄送了启政补正告字〔2016〕1号行政许可申请及材料补正告知书，要求发圣公司于2016年12月27日前补正相关材料。故应当认定一审判决书对此表述有误，应予以纠正。

——《最高人民法院公报》2020年第12期。

324. 行政机关作出行政允诺后，随意解释其允诺内容，人民法院不予支持

关键词

行政允诺　行政优益权

---

① 现为《中华人民共和国行政复议法》（2023年修正）第六十四条。

最高人民法院公报案例

崔某书诉丰县人民政府行政允诺案（判决时间：2017年3月29日，二审法院：江苏省高级人民法院）

裁判摘要：诚实信用原则是行政允诺各方当事人应当共同遵守的基本行为准则。在行政允诺的订立和履行过程中，基于保护公共利益的需要，赋予行政主体解除和变更的相应优益权固然必要，但行政主体不能滥用优益权。优益权的行使既不得与法律规定相抵触，也不能与诚实信用原则相违背。行政机关作出行政允诺后，又对行政允诺关键内容作出无事实根据和法律依据的随意解释，人民法院不予支持。

江苏省高级人民法院二审认为：

本案当事人之间的争议主要在于，如何正确适用法律，准确理解《23号通知》中的有关规定以及被上诉人丰县政府是否应当依法、依约履行相应义务等问题。

一、如何正确适用法律，准确理解《23号通知》中的有关规定

二审法院认为，本案涉及的《23号通知》系被上诉人丰县政府为充分调动社会各界参与招商引资积极性，以实现政府职能和公共利益为目的向不特定相对人发出的承诺，在相对人实施某一特定行为后，由自己或其所属职能部门给予该相对人物质奖励的单方面意思表示。根据该行为的法律特征，应当认定《23号通知》属于行政允诺。对于被上诉人丰县政府在《23号通知》所作出的单方面行政允诺，只要相对人作出了相应的承诺并付诸行动，即对双方产生约束力。本案中，上诉人崔某书及其妻子李洪侠响应丰县政府《23号通知》的号召，积极联系其亲属，介绍重庆康达公司与丰县建设局签订投资建设协议，以BOT模式投资建设成涉案项目并投产运行至今，为丰县地方取得了良好的经济效益和社会效益。基于丰县政府在《23号通知》中的明确允诺，丰县政府至今未履行《23号通知》中允诺相应奖励义务的现实，崔某书夫妻二人推举崔某书为代表提起本案之诉，于法有据。

本案中，被上诉人丰县政府作出的《23号通知》已就丰县当地的招商引资奖励政策和具体实施作出了相应规定，该规定与现行法律规范中的强制性规定并无抵触。同时，由于当事人双方系在《23号通知》内容的基础上，达成有关招商引资奖励的一致意思表示，因此该文件应当是本案审查丰县政府是否应当兑现相关允诺的依据。依照最高人民法院《关于适用〈中华人民共和国行政诉讼法〉若干问题的解释》第十四条的规定，本案的审理可以适用

不违反行政法和行政诉讼法强制性规定的民事法律规范。对丰县政府相关行为的审查，既要审查合法性，也要审查合约性。不仅要审查丰县政府的行为有无违反行政法的规定，也要审查其行为有无违反准用的民事法律规范所确定的基本原则。

法治政府应当是诚信政府。诚实信用原则不仅是契约法中的帝王条款，也是行政允诺各方当事人应当共同遵守的基本行为准则。在行政允诺的订立和履行过程中，基于保护公共利益的需要，赋予行政主体在解除和变更中的相应的优益权固然必要，但行政主体不能滥用优益权。行使优益权既不得与法律规定相违背，也不能与诚实信用原则相抵触。在对行政允诺关键内容的解释上，同样应当限制行政主体在无其他证据佐证的情况下，任意行使解释权。否则，将可能导致该行政行为产生的基础，即双方当事人当初的意思表示一致被动摇。

本案一审判决驳回上诉人崔某书诉讼请求的主要根据是丰县发改委在一审期间作出的《招商引资条款解释》，该解释将"本县新增固定资产投入"定义为，仅指丰县原有企业，追加投入，扩大产能。二审法院认为，该解释不能作为认定被上诉人丰县政府行为合法的依据。主要理由是：1.《招商引资条款解释》系对被上诉人业已作出的招商引资文件所做的行政解释，在本案中仅作为判定行政行为是否合法的证据使用，其关联性、合法性、真实性理应受到司法审查。2.《招商引资条款解释》是在丰县政府收到一审法院送达的起诉状副本后自行收集的证据，根据最高人民法院《关于行政诉讼证据若干问题的规定》第六十条第（一）项的规定，该证据不能作为认定被诉具体行政行为合法的依据。3.我国统计指标中所称的"新增固定资产"是指通过投资活动所形成的新的固定资产价值，包括已经建成投入生产或交付使用的工程价值和达到规定资产标准的设备、工具、器具的价值及有关应摊入的费用。从文义解释上看，《23号通知》中的"本县新增固定资产投入"，应当理解为新增的方式不仅包括该县原有企业的扩大投入，也包括新企业的建成投产。申言之，如《23号通知》在颁布时需对"本县新增固定资产投入"作出特别规定，则应当在制定文件之初即予以公开明示，以避免他人陷入误解。4.诚实守信是法治政府的基本要求之一，诚信政府是构建诚信社会的基石和灵魂。《论语·为政》言明，言而无信，不知其可。本案中丰县政府所属工作部门丰县发改委，在丰县政府涉诉之后，再对《23号通知》中所作出的承诺进行限缩性解释，有为丰县政府推卸应负义务之嫌疑。丰县政府以此为由，拒绝履行允诺义务，在一定程度上构成了对优益权的滥用，有悖于诚实信用原则。故对丰县发改委作出的《招商引资条款解释》，不予采信。

二、被上诉人丰县政府是否应当依法、依约履行相应义务

本案上诉人崔某书一审中提交的丰县人民代表大会常务委员会和丰县建

设局在不同时间出具的三份材料虽均为复印件，但其在一审质证中，已经对不能提供原件的理由进行了说明，上述三份材料之间的内容可以相互印证。同时，结合二审法院二审中查明的事实，足以认定涉案的丰县康达公司项目系崔某书及其妻子李洪侠介绍引进，该项目投资高于《23号通知》附则所指的新增固定资产投入300万元，且已建成并运行良好。故应当认定崔某书已经履行自身相关义务，被上诉人丰县政府应当依照《23号通知》附则中的规定，兑现其招商引资奖励允诺。依照《中华人民共和国行政诉讼法》第三十四条的规定，结合本案的特点，丰县政府对其行政行为的合法性和合约性负有举证责任。丰县政府虽主张崔某书不符合《23号通知》规定的条件，不应当予以参照奖励。但并未提供充分证据证明之。无论是主体还是内容，案外人李洪恩通过居间活动从重庆康达公司获得报酬，与本案之间不属于同一法律关系。丰县政府以案外人李洪恩已经从重庆康达公司获取了中介报酬，从而认为崔某书不应当依照行政允诺获得奖励的主张，没有法律依据，依法不予支持。本案在卷证据足以证明，丰县政府存在未依法、未依约履行招商引资奖励允诺义务之情形。一审判决未能依照本案的特点，准确适用相关法律规定，未能对丰县政府不履行约定义务的行为作出正确判断，应依法予以纠正。

鉴于《23号通知》中凡涉及外商投资额的内容，均以美元而非人民币作为货币种类；对引荐的对外承包工程项目或劳务合作项目，项目总额也以美元计。同时，将"外资"理解为引进自其他国家和地区（包括港澳台地区）的资金亦符合社会公众对这一概念的通常理解，故上诉人崔某书主张被上诉人丰县政府应当按照《23号通知》第25条的规定履行奖励义务的观点缺乏事实根据，依法不予支持。

——《最高人民法院公报》2017年第11期。

325. 与案件实体、程序相关民事事实人民法院应予审查

关键词

行政案件　民事争议事实

最高人民法院裁判文书

李某等诉辽宁省沈阳市康平县人民政府颁发林权证案［最高人民法院（2015）行监字第83号行政判决书］

裁判要点：人民法院审理行政案件，对与案件实体或者程序处

理相关的民事争议事实，人民法院在行政诉讼中必须予以审查认定，不得以属于另一法律关系为由，不予审查认定。

最高人民法院认为：1999年6月6日康平县北四家子乡三合堡村与李会杰、周士民共同签订《关于转包造林地的协议》（以下简称《转包协议》），李会杰将其承包的林地转包给周士民。《转包协议》是各方当事人在平等、自愿基础上达成的真实意思表示，并经村委会同意、康平县公证处公证，协议内容不侵犯国家利益、集体利益和他人合法权益，属于合法有效的合同。李会杰在签订《转包协议》后已经丧失对涉案林地的承包经营权。1999年至2007年，周士民与李会彬合伙经营涉案林地，2007年周士民与李会彬签订林地划分协议。李会彬据此申请取得涉案林地的《林权证》，没有证据证明李会杰生前曾对周士民、李会彬占有、使用、经营涉案林地的事实提出异议。2010年李会杰去世，其遗产未包括涉案林地承包经营权，作为李会杰的法定继承人，申诉人李某、李某1与涉案林地及康平县政府给第三人李会彬颁发林权证的行为，亦不具有法律上的利害关系。因此，一、二审法院以申诉人不具有适格原告主体资格为由，裁定驳回起诉并无不当。申诉人主张，《转包协议》并未实际履行，属无效合同，但并未提供相关证据和有效法律根据予以证明。与此相反，申诉人在二审询问笔录中陈述，《转包协议》签订后，涉案林地由其姑父借着李会彬的名义占有、使用。因李会彬与周士民曾是合伙关系，申诉人的上述陈述，恰恰证明涉案林地已经实际交付周士民、李会彬。同时，根据《合同法》第五十四条①规定，合同未实际履行并非合同无效的法定事由。因此，申诉人关于"未实际履行，属无效合同"的主张不能成立。申诉人还主张，二审未开庭，审判程序违法。根据《行政诉讼法》第五十九条②规定："人民法院对上诉案件，认为事实清楚的，可以实行书面审理。"本案系驳回原告起诉的诉讼程序性案件，相关程序事实清楚。因此，二审未开庭审理，并不存在审判程序违法问题。至于申诉人提出的康平县政府给李会彬颁发林权证未进行核实，没有履行公告义务等问题，属于案件实体审理范畴。因申诉人不具有适格原告主体资格，一、二审法院裁定驳回起诉，相关实体问题不属于本案审查范围，更不能作为本案再审的理由。

——中国裁判文书网。

附录：本案解析

《行政诉讼法》第六十一条规定："在涉及行政许可、登记、征收、征用

---

① 现可参照《民法典》第一百四十六条到第一百五十一条。
② 现为《中华人民共和国行政诉讼法》第八十六条。

和行政机关对民事争议所作的裁决的行政诉讼中,当事人申请一并解决相关民事争议的,人民法院可以一并审理。""在行政诉讼中,人民法院认为行政案件的审理需以民事诉讼的裁判为依据的,可以裁定中止行政诉讼。"为及时、有效化解民事行政争议,一并审理民事争议,是行政诉讼法确立的基本原则,当事人选择另行提起民事诉讼的,作为被诉行政行为基础的民事争议应当先行处理,行政案件中止审理,等待民事案件的终审判决,并依照生效民事判决结果,依法作出行政判决。但是,审判实践中会出现当事人既不一并提起民事诉讼,也不另行提起民事诉讼,只是将民事争议事实的真伪和有效性作为对被诉行政行为不服的主要理由提出,要求人民法院在行政案件的审理过程中予以审查认定,并作出行政判决。对此应当如何处理,《行政诉讼法》未作明文规定,实践中有些法官错误地认为,基础民事纠纷的事实和有效性问题属于另外一个法律关系,不属于本案审查范围,不予审理认定。我们认为,这种认识是错误的。民行交叉案件中,作为被诉行政行为的主要事实——相关民事争议事实,属于行政诉讼的审理范围,当事人不一并或者另行提起民事诉讼,人民法院对与被诉行政行为合法性相关联的民事争议事实和有效性必须予以审查,民事纠纷中与被诉行政行为合法性无关的履行纠纷,不属于人民法院行政诉讼审查范围,当事人可以另行通过民事诉讼解决。本案中,李某、李强的父亲李会杰于 1999 年 6 月 6 日与三合堡村、周士民三方共同签订《关于转包造林地的协议》的事实,即是李某、李强是否具有原告资格的重要事实,又是被诉颁证行为的主要事实,尽管该事实属于民事争议范围,由于原审原告及第三人均不对该民事纠纷一并或者另行提起民事诉讼,人民法院为了弄清李某、李强是否具有原告资格,就必须对该项事实进行审理查明。

——郭修江、蔡小雪主编:《行政典型案例及审判经验》,人民法院出版社 2019 年版,第 155~157 页。

326. 公安机关交通管理部门对涉嫌违法的机动车长期扣留不予处理,是否构成滥用职权

关键词

滥用职权 扣留机动车

最高人民法院审判业务意见(行政庭法官会议纪要)

判断是否构成滥用职权的关键点为是否违反立法目的、严重不当行使职权。扣留机动车属于对机动车的暂时性控制。当事人提供相应的合法证明的,

应当及时退还机动车。

附：案情简介

2001年7月，刘某某购买东风运输汽车一辆，车架号码为LGA××××11022219。2006年12月12日，刘某某雇佣的司机驾驶该车行驶至甲市某路口时，甲市公安局交通警察支队乙大队（以下简称乙大队）执勤民警以该车未经年审为由将该车扣留。2006年12月14日，刘某某携带审验手续前往处理。乙大队执勤民警在核实过程中又发现无法查验该车的发动机号码和车架号码，遂以涉嫌套牌为由继续扣留，并口头告知刘某某提供其他合法有效手续。刘某某虽多次托人交涉并提供车辆行驶证、购车手续以及对该车进行维修的东风汽车技术服务站出具的更换发动机缸体、更换发动机缸体造成不显示发动机号码、车架用钢板铆钉加固致使车架号码被遮盖三份证明，但乙大队一直以其不能提供车辆合法来历证明为由扣留。刘某某不服，提起诉讼，请求撤销乙大队的扣留行为并返还该车。人民法院在审理期间组织对该车遮盖车架号码的焊接处进行了切割查验，拓印显示该车车载车架号码为GA××××11022219。该车行驶证载明的车架号码为LGA××××11022219。

——《滥用职权的司法认定》，载最高人民法院行政审判庭编：《最高人民法院行政审判庭法官会议纪要（第一辑）》，人民法院出版社2022年版，第106~107页。

327. 具有行政许可权的行政机关滥用职权的认定

关键词

行政许可权　经营许可　滥用职权

最高人民法院公报案例

余姚市甬兴气体分滤厂与余姚市住房和城乡建设局燃气经营许可纠纷案
（判决时间：2021年5月21日，终审法院：浙江省高级人民法院）

裁判摘要：具有行政许可权的行政机关作出不予行政许可决定的理由不能成立，且该决定已被人民法院判决撤销并责令重作的情况下，行政机关仍以相同理由再次作出不予行政许可决定，应认定为滥用职权。

浙江省高级人民法院再审认为：

根据《燃气经营许可管理办法》第三条"住房城乡建设部指导全国燃气经营许可管理工作。县级以上地方人民政府燃气管理部门负责本行政区域内的燃气经营许可管理工作"之规定，被申请人余姚市住建局具有核发瓶装燃气经营许可的法定职权。

《城镇燃气管理条例》第十五条第一款第一项规定：国家对燃气经营实行许可证制度。从事燃气经营活动的企业，应当具备下列条件：（一）符合燃气发展规划要求；……。《宁波市燃气管理条例》第十三条第一项也规定：从事燃气经营活动的企业，应当具备下列许可条件：（一）符合燃气专项规划要求；……。根据上述规定，从事燃气经营活动的企业要获得燃气经营许可证，必须符合当地的燃气发展规划和燃气专项规划的要求。

余姚市人民政府办公室于2016年12月2日发布余政办发〔2016〕105号《关于印发余姚市域燃气专项规划（2014-2030年）的通知》，该专项规划第四十九条规定：……"2）泗门镇可根据区域瓶装燃气实际供应的需要，在现状基础上新增液化石油气储配站1座，储罐规模为100立方米。"2017年5月10日，余姚市人民政府办公室又发布余政办发〔2017〕45号《关于印发余姚市城市燃气"十三五"发展规划的通知》，该发展规划第十二条规定："加强液化气管理，推行现代服务供应。……同时，在农村地区，由于管道天然气尚不能进入，因此，要考虑液化石油气的适度发展，对于偏远乡镇应设置1-2座供应站点，以满足需求。泗门镇根据供气实际需要，可适时增设液化石油气储配站1座。"因此，根据上述余姚市燃气发展规划和专项规划，泗门镇可根据区域瓶装燃气实际供应的需要，新增液化石油气储配站1座。具体到本案，申请人企业位于余姚市泗门镇水阁周村，属于泗门镇范围内，至今为止仅申请人一家企业向余姚市住建局申领瓶装燃气经营许可。在申请人提出瓶装燃气经营许可申请后，余姚市住建局分别于2018年3月27日、2018年8月27日作出不予行政许可决定。在上述二份不予行政许可决定分别被余姚市人民政府、余姚市人民法院撤销并责令重作后，余姚市住建局不审查申请人提出的申请是否符合法律规定的其他条件，却以城建设计公司出具的《相关情况说明》为依据，仍认定申请人不符合规划条件而作出本案被诉不予行政许可决定，明显与余姚市燃气发展规划和专项规划中"泗门镇可根据区域瓶装燃气实际供应的需要，新增液化石油气储配站1座"的要求不符。且城建设计公司的《相关情况说明》，系根据余姚市住建局自身提供的现状实际相关数据出具，非系该公司调查研究分析的结果，并与该公司参与编制的《余姚市域燃气专项规划（2014-2030）》自相矛盾，故不能作为本案的定案依据。《余姚市域燃气专项规划（2014-2030）》系经科学调查、论证并经余姚市人民政府常务会议审议通过，未经法定程序审议不得随意变更。现余姚市住建局仅凭参与该专项规划的编制单位出具的《相关情况说明》就擅自变更《余姚市域燃气专项规划（2014-2030）》中的具体规划，缺乏法律依据。在法院审理期间，余姚市住建局虽然一再强调液化石油气是易燃、易爆、有毒的危化物品，直接关系公共安全和反恐防范，不能降低准入条件，必须严格按照法定条件、标准实施行政许可，且燃气经营许可后难以监管，但却未能提交申请人提出的申请不符合案涉行政许可的法定条件、标准依据以及存在安全隐患的相关证据。余姚市住建局在余姚市人民政府复议和余姚市人民法院判决撤销其不予行政许可行为的情况下，仍然以相同理由作出不予行政许可决定，严重违反了《行政诉讼法》第七十一条规定，浪费了有限的司法资源，增加了当事人的讼累，显系滥用职权。

——《最高人民法院公报》2022年第2期。

328. 滥用诉权造成他方当事人律师费、差旅费、误工损失等，是否可以判决由滥用诉权方负担

关键词

滥用诉权　扰乱人民法院工作秩序

最高人民法院审判业务意见

18. 滥用诉权造成他方当事人律师费、差旅费、误工损失等，是否可以判决由滥用诉权方负担。

答：行政诉讼中判决败诉方承担对方当事人律师费、差旅费、误工损失，缺乏法律依据。对滥用诉权的当事人，人民法院可以按照《最高人民法院关于进一步保护和规范当事人依法行使行政诉权的若干意见》第十五条规定，对于极个别当事人不以保护合法权益为目的，长期、反复提起大量诉讼，扰乱诉讼秩序的，在不予立案的同时，根据《行政诉讼法》第五十九条第一款第六项规定，将上述行为认定为扰乱人民法院工作秩序的其他妨碍诉讼行为，依法予以训诫、责令具结悔过或者处一万元以下的罚款、十五日以下的拘留；构成犯罪的，依法追究刑事责任。

对于极个别当事人不以保护合法权益为目的，长期、反复提起大量诉讼，起诉明显不符合法定条件的，经反复释明仍坚持起诉的，人民法院可以尝试以通知书方式告知起诉人不符合法定起诉条件，不予受理。

理由：滥诉问题应当依法予以解决。判决滥诉方承担因滥用诉权造成他方当事人律师费、差旅费、误工损失等费用，缺乏法律依据，与诉讼费管理办法规定不一致。正确的解决办法是通过推动诉讼费管理办法的修改，提高

诉讼费标准,由败诉方负担对方为诉讼支付的合理的律师费、差旅费、误工损失等费用,提高诉讼成本,防止滥诉。

将滥诉行为认定为妨碍诉讼的行为予以处罚,具有一定的法律根据,现实可行。对明显不符合起诉条件的滥诉案件,作出不予立案裁定,滥用诉权的起诉人还依法享有上诉、申请再审的权利,不符合行政诉讼法实质化解决争议的诉讼目的。以通知书方式告知其不予立案,说明不予立案的理由,也便于对处理滥诉行为的监督,是一种可行的防止滥诉的途径。

——《最高人民法院第一巡回法庭关于行政审判法律适用若干问题的会议纪要》(2018年7月23日)。

329. 对"网约车"形成的诉讼,要综合涉案行为的社会危害性、行政处罚程序的正当性和行政处罚的比例原则等综合考量判断

关键词

比例原则　网约车

最高人民法院公报案例

陈某诉济南市城市公共客运管理服务中心客运管理行政处罚案(二审法院:山东省济南市中级人民法院)

裁判摘要:随着"互联网+"与传统行业的融合发展,客运市场上出现了"网约车"现象,该形式在很多城市和部分人群中确有实际中国已客观存在。但这种客运行为与传统出租汽车客运经营一样,同样关系到公民生命财产的安全,关系到政府对公共服务领域的有序管理,应当在法律、法规的框架内依法、有序进行。对于此类问题形成的诉讼,法院应当坚持以事实为根据,以法律为准绳,结合涉案行为的社会危害性、行政处罚程序的正当性和行政处罚的比例原则等问题进行综合考量判断。

山东省济南市中级人民法院二审认为:
一、本案被诉行政处罚决定是否构成明显不当
比例原则是行政法的重要原则,行政处罚应当遵循比例原则。对当事人实施行政处罚必须与其违法行为的事实、性质、情节和社会危害程度相当。网约车作为客运服务的新业态和分享经济的产物,有助于缓解客运服务的供需矛盾,满足公众多样化出行需求,符合社会发展趋势和创新需求,对其应

当保持适度宽容。另一方面，这种新业态又给既有客运管理秩序带来负面影响，甚至存有安全隐患等问题，确需加强规范引导。《网络预约出租汽车经营服务管理暂行办法》的出台，也从侧面对此予以佐证。当一种新生事物在满足社会需求、促进创新创业方面起到积极推动作用时，对其所带来的社会危害的评判不仅要遵从现行法律法规的规定，亦应充分考虑是否符合社会公众感受。本案被上诉人陈某通过网络约车软件进行道路运输经营的行为，社会危害性较小符合一般社会认知。行政机关在依据现行法律法规对其进行处罚时，应当尽可能将对当事人的不利影响控制在最小范围和限度内，以达到实现行政管理目标和保护新生事物之间的平衡。另外，该行为中有几方主体受益、最终产生的车费是否已经实际支付或结算完毕，上诉人济南客运管理中心未提供证据予以证明。在上述事实尚不明确以及该行为社会危害性较小的情况下，将该行为的后果全部归于被上诉人，并对其个人作出较重处罚，有违比例原则，构成明显不当。原审法院认为处罚幅度和数额畸重，对被诉行政处罚决定予以撤销，符合法律规定。上诉人关于不存在处罚畸重情形、结算证据等不影响处罚幅度以及对被上诉人行为社会危害性较小的异议等主张均不能成立。

二、本案行政处罚决定书记载事项是否符合法律规定

《中华人民共和国行政处罚法》第三十九条第一款第二项①规定，行政处罚决定书应当载明违反法律、法规或者规章的事实和证据。上述法律条款虽未对其中的"事实"记载应达到何种程度作出明确规定，但行政处罚决定书作为行政机关对当事人作出处罚的书面证明，记载的事实应当明确具体，包含认定的违法事实的时间、地点、经过、情节等事项，让当事人清楚知晓被处罚的事实依据，以达到警示违法行为再次发生的目的。本案中，行政处罚决定书载明的被上诉人陈某违法事实为"非法经营客运出租汽车"，但未载明被上诉人的具体违法事实，即：违法事实的时间、地点、经过以及相关运输经营行为的具体情节等事项。上述记载事项没有达到明确具体的要求，原审法院认为上诉人济南客运管理中心作出的行政处罚决定书记载事项不符合法律规定，应予撤销，并无不当。此外，行政处罚决定书中记载的事实是行政机关最终认定的违法事实，其他法律文书中对具体违法事实的记载不能代替行政处罚决定书中对事实的记载。上诉人关于已在其他法律文书中记载具体违法事实、未侵犯被上诉人合法权益等主张不能成立。

——《最高人民法院公报》2018年第2期。

---

① 现为《中华人民共和国行政处罚法》（2021年修正）第五十九条第一款第二项。

330. 生效裁判文书中裁判理由的内容能否被认定为"已为人民法院发生法律效力的裁判所确认的事实"

关键词

生效裁判文书　裁判理由　发生法律效力的裁判

最高人民法院裁判文书

广州乾顺房地产信息咨询有限公司与张家港市滨江新城投资发展有限公司财产损害赔偿纠纷案〔最高人民法院（2021）最高法民申7088号行政裁定书〕

　　裁判要点：人民法院生效裁判文书中裁判理由的内容不能被认定为"已为人民法院发生法律效力的裁判所确认的事实"。裁判文书所确认的案件事实，是在诉讼各方当事人的参与下，人民法院通过开庭审理等诉讼活动，组织各方当事人围绕诉讼中的争议事项，通过举证、质证和认证活动依法作出认定的基本事实。一般来说，经人民法院确认的案件事实应在裁判文书中有明确无误的记载或表述。而裁判文书中的裁判理由，则是人民法院对当事人之间的争议焦点或其他争议事项作出评判的理由，以表明人民法院对当事人之间的争议焦点或其他争议事项的裁判观点。裁判理由的内容，既可能包括案件所涉的相关事实阐述，也可能包括对法律条文的解释适用，或者事实认定与法律适用二者之间的联系。但裁判理由部分所涉的相关事实，并非均是经过举证、质证和认证活动后有证据证明的案件事实，因此不能被认定为裁判文书所确认的案件事实。一般来说，裁判文书中裁判理由的内容无论在事实认定还是裁判结果上对于其他案件均不产生拘束力和既判力。

　　最高人民法院经审查认为，根据乾顺公司再审请求以及理由，本案再审审查焦点为：一、滨江公司是否应对乾顺公司承担侵权责任；二、人民法院生效裁判文书中裁判理由内容能否被认定为"已为人民法院发生法律效力的裁判所确认的事实"。

　　……

　　二、关于人民法院生效裁判文书中裁判理由内容能否被认定为"已为人民法院发生法律效力的裁判所确认的事实"。乾顺公司主张，广东高院

（2017）粤执复281号复议决定书中"本院经审查认为"部分应被理解为《最高人民法院关于适用〈中华人民共和国民事诉讼法〉的解释》（以下简称民诉法解释）第九十三条第五项中规定的"已为人民法院发生法律效力的裁判所确认的事实"。本院认为，人民法院生效裁判文书中裁判理由的内容不能被认定为"已为人民法院发生法律效力的裁判所确认的事实"。民事诉讼裁判文书所确认的案件事实，是在诉讼各方当事人的参与下，人民法院通过开庭审理等诉讼活动，组织各方当事人围绕诉讼中的争议事项，通过举证、质证和认证活动依法作出认定的基本事实。一般来说，经人民法院确认的案件事实应在裁判文书中有明确无误的记载或表述。而裁判文书中的裁判理由，则是人民法院对当事人之间的争议焦点或其他争议事项作出评判的理由，以表明人民法院对当事人之间的争议焦点或其他争议事项的裁判观点。裁判理由的内容，既可能包括案件所涉的相关事实阐述，也可能包括对法律条文的解释适用，或者事实认定与法律适用二者之间的联系。但裁判理由部分所涉的相关事实，并非均是经过举证、质证和认证活动后有证据证明的案件事实，因此不能被认定为裁判文书所确认的案件事实。一般来说，裁判文书中裁判理由的内容无论在事实认定还是裁判结果上对于其他案件均不产生拘束力和既判力。因此，乾顺公司主张的广东高院（2017）粤执复281号复议决定书中"本院经审查认为"部分应被理解为民诉法解释规定的"已为人民法院发生法律效力的裁判所确认的事实"的申请理由不能成立，本院不予支持。

——中国裁判文书网。

331. 行政机关在纠正过往错误颁证行为时，应当遵循正当程序原则，同时兼顾保障相对人的信赖利益

关键词

错误颁证　正当程序　相对人信赖利益

最高人民法院审判业务意见（行政庭法官会议纪要）

行政机关对于自己或者所属部门作出的行政行为违反法律规定的，有权亦有职责加以纠正，但在纠正错误时必须遵循法定程序，尤其是拟作出对行政相对人权益影响较大的行政处理决定之前，应当给予行政相对人陈述、申辩的权利，且须准确判明造成错误行政行为的原因，分清行政机关与行政相对人各自的责任，同时要保护行政相对人的信赖利益，不能机械地作出行政处理决定。

附：案情简介

涉案土地原为甲市乙村组集体所有。1992年，区计划统计部门同意乙村组自筹资金在涉案土地新建丙厂。1993年，丙厂获准核发营业执照，经济性质为个体工商户。1995年，乙村组与丙厂以该厂系村办企业名义向主管部门提交补办征地手续的申请。甲市土地管理部门同意补办并下达批复，丙厂在其后所提交的相关申请表中经济性质栏填写了"个体"。同年12月，甲市政府为丙厂颁发国有土地使用证。2006年，乙村组向甲市政府申请撤销该国有土地使用证。甲市政府以丙厂与乙村组采取欺骗手段、未如实登记获颁土地使用证为由，作出注销该国有土地使用证的决定（以下简称注销决定）。丙厂不服注销决定，向人民法院提起行政诉讼，请求撤销注销决定。涉案土地现已被用于房地产开发。

——《行政纠错行为对正当程序和信赖保护原则的遵循》，载最高人民法院行政审判庭编：《最高人民法院行政审判庭法官会议纪要（第一辑）》，人民法院出版社2022年版，第119~120页。

332. 行政机关撤销已经生效的行政许可，应当遵守行政许可法规定的法定程序

关键词

行政机关　撤销　行政许可　已经生效

最高人民法院公报案例

中国石化销售有限公司江苏盐城石油分公司诉江苏省射阳县国土资源局撤销行政许可案（判决时间：2018年5月25日，一审法院：建湖县人民法院）

> **裁判摘要**：行政机关撤销已经生效的行政许可，应当遵守行政许可法规定的法定程序，保障行政相对人依法行使陈述、申辩等权利。

建湖县人民法院一审认为：

根据《中华人民共和国行政诉讼法》第二十六条第六项的规定："行政机关被撤销或者职权变更的，继续行使其职权的行政机关是被告。"本案原告中石化盐城分公司以射阳住建局为被告提起行政诉讼后，射阳住建局规划及规划监管等职能整体划转到射阳国土局，故原告将被告变更为射阳国土局符合

法律规定，射阳国土局为本案适格被告。

射阳住建局依原告中石化盐城分公司的申请于 2017 年 6 月 2 日向其发放了射建临证字第 0007240 号《射阳县城市临时建设许可证》，仅仅相隔七日后，于 2017 年 6 月 9 日，又向其作出了射住建撤字〔2017〕第 1 号《撤销行政许可决定书》，对此，《中华人民共和国行政许可法》虽然没有规定撤销行政许可的具体程序，但该法第一章总则中第五条、第七条规定了设定和实施行政许可所应遵守的原则、程序和利害关系人享有的法定程序权利。没有设定行政机关撤销行政许可所要遵循的具体程序性义务，并不意味着其就可以不要程序，程序合法的底线在于正当程序原则，行政机关在此情况下应当遵循这一法律原则。根据这一法律的要求，行政机关作出影响当事人权益的行政行为时，应当履行事先告知、说明根据和理由、听取相对人的陈述和申辩、事后为相对人提供相应的救济途径等正当法律程序。本案射阳住建局在对原告作出〔2017〕第 1 号《撤销行政许可决定书》时，对原告已积极着手筹备建设的章明维修改建工程造成非常不利影响，其作出该行政行为时应当遵循公开、公平、公正的原则，应当听取行政相对人即本案原告就其在申请改建加油站罩棚维修改建时是否隐瞒真实情况行陈述和申辩，即应受正当程序的控制。射阳住建局仅根据第三人法定代表人姜习标的举报，结合调查的情况作出该行政行为，在向原告颁发临时规划许可证七日后即予以撤销，并未听取原告的陈述和申辩，故本案被诉行政行为即射住建撤字〔2017〕第 1 号《撤销行政许可决定书》违背公开、公平、公正的正当程序原则，不具有合法性，依法应予撤销。

——《最高人民法院公报》2021 年第 11 期。

333. 行政机关在注销行政许可时仍应遵循程序正当原则，向行政相对人说明行政行为的依据、理由

关键词

行政行为　注销行政许可　程序正当

最高人民法院公报案例

射阳县红旗文工团诉射阳县文化广电新闻出版局程序不正当注销文化行政许可纠纷案（判决时间：2014 年 6 月 5 日，一审法院：江苏省盐城市中级人民法院）

裁判摘要：行政机关设定和实施行政许可，应当遵循公开、公

平、公正的原则。虽然现行法律对行政许可注销行为的程序没有具体规定，但行政机关在注销行政许可时仍应遵循程序正当原则，向行政相对人说明行政行为的依据、理由，以充分保障当事人的知情权和陈述申辩权。行政机关在注销行政许可前未告知行政相对人，未听取行政相对人的陈述申辩，违反了程序正当原则，在作出注销决定后又未依法送达行政相对人，行政相对人要求撤销行政机关行政许可注销行为的，人民法院应予支持。

江苏省盐城市中级人民法院二审认为：

本案二审的争议焦点为：上诉人射阳县文化广电新闻出版局作出注销被上诉人射阳县红旗文工团营业性演出许可证的程序是否合法。

国务院《营业性演出管理条例》第五条第二款规定，县级以上地方人民政府文化主管部门负责本行政区域内的营业性演出监督管理工作。据此，上诉人射阳县文化广电新闻出版局具有监督管理本行政区域内的营业性演出工作的法定职责。射阳县文化广电新闻出版局于 2013 年 5 月 13 日作出"射文广新注告字 [2013] 1 号行政许可注销公告"，对被上诉人射阳县红旗文工团依法取得的"射民演 01 号营业性演出许可证"予以注销，之前未告知被上诉人依法享有陈述、申辩权，之后又未向被上诉人送达该注销决定，程序严重违法，故原审法院依法判决撤销上诉人于 2013 年 5 月 13 日作出的"射文广新注告字 [2013] 1 号行政许可注销公告"并无不当。射阳县文化广电新闻出版局的主要上诉理由不能成立，法院不予支持。

——《最高人民法院公报》2018 年第 8 期。

334. 乡镇政府有权纠正集体经济组织作出的侵犯离婚妇女合法权益的相关决定

关键词

村集体组织成员　村民平权　离婚妇女　合法权益

最高人民法院裁判文书

中山市石岐区张溪股份合作经济联合社等诉广东省中山市人民政府等驳回行政复议申请案［最高人民法院（2017）最高法行申 5157 号行政裁定书］

裁判要点：离婚并非农村集体经济组织成员资格丧失的法定条件，离婚后户口未迁出，仍然在夫家所在地居住生活的，并不丧失所在村村集体组织成员的资格，只要继续尽村民的义务，就应当享有与该村村民同等的权利。村民委员会、集体经济组织制定村规民约、规章制度、财产分配方案等，不得违反法律、法规规定的男女平等、村民平权等基本原则，侵犯离婚妇女的合法权益。否则，乡、镇政府有权依法予以纠正。

最高人民法院经审查认为，《妇女权益保障法》第三十三条规定，任何组织和个人不得以妇女未婚、结婚、离婚、丧偶等为由，侵害妇女在农村集体经济组织中的各项权益。《广东省农村集体经济组织管理规定》第十五条第四款规定，农村集体经济组织成员户口注销的，其成员资格随之取消。广东省委农办、省妇联，省信访局发布的粤委办（2006）142号《关于切实维护农村妇女土地承包和集体收益分配权益的意见》规定，农村集体经济组织成员中的妇女，因离婚、丧偶，户口仍在夫家所在地并尽义务的，享有与所在地男子平等权益。根据上述规定，离婚并非农村集体经济组织成员资格丧失的法定条件，离婚后户口未迁出，仍然在夫家所在地的，并不丧失所在村村集体组织成员的资格，只要继续尽村民的义务，就应当享有与该村村民同等的权利。村民集体经济组织制定的村规民约、规章制度、财产分配方案等，不得违反法律、法规以及有效规章和行政规范性文件规定的男女平等、村民平权等基本原则。本案中，张溪经联社、第八经济社制定的相关章程、方案中规定，外地嫁入本村，户口已经迁入，离异后与外村的其他人再婚的妇女及随其生活的子女不分配股权，违背男女平等、村民平权的基本原则，是对离婚后再嫁其他村村民妇女的歧视，违反上述相关法律法规、规章及规范性文件的规定。杨某提出监督处理申请，石岐区办事处未依法行使监督权，中山市政府作出170号复议决定，撤销65号决定，并无不当。张溪经联社、第八经济社主张，二审庭审中未认可杨某在与黄某离婚前具有社员股东成员资格，杨某不享有村级股股东资格。但是，根据《广东省农村集体经济组织管理规定》第十五条第四款规定，判断是否享有农村集体经济组织成员资格的主要依据是户籍，杨某与黄某结婚后户口迁入第八经济社，就当然具有第八经济社成员的资格。依法享有第八经济社成员资格，就有平等获得集体经济组织股权的权利，不能因为已经离异外嫁其他村村民即剥夺其平等获得股权分配的权利。据此，无论张溪经联社、第八经济社是否在二审法庭上认可杨某的股东成员资格，均不影响二审判决认定事实的结论。以此为由申请再审，理由不能成立。张溪经联社、第八经济社还主张，即便二审认定杨某应享受村级股股东资格，也不能在章程没有任何规定的情况下推定其享有其他股权或股东资格。本院认为，村集体组织依法享有自主决定自治范围内事项的权利。但是，必须符合法律、法规以及合法有效规章、规范性文件的规定，不得剥夺村集体组织成员的依法应当享有的基本权利。如果村集体组织作出的决议违反法律、法规规定，侵犯村民合法权益，村民有权向基层政府控告、检举，请求予以监督。依照《村民委员会组织法》第三十六条第二款的规定，基层政府收到村民的举报申请后，依法负有监督并责令改正的法定职责义务。本案石岐区办事处收到杨某申请后，未依法行使监督权，中山市政府作出170号复议决定，撤销65号决定，并不违反法律规定。张溪经联社、第八经济社应当根据170号复议决定及本案二审生效判决，及时纠正相关章程、方案中的违法条款，依法维护离异外嫁妇女的合法权益。

——最高人民法院第一巡回法庭编著：《最高人民法院第一巡回法庭典型行政案件裁判观点与文书指导（第1卷）》，中国法制出版社2020年版，第183~188页。

335. 行政案件的审理期限

关键词

审理期限　延长审限

最高人民法院司法解释

第三条　审理第一审行政案件的期限为3个月；有特殊情况需要延长的，经高级人民法院批准可以延长3个月。高级人民法院审理第一审案件需要延长期限的，由最高人民法院批准，可以延长3个月。

审理行政上诉案件的期限为2个月；有特殊情况需要延长的，由高级人民法院批准，可以延长2个月。高级人民法院审理的第二审案件需要延长期限的，由最高人民法院批准，可以延长2个月。

第十三条　行政案件应当在审理期限届满10日前向高级人民法院或者最高人民法院提出申请。

第十四条　对于下级人民法院申请延长办案期限的报告，上级人民法院应当在审理期限届满3日前作出决定，并通知提出申请延长审理期限的人民法院。

需要本院院长批准延长办案期限的，院长应当在审限届满前批准或者决定。

——《最高人民法院关于严格执行案件审理期限制度的若干规定》（2000年9月22日，法释〔2000〕29号）。

最高人民法院审判业务意见

各省、自治区、直辖市高级人民法院行政审判庭：

近一段时间，一些高级人民法院报送我院的申请延长行政案件审限的文书存在不够规范、不够统一的问题。有的延长审限呈批表未与延审报告同时上报；有的延审报告的案号与需要延长审限案件的案号不一致；还有的案号、当事人、简要案情等填写不清，反映不出案件的审级。

为规范行政案件延长审限审批制度，现将拟定的申请延长行政案件审理期限报告和行政案件延长审限呈批表式样下发试行，望认真执行。试行中有何问题和意见，望及时反馈。

附：申请延长行政案件审限呈批表式样：（略）

——《最高人民法院行政审判庭关于规范延长行政案件审限报告的通知》（2000年3月1日，法行〔2000〕5号）。

三、第二审程序

336.以对法律法规的认知程度非常有限为由提出应允许其变更诉讼请求，不属于法律规定的正当理由

关键词

诉讼请求　认知程度有限　正当理由

最高人民法院裁判文书

黄某诉安徽省合肥市蜀山区人民政府房屋征收补偿决定公告案［最高人民法院（2017）最高法行申7058号行政裁定书］

裁判要点：起诉状副本送达被告后，原告提出新的诉讼请求的，人民法院不予准许，但有正当理由的除外。再审申请人以对法律法规的认知程度非常有限为由提出应允许其变更诉讼请求，不属于法律规定的正当理由。

最高人民法院认为，本案的核心争议是原审对黄某变更诉讼请求不予准许是否有误。

首先，一审依据《国有土地上房屋征收与补偿条例》第二十六条第一款规定，已明确《蜀山区人民政府关于对被征收人黄某房屋实施征收补偿决定的公告》（蜀政征告字〔2015〕4号）是将对被征收人作出的征收补偿决定在被征收范围内予以公告，是一种程序性行政行为，并未对被征收人黄某的实体权利义务产生影响，不具有可诉性。但并非所有程序性行政行为均不可诉，人民法院只有进行实质性审查之后，才能确定该行政行为是否可诉，而此实质性审查并非立案审查范围，人民法院对行政案件实行立案登记制，法院对该案予以受理并无不当。黄某称原审法院立案审查时即应当释明，但法院未尽释明义务，据理不足。一审法院于7月29日开庭庭审中，即已向黄某说明并明确询问是否变更诉讼请求，黄某确认坚持原诉讼请求不作变更。庭审终结后，黄某于2016年8月1日向法院提交变更诉讼请求申请，但提出变更申请时，亦未提出正当理由。根据《最高人民法院关于执行〈中华人民共和国行政诉讼法〉若干问题的解释》第四十五条[①]"起诉状副本送达被告后，原告提出新的诉讼请求的，人民法院不予准许，但有正当理由的除外"的规定，在一审法院庭审中已对黄某说明并明确询问是否变更诉讼请求被拒绝的前提下，黄某再以对法律法规的认知程度非常有限为由提出应允许其变更诉讼请求，不属于法律规定的正当理由。原审法院不予准许黄某变更诉讼请求并无不当。

——最高人民法院第四巡回法庭编：《最高人民法院第四巡回法庭典型行政案件裁判观点2017-2018》，法律出版社2020年版，第294~296页。

337. 请求确认行政行为无效是否受起诉期限的限制；请求确认行政行为无效案件，一审未尽变更诉讼请求的释明义务，二审应当如何处理

<u>关键词</u>

行政行为无效　起诉期限　释明义务

<u>最高人民法院审判业务意见</u>

17. 请求确认行政行为无效是否受起诉期限的限制；请求确认行政行为无效案件，一审未尽变更诉讼请求的释明义务，二审应当如何处理。

答：行政诉讼规定的起诉期限制度，是所有行政案件必须遵守的法定起

[①] 现为《最高人民法院关于适用〈中华人民共和国行政诉讼法〉的解释》（法释〔2018〕1号）第七十条。

诉条件，法律和司法解释均没有作出例外的规定。因此，请求确认行政行为无效，同样要受起诉期限的限制。

公民、法人或者其他组织起诉请求确认行政行为无效，人民法院审查认为行政行为不属于无效情形，未向原告释明要求其变更诉讼请求的，属于违反《最高人民法院关于适用〈中华人民共和国行政诉讼法〉若干问题的解释》（以下简称《适用解释》）第九十四条第二款规定的审判程序情形。二审中，人民法院可以向一审原告释明变更诉讼请求，无论一审原告是否改变诉讼请求，二审法院均可以在对被诉行政行为合法性和一审裁判全面审查的基础上，依法作出二审裁判。

理由：根据《行政诉讼法》第四十五条、第四十六条规定，公民、法人或者其他组织不服复议决定的，可以在收到复议决定书之日起十五日内向人民法院提起诉讼；未经复议直接向人民法院提起诉讼的，应当自知道或者应当知道作出行政行为之日起六个月内提起诉讼。两条规定最后均有"法律另有规定的除外"，但是，这里的法律另有规定的除外，是指对起诉期限的具体时间，法律另有规定的，按照法律规定执行。任何类型的行政案件都应当遵守行政诉讼法规定的起诉期限制度，这是行政诉讼法的基本制度规定。对司法解释条款的理解，必须符合行政诉讼法的规定。《适用解释》没有明确规定请求确认行政行为无效不受起诉期限的限制，根据第一百六十二条和第九十四条第二款规定也不能得出请求确认行政行为无效不受起诉期限限制的结论。相反，如果对上述两个条款不作限缩解释，将导致司法解释与行政诉讼法规定的直接冲突。如果按照第一百六十二条的字面理解，对2015年5月1日之前作出的行政行为，起诉人请求确认无效的，一律裁定不予立案，缺乏法律依据，只有增加"不符合法定起诉条件的"限制，才符合裁定不予立案的法定适用条件。同理，如果按照第九十四条第二款最后一句字面理解，原告拒绝变更诉讼请求，坚持请求确认行政行为无效的，人民法院就判决驳回其诉讼请求，将与《行政诉讼法》第六十九条的规定直接冲突。因为《行政诉讼法》第六十九条驳回原告诉讼请求判决方式的适用条件是"行政行为证据确凿，适用法律、法规正确，符合法定程序的"，而非原告的诉讼请求不成立。所以，对第九十四条最后一句的理解，也必须增加"符合行政诉讼法第六十九条规定的"限制。如果经审理，认为被诉行政行为违法的，则应当作出相应判决。

《适用解释》第九十四条第二款规定，公民、法人或者其他组织起诉请求确认行政行为无效，人民法院审查认为行政行为不属于无效情形，有向原告释明要求其变更诉讼请求的法定义务，一审未履行释明义务，显然属于违反法定程序的行为。一审审判程序违法，二审并非当然撤销一审判决。二审应当对被诉行政行为的合法性和一审判决合法性进行全面审查，并在此基础上依法作出二审判决。

——《最高人民法院第一巡回法庭关于行政审判法律适用若干问题的会议纪要》(2018年7月23日)。

338. 当事人确认一系列征地行为违法，一般不宜认定为诉讼请求不明确；一审法院未予释明的情况下，二审法院仍可以诉讼请求不明确为由维持一审驳回起诉的裁定

关键词

诉讼请求不明确　未予释明

最高人民法院审判业务意见

征地由一系列的行为构成，包括征地批复、发布征地公告、进行征地补偿登记、签订补偿协议或者作出补偿决定、责令交出土地等行为。当事人起诉要求确认征地行为违法的，一般不宜认定为诉讼请求不明确。因为被诉征地行为是可以拆分的，且按照法律规定，对于征地补偿协议等征地中的行政行为提出的诉讼，人民法院均应受理并作出裁判。因此当事人起诉要求确认征地行为违法的，人民法院应当进行释明，对于符合起诉条件的诉讼可以受理；对于不符合行政诉讼受案范围等起诉条件的起诉不予立案。

根据《行政诉讼法》及《行政诉讼法解释》的规定，法院释明不是强制性义务规定。一审法院未予释明尚非二审法院纠错的法定条件。因此，对于此类一审法院以诉讼请求不明确为由作出的驳回起诉裁定，二审法院不能以一审法院没有释明为由认定一审违反法定程序而予以撤销，二审法院仍可以诉讼请求不明确为由维持一审驳回起诉的裁定。

——《最高人民法院行政法官专业会议纪要》(2018年7月12日)。

339. 一审中未提出先予执行申请，二审中提出的由二审法院作出裁定

关键词

先予执行　诉讼系属

附录：最高人民法院法官著述

当事人在一审程序中未提出先予执行的申请，进入二审程序后，当事人

提出先予执行的申请的,一审法院能否就申请作出裁定?主要有以下两种观点:第一种观点认为,一审判决引起上诉程序后,判决尚未发生法律效力,一审法院裁定先予执行不违背法律规定。第二种观点认为,虽然法律对此没有作出明确规定,但是一审判决引起上诉程序后,意味着一审程序终结,按照权限划分的原则,对于已经进入二审程序案件的先予执行只能向二审法院提出,由二审法院作出先予执行的裁定。①可见,由一审法院还是二审法院来裁定的关键在于诉讼案件的系属。

我们赞同第二种意见。理由是:其一,先予执行裁定由二审法院来作出,符合诉讼系属的原理。如果案件进入二审程序,对于案件的处理就应当属于二审法院的职权。一审法院无权就已经属于二审法院的案件作出裁定。其二,案件进入二审程序意味着双方就案件事实或者权利义务关系存在重大分歧或者可能提供新的事实理由于二审法院。如果一审法院在相关事项尚不明朗的情况下作出先予执行裁定,就有可能出现误差。其三,《民事诉讼法》修改之后,对于先予执行也可以适用于第二审程序,二审法院亦可以作出先予执行的裁定。当然,在二审法院作出先予执行的裁定之后,可以由一审法院执行。

——江必新、梁凤云:《行政诉讼法理论与实务》(第三版),法律出版社2016年版,第1275页。

340. 普通共同诉讼中,一审法院认为应当分别起诉、分别受理的,二审对此类裁定应当予以维持

关键词

普通共同诉讼　起诉条件　分别起诉　分别立案

最高人民法院裁判文书

高某涛等24人诉沈阳市和平区人民政府强制拆除案〔最高人民法院(2015)行监字第41号行政裁定书〕

裁判要点:普通的共同诉讼,人民法院认为不宜一案受理,经释明当事人坚持一案起诉的,人民法院可以根据《最高人民法院关于执行〈中华人民共和国行政诉讼法〉若干问题的解释》第四十四

---

① 王树岭:《先予执行适用中的几个问题》,载《山东法学》1999年第2期。

条第一款第十一项①"起诉不具备其他法定要件的"规定，裁定驳回起诉，但应当在裁定理由部分明确如果当事人同意一案一诉、并符合其他起诉条件再次起诉的，人民法院应当予以受理，二审对此类裁定应当予以维持。如果一审阐述不明确，二审裁定可以在维持一审裁定结果的同时，在理由部分予以补充阐释，不必撤销一审判决。如果二审裁定撤销一审不予受理裁定，在裁定结果部分指令下级法院对同意一案一诉的当事人的起诉立案受理的，再审人民法院亦没有必要纠正。

最高人民法院认为：根据修改前的《中华人民共和国行政诉讼法》第二十六条②规定，当事人一方或者双方为二人以上，因同一具体行政行为发生的行政案件，或者因同样的具体行政行为发生的行政案件、人民法院认为可以合并审理的，为共同诉讼。也就是说，共同诉讼必须具备两个条件：一是一方或者双方当事人人数在两人以上，且被诉行政行为为同一个或者同一类；二是人民法院认为可以合并审理。两个条件缺一不可。原则上，被诉行政行为为同一个行政行为的，属于必要的共同诉讼，人民法院应当合并审理；被诉行政行为为同一类行政行为的，属于普通共同诉讼，由人民法院根据案件具体情况决定是否合并审理。和平区政府于2011年1月间对高某涛等被拆迁人的房屋实施了强制拆除行为，被拆除的房屋分属不同的所有人，且具体拆除时间与实际拆除情况不尽相同，造成被拆迁人的损失亦各有区别。故和平区政府对高某涛等被拆迁人房屋实施的强制拆除行为，不是同一个行政行为，而是同一类行政行为。原审法院对高某涛等被拆迁人就同类行政强制拆除行为提起的诉讼，经审查认为不应合并一案立案审理，应当分别起诉、分别立案，是依法行使法律赋予人民法院裁量权的表现，不违反法律规定。因此，高某涛等人主张本案属共同诉讼，人民法院应当合并审理，没有法律根据，本院不予支持。

《最高人民法院关于执行〈中华人民共和国行政诉讼法〉若干问题的解释》第六十八条③规定，第二审人民法院经审理认为原审人民法院不予受理或者驳回起诉的裁定确有错误，且起诉符合法定条件的，应当裁定撤销原审人民法院的裁定，指令原审人民法院依法立案受理或者继续审理。该条规定包

---

① 现为《最高人民法院关于适用〈中华人民共和国行政诉讼法〉的解释》（法释〔2018〕1号）第六十九条第一款第十项。

② 本条规定已被《最高人民法院关于适用〈中华人民共和国行政诉讼法〉的解释》（法释〔2018〕1号）废止。

③ 现为《最高人民法院关于适用〈中华人民共和国行政诉讼法〉的解释》（法释〔2018〕1号）第一百零九条。

括两层含义,即二审人民法院对于一审不予受理裁定确有错误的,指令原审人民法院立案受理;对于驳回起诉裁定确有错误的,指令原审法院继续审理。就本案而言,辽宁省高级人民法院二审认为高某涛等被拆迁人对同类行政行为提起的诉讼应当分别立案,坚持一案起诉合并审理没有法律根据;同时认为一审在高某涛等被拆迁人坚持不分别起诉、立案的情况下裁定驳回原告起诉亦没有法律根据。在此情形下,二审如果依照上述司法解释规定裁定撤销一审驳回起诉裁定,指令一审人民法院继续审理,将与其"本案应当分别起诉、分别立案"的裁判理由直接抵触。鉴于此,二审裁定在撤销一审驳回起诉裁定的同时,指令沈阳市中级人民法院对高某涛等被拆迁人的分别起诉应当予以立案受理,实现了裁判结果与理由的一致。本院认为,二审裁定结果符合行政诉讼法保护当事人诉权的基本原则,填补了司法解释的空白,不违反司法解释的规定。而且,从本案的现实情况来看,也难以裁定指令一审人民法院继续审理。在本案二审裁定作出后,部分当事人已经按照生效裁定的要求,向沈阳市中级人民法院分别起诉、分别立案审理,案件也经沈阳市中级人民法院、辽宁省高级人民法院审理后作出生效裁判。同时,考虑到本案直接涉及被拆迁人的房屋损失、屋内物品损失、租房损失等重大财产利益,被拆迁人各自分别对和平区政府强制拆迁行为依法提起行政诉讼时,一并提起行政赔偿诉讼,更有利于对被拆迁人实体合法权益的保护。因此,本院对高某涛等24人主张二审裁定适用法律错误的申请再审理由,亦不予支持。

——中国裁判文书网。

341. 二审法院可以作出对上诉人不利的裁判

关键词

二审程序　不利益变更禁止　例外情形

附录:最高人民法院法官著述

不利益变更禁止原则并非在任何情况下都要得到遵守。在特定的情形下,二审法院可以作出对上诉人不利的裁判:(1)在双方当事人都提起上诉的情况下,对于对方当事人提起上诉的部分,二审法院可以对本方当事人作出不利的裁判;(2)被上诉人提起附带上诉的情况下,该附带上诉具有上诉的效力。在被上诉人附带上诉的范围内,二审法院可以作出对其不利的裁判;(3)原审裁判在当事人上诉请求、本裁判内容之外尚有违反法律禁止性规定或者其他应当由人民法院依职权进行调查和纠正的事由的,人民法院亦得作出不利上诉人之裁判。

——江必新、梁凤云:《行政诉讼法理论与实务》(第三版),法律出版社2016年版,第1348页。

四、审判监督程序

342. 人民法院作出的准许或者不准许执行行政机关行政决定的裁定,不属于可以申请再审的裁定

关键词

申请再审　行政决定

最高人民法院答复

四川省高级人民法院:

你院《关于黄小兵与宜宾市自然资源和规划局非诉行政执行再审审查一案的请示》收悉。经研究,答复如下:

人民法院作出的准许或者不准许执行行政机关的行政决定的裁定,不属于可以申请再审的裁定。

此复

——《最高人民法院关于对人民法院作出的准许或者不准许执行行政机关的行政决定的裁定是否可以申请再审的答复》(2022年4月19日,〔2022〕最高法行他1号)。

343. 行政行为的合法性受生效裁判羁束,对被诉行政行为的合法性的审查只能通过审判监督程序来实现

关键词

行政行为合法性　受生效裁判羁束　审判监督

最高人民法院裁判文书

张某诉武汉市武昌区人民政府城建行政征收案〔最高人民法院(2017)最高法行申411号行政裁定书〕

裁判要点：在行政诉讼中，诉讼标的一般是指行政行为的合法性。所谓"诉讼标的"受生效裁判羁束，是指起诉人在起诉时，其所诉的被诉行政行为的法律效力已经被生效裁判或调解书的主文或者裁判主文主要说理部分所约束。此种情形下，对被诉行政行为的合法性的审查只能通过审判监督程序来实现。

最高人民法院认为：本案一审法院系依据《最高人民法院关于适用〈中华人民共和国行政诉讼法〉若干问题的解释》第三条第一款第九项①的规定，裁定驳回再审申请人的起诉。该项规定的情形是："诉讼标的已为生效裁判所羁束"。再审申请人则对一审法院适用该项规定提出质疑。因而，司法解释该项规定如何理解以及能否适用于本案，就成为争议的核心。

诉讼标的已为生效裁判所羁束的，裁定不予受理或者驳回起诉。这一规定的理论基础是既判力。所谓既判力，是指已经发生法律效力的判决、裁定对后诉的羁束力。其作用体现在消极和积极两个方面。消极作用是指，基于国家司法权的威信以及诉讼经济，在人民法院作出生效判决、裁定后，不准对同一事件再次进行诉讼。既判力的消极作用体现的是"一事不再理"，就此而言，与禁止重复起诉属于同一原理。关于重复起诉，《最高人民法院关于适用〈中华人民共和国民事诉讼法〉的解释》第二百四十七条第一款规定："当事人就已经提起诉讼的事项在诉讼过程中或者裁判生效后再次起诉，同时符合下列条件的，构成重复起诉：（一）后诉与前诉的当事人相同；（二）后诉与前诉的诉讼标的相同；（三）后诉与前诉的诉讼请求相同，或者后诉的诉讼请求实质上否定前诉裁判结果。"依此规定，所谓重复起诉，必须是当事人、诉讼标的、诉讼请求这三者同时具备"相同性"。就本案而言，生效裁判的原告是奚小弟等人，本案的原告则是张某，显然不具备"后诉与前诉的当事人相同"这一主体要件。而判决作为解决特定当事人之间具体争议的意思宣言，其既判力显然不应及于别的事件或者没有关系的第三者。

无可否认，与民事诉讼相比，行政诉讼有其自身特点，以本案而论，尽管生效裁判与本案诉讼的原告不同，但起诉的却是同一个行政行为。正因如此，一审裁定认为，"生效裁判具有法律效力，对当事人和人民法院均具有约束力，人民法院不能再对同一诉讼标的进行审理。张某所诉的行政行为已为一审、二审法院生效判决所羁束，本院不能再就该行为进行审理"。很显然，一审法院是将"行政行为"等同于"诉讼标的"。这种观点也是长期流行的主流观点，并且比较适应行政诉讼以审查行政行为的合法性为主要任务的特点。

---

① 现为《最高人民法院关于适用〈中华人民共和国行政诉讼法〉的解释》（法释〔2018〕1号）第六十九条第一款第九项。

但是，审查行政行为的合法性，更突出地表现为撤销诉讼的主要任务，修改后的行政诉讼法在撤销诉讼之外新增了履行诉讼、给付诉讼、确认诉讼等诉讼类型，而在这些类型的诉讼中，常常并没有一个行政行为存在，因此将行政行为统一地确定为行政诉讼的诉讼标的，难以起到统领各种诉讼类型的作用。即使在撤销诉讼中，行政行为的合法性也仅只属于人民法院的审查对象，而审理对象则还包括该行政行为是否对原告合法权益构成侵犯等因行政行为而引起的行政法律关系。如果将审查对象等同于审理对象，就不能揭示诉讼的本质，不会着眼于案件的全部事实。因此，撤销诉讼的诉讼标的应当是"行政行为违法并损害原告权利这样一个原告的权利主张"。本案中，后诉与前诉起诉的虽然是同一个行政行为，但因原告不同，权利损害的主张亦有可能不同，因此不能简单地认定"后诉与前诉的诉讼标的相同"。

既判力的积极作用是指，人民法院不得在其后的诉讼中作出与该判决、裁定内容相抵触的新的判决、裁定。这是法的安定性所决定的。但既判力只对与生效裁判当事人相同的后诉产生诉权的遮断效果，对于第三者而言，只是禁止作出与生效裁判内容相抵触的新的判决、裁定，而不是就此剥夺其诉权。正如《中华人民共和国民事诉讼法》第五十四条①规定，"诉讼标的是同一种类、当事人一方人数众多在起诉时尚未确定的，人民法院可以发出公告，说明案件情况和诉讼请求，通知权利人在一定期间向人民法院登记"。"人民法院作出的判决、裁定，对参加登记的全体权利人发生效力。未参加登记的权利人在诉讼时效期间提起诉讼的，适用该判决裁定"。所谓"适用该判决裁定"，是指适用该判决、裁定中人民法院认定的事实和理由以及所确定的原则，再结合后诉的具体情况作出相应裁判，而不是对于后诉不予审理和裁判。本案中，一审法院认为，"张某所诉的行政行为已为一审、二审法院生效判决所羁束，本院不能再就该行为进行审理"，并进而驳回再审申请人的起诉，就与前述相关法律的规定不甚相符。

在当事人一方人数众多、针对同一个行政行为分别提起撤销诉讼的情况下，分别对每一个起诉进行审理，确实不符合诉讼经济原则；人民法院对被诉行政行为的合法性进行全面审查，也决定了不可能在不同的案件中对同一个行政行为的合法性作出相反的认定。在这种情况下，比较恰当的做法是采用标准诉讼，即，首先审理其中一个或数个有代表性的诉讼，并中止其他诉讼。在首先审理的诉讼中作出的裁判发生法律效力的情况下，如果其他诉讼的当事人认为其案件与首先审理的案件之间并无事实上或法律上的重要区别且案件事实清楚，人民法院可以参照《中华人民共和国民事诉讼法》第五十四条第四款的规定，裁定对中止的诉讼适用已经生效的判决裁定。本案中，

---

① 现为《中华人民共和国民事诉讼法》第五十七条。

再审申请人提起的后诉与奚小弟等人提起的前诉在起诉时间上相差无几,一审法院确实是首先审理一部分诉讼,对本案诉讼裁定中止。但在前诉裁判发生法律效力后,不是在听取本案当事人意见之后裁定本案适用生效的前诉裁判,而是以"诉讼标的已为生效裁判所羁束"为由裁定驳回再审申请人的起诉。再审申请人认为这其实是"刻意构建'诉讼标的已为生效裁判所羁束的'情形",不无道理。根据法律规定,再审申请人的再审理由应予支持,本案也应指令原审法院依法作出实体裁判。但本院同时查明,本院已在2016年11月30日作出的(2016)最高法行申字2310号行政裁定书中,从是否符合公共利益、是否违反法定程序等方面对本案再审申请人请求撤销的湖北省武汉市武昌区人民政府武昌征决字〔2015〕1号《房屋征收决定》的合法性进行了比较全面的司法审查,并驳回了熊伟等140人请求确认该房屋征收决定违法并予以撤销的再审申请,而本案再审申请人张某与熊伟等140人的权利主张并不存在事实上或法律上的重要区别,在此情况下,指令原审法院作出一个相同的判决,不仅于事无补,还徒然浪费有限的司法资源。因此本院认为,虽然再审申请人的再审理由有其道理,但对于案件而言并无提起再审的必要。

——中国裁判文书网。

344. 上诉人经合法传唤,无正当理由拒不到庭的,是否可以按照撤诉处理

关键词

无正当理由　拒不到庭　撤诉

最高人民法院审判业务意见

15.上诉人经合法传唤,无正当理由拒不到庭的,是否可以按照撤诉处理。

答:上诉人经合法传唤,无正当理由拒不到庭的,是否可以按照撤诉处理,应经二审法院对案件进行审查,并对一审裁判结果是否存在损害国家利益、公共利益和他人合法权益情形进行审查后通过裁定方式确认。

理由:《行政诉讼法》第五十八条规定,"原告提起诉讼后,经人民法院传票传唤,原告无正当理由拒不到庭,或者未经法庭许可中途退庭的,可以按照撤诉处理。"《最高人民法院关于执行〈中华人民共和国行政诉讼法〉若干问题的解释》(以下简称《执行解释》)第四十九条规定,"原告或者上诉人经合法传唤,无正当理由拒不到庭或者未经法庭许可中途退庭的,可以按撤诉处理。"也就是说,在启动一审程序的原告或启动二审程序的上诉人不配合法庭传唤的情况下,法院有权对其起诉按撤回起诉处理,对其上诉按照撤回上

诉处理。同时，行政诉讼法第五十八条规定还规定，"被告无正当理由拒不到庭，或者未经法庭许可中途退庭的，可以缺席判决。"《执行解释》第四十九条还规定，"第三人经合法传唤无正当理由拒不到庭，或者未经法庭许可中途退庭的，不影响案件的审理。"这些规定则说明，除启动一审或二审程序之外的其他当事人是否依传唤到庭，不发生阻止案件审理的效果。但是，在具体执行上述法条的过程中，应当注意的是，按照撤诉处理的前置条件是经过法院审查，依照《最高人民法院关于适用〈中华人民共和国行政诉讼法〉若干问题的解释》（以下简称《适用解释》）第八十条的规定，当事人申请撤诉或者依法可以按撤诉处理的案件，当事人有违反法律的行为需要依法处理的，人民法院可以不准许撤诉或者不按撤诉处理。法庭辩论终结后原告申请撤诉，人民法院可以准许，但涉及国家利益和社会公共利益的除外。也就是说，即使是当事人提出撤诉或者符合视为撤诉情况的案件，经法院审查后发现仍有违法行为需要处理，涉及国家利益、公共利益需要维护的，都不应当裁定准许撤诉或裁定视为撤诉。即使发生了拒不到庭的情况，也应当按照《适用解释》第七十九条第一款的规定进行缺席判决。因此，在二审阶段，无论是原告、第三人，还是被告作为上诉人，如果上诉人经合法传唤，无正当理由拒不到庭的，二审法院仍需对案件本身情况及一审裁判结果是否存在损害国家利益、公共利益和他人合法权益情形进行审查后，再决定是按照撤诉处理还是依法缺席裁判。

——《最高人民法院第一巡回法庭关于行政审判法律适用若干问题的会议纪要》（2018年7月23日）。

345. 发回重审或指令继续审理案件，是否应当再给被告一次举证的机会

关键词

发回重审　指令继续审理　举证

最高人民法院审判业务意见

10.发回重审或指令继续审理案件，是否应当再给被告一次举证的机会。

答：发回重审或指令继续审理案件，重审或继续审理的人民法院按照一审程序审理，应当给予被告举证的机会。

理由：无论是撤销一审判决发回重审，还是撤销一审裁定指令继续审理，回到一审后，都是一个新的案件，人民法院应当按照行政诉讼法规定的一审程序，给予被告举证的机会。否则，人民法院无法对被诉行政行为合法性进

行有效审查，难以实质化解行政争议。

——《最高人民法院第一巡回法庭关于行政审判法律适用若干问题的会议纪要》(2018年7月23日)。

346. 人民法院在审查再审申请案件中可以作为询问主体的范围和询问参加人

关键词

再审申请案件　询问主体　参加人

最高人民法院司法解释

第一百一十三条　人民法院根据审查再审申请案件的需要决定是否询问当事人；新的证据可能推翻原判决、裁定的，人民法院应当询问当事人。

——《最高人民法院关于适用〈中华人民共和国行政诉讼法〉的解释》(2018年2月6日，法释〔2018〕1号)。

附录：最高人民法院主流观点

本条并未明确在具体的询问程序中可以作为询问主体的范围。我们认为，询问并非正式的庭审程序，因此在主体的范围上应更加灵活，但考虑到询问的效果，承办法官一般应参加询问程序。实践中，询问的主体一般包括以下几种情形：合议庭整体组织询问、审判长和承办法官共同组织询问、承办法官和其他合议庭成员共同组织询问、承办法官和法官助理共同组织询问、承办法官单独组织询问等。需要强调的是，法官助理作为司法辅助人员，虽然无权独立办理案件，但因询问仅是再审审查过程中的一个环节，在程序上亦较为灵活，故不应排除法官助理单独组织询问的空间。

所谓询问的参加人，是指除法官、司法辅助人员之外参加询问的其他人员，主要包括再审申请人、被申请人、诉讼代理人、第三人、证人等。一般情况下，再审申请人、被申请人均应参加询问，以切实保证询问效果，同时避免未参加一方对询问公正性的质疑。在有诉讼代理人的案件中，鼓励代理人与当事人同时参加，亦应允许当事人仅委托代理人参加询问。人民法院可视情决定是否通知第三人、证人参加询问，再审申请人、被申请人均有权向人民法院申请通知第三人、证人参加询问，是否准许由人民法院决定。此外，如果再审申请人、被申请人双方均无代表参加询问，则询问自应取消，对此当无异议。而如果再审申请人、被申请人中仅有一方参加询问，因本条并未规定人民法院必须同时询问双方当事人，故询问亦可照常进行，一方的缺席并不影响人民法院对案件的审查。当然，人民法院应将缺席情况及原因在询问笔录中如实记录。

——最高人民法院行政审判庭编著：《最高人民法院行政诉讼法司法解释理解与适用》，人民法院出版社 2018 年版，第 537 页。

347. 人民法院在审查再审申请案件过程中询问的基本流程

关键词

再审审查案件　询问流程

最高人民法院司法解释

第一百一十三条　人民法院根据审查再审申请案件的需要决定是否询问当事人；新的证据可能推翻原判决、裁定的，人民法院应当询问当事人。

——《最高人民法院关于适用〈中华人民共和国行政诉讼法〉的解释》（2018 年 2 月 6 日，法释〔2018〕1 号）。

附录：最高人民法院主流观点

虽然询问并非正式的庭审程序，但询问亦可参照庭审程序设定相应的基本流程。对于确定需要询问的再审申请案件，人民法院应提前一定时间通知各方面参加人，参照民事诉讼法对一审程序的规定，提前的时间应不少于 3 日。询问前，书记员应当查明各方参加人是否出席，并宣布询问时应遵循的基本纪律。询问时法官应首先宣布案由和人民法院组织询问的人员名单，并征求当事人对是否申请回避的意见。询问开始后，一般先由再审申请人陈述申请理由，再审被申请人陈述相应意见，然后由法官围绕与申请再审事由相关的证据采信、事实认定、法律适用、裁判结果以及诉讼程序等问题和法院应当依职权查明的事项等，交叉询问双方当事人。对有"新的证据可能推翻原判决、裁定的"情形，应重点围绕证据材料是否构成"新的证据"、证据的"三性"以及其对原审裁判的影响等进行询问。法官应保证双方在整个询问过程中发言机会的均等。在询问结束前，法官应按再审申请人、被申请人、第三人的先后顺序征询各方最后意见。询问结束后，各方参加人应核对询问笔录并签字。对于依法可以调解的案件，人民法院可在询问过程中进行调解。需要特别指出的是，除依法不应公开的案件外，询问程序应公开进行，有条件的应全程录音录像。

——最高人民法院行政审判庭编著：《最高人民法院行政诉讼法司法解释理解与适用》，人民法院出版社 2018 年版，第 538 页。

348. 启动再审程序应当以再审申请人的实体权利受损为前提

关键词

启动再审程序　实体权利

最高人民法院裁判文书

唐某秀与七星区政府、七星区城管局、桂林市公安局七星分局行政强制拆除纠纷申请再审案［最高人民法院（2021）最高法行申83号行政裁定书］

　　裁判要点：启动再审程序应当以再审申请人的实体权利受损为前提。

　　最高人民法院经审查认为，《中华人民共和国物权法》（以下简称《物权法》）第四十二条①规定，为了公共利益的需要，依照法律规定的权限和程序可以征收集体所有的土地和单位、个人的房屋及其他不动产。征收集体所有的土地，应当依法足额支付土地补偿费、安置补助费、地上附着物和青苗的补偿费等费用，安排被征地农民的社会保障费用，保障被征地农民的生活，维护被征地农民的合法权益。此外，《物权法》还对物权转移的问题进行了规定。该法第二十八条②规定，因人民法院、仲裁委员会的法律文书或者人民政府的征收决定等，导致物权设立、变更、转让或者消灭的，自法律文书或者人民政府的征收决定等生效时发生效力。本案中，再审申请人的承包地位于广西壮族自治区人民政府批准的征收范围内，穿山街道办与再审申请人所在的白果树20组签订了《征地协议书》《补充协议》，并依照协议约定支付了征地补偿费、安置补助费、青苗补偿费，还支付了再审申请人地上附着物的补偿费。上述补偿费已依法直接支付到穿山村委会账户，再审申请人随时可以领取。因上述补偿费用中明确包含青苗、地上附着物补偿费等，强制清理再审申请人承包地的行为即使违法也无需另行赔偿。相关主体因再审申请人不主动清理承包地而实施强制清理，并不损害再审申请人的实体权利，本案并无再审改判的必要。再审申请人若对七星区政府的补偿行为不服，可以依法另行提起诉讼。

　　——中国裁判文书网。

---

① 对应《中华人民共和国民法典》第二百四十三条。
② 对应《中华人民共和国民法典》第二百二十九条。

349. 再审案件的审理范围

关键词

再审案件　审理范围

附录：最高人民法院法官著述

再审程序的审理范围根据再审发起程序不同而有所不同

对于法院自身发现原生效裁判存在错误的，人民法院或者特定人员可以依法启动再审程序。根据最高人民法院的相关司法政策，由上级法院或者院长发现程序启动的案件，应在原审案件的范围内全案审查，但上级法院有明确审查范围意见的除外。[①] 这主要是包括两个方面：一是在原审案件的范围内全案审查。理由是，其一，上级法院或者特定人员通过发现程序启动再审程序的，主要是一种对于生效裁判的审判监督，这种监督的目的在于纠正错误。纠正错误的基本途径是对原审案件进行全案审查，否则就可能无法达到监督的目的。其二，由法院发现程序提起的再审的目的在于纠正原生效裁判的错误，包括认定事实和适用法律方面的错误。作为一种纠错程序，再审程序的实质审理必须针对原生效裁判可能存在的错误，而不像审级结构内的一般诉讼程序一样，主要针对当事人之间的纠纷。二是如果上级法院对于审查范围有明确意见的，说明受到质疑原生效裁判部分内容是正确或者得到认可的，无须再行审查。

检察院提起抗诉的，一般对于抗诉的内容已经有所考虑。检察院抗诉的，人民法院可以只就检察院抗诉的部分进行审理即对于抗诉案件的审理范围应当围绕抗诉内容进行审理。当然，抗诉内容与当事人申请再审理由不一致的，原则上应以检察机关的抗诉书为准。[②] 这可能是考虑到，检察院的监督是一种法定的监督，具有客观诉讼的性质。当然，这种监督在检察院的抗诉内容和当事人申请的主张一致或者高度重合时，有一定的意义。如果检察院抗诉的内容和当事人的申请并不重合或者完全相反的情况下，仅仅审查检察院的抗诉内容，也许并不是特别完善的做法。

由当事人申请再审启动再审程序的案件，再审案件的审理范围应确定在

---

① 《全国审判监督工作座谈会关于当前审判监督工作若干问题的纪要》（法〔2001〕161号，2001年11月1日）。

② 《全国审判监督工作座谈会关于当前审判监督工作若干问题的纪要》（法〔2001〕161号，2001年11月1日）。

原审范围内,申请人诉什么就审什么,不诉不审。① 这也是当事人处分主义在再审程序审理范围上的反映。我国台湾地区的"行政诉讼法"第279条规定,本案之辩论及裁判,以声明不服之部分为限。当然,在行政诉讼中,除了审查行政相对人的诉讼请求之外,还负有监督行政机关依法行政的职责,因此,在审查当事人的申请之外还要审查行政行为的合法性。审查行政行为的合法性可能与当事人的申请范围相吻合,也可能超出行政行为合法性之外,人民法院可以根据具体案件进行处理。

——江必新、梁凤云:《行政诉讼法理论与实务》(第三版),法律出版社2016年版,第1399~1400页。

350. 再审程序中当事人撤回原抗诉申请的处理

关键词

再审程序　撤回抗诉申请

最高人民法院答复

云南省高级人民法院:

你院《关于人民检察院因审查当事人申诉而提起抗诉的民事再审案件,申诉人在人民法院审理过程中申请撤诉、是否应当准许的请示》(云高法〔2003〕9号)收悉。经研究,答复如下:

人民法院对于人民检察院提起抗诉的民事案件作出再审裁定后,当事人正式提出撤回原抗诉申请,人民检察院没有撤回抗诉的,人民法院应当裁定终止审理,但原判决、裁定可能违反社会公共利益的除外。

——《最高人民法院关于人民法院在再审程序中应当如何处理当事人撤回原抗诉申请问题复函》(2004年4月20日,法函〔2004〕25号)。

---

① 《全国审判监督工作座谈会关于当前审判监督工作若干问题的纪要》(法〔2001〕161号,2001年11月1日)。

第六章　证据及事实审查

351. 行政诉讼证据的证明对象是与被诉具体行政行为合法性有关的案件待证事实

关键词

证据　证明对象　合法性审查

附录：最高人民法院主流观点

我国《行政诉讼法》第5条[①]规定："人民法院审理行政案件，对具体行政行为是否合法进行审查。"根据这一规定，在行政诉讼中，司法审查的对象是被诉具体行政行为的合法性，这是法院审理行政案件的基本任务。因此，行政诉讼证据的证明对象，应当是与被诉具体行政行为合法性有关的案件待证事实。法院就被诉具体行政行为合法性进行审查，既包括审查被诉行政机关是否具有相应的行政管理职权，是否超越职权或者滥用职权，具体行政行为所依据的法律规范是否正确，行政程序是否合法，也包括具体行政行为所认定的事实证据是否确实充分。那种认为行政诉讼只就被诉具体行政行为的合法性进行审查，只存在法律审而不存在事实审的认识，是对行政诉讼制度的一种误解或者偏见。在行政诉讼中，对事实依据的审查即事实审，与合法性审查原则并不矛盾，具体行政行为关于案件事实的认定是对案件性质作出判断并对案件作出最终处理的基础，案件事实的认定是否具有充分的依据，直接关系到作出该具体行政行为的基础是否存在，理由是否成立，由此作出的判断（如案件的性质）是否准确，以及所以适用的法律是否正确。因此说，对于被诉具体行政行为事实认定的审查，也是行政诉讼合法性审查的重要组成部分，或者说行政诉讼对事实认定的审查也是合法性审查的一个方面，它应当寓于合法性审查之中，而不是游离于合法性审查之外。

——李国光主编：《最高人民法院〈关于行政诉讼证据若干问题的规定〉

[①] 现为《中华人民共和国行政诉讼法》（2017年修正）第六条。

释义与适用》，人民法院出版社 2002 年版，第 178~179 页。

352. 行政诉讼举证责任分配原则

关键词

举证责任分配　行政行为　诉讼请求

附录：最高人民法院法官著述

我们认为，应当根据行政行为的内容和当事人的主张来分配举证责任。要针对行政法律关系的特点来考虑行政诉讼的举证责任，必须首先考虑当事人主张（诉讼请求）所针对的行政行为的内容和性质。从行政行为的内容和性质出发，可以初步设想如下原则来分配举证责任：

1. 原告的诉讼请求如果是要求撤销或者变更行政机关旨在剥夺行政相对人某些权利或者科以行政相对人义务的，原则上应当由行政机关承担举证责任。理由是，行政机关旨在剥夺、减少相对人权利或者科以、增加行政相对人义务时，行政行为是依职权、主动开始的，无需行政相对人的申请行为。此时，就举证能力而言，行政机关举证能力强而相对人举证能力弱。行政机关对行政相对人造成不利影响本身必须具备法定的事实要件，要件事实不具备，就不能作出行政行为。如果让作为被采取了不利处分行为、科以义务一方的行政相对人负担举证责任，就等于要求行政相对人自证其违法行为，从而导致无辜公民在诉讼中承担不应承担的不利后果。在行政诉讼中，被告有义务提供证据证明自己行政行为的合法性，这也是行政诉讼的客观诉讼的性质所决定的，法院要监督行政机关的行政行为必须要审查行政行为的合法性，对于合法性的证据材料，应当由行政机关提供。

2. 如果原告的诉讼请求是申请行政机关为一定行政行为，行政机关不作为的，对于提出申请的事实，应当由原告承担举证责任；行政机关对于不作为的合法性承担举证责任。理由是，在此种情形下，行政行为通常由行政相对人的申请开始，在作出行政行为之前，相对人必须按照法律法规等规范性文件提供一定的申请材料，原告对于这类证据材料在举证上不存在困难。当然，如果原告因被告受理申请的登记制度不完备等正当事由不能提供相关证据材料并能够作出合理说明的，仍得由行政机关举证。依照行政诉讼属于客观诉讼的性质，行政机关有义务对其不作为的合法性提供证据材料。当然，证据材料的提供应当按照是否属于公知事实而有所区别，对于公知事实，行政机关得免除举证责任。例如，在行政相对人申请工商机关税务登记、行政相对人申请工商机关进行户口登记等类案件中，工商机关不受理税务登记、工商机关不受理户口登记属于公知事实，行政机关对于行政相对人的申请没有答复义务，工商机关无须出具有关税务法律证明自己不具有税务登记职权。如果申请的事项不属于公知事实或者法律规定了其答复义务的，则行政机关负有对其不作为的合法性的举证责任。例如，某项法律明确规定了行政机关不管行政相对人提出何种申请，必须有所答复，则行政机关负有答复义务。行政机关须就未答复的不作为行为的合法性承担举证责任。不属于公知事实的情形大体上是指对于是否接受申请的行政事项存在较大的争议，未形成公知事实。例如，向卫生行政机关举报饭店不符合卫生标准、医用工业用氧是否属于药品等，对于此类事实，行政机关具有专业性的优势，应当就其不作为行为的合法性承担举证责任。

3. 如果原告的诉讼请求是行政机关应当主动实施行政行为而未实施的，对于赔偿事项由原告承担举证责任；行政机关对于不作为的合法性承担举证责任。理由是，对于前者而言，由于此类行政行为具有即时性的特点，原告此时大多数是要求赔偿。赔偿的前提是造成了损失，行政相对人对自己的损失感受最深，材料最多，在证据距离上最近，应当由其来承担举证责任。对于后者而言，行政机关应当依职权作出行政行为而未作出，表明行政机关对于行政管理事项的发生已经作出判断，认定此时无须作出行政行为。这是一种默示形式的主张，并且以不作为形式表现出来。既然行政机关已经经过法律判断，须就其收集到的证据和所进行的判断承担举证责任。例如，消防行政机关未赶赴火情现场，原因是不属于该消防行政机关的管辖范围，这说明消防行政机关对于该行政事项已经经过法律判断，须就其行政职权管辖范围提供举证责任。

——江必新、梁凤云：《行政诉讼法理论与实务》（第三版），法律出版社2016年版，第768~769页。

353. 行政不作为案件不以原告提出申请为起诉条件

关键词

行政不作为　原告举证　举证责任

最高人民法院审判业务意见

11. 行政裁决申请事实的举证问题

《最高人民法院关于行政诉讼证据若干问题的规定》第四条第二款关于"在起诉被告不作为的案件中，原告应当提供其在行政程序中曾经提出申请的证据材料"之规定，针对的是申请人起诉的情形。被申请人起诉时，只要证明存在申请人申请裁决的事实,即可视为满足该款规定的举证要求。

——《最高人民法院办公厅关于印发〈行政审判办案指南(一)〉的通知》(2014年2月24日,法办〔2014〕17号)。

行政审判指导案例

海口市美兰区演丰镇塔市村委会大塘村民小组诉海南省海口市人民政府不履行法定职责纠纷案〔行政审判指导案例第52号〕

裁判要点: 不作为案件中,他人在行政程序中已向被告提出申请,且被告已将原告纳入行政程序,原告是否向被告提出过申请不再属于该案件必备的起诉条件。

《中华人民共和国土地管理法》第十六条规定:"土地所有权和使用权争议,由当事人协商解决;协商不成的,由人民政府处理。""单位之间的争议,由县级以上人民政府处理",进行土地确权是人民政府的法定职责。所谓"不履行法定职责"是指行政机关及其工作人员在行政管理活动中,当发生法律、法规规定对某种事物由其处理的情况,拒绝处理或拖延处理。本案中,桂林洋农场与原告之间对三宗土地发生权属争议遂向被告提出土地确权申请,被告按法定程序已经通知原告进行答辩,原告亦向被告提交土地确权答辩意见和有关证据材料,并按时参加了被告组织召开的土地确权会议,签收了被告发出的指界通知等。上述事实说明被告及其所属土地行政主管部门处理了桂林洋农场与原告之间的土地权属争议案件,但此后在长达几年的时间里被告仍未对此土地权属争议案件作出确权决定,使该土地争议长期处于持续状态。依照《土地权属争议调查处理办法》第二十八条、第三十条的规定,人民政府应当在相应的时间(办理期限为六个月或经批准适当延长办理期限)内对当事人提出土地确权申请作出处理。本案被告自2005年8月受理该三宗土地争议案件始,至原告提出本案诉讼时止,被告无正当理由超过法定的办理期限拖延到今仍未作出处理决定,应认定属于不履行法定职责,其不作为的行政行为违反法律规定。

被告辩称:原告不是土地确权案件的申请人,故原告不具有本案的原告诉讼主体资格问题。法院认为,被告启动土地权属争议案件处理程序后,原告已按要求提出答辩意见和相关的土地确权材料,主张争议土地所有权属于自己所有并请求政府依法确权维护自己的合法权益,这些主张和相关证据材料应视为原告"在行政程序中曾经提出申请的证据材料",据此本案原告与桂林洋农场一样在土地确权程序中具有平等的地位和权利,对被告已经受理的土地争议案件长期拖延、迟迟不作出处理意见的行政不作为依法享有诉权,可以作为本案原告提出本案之诉,唯此认定方能符合行政诉讼法设定履行法定职责之诉的立法目的。

——江必新主编、最高人民法院行政审判庭编:《中国行政审判案例》第 2 卷,中国法制出版社 2011 年版,第 72~73 页。

354. 共同被告中证据提交和事实认定应怎样进行

关键词

共同被告　证据提交　事实认定

最高人民法院裁判文书

陈某勤诉河南省人民政府等信息公开及行政复议案[最高人民法院(2016)最高法行申 1907 号行政裁定书]

　　裁判要点:在行政诉讼中,提交证据的义务和举证责任是两个不同的法律概念,前者是行为责任,后者是结果责任。无论是原告还是被告,都有向人民法院提交相关证据的义务。而举证责任分配通常指在争议事实真伪不明的情况下由主张该事实的一方承担不利的诉讼后果。在作出原行政行为的行政机关和复议机关作共同被告情形下,法院可根据复议机关提供的证据综合认定行政行为相关事实,并不因作出原行政行为的行政机关未提供证据而视为无证据判决其承担举证不利后果。

　　最高人民法院认为:根据《中华人民共和国政府信息公开条例》第十七条的规定,行政机关制作的政府信息,由制作该政府信息的行政机关负责公开。本案中,再审申请人申请公开的信息是土地复垦验收方面的政府信息。而根据《土地复垦条例》的相关规定,负责土地复垦验收工作的机关是国土资源部门,相应的政府信息自然也由国土资源部门制作或保存。济源市人民政府告知再审申请人陈某勤所申请公开的政府信息公开义务机关应为济源市国土资源局,并告知了该义务机关的地址和联系方式。这种处理符合上述条例的规定。原审法院以此驳回再审申请人陈某勤的诉讼请求并无不当。

　　再审申请人陈某勤主张,一审时再审被申请人济源市人民政府在法定期限内没有提交据以作出行政行为的证据材料和法律依据,应当视为其答复没有依据。对此,本院认为:提交证据的义务和举证责任是两个不同的法律概念,前者是行为责任,后者是结果责任。作为行政诉讼的当事人,无论原告还是被告，都有向人民法院提交相关证据的义务，以利于人民法院查明案件事实。而举证责任的分配并非每一个案件中都会涉及，它只出现于当法院要对案件作出裁判时，仍然存在争议事实真伪不明的情况下，此时，由主张该事实的人承担不利的诉讼后果。一般情况下，被告行政机关应当提供作出该行政行为的证据和所依据的规范性文件，以证明被诉行政行为的合法性，《中华人民共和国行政诉讼法》第三十四条也规定："被告不提供或者无正当理由逾期提供证据，视为没有相应证据。"但经过复议的案件，由于复议机关和作出原行政行为的机关为共同被告，就要适用特殊的证据规则，即对原行政行为合法性的证明责任由作出原行政行为的行政机关和复议机关共同承担，因为复议机关既然对原行政行为予以认可并且维持，就应当与原行政机关一道对其认为该行政行为合法的主张承担举证责任。由于此前经过了行政复议程序，行政复议机关和作出原行政行为的机关所掌握的能够证明原行政行为合法的证据材料大体相同，所以没有必要由两个被告重复提交证据，因此，《最高人民法院关于适用〈中华人民共和国行政诉讼法〉若干问题的解释》第九条①规定："作出原行政行为的行政机关和复议机关对原行政行为的合法性共同承担举证责任，可以由其中一个机关实施举证行为。"本案中，虽然作出原行政行为的济源市人民政府在法定举证期限内没有提交据以作出行政行为的证据和所依据的规范性文件，但原审法院根据作为共同被告的河南省人民政府复议时提交的证据材料对案件事实作出认定，既不存在争议事实真伪不明的问题，也符合行政诉讼的证据规则。再审申请人认为"应当视为其答复没有依据"的主张不能成立。

——最高人民法院行政审判庭编：《最高人民法院行政裁判要旨及评述（第一卷）》，人民法院出版社2019年版。

355. 严格违反法定程序收集的证据不能作为定案根据

关键词

行政复议　合法性审查　证据效力

最高人民法院司法解释

第三十条　下列证据不能作为认定被诉具体行政行为合法的根据：
（一）被告及其诉讼代理人在作出具体行政行为后自行收集的证据；

---

① 现为《最高人民法院关于适用〈中华人民共和国行政诉讼法〉的解释》（法释〔2018〕1号）第一百三十五条。

(二)被告严重违反法定程序收集的其他证据。

——《最高人民法院关于行政诉讼证据若干问题的规定》(2002年7月24日,法释〔2002〕21号)。

> **附录:最高人民法院法官著述**

我们认为,关于收集证据的程序问题,在不同的诉讼中要求不一样。根据我国的刑事诉讼制度,公安机关和检察机关违反法定程序收集的证据,只要足以证明被告人的犯罪事实,法院就仍应当作为定罪根据。但在民事诉讼中,一方当事人违法收集的证据,一般情况下不能作为支持其主张的根据。《行政诉讼法》第54条①规定,被告作出具体行政行为违反法定程序,即构成被撤销的条件。但被告违反法定程序收集证据,不能等同于被告违反法定程序作出具体行政行为。例如,在一般情况下,行政机关应当通过谈话记录调查相对人的行为,但某行政机关在不告知当事人的情况下,通过录音方式取得证据。对于该行政机关取得的证据,尽管违反了行政程序公开的规则,但我们认为,可以作为认定被诉具体行政行为合法的根据。当然,法院还应当注意被告收集证据严重违反法定程序和一般违反法定程序的区别。严重违反法定程序的情形,主要是指被告对相对人进行诱供、威胁和严刑拷打收集证据。同时,还应当区分违反法定程序和行政程序瑕疵的不同。

——甘文:《行政诉讼司法解释之评论——理由、观点与问题》,中国法制出版社2000年版,第98页。

356. 被告经复议机关同意收集的证据不能作为认定原具体行政行为合法性的依据

> **关键词**

行政复议　合法性审查　证据效力

> **最高人民法院司法解释**

第六十条第(一)项　被告及其诉讼代理人在作出具体行政行为后或者在诉讼程序中自行收集的证据不能作为认定被诉具体行政行为合法的依据。

——《最高人民法院关于行政诉讼证据若干问题的规定》(2002年7月24日,法释〔2002〕21号)。

---

① 现为《中华人民共和国行政诉讼法》(2017年修正)第六十九条、第七十条、第七十二条。

附录：最高人民法院法官著述

被告在复议中经复议机关同意收集的证据虽然可以作为复议机关的复议裁决的依据，但仍属于被告在作出原具体行政行为以后收集的证据，不能作为被告作出的原具体行政行为的依据。人民法院在审理行政案件中遇到此类情况时，应当适用《最高人民法院关于适用〈中华人民共和国行政诉讼法〉若干问题的解释》第三十条第（一）项[①]和《行政诉讼证据规定》第六十条第（一）项的规定，不能将其作为认定原具体行政行为合法的根据。

但是需要指出的是，"在行政复议过程中，被告所收集的证据可以间接作为证明被诉具体行政行为合法的证据使用"，其含义是，这些证据主要用来证明申请复议人或者复议中的第三人提出的反驳理由或者新的证据不能成立的证据，不能直接作为认定被诉具体行政行为合法的证据使用，而是间接作为认定被诉具体行政行为合法的证据使用。倘若被告提供的这些证据虽然可以否定申请复议人或者复议中的第三人提出的反驳理由或新的证据，但仍不能直接作为定案证据使用。被告向法庭提供其在作出被诉具体行政行为以前收集的证据不能证明被诉具体行政行为认定的事实的，法院仍应认定被诉具体行政行为主要证据不足，判决予以撤销。

——蔡小雪、甘文：《行政诉讼实务指引》，人民法院出版社2014年版，第291页。

357. 被告复议中未提交的证据不能作为认定原具体行政行为合法的依据

关键词

未提交的证据　行政复议　证明效力

最高人民法院司法解释

第六十一条　复议机关在复议程序中收集和补充的证据，或者作出原具体行政行为的行政机关在复议程序中未向复议机关提交的证据，不能作为人民法院认定原具体行政行为合法的依据。

——《最高人民法院关于行政诉讼证据若干问题的规定》（2002年7月24日，法释〔2002〕21号）。

[①] 本条规定已被《最高人民法院关于适用〈中华人民共和国行政诉讼法〉的解释》（法释〔2018〕1号）废止。

358. 其他行政机关在被诉具体行政行为作出后收集的证据不得作为被诉具体行政行为合法的根据

关键词

证据收集　违反法定程序

最高人民法院司法解释

第六十条第一项　被告及其诉讼代理人在作出具体行政行为后或者在诉讼程序中自行收集的证据不能作为认定被诉具体行政行为合法的依据。

——《最高人民法院关于行政诉讼证据若干问题的规定》(2002年7月24日，法释〔2002〕21号)。

最高人民法院裁判文书

谭某诉黑龙江省宝清县地方税务局行政强制措施抗诉案〔最高人民法院(2007)行抗字第6号行政判决书〕

裁判要点：税务机关在诉讼中提交的，具体行政行为作出后公安机关采集的证据属于严重违反法定程序收集的证据，不得作为证明被诉具体行政行为合法的根据。税务机关实施扣押车辆的强制措施时未查明车辆所有权问题，造成扣押对象错误，属认定事实不清，应当承担其违法扣押行为给相对人造成直接损失的赔偿责任。根据《国家赔偿法》第28条第(7)项[①]的规定，对财产权造成其他损害的，按照直接损失给予赔偿。营运损失和租赁费不属直接损失，不应予以赔偿。

——江必新主编、最高人民法院行政审判庭编：《行政执法与行政审判》2009年第1集（总第33集），人民法院出版社2009年版，第32~33页。

359. 省文物鉴定委员会出具的鉴定意见，能否作为定案证据使用

关键词

文物　鉴定　证据　审查

[①] 现为《中华人民共和国国家赔偿法》(2012年修正)第三十六条第七项。

> **附录：最高人民法院主流观点**

相关专业机构就有关文物毁损情况出具的书面意见，即使不符合法定证据种类中鉴定意见的要求，但根据《刑事诉讼法》的相关规定，如该意见能够用于证明案件事实，经查证属实，可以作为定案证据使用。鉴定事项通常限于"难以确定的专门性问题"，对于综合全案证据材料，依据司法经验可以直接作出判断的问题，可以不作为"难以确定的专门性问题"。

——姜伟主编、最高人民法院第四巡回法庭编：《最高人民法院第四巡回法庭疑难案件裁判要点与观点》，人民法院出版社2020年版，第601~604页。

360. 鉴定结论的审查方法

> **关键词**

鉴定结论　违反法定程序　证明效力

> **最高人民法院司法解释**

第六十二条　对被告在行政程序中采纳的鉴定结论，原告或者第三人提出证据证明有下列情形之一的，人民法院不予采纳：

（一）鉴定人不具备鉴定资格；

（二）鉴定程序严重违法；

（三）鉴定结论错误、不明确或者内容不完整。

——《最高人民法院关于行政诉讼证据若干问题的规定》（2002年7月24日，法释〔2002〕21号）。

> **最高人民法院公报案例**

宋某莉诉宿迁市建设局房屋拆迁补偿安置裁决案［江苏省宿迁市中级人民法院］

　　裁判摘要： 行政机关在对房屋拆迁补偿纠纷作出裁决时，违反法规规定，以拆迁人单方委托的评估公司的评估报告为依据，被拆迁人提出异议，法庭经审查作出鉴定结论的鉴定机构不符合法定条件的，即可认定该鉴定结论不具有证明效力，行政裁决的主要证据不足。

——《最高人民法院公报》2004年第8期。

丰某江等人诉广东省东莞市规划局房屋拆迁行政裁决纠纷案[广东省高级人民法院]

裁判摘要： 行政机关作出行政裁决时依据的评估报告，如果存在评估人不具备法定评估资格，或评估人未依法取证等程序上严重违法的问题，应认定行政机关的裁决主要证据不足，依法予以撤销。

——《最高人民法院公报》2004年第8期。

最高人民法院裁判文书

内蒙古自治区达拉特旗解放滩乡海子湾村梅令湾社内蒙古自治达拉特旗人民政府土地确权抗诉案[最高人民法院（1999）行再字第1号行政判决书]

裁判要点： 采集样品时当事人或者代理人未到场，鉴定程序违法，鉴定结论不予采信。

最高人民法院认为：因自然灾害之故，受灾的大、小土城子等生产队全都迁移，其中小土城子生产队部分社员迁至下天义昌社。该社不仅接纳了部分社员及生产资料，同时也接纳了债权债务，至此，小土城子生产队自然解体，原属于小土城子生产队的土地荒芜闲置。灾害之后该幅土地自然生长出一些红柳，梅令湾社对该幅土地亦进行开发利用并栽植一些红柳，但尚不足以证明其连续使用已满20年。1991年4月8日，旗土地局采集争议地上的红柳送伊克昭盟农业处农艺师鉴定，经鉴定送检红柳生长年限为13年至14年，但采集样品时没有当事人或者代理人到场，且当事人对此持有异议，该鉴定不予采信。同年11月19日，旗法制办、旗土地局和争议双方当事人均参加采集争议地上的红柳并送旗林业局鉴定，经鉴定天然红柳还是人工栽红柳未能识别；红柳的生长年限分别为8年、13年和14年。此次鉴定予以采信。1997年6月10日，内蒙古自治区检察院、伊盟中院和内蒙古林科院派员（其他当事人未参加）在梅令湾社社员家中采集5株红柳，送内蒙古林科院对红柳生长年限进行鉴定，鉴定认定：红柳已挖出多年。根系侧根发达，主根不明显，是扦插或压条无性繁殖的树木。通过解剖镜观测年轮数，其树本基茎断面边材木质部腐朽处无法查实，能查到的年轮数分别为20年2株，19年的2株，17年的1株。此次鉴定虽有部分红柳生长年限已满20年，但是采集样品时其他当事人或者代理人均未到场，既不能证明采集的红柳样品系争议地上生长的，亦不能证明红柳样品系梅令湾社所栽植，且鉴定结论并未排除送检红柳系扦插树木，如果是扦插树木，在扦插之前至少还有1年的生长期限，故此次鉴定亦不予采信。据此，再审判决认定梅令湾社对争议土地的使用期限未满20年，是有事实根据的。最高人民检察院认定梅令湾社使用争议土地已满20年，缺少证据支持。参照原国有土地管理局1989年发布的《关于确定土地权属问题的若干意见》第11条"农民集体使用其他农民集体所有的土地，凡连续使用已满20年的，应视为现使用者所有"的规定，梅令湾社未取得该争议地的所有权。

——最高人民法院行政审判庭编：《最高人民法院最新行政裁判汇编》，人民法院出版社2006年版，第235~236页。

361. 专业意见的审核认定

关键词

证券行政处罚　专业意见　审核认定

最高人民法院司法政策精神

三、关于专业意见

会议认为，对被诉行政处罚决定涉及的专门性问题，当事人可以向人民法院提供其聘请的专业机构、特定行业专家出具的统计分析意见和规则解释意见；人民法院认为有必要的，也可以聘请相关专业机构、专家出具意见。

专业意见应当在法庭上出示，并经庭审质证。当事人可以申请人民法院通知出具相关意见的专业人员出庭说明，人民法院也可以通知专业人员出庭说明。专业意见之间相互矛盾的，人民法院可以组织专业人员进行对质。

人民法院应当根据案件的具体情况，从以下方面审核认定上述专业意见：（一）专业机构或者专家是否与本案有利害关系；（二）专业机构或者专家是否具有合法资质；（三）专业机构或者专家所得出的意见是否超出指定的范围，形式是否规范，内容是否完整，结论是否明确；（四）行政程序中形成的专业意见是否告知对方当事人，并听取对方当事人的质辩意见。

——《最高人民法院印发〈关于审理证券行政处罚案件证据若干问题的座谈会纪要〉的通知》（2011年7月13日，法〔2011〕225号）。

362. 上市公司信息披露违法责任人的证明

关键词

证券行政处罚　信息披露　违法责任人

最高人民法院司法政策精神

四、关于上市公司信息披露违法责任人的证明问题

会议认为，根据证券法第六十八条规定，上市公司董事、监事、高级管理人员对上市公司信息披露的真实性、准确性和完整性应当承担较其他人员更严格的法定保证责任。人民法院在审理证券法第一百九十三条违反信息披露义务行政处罚案件时，涉及对直接负责的主管人员和其他直接责任人员处罚的，应当区分证券法第六十八条规定的人员和该范围之外其他人员的不同责任标准与证明方式。

监管机构根据证券法第六十八条、第一百九十三条规定，结合上市公司董事、监事、高级管理人员与信息披露违法行为之间履行职责的关联程度，认定其为直接负责的主管人员或者其他直接责任人员并给予处罚，被处罚人不服提起诉讼的，应当提供其对该信息披露行为已尽忠实、勤勉义务等证据。

对上市公司董事、监事、高级管理人员之外的人员，监管机构认定其为上市公司信息披露违法行为直接负责的主管人员或者其他直接责任人员并给予处罚，应当证明被处罚人具有下列情形之一：（一）实际履行董事、监事和高级管理人员的职责，并与信息披露违法行为存在直接关联；（二）组织、参与、实施信息披露违法行为或直接导致信息披露违法。

——《最高人民法院印发〈关于审理证券行政处罚案件证据若干问题的座谈会纪要〉的通知》（2011年7月13日，法〔2011〕225号）。

363. 内幕交易行为的认定

关键词

证券行政处罚　内幕交易行为　证明效力

最高人民法院司法政策精神

五、关于内幕交易行为的认定问题

会议认为，监管机构提供的证据能够证明以下情形之一，且被处罚人不能作出合理说明或者提供证据排除其存在利用内幕信息从事相关证券交易活动的，人民法院可以确认被诉处罚决定认定的内幕交易行为成立：（一）证券法第七十四条规定的证券交易内幕信息知情人，进行了与该内幕信息有关的证券交易活动；（二）证券法第七十四条规定的内幕信息知情人的配偶、父母、子女以及其他有密切关系的人，其证券交易活动与该内幕信息基本吻合；（三）因履行工作职责知悉上述内幕信息并进行了与该信息有关的证券交易活

动；(四)非法获取内幕信息，并进行了与该内幕信息有关的证券交易活动；(五)内幕信息公开前与内幕信息知情人或知晓该内幕信息的人联络、接触，其证券交易活动与内幕信息高度吻合。

——《最高人民法院印发〈关于审理证券行政处罚案件证据若干问题的座谈会纪要〉的通知》(2011年7月13日，法〔2011〕225号)。

364. 证明原告知道具体行政行为内容的证据需要达到排除合理怀疑程度

关键词

房屋登记　起诉期限　具体行政行为

最高人民法院司法解释

第四条第三款　被告认为原告起诉超过法定期限的，由被告承担举证责任。

——《最高人民法院关于行政诉讼证据若干问题的规定》(2002年7月24日，法释〔2002〕21号)。

最高人民法院审判业务意见

10."知道具体行政行为内容"的证明问题

被告或者第三人认为原告在特定时间已经知道具体行政行为内容，但其就此提供的证据无法排除合理怀疑且原告否认的，可以推定原告当时不知道具体行政行为内容。

——《最高人民法院办公厅关于印发〈行政审判办案指南(一)〉的通知》(2014年2月24日，法办〔2014〕17号)。

行政审判指导案例

王某田诉内蒙古自治区乌兰浩特市房产管理局房屋行政登记案〔行政审判指导案例第8号〕

裁判要点：被告或者第三人认为原告在某一特定时间知道具体行政行为内容，但其提供的证据无法排除合理怀疑且原告予以否认的，人民法院应当推定原告在该特定时间不知道具体行政行为内容。

被告于2001年2月12日为王伟作出的乌字第501029号房屋所有权转

移登记，诉讼中被告和第三人均主张原告王某田于 2007 年提起行政诉讼已超过起诉期限，依据是《最高人民法院关于执行〈中华人民共和国行政诉讼法〉若干问题的解释》第四十一条①的规定，行政机关作出具体行政行为时，未告知公民、法人或者其他组织诉权或者起诉期限的，起诉期限从公民、法人或者其他组织知道或者应当知道诉权或者起诉期限之日起计算，但从知道或者应当知道具体行政行为内容之日起最长不得超过 2 年。本案能否适用该规定，关键是要正确理解该规定的前提条件，其前提条件应当是：公民、法人或者其他组织知道或者应当知道具体行政行为的内容，只是行政机关在具体行政行为的内容中未告知原告诉权或者起诉期限。《最高人民法院关于行政诉讼证据若干问题的规定》第四条第三款规定，被告认为原告起诉超过法定期限的，由被告承担举证责任。据此本案中被告或者第三人应承担举证责任，由其证明原告知道或者应当知道房屋已办理转移登记，而本案中被告及第三人提供的证据不足以证明其主张。如果适用事实推定，王某田来到登记机关申请登记，其没有正当理由不签名就离开却由王伟代签，王伟所称的理由又不符合常理，所以不足以推定王某田与王伟一同到登记机关申请登记；即使王某田来到登记机关未签名就走了，这只能推定王某田放弃了出让房屋，那么就不能推定王某田知道转让登记这一事实，因此应推定原告从 2001 年 2 月至 2007 年到被告处查阅的期间不知道房屋已办理转移登记。根据《最高人民法院关于执行〈中华人民共和国行政诉讼法〉若干问题的解释》第四十二条②的规定，公民、法人或者其他组织不知道行政机关作出的具体行政行为内容的，其起诉期限从知道或者应当知道该具体行政行为内容之日起计算。对涉及不动产的具体行政行为从作出之日起超过 20 年、其他具体行政行为从作出之日起超过 5 年提起诉讼的，人民法院不予受理。因此原告未超过起诉期限。被告受理王伟的申请办理房屋转移登记，应当依据《城市房屋权属登记管理办法》③第十七条第二款和第二十七条的规定，申请转移登记，权利人应当提交房屋权属证书以及相关的合同、协议、证明等文件。经审核出让人和受让人提交的材料齐全、权属清楚、合法后 30 日内核准登记。而本案只有受让人申请，被告即予核准登记，属主要证据不足，应予撤销。因此，依照《中华人民共和国行政诉讼法》第五十四条第二项第 1 目之规定，判决撤销乌兰浩特市房产管理局于 2001 年 2 月 12 日为王伟作出的乌字第 501029 号房屋所有权转移登记。

---

① 现为《最高人民法院关于适用〈中华人民共和国行政诉讼法〉的解释》（法释〔2018〕1 号）第六十四条。

② 本条规定已被《最高人民法院关于适用〈中华人民共和国行政诉讼法〉的解释》（法释〔2018〕1 号）废止。

③ 已失效，失效依据：《房屋登记办法》。

——江必新主编、最高人民法院行政审判庭编：《中国行政审判指导案例》第1卷，中国法制出版社2010年版，第39~40页。

附录：最高人民法院法官著述

1.在对事实存在与否进行推定时，要注意恰当地运用经验法则。尤其要注意避免适用较低盖然性的经验法则不正当地推定未知的事实。比如本案审理中的另一种意见就是由原告儿媳握有原告房产证这一事实推定原告知悉被诉登记行为内容。这样的推理显得较为武断，之所以如此，主要是因为已知事实和推定事实之间的联系并不具有很高的盖然性。所以，作为法官一定要尽可能超脱个体认识的局限，绝不能将个人经验代替普遍认识，以防止任意擅断。

2.一个特定案件往往涉及诸多经验法则，而这些经验法则并非都是支持同一个推论的，在不同的背景、不同的环境、不同的人群中，一个经验法则的运用可能是矛盾的、冲突的。所以在运用经验法则时，要充分考虑各种因素，实现高度的说服力。

——江必新主编、最高人民法院行政审判庭编：《中国行政审判指导案例》第1卷，中国法制出版社2010年版，第39~40页。

365.应如何认定行政机关违法进行证据保存

关键词

证据保存　证据查封

最高人民法院裁判文书

杜某平诉陕西省西安市人力资源和社会保障局行政查封赔偿案［最高人民法院（2006）行监字第187—2号行政裁定书］

裁判要点：《中华人民共和国行政处罚法》第三十七条第二款[①]规定，行政机关采取证据登记保存措施的，应当在七日内及时作出处理决定。据此，行政机关采取证据登记保存措施的，证据保存的时间不得超过七日。同时，如果上位法未授权行政机关以对场所查封的方式实施证据保存行为的，行政机关采取证据登记就地保存时不能对场所进行查封或者对场所进行变相的查封。行政机关由此给

---

① 现为《中华人民共和国行政处罚法》（2021年修正）第五十六条第二款。

当事人财产造成不法侵害的，应当承担行政赔偿责任。

最高人民法院认为：再审被申请人西安市人社局称其采取被诉行为的依据是当时生效的《劳动行政处罚若干规定》第十五条："劳动行政部门在收集证据时，对可能灭失或者以后难以取得的证据，可以依据法律、行政法规的规定，采取行政强制措施；在法律、行政法规没有赋予采取行政强制措施的情况下，经劳动行政部门负责人批准，可以将证据先行登记，就地保存。"该规定虽未明确保存的期限，以及是否允许以对场所查封的方式实施就地保存，但根据其上位法依据，即《中华人民共和国行政处罚法》第三十七条第二款关于"行政机关在收集证据时，可以采取抽样取证的方法；在证据可能灭失或者以后难以取得的情况下，经行政机关负责人批准，可以先行登记保存，并应当在七日内及时作出处理决定，在此期间，当事人或者有关人员不得销毁或者转移证据"之规定，至少以下两点是明确的：一是证据保存的时间不得超过7日；二是由于上位法未授权行政机关以查封的方式实施证据保存行为，因此，采取证据登记就地保存时不能采取对场所的查封或者变相查封的方式。

本案中，被诉扣押行为自1997年2月1日起实施，至1999年7月26日结束。期间，再审被申请人西安市人社局于1997年9月1日已经明确"世纪购物中心违法处理已完结，今后不再处罚。"在此情况下，再审被申请人继续扣押涉案货物长达600余天，明显违反了《中华人民共和国行政处罚法》关于证据登记保存时间的有关规定。此外，再审被申请人在没有法律、法规授权的情况下，以对商业协会342号房间进行查封的方式实施扣押财物的行为，同时构成超越职权。

在被诉行为违法的情况下，再审被申请人西安市人社局应当对由此给再审申请人杜某平造成的损失承担赔偿责任。具体而言，再审被申请人在货物扣押期间对被扣货物负有清点保管的义务，但其于1997年2月1日对涉案的五包货物重新查封时，没有制作相关笔录。在本案审查过程中，其亦未能就杜某平丢失部分被扣货物的主张及相应证据提出相反证据。因此，应当推定杜某平关于部分货物丢失的主张成立，西安市人社局应当对此损失承担赔偿责任。此外，违法查封行为造成再审申请人相关营业场所无法正常使用，由此给再审申请人带来的损失，再审被申请人西安市人社局亦应在合理范围内予以赔偿。

——最高人民法院行政审判庭编：《最高人民法院行政裁判要旨及评述（第一卷）》，人民法院出版社2019年版。

366. 行政诉讼证据交换范围

关键词

交换证据　质证

附录：最高人民法院法官著述

在行政诉讼中交换证据是否应当有一定的限制，存在不同意见。有同志提出，下列证据不宜进行交换：（1）法律保护的关乎公共利益和隐私的证据；（2）非法获取的证据；（3）属于当事人及其诉讼代理人经过分析的具有智力成果性质的资料；（4）当事人重复要求出示的证据；（5）利用其他方法获得相应证据材料比进行证据交换更为简单和经济的；（6）证据交换利益严重背离公平原则和公共利益的。[①] 出示、交换证据的主要目的是明确哪些证据有争议、哪些证据没有争议。因此，凡是能够在庭审中进行质证的证据，均可以进行证据交换。只有在庭审中不能进行质证的证据，才不宜进行证据交换。上述所列的证据，原则上是可以在庭审中进行质证，不宜将这些证据排除在证据交换之外。因此，该条未对证据交换的范围作限制性规定。但需要注意的是，涉及国家秘密、商业秘密、个人隐私的证据虽可以进行质证，但在庭审质证时不公开质证，个别涉及国家秘密的证据因关乎国家的重大利益，不在法庭上出示，而是采取提示的方式进行质证。因此，对这类证据一般不公开进行证据交换，在交换过程中，主持交换证据的法官应当告知当事人负有保守秘密的义务，泄露秘密应当承担相应法律责任。对个别不宜出示的证据，可以交换证据目录，但不能在交换证据过程中出示该证据。

——蔡小雪、甘文：《行政诉讼实务指引》，人民法院出版社2014年版，第193~194页。

367. 无关联证据排除规则的运用

关键词

无关联证据　证据排除规则

[①] 参见张树义主编：《最高人民法院〈关于行政诉讼证据若干问题的规定〉释评》，中国法制出版社2002年版，第98~99页。

最高人民法院司法解释

第四十九条 法庭在质证过程中,对与案件没有关联的证据材料,应予排除并说明理由。

——《最高人民法院关于行政诉讼证据若干问题的规定》(2002年7月24日,法释〔2002〕21号)。

附录:最高人民法院法官著述

第一个阶段是法院在开庭审理前接受当事人提供的证据时,应当对当事人提供的证据的关联性进行初步审查。当事人向法院提供证据时,应当说明每个证据所要证明的对象及其可能性。如果当事人没有说明证据所要证明的对象,而且法院经审查认为当事人提供的证据明显没有可能证明案件事实的,法院应当拒绝接纳这些证据。我们曾经审理过某高院上诉到最高人民法院的一个案件。该法院移送到最高人民法院的案件卷宗多达十多本,其中相关的卷宗只有六本,其余的是当事人提供的所谓的证据材料。而这些材料与待证案件事实之间没有任何关联。当事人在提供证据时,没有向法院说明这些材料所要证明的对象,该法院在一审中未经审查便接纳了,而且移送到最高人民法院,令最高人民法院不知所措,左右为难。因为既然是随卷移送的材料,二审法院就应当审查,并对这些证据的证明效力作出判断。这显然是在浪费诉讼资源。

第二个阶段是在法庭质证过程中,法庭可以对与案件无关联的证据进行排除。《行政证据规定》第49条规定:"法庭在质证过程中,对与案件没有关联的证据材料,应予排除并说明理由。""法庭在质证过程中,准许当事人补充证据的,对补充的证据仍应进行质证。""法庭对经过庭审质证的证据,除确有必要外,一般不再进行质证。"

根据该条第1款的规定,法庭在质证的阶段就可以对无关联的证据进行排除。从性质上讲,排除无关联的证据,是一个认证的过程。若法庭能够得出某个证据与案件事实之间没有关联,法庭就不再对其真实性和合法性进行质证和认证。若法庭通过质证,无法对该证据是否与案件有关联作出判断,法庭将由当事人就证据的真实性和合法性进行质证,但法庭不在质证的过程中进行认证。关于该条第1款规定的内容,在起草的时候曾经有过争论。反对该条款规定的观点认为,法庭不应当在质证的过程中对无关联的证据进行排除,因为排除无关联的证据,属于认证的过程,这应当在认证阶段进行。如果在质证阶段排除无关联的证据发生错误,将导致诉讼程序的混乱。我们认为,在质证阶段排除无关联的证据十分必要,主要理由有:第一,法庭不应当就无关联的证据的合法性和真实性进行质证。这不利于保证诉讼程序的效率。第二，质证过程中排除无关联的证据，不否定在认证阶段法庭还可以继续排除无关联的证据。因此，质证过程中排除无关联的证据只是一种初步的排除。法庭审查的严格程度比认证过程排除无关联的证据要弱。因此，发生错误的可能性较小。第三，排除无关联证据发生错误在任何阶段都是不可避免的，即使发生了错误，法庭还可以在认证过程中进行纠正。

第三个阶段是在认证过程中，法庭可以对无关联的证据进行排除。

——甘文：《关于行政诉讼质证程序的几个问题》，载最高人民法院行政审判庭编：《行政执法与行政审判》2005年第4集（总第16集），法律出版社2006年版，第21~23页。

368. 推定规则的适用

关键词

妨碍举证　推定

附录：最高人民法院主流观点/法官著述

在行政诉讼中，经常发现，被告收集了大量的证据，特别是一些对原告极为有利的证据，为了掩盖其被诉具体行政行为中所存在的违法问题，而拒绝向法院提供。例如，广东省高级人民法院在审理何希光诉汕尾市工商局行政处罚决定上诉案中，被告以原告何希光随身携带38736美元和15800港币和原告供述这些美元和港币是用于倒卖的证据，认定何希光随身携带38736美元和15800港币进行倒卖。但何希光在一、二审中多次向法庭陈述，其收容审查期间，被告先后提讯其21次，只有最后一次承认其携带的美元和港币是用于倒卖的，前20次均未承认是用于倒卖的，而是说，这笔外汇是其父亲从新加坡托人带回家乡建房用的，或说其母从香港多次带入境内，准备在深圳购房用的。法庭到其收容审查地查到提讯记录登记表上明确记载了被告提讯原告21次。被告只提供最后一次提讯笔录，拒绝提供前20次提讯笔录，未说明任何理由。法庭以此推定原告前20次提讯中均未承认其随身携带的美元和港币是用于倒卖的，并由此认定被诉行政处罚决定主要证据不足，判决予以撤销。从该案来看，如果要原告提供其作过未承认随身携带的美元和港币是用于倒卖的陈述的证据，原告是根本无法提供的，也正是法庭采取妨碍举证推定的规则，才能有效保护处于弱势地位的原告的合法权益，维护司法的公正性。因此，《行政证据规定》中特别强调保护弱势一方原告的合法权益，在第69条中明确规定："原告确有证据证明被告持有的证据对原告有利，被告无正当理由拒不提供的，可以推定原告的主张成立。"

——李国光主编、最高人民法院行政审判庭编：《最高人民法院〈关于行政诉讼证据若干问题的规定〉释义与适用》，人民法院出版社2002年版，第367~368页。

在《行政诉讼证据规定》出台以后，一些法院在审理具体行政案件时发现，被告向法庭提供被诉具体行政行为认定的事实的一部分存在疑点的证据，原告提供证据不能否定被告所提供的证据，原告在行政程序中提出要求被告进行鉴定、勘验，但遭到拒绝，等到诉讼阶段，鉴定、勘验均无法进行。

——蔡小雪、甘文：《行政诉讼实务指引》，人民法院出版社2014年版，第325页。

369. 行政诉讼证明标准

关键词

证明标准　确定原则

最高人民法院司法政策精神

由于被诉具体行政行为的类型多样化，与刑事诉讼和民事诉讼相比，行政诉讼证据的证明标准也不是单一的，因此因具体行政行为性质的不同而应适用不同的证明标准。我们应当在实践中认真研究和总结行政诉讼的证明标准。行政案件证明标准的高低，原则上取决于被诉具体行政行为对原告权益影响的大小。从目前的审判实际看，对于涉及限制人身自由、大额罚没等对行政相对人人身、财产权益影响较大的具体行政行为的案件，可以比照适用类似于刑事案件的证明标准；对于行政裁决类行政案件和其他行政案件，可以比照适用类似于民事案件的证明标准。

——李国光：《深入贯彻党的十六大精神，努力开创行政审判工作新局面，为全面建设小康社会提供司法保障——在全国行政审判工作会议上的讲话》（2003年2月13日），载李国光主编、最高人民法院行政审判庭编：《行政执法与行政审判》2003年第1辑（总第5辑），法律出版社2003年版，第23页。

370. 优势证明标准的适用情形

关键词

优势证明标准　交通行政处罚　证据效力

最高人民法院司法解释

第六十三条第二项　鉴定结论、现场笔录、勘验笔录、档案材料以及经过公证或者登记的书证优于与其他书证、视听资料和证人证言。

——《最高人民法院关于行政诉讼证据若干问题的规定》（2002年7月24日，法释〔2002〕21号）。

最高人民法院审判业务意见

12. 简易行政程序情形下执法人员陈述的证明力问题

被诉行政行为适用简易程序，只有一名执法人员从事执法活动的，该执法人员就有关事实所作的陈述具有比原告陈述更高的证明力，但其陈述存在明显影响证明力的瑕疵的除外。

——《最高人民法院办公厅关于印发〈行政审判办案指南（一）〉的通知》（2014年2月24日，法办〔2014〕17号）。

最高人民法院公报案例

廖某荣诉重庆市公安局交通管理局第二支队道路交通管理行政处罚决定案［重庆市渝中区人民法院］

　　裁判摘要：依照《道路交通安全法》第87条规定，交通警察执行职务时有权对所在辖区内发现的道路安全违法行为及时纠正。其对违法行为所作陈述在无相反证据否定其客观真实性及无证据证明交警与违法行为人之间存在利害关系时，应当作为证明违法行为存在的优势证据。

对辖区内的道路交通安全进行管理，是被告交警二支队的法定职责。陶祖坤作为交警二支队派遣执行勤务的交通警察，对在辖区内发生的道路安全违法行为，有权力及时纠正。根据陶祖坤陈述，2005年7月26日8时30分，原告廖某荣驾驶车牌号为渝AA××××的小轿车，在大溪沟嘉陵江滨江路加油（气）站的道路隔离带缺口处，无视禁止左转弯交通标志违规驾车左转弯。经查,大溪沟嘉陵江滨江路加油(气)站道路隔离带确实有一缺口,此处确实树立着禁止左转弯的交通标志,而且 2005 年 7 月 26 日 8 时许廖某荣确实驾车途经此处。对廖某荣是否在此处违反禁令左转弯,虽然只有陶祖坤一人的陈述证实,但只要陶祖坤是依法执行公务的人员,其陈述的客观真实性得到证实,且没有证据证明陶祖坤与廖某荣之间存在利害关系,陶祖坤一人的陈述就是证明廖某荣有违反禁令左转弯行为的优势证据,应当作为认定事实的根据。

——《最高人民法院公报》2007 年第 1 期。

行政审判指导案例

郁某军诉江苏省常州市武进区公安局交通警察大队交通行政处罚案[行政审判指导案例第 6 号]

裁判要点：现实生活中,"闯红灯"等瞬时交通违法行为大量存在,此类案件在审判实务中最大的争议就是交警现场目击判断的证据效力。从法律规范的意旨和交警从事道路交通管理的实际来看,交警在处理现场的目击判断证明应具有证据效力。除非相对人能提出更有力的证据将之推翻,法院应该尊重交警对交通违法事实的认定权。另外,从利益衡量的角度看,社会公共秩序利益优于财产权等个人利益。因此,法院的裁判应倾向于维护交警对交通违法事实的现场认定权。

根据《中华人民共和国道路交通安全法》第五条第一款规定,常州市武进区公安局交通巡逻警察大队作为县级以上人民政府公安机关的交通管理部门有权对该行政区域内交通安全行使管理职权。《中华人民共和国道路交通安全法》第一百零七条规定:"对道路交通违法行为人予以警告、二百元以下罚款,交通警察可以当场作出行政处罚决定,并出具行政处罚决定书。行政处罚决定书应当载明当事人的违法事实、行政处罚的依据、处罚内容、时间、地点以及处罚机关名称,并由执法人员签名或盖章。"公安部《道路交通安全违法行为处理程序规定》第七条第二款规定,对个人处以二百元以下罚款的,可以适用简易程序,由交通警察当场作出处罚决定;第八条第二款规定,公安交通管理部门按照简易程序作出处罚决定的,可以由一名交通警察实施。据此,常州市武进区公安局交通巡逻警察大队执勤民警在发现道路交通违法行为后有权由其一名交通警察按照简易程序当场实施行政处罚。违法事实发生在公安交通执法这种比较特殊的行政管理领域时,类似于本案这种违法驾驶车辆的行为往往是瞬间发生、不留痕迹的,通常可以是执勤民警当场发现当场处理。本案中，在郁某军驾驶机动车处于行驶状态时，常州市武进区公安局交通巡逻警察大队在无交通监控设备条件的道路上由一名交通警察依据其亲眼所见的事实当场认定郁某军驾驶机动车在红灯禁行时继续运行，对此，郁某军未有充分的反驳证据证明其无上述违法事实存在，也未有其他证据证明交通警察张永成存在滥用职权的故意，故交通警察张永成作为亲眼看到即感知到事实的公务人员对该事实的认定，应当予以采信。嗣后，交通警察张永成已将当场查处的情况用"情况说明"的形式进行了记载，该"情况说明"所记载的内容可以充分反映郁某军驾驶机动车闯红灯被其当场发现并当场实施行政处罚的事实经过。显然，常州市武进区公安局交通巡逻警察大队的交通警察张永成是在发现郁某军存在违法事实后依法当场对其实施处罚的。该行政处罚决定认定的基本事实清楚、程序合法、适用法律正确，原审判决维持该处罚决定并无不当，本院应予维持。

——江必新主编、最高人民法院行政审判庭编：《中国行政审判指导案例》第1卷，中国法制出版社2010年版，第29~30页。

附录：最高人民法院法官著述

在行政诉讼中，优势证明标准主要适用以下几种情况：

1. 行政机关作为中立机关对平等主体之间的民事纠纷作出裁决而引起诉讼的案件应当适用优势证明标准。这类案件主要有自然资源、专利、商标、国有资产、房屋拆迁安置补偿等确权或裁决案件。由于行政机关在处理这类案件时，适用优势证明标准，因此，法院对行政裁决的工作人员依据证据规则作出的自由心证应当给予充分的尊重。这里需要特别注意的是，对涉及历史变迁的土地等自然资源的确权案件，法院应注意审查历次运动中的产权变化情况，同时要考虑历史上占有、使用、管理经营的实际利害关系，要围绕这些问题进行查证。对涉及历史遗留下的土地、滩涂、林地等自然资源争议，因历史原因，导致有关案件的证据灭失，原告、被告、第三人已无法收集到有关证据的情形下，法院在认定事实上应本着"宜粗不宜细"的原则，只要被告提供的证据大体上证实其作出的行政裁决认定的事实的，即可认定为主要证据充分。对确实无法查清的事实，只要行政机关在处理上基本考虑各方的利益，原则上应考虑驳回诉讼请求。

2. 在行政诉讼案件中，对原告承担说服举证责任的事实部分，适用优势证明标准。在行政诉讼案件中原告承担说服举证责任的，有两种情况：一是原告提出被诉具体行政行为没有认定但与该行为合法性有关联的事实主张的，由原告承担举证责任。例如，某公安局派出所认定，1998年5月6日，中学生张某因楼上刘某在家跳舞，影响其学习，便上楼用脚踢坏了刘家的门。依据《治安管理处罚条例》第二十三条第四项的规定，决定给予张某50元罚款和警告处罚。张某不服依法提起行政诉讼。张某诉称,当晚其父亲得知后,带其主动到刘家上门道歉,并将门修好,依法应当免予其行政处罚。该条例第十六条规定,违反治安管理行为人主动承认错误及时改正的,可以从轻或者免予处罚。在这种情况下,法院对原告提出主动承认错误及时改正的事实应当适用优势证明标准,但被告承担举证责任的事实一般应当适用清楚而具有说服力的证明标准。二是在行政赔偿诉讼中,原告应当对被诉具体行政行为造成的损害承担举证责任。因此,在这种案件中有关"损害事实"的内容,应当适用优势证明标准。

3. 诉即时性行政处罚、行政强制措施等行政行为的案件,适用优势证明标准。行政机关采取即时性行政处罚、行政强制措施的案件,在不少情况下只有执法人员与被处罚人"一对一"的证词,这就给法院认定案件事实造成一定的困难。例如,执勤交警认定黄某驾驶机动车辆闯红灯,对其当场处罚,黄某提起诉讼。在诉讼中,被告提交的唯一证据是唯一在场的执勤交警的书面陈述,称交警执行公务时看到原告违反交通规则的事实。原告坚持自己没有闯红灯。由于执法交警亲历案件的事实,当场发现违法行为并当场给予处罚,且处罚轻微。如果该执勤交警与被处罚人之间不存在影响公正处理的因素,就应当确认交警的证词优于原告的陈述。此外,也应当考虑在一些非常特殊的情况下,行政机关收集证据时存在即时性问题的,亦应适用优势证明标准。例如,朱某在参加英语四级考试时,因监考老师考前接到匿名举报,称朱某将通过传呼机作弊。考试中监考老师发现朱某频频查看传呼机,遂上前检查,发现均是1、2、3、4数字和ABCD字母,但由于经验不足,未将该信息固定,后被新的信息覆盖。朱某因作弊受到学校处分后,以没有作弊行为为由提起行政诉讼。学校仅举出监考老师当日的监考记录证明朱某作弊的事实。由于监考老师取证存在即时性,未及时固定该信息,此后又无法补救,如果监考老师与朱某之间不存在影响公正处理的因素,法院应当依据监考老师的当日监考记录认定案件事实。

——蔡小雪、甘文:《行政诉讼实务指引》,人民法院出版社2014年版,第262~264页。

371. 清楚而具有说服力的证明标准的适用情形

关键词

证明标准　清楚而具有说服力

附录：最高人民法院法官著述

行政诉讼中，只有在特定的条件下才采取优势或者排除合理怀疑的标准，一般情况下应当采用清楚而具有说服力的证明标准。行政诉讼中清楚而具有说服力的证明标准可以从以下四个方面理解：

1. 被告提供的证据相对原告的证据具有明显的优势，是相对于民事诉讼中的一般优势而言的。例如，卫生行政机关认定甲企业生产的减肥保健品中含有兴奋剂，决定给予甲企业罚款5万元。卫生行政机关向法院提供其查获与该保健品包装完全相同的20箱保健品、乙商店从甲企业进货20箱保健品发票及该批保健品含有兴奋剂的鉴定结论。甲企业提供证据证明乙商店曾经将别的企业产品调包的证据，并声称含有兴奋剂的保健品不是其生产的。在民事诉讼中，一般就可以认定卫生行政机关认定的事实。但是，在行政诉讼中，如果甲企业生产的保健品属于名牌商品，乙商店为追求最大利润，完全可以采取调包的手段，以次充好。法院不能确定卫生行政机关所认定的事实。

2. 清楚而具有说服力的证明标准不排除存在合理怀疑。证据法上所说的排除合理怀疑的证明标准，是指排除所有的合理怀疑。但清楚而具有说服力的严格程度要低于排除合理怀疑。因此，清楚而具有说服力的证明标准允许一定的合理怀疑存在。以前案为例，如果卫生行政机关提供证据证明甲企业生产的保健品不属于名牌商品，从一般常理上讲，乙商店不可能追求到最大利润，尽管不能完全排除乙商店调包的可能性，但调包的可能性较小，所以，法官应当认定甲企业生产的该批保健品含有兴奋剂。

3. 行政机关提供的证据之间具有清楚的逻辑关系。行政机关在行政管理中通常处于优势地位，拥有较多收集证据的手段，掌握更多的信息。行政机关作出对公民不利的具体行政行为时，应当对其所认定事实的证据之间具有一个合乎逻辑的判断。

4. 行政机关的证据具有一定的说服力。行政机关对公民不利的行政行为，行使的是公共权力，行政机关作出决定时，必须考虑公众的认可程度。因此，行政机关作出行政行为时应当有充分的证据使大多数人相信其是必要的，也就是应当具有一定的说服力。

——蔡小雪、甘文：《行政诉讼实务指引》，人民法院出版社2014年版，第266页。

372. "案卷"外证据可以在行政行为作出后搜集和提出

关键词

非相对人　裁定中止　行政诉讼证据

最高人民法院裁判文书

曹某英诉山西省长治市人民政府土地行政登记案〔最高人民法院（2017）最高法行申 2926 号行政裁定书〕

裁判要点：根据《行政诉讼法》的规定，行政行为合法性举证责任由被告承担。受"先取证，后裁决"规则的约束，被告提供的旨在证明行政行为合法性的证据只能限于其在作出行政行为时已经收集的证据。人民法院在审查被诉行政行为合法性时，同样受案卷主义的约束，既不能接受被告在作出行政行为时未收集的证据，也不能为了证明行政行为的合法性调取被告作出行政行为时未收集的证据。如果被诉行政行为是在没有证据或者证据不足的情况下作出的，该行政行为就已经构成违法。但是，行政诉讼的证明对象具有多样性，行政诉讼证据也绝不仅限于证明行政行为合法性的证据，那些行政行为"案卷"以外的证据就可以在行政行为作出后搜集和提出，包括起诉条件在内的那些诉讼程序事实，人民法院就可以依职权调取。

最高人民法院认为：行政诉讼法的立法目的在于保护公民、法人和其他组织的合法权益，公民、法人或者其他组织认为行政机关和行政机关工作人员的行政行为侵犯其合法权益，有权依照行政诉讼法向人民法院提起诉讼。根据《行政诉讼法》第二十五条第一款的规定，行政行为的相对人有权提起诉讼，这是因为，对于不利行政行为的相对人而言，侵权的可能性总是存在的，因而其原告资格总是显而易见。但对于"非相对人"而言，该款则特别规定，他必须与行政行为"有利害关系"。《最高人民法院关于行政诉讼证据若干问题的规定》第四条第一款规定："公民、法人或者其他组织向人民法院起诉时，应当提供其符合起诉条件的相应的证据材料。"这里所说的"符合起诉条件的相应的证据材料"，自然包括与行政行为具有利害关系的相关证明。具体来讲，作为"非相对人"的起诉人，不仅必须要证明有一个属于自己的权利，而且还要表明，该权利受到了那个并非针对他的行政行为的可能侵害。

本案中，再审申请人曹某英请求撤销的是再审被申请人长治市政府为原审第三人牛绍华颁发的国有土地使用证。很显然，再审申请人并非被诉颁证行为的相对人。在这种情况下，再审申请人就要证明其与该颁证行为具有利害关系，具体而言，就要证明这个为他人颁发国有土地使用证的行为有可能侵犯了其何种权利。再审申请人对此主张，涉案国有土地使用证上的房屋系其购买，并由其一直使用至今，故认为其对该房屋享有所有权，长治市政府为牛绍华颁发涉案国有土地使用证侵犯了其合法权益。众所周知，房屋所有权是一种典型的不动产物权。按照《物权法》[①]的规定，"不动产物权的设立、变更、转让和消灭，应当依照法律规定登记"，"未经登记，不发生效力"，"不动产登记簿是物权归属和内容的根据"，"不动产权属证书是权利人享有该不动产物权的证明"。据此，在行政诉讼中主张其不动产物权受到侵害，就应当出具不动产权属证书以为权利证明。不能提供相关权属证书，也就不能证明与被诉行政行为存在利害关系。一审法院据此裁定驳回再审申请人的起诉，符合《行政诉讼法》第二十五条的规定。二审法院认为曹某英与涉案的国有土地使用证及其房屋均有利害关系的观点不能成立。

行政诉讼所要解决的尽管是行政争议，但在不少案件中往往会有与民事争议的关联交织。为了避免裁判之间相互矛盾，减少当事人诉累，降低诉讼成本，修改后的行政诉讼法专门增加了在行政诉讼中一并解决相关民事争议的规定。即，在涉及行政许可、登记、征收、征用和行政机关对民事争议所作的裁决的行政诉讼中，当事人申请一并解决相关民事争议的，人民法院可以一并审理。但是，如果行政案件的审理需以民事诉讼的裁判为依据，则应当依照《行政诉讼法》第六十一条的规定，裁定中止行政诉讼，待基础民事争议先行解决后再恢复行政案件的审理。裁定中止行政诉讼，适用于行政案件和相关民事案件都在审理且都尚未审结的情形，而本案的情况则不同。根据生效的晋民再终字第44号民事判决的认定，涉案国有土地使用证上的房屋所有权处于不确定状态，这一基础民事法律关系事关行政诉讼的原告是否具有诉权，关乎行政案件能不能受理，必须在立案前先行解决。因此，二审法院认为曹某英应当在涉诉国有土地使用证上房屋所有权的民事基础法律关系确定之后，再对本案涉诉的土地行政登记行为的合法性提起行政诉讼，并据此维持一审驳回起诉裁定，并非如再审申请人所称是对诉讼条件的限制。此外，行政诉讼的起诉条件包括许多方面，即使二审法院否定了一审法院据以驳回起诉的理由，但如果有其他应当驳回起诉的情形，仍然应当维持一审裁定的结果。

再审申请人还质疑，"被诉行政行为已经完成，二审法院完全有条件根据

[①] 对应《中华人民共和国民法典》第二百零八条。

再审申请人和再审被申请人提供的证据对行政行为的合法性进行审理判决。二审法院设定行政诉讼条件限制，目的是让牛绍华凭借手中持有土地使用证，在相关部门取得房屋所有权证，使行政行为合法化。二审法院收集这种证据，是被告作出被诉行政行为时未收集的、证明行政行为合法性的证据，违反了《行政诉讼法》第四十条规定。"这一认识是对法律规定的误解。《行政诉讼法》第四十条规定：人民法院"不得为证明行政行为的合法性调取被告作出行政行为时未收集的证据"。这一规定既是案卷主义的要求，也是中立原则的要求。根据《行政诉讼法》的规定，行政行为合法性举证责任由被告承担。受"先取证，后裁决"规则的约束，被告提供的旨在证明行政行为合法性的证据只能限于其在作出行政行为时已经收集的证据。人民法院在审查被诉行政行为合法性时，同样受案卷主义的约束，既不能接受被告在作出行政行为时未收集的证据，也不能为了证明行政行为的合法性调取被告作出行政行为时未收集的证据。如果被诉行政行为是在没有证据或者证据不足的情况下作出的，该行政行为就已经构成违法。但是，行政诉讼的证明对象具有多样性，行政诉讼证据也绝不仅限于证明行政行为合法性的证据，那些行政行为"案卷"以外的证据就可以在行政行为作出后搜集和提出，包括起诉条件在内的那些诉讼程序事实，人民法院就可以依职权调取。况且，本案实体审理的大门尚未开启，对被诉行政行为合法性的审查还无从进行。

——最高人民法院第四巡回法庭编：《最高人民法院第四巡回法庭典型行政案件裁判观点2017-2018》，法律出版社2020年版，第203~208页。

373. 行政不作为案件的举证责任

关键词

行政不作为　举证责任

附录：最高人民法院法官著述

在不作为行政案件中，被告如果承担举证责任，其举证责任的具体内容应当根据原告的诉讼请求和被告的答辩理由予以确定。具体来说包括以下几个方面：

第一，原告要求履行法定职责被告辩称不属于管辖范围而拒绝答复的案件。在此种情形下，被告辩称不属于其管辖范围的，如果不属于被告管辖范围属于公知事实的，被告得免除举证责任。例如，要求工商机关进行税务登记，要求卫生机关进行药品行政处罚等。如果是否属于被告管辖范围存在疑问或者具有较强的行政专业性的，被告应当承担举证责任。例如，根据《土地管理法》的规定，省、自治区、直辖市人民政府批准的道路、管线工程和大型基础设施建设项目、国务院批准的建设项目占用土地，涉及农用地转为建设用地的，由国务院批准。如果公民就上述事项要求省政府批准的，省政府在诉讼中仅需提供《土地管理法》的相关规定即可。

第二，对于行政机关辩称已经履行法定职责或者作出行政行为的案件。对于此类情形，被告只需证明其已经按照法律、法规的规定作出行政行为或者履行法定职责即可。在此种情况下，许多原告起诉的实际理由是被告履行法定职责没有达到应有的效果。例如，原告起诉公安机关未能及时救助处于危急状态的孩子，原告针对的是被告未能救助成功这一事实。此时，公安机关只要提供证据证明公安机关接警时间、出警过程、处置结果等事实即可。如果证据显示被告主观没有公务过错，且只是因客观原因未达到原告期望的，法院应当认定被告举证责任已经完成。

第三，对于中间存在行政作为行为的不作为案件。中间存在行政作为行为的情形大多数是在行政不作为行为之前，已经经过了验收、检查、检疫等行政作为行为阶段，这些行政作为行为实际上也是收集证据的阶段。行政机关在经过对这些证据进行分析后可能认为不符合有关法律法规的条件而予以拒绝或者不予答复。此时，行政机关应当提供其在行政作为行为阶段收集的证据以及相关的法律法规规定。此外，还有一种情况是行政不作为的原因在于行政机关根据验收等证据要求公民补充相关材料而公民不补充，行政机关只要提供有关的书面通知、口头通知笔录、送达回执等材料即可完成举证责任。

第四，被告以办案期限尚未届满而不作为的情形。原告如果在行政机关办案期限内以行政机关不作为提起行政诉讼的，行政机关尚未履行法定职责或者未予答复的，行政机关应当提供相应的证据材料证明原告提出申请的时间、行政机关受理的时间以及法律法规等规范性文件规定的办理时限等即完成举证责任。

第五，被告因客观原因无法作为的情形。如果被告确因客观原因如地震、海啸、洪水、冻雪天气等无法履行法定职责的，应当提供相应的证据材料。但是，如果地震、海啸等事项已经成为公知事实，行政机关得免除举证责任。对于此种情形，有的学者认为，行政机关应当提供主观上是否存在过错的证据。[①]

——江必新、梁凤云：《行政诉讼法理论与实务》（第三版），法律出版社2016年版，第782~783页。

---

① 李传水：《不作为案举证二题》，载《新疆警官高等专科学校学报》1994年第2期。

374. 证券行政处罚案件的举证责任

关键词

证券行政处罚　举证责任

最高人民法院司法政策精神

一、关于证券行政处罚案件的举证问题

会议认为，监管机构根据行政诉讼法第三十二条[①]、最高人民法院《关于行政诉讼证据若干问题的规定》第一条的规定，对作出的被诉行政处罚决定承担举证责任。人民法院在审理证券行政处罚案件时，也应当考虑到部分类型的证券违法行为的特殊性，由监管机构承担主要违法事实的证明责任，通过推定的方式适当向原告、第三人转移部分特定事实的证明责任。

监管机构在听证程序中书面明确告知行政相对人享有提供排除其涉嫌违法行为证据的权利，行政相对人能够提供但无正当理由拒不提供，后又在诉讼中提供的，人民法院一般不予采纳。行政处罚相对人在行政程序中未提供但有正当理由，在诉讼中依照最高人民法院《关于行政诉讼证据若干问题的规定》提供的证据，人民法院应当采纳。

监管机构除依法向人民法院提供据以作出被诉行政处罚决定的证据和依据外，还应当提交原告、第三人在行政程序中提供的证据材料。

——《最高人民法院印发〈关于审理证券行政处罚案件证据若干问题的座谈会纪要〉的通知》（2011年7月13日，法〔2011〕225号）。

附录：最高人民法院主流观点

证券行政案件证据规则的重点和难点是举证责任的分配问题

《纪要》的观点，在确定举证责任分配规则时，既考虑到证券违法行为的特殊性，不宜采取由监管机构承担全部违法事实举证责任的分配方式，在坚持被告负举证责任的基本原则下，将部分事实的举证责任进行适当分配和转移；同时考虑到证券违法行为的多样性，不同类型违法行为的举证责任在监管机构和行政相对人之间的分配不宜采取同一模式，而是采取类型化的举证责任分配方式。因此，《纪要》关于举证责任的规定，采取概括和会相结合的方式，即一般性的规定被告监管机构承担主要事实的举证责任，在认定具体违法行为的规定中，通过推定的方式适当向原告、第三人分配和转移部分事

[①] 本条规定对应《行政诉讼法》（2017年修正）第三十四条。

实的举证责任。

1. 关于证明标准的问题

《纪要》最终虽然没有明确将"明显优势"作为证券行政案件的证明标准，但是对内幕交易行为和上市公司信息披露违法责任人的认定采取了"举证责任合理分配＋推定"的方式，较大程度地降低了监管机构的证明难度，监管机构承担的不是证明违法行为全部事实构成要件的举证责任，而是在完成对特定部分违法行为构成要件的证明责任后，通过推定的方式认定违法行为的存在，但如果违法嫌疑人提供的证据能够推翻推定事实的，就不能认定推定事实。这种证明方式实际上是要求法院通过比较双方当事人提供证据的证明力，根据证明力具有明显优势的一方当事人提供的证据认定案件事实，属于明显优势证明标准。

2. 关于案卷外证据排除规则的适用问题

《纪要》第一条第二款是针对原告、第三人提供的行政案卷外证据的排除规则。这条规定基于《最高人民关于行政诉讼证据若干问题的规定》第五十九条"被告在行政程序中依照法定程序要求原告提供证据，原告依法应当提供而拒不提供，在诉讼程序中提供的证据，人民法院一般不予采纳"的规定，同时为推动证监会处罚委听证程序的规范化，在第五十九基础上做了进一步规定。首先，对原告或第三人的行政案卷外证据排除规则，必须符合"三个特定"。一是程序特定，将行政程序限定在听证程序，没有举行听证的，不适用案卷外证据排除规则，听证程序的依据是《中国证券监督管理委员会行政处罚听证规则》；二是形式特定，听证程序中必须以书面形式明确告知被处罚人享有提供证据的权利，非书面形式告知且无法证明违法嫌疑人已经知悉相关权利内容的，不适用案卷外证据排除规则；三是内容特定，告知内容必须明确，必须明确告知监管机构认定的违法事实和相关证据，违法嫌疑人对此享有提出排除涉嫌违法行为证据的权利。其次，将"依法应当提供"改为"能够提供"，考虑到行政处罚相对人提供排除其涉嫌违法行为的证据是听证程序必须赋予被处罚人的权利而不是义务，因此，不宜规定"依法应当提供"，而是采取了客观上能够提供而主观上拒不提供的标准。最后，增加了有正当理由未在听证程序中提供证据的情况下，在诉讼中提供的有关证据不适用案卷外证据排除规则的规定。

《纪要》之所以作出上述规定，主要目的是推动证监会处罚程序的规范化。证监会处罚委也表示以此为根据进一步完善处罚听证程序。同时，也可以促使行政相对人尽可能在听证程序中全面、充分行使权利，便于行政机关全面收集证据，准确作出处理决定，防止行政相对人在诉讼中滥用诉讼权利，搞证据突袭，保障执法和司法资源高效利用。

此外，为了防止监管机构滥用权力，充分保障被监管人的合法权益，《纪要》第一条第一款中明确规定，监管机构要向法院提交原告、第三人在行政程序中提供的证据材料。

——赵大光、杨临萍、蔡小雪、李涛：《〈关于审理评判行政处罚案件证据若干问题的座谈会纪要〉的理解与适用》，载江必新主编、最高人民法院行政审判庭编：《行政执法与行政审判》2011年第4集（总第48集），人民法院出版社2011年版，第8~11页。

375. 行政赔偿诉讼中原告应对被诉具体行政行为造成损害的事实承担举证责任

关键词

行政赔偿诉讼　举证责任　损害事实

最高人民法院司法解释

第五条 在行政赔偿诉讼中，原告应当对被诉具体行政行为造成损害的事实提供证据。

——《最高人民法院关于行政诉讼证据若干问题的规定》（2002年7月24日，法释〔2002〕21号）。

附录：最高人民法院法官著述

《行政诉讼证据规定》第五条明确规定："在行政赔偿诉讼中，原告应当对被诉具体行政行为造成损害的事实提供证据。"该条规定明确了一并提起行政赔偿诉讼和单独提起行政赔偿诉讼的原告都要对因受被诉具体行政行为侵害而遭受损失的事实承担举证责任。同时未明确原告在行政赔偿诉讼中对行使行政职权的行为与损害结果之间因果关系的证明责任，而是让法官根据具体情况来酌定。具体来讲，在一般情况下，行使行政职权的行为与损害结果之间的因果关系应当由原告承担证明责任。

——蔡小雪、甘文：《行政诉讼实务指引》，人民法院出版社2014年版，第153页。

376. 原告对被诉行政行为的初步证明责任

关键词

强制拆除房屋　证明责任　强制拆除机关

最高人民法院裁判文书

辽宁省大连万达制衣有限公司诉辽宁省大连市中山区人民政府强制拆除违法建筑并行政赔偿案［最高人民法院（2015）行监字第70号行政裁定书］

裁判要点：在强制拆除房屋案件中，原告应当对被告是否适格问题承担初步证明责任。但是，如果行政机关已经发布征收决定，或者作出违法建筑确认决定的，原则上推定作出征收决定或者违法建筑确认决定的行政机关是强制拆除机关。除非作出决定机关有证据证明强制拆除行为确属其他相关部门或者组织所为。

最高人民法院认为：1989年《行政诉讼法》第二十五条第一款规定，公民、法人或者其他组织直接向人民法院提起诉讼的，作出具体行政行为的行政机关是被告。中山区政府一审中提供的《强制拆除决定书》[大执法行拆决字（2012）0001号]与双方当事人陈述相互印证，可以证明强制拆除违法建筑决定的作出主体和实施主体均为大连市执法局，没有证据证明中山区政府具体实施了本案被诉违法建筑强制拆除行为，中山区政府不是本案适格被告。在经释明后，万达制衣公司仍坚持起诉中山区政府，一、二审法院根据《最高人民法院关于执行〈中华人民共和国行政诉讼法〉若干问题的解释》第二十三条和第四十四条第一款第三项①的规定，裁定驳回其起诉，并无不当。

万达制衣公司主张大连市人民政府、大连市执法局和中山区政府均为本案适格被告，但其提供的拆迁通告是大连市政府根据《大连市房屋拆迁管理条例》相关规定，对房屋拆迁许可范围内正常拆迁活动实施主体的确认，并非对本案违法建筑强制拆除主体的指定，上述拆迁通告与本案被诉行政行为没有关联性，不能证明大连市人民政府实施了本案被诉行政行为，万达制衣公司主张大连市人民政府是本案适格被告缺乏事实根据。

万达制衣公司一、二审中提供的中山区政府召开拆迁会议并有区领导在拆迁现场的证据，也仅说明中山区政府为积极配合大连市执法局在其辖区内实施强制拆除违法建筑活动，组织相关部门召开过相关会议，并做好强制拆除违法建筑现场疏导、服务等基层保障工作，并不能证明中山区政府是具体实施强制拆除活动的行为主体；至于中山区财政局支付拆迁过程中受伤人员医疗费的事实，与实施拆迁活动没有直接的关联性。因此，万达制衣公司主张中山区政府为本案适格被告，亦无事实根据。鉴于上述理由，一、二审

---

① 现为《最高人民法院关于适用〈中华人民共和国行政诉讼法〉的解释》（法释〔2018〕1号）第九十二条、第六十九条第一款第三项。

法院认为大连市执法局是本案适格被告,并向万达制衣公司予以释明,其释明并无不当。万达制衣公司认为一、二审法院释明错误的主张,本院亦不予支持。

——中国裁判文书网。

附录:本案解析

《最高人民法院关于行政诉讼证据若干问题的规定》第四条第一款规定,公民、法人或者其他组织向人民法院起诉时,应当提供其符合起诉条件的相应的证据材料。根据《中华人民共和国行政诉讼法》第四十九条第三项规定,有具体的诉讼请求和事实根据,是当事人起诉成立的法定条件之一。而明确的诉讼请求,前提条件是要有明确的被诉行政行为。因此,当事人提起诉讼,必须初步证明被告实施了被诉行政行为。本案中,万达制衣公司主张中山区政府强制拆除了其违法建筑,但并未举证证明被诉强制拆除行为系中山区政府所为。相反,中山区政府一审中提供的《强制拆除决定书》及大连市执法局的陈述,相互印证,可以证明强制拆除违法建筑决定的作出主体和实施主体均为大连市执法局。在被告错误的情况下,经释明大连制衣公司拒不纠正,一、二审裁定驳回其起诉,并无不当。

——郭修江、蔡小雪主编:《行政典型案例及审判经验》,人民法院出版社2019年版,第150~152页。

377. 原告应对其提出的被诉具体行政行为未认定但与该行为合法性有关联的事实承担举证责任

关键词

举证责任　具体行政行为　关联事实

附录:最高人民法院法官著述

尽管《行政诉讼证据规定》最后没有规定原告承担说服举证责任,但实践中遇到的一些特殊案例,如果让被告承担举证责任是不现实的。原告应当对其提出被告在作出被诉具体行政行为时没有认定而与该行为的合法性有关联的事实,承担举证责任。主要理由是:第一,被诉具体行政行为没有认定的事实,即被告对这部分待证事实没有提出主张,而提出主张者是原告。正因原告是该项事实的最先主张者,类似民事诉讼中被告的反诉性质,原告承担举证责任符合"谁主张,谁举证"原则。第二,原告不了解具体行政行为的情况,也就不应当承担举证责任。但是,原告提出被诉具体行政行为没有认定的事实，就应推定其了解情况并掌握相关证据材料。因此说，原告完全具备对其主张的事实提供证据的能力，免除其举证责任是不正确的。第三，原告没有通过举证证明自己的主张成立之前，法院无法判断被告是否没有认定应当认定的事实。在行政诉讼中，原告往往可以提出很多免除行政责任的主张，这些主张与被诉具体行政行为的合法性有关，让被告为原告的主张承担举证责任，不符合举证责任的一般原理。

在让原告承担这一举证责任时，应当注意以下三个问题：（1）根据行政诉讼法的规定，在一般情况下，虽然原告不对被诉具体行政行为承担举证责任，但原告可以提供被诉具体行政行为违法的证据。因此，对原告不承担举证责任的事项，原告有权利向法院提供证据。（2）原告对其提出被告在作出被诉具体行政行为时没有认定而与该行为的合法性有关联的事实，举证不能时，只能认定原告主张的事实不成立，不能免除被告对被诉具体行政行为合法性的举证责任。（3）被告在作出具体行政行为时未收集，原告在诉讼中提供的证据，根据"先取证、后裁决"原则，只能作为认定被诉具体行政行为不合法的证据使用，不能作为认定被诉具体行政行为合法的证据使用。

——蔡小雪、甘文：《行政诉讼实务指引》，人民法院出版社2014年版，第154~155页。

378. 被告逾期举证时对于证据、期限的要求

关键词

被告　举证　期限

最高人民法院司法解释

第三十四条　根据行政诉讼法第三十六条第一款的规定，被告申请延期提供证据的，应当在收到起诉状副本之日起十五日内以书面方式向人民法院提出。人民法院准许延期提供的，被告应当在正当事由消除后十五日内提供证据。逾期提供的，视为被诉行政行为没有相应的证据。

——《最高人民法院关于适用〈中华人民共和国行政诉讼法〉的解释》（2018年2月6日，法释〔2018〕1号）。

附录：最高人民法院主流观点

关于被告逾期提供证据应当注意以下几个问题：

1. 作为被告诉讼代理人的律师在提供证据时，也要严格依照被告举证期限的规定。被告诉讼代理人的权利是基于被告的委托，被告需要遵守的法定

期限，其诉讼代理人同样要遵守。

2. 行政赔偿诉讼案件中，对被告及其诉讼代理人提供的有关赔偿数额的证据，不受被告举证期限的限制，不过也需在一审法庭庭审结束前或者人民法院指定的交换证据之日提供；对涉及确认行政行为的合法性的证据，仍适用有关被告举证期限的规定。

3. 行政诉讼中管辖异议出现时被告举证期限如何确定。第一，被告在行政诉讼中所举证据，是其在行政程序中已经收集并作为行政行为事实依据的材料，与管辖权异议没有必然的联系，行政诉讼法明确规定了被告应当在收到起诉状之日起15日内举证，受诉法院已经向被告发送了起诉状副本，被告也收到了起诉状副本，那么被告就应当在法定期限向法院举证。被告有正当理由经法院准许延期提供证据的除外。第二，当事人（包括被告）提出管辖权异议，是指当事人认为受诉法院对已经受理的案件依法无管辖权，而向受诉人民法院提出的不服受诉法院管辖的意见和主张。故管辖权异议仅涉及法院管辖是否合法的问题，并不涉及被告的举证是否可以延期问题，无论哪一个法院管辖，被告都必须依照法定期限举证。即使当事人向法院提出的管辖权异议成立，也不影响被告依法举证，因为受诉法院将案件移送有管辖权法院的同时，可以将被告在举证期限内提供的证据一并移送，而受移送的法院则不应当重新接受被告超过举证期限提供的证据。第三，如果允许被告可以在管辖权异议确定之后再重新确定举证期限，那么行政机关明知不存在管辖异议的情况，为了故意拖延举证，转化证据，也可能向法院提出管辖异议，从而使一些本来违法、缺乏证据的行政行为，经过诉讼阶段的修饰，以合法、证据充分的面目出现，这从根本上违背了行政诉讼的宗旨，不利于司法公正。

4. 行政机关延期举证的证据必须是作出行政行为时已经取得的证据。行政机关作出行政行为时，应当遵循"先取证、后裁决"的法定程序规则，不得在没有事实根据的时候作出任何决定。因此，其延期举证的证据必须是作出行政行为时已经取得的证据，而不能提供作出行政行为时未取得的证据。

——最高人民法院行政审判庭编著：《最高人民法院行政诉讼法司法解释理解与适用》，人民法院出版社2018年版，第192~193页。

379. 被告未履行举证义务的判决方式应考虑第三人合法权益的保护

关键词

举证责任分配　第三人合法权益　再审阶段　新证据

最高人民法院审判业务意见／主审法官会议纪要

《行政诉讼法》第三十四条第二款规定，被诉行政行为涉及第三人合法权益时，第三人可以提供证据。该条以"但书"的方式将被诉行政行为涉及第三人合法权益，第三人提供证据的情形排除在"被告不提供或者无正当理由逾期提供证据，视为没有相应证据"的规定之外，目的在于保障行政诉讼第三人的合法权益，实现程序正义和实质正义的统一。行政诉讼中与被告利益一致的第三人，即均需要通过证明该被诉行政行为合法进而请求驳回原告诉讼请求的方式维护自身既有权益，其受被告怠于举证的影响最大。在此情形下，人民法院有权要求当事人提供或者补充证据，依职权查明案件事实，而不宜以行政机关怠于举证为由，简单判决撤销被诉行政行为。

第三人在再审阶段提交起诉前已经存在但由于行政机关的原因未能提交的证据，且该证据足以推翻原判决的，人民法院应当在考虑当事人未在原审诉讼程序中提交该证据的原因及过错程度、该证据对双方当事人合法权益的影响以及行政诉讼权利保障价值的基础上，进行综合审查评判。对于第三人确因客观原因不能取得且不存在故意延迟举证的情况下提交的证据，属于《最高人民法院关于行政诉讼证据若干问题的规定》第五十二条规定的"新的证据"，应予采纳。

附：案情简介

案涉土地位于广东省阳春市马水镇石崇村委会石头垌村，面积为161.6平方米。被申请人（一审原告、二审被上诉人）覃某与案外人余某明（2009年去世）原为夫妻关系，1991年4月6日经法院调解离婚。覃某、余某明在夫妻关系存续期间在案涉土地上建有房屋，但未办理房屋权属登记。覃某与被申请人（一审原告、二审被上诉人）余某镇、余某庆系母子关系，再审申请人（一审第三人、二审上诉人）余某有与余某明为兄弟关系。2010年，阳春市国土局马水国土资源所在马水镇范围内开展农村宅基地确权登记工作，余某有向该国土资源所申请对案涉土地进行登记，阳春市政府经审核，于2010年11月20日向余某有颁发《集体土地使用证》，确认余某有对案涉土地享有集体土地使用权。2016年8月8日，覃某等人向阳春市国土局递交异议投诉函，对案涉土地登记行为提出异议。2016年9月21日，阳春市国土局作出《关于对余某有集体土地使用权登记投诉有关问题的答复》。2016年10月19日，覃某等人提起本案行政诉讼，请求撤销阳春市政府向余某有颁发的案涉《集体土地使用证》。本案一、二审审理期间，阳春市政府均以案涉《集体土地使用证》地籍档案资料未找到为由，未向人民法院提交与作出被诉登记行为相关的证据。

——《被告未履行举证义务的判决方式应考虑第三人合法权益的保护》，载最高人民法院第一巡回法庭编著：《最高人民法院第一巡回法庭行政主审法官会议纪要（第1卷）》，中国法制出版社2020年版，第78~80页。

380. 允许被告补充证据的特殊情形

关键词

被告补充证据　特殊情形

最高人民法院司法解释

第二条　原告或者第三人提出其在行政程序中没有提出的反驳理由或者证据的，经人民法院准许，被告可以在第一审程序中补充相应的证据。

——《最高人民法院关于行政诉讼证据若干问题的规定》（2002年7月24日，法释〔2002〕21号）。

附录：最高人民法院法官著述

根据"先取证、后裁决"的原则和《行政诉讼证据规定》第一条中被告应当在收到起诉状副本之日起10日内提供其所依据的全部证据的规定，被告超过法定举证期限提交的证据，法院不予采纳。也就是说，在一般情况下，被告在举证期限内遗漏的证据，不允许被告在举证期限届满后补充。但是，由于管理国家行政事务相当复杂，因此行政机关往往被授予很多的管理职权，其中包括向原告、第三人的调查权。行政机关在处理具体案件过程中，原告、第三人往往不配合，不提供相关证据及证据线索，不提出申辩意见。在此种情况下，行政机关只能按照自己初步了解的情况向其他人收集证据。而原告、第三人所掌握的证据可能与行政机关收集的证据所证明的事实相反，或因原告、第三人没有申辩意见，行政机关没有收集他们以后提出申辩意见的有关证据，无法证明他们的申辩意见是否成立。为了充分体现行政程序与诉讼程序的平衡关系，《行政诉讼证据规定》第二条规定，原告或者第三人提出其在行政程序中没有提出的反驳理由或者证据，是被告可以补充证据的必要前提条件。不具备这一条件，法院一般不应当允许被告补充证据。根据有关法律规范的规定，行政机关在作出对公民、法人或者其他组织不利的具体行政行为前，应当听取行政相对人的申辩和陈述。被告以"原告或者第三人在行政程序中没有提出的反驳理由"为由要求补充证据的，法院应当要求被告提供有关原告、第三人在行政程序中的申辩和陈述及申请材料，并对这些材料进行审查。法院经审查确认原告或者第三人在行政诉讼中所提出的反驳理由在行政程序中没有提出过，一般应当准许被告补充证据，反之，则不应准许被告补充证据。被告所补充的证据必须与原告或者第三人的反驳理由有关联，没有关联的证据，法院亦不应采纳。

被告以"原告或者第三人在诉讼中提出新的证据"为由要求补充证据的，如果经过听证程序或复议程序的，法院应当与听证记录或申请复议人与被复议人向复议机关提供的证据材料进行对照，凡在其中记录的，均不应准许被告补充证据，不在其中记录的证据，可以初步认定属于新的证据，应当允许被告对新证据的关联性、合法性和真实性补充证据。被告补充的证据与新证据无关联的，法院不应采纳。

法院难以确定被告申请补充证据的理由是否成立的，可以允许被告向法院提交补充的证据，在庭审中原告或者第三人不提异议的，法院可以采纳被告补充的证据。但是，原告、第三人提出异议的，法院应当对此问题进行质证，若原告或者第三人提出被告补充证据的理由不能成立的证据，法院不予采纳被告补充的证据。

在审查被告是否符合补充证据的条件时，应当注意以下五个问题：(1)法院作为中立的裁决机构，在诉讼中应当处于中立的立场，而不应帮助任何一方诉讼当事人。因此，被告没有提出补充证据申请的，法院一般不主动提示其补充证据。(2)根据"先取证、后裁决"的原则，行政机关不得在作出具体行政行为后收集证据。因此，未经法院允许，被告及其诉讼代理人在诉讼中或诉讼前收集的证据作为补充的证据向法院提供的，法院一般不予接纳。(3)行政机关申请补充证据的理由成立的，行政机关必须在第一审程序中向法院提供补充的证据，第一审程序结束后，行政机关向第二审法院提供的补充证据，法院不予接纳。(4)根据《行政诉讼法》第三十三条[①]和《行政诉讼证据规定》第三条的规定，在行政诉讼过程中，被告及其代理人不得自行向原告和证人收集证据。被告及其代理人超出法院准许收集证据的范围所收集的证据，不能作为认定被诉具体行政行为合法的证据使用。(5)被告在法院准许的范围内补充的证据，不能直接作为认定被诉具体行政行为合法的证据使用，只能作为原告在诉讼中新提出的反驳理由或者证据不能成立的证据使用。

——蔡小雪、甘文：《行政诉讼实务指引》，人民法院出版社2014年版，第167~169页。

---

① 现为《中华人民共和国行政诉讼法》(2017年修正)第三十五条。

381. 法院允许原告或者第三人要求被告补充对被告不利证据的条件

关键词

被告补充证据 对被告不利证据

附录：最高人民法院法官著述

行政机关持有对原告或者第三人有利但对自己不利的证据，在行政诉讼中，被告未向法院提供，原告或者第三人要求被告补充这部分证据。对于原告或者第三人无能力取得，实际上在被告行政机关控制下的证据，原告或者第三人向法院提出申请，要求被告补充对原告或者第三人有利但对被告不利的证据，从保护在行政管理中处于弱势地位的原告或者第三人，使其在行政诉讼中与被告处于平等地位的角度来看，法院应当允许被告补充证据。这里需要注意以下三个问题：（1）原告或者第三人有能力收集而没有尽到收集证据的责任，原告或者第三人应当对其不尽责任的行为承担相应的法律后果，因此，法院对此种情况一般不应要求被告补充证据。（2）原告或者第三人要求被告补充的证据，不在被告控制之下，被告无能力提供原告或者第三人要求补充的证据，让被告补充此种证据是不现实的，因此，对此种情况，法院一般亦不应要求被告补充证据。（3）由于原告或者第三人并不完全了解有关证据的具体内容，或不清楚这些证据最终对其有利还是不利，为此，原告或者第三人申请被告补充的证据有两种可能性：一是对被告不利，这些证据将起到证明被诉具体行政行为违法的作用，对此类证据，经法院审查，具有关联性、合法性和真实性的，应当作为定案的依据；二是被告补充的证据将起到证明被诉具体行政行为合法的作用，根据《行政诉讼证据规定》第一条的规定，被告无正当事由逾期提供的证据不能作为定案的依据，因此，这些证据不能作为认定被诉具体行政行为合法的证据使用。

——蔡小雪、甘文：《行政诉讼实务指引》，人民法院出版社2014年版，第169页。

382. 行政诉讼案件中第三人的举证权利

关键词

行政诉讼 第三人 举证权利

最高人民法院裁判文书

辽宁省凌源市松岭子镇东道村东庄村民组诉辽宁省朝阳市人民政府行政复议案〔最高人民法院（2020）最高法行申154号行政裁定书〕

裁判要点：行政复议与行政诉讼的立法目的均是纠正违法行政行为，保护合法权益，监督依法行政。在对原行政行为合法性审查标准上，行政复议与行政诉讼也具有一致性，以促进行政复议与行政诉讼的有效衔接。按行政案件的一般证据规则举证责任由被告即行政机关承担，被告因不提供或无正当理由逾期提供证据而败诉，是对被告违反证据规则的法律制裁，但当被诉行政行为涉及第三人合法权益时，为保护第三人在被告不举证情况下的合法权益，行政诉讼法第三十四条第二款增加了第三人的举证权利。因此，被告不举证或逾期举证，人民法院不能简单地判决被告败诉，复议机关也不能简单地决定撤销原行政行为。

最高人民法院再审申请审查认为：本案被诉行政行为是朝阳市政府于2017年8月17日作出的朝政行复字〔2017〕60号行政复议决定，内容是撤销凌源市政府为东庄组核发的林权证第五部分的登记内容。

首先，关于行政复议程序中第三人问题。行政复议第三人是指除申请人、被申请人外，与复议案件有利害关系，为维护自己利益而参加到复议程序中的当事人。设立第三人制度的目的在于查清案件事实，维护其他相关利害关系人的权益。《中华人民共和国行政复议法》第十条第三款规定，同申请行政复议的具体行政行为有利害关系的其他公民、法人或者其他组织，可以作为第三人参加行政复议。《中华人民共和国行政复议法实施条例》第九条第一款规定，行政复议期间，行政复议机构认为申请人以外的公民、法人或者其他组织与被审查的具体行政行为有利害关系的，可以通知其作为第三人参加行政复议。本案中，根据原审法院查明的事实，涉案林权证记载的林地使用权、林木所有权、林木使用权系由案外人张某甲等另24户村民共有，该24户村民作为共有权利人均与涉案林权证具有利害关系，该林权证是否被撤销均对该24户村民产生权益影响，应通知其作为第三人参加到复议程序中来。朝阳市政府未通知该24户村民参加复议，存在遗漏第三人的程序违法情形。

其次，关于举证责任与证据采信问题。行政复议与行政诉讼的立法目的都是为了纠正违法行政行为，保护合法权益，监督依法行政。在对原行政行为合法性审查标准上，行政复议与行政诉讼也是一致的，以促进行政复议与行政诉讼的有效衔接。按行政案件的一般证据规则举证责任由被告即行政机关承担，被告因不提供或无正当理由逾期提供证据而败诉，是被告违反证据规则的法律制裁，但当被诉行政行为涉及第三人合法权益时，为保护第三人在被告不举证情况下的合法权益，《中华人民共和国行政诉讼法》第三十四条第二款增加了第三人的举证权利。因此，被告不举证或逾期举证，人民法院则不能简单地判决被告败诉，复议机关也不能简单地决定撤销原行政行为。本案中，凌源市政府未能在行政复议程序中提交证明颁发涉案林权证合法性的林权登记档案等证据材料，但涉案林权证的所有权权利人系东庄组，不考虑东庄组提交的证据，未对发证行为合法性进行全面审查的情况下，只因凌源市政府未能提供相关证据而认定发证行为无证据、依据并予以撤销，有违基本法理。

——第二巡回法庭微信公众号。

383. 法院允许第三人要求被告补充对第三人有利证据的条件

关键词

被告补充证据　对第三人有利证据

附录：最高人民法院法官著述

由于被告的疏忽或者其他原因，被告在举证期限内未向法院提供将对原告不利但对第三人和自己有利的证据，第三人要求被告补充这部分证据。此种情况的案件多数发生在诉有关行政许可、行政登记和行政裁决的案件中。被告在举证期限内未向法院提供证据，如果机械地适用《行政诉讼证据规定》第一条的规定，应认定被诉具体行政行为没有证据，法院应判决撤销被诉具体行政行为。但是，此类情况的案件与一般行政案件的区别是，由于被告不举证有可能损害的是第三人的合法权益，为了保护第三人的合法权益，法院应当要求被告补充证据。

这里需要注意以下四个问题：(1) 被告不举证只有在涉及第三人的合法权益，第三人向法院提出要求被告补充证据的请求时，法院才可以允许被告补充证据。如果不涉及第三人合法权益或者第三人未提出请求的，法院一般不应允许被告补充证据。(2) 此类案件中被告补充的证据如果是在作出被诉具体行政行为之前收集的，可以证明第三人取得的法律文书是合法有效的，但如果是在此之后收集的证据，只能证明第三人取得的法律文书是不合法的。(3) 如果被告补充的证据可以证明第三人取得的法律文书是合法的，在这种情况下，因被告未在举证期限内向法院提供证据的行为违法，但第三人取得法律文书是合法的，所以，不宜适用撤销判决，而应判决驳回原告的诉讼请求，诉讼费用应当由被告承担。(4)原告在行政诉讼中提出新的证据，被告不补充有关证据，第三人为维护自身的合法权益有权向法院补充否定原告新的证据的证据。

——蔡小雪、甘文：《行政诉讼实务指引》，人民法院出版社2014年版，第169~170页。

384. 法院有限的调取证据权

关键词

法院调取证据　司法裁量权

最高人民法院司法解释

第二十二条　根据行政诉讼法第三十四条第二款[①]的规定，有下列情形之一的，人民法院有权向有关行政机关以及其他组织、公民调取证据：

（一）涉及国家利益、公共利益或者他人合法权益的事实认定的；

（二）涉及依职权追加当事人、中止诉讼、终结诉讼、回避等程序性事项的。

——《最高人民法院关于行政诉讼证据若干问题的规定》（2002年7月24日，法释〔2002〕21号）。

附录：最高人民法院主流观点

《行政诉讼证据规定》第二十二条只是规定对于这些特殊的证据，法院有权调取，但没有规定必须调取。这给法院的司法裁量权留有很大的空间。法院在审理行政案件中，经常会遇到某些涉及国家利益、公共利益或者他人合法权益的事实，但被告和原告可能均未向法院提供相关证据。例如，某行政机关因某造纸厂严重污染河水而对该厂处以数额较大的罚款，该造纸厂不服，提起行政诉讼。在诉讼过程中，该造纸厂认为，该行政机关滥用职权，理由是另一个造纸厂也排放大量污水，该行政机关却没有给予处罚。但该造纸厂没有向法院提供另一造纸厂排放大量污水的证据。该造纸厂的主张很显然涉及国家利益、公共利益和他人合法权益的事实。但我们认为，法院并没有必要依职权调取证据。因为，作为原告的造纸厂若要证明该行政机关反复无常构成滥用职权，应当自己去收集相关证据。法院若代为调取证据，则失去了应有的中立性。因此，并非在所有的案件中法院都必须调取涉及国家利益、

[①] 本条规定已被废止。

公共利益或者他人合法权益的事实的证据,而是要考虑依职权调取证据的必要性和公平性。但在有的案件中,法院必须依职权调取相关证据。例如,某工厂排放有毒气体,当地的居民要求环保机关制止该工厂排放有毒气体,但被行政机关拒绝,于是集体提起行政诉讼。案件受理后,行政机关向法院提供其对该工厂生产过程及污染情况的调查报告,以证明工厂排放的气体不属于有毒气体,且污染程度符合国家规定的标准。提起诉讼的当地居民没有提供直接证明工厂排放的气体是有毒的证据,但提供了当地居民的某一种病的发病率数据,并提供某医疗机构提供的证明:这种病与工厂排放的气体很可能有关系。在这个案件中,原告没有提供工厂排放的气体的成分等关键证据,其提供的证据的证明力很弱。而行政机关提供的证据却比较全面并具有一定的说服力。在原告没有申请法院调取有关工厂排放气体是否有毒的检测结论这样的关键证据的情况下,法院应当依职权通过委托专门机构进行鉴定等方式主动调取相关证据。因为,若法院作出否认该工厂排放有毒气体的认定,将涉及公共利益以及其他没有提起诉讼的居民的利益。在这种情况下,法院应当依职权主动调取证据。

——李国光主编:《最高人民法院〈关于行政诉讼证据若干问题的规定〉释义与适用》,人民法院出版社2002年版,第254~255页。

385. 法院根据被告申请调取证据的特殊情形

关键词

法院调取证据　申请调取证据

附录:最高人民法院主流观点

在特殊情况下,法院还可以根据被告的申请调取证据。我们认为,被告申请法院调取证据的,法院应当作十分严格的审查。所调取的证据应当仅限于行政机关在行政程序中无法收集的证据原件或者原物等,而行政机关在申请法院调取这些证据时应当已经收集到复印件、复制件等。也就是说,法院调取的证据,只限于印证行政机关原有的证据的真实性。

一般情况下,法院不得为了证明被诉具体行政行为的合法性而调取被告在作出具体行政行为时没有收集的证据。但《行政诉讼证据规定》未对法院非基于证明被诉具体行政行为的合法性的前提下,是否可以调取被告作出具体行政行为时没有收集的证据作出规定。我们认为,在被告已经收集了证据的情况下,被告一般不得再向申请法院收集证据,只有在被告缺乏证据的时候,才有可能申请法院调取。因此,若不是基于证明被诉具体行政行为的合法性的前提下，法院仍可以调取被告在作出具体行为时没有收集的证据。

——李国光主编：《最高人民法院〈关于行政诉讼证据若干问题的规定〉释义与适用》，人民法院出版社2002年版，第257页。

386. 对证据"三性"进行质证的顺序

关键词

证据"三性" 质证顺序

最高人民法院司法解释

第三十九条 当事人应当围绕证据的关联性、合法性和真实性，针对证据有无证明效力以及证明效力大小，进行质证。

——《最高人民法院关于行政诉讼证据若干问题的规定》（2002年7月24日，法释〔2002〕21号）。

附录：最高人民法院法官著述

在起草《行政诉讼证据规定》时，关于当事人对有关证据"三性"的质证的顺序问题曾经有过争论。有学者认为，当事人质证应当按照合法性、真实性、关联性、证明效力的大小的顺序进行。其理由是，只有在对证据的合法性、真实性进行质证后，当事人才有可能对证据与待证事实之间的关联性作出判断。与待证事实之间具有事实上或者法律上的某种联系，具有证明待证事实的可能性的证据就有关联性。但是，实务界和法学界多数同志认为，此观点不能成立。理由是，如果一个证据与待证事实之间没有任何联系，也没有证明待证事实的可能性，完全可以将其排除在定案的依据之外。因此，经质证发现没有关联性的证据，就无须对其合法性和真实性进行质证。所以，证据的关联性是当事人首先需要质证的问题。证据的合法性是证据真实性的重要保障，也是证据具有法律效力的重要条件。法庭经审查发现证据合法性存在严重问题的，不论其是否真实，均应当排除在定案依据之外。因此，在确定证据具有关联性后，就应当对其合法性问题进行质证，在审查合法性质证后，才应当进入真实性审查。判断证据证明效力的大小是根据有关认定证据真实性规则来进行的，因此，对证据证明效力大小问题的质证应当放在最后进行。基于多数同志的意见，作出了《行政诉讼证据规定》第三十九条的规定。换言之，该条对证据"三性"的排列顺序亦是当事人对证据"三性"质证的顺序，法庭在庭审质证时，应当按照此顺序进行。

——蔡小雪、甘文：《行政诉讼实务指引》，人民法院出版社2014年版，第 231~232 页。

387. 当事人对庭前证据交换中无争议的证据在庭审中反悔的，应当进行质证

关键词

交换证据　质证

最高人民法院司法解释

第三十五条第二款　当事人在庭前证据交换过程中没有争议并记录在卷的证据，经审判人员在庭审中说明后，可以作为认定案件事实的依据。

——《最高人民法院关于行政诉讼证据若干问题的规定》（2002 年 7 月 24 日，法释〔2002〕21 号）。

最高人民法院司法政策精神

要正确处理庭前交换证据与庭审质证的关系。庭前交换证据主要是为了强化信息披露，防止当事人搞证据上的"突然袭击"，避免当事人不正当地使用诉讼技巧对公正审判的不良影响。对于在庭前交换证据活动中没有争议的证据，合议庭经记录在卷并在庭审质证中征询当事人是否有反悔的意见以后，才能作为无需质证的证据进行审核认定。如果当事人在质证中反悔，应当对该证据进行质证。要规范庭前交换证据活动，避免庭前交换证据活动的烦琐化或者使其成为变相的开庭。要充分保护当事人的质证权利，充分发挥质证的法律功能，完善鉴定人员出庭接受询问和专业技术人员出庭说明的制度。

——李国光：《深入贯彻党的十六大精神，努力开创行政审判工作新局面，为全面建设小康社会提供司法保障——在全国行政审判工作会议上的讲话》（2003 年 2 月 13 日），载李国光主编、最高人民法院行政审判庭编：《行政执法与行政审判》2003 年第 1 辑（总第 5 辑），法律出版社 2003 年版，第 23 页。

附录：最高人民法院法官著述

根据《行政诉讼证据规定》规定，证据应当在法庭上出示，未经质证的证据，不能作为认定案件事实的依据。也就是说，在第一审程序中，当事人向法庭举出的证据及法院经调查取得的证据，应当在庭审中进行质证，未经质证的证据，不得作为定案的依据。但是，《行政诉讼证据规定》第三十五条第二款规定，当事人在庭前证据交换过程中没有争议并记录在卷的证据，经

审判人员在庭审中说明后，可以作为认定案件事实的依据。根据该条的规定，对这类证据不经庭审质证，可以作为认定案件事实依据的，必须要同时具备以下两个条件：第一，必须是当事人在庭前证据交换过程中没有争议并记录在卷的证据。对当事人在庭前证据交换过程中没有争议的证据，法院对此没有记录在卷的，仍不能视为当事人没有争议的证据。第二，经法庭在庭审中说明后，当事人仍没有异议的证据，一般情况下，法庭可以直接予以认定。

《行政诉讼证据规定》第三十五条第二款中没有明确规定在庭前交换证据中没有争议的证据，当事人在庭审中反悔，对该证据又提出质疑，在此种情况下法庭应否对该证据进行质证？目前没有相关的法律对庭前证据交换的法律效力问题作出规定，不宜规定对当事人在庭前证据交换中没有异议，在庭审中反悔的证据不进行质证。[1]理由有四：第一，《行政诉讼证据规定》第三十五条第二款规定："……经审判人员在庭审中说明后，可以作为认定案件事实的依据。"如果不允许当事人反悔，则没有必要作此规定，而应直接规定为，当事人庭前证据交换过程中已经表示没有争议的证据，法院可以直接认定。也就是说，该款的规定暗含着当事人可以反悔之意。第二，根据《行政诉讼证据规定》规定，庭前证据交换程序作为庭审程序的前置程序，庭前证据交换仅仅确认哪些证据有争议、哪些证据没有争议。因此，法庭对当事人没有争议但发现问题的证据可以在庭审中进行质证。换言之，庭前证据交换对当事人不具有约束力。第三，庭前证据交换时，当事人是在对其他证据没有质证的情况下作出没有争议的判断，这种判断可能在庭审中通过对其他证据质证后，当事人发现原没有争议的证据存在问题，如果仅因庭前证据交换程序中表示了没有争议，不让当事人对这类证据在庭审中进行质证显然是不公正的。第四，在绝大多数案件中，当事人在庭前证据交换过程中认为没有争议的证据，在庭审中都没有反悔，仅少数案件出现此类问题。换言之，允许当事人反悔，并不影响设立庭前证据交换制度以提高法院审判效率的作用。同时需要指出的是，法院的审判工作应当在保证公正的前提下提高效率，而不应为了提高效率牺牲公正。

——蔡小雪、甘文：《行政诉讼实务指引》，人民法院出版社2014年版，第223~224页。

---

[1] 参见甘文：《行政诉讼证据司法解释之评论》，中国法制出版社2003年版，第77~78页。

388. 民行交叉行政案件中，当事人对基础民事争议既不一并也不另行提起民事诉讼，人民法院对基础民事法律关系应当审查到什么程度

关键词

民行交叉行政案件　基础民事法律关系

最高人民法院审判业务意见

19. 民行交叉行政案件中，当事人对基础民事争议既不一并也不另行提起民事诉讼，人民法院对基础民事法律关系应当审查到什么程度。

答：在民行交叉行政案件的审理中，当事人对基础民事争议既不一并，又不另行提起民事诉讼的，人民法院只对与被诉行政行为合法性相关联的基础民事争议的事实和法律问题进行审理。与被诉行政行为合法性无关的基础民事关系的履行争议等内容，不属于行政诉讼的审理范围。

理由：行政诉讼的审理对象是被诉行政行为的合法性。基础民事争议中与被诉行政行为合法性相关联的事实和法律问题属于审查被诉行政行为合法性的范围，人民法院必须对其进行审理并作为判断的依据，否则，不能对被诉行政行为的合法性作出整体的全面判断。以房屋登记民行交叉案件为例，甲名下的房产过户至乙名下，甲不服，提起行政诉讼，请求撤销变更登记的行为，理由是变更登记所依据的甲乙双方买卖房屋的合同是虚假的。与被诉变更登记行为合法性相关的基础民事关系中，甲乙双方的买卖合同真假的事实以及房屋买卖合同的有效性，直接关系到变更登记行为是否合法，属于行政诉讼的审理范围，人民法院必须审理。但是，甲乙双方是否还有应付房款未支付完毕，是否存在延迟交房需承担违约责任的事实和法律责任问题，与被诉变更登记行为的合法性无关，不属于行政诉讼的审理范围，应当另行提起民事诉讼解决。

——《最高人民法院第一巡回法庭关于行政审判法律适用若干问题的会议纪要》（2018年7月23日）。

389. 行政争议中调前调解过程中的证据保全

关键词

行政争议　多元化解

最高人民法院司法政策精神

13. 诉前调解过程中，证据可能灭失或者以后难以取得，当事人申请保全证据的，人民法院应当依法裁定予以证据保全。但该证据与待证事实无关联、对证明待证事实无意义，或者其他无保全必要的，人民法院裁定不予保全。

——《最高人民法院关于进一步推进行政争议多元化解工作的意见》（2021年12月22日，法发〔2021〕36号）。

390. 如果听证结束后，行政机关发现了听证笔录以外的新事实和新证据，或者当事人提出新的辩护理由和证据，该如何处理

关键词

听证结束　听证笔录　新事实　新证据

附录：最高人民法院法官著述

实践中常常会出现这种情形，由于案情复杂，调查机关对当事人的违法事实的调查会经历一个过程，在听证程序结束之后，重要事实和关键证据才逐步被调查清楚。此时，新事实和新证据肯定未能体现在听证笔录之上，但对于行政处罚决定具有较大影响，且是行政机关拟作出处罚决定不能越过的事实和证据。如果机械地适用本条规定，将听证结束后的新证据予以排除，行政处罚决定即使符合正当程序的外观要求，但可能因为遗漏重要事实和关键证据，而对当事人的合法权益产生不利影响，这与听证的制度功能背道而驰。因此，应当允许行政机关或者当事人提出新的证据，可借鉴域外的法律规定，再次开启听证程序，由各方对新证据进行质证和辩论，并补充到听证笔录中。当然，基于行政效率的考虑，如果新的事实和证据较为清楚，也可不必重开听证会，但必须告知当事人，并对其提供申辩的机会，经过质证后的证据和事实再补充进入听证笔录中。同时，为避免行政资源浪费，此种新证据是在听证结束之后被发现的证据，故意隐瞒的证据不在考虑之列。

——江必新主编：《行政处罚法条文精释与实例精解》，人民法院出版社2021年版，第359~360页。

391. 行政诉讼中当事人出示证据的顺序

关键词

证据出示顺序　举证质证

附录：最高人民法院法官著述

根据《行政诉讼证据规定》的规定，原告起诉是否符合起诉条件的推进举证责任由原告承担，在对有关该问题进行质证时，当事人出示证据的次序一般应当为：原告、被告、第三人。根据行政诉讼法的规定，被告对作出的具体行政行为负有举证责任，法庭在审理被诉具体行政行为合法性的问题时，当事人出示证据的次序一般应当为：被告、原告、第三人；行政赔偿诉讼中，原告应当对被诉具体行政行为造成损害的事实提供证据。法庭在审理有关被诉具体行政行为造成损害事实问题时，当事人出示证据的次序一般应当为：原告、被告、第三人。

——蔡小雪、甘文：《行政诉讼实务指引》，人民法院出版社2014年版，第232页。

392. 涉密证据的质证方式

关键词

涉密证据　质证方式

最高人民法院司法解释

第三十七条　涉及国家秘密、商业秘密和个人隐私或者法律规定的其他应当保密的证据，不得在开庭时公开质证。

——《最高人民法院关于行政诉讼证据若干问题的规定》（2002年7月24日，法释〔2002〕21号）。

最高人民法院公报案例

肇庆外贸公司诉肇庆海关海关估价行政纠纷案〔广东省高级人民法院〕

裁判摘要：涉及国家秘密、商业秘密和个人隐秘或者法律规定的其他应当保密的证据，不得在开庭时公开质证。

被上诉人肇庆海关据以提出价格质疑和确定估价所引用的相同型号规格集成电路的价格资料，来源于其他企业的进口价格，事涉其他企业商业秘密。《海关审价办法》第 38 条规定："海关对于买方、卖方或贸易相关方提供的属于商业秘密的资料予以保密。"最高人民法院《行政诉讼证据规定》第 37 条规定："涉及国家秘密、商业秘密和个人隐私或者法律规定的其他应当保密的证据，不得在开庭时公开质证。"一审对肇庆海关提交的这部分海关负有保密义务的证据不公开质证，处理正确。上诉人肇庆外贸公司、翱思科技公司认为此举违反法定程序，理由不能成立。

——《最高人民法院公报》2006 年第 3 期。

附录：最高人民法院法官著述

根据《行政诉讼证据规定》的规定，原告起诉是否符合起诉条件的推进举证责任由原告承担，在对有关该问题进行质证时，当事人出示证据的次序一般应当为：原告、被告、第三人。根据行政诉讼法的规定，被告对作出的具体行政行为负有举证责任，法庭在审理被诉具体行政行为合法性的问题时，当事人出示证据的次序一般应当为：被告、原告、第三人；行政赔偿诉讼中，原告应当对被诉具体行政行为造成损害的事实提供证据。法庭在审理有关被诉具体行政行为造成损害事实问题时，当事人出示证据的次序一般应当为：原告、被告、第三人。

在行政诉讼中交换证据是否应当有一定的限制，存在不同意见。有同志提出，下列证据不宜进行交换：（1）法律保护的关乎公共利益和隐私的证据；（2）非法获取的证据；（3）属于当事人及其诉讼代理人经过分析的具有智力成果性质的资料；（4）当事人重复要求出示的证据；（5）利用其他方法获得相应证据材料比进行证据交换更为简单和经济的；（6）证据交换利益严重背离公平原则和公共利益的。①出示、交换证据的主要目的是明确哪些证据有争议、哪些证据没有争议。因此，凡是能够在庭审中进行质证的证据，均可以进行证据交换。只有在庭审中不能进行质证的证据，才不宜进行证据交换。上述所列的证据，原则上是可以在庭审中进行质证，不宜将这些证据排除在证据交换之外。因此，该条未对证据交换的范围作限制性规定。但需要注意的是，涉及国家秘密、商业秘密、个人隐私的证据虽可以进行质证，但在庭审质证时不公开质证，个别涉及国家秘密的证据因关乎国家的重大利益，不在法庭上出示，而是采取提示的方式进行质证。因此，对这类证据一般不公开进行证据交换，在交换过程中，主持交换证据的法官应当告知当事人负有

---

① 参见张树义主编：《最高人民法院〈关于行政诉讼证据若干问题的规定〉释评》，中国法制出版社 2002 年版，第 98~99 页。

保守秘密的义务，泄露秘密应当承担相应法律责任。对个别不宜出示的证据，可以交换证据目录，但不能在交换证据过程中出示该证据。

——蔡小雪、甘文：《行政诉讼实务指引》，人民法院出版社2014年版，第193~194页。

393. 被告申请行政执法人员出庭作证的条件

关键词

行政执法人员　出庭作证

最高人民法院司法解释

第四十四条　有下列情形之一，原告或者第三人可以要求相关行政执法人员作为证人出庭作证：

（一）对现场笔录的合法性或者真实性有异议的；

（二）对扣押财产的品种或者数量有异议的；

（三）对检验的物品取样或者保管有异议的；

（四）对行政执法人员的身份的合法性有异议的；

（五）需要出庭作证的其他情形。

——《最高人民法院关于行政诉讼证据若干问题的规定》（2002年7月24日，法释〔2002〕21号）。

附录：最高人民法院法官著述

《行政诉讼证据规定》第44条只规定了原告、第三人可以要求相关行政执法人员出庭作证，未规定被告是否可以申请其相关的行政执法人员出庭作证。在起草《行政诉讼证据规定》的过程中，各地法院要求明确规定，原告、第三人可以申请相关行政执法人员出庭作证，未要求规定被告可以申请其相关的行政执法人员出庭作证。也就是说，被告申请其行政执法人员出庭作证的问题并不突出，故该条中未明确规定被告能否申请其行政执法人员出庭作证。但是这并不意味着被告就无权申请其行政执法人员出庭作证，而是要根据具体情况来确定。如果被告在举证期限内已经向法庭提供了其作出被诉具体行政行为所依据的行政执法人员的证言，但该证言与原告、第三人的陈述存在重大矛盾。此时，被告申请其行政执法人员出庭作证，并不是补充新的证据，而是请求法庭通过对质，确认是行政执法人员的证言可靠，还是原告、第三人的陈述可靠，从而查明案件事实。因此，我们认为，在被告已在法定期限内向法庭提供其行政执法人员的证言的情况下，可以申请该行政执法人员出庭作证。倘若被告在法定举证期限内未提供其行政执法人员的证言，在诉讼中申请该行政执法人员出庭作证的，法庭一般不应准许。

行政执法人员与行政诉讼案件之间无法律上的利害关系。行政执法人员参与诉讼的作用是证实案件事实，而不是直接提出主张，行政执法人员应当以证人身份出现。作为证人，不论其陈述是承认还是否认，都是证人证言，都应当对其进行审查，确定其真伪，不能因为承认某个事实就肯定其效力，否认某个事实就排除其效力。需要指出的是，如果行政执法人员在法庭上承认了原告所陈述的事实，推翻了其以前所作的证言，法庭经审查认为行政执法人员不存在与原告串通的情形，法庭一般都要认定该证言具有证明力。行政执法人员否认原告所陈述的事实的，还需要进一步审查和分析。

——蔡小雪、甘文：《行政诉讼实务指引》，人民法院出版社2014年版，第243~244页。

394. "品格证据"的证明效力

关键词

品格证据　关联性　证明效力

最高人民法院裁判文书

张某修诉吉林省白城地区公安局行政复议决定再审案［最高人民法院（2001）行提字第2号行政判决书］

裁判要点：所谓品格证据，是指将一个人的人品、人格、名誉等作为证据。在一般情况下，一个人的品格或者一种特定品格的证据在证明这个人于特定环境下实施了与此品格相一致的行为上不具有关联性。

最高人民法院认为：根据1996年《治安管理处罚条例》第19条的规定，寻衅滋事是属于扰乱公共秩序的行为，其侵犯的客体一般不是以特定人或财物为侵害的对象，应当是公共秩序。1991年4月15日中午，金红军与张某修在燕舞饭店发生争执，尚未侵犯公共秩序，原白城市公安局仅依据上述事实认定金红军的行为构成寻衅滋事的主要证据不足。原白城市公安局对金红军作出的治安管理处罚裁决书，未直接送达金红军本人，两份告知金红军复议权利的笔录时间发生重叠，属于程序违法。原白城地区公安局认为原白城市公安局对金红军作出治安处罚时未尽到完全告知复议权利的义务，从保护当事人权利出发，根据《行政复议条例》第 29 条的规定，受理金红军的复议申请没有违反《行政复议条例》和《治安管理处罚条例》的有关规定。本案被诉具体行政行为是原白成地区公安局作出的，吉林省高级人民法院〔1999〕吉高法行再字第 1 号行政判决将原白城市公安局列为本案当事人，属于错列当事人，应予纠正。吉林省高级人民法院〔1995〕吉行再字第 12 号行政判决、〔1999〕吉高法行再字第 1 号行政判决中认定金红军非在 1991 年 4 月 15 日所为的行为及受处分的事实，超出人民法院对具体行政行为合法性审查的范围。综上，原白城地区公安局以原白城市公安局对金红军作出的治安拘留处罚裁决认定事实不清、证据不足、程序违法为由，撤销原白城市公安局的裁决符合有关法律规定。吉林省高级人民法院〔1993〕行再字第 10 - 1 号行政判决、判决维持原白城地区公安局 002 号复议裁决是正确的。吉林省高级人民法院〔1995〕吉行再字第 12 号行政判决、吉林省高级人民法院〔1999〕吉高法行再字第 1 号行政判决，均属认定事实不清，适用法律错误。

——李国光主编、最高人民法院行政庭编：《行政执法与行政审判参考》2002 年第 1 辑（总第 4 辑），法律出版社 2002 年版，第 319~325 页。

附录：最高人民法院法官著述

我国行政法学界与实务界虽然赞同在行政诉讼中一方当事人提供的品格证据一般应当排除在具有关联性的证据之外，但并不是说，所有的品格证据都应当排除在具有关联性的证据之外。国外有关证据法中在品格证据的关联性问题上都有例外规定。我们认为，在行政诉讼中，以下四种情况应不受此原则的限制：第一，由于原告提供的关于其本人或者其工作人员品格的某一项相关特征的证据，或者由被告、第三人提供的用于对原告或者原告的工作人员品格的某一项相关特征进行反证的证据。第二，由一方当事人提供的关于违法行为的被害人品格的某相关特征的证据，或者由一方当事人提供的用于对对方当事人及其工作人员的品格进行反驳的证据。第三，任何一方当事人，包括传唤证人的当事人，都可以攻击证人的可靠性。对证人的可靠性可以通过意见证据或者名声证据的形式予以攻击或者支持，但受下列限制：一是该证据只能针对可信或者不可信的品行。关于可信品行的证据，只能在该证人的可信品行已受到意见证据或名声证据或其他证据攻击之后，才具有可采信性。二是该证据所针对的品行必须与被诉具体行政行为合法性之间具有一定逻辑关系。倘若不具有一定逻辑关系，则应当排除在关联性之外。第四，为了证明一方当事人的动机、机会、意图、准备、计划、知识、身份，或有无过失、意外事件，如果一方当事人提出申请，则此类证据可以认定具有关联性。但是，这里有两个问题需要说明：一是上述四种情况下的品格证据可以认定具有关联性，但是并不一定就具有证明力。这类证据即使认定具有关联性，也仅仅是作为加强或削弱当事人陈述、被侵害人陈述、证人证言等言词性证据证明力的证据使用，而不能直接作为认定某一案件事实的定案根据；二是这四种情况的品格证据并不一定就把现实生活中的所有可以认定具有关联性的品格证据都包括进去，仅仅是笔者个人的分析，还有待审判实践的检验。

——蔡小雪、甘文：《行政诉讼实务指引》，人民法院出版社2014年版，第279~280页。

395. 查封、扣押清单的证明效力

关键词

查封、扣押清单　行政强制措施　证明效力

附录：最高人民法院主流观点

审判实践中经常碰到的问题是，行政机关实施查封、扣押措施，清单上没有当事人的签名，也没有行政机关之外第三人的证明，当事人要求赔偿的，法院如何处理的问题。清单是证明行政机关查封、扣押当事人物品的重要证据，必须有当事人签字才能确认其证明效力，如果当事人拒绝签字的，应当由参与强制程序的见证人签字，或者由公证机关到场公证。《行政强制法》第24条没有关于当事人、见证人和行政机关在查封、扣押清单上签字的规定，但并不意味行政机关、当事人和见证人没有签字确认的权利和义务，行政机关负有在清单上签字的义务，当事人具有在清单上签字的权利，如果当事人因各种原因未签字，可以由行政机关直接在清单上注意相关情况，并邀请参与强制程序的见证人签字，或者由公证机关出具公证文书。查封、扣押当事人或者见证人在清单上签字确认，一方面，可以查封、扣押物品的来源，保证查封、扣押的物品经核实可以作为定案根据的真实性和合法性；另一方面，也可以防止出现当事人主张的查封、扣押物品与实际查封、扣押物品不一致时无法证明的情况。鉴于清单的作为证明查封、扣押措施合法性和真实性证据的重要性，清单如果没有当事人、见证人签字，或者公证机关公证，且当事人在诉讼中不予认可的，不能作为定案证据。需要特别注意的是现场笔录和查封、扣押清单是不同的证据材料，除非现场笔录记载的查封、扣押物品的相关信息与清单的内容完全一致或基本一致，且当事人、见证人在现场笔录上签字或认可该现场笔录的。否则，现场笔录不能作为证明清单内容以及查封、扣押对象具体信息的证据，不具有查封、扣押清单的证明效力。

——江必新主编、最高人民法院行政强制法研究小组编：《中华人民

共和国行政强制法〉条文理解与适用》，人民法院出版社2012年版，第151~152页。

396."相关行政执法人员出庭说明"是否属于证人出庭作证

关键词

相关行政执法人员　出庭　证人

最高人民法院司法解释

第四十一条　有下列情形之一，原告或者第三人要求相关行政执法人员出庭说明的，人民法院可以准许：

（一）对现场笔录的合法性或者真实性有异议的；

（二）对扣押财产的品种或者数量有异议的；

（三）对检验的物品取样或者保管有异议的；

（四）对行政执法人员身份的合法性有异议的；

（五）需要出庭说明的其他情形。

——《最高人民法院关于适用〈中华人民共和国行政诉讼法〉的解释》（2018年2月6日，法释〔2018〕1号）。

附录：最高人民法院主流观点

自《行政诉讼证据规定》出台之后，对于行政执法人员能否作为证人而出庭作证问题就存在不同的看法。但从本条目前的表述来看，本司法解释所持的态度是否定了被告机关行政执法人员的证人身份，所以本条规定的被告机关行政执法人员出庭说明，就应当属于当事人陈述。主要理由包括两方面。第一，证人证言是指证人以口头或者书面方式向人民法院所做的有关案件事实的陈述。证人是指直接或间接了解案件情况的人，且证人必须是当事人以外的人。被告机关的行政执法人员，虽然从形式上看其为自然人，且其本身不是案件的当事人（被告），但该执法人员的行政执法活动是履行职权的行为，此时执法人员的行为就视为被告机关的行为。行政机关行政权的实际运用都是通过其内部公务员的行为来实现的。只要是公务员在工作时间和职责权限内，以行政机关名义作出的行为，都是公务行为，其归属主体是其所在行政机关。所以，被告机关行政执法人员的行为与被告机关的行为并非两个行为。行政执法人员不可能脱离其与被告机关的法律关系，以旁观者的身份作证。第二，行政诉讼遵循案卷主义规则。案卷主义规则又称案卷排他主义，是指行政机关在行政程序之外形成的证据不能作为证明行政机关行为合法或定案的根据。如果认为被告机关行政执法人员是证人,而其陈述的事实是用以证明行政行为的合法性,并增强了原行政案卷中证据的证明力,那么法院是否将其作为证人证言予以采纳呢?如果采纳就会与案卷主义规则相悖。基于上述考虑,被告机关行政执法人员出庭说明不属于证人出庭作证,但被告机关之外的其他行政机关执法人员出庭,可以作为证人出庭作证。

——最高人民法院行政审判庭编著:《最高人民法院行政诉讼法司法解释理解与适用》,人民法院出版社 2018 年版,第 228~229 页。

397. 电子证据证明效力的认定

关键词

电子证据　证明效力

最高人民法院司法解释

第六十四条　以有形载体固定或者显示的电子数据交换、电子邮件以及其他数据资料,其制作情况和真实性经对方当事人确认,或者以公证等其他有效方式予以证明的,与原件具有同等的证明效力。

——《最高人民法院关于行政诉讼证据若干问题的规定》(2002 年 7 月 24 日,法释〔2002〕21 号)。

最高人民法院司法政策精神

二、关于电子数据证据

会议认为,证券交易和信息传递电子化、网络化、无线化等特点决定电子交易信息、网络 IP 地址、通讯记录、电子邮件等电子数据证据在证券行政案件中至关重要。但由于电子数据证据具有载体多样,复制简单、容易被删改和伪造等特点,对电子数据证据的证据形式要求和审核认定应较其他证据方法更为严格。根据行政诉讼法第三十一条第一款第(三)项[①]的规定,最高人民法院《关于行政诉讼证据若干问题的规定》第十二条、第六十四条的规定,当事人可以向人民法院提供电子数据证据证明待证事实,相关电子数据证据应当符合下列要求:

(一)无法提取电子数据原始载体或者提取确有困难的,可以提供电子数据复制件,但必须附有不能或者难以提取原始载体的原因、复制过程以及原始载体存放地点或者电子数据网络地址的说明,并由复制件制作人和原始电

---

① 现为《中华人民共和国行政诉讼法》(2017 年修正)第三十三条第一款第三项。

子数据持有人签名或者盖章,或者以公证等其他有效形式证明电子数据与原始载体的一致性和完整性。

(二)收集电子数据应当依法制作笔录,详细记载取证的参与人员、技术方法、步骤和过程,记录收集对象的事项名称、内容、规格、类别以及时间、地点等,或者将收集电子数据的过程拍照或录像。

(三)收集的电子数据应当使用光盘或者其他数字存储介质备份。监管机构为取证人时,应当妥善保存至少一份封存状态的电子数据备份件,并随案移送,以备法庭质证和认证使用。

(四)提供通过技术手段恢复或者破解的与案件有关的光盘或者其他数字存储介质、电子设备中被删除的数据、隐藏或者加密的电子数据,必须附有恢复或破解对象、过程、方法和结果的专业说明。对方当事人对该专业说明持异议,并且有证据表明上述方式获取的电子数据存在篡改、剪裁、删除和添加等不真实情况的,可以向人民法院申请鉴定,人民法院应予准许。

——《最高人民法院印发〈关于审理证券行政处罚案件证据若干问题的座谈会纪要〉的通知》(2011年7月13日,法〔2011〕225号)。

附录:最高人民法院法官著述

我们承认电子证据具有独立的证据效力,但电子证据与其他类型的证据具有很大的差异,因此,法官在认定电子证据的证明效力时,需要注意以下几个问题:

1. 经对方当事人确认或者公证的电子证据不具有当然的证明效力。根据《行政诉讼证据规定》第64条的规定,电子证据经对方当事人确认或者公证,与原件具有同等的证明效力。但是,与原件的证明效力一样,并不一定就意味着能够作为定案的依据。因此,法庭在审查电子证据的证明效力时,首先应当审查该电子证据与案件事实之间是否具有关联性,不具有关联性的,可以直接排除在定案依据之外。在确定具有关联性之后,要审查当事人认可电子证据制作情况和真实性时,是否受到外力影响作出认可的。如果是受到外力影响作出的认可,因不是当事人的真实意思表示,不应确认为当事人的确认。在排除受到外力影响后,再审查是否具有合法性,只有最终确认该电子证据具有合法性后,才能作为定案的依据,反之则不能作为定案的依据。

2. 未经对方当事人确认或者公证的电子证据不能一概认定为不具有证明效力。电子证据虽未经对方当事人确认或者公证,并非一定都要排除在定案的依据外,如果有其他具有证明效力的证据予以印证的,法庭可以认定其具有证明效力。但如果其他证据自相矛盾、内容前后不一致或者不符合情理的,在未排除合理怀疑的情况下,不能采信该电子证据。因此,在判断电子证据的真实性问题时,需要结合案件的其他所有有效证据进行分析后,才能作出认定。专家有关技术方面的意见，需要特别予以注意，而不能武断地将未经对方当事人确认或者公证的电子证据都排除在定案依据之外。

3. 法庭要注意对所有的电子证据的合法性进行审查。审查包括收集手段是否合法和形式要件是否符合法定要求这两个方面的内容。因此，在审查中需要了解电子证据是以什么方法、在什么情况下取得的，是否违背法定的程序和要求，是否符合法律、法规及规章规定的形式要求。经审查发现收集手段不合法或者形式要件不符合法律、法规及规章规定的形式要求的，其虚假或者错误率很高，难以保障其内容或信息的真实性，故应当将其排除在定案依据之外。

——蔡小雪：《关于鉴定结论与电子证据证明效力问题》，载江必新主编、最高人民法院行政审判庭编：《行政执法与行政审判》2003年第2辑（总第6辑），法律出版社2003年版，第20~21页。

398. 诉讼上自认的证明效力

关键词

诉讼上的自认　证明效力

最高人民法院司法解释

第六十五条　在庭审中一方当事人或者其代理人在代理权限范围内对另一方当事人陈述的案件事实明确表示认可的，人民法院可以对该事实予以认定。但有相反证据足以推翻的除外。

——《最高人民法院关于行政诉讼证据若干问题的规定》（2002年7月24日，法释〔2002〕21号）。

附录：最高人民法院法官著述

法庭确认诉讼上的自认的证明效力问题时，还应当注意以下问题：

1. 在庭审中，一方当事人就对方当事人对其不利的主张予以承认时，法庭必须确定自认一方的当事人对对方主张的事实是全部了解还是部分了解，是否存在误解等问题。如果自认方当事人仅仅是部分了解，对其不了解的全部或者存在误解的，法庭须让对方当事人进一步予以说明，在确认了解对方全部主张的事实并不存在误解的情况后，自认方当事人仍承认的，应认定"自认"是当事人的真实意思表示。如果自认方当事人不予承认或者不表态的，不能作为自认看待。

2. 诉讼当事人不在场的情况下，委托诉讼代理人作出自认后，法官应当审查委托诉讼代理人是否具有此项权限，对于不具有此项权限的，不能直接作为定案的依据。诉讼当事人在场的情况下，委托诉讼代理人作出自认后，法官应当询问当事人，并就此问题作出明确的回答。当事人不回答的，可以视为自认，但当事人明确表示反对的，则不能适用自认规则。

3. 原告或者第三人在诉讼中有关对被诉具体行政行为认定的事实中的有关问题所作的自认，必须是在行政程序过程中原告或者第三人亦作出相同的自认，或有其他证据印证的情况下，说明被告在作出被诉具体行政行为前已经调查清楚，不存在违反"先取证、后裁决"的原则，因而可以作为认定被诉具体行政行为合法的依据；反之，则违反了"先取证、后裁决"的原则，不能作为认定被诉具体行政行为合法的依据。

4. 在行政诉讼中当事人的自认，从证据分类上看仍属于当事人陈述的性质，因此，法官首先应当审查该自认是否符合逻辑推理和生活经验，对明显不符合逻辑推理和生活经验的自认，特别是涉及国家利益、公共利益、他人合法权益的，法官不能将其作为定案的依据。如果未发现明显不符合逻辑推理和生活经验问题的，应审查当事人所举出的所有的证据中，有无足以推翻自认的证据。只有经审查不存在足以推翻自认的证据，才可以将其作为定案的根据。以适用排除合理怀疑为标准的案件，还应在审查排除对自认事实的合理怀疑后，才能作为定案的根据。

5. 法官发现自认是在受胁迫或者重大误解情况下作出的，必须结合其他证据进行综合分析，如果发现自认与事实不符或者没有其他证据印证的，应当认定该自认不具有证明效力。所谓受胁迫所至，是指另一方当事人以给公民及其亲友的生命健康、荣誉、名誉、财产等造成损害；或法人、其他组织的荣誉、名誉、财产等造成损害为要挟，迫使对方当事人作出违背真实意思的行为。所谓重大误解是指当事人对其自身行为的性质和后果发生错误的认识，使行为的后果与自己的意思表示相悖，并造成双方权利义务严重失衡的行为。

6. 在共同诉讼中的自认，如果属于普通的共同诉讼，其中一个当事人的自认除非得到其他共同诉讼当事人的明确认可，才能适用自认规则，否则仅对作出自认的当事人具有拘束力；如果属于必要的共同诉讼中的一个当事人的自认，其他当事人不认可的，不能适用自认规则。在非共同诉讼中，涉及其他诉讼当事人利益的行政案件，其他诉讼当事人对自认提出异议的，不能适用自认规则。

7. 如果在其他行政赔偿诉讼案件中，原告与被告达成调解协议的内容和结论，涉及正在审理的行政诉讼案件认定的事实问题，根据在行政赔偿诉讼案件中，当事人达成的调解协议的内容和结论可以与法院裁判的内容和结论不同的原理，该调解协议的内容和结论不能直接作为正在审理案件的依据。

如果法院在审理行政赔偿诉讼案件过程中，双方当事人达成赔偿协议，但在生效前反悔的，未生效的赔偿协议的内容和结论不具有证明效力，法庭应当继续审查案件事实，直至认为可以作出某个判断为止，而不宜直接作出裁判。

——蔡小雪、甘文：《行政诉讼实务指引》，人民法院出版社2014年版，第318~319页。

399. 诉讼外自认的证明力由法官据情酌定

关键词

诉讼外的自认　证明效力　酌情裁量

附录：最高人民法院法官著述

对于诉讼外的自认，法庭应当根据具体情况酌情认定其证明效力。根据《行政诉讼证据规定》第五十四条的规定，法庭应当综合全部证据，遵循法官的职业道德，运用逻辑推理和生活经验，进行全面、客观和公正的分析后，认定其证明效力。在确认诉讼外的自认证明效力的问题上，还应当特别注意以下三个问题：

1. 行政相对人在其人身自由受到限制的情况下所作出的自认，因其精神上受到的压力很大，难以保证是其真实意思表示，为此，倘若没有其他证据印证的，应当将该自认从定案的依据中排除出去。例如，刘某在被行政拘留期间承认其嫖娼，诉讼中推翻了在行政拘留期间的供述，公安机关在诉讼中提供不出证明刘某嫖娼的其他证据。为此，刘某在行政程序中的自认不能作为定案的依据。

2. 行政机关依申请针对财产权或者人身权争议所作出的裁决的案件，被告能够向法庭提供行政执法人员在行政程序中已经向行政相对人充分说明法律后果，并在询问当事人的情况下，当事人所作的自认的证据材料，并被法庭查明具有证据的"三性"的，一般应当认定自认的事实具有证明效力；如果不能证明的，只有在有其他证据印证的情况下，才能认定该自认具有证明效力，反之则不能。

3. 经过行政复议的案件，在原行政程序和行政复议程序中，执法人员和复议人员均充分说明自认的法律后果并询问后，当事人作出自认的，因行政复议程序是其启动的，其在行政复议中没有过多的顾虑。对这种情况，法庭经审查其他证据不能推翻自认的，一般应当认定该自认具有证明效力。

——蔡小雪、甘文：《行政诉讼实务指引》，人民法院出版社2014年版，第319~320页。

400. 涉及身份关系的行政案件不应排除在自认范围之外

关键词

自认　身份关系　排除合理怀疑

附录：最高人民法院法官著述

涉及身份关系的行政案件不应排除在自认的范围之外。理由有二：其一，"自认"应当是当事人对自己的行为的承认。对他人的行为，当事人并未经历，其作出的承认显然难以保证其真实性，故不属于自认的范围。行政案件中涉及身份关系的案件中的自认，只有原告对被告所提出不利于其事实的自认，不存在被告对原告有关实体问题上所提出不利于其事实的自认。其二，民事案件中涉及身份关系的案件的范围仅包括婚姻关系和亲属关系这两类案件。这两类案件必须尊重当事人本人的意思，纵使其不属于完全行为能力人，也应当让其实施诉讼行为，以便法院依职权对案件事实进行调查，而不论有无自认存在。涉及身份关系的行政案件，法院审查的对象是被诉具体行政行为的合法性问题，人民法院认定被诉具体行政行为违法，只能撤销或者确认违法、无效，而不能直接作出有关确认身份关系的判决。据此，在行政诉讼中，法院适用自认规则对有关身份关系的行政案件作出判决，不会出现将不具有客观真实性的身份关系确定为成立。这也正是行政审判与民事审判的不同点，因此，没有必要将有关身份案件排除在自认之外。尽管在学理上，很多学者认为，对限制人身自由的行政处罚或行政强制措施案件和对行政相对人人身或者财产权益有重大影响的行政案件应当适用排除合理怀疑证明标准。但是，行政诉讼上适用排除合理怀疑的案件与刑事案件有两点不同：一是刑事案件的被告人在诉讼中，人身自由仍然受到司法机关的限制，不具有自由行动的权利，其走向法庭完全是被动的，因此，难以保证其在庭审上作出的对其不利的陈述是完全真实的意思表示。而在行政程序中被限制人身自由的原告，在诉讼中一般获得了人身自由，其走向法庭完全是其主动起诉而启动的，因此，其在法庭上承认被告对其不利的主张，绝大多数情况下是其真实的意思表示。二是行政诉讼上的排除合理怀疑的标准与刑事诉讼上的排除合理怀疑的标准，在程度上仍有一定的距离。刑事处罚剥夺的是被告人的人身自由、生命及财产，是最为严厉的一种制裁措施，因此要求证明标准最高，而行政处罚和行政强制措施中的限制人身自由仅仅剥夺行政相对人短暂的人身自由和较小的财产，与之相比属于较轻微的制裁措施。同时，我们还要考虑行政机关为了公共利益需要保证行政效率的情况。据此，限制人身自由的行政处罚或行政强制措施案件和对行政相对人人身或者财产权益有重大影响的行政案件不应排除在自认之外。

——蔡小雪、甘文:《行政诉讼实务指引》,人民法院出版社2014年版,第314~315页。

第七章 法律适用

401. 关于审理行政案件适用法律规范问题

关键词

法律适用

最高人民法院司法政策精神

一、关于行政案件的审判依据

根据《行政诉讼法》和《立法法》有关规定，人民法院审理行政案件，依据法律、行政法规、地方性法规、自治条例和单行条例，参照规章。在参照规章时，应当对规章的规定是否合法有效进行判断，对于合法有效的规章应当适用。根据《立法法》《行政法规制定程序条例》和《规章制定程序条例》关于法律、行政法规和规章的解释的规定，全国人大常委会的法律解释，国务院或者国务院授权的部门公布的行政法规解释，人民法院作为审理行政案件的法律依据；规章制定机关作出的与规章具有同等效力的规章解释，人民法院审理行政案件时参照适用。

考虑中华人民共和国成立后我国立法程序的沿革情况，现行有效的行政法规有以下三种类型：一是国务院制定并公布的行政法规；二是《立法法》施行以前，按照当时有效的行政法规制定程序，经国务院批准、由国务院部门公布的行政法规。但在《立法法》施行以后，经国务院批准、由国务院部门公布的规范性文件，不再属于行政法规；三是在清理行政法规时由国务院确认的其他行政法规。

行政审判实践中，经常涉及有关部门为指导法律执行或者实施行政措施而作出的具体应用解释和制定的其他规范性文件，主要是：国务院部门以及省、市、自治区和较大的市人民政府或其主管部门对于具体应用法律、法规或规章作出的解释；县级以上人民政府及其主管部门制定发布的具有普遍约束力的决定、命令或其他规范性文件。行政机关往往将这些具体应用解释和其他规范性文件作为具体行政行为的直接依据。这些具体应用解释和规范性文件不是正式的法律渊源，对人民法院不具有法律规范意义上的约束力。但是，人民法院经审查认为被诉具体行政行为依据的具体应用解释和其他规范性文件合法、有效并合理、适当的，在认定被诉具体行政行为合法性时应承认其效力；人民法院可以在裁判理由中对具体应用解释和其他规范性文件是否合法、有效、合理或适当进行评述。

二、关于法律规范冲突的适用规则

调整同一对象的两个或者两个以上的法律规范因规定不同的法律后果而产生冲突的，一般情况下应当按照《立法法》规定的上位法优于下位法、后法优于前法以及物事特别法优于一般法等法律适用规则，判断和选择所应适用的法律规范。冲突规范所涉及的事项比较重大、有关机关对是否存在冲突有不同意见、应当优先适用的法律规范的合法有效性尚有疑问或者按照法律适用规则不能确定如何适用时，依据《立法法》规定的程序逐级送请有权机关裁决。

（一）下位法不符合上位法的判断和适用

下位法的规定不符合上位法的，人民法院原则上应当适用上位法。当前许多具体行政行为是依据下位法作出的，并未援引和适用上位法。在这种情况下，为维护法制统一，人民法院审查具体行政行为的合法性时，应当对下位法是否符合上位法一并进行判断。经判断下位法与上位法相抵触的，应当依据上位法认定被诉具体行政行为的合法性。从审判实践看，下位法不符合上位法的常见情形有：下位法缩小上位法规定的权利主体范围，或者违反上位法立法目的扩大上位法规定的权利主体范围；下位法限制或者剥夺上位法规定的权利，或者违反上位法立法目的扩大上位法规定的权利范围；下位法扩大行政主体或其职权范围；下位法延长上位法规定的履行法定职责期限；下位法以参照、准用等方式扩大或者限缩上位法规定的义务或者义务主体的范围、性质或者条件；下位法增设或者限缩违反上位法规定的适用条件；下位法改变上位法已规定的违法行为的性质；下位法超出上位法规定的强制措施的适用范围、种类和方式，以及增设或者限缩其适用条件；法规、规章或者其他规范文件设定不符合行政许可法规定的行政许可，或者增设违反上位法的行政许可条件；其他相抵触的情形。

法律、行政法规或者地方性法规修改后，其实施性规定未被明文废止的，人民法院在适用时应当区分下列情形：实施性规定与修改后的法律、行政法规或者地方性法规相抵触的，不予适用；因法律、行政法规或者地方性法规的修改，相应的实施性规定丧失依据而不能单独施行的，不予适用；实施性规定与修改后的法律、行政法规或者地方性法规不相抵触的，可以适用。

（二）特别规定与一般规定的适用关系

同一法律、行政法规、地方性法规、自治条例和单行条例、规章内的不同条文对相同事项有一般规定和特别规定的,优先适用特别规定。

法律之间、行政法规之间或者地方性法规之间对同一事项的新的一般规定与旧的特别规定不一致的,人民法院原则上应按照下列情形适用:新的一般规定允许旧的特别规定继续适用的,适用旧的特别规定;新的一般规定废止旧的特别规定的,适用新的一般规定。不能确定新的一般规定是否允许旧的规定继续适用的,人民法院应当中止行政案件审理,属于法律的,逐级上报最高人民法院送请全国人民代表大会常务委员会裁决;属于行政法规的,逐级上报最高人民法院送请国务院裁决;属于地方性法规的,由高级人民法院送请制定机关裁决。

(三)地方性法规与部门规章冲突的选择适用

地方性法规与部门规章之间对同一事项的规定不一致的,人民法院一般可以按照下列情形适用:(1)法律或者行政法规授权部门规章作出实施性规定的,其规定优先适用;(2)尚未制定法律、行政法规的,部门规章对于国务院决定、命令授权的事项,或者对于中央宏观调控的事项、需要全国统一的市场活动规则及对外贸易和外商投资等需要全国统一规定的事项作出的规定,应当优先适用;(3)地方性法规根据法律或者行政法规的授权,根据本行政区域的实际情况作出的具体规定,应当优先适用;(4)地方性法规对属于地方性事务的事项作出的规定,应当优先适用;(5)尚未制定法律、行政法规的,地方性法规根据本行政区域的具体情况,对需要全国统一规定以外的事项作出的规定,应当优先适用;(6)能够直接适用的其他情形。不能确定如何适用的,应当中止行政案件的审理,逐级上报最高人民法院按照《立法法》第86条第1款第(2)项的规定送请有权机关处理。

(四)规章冲突的选择适用

部门规章与地方政府规章之间对相同事项的规定不一致的,人民法院一般可以按照下列情形适用:(1)法律或者行政法规授权部门规章作出实施性规定的,其规定优选适用;(2)尚未制定法律、行政法规的,部门规章对于国务院决定、命令授权的事项,或者对属于中央宏观调控的事项、需要全国统一的市场活动规则及对外贸易和外商投资等事项作出的规定,应当优选适用;(3)地方政府规章根据法律或者行政法规的授权,根据本行政区域的实际情况作出的具体规定,应当优先适用;(4)地方政府规章对属于本行政区域的具体行政管理事项作出的规定,应当优选适用;(5)能够直接适用的其他情形。不能确定如何适用的,应当中止行政案件的审理,逐级上报最高人民法院送请国务院裁决。

国务院部门之间制定的规章对同一事项的规定不一致的,人民法院一般可以按照下列情形选择适用:(1)适用与上位法不相抵触的部门规章规定;(2)与上位法均不抵触的,优先适用根据专属职权制定的规章规定;(3)两个以上的国务院部门就涉及其职权范围的事项联合制定的规章规定，优先于其中一个部门单独工作的规定；（4）能够选择适用的其他情形。不能确定如何适用的，应当中止行政案件的审理，逐级上报最高人民法院送请国务院裁决。

国务院部门或者省、市、自治区人民政府制定的其他规范性文件对相同事项的规定不一致的，参照上列精神处理。

三、关于新旧法律规范的适用规则

根据行政审判中的普遍认识和做法，行政相对人的行为发生在新法施行以前，具体行政行为作出在新法施行以后，人民法院审查具体行政行为的合法性时，实体问题适用旧法规定，程序问题适用新法规定，但下列情形除外：

（一）法律、法规或规章另有规定的；

（二）适用新法对保护行政相对人的合法权益更为有利的；

（三）按照具体行政行为的性质应当适用新法的实体规定的。

四、关于法律规范具体应用解释问题

在裁判案件中解释法律规范，是人民法院适用法律的重要组成部分。人民法院对于所适用的法律规范，一般按照其通常语义进行解释；有专业上的特殊涵义的，该涵义优先；语义不清楚或者有歧义的，可以根据上下文和立法宗旨、目的和原则等确定其涵义。

法律规范在列举其适用的典型事项后，又以"等""其他"等词语进行表述的，属于不完全列举的例示性规定。以"等""其他"等概括性用语表示的事项，均为明文列举的事项以外的事项，且其所概括的情形应为与列举事项类似的事项。

人民法院在解释和适用法律时，应当妥善处理法律效果与社会效果的关系，既要严格适用法律规定和维护法律规定的严肃性，确保法律适用的确定性、统一性和连续性，又要注意与时俱进，注意办案的社会效果，避免刻板僵化地理解和适用法律条文，在法律适用中维护国家利益和社会公共利益。

——《最高人民法院关于印发〈关于审理行政案件适用法律规范问题的座谈会纪要〉的通知》（2004年5月18日，法〔2004〕96号）

402. 新旧法不一致时应按程序从新、实体从旧兼从轻原则适用法律

关键词

行政处罚　程序从新、实体从旧兼从轻

最高人民法院审判业务意见

17. 行政处罚作出过程中法律规定发生变化时的选择适用问题

被诉行政处罚决定作出过程中新法开始施行的,一般按照实体从旧、程序从新的原则作出处理,但新法对原告更有利的除外。

——《最高人民法院办公厅关于印发〈行政审判办案指南(一)〉的通知》(2014年2月24日,法办〔2014〕17号)。

行政审判指导案例

青岛五龙橡塑制品有限公司诉中华人民共和国黄岛海关行政处罚案〔行政审判指导案例第57号〕

裁判要点:行政相对人的行为发生在新法施行前,行政机关处理期间新法施行的,行政机关一般应当按照新法的程序要求作出具体行政行为。行政相对人的行为发生在新法施行前,行政机关处理期间新法施行的,行政机关对实体问题一般应当以旧法为判断依据,但新法对相对人更有利的除外。

关于黄岛海关是否可以委托鉴定机构对进口货物进行固体废物属性鉴定的问题。1996年5月14日国家进出口商品检验局、海关总署、国家环境保护局《关于对进口废物实施检验有关问题的通知》系因国家环保局、外经贸部、海关总署、国家工商局和国家商检局联合颁布《废物进口环境保护管理暂行规定》(环控〔1996〕204号)对进口废物的检验问题作了原则性规定的情况下,国家进出口商品检验局、海关总署、国家环境保护局就进口废物检验的有关具体问题作出的规定。"环发〔2008〕18号文"系为贯彻《固废法》,加强进口固体废物的环境管理,规范固体废物属性鉴别工作,发布的固体废物属性鉴别机构名单及鉴别程序。上述两文件均为国务院部门制定发布的有关进口废物检验问题具有普遍约束力的规范性文件,但对于废物属性鉴别程序的规定有所不同,参照《中华人民共和国立法法》,有关新的规定与旧的规定不一致的,适用新的规定以及程序从新等基本原则,本案中被上诉人黄岛海关适用"环发〔2008〕18号文"的规定,对五龙公司的进口物品进行固体废物属性鉴别并无不当,本院予以支持。国家质量监督检验检疫总局《保税区检验检疫监督管理办法》则适用于对进出保税区、法律法规应当实施检验检疫货物及其包装物、铺垫材料、运输工具、集装箱的检验检疫及监督管理工作,而本案系五龙公司以一般贸易方式向黄岛海关申报进口货物,因此,《保税区检验检疫监督管理办法》不适用于本案。上诉人关于其货物应当向商检机构申请检验的办法，理由不能成立，不予支持。

关于涉案货物是否属于限制进口类固体废物的问题。《固废法》第二十五条第一款规定，禁止进口不能用作原料或者不能以无害化方式利用的固体废物；对可以用作原料的固体废物实行限制进口和自动许可进口分类管理。国家环境保护局、对外贸易经济合作部、海关总署、国家工商局、国家商检局1996年3月1日联合发布的《废物进口环境保护管理暂行规定》第八条第二款规定，凡未列入本规定附件一的所有废物（废物范围见第三十二条），禁止进口。上述附件一《国家限制进口的可用作原料的废物目录》所列明的允许限制进口的废物种类中，不包含本案货物。因此，本案货物在五龙公司申报进口时属于禁止进口的固体废物。而国家环境保护总局、商务部、国家发展和改革委员会、海关总署、国家质量监督检验检疫总署"2008年第11号公告"附件二《限制进口类可用作原料的固体废物目录》将"未硫化橡胶废碎料、下脚料及其粉、粒"（商品编码4004000090）列入限制进口类可用作原料的固体废物。2008年2月21日，五龙公司以一般贸易方式向黄岛海关申报进口涉案货物时，"2008年第11号公告"虽未开始执行，但黄岛海关发现该货物疑似受火灾损毁后，组织五龙公司一起进行取样，以确定该商品是否为国家禁止进口的固体废物。至2009年2月9日，深检局作出20090005ZJ《进口物品固体废物属性鉴别报告》，鉴别结果为"样品整体是部分烧焦的多种橡胶的混杂物""样品属于固体废物"，此时"2008年第11号公告"已开始执行。2009年6月16日，黄岛海关作出黄关缉违字〔2009〕254号行政处罚决定书，以对五龙公司有利的理由，适用"2008年第11号公告"认定涉案货物属限制进口类固体废物。因此，黄岛海关适用"2008年第11号公告"认定涉案货物为限制进口类固体废物，而未适用《废物进口环境保护管理暂行规定》认定涉案货物为禁止进口的固体废物，明显有利于黄岛公司，该认定符合行政执法和行政审判的普遍认识和做法，即行政相对人的行为发生在新法施行以前，行政行为作出在新法施行以后，行政机关作出行政行为以及人民法院审查行政行为的合法性时，实体问题适用旧法规定，程序问题适用新法规定，但适用新法对保护行政相对人的合法权益更为有利的除外。一审法院判决认可黄岛海关适用"2008年第11号公告"认定涉案货物属限制进口类固体废物是正确的，予以支持。

——江必新主编、最高人民法院行政审判庭编：《中国行政审判案例》第2卷，中国法制出版社2011年版，第107~109页。

403. 参照民事法律规范认定涉及民事问题的行政行为的合法性

关键词

行政补偿　土地承包合同　信赖保护原则

最高人民法院答复

云南省高级人民法院：

你院报送的《关于红河县人民政府因张建军诉其行政补偿上诉一案的请示报告》收悉。经研究，答复如下：

基于你院请示报告认定的张建军诉红河县人民政府行政补偿上诉一案的事实，可以参照《云南省荒山有偿开发的若干规定》第16条的规定，给予张建军适当的补偿。并请你院做好协调工作，尽量协调解决该案。

——《最高人民法院行政审判庭关于云南省高级人民法院就张建军诉红河县人民政府行政补偿上诉一案请示的电话答复》（2006年4月12日，〔2005〕行他字第27号）。

附录：最高人民法院法官著述

我们认为，在满足一定条件的情况下在行政审判中是可以适用民事法律规范的。从司法实践来看，这些条件主要包括：一是与本案行政行为的合法性相关。相当多的行政行为是基于民事纠纷引发的，例如，拆迁补偿协议引发的拆迁纠纷等。二是与本案的利害关系人的财产利益、人身利益、劳动权益等相关。例如，合同法上的规定可能涉及利害关系人的经营自主权；民法通则上关于财产权、人身权的规定；劳动法、劳动合同法上关于劳动权的规定。三是涉及行政民事交叉的案件。例如，因民事纠纷引发的行政纠纷等案件。四是涉及经济法的法律。例如，土地管理等法律、法规在传统上属于经济法的范畴，但是，这些法律同时规定了有关行政机关的行政管理职能、执法程序等，法院必须通过适用此类法律才能进行合法性审查。

——江必新、梁凤云：《行政诉讼法理论与实务》（第三版），法律出版社2016年版，第1476页。

404. 法律之间存在冲突的必须中止案件审理，请示最高人民法院作出答复

> **关键词**

法律冲突　中止审理　请示

> **最高人民法院答复**

福建省高级人民法院：

你院〔1995〕闽行他字第 4 号《关于地下热水的属性及适用法律问题的请示》收悉。经研究并征求国务院法制局的意见，现答复如下：

地下热水（25℃以上）属于地热资源，具有矿产资源和水资源的双重属性。对地下热水的勘查、开发、利用、保护和管理应当适用《中华人民共和国矿产资源法》、《中华人民共和国矿产资源法实施细则》和《矿产资源补偿费征收管理规定》。但在依法办理城市规划区内地下热水（25℃以上）的开采登记手续时，应当附具水行政主管部门和城市建设行政主管部门的审查意见。

此复

——《最高人民法院关于对地下热水的属性及适用法律问题的答复》（1996 年 5 月 6 日，〔1996〕法行字第 5 号）。

> **最高人民法院公报案例**

福建省水电勘测设计研究院不服省地矿厅行政处罚案〔福建省福州市中级人民法院〕

裁判摘要：温度为 72℃的地下热水是地热，作为矿产资源，必须依法取得采矿权后才能开采。勘查、开采地热的监督管理工作，在省一级行政区域内，由省地质矿产行政部门主管。对于未依法取得采矿权而开采地热的违法行为，由登记管理机关，系省、自治区、直辖市人民政府地质矿产主管部门给予行政处罚。

福建省福州市中级人民法院认为：

本案当事人争议的问题归纳起来是：温度为 72℃的地下热水是地热还是地下水？它属于矿产资源还是水资源？它应当由《矿产资源法》调整还是由《水法》调整？它应当由哪一个行政管理部门主管？应当由哪一级行政管理机关管辖？如果被告地矿厅有权管辖，其具体行政行为是否符合法定程序？

国务院根据《中华人民共和国矿产资源法》(以下简称《矿产资源法》)制定并发布、1994年3月27日起施行的《中华人民共和国矿产资源法实施细则》(以下简称《实施细则》)第2条规定："矿产资源是指由地质作用形成的，具有利用价值的，呈固态、液态、气态的自然资源。矿产资源的矿种和分类见本细则所附《矿产资源分类细目》。"所附的细目（一）能源矿产中，列有地热；细目（四）水气矿产中，列有地下水。由此可见，地热与地下水是两个不同的概念。国家技术监督局在1989年8月29日发布、1990年6月1日起实施的GB11615－89号国家标准《地热资源地质勘查规范》中规定，地热资源是指在我国当前技术经济条件下，地壳内可供开发利用的地热能、地热流体及其有用组分。该标准将地热资源按温度分为高温地热资源、中温地热资源和低温地热资源三类。其中低温地热资源里，又将小于90℃大于或等于25℃的地热分为热水、温热水、温水三项。本案涉及的地下热水平均温度为72℃，是地热，不是地下水。《实施细则》第44条是对地下水资源的勘查、开发、利用、保护和管理作出的规定，与本案无关。

全国人大常委会于1986年3月19日颁布并于1986年10月1日起施行（已于1996年8月29日修正）的《矿产资源法》第3条规定："矿产资源属于国家所有……开采矿产资源，必须依法申请取得采矿权。"第9条第2款规定："省、自治区、直辖市人民政府地质矿产主管部门主管本行政区域内矿产资源勘查、开采的监督管理工作。"法律已经明确，地热作为矿产资源，必须依法取得采矿权后才能开采。勘查、开采地热的监督管理工作，在省一级行政区域内，是由省地质矿产行政部门主管的。《矿产资源法》第39条规定："违反本法规定，未取得采矿许可证擅自采矿的，责令停止开采、赔偿损失，没收采出的矿产品和违法所得，可以并处罚款"。1987年4月29日国务院根据《矿产资源法》发布的《采矿登记办法》第27条第（1）、（2）项规定，对于"开办矿山企业，未办理采矿登记手续擅自开工的"，"正在建设或者正在生产的矿山企业，从本办法发布之日起满1年无正当理由不申请办理采矿登记手续的"，可以给予警告、罚款、通知银行停止拨款等处罚。本案原告设计院作为全民所有制的事业单位，没有依法取得采矿权而开采地热，是违法的，应当依法进行处罚。

1991年7月19日起施行的《地下热水管理办法》，是福建省第七届人民代表大会常务委员会第二十二次会议批准的地方性法规。其中第5条规定："市水行政主管部门是地下水资源的主管部门，负责对温泉的统一规划和协调，对温泉的保护工作进行指导。福州市城市建设行政主管部门是温泉开发利用的主管部门（以下简称温泉主管部门），负责温泉的保护和开发利用的统一管理工作。"第27条规定："本办法规定的行政处罚，由市温泉主管部门决定。"这个规定没有根据国家标准把温泉按照温度的不同区分出地热和地下水，以致将部分地热归入地下水中，由此给这部分地热确定的行政主管部门与法律、行政法规的规定不符。本案第三人城建委据此地方性法规认为自己对这部分地热有行政管理权，是不适当的。

《采矿登记办法》第 27 条的行政处罚，规定由登记管理机关给予。该办法第 3 条第 3 款规定的登记管理机关，是省、自治区、直辖市人民政府地质矿产主管部门。被告地矿厅根据采矿登记办法的规定，以自己作为实施具体行政行为的主体，对设计院的违法行为进行处罚，并无不当。地矿厅的具体行政行为发生于 1994 年，评判该具体行政行为是否符合法定程序，应当以行为时的法律为准。地矿厅已经对设计院的违法事实调查取证，又向其发出《关于开采地热必须依法办理采矿许可证的通知》和《限期办理采矿许可证通知书》等两个通知。由于设计院对这两个通知均未履行，才依照《采矿登记办法》第 27 条第（1）项的规定决定对设计院处以人民币 5000 元的罚款。此决定通过邮寄送达当事人。地矿厅的上述具体行政行为认定事实清楚，适用法律法规正确，处罚适当，程序合法，应当维持。

——《最高人民法院公报》1998 年第 1 期。

405. 法规与法律相抵触的人民法院可以直接适用法律

关键词

地方性法规　法律冲突

附录：最高人民法院法官著述

如果法规与法律存在冲突，根据《立法法》的有关规定，应当适用上位法即法律的规定。[①] 全国人大法工委 1989 年 11 月 17 日在答复最高人民法院"关于地方性法规与国家法律相抵触应如何执行"中指出，人民法院在审理行政案件的过程中，如果发现地方性法规与国家最高权力机关制定的法律相抵触，应当执行国家最高权力机关的法律。这个答复实际上明确了人民法院在地方性法规和法律相抵触情况下直接适用法律的权力。

对于行政法规和法律之间发生冲突的，应当执行法律；对于地方性法规和行政法规发生冲突的，应当执行行政法规。可见，行政法规的效力低于法律，高于地方性法规。根据《行政诉讼法》的规定，审理案件的法院只有将行政法规作为依据的法定义务，没有在参照规章时"认为不一致"的上报最

---

① 《最高人民法院关于对地下热水的属性及适用法律问题的答复》（〔1996〕法行字第 5 号，1996 年 5 月 6 日）。

高人民法院送请解释或者裁决的程序。我们认为，对于法律、行政法规和地方性法规之间存在冲突的情形，应当按照上位法优于下位法的原则适用。《最高人民法院关于审理行政案件适用法律规范问题的座谈会纪要》规定："调整同一对象的两个或者两个以上的法律规范因规定不同的法律后果而产生冲突的，一般情况下应当按照立法法规定的上位法优于下位法、后法优于前法以及特别法优于一般法等法律适用规则，判断和选择所应适用的法律规范"。"下位法的规定不符合上位法的，人民法院原则上应当适用上位法。当前许多具体行政行为是依据下位法作出的，并未援引和适用上位法。在这种情况下，为维护法制统一，人民法院审查具体行政行为的合法性时，应当对下位法是否符合上位法一并进行判断。经判断下位法与上位法相抵触的，应当依据上位法认定被诉具体行政行为的合法性。"法律和行政法规是否存在不一致或者抵触，本身就是一个重要的法律问题。根据《立法法》的规定，必须经由有关机关审查后"改变或者撤销"。所以，从理论上讲，对于法律、行政法规或者地方性法规之间存在冲突的，法院可以依照上位法优于下位法的适用规则进行适用。但从实践中来看，法律、法规在制定过程比较规范，绝大多数的涉及法律冲突的问题都进行了论证，比较大的冲突已经得到解决。法院在司法实践中遇到的法律冲突问题很少有明显的冲突，绝大多数是"不能确定如何适用的情形"。况且，从司法实践来看，如果当地司法环境不好，压力很大，可以逐级报送有关机关作出答复。因此，对于这类案件，法院如果认为冲突规范所涉及的事项比较重大、有关机关对是否存在冲突有不同意见、应当优先适用的法律规范的合法有效性尚有疑问或者按照法律适用规则不能确定如何适用时，依据立法法规定的程序逐级送请有权机关裁决。

——江必新、梁凤云：《行政诉讼法理论与实务》（第三版），法律出版社2016年版，第1476、1479~1480页。

406. 行政处罚应当遵循比例原则，行政处罚决定书应当载明违反法律、法规或者规章的事实和证据

关键词

网约车　社会危害性　行政处罚

最高人民法院公报案例

陈某诉济南市城市公共客运管理服务中心客运管理行政处罚案［济南市中级人民法院］

裁判摘要：随着"互联网+"与传统行业的融合发展，客运市场上出现了"网约车"现象，该形式在很多城市和部分人群中确有实际需求且已客观存在。但这种客运行为与传统出租汽车客运经营一样，同样关系到公民生命财产的安全，关系到政府对公共服务领域的有序管理，应当在法律、法规的框架内依法、有序进行。对于此类问题形成的诉讼，法院应当坚持以事实为根据，以法律为准绳，结合涉案行为的社会危害性、行政处罚程序的正当性和行政处罚的比例原则等问题进行综合考量判断。

山东省济南市中级人民法院二审认为：

一、本案被诉行政处罚决定是否构成明显不当

比例原则是行政法的重要原则，行政处罚应当遵循比例原则。对当事人实施行政处罚必须与其违法行为的事实、性质、情节和社会危害程度相当。网约车作为客运服务的新业态和分享经济的产物，有助于缓解客运服务的供需矛盾，满足公众多样化出行需求，符合社会发展趋势和创新需求，对其应当保持适度宽容。另一方面，这种新业态又给既有客运管理秩序带来负面影响，甚至存有安全隐患等问题，确需加强规范引导。《网络预约出租汽车经营服务管理暂行办法》的出台，也从侧面对此予以佐证。当一种新生事物在满足社会需求、促进创新创业方面起到积极推动作用时，对其所带来的社会危害的评判不仅要遵从现行法律法规的规定，亦应充分考虑是否符合社会公众感受。本案被上诉人陈某通过网络约车软件进行道路运输经营的行为，社会危害性较小符合一般社会认知。行政机关在依据现行法律法规对其进行处罚时，应当尽可能将对当事人的不利影响控制在最小范围和限度内，以达到实现行政管理目标和保护新生事物之间的平衡。另外，该行为中有几方主体受益、最终产生的车费是否已经实际支付或结算完毕，上诉人济南客运管理中心未提供证据予以证明。在上述事实尚不明确以及该行为社会危害性较小的情况下，将该行为的后果全部归于被上诉人，并对其个人作出较重处罚，有违比例原则，构成明显不当。原审法院认为处罚幅度和数额畸重，对被诉行政处罚决定予以撤销，符合法律规定。上诉人关于不存在处罚畸重情形、结算证据等不影响处罚幅度以及对被上诉人行为社会危害性较小的异议等主张均不能成立。

二、本案行政处罚决定书记载事项是否符合法律规定

《中华人民共和国行政处罚法》第三十九条第一款第二项①规定，行政处罚决定书应当载明违反法律、法规或者规章的事实和证据。上述法律条款虽

---

① 现为《中华人民共和国行政处罚法》（2021年修正）第五十九条第一款第二项。

未对其中的"事实"记载应达到何种程度作出明确规定,但行政处罚决定书作为行政机关对当事人作出处罚的书面证明,记载的事实应当明确具体,包含认定的违法事实的时间、地点、经过、情节等事项,让当事人清楚知晓被处罚的事实依据,以达到警示违法行为再次发生的目的。本案中,行政处罚决定书载明的被上诉人陈某违法事实为"非法经营客运出租汽车",但未载明被上诉人的具体违法事实,即:违法事实的时间、地点、经过以及相关运输经营行为的具体情节等事项。上述记载事项没有达到明确具体的要求,原审法院认为上诉人济南客运管理中心作出的行政处罚决定书记载事项不符合法律规定,应予撤销,并无不当。此外,行政处罚决定书中记载的事实是行政机关最终认定的违法事实,其他法律文书中对具体违法事实的记载不能代替行政处罚决定书中对事实的记载。上诉人关于已在其他法律文书中记载具体违法事实、未侵犯被上诉人合法权益等主张不能成立。

综上,原审判决认定事实清楚,适用法律、法规正确,程序合法,依法应予维持。上诉人济南客运管理中心的上诉理由不能成立,对其上诉请求,不予支持。

据此,山东省济南市中级人民法院依照《中华人民共和国行政诉讼法》第八十九条第一款第一项之规定,判决如下:

驳回上诉,维持原判。二审案件受理费50元,由上诉人济南市城市公共客运管理服务中心负担。

本判决为终审判决。

——《最高人民法院公报》2018年第2期。

407. 行政处罚"违法行为发生时"应如何界定

关键词

行政处罚　违法行为发生时

附录:最高人民法院法官著述

行为可以分为即时行为与非即时行为。即时行为没有时间上的延续,因此发生在旧法实施期间就适用旧法,发生在新法实施期间就适用新法,对于即时行为可以适用从旧兼从轻原则。非即时行为又分为继续行为与连续行为,对于这两种行为横跨新法和旧法时该如何适用法律呢?或许刑法中关于跨法犯的规定对此具有借鉴意义。最高人民检察院于1998年制发的《关于对跨越修订刑法施行日期的继续犯罪、连续犯罪以及其他同种数罪应如何具体适用刑法问题的批复》中,就跨法犯如何处罚作了一些明确的规定。虽然我国

《刑法》中并未对此作出明确规定，但是《刑法》第八十九条第一款针对追诉期限问题规定："追诉期限从犯罪之日起计算；犯罪行为有连续或者继续状态的，从犯罪行为终了之日起计算。"可以看出，以连续行为或继续行为的终了之时作为整个行为的完成之时。因此，我们认为继续行为横跨新旧法的应当适用新法的规定，但是新法规定比旧法规定的处罚较重时应酌情考虑旧法。而对于连续行为，我们认为可以割裂来看。因为每个连续行为都是一个独立的违法行为，因此发生在旧法阶段的连续行为应适用旧法的规定，而发生在新法阶段的连续行为应适用新法的规定。综上，我们认为，在适用的过程中应像刑法规定那样考虑行为的类型。

——江必新主编：《行政处罚法条文精释与实例精解》，人民法院出版社2021年版，第224页。

408. 如何理解不同违法行为的起算标准

关键词

违法行为　起算标准

附录：最高人民法院法官著述

我国《行政处罚法》第三十六条第二款规定，"前款规定的期限，从违法行为发生之日起计算；违法行为有连续或者继续状态的，从行为终了之日起计算"。实践中对于如何理解"违法行为发生之日""连续状态"和"继续状态"的争议很大。行政违法行为是一般行为还是"连续状态"或"继续状态"的行为，这关系到追究行政违法行为的起算点。

1. 一般情况下，从"违法行为发生之日"起计算

对"违法行为发生之日"有不同的理解，有代表性的观点主要有以下几种：第一，指违法行为成立之日；第二，指违法行为完成或者停止之日；第三，指违法行为的实施之日，在绝大多数情况下，违法行为的实施之日就是违法行为的成立之日，当事人实施了某项行为的当时即构成行政违法，完成了构成该种行政违法行为的要件。[①]

多数论者都坚持第一种观点，以"违法行为成立之日"作为"违法行为发生之日"在理论和实践中都有可取性。第二种观点有待商榷，将"违法行为发生之日"理解成违法行为完成与停止之日似乎与当违法行为呈"连续状态"或"继续状态"时的追究时效的起算点（从其"终了之日"计算）没什

[①] 彭于艳：《行政处罚时效制度研究》，中国政法大学2005年硕士学位论文。

么区别，不具有反映一般情况下违法行为追诉时效起算的特殊性。第三种观点认为，在绝大多数情况下，违法行为的实施之日就是违法行为的成立之日，但毕竟有些情况下，违法行为的实施与成立并不恰好在一日，而且从行政违法行为实施之日起计算追诉时效，只对不需要发生危害后果就可以构成行政违法的情况适用，对需要发生某种危害结果才能构成行政违法的情形则不能适用。而我国现有的法律规范中规定了必须发生某种危害结果才能构成行政违法行为的情形。

2. 违法行为有连续或者继续状态的，从行为终了之日起计算

一是违法行为有连续状态。其包括以下要素：（1）行为人是基于同一的或者概括的违法目的实施了两个以上的行为；（2）这两个以上的行为各自都具备违法行为的构成要件，对外显示出外形的单一；（3）这两个以上都具备违法行为构成要件的行为触犯的是同一行政法律规范的同一条甚至同一款；（4）行为人的数个行为具有间断性，即两个行为之间存在时间间隔。

对于"连续状态违法行为"还应注意几点：第一，连续状态的中断。例如，甲某在禁渔期非法下网，每日按时从网中取鱼，在被行政机关查获调查处理期间，甲某再次在原地重新下网，此时甲某的行为不构成"连续状态违法行为"，行政机关应对甲的后一违法行为另予计算追究时效应并单独处罚。第二，"连续状态违法行为"尽管可以按独立存在的具体行为的个数将其分解为若干相应的违法行为，但由于它们在性质上完全相同，处理中并不对各个独立行为分别适用行政处罚，而是按照屡次实施违法行为从重处罚。第三，如果"连续状态违法行为"数行为中最早的行为或者动作已经超过追诉时效，而其最后的行为或者动作尚在追诉时效之中的，应该对全部行政违法行为都进行追诉，因为"连续行为"的数行为已经丧失了独立意义，连续状态行为的数行为虽然可以独立构成行政违法行为，但是由于行政处罚上是将其视为一个宏观的构成要件性行为存在，因而数行为都已经丧失了原来独立构成要件性意义。故对"连续状态违法行为"的追诉时效是从最后一次违法行为终了之日开始计算。第四，"连续状态违法行为"不同于"连续几个违法行为"，后者是指同一违法主体在同一时间内或者连续的时间内所实施的两个或者两个以上的违法行为，这数个违法行为违反了数个行政法律规范，应由不同的行政机关或同一行政机关分别对"连续几个违法行为"进行处罚。

二是违法行为有继续状态。对违法行为继续状态的理解，理论界存在诸多争议，主要有以下几种观点：第一，指人的一个违法行为实施后，该行为及其造成的不法状态处于不间断持续的状态；第二，指以一个行为持续地侵害一个法益，当既遂之后，行为人之违序状态继续进行着；第三，指违法行为在时间上的延续性，有时也包括因违法行为未得以纠正而使违法行为的状态或危险性延续。

一般来说，违法行为的继续状态有以下特点：（1）继续状态行为是以一个行为侵犯同一客体，即持续存在的违法行为自始至终侵犯的都是同一特定对象。（2）继续状态行为是在相当长时间内持续实行的行为且无时间间隔。就违法性质而言，该种违法行为需在一定时间内实行才能构成。

对"违法行为有继续状态"的理解分歧集中在违法行为有继续状态是指违法行为的继续还是违法行为导致的违法状态的继续（所谓违法状态的继续，是指违法行为所造成的不法状态或结果均处于持续之中），或是既包括违法行为的继续也包括违法状态的继续。第一种观点认为违法行为与违法状态的同时继续存在才属于有继续状态的违法行为；第二种观点认为只要违法行为导致的违法状态继续存在就构成继续状态的违法行为；第三种观点则认为继续状态的违法行为主要是指违法行为的继续，但有时也指违法状态的继续。对这个问题不同的理解将会导致实践中对相同的违法行为作出不同的处理。

——江必新主编：《行政处罚法条文精释与实例精解》，人民法院出版社2021年版，第215~217页。

409. 国务院办公厅颁布的规范性文件的法律效力

关键词

征收水资源费　规范性文件　法律效力

最高人民法院答复

广西壮族自治区高级人民法院：

你院报来的《关于广西桂冠电力股份有限公司诉大化瑶族自治县水利局征收水资源费及行政处罚上诉一案的请示》收悉。经研究，答复如下：

国务院颁布的《取水许可和水资源费征收管理条例》于2006年4月15日起施行，在该条例施行之后，应当根据该条例的有关规定征收水资源费。

此复

——《最高人民法院关于征收中央直属发电厂的水力发电用水和火力发电贯流式冷却用水水资源费问题的答复》（2007年11月5日，〔2007〕行他字第17号）。

山东省高级人民法院：

你院鲁高法〔1997〕78号请示收悉。经研究，答复如下：

根据《中华人民共和国水法》第32条第2款、第34条第3款的规定，实施取水许可制度的步骤、范围和办法以及征收水费、水资源费的办法，应由国务院规定。国办发〔1995〕27号文件是"经国务院同意"，由国务院办公厅下发的。该文关于"对中央直属水电厂的发电用水和火电厂的循环冷却水暂不征收水资源费"的规定,应当作为人民法院审理有关行政案件的依据。

——《最高人民法院关于审理水政行政征收案件是否适用国办发〔1995〕27号文件请示的答复》(1997年8月8日,〔1997〕法行字第08号)。

附录:最高人民法院法官著述

(一)关于国办发〔1995〕27号文的性质问题

理论界和实务中的不少同志认为,1987年4月21日国务院批准,同日由国务院办公厅发布的《行政法规制定程序暂行条例》第15条规定:"经国务院常务会议审议通过或者经国务院总理审定的行政法规,由国务院发布,或者由国务院批准、国务院主管部门发布。"该条虽然是规定行政法规的发布形式,但多数同志认为,从形式上看,无论是国务院发布,还是国务院主管部门发布,都是国务院的意志,而不是国务院主管部门的意志,因此,这两种发布形式都是具有普遍性约束力的规范性文件,均属于行政法规。在立法法颁布以前,实践中均将这两种发布形式的规范性文件按照行政法规对待。经国务院同意,国务院办公厅下发的具有普遍约束力的规范性文件,与国务院批准、国务院部门发布的具有普遍约束力的规范性文件性质是相同的,故应当视为行政法规。国办发〔1995〕27号文是经国务院同意、国务院办公厅下发的具有普遍性约束力的规范性文件,在立法法颁布前,亦应视为行政法规,各级行政机关均应当执行。立法法第61条规定:"行政法规由总理签署国务院令公布。"这就意味着立法法施行以后所有的行政法规都必须以总理签署国务院令的形式公布,不再保留国务院批准、国务院部门发布行政法规这一形式。经国务院同意,国务院办公厅下发的具有普遍约束力的规范性文件,在立法法施行后亦不应视为行政法规。但此种文件应属于何种性质,在立法法及有关法律中没有明确。在立法法实施后,此种文件不属于行政法规,但国务院采取这种行政措施主要是基于保障法律、行政法规及中央宏观政策的统一性考虑,防止地方各行其是破坏法律、行政法规及中央宏观政策的统一性。因此,其法律效力虽低于行政法规,但高于地方性法规和规章,只要不与上位法相抵触的,地方各级政府及其部门仍应执行。换言之,国办发〔1995〕27号文在立法法施行以后,国务院未制定水费和水资源费的征收办法之前,仍应当是地方政府及其部门征收水资源费的法律依据。

经国务院同意、国务院办公厅下发的具有普遍约束力的规范性文件有三种情况:一是法律授权制定的。这类文件的发布主要是法律授权国务院制定行政法规,但由于情况的复杂性,短时间内难以制定行政法规,但又要解决现实生活中急需解决的问题,所作出的与行政法规衔接过程中需要采取过渡性执行措施的文件;二是补充法律的规定。这类国务院规范性文件多是针对行政法律实施具体操作的文件；三是法律未规范但社会发展急需所制定的。这类国务院规范性文件主要是针对社会发展中出现的新情况、新问题采取必要管理措施的文件。由于国务院的地位特殊，前两种情况下制定的文件，不与上位法相抵触的，第三种情况制定的文件，如果不违背我国宪法所确立的公平正义的原则，其法律效力虽低于行政法规，但高于地方性法规、地方政府规章。因此，当地方性法规、地方政府规章与他们相抵触的，应当适用该类文件。国办发〔1995〕27号文是国务院实施《水法》与《水资源费征收办法》衔接的间隙过程中，为了执行需要，作出的临时性执行措施，尽管，该规定是经国务院同意，国务院办公厅形式发布的，但按照《水法》授权国务院制定《水资源费征收办法》的权限，该文件应当是国务院在其权限内发布的规范性文件，应当属于第一种情况制定的文件，其效力虽然不能完全等同于行政法规的效力，但只要不与《水法》相抵触，其效力应当高于地方性法规和规章。

国办发〔1995〕27号文与《水法》不存在抵触问题。《水法》授权国务院制定水费和水资源费的征收办法，也就意味着包括征收水资源费的范围及免除征收水资源的特殊情形。因此，国办发〔1995〕27号文暂时免除对中央直属发电企业水力发电用水和火力发电灌溉流式冷却用水征收水资源费并未超出《水法》的授权范围，故不能认定该文规定的内容与《水法》相抵触。国办发〔1995〕27号文暂时免除对中央直属发电企业水利发电和火力发电灌溉流式冷却用水征收水资源费，为了避免中央直属发电企业与地方发电企业不公平竞争，地方性法规或者地方政府规章完全可以规定免除对地方发电企业水力发电用水和火力发电灌溉流式冷却用水征收水资源费，从而避免地方发电企业与中央直属发电企业的不公平竞争。地方性法规、地方政府规章不作此方面的规定，由此造成的不公平竞争，不能说是由国办发〔1995〕27号文造成的。

（二）国办发〔1995〕27号文的时间效力问题

全国人大常委会于2002年8月29日修订了《水法》。有人提出，当新《水法》施行后，国办发〔1995〕27号文的效力应当终止。实质上，该命题涉及两个法律问题。

1.经修订的法律规范施行后，原有的下位法是否还具有法律效力的问题

经修订的法律规范是在原有的法律规范经过实践检验后制定出来的，为了保证国家政策的连续性，避免造成法律规范的真空，修订的法律规范没有明确规定废止的下位法，其规定的内容与经过修订的法律规范的规定不相抵触的部分，应当具有法律效力。但当新的同位法律规范发布施行后，原有的同位法律规范自行失效。国办发〔1995〕27号文是《水法》的下位法，修订后的《水法》，没有明确废止该文的法律效力。因此，不能仅仅因为《水法》

的修改，就能如此简单的得出该文已自然失效的结论。

2. 国办发〔1995〕27号文与修订后的《水法》及相关的国务院文件之间是否存在抵触的问题

修订后的《水法》第48条规定："直接从江河、湖泊或者地下取用水资源的单位和个人，应当按照国家取水许可制度和水资源有偿使用制度的规定，向水行政主管部门或者流域管理机构申请领取取水许可证，并缴纳水资源费，取得取水权。""实施取水许可制度和征收管理水资源费的具体办法，由国务院规定。"该条的规定与修订前的《水法》第34条的规定完全相同，修订后的《水法》中未对征收水资源费的问题作出具体规定。由此推定，国办发〔1995〕27号文与《水法》之间不存在相抵触的问题。

国务院于1997年10月28日印发的《水利产业政策》第17条规定："国家实行水资源有偿使用制度，对直接从地下或江河、湖泊取水的单位依法征收水资源费。水资源费征收和使用管理办法由国务院制定，在国务院正式发布之前，暂按省（自治区、直辖市）的有关规定执行。收取的水资源费要作为专项资金，纳入预算管理，专款专用。"该文件仅仅是对征收水资源费的原则规定，由于对中央直属企业征收水资源费的问题规定不明确。1999年1月6日，国务院办公厅经国务院领导同意下发了《国务院办公厅关于执行国办发〔1995〕27号文件有关问题的通知》中要求"各地方、各部门要继续贯彻执行国办发〔1995〕27号文件的规定"，并对中央直属水电厂、火电厂进行了明确的界定。因此说，该通知并没有废止国办发〔1995〕27号文的法律效力。

国务院办公厅于2004年4月19日发布的国办发〔2004〕36号《关于推进水价改革促进节约用水保护水资源的通知》中明确规定："凡未征收的地区要尽快开征水资源费，并根据水资源紧缺程度，逐步提高征收标准。"该通知中原则要求各地区尽快开征水资源费，逐步提高征收标准，但并没有明确规定，对中央直属发电企业电用水和火力发电灌溉流式冷却用水开征水资源费，因此，不能以该通知来否定国办发〔1995〕27号文的法律效力。

2005年4月29日，国务院副总理曾培炎在全国水价改革与节水工作电视电话会议上指出：全面推进水价改革的主要任务之一，就是要"加大水资源费征收力度。要继续扩大水资源费征收范围，未开征的地区要开征。对中央直属电厂，恢复征收水资源费。"该讲话虽然明确了对中央直属电厂恢复征收水资源费。但是，该讲话不是行政法律规范，因此，不能作为行政机关执法的依据，只有在该讲话转化为行政法律规范后，行政法律规范才能作为行政执法的依据。因此，也不能仅仅根据曾培炎同志的讲话否定国办发〔1995〕27号文的法律效力。

国务院于2006年1月24日通过，同年2月21日公布，自同年4月15日起施行的《取水许可和水资源费征收管理条例》第2条第2款规定："取用水资源的单位和个人，除本条例第 4 条规定的情形外，都应当申请领取取水许可证，并缴纳水资源费。"该条例第 31 条规定："水资源费由取水审批机关负责征收；其中，流域管理机构审批的，水资源费由取水口所在地省、自治区、直辖市人民政府水行政主管部门代为征收。"该条例第 32 条规定："水资源费缴纳数额根据取水口所在地水资源费征收标准和实际取水量确定。""水力发电用水和火力发电贯流式冷却用水，可以根据取水口所在地水资源费征收标准和实际发电量确定缴纳数额。"该条例未将中央直属发电企业的水力发电用水和火力发电贯流式冷却用水排除在征收水资源费之外，也就意味着，所有的发电企业的水力发电用水和火力发电贯流式冷却用水都应征收水资源费。因该条例的规定与国办发〔1995〕27 号文的有关内容规定不一致，因此，当该条例施行后，国办发〔1995〕27 号文就失去法律效力。

　　基于上述原因，在国务院颁布的《取水许可和水资源费征收管理条例》施行之前（即 2006 年 4 月 15 日之前），不应征收中央直属发电企业的水发电用水和火力发电贯流式冷却用水水资源费；施行之后，应当根据该条例的有关规定征收水资源费。人民法院在审理有关征收中央直属发电企业水资源费的案件时，除了要注意征收时间外，还需注意以下一个问题。

　　目前，我国水库分为设计有供水功能的水库和没有供水功能的水库。前者水资源费一般应当由水库管理单位向水利行政主管部门缴纳，后者一般由用水单位直接向水利行政主管部门缴纳。根据有关征收水资源费的法律规范的规定，水资源费不得重复征收，最高人民法院行政审判庭于 2005 年 4 月 25 日作出的〔2004〕行他字第 24 号《关于用水单位从水库取水应否缴纳水资源费问题的答复》中明确指出："目前我国水库分为设计有供水功能的水库和没有供水功能的水库。有供水功能的水库，且水库管理单位已向水行政主管部门申请取水许可证并缴纳水资源费的，用水户仅需按用水量和水利工程供水价格向水库管理单位支付水利工程水费，无需再向国家缴纳水资源费；没有供水功能的水库，则用水单位应当直接向水行政主管部门申请取水许可并缴纳水资源费。"

　　——蔡小雪：《国务院办公厅发布的规范性文件的法律效力的判断与适用》，载最高人民法院行政审判庭编：《行政执法与行政审判》2007 年第 6 集（总第 26 集），人民法院出版社 2007 年版，第 1136~1143 页。

最高人民法院裁判文书

山东省莱芜发电总厂诉山东省莱芜市莱城区水利水产局行政征收再审案

[最高人民法院（1998）行再字第 1 号行政判决书]

裁判要点：国办发〔1995〕27 号《通知》是经国务院同意，以国务院办公厅名义下发的，根据《水法》的授权，国务院有权对征收水资源费的问题作出规定，国办发〔1995〕27号《通知》应当作为行政机关执法和人民法院审理有关行政案件的依据。

最高人民法院认为：《中华人民共和国水法》（以下简称《水法》）第34条第3款规定："水费和水资源费的征收办法，由国务院规定。"也就是说，水费、水资源费的征收范围、征收标准等，应由国务院规定，其他部门无权规定。但目前国务院尚未制定水费和水资源费的征收办法。根据国务院办公厅发出的国办发〔1995〕27号《通知》的规定，在国务院发布水资源费征收和使用办法前，各省级人民政府制定的水费和水资源费的征收办法，可以作为各所在行政区域内征收水费和水资源费的依据，但不包括对中央直属水电厂的发电用水和火电厂的循环冷却水水资源费的征收。该《通知》是经国务院同意，以国务院办公厅名义下发的；根据《水法》的授权，国务院有权对征收水资源费的问题作出规定；国办发〔1995〕27号《通知》应当作为行政机关执法和人民法院审理有关行政案件的依据。被申请人作出处理决定时，亦认为应当执行国办发〔1995〕27号《通知》，山东莱芜发电总厂系中央直属火电厂，莱芜市莱城区水利水产局收取该厂循环冷却水在循环冷却过程中消耗的水量所补充的新水，与《水法》和国办发〔1995〕27号《通知》规定精神不符，本院不予支持。山东省高级人民法院〔1997〕鲁行终字第8号行政判决维持一审判决和莱芜市莱城区水利水产局莱城区水政〔1996〕019号《违反水法规行政处理决定通知书》，属于认定事实不清，证据不足。

——最高人民法院行政审判庭编：《最高人民法院最新行政裁判汇编》，人民法院出版社2006年版，第171页。

410. 地方性法规与法律、行政法规相抵触的人民法院可以直接适用法律、行政法规

关键词

地方性法规　法律冲突

最高人民法院答复

河南省高级人民法院：

你院豫高法行请〔2000〕4号《关于〈河南省盐业管理条例〉第30条第1款与国务院〈食盐专营办法〉第25条规定是否一致问题的请示》收悉。经研究，答复如下：

根据《中华人民共和国行政处罚法》第 11 条第 2 款关于"法律、行政法规对违法行为已经作出行政处罚规定，地方性法规需要作出具体规定的，必须在法律、行政法规规定的给予行政处罚的行为、种类和幅度的范围内规定"的规定，《河南省盐业管理条例》第 30 条第 1 款关于对承运人罚款基准为"盐产品价值"及对货主及承运人罚款幅度为"1 倍以上 3 倍以下"的规定，与国务院《食盐专营办法》第 25 条规定不一致。人民法院在审理有关行政案件时，应根据《中华人民共和国立法法》第 64 条第 2 款、第 79 条第 2 款规定的精神进行选择适用。

——《最高人民法院对人民法院在审理盐业行政案件中如何适用国务院〈食盐专营办法〉第 25 条规定与〈河南省盐业管理条例〉第 30 条第 1 款规定问题的答复》（2003 年 4 月 29 日，法行〔2000〕36 号）。

附录：最高人民法院法官著述

地方性法规如果与行政法规抵触的，属于无效情形，人民法院可以选择适用。根据《立法法》第 73 条的规定，在国家制定的法律或者行政法规生效后，地方性法规同法律或者行政法规相抵触的规定无效，制定机关应当及时予以修改或者废止。最高人民法院在一个答复意见肯定了上述做法。例如，根据《行政处罚法》第 11 条第 2 款①关于"法律、行政法规对违法行为已经作出行政处罚规定，地方性法规需要作出具体规定的，必须在法律、行政法规规定的给予行政处罚的行为、种类和幅度的范围内规定"的规定，《河南省盐业管理条例》第 30 条第 1 款关于对承运人罚款基准为"盐产品价值"及对货主及承运人罚款幅度为"1 倍以上 3 倍以下"的规定，与国务院《食盐专营办法》第 25 条规定不一致。人民法院在审理有关行政案件时，应根据《立法法》第 73 条第 2 款、第 88 条第 2 款规定的精神进行选择适用。②

这个答复实际上赋予审理案件的法院在遇到此类问题时可以选择适用的权力。在最高人民法院就有关的法律冲突，特别是具体的法律规范之间的冲突作出解释后，不应当就同一个法律问题进行重复请示。

——江必新、梁凤云：《行政诉讼法理论与实务》（第三版），法律出版社 2016 年版，第 1480 页。

---

① 现为《中华人民共和国行政处罚法》（2021 年修正）第十二条第二款。
② 《最高人民法院对人民法院在审理盐业行政案件中如何适用国务院〈食盐专营办法〉第二十五条规定与〈河南省盐业管理条例〉第三十条第一款规定问题的答复》（法行〔2000〕36 号，2003 年 4 月 29 日）。

411. 地方性法规规定对未缴纳养路费的单位、个人扣留车辆的行政强制措施无效

关键词

地方性法规　行政法规　法律冲突

最高人民法院答复

河南省高级人民法院：

你院《关于应泽忠诉西峡县交通局行政强制措施案件的法律问题的请示》收悉。经研究，同意你院的倾向性意见，即在审理应泽忠诉河南省西峡县交通局行政强制措施一案中，应执行《中华人民共和国公路法》的有关规定。

——《最高人民法院〈关于应泽忠诉西峡县交通局行政强制措施案的法律问题的请示〉的答复意见》（1998年12月27日，〔1998〕行他字第23号）。

广西壮族自治区高级人民法院：

你院〔1999〕桂行请字第60号《关于张仕红不服隆林县交通局暂扣车辆一案适用法律问题的请示》收悉。经研究，答复如下：

人民法院审理公路交通行政案件涉及地方性法规对交通部门暂扣运输车辆的规定与《中华人民共和国公路法》有关规定不一致的，应当适用《中华人民共和国公路法》的有关规定。

——《最高人民法院关于对人民法院审理公路交通行政案件如何适用法律问题的答复》（2001年2月1日，〔1999〕行他字第29号）。

甘肃省高级人民法院：

你院〔2002〕甘行他字第05号《关于养路费征稽部门能否扣押车辆的请示报告》收悉。经研究，原则同意你院审判委员会第一种意见，即：人民法院审理公路交通行政案件涉及地方性法规对交通部门暂扣运输车辆的规定与《中华人民共和国公路法》的有关规定不一致的，应当适用《中华人民共和国公路法》的有关规定。

——《最高人民法院行政审判庭对关于养路费征稽部门能否扣押车辆的答复》（2002年8月7日，〔2002〕行他字第7号）。

412. 法律法规已经设定行政许可的，下级行政机关可以依法通过制定规范性文件的方式明确许可所具备的条件

关键词

行政许可　规范性文件　物业服务

最高人民法院发布的典型案例

上海苏华物业管理有限公司诉上海市住房和城乡建设管理委员会物业服务资质行政许可案

裁判要点：法律法规已经设定行政许可的，下级行政机关可以依法通过制定规范性文件的方式明确许可所具备的条件。行政相对人对该规范性文件提起附带审查的，法院围绕该规范性文件与法律法规的规定是否存在冲突、制定主体、制定目的、制定过程是否符合规范，是否明显违法等情形进行审查。规范性文件不存在违法情形的，应当在判决理由中予以认可，并在该案中进行适用。

（一）基本案情

2015年7月2日，原上海市住房保障和房屋管理局（以下简称原市房管局）受理上海苏华物业管理有限公司（以下简称苏华公司）向其提出的新设立物业服务企业资质核定申请，苏华公司提交了其聘用的王子文等人具备专业管理资质和技术资质的证书，及苏华公司为其缴纳城镇基本养老保险的证明。后原市房管局经调查发现，苏华公司聘用的专职管理和技术人员于同年5月起作为苏华公司员工缴纳社会保险费用，但于次月即停止缴费。故原市房管局认定苏华公司的申请不符合有关规定，继而于同年7月9日作出不予批准决定。苏华公司不服，于同年8月25日向中华人民共和国住房和城乡建设部（以下简称住建部）申请行政复议。住建部于11月18日作出行政复议决定。苏华公司不服提起行政诉讼，请求撤销原市房管局2015年7月9日作出的《不予批准决定书》及住建部作出的建复决字［2015］454号《行政复议决定书》；对原上海市房屋土地资源管理局制定的沪房地资物［2007］69号《新设立物业资质通知》（以下简称《新设立物业资质通知》）进行附带审查。

（二）裁判结果

上海市黄浦区人民法院一审认为，《物业管理条例》和《物业服务企业资质管理办法》明确，国家对从事物业管理活动的企业实行资质管理制度，物

业服务企业中从事物业管理的人员应当根据有关规定取得职业资格证书，且满足相应的人数标准。为了更好地提供物业管理服务，物业管理人员除具备职业资质以外，还应当具备服务的稳定性。因此《物业服务企业资质管理办法》中明确规定，物业服务企业中从事物业管理的专业人员应当是"专职"的管理和技术人员。原上海市房屋土地资源管理局作为物业服务企业资质的主管机关，根据上位法规定制定《新设立物业资质通知》，对《物业服务企业资质管理办法》中专职人员的认定标准进行了解释和细化规定，与《中华人民共和国行政许可法》（以下简称《行政许可法》）《物业管理条例》等法律、法规的规定不相冲突，制定主体、制定目的、制定过程符合规范，并无明显违法情形。结合该通知第一条的规定和相关证据，苏华公司聘用的相关专业人员社保缴纳记录仅持续一个月，显然不符合物业服务企业中专业人员的专职性要求，进而不符专职人员的人数要求。据此，法院判决驳回苏华公司的诉讼请求。苏华公司不服上诉，二审驳回上诉，维持原判。

（三）典型意义

根据《行政许可法》的规定，法律法规已经设定行政许可的，下级行政机关可以依法通过制定规范性文件的方式明确许可所具备的条件。行政相对人对该规范性文件提起附带审查的，法院围绕该规范性文件与法律法规的规定是否存在冲突，制定主体、制定目的、制定过程是否符合规范，是否明显违法等情形进行审查。规范性文件不存在违法情形的，应当在判决理由中予以认可，并在该案中进行适用。本案中，人民法院通过判决明确了国家对从事物业管理活动的企业实行资质管理的制度，物业服务企业中从事物业管理的人员应当根据有关规定取得职业资格证书，且满足相应的人数标准。同时明确为了更好地提供物业管理服务，物业管理人员除具备职业资质以外，还应当具备服务的稳定性。原上海市房屋土地资源管理局作为物业服务企业资质的主管机关，根据上位法规定制定《新设立物业资质通知》，对《物业服务企业资质管理办法》中专职人员的认定标准进行了解释和细化规定，与《行政许可法》《物业管理条例》等法律法规的规定不相冲突。

——《行政诉讼附带审查规范性文件典型案例》（2018年10月30日），载最高人民法院官网。

413. 行政机关适用兜底条款的情形,应与同条款中已经明确列举的情形具有相同或相似的价值,在性质、影响程度等方面具有一致性,且符合该条款的立法目的

> 关键词

行政机关　兜底条款　立法目的　证据不足

> 最高人民法院公报案例

季某不服宜兴市公安局宜城派出所治安其他行政行为案（判决时间：2019年6月26日,二审法院：江苏省无锡市中级人民法院）

裁判摘要：行政机关适用兜底条款时,应与同条款中已经明确列举的情形相联系,参照同条款已经明确列举的情形所设置的标准,确定兜底条款能否适用。适用兜底条款的情形,应与同条款中已经明确列举的情形具有相同或相似的价值,在性质、影响程度等方面具有一致性,且符合该条款的立法目的。

"证据不足"情况下,无法排除未来重新作出行政处罚决定的可能性,与修改前的《公安机关办理行政案件程序规定》(以下简称《程序规定》)第二百三十三条第一款前三项列举的终止调查情形不具有相同或相似的性质,不属于"其他需要终止调查的情形"。

江苏省无锡市中级人民法院二审认为：

上诉人宜城派出所具有对其辖区内受理的报案、控告进行调查并作出处理的职责。修改前的《程序规定》第二百三十三条第一款第(四)项规定了"其他需要终止调查的情形",属于兜底条款。设置兜底条款,作为一种立法技术,固然是为了避免法律的不周延性,以适应社会情势的变迁。但是,行政机关通过行政裁量适用兜底条款时,不得任意适用,应与同条款中已经明确列举的情形相联系,参照同条款已经明确列举的情形所设置的标准,来确定能否适用。适用兜底条款的情形,应与同条款中已经明确列举的情形具有相同或相似的价值,在性质、影响程度等方面具有一致性,且应符合该条款的立法目的。修改前的《程序规定》第二百三十三条第一款明确列举的"没有违法事实、违法行为已过追究时效、违法嫌疑人死亡"这三种情形都是确定性的事实,该事实的出现使得公安机关无法或没有必要再针对该案件采取任何调查措施,即该事实的出现足以产生终局性的、不可逆的终止案件调查

的效果。宜城派出所以"证据不足、办案期限届满"为由终止调查,显然该情形与上述条款明确列举的情形在性质、影响程度上并不具有相同或者相似的价值。

"办案期限届满"并非终止案件调查的合理理由,而"证据不足"也不应产生终止案件调查的效果。即使确如宜城派出所在上诉状及二审询问中所称的"证据不足、办案期限届满"这一终止案件调查的理由存在书写表达欠妥,实际终止原因是"证据不足",即结合案情不能完全排除涉案人员存在违法事实的可能性。但是,根据依法行政原则,在没有充分的证据证明涉案人员违法事实成立的情况下,宜城派出所应当按照修改前的《程序规定》第一百四十七条第一款第(三)项的规定,对涉案人员作出不予处罚决定。其后公安机关又发现新的证据,使违法行为能够认定时,可以根据2019年1月1日起施行的《程序规定》第一百七十二条第二款的规定,依法重新作出处理决定,并撤销原不予行政处罚决定。所以,即使确如宜城派出所所言,实际终止调查的原因是"证据不足"的情况下,宜城派出所作出终止调查决定也是缺乏依据的。

——《最高人民法院公报》2020 年第 12 期。

414. 涉诉行政规范性文件如果与国家标准等存在一定区别,对该行政规范性文件的实施问题应当在行政处罚适当性审查中予以衡平考量

关键词

行政规范性文件　行政处罚　适当性审查

最高人民法院公报案例

上海中燃船舶燃料有限公司诉上海市质量技术监督局行政处罚决定案(判决时间:2018 年 10 月 25 日,二审法院:上海市第三中级人民法院)

裁判摘要:行政规范性文件经制定、发布、公布、施行,具备作为实施行政处罚依据的行政法律效力。是否报送备案并非行政规范性文件的生效要件;行政规范性文件应当报备而未报备的,该问题应通过行政机关内部督促检查的法定途径予以解决。

根据有关法律、法规、规章规定,涉诉行政规范性文件如果与国家标准、行业标准、地方标准和企业标准存在一定区别,且构成检验、判定在一定地域生产、销售的普通柴油产品质量依据的,对

该行政规范性文件的实施问题应当在行政处罚适当性审查中予以衡平考量。故从行政裁量上依法调整处罚结果，进一步提升行政处罚决定的适当性，以更好地体现坚持处罚与教育相结合的行政处罚原则。

上海市第三中级人民法院二审认为：

被上诉人上海市质监局依法具有作出被诉处罚决定的法定职权。上诉人上海中燃公司对被诉处罚决定认定其2016年4月至11月间销售案涉0号普通柴油的数量、货值金额、所得款金额和经检验判定硫含量大于50mg/kg的结论，以及对作出被诉处罚决定的行政执法程序没有异议。对此事实，予以确认。综合双方当事人发表的质辩意见，归纳本案争议焦点并判评如下：

一、关于上诉人上海中燃公司对制定110号文的依据即《上海市大气污染防治条例》第四十七条第一款规定的质疑问题，即上海市有关部门能否制定严于国家标准的相关燃料地方质量标准的争议

《中华人民共和国行政诉讼法》第六十三条第一款规定，人民法院审理行政案件，以法律和行政法规、地方性法规为依据。地方性法规适用于本行政区域内发生的行政案件。《上海市大气污染防治条例》自2014年10月1日起施行，系适用于上海市行政区域内的有效依据。根据该条例第四十七条第一款、第二款的规定，市质量技术监督管理部门可以根据实际情况，会同有关部门制定严于国家标准的车、船、非道路移动机械燃料地方质量标准。本市销售的车、船、非道路移动机械燃料必须符合国家和本市规定的质量标准。在进一步强化大气污染治理，改善环境空气质量，保障人民群众身体健康，大力推进生态文明建设的指导思想下，《上海市清洁空气行动计划（2013-2017）》和经第90次国务院常务会议审议通过的《加快成品油质量升级工作方案》中明确要求"增加普通柴油升级内容。2016年1月1日起，开始在东部地区重点城市供应与国Ⅳ标准车用柴油相同硫含量的普通柴油"的工作目标，经上海市环境保护局牵头由六部门共同制定110号文，提前实施柴油国家标准的有关规定，具有充分的政策、法律基础和现实可行的必要性。因此，上诉人上海中燃公司认为，《上海市大气污染防治条例》第四十七条的燃料地方质量标准规定与上位法相抵触的诉讼意见，依法不予采纳。

二、关于上诉人上海中燃公司对110号文作为地方质量标准的质疑问题，即是否构成"法律、法规的其他规定"的争议

《上海市产品质量条例》于2012年9月1日起施行，亦属适用于上海市行政区域内的有效依据。《上海市产品质量条例》第二十七条明确规定，检验、判定产品质量的依据包括：（一）国家标准、行业标准、地方标准和企业标准；（二）产品标识、产品包装上明示的内容，或者以产品说明、实物样品

等方式表明的质量状况；(三)国家和市质量技术监督部门批准的产品质量监督抽查技术规范；(四)法律、法规的其他规定。该条规定的第(四)项,是为了落实法律、法规其他规定的要求,通过设立兜底条款,保证了规定的全面。结合本案而言,110号文作为《上海市大气污染防治条例》第四十七条所规定的燃料地方质量标准,严于柴油国家标准,同样构成了检验、判定上海市生产、销售的普通柴油产品质量的依据。换言之,以"法律、法规的其他规定"对外的地方质量标准,是独立于《上海市产品质量条例》第二十七条前三项规定的检验、判定产品质量的依据,是与国家标准、行业标准、地方标准和企业标准相区别的检验、判定产品质量的依据。因此,上诉人上海中燃公司认为,110号文违反了相关标准化法律、法规规定,不能构成现行有效的授权立法下的地方质量标准的诉讼意见,依法不予采纳。

三、关于上诉人上海中燃公司对110号文作为实施行政处罚依据效力的质疑问题,即是否符合第26号市府令相关规定的争议

第26号市府令于2010年5月1日起施行(经修改,上海市人民政府令46号《上海市行政规范性文件制定和备案规定》自2017年1月1日起施行),该规定的目的和依据,是为了规范上海市行政规范性文件的制定和备案,加强对行政规范性文件的监督管理,维护法制统一,促进依法行政。就该规定的适用范围而言,适用于上海市规范性文件的制定、备案及其监督管理。第26号市府令中,第二十二条(发布)规定,规范性文件一般应当由制定机关的主要负责人签署发布。发布规范性文件,一般应当载明制定机关、文号、文件名称、发布日期和施行日期等内容。第二十三条(公布)第一款、第二款规定,规范性文件应当由制定机关向社会公布；未向社会公布的,不得作为实施行政管理的依据。规范性文件应当在制定机关指定的政府网站上公布,还可以通过报纸、杂志、广播、电视等新闻媒体公布。第二十四条(施行时间)规定,制定机关应当明确规范性文件的施行日期。规范性文件自发布之日起30日以后施行,但有本规定第二十一条第(一)项、第(二)项、第(三)项所列情形,或者发布后不立即施行将有碍法律、法规、规章和国家政策执行的除外。综合上述规定,是否报送备案并非规范性文件的生效要件。结合本案而言,110号文经制定、发布、公布、施行,具备作为实施行政管理依据的行政法律效力。需要指出,第26号市府令第四十四条(督促检查)第二款规定,市和区(县)人民政府办公厅(室)和法制办对规范性文件制定和备案情况进行监督检查,督促制定机关及时执行市、区(县)人民政府的有关决定以及法制办的法制建议；发现应当报备而未报备规范性文件的,督促制定机关限期补报。110号文制定后,牵头制定机关未依第26号市府令报送上海市人民政府备案,工作上确有不规范之处,应以此为戒。然而,这并不构成110号文不得作为实施行政管理依据的足够理由,该

问题应通过行政机关内部对规范性文件报备情况督促检查的法定途径予以解决。因此，上诉人上海中燃公司认为110号文违反《上海市行政规范性文件制定和备案规定》相关规定，不能作为对上海中燃公司行政处罚的依据的诉讼意见，依法不予采纳。

四、关于上诉人上海中燃公司对被诉处罚决定裁量的质疑问题，即能否适用《中华人民共和国产品质量法》第五十五条规定对上海中燃公司作销售产品货值金额50%以下减轻处罚的争议

上诉人上海中燃公司销售的案涉0号普通柴油硫含量大于50mg/kg，不符合110号文规定要求，被判定为不合格产品，事实清楚、证据充分。被上诉人上海市质监局对上海中燃公司作出被诉处罚决定，已经按照法定的销售产品货值金额50%的最低幅度进行量罚，法律适用并无不当。回溯案情，110号文于2016年3月25日在上海市环境保护局官网上公布后，经上海市质监局调查检查认定，上海中燃公司仍继续销售案涉0号普通柴油，时间自2016年4月起至11月累计达8个月之久。上海中燃公司诉称其不知道案涉0号普通柴油为禁止销售产品、应在销售产品货值金额50%幅度以下处罚的诉讼意见，与客观事实和常理不符，不予采纳。

综上所述，上诉人上海中燃公司在上海市销售不符合110号文要求的案涉0号普通柴油的违法行为，应当给予相应的行政处罚，但就本案具体情况而言，案情具有一定的特殊性。由于110号文规定提前实施更为严格的油品标准，自2016年4月1日起在上海市全面停止供应、销售和使用不符合硫含量不大于50mg/kg要求的普通柴油已成必然，故从企业经营角度而言，上海中燃公司之前在上海市储存储备的普通柴油必须退出上海市市场，由此需要一定的时间及成本用于调整经营。故可从行政裁量上依法调整处罚的基数，进一步提升被诉处罚决定的适当性，以更好地体现坚持处罚与教育相结合的行政处罚原则。即对于被上诉人上海市质监局认定上海中燃公司自2016年4月至6月间3个月内共计销售225吨、货值金额973850元所作的行政处罚计486925元依法予以减除，被诉处罚决定的其他事项予以支持。

有鉴于此，酌情变更被诉处罚决定的主文内容，原审判决亦应予以撤销。
——《最高人民法院公报》2020年第10期。

415. 行政机关制定规章超越权限范围的不能适用

关键词

行政规章　超越权限

最高人民法院答复

海南省高级人民法院：

你院琼高法行终字〔2000〕第 16 号请示收悉，经研究，答复如下：

《驰名商标认定和管理暂行规定》第 9 条和第 13 条将驰名商标的保护范围由同一种商品或者类似商品扩大到非类似商品，扩大了《商标法》及其实施细则规定的应行政处罚的行为范围，人民法院在审理行政诉讼案件时应依据《行政处罚法》的有关规定处理。

——《最高人民法院行政审判庭对琼高法行终字〔2000〕第 16 号请示的电话答复》(2003 年 6 月 20 日，法行〔2000〕45 号)。

416. 农村液化气管理问题在法律、行政法规尚无明确规定前提下，可以参照地方政府规章

关键词

农村液化气管理　参照规章　行政处罚

最高人民法院答复

浙江省高级人民法院：

你院〔1999〕浙行他字第 16 号《关于审理城市燃气管理行政案件中如何参照规章的请示》收悉。经研究，答复如下：关于涉及农村液化气管理问题，目前法律、行政法规尚未明确规定。浙江省人民政府发布的《浙江省液化石油气管理办法》，当属本行政区域液化气管理的依据。人民法院审理燃气管理行政处罚案件时，可以参照《浙江省液化石油气管理办法》的有关规定。

此复

——《最高人民法院行政审判庭关于审理城市燃气管理行政案件中如何参照规章问题的答复》(2001 年 4 月 27 日，〔2000〕行他字第 6 号)。

417. 地方政府规章违反法律规定设定行政许可、行政处罚的不予参照适用

关键词

地方政府规章　违法设定许可、处罚

最高人民法院答复

江苏省高级人民法院：

你院〔2009〕苏行他字第 0012 号《关于鲁潍（福建）盐业进出口有限公司苏州分公司诉苏州市盐务管理局盐业行政处罚及行政赔偿一案的请示报告》收悉。经研究并征求全国人大法工委及国务院法制办意见，答复如下：

一、《行政许可法》第十五条第一款规定："本法第十二条所列事项，尚未制定法律、行政法规的，地方性法规可以设定行政许可；尚未制定法律、行政法规和地方性法规的，因行政管理的需要，确需立即实施行政许可的，省、自治区、直辖市人民政府规章可以设定临时性的行政许可。临时性的行政许可实施满一年需要继续实施的，应当提请本级人民代表大会及其常务委员会制定地方性法规。"第十六条第二款规定："地方性法规可以在法律、行政法规设定的行政许可事项范围内，对实施该行政许可作出具体规定。"第十六条第三款规定："规章可以在上位法设定的行政许可事项范围内，对实施该行政许可作出具体规定。"据此，在已经制定法律、行政法规的情况下，地方性法规或者地方政府规章只能在法律、行政法规设定的行政许可事项范围内对实施该行政许可作出具体规定，不能设定新的行政许可。法律及《盐业管理条例》没有设定工业盐准运证这一行政许可，地方性法规或者地方政府规章不能设定工业盐准运证制度。

二、《行政处罚法》第十三条[①]规定："省、自治区、直辖市人民政府和省、自治区人民政府所在地的市人民政府以及经国务院批准的较大的市人民政府制定的规章可以在法律、法规规定的给予行政处罚的行为、种类和幅度的范围内作出具体规定。""尚未制定法律、法规的，前款规定的人民政府制定的规章对违反行政管理秩序的行为，可以设定警告或者一定数量罚款的行政处罚。"据此，在已经制定行政法规的情况下，地方政府规章只能在行政法规规定的给予行政处罚的行为、种类和幅度的范围内作出具体规定。《盐业管理条例》对盐业公司之外的其他企业经营盐的批发业务没有规定行政处罚，地方政府规章不能对该行为规定行政处罚。

——《最高人民法院关于经营工业用盐是否需要办理工业盐准运证等请示的答复》（2011 年 1 月 17 日，〔2010〕行他字第 82 号）。

最高人民法院指导性案例/行政审判指导案例

鲁潍（福建）盐业进出口有限公司苏州分公司诉江苏省苏州市盐务管理局盐业行政处罚案纠纷案［最高人民法院指导案例 5 号/行政审判指导案例

---

① 现为《中华人民共和国行政处罚法》（2021 年修正）第十四条。

[第 136 号]

裁判要点： 1. 盐业管理的法律、行政法规没有设定工业盐准运证的行政许可，地方性法规或者地方政府规章不能设定工业盐准运证这一新的行政许可。

2. 盐业管理的法律、行政法规对盐业公司之外的其他企业经营盐的批发业务没有设定行政处罚，地方政府规章不能对该行为设定行政处罚。

3. 地方政府规章违反法律规定设定许可、处罚的，人民法院在行政审判中不予适用。

法院生效裁判认为：苏州盐务局系苏州市人民政府盐业行政主管部门，根据《盐业管理条例》第四条和《江苏盐业实施办法》第四条、第六条的规定，有权对苏州市范围内包括工业盐在内的盐业经营活动进行行政管理，具有合法执法主体资格。

苏州盐务局对盐业违法案件进行查处时，应适用合法有效的法律规范。《立法法》第七十九条规定，法律的效力高于行政法规、地方性法规、规章；行政法规的效力高于地方性法规、规章。苏州盐务局的具体行政行为涉及行政许可、行政处罚，应依照《行政许可法》《行政处罚法》的规定实施。法不溯及既往是指法律的规定仅适用于法律生效以后的事件和行为，对于法律生效以前的事件和行为不适用。《行政许可法》第八十三条第二款规定，本法施行前有关行政许可的规定，制定机关应当依照本法规定予以清理；不符合本法规定的，自本法施行之日起停止执行。《行政处罚法》第六十四条第二款[①]规定，本法公布前制定的法规和规章关于行政处罚的规定与本法不符合的，应当自本法公布之日起，依照本法规定予以修订，在1997年12月31日前修订完毕。因此，苏州盐务局有关法不溯及既往的抗辩理由不成立。根据《行政许可法》第十五条第一款、第十六条第三款的规定，在已经制定法律、行政法规的情况下，地方政府规章只能在法律、行政法规设定的行政许可事项范围内对实施该行政许可作出具体规定，不能设定新的行政许可。法律及《盐业管理条例》没有设定工业盐准运证这一行政许可，地方政府规章不能设定工业盐准运证制度。根据《行政处罚法》第十三条的规定，在已经制定行政法规的情况下，地方政府规章只能在行政法规规定的给予行政处罚的行为、种类和幅度内作出具体规定，《盐业管理条例》对盐业公司之外的其他企业经营盐的批发业务没有设定行政处罚，地方政府规章不能对该行为设定行政

---

① 现为《中华人民共和国行政处罚法》(2021年修正) 第八十六条第二款。

处罚。

人民法院审理行政案件，依据法律、行政法规、地方性法规，参照规章。苏州盐务局在依职权对鲁潍公司作出行政处罚时，虽然适用了《江苏盐业实施办法》，但是未遵循《立法法》第七十九条关于法律效力等级的规定，未依照《行政许可法》和《行政处罚法》的相关规定，属于适用法律错误，依法应予撤销。

——《最高人民法院关于发布第二批指导性案例的通知》（2012年4月9日，法〔2012〕172号）。

附录：最高人民法院主流观点

该指导性案例的裁判要点确认：盐业管理的法律、行政法规没有设定工业盐准运证的行政许可，地方性法规或者地方政府规章不能设定工业盐准运证这一新的行政许可。盐业管理的法律、行政法规对盐业公司之外的其他企业经营盐的批发业务没有设定行政处罚，地方政府规章不能对该行为设定行政处罚。地方政府规章违反法律规定设定许可、处罚的，人民法院在行政审判中不予适用。现围绕与该裁判要点相关的问题逐一说明如下：

（一）关于地方性法规或地方政府规章能否设定工业盐准运证这一新的行政许可问题

行政许可是行政机关根据公民、法人或者其他组织的申请，经依法审查，准予申请人从事特定活动的一种行政管理措施。行政许可法是规范行政许可的基本法，它规定了哪些情况需要设置行政许可、哪些情况可以不设定行政许可。一般来说，随着市场经济的不断发展和行政审批制度的持续改革，国家需要通过行政许可方式进行社会管理的领域应当逐渐减少。特别是那些市场竞争机制能够有效调节的、行业组织或者中介机构能够自律管理的或者行政机关采用事后监督等其他行政管理方式能够解决的，就不宜设定行政许可。根据行政许可法规定，全国人大常委会可以通过法律设定所有的行政许可。而对于那些尚未制定法律，但又确需设定行政许可的，国务院可以通过制定行政法规来设定。但是，地方性法规和地方性规章对行政许可的设定权则有较多限制。只有尚未制定法律、行政法规的，地方性法规才可以设定行政许可；尚未制定法律、行政法规和地方性法规的，因行政管理的需要，确需立即实施行政许可的，省、自治区、直辖市人民政府规章可以设定临时性的行政许可。临时性的行政许可实施满一年需要继续实施的，应当提请本级人民代表大会及其常务委员会制定地方性法规。换言之，在已经制定了法律、行政法规的情况下，地方性法规和地方性规章都不得创设行政许可；只能在法律、行政法规设定的行政许可事项范围内，对实施该行政许可作出具体规定。对行政许可条件作出的具体规定，不得增设违反法律、行政法规的其他条件。

在盐业管理领域,《盐业管理条例》这一行政法规并没有设定工业盐准运证之类的行政许可,这已经说明国务院并不认为需要设定类似的行政许可。因此,地方性法规、地方政府规章不能在行政法规没有规定的情况下,创设新的行政许可。

(二)关于地方政府规章能否对其他企业经营盐的批发业务设定行政处罚问题

《行政处罚法》第十三条[①]规定:"省、自治区、直辖市人民政府和省、自治区人民政府所在地的市人民政府以及经国务院批准的较大的市人民政府制定的规章可以在法律、法规规定的给予行政处罚的行为、种类和幅度的范围内作出具体规定。""尚未制定法律、法规的,前款规定的人民政府制定的规章对违反行政管理秩序的行为,可以设定警告或者一定数量罚款的行政处罚。"因此,在已经制定行政法规的情况下,地方政府规章只能在行政法规规定的给予行政处罚的行为、种类和幅度的范围内作出具体规定。地方性法规和地方性规章对未办理工业盐准运证的经营单位设定行政处罚,应当遵守行政处罚法所确立的原则和规定。由于《盐业管理条例》对盐业公司之外的其他企业经营盐的批发业务没有规定行政处罚,也没有规定对未办理工业盐准运证的单位从事工业盐经营要予以行政处罚,故地方政府规章不能对盐业公司之外的其他企业经营盐的批发业务的行为和未办理工业盐准运证的单位从事工业盐经营规定行政处罚。

(三)关于如何参照适用规章的问题

根据《行政诉讼法》和《立法法》有关规定,人民法院审理行政案件,依据法律、行政法规、地方性法规、自治条例和单行条例,参照规章。所谓参照规章,是指人民法院在适用规章时,首先应当对规章的相关规定是否合法有效、是否与上位法一致进行审查判断;只有那些符合上位法规定、合法有效的规章,人民法院才可以参照适用。

《江苏省〈盐业管理条例〉实施办法》规定,盐的运销站发运盐产品实行准运证制度。在途及运输期间必须货、单、证同行。无单、无证的,运输部门不得承运,购盐单位不得入库。未经省盐业公司调拨或盐业行政主管部门批准而私运、私销、私购的盐产品视为私盐。由盐业行政主管部门就地封存,没收其盐产品和非法所得。并可处以不超过其盐产品总价值3倍以下的罚款。苏州盐务局对鲁潍公司作出行政处罚,虽然符合《江苏省〈盐业管理条例〉实施办法》的上述规定,但是由于该实施办法的规定,违反了行政许可法第十五条第一款、第十六条第三款、第八十三条第二款的规定和行政处罚法第十三条、第六十四条第二款的相关规定,人民法院在审理时应当不予

---

① 现为《中华人民共和国行政处罚法》(2021年修正)第十四条。

参照适用。

其他需要说明的问题

(一) 关于谁有权设定工业盐准运证行政许可的问题

盐业行政主管部门对食盐和工业盐的管理必须依法进行。对工业盐设定行政许可、对未取得行政许可擅自经营工业盐的单位进行处罚，必须遵循立法法《行政许可法》《行政处罚法》的相关规定，这是依法行政的基本要求。人民法院在审理行政案件时也应当遵循法治统一原则，正确选择适用法律。如有权机关认为经营工业盐确需办理工业盐准运证，也应当通过修改《盐业管理条例》的方式来加以规定。必要时，国务院也可以采用发布决定的方式设定行政许可。地方性法规和省、自治区、直辖市人民政府规章，即使经依法授权设定行政许可，也不得限制其他地区的个人或者企业到本地区从事生产经营和提供服务，不得限制其他地区的商品进入本地区市场。地方性法规和规章对于没有上位法依据、设立的与行政许可法规定不一致的行政许可，要及时予以修改或者废止；对确需制定法律、法规的，要抓紧依法上升为法律、法规；国务院各部门对因行政管理需要必须实施行政许可又一时不能制定行政法规的，应当报国务院发布决定。凡与行政许可法不一致的有关行政许可的规定，自行政许可法施行之日起一律停止执行。

(二) 关于地方性法规、规章变相设置行政许可的

根据《行政许可法》的规定，行政许可可以分为普通许可、特许、认可、核准、登记。而行政许可形式的称谓主要有许可、审批、颁发许可证、执照等。但也有一些地方性法规、规章甚至规范性文件为了规避《行政许可法》的规定，不以许可名义出现，而是变相设定行政许可。如规定相对人在从事特定活动前要到行政机关备案、先行经过行政机关确认等。对行政机关要求备案、确认等管理措施是否属于行政许可的判断，则应结合行政许可法的相关条文综合进行。只要这种备案、确认等管理措施限制相对人从事特定活动，或者对相对人从事特定活动设置了一定的前提条件，那么不论其形式称谓如何，都应当认定为是一种行政许可；违反《行政许可法》规定的，人民法院在审理中均不应当适用。

(三) 关于法院能否直接宣告地方政府规章无效的问题

根据现行《宪法》《立法法》所确立的原则，人民法院在审理案件时具有法律规范的选择适用权。在案件审理时，一般应当按照上位法优于下位法、后法优于前法以及特别法优于一般法等法律适用规则，判断和选择所应适用的法律规范。下位法的规定不符合上位法的，人民法院原则上应当适用上位法。当前许多具体行政行为是依据下位法作出的，且未援引和适用上位法。在这种情况下，为维护法制统一，人民法院审查具体行政行为的合法性时，

应当对下位法是否符合上位法一并进行判断。但是值得强调的是,现行法律制度下,人民法院无权撤销、改变甚至是宣布规章无效,只有在个案裁判中才具有法律规范的选择适用权。因此,法院一般不宜直接在判决书中宣告违反上位法的规章无效,而应直接依据合法的上位法对被诉具体行政行为是否合法作出认定。而对于那些被人民法院生效裁判认定为违反上位法进而不予适用的规章,制定机关或者其他有权机关也应当及时对相关条款依法予以修订或者废止。

——最高人民法院案例指导工作办公室:《指导案例 5 号〈鲁潍(福建)盐业进出口有限公司苏州分公司诉江苏省苏州市盐务管理局盐业行政处罚案纠纷案〉的理解与参照》。

418. 公安交警部门不能以交通违章行为未处理为由不予核发机动车检验合格标志

关键词

交通违章处理　检验合格标志

最高人民法院答复

湖北省高级人民法院:

你院鄂高法〔2007〕鄂行他字第 3 号《关于公安交警部门能否以交通违章行为未处理为由不予核发机动车检验合格标志问题的请示》收悉。经研究答复如下:

《道路交通安全法》第 13 条对机动车进行安全技术检验所需提交的单证及机动车安全技术检验合格标志的发放条件作了明确规定:"对提供机动车行驶证和机动车第三者责任强制保险单的,机动车安全技术检验机构应当予以检验,任何单位不得附加其他条件。对符合机动车国家安全技术标准的,公安机关交通管理部门应当发给检验合格标志。"法律的规定是明确的,应当依照法律的规定执行。

——《最高人民法院关于公安交警部门能否以交通违章行为未处理为由不予核发机动车检验合格标志问题的答复》(2008 年 11 月 17 日,〔2007〕行他字第 20 号)。

附录:最高人民法院法官著述

本案争议的焦点在于被告荆门市交通警察支队车辆管理所根据公安部《机动车登记规定》的规定,以机动车涉嫌交通违章未处理完毕为由,不予核发检验合格标志,有无法律依据?公安部《机动车登记规定》有关机动车年检的规定是否违反道路交通安全法的相关规定?而回答上述两个互相关联的问题,就必须先对机动车核发检验合格标志的性质及相关的法律规范进行梳理。

《道路交通安全法》第十三条第一款规定:"对登记后上道路行驶的机动车应当依照法律、行政法规的规定,根据车辆用途、载客载货数量、使用年限等不同情况,定期进行安全技术检验。对提供机动车行驶证和机动车第三者责任强制保险单的,机动车安全技术检验机构应当予以检验,任何单位不得附加其他条件。对符合机动车国家安全技术标准的,公安机关交通管理部门应当发给检验合格标志。"因此,公安机关交通管理部门对符合机动车国家安全技术标准的车辆颁发检验合格标志,是公安机关交通管理部门的法定职责,也是对机动车管理所采取的一项行政许可措施。

本案中公安机关交通管理部门所依据的公安部《机动车登记规定》第三十四条第二款规定:"机动车所有人申请检验合格标志,应当提交行驶证、机动车第三者责任强制保险凭证、机动车安全技术检验机构出具的安全技术检验合格证明。"第三款规定:"机动车涉及道路交通安全违法行为和交通事故未处理完毕的,不予核发检验合格标志。"正是依据第三款的规定,被告荆门市交通警察支队车辆管理所在原告提交了机动车行驶证、机动车第三者责任强制保险凭证、机动车安全技术检验合格证明的情况下,以机动车涉嫌交通违章未处理完毕为由,不予核发检验合格标志。显然,公安部《机动车登记规定》第三十四条第三款关于机动车年检的规定与道路交通安全法第十三条第一款的规定存在不一致之处。而这种不一致,是否构成下位法对上位法的冲突,是否就是违法?则需要进一步从行政许可法的角度予以审视。

《行政许可法》第十六条对行政许可的设定权作了规定,并就法律、行政法规、地方性法规和规章对行政许可的设定和行政许可的实施审批进行了明确的规定。对于法律已经设定行政许可事项的,法规和规章只能对实施行政许可作出具体规定,不得增设行政许可。对行政许可条件作出的具体规定,也不得增设违反上位法的其他条件。因此,公安部《机动车登记规定》在对机动车年检合格标志的发放作出具体规定时,不能违反道路交通安全法第十三条第一款的规定,也不得在法律明确规定的三个条件之外增设其他条件。原公安部《机动车登记规定》第三十四条将机动车涉及道路交通安全违法行为和交通事故是否处理完毕,作为核发检验合格标志的前提条件之一,与《道路交通安全法》第十三条规定不一致,实际上增设了核发检验合格标志的条件,没有法律依据。对该规章的此种规定,依据《行政诉讼法》第五十三条[1]的规定，人民法院可以不作为参照的依据。

基于上述理由，最高人民法院在征求了全国人大常委会法制工作委员会意见后，作出了〔2007〕行他字第20号《关于公安交警部门能否以交通违章行为未处理为由不予核发机动车检验合格标志问题的答复》。

就本案而言，原告在申请核发车辆检验合格标志的同时，已经向被告提供了机动车安全检验记录单（即该机动车符合国家安全技术标准）、机动车行驶证、机动车交通事故强制保险单等材料，被告就应当依据《道路交通安全法》第十三条的规定，核发车辆检验合格标志。

——耿宝建：《公安部规章无权对机动车年检增设新的条件》，载江必新主编：《行政法律文件解读》2009年第9辑（总第57辑），人民法院出版社2009年版，第92~95页。

419.《呼和浩特市废旧金属管理暂行规定》任意扩大公安部门职责范围，人民法院审理案件不应参照

关键词

规范性文件　扩大处罚权

最高人民法院答复

内蒙古自治区高级人民法院：

你院关于在审理案件中是否适用《呼和浩特市废旧金属管理暂行规定》的请示，经研究原则上同意你院意见，即：《呼和浩特市废旧金属管理暂行规定》中关于废旧金属出省区运输必须办理准运证，非法外运的由公安机关没收的规定是没有法律法规依据的。人民法院在审理此类案件中应以国务院有关规定为依据。

——《最高人民法院行政审判庭关于〈呼和浩特市废旧金属管理暂行规定〉的效力问题的答复》（1996年9月23日，〔1996〕行他字第23号）。

---

[1] 现为《中华人民共和国行政诉讼法》（2017年修正）第六十三条。

420. 规范性文件设定行政处罚种类，缺乏法律、法规依据，不宜作为审理依据

关键词

规范性文件　设定罚则　审理依据

最高人民法院答复

内蒙古自治区高级人民法院：

你院《关于对包头市人民政府办公厅转发〈包头市城市公共客运交通线路经营权有偿出让和转让的实施办法〉中设定罚则是否符合法律、法规问题的请示》收悉。经研究，答复如下：

包头市人民政府办公厅转发的包头市城乡建设局《包头市城市公共客运交通线路经营权有权出让和转让的实施办法》中设定的行政处罚种类，缺乏法律、法规依据，不宜作为审查被诉具体行政行为是否合法的根据。

此复

——《最高人民法院行政审判庭关于对包头市人民政府办公厅转发〈包头市城市公共客运交通线路经营权有偿出让和转让的实施办法〉中设定罚则是否符合法律、法规规定问题的答复》（1997年6月2日，〔1997〕行他字第11号）。

421. 行政解释符合法律规范原意时才能作为衡量具体行政行为的标准

关键词

计量行政处罚　立法原意　行政解释

最高人民法院答复

辽宁省高级人民法院：

你院〔2000〕辽行疑字第15号《关于对计量违法行为适用〈辽宁省计量监督条例〉处1万元以上罚款是否受〈中华人民共和国计量法实施细则〉调整的请示》收悉，经研究，答复如下：

原则同意你院第一种意见。即辽宁省人民代表大会常务委员会通过的《辽宁省计量监督条例》第50条的规定与经国务院批准、国家计量局发布的

《中华人民共和国计量法实施细则》第 60 条规定是一致的，人民法院认定诉计量行政罚款 1 万元以上决定的案件的行政处罚主体资格时，亦应适用《中华人民共和国计量法实施细则》第 60 条的规定。

此复

——《最高人民法院关于对计量违法行为处一万元以上罚款的决定是否受〈计量法实施细则〉第 60 条调整的请示的答复》(2001 年 6 月 25 日，〔2000〕行他字第 17 号)。

附录：最高人民法院法官著述

此案中的有关计量行政处罚权的层级职权问题，涉及《计量法》《细则》《条例》以及辽宁省技术监督局对此问题的解释。因此，必须弄清以下两个方面的问题：

(一) 有关法律规范的层级问题

《计量法》属于单行法律，《条例》属于地方性法规，辽宁省技术监督局虽然有《条例》的授权可以对《条例》进行解释，但其没有制定规章的权力，所作出的解释充其量只能属于规章以下的规范性文件。

《细则》是 1987 年 1 月 19 日国务院批准，1987 年 2 月 1 日国家计量局发布的。在国务院清理行政法规后，《细则》被列在保留的行政法规之内。据此《细则》应当界定为行政法规。

根据上述分析，计量法是《细则》和《条例》的上位法，《细则》是《条例》的上位法，辽宁省技术监督局有关计量行政处罚层级职权所作出的解释应归类为规章以下的规范性文件，该解释的效力低于上述法律规范。判断有关计量行政处罚的层级职权，应当按照上位法的效力高于下位法的效力进行判断。

(二)《计量法》《细则》《条例》有关计量行政处罚的层级职权的规定是否冲突的问题

《细则》第 60 条规定："本细则规定的行政处罚，由县级以上地方人民政府计量行政部门决定。罚款一万元以上的，应当报省级人民政府计量行政部门决定。"《细则》第 60 条的规定虽与《计量法》第 31 条的规定并不完全相同，但是，是在其所确定层级职权的范围内，对层级职权的进一步划分。在制定《细则》时，将罚款一万元以上的，确定由省级计量行政机关行使，有利于防止行政处罚权的滥用，保护行政相对人的合法权利。因此，《细则》第 60 条的规定与《计量法》第 31 条的规定是一致的，不存在相互冲突或矛盾的问题，亦未超出制定机关的权限、违反计量法的本意等问题，也就不存在抵触的问题。

《条例》是《细则》的下位法，可以结合本地区的具体情况，对《计量法》和《细则》作进一步的具体化规定，但不得作出与《计量法》和《细则》的规定相抵触的规定。《条例》第 50 条规定："本条例规定的行政处罚，由县级以上技术监督部门依据法定的权限决定。"尽管该条中没有规定层级职权，但这里所讲的"法定的权限"应当包括《细则》第 60 条规定的层级职权的权限。换言之，计量行政机关依据《条例》作出的罚款决定必须符合《细则》第 60 条的规定，即一万元以上罚款只能由省级以上计量行政机关作出。省级以下计量行政机关作出一万元以上罚款就属超越了层级职权的性质。

《细则》是 1987 年制定的，被告作出行政处罚决定时已经是 2001 年，我国的物价指数已经上涨了 10 倍以上，万元以上的罚款的案件相应增多，如果都集中到省级计量行政机关作出行政处罚决定，省级计量行政机关确实难以承受。为了使省级计量行政机关集中精力解决大的问题，适当提高县级计量行政机关的行政处罚权限的范围是十分必要的。从这个角度来看，辽宁省技术监督局有关计量层级职权的解释是有一定的道理的。但是，行政职权法定是行政法中的一项原则，尽管随着时间的推移原有的规定已经不符合行政执法的现实要求，此时作为省级计量行政机关只能向有权制定规则的机关反映，通过修改法律规范来解决此问题，而不能擅自改变法定的行政职权的范围。如果可以改变，任何单位都可以说法律规定不符合现实要求，随意改变法律的规定，法律的权威性、统一性将会荡然无存。据此，辽宁省技术监督局对《条例》的解释与《细则》第 60 条规定相抵触，法院在审理具体计量行政案件时，不应当参考适用。

基于上述理由，最高人民法院于 2001 年 6 月 25 日作出〔2000〕行他字第 17 号《关于对计量违法行为处一万元以上罚款的决定是否受〈计量法实施细则〉第 60 条调整的请示的答复》（以下简称〔2000〕行他字第 17 号《答复》）。

适用〔2000〕行他字第 17 号答复应当注意的问题人民法院审理具体行政案件，在适用〔2000〕行他字第 17 号答复时，需要注意以下三个问题：

（一）注意审查行政解释所解释的法律规范是否符合上位法的规定

〔2000〕行他字第 17 号答复实际上确定了一项原则，即法院在审理行政案件中，经审查行政机关对法律规范所作出的解释必须符合以下两个条件，才可以作为衡量被诉具体行政行为合法性的标准：一是必须与其所解释的法律规范的有关具体规定之间不存在相抵触的问题；二是所解释的法律规范与其上位法之间亦不存在抵触的问题。因此，法院在审查行政解释时，首先应当审查行政解释是否符合其解释的法律规范的原意。经审查如果不符合这一个条件的，就应当确认该行政解释无效，不予参考。如果符合其解释的法律规范的原意，若有上位法的，还需要继续审查该法律规范是否符合上位法的规定，符合的，可以作为衡量被诉具体行政行为合法性的依据，不符合的，

不予参考。切不可不审查行政解释所解释的法律规范是否符合上位法的规定这一问题。

（二）要注意法律规范的修改

计量法是 1985 年制定的，《细则》是 1987 年制定的，目前已经实施了 20 多年，其中不少规定已经不能适用当今社会发展的需要，应当进行修改。因此，行政法官在审理计量行政案件时，一定要注意上述两个法律规范是否已修改的问题。当它们一旦修改，必须要适用新的法律规范，而不能继续适用原来的法律规范。

（三）工商行政机关依据《计量法》第 27 条规定作出的罚款决定不受《细则》第 60 条规定的限制

《计量法》第 31 条中规定："本法第二十七条规定行政处罚也可以由工商行政管理部门决定。"根据该条的规定，工商行政机关也享有部分的计量行政处罚权。但《细则》第 31 条中仅规定，一万元以上罚款的，由省级计量行政部门决定。未点出工商行政部门，说明该条规定未限制省级以下的工商行政机关不得作出一万元以上罚款的决定。因此，省级以下工商行政机关作出一万元以上的罚款决定，若地方性法规、部门规章、地方政府规章没有特别限定的，不宜认定为超越层级职权。

——蔡小雪：《有关层级职权的行政解释是否合法的审查与判断》，载最高人民法院行政审判庭编：《行政执法与行政审判》2007 年第 4 集（总第 24 集），法律出版社 2008 年版，第 702~707 页。

422. 行政机关的个案解释不能作为裁判依据

关键词

个案解释　裁判依据

附录：最高人民法院法官著述

司法实践中，还有一种对于个案进行解释的"行政解释"，对于此种解释不具有行政解释的法律地位。理由主要是：大多数的个案解释并未经过法定程序，与解释对象不具有同等的法律效力。但是，行政机关可以将此作为其作出行政行为合法性的证明。《立法法》的起草者指出："由于具体应用法律的解释已经产生了实际的法律影响，因此，下级机关在执法过程中，可以将该解释作为其执法合法性的证明"。[1] 这种对于个案进行的解释或者答复，对

---

[1] 乔晓阳主编：《立法法讲话》，中国法制出版社 2000 年版，第 198 页。

于法院而言，只是作为辅助资料或者参考资料。如果认为该解释与被解释的法律规范的宗旨、精神相符，可以参考并进而认定行政行为的合法性。此种参考资料，法院在裁判文书中可以进行评述，但不能作为依据或者参照。

——江必新、梁凤云：《行政诉讼法理论与实务》（第三版），法律出版社2016年版，第1518~1519页。

423. 行政解释性文件的生效时间应当追溯到所解释的法律生效之日

关键词

行政解释性文件　生效时间　实体从旧、程序从新

最高人民法院裁判文书

武汉大学生产技术实业公司诉湖北省专利管理局行政处罚决定上诉案
〔最高人民法院（1995）行终字第9号行政判决书〕

裁判要点：《专利管理机关查处冒充专利行为暂行规定》是《专利法》的下位法，所作出的规定是对专利法的细化，属于行政解释性文件，其时间效力应当追溯到所解释的专利法生效之日。

最高人民法院认为：武汉大学生产技术实业公司在与武汉蒙德公司洽谈合作技术项目以及签订合作生产高效消毒机合同时，使用了擅自改变专利权人名称的、已被终止的专利证书，属于《中华人民共和国专利法》第63条第2款、《专利管理机关查处冒充专利行为暂行规定》第2条所规定的冒充专利的行为，违反了国家专利管理的有关规定，专利管理机关依职权予以查处是符合法律规定的。原审判决认定事实清楚、证据确凿、适用法律正确、程序合法。

——最高人民法院行政审判庭编：《最高人民法院最新行政裁判汇编》，人民法院出版社2006年版，第61页。

附录：最高人民法院法官著述

本案上诉人技术公司实施的被处罚行为发生在1993年，湖北省专利管理局作出被诉行政处罚决定是在1994年12月13日。该处罚决定所适用的《暂行规定》是中国专利局于1994年7月22日发布的。因此，上诉人提出被上诉人适用的法律规范尚未发生法律效力，属于适用法律错误。究竟被上诉人

适用的法律规范是否有效，需要从以下进行分析：

（一）关于新法与旧法的时间效力关系问题

法律、法规颁布在前，行政解释性文件作出在后，对行政解释性文件作出以前的行政相对人的行为或事项处理时，能否适用行政解释性文件，有些同志提出，行政解释性文件对其发布前的行为不具有约束力，故行政机关在处理时不能适用行政解释性文件。这种观点亦是错误的。行政解释性文件是对本法的具体化和对某些条文规定的进一步阐述，并不是新的行为规范准则和新的权利义务划分的标准。因此，只要这些行政解释性文件符合其解释的法律规范规定的要求，其效力原则上可以追溯到本法实施之日。但是，如果在行政解释性文件发布以前，有权行政机关制定过行政解释性文件的，而且这些文件符合本法原意的，原则上应适用原来的文件，而不应适用新的文件。

《暂行规定》第2条规定："本规定所称的冒充专利行为是指任何单位或者个人为生产经营目的将非专利产品冒充专利产品或者将非专利方法冒充专利方法的行为，包括下列各项：一、印制或者使用伪造的专利证书、专利申请号、专利号，或者其他专利申请标记、专利标记；二、印制或者使用明知已经被驳回、视为撤回或者撤回的专利申请的申请号或者其他专利申请标记；三、印制或者使用明知已经被撤销、终止、或者被宣告无效的专利证书、专利号或者其他专利标记；四、制造或者销售明知有前三项所列标记的产品；五、其他足以使他人将非专利产品误认为专利产品或者将非专利方法误认为专利方法的冒充行为。"该条的规定，并不是新的法律规范，而是对《专利法》第63条第2款"将非专利产品冒充专利产品的或者将非专利方法冒充专利方法的，由专利管理机关责令停止冒充行为，公开更正，并处以罚款"的规定的具体化，并符合该条规定的立法本意。正因为它不是一个新的法律规范，而是对《专利法》的解释，其效力应当溯及到被解释的专利法生效之时，即1992年9月4日。尽管，被诉处罚决定未直接适用《专利法》第63条的规定，但其适用了《暂行规定》第2条，应当推定是根据《专利法》第63条的规定作出的，故应当认定为被诉处罚决定适用法律正确。

......

人民法院在审理具体行政案件，需要对有关法律规范的时间效力作出判断时，除应当注意本案所涉及的时间效力问题外，还需要注意以下几个问题：

（一）需注意法律规范有关时间效力的问题

我国法律规范生效通常有两种情况：一是从法律规范公布之日起立即生效施行；二是法律规范发布后并不立即生效，经过一定的期限开始施行。

我国法律规范施行终止效力的一般形式有两种：一是新法发布后宣告旧法或原法的下位法律规范废止；二是由立法机关决定批准公布失效的法律规范目录。但是，还有两种特殊形式，一种是新的法律规范公布后并没有宣布有关下位法废止,但旧的下位法与新的法律规范相抵触的,自行失效。另一种是新法律规范实施后,原有的下位法与新的法律规范中的某些部分不符合的,在新法律实施一段时间后废止。

我国现行法律、法规绝大部分不具有溯及力。法律规范中明确规定溯及既往和涉及历史问题处理的法律规范的规定具有溯及力。如《集体企业国有资产产权界定暂行办法》对该办法颁布以前和以后集体企业形成资产的性质如何界定的问题,均应适用该办法。

(二)关于新法发布或旧法修订后原有的下位法的法律效力问题

在审判实践中,对新颁布法或修订法后原有的下位法的法律效力问题,存在不同认识,有些同志认为,新颁布的法律规范或者经修订的法律规范施行以后,原有的下位法自然失效。我们认为这种观点是不正确的。因为新颁布的法律规范或者经修订的法律规范均是在原有的下位法经过实践检验后的基础上制定出来的,为了保证国家政策的连续性,避免造成法律规范的真空,新的法律或者经过修订的法律没有明确规定废止的法规或者规章,其规定的内容与新的法律或者经过修订的法律的规定不相抵触的部分,均具有法律效力。但当新的法规或者规章发布施行后,原有的法规、规章自行失效。

——蔡小雪:《行政解释性文件的效力应当追溯到解释的上位法生效之日》,载万鄂湘、张军主编、最高人民法院《最新法律文件解读》编辑委员会编:《最新行政法律文件解读》2008年第4辑(总第40辑),人民法院出版社2008年版,第85~90页。

424. 下位法的解释必须符合宪法规定的基本精神和原则

关键词

合宪性解释 土地权属纠纷 司法建议

最高人民法院答复

广西壮族自治区高级人民法院:

你院《关于北海市铁山港区营盘镇白龙村公所坪底村委第八(三)生产队不服合浦县人民政府土地权属处理纠纷一案适用法律问题的请示》收悉。经研究,答复如下:

根据《宪法》《土地管理法》关于土地所有权规定的基本精神,对土地所有权有争议,但不能依法证明土地属农民集体所有的土地,应依照《土地管理法实施条例》第3条第(3)项的规定,并参照原国家土地管理局确定土地所有权使用权的有关规定确定土地所有权。

此外，考虑到该案的争议土地系农民长期使用，但未取得合法权属证明的特殊情况，建议你院向政府提出司法建议，即：如果国家使用该争议地，应参照国家征用土地的有关规定给予适当补偿。

——《最高人民法院行政审判庭关于对农民长期使用但未取得合法权属证明的土地应如何确定权属问题的答复》(1998年8月17日，〔1997〕行他字第17号)。

附录：最高人民法院法官著述

合宪性解释的理论基础在于，以宪法为统领的法律规范体系被假设成为一个科学的、互相之间和谐的统一体。这一点体现在解释的方法上，主要是基于同一术语的解释应当尽量为一致的解释，也就是说，在运用此种方法时，不应当首先假定法律规范之间是相互冲突的，而是应当假设法律规范之间是不存在冲突的，即使存在可能的冲突，也是可以通过解释获得一致的。如果作为下位法的法律规范确实存在不同于上位法甚至抵触的涵义，下位法的涵义应当通过上位法的准确涵义予以框定和限制。这种限制和框定不能构成对于适用下位法具体制度的障碍，下位法只要不逾越宪法原则即可。正如有的学者指出的："合宪性解释要求：依字义及脉络关系可能的多数解释中，应优先选择符合宪法原则，因此得以维持的规范解释。在具体化宪法原则时，法官应尊重立法者对具体化的优先特权。假使原则的具体化有多种可能性，只要立法者的抉择并未逾越其被赋予的具体化空间，则法官应受此抉择之约束。不论是立法者或是法官，当他在作合宪性解释的具体化工作时，他都必须留意多数宪法原则之间的相互作用，它们不仅相互补充，也彼此限制。"① 合宪性解释的功能和作用就体现在对于下位法的具体涵义进行整体上的约束和指导，对于下位法的有关条文、字句的解释必须符合整个宪法基本原则和基本制度。正因为合宪性解释采用了价值判断的方法，大多数学者认为，合宪性解释实际上属于最后的选择方式。

例如，在一个具体的案件中，涉及了《宪法》和《土地管理法》上规定存在的不一致理解的问题。某地的村民长期由村民耕种，但是没有办理过土地产权文书，土地管理机关认为，根据国务院颁布的《土地管理法实施条例》第3条："下列土地属于全民所有即国家所有：(三) 国家未确定为集体所有的林地、草地、山岭、荒地、滩涂、河滩地以及其他土地。"同时，还根据国家土地管理局〔1995〕国土籍字第26号《确定土地所有权和使用权的若干规定》的第18条："土地所有权有争议，不能依法证明争议土地属于农民集体所有的，属于国家所有。"的规定认为村民的土地属于国有。实际上，根

---

① ［德］卡尔·拉伦茨：《法学方法论》，陈爱娥译，商务印书馆2003年版，第221页。

据《宪法》第 10 条第 2 款规定:"农村和城市郊区的土地,除由法律规定属于国家所有以外,属于集体所有;……"《土地管理法》第 6 条第 2 款也规定:"农村和城市郊区的土地,除由法律规定属于国家所有以外,属于集体所有。"按照《宪法》与《土地管理法》的规定,应理解为,农村和城市郊区的土地,如果属于国家所有的,应当出法律作出明确规定,如果法律没有规定的,则属集体所有的土地。上述解释就是运用了合宪性解释的方法即下位法的解释必须符合宪法规定的基本精神和基本原则,下位法的有关规定明显与《宪法》和《土地管理法》的规定相抵触。这就是合宪性解释的基本方法,当然,对于合宪性解释的方法必须是在明显违反宪法的精神或者原则的情况下才进行。如果下位法与《宪法》的规定仅有微小的差异,并且意义尚在可以接受的范围之内,不能采用这种解释方法。上位法与下位法的解释能够和谐统一的,应当尽量作一致的解释,因为法律解释的原则在于解决问题,而不是凭空制造问题。

——江必新、梁凤云:《行政诉讼法理论与实务》(第三版),法律出版社 2016 年版,第 1566~1567 页。

425. 对语义有所扩大并且有害于立法目的的,一般倾向于作限缩解释

关键词

水土流失补偿费　目的解释　限缩解释

最高人民法院答复

上海市高级人民法院:

你院《关于〈中华人民共和国拍卖法〉第 22 条应如何适用的请示》收悉。经研究,答复如下:

根据《拍卖法》规定的拍卖活动应当遵循公开、公平、公正和诚实信用的原则,《拍卖法》第 22 条规定的"拍卖人及其工作人员不得以竞买人的身份参与自己组织的拍卖活动",包括拍卖人及其工作人员不得在自己组织的拍卖活动中接受他人委托,以自己的行为代为竞买的情形。

——《最高人民法院关于〈中华人民共和国拍卖法〉第 22 条如何适用问题的答复》(2004 年 6 月 16 日,〔2003〕行他字第 20 号)。

内蒙古自治区高级人民法院:

你院《关于对伊敏华能东电煤电有限公司不服呼伦贝尔盟水利局催交水

土流失补偿费一案如何适用法律的请示》收悉。经研究并征求国务院法制办的意见,答复如下:《中华人民共和国水土保持法实施条例》第21条第2款"任何单位和个人不得破坏或者侵占水土保持设施,企事业单位在建设和生产过程中损坏水土保持设施的,应当给予补偿"的规定中的"水土保持设施",系指建设的水土保持设施和种植的林草。你院在审理伊敏华能东电煤电限公司不服呼伦贝尔盟水利局催交水土流失补偿费一案时,应当适用《中华人民共和国水土保持法实施条例》的有关规定。

——《最高人民法院行政审判庭关于对审理水土流失补偿费行政案件如何适用法律问题的答复》(2002年2月29日,〔2001〕行他字第9号)。

附录:最高人民法院法官著述

目的解释因对于立法目的的不同角度,经常使用不同的解释方法。总体上,扩张解释和限缩解释是目的解释的两种较为常见的解释方法。扩张(限缩)解释是指由于法律规范的语义过于狭窄,不足以明确表达和体现立法意图,遂采取扩大(缩小)其文字语义的解释方法。这两种方法也是经常用到。对于能够有效弥补法律漏洞的目的解释,法院一般倾向于扩展解释;对于语义已经有所扩大并且有害于立法目的的解释,法院一般倾向于限缩解释。以扩展解释为例,《拍卖法》第22条规定:"拍卖人及其工作人员不得以竞买人的身份参与自己组织的拍卖活动,并不得委托他人代为竞买"。可见,该法禁止拍卖人在自己组织的拍卖活动中作为买受人参与竞买。但是,该法没有明确"竞买人"是否包括了拍卖人在自己组织的拍卖活动中接受他人委托代为竞买。最高人民法院在答复中认为,根据《拍卖法》规定的拍卖活动应当遵循公开、公平、公正和诚实信用的原则,应当对"竞买人"情形作扩大解释。《拍卖法》第22条规定的"拍卖人及其工作人员不得以竞买人的身份参与自己组织的拍卖活动"包括拍卖人及其工作人员不得在自己组织的拍卖活动中接受他人委托,以自己的行为代为竞买的情形。[①]再如,《水土保持法实施条例》第21条第2款中"任何单位和个人不得破坏或者侵占水土保持设施,企事业单位在建设和生产过程中损坏水土保持设施的,应当给予补偿"的规定中的"水土保持设施"是否仅仅包括水土保持设施,还是应当扩大解释为水土保持设施和种植的林草,最高人民法院认可了对于"水土保持设施"的扩大解释。[②]

---

① 《最高人民法院关于〈中华人民共和国拍卖法〉第二十二条如何适用问题的答复》(〔2003〕行他字第20号,2004年6月16日)。
② 《最高人民法院行政审判庭关于对审理水土流失补偿费行政案件如何适用法律问题的答复》(〔2001〕行他字第9号,2002年7月29日)。

——江必新、梁凤云：《行政诉讼法理论与实务》（第三版），法律出版社2016年版，第1573~1574页。

426. 应当根据社会的发展需要解决法律规定中有关部门职权的冲突

关键词

烟草专卖许可　部门职权冲突　目的解释　限制性解释

最高人民法院答复

云南省高级人民法院：

你院报送的《关于昆明旭明经贸有限公司诉昆明市工商行政管理局五华分局行政处罚抗诉再审一案的请示报告》收悉。经研究答复如下：

有烟草零售许可证但无烟草专卖批发企业许可证经营烟草批发业务的，应当适用《中华人民共和国烟草专卖法》第33条的规定，由烟草主管行政机关处理。

此复

——《最高人民法院行政审判庭关于对无烟草专卖批发企业许可证经营烟草批发业务行为应当由何机关处理的答复》（2006年9月29日，〔2006〕行他字第1号）。

附录：最高人民法院法官著述

如何解决《烟草专卖法》第三十三条与第三十八条规定的冲突问题

由于原《刑法》第一百一十七条规定的投机倒把罪所包含的许多内容过于笼统，以致司法实际部门把一切与经营活动有关的违法活动都作为该罪处理，这在很大程度上违背了罪刑法定原则，在一定程度上损害了法律的严肃性，也不利于保护公民的合法权益。此外，在社会主义市场经济条件下，在计划经济时，禁止的一些行为，在市场经济时，已经成为了合法行为，什么是投机倒把行为已很难准确界定。鉴于此种情况，全国人民代表大会于1997年7月1日修订了原《刑法》，修订后的刑法取消了原来的投机倒把罪，新增加了扰乱市场经济秩序罪，并对该罪名作出了明确的界定，通过刑罚惩处严重扰乱市场经济秩序的行为，维护社会主义市场秩序。

随着社会的发展，处于新旧经济体制转换期间制定的《暂行条例》，在其内容上有些已不适应当今社会的发展，需要进行修改；有些已被后颁布的法律、其他行政法规规定的内容所代替。特别是在原《刑法》修订后，投机倒把罪从刑法罪名中被删除后,我国已建立了证券、期货等制度,还将使用"投机倒把违法行为"这一词,显然与社会发展潮流不相符合。国务院正在起草《市场监管条例》以代替《暂行条例》。在《市场监管条例》出台之前,工商行政管理机关不可避免地在维护市场秩序的过程中,还需要适用《暂行条例》,但有法律、其他行政法规已有规定的,应当适用法律、其他行政法规的规定,不应再适用《暂行条例》的有关规定。

  法律制定于现在而适用于未来,其间政治、经济和社会情况可能会发生很大的变化。社会状况和价值观念的改变,必然产生旧的法律规范如何适应新的现实问题。为解决适应新的现实问题,就需要用目的解释的方法对法律进行解释。目的解释是一种能够使过去制定的法律跟上时代步伐的适应式解释。按照这种解释方法解释法律规范时,首先要按照社会的需要,确定法律规范的合理目的,然后以该目的为指导,确定法律规范的含义。如果条文有缺陷或者漏洞,需要通过法律解释给予修正或者填补,确保实现立法背后的目的。确定立法目的时,必须考虑政治、经济、社会、公共政策、公正利益等因素。正因为《烟草专卖法》第三十八条的规定存在缺陷,导致部门职权的冲突,不能适应市场经济的要求,不利于行政机关依法行政,为了解决这一问题,国务院1997年7月3日发布的《烟草法专卖法实施条例》第六十一条规定:"无烟草专卖零售许可证经营烟草制品零售业务的,由工商行政管理部门或者由工商行政管理部门根据烟草专卖行政主管部门的意见,责令停止经营烟草制品零售业务,没收违法所得,处以违法经营总额百分之二十以上百分之五十以下的罚款。"根据该条的规定,工商行政管理部门仅对无烟草专卖售许可证经营烟草制品零售业务的行为具有行政处罚职权,对其他违反烟草专卖管理的倒卖行为不具有行政处罚职权。根据社会的发展需要,该条对其上位法第三十八条的规定进行了限制性的解释,通过限制性解释解决了《烟草专卖法》第三十八条的规定与其他相关规定的冲突问题,划清了烟草专卖部门与工商行政部门的职权界限,符合其上位法的立法宗旨和原则,故不属于"抵触",应当作为法院审理行政案件的依据。

  人民法院审理具体行政案件,适用〔2006〕行他字第1号答复时,应当注意以下两个问题:

  1. 需注意《烟草专卖法》第37条和《烟草专卖法实施条例》第61条的规定

  根据《烟草专卖法》第37条[①]的规定,对非法印制烟草制品商标标识的行为,由工商行政管理部门行使行政处罚职权。按照特别规定优于一般规定

[①] 《烟草专卖法》第37条规定:"违反本法第二十一条的规定,非法印制烟草制品商标标识的,由工商行政管理部门销毁印制的商标标识,没收违法所得,并处罚款。"

的原则，烟草管理部门对此类违反烟草管理的行为，不具有行政处罚职权。

根据《烟草专卖法实施条例》第61条的规定，对无烟草专卖零售许可证经营烟草制品零售业务的行为的行政处罚职权，由工商行政管理部门行使，烟草专卖部门无权行使。工商行政管理部门除此类违反烟草专卖管理行为外，对其他违反烟草专卖的倒卖行为，均不具有行政处罚职权。对此类违反烟草专卖管理的行为，工商行政管理机关应当依据《烟草专卖法实施条例》第61条的规定，进行处罚，而不能依据《暂行条例》的有关规定作出行政处罚决定。

2.关于移送问题

人民法院在审理诉工商行政机关行政处罚案件中，发现根据《烟草专卖法》及《烟草专卖法实施条例》的有关规定，工商行政机关越权行使了应当由烟草专卖机关行使的行政处罚职权的，应当在行政判决书说理部分阐明其超越职权的理由。如果经审理认定原告或者第三人的行为属于违反烟草专卖管理行为的性质的，还应当阐明被告应当将此案的有关材料移交烟草专卖行政主管部门处理。为了达到法律效果与社会效果相统一，当法院判决生效后，法院应当主动将有关情况向烟草专卖机关、同级人民政府或者被告的上级机关通报。法院直接将案件材料移送烟草专卖机关，有司法干涉行政之嫌疑，故法院不宜直接移送。但烟草专卖机关可以到法院查阅有关卷宗并可以复印或复制有关证据材料。

——蔡小雪：《应当根据社会的发展需要解决法律规定中有关部门职权的冲突》，载万鄂湘、张军主编，最高人民法院《最新法律文件解读》编辑委员会编：《最新行政审判与行政执法文件解读》2007年第6辑（总第30辑），人民法院出版社2007年版，第194~202页。

427. 对保护行政相对人有利的通常应作等外解释

关键词

有利于相对人原则　例示解释　等外解释

最高人民法院司法政策精神

四、关于法律规范具体应用解释问题

法律规范在列举其适用的典型事项后，又以"等"、"其他"等词语进行表述的，属于不完全列举的例示性规定。以"等"、"其他"等概括性用语表示的事项，均为明文列举的事项以外的事项，且其所概括的情形应为与列举事项类似的事项。

——《最高人民法院关于印发〈关于审理行政案件适用法律规范问题的座谈会纪要〉的通知》(2004年5月18日,法〔2004〕96号)。

最高人民法院答复

新疆维吾尔自治区高级人民法院:

你院〔2003〕新行监字第27号请求报告收悉。经研究,答复如下:

一、人民法院经审理认定,行政机关作出没收较大数额财产的行政处罚决定前,未告知当事人有权要求举行听证或者未按规定举行听证的,应当根据《行政处罚法》的有关规定,确认该行政处罚决定违反法定程序。有关较大数额的标准问题,实行中央垂直领导的行政管理部门作出的没收处罚决定,应参照国务院部委的有关较大数额罚款标准的规定认定;其他行政管理部门作出没收处罚决定,应参照省、自治区、直辖市人民政府的相关规定认定。

二、根据《行政处罚法》、《药品管理法》的有关规定,没收处罚只能由法律、行政法规或者地方性法规、自治条例作出规定。

——《最高人民法院关于没收财产是否应当进行听证及没收经营药品行为等有关法律问题的答复》(2004年9月4日,〔2004〕行他字第1号)。

附录:最高人民法院法官著述

人民法院在审理具体案件适用该答复时,应当注意以下几个问题:

(一)关于"等外"行政处罚范围的确定标准

《行政处罚法》第四十二条的"等"应当理解为除法律列举的"责令停产停业、吊销许可证或者执照、较大数额罚款"之外的其他与上述三种行政处罚程度相当的行政处罚。"程度相当"是一个模糊概念,实践中主要是依据行政处罚造成被处罚人直接财产损失数额判断。例如,没收财产如果达到了"较大数额罚款"的数额标准,就应当属于听证范畴;"无偿收回土地使用权"使得被处罚人直接减少的财产价值达到"较大数额罚款"的数额标准的,也应当给予被处罚人听证的权利。财产损失价值的计算以作出行政处罚决定时,被处罚人因行政处罚而丧失的财产的市场价值为准。

(三)关于违法限制权利的效力问题

法律没有对经营性药品企业设立办事处作出限制,未规定经营性药品企业办事处不得经营药品,行政机关在批准成立办事处时附加法律限制之外的禁止性义务,该项禁止义务对公民、法人或者其他组织不发生法律效力。鸿鹏药品公司取得了《药品经营企业许可证》,依法在新疆设立办事处,药监局在批准其设立办事处的批文中却依据《药品流通监督管理办法(暂行)》第六条关于"药品生产企业设立的办事机构不得进行药品现货销售活动"的规定,限定药品经营性企业设立的办事处"不得设立库房,不得从事药品现货交易",该限定不能作为鸿鹏药品公司无证经营的事实根据。因此,即便药监局依据批准设立办事处的批文认定鸿鹏药品公司办事处属于无证经营,责任主体是鸿鹏药品公司,据此对鸿鹏药品公司作出处罚,也是缺乏法律根据的。

——蔡小雪、郭修江、耿宝建:《行政诉讼中的法律适用》,人民法院出版社 2009 年版,第 195~196 页。

428. 地方性法规的行政处罚规定与上位法的规定相抵触的应当适用上位法

关键词

行政处罚　法律冲突

最高人民法院答复

重庆市高级人民法院:

你院渝高法〔2001〕78 号《关于秦大树不服重庆市涪陵区林业局行政处罚争议再审一案如何适用法律的请示》收悉。经研究,答复如下:

根据《中华人民共和国行政处罚法》第 11 条第 2 款关于"法律、行政法规对违法行为已经作出行政处罚规定,地方性法规需要作出具体规定的,必须在法律、行政法规规定的给予行政处罚的行为、种类和幅度的范围内规定"的规定,《重庆市林业行政处罚条例》第 22 条第 1 款第(1)项关于没收无规定林产品运输证的林产品的规定,超出了《中华人民共和国森林法》规定的没收的范围。人民法院在审理有关行政案件时,应当适用上位法的规定。

——《最高人民法院对〈关于秦大树不服重庆市涪陵区林业局行政处罚争议再审一案如何适用法律的请示〉的答复》(2003 年 6 月 22 日,〔2001〕行他字第 7 号)。

429. 一般规范性文件不违反上位法时应如何适用

关键词

规范性文件　上位法

最高人民法院裁判文书

赵某艳诉中华人民共和国国家工商行政管理总局不履行法定职责案〔最高人民法院(2016)最高法行申 348 号行政裁定书〕

裁判要点： 人民法院在审判过程中，经审查认为被诉行政行为依据的具体应用解释和其他规范性文件合法、有效并合理、适当，在认定被诉行政行为合法性时可以参照适用。

最高人民法院认为：参照工商广字〔1996〕第391号《国家工商行政管理局关于受理违法广告举报工作的规定》第二条的规定，国家工商总局具有负责监督、指导、协调地方各级工商行政管理机关受理违法广告举报工作和调查处理有重大影响的举报两项法定职责。本案中，赵某艳先后共五次通过邮寄信件的方式要求国家工商总局履行职责，前三次均是要求国家工商总局履行调查处理职责；最后一次是要求履行对下监督职责，第四次对上述两项职责都提出了要求。

关于调查处理职责。赵某艳举报的事项显然不具有重大影响，故不属于国家工商总局直接调查处理的范围。工商广字〔1996〕第391号《国家工商行政管理局关于受理违法广告举报工作的规定》第十一条第一款规定："工商行政管理机关一般应当按照对广告发布或者自行发布广告的广告主的管理权限受理举报。对不在管辖权限内的举报，应当在十日内转交有管辖权的工商行政管理机关调查处理。上级工商行政管理机关收到应当由下级工商行政管理机关管辖的举报，应当逐级在收到举报材料后十日内转交下级工商行政管理机关调查处理。"国家工商总局收到赵某艳前四次举报信后根据其举报涉嫌违法广告行为的主体、广告发布及影响范围等情况，分别转交北京市工商局和杭州市工商局，并以告知书的形式将转办情况告知赵某艳，符合法律规定。

关于对下监督职责。国家工商总局的对下监督职责是源于上下级行政机关的行政隶属关系，属于行政机关内部的层级监督，并不能直接对当事人的权利义务产生影响，不具有司法审查的必要性和实效性，不宜纳入行政诉讼受案范围。行政管理相对人认为合法权益受到侵犯的，应通过对直接影响其权利义务的行政行为提起行政诉讼，实现其权利救济的目的，而无需通过起诉上级行政机关不履行监督管理职责的方式来维护权益。故本案中国家工商总局是否依法履行赵某艳要求的对下监督职责不属于人民法院司法审查范围，原审对此予以审查并无必要，鉴于裁判结果正确，本院对此仅予指正。

——最高人民法院行政审判庭编：《最高人民法院行政裁判要旨及评述（第一卷）》，人民法院出版社2019年版。

430. 下位法扩大上位法规定的义务或限缩义务主体的范围、性质、条件，与上位法抵触时的处理

关键词

下位法与上位法抵触　法律适用

最高人民法院答复

贵州省高级人民法院：

你院关于在审理征收矿产资源补偿费行政案件中如何确定矿产资源补偿费缴费义务主体、征收对象问题的请示收悉。经征求国务院法制局的意见，答复如下：

1. 依照《矿产资源补偿费征收管理规定》第4条第1款及《矿产资源法实施细则》第6条第1款第（2）项的规定，矿产资源补偿费缴费义务主体应是依法取得采矿许可证、具有独立承担经济责任能力的组织或者个人。

2. 根据《矿产资源补偿费征收管理规定》第3条的规定，征收矿产资源补偿费，应当以脱离自然赋存状态的原矿为计征对象。

此复

——《最高人民法院行政审判庭关于对矿产资源补偿费缴费义务主体以及征收对象的答复》(1997年3月7日，〔1996〕行他字第16号)。

最高人民法院裁判文书

贵州省盘江矿务局诉贵州省盘县特区矿产资源管理局行政处罚上诉案
[最高人民法院（1997）行终字第13号行政判决书]

　　裁判要点：根据国务院《矿产资源法实施细则》和《矿产资源补偿费征收管理规定》规定，矿产资源管理局应当向取得采矿许可证的采矿权人征收矿产资源补偿费。贵州省盘江矿务局虽未取得采矿许可证，但其事实上一直在行使采矿权，地矿行政主管部门亦认可其采矿权人资格，因此其应当成为矿补费纳费义务主体。

　　最高人民法院认为：国务院《矿产资源法实施细则》和《矿产资源补偿费征收管理规定》规定，矿产资源补偿费应由采矿权人缴纳；矿产资源补偿费征收管理部门应当依法向取得采矿许可证的采矿权人征收。而国家统配煤矿企业有其特殊性，采矿许可证和征收矿补费制度的实施较晚，有其历史演

变和完善过程。尽管目前被上诉人尚未领取矿区采矿许可证,但其事实上一直在行使采矿权,且地矿行政主管部门亦认可其采矿权人资格;被上诉人系企业法人,所属行政矿是其分支机构,煤炭由被上诉人统一对外销售和结算。因此,原审判决否认被上诉人具有采矿权和可以成为矿补费纳费义务主体,缺乏足够的事实根据和理由,据此判决撤销上诉人所作出的具体行政行为,属认定事实不清,证据不足。上诉人计算被上诉人1994年4月至12月矿产品销售收入,以全年煤炭销售收入乘以3/4进行推算,所获数据不够准确,据以对被上诉人征收矿产资源补偿费,作出行政处罚,属认定事实不清。根据《矿产资源补偿费征收管理规定》有关规定,矿产资源补偿费应以原煤为计征对象。上诉人以被上诉人对外销售的洗精煤计征矿产资源补偿费,缺乏法律法规依据。

——最高人民法院行政审判庭编:《最高人民法院最新行政裁判汇编》,人民法院出版社2006年版,第122~123页。

431. 下位法超越其他行政主体职权,与上位法抵触时的处理

关键词

进口货物监管权 下位法与上位法抵触

最高人民法院答复

黑龙江省高级人民法院:

你院〔1996〕黑行他字第1号"关于佳木斯进出口公司第二部不服绥芬河市口岸管理委员会拍卖财产一案的请示"收悉。经研究,答复如下:

进口货物在办妥报关手续前应根据《海关法》第二十一条的规定,由海关监管,其他机关对进口货物无管理职权。具体案件请你院依据法律规定处理。

——《最高人民法院行政审判庭关于对佳木斯进出口公司第二部诉绥芬河市口岸管理委员会拍卖财产案的答复》(1996年7月25日,〔1996〕行他字第14号)。

432. 下位法缩小特定术语的内涵和外延，导致行政机关义务缩减与公民权益扩大，与上位法抵触时的处理

关键词

城市规划缩减　下位法与上位法抵触

最高人民法院答复

吉林省高级人民法院：

你院关于对《中华人民共和国城市规划法》第四十条应如何适用的请示收悉。经研究，答复如下：

违反城市规划的行为人其违法行为是否属于"严重影响城市规划"，应从其违法行为的性质和后果来确认。违反该法第三十五条规定的，属于"严重影响城市规划"的行为，但"严重影响城市规划"的行为不仅限于该规定，应根据个案的具体情况予以确认。

——《最高人民法院行政审判庭关于对〈中华人民共和国城市规划法〉第四十条如何适用的答复》（1995年11月14日，〔1995〕法行字第15号）。

433. 如何判断行政处罚上位法与下位法是否一致

关键词

行政处罚　上位法　下位法

附录：最高人民法院法官著述

《全国人民代表大会常务委员会法制工作委员会关于地方性法规对法律中没有规定的行政处罚行为可否作出补充规定问题的答复》就对已经制定上位法和未制定上位法两种情形下，下位法能否对违反行政管理秩序行为"补充"规定行政处罚，给出了不同的答案。该答复指出，对于违反食品卫生法，生产经营不符合卫生标准的食品，造成食物中毒事故或者其他食源性疾患的行为，食品卫生法已经明确作出了行政处罚规定的，在制定有关的实施办法时，必须在食品卫生法规定的给予行政处罚的行为、种类和幅度的范围内规定行政处罚。对食品卫生法中没有规定行政处罚的行为，不能作出补充规定。而《北京市关于禁止燃放烟花爆竹的规定》是在没有法律、法规的情况下制定的地方性法规，因此可以设定除限制人身自由、吊销企业营业执照以外的行政

处罚。

判断下位法的规定与上位法是否一致，审判实践多遵循以下标准：

第一，上位法对违法行为规定较为原则，下位法结合实际作出的具体规定，文字表述虽有不同，一般不认为不一致。比如，《环境噪声污染防治法》第四十七条和第五十八条规定，在已竣工交付使用的住宅楼进行室内装修活动，应当限制作业时间。未按规定采取措施，从家庭室内发出严重干扰周围居民生活的环境噪声的，由公安机关给予警告，可以并处罚款。2000年公布的《江西省环境污染防治条例》第三十三条就对具体的时间限制作出规定，即禁止夜间（22时至凌晨6时）和午间（12时至14时）进行产生噪声的建筑施工和室内装修及其他作业。《新余市城市管理行政处罚裁量权执行标准》进一步明确，首次出现违法行为，给予警告，不予处罚；警告后仍不改正的，处200元~400元罚款；属屡教不改的，处500元罚款。江西省和新余市的上述规定，虽然与上位法的表述并不完全一致，但仍属对上位法规定的具体化，不能认为违反了上位法。

第二，下位法对上位法规定违法行为的具体化，一般不认为不一致。比如，《劳动法》第一百零一条仅规定用人单位无理阻挠劳动行政部门行使监督检查权，由劳动行政部门或者有关部门处以罚款。劳动部《关于贯彻执行〈中华人民共和国劳动法〉若干问题的意见》规定："用人单位实施下列行为之一的，应认定为劳动法第一百零一条中的'无理阻挠'行为：（1）阻止劳动监督检查人员进入用人单位内（包括进入劳动现场）进行监督检查的；（2）隐瞒事实真象，出具伪证，或者隐匿、毁灭证据的；（3）拒绝提供有关资料的；（4）拒绝在规定的时间和地点就劳动行政部门所提问题作出解释和说明的；（5）法律、法规和规章规定的其他情况。"从立法目的和法律解释方法来看，上述意见对"无理阻挠"行为的具体列举，符合上位法立法精神，未背离上位法条文，也就不能认为违反上位法。同样，《郑州市劳动和社会保障局行政处罚自由裁量标准》对无理抗拒、阻挠劳动保障行政部门实施劳动保障执法的，分别确定了三种行政处罚自由裁量标准：轻微违法，未造成危害后果或者不良社会影响的，可以责令改正，并处以2000元以上10000元以下的罚款。一般违法行为，影响劳动保障行政部门工作的，可以责令改正，并处10000元以上15000元以下的罚款。严重违法，造成严重危害后果或者不良社会影响的，可以责令改正，并处15000元以上20000元以下的罚款。此类裁量标准，本质上是对不确定法律概念的具体化，是行政机关的自我约束，原则上亦应当得到支持。

第三，国家尚未在某一领域制定法律、行政法规，但其他领域的法律、行政法规的某些条文规定行政处罚，下位法规定新的处罚，是否构成不一致，则应全面考察分析。比如，《传染病防治法实施办法》第六十六条规定，违章养犬的，造成咬伤他人或者导致人群中发生狂犬病的，由县级以上政府卫生行政部门责令限期改正，可以处 5000 元以下的罚款；情节较严重的，可以处 5000 元以上 20000 元以下的罚款。而《广州市养犬管理条例》第四十五条规定，未申请养犬登记的，由公安机关扣押犬只，责令 3 日内申请办理登记，可以对单位处每只犬 5000 元罚款，对个人处每只犬 2000 元罚款；逾期不申请补办的，没收犬只。

回答上述两个法律规范有关处罚的规定是否冲突，首先要明确以下问题：一是《传染病防治法实施办法》是不是《广州市养犬管理条例》的上位法？二是《广州市养犬管理条例》有关处罚的规定，是首次"设定"，还是对上位法处罚内容的"规定"？三是《传染病防治法实施办法》虽提及"违章养犬"以及"养犬"应当登记许可，并规定了相应的罚则，但能否认为《广州市养犬管理条例》只能在《传染病防治法实施办法》规定的给予行政处罚的行为、种类和幅度的范围内细化规定？四是《广州市养犬管理条例》的相关处罚规定，是否应当不予适用？我们认为，对上述所有的回答似乎都应当是否定的，《广州市养犬管理条例》相关处罚规定并不违法。我们不能将上位法中有关某一领域的某一个法律条文规定，完全理解为此行政管理领域的上位法法源，且《广州市养犬管理条例》的立法说明中列举了《行政处罚法》《治安管理处罚法》《动物防疫法》等作为立法依据，并未将《传染病防治法实施办法》作为立法依据。

——江必新主编：《行政处罚法条文精释与实例精解》，人民法院出版社 2021 年版，第 61~63 页。

434. 新旧法律规定不一致时应如何适用

关键词

新旧法律规定不一致　实体　程序

最高人民法院裁判文书

湖南省花垣县永兴锰业有限责任公司诉湖南省花垣县人民政府行政复议决定案［最高人民法院（2016）最高法行申 415 号行政裁定书］

裁判要点：行政相对人的行为发生在新法实施之前，行政主体对该行为进行处理之时或处理之前新法颁布实施的，一般情况下，行政主体应当按照新法中的程序要求作出行政行为；对实体问题的判断则应当以旧法为依据，但新法对行政相对人更有利的除外。

最高人民法院认为，本案争议的焦点是花垣县工商局作出的变更登记决定应当适用 2005 年修改的《中华人民共和国公司法》还是 2013 年修改的《中华人民共和国公司法》。《中华人民共和国立法法》第八十四条规定，"法律、行政法规、地方性法规、自治条例和单行条例、规章不溯及既往，但为了更好地保护公民、法人和其他组织的权利和利益而作的特别规定除外。"该规定是有关法的溯及力的规定，它确定了新法对其生效以前发生的事件和行为一般不适用，而应当适用当时的法律。《最高人民法院关于审理行政案件适用法律规范问题的座谈会纪要》第三条规定，行政相对人的行为发生在新法施行以前，具体行政行为作出在新法施行以后，人民法院审查具体行政行为的合法性时，实体问题适用旧法规定，程序问题适用新法规定，但下列情形除外：（1）法律、法规或规章另有规定的；（2）适用新法对保护行政相对人的合法权益更为有利的；（3）按照具体行政行为的性质应当适用新法的实体规定的。虽然花垣县工商局撤销永兴公司 2008 年工商变更登记的行为发生在 2013 年，但永兴公司申请工商变更登记和花垣县工商局作出变更登记是在 2008 年。根据上述关于新旧法律规范的适用规则的规定，变更登记行为是否违法属于实体问题，在无其他正当理由适用例外规定的情形下，应当适用工商变更登记行为时生效的法律，即 2005 年修改的《中华人民共和国公司法》。故而，花垣县政府作出的被诉行政复议决定认为花垣县工商局应当引用 2013 年新修改的《中华人民共和国公司法》，属适用法律错误，原审法院判决撤销并无不当。

——最高人民法院行政审判庭编：《最高人民法院行政裁判要旨及评述（第一卷）》，人民法院出版社 2019 年版。

435. 与旧法配套的实施细则在新法实施后的适用问题

关键词

海关行政处罚　新旧法的适用

最高人民法院审判业务意见

18. 与旧法配套的实施细则在新法实施后的适用问题

新法实施后，与之配套的实施细则尚未颁行前，原有细则与新法不相抵触的内容可以适用。

——《最高人民法院办公厅关于印发〈行政审判办案指南（一）〉的通知》（2014 年 2 月 24 日，法办〔2014〕17 号）。

最高人民法院公报案例 / 行政审判指导案例

厦门博坦仓储有限公司诉福建省厦门海关行政处罚案[行政审判指导案例第13号]

裁判要点：行政机关为实施法律而根据法律制定的实施细则、条例等行政法规，在相关法律修改后，只要没有被法律、行政法规或者制定机关明令废止，并且不与修改后的法律相抵触，就仍然可以适用。

双方当事人争议的焦点在于上诉人的卸储行为是否构成"协助走私"，《海关法行政处罚实施细则》关于"协助走私"的规定与新海关法相关规定是否冲突，以及认定上诉人的违法所得是否应当扣除经营成本。经审查确认如下，（一）上诉人博坦公司卸储涉案油料的行为属于"协助走私"的违法行为。依照原《海关法行政处罚实施细则》第六条第二款的规定，知情不报并为走私人提供方便，构成"协助走私"的违法行为。（二）《海关法行政处罚实施细则》第六条第二款的规定与新海关法没有抵触。无论是对行为人的主客观方面要求，还是对行为人构成相应行政违法行为所应承担的法律责任，《海关法行政处罚实施细则》第六条第二款规定与新海关法第八十四条规定均未抵触，在其生效期间依法可以适用。

——《最高人民法院公报》2006年第6期。

附录：最高人民法院主流观点

一、确立裁判要旨的理由

本案涉及的主要争议问题是：《海关法行政处罚实施细则》关于"协助走私"的规定是否与新海关法相抵触，以及依照该规定原告的行为是否构成"协助走私"的事实要件而应予处罚，没收非法所得应否扣除经营成本等。对此存在两种不同意见：

一种意见认为，《海关法行政处罚实施细则》有关"协助走私"规定与新海关法相抵触，适用该规定进行处罚错误，理由如下，第一，违背"后法优于前法"的原则，适用法律错误。后法优于前法原则，是指同等效力的法律规范，在适用时，应当适用后面制定颁布的法律规范，而不应适用先前制定颁布的法律规范。这是法律适用的基本原则之一。适用《海关法行政处罚实施细则》第六条第二款的规定，对原告进行处罚，违背了这一原则。因为该细则是配合旧海关法制定实施的，在海关处理本案时，新海关法已经颁布实施，旧海关法及相关的实施细则已不再适用，厦门海关适用《海关法行政处罚实施细则》，明显属于适用法律错误。第二，修改后的海关法既然已经取消了"协助走私"这一罪名，因而也就无必要查究原告是否构成"协助走私"的违法行为。第三，海关总署政法司回复国务院法制办工交商事司征求"违法所得"含义的意见时，认为应当扣除经营成本。

另一种意见认为，《海关法行政处罚实施细则》有关"协助走私"规定与新海关法没有抵触，对于构成"协助走私"的行为可以依照该规定进行处罚。理由如下：第一，全国人大常委会2000年7月8日作出的关于修改1987年制定的《中华人民共和国海关法》的决定，仅是修改1987年制定的《海关法》的部分内容，并未废止该法。原《海关法行政处罚实施细则》至2004年11月1日《中华人民共和国海关行政处罚实施条例》生效后才废止，在此之前，该细则仍具有法律效力，因此，并不违背"后法优于前法"的原则。第二，《海关法行政处罚实施细则》第六条第二款的规定，与新海关法没有抵触，新海关法第八十四条规定，与走私人通谋为走私人提供运输、保管、邮寄或者其他方便，构成犯罪的，依法追究刑事责任；尚不构成犯罪的，由海关没收违法所得，并处罚款。对照文字表述，对行为人"为走私人提供方便"这一客观行为要件要求，以及对行为人构成行政违法应由海关没收违法所得、处以罚款，两部法律的相关规定是一致的。第三，违法所得是指违法行为人因实施不法行为而获得的利益，不能按照计算利润的方法来确定。《海关法行政处罚实施细则》第五条规定，对走私违法行为的行政处罚是没收走私货物、物品、走私专用设备和违法所得，可以并处罚款；对走私货物、物品无法没收的，应当追缴走私货物、物品的等值价款。最高人民法院、最高人民检察院、海关总署《关于办理走私刑事案件适用法律若干问题的意见》第二十四条也规定，对走私货物、物品因流入国内市场或投入使用，致使无法扣押或不便扣押的，应当按照走私货物、物品的进出口完税价格认定违法所得予以追缴；走私货物、物品的实际销售价格高于进出口完税价格的，应当按照实际销售价格认定违法所得予以追缴。根据这些规定，对走私货物、物品和收入，不论其表现形式和存在状态，一律应予没收或追缴，并不存在扣除走私违法行为人"经营成本"的问题。二审判决均采纳了第二种意见。取舍的理由：第一，无论是从修改前后的海关法立法精神，还是从相关具体规定，即《海关法行政处罚实施细则》第六条第二款规定与新海关法第八十四条规定来看，两者均没有抵触，在生效期间依法应当适用。第二，违法行为人的行为，符合"协助走私"的主客观要件的要求，也就是说，它构成违反海关监管的相关规定，侵害了国家的利益，应当追究其法律责任。第三，海关总署政策法规司法函〔2003〕58号函件既不是法律、法规和规章，也不是海关总署为具体应用法律、法规和规章而作出的解释，而是海关总署内设机构对相关法律问题所表达的一种观点，依法不能作为行政案件的审判依据。而且，该函件第三条只是从违法行为人投入资金、涉案货物、物品等违法标的是否应划入违法所得范畴的角度对违法所得如何判定提出意见,并没有认为违法所得应扣除"成本"。

——江必新主编、最高人民法院行政审判庭编:《中国行政审判案例》第1卷,中国法制出版社2010年版,第67~68页。

436. 同一位阶的法律规范特别法优于一般法

> 关键词

产品质量监督　特别法优于一般法

> 最高人民法院司法政策精神

(二)特别规定与一般规定的适用关系

同一法律、行政法规、地方性法规、自治条例和单行条例、规章内的不同条文对相同事项有一般规定和特别规定的,优先适用特别规定。

——《最高人民法院关于印发〈关于审理行政案件适用法律规范问题的座谈会纪要〉的通知》(2004年5月18日,法〔2004〕96号)。

> 最高人民法院答复

河南省高级人民法院:

你院关于审理产品质量监督行政案件中如何适用法律问题的请示收悉,经研究答复如下:

人民法院在审理涉及产品质量监督行政案件时,应当适用具体行政行为作出时已经施行的《中华人民共和国产品质量法》的有关规定。

——《最高人民法院关于对人民法院审理产品质量监督行政案件如何适用法律问题的答复》(2001年2月28日,〔1999〕行他字第15号)。

> 附录:最高人民法院法官著述

一般来说,特别法和一般法的适用主要针对的是同一个位阶的法律规范,除非上位法的一般法授权下位法以特别法修改其确立的法律规范。人民法院不承认任何与上位法相冲突的下位法为特别法,一般视为下位法与上位法相冲突或者为无法律效力的越权规定。例如,地方性法规规定的行政处罚措施与法律的规定相冲突的,地方性法规的规定就属于越权规定。例如,《河南省查处生产、销售假冒伪劣商品条例》规定了对伪造、假冒行为的"没收假冒伪劣商品"的行政处罚,而作为上位法的《产品质量法》没有规定该行政处罚，该地方性法规的规定属于无权限或者越权行为，应当适用《产品质量法》的规定。①这里不存在一般法和特别法的关系，因为这两个法律规范并未处于同一位阶。据此，《纪要》明确，同一法律、行政法规、地方性法规、自治条例和单行条例、规章内的不同条文对相同事项有一般规定和特别规定的，优先适用特别规定。有一种观点认为，全国人民代表大会和全国人民代表大会常务委员会不是一个立法机关，因此，这两个机关制定的法律规范并非同一立法机关，不存在特别法和一般法的关系。论者举例说，原《治安管理处罚条例》是全国人大常委会制定的法律，《行政诉讼法》是全国人大制定的法律。前者是一般法律；后者是基本法律。两者之间存在位阶关系，所以两者发生冲突属于合法的层级冲突，而不是特别法和一般法的冲突。②《立法法》上，确实存在基本法律和非基本法律的区别，但是，并非全国人大只能制定基本法律，全国人大也可以制定非基本法律。③全国人大制定的基本法律和非基本法律在法律位阶上是一样的，同样全国人大制定的基本法律和全国人大常委会制定的非基本法律在法律位阶上是一样的。况且，全国人大常委会有权对全国人大制定的任何法律进行补充和修改。因此，作为全国人大的常设机关的全国人大常委会和全国人大不能视为两个立法机关。上述法律规范之间冲突属于特别法和一般法的冲突，不是上位法和下位法的冲突。

——江必新、梁凤云：《行政诉讼法理论与实务》（第三版），法律出版社2016年版，第1535~1536页。

437. 行政机关受理许可申请与作出行政许可决定之间法律规范发生变更时的法律适用

关键词

行政许可　程序从旧、实体从新　法律变更

最高人民法院司法解释

第九条　人民法院审理行政许可案件，应当以申请人提出行政许可申请后实施的新的法律规范为依据；行政机关在旧的法律规范实施期间，无正当理由拖延审查行政许可申请至新的法律规范实施，适用新的法律规范不利于

---

① 参见《最高人民法院关于对人民法院审理产品质量监督行政案件如何适用法律问题的答复》（〔1999〕行他字第15号，2001年2月28日）。
② 钱建华：《行政审判依据间的冲突及选择的操作分析》，载《河北法学》2006年第1期。
③ 张春生主编：《中华人民共和国立法法释义》，法律出版社2000年版，第25页。

申请人的，以旧的法律规范为依据。

——《最高人民法院关于审理行政许可案件若干问题的规定》（2009年12月14日，法释〔2009〕20号）。

最高人民法院司法政策精神

三、关于新旧法律规范的适用规则

根据行政审判中的普遍认识和做法，行政相对人的行为发生在新法施行以前，具体行政行为作出在新法施行以后，人民法院审查具体行政行为的合法性时，实体问题适用旧法规定，程序问题适用新法规定，但下列情形除外：

（一）法律、法规或规章另有规定的；

（二）适用新法对保护行政相对人的合法权益更为有利的；

（三）按照具体行政行为的性质应当适用新法的实体规定的。

——《最高人民法院关于印发〈关于审理行政案件适用法律规范问题的座谈会纪要〉的通知》（2004年5月18日，法〔2004〕96号）。

附录：最高人民法院法官著述

在行政许可申请受理之后而作出行政许可行为之前，作为行政许可依据的法律规范发生变化的，应当按照新法的规定实施许可。因为，如不按照新法实施行政许可，行政许可行为就可能与新法建立的法律秩序相背离，不符合作出许可时的法律秩序。当然，是否绝对地没有例外，也是值得研究的。例如，倘若适用变更前的法律规范对申请人更为有利，变更后的法律并未废止或禁止该许可，且适用变更前的法律规范并不违反公共利益的，可以适用申请时的法律规范。

例如，在原告海南凯立中部开发建设股份有限公司（以下简称海南凯立公司）诉被告中国证监会股票发行行政纠纷案中，被告通知原告已将其列入1997年股票发行计划并要求其上报股票发行申请材料之后，原告于1997年6月向被告上报A股发行申请材料。2000年4月28日，被告以其办公厅的名义作出证监办函〔2000〕50号《关于退回海南凯立中部开发建设股份有限公司A股发行预选材料的函》（以下简称《50号退函》），认定原告的申请资料不实，不符合上市的规定，故退回申报材料。原告不服，提起行政诉讼，请求撤销《50号退函》及其结论，判令被告恢复并依法履行对原告股票发行上市的审查程序。在被告的答辩理由中，该退回行为符合当时的法定程序。这是本案争议的焦点。

本案被告的行政程序的时间跨度较大，期间有关法律依据发生了重大变化。被告于1998年6月收到原告的股票发行申请材料，依照当时的规定该申请应纳入审核工作程序，即适用1998年5月28日中国证监会发布的《股票发行审核工作程序》(以下简称审核程序)。按照该程序,经审查认定不符合公开发行股票条件的企业亦应及时作出不予同意的决定。1998年12月29日《证券法》颁布,并于1999年7月1日施行。该法规定股票发行上市实行核准制。2000年3月证监会根据《证券法》有关规定制定了核准程序,将股票发行的审核程序转为核准程序,并对1997年发行计划内申请发行的企业(如原告),在执行核准程序时作了保护性规定,即"如发行人属1997年股票发行计划内的企业,在提交发行审核委员会审核前,证监会对发行人的董事、监事和高级管理人员进行《公司法》《证券法》等法律、法规考试",但免除了"对发行人辅导一年"的要求。该规定在新旧许可程序的交替中体现了在保护原申请人权益的前提下,适用新规定的法律适用原则。该《核准程序》同时说明,已将申请股票发行的企业统一纳入了《核准程序》。据此,二审法院认为:"凯立公司虽然属于《核准程序》发布之前申请的企业,证监会也应当在保护其权益的前提下,依照该程序对其申请作出核准或不予核准发行的决定。但证监会对凯立公司的申请仅以其办公厅的名义作出《50号退函》,退回其预选申报材料。该决定既不适用具体的法律、法规和规章,也没有依照其自己制定的审批程序进行,一审法院判决认定该行为违法并限期重作是正确的。"[1]

  该案的行政争议属于行政许可争议,其法律适用涉及申请后、作出决定前有关法律规范的变化,即凯立公司提出申请时,证监会的审查依据是当时有效的国务院规定和证监会的有关规定,如1997年9月10日公布的《关于做好1997年股票发行工作的通知》和1998年5月28日《中国证监会公平发行审核工作程序》。这些规定明确了公平发行审核分为"预选"和"审批"两个阶段。1998年12月29日颁布的《证券法》确立了股票发行实行核准制,而中国证监会据此发布了2000年核准程序规定。这些审查程序规定的变化发生在凯立公司提出申请之后,作出决定之前,而中国证监会2000年核准程序规定明确了对以前提出的申请适用新规定,并作出了保护性的除外规定(免除了"对发行人辅导一年"的要求),审理案件的法院对此也予以肯定。这是一个处理新旧法交替期间的法律适用的典型案例。

  ——《审理行政案件适用法律规范的若干问题》,载万鄂湘主编、最高人民法院行政审判庭编:《行政审判指导》2004年第1辑(总第1辑),人民法院出版社2004年版,第132~133页。

---

[1] 案情详见姜明安主编:《行政许可法条文精释与案例解析》,人民法院出版社2003年版,第371~378页。

438. 行政许可作出时不符合当时的法律规定但符合变更后的法律规定的处理

关键词

行政许可　瑕疵痊愈

最高人民法院司法解释

第十条　人民法院审理行政许可案件，被诉准予行政许可决定违反决定时的法律规范但符合新的法律规范的，可以判决确认该决定违法；准予行政许可决定不损害公共利益和当事人合法权益的，可以判决驳回原告的诉讼请求。

——《最高人民法院关于审理行政许可案件若干问题的规定》（2009年12月14日，法释〔2009〕20号）。

附录：最高人民法院法官著述

所谓瑕疵痊愈，指的是行政许可作出时不符合当时的法律规定，但符合变更后的法律规定，即旧法生效时的行政许可瑕疵被新法治愈。在行政审批制度改革和市场经济不断完善的背景下，放宽许可条件、降低许可门槛的法律变更经常出现。与此相应，瑕疵痊愈的情形往往会伴随出现。如何处理，也就成为一个需要明确的问题。我们认为，第一，行政行为的合法性审查应当以行政行为作出的时间为基准时，因此合法性审查的法律依据应当是旧法。第二，考虑到许可申请虽不符合所涉的但符合新法，被许可人的利益实际上已经受到新法的保护，随着法律的发展，行政许可已经具有一种值得法律保护的法安定性价值，故在处理方式上不宜判决撤销。第三，至此，最为适当的处理方式就是判决许可违法，但保留许可效果。此种判决既可照顾被许可人的利益，也为原告就其损害预留空间。第四，考虑到行政许可决定有时不会损害原告和其他利害关系人的权益和公共利益，判决确认违法并无实际意义，此时判决驳回原告的诉讼请求更为合理。根据以上考虑，《规定》第十条规定："人民法院审理行政许可案件，被诉准予行政许可决定违反决定时的法律规范但符合新的法律规范的，可以判决确认该决定违法；准予行政许可决定不损害公共利益和当事人合法权益的，可以判决驳回原告的诉讼请求。"

——王振宇：《解读〈最高人民法院审理行政许可案件若干问题的规定〉》，载江必新主编：《行政与执行法律文件解读》2010年第2辑（总第62辑），人民法院出版社2009年版，第26~27页。

439. 法律规范中有关行政程序问题规定不一致时的适用规则

关键词

行政程序　后法优于前法

附录：最高人民法院法官著述

具有立法权的国家机关发布的两个以上的法律规范有关行政程序方面的规定，在个别情况下出现了规定不一致的问题。具体来讲，有三种情况：第一种是同一机关发布的后一个法律规范修改了前一个法律规范有关程序方面的规定；第二种是后颁布的上位法与先前颁布的下位法有关程序方面的规定不一致；第三种是下位法有关程序方面的规定与上位法的规定相抵触。对前两种情况，应当适用"后法优于前法"的原则。因为法律规范中有关行政程序的规定，是保证行政机关作出合法、公正的处理决定的必要措施，是保障公民、法人和其他组织合法权益的必要手段。这类规定并没有规定行政相对人的实体权益，不涉及公民、法人、其他组织和国家的实体利益，仅仅是规定行政机关的工作程序，按照"新的程序法律规范生效后必须遵守"的原则，行政机关和人民法院在处理这类案件时，均应适用新法的规定，而不应适用旧法的规定。但对第三种情况，按照上位法优于下位法的原则，无论下位法是在上位法先发布还是后发布，均应当适用上位法有关程序方面的规定。

——蔡小雪、甘文：《行政诉讼实务指引》，人民法院出版社2014年版，第470页。

440. 部门规章对同一事项规定不一致但与上位法均不抵触的，优先适用根据专属职权制定的规章

关键词

部门规章　专属职权　优先适用

最高人民法院答复

河南省高级人民法院：

你院〔1999〕豫法行请字第1号《关于审理农用运输车行政管理纠纷案件应当如何适用法律的请示报告》收悉。经研究，答复如下：机动车道路交通应当由公安机关实行统一管理；作为机动车一种的农用运输车，其道路交

通管理包括检验、发牌和驾驶员考核、发证等,也应当由公安机关统一负责。人民法院审理农用运输车行政管理纠纷案件,涉及相关行政管理职权的,应当适用《中华人民共和国道路交通管理条例》和《国务院关于改革道路交通管理体制的通知》和有关规定。

此复

——《最高人民法院关于对审理农用运输车行政管理纠纷案件应当如何适用法律问题的答复》(2000年2月29日,法行〔1999〕第14号)。

湖北省高级人民法院:

你院《关于如何认定质量技术监督部门在产品流通领域中行政管理职权的请示》收悉,经研究认为:国办发〔2001〕56号文和57号文根据《中华人民共和国产品质量法》第70条的授权明确规定,国家质量监督检验检疫总局负责生产领域的产品质量监督管理;国家工商行政管理总局负责流通领域产品质量监督管理。有关部门在行使行政管理职权时,应当以此为依据。

此复

——《最高人民法院关于如何认定质量监督检验检疫部门在产品流通领域中行政管理职权问题的答复》(2003年12月1日,〔2003〕行他字第15号)。

附录:最高人民法院法官著述

所谓专属职权是指两个类似的行政管理领域,法律法规对于某行政机关的专属职权进行了特别的授权或者规定。根据专属职权制定的规章应当优先适用。例如,对于农用运输车属于农业机械还是属于机动车交通工具,决定了对于其管理职权属于农业部门还是公安部门。最高人民法院认为,公安机关对于农用运输车的管理属于专属职权。机动车道路交通应当由公安机关实行统一管理;作为机动车一种的农用运输车,其道路交通管理包括检验、发牌和驾驶员考核、发证等,也应当由公安机关统一负责。人民法院审理农用运输车行政管理纠纷案件,涉及相关行政管理职权的,应当适用《中华人民共和国道路交通管理条例》和《国务院关于改革道路交通管理体制的通知》的有关规定。[①] 再如,《道路交通管理条例》第90条规定,高速公路的交通管理办法,由公安部另行规定。根据以上规定,有关高速公路的交通管理办法,公安部制定的效力是最高的。专属职权有时候并非对于行政管理事项完全截然分开,在许多时候,法律针对同一行政管理事项的不同阶段作了专属职权上的分工。例如,对于产品质量监督管理领域涉及国家质量监督检验检疫总

---

① 《最高人民法院关于对审理农用运输车行政管理纠纷案件应当如何适用法律问题的答复》(法行〔1999〕第14号,2000年2月29日)。

局和国家工商行政管理总局的职权交叉问题,最高人民法院认为,国办发〔2001〕56号文和57号文根据《产品质量法》第70条的授权明确规定,国家质量监督检验检疫总局负责生产领域的产品质量监督管理;国家工商行政管理总局负责流通领域产品质量监督管理。有关部门在行使行政管理职权时,应当以此为依据。① 也就是说,两个部门规章在各自的专属职权内针对同一行政管理对象的不同阶段行使职权。

——江必新、梁凤云:《行政诉讼法理论与实务》(第三版),法律出版社2016年版,第1550~1551页。

我国在制定法律规范时,尽可能将有关行政机关的职权划分清楚,避免重复授权、多头执法的情况发生。但是,由于行政管理的复杂性、变化性,不可能将所有行政机关的职权完全划分清楚,有关职权规定不明确的情况在行政执法中时有发生。因此,法院在审理具体案件时,发现法律规范有关职权规定不明确的,必须考虑法律效果与社会效果相统一的原则,即有利于保护公民、法人和其他组织的合法权益,有利于打击违法犯罪,维护正常的社会秩序和公共利益。例如,国办发〔2001〕56号和57号文根据《产品质量法》第七十条②规定的授权规定,国家质量监督检验检疫总局和国家工商行政管理总局在质量监督方面的职责分工为:国家质量监督检验检疫总局负责生产领域的产品质量监督管理,国家工商行政管理总局负责流通领域的商品质量监督管理。在实践中,工商机关或者质量技术监督机关发现前店后厂的单位销售、生产假冒伪劣产品或者发现正在运输途中的假冒伪劣产品,就很难确认是在流通领域还是在生产领域。为此,法院在审理这类案件时,不论是工商机关,还是质量监督检验检疫机关,均应按照谁先发现谁处理的原则,确定他们作出的行政处罚决定是否超越职权。

——蔡小雪、甘文:《行政诉讼实务指引》,人民法院出版社2014年版,第460页。

---

① 《最高人民法院关于如何认定质量监督检验检疫部门在产品流通领域中行政管理职权问题的答复》(〔2003〕行他字第15号,2003年12月1日)。

② 《产品质量法》第七十条规定:"本法规定的吊销营业执照的行政处罚由工商行政管理部门决定,本法第四十九条至第五十七条、第六十条至第六十三条规定的行政处罚由产品质量监督部门或者工商行政管理部门按照国务院规定的职权范围决定。法律、行政法规对行使行政处罚权的机关另有规定的,依照有关法律、行政法规的规定执行。"

441. 地方政府文件违反上位法规定，存在限制市场公平竞争等违法情形的，该规范性文件不得作为认定被诉行政行为合法的依据

关键词

行政行为合法　地方政府文件　限制市场公平竞争

最高人民法院公报案例

丹阳市珥陵镇鸿润超市诉丹阳市场监督管理局不予变更经营范围登记案
（判决时间：2015年7月1日，一审法院：江苏省丹阳市人民法院）

裁判摘要：为从源头上纠正违法和不当的行政行为，我国行政诉讼法规定，人民法院在审理行政案件中，对行政行为所依据的规章以下规范性文件的合法性具有附带审查的职权。市场经营主体申请变更登记经营范围，市场监管部门依据地方政府文件规定不予办理，人民法院经审查认为该规范性文件相关内容违反上位法规定，存在限制市场公平竞争等违法情形的，该规范性文件不作为认定被诉行政行为合法的依据。市场经营主体起诉要求市场管理部门办理变更登记的，人民法院应予支持。

江苏省丹阳市人民法院一审认为：

根据《中华人民共和国行政诉讼法》第六十二条第一款、第三款规定，人民法院审理行政案件，以法律和行政法规、地方性法规为依据，参照规章。《个体工商户条例》第四条规定，国家对个体工商户实行市场平等准入、公平待遇的原则。申请办理个体工商户登记，申请登记的经营范围不属于法律、行政法规禁止进入的行业的，登记机关应当依法予以登记。本案中，原告丹阳市珥陵镇鸿润超市申请变更登记增加的经营项目为蔬菜零售，不属于法律、行政法规禁止进入的行业，被告丹阳市市场监督管理局依法应当予以登记。但被告却适用丹阳市人民政府丹政办发〔2012〕29号规范性文件中关于"菜市场周边200米范围内不得设置与菜市场经营类同的农副产品经销网点"的规定，以原告经营场所距珥陵农贸市场不足200米为由，对原告的申请作出不予登记行为。由于丹阳市人民政府的上述规定与商务部《标准化菜市场设置与管理规范》有关场地环境之选址要求第三款'以菜市场外墙为界，直线距离1公里以内，无有毒有害等污染源，无生产或贮存易燃、易爆、有毒等危险品的场所'的规定不一致，与商建发〔2014〕60号《商务部等13部门

关于进一步加强农产品市场体系建设的指导意见》第（七）项"积极发展菜市场、便民菜店、平价商店、社区电商直通车等多种零售业态"的指导意见不相符，也违反《个体工商条例》关于对个体工商户实行的市场平等准入、公平待遇的原则。根据《中华人民共和国行政诉讼法》第五十三条、第六十四条的规定，人民法院经审查认为地方人民政府制定的规范性文件不合法的，不作为认定行政行为合法的依据。据此，丹政办发〔2012〕29号规范性文件不能作为认定被诉登记行为合法的依据。因此，被告对原告的申请作出不予登记的行政行为缺乏法律依据，依法应予撤销。

——《最高人民法院公报》2018年第6期。

442. 联合规章优先于其中一个部门单独制定的规章

关键词

部门规章　联合规章　优先适用

附录：最高人民法院法官著述

两个以上的国务院部门就涉及其职权范围的事项联合制定的规章规定，优先于其中一个部门单独作出的规定。一般来说，两个以上的国务院部门在起草联合规章时，大都与相关部门经过了征求意见和充分协商的阶段，并且联合规章应当由该几个起草单位主要负责人共同签署。根据立法法的规定，涉及两个以上国务院部门职权范围的事项，应当提请国务院制定行政法规或者由国务院有关部门联合制定规章。联合规章为立法法所规定，原因在于实际工作中联合规章数量较多，有些行政事务需要多个部门联合进行以及上升为行政法规还不成熟。制定联合规章的目的就在于解决相近的行政职权之间划分以及相应的利益分配的问题，从这个意义上讲，联合规章的效力高于单个国务院部门制定的规章。例如，在上例关于农业部规章和林业部规章的冲突一案中，法院在审查过程中发现，林业部制定的《国内森林植物检疫对象和应施检疫的森林植物、林产品名单》未列苹果苗木。1983年农牧渔业部、林业部等六部联合下发的《关于国内邮寄、托运植物和植物产品实施检疫的联合通知》（〔83〕农字第106号）的附件规定了农业植物类和森林植物类，苹果苗木被划归到农业植物类。上述联合通知在法律性质上属于联合规章，联合规章亦具有优先于其中一个部门单独作出规定的效力。

——江必新、梁凤云：《行政诉讼法理论与实务》（第三版），法律出版社2016年版，第1551页。

443. 部门规章之间有关部门职权规定冲突的优先适用联合规章

关键词

部门规章　联合规章　优先适用

最高人民法院答复

湖北省高级人民法院：

你院《关于塔式起重机的监督管理权限如何选择适用行政规章的请示》收悉，经研究，答复如下：

国家建设部、工商局、质量技术监督局联合制定的《施工现场安全防护用具及机械设备使用监督管理规定》，对起重机械的监督管理权限作了明确划分。人民法院审查行政机关在国务院《特种设备安全监察条例》施行前作出的相关具体行政行为，应当参照《施工现场安全防护用具及机械设备使用监督管理规定》。

——《最高人民法院对〈湖北省高级人民法院关于塔式起重机的监督管理权限如何选择适用行政规章的请示〉的答复》（2004年2月16日，〔2004〕行他字第2号）。

附录：最高人民法院法官著述

由于《产品质量法》和《建筑法》均没有明确规定在房屋建筑工地和市政工程工地用塔式起重机械安装、使用的监督管理职权由何部门行使。如果行政职能部门放任行政管理监督管理，将不利于建筑安全生产，有可能引发建筑安全事故。因此，为了使这方面的行政监管不出现真空，维护建筑安全生产，有必要明确该项行政管理职权的行使部门。建设部、国家工商局、国家质量技术监督局于1998年9月4日联合发布的《施工现场安全防护用具及机械设备使用监督管理规定》(以下简称《联合规定》)中规定，建设行政主管部门负责对施工现场安全防护用具及施工机械设备的使用实施监督管理。施工现场安全防护用具及机械设备使用的具体监督管理工作，可以委托所属的建筑安全监督管理机构负责实施。工商行政管理机关负责查处市场管理和商标管理中发现的经销掺假或假冒的安全防护用具及机械设备；质量技术监督机关负责查处生产和流通领域中安全防护用具及机械设备的质量违法行为。[1]该项规定与上位法不存在抵触的问题,而且符合建筑法的立法本意,因此可以作为判断部门职权的依据,在《联合规定》颁布之后,有关部门单方面改变这一职权划分的规定不能作为法院判断部门职权的依据。换言之,国务院部门之间制定的规章中有关部门职权规定不一致的,两个以上的国务院部门就涉及其职权范围的事项联合制定的规章规定,优于其中一个部门单独作出的规定。需要注意的是,一般两个以上的国务院部门共同发布的有关部门职权划分的规定实施一段时间后,国务院会制定相关的行政法规进一步明确规定部门职权。国务院于2003年3月11日发布的《特种设备安全监察条例》进一步明确规定了有关特种设备安全的行政监督管理职权。

对职权交叉的行为实行监管时,常常会出现两个或者两个以上的行政部门均具有管辖权,根据一事不再罚的原则,原则上只能处罚一次。因此,一般情况下,先行进行处理的机关应当认定具有处罚权,对已经处理过的行为,其他具有职权的机关再行进行处理的,应当认定为超越职权。此外,在法律、行政法规对一些部门职权划定不清楚的情况下,相关部门作出的行政行为,应当从有利于维护社会秩序、打击违法行为,保护公民、法人或者其他组织合法权益的角度考虑,一般不宜认定为超越职权。例如,对前店后厂的企业,经销的产品和企业正在运输中的产品,就难以辨清是生产领域的产品,还是进入流通领域的产品,因此,无论是工商行政管理机关,还是产品质量行政管理机关进行查处都不宜认定为超越部门职权。

——蔡小雪、甘文:《行政诉讼实务指引》,人民法院出版社2014年版,第437~439页。

444. 实施性规定应当优先适用

关键词

实施性规定　法律位阶　优先适用

附录:最高人民法院法官著述

一般来说,实施性规定由于其具有内容较为具体,操作性较强的特征,

---

[1] 建设部、国家工商行政管理局、国家质量技术监督局于1998年9月4日共同发布的《施工现场安全防护用具及机械设备使用监督管理规定》第四条规定:"各级建设行政主管部门负责对施工现场安全防护用具及施工机械设备的使用实施监督管理。施工现场安全防护用具及机械设备使用的具体监督管理工作,可以委托所属的建筑安全监督管理机构负责实施。工商行政管理机关负责查处市场管理和商标管理中发现的经销掺假或假冒的安全防护用具及机械设备;质量技术监督机关负责查处生产和流通领域中安全防护用具及机械设备的质量违法行为。"

因此，在适用过程中应当优先适用。优先适用与法律规范的位阶是两个不同的概念。法律规范的位阶主要是针对上位法和下位法的关系使用的概念；适用优先主要是指根据法律规范的内容，一般来讲，越是具体的、具有可操作性的规定就越具有适用的优先性。从行政执法的实际来看，行政机关总是优先适用更具有操作性的、较为具体的实施性规定。例如，最高人民法院认为，行政法规为了贯彻执行法律，地方性法规为了贯彻执行法律、行政法规，就同一问题作出更具体、更详细规定的，应当优先适用。[①] 所以，法院在审查实施性规定时，不能忽视其作为优先适用的法律规范的方面。

——江必新、梁凤云：《行政诉讼法理论与实务》（第三版），法律出版社2016年版，第1475~1476页。

445. 同一法律规范内部条文之间相互不一致的，人民法院应当根据实际情况按照不同条文之间的联系进行解释

关键词

内部条文不一致　体系解释

附录：最高人民法院法官著述

在审判实践中，对因自然资源所有权或使用权引发争议的行政诉讼案件，哪些应适用复议前置程序存在不同意见：一种意见认为，适用复议前置程序的案件应具备两个条件：一是相对人认为具体行政行为侵犯了自己合法的使用权或所有权；二是相对人必须"依法取得"了所涉自然资源的所有权或使用权，即必须持有手续完备的使用权或所有权证或法院的裁判文书。这类案件包括不服收回、撤销或变更所有权或使用权证、许可证的，不包括确定自然资源权属的行政案件。另一种意见认为，相对人认为自己已经"依法取得"了自然资源所有权或使用权的情况比较复杂，有些虽未取得有关证件，但已实际使用多年，他人也无异议，有些存在争议虽经有关部门解决多次仍无结果，争议当事人或多或少都有一定证据或理由认为依法应由自己所有或使用，法院也一时无法判定，因此，当事人提起诉讼的，都应先经过复议，这类案件不仅包括前述案件，也应包括不服确权决定的案件。最高人民法院认为，对于《行政复议法》第30条第1款的规定不能进行孤立理解，应当结合该法第6条第4项和第30条第2款的规定进行体系解释。最高人民法院最后的结

[①] 参见《最高人民法院关于印发〈全国经济审判工作座谈会纪要〉的通知》（法发〔1993〕号，1993年5月6日）。

论是：根据《行政复议法》第30条第1款的规定，公民、法人或者其他组织认为行政机关确认土地、矿藏、水流、森林、山岭、草原、荒地、滩涂、海域等自然资源的所有权或者使用权的具体行政行为，侵犯其已经依法取得的自然资源所有权或者使用权的，经行政复议后，才可以向人民法院提起行政诉讼，但法律另有规定的除外；对涉及自然资源所有权或者使用权的行政处罚、行政强制措施等其他具体行政行为提起行政诉讼的，不适用《行政复议法》第30条第1款的规定。[1]

——江必新、梁凤云：《行政诉讼法理论与实务》（第三版），法律出版社2016年版，第1565~1566页。

446. 对行政惯例的合理依赖应予适当保护

关键词

合理信赖利益　行政惯例　信赖保护原则

行政审判指导案例

吴某琴等诉山西省管理服务中心履行法定职责案［行政审判指导案例第139号］

　　裁判要点：行政机关对特定管理事项的习惯做法，不违反法律、法规的强制性规定且长期适用形成行政惯例的，公民、法人或其他组织基于该行政惯例的合理信赖利益应予适当保护。

　　上诉人丈夫所在兴无煤矿从2002年开始为企业的固定工缴纳工伤保险，缴费方式为不定期缴纳。这种缴费方式一直为柳林县主管机关认可。从2007年开始，吕梁市开始实行工伤保险全市统筹，但工伤保险费用缴纳的具体业务仍在柳林县办理，工伤保险费直接交到吕梁市工伤中心的账上。2007年12月，兴无煤矿仍按往年的缴费方式一次向吕梁工伤保险中心缴纳了2007年度固定工的工伤保险费用，吕梁工伤保险中心兴无煤矿出具了山西省社会保险费征收专用票据，并没有按《工伤保险经办业务管理规程》第三章（工伤保险费征缴）第二十一条第二款的规定按照兴无煤矿2006年度缴费数额的

---

[1]《最高人民法院关于适用行政复议法第三十条第一款有关问题的批复》（法释〔2003〕5号，2003年1月9日最高人民法院审判委员会第1263次会议通过，2003年2月25日最高人民法院公告公布，自2003年2月28日起施行）。

110%确定2007年度的缴费数额,也没有按照国务《社会保险费征缴暂行条例》第十三条的规定加收滞纳金,应当认定工伤保险中心认可了这种缴费方式。同时,这种缴费方式并不仅是兴无煤矿一家企业,而是柳林县大多数企业的做法。柳林县医疗保险管理中心出具的2007年12月工伤保险费征缴情况表上,除了兴无煤矿外,还有柳林建行、王家沟煤矿、文安煤业有限责任公司、刘家垣煤矿等企业也是于2007年12月一次性缴纳2007年度全年工伤保险管理费。可见,这种不定期缴费方式在工伤保险管理实际工作中已形成一种习惯性做法,这种做法需要在以后的工伤保险管理工作中逐步地加以规范,但并不能因此否定用工主体为本单位职工缴纳保险费用的法律事实。所以,吕梁工伤保险中心以冯海生、高三信所在单位工伤保险费用缴费方式不符合条例规定为由不予核定并拒绝支付上诉人工伤保险待遇的行为违法。

——江必新主编、最高人民法院行政审判庭编:《中国行政审判案例》第4卷,中国法制出版社2012年版,第78~79页。

447. 工商机关对被举报车辆进行堵截并暂扣所载涉嫌假酒的措施不属上路设卡检查行为

关键词

上路设卡检查

最高人民法院答复

山西省高级人民法院:

你院〔1997〕晋法行字第1号请示收悉。经研究,答复如下:

同意你院审判委员会的倾向性意见,即工商行政管理机关根据有关规定,对被举报涉嫌拉运假酒的特定车辆进行堵截,并对所载涉嫌假酒采取暂扣措施,不属于国务院国发〔1994〕41号文件明令禁止的上路设卡检查的行为。

——《最高人民法院行政审判庭关于如何适用国务院国发〔1994〕41号文件有关问题请示的答复》(1997年6月4日,〔1997〕法行字第6号)。

448. 工商行政管理部门颁发个体户营业执照无需以环保评价许可为前置条件

关键词

颁发营业执照 环保评价前置许可

最高人民法院答复

福建省高级人民法院：

你院《关于工商行政管理部门审查颁发个体工商户营业执照是否适用法律规定环保评价前置许可的请示》收悉。经研究，答复如下：

公民个人租赁住宅楼开办个体餐馆的，不属于环境影响评价法第十六条第三款关于"建设项目的环境影响评价分类名录"规定中的"建设项目"。

公民之间因个体餐馆排放的噪声空气污染产生争议的，可以依照环境噪声污染防治法大气污染防治法的有关规定处理，经营管理者应采取有效措施，使其边界噪声、排放物达到国家规定的环境噪声、排放物的排放标准；对他人造成危害的，应承担相应的赔偿责任。

此复

——《最高人民法院行政审判庭关于工商行政管理部门审查颁发个体工商户营业执照是否以环保评价许可为前置条件问题的答复》（2006年11月27日，[2006]行他字第2号）。

附录：最高人民法院法官著述

该案件主要涉及环境影响评价法与工商行政管理法律规范的关系的衔接问题，因此，需要对其含义及有公民、法人或者其他组织受到环境污染的救济途径进行分析。

1. 公民个人租赁住宅楼开办个体餐馆的，是否属于环境保护法律规范中规定的"建设项目"

《环境影响评价法》第十六条第一款规定："国家根据建设项目对环境的影响程序，对建设项目的环境影响评价实行分类管理"第三款规定："建设项目的环境影响评价分类管理名录，由国务院环境保护行政主管部门制定并公布。"国家环保总局1999年4月21日发布的《关于执行建设项目环境影响评价制度有关问题的通知》中规定，《建设项目环境保护管理条例》（以下简称《条例》）所称的"建设项目"是指，按固定资产投资方式进行的一切项目建设活动，包括国有经济、城乡集体经济、联营、股份制、外资、港澳台投资、个体经济和其他各种不同经济类型的开发活动。按照计划管理体制，建设项目可分为基本建设、技术改造、房地产开发（包括开发区建设、新区建设、老区改造）和其他共四个部分的工程和设施建设。对环境可能造成影响的餐饮服务性行业，也属《条例》管理范围。公民个人租赁住宅楼开办个体餐馆的未改变房屋主体结构，一般装修的，不属于环境影响评价法第十六条第三款关于"建设项目的环境影响评价分类名录"规定中的"建设项目"。国家工商行政管理局2004年7月28日发布，2004年8月1日施行的《个体工商户登记程序规定》第五条规定："申请个体工商户设立登记,应当提交下列文件:(一)申请人签署的个体工商户设立登记申请书;(二)申请人身份证明;(三)经营场证明;(四)国家法律、法规规定提交的其他文件。"据此,公民个人租赁住宅楼开办个体餐馆申请营业执照时,无须进行环保评估。

2. 关于受到环境污染的救济途径问题

《环境噪声污染防治法》第六十一条规定:"受到环境噪声污染危害的单位和个人,有权要求加害人排除危害;造成损失的,依法赔偿损失。""赔偿责任和赔偿金额的纠纷,可以根据当事人的请求,由环境保护行政主管部门或者其他环境噪声污染防治工作的监督管理部门、机构调解处理;调解不成的,当事人可以向人民法院起诉。当事人也可以直接向人民法院起诉。"《大气污染防治法》第六十二条规定:"造成大气污染危害的单位,有责任排除危害,并对直接遭受损失的单位或者个人赔偿损失。""赔偿责任和赔偿金额的纠纷,可以根据当事人的请求,由环境保护行政主管部门调解处理;调解不成的,当事人可以向人民法院起诉。当事人也可以直接向人民法院起诉。"根据这两条的规定,公民之间因个体餐馆排放的噪声空气污染产生争议的,可以依照这两条的规定处理,经营管理者应当采取有效措施,使其边界噪声空气达到国家规定的环境噪声空气排放标准;对他人造成危害的,应当承担相应的损害赔偿责任。

人民法院在审理这类行政案件时,应当注意以下两个问题:

1. 注意〔2006〕行他字第2号答复的适用范围

〔2006〕行他字第2号答复仅明确,公民个人租赁住宅楼开办个体餐馆的,不属于《环境影响评价法》第16条第3款关于"建设项目的环境影响评价分类名录"规定中的"建设项目"。公民对其使用的房屋改变房屋主体结构的改建,则属于"建设项目",应当取得环保评价的许可证后,方能进行改建。

2. 法院应尽告知义务

法院在审理这类案件时,认定被告核发的营业执照行为合法,不能仅仅判决维持被诉行政行为,为了保护公民、法人和其他组织的合法权益,还应在判决理由部分告知原告可以通过民事诉讼的途径维护其合法权益。

——蔡小雪:《颁发个体工商户营业执照是否适用法律规定的环保评价前置许可?》,载江必新主编:《行政法律文件解读》2009年第11辑(总第59辑),人民法院出版社2009年版,第104~107页。

449. 工商行政管理部门查处非法转包建筑工程行为缺乏法律依据

关键词

非法转包建筑工程　行政处罚　法律依据

最高人民法院答复

湖北省高级人民法院：

你院《关于工商行政管理机关能否对建筑领域转包行为进行处罚及法律适用问题的请示》收悉。经研究，并经征求国务院法制办公室意见，答复如下：

《中华人民共和国建筑法》第76条第1款中的"有关部门"指的是铁路、交通、水利等专业建设工程主管部门，不包括工商行政管理部门。除根据该条第2款吊销营业执照外，工商行政管理部门查处非法转包建筑工程行为缺乏法律依据。

此复

——《最高人民法院关于工商行政管理机关能否对建筑领域转包行为进行处罚及法律适用问题的答复》(2009年11月19日，〔2009〕行他字第6号)。

附录：最高人民法院法官著述

在理解适用〔2009〕行他字第6号答复时，还应注意以下问题：

（一）《建筑法》第七十六条第一款中的"有关部门"不包括工商机关

《建筑法》第七十六条中的"有关部门"是否包括工商行政管理部门，对此存在不同理解：一种观点认为，对转包行为的"其他行政处罚"由哪些部门行使处罚权，法律没有明确规定。因此，不能排除工商行政管理部门的处罚权。另一种观点认为，"有关部门"所指的是铁路、交通、水利等专业建设工程的行业主管部门，不包括工商行政管理部门。在征询国务院法制办意见后，认为根据当时的立法原意，"有关部门"所指的是铁路、交通、水利等专业建设工程主管部门，不包括工商行政管理部门。最高人民法院最终采取的是第二种观点。需要特别强调的是，答复中关于"有关部门"的解释，同样适用于《建设工程质量管理条例》第七十五条和《建设工程勘察设计管理条例》第四十一条规定中"有关部门"的范围界定。

（二）吊销营业执照属于后续性并罚措施，不是主动性执法权

对如何理解答复中规定的"除根据该条第二款吊销营业执照外，工商行

政管理部门查处非法转包建筑工程行为缺乏法律依据"。有意见认为,工商行政管理部门只有在颁发资质证书的机关依法吊销相关企业的资质证书后,才能采取后续性的配合措施,吊销相关企业的营业执照,并不具有主动调查处理相关违法企业的职权。我们认为,该意见符合相关法律规定和答复的精神,工商管理机关吊销营业执照的职权实质上是配合性的后续措施,而不是主动性的查处职权。部分市场主体取得工商登记的前提条件是需要获得特定行业的前置性许可,如果该市场主体的前置许可资格因为违法被撤销或者吊销,则该市场主体就失去继续持有工商营业执照的资格,工商管理机关应当吊销相关企业的营业执照,这种吊销营业执照的处罚并非工商部门主动查处违法行为后直接采取的处罚措施,而是配合其他执法机关查处违法行为吊销资质证书后采取的配合性措施。因此,虽然工商管理机关对非法转包建筑工程行为的企业可以采取吊销营业执照的处罚措施,但属于配合相关执法部门的后续性措施,依赖于相关执法部门的处理结果,工商管理部门不能主动和单独对非法建筑工程的行为进行调查处罚。

——蔡小雪、郭修江、耿宝建:《行政诉讼中的法律适用》,人民法院出版社 2009 年版,第 386~387 页。

450. 工商机关对严格准入行业经营者的审查义务

关键词

严格准入行业　审查义务

行政审判指导案例

上海明太化工发展有限公司诉上海市工商行政管理局奉贤分局工商行政处罚案[行政审判指导案例第 109 号]

裁判要点:严格准入许可行业的产品生产者、经营者对交易对象的资质负有谨慎审查的义务,有条件和能力而未进行谨慎审查或在审查中存在过错的生产、经营者,应承担行政违法的不利后果。

本案中,被告在检查中发现上海明钰粉体材料有限公司将其分装的氟硅酸钠销售给原告,遂进行立案调查。经调查取证,原告已经取得《危险化学品经营许可证》,但其向未取得危险化学品生产许可证或者危险化学品经营许可证的企业采购危险化学品的行为违反了《危险化学品安全管理条例》第三十条第(一)项的规定,故根据《危险化学品安全管理条例》第六十三条第

（一）项之规定，被告对原告作出罚款人民币70000元的处罚合法。

——江必新主编、最高人民法院行政审判庭编：《中国行政审判案例》第3卷，中国法制出版社2013年版，第144页。

451. 责令改正非撤销工商登记的前提条件

关键词

公司登记　虚假证明文件　撤销登记

最高人民法院答复

安徽省高级人民法院：

你院《关于申诉人深港贸易公司与被申诉人范楚琦、福建省土木建筑开发深圳实业公司、原审被上诉人临泉县工商行政管理局、原审第三人中国水利电力物资公司工商行政登记撤销决定提审一案有关问题的请示》收悉。经研究答复如下：

行政相对人在办理公司变更登记时提交虚假证明文件或者采取其他欺诈手段，情节严重的，工商机关在1994年7月1日后、2005年12月18日前，未经责令改正，直接对公司变更登记予以撤销的，不违背1994年7月1日起施行的《中华人民共和国公司登记管理条例》第五十九条的规定。

此复

——《最高人民法院关于〈公司登记管理条例（1994年颁布）〉第五十九条适用问题请示的答复》（2010年11月1日，〔2010〕行他字第113号）。

附录：最高人民法院法官著述

该请示案件涉及撤销登记行为是否属于行政处罚和撤销登记是否以责令改正为前提条件的两个法律问题。

（一）关于撤销登记行为的性质问题

国务院1994年颁布的《公司登记管理条例》第五十九条规定："办理公司登记时提交虚假证明文件或者采取其他欺诈手段，取得公司登记的，由公司登记机关责令改正，处以1万元以上10万元以下的罚款；情节严重的，撤销公司登记，吊销营业执照。构成犯罪的，依法追究刑事责任。"从工商机关根据该条规定作出的撤销登记行为来看，作出的主体是行政机关，是用于外部公共行政领域，以行政违法为前提，在这三点上似乎非常符合行政处罚的特征。但是，行政处罚最为重要的一个特征是对违法行为人的一种行政法律制裁措施。所谓的法律制裁，是国家的专门机关对违法者依其违法行为应负的法律责任而采取的惩罚性措施。行为人本不应当取得登记，但在其办理公司登记时，采取提交虚假证明文件或者采取其他欺诈手段，骗取公司登记的，被登记机关发现后取消登记，仅仅恢复到原来的状态，并不具有惩罚性，因此，很难归于行政处罚的性质。

工商登记及变更登记的行为完全具备行政许可的特征，对其属于行政许可无论在法学还是实务界均无争议。《行政许可法》第六十九条第二款规定："被许可人以骗取、贿赂等不正当手段取得行政许可的，应当予以撤销。"工商机关根据国务院1994年颁布的《公司登记管理条例》第五十九条的规定，作出的撤销登记行为，因其不是对违法行为的一种惩罚，而是为了维护公共管理秩序，所采取的一种对不当发放行政许可的补救措施，从其性质上看，应当归类于行政许可的范畴。

正因撤销登记行为属于行政许可的性质，故听证程序不是作出该类行为的必经程序。

（二）关于撤销登记是否以责令改正为前提条件的问题

按照国务院1994年颁布的《公司登记管理条例》第五十九条规定的文义，应当作如下理解：一是办理公司登记时提交虚假证明文件或者采取其他欺诈手段，情节不严重的行为，公司登记机关可以让该登记公司继续进行经营活动的，公司登记机关应当责令改正，也就是用真实的材料补齐有关登记材料。同时，还可以根据具体情况给予罚款处罚。二是办理公司登记时提交虚假证明文件或者采取其他欺诈手段，情节严重的，公司登记机关不应让该登记公司继续进行经营活动，应当撤销公司登记或者吊销营业执照。此外，还暗含着，工商机关开始认为情节不严重，责令申请人改正，申请人未改正，发展至情节严重的情形时，工商机关应当吊销营业执照。也就是说，该条规定中，没有将责令改正作为撤销登记的前提条件。

人民法院在审理具体案件适用〔2010〕行他字第113号答复时，需要注意以下几个问题：

（一）〔2010〕行他字第113号答复的原则可以适用新条例

国务院于2005年12月18日对1994年6月24日颁布的《中华人民共和国公司登记管理条例》进行了修改，修改后的条例第六十九条规定："提交虚假材料或者采取其他欺诈手段隐瞒重要事实，取得公司登记的，由公司登记机关责令改正，处以5万元以上50万元以下的罚款；情节严重的，撤销公司登记或者吊销营业执照。"该条的规定与1994年条例第五十九条的规定相比，除提高罚款数额外，其他基本相同。因此，〔2010〕行他字第113号答复所确定的原则仍适用于修改条例施行后发生的同类案件。

（二）判断撤销登记的合法性时应当注意利益衡量

判断被诉撤销登记行为的合法性问题时，首先要判断申请人提交虚假材料或者采取其他欺诈手段隐瞒重要事实,可能对公共利益或者他人的合法权益造成重大损失,采取补救手段无法解决的,如注册资金基本不到位、出资人将他人的资产作为其自己的资产申请注册等,申办公司才属于"情节严重",可以作出撤销登记或者吊销营业执照的行政处罚决定。

被登记人以提交虚假材料或者采取其他欺诈手段隐瞒重要事实,取得登记注册,依法应当撤销。但是,如果撤销登记,可能对公共利益造成重大损失的,也不应当撤销。因此,就需对撤销与不撤销之间进行利益衡量,只有撤销损失小于不撤销的情形下,撤销才属于合法。

(三)撤销登记后仍可以重新申请登记

行政相对人的公司登记被撤销后,并不意味着其永远不能再申请公司登记。如果其经过整改,仍可以向登记机关再次申请登记,只要具备公司登记的条件,登记机关就应当予以登记。人民法院在审理此类案件时,应审查申请人是否符合登记条件,而不将以前撤销登记作为是否登记的条件对待。

(四)因提交虚假材料或者采取其他欺诈手段被撤销登记的,国家不承担赔偿责任

《中华人民共和国国家赔偿法》第五条第二项规定,因公民、法人和其他组织自己的行为致使损害发生的,国家不承担赔偿责任。登记人采取提交虚假材料或者采取其他欺诈手段获取的登记被撤销,是由于其自身的违法行为,骗取登记机关的登记,而造成被撤销的,属于登记自己的行为致使损害发生的,故国家不承担赔偿责任。

——蔡小雪、郭修江、耿宝建:《行政诉讼中的法律适用》,人民法院出版社 2009 年版,第 369~371 页。

452. 雷电防护设施检测执法中法律与地方性法规、地方性法规与部门规章规定不一致时的法律适用

关键词

雷电防护设施检测　法律冲突

最高人民法院答复

黑龙江省高级人民法院:

你院《关于五常市气象局不服哈尔滨市五常质量技术监督局行政处罚一案有关法律适用问题的请示报告》收悉。经研究,答复如下:

根据《中华人民共和国计量法》等有关法律的规定,雷电防护设施检测机构需要经过资格认证,但不需要经过计量认证。

——《最高人民法院关于雷电防护设施检测机构是否应当进行计量认证问题的答复》(2003年11月26日,〔2003〕行他字第13号)。

附录：最高人民法院法官著述

(一) 防雷装置检测行为不属于《中华人民共和国计量法》调整的范围

《中华人民共和国计量法》调整的对象是计量法律关系,只有进行计量检定、制造、修理、销售、使用计量器具的行为,才能由《中华人民共和国计量法》及其配套法规调整,除此之外的其他行为由其他法律、法规调整。《中华人民共和国气象法》明确赋予各级气象主管机构防雷工作的行政管理职能,防雷装置检测并非《中华人民共和国计量法》所指的任何一种计量行为,所以防雷装置检测不能适用《中华人民共和国计量法》。原告对防雷装置进行检测并对外出具防雷检测报告的行为受《中华人民共和国气象法》《防雷减灾管理办法》的规范和调整,中国气象局对防雷装置检测机构依法应实行资质管理。

(二) 防雷装置检测机构不是产品质量检验机构,不应进行计量管理

防雷装置检测机构与产品质量检验机构是不同的,防雷装置检测机构是指从事防雷装置安全性能检测的机构,不是对防雷产品质量进行检验,而是对防雷装置安全性能的检测。防雷装置检测机构属于《中华人民共和国气象法》《防雷减灾管理办法》的调整范围,所以防雷装置检测机构不适用《中华人民共和国计量法实施细则》第三十二条的规定。根据《中华人民共和国气象法》《防雷减灾管理办法》的规定,防雷装置检测并非是对防雷产品质量进行检验,不属《中华人民共和国计量法》所指的任何一种计量行为,故此不属产品质量检验机构的行为。防雷装置检测是对防雷装置安全性能进行检测,并对外出具防雷装置检测报告,是根据《中华人民共和国气象法》的规定,行使其行政管理职能,其单位性质属防雷装置检测机构。根据《中华人民共和国计量法》等有关法律规定,防雷装置检测机构仅需资质认证,不需要计量认证。

(三) 《黑龙江省计量条例》超出《计量法》第二十二条规定的计量考核认证范围的规定没有效力

按照《黑龙江省计量条例》第二十五条的规定,防雷装置检测机构应当进行计量认证,而《计量法》第二十二条未有规定,这说明《黑龙江省计量条例》第二十五条的规定是对《计量法》第二十二条的规定的计量考核认证范围的扩大。而按照国家技术监督局、中国气象局技监局评发〔1998〕37号通知,该站需要经过计量认证,但按照中国气象局《防雷减灾管理办法》第二十条的规定则只需资质认证,不需计量认证。两个规章性质的文件不一致。

国务院公布的《认证认可条例》第十六条规定:"向社会出具具有证明作

用的数据和结果的检查机构、实验室,应当具备有关法律、行政法规规定的基本条件和能力,并依法经认定后,方可从事相应活动,认定结果由国务院认证认可管理部门公布。"据此,该条例没有改变现行有关法律、行政法规的调整范围。同时,只确认法律、行政法规对社会提供服务的检查机构所规定的基本条件和能力。只有法律和行政法规才能规定向社会出具有证明作用的数据的检查机构的基本条件,地方性法规和规章没有权利作出规定。这个理由与行政许可法规定的精神是一致的。

应注意的问题

防雷检测机构对防雷装置进行检测是依法履行职能,检查建筑物和其他设施安装的雷电灾害防护装置是否符合气象部门规定的要求,其所出具的检测报告仅是向被检测的单位通报检查结果,并提出整改意见,而不是产品质量检验和检测机构。对防雷装置进行检测并出具防雷检测报告的行为属于《中华人民共和国气象法》的规范和调整,防雷装置检测机构依法应进行资质管理。

但是,如果防雷装置检测机构在检测过程中使用了有关计量工具,而在计量工具的使用上存在违反计量法的行为,技术监督部门仍然有权进行查处。例如,如果防雷装置检测机构使用未经检定的接地电阻测量仪,则违反了《中华人民共和国计量法》的规定,技术监督部门有权依据《中华人民共和国计量法实施细则》第四十六条的规定进行处罚。

——蔡小雪、郭修江、耿宝建:《行政诉讼中的法律适用》,人民法院出版社 2009 年版,第 227 页。

附录:司法信箱

雷电防护设施检测机构是否应当进行计量认证?

问题:我院在审理一起技术监督行政处罚案件时涉及两个问题:一、雷电防护设施检测站是否为社会公众提供数据?二、雷电防护设施检测站是否需要经过资格认证和计量认证。请予以解答。

《人民司法》研究组认为:根据气象法、防雷减灾管理办法的规定,雷电防护设施检测站承担所辖区域内防雷装置检测、防雷工程监督、防雷装置设计审核及装置验收工作,为执法工作提供检测数据的技术机构,而不是为社会公众提供数据。国务院公布的《认证认可条例》第十六条规定:"向社会出具具有证明作用的数据和结果的检查机构、实验室,应当具备有关法律、行政法规规定的基本条件和能力,并依法经认定后,方可从事相应活动,认定结果由国务院认证认可管理部门公布。"根据《计量法》关于计量考核认证范围的规定,雷电防护设施检测机构需要经过资格认证,但不需要经过计量认证。

——《人民司法》2004年第1期（总第480期）。

453. 违法不建防空地下室应缴纳防空地下室异地建设费

关键词

行政征收　易地建设费

最高人民法院指导性案例

内蒙古秋实房地产开发有限责任公司诉呼和浩特市人民防空办公室人防行政征收案［最高人民法院指导案例21号］

裁判要点：建设单位违反人民防空法及有关规定，应当建设防空地下室而不建的，属于不履行法定义务的违法行为。建设单位应当依法缴纳防空地下室易地建设费的，不适用廉租住房和经济适用住房等保障性住房建设项目关于"免收城市基础设施配套费等各种行政事业性收费"的规定。

法院生效裁判认为：国务院《关于解决城市低收入家庭住房困难的若干意见》第十六条规定："廉租住房和经济适用住房建设、棚户区改造、旧住宅区整治一律免收城市基础设施配套费等各种行政事业性收费和政府性基金。"建设部等七部委《经济适用住房管理办法》第八条规定："经济适用住房建设项目免收城市基础设施配套费等各种行政事业性收费和政府性基金。"上述关于经济适用住房等保障性住房建设项目免收各种行政事业性收费的规定，虽然没有明确其调整对象，但从立法本意来看，其指向的对象应是合法建设行为。《人民防空法》第二十二条规定："城市新建民用建筑，按照国家有关规定修建战时可用于防空的地下室。"《人民防空工程建设管理规定》第四十八条规定："按照规定应当修建防空地下室的民用建筑，因地质、地形等原因不宜修建的，或者规定应建面积小于民用建筑地面首层建筑面积的，经人民防空主管部门批准，可以不修建，但必须按照应修建防空地下室面积所需造价缴纳易地建设费，由人民防空主管部门就近易地修建。"即只有在法律法规规定不宜修建防空地下室的情况下，经济适用住房等保障性住房建设项目才可以不修建防空地下室，并适用免除缴纳防空地下室易地建设费的有关规定。免缴防空地下室易地建设费有关规定适用的对象不应包括违法建设行为，否则就会造成违法成本小于守法成本的情形，违反立法目的，不利于维护国防安全和人民群众的根本利益。秋实房地产公司对依法应当修建的防空地下室没有修建，属于不履行法定义务的违法行为，不能适用免缴防空地下室易地建设费的有关优惠规定。

——《最高人民法院关于发布第五批指导性案例的通知》（2013年11月8日，法〔2013〕241号）。

说明

指导案例21号内蒙古秋实房地产开发有限责任公司诉呼和浩特市人民防空办公室人防行政征收案，旨在明确人民防空法与保障性住房相关优惠规定的法律适用关系。该案例明确了建设单位违反人民防空法及有关规定，应当建设防空地下室而不建的，属于不履行法定义务的违法行为，不适用廉租住房和经济适用住房等保障性住房建设项目免收行政事业性收费的优惠规定。该案例贯彻了人民防空法的要求，有利于加强人民防空建设，维护人民群众的生命安全，促进人民防空建设与城市建设协调发展。

附录：最高人民法院主流观点

该指导案例的裁判要点确认：建设单位违反人民防空法及有关规定，应当建设防空地下室而不建的，属于不履行法定义务的违法行为。建设单位应当依法缴纳防空地下室易地建设费的，不适用廉租住房和经济适用住房等保障性住房建设项目关于"免收城市基础设施配套费等各种行政事业性收费"的规定。现围绕与该裁判要点相关的问题逐一论证和说明如下：

（一）关于对人民防空法有关规定的理解

《人民防空法》[①]第二十二条规定："城市新建民用建筑，按照国家有关规定修建战时可用于防空的地下室。"《人民防空工程建设管理规定》[②]第四十八条第一款规定："按照规定应当修建防空地下室的民用建筑，因地质、地形等原因不宜修建的，或者规定应建面积小于民用建筑地面首层建筑面积的，经人民防空主管部门批准，可以不修建，但必须按照应修建防空地下室面积所需造价缴纳易地建设费，由人民防空主管部门就近易地修建。"根据上述规定，城市新建民用建筑都应当依法修建防空地下室。但是，确实有客观原因不能修建的，有关行政规章也根据人民防空法立法精神作了例外规定，即《人民防空工程建设管理规定》第四十八条规定的"因地质、地形等原因不宜修建的"或者"规定应建面积小于民用建筑地面首层建筑面积的"。这两种情形经

[①]《人民防空法》根据《全国人民代表大会常务委员会关于修改部分法律的决定》（发布日期：2009年8月27日，实施日期：2009年8月27日）修改。

[②]《人民防空工程建设管理规定》由国家国防动员委员会、国家发展计划委员会、建设部、财政部联合发布，2003年2月21日实施。

人民防空主管部门批准，是可以不修建防空地下室的。但是，根据上述规定，合法可以不修建防空地下室的，还有缴纳相应的易地建设费的法定义务。

关于经批准不修建防空地下室应缴纳的易地建设费性质。这种情形下缴纳的易地建设费属于行政事业性收费，主要理由如下：一是人防办作为人民防空的政府主管部门，在收取防空地下室易地建设费后出具的票据是行政事业性收费收据，收费进入财政统一账户。二是《人民防空工程建设管理规定》第五十四条第二款规定："建设单位缴纳易地建设费后，人民防空主管部门应当向建设单位出具由财政部或者省、自治区、直辖市人民政府财政主管部门统一印制的行政事业性收费票据。"因此，合法可以不修建防空地下室情形下缴纳的易地建设费属于行政事业性收费。

（二）关于对廉租住房和经济适用住房等保障性住房建设项目免收城市基础设施配套费等各种行政事业性收费的理解

国务院《关于解决城市低收入家庭住房困难的若干意见》（国发〔2007〕24号）第十六条规定："廉租住房和经济适用住房建设、棚户区改造、旧住宅区整治一律免收城市基础设施配套费等各种行政事业性收费和政府性基金"。建设部等七部委《经济适用住房管理办法》（建住房〔2007〕258号）第八条规定："经济适用住房建设项目免收城市基础设施配套费等各种行政事业性收费和政府性基金"。上述两项规定从字面看，没有明确适用对象，似乎保障性住房建设项目一律免收各种行政事业性收费，包括防空地下室易地建设费。但上述两项规定的立法本意是政府通过提供政策优惠，降低保障性住房建设成本，鼓励房地产开发商建设保障性住房项目，从而满足低收入住房困难家庭的购房需求。因此，其免除的行政事业性收费，应当指向的是建设单位的合法建设行为，建设单位违法建设产生的法定义务不应列为免除的对象。也就是说，建设单位的建设行为如果符合法律规定，本来应当缴纳的行政事业性收费，可以根据保障性住房免收费用的优惠规定予以免除。但是，建设单位违法建设，建造的住房不符合基本建筑规范要求，由此而产生的法定义务或应承担的法律责任在性质上不属于行政事业性收费，不能免除。

（三）关于本案例中所涉争议问题的法律适用

本指导案例裁判要点涉及的焦点问题是建设保障性住房未同时依法修建战时可用于防空的地下室是否需要交纳防空地下室易地建设费。根据前述分析，两种可以不建防空地下室的合法情形，本来应该按规定缴纳易地建设费，但是如果属于保障性住房建设项目，根据保障性住房有关优惠规定，该项行政事业性收费属于免除范围。但并不具有合法可以不修建防空地下室情形，也未经人防主管部门批准不修建防空地下室的，即使是保障性住房建设项目，是否也可以享受免缴易地建设费的优惠规定呢？

在本指导案例中，内蒙古秋实房地产公司新建的"秋实第一城"项目虽然属于保障性住房建设项目,但并没有《人民防空工程建设管理规定》第四十八条第一款规定的两种例外情形,即依法应当修建防空地下室,该项目在建设时应当修建而未建防空地下室的行为显属违法建设行为。人民防空法及其相关配套措施规定了建设单位在新建民用建筑时修建防空地下室的法定义务,并对违法不修建的行为规定了行政处罚措施。人民防空法第四十八条规定:"城市新建民用建筑,违反国家有关规定不修建战时可用于防空的地下室的,由县级以上人民政府人民防空主管部门对当事人给予警告,并责令限期修建,可以并处十万元以下的罚款。"《内蒙古自治区实施〈中华人民共和国人民防空法〉办法》第十六条规定:"人民防空重点城市新建十层以上或者基础埋置深度大于三米的九层以下民用建筑,应建与地面首层建筑面积相等的防空地下室。城市规划确定新建的居住区、小区和旧城改造区以及统建住宅,总规划建筑面积在七千平方米以上的,按地面总建筑面积的百分之二修建防空地下室。"该《办法》第三十八条又规定:"城市新建民用建筑应建防空地下室而不建又拒不缴纳易地建设费的,由旗县级以上人民防空主管部门对当事人给予警告,责令限期修建或者缴纳易地建设费,并处建设单位十万元以下罚款。"因此,建设单位违反人民防空法及其相关配套措施的规定,对必须建设的人防工程没有修建,属于违反法定义务的违法行为,此时其承担的易地建设费虽然也被称为行政事业性收费,但实质上具有行政处罚的性质,是人民防空主管部门依法采取的补救措施,是违法建设单位必须承担的法律责任的转化形式。根据前述分析,关于保障性住房建设项目免除收费的优惠规定,其指向的对象是合法建设行为人,违法建设单位不应当从违法行为中获利,故不能享受免缴易地建设费的优惠待遇。根据《人民防空工程建设管理规定》第四十八条第一款的规定,人民防空主管部门在收取易地建设费后,还应当就近易地修建防空地下室。如果建设单位违法不修建防空地下室,又免除其缴纳易地建设费的义务,那么不仅纵容了建设单位的违法行为,也使相应的补建防空地下室的经费落空。

　　本指导案例中,内蒙古秋实房地产公司有条件建设防空地下室而违法不修建,属于违法建设行为人,不应享受保障性住房建设项目免收易地建设费的优惠规定。国务院、中央军委于2008年1月8日下发的《关于进一步推进人民防空事业发展的若干意见》第九条再次重申,对于确因地质条件等原因不能修建防空地下室的,要按照规定缴纳易地建设费,对未按规定修建防空地下室,未按规定缴纳易地建设费的,人民防空主管部门要严格依法处理。任何地方和部门不得将少建、不建防空地下室或者减免易地建设费作为招商引资的优惠条件。如果建设单位违反法律规定,逃避人防地下室建设义务,还能享受免收易地建设费的优惠规定,必然会助长不法企业钻法律空子,逃避法定义务,损害国家利益、公共利益。保障性住房建设项目关涉千家万户低收入家庭的切身利益，如果免除了违法建设单位的法定义务，不予以经济上的相关制裁，必然导致大量不法企业在有条件建设防空地下室时不依法修建，在战时将严重威胁到国防利益和低收入家庭的生命和财产安全。如果其他高价住宅都在法律的严格约束下依法修建防空地下室或缴纳易地建设费，而保障性住房在这方面放松管制，必将严重损害社会公平，危及法律尊严。平时建设应当考虑战时需要，立足长远，否则遗患无穷。本指导案例的指导意义就在于堵塞法律漏洞，约束建设单位在建设保障性住房时依法修建防空地下室，防止其逃避法定义务。因此，本指导案例的裁判符合立法本意，适用法律正确，有利于防止建设单位逃避法定义务，有利于保障国防安全，维护社会公共利益，法律效果和社会效果是积极正面的，具有较强的指导价值。

——最高人民法院案例指导工作办公室：《指导案例21号〈内蒙古秋实房地产开发有限责任公司诉呼和浩特市人民防空办公室人防行政征收案〉的理解与参照——违法不建防空地下室应缴纳防空地下室异地建设费》。

454. 用水单位从水库取水应否缴纳水资源费

关键词

水库取水　征收水资源费

最高人民法院答复

湖北省高级人民法院：

你院〔2004〕鄂行他字第5号《关于荆门市供水总公司诉湖北省水利厅水利行政征收一案法律适用问题的请示报告》收悉。

经研究并征求国务院法制办的意见，现答复如下：

《水法》对水资源属于国有和水资源实行有偿使用只作了原则性规定，在国务院制定《水资源费征收办法》前，除法律、行政法规明确规定不得征收水资源费的情况外，水资源费征收范围应暂按省、自治区、直辖市的规定执行。目前水库分为设计有供水功能的水库和没有供水功能的水库。有供水功能的水库，且水库管理单位已向水行政主管部门申请取水许可证并缴纳水资源费的，用水户仅需按用水量和水利工程供水价格向水库管理单位支付水利工程水费，无需再向国家缴纳水资源费；没有供水功能的水库，则用水户应当依法直接向水行政主管部门申请取水许可并缴纳水资源费。

此复

——《最高人民法院行政审判庭关于用水单位从水库取水应否缴纳水资源费问题的答复》(2005年4月25日,〔2004〕行他字第24号)。

455. 银行业不正当竞争行为的处罚权由银监部门行使

关键词

不正当竞争　行政处罚主体

最高人民法院答复

安徽省高级人民法院：

你院《关于安徽省利辛县孙集农村信用合作社诉安徽省亳州市工商行政管理局工商行政处罚一案适用法律问题的请示报告》收悉。经研究，并征求国务院法制办、国家工商总局和银监会的意见，答复如下：

原则同意你院第一种意见，即依照《中华人民共和国商业银行法》第十条、第七十四条第（三）项、第九十三条规定及《中华人民共和国反不正当竞争法》第三条第二款规定，对农村信用合作社的金融违法行为包括反不正当竞争行为的监督管理职权，应由银行业监督管理机构行使。

——《最高人民法院关于工商部门对农村信用合作社的不正当竞争行为是否有权查处问题的答复》（2006年8月18日，〔2005〕行他字第10号）。

黑龙江省高级人民法院：

你院《关于银行业虚假宣传的不正当竞争行为的处罚权由银监部门还是工商部门行使的请示》收悉。经研究，答复如下：

商业银行的虚假宣传行为属于《中华人民共和国商业银行法》第七十四条第（三）项规定的"采用其他不正当手段"。对商业银行采用虚假宣传手段吸收存款的不正当竞争行为的监督管理职权，应由银行业监督管理机构行使。

——《最高人民法院关于银行业虚假宣传的不正当竞争行为的处罚权由银监部门还是工商部门行使问题的答复》（2009年12月2日，〔2009〕行他字第17号）。

附录：最高人民法院法官著述

人民法院在审理有关金融方面的不正当竞争行为案件中，在适用（2005）行他字第10号和（2009）行他字第17号答复时应当注意以下几个问题：

（一）需要注意行政机关作出具体行政行为的时间点

全国人大常委会1995年5月10日颁布、自1995年7月1日起施行的《商业银行法》未规定有关金融业务的不正当竞争行为由银行监督机构行使行政处罚权。但2003年12月27日修订通过的《商业银行法》对此类违法行为的管理职权作出明确规定，即由银行监督机构行使该职权。因此，工商行使管理机关在2003年修订后的《商业银行法》施行前（即2004年2月1日以前），有权对有关金融业务的不正当竞争行为作出行政处罚决定，之后再无权作出行政处罚决定。

（二）对有关保险业务的不正当竞争行为的管理职权应由保险监管机构行使

起初对银行业和保险业的监督管理职权都属于人民法院。国家机构改革后，分别成立了银行业监督管理机构和保险业监督管理机构，分别对保险业和银行业进行监督管理。《中华人民共和国保险法》（以下简称《保险法》），对有关保险业的不正当竞争行为的监督管理职权的规定与《商业银行法》的规定基本相同，最高人民法院于2006年10月11日作出的（2004）行他字第7号《关于工商行政管理部门对保险机构不正当竞争行为是否有权查处的答复》中指出："关于工商行政管理部门对保险机构不正当竞争行为是否有行政管理权问题，在《中华人民共和国保险法》修改之前，依据《中华人民共和国反不正当竞争法》第三条第二款的规定，工商行政管理部门对保险机构不正当竞争行为具有行政管理权。此间，应当适用最高人民法院行政审判庭2000年4月19日作出的法行〔2000〕1号《关于对保险公司不正当竞争行为如何确定监督检查主体的答复》的规定。""在《中华人民共和国保险法》修改之后，依据修改后的《中华人民共和国保险法》第八条的规定，保险监督管理委员会对保险机构不正当竞争行为具有监督管理权。应当适用最高人民法院法函〔2003〕65号《关于审理涉及保险公司不正当竞争行为的行政处罚案件时如何确定行政主体的复函》的规定。"即对保险机构不正当竞争行为的监督管理职权应由保险监督管理机构行使。

——蔡小雪：《部门职权的特别规定与一般规定的区分》，载江必新主编、最高人民法院行政审判庭编：《行政执法与行政审判》2010年第4集（总第42集），中国法制出版社2010年版，第9~10页。

456. 委托他人代为调剂人民币非私自买卖外汇的违法行为

关键词

委托代为调剂人民币　私自买卖外汇　行政处罚

最高人民法院答复

江苏省高级人民法院：

你院〔91〕苏法行请字第3号《关于南京状元楼酒店不服外汇管理行政

处罚一案的请示报告》收悉。经研究，我院同意你院审判委员会的倾向性意见，即：南京状元楼酒店委托江苏省国际信托投资公司按有关规定代为调剂人民币，其委托关系可以成立。同意撤销江苏省南京市中级人民法院宁中法〔90〕行字第2号行政判决书；同时撤销国家外汇管理局南京分局宁汇管字〔90〕第16号行政处罚决定。并希望你院向外汇管理部门做好服判工作。

——《最高人民法院关于南京状元楼酒店不服外汇管理行政处罚一案的请示的答复》(1991年7月13日，〔1991〕行他字第15号)。

457. 应当适用当事人行为发生时生效的法律规范处理案件

关键词

当事人行为发生时　法律适用

最高人民法院答复

新疆维吾尔自治区高级人民法院：

你院新法行〔1991〕35号《关于国务院几个部、局制定的有关规章之间不一致的几个问题的请示》收悉。经研究，答复如下：

皮山县供销社不服皮山县税务局行政处罚一案，法院应适用当事人行为发生时生效的法律规范进行处理。从你院请示报告中所反映的该案的基本情况看，1988年3月至5月间皮山县供销社实施转移收购棉花的升溢款的行为时，生效的法律文件只有商业部〔1986〕商棉字第1号《关于棉花收购、加工盈亏问题的批复》。国家物价局、国家技术监督局〔1988〕价检字743号文件，国家物价局、国家技术监督局、商业部、纺织部〔1990〕价检字250号文件，国家税务局国税发〔1990〕205号文件当时均未生效。因此，该案不存在国务院几个部、局制定的有关规章之间不一致的问题，请你院依照该案的具体情况自行处理。

此复

——《最高人民法院行政审判庭关于部门规章之间规定不一致时如何对待问题的复函》(1991年10月16日，法行〔1991〕1号)。

458. 佣金、折扣入账是否构成商业贿赂的判断

关键词

收取佣金　不正当竞争　商业贿赂

最高人民法院答复

黑龙江省高级人民法院：

你院〔2003〕黑行他字第3号《关于鹤岗铁路职工小学不服鹤岗市工商行政管理局行政处罚一案的请示报告》收悉。经研究答复如下：

根据《中华人民共和国反不正当竞争法》第八条第二款的规定，学校向学生推销保险收取保险公司佣金并入账的行为不宜视为不正当竞争行为。

此复

——《最高人民法院行政审判庭关于学校向学生推销保险收取保险公司佣金入账行为是否构成不正当竞争行为的答复》（2004年1月8日，〔2003〕行他字第21号）。

最高人民法院公报案例

宜昌市妇幼保健院不服宜昌市工商行政管理局行政处罚决定案〔湖北省宜昌市中级人民法院〕

裁判摘要：非营利性公益卫生事业单位的日常业务活动是营利的，与市场竞争有关的经营行为，应当依照《反不正当竞争法》去规范。工商管理局对保健院将药品经销企业给予的回扣不如实入账行为进行处罚符合法律规定。

《反不正当竞争法》第2条第3款规定的该法调整对象，不仅包括经核准登记、持有工商营业执照的经营者，还包括其他从事了经营行为或营利性服务等与市场竞争有关活动的法人、其他经济组织和个人。上诉人保健院虽为财政全额拨款的非营利性公益卫生事业单位，但其日常业务活动是营利的，这种活动是与市场竞争有关的经营行为，应当依照《反不正当竞争法》去规范。依法规范保健院的经营行为，不影响保健院将在经营中的获利用于其所称的弥补财政拨款不足。保健院上诉称其属于财政全额拨款的非营利性事业单位，所获收益用于弥补财政拨款不足，因此不应受《反不正当竞争法》调整的理由，不能成立。

上诉人保健院以其在二审中提交的证据，主张其收受款、物入账是符合这些财务规定的。经查，这些证据只证明保健院对接受的捐赠款、物应当如何入账，并非指对接受的回扣或者折扣应当如何入账。而捐赠与回扣或者折扣是不同的概念。捐赠可以发生在任何时候，捐赠是无偿的，不能以受捐赠人必须对捐赠人的经营活动作出回报为前提。回扣或者折扣则发生在经营活动中，是经营者为促成经营使用的手段，接受回扣或者折扣的一方必须与经营者做成交易，才能获得回扣或者折扣。虽然保健院对收受的款、物冠以"捐赠"的名义，但不能掩盖保健院是因做成药品交易而收受了这些款、物的真相。如果保健院不与药品经销企业做成药品交易，则这些企业就不会给保健院"捐赠"。因此，保健院收受的涉案款、物，不是捐赠款、物。保健院按捐赠款、物入账的规定来主张自己对收受涉案款、物的入账是正确的，理由不能成立。由于保健院对收受的款、物虽然入了账，但不是如实入账，不符合折扣"明示并如实入账"的要求，所以保健院上诉主张这些款物是变相折扣或高额折扣，理由也不能成立。

——《最高人民法院公报》2001年第4期。

附录：最高人民法院法官著述

（一）要正确区分经营者以及对方单位的法律责任

我们认为，公立医院和公立学校、科研院所等虽为财政全额拨款的非营利性事业单位，但其日常业务活动也具有营利性质，当这种活动是与市场竞争有关的经营行为时，也应当由反不正当竞争法调整和规范。比如，公立医院和公立学校作为医疗和教学服务的提供者，利用优势地位，强迫病人和学生接受其提供的服务，就可能成为反不正当竞争法律关系中的经营者。

同时，此类公立医院和学校还可能不是以经营者，而是以"对方单位"的身份承担违法责任。特别是在商业贿赂中，接受贿赂的对方单位就更不要求必须具备经营者的资格，也不必须是从事商品经营或者营利性服务的法人、其他经济组织和个人。任何主体（如立法机关、司法机关、行政机关）违法收受贿赂且不依法入账，都可能会成为反不正当竞争法的查处对象。因此，国家工商总局工商公字〔2006〕90号《关于公办学校收受商业贿赂行为是否受〈反不正当竞争法〉调整问题的答复》就认为，国家工商行政管理总局《关于禁止商业贿赂行为的暂行规定》第九条第二款中的"有关单位"，是指在商品交易中收受商业贿赂的单位，不受单位性质的限制。无论是公办学校，还是其他性质的学校，只要在购买商品（包括购买书籍）时收受商品销售者给予的商业贿赂，就可以按照反不正当竞争法和国家工商行政管理总局《关于禁止商业贿赂行为的暂行规定》的有关规定予以处理。

（二）要准确理解反不正当竞争法规定的"账外暗中"的含义

商业贿赂的表现形式有多种，其形式和名称也各有不同。比如有"折扣""回扣""劳务费""发行费""返回款""佣金""代理费""捐赠款"等。如何区分上述行为是否构成商业贿赂行为，不能仅从其名称上判断，主要应当从双方是否采取明示方式约定、是否将如实入账来认定。在实践中，有一种误解认为，只要收受的款、物入账就不构成商业贿赂。这种理解是不全面的。必须准确把握反不正当竞争法第八条所指称的"账外暗中"和"如实入账"。

"账外"指不入法律规定的正规财务记录,不在依法设立的反映其生产经营活动或者行政事业经费收支的财务账上按照财务会计制度规定明确如实记载,包括不记入财务账、转入其他财务账或者做假账等。而"暗中"是指没有合同、发票等可为第三方知晓的明确表示行为。以"账外暗中"形式存在的财务往来使得财务账簿记载的经营主体和对方单位的收入和支出与实际情况不符,资产收益率不能真实反映其获利能力,存货周期率、应收账款周转率、资产周转率等指标,不能正确反映其经营能力,容易误导消费者或投资者作出错误判断,破坏社会主义市场经济运行的规律。

比如,医院在采购药品时收取医药公司所谓"折扣",并且将款物记入了医院的固定资产账目,表面上看似乎并不违法,由于其所记入的并非是反映药品购销活动的经营账,这种入账方式,不能如实反映接受款物与采购药品之间的联系,不能反映所购药品的实际成本,不能如实反映双方之间的经营活动,以这种入账方式接受款物,对于药品经营活动来说,还是"账外暗中"而非"如实入账"。因此,对于医院在收取药品采购"折扣"后,没有去冲减购药成本,而是记入其他收入和固定资产科目,实际上加重了病人的负担,其行为已丧失了合法折扣的本来面目,变成"账外暗中"收受回扣的商业贿赂行为。再比如,学校在采购学生、教辅材料时,收取供货商的财物,即使这些财物并非由学校工作人员私自取得,而是由学校作为学校资产进行管理和分配,但由于供货商支付的折扣或者说手续费的给付对象应是学生而不是学校(当然不能排除学校提供了一定的劳务,有权获得一定比例的劳务费),这种"折扣"应当去核减学生购买的成本。而学校没有去减少学生的成本,使得作为实际购买方的学生并没有实际得利。这种"折扣"不属于法律意义上的折扣,学校也未"如实入账",构成了商业受贿行为。

人民法院在审理此类商业贿赂时,在确定是否构成商业贿赂时,应着重从经营者与对方单位间发生财务往来关系,重点审查"该不该付(拿)——为什么付(拿)——怎么付(拿)——财物去向"。

(三)是否构成商业贿赂应当结合财务往来的事实综合判断

由于经营者与对方单位间发生财务往来的名义本身在确定是否构成商业贿赂行为时并没有太多实际意义,如"折扣""回扣"等名称本身并不能自动表明其是否构成商业贿赂。因此,审查重点应当放在经营者和对方单位之间的账目处理和财务往来的性质。经营者和对方单位间发生的财务往来(以折扣为例),由于双方在账目处理上的区别,可能存在以下六种情形,应据此分别作出不同的认定:

1. 经营者和对方单位对折扣本身在合同中进行了明示,并在相关销售、采购成本中予以了扣除,因而商品或者服务的价格本身并没有受到扭曲,也不存在损害市场经济秩序、违背公平竞争的现象。因此,两者均不存在不正当竞争行为，不构成商业贿赂。

2. 经营者和对方单位对折扣本身在合同中进行了明示，记入双方单位账目，但双方均没有在销售或采购成本中予以扣除。此情形虽然明示了折扣，也入了账，但由于不能真实反映物品和服务的价格，不能真实反映销售和购买成本，破坏了经济秩序，既可能损害其他竞争者和消费者的利益，也可能破坏国家的税收秩序，干扰公平竞争。因此，经营者和对方单位均存在不正当竞争行为，前者构成商业行贿，后者构成商业受贿。

3. 经营者和对方单位对折扣本身未在合同中进行明示，但双方在实际经营中存在约定。经营者将其支出在销售成本中扣除，但对方单位未入账或者虽入账但未在采购成本中予以扣除，则经营者不构成商业行贿，但对方单位构成受贿。

4. 经营者和对方单位对折扣本身未在合同中进行明示，但双方在实际经营中存在约定。经营者未入账或者未将其支出在销售成本中扣除，但对方入账且在采购成本中予以扣除，则经营者构成商业行贿，但对方单位不构成受贿。

5. 经营者和对方单位对折扣未在合同中进行明示，双方单位之间对折扣也无约定。但在经营活动过程中，经营单位在账外暗中给予对方单位负责人、经办人员以折扣，则经营单位构成商业行贿，对方单位不构成商业受贿，但对方单位的负责人、经办人员构成商业受贿。

6. 经营者和对方单位对折扣未在合同中进行明示，双方单位之间对折扣也无约定。但在经营活动过程中，经营单位经办人员个人在账外暗中给予对方单位负责人、经办人员以折扣，则经营单位不构成商业行贿，对方单位不构成商业受贿，但对方单位的负责人、经办人员构成商业受贿。

——蔡小雪、郭修江、耿宝建：《行政诉讼中的法律适用》，人民法院出版社2009年版，第350~353页。

附录：司法信箱

学校向学生推销保险收取保险公司佣金的行为属于什么性质？

问题：我们在审判实践中遇到学校代保险公司向学生推销保险并收取保险公司佣金的行为，对这种行为可从两个方面理解：其一，作为保险公司的代理人代理保险公司销售保险，学校属于经营者；其二，作为学生的代理人代理学生购买保险，学校不属于经营者。无论学校是否属于经营者，其收取保险公司给予的佣金行为是否属于反不正当竞争法中的受贿行为？

《人民司法》研究组认为：根据《反不正当竞争法》第八条第二款的规定，经营者给予对方单位或个人回扣，必须入账，不得在账外暗中给予，否则以行贿论；对方单位在账外暗中收受回扣不入账的，以受贿论处。经营者销售或购买商品,可以以明示方式给对方折扣,即给中间人佣金。经营者给对方折扣,给中间人佣金的,必须如实入账。接受折扣、佣金的经营者必须如实入账。学校向学生推销保险收取保险公司佣金并入账的行为不属于不正当竞争行为。

——《人民司法》2004年第2期(总第481期)。

459. 对于分期付款保留所有权的车辆应当由所有权人承担养路费缴纳义务

关键词

分期付款　保留所有权　缴纳养路费

最高人民法院答复

山西省高级人民法院:

你院〔2005〕晋法行字第3号《关于对分期付款保留所有权的车辆经销商应否承担缴纳养路费义务问题的请示》收悉。经研究,答复如下:

原则同意你院第一种意见。根据《公路养路费征收管理规定》第4条和《山西省公路养路费征收管理规定》第2条的规定,车辆的所有权人应当依照有关规定缴纳养路费。

——《最高人民法院行政审判庭关于经销商对分期付款保留所有权的车辆应否承担缴纳养路费义务问题的答复》(2006年4月6日,〔2005〕行他字第18号)。

460. "坐堂医生"宣传推销自己研制的药品并为患者代购药品不宜认定为反不正当竞争法所规定的经营者

关键词

不正当竞争经营者　扣押财产

最高人民法院答复

江苏省高级人民法院:

你院《关于徐继康不服南京市工商局下关分局扣押财产强制措施一案的请示报告》收悉。经研究,答复如下:

原则同意你院审判委员会倾向性意见,即:"坐堂医生"接受医院的聘请，宣传推销其研制的药品并为患者代为购药品，如果其不具有销售药品的经营权，不宜认定为反不正当竞争法所规定的经营者。

反不正当竞争法没有授予工商行政管理机关扣押财产的权力，如果下位法与该法的规定不一致，应当适用反不正当竞争法的规定。

——《最高人民法院行政审判庭关于对江苏高院就徐继康不服南京市工商行政管理局下关分局扣押财产一案请示的答复》（2006年9月27日，〔2004〕行他字第3号）。

附录：司法信箱

工商行政管理机关是否具有扣押财产的权力？

问题：医院邀请某医生坐诊，该医生散发报刊复印件及药品说明书等宣传材料，同时未经医院准许，收取患者现金，为患者代购以其姓名命名的药品。当日，工商行政管理部门认为该医生的行为是一种经营行为，利用广告和其他方法对其提供的医疗服务作引人误解的虚假宣传，违反了《反不正当竞争法》第九条第一款的规定，构成不正当竞争行为，并根据地方性法规的规定将该医生当天上午收取的钱款清点扣留。法院在审理此案时存在两种意见：第一种意见认为，地方性法规有权授予工商行政管理机关扣押财产的权力。第二种意见认为，《反不正当竞争法》没有规定工商行政管理机关具有扣押财产的权力，地方性法规与上位法规定不一致。请问哪一种意见正确？

《人民司法》研究组认为：坐堂医生接受医院的聘请，宣传推销其研制的药品，并为患者代购药品，如果其不具有销售药品的经营权，不宜认定为《反不正当竞争法》所规定的经营者。《反不正当竞争法》没有授予工商行政管理机关扣押财产的权力，如果下位法与该法的规定不一致，应当适用反不正当竞争法的规定。

——《人民司法》2006年第12期（总第515期）。

461. 学位授予单位制定的授予学士学位的条件与上位法不一致应如何适用法律

关键词

学位授予　上位法

最高人民法院答复

山东省高级人民法院：

你院《关于学位授予单位制定的授予学士学位的条件与上位法不一致应

如何适用法律问题的请示》收悉，经征求教育部意见，答复如下：

　　学位是学位授予单位颁发的、表明学位获得者完成相应高等学历教育培养任务，达到毕业要求并具有相应学术水平的证明。学位授予单位有权依据《中华人民共和国学位条例》《中华人民共和国学位条例暂行实施办法》的规定，制定符合教学要求和培养特点的授予学位细则，进一步明确学生需要遵守的行为准则和要求，并在组织实施学位评定工作过程中依法行使办学自主权。学位授予单位制定的学位授予细则，可以与学术水平评价及相关的思想品德考察相联系。但因学术水平问题及相关的思想品德问题之外的其他不当行为所受到的处分或处罚，一般不宜直接作为不授予学位的条件。学位授予单位未经甄别、评鉴程序，即以学生学术水平及相关思想品德问题之外的原因直接剥夺学生申请学位的权利，或者直接影响学位评定委员会的决定的，人民法院不予支持。

　　——《最高人民法院关于学位授予单位制定的授予学士学位的条件与上位法不一致应如何适用法律问题请示的答复》（2012年6月11日，〔2011〕行他字第77号）。

462. 设定行政处罚应遵循法律优先原则、法律保留原则和处罚公开原则

关键词

行政处罚原则

最高人民法院答复

江苏省高级人民法院：

　　你院〔2006〕苏行再终字第0004号《关于苏州爱利电器有限公司不服工商行政处罚一案请示报告》收悉。经研究，答复如下：

　　《立法法》第10条第3款规定："被授权机关不得将项权力转授给其他机关。"《行政处罚法》第4条第3款规定："对违法行为给予行政处罚的规定必须公布；未经公布的，不得作为行政处罚的依据。"《投机倒把行政处罚暂行条例》现已废止。对于个案问题，请你院依照上述法律规定精神妥善处理。

　　——《最高人民法院对江苏省高级人民法院〈关于苏州爱利电器有限公司不服工商行政处罚一案请示报告〉的答复》（2008年6月20日，〔2007〕行他字第1号）。

附录：最高人民法院法官著述

（一）审理行政处罚案件应审查处罚的设立是否符合法律优先、法律保留、处罚公开等原则

从501号批复[①]的性质来看，其是对一个市场行为的合法与否进行认定，并设定了相应的处罚措施，这实际上是在设定新的行政处罚。而根据行政处罚法的有关规定，仅法律、法规、规章有权设定行政处罚。该法第十四条还进一步规定，除上述三种规范性文件外，其他规范性文件不得设定行政处罚。因此，作为工商机关内部针对个案进行的批复，501号批复明显不属于行政处罚法规定的可以设定行政处罚的规范性文件。从认定主体看，根据行政处罚法和立法法的有关规定，江苏省工商局作为省级工商行政管理机关，既无权制定法律、法规和规章，也不可能通过授权或再授权而制定上述规范性文件，因此也就无权设定行政；从认定程序看，501号批复是在爱利公司经销行为发生之后作出的，且未经公布程序，而根据行政处罚法第四条第三款，未经公布的规定不得作为行政处罚的依据，显然，501号批复也明显违反行政处罚法规定的行政处罚公开原则。综上，501号批复不能作为73号处罚决定的依据。

（二）在下位法与上位法存在明显抵触但尚未失效的情况下，法院应对下位法条文进行符合上位法规定的体系解释

在下位法与上位法存在明显抵触但尚未失效的情况下，法院首先应对该下位法制定、实施的历史背景深入了解，探析制定该条文的立法原意。其次，在对该下位法条文按立法原意进行解释，同样与上位法抵触时，应对该条文进行符合上位法的体系解释。

——蔡小雪、郭修江、耿宝建：《行政诉讼中的法律适用》，人民法院出版社2009年版，第361~364页。

---

① 江苏省工商局针对苏州工商局的请示，作出苏工商〔2001〕501号《关于对苏州爱利电器有限公司经销无合法进口证明商品行为定性处罚的批复》，爱利公司经销无合法进口证明摄像机、CD机及相关配件的行为，应当按照《投机倒把行政暂行条例》第三条第一款第十一项定性，比照《投机倒把行政暂行条例施行细则》第十五条第一款第二项的规定处罚。

463. 工业盐制销企业向肠衣加工企业销售工业用盐，供其生产香肠肠衣的行为，盐务部门有权依照《食盐专营办法》规定作出处理

关键词

工业盐制销企业　盐务部门

最高人民法院答复

江苏省高级人民法院：

你院《关于南通金大洋海水晶有限公司诉如皋市盐务管理局盐务行政处罚一案的请示》（〔2013〕苏行他字第0002号）收悉。经研究，答复如下：

对工业盐制销企业向肠衣加工企业销售工业用盐，供其生产香肠肠衣的行为，盐务部门有权依照《食盐专营办法》第十六条第（二）项、第二十三条等规定作出处理。

——《最高人民法院行政审判庭关于对江苏省高级人民法院南通金大洋海水晶有限公司诉如皋市盐务管理局盐务行政处罚一案的请示的答复》（2013年12月23日，〔2013〕行他字第7号）。

464. 行政机关变相限制竞争的认定

关键词

企业经营自主权　限制竞争　反垄断

行政审判指导案例

浙江省南市防治站诉平湖市建设局侵犯企业经营自主权案〔行政审判指导案例第59号〕

裁判要点：行政机关和法律、法规授权的具有管理公共事务职能的组织的行政行为虽无明确的限制竞争的内容，但结合其他因素实际产生了限制竞争的结果，若该限制没有法律法规依据，且不合理不必要的，可认定为变相限制竞争。

根据现行的法律、法规和规章的规定，白蚁防治单位按单位性质可分为

两类，一类是建设（房产）行政管理部门下属的行政事业单位性质的白蚁防治机构，另一类是经工商行政管理部门核准的其他社会白蚁防治服务机构。两类白蚁防治机构所进行的白蚁防治活动均应符合《管理规定》的规定。浙江省行政区域内的白蚁防治机构同时还应遵守《浙江省房屋建筑白蚁防治管理办法》（以下简称《管理办法》）的规定。《管理规定》第二条第二款规定，本规定所称的城市房屋白蚁防治管理，是指对新建、改建、扩建、装饰装修等房屋的白蚁预防和对原有房屋的白蚁检查与灭治的管理。凡白蚁危害地区的新建、改建、扩建、装饰装修的房屋必须实施白蚁预防处理。第三条规定，城市房屋白蚁防治工作应当贯彻预防为主、防治结合、综合治理的方针。第八条规定，建设项目开工前，建设单位应当与白蚁防治单位签订白蚁预防合同。白蚁预防合同中应当载明防治范围、防治费用、质量标准、验收方法、包治期限、定期回访、双方的权利义务以及违约责任等内容。白蚁预防包治期限不得低于15年，包治期限自工程交付使用之日起计算。《管理办法》第六条第一款规定，房屋建设项目经依法批准、核准或备案后，建设单位在项目设计时，应当将白蚁预防计划列入设计文件，预防费用列入工程概预算，自主委托白蚁防治机构提供服务，并与受托机构就该建设项目签订白蚁预防合同，缴纳白蚁预防费。纵观《管理规定》和《管理办法》全文，均未将白蚁防治内容按白蚁防治机构的性质不同进行划分。财政部于2006年2月10日发布《政府收支分类改革方案》（财预〔2006〕13号），在政府收入分类中，行政事业行性收费收入属于非税收入类科目，与税收收入类属不同的科目。浙江省财政厅和中国人民银行杭州中心支行发布的浙财预字〔2006〕26号文件里设立的《浙江省地方政府非税收入分类科目》中第33项建设行政事业性收费收入中有白蚁防治费一项，以及浙江省财政厅、省物价局下发的《关于重新发布建设系统行政事业性收费项目和收费标准的通知》（浙财综字〔2007〕12号）第5项规定了白蚁预防费的收费项目和收费标准。上述两个文件中提及的白蚁防治收费均系针对建设行政系统下属的行政事业单位性质的白蚁防治机构，南市防治站不属建设局下属的行政事业单位，不受上述两文件的约束。建设局认为根据上述文件规定，不具备开具行政事业收费票据资格的南市防治站不能开展白蚁预防业务，忽略了上述文件的针对对象和前提，属于适用规范性文件对象错误。平建〔2007〕43号文件文中提到的"督促业主按行政事业性收费管理的要求办好手续"，即是要求各房产公司与行政事业单位性质的白蚁防治机构签订白蚁防治合同，违反《管理办法》第六条规定，侵犯了南市防治站的企业经营自主权。建设局对南市防治站的信访答复是对此前已经发生的侵犯企业经营自主权行为的解释，由于侵犯企业经营自主权的事实行为已经发生，因此撤销建设局对南市防治站所作的信访答复已无实际意义。据此，依照《中华人民共和国行政诉讼法》第六十一条第二项①，《最高人民法院关于执行〈中华人民共和国行政诉讼法〉若干问题的解释》第五十七条第二款第二项②之规定，判决：一、撤销平湖市人民法院〔2008〕平行初字第8号行政判决；二、确认平湖市规划与建设局侵犯平湖市南市白蚁防治站经营自主权的行为违法。

——江必新主编、最高人民法院行政审判庭编：《中国行政审判案例》第2卷，中国法制出版社2011年版，第120~121页。

465. 招投标过程中对重新评标审核决定的司法审查标准

关键词

招投标管理　合法性审查

行政审判指导案例

北京希优照明设备有限公司诉上海市商务委员会招标投标管理纠纷案
〔行政审判指导案例第67号〕

裁判要点：《机电产品国际招标投标实施办法》第四十一条第三款关于"评标结果公示为一次性公示"的规定是指第一次评标，不适用于重新评标。对重新评标审核决定的司法审查应尊重技术审核机构的专业意见。

市商委依法具有监督本市机电产品国际招标投标活动、作出本案讼争行政决定的法定职权。市商委受理希优公司的质疑后，责成招标机构重新评标，并在审查重新评标报告过程中，对招标文件、重新评标专家的组成、复评意见等内容进行了监督审核。根据重新评标专家材料载明的专家姓名、职务、专家库级、人数等信息，参与重新评标的专家组成符合法定要求。重新评标委员会中，有一名参与了第一次评标的招标人和招标机构代表参与了重新评标，并不违反法律规定。对招标网络系统设计程序已经足以保证评审专家抽取的随机性和公正性，予以采信。一审法院对《机电产品国际招标投标实施办法》第四十一条第三款关于"评标结果为一次性公示"的规定是指第一次评标，并不适用于重新评标的阐述意见并无不当，依法予以确认。经重新评

---

① 现为《中华人民共和国行政诉讼法》（2017年修正）第八十九条第二项。
② 本条规定已被《最高人民法院关于适用〈中华人民共和国行政诉讼法〉的解释》（法释〔2018〕1号）废止。

标，判定希优公司为技术废标的复评意见系由依法组成、具备相应资质的评审机构对照招标文件及相关技术标准作出的认定结论，市商委依法对该复评意见进行审查后，同意复评意见，维持原评标结果并无不当。市商委已依法定送达程序对重新评标报告予以网上备案生成了中标公告，希优公司通过查看招标网上公布的内容即已知道市商委作出了维持原评标结果的决定。原审判决驳回希优公司的诉讼请求并无不当，依照《中华人民共和国行政诉讼法》第六十一条第一项①之规定，判决驳回上诉，维持原判。

——江必新主编、最高人民法院行政审判庭编：《中国行政审判案例》第2卷，中国法制出版社2011年版，第169~170页。

466. 安监部门对道路安全问题予以行政处罚的法律适用

关键词

道路安全　行政处罚　法律适用

最高人民法院答复

湖北省高级人民法院：

根据《安全生产法》第二条规定，《道路交通安全法》等法律、行政法规对道路交通安全有关问题有特别规定的，应当适用特别规定。没有特别规定的，安监部门可以适用《安全生产法》和《生产安全事故报告和调查处理条例》的规定处理。

运输企业违反《安全生产法》第二十一条规定的，安监部门可以适用《安全生产法》第八十二条第三款予以处罚。未履行安全生产教育和培训义务不是发生交通事故直接原因的，安监部门适用《生产安全事故报告和调查处理条例》第三十七条对相关运输企业实施行政处罚不妥。

——《最高人民法院关于安监部门是否有权适用〈安全生产法〉及〈生产安全事故报告和调查处理条例〉对道路交通安全问题予以行政处罚及适用法律问题的答复》（2010年10月27日，〔2010〕行他字第12号）。

附录：最高人民法院法官著述

（一）同一层级的不同法律在适用范围存在重叠时，不得简单以特别法优于普通法为由，排除一般法在重叠范围的适用，而应当从所涉事项或者行为的具体性质确定应当适用的具体规范

---

① 现为《中华人民共和国行政诉讼法》（2017年修正）第八十九条第一项。

在本案的讨论过程中，曾存在一种意见认为：根据《安全生产法》第二条规定，《道路交通安全法》对道路交通安全问题已经有特别规定，对有关道路交通安全的问题应当适用《道路交通安全法》规定，不应适用《安全生产法》的规定。安监部门无权依据《安全生产法》和《生产安全事故报告和调查处理条例》的相关规定对该运输企业实施行政处罚。其主要理由是：第一，根据特别法优于一般法的规定，道路交通安全问题应当适用特别法《道路交通安全法》。《安全生产法》第二条明确规定"有关法律、行政法规对消防安全和道路交通安全、铁路交通安全、水上交通安全、民用航空安全另有规定的，适用其规定"。有关道路交通安全问题已经有特别法《道路交通安全法》作出专门规定，其相关问题的处理只能在《道路交通安全法》寻找法律根据，而不能说特别法中有专门规定的适用专门规定，没有专门规定的事项还可以选择其他一般法律规则处理。第二，《道路交通安全法》第六条对有关单位应当对其所属人员进行道路交通安全教育的义务已经做出规定，不能简单以未规定法律责任为由认为在特别法中没有规定，许多法律中均有只规定行为规则未规定法律责任的情形，有时不是立法机关的疏忽，很有可能是立法机关认为没有必要设定法律责任。如果允许依照其他一般法律规定予以处理，就有可能违背特别法不予处理的立法原意。《道路交通安全法》第一百零二条有关于单位法律责任的规定。

我们认为，上述两点理由都是站不住脚的。首先关于对特别法和一般法关系的理解问题。特别法的适用要有两个条件，一是特别法限定特别的适用范围；二是特别法限定具体的适用条件。例如，本案涉及的《道路交通安全法》是对道路上的交通安全问题的特别规定，其限定的适用范围是——道路，有关道路上的车辆、行人均应遵守该法。但是，不能由此说：凡是有关道路交通安全的所有事项都只能适用《道路交通安全法》。因为，道路规则以外还会存在其他安全问题，比如，在工厂厂区内车辆发生的交通事故就不适用《道路交通安全法》，维修人员在对抛锚在道路上的车辆进行紧急维修时，违反操作规程使用千斤顶造成致人死亡的事故，同样也无法适用《道路交通安全法》追究违规使用千斤顶人员的法律责任。由此可以看出，那种认为只要特别法作出特别规定的就完全排除其他法律适用的观点是不成立的，必须还要分析法律的适用范围和行为、事件的具体性质。其次，关于《道路交通安全法》第六条和第一百零二条规定是否是关于交通运输企业有关教育培训法律责任的特别规定问题。第六条第三项规定："机关、部队、企业事业单位、社会团体以及其他组织，应当对本单位的人员进行道路交通安全教育"，这条文字应当是指有关机关、单位应当对其所属全体人员进行道路交通安全教育，并非对机关、单位从事交通运输人员生产安全的特别要求，该条内容更多的是对各类社会组织进行一般性道路交通安全教育的宣誓性规定，而非专门法律义务的设定,因此,《道路交通安全法》上并不能找到违反该条义务的法律责任的规定。至于第一百零二条规定,结合文中末尾的法律责任规定"未消除安全隐患的机动车,禁止上道路行驶"看,将该条内容理解为专业运输单位未对车辆安全隐患予以消除造成事故而应承担的法律责任,而非针对一般单位对其驾驶人员未尽道路交通安全教育义务的法律责任规定理为合适。

(二)以违法结果发生地确定行政处罚管辖权的,违法结果与违法行为之间必须存在直接的因果联系

《行政处罚法》第二十条[①]规定:"行政处罚由违法行为发生地的县级以上地方人民政府具有行政处罚权的行政机关管辖。法律、行政法规另有规定的除外。"通常理解,此处的"违法行为发生地"既包括违法行为开始的地方,也包括违法行为实施的地方,还包括违法行为结果发生的地方。应当注意的是,违法行为结果地行政机关的行政处罚管辖权,前提是该结果必须是该违法行为造成的后果,如果违法行为与结果之间不具备直接的因果关系,即违法行为不能直接导致危害结果发生,或者不是导致危害结果发生的直接原因之一的,不能将这个结果作为该违法行为的结果地,该结果地行政机关也不能因此而取得对相应违法行为的行政处罚管辖权。本案中,未履行安全教育义务的违法行为发生在荆州市,荆州市对本次事故的安全生产违法行为有管辖权。至于襄樊市,则属于交通事故的发生地,发生交通事故的直接原因是"两车在雨雪气象条件下车速过快所致",未履行安全教育义务与交通事故之间并不存在法律上的直接因果联系,也不是造成本次交通事故的直接原因之一。所以,襄樊市安全生产监督管理部门对发生在荆州的违法行为不具有管辖权。

——郭修江:《关于安全生产监督部门是否有权对道路交通安全问题予以行政处罚问题》,载江必新主编、最高人民法院行政审判庭编:《行政执法与行政审判》2010年第6集(总第44集),中国法制出版社2010年版,第28~30页。

467. 公路管理机构对公路桥梁下面修建的违法建筑,有强制拆除的权力

关键词

公路桥梁下面违法建筑　强制拆除

[①] 现为《中华人民共和国行政处罚法》(2021年修正)第二十二条。

最高人民法院答复

安徽省高级人民法院：

你院〔2013〕皖行他字第00003号《关于公路桥梁下面违法建筑强制拆除如何适用法律问题的请示》收悉。经研究：

原则同意你院倾向性意见，根据《中华人民共和国行政强制法》第五十条、《中华人民共和国公路法》第五十六条、第八十一条和《公路安全保护条例》第十一条第三款的规定，公路管理机构对公路桥梁下面修建的违法建筑，有强制拆除的权力。公路管理机构向人民法院申请强制执行的，人民法院不予受理。

——《最高人民法院关于对公路桥梁下面违法建筑强制拆除适用法律问题的答复》（2013年12月18日，〔2013〕行他字第12号）。

468. 无证驾驶致人重伤不宜吊销与肇事车型无关的其他类型驾驶证

关键词

无证驾驶　吊销驾驶证

行政审判指导案例

安某强诉安阳市公安交通警察支队公安交通管理行政处罚案〔行政审判指导案例第138号〕

裁判要点：行政机关作出行政处罚，应遵循合法性原则和合理性原则，同时不能忽视行政处罚与已发生法律效力的刑事判决之间的逻辑一致性。在相对人已经被刑事判决认定为无证驾驶并追究刑事责任的情况下，不宜吊销与肇事车型无关的其他类型驾驶证。

安某强有C1机动车驾驶证而驾驶摩托车的行为，应属无证驾驶，该行为性质已被〔2010〕安龙法刑初字第136号刑事判决书所确定。而《道路交通安全法》第一百零一条第一款规定："违反道路交通安全法律、法规的规定，发生重大交通事故，构成犯罪的，依法追究刑事责任，并由公安交通管理部门吊销机动车驾驶证。"本案安某强虽然因无证驾驶受到了相应的刑事处罚，但是交警支队在未提供机动车驾驶人发生交通事故，该驾驶人其他所有机动车驾驶证可一并吊销的法律规定的情况下，按照与刑事处罚相同的无证驾驶为由，吊销安某强持有的C1驾驶证，缺乏法律依据。

——江必新主编、最高人民法院行政审判庭编：《中国行政审判案例》第4卷，中国法制出版社2012年版，第95页。

469. 如何区分授权实施行政处罚中的直接授权、间接授权和行政委托

关键词

直接授权　间接授权　行政委托

附录：最高人民法院法官著述

关于"授权"的含义，有一种观点值得注意，即认为授权可以分为直接授权和间接授权。《行政诉讼法》第二条第二款规定："前款所称行政行为，包括法律、法规、规章授权的组织作出的行政行为。"这里所讲的"授权"，是指法律、法规、规章的直接授权，即法律、法规、规章明确将某项行政管理职权授予某类组织，不包括间接授权。所谓间接授权，是指法律、法规规定某项行政管理职权可以由某一行政机关授予某一组织行使。如国务院1998年发布的《森林防火条例》（已于2008年修订）第三十三条第一款规定："第三十二条规定的行政处罚，由县级以上林业主管部门或者其授权的单位决定。"根据该条规定，县级以上森林主管部门可能将该条例中规定的行政处罚职权授予其他组织行使。这种授权，属于行政法规的间接授权，不属于直接授权。在行政诉讼中，将这种授权视为行政委托性质。例如，县林业局依据《森林防火条例》第三十三条的规定，授权乡林业站作出的行政处罚决定，应视为由县林业局作出的行政行为。有的学者认为，如果"授权"是受领式的，无须经过被授权组织接受的，属于行政委托，对于此类行为中的被告主体资格确认，仍应为原"授权"机关。有的学者认为，授权和委托没有实质上的区别。理由是，通过什么形式给予行政职能、职权，对于被告资格这个诉讼程序问题没有什么关系；况且，所谓法律、法规、规章授权，其实在很多情况下也都是通过非立法的文件甚至是内部文件等形式来完成和调整的。我们倾向于将授权和委托作区分，授权和委托其实解决了法律主体的性质问题，是一个非常关键的问题，但不赞成将授权划分为直接授权和间接授权。因为如果授权分为直接授权和间接授权，而间接授权等于行政委托的话，委托也就成了授权，这将有可能导致《行政诉讼法》关于授权和委托的规定失去意义。

——江必新主编：《行政处罚法条文精释与实例精解》，人民法院出版社

2021年版,第106页。

470. 公安派出所对于在其法定授权范围内的治安案件,有权作出处罚决定或者不予处罚决定

关键词

授权范围内的治安案件　处罚决定

最高人民法院答复

山东省高级人民法院:

你院《关于公安派出所就其没有处罚权的治安案件在调查后认为违法事实不成的能否直接以公安派了所的名义作出不予处罚决定问题的请示》收悉。经研究,答复如下:

根据《中华人民共和国治安管理处罚法》第九十一条规定,公安派出所对于在其法定授权范围内的治安案件,有权作出处罚决定或者不予处罚决定。

此复

——《最高人民法院关于公安派出所就其没有处罚权的治安案件在调查后认为违法事实不成立的能否直接以公安派出所的名义作出不予处罚决定问题的答复》(2012年8月22日,〔2012〕行他字第7号)。

471. 扣押财物作为无主物处理的条件

关键词

扣押财物　无主物

附录:最高人民法院主流观点

在具体实践中,对于采取了查封、扣押措施的行政案件,如果当事人在一定时间内不主动归案接受处理或者不领回查封、扣押物品的,行政机关可以将查封、扣押物品作为无主物处理,但至少需要具备以下条件:第一,行政机关无法查清具体当事人;第二,查封、扣押物品确属与违法行为有关的涉案物品;第三,行政机关已经将查封、扣押情况采取为社会公众知晓的方式予以公告;第四,当事人在公告期间内不主动归案接受处理;第五,案件调查结束,扣押物品经批准应予退还的,当事人在规定期限内不领回扣押物品的。行政机关应当定期对无主物品进行统一处理。无主物品进行统一处理

时，应当由行政机关负责人审核批准或经同级财政同意后才能实施。经审核同意进行处理的无主物品应当由保管人员与物品处理人员办理出库手续，并开列清单，随物品凭证存档备查。对无主物品的处理应当根据其不同性质采取拍卖、销毁或其他法律规定的方式进行。

——江必新主编、最高人民法院行政强制法研究小组编：《〈中华人民共和国行政强制法〉条文理解与适用》，人民法院出版社2012年版，第170页。

472. 相对人作出的不合法行为存在"一果多因"时的处罚

关键词

因果关系　行政处罚　显失公正

行政审判指导案例

王某朝诉临安市林业局林业行政处罚案［行政审判指导案例第96号］

　　裁判要点：行政相对人在生产活动中作出的行为虽不符合法律规定的要求，但存在"一果多因"情形，且相对人并无违法之故意的，行政机关不得简单以结果违法为由对其作出处罚。

2007年间，国务院为保"菜篮子"工程，两次发文要求地方政府出台政策鼓励生猪养殖。同年9月，国土资源部和农业部根据国务院的文件精神，联合下发了《关于促进规模化畜禽养殖有关用地政策的通知》，鼓励利用荒山荒坡等土地，进行规模化畜禽养殖，简化用地审批手续。在此情况下，原告响应政府号召，在自己荒芜的承包山建养猪场，其行为是对社会有益的，虽未经法定行政审批程序，但应属情节相对轻微的行政违法。《中华人民共和国行政处罚法》第四条第二款①规定，设定和实施行政处罚必须以事实为依据，与违法行为的事实、性质、情节以及社会危害程度相当。本案中，造成涉案林地未经林业部门审核的原因有两个，一是原告自认为在承包山上建养猪场不需要林业部门批准，其主观上存在认识过错；二是镇、畜牧、国土等部门未告知原告应当去林业部门办理审批手续，并且在未征求林业部门意见的情况下，为原告用地办理了备案手续。在存在以上两个原因的情况下，由原告一人承担未经林业部门审批造成的不利后果，有失公平。《中华人民共和国行

---

① 现为《中华人民共和国行政处罚法》（2021年修正）第五条。

政处罚法》第二十七条[1]规定，违法行为轻微并及时纠正，没有造成危害后果的，不予行政处罚。涉案土地虽登记为林地，但实际已处在荒芜状态。原告的用地行为并不是《中华人民共和国森林法》及其《实施条例》规定的禁止性行为，仅仅是在审批环节违反了有关程序性的规定。因此，原告的违法行为是轻微的，本案被告本可以通过通知原告到被告单位补办有关审批手续的方式，对原告办养猪场的行为予以鼓励和扶持，并使原告在程序上的违法行为得到及时纠正，从而适用《中华人民共和国行政处罚法》第二十七条的规定，不对原告进行行政处罚。但被告却仅适用《中华人民共和国森林法实施条例》第四十三条第一款之规定，对原告作出责令恢复原状并进行罚款的行政处罚，该处罚决定适用法律错误，依法应予撤销。

——江必新主编、最高人民法院行政审判庭编：《中国行政审判案例》第3卷，中国法制出版社2013年版，第76页。

473. 将淫秽物品出售后应当视为违法行为已经终了

关键词

出售淫秽物品　追溯期限

最高人民法院答复

四川省高级人民法院：

你院川法研〔1991〕30号《关于出售淫秽物品如何计算追溯期限问题的请示》收悉。经研究答复如下：

原则上同意你院的意见。

一、行为人"将淫秽物品出售他人后"，应当视为其违法行为已经终了。"致使淫秽物品接连不断地在社会上转卖、复制、传播"，只能作为其违法行为的情节（即所造成的后果）来考虑，而不能视为连续或继续状态。

二、根据《治安管理处罚条例》第18条之规定，违反治安管理处罚条例的行为，只要超过法定追溯期限，即不能追究行为人的法律责任。

此复

——《最高人民法院行政审判庭关于出售淫秽物品如何计算追溯期限问题的电话答复》（1991年8月21日）。

---

[1] 现为《中华人民共和国行政处罚法》（2021年修正）第三十二条，下同。

474. 禁毒法中强制隔离戒毒的适用

关键词

强制隔离戒毒　禁毒法

行政审判指导案例

伊某武诉武汉市公安局汉阳分局强制隔离戒毒决定案〔行政审判指导案例第98号〕

裁判要点：相对人长期吸毒，经多次自戒和强戒，且在戒毒药品治疗过程中又有注射毒品行为的，可以认定构成"吸毒成瘾严重"，在相对人难以自行戒毒成功且无力提供充分治疗条件的情况下，公安机关可以根据《禁毒法》第三十八条第二款规定，不经社区戒毒而直接对相对人作出强制隔离戒毒的决定。

根据《禁毒法》的规定，被告是禁毒工作的主要管理部门。被告根据原告有长期吸毒的历史、且多次自戒和强戒的情况，以及在服用戒毒药品治疗过程中又注射毒品的行为，认定原告吸毒成瘾严重，通过戒毒难以戒除毒瘾，故直接对原告作出强制隔离戒毒的决定，程序合法，适用法律正确。但被告的行政行为存在行政处罚告知内容不全、强制隔离戒毒决定未通知家属的瑕疵。原告称被告的强制隔离式戒毒决定适用法律错误，要求撤销强制隔离戒毒决定改为接受戒毒的诉讼请求与法律规定不符，法院不予支持。

——江必新主编、最高人民法院行政审判庭编：《中国行政审判案例》第3卷，中国法制出版社2013年版，第83页。

475. 在已取得土地使用权的范围内开采砂石无需办理矿产开采许可证

关键词

土地使用权　矿产开采许可证

最高人民法院答复

青海省高级人民法院：

你院《关于在已取得土地使用权的范围内开采砂石是否需办理矿产开采许可证的请示》收悉。经研究,答复如下:

原则同意你院第二种意见。即根据《矿产资源法实施细则》第15条关于"本细则由地质矿产部负责解释"的规定,参照国土资源部国土资函〔1998〕190号《关于开山凿石、采挖砂、石、土等矿产资源适用法律问题的复函》中关于"建设单位因工程施工而动用砂、石、土,但不将其投入流通领域以获取矿产品营利为目的,或就地采挖砂、石、土用于公益性建设的,不办理采矿许可证,不缴纳资源补偿费"的解释,水电站建设单位因工程施工而在批准用地的范围内采挖砂、石、土,用于水电站大坝混凝土浇筑工程的,无须办理矿产开采许可证及缴纳资源补偿费。

此复

——《最高人民法院行政审判庭关于在已取得土地使用权的范围内开采砂石是否需办理矿产开采许可证问题的答复》(2006年10月31日,〔2006〕行他字第15号)。

476. 以出让方式取得的国有土地使用权应当是用于建设的国有土地

关键词

国有土地使用权　出让

最高人民法院答复

黑龙江省高级人民法院:

你院关于《鞠先荣诉鹤岗市人民政府颁发国有土地使用证一案的请示》收悉。经研究,提出如下意见:

一、根据《中华人民共和国土地管理法》第五十四条关于"建设单位使用国有土地,应当以出让等有偿使用方式取得"和第五十五条关于"以出让等有偿使用方式取得国有土地使用权的建设单位,按照国务院规定的标准和办法,缴纳土地使用权出让金等土地有偿使用费和其他费用后,方可使用土地"的规定,以出让方式取得的国有土地使用权应当是用于建设的国有土地。

二、根据《中华人民共和国城镇国有土地使用权出让和转让暂行条例》第二条关于"国家按照所有权与使用权分离的原则,实行城镇国有土地使用权出让、转让制度,但地下资源、埋藏物和市政公用设施除外。前款所称城镇国有土地是指市、县城、建制镇、工矿区范围内属于全民所有的土地"的规定,实行国有土地使用权出让和转让制度的土地是指市、县城、建制镇、工矿区范围内的全民所有的土地。

综上，请你院结合本案的具体情况，依法妥善处理。

——《最高人民法院行政审判庭关于鞠先荣诉鹤岗市人民政府颁发国有土地使用证请示案的答复》(2011年10月9日，〔2011〕行他字第27号)。

477. 农村集体经济组织范围内无有效证据证明权属为国家的土地属于集体所有

关键词

土地权属纠纷　行政裁决　农村集体土地

行政审判指导案例

海南省临高县仓米经济合作社诉海南省临高县人民政府土地行政裁决案
[行政审判指导案例第100号]

裁判要点：土地权属争议行政案件中，农村集体经济组织界线范围内的土地，在农村集体经济组织没有证据证明其权属，行政机关也无法证明土地属于国家所有的情况下，争议土地应属于集体所有。

《海南省确定土地权属若干规定》第七条规定："下列土地属于集体所有，但依照本规定第六条规定属于国家所有的除外：(一)土地改革时分给农民并颁发了土地所有证的土地和1962年9月27日《农村人民公社工作条例修正草案》(以下简称《六十条》)实施时确定为集体所有的土地；(二)农民的自留地、自留山、农村居民的宅基地；(三)自《六十条》公布前，农民集体经济组织一直使用至今的土地；(四)在农民集体经济组织界线范围内，农民集体经济组织连续使用20年以上，现在仍继续使用的土地及其间的零星荒地；(五)乡(镇)或村在集体所有的土地上修建并管理的道路、水利设施用地；(六)《村镇条例》实施后乡(镇)、村企事业单位使用的集体土地。"虽然涉案争议土地在土改时及"四固定"时期未经确权，但本案争议土地在农村经济组织界线范围内，自20世纪60年代起由农民集体耕作至1991年政府规划居民住宅区时止，争议土地现仍有零星耕作及存留的农作物。因此可以认定，该争议地属于"在农民集体经济组织界线范围内，农民集体经济组织连续使用20年以上，现在仍继续使用的土地及其间的零星荒地"，依法应当确认为农民集体土地。原国家土地管理局颁发的《确定土地所有权和使用权的若干规定》第18条的规定："土地所有权有争议，不能依法证明争议地属于农民集体所有的，属于国家所有。"而土地争议双方当事人已经在行政处理中提供证据证明争议土地依法应属于农民集体所有的情况下，临高县政府仅以争议地在土改和"四固定"时期均未确权为由，认为争议土地应属于国家所有，认定事实错误，并据此依《确定土地所有权和使用权的若干规定》第18条的规定作出本案被诉处理决定，适用法律不当，应予以撤销。原一、二审判决维持该被诉处理决定，认定事实和适用法律均错误，亦应予以撤销。至于争议地应该属于哪一农民经济组织的农民所有，由临高县政府重新作出处理时据实依法予以确认。

——江必新主编、最高人民法院行政审判庭编：《中国行政审判案例》第3卷，中国法制出版社2013年版，第96页。

478. 农村集体土地被征收后能否判决政府履行征地公告及征地补偿、安置方案公告法定职责

关键词

农村集体土地被征收　征地补偿、安置方案公告　法定职责

最高人民法院答复

山西省高级人民法院：

你院〔2010〕晋行示字第1号《关于农村集体土地被征收后能否判决政府履行征地公告及征地补偿、安置方案公告法定职责问题的请示》收悉。经研究，答复如下：

第一，土地征用和土地租赁是两种不同性质的法律关系，租金不能作为土地征用的补偿方式。

第二，征用土地必须依照《土地管理法》、《征用土地公告办法》以及相关法律规定的条件和程序进行。

第三，如在征地补偿问题上存有争议，不能达成一致，应当依法由行政机关裁决。

第四，建议你院尽量通过协调妥善化解纠纷，满足被征地农民的合理要求。

——《最高人民法院关于农村集体土地被征收后能否判决政府履行征地公告及征地补偿、安置方案公告法定职责问题的电话答复》（2011年12月16日，〔2011〕行他字第67号）。

479. 基础法律关系相关因素存有争议时不得径行物权登记

关键词

土地承包经营行政登记　基础关系

行政审判指导案例

宫某亭诉要省通检县人民政府土地承包经营行政登记案［行政审判指导案例第 137 号］

裁判要点：土地承包经营权属于用益物权，因此，颁发土地承包经营权证所应考虑的基础法律关系是土地承包经营关系，而不是承包经营权的转包以及实际耕种情况等因素。在相关法律关系不明确或存有争议时，主管机关应待确定后再行颁证。

被告在庭审中要求三证人出庭作证旨在证明原告在 1997 年第二轮土地承包时自愿放弃承包权，将土地承包权转让给第三人，被告为第三人发证是依当地村民委员会的申请，所以为第三人发证是合法的。因此被告提供的证据与《土地承包使用期合同》中承包方是原告的事实相悖，且原告提供的三份判决书，已经证明土地承包权仍为原告所有。法院生效的判决具有拘束力，被告的证据不能与之对抗。经查，被告为第三人发放农村土地经营权证是在民事诉讼二审期间颁发的，且土地承包合同记载土地承包人为原告，土地承包经营权证则登记为第三人。被告在办理发证手续时就应当查清承包经营权权利及其变更情况，明确权属，按照法定程序办理。而被告在承包权属不明确，双方权属争议尚在诉讼过程中的情况下，即为第三人发放证书，该行政行为违反了法律、法规规定，侵犯了原告的合法权益。

——江必新主编、最高人民法院行政审判庭编：《中国行政审判案例》第 4 卷，中国法制出版社 2012 年版，第 91 页。

480. 财政部作为全国国有资产管理的主管部门有权纠正下级行政机关的行政行为

关键词

国有资产管理　纠正下级行政行为

最高人民法院答复

财政部作为全国国有资产管理的主管部门,发现其隶属的下级行政机关作出的具体行政行为错误,有权予以纠正。

——《最高人民法院关于对〔1999〕粤高法行终字第22号请示的答复》(2000年7月25日)。

附录:最高人民法院法官著述

财政部与国家国有资产管理局的关系是部委和部委管理的国家局的关系。国家国有资产管理局虽然具有一定的独立性,但其归财政部归口管理。财政部有权依据国务院有关规定对国有资产管理局的重大方针政策、工作部署等事项实施管理,并由财政部部长对国务院负责。本案的被上诉人认为财政部只能对国家局的重大方针政策、工作部署才能实施管理,不包括业务指导的功能的观点也不正确。根据《宪法》第九十条第二款的规定,各部、各委员会根据法律和国务院的行政法规、决定、命令,在本部门的权限内,发布命令、指示和规章。财政部作为全国国有资产管理的主管部门,在本部门的权属范围内,发现其隶属的部管局作出的具体行政行为错误,有权通过各种法定的方式予以纠正。

——梁凤云:《财政部作为全国国有资产管理的主管部门有权纠正下级行政机关作出的行政行为》,载江必新、贺荣主编、最高人民法院行政审判庭编:《行政执法与行政审判》2013年第2集(总第58集),中国法制出版社2013年版,第11页。

481. 贷款银行以外的主体可以成为在建工程的抵押权人

关键词

在建工程抵押权人 贷款银行

最高人民法院答复

山东省高级人民法院:

你院鲁高法函〔2012〕3号请示收悉,经征求全国人大常委会法制工作委员会、住房和城乡建设部意见,答复如下:

在建工程属于《担保法》规定的可以抵押的财产范围。法律对在建工程抵押权人的范围没有作出限制性规定,《城市房地产抵押管理办法》第三条第五款有关在建工程抵押的规定,是针对贷款银行作为抵押权人时的特别规定,但并不限制贷款银行以外的主体成为在建工程的抵押权人。

——《最高人民法院关于〈城市房地产抵押管理办法〉在建工程抵押规定与上位法是否冲突问题的答复》(2012年11月28日,〔2012〕行他字第8号)。

第八章 行政诉讼裁判

482. 行政机关在职权范围内对行政协议约定的条款进行的解释，对协议双方具有法律约束力

关键词

行政协议　合同解释　司法审查　法律效力

最高人民法院指导性案例

萍乡市亚鹏房地产开发有限公司诉萍乡市国土资源局不履行行政协议案
[最高人民法院指导案例76号]

　　裁判要点：行政机关在职权范围内对行政协议约定的条款进行的解释，对协议双方具有法律约束力，人民法院经过审查，根据实际情况，可以作为审查行政协议的依据。

　　法院生效裁判认为：行政协议是行政机关为实现公共利益或者行政管理目标，在法定职责范围内与公民、法人或者其他组织协商订立的具有行政法上权利义务内容的协议，本案行政协议即是市国土局代表国家与亚鹏公司签订的国有土地使用权出让合同。行政协议强调诚实信用、平等自愿，一经签订，各方当事人必须严格遵守，行政机关无正当理由不得在约定之外附加另一方当事人义务或单方变更解除。本案中，TG－0403号地块出让时对外公布的土地用途是"开发用地为商住综合用地，冷藏车间维持现状"，出让合同中约定为"出让宗地的用途为商住综合用地，冷藏车间维持现状"。但市国土局与亚鹏公司就该约定的理解产生分歧，而萍乡市规划局对原萍乡市肉类联合加工厂复函确认TG－0403号国有土地使用权面积23173.3平方米（含冷藏车间）的用地性质是商住综合用地。萍乡市规划局的解释与挂牌出让公告明确的用地性质一致，且该解释是萍乡市规划局在职权范围内作出的，符合法律规定和实际情况，有助于树立诚信政府形象，并无重大明显的违法情形，具有法律效力,并对市国土局关于土地使用性质的判断产生约束力。因此,对市国土局提出的冷藏车间占地为工业用地的主张不予支持。亚鹏公司要求市国土局对"萍国用(2006)第43750号"土地证(土地使用权面积8359.1平方米)地类更正为商住综合用地,具有正当理由,市国土局应予以更正。亚鹏公司作为土地受让方按约支付了全部价款,市国土局要求亚鹏公司如若变更土地用途则应补交土地出让金,缺乏事实依据和法律依据,且有违诚实信用原则。

——《最高人民法院关于发布第十五批指导性案例的通知》(2016年12月28日,法〔2016〕449号)。

483. 只引用有关定性或定性和处理的原则条文,未引用具体处理条文属适用法律错误

关键词

原则条文　具体处理规定　适用法律错误

附录:最高人民法院法官著述

被诉具体行政行为只引用了有关定性或定性和处理的原则条文,没有引用应该适用的有关处理规定条文。如,某市博物馆举办文化活动门票收入25万元。税务机关依据《营业税暂行条例》附件第五项"征收文化体育业营业税率为3%"的规定,通知博物馆交纳7500元营业税。《营业税暂行条例》第八条第六项规定,"纪念馆、博物馆、文化馆、文物保护单位管理机构举办文化活动的门票收入"免征营业税。税务机关未适用该条第八项的规定,通知市博物馆门票收入营业税,即属这类适用法律、法规错误的问题。

但是,这里需要指出,被诉具体行政行为适用有关定性和处理的原则条文,未引用具体处理条文,其处理结果符合具体处理条文的规定,不属于未适用应当适用的法条的错误。例如,某海关认定某公司进口空调配件申报不实,依据《海关法》第五十一条第三项"进出口货物、物品或者过境、转运、通运货物向海关申报不实的",可以处以罚款的规定,决定给予应缴纳税款的一倍罚款。虽未引用《海关法行政处罚实施细则》第十一条第五项进出境货物申报不实的,处货物、物品等值以下或者应缴纳税款两倍以下的罚款的规定。但该处罚决定符合该项的规定,故不属于适用法律、法规错误。

——蔡小雪、甘文:《行政诉讼实务指引》,人民法院出版社2014年版,第514~515页。

484. 行政机关作出具体行政行为时未引用具体法律条款，且在诉讼中不能证明该具体行政行为符合法律的具体规定，应当视为该具体行政行为没有法律依据

关键词

行政诉讼　举证责任　未引用具体法律条款　适用法律错误

最高人民法院指导性案例

宣某成等诉浙江省衢州市国土资源局收回国有土地使用权案［最高人民法院指导案例41号］

　　裁判要点：行政机关作出具体行政行为时未引用具体法律条款，且在诉讼中不能证明该具体行政行为符合法律的具体规定，应当视为该具体行政行为没有法律依据，适用法律错误。

　　法院生效裁判认为：被告衢州市国土局作出《通知》时，虽然说明了该通知所依据的法律名称，但并未引用具体法律条款。在庭审过程中，被告辩称系依据《中华人民共和国土地管理法》(以下简称《土地管理法》)第五十八条第一款作出被诉具体行政行为。《土地管理法》第五十八条第一款规定："有下列情况之一的，由有关人民政府土地行政主管部门报经原批准用地的人民政府或者有批准权的人民政府批准，可以收回国有土地使用权：（一）为公共利益需要使用土地的；（二）为实施城市规划进行旧城区改建，需要调整使用土地的；……"衢州市国土局作为土地行政主管部门，有权依照《土地管理法》对辖区内国有土地的使用权进行管理和调整，但其行使职权时必须具有明确的法律依据。被告在作出《通知》时，仅说明是依据《土地管理法》及浙江省的有关规定作出的，但并未引用具体的法律条款，故其作出的具体行政行为没有明确的法律依据，属于适用法律错误。

　　本案中，衢州市国土局提供的衢州市发展计划委员会（2002）35号《关于同意扩建营业用房项目建设计划的批复》《建设项目选址意见书审批表》《建设银行衢州分行扩建营业用房建设用地规划红线图》等有关证据，难以证明其作出的《通知》符合《土地管理法》第五十八条第一款规定的"为公共利益需要使用土地"或"实施城市规划进行旧城区改造需要调整使用土地"的情形，主要证据不足，故被告主张其作出的《通知》符合《土地管理法》规定的理由不能成立。根据《中华人民共和国行政诉讼法》及其相关司法解释

的规定，在行政诉讼中，被告对其作出的具体行政行为承担举证责任，被告不提供作出具体行政行为时的证据和依据的，应当认定该具体行政行为没有证据和依据。

综上，被告作出的收回国有土地使用权具体行政行为主要证据不足，适用法律错误，应予撤销。

——《最高人民法院关于发布第九批指导性案例的通知》（2014年12月24日，法〔2014〕337号）。

485.同一违法行为同时触犯两个或两个以上法律规范的处理

关键词

法条竞合　法律适用

附录：最高人民法院法官著述

这里所讲的"竞合"，是指一违法行为同时触犯了两个或者两个以上法律规范，根据被触犯的不同的法律规范的规定，均应承担法律责任。竞合有三种情况：

1.一违法行为同时触犯了行政法律规范和刑事法律规范

对一违法行为同时触犯了行政法律规范和刑事法律规范的，有学者认为，给予刑事处罚后，就不应当再给予行政处罚。我们认为，这种认识是不正确的。应给予刑事处罚，还是行政处罚，一般是一个"度"的问题。违法行为不严重的属于违反行政管理秩序的行为，只能给予行政处罚；违法行为严重构成犯罪的，属于违反刑法的行为，给予刑事处罚，一般不应当再给予行政处罚。但是，在一些特殊情况下，仅给予刑事处罚，并不能消除该违法行为的危害后果。对这类特殊情况，可以在给予违法行为人刑事处罚的同时给予行政处罚，这种处罚一般限于行为罚。

2.一违法行为同时触犯了两个或者两个以上的行政法律规范条款

一违法行为同时触犯了两个或者两个以上的行政法律规范条款主要有下两种情况：

（1）一违法行为同时触犯同一法律规范中的不同条款，或同时触犯两个或者两个以上行政法律规范，每个法律规范均将行政处罚权授予同一行政机关，但所规定的行政处罚种类不同。该行政机关可以同时依据不同的法律条款，从一重处罚，若多次处罚，就违反了一事不再罚的原则。

（2）一违法行为同时触犯了两个或者两个以上不同的行政法律规范，不同的行政法律规范规定的行政处罚种类相同，但将行政处罚权分别授予不同部门的行政机关。对这两种情况,有处罚权的行政机关只能给予一次行政处罚,给予两次以上行政处罚的,最先作出的行政处罚是合法的,以后作出的行政处罚应当认定为违法。如果不同的行政法律规范规定的行政处罚种类不同,后作出行政处罚的行政机关认为前面所作出的行政处罚没有最终消除危害后果的,可以再作出不同与前面作出的行政处罚的不同种类的行政处罚。

3. 一违法行为同时触犯了行政法律规范和民事法律规范

一违法行为同时触犯了行政法律规范和民事法律规范的,根据行政法律规范的规定,应当给予行政处罚,根据民事法律规范的规定,应当承担民事赔偿责任的,因行政处罚是国家对违法行为的一种法律制裁,赔偿责任是侵权人对其给被侵权人所造成的损害从经济上给予弥补措施。正因如此,违法行为人承担民事赔偿责任以后,一般不能免除行政处罚的责任。

——蔡小雪主编:《行政审判与行政执法实务指引》,人民法院出版社2009年版,第748~750页。

486. 合法的行政行为对公民、法人或其他组织的财产造成损失的,行政主体应当对其直接损失给予行政补偿

关键词

行政补偿　行政行为　合理限度

最高人民法院裁判文书

姜堰市新惠奶牛养殖专业合作社诉江苏省泰州市姜堰区人民政府行政强制案[最高人民法院(2016)最高法行申1355号行政裁定书]

裁判要点:根据国家赔偿理论和现行法律规定,行政主体在行使职权过程中,对行政相对人及其他人造成的直接财产损失,应当承担相应的赔偿或补偿责任。对于赔偿或补偿非直接财产损失的诉讼请求,法院不予支持。

最高人民法院认为:《江苏省口蹄疫防控应急预案》二(一)规定:动物疫病预防控制机构接到疫情报告后,立即派出两名以上具备相关资格的防疫人员到现场进行临床诊断,符合口蹄疫典型症状的可确认为疑似病例。本案中,姜堰区政府在接到疫情报告后,姜堰疫控中心和泰州市疫控中心即派出4名具备兽医资质的兽医到现场进行临床诊断并经会诊确认新惠奶牛合作社场区内养殖的奶牛为疑似口蹄疫病例,符合上述程序规定。根据农业部

《口蹄疫防控应急预案》4.1 的规定,"在发生疑似疫情时……必要时采取封锁、扑杀等措施的规定,只需发生疑似疫情、确有必要时,即可由行政机关采取封锁、扑杀等处置措施"。因此,姜堰区政府在疑似口蹄疫疫情发生后,作出封锁、扑杀等措施,程序合法。

《口蹄疫防控应急预案》4.1 规定:"在发生疑似疫情时……必要时采取封锁、扑杀等措施"。因此本案中姜堰区政府对奶牛全部扑杀的决定亦在规则赋予的权限范围之内。对奶牛实施全部扑杀是否确有必要,行政机关有权在疫情发生时作出专业判断。申请人未能提出被申请人将奶牛全部扑杀的行为超过了合理限度的证据。

根据《中华人民共和国国家赔偿法》和《最高人民法院关于审理行政赔偿案件若干问题的规定》的规定,行政机关承担行政赔偿责任的前提是行政行为被确认违法。本案中,姜堰区政府的应急处置措施已被确认是合法的,申请人请求姜堰区政府就其所遭受的损失进行赔偿的诉讼请求缺乏事实依据和法律依据。因此,一、二审判决驳回申请人的赔偿请求并无不当。

综上,姜堰市新惠奶牛养殖专业合作社的再审申请不符合《中华人民共和国行政诉讼法》第九十一条规定的情形。

——法信网。

487. 考试机构的内设机构无权确认考试成绩无效

关键词

教育行政处理　确认考试成绩无效

行政审判指导案例

陈某杰诉浙江省教育考试院教育行政处理案[行政审判指导案例第 21 号]

裁判要点:1. 考虑机构的内设机构无权作出"确认考虑成绩无效"的处理决定。

2. 直接以网上公告方式告知陈述申辩权违反正当程序。

——江必新主编、最高人民法院行政审判庭编:《中国行政审判指导案例》第 1 卷,中国法制出版社 2010 年版,第 106 页。

附录:最高人民法院法官著述

一、浙江省教育考试院考务处可否以自己的名义对外作出考试违规处理

决定

涉案具体行政行为是由浙江省教育考试院考务处作出。考务处是被告的内设机构。法律、法规、规章并未授权考务处可以以自己的名义独立作出涉及公民、法人或者其他组织权利义务的具体行政行为。《国家教育考试违规处理办法》规定作出考试违规处理决定的主体是教育考试机构，而非其内设机构。行政内设机构以自己名义对外执法，主体资格欠缺。

二、被告是否可以通过网上公告的方式告知原告陈述申辩权

程序法定是行政活动的原则。即便法律没有明确的程序性规定，也应当遵循正当程序原则。《国家教育考试违规处理办法》第二十五条第一款规定："教育考试机构在对考试违规的个人或者单位做出处理决定前，应当复核违规事实和相关证据，告知被处理人或者单位做出处理决定的理由和依据；被处理人或者单位对所认定的违规事实认定存在异议的，应当给予其陈述和申辩的机会。陈述申辩权作为一项基本的程序性权利，是不能忽略的。涉案具体行政行为作出前，被告采取了网上公告的形式将当次浙江省高等教育自学考试中所认定的违规考生（包括原告）准考证号、违规行为以及相应的处理意见予以公告，明确了考生对所认定的违规事实存在异议，可在公告之日起向浙江省教育考试院陈述和申辩，逾期未陈述申辩的，将依法作出正式处理决定。虽然现有法律法规并没有对陈述申辩权的告知采取何种形式作具体规定，但是，公告送达一般是在不能直接送达情形下的后备性选择。被告无正当理由直接采用网上公告送达的方式，事实上剥夺了原告的陈述申辩权。从这个角度上，被诉行为也是应该被撤销的。

——王呈虹：《考试机构的内设机构是否有权确认考试成绩无效——陈某杰诉浙江省教育考试院教育行政处理案》，载江必新主编、最高人民法院行政审判庭编：《中国行政审判指导案例》第1卷，中国法制出版社2010年版，第106~107页。

488. 行政机关作出否定生效判决的处理决定属超越职权

关键词

林权争议　超越职权

最高人民法院公报案例/裁判文书

罗边槽村一社不服重庆市人民政府林权争议复议决定行政纠纷上诉案

[最高人民法院（1999）行终字第21号行政判决书]

裁判摘要：经行政机关主持，在林权争议双方当事人已达成调解协议，且被法院生效判决确认协议有效情况下，人民政府再作出林权争议处理决定属超越职权。

最高人民法院认为：重庆市丰都县高家镇罗边槽村一、四社之间的林地林木权属争议，在丰都县林业局、高家镇人民政府、高家镇林业站、罗边槽村村民委员会调解下，达成了"林木林地权属争议调解协议"。虽然该调解协议书未加盖林权争议处理机构的印章，与林业部《林木林地权属争议处理办法》第18条关于"林权争议经林权争议处理机构调解达成协议的，当事人应当在协议上签名或者盖章，并由调解人员署名，加盖林权争议处理机构印章，报同级人民政府或者林业行政主管部门备案"的规定不尽一致，但丰都县林业局以丰都林发〔1997〕46号文向丰都县人民政府呈报的《关于高家镇罗边槽村一、四社林地林木权属争议的调解情况的报告》中盖有林业局的印章，附有调解协议书，可视为林业局对该调解协议书的认可；而且该调解协议书被重庆市第三中级人民法院〔1998〕渝三中民终字第275号民事判决认定为具有法律效力。依照《中华人民共和国森林法》第17条关于"单位之间发生的林木、林地所有权和使用权争议，由县级以上人民政府依法处理"的规定，重庆市丰都县人民政府有权处理丰都县高家镇罗边槽村一、四社之间的林地林木权属争议。但是，在罗边槽村一、四社已经达成调解协议，并被人民法院的生效判决认定为具有法律效力的情况下，重庆市丰都县人民政府又作出丰都府发〔1998〕157号《关于高家镇罗边槽村一、四社林权争议的处理决定》，否定该调解协议具有法律效力，与人民法院的生效判决相抵触，属于超越职权。重庆市人民政府渝府复〔1999〕2号行政复议决定书认定调解协议具有法律效力，撤销《丰都县人民政府关于高家镇罗边槽村一、四社林权争议的处理决定》证据充分，适用法律、法规正确，符合法定程序，依法应予维持。

——《最高人民法院公报》2000年第6期。

行政审判指导案例

三都水族自治县打鱼乡介赖村民委员会诉黔南州布依族苗族自治州人民政府土地权属行政复议决定案［行政审判指导案例第95号］

裁判要点：人民法院生效维持判决对行政机关的后续行政行为具有拘束力。在该判决未经法定程序撤销或者变更之前，行政机关不得作出与其内容相反的行政行为。

上诉人与第三人之间的争议地，已在 2004 年经三都县政府确权处理，并经黔南州政府复议及人民法院判决维持。2009 年 12 月 7 日，三都县政府对该争议地又再次作出三府裁处〔2009〕3 号变更确权，于法无据。黔南州政府以三都县政府作出三府裁处〔2009〕3 号处理决定程序违法为由，撤销了其处理决定，该复议决定符合《行政复议法》的规定。

——江必新主编、最高人民法院行政审判庭编：《中国行政审判案例》第 3 卷，中国法制出版社 2013 年版，第 71 页。

489. 行政主管部门对无证采伐林木的行为处以行政处罚欠缺法律依据，属超越职权

关键词

林木剪伐许可证　　行政处罚　　超越职权

最高人民法院裁判文书

湖北省恩施土家族苗族自治州电网管理局诉湖北省长阳土家族自治县林业局行政处罚决定上诉案〔最高人民法院（1996）行终字第 4 号行政判决书〕

裁判要点：剪伐林木应按规定办理林木采伐许可证，但林业局依据《森林法》第 34 条的规定对无证剪伐林木的行为进行处罚缺乏法律依据。

最高人民法院认为：电网局在对高压线通道内林木进行剪伐时，未按《中华人民共和国森林法》《中华人民共和国森林法实施细则》《电力设施保护条例实施细则》等规定办理林木采伐许可证，其无证剪伐的行为是错误的。但林业局依据《中华人民共和国森林法》第 34 条的规定对电网局无证剪伐林木的行为进行处罚缺乏法律依据。根据有关规定，电网局应到林业主管部门补办林木剪伐许可证。原审法院判决撤销林业局行政处罚决定书是正确的，但以林业局依《森林资源调查主要技术规定》计算出电网局剪伐林木株数主要证据不足为撤销理由欠妥。

——肖扬总主编、最高人民法院行政审判庭编：《中华人民共和国最高人民法院判案大系》（行政卷 1994 年~2002 年卷），人民法院出版社 2003 年版，第 22~24 页。

490. 乡镇企业管理局免去挂靠企业投资人厂长职务和任命他人为厂长，以及查封企业财产属超越职权行为

关键词

超越职权　挂靠企业

最高人民法院答复

农业部乡镇企业行政执法领导小组：

基于20世纪80年代和90年代初的政策背景，企业"红帽子"现象比较普遍，产权界定存在障碍，产权纠纷的处理也存在一些不同的认识。结合《乡镇企业法》和《行政诉讼法》等有关规定，就"红帽子"企业产权纠纷处理有关问题提出如下意见：

一、程序上可以通过"红帽子"企业产权利害关系人向工商行政管理部门申请变更企业登记项目，工商行政管理部门拒绝变更的，申请人可以依法向人民法院提起行政诉讼，人民法院可以根据有关证据作出裁判。

二、人民法院在审理这类行政案件时，对实体问题应当尊重"谁投资谁所有"的原则。在审理过程中，人民法院可以依法委托审计等机关进行审计或者鉴定。

三、涉及企业产权可能存在国有性质的，应当告知当事人先向国有资产管理部门申请予以界定。

以上意见供参考。

——《最高人民法院行政审判庭关于"红帽子"企业产权纠纷处理如何适用法律有关问题的意见》（2004年1月16日）。

最高人民法院公报案例

刘某元不服蒲江县乡镇企业管理局侵犯财产权、经营自主权处理决定行政纠纷案［四川省高级人民法院］

裁判摘要：乡镇企业管理局作出的免去挂靠企业投资人厂长职务和任命他人为厂长的决定，以及查封企业财产的行为，是超越职权的具体行政行为。

讼争企业资金均是投资人个人投资，其分配形式、经营管理实际上是按私营企业进行的，根据《私营企业暂行条例》第7条第1款关于"独资企业

是指一人投资经营的企业"的规定，讼争企业应为私营企业，企业财产属投资人个人所有。乡镇企业管理局作出的免去投资人厂长职务和任命他人为厂长的决定，以及查封企业财产的行为，是于法无据的超越职权的具体行政行为。这一行为致使投资人失去了对其财产的实际控制，又使其无法组织企业的生产经营，侵犯了投资人的财产所有权和私营企业经营自主权。故乡镇企业管理局的行为属违法的具体行政行为，应予撤销。乡镇企业管理局实施的具体行政行为，实质上剥夺了投资人对企业财产的占有、使用、收益和处分的权利，以及组织生产经营的权利，并造成了实际损害，侵犯了投资人的合法权益，应当承担赔偿责任。

——《最高人民法院公报》1994年第2期。

491. 两地行政机关都有管辖权的，由先发现的进行处理

关键词

管辖权竞合　超越职权

附录：最高人民法院法官著述

两地行政机关都具有管辖权，后发现的行政机关再作处理的属于违法。从我国现行法律、法规的规定来看，绝大部分法律、法规规定一个行为或者事项只能由一个地方行政机关进行处理；但也有个别法规规定，两个地方的行政机关均有权处理。对于这种情况，应当按照谁先发现由谁进行处理，后发现的行政机关不能再处理的原则处理。如果谁先发现难以确认的，应当由上一级行政机关按照有利于案件查处的原则，指定其中的一个行政机关管辖，被指定的行政机关具有管辖权，未被指定的行政机关不具有管辖权。如果行政机关违背这一原则所作出具体行政行为，亦属于超越地域管辖权性质。

行政职权必须由具有地域管辖权的行政机关实施。没有地域管辖权的行政机关作出的具体行政行为，属于越权行政行为。但是，有两种情况例外：一是由于水灾、地震等自然灾害、战争和意外事故原因，致使有地域管辖权的行政机关无法行使行政处罚权的，上级行政机关可以指定某地行政机关在该地区内行使行政处罚权；二是基于法律的规定，如某一案件涉及某一行政机关或者主要领导人，致使有管辖权的行政机关无法处理该案，上级行政机关可以指定其他地区的行政机关对该案行使行政处罚权。被指定的行政机关仅对指定的案件有管辖权，对其他案件没有管辖权。

——蔡小雪、甘文：《行政诉讼实务指引》，人民法院出版社2014年版，第453页。

492. 下级公安机关在上级公安机关的具体行政行为未被认定错误与撤销之前不能作出与其相冲突的行为

关键词

行政处罚　超越职权

最高人民法院答复

云南省高级人民法院：

你院《关于六六一厂不服禄丰县公安局没收雷管行政处罚一案适用法律问题的请示》收悉，经研究，就下列问题答复如下：

根据《地方各级人民代表大会和地方各级人民政府组织法》第六十六条第二款规定："自治州、县、自治县、市、市辖区的人民政府的各工作部门受人民政府统一领导，并依照法律或者行政法规的规定受上级人民政府主管部门的业务指导或者领导。"《人民警察法》第四十三条规定："人民警察的上级机关对下级机关的执法活动进行监督，发现其作出的处理或者决定有错误的，应当予以撤销或者变更。"根据上述规定精神，禄丰县公安局在上级公安机关的具体行政行为没有被认定错误与撤销之前，作出与省公安厅审批行为相冲突的具体行政行为，属超越职权行为。

经与公安部沟通协商，该部表示由其与有关公安机关协调处理，返还当事人被没收的财产，赔偿损失，以其由被上诉人撤诉结案。具体案件请你们参照上述意见依法处理。

——《最高人民法院行政审判庭关于对六六一厂不服禄丰县公安局没收雷管行政处罚一案适用法律问题请示的电话答复》（2000年11月14日，〔2000〕行他字第4号）。

493. 正当程序原则在司法审查中的运用

关键词

正当程序　自由裁量行为　超越职权

最高人民法院审判业务意见

24. 正当程序原则的运用问题

行政机关作出对利害关系人产生不利影响的行政决定前，未给予该利害关系人申辩机会的，不符合正当程序原则；由此可能损害利害关系人合法权益的，人民法院可以认定被诉行政行为违反法定程序。

——《最高人民法院办公厅关于印发〈行政审判办案指南（一）〉的通知》（2014年2月24日，法办〔2014〕17号）。

最高人民法院公报案例

兰州常德物资开发部不服兰州市人民政府收回土地使用权批复案〔甘肃省高级人民法院〕

> 裁判摘要：行政机关批复的内容涉及相对人双方的利益，但未给相对人送达该批复，违反了法定程序；行政机关在其批复中将相对人缴纳的土地出让金定金抵减他人应缴纳的土地出让金，属于超越职权的行政行为。

相对人不具有法律规定的应予收回土地使用权的情形。市政府的批复中，对收回相对人土地使用权所适用的法律依据，只笼统提到"根据《中华人民共和国土地管理法》和《甘肃省实施土地管理办法》的有关规定"，未引出适用的具体条文；在市政府收回相对人的土地使用权之前，市政府的土地管理部门事实上已经将同一宗土地使用权又出让给另一方相对人。批复的内容涉及相对人双方的利益，市政府未给相对人送达该批复。上述具体行政行为，都违反了法定程序。相对人与另一方相对人系两个独立法人，法律并未赋予市政府有处置行政管理相对人财产的权力。市政府在其批复中，决定将相对人缴纳的9万元土地出让金定金抵减另一方相对人应缴纳的土地出让金，属于超越职权的行政行为。

——《最高人民法院公报》2000年第4期。

行政审判指导案例

彭某华诉浙江省宁波市北仑区人民政府工作行政复议案〔行政审判指导案例第20号〕

> 裁判要点：行政复议机关拟作出对利害关系人产生不利影响行政复议决定的，应当按照正当程序原则的要求，采取适当方式通知利害关系人参加行政复议。行政复议机关未通知利害关系人参加行政复议，直接作出对利害关系人不利影响的行政复议决定的，构成违反法定程序，依法应当撤销。

随着社会民主进程的进一步推进，行政程序中正当程序理念得以进一步深化。正当程序原则的基本含义是：行政机关实施行政行为，可能影响公民、法人或者其他组织合法权益的，应当在作出行政行为之前向当事人和利害关系人告知事实，并说明理由，听取公民、法人或者其他组织的意见。行政机关应当告知公民、法人和其他组织享有陈述意见的权利，并为公民、法人和其他组织提供陈述事实、表达意见的机会。行政复议制度，作为一种争讼制度，一种权利救济制度，应当贯彻正当程序原则。行政复议原则上采取书面审查办法，在书面审查办法不足以保护行政相对人的合法权益时，应当听取行政相对人、（利害关系人）的意见。行政复议机关拟作出对利害关系人产生不利影响的行政复议决定，应当通知利害关系人参加行政复议，行使复议权利。行政复议机关未履行通知义务，属于程序违法。自由裁量行为是指法律规范授权行政主体在符合立法目的和法律原则前提下，自主采取相应措施，作出裁断的行为。行政自由裁量的边界是体现立法目的和法律原则的法律规范、北仑区政府认为，是否通知彭某华参加行政复议，并听取意见是其自由裁量的范围，该主张是对自由裁量权的扩大理解。徐成兵的死亡事件，死亡原因处在公安机关侦查阶段，死亡原因还有查清可能，一审法院将徐成兵死亡事件是否属于工伤事故，交由复议机关重新作出行政复议决定，并无不当，综上，判决驳回金鑫公司的上诉，维持一审判决。

——江必新主编、最高人民法院行政审判庭编：《中国行政审判指导案例》第1卷，中国法制出版社2010年版，第100~102页。

494. 对授益性行政行为的程序应如何审查

关键词

授益性行政行为　程序审查

最高人民法院裁判文书

开封市福兴乳业有限公司因诉河南省开封市人民政府行政批复案［最高人民法院（2016）最高法行申1844号行政裁定书］

裁判要点：同意出让国有土地使用权的批复属于授益性行政行为，而撤销此类批复的决定有可能剥夺相对人的合法权益，行政机关应当遵循正当法律程序原则进行合法性审查，保障行政相对人的程序权利。行政机关违反正当程序，径行撤销授益性行政行为，侵害行政相对人程序权利的，法院通常应当依法判决撤销或者确认违

法，存在重大且明显违法情形的，还可以判决确认无效。

最高人民法院认为：本案被诉行政行为是开封市政府于 2011 年作出的汴政土文〔2011〕55 号《关于撤销汴政土文〔2004〕8 号文的批复》（以下简称 55 号批复）。开封市政府于 2004 年 2 月 14 日作出的汴政土文〔2004〕8 号文（以下简称 8 号批复）的主要内容是开封市政府同意收回饮料总厂使用的涉案国有土地使用权，出让给福兴公司作为工业用地。8 号批复的基础是 2003 年 7 月 28 日饮料总厂与侯福兴签订的《整体出售、购买付款协议书》和 2003 年 8 月 30 日双方签订的《关于整体转让协议书》，协议约定将饮料总厂整体转让出售给侯福兴。后因侯福兴未履行协议约定和相关承诺，2004 年 4 月饮料总厂依约终止与侯福兴的上述两个协议并通知侯福兴。《中华人民共和国合同法》第九十三条第二款规定，当事人可以约定一方解除合同的条件。解除合同的条件成就时，解除权人可以解除合同。该法第九十六条第一款规定，当事人一方依照本法第九十三条第二款、第九十四条的规定主张解除合同的，应当通知对方。合同自通知到达对方时解除。对方有异议的，可以请求人民法院或者仲裁机构确认解除合同的效力。福兴公司在 2004 年 4 月 20 日收到解除协议通知后，未就协议履行问题提起民事诉讼。因此，8 号批复将涉案土地出让给福兴公司的依据已不存在，开封市政府根据开封市商务局的请示，通过作出 55 号批复撤销了 8 号批复在实体上并无不当。虽然被诉批复是土地行政管理的审批环节之一，但因该环节直接涉及福兴公司的重大权益，且审批程序启动并非基于福兴公司的申请，开封市政府在作出被诉批复之前，应保障福兴公司的知情、参与等程序权利，通知福兴公司提供证据并听取意见，开封市政府未履行上述程序，径行作出被诉行为，不符合依法行政原则中程序正当的基本要求，一、二审法院以此为由确认被诉行政行为违法并无不当。由于福兴公司和饮料总厂的整体转让协议已经解除，福兴公司并未取得涉案土地的使用权，也未实际接收过饮料总厂，不享有该厂地上建筑物的所有权和使用权，故其提出的置换土地并复建厂房和基础设施等请求不能成立。

——最高人民法院行政审判庭编：《最高人民法院行政裁判要旨及评述（第一卷）》，人民法院出版社 2019 年版。

495. 规划许可内容改变应遵循听证程序

关键词

规划许可　行政听证　程序审查

> 行政审判指导案例

邱某吉等不服厦门市规划局规划行政许可案［行政审判指导案例第105号］

裁判要点：行政机关经听证程序作出许可决定后，对原许可决定的技术指标等实质内容进行调整的，调整前亦应当举行听证。

本案被诉的《批复》，是厦门市规划局接受大洋公司的申请，对"泰和花园N1栋"商品房项目的规划进行部门调整所作出的规划许可，该《批复》应纳入我国行政许可法的调整范畴。本案被诉的《批复》，系对"泰和花园N1栋"商品房已有的规划许可方案的变更，根据上述规定，应当按照《行政许可法》的规定，适用听证程序后方可作出。本案争议的规划调整主要集中在"泰和花园N1栋"一层及二层商场的层高问题。根据本案所查明及各方当事人认可的事实，"泰和花园N1栋"的实际施工图与被告审批的建设工程规划许可证所附的施工图存在一定的差异，被告作出的98J－532《建设工程规划许可证》关于规划技术指标的规定，其中"主要建筑层高要求：……一层5.7米，二层4.2米……"，被诉的《批复》中第1点"……一层5.7米（局部夹层下层3米，上层2.7米）、二层4米……"，被告的行政许可与后续的《批复》，二者对"泰和花园N1栋"的部分规划技术指标确存在前后不同的要求；且该规划条件的调整，是在"泰和花园N1栋"商品房项目已建设完毕，大洋公司已实际将房屋交付买受人的情况下所作出的，三原告作为与"泰和花园N1栋"商品房的规划调整存在重大利益关系人，大洋公司作为行政许可申请人，依法享有听证的权利。被告未依法举行听证，即作出本案被诉的《批复》，在程序上存在错误。另，没有证据证明被告《批复》中提及的"有向购房业主告知且无异议"的事实，被告该事实的认定系证据不足。

——江必新主编、最高人民法院行政审判庭编：《中国行政审判案例》第3卷，中国法制出版社2013年版，第124~125页。

496. 行政强制措施程序违法的司法救济

> 关键词

程序违法　行政强制措施　司法救济

附录：最高人民法院主流观点

我们认为，我们在对行政强制措施程序进行合法性审查，以及采取何种处理方式时，可以借鉴国外的类似做法，具体可以采取以下方式：

（一）对影响到行政相对人实体权益的程序违法应判决违法

行政相对人的合法权益包括程序性权益和实体性权益。程序违法直接侵犯或者剥夺相对人的程序权利进而可能影响到相对人的实体权益，如没有告知或者没有听取相对人的陈述和申辩权，法院应当依法判决撤销或者确认违法。

（二）对未影响到行政相对人实体权益的程序违法可以判决驳回诉讼请求，同时应向行政机关发出司法建议

程序违法虽然影响相对人行使程序权利，但不存在影响相对人实体权益的可能，法院可以判决驳回诉讼请求，同时通过司法建议的方式向行政机关发出改正建议。

（三）对可以治愈的程序瑕疵建议补正

在行政诉讼过程中，经过审查，确信采取行政强制措施是正确的，但是，在实施强制措施的过程中违反了某一程序规定。比如，告知内容不完整，未告知相对人救济途径。此类程序瑕疵不会对行政裁量结果产生实质性的影响。法院可以在诉讼过程中建议行政机关予以补正或者纠正，原则上不宜判决撤销或确认违法，可以根据具体情况判决维持或者驳回诉讼请求。

——江必新主编、最高人民法院行政强制法研究小组编：《中华人民共和国行政强制法〉条文理解与适用》，人民法院出版社2012年版，第124~125页。

497. 行政机关作出对当事人不利的行政行为，未听取其陈述、申辩，违反正当程序原则的，属于行政诉讼法"违反法定程序"的情形

关键词

行政机关　行政行为　违反法定程序

最高人民法院公报案例

定安城东建筑装修工程公司与海南省定安县人民政府、第三人中国农业银行定安支行收回国有土地使用权及撤销土地证案［最高人民法院（2012）行提字第26号行政判决书］

裁判摘要：行政机关作出对当事人不利的行政行为，未听取其陈述、申辩，违反正当程序原则的，属于行政诉讼法第五十四条第二项第3目①"违反法定程序"的情形。行政机关根据《土地管理法》第五十八条第一款第一、二项规定，依法收回国有土地使用权的，对土地使用权人应当按照作出收回土地使用权决定时的市场评估价给予补偿。因行政补偿决定违法造成逾期付补偿款的，人民法院可以根据当事人的实际损失等情况，判决其承担逾期支付补偿款期间的同期银行利息损失。

最高人民法院认为：城东公司2007年营业执照经营范围主营项目栏中有"室内外装修工程"和"建筑材料销售"的内容，现场照片可见与涉案土地相邻的楼房及空地堆放大量预制水泥管，两者与城东公司及定安支行的陈述相互印证，可以认定涉案土地上建有水泥预制厂的事实。县政府否定该项事实，没有提供充分证据，本院不予支持。

审理过程中，本院委托杜鸣评估公司以住宅用地用途对涉案土地在2007年11月5日县政府决定收回土地使用权时的市场价格进行评估。杜鸣评估公司作出京杜鸣估F字〔2013〕第91292号《房地产估价报告》，评估结果为：估价对象在估价基准日的市场价值为人民币135万元。庭审中，本院对该项证据进行了质证。城东公司对评估主体、程序等无异议，但对评估结果有异议，认为以2007年11月5日作为评估基准日不当。县政府对该评估报告无异议。定安支行提出，庭后咨询相关人士后再发表意见。其在庭后提交书面意见认为，该评估价明显低于当地市场价。

本院认为，杜鸣评估公司及其评估人员具有法定的土地价格评估资质，评估主体合法；评估过程中，本院组织评估机构及各方当事人对评估材料进行质证、认证，并进行现场勘查；评估机构按照本院委托书要求和法定程序依法作出评估。以申请再审人合法权益受到具体行政行为影响即县政府决定收回土地使用权时的市场价格进行评估，并无不当。定安支行认为评估价明显低于当地市场价，但并未提出评估报告错误的理由和证据，经与评估时点定安县同区域同类土地市场价格相比较，涉案土地评估价格并不存在明显偏低的事实。城东公司及定安支行的抗辩理由不能成立。评估报告合法有效，本院予以采信。

本案争议焦点主要有：一是被诉112号通知中收回土地使用权决定的合法性问题；二是被诉112号通知中行政补偿决定的合法性问题；三是150号撤证决定的合法性问题。

---

① 现为《中华人民共和国行政诉讼法》（2017年修正）第七十条。

（一）关于被诉112号通知中收回土地使用权决定的合法性问题。根据《中华人民共和国土地管理法》第五十八条第一款规定，县政府有偿收回涉案土地使用权，具有法定职权。但县政府在作出被诉112号通知之前，未听取当事人的陈述和申辩意见，事后通知城东公司和定安支行举行听证，违反"先听取意见后作决定"的基本程序规则。国务院国发〔2004〕10号《全面推进依法行政实施纲要》明确要求，行政机关实施行政管理要"程序正当"，"除涉及国家秘密和依法受到保护的商业秘密、个人隐私的外，应当公开，注意听取公民、法人和其他组织的意见；要严格遵循法定程序，依法保障行政管理相对人、利害关系人的知情权、参与权和救济权。"县政府作出112号通知前，未听取当事人意见，违反正当程序原则，本应依法撤销，但考虑到县政府办公楼已经建成并投入使用，撤销112号通知中有偿收回涉案土地使用权决定已无实际意义，且可能会损害公共利益。依据最高人民法院《关于执行〈中华人民共和国行政诉讼法〉若干问题的解释》第五十八条①规定，应当依法判决确认该行政行为违法。

（二）关于112号通知中行政补偿内容的合法性问题。根据《中华人民共和国土地管理法》第五十八条第二款规定，因公共利益需要使用土地收回国有土地使用权的，对土地使用权人应当给予适当补偿。县政府根据省政府批准的总体规划要求为建设县政府办公楼需要使用涉案土地，收回城东公司的土地使用权，应当依法给予"适当补偿"。所谓"适当补偿"应当是公平合理的补偿，即按照被收回土地的性质、用途、区位等，以作出收地决定之日的市场评估价予以补偿。县政府按土地原成本价予以补偿于法无据。城东公司以收地决定违法，涉案土地使用权至今仍属于其享有为由，主张应以最终判决时的市场评估价予以补偿，其理由不能成立。本案收地决定属于违反程序，判决确认收地决定违法并未否定其法律效力。根据《中华人民共和国物权法》第二十八条②规定，涉案土地使用权自收地决定生效之日已经发生物权转移的效力。考虑到涉案土地登记资料中"土地用途"栏系空白，结合当地土地交易市场情况，对涉案土地以使用年限最长、市场价值最高的"住宅用地"用途进行评估，有利于维护行政相对人的合法权益。鉴于县政府收回土地使用权行为违法，补偿价格明显不公，且收地决定作出后涉案土地升值较大，而当事人因不能以转让土地使用权方式及时偿还银行贷款，存在贷款利息损失，县政府在支付补偿款的同时，还应当支付自决定收回土地使用权之日起至实际支付全部补偿款之日的同期银行贷款利息。

---

① 本条规定已被《最高人民法院关于适用〈中华人民共和国行政诉讼法〉的解释》（法释〔2018〕1号）废止。

② 对应《中华人民共和国民法典》第二百二十九条。

（三）关于150号撤证决定的合法性问题。县政府作出112号通知后，并未要求城东公司持有关证明文件到土地管理部门申请注销土地登记，而是以该公司持有的《国有土地使用证》未按《土地登记规则》第十一条规定载明土地用途，土地管理部门也未按《土地登记规则》第十四条规定全面审核并填写土地登记审批表，造成错误登记发证为由，作出150号撤证决定。当初未填写土地用途，并非城东公司的原因所致，本可以补正方式解决，县政府却以此为由撤销城东公司合法持有的《国有土地使用证》，属于滥用行政职权，依法应予撤销。考虑到涉案土地已经收回并建成办公楼投入使用，根据最高人民法院《关于执行〈中华人民共和国行政诉讼法〉若干问题的解释》第五十八条[①]规定，亦应依法确认该行政行为违法。

——《最高人民法院公报》2015年第2期。

498. 法律、法规关于行政强制措施的程序规定与行政强制法的程序规定不一致时的适用

关键词

程序违法　行政强制措施　法律法规

附录：最高人民法院主流观点

如果法律、法规关于行政强制措施实施程序的具体规定与本法的程序规定存在不一致的情况时，适用对当事人有利和对行政机关严格的程序规定。即，如果单行法的程序规定对当事人有利，应当适用单行法的规定，反之适用本法的规定。如《禁止传销条例》第22条规定："现场笔录和查封、扣押清单由当事人、见证人和执法人员签名或者盖章，当事人不在现场或者当事人、见证人拒绝签名盖章的，执法人员应当在现场笔录中予以注明。"其中，关于见证人拒绝签字或者盖章的规定，较本法关于见证人签名或者盖章的规定明显对行政机关更为有利，在这种情况下，依据上述原则，应当适用本法的规定。如果本法与其他法律之间出现不一致的情况，还需要遵循法律冲突规则予以解决。但考虑到法律、法规冲突属于立法问题，法院在审理中遇到此类问题，原则上应当逐级请示，由最高人民法院依法处理。

——江必新主编、最高人民法院行政强制法研究小组编：《〈中华人民共和国行政强制法〉条文理解与适用》，人民法院出版社2012年版，第

---

① 本条规定已被《最高人民法院关于适用〈中华人民共和国行政诉讼法〉的解释》（法释〔2018〕1号）废止。

125~126 页。

499. 行政机关重新作出具体行政行为，不必完成完整的行政程序

关键词

重新作出判决　完整行政程序

最高人民法院公报案例

铃王公司诉无锡市劳动局工作认定决定行政纠纷案［江苏省无锡市中级人民法院］

裁判摘要：在《工伤保险条例》施行前作出的工伤认定被人民法院撤销，在《工伤保险条例》施行后又重新启动的工伤认定程序，应当执行《工伤保险条例》的规定。在已经终结的工伤认定程序中，劳动保障行政部门如果已经掌握了有关职工受事故伤害的证据，在重新启动的工伤认定程序中可以不再进行调查核实。

被告无锡市劳动局接到2号终审判决书后，依法重新启动了工伤认定程序。由于在以前的工伤认定程序中，对第三人郭维军所受事故伤害的经过，无锡市劳动局通过调查已经取得大量证据，故在重新启动的工伤认定程序中，该局未再进行调查。鉴于原告铃王公司一直不认为郭维军所受事故伤害是工伤，依照《工伤保险条例》第19条和《工伤认定办法》第14条的规定，铃王公司应当承担不是工伤的举证责任，于是无锡市劳动局向铃王公司发出《工伤认定举证通知书》，通知其举证，并且明确告知了不承担举证责任的法律后果。铃王公司接到举证通知书后，未在通知书指定的期限内举证，延期10多天后提交的证据，仍没有证明郭维军因从事与日常生产、工作无关的事务而跌倒致伤。无锡市劳动局在对铃王公司延期提交的证据进行审查后，以0491号工伤认定书作出认定工伤的决定。

根据《工伤认定办法》第5条、第8条，劳动保障行政部门受理工伤认定申请后，只是对申请人提交的材料进行审查，然后根据需要对提供的证据进行调查核实，所以调查核实不是每个工伤认定程序中必经的程序。由于对第三人郭维军所受事故伤害的经过已经掌握了大量证据，被告无锡市劳动局在重新启动的工伤认定程序中，根据需要未再进行调查，而是径行通知原告铃王公司举证的做法，不违背法律规定。0491号工伤认定书将2号终审判决书根据《工伤保险条例》规定阐述的裁判理由写入其中，只是要交代其重新

认定的理由，并非以法院判决为依据。铃王公司关于无锡市劳动局不进行调查，将法院判决作为依据，是适用法律错误的起诉理由，不能成立。

——《最高人民法院公报》2007年第1期。

附录：最高人民法院法官著述

行政机关重新作出具体行政行为，是否有必要完成完整的行政程序。我们认为，对于这个问题应当分情况而定。在有的情况下，行政机关纠正或者补充程序后便可以作出实体上正确的具体行政行为，没有必要要求行政机关完成所有的程序。例如，根据《行政处罚法》的规定，行政机关在作出涉及相对人重大权益的处罚决定之前，应当告知相对人有要求举行听证的权利。某工商机关在未告知被处罚人此项权利的情况下，直接吊销了相对人的营业执照，相对人不服，提起行政诉讼。法院认为被告违反法定程序，判决其重新作出具体行政行为。于是，该工商机关在作出处罚决定前书面告知相对人要求举行听证的权利。但是，该相对人放弃了听证的权利。在这种情况下，工商机关没有必要重新调查取证，经过完整的行政程序再作出行政处罚决定。若该相对人在被告知听证权利后，要求工商机关举行听证，则行政机关应当举行听证，并根据听证的记录重新经过法定的程序作出处罚决定。在后一种情况下，行政机关重新作出处罚决定必须完成所有的行政程序。

——甘文：《行政诉讼司法解释之评论——理由、观点与问题》，中国法制出版社2000年版，第152~153页。

500. 行政机关将自己主管业务范围内收到的公民来信批转无处理权的单位处理属不履行法定职责

关键词

查处违法行为　不履行法定职责　转无权机关处理

最高人民法院公报案例

汤某诉当涂县劳动局不履行保护人身权、财产权法定职责案［安徽省当涂县人民法院］

裁判摘要：劳动行政部门有对用人单位违反劳动法律、法规的行为进行处理的职责。其将公民要求查处违法行为的来信批转无处理权的物资局处理，自己既不履行监督检查的职责，也不向物资局了解监督的结果，且不给来信人答复，属不履行法定职责。

《中华人民共和国劳动法》(以下简称《劳动法》)第 88 条第 2 款规定:"任何组织和个人对于违反劳动法律、法规的行为有权检举和控告。"原告汤某认为建材公司违反劳动法律、法规,侵害了自己的合法权益,写信要求查处,是行使公民的正当权利。《劳动法》第 9 条第 2 款规定:"县级以上地方人民政府劳动行政部门主管本行政区域内的劳动工作。"被告当涂县劳动局是当涂县行政区域内劳动工作的主管部门,汤某就劳动工作方面的问题向其投诉,是适当的。《劳动法》第 85 条规定:"县级以上各级人民政府劳动行政部门依法对用人单位遵守劳动法律、法规的情况进行监督检查,对违反劳动法律、法规的行为有权制止,并责令改正。"第 86 条规定了劳动行政部门执行监督检查公务的权力,第十二章规定了劳动行政部门对用人单位违反劳动法律、法规的行为进行处理的各种权限。这些规定说明,当涂县劳动局有责任、也有权力对用人单位遵守劳动法律、法规的情况进行监督、检查和处理,《劳动法》第 86 条规定:"县级以上各级人民政府有关部门在各自职责范围内,对用人单位遵守劳动法律、法规的情况进行监督。"物资局是人民政府的一个部门,对其主管的建材公司遵守劳动法律、法规的情况有权进行监督,但是无权对违法行为进行处理。当涂县劳动局把要求查处违法行为的来信批转无处理权的物资局去处理,自己既不履行监督检查的职责,也不向物资局了解监督的结果如何,并且不给来信人答复,不能认为其已履行了法定职责。如果允许行政机关对自己主管业务范围内收到的公民来信,只要批出后就可了事,就可以认为履行了职责,再不必检查、落实和给来信人作出答复,那么,法律赋予公民的检举、控告权利就会形同虚设。当涂县劳动局已经履行了法定职责的辩解理由,不能成立。

——《最高人民法院公报》1996 年第 4 期。

501. 工商局以不构成医疗广告为由不予查处属未依法履行法定职责

关键词

医疗广告　不履行法定职责

最高人民法院公报案例

彭某纯诉上海市工商局不履行法定职责案[上海市第一中级人民法院]

裁判摘要:工商行政管理部门是广告监督管理机关,有权认定节目是否构成违法广告及决定如何进行处罚。原告举报的专题节目构成医疗广告，工商局以不构成广告为由不予查处属未依法履行法定职责。

《中华人民共和国广告法》（以下简称《广告法》）第 6 条规定，县级以上人民政府工商行政管理部门是广告监督管理机关。根据《广告法》的规定，广告的管理和监督是工商行政管理部门的职责之一，因此，认定有关节目是否构成广告、是否构成违法广告以及如何依法进行行政处罚，均属于工商行政管理部门的职责范围。彭某纯认为上海市有线电视台播出节目属于违法广告，侵犯其合法权益，并向上海市工商局申请对该广告予以行政查处，符合《行政诉讼法》的有关规定。

1993 年国家工商行政管理局、卫生部《医疗广告管理办法》第 2 条第 2 款规定，医疗广告是指医疗机构通过一定媒介或者形式，向社会或者公众宣传其运用科学技术诊疗疾病的活动。公众所理解的广告，就是以一定的方式通过媒体对商品或者服务以及提供商品或者服务单位的宣传和介绍。从庭审播放的上海市有线电视台专题节目《共和国之歌——献给人民功臣》来看，尽管录制的光盘声音不清晰，但画面反映出节目中不仅有对 411 医院院长章某的事迹介绍，还有相当一部分内容是介绍其诊疗方法和疗效，画面上还三次出现 411 医院名称的特写镜头。该节目反映的信息既有医务人员工作事迹的介绍，又有医务人员医术和医疗专长的介绍，其宣传医院和医院服务的用意十分明显，彭某纯有理由得出该节目属于医疗广告的结论。因此，原审认定该专题报道从形式上具备了认定为医疗广告的基本特征，并无不当，符合《医疗广告管理办法》的有关规定，工商局以该节目不构成广告而不予查处的理由不成立。工商局虽然将不予立案查处的理由告诉了彭某纯本人，但由于工商局没有依法履行其法定的行政职责，未能够依法保护申请人的人身权和财产权，故原审判决认定工商局应对该节目进行查处，亦无不当，可予维持。

——《最高人民法院公报》2003 年第 5 期。

502. 教育机构不向受教育者颁发毕业证书构成不履行法定职责

关键词

颁发毕业证　不履行法定职责

最高人民法院公报案例

杨某玺诉天津服装技校不履行法定职责案［天津市河东区人民法院］

裁判摘要：根据《中华人民共和国教育法》第 42 条第 1 款第 3 项的规定，受教育者享有完成规定的学业后获得相应的学业证书的权利。教育机构以毕业证书已交上级主管单位为由，不向受教育者颁发学业证书构成不履行法定职责。

根据《中华人民共和国教育法》（以下简称《教育法》）第 42 条第 1 款第 3 项的规定，受教育者享有完成规定的学业后获得相应的学业证书的权利。

被告服装技校作为从事培养技术工人的中等职业教育学校，应根据《教育法》第 42 条第 1 款第 3 项的规定和 1990 年 5 月 4 日劳动部关于颁发《技工学校学生学籍管理规定》第 30 条 "学生学完教学计划规定的全部课程，毕业考核和操行总评（毕业鉴定）成绩合格者，准予毕业，由学校发给毕业证书" 的规定，向在学校接受教育且完成规定学业的学生颁发学业证书。现服装公司以原告杨某玺的毕业证书已交上级主管单位为由，不向杨某玺颁发毕业证的行为，缺乏法律依据，侵犯了杨某玺依法应享有的受教育权，故应承担相应的法律责任。第三人纺织集团在服装技校 1994 年未向杨某玺颁发毕业证书时，虽然不是服装技校的主管单位，但在 2002 年 2 月原隶属于中孚国际集团有限公司的服装技校划转回归其管理后，作为服装技校主管单位应承担监督管理的职责，及时清查服装技校的遗留问题，督促其纠正违法行为。由于纺织集团疏于管理，导致本案争议纠纷长期未得到解决，最终形成诉讼。为此，纺织集团应负有一定的责任。鉴于本案的实际情况，纺织集团应积极通过有关劳动行政主管部门协助其下属的服装技校办理毕业证书，以切实维护杨某玺的合法权益不受侵害。

综上，依据《行政诉讼法》第 54 条[①]第 3 项和《教育法》第 21 条的规定，天津市河东区人民法院判决：

自本判决生效之日起 60 日内，被告天津市服装技术学校颁发原告杨某玺的毕业证书，第三人天津纺织集团（控股）有限公司予以协助办理。

——《最高人民法院公报》2005 年第 7 期。

503. 行政机关自设义务可归入法定职责

关键词

举报行政奖励　自设义务　履行法定职责

[①] 现为《中华人民共和国行政诉讼法》（2017 年修正）第六十九条、第七十条、第七十二条。

> 最高人民法院审判业务意见

21. 行政机关自设义务可否归入法定职责的问题

行政机关在职权范围内以公告、允诺等形式为自己设定的义务,可以作为人民法院判断其是否对原告负有法定职责的依据。

——《最高人民法院办公厅关于印发〈行政审判办案指南(一)〉的通知》(2014年2月24日,法办〔2014〕17号)。

> 行政审判指导案例

黄某友、张某明诉湖北省大冶市人民政府、大冶市保安镇人民政府行政允诺案〔行政审判指导案例第22号〕

> 裁判要点:行政机关为促进辖区经济社会发展而制定的奖励文件,如所含允诺性内容与法律法规不相违背,应视为合法有效。当引资人按照文件规定,通过发挥中介作用客观上促成本地招商引资时,行政允诺关系成立,引资人依法要求兑现相关奖励的权利受法律保护。

大冶市政府制定的《大冶市关于鼓励外商投资的优惠办法》是为了充分调动和发挥社会各方面参与招商引资积极性,实现政府职能和公共利益为目的向不特定相对人发出承诺,在相对人实施了某一特定行为后由自己或由自己所属的职能部门给予该相对人物资利益或其他利益的单方意思表示行为。黄某友、张某明在得知尖峰集团对外投资水泥项目信息后,将该信息传递给了保安镇政府,保安镇政府也就上述引资事项作出了奖励承诺。其后二人多次邀请、陪同投资商到保安镇进行考察,并多次前往投资商所在地进行洽谈沟通。由于其与大冶市政府及保安镇政府的共同努力终于促成了尖峰水泥落户到大冶市保安镇。上述事实说明黄某友、张某明在浙江尖锋集团500万吨水泥项目落户大冶市保安镇的过程中,实施了招商引资中介行为。大冶市政府、保安镇政府辩称黄某友、张某明不是大冶尖峰水泥项目的引进人、其与黄某友、张某明之间无合法有效的行政允诺关系的理由不能成立,本院不予支持。至于黄某友、张某明要求大冶市政府、保安镇政府支付奖励款数额的确定问题,虽然黄某友、张某明在整个招商引资过程中实施了中介行为,起到了一定的作用,但该项目成功引进大冶市保安镇,绝非仅仅只是其两人的因素,但两人在招商过程中所起的作用及金额的确定是行政机关的职责,大冶市政府及保安镇政府应根据其制定的《大冶市关于鼓励外商投资的优惠办法》的规定对黄某友、张某明给予兑现奖励。故本院对黄某友、张某明要求大冶市政府、保安镇政府给付奖励款 336 万元请求不予支持。

——江必新主编、最高人民法院行政审判庭编：《中国行政审判案例》第 1 卷，中国法制出版社 2010 年版，第 110~111 页。

慈溪市华侨搪瓷厂诉浙江省慈溪市国土资源局不履行土地调查法定职责案［行政审判指导案例第 55 号］

裁判要点：行政主体以公告形式向相对人表示在具备特定条件下履行一定的行为，若公告内容所涉事项未超出行政主体职权范围，则行政主体违反自己通过公告创设的积极作为义务时，行政相对人可以提起行政诉讼，要求行政主体履行相应的职责。

庵东大会堂宗地的土地使用权虽已经登记发证，但根据被告发布的公告内容，原告享有在指定期限内对涉案土地使用权提出书面异议的权利，被告应履行复核的职责。该公告应视为被告启动土地更正登记程序前的收集证据行为。被告应受公告的约束。公告没有明确复核的期限，根据《最高人民法院关于执行〈中华人民共和国行政诉讼法〉若干问题的解释》第三十九条[①]之规定，行政机关一般应当在接到当事人申请后 60 日内履行职责。原告于 2009 年 10 月 21 日向被告提出涉案土地使用权的书面异议，至其于 2009 年 12 月 25 日起诉时，已超过了 60 日的期限。被告在原告起诉前未对争议土地作出调查处理结论，应认定被告存在不履行职责的行为。但被告在本次诉讼中已就原告异议明确告知了调查处理结果，故再责令被告对涉案争议土地作出调查处理已无实际意义。在庭审中，原告仍坚持诉请被告对涉案争议土地作出调查处理，故依照《最高人民法院关于执行〈中华人民共和国行政诉讼法〉若干问题的解释》第五十条第四款[②]之规定，应确认被告未在原告起诉前对原告提出的土地使用权异议作出调查处理结论的行为违法。至于被告关于原告异议不符合土地权属争议调查处理申请的辩称，法院认为，虽然原告所提异议并非处理土地权属争议申请，对已依法登记发证的土地权属争议，也不适用土地权属争议处理相关规定，但公告内容为被告设定了复核的义务，被告应受公告约束，履行复核的职责，即对原告提出的土地使用权异议重新进行调查核实，并将复核结果告知原告。被告虽辩称对原告反映的争议土地

---

① 本条规定已被《最高人民法院关于适用〈中华人民共和国行政诉讼法〉的解释》（法释〔2018〕1 号）废止。

② 现为《最高人民法院关于适用〈中华人民共和国行政诉讼法〉的解释》（法释〔2018〕1 号）第八十一条第四款。

问题,其已积极调处、认真反馈,但并无证据表明被告在原告起诉前已对原告异议进行复核,并将复核结果告知原告。因此,被告辩称不能成立。

——江必新主编、最高人民法院行政审判庭编:《中国行政审判案例》第2卷,中国法制出版社 2011 年版,第 92 页。

张某脉、裘某玲诉浙江省绍兴市人民政府不履行招商引资奖励行政职责案［行政审判指导案例第 56 号］

裁判要点:行政机关的奖励承诺系其应当履行的职责之一,承诺的内容可构成对其履行行为进行合法性审查的规范依据。

绍兴市人民政府发布的绍政发〔2002〕6 号文件系关于招商引资的规范性文件,是其对符合招商引资条件的单位、个人进行奖励所设定的义务,在与上位法没有抵触的情况下,应属有效。因此,原告的请求实为要求被告履行招商引资奖励的行政职责。

——江必新主编、最高人民法院行政审判庭编:《中国行政审判案例》第2卷,中国法制出版社 2011 年版,第 99 页。

郭某明诉广东省深圳市社会保险基金管理局不予行政奖励案［行政审判指导案例第 78 号］

裁判要点:行政机关制定和发布的有关行政违规、违法行为举报奖励办法既属规范性文件,又属政府的公开承诺,有关行政机关在执法过程中应严格遵守,在公民、法人和其他组织的举报行为符合上述办法的规定时,应遵循诚信原则给予承诺的行政奖励。行政机关作出具体行政行为拒绝履行承诺的,人民法院可以在判决撤销具体行政行为的同时,在判决理由中明确行政机关所负职责,并责令其重新作出具体行政行为。

《深圳市城镇职工社会医疗保险违规行为举报奖励办法》作为上诉人深圳市社会保险基金管理局与深圳市卫生局共同制定并向社会公布的规范性文件,上诉人在执法过程中应严格遵守。本案被上诉人向上诉人举报北京大学深圳医院通过做假记账单等方式骗取社会医疗保险基金的行为,并提供充分有力的证据使上诉人足额追回医保损失,被上诉人的行为符合《深圳市城镇职工社会医疗保险违规行为举报奖励办法》第三条的规定。被上诉人虽然在医院实施违规行为的过程中与其有民事合作关系,但上诉人提交的证据不足以证明被上诉人系实施违规行为的主体。上诉人提出被上诉人是违法主体不能认定为举报者的主张不能成立。被上诉人在举报后要求上诉人书面说明对其举报问题的查处情况，属合理要求，上诉人应予以说明。

——江必新主编、最高人民法院行政审判庭编：《中国行政审判案例》第2卷，中国法制出版社2011年版，第233~234页。

504. 邮电局对符合条件的医院拒绝开通"120"急救电话属不履行法定职责

关键词

拒绝履行　限期履行

最高人民法院公报案例

溆浦县中医院诉溆浦县邮电局不履行法定职责案［湖南省怀化市中级人民法院］

> 裁判摘要：邮电局以"应由邮电与卫生行政部门共同确定"为由拒绝对符合开办"120"急救中心的中医院履行开通职责，属不履行法定职责的违法行政行为，法院应当责令其限期履行法定职责。

长期以来，我国对邮电部门实行政企合一的管理模式。邮电部门既具有邮电行政主管机关的职权，又参与邮电市场经营。经过改革，目前虽然邮政和电信初步分离，一些电信部门逐渐成为企业法人，但是由于电信行业的特殊性，我国电信市场并未全面放开，国有电信企业仍然是有线通讯市场的单一主体，国家对电信方面的行政管理工作，仍然要通过国有电信企业实施。这些国有电信企业沿袭过去的做法行使行政管理职权时，应视为《行政诉讼法》第25条第4款[①]所指的"由法律、法规授权的组织"。

开办"120"急救中心，是医疗机构救死扶伤的一项公益事业。鉴于此举能给医疗机构带来一定收益，为使责任专一，趋利避害，防止因混乱而耽误抢救病人，政府对"120"急救事业实施行政管理，规定在一个行政区域只允许一家医疗机构开办"120"急救中心、开通"120"急救电话。"120"急救电话不是只要交纳安装费就能装的普通电话，因此省卫生厅、省邮电局联合下发的15号文件规定，只有功能较全，医疗急救水平较高，且急诊科已达

---

① 现为《中华人民共和国行政诉讼法》第26条第4款。

标的综合医院，在经县卫生局指定并报地、市卫生行政主管部门批准后，才能获得开通"120"急救电话的特许权。联合文件还规定，邮电部门对开通"120"急救电话只收电话安装费，免费安装影示系统和电脑自答系统，免收电话费。这些明显不同于企业营利行为的优惠政策，既体现了政府支持举办此项公益事业的行政意志，也表明了政府对此项事业进行统一规范和管理。

15号文件下发给地、市和县级的卫生行政主管部门以及邮电局，正说明政府要通过这些职能部门对"120"急救电话的开通实施行政管理。邮电局执行这个文件时与被审查的医疗机构之间发生的关系，不是平等的民事关系，而是特殊的行政管理关系。它们之间因此发生争议而引起的诉讼，不是民事诉讼，而是行政诉讼。尽管行政诉讼中的被告通常是行政机关，但是为了维护行政管理相对人的合法权益，监督由法律、法规授权的组织依法行政，将其列为行政诉讼的被告，适用行政诉讼法解决其与管理相对人之间的行政争议，有利于化解社会矛盾、维护社会稳定。按照15号文件的分工，确定哪一家医疗机构有开办"120"急救中心的资格，由卫生行政主管部门负责；而审查申请开通"120"急救电话的医疗机构是否符合15号文件的规定，决定是否给其开通"120"急救电话，则由邮电局负责。上诉人县中医院是被批准开办"120"急救中心的合格单位。县中医院向被上诉人县邮电局提出开通"120"急救电话的申请后，县邮电局即着手安装。该局后来又以"120"急救电话的开通应由邮电与卫生行政部门共同确定为由，拒绝对县中医院履行开通职责，却私自为另一家未经审批的医院开通"120"急救电话。这一事实说明，所谓"应由邮电与卫生行政部门共同确定"，只是县邮电局为达到与卫生行政部门分享开通确定权的目的而对15号文件的曲解；当其分权目的无法达到时，就不再坚持共同确定的主张，单方行使"120"急救电话的开通权力。综上所述，被上诉人县邮电局在接到上诉人县中医院的申请后拒不开通"120"急救电话，是不履行职责的错误行政行为，应当纠正。县邮电局为推卸责任而提出的县中医院申办不符合文件规定、自己已经履行了开通"120"急救电话的义务、不具备行政诉讼被告资格等辩解理由，均不能成立。县中医院的主要上诉理由成立，应当采纳。县中医院请求县邮电局赔偿购置的急救车辆和其他设施不能正常运转的损失问题，鉴于急救车辆和急救设备没有投入急救使用，这项损失不宜按《国家赔偿法》第28条7项[①]规定的"直接损失"计算，因此依法不予支持。

——《最高人民法院公报》2000年第1期。

[①] 现为《中华人民共和国国家赔偿法》（2012年修正）第三十六条第七项。

505. 公安机关不得以当事人应承担民事责任为由拒绝履行法定职责

关键词

治安不作为　私力救济　法定职责

行政审判指导案例

郭某城诉河南省辉县市公安局行政不作为案［行政审判指导案例第 54 号］

　　裁判要点：当事人因民事纠纷采取不当私力救济，侵犯他人合法权益，公安机关不能以纠纷应由法院处理为由拒绝履行维护社会治安秩序，保障公共安全，保护公民、法人和其他组织合法权益的法定职责。

　　上诉人辉县市公安局具有维护本行政区域内治安管理工作的法定职权。本案中，王某在交通事故赔偿责任存在纠纷的情况下，不积极寻求正当的救济途径，即公然率领多人到上诉人家中将拖拉机头开走的行为，属于明显的侵害被上诉人财产的行为，该行为扰乱了被上诉人正常的生活、生活秩序，同时也对和谐稳定的社会秩序造成了破坏，其行为已超过了合法的私力救济的必要限度，具有社会危害性。上诉人在接到被上诉人报警后，虽积极出警，并对事件进行调查，但对王某的违法行为未作出处理，未能实现其"维护社会治安秩序，保障公共安全，保护公民、法人或其他组织的合法权益"之法定职责，上诉人认定王某的行为不属于公安机关管辖范围而不作出任何处理属不履行法定职责。

　　——江必新主编、最高人民法院行政审判庭编：《中国行政审判案例》第 2 卷，中国法制出版社 2011 年版，第 87 页。

506. 履行法定职责判决中可以提示行政机关按照法院的法律见解作出特定行为

关键词

履行法定职责　程序性裁判　实体性裁判

行政审判指导案例

苏某诉儋州市人民政府不履行法定职责案［行政审判指导案例第 155 号］

裁判要点：履行法定职责案件的判决形式因案而异。对案件涉及的法律关系较为复杂，不宜在判决语言中直接判令行政主体履行特定法定职责，可以在本院认为部分通过裁判说理的形式，理清或确认法律关系，提示行政机关按照法院的法律见解作出特定行为。

导致本案纠纷的根本原因是原儋州市规划局出于公共利益的需要对各业主已经颁发国有土地使用证的用地范围或面积进行调整时，事前并未按照正当程序履行通知义务。该规划行为在程序上虽有违法之处，却是出于公共利益的目的。依据该规划行为形成的土地使用现状难以被改变。对此既成事实，儋州市政府应在尊重历史的基础上，积极采取后续补救济措施，以解决房地产权不一致的历史遗留问题。在苏某与陈允琦、陈仁善发生土地纠纷并向相关部门提出申诉后，儋州市国土局已经对本案事实进行了调查并提出了可行性建议，儋州市政府在纠纷事实清楚的基础上应当及时进行相应的处理。但从 2009 年至今长达两年多的时间里，儋州市政府怠于履行法定职责，一直未能解决本案涉及的一揽子纠纷。原判回避苏某的诉讼请求，作出"责令儋州市人民政府在本判决生效之日起 30 日内对苏某要求更换国有土地使用证的申请作出答复"的判决。无论儋州市政府向苏某作出什么内容的答复，该答复行为本身都难以直接解决苏某与他人之间的土地纠纷，故该判项内容实属过于模糊。鉴于 1－15 号宅基地人相邻人之间有相互"占地"的关系，不能直接判决仅更换苏某的土地证，故本院综合苏某的诉求及本案其他事实，改判责令儋州市政府在指定期限内针对苏某的诉请事项作出行政处理。

——江必新主编、最高人民法院行政审判庭编：《中国行政审判案例》第 4 卷，中国法制出版社 2012 年版，第 183~184 页。

507. 行政机关许诺的政策补偿因客观情况变化难以实现可以判决金钱补偿

关键词

行政补偿　金钱补偿　情势变更

> 最高人民法院裁判文书

郑州市豫都房屋开发有限公司诉郑州市人民政府行政补偿上诉案［最高人民法院（2007）行终字第3号行政判决书］

裁判要点： 1. 行政机关在其许诺的政策补偿因客观情况发生变化而不能实现或者难以实现时，拒绝变通处理，相对人提起行政诉讼的，人民法院可以根据具体情况判决将补偿方式变更为金钱补偿。

2. 按照行政补偿损益相当原则，金钱补偿的数额应与政策补偿的价值基本相当。

最高人民法院认为：市政府就收回豫都公司土地产生的补偿问题作出《通知》，豫都公司不服提起行政诉讼的，属于行政诉讼的受案范围。郑州市人民政府提出《通知》不具有可诉性的理由不能成立；管城区政府提出《通知》系民事行为的理由亦不能成立。豫都公司知道《通知》内容的时间为2001年10月31日，提起行政诉讼的时间为2003年10月20日，没有超过法定的起诉期限。市政府、区政府认为其起诉超过法定期限缺乏事实根据，依法不予支持。

2001年，郑州市中级人民法院在审理豫都公司诉市政府2000年作出的补偿决定一案中，根据争议双方协调形成的共识，对市政府发出司法建议。市政府在该司法建议的基础上，作出了《通知》。豫都公司接到《通知》后即申请撤诉，郑州市中级人民法院裁定准予撤诉。其后，区政府按照《通知》要求交付了160万元现金和价值240万元的房屋，豫都公司亦予接受。通过上述背景可以确认，《通知》符合豫都公司的真实意思表示，亦未违反法律强制性规定。豫都公司对其合法性提出质疑，本院不予支持。

关于豫都公司提出的其因房地产开发资质被取消而无法享受政策补偿的问题，本院认为，在争议双方履行《通知》的过程中，豫都公司因资金缺乏而被取消房地产开发资质，市政府在《通知》中许诺的房地产开发免收若干费用的优惠政策难以继续享受。对此，豫都公司和市政府均无过错。按照依法行政和合理行政的要求，市政府在其许诺的政策补偿因客观情况变化而无法实现时，应当变通处理，以便及时弥补豫都公司的经济损失。按照行政补偿损益相当原则，市政府在《通知》中许诺的政策补偿，在法律上应当视为与豫都公司的实际损失相当，故一审法院判决将《通知》中的政策补偿等额变现于法有据，应予支持。市政府提出的按照《通知》确定的政策补偿条件继续履行，已与客观情况不符，本院不予采纳。

——江必新主编、最高人民法院行政审判庭编：《行政执法与行政审判》

2010年第2集（总第40集），中国法制出版社2010年版，第32~33页。

508. 以虚假材料获取公司登记案件的审查与判决

关键词

企业法人变更登记　司法审查

最高人民法院司法政策精神

因申请人隐瞒有关情况或者提供虚假材料导致登记错误的，登记机关可以在诉讼中依法予以更正。登记机关依法予以更正且在登记时已尽到审慎审查义务，原告不申请撤诉的，人民法院应当驳回其诉讼请求。原告对错误登记无过错的，应当退还其预交的案件受理费。登记机关拒不更正的，人民法院可以根据具体情况判决撤销登记行为、确认登记行为违法或者判决登记机关履行更正职责。

公司法定代表人、股东等以申请材料不是其本人签字或者盖章为由，请求确认登记行为违法或者撤销登记行为的，人民法院原则上应按照本条第一款规定处理，但能够证明原告此前已明知该情况却未提出异议，并在此基础上从事过相关管理和经营活动的，人民法院对原告的诉讼请求一般不予支持。

因申请人隐瞒有关情况或者提供虚假材料导致登记错误引起行政赔偿诉讼，登记机关与申请人恶意串通的，与申请人承担连带责任；登记机关未尽审慎审查义务的，应当根据其过错程度及其在损害发生中所起作用承担相应的赔偿责任；登记机关已尽审慎审查义务的，不承担赔偿责任。

——《最高人民法院办公厅关于印发〈关于审理公司登记行政案件若干问题的座谈会纪要〉的通知》（2012年1月13日，法办〔2012〕62号）。

最高人民法院审判业务意见

15. 行政登记案件中被告履行审查义务情况的认定

人民法院在审理行政登记案件中，应当以登记机关的法定职责和专业能力为标准，对其是否尽到合理审慎的审查义务作出认定。

——《最高人民法院办公厅关于印发〈行政审判办案指南（一）〉的通知》（2014年2月24日，法办〔2014〕17号）。

行政审判指导案例

赵某斌不服黑龙江省大庆市工商行政管理局萨尔图分局企业法人工商行政登记案［行政审判指导案例第10号］

裁判要点：工商行政机关在办理企业法定代表人变更登记过程中，不仅要审查申报材料数量是否齐全，而且必须在专业范围内尽可能审查申报材料本身的真实性、合法性，亦即工商行政机关还对股东会议的召开、议事和表决程序是否符合《公司法》等法律和公司章程，负有审慎合理的审查义务。

被上诉人萨尔图分局在作出企业法人变更登记过程中，对上诉人提交的申请材料是否合法有效应履行形式审查职责，对股东会议决议事项所涉及的股东身份、表决方式及结果负有核实义务。本案中，由于工商行政机关未能完全履行上述义务，导致其作出的企业法人变更登记主要证据不足，人民法院应判决予以撤销。

——江必新主编、最高人民法院行政审判庭编：《中国行政审判案例》第1卷，中国法制出版社2010年版，第49页。

509. 登记机关以进一步核实申请材料为由不予登记案件的判决

关键词

核实申请材料　不予登记　履行职责

最高人民法院司法政策精神

二、登记机关进一步核实申请材料的问题

登记机关无法确认申请材料中签字或者盖章的真伪，要求申请人进一步提供证据或者相关人员到场确认，申请人在规定期限内未补充证据或者相关人员未到场确认，导致无法核实相关材料真实性，登记机关根据有关规定作出不予登记决定，申请人请求判决登记机关履行登记职责的，人民法院不予支持。

——《最高人民法院办公厅关于印发〈关于审理公司登记行政案件若干问题的座谈会纪要〉的通知》（2012年3月7日，法办〔2012〕62号）。

510. 原告和第三人逾期提供证据时的判决方式

关键词

逾期提供证据　判决方式

附录：最高人民法院法官著述

原告和第三人逾期提供证据的，视为放弃举证权利。也就意味着，原告和第三人逾期的证据不能作为定案的依据。法官在审理这类案件时，由于原告和第三人逾期提供的反驳证据不能作为定案的依据，被告所提供的证据就带有一定的伪装性，即法官在缺少反驳性证据的情况下，难以发现被告提供的证据是否存在违法性、不真实性和不具有关联性的问题。正因如此，为使行政诉讼建立一种对抗辩式的诉讼程序，保障诉讼制度的公平性，法庭对原告和第三人逾期提供的证据不应一概不进行审查，而应根据情况区别对待。在原告和第三人明显不具有逾期提供证据的正当事由的情况下，法院可以不接纳这些证据。但在原告和第三人的正当事由是否成立尚不明确的情况下，法院应当先接纳原告和第三人逾期提供的证据，并进行审查。如果审查之后，被告有证据证明原告和第三人无正当事由的，对原告和第三人逾期提供的证据，法院不能采纳。但在这种情况下这些证据与法院对被诉具体行政行为的合法性的认定有密切的关系，主要有两种情况：一是原告和第三人逾期提供的证据，不能证明被诉具体行政行为违法，而法院通过审查被告提供的证据，能够证明被诉具体行政行为合法，法院应当判决维持被诉具体行政行为；二是原告和第三人无正当事由逾期提供的证据，能够证明被诉具体行政行为违法，或使法官对被诉具体行政行为合法性产生重大怀疑的，法院应当判决驳回原告的诉讼请求。如果被诉具体行政行为被原告和第三人逾期提供的证据证明违法，法院维持显然不符合行政诉讼法确定的合法性审查的原则。行政诉讼法对于具体行政行为合法性状况的划分以及法院对具体行政行为的合法性判断类型的列举是不完全的，所以《最高人民法院关于适用〈中华人民共和国行政诉讼法〉若干问题的解释》增加法院的判决形式，对原告和第三人逾期提供的证据使法官对被诉具体行政行为合法性产生重大怀疑，在这种情况下法院不宜维持，判决驳回原告的诉讼请求更为妥当。

——蔡小雪、甘文：《行政诉讼实务指引》，人民法院出版社2014年版，第165~166页。

511. 原告和第三人在二审中举证被采纳后的判决方式

关键词

二审举证　定案证据

> **附录：最高人民法院法官著述**

原告和第三人有正当事由在第二审程序中向法院提供的证据，经二审法院审查，认为这些证据具有证据的关联性、合法性和真实性，将它们作为定案的依据后，证明被诉具体行政行为违法。在这种情况下，应当如何作出判决？从理论上讲，第二审法院是对第一审法院作出的判决的合法性进行审理的，第一审判决合法的，一般判决予以维持。但此种情况是，第一审法院在裁判过程中，根据当事人提供的证据认定事实没有错误，而是因第二审程序中原告和第三人提供新的证据改变了第一审判决的结论。鉴于此种特殊情况，根据行政诉讼法及有关司法解释的规定，第二审法院可有三种选择：一是第二审法院对第一审判决的结论在判决书中予以肯定，再判决直接撤销或者变更被诉具体行政行为，或确认被诉具体行政行为违法、无效；二是撤销第一审判决，同时撤销或者变更被诉具体行政行为，或确认被诉具体行政行为违法、无效，第一审判决的诉讼费由原告承担；三是第二审法院判决撤销第一审判决，发回原审法院重新审理。根据行政诉讼法的规定，诉讼费由败诉的一方当事人承担，被诉具体行政行为因违法被撤销或者变更或者确认违法无效，败诉方应当是第一审的被告行政机关，而不是第一审的原告，所以让原告承担第一审诉讼费缺乏法律依据。因此，第二种判决方式不太妥当；第二审法院已经查清被诉具体行政行为违法，发回原审法院重新审理，将增加诉讼当事人的诉累，浪费司法资源，因此第三种判决方式亦存在不足；第一种判决方式相对而言比较稳妥，不存在法律上的障碍。据此，我们认为，还是第一种判决方式较为适宜。

——蔡小雪、甘文：《行政诉讼实务指引》，人民法院出版社2014年版，第164~165页。

512. 行政补偿案件可以参照行政赔偿方式直接作出具体补偿数额的判决

> **关键词**

行政补偿　信赖保护原则　行政赔偿

> **最高人民法院司法解释**

第十五条　法律、法规、规章或者规范性文件对变更或者撤回行政许可的补偿标准未作规定的，一般在实际损失范围内确定补偿数额；行政许可属于行政许可法第十二条第（二）项规定情形的，一般按照实际投入的损失确定补偿数额。

第十六条 行政许可补偿案件的调解，参照最高人民法院《关于审理行政赔偿案件若干问题的规定》的有关规定办理。

——《最高人民法院关于审理行政许可案件若干问题的规定》（2009年12月14日，法释〔2009〕20号）。

> **最高人民法院答复**

云南省高级人民法院：

你院报送的《关于红河县人民政府因张建军诉其行政补偿上诉一案的请示报告》收悉。经研究，答复如下：

基于你院请示报告认定的张建军诉红河县人民政府行政补偿上诉一案的事实，可以参照《云南省荒山有偿开发的若干规定》第16条的规定，给予张建军适当的补偿。并请你院做好协调工作，尽量协调解决该案。

——《最高人民法院行政审判庭关于云南省高级人民法院就张建军诉红河县人民政府行政补偿上诉一案请示的电话答复》（2006年4月12日，〔2005〕行他字第27号）。

513. 行政许可作出时不符合当时的法律规定但符合变更后的法律规定的处理

> **关键词**

行政许可　瑕疵痊愈　法律变更

> **最高人民法院司法解释**

第十条 人民法院审理行政许可案件，被诉准予行政许可决定违反决定时的法律规范但符合新的法律规范的，可以判决确认该决定违法；准予行政许可决定不损害公共利益和当事人合法权益的，可以判决驳回原告的诉讼请求。

——《最高人民法院关于审理行政许可案件若干问题的规定》（2009年12月14日，法释〔2009〕20号）。

> **附录：最高人民法院法官著述**

所谓瑕疵痊愈，指的是行政许可作出时不符合当时的法律规定，但符合变更后的法律规定，即旧法生效时的行政许可瑕疵被新法治愈。在行政审批制度改革和市场经济不断完善的背景下，放宽许可条件、降低许可门槛的法律变更经常出现。与此相应，瑕疵痊愈的情形往往会伴随出现。如何处理，也就成为一个需要明确的问题。我们认为，第一，行政行为的合法性审查应当以行政行为作出的时间为基准时，因此合法性审查的法律依据应当是旧法。第二，考虑到许可申请虽不符合旧法但符合新法，被许可人的利益实际上已经受到新法的保护，随着法律的发展，行政许可已经具有一种值得法律保护的法安定性价值，故在处理方式上不宜判决撤销。第三，至此，最为适当的处理方式就是判决许可违法，但保留许可效果。此种判决既可照顾被许可人的利益，也为原告就其损害预留空间。第四，考虑到行政许可决定有时不会损害原告和其他利害关系人的权益和公共利益，判决确认违法并无实际意义，此时判决驳回原告的诉讼请求更为合理。根据以上考虑，《最高人民法院关于审理行政许可案件若干问题的规定》第 10 条规定："人民法院审理行政许可案件，被诉准予行政许可决定违反决定时的法律规范但符合新的法律规范的，可以判决确认该决定违法；准予行政许可决定不损害公共利益和当事人合法权益的，可以判决驳回原告的诉讼请求。"

——王振宇：《解读〈最高人民法院审理行政许可案件若干问题的规定〉》，载江必新主编：《行政与执行法律文件解读》2010 年第 2 辑（总第 62 辑），人民法院出版社 2009 年版，第 26~27 页。

514. 行政处理决定形式上存在瑕疵，应当判决驳回原告诉请

关键词

行政处理决定　形式瑕疵　驳回诉讼请求

最高人民法院裁判文书

河南开封市豫东房地产实业公司诉开封市人民政府撤销国有土地使用权证上诉案〔最高人民法院（2002）行终字第 5 号行政判决书〕

　　裁判要点：市政府疏于审核重复发证，发现后自行撤销系对重复发证行为的纠正并无不当。但其行政处理决定未引用法律条款，形式上存在瑕疵，一审判决以适用法律正确，予以维持不当，应当判决驳回原告要求撤销行政处理决定的诉请。

　　最高人民法院认为：根据 1987 年实施的《中华人民共和国土地管理法》第九条第二款"全民所有制单位、集体所有制单位和个人依法使用的国有土地，由县级以上地方人民政府登记造册，核发证书，确认使用权"之规

定，审核颁发国有土地使用权证系县级以上地方人民政府的法定职责。按照依法行政的原则，县级以上地方人民政府颁发土地使用权证书时应当依法审核。本案被上诉人市政府疏于审核，在为郊区公司颁发了0222号《国有土地使用证》之后，又为豫东公司颁发了003055号《国有土地使用权证》，致使003055号《国有土地使用权证》项下30亩土地与0222号《国有土地使用证》项下土地重复发证；豫东公司作为0222号《国有土地使用证》项下土地的实际使用人，明知其实际使用的30亩土地已经领取了土地使用权证，但在申办003055号证时未予申报，亦有明显过错。市政府作出9号《决定》，系对重复发证行为的纠正，其以003055号《国有土地使用权证》项下的30亩土地与0222号《国有土地使用证》项下的土地重复发证为由撤销003055号土地使用权证，认定事实基本清楚，其就此提出的答辩理由成立；但其单方委托送检《联合建房协议》复印件，并根据复印件的鉴定结论，认定该协议系伪造并以此作为撤销003055号《国有土地使用权证》的理由之一不成立。上诉人豫东公司称其已交回0222号证，以不存在重复发证为由要求撤销，9号《决定》的理由不能成立；但其提出市政府单方送检《联合建房协议》复印件，鉴定结论不足以证明该协议系伪造的理由能够成立，该理由并不足以支持其诉讼请求。一审判决认定9号《决定》证据充分、事实清楚，并无明显不当。9号《决定》未引用法律条款，形式上存在瑕疵，一审判决以9号《决定》适用法律正确，予以维持不当。根据《最高人民法院关于执行〈中华人民共和国行政诉讼法〉若干问题的解释》第五十六条第四项[①]之规定，豫东公司要求撤销9号《决定》的诉讼请求应予驳回。

——最高人民法院行政审判庭编：《最高人民法院最新行政裁判汇编》，人民法院出版社2006年版，第519~520页。

515. 行政裁决案件可以在查清事实基础上直接对裁决结果判决变更

关键词

行政裁决案件　裁决结果判决变更

附录：最高人民法院法官著述

第一，在行政裁决案件中直接作出变更判决，有利于实质性解决当事人

[①] 本条规定已被《最高人民法院关于适用〈中华人民共和国行政诉讼法〉的解释》（法释〔2018〕1号）废止。

纠纷。在行政裁决案件中，行政争议解决的起点和归宿是民事争议的解决，法院如果脱离了对当事人双方民事权利义务的审理，便无从判断行政裁决的合法性。行政裁决案件属于行政诉讼受案范围已经是司法实践中的普遍共识。行政裁决解决的是平等主体当事人之间的民事纠纷，如果该纠纷未经行政机关行政裁决，当事人选择直接到人民法院提起诉讼，人民法院应当作为民事诉讼案件依法受理。因此，人民法院对行政裁决案件中所涉的民事争议享有当然的司法裁判权。如果在当事人的民事争议没有得到实质解决的情况下，人民法院判决撤销行政裁决或责令其重作，有的行政机关可能长时间不作出裁决，导致民事争议久拖不决；有的行政机关则可能再次作出错误裁决，致使当事人重新提起行政诉讼，陷入"循环诉讼怪圈"。因此，人民法院在审理行政裁决案件中，直接作出变更判决彻底解决民事纠纷，有利于正确处理行政诉讼与民事诉讼交叉问题，防止出现相互矛盾或相互推诿，有利于解决行政裁决案件中"官了民不了"的矛盾，实质化解当事人纠纷。

第二，虽然《最高人民法院关于执行〈中华人民共和国行政诉讼法〉若干问题的解释》第六十一条①规定："被告对平等主体之间民事争议所作的裁决违法，民事争议当事人要求人民法院一并解决相关民事争议的，人民法院可以一并审理"，但是这一规定在实际操作中存在一定障碍。这一规定被许多学者解读为实质上确立了行政附带民事诉讼形式。但是行政裁决案件并非存在两个不同性质的诉，只是在行政诉讼中包含了一个民事争议，其与刑事附带民事诉讼中刑事诉讼与民事诉讼是两个相互独立的诉讼完全不同。如何体现在行政裁决案件中一并审理民事争议，实践中存在困难。尤其是当民事纠纷双方当事人为规避举证责任均不愿以原告身份提起民事诉讼请求时，一并审理就失去了前提条件。本案中，凌源市人民法院作出（2003）凌行初字第4号行政判决，撤销了15号行政裁决，本案直接就行政裁决内容作出变更判决，破解了一并提起民事诉讼为前提才能一并判决的难题。因此，在行政裁决案件中，人民法院应当充分利用司法变更权，直接对民事争议进行处理，而非在判断行政裁决违法作出撤销判决后，再另行对民事争议作出判决。

第三，人民法院直接判决变更裁决内容，前提必须是在查清事实的基础上。并且只应当对于违法的裁决内容才予以变更，如果只存在合理性的问题，则应当尊重行政机关的判断。

——周觅：《行政裁决案件可以在查清事实基础上直接对裁决结果判决变更——凌源市综合厂诉凌源市宏建房地产开发有限公司安置补偿争议案》，载最高人民法院行政审判庭编：《行政执法与行政审判》2013年第6集（总第

---

① 本条规定已被《最高人民法院关于适用〈中华人民共和国行政诉讼法〉的解释》（法释〔2018〕1号）废止。

62集),中国法制出版社2104年版,第77~78页。

516. 不予许可案件的判决方式

关键词

行政许可　不履行法定职责　司法自限原则

最高人民法院司法解释

第十一条　人民法院审理不予行政许可决定案件,认为原告请求准予许可的理由成立,且被告没有裁量余地的,可以在判决理由写明,并判决撤销不予许可决定,责令被告重新作出决定。

——《最高人民法院关于审理行政许可案件若干问题的规定》(2009年12月14日,法释〔2009〕20号)。

最高人民法院司法政策精神

行政许可案件的判决方式应当遵循司法自限原则。根据现行《行政诉讼法》的规定和司法自限的原则,人民法院审理行政许可案件要注意划清司法权与行政权的界限,一般不宜直接判决行政机关作出行政许可决定。对应当准予行政许可能够作出判断的,可以在裁判理由中加以说明,而不宜越俎代庖直接判决被告作出行政许可决定。

——《全面提高行政审判司法能力为党的执政能力建设提供有力的司法保障——在全国法院行政审判工作座谈会上的讲话》(2004年11月10日),载万鄂湘主编、最高人民法院行政审判庭编:《行政审判指导》2004年第2辑(总第2辑),人民法院出版社2004年版,第11~12页。

517. 违法收回国有土地建设公共设施的应如何裁判

关键词

公共利益　判决确认违法　补救措施

最高人民法院裁判文书

程某芳诉河南省信阳市人民政府土地行政批复案〔最高人民法院(2016)最高法行申1255号行政裁定书〕

裁判要点： 集体土地转变为国有土地，除经依法征收程序外，还需符合《中华人民共和国土地管理法》第五十八条规定的收回国有土地使用权的法定情形。

行政机关收回国有土地虽系违法，但因该土地上已建成的小区或公共设施属于公共利益，如果判决撤销会给公共利益造成重大损失，人民法院可以确认收回国有土地使用权的行为违法并责令采取补救措施。

最高人民法院认为：首先，被诉批复即再审被申请人信阳市政府作出的信政土（2005）3号《关于收回五星乡大拱桥村、平西村部分国有土地使用权的批复》涉及的土地没有经过征收，也没有经过省政府的批准将集体土地转变为国有土地。即便土地性质已经转变为国有土地，也仅能在符合《中华人民共和国土地管理法》第五十八条规定的收回国有土地使用权法定情形的情况下将国有土地收回，而信阳市政府没有提交相应的证据予以支持，故原审法院认定被诉批复违法并无不当；其次，考虑到涉案土地已经建成小区和部分公共设施，判决撤销会给公共利益造成重大损失，且再审被申请人对程某芳的实体权益进行了合理补偿，相关补偿已由（2013）豫法行终字第00082号生效判决认定，故本案采取判决确认违法并责令再审被申请人采取相应的补救措施的方式处理，符合《最高人民法院关于执行〈中华人民共和国行政诉讼法〉若干问题的解释》第五十八条①的规定，于法有据，亦无不当。

——最高人民法院行政审判庭编：《最高人民法院行政裁判要旨及评述（第一卷）》，人民法院出版社2019年版。

518. 撤销将导致公共利益受损的应当适用何种判决

关键词

撤销违法行政行为　缺席判决

最高人民法院裁判文书

卢某标等诉浙江省人民政府土地行政批准及行政复议决定案［最高人民法院（2016）最高法行申1751号行政裁定书］

---

① 本条规定已被《最高人民法院关于适用〈中华人民共和国行政诉讼法〉的解释》（法释〔2018〕1号）废止。

裁判要点：被诉行政行为违法、符合撤销判决条件的，但是撤销该行政行为将会给国家利益或者公共利益造成重大损失的，人民法院应当作出确认被诉行政行为违法的判决，并责令被诉行政机关采取相应的补救措施；造成损害的，依法判决承担赔偿责任。

最高人民法院认为：按时到庭参加诉讼，是当事人应当履行的诉讼义务。本案再审被申请人浙江省政府在收到一审法院寄送的开庭传票并知晓开庭时间、地点的情况下，未到庭参加诉讼，且对此不能作出合理说明，属于"经合法传唤，无正当理由拒不到庭"的法定情形，其事后表示要求延期开庭的行为并不能否认其未到庭的事实。《中华人民共和国行政诉讼法》第五十八条规定，被告无正当理由拒不到庭，或者未经法庭许可中途退庭的，可以缺席判决。一审法院决定缺席判决，审判程序合法。《最高人民法院关于行政诉讼证据若干问题的规定》第三十六条规定："经合法传唤，因被告无正当理由拒不到庭而需要依法缺席判决的，被告提供的证据不能作为定案的依据"。据此，浙江省政府经合法传唤无正当理由拒不到庭，其提供的相关证据依法不能作为定案依据，被诉行政行为应予撤销。但是，鉴于被诉土地批准行为所涉土地系用于"台州医院新院区建设项目"建设，且再审申请人卢某标、谢先军的相关土地仅是被批准征收范围内的一小部分，若撤销被诉土地批准行为，将导致作为医疗卫生公益项目的整个台州医院新院区建设无法如期开展，将对社会公共利益产生重大损害，故原审法院据此判决确认被诉行政行为违法，认定事实清楚，适用法律正确。

——最高人民法院行政审判庭编：《最高人民法院行政裁判要旨及评述（第一卷）》，人民法院出版社2019年版。

519. 紧急情况下即时强制措施的审查要点

关键词

即时强制措施　审查要点

附录：最高人民法院主流观点

对紧急情况下即时强制措施的审查要点，主要包括紧急情况的判断、即时强制的必要性、强制措施的一般实施程序以及即时强制的事后审批程序等方面。对行政执法过程中的突发的紧急状况判断以及采取即时强制必要性问题，属于行政机关裁量权的范畴，只要即时强制相对人的权益影响不超越实现行政管理目的的必要限度，具备实施行政强制措施的必要性和适当性，法院原则上不予干涉，但如果即时强制严重违反比例原则，对相对人的权益造成较大损失，法院可以根据具体情况判决撤销或者确认违法。对即时强制措施的程序要件的审查，涉及一般程序要件的审查，可以参照本法第18条的规定，涉及事后审批程序的审查，应当侧重对解除条件的审查，如果行政机关负责人认为不应当采取行政强制措施而解除强制措施的，对相对人造成损害的，当事人可以要求赔偿。

——江必新主编、最高人民法院行政强制法研究小组编：《〈中华人民共和国行政强制法〉条文理解与适用》，人民法院出版社2012年版，第128~129页。

520. 公安机关采取精神病人强制治疗措施案件的审查要点

关键词

强制治疗　审查要点

附录：最高人民法院主流观点

从审判实践的经验看，对此类案件应当着重注意以下几个方面：（1）区分强制治疗措施的决定机关和执行机关，从我国现行制度看，除精神病人的监护人要求送强制治疗的情况外，原则上强制治疗措施的决定机关应当是县级以上公安机关，实施机关是公安机关指定的精神病医院等医疗机构，只有关于决定机关作出的强制治疗决定才属于行政诉讼受案范围；（2）强制对象应当是患有精神疾病或成瘾性疾病或智能不足，必须由合法的鉴定机关作出鉴定结论；（3）精神疾病造成对自身或他人有现时的公共安全危险与人身威胁；（4）危险必须具有严重性，这实际上是比例性原则的要求，剥夺自由的措施与其危险性的程度要相适应；（5）疾病与危险之间存在因果关系，即精神疾病是导致危险的原因，危险是精神疾病的结果；（6）必要性，如可以采取其他措施，消除危险，不得强制治疗。

——江必新主编、最高人民法院行政强制法研究小组编：《〈中华人民共和国行政强制法〉条文理解与适用》，人民法院出版社2012年版，第133页。

521. 行政机关因涉嫌犯罪将案件与被扣押、查封、冻结的财物移送司法机关，当事人起诉行政强制措施的处理

关键词

案件移送　行政强制措施

附录：最高人民法院主流观点

审判实践中经常遇到行政机关发现违法行为涉嫌犯罪，将案件与被扣押、查封和冻结的财物一起移送司法机关处理后，当事人认为行政强制措施违法提起行政诉讼，如何处理？

一是可诉性问题，即案件移送后，原行政强制措施是否可诉的问题。行政强制措施的作出、变更和解除虽然具有依附于主行政行为的特性，但依附并不等同于主行政行为，二者仍然是两个不同行为，并且其在合法性判断上依然具有自身的独立性，属于独立、可诉的具体行政行为，不论案件是否移送，移送后司法机关是否予以刑事立案，立案后是否对违法行为追究刑事责任，都不影响原行政强制措施的可诉性。

二是起诉期限问题，如果不涉及赔偿问题，起诉期限应当根据《行政诉讼法》及司法解释的有关规定，如果涉及赔偿问题，诉讼和赔偿一并提起的，按照一般具体行政行为的起诉期限规定处理，如果单独提起行政赔偿的，需要首先向行政机关提出，对行政机关赔偿决定不服的，按照《行政赔偿案件规定》第22条和第24条的规定处理。由于该规定制定时间较早，在具体规定上与之后的《行政诉讼若干解释》中关于行政诉讼起诉期限的规定不太一致，也有学者和实务界人士主张单独提起行政赔偿诉讼，无论行政机关对赔偿决定作为还是不作为，都执行与一般具体行政行为的起诉规定，我们认为，这一做法更有利于保护当事人的诉权。

三是审理对象问题。对原行政强制措施的合法性审查，是否能够延及案件移送后对涉案财物继续采取的限制性措施上。案件移送司法机关后，如果被采取行政强制措施的财物没有随案移送，对原行政强制措施的审查毫无疑问应当涉及案件移送后对涉案财物继续采取的限制措施，如果被采取行政强制措施的财物随案移送，对原行政强制措施的审查的节点应当以司法机关作出是否刑事立案决定时为准，立案之前属于原行政强制措施审查范围，立案之后则属于刑事诉讼程序的范围，这主要考虑司法机关在作出是否刑事立案的同时，必须对随案移送的被扣押、查封和冻结的财物，是否需要继续采取强制措施是作出结论，一旦司法机关予以刑事立案，无论司法机关是否作出

继续采取强制措施的结论,只要司法机关事实上仍然控制移送财物,该控制性措施的审查即属于刑事诉讼范畴,不属于行政诉讼审查范围。

四是刑事诉讼程序对原行政强制措施的影响问题。可以分为以下情况:(1)司法机关立案的情况下,原行政强制措施效力结束,性质转化为刑事强制措施;(2)司法机关不立案的情况下,原行政强制措施效力继续存在,案件退回行政机关,由行政机关决定是否继续查处违法行为和采取行政强制措施;(3)刑事判决有罪和无罪,一般情况下都不影响对原行政强制措施的合法性判断以及相关的赔偿问题,特殊情况下存在影响的,需要具体情况具体分析,但不涉及刑事诉讼阶段的强制措施问题。

——江必新主编、最高人民法院行政强制法研究小组编:《〈中华人民共和国行政强制法〉条文理解与适用》,人民法院出版社2012年版,第137~138页。

522. 法院不得直接判令政府作出拆迁决定

关键词

不履行法定职责　责令限迁决定　直接判决

最高人民法院裁判文书

河南天坤交通旅游有限责任公司诉河南省郑州市二七区人民政府不履行法定职责上诉案［最高人民法院(1997)行终字第10号行政判决书］

　　裁判要点:虽然政府对拆迁人对"不夜城"建筑的拆迁问题请求不予答复处理构成不履行法定职责,但是在政府未对"不夜城"建筑的性质及有关事宜作出行政确认和处理前,法院不得直接判令政府作出责令被拆迁人拆迁的决定。

最高人民法院认为:国务院《城市房屋拆迁管理条例》规定,因城市建设需要拆迁房屋及其附属物的,须具有城市规划管理部门建设用地规划批准文件、县级以上人民政府房屋拆迁主管部门颁发的房屋拆迁许可证,并由房屋拆迁主管部门作出拆迁公告或者其他形式予以公布。被拆迁人应在拆迁公告规定的期限内拆迁,拒绝拆迁的,县级以上人民政府可以作出责令限期拆迁的决定。被上诉人天坤公司已依法取得郑州市规划局建设用地规划许可证、郑州市拆迁办房屋拆迁许可证,郑州市拆迁办亦为其发出了拆迁公告。"不夜城"系被上诉人建设规划红线和拆迁许可范围内应拆迁之建筑物,因该建筑迟迟不能拆迁，给被上诉人建设项目造成严重影响。上诉人二七区政府有责任对此依法作出处理，为被上诉人建设排除障碍。被上诉人在与二七区服务公司对"不夜城"拆迁安置补偿协商不成，且了解到该建筑既无规划许可证，又无建设许可证，至今尚未进行房地产登记的情况下，通过二七区拆迁办向上诉人提出申请，请求政府对"不夜城"建筑的拆迁问题作出处理，是正当的，二七区政府未予答复处理，已构成不履行法定职责。原审判决认定主要事实清楚，证据充分，但在对"不夜城"建筑的性质及有关善后事宜尚未作出行政确认和处理前，直接判令上诉人在10日内作出责令被拆迁人15日内拆迁决定不当；本案未涉及争议金额，原审按财产案件收取受理费无法律依据。

——最高人民法院行政审判庭编：《最高人民法院最新行政裁判汇编》，人民法院出版社2006年版，第113页。

523. 裁判时机成熟时可直接判决高校为学生颁发毕业证书

关键词

不履行法定职责　补考资格　判决限期颁发毕业证

最高人民法院审判业务意见

22. 履责判决内容具体化的问题

被告不履行法定职责，人民法院认为应当履行且无裁量余地的，可以直接判决其作出特定行政行为。

——《最高人民法院办公厅关于印发〈行政审判办案指南（一）〉的通知》（2014年2月24日，法办〔2014〕17号）。

行政审判指导案例

谢某杰诉山西师范大学不履行颁发毕业证法定职责案〔行政审判指导案例第77号〕

裁判要点：高等学校不予颁发毕业证，理由不能成立的，法院可以直接判决高校为学生颁发毕业证书。

山西师大虽决定谢某杰降级，但却提供不出谢被转至94级学习和管理的有效证据，该校物理系对谢仍按原9301班学生实施管理，谢在该班学习期间，通过了十余门课程的考试和毕业实习，其中包括1997年1月参加的93

级"量子力学"课程的正常考试。有证据能够证明，1997年5月，谢某杰参加了学校组织93级"量子力学"补考。以上事实应视为山西师大认可了谢某杰参加93级"量子力学"考试和补考的资格。山西师大辩称谢某杰没有资格参加93级"量子力学"课程补考的理由不能成立。谢某杰向山西师大提出的公布其"量子力学"补考成绩，及查阅试卷的请求正当，山西师大无正当理由不公布考试成绩，不允许查阅试卷，应承担举证不能的法律后果。谢某杰此次"量子力学"补考成绩应视为合格。

国家实行学业证书制度，高等学校依据法律授权对学生颁发毕业证书的行为，系代表国家实施行政管理权。本案山西师大与谢某杰因颁发毕业证发生的争议，正是由于高等学校代表国家行使对受教育者颁发毕业证书的行政权力引起的行政争议，可以适用行政诉讼法予以解决。谢某杰具有山西师大的学籍，在按规定完成全部学业，考核合格后，山西师大应当为其颁发毕业证书。谢某杰要求山西师大颁发毕业证的诉讼请求应当予以支持。山西师大认为颁发毕业证属于学校的办学自主权，司法审查应有一定的限度，法院不能直接判令学校为学生颁发毕业证的抗辩理由不能成立。原审法院认定事实清楚，但判决山西师大对谢某杰提出的颁发毕业证的请求限期作出书面决定，没有实际意义，也背离了上诉人的诉讼请求，应予纠正。

——江必新主编、最高人民法院行政审判庭编：《中国行政审判案例》第2卷，中国法制出版社2011年版，第227~228页。

524. 行政强制措施适当性的判断

关键词

行政强制措施　适当性原则

附录：最高人民法院主流观点

在审判实践中，如何判断行政强制措施是否失当？

行政强制措施的实施目的是制止违法行为、防止证据损毁、避免危害发生、控制危险扩大。但究竟应当采取什么样的强制措施，使其既能实现上述目的，又不会给相对人带来过度的影响，在实践中较难把握。

一般认为，在此问题上人民法院应当尊重行政执法人员所作的专业判断，尊重行政机关当时、当地的证据所作出的选择。从一个正常人的角度来作出判断，不能以事后没有发生比较严重的后果为由，来否定行政机关在当时、当地情况下采取措施的合法性。对行政机关采取的行政强制措施是否适当、合理的判断，只能依据行政机关当时掌握的证据材料，同时也要考虑行政强制措施对当事人的不利影响的大小等因素综合判断。

对行政强制是否适当的判断,还要注意,由于对相对人权利影响的大小程度有所不同,不同种类的行政强制措施,其适当性的证明标准和证明强度可能会有所不同。对实施行政强制措施、即时强制、行政强制适当性的判断,不能简单等同于行政处罚适当性的判断,两者的证明标准和证明要求也存在较大区别。行政机关只要提供的证据能够证明当时的确有采取此类行政强制措施的必要性,就不能简单认为行政强制措施违反合理性则。比如在英美证据理论中,按照证明所需的确定性程度划分,证明标准从高到低,一共分为九等;第一等绝对确定性,由于认识论的限制,认为这一标准无法达到,因此,任何法律均不作此要求。第二等排除合理怀疑,为刑事案件作有罪裁决所必须的要求,也是诉讼证明方面的最高标准。第三等清晰且有说服力的证明,在某些司法区的死刑案件需拒绝保释时,以及作出某些民事判决有这样的要求。第四等优势证明,作民事判决以及肯定刑事辩护时的要求。第五等合理根据,适用于签发逮捕令状、无证逮捕、搜查及扣押提起大陪审团起诉书和检察官起诉书,缓刑和假释的撤销以及对公民扭送等情况。第六等有理由的相信,适用于"拦截和搜身"。第七等有理由的怀疑,足以将被告人宣告无罪。第八等怀疑,适用于侦查的开始。第九等无线索,不足以采取任何法律行为。我们认为,如果参考上述证明要求,行政机关实施行政强制是否合法、是否适当的判断,就可以参考第五、六、七、八等标准来进行。即根据行政管理的迫切程度、可能存在的违法行为的社会危害程度以及拟采取的强制措施对相对人权益的影响程度等,行政实体法可以规定行政机关在有合理根据、有理由相信、有理由怀疑或者怀疑相对人存在一定违法行为的前提下,就可以依法采取相应的强制措施。

当然,行政机关在实施行政强制前,应当保证相对人的陈述、申辩权利,并且要保障相对人提出反证申辩的权利,并以此来维护自身权益。

——江必新主编、最高人民法院行政强制法研究小组编:《〈中华人民共和国行政强制法〉条文理解与适用》,人民法院出版社2012年版,第46~47页。

525. 工商局未经清算和申请即注销企业登记缺乏依据

关键词

注销企业登记　清算

最高人民法院裁判文书

泰国贤成两合公司、深圳贤成大厦有限公司诉深圳市工商行政管理局、深圳市招商局注销登记上诉案[最高人民法院（1997）行终字第 18 号行政判决书]

裁判要点：公司清算结束后，清算组应当制作清算报告，报股东会或者有关主管机关确认，并报送公司登记机关，申请注销公司登记。工商行政管理局未经清算和申请即注销企业登记违法。外资办对中方四家公司在未经土地合法使用权人同意且未依法变更登记情况下，又以该土地与其他公司签订的合作合同予以批准违反了法律规定，应属无效。

最高人民法院认为：《公司法》《中外合作经营企业法》《公司登记管理条例》《企业法人登记管理条例》等有关法律、法规，均未明确授予工商行政管理机关未经清算和申请即可注销企业登记的权力。上诉人深圳市工商局虽在注销登记通知书中称深圳贤成大厦有限公司已在该局办理了注销登记手续，但在诉讼中未能提供该公司法定代表人签署的申请文件和该公司债权债务清算报告，在注销登记通知书中亦未引用有关法律依据。因此，上诉人深圳市工商局注销深圳贤成大厦有限公司企业登记缺乏法律依据和事实根据。中方四家公司以位于深圳市深南东路地号为 H116－1 地块的土地使用权为投资与泰国贤成两合公司合作经营深圳贤成大厦有限公司，经有权机关批准，该公司已依法取得该地块使用权。中方四家公司在未经土地合法使用权人同意，且未依法变更登记的情况下，又以该土地与（香港）鸿昌国际投资有限公司签订合作合同，属于以非自有财产与他方合作经营，且合作协议有处分第三者权益的条款。原深圳市外资办批准该合同的行为，违反了《中外合作经营企业法实施细则》、对外贸易经济合作部《外商投资企业合同、章程的审批原则和审查要点》的规定，应属无效。根据《公司法》第 197 条的规定，公司清算结束后，清算组应当制作清算报告，报股东会或者有关主管机关确认，并报送公司登记机关，申请注销公司登记。上诉人深圳市工商局在注销深圳贤成大厦有限公司企业登记 8 个月后，才决定成立清算组进行清算，违反了法定程序。根据《行政诉讼法》的有关规定，泰国贤成两合公司、深圳贤成大厦有限公司认为深圳市工商局、原深圳市外资办作出的具体行政行为侵犯其合法权益，其法定代表人有权以公司的名义提起诉讼。

——最高人民法院行政审判庭编：《最高人民法院最新行政裁判汇编》，人民法院出版社 2006 年版，第 147~149 页。

526. 可以依据法律原则认定行政程序的合法性

关键词

不履行法定职责　　违反法定程序　　法律漏洞

最高人民法院公报案例

中海雅园管委会诉海淀区房管局不履行法定职责案〔北京市海淀区人民法院〕

> 裁判摘要：房地产行政部门对业主委员会提出的备案申请有进行审查的职责，材料齐全、符合备案条件的，应当办理备案；材料不齐全的，应当及时告知申请人补齐相关材料，待材料齐全后，办理备案。被告在长达1年的时间内，不依照职权对原告提出的换届选举登记备案申请给予任何书面答复，亦未依照规定尽其指导、监督的职责，构成违法。

房管行政机关负责指导物业管理委员会的组建和日常工作的监督，有权要求物业管理委员会纠正其作出的违反法规、规章及政策的决定。原告中海雅园管委会在组建时已经在行政管理机关办理了登记手续。任期届满后进行了换届选举。被告海淀区房管局如认为中海雅园管委会采取的换届选举方式不符合法规、规章的规定，可以要求中海雅园管委会予以纠正；在收到中海雅园管委会寄送的换届选举登记备案的书面申请后，如认为其提交的备案材料不符合规定，应当要求其补正；如不予备案，亦应书面通知并说明理由。海淀区房管局在长达1年的时间内，不依照职权对中海雅园管委会提出的换届选举登记备案申请给予任何书面答复，亦未依照规定尽其指导、监督的职责，构成违法。为此，中海雅园管委会请求确认海淀区房管局的上述行为违法，应予支持。

据此，北京市海淀区人民法院依照《行政诉讼法》第53条第1款①、《最高人民法院关于执行〈中华人民共和国行政诉讼法〉若干问题的解释》第57条第2款（2）项②的规定，参照建设部《城市新建住宅小区管理办法》第

---

① 现为《中华人民共和国行政诉讼法》（2017年修正）第六十九条。
② 本条规定已被《最高人民法院关于适用〈中华人民共和国行政诉讼法〉的解释》（法释〔2018〕1号）废止。

6条、北京市人民政府《北京市居住小区物业管理办法》第5条的规定，判决确认被告对原告提出的换届选举登记备案申请不履行备案职责的行为违法。

——《最高人民法院公报》2004年第5期。

> **附录：最高人民法院法官著述**

以一个案例引起出问题：在行政许可法生效之前，按照当时的法律规定，物业管理委员会是小区不动产业主的自治组织，其产生与改选均须经行政主管机关登记，否则其民事主体的身份不能得到承认。但是法律对于行政机关不予登记是否需书面通知物业管理委员会的问题没有作出明确规定，如果行政机关对申请人要求其予以登记的申请，长时间不予书面答复，是否构成程序违法？答案是肯定的，法院判决确认行政机关不予答复违法，但是法律依据并非是具体的法律规则，而是法律精神。

这个案件涉及的问题就是法律原则（法律上规定的原则）甚至法律的一般原则（成文法上未见明文的）能否作为行政程序所依据的法？或者说，法院能否依据法律原则认定行政程序合法或者违法？这个问题在行政诉讼的初期是不可想象的，尽管当时的行政程序具体规定是残缺不全的，可以利用的程序审查标准很不充分，但是法官还是很少把法律原则作为案件裁判的标准。现在持赞成观点的人越来越多，不仅是学者，很多法官也是接受的，尽管实践中的具体应用仍然比较谨慎。

从操作的角度，我们认为，在运用法律原则时，需要明确以下几个问题：

第一，到哪里找？我们在判决中必须要援引法律条款，因此就有一个找法的前期工作，那么，作为法范畴中的法律原则到哪里寻找呢？法律原则中有一些载于成文法中，有的在宪法当中，有的在单行法或者部门法当中；还有一些体现在学理当中。

第二，关于表述问题。法律原则尤其那些法律上没有规定的一般法律原则并不具有固定的形态。不同的学者可能会从不同的角度总结出不同名称和内涵的原则，层次也不相同，在这些原则当中，合理性原则最具有涵盖性，其他所有的一般法律原则的意涵其实都可以被囊括其中。有些一般原则相对调整的对象有限，比如信赖保护原则主要调整和约束行政行为的变更撤废。不当联络禁止原则意在对行政行为对相对人课以义务和不利负担施加必要的限制（比如政府许可企业在当地经营电厂，但条件是必须给当地修一条路）。行政自我拘束原则主要运用在行政规范性文件及相关的行政惯例可适用性的判断上。这对法官意味着什么呢？我们认为，这意味着法官在法律原则的表述上具有较大的发挥余地。由于一般法律原则不具有固定的形态，所以在这个问题上可以不必拘泥于现成的法律原则，不一定非要在判决中写上根据信赖保护原则还是根据不当联络禁止原则。事实上，很多原则都是由行政法官发现的，比如法国行政法的一般原则基本上都是由行政法官的判例创造的。这些原则归根到底都可以说是合理性原则的运用。什么叫合理性？合理性就是合乎理性。那么什么是合乎理性？只要能为社会一般观念认可就是合乎理性。

第三，运用法律原则的条件问题。我们认为，法律原则的适用仅限于法律没有明确规则的情形。由于法律原则的主要功能在于填补法律漏洞，如果法律上已经有了明确的规则，我们就不能把规则放在一边，直接运用原则。当然，如果法律规则在文义上有歧义的时候，我们可以借助法律原则来固定规则的具体含义，除此之外，我们不能用法院对一般法律原则的理解来代替具体的法律规则，因为这样我们就行使了本应由立法机关行使的权力。

——王振宇：《行政程序的司法审查》，载最高人民法院行政审判庭编：《行政执法与行政审判》2006年第2集（总第18集），人民法院出版社2006年版，第60~62页。

527. 对是否保证相对人的程序性权利应如何审查

关键词

程序违法　正当程序

最高人民法院裁判文书

郑州市中原区豫星调味品厂诉河南省郑州市人民政府行政处理决定案
[最高人民法院（2014）行提字第21号行政判决书]

裁判要点：行政机关应当严格遵循正当程序原则，在作出对相对人不利的决定时，应当保证相对人进行充分而有针对性的陈述、申辩；若因行政机关故意隐瞒相关事实和理由而导致行政行对人的陈述、申辩权利没有充分实现的，应当认定行政机关构成程序违法。

最高人民法院认为：根据查明的案件事实，结合争议焦点，本案再审需要审查以下三个问题：一是豫星调味品厂是否有资格获颁涉案土地使用证，二是4号决定是否合法，三是应当选择何种判决方式。

1. 关于豫星调味品厂获颁涉案土地使用证的资格问题

郑州市政府给豫星调味品厂颁发涉案土地使用证，是对该厂违法占地进行处理的结果。因此，判断该厂获颁国有土地使用证资格问题，关键看是否符合郑州市当时处理违法占地的政策。根据郑政办文（1996）119号文件要求，豫星调味品厂只有属于"农村集体经济组织兴办的经济实体"，才有资格补办国有土地用地手续。经查，该厂在工商机关登记的经济性质为个体工商户。从法律上来看，个体工商户实为个人兴办的经济实体，而非"农村集体经济组织兴办的经济实体"，客观上不具备补办违法占地用地手续的资格。此外，按照河南省土地管理局豫土（1996）239号文件就补办用地审批手续规定的"被占地群众的生产和生活已得到依法补偿和妥善安置"条件，郑州市政府当年在补偿安置未予落实的情形下，给作为个体工商户的豫星调味品厂颁发土地性质为"划拨"的涉案国有土地使用证，与上述条件不符，属于错误颁证。因此，对于豫星调味品厂主张其系"村办企业"、符合当时颁证条件的申请再审理由，本院不予支持。

2. 关于4号决定的合法性问题

按照依法行政原则的要求，行政机关对于自己或者所属部门作出的违法行政行为，有权亦有职责加以纠正。关于纠正的方式，按照实体从旧、程序从新的原则，可以适用新的规定。据此，《河南省实施〈土地管理法〉办法》关于发现土地登记和颁证错误可以收回或者注销之规定虽系1999年修改时新增加的内容，但按照前述原则，郑州市政府于2006年纠正1996年的错误颁证行为时可以适用。豫星调味品厂质疑上述规定溯及力从而主张郑州市政府无权纠正1996年所颁涉案土地使用证的理由不能成立，本院不予支持。

郑州市政府作出的4号决定虽有法律上的授权为依据，但以被诉行政行为合法性审查的标准来衡量，至少还有两个明显问题：一是事实认定有误。从本案查明的事实来看，豫星调味品厂在与闫垌村三组共同申请土地登记时曾经自称"村办企业"，亦曾在有关申请表中填写过"个体"的经济性质。虽然申请人对经济性质的表述前后不一，但尚不构成对真实经济性质的刻意隐瞒，故4号决定认定豫星调味品厂与闫垌村三组在登记中采取欺骗手段，证据并不充分。除此之外，郑州市政府及所属土地管理部门在办理登记的过程中未尽审慎审查的义务，未能发现豫星调味品厂系个体工商户这一明显事实，导致错误登记和颁证的发生。因此，4号决定将错误登记和颁证完全归因于豫星调味品厂和闫垌村三组的"欺骗手段"，却对行政机关审查不严的问题隐而不提，事实认定有误。二是有违正当程序。按照正当程序的基本要求，行政机关作出对行政管理相对人、利害关系人不利的行政决定之前，应当告知并给予其陈述和申辩的机会。4号决定剥夺了豫星调味品厂继续使用涉案土地的权利，对其重大财产权益产生不利影响，郑州市政府既未事前告知豫星调味品厂，亦未给予其陈述和申辩的机会，程序明显不当。虽然郑州市政府相关工作人员在2006年9月22日对豫星调味品厂负责人弓中兴进行了口头询问并制作了调查笔录，但从该笔录内容看，询问时既未告知调查目的，也未告知可能因涉嫌欺骗未如实登记、行政机关拟注销涉案土地使用证等情况，不足以使该厂在 4 号决定作出前进行充分的、有针对性的陈述和申辩，显然不能满足正当程序的要求。因此，郑州市政府作出的 4 号决定事实认定有误、程序明显不当，被诉行政行为构成违法，一审、二审判决及河南高院的两次再审判决，属于认定事实不清，证据不足，依法应予纠正。

3. 关于选择何种判决方式的问题

4 号决定违法，依法本应判决撤销，并责令郑州市政府重新作出处理。但考虑到涉案土地已出让他人开发建成住宅并已使用多年，判决撤销不利于保护为数众多的善意第三人的合法利益，且豫星调味品厂确实不具备获得涉案土地使用证的条件，判决撤销亦无必要。从利益保护的角度看，本案最大的问题在于，由于被诉行政行为对错误颁证归因有误，客观上不利于豫星调味品厂主张信赖利益的保护。且涉案土地使用证从发证到被注销的时间长达九年，该厂在此期间如有合理投入，应当认定为应受法律保护的信赖利益。为了保护相对人的信赖利益，应当对被诉行政行为的违法性尤其是错误颁证过程中行政机关未尽审慎审查职责的行为作出确认。另外，郑州市政府是在闫垌村三组就颁证行为提起诉讼后法院审理期间、该组又向郑州市政府提出撤证申请的背景下作出了 4 号决定，之前长期一直未发现并及时纠错，而 4 号决定将涉案土地使用证一注了之，未充分考量各种因素，加之涉案土地很快用于房地产开发，无疑增大了后续权益实现、矛盾化解的难度。故综合权衡公共利益和个体利益全面保护的需要，根据行政诉讼法有关规定，本案最为适当的判决方式就是确认 4 号决定违法但不撤销。一审判决维持 4 号决定，认定事实不清，应予纠正；二审判决及河南高院两次再审判决均维持一审判决，亦当纠正。至于豫星调味品厂是否存在信赖利益以及应当如何予以弥补的问题，由于该厂并未就此提出诉讼请求，不属于本案审理范围，可由郑州市政府在本案判决后组织调查并作出相应的处理。

——最高人民法院行政审判庭编：《最高人民法院行政裁判要旨及评述（第一卷）》，人民法院出版社 2019 年版。

528. 先行登记保存与查封、扣押的区别

关键词

先行登记　行政强制措施

附录：最高人民法院主流观点

先行登记保存与查封、扣押，一个是行政执法环节的证据程序规则，一个是行政执法过程中的独立的行政强制措施。审判实践中，可以主要从以下

几个方面注意二者的区别：一是目的和性质不同，先行登记保存的目的是保存案件的证据，必须在案件证据可能灭失或者以后难以取得的情况下使用。这是行政执法过程中的一种取证手段，具体行政行为中的一个环节，当事人不可因此申请行政复议和提起行政诉讼。查封、扣押的目的是通过对物品的控制，阻止违法行为，防止不法侵害和控制现实危险，防止证据毁灭，虽然也具有保存执法证据的作用，但其不是主要和唯一的目的，是一个独立的具体行政行为，在法律后果上具有可诉性，可提起行政诉讼复议、行政诉讼。二是适用依据和实施主体不同，先行登记保存的依据是《行政处罚法》第37条第2款[①]，只要是具有行政处罚权的行政机关，均可以根据具体情况对证据现行登记保存；而查封、扣押适用本法规定和单行法律、法规的具体规定，必须是具有法律、法规明确权的行政主体，才有权实施扣押、查封措施。三是实施程序和时间限制不同，先行登记保存是取证行为，不属于行政措施，经行政机关负责人批准后，由执法人员与当事人对证据进行现场清点、造册登记，共同签名确认，当事人或者有关人员不得销毁或转移。并要求7天内必须作出处理决定，对不符合条件的，应立即解除；如果需要查封、扣押，必须按照查封、扣押的权限和程序办理相关手续。相较而言，查封、扣押在程序上则严格得多，且期限上也较长。四是针对对象和法律效力不同，就对象而言，先行登记保存针对的是可以作为行政诉讼证据证明相对人违法行为的财物和资料，一般情况下是易于移动的动产；查封、扣押针对的是可以用来继续从事违法行为或者造成现实不法危险和侵害的财物、场所和设施等，包括动产和不动产，但二者可能会出现重叠和一致的情况。就法律效力而言，先行登记保存虽然当事人或者有关人员不得销毁或者转移证据，但并不全部限制当事人使用该证据物品；查封、扣押是暂时限制当事人对财物的使用或处分的。

——江必新主编、最高人民法院行政强制法研究小组编：《〈中华人民共和国行政强制法〉条文理解与适用》，人民法院出版社2012年版，第142~143页。

529. 不履行法定职责包括拒绝履行和实际未履行

关键词

不履行法定职责　拒绝履行　未履行

[①] 现为《中华人民共和国行政处罚法》（2021年修正）第五十六条。

附录：最高人民法院法官著述

拒绝行为是否一种可以撤销的行为？对行政机关拒绝利害关系人的申请的行为，法院审查认为其违法之后，能否判决撤销？一种观点认为，拒绝行为即是一种作为行为，当以作为行为视之。在被诉行为的司法审查方面，与其他作为行为无异。在某些特殊的情形下，原告自我减缩诉讼请求，提出的要求仅止撤销该拒绝行为。在德国行政诉讼法学上，是谓"分离的撤销诉讼"（isolierte Anfechtungsklage）。英国行政法亦有类似的观点。[①] 另一种观点认为，拒绝行为并非真正的行政行为，行政机关的该项措施并不具有规制效果，不产生法律上的效果。行政法律行为必须是经由其创设、变更或者确认主观权利的行为，拒绝行为不具有这种特征。上述观点均在一定范围内具有意义，都存在一定的局限性。实际上，撤销拒绝行为原则上并不妥当，原因在于，其一，课以具体义务诉讼和撤销诉讼的选择具有优先序位性质。因为后者对于原告权益的保护更为彻底，即当课以具体义务诉讼符合其诉的适当性并且比撤销诉讼更有实质意义时，撤销诉讼就退居其次。其二，撤销拒绝行为不符合诉讼经济的原则。法院如果判决撤销一个拒绝行为，行政机关可以基于其他理由对原告作出另外一个拒绝行为，则原告必须另行起诉。这不符合诉讼经济的原则。当然，在例外的情形下，撤销拒绝行为仍有存在之余地。例如，在一些公民能够自主决定、市场竞争机制、行业组织或者中介组织能够自律管理等情形下，公民无须许可的情况下，原告就行政机关的拒绝行为提起课以义务诉讼，课以具体义务诉讼不符合诉的适当性，但是，原告为了防止被诉行政机关将来就此设置许可，而向法院提出撤销行政机关拒绝行为，法院应当撤销该拒绝行为。是谓通过撤销诉讼实现预防性诉讼之效果。此外，还有诸如原告基于一定的事实理由，已经无法请求行政机关作成行政行为或者现在没有作成行政行为的意图，亦可通过撤销行政机关的拒绝行为，保有将来的可能的许可利益。

——江必新、梁凤云：《行政诉讼法理论与实务》（第三版），法律出版社2016年版，第1651~1652页。

[①] 例如，学者克里弗·里维斯认为："在公权力主体有作为义务而该机关拒绝作出的情形下，法院可以签发提审令撤销拒绝行为并且在宣告判决中列举行政机关行政义务的范围（而非签发执行令）。因此，在个案中，当地的健康主管机关违法拒绝为病人提供精神病治疗，法院撤销了该拒绝行为并且签发了宣告判决明确了其提供照顾的行政义务并且要求行政机关重新考虑法院在判决中阐释的观点"。参见 Clive Lewis, Judicial Remedies in Public Law, London, Sweet&Maxwell, 2000, p.177.

530. 公安机关不履行或者拖延法定职责，致使公民、法人或者其他组织人身、财产遭受损失的，应当承担相应的行政赔偿责任

关键词

公安机关　不履行　拖延履行　行政赔偿责任

最高人民法院答复

甘肃省高级人民法院：

你院《关于张美华等五人诉天水市公安局麦积分局行政赔偿案的请示报告》收悉，经研究，答复如下：

公安机关不履行或者拖延履行保护公民、法人或者其他组织人身权、财产权法定职责，致使公民、法人或者其他组织人身、财产遭受损失的，应当承担相应的行政赔偿责任。

公民、法人或者其他组织人身、财产损失系第三人行为造成的，应当由第三人承担民事侵权赔偿责任；第三人民事赔偿不足、无力承担赔偿责任或者下落不明的，应当根据公安机关不履行、拖延履行法定职责行为在损害发生过程和结果中所起的作用等因素，判决其承担相应的行政赔偿责任。

公安机关承担相应的赔偿责任后，可以向实施侵权行为的第三人追偿。

——《最高人民法院关于公安机关不履行、拖延履行法定职责如何承担行政赔偿责任问题的答复》（2013年9月22日，〔2011〕行他字第24号）。

531. 人民政府在债务人和担保人明确的情形下无须重新确定债务人和担保人

关键词

外国政府贷款项目　确定债务人和担保人　不履行法定职责

最高人民法院裁判文书

中国光大厦银行诉武汉行政市人民政府不履行法定职责上诉案〔最高人民法院（2004）行终字第4号行政判决书〕

裁判要点：武汉市人民政府对已实行重组、改组的转贷款项目，负有确定债务人和担保人的法定职责。国发〔2000〕15号文对已实

行重组、改组或破产的项目由地方人民政府重新确定债务人和担保人的规定，是为了明确和落实还贷及担保责任，如果债务人和担保人明确，则无须重新确定债务人和担保人。

最高人民法院认为：根据国发〔2000〕15号文关于"各地人民政府和中央各有关部门负责清理本地区、本部门利用外国政府贷款项目拖欠债务工作；各转贷银行要积极、及时地提供有关数据资料。要进一步明确和落实还款及担保还款的责任，对已实行重组、改组或破产的项目，必须重新确定债务人和担保人"的规定，本案所涉及的世界银行转贷款属于外国政府贷款项目，对此，财政部〔82〕财外字第685号《关于送请审批世界银行给我国中间金融机构贷款的报告》、财政部财世便字〔1998〕114号《关于确认中国投资银行转贷的世界银行贷款子项目清单的复函》亦可以印证。武汉市经济委员会武经专〔88〕355号文及武汉市经济体制改革委员会武体改〔1993〕102号文表明，武汉市亚光模塑有限公司属于国发〔2000〕15号文所规定的"已实行重组、改组"的项目。因此，本案被上诉人武汉市人民政府对已实行重组、改组的转贷款项目，负有确定债务人和担保人的法定职责。国发〔2000〕15号文对已实行重组、改组或破产的项目由地方人民政府重新确定债务人和担保人的规定，是为了明确和落实还贷及担保责任，如果债务人和担保人明确，则无须重新确定债务人和担保人。本案债务人原武汉塑料十三厂虽经多次重组、改组，但债务人和担保人的身份和责任是明确的，且已为生效民事判决所确认，故不需要人民政府重新确定债务人和担保人。上诉人光大银行认为国发〔2000〕15号文要求地方各级人民政府履行"重新确定债务人和担保人"义务的前置条件并非是债务人和担保人主体不存在，而是要求地方人民政府履行"重新确定"有清偿能力的"债务人和担保人"的上诉理由，缺乏法律依据。本案上诉人的债权之所以不能实现，是因为其主张债权已超过诉讼时效。国发〔2000〕15号文关于外国政府贷款项目分类，是对2000年以后贷款项目的规定，该文没有对此前的转贷款项目分类作出规定，被上诉人武汉市人民政府认为本案涉及的转贷款项目属于第3类项目，应由项目单位承担还款责任的答辩理由不能成立。

——最高人民法院行政审判庭编：《最高人民法院最新行政裁判汇编》，人民法院出版社2006年版，第607~608页。

532. 对尚无法律规范但符合政策精神的行政行为，只有达到权力滥用地步才予以撤销

关键词

法律与政策　滥用职权

最高人民法院司法政策精神

要坚持法制的原则性和灵活性相结合，法律标准与政策考量相结合。在对规范性文件选择适用和对具体行政行为进行审查时，充分考虑行政机关为应对紧急情况而在法律框架内适当采取灵活措施的必要性，既要遵循法律的具体规定，又要善于运用法律的原则和精神解决个案的法律适用问题。对于没有明确法律依据但并不与上位法和法律原则相抵触的应对举措，一般不应作出违法认定。

要始终坚持法制统一原则，不能以牺牲法律为代价迁就明显违反法律强制性规定、侵犯当事人合法权益的行为。对于那些以应对危机为借口擅自突破法律规定，形成新的地方保护和行业垄断，侵犯公民、法人和其他组织合法权益的违法行为，要依法予以纠正。

——《最高人民法院关于当前形势下做好行政审判工作的若干意见》（2009年6月26日，法发〔2009〕38号）。

《决定》（系《中共中央关于完善社会主义市场经济体制若干问题的决定》）确立了中央关于完善社会主义市场经济体制的基本政策。这些政策都将陆续体现在宪法、法律、法规和规章之中。政策往往具有先导性、灵活性和变化性，法律则常常具有滞后性、原则性和稳定性。我国经济体制改革的政策与法律总体上是相辅相成和协调一致的，但有时也可能出现不协调或不衔接的情况。在行政审判中，能否处理好政策与法律的关系，能否确保党和国家的路线、方针和政策的贯彻实施，是对我们的政策水平和法律适用技能的检验和考验。对于政策与法律规范出现的不协调，应当尽量通过法律解释和适用规则加以解决，决不能机械司法和墨守成规。在解释和适用法律时必须注意运用科学的法律解释方法，如果当时的立法意图与适用时的国家政策和社会发展不协调，为更好地发挥调整作用，应当按照适用时的社会需要，在不违反解释原则的情况下，进行与时俱进的解释和适用，实现更好的社会效果。对于宪法和法律已按照政策的要求进行了调整，与政策要求不协调的法规、规章未作变动的，不宜简单地按法规、规章认定符合改革政策的行政行

为不合法，除尽量按照改革和发展的需要解释适用其规定外，必要时可以送请有权机关对不符合政策的法规、规章能否适用问题进行裁决。总之，要注意运用具体法律规范的解释规则和宪法、法律原则的解释规则，妥善处理国家政策与具体法律规定可能出现的不协调。

——江必新：《牢固树立司法为民思想，把行政审判工作提高到一个新的水平——在全国法院行政审判工作座谈会上的讲话》（2003年10月21日），载江必新主编、最高人民法院行政审判庭编：《行政执法与行政审判》2003年第4集（总第8集），法律出版社2003年版，第11~12页。

533. 与低温雨雪冰冻灾害有关的行政处罚、行政强制措施类行政案件的处理

关键词

低温雨雪冰冻灾害　行政处罚　行政强制措施

最高人民法院司法政策精神

（一）不服行政处罚和行政强制措施案件。对于履行统一领导职责的人民政府以及公安、工商、物价等机关依照突发事件应对法作出的行政处罚和行政强制措施等行政行为，只要实体合法，不宜仅以行政程序存在瑕疵而判决撤销或者确认违法。

（二）不服交通管制案件。对于不服履行统一领导职责的人民政府以及公安机关为应对雨雪冰冻灾害而采取的交通管制、交通秩序疏导等措施提出行政赔偿请求的案件，可以依法判决驳回原告的诉讼请求。

（三）不服临时价格干预措施案件。对于物价部门加强市场监管，对生活必需品、救灾物资实行临时价格干预的措施，可以依法判决驳回原告的诉讼请求。

（四）不服林业执法案件。对于林业行政执法部门针对公民、法人或者其他组织灾后以树木难以成活等为由，未经批准自行清理的行为作出的罚款、没收财物等行政处罚，人民法院应根据案件具体情况慎重处理；对于自行清理行为构成借机乱砍滥伐林木的，应当依法维持行政机关的行政处罚决定。

——《最高人民法院关于印发〈关于审理与低温雨雪冰冻灾害有关的行政案件若干问题的座谈会纪要〉的通知》（2008年4月29日，法〔2008〕139号）。

534. 与低温雨雪冰冻灾害有关的行政征用、发放救济款物以及减免税费、救助、抚恤、安置等类行政案件的处理

关键词

低温雨雪冰冻灾害　行政征用　发放救济款物　减免税费

最高人民法院司法政策精神

（一）行政征用案件。公民、法人或者其他组织就有关人民政府及其部门依照突发事件应对法作出的行政征用行为提起诉讼的，人民法院应当依法受理，并可判决或者建议有关人民政府及其部门在使用完毕或者突发事件应急处置工作结束后，及时返还被征用的财产。对于财产被征用或者征用后毁损、灭失的，应当判决给予补偿。法律、法规对补偿标准有具体规定的，依照规定；没有具体规定的，按照适当与合理的原则裁判。也可以建议双方当事人协商解决补偿争议。

（二）发放救济款物案件。对要求人民政府及其部门依法发放自然灾害生活救助资金、城乡低保对象临时补助等救济款物的案件，人民法院应当及时进行处理。在审理过程中发现救济款物管理中存在问题的，及时向有关部门提出司法建议。发现截留、挪用、私分或者变相私分应急救援资金、物资或者救灾款物线索的，应当移送有关部门处理。

（三）要求减免税费、救助、抚恤、安置等案件。对于公民、法人或者其他组织以低温雨雪冰冻灾害发生较大损失，正常生产经营活动受到较大影响为由主张减税、免税或者减免行政收费负担的，人民法院应当及时与有关行政机关沟通，征求相关部门意见，确有证据证明受灾损失较大的，应当依法予以支持。对于公民、法人或者其他组织要求人民政府履行救助、抚恤、安置等法定职责的，应当及时作出判决。

——《最高人民法院关于印发〈关于审理与低温雨雪冰冻灾害有关的行政案件若干问题的座谈会纪要〉的通知》（2008年4月29日，法〔2008〕139号）。

535. 违反法定程序但未影响当事人行使诉讼权利的不需发回重审

关键词

违反法定程序　诉权　发回重审

最高人民法院裁判文书

重庆市綦江县文龙乡水月村六社吴昌辉等 496 人诉重庆市人民政府行政复议决定上诉案［最高人民法院（2001）行终字第 18 号行政判决书］

裁判要点：一审法院违反法定程序，但未影响当事人行使诉讼权利的，不需发回重审。

最高人民法院认为：重庆市政府重府地〔1992〕68 号《重庆市人民政府关于綦江县征用土地办公室统一征用土地的批复》是 1992 年 4 月 26 日作出的，随后綦江县有关部门就水月村的征地安置补偿等事宜，实施了一系列行为。1993 年 9 月 7 日，綦江县征用土地办公室与水月村及六社根据《重庆市人民政府关于綦江县征用土地办公室统一征用土地的批复》签订了《土地移交协议书》，就有关征地、补偿、安置等问题达成协议，协议书由綦江县征用土地办公室、水月村村长及六社负责人签字。之后，水月村六社社员对转为非农业户口亦未提出异议。综上表明，本案当事人早已知道被诉行政行为的内容。根据该行为发生时有效的《最高人民法院关于贯彻执行〈中华人民共和国行政诉讼法〉若干问题的意见（试行）》第 35 条的规定，上诉人于 2001 年 6 月 12 日对该批复提起行政诉讼，已经超过起诉期限。上诉人认为没有超过起诉期限的理由不能成立。上诉人提出一审法院开庭前一天通知其开庭时间、被告的答辩状一审开庭结束后才送达当事人，经查属实，属于违反法定程序。但是上诉人参加了一审开庭审理，并针对一审被告的答辩进行了质证和辩论；二审期间，双方当事人对相关证据也进行了质证，已经依法行使了诉讼权利。一审法院以判决的形式驳回一审原告的起诉，违反了《最高人民法院关于执行〈中华人民共和国行政诉讼法〉若干问题的解释》第 63 条①的规定，属于适用法律错误。一审判决认定事实清楚，但适用法律错误，违反法定程序。

——李国光主编、最高人民法院行政审判庭编：《行政执法与行政审判参考》2002 年第 1 辑（第 4 辑），法律出版社 2002 年版，第 370~371 页。

---

① 本条规定已被《最高人民法院关于适用〈中华人民共和国行政诉讼法〉的解释》（法释〔2018〕1 号）第一百零一条代替。

536. 未经核实直接依据广告宣传材料作出行政处罚决定属主要证据不足

> **关键词**

广告宣传资料　行政处罚　主要证据不足

> **行政审判指导案例**

青岛吉运房地产开发有限公司诉山东省青岛市地震局行政处罚案［行政审判指导案例第7号］

　　裁判要点：行政机关能否依据相对人的广告宣传材料对其处罚，取决于材料所载相关信息是否真实。行政机关能够核实相关信息而未予核实，直接依据广告宣传材料作出行政处罚决定引起诉讼的，人民法院应当认定被诉行政行为主要证据不足。

《中华人民共和国行政处罚法》第三十条①规定，公民、法人或者其他组织违反行政管理秩序的行为，依法应当给予行政处罚的，行政机关必须查明事实；违法事实不清的，不得给予行政处罚。

被上诉人作为本行政区域内负责地震安全性评价的主管机关，在作出大额处罚之前，必须依法查明事实。为查明处罚事实，被上诉人应当到有权机关查明涉案奥润府新嘉苑工程的总建筑面积。而本案中，被上诉人仅仅依照宣传资料，就作出了处罚决定，导致了所查明违法事实不清，应当予以撤销。

——江必新主编、最高人民法院行政审判庭编：《中国行政审判指导案例》第1卷，中国法制出版社2010年版，第34~35页。

537. 公安机关交通管理部门有权对道路外交通事故的责任人进行处罚

> **关键词**

道路外交通事故　程序正当　合理性原则

---

① 现为《中华人民共和国行政处罚法》（2021年修正）第四十条。

行政审判指导案例

毛某将诉山东省东营市公安局交通警察支队道路行政处罚案〔行政审判指导案例第 15 号〕

裁判要点：1. 在道路之外发生交通事故时，公安机关交通管理部门不仅可以参照道路交通事故处理程序勘查事故现场、分析事故成因并明确各方责任，还有权参照道路交通事故法律责任条款，对责任人作出相应的处罚决定。

2. 行政机关在告知听证的申请期限未满且相对人未放弃听证权利的情况下，直接作出处罚决定，属于违反法定程序。

3. 按照合理性原则，行政处罚涉及裁量因素时，应当考虑违法后果及相对人违法后的态度和表现。

——江必新主编、最高人民法院行政审判庭编：《中国行政审判指导案例》第 1 卷，中国法制出版社 2010 年版，第 76 页。

538. 在起诉公司变更登记的行政案件中，人民法院所作维持判决对被诉企业变更登记的羁束力以该判决认定的事实为限，行政机关以该判决认定的事实之外的其他事实为依据对原行政行为予以改变的，与前述维持判决的羁束力不矛盾

关键词

企业变更登记　驳回诉讼请求　维持判决

最高人民法院答复

山西省高级人民法院：

你院〔2011〕晋行他字第 1 号《关于山西星座房地产开发有限公司不服山西省工商行政管理局工商行政登记一案法律适用问题的请示》收悉。经研究，答复如下：

一、在起诉公司变更登记的行政案件中，人民法院所作维持判决对被诉企业变更登记的羁束力以该判决认定的事实为限，行政机关以该判决认定的事实之外的其他事实为依据对原行政行为予以改变的，与前述维持判决的羁束力不矛盾。为避免出现维持判决与行政自我纠正之间的冲突，建议今后一般不使用维持判决，尽量代之以驳回诉讼请求判决。

二、《中华人民共和国公司法》一百九十九条规定的撤销公司登记，其行

为性质不属于行政处罚。

——《最高人民法院关于山西星座房地产开发有限公司不服山西省工商行政管理局工商行政登记一案法律适用问题的答复》(2013年3月14日,〔2012〕行他字第15号)。

第九章 执 行

539. 人民法院应予受理乡政府申请执行农民承担村提留、乡统筹款行政决定案件

关键词

非诉行政执行　村提留、乡统筹款

最高人民法院答复

河南省高级人民法院：

你院豫高法〔1998〕132号《关于法院能否受理农民拒绝承担村提留、乡统筹费纠纷案件的请示》收悉。经研究，答复如下：

乡政府就农民承担村提留、乡统筹款作出的书面决定，为具体行政行为。相对人在法院期间内既不起诉又不履行的，乡政府可以依法申请人民法院执行，人民法院应予受理。经审查认为上述乡政府的行政行为违反法律、法规、政策或不符合事实的，人民法院应裁定不予执行。

——《最高人民法院关于人民法院是否受理乡政府申请执行农民承担村提留、乡统筹款行政决定案件的复函》(1998年11月16日，法函〔1998〕117号)。

540. 行政机关根据"裁执分离"原则依据经生效裁决认可其合法性的行政决定所实施的执行行为属于行政强制执行

关键词

裁执分离　行政强制执行　行政决定　受案范围

最高人民法院裁判文书

林某洪诉福建省莆田市荔城区人民政府行政强制案〔最高人民法院

〔(2018)最高法行申 2940 号行政裁定书〕

裁判要点：(1) 行政机关申请人民法院强制执行已经生效的行政决定，该决定无论经过行政诉讼程序还是非诉程序被认可合法后，由行政机关在法院作出准予执行裁定后所实施的执行行为，执行的依据仍然为行政决定，执行活动的性质仍然属于行政强制执行。行政机关须严格依照《行政强制法》的相关规定组织实施。

(2) 当事人对此类执行行为提出诉讼，有初步证据证实行政机关实施的行为存在违反法定程序，与准予执行裁定确定范围、对象不符等特定情形，给其造成了动产或不动产的不当损失的，人民法院应当予以受理。

最高人民法院认为：公民、法人或者其他组织提起行政诉讼应当满足诸多的法定条件，属于行政诉讼的受案范围就是其中之一，否则人民法院可依法裁定不予立案或者驳回起诉。本案中，福建省莆田市国土资源局（以下简称莆田市国土局）作出《责令交出土地决定书》，责令再审申请人林某洪限期搬迁腾空涉案房屋并交出已被征收土地。再审申请人对此不服提起行政诉讼，一审判决驳回其诉讼请求，二审判决驳回上诉、维持一审判决。此后，在催告履行未果的情况下，莆田市国土局针对其作出的《责令交出土地决定书》依法向福建省莆田市荔城区人民法院（以下简称荔城区法院）申请强制执行，荔城区法院作出准予强制执行裁定，由荔城区政府组织实施。另有在案证据显示，荔城区法院作出上述准予强制执行裁定后，荔城区政府向再审申请人发出执行通知书及公告。荔城区政府其后组织实施了被诉强制拆除房屋行为。因此，本案被诉强制拆除行为在行为性质和法律程序上可视为荔城区政府根据莆田市国土局作出并经法院认可其合法性的《责令交出土地决定书》实施的行政行为。鉴于再审申请人未能提供基本的证据证明荔城区政府在本案中实施的强制拆除行为本身存在违反法定程序、与人民法院作出的准予执行裁定确定的范围、对象不符等特定情形，给其造成了动产或不动产的不当损失，故本案原审法院结合《最高人民法院关于行政机关根据法院的协助执行通知书实施的行政行为是否属于人民法院行政诉讼受案范围的批复》（法释〔2004〕6 号）有关"行政机关根据人民法院的协助执行通知书实施的行为，是行政机关必须履行的法定协助义务，不属于人民法院行政诉讼受案范围。但如果当事人认为行政机关在协助执行时扩大了范围或违法采取措施造成其损害，提起行政诉讼的，人民法院应当受理"之规定精神，未支持再审申请人的诉讼请求，并无明显不当。从再审申请人的实体合法权益保障角度看，其提供的现有证据不足推翻原审裁定认定事实和处理结果，其对征地安置补偿政策标准等不满宜通过其他途径提出主张。本案并无启动再审之必要。

——最高人民法院第三巡回法庭编著：《最高人民法院第三巡回法庭典型行政案件理解与适用》，中国法制出版社2019年版，第46~48页。

541. 行政机关申请法院强制执行行政处罚决定的时效

关键词

行政处罚　强制执行　申请期限

附录：最高人民法院院长信箱

非诉强制执行涉及行政强制和法院执行等重要法律程序，应严格遵守《中华人民共和国行政强制法》和《中华人民共和国行政诉讼法》等法律规定的条件、程序和期限。

关于非诉强制执行的依据。《中华人民共和国行政强制法》第十三条规定："行政强制执行由法律设定。法律没有规定行政机关强制执行的，作出行政决定的行政机关应当申请人民法院强制执行"。《中华人民共和国行政诉讼法》第九十七条规定："公民、法人或者其他组织对行政行为在法定期限内不提起诉讼又不履行的，行政机关可以申请人民法院强制执行，或者依法强制执行"。上述规定对公民、法人或其他组织不履行未提起过行政诉讼的行政行为，规定了两种强制执行途径。一是有法律、法规授权的行政机关可以依法强制执行；二是没有法律、法规授权的行政机关可在法定期限内申请人民法院强制执行。您咨询的内容，属于第二种情况。

关于非诉强制执行程序和申请期限。《中华人民共和国行政强制法》第五十三条规定，当事人在法定期限内不申请行政复议或者提起行政诉讼，又不履行行政决定的，没有行政强制执行权的行政机关可以自期限届满之日起三个月内，申请人民法院强制执行。2018年《最高人民法院关于适用〈中华人民共和国行政诉讼法〉的解释》第一百五十六条规定："没有强制执行权的行政机关申请人民法院强制执行其行政行为，应当自被执行人的法定起诉期限届满之日起三个月内提出。逾期申请的，除有正当理由外，人民法院不予受理"。法律之所以规定了较长的申请期限，是考虑到非诉强制执行对行政相对人权益影响大，需要通过司法的执行审查或充分保障当事人救济权利的期限利益，以最大限度地防止行政强制权的滥用。

——《最高人民法院关于行政机关申请法院强制执行政处罚决定时效问题的答复》（2019年9月10日）。

542. 行政机关未在法定期限内申请强制执行的后果

关键词

强制执行　行政机关　法定期限

最高人民法院裁判文书

莫某新、广西壮族自治区桂平市人民政府再审审查与审判监督案［最高人民法院（2019）最高法行申600号行政裁定书］

裁判要旨：行政机关未在法定期限内向人民法院申请强制执行行政决定，且现已超过申请人民法院强制执行期限。当事人主张行政机关强制执行行政决定，缺乏法律依据。对于涉案建筑，应当由城市规划主管部门再次进行处罚。

当事人如认为他人所建房屋违反《城乡规划法》的有关规定，可申请城乡规划主管部门对涉案房屋是否违法进行立案处理，在城乡规划主管部门作出决定后，视情形再行依法维护其自身权益。

最高人民法院认为：《中华人民共和国行政诉讼法》第六条规定，人民法院审理行政案件，对行政行为是否合法进行审查。这一规定确立了人民法院通过行政审判对行政行为进行合法性审查的原则，人民法院审理行政案件要严格依照法律、法规等的规定进行。本案中，经原审查明，案涉房屋于1987年2月23日被桂平县土地管理局、城乡建设环境保护局、西山乡人民政府联合作出的01号决定确定为违法违章建筑。根据当时有效的《城市规划条例》（1984年1月5日发布，1990年4月1日因《中华人民共和国城市规划法》实施而废止）第五十一条规定，当事人对城市规划主管部门给予的责令退出违章占地、拆除违章建筑物和构筑物、吊销许可证和罚款的处罚决定不服，可以在收到决定书之日起十五日内，向人民法院起诉；逾期不起诉又不履行的，由城市规划主管部门申请人民法院强制执行。《中华人民共和国民事诉讼法（试行）》（1982年10月1日起试行，1991年4月9日因《中华人民共和国民事诉讼法》实施而废止）第一百六十九条第一款规定，申请执行的期限，双方或者一方当事人是个人的为一年；双方是企业事业单位、机关、团体的为六个月。第一百七十条规定，执行员接到申请执行书或者移交执行书，应当在十日内了解案情，并通知被执行人在指定的期限内履行。逾期不履行的，强制执行。根据上述规定，桂平县土地管理局、城乡建设环境保护局、西山乡人民政府作出 01 号决定时，城市规划主管部门并无强制执行权，对于处罚决定逾期不起诉又不履行的，应由城市规划主管部门在一年内申请人民法院强制执行，人民法院应在十日内了解案情，并通知被执行人在法定期限内履行，逾期不履行的，强制执行。从目前查明的事实看，桂平县城市规划主管部门并未在法定期限内向人民法院申请强制执行 01 号决定，且现已超过申请人民法院强制执行期限。综上，二审法院以申请人莫某新主张由桂平市人民政府强制执行 01 号决定缺乏法律依据为由，撤销一审判决，并驳回其履行法定职责的诉讼请求，结论并无不当。

需要指出的是，01 号决定作出后，桂平市规划主管部门并未对案涉房屋再次进行过处罚。根据现行有效的《中华人民共和国城乡规划法》第六十四条规定，未取得建设工程规划许可证或者未按照建设工程规划许可证的规定进行建设的，由县级以上地方人民政府城乡规划主管部门责令停止建设；尚可采取改正措施消除对规划实施的影响的，限期改正，处建设工程造价百分之五以上百分之十以下的罚款；无法采取改正措施消除影响的，限期拆除，不能拆除的，没收实物或者违法收入，可以并处建设工程造价百分之十以下的罚款。申请人莫某新如认为一审第三人、二审上诉人杨某华、杨某标在 0472 号土地证项下的土地上所建房屋违反了《中华人民共和国城乡规划法》的上述规定，可申请城乡规划主管部门对涉案房屋是否违法进行立案处理，在城乡规划主管部门作出决定后，视情形再行依法维护其自身权益。

——中国裁判文书网。

543. 当事人对人民法院强制执行生效具体行政行为的案件提出申诉的处理

关键词

非诉行政执行　申诉　国家赔偿

最高人民法院答复

吉林省高级人民法院：

你院《关于当事人对人民法院强制执行生效具体行政行为的案件提出申诉人民法院应如何受理和处理的请示》收悉。经研究认为：公民、法人和其他组织认为人民法院强制执行生效的具体行政行为违法，侵犯其合法权益，向人民法院提出申诉，人民法院可以作为申诉进行审查。人民法院的全部执行活动合法，而生效具体行政行为违法的，应转送作出具体行政行为的行政机关依法处理，并通知申诉人同该行政机关直接联系；人民法院采取的强制措施等违法,造成损害的,应依照《国家赔偿法》的有关规定办理。

——《最高人民法院对〈当事人对人民法院强制执行生效具体行政行为的案件提出申诉人民法院应如何受理和处理的请示〉的答复》(1995年8月22日,法行〔1995〕12号)。

附录:最高人民法院主流观点

人民法院受理并依据行政机关的基础行政决定实施强制执行行为,本质上具有行政属性。应当视为行政权的一部分。这也是《行政强制法》将此种行政强制执行进行规范的一个重要理论基础。人民法院的强制执行只是保证了生效基础行政决定的执行,人民法院并没有额外地设定任何新的权利和义务。作为执行机关,人民法院虽然也要对基础行政决定的合法性进行审查,但这种审查本身不能改变人民法院强制执行行为的性质。因此,即使是人民法院未能依据本法第58条的规定,作出不予执行的裁定,对于事后被认定为违法的行政决定或者符合第58条规定的行政决定进行了执行,这种赔偿责任也不能由人民法院来承担。而应借鉴《国家赔偿法》第8条的规定,经复议机关复议的,最初造成侵权行为的行政机关为赔偿义务机关,但复议机关的复议决定加重损害的,复议机关对加重的部分履行赔偿义务。在申请法院强制执行中,法院裁定执行,且没有变更基础行政决定的,因基础行政决定违法性损害当事人合法权益的,应当由申请执行的行政机关承担赔偿责任。

当然,如果人民法院在强制执行过程中存在违法之处并造成其他损失的,应当分清是非、明确责任,与行政机关在各自的责任范围内,独立承担各自的赔偿责任。人民法院在强制执行中存在以下违法行为并且造成损害的,应当承担国家赔偿责任:在强制执行过程中查封、扣押了与违法行为无关的财产;查封、扣押了公民个人及其所扶养家属的生活必需品;强制执行方法和手段不适当;错误执行基础行政决定所确定的范围和内容;其他扩大了当事人损失的情形等。

——江必新主编、最高人民法院行政强制法研究小组编著:《中华人民共和国行政强制法》条文理解与适用》,人民法院出版社2012年版,第58~59页。

544. 对行政机关履行公务必需的财产不能采取执行措施

关键词

履行公务必需的财产　强制执行措施

最高人民法院答复

甘肃省高级人民法院：

你院甘高法〔1999〕07号《关于能否强制执行金昌市东区管委会有关财产的请示》收悉。经研究，答复如下：

我们认为，预算内资金和预算外资金均属国家财政性资金，其用途国家有严格规定，不能用来承担连带经济责任。金昌市东区管委会属行政性单位，人民法院在执行涉及行政性单位承担连带责任的生效法律文书时，只能用该行政单位财政资金以外的自有资金清偿债务。为了保证行政单位正常地履行职能，不得对行政单位的办公用房、车辆等其他办公必需品采取执行措施。

此复

——最高人民法院《〈关于能否强制执行金昌市东区管委会有关财产的请示〉的复函》（2001年4月19日，法行〔2000〕21号）。

545. 行政诉讼中执行和解的范围

关键词

执行和解范围

附录：最高人民法院法官著述

在行政诉讼中允许执行和解并非绝对，应当限制在一定的范围之内。从作为执行名义的生效法律文书来说，可以适用执行和解的法律文书包括：人民法院作出的具有明确给付内容的行政判决书、裁决书等、准予执行非诉行政执行的裁定等。从具体的被诉行政行为而言，在下列情形下可以适用执行和解：

1. 行政赔偿调解书

人民法院依照《行政诉讼法》的规定，在执行当事人自愿协商制作的行政赔偿调解书过程中，双方当事人自愿达成新的和解协议的，该和解协议一般情况下变更了行政赔偿调解书的内容，是一个新的民事权益处分，应得允许。

2. 自愿放弃行政赔偿权利

人民法院作出判定行政机关行政行为违法、行政机关赔偿行政相对人财产损失的生效法律文书，在执行过程中，行政机关与行政相对人自愿协商，行政相对人全部放弃或者部分放弃赔偿数额等行政赔偿权利并达成和解协议的，应得允许。

3. 行政补偿案件

在行政补偿案件的执行过程中，当事人双方自愿协商达成协议的，对于行政机关应当向行政相对人给付补偿金为内容的生效裁判文书，当事人得执行和解。

4. 行政协议案件

行政协议案件大多数情况下仅仅涉及行政相对人的民事权益，而行政机关在缔结合同过程中与行政相对人处于平等地位，而非管理者与被管理者的地位。在此类案件的执行过程中，双方协商一致达成协议的，应得允许。

5. 行政机关具有较大行政裁量权的案件

行政机关具有较大的行政裁量权意味着法律允许行政机关对一定的行政事项具有酌处的余地，只要在行政裁量范围之内的，行政机关的取舍都视为合法。在执行过程中，如果行政机关与行政相对人对执行内容达成新的协议的，应得允许，但是要注意不能以侵害国家利益、社会公共利益和他人合法权益作为代价。

6. 行政裁决案件

在特定的行政裁决案件中，法院可以代替行政机关居中就行政裁决事项作出裁判，对于此类裁判内容主要涉及民事权益，作为行政裁决行为中的被裁决人之间可以依据《民事诉讼法》的规定自愿达成和解协议。

——江必新、梁凤云：《行政诉讼法理论与实务》（第三版），法律出版社2016年版，第1815~1816页。

546. 执行登记在被执行人名下的股权一般不认定构成对隐名股东的错误执行

关键词

被执行人名下股权　隐名股东　错误执行赔偿

最高人民法院裁判文书

杨某城申请徐州中院错误执行赔偿案［最高人民法院（2019）最高法委赔监95号国家赔偿决定书］

裁判要旨：人民法院对登记机构记载于被执行人名下的股权采取的执行措施，一般不能认定构成对隐名股东财产的错误执行。上述股权此前未经生效判决确认的，对隐名股东提出的国家赔偿请求不予支持。

附录：最高人民法院主流观点

1. 关于股权代持的问题

股权代持又称委托持股、隐名投资或假名出资，是指实际出资人与他人约定，以该他人名义代实际出资人履行股东权利义务的一种股权或股份处置方式。

对于股权代持情况下争议股权权属问题，理论界有不同的观点，我国《公司法》未明确规定"股权代持"，根据相关司法解释的规定精神，股权代持属于实际出资人和名义股东之间关于隐名股东身份及持股份额之间的一种约定协议，只要没有触及法律的禁止性规定或公共道德、公序良俗，协议有效。但对公司内部而言，该协议属于实际出资人与名义股东之间形成的债权债务的合意，对公司不具有约束力；对公司外部而言，公司的股权应当以对外公示的工商登记为准。基于保护交易安全及保护善意第三人的角度，除非隐名股东要求变更为显名股东并变更登记以外，该股份代持协议不会引起外界其他法律关系的变化。实际情况中，对于一般的股权代持关系，实际出资人在幕后，名义股东在台前代为行使股东权利，很有可能出现名义股东侵害实际出资人利益的情形，比如名义股东不向实际投资人转交资产收益、滥用股东权利（重大决策事项未经协商）、擅自处置股权（转让、质押）等，这些都是实际出资人在订立股权代持协议时就承担的风险。

本案中，在人民法院判决确认案涉股权属杨某城所有之前，案涉股票登记在被执行人倍力公司名下，权利归倍力公司所有，杨某城作为隐名股东，在享受隐名便利的同时，亦应承担相应的风险。

2. 关于徐州中院是否存在错误执行的问题

首先，根据股权工商登记的权利外观所示，案涉股权仍属于归倍力公司所有，徐州中院对登记在被执行人倍力公司名下的股权予以执行，其行为不违反法律及司法解释规定；其次，杨某城在徐州中院执行变卖登记在倍力公司名下的股票时，并没有取得人民法院确认其股权权属的生效法律文书，杨某城不能以在徐州中院执行之后取得的确认权属的法律文书对抗徐州中院的执行措施。

3. 杨某城相关权利的救济渠道

本案杨某城作为隐名股东，其与倍力公司签订的股权代持协议，对其双方具有约束力，对案外第三人则不具有合同效力，其因隐名身份，在享受便利的同时亦要承担可能存在的风险，杨某城的股权确认之诉胜诉后，因涉案股权已被执行完毕，其无法实际取得股权，在确权案件执行不能的情况下，其可以基于股权代持协议通过民事诉讼程序向倍力公司提出给付之诉，确认损失、获得赔偿。

―――陶凯元、陈国庆主编：《国家赔偿与司法救助办案指导》（总 24 辑），人民法院出版社 2020 年版，第 97~98 页。

547. 行政强制执行催告程序的适用

关键词

催告程序　非诉行政执行

附录：最高人民法院法官著述

人民法院在对非诉行政行为实施强制执行之前，应当尽量促使被执行人主动履行行政义务，这个程序就是告诫程序。《行政诉讼法》及其司法解释没有对告诫程序作出规定，但在一些司法解释中已经反映出需要履行一定的告诫程序。例如，《最高人民法院关于处理行政机关申请人民法院强制执行案件分工问题的通知》[①]（法发〔1996〕12 号）中规定，行政机关申请人民法院强制执行的案件，由行政审判庭负责审查。经教育，行政行为相对人自动履行的，即可结案。需要强制执行的，由行政审判庭移送执行庭。此外，《最高人民法院关于办理行政机关申请强制执行案件有关问题的通知》[②]（法〔1998〕77 号）规定，"行政机关申请人民法院强制执行案件由行政审判庭负责审查。经教育，行政行为相对人自动履行的，即可结案。需要强制执行的，由行政审判庭移送执行庭办理"。这里的"经教育"实际上属于一种告诫程序。告诫程序主要是为了给义务人自动履行义务以新的机会，以便尽量减少行政强制措施的使用。从法律性质而言，告诫是一种通知行为；从法律效果而言，行政强制执行行为的效力发生以行政相对人得到告诫通知为准，强制执行的内容也以告诫通知的内容为限。告诫应当指定期限，该期限应当公正考虑义务人履行义务所需要的时间。

―――江必新、梁凤云：《行政诉讼法理论与实务》（第三版），法律出版社 2016 年版，第 1874 页。

[①] 本文件已被《最高人民法院予以废止的 2000 年底以前发布的有关司法解释目录（第五批）》废止。

[②] 本文件已被《最高人民法院予以废止的 2000 年底以前发布的有关司法解释目录（第五批）》废止。

548. 加强和改进非诉行政行为的审查执行

关键词

非诉行政执行　审查执行

最高人民法院司法政策精神

改进和加强非诉行政案件审查执行，确保各项应对措施落到实处

高度重视与"保增长、保民生、保稳定"密切相关的行政行为的非诉执行工作，对于行政机关和权利人依法提出的非诉执行申请，人民法院要尽可能缩短审查期间，及时审查，及时执行。情况紧急需要先予执行的，可以依法先予执行。确有必要采取保全措施的，一般应当准许。在掌握非诉执行的审查标准时，要充分考虑应对金融危机和服务"三保"的特殊需要，不过多纠缠细枝末节，切实保证行政效率和人民群众合法权益的及时救济。

——《最高人民法院关于当前形势下做好行政审判工作的若干意见》（2009年6月26日，法发〔2009〕38号）。

非诉具体行政行为与行政诉讼在合法性审查上应有不同的要求，不能等量齐观。按照《最高人民法院关于执行〈中华人民共和国行政诉讼法〉若干问题的解释》第95条[①]规定，只有非诉具体行政行为明显缺乏事实依据、法律依据或者有其他明显违法并损害被执行人合法权益的，人民法院才应当裁定不准予执行。对于如何具体把握非诉具体行政行为的审查程度，各地法院要积极探索，及时总结经验。

——李国光：《深入贯彻党的十六大精神，努力开创行政审判工作新局面，为全面建设小康社会提供司法保障——在全国法院行政审判工作会议上的讲话》（2003年2月13日），载李国光主编、最高人民法院行政审判庭编：《行政执法与行政审判》2003年第1辑（总第5辑），法律出版社2003年版，第25页。

非诉行政行为的审查执行，是行政审判工作上的一个重要方面，是现阶段改善执法环境的一项重要举措，也是保护行政相对人合法权益的一道重要防线。各级法院要严格依法办事，依法履行对申请人民法院强制执行的具体

[①] 本条规定现为《最高人民法院关于适用〈中华人民共和国行政诉讼法〉的解释》（法释〔2018〕1号）第一百六十一条。

行政行为的合法性审查职责。具体地说，要做到五个坚决防止：一要坚决防止重执行、轻审判的近利的做法；二要坚决防止不作合法性审查就交付执行的放弃司法审查权的做法；三要坚决防止只作形式审查、不作实体审查的不负责任的工作态度，杜绝有重大明显违法的行政行为进入执行程序；四要坚决防止在执行中违法使用枪支、警械，出现非正常伤亡事件；五要坚决防止在执行中违法违纪和可能出现的腐败问题，对此要警钟长鸣，慎勿在这种问题上栽跟头。

——江必新：《在全国法院行政审判工作会议上的总结讲话》（2003年2月15日），载李国光主编、最高人民法院行政审判庭编：《行政执法与行政审判》2003年第1辑（总第5辑），法律出版社2003年版，第40~41页。

要依法履行对非诉行政行为的审查职责。对于非诉执行行政案件，人民法院首先是审查行政机关申请执行的行政行为的合法性，然后才是执行。在审查程序中，必须履行告知程序，并给予义务人陈述申辩权；对于利害关系重大的非诉执行，还可以举行听证；要充分保护案外人的合法权益。怠于行使审查权，就可能会侵害行政相对人的合法权益，就可能会放纵违法行政，就可能会使人民法院沦为违法行政行为的执行工具，就会违反法律授权人民法院执行非诉具体行政行为的初衷。有的法院因放弃审查职责而酿成大规模冲突，导致人员伤亡，严重影响社会稳定，教训深刻，应当引起我们的高度重视。

——江必新：《牢固树立司法为民思想，把行政审判工作提高到一个新的水平——在全国法院行政审判工作座谈会上的讲话》（2003年10月21日），载江必新主编、最高人民法院行政审判庭编：《行政执法与行政审判》2003年第4集（总第8集），法律出版社2003年版，第6~7页。

549. 非诉行政执行案件的听证程序

关键词

非诉行政执行　听证

最高人民法院司法政策精神

审查非诉行政执行案件，是各级法院行政审判庭的一项重要任务之一，实践中通常的做法是实行书面审查。近些年来，一些地方法院积极探索听证程序的做法，取得了较好的效果。从审判实践看，非诉行政执行案件的种类繁多、情况复杂，全部采用书面审查的方式难以保证案件质量。例如，相对人不起诉或者超过起诉期限的原因很复杂，可能是相对人自身的原因，也可能是相对人意志以外的原因，如果一律书面审查，往往不容易发现问题，不利于当事人诉权的保护。又如，案件的事实证据、行政程序、被执行主体等方面问题，仅凭申请机关提供的有限材料有时也难以确认。因此，根据案件的不同情况和需要，采用听证程序进行审查，当面听取被执行人的陈述和申辩，有利于保证办案质量，也符合现代法治理念和司法为民思想。各地法院对听证程序可以进行积极探索，注意总结和积累经验。听证程序的设置应当灵活、便捷、实用，既有利于搞清案件事实和正确适用法律，也有利于提高办案效率；要根据案件的不同情况决定是否采用听证程序；要符合公开、公平、公正的原则。最高人民法院将在总结各地经验的基础上，对听证程序的有关问题作出规定。

——赵大光：《在全国法院优化行政审判司法环境经验交流会上的总结讲话》（2005年11月30日），载最高人民法院行政审判庭编：《行政审判指导》2005年第2辑（总第4辑），人民法院出版社2005年版，第20~21页。

附录：最高人民法院法官著述

非诉行政执行引入听证制度的另一个问题是，听证的范围如何确定？听证程序是一个正式的程序，不是申请执行所有的具体行政行为都要经过听证，那样的经济成本也太高，不符合行政效率原则。我们认为，非诉行政执行案件确定听证范围的基本原则与《行政处罚法》和《行政许可法》确定听证范围原则应当是相同的：对当事人权利义务有重大影响的行为都应当听证。

对是否应当将"需要进一步查明案件相关事实"作为听证的事项之一，存在不同意见。笔者认为，需要进一步查明事实，不应当作为听证的理由，这一列举不符合确定听证事项范围的原则；同时，主要事实不清的，本身已经构成了不予执行的条件，即便通过听证查明了事实，也可以简单地认为就能够裁定准予执行。

关于听证程序的规定，多数意见认为，不宜在非诉行政执行司法文件中做过于详尽的规定。如果将来确实需要，可以另行制定专门的非诉行政执行听证程序规定。

——郭修江：《非诉行政执行若干问题研究》，载江必新主编、最高人民法院行政审判庭编：《行政执法与行政审判》2009年第2集（总第34集），人民法院出版社2009年版，第52~53页。

550. 非诉行政执行的审查标准

关键词

非诉行政执行　审查标准

最高人民法院司法解释

第一百六十一条第一款　被申请执行的行政行为有下列情形之一的，人民法院应当裁定不准予执行：

（一）实施主体不具有行政主体资格的；

（二）明显缺乏事实依据的；

（三）明显缺乏法律、法规依据的；

（四）其他明显违法并损害被执行人合法权益的情形。

——《最高人民法院关于适用〈中华人民共和国行政诉讼法〉的解释》（2018年2月6日，法释〔2018〕1号）。

最高人民法院司法政策精神

要准确把握审查标准。非诉执行行政案件的审查标准要适度。虽然不能实行与被诉行政行为一样的审查标准，但不能失之过宽，更不能走过场。审查标准主要看是否损害相对人的实体合法权益。最高人民法院在《关于执行〈中华人民共和国行政诉讼法〉若干问题的解释》中对审查标准作了粗线条的规定，正在起草的《关于审查非诉执行行政案件若干问题的规定》将对审查标准作比较详细的规定。各级法院要严格执行司法解释规定的审查标准。经过审查，符合执行条件的，应当裁定准予执行，并按规定办好向本院执行庭的移交手续。

——江必新：《牢固树立司法为民思想，把行政审判工作提高到一个新的水平——在全国法院行政审判工作座谈会上的讲话》（2003年10月21日），载江必新主编、最高人民法院行政审判庭编：《行政执法与行政审判》2003年第4集（总第8集），法律出版社2003年版，第6~7页。

附录：最高人民法院法官著述

我们赞同按照《行政诉讼法》规定的合法性审查标准，适当放宽，增加"明显违法"条件的表述。如何对明显违法作出一个合理的可操作的解释？我们认为，可以从两个方面着手：一是从注重实体权利的保护的角度考虑，对具体行政行为存在程序上或者形式上违法的，尽可能要求行政机关补正，通过补正让被执行人的程序权利得到保障,如果通过补正,被执行人依然不能获得实体法上的权利的,人民法院可以裁定准予执行补正后的具体行政行为;二是从国家利益或者公共利益的保护以及行政效率的角度考虑,如果具体行政行为涉及国家利益或者公共利益,尽管该具体行政行为存在违法,但是,不执行可能会给国家利益、公共利益造成无法弥补的重大损失的,人民法院应当裁定准予执行,同时责令行政机关采取补救措施。

——郭修江:《非诉行政执行若干问题研究》,载江必新主编、最高人民法院行政审判庭编:《行政执法与行政审判》2009年第2集(总第34集),人民法院出版社2009年版,第53~54页。

551. 法院受理非诉行政执行后的审查期限

关键词

非诉行政执行　审查期限

附录:最高人民法院法官著述

《行政强制法》第五十七条规定,法院对行政机关强制执行的申请进行书面审查,并自受理之日起七个工作日内作出执行裁定。实践中,不少法院认为七个工作日的审查期限过短。对于一些人员众多、涉及面广、情况复杂、矛盾激烈的案件,特别是拆迁类案件,如仓促作出结论极易影响社会和谐稳定;且要求人民法院在七日的审查期限内就作出决定,既不利于法院做协调化解工作,也不符合法院审查实践。因而不少法院主张,对于重大、复杂、可能影响社会稳定的案件,法院的审查期限可以比照第五十八条的规定延长至三十日。同时,协调化解等工作的时间应当从三十日内扣除。我们认为,人民法院对非诉行政强制执行申请的审查期限与人民法院的审查模式直接相关。如果人民法院只是形式审查,那么审查期限就可以规定很短;如果不仅仅是形式审查,那么就不宜简单地规定一个很短的且不能延长的期限。人民法院在审查时,也可以依法灵活采取不计算审查期限、延长审查期限的措施。比如《最高人民法院关于审理涉及农村集体土地行政案件若干问题的规定》第十三条规定,在审理土地行政案件中,人民法院经当事人同意进行协调的期间,不计算在审理期限内。当事人不同意继续协商的,人民法院应当及时审理,并恢复计算审理期限。《最高人民法院关于办理申请人民法院强制执行国有土地上房屋征收补偿决定案件若干问题的规定》第四条规定,人民法院应当自立案之日起三十日内作出是否准予执行的裁定;有特殊情况需要延长审查期限的,由高级人民法院批准。这些司法解释,实际上都是参考《行政诉讼法》有关审理期限的规定。《行政强制法》虽然对审查期限规定了较为严格的期限,但在法律没有禁止延长审查期限规定的情况下,人民法院在非诉审查时都可以参考。法院在审查和执行时,可以根据实际需要,不计算审限或者延长审限。法院在根据《行政强制法》第五十七条规定进行书面审查时,如认为案件疑难复杂。行政决定可能存在明显缺乏事实根据或者明显缺乏法律、法规依据,以及其他明显违法并损害被执行人合法权益的,应当依据第五十八条规定进行审查,并可自受理之日起三十日内作出是否执行的裁定。当事人均同意就执行问题进行协商和解的期间,也可不计算在审查期限内。特殊情况需要延长审查期限的,办理相关批准手续即可。

——耿宝建:《实施行政强制法应当注意的十个问题》,载《人民法院报》2013年2月20日。

552. 非诉行政强制执行的异议程序

关键词

非诉行政执行　异议程序

附录:最高人民法院主流观点

对人民法院非诉行政强制执行中执行行为的异议,《行政强制法》和《行政诉讼法》都没有作出明确规定。《行政强制法》第五十六条仅规定了对人民法院不予受理裁定有异议的,行政机关可以向上一级人民法院申请复议,上一级人民法院应当自收到复议申请之日起十五日内作出是否受理的裁定。因此,不论是本法还是行政诉讼法都没有直接赋予当事人(主要是被执行人或者案外人)向上一级人民法院申请复议的权利。因此,在人民法院进行的非诉行政强制执行中,当事人(主要是被执行人或者案外人)对人民法院的执行行为不服的,虽然有申诉和异议的权利,但目前人民法院缺少制度化的受理和审查的规定,对下级人民法院的异议处理结果不服的(这种异议处理结果可能表现为下级人民法院的裁定,也可能是其他书面答复),上级人民法院如果直接进行复议,目前仍然缺少法律的明确依据。我们认为,当事人认为人民法院非诉行政执行行为违反法律规定的,有权向负责执行的人民法院提出书面异议;负责执行的人民法院也有义务针对异议内容进行审查并就异议是否成立作出书面答复。对于负责执行的人民法院的书面答复仍不服的,当事人可以依法提出申诉,但目前仍不能直接申请上一级人民法院复议。人民法院在处理此类对执行行为提出的异议时,程序上可以参考民事诉讼法的相关规定,按《最高人民法院关于执行工作中正确适用修改后民事诉讼法第202

条、第 204 条规定的通知》(法明传〔2008〕1223 号）精神办理。

——江必新主编、最高人民法院行政强制法研究小组编：《〈中华人民共和国行政强制法〉条文理解与适用》，人民法院出版社 2012 年版，第 293~295 页。

553. 判决驳回原告诉讼请求行政判决应以行政机关申请非诉执行方式执行

关键词

驳回诉讼请求　非诉行政执行

最高人民法院答复

湖北省高级人民法院：

你院鄂高法〔2008〕391 号《关于判决驳回原告的诉讼请求行政案件执行问题的请示》收悉。经研究答复如下：

被诉具体行政行为具有可执行内容的，人民法院作出驳回原告诉讼请求判决生效后，行政机关申请执行被诉具体行政行为的，人民法院应依法裁定准予执行，并明确执行的具体内容。

——《最高人民法院关于判决驳回原告诉讼请求行政案件执行问题的答复》(2008 年 12 月 15 日，〔2008〕行他字第 24 号）。

附录：最高人民法院法官著述

目前，法院强制执行生效行政裁判的依据主要是《最高人民法院关于人民法院执行工作若干问题的规定（试行）》。该规定第十八条第一款第四项[①]规定，只有在申请执行的行政裁判文书"有给付内容，且执行标的和被执行人明确"时，法院才会裁定准予执行。因此部分行政裁判文书（特别是驳回原告诉讼请求的判决）经常被法院认定为不具有可执行内容，而裁定不予执行。

与《行政诉讼法》所规定的维持判决相比，驳回原告诉讼请求的判决是指人民法院经过实体审查，认为被诉的具体行政行为不宜予以维持，而原告的诉讼请求又不能成立，故判决不予支持诉讼请求。驳回原告诉讼请求判决旨在避免维持判决的不足，《最高人民法院关于执行〈中华人民共和国行政诉

[①] 本条规定现为《最高人民法院关于人民法院执行工作若干问题的规定（试行）》（2020 年修正）第十六条第一款第四项规定。

讼法〉若干问题的解释》第五十六条[①]实际上在《行政诉讼法》原有规定的基础上创设了四种驳回诉讼请求的情形。一般来讲，维持判决通常都意味着驳回原告的诉讼请求，两种判决实际上是一个结果的两种表现形式，都是对被诉行政行为的一种肯定性判决和评价。通说认为，行政诉讼判决中的维持判决完全是中国特色，在与中国相似的欧洲大陆法系国家以及日本的行政诉讼制度中，没有维持判决形式，在英美法系国家也没有维持判决形式。从行政法理论上讲，维持判决的实质效果基本上相同于驳回诉讼请求，唯一不同的是，经法院判决维持的行为，行政机关不能加以变更。甚至有观点认为，这恰恰是维持判决的缺点而不是其优点，既限制了行政机关日后自我纠正或根据行政管理的需要自我变更的能力，也可能导致由于维持判决的既判力的需要，难以在日后根据情势变更作出新的判决。因此，目前不少人甚至主张应当进一步扩大驳回原告诉讼请求的适用范围，在条件成熟时，最终替代维持判决。

可见，行政诉讼中的驳回诉讼请求与民事诉讼中的驳回诉讼请求存在着较大差异，后者可能没有设定权利、义务关系，但前者的权利义务关系一般是明确的。而如果再考虑行政裁判的司法复审的特性，我们在判断行政裁判是否具有可执行内容时就不能简单地仅依据裁判主文来判断。事实上，即使在民事生效裁判的执行中，人们也不认为维持民事一审判决的二审判决不具有可执行内容，而是认为应当按被维持了的一审民事判决主文所确定的权利义务来执行。同样的道理，法院对行政案件的一审维持判决或者驳回原告诉讼请求的判决，也应当执行类似于民事一审判决的被诉具体行政行为，而不能简单认为不具有可执行内容。

总之，驳回原告诉讼请求的判决（除非起诉被告不作为理由不能成立的驳回原告诉讼请求判决外），对被诉的行政行为合法性的判定是明确的，具体的，都是实际上认可了行政行为的合法性、有效性，因此，在驳回原告诉讼请求判决作出后，各方当事人均应当尊重法院的判决、执行法院的判决，并要保证合法的行政行为得到切实执行。与民事裁判的强制执行标准的判断方式不同，判断行政裁判是否具有"给付内容"或者说"可执行内容"，不能仅仅从判决主文来判断，而应当结合被诉的具体行政行为来进行判断。《最高人民法院关于人民法院执行工作若干问题的规定（试行）》第十八条[②]的规定似乎忽略了行政裁判与民事裁判的异同。

---

① 本条规定已被《最高人民法院关于适用〈中华人民共和国行政诉讼法〉的解释》（法释〔2018〕1号）废止。

② 本条规定现为《最高人民法院关于人民法院执行工作若干问题的规定（试行）》（2020年修正）第十六条。

——耿宝建：《行政裁判执行制度的反思与重构》，载江必新主编、最高人民法院行政审判庭编：《行政执法与行政审判》2008年第6集（总第32集），法律出版社2008年版，第1007~1009页。

554. 非诉执行中没收的地上建筑物的移交

关键词

没收地上建筑物　非诉行政执行

最高人民法院答复

山东省高级人民法院：

你院鲁高法〔2009〕9号《关于审查执行土地行政处罚案件中对"没收地上建筑物""拆除地上建筑物"的理解适用问题的请示》收悉，经研究答复如下：

国土资源管理部门申请人民法院强制执行其依法作出的没收地上建筑物的行政处罚，人民法院在采取强制执行措施后，应当将没收的建筑物移交申请执行的国土资源管理部门。

——《最高人民法院行政审判庭关于在非诉执行案件中没收的地上建筑物如何移交问题的电话答复》（2009年9月27日，〔2009〕行他字第10号）。

附录：最高人民法院法官著述

实践中，行政机关尤其是国土部门，未能在违法建筑初始阶段加以制止，甚至是收取相关费用后默许建设，但一旦国家在土地执法方面加强力度，又将强制依法管理并作出强制拆除等决定，并申请法院强制执行。这就使法院面临较大的压力，一方面，违法建筑较为普遍，已经形成气候，一律强制拆除既不利于老百姓权益的保护，也客观上浪费了资源，土地也很难进行复垦；另一方面，由于不少违法建筑老百姓已经实际居住，一旦采取强制手段拆除，既可能导致矛盾激化，又会造成部分老百姓居无定所。对于存在以下情形的，法院是否采取执行措施要特别慎重：一是明确缺少事实依据，明显没有法律依据以及程序严重违法的，坚决不能进入强制执行程序；二是对土地管理部门发现违法占地不制止，不责令行为人停止违法行为，并曾收取相关费用，强制执行将扩大相对人损失，土地管理部门又不能提供相应的补偿方案的，应裁定不予执行，并向申请机关提出司法建议；三是对于大面积违法占地，土地管理部门只是申请强制执行其中一部分，即选择性执法的情形，法院在裁定不予执行的同时，要向当地党委汇报有关情况，与政府沟通，由党委、政府统一协调解决。

——蔡小雪、郭修江、耿宝建:《行政诉讼中的法律适用》，人民法院出版社 2009 年版，第 131 页。

555. 加处罚款或者滞纳金要作出行政决定

关键词

加处罚款　滞纳金　行政决定

附录：最高人民法院主流观点

行政机关实施加处罚款或者滞纳金，其法律依据是《行政处罚法》或者其他特别法的专门授权。那么，在执法实践中，行政机关在行政决定未明确执行加处罚款或者滞纳金的内容，亦未单独作出加处罚款或者滞纳金的行政决定，行政机关是否有权直接根据法律的规定，对当事人实施强制执行。我们认为，不可以。因为，法律的规定是抽象的条文规定，尽管《行政处罚法》和相关法律对加处罚款或者滞纳金的标准规定通常比较明确，但毕竟只是抽象的法律条文规定，如果行政机关要对当事人执行加处罚款或者滞纳金，必须要有明确的行政决定内容，而且要明确加处罚款或者滞纳金的具体标准，告知申请行政复议或者提起行政诉讼的权利和期限。这样抽象的义务才能成为具体的义务，才具有强制执行的具体根据。行政机关不得以法律明确规定了加处罚款或者滞纳金的具体标准为由，在未作出任何形式的加处罚款或者滞纳金行政决定的情况下，直接对当事人实施加处罚款或者滞纳金的行政强制执行。

——江必新主编、最高人民法院行政强制法研究小组编:《〈中华人民共和国行政强制法〉条文理解与适用》，人民法院出版社 2012 年版，第 239~240 页。

556. 改变原处理意见的信访答复行为属于可诉的行政行为

关键词

信访答复行为　重复处理行为　可诉行政行为

最高人民法院裁判文书

马某本诉黑龙江省嫩江县人民政府不履行发放移民安置补偿款法定职责

案 [最高人民法院（2015）行提字第 33 号行政裁定书]

> 裁判要点：通常情况下，信访答复、复查、复核意见，以及行政机关对信访事项不予答复的行为，是对当事人权利义务不产生实际影响的重复处理行为，不属于行政诉讼的受案范围。但是，信访答复、复查或者复核意见改变原处理意见，对当事人的权利义务作出新的处理的，是行政机关对当事人信访事项作出的新的行政行为，属于可诉的行政行为。

最高人民法院认为：关于信访复核意见的可诉性问题。《最高人民法院关于执行〈中华人民共和国行政诉讼法〉若干问题的解释》第一条第二款第五、[①]六[②]项规定，驳回当事人对行政行为提起申诉的重复处理行为和对公民、法人或者其他组织权利义务不产生实际影响的行为，不属于行政诉讼的受案范围。也就是说，行政机关针对当事人的申诉作出的答复意见，内容仍然是坚持既往的处理意见，对公民、法人或者其他组织的权利义务没有产生实际影响的信访答复意见，以及相应的复查意见、复核意见，均不属于行政诉讼的受案范围。但是，如果信访答复意见、复查意见或者复核意见否定了既往的处理意见，作出新的处理决定，对当事人的权利义务作出了不同于既往处理意见的新的安排，实质是对公民、法人或者其他组织的权利义务产生了新的实际影响，在此情形下，无论是信访答复意见，还是信访复查意见、信访复核意见，均应当属于行政诉讼的受案范围。本案中，黑河市政府作出的黑市政信复核决字（2011）第 12 号《关于马某本信访事项的复核意见书》，撤销了嫩江县政府作出的《关于马某本同志信访事项的复查决定》，要求嫩江县政府负责协调，将调整后的补偿款交给移民接收地。黑河市政府的信访复核意见，是对马某本申诉事项作出的新的处理，对马某本的权利义务作出了新的安排，已经对其权利义务产生了新的实际影响，应当属于行政诉讼的受案范围。二审裁定依据《最高人民法院关于不服信访工作机构依据〈信访条例〉作出的处理信访事项的行为提起行政诉讼人民法院是否受理的复函》，认为黑河市政府的信访复核意见不属于行政诉讼的受案范围，适用法律错误，依法应予以纠正。

——中国裁判文书网。

---

① 本条规定现为《最高人民法院关于适用〈中华人民共和国行政诉讼法〉的解释》（法释〔2018〕1 号）第一条第二款第四项。

② 本条规定现为《最高人民法院关于适用〈中华人民共和国行政诉讼法〉的解释》（法释〔2018〕1 号）第一条第二款第十项。

THE COLLECTION OF THE SUPREME PEOPLE'S COURT'S
JUDICIAL RULES (4rd)

最高人民法院
司法观点集成

〔第四版〕

行政及国家赔偿卷

②

人民法院出版社 编

人民法院出版社

总 目 录

第一章 行政审判总论	1
第二章 受案范围	51
第三章 管　辖	199
第四章 起诉和受理	213
第五章 审理与判决	393
一、综　合	393
二、第一审普通程序	413
三、第二审程序	446
四、审判监督程序	453
第六章 证据及事实审查	463
第七章 法律适用	527
第八章 行政诉讼裁判	649
第九章 执　行	717
第十章 几类常见行政案件的审理	739
一、房屋、土地征收和补偿	739
二、不动产登记、物业管理	976
三、劳动和社会保障	1027
四、政府信息公开	1142
五、行政复议	1201
六、行政协议	1259
七、税　务	1310
八、海　关	1318
九、城乡建设规划	1321
十、其　他	1333
第十一章 国家赔偿	1339

一、综　　合 …………………………………………… 1339

二、行政赔偿 …………………………………………… 1365

三、刑事赔偿 …………………………………………… 1478

四、赔偿方式和计算标准 ……………………………… 1532

五、其　　他 …………………………………………… 1573

第十二章　司法救助 ……………………………………… 1583

附：关键词索引 …………………………………………… 1595

第二册目录

第十章 几类常见行政案件的审理

一、房屋、土地征收和补偿

（一）诉讼参加人

557. 拆迁办、开发区管委会的执法主体资格 ········· 739
558. 房屋征收中可能以市、县级政府为被告提起的诉讼 ········· 740
559. 房屋征收中以政府其他有关部门为被告提起的诉讼 ········· 741
560. 开发区管委会是否属于适格被告 ········· 742
561. 强制拆除行为适格被告的确定 ········· 745
562. 被征收人因国有土地上房屋被征收未获补偿，诉请履行征收补偿职责的，该市、县级人民政府是否为适格被告 ········· 746
563. 不服市、县级人民政府不履行征收补偿法定职责行为，以市、县人民政府为被告，还是以征收管理部门为被告 ········· 747
564. 承租人起诉征收补偿决定、征收补偿协议，是否具有原告资格 ········· 747
565. 债权人对以明显不合理的低价收回国有土地使用权行为的原告资格 ········· 748
566. 土地租赁权人与集体土地使用证的注销行为不存在法律上的利害关系 ········· 751
567. 存在重大添附的承租人与强制拆除房屋行为具有利害关系 ········· 752
568. 原所有权人对房屋被征收后政府收回国有土地使用权的行为不具有利害关系 ········· 753
569. 签订征收补偿协议后被征收人与强制拆除房屋行为是否具有利害关系 ········· 754
570. 以撤销行政行为为请求的诉讼中"利害关系"的含义 ········· 755
571. 行政机关在星期六实施强制拆除是否合法 ········· 758
572. 因行政程序违法导致原告举证困难的应当适当降低其证明责任 ········· 760

（二）起诉期限

573. 遗漏补偿项目要求行政机关履行补偿职责，需受起诉期限的限制……761
574. 强制拆除违法建筑应在法定起诉期限届满后实施……………………762
575. 集体土地征收起诉期限确定与统一告知……………………………764
576. 在房屋被非法拆除的情况下，不能以曾向行政机关提出过补偿请求作为确认拆除房屋违法案件中扣除起诉期限的理由……………764
577. 在当事人于民事诉讼中知道行政行为对其权利义务产生不利影响的情况下，行政诉讼的起诉期限应当从生效民事判决作出之日起计算……………………………………………………………………766

（三）起诉条件与起诉方式

578. 行政机关作出的涉及农村集体土地历史遗留问题的行为不应纳入行政诉讼受案范围………………………………………………………767
579. 单独对规范性文件提起的诉讼应如何裁判……………………………768
580. 土地储备机构的诉讼主体资格……………………………………………769
581. 特定工程房屋拆迁补偿标准文件具有可诉性…………………………770
582. 县政府针对特定小区发布有关拆迁补偿安置工作通知的行为具有可诉性……………………………………………………………………771
583. 实质上含有收回决定和补偿方案内容的国有土地使用权收回公告具有可诉性……………………………………………………………772
584. 集体土地被依法征收后发布的征地补偿安置公告是否可诉…………773
585. 村民与村委会之间的土地承包经营权纠纷不属于行政诉讼的受案范围……………………………………………………………………774
586. 对已经批准征收土地是否有权要求政府换发新的土地承包经营权证…775
587. 当事人请求撤销农村土地承包经营权登记的处理方式………………776
588. 行政机关出具的张贴公告的书面证明及视听资料、被征地农民出具的证言可以作为认定依法发布征收土地公告的证据…………………777
589. 确定起诉人起诉是否超过法定期限的前提条件是明确被诉行政行为…778
590. 土地储备中心签订土地使用权收购合同，不属于行政诉讼的受案范围……………………………………………………………………780
591. 调解结案应怎样适用………………………………………………………781
592. 取得土地权利证书后就土地权属问题发生争议，只能以该权利证书为基础就颁证行为或其他侵权行为依法进行救济………………782

593. 起诉人起诉请求确认市、县人民政府强制拆除房屋行为违法，但既未证明系房屋所有权人或者用益物权人，也未证明有具体屋内财产损失的，人民法院一般不予支持·················· 784
594. 被征收人对土地征收补偿标准不服，应经正确复议程序后再行起诉··· 785

（四）房屋征收

595. 房屋征收决定作出前，应进行社会稳定风险评估，被征收人数量较多的，还应经政府常务会议通过·················· 786
596. 房屋征收决定公告的可救济性·················· 787
597. 房屋征收行政案件的管辖·················· 788
598. 房屋征收中公共利益的判断·················· 789
599. 被征收房屋所有权发生变动的时间节点·················· 791
600. 房屋强拆行为距房屋征收时间较远的，应当如何确定评估时点？······ 792
601. 违反规划的"公众参与"原则不影响征收决定的合法性·················· 792
602. 没有经过听证会作出的征收方案的法律效果·················· 793
603. 被征收人在房屋征收部门对房屋权属组织调查登记时不提供相关证据，而在行政诉讼中提供的处理·················· 794
604. 法院如何对房屋征收决定进行全面审查·················· 795
605. 法院如何对房屋价格评估行为进行审查·················· 796
606. 房屋征收补偿决定中用于置换的房屋不明确的或作出时间过于滞后以致明显不公正的可判决予以撤销·················· 798
607. 居住人对补偿决定不服受权利人生效判决的羁束·················· 799
608. 家庭成员签订的征迁补偿协议效力及于其他家庭成员·················· 800
609. 支付临时安置费应以在征收范围内有合法房屋被征收为前提·················· 800
610. 对于征收拆迁中分户补偿情况是否应予公开，集体土地与国有土地上房屋征收不应有所差别，可以参照适用·················· 801

（五）房屋拆迁

611. 被拆迁房屋面积和性质的判断标准·················· 804
612. 土地征收与地上房屋拆迁程序分隔时的补偿标准·················· 805
613. 对强拆违建中的合法财产损失应如何赔偿·················· 808
614. 拆迁补偿裁决确定的补偿数额低于抵押担保的债权数额时，房屋抵押权人可以起诉房屋拆迁裁决·················· 809
615. 拆迁安置产权调换方式应合理裁量·················· 810

616. 强制拆迁的法定条件 ……………………………………………………… 810
617. 强制搬迁未通知当事人到场属于程序违法 ……………………………… 812
618. 拆迁民事诉讼中法院不能根据拆迁人的申请先予执行 ………………… 813
619. 非农村集体经济组织成员对其房屋价值的赔偿是否包括对房屋占
   用范围内土地使用权价值的赔偿 ………………………………………… 814
620. 土地权属争议期间申请行政赔偿的时机是否成熟 ……………………… 815
621. 为确保因违法强拆获得的赔偿不低于依法征收应获得的补偿可否
   酌情对临时安置费和搬迁费的标准予以调高 …………………………… 816
622. 承租人可否就违法建筑拆除请求产权调换或赔偿房屋损失 …………… 817
623. 支付临时安置费应以征收房屋为前提 …………………………………… 818

（六）强制拆除

624. 行政机关根据行政裁定实施的强制执行行为是否属于行政诉讼受
   案范围 ……………………………………………………………………… 819
625. 对无书面法律文书而房屋被强制拆除的，责任主体如何认定 ………… 819
626. 违法强制行为涉及的土地客观上不具备恢复原状可能性，相对人
   可就补偿问题另循救济 …………………………………………………… 821
627. 政府已经作出补偿决定的，被征收人对违法强制拆除房屋行为提
   起行政赔偿诉讼的裁判方式 ……………………………………………… 822
628. 乡镇政府依据拆违职权并以自己名义实施的拆除行为，与上级委
   托执法无关联 ……………………………………………………………… 823
629. 拆迁当事人在诉讼中达成合意可以判决变更裁决内容 ………………… 825
630. 行政机关违法强制拆迁的救济途径 ……………………………………… 825
631. 申请人民法院强制执行国有土地上房屋征收补偿决定案件办案期限 … 826
632. 违法强制拆除房屋的行政赔偿不得低于原告依照征收补偿方案可
   以获得的征收补偿标准 …………………………………………………… 828
633. 房屋征收违法强拆案件中，对当事人赔偿数额的确定 ………………… 831
634. 申请人民法院强制执行国有土地上房屋征收补偿决定案件的管辖 …… 834
635. 申请人民法院强制执行国有土地上房屋征收补偿决定案件的受理
   条件与程序 ………………………………………………………………… 836
636. 强制搬迁造成损失的举证责任和赔偿问题 ……………………………… 837
637. 乡、村庄规划区外的建筑物违反《土地管理法》规定的，应当由
   行政机关申请人民法院强制拆除 ………………………………………… 839
638. 政府征收决定直接导致物权变动，但在被征收人未获安置补偿
   前，不能强制执行 ………………………………………………………… 841

639. 县级以上人民政府无权对集体土地上的违法建筑实施强制拆除行为……842
640. 违法强制拆除行为的认定与处理……844
641. 违法强制拆除合法房屋的赔偿计算标准……845
642. 违法建设的养殖场不存在强制拆除造成当事人贱卖生猪损失……846
643. 违法强制拆除禁止养殖区内的养殖场造成损失的，应当给予公平合理的赔偿或补偿……847
644. 强拆案件中机器设备下落不明不具备重新评估条件时法院能否酌定损失……848
645. 违法建设商铺承租人无权请求行政赔偿……850
646. 违法强制拆除的赔偿内容与赔偿标准……851
647. 违法建筑强制拆除过程中是否履行催告程序的审查……851
648. 集体土地上征地公告发布后，强拆行为主体的推定……853
649. 征收实施单位应当对超出委托范围实施的拆除行为承担法律责任……854
650. 涉案房屋在强制拆除前已被列入征收范围的，如何处理……855
651. 能否以村委会不是行政主体，不具备征收拆迁主体资格为由诉请确认市县政府承担强拆违法的法律责任……857
652. 行政机关依据人民法院生效执行裁定作出的强拆行为，不属于行政诉讼受案范围……858
653. 强制拆除行为的适格被告……859
654. 当事人对行政强制行为不服，应以作出该强制行为的行政机关为被告提起诉讼……860

（七）宅基地

655. 宅基地上房屋补偿安置原则和方式……861
656. 村民转为城镇户籍后，对宅基地的使用权因宅基地上老旧房屋灭失而丧失……861
657. 农村宅基地使用权不能被单独继承……862
658. 宅基地上房屋被拆除尚不足两年，政府作出收回宅基地的决定适用法律错误……864
659. 回村定居的退休人员是否有权重修祖宅或申请宅基地建房……865
660. 宅基地上房屋不因他人翻建而当然属于翻建者所有……867

（八）合法性审查

661. 拆迁许可及拆迁期限延长许可通知的合法性审查……868

662. 法院如何对房屋拆迁的程序合法性进行审查 …………………… 870
663. 关联行政行为的连带审查 …………………………………………… 871
664. 先征后批、多征少批行为，属于违法征收土地行为 ……………… 872
665. 未批先用、少批多用土地案件的裁判方式 ………………………… 873
666. 对集体土地上房屋按国有土地上房屋征收程序作出的征收决定的
 合法性审查 ………………………………………………………… 874
667. 原告对征收补偿决定提起诉讼，理由是征收决定违法，人民法院
 应当如何审查征收决定的合法性 ………………………………… 875
668. 法院查封之前，土地闲置已经超过两年的，行政机关收回土地使
 用权是否合法 ……………………………………………………… 875
669. 协议收购集体土地上房屋的合法性审查 ………………………… 876
670. 危房认定及拆除行为的合法性审查 ……………………………… 878
671. 当事人对征收集体土地的审批行为提起诉讼是否受生效裁判所羁
 束的判断标准 ……………………………………………………… 879
672. 因未达到"三通一平"条件而未进行开发利用，可以认定为有正
 当原因 ……………………………………………………………… 880

（九）补偿决定

673. 征收补偿决定的举证责任分配 …………………………………… 882
674. 关于房屋征收补偿决定作出前的复核评估、复核鉴定问题 …… 883
675. 房屋征收补偿决定在仅被法院确认违法但未被撤销的情况下，仍
 可作为后续房屋征收补偿决定的依据 …………………………… 885
676. 征收国有土地上房屋时是否应当对被征收人未确权登记的空地和
 院落予以补偿 ……………………………………………………… 886
677. 依法提前收回国有土地使用权的补偿标准 ……………………… 889
678. 无偿收回闲置土地决定的法律依据及考量因素 ………………… 889
679. 宅基地上房屋虽已坍塌，但行政机关仍应当对宅基地使用权人予
 以补偿安置 ………………………………………………………… 892

（十）补偿协议

680. 原告在起诉时提出行政赔偿请求，经审理认为应当属于行政补偿
 时的处理 …………………………………………………………… 893
681. 对订立征收补偿协议后又作出征收补偿决定的处理 …………… 894
682. 补偿安置协议的效力 ……………………………………………… 895

683. 土地征收补偿安置义务不能以未达成协议为由拖延履行……896
684. 宅基地征收补偿协议效力的认定问题……897
685. 因被征收人存在欺诈行为导致被征收物的评估价值有误时,依据评估报告签订的征收补偿协议是否有效……898
686. 补偿问题未经征收补偿协议或者补偿决定解决前,被征收人有权拒绝交出房屋和土地……900
687. 房屋买卖协议被法院确认无效,买房人与征收部门签订的征收补偿协议是否无效……901
688. 征收补偿协议遗漏承租人的审查处理……902
689. 以协议形式对违法建筑约定补偿的效力审查……904
690. 被征收房屋产权存在争议的,不宜与争议的任何一方签订安置补偿协议……905
691. 家庭内部财产继承人或共有人签订拆迁安置补偿协议的效力……907
692. 被征收房屋存在产权争议的情况下,征收管理部门不得与任何一方签订征收补偿协议……908

(十一)补偿费用

693. 集体土地征收补偿标准诉讼的裁决前置程序……910
694. 集体土地征收案件审理中的集体土地的征收款及地上物补偿款应向谁支付……912
695. 集体土地征收中支付征地安置补偿费用的责任主体……915
696. 被征收人财产损害的赔偿基准时……916
697. 已被确认的违法建筑物不属于合法财产,不应予以补偿……916
698. 征收部门向房屋所有权人发放停产停业损失补偿后,承租人无权提起诉讼主张停产停业损失……918
699. 如何判断征收行为是否对当事人造成停产停业损失……918
700. 因历史原因未办证房屋,不宜径行以其系违法建筑为由不予补偿……920
701. 不能因涉案房屋为违法建筑,就免除对房屋内财产损失的审查……921
702. 涉案房屋虽系违法建筑,但基于信赖利益所作的相应投入和产生的损失应予合理补偿……924
703. 租赁村集体土地建设养殖场及房屋的征收补偿、赔偿……925
704. 企业因违反环境法律规定被依法责令关停的,不属于畜禽养殖行业综合整治与补偿范围……926
705. 行政机关在房屋权属争议解决前暂不支付补偿款,不构成不履行法定职责……928

706. 集体土地上房屋所占空地院落的赔偿问题…… 929

（十二）补偿安置

707. 诉请补偿安置案件的裁判方式…… 930
708. 对农村"住改非"房屋参照国有土地上房屋标准进行征收时的补偿问题…… 930
709. 拆除没有产权手续但有一定信赖利益的房屋应给予适当补偿…… 932
710. 对批准同意征地补偿安置方案的行为可否申请行政复议…… 933
711. 自复议申请人领取征收土地补偿款之日起，可以视为其已经知道征收土地决定的主要内容…… 934
712. 行政机关在履行了征地补偿职责、当事人拒不清理地上附着物的，如何处理…… 935
713. 人民法院对土地被征收人所受合法损失的认定…… 936
714. 农村集体土地征收，如何确定补偿安置义务主体…… 940
715. 公平合理补偿安置的判断依据…… 941
716. 被征收房屋权属存在争议的，当事人要求给予补偿安置，法院如何处理…… 941
717. 诉讼请求的释明引导与诉讼类型选择…… 943

（十三）其他

718. 因特殊历史原因取得集体土地房屋使用证的城镇居民无权无期限、无偿占有使用集体经济组织所有的土地…… 944
719. 住改商房屋性质的认定…… 945
720. 诉请行政机关依据行政处罚决定履行职责应当以该处罚决定对行政机关设定了义务为前提…… 946
721. 人民法院审查市、县级人民政府申请法院强制执行其作出的房屋征收补偿决定案件的期限…… 947
722. 行政机关依法以公告方式送达的，起诉人知道行政行为的时间应当以公告之日起计算…… 948
723. 申请人民法院强制执行国有土地上房屋征收补偿决定案件新旧规定的衔接…… 949
724. 如何认定被征地农民"知道"征收土地决定…… 950
725. 对村集体经济或村民委员会侵犯农村集体经济组织成员土地承包经营权的行为乡政府具有监督管理职责…… 955

726. 涉及农村集体土地征收的非诉行政执行……956
727. 对于违法建筑已建成多年且已出售的情形，必须考虑直接受到行政处理行为实际影响的利害关系人的正当权益……959
728. 房屋已经拆除的情况下如何进行评估房屋价值……962
729. 被拆房屋不能恢复原状时的法官释明义务和给付判决的适用……964
730. 针对违法建筑作出的责令停止建设行为不同于限期改正违规行为……965
731. 若将国有土地上被征收房屋作为违法建筑处理，则必须通过法定认定程序进行……966
732. 城乡规划法律、行政法规对新建房屋用地审批及建房手续的规制与延续……968
733. 当事人诉请确认行政机关依据批复拆除房屋行为违法，并未直接针对行政机关作出的批复提出诉请，是否可将批复认定为案件诉讼标的……971
734. 在取得集体土地征地批复后，依据征收国有土地上房屋的相关规定组织实施是否合法……972
735. 被招录为国有企业职工后是否丧失农村集体经济组织成员身份……973
736. 关闭不符合国家产业政策黏土砖企业，仍应遵守正当程序与法治秩序的基本要求……975

二、不动产登记、物业管理

737. 换发、补发证书、更新登记簿的可诉性……976
738. 房屋灭失情况下原登记行为的可诉性……977
739. 作为生效法律文书定案证据的不动产登记行为的可诉性……978
740. 房屋登记过程行为的可诉性……980
741. 记载于登记簿行为的可诉性……982
742. 房屋权属证书和记载于登记簿关系方面的可诉性……982
743. 测绘机构、评估机构、公证机构等出具报告或文书的可诉性……983
744. 收费行为的可诉性……984
745. 以房屋登记基础行为无效或撤销为由提起行政诉讼的可诉性……985
746. 房产管理机关就处理代管房屋作出的单方行为可诉……985
747. 行政机关对业主委员会的备案行为属于可诉行政行为……986
748. 《行政诉讼法》实施前的房屋登记行为不可诉……987
749. 连续转移登记案件的原告资格……989
750. 无权占有使用房屋的人不具有起诉房屋登记行为的原告资格……990
751. 房屋登记行政案件的第三人……991

752. 不动产物权登记行为利害关系人的时点问题……………………… 992
753. 房屋登记案件管辖……………………………………………… 992
754. 房地产纠纷中行政、民事争议交叉的处理……………………… 994
755. 房屋登记案件中发现涉嫌刑事犯罪问题的处理………………… 995
756. 房屋登记案件复印件、影印件的可采性………………………… 998
757. 被告怠于举证时第三人举证证明房屋登记行为合法性问题…… 999
758. 法院调取证据证明房屋登记行为合法性问题…………………… 1000
759. 诉不予受理、不予答复案件的举证责任及倒置………………… 1001
760. 房屋登记起诉期限举证责任及倒置……………………………… 1001
761. 善意受让人取得的土地使用证不应撤销………………………… 1002
762. 房屋登记行为合法时的判决……………………………………… 1003
763. 混合侵权行政赔偿责任的划分…………………………………… 1004
764. 登记人员与第三人恶意串通的行政赔偿责任…………………… 1006
765. 面积、四至、界址不变的土地使用权变更登记不需要相邻各方到现场指界……………………………………………………… 1006
766. 无权属凭证时应如何确定土地、山林、水利权属……………… 1007
767. 非农业居民原有或继承的农村房屋倒塌（拆除）后未经批准重建的，土地使用权可由村集体收回………………………… 1008
768. 土地权属争议与颁发土地权利证书之间的关系………………… 1009
769. 土地登记过程中发生权属争议的处理…………………………… 1011
770. 诉讼过程中发现土地权属存在争议的告知另行提起行政诉讼，中止该案审理……………………………………………………… 1012
771. 针对土地权属登记的行政诉讼结果对前诉认定的相关事实的影响… 1013
772. 农村宅基地使用权并不当然由使用权人的继承人直接继承…… 1013
773. 已经颁发权属证书且该凭证对林木林地权属、四至范围界定清楚明确的，不属于林木林地权属争议……………………………… 1015
774. 国有土地使用权权属争议处理决定纠纷应否适用行政复议程序前置……………………………………………………………… 1016
775. 登记机关如将缺乏法律依据的约定内容进行登记，有违物权法定原则，当事人请求撤销相关登记内容的，人民法院应予支持…… 1017
776. 不动产登记条例实施前，以市、县级人民政府名义作出的不动产登记行为，实行不动产统一登记后由谁作被告………………… 1019
777. 纠正不动产登记错误事项，应最小成本、最大限度地降低因纠正违法行政行为所造成的社会不良影响…………………………… 1019
778. 土地承包合同的签订显然违反法律规定或国家土地政策时，行政机关能否拒绝对合同约定的内容进行登记……………………… 1021

779. 房屋登记机关在办理转移登记时，是否应主动对房屋存在共有人或者利害关系人进行审查…… 1023

780. 发包行为被确认无效的，原发证机关注销承包人的土地承包经营权证是否合法…… 1024

781. 土地承包经营权在承包合同生效时已经设立…… 1025

782. 在行政机关未予以保护或考虑的情况下作出了房屋初始登记行为时，债权人有权对初始登记行为提起行政诉讼…… 1026

三、劳动和社会保障

783. 劳动关系的行政诉讼程序处理…… 1027

784. 工伤的认定…… 1031

785. 特定工伤事实的认定…… 1033

786. 一些特殊情况下承担工伤保险责任的用人单位的界定…… 1035

787. 工作原因、工作时间和工作场所等核心问题的规定…… 1039

788. 职工患职业病应认定为工伤，不因职工工作单位变动而改变…… 1042

789. 认定工伤不以用人单位是否缴纳工伤保险费为前提…… 1045

790. 《工伤保险条例》第十四条"因工作原因""工作场所"的认定…… 1046

791. 职工在参加单位组织的团队建设活动中受伤应当认定为工伤…… 1048

792. 因工外出期间的工伤认定…… 1049

793. 职工受单位指派外出期间，在单位安排的休息场所休息时受到意外伤害应当认定为工伤…… 1053

794. 超过法定退休年龄的进城务工农民在工作时间内因公伤亡的，能否认定工伤…… 1055

795. 超过退休年龄的劳动者被聘用后发生事故的工伤认定…… 1056

796. 工伤认定中对"上下班途中"的理解…… 1058

797. 上下班途中受到机动车事故伤害与违反治安管理伤亡之间的关系…… 1066

798. 职工上下班途中发生电动车事故伤害可以认定为工伤…… 1067

799. 职工上下班途中因无证驾驶机动车导致伤亡的不应认定为工伤…… 1070

800. 因他人违法导致职工伤亡的应当认定为工伤…… 1072

801. 职工在家加班工作期间突发疾病视同工伤…… 1073

802. 职工见义勇为，为制止违法犯罪行为而受到伤害的，应当视同工伤…… 1075

803. 工作纠纷导致的暴力伤害能否认定工伤…… 1077

804. 职工在家加班工作期间突发疾病死亡，或者在48小时之内经抢救无效死亡的，是否可以视为工伤…… 1078

805. 违法发包、转包、分包或者挂靠情形下的工伤认定…………… 1079
806. 职工在工作时间和工作岗位突发疾病视同工伤的认定………… 1079
807. 公安交管部门未出具交通事故责任认定书或者交通事故责任认定书内容不明确时的工伤认定………………………………… 1080
808. 包工头工作受伤也可以认定为工伤，施工单位承担工伤保险责任… 1080
809. 职业病诊断鉴定结论所列明的单位对其承担工伤保险责任有异议的工伤认定……………………………………………………… 1083
810. 工作时间内在工作场所，因精神分裂症病发自残是工伤吗…… 1083
811. 由于第三人的原因造成工伤的三种处理方式…………………… 1084
812. 因第三人造成工伤死亡的亲属在获得民事赔偿后还可以获得工伤保险补偿……………………………………………………… 1088
813. 挂靠车辆实际所有人聘用的司机工作中伤亡应当适用《劳动法》和《工伤保险条例》的有关规定认定是否构成工伤………… 1090
814. 建筑工程违法分包过程中招用劳动者的工伤认定……………… 1090
815. 在是否可视为工作时间和工作地点不确定情况下，应重点考察是否属于工作原因…………………………………………… 1091
816. 紧急情况下未经本单位负责人指定从事直接关系本单位重大利益的工作负伤、致残、死亡的应认定为工伤…………………… 1092
817. 非因工作原因对遇险者实施救助导致伤亡的情形是否认定工伤… 1093
818. 用人单位在行政诉讼程序中提供证据的效力认定……………… 1093
819. 下岗、待岗职工发生工伤，用人单位应当承担工伤保险责任… 1096
820. 国家机关临时聘用人员工作期间死亡应参照《工伤保险条例》认定是否属于工伤、确定工伤待遇的标准………………………… 1097
821. "尚未完成工伤认定的情形"的认定 ……………………………… 1098
822. 劳动行政部门在工伤认定程序中具有确认劳动关系的职权……… 1100
823. 工伤认定申请的法定期限………………………………………… 1101
824. 以死亡宣告之日为工伤认定申请起算点………………………… 1106
825. 职工在厂区内跌倒受伤，在无相反证据证明职工从事与工作无关的事务情况下，应认定为工伤………………………………… 1107
826. 职工及其亲属申请工伤认定期限可中止、中断………………… 1108
827. 职工在伤害结果实际发生之日起1年内提出工伤认定申请未超过申请时效……………………………………………………… 1109
828. 存在正当事由时工伤认定申请期限可合理延长………………… 1112
829. 特殊条件下旁系亲属可申请工伤认定…………………………… 1113
830. 用人单位无正当理由未提供不认为是工伤的证据，劳动和社会保障机关可推定为工伤……………………………………………… 1115

831. 超过规定期限作出的工伤认定结论不宜认定为"违反法定程序" … 1118
832. 与低温雨雪冰冻灾害有关的工伤认定行政案件的处理 …………… 1119
833. 工伤认定机关有权直接认定劳动关系 …………………………… 1120
834. 村委会主任因履行职务受伤不认定为工伤 ……………………… 1120
835. 特殊缴费行业工伤保险待遇的认定 ……………………………… 1121
836. 突发疾病死亡的工伤认定 ………………………………………… 1122
837. 设区的市的区劳动和社会保障局具有劳动保障监察职权 ……… 1126
838. 劳动行政部门责令用人单位支付劳动者工资报酬等的劳动监察指
     令书不可申请法院强制执行 …………………………………… 1127
839. 拖欠社会保险基金纠纷由法院主管 ……………………………… 1128
840. 第三人民事侵权赔偿与工伤保险待遇的关系 …………………… 1128
841. 工伤待遇与侵权赔偿竞合的选择 ………………………………… 1129
842. 单位应当按照法定方式和数额及时为职工缴存住房公积金，不得
     通过协商改变缴存方式或者减免缴存义务 …………………… 1130
843. 不能仅以职工档案存在涂改为由否定其真实性，不予办理退休审批 … 1132
844. 企业补缴社会保险费2年查处时效的适用 ……………………… 1133
845. 因工伤亡的"包工头"由具备用工主体资格的承包单位承担用人
     单位依法应承担的工伤保险责任 ……………………………… 1133
846. 哺乳期内女职工上班期间返家哺乳发生非本人主要责任的交通事
     故受伤，应认定为工伤 ………………………………………… 1139
847. 在车辆挂靠关系中，个人挂靠其他单位对外经营，其聘用的人员
     因工伤亡，被挂靠单位承担工伤保险责任 …………………… 1140

四、政府信息公开

848. 政府信息公开行政诉讼受案范围 ………………………………… 1142
849. 个人信息保护行政诉讼的受案范围 ……………………………… 1143
850. 反信息公开行政诉讼的受案范围 ………………………………… 1143
851. 滥用诉讼权行为的认定 …………………………………………… 1145
852. 滥用政府信息公开申请权及诉权的审查认定标准 ……………… 1146
853. 当事人申请政府信息项目较多时，受理机关可以要求其按照"一
     事一申请"的原则重新提出申请 ……………………………… 1147
854. 要求信息公开信访答复意见涉及的内容属于信访事项 ………… 1148
855. 不能以申请政府信息公开的方式要求行政机关提供作出行政行为
     所依据的法律规范或法律文书的其他指定内容 ……………… 1149

856. 对于明显不符合政府信息公开申请形式要件，又不依法向政府信息公开工作机构提出，且又具有信访性质的申请，人民法院如何处理……1151
857. 向行政机关法定代表人邮寄信件能否视为政府信息公开申请……1154
858. 申请人对具有"转瞬即逝"公开载体特性、已经主动公开但事后无法查阅的政府信息确有需要，行政机关可以在收取必要的成本费用之后再行提供……1157
859. 不依法履行主动公开政府信息义务的可诉性……1158
860. 政府信息公开中作出的更改、补充告知行为之可诉性……1159
861. 行政机关对同一申请人就同一内容反复提出公开申请的重复处理行为以及不重复答复行为不可诉……1160
862. 依职权的行政不作为信息公开案件的被告……1161
863. 法律法规授权组织的被告资格……1161
864. 经过确认、批准或者保密审查的政府信息公开案件的适格被告……1163
865. 被告拒绝提供、更正个人信息诉讼案件的举证责任……1165
866. 涉及国家秘密的政府信息的证明……1166
867. 行政机关是否对信息不存在负有举证责任……1167
868. 原告在政府信息公开行政诉讼中的举证责任……1168
869. 信息公开负责人同意延期的决定是否可以不公开……1169
870. 可分割性原则的适用……1171
871. 政府信息公开诉讼消极不作为案件的判决方式……1173
872. 对反信息公开诉讼的审查……1176
873. 政府信息公开行政案件判决驳回原告诉讼请求的情形……1183
874. 会议纪要信息应否公开……1185
875. 内部信息、过程信息、决策信息不予公开的理由……1187
876. 经过评阅的高考试卷属于政府信息……1188
877. 对"三需要"的审查及裁判……1189
878. 认为行政机关未主动公开政府信息而起诉的应当告知先向行政机关申请获取相关政府信息……1191
879. 要求申请人补充材料的告知书是否可诉……1192
880. 要求更正政府信息的是否可以直接起诉……1193
881. 行政机关对于该申请的内部处理流程，不能成为行政机关延期处理的理由，逾期作出答复的，应当确认为违法……1194
882. 政府信息是否具有溯及力……1196
883. 政府信息公开案件中，被告以政府信息不存在为由答复原告的，人民法院应审查被告是否已经尽到充分合理的查找、检索义务……1197

884. 举报人就其举报事项的查处情况申请政府信息公开，举报人是否具有原告资格…… 1199

五、行政复议

885. 仅告知适格复议机关的行为不属于人民法院行政诉讼受案范围…… 1201
886. 涉及司法程序的行政行为，不属于行政复议受理范围…… 1202
887. 对当事人权利义务不产生实际影响的说明函是否属于行政复议受理范围…… 1202
888. 不得因对法院的判决结果不服而重新申请行政复议或者变相申请行政复议…… 1203
889. 房屋征收过程中的过程性行为是否属于行政复议受理范围…… 1204
890. 土地权属争议处理决定应当适用复议前置…… 1205
891. 在未穷尽相关送达方式的情况下，行政机关直接通过公告方式送达文书违反法律规定…… 1206
892. 出让人与原行政行为之间已无法律上的利害关系时，受让人对原行政行为是否具有申请行政复议的资格…… 1208
893. 越级向行政机关申请履责的行为，不属于行政复议、行政诉讼的受案范围…… 1209
894. 行政机关作出的尚未对公民、法人或者其他组织的合法权益产生实际影响的行政行为，不属于行政复议受案范围…… 1211
895. 政务微博发布的内容不符合行政行为的构成要件的，不属于行政复议和行政诉讼的受案范围…… 1213
896. 复议前置案件，复议机关不受理或逾期未作出复议决定，当事人直接起诉原行政行为的，人民法院是否应当立案…… 1214
897. 城中村改造方案批复是否属于行政复议的受案范围…… 1214
898. 同时对原行政行为和不予受理行政复议决定提起诉讼的受理问题…… 1215
899. 省级人民政府根据国务院土地征收批准文件作出的土地征收实施方案批准行为不属于行政复议的受理范围…… 1216
900. 国有土地使用权权属争议处理决定讼争之行政复议前置程序的适用…… 1217
901. 只有对当事人权利义务产生实际影响的重复处理性质的信访答复意见、复核意见，才是能够申请复议、可诉的行为…… 1219
902. 同一行政行为的当事人部分起诉部分申请复议的处理…… 1220
903. 行政机关针对文件效力的咨询申请作出的答复以及不予答复行为，不属于政府信息公开行为，故不属于行政复议受理范围…… 1221

904. 同一行政复议决定中，公民、法人或者其他组织仅就行政赔偿请求处理提出起诉，人民法院不应对其他行政行为的处理进行审判…… 1222
905. 怎样认定复议申请人与被复议行政行为存在利害关系………… 1224
906. 对申请人恣意反复申请行政复议的应如何处理……………… 1225
907. 复议机关应当以行政复议决定书方式作出不予受理复议申请决定… 1227
908. 已获得征收补偿的被征收人没有对征收批复进行复议的资格…… 1228
909. 撤回复议申请后提起行政诉讼按照原具体行政行为的起诉期限计算……………………………………………………………… 1229
910. 行政复议机关受理逾期申请对起诉期限的影响………………… 1231
911. 当事人不服行政机关作出的行政行为，向有权受理复议案件的机关信访申诉，该机关对信访申诉的处理期间，不宜计算在复议申请期限内…………………………………………………………… 1232
912. 行政机关过错导致申请人复议申请期限耽搁的属于"其他正当理由"…………………………………………………………… 1233
913. 法院应如何认定是否存在"过罚不当"………………………… 1234
914. 对复议机关不作为行为的救济途径……………………………… 1235
915. 复议机关可以改变已经生效的复议决定………………………… 1237
916. 行政复议决定部分维持、部分撤销具体行政行为的，由作出行政复议决定的行政机关向人民法院申请强制执行……………… 1239
917. 是否需补正存有争议时，不能作视为放弃复议申请处理……… 1240
918. 复议机关不依法受理复议申请的处理…………………………… 1242
919. 禁止不利变更原则的适用………………………………………… 1242
920. 行政复议中不适用禁止不利变更的情形………………………… 1243
921. 学生就高校行为申请行政复议的裁判规则……………………… 1245
922. 上级行政机关对下级行政机关作出的内部批复行为不对外发生法律效力…………………………………………………………… 1249
923. 复议机关对不属于行政诉讼受案范围的行政行为作出复议决定后的处理………………………………………………………… 1250
924. 复议机关或其上一级行政机关对复议决定监督行为的处理…… 1250
925. 未告知复议申请期限的处理……………………………………… 1251
926. 行政复议机关改变原行政行为单独作被告的案件中，作出原行政行为的机关是否应列为第三人…………………………………… 1251
927. 未通知第三人参加复议程序案件的裁判………………………… 1252
928. 举报类行政复议决定合法性的审查……………………………… 1252
929. 复议机关不予受理决定或程序性驳回复议申请决定的可诉性… 1253
930. 不予受理决定或程序性驳回复议申请决定的裁判方式………… 1253

931. 复议机关以程序违法为由确认原行政行为违法,是否属于维持原行政行为…… 1254
932. 复议机关作出复议决定时应履行何种程度的说明理由义务…… 1255
933. 行政复议决定结论正确但适用法律错误的,人民法院应如何处理… 1256
934. 投诉举报人是否具有行政复议的主体资格,取决于其投诉举报事项是否涉及其自身利益…… 1257
935. 当事人的重复申请行为是否属于行政复议的受理范围…… 1258
936. 行政机关对当事人以信息公开名义进行咨询所作的答复是否属于行政复议受理范围…… 1259

六、行政协议

937. 信赖利益保护原则在行政协议纠纷中的运用…… 1259
938. 对行政优益权的司法审查…… 1262
939. 相当性原则在行政协议中的适用…… 1265
940. 行政协议中约定的义务,是否需要进行合法性审查…… 1266
941. 行政协议履行争议案件中的合法性审查…… 1267
942. 行政机关单方变更、解除行政协议行为的合法性审查…… 1268
943. 行政机关签订的招商引资投资协议属于政府信息…… 1269
944. 招商引资协议纠纷如包括大量难以与协议相分离的行政权利义务约定,依法属于行政协议范畴…… 1270
945. 政府及其部门在招商引资中不应违法作出行政承诺…… 1271
946. 政府采购协议的性质问题…… 1273
947. 特许经营协议的效力认定及归责…… 1276
948. 行政协议所依托的行政行为未获批准,是否属于协议无效的情形… 1276
949. 如何理解无效行政行为存在"重大且明显"的违法情形…… 1277
950. 行政协议案件中仲裁不予受理情形的类似处理…… 1279
951. 在行政协议案件中,当事人提起不同诉讼请求,人民法院的相应审查重点…… 1280
952. 人民法院判决确认行政协议未生效后,当事人是否还可以补办批准手续…… 1286
953. 行政机关单方变更、解除行政协议违法的处理…… 1287
954. 国有土地使用权出让协议是否属于行政协议,相关行为引发的争议,应当通过行政诉讼解决…… 1288
955. 行政协议案件中催告行为的可诉性…… 1289

956. 行政协议当事人之间真实存在基础民事法律关系的，可依职权向有关行政主管部门核实，并在案件事实部分直接予以认定 …………… 1290
957. 行政协议无效的判断 …………………………………………… 1292
958. 行政协议未约定违约责任时行政机关的违约责任承担 ……… 1295
959. 行政协议对履行期限未做明确约定的处理 …………………… 1295
960. 协议的相对方能否通过行政协议取得行政机关法定职权之外的利益 …………………………………………………………… 1296
961. 撤销行政协议诉讼，法院应否主动审查当事人行使撤销权的期限 … 1298
962. 行政协议案件中行政机关的救济途径 ………………………… 1300
963. 审理行政协议效力认定案件时的规定 ………………………… 1302
964. 行政协议签订及履行不能一概作有利于相对人的解释、明显突破有关标准，损害社会公共利益 …………………………… 1305
965. 行政协议预期可得利益损失如何认定 ………………………… 1308
966. 行政机关不依法履行、未按照约定履行行政协议案件应按行政案件标准交纳诉讼费用 ………………………………………… 1309

七、税　　务

967. 税款代征、代缴人非行政诉讼适格被告 ……………………… 1310
968. 税务机关采取税收保全措施不当，使纳税人合法利益遭受损失应当承担赔偿责任 ……………………………………………… 1312
969. 行政机关将案件移送司法机关追究刑事责任后不宜再对行政相对人作出行政处罚 ………………………………………………… 1313
970. 企业故意减少应税收入或所得额的应如何认定 ……………… 1314
971. 对涉外股权交易避税行为的认定 ……………………………… 1316
972. 税务机关能否在房产拍卖形成的拍卖成交价格作为计税依据纳税后，重新核定应纳税额补征税款 ……………………………… 1317

八、海　　关

973. 海关行政收缴纠纷如何适用法律问题 ………………………… 1318
974. 善意购买人的合法权益应通过民事诉讼等途径解决 ………… 1319
975. 走私行为构成犯罪时，海关对走私行为人作出没收走私货物的行政处罚缺乏法律依据 ………………………………………… 1320
976. 当事人提供的证据不能证明海关原征税行为造成其直接损失，其行政赔偿请求不能成立 ………………………………………… 1321

九、城乡建设规划

977. 违法建设行为达到"严重影响城市规划"的才可予以行政处罚…… 1321
978. 违法建筑的查处时效……………………………………………… 1323
979. 城市规划区内建筑物的合法性认定……………………………… 1324
980. 被划入城市规划区的集体土地上的建筑物的合法性认定……… 1326
981. 城市规划区内未征收土地上新加盖建筑物的合法性认定……… 1328
982. 规划行政许可虽缩短了相邻人日照时间，但符合最低日照标准的，应认定许可行为合法…………………………………… 1329
983. 城市规划管理部门在处罚后同意补办临时规划手续，可认定为核发了临时许可证……………………………………………… 1329
984. 混合过错情形下行政许可依赖利益的保护程度………………… 1330
985. 商住楼楼间距合法性审查的标准………………………………… 1332

十、其　　他

986. 证券短线交易行为的审查要素及认定标准……………………… 1333
987. 越权无效原则不适用于离婚登记………………………………… 1334

第十一章　国家赔偿

一、综　　合

988. 提高法治化规范化精细化水平，推动国家赔偿审判和司法救助工作不断迈上新台阶……………………………………………… 1339
989. 新时代人民法院国家赔偿审判和司法救助工作的总体思路和要求… 1340
990. 国家赔偿与补偿、救助的关系…………………………………… 1344
991. 国家赔偿法律适用与法律解释的关系…………………………… 1347
992. 依法裁决赔偿案件与妥善应对舆情的关系……………………… 1350
993. 加强赔偿请求权保护……………………………………………… 1353
994. 加强国家赔偿法律援助工作……………………………………… 1354
995. 行政补偿和行政赔偿竞合的处理………………………………… 1362
996. 行政赔偿与行政补偿的主体与范围……………………………… 1364

二、行政赔偿

997. 涉及行政机关作出行政赔偿决定的相关案件的审理思路…… 1365
998. 单独提起行政赔偿诉讼构成要件的辨识…… 1369
999. 因政策性原因实施关闭取缔行为的合法性审查和权益救济…… 1370
1000. 行政行为确认违法后当事人再行提起行政赔偿诉讼无须经赔偿义务机关先行处理…… 1371
1001. 行政诉讼的适格被告和行政赔偿诉讼的适格被告不一致的处理…… 1372
1002. 行政行为经行政复议机关实体处理之后是否可一并提起行政赔偿诉讼…… 1374
1003. 经复议的案件，赔偿请求人单独提起行政赔偿诉讼与一并提起行政赔偿诉讼时，如何确定适格被告…… 1375
1004. 复议机关是否必须对赔偿请求作出处理…… 1377
1005. 在应当由直接加害第三人承担民事赔偿责任的情况下，受害人不得先行提起行政赔偿之诉…… 1380
1006. 当事人已获得足额补偿时则赔偿之诉不予支持…… 1381
1007. 人民法院受理赔偿案件后，赔偿义务机关和复议机关不再享有赔偿事项的处理权…… 1382
1008. 裁执不一致时赔偿义务机关的确定…… 1384
1009. 委托执行引起国家赔偿责任时赔偿义务机关的确定…… 1384
1010. 诉请行政补偿而实际属于行政赔偿案件的处理…… 1385
1011. 未履行抽象的职责义务造成当事人损失的不属于行政赔偿的范围…… 1387
1012. 已通过行政诉讼程序确认行政行为违法的，当事人再行提起行政赔偿诉讼无须经过赔偿义务机关先行处理程序…… 1390
1013. 对未办理用地手续和相关建房审批手续房屋的补偿或赔偿…… 1390
1014. 行政行为已经人民法院生效裁判确认违法，当事人提起的行政赔偿诉讼是否要以赔偿义务机关先行处理为起诉条件…… 1391
1015. 行政行为违法与他人民事侵权交叉混合致使当事人合法权益受损时，行政机关赔偿责任的承担以及分摊原则…… 1392
1016. 在禁养区内养殖的无权请求停产停业损失…… 1393
1017. 两个以上行政机关分别侵权造成同一损害的，实施侵权行为的行政机关是否属于共同赔偿义务机关…… 1394
1018. 两个以上行政机关分别实施违法行政行为造成同一损害的，举证责任的分配…… 1396

1019. 原告的损失已通过行政补偿途径获得充分救济的，法院应判决
驳回其行政赔偿请求 …………………………………………… 1397
1020. 在被拆除房屋已出租给他人经营的情况下，因强拆行为导致的
租金损失是否应予赔偿 ………………………………………… 1398
1021. 强制拆除合法房屋的行政赔偿标准 …………………………… 1400
1022. 赔偿义务机关未及时赔偿应支付迟延期间的利息 …………… 1400
1023. 赔偿委员会审查司法赔偿案件时应注意的问题 ……………… 1401
1024. 内外勾结侵犯原告合法权益的行政赔偿责任 ………………… 1402
1025. 在看守所羁押期间被同监室人员殴打致死致残应按行政赔偿程
序处理 …………………………………………………………… 1403
1026. 拆除违法建筑过程中的侵权认定以及赔偿标准 ……………… 1405
1027. 在违法强拆案件中应如何认定财产评估标准 ………………… 1406
1028. 以虚假材料获取公司登记的行政赔偿 ………………………… 1408
1029. 金融机构执行划拨存款、汇款错误的通过行政赔偿途径获得
救济 ……………………………………………………………… 1408
1030. 行政决定违法，行政机关未按规定将划拨的存款、汇款以及拍
卖和依法处理所得的款项上缴国库或划入财政专户的不可直接
返还当事人 ……………………………………………………… 1409
1031. 限制出境属于国家赔偿范围 …………………………………… 1410
1032. 国家不承担赔偿责任和减轻国家赔偿责任的情形 …………… 1411
1033. 行政赔偿中当事人的损失因客观原因无法鉴定的，如何确定其
赔偿数额 ………………………………………………………… 1413
1034. 警察在不得已情况下采取紧急救助行为造成的损失不应赔偿 …… 1414
1035. 混合过错的行政赔偿责任 ……………………………………… 1416
1036. 抽象行政行为未纳入国家赔偿范围 …………………………… 1416
1037. 公有公共设施致害行为未纳入国家赔偿范围 ………………… 1417
1038. 履行遗赠扶养协议的集体组织有权要求国家赔偿 …………… 1418
1039. 共同赔偿义务机关的诉讼地位 ………………………………… 1419
1040. 行政机关和党的机关共同作出行为造成损害时的处理 ……… 1419
1041. 如何确定赔偿义务机关 ………………………………………… 1420
1042. 代履行的法律救济 ……………………………………………… 1421
1043. 提起诉讼时（后）一并提出赔偿请求的处理 ………………… 1422
1044. 当事人起诉行政机关不作为行为并请求行政赔偿的，必须是基
于具体的事由、针对特定的行政相对人承担的具体的作为义务 … 1423
1045. 选择不同路径申请行政赔偿对赔偿请求人权利的影响 ……… 1424
1046. 单独提起行政赔偿诉讼的起诉期限 …………………………… 1427

1047. 举证责任由赔偿义务机关承担的具体规则 …………………… 1429
1048. 在行政赔偿、补偿案件中，如果原告提出了运用逻辑推理和生活经验无法认定的巨额损失，则不能免除原告对该项损失的初步证明责任 …………………………………………………………… 1430
1049. 人民法院违法查封未尽保管义务造成损害应承担国家赔偿责任 … 1432
1050. 人民法院低价拍卖行为给当事人造成损失的，应当承担赔偿责任 …………………………………………………………………… 1432
1051. 公安机关根据人民法院生效刑事判决将判令追缴的赃物发还被害单位，并未侵犯赔偿请求人的合法权益，不应承担国家赔偿责任 …………………………………………………………………… 1433
1052. 行政行为违法与承担行政赔偿责任的关系 ………………… 1437
1053. 非刑事司法赔偿主体的确定 ………………………………… 1438
1054. 在当事人已经依照法律规定提出明确的赔偿请求、已经进入司法程序的情况下，人民法院不应再判决由赔偿义务机关先行作出赔偿决定 …………………………………………………… 1439
1055. 非刑事司法赔偿侵权行为的类型与范围 …………………… 1441
1056. 人民法院赔偿委员会调查取证的范围 ……………………… 1444
1057. 应如何认定返还财产或者恢复原状 ………………………… 1445
1058. 在民事、行政诉讼司法赔偿案件中如何确定侵犯人身权的损害赔偿 …………………………………………………………… 1448
1059. 在个案中应该如何判断是否属于违法刑事拘留？ ………… 1449
1060. 侵犯公民人身自由日赔偿金计算方法 ……………………… 1451
1061. 严格遵循精神损害赔偿的适用原则 ………………………… 1454
1062. 精神损害赔偿的前提条件和构成要件的准备把握 ………… 1455
1063. 国家机关及其工作人员行使职权时侵犯公民人身权，严重影响受害人正常的工作、生活，导致其精神极度痛苦，属于造成精神损害严重后果 …………………………………………………… 1456
1064. 国家机关及其工作人员在行使职权过程中侵犯公民人身权造成严重精神损害后果的，如何确定精神损害抚慰金的具体数额 …… 1460
1065. 如何确定委托法院和受托法院何为赔偿义务机关 ………… 1464
1066. 被执行人无能力履行债务不应由国家承担赔偿责任 ……… 1464
1067. 国家赔偿决定不能处分当事人之间的民事权利义务关系 … 1465
1068. 人民法院违法保全应负赔偿责任 …………………………… 1466
1069. 已生效裁判文书所认定的事实对人民法院赔偿委员会审查案件具有羁束力 ……………………………………………………… 1467

1070. 因被指定的财产保管人的行为致使保全财产损害的,人民法院不承担赔偿责任 …… 1468
1071. 因赔偿请求人未能提供正确的信息致使人民法院未能及时采取有效执行措施的,人民法院不承担赔偿责任 …… 1469
1072. 人民法院以当事人拒不履行生效法律文书所确定的义务为由决定对其拘留的行为于法有据 …… 1469
1073. 赔偿请求人向赔偿委员会申请作出赔偿决定的形式要件 …… 1470
1074. 国家赔偿程序与诉讼程序、执行程序的衔接 …… 1472
1075. 在相关诉讼、执行程序终结后提出赔偿申请的,相关诉讼、执行期间不计入赔偿请求时效 …… 1475
1076. 在民事诉讼过程中因其他民事主体违法、侵权行为造成的损害结果,应由相应的民事主体承担赔偿责任 …… 1476
1077. 受委托执行的法院在收到终结执行通知后未及时履职,拖延将扣划款项返还赔偿请求人,并造成赔偿请求人的利息损失,应当承担赔偿责任 …… 1477

三、刑事赔偿

1078. 受害公民死亡后赔偿请求人的请求顺序 …… 1478
1079. 被限制人身自由者被迫的自我损害应纳入国家赔偿 …… 1478
1080. 外国人、无国籍人一定条件下可以作为刑事赔偿请求人 …… 1479
1081. 刑事赔偿请求权不能向债权人转移 …… 1479
1082. 刑事赔偿请求人资格转移与法定代理的关系 …… 1480
1083. 再审改判无罪的国家赔偿 …… 1481
1084. 超期服刑不属再审改判无罪情形不予国家赔偿 …… 1484
1085. 人民法院如何确定再审行政案件的审理范围 …… 1487
1086. 二审将一审数罪中的部分罪名撤销后被告人被羁押的时间超过判决确定的刑期不属于国家赔偿范围 …… 1488
1087. 省级监狱管理局为复议机关的国家赔偿案件的管辖 …… 1491
1088. 法院准予撤诉的裁定可视为刑事诉讼程序已终结而使得案件进入国家赔偿程序 …… 1493
1089. 刑事赔偿举证责任中因果关系的推定 …… 1497
1090. 刑事赔偿案件中如何确定侵犯财产权的赔偿 …… 1498
1091. 赔偿请求人以监狱及其工作人员存在怠于履行监管职责情形为由提出的申请,属于国家赔偿法规定的刑事赔偿范围 …… 1499

1092. 以监狱及其所属医院怠于履行救治义务或者救治不及时、救治不当为由提出的申请，属于国家赔偿法调整范围 …………… 1501
1093. 监狱服刑期间感染艾滋病病毒监狱应就相关事实承担进一步的举证责任 ……………………………………………………………… 1503
1094. 监狱对服刑人员未尽到及时救治义务应承担相应的赔偿责任 …… 1504
1095. 监狱监管行为已尽到合理注意义务应认定为正当履职 …………… 1505
1096. 监管机关对刑满释放的限制行为能力人未尽通知等注意义务应承担相应的赔偿责任 ………………………………………………… 1507
1097. 罪犯因劳动致伤残或死亡所涉赔偿申请问题 ……………………… 1508
1098. 公民在看守所羁押期间患病死亡所引起的国家赔偿，应当按照刑事赔偿程序处理 ……………………………………………………… 1509
1099. 侦查机关采取扣押措施不当，应当承担国家赔偿责任 …………… 1511
1100. 指定重审的不同法院先后作出有罪判决的以在后的法院为赔偿义务机关 ……………………………………………………………… 1512
1101. 重审期间检察院变更起诉罪名，被告人被羁押的期限超出生效判决确定的刑期是否纳入国家赔偿范围 ………………………… 1513
1102. 再审改判无罪，退还以罚金名义收取的钱款应赔偿相应利息 …… 1515
1103. 再审改判无罪，原维持一审财产刑判决的二审法院为赔偿义务机关 ……………………………………………………………………… 1517
1104. 原判缓刑且判前羁押的，再审改判无罪后应由作出原生效判决的法院予以赔偿 ………………………………………………………… 1518
1105. 定罪量刑变化但犯罪事实无变化的轻罪重判情形不予赔偿 …… 1520
1106. 申请人撤回赔偿申请后再次申请赔偿的一般不予支持 …………… 1522
1107. 因法律修改而终止追究刑事责任的应自新法施行之日起计付羁押赔偿金 …………………………………………………………… 1523
1108. 刑事诉讼中未依法定期限返还所扣押财产应自被确定违法之日起支付超期返还期间的利息 ………………………………………… 1526
1109. 法院赔偿委员会已受理的案件除法定事由外不宜终结审理 …… 1527
1110. 刑事赔偿案件中确定精神损害赔偿责任，应当综合考量精神损害的严重程度和其他相关因素 ………………………………………… 1528

四、赔偿方式和计算标准

1111. 国家赔偿精神损害抚慰金的标准与支付 …………………………… 1532
1112. 综合酌定"精神损害抚慰金"的具体数额 …………………………… 1535

1113. 应当妥善处理"消除影响，恢复名誉，赔礼道歉"与"支付相应的精神损害抚慰金"两种责任方式的内在关系 …………… 1537
1114. 仅精神损害的直接受害人死亡情形下请求权转移 ………… 1538
1115. 财产上损害赔偿的损失计算 …………………………………… 1539
1116. 受害的公民死亡后的精神损害赔偿问题 ……………………… 1541
1117. 精神损害赔偿请求的申请与受理 ……………………………… 1542
1118. 停产停业损失是否属于赔偿范畴 ……………………………… 1544
1119. 已签订补偿协议领取补偿款后，另行就停产停业损失主张行政赔偿的，如何认定 ……………………………………………… 1545
1120. 在民事、行政诉讼中司法赔偿案件中关于侵犯财产权的损害赔偿计算方式的确定 ………………………………………………… 1546
1121. 财产无法返还的，如何确定行政赔偿基数的时点 …………… 1549
1122. 补发工资后仍需进行国家赔偿 ………………………………… 1552
1123. 证据保全措施违法不属于国家赔偿确认案件受理范围 ……… 1554
1124. 当事人请求行政赔偿，不能证明财产损失的具体数额的，人民法院酌定予以赔偿 …………………………………………… 1554
1125. 在错误执行赔偿案件中不能简单以执行程序尚未终结为由驳回赔偿请求人的申请 …………………………………………… 1555
1126. 当事人主张除案涉直接损失之外间接损失的，依法不属于国家赔偿范围 ………………………………………………………… 1557
1127. 未按集体土地征收补偿协议约定安排宅基地相关损失的赔偿标准 ……………………………………………………………… 1560
1128. 因行政不作为所导致的应予赔偿的损失范围如何界定，因果关系如何认定 ……………………………………………………… 1561
1129. 当事人将法院解封约定为违约条件，由此产生的违约金责任不属于直接损失 ……………………………………………………… 1562
1130. 《国家赔偿法》第三十六条第八项"直接损失"应包括再审申请人应享有的农房拆迁安置补偿权益以及对动产造成的直接损失 …… 1564
1131. 行政机关未按期支付赔偿金所产生的利息损失属于直接损失，应当予以赔偿 …………………………………………………… 1565
1132. 申请人获得国家赔偿超过给付期限后可就继续发生的损害再次申请国家赔偿 …………………………………………………… 1567
1133. 国家赔偿给付期限届满后继续发生的损害之赔偿 …………… 1570

五、其　　他

1134. 人民法院执行行为确有错误造成申请执行人损害，因被执行人无清偿能力且不可能再有清偿能力而终结本次执行的，不影响申请执行人依法申请国家赔偿 ………………………………… 1573

1135. 人民法院在民事、行政诉讼过程中，对判决、裁定及其他生效法律文书执行错误，造成损害的，受害人有取得赔偿的权利 …… 1575

1136. 受害人对被确认违法的执行行为无法通过诉讼或者执行程序救济，可申请国家赔偿 ……………………………………………… 1577

1137. 长期没有执行且被执行人不可能再有执行能力的赔偿请求人提出的国家赔偿申请应予受理审查 …………………………………… 1578

1138. 认定申请人知道或者应当知道不以其是否实际签收法律文书为唯一依据 ………………………………………………………… 1580

第十二章　司法救助

1139. 国家司法救助的救助范围 ………………………………………… 1583
1140. 国家司法救助的对象 ……………………………………………… 1585
1141. 国家司法救助的救助程序 ………………………………………… 1589
1142. 因受到国家保护动物袭击而致残，应予救助 …………………… 1592
1143. 刑事案件被害人受到犯罪侵害，致使严重残疾，因案件无法侦破造成生活极度困难的人民法院应及时给予司法救助 ………… 1593

附：关键词索引 ……………………………………………………… 1595

第十章　几类常见行政案件的审理

一、房屋、土地征收和补偿

（一）诉讼参加人

557. 拆迁办、开发区管委会的执法主体资格

关键词

拆迁办　开发区管委会　执法主体资格

附录：最高人民法院法官著述

实践中，对拆迁办能否颁发拆迁许可证的认识也比较混乱。这个问题涉及拆迁办的法律地位，我们要视不同的情况区别对待：从全国范围来看，同样叫拆迁办，有些具有执法权；有些就属于内设机构，不具有独立执法权。比如某市国土规划房管局设有一个拆迁办。这个拆迁办就没有颁发拆迁许可的权利，因为它只是一个工作机构，最后署名盖章的是国土规划房管局。有些拆迁办属于独立的机关法人因而具有拆迁管理职能，当然可以颁发拆迁许可。因此，拆迁办能否颁发拆迁许可证，关键要看其是内设机构还是机关法人。

开发区管委会是否具有行政执法的主体资格也一直存有争议。我们认为，如果有地方性法规授权，如北京、上海等地，通过地方人大立法授予开发区管理委员会部分职权，则开发区管委会在条例的规定范围之内行使职权属于合法行为，但开发区管委会下设的所谓"行政机关"不具有独立执法权。所以开发区的拆迁办不能作裁决，不能颁发拆迁许可。它只是内设机构，只能接受所在地的拆迁管理部门的委托从事具体工作,以所在地的拆迁管理部门的名义行使拆迁管理职权。

——王达:《城市房屋拆迁许可若干法律问题分析》,载最高人民法院行政审判庭编:《行政执法与行政审判》2006年第1集(总第17集),法律出版社2006年版,第57页。

558. 房屋征收中可能以市、县级政府为被告提起的诉讼

关键词

房屋征收　市、县级政府　被告

附录:最高人民法院主流观点

对房屋被征收人而言,主要涉及以谁为被告,就何种问题提起诉讼。《国有土地上房屋征收与补偿条例》(以下简称《条例》)所体现的以市、县级政府为被告的主要是行政诉讼。从第4条的具体规定看,"市、县级人民政府负责本行政区域的房屋征收与补偿工作",则由其作为行政诉讼被告承担法律责任的情形,主要视其法定职责及具体行政行为的表现形式而定。《条例》所规定的主要表现形式有两种:即被征收人针对市、县级人民政府作出的"房屋征收决定"和"房屋补偿决定"提起行政诉讼。

除此之外,我们认为,根据《条例》规定的市、县级人民政府的诸项职责,还存在其他以市、县级政府为被告的行政诉讼:(1)被征收人在征收决定、补偿决定的形成过程中,针对市、县级人民政府是否组织过方案论证,是否征求过公众意见,是否将征求意见情况和根据公众意见修改的情况及时公布,是否按要求召开听证会并据此修改方案,是否进行过社会稳定性风险评估或政府常务会议讨论,以及征收补偿方案的公布,征收决定和补偿决定的公告范围、方式等情况,可能提起政府信息公开方面的行政诉讼;(2)被征收人针对市、县级人民政府是否及时对被征收人给予补偿,是否及时制定补助和奖励办法,是否优先给予符合住房保障条件的被征收人住房保障,是否为选择房屋产权调换的被征收人提供用于产权调换的房屋等情形,可能提起行政不作为诉讼;(3)被征收人或其他利害关系人对于市、县级人民政府依法申请人民法院强制执行补偿决定后,对于在强制执行阶段因市、县级人民政府的过错造成的其合法权益受侵害的情形,可能以市、县级人民政府为被告提起相关行政诉讼。按照2001年《条例》的相关规定精神,市、县级人民政府可责成有关部门强制拆迁的情形下,通常要以自己名义作出强制拆迁决定,对此当事人可以提起行政诉讼。我们认为,《条例》规定了市、县级人

民政府依法申请人民法院强制执行，由此引起的诉讼也可能以市、县级人民政府为被告。以上情形需要根据司法实践的具体情况相应规范。

——江必新主编：《国有土地上房屋征收与补偿条例理解与适用》，中国法制出版社2012年版，第51页。

559. 房屋征收中以政府其他有关部门为被告提起的诉讼

关键词

房屋征收　其他政府部门　被告

附录：最高人民法院主流观点

"其他有关部门"是指与开展房屋征收与补偿工作相关的，除了房屋征收部门以外的其他市、县级人民政府的有关工作部门。如土地、房产、公安、工商、文物、环境等部门都是房屋征收与补偿的协同管理部门，土地或国土资源管理部门负责与房屋征收补偿工作有关的土地管理工作，征收房屋属于文物古迹的涉及文物管理或文化建设主管部门，房地产管理部门管理在征收房屋过程中产权的登记变更工作，环境保护部门负责征收工作可能产生的环境影响的监测和评价等。这些有关部门在其法定职责范围内，在处理与房屋征收补偿工作有关事宜时，都可能成为行政诉讼的被告。这些部门与房屋征收部门之间，虽有职权划分，各司其职，但只有相互协作，及时沟通信息，按照《国有土地上房屋征收与补偿条例》（以下简称《条例》）所规定的职责分工，互相配合，保障房屋征收与补偿工作的顺利进行，才能通过规范行政行为，减少因发生行政争议而被诉至人民法院的几率。

这里，有四个问题需要在纠纷处理中加以注意：一是要正确区分市、县级人民政府与其所属部门的职责，尤其是市、县级人民政府与房屋征收部门之间的关系。通常情况下，具体行政行为是以谁的名义作出的，谁就应当作为行政诉讼的被告，但针对一些职权混乱或越权的情形，需要法院在诉讼中加以厘清；二是能否以政府及其所属部门为被告提起行政不作为诉讼。从前面列举情形看，存在这种可能性和合理性；三是被征收人以外的其他人（如房屋租赁人等）能否以自己的名义提起行政诉讼。我们认为，只要符合《行政诉讼法》及相关解释规定的认为行政机关的具体行为侵害其合法权益的利害关系人，都可以提起行政诉讼；四是因房屋征收部门与被征收人达成的协议而引发的诉讼。从目前《条例》的规定看，没有指明属于行政诉讼还是民事诉讼。这一问题涉及补偿协议的性质究竟是民事合同还是行政合同。这是目前存在广泛争议的问题。虽然不少学者主张补偿合同完全符合行政合同的性质，但目前法律法规对行政合同及其诉讼程序并没有专门作出规定，目前倾向性认识还是主张将补偿协议确定为民事合同性质，一方不履行协议，另一方可以提起民事诉讼。这符合当前法律和司法解释的规定，但不排除随着经济社会的进一步发展，在未来确定为行政合同及其行政诉讼程序，而目前当事人以民事诉讼的方式提出更为可行。我们认为，针对房屋征收与补偿工作中如何推进征收、补偿中的具体程序和实体权益保障，避免可能存在的职权交叉、超越职权、滥用权力、程序违法等诸多问题，有待于国务院相关部门跟进制定相关的规范和应对措施，有待于人民法院及时出台相关的司法解释，进一步厘清相关的界限，改进和完善相应措施，这方面需要在实践中不断加以丰富和完善。

——江必新主编：《国有土地上房屋征收与补偿条例理解与适用》，中国法制出版社2012年版，第52~53页。

560. 开发区管委会是否属于适格被告

关键词

开发区管委会　行政主体资格　适格被告

最高人民法院裁判文书

唐某兴诉绥中县人民政府、辽宁省东戴河新区管理委员会行政强制措施并赔偿案［最高人民法院（2015）行监字第96号行政裁定书］

裁判要点：经国务院或者省级人民政府批准成立的开发区管委会，具有行政主体资格，能够独立承担法律责任。但是，行政主体确系受其他行政机关委托行使职权的，应当以委托的行政机关为被告。

在原告请求行政赔偿，损失确实存在，但是原、被告双方均不能就具体损失数额进行举证证明的情况下，人民法院可以结合案件具体情况酌情确定损失数额，判决行政机关予以赔偿。

最高人民法院认为：根据《行政强制法》第八条、第三十四条、第三十五条规定，公民、法人或者其他组织对行政机关实施行政强制，享有陈述权、申辩权；公民、法人和其他组织在行政机关决定的期限内不履行义务的，具有行政强制执行权的行政机关可以依法自行强制执行，没有强制执行权的行政机关应当申请人民法院强制执行；行政机关实施强制执行，应当事先书面催告当事人履行义务。本案中，无论是绥中县政府还是东戴河管委会，均没有提供证明其有权在港口库区内实施行政强制行为的有效法律依据，超越法定职权。《海域使用管理法》第四十七条关于"违反本法第二十九条第二款规定""由县级以上人民政府海洋行政主管部门委托有关单位代为拆除"的规定，适用于"海域使用权终止，原海域使用权人不按规定拆除用海设施和构筑物"的情形，无论是行政主体还是适用范围，均与本案不同，不能作为本案绥中县政府或者东戴河管委会对港口库区内堆放物品享有强制搬移行政强制职权的法律根据。同时，在实施强制搬移行为前，绥中县政府或者东戴河管委会及其综合执法局、公安局也未向唐某兴发送限期履行的书面催告通知书；在实施强制搬移行为过程中，亦未给予唐某兴陈述、申辩的权利，强制搬移行为违反法定程序。因此，原一、二审判决确认被诉行政强制搬移行为违法并无不当。针对唐某兴的申诉理由，分述如下：

一、关于二审判决是否遗漏责任主体问题

东戴河管委会的前身是绥中滨海经济区管理委员会，原为葫芦岛市人民政府的派出机构。2010年底，辽宁省政府决定绥中县实行省管县体制，并于2011年3月29日批准成立绥中高新技术产业开发区，由绥中县政府管理。2012年更名为"东戴河新区管理委员会"。参照2015年《地方各级人民代表大会和地方各级人民政府组织法》第六十八条第二款规定，省级人民政府批准成立的区公所、开发区管委会等县级人民政府的派出机关，具有独立的行政主体资格。东戴河管委会是经辽宁省政府批准成立的、隶属于绥中县政府的派出机关，依法应当具有独立的行政主体资格，对其以自身名义作出的行政行为，应当依法独立承担法律责任。但是，本案中，绥中县政府认可东戴河管委会及其综合执法局、公安局的强制搬移行为是受其委托所为。根据修改前的《行政诉讼法》第二十五条第四款[①]规定，行政机关委托的组织所作的行政行为，委托的行政机关是被告。绥中县政府委托东戴河管委会实施强制搬移，东戴河管委会不是本案适格被告，委托的绥中县政府是本案适格被告。因此，二审判决绥中县政府承担行政赔偿责任并无不当，唐某兴主张二审遗漏责任主体，没有事实和法律根据，最高人民法院不予支持。

二、关于二审判决对行政违法行为范围的认定问题

唐某兴于2013年8月5日向葫芦岛市中级人民法院提起本案诉讼，诉讼请求是确认2013年5月26日上午绥中县政府实施的强制搬移行为违法，并赔偿海域投资、养殖损失5000万元。从其一审诉讼请求可以看出，唐某兴一审所诉行政行为就是2013年5月26日上午的强制搬移行为。原一、二审判决根据唐某兴的一审诉讼请求，依法认定事实，作出确认该强制搬移行为违

---

① 本案规定现为《中华人民共和国行政诉讼法》（2017年修正）第二十六条第四款。

法的判决，并不存在唐某兴申诉中主张的二审判决对行政违法行为范围认定无事实和法律根据的问题。唐某兴申诉中主张绥中县政府禁止其转让获取的海域养殖行为违法，还主张诉讼过程中绥中县政府违法对其养殖物资实施了强迁造成其财产损失。因其在本案一审中未曾提出上述诉讼请求，不属于本案审查范围，应当依法另诉，予以解决。

三、关于造成损失范围的确定问题

《国家赔偿法》第九条第二款规定："赔偿请求人要求赔偿，应当先向赔偿义务机关提出，也可以在申请行政复议或者提起行政诉讼时一并提出。"条文中所谓"一并提出"，应当是指因被诉行政行为造成的损失，可以请求人民法院一并审理、判决。本案中，唐某兴所诉行政行为是绥中县政府的强制搬移行为，根据原审查明事实，绥中县政府主要是对堆放在库区的浮力球进行了强制搬移，并未对其他设施、构筑物等实施强制搬移。因此，二审判决在唐某兴拒绝法院要求一起对强制搬移的浮力球进行清点的情况下，结合现场的实际情况，酌定赔偿强制搬移过程中造成浮力球损坏的损失3万元，不违反法律规定，最高人民法院予以支持。唐某兴请求赔偿投资和养殖损失、受让海域使用权的损失、养殖用车船等设备损失，均不属于本案被诉行政行为造成的损失。唐某兴在最高人民法院询问中亦自认，养殖用车船等设备损失是在2013年11月份又一次强制搬移中形成的。为此，唐某兴提出的与本案被诉行政行为无关的其他损失，不属于本案审查范围，应当依法另行请求救济。

——中国裁判文书网。

附录：本案解析

在我国各地设立的各类开发区种类繁多。在行政法上，哪些开发区管委会具有行政机关的身份，属于独立的行政主体，可以成为行政诉讼中的适格被告，司法实践中认识比较混乱。《地方各级人民代表大会和地方各级人民政府组织法》第六十八条规定："省、自治区的人民政府在必要的时候，经国务院批准，可以设立若干派出机关。县、自治县的人民政府在必要的时候，经省、自治区、直辖市的人民政府批准，可以设立若干区公所，作为它的派出机关。市辖区、不设区的市的人民政府，经上一级人民政府批准，可以设立若干街道办事处，作为它的派出机关。"根据上述规定，派出机关的设立只能经过省级人民政府或者国务院批准成立，地级市人民政府只能批准成立街道办事处，不能批准成立开发区等派出机关。因此，只有经过国务院或者省级人民政府批准成立的开发区管委会才具有合法的行政主体资格，可以在开发区范围内行使同级政府的行政职权。应当注意的是，经国务院或者省级人民政府批准成立的开发区管委会是设立该管委会同级政府的派出机关；管委会下设的职能部门，与各级人民政府的职能部门一样，同样具有独立的行政主体资格。

本案另一裁判要旨是关于行政赔偿损失的认定问题。根据《行政诉讼法》第三十八条第二款规定，在行政赔偿、补偿的案件中，原告应当对行政行为造成的损害提供证据。因被告的原因导致原告无法举证的，由被告承担举证责任。也就是说，原则上，行政赔偿案件中，原告应当对损失的大小承担举证责任。但是，如果因行政机关的违法行为造成原告举证不能的，被告应当承担举证责任。而审判实践中的情况多数是，由于行政机关的违法行为，不仅原告举证不能，被告同样举证不能。此时，应当如何认定原告的损失数额，《行政诉讼法》及相关司法解释均未作出明确规定。我们认为，法官应当根据《最高人民法院关于行政诉讼证据若干问题的规定》第五十四条规定，遵循法官职业道德，运用逻辑推理和生活经验，全面、客观和公正地分析判断，确定证据材料与案件事实之间的证明关系，排除不具有关联性的证据材料，准确认定损失事实。这条规定实质是法官自由心证的规定。法官通过综合分析证据及案件相关事实，合理酌定当事人的损失数额。简单认可原告提出的损失数额和简单否定损失存在的做法，都是不符合法官自由心证规定的。通常情况下，对于原告提出的合理的损失项目和数额，法官可以予以认可，但是，原告提出了根据自由心证原则无法推导出的损失项目、数额的，在没有其他证据佐证的情况下，人民法院应当不予认可。

——郭修江、蔡小雪主编：《行政典型案例及审判经验》，人民法院出版社2019年版，第90~92页。

561. 强制拆除行为适格被告的确定

关键词

强制拆除　适格被告

最高人民法院审判业务意见（行政庭法官会议纪要）

被征收人位于《征地补偿安置方案公告》范围内的合法房屋等被强制拆除后引发诉讼的，人民法院应当根据《中华人民共和国行政诉讼法》第二十六条第一款"作出行政行为的行政机关是被告"的规定与职权法定原则，结合案情确定适格被告：

（1）被征收人提供的证据能够证明市、县人民政府或其成立的临时机构等组织实施强制拆除的，以市、县人民政府为被告；

（2）被征收人提供的证据能够证明市、县人民政府土地行政主管部门或征收管理机构组织实施强制拆除的，以市、县人民政府土地行政主管部门或征收管理机构为被告；

（3）非行政主体自认实施强制拆除，但被征收人提供的证据能够初步证明该强制拆除行为系行政主体基于征收职权组织的，推定市、县人民政府土地行政主管部门或征收管理机构为被告，有相反证据足以推翻的除外；

（4）有证据证明乡（镇）人民政府、街道办事处、村民委员会、居民委员会、建设单位等主体实施的强制拆除行为是受行政机关委托实施的，以委托的行政机关为被告。具体实施的乡（镇）人民政府，街道办事处，村民委员会，居民委员会，建设单位等主体，可作为共同被告或第三人，依法承担相应责任；

（5）合法房屋被强制拆除时无补偿安置协议或补偿决定，又无主体自认实施，人民法院根据原告提供的证据无法确定或推定适格被告，强制拆除行为涉嫌构成犯罪的，依法移送有关部门处理。

无征地批复、征地公告、征地补偿安置方案公告等，乡（镇）人民政府、街道办事处等主体未经市、县人民政府、土地行政主管部门或者征收管理机构委托、部署等，擅自以自己名义实施强制拆除的，以具体实施的单位为被告。

——《最高人民法院行政法官专业会议纪要（五）（集体土地补偿领域）》（2019年11月29日）。

562. 被征收人因国有土地上房屋被征收未获补偿，诉请履行征收补偿职责的，该市、县级人民政府是否为适格被告

关键词

国有土地上房屋　征收补偿　适格被告

最高人民法院审判业务意见

国有土地上房屋征收与补偿的法定主体为市、县级人民政府，通常确定房屋征收部门组织具体实施征收补偿工作，并不免除市、县级人民政府征收补偿的法定职责，其仍为征收补偿的法定主体。被征收人因国有土地上房屋被征收未获补偿，诉请履行征收补偿职责的，市、县级人民政府是适格被告。

——姜伟主编、最高人民法院第四巡回法庭编：《最高人民法院第四巡回法庭疑难案件裁判要点与观点》，人民法院出版社2020年版，第508~511页。

563. 不服市、县级人民政府不履行征收补偿法定职责行为，以市、县人民政府为被告，还是以征收管理部门为被告

关键词

市、县级人民政府　征收补偿　征收管理部门

最高人民法院审判业务意见

3. 不服市、县级人民政府不履行征收补偿法定职责行为，以市、县人民政府为被告，还是以征收管理部门为被告。

答：集体土地征收和国有土地上房屋征收中，被征收人起诉不履行征收补偿法定职责行为的，应当以依法享有作出征收补偿决定法定职权的县级以上人民政府为被告。

当事人起诉不依法履行签订征收补偿协议义务行为的，应当以依法享有签订补偿协议法定职权的征收管理部门为被告。

理由：不履行法定职责案件的适格被告，是依法享有相应法定职权的行政机关。无论是集体土地征收，还是国有土地上房屋征收，依法享有作出征收补偿决定法定职权的机关，均为县级以上人民政府。征收管理部门仅仅具有签订行政协议的法定职权，不具有作出征收补偿决定的职权。《适用解释》第二十五条规定，房屋征收部门组织实施的行政行为，房屋征收部门为被告；征收实施单位受房屋征收部门委托实施的行政行为，以房屋征收部门为被告。根据该条规定并不能得出诉不履行征收补偿法定职责行为，适格被告是征收管理部门的结论。

——《最高人民法院第一巡回法庭关于行政审判法律适用若干问题的会议纪要》（2018年7月23日）。

564. 承租人起诉征收补偿决定、征收补偿协议，是否具有原告资格

关键词

承租人　原告资格　征收补偿决定　征收补偿协议

最高人民法院审判业务意见

7. 承租人起诉征收补偿决定、征收补偿协议，是否具有原告资格。

答：一般而言，承租人与征收决定、征收补偿决定、征收补偿协议行为、强制拆除房屋行为没有利害关系，不具有原告资格。但是，承租人在被征收房屋上有不可分割的重大添附，或者依法独立在承租房屋开展经营活动，或者强制拆除房屋行为造成其物品损失的，承租人与征收决定、征收补偿决定、征收补偿协议行为以及强制拆除房屋行为有利害关系，具有原告资格。

理由：承租人在被征收的房屋上有不可分割的添附，或者依法独立在承租房屋开展经营活动，或者强制拆除房屋行为造成其物品损失的，征收决定、征收补偿决定、征收补偿协议以及强制拆除房屋行为有可能直接对承租人在房屋上的添附或经营权造成损失的，或者强制拆除房屋行为直接造成承租人屋内物品损失的，承租人与该行政行为有利害关系，具有原告主体资格。

——《最高人民法院第一巡回法庭关于行政审判法律适用若干问题的会议纪要》(2018年7月23日)。

565. 债权人对以明显不合理的低价收回国有土地使用权行为的原告资格

关键词

明显不合理的低价　国有土地使用权

最高人民法院裁判文书

宁波高登控股有限公司诉泗阳县人民政府批准收回国有土地使用权案

[最高人民法院（2017）最高法行申8467号行政裁定书]

裁判要点：普通债权人一般情况下不具备原告主体资格，但除外情况是行政机关在作出行政行为时对相关债权依法应予保护或者应予考虑。在协议收回国有土地使用权的情况下，无论作为行政协议还是民事协议，人民法院审理时均可在不违反《行政法》和《行政诉讼法》强制性规定的前提下适用民事法律规范，《中华人民共和国合同法》①第七十四条规定："因债务人放弃其到期债权或者无偿转让财产，对债权人造成损害的，债权人可以请求人民法院撤销债务人的行为。债务人以明显不合理的低价转让财产，对债权人造成损害，并且受让人知道该情形的，债权人也可以请求人民法院撤销债务人的行为。撤销权的行使范围以债权人的债权为限。债权人行使

---

① 本法已被《中华人民共和国民法典》废止。

撤销权的必要费用，由债务人负担。"

最高人民法院认为，综合高登公司的再审申请理由及原审裁判意见，本案争议的焦点在于：关于高登公司作为普通债权人是否具备提起本案诉讼的原告资格问题。

《最高人民法院关于执行〈中华人民共和国行政诉讼法〉若干问题的解释》[①]第十二条规定："与具体行政行为有法律上利害关系的公民、法人或者其他组织对该行为不服的，可以依法提起诉讼。"《最高人民法院关于适用〈中华人民共和国行政诉讼法〉的解释》第十三条规定："债权人以行政机关对债务人所作的行政行为损害债权实现为由提起行政诉讼的，人民法院应当告知其就民事争议提起民事诉讼，但行政机关作出行政行为时依法应予保护或者应予考虑的除外。"根据该规定，普通债权人一般情况下不具备原告主体资格，但除外情况是行政机关在作出行政行为时对相关债权依法应予保护或者应予考虑。

前述已经阐明，本案国有土地使用权收回并非法定收回，而是协议收回。泗阳县国土局与舍得公司于 2010 年 4 月签订的《国有建设用地使用权出让合同》以及 2013 年 7 月 4 日签订的《协议书》，无论作为行政协议还是民事协议，人民法院审理时均可在不违反《行政法》和《行政诉讼法》强制性规定的前提下适用民事法律规范，《中华人民共和国合同法》[②]（以下简称《合同法》）第七十四条规定："因债务人放弃其到期债权或者无偿转让财产，对债权人造成损害的，债权人可以请求人民法院撤销债务人的行为。债务人以明显不合理的低价转让财产，对债权人造成损害，并且受让人知道该情形的，债权人也可以请求人民法院撤销债务人的行为。撤销权的行使范围以债权人的债权为限。债权人行使撤销权的必要费用，由债务人负担。"债权人撤销权制度的目的在于保全责任财产。具体到本案，高登公司未对案涉国有土地使用权设定抵押权，也未在民事诉讼中申请并由人民法院对案涉国有土地使用权采取保全措施，其作为债权人能否行使撤销权呢？首先，舍得公司为宁波电机公司债务提供担保，承担保证责任的时间发生于 2012 年 9 月，而本案舍得公司与泗阳县国土局实施处分案涉国有土地使用权的时间发生在 2013 年 7 月，即舍得公司作为保证人对高登公司承担担保责任在先，案涉国有土地使用权处分行为在后。其次，高登公司提起本案行政诉讼之前，相关民事争议已经民事诉讼处理，浙江省宁波市中级人民法院生效民事判决确认，舍得公

---

① 本解释已被《最高人民法院关于适用〈中华人民共和国行政诉讼法〉的解释》（法释〔2018〕1 号）废止。

② 本法已被《中华人民共和国民法典》废止。

司作为保证人对宁波电机公司的付款义务承担连带清偿责任。据此，舍得公司作为保证人负有担保全部债权实现的义务，且不以主合同债务人宁波电机公司财产被依法强制执行而不能履行债务为前提。舍得公司承担担保责任的财产应是公司全部财产，若无2013年7月4日舍得公司与泗阳县国土局签订《协议书》及嗣后泗阳县国土局作出《收回国有土地使用权决定书》，案涉国有土地使用权即属于舍得公司的责任财产。再次，2013年7月4日舍得公司与泗阳县国土局签订《协议书》，约定双方解除《国有建设用地使用权出让合同》，舍得公司将国有土地使用权手续交还，泗阳县国土局收回81.255亩国有土地使用权并退还土地出让金2031.375万元。由于舍得公司早在2010年10月28日即已取得案涉国有土地使用权证，故2013年7月4日订立《协议书》将土地使用权退回，是一个新的不动产转让行为，对价为2031.375万元。该转让行为是否符合《合同法》①第七十四条中规定的"以明显不合理的低价转让财产"呢？《最高人民法院关于适用〈中华人民共和国合同法〉若干问题的解释（二）》②第十九条规定："对于合同法第七十四条规定的'明显不合理的低价'，人民法院应当以交易当地一般经营者的判断，并参考交易当时交易地的物价部门指导价或者市场交易价，结合其他相关因素综合考虑予以确认。转让价格达不到交易时交易地的指导价或者市场交易价百分之七十的，一般可以视为明显不合理的低价；对转让价格高于当地指导价或者市场交易价百分之三十的，一般可以视为明显不合理的高价。"对此问题，本院以为，本案系国有土地使用权的协议收回，《协议书》签订当时案涉土地使用权的价格是多少，协议约定的对价是否属于明显不合理的低价，同时行使该处分行为后是否使得舍得公司不具有足够资产清偿债权人高登公司的债权，清偿资力减少而危害债权实现，属于人民法院实体审理的范围。在起诉审查阶段，难以准确判断。泗阳县国土局在签订该协议、收回国有土地使用权时，应考虑到该行为对包括舍得公司在内的所有债权人利益的影响。高登公司作为债权人之一，与收回国有土地使用权行为具有法律上的利害关系，依法具备原告资格。需要说明的是，本案高登公司系舍得公司的普通债权人，《协议书》中载明案涉土地使用权设定有抵押即存在有财产担保的优先债权人，泗他项（2013）第049号土地他项权利证明书记载有抵押给江苏吴江农村商业银行股份有限公司泗阳支行的伍仟万元贷款。该抵押权是否依法成立，抵押权所担保的债权是否实现，抵押权人是否行使权利等事实，均需要在实体审理程序中一并查明。

---

① 本法已被《中华人民共和国民法典》废止。
② 本解释已被《最高人民法院关于废止部分司法解释及相关规范性文件的决定》（法释〔2020〕16号）废止。

基于上述分析，一审法院认为高登公司不具备原告主体资格认定错误，但二审法院认为高登公司诉泗阳县政府批准行为不属于人民法院行政案件受案范围是正确的。由于高登公司所诉对象及被告错误，依照《最高人民法院关于适用〈中华人民共和国行政诉讼法〉若干问题的解释》第三条的规定，原审法院裁定驳回起诉，处理结果并无不当。如高登公司认为舍得公司国有土地使用权被收回损害其债权，仍可以泗阳县国土局为被告，向有管辖权的人民法院提起行政诉讼，且其因本次诉讼所耽误的时间不应计入起诉期限。

——中国裁判文书网。

566. 土地租赁权人与集体土地使用证的注销行为不存在法律上的利害关系

关键词

土地租赁权人　集体土地使用证　注销行为　利害关系

最高人民法院裁判文书

高某平、韩某朋诉安阳市文峰区人民政府土地行政案〔最高人民法院（2017）最高法行申 3272 号行政裁定书〕

裁判要点：行政行为的相对人以及其他与行政行为有利害关系的公民、法人或者其他组织，有权提起诉讼；公民、法人或其他组织提起行政诉讼，应当具备原告主体资格。

最高人民法院认为：本案再审审查的焦点问题是高某平、韩某朋是否具有原告诉讼主体资格。起诉人具备原告诉讼主体资格是人民法院审理行政案件的前提之一，本案一、二审法院以高某平、韩某朋与本案被诉行政行为不具有法律上的利害关系为由，裁定驳回起诉，案件并未进入实体审查程序，故高某平、韩某朋关于文峰区政府作出的注销决定没有事实及法律依据的主张不属于本案再审审查的内容。

《行政诉讼法》第二十五条第一款、第四十九条第一项规定，行政行为的相对人以及其他与行政行为有利害关系的公民、法人或者其他组织，有权提起诉讼；公民、法人或其他组织提起行政诉讼，应当具备原告主体资格。本案中，高某平、韩某朋一审的诉讼请求是撤销文峰区政府于 2010 年 8 月 24 日作出的《关于注销安郊集用（2002）字第××号〈集体土地使用证〉的通知》（文政土〔2010〕17 号），该通知注销的安郊集用（2002）字第××号

《集体土地使用证》系安阳市郊区人民政府于2003年1月颁发，使用权类型为集体土地建设用地使用权，使用权人为东郊示范园。根据一、二审法院查明的事实，东郊乡政府就该块土地与平原公司先签订了土地租赁合同，后于2002年1月23日签订《关于东郊乡政府企业办苗圃地块租赁协议的补充意见》，将租赁性质改为转让，但未办理变更登记。2001年11月20日、2003年10月8日，平原公司与高某平、韩某朋签订了协议及补充协议，约定案涉土地由二人共同建设房屋、负责全部投资等。可以认定，高某平、韩某朋先后以平原公司的名义缴纳土地租赁费、使用费等费用，对案涉土地进行投资与建设等，均是就其与平原公司签订协议及补充协议的履约行为，享有的是土地租赁权，而非取代东郊示范园成为案涉土地的使用权人。故高某平、韩某朋与被诉通知注销安郊集用（2002）字第××号《集体土地使用证》行为不存在法律上的利害关系，二人不具有提起本案诉讼的原告主体资格。至于高某平、韩某朋提出的权利救济问题，二审裁定已释明"其可通过其他途径依法主张其补偿、赔偿等正当权益"，不存在二人对案涉土地投资无法律途径救济的情形。

——最高人民法院第四巡回法庭编：《最高人民法院第四巡回法庭典型行政案件裁判观点2017—2018》，法律出版社2020年版，第158~161页。

567. 存在重大添附的承租人与强制拆除房屋行为具有利害关系

关键词

重大添附　承租人　利害关系　原告资格

最高人民法院审判业务意见（主审法官会议纪要）

一般而言，承租人与征收决定、补偿决定、补偿协议、强制拆除房屋行为没有利害关系，但是承租人在被征收房屋上有不可分割的重大添附，或依法独立在承租房屋开展经营活动或者可以证明强制拆除房屋造成其物品损失的，应认为承租人与该强制拆除房屋行为有利害关系，符合其他法定起诉条件的，具有原告资格。

——《存在重大添附的承租人与强制拆除房屋行为具有利害关系》，载最高人民法院第一巡回法庭编著：《最高人民法院第一巡回法庭行政主审法官会议纪要（第1卷）》，中国法制出版社2020年版，第33~35页。

568. 原所有权人对房屋被征收后政府收回国有土地使用权的行为不具有利害关系

关键词

征收决定　国有土地使用权　原土地使用权人　利害关系

最高人民法院裁判文书

熊某强诉宜昌市人民政府、湖北省人民政府土地行政管理及行政复议案
〔最高人民法院（2017）最高法行申 9297 号行政裁定书〕

> 裁判要点：一旦征收范围内国有土地上的房屋被依法征收，人民政府的征收决定将直接导致物权变动的法律效果，该房屋所有权即转归国家所有，被征收人对其房屋不再享有所有权。城市房屋的征收也意味着建设用地使用权的收回，房屋被依法征收的，国有土地使用权亦同时收回。原土地使用权人对征收决定和补偿行为不服的，可以通过行政复议、行政诉讼等法定途径维护自身合法权益，但对于原房屋所有权人或土地使用权人起诉行政机关在其房屋被依法征收后收回国有土地使用权的行为或上级政府针对收回土地使用权的批复行为，则因为其不再具有利害关系，其诉求不会得到法院支持。

最高人民法院经审查认为，本案争议焦点是宜昌市政府作出宜府函〔2015〕17号《批复》的行政行为和湖北省政府的鄂政复决（2016）29号行政复议决定是否合法。

《物权法》①第二十八条规定："因人民法院、仲裁委员会的法律文书或者人民政府的征收决定等，导致物权设立、变更、转让或者消灭的，自法律文书或者人民政府的征收决定等生效时发生效力。"《国有土地上房屋征收与补偿条例》第十三条第三款规定："房屋被依法征收的，国有土地使用权同时收回。"根据上述规定，一旦征收范围内国有土地上的房屋被依法征收，人民政府的征收决定将直接导致物权变动的法律效果，该房屋所有权即转归国家所有，被征收人对其房屋不再享有所有权。城市房屋的征收也意味着建设用地使用权的收回，房屋被依法征收的，国有土地使用权亦同时收回。原土地

---

① 本法已被《中华人民共和国民法典》废止。

使用权人对征收决定和补偿行为不服的，可以通过行政复议、行政诉讼等法定途径维护自身合法权益，但对于原房屋所有权人或土地使用权人起诉行政机关在其房屋被依法征收后收回国有土地使用权的行为或上级政府针对收回土地使用权的批复行为，则因为其不再具有利害关系，其诉求不会得到法院支持。

本案伍家岗区政府于2014年10月16日作出宜伍征决字（2014）7号房屋征收决定，熊某强的房屋位于征收范围内。该（2014）7号房屋征收决定经宜昌市政府复议审查确认合法被维持。因熊某强与征收部门未达成征收补偿协议，伍家岗区政府对熊某强作出宜伍补决字（2015）02号房屋征收补偿决定书，熊某强收到该补偿决定书后未提起行政诉讼亦未搬迁，伍家岗区政府申请人民法院予以强制执行。伍家岗区人民法院经审查裁定准予强制执行宜伍补决字（2015）02号房屋征收补偿决定。故熊某强的上述房屋已被依法征收，其国有土地使用权亦应同时收回。依据《中华人民共和国土地管理法》第五十八条的规定，土地行政主管部门报经原批准用地的人民政府或者有批准权的人民政府批准，可以收回国有土地使用权。熊某强的《国有土地使用权证》由宜昌市政府颁发，宜昌市国土资源局报送收回国有建设用地使用权的请示后，宜昌市政府作出同意收回宜昌市伍家岗小学等38家单位及陈启山等1840户个人（包括熊某强）的宜府函〔2015〕17号《批复》，其行为合法。湖北省政府针对熊某强的复议申请作出鄂政复决（2016）29号行政复议决定，予以维持上述《批复》，程序合法，实体处理也无不当。熊某强的申请再审主张本院不予支持，一审判决驳回其诉讼请求，二审判决驳回上诉，维持原判，结果正确。

——最高人民法院第四巡回法庭编：《最高人民法院第四巡回法庭典型行政案件裁判观点2017—2018》，法律出版社2020年版，第133~137页。

569. 签订征收补偿协议后被征收人与强制拆除房屋行为是否具有利害关系

关键词

征收补偿协议　强制拆除房屋　有利害关系

最高人民法院答复

第二巡回法庭：

贵庭《关于签订征收补偿协议后被征收人与强制拆除房屋行为是否具有利害关系等问题征求意见的函》收悉。经研究，函复如下：

依照原《物权法》[①]第 28 条的规定，征收决定生效时被征收房屋发生物权变动。但依照《国有土地上房屋征收与补偿条例》第 27 条第 1 款的规定，应当补偿安置在先、被征收人搬迁在后。对房屋强制拆除行为提出起诉的，起诉人提供证据初步证明合法权益遭受不利影响，应当先认定其与被诉行政行为具有利害关系，依法予以立案。立案之后，应当结合被征收人是否仍在房屋内居住生活、被征收人是否腾空交付房屋、房屋内是否存有物品等因素，实体审查被诉行政行为是否实际影响原告的实体利益、被诉行政行为作出时是否应考虑原告的合法权益等情况，对其与被诉行政行为是否具有利害关系作出综合认定。

——《最高人民法院行政审判庭关于签订征收补偿协议后被征收人与强制拆除房屋行为是否具有利害关系等问题征求意见的复函》（2021 年 10 月 27 日，行复〔2021〕140 号）。

570. 以撤销行政行为为请求的诉讼中"利害关系"的含义

关键词

撤销行政行为　利害关系

最高人民法院裁判文书

甘肃宁氏实业有限责任公司、中华人民共和国国土资源部资源行政管理：土地行政管理（土地）再审审查与审判监督行政裁定书〔最高人民法院（2013）行监字第 00446-1 号行政裁定书〕

裁判要点：在以撤销行政行为为请求的诉讼当中，"利害关系"至少包含三层含义：一是原告主张的必须是自身依据法律规定而享有的权利，或者说原告的主张在法律上必须具有请求权基础；二是该权利有可能受到了被诉行政行为的不当侵害，有必要在进一步查明被诉行政行为是否确实非法侵害原告权利的基础上，保护原告权利；三是被侵害的权利可以通过所提之诉得到有效救济，从而使原告与诉请事项具有诉讼法上的利益。

行政诉讼中原告资格的取得，不仅要求其与被诉行为具有一定的利害关系，这种利害关系还必须能够通过所提之诉得以有效救济。具体到撤销诉讼，

[①] 本法已被《中华人民共和国民法典》废止。

如果即使撤销被诉行政行为也不能够给原告带来任何实际利益,或是这种利益应当通过其他更为直接、有效的诉讼手段得以实现,则原告与被诉行为之间的利害关系就无法通过所提之诉表现出来,或者说,就其所提的诉讼而言其诉的利益就不复存在,原告的起诉也应当据此被驳回。

最高人民法院认为:本案争议的焦点为宁氏公司是否具有适格的原告资格。对此,《中华人民共和国行政诉讼法》第四十九条规定:"提起诉讼应当符合下列条件:(一)原告是符合本法第二十五条规定的公民、法人或者其他组织;"第二十五条规定:"行政行为的相对人以及其他与行政行为有利害关系的公民、法人或者其他组织,有权提起诉讼。"本案中,由于宁氏公司并非被诉颁证行为的相对人,因此,其是否具有原告主体资格,取决于与被诉颁证行为是否具有"利害关系"。而本条规定的"利害关系",在以撤销行政行为为请求的诉讼当中,至少包含三层含义:一是原告主张的必须是自身依据法律规定而享有的权利,或者说原告的主张在法律上必须具有请求权基础;二是该权利有可能受到了被诉行政行为的不当侵害,有必要在进一步查明被诉行政行为是否确实非法侵害原告权利的基础上,保护原告权利;三是被侵害的权利可以通过所提之诉得到有效救济,从而使原告与诉请事项具有诉讼法上的利益。

一、宁氏公司所提诉讼请求,具有相应的权利基础。本案中,宁氏公司之所以要求撤销国土资源部颁发给宇臻公司的第T0112008×××××××××号探矿权许可证,是认为该证侵害了宁氏公司基于甘地矿证管字(1996)第08号采矿许可证和文县国土资源局在该证基础上作出的恢复争议矿段采矿权的承诺而享有的相关权利。对此,再审被申请人提出,"甘肃化工新技术有限公司"已经于2002年1月11日被吊销营业执照,该公司因取得甘地矿证管字(1996)第08号采矿许可证而享有的相关权益并未传递给"甘肃宁氏实业有限责任公司"。本院对此不予认可,理由在于:最早取得甘地矿证管字(1996)第08号采矿许可证的企业虽然是"甘肃化工新技术有限公司",但是,根据宁氏公司提供的(1998)甘公审证字第028号验资报告、甘肃化工新技术有限公司甘化(1998)06号董事会决议、兰州市工商行政管理局兰州高新技术产业开发区分局于2000年3月8日和2010年10月13日出具的证明、该局电脑市场管理所于1998年9月17日出具的证明、甘肃省工商行政管理局(甘)企名函字063号"通知函"等证据,同时,结合国家工商行政管理局工商企字〔1995〕第215号《关于〈原有有限责任公司和股份有限公司重新登记实施意见〉的通知》第一条"凡在1994年6月30日前,依照有关法律、行政法规、地方性法规和国务院有关部门制定的《有限责任公司规范意见》《股份有限公司规范意见》登记注册的有限责任公司和股份有限公司,包括依照前述两个规范意见设立的名称中不含'有限责任'、'股份有限'字样的公司，均必须申请办理重新登记。"的规定，可以证实"甘肃化工新技术有限公司"于1998年因企业名称规范和业务范围扩展等原因变更为"甘肃宁氏化工实业有限责任公司"。而宁氏公司提供的1998年11月16日的变更登记申请书、兰州市工商行政管理局兰州高新技术产业开发区分局分别于2000年3月8日和2010年10月13日出具的证明能够证明"甘肃宁氏化工实业有限责任公司"其后经工商部门审批变更为"甘肃宁氏实业有限责任公司"，即本案再审申请人。因此，从权利继受关系上看，本案再审申请人"甘肃宁氏实业有限责任公司"可以继受"甘肃化工新技术有限公司"的相关权利义务，再审被申请人的主张不成立。

二、宁氏公司对争议矿段享有的权利确有可能受到了被诉行政行为的不当侵害。《探矿权采矿权转让管理办法》第五条第三项规定，转让探矿权，探矿权属应当无争议。《探矿权采矿权转让审批有关问题的规定》第二条第一款第4项规定："探矿权权属无争议"，须由转让审批机关向下级地矿行政管理机关核实。由此，国土资源部门不仅应当在授予探矿权时核实矿产资源的权属情况，在转让探矿权时，也应当出于对潜在权利人利益的保护核实被转让矿产的权属情况。本案中，再审申请人于2000年换证后，就基于文县国土资源局的承诺而成为涉案矿段的潜在权利人，并在此后一直申请要求恢复争议矿段的采矿权。从甘国土资矿发（2006）98号文件载明的内容看，甘肃省国土资源厅最迟于2006年已经知晓上述情况，并要求再审申请人向有关部门汇报协调，提出处理意见，逐级上报。对此，再审被申请人在2008年作出被诉颁证行为时，如果严格按照《探矿权采矿权转让管理办法》第五条第三项和《探矿权采矿权转让审批有关问题的规定》第二条第一款第4项的规定，向下级国土资源部门核实相关情况，就应当能够发现作为潜在权利人的再审申请人与转让登记申请人之间的争议并依法作出处理，从而减少本案纠纷的复杂程度，最大限度保护相关权利人的利益。但在本案中，再审申请人基于行政机关承诺而享有的潜在利益却由于再审被申请人没有履行相关征询义务而被忽略，实为不当，本院在此予以指正。再审被申请人提出的转让变更申请，没有必要征求下级国土资源主管部门意见的答辩意见不成立，本院不予支持。

三、宁氏公司被侵害的权利无法通过本案诉讼得到有效救济。如前所述，行政诉讼中原告资格的取得，不仅要求其与被诉行为具有一定的利害关系，这种利害关系还必须能够通过所提之诉得以有效救济。具体到撤销诉讼，如果即使撤销被诉行政行为也不能够给原告带来任何实际利益，或是这种利益应当通过其他更为直接、有效的诉讼手段得以实现，则原告与被诉行为之间的利害关系就无法通过所提之诉表现出来，或者说，就其所提的诉讼而言其诉的利益就不复存在，原告的起诉也应当据此被驳回。本案中，宁氏公司的诉讼请求是撤销国土资源部颁发给宇臻公司的第T0112008××××××××××号勘查许可证中与甘地矿证管字（1996）第08号采矿许可证重合的部分。然而，宁氏公司2000年换证后，涉案矿段的探矿权共发生过两次转移，分别是：2004年，明科公司通过010××××××××××号勘查许可证取得争议矿段的金矿探矿权；2008年，宇臻公司通过第T01120080803012858号勘查许可证取得争议矿段的重晶石矿探矿权。由于后者，也就是本案被诉行为是在2004年明科公司取得的探矿权基础上所进行的权利转移和矿种变更，因此，在国土资源部给明科公司的颁证行为没有被撤销或确认违法的情况下，即使宁氏公司在本案中胜诉，也无法实现其恢复争议矿段采矿权的诉讼目的。故而，宁氏公司只能通过一并起诉两次转移登记行为或是首先对国土资源部给明科公司的颁证行为提起诉讼方能实现其诉的利益，而非仅针对国土资源部给宇臻公司的颁证行为提起诉讼。因此，在宁氏公司仅针对颁发给宇臻公司的第T01120080803012858号探矿权许可证提起诉讼的情况下，其与该颁证行为不具有法律上之利害关系，无法成为本案的适格原告。

综上所述，再审申请人宁氏公司与被诉行政行为在本案中没有法律上的利害关系，无权提起本案诉讼。

——中国裁判文书网。

571. 行政机关在星期六实施强制拆除是否合法

关键词

强制拆除　节假日

最高人民法院答复

安徽省高级人民法院：

你院《关于孙某柱诉房屋强制拆除一案如何适用〈中华人民共和国行政强制法〉第四十三条第一款的请示》收悉。经研究，答复如下：

依照《中华人民共和国行政强制法》第四十三条第一款及第六十九条的规定，行政机关不得在星期六实施强制拆除，但情况紧急的除外。

此复

——最高人民法院关于行政机关在星期六实施强制拆除是否违反〈中华人民共和国行政强制法〉第四十三条第一款规定的请示的答复》（2017年12月29日，最高人民法院（2016）最高法行他81号）。

附录：最高人民法院法官著述

"法定节假日"的范围如何界定，尤其是是否包括星期六、星期日，文义上存在选择空间。"法定节假日"的文义，在不同法律规范上有狭义和广义两种不同理解。

狭义理解认为不包括星期六和星期日。比如，《未成年人保护法》规定："学校不得占用国家法定节假日、休息日及寒暑假期。"《公共图书馆法》规定："公共图书馆在公休日应当开放，在国家法定节假日应当有开放时间。""休息日""公休日"就是星期六和星期日，法定节假日与之并列规定，显然并不包括星期六和星期日。

广义理解则包含星期六和星期日。比如，《行政许可法》第八十二条规定："本法规定的行政机关实施行政许可的期限以工作日计算，不含法定节假日。"法定节假日包括工作日以外的其他时间，包括星期六和星期日在内。

以上规定中法定节假日的含义，都可以在本条规定中直接找到相对的概念，以单纯的文义解释，将两个概念相互对照即可确知。但是《行政强制法》第43条第1款规定中并无相对概念，因此，其到底应采广义还是狭义，无法以文义解释得出明确结论，只能结合运用其他的解释方法。

一般来说，在可能的文义存在多种方案，文义解释无法进一步明确时，应当首先考虑运用体系解释方法。其步骤应当是由近及远，即首先在同一法律规范中联系上下文，如果仍不能确定，再扩大到其他法律规范。就本案而言，在《行政强制法》中寻找关联条款，可以找到第69条规定，其内容为："本法中十日以内期限的规定是指工作日，不含法定节假日。"根据上述规定，行政强制法中的"法定节假日"是排除工作日以外的日子，包括星期六和星期日。因此，除紧急情况外，行政机关不得在星期六实施强制拆除。

一般的法律问题，经过上述体系解释方法的运用，基本可以得出确定的结论，但是这个问题决定着一年中将近1/3的时间能否实施强制执行，无论对行政执法还是权利保护，都可谓关系重大。为慎重起见，最好在法意解释、目的解释或者社会学解释方法中继续验证。

休息权是中华人民共和国公民的一项基本权利。[①]《行政强制法》第43条规定，原则上不得在夜间或者法定节假日实施强制执行，意在保护公民的休息权，防止扰民。[②]而星期六、星期日都是休息日。循此目的，可以推知《行政强制法》第43条规定的"法定节假日"应当包括星期六和星期日。德国等

[①] 《宪法》第43条第1款规定："中华人民共和国劳动者有休息的权利。"
[②] 参见全国人大常委会法制工作委员会行政法室编著：《中华人民共和国行政强制法解读》，中国法制出版社2011年版，第141页。

国家和地区均有周末休息日不得采取强制执行措施的规定,① 这一比较法经验亦有助于我们在法律解释中借鉴。另外,还有一点值得提及,前述解释观点亦为全国人大常委会法工委行政法室编著的行政强制法释义书籍所认可。该书对于把握立法本意具有一定参考作用,可以进一步补强经过前述分析得出的结论。

——王振宇:《行政诉讼与国家赔偿审判理论与实务》,人民法院出版社2023年版,第162~176页。

572. 因行政程序违法导致原告举证困难的应当适当降低其证明责任

关键词

强制拆迁　举证责任　行政赔偿

行政审判指导案例

增城市大恒科技实业有限公司诉增城市城乡规划局行政强制拆除案[行政审判指导案例第91号]

裁判要点:新修订的《国家赔偿法》第十五条第一款和相关司法解释均规定原告对造成损害的事实应当承担举证责任。然而在违章建筑强制拆除的过程中,由于行政机关的程序违法造成原告难以就其损害事实提供充分证据甚至无法提供证据的,应当适用降低原告的证明责任,以体现保护相对人合法权益的立法精神。

上诉人增城市规划局应依法对强拆现场的财物进行登记公证保存,但是,上诉人增城市规划局并未将涉案物品进行公证保全代管,亦未移送大恒公司,违反了法律规定。虽然涉案物品增城市朱村镇法律服务所已作证据保全和已移送大恒公司工作人员,但是朱村镇法律服务所并非公证机关,其制作清单没有具体物品的名称和数量,不具有证明效力,而且本案亦没有证据证明大恒公司的工作人员接收上诉人增城市规划局所称物品。上诉人大恒公司在本案中对其财产损失提供了公证材料和大恒农庄物品清单予以证明,根据大恒农庄实际经营情况,上诉人大恒公司主张损失的电子设备、办公用品、农资

---

① 参见全国人大常委会法制工作委员会行政法室编著:《中华人民共和国行政强制法解读》,中国法制出版社2011年版,第141~142页。

用品、装饰品等均属于农庄内日常可以使用的物品，数量在合理范围内。由于上诉人增城市规划局未按法律规定对涉案财物进行公证保全代管以及未能依法提供不予赔偿或者减少赔偿方面的合法证据，因此，原审法院以大恒公司提供的公证书等作为强拆现场的依据，以评估机构在公证书基础上作出的评估结果作为赔偿的依据，作出上诉人增城市规划局应赔偿大恒公司果木作物、电子设备、办公用品、农资用品及装饰品等财产损失的判决，合理合法，并无不当。

——江必新主编、最高人民法院行政审判庭编：《中国行政审判案例》第3卷，中国法制出版社2013年版，第51页。

（二）起诉期限

573. 遗漏补偿项目要求行政机关履行补偿职责，需受起诉期限的限制

关键词

补偿款遗漏　行政机关

最高人民法院裁判文书

张某合、河南省济源市人民政府再审审查与审判监督案［最高人民法院（2019）最高法行申11014号行政裁定书］

裁判要旨：当事人已领取补偿款，后起诉提出补偿款中遗漏有关项目额要求行政机关履行补偿职责，当事人应于领取补偿时就知道补偿的相关内容，时隔多年，提起本案诉讼，已超过法定的起诉期限。

最高人民法院经审查认为，张某合以济源市政府未向其支付围堰和供水渠的补偿款为由，提起本案诉讼。根据原审查明，张某合有一处鱼塘因2008年沁河河口水库工程项目被征收。其于2013年9月23日书写保证一份，内容为"我同意按移民局组织2013年9月9日协调会议方案，每亩32048元，包括鱼塘开挖护砌引水管、大堰、蒸汽机电力设施，收到款后保证息诉、罢访"。同年9月25日张某合领取了232668元鱼塘补偿款。本案中，张某合提出济源市政府未向其支付围堰和供水渠补偿款的主张。如果鱼塘补偿款中遗漏有关项目，张某合应于2013年9月25日领取补偿款时就知道鱼塘补偿

款的相关内容,其于 2018 年 9 月 7 日提起本案诉讼,已超过法定的起诉期限。原审法院裁定驳回其起诉,并无不当。张某合关于保证书被篡改等主张,因未提交证据予以证明,本院不予支持。

——中国裁判文书网。

574. 强制拆除违法建筑应在法定起诉期限届满后实施

关键词

强制拆除　违法建筑　起诉期限届满

最高人民法院裁判文书

毛某香诉被申请人兴宁市人民政府行政强制拆除及赔偿纠纷案［最高人民法院（2015）行提字第 28 号行政判决书］

裁判要点:《行政强制法》第四十四条规定的期限是一种法定期间,即对违法建筑物、构筑物、设施等强制拆除行为规定了比一般行政强制执行行为更多的前置条件,即应经公告并经法定期限届满后,被执行人仍未自行拆除也未提起行政复议或行政诉讼的,有强制执行权的行政机关才可以依法自行强制执行。本案中,行政机关在之前作出的《违法建设限期拆除通知书》及《催告通知书》中均未告知当事人相关申请行政复议及提起行政诉讼的权利,却在作出《行政强制执行决定书》的次日就强制拆除当事人的房屋,显然不当,属程序违法。

最高人民法院认为,本案的争议焦点是兴宁市政府拆除毛某香房屋的行为是否合法及应否对毛某香的房屋进行赔偿并承担相关费用。对此,最高人民法院分析如下:

一、关于兴宁市政府拆除毛某香房屋的行为是否合法问题。首先,2002 年 7 月 8 日,广东省人民政府发出粤府函（2002）257 号《关于同意兴宁市城区总体规划进行局部调整的批复》,批准同意对《兴宁市城区总体规划》进行局部调整。经调整,兴宁市实施 2000—2015 年总体规划城市规划区面积为 114 平方公里,福兴街道黄畿村毛屋坝地段属于城市规划区范围。因此,毛某香建房所在地属于城市规划区范围,应当按照《城乡规划法》的规定履行相关报建手续。因毛某香最终未能获得合法的报建手续,政府部门将其所建房屋认定为违章建筑并无不当。其次,根据已查明事实,2013 年 12 月 9

日毛某香对兴宁市住建局作出的限期拆除通知申请行政复议,要求撤销该限期拆除通知。2013年12月10日,兴宁市政府经催告后作出兴府行强执决字(2013)第1号《行政强制执行决定书》,决定对毛某香违法建筑物实施强制拆除,于当日发出《强制执行公告》,并于2013年12月11日对毛某香违法建筑实施强制拆除。根据《行政强制法》第四十四条的规定,"对违法的建筑物、构筑物、设施等需要强制拆除的,应当由行政机关予以公告,限期当事人自行拆除。当事人在法定期限内不申请行政复议或者提起行政诉讼,又不拆除的,行政机关可以依法强制拆除"。本案中,兴宁市政府作出兴府行强执决字(2013)第1号《行政强制执行决定书》,告知毛某香强制执行决定,同时告知相关申请行政复议及提起行政诉讼的权利,并于作出该《行政强制执行决定书》的第二天即2013年12月11日强行拆除毛某香的建筑物。对此,本院认为,《行政强制法》第四十四条规定的期限是一种法定期间,即对违法建筑物、构筑物、设施等强制拆除行为规定了比一般行政强制执行行为更多的前置条件,即应经公告并经法定期限届满后,被执行人仍未自行拆除也未提起行政复议或行政诉讼的,有强制执行权的行政机关才可以依法自行强制执行。本案中,兴宁市政府于2013年12月10日作出兴府行强执决字(2013)第1号《行政强制执行决定书》,于作出该《行政强制执行决定书》的次日即将毛某香的房屋拆除,而在之前作出的《违法建设限期拆除通知书》及《催告通知书》中均未告知毛某香相关申请行政复议及提起行政诉讼的权利,却在作出兴府行强执决字(2013)第1号《行政强制执行决定书》的第二天就强制拆除毛某香的房屋,显然不当,属程序违法。故毛某香主张兴宁市政府拆除其房屋违反程序的理由成立,本院予以支持。原审法院对此适用法律不当,本院予以纠正。《中华人民共和国行政诉讼法》第七十四条规定:"行政行为有下列情形之一的,人民法院判决确认违法,但不撤销行政行为:……(二)行政行为程序轻微违法,但对原告权利不产生实际影响的。"因兴宁市政府的行政行为属轻微程序违法,且毛某香的房屋已被当地政府部门认定为违章建筑,拆除行为对毛某香的权利不产生实际影响,故本院对兴宁市政府的强制拆除行为确认违法。

二、关于兴宁市政府应否对毛某香的房屋进行赔偿并承担相关费用的问题。根据《中华人民共和国国家赔偿法》第四条的规定:"行政机关及其工作人员在行使行政职权时有下列侵犯财产权情形之一的,受害人有取得赔偿的权利:(一)违法实施罚款、吊销许可证和执照、责令停产停业、没收财物等行政处罚的;(二)违法对财产采取查封、扣押、冻结等行政强制措施的;(三)违法征收、征用财产的;(四)造成财产损害的其他违法行为。"因兴宁市政府拆除毛某香房屋的行政行为并不属于上述国家赔偿的范围,故毛某香的该项再审请求没有法律依据。毛某香还主张,即使房屋在城镇规划区内也不能作拆除处理，应区别对待。但针对违章建筑的实际处理方式是行政主管部门的职权，不属于本案审查的范围，本院对此不作评判。毛某香关于撤销广东省兴宁市政府兴宁府行复〔2013〕30号《行政复议决定书》的再审请求，不属于本案再审审理的范围，毛某香可另行寻求救济途径。

——中国裁判文书网。

575. 集体土地征收起诉期限确定与统一告知

关键词

集体土地征收　行政诉讼　起诉期限

最高人民法院审判业务意见（行政庭法官会议纪要）

被征收人对补偿、强制拆除等行为不服，应当在法定期限内提起行政诉讼。行政机关未依法告知公民、法人或者其他组织起诉期限的，起诉期限从公民、法人或者其他组织知道或者应当知道起诉期限之日起计算，但从知道或者应当知道行政行为内容之日起最长不得超过一年。

《征收土地公告》《征地补偿安置方案公告》等已经明确告知被征收人对补偿、强制拆除等行为不服可以在六个月内提起行政诉讼的，视为已经正确告知起诉期限。未明确告知起诉期限的，参考原国务院法制办公室《关于认定被征地农民"知道"征收土地决定有关问题的意见》（国法〔2014〕40号）确定相应的期限。

——《最高人民法院行政法官专业会议纪要（五）（集体土地补偿领域）》（2019年11月29日）。

576. 在房屋被非法拆除的情况下，不能以曾向行政机关提出过补偿请求作为确认拆除房屋违法案件中扣除起诉期限的理由

关键词

非法拆除　补偿请求　起诉期限

最高人民法院裁判文书

宋某文诉马鞍山市雨山区人民政府拆迁行政强制案［最高人民法院（2019）最高法行申459号行政裁定书］

裁判要旨：行政补偿是行政机关的合法行为使公民、法人或其他组织的合法权益受到损失，由国家给予补偿的制度。向行政机关申请对被拆除房屋的补偿与通过确认拆除房屋违法来解决对被拆除房屋的赔偿问题是两种不同的救济途径。行政补偿诉讼也与确认行政行为违法诉讼在诉讼类型、审理方式、起诉期限的计算等方面均有不同。在房屋被非法拆除的情况下，不能以曾经向有关部门提出过补偿请求作为确认拆除房屋违法案件中扣除起诉期限的理由。

最高人民法院经审查认为：《最高人民法院关于执行〈中华人民共和国行政诉讼法〉若干问题的解释》[①]第四十一条第一款规定："行政机关作出具体行政行为时，未告知公民、法人或者其他组织诉权或者起诉期限的，起诉期限从公民、法人或者其他组织知道或者应当知道诉权或者起诉期限之日起计算，但从知道或者应当知道具体行政行为内容之日起最长不得超过 2 年"。根据宋某文一审起诉状载明的内容，宋某文仅针对雨山区政府 2015 年 12 月 8 日的拆除行为提起行政诉讼，一审庭审中，宋某文又再次明确拆除行为发生于 2015 年 12 月 8 日。因此，可认定宋某文并未对 2017 年拆除生产经营设备行为提起诉讼。宋某文承认拆除时已经知道行政行为内容，原审裁定以 2015 年 12 月 8 日拆除房屋的时间计算宋某文起诉期限的起点并无不当。宋某文于 2018 年 2 月 5 日提起行政诉讼，已经超过起诉期限。

宋某文主张在知道房屋被拆除后，曾经在起诉期限内向雨山区政府提出过补偿请求，本案起诉期限应予扣除。本院认为，行政补偿是行政机关的合法行为使公民、法人或其他组织的合法权益受到损失，由国家给予补偿的制度。向行政机关申请对被拆除房屋的补偿与通过确认拆除房屋违法来解决对被拆除房屋的赔偿问题是两种不同的救济途径。行政补偿诉讼也与确认行政行为违法诉讼在诉讼类型、审理方式、起诉期限的计算等方面均有不同。在房屋被非法拆除的情况下，不能以曾经向有关部门提出过补偿请求作为确认拆除房屋违法案件中扣除起诉期限的理由。宋某文的相关主张不予支持。

——中国裁判文书网。

[①] 本文件已被《最高人民法院关于适用＜中华人民共和国行政诉讼法＞的解释》（法释〔2018〕1 号）废止。

577. 在当事人于民事诉讼中知道行政行为对其权利义务产生不利影响的情况下,行政诉讼的起诉期限应当从生效民事判决作出之日起计算

关键词

行政诉讼　起诉期限

最高人民法院裁判文书

王某方诉汤阴县人民政府行政指令案〔最高人民法院（2019）最高法行再16号行政裁定书〕

裁判要点：1. 起诉期限设定的立法初衷，在于防止行政相对人怠于行使诉权，故在当事人已就相关争议提起民事诉讼的情况下，民事诉讼的审理期间应当依据《行政诉讼法》第四十八条："公民、法人或者其他组织因不可抗力或者其他不属于其自身的原因耽误起诉期限的，被耽误的时间不计算在起诉期限内"的规定，予以排除，而不应计入起诉期限。

2. 当事人虽然在民事诉讼过程中知道了被诉行政行为，但根据《行政诉讼法》第二十五条和第四十九条第一款的规定，知道行政行为并不是当事人提起行政诉讼的充分条件，只有与行政行为具有利害关系的主体才能适格地提起行政诉讼。而相关民事裁判作出并生效后，当事人才能确定其权利义务是否因行政行为而受到生效民事裁判的影响，因此，在当事人于民事诉讼中知道行政行为对其权利义务产生不利影响的情况下，行政诉讼的起诉期限应当从生效民事判决作出之日起计算。

最高人民法院认为：根据原《最高人民法院关于执行〈中华人民共和国行政诉讼法〉若干问题的解释》①第四十一条第一款的规定，行政机关作出具体行政行为时，未告知公民、法人或者其他组织诉权或者起诉期限的，起诉期限从公民、法人或者其他组织知道或者应当知道诉权或者起诉期限之日起计算，但从知道或者应当知道具体行政行为内容之日起最长不得超过2年。

---

① 本文件已被《最高人民法院关于适用〈中华人民共和国行政诉讼法〉的解释》（法释〔2018〕1号）废止。

第四十二条规定,公民、法人或者其他组织不知道行政机关作出的具体行政行为内容的,其起诉期限从知道或者应当知道该具体行政行为内容之日起计算。对涉及不动产的具体行政行为从作出之日起超过20年、其他具体行政行为从作出之日起超过5年提起诉讼的,人民法院不予受理。本案中,虽然可以认定再审申请人王某方于2014年10月20日在(2014)汤民二初字第196号王某方、宋某瑞诉原汤阴县电业局供电合同纠纷一案的庭审中知道了汤土建监〔2012〕第4号函的存在。但是,一方面,由于起诉期限设定的立法初衷,在于防止行政相对人怠于行使诉权,故在再审申请人已就相关争议提起民事诉讼的情况下,民事诉讼的审理期间应当依据《行政诉讼法》第四十八条:"公民、法人或者其他组织因不可抗力或者其他不属于其自身的原因耽误起诉期限的,被耽误的时间不计算在起诉期限内"的规定,予以排除,而不应计入起诉期限;另一方面,本案中,再审申请人王某方虽然在民事诉讼过程中知道了被诉行政行为,但根据《行政诉讼法》第二十五条和第四十九条第一款的规定,知道行政行为并不是当事人提起行政诉讼的充分条件,只有与行政行为具有利害关系的主体才能适格地提起行政诉讼。而具体到本案中,相关民事裁判作出并生效后,再审申请人才能确定其权利义务是否因行政行为而受到生效民事裁判的影响,因此,在当事人于民事诉讼中知道行政行为对其权利义务产生不利影响的情况下,行政诉讼的起诉期限应当从生效民事判决作出之日起计算。据此,由于王某方、宋某瑞诉原汤阴县电业局供电合同纠纷案经过一审、二审、发回重审等程序,河南省安阳市中级人民法院最终于2016年11月30日作出了生效民事判决,故再审申请人的起诉期限应当从生效民事判决作出的2016年11月30日起计算,其于2017年4月提起本案行政诉讼,不超过前述法定起诉期限。故,一审法院裁定驳回王某方的起诉,二审法院驳回上诉,维持原裁定,适用法律错误,依法应予纠正。

——中国裁判文书网。

(三)起诉条件与起诉方式

578. 行政机关作出的涉及农村集体土地历史遗留问题的行为不应纳入行政诉讼受案范围

关键词

农村集体土地　历史遗留问题　受案范围

附录：最高人民法院主流观点

"历史遗留问题"并非法律术语，但在我国政府行政规范性文件中经常使用。人们通常用历史遗留问题界定时间跨度比较长，情况相对复杂，无法完全按照现行的法律规范处理的棘手社会问题。在新中国成立和发展的整个进程中，由于体制变迁而造成的，在现实制度体系中无法有效确认或保障的土地历史遗留问题。这些问题产生于特定历史变迁的背景下，受国家土地制度调整的影响，其合法性在现行制度框架下存在模糊，需要从我国的实际情况出发，通过一些特殊的政策来解决。对于这些需要通过特殊政策而不是通过法律来解决的纠纷，人民法院一般是不予受理的。在一些省份不同程度地存在着这类土地历史遗留问题，但是这些问题，又不像在房屋管理领域那样突出，全国各地普遍存在着落实城镇私房政策的问题。并且，随着各地出台的一些政策，使得这些历史遗留问题逐步得到解决，可以说这类问题越来越少。因此，审判委员会讨论时，还是认为这条没有必要规定，人民法院处理相关案件时，可以依照最高人民法院关于审理房地产案件的规定来处理。

——江必新主编：《最高人民法院〈关于审理涉及农村集体土地行政案件若干问题的规定〉理解与适用》，中国法制出版社2013年版，第25~27页。

579. 单独对规范性文件提起的诉讼应如何裁判

关键词

规范性文件　单独提起诉讼

最高人民法院裁判文书

徐某裕诉浙江省宁波市鄞州区人民政府拆迁其他行政行为案［最高人民法院（2016）最高法行申3581号行政裁定书］

裁判要点：根据《中华人民共和国行政诉讼法》第五十三条第一款之规定，公民、法人或者其他组织认为行政行为所依据的国务院部门和地方人民政府及其部门制定的规范性文件不合法，在对行政行为提起诉讼时，可以一并请求对该规范性文件进行审查。对于单独、直接对规范性文件提起诉讼的情形，人民法院可依法裁定不予立案或者驳回起诉。

最高人民法院认为：再审申请人徐某裕要求撤销的鄞政发（2001）103

号《鄞县周公宅水库征地拆迁和移民安置实施办法》为原鄞县人民政府作出的规范性文件。根据《中华人民共和国行政诉讼法》第十三条的规定,行政法规、规章或者行政机关制定、发布的具有普遍约束力的决定、命令不属于行政诉讼的受案范围。而涉案文件系依据《中华人民共和国土地管理法》和《大中型水利水电工程建设征地补偿和移民安置条例》等法律、法规,针对周公宅水库征地拆迁和移民安置工作的需要而制定,属于行政规范性文件,具有普遍约束效力,故不能直接提起诉讼。《中华人民共和国行政诉讼法》第五十三条第一款规定,公民、法人或者其他组织认为行政行为所依据的国务院部门和地方人民政府及其部门制定的规范性文件不合法,在对行政行为提起诉讼时,可以一并请求对该规范性文件进行审查。因此,对规范性文件合法性的审查要求只能在针对行政行为提起诉讼时一并提出,而不能直接对规范性文件提起诉讼。本案中,二审法院明确指出,再审申请人诉请撤销的实施办法系再审被申请人鄞州区政府依据《中华人民共和国土地管理法》和《大中型水利水电工程建设征地补偿和移民安置条例》等法律、法规,针对周公宅水库征地拆迁和移民安置工作的需要而制定,属于行政规范性文件,对其不能直接提起行政诉讼。上述认定于法有据,本院予以认可。另,再审申请人在原审中仅就上述实施办法直接起诉而请求法院依法撤销,至于其他申请再审请求,其在一、二审期间并未提出,本院依法不予审查。再审申请人申请再审的事实和理由于法无据,难以成立。

——最高人民法院行政审判庭编:《最高人民法院行政裁判要旨及评述(第一卷)》,人民法院出版社2019年版。

580. 土地储备机构的诉讼主体资格

关键词

土地储备机构　主体资格

最高人民法院司法解释

第五条　土地权利人认为土地储备机构作出的行为侵犯其依法享有的农村集体土地所有权或使用权的,向人民法院提起诉讼的,应当以土地储备机构所隶属的土地管理部门为被告。

——《最高人民法院关于审理涉及农村集体土地行政案件若干问题的规定》(2011年8月7日,法释〔2011〕20号)。

581. 特定工程房屋拆迁补偿标准文件具有可诉性

关键词

特定工程房屋拆迁补偿安置文件　受案范围

行政审判指导案例

易某广诉湖南省株洲县人民政府送电线路建设工程征地拆迁补偿安置决定案［行政审判指导案例第44号］

　　裁判要点：县级人民政府为辖区内特定工程出台的房屋拆迁补偿标准文件，关涉人数固定、范围确定的征地拆迁补偿安置相对人的合法权益，是可诉的具体行政行为。

　　根据《中华人民共和国土地管理法》第四十七条、《中华人民共和国电力法》第十六条，《湖南省〈中华人民共和国土地管理法〉办法》第二十三条及《湖南省电力建设若干规定》第十条等法律法规的规定，电力建设项目的征地、拆迁，由县级以上人民政府按照设区的市、自治州人民政府制定并经省人民政府批准的征地、拆迁补偿标准组织实施。即只有设区的市、自治区人民政府制定并经省人民政府批准的征地、拆迁补偿标准才是合法有效的。株洲县人民政府是湖南省送变电建设公司长衡500kV送电线路工程株洲县段建设工程项目征地、拆迁的组织者和实施者，其制定的株县政办发〔2007〕9号《拆迁补偿安置办法》，是针对长衡500kV送电线路工程株洲县段范围内特定的征地对象制定，具有一定的时限性，也不能反复适用，属于超越法定职权的具体行政行为。株洲县重点工程管理办公室系株洲县人民政府组建，作为实施长衡500KV送电线路工程株洲县段建设工程征地拆迁补偿安置的临时机构，其在本案中作出的拆迁、安置和补偿等具体行政行为所产生的法律后果，应当由株洲县人民政府承担。因株县政办发〔2007〕9号《拆迁补偿安置办法》在2008年12月12日由株洲县人民政府公告失效，不再执行。同时，在本案一审诉讼程序中，湖南省人民政府正在依法对株洲市人民政府株政发〔2006〕20号《株洲征地拆迁补偿安置办法》第四十条第二款进行审查修改中，尚未对株洲县（市）范围内征收土地涉及的拆迁房屋的补偿安置明确补偿标准。补偿安置标准的制定和实施属于人民政府行政权力的范围，人民法院的司法审查权依法不能干预和代替行政职权。原判认为株洲县人民政府征收土地按照株县政办发〔2007〕9号文件标准支付地上房屋（附着物）

补偿费的行为违法,并责令株洲县人民政府采取相应的补救措施适用合法有效的补偿标准符合法律规定。上诉人株洲县人民政府认为株县政办发〔2007〕9号文件是行政规范性文件,是不可诉的抽象行政行为的上诉理由不能成立。第三人湖南省送变电建设公司与株洲县人民政府签订房屋拆迁安置及补偿包干和承包协议的行为不属于同一法律关系及本案的审理范围。故对上诉人株洲县人民政府的上诉请求,不予支持。

——江必新主编、最高人民法院行政审判庭编:《中国行政审判案例》(第2卷),中国法制出版社2011年版,第23~24页。

582. 县政府针对特定小区发布有关拆迁补偿安置工作通知的行为具有可诉性

关键词

拆迁补偿安置　行政复议范围

最高人民法院裁判文书

重庆市垫江县桂溪镇北苑小区董某华等108户诉重庆市人民政府行政复议决定上诉案［最高人民法院(2001)行终字第14号行政判决书］

> 裁判要点:县政府针对特定被拆迁户发布的通知中有关拆迁补偿安置的标准、办法及未按通知执行的法律后果等内容都涉及当事人的权利义务,且不可反复适用,故含有具体行政行为内容,属于行政复议范围。

最高人民法院认为:垫江县政府作出的垫府发〔1998〕2号通知中有关拆迁补偿安置的标准、办法以及未按通知执行的法律后果等内容涉及当事人权利义务,上述内容针对的对象是特定的,即北苑小区的全部被拆迁单位和被拆迁户。上述内容的效力只适用于北苑小区旧城改造范围的被拆迁单位和被拆迁户,其效力不及于其他对象,不能反复使用,一旦北苑小区的拆迁工作完成,该通知即失去其效力。该通知第2条第1款规定,对个别超过拆迁公告规定的拆迁期限,并经拆迁动员单位督促后,仍拒不拆、搬的,在给予一定经济惩罚的基础上,依法实施强制拆除。该规定不仅为相对人设定了义务,而且规定一旦相对人未履行义务,将直接承担被强制拆除的法律后果。综上,垫江县政府垫府发〔1998〕2号《关于认真做好北苑小区旧城改造房屋拆迁补偿安置工作的通知》中含有具体行政行为的内容,根据《行政复议法》第2条、第6条的规定,属于申请复议的范围。重庆市人民政府认为该通知属于抽象行政行为、不属行政复议的范围的理由不能成立,其作出的渝府复裁〔2000〕15号行政复议裁定书主要证据不足,适用法律错误,应予撤销。重庆市高级人民法院〔2001〕行重字第8号行政判决维持重庆市人民政府的渝府复裁〔2000〕15号行政复议裁定,属于认定事实不清,适用法律错误。上诉人的上诉理由成立,应予支持。

——最高人民法院行政审判庭编:《最高人民法院最新行政裁判汇编》,人民法院出版社2006年版,第471页。

583. 实质上含有收回决定和补偿方案内容的国有土地使用权收回公告具有可诉性

关键词

国有土地使用权　收回决定　补偿方案　可诉性

最高人民法院裁判文书(六巡裁判规则)

贺兰县华康农牧场(有限公司)诉贺兰县人民政府有偿收回国有土地使用权案〔最高人民法院(2021)最高法行申2839号行政裁定书〕

裁判要旨: 收回国有土地使用权应依法推进。对于仅作出收回公告,未作出收回决定和补偿决定即事实上收回国有土地使用权的,应认为实质上含有收回决定、补偿方案内容的收回公告具有可诉性。

在行政机关未依法推进国有土地使用权收回程序,且相对人选择起诉的行为未真正反映其实质诉求的情况下,法院通过释明、协调,促使行政机关补作征收决定、补偿决定,同时根据相对人实质诉求引导其另诉补偿决定,既有利于实质化解矛盾,又有利于促进依法行政。

附录:最高人民法院主流观点

一、裁判理由

当事人有权在法律规定的范围内处分自己的诉讼权利。再审申请人华康公司向法院申请撤回再审申请,是其真实意思表示,且没有侵害国家、集体和他人的合法权益,不违反法律规定,法院予以准许。法院依照《最高人民法院关于适用〈中华人民共和国行政诉讼法〉的解释》第115条第2款的规定,裁定准许华康公司撤回再审申请。

二、评析

本案是裁定准许撤回再审申请的案件，但本案中的法律规则及矛盾实质化解思路值得总结。

（一）关于案涉公告的可诉性

本案被诉行政行为是收回国有土地使用权的公告行为。案涉《收回公告》载明了收回范围、补偿标准、补偿登记方式等内容，华康公司提供的土地使用权证表明其耕种土地在此范围内。在法庭询问中，贺兰县政府述称已要求华康公司停耕案涉土地且已作出收回决定，但此后未能提供该收回决定。而华康公司提供的二审法院处理的另案判决〔（2020）宁行终220号〕中，二审法院认为，该另案公告的收回范围、补偿标准具体明确，亦告知了征地程序、补偿登记期限和提起行政复议或行政诉讼的期限，故不属于具有普遍约束力的决定、命令，对相对人的权利义务产生实际影响，一审法院以该公告属于抽象行政行为、不具备可诉性为由不予立案，属于适用法律错误，应予纠正。综上，鉴于贺兰县政府在发布《收回公告》后未作出收回决定和补偿决定即事实上收回案涉土地的使用权，且《收回公告》实质上含有收回决定、补偿方案内容，故应认为《收回公告》具有可诉性。

（二）本案矛盾实质化解的思路

鉴于本案黄河河滩地收回涉及黄河流域生态保护和高质量发展工作，华康公司提供了类似情形下二审法院同一合议庭纠正一审不予立案裁定的另案文书，结合宏观背景和案件具体情况综合考量，法院组织了询问。经询问了解到：一方面，华康公司实际上认可收回土地使用权，只是不认可补偿标准，且起诉公告行为的原因是贺兰县政府没有单独作出收回决定；另一方面，当事人双方也互相了解到此前因不予立案等原因而互不掌握的情况，特别是政府一方借机了解到华康公司的土地使用权尚未到期而非此前掌握的承包合同已到期解除的情况。在此基础上，为充分保障相对人诉权、减少讼累、促进矛盾实质化解，经多次、多方协调敦促，贺兰县政府单独作出了收回土地使用权决定和补偿决定，华康公司也撤回了再审申请，另诉补偿决定。

——杨临萍主编：《最高人民法院第六巡回法庭裁判规则》，人民法院出版社2022年版，第565~566页。

584. 集体土地被依法征收后发布的征地补偿安置公告是否可诉

关键词

集体土地征收　补偿安置标准　公告　可诉性

最高人民法院裁判文书

吴某仙、杨某慧诉云南省昆明市五华区人民政府拆迁补偿安置公告申请案［最高人民法院（2020）最高法行申 9429 号[①] 行政裁定书］

> **裁判要点**：集体土地经依法批准征收后，区、县人民政府发布的征收集体土地及补偿安置方案公告中，有关征收集体土地的内容仅系对相应征地批文内容的告知，对当事人权利义务不产生实际影响，该部分内容不可诉；有关对补偿安置标准的异议，可通过提起行政裁决或行政复议的方式寻求救济，对该部分内容亦不可直接提起行政诉讼。

最高人民法院认为，本案争议的主要问题为，吴某仙、杨某慧的起诉是否符合法定起诉条件。吴某仙、杨某慧提出的诉讼请求为，撤销五华区政府发布的《公告》，并判令五华区政府就案涉房屋拆迁补偿安置事宜重新作出合法的补偿安置行为。《公告》的主要告知内容为：案涉集体土地上房屋拆迁范围、拆迁实施单位、搬迁期限及补偿安置方案。案涉房屋位于《公告》中涉及的 A5 地块范围内，A5 地块的集体土地已经依法批准征收。《公告》中有关征收 A5 地块集体土地的内容仅系对相应征地批准文件内容的告知，对被征收人权利义务产生实质影响的是《公告》中有关补偿安置的内容。二审认定吴某仙、杨某慧诉请撤销《公告》并判令五华区政府依法对其补偿安置，实质上系关于补偿安置的争议，并无明显不当。对于补偿安置标准争议，吴某仙、杨某慧可依法通过提起行政裁决或复议的方式寻求救济。吴某仙、杨某慧的起诉不符合法定起诉条件，二审裁定驳回起诉，裁判结果并无不当。

——中国裁判文书网。

585. 村民与村委会之间的土地承包经营权纠纷不属于行政诉讼的受案范围

关键词

土地承包经营权　行政登记　行政诉讼的受案范围

[①]（2020）最高法行申 9431 号案与本案为系列案，裁判要旨相同。

最高人民法院裁判文书

裴某新、孙某林与江苏省盐城市盐都区人民政府土地承包经营权行政登记案［最高人民法院（2021）最高法行申 2556 号行政裁定书］

裁判要旨：村民和当地村委会之间的土地承包经营权纠纷应通过民事诉讼途径解决，不属于行政诉讼的受案范围。

最高人民法院经审查认为，本案的核心问题是裴某新、孙某林和当地村委会的土地承包经营权纠纷能否通过行政诉讼的途径解决。

首先，本案的表现形式虽然是裴某新、孙某林诉请撤销盐都区人民政府向第三人颁发的土地承包经营权证，但实质上是对当地村委会取消其承包经营权不服。根据《中华人民共和国农村土地承包法》第五十一条①的规定，因土地承包经营发生纠纷的，双方当事人可以通过协商、调解、仲裁或者民事诉讼的途径解决。故行政诉讼无法解决裴某新、孙某林和村委会之间的承包经营权纠纷。

其次，《农村土地承包经营权证管理办法》第二条第一款规定，农村土地承包经营权证是农村土地承包合同生效后，国家依法确认承包方享有土地承包经营权的法律凭证。由此可见，承包经营权证本身并不创设承包权，仅仅是对承包人已经享有的经营权的确认。裴某新、孙某林仅仅是涉案土地的原承包经营权人，在村委会已经将涉案土地发包给第三人的情况下，其丧失了请求颁证的事实基础。

——中国裁判文书网。

586. 对已经批准征收土地是否有权要求政府换发新的土地承包经营权证

关键词

土地承包经营权证　土地征收

最高人民法院裁判文书

林某明诉福建省建瓯市政府不履行颁发土地承包经营权证案［最高人民法院（2020）最高法行申 11605 号行政裁定书］

---

① 本条规定现为《中华人民共和国农村土地承包法》（2018 年修正）第五十五条。

裁判要旨： 在当事人提出的要求履行法定职责之诉中，应满足以下条件：当事人所申请的事项具有实体法上的请求权基础，行政机关具备相应的法定职责，申请行政机关所作的行为是一个具体、特定的行政行为，可能侵害的是属于其本人的主观权利。当所承包的农村集体土地已经政府批准征收，则农村土地承包经营权证属于依法应收回的情形，在此情形下，诉请政府为其换发新的土地承包经营权证，缺乏事实根据，不符合法定的起诉条件。

最高人民法院经审查认为，在当事人提出的要求履行法定职责之诉中，除了履责申请之外，人民法院还要审查当事人所申请的事项应具有实体法上的请求权基础，行政机关应具备相应的法定职责，申请行政机关所作的行为应是一个具体、特定的行政行为，可能侵害的必须是属于其本人的主观权利。如果当事人对上述事项明显没有相应的事实根据，则其起诉不具备法定的起诉条件，人民法院可以径行裁定不予立案或者驳回起诉。本案中，一审原告、二审上诉人林某明向原审法院起诉，请求判令被申请人建瓯市政府对其所承包的农村集体土地进行确权、登记，并颁发全国统一制式的土地承包经营权证，其实质是要求被申请人为其换发新的土地承包经营权证。根据已生效的福建省龙岩市中级人民法院（2016）闽08行初52号行政判决和（2017）闽08行初3号、4号行政判决查明的事实，林某明的承包地已经福建省人民政府批准征收，属于《中华人民共和国农村土地承包经营权证管理办法》第二十条规定的应依法收回农村土地承包经营权证的情形。在此情况下，林某明向原审法院提起本案之诉，请求被申请人为其换发新的土地承包经营权证，缺乏事实根据，其起诉不符合法定的起诉条件。

——中国裁判文书网。

587.当事人请求撤销农村土地承包经营权登记的处理方式

关键词

撤销行政登记

最高人民法院裁判文书

林某梅与昌江县政府行政登记纠纷申请再审案［最高人民法院（2021）最高法行申926号行政裁定书］

裁判要旨： 农村土地承包经营权登记是对农村土地承包合同的

行政确认，若登记内容和合同内容一致，应驳回当事人请求撤销承包经营权登记的请求。

最高人民法院经审查认为，《中华人民共和国农村土地承包法》（2009年修正）第二十二条①规定，承包合同自成立之日起生效。承包方自承包合同生效时取得土地承包经营权。《中华人民共和国农村土地承包经营权证管理办法》第二条第一款规定，农村土地承包经营权证是农村土地承包合同生效后，国家依法确认承包方享有土地承包经营权的法律凭证。第九条规定，农村土地承包经营权证登记簿记载农村土地承包经营权的基本内容。农村土地承包经营权证、农村土地承包合同、农村土地承包经营权证登记簿记载的事项应一致。本案中，昌江县政府向豹德园户颁发2017年承包证，是对豹德园与村民小组2015年签订承包合同的确认行为。2017年承包证与2015年承包合同一致，符合法律规定。林某梅主张2015年承包合同上豹德园的签名虚假，但是未申请鉴定。而且豹德园作为2015年承包合同的签订主体，亦未以其签名系虚假为由提起诉讼。林某梅在海南省昌江黎族自治县叉河镇人民政府2015年10月至2016年1月对该镇承包经营权进行三次公示、2018年8月对林某梅所在村民小组确权登记颁证情况公示后，直至2019年10月方才提起本案诉讼，要求撤销2017年承包证，二审法院未予支持，并无不当。林某梅主张的再审事由不能成立，本院不予支持。

——中国裁判文书网。

588. 行政机关出具的张贴公告的书面证明及视听资料、被征地农民出具的证言可以作为认定依法发布征收土地公告的证据

关键词

驳回行政复议申请决定　发布征收土地公告

最高人民法院裁判文书

刘某海、李某勤、刘某乾与河南省政府驳回行政复议申请决定案［最高人民法院（2021）最高法行申260号行政裁定书］

裁判要旨：行政机关能够提供下列证据之一，经查证属实的，可以作为认定依法发布了征收土地公告的证据：（一）行政机关出具

---

① 本条规定现为《中华人民共和国农村土地承包法》（2018年修正）第二十三条。

的在被征收土地所在地的村、组内张贴公告的书面证明及视听资料；征收乡（镇）农民集体所有土地的，出具的在乡（镇）人民政府所在地张贴公告的书面证明及视听资料；（二）被征地农民出具的证实其被征收土地已张贴公告的证言等证据。

最高人民法院经审查认为，参照原国务院法制办公室《关于认定被征地农民"知道"征收土地决定有关问题的意见》（国法〔2014〕40号）第二条的规定，行政机关能够提供下列证据之一，经查证属实的，可以作为认定依法发布了征收土地公告的证据：（一）行政机关出具的在被征收土地所在地的村、组内张贴公告的书面证明及视听资料；征收乡（镇）农民集体所有土地的，出具的在乡（镇）人民政府所在地张贴公告的书面证明及视听资料；（二）被征地农民出具的证实其被征收土地已张贴公告的证言等证据。征收土地公告有确定期限的，可以认定申请人自公告确定的期限届满之日起知道征收土地决定；征收土地公告没有确定期限的，可以认定申请人自公告张贴之日起满10个工作日起知道征收土地决定。

本案原审中河南省人民政府提交了洛阳市洛龙区龙门镇杜村村民委员会出具的张贴情况说明、河南省人民政府行政复议中心工作人员对杜村村民任某霞、刘某强、杜某军、刘某宾和洛龙区国土资源局工作人员陈某杰、洛龙区龙门街道办事处（原龙门镇）工作人员杨某、常某所作的调查笔录，上述证据能够相互印证，证明4号《征地通告》于2010年6月15日进行了张贴，通告中对豫政土〔2009〕283号、豫政土〔2009〕285号征收土地批复的主要内容予以了公告。刘某海等3人于2018年6月向河南省人民政府提起行政复议，要求撤销案涉征地批复，已经超过法定的复议申请期限。河南省人民政府作出复议决定驳回刘某海等3人的复议申请并无不当，一、二审判决驳回刘某海等3人的诉讼请求亦无不当。

——中国裁判文书网。

589. 确定起诉人起诉是否超过法定期限的前提条件是明确被诉行政行为

关键词

具体的诉讼请求　明确被诉行政行为

最高人民法院裁判文书

海南省万宁市后安镇乐来村民委员会上洋经济社诉海南省万宁市人民

政府等土地征收行为案［最高人民法院（2018）最高法行申 4599 号行政裁定书］

> 裁判要点：1. 所谓"具体的诉讼请求"，主要是指要有明确的被诉行政行为。被诉行政行为不明确，不符合法定起诉条件。征收集体土地行为是由不同行政机关实施的一系列不同行政行为构成的，对征收土地行为提起行政诉讼，诉讼请求不明确，人民法院应当按照《中华人民共和国行政诉讼法》第五十一条第三款规定向起诉人释明，要求其予以明确。起诉人不能明确被诉行政行为的，起诉不符合法定条件，人民法院应当依法裁定不予立案；已经立案的，裁定驳回起诉。
>
> 2. 确定起诉人起诉是否超过法定期限的前提条件，同样是要明确被诉行政行为。只有明确被诉行政行为，才能判定起诉人"知道或者应当知道作出行政行为之日"，从而确定起诉期限的起算日期，也才能正确判断至起诉之日，是否超过法定起诉期限。

最高人民法院经审查认为，《中华人民共和国行政诉讼法》第四十九条第三项规定，公民、法人或者其他组织提起行政诉讼，应当要有具体的诉讼请求和事实根据。所谓"具体的诉讼请求"，主要是指要有明确的被诉行政行为。被诉行政行为不明确，不符合法定起诉条件。征收集体土地行为是由不同行政机关实施的一系列不同行政行为构成的，对征收土地行为提起行政诉讼，诉讼请求不明确，人民法院应当按照《中华人民共和国行政诉讼法》第五十一条第三款规定向起诉人释明，要求其予以明确。起诉人不能明确被诉行政行为的，起诉不符合法定条件，人民法院应当依法裁定不予立案；已经立案的，裁定驳回起诉。本案中，上洋经济社请求确认万宁市政府征收涉案土地的行政行为违法，而征收土地行为包括批准征地行为，发布征收公告和征收补偿方案公告行为，征收补偿安置行为，强制搬迁行为等一系列行政行为，上洋经济社所诉行政行为不明确，一、二审裁定驳回上洋经济社起诉，处理结果并无不当。上洋经济社主张，一、二审裁定适用六个月起诉期限，适用法律错误。但是，根据《最高人民法院关于适用〈中华人民共和国行政诉讼法〉若干问题的解释》第二十六条第一款规定，2015 年 5 月 1 日前起诉期限尚未届满的，适用修改后的行政诉讼法关于起诉期限的规定。一、二审裁定认定上洋经济社最迟于 2016 年 12 月 6 日知道征收涉案土地的事实，此时上洋经济社的起诉期限尚未届满，一、二审裁定适用修改后的《行政诉讼法》规定的六个月起诉期限，符合上述司法解释的规定。上洋经济社还主张，万宁市政府征收上洋经济社"石姆子量"土地行为程序违法。但是，本案一、二审处理结果是裁定驳回起诉,并未对被诉行政行为的合法性进行审理。以此为由申请再审,理由亦不能成立。

应当指出的是,《中华人民共和国行政诉讼法》第四十六条第一款规定,公民、法人或者其他组织直接向人民法院提起诉讼的,应当自知道或者应当知道作出行政行为之日起六个月内提出。据此,确定起诉人起诉是否超过法定期限的前提条件,同样是要明确被诉行政行为。只有明确被诉行政行为,才能判定起诉人"知道或者应当知道作出行政行为之日",从而确定起诉期限的起算日期,也才能正确判断至起诉之日,是否超过法定起诉期限。本案中,在被诉行政行为不明确的情况下,一、二审根据上洋经济社在诉状中的诉称及其在庭审中的陈述,判断上洋经济社最迟已于2016年12月6日知道万宁市政府实施征收涉案7.5亩土地的行政行为,并据此作为计算上洋经济社起诉是否超过法定期限的起算点,认定上洋经济社起诉时已经超过六个月的法定期限不妥,本院予以指正。但是,鉴于以上洋经济社自认的知道被诉行政行为的时间作为起诉期限的起算点,其起诉也已经超过法定期限,且存在被诉行政行为不明确,不符合法定起诉条件的情形,一、二审裁定驳回上洋经济社起诉的处理结果并无不当,再审本案无实际意义,徒增诉累,本案不予再审。

——中国裁判文书网。

590. 土地储备中心签订土地使用权收购合同,不属于行政诉讼的受案范围

关键词

土地使用权收购　民事合同　行政行为

最高人民法院裁判文书

大连保税区德珑房地产开发有限公司诉大连保税区管理委员会、大连保税区规划和土地房屋局收回国有土地使用权并行政赔偿案[最高人民法院(2015)行监字第1731号行政裁定书]

裁判要点:土地储备中心根据《土地储备管理办法》第十三条规定,与土地使用权人签订的土地使用权收购合同,属于平等主体之间签订的土地使用权转让民事合同,不属于行政诉讼的受案范围。

最高人民法院认为:关于《收地协议》行为性质的问题。本案一审发生

在 2015 年 5 月 1 日第十二届全国人民代表大会常务委员会第十一次会议讨论通过的《关于修改〈中华人民共和国行政诉讼法〉的决定》实施之前，关于是否符合立案条件问题，应当适用当时有效的修改前的《中华人民共和国行政诉讼法》。根据修改前的《中华人民共和国行政诉讼法》第十一条[①]规定："公民、法人或者其他组织认为具体行政行为侵犯其人身权、财产权的，属于人民法院行政诉讼受案范围。"也就是说，只有行政机关行使行政职权的行为，才属于行政诉讼的受案范围，非行政机关实施的平等主体之间的民事行为，不属于行政诉讼的受案范围。本案中，德珑公司诉保税区管委会、保税区规划房屋局收回土地使用权，而实际上，两行政机关并未作出任何有关收回涉案土地使用权的行政行为。签订《收地协议》的行为，实质是储备中心与唐银公司进行土地和地上构筑物及附属设施转让的民事行为，储备中心并非行政机关，不行使行政职权，转让土地使用权及地上附着物属于平等主体之间的民事交易行为，亦不存在受委托或者经授权行使行政职权的情形，与保税区管委会、保税区规划房屋局的行政职权没有关联性，不能视为两行政机关的行为。因此，德珑公司诉储备中心与唐银公司签订《收地协议》的行为并非行政行为，不属于行政诉讼的受案范围。一、二审裁定驳回德珑公司起诉，并无不当。

——中国裁判文书网。

591. 调解结案应怎样适用

关键词

调解结案

最高人民法院裁判文书

林某国诉山东省济南市住房保障和房产管理局房屋行政管理案［最高人民法院（2016）最高法行再 17 号行政调解书］

裁判要点：1. 在行政给付行为和给付变动行为中，行政主体在是否实施给付、给付的方式与幅度、是否行使给付变动权、采取何种变动行为等方面有裁量权，行政机关行使法律、法规规定的裁量权的案件可以调解结案。有关城市低收入家庭廉租住房权益保障的案件属于上述情形，可以通过调解结案。

[①] 本文规定现为《中华人民共和国行政诉讼法》（2017 年修正）第十二条。

2. 对残疾人等较为弱势的行政相对人，人民法院应当提供公正、高效、便捷的司法服务，在法律允许的范围内，给予司法关怀。

最高人民法院经审理查明：2007 年 9 月 9 日，林某国向济南市房管局提出廉租房实物配租申请，经济南市房管局审查，符合廉租房实物配租条件。通过摇号，林某国取得了该市槐荫区世纪中华城×号楼×单元×××室廉租住房，并签订了《济南市廉租住房租赁合同》。2010 年 5 月，林某美向济南市住建局实名举报林某国在申请廉租房过程中隐瞒离婚事实、取得廉租房后连续六个月未实际居住等事实。济南市房管局经调查，举报内容属实。林某国主张其连续六个月未实际居住，是因为自己肢体二级残疾，该住房位置偏远、地处山坡、交通不便，故居住不久后即搬出。同年 7 月，济南市房管局收回林某国承租的涉案廉租房，并于同年 9 月给林某国办理了廉租房租金补贴。林某国从 2010 年 7 月开始在外租房居住至今，2011 年重新申请并取得该年度廉租住房实物配租资格，后以当年房源不适合自己居住为由放弃摇号选房。目前，林某国仍享有该市保障性住房实物配租资格。

本案再审期间，根据《中华人民共和国行政诉讼法》第六十条之规定，经征求双方当事人意见，本院主持了调解。

——最高人民法院行政审判庭编：《最高人民法院行政裁判要旨及评述（第一卷）》，人民法院出版社 2019 年版。

592. 取得土地权利证书后就土地权属问题发生争议，只能以该权利证书为基础就颁证行为或其他侵权行为依法进行救济

关键词

土地权利证书　土地权属争议

最高人民法院裁判文书

李某生诉天长市人民政府土地确权及滁州市人民政府行政复议决定案
[最高人民法院（2017）最高法行申 3264 号行政裁定书]

裁判要点：由于政府颁发土地权利证书应当遵循"权属合法、界址清楚、面积准确"的原则并履行相关调查、审核义务，一般而言，当事人取得土地权利证书后，土地权属应当已经清楚、明确，该证书所具有的权属确认效力非经法定程序废止，有关部门和个人均应予以尊重。因此，如果当事人在取得土地权利证书后，就土地

权属问题发生争议，只能以该权利证书为基础就颁证行为或其他侵权行为依法进行救济。

最高人民法院认为：由于政府颁发土地权利证书应当遵循"权属合法、界址清楚、面积准确"的原则并履行相关调查、审核义务，一般而言，当事人取得土地权利证书后，土地权属应当已经清楚、明确，该证书所具有的权属确认效力非经法定程序废止，有关部门和个人均应予以尊重。因此，如果当事人在取得土地权利证书后，就土地权属问题发生争议，那么也只能以该权利证书为基础就颁证行为或其他侵权行为依法进行救济。据此，原审法院认为土地权属利害关系人一方或多方已取得权利证书的情况下存在的争议，不属于土地权属争议，不能按照《土地管理法》第十六条的规定，请求人民政府对土地权属进行确认处理并无不当。再审申请人李某生申请确认任庄村民小组与陆庄村民小组交界处陈家塘西侧地块土地使用权所提供的材料能够证实，天长市人民政府给李某生的集体建设用地颁发了宅基地使用权属证明，给李某生的承包土地颁发了确权证明，故其提出的确权申请不符合法律的规定。李某生若因其宅基地和承包地使用权受到侵害、土地登记发生纠纷或者对其权证以外的土地权属有争议，可按照相关法律规定，寻求相应救济途径。故天长市人民政府作出《土地权属争议案件不予受理决定书》符合法律规定。滁州市人民政府在复议期间，履行了立案受理、通知答复等程序，在法定期间内作出复议决定，并依法向李某生进行了送达，亦符合《行政复议法》的程序规定。

至于再审申请人提出，安徽省高级人民法院（2016）皖行终649号行政判决和滁州市中级人民法院（2016）皖11行终40、41、42号三份行政判决自相矛盾的问题。本院认为，（2016）皖行终649号行政判决并未认定再审申请人对陈家塘西侧全部土地享有使用权，而是认定天长市人民政府依据其提供的申请和材料作出《土地权属争议案件不予受理决定书》的行政行为，以及滁州市人民政府作出的复议决定符合法律规定。滁州市中级人民法院（2016）皖11行终40、41、42号三份行政判决亦未对再审申请人就陈家塘西侧变压器所在土地有无使用权作出认定，只是认为该争议不影响天长市公安局治安处罚决定的合法性，故上述判决之间不存在矛盾。再审申请人的其他主张，因缺乏证据支持，本院亦不予支持。

——最高人民法院第四巡回法庭编：《最高人民法院第四巡回法庭典型行政案件裁判观点2017-2018》，法律出版社2020年版，第359~361页。

593. 起诉人起诉请求确认市、县人民政府强制拆除房屋行为违法，但既未证明系房屋所有权人或者用益物权人，也未证明有具体屋内财产损失的，人民法院一般不予支持

关键词

承租人　合法产权人　用益物权人　强制拆除行为违法　原告主体资格

最高人民法院裁判文书

汪某诉被申请人万年县人民政府房屋行政强制案［最高人民法院（2018）最高法行申 3667 号行政裁定书］

裁判要点：起诉人起诉请求确认市、县人民政府实施拆除案涉平房宿舍行为违法，虽然举证证明系该房屋承租人，但没有提供相应的证据证明是该房屋的合法产权人或者用益物权人，也没有提供相应的证据证明存在相关屋内物品损失，案涉房屋依法已经由相关企业主体办理房屋所有权证和国有土地使用权证，且起诉人也非该相关企业主体职工，市、县人民政府实际也已为起诉人安排相关保障性住房的，起诉人坚持起诉请求确认市、县人民政府实施强制拆除行为违法，不具有相应物权请求权和原告主体资格。

最高人民法院认为：《行政诉讼法》第二条第一款规定："公民、法人或者其他组织认为行政机关和行政机关工作人员的行政行为侵犯其合法权益，有权依照本法向人民法院提起诉讼。"第二十五条第一款规定："行政行为的相对人以及其他与行政行为有利害关系的公民、法人或者其他组织，有权提起诉讼。"第四十九条规定："提起诉讼应当符合下列条件：（一）原告是符合本法第二十五条规定的公民、法人或者其他组织……"同时，《最高人民法院关于行政诉讼证据若干问题的规定》第四条第一款规定："公民、法人或者其他组织向人民法院起诉时，应当提供其符合起诉条件的相应的证据材料。"本案中，汪某起诉请求确认万年县政府组织实施拆除案涉江西省万年县上坊乡丰收平房宿舍行为违法，但没有提供相应的证据证明汪某系该房屋的合法产权人或用益物权人。结合一、二审法院查明事实，案涉房屋由万年县畜牧良种场于 1988 年办理房屋产权证，万年县政府于 1997 年组建江西万年春珍珠集团，万年县畜牧良种场更名为万年县畜牧良种有限公司并作为江西万年春珍珠集团控股企业；之后，万年县政府组建江西万年珍珠有限责任公司，

将案涉房屋等划拨给江西万年珍珠有限公司使用，江西万年珍珠有限公司于2007年12月办理相关房屋所有权证和国有土地使用权证。汪某的父亲汪某好曾作为万年县畜牧良种场职工租住案涉房屋，按月向万年县畜牧良种场缴纳房租，汪某好退休后搬离。经汪某好申请，万年县有关职能部门于2017年3月为其实际分配万年县万兴小区居住房屋一套作为保障性住房。因而，汪某起诉主张万年县政府组织拆除案涉房屋行为违法，尚不具备法定原告主体资格，而其家庭有关居住用房问题，当地政府及相应职能部门也予妥善安置。因此，一、二审法院分别裁定驳回汪某的起诉和上诉，并无不当。

——最高人民法院第三巡回法庭编著：《最高人民法院第三巡回法庭典型行政案件理解与适用》，中国法制出版社2019年版，第78~80页。

594. 被征收人对土地征收补偿标准不服，应经正确复议程序后再行起诉

关键词

征地补偿标准　复议前置　起诉条件

最高人民法院裁判文书

张某芳诉眉山市政府土地行政补偿案［最高人民法院（2020）最高法行申13250号[①]行政裁定书］

裁判要旨：案涉土地征收主体为东坡区政府，眉山市政府无相应土地征收补偿职责。张某芳诉求实质系对土地征收补偿标准不服，应以东坡区政府为被申请人，向眉山市政府申请行政复议。但张某芳等人径向眉山市政府请求履行土地征收补偿职责，对眉山市政府的回复意见不服，向四川省政府申请复议，四川省政府未予受理，故其起诉不符合起诉条件。

最高人民法院认为，本案审查重点为张某芳的起诉是否符合起诉条件。张某芳等人向眉山市政府提交申诉书，请求眉山市政府履行土地征收补偿职责，眉山市政府作出回复意见，对相关征地实施行为和事实进行告知。张某芳对该回复意见不服而提起本案诉讼，请求撤销该回复意见，并由眉山市政府履行相应土地征收补偿职责。经原审查明，案涉集体土地征收项目经四川

---

① 本案与（2021）最高法行申2045号、（2021）最高法行申2059号为系列案。

省人民政府批准后，由东坡区政府作出征收土地通告，东坡国土分局经东坡区政府同意作出征收补偿安置方案公告，因此本案征收主体为东坡区政府，眉山市政府无相应土地征收补偿职责。张某芳诉求实质系对土地征收补偿标准不服，应按照国务院原法制办公室《关于依法做好征地补偿安置争议行政复议工作的通知》（国法〔2011〕35号）关于"被征地集体经济组织和农民对有关市、县人民政府批准的征地补偿、安置方案不服要求裁决的，应当依照行政复议法律、法规的规定向上一级地方人民政府提出申请"的规定，以东坡区政府为被申请人，向眉山市政府申请行政复议。张某芳等人对眉山市政府的回复意见不服，向四川省人民政府申请复议，四川省人民政府以不属于行政复议的受案范围为由不予受理，并告知其对土地征收安置行为不服，应依法另案申请行政复议，故而张某芳所称本案已经过复议程序，符合起诉条件的理由不能成立。

——中国裁判文书网。

（四）房屋征收

595. 房屋征收决定作出前，应进行社会稳定风险评估，被征收人数量较多的，还应经政府常务会议通过

关键词

征收房屋　征收补偿方案　社会稳定风险评估

最高人民法院裁判文书

高某艾诉海南省海口市琼山区政府房屋行政征收案［最高人民法院（2018）最高法行申1651号行政裁定书］

裁判要点：确需征收房屋的各项建设活动，应当符合国民经济和社会发展规划、土地利用总体规划、城乡规划和专项规划。市、县级政府应对征收补偿方案进行论证，征求意见。房屋征收决定作出前，应进行社会稳定风险评估，被征收人数量较多的，还应经政府常务会议通过。征收补偿费用应当足额到位。本案中，琼山区政府作出案涉房屋征收决定后，才进行社会稳定风险评估，征收项目方才列入国民经济和社会发展规划，征收补偿费用方才陆续到位，项目征收补偿安置方案未依法进行论证，社会稳定风险评估未经政府常务会议讨论，严重违反法律规定。

最高人民法院经审查认为,《国有土地上房屋征收与补偿条例》(以下简称《征补条例》)第九条第一款规定,确需征收房屋的各项建设活动,应当符合国民经济和社会发展规划、土地利用总体规划、城乡规划和专项规划等。本案中,棚改方案以及《海口市琼山区国民经济和社会发展第十三个五年规划纲要》,能够证明案涉项目符合国民经济和社会发展规划以及土地利用总体规划、城乡规划。但是,该规划纲要系在15号征收决定之后作出,程序上存在明显瑕疵。《征补条例》第十条第二款规定,市、县级人民政府应当组织有关部门对征收补偿方案进行论证。但本案中,琼山区政府未能提交证据证明案涉征收补偿安置方案依法进行论证。《征补条例》第十二条规定,作出房屋征收决定前,应当按照有关规定进行社会稳定风险评估;房屋征收决定涉及被征收人数量较多的,应当经政府常务会议讨论决定;征收补偿费用应当足额到位、专户专储、专款专用。本案中,琼山区政府提交的证据显示,社会稳定风险评估报告系15号征收决定之后作出,且无证据证明15号征收决定经政府常务会议讨论决定,征收补偿费用也是在15号征收决定作出后才陆续到位。根据《行政诉讼法》第七十四条第一款第一项之规定,行政行为依法应当撤销,但撤销会给国家利益、社会公共利益造成重大损害的,人民法院判决确认违法,但不撤销行政行为。

——最高人民法院第一巡回法庭编著:《最高人民法院第一巡回法庭行政案件裁判精要》,中国法制出版社2020年版,第258~260页。

596. 房屋征收决定公告的可救济性

关键词

房屋征收决定公告　可诉性

附录:最高人民法院主流观点

房屋征收决定公告的行为性质和其是否可以获得行政救济之间具有紧密关联。对征收公告的可诉性问题,应当具体问题具体分析,关键看征收公告的内容是什么,因为其内容关涉其行为性质,而不仅着眼于公告的形式。基于上述对房屋征收公告性质的分析,我们认为:(1)房屋征收决定的公告和行政复议、行政诉讼权利的告知,是将房屋征收决定予以公示和宣传,或将法律规定的行政复议、行政诉讼权利以公告方式告知被征收人,它们本身并不处分当事人权利义务,对当事人没有实质性的影响,不属于行政机关作出的具体行政行为,故而不具有可诉性。(2)征收补偿方案的公告,是对征收补偿事项作出的处分,必然会处分当事人的权利义务,属于具体行政行为,被征收人不服，可以向法院提起行政诉讼。（3）"等"其他内容，属于不确定法律概念，其具体内容包括什么，有待以后的法律和实践填补。从以前的拆迁实践看，一般还包括某些限制性强制措施，如不得进行新建、扩建、改建房屋，停止房屋的分户、增加所有权人，装修、买卖、赠予、租赁、抵押房屋等。公民、法人和其他组织针对公告中的这些"含有可诉的具体行政行为"，可以申请行政复议或者提起行政诉讼，行政复议机关或人民法院应当受理。所以，不管是"等"中的内容是什么，只要涉及处理特定当事人的权利义务，规定了某种法律后果，设定了某种职责及职权等，该公告则属于具体行政行为，公民、法人和其他组织可申请行政复议，或者向法院提起行政诉讼。对于原《条例》实施过程中出现的"拆迁公告"仅为人民政府的某项区域性建设决定，从形式和内容都可归入抽象行政行为范畴，该拆迁公告就不可诉。拆迁当事人对该拆迁公告不服时，可以通过监督行政的方式寻求权利保护，如向权力机关反映情况，或向作出公告的行政机关的上级行政机关反映，由权力机关或上级行政机关责令公告机关改正或直接予以纠正。另外，人民政府的某项区域性建设决定如属于规章以下的抽象行政行为，亦即"红头文件"，也可依据《行政复议法》的有关规定，由行政复议机关对根据人民政府的某项区域性建设决定作出的具体行政行为进行审查时，一并对人民政府的某项区域性建设决定进行审查并作出相应处理。

——江必新主编：《国有土地上房屋征收与补偿条例理解与适用》，中国法制出版社2012年版，第135~136页。

597. 房屋征收行政案件的管辖

关键词

房屋征收行政案件　管辖

附录：最高人民法院主流观点

《行政复议法》并未针对不动产问题设定特殊管辖制度，因此没有这个疑问。但根据《行政诉讼法》的规定，因不动产提起的诉讼，由不动产所在地人民法院管辖。这就涉及房屋征收行政案件管辖究竟适用地域管辖还是适用特殊管辖的问题。按地域管辖，房屋征收行政案件一律由被告所在地人民法院管辖，而特殊管辖，因不动产提起的诉讼，由不动产所在地人民法院管辖，故房屋征收行政案件应由被征收房屋所在地人民法院管辖。我们认为，房屋征收行政案件的管辖不适用特殊管辖。理由是，尽管房屋征收行政案件不可避免要涉及被征收房屋，但毕竟不同于直接针对被征收房屋的行政行为。"因不动产提起的诉讼",不能理解为凡涉及不动产的诉讼,应理解为针对不动产提起的诉讼。房屋征收行政案件属于涉及不动产的诉讼,应由作出行政行为的行政机关所在地人民法院管辖。

——江必新主编:《国有土地上房屋征收与补偿条例理解与适用》,中国法制出版社2012年版,第149页。

598. 房屋征收中公共利益的判断

关键词

房屋征收　公共利益

附录:最高人民法院主流观点

(一)商业开发利益

《国有土地上房屋征收与补偿条例》(以下简称《条例》)取消了2001年《条例》中非公共利益需要拆迁城市房屋的情况,因此基于纯粹商业开发利益的需要当然被排除在征收范围之外。

客观看来,部分商业开发项目的确包含部分公共利益的因素,有些商业利益项目间接产生的公共利益是不容忽视的,也是社会需要的。但《条例》之所以将非公共利益明确排除在征收范围之外,主要是因为原《条例》不区分公共利益和非公共利益拆迁,导致大量商业开发项目拆迁侵犯公民合法居住权益,形成激烈的矛盾对抗,严重危及社会和谐稳定。因此,从《条例》是对旧拆迁制度非公共利益滥用现象的反向矫正考虑,现阶段对商业利益是否具有公共利益因素,以及公共利益在商业利益中的构成比例,是否可以构成征收公益的判断上,应当从严把握,但也不能简单否定。

界定的关键不在于征收行为直接受益人的法律地位(行政主体或者私营主体),而是征收追求的目标(征收目的)是否具有公共利益的性质。如果公共福祉需要征收,即使产生有利于私人的效果,征收也具有适法性,尤其是在公共福祉的产生直接来自受益企业的活动时。例如,征收有利于私法组织形式的能源供应企业,而该企业为公众提供电源、煤气等,从而实现公共任务。如果公共福祉仅仅是企业活动的间接结果,而不是企业追求的直接目标,例如,作为征收目的的企业扩大主要服务于私人利益,但其附属结果符合公共利益,如地区经济结构的改善或者提供就业机会。对于此种利益需要,征收程序应当有更多相关公众参与并享有相应的权利,同时,法院应当在个案中对征收目的进行适法性审查,审查的标准同样是是否符合征收要求的公共利益。这种征收极易在被征收人和受益人(另一私人)之间造成不公平,所以立法者在法律上应当对此种征收的必要性、征收要件和预防补救措施加以尽可能严格和具体的规定。解决此类公共利益和商业利益交叉的征收需要在制度上存在两种方式：一种方式是典型的有利于非公共利益的征收，是指国家先行征收私人的财产，再将其转售予私人或者私法组织，由公权力主体承担征收补偿责任的征收形态。另一种有利于非公共利益的征收是指私法主体成为征收的主体，由法律进行特别授权规定，也就是原告征求意见稿中提到的商业开发拆迁的模式，但考虑到此类方式反对声音较大，且不符合现行法律原则和规定，不宜在《条例》中予以规定，其可行性有待进一步探讨。

（二）财政收入利益，即国库利益

国库利益虽然在原则上属于公共利益，但是国库利益和其他类似的公共利益并不能当然成为可以对私人财产征收的公共利益。在我国，一些地方为增加政府财政收入，借助近年来流行的城市发展土地储备的方式，采取低价拆迁城市居民的房屋，然后通过招牌挂的方式高价出让国有土地使用权，从中获取巨额利差，实现扩充地方财政的目的。我们认为，如果单纯以出让土地使用权获利为目的进行的房屋征收活动，属于财政收入利益，虽然具有公共利益的因素，但不构成征收公益，不属于《条例》规定征收条件的公共利益。

公民、法人或者其他组织对政府的征收决定不服，对项目是否属于公共利益有不同意见时，可以提起行政诉讼，由法官判断政府的实际征收行为是否符合公共利益。确保法院对征收行为是否合法的最终判断权，既是因为司法历来被人们看作是公民权利的保护神，也是因为公共利益的概念模糊为执法留下了太大的空间，为避免行政机关在确定公共利益范围这个至关重要的问题上滥用权力，必须通过司法程序为公共利益提供充分有效的保护。征收实践中，各国和地区一般都将公共利益的最终确认权给了司法机关，有的国家如法国，还专门成立了审查公用目的的公用征收法庭和公用征收法官。

法院在审理直接针对是否属于公共利益提起的诉讼案件时，应慎重考虑行政机关对有关公共利益的判断是否能够成立、是否有证据支持、是否符合法律规定和立法本意。法院既要审查征收行为的形式是否合法，也应审查征收的实质是否合法。法院在审查征收行为时，必须平衡保护好个人利益与公共利益，重点审查征收的公共利益是否成立、征收是否经过正当程序、征收是否保障了被征收人的财产权利、征收是否已经最大限度地保护了被征收人的合法权益、是否尽可能减轻了对被征收人的损害、补偿方案是否公正合理，等等。

在因起诉征收决定而引发的行政诉讼案件中，由于对建设项目是否基于公共利益的判断涉及整个被征收范围内的房屋所有权人，且裁判作出后既判力将影响到其他未参加诉讼的被征收人，因此在部分被征收人提起诉讼后，人民法院应当暂缓审理案件，并通过公告方式告知其他被征收人如对征收决定的合法性有异议也可以申请参加诉讼，以维护其合法的权利。在一审裁判作出后，其他被征收人针对征收决定的合法性再提起诉讼的，人民法院应当裁定不予受理或者驳回起诉。在征收决定引发的行政诉讼中引入集团诉讼方式，既有利于减少诉累，避免出现相互矛盾的判决，也有利于通过集团诉讼方式来解决原告与被告之间诉讼能力事实上的不对等。

——江必新主编：《国有土地上房屋征收与补偿条例理解与适用》，中国法制出版社2012年版，第33~34、95~96页。

599. 被征收房屋所有权发生变动的时间节点

关键词

房屋征收　房屋所有权变动

附录：最高人民法院主流观点

征收决定生效时，被征收房屋的所有权由被征收人转移至征收人即国家。但关键问题是，在征收过程涉及征收决定和补偿决定（补偿协议），征收决定何时生效，对被征收人的财产权保护影响重大。《国有土地上房屋征收与补偿条例》第13条规定："市、县级人民政府作出房屋征收决定后应当及时公告。公告应当载明征收补偿方案和行政复议、行政诉讼权利等事项。"申请行政复议和提起行政诉讼的前提必须是行政行为已经成立并产生法律效力。因此，征收决定自公告之日起产生法律效力。但这种效力是不完全的法律效力，即只具有拘束力、确定力和公定力，而不具有执行力。根据《国有土地上房屋征收与补偿条例》第27条和第28条的规定，征收决定只有在补偿完成后才具有执行力。此时，已经成立的征收决定才具有完全的行政行为效力。那么在征收决定效力分阶段产生的情况下，房屋所有权的转移时间究竟以何时为准？

我们赞同征收决定效力分阶段生效的观点，但从更有利于保护被征收人的合法权益角度出发，只有在补偿决定或者补偿协议完成，征收决定所有效力完全产生的情况下，被征收房屋的所有权才从被征收人转移给国家，而不是征收决定刚产生部分效力的情况下被征收房屋所有权即发生转移。

——江必新主编：《国有土地上房屋征收与补偿条例理解与适用》，中国法制出版社2012年版，第33~34页。

600. 房屋强拆行为距房屋征收时间较远的，应当如何确定评估时点？

关键词

房屋强拆　房屋征收

最高人民法院审判业务意见（行政庭法官会议纪要）

《国有征补条例》第二条规定的"应当对被征收房屋所有权人给予公平补偿"原则，应贯穿于征收与补偿的全过程，否则将影响正常的生产生活秩序和社会稳定。房屋作为一种特殊的财物价格波动较大，为了最大限度地保护当事人的权益，房屋损失赔偿时点的确定，应当选择最能弥补当事人损失的时点。在房屋价格增长较快的情况下，因违法行政行为发生时评估时点无法弥补当事人合法损失的，人民法院可以委托鉴定机构进行评估并合理调整评估时点，以符合公平合理的补偿原则。

附录：案情摘要

某市政府发布《征用土地方案公告》，征收集体土地用于高科技园项目建设，规定征地补偿标准和安置办法按该市《征地补偿安置条例》《征地补偿安置条例实施办法》和有关补偿标准执行。当事人依法继承的涉案房屋位于征收红线范围内，属集体土地。八年后，该房屋被区政府的职能部门违法拆除，未达成安置补偿协议或者作出相应决定，强拆行为已被生效行政判决确认违法。当事人向区政府申请行政赔偿，区政府未作出赔偿决定，遂当事人提起赔偿诉讼。

——马永欣、金诚轩：《合理确定房屋征收评估时点的规则》，载最高人民法院行政审判庭编著：《最高人民法院行政审判庭法官会议纪要（第二辑）》，人民法院出版社2023年版，第147~164页。

601. 违反规划的"公众参与"原则不影响征收决定的合法性

关键词

房屋征收　公众参与原则　征收决定合法性

附录：最高人民法院主流观点

首先，第 9 条第 2 款"公众参与"的要求不是直接针对政府征收活动，而是关于制定四类规划的要求。因此，相关部门如果违反本条规定的公众参与原则，在制定相关规划时没有征求社会公众意见和进行科学论证，只涉及相关规划的合法性判断问题，并不必然影响征收决定的合法性。

其次，虽然第 9 条第 2 款强调四类规划的"公众参与"原则，但就目前关于相关规划的法律、法规以及有关规范性文件的内容来看，虽然国务院和各级政府开始重视在各类规划中引入公众参与，但关于公众参与的具体制度和法律效力等方面的规定比较简单，"公众参与"原则更多地表现为一种政策倡导性规定，还没有关于违反"公众参与"规定的惩罚性措施。因此，违反"公众参与"，不能作为相关规划活动违法或无效的判断标准，更不能因为相关规划违反"公众参与"进而认定征收活动违法。

——江必新主编：《国有土地上房屋征收与补偿条例理解与适用》，中国法制出版社 2012 年版，第 105 页。

602. 没有经过听证会作出的征收方案的法律效果

关键词

房屋征收　听证　征收方案

附录：最高人民法院主流观点

在实践中，对于市、县级人民政府应当召开听证会而没有召开即作出的征收补偿方案，应如何认定和处理？有一种观点认为，程序公正是实体公正的重要前提，没有程序的合法就很难保证实体的合法。旧城改建征收补偿方案应当召开听证而未召开的，属违反法定程序，且这种违反法定程序为"重大明显违法"。按照行政行为无效理论，"重大明显违法"的行政行为为无效行政行为，故而征收补偿方案决定属无效行政行为。

——江必新主编：《国有土地上房屋征收与补偿条例理解与适用》，中国法制出版社 2012 年版，第 122 页。

603. 被征收人在房屋征收部门对房屋权属组织调查登记时不提供相关证据,而在行政诉讼中提供的处理

关键词

房屋征收　拒不提供证据　证据采纳

附录:最高人民法院主流观点

《国有土地上房屋征收与补偿条例》实施后,依据第15条规定,房屋征收部门应当对房屋征收范围内房屋的权属等情况组织调查登记,被征收人应当予以配合。因为房屋征收范围内房屋的权属、区位、用途、建设面积等情况,被征收人作为房屋所有人或实际使用人最为清楚。但是,现在的问题是,在房屋征收部门组织调查登记期间,被征收人不履行配合义务,故意或过失不提供被征收房屋的合法的所有权登记手续或相关证据,致使房屋情况不清从而发生争议,如何处理?《最高人民法院关于行政诉讼证据若干问题的规定》第59条规定:"被告在行政程序中依照法定程序要求原告提供证据,原告依法应当提供而拒不提供,在诉讼程序中提供的证据,人民法院一般不予采纳。"之所以作出这一规定,是因为"在行政程序中,原告举证权利不能滥用。由于行政诉讼是对被诉具体行政行为合法性进行审查。因此,如果原告在行政程序阶段故意隐瞒应该提供证明其主张合法或合理的证据,被告因缺少该证据而作出错误的裁决,导致被告败诉,这对被告不公平,不能体现行政诉讼当事人诉讼地位平等原则,也不利于司法公正。"所以,房屋征收部门对房屋征收范围内房屋的权属情况组织调查登记之时,依照法定程序要求被征收人提供证据,被征收人有配合义务。被征收人不履行该义务,房屋情况出现不清的,在行政诉讼中,被征收人提供的证据,人民法院一般不予采纳。但是,我们认为,由于房屋是被征收人拥有的巨大财物,往往涉及被征收人的基本生活和生产,不能一刀切,应该考虑被征收人是否存在过错及过错程度由其承担相应的法律责任。如被征收人因一般过失不履行配合义务的,在诉讼中由被征收人对房屋情况承担举证责任,无法举证的,由其承担不利后果;如被征收人因严重或故意不履行配合义务的,在诉讼中法院应该不采信被征收人的相关举证。

——江必新主编:《国有土地上房屋征收与补偿条例理解与适用》,中国法制出版社2012年版,第152~153页。

604. 法院如何对房屋征收决定进行全面审查

关键词

国有土地上房屋　全面审查原则

最高人民法院裁判文书

安某、杨某奎等6人诉内蒙古自治区包头市青山区人民政府房屋征收决定案［最高人民法院（2016）最高法行申1920号行政裁定书］

裁判要点：法院在审理国有土地上房屋征收案件时，应当坚持全面审查的原则，依据《国有土地上房屋征收与补偿条例》中的规定，对征收机关是否有权限、征收行为是否符合公共利益、是否符合法定程序等方面的内容进行审查。

最高人民法院认为：本案系房屋征收决定纠纷，从再审申请人的再审申请看，主要涉及青山区政府作出的行政征收决定是否合法的问题。根据《中华人民共和国物权法》①第四十二条第一款的规定，只有为了公共利益的需要，并且依照法律规定的权限和程序实施的征收才是合法的征收。本案涉及的是对国有土地上个人房屋的征收，根据《中华人民共和国城市房地产管理法》第六条的规定，有关国有土地上房屋征收的具体办法由国务院来规定，《国有土地上房屋征收与补偿条例》就是国务院制定的规范国有土地上房屋征收与补偿的具体办法。故审查被诉征收决定的合法性，要根据物权法的精神，结合《国有土地上房屋征收与补偿条例》的具体规定来进行。就本案而言，根据再审申请人的再审申请，主要审查案涉征收决定是否基于公共利益、是否符合法定程序以及是否违反法律规定等问题。

1. 关于是否为了公共利益

案涉项目原系根据《国有土地上房屋征收与补偿条例》第八条第三项有关公共事业的规定实施征收，后有关部门将征收类别由公共事业改为旧城区改建，并纳入国民经济和社会发展年度计划，根据《国有土地上房屋征收与补偿条例》第九条、第八条第五项的规定，为了旧城区改建而实施的征收仍然符合公共利益的要求，再审申请人有关本案征收并非为了公共利益的该项再审理由缺乏事实和法律依据。

---

① 本法已被《中华人民共和国民法典》废止。

2. 关于是否违反法定程序

从再审申请的事实和理由看,主要涉及以下两方面的问题。一是关于未经登记建筑的调查、认定和处理问题。再审申请人并未举证证明其所有的房屋系未经登记的建筑,亦未举证证明本案征收涉及未经登记建筑的调查、认定和处理问题,因而其有关案涉征收因未履行《国有土地上房屋征收与补偿条例》第二十四条第二款有关未经登记建筑的调查、认定和处理程序而构成程序违法的该项主张缺乏事实依据。二是关于未召开听证会问题。根据《国有土地上房屋征收与补偿条例》第十条第二款的规定,市、县级人民政府应当组织有关部门对征收补偿方案进行论证并予以公布,征求公众意见,该条并未规定征求公众意见只能采取听证会一种形式。本案中,青山区政府通过口头征求意见、发布公告、召开座谈会等方式征求社会公众、被征收人的意见,符合《国有土地上房屋征收与补偿条例》第十条的规定,再审申请人有关本案征收违反法定程序的再审理由均不能成立。

3. 关于是否违反法律规定

主要涉及《国有土地上房屋征收与补偿条例》第三十五条的理解和适用问题。根据原审查明的事实,案涉地块改造项目最初确实是根据原《城市房屋拆迁管理条例》的有关规定由相关的房地产企业进行拆迁的,尽管已经完成了大部分商户的实际拆迁,但仍剩余部分商户未予拆迁。此后,国务院颁布《国有土地上房屋征收与补偿条例》,废止了原《城市房屋拆迁管理条例》,这就涉及未完成的拆迁是继续按照原来的拆迁办理,还是根据新的条例按征收实施的问题。根据《国有土地上房屋征收与补偿条例》第三十五条的规定,该条例施行前已依法取得房屋拆迁许可证的项目,继续沿用原有的规定办理。从原审查明的事实看,没有证据证明案涉项目在《国有土地上房屋征收与补偿条例》施行前已依法取得拆迁许可证,故政府根据《国有土地上房屋征收与补偿条例》的有关规定组织实施征收并不违反该条例的规定。因此,再审申请人有关政府不得组织实施征收的该项主张亦缺乏事实和法律依据。

——最高人民法院行政审判庭编:《最高人民法院行政裁判要旨及评述(第一卷)》,人民法院出版社2019年版。

605. 法院如何对房屋价格评估行为进行审查

关键词

国有土地上房屋征收　房屋价格评估

最高人民法院裁判文书

李某宇诉安徽省寿县人民政府房屋征收行政补偿案[最高人民法院（2016）最高法行申60号行政裁定书]

裁判要点：法院在审理国有土地上房屋征收案件时，应当从评估机关选定、评估工作流程、异议程序、价格专家委员会工作程序等方面对房屋评估报告是否符合《国有土地上房屋征收评估办法》及其他相关规定进行审查。

最高人民法院认为：1.关于征收房屋决定的合法性问题。该问题已经另案处理，并由安徽省高级人民法院作出终审判决，不属于本案审查范围。

2.关于本案相关文书的送达问题。从在案证据来看，涉案房屋评估报告等相关文书已经公告或是向作为再审申请人李某宇同住近亲属的父母进行了送达，相关程序未违反法律规定。

3.关于涉案房屋评估报告的合法性问题。第一，关于评估单位的确定。评估单位系在公证机关的监督下，由被征收人代表抽选产生，并将结果进行了公示，以上程序没有明确证据表明存在违法之处。第二，关于评估方法。本案评估单位对涉案房屋的评估使用包含房屋所占地段商业用途土地的使用权价值的重置成本法，并未违反相关规定。再审申请人在没有配合鉴定部门对评估结论进行鉴定，也没有确凿证据表明评估方法和结果侵害其合法权益的情况下，对评估方法和结果提出异议，本院不予支持。第三，关于房屋的性质。房屋征收部门根据被征收房屋房地产权证和建设规划许可证所记载的"商住"性质，并结合现场勘测，认定争议房屋一层为经营性用房，二层为生产性用房并无不当。再审申请人提出二层也为经营性用房，但没有相应的证据予以证实，本院不予支持。第四，关于房屋的成新率问题。再审申请人主张涉案房屋的成新率应为六安市建拆（2009）4号文件规定的0.9。对此，六安市建拆（2009）4号文件公布的是城镇2009年度国有土地上房屋拆迁货币补偿基准价及相关调整系数。其中虽规定2000年至2004年的房屋成新系数为0.9，但涉案房屋的评估时点2011年已经距该文件公布的2009年过去了2年，评估机构据此将涉案房屋的成新系数调整为0.85并无明显不当。

4.关于评估报告的时效问题。《国有土地上房屋征收与补偿条例》第十九条规定："对被征收房屋价值的补偿，不得低于房屋征收决定公告之日被征收房屋类似房地产的市场价格。"本案中，房屋征收公告作出的时间为2011年7月16日，评估报告的评估时点亦为2011年7月16日。此外，涉案房屋最终使用的评估报告作出的时间为2014年1月10日，征收补偿决定作出的时间为 2014 年 4 月 15 日，不论从征收决定使用评估报告的时间，还是评估报告本身的评估时点来看，均未违反相关法律规定。

——最高人民法院行政审判庭编：《最高人民法院行政裁判要旨及评述（第一卷）》，人民法院出版社 2019 年版。

606. 房屋征收补偿决定中用于置换的房屋不明确的或作出时间过于滞后以致明显不公正的可判决予以撤销

关键词

房屋征收　补偿决定　产权置换　评估时点

最高人民法院裁判文书

河北天唯实业有限公司诉桥东区政府、邢台市政府房屋征收补偿及行政复议案〔最高人民法院（2020）最高法行申 14233 号行政裁定书〕

裁判要旨：根据《国有土地上房屋征收与补偿条例》的规定，房屋被征收人有权选择补偿方式，市、县级政府作出的《房屋征收补偿决定》中用于产权置换的安置房屋应当是明确和具体的。本案中，桥东区政府作出的被诉《房屋征收补偿决定》中未明确用于产权调换的房屋的位置、面积、价格等基本要素，仅表述"选择产权调换的，按照征收补偿方案进行转换"，而根据涉案征收补偿方案亦无法明确产权调换房屋具体的位置、面积、价值等，故补偿决定内容不合法。桥东区政府以发布征收决定公告的日期作为被征收房屋价值的评估时点，但作出补偿决定明显滞后，其间当地房地产价格明显上涨，故被诉补偿决定显失公正。综上，二审判决撤销该补偿决定正确。

最高人民法院经审查认为，本案的争议焦点为再审申请人桥东区政府作出的 66 号《房屋征收补偿决定》是否合法。《国有土地上房屋征收与补偿条例》第二十一条第一、二款规定，被征收人可以选择货币补偿，也可以选择房屋产权调换。被征收人选择房屋产权调换的，市、县级政府应当提供用于产权调换的房屋，并与被征收人计算、结清被征收房屋价值与用于产权调换房屋价值的差价。本案中，66 号《房屋征收补偿决定》中未明确用于产权调换的房屋，也未明确计算、结清被征收房屋价值与用于产权调换房屋价值的差价，仅表述"选择产权调换的，按照征收补偿方案进行转换"。而涉案《邢台市桥东区华北金太阳商贸城项目房屋征收补偿方案》中关于非住宅的产权置换规定为"被征收房屋与调换的新房（含商业）按市场价进行评估，依据评估结果等价值置换，不足或多余部分互找差价。附属物、室内装修、地下室按评估价值给予货币补偿。"也未明确天唯公司的产权调换房屋。因此，二审法院关于66号《房屋征收补偿决定》实际上未提供具体置换意见的认定，符合客观事实。桥东区政府于2014年11月24日作出《关于华北金太阳商贸城项目房屋征收决定的公告》，涉案评估报告以2014年11月24日为评估时点但直至2017年8月15日才实际作出，期间房地产市场价格已明显上涨，桥东区政府根据该评估报告确定的货币补偿数额明显低于作出《房屋征收补偿决定》时的市场价值，且桥东区政府没有提交证据证明造成迟延属于天唯公司的责任，故二审法院认定桥东区政府依据该评估报告作出的66号《房屋征收补偿决定》显失公正，该认定并无不当。因此，二审法院判决撤销被诉66号《房屋征收补偿决定》、撤销邢台市政府的行政复议决定及本案一审判决，并判决责令桥东区政府依法重新作出行政行为，裁判理由及裁判结果均无不当。

——中国裁判文书网。

607. 居住人对补偿决定不服受权利人生效判决的羁束

关键词

土地征收　利害关系

最高人民法院裁判文书

张某惠等3人诉上海市人民政府、上海市虹口区人民政府房屋征收补偿决定及行政复议决定案〔最高人民法院（2020）最高法行申13091号行政裁定书〕

裁判要旨：房屋权利人对征收补偿决定提起行政诉讼后，居住人不能对补偿问题另行提起诉讼，可以认定其受生效裁判的羁束。

最高人民法院经审查认为，从一审法院查明的事实看，涉案房屋登记在张某清名下，张某清等人已经针对房屋征收补偿决定分别于2016年、2017年提起过行政复议和行政诉讼，生效判决亦驳回了其诉讼请求。现张某惠等3人作为涉案房屋的居住人针对房屋征收补偿决定另行提起诉讼，明显受生效裁判的羁束，故一审法院驳回起诉并无不当。

608. 家庭成员签订的征迁补偿协议效力及于其他家庭成员

关键词

征迁补偿协议　家庭成员

最高人民法院裁判文书

叶某英诉浙江省金华市婺城区人民政府房屋征收补偿案[最高人民法院（2021）最高法行申950号行政裁定书]

裁判要旨：共同生活的家庭成年成员原则上具有相互家事代理的权利，夫妻一方已经签订搬迁协议和补偿协议，另一方原则上不能以其不同意或者不知情为由提起诉讼。

最高人民法院经审查认为，本案中，叶某英对涉案房屋的征收补偿问题提起诉讼。从一审法院查明的事实看，该房屋登记于其丈夫徐某光名下，徐某光已签订相关搬迁协议和补偿协议，并领取38万余元补偿款，叶某英不具有值得保护的诉讼利益，且其针对征收补偿问题2017年曾提起过行政诉讼，生效裁定亦驳回起诉，故一审法院对本案不予立案、二审法院予以维持并无不当。

——中国裁判文书网。

609. 支付临时安置费应以在征收范围内有合法房屋被征收为前提

关键词

未按照约定履行棚户区改造安置协议　临时安置费

最高人民法院裁判文书

林某清诉海南省海口市秀英区人民政府未按照约定履行棚户区改造安置协议案[最高人民法院（2021）最高法行申436号行政裁定书]

裁判要旨：《国有土地上房屋征收与补偿条例》第二十二条规定的临时安置费，是因征收房屋造成搬迁，选择房屋产权调换的，房屋征收部门在产权调换房屋交付前，支付给合法房屋所有权人用于解决临时居住问题的费用。支付临时安置费应以在征收范围内有合法房屋被征收为前提；没有房屋被征收，就不具备支付临时安置费的前提条件。

最高人民法院经审查认为，《国有土地上房屋征收与补偿条例》第十七条第一款第二项规定，作出房屋征收决定的市、县级人民政府对被征收人给予的补偿包括因征收房屋造成的搬迁、临时安置的补偿。第二十二条规定，因征收房屋造成搬迁的，房屋征收部门应当向被征收人支付搬迁费；选择房屋产权调换的，产权调换房屋交付前，房屋征收部门应当向被征收人支付临时安置费或者提供周转用房。因此，临时安置费是房屋征收部门在产权调换房屋交付前，支付给合法房屋所有权人用于解决临时居住问题的费用；没有房屋被征收，就不存在支付临时安置费的前提。本案中，再审申请人未能提供证据证明其在征收范围内有合法房屋被征收，其请求支付临时安置费，不符合上述规定。再审申请人主张《安置协议》第三条第一项约定的补助实质为临时安置费，但是，《安置方案》第十八条的规定已经明确载明，过渡期内临时安置补助费并不适用于在征收范围内无住房的被征收人。再审申请人认为不论有无房屋被征收均能获得临时安置费，缺乏事实和法律依据。再审申请人的再审理由不能成立。

——中国裁判文书网。

610. 对于征收拆迁中分户补偿情况是否应予公开，集体土地与国有土地上房屋征收不应有所差别，可以参照适用

关键词

分户补偿　征收拆迁　信息公开

最高人民法院裁判文书

刘某森等诉河南省濮阳县人民政府政府信息公开案〔最高人民法院（2018）最高法行再180号行政判决书〕

裁判要点：分户补偿情况尽管一定程度涉及其他户的个人隐私，但为了保证征收补偿的公开和公平，消除被征收人不公平补偿的疑虑和担心，法律对这类个人隐私进行了一定的让渡。根据《政府信息公开条例》第十一条第三项的规定，"征收或者征用土地、房屋拆

迁及其补偿、补助费用的发放、使用情况"属于"设区的市级人民政府、县级人民政府及其部门重点公开的政府信息"。《国有土地上房屋征收与补偿条例》第二十九条第一款规定："房屋征收部门应当依法建立房屋征收补偿档案，并将分户补偿情况在房屋征收范围内向被征收人公布。"本案当事人申请公开的政府信息涉及的虽然是集体土地征收，但对于分户补偿情况是否应予公开，集体土地与国有土地上房屋征收不应有所差别，可以参照适用。当事人作为土地征收范围内的村民，有权知道分户补偿情况，行政机关应当向当事人公开这些政府信息。

最高人民法院认为：综合一审和二审裁判理由和再审申请人的再审理由，本案的核心争议是，再审被申请人濮阳县政府是否应当向再审申请人公开铁炉村除再审申请人之外其他所有村民的土地征收补偿费用、房屋拆迁补偿费用发放情况的具体明细。此间涉及"三需要"的判断、个人隐私的界定以及征求第三方意见程序如何进行等法律问题。

一、"三需要"

"三需要"问题一直是一个争论不断、令人纠结的问题。《政府信息公开条例》虽然在第十三条提到了"自身生产、生活、科研等特殊需要",但其主要意旨在于规定,除了行政机关主动公开信息之外,公民、法人或者其他组织还可以通过申请获取政府信息,所谓"三需要",并非对申请人资格的一种限制。另外考虑到"三需要"是一个内涵外延都不特定的法律概念,非常容易被滥用或者误用,因此《最高人民法院关于审理政府信息公开行政案件若干问题的规定》规定了比较严格的适用条件和范围。根据第五条第六款的规定,只有当"被告以政府信息与申请人自身生产、生活、科研等特殊需要无关为由不予提供的"情况下,人民法院才"可以要求原告对特殊需要事由作出说明"。根据第十二条第六项的规定,只有同时具备以下三个条件的,人民法院才可以判决驳回原告的诉讼请求:第一,原告"不能合理说明申请获取政府信息系根据自身生产、生活、科研等特殊需要";第二,"被告据此不予提供";第三,"被告已经履行法定告知或者说明理由义务"。除此之外,人民法院通常不宜主动审查"三需要"问题,更不能主动以不符合"三需要"为理由判决原告败诉。而且,对于"三需要"的"合理说明",并不是一种证明责任,无须要求原告提供相关证明材料。在本案,行政机关是以"属于个人隐私或者公开可能导致对个人隐私权造成不当侵害"为由不予公开政府信息,一审和二审法院直接以再审申请人申请公开的政府信息"不属于其生产、生活、科研等需要"为由判决驳回其诉讼请求,不符合前述司法解释的规定。

二、个人隐私与征求第三方意见

《政府信息公开条例》第十四条第四款[①]规定,行政机关不得公开涉及个人隐私的政府信息。通常认为,不得公开涉及个人隐私的政府信息是一种非强制性例外,这是因为,第一,权利人对涉及其个人隐私的政府信息拥有决定是否公开的权利,如果权利人同意公开则公开就不成为问题;第二,个人隐私权存在"可克减性",也就是说,如果与隐私权相对的公共利益足够重要,则允许隐私权为公共利益让步。正是基于这种衡量,《政府信息公开条例》第十四条第四款还规定:"经权利人同意公开或者行政机关认为不公开可能对公共利益造成重大影响的涉及商业秘密、个人隐私的政府信息,可以予以公开。"《政府信息公开条例》第二十三条[②]还规定了在涉及第三方个人隐私的情况下应当书面征求第三方意见的程序。在本案,再审被申请人认为再审申请人申请公开的政府信息涉及个人隐私,却并未举证证明其已履行书面征求第三方意见的程序。在此情况下,其迳行以此为由决定不予公开,不符合

[①] 本条规定现为《中华人民共和国政府信息公开条例》第十五条。
[②] 本条规定现为《中华人民共和国政府信息公开条例》第三十二条。

上述法规的规定。

三、个人隐私权的让渡

《政府信息公开条例》第二十三条[①]规定:"行政机关认为申请公开的政府信息涉及商业秘密、个人隐私,公开后可能损害第三方合法权益的,应当书面征求第三方的意见;第三方不同意公开的,不得公开。但是,行政机关认为不公开可能对公共利益造成重大影响的,应当予以公开,并将决定公开的政府信息内容和理由书面通知第三方。"由上述规定可知,在涉及第三方的情况下,政府信息是否公开,并不单纯取决于第三方是否同意,更要看是否确实涉及个人隐私以及是否因为公共利益的考虑而使个人隐私权进行必要的让渡。在本案,再审申请人申请公开的信息是红旗路东延建设项目涉及的濮阳县××镇铁炉村所有村民补偿、补助费用发放情况的明细。分户补偿情况尽管一定程度涉及其他户的个人隐私,但为了保证征收补偿的公开和公平,消除被征收人不公平补偿的疑虑和担心,法律对这类个人隐私进行了一定的让渡。根据《政府信息公开条例》第十一条第三项的规定,"征收或者征用土地、房屋拆迁及其补偿、补助费用的发放、使用情况"属于"设区的市级人民政府、县级人民政府及其部门重点公开的政府信息"。《国有土地上房屋征收与补偿条例》第二十九条第一款规定:"房屋征收部门应当依法建立房屋征收补偿档案,并将分户补偿情况在房屋征收范围内向被征收人公布。"本案涉及的虽然是集体土地征收,但对于分户补偿情况是否应予公开,集体土地与国有土地上房屋征收不应有所差别,可以参照适用。再审申请人作为土地征收范围内的村民,有权知道分户补偿情况,再审被申请人应当向再审申请人公开这些政府信息。

——中国裁判文书网。

(五)房屋拆迁

611. 被拆迁房屋面积和性质的判断标准

关键词

房屋拆迁　房屋用途　房屋登记

附录:最高人民法院法官著述

在拆迁补偿裁决中,有关补偿面积问题是争议最大的问题之一。房地产

---

① 本条规定现为《中华人民共和国政府信息公开条例》第十五条。

登记是房地产行政主管部门依法对房地产的所有权、抵押权、典权等物权进行的登记，是房地产物权公示的法定方式，不进行登记就不能对抗善意第三人。产权登记与否只是能否对抗善意第三人的条件，没有进行产权登记也不能否定合法房屋的所有权，不能否定私权利存在的客观性，也不能否定合法房屋的面积，有了产权证也不能说明就完全属于补偿范围，在有些地方就出现了拆迁公告发布后违法变更产权证的现象，因此，对被拆迁房屋的面积应当综合判断，当然，人民法院在审理中，对产权证可以作为优势证据进行判断。人民法院进行判断时，应当避免被拆迁人合法的房产没有全额补偿，也应当避免违法的建筑物获得补偿。

根据用途的不同，各地对被拆迁房屋的补偿标准作出不同的规定，一般而言，营业用房的补偿标准高于住宅用房的补偿标准。因此，对被拆迁房屋的用途成为争议的焦点之一。对房屋用途的判断有两种观点：（1）以产权证记载的用途为准，理由是产权证的用途是以城市规划为依据，同时，所交纳的费用与用途有关，以房屋的社会属性进行判断；（2）以房屋的自然属性兼顾社会秩序进行综合判断，理由是房主对房屋的使用有自由处分的权利，是对私权利的一种尊重。我们同意第二种观点，房屋权属证书载明为非营业用房，但实际作为营业用房，且被拆迁人提供工商营业执照及纳税凭证的，人民法院应当参照有关营业用房的补偿标准，审查被诉补偿安置裁决是否合法。这种观点体现现代物权关于私权利保护的发展方向。当然，如果被拆迁房屋的补偿标准仅仅以市场评估价为依据，就不会出现住宅用房和营业用房补偿标准的差距问题，因为评估时已经充分考虑这一因素。

——王达：《拆迁行政案件审理中的若干实体问题》，载最高人民法院行政审判庭编：《行政审判指导》2005年第1辑（总第3辑），人民法院出版社2005年版，第144~145页。

612. 土地征收与地上房屋拆迁程序分隔时的补偿标准

关键词

土地征收　地上房屋拆迁　补偿标准

最高人民法院答复

重庆市高级人民法院：

你院[2004]渝高法行示字第47号《关于赵某请求撤销重庆市沙坪坝区国土资源局责令其拆除房屋交出土地行政决定一案的请示》收悉。经研究，答复如下：

原则同意你院第一种意见，即行政机关征用农村集体土地之后，被征用土地上的原农村居民对房屋仍享有所有权，房屋所在地已被纳入城市规划区的，应当参照《城市房屋拆迁管理条例》及有关规定，对房屋所有权人予以补偿安置。

此复

——《最高人民法院行政审判庭关于农村集体土地征用后地上房屋拆迁补偿有关问题的答复》（法〔2005〕行他字第5号）。

附录：最高人民法院法官著述

在过去的农村土地征收中，征收时不补偿，待到有建设项目才进行拆迁补偿的"圈地"现象，曾经一度出现。这种情况下，征收和拆迁间隔的时间往往较长，地上房屋都已纳入城市规划区，当地房地产的市场价值已经远高于农村房屋的补偿标准。但是，有些地方政府仍然坚持以农村房屋的补偿标准进行拆迁补偿，引起行政纠纷。本案即属于此种情况。

最高人民法院答复意见作出后，在类似案件中适用时，得到了广泛认同。笔者认为，该答复与诚实信用原则高度契合，具有很高的正当性。诚实信用原则源自罗马法当事人间的善意与衡平观念。①善意与衡平，在私法领域体现为双方相互间的义务，但在行政法领域则更多地强调行政机关对相对人的义务。

学者认为，"守法诚信是法治政府的基本特征。"②如今，中共中央、国务院印发《法治政府建设实施纲要（2021—2025年）》提出"全面建设……廉洁诚信……的法治政府"，表明诚实信用已经不是单纯的学理，而是中央级的法律文件对政府的要求。在征收拆迁中，诚实信用原则的要求，就是把法律上相对人应得的利益，不打折扣地给予相对人。如果由于行政机关的行为或者选择，使相对人有机会获得更高的补偿，且按照原标准补偿显失公平的，就应当适用更高的标准进行补偿。本案的情况亦是如此。通常情况下，征收与补偿应当在一个程序里面同步实施，但是行政机关没有这样做，而是先作出征收决定，补偿的问题等到8年后有了建设项目才开始进行，人为地将一个程序拆成了两个程序。如此一来，征收决定生效后，农村土地就变成了城市规划区内的国有土地。按照原《城市房屋拆迁管理条例》第2条关于"城市规划区内国有土地上实施房屋拆迁，并需要对被拆迁人补偿、安置的，适用本条例"之规定，等到房屋拆迁时，赵某可以据此主张其房屋按照城市房

---

① 参见谢孟瑶：《行政法上之诚实信用原则》，载城仲模编：《行政法之一般法律原则（二）》，中国台湾地区三民书局1999年版，第194页。

② 参见马怀德：《新时代法治政府建设的意义与要求》，载《中国高校社会科学》2018年第5期。

屋拆迁的标准补偿，因为后者的补偿标准远高于前者。而且8年间，城市房屋价格增长的速度远快于农村房屋的补偿标准，如果按照农村房屋进行补偿，在城市安居就变得更加遥不可及。在此情况下，仍然按照农村房屋补偿不仅称不上"善意"，甚至说是"恶意"也不为过。

本案还有一个情节，赵某的房屋没有变更登记，登记簿上记载的仍为农地上的房屋。这也是被告主张按农村房屋进行补偿的理由之一。笔者认为，在土地性质已经变为国有的情况下，原来的土地登记只是一种形式。形式应该服从内容，不能因为没有做变更登记就还把赵某的房屋定性为农村房屋。此外，还应当考虑到，农村土地被征用后，农民失去了基本的生产资料，如果在房屋补偿上持保守苛刻的观点，对农民的生计和发展十分不利，也不符合中央的三农政策。最高人民法院在与全国人大常委会法工委和国务院法制办进行工作交流的过程中，就此形成了高度共识。

需要说明的是，尽管随着《城市房屋拆迁管理条例》已于2011年被《国有土地上房屋征收与补偿条例》代替，本案答复亦已随之失效，[①]但其中蕴含的原则和精神仍有参考价值。笔者认为，本案答复中至少可以引申出以下两条具有指导性的规则：

一是被征收农村土地上的房屋，不适用农村房屋的补偿标准，而适用城市房屋拆迁或者国有土地上房屋征收补偿标准，区分的标准并不在于土地征收程序与房屋拆迁补偿程序之间时间间隔的长短，而在于房屋补偿是否被人为地从土地征收程序中分离出来，从而一个程序变成彼此分隔的两个程序。如果在征收决定作出之时，就已经对补偿事宜作出了安排，尽管推进缓慢，但是土地征收和房屋征收补偿仍在一个程序当中，此时仍应按照农地标准补偿；反之，如果被区分为两个程序，即使间隔时间并不长，也应按照城市房屋拆迁或者国有土地上房屋征收的标准补偿。

二是应当按照较高标准予以补偿。多数情况下，房屋的补偿标准，城市高于农村，但偶尔也有城市低于农村的情形。一旦出现这种情况，应当适用何种补偿标准？笔者认为，诚实信用原则的根本要求是在可能的范围内补偿标准就高。因为按照制度设计，征收之时即应同时补偿，而将两个程序分开就如同赊债购物，在法律上有瑕疵。征收机关让被征收人承担自己的瑕疵行为带来的不利后果，显然不够"善意"，此时应当进行"衡平"，而符合"善意""衡平"的结果就是适用较高的补偿标准。

值得一提的是，在本案答复于2005年10月20日作出之后，最高人民法

---

① 参见《最高人民法院关于废止1997年7月1日至2011年12月31日期间发布的部分司法解释和司法解释性质文件（第十批）的决定》第73项，其中标注的废止该答复的理由为"情况已变化，实际已失效"。

院于 2011 年 9 月 5 日颁布施行了《最高人民法院关于审理涉及农村集体土地行政案件若干问题的规定》(法释〔2011〕20 号),其中第 12 条第 2 款规定:"征收农村集体土地时未就被征收土地上的房屋及其他不动产进行安置补偿,补偿安置时房屋所在地已纳入城市规划区,土地权利人请求参照执行国有土地上房屋征收补偿标准的,人民法院一般应予支持,但应当扣除已经取得的土地补偿费。"该批复是以土地补偿费城市标准高于农村标准为前提的。

——王振宇:《行政诉讼与国家赔偿审判理论与实务》,人民法院出版社 2023 年版,第 162~176 页。

613. 对强拆违建中的合法财产损失应如何赔偿

关键词

强制拆除 违章建筑 财产损失

最高人民法院裁判文书

蒋某福诉河南省虞城县人民政府强制拆除房屋及行政赔偿案〔最高人民法院(2016)最高法行申 43 号行政裁定书〕

裁判要点:行政机关违反法定程序拆除未取得建筑规划许可房屋的,应确认拆除行为违法;当事人提出恢复房屋原状等赔偿请求的,法院不予支持。因强拆行为造成屋内合法财产损失的,行政机关应予赔偿。

最高人民法院认为:本案的争议焦点集中在涉案房屋是否属于违法建筑以及再审申请人蒋某福因再审被申请人虞城县人民政府强制拆除行为造成的损失是否得到合理赔偿。首先,再审申请人虽然主张涉案房屋是在政府指定安置区内所建且已办理了土地使用权证,但未提供证据证实其主张,故本院不予支持。涉案房屋位于虞城县城市总体规划区内,未取得建筑规划许可。虽然再审申请人认为涉案房屋未取得建筑规划许可系政府不作为所致,但未提供证据证实涉案房屋符合规划条件且已向有关部门提出申请,故对其该项主张不予支持。虞城县住建局认定涉案房屋系违法建筑并无不当。再审申请人有关将涉案房屋恢复原状或重建的诉讼请求于法无据,本院不予支持。其次,关于再审申请人提出的赔偿问题,自虞城县住建局作出《责令限期拆除违法建筑告知书》至实际拆除涉案房屋长达近两个月的时间,再审申请人单方称将大量现金及贵重物品存放于即将被拆除的房屋之内且未收到上述告知书,缺乏充分的证据佐证。鉴于再审被申请人提供的证据证实在拆除涉案房屋之前已将房屋内存放的物品搬出,且再审申请人亦在拆除现场,二审法院认为虞城县住建局虽然对物品进行了清点搬运,但未对搬运出去的物品进行妥善交接,造成部分物品损坏丢失的情形客观存在;且再审申请人并未就其单方所列的物品清单向法院提供确切证据证明损失物品的具体内容及价值。同时,考虑到强拆时物品的处理未经公证程序,在各方证据不足、难以再行取证的情形下,二审法院结合本案具体情况,以有关物品交接存有瑕疵为由酌定再审被申请人赔偿再审申请人损失2万元,并无不当。

——最高人民法院行政审判庭编:《最高人民法院行政裁判要旨及评述(第一卷)》,人民法院出版社2019年版。

614. 拆迁补偿裁决确定的补偿数额低于抵押担保的债权数额时,房屋抵押权人可以起诉房屋拆迁裁决

关键词

抵押权人优先受偿权　房屋拆迁裁决　原告资格

附录:司法信箱

房地产抵押权人能否对房屋拆迁补偿裁决提起行政诉讼?

问题:我院在审理一起拆迁行政诉讼案件时,遇到被拆迁房屋抵押权人提起行政诉讼的情况。对此有两种不同的意见:一种意见认为可以提起行政诉讼;另一种意见认为不可以起诉。请问哪一种意见是正确的?

《人民司法》研究组认为:房地产抵押是抵押人以其合法的房地产以不得转移占有的方式向抵押权人提出债务履行担保的行为,债务人不履行债务时,抵押权人有权依法以抵押的房地产拍卖所得价款优先受偿。《最高人民法院关于执行〈中华人民共和国行政诉讼法〉若干问题的解释》第12条[①]规定:"与具体行政行为有法律上利害关系的公民、法人或者其他组织对该行为不服的,可以依法提起行政诉讼。"与拆迁有关的具体行政行为很多,如行政处罚、拆迁许可、强制拆迁行为、安置补偿裁决等,只有与拆迁具体行政行为有法律上利害关系时,房屋抵押权人才可以提起行政诉讼。具体讲,当拆迁补偿裁决确定的补偿数额低于抵押担保的债权数额,房屋抵押权人才可以提起行政诉讼。

[①] 本条规定现为《最高人民法院关于适用〈中华人民共和国行政诉讼法〉的解释》(法释〔2018〕1号)第十二条。

——《人民司法》2003年第5期（总第472期）。

615. 拆迁安置产权调换方式应合理裁量

关键词

拆迁安置补偿　滥用职权　产权调换

行政审判指导案例

郑某华不服福建省莆田市建设局拆迁行政裁决案［行政审判指导案例第107号］

裁判要点：拆迁裁决以产权调换方式安置，应尽可能不改变产权性质及占有方式。将原被拆迁产权的专有所有权调换为没有具体产权方位的财产共有份额，且未能举证充分说明无其他更好调换方案的，属不合理裁量，可认定为滥用职权。

2007年10月19日，福建省建设厅作出闽建法〔2007〕35号行政复议决定书，以裁决确定对申请人享有专有所有权的店面，以按份额比例享有安置商场所有权的方式，进行产权调换，使得申请人原享有的专有所有权变更为按份共有权，其占有、使用、收益和处分的权利受到限制，客观上给申请人造成损害，这一内容明显不当为由，决定撤销。

——江必新主编、最高人民法院行政审判庭编：《中国行政审判案例》第3卷，中国法制出版社2013年版，第135页。

616. 强制拆迁的法定条件

关键词

强制拆迁　法定条件

最高人民法院裁判文书

于某楚诉贵阳市住房和城乡建设局强制拆迁再审案［最高人民法院（2012）行提字第17号行政判决书］

裁判要点：根据1991年《城市房屋拆迁管理条例》，被拆迁人在拆迁裁决规定的拆迁期限内无正当理由拒绝拆迁的，人民政府才可以进行强制拆迁。在拆迁裁决被人民法院判决撤销的前提下，强制拆迁房屋缺乏法律依据。且责令限期拆迁和责成有关部门强制拆迁决定应当经法定程序并以书面形式作出。

最高人民法院认为：根据1991年施行的国务院《城市房屋拆迁管理条例》[①]第十五条的规定，被拆迁人在拆迁裁决规定的拆迁期限内无正当理由拒绝拆迁的，贵阳市人民政府可以进行强制拆迁。但作为申请和实施强制拆迁依据的（1996）筑迁裁字第9号裁决，此前已被贵阳市云岩区人民法院作出的（1996）云行初字第13号判决撤销，该判决书并已于1996年5月17日向双方当事人送达。因此，贵阳市住建局及贵阳市拆迁处于1996年6月24日强制拆迁于某楚房屋，缺乏法律依据。根据《城市房屋拆迁管理条例》的规定，强制拆迁前县级以上人民政府应当先行作出责令限期拆迁的决定；在责令限期拆迁决定所指定的期限内被拆迁人逾期仍不拆迁的，方可责成有关部门强制拆迁。且责令限期拆迁和责成有关部门强制拆迁的决定，应当经法定程序并以书面形式作出，相关决定还应依法送达被拆迁人。本案贵阳市人民政府以分管副市长在相关申请报告上签署意见，并以此取代应以书面形式作出的责令限期拆迁决定和责成有关部门强制拆迁决定及相应的送达程序，亦不符合上述规定要求。

——中国裁判文书网。

附录：最高人民法院法官著述

不管是行政强制拆迁，还是司法强制拆迁，都必须具备四个法定条件：其一，拆迁人都必须对被拆迁人给予货币补偿或者提供拆迁安置用房、周转用房。被拆迁人拒绝接受的，拆迁人可以将补偿款向公证机关申请提存，以保证被拆迁人获得权利补救。其二，实施强制拆迁前，拆迁人应向公证机关办理被拆除房屋有关事项的证据保全。这一规定是修改后《城市房屋拆迁管理条例》新增加的内容，证据保全的目的是使能证明被拆除房屋基本情况的原始证据事实不致因时过境迁或其他原因而消灭或遭到破坏，一旦事后发生纠纷也有法定证据可查。其三，强制拆迁必须存在具有执行内容的载体。这种载体包括补偿安置裁决、强制拆迁决定、生效的裁判文书等。这些载体是强制执行的依据。其四，强制拆除都应当有一套完善的执行程序，一般情况下，补偿安置裁决机关或人民法院对被拆迁人实施强制拆迁时，应当由人民政府行政负责人或人民法院院长签发公告，再次指定不少于15天的拆除期

---

① 本案例现为《国有土地上房屋征收与补偿条例》。

限，通知被拆迁人自动履行搬迁义务，逾期仍不自动履行的，由执行人员强制搬迁，派人将房屋内的财物运至指定处所。其中，前三个条件是强制拆迁的基本条件。

——王达：《城市房屋拆迁中的强制执行》，载最高人民法院行政审判庭编：《行政执法与行政审判》2005年第4集（总第16集），法律出版社2006年版，第57~58页。

617.强制搬迁未通知当事人到场属于程序违法

关键词

政府规章　强制搬迁　法定程序

行政审判指导案例

施某英诉福建省厦门市思明区人民政府行政强制措施案［行政审判指导案例第72号］

> 裁判要点：实施强制搬迁时，执行人应当通知被执行人到场，否则构成程序违法。

合法的行政行为应当事实清楚，证据充分，适用法律正确，程序合法。上诉人思明区政府根据厦门市国土资源与房产管理局的申请，经审查决定准予强制拆迁，并于2006年4月6日向上诉人施某英及其家人发出《行政强制拆迁通知》，由施某英的儿子林某伟签收。由于上诉人施某英及其家人未在限定的拆迁日期前自行搬迁完毕。上诉人思明区政府决定对该房屋实行强制搬迁，并通知梧村街道办事处、金祥社区居民委员会到场。上述做法符合厦门市人民政府制定的《厦门市房屋拆迁行政裁决执行暂行办法》[①]第七条规定："执行机关应当在收到准予行政强制拆迁决定之日起3个工作日内向被执行人送达行政强制拆迁通知书，告知其在15日内自行搬迁。被执行人逾期仍拒不搬迁的，执行机关应在自动搬迁期限届满之日起10日内依法实施强制拆迁。执行机关在确定行政强制拆迁的具体时间后，应书面通知被拆迁房屋所在地街道办事处或镇人民政府、公安机关等单位协助执行。房屋拆迁管理部门应当与被拆迁房屋所在地街道办事处或镇人民政府、社区居民委员会或村民委员会积极配合，做好对被执行人的宣传解释工作，动员其自行搬迁。"因此，

---

① 已失效。

上诉人施某英认为《准予行政拆迁决定书》和《行政强制拆迁通知》没有送达上诉人施某英及原审法院认定被上诉人思明区政府在实施强制拆迁行为时，通知了基层单位（街道、居委会）到场，制作了强制拆迁的录像以及被拆迁财产的清单，并经过公证的做法符合规定的认定是错误的上诉理由不能成立，不予采纳。但是，《厦门市房屋拆迁行政裁决执行暂行办法》①第十一条规定："被执行人在行政强制拆迁时应当到场。被搬迁财物由执行机关负责运送到安置房、周转房或指定的处所，交给执行人。如被执行人拒绝领取的，执行机关应当书面通知被执行人在规定的期限内到指定的地点领取被搬迁的财物，被执行人逾期不领取的，执行机关可以向公证机关办理提存……"根据该条规定，执行机关应当通知被执行人具体的执行日期，否则，被执行人无法履行到场的义务。因此，思明区政府在强制拆迁时没有通知被拆迁人即上诉人施某英及其家人强制拆迁日期，且上诉人思明区政府将搬迁的财物运送至安置房后，领取被搬迁财物的书面通知未实际送达被执行人，程序违法。因此，上诉人思明区政府认为其执行程序合法的上诉理由不能成立，不予采纳。原审法院以执行程序违法为由判决确认上诉人思明区政府对厦门市湖滨东路78号401室实施行政强制拆除过程程序违法，并无不当，应予维持。据此，判决驳回上诉，维持原判。

——江必新主编、最高人民法院行政审判庭编：《中国行政审判案例》（第2卷），中国法制出版社2011年版，第199~200页。

618. 拆迁民事诉讼中法院不能根据拆迁人的申请先予执行

关键词

拆迁补偿安置　先予执行

附录：最高人民法院法官著述

我们过去认为人民法院对待拆迁诉讼中的先予执行应当采取谨慎的态度，在确保已经给付补偿、补偿安置协议合法有效而且属于公益拆迁的情况下，才宜依法强制拆迁。现在，我们从权利保障的角度则认为不宜先予执行。根据《立法法》第8条的规定，民事诉讼基本制度应当由法律规定。民事先予执行属于民事诉讼基本制度，应当由全国人大及其常委会通过法律加以规定。而通过行政法规授予人民法院拆迁案件的先予执行权有立法越权之嫌疑。民事诉讼中的先予执行大都是针对申请人的基本生活保障。而拆迁人希望通过

---

① 已失效。

先予执行达到尽快拆迁的目的显然不是民事先予执行制度的立法原意。同时，人民法院审判首先必须适用的是全国人大及其常委会制定的法律和最高人民法院的司法解释，对于行政法规、规章及其他规范性法律文件，法院虽无权否定，但对违反上位法的条款可不予适用。因此，人民法院的先予执行措施要慎用，应严格依照法律规定的紧急情况的标准和立法愿意去衡量。但法院在民事判决生效后，依据生效的民事判决必须强制执行的，应当强制执行。但也应当在给付补偿（含推定补偿）或者兑现安置之后才可以依法进行强制拆迁。

——王达：《城市房屋拆迁中的强制执行》，载最高人民法院行政审判庭编：《行政执法与行政审判》2005年第4集（总第16集），法律出版社2006年版，第62~63页。

619. 非农村集体经济组织成员对其房屋价值的赔偿是否包括对房屋占用范围内土地使用权价值的赔偿

关键词

行政赔偿之诉　房屋价值　土地使用权价值　非农村集体经济组织成员

最高人民法院裁判文书

李某泉与济南市市中区政府行政赔偿再审复查案［最高人民法院（2020）最高法行赔申1527号行政赔偿裁定书］

　　裁判要旨：房屋价值包括房屋占用范围内的土地价值和房屋本身的价值，非农村集体经济组织成员因不享有宅基地使用权，故对其房屋价值的赔偿不包括对房屋占用范围内土地使用权价值的赔偿。

　　最高人民法院经审查认为，《中华人民共和国国家赔偿法》第二条第一款规定："国家机关和国家机关工作人员行使职权，有本法规定的侵犯公民、法人和其他组织合法权益的情形，造成损害的，受害人有依照本法取得国家赔偿的权利。"本案中，市中区政府拆除案涉房屋的行为已被生效判决确认违法，其应当承担相应的赔偿责任。案涉房屋原系山东省济南市市中区陡沟街道办事处岳而村（以下简称岳而村）集体土地上的房屋，按照公平原则，违法拆除赔偿应当参照岳而村村民宅基地房屋拆迁安置标准办理。案涉房屋价值包括房屋占用范围内的土地价值和房屋本身的价值，因李某泉不是岳而村集体经济组织成员，不享有宅基地使用权，故对其房屋价值的赔偿不包括对房屋占用范围内土地使用权价值的赔偿。一审法院对李某泉房屋所有权证所载 258.78 平方米房屋，参照同等情况国有土地上房屋价值，酌定按 6000 元每平方米进行赔偿，对其他砖混和简易结构房屋及其附属物，参照济南市最新征地地上附着物标准进行赔偿，二审法院予以认可，并无不当。一审法院认为，案涉房屋室内物品损失问题已经法院生效判决处理完毕，不再重复处理，亦无不当。李某泉主张一、二审法院对房屋面积、用途认定错误，缺乏事实和法律依据。李某泉虽对测绘机构确定的装修情况提出异议，但未提出证据予以反驳，一审法院判决市中区政府按照评估标准赔偿其装修费并无不当。案涉房屋系集体土地上房屋，根据《二环西路高架南延工程村民宅基地房屋拆迁安置明白纸》的规定，李某泉非农村集体经济组织成员，不享有过渡和安置费，故一、二审法院对其要求参照国有土地上房屋补偿标准赔偿搬迁费、安置费并赔偿停产停业损失的赔偿请求不予支持并无不当。

——中国裁判文书网。

620. 土地权属争议期间申请行政赔偿的时机是否成熟

关键词

行政赔偿之诉　申请时机　权属争议

最高人民法院裁判文书

王某义与菏泽市牡丹区政府行政赔偿再审复查案［最高人民法院（2020）最高法行申 5995 号行政裁定书］

裁判要旨：当事人请求赔偿的经济损失包括土地补偿款，而案涉土地权属尚存争议，无法确定应得的赔偿款项及数额，故申请行政赔偿的时机暂未成熟，可待案涉土地争议确权之后，再行就违法拆除其房屋的行为请求赔偿。

最高人民法院认为，根据《中华人民共和国国家赔偿法》第二条的规定，国家机关和国家机关工作人员行使职权，有该法规定的侵犯公民、法人和其他组织合法权益的情形，造成损害的，受害人有依照该法取得国家赔偿的权利。本案中，山东省菏泽市人民政府已经作出行政复议决定，确认牡丹区政府拆除王某义房屋的行政行为违法，王某义具有向牡丹区政府申请赔偿的权利。因王某义请求赔偿的经济损失包含案涉房屋所占土地的补偿款，而案涉土地权属尚存争议，无法确定王某义应得的赔偿款项及数额。王某义申请行政赔偿的时机暂未成熟,可待案涉土地争议确权之后,再行就牡丹区政府拆除其房屋的违法行为请求赔偿。在王某义再行请求行政赔偿涉及起诉期限时,解决土地权属争议的期间应当予以扣除。

——中国裁判文书网。

621. 为确保因违法强拆获得的赔偿不低于依法征收应获得的补偿可否酌情对临时安置费和搬迁费的标准予以调高

关键词

行政赔偿之诉　　违法强制强拆　　赔偿标准　　酌情调高

最高人民法院裁判文书

马某忠与济南市市中区政府行政赔偿再审复查案[最高人民法院(2020)最高法行赔申1529号行政赔偿裁定书]

裁判要旨:为确保因违法强拆获得的赔偿不低于依法征收应获得的补偿,法院酌情对临时安置费和搬迁费的标准予以调高,并无不当。

最高人民法院经审查认为,《中华人民共和国国家赔偿法》第二条第一款规定:"国家机关和国家机关工作人员行使职权,有本法规定的侵犯公民、法人和其他组织合法权益的情形,造成损害的,受害人有依照本法取得国家赔偿的权利。"本案中,市中区政府拆除案涉房屋的行为已被生效判决确认违法,其应当承担相应的赔偿责任。马某忠系山东省济南市市中区陡沟街道办事处岳而村(以下简称岳而村)集体经济组织成员,案涉房屋原系岳而庄村集体土地上房屋,按照公平原则,马某忠应得的赔偿至少应不低于集体土地上房屋拆迁安置应得的补偿。一审法院参照《二环西路高架南延工程村民宅基地房屋拆迁安置明白纸》的规定,判决市中区政府在案涉建设项目安置区内为马某忠提供235平方米的安置住房,对案涉房屋超出每人40平方米部分参照判决作出时的最新补偿标准按1050元每平方米计算,赔偿马某忠631522.5元。马某忠主张应对案涉房屋及附属物参照周边房地产市场价格赔偿缺乏法律依据,一、二审法院不予支持并无不当。为确保马某忠因违法强拆获得的赔偿不低于依法征收应获得的补偿,一审法院酌情对临时安置费和搬迁费的标准予以调高,判决赔偿马某忠临时安置费168000元、搬迁费7000元,亦无不当。马某忠其他再审请求与其在原审中提出的请求一致,

一、二审法院已经充分回应，本院不再赘述。

——中国裁判文书网。

622. 承租人可否就违法建筑拆除请求产权调换或赔偿房屋损失

关键词

行政赔偿之诉 承租人 违法建筑拆除 要求置换赔偿

最高人民法院裁判文书

苏某虎与济南市槐荫区政府行政赔偿再审复查案［最高人民法院（2021）最高法行赔申 25 号行政赔偿裁定书］

裁判要旨：涉案商城系因违法建筑而被强制拆除，并非被政府征收。据此，当事人提出以就近地段类似房屋予以调换或赔偿其房屋损失以及安置费、搬迁费、装修费等诉讼请求，法律依据不足。

最高人民法院认为，本案的争议焦点在于再审申请人苏某虎提出的赔偿请求能否成立。根据原审法院查明的事实，苏某虎与兴济河商城公司签订的是商铺经营使用权合同，而非买卖合同。其并非涉案商城的建造人及产权人，而是取得长期经营使用权的承租人。因涉案商城建设在城市河道之上，没有合法的审批手续，并已列入济南市第三期违法建设拆除任务台账，故涉案商城系因违法建筑而被强制拆除，并非被政府征收。据此，本案苏某虎提出以就近地段类似房屋予以调换或赔偿其房屋损失以及安置费、搬迁费、装修费等诉讼请求，法律依据不足。至于苏某虎所提出的营业损失问题，根据其与本案第三人兴济河商城公司签订的《商铺经营使用权合同》中规定的"如遇政府重大规划，需搬迁商城，造成乙方无法经营使用时，甲方将无条件退还未使用年限租金"条款，该类损失争议属于民事合同履行过程中产生的纠纷，可以通过民事途径予以解决。本案苏某虎提出的诉讼请求缺乏事实根据和法律依据，一审判决驳回其诉讼请求，二审维持一审判决，并无不当。

——中国裁判文书网。

623. 支付临时安置费应以征收房屋为前提

关键词

不履行行政协议　拆迁补偿安置费

最高人民法院裁判文书

林某川诉秀英区政府不履行行政协议申诉案［最高人民法院（2021）最高法行申 491 号行政裁定书］

　　裁判要旨：根据《国有土地上房屋征收与补偿条例》第十七条及第二十二条规定，作出房屋征收决定的市、县级人民政府应给予被征收人因征收房屋造成的搬迁、临时安置的补偿，即因征收房屋造成搬迁的，房屋征收部门应向被征收人支付搬迁费；如选择房屋产权调换的，产权调换房屋交付前，房屋征收部门应向被征收人支付临时安置费或提供周转用房。因此，临时安置费是房屋征收部门在产权调换房屋交付前，支付给合法房屋所有权人用于解决临时居住问题的费用；没有房屋被征收，就不存在支付临时安置费的前提。

最高人民法院经审查认为，《国有土地上房屋征收与补偿条例》第十七条第一款第二项规定，作出房屋征收决定的市、县级人民政府对被征收人给予的补偿包括因征收房屋造成的搬迁、临时安置的补偿。第二十二条规定，因征收房屋造成搬迁的，房屋征收部门应当向被征收人支付搬迁费；选择房屋产权调换的，产权调换房屋交付前，房屋征收部门应当向被征收人支付临时安置费或者提供周转用房。因此，临时安置费是房屋征收部门在产权调换房屋交付前，支付给合法房屋所有权人用于解决临时居住问题的费用；没有房屋被征收，就不存在支付临时安置费的前提。本案中，再审申请人未能提供证据证明其在征收范围内有合法房屋被征收，其请求支付临时安置费，不符合上述规定。再审申请人主张《安置协议》第三条第一项约定的补助实质为临时安置费，但是，《安置方案》第十八条的规定已经明确载明，过渡期内临时安置补助费并不适用于在征收范围内无住房的被征收人。再审申请人认为不论有无房屋被征收均能获得临时安置费，缺乏事实和法律依据。再审申请人的再审理由不能成立。

——中国裁判文书网。

（六）强制拆除

624. 行政机关根据行政裁定实施的强制执行行为是否属于行政诉讼受案范围

关键词

房屋行政强制　行政裁定

最高人民法院裁判文书

周某航诉浙江省宁波市江北区人民政府房屋行政强制申请再审案［最高人民法院（2021）最高法行申1953号行政裁定书］

裁判要旨：行政机关根据行政裁定实施的强制执行行为，如果并不存在有扩大执行范围或者采取违法方式实施的情况，依法不属于人民法院行政诉讼的受案范围。

最高人民法院经审查认为：本案中，根据一、二审查明的事实，再审申请人系因对江北区政府依据法院生效裁定所作出的执行行为不服，提起本案诉讼。同时，再审申请人亦未向本院提供证据证明江北区政府根据行政裁定实施的强制执行行为有扩大执行范围或者采取违法方式实施的情况。因此，再审申请人提起本案诉讼，要求确认江北区政府依据行政裁定作出的强制拆除行为程序违法，一审判决驳回再审申请人的诉讼请求，二审判决驳回其上诉，处理结果并无不当。

——中国裁判文书网。

625. 对无书面法律文书而房屋被强制拆除的，责任主体如何认定

关键词

行政强制拆除行政赔偿　强制拆除责任主体

最高人民法院裁判文书

衡阳市耀德贸易有限责任公司诉湖南省衡阳市珠晖区人民政府行政强拆违法及行政赔偿再审案［最高人民法院（2020）最高法行再456号行政裁

定书]

裁判要旨：对无书面法律文书而无法通过文书署名情况确定强制拆除主体的，房屋虽实际由非职权主体拆除，但强制拆除行为与职权主体行政职权内容存在高度关联的情况下，可推定职权主体与非职权主体在征收拆迁中是基于共同意思联络、共同参与下实施的强制拆除，职权主体为强制拆除责任主体。违法拆除房屋的，职权主体还应承担相应的补偿或赔偿义务。

最高人民法院经审理认为，本案的争议焦点为：一、涉案强制拆除责任主体及本案适格被告的认定问题。二、违法强拆行为发生后行政机关应及时采取补救措施的义务问题。

一、关于涉案强制拆除责任主体及本案适格被告的认定问题

耀德公司被强制拆除的房屋，系取得国有土地使用权的商服性质房屋，对该房屋的征收与强制拆除应当适用《国有土地上房屋征收与补偿条例》。根据《国有土地上房屋征收与补偿条例》第四条第一款及第二款、第五条、第八条的规定，在国有土地上房屋征收过程中，若未有当地规范性文件或市、县级人民政府对补偿安置主体进行特殊规定的情况，拆除征收范围内合法建筑的行政职权应归属于市、县级人民政府及确定的房屋征收部门，民事主体并无实施强制拆除他人合法房屋的权力。本案中，由于耀德公司未收到书面征收决定、限期拆除决定或者责令交出土地决定等行政法律文书，因此无法通过文书署名情况认定强制拆除的责任主体。但耀德公司在金甲岭小城镇建设范围内的合法房屋被强制拆除，珠晖区政府作为负责该项目的行政机关，未严格依照相关法律、法规的规定进行征收，未依法定程序对涉案房屋实施强制搬迁，是造成涉案房屋被违法拆除的主要原因。涉案房屋被拆除后，珠晖区政府将涉案土地开发建设成居民文化生活广场，并多次与耀德公司协商处理赔偿事宜。因此，结合法律规定和全部在案证据以及土地的最终用途等情况综合判断，涉案房屋虽然系房屋所在地的庙会成员拆除，但并不表明庙会成员个人应当以民事主体身份承担强制拆除的法律责任；而应当认定系职权主体与非职权主体在征收拆迁中基于共同意思联络、共同参与下实施的强制拆除。村民委员会、庙会等组织仅系行政机关的行政助手和行政辅助者，犹如其"延长之手"。

在涉案房屋的强制拆除与金甲岭小城镇建设存在高度关联的情况下，除非珠晖区政府能提供相反证据证明其与拆除行为完全无关，否则可以推定涉案强制拆除行为在珠晖区政府主导下实施，其系涉案强拆行为的责任主体，并应承担相应的法律责任。

确定行政诉讼正确、适格的被告,是原告和人民法院共同的责任和义务。原告起诉状基于初步证据确定作出被诉行政行为的具体、特定、可识别的行政机关,即可视为"有明确的被告";至于起诉状载明的被告是否正确、是否适格,则是人民法院需要进一步审查确定的问题。即使人民法院认为耀德公司错列被告,亦应当协助耀德公司准确确定被告,加以释明引导,而不能径行驳回耀德公司的起诉。因此,二审法院仅以没有证据证明珠晖区政府强行拆除涉案房屋以及庙会成员自认实施强制拆除为由,驳回耀德公司的起诉,系适用法律错误,应当予以纠正。

二、关于违法强拆行为发生后行政机关应及时采取补救措施的义务问题

涉案房屋被违法拆除,但行政主体相应的补偿(赔偿)义务并不能免除。珠晖区政府在强制拆除后确曾多次与耀德公司协商处理相关善后事宜,但在双方未能协商一致的情况下,应及时作出相应的书面决定,将纠纷尽快引导进入法治化解决渠道,以便妥善解决强制拆除与补偿安置的遗留问题。违法强制拆除后行政机关不积极补救且久拖不决,或者以反复协商代替书面决定,既损害被征收人补偿安置权益,又提高补偿安置成本,还扩大国家赔偿责任,损害其依法行政形象。一审法院根据当事人的主张、在案证据,运用逻辑推理和生活经验,结合涉案房屋以及土地的情况,参照衡阳市人民政府办公室《衡阳市人民政府办公室关于调整市城区基准地价的通知》附件2中涉案房屋的地段,酌定按每平方米1900元予以确定赔偿,并无不当。二审裁定以无证据证明珠晖区政府为涉案房屋拆除主体为由,继而驳回耀德公司的起诉,适用法律错误,增加当事人的讼累,不利于实质化解纠纷,应予撤销。

——中国裁判文书网。

626. 违法强制行为涉及的土地客观上不具备恢复原状可能性,相对人可就补偿问题另循救济

关键词

行政强制执行　恢复原状

最高人民法院裁判文书

刘某修诉钦州市钦北区小董镇人民政府、钦州市钦北区人民政府行政强制执行案[最高人民法院(2021)最高法行申168号行政裁定书]

裁判要旨:在土地征收中,行政机关强制执行土地行为被确认违法,因土地已经平整并进行建设项目开发,恢复土地原状在客观

上已不具备可能性。行政相对人若对土地补偿行为与补偿金额问题不服，可另循途径救济。

最高人民法院经审查认为，本案中，再审申请人不服被申请人组织人员填埋涉案土地行为，向一审法院请求确认被申请人侵害其土地相关权益的行政行为违法，并对涉案土地恢复原状。原审判决已确认钦北区政府对涉案土地上附着物实施强制执行行为违法，双方当事人对此均无异议。再审审查的重点为再审申请人恢复原状的请求应否得到支持。由于涉案土地已经土地行政主管部门出让给案外人，土地已经平整并进行相关建设项目开发，无恢复原状可能，因此原审判决驳回再审申请人恢复原状的诉讼请求，并不违反法律规定。若再审申请人对土地补偿行为与补偿金额不服，可另循途径救济。刘某修主张的再审事由不能成立，不应予以支持。

——中国裁判文书网。

627. 政府已经作出补偿决定的，被征收人对违法强制拆除房屋行为提起行政赔偿诉讼的裁判方式

关键词

行政赔偿　裁判方式

最高人民法院裁判文书

梁某英、陈某与海南省三亚市天涯区人民政府行政赔偿申请再审案［最高人民法院（2021）最高法行赔申142号行政裁定书］

裁判要旨： 地方人民政府在违法强制拆除房屋前，已对被征收人作出补偿决定书并送达，被征收人在行政赔偿诉讼中主张生效的补偿决定书已经确定补偿的内容，人民法院不予支持；被征收人如对补偿决定不服，可另循法律途径寻求救济。

最高人民法院经审查认为，《中华人民共和国国家赔偿法》第三十六条第八项规定，对财产权造成其他损害的，按照直接损失给予赔偿。本案中，在强制拆除前，天涯区政府已经就房屋价值、室内装修及附属物补偿费、搬迁费等项目作出补偿决定书并送达，该补偿决定书至今仍具有法律效力。再审申请人在本案赔偿诉讼中主张补偿决定书已经确定的内容，无法律依据。二审法院因此判决驳回再审申请人有关赔偿房屋等损失的诉讼请求，并告知其

如认为补偿决定不合法,可对补偿决定另循法律途径寻求救济,并不违反法律规定。再审申请人主张的再审事由不能成立,不应予以支持。

——中国裁判文书网。

628. 乡镇政府依据拆违职权并以自己名义实施的拆除行为,与上级委托执法无关联

关键词

乡镇政府　上级委托执法

最高人民法院裁判文书

冯某瑞诉海南省儋州市人民政府及儋州市中和镇人民政府行政强制拆除行为案[最高人民法院(2017)最高法行申5617号行政裁定书]

裁判要点:1. 政府协调所属相关职能部门配合实施强制拆除,并非强制拆除行为的具体实施主体。乡镇政府报上级政府批准,在上级政府协调和国土、住建、公安、城建部门的积极配合下,依据法律赋予的强制执行权,强制拆除当事人的在建房屋,是被诉强制拆除房屋行为的实施主体。上级政府仅仅是协调所属相关职能部门配合实施强制拆除,并非强制拆除行为的具体实施主体。

2. 乡镇政府依据拆违职权并以自己名义实施拆除行为的,该拆除行为与上级委托执法无关联。对于上级政府出具委托书,委托乡镇政府对违法建筑实施拆除的问题。乡镇政府依据《中华人民共和国城乡规划法》第六十五条规定,依法享有强制拆除的法定职权,且乡镇政府以自己的名义作出强制拆除决定、实施强制拆除行为,强制拆除行为显然与前述委托执法无关联。乡镇政府请示、报送行动方案,目的在于获得上级政府及其职能部门的支持和协助、配合,而不是将其依法享有的强制拆除职权交由上级政府实施。

最高人民法院经审查认为,《中华人民共和国行政诉讼法》第二十六条第一款规定,公民、法人或者其他组织直接向人民法院提起诉讼的,作出行政行为的行政机关是被告。本案中,中和镇政府以冯某瑞未获得《乡村建设规划许可证》为由,决定拆除冯某瑞的在建房屋。在冯某瑞未自行拆除的情况下,中和镇政府报经儋州市政府批准,在儋州市政府协调和市国土、住建、公安、城建部门的积极配合下,依据法律赋予的强制执行权,强制拆除冯某

瑞的在建房屋，中和镇政府是本案被诉强制拆除房屋行为的实施主体，系本案适格被告。冯某瑞主张，儋州市政府才是本案适格被告。但是，儋州市政府作为中和镇政府的上级政府，在本案中仅仅是协调所属相关职能部门配合中和镇政府实施强制拆除，并非被诉强制拆除行为的具体实施主体。至于儋州市政府出具委托书，委托中和镇政府对违法建筑实施拆除的问题。本案中，中和镇政府依据《中华人民共和国城乡规划法》第六十五条和《海南省查处违法建筑若干规定》第十一条第二款规定，依法享有强制拆除的法定职权，且在实施本案强制拆除行为过程中，中和镇政府以自己的名义，而非以儋州市政府的名义，作出强制拆除决定、实施强制拆除行为，强制拆除行为显然与前述委托执法无关联。中和镇政府向儋州市政府请示、报送行动方案，目的在于获得上级政府及其职能部门的支持和协助、配合，也不是将其依法享有的强制拆除职权交由儋州市政府实施，同样不能证明儋州市政府是本案被诉强制拆除行为的实施主体。因此，冯某瑞主张儋州市政府是本案适格被告，理由不能成立，本院不予支持。冯某瑞还主张，儋州市政府强制拆除其在建房屋违法，但是本案二审裁定结果是驳回起诉，并不涉及强制拆除在建房屋行为的合法性问题，以此为由申请再审，理由亦不能成立。

应当指出的是，《最高人民法院关于适用〈中华人民共和国行政诉讼法〉若干问题的解释》第三条第一款第三项①规定，错列被告且拒绝变更的，人民法院才能够裁定驳回起诉。二审过程中发现被告不适格的，人民法院亦应当向原告释明。原告同意变更被告的，人民法院可以裁定撤销一审判决，发回一审法院或者指令有管辖权的法院重新审理，原告不同意变更被告的，人民法院才能够裁定驳回起诉。本案中，二审裁定未说明是否已向冯某瑞释明其应变更被告，即直接裁定驳回起诉不妥，本院予以指正。鉴于本案系对再审申请的审查，二审裁定驳回起诉并未对冯某瑞依法另行起诉形成法律上的障碍，该项诉讼程序违法未影响案件的公正审判，本案不予再审。冯某瑞在收到本裁定后，可以以中和镇政府为被告，对中和镇政府作出的强制拆除决定和强制拆除行为，向有管辖权的人民法院，依法另行提起行政诉讼。

——中国裁判文书网。

---

① 本项现为《最高人民法院关于适用〈中华人民共和国行政诉讼法〉的解释》（法释〔2018〕1号）第六十九条第一款第三项。

629. 拆迁当事人在诉讼中达成合意可以判决变更裁决内容

关键词

拆迁当事人达成合意　变更裁决

附录：最高人民法院法官著述

如果拆迁当事人在诉讼中达成合意，能否判决变更裁决内容，答案是肯定的。行政裁决之所以产生，是基于拆迁当事人不能按照法律法规达成协议，处分自己的民事权利，如果拆迁当事人在诉讼过程中能够自愿达成合意，这当然有助于纠纷的解决，当事人合法处分自己民事权利的行为理由准许，因此，可按协议内容变更裁决。如果诉讼中不能达成协议，法院应当判决。可以适用维持判决和变更判决，尽量不用撤销责令重作判决。肖扬院长提出"司法为民"宗旨，变更判决可以"一竿子插到底"，可以避免"官了民不了"的问题，可以一次性解决矛盾和纠纷。

——王达：《拆迁补偿安置裁决的法律问题分析》，载最高人民法院行政审判庭编：《行政审判指导》2006年第1辑（总第5辑），人民法院出版社2006年版，第82页。

630. 行政机关违法强制拆迁的救济途径

关键词

强制拆迁　行政赔偿　补充赔偿责任

附录：最高人民法院法官著述

被拆迁人对行政机关违法强拆存在两个请求权竞合：一是向拆迁人主张的补偿请求权；二是向行政机关主张的赔偿请求权。在请求权竞合的情况下，被拆迁人具有选择权。即可以主张补偿也可以主张赔偿，但是，两个请求权不能同时主张，只能在损益相补的前提下，选择其一。

行政机关滥用职权违法强制拆迁作为一种行政侵权，被拆迁人可以行政机关为被告、以拆迁人为第三人向人民法院提起行政赔偿诉讼。关于行政赔偿应当遵循两个原则：（1）损益相抵原则。对被拆迁人来讲，其房屋被违法拆除，必须获得相当价值的补救；（2）行政赔偿最小化原则。虽然行政机关违法拆除房屋，但受益人是拆迁人，拆迁人应当首先承担相应的补偿责任，在拆迁人的补偿责任不能实现时或者因为行政机关违法拆除造成被拆迁人其他损失的，由行政机关承担赔偿责任。一般而言，行政机关只是承担补偿赔偿责任。人民法院的行政赔偿判决中判决第三人拆迁人承担房屋灭失的补偿责任，行政机关承担房屋灭失的补充责任和其他损失的赔偿责任。在行政诉讼程序中处理行政赔偿事项有两种情况：一种是行政管理相对人向人民法院提起行政诉讼要求确认行政违法的同时，一并请求人民法院判决行政主体赔偿其因被告行政侵权造成的损失；另一种是相对人先向赔偿义务机关申请行政赔偿，对行政赔偿决定不服，再就此单独提起行政赔偿诉讼。无论哪一种，法院都有权在该诉讼程序中全面决定行政赔偿的事项。

——王达：《拆迁纠纷诉讼案件处理的职权法定和正当程序问题》，载万鄂湘、张军主编、最高人民法院《最新法律文件解读》编辑委员会编：《最新执行与司法程序法律文件解读》2007年第6辑（总第6辑），人民法院出版社2007年版，第257~259页。

631. 申请人民法院强制执行国有土地上房屋征收补偿决定案件办案期限

关键词

房屋征收补偿　办案期限　申请强制执行

最高人民法院司法政策精神

审查期限问题。《最高人民法院关于办理申请人民法院强制执行国有土地上房屋征收补偿决定案件若干问题的规定》依照《行政强制法》第五十八条规定，将相关案件审查期限规定为三十日，主要考虑此类案件许多具有复杂性和敏感性，法官需要相对充分的审查时间，以做到审慎稳妥、判断准确，防止因草率裁定而损害被征收人合法权益或者使公众产生审查程序流于形式的误解。因特殊情况（如案情疑难复杂、需征求有关部门意见或调查取证等）需要延长审查期限的，由高级人民法院批准。基层人民法院应参照《若干解释》第八十二条规定的程序，直接报请高级人民法院批准，同时报中级人民法院备案。

——《最高人民法院关于认真贯彻执行〈关于办理申请人民法院强制执行国有土地上房屋征收补偿决定案件若干问题的规定〉通知》（2012年4月5日，法〔2012〕97号）。

附录：最高人民法院法官著述

关于法院办理案件的期限问题，主要体现在以下四个方面：

一是提出申请的期限。《最高人民法院关于办理申请人民法院强制执行国有土地上房屋征收补偿决定案件若干问题的规定》（以下简称《规定》）明确了申请机关应当自被执行人的法定起诉期限届满之日起三个月内提出，逾期申请，除有正当理由外，法院不予受理。需要说明的是，《最高人民法院关于执行〈中华人民共和国行政诉讼法〉若干问题的解释》（以下简称《若干解释》）[①]第八十八条规定申请机关"自被执行人的法定起诉期限届满之日起180日内提出。逾期申请的，除有正当理由外，人民法院不予受理"。《行政强制法》第五十三条规定为行政机关"自期限届满之日起三个月内，依照本章规定申请人民法院强制执行"。《规定》依照《行政强制法》将申请期限规定为三个月，同时保留了《若干解释》有关逾期申请的相关规定，以使法院有一定的裁量处置空间。至于何种情况属于"正当理由"，可依据《行政诉讼法》第四十条相关规定作出认定。

二是法院受理的期限。《规定》明确了法院应当在接到申请后五日内立案受理，不符合形式要件或材料不全的应当限期补正，并在最终补正的材料提供后五日内立案受理。上述五日的规定与《行政强制法》第五十六条规定保持一致。同时，根据《行政诉讼法》第三十四条和《最高人民法院关于行政诉讼证据若干问题的规定》第九条的规定精神，规定了对材料不全的应当限期补正的情形。"限期补正"的时限实践中法院根据实际情况确定，关于法院认为补正的材料合格，应在最终补正的材料提交后五日内立案受理的规定，使得行政机关有机会作出补正，也有利于避免法院草率作出不予受理的裁定。

三是法院审查的期限。《规定》依照《行政强制法》第五十八条规定，将相关案件审查期限统一规定为立案之日起三十日，主要考虑此类案件具有复杂性、敏感性，法院需要有相对充裕的审查时间，以做到审慎稳妥、判断准确，防止因草率作出是否准予执行的裁定而损害被征收人合法权益或公共利益，也可以防止公众产生审查程序流于形式的误解。同时，规定了有特殊情况需要延长审查期限的，由高级人民法院批准。主要考虑是虽然《行政强制法》未规定延长审限情况，但针对个案特殊情况延长审查期限实践中确属必要，《行政诉讼法》亦有相应规定，这样便于法院审慎办案，切实保障人民群众合法权益。至于何为"特殊情况"，法院要有相应的判断权，如"案情疑难复杂""请求待决""征求有关部门意见""需要调查取证"等是目前常见申请延

[①] 本解释已被《最高人民法院关于适用〈中华人民共和国行政诉讼法〉的解释》（法释〔2018〕1号）废止。

长审限理由，无须在司法解释中体现。就申请延长审限的操作程序而言，基层法院应参照《若干解释》第八十二条规定的程序，直接报请高级法院，同时报中级法院备案。

四是复议的期限。《规定》明确了申请机关对不予受理裁定或不准予执行裁定有异议而向上一级法院申请复议，都是"自收到裁定之日起十五日内"提出；上一级法院"自收到复议申请之日起"分别在"十五日内"和"三十日内"作出裁定。这种规定与《行政强制法》保持一致。在起草《规定》过程中，许多法院反映十五日、三十日的复议审查期限对上一级法院过于短促。尽管《规定》没有对复议期限的延长作出规定，但是考虑到既然二审诉讼案件中存在延长审限的制度，不应排除上一级法院在特殊情况下对非诉行政执行案件的复议审查也可依照相关程序延长审查期限。

——赵大光、马永欣、王晓滨：《〈关于办理申请人民法院强制执行国有土地上房屋征收补偿决定案件若干问题的规定〉的理解与适用》，载江必新主编、最高人民法院行政审判庭编：《行政执法与行政审判》2012年第1集（总第51集），中国法制出版社2011年版，第25~26页。

632. 违法强制拆除房屋的行政赔偿不得低于原告依照征收补偿方案可以获得的征收补偿标准

关键词

强制拆除　行政赔偿　征收补偿标准

最高人民法院裁判文书

范某生诉沈阳市和平区人民政府房屋行政强制并行政赔偿案［最高人民法院（2015）行监字第634号行政裁定书］

裁判要点：行政机关违法强制拆除原告房屋，人民法院判决予以行政赔偿时，赔偿标准不得低于原告依照征收补偿方案可以获得的征收补偿标准。房屋征收过程中，行政机关违法拆除被申请人房屋，造成相应的房屋价值、屋内物品以及因房屋被强制拆除而形成的房租等实际损失，行政机关依法应当予以赔偿。原告请求赔偿依照征收补偿方案可以获得的奖励，人民法院应当予以支持。

最高人民法院认为：和平区政府在未与被申请人就补偿安置达成协议、未经批准征用土地的人民政府作出安置补偿裁决的情况下，没有法律授权，即自行强制拆除被申请人房屋的行为,违反法定程序、超越法定职权,二审生效判决业已确认该行为违法,双方当事人对此并无异议,本院亦予以认可。房屋征收过程中,行政机关违法拆除被申请人房屋,造成相应的房屋价值、屋内物品以及因房屋被强制拆除而形成的房租等实际损失,行政机关依法应当予以赔偿。和平区政府申请再审的理由不能成立,分述如下:

一、关于参照国有土地上房屋征收补偿标准予以赔偿问题。《最高人民法院行政审判庭关于农村集体土地征用后地上房屋拆迁补偿有关问题的答复》[①]规定:"行政机关征用农村集体土地之后,被征用土地上的原农村居民对房屋仍享有所有权,房屋所在地已被纳入城市规划区的,应当参照《城市房屋拆迁管理条例》及有关规定,对房屋所有权人予以补偿安置。"法释〔2011〕20号《最高人民法院关于审理涉及农村集体土地行政案件若干问题的规定》第十二条第二款亦规定:"征收农村集体土地时未就被征收土地上的房屋及其他不动产进行安置补偿,补偿安置时房屋所在地已纳入城市规划区,土地权利人请求参照执行国有土地上房屋征收补偿标准的,人民法院一般应予支持,但应当扣除已经取得的土地补偿费。"最高人民法院上述答复意见和司法解释的精神实质是一致的,即,在集体土地征收过程中,如果未同时对被征收的集体土地上的房屋进行征收补偿,经过若干时间后,原坐落于集体土地上的房屋所在区域已经被纳入城市规划区,基本实现了城镇化,此时再对原集体土地上的房屋实施征收,可以参照国有土地上房屋征收补偿标准予以安置补偿。司法解释之所以作如此规定,其目的在于避免同区域内原集体土地上房屋征收补偿标准低于国有土地上房屋征收补偿标准,充分保障原集体土地上房屋权利人的合法权益。本案中,涉案房屋所在的集体土地于2007年5月被征为国有,但此时并未对地上房屋进行征收补偿。至2010年9月30日和平区政府发布沈和拆公(2010)5号征地拆迁公告,决定对涉案房屋进行征收,2011年1月和平区政府将涉案房屋予以强制拆除。征收时,涉案房屋坐落在已被征收的国有土地上,且所在区域已经纳入城市规划区,基本实现城镇化,完全符合最高人民法院上述答复和司法解释的适用条件。鉴于此,二审判决参照国有土地上房屋征收补偿标准予以行政赔偿,并无不当。

二、关于以决定赔偿时的市场评估价予以赔偿问题。《国有土地上房屋征收与补偿条例》第十九条规定:"对被征收房屋价值的补偿,不得低于房屋征收决定公告之日被征收房屋类似房地产的市场价格。被征收房屋的价值,由具有相应资质的房地产价格评估机构按照房屋征收评估办法评估确定。"住房和城乡建设部发布的建房〔2011〕77号《国有土地上房屋征收评估办法》第

---

① 本文件已被《最高人民法院关于废止1997年7月1日至2011年12月31日期间发布的部分司法解释和司法解释性质文件(第十批)的决定》(法释〔2013〕7号)废止。

十条规定:"被征收房屋价值评估时点为房屋征收决定公告之日。"也就是说,在正常的征收补偿过程中,征收管理部门应当以房屋征收决定公告之日为评估时点,依法委托评估机构对被征收房屋进行市场价格评估,并据此予以补偿。行政法规和规章之所以选择征收公告之日作为评估时点,目的在于保障对被征收房屋价值的补偿不低于同时期类似房地产的市场价格,被征收人用获得的补偿款在市场上能够购买到与被征收房屋区位、结构、面积等相接近的房屋,被征收人的合法财产权益不因房屋征收而受到减损。根据这一立法目的,如果房屋征收决定的公告时间与征收补偿时间相隔时间过长,市场行情发生变化,以公告之日的市场价格进行补偿不能确保被征收人获得足额补偿时,则应以补偿时的房屋市场价格确定房屋征收补偿数额。在违法强制拆除房屋的情形下,被征收人获得的行政赔偿数额不应低于赔偿时被征收房屋的市场价格。否则,因违法强制拆除房屋行为,行政机关付出的行政赔偿数额还要低于其合法征收支付的补偿数额,其实质效果是鼓励行政机关违法强制拆除。鉴于此,在违法强制拆除房屋的情形下,人民法院以决定赔偿时的市场评估价格对被征收人予以行政赔偿,符合房屋征收补偿的立法目的。和平区政府主张应当以拆除时房屋的市场评估价格予以赔偿,理由不能成立。至于和平区政府提出的评估价格远远高于评估时点同类地块房屋的市场价格问题,因其未提供充分证据予以证明,本院不予支持;由于和平区政府违法强制拆除,造成被申请人对房屋装修损失情况无法举证证明,评估机构根据被申请人单方介绍的装饰装修情况,在合乎情理的范围内作出评估,不违反行政诉讼证据采信规则,和平区政府对评估报告装修损失提出的质疑,理由不能成立;征收之前,和平区政府及相关政府职能部门并未将被申请人未办理所有权证的车库、鸽子笼认定为违法建筑,评估机构对车库、鸽子笼一并予以评估不违反法律规定,和平区政府以车库、鸽子笼没有产权证为由,对评估报告关于车库、鸽子笼损失认定提出质疑,同样理由不能成立;因被申请人已经取得涉案房屋所有权证书,和平区政府以被申请人户籍不属于土地所属村,无权购买涉案房产为由,主张涉案房屋权属存在争议,与事实不符,理由亦不能成立。

三、关于市场评估价基础上上浮25%予以赔偿问题。沈阳市人民政府办公厅98号通知规定"拆迁住宅房屋,实施货币补偿的,补偿标准在被拆迁房屋市场评估价格基础上上浮20%~30%。具体比例由有关地区或单位根据拆迁项目所处区位、被拆迁房屋不同户型等实际情况确定。"沈阳市人民政府令第46号《沈阳市国有土地上房屋征收与补偿办法》第二十四条规定:"征收住宅房屋,实施货币补偿的,补偿标准在被征收房屋房地产市场评估价格基础上上浮20%~30%。区、县(市)人民政府应当根据征收项目所处区位、被征收房屋不同户型、建筑年代、结构等实际情况确定具体上浮比例。"上述规定一脉相承,是沈阳市政府制定的一项惠民政策,目的是维护被征收人的合法权益,该规定符合《国有土地上房屋征收与补偿条例》第十九条规定的对被征收房屋价值的补偿不得低于类似房地产市场价格的基本原则,依法有效。根据上述规定,在正常的合法征收过程中,征收住宅房屋,被征收人能够获得在市场评估价格基础上上浮20%~30%的优惠。根据因违法强制拆除被征收人获得的行政赔偿不应低于合法征收获得补偿的基本原则,行政赔偿应当包含被征收人依照地方行政规范性文件在合法征收中可获得的优惠。本案中,二审判决结合案件实际情况,在市场评估价格的基础上,酌定上浮25%予以赔偿,较好地保护了被申请人的合法权益,判决结果依法有据,合乎法理和情理。和平区政府主张98号通知不适用于本案,理由不能成立。

四、关于租房损失的赔偿问题。《最高人民法院关于行政诉讼证据若干问题的规定》第六十八条第五项规定,"根据日常生活经验法则推定的事实""法庭可以直接认定"。也就是说,依据生活常理能够推定的事实,无须当事人举证证明。本案中,尽管被申请人未举证证明房屋被强拆后实际支付了房租,但是,在居住房屋被强制拆除的情况下,被申请人必须要另找生活居住的地方。无论是租住他人房屋,或者另行购房居住,还是投亲靠友借住他人家中,在获得赔偿之前,被申请人因失去原有住房另行安排住处的损失都是实际存在的。即便是投亲靠友,未实际支出房租,客观上房租损失也是依然存在的,只是亲朋好友免除了被申请人的房租损失而已。而在法律上,并不能因为亲朋好友的馈赠而免除侵权人的赔偿责任。因此,根据经验法则可以推定:在房屋被强制拆除的情况下,被申请人的房租损失是必然存在的。据此,二审判决在被申请人未出具实际支付租金证据的情况下,认定租金损失存在,符合行政诉讼事实认定的基本规则。房租损失的具体金额认定应当科学合理,以保障被征收人的基本居住条件为原则。沈阳市政府办公厅发布的98号通知规定:临时安置补助费18元/平方米,按照被拆迁房屋的建筑面积计算,每户每月最低600元,最高1000元。二审判决以该安置补偿标准为基准,结合案件实际情况,酌定租房损失为每月900元予以赔偿,判决结果依法有据,最高人民法院应予支持。

——中国裁判文书网。

633. 房屋征收违法强拆案件中,对当事人赔偿数额的确定

关键词

强制拆除　征收补偿　委托评估

最高人民法院裁判文书

魏某芳诉沈阳市和平区人民政府强制拆除行为违法并赔偿案[最高人民法院（2015）行监字第614号行政裁定书]

裁判要点：人民法院审理房屋征收违法强拆案件，原告请求恢复原状依法不能支持，请求金钱赔偿数额过高的，原则上应当依法委托评估机构，按照赔偿时的市场价格评估确定合法房产的实际损失和赔偿数额。经调查，有证据证明征收补偿过程中政府委托评估确定的价格不低于赔偿时的市场价格的，人民法院也可以以该价额为基础，参照征收补偿方案规定的优惠政策，对当事人的合法房产予以赔偿。

最高人民法院认为：根据《国有土地上房屋征收与补偿条例》（以下简称《征补条例》）第二十七条第一款和第三款、第二十八条第一款的规定，实施房屋征收应当先补偿、后搬迁，任何单位和个人不得采取暴力、威胁或者违反规定中断供水、供热、供气、供电和道路通行等非法方式迫使被征收人搬迁；被征收人在法定期限内不申请行政复议或者不提起行政诉讼，在补偿决定规定的期限内又不搬迁的，由作出房屋征收决定的市、县级人民政府依法申请人民法院强制执行。本案中，和平区政府在未与魏某芳签订补偿协议，亦未作出补偿决定的情况下，自行强制拆除魏某芳的房屋，违反法定程序、超越职权。原审判决确认和平区政府强制拆除房屋行为违法并行政赔偿，认定事实清楚，适用法律法规正确，审判程序合法。魏某芳申请再审，理由不能成立。

（一）关于原审是否遗漏诉讼请求问题。根据《征补条例》第二十一条第三款规定："因旧城区改建征收个人住宅，被征收人选择在改建地段进行房屋产权调换的，作出房屋征收决定的市、县级人民政府应当提供改建地段或者就近地段的房屋。"也就是说，在旧城改建房屋征收中，个人住宅的被征收人有选择回迁的权利，市、县人民政府应当为其提供原地或者就近回迁的安置房屋。本案中，和平区政府未按照上述规定依法给个人住宅的被拆迁人提供原地或者就近回迁安置房屋，征收补偿安置方案确有不妥，依法应予指正。但是，根据本案的实际情况，被征收房屋及周边土地已经规划利用殆尽，要求和平区政府改变原安置补偿方案，重新规划给予被征收人原址或者就近回迁安置，涉及利益主体过多，确属难以实现。在魏某芳不选择和平区政府提供的他处产权调换房屋、又无回迁安置房屋的情况下，原审法院以货币赔偿的方式，对魏某芳的行政赔偿请求予以判决，是对魏某芳合法权利及时、有效的保护。而且，在一审法院就赔偿问题进行调解时，魏某芳也表示，如果不能原址或者就近回迁安置，请求给予70万元的货币赔偿。这说明魏某芳对产权调换和货币赔偿两种方式均是认可的，原审法院结合案件实际情况，判决予以货币赔偿，不违背魏某芳的主观意愿，实际已经对其行政赔偿请求进行了审理和判决。魏某芳申请再审认为原审法院漏判诉讼请求，主张不能成立。

（二）关于原审适用法律是否正确问题。《中华人民共和国国家赔偿法》第四条规定，行政机关违法采取行政强制措施造成当事人财产损失的，依法应当承担行政赔偿责任。《中华人民共和国行政强制法》第八条亦规定，因行政机关违法实施行政强制受到损害的，公民法人或者其他组织有权依法要求赔偿。本案中，和平区政府违法强制拆除魏某芳房屋，造成魏某芳房屋灭失，魏某芳一并提出行政赔偿，要求就近回迁安置或者赔偿70万元，人民法院对魏某芳的行政赔偿请求应当进行审理和判决。一、二审法院经审理认为，回迁安置不可能实现，应予货币赔偿，适用《中华人民共和国国家赔偿法》相关规定，对魏某芳被拆除房屋损失予以行政赔偿，适用法律并无不当。魏某芳主张原审判决适用法律错误，没有事实和法律依据，本院不予支持。

（三）关于房屋损失赔偿数额问题。《最高人民法院关于审理行政赔偿案件若干问题的规定》第三十二条[①]规定："原告在行政赔偿诉讼中对自己的主张承担举证责任。被告有权提供不予赔偿或者减少赔偿数额方面的证据。"本案中，魏某芳承租使用的32.26平方米的房屋被和平区政府违法强制拆除，房屋损失实际存在，依法应予赔偿。诉讼中魏某芳请求赔偿房屋损失70万元，但拒绝对其房屋价值进行评估。原审判决依据和平区政府提供的评估报告，在评估价8170元/平方米基础之上再上浮30%，确定魏某芳房屋赔偿价格为10621元/平方米，并按照补偿安置方案对不足45平方米的房屋按照45平方米计算，增加补差部分的面积亦予以赔偿。该赔偿单价和总额的认定，事实清楚、证据充分。魏某芳主张补偿标准低于市场价格，但并未提供证据予以证明。人民法院走访询价情况，系补强证据，未在庭审中予以质证确属不当，但是，评估报告、单价上浮30%以及增加补差面积予以赔偿，足以证明原审判决对魏某芳承租使用公房的赔偿已经足额到位。因此，魏某芳提出本案房屋赔偿数额认定主要事实不清、证据不足，没有事实依据和法律根据，本院不予支持。

——中国裁判文书网。

[①] 本条已被《最高人民法院关于审理行政赔偿案件若干问题的规定》（2022年）（法释〔2022〕10号）废止。

634. 申请人民法院强制执行国有土地上房屋征收补偿决定案件的管辖

关键词

房屋征收补偿　管辖　申请强制执行

最高人民法院司法解释

第一条　申请人民法院强制执行征收补偿决定案件，由房屋所在地基层人民法院管辖，高级人民法院可以根据本地实际情况决定管辖法院。

——《最高人民法院关于办理申请人民法院强制执行国有土地上房屋征收补偿决定案件若干问题的规定》（2012年3月26日，法释〔2012〕4号）。

最高人民法院司法政策精神

一是案件管辖问题。《最高人民法院关于认真贯彻执行〈关于办理申请人民法院强制执行国有土地上房屋征收补偿决定案件若干问题的规定〉通知》明确了申请人民法院强制执行征收补偿决定的案件，以房屋所在地基层人民法院管辖为原则，旨在体现将矛盾化解在基层的处理纠纷总原则。因案件情况和各地执法环境存在较大差异，《规定》授权高级人民法院可根据本地实际情况决定管辖法院，包括可以就相关案件管辖作出统一规定，也包括可以就个案管辖作出具体处理。各高级人民法院要准确、灵活地适用法律和司法解释有关规定，科学配置中、基层人民法院的管辖权。

——《最高人民法院关于认真贯彻执行〈关于办理申请人民法院强制执行国有土地上房屋征收补偿决定案件若干问题的规定〉通知》（2012年4月5日，法〔2012〕97号）。

附录：最高人民法院法官著述

有关征收补偿决定的非诉行政执行案件的管辖问题，《最高人民法院关于办理申请人民法院强制执行国有土地上房屋征收补偿决定案件若干问题的规定》（以下简称《规定》）明确了由房屋所在地基层人民法院管辖，高级人民法院可以根据本地实际情况决定管辖法院。这样规定的基本考虑是既要体现原则性，又要兼具灵活性。从目前法律和司法解释有关级别管辖的规定看，对于行政诉讼案件，《行政诉讼法》明确了以国务院各部门、省级政府为被告的一审案件由中级法院管辖，《最高人民法院关于行政案件管辖若干问题的规定》明确了以县级以上政府为被告的一审案件（不动产物权登记案件可除外）

由中级法院管辖；而对于非诉行政执行案件，法律没有规定级别管辖，《最高人民法院关于执行〈中华人民共和国行政诉讼法〉若干问题的解释》①（以下简称《若干解释》）规定的管辖法院是"不动产所在地的基层人民法院"。

司法解释起草过程中针对管辖问题有两种不同观点：一种观点认为，基层法院不宜直接审查市、县级政府作出的决定。按照《国有土地上房屋征收与补偿》规定，市、县级政府既是征收补偿决定的作出机关，也是非诉行政执行的申请机关，案件在当地往往重大敏感，如果由基层法院直接受理审查，客观上可能存在一定困难，既然以县级以上政府为被告的诉讼案件由中院管辖，将非诉行政执行案件初始审查权置于中院亦有利于案件的公正处理。另一种观点认为，处理行政纠纷应坚持尽力使矛盾解决在基层的原则，基于非诉行政执行案件特殊性，基层法院最了解本地情况，上级法院应当以复议审查、监督指导为主。如果一律由中院初始审查，因其了解把握情况的全面性、协调沟通的便捷性及自身案件承受能力的有限性，都会产生不便并大大增加上级法院的负担，不利于在基层有效化解矛盾。经反复讨论认为后一种观点更可取。

鉴于各地行政审判司法环境存在较大差异，对于前一种观点所顾及的问题，实践证明并非通过提级管辖这一权宜之计就可以从根本上加以克服。从总体上看，根据现行法律、法规和司法解释的规定，法院受理诉讼案件或者非诉行政执行案件，是以"不动产所在地基层法院"管辖为原则。同时，上级法院可以根据案件的具体情况，决定案件的管辖法院。因此，《规定》在确立以基层法院管辖为原则的同时，也赋予高级法院在管辖问题上的决定权，可根据本地情况灵活处理，既可以就本地相关案件管辖作出统一规定，也可以就个案管辖作出具体处理。这样规定也符合我国地域广阔、各地情况差异较大的特点。

——赵大光、马永欣、王晓滨：《〈关于办理申请人民法院强制执行国有土地上房屋征收补偿决定案件若干问题的规定〉的理解与适用》，载江必新主编、最高人民法院行政审判庭编：《行政执法与行政审判》2012年第1集（总第51集），中国法制出版社2011年版，第22~23页。

---

① 本解释已被《最高人民法院关于适用＜中华人民共和国行政诉讼法＞的解释》（法释〔2018〕1号）废止。

635. 申请人民法院强制执行国有土地上房屋征收补偿决定案件的受理条件与程序

关键词

房屋征收补偿　申请强制执行　受理条件与程序

最高人民法院司法解释

第二条　申请机关向人民法院申请强制执行，除提供《条例》第二十八条规定的强制执行申请书及附具材料外，还应当提供下列材料：

（一）征收补偿决定及相关证据和所依据的规范性文件；

（二）征收补偿决定送达凭证、催告情况及房屋被征收人、直接利害关系人的意见；

（三）社会稳定风险评估材料；

（四）申请强制执行的房屋状况；

（五）被执行人的姓名或者名称、住址及与强制执行相关的财产状况等具体情况；

（六）法律、行政法规规定应当提交的其他材料。

强制执行申请书应当由申请机关负责人签名，加盖申请机关印章，并注明日期。

强制执行的申请应当自被执行人的法定起诉期限届满之日起三个月内提出；逾期申请的，除有正当理由外，人民法院不予受理。

第三条　人民法院认为强制执行的申请符合形式要件且材料齐全的，应当在接到申请后五日内立案受理，并通知申请机关；不符合形式要件或者材料不全的应当限期补正，并在最终补正的材料提供后五日内立案受理；不符合形式要件或者逾期无正当理由不补正材料的，裁定不予受理。

申请机关对不予受理的裁定有异议的，可以自收到裁定之日起十五日内向上一级人民法院申请复议，上一级人民法院应当自收到复议申请之日起十五日内作出裁定。

——《最高人民法院关于办理申请人民法院强制执行国有土地上房屋征收补偿决定案件若干问题的规定》（2012年3月26日，法释〔2012〕4号）。

最高人民法院司法政策精神

二是案件受理问题。《规定》明确了申请机关提出强制执行申请时应当提交的各项材料，其中社会稳定风险评估材料应当依据《条例》第十二条有关规定形成（涉及被征收人数量较多的还应包括经政府常务会议讨论决定方面的材料）。人民法院要认真审查申请是否符合形式要件、材料是否齐全，依照《规定》和《最高人民法院关于执行〈中华人民共和国行政诉讼法〉若干问题的解释》的有关规定作出相应处理。

——《最高人民法院关于认真贯彻执行〈关于办理申请人民法院强制执行国有土地上房屋征收补偿决定案件若干问题的规定〉通知》（2012年4月5日，法〔2012〕97号）。

636. 强制搬迁造成损失的举证责任和赔偿问题

关键词

强制拆迁　举证责任　行政赔偿

行政审判指导案例

沈阳市甘露饺子馆辽宁省沈阳市铁西区人民政府、沈阳市铁西区房产局房屋拆迁行政赔偿案〔行政审判指导案例第27号〕

裁判要点：人民法院在审理因违法强制拆迁"中华老字号"营业性房屋而引起的行政赔偿诉讼时，对于在强拆前未进行过合理评估，强拆中也未进行过证据保全的情形，要综合考虑被拆迁人的实际损失情况确定行政赔偿的范围和标准，通过发挥司法审判职能，体现出对"中华老字号"的特殊保护。通常情况下，如果条件许可、措施可行，可以采取比照附近地区同类房屋市场价格（重置价格）来确定对被拆迁人房屋损失的具体补偿标准。

由于两被告对原告实施的强制拆迁已经被生效的判决确认为违法，即原告申请赔偿的前提条件已经成立，在赔偿标准及赔偿数额问题上观点如下：

一是赔偿的总体标准问题，由于原告属于"中华老字号"企业，在确定赔偿数额和赔偿标准时要体现出对此类企业的特殊保护，特别是在相关财产价格无法确定时，采取市场重置价格来进行赔偿相对可行。

二是关于房地产部分的赔偿问题，由于本案请求赔偿的房产已经被先行拆除，无法委托评估机构确定一个准确的价格。本案中，原告房屋为有产籍房屋149平方米（产籍登记底卡149平方米，产权证为143平方米，应以产籍登记底卡为准），当初企业转制时遗留下来的无产籍房屋26平方米，对此，法院认为，虽然国家赔偿法以实际损失赔偿为标准，但是由于被告的强拆行为造成了原告房产实际价值已经无法准确估算的现状，再考虑到原告老字号企业的身份和已经拆除房屋属于老字号原址店的情况，以附近地区同类房屋市场价格（重置价格）来赔偿原告房屋损失就成为目前唯一可行的方案。综合考虑原告的中华老字号身份以及拆迁地区的相关房价水平，应该按每平方米10000元来赔偿原告有产籍房屋的损失。而对于无产籍房屋，是原告投资人在原来企业转制时继承下来的，在原来的国有资产转移时也进行了评估，故也应该给予赔偿，对此法院认为可以参照有产籍房屋每平方米的三分之一给予无产籍房屋每平方米3333元的赔偿（共计86658元）。因上述房产赔偿的价格实际上包含了购买房屋时所含的土地价格，故对原告单独提出的60万元土地赔偿请求，法院不予支持。对原告提出的要求原地原面积赔偿一层商业房屋的请求，法院不予支持。

  三是实物财产损失赔偿问题。针对实物财产损失，原告方提出了库存物品（饮食材料）、饭店经营设备、动力电以及房屋装修损失等几项内容：（1）库存物品（饮食材料）、饭店经营设备部分。拆迁后饭店经营设备和库存物品由被告存放在其他地方保管，但是由于管理不善，造成库存物品（饮食材料）变质损坏不能再使用。对于库存物品，原告方提供了初步的证据，证明其数量和相应的价值，被告除对其中10斤辽参、30斤辽参馅有所异议外，对其他均没有异议，对此法院认为，鉴于原告提供了初步证据证明其损失，且其数额大体合理，因被告没有相应的反证，故对该部分损失71691.10元应该予以全额赔偿。而针对饭店经营设备类物品，经双方核对原告对于保存完好的一些物品已经取走（价值68045元），未取走物品经原告核对价值为179067元，原告对于取走物品认为除价值3940元的税控机和验钞机外其他均不可使用，也要求对其不能使用的物品进行全额赔偿。法院认为通常应该对物品的实际价值进行一定程度的折旧后给予原告赔偿，但是考虑到原告在其收回的物品中尚需要支出一定的修理、更换费用，那么可以对原告未取回物品按其主张给予全额赔偿，而对其取回物品不再赔偿相关的修理费用，这样实际上找平了原告的损失，在处理上也是比较适当的。（2）动力电和装修部分。原告主张其于2002年花费196310元装修，并且动力电损失589551元。对此，法院认为2002年装修到2006年拆迁时，应该考虑装修问题的折旧，考虑到使用年限等因素，本案对装修部分应该按50%折旧。而原告提供的动力电发票，经法庭核对，实为新店所办动力电发票，而对于原拆迁老店的动力电手续，原告无法提供。法院认为，动力电部分实际会有一定的损失（在涉诉房产的拆迁程序中，拆迁人委托评估机构对原告的动力电评估确定的价格为34210元），但原告要求按照新店所花费用进行赔偿没有法律依据，而原告又提供不出其他证据证明其损失的数额，故可以考虑降低装修费用折旧率，给予其装修费用80%的赔偿（157048元），其中包含了对动力电的赔偿，以补偿原告的损失。

四是经营利润、职工工资、养老保险部分损失赔偿问题。关于该部分，委托审计机构的审计结果为原告年平均净利润应为 692729.86 元（平均到月应为 57727.49 元），月支付工资额应为 81781.95 元，月应缴社会保险金为 27436.3 元，应缴养老保险滞纳金 75120.59 元。双方当事人对该结果无异议。被告也同意按此标准给付原告赔偿，但双方在给付到什么时间问题上分歧巨大。原告坚持认为应该以判决实际给付日期为准来核算，而被告主张原告在被拆迁位置对面所开的新店于 2007 年 1 月报税经营，该新店用的工商登记以及报税都是老店的手续，那么就应视为原告已经于 2007 年 1 月重新营业，对其赔偿应截止到该日期，即给付 6 个月的上述 3 项损失。对此法院认为，虽然原告主张其是用自有资金购置的新店，并不是用拆迁款买的，但其仍沿用老店的工商登记和报税材料，应视为原告已重新营业，故应该按 6 个月给付利润损失，但考虑到重新开张确实需要一定时期的试营业，在经营收益上可能不如拆迁前的正常经营，故应该多支付 3 个月的各类损失，按 9 个月给付利润损失，而对于职工工资和养老保险也应比照利润损失的计算方式，给予 9 个月的赔偿。

——江必新主编、最高人民法院行政审判庭编：《中国行政审判指导案例》（第 1 卷），中国法制出版社 2010 年版，第 142~144 页。

637. 乡、村庄规划区外的建筑物违反《土地管理法》规定的，应当由行政机关申请人民法院强制拆除

关键词

乡、村庄规划区　建设规划许可证　强制拆除

最高人民法院公布的典型案例

陈某某诉洋浦经济开发区管理委员会城乡建设行政强制案

裁判要点：乡、村庄规划区内的建筑物违反《城乡规划法》的，可由乡、镇人民政府依法强制拆除，规划区外的建筑物《违反土地管理法》规定的，应当由行政机关申请人民法院强制拆除。

基本案情

陈某某在看塘村擅自建设猪舍。2018 年 10 月 8 日，洋浦经济开发区管理委员会（以下简称洋浦管委会）作出《限期拆除告知书》，认定陈某某未经

洋浦规划建设行政主管部门批准，在没有取得乡村建设规划许可证的情况下，在看塘村擅自建设440.56平方米构筑物，拟作出限期拆除该构筑物决定，并告知陈某某享有陈述及申辩、申请举行听证的权利，于当天向陈某某留置送达。其后，洋浦管委会相继作出《限期拆除决定书》《履行行政决定催告书》《强制执行决定书》《强制拆除公告》《限期搬离通知书》并于2019年1月31日组织拆除陈某某的猪舍。陈某某不服《强制执行决定书》，遂成本诉。

裁判结果

海南省第二中级人民法院一审认为，陈某某在村里建猪舍未办理相关手续，亦未取得乡村建设规划许可证，洋浦管委会将该猪舍认定为违法构筑物并无不当；陈某某未拆除违建猪舍，洋浦管委会根据《中华人民共和国行政强制法》第37条的规定作出251号强制执行决定书，认定事实清楚，适用法律正确，程序合法，并判决驳回陈某某的诉讼请求。

海南省高级人民法院二审认为，根据《中华人民共和国土地管理法》第83条、《中华人民共和国城乡规划法》第65条的规定，对非法占用土地上的建筑或设施的强制拆除由行政机关申请人民法院执行，对乡、村庄规划区内违反规划所建的建筑或设施由行政机关自行查处。本案中，涉案养殖设施用地为设施农业用地，陈某某未履行用地审批手续使用涉案养殖设施用地属于非法占地行为，故对在该地上所建的涉案养殖设施的拆除，应根据《中华人民共和国土地管理法》第83条的规定，由洋浦管委会申请人民法院强制执行，而不能适用《中华人民共和国城乡规划法》第65条的规定由洋浦管委会自行决定强制拆除。而且，洋浦管委会亦未提供证据证明涉案养殖设施用地属于乡、村庄规划区范围内的建设用地，即不存在可以适用《中华人民共和国城乡规划法》进行查处的情形。综上，洋浦管委会适用《中华人民共和国城乡规划法》第65条作出251号强制执行决定书，适用法律和处理结果均为错误，依法应予撤销，但由于涉案养殖设施已被强制拆除，该决定书实质上已无可撤销的内容，故依法应确认为违法。遂据此判决撤销一审判决，确认洋浦管委会作出《强制执行决定书》的行政行为违法。

典型意义

根据相关法律规定，乡、村庄规划区内的建筑物违反《城乡规划法》的，可由乡、镇人民政府依法强制拆除，规划区外的建筑物违反《土地管理法》规定的，应当由行政机关申请人民法院强制拆除。所以，在查处违法建筑的过程中，行政机关需要对违法建筑物的性质进行调查，而不能笼统地适用《城乡规划法》予以简单处理。本案中，通过对违法建筑的性质认定，明确了查处不同类型非法建筑所应适用的法律依据，为行政机关依法行政提供了较好的借鉴意义。

——《最高人民法院发布耕地保护典型行政案例》（2020年12月14日）。

638. 政府征收决定直接导致物权变动，但在被征收人未获安置补偿前，不能强制执行

关键词

国有土地上房屋　行政强制拆除　安置补偿

最高人民法院裁判文书

于某虎诉渭滨区政府行政强制拆除案［最高人民法院（2018）最高法行申4272号行政裁定书］

裁判要旨：无论是征收集体土地还是征收国有土地上的房屋，均应在完成补偿安置工作的情况下由行政机关申请人民法院强制执行，在获得法院的准许强制执行裁定前，行政机关没有直接强制拆除被征收房屋的权力。

政府征收作为物权变动的特殊形式，因征收决定的作出而直接导致物权变动。但需要特别注意的是，在征收补偿工作完成前，仍应保障被征收人对被征收房屋或者土地的合法占有权益，被征收人未获得安置补偿前，不能予以强制执行。即征收土地和房屋除应当遵循"无补偿则无征收"的原则外，还应当遵循"先补偿、后拆迁（执行）"的原则，否则，被征收人有权拒绝搬迁，征收机关也不能强制执行。

仅有过渡条款的过渡协议不能替代整体的安置补偿协议，过渡协议中约定的将房屋交由征收机关拆除的内容，必须与明确约定征收补偿主要条款的安置补偿协议结合后，方可作为征收机关拆除被征收房屋的合法依据，仅就过渡问题签订的过渡协议，即使协议中约定拆除房屋的内容，在征收机关完成安置补偿工作之前，也不能作为拆除被征收房屋的合法依据。

最高人民法院认为，关于强制拆除行为是否违法的问题。《中华人民共和国土地管理法实施条例》第四十五条规定："违反土地管理法律、法规规定，阻挠国家建设征收土地的，由县级以上人民政府土地行政主管部门责令交出土地；拒不交出土地的，申请人民法院强制执行。"《最高人民法院关于审理涉及农村集体土地行政案件若干问题的规定》第14条第1款第3项规定："县级以上人民政府土地管理部门根据土地管理法实施条例第四十五条的规定，申请人民法院执行其作出的责令交出土地决定的，应当符合下列条件：……（三）被征收土地所有权人、使用人已经依法得到安置补偿或者无正当理由拒

绝接受安置补偿，且拒不交出土地，已经影响到征收工作的正常进行……"《国有土地上房屋征收与补偿条例》第28条第1款规定："被征收人在法定期限内不申请行政复议或者不提起行政诉讼，在补偿决定规定的期限内又不搬迁的，由作出房屋征收决定的市、县级人民政府依法申请人民法院强制执行。"该条虽然是针对国有土地上房屋征收强制执行程序的规定，但对因集体土地征收而引起的房屋及附着物的强制拆除问题，亦可参照。据此，无论是征收集体土地还是征收国有土地上的房屋，均应在完成补偿安置工作的情况下由行政机关申请人民法院强制执行，在获得法院的准许强制执行裁定前，行政机关没有直接强制拆除被征收房屋的权力。即使在被征收人已经依法得到安置补偿或者无正当理由拒绝接受安置补偿的情况下，征收机关若要实现强制搬迁和拆除，也必须按照法定程序申请人民法院强制执行。本案渭滨区政府，既没有依法作出责令交出土地决定，也没有依法申请人民法院强制执行，且在没有完成安置补偿工作的情况下，直接对涉案房屋实施了强制拆除行为，违反法律规定，原审法院判决确认该拆除行为违法并无不当。

——中国裁判文书网。

639. 县级以上人民政府无权对集体土地上的违法建筑实施强制拆除行为

关键词

县级以上人民政府　集体土地　政府强拆行为

最高人民法院裁判文书

梁某、金某、张某诉辽宁省沈阳市沈河区人民政府强拆违法并赔偿案
［最高人民法院（2019）最高法行申8534号行政裁定书］

　　裁判要旨：根据《中华人民共和国土地管理法实施条例》第三十五条[①]的规定，在临时使用的土地上修建永久性建筑物、构筑物的，由县级以上人民政府土地行政主管部门责令限期拆除，逾期不拆除的，由作出处罚决定的机关依法申请人民法院强制执行。

　　最高人民法院经审查认为：根据《中华人民共和国土地管理法》第43

---

① 本条规定现为《中华人民共和国土地管理法实施条例》第五十二条。

条①的规定，任何单位或个人进行建设，需要使用土地的，必须依法申请使用国有土地，但兴办乡镇企业和村民建设住宅经依法批准使用本集体经济组织农民集体所有土地的除外。根据该法第 36 条第 2 款的规定，禁止擅自在耕地上建房、挖砂、采石、采矿、取土等。本案中，梁某、金某、张某自述于 2007 年在集体土地上兴建养殖场，厂房面积 2520 平方米，2009 年开始作为库房使用，其间经历多次扩建，至被拆除之前使用面积已经达到了 9484 平方米。梁某、金某、张某于 2007 年兴建养殖场期间，属于从事农业生产经营活动的行为，搭建的与养殖相关的设施属于农用设施。但其于 2009 年开始改作库房使用至强拆行为发生时，早已经改变了农用设施的性质，其间多次扩建属于擅自在耕地上建房、挖砂、取土等行为，违反了《中华人民共和国土地管理法》第 36 条第 2 款的行为。同时，根据审理查明的事实，涉案土地面积总计为 17 亩，其中 14 亩系租用属临时使用，但梁某、金某、张某自述上述所建为砖混结构。一审法院经实地调查情况，并结合梁某、金某、张某陈述及沈河区政府提供的视频资料，认定上述建筑具有永久使用的特征，属于在临时使用的土地上修建永久性建筑物、构筑物的行为，并无不当。

根据《中华人民共和国土地管理法实施条例》第 35 条的规定，在临时使用的土地上修建永久性建筑物、构筑物的，由县级以上人民政府土地行政主管部门责令限期拆除，逾期不拆除的，由作出处罚决定的机关依法申请人民法院强制执行。沈河区政府作为县级以上人民政府，在集体土地上依据《中华人民共和国城乡规划法》实施强制拆除行为，适用法律错误，不具职权依据，且不符合强制拆除的法定程序。一审法院据此判决确认沈河区政府强制拆除行为违法正确。

《中华人民共和国国家赔偿法》第 2 条第 1 项规定，国家机关和国家机关工作人员行使职权，有该法规定的侵犯公民、法人和其他组织合法权益的情形，造成损害的，受害人有依照该法取得国家赔偿的权利。依据上述规定，国家赔偿的对象是公民、法人和其他组织的合法权益。即行政机关的行政行为被确认为违法，并不必然导致赔偿结果的发生。具体到本案中，梁某、金某、张某在临时使用的集体土地上修建永久性建筑物、构筑物，该建筑物及附属设施依法不属于梁某、金某、张某的合法权益。一审法院据此判决确认沈河区政府实施的强制拆除行为违法，并驳回梁某、张某、金某的赔偿请求，二审予以维持，均无不当。

——中国裁判文书网。

---

① 本条已被《中华人民共和国土地管理法》（2019 年修正）删除。

640. 违法强制拆除行为的认定与处理

关键词

违法强制拆除

最高人民法院裁判文书

沈阳沈水湾高尔夫俱乐部有限公司诉辽宁省沈阳市和平区人民政府强制拆除违法并赔偿案〔最高人民法院（2019）最高法行申 8712 号行政裁定书〕

裁判要旨：依法行政是行政机关履行法定职责的基本原则。行政机关在实施强制拆除行为时，一方面要注重保护行政管理相对人的信赖利益，另一方面要遵守《行政强制法》强制执行程序的有关规定，严格按照行政处罚决定的范围实施强制拆除行为；否则，其行为会被确认违法并承担行政赔偿责任。

最高人民法院认为本案的争议焦点是被诉强制拆除行为的合法性。根据《中华人民共和国行政强制法》第 35 条、第 36 条、第 44 条之规定，行政机关实施强制执行行为之前，应履行催告、听取当事人陈述和申辩的程序，如当事人经催告，逾期仍不履行行政决定，且无正当理由，行政机关可以作出强制执行决定。对违法的建筑物、构筑物、设施等需要强制拆除的，行政机关应当予以公告，限期当事人自行拆除。当事人在法定期限内不申请行政复议或者提起行政诉讼，又不拆除的，行政机关可以依法强制拆除。本案中，原沈阳市规划和国土资源局于 2011 年 4 月 26 日作出沈规国土罚决字〔2011〕01002 号《行政处罚决定书》（以下简称 2 号处罚决定）。和平区政府于 2014 年 11 月 21 日授权沈阳市城市管理行政执法局和平分局对沈水湾高尔夫球场违法建设予以强制拆除。和平区政府于 2014 年 11 月 22 日、23 日组织人员对沈水湾公司建设的沈水湾高尔夫球场实施了强制拆除行为。和平区政府实施强制拆除行为应遵守《中华人民共和国行政强制法》关于行政机关强制执行程序的上述规定。从目前查明事实和相关证据来看，和平区政府没有提交有效证据证明其履行了催告、听取当事人陈述和申辩的程序并作出强制执行决定，程序上明显不符合法律规定。其次，案涉强制拆除行为拆除的标的不仅包括了 2 号处罚决定作出之前建成的建筑物及设施，还包括了 2 号处罚决定作出之后建成的建筑物和设施。而和平区政府对 2 号处罚决定作出之后建成的建筑物和设施实施的强制拆除行为并没有法律依据，故和平区政府主张其实施的案涉强制拆除行为具有合法性与事实不符,本院不予支持。

——最高人民法院第二巡回法庭微信公众号。

641. 违法强制拆除合法房屋的赔偿计算标准

关键词

强制拆除　合法房屋　行政赔偿

最高人民法院裁判文书

王某某诉辽宁省沈阳市皇姑区人民政府行政赔偿案〔最高人民法院(2018)最高法行再 34 号行政裁定书〕

裁判要旨:因违法强制拆除合法房屋而引发的行政赔偿案件中,确定赔偿标准时不应使赔偿请求人获得的行政赔偿低于因依法拆迁所应得到的补偿,亦不应低于赔偿时该地段类似房屋的市场价值。在不低于征收补偿标准的前提下,受损财产的价值评判可以一审裁判作出时为基准。

最高人民法院再审认为:因违法强制拆除合法房屋等引发的行政赔偿争议,在确定赔偿标准时不应使赔偿请求人获得的行政赔偿低于因依法拆迁所应得到的补偿,即不应低于赔偿时该地段类似房屋的市场价值。本案中,王某某被拆除的房屋于 1980 年自建,属于辽政办发〔2005〕16 号《辽宁省全省城市集中连片棚户区改造实施方案》(以下简称 16 号实施方案)第五条第四项有关"1990 年 4 月 1 日《中华人民共和国城市规划法》实施前建设的没有产籍的唯一住房,给予适当补偿或者安置;补偿安置的具体办法,由各市政府制定"规定的情形。补助办法并非沈阳市人民政府依据 16 号实施方案制定的补偿安置办法,且制定时间早于 16 号实施方案,而该办法系针对居住在无产籍房屋内的低保户和低收入户适用的拆迁补助办法,是给予低收入群体的补助,并非拆迁补偿。因此,补助办法不是 16 号实施方案第五条第四项规定的配套办法,一、二审法院参照补助办法确定对王某某案涉房屋损失的赔偿数额,适用法律、法规确有不当。皇姑区政府对于王某某的案涉房屋本应依法给予适当补偿或者安置,在无法给付王某某安置房屋的情况下,王某某应得到的房屋损失赔偿数额不应低于因依法拆迁所应得到的补偿。一、二审法院未查明应予补偿的具体计算标准的事实,属于基本事实不清。

——中国裁判文书网。

642. 违法建设的养殖场不存在强制拆除造成当事人贱卖生猪损失

关键词

行政赔偿　违法建设的养殖场　强制拆除

最高人民法院裁判文书

黄某章、郭某豪诉广西壮族自治区南宁经济技术开发区管理委员会行政赔偿案〔最高人民法院（2019）最高法行赔申 315 号行政裁定书〕

裁判要旨：违法建设的养猪棚本就应当依法拆除，强制拆除之前当事人自行在市场上出售生猪，即便存在市场价格下调损失，也是市场风险所致，不存在强制拆除造成其贱卖生猪损失的事实。

最高人民法院经审查认为，《中华人民共和国国家赔偿法》第二条规定，国家机关和国家机关工作人员行使职权，有本法规定的侵犯公民、法人和其他组织合法权益的情形，造成损害的，受害人有依照本法取得国家赔偿的权利。《最高人民法院关于审理行政赔偿案件若干问题的规定》第三十三条[①]规定，被诉行政行为违法但尚未对原告合法权益造成损害的，或者原告的请求没有事实根据或法律根据的，人民法院应当判决驳回原告的赔偿请求。行政赔偿是在公民、法人和其他组织的合法权益遭受违法行政行为侵害的情形下，行政机关对受害人合法权益损失进行的赔偿；行政行为违法，但未给当事人合法权益造成损害的，不予行政赔偿。本案中，尽管强制拆除养猪棚的行为已经被生效行政判决确认违法，但是，生效行政判决确认强制拆除行为违法的理由是在复议和诉讼期间强制拆除，违反法定程序，并未否定涉案养猪棚未经合法审批手续建设、属于违法建筑的性质。因此，违法强制拆除黄某章、郭某豪的违法建筑物、构筑物，并未造成其合法权益的损失。黄某章、郭某豪请求赔偿贱卖生猪损失，但并没有证据证明强制拆除行为造成贱卖生猪损失。一、二审判决驳回黄某章、郭某豪的行政赔偿诉讼请求，并无不当。黄某章、郭某豪主张，一、二审判决以涉案养猪场未取得合法规划许可为由，认定不应赔偿，违背事实和法律。但是，生效行政判决已经确认被强制拆除的养猪棚等建筑物、构筑物属于违法建筑的事实，违法建筑没有可保护的合

[①] 本条已被《最高人民法院关于审理行政赔偿案件若干问题的规定》（法释〔2022〕10号）删除。

法权益，不予赔偿事实依据和法律根据充分。以此为由申请再审，理由不能成立。黄某章、郭某豪又主张，涉案强制拆除行为与临时贱卖生猪造成的损失有因果关系。但是，违法建设的养猪棚本就应当依法拆除，强制拆除之前当事人自行在市场上出售生猪，即便存在市场价格下调损失，也是市场风险所致，不存在强制拆除造成其贱卖生猪损失的事实。以此为由申请再审，理由亦不能成立。黄某章、郭某豪还主张，应由经开区管委会对违法强制拆除行为未给黄某章、郭某豪造成损失承担举证责任。但是，《中华人民共和国行政诉讼法》第三十八条第二款、《最高人民法院关于审理行政赔偿案件若干问题的规定》第三十二条均规定，在行政赔偿、补偿的案件中，原告应当对行政行为造成的损害提供证据。因被告的原因导致原告无法举证的，由被告承担举证责任。本案中，黄某章、郭某豪不能证明违法建筑被拆除存在应当予以行政赔偿的合法权益损失，且并非因为强制拆除行为造成其举证不能。以此为由申请再审，缺乏事实和法律依据。

应当指出的是，《中华人民共和国行政诉讼法》第四十九条第三项规定，提起行政诉讼，应当有具体的诉讼请求和事实根据。《最高人民法院关于适用〈中华人民共和国行政诉讼法〉的解释》第六十八条第二款、第三款规定，当事人单独或一并提起行政赔偿诉讼，应当有具体的损失内容和赔偿数额。当事人未能正确表达诉讼请求的，人民法院应当要求其明确诉讼请求。因此，当事人不能笼统请求予以行政赔偿，否则属于诉讼请求不明确，赔偿请求缺乏相应的事实根据。本案中，黄某章、郭某豪单独提起行政赔偿诉讼，并未明确具体的损失内容和赔偿数额，属于诉讼请求不明确的情形，一审法院应当向当事人释明，要求其列明具体损失内容、提出具体的赔偿数额。至于将来人民法院支持的数额，确需通过司法评估程序确定的，由人民法院自主决定，而不是由当事人在起诉时主张诉讼中通过司法评估程序确定其赔偿请求的数额。一审未予释明不妥，本院予以指正。

——中国裁判文书网。

643. 违法强制拆除禁止养殖区内的养殖场造成损失的，应当给予公平合理的赔偿或补偿

关键词

行政赔偿　违法强制拆除

最高人民法院裁判文书

黄某卿与广东省开平市人民政府行政赔偿申请再审案〔最高人民法院

〔(2020)最高法行赔再11号行政赔偿裁定书〕

> **裁判要旨**：因划定禁止养殖区域，确需关闭或者搬迁现有禽畜养殖场所，致使禽畜养殖遭受经济损失的，地方人民政府应当从保护行政相对人合法权益的角度出发，依法给予公平合理赔偿或补偿，且不得低于其他同类情形养殖场的补偿标准。

最高人民法院认为，《禽畜规模养殖污染防治条例》第二十五条规定，因划定禁止养殖区域，确需关闭或者搬迁现有禽畜养殖场所，致使禽畜养殖遭受经济损失的，由县级以上地方人民政府依法予以补偿。本案中，根据原审查明事实及当事人提交的证据，黄某卿在开平市政府划定禁养区之前即已开始经营养猪场，开平市政府依法应当给予补偿。开平市政府办印发的开府办（2016）60号文件《开平市畜禽养殖禁养区限养区和适养区专项整治三年行动工作方案》（以下简称《专项整治方案》）对禁养区内2016年12月20日前自行拆除的禽畜养殖场设定了具体奖补标准。百合镇政府对黄某卿作出的2016年12月1日《关于百合镇禁养区禽畜养殖场限期关停拆迁的通知》和2017年5月12日《开平市畜禽养殖禁养区限期拆除及逾期强拆通知书》以及开平市政府的强制拆除行为，已被广东省江门市中级人民法院（2018）粤07行初60号生效行政判决确认违法，针对黄某卿的赔偿请求，开平市政府应参照《专项整治方案》的奖补标准，对黄某卿因上述违法行为所造成的损失给予公平合理赔偿或补偿，且从保护行政相对人合法权益的角度出发，该赔偿或补偿亦不得低于其他同类情形养殖场的补偿标准。原审判决对黄某卿的赔偿请求完全不予支持，理据不足，依法应予纠正。

——中国裁判文书网。

644. 强拆案件中机器设备下落不明不具备重新评估条件时法院能否酌定损失

关键词

行政赔偿之诉　强制拆除

最高人民法院裁判文书

铭源造型厂与济南市历城区政府行政赔偿再审复查案〔最高人民法院（2020）最高法行赔申379号行政赔偿裁定书〕

裁判要旨：行政相对人以违法强制拆除造成设备下落不明为由诉请行政赔偿，但无法合理说明该设备的实际价格，行政机关亦不能提交强制拆除时的录像资料，不具备重新评估的条件，法院可参照相关评估报告，酌定按重置价定损，并由行政机关承担拆卸、运输、安装调试等合理费用。

最高人民法院经审查认为，《中华人民共和国国家赔偿法》第二条第一款规定："国家机关和国家机关工作人员行使职权，有本法规定的侵犯公民、法人和其他组织合法权益的情形，造成损害的，受害人有依照本法取得国家赔偿的权利。"本案中，生效判决确认历城区政府强制拆除铭源造型厂厂房违反法定程序，其应当承担相应的赔偿责任。由于强拆行为发生在2017年，一、二审对于在2010年7月8日《冻结公告》发布之前铭源造型厂实际面积为1023.65平方米的厂房及其他地上物的补偿费，判决按照济南市人民政府于2016年8月31日印发的济政办发〔2015〕16号《关于调整征地地上附着物和青苗补偿标准》提高20%承担赔偿责任，并无不当。对于2010年7月8日以后新增建（构）筑物681.93平方米，考虑到实际投入，根据〔2015〕16号文的补偿标准，经山东道勤资产评估有限公司评估，按照重置价30%的比例进行补偿，具有合理性。

关于机器设备的赔偿问题。因历城区政府没有提交涉案厂房被拆除时的录像资料，铭源造型厂亦无法合理说明其设备的实际价格，铭源造型厂虽对土地征收前、调查摸底时由山东道勤资产评估有限公司于2010年12月15日出具的评估价值有异议，但涉案机器设备下落不明，不具备重新评估的条件，一审法院酌定按照山东道勤资产评估有限公司出具的评估报告中机器设备的重置价值115440元计算，另向铭源造型厂赔偿拆卸、运输、安装调试费10370元，合计为125810元，二审法院予以维持，并无不当。关于办公用品及室内财产损失问题，一审法院运用逻辑推理和生活经验、生活常识等，酌情确定赔偿数额亦符合法律规定，二审法院予以维持，并无不当。关于搬迁过渡费、经营损失及划出经营土地的主张，另案生效判决已经明确没有法律依据，一、二审法院不予支持，亦无不当。另查，二审法院通过补正裁定对铭源造型厂上诉人身份予以列明，补正裁定中亦载明其上诉理由："认为原审法院认定事实不清，对赔偿数额有异议。"且二审法院对于本案的处理在实体上并无不当之处，本案并无启动再审程序之必要。

——中国裁判文书网。

645. 违法建设商铺承租人无权请求行政赔偿

关键词

违法建筑强拆　行政赔偿

最高人民法院裁判文书

顾某诉山东省济南市槐荫区人民政府等行政赔偿申请再审案〔最高人民法院（2021）最高法行赔申 81 号行政裁定书〕

裁判要旨：提出行政赔偿，必须满足违法行使职权、侵犯合法权益且造成损害这三个条件才能获得支持。本案当事人仅是违法建设商铺承租人，提出以就近地段类似房屋予以调换或赔偿其房屋损失以及安置费、搬迁费、装修费等诉讼请求，缺乏法律依据，人民法院不予支持。

最高人民法院认为，本案的争议焦点在于再审申请人顾某提出的赔偿等请求能否成立。根据原审法院查明的事实，顾某与兴济河商城公司签订的是商铺经营使用权合同，而非买卖合同。其并非涉案商城的建造人及产权人，而是取得长期经营使用权的承租人。因涉案商城建设在城市河道之上，没有合法的审批手续，并已列入济南市第三期违法建设拆除任务台账，故涉案商城系因违法建筑而被强制拆除，并非被政府征收。据此，本案顾某提出以就近地段类似房屋予以调换或赔偿其房屋损失以及安置费、搬迁费、装修费等诉讼请求，法律依据不足。至于顾某所提出的营业损失问题，根据其与兴济河商城公司签订的《商铺经营使用权合同》中规定的"如遇政府重大规划，需搬迁商城，造成乙方无法经营使用时，甲方将无条件退还未使用年限租金"条款，该类损失争议属于民事合同履行过程中产生的纠纷，应通过民事途径予以解决。本案顾某提出的诉讼请求缺乏事实根据和法律依据，一审判决驳回其诉讼请求，二审维持一审判决，并无不当。顾某所提再审理由不能成立，本院不予支持。

——中国裁判文书网。

646. 违法强制拆除的赔偿内容与赔偿标准

关键词

违法强制拆除

最高人民法院审判业务意见（行政庭法官会议纪要）

被征收人位于《征地补偿安置方案公告》范围内的房屋未通过补偿安置协议或者补偿决定得到补偿安置即被强制拆除的，被征收人请求确认强制拆除行为违法时，可一并请求赔偿动产、不动产等损失。

人民法院审理后认为确定赔偿内容的事实、证据和依据均已明确，可以直接判决被告赔偿相应的损失；认为相关事实、证据和依据尚不明确或者需要行政主体先行作出行政判断的，可以在明确相关赔偿内容、标准或计算方法后，判决被告在一定期限内作出赔偿决定。

确定赔偿方式和赔偿金额应当公平合理，不应低于被征收人依据补偿安置方案可以获得的征收补偿。确定赔偿项目和赔偿金额应结合违法行为的类型与违法情节的轻重，准确适用《中华人民共和国国家赔偿法》规定的赔偿方式、赔偿项目、赔偿标准，并参照补偿安置方案规定的补偿方式、补偿项目、补偿标准。赔偿金额应包括被征收房屋的价值、违法强制拆除造成的物品损失等。被征收人按照补偿安置方案应当获得的搬迁费、临时安置费、停产停业损失等，可以视为《中华人民共和国国家赔偿法》第三十六条第八项规定的"直接损失"。

——《最高人民法院行政法官专业会议纪要（五）（集体土地补偿领域）》（2019年11月29日）。

647. 违法建筑强制拆除过程中是否履行催告程序的审查

关键词

违法建筑　催告程序

最高人民法院裁判文书

沅江市天成新型环保建材有限公司诉被申请人湖南省沅江市人民政府行政强制及行政赔偿案［最高人民法院（2020）最高法行申10356号行政裁定书］

裁判要旨：《中华人民共和国行政强制法》第三十五条、第三十七条、第三十八条规定，行政机关作出强制执行决定前，应当事先催告当事人履行义务。催告应当以书面形式作出，并载明履行义务的期限，当事人依法享有的陈述权和申辩权等。经催告，当事人逾期仍不履行行政决定，且无正当理由的，行政机关可以作出强制执行决定。催告书、行政强制执行决定书应当送达当事人。

行政机关作出责令限期拆除或关闭决定后，当事人未自行拆除。行政机关组织相关部门对涉案房屋进行强制拆除，但未履行书面催告履行义务，未依法告知当事人享有陈述、申辩的权利，亦未作出书面的强制执行决定，违反法定程序。

最高人民法院经审查认为，《中华人民共和国行政强制法》第三十五条、第三十七条、第三十八条规定，行政机关作出强制执行决定前，应当事先催告当事人履行义务。催告应当以书面形式作出，并载明履行义务的期限，当事人依法享有的陈述权和申辩权等。经催告，当事人逾期仍不履行行政决定，且无正当理由的，行政机关可以作出强制执行决定。催告书、行政强制执行决定书应当送达当事人。本案中，沅江市政府以天成公司位于饮用水水源二级保护区内为由，作出沅政函〔2018〕19号《沅江市人民政府关于责令沅江市天成新型环保建材有限公司关闭的通知》，责令天成公司立即关闭，否则采取强制措施。通知作出后，沅江市政府组织相关部门对天成公司进行强制拆除，但未履行书面催告履行义务，未依法告知天成公司享有陈述、申辩的权利，亦未作出书面的行政强制执行决定书，强制拆除行为违反法定程序。一、二审判决确认沅江市政府的强制拆除行为违法，并无不当。沅江市政府的违法强制拆除行为造成天成公司合法财产损失，依法应当予以赔偿。因天成公司未能提供足以证明其损失的合法有效证据，而沅江市政府在强制拆除过程中，未依法对相关物品进行清点、登记造册，对其违法强制拆除造成的损失也无法举证。基于此，在天成公司原址已经无法进行评估或鉴定的情况下，根据天成公司对产品和原材料没有异议，仅对轨道窑、水泥地基和厂房等无法处理的财物有异议，且沅江市政府对天成公司的部分设备进行了集中保管等事实，一、二审酌情认定沅江市政府赔偿天成公司45万元，并不违反法律规定。至于天成公司自行委托相关评估机构作出的《价格评估结论书》及2015年沅江市公安局委托物价部门作出的《价格鉴定结论书》，均不能有效证明因沅江市政府的违法拆除行为导致天成公司的直接损失情况，故本院对该证据不予采信。因此，天成公司主张的再审事由不能成立，本院不予支持。

——中国裁判文书网。

648. 集体土地上征地公告发布后,强拆行为主体的推定

关键词

集体土地征收　土地及其附属物　强制拆除

最高人民法院裁判文书

韩某诉武汉市人民政府行政强拆案〔最高人民法院(2018)最高法行再106号行政裁定书〕

裁判要点:《土地管理法》第四十六条第一款[①]规定:"国家征收土地的,依照法定程序批准后,由县级以上地方人民政府予以公告并组织实施。"《土地管理法实施条例》第三十一条规定:"征收土地方案经依法批准后,由被征收土地所在地的市、县人民政府组织实施……"据此,在集体土地征收过程中,有且仅有市、县级人民政府才具有依法征收土地及其附属物的职权,发布公告亦是其履行职权的表现。因而,在被拆除房屋位于市、县级人民政府确定的征收范围内的情况下,除非市、县级人民政府能够举证证明房屋确系在其不知情的情况下由其他主体违法强拆,人民法院可以依据上述法律规定,推定强制拆除行为系市、县级人民政府或其委托的主体实施。

最高人民法院认为:《土地管理法》第四十六条第一款规定:"国家征收土地的,依照法定程序批准后,由县级以上地方人民政府予以公告并组织实施。"《土地管理法实施条例》第三十一条规定:"征收土地方案经依法批准后,由被征收土地所在地的市、县人民政府组织实施……"据此,在集体土地征收过程中,有且仅有市、县级人民政府才具有依法征收土地及其附属物的职权,发布公告亦是其履行职权的表现。因而,在被拆除房屋位于市、县级人民政府确定的征收范围内的情况下,除非市、县级人民政府能够举证证明房屋确系在其不知情的情况下由其他主体违法强拆,人民法院可以依据上述法律规定,推定强制拆除行为系市、县级人民政府或其委托的主体实施。本案中,2008年3月12日,湖北省国土资源厅作出鄂土资函〔2008〕169号《省国土资源厅关于批准武汉市2007年度城中村第1批次建设用地的

---

① 本条规定现为《中华人民共和国土地管理法》(2019年修正)第四十七条第一款。

函》，同意武汉市人民政府征收江汉区长青街航侧村、江汉区汉兴街贺家墩村在内集体建设用地。2008年5月6日，武汉市人民政府根据该征地批复作出〔2008〕第46号《武汉市人民政府征收土地公告》，征收江汉区长青街航侧村、江汉区汉兴街贺家墩村10.9455公顷集体建设用地，再审申请人的房屋位于征收范围内。在武汉市人民政府已经发布征地公告，且依据武汉市相关规定，征收行为由市政府或区政府及其相关部门具体负责实施的情况下，原审法院以再审申请人并未提交证据证明武汉市人民政府组织参与了强拆其房屋为由，裁定驳回起诉，适用法律错误。

——最高人民法院第四巡回法庭编：《最高人民法院第四巡回法庭典型行政案件裁判观点2017-2018》，法律出版社2020年版，第186~189页。

649. 征收实施单位应当对超出委托范围实施的拆除行为承担法律责任

关键词

房屋征收部门　征收实施单位　超出委托范围的拆除行为

最高人民法院裁判文书

利某霞诉广西壮族自治区南宁市江南区人民政府行政强制案〔最高人民法院（2020）最高法行申12173号行政裁定书〕

裁判要点：征收实施单位接受房屋征收部门的委托实施征收、补偿工作，法律后果本应由房屋征收部门承担。但案涉房屋尚未签订补偿协议或作出补偿决定，征收实施单位自称在拆除已签约房屋的过程中无意损害了案涉未签约房屋的结构，后为确保广大人民群众人身财产不受到损失将其整体拆除，已经明显超出了房屋征收部门的委托范围，应自行承担法律责任。

最高人民法院经审查认为，《中华人民共和国行政诉讼法》第二十六条第一款、第五款规定，公民、法人或者其他组织直接向人民法院提起诉讼的，作出行政行为的行政机关是被告。行政机关委托的组织所作的行政行为，委托的行政机关是被告。《国有土地上房屋征收与补偿条例》第五条规定，房屋征收部门可以委托房屋征收实施单位，承担房屋征收与补偿的具体工作。房屋征收实施单位不得以营利为目的。房屋征收部门对房屋征收实施单位在委托范围内实施的房屋征收与补偿行为负责监督，并对其行为后果承担法律责任。本案中，广西壮族自治区南宁市人民政府（以下简称南宁市政府）作出《关于对南宁糖业亭洪片区旧城改建项目实施房屋征收的决定》，房屋征收部门为广西壮族自治区南宁市住房和城乡建设局（以下简称南宁市住建局），房屋征收实施单位为江南区政府，被申请人的案涉房屋位于征收范围内。房屋征收部门与被申请人未就案涉房屋达成补偿协议，南宁市政府亦未作出补偿决定，案涉房屋便被拆除。

关于案涉房屋的拆除主体问题。根据江南区政府申请再审所提交的"房屋交接单"，已签约业主与江南区政府或南宁市江南区房屋征收补偿和征地拆迁办公室（以下简称江南区拆迁办）约定将房屋交江南区政府、江南区拆迁办拆除。因江南区政府自认其委托江南区拆迁办开展具体征收工作，故签约业主实际上均将房屋交由江南区政府拆除。江南区政府提交的《江南区福建园街道办事处〈关于福建园街道办事处片区征拆工作组误拆10＋1商业大道8栋、10栋房屋的情况说明〉》（以下简称《情况说明》）载明，福建园街道办片区征拆工作组（以下简称征拆工作组）在拆除已签约房屋的过程中无意损害了案涉未签约房屋的结构，后为"确保广大人民群众人身财产不受到损失"将其整体拆除。因征拆工作组在江南区拆迁办的领导下工作，故被诉拆除行为可认定为江南区政府实施。

关于本案的适格被告问题。江南区政府作为征收实施单位接受房屋征收部门南宁市住建局的委托实施征收、补偿工作，法律后果本应由南宁市住建局承担。但案涉房屋尚未签订补偿协议或作出补偿决定，江南区政府自称在无意损害案涉房屋结构的情况下，为确保广大人民群众人身财产不受到损失将其整体拆除，已经明显超出了房屋征收部门的委托范围，应自行承担法律责任。一、二审判决认定江南区政府为本案适格被告，并无不当。江南区政府以其不是适格被告为由申请再审，无事实根据和法律依据。江南区政府可与房屋征收部门南宁市住建局自行协商责任的实际承担问题。

——中国裁判文书网。

650. 涉案房屋在强制拆除前已被列入征收范围的，如何处理

关键词

强制拆除　征收范围

最高人民法院裁判文书

熊某纯诉湖南省长沙市开福区人民政府房屋行政强制拆除案［最高人民法院（2019）最高法行申3589号行政裁定书］

裁判要点：建设工程所在的市县级以上人民政府责成的有关部门，有权按照《行政强制法》的规定强制拆除违法建筑；强制拆除违法建筑应当事先予以公告，并在法定申请行政复议和提起行政诉讼的期限届满后实施；实施强制拆除前，应当发出催告履行通知书，要求被处罚人在合理的期限内自行拆除；实施强制执行行为方式、方法应当合理、适当，不得实施野蛮强拆。在没有对涉案房屋进行调查认定的情况下，行政机关直接拆除涉案房屋，违反法律规定。因涉案房屋在强制拆除前已被列入征收范围，在处理赔偿问题时应当结合征收补偿的相关规定依法妥善处理。

最高人民法院经审查认为，本案审查的重点问题是：熊某纯是否具备本案原告资格；开福区政府、开福区城管大队是否为本案适格被告；被诉强拆行为是否合法。

关于熊某纯是否具备本案原告资格的问题。《中华人民共和国行政诉讼法》第二十五条第一款规定，行政行为相对人以外的公民、法人或者其他组织提起行政诉讼，应当与被诉行政行为具有利害关系。本案中，根据原审查明的事实，1994年11月11日，熊某纯经原望城县人民政府批准，办理了望国土字第030157号《个人建房用地许可证》。2001年9月10日，熊某纯与周某祥签订《集镇建房用地转让协议》，约定熊某纯将大唐基集镇建房用地占地面积120平方米转让给周某祥。周某祥于2005年在该土地上建设涉案房屋，并由周某祥父子一直居住使用。熊某纯与周某祥虽然签订了《集镇建房用地转让协议》，但未办理过户登记手续，二审期间周某祥还出具《声明》称认可涉案房屋归熊某纯所有，对熊某纯主张权益的行为（含诉讼行为）不持异议。也就是说，熊某纯持有《个人建房用地许可证》，且周某祥对熊某纯提起本案诉讼没有争议。因此，熊某纯与被诉强拆行为具有利害关系，具备本案原告资格。至于熊某纯与周某祥之间如何分配涉案房屋与土地的权利义务，属另一法律关系。一、二审法院对此认定并无不当，本院予以支持。开福区政府、开福区城管大队主张熊某纯不具有本案原告资格的理由不成立，本院不予支持。

关于开福区政府、开福区城管大队是否为本案适格被告的问题。《中华人民共和国行政诉讼法》第二十六条第一款的规定，公民、法人或者其他组织直接向人民法院提起诉讼的，作出行政行为的行政机关是被告。本案中，《长沙市公安局开福分局行政诉讼答辩状》《处警情况说明》以及《大塘基居委会证明》等证据互相印证，足以认定开福区拆违控违工作领导小组组织开福区城管大队、秀峰街道办实施了强制拆除涉案房屋的行为。因此，开福区政府、开福区城管大队、秀峰街道是本案适格被告。开福区政府、开福区城管大队主张其未参与强拆，不是本案适格被告的理由不成立，本院不予支持。

　　关于被诉强拆行为是否合法的问题。《中华人民共和国行政强制法》第五条规定，行政强制的实施，应当适当。第十三条规定，行政强制执行由法律设定；法律没有规定行政机关强制执行的，作出行政决定的行政机关应当申请人民法院强制执行。第三十五条第一项规定，行政机关作出强制执行决定前，应当事先催告当事人限期履行义务。第四十四条规定，对违法的建筑物、构筑物、设施等需要强制拆除的，应当由行政机关予以公告，限期当事人自行拆除。当事人在法定期限内不申请行政复议或者提起行政诉讼，又不拆除的，行政机关可以依法强制拆除。《中华人民共和国城乡规划法》第六十八条规定，城乡规划主管部门作出责令停止建设或者限期拆除的决定后，当事人不停止建设或者逾期不拆除的，建设工程所在地县级以上地方人民政府可以责成有关部门采取查封施工现场、强制拆除等措施。根据上述规定，建设工程所在的市县级以上人民政府责成的有关部门，有权按照行政强制法的规定强制拆除违法建筑；强制拆除违法建筑应当事先予以公告，并在法定申请行政复议和提起行政诉讼的期限届满后实施；实施强制拆除前，应当发出催告履行通知书，要求被处罚人在合理的期限内自行拆除；实施强制执行行为方式、方法应当合理、适当，不得实施野蛮强拆。本案中，在没有对涉案房屋进行调查认定的情况下，开福区政府、开福区城管大队、秀峰街道办没有作出强制拆除决定，未经公告、催告等法定程序，直接拆除涉案房屋，明显违反法律规定。一、二审判决确认该强制拆除涉案房屋的行为违法并无不当，本院予以维持。在强制拆除过程中，如未采取合理、适当方式造成当事人合法权益损害的，应依法予以赔偿，因涉案房屋在强制拆除前已被列入征收范围，在处理赔偿问题时应当结合征收补偿的相关规定依法妥善处理。

　　——中国裁判文书网。

651. 能否以村委会不是行政主体，不具备征收拆迁主体资格为由诉请确认市县政府承担强拆违法的法律责任

关键词

行政强制之诉　村委会　征收拆迁主体资格

最高人民法院裁判文书

高某海与北京市大兴区政府强制拆除房屋再审复查案［最高人民法院（2021）最高法行申 405 号行政裁定书］

裁判要旨：被诉拆除行为系村委会执行村民代表会决议所实施的收回宅基地、腾退地上物的行为，起诉人提交的证据不足以证明市县政府实施该拆除行为，故法院以缺乏事实根据为由裁定驳回起诉，并无不当。

最高人民法院经审查认为，根据《中华人民共和国行政诉讼法》第四十九条第三项的规定，当事人提起行政诉讼，应当有具体的诉讼请求和事实根据。本案中，高某海的诉讼请求为依法确认大兴区政府强制拆除其房屋的行政行为违法。大兴区政府否认其实施了强拆行为，并提交了南街一村村委会的拆腾情况说明，证实被诉拆除行为系该村委会执行村民代表会决议所实施的收回宅基地、腾退地上物的行为。高某海提交的证据不足以证明大兴区政府实施了该拆除行为，故一审法院以缺乏事实根据为由裁定驳回起诉，二审法院予以维持，并无不当。

——中国裁判文书网。

652. 行政机关依据人民法院生效执行裁定作出的强拆行为，不属于行政诉讼受案范围

关键词

强制拆除行为　行政诉讼受案范围

最高人民法院裁判文书

高某生诉吉林省长春市双阳区人民政府行政强制申请再审案［最高人民法院（2021）最高法行申814号行政裁定书］

裁判要旨：行政机关按照人民法院准予执行裁定组织实施的强制拆除行为，不属于行政诉讼受案范围，但行政机关扩大执行范围或者采取违法方式实施的除外。

最高人民法院认为，根据《最高人民法院关于适用〈中华人民共和国行政诉讼法〉的解释》第一条第二款第七项的规定，行政机关根据人民法院的生效裁判、协助执行通知书作出的执行行为，不属于人民法院行政诉讼的受案范围。本案中，双阳区政府强制拆除案涉房屋是依照人民法院生效裁定实施的强制拆除行为，不属于人民法院行政诉讼受案范围。高某生关于二审法院违反法定程序的主张，亦缺乏法律依据。一审、二审法院裁定驳回其起诉

和上诉,并无不当。

——中国裁判文书网。

653.强制拆除行为的适格被告

关键词

强制拆除行为　适格被告

最高人民法院裁判文书

安某忠诉银川市西夏区人民政府强制拆除申请再审案[最高人民法院(2021)最高法行申1831号行政裁定书]

裁判要旨:虽然区、县政府是征收主体,但证据尚不足以证明区、县政府还具体实施或委托实施了强拆行为,而镇政府明确承认系其具体实施了被诉行为的情况下,即使存在区、县政府曾开会统筹研究过征收拆迁问题、领导出现在拆迁现场等事实,亦不宜直接推定区、县政府为适格被告,而应根据全案证据,区分内外部行为,结合责任承担能力等要件,认定镇政府为适格被告。

最高人民法院认为,本案争议焦点是西夏区政府是否为适格被告。《中华人民共和国行政诉讼法》第二十六条第一款、第五款规定,公民、法人或者其他组织直接向人民法院提起诉讼的,作出行政行为的行政机关是被告;行政机关委托的组织所作的行政行为,委托的行政机关是被告。《最高人民法院关于适用〈中华人民共和国行政诉讼法〉的解释》第六十九条第一款第三项规定,错列被告且拒绝变更的,已经立案的,应当裁定驳回起诉。本案中,安某忠在原审中提交的证据虽能证明西夏区政府是征收主体,也曾开会统筹研究过征收拆迁问题,但尚不足以证明西夏区政府还具体实施或委托实施了本案被诉行为;西夏区政府虽认可被诉行为作出时间、区领导在现场等事实,但否认系其直接具体所为,提出兴泾镇政府和区综合执法局才是牵头单位,且兴泾镇政府还是征收决定书及补偿方案中明确的实施单位;而兴泾镇政府则明确承认系其具体实施了被诉行为。在此情况下,一审法院不推定西夏区政府为本案适格被告,而是根据全案证据,区分内外部行为,结合责任承担能力等要件,综合认定兴泾镇政府为本案适格被告,并在经释明但安某忠仍拒绝变更被告的情况下作出裁定驳回起诉,符合前述规定。二审法院裁定驳回上诉,维持一审裁定,亦无不当。兴泾镇政府出具的情况说明系进一步证明本案适格被告的证据,并非证明被诉行为合法性的证据,一、二审法院采信该证据不构成本案再审的正当事由。

——中国裁判文书网。

654. 当事人对行政强制行为不服,应以作出该强制行为的行政机关为被告提起诉讼

关键词

行政强制　强制拆除

最高人民法院裁判文书

郑某煌诉福建省莆田市荔城区人民政府行政强制申请再审案[最高人民法院(2021)最高法行申1950号行政裁定书]

裁判要旨：行政强制行为属于事实行为,如对行政强制行为不服,应以作出该事实行为的行政机关为被告提起诉讼。如果根据在案证据,能够证明案涉强拆行为系由镇政府组织人员实施。同时,当事人提供的证据并不足以证明区政府对涉案房屋实施了强制拆除行为,其对区政府的起诉则缺乏事实根据。

最高人民法院经审查认为：本案中,一、二审业已查明,本案被诉的强拆行为系事实行为,且根据荔城区政府在一审阶段提交的相关证据,能够证明案涉强拆行为系由西天尾镇政府组织人员实施。同时,再审申请人提供的证据并不足以证明荔城区政府对涉案房屋实施了强制拆除行为,其对荔城区政府的起诉缺乏事实根据。据此,一审裁定驳回再审申请人对荔城区政府的起诉,二审裁定驳回其上诉,处理结果并无不当。再审申请人提出的理由尚不足以否定原生效裁判,其再审请求本院不予支持。

——中国裁判文书网。

(七)宅基地

655. 宅基地上房屋补偿安置原则和方式

关键词

宅基地　房屋补偿安置

最高人民法院审判业务意见（行政庭法官会议纪要）

宅基地上的合法房屋或者虽未取得合法权证但符合"一户一宅"建设标准房屋的补偿安置，应当坚持居住水平不降低原则。被征收人对房屋的补偿安置有异议的，人民法院应当引导双方通过协商方式解决。无补偿安置协议又无法协商一致的，人民法院可以根据案情并结合补偿安置方案，判决责令补偿安置义务主体采取重置价格补偿加异地安排重建、产权调换或者货币补偿等方式给予公平合理补偿。

——《最高人民法院行政法官专业会议纪要（五）（集体土地补偿领域）》（2019年11月29日）。

656. 村民转为城镇户籍后，对宅基地的使用权因宅基地上老旧房屋灭失而丧失

关键词

城镇户籍　宅基地使用权

最高人民法院裁判文书

陆某平诉湖南省衡南县人民政府、湖南省衡阳市蒸湘区人民政府、湖南省衡阳市蒸湘区雨母山乡人民政府、陆某春行政许可案［最高人民法院（2019）最高法行申84号行政裁定书］

裁判要旨：宅基地使用权，是农村村民依法对集体所有的土地享有占有和使用，以及依法利用该土地建造住宅及其附属设施的权利，是一种带有社会福利性质的权利。村民转为城镇户籍后，其宅基地上老旧房屋已经倒塌或被其他村民拆除重建，其虽持有土地使用证，但对原房屋的所有权及宅基地的使用权，已经因宅基地上老

旧房屋灭失而丧失。

最高人民法院认为,《中华人民共和国行政诉讼法》第二十五条第一款规定,行政行为的相对人以及其他与行政行为有利害关系的公民、法人或者其他组织,有权提起诉讼。本案中,经原审法院查明,涉案宅基地的使用权原系陆某平之父陆某益所有。20世纪50年代初陆某益离开原籍衡南县三塘镇群益村上山塘组(2001年5月调整划归衡阳市蒸湘区雨母山乡管辖),到衡阳市线带厂工作并转为城镇户籍,陆某平出生后一直随父母在衡阳市生活,亦为城镇居民。2000年,陆某春经陆某益同意,向相关部门申请拆除陆某益的旧房建设新房,衡南县政府为陆某春颁发了3405号证。2007年1月,陆某益去世。可见,陆某益作为非群益村村民对原房屋的所有权及涉案宅基地的使用权,因陆某春对原房屋拆除已经丧失,陆某平作为陆某益的继承人亦丧失对该土地相关权利的承继,故衡南县政府的颁证行为与其没有利害关系,其请求撤销3405号证,不具有原告主体资格。一、二审裁定驳回陆某平的起诉,并无不当。陆某平再审请求确认雨母山乡政府与陆某春签订《拆迁安置补偿协议》无效并判令其重新与陆某平签订《拆迁安置补偿协议》,不属于本案的审查范围,本院不予支持。

——中国裁判文书网。

657. 农村宅基地使用权不能被单独继承

关键词

农村宅基地使用权　单独继承

最高人民法院裁判文书

陈某兴诉乐东黎族自治县人民政府等行政复议案[最高人民法院(2017)最高法行申6361号行政裁定书]

裁判要点:农村宅基地使用权不能被单独继承。当事人作为非集体经济组织成员,争议地为其父母的宅基地,但因争议地上一直未进行建设,并无房屋等建筑物,故不存在因当事人继承房屋进而通过房屋产权转移而享有争议地宅基地使用权的条件。

最高人民法院经审查认为,乐东县政府作出21号复议决定,决定撤销黄流镇政府作出的将争议地确认给陈某兴使用的75号处理决定,故本案争议的主要焦点问题为争议地的权属问题。宅基地使用权是指农村集体组织的成员依法享有的，以建造住宅及其附属设施为目的，对集体所有的土地进行占有、使用的权利。宅基地使用权是用益物权，专为解决农民居住问题而设立。根据《中华人民共和国物权法》[①]第一百五十二条、一百五十三条的规定，宅基地使用权主体是农村集体经济组织的村民，不包括城镇居民，宅基地使用权的取得、行使和转让，适用土地管理法等法律和国家有关规定。根据《中华人民共和国土地管理法》第六十二条第一款、第四款的规定，宅基地实行"一户一宅"原则，农村村民出卖、出租住房后，再申请宅基地的，不予批准。如果原农村集体经济组织成员转为城镇户口，且已将原有宅基地使用权转让给他人，则当然不具备再申请宅基地的资格。首先，陈某兴系非农业家庭户口，并非争议地所在的黄西五经合社的村民，不具备取得宅基地使用权的资格。其次，陈某兴于1976年将其原有的位于"高小园"的宅基地转让给黄委会八队村民陈某雄使用，即使不考虑陈某兴已不具备集体经济组织村民的身份问题，其再次申请宅基地的请求亦不符合法律规定，不应予以批准。再次，《中华人民共和国土地管理法》第六十二条第三款规定，农村村民住宅用地，经乡（镇）人民政府审核，由县级人民政府批准。21号复议决定认为，"黄委会给予第三人陈某兴安排宅基地，没有经过镇政府审核，也没有报经县政府审批，其两次给予第三人陈某兴颁发的《黄委会宅基地证》均不具有法律效力。"本院对此观点予以认同，黄委会两次给陈某兴颁发的《黄委会宅基地证》，并不能作为争议地的权属凭证。最后，陈某兴作为非集体经济组织成员，不能通过继承方式取得争议地的宅基地使用权。即使如陈某兴所主张的，争议地为其与陈某平父母的宅基地，但因争议地上一直未进行建设，争议地上并无房屋等建筑物，本案亦不存在陈某兴继承房屋进而通过房屋产权转移而享有争议地宅基地使用权的条件。同时还需指出的是，陈某兴原居住的黄流医药药材公司宿舍于2014年因棚户区改造被征收拆迁，陈某兴已经签订协议，可以通过回购方式获得安置。黄流镇政府在处理争议地纠纷过程中进行询问，陈某兴称回购房屋价格过高故而考虑回村里建房。陈某兴所称无房居住只能在争议地上建房的理由，没有事实根据，不能成立。综上，陈某兴不具备取得争议地的宅基地使用权的资格和条件，乐东县政府作出21号复议决定，撤销黄流镇政府作出的75号处理决定，认定事实清楚，处理结果并无不当，应予维持。二审判决撤销一审判决，驳回陈某兴的诉讼请求，认定事实清楚，适用法律正确，本院予以支持。

　　应当指出的是，乐东县政府作出的21号复议决定，认定陈某平已经取得争议地使用权，属于认定事实错误。二审判决对21号复议决定中对该事实的

[①] 本法已被《中华人民共和国民法典》废止。

认定已经予以纠正，本院亦予认可。21号复议决定认为黄委会两次给陈某兴颁发的《黄委会宅基地证》不具有法律效力，但又认可1986年原黄西乡人民政府出具的《土地（屋基地）证明书》可以作为陈某平取得争议地使用权的凭证，前后逻辑不一致，适用法律错误。如前所述，无论是黄委会两次给陈某兴颁发的《黄委会宅基地证》，还是1986年原黄西乡人民政府给陈某平出具的《土地（屋基地）证明书》，均不能直接作为争议地宅基地使用权的凭证。综合本案的证据来看，争议地宅基地使用权亦不属于陈某平。首先，《中华人民共和国土地管理法》第六十二条第一款规定："农村村民一户只能拥有一处宅基地，其宅基地的面积不得超过省、自治区、直辖市规定的标准。"陈某平在争议地西边已建有房屋并居住，同时其在黄至少还拥有一处宅基地，如果本案争议地宅基地再确定给陈某平使用，明显不符合宅基地用于保障居住权、"一户一宅"的基本原则。其次，根据2014年2月1日起施行的《海南省村镇规划建设管理条例》第三十三条的规定，农村村民一户只能拥有一处划拨宅基地，且宅基地面积不得超过175平方米。陈某平在争议地西边现有的宅基地面积为420平方米，已经远远超过海南省地方性法规所规定的面积上限。再次，取得宅基地使用权的应当是本集体经济组织的成员，根据一审查明的事实，陈某平本人亦非争议地所在地的村民，并不具备取得争议地宅基地使用权的资格。

陈某平与陈某兴本是同胞兄弟，多年来，两家因争议地归属问题矛盾颇深，难以调和。21号复议决定虽然撤销75号处理决定，但争议地的权属问题仍处于待定状态，陈某兴、陈某平两家矛盾仍有进一步激化的可能。黄流镇政府应当主动履职，依据《物权法》[①]、《土地管理法》及相关法律、法规，结合争议地实际情况和生效裁判认定的事实，尽早做出处理决定，明确争议地的归属，定分止争，真正化解本案所涉的行政争议。

——中国裁判文书网。

658. 宅基地上房屋被拆除尚不足两年，政府作出收回宅基地的决定适用法律错误

关键词

宅基地上房屋　收回宅基地决定

[①] 本法已被《中华人民共和国民法典》废止。

最高人民法院裁判文书

睢县董店乡雷屯村民委员会诉商丘市人民政府行政复议案［最高人民法院（2018）最高法行申 2327 号行政裁定书］

裁判要旨：《确定土地所有权和使用权的若干规定》第五十二条规定："空闲或房屋坍塌、拆除两年以上未恢复使用的宅基地，不确定土地使用权。已经确定使用权的，由集体报经县级人民政府批准，注销其土地登记，土地由集体收回。"涉案宅基地上房屋被拆除的时间尚不足两年，不符合上述规定应予收回的情形，政府作出收回涉案宅基地的决定，适用法律错误。

最高人民法院认为，原国家土地管理局《确定土地所有权和使用权的若干规定》第五十二条规定："空闲或房屋坍塌、拆除两年以上未恢复使用的宅基地，不确定土地使用权。已经确定使用权的，由集体报经县级人民政府批准，注销其土地登记，土地由集体收回。"本案中，睢县人民政府根据再审申请人的申请，依据上述规定作出《关于收回董店乡雷屯村刘东魁宅基的决定》，但睢县人民政府查明的事实是，"2015 年 5 月，王某琴回到雷屯村，拆除危房准备翻建新房"，即其认定涉案宅基地上房屋被拆除的时间至其作出上述收回决定时并不足两年，明显与上述规定的情形不符。睢县人民政府作出的《关于收回董店乡雷屯村刘某魁宅基的决定》适用法律错误，再审被申请人据此作出本案被诉的复议决定，撤销上述收回决定，并无不当。一审和二审法院分别判决驳回再审申请人的诉讼请求与驳回上诉，亦无不妥。再审申请人的再审理由不能成立，其再审申请不符合《中华人民共和国行政诉讼法》第九十一条规定的情形。

——中国裁判文书网。

659. 回村定居的退休人员是否有权重修祖宅或申请宅基地建房

关键词

退休人员　重修祖宅　申请宅基地

最高人民法院裁判文书

吉某玉、郭某荣资源行政管理：土地行政管理（土地）再审案［最高人民法院（2020）最高法行再 375 号行政判决书］

裁判要旨：1. 退休人员将户籍迁回农村，并自退休以后一直居住在该集体经济组织之中，依靠集体经济组织所有的集体土地作为其基本的生活和居住保障，形成了稳定的生产、生活关系，因此，当原祖宅年久失修，存在安全隐患，无法继续居住之后，其有权申请重修祖宅或者根据规划向所在村民小组和村委会申请宅基地异地建房居住建房。

2. 自然资源部2020年9月9日对十三届全国人大三次会议第3226号建议的答复中"农民的宅基地使用权可以依法由城镇户籍的子女继承并办理不动产登记"。根据《继承法》① 规定，被继承人的房屋作为遗产由继承人继承，按照房地一体原则，继承人继承取得房屋所有权和宅基地使用权，农村宅基地不能被单独继承。《不动产登记操作规范（试行）》明确规定，非本农村集体经济组织成员（含城镇居民），因继承房屋占有宅基地的，可按相关规定办理确权登记，在不动产登记簿及附注栏注记的该权利人为非本农民集体经济组织成员住宅的合法继承人。

最高人民法院认为，根据原审查明事实及当事人提交的证据材料，吉某智原为广东省五华县人民医院干部，自20世纪七八十年代退休以后，将户籍迁回了五华县华城镇维西村上排组，并一直居住在其祖宅中，其女儿吉某玉则负责照顾其的生活起居直至去世。虽然吉某智的户籍信息登记为城镇居民户口，但是其本人自退休以后一直居住在该集体经济组织之中，依靠集体经济组织所有的集体土地作为其基本的生活和居住保障，形成了稳定的生产、生活关系。因此，当吉某智原祖宅年久失修，存在安全隐患，无法继续居住之后，吉某智有权申请重修祖宅或者根据规划向所在村民小组和村委会申请宅基地异地建房居住建房。所在村民小组和村委会签字盖章予以同意，五华县国土局调查核实后予以公告，吉某玉与郭某荣均未提出异议。直至吉某智去世，因涉案宅基地使用权和房屋所有权继承纠纷，郭某荣才以吉某智并非农村集体经济组织成员，侵犯了其承包土地为由提起本案行政诉讼，显然有违常理。

总之，吉某智自20世纪七八十年代已将户籍迁回维西村上排组并长期居住原祖宅，在祖宅年久失修后，其有权申请宅基地使用权建房居住。因此，原颁证程序和相关证据确存在不当之处，但因吉某智已于2014年去世，且也无法通过采取补救措施解决，撤销99709号土地证并无法解决遗产继承和郭某荣主张的权益问题。一审判决撤销99709号土地证，二审判决驳回上诉、

---

① 本法已被《中华人民共和国民法典》废止。

维持一审判决，系适用法律错误，应予纠正。自然资源部 2020 年 9 月 9 日对十三届全国人大三次会议第 3226 号建议的答复中"农民的宅基地使用权可以依法由城镇户籍的子女继承并办理不动产登记"。根据《继承法》规定，被继承人的房屋作为遗产由继承人继承，按照房地一体原则，继承人继承取得房屋所有权和宅基地使用权，农村宅基地不能被单独继承。《不动产登记操作规范（试行）》明确规定，非本农村集体经济组织成员（含城镇居民），因继承房屋占有宅基地的，可按相关规定办理确权登记，在不动产登记簿及附注栏注记的该权利人为非本农民集体经济组织成员住宅的合法继承人。本案遗产继承纠纷各方均为家庭成员，宜通过协商一致或者互谅互让等方式平衡好各方权益。

——中国裁判文书网。

660. 宅基地上房屋不因他人翻建而当然属于翻建者所有

关键词

宅基地房屋翻建　强制拆除

最高人民法院裁判文书

周某善诉安徽省肥东县人民政府确认强制拆除房屋违法案〔最高人民法院（2019）最高法行申 14151 号行政裁定书〕

裁判要点：我国农村宅基地使用权是集体经济组织成员才享有的权利，与特定的身份关系相联系，房屋所有权一般要依附于宅基地使用权。因此，即便涉案房屋由他人出资翻建，也不能当然属于翻建者所有。

最高人民法院经审查认为，《中华人民共和国行政诉讼法》第二十五条第一款规定："行政行为的相对人以及其他与行政行为有利害关系的公民、法人或者其他组织，有权提起诉讼。"本案中，周某善诉称其弟周某贵去世后遗留一女周某燕由其抚养，其在周某贵宅基地上翻建了涉案房屋，被肥东县政府、店埠镇政府强行拆除，诉请确认肥东县政府、店埠镇政府强制拆除其房屋及附属物的行政行为违法。根据一、二审法院查明的事实，涉案房屋项下宅基地原使用权人为周某善之弟周某贵。周某善诉称其在周某贵去世后翻建了涉案宅基地上房屋，但其未能提供证据证明其享有涉案房屋的所有权，其提供的周某贵土地登记审批表也仅能证明其已故弟弟周某贵曾享有涉案房屋的宅基地使用权。我国农村宅基地使用权是集体经济组织成员才享有的权利，与特定的身份关系相联系，房屋所有权一般要依附于宅基地使用权。因此，即便涉案房屋由周某善出资翻建，也不能当然属于周某善所有。另外，周某善并非周某贵的第一顺序继承人，从本案现有证据来看，并无证据显示第一顺序继承人已明确表示放弃继承，也无证据表明周某善已取得涉案房屋的宅基地使用权。故周某善提交的证据不能证明其对涉案房屋享有所有权等合法权益，其与被诉行政行为没有利害关系。一审法院裁定驳回起诉，二审法院予以维持，并无不当。如周某善有证据证明其出资翻建了涉案房屋，可以通过民事诉讼途径主张其相关权益。

——中国裁判文书网。

（八）合法性审查

661. 拆迁许可及拆迁期限延长许可通知的合法性审查

关键词

拆迁许可　拆迁期限延长许可通知

最高人民法院司法解释

第一条　公民、法人或者其他组织认为行政机关作出的行政许可决定以及相应的不作为，或者行政机关就行政许可的变更、延续、撤回、注销、撤销等事项作出的有关具体行政行为及其相应的不作为侵犯其合法权益，提起行政诉讼的，人民法院应当依法受理。

——《最高人民法院关于审理行政许可案件若干问题的规定》（2009年12月14日，法释〔2009〕20号）。

行政审判指导案例

夏某诉上海市杨浦区住房保障和房屋管理局房屋拆迁许可延长通知案
[行政审判指导案例第42号]

裁判要点：1. 房屋拆迁期限延长许可通知是一个独立的具体行政行为，具有可诉性。

2. 对房屋拆迁期限延长许可通知案件，法院应重点审查拆迁期限延长许可行为与前置许可行为内容是否一致，前置许可行为是否属重大、明显违法等，听证程序并非作出延长许可行为的法定必经程序。

被上诉人杨浦区住房保障和房屋管理局具有作出房屋拆迁期限延长许可通知的职权。原审第三人在拆迁期限届满15日前，向被上诉人申请延期拆迁，被上诉人经审查后，作出本案系争房屋拆迁期限延长许可通知，并张贴公告予以公示，被上诉人认定事实清楚、适用法律正确、执法程序合法。上诉人对杨房地拆许字〔2009〕第03号房屋拆迁许可证合法性提出的异议，不属于本案审查范围。上诉人认为，被上诉人未给予上诉人陈述、申辩及听证的权利，二审法院认为，《中华人民共和国行政许可法》第三十六条规定："行政机关对行政许可申请进行审查时，发现行政许可事项直接关系他人重大利益的，应当告知该利害关系人。申请人、利害关系人有权进行陈述和申辩。行政机关应当听取申请人、利害关系人的意见。"第四十七条第一款规定，行政许可直接涉及申请人与他人之间重大利益关系的，行政机关在作出行政许可决定前，应当告知申请人、利害关系人享有要求听证的权利。本案被诉具体行政行为系房屋拆迁期限延长许可，上诉人认为延期许可与其有重大利益关系，依据不足；且相关法律法规并未明确规定房屋拆迁期限延长许可须经陈述、申辩和听证等程序。上诉人认为，原审第三人未在法定时间内申请延期，被上诉人亦未报上级机关审核。二审法院认为，本案原审第三人于2009年7月10日提出延长拆迁期限申请，符合法律规定的在拆迁期限届满日的15日前提出延期申请的规定。原审第三人申请延长拆迁期限时，拆迁期限并未超过一年，被上诉人有权作出延长期限许可，无须报经上级机关审核。

——江必新主编、最高人民法院行政审判庭编：《中国行政审判案例》（第2卷），中国法制出版社2011年版，第13~14页。

附录：司法信箱

问题：我院在处理拆迁案件时，遇到被拆迁人就拆迁许可向人民法院提起行政诉讼，法院是否受理的问题。有观点认为，拆迁许可行为属于抽象行政行为，不属于人民法院行政诉讼受案范围；另有观点认为，拆迁许可行为对特定对象的权利义务产生直接影响，属于可诉的具体行政行为。上述观点哪种正确？请予解答。

《人民司法》研究组认为：《行政许可法》第7条规定，公民、法人或者其他组织对行政机关实施行政许可有权提起行政诉讼。被拆迁人与拆迁许可行为具有法律上的利害关系，拆迁许可对被拆迁人这些特定对象的权利义务当然产生直接影响，因此，被拆迁人向人民法院提起行政诉讼的，人民法院应当依法受理。

——《人民司法》2005年第10期（总第501期）。

662. 法院如何对房屋拆迁的程序合法性进行审查

关键词

房屋拆迁　程序合法性

最高人民法院裁判文书

李某庆诉上海市静安区人民政府、上海市人民政府房屋征收补偿决定案
[最高人民法院（2016）最高法行申 2615 号行政裁定书]

裁判要点：1. 当被征收人逾期未签署房屋征收补偿协议时，若补偿协议签约期限内已经达到规定签约比例，经房屋征收部门的报请，作出房屋征收决定的市、县级人民政府有权按照征收补偿方案做出补偿决定并公告。

2. 法院审查此类案件时，应着重审查其程序正当性，在不违反被征收人权益的前提下，可以确认行政行为合法。

最高人民法院认为：根据《征补条例》和《实施细则》的有关规定，静安区政府具有作出房屋征收补偿决定的行政职权。静安房管局因与李某庆在征收补偿方案确定的签约期限内达不成补偿协议，报请静安区政府作出补偿决定。静安区政府受理后，核实相关材料，组织召开调解会，并在调解未成的情况下，在法定期限内作出被诉房屋征收补偿决定，程序合法。静安区政府依据租用公房凭证记载的居住面积乘以相应系数计算被征收房屋建筑面积，结合房屋评估单价等确定货币补偿金额及补贴款等，并以上海市土地储备中心安排的用于征收地块安置的房源安置给李某庆户，未侵犯李某庆户的合法利益，安置方案并无不当。此外，根据原审查明的事实，经上海房地产估价师事务所有限公司评估，被征收房屋于征收决定公告之日的房地产市场评估单价为 29233 元/平方米，该地块评估均价为 29200 元。李某庆在规定的期限内未申请复核。2015 年 1 月 6 日，静安房管局向李某庆征询是否需要专家鉴定，李某庆明确表示拒绝。在协商过程中，静安房管局向李某庆户提供货币补偿和房屋产权调换两种方式选择，因李某庆不认可《补偿方案》，双方在签约期限内未达成补偿协议。据此，李某庆提出的评估报告违法及剥夺其安置补偿方式选择权的异议缺乏依据。

——最高人民法院行政审判庭编：《最高人民法院行政裁判要旨及评述（第一卷）》，人民法院出版社 2019 年版。

663. 关联行政行为的连带审查

关键词

拆迁许可前置行为　重大明显违法

最高人民法院司法解释

第七条　作为被诉行政许可行为基础的其他行政决定或者文书存在以下情形之一的，人民法院不予认可：

（一）明显缺乏事实根据；

（二）明显缺乏法律依据；

（三）超越职权；

（四）其他重大明显违法情形。

——《最高人民法院关于审理行政许可案件若干问题的规定》（2009年12月14日，法释〔2009〕20号）。

附录：最高人民法院法官著述

在实际操作中，拆迁管理部门对前置行为采用什么标准进行审查、审查范围和深度如何把握，便成了必须解决的、同时也是难以达成一致的问题。对拆迁管理部门的审查标准有三种不同的观点：一是作为证据进行审查；二是进行合法性审查；三是采取明显重大违法排除标准的审查。我们同意第三种观点。因为作出行政许可的行政机关对前置行为的审查标准既不能过高也不能过低；采取明显重大违法排除标准既可以保护被拆迁人的合法权益，又尊重了其他行政机关的行政权，同时拆迁管理部门也力所能及，因而是比较适宜的。所谓明显重大违法排除的标准，我们可以结合《合同法》①有关合同效力的规定来理解。无效行政行为属于明显重大违法，自始无效，合法性审查和非诉审查都能排除其执行力；可撤销行政行为不属于明显重大违法，只有通过合法性审查才能排除，也就是说，只要行政相对人对具体行政行为没有依法申请行政复议或提起行政诉讼，这种可撤销的具体行政行为就具有执行力，人民法院在非诉审查时不能排除和否定。拆迁管理部门在审查前置条件时可以否定无效行为而不能否定可撤销行为，既体现了权力尊重原则，也保护了被拆迁人的合法权益。

存在明显重大违法情形的，人民法院应当判决撤销拆迁许可或确认违法。

---

① 本法已被《中华人民共和国民法典》废止。

在对拆迁许可行为、补偿安置裁决未作出一审判决之前,被拆迁人、利害关系人就前置行为提起行政诉讼的,人民法院对拆迁许可行为、补偿安置裁决可以一并审理也可以中止审理,中止审理的,在对前置行为的判决生效之后恢复审理。人民法院对拆迁许可行为、补偿安置裁决作出一审判决后,被拆迁人、利害关系人对前置行为提起行政诉讼的,人民法院不予受理。

——王达:《城市房屋拆迁许可若干法律问题分析》,载最高人民法院行政审判庭编:《行政执法与行政审判》2006年第1集(总第17集),法律出版社2006年版,第62~63页。

664. 先征后批、多征少批行为,属于违法征收土地行为

关键词

先征后批　多征少批　违法征收土地

最高人民法院裁判文书

郁南县都城镇承平村民委员会塘角二村民小组诉广东省郁南县人民政府土地行政征收案[最高人民法院(2017)最高法行申3699号行政裁定书]

裁判要点:先征后批、多征少批行为,违反《土地管理法》(2004年修正)第四十四条第一款"建设占用土地,涉及农用地转为建设用地的,应当办理农用地转用审批手续",以及《土地管理法实施条例》(2014年版)第二十五条第一款"征收土地方案经依法批准后,由被征收土地所在地的市、县人民政府组织实施"的规定,属于违法征收土地行为。

最高人民法院经审查认为,本案涉及塘角二村民小组的承平垌及背后山两个地块征地实施行为的合法性问题。关于承平垌地块征地实施行为的合法性问题,该块系按照法律规定,经过法定程序批准,郁南县政府自762号批复作出之后,开始实施征地工作,且塘角二村民小组已经与郁南县国土资源局签订《建设项目征用土地协议书》,塘角二村民小组以762号批复失效为由,请求认定征地行为违法,理由不能成立。对于背后山土地的征地实施行为的合法性问题,郁南县政府对于案涉背后山地块的征收,属于未批先征,违反法定程序。虽然广东省政府于2016年5月20日、2017年5月26日作出205号批复及276号批复,同意对部分案涉土地进行转用,但仍有部分土地至今尚未办理转用手续,不符合《土地管理法》(2004年修正)第四十四

条第一款以及《土地管理法实施条例》第二十五条第一款规定。鉴于该地块在使用期间部分土地已经广东省人民政府批准征收为国有，且土地补偿款已经发放给塘角二村民小组，但仍然有部分土地未经批准，被申请人应当及时对未予以批复的部分补办相关手续，二审判决确认被申请人征收背后山土地的行为违法，并无不当。

——最高人民法院第一巡回法庭编著：《最高人民法院第一巡回法庭行政案件裁判精要》，中国法制出版社2020年版，第222~224页。

665. 未批先用、少批多用土地案件的裁判方式

关键词

未批先用　少批多用　土地案件

最高人民法院审判业务意见（行政庭法官会议纪要）

市、县人民政府组织实施土地征收时未取得征地批复，但已参照法定标准制定补偿安置方案并实施补偿安置，且在人民法院一审辩论终结前已取得征地批复的，视为市、县人民政府已采取补救措施。

市、县人民政府未取得征地批复，但已参照法定标准制定补偿安置方案并公告实施的，人民法院应先行保障被征收人按照补偿安置方案应当获得的补偿安置利益，不得以尚未取得征地批复无法确定补偿安置标准为由拒绝对补偿安置内容作出裁判。

市、县人民政府组织实施土地征收时未取得征地批复，一审辩论终结前仍未取得的，人民法院应当判决确认违法并责令返还土地、恢复原状；征地项目确属公共利益需要且无法返还土地、恢复原状的，人民法院可以判决确认违法，并可以根据《中华人民共和国行政诉讼法》第七十四条、第七十六条的规定，判决责令被告采取补救措施；给原告造成损失的，依法判决被告承担赔偿责任。

——《最高人民法院行政法官专业会议纪要（五）(集体土地补偿领域)》（2019年11月29日）。

666. 对集体土地上房屋按国有土地上房屋征收程序作出的征收决定的合法性审查

关键词

集体土地　国有土地　房屋征收程序　房屋征收决定

最高人民法院审判业务意见（行政庭法官会议纪要）

本案中，某市某区人民政府所作的案涉征收决定，其征收对象均系集体土地上的房屋。土地性质虽属集体土地，但并非耕地，对农民的补偿也主要是房屋等地上附着物的价值补偿。在满足对集体土地征收的强制性规定的前提下，允许对"城中村"类房屋的征收适用国有土地上房屋征收与补偿的相关规定，有利于消除城乡差距，体现实质公平。法院应结合两种征收方式的相关法律规定进行合法性审查。

附：案情简介

某市某区人民政府按照《国有土地上房屋征收与补偿条例》相关程序，作出城市棚户区改造范围内房屋征收决定（以下简称案涉征收决定）。当事人认为其房屋系农村集体土地上房屋，拥有合法的宅基地使用权和房屋所有权，案涉征收决定在实体上和程序上均存在违法之处，侵犯其合法权益，遂向人民法院提起诉讼，请求撤销案涉征收决定。法院审理查明，案涉征收决定红线范围内均系集体土地上房屋，绝大部分集体土地未经省级人民政府批准征收为国有，少部分土地取得省级人民政府征地批复，但并未按集体土地征收法定程序组织实施征收。此外，某市某区人民政府作出案涉征收决定时亦未严格按照《国有土地上房屋征收与补偿条例》规定的合理顺序和步骤进行，严重违反法定程序。且案涉征收项目因涉及资金缺口问题，处于停滞状态。

——《对集体土地上房屋按国有土地上房屋征收程序作出的征收决定的合法性审查》，载李少平主编：《最高人民法院第五巡回法庭法官会议纪要》，人民法院出版社2021年版，第342~345页。

667. 原告对征收补偿决定提起诉讼，理由是征收决定违法，人民法院应当如何审查征收决定的合法性

关键词

征收补偿决定　征收决定违法

最高人民法院审判业务意见

9. 原告对征收补偿决定提起诉讼，理由是征收决定违法，人民法院应当如何审查征收决定的合法性。

答：人民法院应当将征收决定作为被诉征收补偿决定合法性的证据进行审查，征收决定不存在重大且明显违法的，可以作为认定被诉征收补偿决定合法的证据予以采信。

理由：起诉征收补偿决定，征收决定仅仅是征收补偿决定案件中的主要证据之一，并非被诉行政行为。人民法院应当对征收决定进行证据审查，只要征收决定不存在重大且明显违法，不属于无效的行政行为，就可以作为证据予以采信。

——《最高人民法院第一巡回法庭关于行政审判法律适用若干问题的会议纪要》（2018年7月23日）。

668. 法院查封之前，土地闲置已经超过两年的，行政机关收回土地使用权是否合法

关键词

土地闲置　土地使用权

最高人民法院审判业务意见

27. 法院查封之前，土地闲置已经超过两年的，行政机关收回土地使用权是否合法。

答：法院查封之前，土地闲置已经超过两年的，市、县人民政府有权无偿收回土地使用权。但是，作出决定的市、县人民政府应当函请有关人民法院依法及时解除查封。人民法院及时解除查封的条件应当是，政府向债权人支付相应的债务及利息款项，结清查封土地上的债务。

理由：海南省第三届人民代表大会常务委员会第三次会议于2003年6月

6日通过，并于2003年7月1日起实施的《关于加快处置海南经济特区停缓建工程的决定》第十三条第（一）项规定，对人民法院依法查封时已满两年未动工开发的土地和已满两年未完成项目投资总额百分之二十五的停缓建工程用地，由市、县、自治县人民政府决定依法无偿收回土地使用权的，作出决定的市、县、自治县人民政府应当函请有关人民法院依法及时解除查封。政府未无偿收回土地使用权之前，人民法院已经查封土地，依附在被查封土地上的债权是合法有效的，政府无偿收回土地使用权，函请人民法院解除查封，必须保障债权人合法债权的实现。

——《最高人民法院第一巡回法庭关于行政审判法律适用若干问题的会议纪要》（2018年7月23日）。

669. 协议收购集体土地上房屋的合法性审查

关键词

协议收购集体土地

最高人民法院裁判文书

朱某根诉浙江省杭州市江干区人民政府、江干区人民政府四季青街道办事处房屋行政协议案［最高人民法院（2020）最高法行申11241号行政裁定书］

裁判要点：首先，对行政协议效力的审查，要对依法行政、保护相对人信赖利益、诚实信用、意思自治等基本原则进行综合衡量，从维护契约自由、维持行政行为的安定性、保护行政相对人信赖利益的角度，慎重认定行政协议的效力。涉案基于合同双方自愿性原则和诚信原则，不宜轻易否定已实际履行的案涉协议的效力。其次，涉案协议不存在《中华人民共和国行政诉讼法》第七十五条、《最高人民法院关于适用〈中华人民共和国行政诉讼法〉的解释》第九十九条、《中华人民共和国合同法》[①]第五十二条规定的协议无效的情形。再次，鉴于新的土地管理法已经认可先行签订征收补偿协议，再行报请征收土地，故在省级人民政府的征地批复作出后进行的协议收购，更不宜认定所签订的协议无效。最后，从涉案协议的内容看，补偿标准合理，已经充分保障了当事人的合法权益，未发现

---

① 本法已被《中华人民共和国民法典》废止。

显违法、无效之处,当事人并无实际诉的利益。

最高人民法院经审查认为,本案争议焦点是再审申请人朱某根所提涉案《江干区集体土地住宅房屋收购安置协议书(调产安置)》及补充协议无效的主张是否成立。首先,对行政协议效力的审查,要对依法行政、保护相对人信赖利益、诚实信用、意思自治等基本原则进行综合衡量,从维护契约自由、维持行政行为的安定性、保护行政相对人信赖利益的角度,慎重认定行政协议的效力。本案中,根据一、二审查明的事实,案涉协议系申请人与浙江省杭州市钱江新城建设指挥部、四季青街道办在平等、自愿基础上签订,之后申请人领取了协议约定的款项,将房屋腾空并移交。基于合同双方自愿性原则和诚信原则,不宜轻易否定已实际履行的案涉协议的效力。其次,《中华人民共和国行政诉讼法》第七十五条规定:"行政行为有实施主体不具有行政主体资格或者没有依据等重大且明显违法情形,原告申请确认行政行为无效的,人民法院判决确认无效。"《最高人民法院关于适用〈中华人民共和国行政诉讼法〉的解释》第九十九条规定:"有下列情形之一的,属于行政诉讼法第七十五条规定的'重大且明显违法':(一)行政行为实施主体不具有行政主体资格;(二)减损权利或者增加义务的行政行为没有法律规范依据;(三)行政行为的内容客观上不可能实施;(四)其他重大且明显违法的情形。"《中华人民共和国合同法》[①]第五十二条规定:"有下列情形之一的,合同无效:(一)一方以欺诈、胁迫的手段订立合同,损害国家利益;(二)恶意串通,损害国家、集体或者第三人利益;(三)以合法形式掩盖非法目的;(四)损害社会公共利益;(五)违反法律、行政法规的强制性规定。"涉案协议并不符合上述协议无效的情形。再次,申请人所提涉案协议应当按照征收程序进行的问题,鉴于新的土地管理法已经认可先行签订征收补偿协议,再行报请征收土地,故本案在省级人民政府的征地批复作出后进行的协议收购,更不宜认定所签订的协议无效。最后,从安置协议书的内容看,补偿标准合理,已经充分保障了申请人的合法权益,未发现明显违法、无效之处,申请人并无实际诉的利益。一、二审判决未支持申请人的诉请,并无不当。

——中国裁判文书网。

---

① 本法已被《中华人民共和国民法典》废止。

670. 危房认定及拆除行为的合法性审查

关键词

危房认定　危房拆除

最高人民法院裁判文书

陈某才诉被申请人黑龙江省齐齐哈尔市龙沙区人民政府房屋行政强制案

[最高人民法院（2018）最高法行申 2336 号行政裁定书]

裁判要旨：本案中，鉴定机构出具《房屋安全鉴定报告》，认定涉案房屋整幢危险，无修缮价值，须立即拆除。据此，行政机关在履行了征求利害相关人意见、制定拆除实施方案、张贴公示危房通知、召开听证会、发布通告、催告等程序后，对涉案房屋进行整体拆除符合法律规定，当事人请求确认拆除行为违法没有事实根据和法律依据。

最高人民法院认为，《城市危险房屋管理规定》第五条规定，建设部①负责全国的城市危险房屋管理工作。县级以上地方人民政府房地产行政主管部门负责本辖区的城市危险房屋管理工作。第六条规定，市、县人民政府房地产行政主管部门应设立房屋安全鉴定机构，负责房屋的安全鉴定。第九条第四项规定，对整幢危险且无修缮价值，须立即拆除的房屋被鉴定为危险房屋的，可整体拆除。第十一条第二款规定，经鉴定属危险房屋的，鉴定机构必须及时发出危险房屋通知书。本案中，2014 年 8 月 14 日，齐齐哈尔市房屋安全管理鉴定站出具《房屋安全鉴定报告》，认定民航小区 3 号楼整幢危险，无修缮价值，须立即拆除。据此，龙沙区政府在履行了征求利害相关人意见、制定拆除实施方案、张贴公示危房通知、召开听证会、发布通告、催告等程序后，对民航小区 3 号楼进行整体拆除符合法律规定，陈某才请求确认龙沙区政府拆除行为违法没有事实根据和法律依据。案涉民航小区 3 号楼烂尾二十余年，开发过程中存在重复抵押、一房多售等情况，至该楼拆除前，大量购房户无法入住。该 3 号楼经鉴定为整幢危险，无修缮价值而整体拆除。齐齐哈尔市政府成立工作组，对购房人员进行拟回迁安置和拟退房款区分处理，陈某才被划分为拟回迁安置人员。因此，陈某才请求龙沙区政府依据《齐齐

---

① 现为"中华人民共和国住房和城乡建设部"。

哈尔市中心城区国有土地上房屋征收与补偿实施办法补充规定》安置房屋，没有事实根据和法律依据。陈某才申请再审的理由不能成立，本院不予支持。

——中国裁判文书网。

671. 当事人对征收集体土地的审批行为提起诉讼是否受生效裁判所羁束的判断标准

关键词

土地行政批准　集体土地征收

最高人民法院裁判文书

蔡某红、夏某钗、李某春诉浙江省人民政府土地行政批准申请再审案
［最高人民法院（2021）最高法行申1912号行政裁定书］

裁判要旨：案涉征收集体土地审批行为的合法性已被人民法院生效裁判所确认，当事人如再对案涉征收集体土地的审批行为提起诉讼，如果其诉讼请求未体现出其在本案中有别于其他人的、特定的实体权益，可以认定诉讼标的已为生效裁判所羁束。

最高人民法院经审查认为：本案中，被诉审批意见书与浙江省高级人民法院作出的（2019）浙行终1811号行政判决所审查的系同一行政行为，该审批意见书涉及批准征收浙江省温州市龙湾区状元街道横街村32.5124公顷集体土地，并非仅针对再审申请人所涉地块。从再审申请人提起本案诉讼的诉求及理由来看，再审申请人与上述生效判决的原告一样，都是要求法院从整体上否定被诉审批意见书的合法性，并未体现出再审申请人在本案中有别于其他人的、特定的实体权益。因此，在本案诉讼当中，即便法院启动对被诉审批意见书合法性的审查，在审查内容、审查方式、审查标准上亦与上述生效判决所涉案件没有明显区别。故整体来看，本案实无启动再审之必要，一、二审认为本案诉讼标的已受生效判决效力所羁束的分析意见，并无明显不当。一审裁定驳回起诉，二审裁定驳回上诉，亦无不当。

——中国裁判文书网。

672. 因未达到"三通一平"条件而未进行开发利用，可以认定为有正当原因

关键词

土地行政管理　无偿收回土地　"三通一平"

最高人民法院裁判文书

新乡容创公司与新乡平原管委会、原阳县政府、新乡市政府土地行政管理纠纷申请再审案[最高人民法院（2021）最高法行申1465号行政裁定书]

裁判要旨：1.可以无偿收回土地使用权的条件应是满二年未动工开发且无除外规定的情形。因未按照国有建设用地使用权有偿使用合同或者划拨决定书约定、规定的期限、条件将土地交付给国有建设用地使用权人，致使项目不具备动工开发条件的，属于政府、政府有关部门的行为造成动工开发延迟的情形。因案涉土地未达到"三通一平"的条件，而未进行开发利用，可以认定有正当原因。不符合无偿收回土地使用权的条件。

2.依照《城市房地产管理法》第二十五条①的规定，超过出让合同约定的动工开发日期满二年未动工开发的，人民政府或者土地管理部门依法无偿收回出让的国有土地使用权，属于行政处罚决定。作出程序应符合《中华人民共和国行政处罚法》（2017年修正）第四十条和《中华人民共和国民事诉讼法》第九十二条第一款②的规定。

最高人民法院经审查认为，本案争议焦点在于案涉土地是否符合无偿收回条件以及1号《收回用地决定书》作出程序是否合法的问题。

（一）关于案涉土地是否符合无偿收回条件的问题。行为时有效的《中华人民共和国城市房地产管理法》（2009年修正）第二十六条规定："以出让方式取得土地使用权进行房地产开发的，必须按照土地使用权出让合同约定的土地用途、动工开发期限开发土地。超过出让合同约定的动工开发日期满一年未动工开发的，可以征收相当于土地使用权出让金百分之二十以下的土地

---

① 本条规定现为《中华人民共和国城市房地产管理法》（2019年修正）第二十六条。
② 本条规定对应《中华人民共和国民事诉讼法》（2021年修正）第九十五条第一款，下同。

闲置费；满二年未动工开发的，可以无偿收回土地使用权；但是，因不可抗力或者政府、政府有关部门的行为或者动工开发必需的前期工作造成动工开发迟延的除外。"据此，可以无偿收回土地使用权的条件应是满二年未动工开发且无除外规定的情形。根据《闲置土地处置办法》（国土资源部令第53号）第八条的规定，因未按照国有建设用地使用权有偿使用合同或者划拨决定书约定、规定的期限、条件将土地交付给国有建设用地使用权人，致使项目不具备动工开发条件的，属于政府、政府有关部门的行为造成动工开发延迟的情形。《土地储备管理办法》①（国土资规〔2017〕17号）规定："四、前期开发、管护与供应：……（十二）土地储备机构应组织开展对储备土地必要的前期开发，为政府供应土地提供必要保障。储备土地的前期开发应按照该地块的规划，完成地块内的道路、供水、供电、供气、排水、通讯、围挡等基础设施建设，并进行土地平整，满足必要的'通平'要求。具体工程要按照有关规定，选择工程勘察、设计、施工和监理等单位进行建设……"本案中，新乡容创公司与原阳县国土资源局（新乡平原新区管理委员会国土资源局）签订的《国有建设用地使用权出让合同》明确约定，案涉土地应在2014年6月30日前达到"三通一平"条件。但在原审庭审中，新乡平原管委会、原阳县政府均陈述案涉土地"市政水没有通到位，企业可自己打井用水"，据此难以认定案涉土地已达到"三通一平"的条件，新乡容创公司未进行开发利用有其正当原因。原审据此认定1号《收回用地决定书》认定事实的主要证据不足，并判决予以撤销，并无不当。

（二）关于1号《收回用地决定书》作出程序是否合法的问题。《关于认定收回土地使用权行政决定法律性质的意见》（〔1997〕国土〔法〕字第153号）第五条规定："依照《城市房地产管理法》第二十五条的规定，超过出让合同约定的动工开发日期满二年未动工开发的，人民政府或者土地管理部门依法无偿收回出让的国有土地使用权，属于行政处罚决定。"行为时有效的《中华人民共和国行政处罚法》（2017年修正）第四十条规定："行政处罚决定书应当在宣告后当场交付当事人；当事人不在场的，行政机关应当在七日内依照民事诉讼法的有关规定，将行政处罚决定书送达当事人。"《中华人民共和国民事诉讼法》第九十二条第一款②规定："受送达人下落不明，或者用本节规定的其他方式无法送达的，公告送达。自发出公告之日起，经过六十日，即视为送达。"本案中，新乡平原管委会、原阳县政府作出的1号《收回用地决定书》属于行政处罚决定，涉及新乡容创公司的重大利益，作出程序应符合上述法律规定的内容。根据原审查明事实可见，案涉闲置土地处置过程

---

① 本办法已失效。
② 本条规定现为《中华人民共和国民事诉讼法》（2021年修正）第九十五条。

中作出的《闲置土地调查通知书》和被诉1号《收回用地决定书》分别由新乡容创公司法定代表人姚某华、受委托的公司股东齐某江签收。在未穷尽相关送达方式的情况下，原阳县国土资源局（新乡平原新区管委会国土资源局）仅以电话联系不上新乡容创公司、找不到该公司办公地点为由，即通过公告方式送达《闲置土地认定书》《闲置土地处置听证权利告知书》，剥夺了新乡容创公司在行政处罚决定作出前的陈述、申辩权，违反了上述法律规定的程序。原审据此认定1号《收回用地决定书》违反法定程序，并无不当。

——中国裁判文书网。

（九）补偿决定

673. 征收补偿决定的举证责任分配

关键词

房屋征收补偿决定　举证责任

附录：最高人民法院主流观点

被征收人对征收补偿决定不服，提起行政诉讼，其举证责任应当如何分配。我们认为，征收补偿决定系市县政府单方作出的具体行政行为，根据《行政诉讼法》规定，被告应当对作出的具体行政行为的合法性承担举证责任。因此，行政诉讼中作出征收补偿决定的市县政府应当对征收补偿决定的合法性承担举证责任。但是，在原先的拆迁法律关系中则有所不同，由于在行政裁决中，裁决机关是居中裁决民事争议，拆迁人和被拆迁人应当分别对自己的主张承担举证责任，当事人举证不能的，应当承担不利裁决的后果。因此，在诉讼中，对于拆迁裁决行为，人民法院进行合法性审查时尽管也要坚持被告负举证责任原则，但是，其举证责任承担的程度要比行政处罚、行政处理等其他单方行政行为要求要低得多，主要还是由拆迁人与被拆迁人各自就自己的主张承担举证责任，作出裁决的行政机关按照优势标准作出裁决即属于合法的。但是，在房屋征收法律关系中，由于征收补偿决定成为单方行政处理决定，作出补偿决定的市县政府在行政诉讼中承担的举证责任强度要重得多，应当按照清楚而明确的标准承担举证责任。市县政府不得以在行政程序中被征收人未证明其被征收财产的数量、价值而减轻其举证责任。因为，在行政程序中，查清被征收人被征收财产的数量、价值完全是行政机关的职责义务。由于房屋征收部门的原因致使被征收人的合法财产灭失后，权利范围、数量、价值等无法查清的，人民法院可以根据被征收人提供的合法财产存在的证据合理确定其补偿数额。而不能简单地以没有充分证据证明损失的数额为由驳回被征收人的合理诉求。

——江必新主编：《国有土地上房屋征收与补偿条例理解与适用》，中国法制出版社2012年版，第257页。

674. 关于房屋征收补偿决定作出前的复核评估、复核鉴定问题

关键词

房屋征收补偿　复核评估　复核鉴定

最高人民法院裁判文书

李某梁诉山东省济南市天桥区人民政府房屋征收行政补偿案［最高人民法院（2020）最高法行申11121号行政裁定书］

裁判要旨：关于复核评估、复核鉴定问题。由于房屋估价意见是补偿决定最主要的组成部分，且具有相当的专业性，相关法律法规赋予了房屋被征收人在房地产价格评估机构专业领域内寻求救济的权利。根据《国有土地上房屋征收与补偿条例》第十九条第二款、《国有土地上房屋征收评估办法》第二十条、第二十一条、第二十二条的规定，房屋被征收人对房地产价格评估机构受委托作出的房屋价值评估结果有异议，可以向房地产价格评估机构书面申请复核评估；对复核评估结果有异议，可以向被征收房屋所在地评估专家委员会申请鉴定。涉案评估报告送达了被征收人，且载明了被征收人的异议权利。因其怠于行使复核评估、复核鉴定的权利直到诉讼程序才提出异议的，原审不予支持并无不当。涉案评估报告系由依法确定的具有相应资质的评估机构作出，被征收人在收到该评估报告后未申请复核、鉴定，视为认可涉案评估报告，且无证据证明该评估报告对涉案房屋的价值评估程序违法或者评估结果明显不当，故涉案评估报告可以作为被诉补偿决定的依据。

最高人民法院认为：本案的争议焦点系被诉补偿决定是否合法。结合申请再审理由、原审查明事实以及在卷证据材料等，分述如下：

（一）关于安置补偿的公平合理问题

一方面，根据《国有土地上房屋征收与补偿条例》第十九条及《国有土地上房屋征收评估办法》第十条的规定，被征收房屋价值的补偿，不得低于

房屋征收决定公告之日被征收房屋类似房地产的市场价格，被征收房屋的价值，由具有相应资质的房地产价格评估机构按照房屋征收评估办法评估确定。故此，涉案房屋价值的评估时点选定为房屋征收决定公告之日即2015年10月23日，符合上述规定。另一方面，就产权置换方式而言，本案中被征收房屋与为再审申请人提供的产权调换房屋的评估时点均为房屋征收决定公告之日。根据被申请人天桥区政府提供的用于产权调换的同类新建房屋面积超过被征收房屋面积，位于项目改建地段附近，根据一般市场经济规律，被征收房屋价值上涨的同时，该调换房屋的价格也在上涨，同类房屋不同时段涨价的因素对再审申请人的实际补偿利益并未造成损害，故被诉补偿决定虽未在合理期限内作出，但并未损害被征收人的实质利益。就货币补偿方式而言，根据房屋分户评估报告和价格评估说明的记载，评估的价值是按照被征收房屋所处区位新建普通商品住宅市场价格，结合被征收房屋建筑结构、层次、朝向、成新等因素修正后的征收补偿价值。本案评估机构对涉案房屋评估的价值类型和技术路线，亦未违反相关规定。

（二）关于评估机构等程序问题

涉案房屋位于天桥区政府作出的济（天桥）征字（2015）10号《房屋征收决定》确定的征收范围之内，因在签约期限内未与房屋征收部门达成补偿协议，天桥区政府按照补偿方案，以房地产价格评估机构对涉案房屋价值的评估为基础，作出被诉补偿决定并进行了送达及公告，符合《国有土地上房屋征收与补偿条例》第二十六条的规定。关于评估机构的选定程序问题，在生效的（2016）鲁01行初161号行政判决中已经作出了认定，天桥区政府在评估机构选定方面经过了协商、投票、公告等必要程序，虽然在协商选定评估机构的公示时间方面不符合《济南市国有土地上房屋征收补偿房地产价格评估机构选定办法》第六条的要求，但天桥区政府对此作出了合理说明，并且该程序瑕疵未对再审申请人的实体权益造成侵害，未达到需要判决确认违法的程度。对此问题，在此不再赘述。

（三）关于复核评估、复核鉴定问题

由于房屋估价意见是补偿决定最主要的组成部分，且具有相当的专业性，相关法律法规赋予了房屋被征收人在房地产价格评估机构专业领域内寻求救济的权利。根据《国有土地上房屋征收与补偿条例》第十九条第二款、《国有土地上房屋征收评估办法》第二十条、第二十一条、第二十二条的规定，房屋被征收人对房地产价格评估机构受委托作出的房屋价值评估结果有异议，可以向房地产价格评估机构书面申请复核评估；对复核评估结果有异议，可以向被征收房屋所在地评估专家委员会申请鉴定。本案分户评估报告送达了再审申请人，且载明了被征收人的异议权利。因其怠于行使复核评估、复核鉴定的权利直到诉讼程序才提出异议的，原审法院不予支持并无不当。

（四）关于补偿安置标准问题

补偿决定反映的补偿方式和补偿事项应当公正、客观、全面。本案中，天桥区政府提供了货币补偿和产权调换两种补偿方式，满足了再审申请人的选择权，同时还对房屋调换结算差价、奖励、搬迁费、临时安置费、房屋装修和附属物等补偿事项，以及因延长过渡期限可能造成的逾期安置费和其他需付费用予以明确，符合《国有土地上房屋征收与补偿条例》第二十一条、第二十五条、第二十六条的规定。此外，天桥区政府还对被征收人逾期未选择补偿方式的情况，采取实行产权调换、相关补偿费用提存至专用账户等方式进行了合理安排，较好地保障了被征收人的安置补偿利益和实际居住权益实现。而有关一、二审法院对被申请人天桥区政府提交的证据审查失实，认定事实不清，适用法律错误之主张，因与事实不符，亦不能成立。

——中国裁判文书网。

675. 房屋征收补偿决定在仅被法院确认违法但未被撤销的情况下，仍可作为后续房屋征收补偿决定的依据

关键词

房屋征收补偿决定　房屋征收决定　程序违法

最高人民法院裁判文书

刘某强诉合肥市蜀山区人民政府房屋征收补偿决定案［最高人民法院（2017）最高法行申8174号行政裁定书］

裁判要旨：由于行政行为具有的公定力，除因严重违法而自始无效外，在未经法定机关和法定程序撤销或变更之前，都推定为有效。房屋征收决定在仅被法院确认违法、而未被撤销的情况下，依然是作为有效的行政行为而存在，对行政机关、相对人、其他利害关系人以及其他国家机关仍具有约束力，可以作为后续房屋征收补偿决定的依据，被诉房屋征收补偿决定并不因为房屋征收决定曾被确认程序违法而当然违法。

最高人民法院经审查认为：本案的争议焦点系已被法院判决确认违法的前一行政行为能否成为后一行政行为作出的依据。由于行政行为具有的公定力，除因严重违法而自始无效外，在未经法定机关和法定程序撤销或变更之前，都推定为有效。蜀山区政府所作的合蜀房征决〔2014〕第6号《合肥市

蜀山区房屋征收决定》业经原审两级法院审查，确认其在拟定征收补偿方案和进行社会稳定风险评估的主体、对征求意见情况和根据公众意见修改情况的及时公布、征收补偿费用的专户管理等程序上存在一定的缺陷或瑕疵，但同时认为若撤销该房屋征收决定会给公共利益造成重大损害，遂依法确认该房屋征收决定违法，并责令蜀山区政府采取相应的补救措施。因此，该房屋征收决定在仅被法院确认违法、而未被撤销的情况下，依然是作为有效的行政行为而存在，对行政机关、相对人、其他利害关系人以及其他国家机关仍具有约束力，可以作为后续房屋征收补偿决定的依据，本案被诉的房屋征收补偿决定并不因为该房屋征收决定曾被确认程序违法而当然违法。本案中，再审申请人刘某强因与房屋征收部门在征收补偿方案确定的签约期限内达不成补偿协议，经房屋征收部门报请，蜀山区政府依照有关房屋征收补偿的地方政府规章和规范性文件，按照已公告的征收补偿方案对刘某强作出蜀政征字〔2015〕14号《房屋征收补偿决定书》，并无不当。另经查，关于涉案拆迁安置项目的性质，业经原审两级法院审查确认为旧城区改造，符合公共利益的需要。再审申请人刘某强所提其他诉求不足以推翻原审判决，本院不予支持。

——中国裁判文书网。

676. 征收国有土地上房屋时是否应当对被征收人未确权登记的空地和院落予以补偿

关键词

未确权登记的土地　土地权利归属

最高人民法院答复

山东省高级人民法院：

你院《关于征收国有土地上房屋时是否应当对被征收人未确权登记的空地和院落单独予以补偿的请示》收悉，经研究，答复如下：

对土地公有制之前，通过购买房屋方式使用私有的土地，土地转为国有后迄今仍继续使用的，未经确权登记，亦应确定现使用者的国有土地使用权。

国有土地上房屋征收补偿中，应将当事人合法享有国有土地使用权的院落、空地面积纳入评估范围，按照征收时的房地产市场价格，一并予以征收补偿。

——《最高人民法院关于征收国有土地上房屋时是否应当对被征收人未经登记的空地和院落予以补偿的答复》（2013年5月15日，〔2012〕行他字第

16号)。

附录：最高人民法院法官著述

(一)关于未登记使用的土地权利归属问题

《确定土地所有权和使用权的若干规定》第二十八条规定："土地公有制之前，通过购买房屋或土地及租赁土地方式使用私有的土地，土地转为国有后迄今仍继续使用的，可确定现使用者国有土地使用权。"据此，土地公有制之前当事人购买的房屋、土地，在土地公有制之后，土地使用权应当依法属于现在的土地使用者。这种土地使用权当事人原始取得是有偿取得的，不属于划拨性质，更不能以划拨土地为由，在征收时不予补偿。其理由主要有：第一，土地公有制之前，当事人通过购买房屋的方式取得相应土地权利，中华人民共和国成立之初并未予以剥夺，土地公有制之后其土地使用权亦未消灭。新中国成立初期通过没收封建地主阶级的土地归农民所有、没收官僚资本归新民主主义国家所有，将封建地主的土地所有权和官僚资本家的生产资料所有权予以无偿剥夺；对民族资本家的财产最终是通过赎买的方式收归国家所有；对农村集体土地通过合作化变为集体所有；但是，对城市居民依法享有的土地房屋所有权并未予以剥夺。直至1982年《宪法》第十条第一款规定，"城市的土地属于国家所有"，原先城市居民私有的土地才据此转化为国有土地。但是，这也仅仅是一个宪法的宣誓，尽管根据《宪法》规定城市居民原先享有的土地所有权转化为国家所有，但《宪法》并未剥夺城市居民依法享有的土地使用权，土地继续由原所有权人使用，土地使用权实际上继续保留给原所有权人享有。第二，划拨土地是指土地使用者通过出让土地使用权以外的其他方式依法取得的国有土地使用权。划拨土地使用权是从国家取得的。划拨之前当事人并不享有土地使用权。在划拨之后，当事人才对相应土地取得占有、使用的权利。土地公有制之前，当事人通过购买房屋或土地及租赁土地方式有偿取得的私有土地，在土地公有制之后继续使用的，是保留当事人依法享有的土地使用权，而非当事人通过划拨重新取得的土地使用权。第三，未办理相关土地登记手续，并不能否定当事人对物原先已经享有的民事权利。产权登记仅仅是行政机关对当事人已经享有的民事权利的确认和公示，并非行政机关的登记行为给予当事人民事权利。土地国有化之后，保留的当事人土地使用权，虽未经重新土地登记，但当事人的土地使用权却是一直存在的，未登记不能否定当事人已经实际存在的土地使用权。同时，保留的土地使用权也不同于通过出让、转让方式取得的土地使用权，前者的土地所有权、使用权物权原先就已经存在，而后者则是通过登记方式将出让、转让合同中的债权转化为物权。因此，未登记不能否定当事人保留的土地使用权物权权利。

（二）关于对合法享有使用权的空地是否予以补偿问题

《国有土地上房屋征收与补偿条例》（以下简称《征收条例》）第十九条规定："对被征收房屋价值的补偿，不得低于房屋征收决定公告之日被征收房屋类似房地产的市场价格。被征收房屋的价值，由具有相应资质的房地产价格评估机构按照房屋征收评估办法评估确定。"《国有土地上房屋征收评估办法》（以下简称《评估办法》）第十一条规定："被征收房屋价值是指被征收房屋及其占用范围内的土地使用权在正常交易情况下，由熟悉情况的交易双方以公平交易方式在评估时点自愿进行交易的金额，但不考虑被征收房屋租赁、抵押、查封等因素的影响。""前款所述不考虑租赁因素的影响，是指评估被征收房屋无租约限制的价值；不考虑抵押、查封因素的影响，是指评估价值中不扣除被征收房屋已抵押担保的债权数额、拖欠的建设工程价款和其他法定优先受偿款。"《征收条例》明确规定对被征收房屋要按照"市场价格"进行评估补偿；《评估办法》规定要对被"征收房屋及其占用范围内的土地使用权"进行评估。这些都一再表明，相关行政法规和规章对国有土地房屋征收补偿不仅仅要对被征收的房屋进行补偿，对土地也要进行补偿。我们认为，根据上述规定，土地补偿不仅应当包括房屋占用土地的补偿，同时也应当包括当事人依法享有土地使用权的空地的补偿。理由是：第一，被征收房屋的"市场价值"不仅仅包括房屋及其建筑物占地面积价值，空地面积大小对被征收房屋"市场价值"的影响也同样非常大。国有土地上房屋征收，其实际价值在于对土地的征收。房屋征收仅仅是手段，征收房屋范围内的土地才是根本。不计算空地面积，是对当事人合法土地使用权的非法掠夺。第二，被征收房屋的价值包括"被征收房屋及其占用范围内的土地使用权"。《评估办法》规定的"占用范围内的土地使用权"，不仅包括建筑物占用的土地，也包括为建筑服务的房前屋后当事人合法享有使用权的绿化用地、停车用地、院落用地等"空地"。对"占用范围"不能做过于狭窄理解，凡是为主体建筑房屋服务，为当事人合法占有使用的土地，都应当属于应予补偿的"占用范围"内土地。第三，只有对当事人合法占有使用土地的民事权利予以补偿，才是公平合理的补偿。否则，只对建筑物占地面积予以补偿，不对当事人合法占有使用的空地予以补偿，实际是无偿收回当事人"空地"的土地使用权，于法无据，严重侵犯当事人合法民事权利。第四，对于当事人依法享有的土地使用权的"空地"，应当在《评估报告书》中一并予以评估计价，同区位房屋面积一样但合法土地使用权面积不同的被征收户，合法土地使用权面积大的，应当得到更多补偿。未在《评估报告书》中对当事人合法享有土地使用权的"空地"进行评估补偿的，也可以另行单独评估补偿。

——郭修江：《征收国有土地上房屋时是否应当对被征收人未确权登记的空地和院落予以补偿》，载最高人民法院行政审判庭编：《行政执法与行政审判》2014年第3集（总第65集），中国法制出版社2014年版，第76~78页。

677. 依法提前收回国有土地使用权的补偿标准

关键词

国有土地使用权

最高人民法院审判业务意见（行政庭法官会议纪要）

在确定对土地使用权人应当给予的适当补偿时，宜考虑收回土地原因及土地的具体用途、原土地使用权剩余开发年限、土地使用权人的过错情况与实际投入等多重因素，参考收回土地时案涉土地类似房地产的市场价格，并确保补偿金额不低于土地使用权人取得土地的成本的情况下，综合确定公平合理的补偿金额。

附：案情简介

甲市国土局与某公司签订《国有土地使用权出让合同》，将甲市旅游区范围内数百亩土地出让给某公司作为旅游用地，并约定合同项下宗地有国家青皮林保护区林带和海滩，某公司对青皮林应进行保护和管理。某公司取得土地使用权后，一直未按约定动工开发。2017年12月，甲市政府作出行政决定，以案涉土地位于青皮林自然保护区内，涉嫌占用自然保护区为由，依照2004年修正的《土地管理法》第五十八条第一款第一项规定，决定有偿收回上述国有土地使用权，并给予某公司补偿。该补偿金额系由审计公司以审核确认的土地取得价款、前期投入资金为基数，以土地出让金缴交日期和前期投入资金日期至本次审核的截止日为计息期间，按照中国人民银行发布的决定作出时一年期贷款基准利率计算得出。某公司对收地决定和确定的补偿金额不服，申请行政复议。

——耿宝建、张巧云：《依法提前收回国有土地使用权的补偿标准》，载最高人民法院行政审判庭编著：《最高人民法院行政审判庭法官会议纪要（第二辑）》，人民法院出版社2023年版，第174~183页。

678. 无偿收回闲置土地决定的法律依据及考量因素

关键词

行政合同　收回土地使用权　闲置土地

> 最高人民法院司法政策精神

25. 行政裁量过程中考虑因素的确定问题

行政机关在作出无偿收回闲置土地决定时未考虑相对人是否存在免责事由、在作出房屋征收或者拆迁补偿决定时未考虑老年人等特定被拆迁人群体的合理需求的，属于遗漏应当考虑的因素，人民法院可以据此认定被诉行政行为违法。

——《最高人民法院办公厅关于印发〈行政审判办案指南（一）〉的通知》（2014年2月24日，法办〔2014〕17号）。

> 行政审判指导案例

爱克福得有限公司诉广东省深圳市国土资源和房产管理局无偿收回国有土地使用权决定案[行政审判指导案例第68号]

  裁判要点：国有土地使用权出让合同是典型的行政合同。土地行政主管部门以土地使用权受让方违反合同约定，超期未动工开发为由，单方解除合同，作出无偿收回闲置土地决定时，应当考虑、认定土地使用权人是否存在法定免责事由。人民法院在审查此类纠纷时，亦应审查土地行政主管部门的决定是否对土地使用权人的法定免责事由进行了排除。

《中华人民共和国城市房地产管理法》第二十五条①规定："以出让方式取得土地使用权进行房地产开发的，必须按照土地使用权出让合同约定的土地用途、动工开发期限开发土地。超过出让合同约定的动工开发日期……满二年未动工开发的，可以无偿收回土地使用权；但是，因不可抗力或者政府、政府有关部门的行为或者动工开发必需的前期工作造成动工开发迟延的除外。"《深圳经济特区土地使用权出让条例》第五十六条规定："违反本条例第二十一条规定，土地使用者未按出让合同规定的用途和条件开发利用土地的，土地管理部门应予限期纠正，并可处以土地使用权出让金总额10%的罚款。拒不纠正的，土地管理部门无偿收回土地使用权，没收地上建筑物、附着物。土地使用者逾期未完成地上建筑物的，土地管理部门自出让合同规定的项目竣工提交验收之日起处以罚款。逾期六个月以内的，处以土地使用权出让金总额5%的罚款；逾期六个月以上一年以内的，处以土地使用权出让金总额10%的罚款；逾期一年以上二年以内的，处以土地使用权出让金总额

---

① 本条规定现为《中华人民共和国城市房地产管理法》（2019年修正）第二十六条。

15%的罚款；逾期二年仍未完成地上建筑物的，土地管理部门无偿收回土地使用权，没收地上建筑物、附着物。土地使用者自出让合同生效之日起二年内未开发利用土地的，土地管理部门无偿收回土地使用权。前款所称开发利用，是指领取《建设工程规划许可证》，并且工程量达到投资总额25%以上。属土地部门无偿收回土地使用权的，土地开发与市政配套设施金不予退还。"上述规定中的《中华人民共和国城市房地产管理法》规定了免责的情形，《深圳经济特区土地使用权出让条例》第五十六条也规定了各种情形的不同适用条件。被诉具体行政行为缺乏查清适用法律、法规应予以撤销。

——江必新主编、最高人民法院行政审判庭编：《中国行政审判案例》（第2卷），中国法制出版社2011年版，第175~176页。

附录：最高人民法院法官著述

本案争执的焦点在于法律适用以及《城镇国有土地使用权出让和转让暂行条例》（以下简称《暂行条例》）第17条和《城市房地产法》第26条[①]规定的前提。首先，原被告签订的批租合同明确指出："根据《城镇国有土地使用权出让和转让暂行条例》订立本合同"。《暂行条例》至今仍然有效。其次，《暂行条例》第17条和《城市房地产法》第26条规定的前提不同。《暂行条例》第17条规定："未按合同规定的期限和条件开发、利用土地的，市县人民政府土地管理部门应当予以纠正，并根据情节可以给予警告、罚款直至无偿收回土地使用权的处罚。"《城市房地产法》第26条规定："以出让方式取得土地使用权进行房地产开发的，必须按照土地使用权出让合同约定的土地用途，动工开发期限开发土地。超过出让合同约定的动工开发日期满一年未动工开发的，可以征收相当于土地使用权出让金20%以下的土地闲置费；满两年未动工开发的，可以无偿收回土地使用权；但是因不可抗力或者政府、政府有关部门的行为或者动工开发必需的前期工作造成动工开发迟延的除外。"《暂行条例》第17条的前提是"未按合同规定的期限和条件"，《城市房地产法》第26条规定的前提是"满两年未动工开发的"。本案是"未按合同规定的期限和条件"，而不是"满两年未动工开发"，事实上本案原告在第二年底开始动工了，故二者前提条件不同。再次，《暂行条例》的效力等级属于国务院的行政法规，《城市房地产法》的效力等级属于法律，当然法律的效力高于行政法规。但是，本案合同签订时明确规定依据《暂行条例》，而《暂行条例》与《城市房地产法》并不抵触，只有在抵触的前提下，不适用《暂行条例》。合同签订时1993年，依据的是《暂行条例》，《城市房地产法》于1994年7月颁布，1995年1月施行，无溯及力，但《暂行条例》至今有效，二者

[①] 本条规定现为《中华人民共和国城市房地产管理法》（2019年修正）第二十六条。

并不抵触，故本案应当适用《暂行条例》的有关规定。

——杨临萍：《中国司法审查若干前沿问题》，人民法院出版社 2006 年版，第 330~331 页。

679. 宅基地上房屋虽已坍塌，但行政机关仍应当对宅基地使用权人予以补偿安置

关键词

宅基地　房屋坍塌　宅基地使用权　补偿安置

最高人民法院裁判文书

河南省信阳高新技术产业开发区管理委员会与陈某等行政征收案［最高人民法院（2020）最高法行申 13515 号行政裁定书］

裁判要点：宅基地使用权是农村集体经济组织成员的一项基本权利，应当保障农村村民实现户有所居。

1. 当事人作为本村村民，户籍一直未变动，应当依法享有该村集体经济组织成员的各项权利，包括宅基地使用权，其婚后随迁入户的丈夫和所生子女亦均依法享有该村集体经济组织成员的各项权利。

2. 虽然其家庭长期在外居住生活，但并不因此丧失该村集体经济组织成员资格和宅基地使用权。

3. 尽管当事人在未经批准的情况下建设房屋，所建房屋被认定为违法建筑并已被强制拆除，但仍享有宅基地使用权利，行政机关应当基于当事人合法享有的宅基地使用权对其予以补偿安置。至于当事人在该宅基地上是否有合法房屋，则是补偿安置过程中确定补偿标准的考量因素之一。行政机关仅以当事人所建房屋属于违法建筑、原住房已坍塌为由，拒绝给予当事人补偿安置的主张不能成立。

最高人民法院经审查认为，宅基地使用权是农村集体经济组织成员的一项基本权利，应当保障农村村民实现户有所居。本案中，陈某作为河南省信阳市平桥区刘洼村陈庙组村民，户籍一直未变动，应当依法享有该村集体经济组织成员的各项权利，包括宅基地使用权。陈某结婚后，其随迁入户的丈夫和所生子女亦均依法享有该村集体经济组织成员的各项权利。虽然其家庭长期在外居住生活，但并不因此丧失该村集体经济组织成员资格和宅基地使

用权。尽管陈某等四人在未经批准的情况下建设房屋，所建房屋被认定为违法建筑并已被强制拆除，但仍享有宅基地使用权利，信阳高新区管委会应当基于陈某等四人合法享有的宅基地使用权对陈某等四人予以补偿安置。至于陈某等四人在该宅基地上是否有合法房屋，则是补偿安置过程中确定补偿标准的考量因素之一，信阳高新区管委会仅以陈某等四人所建房屋属于违法建筑、原住房已坍塌为由，拒绝给予陈某等四人补偿安置的主张不能成立。因此，二审法院确认信阳高新区管委会对陈某等四人不予补偿的行为违法，认定陈某等四人具有获得征收补偿的权利，认定事实清楚，适用法律正确。

——中国裁判文书网。

（十）补偿协议

680. 原告在起诉时提出行政赔偿请求，经审理认为应当属于行政补偿时的处理

关键词

行政赔偿　行政补偿　变更诉讼请求

最高人民法院裁判文书

李某玲诉沈阳市东陵区人民政府强制拆除行为违法并赔偿案［最高人民法院（2015）行监字第236号行政裁定书］

裁判要点：原告在起诉时提出行政赔偿请求，而经审理认为应当属于行政补偿问题，人民法院应当在一审庭审结束之前向原告释明，要求变更诉讼请求。原告坚持不变更，如果补偿与赔偿并无内容上实质区别，人民法院也可以根据原告提出的行政赔偿事实，直接就补偿问题作出实体判决。

最高人民法院认为：根据修改前的《中华人民共和国行政诉讼法》第三十四条及《最高人民法院关于执行〈中华人民共和国行政诉讼法〉若干问题的解释》第二十六条①之规定，被告对作出的行政行为负有举证责任，应当在收到起诉状副本之日起10日内提供作出行政行为时的证据，未提供的，视

---

① 本条规定已被《最高人民法院关于适用〈中华人民共和国行政诉讼法〉的解释》（法释〔2018〕1号）第三十四条代替。

为没有证据。本案被申请人在收到起诉状副本和举证通知书后，无正当理由在法定举证期限内没有提交证明其强制拆除行为合法的证据，应认定被申请人的强拆行为没有证据。被申请人作出的强制拆除行为，严重违反法定程序，超越职权，且在本案申请再审审查的询问程序中，被申请人对其强拆行为的违法性已予认可。因此，原审法院确认强拆行为违法并无不当。

关于是否存在漏判诉讼请求问题。根据《中华人民共和国国家赔偿法》第四条规定，行政机关违法采取行政强制措施造成当事人财产损失的，依法应当承担行政赔偿责任。《中华人民共和国行政强制法》第八条亦规定，因行政机关违法实施行政强制受到损害的，公民法人或者其他组织有权依法要求赔偿。本案申请人一审诉讼请求是，请求"确认被告对征用原告合法的地上青苗、种植大棚不予补偿就强拆的行为违法并依法补偿"。与确认强拆行为违法诉讼请求相对应的应当是行政赔偿，而非行政补偿。原告一审提出的行政补偿请求，文字表述不当。通常情况下，一审法院应当先向原告释明，由原告自行将行政补偿请求变更为行政赔偿，然后由人民法院依法作出行政赔偿判决。但是，对于原告诉讼请求内容明显系行政赔偿，而非行政补偿的情形下，人民法院直接根据原告实质诉求，判决被告予以行政赔偿，更有利于原告合法权益的保护，有利于化解行政争议，有利于提高行政审判效率。本案中，原告一审所谓"补偿"请求，主要内容是对违法强拆行为造成的地上附着物青苗及大棚损失的"补偿"，明显属于行政赔偿，而非行政补偿。因此，原审法院据此判决被申请人对申请人地上附着物损失进行赔偿，不违反行政诉讼法的规定，更不存在遗漏诉讼请求的问题。

——中国裁判文书网。

681. 对订立征收补偿协议后又作出征收补偿决定的处理

关键词

征收补偿协议　征收补偿决定

最高人民法院审判业务意见（行政庭法官会议纪要）

征收补偿协议属于行政协议，引发的相关争议属于行政诉讼的受案范围。在订立征收补偿协议行为已经被依法提起行政诉讼，协议内容已为生效判决确认合法有效的情形下，行政机关应当按照生效判决确认有效的征收补偿协议内容执行，不宜再就同一征收事项又作出征收补偿决定。行政机关为履行协议，按照征收补偿协议内容再次作出的"征收补偿决定"，可以视为催告履行通知行为，是对征收补偿协议事项的重复处理，未对被征收人的权利义务产生实际影响。对被征收人权利义务产生实质影响的,仍然是征收补偿协议。为此,针对"征收补偿决定"提起的行政诉讼,实质是对订立征收补偿协议行为提起的诉讼,受生效判决羁束。

> **附录:案情摘要**
>
> 县政府因城际铁路工程需要征收集体土地,并成立了城际铁路指挥办公室,王某等人的住宅在征收范围。镇政府分别与王某等人签订了补偿安置协议,王某等人尚未领取补偿款,镇政府为补偿安置资金设置了专款账户,王某等人的补偿款已存入专款账户。王某等人以县政府、镇政府为共同被告,诉请确认补偿安置协议无效,法院生效判决驳回了其诉讼请求。之后,城际铁路指挥办公室、镇政府对王某等人分别作出房屋征收补偿决定,补偿决定确定的金额与补偿安置协议约定的补偿金额一致。王某等人不服诉至法院,请求撤销房屋征收补偿决定。
>
> ——李德申、牛延佳:《对订立征收补偿协议后又作出征收补偿决定的处理》,载最高人民法院行政审判庭编著:《最高人民法院行政审判庭法官会议纪要(第二辑)》,人民法院出版社2023年版,第11~27页。

682. 补偿安置协议的效力

关键词

补偿安置协议效力

最高人民法院审判业务意见(行政庭法官会议纪要)

人民法院应当尊重依法订立的补偿安置协议的效力。补偿安置协议个别约定需要明确和调整的,当事人应当按照诚实信用原则协商解决;协商不成的,应当按照法律规定的程序解决补偿安置争议。

被征收人已签订补偿安置协议、领取相应补偿费用且交出土地后,又起诉征收行为的,人民法院不予立案;但补偿安置协议明确约定保留提起诉讼权利,或者协议存在以欺诈、胁迫的手段订立,损害国家利益等无效情形的除外。

——《最高人民法院行政法官专业会议纪要(五)(集体土地补偿领域)》(2019年11月29日)。

683. 土地征收补偿安置义务不能以未达成协议为由拖延履行

关键词

土地征收补偿安置义务

最高人民法院裁判文书

纪某伟与辽宁省沈阳市浑南区人民政府履行征收补偿职责案［最高人民法院（2018）最高法行申8850号行政裁定书］

裁判要旨：根据《土地管理法》第四十六条第一款、第四十七条第一款，《土地管理法实施条例》第二十五条第一款，《征用土地公告办法》第十四条的规定，市、县人民政府是集体土地征收与补偿安置的法定行政主体，即市、县人民政府有权代表国家组织实施征收，也同时负有补偿安置的法定职责。上述规定虽未明确与被征收人不能达成一致的情况下，负责征收补偿安置工作的市、县人民政府应以自己的名义依法作出补偿决定，但此种情形并不能成为市、县人民政府怠于履行征收补偿安置义务的理由。征收补偿应当遵循及时补偿原则，不能迟迟拖延，损害被征收人获得补偿安置的合法权益。

最高人民法院再审审查认为：《中华人民共和国土地管理法》第四十六条第一款①规定，国家征收土地的，依照法定程序批准后，由县级以上地方人民政府予以公告并组织实施。该法第四十七条第一款②规定，征收土地的，按照被征收土地的原用途给予补偿。《中华人民共和国土地管理法实施条例》第二十五条第一款规定，征收土地方案经依法批准后，由被征收土地所在地的市、县人民政府组织实施，并将批准征地机关、批准文号、征收土地的用途、范围、面积以及征地补偿标准、农业人员安置办法和办理征地补偿的期限等，在被征收土地所在地的乡（镇）、村予以公告。国土资源部令（第10号）《征用土地公告办法》第十四条规定，未依法进行征地补偿、安置方案公告的，被征地农村集体经济组织、农村村民或者其他权利人有权依法要求公告，有权拒绝办理征地补偿、安置手续。依据上述规定，市、县人民政府是集体土

---

① 本条规定现为《中华人民共和国土地管理法》（2019年修正）第四十七条第一款。
② 本条规定现为《中华人民共和国土地管理法》（2019年修正）第四十八条。

地征收与补偿安置的法定行政主体，即市、县人民政府有权代表国家组织实施征收，也同时负有补偿安置的法定职责。上述规定虽未明确与被征收人不能达成一致的情况下，负责征收补偿安置工作的市、县人民政府应以自己的名义依法作出补偿决定，但此种情形并不能成为市、县人民政府怠于履行征收补偿安置义务的理由。征收补偿应当遵循及时补偿原则，不能迟迟拖延，损害被征收人获得补偿安置的合法权益。具体到本案而言，2011年5月21日，纪某伟涉案房屋及地上物就已被拆除，浑南区政府以未能与纪某伟达成一致为由，至今尚未全面履行征收补偿安置的法定义务，应认定违法。纪某伟于2016年5月13日向沈阳国家大学科技城管委会申请借款400万元的事实，亦不能证明浑南区政府全面履行了征收补偿职责。一、二审依据《中华人民共和国行政诉讼法》第三十八条第二款的规定，以纪某伟未能提供证据证明其主张为由，判决驳回纪某伟的诉讼请求，适用法律错误，结论显有不当，应予纠正。据此裁定：本案指令辽宁省高级人民法院再审；再审期间，中止原判决的执行。

——最高人民法院第二巡回法庭微信公众号。

684. 宅基地征收补偿协议效力的认定问题

关键词

宅基地征收补偿协议

最高人民法院审判业务意见

行政协议是一种特殊类型的行政行为，对行政协议效力的判断应当适用《行政诉讼法》关于行政行为效力的规定。同时行政协议作为体现双方合意的产物，又可在不违反《行政诉讼法》的情况下适用民事法律规范中关于合同效力的规定。审查行政协议的效力，要对依法行政、保护相对人信赖利益、诚实信用、意思自治等基本原则进行利益衡量，从维护契约自由、维持行政行为的安定性、保护行政相对人信赖利益的角度出发，慎重认定行政协议的效力。在没有证据证明《安置补偿协议》存在欺诈、胁迫、显失公平且协议已经履行完毕的情况下，宅基地征收行为未经批准不足以导致涉案《安置补偿协议》无效。被征收集体土地上同住成年家属签订《安置补偿协议》后，其家庭已经领取补偿款并交付房屋，说明被征收家庭的其他成员对此应当知情且未予反对，应视为其家庭成员对签订《安置补偿协议》的行为进行了追认。

——姜伟主编、最高人民法院第四巡回法庭编：《最高人民法院第四巡回法庭疑难案件裁判要点与观点》，人民法院出版社2020年版，第513~524页。

685. 因被征收人存在欺诈行为导致被征收物的评估价值有误时，依据评估报告签订的征收补偿协议是否有效

关键词

征收补偿协议　被征收人欺诈行为

最高人民法院裁判文书

辽宁省葫芦岛经济开发区管理委员会、李某征收补偿协议案［最高人民法院（2020）最高法行再311号行政裁定书］

裁判要旨：1. 具有可分性内容的行政协议，协议部分无效，不影响合法部分的效力，即容许行政协议部分有效、部分无效的情形存在。但当部分无效将影响有效部分的效力，或者将导致整个协议无缔约可能性，或者导致整个协议履行不公平的，应当确认行政协议整体无效。征收补偿协议中约定的补偿数额包括地上附着物及鱼苗补偿。案涉鱼苗补偿因存在欺诈而导致协议部分无效，但地上附着物的补偿系双方当事人真实意思表示，应属有效。

2. 行政机关逾期未履行征收补偿协议，需承担因逾期履行给当事人所造成的利息损失。有关利率应当以作出生效判决时中国人民银行公布的一年期人民币整存整取定期存款基准利率作为计付利息的标准。

最高人民法院认为，本案的争议焦点为：一是承担给付责任的适格主体；二是应否支持李某依据《补偿审批表》主张鱼苗和鱼收益补偿的诉讼请求；三是应否给付李某相应利息。

首先，关于承担给付责任的适格主体问题。本案中，签订《补偿审批表》的双方当事人为房屋征收中心和李某。开发区管委会与房屋征收中心于2014年5月20日签订的"征用补偿委托合同"证实开发区管委会将征收补偿工作委托房屋征收中心进行实施，开发区管委会系委托人。《补偿审批表》是开发区管委会委托房屋征收中心与李某所签订，房屋征收中心的相关责任应由开发区管委会承担，故开发区管委会作为委托人对李某负有相应的给付责任。

其次，关于应否支持李某依据《补偿审批表》主张鱼苗和鱼收益补偿的诉讼请求问题。本院认为，开发区管委会不应支付《补偿审批表》中的鱼苗

和鱼收益补偿,理由如下:一是《补偿审批表》确定鱼苗和鱼收益补偿的依据虚假。根据一审法院查明的事实:征收过程中,房屋征收中心委托评估公司对李某的承包土地上附属物进行评估,评估时间自 2014 年 5 月 23 日至 2014 年 12 月 30 日。刑侦中队对于谷某清的《询问笔录》证实李某于 2014 年 6 月从谷某清处购买 6000 元左右的鱼苗。同时,刑侦中队《询问笔录》以及李某在一审庭审中的自认证实李某与谷某清之间签订的购买鱼苗合同并未履行,系虚假买卖合同。二是有关行政机关按照《补偿审批表》确定的数额支付李某补偿款需满足"手续合法"的前提条件。2014 年 9 月 28 日,李某签署的说明载明:"三次(种)补偿由本人自愿选择其一:(1)按评估所出具的 1459110 元签订,由本人承担所有法律责任;(2)按第一次评估所出具的 304160 元签订,由本人承担所有法律责任;(3)按公安部门调查的结果签订协议。最终经本人同意,愿承担所有手续的合法性并承担一切后果,选择评估所出具的 1459110 元签订协议。"李某签订该说明时明确承诺自己的所有手续合法,且愿意承担一切后果。房屋征收中心以此为前提与李某签订《补偿审批表》。鉴于李某提供的购买鱼苗合同存在虚假情形,故其主张依据《补偿审批表》给付鱼苗和鱼收益补偿款未满足"承担所有手续的合法性"的条件。鉴于《补偿审批表》中确定的鱼和鱼收益的补偿数额与事实相悖,故对李某依据《补偿审批表》诉求有关行政机关支付鱼和鱼收益的补偿请求不予支持。

最后,关于应否给付李某相应利息问题。开发区管委会负有给付李某补偿款 329110 元(即看护房 18781 元、仓房 2633 元、大棚 138830 元、鱼池 100266 元、上下水管 15000 元、井 6000 元、变频器 700 元、发电机 5000 元、水泵 1600 元、加氧泵 300 元、拆除劳务费 4 万元)的责任,亦需承担因逾期履行给李某所造成的损失。二审法院认定,《补偿审批表》未约定补偿款的给付期限,在询问过程中李某与房屋征收中心均同意按《补偿审批表》签订后二个月确定给付期限。房屋征收中心于 2014 年 9 月 28 日制作《补偿审批表》,因此开发区管委会作为委托人应承担赔偿李某补偿款利息损失的责任(自 2014 年 11 月 28 日起至实际给付之日止)。《中华人民共和国国家赔偿法》第三十六条第七项规定,返还执行的罚款或者罚金、追缴或者没收的金钱,解除冻结的存款或者汇款的,应当支付银行同期存款利息。《最高人民法院关于审理民事、行政诉讼中司法赔偿案件适用法律若干问题的解释》第十五条第一款规定,国家赔偿法第三十六条第七项规定的银行同期存款利息,以作出生效赔偿决定时中国人民银行公布的一年期人民币整存整取定期存款基准利率计算,不计算复利。参照上述规定,有关利率应当以作出生效判决时中国人民银行公布的一年期人民币整存整取定期存款基准利率作为计付利息的标准。

——中国裁判文书网。

686. 补偿问题未经征收补偿协议或者补偿决定解决前，被征收人有权拒绝交出房屋和土地

关键词

征收补偿协议　及时补偿原则　公平补偿原则

最高人民法院裁判文书

山西省安业集团有限公司诉山西省太原市人民政府收回国有土地使用权决定案［最高人民法院（2016）最高法行再80号行政判决书］

裁判要点：有征收必有补偿，无补偿则无征收。征收补偿应当遵循法定的程序和步骤，遵循及时补偿原则和公平补偿原则。补偿问题未经征收补偿协议或者补偿决定解决前，被征收人有权拒绝交出房屋和土地。

最高人民法院认为：有征收必有补偿，无补偿则无征收。为了保障国家安全、促进国民经济和社会发展等公共利益的需要，国家可以依法收回国有土地使用权，也可征收国有土地上单位、个人的房屋；但必须对被征收人给予及时公平补偿，而不能只征收不补偿，也不能迟迟不予补偿。通常，征收决定应当包括具体补偿内容，因评估或者双方协商以及其他特殊原因，征收决定未包括补偿内容的，征收机关应当在征收决定生效后的合理时间内，及时通过签订征收补偿协议或者作出征收补偿决定的方式解决补偿问题。征收补偿应当遵循及时补偿原则和公平补偿原则。国家因公共利益需要使用城市市区的土地和房屋的，市、县人民政府一般应按照《国有土地上房屋征收与补偿条例》规定的程序和方式进行，并应根据《国有土地上房屋征收评估办法》和《城镇土地估价规程》等规定精神，由专业的房地产价格评估机构在实地查勘的基础上，根据被征收不动产的区位、用途等影响被征收不动产价值的因素和当地房地产市场状况，综合选择市场法、收益法、成本法、假设开发法等评估方法对被征收不动产价值进行评估，合理确定评估结果，并在此基础上进行补偿。对国有土地上房屋所有权人补偿内容已经包含了国有土地使用权补偿的，对同时收回的国有土地的土地使用权人不再单独给予补偿。对被征收不动产价值评估的时点，一般应当为征收决定公告之日或者征收决定送达被征收人之日。因征收人原因造成征收补偿问题不合理迟延的，且被

征收不动产价格明显上涨的,被征收人有权主张以作出征收补偿决定或者签订征收补偿协议时的市场价格作为补偿基准。被征收人对征收补偿决定或者征收补偿协议所确定的补偿金额和其他内容有异议的,可以依法提起行政诉讼。征收机关依法办理相关提存等手续并书面告知被征收人领取补偿款项、使用安置房屋等内容的,被征收人无法定正当理由拒绝领取的,征收机关对诉讼期间被征收财物价格上涨而形成的损失不承担补偿责任。

——中国裁判文书网。

687. 房屋买卖协议被法院确认无效,买房人与征收部门签订的征收补偿协议是否无效

关键词

房屋征收　房屋买卖协议　征收补偿协议

最高人民法院裁判文书

史某好、孙某梅诉徐州市泉山区人民政府、徐州市泉山区住房和建设局房屋强制拆除及赔偿案〔最高人民法院(2017)最高法行申8373号行政裁定书〕

> 裁判要点:事后当事人与买房人签订的房屋出售协议被法院判决确认无效,但该判决不能否定房屋征收部门在房屋征收当时签订补偿协议及拆除房屋行为的合法性。该房屋征收补偿协议下的被征收人补偿权益归属问题,可通过民事诉讼途径予以确认。

最高人民法院认为,《国有土地上房屋征收与补偿条例》第二条规定,为了公共利益的需要,征收国有土地上单位、个人的房屋,应当对被征收房屋所有权人(以下称被征收人)给予公平补偿。第二十五条第一款规定,房屋征收部门与被征收人依照本条例的规定,就补偿方式、补偿金额和支付期限、用于产权调换房屋的地点和面积、搬迁费、临时安置费或者周转用房、停产停业损失、搬迁期限、过渡方式和过渡期限等事项,订立补偿协议。房屋征收部门并不具备对被拆迁房屋的所有权直接进行产权界定的职能,其在房屋征收过程中仅限于根据充分、有效的证据确定被征收人的身份。本案中,根据已查明的事实,2009年史某好与王某敏就涉案房屋签订房屋出售协议,协议已全部履行。此后,王某敏对房屋进行装修并一直实际居住至房屋被征收。2012年泉山区政府开始对涉案房屋所在地块实施征收。在此期间,王某敏将

房屋出售协议原件交房屋征收部门并作为产权人进行被征收人登记，火花办事处史庄村委会亦出具了相应的确权认定单，史某好配合王某敏提交了涉案房屋的土地证。直至涉案房屋被拆除，史某好、孙某梅均未对涉案房屋产权问题提出异议或诉讼。基于上述证据和情况，房屋征收部门认定王某敏系被征收人并与其签订补偿协议，符合法律规定。之后，王某敏腾空房屋，将钥匙、建筑物、构筑物、地面附着物等完整交付拆除单位，涉案房屋被拆除。该拆除行为既不存在强制性，也不存在违法情形。虽然事后徐州市中级人民法院2014年8月13日作出（2014）徐民终字第2264号民事判决，确认史某好与王某敏签订的房屋出售协议无效，但该判决不能否定本案房屋征收部门在房屋征收当时签订补偿协议及拆除房屋行为的合法性。因史某好与王某敏签订的房屋出售协议被人民法院确认无效，房屋实际已被拆除，故原王某敏与房屋征收部门签订的房屋征收补偿协议下的被征收人补偿权益归属问题，可通过民事诉讼途径予以确认。史某好、孙某梅提起本案诉讼缺乏事实根据和法律依据。一、二审裁定驳回起诉，并无不当。

——中国裁判文书网。

688. 征收补偿协议遗漏承租人的审查处理

关键词

征收补偿协议　承租人

最高人民法院裁判文书

陈某柱诉其及原审第三人长沙市金属材料有限责任公司房屋征收补偿一案[最高人民法院（2020）最高法行申3739号行政裁定书]

裁判要旨：1. 房屋征收案件中，若承租人在被征收的房屋上有不可分割的添附或依法独立在其承租房屋开展经营活动，行政机关对房屋实施的征收补偿和强制拆除行为，就有可能对承租人在房屋上的添附、承租人屋内物品或其正当行使的经营权造成不同于其他人的特别损害或不利影响，应当认为承租人与该行政行为有利害关系，具有原告资格。

2. 征收导致了承租人无法继续使用租赁房屋，应按"谁有损失补偿给谁"的公平补偿原则处理。行政机关在征收补偿过程中与房屋产权人签订了涉案补偿协议，对涉及到涉案房屋的装饰装修、停产停业费、搬迁费部分遗漏了行政相对人（承租人），且在对上述损失的认定存在错误,未充分保障承租人的合法权益,征收程序违法,涉案补偿协议中涉及装饰补偿、搬迁费、停产停业费部分应确认无效。

3. 行政机关实施征收直接导致承租人无法继续经营而产生的停产停业损失、搬迁费,应予补偿。行政机关不顾承租人的反对,以其与房屋产权人签订的涉案补偿协议强制拆除了涉案房屋,造成承租人装饰装修和屋内物品损失,应予赔偿。

最高人民法院经审查认为,《中华人民共和国行政诉讼法》第二十五条第一款规定,行政行为的相对人以及其他与行政行为有利害关系的公民、法人或者其他组织,有权提起诉讼。房屋征收案件中,若承租人在被征收的房屋上有不可分割的添附或依法独立在其承租房屋开展经营活动,强制拆除房屋行为就有可能对承租人在房屋上的添附、承租人屋内物品或其正当行使的经营权造成不同于其他人的特别损害或不利影响,应当认为承租人与该行政行为有利害关系,具有原告资格。本案中,陈某柱承租涉案房屋进行装修,用于经营活动,雨花区政府、雨花区征收办对涉案房屋实施的征收补偿和强制拆除行为,侵犯陈某柱的合法财产权益,陈某柱与被诉的行政行为有利害关系,具有本案原告资格。关于再审申请人所提陈某柱不具有原告资格的主张不能成立,本院不予支持。

根据一、二审查明的事实,雨花区政府、雨花区征收办在征收补偿过程中对涉及涉案房屋的装饰装修部分遗漏了行政相对人,未充分保障陈某柱的合法权益,征收程序违法。陈某柱实际承租、装修、使用了涉案房屋的一至三层(包括改造层)。经典评估公司的评估报告仅对涉案房屋的一、二层装饰装修进行了评估,漏评了第三层,与客观事实不符。故该评估报告中关于装饰装修部分的评估不能作为补偿的依据。一、二审确认涉案补偿协议中关于装饰装修补偿部分确认无效,符合法律规定,再审申请人该项主张于法无据,本院不予支持。

《中华人民共和国国家赔偿法》第二条第一款规定,国家机关和国家机关工作人员行使职权,有本法规定的侵犯公民、法人和其他组织合法权益的情形,造成损害的,受害人有依照本法取得国家赔偿的权利。《中华人民共和国行政诉讼法》第三十八条规定,在行政赔偿、补偿案件中,原告应当对行政行为造成的损害提供证据。因被告的原因导致原告无法举证的,由被告承担举证责任。《最高人民法院关于适用〈中华人民共和国行政诉讼法〉的解释》第四十七条第三款规定,当事人的损失因客观原因无法鉴定的,人民法院应当结合当事人的主张和在案证据,遵循法官职业道德,运用逻辑推理和生活经验、生活常识等,酌情确定赔偿数额。本案中,针对涉案房屋的装饰装修部分赔偿,一审判决未经双方共同鉴定确认,直接采纳双方争议较大的正德评估公司出具的评估报告作为装饰装修赔偿的依据不足,二审判决予以纠正并无不当;雨花区政府、雨花区征收办不顾陈某柱的反对,以其与金属公司签订的涉案补偿协议强制拆除了涉案房屋,造成陈某柱屋内物品损失,陈某柱有权要求雨花区政府、雨花区征收办予以赔偿。因雨花区政府、雨花区征收办的原因导致陈某柱无法有效取证,故应由雨花区政府、雨花区征收办承担举证责任。一审判决驳回陈某柱屋内物品损失赔偿请求,理据不足,二审判决予以纠正,亦无不当。二审判决将以上二判项发回一审法院重审,符合法律规定,本院予以支持。

《国有土地上房屋征收与补偿条例》第二条、第十七条规定,为了公共利益的需要,征收国有土地上单位、个人的房屋,应当对被征收房屋所有权人给予公平补偿。作出房屋征收决定的市、县级人民政府对被征收人给予的补偿包括:(1)被征收房屋价值的补偿;(2)因征收房屋造成的搬迁、临时安置的补偿;(3)因征收房屋造成的停产停业损失的补偿。征收导致了经营性用房无法继续使用,应按"谁有损失补偿给谁"的公平补偿原则处理。本案中,征收直接导致陈某柱无法继续经营而产生的停产停业损失、搬迁费,雨花区政府、雨花区征收办应补偿给陈某柱。一审判决确定涉案补偿协议中停产停业损失和搬迁费违法,根据湖南省有关规定确定停产或酌定停业损失、搬迁费数额,属于行使法院自由裁量权,不违反法律规定,并无不当。雨花区政府、雨花区征收办主张的再审事由不能成立,本院不予支持。

——中国裁判文书网。

689. 以协议形式对违法建筑约定补偿的效力审查

关键词

违法建筑　约定补偿

最高人民法院裁判文书

宏基公司诉道外区政府不履行补偿协议案[最高人民法院(2020)最高法行再310号行政裁定书]

裁判要旨:一般而言,对认定为违法建筑和超过批准期限的临时建筑不予补偿。行政机关与相对人签订协议书,对涉案建筑进行处理。审理法院在未审查《协议书》中约定的建筑物是否系违法建筑,亦未对《协议书》中有关建筑物补偿约定的效力进行审查的情况下作出裁判，存在事实不清问题。

最高人民法院认为，本案的争议焦点为道外区政府应否给付新宏基公司征收补偿款931万元及利息。

首先，关于《协议书》涉及建筑的性质等事实不清。《协议书》约定新宏基公司先行无偿拆除七层砖混结构办公楼一处，建筑面积5052平方米。针对同一位置的建筑物作出的15号拆除通知书中认定的违法建筑物面积为6729.3平方米。《协议书》中涉及的建筑物与15号拆除通知书中确定的建筑物之间的关系需进一步查明。

其次，关于《协议书》的效力认定不清。《中华人民共和国土地管理法》第八十三条规定，依照本法规定，责令限期拆除在非法占用的土地上新建的建筑物和其他设施的，建设单位或者个人必须立即停止施工，自行拆除；对继续施工的，作出处罚决定的机关有权制止。建设单位或者个人对责令限期拆除的行政处罚决定不服的，可以在接到责令限期拆除决定之日起十五日内，向人民法院起诉；期满不起诉又不自行拆除的，由作出处罚决定的机关依法申请人民法院强制执行，费用由违法者承担。一般而言，对认定为违法建筑和超过批准期限的临时建筑不予补偿。本案中，原审法院未审查《协议书》中约定的建筑物是否系违法建筑，亦未对《协议书》中有关建筑物补偿约定的效力进行审查，存在事实不清问题。原审法院应在查清基本事实的基础上，依法对《协议书》的效力作出认定。

最后，关于本案第三人的主体资格认定不清。本案第三人新宏基集团系集团字号，不具有法人资格。与道外新区征收办签订《协议书》的主体为黑龙江分部新宏基（黑龙江）建设集团。新宏基集团是否为本案适格第三人，有待于进一步查实。

——最高人民法院第二巡回法庭微信公众号。

690. 被征收房屋产权存在争议的，不宜与争议的任何一方签订安置补偿协议

关键词

安置补偿协议　被征收房屋产权

最高人民法院裁判文书

孔某信、海南省海口市龙华区人民政府再审案［最高人民法院（2019）最高法行申8479号行政裁定书］

裁判要旨：《中华人民共和国物权法》①第九条规定，不动产物权的变更和转让，经依法登记才发生效力，未经登记不发生物权变动的法律效力。《国有土地上房屋征收与补偿条例》第二条规定，为了公共利益的需要，征收国有土地上单位、个人的房屋，应当对被征收房屋所有权人给予公平补偿。现实中，在被征收房屋产权存在争议的情况下，征收管理部门不能与争议的任何一方签订征收补偿协议，只能由作出征收决定的人民政府依法对被征收的房屋作出征收补偿决定，并将征收补偿款及补偿安置房屋予以提存。在相关争议各方就被征收房屋产权民事争议依法解决后，作出征收补偿决定的人民政府依照生效的法律文书，向权利人发放征收补偿款，进行安置补偿。

最高人民法院经审查认为，《中华人民共和国物权法》第九条规定，不动产物权的变更和转让，经依法登记才发生效力，未经登记不发生物权变动的法律效力。《国有土地上房屋征收与补偿条例》第二条规定，为了公共利益的需要，征收国有土地上单位、个人的房屋，应当对被征收房屋所有权人给予公平补偿。现实中，在被征收房屋产权存在争议的情况下，征收管理部门不能与争议的任何一方签订征收补偿协议，只能由作出征收决定的人民政府依法对被征收的房屋作出征收补偿决定，并将征收补偿款及补偿安置房屋予以提存。在相关争议各方就被征收房屋产权民事争议依法解决后，作出征收补偿决定的人民政府依照生效的法律文书，向权利人发放征收补偿款，进行安置补偿。本案中，案涉土地一直登记在案外人林某绪名下，土地上的房屋从未办理过房产登记，目前该房屋已被征收拆迁，也不可能再办理房产登记。孔某信依据支付相应价款买受该房屋和一直居住在该房屋的事实，主张其是房屋所有权人。林某实主张其通过市场拍卖获得了该房屋的所有权。故案涉土地及土地上房屋的所有权存在争议。二审判决认为，龙华区政府应该撤销其与孔某信签订的安置补偿协议，待权属明确后，与真正的权属人签订安置补偿协议并无不当。一审判决认定事实清楚，但适用法律错误，判决结果不当，二审改判正确。且再审查明林某实已就案涉房屋以孔某信、案外人林书绪为被告，向海口市龙华区人民法院提起确权之诉，目前该民事确权案正在审理之中，故本案更没有进入再审的必要。孔某信在再审中提交的新证据（2017）琼0106民初7409号民事判决已被海口市中级人民法院（2019）琼01民终105号民事裁定撤销，不属于生效判决，不能达到其证明目的。孔某信主张本案二审上诉超过上诉期没有事实依据。（2006）龙行初字第19号

---

① 本法已被《中华人民共和国民法典》废止。

判决可证明林某实取得案涉房屋的产权证已被注销，但不能证明林某实没有分得征地拆迁补偿款的权利。孔某信主张征地拆迁补偿款已经发给孔某信，与林某实无关的理由不成立。房屋没有颁证进行买卖确系农村历史遗留问题，但不能以此为由否认案涉房屋所有权存在纠纷。故孔某信的再审申请理由均不成立。

——中国裁判文书网。

691. 家庭内部财产继承人或共有人签订拆迁安置补偿协议的效力

关键词

房屋继承人　宅基地实际使用人　拆迁安置补偿协议

最高人民法院裁判文书

陈某娥、陈某莉、陈某蕊诉郑州市二七区人民政府行政协议案［最高人民法院（2018）最高法行申4869号行政裁定书］

　　裁判要旨：当事人虽系案涉房屋的继承人，并通过生效民事判决确认了其对案涉房屋的相应权利，但其户籍均不在案涉宅基地对应的家庭户内，也不是案涉宅基地的实际使用人。在子女之间就家庭内部财产纠纷无法协商一致的情况下，行政机关根据家庭情况说明、宅基地证明等材料，将在案涉宅基地上唯一有户籍的成员作为整个家庭的代表，并与其签订拆迁安置补偿协议，是在维护整个家庭的权利，并未从法律上将拆迁安置补偿的利益仅分配给一人所有。

最高人民法院认为，根据《马寨镇杨寨社区拆迁补偿安置实施方案》的规定，补偿安置主体权属认定按照"一宅一户一证"的原则。本案三再审申请人虽系李某兰夫妇的法定继承人，并通过生效民事判决确认了其对案涉房屋的相应权利，但三再审申请人的户籍均不在案涉宅基地对应的家庭户内，也不是案涉宅基地的实际使用人。在李某英与三再审申请人等人就家庭内部财产纠纷无法协商一致的情况下，二七区政府根据马寨镇杨寨社区居委会出具的家庭情况说明、宅基地证明等材料，将在案涉宅基地上唯一有户籍的李某英作为整个家庭的代表，并与其签订拆迁安置补偿协议，是在维护整个家庭的权利，并未从法律上将拆迁安置补偿的利益仅分配给李某英一人所有。三再审申请人提起本案诉讼，请求确认案涉拆迁安置补偿协议无效，实质是对补偿利益的分配产生争议，鉴于案涉拆迁安置补偿协议约定的补偿系二七区政府对李某英所代表的整个家庭的补偿,以及生效民事判决对三再审申请人的房产份额已经予以确认,且李某英对三再审申请人的相应份额也予以认可,双方可通过民事途径另行解决。故,一审判决驳回再审申请人的诉讼请求,二审判决驳回上诉、维持一审判决,并无不当。

——中国裁判文书网。

692. 被征收房屋存在产权争议的情况下,征收管理部门不得与任何一方签订征收补偿协议

关键词

产权争议　征收管理部门　征收补偿协议

最高人民法院裁判文书

荣某诉海南省三亚市人民政府不履行签订房屋征收补偿协议法定职责案
[最高人民法院(2018)最高法行申2011号行政裁定书]

裁判要旨:被征收房屋产权存在争议的情况下,争议任何一方均不是确定的被征收房屋所有权人,征收管理部门不能与争议的任何一方签订征收补偿协议。应当由县、市级以上人民政府依法作出征收补偿决定,并将征收补偿款及安置房屋予以提存。在各方就被征收房屋产权民事争议依法解决后,人民政府依照生效的法律文书,向权利人发放征收补偿款、交付安置房屋。

最高人民法院经审查认为,《物权法》[①]第九条规定,不动产物权的变更和转让,经依法登记才发生效力,未经登记不发生物权变动的法律效力。《国有土地上房屋征收与补偿条例》第二条规定,征收国有土地上的房屋,应当对被征收房屋所有权人给予补偿。在被征收房屋产权存在争议的情况下,征收管理部门不能与争议的任何一方签订征收补偿协议,只能由作出征收决定的人民政府依法对被征收的房屋作出征收补偿决定,并将征收补偿款及补偿安置房屋予以提存。在相关争议各方就被征收房屋产权民事争议依法解决后,作出征收补偿决定的人民政府依照生效的法律文书,向权利人发放征收补偿款,进行安置补偿。本案中,三亚飞天公司因借款将A2栋楼中15套房屋抵押给光大银行三亚分行,并办理抵押权登记。1999年,荣某与三亚飞天公司

---

① 本法已被《中华人民共和国民法典》废止。

签订房屋转让合同,但并未依法办理产权变更登记。荣某虽然交付全部购房款,并实际占有购买的房屋,但并未依法取得涉案房屋全部所有权。在房屋征收过程中,光大银行三亚分行以涉案房屋属于三亚飞天公司所有的房屋,该行对涉案房屋享有抵押权为由,对涉案房屋的权属提出异议,并提供相关证据。在涉案房屋权属存在争议的情况下,三亚市房屋征收管理部门未与荣某签订征收补偿协议,并告知荣某通过法定途径以解决涉案房屋权属问题,并无不当。二审判决驳回荣某的诉讼请求符合《行政诉讼法》第六十九条规定。荣某主张,二审未经开庭,程序违法。但是,根据《行政诉讼法》第八十六条、第八十七条规定,二审法院审理上诉案件,经阅卷、调查和询问当事人,案件事实清楚,合议庭认为可以不开庭审理的,可以不开庭审理。二审不开庭审理,不违反法律规定,荣某的该项主张于法无据,本院不予支持。荣某还主张,有新证据证明其为涉案房屋的权利人。但根据荣某提交的新证据,只能证明三亚市城郊人民法院要求三亚飞天公司偿还光大银行三亚分行欠款及其利息,以及三亚市中级人民法院对三亚飞天工贸有限公司法定代表人荣某福就荣某等人购买的涉案房屋提出执行异议,因荣某福不是执行案件的当事人和利害关系人而认定异议不能成立的事实,并不能证明涉案房屋的实际权利人已经确定为荣某。以此为由申请再审,理由同样不能成立。

应当指出的是,在被征收房屋存在权属争议的情况下,作出征收决定的人民政府应当就被征收房屋依法及时作出征收补偿决定,并予以提存。三亚市政府至今未对被征收房屋作出征收补偿决定,更未对补偿款和安置房屋予以提存,确有不妥,本院予以指正。三亚市政府应当尽快依法作出征收补偿决定,并依法提存相关征收补偿款和安置房屋。同时,作为被征收房屋权属异议人,荣某应当依照三亚市中级人民法院(2016)琼02执复11号通知书的指引,及时向受理光大银行三亚分行欠款及其利息执行案件的人民法院提出执行异议,通过执行异议等法定途径,依法解决涉案房屋的产权归属问题。产权明确后,三亚市政府应当依照生效法律文书发放征收补偿款,交付安置房屋。

——最高人民法院第一巡回法庭编著:《最高人民法院第一巡回法庭典型行政案件裁判观点与文书指导(第1卷)》,中国法制出版社2020年版,第480~485页。

（十一）补偿费用

693. 集体土地征收补偿标准诉讼的裁决前置程序

关键词

农村集体土地　征收补偿

最高人民法院裁判文书

高某等175人诉黑龙江省哈尔滨市人民政府征收补偿标准案［最高人民法院（2016）最高法行申330号行政判决书］

裁判要点：《土地管理法实施条例》第二十五条第三款规定："对补偿标准有争议的，由县级以上地方人民政府协调；协调不成的，由批准征用土地的人民政府裁决。"《最高人民法院关于审理涉及农村集体土地行政案件若干问题的规定》第十条规定："土地权利人对土地管理部门组织实施过程中确定的土地补偿有异议，直接向人民法院提起诉讼的，人民法院不予受理，但应当告知土地权利人先申请行政机关裁决。"对集体土地征收补偿标准不服，未经裁决直接提起行政诉讼的，不符合法定立案条件。

最高人民法院认为：《土地管理法实施条例》第二十五条第三款规定："对补偿标准有争议的，由县级以上地方人民政府协调；协调不成的，由批准征用土地的人民政府裁决。"《最高人民法院关于审理涉及农村集体土地行政案件若干问题的规定》第十条规定："土地权利人对土地管理部门组织实施过程中确定的土地补偿有异议，直接向人民法院提起诉讼的，人民法院不予受理，但应当告知土地权利人先申请行政机关裁决。"《最高人民法院关于执行〈中华人民共和国行政诉讼法〉若干问题的解释》①第四十一条第一款规定："行政机关作出具体行政行为时，未告知公民、法人或者其他组织诉权或者起诉期限的，起诉期限从公民、法人或者其他组织知道或者应当知道诉权或者起诉期限之日起计算，但从知道或者应当知道具体行政行为内容之日起最长不得超过2年。"本案一审高某等175人提出的诉讼请求是：责令哈尔滨市政府对其

---

① 本解释已被《最高人民法院关于适用〈中华人民共和国行政诉讼法〉的解释》（法释〔2018〕1号）废止。

重新作出合理合法的安置补偿。该诉讼请求的实质是对 2006 年哈尔滨市政府依据 1997 年哈尔滨市人民政府 6 号政府令制定的征收补偿标准不服提起的诉讼。根据上述行政法规和司法解释规定，被征收人不服征地补偿标准，应当先行申请行政机关裁决，对裁决不服的，才能够向人民法院提起行政诉讼。本案中，高某等 175 人不服征地补偿标准多次申请裁决，2010 年 3 月 12 日，哈尔滨市国土资源局就其申请作出书面答复意见。即便将该答复意见视为行政机关对征地补偿标准争议作出的裁决，至 2015 年 5 月高某等 175 人提起诉讼，依然超过了 2 年的法定起诉期限。一、二审裁定对其起诉不予立案，并无不当。至于高某等 175 人提出，修改后的《行政诉讼法》实施之后，法院才受理土地征收补偿案件，曾多次向法院提起行政诉讼法院不予受理，高某等 175 人并未提供充分证据证明上述事实的存在，其该项再审申请理由，本院不予支持。

关于高某等 175 人提出哈尔滨市政府没有依法发布征收公告、没有依法签订土地征收安置补偿协议、适用失效法规等主张，属于征地补偿行为的实体合法性问题。因本案一、二审系以高某等 175 人起诉超过法定期限为由，裁定不予立案，并未涉及征地补偿行为实体处理的合法性问题。高某等 175 人以此为由申请再审，理由不能成立。

——中国裁判文书网。

附录：本案解析

《土地管理法实施条例》第二十五条第三款规定："对补偿标准有争议的，由县级以上地方人民政府协调；协调不成的，由批准征用土地的人民政府裁决。"《国务院法制办公室关于依法做好征地补偿安置争议行政复议工作的通知》（国法〔2011〕35 号）规定："被征地集体经济组织和农民对有关市、县人民政府批准的征地补偿、安置方案不服要求裁决的，应当依照行政复议法律、法规的规定向上一级地方人民政府提出申请。"《征用土地公告办法》第十五条第一款规定："因未按照依法批准的征收土地方案和征地补偿、安置方案进行补偿、安置引发争议的，由市、县人民政府协调；协调不成的，由上一级地方人民政府裁决。"《最高人民法院关于审理涉及农村集体土地行政案件若干问题的规定》第十条规定："土地权利人对土地管理部门组织实施过程中确定的土地补偿有异议，直接向人民法院提起诉讼的，人民法院不予受理，但应当告知土地权利人先申请行政机关裁决。"根据上述规定，对补偿标准有争议，或者因征收补偿、安置引发争议的，当事人均应当先向上一级人民政府申请裁决，对裁决不服才能够向人民法院提起行政诉讼。未经裁决程序直接起诉的，不符合法定起诉条件，人民法院裁定不予立案，已经立案的，裁定驳回起诉。

——郭修江、蔡小雪主编：《行政典型案例及审判经验》，人民法院出版社2019年版，第219~220页。

694. 集体土地征收案件审理中的集体土地的征收款及地上物补偿款应向谁支付

关键词

集体土地征收　集体土地征收补偿款　集体土地地上物补偿款

最高人民法院裁判文书

王某宽等诉河北省廊坊市广阳区人民政府支付征地补偿款和地上物补偿款案［最高人民法院（2019）最高法行申13607号行政裁定书］

裁判要旨：根据我国法律的规定，在对集体土地进行征收时，土地补偿费归农村集体经济组织所有，地上附着物及青苗补偿费归被征收农民所有。在征收部门将征地补偿款项支付给村集体后，意味着其已经履行了支付征地补偿款的义务。那么在被征收农民对征收部门提起履行土地补偿款的法定职责的诉讼中，其不具有向被征收农民履行该职责的义务，且村集体也不是该诉讼中的第三人。当然，征收部门仍应向被征收农民承担支付地上附着物及青苗补偿费的义务。

最高人民法院经审查认为：本案的核心问题是被申请人是否已经履行了支付征地补偿款的义务。根据修改前的《土地管理法》第十条的规定，农民集体所有的土地依法属于村农民集体所有的，由村集体经济组织或者村民委员会经营、管理；已经分别属于村内两个以上农村集体经济组织的农民集体所有的，由村内各该农村集体经济组织或者村民小组经营、管理；已经属于乡（镇）农民集体所有的，由乡（镇）农村集体经济组织经营、管理。本案中，因修建密涿高速公路的需要，国家征收李孙洼村的集体土地，土地补偿款应当支付给李孙洼村委会，由李孙洼村委会管理。在案证据显示被申请人广阳区政府已经按照征地补偿协议将征地补偿款项支付给李孙洼村委会，已经履行了支付征地补偿款的义务。广阳区政府不具有向再审申请人王某宽等15人在内的被征收村民直接支付土地补偿款的法定职责。对于集体土地的地上物补偿款，应当支付给被征收的村民。本案中，因被征收村民与广阳区政府就该补偿事项未达成一致，广阳区政府应当及时作出补偿决定，对被征的村民依法进行补偿。王某宽等 15 人提出的增加确认被申请人不履行行政征收土地的组织实施法定职责违法的诉讼请求不能成立。一审法院判决广阳区政府履行给付地上物补偿款的义务，二审法院予以认可，并无不妥。至于本案一审、二审法院未通知李孙洼村委会作为第三人参加诉讼是否违反诉讼程序的问题。根据《行政诉讼法》第二十九条第一款的规定，公民、法人或者其他组织同被诉行政行为有利害关系但没有提起诉讼，或者同案件处理结果有利害关系的，可以作为第三人申请参加诉讼，或者由人民法院通知参加诉讼。本案中，由于土地补偿款并非支付给王某宽等 15 人，而是支付给其所在的李孙洼村委会，即其不具有向广阳区政府主张支付土地补偿款的请求权，该请求权只能由李孙洼村委会行使。对于李孙洼村委会收到土地补偿款之后如何分配和使用，应当按照法律及相关规定进行。若王某宽等 15 人因此与李孙洼村委会发生争议，该争议亦与本案审理的行政争议并非同一法律关系，宜通过其他途径另行主张。故李孙洼村委会不属于本案第三人范畴，一审法院未将李孙洼村委会列为第三人，亦无不当。综上，王某宽等 15 人的再审申请不符合《行政诉讼法》第九十一条规定的情形。依照《最高人民法院关于适用〈中华人民共和国行政诉讼法〉的解释》第一百一十六条第二款之规定，裁定驳回再审申请人王某宽等 15 人的再审申请。

——最高人民法院行政审判庭编：《行政执法与行政审判》总第 80 集，中国法制出版社 2020 年版，第 190~193 页。

附录：本案解析

本案主要涉及以下几个问题：一是集体土地的征地补偿款应当向谁支付；二是集体土地的地上物补偿款应当向谁支付；三是本案一审、二审法院未通知李孙洼村委会作为第三人参加诉讼是否违反诉讼程序；四是一审判决是否遗漏诉讼请求。

一、关于集体土地的征地补偿款应当向谁支付的问题

根据修改前的《土地管理法》第十条①的规定，农民集体所有的土地依法属于村农民集体所有的，由村集体经济组织或者村民委员会经营、管理；已经分别属于村内两个以上农村集体经济组织的农民集体所有的，由村内各该农村集体经济组织或者村民小组经营、管理；已经属于乡（镇）农民集体所有的，由乡（镇）农村集体经济组织经营、管理。《土地管理法实施条例》第二十六条第一款规定："土地补偿费归农村集体经济组织所有；地上附着物及青苗补偿费归地上附着物及青苗的所有者所有。"本案中，因修建密涿高速公路的需要，国家征收李孙洼村的集体土地，土地补偿款应当支付给李孙洼村

---

① 修改后的《土地管理法》在第十一条对此作了相同的规定。

委会，由李孙洼村委会管理。广阳区政府已按照征地补偿协议将征地补偿款项支付给李孙洼村委会，已经履行了支付征地补偿款的义务。广阳区政府不具有向王某宽等16人在内的被征收村民直接支付土地补偿款的法定职责。故王某宽等16人提出判令广阳区政府向其支付土地补偿费的诉讼请求没有法律依据。

需要注意的是，征收土地的安置补助费与土地补偿费并非同一项目，而是并列的项目。根据《土地管理法实施条例》第二十六条第二款的规定，安置补助费必须专款专用，不得挪作他用。具体分为三种情况：一是需要安置的人员由农村集体经济组织安置的，安置补助费支付给农村集体经济组织，由农村集体经济组织管理和使用；二是由其他单位安置的，安置补助费支付给安置单位；三是不需要统一安置的，安置补助费发放给被安置人员个人或者征得被安置人员同意后用于支付被安置人员的保险费用。

二、关于集体土地的地上物补偿款应当向谁支付的问题

首先，在实体法上，根据前引《土地管理法实施条例》第二十六条第一款的规定，对于集体土地的地上物补偿款，[①] 应当支付给被征收的村民。《物权法》[②] 第四十二条第二款规定，征收集体所有的土地，应当依法足额支付土地补偿费、安置补助费、地上附着物和青苗的补偿费等费用，安排被征地农民的社会保障费用，保障被征地农民的生活，维护被征地农民的合法权益。其次，在程序法上，《行政诉讼法》第七十三条规定，人民法院经过审理，查明被告依法负有给付义务的，判决被告履行给付义务。《最高人民法院关于适用〈中华人民共和国行政诉讼法〉的解释》第九十二条规定，原告申请被告依法履行支付抚恤金、最低生活保障待遇或者社会保险待遇等给付义务的理由成立，被告依法负有给付义务而拒绝或者拖延履行义务的，人民法院可以根据《行政诉讼法》第七十三条的规定，判决被告在一定期限内履行相应的给付义务。本案中，因被征收村民与广阳区政府就该补偿事项未达成一致，该笔款项至今在广阳区政府账户中未予给付。广阳区政府应当及时作出补偿决定，对被征收的村民依法进行补偿。故一审法院判决广阳区政府履行给付补偿款义务、二审法院予以维持，适用法律正确，体现了对被征地村民合法权益的充分保护。

——谭红：《集体土地征收案件审理中的几个常见问题》，载最高人民法院行政审判庭编：《行政执法与行政审判》总第80集，中国法制出版社2020

[①] 修改后的《土地管理法》第四十八条对此作了更加明确的扩充性规定，即征收土地除了应当依法及时足额支付土地补偿费、安置补助费以外，还应当依法足额支付农村村民住宅、其他地上附着物和青苗等补偿费用，并安排被征地农民的社会保障费用。

[②] 本法已被《中华人民共和国民法典》废止。

年版,第 194~196 页。

695. 集体土地征收中支付征地安置补偿费用的责任主体

关键词

集体土地征收　征地补偿安置费　共同被告

最高人民法院审判业务意见（行政庭法官会议纪要）

当事人起诉认为行政机关不履行支付征地补偿安置费用职责的,应当以具体组织实施补偿职责的行政机关为被告。当事人以市、县人民政府及土地行政主管部门为共同被告向中级人民法院提起行政诉讼,请求确认行政机关不履行支付征地补偿安置费用行为违法,受诉人民法院在立案阶段未能查明适格被告的,应当先予立案并移交审判业务庭进一步查明确定。当事人所列被告中既有适格被告也有不适格被告的,应当向当事人释明,当事人拒绝撤回对不适格被告起诉的,受诉人民法院可裁定驳回对不适格被告的起诉,并将案件直接移送有管辖权的人民法院。

附：案情简介

在集体土地征收案件中,当事人诉称其房屋在市、县人民政府发布的征收土地公告确定的征地拆迁范围内,并认为市、县人民政府及其土地行政主管部门已对其所在集体经济组织的宅基地、自留地、承包地全部实施征收,但并未向其全额支付征地补偿的各项费用。当事人遂以市、县人民政府及其土地行政主管部门为共同被告向中级人民法院提起行政诉讼,请求确认市、县人民政府及其土地行政主管部门未将征地补偿安置费用在三个月内全额支付给当事人违法。受诉中级人民法院认为市、县人民政府不属于实施征地补偿、安置方案职权的行政主体,当事人将市、县人民政府列为被告属于错列被告,不应由中级人民法院管辖。而起诉土地行政主管部门的第一审案件,应当由基层人民法院管辖。经人民法院释明后,当事人拒绝变更,遂对其起诉裁定不予立案。

——《集体土地征收中支付征地安置补偿费用的责任主体》,载李少平主编：《最高人民法院第五巡回法庭法官会议纪要》,人民法院出版社 2021 年版,第 273~276 页。

696. 被征收人财产损害的赔偿基准时

关键词

被征收人　财产损害　赔偿基准

最高人民法院审判业务意见／第二巡回法庭法官会议纪要

房屋征收案件中，被征收人具有实物及金钱补偿的选择权。在征收过程中，因行政机关的违法行为导致被征收人财产受到损害，被征收人选择实物补偿而行政机关履行不能时，只能采取给付赔偿金的方式弥补被征收人的损失。确定计算损失的基准时应满足使被征收人回复至强制拆除行为未发生时"应有状态"的条件，同时要按照有利于被征收人的原则予以确定。为合理应对从发生损失至纠纷解决期间被毁坏财产价格波动的客观现实问题，在不低于征收补偿标准的前提下，法院原则上可以一审裁判时作为计算损失的基准时，即开庭审理的案件以"言辞审理终结时"为基准，未经开庭审理的案件以"行政诉讼判决时"为基准。

附：案情简介

王某位于国有土地上的案涉房屋于1980年自建，于2006年被征收，于2006年7月被行政机关强制拆除。强制拆除房屋的行为被确认违法后，王某因与行政机关就房屋赔偿事宜协商未果而提起本案诉讼，请求判令行政机关恢复原状或赔偿房屋等损失。

——《被征收人财产损害的赔偿基准时》，载贺小荣主编：《最高人民法院第二巡回法庭法官会议纪要》（第二辑），人民法院出版社2021年版，第336~338页。

697. 已被确认的违法建筑物不属于合法财产，不应予以补偿

关键词

违法建筑物　合法财产　行政赔偿

最高人民法院裁判文书

金某增与广西壮族自治区南宁高新技术产业开发区管理委员会行政赔偿案［最高人民法院（2019）最高法行赔申873号行政赔偿裁定书］

裁判要旨：获得国家赔偿的前提是公民、法人和其他组织的合法权益受到侵害造成损失。本案涉案被拆除的厂房等建筑物，因没有办理规划许可证等相关批准手续已被确认为违法建筑物，不属于合法财产，不应予以补偿，但可利用的建筑材料及厂房内的机器设备、原材料、生活物品等应属合法财产，依法应予赔偿。

最高人民法院认为，《中华人民共和国国家赔偿法》第二条第一款规定，国家机关和国家机关工作人员行使职权，有本法规定的侵犯公民、法人和其他组织合法权益的情形，造成损害的，受害人有依照本法取得国家赔偿的权利。也就是说，获得国家赔偿的前提是公民、法人和其他组织的合法权益受到侵害造成损失。本案涉案被拆除的厂房等建筑物，因没有办理规划许可证等相关批准手续已被确认为违法建筑物，不属于合法财产，不应予以补偿，但可利用的建筑材料及厂房内的机器设备、原材料、生活物品等应属合法财产，依法应予赔偿。原审认定金某增对其可再利用的建筑材料残值损失，有获得国家赔偿的权利；其在涉案建筑物内的机器设备、原材料、生活物品属合法财产，所受的损失亦应予以赔偿。原审确定的赔偿范围符合法律规定，并无不当，本院予以支持。《中华人民共和国行政诉讼法》第三十八条第二款规定，在行政赔偿、补偿的案件中，原告应当对行政行为造成的损害提供证据。因被告的原因导致原告无法举证的，由被告承担举证责任。本案中，南宁高新区管委会在强制拆除过程中，本应依法妥善处置并保全证据，但南宁高新区管委会未能提供任何相关证据，未尽到举证责任。由于南宁高新区管委会的违法强制拆除，金某增仅能提供相关现场照片及相关票据材料，业已穷尽举证手段以证明动产损失的存在。基于公平原则，对于案涉动产损失及赔偿数额的确定，应适用上述法律所规定的举证责任倒置，即由南宁高新区管委会承担举证不能的不利后果并负相应的赔偿责任。根据《最高人民法院关于行政诉讼证据若干问题的规定》①第五十四条规定，法庭应当对经过庭审质证的证据和无须质证的证据进行逐一审查和对全部证据综合审查，遵循法官职业道德，运用逻辑推理和生活经验，进行全面、客观和公正的分析判断，确定证据材料与案件事实之间的证明关系，排除不具有关联性的证据材料，准确认定案件事实。原审根据涉案建筑物的情况，强拆涉案建筑物行为对机器设备可能产生的损害程度，原材料的受损程度及实现部分回收的事实等因素及一般生活经验，结合金某增的诉讼请求，酌定南宁高新区管委会赔偿金某增在被强拆过程中受到的各项损失共计389600元，符合本案实际，也合乎

---

① 本规定已被《最高人民法院关于适用＜中华人民共和国行政诉讼法＞的解释》（法释〔2018〕1号）废止。

情理，本院予以支持。

——中国裁判文书网。

698. 征收部门向房屋所有权人发放停产停业损失补偿后，承租人无权提起诉讼主张停产停业损失

关键词

征收部门　房屋所有权人　停产停业损失补偿

最高人民法院审判业务意见/第二巡回法庭法官会议纪要

于某与乙公司签订《房屋租赁合同》，经人民法院生效裁判判决解除双方的租赁合同，并判令于某腾退租赁房屋，乙公司返还剩余租金。在上述案件审理过程中，经法院释明，于某对其添附部分不申请鉴定。且甲区政府征收部门已经就涉案被征收房屋与所有权人乙公司达成了征收补偿协议，对征收范围内的房屋、构筑物、机械设备、动植物、停产停业损失等进行了补偿。故于某与本案征收行为并不具有利害关系，依法不具有要求甲区政府履行征收补偿职责的原告主体资格。

附：案情简介

甲区政府对某区域土地、房屋及地上附属物等实施征收，于某租赁的乙公司房屋在征收范围内。甲区政府与乙公司达成房屋征收货币补偿协议，对征收范围内的房屋、构筑物、机械设备、动植物、停产停业损失等进行了补偿。于某以甲区政府不向其履行征收补偿职责为由，提起行政诉讼。

——《征收部门向房屋所有权人发放停产停业损失补偿后，承租人无权提起诉讼主张停产停业损失》，载贺小荣主编：《最高人民法院第二巡回法庭法官会议纪要》（第二辑），人民法院出版社2021年版，第353~355页。

699. 如何判断征收行为是否对当事人造成停产停业损失

关键词

征收行为　停产停业损失

最高人民法院裁判文书

沈阳利港净化设备有限公司诉辽宁省沈阳市大东区人民政府不履行房屋

征收决定违法并赔偿案［最高人民法院（2020）最高法行申12619号行政裁定书］

裁判要点：征收部门对当事人所在区域做出征收决定后，当事人信赖政府的房屋征收决定，为房屋征收作了相应的准备性工作，其对人员、财产及生产经营进行调整，当事人的行为符合日常经营经验。另，在案证据显示，征收部门对案涉道路进行硬化，必然影响当事人的生产经营。法院虑及以上事实，认定当事人存在停产停业损失，符合客观实际和一般常理。

最高人民法院认为：本案的争议焦点为大东区政府是否承担赔偿责任、如何确定赔偿数额以及一审法院是否应依职权调取证据。

首先，关于大东区政府是否承担赔偿责任的问题。原审法院认定，大东区政府对利港公司所在区域作出征收决定后，利港公司信赖政府的房屋征收决定，为房屋征收作了相应的准备性工作，其对人员、财产及生产经营进行调整，利港公司的行为符合日常经营经验。另，利港公司在原审中提供的照片显示其位于被征收地块的最内侧，不临街道，征收部门对案涉道路进行硬化，必然影响其生产经营。原审法院虑及以上事实，认定利港公司存在停产停业损失，符合客观实际和一般常理。大东区政府主张其征收行为未对利港公司造成损失，与事实不符，不予支持。

其次，关于如何确定赔偿数额的问题。《最高人民法院关于适用〈中华人民共和国行政诉讼法〉的解释》第四十七条第三款规定："当事人的损失因客观原因无法鉴定的，人民法院应当结合当事人的主张和在案证据，遵循法官职业道德，运用逻辑推理和生活经验、生活常识等，酌情确定赔偿数额。"据此，在利港公司的停产停业损失无法确定的情况下，原审法院参照停产停业损失的有关规定，酌情确定利港公司的损失并无明显不当。至于一审法院是否应依职权调取证据的问题。《中华人民共和国行政诉讼法》第四十条规定，人民法院有权向有关行政机关以及其他组织、公民调取证据。但是，不得为证明行政行为的合法性调取被告作出行政行为时未收集的证据。该条规定的人民法院依职权调取证据的情形包括：一是涉及国家利益、社会公共利益或者他人合法权益的事实认定的证据；二是涉及依职权追加当事人、中止诉讼、终结诉讼、回避等程序性事项的证据。大东区政府主张利港公司在原审中未能提供所得税发票等停产停业损失的证据，一审法院应依职权调取利港公司的纳税情况，不符合上述法律规定，故对其主张不予支持。

——中国裁判文书网。

700. 因历史原因未办证房屋，不宜径行以其系违法建筑为由不予补偿

关键词

历史原因　未办证房屋　违法建筑　不予补偿

最高人民法院裁判文书

潘某民诉辽宁省沈阳市于洪区人民政府及辽宁省沈阳市于洪区沙岭街道办事处履行补偿职责案［最高人民法院（2019）最高法行申7904号行政裁定书］

> 裁判要旨：行政征收中，对于因历史原因未办理房屋产权证的房屋，在行政机关没有充分证据证明该房屋属于违法建筑的情况下，应当综合考量未办理产权登记的历史原因、土地价值、房屋用途和周边类似房屋市场价格等因素，确定补偿标准，不宜径行以违法建筑为由不予补偿。

最高人民法院再审审查认为，首先，案涉有产权证房屋原为乡镇政府办公用房，后为沙岭信用社营业场所。潘某民从沙岭信用社合法购买此房屋后，用作肉食品加工厂经营场所和厂房。在潘某民向人民法院提供了《房照》及契税证等证据的情况下，案涉1100平方米房屋虽无房产档案但属于历史遗留问题，按照有证房屋和经营性用房予以补偿并无不当。其次，二审法院认定案涉无照房屋建成于1976年，原为乡镇政府办公用房，亦系潘某民从沙岭信用社合法购买，没有办理房屋产权证有其历史原因。在于洪区政府没有提交充分证据证明其为违法建筑的情形下，不宜认定为违法建筑。二审法院在综合考量案涉无照房屋没有办理产权登记的历史原因、土地价值、房屋用途等因素后，确定每平方米2750元的补偿单价并无不当。遂裁定驳回于洪区政府的再审申请。

——中国裁判文书网。

701. 不能因涉案房屋为违法建筑，就免除对房屋内财产损失的审查

关键词

违法建筑　房屋内财产损失审查

最高人民法院裁判文书

刘某诉安徽省阜阳市颍州区人民政府、安徽省阜阳市颍州区城乡管理行政执法局、安徽省阜阳市颍州区文峰街道办事处行政强制拆除案〔最高人民法院（2018）最高法行申2376号行政赔偿判决书〕

裁判要旨：对违法建筑强制拆除行为进行合法性审查时，应对该行为是否造成了当事人房屋内财产损失进行审查认定。

一审认为，因被诉强拆行为并无违法之处，当事人并未提供合法房屋产权证明，因此其要求恢复房屋及财产的赔偿请求，没有事实依据。二审认为，因被诉行政行为是强制拆除行为，当事人提出的房屋内财产损失问题超出本案的审理范围，其如认为房屋内物品确有损失的，应另寻救济途径。本案中，当事人主张的房屋内财产损失问题客观上是因行政机关实施的被诉强制拆除行为而引发，而对被强拆房屋内财产是否存在损失的事实认定直接关系到对被诉强制拆除行为是否合法的判定。若行政机关在实施强制拆除行为前没有将房屋内物品进行登记并妥善搬出保存即直接予以拆除，则势必会导致财产损失。尽管案涉的行政处罚决定、行政强制执行决定等直接针对的是案涉房屋，但也不可避免地会影响到案涉房屋内的财物。另外，涉案房屋是否因强制拆除行为造成财产损失与再审申请人是否持有房屋所有权证并无直接关系，不能因再审申请人不持有房屋所有权证就否认其对于居住房屋内自身财产权利的享有和主张。因此，在违法建筑行政强制案件的审理过程中，应当对被诉强制拆除行为是否造成了当事人房屋内财产损失进行审查认定。

最高人民法院认为，再审申请人刘某在本案中请求法院判决确认被申请人强拆房屋行为违法，并责令将其房屋及财产恢复原状。结合在案的证据材料、再审申请请求和理由及一、二审判决，本案的争议焦点主要为：一是，再审申请人与被诉强拆房屋行为之间是否具有法律上的利害关系；二是，被

诉强拆房屋行为是否合法；三是，再审申请人主张的被强拆房屋内财产损失是否属于本案的审理范围。

第一，再审申请人刘某与被诉强拆房屋行为之间具有法律上的利害关系。行政诉讼法上的利害关系最直接的表现为，当事人的权利义务因被诉行政行为的实施发生了改变，受到了实际的影响。本案中，再审申请人提供了文峰街道办作出的《关于刘某梅信访事项的答复》，该答复中载明"刘某梅于2006年与莲花社区董庄居民组达成协议，用12万元的价格购买了一处沟塘，后与莲花社区书记罗某忠共同开发建房（东苑雅居后3栋，属于违章建筑），目前该处房屋已被依法拆除"。再审申请人还提供了其于2008年12月15日与刘某梅签订的房屋买卖协议等证据材料，以此证明其出资购买了涉案被强拆房屋。一审认可再审申请人作为被强拆房屋的实际居住人，与被诉强拆行为具有利害关系，具有本案的原告主体资格。二审对一审的此项认定也并未否认。本案被诉强拆行为针对的就是再审申请人实际居住使用的房屋，对再审申请人权益产生了直接的影响，强拆房屋的后果导致再审申请人丧失了对该房屋的居住和使用利益，因此，再审申请人与被诉强拆行为之间具有法律上的利害关系。

第二，被诉强拆房屋行为存在程序违法之处。根据一、二审查明的事实，本案被强拆房屋被认定为违法建筑。从形式上看，被申请人颍州区城管局根据《中华人民共和国城乡规划法》《中华人民共和国行政强制法》等的相关规定履行了相应的听证告知、行政处罚事先告知、作出行政处罚决定、催告、公告、作出强制执行决定等程序，但这一系列的程序都是针对本案一审第三人罗某忠作出的，而案涉被强拆房屋的实际居住人是再审申请人刘某，并不是罗某忠，因房屋强拆受到实际影响的也是再审申请人刘某。即使一审第三人罗某忠是被强拆房屋的建设者，对于已经建成多年的涉案房屋且该房屋实际居住使用人已经不是罗某忠本人的情况下，被申请人所作出的针对涉案房屋的告知、催告及强制拆除决定和强制拆除行为的相对人不能再仅仅局限于涉案房屋的原建设者，而忽略了行政行为作出的直接相对人或利益明显受影响的利害关系人。行政机关在处理违法建筑的法律关系中，应当针对不同情况进行相应的处置，主要分为两种情况：一是，对于正在进行建设的违法建筑，可对违法建设者予以处罚。二是，对于违法建筑已经建成多年并已出售的情况，由于行政机关实施强制拆除时已经产生了新的权利人，即除了违法建筑的建设者外还有违法建筑的实际居住、使用人。因此，行政机关对于违法建筑采取强制拆除的处理方式实际上直接影响的是购买该违法建筑并居住使用的利害关系人，对违法建筑原建设者的影响可能已经微乎其微了。在此情况下，行政机关在作出对违法建筑的处理时，必须考虑到直接受到该行政处理行为实际影响的利害关系人的正当权益。在本案中涉及对违法建筑的处理上,即使再审申请人没有实际取得案涉房屋的房屋所有权证,但其作为房屋的实际居住使用人,应当享有对涉及该房屋相关处理决定的知情权、陈述权和申辩权,这是行政法赋予利害关系人的正当程序权利。而且,经过本院对双方当事人的询问了解到,本案被申请人颍州区城管局在实施强制拆除房屋行为之前,曾对案涉房屋相关情况进行过调查,知道案涉房屋的建设者和实际居住人并非同一人。在此情况下,被申请人颍州区城管局无论是作出处罚决定还是强拆决定,都应当将与案涉房屋的相关决定告知再审申请人,以保障其主张合法权益的权利和机会。根据《中华人民共和国行政强制法》第八条第一款关于"公民、法人或者其他组织对行政机关实施行政强制,享有陈述权、申辩权;有权依法申请行政复议或者提起行政诉讼;因行政机关违法实施行政强制受到损害的,有权依法要求赔偿"之规定,本案中,再审申请人对被诉强制拆除行为享有知情权、陈述和申辩的权利,但被申请人并没有履行对再审申请人的告知、催告等程序义务,即强制拆除再审申请人实际居住使用的房屋,侵犯了再审申请人的知情权和陈述申辩权,构成程序违法。因此,一、二审法院以被申请人已经按照行政强制法的相关规定对违法建筑建设者罗某忠进行了告知、催告等,即认为被申请人实施强制拆除行为符合法律规定,属于适用法律错误,被申请人不能仅以对违法建设者的处罚及强制执行程序义务的履行来代替对强制拆除行为涉及的利害关系人的相应程序义务的履行。

第三,再审申请人主张的被强拆房屋内财产损失问题也属于本案审理范围。一审认为,因被诉的强拆行为并无违法之处,再审申请人并未提供合法房屋产权证明,因此其要求恢复房屋及财产的赔偿请求,没有事实依据。二审认为,再审申请人提出的房屋内财产损失问题,因本案被诉行政行为是强制拆除行为,再审申请人提出的该请求超出本案的审理范围。再审申请人如认为房屋内物品确有损失的,应另寻救济途径。本案中,再审申请人主张的房屋内财产损失问题客观上是因被申请人实施的被诉强制拆除行为而引发,而对被强拆房屋内财产是否存在损失的事实认定直接关系到对被诉强制拆除行为是否合法的判定。若被申请人在实施强制拆除行为前没有将再审申请人居住房屋内物品进行登记并妥善搬出保存即直接予以拆除,则势必会导致再审申请人的财产损失。尽管案涉的行政处罚决定、行政强制执行决定等直接针对的是案涉房屋,但也不可避免地会影响到案涉房屋内的财物。另外,涉案房屋是否因强制拆除行为造成财产损失与再审申请人是否持有房屋所有权证并无直接关系,不能因再审申请人不持有房屋所有权证就否认其对于居住房屋内自身财产权利的享有和主张。因此,在本案的审理过程中,应当对被诉强制拆除行为是否造成了再审申请人房屋内财产损失进行审查认定。至于再审申请人所提出的损失赔偿请求可另行解决。一、二审法院对于再审申请人主张的被强拆房屋内财产损失问题未予审查认定有所不当,应予纠正。
——中国裁判文书网。

702. 涉案房屋虽系违法建筑,但基于信赖利益所作的相应投入和产生的损失应予合理补偿

关键词

行政补偿　信赖利益　违法建筑

最高人民法院裁判文书

湘潭市广湘中电电工专用设备有限公司诉湘潭市雨湖区人民政府行政补偿案［最高人民法院（2020）最高法行申13015号行政裁定书］

　　裁判要旨：现行集体土地征收制度的本质是国家基于公共利益需要实施征收,并由国家依法给予公平合理补偿的制度,对于因历史原因未办理房屋产权证的房屋,行政机关在没有充分证据证明该房屋属于违法建筑的情况下,不宜认定为违法建筑。行政征收中,应当综合考量未办理产权登记的历史原因、土地价值、房屋用途和周边类似房屋市场价格等因素,确定补偿标准,不宜径行以违法建筑为由不予补偿。

　　涉案房屋未依照法定程序取得建设规划部门的审批,更未依法办理产权登记,不能认定已转化为合法建筑。但涉案房屋在建设和使用过程中,取得了土地所有人村委会同意,也得到有关部门的认可和支持。当事人基于对政府相关部门的信赖对涉案房屋的建设使用所作的相应投入,依法应予合理补偿。行政机关未充分考虑涉案房屋在当地特定时期和政策背景下的特殊性,对当事人在其信赖利益范围内的相应投入、产生的损失未予综合考量和合理保护,明显不当。

　　最高人民法院经审查认为,现行集体土地征收制度的本质是国家基于公共利益需要实施征收,并由国家依法给予公平合理补偿的制度,对于因历史原因未办理房屋产权证的房屋,行政机关在没有充分证据证明该房屋属于违法建筑的情况下,不宜认定为违法建筑。行政征收中,应当综合考量未办理产权登记的历史原因、土地价值、房屋用途和周边类似房屋市场价格等因素,确定补偿标准,不宜径行以违法建筑为由不予补偿。本案中,广湘公司未依

照法定程序取得国土、建设规划部门的审批,更未依法办理产权登记,不能认定涉案厂房已转化为合法建筑。但是,涉案厂房在建设和使用过程中,取得了土地所有人村委会同意,也得到有关部门的认可和支持。广湘公司基于对政府相关部门的信赖对涉案厂房的建设使用所作的相应投入,依法应予合理补偿。湘潭市雨湖区长株潭城际铁路建设指挥部的通知未充分考虑涉案建筑物在当地特定时期和政策背景下的特殊性,对广湘公司在其信赖利益范围内的相应投入、产生的损失未予综合考量和合理保护,明显不当。一审判决未予支持广湘公司的诉讼请求错误,二审判决基于上述公平合理补偿原则,撤销一审判决、撤销雨湖区政府作出的《关于对湘潭市广湘中电电工专用设备有限公司未经登记建筑等相关补偿事项的通知》,责令雨湖区政府重新作出处理决定正确,本院予以支持。广湘公司主张的再审事由不能成立,不应予以支持。

——中国裁判文书网。

703. 租赁村集体土地建设养殖场及房屋的征收补偿、赔偿

关键词

村集体土地　养殖场　强制拆除　行政赔偿

最高人民法院裁判文书

张某玲、范某江诉枣庄市市中区政府强制拆除及行政赔偿案〔最高人民法院(2019)最高法行申3779号行政裁定书〕

裁判要旨:当事人通过租赁方式取得村集体土地使用权,并建设养殖场及房屋,其并不具有相应土地及地上房屋的合法手续,仅对其建设的养殖场及地上附着物具有事实上的所有权,案涉土地性质的变化与否对其地上附着物的赔偿金额并无直接影响。

虽然案涉房屋不具备任何合法有效的登记手续,审理法院仍参照案涉项目征收补偿标准,按照地上附着物补偿明细表上签字确认的补偿事项,根据上限标准计算出案涉房屋及附属设施、过渡费、搬迁费的赔偿金额,符合国家赔偿法填平补齐的赔偿原则,已经充分保护了当事人的权益。

最高人民法院经审查认为,本案中,申请人对光明街道办的起诉属于重复起诉,山东省高级人民法院(2016)鲁行终822号行政裁定对此问题已予

认定，各方当事人对此并无异议，本院亦予认可。由于市中区政府未能在诉讼中提供其强拆具有合法性的证据，一、二审判决确认市中区政府强制拆除案涉养殖场的行政行为违法，事实清楚，并无不当。市中区政府强制拆除案涉养殖场造成的损失，应予赔偿。二审在一审判决赔偿数额的基础上，增加了临时安置补助费及搬迁补助费，并将损失的利息计算方式由中国人民银行同期存款利息调整为贷款利息。本案现存争议的焦点问题为二审确定的赔偿范围与赔偿数额是否准确。

申请人主张案涉土地性质为国有土地，原审对此问题错误认定导致赔偿标准不当。申请人的该项主张与其在二审时的上诉主张相同。一、二审业已查明，申请人于1994年通过事实租赁的方式取得东龙头居委会集体土地的使用权，并建设了被拆除的养殖场，租金仅交至2005年。申请人并不具有相应土地及地上房屋的合法手续，仅对其建设的养殖场及地上附着物具有事实上的所有权。二审据此认定申请人对案涉土地的地上价值不享有权益，案涉土地性质的变化与否对其地上附着物的赔偿金额并无直接影响，并无不当，本院予以认可。申请人有关土地性质导致其赔偿标准不当的主张缺乏事实根据和法律依据，本院不予支持。虽然案涉房屋不具备任何合法有效的登记手续，一审仍参照案涉项目征收补偿标准，按照申请人于2013年2月4日在地面附着物补偿明细表上签字确认的补偿事项，按照上限标准计算出申请人房屋及附属设施的赔偿金额，已经充分保护了申请人的权益。二审在一审的基础上，按照案涉项目的补偿标准，支持了申请人上诉请求中的临时安置补助费及搬迁补助费，并将一审判决的按照中国人民银行同期存款利息损失调整为贷款利息损失，进一步完善了对申请人合法权益的保护。二审判决确定的赔偿范围及赔偿数额并无不当，本院予以支持。申请人虽主张二审判决存在标准过低及漏项的问题，但并未提交有效证据证明其主张，其主张缺乏事实根据，不能成立。

——中国裁判文书网。

704.企业因违反环境法律规定被依法责令关停的，不属于畜禽养殖行业综合整治与补偿范围

关键词

企业责令关停　畜禽养殖行业　综合整治

最高人民法院裁判文书

余干县金牧养殖场诉余干县人民政府、上饶市人民政府行政补偿及行政

复议案［最高人民法院（2018）最高法行申 3738 号行政裁定书］

> 裁判要点：因在生产过程中水污染物超标且未在规定期限内有效治理而被依法责令关停的，不属于《畜禽规模养殖污染防治条例》第二十五条规定的"因畜牧业发展规划、土地利用总体规划、城乡规划调整以及划定禁止养殖区域，或者因对污染严重的畜禽养殖密集区域进行综合整治，确需关闭或者搬迁现有畜禽养殖场所，致使畜禽养殖者遭受经济损失的，由县级以上地方人民政府依法予以补偿"范围。

最高人民法院认为：根据《畜禽规模养殖污染防治条例》第二十五条规定，因畜牧业发展规划、土地利用总体规划、城乡规划调整以及划定禁止养殖区域，或者因对污染严重的畜禽养殖密集区域进行综合整治，确需关闭或者搬迁现有畜禽养殖场所，致使畜禽养殖者遭受经济损失的，由县级以上地方人民政府依法予以补偿。该条例第四十条第二项规定，从事畜禽养殖活动或者畜禽养殖废弃物处理活动，未采取有效措施，导致畜禽养殖废弃物渗出、泄漏的，由县级以上地方人民政府环境保护主管部门责令停止违法行为，限期采取治理措施消除污染，依照《水污染防治法》《固体废物污染环境防治法》的有关规定予以处罚。同时，根据《水污染防治法》第八十三条第二项①规定，超过水污染物排放标准或者超过重点水污染物排放总量控制指标排放水污染物的，由县级以上人民政府环境保护主管部门责令改正或者责令限制生产、停产整治，并处十万元以上一百万元以下的罚款；情节严重的，报经有批准权的人民政府批准，责令停业、关闭。本案中，一、二审法院经审理查明，因金牧养殖场在生产养殖过程中水污染物超标排放，余干县环境保护局曾对金牧养殖场作出限期治理决定，之后经环境检查以及环境监测机构出具监测报告，金牧养殖场未在规定期限内完成限期治理任务，所排放的生产废水明显高于《畜牧养殖污染物排放标准》（GB18596—2001）规定限值，余干县政府据此对金牧养殖场作出责令关闭决定，同时责令金牧养殖场停止生产活动。因此，金牧养殖场系由于排放水污染物超标且未在规定期限内有效治理而被责令实施关闭，不符合《畜禽规模养殖污染防治条例》第二十五条规定的依法予以征收补偿情形。余干县政府告知金牧养殖场不予实施补偿、上饶市政府经复议维持余干县政府该告知行为，均无不妥。一、二审法院分别判决驳回金牧养殖场的诉讼请求及上诉，并无不当。

——最高人民法院第三巡回法庭编著：《最高人民法院第三巡回法庭典型

---

① 本条规定现为《中华人民共和国水污染防治法》（2017 年修正）第九十四条第二款。

行政案件理解与适用》，中国法制出版社2019年版，第397~399页。

705. 行政机关在房屋权属争议解决前暂不支付补偿款，不构成不履行法定职责

关键词

房屋权属争议　补偿款　行政机关法定职责

最高人民法院裁判文书

钟某贵与贵州省织金县人民政府房屋行政补偿案［最高人民法院（2019）最高法行申9559号行政裁定书］

裁判要旨：当事人尚未通过民事诉讼程序确认房屋权属，其请求行政机关支付其补偿款的条件尚未成就。行政机关在房屋权属争议解决之前，暂不支付补偿款的行为，不构成不履行法定职责。

最高人民法院认为，本案争议焦点为钟某贵要求织金县政府向其支付补偿款的主张能否成立。本案中，织金县政府为实施厦蓉高速公路清织段工程建设，征拆被诉砖厂的土地及厂房，依照相关法律规定，应向被征房产的所有权人给予公平补偿。但经一、二审审查查明，钟某贵与杨某发就案涉砖厂的转让问题存在争议，在钟某贵提起的民事诉讼中，法院查明案涉砖厂被征拆前，已被钟某贵整体转让给了杨某发，至厂房拆除时双方合同尚未履行完毕。该案中，人民法院虽判决解除了双方之间的转让协议，但并未就协议解除的后果作出处理。同时，按照厦蓉清织办（2012）07号会议纪要第六条，红砖厂的拆迁实物补偿，应待该厂权属纠纷审理终结后，根据生效的判决书予以支付。对此，钟某贵、杨某发均予签字认可。现钟某贵、杨某发尚未通过民事诉讼程序确认砖厂权属，钟某贵请求织金县政府支付其补偿款的条件尚未成就。织金县政府在双方权属争议解决之前，暂不支付补偿款的行为，不构成不履行法定职责。据此，一审法院判决驳回钟某贵的诉讼请求，二审法院判决驳回上诉，维持原判，并无不当。

——最高人民法院第二巡回法庭微信公众号。

706. 集体土地上房屋所占空地院落的赔偿问题

关键词

集体土地上房屋　空地院落　行政赔偿

最高人民法院裁判文书

王某香等61人诉郑州市金水区人民政府行政赔偿案〔最高人民法院（2019）最高法行赔申357号行政赔偿裁定书〕

裁判要点：关于空地赔偿问题，原审法院根据调取的航拍图及专业人员测量结果，结合当事人提供的集体土地权利凭证，同时扣除房屋占地面积，认定其可获赔偿的空余土地面积，并无不当。关于空地赔偿标准问题，当事人主张应按"单门独院"的补偿标准进行赔偿，但其并未提供宅基地使用证，原审法院参照当地文件规定的有关标准进行赔偿，并无不当。

最高人民法院经审查认为，萧县人民政府组织对孟某君房屋实施强制拆除的行为已被（2017）皖13行初108号生效行政判决确认违法，孟某君具有取得赔偿的权利。因拆除行为系在萧县人民政府征收过程中实施的，因此原审对赔偿问题结合征收补偿的有关规定及征收补偿方案予以认定并无不当。

关于被拆除房屋的赔偿问题，孟某君的办公用房、卫生间、简易棚在2008年6月航拍图上没有标注，按照补偿方案不应补偿。原审法院从保护行政相对人合法权益的角度考虑，在萧县人民政府同意的情况下，对办公用房60.08平方米的一半面积、卫生间9.69平方米、简易棚31.74平方米作为赔偿面积，应予认可。关于房屋赔偿标准问题，涉案房屋均系在集体农用地上建设的房屋，又无有效建房批准手续，并不符合萧政办发〔2015〕39号文第二十一条规定的"住改商"的条件。原审法院为充分保护行政相对人的权益，参照当地新建房屋价格，同时考虑房屋建造年代、成新情况认定房屋赔偿的标准并无不当。

关于空地赔偿问题，原审法院根据调取的航拍图及专业人员测量结果，结合孟某君提供的《农村集体土地承包经营权证》，同时扣除房屋占地面积，认定孟某君可获赔偿的空余土地面积应为1029.14平方米并无不当。关于空地赔偿标准问题，孟某君主张应按照萧政办发〔2015〕39号文及附件的规定，将空地面积折算为房屋面积的70%进行赔偿，但孟某君提供的《农村集体土地承包经营权证》并非宅基地使用证,并不能以此证明孟某君被征收院落属于萧政办发〔2015〕39号文及附件规定的"单门独院"补偿范围。原审法院参照《关于进一步加快房屋征收工作的补充意见》规定的300元/平方米标准进行赔偿,并无不当。关于附属物赔偿问题,原审法院根据举证责任分配规则及孟某君提供的视频资料所反映的附属物实际状况,酌定萧县人民政府赔偿孟某君附属物损失7万元亦无不当。

——中国裁判文书网。

(十二)补偿安置

707. 诉请补偿安置案件的裁判方式

关键词

补偿安置案件

最高人民法院审判业务意见(行政庭法官会议纪要)

已取得国务院、省级人民政府征地批复的农村集体土地征收项目,市、县人民政府批准征地补偿安置方案后,市、县人民政府土地行政主管部门、征收管理机构及其委托的其他主体,应当在征地补偿安置方案规定的期限内与被征收人协商签订补偿安置协议。

未能在法定期限内签订补偿安置协议,也未依法解决补偿安置问题,被征收人诉请市、县人民政府土地行政主管部门、征收管理机构履行补偿安置职责的,人民法院应判决责令被告依法履行补偿安置职责;被征收人诉请作出补偿决定的,人民法院应判决责令被告依法作出补偿决定;确定补偿项目与补偿内容的事实、证据和依据均已明确的,人民法院可以直接作出包括具体补偿项目与补偿内容的判决。

——《最高人民法院行政法官专业会议纪要(五)(集体土地补偿领域)》(2019年11月29日)。

708. 对农村"住改非"房屋参照国有土地上房屋标准进行征收时的补偿问题

关键词

农村集体土地 住改非 征收补偿

最高人民法院审判业务意见（行政庭法官会议纪要）

行政合理性原则和比例原则要求为了公共利益征收集体土地时，要给予当事人公平合理的补偿，保障被征收人的生活水平不降低。2019年8月26日修正并于2020年1月1日实施的《土地管理法》第四十八条规定："征收土地应当给予公平、合理的补偿，保障被征地农民原有生活水平不降低，长远生计有保障。"为使农村集体土地上房屋因"住改非"而用于经营的被征收人原有生活水平不降低、长远生计有保障，本案应按照政府制定的《房屋征收与安置补偿方案的批复》和《手册》给予待工人员公平、合理的补偿。鉴于经人民法院现场工作、调解，息烽县政府出具书面承诺，自愿一并补偿杨某某待工人员补助费，本案不启动再审程序。

附：案情简介

杨某某拥有在集体土地上的自建房屋，房屋结构为砖混及砖木结构，附近有天然温泉，故用于开办"农家乐"，经营范围包括住宿、餐饮，并拥有合法的餐饮服务许可证。2012年，贵州省息烽县人民政府（以下简称息烽县政府）作出《房屋征收决定》和公告，杨某某的房屋位于征收范围内。息烽县政府参照《国有土地上房屋征收与补偿条例》相关规定开展征地补偿工作，经测绘、评估，作出《房屋征收与安置补偿方案的批复》，但杨某某未签字认可。双方多次协商征收补偿事项，未达成一致意见，息烽县政府遂于2014年作出《房屋征收补偿决定书》，为杨某某提供货币补偿及产权调换两种方式供其选择。货币补偿包括：房屋补偿款、附属设施补偿款及装饰装修补偿款、搬迁补助费、过渡费；产权调换为杨某某提供了相应的房屋，并包括装饰装修及附属设施补偿款、搬迁费、过渡费。杨某某不服《房屋征收补偿决定书》，申请复议。贵州省贵阳市人民政府作出了维持决定。杨某某不服，遂向人民法院提起诉讼，请求撤销《房屋征收补偿决定书》及复议决定书。经审查，息烽县政府作出的《房屋征收与安置补偿方案的批复》中规定有停产停业补助。此外，负责该征收范围开发建设的指挥部于2013年编印《土地房屋征收补偿宣传手册》也明确规定，对于具有营利性质的被征收人，根据被征收人所提供的缴纳社会保险费的人员数进行计算待工人员补助费。经协调，息烽县政府向人民法院书面承诺一并补偿杨某某的待工人员补助费。

——《对农村"住改非"房屋参照国有土地上房屋标准进行征收时的补偿问题》，载李少平主编：《最高人民法院第五巡回法庭法官会议纪要》，人民法院出版社2021年版，第359~362页。

709. 拆除没有产权手续但有一定信赖利益的房屋应给予适当补偿

关键词

房屋拆除　产权手续　信赖利益

最高人民法院裁判文书

河南省商丘市睢阳区人民政府、代某华再审审查与审判监督案［最高人民法院（2020）最高法行申 8593 号行政裁定书］

> 裁判要旨：行政机关未将案涉房屋认定为违法建筑，也未按照相关规定要求限期拆除案涉房屋并退还土地。在案涉房屋拆除前，行政机关还组织人员对案涉房屋进行信息采集，对房屋结构、面积等进行了确认。并且经调查核实了解到案涉房屋原为招商引资项目，后因征收被拆除，案涉房屋信息采集表载明的情况是真实的。据此，当事人的房屋虽然没有相关产权手续，但其对于该房屋仍具有一定信赖利益。当事人自行将其房屋拆除是为配合行政机关实施文化公园项目建设，不能以拆除行为发生在征收决定作出前而否定二者之间的关系，行政机关应对当事人予以适当补偿。

最高人民法院认为，根据修改前的《中华人民共和国土地管理法》第七十六条第一款的规定，未经批准或者采取欺骗手段骗取批准，非法占用土地的，由县级以上人民政府土地行政主管部门责令退还非法占用的土地。根据《中华人民共和国城乡规划法》第六十五条的规定，在乡、村庄规划区内未依法取得乡村建设规划许可证或者未按照乡村建设规划许可证的规定进行建设的，由乡、镇人民政府责令停止建设、限期改正；逾期不改正的，可以拆除。本案中，睢阳区有关部门并未将案涉房屋认定为违法建筑，也未按照相关规定要求代某华或商丘宁达市政工程有限公司限期拆除案涉房屋并退还土地。在案涉房屋拆除前，睢阳区政府还组织人员对代某华的房屋进行信息采集，对房屋结构、面积等进行了确认。一审法院在审理期间向当时负责征迁工作的睢阳区古城街道办事处工作人员进行调查核实，了解到案涉房屋原为招商引资项目，后因征收被拆除，案涉房屋信息采集表载明的情况是真实的。据此，代某华的房屋虽然没有相关产权手续，但代某华对于该房屋仍具有一定信赖利益。代某华自行将其房屋拆除是为配合睢阳区政府实施汉梁文化公园二期项目建设,不能以拆除行为发生在征收决定作出前而否定二者之间的关系,睢阳区政府应对代某华予以适当补偿。一、二审法院并未按照被征收集体经济组织成员的标准判令睢阳区政府对代某华进行安置,而是参照睢阳区政府制定的补偿安置方案,按照675元/平方米的标准计算补偿数额,并无不当。

——中国裁判文书网。

710. 对批准同意征地补偿安置方案的行为可否申请行政复议

关键词

征地补偿安置方案　行政复议

最高人民法院审判业务意见(行政庭法官会议纪要)

补偿安置方案制定及实施程序可分为三个阶段:市、县人民政府土地行政主管部门拟订征地补偿安置方案,予以公告并听取被征地农民的意见;市、县人民政府经审查后对补偿安置方案予以批准;市、县人民政府土地行政主管部门根据经批准的补偿安置方案组织实施。据此,补偿安置方案经市、县人民政府批准后即由土地行政主管部门组织实施,最终确定补偿安置标准的书面载体即市、县人民政府作出的批复及所附补偿安置方案。市、县人民政府作出该批复的受文对象虽系土地行政主管部门,但该批复并非仅在行政机关内部流转,而是直接对外实施。补偿安置方案的确定是市、县人民政府的法定职权,市、县人民政府作出该批复体现了其确定补偿安置标准的意思表示,属实质性批准行为,并非内部行政行为。在对补偿安置标准争议采取复议而非裁决方式予以救济的省市,该批准行为属于行政复议的受理范围。前述案件中,刘某等五人对甲县人民政府批复同意补偿安置方案的行为申请行政复议,属于行政复议受案范围。乙市人民政府复议维持该批复后,刘某等五人对该批复及行政复议决定不服提起的诉讼属于行政诉讼的受案范围。据此,再审裁定撤销二审裁定,指令二审法院再审。

附:案情简介

2016年1月22日,甲县人民政府对甲县国土资源局报送的集体土地征收补偿安置方案作出批复,同意该征收补偿安置方案。甲县国土资源局据此具体组织实施征地补偿安置。被征收人刘某等五人对该补偿安置方案确定的补偿标准及甲县人民政府的批准程序不服,向甲县人民政府的上一级人民政府乙市人民政府申请行政复议,请求撤销该批复。乙市人民政府经实体审查后作出行政复议决定维持了该批复。刘某等五人遂提起本案诉讼，请求撤销甲县人民政府作出的批复及乙市人民政府作出的行政复议决定。一审判决驳回原告诉讼请求。二审撤销一审判决，以甲县人民政府的批准行为属内部行政行为为由，裁定驳回起诉。

——《对批准同意征地补偿安置方案的行为可否申请行政复议》，载李少平主编：《最高人民法院第五巡回法庭法官会议纪要》，人民法院出版社2021年版，第284~286页。

711. 自复议申请人领取征收土地补偿款之日起，可以视为其已经知道征收土地决定的主要内容

关键词

复议申请人　征收土地补偿款　征收土地决定

最高人民法院裁判文书

韩某国诉被申请人湖南省人民政府驳回行政复议申请案［最高人民法院（2017）最高法行申6219号行政裁定书］

> 裁判要旨：根据《国务院法制办公室关于认定被征地农民"知道"征收土地决定有关问题的意见》（国法〔2014〕40号）第四条第三项规定，行政机关不能提供发布征收土地公告或者征收土地补偿安置公告的证据，但是能够举证证明申请人在征收土地决定作出后，被征收人已经领取征收土地补偿款的，自申请人领取征收土地补偿款之日起，可以视为申请人知道征收土地决定的内容。

最高人民法院经审查认为，国务院法制办40号意见第六条规定，行政机关在征收土地决定作出后，没有告知被征地农民申请行政复议的权利、行政复议机关或者申请期限的，行政复议申请期限参照《最高人民法院关于执行〈中华人民共和国行政诉讼法〉若干问题的解释》①第四十一条办理，即：行政复议申请期限从公民、法人或者其他组织知道或者应当知道申请行政复议的权利、行政复议机关或者申请期限之日起计算，但从知道或者应当知道征收土地决定内容之日起最长不得超过2年。国务院法制办40号意见第四条

---

① 本解释已被《最高人民法院关于适用〈中华人民共和国行政诉讼法〉的解释》（法释〔2018〕1号）废止。

第四项还规定，行政机关不能提供发布征收土地公告或者征收土地补偿安置公告的证据，但是能够举证证明申请人在征收土地决定作出后，被征收人已经领取征收土地补偿款的，自申请人领取征收土地补偿款之日起，可以视为申请人知道征收土地决定。本案中，106号征用土地公告是否在韩某国所在的高冲村张贴，没有充分证据证明，且公告没有告知被征收人申请行政复议的权利和期限。但是，韩某国于2006年11月22日在《工业房产用地（高冲）房屋、设施补偿费用汇总表》上签字确认后，在2007年后陆续领取补偿款。自2007年领取补偿款时，韩某国应当知道385号审批单的主要内容，2009年底，韩某国申请行政复议的期限已经届满，2015年5月3日申请行政复议，显然已超过法定的申请期限。湖南省政府以韩某国的复议申请超过法定期限为由，决定驳回其行政复议申请，处理结果并无不当。韩某国主张从（2014）望行初字第00044号案件审理中得知385号审批单，申请行政复议未超过法定期限，其主张缺乏事实和法律根据，本院不予支持。

——第一巡回法庭微信公众号。

712. 行政机关在履行了征地补偿职责、当事人拒不清理地上附着物的，如何处理

关键词

征地补偿职责　拒不清理地上附着物　强制执行

最高人民法院裁判文书

邓某明诉广东省阳春市人民政府土地行政强制案［最高人民法院（2019）最高法行申11617号行政裁定书］

裁判要旨：集体土地征收过程中，行政机关在履行了征地补偿职责、当事人拒不清理地上附着物的情况下，应当先责令其交出土地，再申请人民法院强制执行，其并无强制执行的权力。

最高人民法院经审查认为，《中华人民共和国土地管理法实施条例》第二十六条第一款规定，土地补偿费归农村集体经济组织所有；地上附着物及青苗补偿费归地上附着物及青苗的所有者所有。第四十五条规定，违反土地管理法律、法规规定，阻挠国家建设征收土地的，由县级以上人民政府土地行政主管部门责令交出土地；拒不交出土地的，申请人民法院强制执行。本案中，邓某明于2010年3月1日承包阳春市松柏镇新塱村86亩左右的土地

（鱼塘）。后因汕湛高速公路阳春段工程建设的需要，原国土资源部于 2016 年 2 月 3 日批复同意征收包括邓某明所承包鱼塘在内的 503.7352 公顷集体土地。2016 年 4 月 28 日，阳春市政府发出《关于征收（收回）土地方案的通告》，将批准征地机关、批准文号、征收土地的用途、范围、面积以及征地补偿标准和办理征地补偿的期限等予以公告。2016 年 6 月 11 日，原阳春市国土资源局公告《征地补偿安置方案》，将土地补偿标准、安置补助费标准、青苗补偿标准及果树补偿标准等进行了公告。此后，阳春市松柏镇政府对邓某明承包土地上的青苗及附着物和养殖水面进行了测算和申请公证，并两次通知邓某明协调鱼塘补偿问题，邓某明拒绝协商。汕湛高速公路松柏镇征地拆迁工作指挥部（以下简称工程指挥部）遂根据汕湛高速公路征地拆迁的有关政策、文件及其补偿计算标准，计算出邓某明承包鱼塘青苗以及附着物拆迁补偿款数额，并将补偿款项全部存入阳春市松柏镇新塱村委会的集体账户。随后，工程指挥部告知邓某明可随时前去领取补偿款，并要求邓某明于 2016 年 8 月 20 日前自行将青苗及附着物全部迁移完毕，逾期不迁，将按有关规定依法处理。邓某明收到通知后，未在上述规定期限内迁移青苗及附着物。阳春市政府于 2016 年 12 月上旬组织人员将邓某明经营的部分鱼塘强制填平。依照上述法规规定，在邓某明拒不迁移青苗及相关附着物的情况下，应当先由土地行政主管部门责令其交出土地，再申请人民法院强制执行，阳春市政府无强制执行的权力。阳春市政府强制填平邓某明承包的部分鱼塘，明显违反法律规定。一、二审判决确认阳春市政府强制填平行为违法，并无不当。一、二审判决并未超出邓某明的一审诉讼请求，阳春市政府以此为由申请再审，本院不予支持。

——中国裁判文书网。

713. 人民法院对土地被征收人所受合法损失的认定

关键词

土地被征收人　补偿标准

最高人民法院审判业务意见

一、补偿标准与补偿方案

实践中，被征收人以土地管理部门、市县政府为单独或共同被告就补偿安置方案提起行政诉讼的，人民法院应当如何处理有不同意见。一种意见认为，可以依法予以受理，主要理由为：第一，补偿安置方案属于行政机关作出的具体行政行为，在行为主体、内容等各个方面都符合行政诉讼的受案范围。第二，补偿安置方案与补偿标准不能等同，对其提起行政诉讼无须经过法定的前置程序。另一种意见认为，不能直接受理，但具体理由有多种：其一，认为应当经过前置程序之后才能提起行政诉讼。其二，补偿安置方案的主要内容为适用不特定主体且可以反复适用的一种补偿标准，其性质属于规范性文件，不属于行政诉讼的受案范围。我们认为，现行法律对补偿安置方案应当包含的具体内容也未进一步作出规定，其实践表现也存在多种形式。但《土地管理法实施条例》第二十五条第三款"征地补偿、安置方案报市、县人民政府批准后，由市、县人民政府土地行政主管部门组织实施。对补偿标准有争议的，由县级以上地方人民政府协调；协调不成的，由批准征收土地的人民政府裁决"将补偿标准争议与补偿方案都规定于同一条款。另外，根据补偿安置方案的题中应有之义，其主要目的或内容为确定所要征收的土地依法应当给予权利主体的安置和补偿待遇，即对补偿标准的进一步细化，其实质仍偏向于补偿标准。尽管现行法律对何为补偿标准也未进一步作出规定，但从广义范围理解即将其视为补偿的方法并无不当，具体包含补偿的对象、范围、幅度、数额、方式等内容，这与补偿安置方案基本等同。有的地区亦对上述结论明确作出规定，如《黑龙江省征地补偿安置争议处理办法》第六条规定："具有下列情况之一的，申请人可以依照本办法提出协调裁决申请：（一）对市、县政府批准的征地补偿安置方案有异议的……"因此，在司法实践中，将当事人对补偿方案的不服，参照补偿标准的法定救济路径，并无不当。但需要注意的是，在判断补偿安置方案时，应当采取实质判断标准，即行政法律行为在名称上并未使用但其内容实为补偿安置方案的，应当认定该行为属于补偿安置方案，反之，名称上使用但内容并不属于补偿安置方案的，则不能简单将其按照补偿安置方案予以处理。实践中，有的市县政府直接作出补偿安置方案，将征地决定、补偿标准等内容都一并包含在内。被征地人对此类补偿安置方案提起行政诉讼的，不能简单地完全不予受理，而应当将其中可以依法予以直接受理的内容如征地决定等进行立案审查，对于属于补偿标准部分的内容则告知经过前置程序后再提起行政诉讼。具体到本案，王某某对涉案土地未认定为经济林地不服，但其对补偿方案确定的补偿对象、范围、幅度、数额、方式等内容并无不同意见，因而其诉讼请求属于对具体的补偿实施行为不服，而非对补偿标准不服，无须经过法定的申请裁决之前置程序。

二、土地用途的认定

2004年修正的《土地管理法》第四条规定"国家实行土地用途管制制度……使用土地的单位和个人必须严格按照土地利用总体规划确定的用途使用土地"、第十二条规定"依法给改变土地权属和用途的，应当办理土地变更登记手续"、第十四条①规定"承包经营土地的农民有保护和按照承包合同约定的用途合理利用土地的义务"、第二十五条②规定"……未经批准，不得改变土地利用总体规划确定的土地用途"、第四十七条③规定"征收土地的，按照被征地土地的原用途给予补偿"、第六十五条④规定"有下列情形之一的，农村集体经济组织报经原批准用地的人民政府批准，可以收回土地使用权：……（二）不按照批准的用途使用土地的"。根据前述规定，集体经济组织成员应当按照土地承包时确定的土地用途使用土地，要改变土地用途的应当按照法律规定报经批准，否则土地可能被依法予以收回。具体到本案，关于案涉土地的用途问题，王某某主张其在案涉土地上种有杏树等植物，应当适用《森林法》（2009年修改版）第四条关于"森林分为以下五类：……（三）经济林：以生产果品，食用油料、饮料、调料，工业原料和药材等为主要目的的林木"的规定，认定案涉土地为经济林地。从地上附着物的情况来看，可以认定涉案土地已客观上作为经济林地用途在使用。但案涉土地的批准用途为耕地，土地承包时亦明确其用途为耕地，王某某未经法定程序而擅自变更土地用途，集体经济组织可以按照法定程序经批准后收回涉案土地。但考虑到村集体经济组织并未依法收回，且封丘县政府认同对涉案土地给予补偿，因而人民法院根据法律规定按照土地原用途适用补偿的标准。

三、土地补偿面积及附着物的认定

通常而言，村集体经济组织与其成员之间确定土地承包关系的，应当依法签订土地承包合同，对土地的用途以及面积等事项进行明确约定。但现实中，由于地方习惯以及法治意识等方面的影响，未严格遵循土地承包的法定程序如未依法签订土地承包合同，甚至未依法保存必要的证明材料如土地登记簿等，但村集体经济组织及其成员都认同土地承包关系。对于此类情形，由于土地承包具有较强的自治性质，在其未侵犯其他经济组织成员合法权益或没有其他主体提出异议并主张权益的情形下，即无须进一步举证证明承包关系，人民法院应当确认村集体与村民共同认定的事实。但是，对于土地承包关系的具体事项如承包的面积等，村集体与村民应当提供有效证据证明自身的主张成立。具体到本案，就案涉土地的面积问题，原审法院根据王某某所在的村集体和封丘县政府在征地过程中所做的测量记录，结合原审法院的实地调查，并经协调王某某与封丘县政府后，最终确定王某某的被征土地面积，并无不当。另外，从权属来源看，集体土地的所有权属于村集体，土地

---

① 本条规定现为《中华人民共和国土地管理法》（2019年修正）第十三条。
② 本条规定现为《中华人民共和国土地管理法》（2019年修正）第二十四条。
③ 本条规定现为《中华人民共和国土地管理法》（2019年修正）第四十八条。
④ 本条规定现为《中华人民共和国土地管理法》（2019年修正）第六十六条。

使用权的原始权属归于村集体，村民通过签订土地承包合同的方式才使土地使用权发生争议，因而对于集体土地是否属于村民承包的范围即土地承包面积，应当由村民承担举证责任，不能提供证据证明的，不发生土地使用权主体发生变更的法律效果即仍属于村集体所有并使用。因此，王某某提出土地面积不足的主张，但没有提供有效证据予以证实，其主张因没有事实根据而不成立。

关于地上附着物的确定，应当根据实际情况进行确认。根据《行政诉讼法》第三十八条第二款及《行政诉讼法司法解释》第四十七条的规定，在行政赔偿、补偿的案件中，因被告的原因导致原告无法就损害情况举证的，应当由被告就该损害情况承担举证责任。对于各方主张损失的价值无法认定的，应当由负有举证责任的一方当事人申请鉴定，但法律、法规、规章规定行政机关在作出行政行为时依法应当评估或者鉴定的除外；负有举证责任的当事人拒绝申请鉴定的，由其承担不利的法律后果。具体到本案，封丘县政府应根据《国务院关于深化改革严格土地管理的决定》（国发〔2004〕28号）之规定，负有将拟征收土地的面积、地上附着物的状况等情况调查清楚并经被征地农村集体经济组织和农户确认的义务，以确定补偿的具体数额。封丘县政府在清除地上附着物前未履行该项义务，且地上附着物已被清除，导致真实数量无法查清，封丘县政府应当承担相应责任。

鉴于王某某的地上附着物在征收中已被毁坏，导致其无法就附着物损失进行举证，王某某主张存在金银花、草莓、果树等附着物，因其已尽到最初的举证责任，且未脱离客观可行范围，在封丘县政府未提供有效证据予以否定即与封丘县政府提交的补偿清单中所列的附着物种类基本相同的情形下，人民法院对此应当予以确认。同样，关于附着物的数量，也应当按照前述标准予以确认。但不同的是，王某某所主张的附着物数量已经超出相关种植规范性文件、造林技术规程所规定的行业标准，在现实可行性方面具有较大存疑之处。新乡市人民政府新政文〔2011〕95号文件规定了果树幼龄期每亩不超过220棵，初果期果树每亩不超过120棵，盛果期果树每亩不得超过80棵。原则上，实际种植的地上附着物数量不会超出前述标准。在行政相对人与行政机关都无法提供证据证实自己主张时，可以按照前述标准的最高幅度确定种植数量，有利于保护行政相对人的合法权益。

但是，客观现实是，土地权利人实际种植的数量确可能超过最高种植标准。对于超出种植标准之外的地上附着物是否应当予以补偿，仍尚未形成统一意见。一种意见认为，不应当补偿，主要理由为：超出种植的数量要求，可以推定其超出范围的部分属于违法种植行为，不应当得到法定保护。另一种意见认为，补偿应当尊重客观现实，若实际种植的数量确超过种植规范的，同样应当予以保护。而且，种植规范通常只具有指导性质，并不属于法定的强制性规范，不能以超出种植规范的范围而认定其不属于合法权益。目前而言，在相关主体未达成统一意见，且现行法律未作出明确规定的情形下，基于客观情况确定赔偿数额，有助于保护土地权利人的合法权益，人民法院按此标准作出裁判的，不宜否定其合法性。本案中，310 棵果树为封丘县政府统计确认，60 棵花椒树、20 棵金银花树经双方在协调过程中认可，其他树木也是在原审法院现场调查以后测算，可以推定前述数量属于客观现实的种植情况。尽管其数量超出种植规范性文件的要求，但不宜否定其属于补偿范围的结论，因而原审法院认为封丘县人政府以新乡市人民政府新政文〔2011〕95号文件规定的每亩地上附着物的标准不足以证明王某某地上附着物的真实情况，该项理由缺乏事实依据，并无不当。尽管如此，王某某对此事实仍然存在不服，但考虑到封丘县政府已就案涉征收土地的测量面积及地上附着物清点情况提交相关证据，虽然制作形式不够规范，但其内容的真实性由火王庄村委会的签字盖章予以证明，可以初步证明相关事实。王某某对认定的事实不服的，应当提供有效证据予以证实。因此，原审法院未完全支持王某某的诉讼请求，亦无不当。

综上所述，当事人的损失因客观原因无法鉴定的，人民法院应当结合当事人的主张和在案证据，遵循法官职业道德，运用逻辑推理和生活经验、生活常识等，酌情确定赔偿数额。本案中，由于案涉土地及地上附着物已被强行征收，导致王某某客观上无法就损失情况进行举证，因而计算征地补偿费的举证责任应当由封丘县政府承担。人民法院结合双方当事人的主张以及在案证据，按照有利于申请人且不违反生活常识的原则，推定案涉地上附着物的种类和数量，并无不当。

——姜伟主编、最高人民法院第四巡回法庭编：《最高人民法院第四巡回法庭疑难案件裁判要点与观点》，人民法院出版社 2020 年版，第 458~465 页。

714. 农村集体土地征收，如何确定补偿安置义务主体

关键词

集体土地征收　补偿安置义务主体

最高人民法院审判业务意见（行政庭法官会议纪要）

地方性法规、规章未明确规定市、县人民政府为补偿安置义务主体，市、县人民政府也未依法组建具有独立承担法律责任能力的征收管理机构（以下简称征收管理机构）并赋予该机构补偿安置行政管理职能的，人民法院一般可根据《征收土地公告办法》第十一条有关"征地补偿、安置方案经批准后，

由有关市、县人民政府土地行政主管部门组织实施"的规定，确定市、县人民政府土地行政主管部门是补偿安置义务主体。规范性文件规定或者《征地补偿安置方案公告》规定由其他主体代表市、县人民政府土地行政主管部门签订补偿安置协议或者作出补偿决定的，可视为市、县人民政府土地行政主管部门委托实施，法律、法规、规章等另有规定的除外。

——《最高人民法院行政法官专业会议纪要（五）（集体土地补偿领域）》（2019年11月29日）。

715. 公平合理补偿安置的判断依据

关键词

集体土地征收　公平合理补偿安置

最高人民法院审判业务意见（行政庭法官会议纪要）

人民法院对补偿安置内容的审查，应当根据当时有效的《中华人民共和国土地管理法》《中华人民共和国土地管理法实施条例》《征收土地公告办法》等所确定的补偿标准和计算方法依法进行。确定土地补偿费、安置补助费、地上附着物与青苗补偿费、社会保障等补偿内容应当公平合理。规范性文件和补偿安置方案结合当地实际确定的补偿标准、支付对象和支付方式等，不违反法律、法规、规章等上位法规定的，可以作为人民法院的裁判依据。

——《最高人民法院行政法官专业会议纪要（五）（集体土地补偿领域）》。（2019年11月29日）。

716. 被征收房屋权属存在争议的，当事人要求给予补偿安置，法院如何处理

关键词

被征收房屋　权属争议

最高人民法院裁判文书

余某诉合肥市瑶海区人民政府不履行房屋征收补偿安置法定职责案［最高人民法院（2018）最高法行申10271号行政裁定书］

裁判要旨：涉案房屋权属存在争议，当事人诉请要求给予征收

补偿安置，但不能因此影响征收工作的顺利开展。在征收补偿方案确定的签约期限内达不成征收补偿协议而房屋征收部门又没有及时报请的情况下，法院明确涉案房屋的权利继受人均有权请求行政机关作出征收补偿决定。就作出征收补偿决定时应注意的事项，法院指出，在涉案房屋权属争议依法解决之前，行政机关可仅就征收涉案房屋依法应给予的各项补偿款数额、安置地点、面积以及差价结算等事项作出决定，暂不宜确定争议双方的任何一方为补偿安置对象，同时还应向争议各方说明，待涉案房屋权属争议解决后，该房屋的合法权利人即为补偿安置对象，依法享受征收补偿决定确定的各项权利并履行相应义务。另外，法院告知当事人应另循法定途径解决涉案房屋权属争议。

最高人民法院经审查认为，根据《国有土地上房屋征收与补偿条例》第二十六条第一款规定："房屋征收部门与被征收人在征收补偿方案确定的签约期限内达不成补偿协议，或者被征收房屋所有权人不明确的，由房屋征收部门报请作出房屋征收决定的市、县级人民政府依照本条例的规定，按照征收补偿方案作出补偿决定，并在房屋征收范围内予以公告"。该条款的制定目的，在于提高征收工作效率，防止因征收无限期拖延而影响建设项目顺利进行，确保公共利益及时实现。本案卫某海、王某作为卫某元的儿子、儿媳，与余某之间对涉案房屋权属存在争议，双方均要求给予征收补偿安置，但不能因此影响征收工作的顺利开展。在征收补偿方案确定的签约期限内达不成征收补偿协议而房屋征收部门又没有及时报请的情况下，二审法院明确余某及卫某元的权利继受人均有权请求瑶海区政府作出征收补偿决定。就本案瑶海区政府作出房屋征收补偿决定应注意的事项，二审法院特别指出："在涉案房屋权属争议依法解决之前，瑶海区政府可仅就征收涉案房屋依法应给予的各项补偿款数额、安置地点、面积以及差价结算等事项作出决定，暂不宜确定争议双方的任何一方为补偿安置对象。同时还应向争议双方说明，待涉案房屋权属争议解决后，该房屋的合法权利人即为补偿安置对象，依法享受征收补偿决定确定的各项权利并履行相应义务。"同时二审法院告知争议双方应另循法定途径解决涉案房屋权属争议。故根据二审法院的裁判理由，再审申请人王某、卫某海应积极主动去先行解决涉案房屋权属争议，实无必要对本案申请再审。

——中国裁判文书网。

717. 诉讼请求的释明引导与诉讼类型选择

关键词

集体土地征收　补偿安置协议

最高人民法院审判业务意见（行政庭法官会议纪要）

被征收人对适用2019年8月26日修改前的《中华人民共和国土地管理法》实施的农村集体土地征收引发的补偿安置提起诉讼的，人民法院在立案或一审审理期间应当根据《最高人民法院关于适用〈中华人民共和国行政诉讼法〉的解释》第五十五条等规定，给予指导和释明，并结合补偿安置具体情况、补偿安置分歧原因、被征收人实质诉求等情况，引导被征收人正确选择被诉行政行为、适格被告及有利于补偿安置争议实质化解的诉讼请求：

（1）签订补偿安置协议后，认为补偿安置协议违法或遗漏法定补偿安置内容的，引导起诉补偿安置协议；

（2）对补偿安置义务主体作出的补偿决定不服，认为补偿决定违法或者遗漏法定补偿安置内容的，引导起诉补偿决定；

（3）无补偿安置协议或补偿决定且尚未被强制交出土地的，引导提起履行补偿安置职责诉讼或请求作出补偿决定诉讼；

（4）无补偿安置协议或补偿决定且已被强制交出土地，被征收人对补偿安置不服，引导提起履行补偿安置职责诉讼或请求作出补偿决定诉讼；对强制拆除行为不服的，引导提起确认强制拆除行为违法并赔偿动产、不动产等损失诉讼。

被征收人对补偿标准、补偿安置方案、被征收房屋和土地的地类与面积认定、地上附着物与青苗补偿费计算等有异议的，可以在提起上述相关类型诉讼时一并提出；人民法院应当全面审查上述行为的合法性。

——《最高人民法院行政法官专业会议纪要（五）（集体土地补偿领域）》（2019年11月29日）。

（十三）其他

718. 因特殊历史原因取得集体土地房屋使用证的城镇居民无权无期限、无偿占有使用集体经济组织所有的土地

关键词

集体土地　林权确权　行政处理决定

最高人民法院裁判文书

张某东诉建昌县人民政府、贺某林、建昌县建昌镇建昌街村民委员会林权行政处理决定案［最高人民法院（2015）行监字第187号行政裁定书］

　　裁判要点：城镇居民确因特殊历史原因，长期居住、生活在农村，并已取得集体土地上房屋使用证的，从尊重历史，有利于生产、生活的角度考虑，对其在土地管理法实施之前，在房前屋后长期无偿种植使用的零星集体林地使用权和林木所有权，可以依法确认给城镇居民。但是，城镇居民在树木成材依法砍伐后，应当将林地交还集体经济组织。

最高人民法院认为：《森林法》第十七条第二款规定，个人之间、个人与单位之间发生的林木所有权和林地使用权争议，由当地县级或者乡级人民政府依法处理。据此，建昌县政府对贺某林与建昌街村委会之间的林木及林地使用权纠纷，依法有权作出林权确权处理决定。

关于《森林法》第二十七条第三款的适用问题。《森林法》第二十七条第三款规定："农村居民在房前屋后、自留地、自留山种植的林木，归个人所有。城镇居民和职工在自有房屋的庭院内种植的林木，归个人所有。"本院认为，前款所称"农村居民"，原则上应当是指在农村居住、生活并具有农业户籍的村民，不包括非农业户籍的城镇居民。但是，从尊重历史和现实，有利于生产、生活的角度考虑，对极个别确因特殊历史原因，长期居住、生活在农村，并已经依法取得农村集体土地上房屋所有权的城镇居民，应当予以特殊对待和区别处理。本案中，贺某林虽系城镇户籍，但自20世纪70年代末即开始在集体土地上建房、居住生活至今，并于1993年取得在集体土地上所建房屋的产权证书。20世纪80年代初，贺某林在其房前的集体闲置土地上种树，管理使用争议地至今。根据上述事实，建昌县政府依照《林木林地权

属争议处理办法》第十二条规定,将争议林地使用权和林木所有权确权给贺某林,并无不当。张某东主张贺某林系城镇居民,不能取得房前林地使用权和林木所有权,是对上述法律规范的错误理解,其该项申请再审理由不能成立。同时,应当指出的是,作为城镇居民,无权无限期地无偿占有使用集体经济组织所有的土地。本案中,贺某林未经建昌村委会同意,今后不得擅自在争议林地上补栽树木。在现有树木依法砍伐后,贺某林应当无偿将争议林地交还建昌街村委会。

——中国裁判文书网。

719. 住改商房屋性质的认定

关键词

房屋征收　住改商房屋性质

附录：最高人民法院主流观点

2003年9月19日,《国务院办公厅关于认真做好城镇房屋拆迁工作维护社会稳定的紧急通知》(国办发明电〔2003〕42号)规定:"对拆迁范围内产权性质为住宅,但已依法取得营业执照经营性用房的补偿,各地可根据其经营状况、经营年限及纳税等实际情况给予适当补偿。"该通知较好地解决了住改商房屋的问题,减少了拆迁纠纷,该规定的精神应当予以贯彻。此外,《物权法》[①]赋予了物权人充分发挥物的效能之绝对支配权,目的是使物能尽其所用,只要在行使这一权利时没有违反法律禁止性规定,没有侵犯社会公共利益或其他人合法权益,就应当予以认可。因此,住改商的就应以房屋的实际用途作为认定性质的依据。在具体实务中,应综合考虑确定被征收房屋的性质。主要有以下几种情况:(1)房屋产权证登记为非住宅,且该房实际用于经营并办理了合法经营证照的,应当按照非住宅房屋给予补偿。(2)房屋产权证登记为非住宅,但该房屋实际上并未投入经营,实际上全部是住宅房屋进行使用的,不能按照非住宅补偿。(3)房屋产权证登记为非住宅,实际上是经营用房,但是被征收人或承租人偷逃国家税收,未办理合法经营证照并缴纳有关税费的,也不能享受非住宅补偿安置待遇。(4)房屋产权证登记为住宅,但是一直作为经营用房且具有合法手续,在房屋征收决定作出前也已经变更为非住宅用房的,应该享受非住宅用房补偿安置待遇。在房屋征收决定作出前未办理房屋使用性质变更为非住宅的,可以在补办有关手续或扣除

[①] 本法已被《中华人民共和国民法典》废止。

相关变更登记费用后，按照非住宅予以补偿。(5) 根据法律、法规或者地方的规定，明确禁止住宅用房改为商业住宅后，将住宅房屋改为非住宅房屋的，应当按照住宅房屋给予补偿安置。

——江必新主编：《国有土地上房屋征收与补偿条例理解与适用》，中国法制出版社 2012 年版，第 227 页。

720. 诉请行政机关依据行政处罚决定履行职责应当以该处罚决定对行政机关设定了义务为前提

关键词

行政机关法定职责　行政处罚　违法占地

最高人民法院裁判文书

张某祥诉云南省昆明市西山区人民政府土地行政管理申请再审案［最高人民法院（2020）最高法行申 5870 号行政裁定书］

裁判要旨：原告诉请行政机关按照行政处罚决定书履行法定职责，应当以该处决定书对该行政机关设定了相应义务为前提条件。本案中，案涉处罚决定书系国土部门作出，内容为责令昆明滇池投资有限责任公司向有关居民小组退还其违法占用的土地。该处罚决定书中并未对被告昆明市西山区人民政府设定义务，原告诉请判令昆明市西山区人民政府根据该处罚决定书履行法定职责，缺乏事实和法律依据。

最高人民法院认为，本案争议的主要问题为，张某祥的起诉是否符合法定起诉条件。根据《中华人民共和国行政诉讼法》第四十九条第三项的规定，提起行政诉讼应当有具体的诉讼请求和事实根据。本案中，张某祥提出的诉讼请求为："判令西山区政府按照昆明市国土资源局对西山区政府违法占地所作的昆国土西执罚〔2018〕7 号《行政处罚决定书》认定的 31.44 亩土地面积，退还其承包经营的土地；判令西山区政府按照其承包经营土地和地上建（构）筑物、附属物的原物和土地面积，恢复原状"。云南省昆明市国土资源局西山分局作出昆国土西执罚〔2018〕7 号《行政处罚决定书》，认定昆明滇池投资有限责任公司违法占地，责令该公司退还违法占用富善居民小组的 31.44 亩土地。该行政处罚决定并未设定西山区政府对案涉土地进行退还及恢复原状的义务，故张某祥诉请判令西山区政府根据该行政处罚决定退还土地并恢复原状,缺乏事实和法律根据。一审裁定驳回张某祥的起诉,二审维持一审裁定,并无不当。

——中国裁判文书网。

721. 人民法院审查市、县级人民政府申请法院强制执行其作出的房屋征收补偿决定案件的期限

关键词

法院强制执行　房屋征收补偿决定

最高人民法院答复

天津市高级人民法院:

你院津高法〔2011〕316号请示收悉。经研究,答复如下:

一、被执行人申请行政复议或者提起行政诉讼的法定期限在2012年1月1日前已经届满的,应当适用《最高人民法院关于执行〈中华人民共和国行政诉讼法〉若干问题的解释》第八十八条[①]的规定。

二、人民法院审查市、县级人民政府申请强制执行其作出的房屋征收补偿决定案件的期限,适用《最高人民法院关于办理申请人民法院强制执行国有土地上房屋征收补偿决定案件若干问题的规定》第四条规定。其他疑难复杂案件可依据《行政强制法》第五十八条规定进行审查,并自受理之日起三十日内作出裁定。特殊情况需要延长审查期限的,由高级人民法院批准。

三、关于催告程序和免于缴纳申请费问题,同意你院倾向性意见。即行政机关在2012年1月1日后申请人民法院强制执行《行政强制法》施行前生效的行政决定,不缴纳申请费,强制执行的费用由被执行人承担。但在申请人民法院强制执行前,行政机关应当按照《行政强制法》第五十四条的规定先行催告当事人履行义务。

——《最高人民法院关于行政强制法实施后行政机关申请人民法院强制执行几个问题的答复》(2012年5月28日,〔2012〕行他字第5号)。

---

① 本条规定已被《最高人民法院关于适用〈中华人民共和国行政诉讼法〉的解释》(法释〔2018〕1号)第一百五十六条代替。

722. 行政机关依法以公告方式送达的，起诉人知道行政行为的时间应当以公告之日起计算

关键词

公告送达　行政行为　起诉期限

最高人民法院裁判文书

马某有诉梅河口市人民政府房屋征收决定案［最高人民法院（2015）行监字第957号行政裁定书］

裁判要点：行政机关依法以公告方式送达的，起诉人知道行政行为的时间应当以公告之日起计算。公告有期限的，从公告期结束之日起计算。公告内容已经告知诉权和起诉期限的，应当视为已告知诉权和起诉期限。

最高人民法院认为：《国有土地上房屋征收与补偿条例》第十三条第一款规定："市、县级人民政府作出房屋征收决定后应当及时公告。公告应当载明征收补偿方案和行政复议、行政诉讼权利等事项。"根据上述规定，房屋征收决定以公告方式送达，无须参照民事诉讼法规定的送达程序，向每一户被征收人逐户送达。只要市、县人民政府依法进行公告，即视为征收决定已经送达每一户被征收人；征收决定公告中告知当事人诉权和起诉期限，即视为全体被征收人已经被告知诉权和起诉期限。本案中，梅河口市政府一审提供的在被征收范围内张贴公告的照片，能够证明梅河口市政府按照《国有土地上房屋征收与补偿条例》第十三条规定，于2013年9月27日发布梅政房征〔2013〕第6号《梅河口市人民政府关于对爱民路东侧一期棚户区地块房屋征收的决定》，并于同日在被征收范围内依法张贴房屋征收决定公告，公告中明确告知了被征收人不服征收决定申请行政复议、提起行政诉讼的权利和复议、起诉的法定期限。自该公告发布之日起，即视为所有被征收人已经被告知征收决定的内容及诉权和起诉期限。马某有系该征收公告的被征收人之一，自2013年9月27日已经知道梅河口市政府作出被诉征收决定的内容以及诉权和起诉期限，至2014年5月27日向通化市中级人民法院提起行政诉讼，显然已经超过修改前的《中华人民共和国行政诉讼法》第三十九条规定的3个月的法定起诉期限。原审裁定驳回马某有起诉并无不当。

——中国裁判文书网。

723. 申请人民法院强制执行国有土地上房屋征收补偿决定案件新旧规定的衔接

关键词

房屋征收补偿　申请强制执行　新旧规定衔接

最高人民法院司法解释

第十条　《条例》施行前已依法取得房屋拆迁许可证的项目，人民法院裁定准予执行房屋拆迁裁决的，参照本规定第九条精神办理。

第十一条　最高人民法院以前所作的司法解释与本规定不一致的，按本规定执行。

——《最高人民法院关于办理申请人民法院强制执行国有土地上房屋征收补偿决定案件若干问题的规定》（2012年3月26日，法释〔2012〕4号）。

最高人民法院司法政策精神

八是新旧规定衔接问题。《规定》明确对行政机关依据《条例》施行前的规定作出的房屋拆迁裁决，人民法院裁定准予执行的，参照《规定》第九条精神办理。对行政机关就上述裁决提出的强制执行申请，人民法院应当依照法律、法规及司法解释的规定，严格立案、审查，认真执行《最高人民法院关于坚决防止土地征收、房屋拆迁强制执行引发恶性事件的紧急通知》（法明传〔2011〕327号）的具体要求，凡存在补偿安置不到位或其他不宜强制执行情形的，不得裁定准予执行；对于裁定准予执行的，要按照《规定》第九条确定的强制执行方式妥善处理，以促进房屋拆迁活动依法稳妥有序进行。

——《最高人民法院关于认真贯彻执行〈关于办理申请人民法院强制执行国有土地上房屋征收补偿决定案件若干问题的规定〉通知》（2012年4月5日，法〔2012〕97号）。

附录：最高人民法院法官著述

针对《条例》施行前已依法取得房屋拆迁许可证的项目涉及的强制执行问题，《规定》明确了行政机关依据《条例》施行前的规定作出的房屋拆迁裁决，人民法院裁定准予执行的，参照《规定》第九条有关强制执行方式的规定精神办理。按照《条例》第三十五条规定，《条例》施行前已依法取得房屋拆迁许可证的项目，继续沿用原有的规定办理，但政府不得责成有关部门强制拆迁。从进一步强化对拆迁管理行为的监督，维护被拆迁人合法权益角度考虑，对于《条例》施行前已依法取得房屋拆迁许可证的项目，房屋拆迁管理部门就相关裁决向法院提出强制执行申请，人民法院应当依法受理、审查并作出裁定。

据了解，目前许多地方存有大量已发放许可证的项目存在强制执行问题，这也是近一段时间以来人民法院需解决的主要问题之一。最高人民法院在相关通知中要求各级人民法院审慎处理好新旧规定之间的衔接问题，包括要严格立案、审查，对是否准予执行审慎作出裁定。同时要依照相关法律、法规及司法解释的规定，认真执行《最高人民法院关于坚决防止土地征收、房屋拆迁强制执行引发恶性事件的紧急通知》的具体要求，凡存在补偿安置不到位或其他不宜强制执行情形的，不得裁定准予执行；对于裁定准予执行的，要按照《规定》第九条确定的"一般由作出征收补偿决定的市、县级人民政府组织实施，也可以由人民法院执行"的方式妥善处理，以促进房屋拆迁活动依法稳妥有序进行。需强调的是，《条例》施行后起诉到法院的相关诉讼案件和申请法院强制执行的非诉行政执行案件可能会大量增加，不少地方法院面临审查、执行力量不足等现实困难，需要有关方面给予关注并及时妥善解决。

——赵大光、马永欣、王晓滨：《〈关于办理申请人民法院强制执行国有土地上房屋征收补偿决定案件若干问题的规定〉的理解与适用》，载江必新主编、最高人民法院行政审判庭编：《行政执法与行政审判》2012年第1集（总第51集），中国法制出版社2011年版，第27页。

724. 如何认定被征地农民"知道"征收土地决定

关键词

被征收人 征收土地决定 补偿安置协议 补偿费用 行政诉讼

最高人民法院答复

各省、自省区、直辖市高级人民法院行政审判庭，新疆维吾尔自治区高级人民法院生产建设兵团分院行政审判庭：

现将国务院法制办公室《关于认定被征地农民"知道"征收土地决定有关问题的意见》转发给你们，请在办理相关案件时予以参考。

——最高人民法院行政审判庭转发国务院法制办公室《关于认定被征地农民"知道"征收土地决定有关问题的意见》的通知（2014年8月28日，法〔行政〕明传〔2014〕9号）。

附件：《国务院法制办公室关于认定被征地农民"知道"征收土地决定有关问题的意见》（国法〔2014〕40号）

各省、自治区、直辖市人民政府法制办公室：

根据《中华人民共和国行政复议法》第九条[①]规定，公民、法人或者其他组织认为具体行政行为侵犯其合法权益，申请行政复议的，应当在知道该具体行政行为之日起60日内提出。近来，一些被征地农民以征收土地决定作出时不知道、系事后通过申请政府信息公开等方式知道为由，就省级人民政府多年前作出的征收土地决定申请行政复议，大大超出了法定的60日申请期限。实践中，各地方对认定被征地农民知道征收土地决定问题把握标准不一致。为了保障被征地农民依法行使权利，确保有关行政复议申请期限法律规定的正确实施，提出以下意见：

一、申请人对行政机关已经发布征收土地公告的主张提出异议，行政机关不能提供证据的，不能认定申请人知道征收土地决定。

二、行政机关能够提供下列证据之一，经查证属实的，可以作为认定依法发布了征收土地公告的证据：

（一）行政机关出具的在被征收土地所在地的村、组内张贴公告的书面证明及视听资料；征收乡（镇）农民集体所有土地的，出具的在乡（镇）人民政府所在地张贴公告的书面证明及视听资料；

（二）被征地农民出具的证实其被征收土地已张贴公告的证言等证据。征收土地公告有确定期限的，可以认定申请人自公告确定的期限届满之日起知道征收土地决定；征收土地公告没有确定期限的，可以认定申请人自公告张贴之日起满10个工作日起知道征收土地决定。

三、行政机关不能提供发布征收土地公告的相关证据，但是能够举证证明已经按照法律、法规和规章的规定发布了征收土地补偿安置公告，且在公告中载明了征收土地决定的主要内容，经查证属实的，可以视为申请人自公告确定的期限届满之日起知道征收土地决定；公告没有确定期限的，可以视为申请人自公告张贴之日起满10个工作日起知道征收土地决定。

四、行政机关不能提供发布征收土地公告或者征收土地补偿安置公告的证据，但是能够举证证明申请人在征收土地决定作出后有下列行为之一，经查证属实的，可以视为申请人自该行为发生之日起知道征收土地决定：

（一）已经办理征收土地补偿登记的，自申请人办理征收土地补偿登记之日起；

[①] 本条规定现为《中华人民共和国行政复议法》（2023年修正）第二十条第一款，内容已修改为："公民、法人或者其他组织认为行政行为侵犯其合法权益，可以自知道或者应当知道该行政行为之日起六十日内提出行政复议申请；但是法律规定的申请期限超过六十日的除外。"

（二）已经签订征收土地补偿协议的，自申请人签订征收土地补偿协议之日起；

（三）已经领取征收土地补偿款或者收到征收土地补偿款提存通知的，自申请人领取征收土地补偿款或者收到征收土地补偿款的提存通知之日起；

（四）已经签订房屋拆迁协议的，自申请人签订房屋拆迁协议之日起；

（五）对补偿标准存有争议，已经申请县级以上地方人民政府进行协调的，自申请人申请协调之日起。同时存在上述两种或者两种以上行为的，以最早可以认定的知道征收土地决定的时间为准。

五、行政机关不能证明有本意见第二条至第四条情形，但是能够举证证明申请人通过行政复议、政府信息公开、信访、诉讼等其他途径知道征收土地决定主要内容，经查证属实的，可以认定申请人自有证据证明之日起知道征收土地决定。

六、行政机关在征收土地决定作出后，没有告知被征地农民申请行政复议的权利、行政复议机关或者申请期限的，行政复议申请期限参照《最高人民法院关于执行〈中华人民共和国行政诉讼法〉若干问题的解释》①第四十一条办理，即：行政复议申请期限从公民、法人或者其他组织知道或者应当知道申请行政复议的权利、行政复议机关或者申请期限之日起计算，但从知道或者应当知道征收土地决定内容之日起最长不得超过2年。

各省、自治区、直辖市人民政府法制办公室要按照本意见的规定，进一步规范对不服征收土地决定类行政复议申请的受理，依法保护被征地农民合法权益，及时化解行政争议，切实维护社会和谐稳定。

最高人民法院裁判文书

宣某明诉无锡市滨湖区人民政府土地房屋征收拆迁行为及行政赔偿案
［最高人民法院（2017）最高法行申144号行政裁定书］

最高人民法院认为：本案的争议焦点是宣某明的起诉是否符合法定的起诉条件，具体分述如下：

（一）关于签订补偿安置协议后能否对征地拆迁行为起诉的问题

根据《中华人民共和国土地管理法》第二条第四款规定，国家为了公共利益的需要，可以依法对土地实行征收或者征用并给予补偿。实践中，整个征收补偿过程约略可划分为征收行为、补偿行为和强制或非强制实施行为，其中补偿行为是征收行为的必然结果，也是实施行为的前提条件。由于征收行为、补偿行为与实施行为的分离，被征收人既可能认为上述三个阶段的行

---

① 本解释已被《最高人民法院关于适用〈中华人民共和国行政诉讼法〉的解释》（法释〔2018〕1号）废止。

政行为均不合法，也可能仅认为征收过程中的某一行政行为不合法，因而提起行政诉讼。为了更好地推进征收补偿依法、有序、平稳进行，应当允许被征收人在对征收行为合法性保留异议权利的前提下，先行鼓励和引导其以签订补偿安置协议的方式先行解决补偿问题，以减少纠纷。但被征收人签订补偿安置协议并领取相应补偿费用后，如坚持认为征收行为违法，仍可在法定期限内依法对征收行为提起行政诉讼，而不能认为签订补偿安置协议或领取相应补偿费用后，被征收人即丧失相应原告主体资格，无权提起相关行政诉讼；除非补偿安置协议对被征收人放弃相关诉讼权利并取得相应之补偿，已经进行了明确约定。因此，一审法院认为宣某明签订补偿安置协议即实际处分自己的权益，因而征地拆迁行为对其权利义务不产生实际影响，是对《最高人民法院关于执行〈中华人民共和国行政诉讼法〉若干问题的解释》第一条第二款第六项[①]规定的错误理解，一审法院以此为由对宣某明的起诉裁定不予立案，不符合法律规定。

（二）关于修改后的《中华人民共和国行政诉讼法》（以下简称《行政诉讼法》）实施前签订的征收补偿协议能否作为行政案件受理的问题

《行政诉讼法》第十二条第一款第十一项明确规定，公民、法人或者其他组织认为行政机关不依法履行、未按照约定履行或者违法变更、解除土地房屋征收补偿协议提起的诉讼，属于人民法院行政诉讼的受案范围。该规定并未以《行政诉讼法》实施日期为标准，来区分2015年5月1日之前或者之后的土地房屋征收补偿协议案件的性质；且《行政诉讼法》作为行政诉讼程序的基本法，其条文主要系诉讼程序规定，实体规定较少，因此，《行政诉讼法》修改后的条款除非明确规定不溯及既往或者因条款性质不适宜溯及既往，原则上对有关受案范围、审理程序、裁判种类等属于法院裁判职权专属事项的规定，人民法院均应当适用该新的规定作出裁判。本案中，案涉补偿安置协议虽然签订于2015年5月1日之前，但如被征收人在2015年5月1日之后依法起诉，仍应当依据《行政诉讼法》上述规定，作为行政案件予以受理。二审法院将用于调整国有土地上房屋征收拆迁事项的《关于受理房屋拆迁、补偿、安置等案件问题的批复》，作为裁判本案集体土地房屋征收拆迁行为的依据，并认为宣某明所诉纠纷性质属于民事合同纠纷，不属于人民法院行政诉讼的受案范围，显属适用法律错误。事实上，《行政诉讼法》经修改于2015年5月1日实施以后，《关于受理房屋拆迁、补偿、安置等案件问题的批复》第二条即与《行政诉讼法》规定相抵触，应当不再予以适用。而对于2015年5月1日之前形成的国有土地上房屋拆迁补偿安置协议，公民、法人

---

① 编者注：该解释已废止，对应2018年2月6日颁布的《最高人民法院关于适用〈中华人民共和国行政诉讼法〉的解释》第一条第二款第十项。

或者其他组织在 2015 年 5 月 1 日之后提起诉讼的，也应当作为行政案件受理立案，而不再作为民事案件受理立案。

（三）关于再审申请人宣某明请求确认征地拆迁行为违法是否超过法定起诉期限的问题

根据再审申请人宣某明一审起诉状，其诉讼请求为请求判决无锡市政府、滨湖区政府征地拆迁行为违法并赔偿相关财产损失。根据《行政诉讼法》《中华人民共和国土地管理法》规定，被征收人对征地拆迁等具体的行政行为不服，有权提起行政诉讼，但应当在法定期限内提出。根据《最高人民法院关于执行〈中华人民共和国行政诉讼法〉若干问题的解释》第四十一条第一款①规定，行政机关作出行政行为时，未告知公民、法人或者其他组织诉权或者起诉期限的，起诉期限从公民、法人或者其他组织知道或者应当知道诉权或者起诉期限之日起计算，但从知道或者应当知道行政行为内容之日起最长不得超过 2 年。同时，参考《国务院法制办公室关于认定被征地农民"知道"征收土地决定有关问题的意见》（国法〔2014〕40 号）第四条第一款第四项有关"申请人在征收土地决定作出后已经签订房屋拆迁协议的，自该签订房屋拆迁协议之日起，可以视为申请人知道征收土地决定"的规定，再审申请人宣某明于 2013 年 11 月 2 日签订《拆迁协议书》后，即应视为已经知道相关征地拆迁行为，而其于 2016 年 9 月 17 日才针对无锡市政府、滨湖区政府征地拆迁行为提起行政诉讼，明显超过法定的起诉期限。根据《最高人民法院关于适用〈中华人民共和国行政诉讼法〉若干问题的解释》第三条第一款第二项规定，对再审申请人宣某明该起诉，人民法院应当裁定不予立案。因此，本案一、二审法院裁定虽然存在适用法律错误情形，但不予立案结果正确。为减轻诉累和节约司法资源，对一、二审法院裁定的结果，本院仍予维持；对一、二审法院审理中存在的问题，本院依法予以指正。

综上，宣某明的再审申请不符合《中华人民共和国行政诉讼法》第九十一条规定的情形。

——最高人民法院第三巡回法庭编著：《最高人民法院典型行政案件裁判观点与文书指导》，中国法制出版社 2018 年版，第 466 页。

殷某祥诉江苏省人民政府土地行政复议案［最高人民法院（2017）最高法行申 158 号行政裁定书］

最高人民法院认为：本案的争议焦点是殷某祥申请行政复议是否符合法定受理条件。

---

① 编者注：该解释已废止，对应 2018 年 2 月 6 日颁布的《最高人民法院关于适用〈中华人民共和国行政诉讼法〉的解释》第六十四条第一款，但起诉期限由 2 年变为 1 年。

《行政复议法》第九条第一款①规定："公民、法人或者其他组织认为具体行政行为侵犯其合法权益的,可以自知道该具体行政行为之日起 60 日内提出行政复议申请;但是法律规定的申请期限超过 60 日的除外。"参考《国务院法制办公室关于认定被征地农民"知道"征收土地决定有关问题的意见》(国法〔2014〕40 号)第四条第一款第三项有关"已经领取征收土地补偿款或者收到征收土地补偿款提存通知的,自申请人领取征收土地补偿款或者收到征收土地补偿款的提存通知之日起,可以视为申请人知道征收土地决定"之规定,本案殷某祥曾于 2008 年 11 月、2011 年 7 月 25 日和 2011 年 9 月 23 日,先后领取暂付安置费、地上附着物宅基地补偿、附着物补偿款共 35000 元,并于 2011 年 11 月 29 日签署《停诉息访承诺书》,领取救助金 24.8 万元,故殷某祥当时领取补偿安置费用时就视为知道相关征地批准行为,而其于 2015 年 11 月 25 日申请行政复议,明显超过法定期限。因此,一、二审法院判决并无不当。

综上,殷某祥的再审申请不符合《中华人民共和国行政诉讼法》第九十一条规定的情形。

——最高人民法院第三巡回法庭编著:《最高人民法院典型行政案件裁判观点与文书指导》,中国法制出版社 2018 年版,第 489 页。

725. 对村集体经济或村民委员会侵犯农村集体经济组织成员土地承包经营权的行为乡政府具有监督管理职责

关键词

不履行法定职责　农村集体经济组织　土地承包经营权

行政审判指导案例

栾某平诉吉林省白城市洮北区东风乡人民政府不履行法定职责案〔行政审判指导案例第 24 号〕

裁判要点：农村集体经济组织成员因村集体经济组织或村民委员会不发包而没有实际取得土地承包经营权的,可以根据农村土地承包法的规定,要求所在乡镇政府履行相关监督管理的职责。

---

① 本条规定现为 2023 年修订后的《行政复议法》第二十条第一款,内容已修改为："公民、法人或者其他组织认为行政行为侵犯其合法权益的,可以自知道或者应当知道该行政行为之日起六十日内提出行政复议申请;但是法律规定的申请期限超过六十日的除外。"

一、《最高人民法院关于审理涉及农村土地承包纠纷案件适用法律问题的解释》第一条第二款规定:"集体经济组织成员因未实际取得土地承包经营权提起民事诉讼的,人民法院应当告知其向有关行政主管部门申请解决。"该款规定为此种争议设定了行政处理程序。本案中,栾某平因未实际取得土地承包经营权申请乡政府解决,乡政府对栾某平是否应取得承包经营权应作出处理,而乡政府在法定期限内未予答复,已构成行政不作为。因栾某平未实际取得土地,其纠纷不属于土地承包纠纷,因此一审法院依据《中华人民共和国农村土地承包法》认定上诉人的申请不是乡政府的职责,属适用法律错误,应予纠正。上诉人以该纠纷应由东风乡政府处理的上诉理由成立,应予采信。

二、鉴于本案在一审期间,被上诉人对上诉人的申请作出了"不享受土地待遇"的答复。该答复的意见是明确的,应认定被上诉人对上诉人的申请作出了处理,履行了法定职责。上诉人以该答复不属于行政处理决定而要求东风乡政府履行职责的上诉理由,不予支持。根据《最高人民法院关于执行〈中华人民共和国行政诉讼法〉若干问题的解释》第五十条第三款、第四款[①]"被告改变原具体行政行为,原告不撤诉,人民法院经审查认为原具体行政行为违法的,应当作出确认其违法的判决;认为原具体行政行为合法的,应当判决驳回原告的诉讼请求。原告起诉被告不作为,在诉讼中被告作出具体行政行为,原告不撤诉的,参照上诉规定处理"及《中华人民共和国行政诉讼法》第六十一条第二项的规定,判决如下:

一、撤销白城市洮北区人民法院〔2006〕白洮行初字第8号行政判决。
二、确认东风乡政府对栾某平的申请在法定期限内不予答复的行为违法。

——江必新主编、最高人民法院行政审判庭编:《中国行政审判指导案例》(第1卷),中国法制出版社2010年版,第122页。

726. 涉及农村集体土地征收的非诉行政执行

关键词

农村集体土地　土地征收　非诉行政执行

最高人民法院司法解释

第十四条　县级以上人民政府土地管理部门根据土地管理法实施条例第四十五条的规定,申请人民法院执行其作出的责令交出土地决定的,应当符

[①] 本条规定已被《最高人民法院关于适用〈中华人民共和国行政诉讼法〉的解释》(法释〔2018〕1号)废止。

合下列条件:

(一)征收土地方案已经有权机关依法批准;

(二)市、县人民政府和土地管理部门已经依照土地管理法和土地管理法实施条例规定的程序实施征地行为;

(三)被征收土地所有权人、使用人已经依法得到安置补偿或者无正当理由拒绝接受安置补偿,且拒不交出土地,已经影响到征收工作的正常进行;

(四)符合《最高人民法院关于执行〈中华人民共和国行政诉讼法〉若干问题的解释》第八十六条①规定的条件。

人民法院对符合条件的申请,应当裁定予以受理,并通知申请人;对不符合条件的申请,应当裁定不予受理。

——《最高人民法院关于审理涉及农村集体土地行政案件若干问题的规定》(2011年8月7日,法释〔2011〕20号)。

附录:最高人民法院主流观点

由于司法实践的多样性和复杂性,在法律、法规和司法解释的适用过程中,具体操作方面的以下细节问题需引起重视:

一、关于申请期限的把握

司法实践中一个现实而具体的问题,就是如何把握县级以上土地管理部门提出强制执行责令交出土地决定的申请期限。

《最高人民法院关于执行〈中华人民共和国行政诉讼法〉若干问题的解释》(以下简称《若干解释》)第八十八条②规定:"行政机关申请人民法院强制执行其具体行政行为,应当自被执行人的法定起诉期限届满之日起180日内提出。逾期申请的,除有正当理由外,人民法院不予受理";而《行政强制法》第五十三条规定:"当事人在法定期限内不申请行政复议或者提起行政诉讼,又不履行行政决定的,没有行政强制执行权的行政机关可以自期限届满之日起三个月内,依照本章规定申请人民法院强制执行"。这里,"180天"和"三个月"即为不同规定,我们认为,按照新法优于旧法、司法解释应严格遵循法律规定的法律适用规则,在《行政强制法》施行后,应当遵循"三个月"的申请期限,但于该法生效前起诉期限届满有关申请期限的,可依据180天的计算方式。

但另一方面,《若干解释》规定了"逾期申请的,除有正当理由外,人民

---

① 本条规定已被《最高人民法院关于适用〈中华人民共和国行政诉讼法〉的解释》(法释〔2018〕1号)第一百五十五条代替。

② 本条规定已被《最高人民法院关于适用〈中华人民共和国行政诉讼法〉的解释》(法释〔2018〕1号)第一百五十六条代替。

法院不予受理"的情形,而《行政强制法》未对此作出规定。我们认为,保留《若干解释》有关逾期申请的相关规定十分必要,使法院有一定的裁量空间,便于司法实践中针对各种具体情况作出不同处理,也符合《行政诉讼法》第四十条①有关"公民、法人或其他组织因不可抗力或者其他特殊情况耽误法定期限的,在障碍消除后的十日内,可以申请延长期限,由人民法院决定"的规定精神。上述的"不可抗力或者其他特殊情况"属于逾期申请的"正当理由"。

那么,如何理解《若干解释》第八十八条规定的"法定起诉期限届满"和《行政强制法》第五十三条规定的"期限届满"?事实上,起诉期限长于复议期间,如果当事人在法定期限内申请复议但未提起诉讼,仍存在行政机关申请人民法院强制执行的情形。因此,《行政强制法》所规定的"期限届满"与《若干解释》规定的"法定起诉期限届满"精神是一致的。而起诉期限是否届满的把握,主要依照《行政诉讼法》和《若干解释》的相关规定。

二、关于审查标准的把握

我们认为,司法解释的本条规定,连同前文分析的法律及其他司法解释中有关非诉行政执行申请条件的规定,其主要意义在于对人民法院的立案环节如何把握相关的条件、要件作出指导,立案审查与案件受理后的审查标准并不一致。前者主要是形式审查,后者为实体审查与形式审查并重。因此,对前者而言,《行政强制法》及司法解释主要以对申请条件列举的形式作出规范(本条规定兼顾了实体与程序问题),由人民法院审查判断是否"符合条件"以决定是否受理;对后者而言,主要是确立相对严格的审查标准以作出是否执行裁定。

三、关于强制执行主体的理解

针对县级以上人民政府土地管理部门提出的强制执行申请,人民法院经审查作出准予执行裁定后,由谁动用强制力量或者以谁的名义组织实施?这是到目前为止实践中存在很大争议的悬而未决的棘手问题。从目前有关农村集体土地的法律、司法解释相关规定看,对"申请法院强制执行"的一般理解就是由人民法院作为执行主体去动用强制力量执行。尤其是涉及强制执行责令交出土地决定的强制执行活动,过去也不存在城市房屋拆迁强制执行中的"行政强拆"与"申请法院强制执行"并行的"双轨制"。但众所周知,实践中暴露出的问题是十分尖锐的,人民法院普遍反映由法院直接动用强制力量执行难度重重,在很多方面极不适宜。

2012年4月最高人民法院针对国有土地上房屋征收补偿决定非诉执行案件制定的《申请执行房屋征收补偿决定案件规定》第九条明确规定了"人民

---

① 本条规定现为《中华人民共和国行政诉讼法》(2017年修正)第四十八条第二款。

法院裁定准予执行的,一般由作出征收补偿决定的市、县级人民政府组织实施,也可以由人民法院执行"。该规定具有创新意义,是从现实可行性出发,经有关国家机关反复协商后形成的共识,符合"裁执分离"的司法改革基本方向。由"市、县级人民政府组织实施"是总的原则,"也可以由人民法院执行"是个别例外情形,我们认为,涉及农村集体土地的非诉强制执行模式,今后也可以朝着"裁执分离"的方向作出不断探索和改进。目前的法律上的主要障碍之一是,"土地管理部门"不是法律赋予的有强制执行权的行政机关,针对如何架构市、县政府与其所属部门的关系,改进和完善司法与行政机关之间的互动关系,建立科学、合理、协调的强制执行模式,各有关机关之间有必要进一步做出新的探索和改进。总之,"裁执分离"的强制执行模式既有利于人民法院履行监督支持行政机关依法行政、保障被征收人合法权益的职责,也有利于土地征收补偿活动的顺利进行,更好地实现维护公共利益与保护农民合法权益的统一,符合司法发展规律。

——江必新主编:《最高人民法院〈关于审理涉及农村集体土地行政案件若干问题的规定〉理解与适用》,中国法制出版社2013年版,第177~181页。

727. 对于违法建筑已建成多年且已出售的情形,必须考虑直接受到行政处理行为实际影响的利害关系人的正当权益

关键词

利害关系人　违法建筑　强制拆除

最高人民法院裁判文书

刘某诉安徽省阜阳市颍州区人民政府、安徽省阜阳市颍州区城乡管理行政执法局、安徽省阜阳市颍州区文峰街道办事处行政强制拆除案〔最高人民法院(2018)最高法行申2376号行政裁定书〕

裁判要点:行政诉讼法上的利害关系最直接的表现为,当事人的权利义务因被诉行政行为的实施发生了改变,受到了实际的影响。行政机关在处理违法建筑的法律关系中,应当针对不同情况进行相应的处置,主要分为两种情况:一是,对于正在进行建设的违法建筑,可对违法建设者予以处罚。二是,对于违法建筑已经建成多年并已出售的情况,由于行政机关实施强制拆除时已经产生了新的权利人,即除了违法建筑的建设者外还有违法建筑的实际居住、使用人。因此,行政机关对于违法建筑采取强制拆除的处理方式实际上

直接影响的是购买该违法建筑并居住使用的利害关系人，对违法建筑原建设者的影响可能已经微乎其微了。在此情况下，行政机关在作出对违法建筑的处理时，必须考虑到直接受到该行政处理行为实际影响的利害关系人的正当权益。在本案中涉及对违法建筑的处理上，即使当事人没有实际取得案涉房屋的房屋所有权证，但其作为房屋的实际居住、使用人，应当享有对涉及该房屋相关处理决定的知情权、陈述权和申辩权，这是行政法赋予利害关系人的正当程序权利。行政机关不能仅以对违法建设者的处罚及强制执行程序义务的履行来代替对强制拆除行为涉及的利害关系人的相应程序义务的履行。

最高人民法院经审查认为，再审申请人刘某在本案中请求法院判决确认被申请人强拆房屋行为违法，并责令将其房屋及财产恢复原状。结合在案的证据材料、再审申请请求和理由及一、二审判决，本案的争议焦点主要为：一是，再审申请人与被诉强拆房屋行为之间是否具有法律上的利害关系；二是，被诉强拆房屋行为是否合法；三是，再审申请人主张的被强拆房屋内财产损失是否属于本案的审理范围。

第一，再审申请人刘某与被诉强拆房屋行为之间具有法律上的利害关系。行政诉讼法上的利害关系最直接的表现为，当事人的权利义务因被诉行政行为的实施发生了改变，受到了实际的影响。本案中，再审申请人提供了文峰街道办作出的《关于刘某梅信访事项的答复》，该答复中载明"刘某梅于2006年与莲花社区董庄居民组达成协议，用12万元的价格购买了一处沟塘，后与莲花社区书记罗某忠共同开发建房（东苑雅居后3栋，属于违章建筑），目前该处房屋已被依法拆除"。再审申请人还提供了其于2008年12月15日与刘某梅签订的房屋买卖协议等证据材料，以此证明其出资购买了涉案被强拆房屋一审认可再审申请人作为被强拆房屋的实际居住人，与被诉强拆行为具有利害关系，具有本案的原告主体资格。二审对一审的此项认定也并未否认。本案被诉强拆行为针对的就是再审申请人实际居住使用的房屋，对再审申请人权益产生了直接的影响，强拆房屋的后果导致再审申请人丧失了对该房屋的居住和使用利益，因此，再审申请人与被诉强拆行为之间具有法律上的利害关系。

第二，被诉强拆房屋行为存在程序违法之处。根据一、二审查明的事实，本案被强拆房屋被认定为违法建筑。从形式上看，被申请人颍州区城管局根据《中华人民共和国城乡规划法》《中华人民共和国行政强制法》等的相关规定履行了相应的听证告知、行政处罚事先告知、作出行政处罚决定、催告、公告、作出强制执行决定等程序，但这一系列的程序都是针对本案一审第三人罗某忠作出的,而案涉被强拆房屋的实际居住人是再审申请人刘某,并不是罗某忠,因房屋强拆受到实际影响的也是再审申请人刘某。即使一审第三人罗某忠是被强拆房屋的建设者,对于已经建成多年的涉案房屋且该房屋实际居住使用人已经不是罗某忠本人的情况下,被申请人所作出的针对涉案房屋的告知、催告及强制拆除决定和强制拆除行为的相对人不能再仅仅局限于涉案房屋的原建设者,而忽略了行政行为作出的直接相对人或利益明显受影响的利害关系人。行政机关在处理违法建筑的法律关系中,应当针对不同情况进行相应的处置,主要分为两种情况:一是,对于正在进行建设的违法建筑,可对违法建设者予以处罚。二是,对于违法建筑已经建成多年并已出售的情况,由于行政机关实施强制拆除时已经产生了新的权利人,即除了违法建筑的建设者外还有违法建筑的实际居住、使用人。因此,行政机关对于违法建筑采取强制拆除的处理方式实际上直接影响的是购买该违法建筑并居住使用的利害关系人,对违法建筑原建设者的影响可能已经微乎其微了。在此情况下,行政机关在作出对违法建筑的处理时,必须考虑到直接受到该行政处理行为实际影响的利害关系人的正当权益。在本案中涉及对违法建筑的处理上,即使再审申请人没有实际取得案涉房屋的房屋所有权证,但其作为房屋的实际居住使用人,应当享有对涉及该房屋相关处理决定的知情权、陈述权和申辩权,这是行政法赋予利害关系人的正当程序权利。而且,经过本院对双方当事人的询问了解到,本案被申请人颍州区城管局在实施强制拆除房屋行为之前,曾对案涉房屋相关情况进行过调查,知道案涉房屋的建设者和实际居住人并非同一人。在此情况下,被申请人颍州区城管局无论是作出处罚决定还是强拆决定,都应当将与案涉房屋的相关决定告知再审申请人,以保障其主张合法权益的权利和机会。根据《中华人民共和国行政强制法》第八条第一款关于"公民、法人或者其他组织对行政机关实施行政强制,享有陈述权、申辩权;有权依法申请行政复议或者提起行政诉讼;因行政机关违法实施行政强制受到损害的,有权依法要求赔偿"之规定,本案中,再审申请人对被诉强制拆除行为享有知情权、陈述和申辩的权利,但被申请人并没有履行对再审申请人的告知、催告等程序义务,即强制拆除再审申请人实际居住使用的房屋,侵犯了再审申请人的知情权和陈述申辩权,构成程序违法。因此,一、二审法院以被申请人已经按照行政强制法的相关规定对违法建筑建设者罗某忠进行了告知、催告等,即认为被申请人实施强制拆除行为符合法律规定,属于适用法律错误,被申请人不能仅以对违法建设者的处罚及强制执行程序义务的履行来代替对强制拆除行为涉及的利害关系人的相应程序义务的履行。

第三,再审申请人主张的被强拆房屋内财产损失问题也属于本案审理范围。一审认为,因被诉的强拆行为并无违法之处,再审申请人并未提供合法房屋产权证明，因此其要求恢复房屋及财产的赔偿请求，没有事实依据。二审认为，再审申请人提出的房屋内财产损失问题，因本案被诉行政行为是强制拆除行为，再审申请人提出的该请求超出本案的审理范围。再审申请人如认为房屋内物品确有损失的，应另寻救济途径。本案中，再审申请人主张的房屋内财产损失问题客观上是因被申请人实施的被诉强制拆除行为而引发，而对被强拆房屋内财产是否存在损失的事实认定直接关系到对被诉强制拆除行为是否合法的判定。若被申请人在实施强制拆除行为前没有将再审申请人居住房屋内物品进行登记并妥善搬出保存即直接予以拆除，则势必会导致再审申请人的财产损失。尽管案涉的行政处罚决定、行政强制执行决定等直接针对的是案涉房屋，但也不可避免地会影响到案涉房屋内的财物。另外，涉案房屋是否因强制拆除行为造成财产损失与再审申请人是否持有房屋所有权证并无直接关系，不能因再审申请人不持有房屋所有权证就否认其对于居住房屋内自身财产权利的享有和主张。因此，在本案的审理过程中，应当对被诉强制拆除行为是否造成了再审申请人房屋内财产损失进行审查认定。至于再审申请人所提出的损失赔偿请求可另行解决。一、二审法院对于再审申请人主张的被强拆房屋内财产损失问题未予审查认定有所不当，应予纠正。

——最高人民法院第四巡回法庭编：《最高人民法院第四巡回法庭典型行政案件裁判观点2017-2018》，法律出版社2020年版，第401~408页。

728. 房屋已经拆除的情况下如何进行评估房屋价值

关键词

房屋拆除　原始资料　房屋价值

最高人民法院裁判文书

叶某、湖南省湘潭市雨湖区人民政府再审案［最高人民法院（2020）最高法行申3927号行政裁定书］

裁判要旨：房屋已被拆除的情况下，房地产评估机构应当根据双方当事人提供的拆除前的原始资料出具评估报告。本案评估机构根据当事人提供的房屋所有权证、联席会议认定资料、房屋拆除前照片等原始资料出具房地产估价报告，符合评估办法的规定，可以作为认定涉案房屋价值的依据。

最高人民法院认为，《中华人民共和国国家赔偿法》第三十六条第四项、第八项规定,侵犯公民、法人和其他组织的财产权造成损害的,应当返还的财产灭失的,给付相应的赔偿金;对财产权造成其他损害的,按照直接损失给予赔偿。根据该规定,在国有土地上房屋征收过程中,对因违法强制拆除造成被征收人房屋等相关财产损失的,应参照房屋征收补偿标准予以行政赔偿,确保被征收人获得的赔偿数额不低于行政机关依法征收拆除房屋给予被征收人的行政补偿。二审判决在查明涉案房屋等相关财产损失的基础上,根据《国有土地上房屋征收与补偿条例》《国有土地上房屋征收评估办法》的相关规定,参照《湘潭市国有土地上房屋征收与补偿实施办法》及当地的征收补偿政策,责令雨湖区政府和城正街道办共同赔偿叶某670376元及利息,符合法律规定。

关于叶某主张房地产估价报告不能作为认定涉案房屋价值依据的问题。《国有土地上房屋征收评估办法》第四条第一款规定,房地产价格评估机构由被征收人在规定时间内协商选定;在规定时间内协商不成的,由房屋征收部门通过组织被征收人按照少数服从多数的原则投票决定,或者采取摇号、抽签等随机方式确定。具体办法由省、自治区、直辖市制定。同时,生效的湖南省湘潭市中级人民法院(2017)湘03行赔初33号行政赔偿判决确认,对于涉案房屋损失的赔偿方式和标准,雨湖区政府和城正街道办可以根据作出赔偿决定时有效的房地产市场评估价格计付赔偿款,鉴于房屋已被拆除,房地产评估机构应当根据双方当事人提供的拆除前的原始资料出具评估报告。本案中,城正街道办在与叶某协商选定评估机构不成后,采取公开抽签的方式确定正佳公司为涉案房屋的评估机构。正佳公司具备房地产估价资质,以作出赔偿决定时点作为评估价值时点,根据当事人提供的房屋所有权证、联席会议认定资料、房屋拆除前照片等原始资料出具房地产估价报告,符合上述评估办法和生效判决的规定,可以作为认定涉案房屋价值的依据。叶某的该项主张无法律依据,本院不予支持。

关于叶某主张二审判决认定涉案房屋一层使用性质、楼梯间面积及赔偿标准、1990年后的未登记建筑赔偿标准错误的问题。(一)《国有土地上房屋征收评估办法》第九条第三款规定,对于已经登记的房屋,其性质、用途和建筑面积,一般以房屋权属证书和房屋登记簿的记载为准;房屋权属证书与房屋登记簿的记载不一致的,除有证据证明房屋登记簿确有错误外,以房屋登记簿为准。对于未经登记的建筑,应当按照市、县级人民政府的认定、处理结果进行评估。本案中,涉案房屋所有权证将涉案房屋一层的用途登记为住宅,叶某主张涉案房屋一层为商业用途,但未办理房屋用途变更登记手续,且未能提供营业执照、税务登记证明等相关部门允许其改为商业经营的证据,故叶某要求涉案房屋一层应以商业性质进行赔偿,无法律依据。(二)关于楼梯间面积及赔偿标准的问题。二审判决已根据双方当事人提供的涉案房屋手绘图、测绘图等资料，并考虑房屋墙体、公摊及测量数据误差等实际情况，认定楼梯间一、二层面积均约9.87平方米。其中，楼梯间一层的面积已按房屋有证建筑面积计入房屋总建筑面积予以赔偿；楼梯间二层的面积位于房屋无证面积部分，约3.15平方米的套内面积已按无证建筑面积计入房屋总建筑面积予以赔偿，余下6.72平方米套内面积，考虑墙体及公摊后约为7平方米面积，因屋顶倾斜层高未超过2.2米，根据相关规定及行业技术标准，不能计入房屋总建筑面积。二审判决从有利于当事人角度出发，推定该部分房屋为砖混结构、建于1990年4月1日前，并根据湘潭市雨湖区征拆工作联席会议办公室《关于对雨湖区国有土地上房屋征收中未经登记建筑、房屋改变使用性质补偿问题的补充意见》的规定，按照生活配套永久性建筑的补偿标准，在一审判决的基础上增加了该部分赔偿，已经充分保障了叶某的合法权益。（三）关于1990年后的未登记建筑赔偿标准的问题。《国有土地上房屋征收评估办法》第九条第三款规定，未经登记的建筑，应当按照市、县级人民政府的认定、处理结果进行评估。针对叶某未经登记的建筑，湘潭市雨湖区征拆工作联席会议办公室出具《关于叶某未经登记建筑的认定结果》，认定叶某1990年后的未经登记建筑13.94平方米不参照合法建筑进行补偿，而是给予300元/平方米以内的拆除补助，符合湘潭市雨湖区征拆工作联席会议办公室《关于进一步明确征地拆迁和房屋征收有关工作的会议纪要》（潭征拆联字〔2014〕3号）第三条的规定。二审判决据此确定该部分房屋面积的赔偿标准，并无不当。

——中国裁判文书网。

729. 被拆房屋不能恢复原状时的法官释明义务和给付判决的适用

关键词

被拆房屋恢复原状　法官释明义务

最高人民法院审判业务意见（行政庭法官会议纪要）

被拆房屋明显不具备恢复原状的可能时，人民法院就应及时依法释明，引导当事人将诉讼请求变更为判令行政机关支付特定数额的赔偿金或交付特定（包括特定面积、特定位置）的安置房，以便人民法院作出契合当事人诉讼请求的一般给付判决，高效、公平、公正地实质解决行政争议，而不宜作出判令行政机关限期作出赔偿决定的概括判决，以免行政机关作出不合法或不合理的赔偿决定后，当事人再行起诉，既增加当事人的诉累，又浪费司法资源。

附：案情简介

刘某在甲市乙区丙街道丁村集体土地上拥有一套合法住房,该房屋位于某工程建设搬迁范围内。乙区政府成立的乙区甲市某工程建设指挥部曾作出《致丁村村民的一封信》,该信载明:"所腾空房屋由甲市某工程建设集团有限公司委托专业拆迁队伍依法拆除。"该信还载明了搬迁安置补偿方案。在规定的安置补偿协议签订期限内,刘某未签订协议。后涉案房屋被拆除,房屋项下土地已被收归国有后用于大型市政公益项目建设。刘某起诉请求判决确认乙区政府强制拆除其房屋的行为违法,并判令乙区政府恢复涉案房屋原状。

——李智明:《被拆房屋不能恢复原状时的判决方式》,载最高人民法院行政审判庭编:《最高人民法院行政审判庭法官会议纪要(第一辑)》,人民法院出版社2022年版,第146~148页。

730. 针对违法建筑作出的责令停止建设行为不同于限期改正违规行为

关键词

违法建筑　责令停止建设行为　限期改正违规行为

最高人民法院裁判文书

刘某水诉山东省平阴县人民政府行政复议案〔最高人民法院(2019)最高法行申7250号行政裁定书〕

裁判要旨:《中华人民共和国城乡规划法》第六十五条规定,在乡、村庄规划区内未按照乡村建设规划许可证的规定进行建设的,由乡、镇人民政府责令停止建设、限期改正;逾期不改正的,可以拆除。行为人违反村镇规划,擅自占地建房,行政机关依法应当予以查处,实质解决问题。但是,行政机关仅仅作出"责令立即停止建设、等待处理"的行政行为,并未要求行为人限期改正违法行为,未使行为人的违规行为得到有效制止和纠正。

最高人民法院经审查认为:《中华人民共和国城乡规划法》第六十五条规定,在乡、村庄规划区内未按照乡村建设规划许可证的规定进行建设的,由乡、镇人民政府责令停止建设、限期改正;逾期不改正的,可以拆除。本案中,左某坡违反村镇规划选址意见书,擅自占用王镐店村和西胡庄村原有生产路建房,玫瑰镇政府依法应当予以查处,实质解决问题。但是,玫瑰镇政府仅仅作出"责令立即停止建设、等待处理"的行政行为,并未使左某坡的违规行为得到有效制止和纠正。因此,2号复议决定确认该行政行为违法,并责令玫瑰镇政府在收到行政复议决定书后60日内要求左某坡限期改正违法行为、留足2.5米的生产路,确保刘某水正常通行,符合法律规定。同时,玫瑰镇政府已经行使职权对左某坡的违规行为进行查处,刘某水还请求责令平阴县国土资源局予以处理,缺乏法律和事实依据,2号复议决定驳回其该项复议申请,亦无不当。刘某水请求撤销给左某坡颁发的村镇规划选址意见书,超过复议申请期限;请求撤销平阴县政府给左某坡颁发的土地使用证,复议机关应当是平阴县政府的上一级政府。上述两项复议申请不符合法定受理条件,2号复议决定驳回刘某水的复议申请,事实清楚、依法有据。刘某水请求行政赔偿,但其主张的损失并非被2号复议决定确认违法的玫瑰镇政府行政行为所造成,2号复议决定驳回其行政赔偿请求,同样符合法律规定。因此,一、二审判决驳回刘某水的诉讼请求,认定事实清楚、证据确凿,适用、法律法规正确,审判程序合法,本院予以支持。刘某水主张,平阴县政府应当责令玫瑰镇政府履行《说明》,责令左某坡停止占用生产路,同时废止所办建房各种证件。但是,撤销已经颁发的村镇规划选址意见书和土地使用证,要有事实根据和法律依据,并根据法定职权,由有权机关依照法定程序进行。平阴县政府并不能仅仅根据玫瑰镇政府的《说明》,废止已经生效的法律文件,刘某水的该项主张不能成立。刘某水还主张,玫瑰镇政府应依法赔偿其无法耕种小麦、玉米的损失。但是,《中华人民共和国国家赔偿法》第三十六条第八项规定,国家赔偿仅就违法行政行为造成的直接损失给予赔偿,而刘某水请求赔偿的损失并非玫瑰镇政府被2号复议决定确认违法的行政行为造成,其行政赔偿请求不符合国家赔偿法的规定。以此为由申请再审,理由不能成立。

——中国裁判文书网。

731. 若将国有土地上被征收房屋作为违法建筑处理,则必须通过法定认定程序进行

关键词

房屋征收　国有土地　违法建筑

最高人民法院裁判文书

唐某淑、余某丽诉重庆市九龙坡区人民政府房屋征收补偿决定案[最高人民法院(2018)最高法行再66号行政裁定书]

裁判要旨：《国有土地上房屋征收与补偿条例》第二十四条第二款规定，市、县级人民政府作出房屋征收决定前，应当组织有关部门依法对征收范围内未经登记的建筑进行调查、认定和处理。对认定为合法建筑和未超过批准期限的临时建筑的，应当给予补偿；对认定为违法建筑和超过批准期限的临时建筑的，不予补偿。根据上述规定，若将被征收房屋作为违法建筑处理，则必须通过法定认定程序进行。

最高人民法院认为，根据再审申请人唐某淑、余某丽提出的请求和理由，并结合原审审理情况，本案主要涉及以下三个方面的问题：

（一）关于九龙坡区政府作出024号《征收补偿决定》的行政程序问题。《国有土地上房屋征收与补偿条例》第二十六条规定，房屋征收部门与被征收人在征收补偿方案确定的签约期限内达不成补偿协议，或者被征收房屋所有权人不明确的，由房屋征收部门报请作出房屋征收决定的市、县级人民政府依照本条例的规定，按照征收补偿方案作出补偿决定，并在房屋征收范围内予以公告。本案中，九龙坡区政府于2016年11月2日作出《征收决定》后，房屋征收部门因与唐某淑、余某丽在《征补方案》确定的签约期限内经协商达不成协议，经九龙坡区房管局的报请，九龙坡区政府根据《征补方案》内容作出被诉024号《征收补偿决定》并依法送达，其行政程序并无明显不当。

（二）关于确定房屋补偿面积的问题。《国有土地上房屋征收与补偿条例》第二十四条第二款规定，市、县级人民政府作出房屋征收决定前，应当组织有关部门依法对征收范围内未经登记的建筑进行调查、认定和处理。对认定为合法建筑和未超过批准期限的临时建筑的，应当给予补偿；对认定为违法建筑和超过批准期限的临时建筑的，不予补偿。本案中，根据原审查明的事实，经重庆义国测绘有限公司测绘，涉案房屋面积为574.86平方米，无房屋产权证。九龙坡区政府所作024号《征收补偿决定》确定120平方米按有证房屋作为房屋征收补偿面积，剩余454.86平方米按残值补助面积补助。根据前述规定，若将涉案房屋作为违法建筑处理，则必须通过法定认定程序进行。九龙坡区政府作出024号《征收补偿决定》将其中454.86平方米作为无证建筑以残值的方式进行补偿，但并未提交其依法进行了调查、认定和处理等相关程序的证据。九龙坡区政府辩称其确定唐某淑、余某丽户应补偿的房屋面积为120平方米，剩余454.86平方米以残值方式补偿，主要是考虑被征收房屋来源于20世纪80年代农转非时按每人10平方米土地的面积依照规定自行修建房屋，并参照当时农转非划地自建时有效的《城镇个人建造住宅管理办法》中关于城镇个人建造住宅的建筑面积，人均建筑面积不得超过二十平方米的相关规定。但九龙坡区政府并未提供唐某淑、余某丽户当时农转非划地自建安置的政策依据，亦未提供被征收房屋修建来源的调查情况，且九龙坡区政府所参照的《城镇个人建造住宅管理办法》已废止，其按照唐某淑、余某丽户人均20平方米确定被征收房屋补偿面积，并无明确的法律依据，亦不符合《国有土地上房屋征收与补偿条例》第二十四条第二款规定的补偿原则。据此，本案被诉024号《征收补偿决定》确定房屋征收补偿面积的证据不足，缺乏法律依据。

（三）关于评估报告的合法性问题。《国有土地上房屋征收与补偿条例》第二十条第一款规定，房地产价格评估机构由被征收人协商选定；协商不成的，通过多数决定、随机选定等方式确定，具体办法由省、自治区、直辖市制定。本案中，九龙坡区政府通过协商方式选定华康评估公司作为本案征收补偿行为的评估单位，对评估机构作出的被征收房屋初步评估结果进行了公示。在本案被征收房屋《分户估价报告》作出后，九龙坡区政府房屋征收部门工作人员向唐某淑、余某丽留置送达了《分户估价报告》，由见证人在送达回执上签名予以见证，并无明显不当。唐某淑、余某丽主张《分户估价报告》未依法送达，与原审查明的事实不相符，该再审理由不能成立。但需要说明的是，华康评估公司所作《分户评估报告》是根据九龙坡房管局《房屋征收评估委托书》中所认定的征收补偿面积进行评估的结果，但因确定本案被征收房屋面积为120平方米，缺乏法律依据，证据不足，故以此确定的面积作出的《分户估价报告》亦缺乏相应的事实基础。

——中国裁判文书网。

732. 城乡规划法律、行政法规对新建房屋用地审批及建房手续的规制与延续

关键词

城乡规划　新建房屋用地审批

最高人民法院裁判文书

赵某春诉被申请人齐齐哈尔市铁锋区人民政府房屋行政强制一案［最高人民法院（2018）最高法行申9729号行政裁定书］

裁判要旨：1.1984年1月5日起实施、当时有效的国务院颁布的《城市规划条例》第三十一条规定，个人经城市规划主管部门审查批准后，方可使用土地。1990年4月1日实施、当时有效的《中

华人民共和国城市规划法》(取代《城市规划条例》)第三十二条规定,在城市规划区内新建、扩建和改建建筑物,建设单位或者个人在取得建设工程规划许可证件和其他有关批准文件后,方可申请办理开工手续。2008年1月1日起实施的《中华人民共和国城乡规划法》(取代《中华人民共和国城市规划法》)第四十条规定,在城市、镇规划区内进行建筑物建设的,建设单位或者个人应当向城市、县人民政府城乡规划主管部门或者省、自治区、直辖市人民政府确定的镇人民政府申请办理建设工程规划许可证。可见,我国法律、行政法规规定1984年以后新建房屋应当取得用地审批手续、建房手续,相关规定自1984年1月5日开始延续至今。

2.关于当事人主张行政机关留置送达文书而程序违法的问题。当事人拒绝接收文书,行政机关遂邀请见证人到场,在送达回证上注明拒收事由和日期,由送达人、见证人签名,采取留置送达的方式送达有关文书,符合《中华人民共和国行政强制法》第三十八条、《中华人民共和国民事诉讼法》第八十六条规定。

最高人民法院经审查认为,1984年1月5日起实施、当时有效的国务院颁布的《城市规划条例》第三十一条规定,个人经城市规划主管部门审查批准后,方可使用土地。1990年4月1日实施、当时有效的《中华人民共和国城市规划法》(取代《城市规划条例》)第三十二条规定,在城市规划区内新建、扩建和改建建筑物,建设单位或者个人在取得建设工程规划许可证件和其他有关批准文件后,方可申请办理开工手续。2008年1月1日起实施的《中华人民共和国城乡规划法》(取代《中华人民共和国城市规划法》)第四十条规定,在城市、镇规划区内进行建筑物建设的,建设单位或者个人应当向城市、县人民政府城乡规划主管部门或者省、自治区、直辖市人民政府确定的镇人民政府申请办理建设工程规划许可证。可见,我国法律、行政法规规定1984年以后新建房屋应当取得用地审批手续、建房手续,相关规定自1984年1月5日开始延续至今,赵某春主张《中华人民共和国城乡规划法》不应适用于本案,理由不能成立。赵某春主张案涉房屋系其于1996年购买,但本案并无该房取得用地审批手续及建设工程规划许可证等的相关证据,而赵某春又不能举证证明案涉房屋于1984年以前建造。原审判决认定铁锋区政府确定案涉房屋为违法建筑并无不当,认定事实和适用法律正确。赵某春主张本案应当实行举证责任倒置,由铁锋区政府承担案涉房屋于1984年以后建设的举证责任,缺乏法律依据。

《中华人民共和国城乡规划法》第六十四条规定,未取得建设工程规划许可证进行建设的,无法采取改正措施消除影响的,限期拆除;第六十八条规定："城乡规划主管部门作出责令停止建设或者限期拆除的决定后，当事人不停止建设或者逾期不拆除的，建设工程所在地县级以上地方人民政府可以责成有关部门采取查封施工现场、强制拆除等措施。"《中华人民共和国行政强制法》第三十五条规定，行政机关作出强制执行决定前，应当事先催告当事人履行义务。铁锋区政府作出强制拆除决定前，依法履行了催告赵某春自行拆除违法建筑的义务。因赵某春经催告未在限定时间内自行拆除，铁锋区政府作出强制拆除公告及强制拆除决定，符合上述法律规定。至于赵某春主张铁锋区政府留置送达文书而程序违法的问题。赵某春拒绝接收文书，铁锋区政府遂邀请社区社工到场，在送达回证上注明拒收事由和日期，由送达人、见证人签名，采取留置送达的方式送达有关文书，符合《中华人民共和国行政强制法》第三十八条、《中华人民共和国民事诉讼法》第八十六条规定。赵某春主张铁锋区政府送达程序违法，缺乏事实和法律依据。

至于赵某春申请一审法院调取的案外人无照动迁时的补偿协议书及银行补偿款明细、打款明细等证据材料，与本案待证事实并无关联，一审法院未予调取，符合《最高人民法院关于适用〈中华人民共和国行政诉讼法〉的解释》第三十九条规定；本案一审立案时间为2017年3月20日，一审判决作出时间为2017年9月18日，赵某春主张实际作出判决的时间为2017年9月30日，但并未提供证据证明，且即使超审限，也并非法定再审事由。因此，赵某春主张一审法院程序违法、枉法裁判，缺乏事实和法律依据，其此项再审申请事由亦不能成立。

——中国裁判文书网。

李某诉上海市黄浦区人民政府行政复议案［最高人民法院（2018）最高法行申8420号行政裁定书］

裁判要旨：行政机关作出责令限期拆除或关闭决定后，当事人未自行拆除。行政机关组织相关部门对涉案房屋进行强制拆除，但未履行书面催告履行义务，未依法告知当事人享有陈述、申辩的权利，亦未作出书面的强制执行决定，违反法定程序。

最高人民法院认为，《中华人民共和国行政强制法》第三十五条、三十六条规定，行政机关作出强制执行决定前，应当事先催告当事人履行义务，充分听取当事人的意见，经催告，当事人逾期仍不履行行政决定，且无正当理由的，行政机关可以作出强制执行决定。本案中，黄浦城管局对再审申请人李某的搭建物实施强制拆除行为之前，既没有以书面形式催告当事人履行义务、听取当事人的陈述和申辩意见，也没有作出强制拆除决定，被诉行政复议决定确认黄浦城管局的拆除行为违法,并无不当。经查,根据再审申请人李某提供的复议申请书及一、二审诉状内容来看,李某的复议请求为确认黄浦城管局拆除其入室通道的行为违法并恢复原状;诉讼请求为撤销黄浦区政府作出的黄复府〔2017〕38号行政复议决定。由此可见,李某再审申请要求撤销黄浦城管局作出的(黄)责停决字〔2016〕第10077号停建拆除决定,并不属于本案的审查范围。《中华人民共和国国家赔偿法》第二条规定,国家机关和国家机关工作人员行使职权,有本法规定的侵犯公民、法人和其他组织合法权益的情形,造成损害的,受害人有依照本法取得国家赔偿的权利。由此可见,只有合法权益遭受到侵犯并造成损害的,受害人才有获得国家赔偿的权利。根据一、二审法院查明的事实来看,黄浦城管局于2016年8月15日已向再审申请人李某作出(黄)责停决字〔2016〕第10077号停建拆除决定,业已认定涉案建筑物为违法建设,黄浦城管局对该违法建筑物进行拆除,并不损害再审申请人李某的合法权益,故再审申请人主张要求对违法拆除其入室通道予以恢复原状的请求于法无据,本院亦不予支持。需要指出的是,尽管再审申请人要求恢复原状的主张不应予支持,但被诉复议决定未就该主张进行审查并作出决定,所作复议决定存在瑕疵,一、二审判决亦未予以纠正,本院在此予以指正。但该瑕疵并不影响复议决定结果的正确性,也不影响再审申请人的实质权益,故再审撤销该复议决定并无实际意义。但黄浦区政府在今后的行政复议过程中应当对此类问题予以规范和完善。

——中国裁判文书网。

733. 当事人诉请确认行政机关依据批复拆除房屋行为违法,并未直接针对行政机关作出的批复提出诉请,是否可将批复认定为案件诉讼标的

关键词

原告诉讼请求　拆除房屋

最高人民法院审判业务意见(行政庭法官会议纪要)

行政诉讼兼具主观诉讼和客观诉讼的属性。在我国当前的行政诉讼实践中,原告方因自身诉讼能力普遍相对较弱,对法律的理解有所偏差,故而其起诉状中载明的诉讼请求往往有失精准、恰当。对此,人民法院在确定诉讼标的时,不必完全拘泥于原告方在起诉状中对诉讼请求的描述,而是可以基于有效监督依法行政、实质化解纠纷、更好保护当事人合法权益等因素考量,结合个案案情对原告方的诉讼请求作一定的穿透理解。

附：案情简介

甲电厂为国有企业，曾以其所有的房屋作抵押向银行借款，但未能按约偿还，后乙公司取得了该笔债权。此后，甲电厂进行改制，职工代表大会通过《甲电厂改制方案》，其中载明了相关资产处置预案。甲区政府批复同意《甲电厂改制方案》，其中包括同意按法定程序拆除公有建筑物。后甲电厂的房屋被拆除，但并无有效证据证明系甲区政府具体组织实施了拆除。乙公司提起行政诉讼，诉请确认甲区政府依据批复拆除房屋的行为违法。

——《合理解读原告方的诉讼请求》，载最高人民法院行政审判庭编：《最高人民法院行政审判庭法官会议纪要（第一辑）》，人民法院出版社 2022 年版，第 32~33 页。

734. 在取得集体土地征地批复后，依据征收国有土地上房屋的相关规定组织实施是否合法

关键词

集体土地征地批复　国有土地

最高人民法院裁判文书

温某瑞因诉河北省遵化市人民政府房屋征收决定公告案［最高人民法院（2016）最高法行申 2128 号行政裁定书］

裁判要旨：国有土地上房屋的征收与集体土地的征收，在征收对象、征收主体、征收程序以及所适用的法律等方面均存在明显区别，因而区分征收对象是国有土地上的房屋还是集体土地有着重要意义。征地批复与征地机关组织实施征地的行为，共同构成一个完整的征收集体土地的行为。征地机关将一个完整的征地行为割裂为省政府的征地批复与其后的组织实施行为这两个行为，先是根据《中华人民共和国土地管理法》有关征收集体土地的规定履行相应的审批手续，在取得相应的审批手续后，又根据《国有土地上房屋征收与补偿条例》有关征收国有土地上房屋的相关规定办理，混淆了征收国有土地上房屋与征收集体土地这两大制度，确有不当。

最高人民法院认为，国有土地上房屋的征收与集体土地的征收，在征收对象、征收主体、征收程序以及所适用的法律等方面均存在明显区别，因而区分征收对象是国有土地上的房屋还是集体土地有着重要意义。本案中，在

432号征地批复作出前,双方均认可案涉土地的性质为集体土地,但在432号征地批复作出后,遵化市政府认为案涉土地已经因征收而成为国有土地。温某瑞则认为,根据《国务院关于深化改革严格土地管理的决定》第十九条有关"农用地转用批准后,满两年未实施具体征地或用地行为的,批准文件自动失效"的规定,因未及时实施征地或用地行为,432号征地批复已自动失效。根据《中华人民共和国土地管理法》第四十六条[①]有关"国家征收土地的,依照法律程序批准后,由县级以上人民政府予以公告并组织实施"的规定,在河北省人民政府作出432号征地批复后,遵化市政府据此实施的相关行为,性质上属于组织实施征收集体土地的行为。也就是说,432号征地批复与遵化市政府组织实施征地的行为,共同构成一个完整的征收集体土地的行为。遵化市政府将一个完整的征地行为割裂为省政府的征地批复与其后的组织实施行为这两个行为,先是根据《中华人民共和国土地管理法》有关征收集体土地的规定履行相应的审批手续,在取得相应的审批手续后,又根据《国有土地上房屋征收与补偿条例》有关征收国有土地上房屋的相关规定办理,混淆了征收国有土地上房屋与征收集体土地这两大制度,确有不当。但河北省人民政府毕竟已经作出了合法有效的432号征地批复,遵化市政府参照《国有土地上房屋征收与补偿条例》的相关规定组织实施征收行为,在没有证据证明因此导致补偿标准降低等损害被征收人合法权益情形发生的情况下,不宜仅以参照《国有土地上房屋征收与补偿条例》的相关规定组织实施征收行为而确认违法。退一步说,即便确认前述行为违法,考虑到8号公告涉及面广,在温某瑞未能举证证明多数被征收人不同意征收的情况下,撤销8号公告会给其他已经同意征收的当事人造成损害,从而给社会公共利益造成重大损害,根据《中华人民共和国行政诉讼法》第七十四条第一款第一项之规定,亦不宜判决撤销。就此而言,原审判决驳回温某瑞撤销8号公告的诉讼请求并无不当。

——中国裁判文书网。

735. 被招录为国有企业职工后是否丧失农村集体经济组织成员身份

关键词

国有企业职工 农村集体经济组织成员

[①] 本条规定现为《中华人民共和国土地管理法》(2019年修正)第四十七条第一款。

最高人民法院裁判文书

曾某斌诉辽宁省本溪市南芬区人民政府不履行监督村委会依法发放征地补偿款法定职责案［最高人民法院（2017）最高法行申 2255 号行政裁定书］

裁判要旨：由我国农村土地的集体所有性质决定，国家征收农民土地的，征收补偿款并非属于使用者农民个人，而是归属于村集体经济组织，由集体经济组织对征收补偿款在集体经济组织成员中进行分配，不属于集体经济组织成员的人，不应当享有分配集体土地征收补偿款的权利。当事人被招录为国有企业职工，自此已经丧失农村集体经济组织成员的身份，其主张享受分配集体经济组织征收补偿款的权利，缺乏事实根据。

最高人民法院经审查认为，《中华人民共和国村民委员会组织法》第三十六条第二款规定，村民委员会不依照法律、法规的规定履行法定义务的，由乡、民族乡、镇的人民政府责令改正。对村民委员不依法履行向村民发放征收补偿款的行为，乡、镇政府有权实施监督，责令其改正。本案中，原长岭村撤村撤组，但是保留集体资产的所有权，在集体土地被征收后，分配集体土地的征收补偿款，仍然是行使原村民代表大会、村民委员会的职权，对其不依法履行法定义务的行为，所属政府机关有权依据上述规定予以监督。因此，南芬区政府对曾某斌是否具有土地征收补偿款分配资格的事项做出口头答复，具有法定职权。

《中华人民共和国土地管理法实施条例》第二十六条第一款规定，土地补偿费归农村集体经济组织所有，地上附着物及青苗补偿费归地上附着物及青苗的所有者所有。也就是说，由我国农村土地的集体所有性质决定，国家征收农民土地的，征收补偿款并非属于使用者农民个人，而是归属于村集体经济组织，由集体经济组织对征收补偿款在集体经济组织成员中进行分配，不属于集体经济组织成员的人，不应当享有分配集体土地征收补偿款的权利。本案中，曾某斌 2000 年 9 月被招录为国有企业职工，自此已经丧失原长岭村集体经济组织成员的身份，主张享受分配集体经济组织征收补偿款的权利，缺乏事实根据，南芬区政府的口头答复，处理结果并无不当。

应当指出的是，行政机关行使行政权，应当符合一定的形式要件，对当事人提出的监督申请，通常应当以书面形式作出答复为宜。本案中南芬区政府对曾某斌是否具有土地征收补偿款分配资格的事项做出口头答复，作出行政行为形式不妥，本院予以指正。鉴于法律、法规、规章就政府行使对集体经济组织监督权的法定形式未作出明确规定，曾某斌主张口头答复程序违法的再审申请理由,本院不予支持。

——中国裁判文书网。

736. 关闭不符合国家产业政策黏土砖企业,仍应遵守正当程序与法治秩序的基本要求

关键词

黏土砖企业　正当程序

最高人民法院裁判文书

永兴县鲤鱼塘东风机砖厂诉湖南省永兴县人民政府行政强制及行政赔偿案[最高人民法院(2020)最高法行申7018号行政裁定书]

> 裁判要旨:关闭取缔不符合国家产业政策粘土砖企业,是事关安全生产、生态保护和环境资源有效利用的专项工作,有利于促进国民经济和社会的发展,应当依法开展并注重砖厂权人的权益保护。虽然现行立法未对不符合国家产业政策粘土砖企业的关闭退出工作及程序作出具体、明确的规定,但实践中仍应遵守正当程序与法治秩序的基本要求。

最高人民法院认为,东风砖厂存在使用国家产业政策淘汰类的无顶轮窑及手续不齐等问题,依照上述政策精神,属于依法直接关闭之列。由于东风砖厂未依照"两断三清"的要求自行处置到位,永兴县政府在关闭验收时间将至之际,开展集中整治,联合多个部门对其实施强制拆除,通过永兴县经济和科学技术综合执法大队发出永电法告〔2017〕1212号《停止电力供应告知书》,永兴县砖厂综合整治和规范发展工作领导小组办公室向东风砖厂发出《通知》,载明相关事项,履行了提醒、告知义务,并未通过炸毁等暴力方式对东风砖厂进行关闭取缔,亦未超出必要的限度,无明显不当。永兴县政府根据省、市、县三级政府作出的关闭取缔及"两断三清"行为,是依据中央及地方政策而不是依据法律作出的,总体上符合国务院和湖南省人民政府相关文件的规定。东风砖厂主张永兴县政府在整个关闭取缔程序中未履行催告、公告、充分听取其陈述和申辩等法定程序,径行关闭,造成其财产损失。但东风砖厂因政策性原因关闭,是多环节的综合过程,涉及不同主体不同行为,历经不同程序不同阶段,不同于通常意义的生效行政许可的撤回,而是永兴县政府贯彻落实产业结构调整、满足社会公共利益的现实需要。因此,不应

以个别程序瑕疵作为认定整个关闭退出行为违法的依据，应当对整个关闭行为的合法性予以肯定。

东风砖厂因公共利益而关闭退出，因此所受的直接损失有权利主张公平合理的补偿。永兴县政府应在一定期限内与东风砖厂就有关补偿问题进行协商，协商不成的，应尽快就补偿金额、如何采取补偿措施等相关问题作出相应的补偿决定。二审法院责令永兴县政府在判决生效后60日内对东风砖厂的补偿问题作出处理，并无不当。永兴县政府在下一步对东风砖厂转型发展以及土地与附属设施再利用再开发时，应当充分考虑东风砖厂因维护公共利益配合关闭而客观存在的间接损失，积极落实关闭取缔砖厂后存量土地和企业转产政策，促进产业优化转型，多措并举，最大限度减少东风砖厂的间接损失。

——中国裁判文书网。

二、不动产登记、物业管理

737. 换发、补发证书、更新登记簿的可诉性

关键词

房屋登记　换发、补发、更新登记簿

最高人民法院司法解释

第二条第二款　房屋登记机构作出未改变登记内容的换发、补发权属证书、登记证明或者更新登记簿的行为，公民、法人或者其他组织不服提起行政诉讼的，人民法院不予受理。

——《最高人民法院关于审理房屋登记案件若干问题的规定》（2010年11月5日，法释〔2010〕15号）。

附录：最高人民法院法官著述

关于登记簿记载行为的可诉性，分五种情形：相对人认为房屋权属证书与房屋登记簿记载内容不一致，申请登记机构纠正或更正，登记机构不予以纠正或更正的，倾向可诉；房屋登记机构未改变登记簿内容的换发、补发权属证书，相对人对未改变的补发换发权属证书行为提起诉讼的，属不可诉的范围；房屋登记机构更新房屋登记簿，更新后的内容与原房屋登记簿内容一

致的，相对人不服更新行为，属不可诉范围；房屋登记机构更新房屋登记簿，更新后的内容与原房屋登记簿内容不一致的，相对人不服更新行为，属可诉范围；原范围登记机构已对登记簿记载的内容注销或更正的，相对人对原登记行为不服，如果符合其他起诉条件的，属可诉范围。

——杨临萍：《审理房屋登记行政案件中的若干问题》，载江必新主编、最高人民法院行政审判庭编：《行政执法与行政审判》2009年第2集（总第34集），人民法院出版社2009年版，第74~75页。

738. 房屋灭失情况下原登记行为的可诉性

关键词

房屋登记　房屋灭失

最高人民法院司法解释

第三条第一项　公民、法人或者其他组织对房屋登记行为不服提起行政诉讼的，不受下列情形的影响：

（一）房屋灭失；

——《最高人民法院关于审理房屋登记案件若干问题的规定》（2010年11月5日，法释〔2010〕15号）。

附录：最高人民法院主流观点

对房屋已经灭失，当事人认为房屋灭失前登记的房屋权利状况侵害其合法权益提起行政诉讼的，人民法院应当依法受理。房屋已经灭失，当事人认为房屋灭失前登记的房屋自然状况侵害其合法权益提起行政诉讼的，人民法院不予受理。房屋登记机构改变房屋登记行为的情形主要有注销、撤销、变更、更正等。房屋登记机构注销房屋登记后仍起诉原登记的案件多与拆迁有关。比较典型的情况是：拆迁人与被拆迁人达成拆迁补偿协议后，有人出来主张权利，认为原来的房屋登记是错误的，自己才是真正的权利人。此时，房屋已经被灭失，甚至已经注销。我们倾向于可诉，因为，第一，房屋登记的效力并不因为房屋的灭失而完全不存在。第二，拆迁补偿以房产证为依据，真正权利人仍然可能受到原登记的不利影响。

如果房屋权属证书已经注销，当事人认为原登记行为侵犯其合法权益提起诉讼的，人民法院可以依法受理。房屋灭失之后，当事人认为房屋灭失前的登记行为侵犯其合法权益提起诉讼的，人民法院应当依法受理。但当事人认为房屋自然状况侵犯其合法权益的除外。有一种观点认为，只要原来的登记行为在起诉期限之内，就可以提起诉讼。另一种观点认为，登记行为的法律效力不会因房屋的灭失或后续行为的发生而自动消灭或替代，该存续的法律效力所涉相对人之利益可能会因房屋灭失或后续登记行为发生而发生变化，房屋灭失涉及房屋登记行为法律效力的存续问题，故应当予以明确。我们认为第二种观点有法理依据，应当肯定。

——杨临萍：《〈关于审理房屋登记案件若干问题的规定〉理解与适用》，中国法制出版社2012年版，第41页。

739. 作为生效法律文书定案证据的不动产登记行为的可诉性

关键词

房屋登记　土地权属登记证据　合法性审查

最高人民法院司法解释

第三条第三项　公民、法人或者其他组织对房屋登记行为不服提起行政诉讼的，不受下列情形的影响：

（三）生效法律文书将房屋权属证书、房屋登记簿或者房屋登记证明作为定案证据采用。

——《最高人民法院关于审理房屋登记案件若干问题的规定》（2010年11月5日，法释〔2010〕15号）。

第八条　土地权属登记（包括土地权属证书）在生效裁判和仲裁裁决中作为定案证据，利害关系人对该登记行为提起诉讼的，人民法院应当依法受理。

——《最高人民法院关于审理涉及农村集体土地行政案件若干问题的规定》（2011年8月7日，法释〔2011〕20号）。

附录：最高人民法院主流观点

1. 如果前诉中法院对作为证据认定的土地权属登记行为采用了行政诉讼中的合法性审查标准进行审查，该事实是否属于既判力范围？

原则上，前诉作为证据认定的土地权属登记不具有既判力，利害关系人不服该认定，可以直接对该土地权属登记单独提起行政诉讼。这主要是考虑到土地权属登记的具体行政行为的特性，登记行为的合法性直接影响到权属登记的证据效力，单纯的证据审查方式不能解决登记行为的合法性问题。审判实践中，基于行政行为的公定力和诉讼标的对审理对象的限制，法院一般不会对作为证据的具体行政行为如本条涉及的土地权属登记行为进行全面的合法性审查，而主要是依据证据规则进行证据的真实性、合法性、关联性审查。需要注意的是，证据三性中的合法性与行政审判中的合法性审查是两个完全不同的概念。但实践中也可能出现法院在审理相关案件时，在审查土地权属登记的证据效力时，采用《行政诉讼法》中具体行政行为的合法性审查标准，对土地权属登记的合法性作出明确判断，此类情况下土地权属登记行为是否属于既判力范围，对此存在较大争议。认为属于既判力范围的观点认为，之所以不承认作为证据认定的土地权属登记行为属于既判力范围，主要是因为证据审查规则解决不了土地权属登记的合法性问题，只能遵守行政行为效力，但如果法院审查采用了行政诉讼的合法性审查标准，对土地权属登记的合法性作出明确判断，则法院的此项判断无论是否体现在判决主文中都应当具有既判力，不能再次被单独提起行政诉讼；认为不属于既判力范围的观点认为，对具体行政行为合法性的审查，应当在专门针对该行为的行政诉讼中完成，其他诉讼在审判过程中作为附属问题解决该问题的，除非是专门的附带行政诉讼，或是类似于《最高人民法院关于审理房屋登记案件若干问题的规定》第五条第二款的规定，对土地权属登记一并提起行政诉讼，否则即使实体上采取合法性审查标准，但由于附属解决程序不能体现出行政诉讼对相关权利人的保护，因此不能将该具体行政行为的判断纳入既判力范围，利害关系人对此不服仍然可以单独提起行政诉讼，而不是通过审判监督程序纠正。

——江必新主编：《最高人民法院〈关于审理涉及农村集体土地行政案件若干问题的规定〉理解与适用》，中国法制出版社2013年版，第104~105页。

附录：最高人民法院主流观点

生效的民事判决裁定、执行裁定、仲裁裁决等生效法律文书将房屋权属证书作为定案证据予以采信，但未对该登记行为合法性作出评判，公民、法人或其他组织对该房屋登记行为不服提起诉讼的，人民法院应当作为行政案件受理。

该问题涉及证据的合法性和被诉行政行为的合法性。房屋登记权属证书虽然已经作为生效法律文书的证据，但只是从民事证据的合法性、真实性和关联性"三性"方面对其审查，房屋权属证书具有证据的效力；民事诉讼或仲裁并未对房屋登记行为的合法性进行审查。因此，尽管生效法律文书将房屋权属证书作为定案证据予以采信，但并不能据此排斥行政审判对该登记行为的合法性审查。

该问题涉及2000年《行政诉讼法解释》第四十四条第十项关于"诉讼标的为生效判决的效力所羁束的"的问题。一种观点认为，房屋权属证书已为生效的民事判决或裁定作为合法证据采信，当事人就房屋权属证书提起行政诉讼就受生效判决的效力所羁束，行政诉讼不能受理。另一种观点认为，该处诉讼标的即被诉具体行政行为，如果已有生效判决对具体行政行为作出处理，则除非经过审判监督程序，否则不能再对该具体行政行为进行审理。因为"一事不再理"是法律的统一性、稳定性和权威性的要求，在一个裁判经法定程序撤销之前，其具有法律效力，法院不能再针对同一案件进行审理。这对当事人也同样具有拘束力。这里需注意"羁束"一词的理解，不能认为，只要与诉讼标的有关就是羁束。正如民事判决中对于房产证作为证据加以采信并不意味法院已对房屋登记机构的发证行为作出确认合法的判决，故发证行为并未受到生效民事判决的羁束。

该问题还涉及《最高人民法院关于行政诉讼证据若干问题的规定》第七十条，生效的人民法院裁判文书或者仲裁机构裁决文书确认的事实，可以作为定案依据。但是如果发现裁判文书或者裁决文书认定的事实有重大问题的，应当中止诉讼，通过法定程序予以纠正后恢复。作为民事诉讼证据的房屋登记只是对其证据合法性的审查，并未对房屋登记行为的合法性进行审查，应当区分证据的合法性和行为的合法性问题；证据的合法性并不羁束行政诉讼的诉讼标的。但是，如果民事裁判认定证据的房屋登记有重大事实问题，考虑到司法统一性以及法制的统一，行政诉讼应当中止，通过审判监督程序予以纠正后再恢复行政诉讼，避免民事诉讼和行政诉讼对证据重大事实的相反结果，维护司法统一。

——杨临萍：《〈关于审理房屋登记案件若干问题的规定〉理解与适用》，中国法制出版社2012年版，第44页。

740. 房屋登记过程行为的可诉性

关键词

房屋登记过程行为

附录：最高人民法院主流观点

房屋登记分为申请、受理、审核、记载、发证五个环节，房屋登记机构认为必要时，还可以就登记事项进行公告。在各环节之间或前后还有一些辅助行为，比如受理后的收费行为，审核中的测绘、评估、公证等事项，发证后的换发、补发证书行为等。前述行为是否均可诉，当视具体情况具体分析。

如果是纯过程中的行为，不具有终局性，属于不成熟的行政行为，不可诉。因为诉讼没有意义，对申请人而言不产生实质性权利义务关系。该种情形在《最高人民法院关于审理行政许可案件若干问题的规定》第三条规定："公民、法人或者其他组织仅就行政许可过程中的告知补正申请材料、听证等通知行为提起行政诉讼的，人民法院不予受理，但导致许可程序对上述主体事实上终止的除外。"该司法解释本意解决过程行为的可诉性。行政许可实施过程中存在大量的程序行为，它们多体现为通知或者告知，比如受理行政许可申请通知、准予或不准予听证的通知、补正材料的通知、告知申辩权、行政许可有关信息的告知、公示、说明、解释等。《行政许可法》规定了较为详细的程序规则，在实施中就受理行政许可申请的通知、准予或者不准予听证的通知、补正材料的通知、告知申辩权、行政许可有关信息的告知、公示说明、解释等可诉性存在的争议。一种观点认为，纯程序意义上的补正通知等行为不可诉，因为仅仅是程序瑕疵，不足以影响其实体权利义务；倘若该程序影响其实体权利的增减得失，方可诉讼。另一种观点认为，纯程序意义上的补正通知等行为可诉，依据行政诉讼法规定，程序违法可以撤销；至于程序违法是否影响相对人权利义务增减得失需经审理后知悉。综合审判实务中规律，两种观点均有合理性，但更倾向于采纳第一种观点。为防止国家司法机器空转，徒增当事人讼累，如果程序违法不影响相对人合法权益的，一般不予受理。公民、法人或者其他组织就行政许可过程中的补正通知、听证通知、告知程序、信息说明、材料解释等纯程序意义上的行为单独提起行政诉讼的，法院一般不予受理。除非该程序影响其实体权益。

纯程序行为的可诉性，涉及公民、法人或者其他组织提起行政诉讼的时机问题，涉及行政行为理论中的行为成熟性问题，涉及行政程序最终性问题。如果程序属于行政程序中的过程行为，不涉及终局性问题，对其权利义务没有实质性影响，当属不成熟的行政行为，相对人对之提起行政诉讼，法院一般不予受理。但如果程序虽属于过程行为，但具有终局性，并影响相对人合法权益，对相对人权利义务产生实质影响，相对人提起行政诉讼，法院则要给予司法救济的机会，《最高人民法院关于审理行政许可案件若干问题的规定》曾规定："公司、法人或者其他组织就行政许可过程中的听证通知、补正通知等行为单独提起行政诉讼的，人民法院不予受理，但直接影响其实体权益的除外。"后修改为："公民、法人或者其他组织就行政许可过程中的听证通知、补正通知等程序行为单独提起行政诉讼的，人民法院不予受理。但程序行为直接影响其实体权益的除外。"最后定稿为："公司、法人或者其他组织仅就行政许可过程中的告知补正申请材料、听证等通知行为提起行政诉讼的，人民法院不予受理，但导致许可程序对上述主体事实上终止的除外。"强调纯程序行为可诉点的终止性，作为判断标准。

根据《最高人民法院关于审理行政许可案件若干问题的规定》的规定，结合房屋登记过程行为的可诉性，要具体情况具体分析。关于房屋登记的受理，行政程序尚不具有终局性，故登记机构受理申请行为不具有可诉性；但是，登记机构不受理登记申请，行政程序对申请人而言具有终局性，其不服提起行政诉讼的，应为可诉，法院应当依法受理。受理之后的审核行为如果不具有终局性，不可诉；但是，登记机构超过受理登记期限，既不作出不予登记决定，又不办理登记的，申请提起行政诉讼的，应为可诉，法院应当依法受理。

——杨临萍：《〈关于审理房屋登记案件若干问题的规定〉理解与适用》，中国法制出版社2012年版，第48~49页。

741. 记载于登记簿行为的可诉性

关键词

房屋登记

附录：最高人民法院主流观点

《物权法》[①]第十四条规定，不动产物权的设立、变更、转让和消灭，依照法律规定应当登记的，自记载于不动产登记簿时发生效力。关于记载于登记簿行为的可诉性，一种观点认为不可诉，理由为记载于登记簿属于内部程序，只有发证行为才具有对外效力，行政行为外化后才可诉。另一种观点认为可诉，理由为《物权法》[②]规定物权自记载于登记簿时生效，不动产登记簿是物权归属和内容的根据，不动产权属证书仅仅是权利人享有该不动产物权的证明。记载于登记簿，对物权人和利害关系人产生实际影响；记载于登记簿，物权已经生效并外化，当然可诉，当然属于法院受案范围。第二种观点正确。

——杨临萍：《〈关于审理房屋登记案件若干问题的规定〉理解与适用》，中国法制出版社2012年版，第49~50页。

742. 房屋权属证书和记载于登记簿关系方面的可诉性

关键词

房屋权属证书　记载于登记簿

[①] 本法已被《中华人民共和国民法典》废止。
[②] 本法已被《中华人民共和国民法典》废止。

> **附录：最高人民法院主流观点**

关于房屋权属证书或者房屋权属证明和记载于登记簿关系方面的可诉性，分五种情况。一为将颁发房屋权属证书和记载于登记簿行为分别起诉的，即单独起诉颁发房产证的行为，又另行起诉记载于登记簿的行为，二者只能选择其一，符合法理的起诉当为状告记载于登记簿的行为。因为房屋权属证书仅是房屋登记簿的证明材料。二为将颁发房屋权属证书和记载于登记簿行为一并起诉的，可以受理，主要审理记载于登记簿的行为。如果登记簿行为合法有效，依据登记簿颁发权属证书当然有效；如果登记簿行为违法无效，依据登记簿行为颁发权属证书当然违法无效。三为仅仅起诉颁发房屋权属证书行为，未起诉记载于登记簿行为，但起诉理由主要以登记簿记载错误的，法院应当依法受理。因为名为起诉颁发房屋权属证书行为，实为起诉登记行为，当然可诉。四为物权人或者利害关系人认为房屋权属证书和登记簿记载内容不一致，申请登记机构按照《物权法》[①]第十七条规定予以纠正或者更正权属证书，登记机构拒绝纠正或更正，当事人提起行政诉讼，法院应当依法受理。五为记载于登记簿行为作出后，登记机构不予发证，申请人提起行政诉讼的，法院应当依法受理。

——杨临萍：《〈关于审理房屋登记案件若干问题的规定〉理解与适用》，中国法制出版社 2012 年版，第 49~50 页。

743. 测绘机构、评估机构、公证机构等出具报告或文书的可诉性

> **关键词**

房屋登记　报告或文书的可诉性

> **附录：最高人民法院主流观点**

申请房屋登记，需要提交相应的材料，有些材料包括提交测绘报告、评估报告和公证文书等。测绘报告是对房屋自然状况的测绘数据，是房屋初始登记的必备材料之一。评估报告是对房屋价格的评估，在抵押登记中通常需要提交。公证书是对房屋合同、涉及房屋的遗嘱等原因行为的公证。这些测绘报告、评估报告、公证文书错误同样会给当事人合法权益造成损害。当事人就测绘机构、评估机构、公证机构等出具报告或文书提起行政诉讼，是否可诉成为实践中的争点。

---

① 本法已被《中华人民共和国民法典》废止。

关于测绘机构、评估机构、公证机构等出具报告或文书的可诉性,要视这些机构与房屋登记机构的关系而定。如果测绘机构是房屋登记机构的部门,即测绘机构与房屋登记机构没有脱钩,测绘机构的行为是受房屋登记机构委托,物权人或利害关系人对测绘报告不服,可以起诉房屋登记机构。如果测绘机构已经不是房屋登记机构的部门,即测绘机构与房屋登记机构已经脱,但是,物权人或利害关系人认为房屋登记机构对测绘报告的测绘资质未尽审查职责,或者认为测绘报告和公摊位置不符合《房产测量规范》规定的格式和公摊面积计算规则,可以起诉房屋登记机构,即涉及房屋登记机构审查职责事项的,可以起诉。不涉及前述情形,物权人或利害关系人可以就测绘机构测绘报告直接提起民事诉讼。评估机构报告可诉性同理。

公证机构公证报告根据《公证法》规定,公证机构已不是国家机关,而是社会服务机构,属于民事主体。如果公证机构公证文书涉及房屋登记机构审查职责,则可诉房屋登记机构;如果不涉及房屋登记机构审查职责,则可以就公证文书直接提起民事诉讼。

——杨临萍:《〈关于审理房屋登记案件若干问题的规定〉理解与适用》,中国法制出版社2012年版,第49~50页。

744. 收费行为的可诉性

关键词

房屋登记　收费行为可诉性

附录:最高人民法院主流观点

《物权法》[①]第二十二条规定,不动产登记费按件收取,不得按照不动产的面积、体积或者价款的比例收取。具体收费标准由国务院有关部门会同价格主管部门规定。收费不是申请房屋登记的条件,但是属于房屋登记后程序问题,具有单独侵权性,如果物权人或利害关系人就收费提起行政诉讼,当为可诉,法院应当依法受理。

——杨临萍:《〈关于审理房屋登记案件若干问题的规定〉理解与适用》,中国法制出版社2012年版,第51页。

---

① 本法已被《中华人民共和国民法典》废止。

745. 以房屋登记基础行为无效或撤销为由提起行政诉讼的可诉性

关键词

房屋登记基础民事行为　民行交叉行政案件

附录：最高人民法院主流观点

物权人或利害关系人以房屋登记基础行为无效或撤销为由提起行政诉讼，其基础行为主要包括认为房屋转让合同无效或可撤销，或者认为婚姻、共有、继承等基础法律关系无效或可撤销等情形。决定物权人或利害关系人物权的关键在于物权基础行为，而物权基础行为属于民事诉讼解决的问题。该问题涉及民行交叉的正当法律程序，该争议解决的前提在于基础民事行为，当先行民事诉讼。民事诉讼对基础行为有定论，房屋登记机构实行第三方监督机制，当然根据民事判决予以更正登记。如果物权人或利害关系人先行提起行政诉讼，行政诉讼并不能解决其房屋登记的基础民事行为，诉讼空转，增加当事人诉讼成本，于事无补，故法院应当建议当事人先行提起民事诉讼，解决基础行为后再视情而定。

——杨临萍：《〈关于审理房屋登记案件若干问题的规定〉理解与适用》，中国法制出版社 2012 年版，第 51 页。

746. 房产管理机关就处理代管房屋作出的单方行为可诉

关键词

代管房屋　行政处理决定

最高人民法院裁判文书

山东省棉麻公司青岛采购供应站诉山东省青岛市房产管理局行政处理决定上诉案［最高人民法院（1998）行终字第 2 号行政判决书］

裁判要点：房产管理机关就处理代管房屋这一特定的具体事项作出的单方行为符合具体行政行为的特征，属于行政诉讼受案范围。

最高人民法院认为：房产管理机关的处理决定是其在行政管理活动中行使行政职权，针对特定的行政管理相对人，就处理代管房屋这一特定的具体事项，作出的单方行为，完全符合《最高人民法院关于贯彻执行〈中华人民共和国行政诉讼法〉若干问题的意见（试行）》（法〔1991〕19号）第1条对具体行政行为所界定的概念特征。行政相对人所持有的房屋所有权证是国家确认该库房产权的有效证件。相对人认为房产管理局的处理决定侵犯了其合法权益有权依照《中年人民共和国行政诉讼法》第2条的规定向人民法院提起诉讼，法院应当作为行政案件予以受理。

——李国光主编、最高人民法院行政审判庭编：《行政执法与行政审判参考》2000年第1辑（总第1辑），法律出版社2000年版，第308~313页。

747. 行政机关对业主委员会的备案行为属于可诉行政行为

关键词

业主委员会备案行为　可诉行政行为

行政审判指导案例

杨某文诉三亚市河西区管理委员会物业管理备案登记案［行政审判指导案例第122号］

裁判要点：行政机关对业主委员会的备案行为，实际是物业管理行政主管部门对业主委员会是否依法成立，是否具备主体资格等一系列事实及法定要件的确认，其结果会对业主或其他利害关系人的权利义务产生实际影响，属于可诉行政行为。

河西区管委会作出的73号《备案通知》，给予碧海蓝天业委会备案，并载明该业主委员会的成立时间为2009年7月5日，任期三年，实际上是对碧海蓝天业委会依法成立的确认。该备案行为公开后，足以让公众相信碧海蓝天业委会成立的合法性，碧海蓝天业委会可以依据该备案文件到公安部门申请刻制印章，并对外从事活动，从而对小区业主的相关物业活动产生影响，故杨某文对该备案行为不服，提起本案诉讼应当属于行政诉讼的受案范围。

——江必新主编、最高人民法院行政审判庭编：《中国行政审判案例》第4卷，中国法制出版社2012年版，第9页。

748.《行政诉讼法》实施前的房屋登记行为不可诉

关键词

房屋登记行为　法不溯及既往

最高人民法院司法解释

第二条第三款　房屋登记机构在行政诉讼法施行前作出的房屋登记行为，公民、法人或者其他组织不服提起行政诉讼的，人民法院不予受理。

——《最高人民法院关于审理房屋登记案件若干问题的规定》（2010年11月5日，法释〔2010〕15号）。

最高人民法院司法政策精神

一、凡公民之间、法人之间、其他组织之间以及他们相互之间因房地产方面的权益发生争执而提起的民事诉讼，由讼争的房地产所在地人民法院的民事审判庭依法受理。

二、公民、法人和其他组织对人民政府或者其主管部门就有关土地的所有权或者使用权归属的处理决定不服，或对人民政府或者其主管部门就房地产问题作出的行政处罚决定不服，依法向人民法院提起的行政诉讼，由房地产所在地人民法院的行政审判庭依法受理。

三、凡不符合《民事诉讼法》《行政诉讼法》有关起诉条件的属于历史遗留的落实政策性质的房地产纠纷，因行政指令而调整划拨、机构撤并分合等引起的房地产纠纷，因单位内部建房、分房等而引起的占房、腾房等房地产纠纷，均不属于人民法院主管工作的范围，当事人为此而提起的诉讼，人民法院应依法不予受理或驳回起诉，可告知其找有关部门申请解决。

——《最高人民法院关于房地产案件受理问题的通知》（1992年11月25日，法发〔1992〕38号）。

最高人民法院答复

四川省高级人民法院：

你院川高法〔1993〕27号关于不服政府或房地产行政主管部门对争执房屋的确权行为提起诉讼，人民法院应作何种案件受理的请示收悉，经研究，答复如下：

当事人对人民政府或房地产行政主管部门关于房屋产权争议的确权决定不服而提起诉讼的，人民法院应作为行政案件受理。

——《最高人民法院关于不服政府或房地产行政主管理部门对争执房屋的确权行为提起诉讼人民法院应作何种案件受理问题的函》(1993年4月17日，法函〔1993〕33号)。

> **附录：最高人民法院主流观点**

关于《行政诉讼法》实施前的房屋登记行为，在《行政诉讼法》实施之前，房屋登记不属于行政诉讼的受案范围。按照法不溯及既往原则，此类行为不应受理。

从房地产案件受理的历史沿革，可知凡属于历史遗留问题、落实政策问题、不符合《行政诉讼法》起诉条件的人民法院不予受理。即使1982年《民事诉讼法》规定"法律规定由人民法院审理的行政案件"，适用《民事诉讼法》规定，但房屋登记案件并未有法律规定可以提起诉讼的，包括历史遗留问题的落实政策性质的房地产纠纷不属于人民法院行政主管范围，所提起的行政诉讼人民法院不予受理。

争议问题，属于历史遗留的落实政策性质的房地产登记行为，如果在登记发证以后又换发房屋所有权证，对换发房证行为不服，可以提起行政诉讼；但换发房证行为又涉及历史遗留的落实政策性质的房地产纠纷，则不予受理。理由：行政诉讼是对被诉行政行为合法性审查，对以往落实政策的历史遗留问题，不能以合法性考量当时政策；根据法不溯及既往的原则，1990年10月1日实施的《行政诉讼法》不能溯及以前的行为；对于特殊情况特殊对待，可请有关部门就当时政策规定予以解决。房屋登记机构作出的历史遗留特殊房产，诸如落实私房政策、政府代管房产、托管房产、包租房产等的房屋登记行为，只能根据当时当地的政策执行，不能以现行法律考量，否则违背法不溯及既往的原则。

——杨临萍：《〈关于审理房屋登记案件若干问题的规定〉理解与适用》，中国法制出版社2012年版，第39~40页。

> **附录：司法信箱**

颁发房屋产权证是一种可诉的具体行政行为吗？

问题：我院审理了一起涉及历史遗留问题的房屋被撤销改造退还产权、房地产管理部门错误颁发产权证行政诉讼案件。对该案的处理存在两种观点：第一种观点认为，本案应当适用最高人民法院法发〔1992〕38号《关于房地产案件受理问题的通知》第3条规定的"属于历史遗留的落实政策性质"的案件，人民法院不应受理；第二种观点认为，应当重新审视行政诉讼受案范围的法律规定，按照《最高人民法院关于执行〈中华人民共和国行政诉讼法〉若干问题的解释》，凡不属于对六个方面不可诉行为排除的硬性规定，人民法院不能驳回起诉。请问哪种观点正确？

《人民司法》研究组认为：房地产管理部门颁发产权证是一种可诉的具体行政行为，如果符合《行政诉讼法》规定的起诉期限、主体资格等其他起诉条件，原告向人民法院提起行政诉讼的，人民法院应当受理。本案中房地产管理部门颁发产权证是行政权对历史遗留问题的房屋进行确权的行为，无论颁证行为是否正确，都应当赋予与该具体行政行为有法律上利害关系的行政相对人司法救济权。当然，在《行政诉讼法》开始实施的1990年10月1日以前行政机关作出的、涉及历史遗留问题的具体行政行为，人民法院不予受理。

——《人民司法》2003年第2期（总第469期）。

749. 连续转移登记案件的原告资格

关键词

连续转移登记　原告资格

最高人民法院司法解释

第五条　同一房屋多次转移登记，原房屋权利人、原利害关系人对首次转移登记行为提起行政诉讼的，人民法院应当依法受理。

原房屋权利人、原利害关系人对首次转移登记行为及后续转移登记行为一并提起行政诉讼的，人民法院应当依法受理；人民法院判决驳回原告就在先转移登记行为提出的诉讼请求，或者因保护善意第三人确认在先房屋登记行为违法的，应当裁定驳回原告对后续转移登记行为的起诉。

原房屋权利人、原利害关系人未就首次转移登记行为提起行政诉讼，对后续转移登记行为提起行政诉讼的，人民法院不予受理。

——《最高人民法院关于审理房屋登记案件若干问题的规定》（2010年11月5日，法释〔2010〕15号）。

行政审判指导案例

罗某志诉甘肃省白银市人民政府土地登记案［行政审判指导案例第88号］

裁判要点：同一宗土地多次变更登记，原土地权利人、原利害关系人对初始登记行为及后续变更登记行为一并提起行政诉讼的，人民法院应当依法受理；原土地权利人、原利害关系人未就初始登记行为提起行政诉讼，只对后续变更登记行为提起行政诉讼，人民法院应予驳回起诉。

本案诉争土地的使用权已由白银市政府根据第三人银光公司2001年1月19日的土地登记申请，同年4月25日通过土地登记审批确权给了第三人银光公司，4月27日为其颁发了白国用〔2001〕字第17号《国有土地使用权证》。而在2007年4月18日白银市政府给第三人银光公司颁发的白国用〔2007〕第036号《国有土地使用权证》是根据土地使用权人的情况变化，对白国用〔2001〕字第017号《土地使用权证》的变更登记，不是初始登记。罗某志未对其产生实际影响的白国用〔2001〕第017号《国有土地使用权证》提起诉讼，只诉白国用〔2007〕第036号《国有土地使用权证》不符合起诉条件。

——江必新主编、最高人民法院行政审判庭编：《中国行政审判案例》第3卷，中国法制出版社2013年版，第35页。

750. 无权占有使用房屋的人不具有起诉房屋登记行为的原告资格

关键词

房屋登记　无权占有　原告资格

最高人民法院司法政策精神

8. 房屋转移登记案件中房屋使用人的原告资格问题

房屋使用人具有起诉房屋转移登记行为的原告资格，但其已被依法确认无权占有房屋的，原告资格随着其与房屋转移登记行为之间法律上利害关系的消失而消失。

——《最高人民法院办公厅关于印发〈行政审判办案指南（一）〉的通知》（2014年2月24日，法办〔2014〕17号）。

行政审判指导案例

韦某诉海南省三亚市人民政府、三亚市住房和城乡建设局房屋行政确认案〔行政审判指导案例第48号〕

裁判要点：被依法确认无权占有使用房屋的公民、法人或者其他组织与房屋登记行为没有法律上的利害关系，不具有提起行政诉讼的原告资格。

韦某主张具有本案原告资格,应当对其与被诉房屋登记行为之间存在法律上的利害关系承担举证责任。但从其提供的证据来看,海南外信工贸公司→海口中经联公司→溧燃公司→盛京公司→韦某之间的四次房产流转登记均未包括Ａ楼地下室,因而韦某不能证明自己对Ａ楼地下室具有合法权益。相应的,也就不能证明被诉房屋登记行为侵害或影响了其合法权益。韦某认为其对Ａ楼地下室的占有、改造、使用、收益属善意,海南省三亚市中级人民法院(2009)三亚民终字第117号民事判决依据被诉房屋登记行为对其设定强制性权利义务即构成自己与被诉房屋登记行为具有法律上双重利害关系的主张不能成立。综上,海南省高级人民法院依照《中华人民共和国行政诉讼法》第六十一条第一项之规定,裁定驳回上诉,维持原裁定。

——江必新主编、最高人民法院行政审判庭编:《中国行政审判案例》(第2卷),中国法制出版社2011年版,第47页。

751. 房屋登记行政案件的第三人

> 关键词

房屋登记　第三人　利害关系人

> 最高人民法院司法解释

第六条　人民法院受理房屋登记行政案件后,应当通知没有起诉的下列利害关系人作为第三人参加行政诉讼:

(一)房屋登记簿上载明的权利人;

(二)被诉异议登记、更正登记、预告登记的权利人;

(三)人民法院能够确认的其他利害关系人。

——《最高人民法院关于审理房屋登记案件若干问题的规定》(2010年11月5日,法释〔2010〕15号)。

> 附录:最高人民法院主流观点

调研中,不少法院建议《最高人民法院关于审理房屋登记案件若干问题的规定》对于哪些第三人由法院通知参加诉讼,哪些由第三人申请参加诉讼的问题加以明确。考虑利害关系的明显程度和法院的承受能力,我们认为,房屋登记的权利人以及被诉异议登记、更正登记、预告登记的权利人,他们的利益直接受到判决的影响,而且可能是不利影响,按照正当程序之法理,作出不利处分之前应当给利害关系人申辩机会。如果他们被记载于登记簿,则利害关系显而易见,法院通知他们以第三人身份参加诉讼,既是可能的,也是必要的,除了明确记载于登记簿上的权利人之外,其他人如果与房屋登记存在利害关系,应当以人民法院能否确认为标准,如果能确认,则应通知;不能确认则由他们自行申请。

其他的还有抵押权人,房屋登记行政赔偿诉讼当事人的利益相对方等。只要公民、法人或者其他组织能够举证证明其与被诉房屋登记行为有法律上的利害关系,并申请作为第三人参加诉讼的,人民法院应当予以准许。

——杨临萍:《〈关于审理房屋登记案件若干问题的规定〉理解与适用》,中国法制出版社2012年版,第63页。

752. 不动产物权登记行为利害关系人的时点问题

关键词

房屋登记　利害关系人　原告资格

附录:最高人民法院主流观点

不动产物权登记作出时与不动产物权登记行为有法律上利害关系的公民、法人和其他组织具有原告主体资格。即利害关系的时间点决定原告主体资格。例如,拆迁人在与被拆迁人签订拆迁补偿安置协议履行过程中,发现被拆迁人领取房屋所有权证时未缴纳土地出让金,为此拆迁人就以被拆迁人领取房屋所有权证不合法为由提起行政诉讼,状告颁证机构。拆迁人有无原告主体资格呢?一种观点认为有原告主体资格,因为未缴纳土地出让金涉及被拆迁人领取房屋所有权证合法性,由此涉及合法房屋补偿安置标准,与拆迁人具有法律上的利害关系。另一种观点认为不具有原告主体资格,因为是否缴纳土地出让金并不决定被拆迁人房屋所有权证的合法性,被拆迁人完全可以补缴。特别是被拆迁人在几十年前领取房屋所有权证,拆迁人尚未存在,该房屋所有权证与拆迁人不具有法律上的利害关系,仅从利害关系的时间点即可排除拆迁人的原告主体资格。从法理讲第二种观点正确。

——杨临萍:《〈关于审理房屋登记案件若干问题的规定〉理解与适用》,中国法制出版社2012年版,第59页。

753. 房屋登记案件管辖

关键词

房屋登记　不动产专属管辖　被告所在地

最高人民法院司法解释

第七条 房屋登记行政案件由房屋所在地人民法院管辖，但有下列情形之一的也可由被告所在地人民法院管辖：

（一）请求房屋登记机构履行房屋转移登记、查询、复制登记资料等职责的；

（二）对房屋登记机构收缴房产证行为提起行政诉讼的；

（三）对行政复议改变房屋登记行为提起行政诉讼的。

——《最高人民法院关于审理房屋登记案件若干问题的规定》（2010年11月5日，法释〔2010〕15号）。

附录：最高人民法院主流观点

一、不动产所在地管辖

地域管辖中的专属管辖，是指法律以诉讼标的所在地为标准，强制规定特定的诉讼只能由特定法院进行管辖。其显著特征为管辖上的排他性。

《行政诉讼法》规定，因不动产提起的行政诉讼，由不动产所在地法院管辖。不动产是相对于动产而言，一般是指不能移动或移动后丧失其价值的实物。例如，土地，房屋以及土地上的附着物等。因房屋拆迁、土地征收等原因而提起的行政诉讼，规定由不动产所在地法院专属管辖，是便于人民法院对案件进行调查、勘验，便于当事人诉讼，也便于法院审理执行。

房屋登记行为涉及房屋不动产，公民、法人和其他组织对房地产登记行为提起行政诉讼的，由系争登记行为所涉房地产所在地基层法院管辖。公民、法人和其他组织在对房地产登记行为提起行政诉讼时，一并提出行政赔偿请求的，由不动产所在地基层人民法院一并管辖，一并提出行政赔偿请求的，由不动产所在地基层人民法院一并管辖。赔偿请求人在房地产登记行为被确认违法后，单独提起赔偿诉讼的，由赔偿义务机关所在地基层人民法院管辖。

二、涉及不动产所在地法院管辖的例外情形

按照不动产诉讼专属管辖原则，房屋登记案件一般都应由房屋所在地法院管辖。之所以如此，主要是为了便于法院现场调查取证。不过，在某些房屋登记案件中，现场调查取证往往并非必要，因此可以更多地考虑便民之需要，给予原告更多的选择空间。我们认为，请求房屋登记机构履行房屋转移登记、查询、复制登记资料等职责、对房屋登记机构收缴房产证行为提起诉讼，以及因行政复议改变房屋登记行为而引起诉讼等三种情形下，应当给予原告这种选择权。

——杨临萍：《〈关于审理房屋登记案件若干问题的规定〉理解与适用》，中国法制出版社2012年版，第74~75页。

754. 房地产纠纷中行政、民事争议交叉的处理

关键词

房地产纠纷　民行交叉行政案件　中止诉讼

最高人民法院司法解释

第八条　当事人以作为房屋登记行为基础的买卖、共有、赠与、抵押、婚姻、继承等民事法律关系无效或者应当撤销为由，对房屋登记行为提起行政诉讼的，人民法院应当告知当事人先行解决民事争议，民事争议处理期间不计算在行政诉讼起诉期限内；已经受理的，裁定中止诉讼。

——《最高人民法院关于审理房屋登记案件若干问题的规定》（2010年11月5日，法释〔2010〕15号）。

附录：最高人民法院主流观点

该条司法解释本意，旨在解决民行交叉正当法律程序。涉及房屋登记行为的民行交叉一般有三种情形：一是关于单纯基础民事行为的争议，诸如买卖、共有、赠与、抵押、婚姻、继承等民事法律关系无效或者应当撤销为由提起诉讼的，应当通过民事诉讼途径予以解决。二是关于原告既告基础民事争议，又告房屋登记机构违法登记行为的争议，要识别争议争点，真正的诉讼。三是原告仅仅以房屋登记行为违法提起行政诉讼，而行政诉讼解决行政争议的前提在于基础民事争议，行政诉讼受理后应当中止，告知当事人先行解决民事争议。

所谓单纯基础民事行为争议，是指原告不服房屋登记行为，但其理由却仅仅是对作为房屋登记基础关系的转让合同、婚姻、共有、继承等民事行为提出异议，认为应当确认无效或者依法撤销。我们认为，法院不宜受理此类案件。主要理由是：第一，房屋登记的行政争议只是一个表面形式，其实质完全是民事争议。而行政诉讼无法解决民事争议，因此纠纷无法得到实质性解决。第二，民事争议通过民事诉讼解决之后，就没有必要再就房屋登记行为提起行政诉讼。如果基础民事行为不成立、可撤销或者无效，可以通过民事诉讼等程序纠正，纠正后可以通过申请房屋登记机构更正加以救济，也就没有必要提起行政诉讼。如果基础行为没有问题，房屋登记就更不宜否定。所以无论如何，行政诉讼都是不必要的。

民行交叉正当程序关键在于当事人真正的诉是什么，该诉的解决能否真正解决问题。有时当事人诉讼名为房屋登记行为违法，实为民事争议的归属，

法院受理以后才能知悉。故对第二种和第三种情形，法院有释明义务，告知当事人先行解决基础民事争议。其基础在于物权变动行为和原因行为区分制度。

房屋登记行为往往涉及民行交叉问题，其本身起因源于物权登记行为中的原因区分制度。房屋已经物权登记，但纠纷引起由于房屋登记基础的买卖、共有、赠与、抵押、婚姻、继承等民事法律关系，在民事基础法律关系未解决的情况下，房屋登记行为正确与否，取决于民事行为的合法有效，当事人应当先解决民事争议。民事争议解决后，当事人提起行政诉讼的，涉及提起行政诉讼的起诉期限问题，在民事争议解决期限合理扣除后计算是否超过行政诉讼的起诉期限。

公民之间、法人之间或者其他组织之间以及他们相互之间对房屋权属争议提起民事诉讼或者民事诉讼中，当事人对该民事争议相关的房屋登记行为提起行政诉讼符合《行政诉讼法》第四十一条规定的起诉条件的，人民法院应当依法受理。

——杨临萍：《〈关于审理房屋登记案件若干问题的规定〉理解与适用》，中国法制出版社2012年版，第73、76~77页。

755. 房屋登记案件中发现涉嫌刑事犯罪问题的处理

关键词

房屋登记　刑事犯罪　中止诉讼

最高人民法院司法政策精神

21. 高度重视"以罚代刑"的问题。当前在行政程序中，"以罚代刑"的现象比较突出。各级人民法院在行政审判中发现违法行为已经构成犯罪的，应当及时移送刑事侦查机关处理；对于行政机关可能存在"以罚代刑"、放纵犯罪问题的，要向行政机关或者有关部门及时提出司法建议。

——《最高人民法院关于加强和改进行政审判工作的意见》（2007年4月24日，法发〔2007〕19号）。

最高人民法院答复

天津市高级人民法院：

你院《关于李某诉天津市国土资源和房屋管理局房屋登记一案如何适用法律问题的请示报告》收悉。经研究答复如下：

人民法院在审理有关房屋登记行政案件中，发现涉嫌刑事犯罪问题的，不应将该案全案移送公安机关处理，而应区别不同情况分别处理：

一、第三人购买的房屋不属于善意取得，参照民法通则第五十八条和合同法第五十二条、第五十九条的规定，房屋买卖行为属于无效的行为，人民法院应当依法判决撤销被诉核发房屋产权证行为。

二、第三人购买的房屋属于善意取得，房屋管理机关未尽审慎审查职责的，依据物权法第一百零六条等有关法律的规定，第三人的合法权益应当予以保护，人民法院可以判决确认被诉具体行政行为违法。

三、如果不能确定第三人购买的房屋是否属于善意取得，应当中止案件审理，待有权机关作出有效确认后，再恢复审理。

——《最高人民法院关于审理房屋登记行政案件中发现涉嫌刑事犯罪问题应如何处理的答复》（2008年9月23日，〔2008〕行他字第15号）。

附录：最高人民法院法官著述

人民法院在审理房屋登记行政案件中发现刑事犯罪时，还应注意以下问题：

（一）关于被告的工作人员与第三人或原告之间存在犯罪的问题

〔2008〕行他字第15号答复仅规定原告与第三人之间有串通实施诈骗行为的，应当中止诉讼，但未对被告工作人员与第三人或者原告之间串通实施诈骗行为的，是否应当中止诉讼作出规定。对此应否中止诉讼，还要根据具体情况，进行分析。

被告工作人员与第三人之间串通实施诈骗行为，如某房屋登记机关明知A公司的房屋已抵押给银行，在接受A公司贿赂后，又给A公司的房屋办理销售许可证。A公司将房屋销售后，携款逃走。银行将该房屋登记机关告至法院。法院所审理的行政案件，是审查房屋登记行为的合法性，只需查清被告是否存在重复登记的问题，而无须查清被告工作人员是否接受第三人的贿赂，是否与第三人之间串通实施诈骗行为，就可以作出判决。因此，此类情形无须中止诉讼。

被告工作人员与原告之间串通实施诈骗行为的，此类情形主要表现在欺诈诉讼中。例如，原告想取得第三人的房屋产权，与被告工作人员串通，伪造购房合同、房屋产权证书，原告向法院起诉后，被告拒不向法院提供房屋登记时的证据。如果第三人在诉讼中提供了其合法取得产权证的证据，原告伪造的证据被法庭发现，因法院审查的对象是被告给予第三人核发的房屋产权证是否合法的问题，此时无须等待刑事判决的结果，故亦不应中止诉讼。如果法庭发现原告提供的主要证据有伪造的嫌疑，但难以确认时，为了保障刑事判决与行政判决的一致性，行政案件须以刑事案件的审理结果为依据，而刑事案件尚未审结时，须等待刑事案件的判决结果出来后方能再进行裁判。

此时，应当中止诉讼。

被告工作人员与原告之间串通实施诈骗行为成功，事后被刑事判决纠正的，原法院或上级法院应当在刑事判决生效后，启动行政诉讼监督程序，通过再审，纠正原错误的行政判决。

（二）关于行政赔偿程序的问题

法院审理房屋登记行政案件中发现涉嫌刑事犯罪的，除了有关对被诉行为审查程序问题外，行政赔偿程序亦是不可回避的问题。因天津市高级人民法院未就有关赔偿程序问题请示，故〔2008〕行他字第15号答复未对有关行政赔偿程序问题作出答复。

法院审理房屋登记行政案件中发现涉嫌刑事犯罪的，有关行政赔偿程序应当如何进行，亦须根据案件的具体情况进行处理。法院审理房屋登记行政案件中发现涉嫌刑事犯罪，涉及行政赔偿的，主要有以下几种情况：

1. 原告与案外诈骗人有串通实施诈骗行为或被告工作人员与原告之间串通实施诈骗行为的。这两类情形，法院都应当判决驳回原告的诉讼请求。因此，不存在给予原告的合法权益造成损害，如果原告提出行政赔偿请求的，法院应当予以驳回，故不需进行行政赔偿诉讼程序。

2. 第三人从案外犯罪嫌疑人购买的房屋不属于善意取得的情形。房屋管理机关对具有恶意串通的房屋买卖行为，不应给予核发房屋产权证，其核发行为属于违法，为保护房屋产权人的合法权益，应当撤销被诉核发房屋产权证行为。实际上也就恢复了原告对房屋的所有权。尽管被诉发证行为违法，一般未给原告的合法权益造成损害，无须进行行政赔偿程序。

3. 原告或第三人与案外诈骗人之间不存在串通诈骗，第三人善意取得房屋所有权的情形。此类情形，案外诈骗人是直接侵权人，因此承担全部赔偿责任。如果案外诈骗人无赔偿能力，因被告未尽审慎审查义务，被告应当承担相应的赔偿责任。所以，行政赔偿诉讼要等到刑事诉讼及刑事附带民事诉讼审结后，才能启动。

4. 被告工作人员与第三人、原告存在串通诈骗，并使其他当事人合法权益受到损害的。此类情形，被告承担连带责任，因此，在审结行政案件后，就可以启动行政赔偿诉讼程序。

——蔡小雪：《关于审理房屋登记行政案件中发现涉嫌刑事犯罪应如何处理的问题》，载江必新主编：《行政法律文件解读》2009年第12辑，（总第60辑），人民法院出版社2009年版，第91~92页。

756. 房屋登记案件复印件、影印件的可采性

关键词

房屋登记　复印件、影印件证据

最高人民法院司法解释

第九条　被告对被诉房屋登记行为的合法性负举证责任。被告保管证据原件的，应当在法庭上出示。被告不保管原件的，应当提交与原件核对一致的复印件、复制件并作出说明。当事人对被告提交的上述证据提出异议的，应当提供相应的证据。

——《最高人民法院关于审理房屋登记案件若干问题的规定》(2010年11月5日，法释〔2010〕15号)。

附录：最高人民法院主流观点

本条是关于复印件、影印件可采性的规定。房屋登记的档案材料中通常会有复印件、影印件的存在。比如申请人的身份证、户籍证明、户口本，护照、结婚证、营业执照等身份证明材料，房屋登记机构只能在核对原件后收取复印件。法院在审查中，如何看待这些证据的证明力？是否应当要求房屋登记机构提供原件加以核对？目前有两种不同意见。一种意见认为，应当由被告提供原件进行核对；被告无法提供原件的，人民法院可以调取；复印件、影印件与原件不一致或者原件无法取得且被告不能提供其他证据证明的，人民法院对该复印件、影印件的证明效力不予认可。另一种意见认为，若原件由被告保管的，应当由被告提供原件进行核对；被告非自身的原因而不能提供原件的，应提交经核对原件的复印件并作出说明。原告如果仍不认可，则应提供相应的证据。

我们倾向于第二种意见。主要理由是：第一，被告不具有举证能力，由于原件由申请人自己保管，房屋登记机构只能提供档案中保存的复印件，若当事人无法联系到、拒不提供或本来就存在弄虚作假的情况，则房屋登记机构没有途径找到原件，在此情况下，要求房屋登记机构不提供原件就不对复印件的证据效力采信是不合适的。第二，法律要求房屋登记机构在接收复印件时进行核对，如果不给予其信任，这一制度就难以为继，因此，在一般情况下，应当推定被告留存的复印件与原件一致。第三，原告要推翻法律规定，应当提供证据。第四，在审判实务中，房屋登记是依申请登记的行为，登记机构收取登记资料时，原则上应当收取原件，但很多申请登记资料是登记机

构无法收取原件的，只能核对原件收取复印件。

——杨临萍：《〈关于审理房屋登记案件若干问题的规定〉理解与适用》，中国法制出版社2012年版，第88~89页。

757. 被告怠于举证时第三人举证证明房屋登记行为合法性问题

关键词

房屋登记　被告怠于举证　第三人举证

附录：最高人民法院主流观点

被告不提供或者无正当理由逾期提供房屋登记行为证据、依据的，而诉讼中的第三人提供的证据证明了被诉具体行政行为的合法性，在房屋登记案件审查中呈现出复杂化的倾向。在审判实务中一般有三种情形：一为第三人提供的证据是被告在作出具体行政行为时已经采纳的证据，因丢失或其他原因未能向法院提供；二为第三人提供的证据是被告在作出具体行政行为时未曾收集的证据；三为第三人提供的证据是被告怠于举证责任或者被告考虑了不相关因素，故意不举证。对于第一种情形法院应予采纳，因为该证据是行政机关在行政程序中已经采纳的证据，只是由于法律上规定的"正当事由"不能向法院提供，而第三人向法院提供了应当认为该证据是证明被诉具体行政行为合法性的证据。对于第二种情形法院不予采纳，因为该证据不属于被告在作出具体行政行为时已经收集的证据，故第三人提供的证据不能作为证明被诉具体行政行为合法性的证据使用。对于第三种情形，诉讼中的第三人当然可以提供证据以证明被诉行为的合法性，以维持房屋登记行为，保护自己的合法权益。此种情形的证据法院应予采纳。

被告不提供或者无正当理由逾期提供证据的，视为被告行政行为作出时没有相应的证据，将承担举证不能败诉的法律后果。该情形适用行政处罚等负担行政行为，拟或称侵益行政行为均可。但适用房屋登记行为情形则有问题，涉及第三人利益，导致被告诉讼行为的不利后果将由第三人承担。

对于房屋登记行为提起的行政诉讼，如果被告不提供或者无正当理由逾期提供证据的，视为被告行政行为作出时没有相应的证据，该房屋登记行为将被撤销。但第三人有充分证据证明作出具体行政行为的合法性，由于被告行政机关怠于举证的诉讼行为而导致第三人权益受损，故行政证据规则第三人可以举证证明被诉行政行为的合法性，也可以申请人民法院调取相关证据，人民法院自己也可以依职权调取证据，以使被告不利诉讼行为的后果与行政行为的合法性区别开。

鉴此，可以总结规则为：第三人提供或者人民法院调取的证据能够证明房屋登记行为合法的，人民法院应当判决驳回原告的诉讼请求。达到保护第三人合法权益的目的，案结事了的法律效果。

——杨临萍：《〈关于审理房屋登记案件若干问题的规定〉理解与适用》，中国法制出版社2012年版，第90~91页。

758. 法院调取证据证明房屋登记行为合法性问题

关键词

房屋登记　法院调取证据

附录：最高人民法院主流观点

《行政诉讼法》及《最高人民法院关于行政诉讼证据若干问题的规定》（以下简称《行政证据规则》）有关法院调取证据的规定，引申出三个问题需要在房屋登记案件中注意：

一为由国家有关部门保存而须由人民法院调取的证据材料。诸如房屋登记历史档案、企业改制文件、规划证明文件等。

二为法院依申请调取证据只能根据原告或者第三人的申请，一般不能依被告的申请而调取证据。且法院调取证据的目的不得为证明被诉具体行政行为的合法性而调取被告在作出具体行政行为时未收集的证据。言下之意，若不是基于证明被诉具体行政行为的合法性的前提下，法院仍可以调取被告在作出具体行政行为时没有收集的证据。

三为法院依申请调取证据的时限，《行政证据规则》第二十四条规定："当事人申请人民法院调取证据的，应当在举证期限内提交调取证据申请书。"《行政证据规则》规定了原告和第三人的举证时限与被告的举证时限不同。通常情况下，被告的举证时限是收到起诉状副本之日起10日内提交所有的证据和依据；原告和第三人的举证时限为应当在开庭审理前或者人民法院指定的交换证据之日提供证据。且被告、原告、第三人的举证期限本身也不是固定的，原告、第三人的举证期限可以延长到二审中提供，而被告的举证期限也可因正当事由而延期。审判实务中需要注意第三人的举证时限。

综上，被告不提供或者无正当理由逾期提供证据的，第三人可以向人民法院提供；第三人申请调取被告行政案卷中的有关证据的，人民法院应当准许；人民法院可以依职权调取证据。

——杨临萍：《〈关于审理房屋登记案件若干问题的规定〉理解与适用》，中国法制出版社2012年版，第90~91页。

759. 诉不予受理、不予答复案件的举证责任及倒置

关键词

房屋登记　不予受理、不予答复案件　举证责任

附录：最高人民法院主流观点

房屋登记是依申请的行政行为，房屋登记申请人在举证责任中负有提供其在行政程序中曾经提出申请的证据材料的初步证明责任。尽管房屋登记申请人在举证责任中负有提供其在行政程序中曾经提出申请的证据材料，但是，如果因房屋登记机构受理申请的登记制度不完备等正当事由不能提供相关证据材料并能够作出合理说明的，可以免除房屋登记申请人的举证责任。

实践中，申请人提出房屋登记申请后，行政机关既不作出是否准予登记，也不通知申请人对房屋登记申请的处理情况，申请人为保护自己的合法权益，可以申请行政复议或提起行政诉讼，但是，申请人必须证明其向行政机关提出过房屋登记申请。如果行政机关收到房屋登记申请后不出具相应的凭证，必然导致公民、法人或者其他组织很难证明已经提出房屋登记申请，因而其行政复议或者行政诉讼请求难以得到支持。但是，房屋登记申请人不能提供相应的书面凭证，但可以证明确已向行政机关提房屋登记申请，因为房屋登记机构受理申请登记制度的不完备，此时，房屋登记申请人的举证责任倒置，由房屋登记机构承担相应的举证责任。即诉不予受理房屋登记申请决定的，原告应当向人民法院提供被告出具的不予受理申请的书面凭证；诉不履行房屋登记行为应当向人民法院提供被告出具的受理房屋登记申请的书面凭证。但被告房屋登记制度不完备的，举证责任倒置。

——杨临萍：《〈关于审理房屋登记案件若干问题的规定〉理解与适用》，中国法制出版社2012年版，第95页。

760. 房屋登记起诉期限举证责任及倒置

关键词

房屋登记　起诉期限　举证责任倒置

附录：最高人民法院主流观点

房屋登记机构作出房屋登记行为后未告知当事人诉权或者起诉期限的，

起诉期限从其知道或者应当知道诉权或者起诉期限之日起计算，但从知道或者应当知道房屋登记或者相关行政行为内容之日起最长不得超过两年。房屋登记机构作出房屋登记行为后未向当事人送达的，起诉期限自当事人知道或者应当知道房屋登记行为内容之日起计算，但涉及不动产的最长不得超过20年，其他的最长不得超过5年。

房屋登记行为的起诉期限，原告对何时知道房屋登记行为负有初步证明责任；如果被告认为原告超过起诉期限，则由被告负超过起诉期限的证明责任。因为被告更方便举证证明何时送达被诉行政行为，于何时应当知道行政行为的。

起诉期限是否超期实践中有三种情形需要注意：一为房屋登记机构作出房屋登记行为或者不予受理房屋登记行为仅告知诉权未告知起诉期限的，视为未告知起诉期限，起诉期限从公民、法人或者其他组织知道或者应当知道起诉期限之日起计算；二为房屋登记机构作为或者不作为房屋登记行为告知了诉权或者起诉期限，公民、法人或者其他组织未选择行政诉讼，而是选择行政复议或者上级行政机关等，行政复议机关或者上级房屋登记机构明确指令下级房屋登记机构纠正错误或违法行为，公民、法人或者其他组织在合理期待，应将合理期待的时间从起诉期限中予以合理扣除；三为房屋登记机构作为或者不作为房屋登记行为告知了诉权或者起诉期限，公民、法人或者其他组织向法院提起诉讼，由于民行交叉，民事诉讼的解决要以行政诉讼为前提或基础，公民、法人或者其他组织又提起行政诉讼超过起算期限，此时应当扣除民事诉讼的时间。

——杨临萍：《〈关于审理房屋登记案件若干问题的规定〉理解与适用》，中国法制出版社2012年版，第96页。

761. 善意受让人取得的土地使用证不应撤销

关键词

土地使用权　善意取得　转移登记

行政审判指导案例

许某峰诉阳西县人民政府颁发土地使用证案［行政审判指导案例第111号］

裁判要点：人民法院对国有土地使用权多次转移登记行为进行司法审查时，对善意受让人取得的合法权益应当依法予以保护，不能仅以前证违法为由认定后证亦违法。对善意受让人取得的土地使用证原则上不应判决撤销。

怡景公司和中梁公司持有的四项《国有土地使用证》是从西府国用〔2005〕第 0677、0678、0679、0680 号《国有土地使用证》因转让土地使用权变更登记而来,虽然阳江市人民政府于 2010 年 1 月 13 日作出的阳府行复〔2010〕2 号行政复议决定已经确认阳西县人民政府给顺进公司颁发西府国用〔2005〕第 0677、0678、0679、0680 号《国有土地使用证》的具体行政行为违法,但因怡景公司和中梁公司均属于涉案国有土地使用权的善意受让人,根据《物权法》[①]第一百零六条等法律规定,上述两公司获得的权益依法应受保护;另外,怡景公司和中梁公司向阳西县人民政府申请涉案国有土地使用权登记发证时,西府国用〔2005〕第 0677、0678、0679、0680 号《国有土地使用证》尚未被有权机关确认违法,上述两公司向阳西县人民政府申请登记发证,符合《土地登记规则》规定的登记条件,权属来源清楚,因此,阳西县人民政府应申请给怡景公司颁发的西府国用〔2006〕第 0613 号、第 0615 号、第 0616 号《国有土地使用证》以及给中梁公司颁发的西府国用〔2006〕第 0614 号《国有土地使用证》并不构成违法。原审判决第一、二项和第五项以前证违法即后证亦违法,对具体行政行为的合法性评判不适用善意取得制度等为由,分别判决撤销西府国用〔2006〕第 0613 号、第 0615 号《国有土地使用证》,并确认西府国用〔2006〕第 0616 号《国有土地使用证》违法不妥,予以纠正。

——江必新主编、最高人民法院行政审判庭编:《中国行政审判案例》第 3 卷,中国法制出版社 2013 年版,第 154~156 页。

762. 房屋登记行为合法时的判决

关键词

房屋登记行为

最高人民法院司法解释

第十条 被诉房屋登记行为合法的,人民法院应当判决驳回原告的诉讼请求。

——《最高人民法院关于审理房屋登记案件若干问题的规定》(2010 年 11

---

① 本法已被《中华人民共和国民法典》废止。

月5日，法释〔2010〕15号）。

附录：最高人民法院主流观点

一般认为，按照《行政诉讼法》第五十四条第一项规定，登记合法，应当判决维持。我们经调研认为，考虑到房屋登记案件的特殊性，不宜判决维持，判决驳回诉讼请求更为适宜。因为法院对登记行为的审查实际上是复审，而不是代替行政机关做出正确的行为。法院认为被诉登记行为合法意味着两点，一是房屋登记机构的审核达到了合理审慎的程序。二是现有证据可以支持登记结果，但是不能排除将来有新的证据可以推翻这一结果。在登记行为未涉诉的情况下，如果当事人发现登记结果错误，可以持有关证据向房屋登记机构申请更正。但是在登记案件中，如果法院判决维持，按照司法优越原则，房屋登记机构不能作出与此相矛盾的行为，即便登记结果错误，亦无更正空间。

被诉房屋登记行为合法的，人民法院应当判决驳回原告的诉讼请求的判决方式，即间接维持了房屋登记行为的合法性，又不羁束未来房屋登记行为，更为科学合理，符合实际情况。

——杨临萍：《〈关于审理房屋登记案件若干问题的规定〉理解与适用》，中国法制出版社2012年版，第132页。

763. 混合侵权行政赔偿责任的划分

关键词

混合侵权　抵押登记　行政赔偿责任

最高人民法院司法解释

第十二条　申请人提供虚假材料办理房屋登记，给原告造成损害，房屋登记机构未尽合理审慎职责的，应当根据其过错程度及其在损害发生中所起作用承担相应的赔偿责任。

——《最高人民法院关于审理房屋登记案件若干问题的规定》（2010年11月5日，法释〔2010〕15号）。

附录：最高人民法院法官著述

在审判实践中，行政机关颁发的登记行为而引发的行政赔偿诉讼案件，主要集中在行政机关颁发涉及不动产产权登记方面的案件。在这类案件中引起行政赔偿诉讼的原因主要是，行政机关将有关不动产的所有权、抵押权登记错误引起行政赔偿诉讼的，具体来讲主要有以下两种情况：一是行政机关将土地、房屋等不动产的所有权人或使用权人登记错误，持有错误产权证人将该不动产转让给第三人，持证人携款潜逃或者无力承担赔偿责任；二是不动产的所有人经行政管理机关将同一土地或房屋抵押给两个或者两个以上的公民、组织，该抵押的不动产小于抵押款项。

对行政机关颁发不动产产权登记方面引发的行政赔偿诉讼案件，行政机关应否承担赔偿责任，承担何种赔偿责任，在司法实践中，存在不同意见：

第一种意见认为，行政机关一般不应当承担行政赔偿责任。理由是，行政机关有关不动产登记行为仅仅是形式审查，而不是实质审查，因此，登记行为只要符合形式登记条件的，行政机关的登记行为即属于合法，申请人采取欺骗、伪造等手段取得登记，由此造成的损害，只能由申请人承担，而不应当由行政机关承担，故在一般情况下，行政机关不应当承担行政赔偿责任。但是，如果行政机关的工作人员与申请人恶意串通，行政机关颁发登记的行为属于违法，应当承担相应的赔偿责任。

第二种意见认为，行政机关应当承担连带行政赔偿责任。因为，我国的登记制度不是形式审查，而是介于实质审查与形式审查之间的一种审查方式。根据我国有关法律、法规的规定，不动产的登记均由不动产所在地的有关行政机关办理。因此，行政机关在办理有关产权登记时，未发现重复登记、重复抵押等问题，主观上具有重大过错。据此，负责登记的行政机关应当对其过错承担连带赔偿责任。

第三种意见认为，行政机关应当承担补充责任。该种意见也认为，行政机关主观上存在重大过错，应当承担一定的赔偿责任。但是，行政赔偿实际上是国家用纳税人的钱进行赔偿，为了有效地利用好纳税人的税金，国家应当承担最小化的责任。据此，在一般情况下，行政机关应当承担补充行政赔偿责任，但行政机关工作人员与申请人之间恶意串通的，应当承担连带赔偿责任。

我们同意第三种意见。法院在处理这类案件时应当注意下列问题：

1. 为了维护不动产的交易安全，保护合法取得不动产产权人的合法权益，法院在审理这类案件时，确认最终取得不动产产权人属于善意的第三人，其取得的不动产产权属于合法，故应当判决确认行政机关的登记行为违法，而不应当撤销行政机关的登记行为。

2. 审理这类案件将会出现民事赔偿与行政赔偿谁先谁后的问题。在赔偿问题上，民事侵权责任国家不应当承担，通过民事赔偿已经给受侵害人充分赔偿的，应当免除国家的赔偿责任。据此，在一般情况下，应当先进行民事诉讼，在民事诉讼结束后，再进行行政诉讼。行政机关仅承担原告实际损害中民事赔偿不足的部分。但对一些特殊案件，如在被侵害人急需医药费用，侵害人短时间内难以找到的情况下，可以先进行行政诉讼，保留行政机关向民事侵权人追偿的权利。

3.尽管行政机关的登记行为违法，但在确定行政赔偿前，应当审查原告主观上有无过错，如果原告主观上也具有一定的过错，在确定具体行政赔偿数额时，应当根据行政机关过错的大小确定行政赔偿数额。

——蔡小雪、甘文：《行政诉讼实务指引》，人民法院出版社2014年版，第575~576页。

764. 登记人员与第三人恶意串通的行政赔偿责任

关键词

房屋登记　恶意串通　行政赔偿责任

最高人民法院司法解释

第十三条　房屋登记机构工作人员与第三人恶意串通违法登记，侵犯原告合法权益的，房屋登记机构与第三人承担连带赔偿责任。

——《最高人民法院关于审理房屋登记案件若干问题的规定》（2010年11月5日，法释〔2010〕15号）。

765. 面积、四至、界址不变的土地使用权变更登记不需要相邻各方到现场指界

关键词

土地使用权变更登记　地籍调查　现场指界

行政审判指导案例

联成公司诉海南省三亚市人民政府土地使用权变更登记案［行政审判指导案例第66号］

裁判要点：根据国家土地管理局《城镇变更地籍调查实施细则》第4.4条、第5.2条、第6.3条规定，对没有发生界址点、界址线变化的变更调查，可以不组织相邻各方进行指界。

2621号证是从1981号、1982号证变更而来的，前证与后证之间界址、

四至、面积都没有发生变化。在土地证所载的界址、四至，面积都不变的情况下，本案根据《城镇变更地籍调查实施细则》的有关规定，认为不需要相邻各方到现场指界。联成公司认为相邻方不到现场指界就违反办证程序的理由，因缺乏法律依据，本院不予以支持。

——江必新主编、最高人民法院行政审判庭编：《中国行政审判案例》（第2卷），中国法制出版社2011年版，第164页。

766. 无权属凭证时应如何确定土地、山林、水利权属

关键词

土地、山林、水利权属纠纷　林业行政裁决

最高人民法院裁判文书

可江村民小组、韦某科、韦某平、韦某荣与东兰县政府、河池市政府林业行政裁决及行政复议申请再审案［最高人民法院（2021）最高法行申2689号行政裁定书］

　　裁判要旨：土地、山林、水利权属纠纷中，若争议各方均无权属证据，权属应确定给长期使用的一方，有利于生产生活、有利于经营管理、有利于社会和谐稳定。

最高人民法院经审查认为，《广西壮族自治区土地山林水利权属纠纷调解处理条例》第四条规定，调解、处理土地山林水利权属纠纷实行属地管理、分级负责、先行调解、有利于生产生活、有利于经营管理、有利于社会和谐稳定的原则。本案中，根据原审法院查明的事实，可江村民小组和哄老村民小组均不能提供关于0.6亩争议地的有效权属凭证。东兰县政府1号处理决定依据哄老村民小组村民牙某建户长期经营管理争议地的事实，将争议地确定归哄老村民小组集体所有，现有的林木归牙某建户所有，符合本案实际，有利于生产生活、有利于经营管理、有利于社会和谐稳定。河池市政府54号复议决定维持1号处理决定，一、二审判决分别驳回再审申请人的诉讼请求和上诉，符合法律规定。再审申请人主张的再审事由不能成立，最高人民法院不予支持。

——中国裁判文书网。

767. 非农业居民原有或继承的农村房屋倒塌（拆除）后未经批准重建的，土地使用权可由村集体收回

关键词

非农业居民　农村房屋重建　土地使用权

最高人民法院裁判文书

云某中等4人诉海南省文昌市自然资源和规划局等土地行政登记及行政复议案［最高人民法院（2020）最高法行申13002号行政裁定书］

裁判要点：非农业户口居民原有或者合法继承的农村房屋倒塌或拆除后不再批准重建的，土地使用权由农村集体经济组织收回。当事人系在外工作的非农业户口居民，因继承依法取得农村房屋及其相关权益，但由于该房屋已经倒塌，且没有证据证明其重建该房屋时已取得相关部门的批准，故涉案土地使用权依法应由农村集体经济组织收回。

最高人民法院经审查认为，《海南省土地权属确定与争议处理条例》第二十三条规定："非农业户口居民原有或者合法继承的农村房屋，房屋产权没有变化的，可以依法确定其房屋宅基地的集体土地建设用地使用权。房屋拆除后不再批准重建的，土地使用权由农村集体经济组织收回。"本案中，云某中系离开莲花心村在外工作的非农业户口居民，涉案土地上原有其父云某华生前遗留下来的房屋。尽管云某中因继承依法取得该房屋及其相关权益，但由于该房屋已于2008年以前倒塌，且没有证据证明云某中等4人重建该房屋时已取得文昌市相关部门的批准，故根据上述规定，涉案土地使用权依法应由农村集体经济组织收回。文昌市自规局在发现颁发第xxx号《土地证》存在认定事实不清、适用法律法规不当的情况下，在征得文昌市政府同意后，根据《不动产登记暂行条例实施细则》相关规定，按照法定程序于2018年8月29日作出《注销土地证书公告》，注销第xxx号《土地证》，符合法律规定。文昌市政府根据云某中等4人的申请，在对文昌市自规局提交的书面答复意见、作出《注销土地证书公告》的证据、依据和其他相关材料进行审查，并经过集体讨论后，作出第34号《行政复议决定》，维持文昌市自规局作出的《注销土地证书公告》，亦无不当。因此，一审判决驳回云某中等4人的诉讼请求，二审判决予以维持，符合法律规定。云某中等4人主张的再审事由不

能成立，本院不予支持。另，本案虽为云某中等4人不服文昌市自规局作出的《注销土地证书公告》和文昌市政府作出的34号《行政复议决定》，但实质为云某中与云某宇等3人因继承而产生的纠纷。尽管文昌市自规局注销了第xxx号《土地证》，但并不意味云某宇等3人对涉案456.54㎡土地当然享有使用权。当事人之间的继承问题可另循法律途径予以解决。

——中国裁判文书网。

768. 土地权属争议与颁发土地权利证书之间的关系

关键词

土地权属纠纷

附录：最高人民法院主流观点

根据土地权属争议产生时间和土地权利证书发放时间的不同，可以将土地权属争议划分为以下三种情形：第一种是争议产生时当事人均无有效的土地权利证书，第二种是争议产生时一方当事人已取得土地权利证书，第三种是争议产生时当事人各方均持有有效的土地权利证书。因此，在审理土地确权引发的案件时，就应当正确认识土地权属争议与土地权利证书争议、土地权利证书与土地权属之间的区别。一般而言，当事人取得争议土地的权利证书后，土地的权属就应当已经清楚、明确。因为政府颁发土地权利证书应遵循"权属合法、界址清楚、面积准确"原则，颁证也必须经过当事人申请、国土部门地籍调查、权属审核、注册登记、颁发证书等法定程序。在登记发证过程中，发生权属争议的，就应当暂缓登记。

如果土地权属争议发生在登记发证后，那么异议人只能在法定期限内对颁证行为提起行政诉讼。人民法院在对颁证行为合法性审查时，一并对权属问题作出认定。人民法院既可能作出维持原颁证行为判决，也可能作出驳回原告诉讼请求判决，还可能以权属存在不确定状态或者颁证程序不合法为由，撤销政府的颁证行为。传统观点认为，人民法院审查后认为权属不清或者权属存在争议的，只能撤销政府的颁证行为，不能直接责令政府对争议土地作权属处理决定。我们认为，虽然通常情况下，人民政府机关作出权属处理决定必须以当事人提出土地权属申请为前提，但由于人民法院判决已经认定争议土地权属处于不确定状态，土地权属争议客观存在，因此，为了及时解决权属纠纷、有效化解土地争议，提高权属争议处理的效率，并减少当事人的诉累，人民法院以权属不清或者权属存在争议为由判决撤销颁证行为的，也可直接判决责令政府机关重新对权属争议作处理决定。

异议人对土地权属有异议，对颁证行为提起行政诉讼，人民法院在诉讼过程中，能否中止审理，要求当事人申请土地权属处理，存有一定争议。传统观点认为，由于政府颁发的土地权利证书仍然存在，在该证未被撤销、仍然有效的情况下，当事人只能针对颁证行为起诉，政府也不能再另作权属处理决定。我们认为，对此问题，不能一概而论，现行的法律规范和法学理论并没有排除人民法院可以先行中止对颁证行为引发的行政案件的审理，并责令或者要求当事人申请作权属处理决定。人民法院在颁证行为引发的行政诉讼案件中，完全可以根据案情，基于诉讼经济和对权利人最小侵害原则，中止案件审理。主要理由如下：

第一，政府的颁证行为本身只是对当事人土地权利的一种确认和登记。土地权利证书虽然是土地权利的一种有效凭证，但严格来说，土地权利证书本身只是土地权利的证明，而不是土地权利的来源凭证，土地的划拨、出让、转让、承包、继承等法律行为才是导致权利人取得土地权利的唯一来源。政府的登记发证只是从法律上确认和宣告权利人的权利，从而防止任何单位和个人侵犯土地权利，并且对抗善意第三人。从法律层面来看，政府的颁证行为不会增加土地权利人权利，也不应减损权利人的权利，它是代表国家行使一种确认的权利。这种确认甚至可以不认为是一种许可。当事人持有的土地权利证书，并非土地权属的唯一凭证，也并不意味着其后的土地权属处理决定就必须与其完全一致。在权属争议产生后，争议土地的土地权利证书就仅仅是《土地登记规则》第五十九条第一款第三项所指的"土地权属证明文件"以及《土地权属争议调查处理办法》第二十条第一项所指称的"人民政府颁发的确定土地权属的凭证"的一种。与其他证据相比，土地权利证书作为国家机关制作的公文书证，具有很高的证明力，权利证书所记载的内容无相反证据也不得推翻，但土地权利证书显然并不是确定权属的唯一凭证。

第二，政府的颁证行为通常是对整个宗地进行的登记发证，而异议人提出的异议，可能并不针对整个宗地，而可能只针对其中的一部分，甚至是很小的界址不清的部分。如果因局部宗地的权属不清，就动辄撤销整个宗地的权利证书，可能严重不符合比例原则，会对权利证书的持有人造成较大的侵害。因此，人民法院在此类案件中，完全可以中止对整个颁证行为的审理，要求当事人先行对争议的界址纠纷或部分宗地的权属申请处理。

第三，按现行行政诉讼法所确立的司法审查原则，人民法院对被诉的颁证行为的合法性进行审查，行政机关只能提供其在颁证时已经取得的证据，也不能收集和补充证据；而异议人在行政登记发证程序中未提出异议，在诉讼过程中才出示新的证据和抗辩理由的，政府的颁证行为就可能存在权属不清的可能性，人民法院在审理中也会得出事实不明、真伪不清的情况，难以判断登记发证究竟是对还是错。由于法官又不能拒绝裁判，而一个较为现实的选择就是法官在难以形成心证,对权属归属不明的情况下,一律判决撤销颁证行为。而在经过一系列确权和诉讼程序后,仍然可能按原被诉的颁证内容进行登记发证。这一方面增加了诉讼成本,另一方面也会因简单撤销颁证行为给真正的权利人带来较大的影响。

——江必新主编:《最高人民法院〈关于审理涉及农村集体土地行政案件若干问题的规定〉理解与适用》,中国法制出版社2013年版,第86~88页。

769. 土地登记过程中发生权属争议的处理

关键词

土地权属纠纷

附录:最高人民法院主流观点

在土地权属争议案件中,当事人之间虽然对权属存在争执,但此种争执是否能够成立,是否存在可"议"之处,则另当别论。因此不能认为只要有人提出权属异议,就不能颁发证书,关键是要看这种"争议"能否成立、在多大程度上可能成立。人民政府及国土资源管理部门只要能够证明争议土地"权属清楚、产权来源资料齐全",就可以继续颁证。因此,在登记颁证过程中,一旦有对方当事人提出权属争议,根据《土地登记规则》第六十七条第一项的规定,在土地权属争议尚未解决前,土地管理部门可以作出暂缓登记的决定。此时,存在两种可能性:一是提出异议的当事人提供的权属证明材料与申请人提供的权属证明材料两者无法让土地管理部门得出权属应当归谁所有的结论,则土地管理部门应当引导双方当事人作土地权属争议案件处理,然后根据生效的土地权属争议案件行政决定书,进行土地登记;另一种情形是,土地管理部门根据异议人的权属证明材料和申请人的权属证明材料,已经能够作出十分清晰的判断,能够作出土地权属应当归谁所有的结论,则直接给权利人颁发土地权利证书。如对方当事人仍然有异议,一般就应在法定期限内对政府颁发土地权利证书的行为提起诉讼,人民法院在审查政府的颁证行为是否合法时,要结合原告的诉讼请求,重点审查权利证书的权属是否合法、界址是否清楚、面积是否准确,颁证行为是否符合法定程序。

因此,对于异议人提出的权属异议明显不能成立、所提供的证据明显无法证明其主张的,人民政府可以不受理其权属争议处理申请,依法进行登记发证。在土地总登记中,《土地登记办法》①第二十四条规定,公告期满,当事人对土地总登记审核结果异议不成立的,国有土地资源行政主管部门可以报经人民政府批准后办理登记。《土地登记规则》第十六条规定,土地登记申请者及其他土地权益有关者在公告规定的期限内,可以向土地管理部门申请复查,并按规定缴纳复查费。经复查无误的,复查费不予退还;经复查确有差错的,复查费由造成差错者承担。这一规定也说明,对于异议,行政机关有核实的义务,而非有异议即不能发证。而在土地的变更登记、注销登记、更正登记、异议登记、预告登记和查封登记中更是如此。

——江必新主编:《最高人民法院〈关于审理涉及农村集体土地行政案件若干问题的规定〉理解与适用》,中国法制出版社2013年版,第88~89页。

770. 诉讼过程中发现土地权属存在争议的告知另行提起行政诉讼,中止该案审理

关键词

土地权属登记　另行起诉　中止审理

附录:最高人民法院主流观点

土地权利人对涉及农村集体土地的行政行为不服提起诉讼,但由于对土地权属登记存在争议,法院难以确定起诉人是否是土地权利人的时候,法院的做法是先受理,再中止案件,告知起诉人先解决权属争议。由于有的权属争议解决时间很长,造成案件长期中止,造成积案。因此,本规定起草过程中,曾经有意见建议,对于在受理阶段起诉人已经对土地权属存在争议或者发现权属不清的,法院应当告知起诉人先依法通过行政途径或民事诉讼解决相关权属争议;如果是受理后发现的,则应当中止审理,待权属争议解决后,恢复案件的审理。同时为了保护土地权利人的诉权,不因其解决权属争议而造成其超过起诉期限,规定对土地权利人解决土地所有权、使用权权属争议的时间不计算在起诉期限内,起诉期限从权属确定之日起计算。但也有观点认为,如果被诉行为符合行政诉讼的受理条件,仅因为当事人对其中的土地权属存在争议就暂缓受理,与行政诉讼法的相关规定不符。考虑这一问题目前还存在较大争议,最终删除了这一规定。法院在审理相关案件时,涉及土地权属争议,且该争议对案件的处理具有决定性作用的,法院在无法直接确

---

① 已失效,失效依据《国土资源部关于修改和废止部分规章的决定》(中华人民共和国国土资源部令第78号)。

定土地权属时，可以告知当事人另行提起行政诉讼，中止该案审理；法院在审查受理如果发现土地权属存在争议，不宜以此为由不予受理，而应当先受理，根据案件具体情况决定继续审理还是中止审理。

——江必新主编：《最高人民法院〈关于审理涉及农村集体土地行政案件若干问题的规定〉理解与适用》，中国法制出版社2013年版，第104~105页。

771. 针对土地权属登记的行政诉讼结果对前诉认定的相关事实的影响

关键词

土地权属登记　证据

附录：最高人民法院主流观点

利害关系人对土地权属登记存在争议，对土地权属登记提起行政诉讼，最主要的目的是否定前诉关于土地权属登记的证据效力。土地权属登记的效力取决于权属登记作为行政行为的效力，因此，行政诉讼对该行政行为的最终判决方式对该权属登记的证据效力具有决定作用。一般来讲，对登记机关有利的判决如维持判决、驳回诉讼请求判决、确认合法判决不会否定登记行为的效力，对前诉相关认定不产生影响。关键是对登记机关不利的判决方式，如撤销判决、确认违法判决。但即使撤销、确认违法判决属于否定行政行为合法性的判决，二者对行政行为效力的影响也是不同的。撤销判决，彻底否定行政行为的效力，登记行为也就不具有证据效力，但撤销判决可能判决重作，而重作的结果可能与被撤销判决是一致的，这登记行为仍然具有证据效力；确认违法判决，虽然否定行政行为的合法性，但保留了行政行为的效力，因此，登记行为仍然具有证据效力。综上所述，直接针对土地权属登记的行政诉讼结果对前诉认定的相关事实是否产生否定性影响，需要根据具体案件情况具体分析判断。

——江必新主编：《最高人民法院〈关于审理涉及农村集体土地行政案件若干问题的规定〉理解与适用》，中国法制出版社2013年版，第104~105页。

772. 农村宅基地使用权并不当然由使用权人的继承人直接继承

关键词

农村宅基地使用权人　直接继承

最高人民法院裁判文书

冯某珠、冯某子诉洛阳市洛龙区人民政府、洛阳市瀍河回族区人民政府土地行政登记案［最高人民法院（2017）最高法行申 1160 号行政裁定书］

裁判要点：根据《土地管理法》①第八条第二款的规定，农村和城市郊区的土地，除由法律规定属于国家所有的以外，属于农民集体所有。第六十二条第三款规定，农村村民住宅用地，经乡（镇）人民政府审核，由县级人民政府批准。据此，我国农村宅基地的所有权属于村集体所有，宅基地的使用权由符合条件的村民享有，当享有宅基地使用权的村民死亡的，其宅基地使用权并不当然由该村民的继承人继承，而应根据法定程序进行申报、审核和批准。当事人以应继承涉案宅基地的使用权为由主张与颁发集体土地建设用地使用证的行政行为具有利害关系，没有法律依据。

最高人民法院认为：根据《土地管理法》第八条第二款②的规定，农村和城市郊区的土地，除由法律规定属于国家所有的以外，属于农民集体所有。第六十二条第三款规定，农村村民住宅用地，经乡（镇）人民政府审核，由县级人民政府批准。据此，我国农村宅基地的所有权属于村集体所有，宅基地的使用权由符合条件的村民享有，当享有宅基地使用权的村民死亡的，其宅基地使用权并不当然由该村民的继承人继承，而应根据法定程序进行申报、审核和批准。根据《河南省农村宅基地用地管理办法》第九条的规定，户口已迁出不在当地居住的，不得安排宅基地用地。本案中，再审申请人冯某珠、冯某子虽然是洛阳市瀍河回族乡勒马听风街××号房屋原所有权人冯某才、耿某的子女，但冯某珠、冯某子先后出嫁，自 1975 年未再使用涉案土地，户口也已迁出不在当地居住。冯某才、耿某去世后，再审申请人主张应当继承涉案宅基地的使用权，并以此为由认为其与本案被诉的颁发集体土地建设用地使用证的行政行为具有利害关系，没有法律依据。再审申请人如认为涉案土地上的房屋应由其继承，可以另行通过民事救济途径予以解决，不属于本案审查的范围。综上，再审申请人与被诉的原洛阳市郊区人民政府于 2001 年 4 月 20 日为冯某霞颁发集体土地建设用地使用证的行政行为没有利害关系，没有提起本案行政诉讼的原告主体资格。二审法院裁定撤销一审判决，驳回再审申请人的起诉正确。

---

① 本条规定现为《中华人民共和国土地管理法》（2019 年修正）第九条第二款。
② 本条规定现为《中华人民共和国土地管理法》（2019 年修正）第九条第二款。

——最高人民法院第四巡回法庭编:《最高人民法院第四巡回法庭典型行政案件裁判观点 2017-2018》,法律出版社 2020 年版,第 109~112 页。

773. 已经颁发权属证书且该凭证对林木林地权属、四至范围界定清楚明确的,不属于林木林地权属争议

关键词

四至范围　林木林地权属争议　林木林地权属证书

最高人民法院裁判文书

塘某等四个村民小组诉湖南省中方县政府、湖南省怀化市政府林业行政裁决及行政复议案[最高人民法院(2018)最高法行申 6684 号行政裁定书]

裁判要点:已经颁发权属证书且该凭证对林木林地权属、四至范围界定清楚明确的,不属于林木林地权属争议,无须进行林木林地权属争议处理。当事人若是对他人的林木林地权属证书不服,应直接提起行政诉讼。

最高人民法院经审查认为,根据《土地管理法》第十一条第四款和《土地管理法实施条例》第三条第四款的规定,确认林地的所有权或者使用权依照森林法的有关规定办理。根据《林木林地权属争议处理办法》第二条的规定,林木林地权属争议,是指因森林、林木、林地所有权或者使用权的归属而产生的争议。《森林法》(2009 修正)第三条第二款规定,集体所有的森林、林木和林地,由县级以上地方人民政府登记造册,发放证书,确认所有权或者使用权。一般而言,在林木林地登记前,争议双方均没有林木林地的有效权属凭证,此时产生的有关林木林地所有权和使用权的争议,当然属于林木林地权属争议。但是,林木林地已经登记发证,林木林地的所有权和使用权已经依法予以确认,一方当事人仍以存在权属争议为由向林权争议处理机构提出的申请是否属于林木林地权属争议,则应当根据不同的情况进行区分。参照国土资源部办公厅发布的国土资厅函〔2007〕60 号《关于土地登记发证后提出的争议能否按权属争议处理问题的复函》规定,已经颁发权属证书且该凭证对林木林地权属、四至范围界定清楚明确的,不属于林木林地权属争议,无须进行林木林地权属争议处理。但是以下两种情况则可以认定为存在林木林地权属争议:一是仅有一方的权属凭证包含有争议地,但该凭证对争议地记载的四至不清楚;二是双方的权属凭证均包含有争议地,但凭证

之间对争议地记载的四至存在重叠、交叉或者包含等情形。如果一方当事人认为另一方持有的林权证侵犯其林木林地权属，但又不属于前述两种特殊情形时，则其更为合理有效的救济途径应当是请求撤销对方林权证中侵犯其权利的部分，而非提出林木林地权属争议申请来寻求救济。本案中，中方县政府已于"林业三定"时期对争议地的权属进行确认，并向蒋家组颁发了147号管业证，该凭证对争议地界定的四至范围等关键内容清晰、明确，与其他村民小组的权属凭证不存在交叉、重叠或者包含等情形，故本案本不存在林地所有权争议，中方县政府并无进行确权处理的必要，本院对此予以指出。但中方县政府作出的被诉处理决定和怀化市政府作出的被诉复议决定，以及一、二审的判决结果并无不当，没有损害各方利益，无再审改判必要。

——最高人民法院第一巡回法庭编著：《最高人民法院第一巡回法庭行政案件裁判精要》，中国法制出版社2020年版，第271~273页。

774. 国有土地使用权权属争议处理决定纠纷应否适用行政复议程序前置

关键词

国有土地使用权权属争议　行政复议程序前置

最高人民法院审判业务意见（行政庭法官会议纪要）

第一，《行政复议法》及《最高人民法院关于适用〈中华人民共和国行政复议法〉第三十条第一款[①]有关问题的批复》（法释〔2003〕5号）中均明确规定了土地权属争议处理决定应当适用复议前置，本案裁判应严格、正确适用法律，而不应突破现有规定。

第二，本案审理过程中，裁判结论有所反复，但二审法院最终裁定驳回起诉是经该院联席会议讨论形成的结论，体现出人民法院对法律规定从严把握、适用的裁判尺度。

第三，国有土地使用权属争议处理决定纠纷案件具有专业性强、涉及面广的特征，适用复议前置程序，将行政机关的复议审查挺在前面，便于查明事实、分清是非，使土地权属争议得以及时解决。

---

① 本条规定现为《中华人民共和国行政复议法》（2023年修正）第二十三条第一款第二项，内容修改为：有下列情形之一的，申请人应当先向行政复议机关申请行政复议，对行政复议决定不服的，可以再依法向人民法院提起行政诉讼：（二）对行政机关作出的侵犯其已经依法取得的自然资源的所有权或者使用权的决定不服。

附：案情简介

原告张某某与第三人张某甲于 2000 年 3 月与 4 月分别取得清镇市人民政府（以下简称清镇市政府）颁发的国有土地使用权证。2009 年起，张某甲因认为张某某修建房屋超过土地界址线，侵犯了自己的土地使用权，多次向清镇市国土资源局（以下简称清镇市国土局）要求处理。2012 年张某甲向人民法院提起要求张某某返还原物纠纷的民事诉讼，该民事诉讼经人民法院两审审理以该案属于权属争议为由判决驳回张某甲的诉讼请求和上诉。2015 年 7 月，清镇市国土局聘请地质勘查局到两户建房点进行实地测绘，于当日作出《测量说明》，结果为：张某某指界实地勘测面积包含争议面积，而张某甲指界实地勘测面积不包含争议面积。2015 年 10 月，清镇市国土局作出处理意见报告，报请清镇市政府给予确权。2016 年 5 月，清镇市国土局作出确定权属的请示，再次报请清镇市政府，并提出处理建议。清镇市政府于同月作出本案被诉批复，确定争议土地的使用权属于张某甲。该批复经由清镇市国土局送达给张某某与张某甲。张某某不服批复确权决定，向人民法院提起诉讼，请求撤销清镇市政府作出的土地确权批复。

——《国有土地使用权权属争议处理决定纠纷应否适用行政复议程序前置》，载李少平主编：《最高人民法院第五巡回法庭法官会议纪要》，人民法院出版社 2021 年版，第 299~301 页。

775. 登记机关如将缺乏法律依据的约定内容进行登记，有违物权法定原则，当事人请求撤销相关登记内容的，人民法院应予支持

关键词

物权法定原则　撤销登记

最高人民法院公报案例

昆山城开锦亭置业有限公司诉昆山市国土资源局不动产行政登记及行政赔偿纠纷案［苏州市姑苏区人民法院（2018）苏 0508 行初 214 号行政判决书］

裁判摘要：不动产登记系对物权的公示，涉及民事、行政双重法律关系，既应遵循物权法定等民事法律规范，又应符合不动产登记相关行政法规。物权的种类和内容由法律规定，当事人无权通过约定变更物权的法定内容。登记机关如将缺乏法律依据的约定内容进行登记，有违物权法定原则，当事人请求撤销相关登记内容的，人民法院应予支持。

苏州市姑苏区人民法院认为，根据物权法定原则，物权的种类、内容均由法律明确规定，当事人之间不能任意创立物权或约定变更物权的法定内容。《物权法》第九条第一款①规定，"不动产物权的设立、变更、转让和消灭，经依法登记，发生效力；未经登记，不发生效力，但法律另有规定的除外。"不动产物权经登记发生法律效力，登记起到了物权公示作用，不动产登记簿是物权归属和内容的根据。不动产权属证书记载的事项，应当与不动产登记簿一致。本案中，原告城开公司通过土地出让方式合法取得了昆山市花桥镇徐公桥路东侧C25地块的国有土地使用权，在该地块上开发建设了游站商业中心项目，原告对该房产依法享有直接支配和排他的权利，享有完整的占有、使用、收益、处分的权利。原告享有的上述物权内容是法定的，不应受到任意限制。涉案不动产登记违背了物权法定原则及相关规定。

《不动产登记暂行条例》第二条第一款规定："本条例所称不动产登记，是指不动产登记机构依法将不动产权利归属和其他法定事项记载于不动产登记簿的行为。"《不动产登记暂行条例》对于不动产登记簿的记载事项作了明确规定。条例第八条规定，"不动产以不动产单元为基本单位进行登记。不动产单元具有唯一编码。不动产登记机构应当按照国务院国土资源主管部门的规定设立统一的不动产登记簿。不动产登记簿应当记载以下事项：（一）不动产的坐落、界址、空间界限、面积、用途等自然状况；（二）不动产权利的主体、类型、内容、来源、期限、权利变化等权属状况；（三）涉及不动产权利限制、提示的事项；（四）其他相关事项。"上述条款规定了不动产登记簿的记载事项主要分为不动产的自然状况、权属状况以及其他限制、提示事项等三种类型。其中，不动产限制提示事项主要是针对异议登记、预告登记、查封登记等登记类型而规定的。不动产登记部门在作出不动产登记时，应严格按照条例的规定进行办理，对于任何涉及不动产权利限制、提示的事项，登记必须有法律依据，不能随意对《不动产登记暂行条例》第八条的规定做扩大解释。本案被告于2017年作出的涉案不动产登记，其附记内容"不得对外销售。如需进行二手房转让，必须先行征得花桥管委会同意"系对原告物权的限制，该限制内容不符合物权法定原则，仅是原告、被告、花桥管委会就土地出让合同签订补充协议时原告与花桥管委会的约定事项，具有合同相对性，不属于《不动产登记暂行条例》第八条规定的应当登记的涉及不动产权利限制的法定事项范围。因此，涉案登记的附记记载行为缺乏法律依据。

——《最高人民法院公报》2022年第8期。

---

① 本条规定现对应《中华人民共和国民法典》第二百零九条第一款。

776. 不动产登记条例实施前，以市、县级人民政府名义作出的不动产登记行为，实行不动产统一登记后由谁作被告

关键词

不动产登记　不动产统一登记

最高人民法院审判业务意见

6. 不动产登记条例实施前，以市、县级人民政府名义作出的不动产登记行为，实行不动产统一登记后由谁作被告。

答：不动产登记条例实施前，以市、县级人民政府名义作出的不动产登记行为，实行不动产统一登记后，应当以继续行使不动产登记法定职权的不动产登记机关为被告。

理由：行政诉讼法第二十六条第六款规定，行政机关被撤销或者职权变更，继续行使其职权的行政机关是被告。不动产登记的法定职权由市、县级人民政府转移至不动产登记机关，被告资格应当由继续行使不动产登记职权的不动产登记机关承接。应当注意的是，各地落实不动产统一登记的具体时间不同，应当以案件发生地不动产登记法定职权实际转移的时间来确定被告资格转移的具体时间，不能简单以《不动产登记暂行条例》的实施时间为准。

至于向同级人民政府申请行政复议，原先作出不动产登记的市县政府将成为复议机关，变成自己复议自己的问题，因不动产登记行为不属于复议前置案件，当事人自愿申请行政复议，且不选择向上一级不动产登记机关申请复议，是当事人自行选择的结果，法院不宜干涉。而且，不动产登记时，通常是土地房产管理部门具体实施；行政复议中，则是政府法制机构具体负责，内设机构分工不存在重合。

——《最高人民法院第一巡回法庭关于行政审判法律适用若干问题的会议纪要》（2018年7月23日）。

777. 纠正不动产登记错误事项，应最小成本、最大限度地降低因纠正违法行政行为所造成的社会不良影响

关键词

不动产登记错误事项　业主利益

最高人民法院裁判文书

谭某兴诉广东省湛江市人民政府、湛江市华兴房地产有限公司颁发国有土地使用证案［最高人民法院（2021）最高法行再131号行政判决书］

裁判要旨：不动产登记确有错误的，不动产登记机构依权利人、利害关系人申请或者自行发现的，应当予以更正登记。在本案的处理方式上，因91号证颁证时间久远，华兴公司所属兴华广场项目早已出售，若依照《中华人民共和国行政诉讼法》第七十条的规定，直接撤销该证后由湛江市政府重新颁证，必然对众多业主已取得的相关不动产登记产生影响，须耗费的行政成本亦不小。基于此，本着行政诉讼实质化解行政争议的立法目的，并结合上述不动产登记机构更正登记职责的设定，本案由湛江市政府责成辖区内不动产登记机构或者其他实际履行该职责的职能部门予以更正登记更为适宜。如此处理，谭某兴的合法权益亦能得到有效保障。需要指出的是，不动产登记机构或者其他实际履行该职责的职能部门应当遵照本判决所指出的登记错误之处，以东园合作社申请初始登记时所提交的原始权属来源材料为依据，纠正登记错误事项，从而以最小成本、最大限度地降低因纠正违法行政行为所造成的社会不良影响。

最高人民法院认为，谭某兴根据湛江市规划局信访复函所载明的现场踏勘情况，即"经我局现场踏勘，谭某兴用地内已建房屋外挑阳台部分滴水伸入兴华广场项目用地范围内"，认为湛江市政府为华兴公司核发的91号证侵犯其依法享有的房屋所有权，从而起诉请求撤销该证。由此可见，本案实际是谭某兴与华兴公司之间土地界址及权属冲突而引发的行政争议。

根据再审已查明事实，湛江市政府为华兴公司位于湛江市××区××路××号的土地核发的91号证，是由原始登记在东园合作社名下的99号证和之后变更登记在黎某连、谭某平名下的58号证再次变更登记而来，两次变更登记均只是变更土地权利人，其他内容包括土地面积、四至范围、宗地图等均未发生变化。现生效判决已确认湛江市政府核发给东园合作社的99号证违法，认定该证所登记的土地面积、四至范围、宗地图与东园合作社申请登记时提交的原始权属来源材料均不一致，该证登记错误。故此，湛江市政府依据99号证仅变更土地权利人所核发的91号证，登记的土地面积、四至范围、宗地图亦存在错误，与东园合作社申请登记时提交的原始权属来源材料亦不一致，具体而言：（1）该证宗地图显示华兴公司土地东北角界线与相邻谭某兴土地界线有交点，而非湛府（1992）97号《关于赤坎区中山街道办事处与东园村土地纠纷的复查处理决定》及中山街道办与东园村签订的《协议书》附图所显示的平行状态;(2)该证登记土地面积为9319㎡,折合为13.97亩,而非中山街道办与东园村以《补充协议》约定的土地面积13.92亩。故湛江市政府为华兴公司核发的91号证登记错误,该颁证行为主要证据不足,上述登记错误事项应当予以纠正。

《不动产登记暂行条例实施细则》第七十九条、第八十条规定,权利人、利害关系人认为不动产登记簿记载的事项有错误,可以申请更正登记。不动产权利人或者利害关系人申请更正登记,不动产登记机构认为不动产登记簿记载确有错误的,应当予以更正。第八十一条规定,不动产登记机构发现不动产登记簿记载的事项错误,应当通知当事人在30个工作日内办理更正登记。当事人逾期不办理的,不动产登记机构应当在公告15个工作日后,依法予以更正。根据上述规定,不动产登记确有错误的,不动产登记机构依权利人、利害关系人申请或者自行发现的,应当予以更正登记。在本案的处理方式上,因91号证颁证时间久远,华兴公司所属兴华广场项目早已出售,若依照《中华人民共和国行政诉讼法》第七十条的规定,直接撤销该证后由湛江市政府重新颁证,必然对众多业主已取得的相关不动产登记产生影响,须耗费的行政成本亦不小。基于此,本着行政诉讼实质化解行政争议的立法目的,并结合上述不动产登记机构更正登记职责的设定,本案由湛江市政府责成辖区内不动产登记机构或者其他实际履行该职责的职能部门予以更正登记更为适宜。如此处理,谭某兴的合法权益亦能得到有效保障。需要指出的是,不动产登记机构或者其他实际履行该职责的职能部门应当遵照本判决所指出的登记错误之处,以东园合作社申请初始登记时所提交的原始权属来源材料为依据,纠正登记错误事项,从而以最小成本、最大限度地降低因纠正违法行政行为所造成的社会不良影响。

——中国裁判文书网。

778. 土地承包合同的签订显然违反法律规定或国家土地政策时,行政机关能否拒绝对合同约定的内容进行登记

关键词

土地承包合同

最高人民法院审判业务意见

需要注意的是,就家庭土地承包而言,土地承包行政登记根据不同标准可进行不同划分,根据是否属于最初登记,可分为:初始(或原始)登记、

变更登记。根据登记的人数及背景，可分为整体登记、个别登记。就土地承包政策调整而言，初始登记主要对应着整体登记，变更登记对应着个别登记。具体而言，初始登记可追溯至国家确定第一轮土地承包政策之时，由村集体经济组织在整体范围内明确各经济组织成员所承包的土地，通过首次签订土地承包合同后，按照法定程序通过行政登记确认最初的土地承包关系。在确定第一轮土地承包关系后，集体组织成员等个别主体之间在第一轮土地承包期限内流转土地承包权益的，可以通过签订土地流转协议、变更土地承包合同等变更土地承包关系，并按照法定程序由行政登记确认变更后的土地承包关系。此外，在第一轮土地承包关系结束后，根据国家的"大稳定、小调整"的土地承包政策，土地承包关系在整体范围内稳定初始登记关系，在小范围内调整个别登记关系。无论是属于前述何种登记情形，行政登记机关在进行审查时均遵循相同的法律规定以及相应的法律精神，均以土地承包合同作为最主要的事实根据，但在对行政登记机关是否尽到审慎审查责任或义务的要求有所不同。对此，《农村土地承包经营权证管理办法》第七条规定："实行家庭承包的，按下列程序颁发农村土地承包经营权证：（一）土地承包合同生效后，发包方应在30个工作日内，将土地承包方案、承包方及承包土地的详细情况、土地承包合同等材料一式两份报乡（镇）人民政府农村经营管理部门。（二）乡（镇）人民政府农村经营管理部门对发包方报送的材料予以初审。材料符合规定的，及时登记造册，由乡（镇）人民政府向县级以上地方人民政府提出颁发农村土地承包经营权证的书面申请；材料不符合规定的，应在15个工作日内补正。（三）县级以上地方人民政府农业行政主管部门对乡（镇）人民政府报送的申请材料予以审核。申请材料符合规定的，编制农村土地承包经营权证登记簿，报同级人民政府颁发农村土地承包经营权证；申请材料不符合规定的，书面通知乡（镇）人民政府补正。"第十二条规定："乡（镇）农村经营管理部门和县级以上地方人民政府农业行政主管部门在办理农村土地承包经营权证过程中应当履行下列职责：（一）查验申请人提交的有关材料；（二）就有关登记事项询问申请人；（三）如实、及时地登记有关事项；（四）需要实地查看的，应进行查验。在实地查验过程中，申请人有义务给予协助。"第十五条规定："办理农村土地承包经营权变更申请应提交以下材料：（一）变更的书面请求；（二）已变更的农村土地承包合同或其他证明材料；（三）农村土地承包经营权证原件。"根据以上规定可知：第一，土地承包合同是土地承包经营权行政登记的重要依据，但同时也需要其他法定的材料。如对于变更登记的，除提交已变更的土地承包合同外，还需提交农村土地承包经营权证原件等材料。第二，行政登记机关对提交申请登记的材料需要依法进行查验，并非完全根据申请人提交的材料予以确认，对于存疑的登记事项，应当进行实地查看。第三，行政登记机关需要对土地承包关系的真实性具有审查的法定义务，但在不同情形下的责任承担有所不同。对于第一轮土地承包的情形，由于均属于初次登记，承包的土地上原始权属均来源于村集体，村民与村集体签订的土地承包合同，可以有效证明承包土地的权属情况，行政登记机关仅要确认土地承包合同真实有效即可，而无须查明是否可能存在侵犯其他土地使用权主体等事实。另外，由于属于整体的土地承包登记，将同时有大量的土地承包合同存在，行政登记机关难以一一核实土地承包合同的真实性，如签字是否属实等，而通常仅能进行形式审查。此时，行政登记机关已全面进行形式审查的，即可推定其已尽到审慎审查义务。若土地承包合同的内容确与客观现实不相符的，行政登记机关应当依法对登记的内容予以纠正，但不承担相关行政赔偿责任。对于一轮承包变更登记或二轮延包的情形，由于存在一轮土地承包的最初权利主体，此情形下的登记均属于变更登记的情形，行政登记机关应当确定变更登记是否侵犯原权利主体的合法权益，因而除审查土地承包合同是否真实有效外，还需要审查其他土地承包权属发生变更的其他证明材料如村集体经济组织是否依法收回原土地承包经营权或原土地承包人是否已依法转让该土地承包经营权等。对于不能证明确已发生土地承包经营权变更事实的，行政登记机关有义务进一步查验并询问相关当事人，而不能完全按照土地承包合同进行登记。此时，行政登记机关仅进行形式审查的，不能推定其已尽到审慎审查义务。若土地承包合同的内容确与客观现实不相符的，行政登记机关应当依法对登记的内容予以纠正，若对原权利主体造成损失的，应当依法承担相关行政赔偿责任。本案即属于二轮延包的"小调整"情形，其属于土地承包经营权变更登记的情形，行政登记机关应当查验是否侵犯原权利主体等事实，而不能简单地按照土地承包合同进行登记。

——姜伟主编、最高人民法院第四巡回法庭编：《最高人民法院第四巡回法庭疑难案件裁判要点与观点》，人民法院出版社2020年版，第445~451页。

779. 房屋登记机关在办理转移登记时，是否应主动对房屋存在共有人或者利害关系人进行审查

关键词

房屋行政登记　房屋转移登记

最高人民法院审判业务意见（行政庭法官会议纪要）

房屋行政登记系行政机关作出的行政确认行为，即对基础民事法律关系的确认。若房屋登记申请人提交的证明权属来源的相关材料及其他申请材料

真实、齐备，符合法定要求，则房屋登记机关应予登记。在房屋行政登记行为完成之后，若经民事诉讼等法定途径确认基础民事法律关系已发生变化，则可再行解决房屋行政登记问题。

附：案情简介

胡某甲与胡某乙等人均系胡某丙的孙子女。胡某丙经有关部门批准建成房屋一座，于1990年领取了房屋所有权证。该房屋所有权证载明的权利人为胡某丙。后胡某甲以接受胡某丙赠与为由，提交了胡某丙于1995年9月出具的《房产赠送书》等相关材料，请求办理转移登记。甲县政府于1995年10月为胡某甲颁发了房屋所有权证。胡某丙于1999年去世。胡某乙等人不服，以对涉案房屋享有继承权为由，于2005年4月向乙市政府申请行政复议。乙市政府认定，胡某丙生前在国外有配偶。乙市政府认为，甲县政府凭胡某丙出具的《房产赠送书》将涉案房屋转移登记给胡某甲，对涉案房屋是否存在其他共有人或者利害关系人未作审查，认定事实不清，证据不足，程序违法，决定撤销甲县政府为胡某甲颁发的房屋所有权证。胡某甲不服，提起本案诉讼，请求撤销乙市政府所作复议决定。人民法院经审理查明，胡某丙生前在国外无配偶。

——《房屋登记机关对申请登记材料的审查强度》，载最高人民法院行政审判庭编：《最高人民法院行政审判庭法官会议纪要（第一辑）》，人民法院出版社2022年版，第15~16页。

780. 发包行为被确认无效的，原发证机关注销承包人的土地承包经营权证是否合法

关键词

土地承包经营权证

最高人民法院裁判文书

温某义与广东省博罗县人民政府土地承包经营权发证申请再审案［最高人民法院（2021）最高法行申2977号行政裁定书］

裁判要旨：村民小组向承包人作出的发包行为经生效民事判决确认无效的，属于应依法收回农村土地承包经营权证的情形；承包方无正当理由拒绝交回农村土地承包经营权证，原发证机关决定注销该证的，具有事实和法律依据。

最高人民法院经审查认为，生效的民事关联案件判决已经认定，案涉当地村民小组未经原承包人黄某慧的同意，将其承包经营权转移给温某义，侵害了原承包人的合法承包经营权，该发包行为无效。博罗县政府基于上述生效民事判决认定的事实，根据《中华人民共和国农村土地承包经营权证管理办法》第二十条第四款、第二十一条规定，注销温某义的案涉农村土地承包经营权证，具有事实和法律依据。一、二审判决予以维持，符合法律规定。再审申请人主张的再审事由，本院不予支持。

——中国裁判文书网。

781. 土地承包经营权在承包合同生效时已经设立

关键词

土地承包经营权

最高人民法院裁判文书

尹某强诉河南省延津县人民政府土地行政登记案〔最高人民法院（2019）最高法行申 3300 号行政裁定书〕

裁判要旨：土地承包经营权在承包合同生效时已经设立。县级以上地方人民政府颁发土地承包经营权证的行为属于对承包人根据承包合同取得的土地承包经营权的确认和公示，土地承包合同等登记材料构成了行政机关确认土地承包经营权的事实基础。一般而言，如果行政机关对土地承包合同等申请登记材料的形式真实有效性已尽到审慎审查义务，那么，在申请登记材料未经法定途径予以否定前，人民法院对行政机关作出的登记在实体合法性上应当予以认可。

最高人民法院经审查认为：《中华人民共和国物权法》[①]第一百二十七条第一款规定："土地承包经营权自土地承包经营权合同生效时设立"。《中华人民共和国农村土地承包经营权证管理办法》第九条规定："农村土地承包经营权证登记簿记载农村土地承包经营权的基本内容。农村土地承包经营权证、农村土地承包合同、农村土地承包经营权证登记簿记载的事项应一致"。据此，土地承包经营权在承包合同生效时已经设立。县级以上地方人民政府颁发土地承包经营权证的行为属于对承包人根据承包合同取得的土地承包经营权的

---

① 本法已被《中华人民共和国民法典》废止。

确认和公示，土地承包合同等登记材料构成了行政机关确认土地承包经营权的事实基础。一般而言，如果行政机关对土地承包合同等申请登记材料的形式真实有效性已尽到审慎审查义务，那么，在申请登记材料未经法定途径予以否定前，人民法院对行政机关作出的登记在实体合法性上应当予以认可。

本案中，任某梅与延津县僧固乡沙庄村民委员会签订的《农村土地（耕地）承包合同》约定任某梅承包土地8.88亩，涉案承包经营合同在形式上并无明显瑕疵，且与《农村土地承包经营权确权登记申请书》及《承包地块调查表》《农村土地承包经营权公示结果归户表》中记载一致。延津县人民政府在其职责范围内对合同的真实有效性已尽到了审查义务，在颁证之前也进行了必要的调查、测绘和公示程序。其为任某梅颁发的农村土地承包经营权证与《农村土地（耕地）承包合同》记载的面积一致，其登记颁证行为并无不当。至于尹某强所称任某梅提供虚假材料问题，主要涉及任某梅与延津县僧固乡沙庄村民委员会签订的《农村土地（耕地）承包合同》合法性问题，一般不宜在行政诉讼中进行过度审查，尹某强对此持有异议，可通过民事诉讼等途径予以解决。

——中国裁判文书网。

782. 在行政机关未予以保护或考虑的情况下作出了房屋初始登记行为时，债权人有权对初始登记行为提起行政诉讼

关键词

房屋初始登记　行政诉讼

最高人民法院裁判文书

十堰市中达建筑安装工程有限公司十堰市自然资源和规划局城乡建设行政管理房屋登记再审案［最高人民法院（2019）最高法行再24号行政裁定书］

裁判要旨：转移登记与初始登记均属于不动产物权变动的法定情形，且行政机关作出的行政行为在职权依据、适用法律等方面均无本质区别，《最高人民法院关于适用〈中华人民共和国行政诉讼法〉的解释》《最高人民法院关于审理房屋登记案件若干问题的规定》司法解释的精神可以适用，债权人有权对房屋初始登记行为提起行政诉讼。

最高人民法院认为，由债权的相对性所决定，在一般情况下，债权人不具有基于其债权针对行政机关对债务人所作的行政行为提起诉讼的原告资格。《最高人民法院关于适用〈中华人民共和国行政诉讼法〉的解释》中关于"行政机关作出行政行为时依法应予保护或者应予考虑的除外"属于有限地承认债权人原告资格的例外情形。《最高人民法院关于审理房屋登记案件若干问题的规定》第四条规定："房屋登记机构为债务人办理房屋转移登记，债权人不服提起诉讼，符合下列情形之一的，人民法院应当依法受理：（一）以房屋为标的物的债权已办理预告登记的；（二）债权人为抵押权人且房屋转让未经其同意的；（三）人民法院依债权人申请对房屋采取强制执行措施并已通知房屋登记机构的；（四）房屋登记机构工作人员与债务人恶意串通的。"据此，在债权人已经依循法定方式对债务人相关财产权施以限制的情况下，行政机关作出房屋转移登记行为时应当预见到该行为可能对债权实现产生不利影响，此时行政机关应当对债权人的利益予以保护，并对是否作出相应的行政行为慎重考虑。在行政机关未予以保护或考虑的情况下作出了房屋转移登记行为时，债权人有权对该转移登记行为提起行政诉讼。上述规定虽然与本案情形稍有不同，即上述规定针对的是债权人对房屋登记机构为债务人办理房屋转移登记提起诉讼，本案属于债权人对房屋登记机构为债务人办理房屋初始登记提起诉讼，但是，转移登记与初始登记均属于不动产物权变动的法定情形，且行政机关作出的行政行为在职权依据、适用法律等方面均无本质区别，故上述司法解释的精神可以适用于本案。

——中国裁判文书网。

三、劳动和社会保障

783. 劳动关系的行政诉讼程序处理

关键词

劳动关系　行政诉讼程序

最高人民法院司法解释

第二条　人民法院受理工伤认定行政案件后，发现原告或者第三人在提起行政诉讼前已经就是否存在劳动关系申请劳动仲裁或者提起民事诉讼的，应当中止行政案件的审理。

——《最高人民法院关于审理工伤保险行政案件若干问题的规定》(2014年6月18日,法释〔2014〕9号)。

附录:最高人民法院法官著述

用人单位和职工之间存在劳动关系,是受伤职工认定为工伤的前提条件之一。《最高人民法院关于审理工伤保险行政案件若干问题的规定》(以下简称《规定》)第二条规定:"人民法院受理工伤认定行政案件后,发现原告或者第三人在提起行政诉讼前已经就是否存在劳动关系申请劳动仲裁或者提起民事诉讼的,应当中止行政案件的审理。"依据这一规定,人民法院在受理工伤认定行政案件后发现职工或者用人单位对是否存在劳动关系发生争议,在处理方式上应当区分情况分别对待。第一种情况是,职工和用人单位对是否存在劳动关系发生争议,提起行政诉讼前已经申请劳动仲裁或者提起民事诉讼的,人民法院应当中止正在审理的工伤认定行政案件;第二种情况是职工和用人单位对是否存在劳动关系发生争议,没有申请劳动仲裁或者提起民事诉讼的,人民法院可以在审理工伤认定行政案件时一并对是否存在劳动关系进行审查。主要理由是:社会保险行政部门在工伤认定程序中,具有认定受到伤害的职工与企业之间是否存在劳动关系的职权。社会保险行政部门在工伤认定程序中已经对是否存在劳动关系作出了判断,进入到行政诉讼程序后,人民法院可以对社会保险部门就是否存在劳动关系的认定进行审查,职工或者用人单位无须就是否存在劳动关系另行申请劳动仲裁或者提起民事诉讼。另外,效率和便民问题也是处理方式选择上的重要考量因素。《社会保险法》第三十六条第二款规定,认定程序应当尽可能简便。如果社会保险行政部门已对是否存在劳动关系作出了判断,在行政诉讼中再要求原告或者第三人另行申请劳动仲裁或者提起民事诉讼,中止行政诉讼,必然会因繁多的程序导致效率低下,往往耽误了受伤职工及时治疗和康复,也导致在实践中很多劳动者因程序繁杂而放弃申请工伤认定或者匆忙和用人单位达成不平等的协议,造成更多的社会矛盾,不利于职工权益保护。一并进行审查,亦有利于防止用人单位因工伤认定对己不利时,故意就是否存在劳动关系申请劳动仲裁或者提起民事诉讼,借此拖延行政案件的审理,损害工伤职工合法权益。

客观地说,依据《规定》第二条规定,原告或者第三人在提起行政诉讼前如未申请劳动仲裁或者提起民事诉讼的,人民法院无须中止行政案件的审理,从而加快了工伤认定法律程序,对保护受伤职工的合法权益具有积极意义。但在这里,还有两个问题需要探讨:

一方面,原告或者第三人在提起行政诉讼前未就是否存在劳动关系申请劳动仲裁或者提起民事诉讼的,而在人民法院受理工伤认定行政案件后提起的,依据《规定》第二条规定,无须中止工伤认定行政案件的审理,但是,原告或者第三人已就是否存在劳动关系申请劳动仲裁或者提起民事诉讼的，如何处理？笔者认为，审理工伤认定行政案件的人民法院应当通知受理劳动仲裁或者民事诉讼的有关机构和法院，由有关机构和法院要求原告或者第三人撤回申请或者起诉，原告或者第三人不撤回申请或者起诉的，有关机构和法院依法予以驳回或者不予受理。

另一方面，以"提起行政诉讼前已经就是否存在劳动关系申请劳动仲裁或者提起民事诉讼"以判断人民法院是否中止审理工伤认定行政诉讼是一种妥协的做法，并未彻底解决工伤认定程序不简便的问题。《劳动法》《劳动争议调解仲裁法》《民事诉讼法》规定，对劳动关系存在争议的，可以申请劳动争议调解仲裁或者提起民事诉讼。如《劳动法》第七十七条规定，用人单位与劳动者发生劳动争议，当事人可以依法申请调解、仲裁、提起诉讼，也可以协商解决。第七十九条规定，劳动争议发生后，当事人可以向本单位劳动争议调解委员会申请调解；调解不成，当事人一方要求仲裁的，可以向劳动争议仲裁委员会申请仲裁。当事人一方也可以直接向劳动争议仲裁委员会申请仲裁。对仲裁裁决不服的，可以向人民法院提起诉讼。而《劳动法》《工伤保险条例》和最高人民法院的批复答复也肯定了社会保险行政部门对是否存在劳动关系的认定权。《工伤保险条例》第十八条第一款规定："提出工伤认定申请应当提交下列材料：（一）工伤认定申请表；（二）与用人单位存在劳动关系（包括事实劳动关系）的证明材料；（三）医疗诊断证明或者职业病诊断证明书（或者职业病诊断鉴定书）。"该规定说明，社会保险行政部门在工伤认定之前应当审查职工与用人单位之间是否存在劳动关系。也就是说，确认职工与用人单位之间是否存在劳动关系是社会保险行政部门的一项行政职权。《最高人民法院行政审判庭关于劳动行政部门在工伤认定程序中是否具有劳动关系确认权请示的答复》（〔2009〕行他字第12号）指出："根据《劳动法》第九条和《工伤保险条例》第五条、第十八条的规定，劳动行政部门在工伤认定程序中，具有认定受到伤害的职工与企业之间是否存在劳动关系的职权。"由此，最高人民法院依《劳动法》和《工伤保险条例》进一步明确在工伤认定程序中，社会保险行政部门具有认定受到伤害的职工与企业之间是否存在劳动关系的行政职权。由此，产生了劳动仲裁、民事诉讼与社会保险行政部门工伤认定两个程序何者为先的问题。

有一种观点认为，依据《劳动法》《劳动争议调解仲裁法》《民事诉讼法》相关规定，劳动关系争议必须先申请劳动仲裁或者提起民事诉讼，不管是在社会保险部门工伤认定程序中，还是在人民法院审理工伤认定行政案件中。笔者并不赞同。在工伤认定这个问题上，最需要的是效率，认定程序应当尽可能简便。劳动关系争议无须先申请劳动仲裁或者提起民事诉讼，工伤认定行政程序及行政诉讼程序可以一并处理。此外，社会保险行政部门既然依法具有认定劳动关系存在与否的法定职权，那么如社会保险行政部门已经受理工伤认定申请，其也必然要对劳动关系是否存在作出认定。社会保险行政部门工伤认定程序可以排除劳动争议仲裁或者民事诉讼管辖权。即使在社会保险行政部门作出工伤认定决定后未失去法律效力之前，基于行政行为公定力，劳动仲裁或者民事诉讼也一样无权作出相反认定，更不需要再作相同认定。因此，社会保险行政部门一旦受理工伤认定申请后，劳动争议仲裁部门或者民事法庭就无权就劳动关系存在与否作出裁决。这意味着三点：一是在社会保险行政部门工伤认定过程中，对劳动关系尚有争议的，社会保险行政部门不得告知申请人到当地劳动争议仲裁部门申请裁决或者向人民法院提起民事诉讼。二是在社会保险行政部门工伤认定过程中，如用人单位和职工就劳动关系存在与否申请劳动仲裁或者提起民事诉讼的，劳动争议仲裁部门和人民法院已受理的，应当通知仲裁机关终止仲裁或者相关法院的相关民庭终止审判。三是在工伤认定受理之前，如用人单位和职工就劳动关系存在与否已申请劳动仲裁或者提起民事诉讼的，社会保险行政部门或者人民法院应当中止工伤认定行政案件的处理。但用人单位和职工自愿撤回申请劳动仲裁或者民事诉讼的，社会保险行政部门和人民法院应当恢复处理程序。总之，工伤认定之时，既要尊重《劳动法》和《工伤保险条例》赋予社会保险行政部门的劳动关系认定权，也要尊重《劳动法》《劳动争议调解仲裁法》和《民事诉讼法》等法律授予劳动仲裁机构和民事法庭的法定职权。

对于上述第一、二点，有人认为，人社部门设有专门处理劳动关系争议的劳动争议仲裁委员会，《劳动法》和《民事诉讼法》也规定，人民法院民事审判庭专门处理劳动关系争议。劳动仲裁或者民事诉讼和工伤认定是两个完全不同的程序，劳动关系的认定应由专业职能部门即劳动争议仲裁委员会或者人民法院民事审判庭来行使。如社会保险行政部门直接认定有争议的劳动关系，等于剥夺了当事人相关的民事和仲裁程序权利。笔者认为，这种观点不能成立。首先，劳动争议仲裁委员会本来就设在人社部门之下，人社部门处理劳动关系的专业性毋庸置疑；其次，社会保险行政部门对劳动关系的认定不具备终局性。当工伤认定当事人对社会保险行政部门就劳动关系存在与否所作出的认定存在异议时，可以通过提起行政诉讼推翻社会保险行政部门的认定。也就是说，社会保险行政部门作出的工伤认定决定不是最终裁决，人民法院的行政审判仍然有权确定受到伤害的职工与企业之间是否存在劳动关系。有关是否存在劳动关系的最终决定权，仍属于人民法院。因此，谈不上剥夺当事人提起诉讼的权利。[①]况且,不管是行政审判庭还是民事审判庭均是以人民法院名义从事相关审判活动的,劳动关系在两者中的任何一个审理在制度上并无障碍,切不可以法院内部分工为由妨碍当事人享受高效快捷的司法服务。也正是基于这一理由,笔者认为,未来立法可以通过行政附带民事诉讼解决这两种程序相互衔接的问题。甚至在必要时,也可以考虑民事附带行政诉讼,这一处理程序中,民事程序不仅可以解决关于劳动关系的民事争议,还可以附带解决工伤认定的行政诉讼,确保劳动者享受高效快捷的司法服务。

——杨科雄:《解读〈关于审理工伤保险行政案件若干问题的规定〉》,载江必新主编:《解读最高人民法院司法解释、指导性案例(行政·国家赔偿卷)》,人民法院出版社2016年版,第363~366页。

784. 工伤的认定

关键词

工伤 行政复议

最高人民法院公报案例

王某国诉重庆市万州区人力资源和社会保障局工伤认定及重庆市人力资源和社会保障局行政复议案〔判决时间:2019年7月1日,二审法院:重庆市第一中级人民法院〕

裁判摘要:职工的家庭住所地与工作地相隔两城,法定节假日或约定休息日期间,职工为上下班在合理时间内跨越城际往返于两地的合理路线,应当认定为《工伤保险条例》第十四条规定的"上下班途中"。

重庆市第一中级人民法院二审认为:

上诉人万州区人社局作为该辖区的社会保险行政主管部门,具有作出万州人社伤险不认字〔2018〕8号《不予认定工伤决定书》的法定职责,其受理一审第三人长安跨越公司提出的工伤认定申请符合《工伤保险条例》的规

[①] 蔡小雪:《劳动行政部门在工伤认定程序中具有劳动关系的确认职权》,载最高人民法院行政审判庭编:《行政执法与行政审判》2009年第4集(总第36集),中国法制出版社2010年版,第34页。

定；一审被告市人社局作为万州区人社局的上级主管部门，受理被上诉人王某国提出的行政复议申请并作出渝人社复决字〔2018〕109号《行政复议决定书》，符合行政复议法的规定。

本案争议焦点是：被上诉人王某国遭遇交通事故时是否属于上班的合理时间即是否符合"上下班途中"。《工伤保险条例》第十四条规定："职工有下列情形之一的，应当认定为工伤：（六）在上下班途中，受到非本人主要责任的交通事故或者城市轨道交通、客运轮渡、火车事故伤害的……"同时，《最高人民法院关于审理工伤保险行政案件若干问题的规定》第六条一项、三项规定，在合理时间内往返于工作地与住所地、经常居住地、单位宿舍的合理路线的上下班途中或者从事属于日常工作生活所需要的活动，且在合理时间和合理路线的上下班途中，社会保险行政部门认定为"上下班途中"的，法院应予支持。本案中，根据上诉人万州区人社局举示的《劳动合同》、工伤认定调查笔录，《道路交通事故认定书》等证据，结合庭审笔录中各方当事人的陈述，能够认定被上诉人王某国在一审第三人长安跨越公司工作，2018年4月7日18时许，乘坐公司为其配备的渝A2××××号小型客车，从居住地重庆市江北区出发前往公司所在地万州区，19时55分许车辆行驶至沪渝高速公路出城方向1672千米处与前车发生追尾交通事故致其受伤，王某国在此次交通事故中不承担事故责任的事实。上述证据相互印证，可以证明王某国是为了4月8日能准时上班而提前于4月7日16时许从距离万州280余公里的家中出发前往公司。虽然事发当日不是上班时间（"清明"小长假的最后一天），但因王某国属于异地工作，居家与工作地相距较远，放假回家后提前一天返回职工宿舍，既符合其平时的惯常往返方式也符合常理，同时亦符合公司《关于对渝万往返乘车安排的通知》第三条"乘车规定：（8）返万时间原则上为假期最后一日，……"的规定。王某国发生事故时是4月7日19时50分，已经是晚上，故其提前返回公司的时间处于合理范围内，并未过分提前超出必要限度。如果苛求王某国必须于4月8日当天工作日上班出行，才构成《工伤保险条例》"上下班途中"的要求，那么王某国须于当日凌晨3时左右就要出发前往万州才能按时到达工作岗位，显然既不符合人体生理条件也不符合常理，更不利于对异地工作劳动者的保护。因此，王某国事发当日提前返回公司宿舍休息，也是为了第二天能够正常上班不耽误，符合以"上下班为目的"基本条件，具有正当性和合理性，应当认定其发生交通事故时处于上班的合理时间。因此，王某国受伤符合《工伤保险条例》第十四条六项及《最高人民法院关于审理工伤保险行政案件若干问题的规定》第六条一项、三项之规定，应当认定为工伤。上诉人作出的万州人社伤险不认字〔2018〕8号《不予认定工伤决定书》认定事实清楚，但适用法律错误，依法应予撤销。同理，一审被告市人社局作出的渝人社复决字〔2018〕109号

《行政复议决定书》亦属适用法律错误，同样应予撤销。上诉人认为王某国不是正常上班时间而受伤不应认定工伤的理由不能成立，法院不予支持。万州区人社局作出的万州人社伤险不认字〔2018〕8号《不予认定工伤决定书》以及市人社局作出的渝人社复决字〔2018〕109号《行政复议决定书》适用法律错误，一审予以撤销并无不当。上诉人的上诉理由及上诉请求均不能成立，依法不予支持。

——《最高人民法院公报》2022年第5期（总第309期）。

785. 特定工伤事实的认定

关键词

特定工伤认定

最高人民法院司法解释

第一条 人民法院审理工伤认定行政案件，在认定是否存在《工伤保险条例》第十四条第（六）项"本人主要责任"、第十六条第（二）项"醉酒或者吸毒"和第十六条第（三）项"自残或者自杀"等情形时，应当以有权机构出具的事故责任认定书、结论性意见和人民法院生效裁判等法律文书为依据，但有相反证据足以推翻事故责任认定书和结论性意见的除外。

前述法律文书不存在或者内容不明确，社会保险行政部门就前款事实作出认定的，人民法院应当结合其提供的相关证据依法进行审查。

《工伤保险条例》第十六条第（一）项"故意犯罪"的认定，应当以刑事侦查机关、检察机关和审判机关的生效法律文书或者结论性意见为依据。

——《最高人民法院关于审理工伤保险行政案件若干问题的规定》（2014年6月18日，法释〔2014〕9号）。

附录：最高人民法院法官著述

《工伤保险条例》第十四条、第十五条规定了认定工伤或者视同工伤的具体条件，而第十六条亦明确具有特殊情形时，职工即使应当认定工伤或者视同工伤，但也不认定工伤或者视同工伤。为了明确《工伤保险条例》第十四条、第十六条关于不认定为工伤或者视同工伤的特殊事实认定规则，《最高人民法院关于审理工伤保险行政案件若干问题的规定》（以下简称《规定》）第一条规定，人民法院审理工伤认定行政案件，在认定是否存在《工伤保险条例》第十四条第六项"本人主要责任"、第十六条第二项"醉酒或者吸毒的"和第十六条第三项"自残或者自杀"等情形时，应当以有权机构出具的事故责任认定书、结论性意见和人民法院生效裁判等法律文书为依据，但有相反证据足以推翻事故责任认定书和结论性意见的除外。前述法律文书不存在或者内容不明确，社会保险行政部门就前款事实作出认定的，人民法院应当结合其提供的相关证据依法进行审查。《工伤保险条例》第十六条第一项"故意犯罪"的认定，应当以刑事侦查机关、检察机关和审判机关的生效法律文书或者结论性意见为依据。《规定》第一条的主要目的在于明确《工伤保险条例》第十四条、第十六条关于不认定工伤或者不视同工伤的特定工伤事实的认定问题。本条主要明确以下三点内容：

（1）特定工伤事实是否存在，原则上应当以有权机构的事故责任认定书、结论性意见和人民法院的生效裁判等法律文书为判断依据。特定工伤事实是否存在，涉及特定部门或者特殊机构的专业分析和权威判断，如交通事故责任、自杀、醉酒等，专业的权威机构判断或者经诉讼程序对证据严格审核后认定的事实，属于公认的证明力较高的证据材料。但上述"不得认定为工伤或者视同工伤"的事由应由哪个国家机关作出确认，以什么形式作出，《工伤保险条例》对此未作出规定，由此导致了实践中存在巨大分歧。根据公权力法定原则，《工伤保险条例》第十四条第六项"非本人主要责任"和第十六条规定的"不得认定为工伤或者视同工伤"的事由原则上应由有权机关作出确认。如《北京市高级人民法院关于审理工伤认定行政案件若干问题的意见（试行）》第十四条规定：《工伤保险条例》第十六条规定的"不得认定为工伤或者视同工伤"的法定事由应由有权机构作出确认。虽然《工伤保险条例》规定"不得认定为工伤或者视同工伤"和"非本人主要责任"的事由应由相关职权部门作出确认，但是不同的事由有不同有权机关作出确认，即使是相同的事由在不同的程序阶段或者不同的情形，作出确认的机关也是不同的。如对"故意犯罪"的事实应由公安机关、检察院、法院在其职权范围内作出认定；对"非本人主要责任"事由应由不同的交通管理部门在其职权范围内作出认定；对"自残或自杀"原则上由公安机关等司法部门在其职权范围内作出认定。而上述国家机关作出排除工伤事实的认定，一般通过有权机构的事故责任认定书、结论性意见以及刑事侦查机关、检察机关和审判机关的生效法律文书或者结论性意见作出。

（2）有关法律文书的排除问题。也不排除有关法律文书出现错误的可能，本条同时也规定了出现相反证据的处理方式。其一，认定"本人主要责任""醉酒或者吸毒"和"自残或者自杀"等情形，应当以有权机构出具的事故责任认定书、结论性意见和人民法院生效裁判等法律文书为依据，但有相反证据足以推翻事故责任认定书和结论性意见的除外；其二，"故意犯罪"的认定，应当以刑事侦查机关、检察机关和审判机关的生效法律文书或者结论性意见为依据，但是如果发现上述生效法律文书或者结论性意见认定的事实有重大问题的,按照《最高人民法院关于行政诉讼证据若干问题的规定》第七十条规定,应当中止诉讼,通过法定程序予以纠正后恢复诉讼。

(3)没有有权机构事故责任认定书及结论性意见或人民法院的法律文书时,社会保险行政部门可以结合相关证据作出事实认定,但是,涉及"故意犯罪"事实的认定,必须以刑事侦查机关、检察机关和审判机关的生效法律文书和结论性意见为依据,社会保险行政部门无权认定。这主要是考虑到,虽然特殊情形的认定具有较强的专业技术特点,但在当事人无法获得相关法律文书或者法律文书内容不明确时,社会保险行政部门基于履行工伤认定的法定职责的需要,根据《工伤保险条例》第十九条的规定,行使调查核实权对是否存在特定工伤事实作出的明确认定,人民法院应当依法予以审核。在实践中,有些工伤认定案件中,因没有有权机关出具的"非本人主要责任的交通事故""醉酒""自杀"等特定工伤事实的认定意见,社会保险行政部门往往以无相关认定意见,无法判断是否属于特定情形为由,长时间中止工伤认定程序或者不认定为工伤。笔者认为,因存在特定工伤事实而排除工伤认定,社会保险部门的不予认定工伤决定必须以能够证明存在特定工伤事实的证据为依据,如果没有相关证据,而职工受伤害符合认定为工伤的其他条件,则应当认定为工伤,不能以没有有权机构的法律文书为由拖延认定或不予认定。

——杨科雄:《解读〈关于审理工伤保险行政案件若干问题的规定〉》,载江必新主编:《解读最高人民法院司法解释、指导性案例 行政·国家赔偿卷》,人民法院出版社2016年版,第362~363页。

786. 一些特殊情况下承担工伤保险责任的用人单位的界定

关键词

工伤保险责任 用人单位

最高人民法院司法解释

第三条 社会保险行政部门认定下列单位为承担工伤保险责任单位的,人民法院应予支持:

(一)职工与两个或两个以上单位建立劳动关系,工伤事故发生时,职工为之工作的单位为承担工伤保险责任的单位;

(二)劳务派遣单位派遣的职工在用工单位工作期间因工伤亡的,派遣单位为承担工伤保险责任的单位;

(三)单位指派到其他单位工作的职工因工伤亡的,指派单位为承担工伤保险责任的单位;

（四）用工单位违反法律、法规规定将承包业务转包给不具备用工主体资格的组织或者自然人，该组织或者自然人聘用的职工从事承包业务时因工伤亡的，用工单位为承担工伤保险责任的单位；

（五）个人挂靠其他单位对外经营，其聘用的人员因工伤亡的，被挂靠单位为承担工伤保险责任的单位。

前款第（四）、（五）项明确的承担工伤保险责任的单位承担赔偿责任或者社会保险经办机构从工伤保险基金支付工伤保险待遇后，有权向相关组织、单位和个人追偿。

——《最高人民法院关于审理工伤保险行政案件若干问题的规定》（2014年6月18日，法释〔2014〕9号）。

附录：最高人民法院法官著述

一般情况下，职工只有一个工作单位，承担工伤保险责任的用人单位是工伤发生时职工的工作单位，但随着社会的发展，劳动关系形态日益复杂，经常出现与职工存在用人关系的单位有两个或者两个以上的情形，具体由哪个单位承担工伤保险责任容易产生争议。为此，《最高人民法院关于审理工伤保险行政案件若干问题的规定》（以下简称《规定》）第三条专门对双重劳动关系、派遣、指派、转包和挂靠关系等五类比较特殊的工伤保险责任主体作了规定："社会保险行政部门认定下列单位为承担工伤保险责任单位的，人民法院应予支持：（一）职工与两个或两个以上单位建立劳动关系，工伤事故发生时，职工为之工作的单位为承担工伤保险责任的单位；（二）劳务派遣单位派遣的职工在用工单位工作期间因工伤亡的，派遣单位为承担工伤保险责任的单位；（三）单位指派到其他单位工作的职工因工伤亡的，指派单位为承担工伤保险责任的单位；（四）用工单位违反法律、法规规定将承包业务转包给不具备用工主体资格的组织或者自然人，该组织或者自然人聘用的职工从事承包业务时因工伤亡的，用工单位为承担工伤保险责任的单位；（五）个人挂靠其他单位对外经营，其聘用的人员因工伤亡的，被挂靠单位为承担工伤保险责任的单位。""前款第（四）（五）项明确的承担工伤保险责任的单位承担赔偿责任或者社会保险经办机构从工伤保险基金支付工伤保险待遇后，有权向相关组织、单位和个人追偿。"《规定》第三条概括的特定情况下确定承担工伤保险责任的用人单位的规则，与民事法律的劳动关系和责任分配密切相关，从工伤保险角度对有关民事问题进行了完善和发展。

一是形态多样的劳动关系。这涉及《规定》第三条第一款第一项规定的多重劳动关系和第二、三项规定的以单一劳动关系为基础的指派、派遣关系。（1）多重劳动关系。《规定》第三条第一款第一项规定："职工与两个或两个以上单位建立劳动关系，工伤事故发生时，职工为之工作的单位为承担工保险责任的单位"。有一种观点认为，根据劳动关系的唯一性特征，劳动者同时存在两个或两个以上的劳动关系的，后面存在的劳动关系应当视为劳务关系。但是，在国有企业改制过程中，许多职工停薪留职、内退、下岗待岗等，同时这些职工又与其他单位建立了劳动关系，如果不承认后者劳动关系的合法性不利于保护职工的合法权益。因此，《最高人民法院关于审理劳动争议案件适用法律若干问题的解释（三）》①（法释〔2010〕12号）第八条规定："企业停薪留职人员、未达到法定退休年龄的内退人员、下岗待岗人员以及企业经营性停产放长假人员，因与新的用人单位发生用工争议，依法向人民法院提起诉讼的，人民法院应当按劳动关系处理。"依据这一规定，法律和司法解释允许双重或者多重劳动关系的同时存在。那么，职工如果出现工伤，哪个用人单位承担工伤保险责任呢？为此，按照"谁受益，谁负责"的原则，《人力资源和社会保障部关于实施〈中华人民共和国社会保险法〉若干规定》第九条规定："职工（包括非全日制从业人员）在两个或两个以上用人单位同时就业的，各用人单位应当分别为职工缴纳工伤保险费。职工发生工伤，由职工受到伤害时其工作的单位依法承担工伤保险责任。"《规定》第三条第一款第一项规定将之吸收并上升为司法解释的内容："职工与两个或两个以上单位建立劳动关系，工伤事故发生时，职工为之工作的单位为承担工伤保险责任的单位"。（2）以单一劳动关系为基础的指派、派遣关系。指派、派遣关系情况下承担工伤保险责任用人单位的确定，主要考虑了职工与指派、派遣单位以及实际工作单位形成的双重工作关系，与第一项规定中的多个劳动关系存在区别。职工与多个用人单位形成的多个劳动关系之间互相独立，无法区分主次，而在指派、派遣关系中，两个用人关系存在主次区别，职工与指派和派遣单位之间的用人关系是主要的、独立的用人关系，而与被指派或被派遣到的实际工作单位之间的用人关系是因指派和派遣而形成的次要的、附属的用人关系，不能独立存在。另外，劳务派遣关系中用人单位的确定，除考虑以上因素外，还考虑了劳动合同法第五十八条的规定，即劳务派遣单位是本法所称用人单位，应当履行用人单位对劳动者的义务。故《规定》第三条第一款第二、三项规定派遣单位为指派单位为承担工伤保险责任的单位。总的来说，《规定》第三条第一款第一、二、三项规定总结了实践中存在的一些劳动关系形态，丰富和发展了劳动关系的理论和制度。

二是拟制劳动关系。这涉及转包关系和挂靠关系。（1）转包关系。《规定》第三条第一款第四项规定："用工单位违反法律、法规规定将承包业务转包给不具备用工主体资格的组织或者自然人，该组织或者自然人聘用的职工

---

① 本解释已被《最高人民法院关于废止部分司法解释及相关规范性文件的决定》（法释〔2020〕16号）废止。

从事承包业务时因工伤亡的，用工单位为承担工伤保险责任的单位"。本项是关于存在转包关系的情况下，发生工伤事故时确定用人单位的规定。本规定以有利于保护职工为原则，是对原劳动和社会保障部2005年5月25日劳社部发〔2005〕12号《关于确立劳动关系有关事项的通知》第四条关于"建筑施工、矿山企业等用人单位将工程（业务）或经营权发包给不具备用工主体资格的组织或自然人，对该组织或自然人招用的劳动者，由具备用工主体资格的发包方承担用工主体责任"规定的发展，也吸纳了《人力资源和社会保障部关于执行〈工伤保险条例〉若干问题的意见》（人社部发〔2013〕34号）第七条"具备用工主体资格的承包单位违反法律、法规规定，将承包业务转包、分包给不具备用工主体资格的组织或者自然人，该组织或者自然人招用的劳动者从事承包业务时因工伤亡的，由该具备用工主体资格的承包单位承担用人单位依法应承担的工伤保险责任"的精神。（2）挂靠关系。《规定》第三条第一款第五项规定："个人挂靠其他单位对外经营，其聘用的人员因工伤亡的，被挂靠单位为承担工伤保险责任的单位"。本项是关于挂靠关系中确定用人单位的规定。最高人民法院行政庭〔2006〕行他字第17号《关于车辆挂靠其他单位经营车辆实际所有人聘用的司机工作中伤亡能否认定为工伤问题的答复》已经予以明确。关于挂靠经营过程中，聘用的人员与挂靠单位之间是否存在劳动关系的问题，存在不同认识。笔者认为，本项规定主要是从有利于职工的角度出发，其原理与转包关系中无用工主体资格组织或自然人聘用的人从事发包工程遭受工伤情况下的用人单位确定的原理相同，属于拟制劳动关系，这是对《工伤保险条例》将劳动关系作为工伤认定前提的一般规定之外的特殊情形处理。

在这里需特别说明的是，所谓的拟制劳动关系本质上是一种事实劳动关系。之所以称为"拟制劳动关系"，是因为当前民事法学过于拘泥于"劳动关系和劳务关系"的区别，将一些本来属于事实劳动关系的情形（如转包关系和挂靠关系）归类到劳务关系，导致一些本来应由劳动法规范的法律关系推到一般民事关系中处理。这样做不利于保护劳动者，不利于规范用工市场和用工关系，也导致了虽然我国颁布了大量的劳动法律法规，但是劳动者的合法权益始终不能得到周全的保护，从而危及社会稳定和发展。因此，在劳动关系成为当代最重要的社会关系的今天，我们这样的一个社会主义国家应当尽早摒弃那种传统落后的劳动关系理论和制度，努力构建符合我国社会发展需要的劳动关系理论和制度，保护劳动者，规范用工市场和用工关系，夯实社会主义的社会基础。

三是法律责任分担。由于转包关系和挂靠关系中职工和承担工伤保险责任的用人单位之间是一种法律拟制的劳动关系，对职工造成伤害的实际侵权人仍然是不具有用工主体资格的组织、自然人。确定具有用工资格的单位和被挂靠单位作为承担工伤保险责任的用人单位，虽然有利于保护职工的合法权益，但在责任的承担上，由用人单位或者工伤保险基金支付工伤保险待遇，会出现免除实际侵权人赔偿责任的不公平现象。为解决这一问题，《规定》第三条第二款明确了承担工伤保险责任的用人单位和社会保险经办机构在实际承担工伤保险责任后，可以根据实际支出的工伤保险待遇，向实际侵权人行使追偿权。该规定不仅突出保护劳动者的合法权益，还力求在用工单位之间以及用工单位与其他责任主体之间合理分配责任。此外，在指派、派遣关系中也存在责任分担问题。《规定》第三条第一款第二、三项规定派遣单位和指派单位为承担工伤保险责任的单位，而《工伤保险条例》第四十三条第三款规定："职工被借调期间受到工伤事故伤害的，由原用人单位承担工伤保险责任，但原用人单位与借调单位可以约定补偿办法。"依据该款规定，工伤保险责任也可由指派、派遣和被指派、被派遣单位通过约定进行分配。

——杨科雄：《解读〈关于审理工伤保险行政案件若干问题的规定〉》，载江必新主编：《解读最高人民法院司法解释、指导性案例 行政·国家赔偿卷》，人民法院出版社 2016 年版，第 342~345 页。

787. 工作原因、工作时间和工作场所等核心问题的规定

关键词

工作原因 工作时间 工作场所

最高人民法院司法解释

第四条 社会保险行政部门认定下列情形为工伤的，人民法院应予支持：

（一）职工在工作时间和工作场所内受到伤害，用人单位或者社会保险行政部门没有证据证明是非工作原因导致的；

（二）职工参加用人单位组织或者受用人单位指派参加其他单位组织的活动受到伤害的；

（三）在工作时间内，职工来往于多个与其工作职责相关的工作场所之间的合理区域因工受到伤害的；

（四）其他与履行工作职责相关，在工作时间及合理区域内受到伤害的。

——《最高人民法院关于审理工伤保险行政案件若干问题的规定》（2014年6月18日，法释〔2014〕9号）。

附录：最高人民法院法官著述

在我国，工伤保险制度历经几次变化，法律法规对"三工"的规定不尽

相同。《企业职工工伤保险试行办法》①（劳部发〔1996〕266号）第八条规定，职工由于"从事本单位日常生产、工作或者本单位负责人临时指定的工作的，在紧急情况下，虽未经本单位负责人指定但从事直接关系本单位重大利益的工作的""经本单位负责人安排或者同意，从事与本单位有关的科学试验、发明创造和技术改进工作的""在生产工作的时间和区域内，由于不安全因素造成意外伤害的"等负伤、致残、死亡的，应当认定为工伤。前两项实际仅强调了工作原因这个要素，而未特别要求具备工作时间和工作场所要素；第三项虽强调了工作时间和工作区域要素，但对"不安全因素"并未强调工作原因。

《社会保险法》第三十六条规定："职工因工作原因受到事故伤害或者患职业病，且经工伤认定的，享受工伤保险待遇……"该条对工伤的工作原因作出了规定，而对工作时间和工作场所未作规定。新旧《工伤保险条例》对一般工伤的三种情形都作了相同规定："在工作时间和工作场所内，因工作原因受到事故伤害的""工作时间前后在工作场所内，从事与工作有关的预备性或者收尾性工作受到事故伤害的""在工作时间和工作场所内，因履行工作职责受到暴力等意外伤害的"。据此，一般工伤认定均必须具备工作原因、工作时间、工作场所三大要素。但对于三要素间的关系，法律法规并未作出明确规定，在实践中争议较大。第一种意见认为，工作原因、工作场所和工作时间都是认定工伤的法定要件，这些要件的地位同等重要，只有完全具备这三个要件，才能认定为工伤。第二种意见认为，工作原因是核心要件，是认定工伤的充分条件。只要是工作原因就足以认定工伤，而工作场所、工作时间是辅助条件。第三种意见认为，工作原因、工作场所和工作时间都属于认定工伤的充分条件，只具备其中一个要素就应当认定为工伤。第四种意见认为，在工作场所和工作时间遭受伤害的，不论是否是工作原因，均应当认定为工伤。笔者认为，工作原因是核心要素，是认定工伤的充分条件。只要是工作原因，就足以认定工伤，即使不在通常意义的工作时间、工作场所内。这一点在我国是有明确法律依据的，即《社会保险法》第三十六条。工作场所、工作时间是工伤认定的辅助要素，它们的作用，一方面是进一步强调工作原因，另一方面是在工作原因无法查明时，用以推定是否属于工作原因。在工伤认定中，工作原因不仅是认定工伤的充分条件，而且还是认定工作场所、工作时间的核心标准。一般来说，一旦具备工作原因，其所涉及的时间和区域就是工作时间和工作场所。从这个意义上来说，现行《工伤保险条例》的相关规定还有待进一步完善。

---

① 本办法已被《人力资源社会保障部关于第三批宣布失效和废止文件的通知》（人社部发〔2016〕50号）废止。

现有法律法规对"三工"的规定比较原则,好处在于具有较大的解释空间,便于满足不断发展的实践需求;缺点是缺乏操作性,容易导致工伤认定行政审判法律适用得不统一。针对实践中的各种复杂情况,我们确定了以下三个原则:一是应当考虑是否履行工作职责、是否受用人单位指派、是否与工作职责有关、是否基于用人单位的正当利益等因素;二是对工作时间的认定应当考虑是否属于因工作所需的时间;三是对工作场所的认定则应当考虑是否属于因工作涉及的区域以及自然延伸的合理区域。在此基础上,《规定》第四条规定,以下情形应当认定为工伤:职工在工作时间和工作场所内受到伤害,用人单位或者社会保险行政部门没有证据证明是非工作原因导致的;职工参加用人单位组织或者受用人单位指派参加其他单位组织的活动受到伤害的;在工作时间内,职工来往于多个与其工作职责相关的工作场所之间的合理区域因工受到伤害的;其他与履行工作职责相关,在工作时间及合理区域内受到伤害的。

(1)职工在工作时间和工作场所内受到伤害,用人单位或者社会保险行政部门没有证据证明是非工作原因导致的。工伤认定的"三工"要素中,工作原因是核心要件,是认定工伤的充分条件。即使不在工作时间、工作场所内,但只要是工作原因,同样应当认定为工伤。工作场所和工作时间在工伤认定中一方面是补强工作原因,另一方面是在工作原因无法查明时,用以推定是否属于工作原因。因此,在工作场所和工作时间内,没有证据证明是非工作原因导致职工伤亡的亦应认定为工伤。此外,《最高人民法院行政审判庭关于职工因公外出期间死因不明应否认定工伤的答复》([2010]行他字第236号)答复如下:"职工因公外出期间死因不明,用人单位或者社会保障部门提供的证据不能排除非工作原因导致死亡的,应当依据《工伤保险条例》第十四条第五项和第十九条第二款的规定,认定为工伤。"这一答复解决了因工外出死亡原因不明的工伤认定问题。

(2)职工参加用人单位组织或者受用人单位指派参加其他单位组织的活动受到伤害的。关于职工在参加本单位或者受用人单位指派参加其他单位组织的集体活动受到伤害是否认定工伤的问题,争议较大。笔者认为,如果属于用人单位强制要求或者鼓励参加的集体活动,这些活动可以被认为是工作的一个组成部分,应该属于工作原因,由此受到的伤害应当认定为工伤。理由如下:①单位组织员工集体活动,从行为定性分析属单位集体行为,而不是员工私利行为。单位是集体活动的倡导者、组织者、管理者、交通工具提供者、资金提供者。员工在外出集体活动中,始终处于单位的组织管理中,员工始终是被管理状态。②从单位组织员工集体活动的目的看,其旨在调节员工身心,提高员工工作积极性,增强凝聚力。③《国务院法制办公室对〈关于职工参加单位组织的体育活动受到伤害能否认定为工伤的请示〉的复函》（国法秘函〔2005〕311号）指出，"作为单位的工作安排，职工参加体育训练活动而受到伤害的，应当依照《工伤保险条例》第十四条第一项中关于'因工作原因受到事故伤害的'的规定，认定为工伤。"

（3）在工作时间内，职工来往于多个与其工作职责相关的工作场所之间的合理区域因工受到伤害的。职工工作有时并不是只固定在一个区域内。因为工作性质不同，有些职业的工作区域常常是不固定的（如新闻工作者、船员）；有些职业的工作区域较广（如邮递员）。即使同一工厂的职工由于分工不同，也会影响工作场所的认定。一般来说，多数职工以车间作为工作场所，但工厂管理人员或者保安负责厂区的管理和保卫工作，其工作场所就可以以整个厂区为限。但在作出工作场所认定时，也应注意不能无限扩大化，如员工宿舍、绿地等生活场所，有证据证明与工作确实无关，即使其在厂区内，对于一般职工而言也不宜认定为工作场所。因此，对工作场所的认定，既不宜过于宽泛，也不宜过于狭窄。实践中将完成工作所应当经过或可能经过的区域确定为工作场所比较合理。这里所说的"为履行工作职责应当经过或可能经过的场所"是对工作场所的合理延伸，因其与工作职责有直接关联，应当认定为工作场所。因此，职工来往于多个与其工作职责相关的工作场所之间的合理区域因工受到伤害的，应当认定为工伤。

（4）其他与履行工作职责相关，在工作时间和涉及的合理区域内受到伤害的。此项既为兜底条款，又是对《工伤保险条例》第十四条第一项"在工作时间和工作场所内，因工作原因受到事故伤害的"规定作出的进一步解释，其意在界定何为"三工"。

——杨科雄：《解读〈关于审理工伤保险行政案件若干问题的规定〉》，载江必新主编：《解读最高人民法院司法解释、指导性案例 行政·国家赔偿卷》，人民法院出版社2016年版，第345~348页。

788. 职工患职业病应认定为工伤，不因职工工作单位变动而改变

关键词

工伤认定　职业病

最高人民法院公报案例

中核深圳凯利集团有限公司诉深圳市人力资源和社会保障局工伤认定案
［判决时间：2016年5月20日，终审法院：深圳市中级人民法院］

裁判摘要：工伤认定作为行政确认行为，是社会保险行政部门

依职权对职工是否因工作受伤或患病的事实进行确认,该事实不因职工工作单位的变动而改变。职工患职业病的,应当认定为工伤。

广东省深圳市中级人民法院二审认为:本案争议焦点是被上诉人深圳市人社局以张某丽在上诉人凯利公司处工作期间无职业病危害接触史为由认定张某丽不属于或不视同工伤是否合法有据。

工伤的核心在于因工作受伤或患病,工伤认定作为行政确认行为,是社会保险行政部门行使职权对职工是否因工作受伤或患病的事实进行确认,该事实不因职工工作单位的变动而改变。《工伤保险条例》第十四条第四项及《广东省工伤保险条例》第九条第四项均明确规定,职工患职业病的,应当认定为工伤。《工伤保险条例》第十九条第一款及《广东省工伤保险条例》第十五条第二款还进一步规定了:"职业诊断和诊断争议的鉴定,依照职业病防治法的有关规定执行。对依法取得的职业病诊断证明书或者职业病诊断鉴定书,社会保险行政部门不再进行调查核实。"由此,上述立法中对于职工患职业病认定为工伤,并无附加其他条件,即并未明文设定职工须在用人单位工作期间患职业病的限制条件。

同时,对于职业病工伤认定的申请主体,《工伤保险条例》第十七条第一款规定,职工被诊断、鉴定为职业病,所在单位应当自被诊断、鉴定为职业病之日起30日内,向统筹地区社会保险行政部门提出工伤认定申请。再结合该条例第二条有关用人单位的表述及第十七条第二、三、四款有关用人单位未在法定时限内提交工伤认定申请之法律责任的规定,可以得出结论:《工伤保险条例》并未将职业病职工的用人单位限定于具有职业病危害因素、导致职工患职业病的工作单位;相反,职工被诊断为职业病时的所在单位即负有作为用人单位申请工伤认定等法定义务,亦即《工伤保险条例》认同其为职业病职工用人单位。

在职业病防治中,国家为职业病病人设定了多层级保障,从享受工伤保险待遇到向用人单位民事索赔,到最后由人民政府救助,体现了国家对职业病病人的特别保护,表明国家旨在对职业病病人设置无漏洞的保障体系。《中华人民共和国职业病防治法》第五十八条①规定,职业病病人的诊疗、康复费用,伤残以及丧失劳动能力的职业病病人的社会保障,按照国家有关工伤保险的规定执行。第六十一条进一步明确规定,职业病病人变动工作单位,其依法享有的待遇不变。此处所规定的待遇当然包括职业病病人的工伤保险待遇。

具体到本案中,原审第三人张某丽于2014年10月被诊断为职业性放

---

① 本条规定现为《中华人民共和国职业病防治法》(2018年修正)第五十七条。

射性肿瘤，上诉人凯利公司为张某丽获得诊断时的所在单位，有法律效力的《职业病诊断证明书》上载明的用人单位亦为凯利公司。事实上，张某丽已自1991年10月调入凯利公司单位起一直在凯利公司处工作，直至1996年6月退休，凯利公司也一直为张某丽缴纳工伤保险。因此，当张某丽被诊断为职业病时，凯利公司作为其所在单位有义务为张某丽提出工伤认定申请，而被上诉人深圳市人社局应依法进行认定。在《工伤保险条例》及《广东省工伤保险条例》均未对职工患职业病认定工伤设置其他限制条件的情况下，深圳市人社局认定张某丽不属于或不视同工伤属于适用法律错误，依法应予撤销。

被上诉人深圳市人社局以原审第三人张某丽的职业病并非在上诉人凯利公司处工作所造成为由，主张张某丽不属于工伤。然而《工伤保险条例》并未将职业病职工的用人单位限定于具有职业病危害因素、导致职工患职业病的工作单位。如果《工伤保险条例》一方面在第十七条要求职工被诊断为职业病时所在单位申请工伤认定，另一方面又如深圳市人社局所理解，职业病病人只能以导致其患病的工作单位为用人单位方能认定工伤，那《工伤保险条例》第十七条规定就丧失了意义和价值，因为申请只是程序上启动了工伤认定程序，对职业病病人真正有意义的是工伤认定结论。深圳市人社局上述主张没有法律依据，且与工伤保险立法宗旨及相关规定相违，不予采纳。深圳市人社局亦主张根据《中华人民共和国职业病防治法》第六十条规定张某丽应由原工作单位核工业国营743厂承担工伤保险待遇，或根据该法第六十二条向韶关当地人民政府民政部门寻求救助。首先，本案审查对象为工伤认定行为，工伤保险待遇承担与工伤认定属两不同阶段的行政行为，不能以后续工伤保险待遇的承担来否定张某丽的工伤事实。其次，张某丽在核工业国营743矿工作，职业病危害接触的最后时间为1986年7月，此时并未建立工伤保险社会统筹制度；从凯利公司出具的工伤认定申请函来看，张某丽已向韶关市社保局申请过工伤认定，而韶关市社保局正是以没有缴交过任何社会保险为由不予受理工伤认定。相反，凯利公司一直为张某丽缴纳工伤保险，即张某丽不属于《中华人民共和国职业病防治法》第六十条[①]规定之"劳动者被诊断患有职业病，但用人单位没有依法参加工伤保险的"情形。最后，《中华人民共和国职业病防治法》第六十一条[②]明确规定，职业病病人变动工作单位，其依法享有的待遇不变。此处所规定的待遇当然包括职工的工伤保险待遇。而《中华人民共和国职业病防治法》第六十二条[③]有关"用人单位已经不存在或者无法确认劳动关系的职业病病人，可以向地方人民政府民政部门

---

① 本条规定现为《中华人民共和国职业病防治法》（2018年修正）第五十九条。
② 本条规定现为《中华人民共和国职业病防治法》（2018年修正）第六十条。
③ 本条规定现为《中华人民共和国职业病防治法》（2018年修正）第六十一条。

申请医疗救助和生活等方面的救助"之规定，是在工伤保险、用人单位确实缺位时，国家对职业病病人的特别兜底保护。不能因存在人民政府救助这一救济途径，而否定张某丽的工伤事实，进而排除其享受工伤保险待遇的权利。因此，深圳市人社局上述主张，不予支持。

——《最高人民法院公报》2020 年第 12 期。

789. 认定工伤不以用人单位是否缴纳工伤保险费为前提

关键词

工伤保险费　工伤认定

最高人民法院公报案例

北京奥德清洁服务有限公司上海分公司诉上海市长宁区人力资源和社会保障局工伤认定案［判决时间：2019 年 3 月 22 日，终审法院：上海市第三中级人民法院］

裁判摘要： 职工应当参加工伤保险，缴纳工伤保险费是用人单位的法定义务，不能由职工和用人单位协商排除用人单位的法定缴纳义务。认定工伤并不以用人单位是否缴纳工伤保险费为前提。用人单位未依法缴纳工伤保险费的，职工在被认定为工伤后可以依法请求用人单位承担相应的工伤保险待遇。

上海市第三中级人民法院二审认为：上诉人奥德公司及原审第三人贾正元对被上诉人长宁区人社局的职权依据、执法程序没有异议，被上诉人及原审第三人对汪某云与上诉人的劳动关系亦无争议。本案的争议焦点是汪某云在入职后向上诉人提交的"自动放弃缴纳社保声明"能否构成不予认定工伤的理由。根据《中华人民共和国社会保险法》的相关规定，职工应当参加工伤保险，由用人单位缴纳工伤保险费。这是保障公民在工伤情况下，依法从国家和社会获得物质帮助的权利，也是法律明确规定的用人单位的义务，并不是由职工和用人单位自由协商处分的权利。而且是否缴纳社会保险费与认定工伤并无直接关联，社会保险行政部门受理工伤申请以及认定工伤并不以伤（亡）者是否缴纳社会保险费为依据。故对上诉人主张的汪某云放弃缴纳社保不予认定工伤的理由不予采信。另上诉人认为汪某云发生交通事故应负主要事故责任，也无证据证实。故被上诉人认定汪某云符合《工伤保险条例》第十四条第六项、《上海市工伤保险实施办法》第十四条第六项之规定，属于工伤认定范围，所作工伤认定事实清楚、适用法律正确，并无不当。

——《最高人民法院公报》2020 年第 1 期。

790.《工伤保险条例》第十四条"因工作原因""工作场所"的认定

关键词

工伤认定　工作场所　工伤原因

最高人民法院司法政策精神

26.（2）"工作原因"应当包括因履行工作职责、完成工作任务、遵从单位安排等与工作存在直接关系的事项。

——《最高人民法院办公厅关于印发〈行政审判办案指南（一）〉的通知》（2014 年 2 月 24 日，法办〔2014〕17 号）。

最高人民法院指导性案例/最高人民法院公报案例

孙某兴诉天津新技术产业园区劳动人事局工伤认定案〔最高人民法院指导案例 40 号〕

裁判要点：1.《工伤保险条例》第十四条第一项规定的"因工作原因"，是指职工受伤与其从事本职工作之间存在关联关系。

2.《工伤保险条例》第十四条第一项规定的"工作场所"，是指与职工工作职责相关的场所，有多个工作场所的，还包括工作时间内职工来往于多个工作场所之间的合理区域。

3. 职工在从事本职工作中存在过失，不属于《工伤保险条例》第十六条规定的故意犯罪、醉酒或者吸毒、自残或者自杀情形，不影响工伤的认定。

法院生效裁判认为：各方当事人对园区劳动局依法具有本案行政执法主体资格和法定职权，其作出被诉工伤认定决定符合法定程序，以及孙某兴是在工作时间内摔伤，均无异议。本案争议焦点包括：一是孙某兴摔伤地点是否属于其"工作场所"？二是孙某兴是否"因工作原因"摔伤？三是孙某兴工作过程中不够谨慎的过失是否影响工伤认定？

一、关于孙某兴摔伤地点是否属于其"工作场所"问题

《工伤保险条例》第十四条第一项规定，职工在工作时间和工作场所内，

因工作原因受到事故伤害，应当认定为工伤。该规定中的"工作场所"，是指与职工工作职责相关的场所，在有多个工作场所的情形下，还应包括职工来往于多个工作场所之间的合理区域。本案中，位于商业中心八楼的中力公司办公室，是孙某兴的工作场所，而其完成去机场接人的工作任务需驾驶的汽车停车处，是孙某兴的另一处工作场所。汽车停在商业中心一楼的门外，孙某兴要完成开车任务，必须从商业中心八楼下到一楼门外停车处，故从商业中心八楼到停车处是孙某兴来往于两个工作场所之间的合理区域，也应当认定为孙某兴的工作场所。园区劳动局认为孙某兴摔伤地点不属于其工作场所，系将完成工作任务的合理路线排除在工作场所之外，既不符合立法本意，也有悖于生活常识。

二、关于孙某兴是否"因工作原因"摔伤的问题

《工伤保险条例》第十四条第一项规定的"因工作原因"，指职工受伤与其从事本职工作之间存在关联关系，即职工受伤与其从事本职工作存在一定关联。孙某兴为完成开车接人的工作任务，必须从商业中心八楼的中力公司办公室下到一楼进入汽车驾驶室，该行为与其工作任务密切相关，是孙某兴为完成工作任务客观上必须进行的行为，不属于超出其工作职责范围的其他不相关的个人行为。因此，孙某兴在一楼门口台阶处摔伤，系为完成工作任务所致。园区劳动局主张孙某兴在下楼过程中摔伤，与其开车任务没有直接的因果关系，不符合"因工作原因"致伤，缺乏事实根据。另外，孙某兴接受本单位领导指派的开车接人任务后，从中力公司所在商业中心八楼下到一楼，在前往院内汽车停放处的途中摔倒，孙某兴当时尚未离开公司所在院内，不属于"因公外出"的情形，而是属于在工作时间和工作场所内。

三、关于孙某兴工作中不够谨慎的过失是否影响工伤认定的问题

《工伤保险条例》第十六条规定了排除工伤认定的三种法定情形，即因故意犯罪、醉酒或者吸毒、自残或者自杀的，不得认定为工伤或者视同工伤。职工从事工作中存在过失，不属于上述排除工伤认定的法定情形，不能阻却职工受伤与其从事本职工作之间的关联关系。工伤事故中，受伤职工有时具有疏忽大意、精力不集中等过失行为，工伤保险正是分担事故风险、提供劳动保障的重要制度。如果将职工个人主观上的过失作为认定工伤的排除条件，违反工伤保险"无过失补偿"的基本原则，不符合《工伤保险条例》保障劳动者合法权益的立法目的。据此，即使孙某兴工作中在行走时确实有失谨慎，也不影响其摔伤系"因工作原因"的认定结论。园区劳动局以导致孙某兴摔伤的原因不是雨、雪天气使台阶地滑，而是因为孙某兴自己精力不集中导致为由，主张孙某兴不属于"因工作原因"摔伤而不予认定工伤，缺乏法律依据。

综上，园区劳动局作出的不予认定孙某兴为工伤的决定，缺乏事实根据，

适用法律错误,依法应予撤销。

——《最高人民法院关于发布第九批指导性案例的通知》(2014年12月24日,法〔2014〕337号)。

说明

指导案例40号孙某兴诉天津新技术产业园区劳动人事局工伤认定案,对工伤认定中的"工作原因""工作场所"进行了准确阐释,并明确职工在从事本职工作中存在过失,不影响工伤的认定。这对指导正确审理工伤认定行政案件具有指导价值,对依法保障职工合法权益,维护和谐稳定的劳动关系具有积极作用。

791. 职工在参加单位组织的团队建设活动中受伤应当认定为工伤

关键词

工伤认定　单位组织　团队建设

行政审判指导案例

郎某娜诉北京市朝阳区劳动和社会保障局社会保障行政确认案〔行政审判指导案例第34号〕

裁判要点:职工在参加单位组织的团队建设活动中受伤,如果该活动系由单位组织安排,且单位鼓励或要求职工积极参加,那么应属工伤认定范畴。

判断职工所参加活动是否属于工作原因,不应仅从该活动的内容形式予以考虑,更应从该项活动的目的、性质、是否为单位组织安排、费用承担等多方面因素进行审慎考量。目前,团队建设活动已逐渐成为一些企业进行人力资源培训、加强和培养团队合作精神的重要手段。原、被告提交的宝马公司《团队建设指南》《销售团队建设活动安排表》等证据显示,该公司组织团队建设活动的目的是改善团队沟通与协作、激励团队精神,促进公司的核心价值;团队建设活动对于促进该公司解决问题、改进程序、绩效大有益处;同时,该公司强烈建议每个部门每年至少举行团队建设活动一次。据此,宝马公司组织的团队建设活动是该公司倡导的企业文化建设的重要组成部分,是该公司在经营管理过程中为培养和促进员工沟通与合作精神,最终实现公司核心价值、增强绩效的一项正常工作安排。本案中,郎某娜参加的马术训练活动是宝马公司组织的团队建设活动中既定安排的一部分，活动费用亦由该公司支付，并非郎某娜违反公司安排自行参加的其他活动。《工伤保险条例》的立法宗旨是预防工伤事故发生、分担事故风险，保护劳动者合法权益。因此，郎某娜在参加宝马公司组织的团队建设活动中受伤，符合《工伤保险条例》规定的因工外出期间，因工作原因受伤的情形。综上，朝阳区劳动局所作非工伤认定结论认定郎某娜所受伤害不属于因工作原因受伤，进而不予认定工伤的理由不能成立，应予撤销。据此，依据《中华人民共和国行政诉讼法》第五十四条第二项第2目之规定，对建设活动对于促进该公司解决问题、改进程序、绩效大有益处；同时，该公司强烈建议每个部门每年至少举行团队建设活动一次。据此，宝马公司组织的团队建设活动是该公司倡导的企业文化建设的重要组成部分，是该公司在经营管理过程中为培养和促进员工沟通与合作精神，最终实现公司核心价值、增强绩效的一项正常工作安排。本案中，郎某娜参加的马术训练活动是宝马公司组织的团队建设活动中既定安排的一部分，活动费用亦由该公司支付，并非郎某娜违反公司安排自行参加的其他活动。《工伤保险条例》的立法宗旨是预防工伤事故发生、分担事故风险，保护劳动者合法权益。因此，郎某娜在参加宝马公司组织的团队建设活动中受伤，符合《工伤保险条例》规定的因工外出期间，因工作原因受伤的情形。综上，朝阳区劳动局所作非工伤认定结论认定郎某娜所受伤害不属于因工作原因受伤，进而不予认定工伤的理由不能成立，应予撤销。

——江必新主编、最高人民法院行政审判庭编：《中国行政审判指导案例》（第1卷），中国法制出版社2010年版，第182~183页。

792. 因工外出期间的工伤认定

关键词

因工外出期间　工伤认定

最高人民法院司法解释

第五条　社会保险行政部门认定下列情形为"因工外出期间"的，人民法院应予支持：

（一）职工受用人单位指派或者因工作需要在工作场所以外从事与工作职责有关的活动期间；

（二）职工受用人单位指派外出学习或者开会期间；

（三）职工因工作需要的其他外出活动期间。

职工因工外出期间从事与工作或者受用人单位指派外出学习、开会无关的个人活动受到伤害,社会保险行政部门不认定为工伤的,人民法院应予支持。

——《最高人民法院关于审理工伤保险行政案件若干问题的规定》(2014年6月18日,法释〔2014〕9号)。

> **附录:最高人民法院法官著述**

《工伤保险条例》第十四条第五项规定,职工因工外出期间,由于工作原因受到伤害或者发生事故下落不明的,应当认定为工伤。虽然该条例制定者指出,(1)"因工外出期间"既包括职工受单位指派离开本职岗位到本地其他地方,也包括出差到外地、境外。但不包括外出游览、娱乐等非工作原因的时间。(2)这里的"事故",包括安全事故、意外事故以及自然灾害等各种形式的事故。(3)"由于工作原因受到伤害"是指由于工作原因直接或间接造成的包括事故伤害、暴力伤害和其他形式的伤害。①但是,其中有一些问题仍有待于进一步澄清。为此,《最高人民法院关于审理工伤保险行政案件若干问题的规定》(以下简称《规定》)第五条规定:"社会保险行政部门认定下列情形为'因工外出期间'的,人民法院应予支持:(一)职工受用人单位指派或者因工作需要在工作场所以外从事与工作职责有关的活动期间;(二)职工受用人单位指派外出学习或者开会期间;(三)职工因工作需要的其他外出活动期间。""职工因工外出期间从事与工作或者受用人单位指派外出学习、开会无关的个人活动受到伤害,社会保险行政部门不认定为工伤的,人民法院应予支持。"这一规定,从"因工外出期间"的认定和"因工外出期间"的工伤认定两方面作出了规定。

(1)对"因工外出期间"的认定。"因工外出期间"属于"工作时间"的一种特殊情形。《工伤保险条例》第十四条第五项规定,职工因工外出期间,由于工作原因受到伤害或者发生事故下落不明的,应当认定为工伤。这里的"因工外出期间"和通常意义的"工作时间"是不同的。通常意义的"工作时间"多数发生在工作场所或工作岗位内,而"因工外出期间"则发生在工作场所和工作岗位之外,是用人单位为了工作指派职工或者职工因工作需要,在工作场所或工作岗位以外从事与工作有关的活动期间。因此,"因工外出期间"无法从工作场所或者工作岗位中推出来,故人民法院对"因工外出期间"的认定,应当根据职工外出是否因工作或者为用人单位的正当利益等方面综合考虑。职工"因工外出"时,外出的原因是工作的需要,并且"因工外出"一般也是经过企业的负责人或者企业内的相关负责人安排或者批准、认可的。

---

① 国务院法制办公室政法人力资源社会保障法制司、人力资源和社会保障部法制司、工伤保险司编:《最新工伤保险条例释义》,中国法制出版社2011年版,第41页。

因此，职工"因工外出"应当算做职工工作的一部分。在职工"因工外出"期间，工作安排和进行与其在单位时有所不同，职工不必遵守在单位时的工作时间制度，可以根据工作需要自己安排时间。因此，职工"因工外出"所受的伤害可能发生的范围很大，包括职工往返在内的全部外出时间。① 也即是说，职工因工外出开始到外出行为终结的这一段时间均属于"工作时间"，除非有充分证据证明期间存在职工从事与工作完全无关的个人活动期间，如外出游览、娱乐、购物等非工作原因的时间。

　　为了更好地明确"因工外出期间"的有关情形，《规定》第五条第一款列举了三种情形：①职工受用人单位指派或者因工作需要在工作场所以外从事与工作职责有关的活动期间。在实践中，对"因工外出"是否必须受用人单位指派存在较大争议。一种意见认为，必须受用人单位指派。理由为《人力资源和社会保障部关于执行〈工伤保险条例〉若干问题的意见》第一条规定：《工伤保险条例》第十四条第（五）项规定的"因工外出期间"的认定，应当考虑职工外出是否属于用人单位指派的因工作外出，遭受的事故伤害是否因工作原因所致。另一种意见认为，除受用人单位指派外，职工因工作需要在工作场所以外从事与工作职责有关的活动也属于"因工外出"。理由为"因工外出"情形较为复杂，不宜"一刀切"，只要因工作外出均为"因工外出"。经研究认为，第二种意见比较合理。"因工外出期间"的认定标准为是否因工作外出，单位指派只是因工作外出的表现形式之一，并不是全部，因此，职工及其近亲属有证据证明即使没有单位指派，但是因工作需要外出也应认定为"因工外出"，其所涉时间也应当认定为"因工外出期间"。②职工受用人单位指派外出学习或者开会期间。这实际上是因工外出期间的特殊情形。用人单位为了提高员工素质或者加强内外交流，指派职工外出学习或者开会，职工外出学习或者开会期间应当认定为"因工外出期间"。③职工因工作需要的其他外出活动期间。此为兜底条款，不属于第一项、第二项情形的"因工外出期间"可以归入到这一款。在实践中，用人单位长期外派工作的职工受到伤害或者发生事故，其外派期间是否属于"因工外出期间"存在争议。我们认为，"因工外出期间"具有临时性，只是为了完成工作任务而临时离开工作场所或工作岗位，而长期外派工作期间则不具有临时性，它往往是较长时间在工作单位之外从事工作。因此，长期外派工作的期间不属于"因工外出期间"。如果用人单位长期外派工作的职工发生事故伤害，且符合《工伤保险条例》第一条、第十四条、第十五条规定，而又不属于第十六条的情形之一，职工或者其近亲属、工会组织主张认定工伤的，人民法院应予支持。也就是说，用人单位长期外派工作的职工受到伤害或者发生事故，应当按照一般的

---

① 程琥：《工伤保险》，法律出版社2007年版，第173页。

工伤认定标准予以认定是否属于工伤。

（2）"因工外出期间"的工伤认定。《工伤保险条例》第十四条第五项规定："职工因工外出期间，由于工作原因受到伤害或者发生事故下落不明的，应当认定为工伤"。但是，对于如何理解这里所规定的"工作原因"，存在较大争议。一种意见认为，职工受到的伤害与其从事的工作有直接的、紧密的联系的，应当认定工伤。另一种意见认为，原则上不属于个人原因受到伤亡的均应认定为工伤。经研究认为，一是"因工外出期间"较之一般工作时间存在许多不可预测的风险，这些风险由职工承担不甚公平。二是《工伤保险条例》第十四条第五项规定的"由于工作原因受到伤害"是指由于工作原因直接或间接造成的包括事故伤害、暴力伤害和其他形式的伤害。① 既包括与工作直接有关而形成的伤害，也包括开展工作过程中所发生的伤害，如外出途中产生的伤害，因住宿、餐饮等场所存在的不安全因素产生的伤害等。职工在因工外出期间，虽然工作任务和工作目的都很明确，但是由于执行既定任务的环境与一般的单位环境不同，职工要为执行任务做很多准备工作，有时为了实现工作目的，还需要进行一些社交和公关活动。因此，这些准备活动和真正的工作活动都构成职工外出期间的工作行为。这时如果职工由于工作原因受到事故伤害，按照工伤保险的基本精神，也应该认定为工伤。② 三是《最高人民法院行政审判庭关于职工外出学习休息期间受到他人伤害应否认定为工伤问题的答复》（〔2007〕行他字第9号）认为："职工受单位指派外出学习期间，在学习单位安排的休息场所休息时受到他人伤害的，应当认定为工伤。"综上，这里的"工作原因"是一个范围很广的概念。只要不属于职工从事与工作或者受用人单位指派外出学习、开会无关的个人活动受到伤害的，原则上应当认定为《工伤保险条例》第十四条第五项规定的"由于工作原因受到伤害"。故《规定》第五条第二款规定："职工因工外出期间从事与工作或者受用人单位指派外出学习、开会无关的个人活动受到伤害，社会保险行政部门不认定为工伤的，人民法院应予支持。"理解这一条款要注意以下两方面：一方面，如何理解"个人活动"。一般来说，"个人活动"指的是个人原因的探亲、访友、娱乐、游玩、购物等活动。职工在因工外出期间从事违法行为或者完全是个人目的的行为而产生的伤害，与职工从事职业所创造的利益无关，并非满足职业利益的需要，显然不应认定为工伤，否则对用人单位是不公平的。另一方面，理解这一条款主要是理解其反向解释。依据《规定》第五条第二款规定，凡是属于职工因工外出期间从事个人活动受到伤害，社

---

① 国务院法制办公室政法人力资源社会保障法制司、人力资源和社会保障部法制司、工伤保险司编：《工伤保险条例释义》，中国法制出版社2011年版，第41页。

② 程琥：《工伤保险》，法律出版社2007年版，第173页。

会保险行政部门不认定为工伤。但是在实践中，职工因工外出期间从事的活动可能是个人活动，也可能是公务活动，甚至有可能是说不清楚性质的一些其他活动受到伤害。个人活动和公务活动依据《规定》第五条第二款规定和《工伤保险条例》第十四条第五项规定分别不认定为工伤或者认定为工伤均是明确的，但是职工因工外出期间从事其他原因不明活动受到伤害的，应当从《规定》第五条第二款规定的反向解释进行理解，亦即，凡是因工外出期间不属于个人活动受伤的，应当认定为工伤。这也是之所以一再强调"因工外出期间"较之一般工作时间存在许多不可预测的风险，这些风险由职工承担不甚公平，其工作原因应当作广义理解的必然结果。

——杨科雄：《解读〈关于审理工伤保险行政案件若干问题的规定〉》，载江必新主编：《解读最高人民法院司法解释、指导性案例 行政·国家赔偿卷》，人民法院出版社2016年版，第348~351页。

793. 职工受单位指派外出期间，在单位安排的休息场所休息时受到意外伤害应当认定为工伤

关键词

职工受指派外出　第三人侵权　工伤认定

最高人民法院答复

辽宁省高级人民法院：

你院〔2007〕辽行他字第1号《关于职工外出学习休息期间受到他人伤害应否认定为工伤的请示》收悉。经研究，答复如下：

原则同意你院审判委员会倾向性意见，即职工受单位指派外出学习期间，在学习单位安排的休息场所休息时受到他人伤害的，应当认定为工伤。

此复

——《最高人民法院行政审判庭关于职工外出学习休息期间受到他人伤害应否认定为工伤问题的答复》（2007年9月7日，〔2007〕行他字第9号）。

行政审判指导案例

赵某诉北京市朝阳区劳动和社会保障局社会保障行政确认案〔行政审判指导案例第35号〕

裁判要点：职工受单位指派外出开会期间，在会议单位安排的休息场所休息时，受到意外伤害的，应当认定为工伤。

赵某系微软公司北京办事处员工，其应该公司要求于2004年7月5日入住九华山庄参加会议，当晚在客房内洗澡时摔伤，经医院诊断为右膝内侧副韧带撕脱，右股骨内骨软骨损伤。根据《工伤保险条例》第十四条第五项规定，职工因工作原因在工作场所以外从事与职务有关的活动的时间应认定为"因工外出期间"，赵某系按照微软公司的安排入住九华山庄参加会议，属于"因工外出期间"。在用人单位组织或安排的与工作有关的活动中受到事故伤害，可以视为"工作原因"，赵某在微软公司安排的房间内洗澡摔伤系因"工作原因"受到伤害。综上分析，朝阳区劳动局针对赵某作出的《非工伤认定通知书》依据不足应予撤销，由朝阳区劳动局重新作出是否构成工伤的认定结论。

——江必新主编、最高人民法院行政审判庭编：《中国行政审判指导案例》（第1卷），中国法制出版社2010年版，第187~188页。

附录：最高人民法院法官著述

人民法院在审理工伤行政案件，适用〔2007〕行他字第9号答复时，需要注意以下三个问题：

1.〔2007〕行他字第9号答复所确定的原则，适用于所有外出因工受到伤害的案件。〔2007〕行他字第9号答复仅仅明确职工受单位指派外出"学习"期间，在"单位安排"的休息场所休息时受到他人伤害的，应当认定为工伤。对于因工外出其他情况未作明确规定。因对于因工外出其他情况与外出"学习"仅仅是外出原因不同，其他完全相同。所以，其他因工外出期间受到他人或者意外伤害、突发疾病死亡等的案件，亦应适用该答复所确定的原则。

2.因工外出期间在与工作无关活动中受他人或意外伤害、突发疾病死亡的，不应当认定为工伤。扩张解释有利于弥补成文法的局限，但不能没有限度任意扩张，否则就会违背法律的目的和要求。职工因工外出期间从事违法行为或者完全是个人目的的行为而产生的伤害，如探亲访友、娱乐游玩、购物等与工作无关的活动中受到他人或意外伤害、突发疾病死亡的，因所从事的活动与工作无直接和间接关系，不能再扩张解释属于"工作时间、工作场所、工作原因"，故不能认定为工伤。

3.因工长期外出，休息期间在单位为其长期安排的住所中，受到伤害的，不应认定为工伤。〔2007〕行他字第9号答复中对因工外出"工作原因"作了扩张解释，因此，适用范围亦应作较为严格的限定。单位派其职工长期在外工作（如驻各地的办事处等），并为其解决了长期住所问题，其在单位安排的住所休息期间受到伤害或突发疾病死亡的，故不属于"工作时间、工作场所、工作原因"受到伤害，不宜认定为工伤。

——蔡小雪：《职工外出学习休息期间受到他人伤害应否认定为工伤》，

载江必新主编：《行政与执行法律文件解读》2010年第1辑（总第61辑），人民法院出版社2010年版，第93页。

794. 超过法定退休年龄的进城务工农民在工作时间内因公伤亡的，能否认定工伤

关键词

超过法定退休年龄　进城务工农民　工作时间内因公伤亡　认定工伤

最高人民法院答复

山东省高级人民法院：

你院报送的《关于超过法定退休年龄的进城务工农民工作时间内受伤是否适用〈工伤保险条例〉的请示》收悉。经研究，原则同意你院的倾向性意见。即：用人单位聘用的超过法定退休年龄的务工农民，在工作时间内、因工作原因伤亡的，应当适用《工伤保险条例》的有关规定进行工伤认定。

此复

——《最高人民法院行政审判庭关于超过法定退休年龄的进城务工农民因公伤亡的，应否造用〈工伤保险条例〉请示的答复》（2010年3月17日，〔2010〕行他字第10号）。

江苏省高级人民法院：

你院〔2012〕苏行他字第0002号《关于杨某诉南京市人力资源和社会保障局终止工伤行政确认一案的请示》收悉。经研究，答复如下：

同意你院倾向性意见。相同问题我庭2010年3月17日在给山东省高级人民法院的《关于超过法定退休年龄的进城务工农民因公伤亡的，应否造用〈工伤保险条例〉请示的答复》（〔2010〕行他字第10号）中已经明确。即，用人单位聘用的超过法定退休年龄的务工农民，在工作时间内、因工作原因伤亡的，应当适用《工伤保险条例》的有关规定进行工伤认定。

——《最高人民法院关于超过法定退休年龄的进城务工农民在工作时间内因公伤亡的，能否认定工伤的答复》（2012年11月25日，〔2012〕行他字第13号）。

795. 超过退休年龄的劳动者被聘用后发生事故的工伤认定

> **关键词**

工伤认定　离退休人员　劳动关系

> **最高人民法院司法政策精神**

26.（1）"职工"应当包括用人单位聘用的超过法定退休年龄的人员。

——《最高人民法院办公厅关于印发〈行政审判办案指南（一）〉的通知》（2014年2月24日，法办〔2014〕17号）。

> **最高人民法院答复**

重庆市高级人民法院：

你院〔2006〕渝高法行示字第14号《关于离退休人员与现工作单位之间是否构成劳动关系以及工作时间内受伤是否适用〈工伤保险条例〉一案的请示》收悉。经研究，原则同意你院第二种意见，即：根据《工伤保险条例》第2条、第61条等有关规定，离退休人员受聘于现工作单位，现工作单位已经为其缴纳了工伤保险费，其在受聘期间因工作受到事故伤害的，应当适用《工伤保险条例》的有关规定处理。

——《最高人民法院关于离退休人员与现工作单位之间是否构成劳动关系以及工作时间内受伤是否适用〈工伤保险条例〉的答复》（2007年7月5日，〔2007〕行他字第6号）。

山东省高级人民法院：

你院报送的《关于超过法定退休年龄的进城务工农民工作时间内受伤是否适用〈工伤保险条例〉的请示》收悉。经研究，原则同意你院的倾向性意见。即：用人单位聘用的超过法定退休年龄的务工农民，在工作时间内、因工作原因伤亡的，应当适用《工伤保险条例》的有关规定进行工伤认定。

此复

——《最高人民法院行政审判庭关于超过法定退休年龄的进城务工农民因工伤亡的，应否适用〈工伤保险条例〉请示的答复》（2010年3月17日，〔2010〕行他字第10号）。

江苏省高级人民法院：

你院〔2012〕苏行他字第0002号《关于杨某诉南京市人力资源和社会

保障局终止工伤行政确认一案的请示》收悉。经研究，答复如下：

同意你院倾向性意见。相同问题我庭 2010 年 3 月 17 日在给山东省高级人民法院的《关于超过法定退休年龄的务工农民因工伤亡的，应否适用〈工伤保险条例〉请示的答复》(〔2010〕行他字第 10 号）中已经明确。即，用人单位聘用的超过法定退休年龄的务工农民，在工作时间内、因工作原因伤亡的，应当适用《工伤保险条例》的有关规定进行工伤认定。

此复

——《最高人民法院关于超过法定退休年龄的进城务工农民在工作时间内因公伤亡的，能否认定工伤的答复》(2012 年 11 月 25 日，〔2012〕行他字第 13 号）。

行政审判指导案例

胡某芝诉内蒙古自治区包头市劳动和社会保障局工伤认定案［行政审判指导案例第 69 号］

裁判要点：退休返聘人员在工作时间、工作地点因工作原因发生事故可以认定为工伤。人民法院审理行政案件时应当对被告作出具体行政行为所依据的法律规范是否合法有效进行审查，并应当遵循一定的法律适用规则。

《中华人民共和国劳动法》未规定劳动者年龄上限，上诉人以冯某俊发生事故时年满 69 年，已超过退休年龄，不具有法律意义上的劳动者主体资格，不能作为劳动关系当事人的法律依据不足，故作出不予受理工伤认定不正确。上诉人的上诉理由不能成立，本院不予支持。

——江必新主编、最高人民法院行政审判庭编：《中国行政审判案例》（第 2 卷），中国法制出版社 2011 年版，第 181 页。

附录：最高人民法院法官著述

是否形成劳动关系，关键在于劳动者是否事实上已成为企业、个体经济组织的成员，并为其提供有偿劳动。离退休人员与现工作单位之间签订的聘用合同实质上就是用人单位与劳动者之间订立的劳动合同，不能因其名称不同就排除在劳动法之外。故应将离退休人员与现工作单位之间的聘用关系认定为劳动关系，离退休人员在受聘期间因工受伤应适用《工伤保险条例》。

本答复所涉案例具有特殊性，受聘单位已经为离退休职工缴纳了工伤保险，且工伤保险劳动部门不仅没有拒绝而且予以接受，只能针对该案的具体情况认定为离退休人员与现工作单位之间构成劳动关系，在工作期间内受伤应适用《工伤保险条例》的有关规定依法处理。理由为：第一，根据《工伤保险条例》第2条和第61条的规定，参照《劳动部关于贯彻执行劳动法若干问题的意见》第2条和第4条的规定，离退休人员与现工作单位之间签订的聘用合同符合用人单位与劳动者之间订立的劳动合同的要件。第二，参照《劳动部关于实行劳动合同制度若干问题的通知》第13条关于"已享受养老保险待遇的离退休人员被再次聘用时，用人单位应与其签订书面协议，明确聘用期内的工作内容、报酬、医疗、劳动待遇等权利义务"的规定，和中共中央办公厅、国务院办公厅转发的《中央组织部、中央宣传部、中央统战部、人事科技部、劳动保障部、解放军总政治部、中国科协关于进一步发挥离退休专业技术人员作用的意见》关于"离退休专业人员受聘工作期间，因工作发生职业伤害的，应由聘用单位参照工伤保险的相关待遇妥善处理；因工作发生职业伤害与聘用单位发生争议的，可通过民事诉讼处理；与聘用单位之间因履行聘用合同发生争议的，可通过人事或劳动争议仲裁渠道解决"的规定，离退休人员与企业之间签订的聘用合同，符合劳动者与用人单位之间关系的表象，且具体规定没有明确将离退休人员再受聘新单位排除在劳动合同之外，排除在工伤保险范围之外。第三，离退休专业人员受聘工作期间，因工作发生职业伤害的，应由聘用单位参照工伤保险的相关待遇妥善处理。本案特殊性在于在聘用单位已经为其缴纳了工伤保险，且工伤保险劳动部门不仅没有拒绝而且予以接受，当离退休人员与现工作单位形成劳动关系表象并在工作期间内发生工伤，理当享受工伤保险待遇。

——杨临萍：《社会法理念下的工伤保险行政案件司法审查》，载江必新主编、最高人民法院行政审判庭编：《行政执法与行政审判》2008年第2集（总第28集），人民法院出版社2008年版，第241~243页。

796. 工伤认定中对"上下班途中"的理解

关键词

工伤认定　上下班途中　交通事故

最高人民法院司法解释

第六条　对社会保险行政部门认定下列情形为"上下班途中"的，人民法院应予支持：

（一）在合理时间内往返于工作地与住所地、经常居住地、单位宿舍的合理路线的上下班途中；

（二）在合理时间内往返于工作地与配偶、父母、子女居住地的合理路线的上下班途中；

（三）从事属于日常工作生活所需要的活动，且在合理时间和合理路线的上下班途中；

（四）在合理时间内其他合理路线的上下班途中。

——《最高人民法院关于审理工伤保险行政案件若干问题的规定》（2014年6月18日，法释〔2014〕9号）。

最高人民法院答复

山东省高级人民法院：

你院《关于翟某芝、邹某兰诉肥城市劳动和社会保障局工伤行政确认一案的请示》收悉。经研究认为：如邹某确系上下班直接回其在济南的住所途中受到机动车事故伤害，应当适用《工伤保险条例》第14条第（6）项的规定。

此复

——《最高人民法院关于非固定居所到工作场所之间的路线是否属于"上下班途中"的答复》（2008年8月22日，〔2008〕行他字第2号）。

最高人民法院司法政策精神

26.（3）"上下班途中"应当包括职工在合理时间内为上下班而往返于居住地和工作单位之间的合理路径。

——《最高人民法院办公厅关于印发〈行政审判办案指南（一）〉的通知》（2014年2月24日，法办〔2014〕17号）。

最高人民法院公报案例

北京国玉大酒店有限公司诉北京市朝阳区劳动和社会保障局工伤认定行政纠纷案［北京市第二中级人民法院］

裁判摘要：根据《工伤保险条例》第14条第6项的规定，职工在上下班途中，受到机动车事故伤害的应当认定为工伤。对这里的"上下班途中"应当从有利于保障工伤事故受害者的立场出发，作出全面、正确的理解。"上下班途中"，原则上是指职工为了上下班而往返于住处和工作单位之间的合理路径之中。根据日常生活的实际情况，职工上下班的路径并非固定的、一成不变、唯一的，而是存在多种选择，用人单位无权对此加以限制。只要在职工为上下班而往返于住处和工作单位之间的合理路径之中，都属于"上下班途中"。至于该路径是否最近，不影响对"上下班途中"的认定。职工在上下班的合理路途中发生机动车事故，被行政机关依法认定为工伤，用人单位以事故发生的地点不在其确定的职工上下班的路线上为由，请求撤销行政机关作出的工伤认定的，人民法院不予支持。

根据《工伤保险条例》第14条第6项的规定，职工在上下班途中受到机动车事故伤害的，应当认定为工伤。对该规定所指的"上下班途中"应作全面、正确的理解。"上下班途中"应当理解为职工在合理时间内，为上下班而往返于住处和工作单位之间的合理路径之中。该路径可能有多种选择，不一定是固定的、一成不变的、唯一的路径。该路径既不能机械理解为从工作单位到职工住处之间的最近路径，也不能理解为职工平时经常选择的路径，更不能以用人单位提供的路径作为职工上下班必须选择的唯一路径。根据日常社会生活的实际情况，职工为上下班而往返于住处和工作单位之间的合理路径可能有多种选择。只要在职工为了上班或者下班，在合理时间内往返于住处和工作单位之间的合理路径之中，都属于"上下班途中"。至于职工选择什么样的路线，该路线是否为最近的路线，均不影响对"上下班途中"的认定。本案中，根据行政机关的调查以及现有证据，2006年9月20日晨，陈某东从自己的住处出发，前往上诉人国玉酒店公司上班。陈某东的住处位于北京市朝阳区大屯路南沙滩小区，国玉酒店公司位于北京市朝阳区安外慧忠里。从北京的实际地形看，陈某东的住处在国玉酒店公司的西北方向，涉案事故发生于朝阳区北辰西路安翔北路东口，在国玉酒店公司的西方，该地点虽然不在国玉酒店公司自制的从陈某东住处到国玉酒店的交通路线图上，但亦位于陈某东上班的合理路线之内。因此，可以认定陈某东系在上班途中因机动车事故伤害死亡，被上诉人朝阳区劳动局作出的工伤认定合法，应予维持。

——《最高人民法院公报》2008年第9期（总第143期）。

行政审判指导案例

龙岩卓鹰制铁有限公司诉福建省龙岩市劳动和社会保障局社会保障行政确认案［行政审判指导案例第33号］

裁判要点：《工伤保险条例》第十四条第六项规定职工在上下班途中受到机动车事故伤害的认定为工伤，对该项规定所指的"上下班途中"应当理解为职工为上下班而往返于住处和工作单位之间的合理路径之中。

被告龙岩市劳动局具有对辖区职工是否工伤作出行政确认的法定职权，作出工伤认定权源有据，被告行政主体适格。诉讼中原告及第三人对被告作出工伤认定的程序无异议，经审查，被告作出被诉的工伤认定决定符合《工伤保险条例》《工伤认定办法》的相关程序要求，其工伤认定程序合法。原告对第三人于 2007 年 2 月 19 日 14 时 30 分许在新罗区红坊镇船巷路段发生交通事故受伤的事实无异议。本案原告对"上班途中"的理解特定限缩于第三人龙钢生活区休息宿舍至工作地点范围，不符合《工伤保险条例》立法宗旨，于法无据，该理由不予采信。本案被告依第三人的申请，经核实后依法作出属于工伤认定的事实清楚，证据充分，程序合法，适用法律正确，应予维持。

——江必新主编、最高人民法院行政审判庭编：《中国行政审判指导案例》(第 1 卷)，中国法制出版社 2010 年版，第 179 页。

何某祥诉新沂市劳动和社会保障局工伤行政认定案 [行政审判指导案例第 117 号]

  裁判要点：对上下班途中的理解，在非常规工作情况下，应根据工作性质、特点、一般社会生活经验及社会情理，结合机动车事故是否发生在上下班的合理时间、合理路段等因素，综合判断事故是否因"上下班目的"而发生。

  本案当事人之间的主要分歧，在于对江苏省劳动和社会保障厅《关于实施〈工伤保险条例〉若干问题的处理意见（苏劳社医〔2005〕6 号）》第十五条规定的"上下班途中，应是合理的时间经过合理的路线"，如何理解其中的"合理时间"问题。对此认为，上述文件规定的"合理的时间"与"合理的路线"，是两种相互联系的认定属于上下班途中受机动车事故伤害情形的必不可少的时空概念，不应割裂开来看待。结合本案，何某祥在上午听课及中午就餐结束后返校的途中骑摩托车摔伤，其返校上班目的明确，应认定为合理时间，而不应仅将 11 点 40 分到 13 点 40 分之间机械地认定为合理时间。

——江必新主编、最高人民法院行政审判庭编：《中国行政审判案例》第 3 卷，中国法制出版社 2013 年版，第 188~189 页。

附录：最高人民法院法官著述

  关于"上下班途中"，在司法实践中，可谓是"公说公有理、婆说婆有理"，最高人民法院也屡次对此问题作出批复答复，以明确其适用。但从总体上看，效果并不理想。"上下班途中"虽然规定在《工伤保险条例》中，但不属于我们所说的"专业术语"，而是日常用语。这一特征要求我们必须以普通人的观念对待它。从"上下班途中"用语来看，是指职工以上下班为目的，在合理时间内往返于工作地和居住地的合理路线的途中。对"上下班途中"

的认定，可以参照是否以上下班为目的、上下班路途的方向、距离的远近及时间因素等综合判断。它包括以下四方面：

（1）空间因素。"上下班途中"的空间指的是，居住地与工作地之间的合理路径。所谓合理路径，一般是两地的最直接、最通达的路线。但是在职工没有走最直接、最通达的路线上下班受到伤害时，还应当充分考虑职工绕道的理由。一般来说，理由正当的，绕道也应视为合理路线。若绕道其他地方办理其他事务，而该事务与其工作、回家或者日常生活没有必然联系的话，则该过程就不应认定为上下班途中。对职工绕道的正当理由原则上由职工承担举证责任，用人单位有异议的，由用人单位对理由不正当承担举证责任。对"上下班途中"的空间理解，要注意居住地或工作地在不同的情境下，有不同的情形。虽然2002年原劳动和社会保障部将"职工在上下班途中"解释为"职工从居住住所到工作区域之间的路途"。[1]但此后针对同一问题，国务院新旧两个《工伤保险条例》第十四条第六项中，仍然只规定了"上下班途中"的条件，并未进一步将"上下班途中"限定为"职工从居住住所到工作区域之间的路途"。因此，关于上下班的路径问题产生了较大分歧。笔者认为，不管《工伤保险条例》立法者是出于何种考虑，毕竟公开颁布的国务院行政法规没有对"上下班途中"作出进一步限定，而从"上下班途中"的本意而言，主要还是职工从居住住所到工作地之间的路途，且"上下班途中"的情况又比较复杂，因此，对"居住地"和"工作地"可以作广义的理解。所谓的"居住地"是指单位提供的宿舍、实际居住地、临时居住地或者经常居住地以及配偶、父母、子女居住地等等。如《最高人民法院关于非固定居所到工作场所之间的路线是否属于"上下班途中"的答复》（〔2008〕行他字第2号）认为，"如邹某确系下班直接回其在济南的住所途中受到机动车事故伤害，应当适用《工伤保险条例》第十四条第六项的规定。"而所谓的"工作地"是指一处或者其中一处、固定或者不固定工作地、职工来往于多个与其工作相关的工作场所之间的合理区域、因工外出所涉及的区域以及本单位或者经本单位同意参加其他单位组织的集体活动地，等等。

（2）时间因素。"上下班途中"的时间指的是，在居住地和工作地等空间因素确定后，从居住地到工作地或者工作地到居住地的合理时间。所谓合理时间，除了考虑两地的距离外，还应当充分考虑道路的畅通情况、代步工具的种类和性能、气候变化情况等因素，足以保证劳动者能够顺利到达居住地或者工作地。目前，由于企业普遍不提供住宿条件，而职工又经常加班加点，

---

[1] 《劳动和社会保障部办公厅关于如何理解〈企业职工工伤保险试行办法〉有关内容的答复意见》（劳社厅函〔2002〕143号）二、第八条第九款中提到的"职工在上下班途中"系指职工从居住住所到工作区域之间的路途。

有些单位实行计件工资,管理不是十分严格的单位还可能存在职工"私自"加班的情况,甚至职工存在迟到早退的现象,这些致使《工伤保险条例》所指"上下班途中"的认定非常困难。"上下班途中"包括职工正常工作的上下班途中,也包括职工加班加点的上下班途中。如原劳动和社会保障部《关于实施〈工伤保险条例〉若干问题的意见》指出:"上下班途中"既包括职工正常工作的上下班途中,也包括职工加班加点的上下班途中。所以,一般来说,职工加班加点、提前上班、推迟下班,只要有证据证明确是为了工作,其在前往或离开工作地的途中都应该认定为上下班途中。

在实践中,职工由于种种原因未按规定的时间上下班,擅自迟到、早退涉及的时间是否属于上下班途中?第一种意见认为,迟到、早退违反劳动纪律,但这种违反劳动纪律的行为其过错不足以导致其失去工伤保险的资格。因为这种过错和失去工伤保险的资格这一后果相比严重不合比例。第二种意见认为,迟到、早退是一种违反劳动纪律的行为,应当受到相应的制裁,迟到、早退的途中不应被认定为上下班途中。本来将上下班途中认定为工伤已是对劳动者的扩大保护,将早退定为工伤离立法本意更远,缺乏法律依据。第三种意见认为,对于迟到、早退还要区分两种情形:经过批准的,应当视为上下班,而没经过批准擅自离岗回家的,不视为上下班。笔者认为,上述情况要结合职工在其中的过错,职工无过错的,只是由于客观原因引起的,应当认定为上下班途中;职工即使有过错但不属于极其不合理的,亦应当认定为上下班途中。因此,职工迟到、早退因属于违反劳动纪律,应当受到劳动纪律的制裁,但原则上并不影响其"上下班途中"的认定。也就是,"上下班途中"的认定,从居住地到工作地,或者工作地到居住地的过程这一时间因素,原则上并不会受到提早或推迟上下班的影响。

"上下班途中"的时间不仅涉及职工正常工作、加班加点、迟到早退,而且还涉及早到迟退。职工早到迟退涉及的时间是否属于上下班途中?如单位规定的下班时间是下午5点,而职工没有回家,也没有加班工作,只是一个人待在单位或者在单位与别人聊天,直到晚7点后回家发生交通事故,能否认定是合理的下班途中;又如单位规定的上班时间是早8点,职工早6点就在去单位的线路上发生交通事故,而平时是7点或7点30分才去上班,但职工当天就是想早去单位,能否认定是合理的上班途中,是容易引起纠纷的问题。笔者认为,原则上,在合理范围内仍应认定为上下班途中。

(3)目的因素。人力资源和社会保障部办公厅人社厅函〔2011〕339号《关于工伤保险有关规定处理意见的函》认为,《工伤保险条例》第十四条第六项规定的"上下班途中"是指合理的上下班时间和合理的上下班路途。笔者认为,理解"上下班途中"的规定,除合理的上下班时间和上下班路途外,还必须以"上下班"为目的。因为以上下班为目的是上下班途中的实质内容,而合理的上下班时间和上下班路途是上下班途中的时空表现形式。因此，有些职工从事日常工作生活所必需的活动，且在合理时间内和采取合理路线未改变以"上下班"为目的的途中，亦应当认定为"上下班途中"。

（4）合理因素。如上所说，"上下班途中"一般应结合上下班行程路径、时间和目的三个方面综合进行分析，但是对这三个方面综合分析必须符合"合理性"。上下班的时间、路线以及目的不合理，如从单位到住宿地所使用的时间过长，或者选择了南辕北辙的路线等，则可能否定其上下班行为；如果上下班时间以及目的地趋于合理，则可以支持其上下班行为。因此，对"上下班途中"的认定，不能失去合理性的基础。但是，该合理性不能作过于扩张的解释，也不宜作过于狭窄的理解，对于上下班路线、时间以及目的合理性的把握应当有一个度。

一方面，上下班途中的路线是否合理问题。上下班途中的路线涉及居住地和工作地之间的距离，上下班路线是否合理，应就具体个案进行分析。一般来说，职工的居住地和工作地之间的途径应不限于最短路线，而应为合理路线。在实践中，关于何为"合理路线"，争议较大的问题是职工在上下班途中绕道是否属于上下班途中。笔者认为，应当视绕道的原因而定。对于绕道的原因，实践中有因客观原因（突发事件、交通堵塞、天气恶劣等）而绕道，因私事而绕道等多种情形。因客观原因绕道的，原则上要认定为"上下班途中"，而因私事而绕道的，不能"一刀切"，如职工在上下班途中从事属于日常工作生活所必需的活动，且在合理时间内未改变以上下班为目的的合理路线的途中，应当视为"上下班途中"，其他的原则上不认定为"上下班途中"。前者如接送孩子上学放学、去菜市场买菜等绕道，后者如为下班后朋友聚会等等。

另一方面，上下班途中的"时间"是否合理问题。"上下班途中"的时间不仅涉及职工正常工作、加班加点，而且还涉及迟到早退、早到迟退。但是，这些所涉时间是否合理，对认定"上下班途中"影响较大，在实践中也有争议。笔者认为，与上下班途中路径是否合理一样，根据引起的原因而判定是否属于合理范围。只要有正当理由的，均属于合理范围。如有些职工存在正当理由，即使提早6个小时上班，下班后5个甚至是10多个小时还在回家的途中，均属于"上下班途中"。

新旧《工伤保险条例》虽对"上下班途中"具体内容并无明确规定，但总结各种"上下班途中"情形，对"上下班途中"的认定至少应当考虑以下三个要素：一是目的要素，即以上下班为目的；二是时间要素，即上下班时间是否合理；三是空间要素，即往返于工作地和居住地的路线是否合理。为了更好地指导下级法院审理相关行政案件，《最高人民法院关于审理工伤保险行政案件若干问题的规定》（以下简称《规定》）第六条规定："对社会保险行政部门认定下列情形为'上下班途中'的,人民法院应予支持:(一)在合理时间内往返于工作地与住所地、经常居住地、单位宿舍的合理路线的上下班途中;(二)在合理时间内往返于工作地与配偶、父母、子女居住地的合理路线的上下班途中;(三)从事属于日常工作生活所需要的活动,且在合理时间和合理路线的上下班途中;(四)在合理时间内其他合理路线的上下班途中。"其中,第一、二项为同一情形,其着眼于不同情形下的居住地与工作地的上下班途中,将居住地除界定为公认的住所地、经常居住地、单位宿舍外,还包括配偶、父母、子女居住地;第三项是为了解决实践中常见但又争议较大的特定上下班情形,如上下班途中从事接送孩子上学放学、去菜市场买菜等日常工作生活所必需的活动,且在合理时间内未改变以上下班为目的的合理路线的途中;第四项为兜底条款。凡是符合以上要素的,即使没有在本条中予以罗列亦应认定为"上下班途中"。比如在实践中,有时会出现职工同时有上述几个居住地,而且职工已到达其中的一个居住地(如临时居住地如单位安排的宿舍),又赶往另一个居住地时发生交通事故的情形,是否认定工伤?这一问题主要争议的是,职工下班回到其中的一个居住地后是否属于下班过程完成。相关的行政机关和法院均一致认为下班过程尚未结束,仍应认定为属于"上下班途中"。如国务院法制办公室对安徽省人民政府法制办公室《关于〈工伤保险条例〉第十四条第六项适用问题的请示》的复函(国法秘复函〔2008〕375号)指出,职工从单位宿舍至其父母家的情形,属于《工伤保险条例》第十四条第六项规定的"在上下班途中"。同时,《规定》第三条第四项这一兜底条款也对上下班途中的上下班目的、时间及空间等要素予以提示。

总而言之,对"上下班途中"的判断,首先要考虑的是是否以上下班为目的。"以上下班为目的"是判断上下班途中的核心。目前,法院和社会保险行政部门之所以确立"合理时间""合理路线"标准,是因为"上下班为目的"是主观的东西,以上下班为目的是人的内心活动,具有较强的主观色彩,需凭借外在因素如时空因素、一般社会生活经验及社会情理等对一些非常规下的所谓"上下班途中"进行合理性的综合考量。这涉及社会学解释的问题。所谓的社会学解释,是在多种法律解释出现不同结果时,为选择最佳的一种解释,法官"依社会道德观念""依社会上一般观念"解释法律,它比较偏重于社会效果的预测及其目的之考量。"上下班途中"作为一个法律概念,随着社会发展和变迁,含义不断丰富。如居住地日益复杂;工作场所更由于电子办公的普及而难以判断;因人口流动性大,异地工作或异地婚姻大量涌现,"上下班途中"判断显得更加复杂。因此,必须要以变化后的社会及社会观念重新审视"上下班途中"。如上所述,职工在上下班途中从事日常工作生活所必需的、合理的活动,而是否合理可以根据一般社会生活经验及社会情理等综合考量。这实际上已包括社会学解释方法。《最高人民法院关于非固定居所到工作场所之间的路线是否属于"上下班途中"的答复》(〔2008〕行他字第2号)就是因为随着我国户籍制度的改革和公路交通的发展,城市人口流动性日益加大,有些职工平常在一个地方工作,周末到另一个地方居住的情形越来越多,因此该答复反映出的有关不固定居住地的法律问题具有普遍意义。正所谓"如社会急遽变迁,社会目的与法律目的不同时,则应以社会学的解释为之,始能切合社会之需要。"①

——杨科雄:《解读〈关于审理工伤保险行政案件若干问题的规定〉》,载江必新主编:《解读最高人民法院司法解释、指导性案例 行政·国家赔偿卷》,人民法院出版社2016年版,第351~355页。

797. 上下班途中受到机动车事故伤害与违反治安管理伤亡之间的关系

关键词

工伤认定　上下班途中　机动车事故　违反治安管理规定

行政审判指导案例

上海盈元服饰有限公司诉上海市浦东新区人力资源和社会保障局社会保障行政确认案〔行政审判指导案例第32号〕

裁判要点:驾驶未经年检的机动车不属于《工伤保险条例》第十六条第一项规定的职工因犯罪或者违反治安管理伤亡不得认定为工伤或者视同工伤的情形。

本案争议的焦点在于发生交通事故时第三人驾驶的机动车未经年检,是否仍可适用《工伤保险条例》第十四条第六项,是否属于因违反治安管理伤亡的工伤排除情形。《工伤保险条例》第十六条规定了工伤排除的情形,其中"因犯罪或者违反治安管理伤亡的"不得认定为工伤或者视同工伤,具体而言对无证驾驶机动车、驾驶无证机动车和酒后驾驶机动车等严重违反道路交通安全法而导致伤亡的三种情形不予认定为工伤。本案中,第三人驾驶的机动车虽然未经年检,但并不符合以上三种严重情形之一。因此,被告适用《工伤保险条例》第十四条第六项认定工伤并无不当。

——江必新主编、最高人民法院行政审判庭编:《中国行政审判指导案

---

① 杨仁寿:《法学方法论》,中国政法大学1999年版,第128页。

例》(第1卷),中国法制出版社2010年版,第176~177页。

798. 职工上下班途中发生电动车事故伤害可以认定为工伤

关键词

电动车事故　上下班途中　工伤认定

行政审判指导案例

陈某群诉江苏省启东市劳动和社会保障局工伤认定决定案[行政审判指导案例第62号]

　　裁判要点:电动自行车的设计车速突破国家强制性标准,带来具有与机动车同等的安全风险时可视为机动车,职工在上、下班途中遭受此类车辆事故伤害的应当认定为工伤。

　　根据《工伤保险条例》第十四条第六项的规定,职工在上下班途中,受到机动车事故伤害的,应当认定为工伤。各方当事人的诉辩意见清楚无误地表明,陈某群所受伤害是否应当适用这一规定认定为工伤是争议的焦点。由于客观上对电动自行车的监督管理缺乏规范性,故对这一焦点进行决断,不仅需要根据社会现实去准确理解《工伤保险条例》规定的基本精神,还需要在机动车的理解上进行联系实际的、有充分根据的考证,同时也需要结合工伤认定的否定情形进行综合分析。

　　《中华人民共和国劳动法》第一条规定:"为了保护劳动者的合法权益,调整劳动关系,建立和维护适用社会主义市场经济的劳动制度,促进经济发展和社会进步,根据宪法,制定本法。"《工伤保险条例》第一条规定:"为了保障因工作遭受事故伤害或者患职业病的职工获得医疗救济和经济补偿,促进工伤预防和职业康复,分散用人单位的工伤风险,制定本条例。"上述法律法规开宗明义、准确无误地表明:劳动立法的重要目的之一是旨在保护劳动者的合法权益。基于这一立法宗旨,当对法律规范的本身含义在理解、适用上存有争议时,结合法律规范的立法本意,作出有利于保护劳动者合法权益的理解应当是必然的选择。需要强调的是,法律规范虽然不可随意变动,但社会是发展变化的,考证法律规范的立法本意,还需要根据社会的真实需求赋予法律规范以更为丰富的内涵,这同样也是适用法律应当秉承的基本原则。唯有如此,法律规范才能在无须修订的情形下适应现实生活的客观需要。

　　工伤认定的范围应当是在维护职工合法权益和社会保障水平之间进行衡

量的基础上确定。工伤保护的范围之所以从工作时间、工作场所扩大到上下班途中，其根本依据在于上下班途中是工作时间的合理延伸，上下班路线是工作场所的合理延伸，二者均是劳动者从事本职工作必不可少的环节。对于职工在合理延伸的时间和场所受到的伤害不应与工作时间和工作场所受到的伤害区别对待，体现了同等情形同等保护的基本思想。《工伤保险条例》之所以将机动车事故伤害纳入工伤保护范围，主要原因是考虑到机动车这一交通方式具有更大的危险性。但从现实情况来看，职工在上下班途中发生的事故伤害存在着多样性，电动自行车这一交通工具的安全风险也并不低于机动车。对于同样是在上下班途中发生的事故伤害，将机动车事故以外的伤害排除在工伤认定的范围之外，不仅使受到伤害的劳动者本人难以接受，也难以取得社会公众的普遍认同。作为法律规范的忠实执行者，审判机关无意挑战现行的法律规定，但相信出现这样的局面绝对不是立法者的本意。在此情形下，寻求更为公平、公正、合理并使社会公众普遍认同的解决方案，应当是审判机关义不容辞的职责。

根据《中华人民共和国道路交通安全法》第一百一十九条的规定，机动车是指以动力装置驱动或者牵引，上道路行驶的供人员乘用或者用以运送物品以及进行工程专项作业的轮式车辆。而非机动车则是指以人力或者畜力驱动，上道路行驶的交通工具，以及虽有动力装置驱动但设计最高时速、空车质量、外形尺寸符合有关国家标准的残疾人机动轮椅车、电动自行车等交通工具。由此可以明确，电动车并不都属于非机动车的范畴，对于以动力装置驱动但在设计最高时速、空车质量、外形尺寸方面不符合国家标准的电动自行车，不应将其界定为法律规范意义上的非机动车。正如理解《工伤保险条例》第十四条第六项的规定一样，法律对非机动车的定义同样也是清楚明了的。根据《电动自行车通用技术条件》（GB17761—1999）的规定，电动自行车的最高车速应不大于20KM/H，这一技术要求属于强制性规定。本案中，与陈某群发生事故的"金邦"牌电动车系无锡市金邦电动车有限公司生产，该车不仅在仪表盘上显示最高车速为50KM/H，并在使用说明中明确："本车安全车速为30KM/H"。对照法律规定及国家标准，该车在技术参数上并不符合非机动车的强制性标准。而《机动车运行安全技术条件》对轻便摩托车的技术标准规定为：无论采用何种方式，其最高设计车速不大于50KM/H，且若使用内燃机，其排量不大于50ML的两轮或三轮车辆，包括两轮轻便摩托车和三轮轻便摩托车，但不包括最高设计车速不大于20KM/H的电驱动的两轮车辆。因此，仅从车辆设计的最高车速来看，"金邦"牌电动车已经达到了机动车的技术参数标准。因此，虽然在本案的审理中法院将突破技术参数的"电动自行车"界定为机动车，但却完全有理由否定其非机动车的属性。由此可以明确，由于发生交通事故的"金邦"牌电动车在最高车速上达到了机动车的标准，故其在危险程度上也具有与机动车同样的安全风险。因此，启东市劳动和社会保障局以陈某群所受伤害不符合《工伤保险条例》第十四条第六项规定为由，对其所受伤害不予认定工伤不仅有违立法本意，同时也忽视了肇事车辆的本身属性。

《工伤保险条例》对工伤认定的情形采取了列举的立法方式，首先在第十四条列举了七种应当认定为工伤的情形，紧接着又在第十六条列举了不得认定为工伤的三种情形。这样的立法方式固然便于实际操作，但却难以包含实践中的所有情形。《工伤保险条例》第十四条虽然规定了七种应当认定为工伤的情形，但却并没有否定除第十四条情形之外的其他情形可以认定为工伤，本案的实际情况也不在第十六条所列举的情形之中。在此情形之下，上诉人启东市劳动和社会保障局认定陈某群所受伤害不属工伤，既不符合《中华人民共和国劳动法》及《工伤保险条例》的立法精神，也与电动自行车行业管理的现状不相适用，更不利于劳动者合法权益的保护。

无须回避的，相关部门对"电动自行车"在管理上的缺位，对于本案的机动车与非机动车之争具有至关重要的影响。根据法律规范及国家的强制性标准，电动自行车有着严格的技术参数要求，而只有当电动自行车符合了强制性技术参数要求，才能将其界定为法律意义上的非机动车。可现实情况却是：道路上行驶的一定数量的"电动自行车"并不符合国家的强制性标准，特别是在最高时速这样一些关键性参数上突破了国家标准。虽然个别地区公安交警管理部门也有将突破技术参数的"电动自行车"作为机动车进行管理的个案，但毕竟因缺乏明确具体的法律规范依据，还无法完全实现将此类突破技术参数的"电动自行车"纳入机动车管理，由此也导致了因安全风险增大而带来交通事故频发的现状，本案即是一例。从案发后交巡警部门所作《交通事故认定书》来看，陈某群并无事故主要责任，无视由机械动力驱动、突破技术参数的"电动自行车"的机动车属性，让无事故责任的受伤职工来承担电动车管理秩序混乱的不利后果，这对劳动者而言是极不公平的。至于上述《交通事故认定书》将涉案车辆描述为"电动自行车"。仅是沿用了社会公众在习惯上的称谓，启东市劳动保障部门据此就认定事故车辆为非机动车也难有说服力。

综上所述，对陈某群所受伤害应当认定为工伤，原审法院经审理所作判决认定事实清楚，审判程序合法，适用法律正确。上诉人的上诉理由有违工伤保险的立法宗旨，本院不予接受。

——江必新主编、最高人民法院行政审判庭编：《中国行政审判案例》（第2卷），中国法制出版社2011年版，第139~141页。

799. 职工上下班途中因无证驾驶机动车导致伤亡的不应认定为工伤

关键词

无证驾驶　上下班途中　工伤认定

最高人民法院答复

新疆维吾尔自治区高级人民法院生产建设兵团分院：

你院《关于职工无照驾驶无证车辆在上班途中受到机动车伤害死亡能否认定工伤的请示》收悉。经研究，答复如下：

在《工伤保险条例（修订）》施行前（即2011年1月1日前），工伤保险部门对职工无照或者无证驾驶车辆在上班途中受到机动车伤害死亡，不认定为工伤的，不宜认为适用法律、法规错误。

此复

——《最高人民法院关于职工无照驾驶无证车辆在上班途中受到机动车伤害死亡能否认定工伤请示的答复》（2011年5月19日，〔2011〕行他字第50号）。

安徽省高级人民法院：

你院〔2010〕皖行再他字第0001号《关于陈某英、高某诉安徽省桐城市劳动和社会保障局工伤行政确认一案的请示报告》收悉。经研究，答复如下：

原则同意你院第二种意见。即职工在上下班途中因无证驾驶机动车、驾驶无牌机动车或者饮酒后驾驶机动车发生事故导致伤亡的，不应认定为工伤。

此复

——《最高人民法院关于职工在上下班途中因无证驾驶机动车导致伤亡的，应否认定为工伤问题的答复》（2012年1月13日，〔2010〕行他字第182号）。

附录：最高人民法院法官著述

人民法院在审理此类案件时，应当注意以下四个问题：

（一）注意新旧《工伤保险条例》的变化

国务院于2010年12月20日作出《关于修改〈工伤保险条例〉的决定》（以下简称《决定》），对《工伤保险条例》做了六大修改：一是扩大了工伤保险适用范围；将工伤保险的适用范围扩大到了不参照公务员法管理的各类事业单位，社会团体，以及民办非企业单位、基金会、律师事务所、会计师事务所等组织。二是调整了工伤认定范围：（1）上下班途中的工伤认定范围既有扩大又有缩小。将认定范围从原来的上下班途中机动车事故伤害调整扩大到非本人主要责任的交通事故以及城市轨道交通、客运轮渡和火车事故伤害，惠及了更多的职工群众。但增加了非本人主要责任的交通事故这一条件，从这一方面将工伤认定也缩小了范围。（2）调整了不得认定工伤的范围。新条例删除时增加吸毒不得认定工伤的规定。三是简化了工伤认定、鉴定和争议处理程序：（1）增加了工伤认定简易程序，规定对于事实清楚、权利义务明确的工伤认定可以适用简易程序。其申请的认定时限，由原来规定的60天缩短为15天。（2）明确了再次鉴定和复查鉴定时限。新条例明确规定：劳动能力再次鉴定和复查鉴定的时限按照初次鉴定的时限执行。（3）取消了工伤认定争议处理中行政复议前置的规定。四是大幅度提高了工伤保险待遇：一次性工亡补助金标准，从原来的48至60个月的统筹地区上年度职工月平均工资，提高至按上年度全国城镇居民人均可支配收入的20倍发放，同时也适当提高了一次性伤残职工补助标准：一级至四级伤残增加3个月的本人工资，五级至六级增加2个月的本人工资，七级至十级伤残职工增加1个月的本人工资。五是增加了基金支出项目，将原由用人单位支付的工伤职工"住院伙食补助费""统筹地区外就医的交通食宿费"以及"终止或解除劳动关系时的一次性医疗补助金"，改由工伤保险基金统一支付。六是加大了强制力度：增加了行政复议和行政诉讼期间不停止支付工伤职工治疗工伤的医疗费用的新规定，增加了对不参加工伤保险和拒不协助工伤认定调查核实的用人单位的行政处罚规定，提高了工伤保险的强制。

（二）注意案件发生和处理的时间

《决定》中规定："本规定自2011年1月1日起施行。""《工伤保险条例》根据本决定作相应的修改，重新公布。本条例施行后本决定施行前受到事故伤害或者患职业病的职工尚未完成工伤认定的，依照本决定的规定执行。"这里所讲的"尚未完成"是指工伤保险部门在《决定》施行后（即2011年1月1日后），还未作出工伤认定的情形。以下两种情形不属于"尚未完成"：一是行政复议机关或者人民法院对工伤保险部门已作出的有关工伤保险具体行政行为正在复议或诉讼的工伤认定案件；二是工伤保险部门根据行政复议机关或者人民法院裁决或者判决撤销其在《决定》前作出的有关工伤保险的具体行政行为，重新作出的具体行政行为。这两种情况仍应当按照《决定》施行前的规定执行。据此，《决定》施行前，工伤保险部门对职工无照或者无证驾驶车辆在上班途中受到机动车伤害死亡的，如果已作出不认定工伤的决定，人民法院一般不宜判决撤销，驳回诉讼请求为宜。如果法院已作出判决，维持工伤保险部门认定工伤的决定,现在申诉到法院的,为维护社会的稳定,受诉法院不宜改变认定工伤的定性。工伤保险部门在《决定》施行后,作出处理的,应当按照《决定》的规定进行审查。

(三)注意判断是否属于合理的上下班时间和合理的上下班路途

新旧《工伤保险条例》第十四条第六项所规定的职工工伤的"上下班途中",其本意是指职工以上下班为目的,在合理时间内往返于工作单位和居住地的合理路线的途中。居住地包括实际居住地、经常居住地。职工在上下班途中从事了其他活动,该活动是职工日常工作生活中必需的、合理的要求,且在合理时间内未改变以"上下班"为目的的合理路线,应当认定为上下班途中。但职工上下班期间的私人聚会、游玩等不是基于上下班的目的的活动,不能认定为"上下班途中"。

(四)注意认定非本人主要责任的依据

根据《工伤保险条例(修订)》第十四条第六项规定,在上下班途中,因交通事故受到伤害的职工,是否是非本人主要责任,是构成应否认定为工伤的重要条件之一。工伤保险部门在诉讼中,一般会向法院提供的公安机关交通管理部门、交通运输、铁道部门或者司法机关以及法律、法规授权组织出具的相关法律文件。这些相关法律文件从性质上可以分为三类,第一类属于公文书证的性质,如行政机关的行政处罚决定、行政处理决定;第二类属于法定部门的鉴定结论,如公安机关出具的交通事故认定书等;第三类属于司法文书,如法院作出的发生法律效力的刑事、民事、行政判决或者裁定。根据《最高人民法院关于行政诉讼证据若干问题的规定》第六十三条第一项、第四项和第六十八条第四项的规定,第一、二类属于最佳证据,其证明效力优于其他书证、其他鉴定部门的鉴定结论,在没有其他证据可以推翻的情况下,可以作为法院的定案依据。第三类属于司法认知的证据,法庭可以直接认定。但是如果发现裁判文书认定事实有重大问题的,根据该规定第七十条的规定,应当中止诉讼,通过法定程序予以纠正后恢复诉讼。

——蔡小雪:《职工无照驾驶无证车辆在上班途中受到机动车伤害死亡应否认定工伤》,载江必新主编、最高人民法院行政审判庭编:《行政执法与行政审判》2011年第3集(总第47集),人民法院出版社2011年版,第34~36页。

800. 因他人违法导致职工伤亡的应当认定为工伤

关键词

工伤认定 违反治安管理规定

> 行政审判指导案例

天津市西青区荣发办公家具厂诉天津市北辰区人力资源和社会保障局工伤认定案［行政审判指导案例第70号］

> 裁判要点：《工伤保险条例》第十六条第一项"因犯罪或者违反治安管理伤亡的"指的是因自身的犯罪或者违反治安管理造成的伤亡。职工在履行工作职责过程中，因他人犯罪或违反治安管理造成的伤亡，不适用该条该项，而应适用《工伤保险条例》第十四条第三项"在工作时间和工作场所内，因履行工作职责受到暴力等意外伤害的"之规定，认定为工伤。

依据《工伤保险条例》（国务院第375号令）第五条、第十七条的规定，被告具有作出工伤认定的主体资格和法定职权。被告受理第三人的工伤认定申请后，赋予了原告举证权。被告依据原告与第三人提供的证据，经调查核实，认定第三人唐某在下料车间因使用机器与同事曲某伟发生纠纷被打。事故造成唐某外伤性蛛网膜下腔出血，牙齿错位，左侧下颌支及下颌骨体侧骨折的事实清楚，证据确凿。但第三人唐某所受伤害是因与曲某伟发生口角争执过程中被打伤所致，不属于因履行工作职责受到暴力等意外伤害的情形。因此，被告依据《工伤保险条例》（国务院第375号令）第十四条第三项之规定，认定第三人为工伤，属于适用法规错误，应予以撤销。原告的诉讼请求，本院予以支持。

——江必新主编、最高人民法院行政审判庭编：《中国行政审判案例》（第2卷），中国法制出版社2011年版，第187~188页。

801. 职工在家加班工作期间突发疾病视同工伤

> 关键词

工作期间　工作时间和工作岗位　视同工伤

> 最高人民法院裁判文书

海南省海口市人力资源和社会保障局俞某诉海南省海口市人力资源和社会保障局和海南省人力资源和社会保障厅工伤认定行政确认、行政复议案［最高人民法院（2017）最高法行申6467号行政裁定书］

裁判要点：职工为了单位的利益，在家加班工作期间，突发疾病死亡的，属于《工伤保险条例》第十五条第一款第一项规定的"在工作时间和工作岗位，突发疾病死亡"应当视同工伤的情形。

最高人民法院经审查认为，《工伤保险条例》第十五条第一款第一项规定，职工在工作时间和工作岗位，突发疾病死亡或者在48小时之内经抢救无效死亡的，视同工伤。该项规定视同工伤包括两种情形：一是在工作时间、工作岗位上，突发疾病死亡；二是在工作时间、工作岗位上，突发疾病，48小时内经抢救无效死亡。未经抢救死亡，可能存在两种情形：一是突发疾病，来不及抢救即已经死亡；二是发病时，没有其他人员在场，丧失抢救机会死亡。无论是经抢救无效死亡，还是未经抢救死亡，视为工伤的关键都在于，必须是在"工作时间和工作岗位"上突发疾病死亡。通常理解，"工作时间和工作岗位"应当是指单位规定的上班时间和上班地点。同时，我们认为，职工为了单位的利益，在家加班工作期间，也应当属于"工作时间和工作岗位"。主要理由是：第一，根据《工伤保险条例》第一条规定，制定和实施该条例的目的在于保障"因工作遭受事故伤害或者患职业病的职工获得医疗救治和经济补偿"。因此，理解"工作时间和工作岗位"，首先应当要看职工是否为了单位的利益从事本职工作。在单位规定的工作时间和地点突发疾病死亡视为工伤，为了单位的利益，将工作带回家，占用个人时间继续工作，其间突发疾病死亡，其权利更应当受到保护。只有这样理解，才符合倾斜保护职工权利的工伤认定立法目的。第二，《工伤保险条例》第十四条第一、二、三项认定工伤时的法定条件是"工作时间和工作场所"，而第十五条视为工伤时使用的是"工作时间和工作岗位"，相对于"工作场所"而言，"工作岗位"强调得更多的不是工作的处所和位置，而是岗位职责、工作任务。职工在家加班工作，就是为了完成岗位职责，当然应当属于第十五条规定的"工作时间和工作岗位"。第三，视为工伤是法律规范对工伤认定的扩大保护，的确不宜将其范围再进一步做扩大理解。但是，应当注意的是，第十五条将"工作场所"替换为"工作岗位"，本身就是法律规范对工作地点范围的进一步拓展，将"工作岗位"理解为包括在家加班工作，是对法律条文正常理解，不是扩大解释。本案中，冯某被发现时已经没有呼吸和心跳，属于深夜在家发病、无人发现、未经抢救死亡的情形，不属于经抢救无效48小时内死亡的情形。虽然冯某在家中死亡，但从本案查明的事实可以看出，冯某在被发现死亡的前一天晚10时许，组织学生晚修测验回家，连夜评完两个班学生的数学试卷，并进行试卷分析。显然是为学校的利益，在回家后利用个人休息时间，加班从事教学岗位职责工作，属于"在家加班工作"的情形。是否能够认定冯某属于工伤，关键是看其发病、死亡是否发生在"在家加班工作期间"。冯某的《居民死亡医学证明书》对其发病至死亡的时间认定为"不详",这就造成冯某的发病时间究竟是在加班工作期间,还是在已上床睡觉期间难以判断。223-1号工伤决定根据冯某的同事第二天一早发现冯某趴卧床上的陈述,认定"冯某发病时已上床休息"。正如一、二审所述,这一认定显然是缺乏充分证据予以支持的。趴卧床上,有可能是在发病后,身体不适倒卧床上,并非一定是上床睡觉后发病死亡。本院认为,在职工发病和死亡是否发生在工作时间、工作岗位上缺乏相关证据证明、难以确定的情况下,根据工伤认定倾向性保护职工合法权益的原则,应当作出有利于职工的肯定性事实推定,而非否定性的事实认定。因此,一、二审判决以事实不清、主要证据不足为由,撤销223-1号工伤决定,判决理由和结果均无不当。海口市人社局申请再审的理由,均是建立在不认可在家加班工作期间应当认定为"工作时间、工作岗位"这一前提之下,其主张与工伤认定的立法精神不符,缺乏事实根据,本院不予支持。

应当指出的是,根据《工伤保险条例》第十六条规定,符合第十四条认定工伤或者第十五条视为工伤法定条件的,排除认定或视为工伤的是故意犯罪、醉酒或者吸毒、自残或者自杀三种情形。职工发生伤亡事故,是否存在违反单位相关规章制度的情形,并不是工伤认定应当考虑的因素。223-1号工伤决定在认定事实时,强调学校规定不得利用晚修时间上课或考试、学校领导否认安排教师通宵改卷或要求任课老师必须当天改完作业或试卷等事实,不属于工伤认定应当考虑的因素,海口市人社局的上述事实认定不妥,本院予以指正。

——最高人民法院第一巡回法庭编著:《最高人民法院第一巡回法庭典型行政案件裁判观点与文书指导(第1卷)》,中国法制出版社2020年版,第196~201页。

802. 职工见义勇为,为制止违法犯罪行为而受到伤害的,应当视同工伤

关键词

行政确认　视同工伤　见义勇为

最高人民法院指导性案例

重庆市涪陵志大物业管理有限公司诉重庆市涪陵区人力资源和社会保障局劳动和社会保障行政确认案[最高人民法院指导案例94号]

裁判要点：职工见义勇为，为制止违法犯罪行为而受到伤害的，属于《工伤保险条例》第十五条第一款第二项规定的为维护公共利益受到伤害的情形，应当视同工伤。

法院生效裁判认为：被告涪陵区人社局是县级劳动行政主管部门，根据国务院《工伤保险条例》第五条第二款规定，具有受理本行政区域内的工伤认定申请，并根据事实和法律作出是否工伤认定的行政管理职权。被告根据第三人罗某均提供的重庆市涪陵区社会管理综合治理委员会《关于表彰罗某均同志见义勇为行为的通报》，认定罗某均在见义勇为中受伤，事实清楚，证据充分。罗某均不顾个人安危与违法犯罪行为作斗争，既保护了他人的个人财产和生命安全，也维护了社会治安秩序，弘扬了社会正气。法律对于见义勇为，应当予以大力提倡和鼓励。

《工伤保险条例》第十五条第一款第二项规定："职工在抢险救灾等维护国家利益、公共利益活动中受到伤害的，视同工伤。"据此，虽然职工不是在工作地点、因工作原因受到伤害，但其是在维护国家利益、公共利益活动中受到伤害的，也应当按照工伤处理。公民见义勇为，跟违法犯罪行为作斗争，与抢险救灾一样，同样属于维护社会公共利益的行为，应当予以大力提倡和鼓励。因见义勇为、制止违法犯罪行为而受到伤害的，应当适用《工伤保险条例》第十五条第一款第二项的规定，即视同工伤。

另外，《重庆市鼓励公民见义勇为条例》为重庆市地方性法规，其第十九条、第二十一条进一步明确规定，见义勇为受伤视同工伤，享受工伤待遇。该条例上述规定符合《工伤保险条例》的立法精神，有助于最大限度地保障劳动者的合法权益、最大限度地弘扬社会正气，在本案中应当予以适用。

——《最高人民法院关于发布第18批指导性案例的通知》（2018年6月20日，法〔2018〕164号）。

说明

指导案例94号《重庆市涪陵志大物业管理有限公司诉重庆市涪陵区人力资源和社会保障局劳动和社会保障行政确认案》裁判要点确认：职工见义勇为，为制止违法犯罪行为而受到伤害的，属于《工伤保险条例》第十五条第一款第二项规定的为维护公共利益受到伤害的情形，应当视同工伤。该指导案例明确将因维护国家利益和社会公共利益而见义勇为受伤的情形视同工伤，符合法律原则和精神，对于保护职工合法权益，依法审理类似案件，弘扬社会主义核心价值观等具有明显指导价值。

803. 工作纠纷导致的暴力伤害能否认定工伤

关键词

工作纠纷 工伤认定

最高人民法院审判业务意见（行政庭法官会议纪要）

《工伤保险条例》第十四条第三项的立法意旨在于对劳动者在工作期间受到暴力等意外伤害进行救济，适用本项对工伤进行认定时应作有利于劳动者的解释，不应要求"纯洁的受害人"，若只有在暴力事件中完全无过错的受害人才能够认定为"履行工作职责"，则与《工伤保险条例》第十四条第三项的立法意旨有违，只有受害人故意或者重大过失导致暴力等意外伤害事件的发生方能够阻却对履行工作职责的认定。

附：案情简介

刘甲在某公司承建的某处施工现场工作，与某公司存在事实劳动关系。某日，刘甲与刘乙商议使用工地塔吊机吊运建筑材料过程中发生争执并相互斗殴，刘乙用匕首将刘甲眼部刺伤，经医院诊断为左眼球破裂伤。刘甲向某市人社局申请工伤认定，市人社局作出认定工伤决定书，认定"刘甲受到的事故伤害符合《工伤保险条例》第十四条第三项之规定，属于工伤认定范围，现予以认定工伤"。某公司不服该决定书，向某省人社厅申请行政复议。省人社厅作出行政复议决定书，认为刘甲受伤系与他人口角之争后产生的恩怨所致，其受伤不属于因履行工作职责受到的暴力伤害，决定撤销市人社局作出的决定书。刘甲不服省人社厅作出的行政复议决定书，向某市中级人民法院提起诉讼，请求撤销省人社厅作出的行政复议决定书，维持市人社局作出的认定工伤决定书。

刘乙故意伤害案经法院审理，作出刑事判决书，以刘乙犯故意伤害罪判处其有期徒刑三年。该刑事判决书载明"刘甲对纠纷的发生并无明显过错，二人先因口角发生纠纷，后刘乙返回寝室拿出折叠刀对刘甲进行报复性伤害，刘甲对伤害后果的发生并无过错"。

——于泓：《工作纠纷导致的暴力伤害能否认定工伤》，载最高人民法院行政审判庭编著：《最高人民法院行政审判庭法官会议纪要（第二辑）》，人民法院出版社2023年版，第184~194页。

804. 职工在家加班工作期间突发疾病死亡，或者在 48 小时之内经抢救无效死亡的，是否可以视为工伤

关键词

工作期间　突发疾病死亡　工伤

最高人民法院审判业务意见

28. 职工在家加班工作期间突发疾病死亡，或者在 48 小时之内经抢救无效死亡的，是否可以视为工伤。

答：职工在家加班工作期间突发疾病死亡，或者在 48 小时之内抢救无效死亡的，应当依照《工伤保险条例》第十五条第一项规定，视为工伤。

理由：《工伤保险条例》第十五条第一款第一项规定职工在工作时间和工作岗位，突发疾病死亡或者在 48 小时之内经抢救无效死亡的，视同工伤。将工作带回家，在家加班工作，应当属于"在工作时间和工作岗位"。第一，根据《工伤保险条例》第一条规定，制定和实施该条例的目的在于对"因工作遭受事故伤害或者患职业病的职工获得医疗救治和经济补偿"。因此，理解"在工作时间和工作岗位"，首先应当要看职工是否为了单位的利益从事本职工作。为了单位的利益，将工作带回家，占用个人时间继续工作，就是"在工作时间和工作岗位"。其次，《工伤保险条例》第十四条第一、二、三项"认定工伤"时的法定条件是"工作时间和工作场所"，第十五条"视同工伤"时使用的是"工作时间和工作岗位"。相对于"工作场所"而言，"工作岗位"强调更多的不是工作的处所和位置，而是岗位职责、工作任务。职工为完成岗位职责，在家加班工作，当然可以理解为属于第十五条规定的"在工作时间和工作岗位"。第三，视为工伤是法律规范对工伤认定的扩大保护，的确不宜将其范围作扩大理解。但是，应当注意的是，第十五条将"工作场所"替换为"工作岗位"，本身就是法律规范对工作地点范围的进一步拓展，将"工作岗位"理解为包括在家加班工作，是对法律条文的正常理解，不是扩大解释。职工在家加班工作，属于"在工作时间和工作岗位"，在此过程中职工突发疾病死亡，或者在 48 小时之内经抢救无效死亡，当然应当视为工伤。可参考（2017）最高法行申 6467 号行政裁定。

——《最高人民法院第一巡回法庭关于行政审判法律适用若干问题的会议纪要》（2018 年 7 月 23 日）。

805. 违法发包、转包、分包或者挂靠情形下的工伤认定

关键词

违法发包　转包　分包　挂靠　工伤认定

最高人民法院审判业务意见（行政庭法官会议纪要）

生效裁判或者仲裁裁决确认违法发包、转包、分包或者挂靠情形下的工伤职工与具备用工主体资格的单位之间不存在劳动关系，但工伤职工具有《最高人民法院关于审理工伤保险行政案件若干问题的规定》第三条规定的情形，且其工伤认定申请符合《工伤保险条例》有关工伤认定条件的，人民法院应予支持。

——《最高人民法院行政法官专业会议纪要（七）（工伤保险领域）》（2019年11月29日）。

806. 职工在工作时间和工作岗位突发疾病视同工伤的认定

关键词

职工突发疾病　视同工伤

最高人民法院审判业务意见（行政庭法官会议纪要）

职工在工作时间和工作岗位突发疾病，因正当理由未及时送医疗机构抢救，但在离开工作岗位48小时内死亡，或者送医后因医疗机构误诊在离开医疗机构48小时内死亡，有证据证明职工死亡确属上述突发疾病所致，工伤认定申请人请求依据《工伤保险条例》第十五条第一项规定认定视同工伤，社会保险行政部门予以认定的，人民法院应予支持。

——《最高人民法院行政法官专业会议纪要（七）（工伤保险领域）》（2019年11月29日）。

807. 公安交管部门未出具交通事故责任认定书或者交通事故责任认定书内容不明确时的工伤认定

关键词

交通事故责任认定书　工伤认定

最高人民法院审判业务意见（行政庭法官会议纪要）

公安交管部门未出具交通事故责任认定书或者交通事故责任认定书内容不明确，社会保险行政部门调查核实后，可根据是否存在交通事故、是否依法报案以及交通事故证明书内容等综合判断职工是否对交通事故负主要责任。经前述程序仍无法判断，工伤认定申请人请求社会保险行政部门结合《工伤保险条例》第十九条第二款，并依据该条例第十四条第六项规定认定职工所受交通事故伤害为工伤的，人民法院应予支持。

——《最高人民法院行政法官专业会议纪要（七）（工伤保险领域）》（2019年11月29日）。

808. 包工头工作受伤也可以认定为工伤，施工单位承担工伤保险责任

关键词

包工头　工伤　工伤保险责任

最高人民法院裁判文书

刘某丽诉广东省英德市人民政府、茂名市茂南建安集团有限公司、广东省英德市人力资源和社会保障局行政复议案［最高人民法院（2021）最高法行再1号行政判决书］

　　裁判要旨："包工头"应纳入工伤保险范围，并在其因工伤亡时保障其享受工伤保险待遇的权利，由具备用工主体资格的承包单位承担用人单位依法应承担的工伤保险责任。

　　最高人民法院认为，对法律规范的解释，应当结合具体案情，综合运用文义解释、体系解释、目的解释等多种解释方法。

首先，建设工程领域具备用工主体资格的承包单位承担其违法转包、分包项目上因工伤亡职工的工伤保险责任，并不以存在法律上劳动关系或事实上劳动关系为前提条件。根据《人力资源和社会保障部关于执行〈工伤保险条例〉若干问题的意见》（人社部发〔2013〕34号）第七点等规定，认定工伤保险责任或用工主体责任，已经不以存在法律上劳动关系为必要条件。根据《最高人民法院关于审理工伤保险行政案件若干问题的规定》（法释〔2014〕9号）第三条规定，能否进行工伤认定和是否存在劳动关系，并不存在绝对的对应关系。从前述规定来看，为保障建筑行业中不具备用工主体资格的组织或自然人聘用的职工因工伤亡后的工伤保险待遇，加强对劳动者的倾斜保护和对违法转包、分包单位的惩戒，现行工伤保险制度确立了因工伤亡职工与违法转包、分包的承包单位之间推定形成拟制劳动关系的规则，即直接将违法转包、分包的承包单位视为用工主体，并由其承担工伤保险责任。

其次，将"包工头"纳入工伤保险范围，符合建筑工程领域工伤保险发展方向。《国务院办公厅关于促进建筑业持续健康发展的意见》（国办发〔2017〕19号）强调要"建立健全与建筑业相适应的社会保险参缴缴费方式，大力推进建筑施工单位参加工伤保险"，明确了做好建筑行业工程建设项目农民工职业伤害保障工作的政策方向和制度安排。《人力资源社会保障部办公厅关于进一步做好建筑业工伤保险工作的通知》（人社厅函〔2017〕53号）等规范性文件还要求，完善符合建筑业特点的工伤保险参保政策，大力扩展建筑企业工伤保险参保覆盖面，推广采用按建设项目参加工伤保险制度。即针对建筑行业的特点，建筑施工企业对相对固定的职工，应按用人单位参加工伤保险；对不能按用人单位参保、建筑项目使用的建筑业职工特别是农民工，按项目参加工伤保险。因此，为包括"包工头"在内的所有劳动者按项目参加工伤保险，扩展建筑企业工伤保险参保覆盖面，符合建筑工程领域工伤保险制度发展方向。

再次，将"包工头"纳入工伤保险对象范围，符合"应保尽保"的工伤保险制度立法目的。考察《工伤保险条例》相关规定，工伤保险制度目的在于保障因工作遭受事故伤害或者患职业病的职工获得医疗救治和经济补偿，促进工伤预防和职业康复，分散用人单位的工伤风险。《工伤保险条例》第二条规定："中华人民共和国境内的企业、事业单位、社会团体、民办非企业单位、基金会、律师事务所、会计师事务所等组织和有雇工的个体工商户应当依照本条例规定参加工伤保险，为本单位全部职工或者雇工缴纳工伤保险费。中华人民共和国境内的企业、事业单位、社会团体、民办非企业单位、基金会、律师事务所、会计师事务所等组织的职工和个体工商户的雇工，均有依照本条例的规定享受工伤保险待遇的权利。"显然，该条强调的"本单位全部职工或者雇工"，并未排除个体工商户、"包工头"等特殊的用工主体自身也应当参加工伤保险。易言之，无论是从工伤保险制度的建立本意，还是从工伤保险法规的具体规定，均没有也不宜将"包工头"排除在工伤保险范围之外。"包工头"作为劳动者，处于违法转包、分包利益链条的最末端，参与并承担着施工现场的具体管理工作，有的还直接参与具体施工；其同样可能存在工作时间、工作地点因工作原因而伤亡的情形。"包工头"因工伤亡，与其聘用的施工人员因工伤亡，就工伤保险制度和工伤保险责任而言，并不存在本质区别。如人为限缩《工伤保险条例》的适用范围，不将"包工头"纳入工伤保险范围，将形成实质上的不平等；而将"包工头"等特殊主体纳入工伤保险范围，则有利于实现对全体劳动者的倾斜保护，彰显社会主义工伤保险制度的优越性。

最后，"包工头"违法承揽工程的法律责任，与其参加社会保险的权利之间并不冲突。《中华人民共和国社会保险法》第一条规定："为了规范社会保险关系，维护公民参加社会保险和享受社会保险待遇的合法权益，使公民共享发展成果，促进社会和谐稳定，根据宪法，制定本法。"第三十三条规定："职工应当参加工伤保险，由用人单位缴纳工伤保险费，职工不缴纳工伤保险费。"工伤保险作为社会保险制度的一个重要组成部分，由国家通过立法强制实施，是国家对职工履行的社会责任，也是职工应该享受的基本权利。不能因为"包工头"违法承揽工程违反建筑领域法律规范，而否定其享受社会保险的权利。承包单位以自己的名义和资质承包建设项目，又由不具备资质条件的主体实际施工，从违法转包、分包或者挂靠中获取利益，由其承担相应的工伤保险责任，符合公平正义理念。当然，承包单位依法承担工伤保险责任后，在符合法律规定的情况下，可以依法另行要求相应责任主体承担相应的责任。

总之，将"包工头"纳入工伤保险范围，并在其因工伤亡时保障其享受工伤保险待遇的权利，由具备用工主体资格的承包单位承担用人单位依法应承担的工伤保险责任，符合工伤保险制度的建立初衷，也符合《工伤保险条例》及相关规范性文件的立法目的。英德市人社局认定梁某洪在工作时间和工作岗位突发疾病死亡，应由建安公司承担工伤保险责任，具有事实和法律依据，本院予以支持。

——中国裁判文书网。

809. 职业病诊断鉴定结论所列明的单位对其承担工伤保险责任有异议的工伤认定

关键词

职业病　诊断鉴定结论　工伤保险责任　工伤认定

最高人民法院审判业务意见（行政庭法官会议纪要）

职业病诊断鉴定结论所列明的单位对其承担工伤保险责任有异议，但社会保险行政部门依据职业病诊断鉴定结论先行认定职工的职业病为工伤的，人民法院应予支持。职业病诊断鉴定结论所列明的单位或工伤保险基金承担相应工伤保险责任后，有权机关否定相关单位为工伤责任单位的，相关单位或工伤保险基金可以向实际致害单位依法另行主张权利。

——《最高人民法院行政法官专业会议纪要（七）（工伤保险领域）》（2019年11月29日）。

810. 工作时间内在工作场所，因精神分裂症病发自残是工伤吗

关键词

工伤　精神分裂症　自残

最高人民法院裁判文书

朱某根诉浙江省杭州市江干区人民政府、江干区人民政府四季青街道办事处房屋行政协议一案［最高人民法院（2020）最高法行申11241号行政裁定书］

裁判要旨：患精神分裂症之前既未受到事故伤害或意外伤害，亦未被诊断为职业病，故所患精神分裂症既不是工伤或职业病直接所致，也不是工伤或职业病过程中伴发而生。工作环境恶劣可能会影响身心健康，从而诱发精神分裂症，但患精神分裂症的主要原因还是在于自身的生物学素质，因此工作环境恶劣与精神分裂症之间并不具有直接因果关系，不能认定其所患精神分裂症系由工作原因引起；其自残、自伤的确不适用《工伤保险条例》第十六条第三项"自残或者自杀的，不得认定为工伤或者视同工伤"的规定，但其自

残、自伤系由精神分裂症导致,既然精神分裂症不认定为工伤,自残、自伤亦不应认定为工伤。

最高人民法院经审查认为,根据《工伤保险条例》第十四条第一项的规定,职工在工作时间和工作场所内,因工作原因受到事故伤害的,应当认定为工伤。本案中,张某仁主张其患精神分裂症系工作环境恶劣所致,因此本案的核心即在于张某仁所患精神分裂症是否属于工作原因引起。参照劳动和社会保障部《职工工伤与职业病致残程度鉴定标准》(GB/T16180-2006)c.2.2的规定,精神分裂症和躁郁症均为内源性××,发病主要决定于病人自身的生物学素质。在工伤或职业病过程中伴发的内源性××不应与工伤或职业病直接所致的××相混淆。精神分裂症和躁郁症不属于工伤或职业病性××。本案张某仁患精神分裂症之前既未受到事故伤害或意外伤害,亦未被诊断为职业病,故其所患精神分裂症既不是工伤或职业病直接所致,也不是工伤或职业病过程中伴发而生。工作环境恶劣可能会影响张某仁身心健康,从而诱发精神分裂症,但患精神分裂症的主要原因还是在于张某仁自身的生物学素质,因此工作环境恶劣与精神分裂症之间并不具有直接因果关系,不能认定其所患精神分裂症系由工作原因引起。金昌市人社局对张某仁的精神分裂症不予认定为工伤,并无不当。张某仁的自残、自伤的确不适用《工伤保险条例》第十六条第三项"自残或者自杀的,不得认定为工伤或者视同工伤"的规定,但其自残、自伤系由精神分裂症导致,既然精神分裂症不认定为工伤,自残、自伤亦不应认定为工伤。金昌市人社局对张某仁的割腕伤及烧伤不予认定工伤,并无不当。原审法院驳回张某仁的诉讼请求亦无不当。

——中国裁判文书网。

811. 由于第三人的原因造成工伤的三种处理方式

关键词

第三人原因　工伤

最高人民法院司法解释

第八条　职工因第三人的原因受到伤害,社会保险行政部门以职工或者其近亲属已经对第三人提起民事诉讼或者获得民事赔偿为由,作出不予受理工伤认定申请或者不予认定工伤决定的,人民法院不予支持。

职工因第三人的原因受到伤害,社会保险行政部门已经作出工伤认定,职工或者其近亲属未对第三人提起民事诉讼或者尚未获得民事赔偿,起诉要求社会保险经办机构支付工伤保险待遇的,人民法院应予支持。

职工因第三人的原因导致工伤,社会保险经办机构以职工或者其近亲属已经对第三人提起民事诉讼为由,拒绝支付工伤保险待遇的,人民法院不予支持,但第三人已经支付的医疗费用除外。

——《最高人民法院关于审理工伤保险行政案件若干问题的规定》(2014年6月18日,法释〔2014〕9号)。

附录:最高人民法院法官著述

由于第三人侵权导致职工工伤的,根据《侵权责任法》[①]和《社会保险法》的规定,职工可以向侵权的第三人要求民事侵权赔偿,也可以向工伤保险基金要求享受工伤保险待遇,从而出现民事侵权责任和工伤保险责任如何处理的问题。这是《社会保险法》立法中的一个重要问题,也曾是《侵权责任法》[②]和工伤保险条例立法中的一个热点问题。《社会保险法》制定之时,对于这两种法律关系的竞合,如何处理,有不同意见。(1)第一种意见,根据民事侵权赔偿的"填平原则",认为受伤害的职工只能在民事侵权赔偿和工伤保险待遇中选择一项,如果享受了工伤保险待遇,工伤保险基金就取得了对第三人的代位追偿权;如果工伤职工追究第三人民事赔偿责任的,不能再享受工伤保险待遇。(2)第二种意见,应当实行工伤保险与第三人侵权赔偿相结合,由工伤保险基金先行支付,民事侵权赔偿超出工伤保险待遇的部分,归工伤职工所有。(3)第三种意见,职工应当同时享受工伤保险待遇和民事侵权赔偿。由于对这一问题分歧比较大,《社会保险法》未对这一问题作出规定,但认为工伤职工可以分别按照《侵权责任法》[③]和《社会保险法》要求侵权赔偿和享受工伤待遇。同时,由于实际发生的医疗费用数额明确,且费用凭据只有一份,因此工伤职工只能享受一份。因此,《社会保险法》第四十二条规定:"由于第三人的原因造成工伤,第三人不支付工伤医疗费用或者无法确定第三人的,由工伤保险基金先行支付。工伤保险基金先行支付后,有权向第三人追偿。"笔者认为,依据《社会保险法》第四十二条规定,除工伤医疗费用外,职工可以同时享受工伤保险待遇和民事侵权赔偿。也就是一般所说的有限的"双赔"或者"一补一赔"。理由如下:

其一,在理论上,工伤职工有权同时享受工伤保险待遇和获得民事侵权赔偿。(1)工伤保险待遇与民事侵权赔偿性质不同,不得替代。工伤保险待遇属于公法领域的补偿,人身损害赔偿则属于私法领域的赔偿,二者不能混

[①] 本法已被《民法典》废止。
[②] 本法已被《中华人民共和国民法典》废止。
[③] 本法已被《中华人民共和国民法典》废止。

用，也不能相互替代。工伤保险待遇是职工参加工伤保险应得的劳动待遇，不能因用人单位之外的第三人承担了民事侵权赔偿责任，而剥夺职工应得到的工伤保险待遇。（2）侵权损害填平法则难以适用于人身损害赔偿。生命健康无法用金钱来衡量，不存在填平问题，也不存在工伤职工获得意外收益的问题。（3）工伤保险金是用人单位而不是侵权的第三人缴纳的，那么用人单位以外的第三人承担民事责任不能免除接受用人单位工伤保险金的工伤保险基金支付受伤职工工伤保险待遇的法定义务，否则工伤保险基金便拥有了"享受权利而不承担义务"的特权。正是基于这一理由，所谓民事侵权主体的第三人承担民事责任后，工伤保险基金仍支付工伤职工工伤保险待遇会造成工伤保险基金不当损失是不能成立的。

其二，从法律上，也可以得出除工伤医疗费用外，工伤职工有权同时享受工伤保险待遇和获得民事侵权赔偿的结论。《社会保险法》《工伤保险条例》明确规定了构成工伤应享受相关待遇，同时没有规定第三人侵权工伤应当扣减第三人赔偿部分，也没有规定工伤保险基金或用人单位追偿权（除工伤医疗费用）。现行法律和行政法规没有明确规定受伤职工只能得到一份赔偿或者补偿，限制受伤职工只能得到一份赔偿的做法缺乏法律依据。不过，依据《社会保险法》第四十二条规定，医疗费用在工伤医疗费用范围内，工伤职工只能享受一份。

其三，从程序上，除工伤保险基金先行赔付，民事赔偿补差程序外，目前主要的先民事侵权赔偿后工伤保险待遇的补差程序过于复杂，缺乏操作性，难以切实保障职工权益，极易导致工伤职工一方面因侵权赔偿不能及时到位，而另一方面又因民事先行而不能享受工伤保险待遇的两难境地。

其四，从标准上，提高工伤保险待遇标准，逐渐缩小民事侵权赔偿与工伤保险待遇之间的差距，并不必然导致"双重赔偿"已失去合理性。2011年1月1日施行的新《工伤保险条例》将一次性工亡补助金标准改为全国上一年度城镇居民人均可支配收入的20倍，一次性工亡补助金可达38.2万元，以后还会逐年递增，大幅度提高了工伤保险待遇标准。据此有人认为，"双重赔偿"已失去合理性。笔者认为，长远看来，提高工伤保险赔偿标准，甚至达到民事人身损害赔偿标准，从利益衡量看，在一定程度上可以达到法律救济的平衡，减少当事人选择不同请求权带来的处理后果失衡，也切实发挥工伤保险制度的应有功能，避免制度设计的重叠，降低社会发展成本，尤其可以减少所谓"受害人不应因遭受侵害获得意外收益原则"的顾虑。但是，工伤保险赔偿标准恐怕不易达到民事人身损害赔偿标准。理由如下：（1）工伤保险待遇和人身损害赔偿所谓相同项目（如前者的"伤残补助金"和后者的"残疾赔偿金"），两者的计算依据大相径庭，难以标准一致。（2）即使个别相同项目（如一次性工亡补助金标准）几乎达到民事人身损害赔偿标准，也不意味着其他相同项目也与民事侵权赔偿标准一致。(3)人身损害赔偿中的精神损害抚慰金、营养费等项目并不包含在工伤保险待遇中,故难以排除个别项目(如精神损害抚慰金、营养费)可以兼得。也就是说,在不同项目中,工伤保险待遇是永远不可能达到民事侵权损害赔偿标准的。综上,工伤保险待遇几乎是不可能达到民事侵权损害标准的,以2011年1月1日施行的《工伤保险条例》提高一次性工亡补助金为由认为"双重赔偿"已失去合理性是不能成立的。

其五,在目前情况下,认为工伤职工有权同时享受工伤保险待遇和获得民事侵权赔偿即意味着可以实际上获得双重赔付也是不符合现实情况的。(1)在实践中,侵权人具有完全赔偿能力的并不多见。即使法院判决侵权人支付赔偿金,也难以执行到位。从实际情况来看,侵权人的赔偿往往不足以弥补受害人的实际损失。(2)工伤职工进行民事诉讼要花费很大的人力和金钱成本。如果把诉讼成本除去,受到工伤的职工即使胜诉,扣除成本后所多获得的利益也是非常有限的。(3)民事诉讼实行的是"谁主张谁举证"的举证原则,工伤职工存在举证不能而无法获得民事赔偿的巨大风险,想象中的双重赔付在现实中不会大量出现。

为此,按照《社会保险法》第四十二条规定的精神和上述理由,《最高人民法院关于审理工伤保险行政案件若干问题的规定》(以下简称《规定》)第八条明确:一是职工因第三人的原因受到伤害,社会保险行政部门以职工或者其近亲属已经对第三人提起民事诉讼或者获得民事赔偿为由,作出不予受理工伤认定申请或者不予认定工伤决定的,人民法院不予支持。二是职工因第三人的原因受到伤害,社会保险行政部门已经作出工伤认定,职工或者其近亲属未对第三人提起民事诉讼或者尚未获得民事赔偿,起诉要求社会保险经办机构支付工伤保险待遇的,人民法院应予支持。三是职工因第三人的原因导致工伤,社会保险经办机构以职工或者其近亲属已经对第三人提起民事诉讼为由,拒绝支付工伤保险待遇的,人民法院不予支持,但第三人已经支付的医疗费用除外。上述规定,从行政诉讼角度充分保障了工伤职工取得工伤保险待遇的权利。此外,《最高人民法院关于审理人身损害赔偿案件适用法律若干问题的解释》第三条第二款规定:"因用人单位以外的第三人侵权造成劳动者人身损害,赔偿权利人请求第三人承担民事赔偿责任的,人民法院应予支持。"这一规定从民事诉讼角度出发规定,不管受伤职工是否申请工伤保险待遇或者获得工伤保险待遇,其请求第三人承担民事赔偿责任的,人民法院应予支持。综合上述规定,这一围绕因第三人造成工伤的法律体系(包括《社会保险法》第四十二条和最高人民法院的两个司法解释有关规定),既在实体上承认了长期争论不休的有限"双赔",亦即除工伤医疗费用外,职工可以同时享受工伤保险待遇和民事侵权赔偿,又在程序上理顺了有关民事程序与行政诉讼的关系,允许工伤职工自行选择救济程序的顺序(包括同时寻求民事和行政救济),从而解决了长期困扰因第三人造成工伤的职工寻求救济的程序障碍。

——杨科雄:《解读〈关于审理工伤保险行政案件若干问题的规定〉》,载江必新主编:《解读最高人民法院司法解释、指导性案例 行政·国家赔偿卷》,人民法院出版社2016年版,第359~362页。

812. 因第三人造成工伤死亡的亲属在获得民事赔偿后还可以获得工伤保险补偿

关键词

第三人造成工伤死亡 民事赔偿 工伤保险补偿

最高人民法院答复

新疆维吾尔自治区高级人民法院生产建设兵团分院:

你院《关于因第三人造成工伤死亡的亲属在获得民事赔偿后是否还可以获得工伤保险补偿问题的请示报告》收悉。经研究,答复如下:

原则同意你院审判委员会的倾向性意见。即根据《中华人民共和国安全生产法》第48条以及最高人民法院《关于审理人身损害赔偿案件适用法律若干问题的解释》第12条的规定,因第三人造成工伤的职工或其近亲属,从第三人处获得民事赔偿后,可以按照《工伤保险条例》第37条的规定向工伤保险机构申请工伤保险待遇补偿。

此复

——《最高人民法院关于因第三人造成工伤死亡的亲属在获得民事赔偿后是否还可以获得工伤保险补偿问题的答复》(2006年12月28日,〔2006〕行他字第12号)。

附录:最高人民法院法官著述

最高人民法院《关于审理人身损害赔偿案件适用法律若干问题的解释》(以下简称《人身损害赔偿解释》)第3条第2款规定:"因用人单位以外的第三人侵权造成职工人身损害,赔偿权利人请求第三人承担民事赔偿责任的,人民法院应予支持。"《关于审理劳动争议案件适用法律若干问题的解释

（二）》（以下简称《劳动解释（二）》）①第6条规定："劳动者因为工伤、职业病，请求用人单位依法承担给予工伤保险待遇的争议，经劳动争议仲裁委员会仲裁后，当事人依法起诉的，人民法院应予受理。"最高人民法院有关负责人就《人身损害赔偿解释》答记者问时阐述："如果职工受工伤是第三人的侵权行为造成，因此，不能免除第三人民事赔偿责任。例如，职工因公出差遭遇交通事故，工伤职工虽然享有工伤保险待遇，但对交通肇事者负有责任的第三人仍应承担民事赔偿责任。"根据上述规定和有关负责人的解答，因第三人侵权行为导致工伤的，受害人有可能得到双份赔偿。也就是说，最高人民法院的司法解释认可受害人获得双份赔偿的原则。

人民法院在审理工伤保险行政案件中，需适用〔2006〕行他字第12号答复及相关司法解释时，应当注意以下三个问题：

1.《人身损害赔偿解释》施行以前，因用人单位以外的第三人造成职工工伤的有关赔偿问题，应当优先适用地方性法规或地方政府规章。

2. 除《工伤保险条例》规定几种不得认定或视同工伤的情形外，对工伤职工不能因其有过错而减少其工伤补偿金。工伤赔偿采取的是无过错责任，也就是说，无论受害人有无过错，只要因工伤造成损失，就应按照该损失的情况，依据有关规定的标准予以补偿。

3.〔2006〕行他字第12号答复及相关司法解释适用于因用人单位以外的第三人造成职工工伤的所有行政案件。用人单位以外的第三人侵权损害，最典型的就是交通事故。《道路交通安全法》亦明确规定，人民法院应当支持当事人的合法请求。但是，用人单位以外的第三人侵权损害，并非仅指交通事故这一类情况，亦包括其他情况，如某单位保安在维持商场秩序中被第三人打伤等情况。凡是属于用人单位以外的第三人侵权损害的工伤保险行政案件，均可以适用〔2006〕行他字第12号答复及相关的司法解释。

——蔡小雪：《因第三人造成工伤的职工或其亲属在获得民事赔偿后还可以获得工伤保险补偿》，载万鄂湘、张军主编，最高人民法院《最新法律文件解读丛书》编辑委员会编：《最新执行与司法程序法律文件解读》2007年第4辑（总第4辑），人民法院出版社2007年版，第205~206页。

---

① 本解释已被《最高人民法院关于废止部分司法解释及相关规范性文件的决定》（法释〔2020〕16号）废止。

813. 挂靠车辆实际所有人聘用的司机工作中伤亡应当适用《劳动法》和《工伤保险条例》的有关规定认定是否构成工伤

关键词

工伤认定　挂靠车辆　事实劳动关系

行政审判指导案例

淄博国林物流有限公司诉淄博市临淄区人力资源和社会保障局工伤行政确认案［行政审判指导案例第 116 号］

裁判要点：个人购买的车辆挂靠其他单位且以挂靠单位名义对外经营，其聘用的司机与挂靠单位之间的事实劳动关系存续期间，因车辆运营受到伤害的，应当适用《劳动法》和《工伤保险条例》的有关规定认定是否构成工伤。

——江必新主编、最高人民法院行政审判庭编：《中国行政审判案例》第 3 卷，中国法制出版社 2013 年版，第 181~182 页。

814. 建筑工程违法分包过程中招用劳动者的工伤认定

关键词

工伤认定　建筑工程违法分包　劳动关系

行政审判指导案例

张某兵与上海市松江区人力资源和社会保障局工伤认定上诉案［行政审判指导案例第 118 号］

裁判要点：建筑施工、矿山企业等用人单位将工程（业务）或经营权发包给不具备用工主体资格的组织或自然人，对该组织或自然人招用的劳动者，应认定其与具备用工主体资格的发包方具有劳动关系。劳动者受伤情形符合工伤认定规定范围的，应当认定为工伤。

根据劳社部发〔2005〕12号《劳动和社会保障部关于确立劳动关系有关事项的通知》第四条规定,建筑施工、矿山企业等用人单位将工程(业务)或经营权发包给不具备用工主体资格的组织或自然人,对该组织或自然人招用的劳动者,由具备用工主体资格的发包方承担用工主体责任。本案中,被上诉人南通六建公司作为建筑施工单位将油漆工程发包给无用工主体资格的自然人李某某,约定李某某所雇佣的人员应服从南通六建公司管理。后李某某又将部分油漆工程再发包给王某某,并由王某某招用了上诉人张某兵进行油漆施工。原审被告松江区人保局依据上述规定及事实认定上诉人与被上诉人具有劳动关系的理由成立,二审法院应予认可。

——江必新主编、最高人民法院行政审判庭编:《中国行政审判案例》第3卷,中国法制出版社2013年版,第192页。

815. 在是否可视为工作时间和工作地点不确定情况下,应重点考察是否属于工作原因

关键词

工伤认定　工作原因

行政审判指导案例

陈某菊与上海市松江区人力资源和社会保障局社会保障行政确认案〔行政审判指导案例第119号〕

裁判要点:工伤认定过程中,在是否可视为工作时间和工作地点不确定的情况下,应重点考察是否属于工作原因。

根据〔2010〕沪一中刑初字第15号刑事判决书查明的事实,陈某林的死亡既非工作时间前后在工作场所内,从事与工作有关的预备性或者收尾性工作受到事故伤害。陈某林在浴室洗澡被杀害不符合《工伤保险条例》第十四条应当认定为工伤或第十五条视同工伤中规定的情形。陈某菊就其诉称的事实在本案被诉工伤认定程序及本案一、二审审理中未提供任何充分有效的证据予以证实,故其请求缺乏事实根据和法律依据。

——江必新主编、最高人民法院行政审判庭编:《中国行政审判案例》第3卷,中国法制出版社2013年版,第197页。

816. 紧急情况下未经本单位负责人指定从事直接关系本单位重大利益的工作负伤、致残、死亡的应认定为工伤

关键词

紧急情况　本单位重大利益　工伤认定

最高人民法院裁判文书

刘某荣诉新疆维吾尔自治区乌鲁木齐市米东区人力资源和社会保障局再审案［最高人民法院（2011）行提字第15号行政判决书］

裁判要点：在紧急情况下，虽未经本单位负责人指定但从事直接关系本单位重大利益的工作负伤、致残、死亡的，应当认定为工伤。

最高人民法院认为：1996年《企业职工工伤保险试行办法》第八条第一项规定，从事本单位日常生产、工作或者本单位负责人临时指定的工作的，在紧急情况下，虽未经本单位负责人指定但从事直接关系本单位重大利益的工作负伤、致残、死亡的，应当认定为工伤。刘某荣作为米泉市铁厂沟镇第三煤矿副矿长，其基于煤矿正常生产的需要而与其他炮工一起在工人宿舍内将瞬发电雷管改制成延期电雷管，并因雷管爆炸而受伤，尽管其中不能排除具有避免工人因工作失误遭受处罚的因素，但该行为显然与本单位工作需要和利益具有直接关系，符合《企业职工工伤保险试行办法》第八条第一项规定的情形。公安部《关于对将瞬发电雷管改制为延期电雷管的行为如何定性的意见》（公治办〔2002〕867号）认为，雷管中含有猛炸药、起爆药等危险物质，在没有任何防护的条件下将瞬发电雷管改制为延期电雷管，属于严重违反国家有关安全规定和民爆器材产品质量技术性能规定的行为，不应定性为非法制造爆炸物品的行为。参照上述规定，本案刘某荣将瞬发电雷管改制成延期电雷管的行为，不属于《企业职工工伤保险试行办法》第九条第一项规定的"犯罪或违法"情形。原米泉市劳动局作出第24号《决定》的理由和依据，与本案事实和有关规定不符，本院不予支持。新疆维吾尔自治区高级人民法院〔2006〕新行再字第2号行政判决认定刘某荣改制雷管行为是为了避免工人因工作失误受到处罚，而不是为了企业的合法利益或重大利益，并据此判决维持昌吉回族自治州中级人民法院〔2002〕昌中行终字第32号行政判决，属于认定事实证据不足，适用法律不当，应予纠正。最高人民检察院抗诉理由成立，本院予以采纳。

——中国裁判文书网。

817. 非因工作原因对遇险者实施救助导致伤亡的情形是否认定工伤

关键词

非因工作原因　对遇险者实施救助　工伤认定

最高人民法院答复

江西省高级人民法院：

你院赣高法报〔2014〕5号《关于张某锋、王某姣诉信丰县人力资源和社会保障局劳动与社会保障行政确认的请示》收悉，经研究，答复如下：

非因工作原因对遇险者实施救助导致伤亡的，如未经有关部门认定为见义勇为，似不属于《工伤保险条例》第十五条第一款第（二）项规定的视同工伤情形。考虑到请示所涉案件中张某春舍身救人的行为值得提倡，建议你院与下级法院协调当地有关部门，尽可能通过其他方式做好相关安抚工作，以妥善化解争议。

——《最高人民法院关于非因工作原因对遇险者实施救助导致伤亡的情形是否认定工伤问题的答复》(2014年7月3日，〔2014〕行他字第2号)。

818. 用人单位在行政诉讼程序中提供证据的效力认定

关键词

用人单位　举证责任　工伤认定

最高人民法院答复

山东省高级人民法院：

你院《关于于某柱诉临清市劳动和社会保障局劳动保障行政确认一案如何适用〈工伤保险条例〉第十四条第（五）项的请示》收悉。经研究，答复如下：

原则同意你院的第一种意见。即职工因公外出期间死因不明，用人单位或者社会保障部门提供的证据不能排除非工作原因导致死亡的，应当依据《工伤保险条例》第十四条第（五）项和第十九条第二款的规定，认定为工伤。

此复

——《最高人民法院关于职工因公外出期间死因不明应否认定工伤的答复》(2011年7月6日,〔2010〕行他字第236号)。

最高人民法院公报案例

松业石料厂诉荥阳市劳保局工伤认定案［河南省郑州市中级人民法院］

裁判摘要：根据最高人民法院《关于行政诉讼证据若干问题的规定》第59条，劳动保障部门受理工伤认定申请后，依照法定程序要求用人单位在规定时间内提供相关证据，用人单位无正当理由拒不向行政机关提供证据，事后在行政诉讼程序中向人民法院提供的，人民法院不予采纳。

上诉人松业石料厂未在行政程序中提交而在诉讼程序中提交的四个证据，被上诉人荥阳市劳保局和第三人李某波在一审质证时均持异议。在决定取舍这样的证据时，司法解释既然规定"一般不予采纳"而不是"一律不予采纳"，就不能只从形式上看该证据是何时提交的，还应当从内容上看采纳该证据是否有利于人民法院查明案情。这四个证据是：（1）2004年5月13日以崔庙卫生院眼科医师陈某转名义出具的诊断证明书，所证内容是2003年5月14日一名普通患者在该院的就诊情况。2003年5月26日，崔庙卫生院曾以同一个医师的名义，为李某波出具过一份《诊断证明书》，其上记载的患者主诉是右眼被石子碰伤一天余伴视物不清；医师诊断结果是右眼外伤、右眼角膜溃疡。2004年5月13日又出具的这份诊断证明书，把李某波的就诊时间从2003年5月26日提前到2003年5月14日，把对李某波的诊断结果从右眼外伤、右眼角膜溃疡改变为角膜溃疡。由于这份诊断证明书上既没有患者主诉也没有医师检查所见，从字面上无法得知患者是哪只眼角膜溃疡，因何溃疡。崔庙卫生院何以在一年后出具这样一份残缺不全的诊断证明书？该诊断证明书既然能对一年前的患者姓名、准确就医时间以及诊断结果记录得如此清晰，却为什么说不出患者是哪只眼有病？如果崔庙卫生院是靠该院病案记载内容出具这份诊断证明书的，为什么不能将病案记载内容直接作为证据提供？如果2004年5月13日的这份诊断证明书反映的是事实真相，那么崔庙卫生院对2003年5月26日出具的那份《诊断证明书》，又该作何解释？这些疑点，出具该证据的崔庙卫生院和提供该证据的松业石料厂有义务说明。（2）松业石料厂2003年5月份的记工表。该证据出自松业石料厂，是记工员一人在笔记本上书写的，极易伪造，如无其他证据印证，则不具有证明力。（3）2004年9月3日原告的委托代理人对李某亮的调查笔录一份。在这份笔录中,李某亮说:他不识字,只是在人家写好的内容上签名捺了指印;2003年5月21日他不上班,不知道李某波崩着眼的事,也没有听说李某波去医院看眼睛。对与工伤认定有利害关系的李某波来说,李某亮的这一理由,足以推翻李某亮在先给其出具的证言。然而,荥阳市劳保局工作人员与工伤认定无任何利害关系;在荥阳市劳保局工作人员向李某亮调查时,李某亮所述内容仍与其给李某波出具证言的内容一致,已经被荥阳市劳保局工作人员记录在案。李某亮翻证后的证言,不足采信。(4)2004年9月3日原告的委托代理人对李某木的调查笔录一份。在这份笔录中,李某木说道:他们在一起干活时的距离很近,如果有人崩着眼,别人应该知道,就是当场没看见,也会听他说一声;而李某木说他既看到李某波眼睛红,也听到李某波说过是崩着眼了。该证言不能否定李某波在工作时眼睛受伤的事实。再者,从四个证据的内容分析,这四个证据完全能在行政机关调查工伤情况时形成,松业石料厂当时如果持有这四个证据,完全有条件向行政机关提供。松业石料厂不在《工伤认定协助调查通知书》指定的期间内向行政机关提交这些证据,确实违背了《行政诉讼证据规定》第59条的规定。一审在这些证据受到对方当事人质疑的情况下,根据《行政诉讼证据规定》第59条的规定,决定不采纳松业石料厂提供的有疑问证据,是正确的。

——《最高人民法院公报》2005年第7期(总第105期)。

附录:最高人民法院法官著述

人民法院在审理工伤认定行政案件中,对举证责任和认定证据方面需要注意以下几个问题:

(一)关于用人单位在诉讼中提供证据的问题

根据《工伤保险条例》第十九条第二款的规定,用人单位在行政程序中负有举证责任。如果用人单位在行政程序中未提供证据,能否在诉讼中提供?对此问题我们不能简单地说可以或者不可以,而是要根据不同的情况作出处理。根据《最高人民法院关于行政诉讼证据若干问题的规定》第五十九条的规定,原告在诉讼程序中提供的证据,人民法院不予采纳必须同时具备以下三个条件:第一,被告必须在行政程序中依照法定程序要求原告提供证据。如果被告在行政程序中,未要求原告提供证据,原告就没有义务在行政程序中向被告提供证据。在这种情况下,原告仍可以在诉讼中提供证据。第二,原告应当依法按照被告的要求向被告提供证据。如果法律、法规未规定在行政程序中原告应当提供证据,原告也就在行政程序中无提供证据的义务,此种情况,原告在诉讼中仍可以提供证据。第三,原告在行政程序中拒绝提供证据。这是适用该条的重要条件,因原告负有提供证据的义务而拒绝履行提供证据的义务,必须由其承担相应的法律责任。如果原告有正当理由,在行政程序中未依法取得或者未提供的证据，诉讼中仍可以向法庭提供。在行政诉讼中，用人单位可能是原告，也可能是第三人，因行政诉讼中原告与第三人均是与被诉具体行政行为之间具有法律上的利害关系，所不同的，仅仅是一方提起了诉讼，另一方未提起诉讼，其诉讼权利基本相同。也就是说，无论用人单位是原告，还是第三人，该条的规定对其均可以适用。据此，人民法院对用人单位在诉讼中提供证据，应当对照着三个条件进行审查，都符合应当不予接纳；不符合其中任何一个条件的，均应当予以接纳。此外，在职工外出或者上下班途中发生事故的，用人单位因其自身能力在行政程序中未取得的证据，可以在诉讼中申请法院调取。

（二）关于行政机关的法律文书的证明效力问题

职工外出期间或者上下班途中发生事故，根据我国的法律、法规的规定，一般由行政机关或者法律法规授权的组织进行处理并出具相关的法律文书，如公安机关出具的交通事故、火灾事故认定书，铁路机构出具的事故调查报告等等。根据《最高人民法院关于行政诉讼证据若干问题的规定》第六十八条第四项的规定，这类证据属于司法认识的证据，法庭可以直接认定，但是当事人有相反证据足以推翻的除外。

——蔡小雪：《职工因公外出期间死因不明的能否认定为工伤》，载江必新主编、最高人民法院行政审判庭编：《行政执法与行政审判》2011年第4集（总第48集），中国法制出版社2011年版，第42~43页。

819. 下岗、待岗职工发生工伤，用人单位应当承担工伤保险责任

关键词

下岗、待岗职工　工伤认定

最高人民法院公报案例

北京国玉大酒店有限公司诉北京市朝阳区劳动和社会保障局工伤认定行政纠纷案［北京市第二中级人民法院］

裁判摘要：根据劳动和社会保障部《关于实施〈工伤保险条例〉若干问题的意见》第1条规定："职工在两个或两个以上用人单位同时就业的，各用人单位应当分别为职工缴纳工伤保险费。职工发生工伤，由职工受到伤害时其工作的单位依法承担工伤保险责任。"下岗、待岗职工到其他单位工作的，该单位应当为其缴纳工伤保险费，职工在该单位发生工伤的，依法为其承担工伤保险责任。

劳动和社会保障部《关于实施〈工伤保险条例〉若干问题的意见》(劳社部函〔2004〕256号)第1条规定:"职工在两个或两个以上用人单位同时就业的,各用人单位应当分别为职工缴纳工作保险费。职工发生工伤,由职工受到伤害时其工作的单位依法承担工伤保险责任。"根据该规定,下岗、待岗职工又到其他单位工作的,该单位也应当为该职工缴纳工伤保险费;下岗、待岗职工在其他单位工作时发生工伤的,该单位应依法承担工伤保险责任。本案中,陈某东从馄饨侯公司下岗后,到上诉人国玉酒店公司担任停车场管理员,并与该公司签订了劳动协议。陈某东作为劳动者,国玉酒店公司作为用人单位,双方的劳动关系清楚。因此,国玉酒店公司应依法承担工伤保险责任。据此,被上诉人朝阳区劳动局作出的涉案工伤认定当然与国玉酒店公司有关。国玉酒店公司未给陈某东缴纳工伤保险费已违反了相关规定,又以陈某东系馄饨侯公司下岗职工,其工伤保险费由原单位馄饨侯公司缴纳为由,主张涉案工伤认定与其无关,意图逃避应负的工伤保险责任,其该项上述理由没有法律依据,不能成立。

——《最高人民法院公报》2008年第9期(总第143期)。

820. 国家机关临时聘用人员工作期间死亡应参照《工伤保险条例》认定是否属于工伤、确定工伤待遇的标准

关键词

国家机关聘用人员　工伤认定

最高人民法院答复

黑龙江省高级人民法院:

你院《关于国家机关聘用人员工作期间死亡如何适用法律的请示》收悉。经研究答复如下:

根据《劳动法》第2条、第73条和《工伤保险条例》第62条的规定,鹤岗市公安局东山分局东方红派出所临时聘用、未参加工伤保险、不是正式干警的司机王某在单位突发疾病死亡,应由鹤岗市劳动和社会保障局参照《工伤保险条例》认定是否属于工伤、确定工伤待遇的标准。有关工伤待遇费用由聘用机关支付。

——《最高人民法院行政审判庭关于国家机关聘用人员工作期间死亡如何适用法律请示的答复》(2009年5月19日,〔2009〕行他字第2号)。

附录：最高人民法院法官著述

人民法院审理有关工伤保险行政案件在适用〔2009〕行他字第2号答复时，应当注意以下几个问题：

（一）注意有关规章的出台

根据《工伤保险条例》第62条的规定，有关国务院部门正在制定有关国家机关、事业单位、社会团体聘用人员（非公务员）工伤保险方面的规章，因此，在这类规章未出台之前，对国家机关、事业单位、社会团体聘用人员有关工伤保险的问题，参照《工伤保险条例》的有关规定处理，一旦有关规章出台后，这类案件就应适用有关规章的规定进行处理。

（二）需要查清聘用单位是否缴纳工伤保险金

国家机关的聘用人员如果机关为其缴纳了社会保险金，有关工伤保险金待遇一般由工伤保险基金支付；未缴纳工伤保险金的，工伤待遇由聘用机关支付。

（三）关于事业单位、社会团体工作人员的工伤保险问题

根据《公务员法》及有关行政法规、规章的规定，事业单位和社会团体中的工作人员有两类，一类是实行或者参照公务员进行管理的人员。这类人员因工作原因伤亡的，应当按照《公务员法》的有关规定处理。另一类不实行或者不参照公务员进行管理的人员。这类人员因工作原因伤亡的，在新的规定未出台之前，亦应参照此答复处理。

——蔡小雪：《国家机关聘用人员工作期间死亡应参照〈工伤保险条例〉的规定认定工伤》，载江必新主编：《行政法律文件解读》2009年第7辑（总第55辑），人民法院出版社2009年版，第87~90页。

821. "尚未完成工伤认定的情形"的认定

关键词

尚未完成工伤认定　《工伤保险条例》第64条

最高人民法院答复

江西省高级人民法院：

你院《关于国务院〈工伤保险条例〉第64条的理解和适用问题的请示》收悉。经研究，答复如下：

原则同意你院第一种意见。即，企业职工因工伤害发生在《企业职工工伤保险试行办法》施行之前，当时有关单位已按照有关政策作出处理的，不

属于《工伤保险条例》第 64 条规定的"尚未完成工伤认定的情形"。

——《最高人民法院行政审判庭关于〈工伤保险条例〉第 64 条理解和适用问题请示的答复》(2009 年 6 月 10 日,〔2009〕行他字第 5 号)。

最高人民法院公报案例

铃王公司诉无锡市劳动局工作认定决定行政纠纷案 [江苏省无锡市中级人民法院]

裁判摘要:在《工伤保险条例》施行前作出的工伤认定被人民法院撤销,在《工伤保险条例》施行后又重新启动的工伤认定程序,应当执行《工伤保险条例》的规定。

一、2003 年 4 月 27 日,国务院以第 375 号令公布了《工伤保险条例》,其中第 64 条规定:"本条例自 2004 年 1 月 1 日起施行。本条例施行前已受到事故伤害或者患职业病的职工尚未完成工伤认定的,按照本条例的规定执行。"第三人郭某军虽于 2000 年 2 月 14 日受伤,受伤后虽经被告无锡市劳动局的两次工伤认定,但至《工伤保险条例》施行之日,没有取得过发生法律效力的工伤认定决定,因此对郭某军所受事故伤害的工伤认定尚未完成。依照《工伤保险条例》第 64 条规定,在对郭某军所受事故伤害重新启动的工伤认定程序中,应当按照《工伤保险条例》的规定执行。原告铃王公司关于本次工伤认定程序是前两次工伤认定程序的延续,《工伤保险条例》对本案不能适用的意见,与法相悖,不予采纳。

——《最高人民法院公报》2007 年第 1 期(总第 123 期)。

附录:最高人民法院法官著述

国务院 2003 年 4 月 27 日颁布的《工伤保险条例》第 64 条规定:"本条例自 2004 年 1 月 1 日起施行。本条例施行前已受到事故伤害或者患职业病的职工尚未完成工伤认定的,按照本条例的规定执行。"该条第二句话,是指受到事故伤害的职工已经按照《企业职工工伤保险试行办法》的规定向当地劳动行政部门提出了工伤认定申请,劳动行政部门尚未作出工伤认定决定的情形,应当按照《工伤保险条例》的规定认定是否构成工伤;属于工伤的,按照《工伤保险条例》规定的保险待遇执行。

据此,最高人民法院行政审判庭于 2009 年 6 月 10 日作出〔2009〕行他字第 5 号《关于〈工伤保险条例〉第 64 条理解和适用问题请示的答复》中明确指出,企业职工因工伤害发生在《企业职工工伤保险试行办法》施行之前,当时有关单位已按照有关政策作出处理的,不属于《工伤保险条例》第 64 条规定的"尚未完成工伤认定的情形"。

——蔡小雪：《关于〈工伤保险条例〉第64条理解和适用》，载江必新主编：《行政法律文件解读》2009年第10辑（总第58辑），人民法院出版社2009年版，第93~95页。

822. 劳动行政部门在工伤认定程序中具有确认劳动关系的职权

关键词

劳动行政部门　工伤认定　确认劳动关系

最高人民法院答复

湖北省高级人民法院：

你院《关于劳动行政部门在工伤认定程序中是否具有劳动关系确认权的请示》收悉。经研究，答复如下：

根据《劳动法》第9条和《工伤保险条例》第5条、第18条的规定，劳动行政部门在工伤认定程序中，具有认定受到伤害的职工与企业之间是否存在劳动关系的职权。

——《最高人民法院行政审判庭关于劳动行政部门在工伤认定程序中是否具有劳动关系确认权请示的答复》（2009年7月20日，〔2009〕行他字第12号）。

附录：最高人民法院法官著述

人民法院审理有关工伤认定的行政案件，在适用〔2009〕行他字第12号答复时，需要注意以下两个问题：

（一）关于劳动行政部门确认劳动关系的职权范围问题

《劳动法》第9条和《工伤保险条例》第5条、第18条仅仅授权劳动行政部门在工伤认定程序中，具有认定受到伤害的职工与企业之间是否存在劳动关系的职权。根据职权法定的原则，劳动行政部门对不在工伤认定程序中，劳动者与用人单位的劳动争议，不具有确认劳动关系的职权。

（二）关于行政诉讼与劳动仲裁、民事诉讼的交叉处理问题

人民法院在审理工伤认定行政案件中，原告或者第三人已经就有关受到伤害的职工与企业之间是否存在劳动关系的问题，向劳动争议仲裁委员会申请仲裁的，因法院的裁判属于最终裁判，此时，法院应当通知仲裁机构中止仲裁，等到法院的裁判发生法律效力后，再恢复审理。

人民法院在审理工伤认定行政案件中，原告或者第三人已经就有关受到

伤害的职工与企业之间是否存在劳动关系的问题，向人民法院提起民事诉讼的，因有关劳动关系问题属于平等主体之间的民事纠纷，因此，应当中止行政诉讼的审理，等到法院作出的民事判决发生法律效力以后，再恢复行政案件的审理。法院在审理时，发生法律效力的民事判决认定的事实一般应当作为行政判决认定事实的依据。但是，如果在审理中发现民事裁判文书认定的事实有重大问题的，应当根据《最高人民法院关于行政诉讼证据若干问题的规定》第70条的规定，中止诉讼，通过法院程序予以纠正后恢复诉讼。

——蔡小雪：《劳动行政部门在工伤认定程序中具有劳动关系的确认职权》，载江必新主编：《行政法律文件解读》2009年第8辑（总第56辑），人民法院出版社2009年版，第91~95页。

823. 工伤认定申请的法定期限

关键词

工伤认定　法定期限

最高人民法院司法解释

第七条　由于不属于职工或者其近亲属自身原因超过工伤认定申请期限的，被耽误的时间不计算在工伤认定申请期限内。

有下列情形之一耽误申请时间的，应当认定为不属于职工或者其近亲属自身原因：

（一）不可抗力；

（二）人身自由受到限制；

（三）属于用人单位原因；

（四）社会保险行政部门登记制度不完善；

（五）当事人对是否存在劳动关系申请仲裁、提起民事诉讼。

——《最高人民法院关于审理工伤保险行政案件若干问题的规定》（2014年6月18日，法释〔2014〕9号）。

附录：最高人民法院法官著述

依据《工伤保险条例》和《工伤认定办法》规定，用人单位工伤认定申请法定期限遇有特殊情况，经报社会保险行政部门同意，申请时限可以适当延长，而工伤职工或者其近亲属的一年工伤认定申请法定期限是否可以适当延长则没有明确规定。对此，有不同意见：第一种意见认为，《工伤保险条例》第十七条第二款规定的是除斥期间，不能延长；第二种意见认为，应不属于除斥期间，可以适当延长；第三种意见认为，应不属于除斥期间，但不要用延长的方式，最合理的是采用起算点的重新确定方式。可以借鉴民事诉讼中诉讼时效的有关规定，起算点从申请人知道或应当知道该项权利时开始起算。也就是，可以申请延长，具体是否延长，由社会保险行政部门根据具体情况确定。笔者认为，一方面，工伤认定的申请时限依法可以延长甚至中止或者中断。理由如下：一是《工伤保险条例》第十七条第二款并未规定工伤职工或者其近亲属工伤认定申请期限为除斥期间，不排除延长甚至中止或者中断；二是国务院法制办（国法秘函〔2005〕39号）对《关于对〈工伤保险条例〉第十七条、第六十四条关于工伤认定申请时限问题的请示》的复函亦明确"申请工伤认定时限应扣除因不可抗力耽误的时间"，这也说明工伤职工或者其近亲属工伤认定申请期限不为除斥期间，可以延长甚至中止或者中断。三是将工伤职工或者其近亲属工伤认定申请期限理解为除斥期间，则用人单位的工伤认定申请期限可以延长而工伤职工或者其近亲属工伤认定申请期限不能延长而违背平等原则，即使考虑到因为双方的实际地位和能力不同而工伤职工或者其近亲属工伤认定申请期限长于用人单位的，也因为无法排除类似不可抗力的原因导致工伤职工或者其近亲属无法在申请期限内行使权利的情况。综上，受伤职工或者其近亲属、工会组织工伤认定申请期限依法可以延长，甚至中止或者中断。

那么，受伤职工或者其近亲属、工会组织工伤认定申请期限具备哪些正当理由依法可以延长，甚至中止或者中断。《最高人民法院关于执行〈中华人民共和国行政诉讼法〉若干问题的解释》（以下简称《若干解释》）第四十三条①规定："由于不属于起诉人自身的原因超过起诉期限的，被耽误的时间不计算在起诉期间内。因人身自由受到限制而不能提起诉讼的，被限制人身自由的时间不计算在起诉期间内。"参考该条规定，将工伤认定申请期限延长的正当理由规定为"不可归责于当事人的原因"。故《最高人民法院关于审理工伤保险行政案件若干问题的规定》（以下简称《规定》）第七条第一款规定："由于不属于职工或者其近亲属自身原因超过工伤认定申请期限的，被耽误的时间不计算在工伤认定申请期限内。"一般来说，这里所说的"不可归责于当事人的原因"主要包括客观原因和社会保险行政部门、用人单位等不当致使受伤职工或者其近亲属耽误工伤认定申请这两种情形。为了明确具体情形，《规定》第七条第二款规定："有下列情形之一耽误申请时间的，应当认定为不属于职工或者其近亲属自身原因：（一）不可抗力；（二）人身自由受到限制；（三）属于用人单位原因；（四）社会保险行政部门登记制度不完善；

---

① 本条规定已被《最高人民法院关于适用〈中华人民共和国行政诉讼法〉的解释》（法释〔2018〕1号）废止。

（五）当事人对是否存在劳动关系申请仲裁、提起民事诉讼。"具体而言：

一是因不可抗力或者人身自由受到限制而耽误工伤认定申请的。受伤职工或者其近亲属因不可抗力而耽误工伤认定申请的，应当将耽误期限予以扣除，否则对受伤职工或者其近亲属不公平。国务院法制办（国法秘函〔2005〕39号）对《关于对〈工伤保险条例〉第十七条、第六十四条关于工伤认定申请时限问题的请示》的复函也指出"申请工伤认定时限应扣除因不可抗力耽误的时间"；《若干解释》第四十三条规定：因人身自由受到限制而不能提起诉讼的，被限制人身自由的时间不计算在起诉期间内。因此，因人身自由受到限制而不能提起工伤认定申请的期限亦应当予以扣除。

二是因属于用人单位原因而耽误工伤认定申请的。实践中，包括以下情形：（1）有不少职工工伤意识不强，一些用人单位有意欺骗受伤职工或者其近亲属，虽也给予受伤职工必要的治疗和支付一定的待遇，一旦超过法定申请期限，就撒手不管。（2）用人单位借故与职工协商申请工伤认定事宜，一旦超过法定申请期限，就不再协商。（3）用人单位在与职工协商过程中同意申请工伤认定，但一直拖延申请，导致职工超过申请期限的。这些情形下一般用人单位大多未缴纳工伤保险费用。因此，在理解工伤认定申请期限的问题上，要考虑到职工实际所处的弱势地位，对其申请权利进行充分保障，因属于用人单位原因而耽误工伤认定申请期限的，耽误的期限依法应当予以扣除。

三是因社会保险行政部门登记制度不完善而耽误工伤认定申请的。由于社会保险行政部门登记制度不完善，工伤申请人已申请工伤认定却无从查证，申请人有证据证明是因社会保险行政部门登记制度不完善导致的，被耽误的时间可以扣除或者中断计算。

四是因双方当事人对是否存在劳动关系发生争议而申请仲裁、提起民事诉讼而耽误工伤认定申请的。申请人申请劳动仲裁、提起民事诉讼程序确认劳动关系，是否属于申请期限的中断或者中止的事由？一种意见认为，不是中断或者中止事由。申请人应先提出工伤认定申请，再通过民事诉讼或劳动仲裁确认劳动关系。因为提起仲裁、民事诉讼，并不影响同时申请工伤认定，在社会保险行政部门受理申请人申请后，会要求其提供劳动关系的相关证据，申请人可以以正在仲裁或诉讼的理由要求延长举证期限。另外，有人进一步认为，不应将其视为申请期限的中断或者中止事由的理由为：工伤补偿一定要及时，补偿及时到位，可以使职工得到更多的生存、康复的机会，可以避免职工及其家属的生活陷入困境。如果认可中断事由，这实际上就大大推迟了职工得到工伤补偿的时间。况且，工伤认定部门同样具备对劳动关系存在与否的认定能力，在工伤认定过程中，对劳动关系存在与否有争议，没有必要通过劳动仲裁来解决。综上，不应将双方当事人对是否存在劳动关系发生争议而申请仲裁、提起诉讼视为申请期限的中断或者中止事由。另一种意见认为，应该属于工伤认定申请期限中断或者中止的法定事由。用人单位和劳动者之间存在劳动关系，是受伤职工认定为工伤的前提条件之一。因为工伤认定是以确认劳动关系为基础的，劳动关系不存在也就不可能认定工伤了。双方当事人因是否存在劳动关系发生争议而申请仲裁、提起民事诉讼而耽误的时间应当依法予以中断或者扣除，否则受伤职工或者其近亲属无法在申请工伤时提供《工伤保险条例》第十八条第一款第二项规定的"与用人单位存在劳动关系（包括事实劳动关系）的证明材料"。我们认为，如果没有《民事诉讼法》等法律规定"申请仲裁、提起民事诉讼"，社会保险行政部门在行使工伤认定职权中独自对劳动关系进行判断是最为理想的，也可以大大缩短职工得到工伤补偿的时间。不过，由于《民事诉讼法》等法律明确规定对劳动关系可以申请仲裁、提起民事诉讼，工伤申请人可以在法定工伤认定申请期限内对劳动关系申请仲裁、提起民事诉讼。因此，由此耽误的期限依法应当中断或者中止。如《四川省高级人民法院关于审理工伤认定行政案件若干问题的意见》第十二条规定："有下列情形之一的，人民法院应当认定劳动保障行政部门作出不予受理工伤认定申请的决定证据不足，适用法规错误：……（三）受伤害职工在工伤认定申请期限内向劳动和社会保障行政部门提出了工伤认定申请，但因劳动关系争议而申请仲裁或提起诉讼，致使其在劳动关系确认后再次提出工伤认定申请逾期的。"

另外，如果已经进入工伤认定行政程序，双方当事人对是否存在劳动关系发生争议而申请仲裁或者提起民事诉讼的，其耽误的时间是否计入工伤认定时间？笔者认为，社会保险行政部门在行使工伤认定职权中有权对劳动关系进行判断，这意味着其排除了当事人申请仲裁或者提起民事诉讼的权利。因此，原则上不应该存在这个问题。但是由于实践中对这个问题认识不一致，有些案件在已经进入工伤认定行政程序的情况下，双方当事人对是否存在劳动关系发生争议而申请仲裁或者提起民事诉讼的，那么，可以将耽误时间进行中断或者中止计算。如《北京市高级人民法院关于审理工伤认定行政案件若干问题的意见（试行）》第五条规定："工伤认定行政程序中，因双方当事人对是否存在劳动关系发生争议而申请仲裁提起诉讼的，该仲裁、诉讼的时间不计入工伤认定的期间。"

五是因其他正当理由超过法定申请期限的。这属于兜底条款。在实践中还可以包括以下情形：（1）职工因其他客观原因无法申请工伤认定的，如遭遇意外伤害丧失行为能力，又无法找到近亲属的，或者近亲属死亡等。这属于不可归责受伤职工原因，依法应将耽误的时间予以扣除。（2）社会保险行政部门同意延长申请时限的。社会保险行政部门不管基于什么理由同意延长申请时限的，均属于不可归责受伤职工原因，依法应将耽误的时间予以扣除。

（3）《规定》第七条第二款对另一种情形未作规定：社会保险行政部门要求申请人补正申请材料而耽误工伤认定申请的。《工伤保险条例》第十八条规定："提出工伤认定申请应当提交下列材料：（一）工伤认定申请表；（二）与用人单位存在劳动关系（包括事实劳动关系）的证明材料；（三）医疗诊断证明或者职业病诊断证明书（或者职业病诊断鉴定书）。工伤认定申请表应当包括事故发生的时间、地点、原因以及职工伤害程度等基本情况。工伤认定申请人提供材料不完整的，社会保险行政部门应当一次性书面告知工伤认定申请人需要补正的全部材料。申请人按照书面告知要求补正材料后，社会保险行政部门应当受理。"依据这一规定，一方面，社会保险行政部门违反上述规定要求补正申请材料而耽误工伤认定申请的，耽误的时间应当扣除或者中断；另一方面，即使是合法要求补正申请材料而耽误时间也要扣除。如《北京市高级人民法院关于审理工伤认定行政案件若干问题的意见（试行）》第五条第一款规定："劳动保障部门要求工伤认定申请人补正申请材料的时间不计算在工伤认定申请的期间内，待补正材料时间届满后继续计算。"（4）职工所受伤害在事故发生时未发现但能够证明是由事故所造成的，从伤害确诊之日起未超过法定申请期限的。新旧《工伤保险条例》及相应的《工伤认定办法》规定，应当自事故伤害发生之日或者被诊断、鉴定为职业病之日起算。《工伤保险条例》第十七条第二款规定"事故伤害发生之日"作为申请工伤认定的起算点。但是，在实践中，对"事故伤害发生之日"存在不同理解。一种意见认为其指的是"事故发生之日"；另一种意见则认为"事故伤害发生之日"是指"事故伤害结果发生或者发现之日"。笔者认为，"伤害"是基于工伤事故而发生的，伤害结果与工伤事故之间存在因果关系。一般来说，工伤事故发生时，伤害结果也随之发生，但也存在一些例外：工伤事故发生后，伤害后果尚未发生。在这种情况下，工伤认定申请主体无法预知是否会产生伤害后果、会产生什么样的伤害后果，也无法预知伤害后果会引发什么样的损失，当然也就无从提出工伤认定申请。也就是说，"事故伤害发生之日"和"工伤事故发生之日"是不同的。据此理解，"事故伤害发生之日"主要指的是事故伤害发生且伤害结果发生或者发现之日，而不是事故发生之日。为了更客观地确定"事故伤害结果发生或者发现之日"，可以将其表述为"伤害确诊之日"。因此，职工所受伤害在事故发生时未发现但能够证明是由事故所造成的，从伤害确诊之日起未超过法定申请期限的，社会保险行政部门依法不得以超过法定期限为由不予受理。

——杨科雄：《解读〈关于审理工伤保险行政案件若干问题的规定〉》，载江必新主编：《解读最高人民法院司法解释、指导性案例　行政·国家赔偿卷》，人民法院出版社2016年版，第355~359页。

824. 以死亡宣告之日为工伤认定申请起算点

关键词

工伤认定　死亡宣告之日

附录：最高人民法院法官著述

2000年6月30日晚约10时，某企业司机驾车外出，后人车均无踪迹，经公安部门立案侦查，在各大媒体上发布寻人启事寻找仍无踪迹。2006年7月13日，法院民事判决宣告失踪司机死亡。该司机家属于2007年7月12日向劳动保障部门申请工伤认定，劳动保障部门以该申请已超过受理时限为由，依据《工伤保险条例》第17条和第64条有关规定作出不予受理工伤认定申请决定书，该家属不服申请行政复议。

本案的关键点在于工伤认定申请的起算点是法院宣告死亡之日还是当事人失踪之日。根据《最高人民法院关于贯彻执行〈中华人民共和国民法通则〉若干问题的意见（试行）》[①]第35条关于"被宣告死亡的人，宣告判决之日为其死亡的日期。判决书除发给申请人外，还应当在被宣告死亡人的住所地和人民法院所在地公告"的规定，2006年7月13日法院民事判决宣告失踪司机死亡，该日期为失踪司机的死亡日期。根据《工伤保险条例》第17条第2款关于"用人单位未按前款规定提出工伤认定申请的，工伤职工或者其直系亲属、工会组织在事故伤害发生之日或者被诊断、鉴定为职业病之日起1年内，可以直接向用人单位所在地统筹地区劳动保障行政部门提出工伤认定申请"的规定，司机家属于2007年7月12日向劳动保障部门申请工伤认定，没有超过受理时限1年的期限。

本案涉及的另一法律适用问题为对《工伤保险条例》第64条关于"本条例自2004年1月1日起施行。本条例施行前已受到事故伤害或者患职业病的职工尚未完成工伤认定的，按照本条例的规定执行"规定的理解问题。一般法律适用规则为法不溯及既往原则，《工伤保险条例》自2004年1月1日实施，对以往的工伤认定不溯及既往；但由于该条例的宗旨为保护劳动者合法权益，职工利益优先，如果溯及既往更有利于保护劳动者合法权益，遵循法不溯及既往原则的例外规则——从新从优法律适用规则，故规定条例施行前已受到事故伤害或者患职业病的职工尚未完成工伤认定的，按照本条例的规

[①] 本解释已被《最高人民法院关于废止2007年底以前发布的有关司法解释（第七批）的决定》（法释〔2008〕15号）废止。

定执行。本案发生于 2000 年 6 月 30 日条例生效之前，但从法院宣告死亡之日 2006 年 7 月 13 日起尚未完成工伤认定，故仍应适用条例的有关规定进行工伤认定。

——杨临萍：《社会法理念下的工伤保险行政案件司法审查》，载江必新主编、最高人民法院行政审判庭编：《行政执法与行政审判》2008 年第 2 集（总第 28 集），人民法院出版社 2008 年版，第 245~246 页。

825. 职工在厂区内跌倒受伤，在无相反证据证明职工从事与工作无关的事务情况下，应认定为工伤

关键词

工伤认定

最高人民法院公报案例

铃王公司诉无锡市劳动局工作认定决定行政纠纷案［江苏省无锡市中级人民法院］

裁判摘要：职工在厂区内跌倒受伤，在无相反证据证明职工从事与工作无关的事务情况下，应认定为工伤。人民法院在行政诉讼中的任务，是审查被诉具体行政行为的合法性。人民法院只有了解被诉具体行政行为所以作出的事实和证据，才可能对被诉具体行政行为是否合法作出正确评价。

一、2000 年 6 月 7 日，吴某到无锡市总工会陈述了第三人郭某军所受伤害的事实，咨询对此事的处理意见，无锡市总工会留下记录。无锡市总工会记录吴某陈述的事实内容，与郭某军在被上诉人无锡市劳动局向其调查时陈述的事实基本一致。无锡市劳动局对郭某军提供的主要证人都进行过调查，各证人对郭某军受伤害经过所作证言虽然存在着矛盾，但仍有部分证人的证言与吴某、郭某军陈述的事实相符。吴某是上诉人铃王公司的工会主席，没有证据证明吴某是代表郭某新前往无锡市总工会陈述事实、咨询意见，也没有证据证明吴某在无锡市总工会陈述的事实受到了郭某军或者郭某新事前陈述的影响。综合考虑吴某的工会主席身份、受咨询机关的性质和吴某的陈述内容，应当认定：吴某是为维护职工利益，才以铃王公司工会主席身份，前往无锡市总工会咨询对郭某军所受伤害的处理意见。故无锡市总工会对吴某陈述事实所作的咨询记录具有真实性，应当确认为证据。

二、第三人郭某军受伤后,对郭某军的伤情是否构成工伤,被上诉人无锡市劳动局曾先后作出过三个工伤认定,这三个工伤认定,都经过一审法院的行政诉讼程序。人民法院在行政诉讼中的任务,是审查被诉具体行政行为的合法性。在本案中,即是审查0491号工伤认定书的合法性。一审法院只有通过了解郭某军受伤的事实以及确认此事实的证据,才能对0491号工伤认定书是否合法作出评价。郭某军受伤的事实以及确认此事实的证据虽然在前后三个行政诉讼中没有变化,但是最后一个被诉具体行政行为(即工伤认定行为)的内容发生了变化,因此,一审相应地对被诉具体行政行为的合法性作出不同评价。上诉人铃王公司以一审对同样事实、同样证据作出不同判决为由,认为一审判决错误,该上诉理由不能成立。

综上所述,鉴于上诉人铃王公司没有证据证明在工作时间、工作场所内,第三人郭某军因从事了与日常生产、工作无关的事务而受到伤害,被上诉人无锡市劳动局以0491号工伤认定书作出认定工伤的决定。0491号工伤认定书认定事实清楚,证据确凿,适用法律、法规正确,符合法定程序,是合法的具体行政行为。一审判决维持0491号工伤认定书,是正确的。铃王公司的上诉理由不能成立,应当驳回。

——《最高人民法院公报》2007年第1期(总第123期)。

826. 职工及其亲属申请工伤认定期限可中止、中断

关键词

工伤认定　申请时效

最高人民法院司法政策精神

26.(4)申请工伤认定的"1年期限"可因不归责于申请人的正当事由中止或者中断。

——《最高人民法院办公厅关于印发〈行政审判办案指南(一)〉的通知》(2014年2月24日,法办〔2014〕17号)。

行政审判指导案例

靖某全诉陕西省西安市劳动和社会保障局社会保障行政确认案〔行政审判指导案例第36号〕

裁判要点:《工伤保险条例》第十七条第二款关于一年申请期的规定,应理解为时效制度,存在中止、中断的事由和情形。

《工伤保险条例》第十七条第二款规定的一年申请期是时效概念,可以适用中止、中断的情形。该条款虽未明确规定申请时效的中止和中断,但是2005年2月1日国务院法制办公室在国法秘函〔2005〕39号"《关于对〈工伤保险条例〉第十七条、第六十四条关于工伤认定申请时限问题的请示》的复函"中指出工伤认定申请时限应扣除因不可抗力耽误的时间,这说明1年申请时效非不变期间,而是一种可变期间。虽然该复函仅是明确了不可抗力可以构成1年申请时效中止的法定事由,而没有表明是否还具有其他类似中止、中断的情形,但是从保护工伤职工利益的立法原则和关怀弱势群体的立法精神上看,并结合该复函的精神,应当认为《工伤保险条例》第十七条第二款规定的一年的申请时效可以适用时效的中止、中断等规定。本案中,第三人原法律顾问戴某纯证明靖某全长年向其反映靖某群的工伤事宜,其亦向单位汇报过。戴某纯作为第三人的法律顾问,也曾参与了第三人与靖某全之间因交通事故引发的人身损害赔偿案的诉讼,靖某全向其反映工伤事宜,可以视为向单位主张权利,故本案中存在工伤申请时效中断的情形,靖某全于同年11月申请工伤认定,不应视为其申请超过一年的申请时效。市劳动局接到靖某全的申请材料后,应当对上述中断情形予以审查、确认,随后依据案件的具体情况作出靖某群是否为工伤的判定。但是,市劳动局未经询问、核实,就以靖某全提出工伤认定申请超过一年时效为由作出不予受理通知书,适用法律错误,违反法定程序,故该具体行政行为应予撤销。同时,为切实保护受伤职工的合法权益,应限期市劳动局重新作出具体行政行为。受理当事人的工伤认定申请属于劳动保障行政部门的法定职责。如果劳动保障行政部门不及时履行其法定职责,行政相对人就可以依据《行政诉讼法》第十一条第一款第五项的规定提起行政诉讼,故靖某全请求判令市劳动局受理其工伤认定申请属于人民法院职权范围。原审判决对此认定有误,并判决驳回靖某全此项诉请错误,应予纠正。综上,上诉人市劳动局的上诉理由不能成立,其上诉请求应予驳回。上诉人靖某全的上诉理由成立,其上诉请求本院予以支持。原审判决第一项正确应予维持,第二项处理不当,应予撤销。

——江必新主编、最高人民法院行政审判庭编:《中国行政审判指导案例》(第1卷),中国法制出版社2010年版,第194~195页。

827. 职工在伤害结果实际发生之日起1年内提出工伤认定申请未超过申请时效

关键词

工伤认定　申请时效

最高人民法院公报案例

杨某峰诉无锡市劳动和社会保障局工伤认定行政纠纷案［江苏省无锡市中级人民法院］

裁判摘要：根据《工伤保险条例》第17条第2款的规定，工伤认定申请时效应当从事故伤害发生之日起算。"事故伤害发生之日"应当包括工作事故导致的伤害结果实际发生之日。工伤事故发生时结果尚未实际发生，工伤职工在伤害结果实际发生后1年内提出工伤认定申请的，不属于超过工伤认定申请时效的情形。

工伤认定是工伤职工享受工伤保险待遇的基础，而提出工伤认定申请是启动工伤认定程序的前提。《工伤保险条例》第17条第2款规定："工伤职工或者其直系亲属、工会组织在事故伤害发生之日或者被诊断、鉴定为职业病之日起1年内，可以直接向用人单位所在地统筹地区社会保险行政部门提出工伤认定申请。"该规定明确了提出工伤认定申请的主体、申请时效及其起算时间，以及受理申请的行政部门。其中的"事故伤害发生之日"，即是关于工伤认定申请时效起算时间的规定。在通常情况下，工伤事故发生后，伤害结果也随即发生，伤害结果发生之日也就是事故发生之日，故对于"事故伤害发生之日"的理解不会产生歧义。但在工伤事故发生后，伤害结果并未马上发生，而是潜伏一段时间后才实际发生，即伤害结果发生之日与事故发生之日不一致的特殊情况下，"事故伤害发生之日"应当理解为伤害结果发生之日，并以之作为工伤认定申请时效的起算时间。

首先，文义解释是正确理解法律条文的首选方法。《工伤保险条例》第17条第2款规定的"事故伤害发生之日"，从字面含义上看，"事故"是对于"伤害"的修饰和限制，即这里的"伤害"是基于工伤事故而发生的，伤害结果与工伤事故之间存在因果关系。据此理解，"事故伤害发生之日"就是指伤害结果发生之日，而不是事故发生之日。

其次，工伤职工或者其直系亲属、工会组织提出工伤认定申请的前提，是工伤事故伤害结果已经实际发生。工伤事故发生后，如果伤害后果尚未发生，上述工伤认定申请主体无法预知是否会产生伤害后果、会产生什么样的伤害后果，也无法预知伤害后果会引发什么样的损失，当然也就无从提出工伤认定申请。因此，正确理解《工伤保险条例》第17条第2款规定的"事故伤害发生之日"，应当认定"事故伤害发生之日"即为工伤事故伤害结果实际发生之日，而不是工伤事故发生之日。

最后，根据《民法通则》[①]第 137 条的规定，诉讼时效期间从知道或者应当知道权利被侵害时起计算。《最高人民法院关于贯彻执行〈中华人民共和国民法通则〉若干问题的意见（试行）》[②]第 168 条规定："人身损害赔偿的诉讼时效期间，伤害明显的，从受伤害之日起算；伤害当时未曾发现，后经检查确诊并能证明是由侵害引起的，从伤势确诊之日起算。"工伤认定申请时效虽然与民事诉讼时效不同，但在判断时效起算时间时，应当参照上述关于民事诉讼时效起算时间的规定。劳动保障部门在确定工伤认定申请时效的起算时间时，应当以工伤事故伤害结果实际发生的时间为标准。

根据本案事实，被上诉人杨某峰于 2004 年 6 月在工作时发生铁屑溅入左眼的事故，但当时并未实际发生伤害后果，而是直至 2006 年 10 月才病情发作，经医生确诊为左眼铁锈沉着综合征。根据医生诊断证明，该病具有潜伏性和隐蔽性，与 2004 年 6 月被上诉人在工作时发生的事故具有因果关系。鉴于涉案工伤事故发生时伤害后果尚未实际发生，伤害结果发生后经医生确诊证明确系因涉案工伤事故所致，故本案工伤认定申请时效应当从伤害后果实际发生之日起算，被上诉人提出涉案工伤认定申请时，尚未超过申请时效。

上诉人无锡市劳动局认为《工伤保险条例》第 17 条第 2 款关于工伤认定申请时效的规定是为了防止工伤认定申请的提出没有时间上的限制，并因此导致浪费国家行政管理资源，影响办事效率，妨碍劳动保障部门及时、准确地查明事实。上诉人还认为上述规定中的"事故伤害发生之日"应当理解为事故发生之日。其上诉理由不能成立。如果不对提出工伤认定申请作出时效限制，确实可能造成行政管理资源的浪费，影响劳动保障部门的工作效率，也不利于劳动保障部门及时、准确地查明事实。但是，规定工伤认定申请时效，更为重要的是充分保障工伤职工的合法权益。另一方面，如果将事故发生之日作为工伤认定申请时效的起算时间，则劳动保障部门在工伤事故发生后，伤害后果没有马上出现的情况下，也无法及时、准确地查明事实，无法作出正确的处理，反而必将造成行政管理资源的浪费，影响劳动保障部门的工作效率，也不利于工伤职工合法权益的保护。

——《最高人民法院公报》2008 年第 1 期（总第 135 期）。

> **附录：最高人民法院法官著述**

1. 运用裁判要旨首先应当确立伤害与事故之间的因果关系。这里的"伤害"是基于事故而发生的，伤害结果与事故之间必须存在因果关系。鉴于该

---

① 本法已被《中华人民共和国民法典》废止。
② 本解释已被《最高人民法院关于废止 2007 年底以前发布的有关司法解释（第七批）的决定》（法释〔2008〕15 号）废止。

类案件的特殊性，发生事故到伤害结果确诊间隔一定的时间，特别是间隔时间长的，期间发生各种事情的可能性都有，且时间越久越难以查清事实，所以，一定要有充分的证据能够证明实际发生的伤害是由以往的事故引发的，在确立了伤害与事故之间的因果关系的前提下，才能适用本案的裁判要旨。

2. 受伤职工工伤认定的申请时效应从伤害确诊之日起算。关于伤害，在本案涉及的法律法规规定以及各方当事人的陈述中出现了若干个时间点，一是伤害发生之日，二是伤害发现之日，三是伤害确诊之日。因伤害发生之日和伤害发现之日主要出于受伤职工单方面的认识，具有一定的主观性和片面性，而伤害确诊之日是由医院作出的，具有客观性和公正性。故建议采用伤害确诊之日作为受伤职工申请工伤认定时效的起算点。

——江必新主编、最高人民法院行政审判庭编：《中国行政审判案例》（第 2 卷），中国法制出版社 2011 年版，第 203~205 页。

828. 存在正当事由时工伤认定申请期限可合理延长

关键词

工伤认定　正当事由

行政审判指导案例

邹某贤诉广东省佛山市禅城区劳动和社会保障局社会保障行政确认案
[行政审判指导案例第 63 号]

裁判要点：职工超出 1 年申请时限提出的工伤认定申请，劳动部门应对逾期是否存在正当理由进行审查。如果有证据证明存在不能归责于职工本人的正当事由，其申请应予受理。

被上诉人禅城劳动局作为劳动保障行政部门，依法享有对本行政区域内发生的工伤事故进行调查处理的职权。被上诉人根据原审第三人邓某艳提交的证据材料，认定邓某艳与宏达豪纺织公司存在事实劳动关系，2006 年 4 月 24 日邓某艳在宏达豪纺织公司擅自增设的位于佛山市禅城区江湾一路弼唐东二街 23 号之三 3 楼的经营场所内，操作机器时左手中指被机器压伤的事实。该认定事实清楚，证据充分。上诉人提交的证据无法证明邓某艳不属工伤，应承担举证不能的责任。根据《工伤保险条例》第十四条第一项的规定，被上诉人认定邓某艳的伤害属于工伤，适用法规正确。上诉人还主张禅城劳动局于 2008 年 1 月 23 日受理邓某艳 2006 年 7 月 28 日提出的工伤认定申请程序不合法。经查，根据法院确认的案件事实，因宏达豪环境污染经依法登记即擅自增设营业点从事经营活动，故 2006 年 7 月 28 日邓某艳在不知情的情况下向禅城劳动局申请工伤认定时，错列"宏达豪纺织厂"为用人单位并不存在主观过错。另外，邓某艳在禅城劳动局以"宏达豪纺织厂"不具有用工主体资格、不能与劳动者形成劳动关系为由不予受理其工伤认定申请并建议邓某艳通过民事诉讼途径解决后，寻求民事诉讼救济的过程中通过〔2007〕佛禅法民一初字第 371 号《民事判决书》、〔2007〕佛中法民一终字第 786 号《民事判决书》才最终确认与其存在事实劳动关系的用人单位是宏达豪纺织公司。故禅城劳动局 2008 年 1 月 16 日收到邓某艳以宏达豪纺织公司为用人单位的工伤认定申请后，从《工伤保险条例》切实保护劳动者合法权益的立法目的考量，认定由于邓某艳已在 2006 年 7 月 28 日 1 年的法定申请时效内提出过工伤认定申请，且存在不能归责于其本人的原因，而导致其维护合法权益的时间被拖长，并在 2008 年 1 月 23 日受理其申请后于 2008 年 1 月 28 日作出禅劳社认〔2008〕126 号《工伤认定决定书》，认定邓某艳 2006 年 4 月 24 日所受到的伤害为工伤，程序并无不当。

——江必新主编、最高人民法院行政审判庭编：《中国行政审判案例》（第 2 卷），中国法制出版社 2011 年版，第 147~148 页。

829. 特殊条件下旁系亲属可申请工伤认定

关键词

旁系亲属申请工伤认定

最高人民法院司法政策精神

26.（5）职工的旁系近亲属在职工因工伤死亡且无直系亲属时，具有申请工伤认定的资格。

——《最高人民法院办公厅关于印发〈行政审判办案指南（一）〉的通知》（2014 年 2 月 24 日，法办〔2014〕17 号）。

行政审判指导案例

李某兰诉山东省聊城市劳动和社会保障局工伤行政复议决定案〔行政审判指导案例第 64 号〕

裁判要点：职工工伤死亡且无直系亲属时，基于类似情形应作相同处理的基本法律原则，应类推适用《工伤保险条例》第十七条

第二款关于直系亲属有权申请工伤认定的规定，认定此情形下旁系近亲属具有工伤认定申请资格。

根据《工伤保险条例》第十七条第二款的规定，工伤职工所在单位未依法提出工伤认定申请的，工伤职工或者其直系亲属、工会组织可直接依法提出工伤认定申请。但在工伤职工死亡，且无直系亲属，工伤职工所在单位和有关工会组织又不提出工伤认定的情况下，工伤职工的旁系近亲属能否提出工伤认定申请？法律对此并未作出规定，本案就属这种情况。

原审法院基于被上诉人李某兰为李某乾唯一亲属，且负担了李某乾抢救及丧葬费用，事实上已成为工伤待遇直接受益人之事实，认为应将《工伤保险条例》第十七条第二款中的"直系亲属"作广义理解，认定被上诉人李某兰具有工伤认定申请的主体资格。但是，"直系亲属"这一法律概念具有确切含义，仅包括直系血亲和姻亲，并不包含旁系血亲和其他亲属，原审法院将"直系亲属"作广义理解没有法律根据，显属不当，应予纠正。

原审被告聊城市劳动和社会保障局认为：《工伤保险条例》第十七条第二款已对工伤职工死亡且无直系亲属的工伤认定申请作出了规定，即：工伤职工的其他亲属可以申请相关的工会组织提出工伤认定申请。因此，被上诉人李某兰作为李某乾的旁系亲属，应申请有关工会组织提出工伤认定申请，其本人无权直接提出工伤认定申请。但是，从《工伤保险条例》第十七条第二款的规定看，"直系亲属"的申请资格排斥的是"旁系亲属"或者其他相关亲属的申请资格，即：在工伤职工存在直系亲属的情况下，其旁系亲属或者其他相关亲属不能提出工伤认定申请；而工会组织是否提出申请和工伤职工是否存在直系亲属并无必然的联系，在工伤职工没有直系亲属的情况下，工会组织也未必提出工伤认定申请，工会组织提出工伤认定申请并非工伤职工在没有直系亲属的情况下申请工伤认定的必然途径。故原审被告聊城市劳动和社会保障局以被上诉人李某兰应向有关工会组织提出工伤认定申请为由，否认其申请资格的理由不能成立，本院不予支持。

《工伤保险条例》第三十七条规定：职工因工死亡，其直系亲属从工伤保险基金中领取丧葬补助金、供养亲属抚恤金和一次工亡补助金。劳动和社会保障部《因工死亡职工供养亲属范围规定》明确规定：上述"供养亲属"的范围包括兄弟姐妹。故职工因工死亡后，所给付的工伤保险待遇虽然由其直系亲属领取，但工亡职工的兄弟姐妹等旁系近亲属并未完全被排除在依法享受工伤保险待遇的范围之外。本案中，被上诉人李某兰之兄李某乾无直系亲属，被上诉人承担了其救治和死亡丧葬费用，李某乾死亡一旦认定为工伤，被上诉人即依法成为由此而产生的工伤保险待遇的直接受益人。据此，被上诉人李某兰与享受工伤保险待遇的直系亲属具有同等的法律地位。在法律未规定无直系亲属的工伤职工旁系亲属可提出工伤认定申请的情况下,可适用与此最相类似的《工伤保险条例》第十七条第二款关于直系亲属有权申请工伤认定的规定,认定被上诉人李某兰具有工伤认定申请的主体资格。因此,原审被告聊城市劳动和社会保障局所作的复议决定认定被上诉人李某兰不具备工伤认定申请的主体资格,不符合同等情况同等处理的基本法律原则。

关于被诉行政复议决定的法律适用问题,原审被告聊城市劳动和社会保障局所作的复议决定书中,引用了《中华人民共和国行政复议法》第二十八条"第三款"这个并不存在的规定,但在原审诉讼过程中,原审被告发现错误,已予以更正,因此不宜据此认定该复议决定适用法律错误。

根据《最高人民法院关于适用〈中华人民共和国行政诉讼法〉若干问题的解释》[①] 第五十三条第二款的规定,复议决定改变原具体行政行为错误,人民法院判决撤销复议决定的同时,应当责令复议机关重新作出行政复议决定。原审法院在判决撤销原审被告所作的复议决定的同时,并未责令原审被告重新作出复议决定,不符合上述规定。

综上所述,被上诉人李某兰之兄李某乾死亡后,因李某乾无直系亲属,被上诉人依法具有工伤认定申请的主体资格,原审被告聊城市劳动和社会保障局所作的复议决定认定被上诉人不具备工伤认定申请的主体资格,属适用法律错误,原审法院判决撤销,符合法律规定,依法应予维持。但原审判决未责令原审被告重新作出复议决定不符合法律规定,应予纠正,本院予以补充判决。

——江必新主编、最高人民法院行政审判庭编:《中国行政审判案例》(第2卷),中国法制出版社2011年版,第154~155页。

830. 用人单位无正当理由未提供不认为是工伤的证据,劳动和社会保障机关可推定为工伤

关键词

工伤认定 推定工伤

行政审判指导案例

合肥同达电力科贸股份合作公司诉安徽省合肥市劳动和社会保障局社会保障行政确认案[行政审判指导案例第38号]

---

① 本解释已被据《最高人民法院关于适用"中华人民共和国行政诉讼法〉的解释》(法释〔2018〕1号)废止。

裁判要点：在工伤认定行政程序中，职工或者其直系亲属认为是工伤，用人单位不认为是工伤的，由用人单位承担举证责任。经通知，用人单位无正当理由未提供有关证据，劳动和社会保障机关据此推定为工伤的，人民法院应予认定。

《工伤保险条例》第十九条第二款规定："职工或者其直系亲属认为是工伤，用人单位不认为是工伤的，由用人单位承担举证责任，"被上诉人刘某柱是上诉人同达公司聘用的维修人员，与同达公司之间存在事实劳动关系，被上诉人刘某柱是在上诉人同达公司安排的工地拆除下水管道过程中摔倒受伤，现同达公司认为刘某柱拆除下水管道的行为未受公司指派，是其个人行为，不应认定为工伤，但不能提供有效证据予以证实，故其上诉理由不能成立，刘某柱在工作时间和工作场所，因工作原因受到伤害，符合《工伤保险条例》第十四条第一项的规定，应当认定为工伤。

——江必新主编、最高人民法院行政审判庭编：《中国行政审判指导案例》(第1卷)，中国法制出版社2010年版，第208页。

附录：最高人民法院法官著述

本案的焦点问题是，劳动部门认定为工伤，其在行政诉讼程序中是否必须提供劳动者伤亡是在用人单位指定的工作场所、工作时间、从事用人单位安排的工作所造成等直接证据，才可认定其完成了举证义务。对该问题存在两种不同意见：

一种意见认为，行政机关应当提供劳动者属于工伤的直接证据，即其不但要提供证据证明劳动者伤亡的具体时间、地点、原因，还要证明该时间、地点系用人单位规定的工作时间、工作地点以及伤亡时正在从事用人单位安排的工作，否则未完成举证义务。理由如下：第一，《行政诉讼法》明确规定，被告对作出的具体行政行为负有举证责任，应当提供作出该具体行政行为的证据，相关司法解释亦无免除其举证义务之规定。第二，《工伤保险条例》免除了劳动者证明自己属于工伤的举证责任，主要是基于劳动者处于弱势地位，举证能力不足等原因。而行政机关并不存在这些障碍，其在行政程序中享有调查取证权，有资源、有能力获取相关证据。第三，如果免除行政机关的该部分举证责任，可能会导致其随意扩大工伤认定范围，违反了国家建立工伤保险制度的本意，特别是在用人单位未参加工伤保险的情况下，认定为工伤会给用人单位的利益带来重大影响。因此，行政机关认定为工伤的，在诉讼程序中应提供确实属于工伤的证据。就本案而言，即使高某杰在经理不在的情况下可以安排工作，但其也只能在用人单位工作范围内安排，在超出用人单位工作范围安排的工作中发生事故伤害，后果不应由用人单位承担。

市劳动局没有提供证据证明事故当天刘某柱等人拆卸下水管道属于同达公司的工作范围，故其认定刘某柱为工伤，证据不足。

另一种意见认为，劳动保障部门并非必须提供出劳动者属于工伤的直接证据才可认定为完成了举证义务。理由如下：虽然《行政诉讼法》规定被告承担举证责任，但这并不意味着劳动保障部门必须提供直接证据证明劳动者是在工作时间和工作场所内因工作原因受到伤害的。因为工作时间、工作地点、工作内容均由用人单位掌控，除非用人单位主动向劳动保障部门提供证明劳动者伤亡不是在其指定的工作时间、工作地点、从事指定工作时发生，否则，在用人单位能够举证而拒不提供证据的情况下，劳动保障部门只能推定劳动者或者其近亲属自述的事实成立。另外，要求劳动保障部门向人民法院提供直接证据证明劳动者是否符合工伤认定的条件，势必会颠覆《工伤保险条例》第十九条第二款规定所确定的利益及风险承担方式，将间接导致劳动者权益受损。在这种情况下，只要劳动保障部门提供证据证明其在行政程序中已依法通知用人单位进行举证且其工伤认定行政行为无违反法定程序之事实，人民法院应当认定劳动保障行政部门已完成了举证责任。本案中，同达公司主张拆卸下水管道不属其工作范围，刘某柱等人拆卸下水管道是为了卖钱私分，举证责任应当由同达公司承担。

一、二审判决采纳了第二种意见。取舍的理由：第一，劳动者必须服从用人单位的管理和指挥，工作时间、工作场所、工作内容均由用人单位安排。劳动保障部门虽然享有一定的调查取证权，但现实中不少用人单位并未依法为劳动者缴纳工伤保险费用，一旦发生劳动者伤亡事故，往往会为逃避赔偿责任而隐匿对其不利的证据，不承认劳动者伤亡发生在其安排的工作时间和工作场所内或者从事的工作内容并非其所安排，任何伤亡事故的发生都难以完全还原重现，在用人单位不配合的情况下，劳动保障部门通过事后调查取得劳动者属于工伤的直接证据，客观上存在困难。第二，虽然《行政诉讼法》规定被告对其作出的具体行政行为负有举证责任，但在工伤认定行政案件审理中不能机械地理解适用该规定，还必须结合《工伤保险条例》重在保护劳动者的立法本意，以及有关在工伤认定行政程序中用人单位和劳动者举证责任分配的具体规定，充分考虑诉讼各方当事人的举证能力。第三，劳动保障部门受理工伤认定申请后，实体处理上只能有两种结果，要么认定不属于工伤，要么认定为工伤，非此即彼，《工伤保险条例》第十九条第二款规定："职工或者其直系亲属认为是工伤，用人单位不认为是工伤的，由用人单位承担举证责任。"根据该规定，职工或者其直系亲属认为是工伤的，不需对其主张承担举证责任；而用人单位主张不属于工伤的，则需对其主张承担举证责任。也就是说，用人单位提供的证据不能证明劳动者伤亡不属于工伤的，则未完成举证义务，劳动保障部门可以认定用人单位的主张不能成立。那么，剩下的只有一种结果,即认定为工伤,这实际上是一种推定,这种推定符合《工伤保险条例》的规定。因此,诉讼程序中不应以劳动保障部门是否提供属于工伤的直接证据,作为判断其完成举证责任与否的依据。

——张文超:《劳动部门在何种情况下可以不必提供劳动者属于工伤的直接证据——合肥同达电力科贸股份合作公司诉安徽省合肥市劳动和社会保障局社会保障行政确认案》,载江必新主编、最高人民法院行政审判庭编:《中国行政审判指导案例》(第1卷),中国法制出版社2010年版,第209~211页。

831. 超过规定期限作出的工伤认定结论不宜认定为"违反法定程序"

关键词

工伤认定 程序违法 程序瑕疵

附录:最高人民法院法官著述

本案实体方面的争议是程某受伤时间是否在工作时间,因天元伟业武汉分公司在劳动保障行政部门工伤认定程序中未举证,表明天元伟业武汉分公司已放弃了实体方面的抗辩权。在庭审阶段,天元伟业武汉分公司也不再坚持。因此,本案的争议焦点实际是超过规章规定的期限作出的工伤认定结论这一行政行为是否属于《中华人民共和国行政诉讼法》第五十四条第二项第3目规定的"违反法定程序的"情形,其工伤认定结论应否撤销的问题。

《工伤认定办法》第十五条[①]规定:"劳动保障行政部门应当自受理工伤认定申请之日起60日内作出工伤认定决定……"本案中,从2008年2月27日劳动保障行政部门立案时起算至2009年5月4日作出《工伤认定结论通知书》,时间是432日,显然超过规章规定的60日。对于超过规章规定的期限作出的工伤认定结论,是否以违反法定程序一律予以撤销,有两种不同的观点:一种观点认为,超过规章规定的期限作出的工伤认定结论,属于"违反法定程序的"情形,应当判决予以撤销,并判决劳动保障行政部门重新作出工伤认定结论。另一种观点认为,超过规章规定的期限作出的工伤认定结论,只要没有其他认定事实和适用法律方面的问题,可以不予撤销而驳回诉讼请求。一审法院同意第二种意见。理由有二:第一,从立法者在立法时确定工伤认定程序办理期限的目的看,立法者是为了提高工作效率,防止劳动保障

---

① 本条规定现为《工伤认定办法》(2010年修订)第十八条。

行政部门无故拖延办理，损害劳动者、用人单位的合法权利，其立法意图是为了保护劳动者、用人单位的合法权利。第二，行政行为的做出超出规章规定的期限，确因不可抗力或者其他障碍，如因确认劳动关系，可以作为期限中止的事由。这既符合诉讼期限关于中止的理论要求，也符合公平正义的一般理念。第三，对于超过规章规定的期限作出的工伤认定结论，如果一律以违反法定程序而撤销工伤认定结论，让劳动保障行政部门重作，将会使劳动者、用人单位的合法权益得不到及时的保护，也不符合行政效率原则，造成行政资源的浪费。故此，对于超过规章规定的期限作出的工伤认定结论，只要没有其他认定事实、违反法定程序和适用法律的问题，且存在适当的理由，不应当判决撤销，这样才能更有效地保护劳动者、用人单位的合法权益。且本案中，湖北省劳动和社会保障厅发布的《关于工伤保险若干问题的处理意见》对此有较为明确和合理的规定，因此，天元伟业武汉分公司与程某出现是否存在劳动关系争议时，东西湖区劳动局中止工伤认定程序并无不妥。

——袁久久、黄汉桥、张鸣：《超过规定期限作出的工伤认定结论不宜认定为"违反法定程序"——北京天元伟业模板有限公司武汉分公司不服湖北省武汉市西湖区劳动和社会保障局社会保障行政确认案》，载江必新主编、最高人民法院行政审判庭编：《中国行政审判指导案例》（第 1 卷），中国法制出版社 2010 年版，第 215~216 页。

832. 与低温雨雪冰冻灾害有关的工伤认定行政案件的处理

关键词

低温雨雪冰冻灾害　工伤认定

最高人民法院司法政策精神

（一）临时雇用员工的工伤认定。低温雨雪冰冻灾害期间，用人单位为维护国家利益和公共利益的需要，在恢复交通、通信、供电、供水、排水、供气、道路抢修、保障食品、饮用水、燃料等基本生活必需品的供应、组织营救和救治受害人员等过程中，临时雇用员工受到伤害的，可视为工伤，参照《工伤保险条例》的规定进行处理。

（二）工作时间的认定。低温雨雪冰冻灾害期间，工作时间应作宽泛理解，不仅指企业明确规定的上班至下班时间段，还应包括企业当班组长、班长或者某项具体工作负责人同意和安排的临时加班工作的时间。

（三）工作场所的认定。鉴于灾害期间的特殊情势，对于工作场所的认定，应当综合考虑工作职责、工作性质、工作需要、工作纪律等因素。某些劳动者可能存在多处或者不固定的工作地点和工作岗位,也有可能在企业住所地以外的场所,应当根据具体案情从宽掌握。原则上,凡是与职工的工作职责相关的场所,一般应认定为工作场所。

(四)上下班途中的认定。低温雨雪冰冻灾害期间,上下班的路线,不宜只严格掌握为工作地点和居住地点之间特定的、固定的路线。只要路线没有显失合理且方向正确,一般应予认定。

——《最高人民法院关于印发〈关于审理与低温雨雪冰冻灾害有关的行政案件若干问题的座谈会纪要〉的通知》(2008年4月29日,法〔2008〕139号)。

833. 工伤认定机关有权直接认定劳动关系

关键词

劳动争议仲裁 工伤认定前置程序

行政审判指导案例

吴江市鑫联旅游用品有限公司诉吴江市劳动和社会保障局劳动、社会保障行政确认案[行政审判指导案例第114号]

裁判要点:劳动法律关系存在是认定工伤的前提,但并非所有工伤认定案件都需要劳动关系仲裁,工伤认定部门可以根据具体情况对劳动关系是否存在进行判断,无法判断的再通过仲裁和诉讼程序解决。

——江必新主编、最高人民法院行政审判庭编:《中国行政审判案例》第3卷,中国法制出版社2013年版,第173页。

834. 村委会主任因履行职务受伤不认定为工伤

关键词

村民委员会主任 工伤认定

行政审判指导案例

韩某定诉南阳市人力资源和社会保障局不履行工伤认定法定职责案[行

政审判指导案例第 115 号］

  裁判要点：村民委员会是基层群众性自治组织，不是《工伤保险条例》规定的用人单位，村民委员会主任因履行职务受伤，不认定为工伤。

  根据《村委会组织法》第二条、第四条第二款的规定，村民委员会协助镇政府开展工作，是群众性自治组织，不属于民间非营利组织。韩某定身为该村支书、村委员主任，不能认定为非营利组织的工作人员。被上诉人南阳市人保局依据相关法律、法规的规定作出不予受理的通知并无不妥。

  ——江必新主编、最高人民法院行政审判庭编：《中国行政审判案例》第 3 卷，中国法制出版社 2013 年版，第 177~178 页。

835. 特殊缴费行业工伤保险待遇的认定

关键词

特殊缴费行业 工伤保险待遇

行政审判指导案例

罗某忠诉福建省将乐县劳动保险管理中心社会保障行政确认案［行政审判指导案例第 120 号］

  裁判要点：《工伤保险条例》第十条第三款规定的难以按照工资总额缴纳工伤保险费的行业，若用人单位按实际总造价、营业额或总产量缴纳工伤保险费，且职工与用人单位存在劳动关系的，应当认定享有工伤保险待遇。工伤保险中该类参保人员转岗，但与统筹范围内用人单位的劳动关系仍未间断的，工伤保险关系持续存在，参保人员增减明细表不能作为认定工伤保险关系的唯一依据。

  将乐县的矿山企业是依照《暂行规定》建立工伤保险关系的，《暂行规定》适用于将乐县行政区域内的矿山企业和与之形成劳动关系的劳动者。《暂行规定》明确规定：工伤保险费由用人单位全额负担；煤矿企业按照生产每吨煤 1 元的标准征收工伤保险费。显然煤矿企业是全员投保，即只要与该煤矿形成劳动关系的劳动者，就建立了工伤保险关系。本案罗某忠与农场煤矿形成劳动关系，属于农场煤矿的职工，而农场煤矿已按规定缴纳了工伤保险费，因此罗某忠已经建立了工伤保险关系。《暂行规定》要求各煤矿企业应按规定报送人员名单，是一项管理性要求，不影响工伤保险关系。故劳保中心作出的对原告罗某忠的工伤不予以享受工伤保险待遇的口头决定，证据不足，应予以撤销。

——江必新主编、最高人民法院行政审判庭编：《中国行政审判案例》第3卷，中国法制出版社2013年版，第202~203页。

836. 突发疾病死亡的工伤认定

关键词

突发疾病死亡　工伤认定

行政审判指导案例

山东金宇建筑集团诉山东省东营市劳动和社会保障局工伤行政确认案
［行政审判指导案例第61号］

裁判要点：根据《工伤保险条例》第十五条第一项的规定，职工在工作时间和工作岗位，突发疾病死亡或者在48小时内经抢救无效的，应视同工伤。在医疗机构确定病人没有继续存活可能性的前提下，家属放弃治疗后病人死亡的，不影响上述结论。

东营市劳动和社会保障局提交的证据，能够认定孙某岭的死亡情形符合《工伤保险条例》第十五条第一项的规定。在孙某岭缺乏自主呼吸、靠升压药维持血压、救济无望的情况下，其亲属放弃治疗，确属无奈之举，并不违反法律禁止性规定。

——江必新主编、最高人民法院行政审判庭编：《中国行政审判案例》（第2卷），中国法制出版社2011年版，第133~134页。

附录：最高人民法院法官著述

《工伤保险条例》第十五条第一项规定，在工作时间和工作岗位，突发疾病死亡或者在48小时之内经抢救无效死亡的，视为工伤。这一情形视同工伤，是因为它与《工伤保险条例》第十四条工伤认定标准比较接近，不认定为工伤不符合社会公平公正的要求。

一、必须在工作时间和工作岗位

《工伤保险条例》之所以将该种情形视为工伤，是因为职工受到的伤害发生在工作时间和工作岗位，不认定为工伤有悖公平。因此，"突发疾病死亡或者在 48 小时内经抢救无效死亡"的前提条件是该疾病在工作时间和工作岗位上发生，若是下班之后发生并在 48 小时之内死亡的，即使疾病产生的原因可能是工作原因，原则上亦不能认定为工伤。反之，如果是在工作时间和工作岗位上发生的疾病，即使该疾病产生原因不是工作原因，而可能是职工个人身体的原因，亦可以认定为工伤。

如职工刘某下班回家后突发脑溢血死亡的能否认定为工伤。法院认为，《工伤保险条例》第十五条第一项主要是针对在工作时间工作岗位上突发疾病，不能坚持工作，需要紧急到医院进行抢救的情况而设定的。如果是在回家之后再到医院治疗的，就不属于这一条规定的适用范围。刘某是在下班以后回到家中因身体不适到村委会卫生所就医，没有有效证据证实刘某是在工作时间和工作岗位，突发疾病死亡，或者在 48 小时之内经抢救无效死亡的，故维持了社会保险行政部门的决定。此外有些情况即使职工在工作时间和工作岗位感到身体不适回家后突发疾病死亡，也不能认定为工伤。

在工作时间、工作岗位出现发病的症状，休息后病情加重，经抢救无效死亡的情况是否符合《工伤保险条例》第十五条第一项规定的情形。社会保险行政部门认为，8 月 1 日，李某在单位出现不适症状，并伴有发热、咳嗽、黄痰等现象，次日李某在家休息期间突然出现肢体活动不灵活等病情，经医疗抢救无效死亡，不符合《工伤保险条例》第十五条第一项规定的情形，因而不能被认定为视同工伤。

所谓的"在工作时间和工作岗位"不局限于日常的工作时间和工作岗位，还包括其他工作时间和工作岗位。主要有以下两种情形：

第一，在出差途中的工作时间和工作岗位。这属于因工外出的特殊情形。原则上只要因工外出期间所涉及的时间和区域均为工作时间和工作岗位，如"突发疾病死亡或者在 48 小时内经抢救无效死亡"，应当依据《工伤保险条例》第十五条第一项规定认定视同工伤。

第二，与工作有关的准备、收尾工作的工作时间和工作岗位。这是依据《工伤保险条例》第十四条第二项规定，对工作时间和工作岗位作出的合理延伸。如职工突发疾病死亡的，依法认定视同工伤。

二、如何理解"突发疾病"

《劳动和社会保障部关于实施〈工伤保险条例〉若干问题的意见》（劳社部函〔2004〕256 号）第三条规定，《工伤保险条例》第十五条规定，职工"在工作时间和工作岗位，突发疾病死亡或者在 48 小时之内经抢救无效死亡的"，视同工伤。这里"突发疾病"包括各类疾病，要正确而全面地理解。有一种观点认为，职工既有病情在工作中加重的，除非医疗鉴定明确认定病情加重是由工作原因引起的，否则一般不视为工伤。因为劳动者原先病情的加重原因可能是多方面的，工作原因只是其中一种可能性，若一概认定为工伤，会对用人单位造成不公平。我们认为，这一理解是不恰当的，与《工伤保险条例》第十五条第一项规定不一致，也不符合《劳动和社会保障部关于实施〈工伤保险条例〉若干问题的意见》关于"各种疾病"的本来含义。

三、如何理解"48小时"

这里有以下两方面问题值得注意：一方面，"48小时"的起算点。《劳动和社会保障部关于实施〈工伤保险条例〉若干问题的意见》（劳社部函〔2004〕256号）第三条规定，"48小时"的起算时间，以医疗机构的初次诊断时间作为突发疾病的起算时间。基于上述规定，在工作时间和工作岗位，突发疾病当场死亡的，认定为工伤没有太大的争议。而没有当场死亡的，社会保险部门认为要直接送往医院，并且要有医院的治疗纪录，否则不认定为工伤。有些法院也是这样认为的。

对此有人认为，上述理解并不符合法律规定和实际情况。职工在工作时间和工作岗位上发生疾病，并在48小时内死亡的，即使未经医院抢救，亦可视为工伤。职工在工作时间和工作岗位上发生疾病未经医院抢救是有其合理理由的：一是要求职工一有病时就去医院不合我国国情；二是职工由于缺乏医学知识对病情的严重性未能做出正确判断，未选择及时治疗而选择请假休息；三是由于个人身体素质不同，疾病的表现严重程度也不同，要求一律直接送医院救治不符合实际情况。因此，职工在工作时间和工作岗位突发疾病，无法坚持工作，经请假外出就医、回家休息时或者坚持上班在下班后死亡，死亡时间距离开单位（一说突发疾病时）不足48小时的，可视同工伤。没有送卫生院就医的，只要两人以上共同劳动的职工能证明该劳动者在工作时间时"突发疾病"，并因此在48小时内死亡的，就应当适用《工伤保险条例》第十五条第一项的规定认定为工伤，不苛求职工突发病病后必须到医院救治。如某职工在上班时间感觉身体不舒服，请假回宿舍休息，第二天一早发现死在床上，若身体不舒服与死亡之间有直接的联系，虽然未经医院抢救，但也可认定工伤。因此，职工突发疾病没有当场死亡，直接送往医院的，其起算时间，以医疗机构的初次诊断时间作为突发疾病的起算时间；未送医院的，以突发疾病或者离开单位时作为起算点。我们认为，上述观点有其合理性；在实践中可以进行探索，在条件成熟后通过修法予以明确。

另一方面，关于"48小时"是否要严格要求的问题，我们认为，原则上超出48小时的，不能认定为工伤，但是连续抢救48小时，而后死亡的，亦可认定工伤。

四、如何理解"死亡"

依据《工伤保险条例》第十五条第一款第一项规定，突发疾病死亡分为两种：突发疾病死亡和48小时之内经抢救无效死亡。但是，"死亡"也有一个标准。死亡标准的不同,对是否适用《工伤保险条例》第十五条第一项规定认定视同工伤至关重要。

"48小时"内脑死亡是否为死亡。我们认为,脑死亡应当是人死亡的标准,对"48小时"内死亡、"48小时"后停止呼吸者予以认定工伤。否则就会出现一个奇怪的现象:如果"48小时"之内脑死亡、仅靠呼吸机维持生命者,是放弃治疗,还是继续抢救?放弃治疗,太不人道,但是能够认定为工伤;继续抢救,一旦抢救无效,就无法认定工伤。

死亡不仅要有标准,而且死亡时间也需要证明。死亡时间的认定应当以医疗机构出具的证明为准。作为医疗机构,亲临了对患者的救治过程,其对患者死亡的宣布,一般是在死者亲属等均在场的情况下,通过医疗器械的显示,作出宣告,相对更为客观。即使医疗机构出具的死亡时间与鉴定机构不一致时,也是如此。如确有证据证明医疗机构涂改病历、违规操作的,以鉴定机构的认定为准。

五、主动放弃治疗能否认定工伤

职工突发疾病送往医院死亡可能存在自然死亡或者家属主动放弃治疗后死亡的不同情形。尤其是否认定视同工伤,在实践中争议较大。

孙某岭案,其死亡发生于其家属作出放弃治疗决定,医院停止抢救措施之后,该死亡情形能否认定为《工伤保险条例》第十五条第一项规定的"经抢救无效死亡"?二审法院认为,应是在经抢救无效的前提下,亦即医院经过诊断确定了确实没有继续存活的可能性,家属才可以作出放弃救治的决定,也只有在此种情形下,家属的放弃治疗可以认定属"经抢救无效"。因此,在医疗机构确定病人没有继续存活可能性的前提下,家属放弃治疗后病人死亡的,不影响根据《工伤保险条例》第十五条第一项的规定认定视同工伤。在本案中,劳动部门调取的证据只有医院的病历和死亡证明。从病历的记载看,孙某岭发病当日即行手术治疗,术后次日凌晨2点40分病人停止呼吸,血压降低,靠呼吸机控制呼吸,升压药维持血压。医院出具的死亡证明中,明确载明了孙某岭是因"抢救无效"死亡。劳动部门结合以上证据认定孙某岭当时已无继续存活的可能性,家属的放弃治疗的行为也是在此种情形下作出的。本案在二审审理期间,审判法官专程到相关的医院及当事人居住的居委会做了一些调查。根据调查的情形,能够证实在医院告知孙某岭家属病人已没有继续存活的可能的情况下,其家属才决定放弃抢救,家属与孙某岭间关系正常。由此能够认定,家属的放弃治疗确属无奈之举。二审遂作出维持判决。

——杨科雄:《突发疾病死亡的工伤认定问题研究》,载江必新、贺荣主编、最高人民法院行政审判庭编:《行政执法与行政审判》2012年第6集(总第56集),中国法制出版社2013年版,第71~78页。

837. 设区的市的区劳动和社会保障局具有劳动保障监察职权

关键词

劳动保障监察职权

最高人民法院答复

山东省高级人民法院：

你院报送的《关于区劳动和社会保障局是否具有劳动保障监察职权的请示》收悉。经研究，答复如下：

原则同意你院审判委员会多数人的意见。即根据《劳动保障监察条例》第十三条的规定，设区的市的"区劳动保障行政部门"具有对用人单位实施劳动保障监察职权，但地方性法规或者规章明确规定由劳动保障行政部门实施的除外。

此复

——《最高人民法院关于设区的市的区劳动和社会保障局是否具有劳动保障监察职权的答复》（2010年10月25日，〔2010〕行他字第128号）。

附录：最高人民法院法官著述

《劳动保障监察条例》第十三条第一款规定："对用人单位的劳动保障监察，由用人单位用工所在地的县级或者设区的市级劳动保障行政部门管辖。"该款授权"县级或者设区的市级劳动保障行政部门管辖"对用人单位实施劳动保障监察权。设区的市的"区劳动保障行政部门"在行政级别上属于"县级"。根据该款的规定属于县级的区劳动和社会保障部门一般情况下具有对用人单位实施劳动保障监察权。第十三条第三款规定："省、自治区、直辖市人民政府可以对劳动保障监察的管辖制定具体办法。"该款又授权省级人民政府依据该条例的规定可以就有关管辖问题制定具体的管辖规定。因第十三条第一款授权县级或者设区的市级劳动保障行政部门管辖对用人单位实施劳动保障监察权。因此，地方规章对设区的市的可以结合本地区的实际情况，根据该条的规定对设区的市对用人单位实施劳动保障监察权可以在两者之间选择其中一个机关行使该项职权。尽管该条中没有明确授权具有立法权的地方人大及其常委会制定行使此项职权的具体办法。但《立法法》（2015年修正）第七十三条第一款[①]规定："地方性法规可以就下列事项作出规定：（一）为执行

---

① 本条规定现为《中华人民共和国立法法》（2023年修正）第八十二条第一款。

法律、行政法规的规定，需要根据本行政区域的实际情况作具体规定的事项；（二）属于地方性事务需要制定地方性法规的事项。"《劳动保障监察条例》第十三条第一款有关管辖职权的设置问题就属于《立法法》第七十三条第一款第一项规定的情形。因此，地方性法规亦可根据本地区的实际情况，决定是由区劳动和社会保障部门，还是市劳动保障部门实施对用人单位实施劳动保障监察权。山东省人大常委会发布的《山东省劳动和社会保障监察条例》第八条规定："省劳动和社会保障行政部门负责对中央所属、省属用人单位及其与之合资、合作企业和外省、部队驻鲁用人单位实施劳动和社会保障监察。""设区的市和县（市、区）劳动和社会保障行政部门的监察管辖范围，由设区的市人民政府确定。"该条规定是对《劳动保障监察条例》第十三条的规定的具体化，与该条的规定是一致的，不存在抵触的问题。此外，劳动和社会保障部《关于实施〈劳动保障监察条例〉若干规定》第五条规定："县级以上劳动保障行政部门设立的劳动保障监察行政机构和劳动保障行政部门依法委托实施劳动保障监察的组织（以下统称劳动保障监察机构）具体负责劳动保障监察管理工作。"

人民法院在审理具体行政案件时，适用该答复时需要注意的问题，《劳动保障监察条例》第十三条第一款的规定是对最低一级劳动保障行政部门实施劳动保障监察职权的规定，地方性法规或者规章对不同层级劳动保障行政部门实施对用人单位实施劳动保障监察职权具体划分的规定，亦应作为法院衡量被诉具体行政行为是否存在超越职权的标准。如，《山东省劳动和社会保障监察条例》第八条就各级劳动保障行政部门对用人单位实施劳动保障监察职权具体划分的划定亦应作为法院衡量被诉具体行政行为是否存在超越职权的标准。

——蔡小雪：《设区的市的区劳动和社会保障局是否具有劳动保障监察职权》，载江必新主编、最高人民法院行政审判庭编：《行政执法与行政审判》2010年第6集（总第44集），中国法制出版社2010年版，第32~33页。

838. 劳动行政部门责令用人单位支付劳动者工资报酬等的劳动监察指令书不可申请法院强制执行

关键词

劳动监察指令书　非诉行政执行

最高人民法院答复

广东省高级人民法院：

你院《关于如何处理〈劳动监察指令书〉问题的请示》收悉。经研究，原则同意你院意见,即:劳动行政部门作出责令用人单位支付劳动者工资报酬、经济补偿和赔偿金的劳动监察指令书,不属于可申请人民法院强制执行的具体行政行为,人民法院对此类案件不予受理。劳动行政部门作出责令用人单位支付劳动者工资报酬、经济补偿和赔偿金的行政处理决定书,当事人既不履行又不申请复议或者起诉的,劳动行政部门可以依法申请人民法院强制执行。

——《最高人民法院关于劳动行政部门作出责令用人单位支付劳动者工资报酬、经济补偿和赔偿金的劳动监察指令书是否属于可申请法院强制执行的具体行政行为的答复》(1998年5月17日,〔1998〕法行字第1号)。

839. 拖欠社会保险基金纠纷由法院主管

关键词

拖欠社会保险基金

最高人民法院答复

吉林省高级人民法院:

你院《关于拖欠社会保险基金纠纷是否应由法院主管问题的请示》收悉。经研究,现答复如下:

根据现行的有关法律法规规定,社会保险基金经办机构是法律法规授权的组织,依法收支、管理和运营社会保险基金,并负有使社会保险基金保值增值的责任。社会保险基金经办机构与用人单位因拖欠社会保险费而发生的纠纷,属于行政争议。用人单位认为社会保险基金经办机构在收支、管理和运营社会保险基金中的具体行政行为侵犯其合法权益,可依法申请行政复议或者提起行政诉讼;既不履行义务又不依法申请复议或者起诉的,社会保险基金经办机构可以依法通知银行扣缴或者申请人民法院强制执行。

——《最高人民法院行政审判庭关于拖欠社会保险基金纠纷是否由法院主管的答复》(1998年3月25日)。

840. 第三人民事侵权赔偿与工伤保险待遇的关系

关键词

第三人民事侵权赔偿　工伤保险待遇

最高人民法院审判业务意见（行政庭法官会议纪要）

根据《中华人民共和国社会保险法》第四十二条、《最高人民法院关于审理工伤保险行政案件若干问题的规定》第八条、《最高人民法院关于因第三人造成工伤的职工或其亲属在获得民事赔偿后是否还可以获得工伤保险补偿问题的答复》（〔2006〕行他字第12号）等规定，因第三人造成工伤的职工或其近亲属，从第三人处获得民事赔偿后，又依据《工伤保险条例》的有关规定，向工伤保险基金申请工伤保险待遇的，人民法院应予支持，但第三人已经支付的工伤医疗费用除外。工伤保险基金依法支付工伤保险待遇后，向第三人代位追偿其已经向职工或其近亲属支付的工伤医疗费用的，人民法院应予支持。

——《最高人民法院行政法官专业会议纪要（七）（工伤保险领域）》（2019年11月29日）。

841. 工伤待遇与侵权赔偿竞合的选择

关键词

工伤待遇　侵权赔偿

最高人民法院审判业务意见（行政庭法官会议纪要）

因第三人侵权死亡且属于工伤情形的，死者亲属在获得民事赔偿后，仍可以根据《工伤保险条例》《最高人民法院关于审理工伤保险行政案件若干问题的规定》等规定主张工伤保险待遇。民事赔偿已经支付医疗费用的，不得主张工伤医疗费用。主要理由：第一，行政司法解释与民事司法解释都未直接、明确规定可以获得双赔，但受侵害人可以根据行政司法解释主张工伤保险待遇，根据民事司法解释主张民事赔偿，即可以分别依据不同规定获得双重待遇。第二，人身损害与保险标的之间的保险权利有明显差别，人身损害可以获得双重赔偿，而保险标的物的损害则不能获得双重赔偿。这表明国家对人身损害保护的重视和加强。因此，工伤保险也应遵循同样的法律精神，可以获得双重待遇。第三，规定双赔制度，更有利于救济工伤人员的合法权益。工伤人员同样的情形，不能因有无第三方责任主体的不同，而导致能否获得工伤保险待遇的结果不同。否则，可能存在因选择性确定第三方责任主体而带来的道德风险，产生不良的社会效应。

附录：案情摘要

牛某某骑自行车下班回家发生交通事故。牛某某受伤，后经抢救无效于当日死亡。交警部门认定案外人承担事故的全部责任。事故双方达成赔偿协议，由案外人一次性赔偿牛某某近亲属数十万元，该赔偿款已支付。之后，市人社局作出工伤认定书，认定牛某某因公死亡。牛某某所在公司已为其办理工伤保险，故牛某某近亲属向市医保局申请给付工伤保险待遇。市医保局审查后认为，经核算，牛某某工伤保险待遇低于牛某某近亲属已从案外人处获得的民事赔偿，没有差额可补，因此决定不支付工伤保险待遇。牛某某近亲属不服，提起行政诉讼，请求法院判令市医保局向其支付工伤保险待遇。

——章文英：《工伤待遇与侵权赔偿竞合的选择》，载最高人民法院行政审判庭编著：《最高人民法院行政审判庭法官会议纪要（第二辑）》，人民法院出版社2023年版，第195~213页。

842. 单位应当按照法定方式和数额及时为职工缴存住房公积金，不得通过协商改变缴存方式或者减免缴存义务

关键词

职工住房公积金　协商改变缴存方式

最高人民法院公报案例

镇江市鸿兴磁选设备有限公司诉镇江市住房公积金管理中心、顾某泽撤销行政处理案［判决时间：2017年10月11日，二审法院：江苏省镇江市中级人民法院］

裁判摘要：住房公积金是单位及其职工必须依法缴存的长期住房储金，其缴存具有强制性和专属性。《住房公积金管理条例》对住房公积金的缴存范围、对象、数额、方式、期限以及提取、使用、管理、监督等方面均作出了明确规定。国家对住房公积金实行强制储蓄、专户存储制度，单位应当按照法定方式和数额及时为职工缴存住房公积金，不得通过协商改变缴存方式或者减免缴存义务。

江苏省镇江市中级人民法院二审认为：

住房公积金是国家机关、国有企业、城镇集体企业、外商投资企业、城镇私营企业及其他城镇企业、事业单位、民办非企业单位、社会团体及其在

职职工缴存的长期住房储金。《住房公积金管理条例》（以下简称《条例》）对住房公积金的缴存范围、对象、数额、方式、期限以及提取、使用、管理、监督等方面均作出了明确规定。《条例》第十三条规定，住房公积金管理中心应当在受委托银行设立住房公积金专户。单位应当向住房公积金管理中心办理住房公积金缴存登记，并为本单位职工办理住房公积金账户设立手续。每个职工只能有一个住房公积金账户。第十九条规定，职工个人缴存的住房公积金，由所在单位每月从其工资中代扣代缴。单位应当于每月发放职工工资之日起5日内将单位缴存的和为职工代缴的住房公积金汇缴到住房公积金专户内，由受委托银行计入职工住房公积金账户。第二十条第一款规定，单位应当按时、足额缴存住房公积金，不得逾期缴存或者少缴。第三十八条规定，违反本条例的规定，单位逾期不缴或者少缴住房公积金的，由住房公积金管理中心责令限期缴存；逾期仍不缴存的，可以申请人民法院强制执行。由此可见，国家对住房公积金实行强制储蓄、专户存储制度，用人单位为职工缴纳的住房公积金应当依法缴存至职工的住房公积金账户，用人单位逾期不缴或者少缴住房公积金的，住房公积金管理中心可以责令限期缴存。

用人单位为职工缴存公积金系其法定义务，缴存的数额和方式亦属于法律强制性规定，因此用人单位与职工不得通过协商改变缴存方式或者减免缴存义务。本案中，镇劳人仲案字［2016］第52号仲裁裁决和（2016）苏1111民初973号民事判决均未确定"经济上与公司两清"包含应缴纳的住房公积金款项。况且，无论一审第三人顾某泽出具"经济上与公司两清"的承诺是否包含对公积金的约定，都不能免除被上诉人鸿兴公司按照法定方式和数额及时为原审第三人顾某泽缴存住房公积金的法定义务。鸿兴公司提出其与一审第三人解除劳动关系时已经达成协议，不再负有任何法定义务的抗辩理由不能成立。

本案上诉人公积金中心接到一审第三人顾某泽的投诉后，经调查核实，认定在顾某泽任职期间，被上诉人鸿兴公司未为其按期足额缴纳住房公积金，遂按照每年度住房公积金缴纳比例计算出鸿兴公司应补缴住房公积金数额，并告知了鸿兴公司拟对其作出责令限期补缴处理决定的事实、理由及依据，而后作出镇公积金行政处理［2016］第4号行政处理决定书，责令鸿兴公司和顾某泽分别补缴住房公积金6913元，并送达各方当事人。公积金中心作出的上述行政处理决定书认定事实清楚，程序合法，适用法律正确。一审判决撤销公积金中心作出的镇公积金行政处理［2016］第4号行政处理决定书，属适用法律错误，应予纠正。

——《最高人民法院公报》2020年第11期。

843. 不能仅以职工档案存在涂改为由否定其真实性，不予办理退休审批

关键词

职工档案涂改　行政审批　退休审批

最高人民法院裁判文书

四川省广元市人力资源和社会保障局与樊某金行政审批案［最高人民法院（2020）最高法行申310号行政裁定书］

裁判要旨：生效民事判决载明当事人出生于1953年11月1日，据此认为当事人已达到法定退休年龄，应与用人单位终止劳动关系。《劳动和社会保障部关于制止和纠正违反国家规定办理企业职工提前退休有关问题的通知》（劳社部发〔1999〕8号）中规定，劳动保障部门在办理企业职工退休审批工作中，当职工本人身份证与档案记载的出生时间不一致时，以本人档案最先记载的出生时间为准。当事人居民身份证记载的出生日期为1953年11月1日，职工档案中多份材料记载其出生日期分别为1953年11月20日或1961年10月。最早形成的职工档案材料为1993年12月13日的《招收全民合同制工人审批表》及《劳动合同书》，其中记载的出生日期为1953年11月20日，但存在涂改痕迹。涂改处均标注了经办人的签字，当事人陈述系其原所在单位涂改。劳动保障部门并未查明前述涂改系当事人私自涂改或由用人单位等其他主体进行涂改，尚不足以否定该两份档案材料记载内容的真实性。结合前述生效民事判决中对当事人出生时间及其已达到法定退休年龄的认定，二审法院认定当事人申请办理退休时已达到法定退休年龄，并据此判决撤销不予办理退休通知，裁判结果并无不当。

最高人民法院认为，本案争议的主要问题为，樊某金于2017年2月13日申请办理退休时是否达到了60岁的法定退休年龄。已生效的四川省广元市利州区人民法院于2014年4月10日作出的（2014）广利州民初字第268号民事判决书中载明：该院查明樊某金出生于1953年11月1日，据此认为樊某金已达到法定退休年龄，应与用人单位终止劳动关系。《劳动和社会保障部关于制止和纠正违反国家规定办理企业职工提前退休有关问题的通知》（劳

社部发〔1999〕8号）中规定，劳动保障部门在办理企业职工退休审批工作中，当职工本人身份证与档案记载的出生时间不一致时，以本人档案最先记载的出生时间为准。樊某金居民身份证记载的出生日期为1953年11月1日，职工档案中多份材料记载其出生日期分别为1953年11月20日或1961年10月。最早形成的樊某金职工档案材料为1993年12月13日的《招收全民合同制工人审批表》及《广元市劳动合同书》，其中记载樊某金出生日期为1953年11月20日，但存在涂改痕迹。涂改处均标注了经办人的签字，樊某金陈述系其原所在单位涂改。广元市人社局并未查明前述涂改系樊某金私自涂改或由用人单位等其他主体进行涂改，尚不足以否定该两份档案材料记载内容的真实性。结合前述生效民事判决书中对樊某金出生时间及其已达到法定退休年龄的认定，二审认定樊某金申请办理退休时已达到法定退休年龄，并据此判决撤销广元市人社局作出的广人社退字〔2017〕1号《不予办理退休通知书》，裁判结果并无不当。

——中国裁判文书网。

844. 企业补缴社会保险费2年查处时效的适用

关键词

企业补缴社会保险费

最高人民法院审判业务意见（行政庭法官会议纪要）

劳动保障行政部门依据《劳动保障监察条例》第二十条规定，以企业未依法缴纳社会保险费行为在2年内未被发现，也未被举报、投诉为由不再查处的，人民法院不予支持；当事人请求履行上述查处职责，且能够提供相应材料初步证明企业存在未依法缴纳社会保险费用的，人民法院应当判决责令有关劳动保障行政部门履行相应职责。

——《最高人民法院行政法官专业会议纪要（七）（工伤保险领域）》（2019年11月29日）。

845. 因工伤亡的"包工头"由具备用工主体资格的承包单位承担用人单位依法应承担的工伤保险责任

关键词

包工头　工伤保险　因工伤亡

最高人民法院裁判文书

刘某丽诉广东省英德市人民政府行政复议案〔最高人民法院（2021）最高法行再1号行政判决书〕

裁判要点：将"包工头"纳入工伤保险范围，并在其因工伤亡时保障其享受工伤保险待遇的权利，由具备用工主体资格的承包单位承担用人单位依法应承担的工伤保险责任，符合工伤保险制度的建立初衷，也符合《工伤保险条例》及相关规范性文件的立法目的。承包单位与实际施工人之间虽未直接签订转包合同，但其允许实际施工人利用其资质并挂靠施工，可以视为两者间已经形成事实上的转包关系，承包单位可以作为承担工伤保险责任的单位。

最高人民法院认为，建安公司与朱某雄签订建设工程施工合同后，作为具备用工主体资格的承包单位，既然享有承包单位的权利，也应当履行承包单位的义务。建安公司允许梁某洪利用其资质并挂靠施工，理应承担被挂靠单位的相应责任。在工伤保险责任承担方面，建安公司与梁某洪之间虽未直接签订转包合同，但其允许梁某洪利用其资质并挂靠施工，可以视为两者间已经形成事实上的转包关系，建安公司可以作为承担工伤保险责任的单位。而且，就朱某雄、建安公司、梁某洪三者之间形成的施工法律关系而言，由建安公司作为承担工伤保险责任的单位，符合原劳动和社会保障部《关于确立劳动关系有关事项的通知》（劳社部发〔2005〕12号）第四条、《人力资源和社会保障部关于执行〈工伤保险条例〉若干问题的意见》（人社部发〔2013〕34号）第七点规定以及最高人民法院《关于审理工伤保险行政案件若干问题的规定》第三条第一款第四项、第五项规定的立法精神，亦在上述规定的扩张解释边界之内。

原劳动和社会保障部《关于确立劳动关系有关事项的通知》（劳社部发〔2005〕12号）第四条规定，建筑施工、矿山企业等用人单位将工程（业务）或经营权发包给不具备用工主体资格的组织或自然人，对该组织或自然人招用的劳动者，由具备用工主体资格的发包方承担用工主体责任。《人力资源和社会保障部关于执行〈工伤保险条例〉若干问题的意见》（人社部发〔2013〕34号）第七点规定："具备用工主体资格的承包单位违反法律、法规规定，将承包业务转包、分包给不具备用工主体资格的组织或者自然人，该组织或者自然人招用的劳动者从事承包业务时因工伤亡的，由该具备用工主体资格的承包单位承担用人单位依法应承担的工伤保险责任。"《最高人民法院关于审理工伤保险行政案件若干问题的规定》第三条第一款规定："社会保险行政部门认定下列单位为承担工伤保险责任单位的,人民法院应予支持:……(四)用工单位违反法律、法规规定将承包业务转包给不具备用工主体资格的组织或者自然人,该组织或者自然人聘用的职工从事承包业务时因工伤亡的,用工单位为承担工伤保险责任的单位;(五)个人挂靠其他单位对外经营,其聘用的人员因工伤亡的,被挂靠单位为承担工伤保险责任的单位。"

本案中,英德市政府和建安公司认为,即使建安公司与梁某洪之间存在项目转包或者挂靠关系,但相关法律规范仅规定"包工头"招用的劳动者或者"包工头"聘用的职工因工伤亡的,建安公司才可能承担工伤保险责任;梁某洪作为"包工头",而非其"招用的劳动者"或"聘用的职工",其因工伤亡不应由建安公司承担工伤保险责任。本院认为,对法律规范的解释,应当结合具体案情,综合运用文义解释、体系解释、目的解释等多种解释方法。

首先,建设工程领域具备用工主体资格的承包单位承担其违法转包、分包项目上因工伤亡职工的工伤保险责任,并不以存在法律上劳动关系或事实上劳动关系为前提条件。根据《人力资源和社会保障部关于执行〈工伤保险条例〉若干问题的意见》(人社部发〔2013〕34号)第七点等规定,认定工伤保险责任或用工主体责任,已经不以存在法律上劳动关系为必要条件。根据《最高人民法院关于审理工伤保险行政案件若干问题的规定》(法释〔2014〕9号)第三条规定,能否进行工伤认定和是否存在劳动关系,并不存在绝对的对应关系。从前述规定来看,为保障建筑行业中不具备用工主体资格的组织或自然人聘用的职工因工伤亡后的工伤保险待遇,加强对劳动者的倾斜保护和对违法转包、分包单位的惩戒,现行工伤保险制度确立了因工伤亡职工与违法转包、分包的承包单位之间推定形成拟制劳动关系的规则,即直接将违法转包、分包的承包单位视为用工主体,并由其承担工伤保险责任。

其次,将"包工头"纳入工伤保险范围,符合建筑工程领域工伤保险发展方向。《国务院办公厅关于促进建筑业持续健康发展的意见》(国办发〔2017〕19号)强调要"建立健全与建筑业相适应的社会保险参保缴费方式,大力推进建筑施工单位参加工伤保险",明确了做好建筑行业工程建设项目农民工职业伤害保障工作的政策方向和制度安排。《人力资源社会保障部办公厅关于进一步做好建筑业工伤保险工作的通知》(人社厅函〔2017〕53号)等规范性文件还要求,完善符合建筑业特点的工伤保险参保政策,大力扩展建筑企业工伤保险参保覆盖面,推广采用按建设项目参加工伤保险制度。即针对建筑行业的特点,建筑施工企业对相对固定的职工,应按用人单位参加工伤保险;对不能按用人单位参保、建筑项目使用的建筑业职工特别是农民工,按项目参加工伤保险。因此,为包括"包工头"在内的所有劳动者按项目参加工伤保险,扩展建筑企业工伤保险参保覆盖面,符合建筑工程领域工伤保险制度发展方向。

再次，将"包工头"纳入工伤保险对象范围，符合"应保尽保"的工伤保险制度立法目的。考察《工伤保险条例》相关规定，工伤保险制度目的在于保障因工作遭受事故伤害或者患职业病的职工获得医疗救治和经济补偿，促进工伤预防和职业康复，分散用人单位的工伤风险。《工伤保险条例》第二条规定："中华人民共和国境内的企业、事业单位、社会团体、民办非企业单位、基金会、律师事务所、会计师事务所等组织和有雇工的个体工商户应当依照本条例规定参加工伤保险，为本单位全部职工或者雇工缴纳工伤保险费。中华人民共和国境内的企业、事业单位、社会团体、民办非企业单位、基金会、律师事务所、会计师事务所等组织的职工和个体工商户的雇工，均有依照本条例的规定享受工伤保险待遇的权利。"显然，该条强调的"本单位全部职工或者雇工"，并未排除个体工商户、"包工头"等特殊的用工主体自身也应当参加工伤保险。易言之，无论是从工伤保险制度的建立本意，还是从工伤保险法规的具体规定，均没有也不宜将"包工头"排除在工伤保险范围之外。"包工头"作为劳动者，处于违法转包、分包利益链条的最末端，参与并承担着施工现场的具体管理工作，有的还直接参与具体施工；其同样可能存在工作时间、工作地点因工作原因而伤亡的情形。"包工头"因工伤亡，与其聘用的施工人员因工伤亡，就工伤保险制度和工伤保险责任而言，并不存在本质区别。如人为限缩《工伤保险条例》的适用范围，不将"包工头"纳入工伤保险范围，将形成实质上的不平等；而将"包工头"等特殊主体纳入工伤保险范围，则有利于实现对全体劳动者的倾斜保护，彰显社会主义工伤保险制度的优越性。

最后，"包工头"违法承揽工程的法律责任，与其参加社会保险的权利之间并不冲突。《中华人民共和国社会保险法》第一条规定："为了规范社会保险关系，维护公民参加社会保险和享受社会保险待遇的合法权益，使公民共享发展成果，促进社会和谐稳定，根据宪法，制定本法。"第三十三条规定："职工应当参加工伤保险，由用人单位缴纳工伤保险费，职工不缴纳工伤保险费。"工伤保险作为社会保险制度的一个重要组成部分，由国家通过立法强制实施，是国家对职工履行的社会责任，也是职工应该享受的基本权利。不能因为"包工头"违法承揽工程违反建筑领域法律规范，而否定其享受社会保险的权利。承包单位以自己的名义和资质承包建设项目，又由不具备资质条件的主体实际施工，从违法转包、分包或者挂靠中获取利益，由其承担相应的工伤保险责任，符合公平正义理念。当然，承包单位依法承担工伤保险责任后，在符合法律规定的情况下，可以依法另行要求相应责任主体承担相应的责任。

总之，将"包工头"纳入工伤保险范围，并在其因工伤亡时保障其享受工伤保险待遇的权利，由具备用工主体资格的承包单位承担用人单位依法应承担的工伤保险责任,符合工伤保险制度的建立初衷,也符合《工伤保险条例》及相关规范性文件的立法目的。英德市人社局认定梁某洪在工作时间和工作岗位突发疾病死亡,应由建安公司承担工伤保险责任,具有事实和法律依据,本院予以支持。

——中国裁判文书网。

> 最高人民法院指导性案例

刘某丽诉广东省英德市人民政府行政复议案〔最高人民法院指导案例191号〕

> 裁判要点:建筑施工企业违反法律、法规规定将自己承包的工程交由自然人实际施工,该自然人因工伤亡,社会保险行政部门参照《最高人民法院关于审理工伤保险行政案件若干问题的规定》第三条第一款有关规定认定建筑施工企业为承担工伤保险责任单位的,人民法院应予支持。

最高人民法院认为,将因工伤亡的"包工头"纳入工伤保险范围,赋予其享受工伤保险待遇的权利,由具备用工主体资格的承包单位承担用人单位依法应承担的工伤保险责任,符合工伤保险制度的建立初衷,也符合《工伤保险条例》及相关规范性文件的立法目的。

首先,建设工程领域具备用工主体资格的承包单位承担其违法转包、分包项目上因工伤亡职工的工伤保险责任,并不以存在法律上劳动关系或事实上劳动关系为前提条件。根据《人社部工伤保险条例意见》第七点规定、《工伤保险行政案件规定》第三条规定,为保障建筑行业中不具备用工主体资格的组织或自然人聘用的职工因工伤亡后的工伤保险待遇,加强对劳动者的倾斜保护和对违法转包、分包单位的惩戒,现行工伤保险制度确立了因工伤亡职工与承包单位之间推定形成拟制劳动关系的规则,即直接将违法转包、分包的承包单位视为用工主体,并由其承担工伤保险责任。

其次,将"包工头"纳入工伤保险范围,符合建筑工程领域工伤保险发展方向。根据《国务院办公厅关于促进建筑业持续健康发展的意见》(国办发〔2017〕19号)、《人力资源社会保障部办公厅关于进一步做好建筑业工伤保险工作的通知》(人社厅函〔2017〕53号)等规范性文件精神,要求完善符合建筑业特点的工伤保险参保政策,大力扩展建筑企业工伤保险参保覆盖面。即针对建筑行业的特点,建筑施工企业对相对固定的职工,应按用人单位参加工伤保险;对不能按用人单位参保、建筑项目使用的建筑业职工特别是农民工,按项目参加工伤保险。因此,为包括"包工头"在内的所有劳动者按项目参加工伤保险，扩展建筑企业工伤保险参保覆盖面，符合建筑工程领域工伤保险制度发展方向。

再次，将"包工头"纳入工伤保险对象范围，符合"应保尽保"的工伤保险制度立法目的。《工伤保险条例》关于"本单位全部职工或者雇工"的规定，并未排除个体工商户、"包工头"等特殊的用工主体自身也应当参加工伤保险。易言之，无论是工伤保险制度的建立本意，还是工伤保险法规的具体规定，均没有也不宜将"包工头"排除在工伤保险范围之外。"包工头"作为劳动者，处于违法转包、分包等行为利益链条的最末端，参与并承担着施工现场的具体管理工作，有的还直接参与具体施工，其同样可能存在工作时间、工作地点因工作原因而伤亡的情形。"包工头"因工伤亡，与其聘用的施工人员因工伤亡，就工伤保险制度和工伤保险责任而言，并不存在本质区别。如人为限缩《工伤保险条例》的适用范围，不将"包工头"纳入工伤保险范围，将形成实质上的不平等；而将"包工头"等特殊主体纳入工伤保险范围，则有利于实现对全体劳动者的倾斜保护，彰显社会主义工伤保险制度的优越性。

最后，"包工头"违法承揽工程的法律责任，与其参加社会保险的权利之间并不冲突。根据《社会保险法》第一条、第三十三条规定，工伤保险作为社会保险制度的一个重要组成部分，由国家通过立法强制实施，是国家对职工履行的社会责任，也是职工应该享受的基本权利。不能因为"包工头"违法承揽工程违反建筑领域法律规范，而否定其享受社会保险的权利。承包单位以自己的名义和资质承包建设项目，又由不具备资质条件的主体实际施工，从违法转包、分包或者挂靠中获取利益，由其承担相应的工伤保险责任，符合公平正义理念。当然，承包单位依法承担工伤保险责任后，在符合法律规定的情况下，可以依法另行要求相应责任主体承担相应的责任。

——《最高人民法院关于发布第34批指导性案例的通知》（2022年12月8日，法〔2022〕240号）。

> **说明**

指导性案例191号《刘某丽诉广东省英德市人民政府行政复议案》，明确了建筑施工企业违反法律、法规规定将自己承包的工程交由自然人实际施工，该自然人因工伤亡，社会保险行政部门参照有关法律、司法解释的规定认定建筑施工企业为承担工伤保险责任单位的，人民法院应予支持。将因工伤亡的实际施工的特殊主体纳入工伤保险范围，扩展建筑企业工伤保险参保覆盖面，有利于保护全体劳动者的合法权益，同时也符合工伤保险制度的立法初衷。

846. 哺乳期内女职工上班期间返家哺乳发生非本人主要责任的交通事故受伤，应认定为工伤

关键词

哺乳期内　上下班途中　工伤

最高人民法院公报案例

上海欧帛服饰有限公司诉南京市江宁区人力资源和社会保障局工伤认定决定案［江苏省南京江北新区人民法院］

裁判摘要：按照《女职工劳动保护特别规定》，用人单位应在每日工作时间内为哺乳期女职工安排哺乳时间。哺乳期内女职工上班期间返家哺乳、哺乳结束后返回单位工作，往返途中属于《工伤保险条例》第十四条第六项的"上下班途中"，在此过程中因发生非本人主要责任的交通事故受伤，应认定为工伤。

江苏省南京江北新区人民法院认为，《工伤保险条例》第十九条第二款规定，职工或者其近亲属认为是工伤，用人单位不认为是工伤的，由用人单位承担举证责任。《女职工劳动保护特别规定》第九条规定，对哺乳未满1周岁婴儿的女职工，用人单位不得延长劳动时间或者安排夜班劳动。用人单位应当在每天的劳动时间内为哺乳期女职工安排1小时哺乳时间；女职工生育多胞胎的，每多哺乳1个婴儿每天增加1小时哺乳时间。因此，女职工在哺乳期内，用人单位应当在每天的劳动时间内为其安排1小时的哺乳时间。本案中，周某于2019年6月25日生育一女，休完产假后回单位工作，周某工作时尚处在哺乳期内，欧帛公司应当为周某安排1小时的哺乳时间，并及时与周某沟通协商哺乳时间的安排。周某在欧帛公司未与其沟通明确哺乳时间的情形下，根据工作时间灵活安排其每日的哺乳时间，回家哺乳后再返回单位继续工作，往返途中发生的交通事故伤害应视为工伤认定的合理范畴。虽欧帛公司提交的员工手册中载明哺乳假的休假时间及请假流程，但欧帛公司不能证明其就员工手册向周某进行了告知，欧帛公司也未提交证据证明其就哺乳时间相关事宜与周某进行过沟通协商，故欧帛公司应承担不利的法律后果。因此，江宁区人社局作出的涉案决定书认定事实清楚、适用法律正确，保护了女职工的特殊权益。江宁区人社局在收到周某的工伤认定申请后，履行了受理、发送举证通知书等程序，在法定期限内作出涉案决定书并依法送达给

相关当事人，江宁区人社局作出行政行为的程序合法。

——《最高人民法院公报》2022年第12期（总第316期）。

847. 在车辆挂靠关系中，个人挂靠其他单位对外经营，其聘用的人员因工伤亡，被挂靠单位承担工伤保险责任

关键词

车辆挂靠关系　工伤保险责任

最高人民法院公报案例

项某敏诉六盘水市人民政府改变原行政行为行政复议决定案[贵州省高级人民法院]

裁判摘要：在车辆挂靠关系中，被挂靠人向挂靠人收取挂靠费，应与挂靠人共同承担经营运输风险，仅以协议约定不能免除其作为被挂靠人应承担的风险和责任。个人挂靠其他单位对外经营，其聘用的人员因工伤亡，被挂靠单位以不存在劳动关系为由，主张不承担工伤保险责任的，人民法院不予支持。

贵州省高级人民法院认为，本案二审的争议焦点为：（1）罗某与上诉人快易通公司之间是否形成挂靠关系；（2）一审第三人六盘水市人社局认定工伤是否需以周某鹏与快易通公司具有劳动关系为前提；（3）本案举证责任分配是否正确。

一、关于罗某与上诉人快易通公司之间是否形成挂靠关系的问题。依照《中华人民共和国道路运输条例》第二十三条之规定，申请从事危险货物运输经营，应当具备有5辆以上经检测合格的危险货物运输专用车辆、设备等条件。本案中，罗某因不具备从事危险货物运输经营的资质，以其母亲的名义与快易通公司签订《货物车辆代管协议》《危险货物运输车辆承包经营合同》等协议，将其实际使用的车辆落户到快易通公司名下，委托快易通公司代管经营，快易通公司再以承包的形式，将涉案车辆交由罗某使用。上述协议中亦明确约定，罗某需向快易通公司支付一定的费用，遵守并执行快易通公司的规章制度，服从快易通公司的管理；快易通公司亦需向罗某提供运输市场信息，利用公司优势积极为其联系货源、协调运输物资等。由此可见，罗某和快易通公司之间实际形成了挂靠关系。

二、关于一审第三人六盘水市人社局认定工伤是否需以周某鹏与上诉人

快易通公司之间具有劳动关系为前提的问题。《工伤保险条例》第十八条第一款第二项规定，申请工伤认定应当提交与用人单位存在劳动关系（包括事实劳动关系）的证明材料。因此，一般而言，社会保险行政部门认定工伤，应当以劳动者和用人单位之间存在劳动关系为前提，除非法律、法规及司法解释另有规定。《最高人民法院关于审理工伤保险行政案件若干问题的规定》第三条第一款第五项明确规定，个人挂靠其他单位对外经营，其聘用的人员因工伤亡的，被挂靠单位为承担工伤保险责任的单位。该条规定遵照劳动者倾斜保护原则，对将劳动关系作为工伤认定前提的一般规定作了相应补充。只要存在个人挂靠其他单位对外经营的情形时，被挂靠单位承担工伤保险责任不以存在劳动关系为前提。工伤保险本质上是一种社会保障，国家建立工伤保险制度，是维护劳动者合法权益的重要手段，强调对工伤劳动者及其家人基本生活需求的保障。相较于用人单位而言，劳动者往往处于弱势地位。在车辆挂靠关系中，被挂靠人向挂靠人收取挂靠费，应与挂靠人共同承担经营运输的风险，仅以协议约定不能免除其同意挂靠后应承担的风险和责任。被挂靠人承担工伤保险责任，符合《中华人民共和国宪法》《中华人民共和国劳动法》《工伤保险条例》中"保护劳动者合法权益"的立法宗旨。本案中，六盘水市人社局依照该条规定认定由快易通公司承担工伤保险责任并无不当。

三、关于本案举证责任分配是否正确的问题。依照《最高人民法院关于行政诉讼证据若干问题的规定》第四条第一款"公民、法人或者其他组织向人民法院起诉时，应当提供其符合起诉条件的相应的证据材料"、《工伤保险条例》第十八条第一款"提出工伤认定申请表应当提交下列材料：（一）工伤认定申请表；（二）与用人单位存在劳动关系（包括事实劳动关系）的证明材料；（三）医疗诊断证明或者职业病诊断证明书（或者职业病诊断鉴定书）"以及第十九条第二款"职工或者其近亲属认为是工伤，用人单位不认为是工伤的，由用人单位承担举证责任"之规定，劳动者对劳动关系和工伤事实负有初步举证责任，而用人单位认为不是工伤的，应当由用人单位承担举证责任。本案中，被上诉人项某敏已经提供了《货运车辆代管协议》《危险货物运输车辆承包经营合同》《证明》等证据，完成了初步举证责任。上诉人快易通公司主张案涉车辆不是以公司的名义进行经营，依照前述规定，应由快易通公司举证证明其主张，而快易通公司未能举证，其应承担举证不能的法律后果。快易通公司的该项上诉理由不能成立。

——《最高人民法院公报》2022年第11期（总第315期）。

四、政府信息公开

848. 政府信息公开行政诉讼受案范围

关键词

政府信息公开　行政诉讼受案范围

最高人民法院司法解释

第一条　公民、法人或者其他组织认为下列政府信息公开工作中的具体行政行为侵犯其合法权益，依法提起行政诉讼的，人民法院应当受理：

（一）向行政机关申请获取政府信息，行政机关拒绝提供或者逾期不予答复的；

（二）认为行政机关提供的政府信息不符合其在申请中要求的内容或者法律、法规规定的适当形式的；

（三）认为行政机关主动公开或者依他人申请公开政府信息侵犯其商业秘密、个人隐私的；

（四）认为行政机关提供的与其自身相关的政府信息记录不准确，要求该行政机关予以更正，该行政机关拒绝更正、逾期不予答复或者不予转送有权机关处理的；

（五）认为行政机关在政府信息公开工作中的其他具体行政行为侵犯其合法权益的。

公民、法人或者其他组织认为政府信息公开行政行为侵犯其合法权益造成损害的，可以一并或单独提起行政赔偿诉讼。

——《最高人民法院关于审理政府信息公开行政案件若干问题的规定》（2011年8月13日，法释〔2011〕17号）。

最高人民法院司法政策精神

要依法慎重受理和审理政府信息公开行政案件，正确处理公开与例外的关系。既要保障公民、法人和其他组织的知情权、参与权、表达权、监督权，促进政务公开和服务型政府建设，又要注意把握信息披露的时间、对象和范围，保证政府信息公开不危及国家安全、经济安全、公共安全和社会稳定。

——《最高人民法院关于当前形势下做好行政审判工作的若干意见》

（2009年6月26日，法发〔2009〕38号）。

849. 个人信息保护行政诉讼的受案范围

关键词

政府信息公开　个人信息保护　行政诉讼受案范围

最高人民法院司法解释

第一条第四项　公民、法人或者其他组织认为下列政府信息公开工作中的具体行政行为侵犯其合法权益，依法提起行政诉讼的，人民法院应当受理：

……

（四）认为行政机关提供的与其自身相关的政府信息记录不准确，要求该行政机关予以更正，该行政机关拒绝更正、逾期不予答复或者不予转送有权机关处理的；

——《最高人民法院关于审理政府信息公开行政案件若干问题的规定》（2011年8月13日，法释〔2011〕17号）。

附录：最高人民法院法官著述

根据《政府信息公开条例》的精神和《行政诉讼法》的规定，公民、法人或者其他组织在以下三种情况下，可以提起行政诉讼：（1）不服行政机关拒绝提供与其自身相关的政府信息，如税费缴纳、社会保障、医疗卫生等；（2）不服行政机关拒绝更正记录不准确的与其自身相关的政府信息；（3）由于行政机关保持不准确的记录，导致公民、法人或者其他组织的合法权益受到损害，请求赔偿。

——李广宇：《政府信息公开诉讼》，法律出版社2009年版，第174页。

850. 反信息公开行政诉讼的受案范围

关键词

反信息公开行政诉讼　成熟原则　行政诉讼受案范围

最高人民法院司法解释

第一条第三项　公民、法人或者其他组织认为下列政府信息公开工作中的具体行政行为侵犯其合法权益，依法提起行政诉讼的，人民法院应当受理：

......

（三）认为行政机关主动公开或者依他人申请公开政府信息侵犯其商业秘密、个人隐私的；

——《最高人民法院关于审理政府信息公开行政案件若干问题的规定》（2011年8月13日，法释〔2011〕17号）。

附录：最高人民法院法官著述

如果政府信息已经由行政机关主动或依申请公开，第三方的商业秘密、个人隐私事实上受到侵害，第三方提起诉讼，请求法院确认行政机关公开该政府信息的行为违法，并进一步请求国家赔偿，并不存在起诉时机的问题。但是，由于行政机关在将政府信息付诸公开之前，先有一个"将决定公开的政府信息内容和理由书面通知第三方"的程序，为了阻止行政机关公开该信息并进而产生商业秘密、个人隐私被泄露的后果，第三方大多会选择在此时即提起诉讼，这就涉及起诉时机问题。2020年《行政诉讼法解释》第一条第二款第六项将"对公民、法人或者其他组织权利义务不产生实际影响的行为"规定为不属于行政诉讼的受案范围。实践中有人会据此认为相关政府信息尚没有实际公开，因而并没有对公民、法人或者其他组织权利义务产生实际影响，因而不能提起行政诉讼。这种理解其实是行政行为的执行力混同于根据这种执行力所采取的、表现于行政行为外部的执行行为或强制措施。《行政诉讼法解释》规定上述后果条件，主要是用于区别那些不成熟的行政行为，也就是还没有成立的行政行为以及还在行政机关内部运作的行为，①属于行政机关尚没有作出最后决定。第三方在收到行政机关的书面通知之后提起行政诉讼，并不属于《行政诉讼法解释》第一条第二款第六项所要排除的"对公民、法人或者其他组织权利义务不产生实际影响的行为"的情形。行政机关既然将决定公开的政府信息内容和理由书面通知第三方，已经成为一个对第三方产生法律上的拘束力的最后决定；行政机关决定公开，第三方反对公开，当事人和行政机关之间已经有一个"案件"存在；行政机关的书面通知既包含决定公开的内容，又有理由说明，已经具备司法审查的条件。

——李广宇：《政府信息公开诉讼》，法律出版社2009年版，第37~38页。

---

① 最高人民法院行政审判庭编：《关于执行〈中华人民共和国行政诉讼法〉若干问题的解释释义》，中国城市出版社2000年版，第9页。

851. 滥用诉讼权行为的认定

关键词

知情权 政府信息公开 滥用诉讼权行为

最高人民法院公报案例

陆某霞诉南通市发展和改革委员会政府信息公开答复案〔江苏省南通市中级人民法院〕

裁判摘要：知情权是公民的一项法定权利。公民必须在现行法律框架内申请获取政府信息，并符合法律规定的条件、程序和方式，符合立法宗旨，能够实现立法目的。如果公民提起政府信息公开申请违背了《政府信息公开条例》的立法本意且不具有善意，就会构成知情权的滥用。当事人反复多次提起琐碎的、轻率的、相同的或者类似的诉讼请求，或者明知无正当理由而反复提起诉讼，人民法院应对其起诉严格依法审查，对于缺乏诉的利益、目的不当、有悖诚信的起诉行为，因违背了诉权行使的必要性，丧失了权利行使的正当性，应认定构成滥用诉权行为。

法院认为：一审法院认定陆某霞存在滥用获取政府信息权和滥用诉权行为依法有据，裁定驳回陆某霞的起诉并无不当。

上诉人陆某霞与陆某国是父女关系，陆某国申请信息公开、提起行政复议及行政诉讼均由陆某霞经手或作为委托代理人。张某系陆某霞伯母，两人均住南通市港闸区，与港闸区政府均存在房屋拆迁补偿争议。陆某霞、张某分别向南通市人民政府申请公开"南通市人民政府2013年度政府信息公开工作年度报告"申请表，以及陆某国、张某分别向南通市人民政府、南通市住房保障和房产管理局申请公开"城北大道工程征地的供地方案""城北大道工程拆迁计划和方案、房屋拆迁公告、房屋拆迁许可证"申请表内容完全一致。2014年陆某国与张某分别向法院提起的每起行政诉讼的诉状，除当事人不同外，其他内容高度雷同或者一致。三人基于共同目的，以各自名义分别实施申请信息公开、提起行政复议和行政诉讼的行为，可视为陆某霞等三人的共同行为。

2012年底上诉人陆某霞与港闸区政府产生拆迁争议，2013年开始，陆某霞三人先后提起至少94次政府信息公开申请，2014年1月2日当天就向南通市人民政府提出10件申请。其中，所提申请多有相同或类似，如重复申请市、区两级人民政府年度财政预算报告、二十余次申请城北大道相关审批手续等信息。申请公开的内容繁多、形式各异，如政府公车数量、牌照及品牌，接处警电话号码及监控录像，拘留所伙食标准等信息，且很多系以信息公开的名义进行咨询询问。陆某霞持续申请公开众多政府信息，借此表达自己不满情绪，通过重复、大量提起信息公开的方式给有关部门施压，从而达到实现拆迁补偿安置利益最大化目的。这种行为已经明显偏离了公民依法、理性、正当行使知情权和监督权的正常轨道，超过了正当行使知情权的合理限度，背离了政府信息公开制度的初衷与立法目的，故一审法院认定陆某霞滥用获取政府信息权是适当的。

公民在行使权利的时候，不得损害国家的、社会的、集体的利益和其他公民的合法权利。作为权利之一的获取政府信息公开权和诉权当然也不能滥用。上诉人陆某霞的起诉源于政府信息公开申请，其起诉的理由多以被诉答复无发文机关标志、标题不完善、无发文字号、程序违法为由，反复多次提起相同或类似的诉讼请求。陆某霞不当的申请和起诉多次未获人民法院的支持，而其仍然频繁提起行政复议和行政诉讼，已经使有限的公共资源在维护个人利益与他人利益、公共利益之间有所失衡，超越了权利行使的界限，亦有违诚实信用原则，已构成诉讼权利的滥用，一审法院驳回其起诉并无不当。

——《最高人民法院公报》2015年第11期（总第229期）。

852. 滥用政府信息公开申请权及诉权的审查认定标准

关键词

政府信息公开申请权及诉权

最高人民法院审判业务意见／第二巡回法庭法官会议纪要

审查当事人是否滥用政府信息公开申请权与诉权应当坚持主客观相一致的标准，尤其是滥用权利的主观故意的判断宜通过当事人的行为表现来综合判断，应从当事人提起诉讼的数量、周期、目的以及是否具有正当利益等角度综合分析，经全面审查综合判断后才能认定为滥用申请权和诉权。当事人为实现同一诉求而申请多项相关联的信息公开，一般不宜认定构成滥用信息公开申请权和滥用诉权，一般也不宜不经实体审查即简单以裁定方式作出判断。

附：案情简介

甲区人民政府于 2016 年 3 月 2 日对金某作出房屋征收补偿决定，金某不服提起诉讼。在诉讼过程中，金某于 2016 年 11 月 25 日向甲区人民政府提出政府信息公开申请，申请公开被诉补偿决定的审批流程、收发处理单及签发人签署日期。甲区人民政府作出信息公开告知书认为该文件系政府内部信息，不属于依申请公开的政府信息。金某不服，提起诉讼，请求撤销该告知书，责令甲区人民政府重新作出政府信息公开告知书。金某还一并申请公开《关于审定南部滨海大道东端桥隧道建设工程房屋征收补偿方案的请示》等南部滨海大道东端桥隧建设工程房屋征收与补偿项目相关政府信息共 18 件，甲区人民政府作出信息公开告知书认为该部分文件已在金某提起的补偿决定一案中由甲区人民政府作为证据提供，金某系重复申请。一审法院认为，金某提出的政府信息公开申请次数众多，所有申请都是围绕甲区人民政府对其作出的房屋征收补偿决定，而金某已针对该补偿决定提起诉讼，甲区人民政府在该补偿决定案件中已将大部分信息作为证据提供，因此，一审法院认定金某试图以政府信息公开之名扩大影响，向政府和法院施加压力，以期达到不正当目的，不具有依法应予保护的诉讼利益，构成政府信息公开申请权及诉权的滥用，裁定驳回金某的起诉。二审法院予以维持。

——《滥用政府信息公开申请权及诉权的审查认定标准》，载贺小荣主编：《最高人民法院第二巡回法庭法官会议纪要》（第二辑），人民法院出版社 2021 年版，第 276~278 页。

853. 当事人申请政府信息项目较多时，受理机关可以要求其按照"一事一申请"的原则重新提出申请

关键词

政府信息公开　一事一申请

最高人民法院裁判文书

常某坤诉义县人民政府不履行政府信息公开法定职责案［最高人民法院（2015）行监字第 351 号行政裁定书］

裁判要点：当事人申请政府信息项目较多时，受理机关可以要求其按照"一事一申请"的原则重新提出申请，即一个政府信息公开申请只对应一个政府信息项目。

最高人民法院认为：关于原审认定事实问题。原审认定事实并未涉及申请政府信息公开的义务主体是否应当包含义县政府、常某坤与所申请政府信息是否具有"三需要"的利害关系等内容。因此，常某坤主张原审认定事实不清，没有事实根据。至于二审判决在说理部分关于"常某坤23项政府信息公开申请，绝大部分申请以提问方式表述，申请内容不明确，未能说明申请获取相关信息是否因其自身生产、生活、科研等特殊需要"的阐述，符合案件的基本事实，阐述内容不违反法律、法规规定。本院还认为，根据国办发〔2010〕5号《国务院办公厅关于做好政府信息依申请公开工作的意见》第三项规定，"对一些要求公开项目较多的申请，受理机关可要求申请人按照'一事一申请'原则对申请方式加以调整：即一个政府信息公开申请只对应一个政府信息项目""对将申请公开的政府信息拆分过细的情况，即申请人就一个具体事项向同一行政机关提出多个内容相近的信息公开申请，行政机关需要对现有的信息进行拆分处理才能答复，受理机关可要求申请人对所提申请作适当归并处理"。常某坤将23项政府信息公开申请罗列于一张申请书中，要求公开分属多个行政机关制作或保存的政府信息，申请公开的信息类别和项目繁多，每个项目下又设有多个问题，造成义县政府既不能如需提供政府信息，又难以一一指明哪些申请属于政府信息公开内容，哪些申请不属于政府信息内容；哪些申请属于本机关公开的政府信息，哪些申请属于其他行政机关公开的政府信息。常某坤的政府信息公开申请严重违背了"一事一申请"原则，义县政府可以要求常某坤对其申请事项加以调整，按照"一个政府信息公开申请只对应一个政府信息项目"的要求重新提出政府信息公开申请。

——中国裁判文书网。

854. 要求信息公开信访答复意见涉及的内容属于信访事项

关键词

政府信息公开　信访答复

最高人民法院裁判文书

易某诉江苏省人民政府政府信息公开及行政复议案［最高人民法院（2021）最高法行申712号行政裁定书］

裁判要旨：当事人对信访答复意见中的"符合有关文件规定""按有关文件规定"不服而要求公开具体内容的，按照信访条例的规定处理，不属于政府信息公开案件的审查范围，可驳回起诉。

此外，对于省级人民政府作出的复议决定可向国务院申请最终裁决的问题，属于法律赋予的权利，并非告知才产生，复议决定中未告知该项权利的属于不影响当事人权利行使的瑕疵，不宜认定为违法。

最高人民法院经审查认为，本案中，易某因对江苏省人民政府作出的信访复核意见不服，申请公开该意见中"符合有关文件规定""按有关文件规定"的具体内容，并对答复意见申请行政复议。由于易某的申请名为政府信息公开申请，实际上属于对信访复核意见的质疑和咨询，不构成法定意义上的政府信息公开申请，故江苏省人民政府告知其按信访程序进行办理并无不当。至于易某提出的行政复议决定书中未告知其可向国务院申请最终裁决的问题，该权利系法律赋予，并非告知才产生，该瑕疵并不影响其权利的行使，其以该理由提起诉讼，亦说明其在明知该项权利的情况下滥用诉权，浪费司法资源。

——中国裁判文书网。

855. 不能以申请政府信息公开的方式要求行政机关提供作出行政行为所依据的法律规范或法律文书的其他指定内容

关键词

政府信息公开　行政行为依据

最高人民法院裁判文书

嘉峪关市西部泓联商贸有限责任公司诉嘉峪关市国土资源局政府信息公开案[最高人民法院（2018）最高法行申251号行政裁定书]

裁判要点：行政机关在作出行政行为时，通常会向当事人出具载明行政行为内容的法律文书。当事人在获得法律文书时，行政行为所依据的法律规范作为文书内容的一部分，即可被当事人所知悉。若当事人未能获取该法律文书，可以通过申请政府信息公开或依法查阅行政执法卷宗等方式获取。如果当事人认为行政机关的行政行为没有法律依据，或适用法律错误，可以直接针对该行政行为申请行政复议或提起行政诉讼，但当事人不能以申请政府信息公开的方式要求行政机关提供作出行政行为所依据的法律规范或法律文书的其他指定内容。

最高人民法院认为，结合原审判决和西部泓联公司的申请再审理由，本案应当审查的焦点问题有三个，一是3号通知制作、下发依据的法规、规章、规范性文件是否可以通过申请政府信息公开的方式获取。二是嘉峪关国土局能否成为134号决定和28号决定及决定所依据的法律法规等信息的公开主体。三是西部泓联公司主张的嘉国用（2010）第3279-3号宗地设定他项权利登记，与注销嘉国用（2010）第3279-3号宗地土地登记效力并存所依据的法规、规章、规范性文件是否属于《政府信息公开条例》所调整的可公开政府信息。

关于第一个焦点问题。行政机关在作出行政行为时，通常会向当事人出具载明行政行为内容的法律文书。当事人在获得法律文书时，行政行为所依据的法律规范作为文书内容的一部分，即可被当事人所知悉。若当事人未能获取该法律文书，可以通过申请政府信息公开或依法查阅行政执法卷宗等方式获取。如果当事人认为行政机关的行政行为没有法律依据，或适用法律错误，可以直接针对该行政行为申请行政复议或提起行政诉讼，但当事人不能以申请政府信息公开的方式要求行政机关提供作出行政行为所依据的法律规范或法律文书的其他指定内容。本案中，嘉峪关国土局在3号通知中已明确告知西部泓联公司该通知所依据的法律规范，西部泓联公司再次以申请政府信息公开的方式要求行政机关单独公开该通知制作、下发依据的法规、规章、规范性文件没有法律和事实依据。

关于第二个焦点问题。《政府信息公开条例》第十七条[①]规定："行政机关制作的政府信息，由制作该政府信息的行政机关负责公开；行政机关从公民、法人或者其他组织获取的政府信息，由保存该政府信息的行政机关负责公开……"本案中，涉案134号决定和28号决定的制作主体均为嘉峪关市人民政府，西部泓联公司应向嘉峪关市人民政府申请公开涉案决定及依据的法规、规章、规范性文件。嘉峪关国土局不是涉案决定及依据的法律法规的公开主体，西部泓联公司以嘉峪关国土局作为政府信息公开的被申请人系主体错误。

关于第三个焦点问题。《政府信息公开条例》第二条规定："本条例所称政府信息，是指行政机关在履行职责过程中制作或者获取的，以一定形式记录、保存的信息。"《国务院办公厅关于做好政府信息依申请公开工作的意见》第二条规定："行政机关向申请人提供的政府信息，应当是现有的，一般不需要行政机关汇总、加工或重新制作（作区分处理的除外）。依据《条例》精神，行政机关一般不承担为申请人汇总、加工或重新制作政府信息，以及向其他行政机关和公民、法人或者其他组织搜集信息的义务。"《最高人民法院关于审理政府信息公开行政案件若干问题的规定》第二条规定："公民、法人或

---

① 本条规定《政府信息公开条例》第十条。

者其他组织对下列行为不服提起行政诉讼的,人民法院不予受理:……(三)要求行政机关为其制作、搜集政府信息,或者对若干政府信息进行汇总、分析、加工,行政机关予以拒绝的……"根据上述规定,可以公开的政府信息,一般指的是行政机关记录和保存的现有信息,不包括需要行政机关通过汇总、加工和分析现有信息的基础上重新制作的信息。对要求政府提供新创制信息的申请,行政机关可以拒绝。当事人起诉行政机关拒绝提供新创制信息的,不属于行政诉讼的受案范围,人民法院不予立案。本案中,西部泓联公司请求公开的是嘉国用(2010)第 3279-3 号宗地设定他项权利登记,与注销嘉国用(2010)第 3279-3 号宗地土地登记效力并存的法律依据,实质上是要求嘉峪关国土局解释为何同一宗土地上注销登记与设定他项权利登记可以同时有效。该信息的形成需要行政机关根据申请人的具体请求对相关政府信息进行汇总、分析、加工,西部泓联公司的此项请求属于要求政府提供新创制的信息,不属于《政府信息公开条例》的调整范畴,行政机关拒绝提供的,不属于行政诉讼的受案范围。

——中国裁判文书网。

856. 对于明显不符合政府信息公开申请形式要件,又不依法向政府信息公开工作机构提出,且又具有信访性质的申请,人民法院如何处理

关键词

政府信息公开　法定申请样式

最高人民法院裁判文书

袁某明诉江苏省人民政府信息公开案〔最高人民法院(2017)最高法行申 17 号行政裁定书〕

裁判要点:申请行政机关公开政府信息,应以法定的申请样式向该行政机关所属的政府信息公开工作机构提出。申请人向行政机关法定代表人邮寄信件且信件内容不符合申请样式,行政机关未予回复或者作为信访件处理,申请人因此以行政机关不履行政府信息公开职责为由提起诉讼的,人民法院应当裁定不予立案或者径行驳回起诉;信件内容基本符合申请样式的,应以该机关信息公开工作机构实际收到转送的申请书之日或者与申请人确认之日为"收到申请之日",并以此计算相关答复期限。

最高人民法院认为：

一、关于向行政机关法定代表人邮寄信件能否视为政府信息公开申请问题依法获取政府信息是公民、法人和其他组织的权利，行政机关应依法积极履行政府信息公开的职责，保障公民、法人和其他组织的知情权。同时，公民、法人和其他组织申请公开政府信息，亦应按照法律法规规定的形式，向行政机关内设的政府信息公开工作机构提出。行政机关对不符合法定申请形式、未依法通过政府信息公开工作机构提出的信息公开申请，可以根据具体情况作出相应处理。

《信息公开条例》第四条规定，各级人民政府及县级以上人民政府部门应当建立健全本行政机关的政府信息公开工作制度，并指定机构（统称政府信息公开工作机构）负责本行政机关政府信息公开的日常工作。第十九条[1]还规定，行政机关应当编制、公布政府信息公开指南和政府信息公开目录，并及时更新。政府信息公开指南，应当包括政府信息的分类、编排体系、获取方式，政府信息公开工作机构的名称、办公地址、办公时间、联系电话、传真号码、电子邮箱等内容。本案中，以多种形式向全社会公开发布的《江苏省政府办公厅信息公开指南》（以下简称《信息公开指南》）明确规定，省政府办公厅负责向社会主动公开省政府以及省政府办公厅的政府信息，具体受理机构是江苏省政府办公厅政府信息公开办公室。《信息公开指南》还对依申请公开的事项作了进一步规定，公民、法人和其他组织需要江苏省政府主动公开内容以外的政府信息，可以通过互联网（网上申请平台、电子邮箱）、信函、传真等途径申请获取相关政府信息，并详细描述了通过互联网提出申请的申请人，可以在"中国江苏"政府门户网站网上申请平台直接填写并提交，也可以填写电子版《申请表》后，通过电子邮件方式发送至受理机构电子邮箱。对于申请人书面申请的，《信息公开指南》对申请形式也提出了明确的要求和指引，申请人通过信函方式提出申请的，要在信封左下角注明"政府信息公开申请"的字样，邮寄至江苏省政府办公厅政府信息公开办公室。申请人通过传真方式提出申请的，要相应注明"政府信息公开申请"的字样，传真至江苏省政府办公厅政府信息公开办公室所指定的电话号码。

由此可见，江苏省政府已经建立健全了政府信息公开工作制度，在此情况下，公民、法人或其他组织向江苏省政府申请政府信息公开，应按照《信息公开指南》的要求和指引，按照统一的样式向江苏省政府办公厅政府信息公开办公室提出。本案中，再审申请人袁某明向时任江苏省政府法定代表人的李学勇写信反映下级行政机关未依法公开其申请的信息并要求江苏省政府公开或者责成地方政府公开相关信息，然而，该信件既不符合政府信息公开

---

[1] 本条规定现为《中华人民共和国政府信息公开条例》第十二条。

申请的形式要件，也非向符合《信息公开条例》和《信息公开指南》规定的受理机构提出，江苏省政府根据信件内容未将其视为政府信息公开申请，而是作为信访件进行处理，并不违反法律法规规定。

需要特别指出的是，对于符合形式要件，且属于该行政机关公开的政府信息范围的申请，即使申请人未向政府信息公开工作机构提出申请，而是向法定代表人、其他内设机构提出，行政机关仍应以及时保障知情权和减轻申请人负担为原则，转本机关政府信息公开工作机构处理。本机关政府信息公开工作机构可以按照国务院办公厅政府信息与政务公开办公室发布的国办公开办函〔2015〕207号文件规定精神，与申请人联系确认申请事宜。但此种情况下，不应以法定代表人或者其他内设机构收到信息公开申请时间作为《信息公开条例》第二十四条规定的行政机关"收到申请之日"，而应以指定的政府信息公开工作机构实际收到转送的申请书之日或者电话确认确系政府信息公开申请之日作为"收到申请之日"，并以此计算相关答复期限。

二、关于江苏省政府是否存在公开政府信息法定职责问题

《信息公开条例》第十七条①规定，行政机关制作的政府信息，由制作该政府信息的行政机关负责公开；行政机关从公民、法人或者其他组织获取的政府信息，由保存该政府信息的行政机关负责公开。结合袁某明信件内容，其所申请公开的信息，主要涉及征地、用地、绿化补偿信息，以及补偿费发放、使用情况等信息，此类信息明显不属于江苏省政府制作或者保存的信息，江苏省政府也不具有公开上述信息的职责和义务，而且江苏省高级人民法院（2014）苏行终字第00180号行政判决已认定，袁某明已经实际获取涉案政府信息的主要内容。由于袁某明邮寄的信件既不符合政府信息公开申请的形式要件，且相关信息也非由江苏省政府制作或者保存，因此江苏省政府不存在履行政府信息公开的法定职责。

三、关于本案是否属于行政诉讼受案范围问题

政府信息公开申请人如认为行政机关不履行政府信息公开法定职责，有权提起行政诉讼，人民法院亦应依法登记立案并依法审理。但对于明显不符合政府信息公开申请形式要件，又不依法向政府信息公开工作机构提出，且又具有信访性质的申请，行政机关未予回复或者按照信访件处理后，申请人又以行政机关不履行政府信息公开法定职责为由提起的诉讼，因其并不具备诉的利益，其诉讼请求亦不具有权利保护的必要性，人民法院应当释明告知其通过信访渠道反映。申请人坚持起诉的，人民法院应直接裁定不予立案或者另行裁定驳回起诉，而不宜作为政府信息公开案件立案并审理，以节约行政和司法资源。鉴于本案一、二审法院已经立案并已经实体审理后作出驳

---

① 本条规定现为《中华人民共和国政府信息公开条例》第十条。

诉讼请求判决，为避免诉累，对原一、二审判决，本院不予改判。

——最高人民法院第三巡回法庭编著：《最高人民法院第三巡回法庭典型行政案件理解与适用》，中国法制出版社2019年版，第600~605页。

857. 向行政机关法定代表人邮寄信件能否视为政府信息公开申请

关键词

政府信息公开　行政机关法定代表人　邮寄信件

最高人民法院裁判文书

袁某明诉江苏省人民政府政府信息公开案［最高人民法院（2017）最高法行申17号行政裁定书］

裁判要旨：1. 对于符合形式要件，且属于该行政机关公开的政府信息范围的申请，即使申请人未向政府信息公开工作机构提出申请，而是向法定代表人、其他内设机构提出，行政机关仍应以及时保障知情权和减轻申请人负担为原则，转本机关政府信息公开工作机构处理。本机关政府信息公开工作机构可以按照国务院办公厅政府信息与政务公开办公室发布的国办公开函〔2015〕207号文件规定精神，与申请人联系确认申请事宜。但此种情况下，不应以法定代表人或者其他内设机构收到信息公开申请时间，作为《信息公开条例》第二十四条规定的行政机关"收到申请之日"，而应以指定的政府信息公开工作机构实际收到转送的申请书之日或者电话确认确系政府信息公开申请之日作为"收到申请之日"，并以此计算相关答复期限。

2. 政府信息公开申请人如认为行政机关不履行政府信息公开法定职责，有权提起行政诉讼，人民法院亦应依法登记立案并依法审理。但对于明显不符合政府信息公开申请形式要件，又不依法向政府信息公开工作机构提出，且又具有信访性质的申请，行政机关未予回复或者按照信访件处理后，申请人又以行政机关不履行政府信息公开法定职责为由提起的诉讼，因其并不具备诉的利益，其诉讼请求亦不具有权利保护的必要性，人民法院应当释明告知其通过信访渠道反映。申请人坚持起诉的，人民法院应直接裁定不予立案或者径行裁定驳回起诉，而不宜作为政府信息公开案件立案并审理，以节约行政和司法资源。

最高人民法院认为：

一、关于向行政机关法定代表人邮寄信件能否视为政府信息公开申请问题

依法获取政府信息是公民、法人和其他组织的权利，行政机关应依法积极履行政府信息公开的职责，保障公民、法人和其他组织的知情权。同时，公民、法人和其他组织申请公开政府信息，亦应按照法律法规规定的形式，向行政机关内设的政府信息公开工作机构提出。行政机关对不符合法定申请形式、未依法通过政府信息公开工作机构提出的信息公开申请，可以根据具体情况作出相应处理。

《信息公开条例》第四条规定，各级人民政府及县级以上人民政府部门应当建立健全本行政机关的政府信息公开工作制度，并指定机构（统称政府信息公开工作机构）负责本行政机关政府信息公开的日常工作。第十九条[①]还规定，行政机关应当编制、公布政府信息公开指南和政府信息公开目录，并及时更新。政府信息公开指南，应当包括政府信息的分类、编排体系、获取方式，政府信息公开工作机构的名称、办公地址、办公时间、联系电话、传真号码、电子邮箱等内容。本案中，以多种形式向全社会公开发布的《江苏省政府办公厅信息公开指南》（以下简称《信息公开指南》）明确规定，省政府办公厅负责向社会主动公开省政府以及省政府办公厅的政府信息，具体受理机构是江苏省政府办公厅政府信息公开办公室。《信息公开指南》还对依申请公开的事项作了进一步规定，公民、法人和其他组织需要江苏省政府主动公开内容以外的政府信息，可以通过互联网（网上申请平台、电子邮箱）、信函、传真等途径申请获取相关政府信息，并详细描述了通过互联网提出申请的申请人，可以在"中国江苏"政府门户网站网上申请平台直接填写并提交，也可以填写电子版《申请表》后，通过电子邮件方式发送至受理机构电子邮箱。对于申请人书面申请的，《信息公开指南》对申请形式也提出了明确的要求和指引，申请人通过信函方式提出申请的，要在信封左下角注明"政府信息公开申请"的字样，邮寄至江苏省政府办公厅政府信息公开办公室。申请人通过传真方式提出申请的，要相应注明"政府信息公开申请"的字样，传真至江苏省政府办公厅政府信息公开办公室所指定的电话号码。

由此可见，江苏省政府已经建立健全了政府信息公开工作制度，在此情况下，公民、法人或其他组织向江苏省政府申请政府信息公开，应按照《信息公开指南》的要求和指引，按照统一的样式向江苏省政府办公厅政府信息公开办公室提出。本案中，再审申请人袁某明向时任江苏省政府法定代表人的李学勇写信反映下级行政机关未依法公开其申请的信息并要求江苏省政府公开或者责成地方政府公开相关信息，然而，该信件既不符合政府信息公开

---

① 本条规定现为《中华人民共和国政府信息公开条例》第十二条。

申请的形式要件，也非向符合《信息公开条例》和《信息公开指南》规定的受理机构提出，江苏省政府根据信件内容未将其视为政府信息公开申请，而是作为信访件进行处理，并不违反法律法规规定。

需要特别指出的是，对于符合形式要件，且属于该行政机关公开的政府信息范围的申请，即使申请人未向政府信息公开工作机构提出申请，而是向法定代表人、其他内设机构提出，行政机关仍应以及时保障知情权和减轻申请人负担为原则，转本机关政府信息公开工作机构处理。本机关政府信息公开工作机构可以按照国务院办公厅政府信息与政务公开办公室发布的国办公开办函〔2015〕207号文件规定精神，与申请人联系确认申请事宜。但此种情况下，不应以法定代表人或者其他内设机构收到信息公开申请时间，作为《信息公开条例》第二十四条规定的行政机关"收到申请之日"，而应以指定的政府信息公开工作机构实际收到转送的申请书之日或者电话确认确系政府信息公开申请之日作为"收到申请之日"，并以此计算相关答复期限。

二、关于江苏省政府是否存在公开政府信息法定职责问题

《信息公开条例》第十七条①规定，行政机关制作的政府信息，由制作该政府信息的行政机关负责公开；行政机关从公民、法人或者其他组织获取的政府信息，由保存该政府信息的行政机关负责公开。结合袁某明信件内容，其所申请公开的信息，主要涉及征地、用地、绿化补偿信息，以及补偿费发放、使用情况等信息，此类信息明显不属于江苏省政府制作或者保存的信息，江苏省政府也不具有公开上述信息的职责和义务，而且江苏省高级人民法院（2014）苏行终字第00180号行政判决已认定，袁某明已经实际获取涉案政府信息的主要内容。由于袁某明邮寄的信件既不符合政府信息公开申请的形式要件，且相关信息也非江苏省政府制作或者保存，因此江苏省政府不存在履行政府信息公开的法定职责。

三、关于本案是否属于行政诉讼受案范围问题

政府信息公开申请人如认为行政机关不履行政府信息公开法定职责，有权提起行政诉讼，人民法院亦应依法登记立案并依法审理。但对于明显不符合政府信息公开申请形式要件，又不依法向政府信息公开工作机构提出，且又具有信访性质的申请，行政机关未予回复或者按照信访件处理后，申请人又以行政机关不履行政府信息公开法定职责为由提起的诉讼，因其并不具备诉的利益，其诉讼请求亦不具有权利保护的必要性，人民法院应当释明告知其通过信访渠道反映。申请人坚持起诉的，人民法院应直接裁定不予立案或者径行裁定驳回起诉，而不宜作为政府信息公开案件立案并审理，以节约行政和司法资源。鉴于本案一、二审法院已经立案并已经实体审理后作出驳回

---

① 本条规定现为《中华人民共和国政府信息公开条例》第十条。

诉讼请求判决,为避免诉累,对原一、二审判决,本院不予改判。

——中国裁判文书网。

858. 申请人对具有"转瞬即逝"公开载体特性、已经主动公开但事后无法查阅的政府信息确有需要,行政机关可以在收取必要的成本费用之后再行提供

关键词

政府信息公开

最高人民法院裁判文书

张某平与洛阳市涧西区人民政府再审行政案[最高人民法院(2017)最高法行再93号行政判决书]

裁判要旨:对于属于主动公开范围且已经主动公开的,行政机关没有向特定申请人提供该政府信息的义务,只需告知其获取信息的方式和途径。但对于信息公告栏、电子信息屏等具有"转瞬即逝"特性的公开载体而言,简单的一个告知未必会满足申请人真正能够获取他所需要的信息的需求。如果申请人对于这类已经主动公开但事后无法查阅的政府信息确有需要,行政机关可以在收取必要的成本费用之后再行提供。

最高人民法院认为,对申请公开的政府信息,无论是属于主动公开范围且已经主动公开,还是属于依申请公开范围且尚未公开,行政机关的答复都是以保证申请人能够获取为目的。有所不同的是,对于属于主动公开范围且已经主动公开的,行政机关没有向特定申请人提供该政府信息的义务,只需告知其获取信息的方式和途径。

但是,不向特定申请人提供行政机关已经主动公开的政府信息,仅限于政府信息"确实可见"的情形。《最高人民法院关于审理政府信息公开行政案件若干问题的规定》第二条第二项规定的"政府公报、报纸、杂志、书籍等公开出版物",就具备"确实可见"的特性。如果行政机关拒绝提供此类信息,申请人不服提起诉讼的,人民法院不予受理。此外,《政府信息公开条例》还规定了政府网站、公共查阅室、资料索取点、信息公告栏、电子信息屏以及国家档案馆和公共图书馆等可以发布和查阅政府信息的场所和设施,对于能够通过这些途径获取政府信息的,行政机关应当告知申请人具体的获取方式和途径,但是否认定为行政机关已经履行了法定职责,不应仅以是否告知为标准,还应当看申请人通过行政机关告知的方式和途径是否确实能够获取信息。对于信息公告栏、电子信息屏等具有"转瞬即逝"特性的公开载体而言,简单的一个告知未必会满足申请人真正能够获取他所需要的信息的需求。如果申请人对于这类已经主动公开但事后无法查阅的政府信息确有需要,行政机关可以在收取必要的成本费用之后再行提供。

本案就是如此。再审申请人申请获取的涉及涧西区小所村的征地补偿方案批准后征用土地各项费用的支付明细的政府信息,虽然再审被申请人举证证明已经在小所村公开栏公开公示,但这种公示显然具有"转瞬即逝"的特点,如果申请人确实需要,再审被申请人无妨再向其提供一份。至于再审申请人申请公开的涧西区小所村征地补偿社会保障资金落实明细,既然再审被申请人告知其"已按规定将相关费用上缴涧西区社保中心",在另有申请渠道的情况下,不妨碍再审申请人实现获取信息的目的,但按照《政府信息公开条例》第十七条规定的"谁制作谁公开"的原则,由再审被申请人径行公开,亦不是法外义务。

——中国裁判文书网。

859. 不依法履行主动公开政府信息义务的可诉性

关键词

主动公开政府信息义务

最高人民法院司法解释

第三条 公民、法人或者其他组织认为行政机关不依法履行主动公开政府信息义务,直接向人民法院提起诉讼的,应当告知其先向行政机关申请获取相关政府信息。对行政机关的答复或者逾期不予答复不服的,可以向人民法院提起诉讼。

——《最高人民法院关于审理政府信息公开行政案件若干问题的规定》(2011年8月13日,法释〔2011〕17号)。

附录:最高人民法院主流观点

申请人针对应当主动公开的政府信息提出政府信息公开申请后行政机关未能在法定期限内满足其要求时,就可视为已经穷尽了行政救济。申请人提起行政诉讼,人民法院应当受理。但如果行政机关未能在《政府信息公开条例》规定的15日内给予答复,有以下几种特殊情况的,应当根据具体情况,

依法作出处理:

一是行政机关有正当理由,如根据《政府信息公开条例》第二十四条的规定申请延长答复期限并告知申请人的,或者根据《政府信息公开条例》第二十一条的规定,因申请人申请内容不明确,告知申请人作出更改、补充,造成在15日内未能答复申请人的,仍应适用本条的规定,对当事人提起的行政诉讼不予受理,告知其等待行政机关的处理。

二是行政机关没有正当理由逾期未予答复,但在申请人提起行政诉讼前,对申请人的申请予以答复,申请人可以就行政机关答复的具体内容提起行政诉讼,如果仅因为行政机关逾期答复而提起行政诉讼,人民法院可以适用本条的规定不予受理。

三是行政机关没有正当理由逾期未予答复,但在申请人提起行政诉讼后,作出了答复,人民法院应当根据2000年最高人民法院《行政诉讼法解释》第五十条的规定,作出确认违法或驳回诉讼请求的判决。

——江必新主编:《〈最高人民法院关于审理政府信息公开行政案件若干问题的规定〉理解与适用》,中国法制出版社2011年版,第55页。

860. 政府信息公开中作出的更改、补充告知行为之可诉性

关键词

政府信息公开　更改、补充告知行为

行政审判指导案例

张某德、杨某兴诉前省国土资源厅不履行信息公开法定职责案[行政审判指导案例第85号]

裁判要点:政府信息公开申请人对行政机关因认为申请内容不明确,而作出的、补充告知行为不服提起行政诉讼的,人民法院不予受理,但是对申请人权利义务产生实质影响的除外。

被告在审查原告的申请后,认为原告申请内容不明确,既没有提供征地批准文件的具体文号,又没有提供征地行为发生的具体年份,遂依据《中华人民共和国政府信息公开条例》第二十一条第四项的规定作出《申请公开信息告知函》,告知二原告进行补充。该《申请公开信息告知函》系被告在处理二原告申请事宜过程中的阶段行为,该行为不能认定被告拒绝履行信息公开职责,即对二原告权利义务未产生实际影响。因此,原告的起诉不属行政诉

讼的受案范围。

——江必新主编、最高人民法院行政审判庭编：《中国行政审判案例》第3卷，中国法制出版社2013年版，第20页。

861. 行政机关对同一申请人就同一内容反复提出公开申请的重复处理行为以及不重复答复行为不可诉

关键词

政府信息公开　重复处理行为　不重复答复行为

附录：最高人民法院主流观点

行政机关对于同一申请人就同一内容反复提出政府信息公开申请的重复处理行为以及不重复答复行为，也应当排除在行政诉讼的受案范围之外。

随着城市建设的加快，社会经济的发展，公众权利意识的提高以及行政纠纷及其诉讼日益复杂和多样化，少数相对人由于各种非理性动机而提起信息公开诉讼的现象时有发生。实践中，少数相对人滥用信息公开申请权、滥用诉权的现象也比较突出，有的人实际上是通过政府信息公开申请，达到解决其其他诉求的目的。主要表现是，同一申请人就同一内容或相似内容反复提出公开申请，如果行政机关拒绝公开或者不予答复，就提起行政诉讼，导致行政机关和人民法院不堪重负，极大地浪费了行政资源和司法资源。对于这个问题，《国务院办公厅关于施行〈中华人民共和国政府信息公开条例〉若干问题的意见》规定："对于同一申请人向同一行政机关就同一内容反复提出公开申请的，行政机关可以不重复答复。"重复处理行为不属于人民法院行政诉讼的受案范围，见于2000年《行政诉讼法解释》第一条第二款第五项。之所以这样规定，是因为重复处理行为没有重新作出实质性审查，对申请没有作出新的实质决定，对相对人的权利义务没有产生新的影响。如果对这类重复处理行为可以提起诉讼，就是在事实上取消申请行政复议或者提起行政诉讼的期间，这就意味着任何一个相对人在任何时候都可以通过申诉的方式重新将任何一个行政行为提交行政机关或法院进行重新审查；如果将这类行为纳入行政诉讼受案范围，不仅不利于行政法律关系的稳定，而且不利于行政管理相对人对行政行为的信任。值得注意的是，国务院办公厅的意见规定的是行政机关"可以不重复答复"，这种不重复答复实质就是一种肯定原来所作答复的重复处理，因此，无论是重复处理行为还是不重复答复行为，均应排除在受案范围之外。

——江必新主编：《〈最高人民法院关于审理政府信息公开行政案件若干

问题的规定〉理解与适用》，中国法制出版社 2011 年版，第 47~48 页。

862. 依职权的行政不作为信息公开案件的被告

> **关键词**

政府信息公开　行政不作为　被告

> **最高人民法院司法解释**

第四条第二款　公民、法人或者其他组织对主动公开政府信息行政行为不服提起诉讼的，以公开该政府信息的机关为被告。

——《最高人民法院关于审理政府信息公开行政案件若干问题的规定》（2011 年 8 月 13 日，法释〔2011〕17 号）。

> **附录：最高人民法院主流观点**

《最高人民法院关于审理政府信息公开行政案件若干问题的规定》第四条第二款关于"公民、法人或者其他组织对主动公开政府信息的行政行为不服提起诉讼的，以公开该政府信息的机关为被告"的规定，属于依职权的行政行为。但是，如有权行政机关不依职权主动公开政府信息，根据本条第一、二款规定，也无法确定其适格被告。这个问题如何处理？我们认为，成为依职权行政不作为的适格被告有以下两方面的条件：一是行政主体对某一行政事项在法律上负有应当履行的法定职责；二是行政主体通过各种方式（如当事人举报或申请、自己发现或其他）知道其对某一行政事项负有履行法定职责的必要而不履行。因此，行政机关不依职权主动公开政府信息，经公民、法人和其他组织申请仍逾期不予答复，公民、法人和其他组织对此可以向人民法院提起行政诉讼，并根据上述两方面的条件确定其适格被告。

——江必新主编：《〈最高人民法院关于审理政府信息公开行政案件若干问题的规定〉理解与适用》，中国法制出版社 2011 年版，第 75 页。

863. 法律法规授权组织的被告资格

> **关键词**

政府信息公开　被告

最高人民法院司法解释

第四条第三款 公民、法人或者其他组织对法律、法规授权的具有管理公共事务职能的组织公开政府信息的行为不服提起诉讼的,以该组织为被告。

——《最高人民法院关于审理政府信息公开行政案件若干问题的规定》(2011年8月13日,法释〔2011〕17号)。

行政审判指导案例

王某奇诉河北省产权交易中心国有资产管理行政信息公开案〔行政审判指导案例第87号〕

裁判要点:依据法律、法规、规章授权行使社会管理公开事务职能的组织,具有行政诉讼被告的主体资格。

被告河北省产权交易中心是河北省人民政府为规范产权转让行为,防止国有资产流失而批准成立的产权交易机构(相当于处级),机构类型为事业法人。根据《河北省企业国有资产产权交易管理暂行规定》第八条、第九条规定,被告河北省产权交易中心作为产权交易提供服务并履行相关职责的事业法人,其在产权交易活动中,不仅具有为产权交易提供服务的中介身份,而且具有对产权交易活动相关事项进行管理的行政主体身份,属于规章授权的具有国家行政职权的组织。根据《最高人民法院关于执行〈中华人民共和国行政诉讼法〉若干问题的解释》第一条规定,被告河北省产权交易中心虽不是行政机关,但属于《最高人民法院关于执行〈中华人民共和国行政诉讼法〉若干问题的解释》第一条所规定的其他组织,具备作为行政诉讼被告的主体资格。

——江必新主编、最高人民法院行政审判庭编:《中国行政审判案例》第3卷,中国法制出版社2013年版,第28页。

张某不服北京市西城区房屋土地经营管理中心政府信息公开行为案〔行政审判指导案例第126号〕

裁判要点:依据《中华人民共和国政府信息公开条例》第三十七条规定的具有公共管理与服务职能的公共企事业单位,可以成为政府信息公开行政诉讼的被告。

本案原告最初是以北京市西城区人民政府为被告提起诉讼,一审法院立案受理后，经合议，认为本案应当以被诉政府信息告知行为的作出主体即北京市西城区房屋土地经营管理中心为被告。一审法院向原告进行了释明，原告同意变更本案被告为北京市西城区房屋土地经营管理中心。

——江必新主编、最高人民法院行政审判庭编：《中国行政审判案例》第4卷，中国法制出版社2012年版，第26页。

附录：最高人民法院主流观点

现在的问题是《信息公开若干规定》虽未对"公共企事业单位信息公开案件参照本规定"予以明确，以后的司法实践中就不会出现公民、法人或其他组织因信息公开案件起诉公共企事业单位吗？我们认为不尽然。我国的公共企事业单位，在不同的国家有着不同的称谓。在德国、称为公营造物，它是指掌握于行政主体手中，由人与物作为手段之存在体，持续性地为特定公共目的而服务。由于公营造物容易使人联想到类似交通标志、政府机构的建筑等公共建筑物，所以也有人称之为"公务法人""公共机构"。因而，这种公务法人与其利用者之间在管理上有一定的强制色彩，而正是这种具有强制色彩的权力，使得公务法人在实质上具备了行政主体的功能，对这种权力的行使予以司法救济已经为其他国家普遍接受，也就是说，公务法人可以成为行政诉讼的被告。鉴于《信息公开若干规定》对"公共企事业单位信息公开案件参照本规定"未作规定，但现实情况又要求对一些"公共企事业单位信息公开案件参照本规定"，建议可以在以后的司法实践中个案确定某些"公共企事业单位信息公开案件参照本规定"，等待条件成熟后，在以后的法律法规和司法解释修改中予以逐个列举。

——江必新主编：《〈最高人民法院关于审理政府信息公开行政案件若干问题的规定〉理解与适用》，中国法制出版社2011年版，第72~75页。

864. 经过确认、批准或者保密审查的政府信息公开案件的适格被告

关键词

政府信息公开　适格被告

最高人民法院司法解释

第四条第四款　有下列情形之一的，应当以在对外发生法律效力的文书上署名的机关为被告：

（一）政府信息公开与否的答复依法报经有权机关批准的；

（二）政府信息是否可以公开系由国家保密行政管理部门或者省、自治区、直辖市保密行政管理部门确定的；

（三）行政机关在公开政府信息前与有关行政机关进行沟通、确认的。

——《最高人民法院关于审理政府信息公开行政案件若干问题的规定》（2011年8月13日，法释〔2011〕17号）。

附录：最高人民法院主流观点

1. 关于共同署名的问题。《行政诉讼法》第二十五条第三款[①]规定，两个以上行政机关作出同一具体行政行为的，共同作出具体行政行为的行政机关是共同被告。被诉政府信息公开行为经上级行政机关批准，上级行政机关和下级行政机关同时在法律文书上署名，按照《行政诉讼法》第二十五条第三款规定，应以上级行政机关和下级行政机关作为共同被告。但是还有一种情形，《信息公开若干规定》并未作出明确规定。《最高人民法院关于贯彻执行〈中华人民共和国行政诉讼法〉若干问题的意见（试行）》（以下简称《贯彻意见》，已失效）第十九条曾对非行政机关共同署名的情形作了规定："公民、法人或者其他组织对行政机关与非行政机关共同署名作出的处理决定不服，向人民法院提起行政诉讼的，应以作出决定的行政机关为被告，非行政机关不能当被告。但侵犯公民、法人或者其他组织合法权益，需要进行赔偿的，人民法院可以通知非行政机关作为第三人参加诉讼。"2000年《行政诉讼法解释》未对相关内容作出规定，但这并不等于2000年《行政诉讼法解释》否定《贯彻意见》第十九条规定的内容，如出现行政机关与非行政机关共同署名公开政府信息的，仍可以按照此精神办理。

2. 关于其他行政机关参加行政诉讼的问题。所谓多阶段行政行为，是指行政机关作出的行政行为需要其他机关参与并提供协力。依照本条第四款规定，应当以在对外发生法律效力的文书上署名的机关为被告，但是其他参与的行政机关是否可以参加行政诉讼？我们认为，其他参与的行政机关在一定的情况下可以第三人身份参与行政诉讼。第三人一般可以分为原告型第三人、被告型第三人及证据型第三人。其他参与的行政机关在政府信息公开案件中大多是被告型第三人及证据型第三人，他们或支持被告或证明某项事实的存在，允许他们参加行政诉讼有利于查明案件事实，推进行政诉讼顺利进行。

3. 关于行政判决的问题。未依法经其他行政机关参与的政府信息公开行为，其法律效力如何？一般认为，该政府信息公开行为属于违法并非无效，依法可以在争议程序终结前以补正等方式进行补正；不能补正的，予以撤销。因此，如行政机关予以补正的，人民法院对该政府信息公开行为可以不作出

[①] 本条规定现为《中华人民共和国行政诉讼法》（2017年修正）第二十六条第四款，下同。

撤销判决，而不能补正的，可以判决撤销。

——江必新主编：《〈最高人民法院关于审理政府信息公开行政案件若干问题的规定〉理解与适用》，中国法制出版社2011年版，第76~77页。

865. 被告拒绝提供、更正个人信息诉讼案件的举证责任

关键词

政府信息公开　个人信息保护　举证责任

最高人民法院司法解释

第五条第三款　被告拒绝更正与原告相关的政府信息记录的，应当对拒绝的理由进行举证和说明。

——《最高人民法院关于审理政府信息公开行政案件若干问题的规定》（2011年8月13日，法释〔2011〕17号）。

附录：最高人民法院法官著述

审理此类案件，应当把握以下几点：一是公民、法人或者其他组织有权要求更正的，是行政机关提供的与其自身相关的政府信息记录，与自身无关的信息记录不在此列；二是在信息的范围上，应当不仅限于税费缴纳、社会保障、医疗卫生等政府信息；三是公民、法人或者其他组织要求行政机关更正政府信息记录，应当有证据证明该政府信息记录不准确；四是"更正"的含义，应当包括依照事实予以订正、删除或者停止使用；五是请求更正的信息，限于记录中的事实，不包括行政机关的意见在内。至于行政机关如何处理更正请求，《政府信息公开条例》第二十五条第二款[①]只规定："该行政机关无权更正的，应当转送有权更正的行政机关处理，并告知申请人。"这是给行政机关另外附加的一项义务，至于一般的方式和程序，同样适用于本条例对于信息公开的方式和程序的一般要求。即行政机关有帮助、答复、说明理由等义务。

——李广宇：《政府信息公开诉讼》，法律出版社2009年版，第175~176页。

[①] 本条规定现为《中华人民共和国政府信息公开条例》第四十一条。

866. 涉及国家秘密的政府信息的证明

关键词

政府信息公开　国家秘密

最高人民法院司法解释

第五条第四款　被告能够证明政府信息涉及国家秘密，请求在诉讼中不予提交的，人民法院应当准许。

——《最高人民法院关于审理政府信息公开行政案件若干问题的规定》（2011年8月13日，法释〔2011〕17号）。

附录：最高人民法院主流观点

（一）涉及国家秘密信息的举证

由于政府信息公开行政诉讼所要解决的主要问题是政府信息应当不应当公开的问题，因此，涉诉政府信息当然成为此类诉讼中最主要的证据。按照《行政诉讼法》关于被告"应当提供作出该具体行政行为的证据和所依据的规范性文件"的一般规定，当然要向人民法院提供。但是，对于涉及国家的政府信息，由于其固有的保密性和专业性，应当采取较为特殊的举证规则。即被告能够提供书面证据材料，证明其拒绝公开的政府信息已经依照法定程序确定为国家秘密，或者能够提供有关主管部门、同级保密工作部门出具的政府信息公开保密审查结论的，人民法院可以不要求其提供该政府信息，但有下列情形之一的除外：(1)人民法院认为相关证据材料不充分的；(2)人民法院认为需要对政府信息中含有的不应当公开的内容与可以公开的内容作区分处理的。人民法院可以准许被告在诉讼过程中补充证据，以证明政府信息涉及国家秘密。

人民法院可以不要求被告提供涉及国家秘密的政府信息，基于以下考虑：第一，国家秘密的定密问题涉及特定机关的特别权力，需要专门的经验、知识和判断能力，法院是缺乏这方面的条件的，所以在大多数国家，法院一般都尊重行政机关在国家秘密定密问题上的判断，一般不对其作出实质方面的审查。第二，国家秘密往往事关重大的国家利益，如果在诉讼过程中提供就面临着泄密问题。因此，只要被告能够提供书面证据材料，证明其拒绝公开的政府信息已经依照法定程序确定为国家秘密，或者能够提供有关主管部门、同级保密工作部门出具的政府信息公开保密审查结论，就可以不要求其提供该政府信息。但是，并不是说法院在对待国家秘密信息方面就毫无作为，行政机关还是应当提供能够证明涉诉政府信息属于国家秘密的外围证据,以供法院据此进行程序方面的审查。当然,在例外的情形下,人民法院仍然可以要求被告提供秘密文件。首先,如果人民法院经过审查认为这些外围证据不能充分证明涉诉政府信息属于国家秘密,就可以要求被告提供秘密文件以便进行审查;其次,如果人民法院认为涉诉政府信息尽管含有秘密内容,但可以依照《政府信息公开条例》的规定对政府信息作出区分处理,也需要被告方提供相关文件,以便审查确定能不能把不应当公开的内容与可以公开的内容区分开来。

(二)涉及国家秘密信息的质证和审核认定

按照《最高人民法院关于行政诉讼证据若干问题的规定》规定,证据应当在法庭上出示,并经庭审质证。未经庭审质证的证据,不能作为定案的依据。如果按照这一规定处理涉及国家秘密的信息,就会面临很大的问题。原告提起行政诉讼的目的,就是为了获知政府信息的内容,如果在确定该政府信息是否可以公开前在法庭上出示和公开质证,就可能会使不得公开的国家秘密事实上得以公开,诉讼的进行也就变得毫无意义。因此,对这类问题必须适用特殊的规则。《行政诉讼法》第四十五条[①]规定:"人民法院公开审理行政案件,但涉及国家秘密、个人隐私和法律另有规定的除外。"但是,适用这一规定难以解决问题。因为这里规定的不公开审理,是对案件当事人以外的旁听人以及新闻媒体等的不公开,并没有将原告或者第三人排除在外。如前所述,其他一些国家的法院,都对秘密文件适用一种特殊的审查程序。我们也有必要采取这种方式,即人民法院审查涉及国家秘密的政府信息应当在被告单方参加下进行。当然,用于证明政府信息涉及国家秘密的相关证据材料,可以公开出示,并由当事人质证。法律、法规另有规定的,从其规定。

——江必新主编:《〈最高人民法院关于审理政府信息公开行政案件若干问题的规定〉理解与适用》,中国法制出版社2011年版,第85~87页。

867. 行政机关是否对信息不存在负有举证责任

关键词

政府信息不存在　举证责任

最高人民法院裁判文书

沈某威诉上海市徐汇区人民政府政府信息公开案[最高人民法院(2017)

---

① 本条规定现为《中华人民共和国行政诉讼法》(2017年修正)第五十四条。

最高法行申 148 号行政裁定书〕

> 裁判要点：法院审理申请人不服被告知政府信息不存在的信息公开案件时，由被告承担信息不存在的举证责任，即证明其已尽合理检索义务，若信息不存在，法院应当审查行政机关是否及时告知了申请人。

法院在信息公开案件中，应审查信息公开行为本身是否合法，对于信息中显示的其他行政行为不属于法院审查信息公开案件的事项，当事人可以另行起诉。

最高人民法院认为：根据《中华人民共和国政府信息公开条例》的规定，行政机关负责公开的政府信息应当是已经存在并以一定形式记录、保存的信息。人民法院审理因政府信息不存在《告知书》引发的行政案件，应重点审查行政机关是否已经尽到合理的查找和检索义务，当政府信息不存在时行政机关是否履行了法定告知或者说明理由义务。本案中，再审申请人沈某威要求公开的政府信息是"徐汇区宜山路周沈巷112号《行政强制拆迁决定书》"，被申请人徐汇区政府经查询，沈某威申请公开的信息不存在，故而作出政府信息不存在《告知书》，并向沈某威提供了徐府迁通字（2008）第18号强制执行通知书作为参考。一、二审法院依据《最高人民法院关于审理政府信息公开行政案件若干问题的规定》第十二条第一项之规定，判决驳回沈某威的诉讼请求，并无不当。至于被申请人徐汇区政府是否应当作出行政强制拆迁决定，并非政府信息公开案件审查的问题。

——最高人民法院行政审判庭编：《最高人民法院行政裁判要旨及评述（第一卷）》，人民法院出版社 2019 年版。

868. 原告在政府信息公开行政诉讼中的举证责任

关键词

政府信息公开　举证责任

最高人民法院司法解释

第五条第七款　原告起诉被告拒绝更正政府信息记录的，应当提供其向被告提出过更正申请以及政府信息与其自身相关且记录不准确的事实根据。

——《最高人民法院关于审理政府信息公开行政案件若干问题的规定》（2011年8月13日，法释〔2011〕17号）。

附录：最高人民法院法官著述

在政府信息公开行政诉讼中，原告的举证责任主要体现在以下几个方面：

1. 起诉被告对于信息公开申请不予答复的，原告要证明其提出申请的事实。这种举证责任一般被称为推进举证责任，是为了启动行政诉讼程序。

2. 起诉被告拒绝更正政府信息记录的，原告要证明被告提出的与其自身相关的政府信息记录何以不准确。在行政诉讼程序中，原告不仅要提出政府信息"不准确"的证据，还要证明这些证据其已经在行政程序中向行政机关提交。

3. 原告须证明其申请获取相关政府信息系根据自身生产、生活、科研等特殊需要。人民法院在对待原告对"三需要"的举证上，应当注意两点：首先，这种证明只是一种初步的证明，只要作出合理的说明即可，不能要求过于苛刻；其次，这种证明只关乎原告的胜诉权，也就是关系到其所申请获取的政府信息能否公开，是实体审理中解决的问题，而并不关乎其起诉权，不能把能够证明"三需要"作为其提起诉讼的条件。

4. 在一并提起的行政赔偿诉讼中，证明其受被诉政府信息公开行政行为侵害而造成损失的事实。原告的合法权益受到侵害的事实应当由原告证明，因为这既是原告的主张，也只有原告才能提供。

——李广宇：《政府信息公开诉讼》，法律出版社2009年版，第59页。

869. 信息公开负责人同意延期的决定是否可以不公开

关键词

信息公开　延期答复

最高人民法院裁判文书

戚某法、汪某明诉浙江省杭州市人民政府房屋拆迁信息公开案［最高人民法院（2016）最高法行申203号行政裁定书］

裁判要点：法院审理当事人申请信息公开被拒绝的案件，应当明确信息公开的前提是行政机关以一定形式记录、保存了该信息。若该行政机关未保存此信息，但能够确定该政府信息的公开机关的，应当告知申请人该行政机关的名称、联系方式。此外，需要延期答复的，应当经行政机关信息公开工作负责人同意并告知当事人，但负责人同意延期答复的决定，属于行政机关内部程序性行政行为，可以不公开给当事人。

最高人民法院认为：本案的争议焦点是再审被申请人杭州市政府作出的政府信息公开告知书是否符合《中华人民共和国政府信息公开条例》第二十一条第三项规定的不属于本行政机关公开或者该政府信息不存在的情形。

首先，《中华人民共和国政府信息公开条例》第二条规定的政府信息是指"行政机关在履行职责过程中制作或者获取的，以一定形式记录、保存的信息"，而针对再审申请人在本案中申请公开的"2008年杭州铁路东站枢纽建设涉及新风村（整村）征迁拆迁工程资金预算、资金来源及运用情况、工程拆迁资金拨付需用审定、审批情况等信息"，经原审法院查明，上述涉案工程系由杭州铁路及东站枢纽建设指挥部（原杭州市铁路投资有限公司）按照"自我筹资、自我建设、自我管理、自我还贷"的原则统一建设、开发和管理，故该信息的制作、保存单位为该指挥部，再审被申请人对于该信息不具有相应行政管理职责，亦没有制作或保存过相应信息。据此，被诉《政府信息公开告知书》中明确告知再审申请人其申请获取的信息不存在，并提示其可向上述单位咨询，符合《中华人民共和国政府信息公开条例》第二十一条第三项规定的"依法不属于本行政机关公开或者该政府信息不存在的，应当告知申请人，对能够确定该政府信息的公开机关的，应当告知申请人该行政机关的名称、联系方式"之精神，于法有据，并无不当。再审申请人主张依据《中华人民共和国政府信息公开条例》第十条第八项、第十一条第三项规定公开的"重大建设项目的批准和实施情况"和"征收或者征用土地、房屋拆迁及其补偿、补助费用的发放、使用情况"信息，系行政机关依职权应当主动公开的信息，但该条规定的前提是此类政府信息已由行政机关在履行职责过程中制作或者获取，且以一定形式记录、保存，而本案并无证据证明具备上述前提，因此，再审申请人此项理由，本院不予支持。

其次，再审被申请人延期答复程序符合法律规定。《中华人民共和国政府信息公开条例》第二十四条第二款① 规定"行政机关不能当场答复的，应当自收到申请之日起15个工作日内予以答复；如需延长答复期限，应当经政府信息公开工作机构负责人同意，并告知申请人，延长答复的期限最长不得超过15个工作日"，其中"经政府信息公开工作机构负责人同意"系指行政机关内部处理程序，并非须向申请人告知的内容。本案中，再审被申请人已经作出《政府信息公开告知书》邮寄送达给再审申请人，且再审被申请人从2014年10月16日收到申请至同年11月25日邮寄送达，其间已于11月5日作出相关告知书告知再审申请人延期答复情况，符合《中华人民共和国政府信

---

① 本条规定现为《中华人民共和国政府信息公开条例》第三十三条第二款。

息公开条例》规定的办理期限。对再审被申请人有关延期答复未提交负责人批准文件、未告知其延期理由等主张，本院不予支持。

——最高人民法院行政审判庭编：《最高人民法院行政裁判要旨及评述（第一卷）》，人民法院出版社 2019 年版。

870. 可分割性原则的适用

关键词

政府信息公开　可分割性原则　限期公开

最高人民法院司法解释

第九条第三款　人民法院经审理认为被告不予公开的政府信息内容可以作区分处理的，应当判决被告限期公开可以公开的内容。

——《最高人民法院关于审理政府信息公开行政案件若干问题的规定》（2011 年 8 月 13 日，法释〔2011〕17 号）。

最高人民法院司法政策精神

28. 不予公开信息案件审理和判决的有关问题

对于能够区分处理而没有区分处理的，人民法院可以在判决中指明需要区分的内容并责令被告重新作出处理。

——《最高人民法院办公厅关于印发〈行政审判办案指南（一）〉的通知》（2014 年 2 月 24 日，法办〔2014〕17 号）。

行政审判指导案例

赵某金诉上海市杨浦区房屋土地管理局信息公开案［行政审判指导案例第 25 号］

裁判要点：当事人申请公开的政府信息中同时包含可以公开和不应当公开内容且能够作区分处理的，行政机关应当在区分处理后公开可以公开的内容。未作区分处理，或者区分处理错误的，人民法院可以判决被告重作。

根据《中华人民共和国政府信息公开条例》第四条、《上海市政府信息公开规定》第五条之规定，被告负责本机关政府信息公开日常工作，故被告具有对本机关政府信息公开的职权。根据《中华人民共和国政府信息公开条例》

第二十二条[①]的规定"申请公开的信息中含有不应当公开的内容,但是能够区分处理的,行政机关应当向申请人提供可以公开的信息内容",被告可以根据原告的申请,对已获取的信息予以公开。因此被告作出的具体行政行为,适用法律不当,应予以撤销,并重新作出答复。

——江必新主编、最高人民法院行政审判庭编:《中国行政审判指导案例》(第1卷),中国法制出版社2010年版,第127页。

附录:最高人民法院法官著述

行政机关和法院在适用信息的可分割性原则时应当注意:

(一)可分割性原则适用于包含所有例外信息的文件,无论是涉及国家秘密,还是涉及商业秘密或个人隐私

关于涉及国家秘密信息的区分处理,国务院办公厅《关于施行〈中华人民共和国政府信息公开条例〉若干问题的意见》第七条规定:"对主要内容需要公众广泛知晓或参与,但其中部分内容涉及国家秘密的政府信息,应经法定程序解密并删除涉密内容后,予以公开。"从上述规定可以看出,国务院办公厅对此设定了两个条件:其一,区分处理的对象是"主要内容需要公众广泛知晓或参与,但其中部分内容涉及国家秘密的政府信息"。我们都知道,"需要社会公众广泛知晓或者参与的",属于《政府信息公开条例》第九条规定的行政机关应当主动公开政府信息的范围,那么,是不是说,在依申请公开政府信息时遇到此类情况就不能作区分处理呢?《政府信息公开条例》显然没有作出明确限定。其二,区分处理的手段是"经法定程序解密并删除涉密内容"。关于涉及个人隐私的政府信息的区分处理,依照国际上的做法,则可以通过删除姓名、生日及其他可以识别特定个人内容等部分来实现。

(二)判断信息能否分割的关键,是"能够作区分处理"

"区分",是指该部分信息内容可以区别于其他部分的信息内容;"处理",是指在技术方面两种信息可以相互分离。分割的方式可以是多种多样的。即如果文件中只是援引或引用了不予公开的信息,可以对信息进行重新处理或遮盖;如果申请人申请公开的只是一个文件中可以公开的部分,可以选择提供该部分内容。如果某一不应公开的政府信息在内容上无法区分,提供任何一部分都有可能使当事人获知整个信息的内容,则不能适用可分割性原则。

——李广宇:《政府信息公开诉讼》,法律出版社2009年版,第78~80页。

---

① 本条规定现为《中华人民共和国政府信息公开条例》第三十七条。

871. 政府信息公开诉讼消极不作为案件的判决方式

关键词

政府信息公开

最高人民法院司法解释

第十条 被告对原告要求公开或者更正政府信息的申请无正当理由逾期不予答复的,人民法院应当判决被告在一定期限内答复。原告一并请求判决被告公开或者更正政府信息且理由成立的,参照第九条的规定处理。

——《最高人民法院关于审理政府信息公开行政案件若干问题的规定》(2011年8月13日,法释〔2011〕17号)。

附录:最高人民法院主流观点

1. 本条第一句话适用中需要注意的问题是,法院在判决被告答复时应当指定期限,这个期限如何掌握?我们认为,按照《政府信息公开条例》第十八条[①]、第二十四条[②]和第二十六条[③]规定,具体分为以下几种情形:一是就是否公开被告能够当场答复的,可以判决立即公开。法律、法规对政府信息公开的期限另有规定的,从其规定。二是就是否公开被告不能当场答复的,法院可以指定最多不超过15个工作日内予以答复。三是就是否公开作出答复需要延长期限的,可以指定超过15个工作日的期限,但最多不能超过30个工作日。四是申请公开的政府信息如果涉及第三方权益需要征求其意见的,还可以再适当延长。五是申请更正政府信息的,相关法律、法规有规定的,依照其规定,没有规定的,根据申请事项的难易程度和处理程序的复杂程度(比如是否需要进行调查)确定合理的期限。

2. 本条第二句规定在适用中需要注意的主要有如下几个法院在审查中连续面对的问题:

第一,如何准确把握原告起诉理由成立的要件?我们认为,这是审理此类案件的关键所在。所谓起诉理由成立,相当于德国《行政诉讼法》上的诉的理由具备性,只有具备了诉的理由,原告的请求才能获得支持,并在判决方式上得到体现。比如,当事人提起撤销之诉,仅仅提出具体行政行为违法

[①] 本条规定现为《中华人民共和国政府信息公开条例》第二十六条。
[②] 本条规定现为《中华人民共和国政府信息公开条例》第三十三条。
[③] 本条规定现为《中华人民共和国政府信息公开条例》第四十条。

是不够的，还必须证明该行为侵犯了自己的合法权益。也就是说，撤销之诉获得成功需要上述两个理由。我国行政诉讼上并未对诉讼类型作出区分，但是判决方式的分类承载着与诉讼类型制度大致相当的功能。诉讼类型从诉讼启动就开始根据当事人的诉讼请求将其归入不同的种类，然后用不同的适法性条件和理由具备性、裁判时机成熟性去衡量，最后的结论是当事人提出的诉讼请求能否得到支持。此种方式的好处是为法院作出具体判决提供一个可靠的工作平台，有利于回应具体而微的权利救济需要。弱点在于由于不同诉讼类型之间通常不能转化，亦为权利救济带来一些不便，因此需要原告具有较高的法律素养。判决方式的区分则带更强的职权主义色彩，不是看当事人起诉时的具体请求是什么，而是看经过对具体行政行为的合法性审查之后，法院能作一个什么结论，至于这个结论能给当事人一种什么程度的救济，通常不会太受关注。比如，《行政诉讼法》第五十四条第三项规定的履行法定职责，在实践的运用中多为概括判决，而很少有具体判决。如果被告不作为是违法的，法院通常不会审查被告是否应当作为，处理结论自然也就无法具体。或者即便法院经审查认为应当作为，也不会直接判决被告作为。本条规定第二句话借鉴了诉讼类型理论中的理由具备性的成分，或者可以弥补现有制度的一些缺憾。参照有关理论，法院审查原告请求判决被告公开或者公开政府信息的理由是否成立一般从以下三个要件入手：不作为违法、权利侵害和裁判时机成熟性。

第二，对不作为违法性的判断。这里的不作为指的是实质不作为，也就是在法律上被告是否有权拒绝原告，对此作出判断则需要搞清楚如下几个几个问题：一是原告申请的信息是否属于政府信息。二是管辖权，主要看被告是否是公开此类政府信息的法定机关。三是公开信息的条件是否成熟。如果以上问题的答案都为肯定，则可以确认被告存在实质上的不作为，这是可以参照《最高人民法院关于审理政府信息公开行政案件若干问题的规定》第九条规定的重要理由。如果任何一个问题为否定，则不构成不作为。比如，原告申请公开的信息不是政府信息，被告不是公开信息的法定机关，或者尚未经有关机关批准或确认，被告的不予答复就仅停留在形式层面，而不构成实质不作为。

第三，对权利侵害的判断。从《行政诉讼法》第二条规定可以看出，行政诉讼制度以保护个人利益为依归。据此，如果原告主张的利益是他人利益，自然不会受到《行政诉讼法》的保护。问题是如果原告主张的是公益，其作为公益一分子提起诉讼，是否可以受到保护。如果原告申请查询的信息与其个人生活没有任何关系，完全出自维护公益的需要，是否能够得到支持。我们认为，按照公益诉讼重要性，其创设应当通过最高立法机关制定法律，尤其是在现行《行政诉讼法》以救济个体利益为依归的情况下。不过，需要注意到，存在一个如何解读个体利益的问题。《行政诉讼法》第二条规定的行政诉讼法保护的个体利益范围，法律的用词是"合法权益"这样一个范围很大的概念，但是第十一条第八项兜底规定中的"认为行政机关侵犯其他人身权、财产权"，又使得"侵犯人身权、财产权"似乎成了可诉具体行政行为的定语，由此引起了无穷的争论。长期以来，司法实践在这个问题上虽然较为保守，但仔细观察可以看到其小步快跑，随着社会发展而循序渐进不断发展的历程。起初，《行政诉讼法》保护的权利范围仅限于人身权和财产权，只有这两种权利受到行政行为的侵害，才可以启动行政诉讼程序（不作为案件中，权利性质或许并不影响起诉的可诉性，但却会影响理由具备性判断），这是符合当时的实际的，与当时处在计划经济向市场经济转型，生存为人民第一需要的发展阶段相合拍。2000年以后，我国逐步进入小康社会，社会需要多元化，人们不仅要生存，更要发展，教育权、劳动权、休息权的重要性越来越凸显，司法保护的需要越来越强烈，原来司法政策的不合时宜也越来越明显。法院对于社会需要的反应是敏感的，学生起诉高等学校拒绝颁发学位证书或者毕业证书的案件、公民起诉公务员招考中歧视行为的案件、职工起诉劳动部门工伤认定行为的案件陆续进入司法审查的门槛。结合法律规定和行政诉讼制度的发展趋势，我们认为：（1）行政审判应当给予知情权尽可能大的保护。在经济不断发展、社会迅速转型的情况下，法律滞后于现实在所难免；而在修改法律又有很大难度的背景下，法院应当基于能动司法的原则，尽量把法律的弹性用足，在解释法律时尽可能采取积极有效的解释方法，以符合实践的需要。（2）《政府信息公开条例》并不排斥知情权的司法保护。该《政府信息公开条例》第三十三条第二款[①]规定："公民、法人或者其他组织认为行政机关在政府信息公开工作中的具体行政行为侵犯其合法权益的，可以依法申请行政复议或者提起行政诉讼。"该《政府信息公开条例》中的"合法权益"显然包括知情权，故此，将知情权纳入行政诉讼保护的权利范围。应当说该法第二条规定的"合法权益"显示出受到保护的利益之内容具有较高的弹性系数。虽然该法第十一条第一款把保护范围聚集在人身权和财产权领域，但是该条第二款规定："除前款规定外，人民法院受理法律、法规规定可以提起诉讼的其他行政案件。"应当说，上述规定为法院的司法政策留下了足够的选择空间，也为法律在不进行修改的前提下留下了宝贵的发展余地。涉及人身权、财产权之外其他权利如受教育权、劳动权、休息权的具体行政行为纳入行政诉讼受案范围，正是利用了这一空间，在条件成熟时，知情权当然也可以利用这一空间纳入司法保护范围。（4）知情权的司法保护程度应当随着社会各方面发展水平逐步提高。目前来看，涉及"三需要"的知情权属于司

---

① 本条规定现为《最高人民法院关于审理政府信息公开行政案件若干问题的规定》第五十一条。

法保护的范围应无疑问，但对其他情形尤其是没有任何个人需要的纯粹程序意义上的"知情权"，司法仍应持慎重态度。

第四，裁判时机成熟性的判断。参照《信息公开若干规定》第九条规定，裁判时机成熟性取决于两个因素：一是是否需要经过调查；二是是否有裁量空间。如果两个问题当中有一个以上的答案是肯定的，则基于尊重行政机关首次判断权的考虑，应当交给被告在进行调查和裁量之后作出判断，法院不宜直接作出具体判决；如果答案都是否定的，则裁判时机成熟，法院可以直接判断并作出具体判决。

——江必新主编：《〈最高人民法院关于审理政府信息公开行政案件若干问题的规定〉理解与适用》，中国法制出版社2011年版，第141~144页。

872. 对反信息公开诉讼的审查

关键词

反信息公开行政诉讼　不公开审理

最高人民法院司法解释

第十一条　被告公开政府信息涉及原告商业秘密、个人隐私且不存在公共利益等法定事由的，人民法院应当判决确认公开政府信息的行为违法，并可以责令被告采取相应的补救措施；造成损害的，根据原告请求依法判决被告承担赔偿责任。政府信息尚未公开的，应当判决行政机关不得公开。

诉讼期间，原告申请停止公开涉及其商业秘密、个人隐私的政府信息，人民法院经审查认为公开该政府信息会造成难以弥补的损失，并且停止公开不损害公共利益的，可以依照《中华人民共和国行政诉讼法》第四十四条的规定，裁定暂时停止公开。

——《最高人民法院关于审理政府信息公开行政案件若干问题的规定》（2011年8月13日，法释〔2011〕17号）。

最高人民法院司法政策精神

28. 不予公开信息案件审理和判决的有关问题

行政机关以申请公开的信息属于国家秘密、商业秘密、个人隐私或者危及"三安全一稳定"为由不予公开的，应当证明申请公开的信息符合《保密法》《不正当竞争法》以及其他相关法律规范规定的要件。

——《最高人民法院办公厅关于印发〈行政审判办案指南（一）〉的通知》（2014年2月24日，法办〔2014〕17号）。

行政审判指导案例

徐某华诉江苏省靖江市人民政府信息公开案[行政审判指导案例第23号]

> 裁判要点：信息公开是《中华人民共和国政府信息公开条例》规定的政府法定义务。信息公开以公开为原则，不公开为例外。除行政机关主动公开的政府信息外，公民、法人或者其他组织还可以根据自身需要，依法申请公开相关信息。申请人对行政机关不履行公开义务或拒绝公开政府信息的行为可依法提起行政诉讼。相关权利人有反信息公开权。法院经审查认为反信息公开理由不成立的，可以判令行政机关依法公开。

本案的争议焦点是：（1）238号、149号文件是否应该公开，即该信息是否属于法定应予公开的信息或与徐某华自身的生产、生活、科研等特殊需要具备相关性的信息。（2）第三人的反信息公开权是否应当予以支持。

一、关于238号文件是否存在的问题。经二审法院依职权调查，2002年靖城镇人民政府以靖镇政府发文号发文的共149件，未发现有编号为238号文件。上诉人仅提供一份《情况说明》证明238号文件存在，无其他证据佐证，以现有的证据认定238号文件存在，证据不足，且二审法院经多方调查，亦未查找到该文件。故对该信息行政机关不具有公开义务。一审法院认定无编号为238号文件，判决驳回上诉人的请求正确。关于149号文件是否应该公开的问题。政府信息公开的基本原则是，以公开为原则，以不公开为例外。对法定应该主动公开的信息，政府应当主动公开，对未主动公开的信息，除非具有法定不予公开的理由，一旦公民、法人或者其他组织提出获取相关政府信息的申请，行政机关要予以公开。通过审查149号文件的内容，149号文件是政府对暖通厂处置债权债务请示的批复。根据《政府信息公开条例》第十二条①的规定，乡（镇）人民政府应当依照该条例第九条的规定，在其职责范围内确定主动公开的政府信息的具体内容，并重点公开乡（镇）的债权债务、筹资筹劳情况，乡镇集体企业及其他乡镇企业的资产处置信息，政府应当主动公开。且该信息与徐某华的民事诉讼具备关联，属于因自身生产、生活、科研等特殊需要可以申请公开的信息。徐某华与暖通厂有债权债务关系，该文件直接涉及暖通厂的资产处置，与徐某华的债权能否得到实现具备关联性，故该信息属于依申请应公开的信息范围。靖江市人民政府以申请公

---

① 本条规定现为《中华人民共和国政府信息公开条例》第二十一条。

开的信息与徐某华无关为由拒绝向徐某华公开149号文件无法律依据。原审法院认为徐某华要求公开的文件对徐某华的生活、生活不产生实际影响，因而对其要求法院判令靖江市人民政府公开信息的请求不予支持，该观点有失妥当，应依法予以纠正。

二、关于本案149号文件第三人的反信息公开权问题。《政府信息公开条例》第二十三条①规定："行政机关认为申请公开的政府信息涉及商业秘密、个人隐私，公开后可能损害第三方合法权益的，应当书面征求第三方的意见；第三方不同意公开的，不得公开。"法院依法保护第三人的反信息公开权，但反信息公开权的行使需有事实和法律依据支撑。依照《中华人民共和国反不正当竞争法》第十条第二款②规定，商业秘密是指不为公众所知悉、能为权利人带来经济利益、具有实用性并经权利人采取保密措施的技术信息和经营信息。经法院审查，149号文件的内容不具备商业秘密的特征。149号文件内容是暖通厂资产处分有关情况，并非某一个人的个人事务、个人领域的隐秘信息。文件内容不属于法定的个人隐私范畴。因此149号文件相关权利人的反信息公开理由不能成立。关于徐某华要求靖江市人民政府赔偿其因聘请律师协助申请政府信息公开而额外支付的100元的请求，因该请求不属于《中华人民共和国赔偿法》规定的行政赔偿财产损失的范围，其请求缺乏事实和法律依据，原审法院判决驳回其诉讼请求正确，应予维持。

——江必新主编、最高人民法院行政审判庭编：《中国行政审判指导案例》(第1卷)，中国法制出版社2010年版，第117~118页。

周某倩诉上海市人力资源和社会保障局政府信息公开决定案［行政审判指导案例第76号］

裁判要点：行政机关以危及社会稳定为由作出不予公开政府信息决定，其理由应当具有充分的说服力。人民法院应当对行政机关所持理由是否合理、充分进行审查，防止行政裁量权的滥用。

因被上诉人周某倩提出申请时2008年度的卫生系列高级职称评定工作已经结束，故向被上诉人公开2008年度专家名单对2008年评审工作已无影响。高评委成员的投票情况、评审意见不得向任何人泄露，参评人员知晓评委名单不等同于知晓评委的投票情况和评审意见，上诉人上海市人保局关于公开评委名单可能引发打击报复的理由缺乏依据。虽然抽取高评委成员时上

---

① 本条规定现为《中华人民共和国政府信息公开条例》第三十二条。
② 本条规定现为《中华人民共和国反不正当竞争法》(2019年修正)第九条第四款。

一年度的成员应保留二分之一，但由于每年高评委均由几十名专家组成，即使公开上一年度专家名单，具体哪些专家保留至下一年度仍不确定。在评审过程中，得到执行委员三分之二以上赞成票的申报对象才能通过审定，参评人员以向个别评委打招呼的方式通过评审的可能性不大，上诉人关于公开专家名单不利于后两期评审工作开展的理由依据不足。况且，即使发生有申报对象以非正常手段通过审定的情况，亦不足以提升到影响社会稳定的层面。故上诉人以公开可能危及社会稳定为由，拒绝向被上诉人公开高评委组成人员的信息，依据不足。上诉人负有监督检查卫生系列高级专业技术职务任职资格评审程序、公示评审结果的职责，上诉人亦称曾派工作人员到2008年度的评审现场监督评审过程，对评审通过的人员名单进行上网公示，故被上诉人申请公开的评审经过和评审结果应属上诉人的职权范围，上诉人认为其未制作过评审经过的政府信息，亦未获取高评委制作的包括具体评审投票表决过程及最终评审结果的信息，该理由与上诉人所作答复的内容并不一致。综上，上诉人所作答复认定事实不清、适用法律错误，二审判决驳回上诉，维持原判。

——江必新主编、最高人民法院行政审判庭编：《中国行政审判案例》（第2卷），中国法制出版社2011年版，第221页。

附录：最高人民法院主流观点

本条在司法适用中主要针对的是政府在信息公开领域的"乱作为"，所涉及的司法实务方面的问题主要有：

一、法院对成熟性原则的把握

成熟性原则指："法院在行政机关走完全部过程作出最后决定以前，通常不加干涉"，也就是"要以最后决定作为司法审查成熟的标准"。该原则对反信息公开诉讼案件而言，主要涉及法院受理问题。通常，一般的信息公开诉讼案件所体现的是政府不履行法定职责（不作为）或者履行法定职责中存在违法或瑕疵，相对人基于其提出申请而行政机关逾期不答复，或者对行政机关作出的答复存在异议而提起诉讼。其起诉前提都是行政机关有明确的不作为或者作为的行为表现（如答复行为等）。而对于反信息公开诉讼而言，这个前提就非常模糊。虽然在有些情况下，存在行政机关经过一系列通知、征求意见、利益平衡等程序后，作出一个公开决定并书面通知第三方，但还有很多情形诸如行政机关主动公开或者在公开之前未作出相关决定或发出相关通知等，此时，如何把握起诉时机显得十分关键。对权利人而言，只要认为公开或决定公开的内容涉及其商业秘密、个人隐私、即可以向法院提起行政诉讼。对人民法院而言，结合《最高人民法院关于审理政府信息公开行政案件若干问题的规定》（以下简称《信息公开若干规定》）本条规定看，判断案件是否成熟的标准并非简单地看政府信息是否已经公开，或者公开之前是否存在某个固定格式化的决定或通知。而是只要权利人有证据证明其已经获悉政府已公开或决定公开相关信息时，同时综合考量是否存在一旦公开该信息，可能会对申请人权利义务产生实际影响，依此决定是否受理、审查该案。其主要依据之一是 2000 年《最高人民法院关于适用〈中华人民共和国行政诉讼法〉的解释》（以下简称《若干解释》）第一条。

《若干解释》第一条第二款[①]规定："公民、法人或者其他组织对下列行为不服提起诉讼的，不属于人民法院行政诉讼的受案范围：……（六）对公民、法人或者其他组织权利义务不产生实际影响的行为。"换言之，能够产生实际影响的行为可能属于受案范围。何谓"不产生实际影响"，主要指还没有成立的行政行为以及还在行政机关内部运作的行为等，其精神实质与"成熟性原则"有一定共通性。但对于反信息公开诉讼而言，为防范权益侵害扩大化，在信息公开之前，即给予权利人相对宽松的诉权，是符合该项制度发展趋势的，法院对此应当拥有一定的裁量权。如果政府作出一个公开决定，并通知了第三方，第三方如不加阻止，就会对其权利产生不利影响，其与行政机关之间已经存在一个争端，应当属于寻求司法审查的时机已经"成熟"。《信息公开若干规定》第二条规定的几种不予受理的情形中第一项为"因申请内容不明确，行政机关要求申请人作出更改、补充且对申请人权利义务不产生实际影响的告知行为"，此规定也反映出原告在相关诉讼中申请内容应明确，同时，也必须符合《行政诉讼法》第四十一条规定的"有明确的被告""有具体的诉讼请求和事实依据"等法定条件。人民法院在司法实践中应注意灵活把握"成熟性原则"。

二、第三方提起诉讼的事由认定

在反信息公开诉讼中，除了因行政机关主动公开信息而认为自己权益受损的受害人可以提起行政诉讼外，因申请人申请行政机关公开相关信息，第三方认为涉及自身的商业秘密和个人隐私的，也可能以行政机关为被告提起行政诉讼。实践中，需注意把握第三方提起行政诉讼的相关事由：首先，如果把行政机关给予第三方的书面通知看作一个具体的行政行为，那么，第三方就是具体行政行为的直接对象，这是最典型的行政诉讼原告。其次，如果认为行政机关作出的公开政府信息决定直接针对的对象是信息申请人，那么，当第三方认为该信息公开后可能损害其合法权益时，第三方也处于合法权益受到不利影响的具体行政行为的间接相对人地位，也就是其与具体行政行为有法律上的利害关系，同样具有原告资格。最后，如果第三方认为该信息涉

[①] 本条规定已被《最高人民法院关于适用〈中华人民共和国行政诉讼法〉的解释》（法释〔2018〕1 号）第一条第二款代替。

及其商业秘密，公开后可能侵害其公平竞争权，还可以依照《若干解释》第十三条第一项的有关"被诉的具体行政行为涉及其相邻权或者公平竞争权的"规定，以被诉的具体行政行为涉及其公平竞争权为由，依法提起行政诉讼。

三、区分情况公开的信息涉及商业秘密、个人隐私的处理

按照《信息公开若干规定》的精神，政府信息有时表现为一揽子或包含多个信息的某一类信息，在一定情况下可以作区分处理，即根据具体情况，有的可以公开，有的不可以公开。根据2007年《政府信息公开条例》第二十二条规定，"能够作区分处理"是判断信息能否区分处理并公开的关键。"处理"是指在技术上两种信息可以相互分离。分割的方式包括整体与整体的分割及部分与整体的分离。如果两种信息独立成体，可进行整体与整体的分割，这时从形式上讲选择公开的只是部分文件；如果两种信息不能独立成体，但可以通过遮盖等方式实现免于公开信息部分与整体的剥离，这时尽管从形式上讲公开的是整个文件，但内容本身存在缺少。而一旦出现公开的部分信息侵害公民、法人和其他组织的商业秘密、个人隐私且不存在公开利益等法定事由的情形，则可能涉及责任追究与赔偿。

2007年《政府信息公开条例》第十四条①第四款规定："行政机关不得公开涉及国家秘密、商业秘密、个人隐私的政府信息。"其中当然包括了行政机关主动或应申请人申请而公开的可区分情形下的部分信息。对此，我们认为，决定公开此种信息的主体是行政机关，对于权利人就此而提起的诉讼，人民法院应当严格按照本条的规定作出处理，由决定公开政府信息的行政机关承担赔偿责任。

四、对实体和程序问题的审查重点

反信息公开诉讼中对实体问题的审查重点在于已公开或决定公开的信息是否涉及商业秘密、个人隐私、不公开是否可能对公共利益造成重大影响。这些是法院最终是否公开该信息以及已公开的行为是否合法的关键因素。在实践当中应当围绕此重点作出审查。

而在反信息公开诉讼中对程序问题的司法审查，同样也关系到政府信息公开行为是否合法有效。其中，涉及程序合法性最主要的判断依据是2007年《政府信息公开条例》第二十三条②针对第三方权益的保护性规定，即"行政机关认为申请公开的政府信息涉及商业秘密、个人隐私、公开后可能损害第三方合法权益的，应当书面征求第三方的意见；第三方不同意公开的，不得公开。但是，行政机关认为不公开可能对公共利益造成重大影响的，应当予以公开，并将决定公开的政府信息内容和理由书面通知第三方"。其中，书面

---

① 本条规定现为《中华人民共和国政府信息公开条例》第十四条、第十五条。
② 本条规定现为《中华人民共和国政府信息公开条例》第三十二条。

征求第三方意见,应是行政机关的必经程序,如果第三方不同意而行政机关予以公开,则该公开行为可能构成违法(除非存在其后但书中规定的"不公开可能对公共利益造成重大影响"的情形)。而对于行政机关主动公开某项信息或者行政机关虽基于申请人申请而公开,但原本就认为某项信息并不涉及商业秘密、个人隐私,但在后来权利人提起的诉讼中法院认为属于商业秘密、个人隐私等情形的,法院不应以行政机关未履行通知或征求意见义务为由而确认公开信息行为违法,但可以通过则认定公开信息行为违法。

五、证据审查与判决方式的把握

司法实践中,反信息公开诉讼案件很少,多表现为信息公开诉讼案件。就证据审查而言,法院主要是审查行政机关在诉讼中向法院提交的证据,依据《行政诉讼法》《若干解释》以及《最高人民法院关于行政诉讼证据若干问题的规定》作出审查。这方面,国外的一些有益经验可资借鉴。如美国法院通常认为,一般情况下,应当根据行政机关作决定时的行政记录作出判断,因为行政机关在决定公开保密文件以前,已经存在大量的行政记录,可以作为司法审查的根据,只在行政记录非常不完备时,才适用重新审理的证据标准。

实践中需加以注意的是,在作出确认公开相关信息行为违法后,通常应当进一步判决行政机关采取相应补救措施。虽然在实践中,行政机关在决定公开某项信息时,通常要比不公开某项信息更为审慎,因此产生的反信息公开诉讼的情形相对较少,但一旦公开后已经造成或尚未造成不良损害时,须采取相应的补救措施。如从公开的媒介中及时删去,在已经公开的区域内作出说明或采取后续应对措施(如赔礼道歉、消除影响等)。法院需注意的是不能只作出判决确认公开政府信息行为违法,通常还需要责令被告采取补救措施。如在某市一起案件中,法院针对该市某区房屋土地管理局在公布某项目的拆迁补偿安置资金证明过程中,将拆迁人的月均营业收入、净资产情况、竞标情况、财务情况等一并在政府网站上公开的做法,最终作出确认部分公开行为违法的判决。从救济的全面合理性而言,还有必要在判决中要求行政机关采取相应的补救措施更为适宜。

此外,在目前倡导的服务行政、阳光政府的理念之下,各级政府及其部门在其职责范围内积极主动公开相关信息的总趋势是正确的,应当予以提倡和鼓励。法院不能因过度审查而抑制这种良性导向。对于可能涉及商业秘密、个人隐私事宜,要在依法严格审查的同时,对法定范围的主动公开相关政府信息的行为予以有效保障。

——江必新主编:《〈最高人民法院关于审理政府信息公开行政案件若干问题的规定〉理解与适用》,中国法制出版社2011年版,第159~163页。

873. 政府信息公开行政案件判决驳回原告诉讼请求的情形

关键词

反信息公开行政诉讼　举证责任

最高人民法院司法解释

第十二条　有下列情形之一，被告已经履行法定告知或者说明理由义务的，人民法院应当判决驳回原告的诉讼请求：

（一）不属于政府信息、政府信息不存在、依法属于不予公开范围或者依法不属于被告公开的；

（二）申请公开的政府信息已经向公众公开，被告已经告知申请人获取该政府信息的方式和途径的；

（三）起诉被告逾期不予答复，理由不成立的；

（四）以政府信息侵犯其商业秘密、个人隐私为由反对公开，理由不成立的；

（五）要求被告更正与其自身相关的政府信息记录，理由不成立的；

（六）不能合理说明申请获取政府信息系根据自身生产、生活、科研等特殊需要，且被告据此不予提供的；

（七）无法按照申请人要求的形式提供政府信息，且被告已通过安排申请人查阅相关资料、提供复制件或者其他适当形式提供的；

（八）其他应当判决驳回诉讼请求的情形。

——《最高人民法院关于审理政府信息公开行政案件若干问题的规定》（2011年8月13日，法释〔2011〕17号）。

附录：最高人民法院主流观点

一、重视举证责任的合理分配

举证责任分配是采用驳回原告诉讼请求判决方式的重要考虑因素。政府信息公开行政诉讼的核心问题，就是解决政府信息能不能公开的问题。而政府信息掌握在行政机关手中，只有行政机关知道文件的内容和性质，通常情况下，被告拒绝向原告提供政府信息的，应当对拒绝的根据以及履行法定告知和说明理由义务的情况举证。如行政机关主张政府信息涉及国家秘密，就要提供证据证明政府信息已经依照法定程序确定为国家秘密，或者能够提供属于国家秘密的审查、确认结论。对于涉及商业秘密、个人隐私等情形，也是如此。《最高人民法院关于审理政府信息公开行政案件若干问题的规定》第五条专门就举证责任分配作出相应规定，对于举证责任有明确划分的，法院可以根据双方履行举证义务的情况作出是否采取驳回诉讼请求的判决形式，但应切忌过于武断。其中，应当重点把握第五条第五款针对实践中行政机关常常以政府信息不存在为由拒绝公开的情形，即被告主张政府信息不存在的，原告能够提供该政府信息系由被告制作或者保存的相关线索的，可以申请人民法院调取证据。法院认为必要时，可以调取相关证据，而非简单地以信息不存在为由驳回原告的诉讼请求。

二、正确理解行政机关告知或说明理由义务的履行

本条明确规定了适用驳回原告诉讼请求判决形式的前提是"被告已经履行法定告知或者说明理由义务"，该规定在司法实践中应当根据实际情况具体作出判断，前文已作了较为详细的分析。实践中，在公开信息的相关主体方面，还存在对能够确定该政府信息的公开机关但行政机关没有正确告知的情形。《政府信息公开条例》第二十一条第三项规定："依法不属于本行政机关公开或者该政府信息不存在的，应当告知申请人，对能够确定该政府信息的公开机关的，应当告知申请人该行政机关的名称、联系方式。"对于该条中规定的不属于本行政机关公开但能够确定该政府信息的公开机关的情形，我们认为，如果行政机关未告知或未正确告知的，法院应区分不同情况给出判决结果。首先，要通过庭审查明被告在原告申请时已经知道或者已经能够确定公开义务主体，有时相对困难，除非被告自己在庭审中承认。其次，如果被告因在庭审中自认能够确定该政府信息的公开机关而被判决败诉，则会反向导致被告在今后的庭审中或者在答复时一概不承认能够确定相关公开义务主体的事实前提，以避免败诉。因为法院判决的导向应有利于行政机关更好地履行公开义务和便民义务，如果一个判决反而导致被告规避便民义务的履行，则该判决就难以达到预期的社会效果。对此，在一些案件中，可以作为行政瑕疵加以指出，要求行政机关引以为戒，同时，在一些案件中，可以作为行政瑕疵加以指出，要求行政机关引以为戒，同时，可以采取驳回原告诉讼请求的判决方式，而非判决确认被告具体行政行为违法。

三、有效防范和应对诉权滥用

实践中有少数起诉人出于各种非理性动机，如一人提起数十、数百起信息公开诉讼，多人就同一信息反复、多次分别提起诉讼，或是干扰法庭秩序等等。对于此类权利滥用的情形，现行法律未规定具体制裁措施，实践中尚未建立防范机制。需要在现行法律规定框架中，采取合理应对方法：

（一）严格起诉审查

对主观上滥用诉权意图较明显，客观上又有不当言行和对立情绪，且缺乏合理诉讼理由，又不理会法院的释明和建议，对诉讼请求不加明确解释和说明等，立案时需慎重审查和对待。若根据《行政诉讼法》和相关司法解释

不符合受理条件的，依法裁定不予受理或驳回起诉。

（二）加重举证责任

一是对法律和司法解释有明文规定的，要善于充分运用。如对当事人申请的事实、内容和理由进行仔细审查，必要时要求其对申请内容作明确解释和举证；此外，对于被告答复信息不存在或不掌握的案件，如果发现有诉权滥用之嫌，可要求当事人对其相反主张提供相应证据。二是法律和司法解释没有规定的，要合理加重被怀疑对象的举证责任。这实际上也是提高滥用诉权者的诉讼门槛，即使因法律缺失而使法官不能明确和加以制裁，也可以在一定程度上有效防范非理性诉讼。

（三）掌控程序节奏

一是庭前组织当事人充分开示证据，防止证据突袭，使法庭陷于被动。二是严格举证期限，对过期举证（无合理解释）一般不予采纳。虽然《最高人民法院关于行政诉讼证据若干问题的规定》对原告举证期限的规定较被告宽泛，但如果有充分理由怀疑当事人有滥用诉权的可能，就可以对举证期限加以严格限制。

（四）强化职权取证

在引入当事人主义的现行诉讼模式下，不能过于弱化法官职权。在当事人滥用诉权情况下，法官应当有意识地主动行使职权调查，以发现真实和避免错误。对依职权调取证据作从宽解释，允许法官强化职权调查，查明案件事实和背景情况，可根据需要在原告诉请、当事人争议焦点和合法性审查要件之外进行必要的调查，争取主动，必要时采取驳回原告诉讼请求的判决形式，有效预防和阻止滥用诉权的情况发生。

（五）重视化解争议

当事人往往就其他有关问题提起行政或民事诉讼，构成双重或多重诉求，主要涉及房屋拆迁、规划、劳动保障和环保等。应注意了解当事人所追求的真实利益，加强法律释明工作，在可能情况下尽力解决其实际困难，消除对立情绪，对条件成熟时当事人主动撤诉的，给予一定支持，从而促进当事人更加理性地主张合法权益。

——江必新主编：《〈最高人民法院关于审理政府信息公开行政案件若干问题的规定〉理解与适用》，中国法制出版社2011年版，第177~182页。

874. 会议纪要信息应否公开

关键词

会议纪要信息

最高人民法院裁判文书

再审申请人周某梅诉武汉市汉阳区人民政府信息公开案〔最高人民法院（2017）最高法行申1310号行政裁定〕

裁判要点：会议纪要是适用于记载会议主要情况和议定事项的一种公文类型，因此会议纪要属于行政机关内部公文，具有过程性和决策性的特点。尽管《政府信息公开条例》第十四条第四款中规定"行政机关不得公开涉及国家秘密、商业秘密、个人隐私的政府信息"，但并不意味着不予公开的范围仅限于"涉及国家秘密、商业秘密、个人隐私的政府信息"。从世界范围看，内部信息、过程信息、决策信息通常被列为可以不公开的情形。

最高人民法院认为：本案中再审申请人向汉阳区政府申请公开的政府信息为"鹦鹉洲项目剩余拆迁工作指挥部第34期会议纪要"。根据《党政机关公文处理工作条例》第八条第十五项的规定，会议纪要是适用于记载会议主要情况和议定事项的一种公文类型，因此会议纪要属于行政机关内部公文，具有过程性和决策性的特点。尽管《政府信息公开条例》第十四条第四款中规定"行政机关不得公开涉及国家秘密、商业秘密、个人隐私的政府信息"，但并不意味着不予公开的范围仅限于"涉及国家秘密、商业秘密、个人隐私的政府信息"。从世界范围看，内部信息、过程信息、决策信息通常被列为可以不公开的情形。这些信息普遍具有"内部性"和"非终极性"的特点，属于"意思形成"的信息，一旦过早公开，可能会引起误解和混乱，或者妨碍坦率的意见交换以及正常的意思形成，从而降低政府效率。这类信息免于公开，目的是保护政府决策过程的完整性，鼓励政府官员之间的相互讨论，并防止在决定作出以前不成熟地予以公布。《政府信息公开条例》虽然对内部信息、过程信息、决策信息没有作出明确规定，但《国务院办公厅关于做好政府信息依申请公开工作的意见》（国办发〔2010〕5号）第二条中规定："行政机关在日常工作中制作或者获取的内部管理信息以及处于讨论、研究或者审查中的过程性信息，一般不属于《条例》所指应公开的政府信息。"根据《政府信息公开条例》第三条第二款规定，"国务院办公厅是全国政府信息公开工作的主管部门，负责推进、指导、协调、监督全国的政府信息公开工作"，上述意见在性质上属于全国政府信息公开工作主管部门对《政府信息公开条例》的具体应用解释，且该解释符合国际通例，也有利于兼顾公开与效率的平衡。本案中，因再审申请人申请公开的"会议纪要"具有内部性、过程性等特点，汉阳区政府在说明理由的基础上不予公开，并无不当。一审法院判决驳回再审申请人的诉讼请求，二审法院判决驳回上诉，亦无不妥。再审申请人的再审理由不能成立，本院不予支持。

——中国裁判文书网。

875. 内部信息、过程信息、决策信息不予公开的理由

关键词

内部信息　过程信息　决策信息

最高人民法院裁判文书

张某等八人诉北京市人民政府政府信息公开、行政复议案［最高人民法院（2016）最高法行申 2769 号行政裁定书］

裁判要点：从世界范围来看，内部信息、过程信息、决策信息通常被列为可以不公开的情形。这些信息普遍具有"内部性"和"非终极性"的特点，属于"意思形成"的信息，一旦过早公开，可能会引起误解和混乱，或者妨害率直的意见交换以及正常的意思形成。《政府信息公开条例》虽然没有明确对此作出规定，但国办发5号文第二条第二款规定："行政机关在日常工作中制作或者获取的内部管理信息以及处于讨论、研究或者审查中的过程性信息，一般不属于《政府信息公开条例》所指应公开的政府信息。"这一解释性规定符合国际通例，也有利于兼顾公开与效率的平衡。

最高人民法院认为：本案的核心问题是再审被申请人北京市政府对再审申请人张某等八人作出的 164 号告知书是否合法。依照《政府信息公开条例》第二条的规定，政府信息是指行政机关在履行职责过程中制作或者获取的，以一定形式记录、保存的信息。根据这一定义，政府信息包括一切记载信息的载体，并非只有形成正式文件的才构成政府信息。构成政府信息，也未必须具备正式性、准确性和完整性。一审法院认为，履行职责的过程应指履行法定具体职责的过程。行政机关在工作中进行研究、讨论、审查、内部管理等活动，虽属于其工作范围，但若没有明确的具体职责依据，则不宜笼统地将行政机关所有工作活动都纳入其履行具体职责的范围之内。这种说法是对《政府信息公开条例》所指"履行职责过程"的限缩性解释。一审法院进而认为再审申请人申请获取的信息"并非北京市政府履行法定具体职责过程中制作或者获取的信息"，也有混淆政府信息和不应公开的政府信息这两个概

念的嫌疑。但是，这也不是说凡行政机关在履行职责过程中形成的政府信息都必须公开。从世界范围来看，内部信息、过程信息、决策信息通常被列为可以不公开的情形。这些信息普遍具有"内部性"和"非终极性"的特点，属于"意思形成"的信息，一旦过早公开，可能会引起误解和混乱，或者妨害率直的意见交换以及正常的意思形成。《政府信息公开条例》虽然没有明确对此作出规定，但国办发5号文第二条第二款规定："行政机关在日常工作中制作或者获取的内部管理信息以及处于讨论、研究或者审查中的过程性信息，一般不属于《政府信息公开条例》所指应公开的政府信息。"这一解释性规定符合国际通例，也有利于兼顾公开与效率的平衡。本案中，北京市领导对北京市海淀区北部地区开发建设工作所作批示，就具有"内部性"和"非终极性"的特点，再审被申请人在说明理由的基础上不予公开，并无不妥。再审申请人称，再审被申请人未提供案涉信息属于讨论、研究或者审查中的过程性信息的事实方面的证据。本院认为，政府信息的性质及其是否属于公开例外的判定，是一个法律问题，而非事实问题，人民法院能够依职权作出认定。再审申请人还主张，北京市海淀区北部办答复为"不存在"，对同一政府信息，行政机关作出两种认定，明显矛盾。对此本院认为，北京市海淀区北部办因为并不保存北京市领导的相关批示，只能答复政府信息不存在。再审被申请人保存该信息，知道该政府信息的性质，所以答复为不属于《政府信息公开条例》规定的应予公开的政府信息。两个机关的答复系从各自的立场和实际出发，并不构成相互矛盾。

——中国裁判文书网。

876. 经过评阅的高考试卷属于政府信息

关键词

政府信息公开　经过评阅的高考试卷　密级规定

行政审判指导案例

谷某某川诉北京教育考试院不服不予以公开高考试卷案［行政审判指导案例第97号］

裁判要点：人民法院针对涉及国家秘密的政府信息进行司法审查时，应当依据各相关领域的密级规定对政府信息是否涉密进行形式审查。经过评阅的高考试卷属于政府信息，行政机关主张政府信息涉及国家秘密且有确实充分的证据以及法律规范依据的，人民法院应予支持。

根据《中华人民共和国教育法》第二十条以及1996年3月13日北京市机构编制委员会京编委〔1996〕2号《关于市教委成立北京教育科学研究院、北京教育考试院、北京教育音像报刊总社的批复》的相关规定，北京教育考试院作为全市教育考试的主管部门具有负责北京市高考相关的考试考务工作的法定职权。《密级规定》第三条第三项第3目规定，国家教育全国、省级、地区（市）级统一考试在启用之后的评分标准属于秘密级事项。同时，该规定第五条第五项规定，考试后不应公开的试题和考生试卷以及考生的档案材料只限一定范围的人员掌握，不得擅自扩散和公开。《政府信息公开条例》第十四条亦规定，涉及国家秘密的政府信息不得公开。本案中，原告向被告下属的高招办申请公开其2010年高考理综、数学及外语试卷，上述试卷涉及高考的评分标准且属于考试后不应公开的试题和考生答卷。由于高考评分标准属于秘密级事项不得公开，而原告申请公开的试卷只限一定范围的人员掌握，不得擅自扩散和公开，故被告在其职权范围内针对原告的申请在合理期限内作出被诉回复，并无不当。

——江必新主编、最高人民法院行政审判庭编：《中国行政审判案例》第3卷，中国法制出版社2013年版，第80~81页。

877. 对"三需要"的审查及裁判

关键词

政府信息公开　"三需要"　原告资格

最高人民法院司法解释

第五条第六款　被告以政府信息与申请人自身生产、生活、科研等特殊需要无关为由不予提供的，人民法院可以要求原告对特殊需要事由作出说明。

第十二条第六项　有下列情形之一，被告已经履行法定告知或者说明理由义务的，人民法院应当判决驳回原告的诉讼请求：

（六）不能合理说明申请获取政府信息系根据自身生产、生活、科研等特殊需要，且被告据此不予提供的；

——《最高人民法院关于审理政府信息公开行政案件若干问题的规定》（2011年8月13日，法释〔2011〕17号）。

最高人民法院答复

山东省高级人民法院：

你院鲁高法〔2010〕153号请示收悉。经研究，答复如下：

公民、法人或者其他组织认为行政机关针对政府信息公开申请作出的答复或者逾期不予答复侵犯其合法权益，提起行政诉讼的，人民法院应予受理。申请人申请公开的政府信息是否与本人生产、生活、科研等特殊需要有关，属于实体审理的内容，不宜作为原告的主体资格条件。

——《最高人民法院关于请求公开与本人生产生活科研等特殊需要无关政府信息的请求人是否具有原告诉讼主体资格问题的批复》（2010年12月14日，〔2010〕行他字第193号）。

附录：最高人民法院法官著述

一、"三需要"与原告资格

有的地方法院认为，"起诉人应当符合'三需要'条件，并认为合法权益受到侵犯，这是原告资格的基本条件。"这种认识是值得商榷的。虽然出于对政府信息公开主管机关的尊重，《最高人民法院关于审理政府信息公开行政案件若干问题的规定》并未一概取消关于"三需要"的表述，但是并未将"三需要"与原告资格挂钩。因为，即便行政机关对申请人申请公开与本人生产、生活、科研等特殊需要无关的政府信息可以不予提供，这也和行政诉讼的原告资格是两回事。首先，申请人由于向有关行政机关提出信息公开申请，从而启动信息公开程序，就成为信息公开行政行为的相对人，因此无疑具有原告主体资格。其次，申请人主张申请公开的政府信息与本人生产、生活、科研等特殊需要有关，行政机关则主张无关，并进而作出不予公开的决定，这本身就形成了一个行政争议。究竟有关还是无关，是行政诉讼实体审理所要解决的问题，而非审查原告资格时需要关注的问题。最后，与被诉具体行政行为是否存在利害关系或与所申请的政府信息的内容是否存在利害关系。

二、"三需要"的说明责任

在适用司法解释第五条第六款时必须注意把握以下几点：第一，"三需要"属于不特定法律概念，这种证明也只是一个初步的证明，只要作出合理的说明即可，不能要求得过于苛刻。例如，有一位清华大学法学院的学生向某部门申请信息公开，填写了"写论文"的需要，该部门要求学生提供论文的题目以及提纲。有的行政机关甚至只承认大学教授等专业研究人员才有"科研"需要。这种要求称得上"苛刻"甚至无理。因为根据《中华人民共和国宪法》第四十七条的规定，进行科学研究是所有中华人民共和国公民均享有的自由，而不是其中某一部分人。第二，这种证明只关乎原告的胜诉权，也就是关系到其所申请获取的政府信息能否公开,是实体审理中解决的问题,而不关乎其起诉权,不能把能够证明"三需要"作为其提起诉讼的条件。第三,只有在行政机关以不符合"三需要"为由拒绝公开政府信息的案件中才有就此问题要求原告作出说明的必要,在其他案件中均不必多此一举,更不允许法院主动以此为理由判决原告败诉。第四,要求原告对特殊需要事由作出说明,不能理解成纯粹是对原告设定的负担,当行政机关持该主张时,这也成为原告进行反驳和申辩的权利。

三、涉及"三需要"问题的裁判方式

《适用司法解释》第十二条第六项的内容是"被帮助对象实施的犯罪造成严重后果"。应当注意的是:第一,只有在被告以"三需要"为由拒绝公开政府信息的案件中,才可能发生原告"不能合理说明申请获取政府信息系根据自身生产、生活、科研等特殊需要",在其他场合下,都不允许法院主要审查所谓"三需要"问题。第二,正确把握"合理说明"的限度,法院只能要求原告作出适当"说明",不能苛求其一定要拿出所谓"过硬的"证据。第三,被告以"三需要"为由拒绝公开政府信息,诉讼中原告又确实不能合理说明申请获取政府信息系根据自身生产、生活、科研等特殊需要,人民法院可以判决驳回原告的诉讼请求。

——李广宇:《政府信息公开申请人是否必须具有自身生产、生活、科研"三需要"——申阁诉广州市花都区花山镇人民政府案评析》,载江必新、贺荣主编、最高人民法院行政审判庭编:《行政执法与行政审判》2013年第1集(总第57集),中国法制出版社2013年版,第93~95页。

878. 认为行政机关未主动公开政府信息而起诉的应当告知先向行政机关申请获取相关政府信息

关键词

政府信息公开　主动公开　申请获取

行政审判指导案例

关某瑜诉前国家食品药品监督管理局未主动公开政府信息案[行政审判指导案例第101号]

裁判要点:行政机关未主动公开政府信息,当事人已经掌握相关政府信息经向行政机关申请已获得相关政府信息,但仍认为行政机关未履行主动公开政府信息义务或者未向社会公众公开相关政府信息而起诉的，应当裁定不予受理；已经受理的，应裁定驳回起诉。

当事人申请行政机关向社会公众主动公开政府信息，行政机关答复拒绝向社会公众公开该政府信息，当事人不服而起诉的，应当裁定不予受理；已经受理的，裁定驳回起诉。

关某瑜要求前国家食品药品监督管理局履行主动公开政府信息职责，应当先向前国家食品药品监督管理局申请获取相关政府信息，对前国家食品药品监督管理局的答复不服的，可以向人民法院提起诉讼。而在关某瑜已经获取相关政府信息的情况下仍坚持要求前国家食品药品监督管理局履行主动公开政府信息职责的，则不符合法定起诉条件，依法应予驳回。

——江必新主编、最高人民法院行政审判庭编：《中国行政审判案例》第3卷，中国法制出版社2013年版，第102页。

879. 要求申请人补充材料的告知书是否可诉

关键词

信息公开　补充材料的告知书

最高人民法院裁判文书

周某群诉四川省成都市人民政府行政复议案［最高人民法院（2016）最高法行申1800号行政裁定书］

裁判要点：在信息公开案件中，行政机关作出的要求信息公开申请人对其所申请的信息进一步明确并补充此信息用途等证据材料的《补充告知书》，本身并未对当事人的权利义务产生实际影响，以此为诉讼标的的起诉通常不符合行政诉讼的受理条件。

最高人民法院认为：从原审法院查明的事实看，四川省成都市规划局作出（2014）第17号《政府信息公开申请补充告知书》的内容为要求再审申请人周某群对其所申请的信息进一步明确并补充申请信息用途的证据材料，未实际影响周某群的权利义务。故成都市政府在收到周某群对该告知书不服的复议申请后，以不符合受理条件为由作出处理并向其书面告知，并无不当。针对周某群所称成都市政府超期送达告知书违反法定程序的理由，二审法院根据《中华人民共和国行政复议法》第四十条第二款[①]的规定，认定并未超期，不构成违法，本院对此予以认可。因此，再审申请人申请再审的事实和理由难以成立，于法无据，其申请再审所提交的证据不足以推翻原审判决结果。

——最高人民法院行政审判庭编：《最高人民法院行政裁判要旨及评述（第一卷）》，人民法院出版社 2019 年版。

880. 要求更正政府信息的是否可以直接起诉

关键词

更正政府信息

最高人民法院裁判文书

王某丁诉四川省体育局政府信息公开案［最高人民法院（2016）最高法行申 3086 号行政裁定书］

裁判要点：1. 原告起诉行政机关在其法定信息公开职责之外为便利当事人实现知情权的积极行为的，如果该行为未对当事人合法权益造成侵害，人民法院可判决驳回原告诉讼请求。

2. 当事人要求行政机关更正错误或不准确的政府信息的，应当先行向具有更正权的行政机关提出更正申请，若未经上述程序直接要求法院判令行政机关更正相关信息的，人民法院对该项诉求不予支持。

最高人民法院认为：再审被申请人四川省体育局根据法院另案判决"在法定期限内作出行政行为"之后作出了本案所争议的"答复告知书"。再审申请人王某丁提起本案诉讼的诉讼请求是请求法院判决再审被申请人更正不正确的政府信息、公开告知书中的政策及 2008 年导入当事人离休费数据的全部信息，并说明基本离休费减少的原因。针对此诉讼请求，原审法院在查明事实的基础上明确指出：负责再审申请人之父王学集生前基本离休费和抚恤金发放的职能部门是四川省运动技术学院和社会保险行政管理职能部门，再审

---

① 本条规定现为《中华人民共和国行政复议法》（2023 年修正）第八十八条第二款，内容修改为："本法关于行政复议期间有关'三日'、'五日'、'七日'、'十日'的规定是指工作日，不含法定休假日。"

被申请人没有制作该信息，不直接负有对王学集离休待遇进行发放的管理职责，也没有对王学集离休待遇等信息直接答复的法定职责。这一认定符合我国工资、社会保险待遇管理职责配置的一般规定。因此，再审被申请人通过调取相关信息，作出"答复告知书"并具明一系列相关具体内容，已经是在其法定信息公开职责之外的积极行为。虽然《中华人民共和国政府信息公开条例》第二十一条第三项[①]规定了"依法不属于本行政机关公开或者该政府信息不存在，应当告知申请人，对能够确定该政府信息的公开机关的，应当告知申请人该行政机关的名称、联系方式"，但本案之具体情形是再审被申请人主动调取有关信息并直接答复了再审被申请人，很大程度上便利了信息公开申请人，更有利于其相关权益的保障，并未对其合法权益造成任何侵害。

针对再审申请人有关原审法院错误审理其诉讼请求，其申请的是"要求对相关的信息记录不准确予以更正"而非"政府信息公开申请事项"的申请再审主张，本院认为，由于再审被申请人自身并非该信息制作者，亦无权更正信息。且根据《中华人民共和国政府信息公开条例》第二十五条[②]有关"公民、法人或者其他组织有证据证明行政机关提供的与其自身相关的政府信息记录不准确的，有权要求该行政机关予以更正。该行政机关无权更正的，应当转送有权更正的机关处理，并告知申请人"之规定，以及《最高人民法院关于审理政府信息公开行政案件若干问题的规定》第五条第七款有关"原告起诉被告拒绝更正政府信息记录的，应当提供其向被告提出过更正申请以及政府信息与其自身相关且记录不准确的事实根据"，更正政府信息需要满足信息公开的申请人向被申请人提出过更正申请、政府信息记录和自身有关、政府信息记录不准确且被告有权更正等多项条件，在没有证据证明具备上述条件的情况下，再审申请人在诉讼中径行要求法院判令再审被申请人更正相关信息，难以得到支持。

——最高人民法院行政审判庭编：《最高人民法院行政裁判要旨及评述（第一卷）》，人民法院出版社 2019 年版。

881. 行政机关对于该申请的内部处理流程，不能成为行政机关延期处理的理由，逾期作出答复的，应当确认为违法

关键词

政府信息公开　网络申请　逾期答复

---

① 本条规定现为《中华人民共和国政府信息公开条例》第三十六条第五项。
② 本条规定现为《中华人民共和国政府信息公开条例》第四十一条。

> 最高人民法院指导性案例

李某雄诉广东省交通运输厅政府信息公开案 [最高人民法院指导案例 26 号]

裁判要点：公民、法人或者其他组织通过政府公众网络系统向行政机关提交政府信息公开申请的，如该网络系统未作例外说明，则系统确认申请提交成功的日期应当视为行政机关收到政府信息公开申请之日。行政机关对于该申请的内部处理流程，不能成为行政机关延期处理的理由，逾期作出答复的，应当确认为违法。

法院生效裁判认为：《政府信息公开条例》第二十四条[①]规定："行政机关收到政府信息公开申请，能够当场答复的，应当当场予以答复。行政机关不能当场答复的，应当自收到申请之日起 15 个工作日内予以答复；如需延长答复期限的，应当经政府信息公开工作机构负责人同意，并告知申请人，延长答复的期限最长不得超过 15 个工作日。"本案原告于 2011 年 6 月 1 日通过广东省人民政府公众网络系统向被告提交了政府信息公开申请，申请公开广州广园客运站至佛冈的客运里程数。政府公众网络系统生成了相应的电子申请编号，并向原告手机发送了申请提交成功的短信。被告确认收到上述申请并认可原告是基于生活生产需要获取上述信息，却于 2011 年 8 月 4 日才向原告作出《关于政府信息公开的答复》和《政府信息公开答复书》，已超过了上述规定的答复期限。由于广东省人民政府"政府信息网上依申请公开系统"作为政府信息申请公开平台所应当具有的整合性与权威性，如未作例外说明，则从该平台上递交成功的申请应视为相关行政机关已收到原告通过互联网提出的政府信息公开申请。至于外网与内网、上下级行政机关之间对于该申请的流转，属于行政机关内部管理事务，不能成为行政机关延期处理的理由。被告认为原告是向政府公众网络系统提交的申请，因其厅内网与互联网、省外网物理隔离而无法及时发现原告申请，应以其 2011 年 7 月 28 日发现原告申请为收到申请日期而没有超过答复期限的理由不能成立。因此，原告通过政府公众网络系统提交政府信息公开申请的，该网络系统确认申请提交成功的日期应当视为被告收到申请之日，被告逾期作出答复的，应当确认为违法。

——《最高人民法院关于发布第六批指导性案例的通知》(2014 年 1 月 26 日，法〔2014〕18 号)。

[①] 本条规定现为《中华人民共和国政府信息公开条例》第三十三条。

> **说明**

指导案例 26 号李某雄诉广东省交通运输厅政府信息公开案，旨在明确行政相对人通过政府公众网络系统向行政机关提交政府信息公开申请的，如该网络系统未作例外说明，则系统确认申请提交成功的日期应当视为行政机关收到政府信息公开申请之日。行政机关对于该申请的内部处理流程，不能成为行政机关延期处理的理由，逾期作出答复的，应当确认为违法。本案例及时回应了政府信息公开网络建设中遇到的法律问题，明确了对政府信息公开网上申请答复期限的理解，有利于促进行政机关加强内部管理衔接，提高政府信息公开的工作效率，监督行政机关依法行政，及时、充分地保护行政相对人的知情权。

882. 政府信息是否具有溯及力

> **关键词**

政府信息　历史信息　溯及力

> **附录：最高人民法院主流观点**

二、法不溯及既往

1.法的"溯及既往"是指是否溯及"事件和行为"。主持《中华人民共和国立法法》起草工作的时任前全国人大法律委员会副主任委员乔晓阳认为："法的溯及力是关于法是否溯及既往的效力的问题。即法对它生效前所发生的事件和行为是否适用的问题。"时任国务院法制办副主任曹康泰也认为："法律不溯及既往，是指法律文件的规定仅适用于法律文件生效以后的事件和行为，对于法律文件生效以前的事件和行为不适用。"作出这种判断，是基于"法律的调整对象是行为"。作为社会关系调整器的法，其所调整的社会关系不过是人与人之间的行为互动或交互行为。法的基本的、核心的要素是权利和义务，而所谓权利和义务也就是行为。《政府信息公开条例》所规范、调整的"事件和行为"，就是行政机关公开政府信息的义务和公民、法人或者其他组织提出政府信息公开申请的权利，以及两者之间的互动关系。根据法不溯及既往原则，《政府信息公开条例》对行政机关公开政府信息的具体行政行为是没有溯及力的，亦即人民法院不能依据现行条例认定行政机关在该条例施行前未公开政府信息的行为违法。至于政府信息，只是政府信息公开这一"事件和行为"的对象或"客体"，而非"事件和行为"本身。因之，在条例施行后要求行政机关公开条例施行前已经形成的"历史信息"，也就谈不上是以今日之法律规范昨日的事件和行为，也就不违反法不溯及既往的原则。

2. "法不溯及既往"是民众信赖利益的保证，具有限制国家权力、保护公民权利的价值取向。如果新法具有溯及力，无异于用事后创设出来的规定惩罚以前的行为，显然有失公正。法律溯及既往的形态，按其效果，可分为"不利溯及"和"有利溯及"两类。如果变更后的新法溯及既往会减少甚至剥夺公民、法人或者其他组织依据旧法取得的权利和利益，或者施加新的义务和责任，则为"不利溯及"；如果新法溯及既往会赋予公民、法人或者其他组织权利和利益，或者减少、免除他们已承担的义务和责任，则为"有利溯及"。"不利溯及"不但会损害人们的信赖利益，而且会严重挫伤人们对于法律的信仰，所以为法治社会所不许；但"有利溯及"则无上述之虞。因此，不溯及既往原则作为源于信赖利益保护原则的制度，只限制"不利溯及"，不限制"有利溯及"。我国关于不溯及既往原则的规定基本体现了这一思想。《立法法》第八十四条①规定："法律、行政法规、地方性法规、自治条例和单行条例、规章不溯及既往，但为了更好地保护公民、法人和其他组织的权利和利益而作的特别规定除外。"也就是说，"法不溯及既往"原则只是作为一种法律适用原则，而不是作为立法原则而存在，不是立法者在所制定的新法本身中不得规定本身的往前溯及力，而是执法者在执法中不得用新法去处理以前的事项。依据有利溯及的精神，对于《政府信息公开条例》施行前已经客观形成的历史信息，立法者完全可以特别规定其溯及力，如果这样能够更好地保护公民、法人和其他组织的权利和利益的话。

——李广宇：《历史信息——杨宗才诉湖南省城步苗族自治县人民政府案》，载最高人民法院行政审判庭编：《行政执法与行政审判》2013年第5集（总第61集），中国法制出版社2014年第1版，第103~104页。

883. 政府信息公开案件中，被告以政府信息不存在为由答复原告的，人民法院应审查被告是否已经尽到充分合理的查找、检索义务

关键词

政府信息公开　政府信息不存在　检索义务

最高人民法院指导性案例

罗某昌诉重庆市彭水苗族土家族自治县地方海事处政府信息公开案［最高人民法院指导案例101号］

---

① 本条规定现为《中华人民共和国立法法》（2023年修正）第一百零四条。

裁判要点：在政府信息公开案件中，被告以政府信息不存在为由答复原告的，人民法院应审查被告是否已经尽到充分合理的查找、检索义务。原告提交了该政府信息系由被告制作或者保存的相关线索等初步证据后，若被告不能提供相反证据，并举证证明已尽到充分合理的查找、检索义务的，人民法院不予支持被告有关政府信息不存在的主张。

法院生效裁判认为：《中华人民共和国政府信息公开条例》第十三条①规定，除本条例第九条、第十条、第十一条、第十二条规定的行政机关主动公开的政府信息外，公民、法人或者其他组织还可以根据自身生产、生活、科研等特殊需要，向国务院部门、地方各级人民政府及县级以上地方人民政府部门申请获取相关政府信息。彭水县地方海事处作为行政机关，负有对罗某昌提出的政府信息公开申请作出答复和提供政府信息的法定职责。根据《中华人民共和国政府信息公开条例》第二条"本条例所称政府信息，是指行政机关在履行职责过程中制作或者获取的，以一定形式记录、保存的信息"的规定，罗某昌申请公开彭水县港航处、彭水县地方海事处的设立、主要职责、内设机构和人员编制的文件，属于彭水县地方海事处在履行职责过程中制作或者获取的，以一定形式记录、保存的信息，当属政府信息。彭水县地方海事处已为罗某昌提供了彭水编发〔2008〕11号《彭水苗族土家族自治县机构编制委员会关于对县港航管理机构编制进行调整的通知》的复制件，明确载明了彭水县港航处、彭水县地方海事处的机构性质、人员编制、主要职责、内设机构等事项，罗某昌已知晓，予以确认。

罗某昌申请公开涉及兴运2号船等船舶发生事故的海事调查报告等所有事故材料的信息，根据《中华人民共和国内河交通事故调查处理规定》的相关规定，船舶在内河发生事故的调查处理属于海事管理机构的职责，其在事故调查处理过程中制作或者获取的，以一定形式记录、保存的信息属于政府信息。彭水县地方海事处作为彭水县的海事管理机构，负有对彭水县行政区域内发生的内河交通事故进行立案调查处理的职责，其在事故调查处理过程中制作或者获取的，以一定形式记录、保存的信息属于政府信息。罗某昌提交了兴运2号船于2008年5月18日在彭水高谷长滩子发生整船搁浅事故以及于2008年9月30日在彭水高谷煤炭沟发生沉没事故的相关线索，而彭水县地方海事处作出的（2015）彭海处告字第006号《政府信息告知书》第二项告知罗某昌申请公开的该项政府信息不存在，仅有彭水县地方海事处的自述，没有提供印证证据证明其尽到了查询、翻阅和搜索的义务。故彭水县地

---

① 本条规定现为《中华人民共和国政府信息公开条例》第二十七条。

方海事处作出的（2015）彭海处告字第 006 号《政府信息告知书》违法，应当予以撤销。在案件二审审理期间，彭水县地方海事处主动撤销了其作出的（2015）彭海处告字第 006 号《政府信息告知书》，罗某昌仍坚持诉讼。根据《中华人民共和国行政诉讼法》第七十四条第二款第二项之规定，判决确认彭水县地方海事处作出的政府信息告知行为违法。

——《最高人民法院关于发布第 19 批指导性案例的通知》（2018 年 12 月 19 日，法〔2018〕338 号）。

> **说明**

指导案例 101 号《罗某昌诉重庆市彭水苗族土家族自治县地方海事处政府信息公开案》明确在政府信息公开案件中，被告以政府信息不存在为由答复原告的，人民法院应审查被告是否已经尽到充分合理的查找、检索义务。该案例确认的裁判规则进一步明确了此类案件的审查标准，指导价值较强，对有效监督政府依法公开信息，依法保障公民政府信息知情权具有重要意义。

884. 举报人就其举报事项的查处情况申请政府信息公开，举报人是否具有原告资格

> **关键词**

举报人　举报事项　政府信息公开　原告资格

> **最高人民法院审判业务意见**

1. 举报人就其举报事项的查处情况申请政府信息公开，举报人是否具有原告资格。

答：作为消费者、服务的接受者、竞争权人、受害人或者举报事项奖励请求权人等利害关系人，为维护自身合法权益，向享有法定查处职权的行政机关举报经营者的违法行为，举报人就举报事项的处理情况申请政府信息公开的，与法定职权机关的政府信息公开答复行为或不予答复行为有利害关系，具有原告资格。

仅以普通公民身份，行使《宪法》赋予的检举、控告权，向法定职权机关举报经营者的违法经营行为，要求予以查处，举报人就举报事项的处理情况申请政府信息公开的，通常与法定职权机关的政府信息公开答复行为或不予答复行为没有利害关系，不具有原告资格。但是，行政机关承诺举报有奖，举报人为获取奖励申请公开相关信息的除外。

理由：《适用解释》（指《最高人民法院关于适用〈中华人民共和国行政

诉讼法〉的解释》，下同）第十二条第五项规定，为维护自身合法权益向行政机关投诉，具有处理投诉职责的行政机关作出或者未作出处理的，投诉人与行政机关作出或未作出处理的行政行为有利害关系。(2013)行他字第14号《最高人民法院关于举报人对行政机关就举报事项作出的处理或者不作为行为不服是否具有行政复议申请人资格问题的答复》规定，根据《中华人民共和国行政复议法》第九条第一款[①]、《行政复议法实施条例》第二十八条第二项规定，举报人为维护自身合法权益而举报相关违法行为人，要求行政机关查处，对行政机关就举报事项作出的处理或者不作为行为不服申请行政复议的，具有行政复议申请人资格。行政诉讼原告资格可以参照该答复确定。同样，投诉人就其举报事项的查处情况申请政府信息公开的，只有在为维护其自身合法权益而投诉时，行政机关作出的有关投诉处理情况的政府信息公开决定或不予答复行为，才有可能侵犯其合法权益。以普通公民身份行使宪法、法律赋予公民的控告、检举权，对当事人的违法行为进行举报，要求行政机关予以查处，行政机关作出的处理决定或未处理行为，或者举报人对查处情况申请政府信息公开，行政机关作出的政府信息公开答复或不予答复行为，均不会对其权利义务产生实际影响。政府信息公开案件的原告应当与被申请的政府信息有利害关系，才具有原告资格。如果只要提出政府信息公开申请，对行政机关作出的政府信息公开决定或不予答复行为不服，均具有利害关系，将会使政府信息公开案件变成全民诉讼，形成滥诉，浪费行政资源和司法资源。因此，不能仅仅以与其他公众完全相同的知情权受到侵犯为由，主张与被诉行政行为有利害关系。

——《最高人民法院第一巡回法庭关于行政审判法律适用若干问题的会议纪要》(2018年7月23日)。

[①] 本条规定现为《中华人民共和国行政复议法》(2023年修正)第二十条第一款，内容修改为："公民、法人或者其他组织认为行政行为侵犯其合法权益的，可以自知道或者应当知道该行政行为之日起六十日内提出行政复议申请；但是法律规定的申请期限超过六十日的除外。"

五、行政复议

885. 仅告知适格复议机关的行为不属于人民法院行政诉讼受案范围

关键词

行政复议　行政诉讼受案范围

最高人民法院裁判文书

李某诉西安市人民政府行政复议告知行为违法申请再审案［最高人民法院（2021）最高法行申2830号行政裁定书］

　　裁判要旨： 行政机关告知申请人应向其他机关申请行政复议的告知书仅具有指示作用，在申请人已按照告知书指示向相应机关申请复议并已收到相应复议决定的情况下，前述行政复议告知书对申请人的权利义务并不产生实际影响，不属于人民法院行政诉讼的受案范围。

　　最高人民法院认为，本案被诉行政行为是陕西省西安市人民政府作出的行政复议告知行为。《最高人民法院关于适用〈中华人民共和国行政诉讼法〉的解释》第一条第二款规定，"下列行为不属于人民法院行政诉讼的受案范围：……（十）对公民、法人或者其他组织权利义务不产生实际影响的行为"。本案中，陕西省西安市人民政府同日作出两份文号相同、但告知内容不同即分别告知了两个具有法定职责的复议机关的行政复议告知书，确有不妥。但该告知行为仅具有指示作用，且李某已向托管雁塔区丈八街道办事处的西安高新技术产业开发区管理委员会申请了行政复议，故前述告知行为未对李某的权利义务产生实际影响。一、二审法院裁定驳回起诉、上诉，符合前述司法解释规定，在适用法律上并无不当。李某虽以《中华人民共和国行政诉讼法》第九十一条第四项规定为申请再审的理由，但并未提交足以推翻原裁定的新证据，本院不予支持。关于李某提及的强制拆除房屋给其造成损害的问题，可依法另行解决。

　　——中国裁判文书网。

886. 涉及司法程序的行政行为，不属于行政复议受理范围

关键词

司法行为　行政复议受案范围

最高人民法院裁判文书

陈某蝶诉上海市浦东新区人民政府行政复议申请不予受理决定案［最高人民法院（2020）最高法行申14130号行政裁定书］

　　裁判要旨：基于处理案件的需要，行政机关向司法机关出具内部材料的行为不属于行政复议受理范围。

　　最高人民法院经审查认为，本案中，陈某蝶针对高行镇人民政府向上海市人民检察院第一分院提供其住房情况的行为申请行政复议。由于本案基础行为涉及司法，不属于行政复议受理范围，故浦东新区人民政府对陈某蝶的复议申请不予受理并无不当。陈某蝶的再审申请不符合《中华人民共和国行政诉讼法》第九十一条规定的情形。依照《最高人民法院关于适用〈中华人民共和国行政诉讼法〉的解释》第一百一十六条第二款之规定，裁定如下：
驳回陈某蝶的再审申请。
　　——中国裁判文书网。

887. 对当事人权利义务不产生实际影响的说明函是否属于行政复议受理范围

关键词

不予受理行政复议　行政复议受理范围

最高人民法院裁判文书

赖某传诉福建省龙岩市人民政府不予受理行政复议申请再审案［最高人民法院（2021）最高法行申1882号行政裁定书］

　　裁判要旨：《最高人民法院关于适用〈中华人民共和国行政诉讼法〉的解释》第一条第二款第十项规定，对公民、法人或者其他组

织权利义务不产生实际影响的行为不属于人民法院行政诉讼的受案范围。内容为告知申请人相关复议决定书的落实情况及保护工程项目实施情况的说明函，未对申请人设定新的权利义务，依法不属于行政复议受理范围和行政诉讼受案范围。

最高人民法院经审查认为：本案争议的焦点问题在于案涉说明函是否对当事人的权利义务产生影响。《最高人民法院关于适用〈中华人民共和国行政诉讼法〉的解释》第一条第二款第十项规定，对公民、法人或者其他组织权利义务不产生实际影响的行为不属于人民法院行政诉讼的受案范围。本案中，再审申请人就案涉说明函向被申请人申请复议，继而提起行政诉讼。但是，根据一、二审查明的事实，案涉说明函仅是告知再审申请人相关复议决定书的落实情况及赖氏罗婆太古墓葬迁移保护工程项目实施情况，未对再审申请人设定新的权利义务。据此，被诉《不予受理行政复议决定书》认定再审申请人提出的行政复议申请不属于行政复议受理范围，并无不当。一、二审认定再审申请人提起本案诉讼不属于行政诉讼受案范围，亦无不当。再审申请人提出的再审理由尚不足以否定原生效裁判，其再审请求最高人民法院不予支持。

——中国裁判文书网。

888. 不得因对法院的判决结果不服而重新申请行政复议或者变相申请行政复议

关键词

行政诉讼　变相申请　行政复议

最高人民法院裁判文书

宋某利诉浙江省杭州市人民政府驳回行政复议申请决定案［最高人民法院（2021）最高法行申701号行政裁定书］

裁判要旨：《中华人民共和国行政复议法》第十六条第二款[①] 规定，公民、法人或者其他组织向人民法院提起行政诉讼，人民法院已经依法受理的，不得申请行政复议。当事人如果针对诉争问题已经提起过行政诉讼，不得因对法院的判决结果不服而重新申请行政

---

① 本条规定现为《中华人民共和国行政复议法》（2023年修正）第二十九条第二款。

复议或者变相申请行政复议。

最高人民法院经审查认为，本案中，宋某利要求杭州市滨江区人民政府处理滨江区西兴街道办事处2015年强制拆除其养猪场的赔偿问题，并进而向杭州市人民政府申请行政复议。从一审法院查明的事实看，宋某利曾针对前述强制拆除行为于2018年提起过行政诉讼，生效判决确认违法后，支持其54万余元的赔偿请求。宋某利因对生效判决确定的赔偿结果不服，变相申请行政复议，违反了《中华人民共和国行政复议法》第十六条第二款[①]"公民、法人或者其他组织向人民法院提起行政诉讼，人民法院已经依法受理的，不得申请行政复议"之规定，故一审法院驳回起诉、二审法院予以维持并无不当。

——中国裁判文书网。

889. 房屋征收过程中的过程性行为是否属于行政复议受理范围

关键词

房屋征收过程性行为　行政复议受理范围

最高人民法院裁判文书

李某元诉福建省福州市鼓楼区人民政府行政复议申请再审案〔最高人民法院（2021）最高法行申1374号行政裁定书〕

裁判要旨：《最高人民法院关于适用〈中华人民共和国行政诉讼法〉的解释》第一条第二款第六项的规定，行政机关为作出行政行为而实施的准备、论证、研究、呈报、咨询等过程性行为，不属于人民法院行政诉讼的受案范围。征收部门和征收实施单位对征收项目的征收补偿政策进行的征收宣传行为，属于项目征收过程中的过程性行为，并不对当事人的权利义务产生影响，不属于行政诉讼的受案范围，亦不属于行政复议受理范围。

最高人民法院经审查认为：《最高人民法院关于适用〈中华人民共和国行政诉讼法〉的解释》第一条第二款第六项的规定，行政机关为作出行政行为而实施的准备、论证、研究、呈报、咨询等过程性行为，不属于人民法院行

---

① 本条规定现为《中华人民共和国行政复议法》（2023年修正）第二十九条第二款。

政诉讼的受案范围。本案中，再审申请人因不服案涉《致崎上路华大 1–11 号周边旧屋区改造项目被征收人的一封信》（以下简称《一封信》）和《崎上路华大 1–11 号地块旧屋区改造项目协商征收补偿方案》（以下简称《协商补偿方案》）向被申请人申请复议。但是，根据一、二审查明的事实，案涉《一封信》和《协商补偿方案》仅是征收部门和征收实施单位对案涉征收项目的征收补偿政策进行的征收宣传行为。因此，案涉《一封信》和《协商补偿方案》仅是项目征收过程中的过程性行为，并不对当事人的权利义务产生影响。被诉复议决定以再审申请人提出的复议申请不属于行政复议受理范围为由，驳回其行政复议申请，并无不当。一审判决驳回其诉讼请求，二审判决驳回其上诉，亦无不当。

——中国裁判文书网。

890. 土地权属争议处理决定应当适用复议前置

关键词

土地权属争议　复议前置

最高人民法院裁判文书

广西壮族自治区贺州市钟山县公安镇廖屋村第 1、2、3、4、5、6、7、8、9、10、11、12、13、14、15、16、17、18、19、20、21、22 村民小组诉广西壮族自治区贺州市钟山县人民政府等山林权属行政确权案［最高人民法院（2020）最高法行申 2384 号行政裁定书］

　　裁判要点：公民、法人或者其他组织认为行政机关的行政行为侵犯其已经依法取得的土地、矿藏、水流、森林、山岭、草原、荒地、滩涂、海域等自然资源的所有权或者使用权的，应当先申请行政复议，对行政复议决定不服的，可以依法向人民法院提起行政诉讼。根据《中华人民共和国行政复议法》第三十条第一款①的规定，公民、法人或者其他组织认为行政机关确认土地、矿藏、水流、森林、山岭、草原、荒地、滩涂、海域等自然资源的所有权或者使用

---

① 本条规定现为《中华人民共和国行政复议法》（2023 年修正）第二十三条第一款第二项，内容修改为："有下列情形之一的，申请人应当先向行政复议机关申请行政复议，对行政复议决定不服的，可以再依法向人民法院提起行政诉讼：（二）对行政机关作出的侵犯其已经依法取得的自然资源的所有权或者使用权的决定不服。"下同。

权的行政行为，侵犯其已经依法取得的自然资源所有权或者使用权的，经行政复议后，才可以向人民法院提起行政诉讼，但法律另有规定的除外；对涉及自然资源所有权或者使用权的行政处罚、行政强制措施等其他行政行为提起行政诉讼的，不适用《中华人民共和国行政复议法》第三十条第一款的规定。

最高人民法院经审查认为，根据《中华人民共和国行政复议法》第三十条第一款规定，公民、法人或者其他组织认为行政机关的行政行为侵犯其已经依法取得的土地、矿藏、水流、森林、山岭、草原、荒地、滩涂、海域等自然资源的所有权或者使用权的，应当先申请行政复议，对行政复议决定不服的，可以依法向人民法院提起行政诉讼。《最高人民法院关于适用〈行政复议法〉第三十条第一款有关问题的批复》规定，根据《中华人民共和国行政复议法》第三十条第一款的规定，公民、法人或者其他组织认为行政机关确认土地、矿藏、水流、森林、山岭、草原、荒地、滩涂、海域等自然资源的所有权或者使用权的行政行为，侵犯其已经依法取得的自然资源所有权或者使用权的，经行政复议后，才可以向人民法院提起行政诉讼，但法律另有规定的除外；对涉及自然资源所有权或者使用权的行政处罚、行政强制措施等其他行政行为提起行政诉讼的，不适用《中华人民共和国行政复议法》第三十条第一款的规定。根据前述规定，政府对土地等自然资源权属作出确权处理决定的行政裁决案件，属于《中华人民共和国行政复议法》第三十条第一款规定的需要复议前置的案件，《最高人民法院关于适用〈中华人民共和国行政诉讼法〉的解释》第五十六条第一款规定，法律、法规规定应当先申请复议，公民、法人或者其他组织未申请复议直接提起诉讼的，人民法院裁定不予立案。本案中，钟山县政府作出的钟政资处字〔1999〕02号《自然资源权属争议处理决定书》对案涉争议土地使用权作出了确权处理决定，廖屋村22个村民小组对上述处理决定书有异议，应当先申请行政复议，其直接向人民法院提起本案诉讼，一审裁定驳回起诉，二审裁定驳回其上诉，维持原裁定并无不当。

——中国裁判文书网。

891. 在未穷尽相关送达方式的情况下，行政机关直接通过公告方式送达文书违反法律规定

关键词

文书送达方式　公告方式

最高人民法院裁判文书

河南省新乡市平原城乡一体化示范区管理委员会与新乡市容创实业有限公司等土地行政管理案〔最高人民法院（2021）最高法行申1465号行政裁定书〕

> **裁判要点**：在未穷尽相关送达方式的情况下，原阳县国土资源局（新乡平原新区管委会国土资源局）仅以电话联系不上新乡容创公司、找不到该公司办公地点为由，即通过公告方式送达《闲置土地认定书》《闲置土地处置听证权利告知书》，剥夺了新乡容创公司在行政处罚决定作出前的陈述、申辩权，违反了上述法律规定的程序。

最高人民法院经审查认为，本案争议焦点在于案涉土地是否符合无偿收回条件以及1号《收回用地决定书》作出程序是否合法的问题。

（一）关于案涉土地是否符合无偿收回条件的问题。行为时有效的《中华人民共和国城市房地产管理法》（2009年修正）第二十六条规定："以出让方式取得土地使用权进行房地产开发的，必须按照土地使用权出让合同约定的土地用途、动工开发期限开发土地。超过出让合同约定的动工开发日期满一年未动工开发的，可以征收相当于土地使用权出让金20%以下的土地闲置费；满二年未动工开发的，可以无偿收回土地使用权；但是，因不可抗力或者政府、政府有关部门的行为或者动工开发必需的前期工作造成动工开发迟延的除外。"据此，可以无偿收回土地使用权的条件应是满二年未动工开发且无除外规定的情形。根据《闲置土地处置办法》（国土资源部令第53号）第八条的规定，因未按照国有建设用地使用权有偿使用合同或者划拨决定书约定、规定的期限、条件将土地交付给国有建设用地使用权人，致使项目不具备动工开发条件的，属于政府、政府有关部门的行为造成动工开发延迟的情形。《土地储备管理办法》（国土资规〔2017〕17号）规定："四、前期开发、管护与供应：……（十二）土地储备机构应组织开展对储备土地必要的前期开发，为政府供应土地提供必要保障。储备土地的前期开发应按照该地块的规划，完成地块内的道路、供水、供电、供气、排水、通讯、围挡等基础设施建设，并进行土地平整，满足必要的'通平'要求。具体工程要按照有关规定，选择工程勘察、设计、施工和监理等单位进行建设。……"本案中，新乡容创公司与原阳县国土资源局（新乡平原新区管理委员会国土资源局）签订的《国有建设用地使用权出让合同》明确约定，案涉土地应在2014年6月30日前达到"三通一平"条件。但在原审庭审中，新乡平原管委会、原阳县政府均陈述案涉土地"市政水没有通到位，企业可自己打井用水"，据此难以认定案涉土地已达到"三通一平"的条件，新乡容创公司未进行开发利用有其正当原因。原审据此认定1号《收回用地决定书》认定事实的主要证据不足，并判决予以撤销，并无不当。

（二）关于1号《收回用地决定书》作出程序是否合法的问题。《关于认定收回土地使用权行政决定法律性质的意见》（〔1997〕国土〔法〕字第153号）第五条规定："依照《城市房地产管理法》第二十五条的规定，超过出让合同约定的动工开发日期满二年未动工开发的，人民政府或者土地管理部门依法无偿收回出让的国有土地使用权，属于行政处罚决定。"行为是有效的。《中华人民共和国行政处罚法》（2017年修正）第四十条规定："行政处罚决定书应当在宣告后当场交付当事人；当事人不在场的，行政机关应当在七日内依照民事诉讼法的有关规定，将行政处罚决定书送达当事人。"《中华人民共和国民事诉讼法》第九十二条第一款规定："受送达人下落不明，或者用本节规定的其他方式无法送达的，公告送达。自发出公告之日起，经过六十日，即视为送达。"本案中，新乡平原管委会、原阳县政府作出的1号《收回用地决定书》属于行政处罚决定，涉及新乡容创公司的重大利益，作出程序应符合上述法律规定的内容。根据原审查明事实可见，案涉闲置土地处置过程中作出的《闲置土地调查通知书》和被诉1号《收回用地决定书》分别由新乡容创公司法定代表人姚某华、受委托的公司股东齐某江签收。在未穷尽相关送达方式的情况下，原阳县国土资源局（新乡平原新区管委会国土资源局）仅以电话联系不上新乡容创公司、找不到该公司办公地点为由，即通过公告方式送达《闲置土地认定书》《闲置土地处置听证权利告知书》，剥夺了新乡容创公司在行政处罚决定作出前的陈述、申辩权，违反了上述法律规定的程序。原审据此认定1号《收回用地决定书》违反法定程序，并无不当。

因新乡平原管委会、原阳县政府作出的1号《收回用地决定书》认定事实的主要证据不足，违反法定程序，故新乡市政府作出的新政复决〔2019〕75号《行政复议决定书》适用法律错误，原审判决予以撤销，并无不当。

——中国裁判文书网。

892. 出让人与原行政行为之间已无法律上的利害关系时，受让人对原行政行为是否具有申请行政复议的资格

关键词

行政复议申请资格

最高人民法院审判业务意见（行政庭法官会议纪要）

在认定受让人的行政复议申请资格时，行政复议申请资格只能够通过出让人而得，亦即受让人要获得申请复议的资格只有通过转让承继的方式，而转让承继的前提是出让人具有行政复议申请资格。由此可见，认定受让人行政复议申请资格时，首要的步骤是认定其前手即出让人的行政复议申请资格，因为出让人的行政复议申请资格是受让人行政复议申请资格的来源和基础。如果针对原行政行为，出让人不具有或者已经丧失了申请行政复议的资格，则受让人自然不具有针对原行政行为申请行政复议的资格。

附：案情简介

1995年6月3日，甲县商业局食品加工厂为了解决职工住房问题，申请征用案涉土地。1995年10月，甲县土地管理局将该土地征用，并出让给甲县商业局食品加工厂，并在办理土地登记过程中将案涉土地使用者变为冯某某。1995年11月，甲县政府为冯某某颁发了国有土地使用证。冯某某办证后一直未建房。

2003年3月1日，第三人张某某以3000元的价格将该地卖给赵某某，双方签订转让协议。2004年，赵某某在该地上建房并居住至今，但一直未办理土地使用证。2009年6月，冯某某将赵某某诉至甲县人民法院，赵某某得知冯某某已办证，遂提起行政复议。复议机关以程序违法为由撤销甲县政府为冯某某颁发的国有土地使用证，并注销了其土地登记。冯某某不服该复议决定，诉至甲县人民法院，请求撤销案涉复议决定。

——《受让人行政复议申请资格的认定》，载最高人民法院行政审判庭编：《最高人民法院行政审判庭法官会议纪要（第一辑）》，人民法院出版社2022年版，第2~3页。

893. 越级向行政机关申请履责的行为，不属于行政复议、行政诉讼的受案范围

关键词

属地管辖原则　行政复议　信访行为　受案范围

最高人民法院裁判文书

李某林、国家药品监督管理局食品药品安全行政管理（食品、药品）再审审查与审判监督案［最高人民法院（2019）最高法行申13872号行政裁

定书]

> 裁判要旨：行政机关履行法定职责，遵循属地管辖原则。行政相对人申请行政机关履责，亦应遵循属地管辖原则向有管辖权的行政机关提出。越级提出履职申请的，实质上是行政相对人向上级行政机关的信访行为，而对当事人权利义务不产生实际影响的信访行为，不属于行政复议、行政诉讼的受案范围。

最高人民法院经审查认为，李某林举报他人制售假药违法行为，根据属地管辖原则，应当向违法行为所在地的县级人民政府药监部门举报，李某林直接向国家药监局举报，实质是向国家药监局的信访行为，药监局对其信访事项不作处理，不属于行政复议的范围。国家药监局作出6号复议决定，不受理其复议申请，本质上亦属于对信访事项的处理，不属于行政诉讼的受案范围。一审、二审裁定驳回李某林的起诉，并无不当。李某林主张，本案系全国重大影响案件，国家药监局是受理机关。但是，其主张没有法律根据。根据《行政处罚法》第二十条[①]规定，除非有法律、法规另有规定，当事人举报应当向违法行为所在地的县级人民政府相关职能部门提出。是否属于重大影响，应由上级职能部门管辖，属于行政机关决定的事项，举报人没有权利确定行政机关对违法事项的级别管辖。以此为由申请再审，理由不能成立。

——最高人民法院行政审判庭编：《行政执法与行政审判》总第80集，中国法制出版社2020年版，第135~138页。

附录：本案解析

本案的主要争议焦点在于，李某林申请国家药监局履责的行为应如何定性。《行政复议法》第二条规定，公民、法人或者其他组织认为行政行为侵犯其合法权益的，有权依法提出行政复议申请。也就是说，如果行政行为根本不可能侵犯公民、法人或者其他组织合法权益、对当事人的权利义务不产生实际影响的，不属于行政复议的受案范围。

参照《最高人民法院关于适用〈中华人民共和国行政诉讼法〉的解释》第一条第四项、第九项、第十项规定，驳回当事人对行政行为提起申诉的重复处理行为，行政机关针对信访事项作出的登记、受理、交办、转送、复查、复核意见等行为，以及其他对公民、法人或者其他组织权利义务不产生实际影响的行为，均不属于行政复议的受案范围。参照"最高人民法院关于不服县级以上人民政府信访行政管理部门、负责受理信访事项的行政管理机关以

---

① 本条规定现为《中华人民共和国行政处罚法》（2021年修订）第二十二条。

及镇（乡）人民政府作出的处理意见或者不再受理决定而提起的行政诉讼人民法院是否受理的批复"的规定，信访人对信访工作机构依据《信访条例》处理信访事项的行为或者不履行《信访条例》规定的职责不服申请行政复议的，因前述行为对信访人的权利义务不产生实际影响，不属于行政复议的受案范围。《行政处罚法》第二十条①规定，行政处罚由违法行为发生地的县级以上地方人民政府具有行政处罚权的行政机关管辖。属地管辖，是行政机关管辖权分配的基本原则。根据《最高人民法院关于适用〈中华人民共和国行政诉讼法〉的解释》第十二条第五项规定，为维护自身合法权益向行政机关投诉，具有处理投诉职责的行政机关作出或者未作出处理的，举报人不服处理或不予处理行为提起行政诉讼，有权依法提起行政诉讼。适用该项规定的前提是，举报人要向具有处理投诉职责的行政机关举报。如果举报人违反属地管辖原则，向有处理权的行政机关的上级机关投诉，实质是向上级行政机关的信访行为，上级行政机关不履行对信访事项作出处理法定职责行为，对举报人的权利义务不产生实际影响，不属于行政诉讼和行政复议的受案范围。本案中，李某林举报他人制售假药违法行为，根据属地管辖原则，应当向违法行为所在地的县级人民政府药监部门举报，但李某林却直接向国家药监局举报，该行为实质是向国家药监局的信访行为，国家药监局对其信访事项不作处理，不属于行政复议的范围，其作出6号复议决定，不受理其复议申请，本质上亦属于对信访事项的处理，不属于行政诉讼的受案范围。一审、二审裁定驳回李某林的起诉，并无不当。

——郭修江、林路：《行政机关履责遵循属地管辖原则》，载最高人民法院行政审判庭编：《行政执法与行政审判》总第80集，中国法制出版社2020年版，第138~139页。

894. 行政机关作出的尚未对公民、法人或者其他组织的合法权益产生实际影响的行政行为，不属于行政复议受案范围

关键词

合法权益　行政复议受案范围

最高人民法院裁判文书

胡某枝、余某飞诉湖北省人民政府行政复议案［最高人民法院（2017）最高法行申7116号行政裁定书］

---

① 本条规定现为《中华人民共和国行政处罚法》（2021年修订）第二十二条。

裁判要点：行政机关作出的尚未对公民、法人或者其他组织的合法权益产生实际影响的行政行为，不属于行政复议受案范围。

最高人民法院认为：一、胡某枝等的诉请是撤销湖北省政府鄂政复决〔2016〕145号《驳回行政复议申请决定书》，责令重新作出复议决定，对有关文件进行审查。行政复议的审查对象是对公民、法人或者其他组织权利义务产生实际确定效力的行政行为。行政机关作出的尚未对公民、法人或者其他组织的合法权益产生实际影响的行政行为，不属于行政复议受案范围。根据武办发〔2009〕22号《关于加快推进全市重点工程征地拆迁工作的意见》规定，"对土地收购、拆迁项目，在取得建设用地规划许可证后，由市国土部门批准项目用地，及时核发拆迁许可证"。政府核发拆迁许可证的行为是依申请的具体行政行为，申请人需向有关机关提交相关材料，经有关机关审核批准后才予发证。本案中，武国土用〔2009〕6号批复明确"请根据《中华人民共和国土地管理法》及其实施条例的规定，严格按照附表中所定用地位置、面积、规划用地性质等办理有关手续"。该批复的存在并不代表最终拆迁许可行为必然作出，且亦未直接对外付诸实施，因此未对所涉建设用地片区的公民、法人或者其他组织的合法权益产生实际的影响，故不属于行政复议范围。湖北省政府对胡某枝等的复议申请审查后，书面告知胡某枝等对其行政复议申请不予受理，符合法律规定。二、关于武政复决〔2016〕第202号复议决定是否认可了武国土用〔2009〕6号批复的可诉性。经审查，武汉市人民政府武政复决〔2016〕第202号复议决定认为胡某枝等应当以武汉市人民政府为被申请人向湖北省政府申请行政复议，驳回胡某枝等的复议申请，但并未认可武国土用〔2009〕6号批复的可诉性，胡某枝等该项再审申请理由缺乏事实依据。三、关于是否存在同案不同判。经审查，在（2013）鄂汉阳行初第00076号、（2014）鄂武汉中行终字第00220号案中，被诉批复行为系具有法定职权的行政机关针对已被纳入2009年城市基础设施建设和重点改造维修项目计划的武汉市鹦鹉洲长江大桥工程，申请向有关单位划拨土地的批复，对案涉土地片区的公民、法人或者其他组织的权利义务产生了实质性影响，故具有可复议性与可诉性。本案武国土用〔2009〕6号批复对外尚不具有确定效力，胡某枝等认为原审法院针对相同案情"同案不同判"再审申请理由不能成立。四、〔2005〕行他字第12号答复所涉案件系长海县人民政府直接为相关主体设定新的权利义务，且明确王家镇人民政府接到批复后由该镇土地管理部门付诸实施。该批复的存在表明相关具体行政行为最终必然作出，产生了内部行政行为外部化的法律效果，故具有可诉性。本案武国土用〔2009〕6号批复对外尚不具有确定效力，胡某枝等该项再审申请理由不能成立。

——最高人民法院第四巡回法庭编：《最高人民法院第四巡回法庭典型行

政案件裁判观点 2017-2018》，法律出版社 2020 年版，第 444~447 页。

895. 政务微博发布的内容不符合行政行为的构成要件的，不属于行政复议和行政诉讼的受案范围

关键词

政务微博　政府信息　行政复议受案范围

最高人民法院裁判文书

程某泽诉山西省人民政府行政复议不予受理案［最高人民法院（2017）最高法行申 8081 号行政裁定书］

　　裁判要点：政务微博发布的公告内容未对相对人设定、变更、解除行政法律权利和行政法律义务，更未对其产生行政法律效果，不符合纠正行为的构成要件，故不属于行政复议和行政诉讼的受案范围。

　　最高人民法院认为，程某泽的申请再审理由不能成立。
　　政务微博是政府信息公开的新方式，但政府主动公开的政府信息并不当然属于行政复议和行政诉讼的受案范围。本案中，判断山西省人民政府不予受理行政复议决定是否正确的关键在于山西省公安厅微博发布的公告是否属于行政行为。行政行为是指依法享有行政职权的行政主体行使权力对国家和社会公共事务进行管理和提供服务的一种法律行为。山西省公安厅微博发布的公告内容并没有对程某泽设定、变更、解除行政法律权利和行政法律义务，更没有对其产生行政法律效果，故山西省公安厅微博发布的公告不符合行政行为的构成要件，亦不属于行政复议的受案范围。依照《中华人民共和国行政复议法》第十七条第一款①的规定，山西省政府作出不予受理行政复议决定事实认定清楚，法律依据充分，程序合法。据此，原审判决驳回程某泽的诉讼请求并无不当。
　　——最高人民法院第四巡回法庭编：《最高人民法院第四巡回法庭典型行政案件裁判观点 2017-2018》，法律出版社 2020 年版，第 448~449 页。

---

① 本条规定现为《中华人民共和国行政复议法》（2023 年修正）第三十条第二款，内容修改为："对不符合前款规定的行政复议申请，行政复议机关应当在审查期限内决定不予受理并说明理由；不属于本机关管辖的，还应当在不予受理决定中告知申请人有管辖权的行政复议机关。"

896. 复议前置案件，复议机关不受理或逾期未作出复议决定，当事人直接起诉原行政行为的，人民法院是否应当立案

关键词

复议前置　原行政行为

最高人民法院审判业务意见

11. 复议前置案件，复议机关不受理或逾期未作出复议决定，当事人直接起诉原行政行为的，人民法院是否应当立案。

答：复议前置案件中，复议机关不予受理或者逾期不作出复议决定的，当事人只能对复议机关的不受理行为或不履行行政复议法定职责行为提起行政诉讼，直接起诉原行政行为的，不符合法定起诉条件，人民法院应当裁定不予立案。

公民、法人或者其他组织不服复议决定的，无论是选择起诉复议决定，还是原行政行为，都应当按照《行政诉讼法》第四十五条规定，在收到复议决定书之日起十五日内向人民法院提起诉讼；复议机关逾期不作出决定的，应当在复议期满之日起十五日内向人民法院提起诉讼。法律另有规定的除外。

理由：法律、法规规定的复议前置案件，经过行政复议是当事人起诉的前提条件。所谓"经过行政复议"，是指原行政行为的合法性经过复议程序的实体审查。复议机关决定不予受理或逾期不作复议决定，原行政行为没有经过复议程序的实体审查，当事人在此情形下对原行政行为直接提起诉讼，当然不符合复议前置的法定条件。

根据《行政诉讼法》第四十五条规定，只要经过行政复议对行政复议决定仍不服的，起诉期限就是15天。《行政诉讼法》第四十六条规定的六个月起诉期限只能适用于未经复议直接起诉被诉行政行为的情况。

——《最高人民法院第一巡回法庭关于行政审判法律适用若干问题的会议纪要》(2018年7月23日)。

897. 城中村改造方案批复是否属于行政复议的受案范围

关键词

城中村改造方案批复　行政复议受案范围

最高人民法院裁判文书

再审申请人张某峰、张某勃因诉西安市人民政府不予受理行政复议申请决定案［最高人民法院（2016）最高法行申 4469 号行政裁定］

裁判要点：城中村改造方案批复系根据地方性文件的规定，上级行政机关对下级行政机关改造方案的内部审批行为，并不直接对外创设权利义务，仅系整个城中村改造的一个程序性环节。

最高人民法院认为：本案的争议焦点是西安市城改办作出涉案批复行为是否属于行政复议的受案范围。《中华人民共和国行政复议法》第二章第一节专门对行政复议范围作了规定，公民、法人或者其他组织认为行政行为侵犯其合法权益的，可以向行政机关申请行政复议。根据现行行政法理论和行政诉讼法律的规定，行政机关的内部行政行为不属于行政复议和行政诉讼受案范围。本案中，西安市未央区城中村改造办公室根据《西安市城中村改造管理办法》的有关规定组织编制《联合村城中村改造方案》，并报送西安市城改办审批，西安市城改办于 2013 年 9 月 5 日作出市城改发〔2013〕232 号批复，原则同意联合村按上述方案实施改造，并就项目概况、改造工作内容、工作要求责任及措施等事项予以批复。该批复系根据地方性文件的规定，上级行政机关对下级行政机关改造方案的内部审批行为，并不直接对外创设权利义务，仅系整个城中村改造的一个程序性环节。对再审申请人权利义务产生实际影响的是城中村改造过程中的拆迁安置及补偿行为，再审申请人如对安置补偿行为不服，应直接针对安置补偿行为提起行政诉讼。涉案批复虽然通过政府信息公开的形式于 2015 年 3 月 3 日为再审申请人知悉，但并未改变其系内部行政行为的性质，依法不属于行政复议的受案范围，西安市政府作出被诉不予受理行政复议申请决定并无不当。据此，一审法院判决驳回其诉讼请求，二审法院判决驳回上诉维持一审判决，亦无不当。

——中国裁判文书网。

898. 同时对原行政行为和不予受理行政复议决定提起诉讼的受理问题

关键词

原行政行为　行政复议决定

最高人民法院审判业务意见

司法最终原则决定了行政复议和行政诉讼应当是一种先后关系，而不能针对同一个争议同时进行这两种法律程序。在复议机关不予受理复议申请的情况下，当事人有两种法律救济手段可以选择：一种是直接起诉原行政行为。另一种是起诉复议机关不作为。虽然法律规定了上述两种救济手段，但却不可以同时进行，而应当选择其一。这是因为，直接起诉原行政行为，目的是要求人民法院对原行政行为的合法性作出认定和处理；起诉复议机关不作为，直接的诉求虽然是要求人民法院撤销不予受理复议申请的决定，但撤销不予受理复议申请决定的效果，则必然导致复议机关同样要对原行政行为的合法性作出认定和处理。

如果同时起诉原行政行为和复议机关不作为，就会违反一事不再理原则，造成人民法院和复议机关的重复劳动。当事人同时对原行政行为和不予受理行政复议决定提起诉讼的，人民法院应当告知当事人择一而诉，不应对两个行为同时起诉；当事人先后对原行政行为和不予受理行政复议决定提起诉讼的，人民法院应当对起诉在先的案件进行立案，对在后的起诉记录在案或者终结诉讼；同时起诉的，人民法院原则上可以选择对起诉原行政行为进行立案，对起诉不予受理行政复议决定的记录在案。

——《最高人民法院第二巡回法庭建庭以来行政案件审理情况分析报告——以申请再审案件为核心（2015.01-2020.06）》。

899. 省级人民政府根据国务院土地征收批准文件作出的土地征收实施方案批准行为不属于行政复议的受理范围

关键词

行政复议　国务院土地征收批准文件　土地征收实施方案

最高人民法院裁判文书（六巡裁判规则）

崔某某诉甘肃省人民政府驳回行政复议申请决定案［最高人民法院（2021）最高法行申1876号行政裁定书］

裁判要旨：省级人民政府根据国务院土地征收批准文件作出的土地征收实施方案批准行为，属于对国务院批复行为的具体落实，并非新的独立的审批行为，未对当事人设定新的权利义务，不属于行政复议的受理范围。

附录：最高人民法院主流观点

根据《土地管理法》以及《土地管理法实施条例》等法律法规的规定，国家为了公共利益需要，可以依法对土地实施征收。土地征收由国务院或省级人民政府批准，符合《土地管理法》第46条第1款规定的永久基本农田，转为建设用地的，由国务院批准。省级人民政府所在地的市的土地利用总体规划由国务院批准。为实施土地利用总体规划，按土地利用年度计划分批次转用和征收土地的，自然资源部（原国土资源部）对各省级人民政府上报的请示进行审查，报国务院批准。省级人民政府在国务院批准土地征收后，根据国务院的批准文件再批准市级人民政府上报的土地征收实施方案。省级人民政府根据国务院土地征收批准文件作出的土地征收实施方案批准行为，属于对国务院批复行为的具体落实，并非新的独立的审批行为，未对当事人设定新的权利义务，不属于行政复议的受理范围。

具体到本案，甘肃省政府作出的《实施方案批复》，是该政府在国务院已经批准相关农用地转用和土地征收的前提下，对兰州市农用地转用和土地征收实施方案的批准行为，系甘肃省政府对国务院已批复事项的具体落实，并非新的独立的审批行为。甘肃省政府就崔某某的行政复议申请作出《驳回行政复议申请决定》，并无不当。

——杨临萍主编：《最高人民法院第六巡回法庭裁判规则》，人民法院出版社2022年版，第544页。

900. 国有土地使用权权属争议处理决定讼争之行政复议前置程序的适用

关键词

国有土地使用权　行政复议前置

最高人民法院裁判文书

张某甲诉贵州省清镇市人民政府、贵州省清镇市国土资源局土地权属确权案［最高人民法院（2019）最高法行申8878号行政裁定书］

裁判要点：公民、法人或者其他组织认为行政机关的具体行政行为侵犯其已经依法取得的土地等自然资源的所有权或者使用权的，应当先申请行政复议；对行政复议决定不服的，可以依法向人民法院提起行政诉讼。

最高人民法院经审查认为，《行政复议法》第30条第1款①规定，公民、法人或者其他组织认为行政机关的具体行政行为侵犯其已经依法取得的土地等自然资源的所有权或者使用权的，应当先申请行政复议；对行政复议决定不服的，可以依法向人民法院提起行政诉讼。本案中，张某甲与张某乙因土地使用权界址问题发生争议，经清镇市国土局委托有关单位勘界、测绘后提出处理建议报清镇市政府，清镇市政府作出被诉土地权属确权批复。该批复已向争议双方当事人送达，是发生外部法律效力的确权决定。二审认为，对于该批复不服，应当先行申请行政复议，具有法律依据，有利于充分救济和保障土地使用权界址争议双方当事人的合法权益。张某甲认为该批复缺乏事实依据、程序违法，应先申请行政复议。张某甲对复议决定不服，再向人民法院提起行政诉讼。最高人民法院依法裁定驳回张某甲的再审申请。

附录：最高人民法院法官著述

本案的审理中存在两种分歧意见。一种意见认为，对于行政机关作出的土地权属争议处理决定，当事人应当先行提出行政复议。理由在于，《关于适用〈行政复议法〉第三十条第一款的批复》（法释〔2003〕5号）（以下简称法释〔2003〕5号《批复》）明确土地权属争议处理决定应当适用复议前置。国有土地使用权权属纠纷专业性强，涉及面广，适用复议前置程序有利于充分发挥行政机关的工作优势，更好地化解纠纷并节省司法资源，以便查明事实、分清是非，使土地权属争议得以及时解决。另一种意见认为，对于行政机关作出的土地权属争议处理决定，当事人可以直接向人民法院提起行政诉讼。其理由在于，《土地管理法》经第二次、第三次修正，其内容未规定土地权属争议处理决定应当适用复议前置程序。若适用复议前置程序，会剥夺行政相对人在行政争议发生时选择救济方式的权利，从而提高了行政诉讼救济的门槛。最高人民法院裁定最终采纳第一种意见。

明确土地权属争议处理的法律属性，在审判实务中具有以下重要意义。

第一，正确理解土地权属争议纠纷中应当选择行政的抑或民事的救济路径。实践中，土地权属纠纷和土地侵权纠纷常具有高度联系性，权属关系的确定往往成为侵权事实得以确定的基础。当事人确认自身土地权属，须先行向行政机关提出申请，在行政机关进行地籍调查、权属审核、注册登记后，向当事人颁发土地权属证书，实现土地权利"权属合法、界址清楚、面积确

---

① 本条规定现为《中华人民共和国行政复议法》（2023年修正）第二十三条第一款第二项，内容修改为："有下列情形之一的，申请人应当先向行政复议机关申请行政复议，对行政复议决定不服的，可以再依法向人民法院提起行政诉讼：（二）对行政机关作出的侵犯其已经依法取得的自然资源的所有权或者使用权的决定不服。"下同。

定"，亦即享有清楚、明晰的土地权属。如果争议双方当事人均已依法取得权证，证载内容、四至并无重叠，且均已取得争议双方当事人认可，则土地权属处于确定状态，相关争议根据《土地权属争议调查处理办法》第14条的规定，不再属于土地权属确权争议，而应当通过土地侵权争议解决途径进行民事救济。反之，则须通过土地权属确权使土地权属关系通过行政处理决定解决。本案中，2012年张某乙曾向人民法院提起要求张某甲返还原物的民事诉讼。经人民法院民事审判，最终以该案属于土地权属争议为由裁定驳回张某乙的起诉。故而本案当事人寻求行政途径以解决纠纷。

——中国应用法学研究所主编：《最高人民法院案例选（第6辑）》，法律出版社2022年版。

901. 只有对当事人权利义务产生实际影响的重复处理性质的信访答复意见、复核意见，才是能够申请复议、可诉的行为

> **关键词**

信访答复意见　信访复核意见　行政复议　行政决定

> **最高人民法院裁判文书**

王某彬诉辽宁省人民政府驳回行政复议申请案［最高人民法院（2015）行监字第43号行政裁定书］

  裁判要点：信访答复意见、复核意见并非都是《最高人民法院关于执行〈中华人民共和国行政诉讼法〉若干问题的解释》第一条第二款第五项[①]规定的"驳回当事人对行政行为提起申诉的重复处理行为"，只有对当事人权利义务不产生实际影响的重复处理性质的信访答复意见、复核意见，才是不能申请复议、不可诉的行为；如果信访答复意见、复核意见对当事人的权利义务作出了新的处理，则属于可以申请行政复议、提起行政诉讼的新的行政决定。

  最高人民法院认为：根据《中华人民共和国行政复议法》规定，公民、法人或者其他组织认为行政机关的行政行为侵犯其合法权益的，属于行政复议的受案范围。故不会对当事人的权利义务产生不利影响的行政行为，不属

[①] 本条规定已被《最高人民法院关于适用〈中华人民共和国行政诉讼法〉的解释》（法释〔2018〕1号）第一条第二款第四项代替。

于行政复议的受案范围。因此,信访复核答复意见如果只是重复下级行政机关之前的处理意见,未对当事人设定新的权利义务的,属于对当事人权利义务不产生实际影响的行政行为,该行政行为不属于行政复议的受案范围。但是,如果信访复核答复意见对当事人设定了新的权利义务,事实上成为一个新的行政处理决定,则属于行政复议的受案范围。本案中,辽宁省公安厅作出的《复核意见书》并非简单重复之前的行政处理,而是明确对王某彬请求确认赔偿的有关问题,作出了新的处理意见:(1)要求赔偿红松原木经济损失无依据;(2)落叶松差价1.5万元返还给本人;(3)扣押的办公用品作价返还给本人;(4)公安机关收审过甄某军并收缴1.7万元挪用无依据;(5)其他的赔偿问题通过法律渠道解决。这几条意见是辽宁省公安厅对王某彬信访事项作出的新的处理意见,对王某彬的权利义务产生了实际影响,应属于行政复议受案范围。辽宁省政府以辽宁省公安厅作出的《复核意见书》不属于行政复议受案范围为由,驳回王某彬的复议申请,其理由不当,应予纠正。《信访条例》第三十五条第三款关于"信访人对复核意见不服,仍然以同一事实和理由提出投诉请求的,各级人民政府信访工作机构和其他行政机关不再受理"的规定,仅仅适用于信访人的"信访"投诉申请,并不适用于信访人依法申请行政复议的情形。

——中国裁判文书网。

902. 同一行政行为的当事人部分起诉部分申请复议的处理

关键词

行政复议　中止诉讼

附录:最高人民法院法官著述

行政机关就同一事实,对若干人作出一个具体行政行为,复议不是必经程序的,其中一部分当事人向行政机关申请行政复议,另一部分当事人向人民法院提起诉讼的,对此应当如何处理呢?

行政机关或者人民法院立案审查时,发现这种情况的,应当在尊重当事人的意愿基础上,多做协调工作,尽可能地让他们都选择同一种救济途径。如果协调不成的,行政机关与人民法院应当分别受理,为了避免处理结果相互矛盾,减少当事人诉累,人民法院应当先中止诉讼,让行政机关先行复议。如果行政复议决定维持原具体行政行为,申请复议人仍不服向人民法院提起诉讼后,因被诉对象都是原具体行政行为,故人民法院应当将两个诉合并审理。若申请人在法定起诉期限未起诉,原告亦未撤诉的,法院应当恢复诉讼,并通知申请人作为第三人参加诉讼。如果行政复议改变原具体行政行为，因原具体行政行为已不存在，应询问原告是否将其原先所诉的具体行政行为变更为复议决定。若变更的，人民法院应对复议决定的合法性进行审理；若不变更的，应当裁定驳回其诉讼请求。

——蔡小雪、甘文：《行政诉讼实务指引》，人民法院出版社2014年版，第382页。

903. 行政机关针对文件效力的咨询申请作出的答复以及不予答复行为，不属于政府信息公开行为，故不属于行政复议受理范围

关键词

政府信息　复议范围　诉的利益

最高人民法院裁判文书

孙某荣诉吉林省人民政府行政复议不予受理决定再审案［最高人民法院（2015）行提字第19号行政裁定书］

裁判要点：《政府信息公开条例》调整的"政府信息"是指现实存在的，并以一定形式记录、保存的信息。申请了解文件效力，属于咨询性质，不属于第26条规定的"应当按照申请人要求的形式予以提供"政府信息的情形。行政机关针对咨询申请作出的答复以及不予答复行为，不属于政府信息公开行为，不会对咨询人的权利义务产生实际影响，故不属于行政复议的受理范围。

最高人民法院认为：《政府信息公开条例》（以下简称《条例》）第2条规定："本条例所称政府信息，是指行政机关在履行职责过程中制作或者获取的，以一定形式记录、保存的信息。"

据此，该《条例》所指的政府信息，应当是现有的，以一定形式记录、保存的信息。为准确把握政府信息的适用范畴，《国务院办公厅关于做好政府信息依申请公开工作的意见》（国办发〔2010〕5号）第2条明确规定："行政机关向申请人提供的政府信息，应该是现有的，一般不需要行政机关汇总、加工或者重新制作（作区分处理的除外）。"

本案中，孙某某向吉林省住建厅申请了解的是吉建房字（1999）27号通知的效力问题，并非申请公开"以一定形式记录、保存的"政府文件本身，在性质上属于咨询，不属于《条例》调整的范畴，况且针对咨询作出答复以

及答复与否，不会对咨询人的权利义务产生实际影响。

因此，吉林省人民政府作出吉政复不字（2011）号不予受理决定，符合《行政复议法》第6条[①]、第17条[②]的规定。孙某某认为吉林省人民政府违反《政府信息公开条例》及相关法律规定，请求人民法院依法撤销不予受理决定的理由不能成立，本院不予支持。原一、二审法院维持吉林省人民政府作出的吉政复不字（2011）号不予受理决定，并无不当。

根据《条例》第26条的规定，行政机关依申请公开的政府信息，应当按照申请人要求的形式予以提供。本案中，孙某某的申请既然属于咨询性质，就不属于该条所规定的"应当按照申请人要求的形式予以提供"政府信息的情形。对于此类咨询申请，法律并无要求行政机关必须书面答复的明确规定。

在吉林省住建厅已以口头方式作出答复，尤其是在孙某某提起本案诉讼前吉林省住建厅已经公布废止吉建房字（1999）27号通知的情况下，孙某某仍然要求人民法院责令行政机关对该通知的效力问题作出答复，其起诉并无应受司法保护的现实利益，其请求被申请人重新作出行政行为已丧失诉的基础。

——中国裁判文书网。

904. 同一行政复议决定中，公民、法人或者其他组织仅就行政赔偿请求处理提出起诉，人民法院不应对其他行政行为的处理进行审判

关键词

行政复议　行政赔偿

最高人民法院公报案例

夏某英诉山东省威海市人民政府行政复议再审案［最高人民法院（2018）最高法行再128号行政裁定书］

裁判摘要：若行政复议机关对被申请复议的行政行为的处理，和对一并提出的行政赔偿请求的处理，载于同一行政复议决定中，彼此可分，公民、法人或其他组织仅就行政复议决定中有关行政赔偿请求的处理提出起诉，人民法院应遵循不告不理原则，不就行政

---

① 本条规定现为《中华人民共和国行政复议法》（2023年修正）第十一条。
② 本条规定现为《中华人民共和国行政复议法》（2023年修正）第三十条。

复议决定中有关行政行为的处理进行审理和裁判。

最高人民法院认为，一、二审法院对本案的审理是否超出了法定审理范围是解决本案争议的首要问题。再审被申请人威海市政府所作81号复议决定有两项内容：一是确认桥头镇政府占用再审申请人夏某英土地修建7号公路和金鸡大道的行为违法，二是驳回再审申请人要求行政赔偿的请求。再审申请人起诉时仅针对后者，并不包括前者。一审法院对前者进行审查，以再审被申请人认定再审申请人对桥头镇政府修建金鸡大道占用土地的行为具有行政复议申请人资格证据不足为由，对81号复议决定予以判决撤销，便产生是否超出法定审理范围的问题。对此本院认为，复议机关对被申请复议的行政行为的处理和对一并提出的行政赔偿请求的处理虽可载明于同一行政复议决定中，但彼此可分，因为这两种处理引起的诉讼相互独立。按照不告不理原则，当事人仅挑战其中之一时，人民法院不宜主动审理另外一个并作出裁判。在再审申请人只对81号复议决定中有关行政赔偿请求的处理提出起诉的情况下，一审法院却对该复议决定中有关行政行为的处理进行审查，并进而撤销了该复议决定，有违不告不理原则，超出了法定审理范围。另外，一审法院对本案的处理，使再审申请人行使诉权的结果比不行使诉权更加不利，对诉权的充分行使和诉讼渠道的畅通产生阻碍效果，与行政诉讼制度的宗旨显有不合。行政诉讼中的全面审查一般是指人民法院在行政案件审理中，应当对被诉行政行为的事实根据、法律依据、行政程序、职责权限等各方面进行合法性审查，不受诉讼请求和理由的拘束。全面审查原则通常适用于诉讼标的为行政行为的单一案件中，但81号复议决定对原行政行为的处理并非本案诉讼标的，故该原则不适用。二审法院以全面审查原则为据，对再审申请人就一审法院审判程序所提质疑不予采纳，判决理由显有不当。再审申请人主张一、二审法院超出其诉讼请求进行审理错误，该主张成立，依法应予支持。一审法院判决撤销81号复议决定，适用法律错误，依法应予撤销；二审法院判决驳回上诉、维持一审判决同样构成适用法律错误，依法亦应撤销。

就法律关系而言，在一、二审判决撤销81号复议决定并责令再审被申请人重新作出复议决定的内容被撤销之后，再审被申请人所作81-1号复议决定随之失去法律基础，本案应回到再审申请人提起本案诉讼时的状态。此时需要解决的问题是，再审申请人就81号复议决定对其行政赔偿请求所作处理不服提起的诉讼是否符合法定起诉条件。对此本院认为，对于以获得行政赔偿为目的的诉讼而言，《中华人民共和国国家赔偿法》规定的救济方式是直接起诉赔偿义务机关，并不包括起诉复议机关，即不包括要求人民法院判决复议机关就赔偿义务机关的行政赔偿问题作出处理或者重新处理的情形。《中华人民共和国行政诉讼法》有关复议机关为被告的规定同样不包括该情形。从实践层面看,以起诉复议机关履行法定职责的方式解决赔偿义务机关的行政赔偿问题,与直接起诉赔偿义务机关相比,不仅程序更加烦琐,耗费更多的资源,而且难以直接解决行政赔偿问题,容易形成循环诉讼。从行政诉讼实质解决行政争议的立法宗旨看,上述法律在这一问题上未作规定表明,以解决赔偿义务机关行政赔偿问题为目的的诉讼不宜以复议机关为被告。故再审申请人提起本案诉讼,要求判令再审被申请人通过行政复议解决桥头镇政府的行政赔偿问题,即属此种情形。一审法院于2015年3月19日受理本案。当时有效的《最高人民法院关于执行〈中华人民共和国行政诉讼法〉若干问题的解释》第四十四条第一款第三项规定"起诉人错列被告且拒绝变更的"情形适用驳回起诉裁定。该规定隐含着人民法院的释明义务。在撤销一、二审判决之后,对于再审申请人提出的起诉,本院本应按照该规定作出释明,并根据释明结果作出相应处理。但考虑到释明的目的在于将就行政赔偿争议提出的起诉导入正确的诉讼程序,而再审申请人事实上已另案起诉桥头镇政府,要求判令桥头镇政府承担行政赔偿责任,且该案正在审理中,故释明的目的已经达到。在此情况下,再审申请人提出的起诉为正在审理的相关行政赔偿案件所吸收,无进入实体审理的可能,故不符合法定起诉条件,依法应予驳回。

——《最高人民法院公报》2020年第12期。

905. 怎样认定复议申请人与被复议行政行为存在利害关系

关键词

行政复议申请人　利害关系

最高人民法院裁判文书

冯某章诉河北省衡水市人民政府撤销国有土地使用证案〔最高人民法院(2016)最高法行再1号行政判决书〕

裁判要点:公民、法人或者其他组织提出行政复议申请应当符合法律规定。公民、法人或者其他组织主张的利益与被申请行政行为之间仅存在事实上的利害关系或者为非法权益的,该公民、法人或者其他组织不属于适格行政复议申请人;行政复议决定被诉至法院的,法院应当依法撤销被诉行政复议决定。

最高人民法院认为,本案的焦点问题是,赵某彬就1995年11月景县政府为冯某章颁发景国用（95）字第 2574 号国有土地使用证的行政行为是否具有申请行政复议的资格。结合本案情况看，赵某彬申请行政复议的资格存在两个明显问题。第一，赵某彬不具备申请行政复议的权利基础。赵某彬对涉案土地的占有源自张某安 2003 年的转让，而颁证行为则发生在此次转让之前的 1995 年。因此，赵某彬要获得申请复议的资格只有通过转让承继的方式。而转让承继的前提则是颁证行为作出时，张某安具有申请复议的资格。1995 年 10 月，原景县土地管理局将该土地征用后，该幅土地的性质已经转变为国有。张某安未对土地征用行为提起行政复议或者行政诉讼。此后，原景县土地管理局在办理土地登记过程中土地使用者变为冯某章，景县政府也为冯某章颁发了国有土地使用证。该颁证行为是在该幅土地通过征收转为国有土地的基础上作出的。也就是说，在颁证行为作出之前，即使不考虑张某安在 1990 年就已经将涉案土地使用权有价转让给冯某章一节，其亦因该土地被征收而不享有土地使用权，故其与该颁证行为之间并无法律意义上的利害关系，不足以获得申请复议的资格。综上，由于张某安对景县政府颁发国有土地使用权证的行为没有申请复议的资格，因此，赵某彬亦不能通过转让而获得申请行政复议的资格。第二，赵某彬主张的利益并非合法权益。1995 年 6 月，景县商业局食品加工厂以解决职工住房问题为由申请办理涉案土地的征地手续。同年 10 月，原景县土地管理局将涉案土地征用后出让给景县商业局食品加工厂。1995 年景县商业局食品加工厂办理涉案土地的征用手续之后，该地属于张某安无权处分的国有土地。张某安在此情况下于 2003 年将其转让给赵某彬，违反了《中华人民共和国土地管理法》的有关规定，属于非法转让土地的行为，赵某彬亦不能因此获得涉案土地的使用权，其实际占有土地的利益不受法律保护，其未经批准在国有土地上建房，不具有合法权益。赵某彬与 1995 年景县政府颁发国有土地使用权的行政行为没有法律上的利害关系。

——最高人民法院行政审判庭编：《最高人民法院行政裁判要旨及评述（第一卷）》，人民法院出版社 2019 年版。

906. 对申请人恣意反复申请行政复议的应如何处理

关键词

行政复议

最高人民法院裁判文书

杨某全诉山东省人民政府行政复议案［最高人民法院（2016）最高法行申 2976 号行政裁定书］

裁判要点：公民、法人或者其他组织申请行政复议应当具有利用复议制度解决行政争议的正当性和必要性。公民、法人或者其他组织认为其合法权益受到行政行为侵害的，应当依据法律规定的范围、条件、程序、方式等寻求法律救济。反复违反一级复议制度的行政复议申请不符合法律对于行政复议和行政诉讼衔接的制度安排。法院应当识别、判断当事人的权利救济请求的正当性和必要性，避免因缺乏诉的利益而不当行使行政诉权情形发生，防范滥用诉权的行为。

最高人民法院认为：行政复议和行政诉讼并称行政争讼制度，它们不仅共享重要的适法条件和法律标准，而且也服务于共同的目标：对行政行为的合法性进行审查，并且解决行政争议。申请行政复议和提起行政诉讼是法律赋予公民、法人或者其他组织的权利，他们既可以选择行政复议，也可以选择行政诉讼，还可以在选择行政复议之后再行提起行政诉讼，除非法律规定行政复议决定为最终裁决。再审申请人杨某全就是先选择行政复议，对行政复议决定不服提起了本案诉讼。但再审申请人的问题在于，他在提起行政诉讼之前，针对同一事由连续申请了三级行政复议——先是就青岛市市南区司法局所作答复意见向青岛市司法局申请复议；然后就青岛市司法局所作行政复议决定向青岛市人民政府申请复议；再就青岛市人民政府所作行政复议决定向本案再审被申请人山东省人民政府申请复议。这种主张权利的方式显然违反了国家对于行政复议和行政诉讼衔接的制度安排。《中华人民共和国行政复议法》第五条①规定："公民、法人或者其他组织对行政复议决定不服的，可以依照行政诉讼法的规定向人民法院提起行政诉讼，但是法律规定行政复议决定为最终裁决的除外。"法律并没有规定对行政复议决定不服还可以向其上一级行政机关再次申请行政复议。由此可知，我国实行的是一级复议制度。对于明显违反、甚至是一再违反一级复议制度的申请，行政复议机关可以在口头释明之后不作任何处理；申请人对此不服提起行政诉讼的，人民法院可以不予立案，或者在立案之后裁定驳回起诉。本案中，再审被申请人仍然正式作出不予受理复议申请决定，这种不厌其烦的耐心和依法行政的意识值得钦佩。原审法院判决驳回再审申请人的诉讼请求，亦是对再审被申请人合法处置的正当支持。但是，这种支持显然还不够到位。对于一个毫无事实根据和法律依据的指控，即使最终判决被告胜诉，也是对被告的不公平，因为将他们传唤到法院应诉本身已经使他们承受了不应承受的花费和压力。固然，从救济权利、监督权力的制度功能出发，行政诉讼可以适度向原告倾斜，

---

① 本条规定现为《中华人民共和国行政复议法》（2023年修正）第十条。

以求得他们与公权力机关的实质平衡,但在任何一个发达的司法制度中,以牺牲被告的利益为代价考虑原告的利益,都是有失公允的。因此,本院认为,对于此类明显违背行政复议制度、明显具有任性恣意色彩的反复申请,即使行政复议机关予以拒绝,也不应因形式上的"不作为"而将其拖进一个没有意义的诉讼游戏当中。鉴于本案已经实际走完诉讼程序,一、二审法院经实体审理后亦未支持再审申请人的诉讼请求,本案便没有必要通过审判监督程序提起再审后再行裁定驳回起诉。但本院所阐述的法律原则,可以供将来处理同类起诉时参考。

——最高人民法院行政审判庭编:《最高人民法院行政裁判要旨及评述(第一卷)》,人民法院出版社2019年版。

907. 复议机关应当以行政复议决定书方式作出不予受理复议申请决定

关键词

行政复议决定书　不予受理复议申请决定

最高人民法院裁判文书

袁某祯诉辽宁省人民政府不履行行政复议职责案〔最高人民法院(2015)行监字第95号行政裁定书〕

裁判要点:复议机关应当以行政复议决定书方式作出不予受理复议申请决定。以通知书方式作出不予受理复议申请决定,行政行为形式不当,人民法院应当予以指正。

最高人民法院认为:劳动能力鉴定委员会作出的劳动能力鉴定结论,实质是技术鉴定结论。根据《工伤保险条例》第二十四条、第二十五条规定,劳动能力鉴定委员会由社会保险行政部门、卫生行政部门、工会组织、经办机构代表以及用人单位代表组成。劳动能力鉴定委员会建立医疗卫生专家库,列入专家库的医疗卫生专业技术人员应当具有医疗卫生高级专业技术职务任职资格、掌握劳动能力鉴定的相关知识。设区的市级劳动能力鉴定委员会收到劳动能力鉴定申请后,应当随机抽取3名或者5名专家组成专家组,由专家组提出鉴定意见。设区的市级劳动能力鉴定委员会根据专家组的鉴定意见作出工伤职工劳动能力鉴定结论。从上述规定可以看出,劳动能力鉴定委员会实际是一个对专业技术问题进行综合决策的机构,不是行政机关或者法律、法规授权的组织;决策的内容是依据专家组提出的意见对伤残职工的伤残等级这一专业技术性问题作出判断,而非行政职权活动。所以,《工伤保险条例》第二十六条还规定,省、自治区、直辖市劳动能力鉴定委员会作出的劳动能力鉴定结论为最终结论。《人力资源社会保障行政复议办法》第八条第三项亦明确规定,公民、法人或者其他组织对劳动能力鉴定委员会的行为不服,不能申请行政复议。据此,辽宁省政府对袁某祯就辽宁省劳动鉴定委员会作出的《鉴定结论通知单》申请行政复议不予受理,于法有据,原审判决驳回原告诉讼请求并无不当。

应当指出的是,根据《中华人民共和国行政复议法》第十七条[①]规定,行政复议机关对不符合行政复议法定受理条件的,应当决定不予受理,并书面告知申请人。因此,行政复议机关应当制作不予受理决定书送达申请人。辽宁省政府以通知形式书面告知申请人,作出不予受理决定的形式不妥,应予纠正。

——中国裁判文书网。

908. 已获得征收补偿的被征收人没有对征收批复进行复议的资格

关键词

行政复议　征地批复行为　利害关系　行政复议申请人资格

最高人民法院裁判文书

张某顺等 45 人诉辽宁省人民政府驳回行政复议申请决定案[最高人民法院(2015)行监字第 1160 号行政裁定书]

裁判要点:征收集体土地的批复,直接影响征地范围内土地使用权人的合法权益。通常情况下,土地使用权人与征地批复行为具有利害关系,属于适格的行政复议申请人。但是,土地使用权人超过法定起诉期限未对征收补偿协议或补偿决定提起诉讼,或者起诉后被依法判决驳回原告诉讼请求,并已经获得征收补偿,或者征收补偿款已经依法提存的,原土地使用权人因失去了对被征收集体土地的使用权,与征地批复不再具有利害关系,没有行政复议的申请

---

① 本条规定现为《中华人民共和国行政复议法》(2023 年修正)第三十条第二款,内容修改为:"对不符合前款规定的行政复议申请,行政复议机关应当在审查期限内决定不予受理并说明理由;不属于本机关管辖的,还应当在不予受理决定中告知申请人有管辖权的行政复议机关。"

人资格。

最高人民法院认为：根据《中华人民共和国行政复议法实施条例》（以下简称《复议法实施条例》）第二十八条、第四十八条第一款第二项规定，行政复议机关对当事人申请行政复议符合法定的申请行政复议条件的，应当依法予以受理；对于不符合法定申请条件的，依法决定不予受理；受理后，发现不符合法定受理条件的，应当决定驳回复议申请。张某顺等45人申请行政复议不符合法定受理条件，辽宁省政府依法驳回其复议申请并无不当。

关于适格行政复议申请人资格问题。《复议法实施条例》第二十八条第二项规定，"申请人与具体行政行为有利害关系"是行政复议机关受理行政复议申请的法定条件之一。行政机关作出征收集体土地用地批复，直接影响征地范围内原土地使用权人的合法权益，因此，通常情况下，原土地使用权人与政府作出土地批复行为具有法律上的利害关系，属于适格的行政复议申请人。本案中，张某顺等45人是382号《用地批复》征地范围内的集体土地使用权人，征收土地的行政行为将直接影响张某顺等45人的土地使用权，张某顺等45人与382号《用地批复》具有法律上的利害关系，原本属于本案行政复议的适格申请人。但是，根据盖州市九垄地街道办事处、盖州市九垄地街道办事处厢红旗村民委员会联合出具的《证明》等证据材料可以证明，张某顺等45人从2008年4月开始至2009年均已陆续领取了征地补偿款，且就地上物补偿事宜与九垄地满族镇人民政府达成补偿协议。这说明，张某顺等45人至2009年已经接受了征地补偿。2009年10月28日辽宁省政府作出382号《用地批复》，实质是对之前的征地补偿行为内容的追认，至此征地补偿行为具有了合法根据。在领取征地补偿款、征地补偿行为内容的合法性得以追认之后，张某顺等45人同时丧失了对原集体土地的合法使用权，与被诉382号《用地批复》已不再具有法律上的利害关系。2013年6月7日，张某顺等45人不服382号《用地批复》向辽宁省政府申请行政复议，不再具有适格行政复议申请人资格。鉴于此，114号复议决定驳回张某顺等45人的复议申请亦无不当。

——中国裁判文书网。

909. 撤回复议申请后提起行政诉讼按照原具体行政行为的起诉期限计算

关键词

撤回行政复议　起诉期限

附录:最高人民法院法官著述

行政相对人撤回复议申请后起诉案件的起诉期限,应当按照法律、法规对原具体行政行为规定的起诉期限计算。起诉期限应当从行政相对人知道或者应当知道原具体行政行为的内容之日开始计算。具体理由如下:首先,虽然行政相对人撤回复议申请经过行政复议机关的批准,该机关在批准时须经过一定的审查。但这种"审查"仅仅是审查撤回申请存在不存在侵害其他公民、法人或者其他组织的合法权益和公共利益的问题,并未对原具体行政行为的合法性进行全面审查。因此,不能视为行政复议机关维持了原具体行政行为。这类案件的起诉期限不应从复议机关批准撤回复议申请之日起开始计算,起诉期限也不应按照不服行政复议决定的期限计算。其次,行政相对人申请复议还是提起诉讼是其权利。行政相对人撤回复议申请,实际上是其放弃行政复议的选择,改为提起诉讼。因此,其起诉期限应当按照法律、法规对原具体行政行为规定的起诉期限计算。起诉期限应当从行政相对人知道或者应当知道原具体行政行为的内容之日开始计算。

——蔡小雪、甘文:《行政诉讼实务指引》,人民法院出版社2014年版,第401~402页。

附录:司法信箱

撤回复议申请后提起行政诉讼的起诉期限如何计算?

问题:一起行政案件中,被告作出行政处罚决定时向行政相对人告知了诉权。原告先申请行政复议,后又撤回复议申请而提起行政诉讼。审理中,我们对起诉期限的计算有两种观点:一是复议机关同意撤回复议申请,应视为复议维持,起诉期限为复议机关同意之日起十五日。二是撤回复议申请应视为未申请复议,起诉期限为处罚决定作出之日起三个月。请问哪种意见正确?

《人民司法》研究组认为:《最高人民法院关于执行〈中华人民共和国行政诉讼法〉若干问题的解释》[①]第三十五条规定:"法律、法规未规定行政复议为提起行政诉讼必经程序,公民、法人或者其他组织向复议机关申请行政复议后,又经复议机关同意撤回复议申请,在法定期限内对原具体行政行为提起诉讼的,人民法院应当受理。"在被诉处罚决定告知诉权的情况下,该规定中的"法定期限"应当理解为原处罚决定告知诉权之日起三个月。

——《人民司法·应用》2009年第7期(总第583期)。

---

① 本解释已被《最高人民法院关于适用<中华人民共和国行政诉讼法>的解释》(法释〔2018〕1号)废止。

910. 行政复议机关受理逾期申请对起诉期限的影响

关键词

申请复议期限　起诉期限　逾期复议

最高人民法院审判业务意见

14. 行政复议机关受理逾期申请对起诉期限的影响问题

当事人逾期申请复议，行政复议机关决定维持原行政行为，当事人对原行政行为不服提起诉讼，人民法院认为逾期申请复议无正当理由且起诉已超出法定期限的，裁定不予受理。

——《最高人民法院办公厅关于印发〈行政审判办案指南（一）〉的通知》（2014年2月24日，法办〔2014〕17号）。

行政审判指导案例

俞某华诉福建省莆田市荔城区建设局不履行职责案〔行政审判指导案例第51号〕

> 裁判要点：复议机关未依行政复议法规定的申请复议期限受理案件并作出复议决定，不拘束人民法院对行政案件起诉期限的认定。利害关系人即使在收到复议决定书之日起15日内起诉，经审查若属逾期起诉且无正当理由，应当不予受理或者驳回起诉。

俞某华于1995年底即应知道莆田县建设局不予办理企业资质年检。根据1991年1月1日实施的《中华人民共和国行政复议条例》第二十九条规定，当事人应在知道被诉具体行政行为之日起15日内申请行政复议，但俞某华却于2004年才申请行政复议。根据1991年7月11日实施的《最高人民法院关于贯彻执行〈中华人民共和国行政诉讼法〉若干问题的意见（试行）》第35条规定，当事人应在知道被诉具体行政行为之日起一年零三个月内起诉，但俞某华至2005年才提起行政诉讼，其申请复议和提起行政诉讼均已远远超过法律规定的行政复议申请期限和行政诉讼起诉期限。行政机关的复议行为是具体行政行为，其受理当事人的复议申请不能采取意思自治原则，应受到法律规定的期限约束，其效力也应接受司法审查。虽然复议机关受理了俞某华复议申请并作出复议决定，但该复议决定不符合《中华人民共和国行政复议条例》的规定，存在明显错误。同时，俞某华的起诉也明显超过当时司法解释规定的起诉期限。因此，应当认定原审上诉人俞某华的起诉已超过当时司法解释规定的起诉期限。莆田市中级人民法院作出（2005）莆行终字第102号行政裁定确认俞某华的起诉未超过法定起诉期限，于法不符。

——江必新主编、最高人民法院行政审判庭编：《中国行政审判案例》（第2卷），中国法制出版社2011年版，第65~66页。

911. 当事人不服行政机关作出的行政行为，向有权受理复议案件的机关信访申诉，该机关对信访申诉的处理期间，不宜计算在复议申请期限内

关键词

行政复议　申请期限

最高人民法院答复

江西省高级人民法院：

你院赣高法报〔2012〕592号《江西省高级人民法院关于姚文辉、姚明水、周建军诉江西省国土资源厅土地行政复议案的请示》收悉。经研究，答复如下：

行政机关在《行政复议法》实施后《行政复议法实施条例》施行前作出的行政行为，应当告知行政相对人申请复议的权利、复议机关和复议申请期限。行政机关未告知前述内容的，复议期限可参照《最高人民法院关于执行〈中华人民共和国行政诉讼法〉若干问题的解释》第四十一条[①]的规定办理。

本案当事人不服行政机关作出的行政行为，向有权受理复议案件的机关信访申诉，该机关对信访申诉的处理期间，不宜计算在复议申请期限内。

——《最高人民法院关于江西省高级人民法院就姚文辉、姚明水、周建军诉江西省国土资源厅土地行政复议案的请示的答复》（2012年12月18日，〔2012〕行他字第11号）。

---

① 本条规定已被《最高人民法院关于适用〈中华人民共和国行政诉讼法〉的解释》（法释〔2018〕1号）第六十四条代替。

912. 行政机关过错导致申请人复议申请期限耽搁的属于"其他正当理由"

关键词

行政复议　复议申请期限　其他正当理由

行政审判指导案例

陈某建诉海南省工商行政管理局工商登记案［行政审判指导案例第103号］

裁判要点：在司法解释未予以明确的情况下，对于"其他正当理由"的界定应从保护公民、法人或者其他组织的合法权益这一立法原则出发，对因行政机关的过错造成申请人复议申请期限耽误的，应认定属于《行政复议法》第九条①规定的"其他正当理由"。

虽然2005年1月17日颁布实施《海南省实施〈中华人民共和国行政复议法〉办法》，但具体实施和告知被上诉人的应是政府行政部门，儋州市人民政府在复议中止后，未及时恢复本案，确实存在过错。但是否恢复复议案件的审理决定权在行政机关，而不在申请人，不能把行政机关不恢复案件审理的责任由被上诉人承担，因此上诉人认为从2005年1月17日至2010年3月9日这段时间都应计入法定申请期限，这一上诉理由不能成立，本院不予支持。其次，被上诉人虽然于2002年9月11日即向儋州市人民政府申请行政复议，但直至2010年3月8日儋州市人民政府才对被上诉人作出《行政复议终止通知书》，故被上诉人的行政复议申请应从2010年3月8日起计算。2010年3月9日，被上诉人即向上诉人提起行政复议申请，没有超过法定行政复议申请期限，上诉人应予以受理。

——江必新主编、最高人民法院行政审判庭编：《中国行政审判案例》第3卷，中国法制出版社2013年版，第114~115页。

---

① 本条规定现为《中华人民共和国行政复议法》（2023年修正）第二十条。

913. 法院应如何认定是否存在"过罚不当"

关键词

行政处罚　行政裁量权　过罚不当

最高人民法院裁判文书

赵某章诉上海市金山区人民政府行政复议案〔最高人民法院（2016）最高法行申 2395 号行政裁定书〕

　　裁判要点：法院在审理因行政处罚引发的争议时，应结合《中华人民共和国行政处罚法》第四条、第五条的规定，审查行政机关是否在法律法规规定的范围内正确行使行政裁量权，对相对人的处罚是否与相对人行为的社会危害程度相当。

　　最高人民法院认为，消防安全事关人民群众生命财产安全，涉及重大公共利益，任何单位和个人都有维护消防安全和预防火灾的义务。执法机关和公民均应高度重视消防安全。各级公安机关及其消防机构对消防工作负有监督管理及具体实施的法定职责。在消防安全面前，相关执法机关应该严格执法，并依法依规进行。根据《中华人民共和国行政处罚法》第四条、第五条的规定，设定和实施行政处罚必须以事实为根据，与违法行为的事实、性质、情节以及社会危害程度相当；实施行政处罚，纠正违法行为，应当坚持处罚与教育相结合，教育公民、法人或者其他组织自觉守法。从《中华人民共和国行政处罚法》的立法精神来看，行政机关执法既要有利于公共利益和社会秩序的维护，又要有利于公民合法权益的保护。要严格按照法律法规的规定，把握好自由裁量的尺度，坚决防止任性执法和随意执法。只有这样，才能真正实现法律制定和实施的目的。本案中，执法机关金山公安分局在未对涉案违法行为的事实、性质、情节以及社会危害程度进行充分权衡考虑的前提下，即对再审申请人赵某章作出拘留十日的行政处罚决定，并当即执行。该行政处罚其程序明显流于形式，其结果明显不当，对赵某章的合法权益造成了损害。由于涉案行政处罚决定已被再审被申请人金山区政府复议撤销，赵某章可通过申请国家赔偿等方式弥补因行政机关执法不当对其所造成的合法权益的损害。行政复议程序系行政系统内部的自我监督与自我纠错机制。本案中，行政复议机关金山区政府经审查，依法依规撤销了被诉行政处罚决定，对不当行政行为及时进行了纠正，有利于维护行政相对人的合法权益。从原审查明事实来看，被诉行政复议决定程序合法，处理适当，原审判决驳回赵某章的诉讼请求于法有据。当然，从本案行政处罚的事实来看，金山公安分局还存在执法程序上的不规范行为。作为上级主管部门，金山区政府应当进一步加强对金山公安分局的日常监督和管理，金山公安分局也要努力提高宗旨意识和执法水平，坚决防止类似情形再次发生。另外，再审申请人赵某章也要进一步增强消防意识和法治意识，自觉履行法定义务，努力做一名知法、守法、护法的公民。

——最高人民法院行政审判庭编：《最高人民法院行政裁判要旨及评述（第一卷）》，人民法院出版社2019年版。

914. 对复议机关不作为行为的救济途径

关键词

复议机关不作为　复议前置　重复起诉

最高人民法院答复

山东省高级人民法院：

你院报送来的《关于如何适用〈山东省行政复议条例〉第二十三条的请示》收悉。经研究，答复如下：

根据行政复议法和行政诉讼法的有关规定，公民、法人或者其他组织不服行政复议机关作出的不予受理决定，依法提起行政诉讼的，人民法院应当受理。

——《最高人民法院行政审判庭关于不予受理决定是否属于行政诉讼受案范围问题的答复》（2010年6月28日，〔2010〕行他字第15号）。

最高人民法院司法政策精神

13. 行政复议机关作出不予受理决定时的起诉与受理问题

行政复议机关作出不予受理决定，并不表明原行政行为经过复议。在复议前置的情况下，当事人起诉不予受理决定的，应当依法受理；起诉原具体行政行为的，应当裁定不予受理。在法律没有规定复议前置的情况下，当事人在不予受理决定和原行政行为之间择一起诉的，应当依法受理。

——《最高人民法院办公厅关于印发〈行政审判办案指南（一）〉的通知》（2014年2月24日，法办〔2014〕17号）。

最高人民法院裁判文书／行政审判指导案例

董某华等诉重庆市人民政府拆迁行政复议案［最高人民法院（2001）行终字第14号行政判决书，行政审判指导案例第4号］

裁判要点：当事人认为复议机关不予受理的裁定侵犯其合法权益，以复议机关为被告向人民法院提起行政诉讼，人民法院应予受理。

最高人民法院认为：垫江县政府作出的垫府发〔1998〕2号通知中有关拆迁补偿安置的标准、办法以及未按通知执行的法律后果等内容涉及当事人权利义务，上述内容针对的对象是特定的，即北苑小区的全部被拆迁单位和被拆迁户。上述内容的效力只适用于北苑小区旧城改造范围的被拆迁单位和被拆迁户，其效力不及于其他对象，不能反复使用，一旦北苑小区的拆迁工作完成，该通知即失去其效力。该通知第二条第一款规定，对个别超过拆迁公告规定的拆迁期限，并经拆迁动员单位督促后，仍拒不拆、搬的，在给予一定经济惩罚的基础上，依法实施强制拆除。该规定不仅为相对人设定了义务，而且规定一旦相对人未履行义务，将直接承担被强制拆除的法律后果。综上，垫江县政府垫府发〔1998〕2号《关于认真做好北苑小区旧城改造房屋拆迁补偿安置工作的通知》中含有具体行政行为的内容，根据《行政复议法》第二条、第六条①的规定，属于申请复议的范围。重庆市人民政府认为该通知属于抽象行政行为、不属于行政复议的范围的理由不能成立，其作出的渝府复裁〔2000〕15号行政复议裁定书主要证据不足，适用法律错误，应予撤销。重庆市高级人民法院〔2001〕行重字第8号行政判决维持重庆市人民政府的渝府复裁〔2000〕15号行政复议裁定，属于认定事实不清，适用法律错误。上诉人的上诉理由成立，应予支持。

——江必新主编、最高人民法院行政审判庭编：《中国行政审判指导案例》（第1卷），中国法制出版社2010年版，第19页。

董某权诉海南省三亚市人民政府土地权属处理决定案［行政审判指导案例第50号］

裁判要点：1.对法律规定应为复议前置的案件，复议机关作出不予受理决定，当事人起诉原具体行政行为的，人民法院应当不予

---

① 本条规定现为《中华人民共和国行政复议法》（2023年修正）第十一条。

受理。2. 当事人对于不予受理决定提起行政诉讼的，人民法院应当受理。

根据《中华人民共和国行政复议法》第三十条第一款①"公民、法人或者其他组织认为行政机关的具体行政行为侵犯其已经依法取得的土地、矿藏、水流、森林、山岭、草原、荒地、滩涂、海域等自然资源的所有权或者使用权的，应当先申请行政复议；对行政复议决定不服的，可以依法向人民法院提起行政诉讼。"及《最高人民法院关于适用〈行政复议法〉第三十条第一款有关问题的批复》"根据《行政复议法》第三十条第一款的规定，公民、法人或者其他组织认为行政机关确认土地、矿藏、水流、森林、山岭、草原、荒地、滩涂、海域等自然资源的所有权或者使用权的具体行政行为，侵犯其已经依法取得的自然资源所有权或者使用权的，经行政复议后，才可以向人民法院提起行政诉讼"的规定，上诉人董某权对三亚市人民政府作出的8号处理决定不服，只有经过行政复议后，才可以向人民法院提起行政诉讼。本案中，海南省人民政府以董某权个人不具备复议的主体资格，且复议申请已超过法定受理期限为由，作出了琼府复受字〔2008〕3号《行政复议不受理决定书》，对董某权的复议申请不予受理，该不予受理决定未改变或维持三亚市人民政府作出的具体行政行为，故应认定三亚市人民政府作出的8号处理决定没有经过行政复议。一审法院直接受理法律规定复议前置的案件，没有法律依据，应予纠正。

——江必新主编、最高人民法院行政审判庭编：《中国行政审判案例》（第2卷），中国法制出版社2011年版，第58~59页。

915. 复议机关可以改变已经生效的复议决定

关键词

改变复议决定　变更被告

最高人民法院答复

贵州省高级人民法院：

---

① 本条规定现为《中华人民共和国行政复议法》（2023年修正）第二十三条第一款第二项，内容修改为："有下列情形之一的，申请人应当先向行政复议机关申请行政复议，对行政复议决定不服的，可以再依法向人民法院提起行政诉讼：（二）对行政机关作出的侵犯其已经依法取得的自然资源的所有权或者使用权的决定不服。"

你院〔2004〕黔高行终字第02号《关于吴睿韡诉贵阳市人民政府撤销复议决定一案适用法律的请示》收悉。经研究认为：行政复议机关认为自己作出的已经发生法律效力的复议决定有错误，有权自行改变。因行政机关改变或者撤销其原行政行为给当事人造成损害的，行政机关应该承担相应的责任。

——《最高人民法院关于复议机关是否有权改变复议决定请示的答复》（2004年4月5日，〔2004〕行他字第5号）。

附录：最高人民法院法官著述

在实践中，判断此问题，应当注意以下几个问题：

（一）关于自我纠错的权力限制问题

承认行政机关的自我纠错职权，并不是说行政机关自我纠错职权是不受限制的。行政机关自我纠错职权主要受到以下几方面的限制：第一，纠错职权范围限于正向的行政职权范围。新的决定内容只能在该行政机关法定的职权范围内作出，否则构成行政越权，新的行政行为同样是不合法的。如果前一个行为属于超越职权的行政行为，行政机关作出新的行政行为只能撤销旧的行政行为，移送其他有权机关处理，不得作出其他超越职权范围的处理内容。第二，自我纠错也应当遵守正当程序原则。就目前而言，由于缺少统一的行政程序法，有关行政机关自我纠错的职权依据和法定程序均不健全，自我纠错职权依据更多地来源于理论上的推导和执法习惯，自我纠错程序更无从谈起。一些行政机关乘法律不完善之机，出尔反尔，使得老百姓无所适从。这也是一些学者对自我纠错职权的担心所在。因此，及早出台行政程序法，规范行政机关自我纠错程序十分必要。在当前相关法律不健全的情况下，根据依法行政原则，行政机关也应当遵守正当程序，在撤销相关行政行为有可能对相关当事人权利义务造成不利影响的，应当听取其意见，告知拟作出的处理决定的内容，给予当事人陈述申辩的权利。在妥善处理好相关当事人的合法权益问题后，再作出撤销违法行政行为的处理，这样就不会引起相关利益主体的不满带来的社会不稳定。第三，行政机关自我纠错行为要接受上级行政机关和司法机关的监督。对行政机关的自我纠错行为，当事人可以向其上一级行政机关申请行政复议，也可以依法向人民法院提起行政诉讼。自我纠错形成的决定本身就是一个新的行政行为，对这个新的行政行为不服，当事人有权复议和诉讼。如果是复议机关自我纠错，撤销自己作出的行政复议决定，在法律、法规规定复议前置的案件中，当事人对新的撤销复议决定行为提起诉讼，是否还需复议前置？我们认为不再需要。因为复议程序已经经过，撤销复议决定的行为已经是对复议决定的再处理，如果再要求当事人还需经过复议程序，程序过于繁琐，不利于当事人合法权利的及时救济。对该行为可以由当事人自主选择是继续向上一级行政机关申请行政复议，还是直接向人民法院提起行政诉讼。

（二）对于答复中"因行政机关改变或者撤销其原行政行为给当事人造成损害的"理解问题

最高人民法院〔2004〕行他字第5号批复中规定："因行政机关改变或者撤销其原行政行为给当事人造成损害的，行政机关应该承担相应的责任。"有人误读本句话的含义，认为是行政机关变更或者撤销原行政行为这一合法行政行为给当事人造成的损失，行政机关应当承担赔偿责任。这是完全错误的理解。行政机关纠正原行政行为错误，会使当事人先前的投入成为泡影，造成损失。但是，这个损失实际并不是自我纠错行为造成的，当事人原本就不应当进行投入，其投入本身是一个错误，这个错误是原行政行为造成，而不是新的纠错行政行为造成的。自我纠错与因法律、规划、形势等发生重大变化，行政机关依法终止原行政行为的效力不同，情事变更引起的行政机关改变或者终止原行政行为的履行，其损失属于新的行政行为造成的，这里行政机关应当承担的是信赖保护补偿责任。但是，原行政行为违法，行政机关自我纠错，行政机关承担的则主要是违法赔偿责任。必须将这两种不同情形的不同责任区分清楚。

——蔡小雪、郭修江、耿宝建：《行政诉讼中的法律适用》，人民法院出版社2009年版，第185~187页。

916. 行政复议决定部分维持、部分撤销具体行政行为的，由作出行政复议决定的行政机关向人民法院申请强制执行

关键词

行政复议决定　非诉行政执行

附录：司法信箱

部分维持、部分撤销具体行政行为的复议决定生效后，应由哪级行政机关向法院申请执行？

问题：《行政复议法》第33条①规定："申请人逾期不起诉又不履行行政

---

① 本条规定现为《中华人民共和国行政复议法》（2023年修正）第七十八条，内容修改为："申请人、第三人逾期不起诉又不履行行政复议决定书、调解书的，或者不履行最终裁决的行政复议决定的，按照下列规定分别处理：（一）维持行政行为的行政复议决定书，由作出行政行为的行政机关依法强制执行，或者申请人民法院强制执行；（二）变更行政行为的行政复议决定书，由行政复议机关依法强制执行，或者申请人民法院强制执行；（三）行政复议调解书，由行政复议机关依法强制执行，或者申请人民法院强制执行。"

复议决定的,或者不履行最终裁决的行政复议决定的,按照下列规定分别处理:(一)维持具体行政行为的行政复议决定,由作出具体行政行为的行政机关依法强制执行,或者申请人民法院强制执行;(二)变更具体行政行为的行政复议决定,由行政复议机关依法强制执行,或申请人民法院强制执行。"但是,对部分维持、部分撤销具体行政行为的行政复议决定,应当由哪级行政机关申请法院强制执行未作规定。请问,这类行政复议决定生效后,应当由哪级行政机关申请法院强制执行?

《人民司法》研究组认为:行政复议决定部分维持、部分撤销具体行政行为与变更具体行政行为的行政复议决定性质相同,据此,这类行政复议决定生效后,根据《行政复议法》第33条①的规定,应当由作出行政复议决定的行政机关向人民法院申请强制执行。

——《人民司法》2001年第11期(总第454期)。

917. 是否需补正存有争议时,不能作视为放弃复议申请处理

关键词

复议法定职责　法律上利害关系　视为放弃复议申请

最高人民法院司法政策精神

16. 视为申请人放弃申请的认定问题

行政机关要求申请人补正相关材料,申请人以无须补正为由请求继续处理的,行政机关应当依据现有申请材料作出相应处理;简单地视为放弃申请的,构成不履行法定职责。

——《最高人民法院办公厅关于印发〈行政审判办案指南(一)〉的通知》(2014年2月24日,法办〔2014〕17号)。

行政审判指导案例

潘某明等360人诉浙江省人民政府履行行政复议法定职责案 [行政审判指导案例第53号]

---

① 本条规定现为《中华人民共和国行政复议法》(2023年修正)第七十八条,内容修改为:"申请人、第三人逾期不起诉又不履行行政复议决定书、调解书的,或者不履行最终裁决的行政复议决定的,按照下列规定分别处理:(一)维持行政行为的行政复议决定书,由作出行政行为的行政机关依法强制执行,或者申请人民法院强制执行;(二)变更行政行为的行政复议决定书,由行政复议机关依法强制执行,或者申请人民法院强制执行;(三)行政复议调解书,由行政复议机关依法强制执行,或者申请人民法院强制执行。"

裁判要点：1. 行政复议机关要求复议申请人提供与被申请具体行政行为有利害关系的证明材料，属于《中华人民共和国行政复议法实施条例》第二十九条所规定的"申请材料不齐全或者不清楚"的补正范围，可以通知申请人予以补正。

2. 在申请人书面回复认为不需要提供时，即申请人与复议机关对此存有争议的情况下，行政复议机关不能再作视为放弃行政复议申请处理。

当申请人提出行政复议申请后，判断申请人提供的证明材料能否证明其与被复议具体行政行为有利害关系，既是行政复议机关依据《中华人民共和国行政复议法实施条例》第二十八条获得的法定职权，亦属于其应当依法行使的法定职责，如行政复议机关在受理审查阶段认为申请人提供的证明材料不能证明其与被复议具体行政行为有利害关系的，则应当依据《中华人民共和国行政复议法》第十七条第一款①的规定，决定不予受理。

但本案中，浙江省人民政府收到潘某明等361人的行政复议申请后，认为其没有提交能够证明全体申请人与被复议具体行政行为有法律上利害关系的证明材料，遂于5日内发出补正通知书，要求申请人补正全体申请人系涉案土地承包人的证明；当潘某明等361人答复承包证明与本案没有关联性无须提供时，浙江省人民政府据此认为，申请人没有提交全体申请人系涉案土地承包人的证明，属于《中华人民共和国行政复议法实施条例》第二十九条规定的"无正当理由逾期不补正，视为申请人放弃行政复议申请"的法定情形，不需要作出不予受理的决定。该观点及理由违反了《中华人民共和国行政复议法》第十七条第一款和《中华人民共和国行政复议法实施条例》第二十八条的规定，实质上回避了对申请人提供的证明材料能否证明其与被复议具体行政行为有利害关系的判断，如浙江省人民政府在受理审查阶段认为潘某明等361人提供的证明材料不能证明其与被复议具体行政行为有利害关系，则应当依法决定不予受理，而不能以无正当理由逾期不补正为由，简单地视为潘某明等361人放弃行政复议申请，此种做法构成了不履行行政复议法定职责；若其理由成立，在申请人与被复议具体行政行为之间不存在利害关系的情形下，行政复议机关在受理审查阶段只需发出补正通知，然后一律按申请人放弃行政复议申请处理即可，而此种情形下法定的行政复议不予受理决定将不复存在。原告的起诉理由成立，其诉讼请求应予以支持。

---

① 本条规定现为《中华人民共和国行政复议法》（2023年修正）第三十条第二款，内容修改为："对不符合前款规定的行政复议申请，行政复议机关应当在审查期限内决定不予受理并说明理由；不属于本机关管辖的，还应当在不予受理决定中告知申请人有管辖权的行政复议机关。"下同。

——江必新主编、最高人民法院行政审判庭编:《中国行政审判案例》（第 2 卷），中国法制出版社 2011 年版，第 79~80 页。

918. 复议机关不依法受理复议申请的处理

关键词

限期受理复议申请　不依法受理复议申请

最高人民法院答复

甘肃省高级人民法院：

你院《关于谭某智不服甘肃省人民政府房产登记行政复议决定一案的请示报告》收悉，经研究答复如下：

1. 根据《行政复议法》第十二条①的规定，对县级以上地方各级人民政府工作部门的具体行政行为不服的，申请人既可以向该部门的本级人民政府申请行政复议，也可以向上一级主管部门申请行政复议。上级行政机关认为行政复议机关无正当理由不依法受理复议申请的，可以依据《中华人民共和国行政复议法》第二十条②和《中华人民共和国行政复议法实施条例》第三十一条的规定，先行督促行政复议机关受理；经督促仍不受理的，应当责令行政复议机关限期受理，必要时上级行政机关也可以直接受理。

——《最高人民法院行政审判庭关于谭某智不服甘肃省人民政府房产登记行政复议决定请示案的答复》（2011 年 7 月 12 日，〔2011〕行他字第 26 号）。

919. 禁止不利变更原则的适用

关键词

"禁止不利变更"原则

---

① 本条规定现为《中华人民共和国行政复议法》（2023 年修正）第二十八条，内容修改为："对履行行政复议机构职责的地方人民政府司法行政部门的行政行为不服的，可以向本级人民政府申请行政复议，也可以向上一级司法行政部门申请行政复议。"

② 本条规定现为《中华人民共和国行政复议法》（2023 年修正）第三十五条，内容修改为："公民、法人或者其他组织依法提出行政复议申请，行政复议机关无正当理由不予受理、驳回申请或者受理后超过行政复议期限不作答复的，申请人有权向上级行政机关反映，上级行政机关应当责令其纠正；必要时，上级行政复议机关可以直接受理。"

最高人民法院审判业务意见/第二巡回法庭法官会议纪要

正如《刑事诉讼法》中的"上诉不加刑"原则只适用于被告人一方一样,《行政复议法实施条例》第五十一条规定:"行政复议机关在申请人的行政复议请求范围内,不得作出对申请人更为不利的行政复议决定。"此规定在行政复议中确立禁止不利变更原则。禁止不利变更原则限定了行政复议机关作出变更裁决的内容,即行政复议机关在变更裁决中原则上不能加重对复议申请人的处罚或科以更多的义务,也不能减损复议申请人的既得权利或利益。按照该规定,禁止不利变更原则适用的范围仅限于行政复议申请人,不包括因为行政复议决定而受不利的其他人。在行政处罚中存在利益相对的双方当事人(如被侵害人、被处罚人),如果一方申请行政复议,利益相对的另一方虽未申请复议,但其作为第三人亦在行政复议程序中对处罚行为提出异议,则此种情形不适用禁止不利变更原则,即复议申请人不受禁止不利变更原则的保护。

附:案情简介

肖某及其女与王某发生纠纷。某公安分局依据与肖某之女等有利害关系人的询问笔录,认定王某有向肖某扔石头等行为,对王某作出拘留8日并罚款300元的行政处罚决定。肖某不服行政处罚决定,向某市政府申请行政复议。王某作为行政复议程序中的第三人述称其系孕妇,未打伤肖某,将追究肖某作伪证等责任。某市政府经复议认为,行政处罚决定认定事实不清、证据不足,决定撤销行政处罚决定。肖某不服,提起诉讼,请求撤销复议决定。

——《禁止不利变更原则的适用》,载贺小荣主编:《最高人民法院第二巡回法庭法官会议纪要》(第二辑),人民法院出版社2021年版,第317~319页。

920. 行政复议中不适用禁止不利变更的情形

关键词

行政复议　禁止不利变更原则

最高人民法院裁判文书

肖某春诉辽宁省辽阳市人民政府行政复议决定案[最高人民法院(2019)最高法行申4324号行政裁定书]

裁判要旨：存在利益相对的双方当事人（如被侵害人、被处罚人）时，如果一方申请行政复议，利益相对方虽未申请复议，但其作为第三人亦在行政复议程序中对行政行为提出异议，此种情形不适用禁止不利变更原则。

最高人民法院认为，本案的争议焦点为，肖某春在诉讼中提交的证据应否采信及 5 号复议决定是否违反禁止不利变更原则等问题。

关于肖某春在诉讼阶段提交的事发当天的急诊病志、DR 诊断报告单等应否采信问题。首先，《最高人民法院关于行政诉讼证据若干问题的规定》第六条规定："原告可以提供证明被诉具体行政行为违法的证据。原告提供的证据不成立的，不免除被告对被诉具体行政行为合法性的举证责任。"因此，若原告在行政诉讼中新提交的证据属于确有正当理由且这些证据确实足以对行政行为的正当性造成实质性影响时，则证据可以得到采信并作为人民法院作出裁判的依据。其次，行政诉讼坚持合法性审查的原则，同时为避免浪费行政及司法资源，《最高人民法院关于行政诉讼证据若干问题的规定》第五十九条规定："被告在行政程序中依照法定程序要求原告提供证据，原告依法应当提供而拒不提供，在诉讼程序中提供的证据，人民法院一般不予采纳。"在行政机关作出行政行为的过程中，如果原告存在故意不提交有关证据或者懈怠搜集证据的情形，则人民法院对于原告在行政诉讼中新提交的证据不应予以采信。最后，对于《最高人民法院关于行政诉讼证据若干问题的规定》第六十条规定的"不能作为认定被诉具体行政行为合法依据"的证据，人民法院不能予以采信。原告或者第三人在诉讼过程中提供的、被告在行政程序中未作为具体行政行为依据的证据属于不能作为认定被诉具体行政行为合法依据的证据情形之一。本案中，就王某是否殴打肖某春这一事实而言，肖某春认可宏伟分局作出的处罚决定中的认定，即主张某虹殴打了肖某春，肖某春在诉讼中提交新的证据也是为了证明此事实。鉴于宏伟分局在行政程序中并未将肖某春提交的事发当天的急诊病志、DR 诊断报告单等作为处罚决定的依据，肖某春在行政复议阶段也未向复议机关提交，因此以上证据不能作为认定宏伟分局作出的处罚决定认定事实清楚的依据。

关于 5 号复议决定认定宏伟分局作出的处罚决定存在事实不清、证据不足是否正确的问题。宏伟分局作出的处罚决定载明其作出的依据是对王某、庞某勇的询问笔录及证人证言等证据。对于处罚决定的作出依据是否充分问题，首先，一审法院审查后已认定作为处罚依据的证人证言系与肖某春有利害关系的两位证人出具。其次，5 号复议决定载明宏伟分局在复议程序中自述：庞某勇、肖某艳和肖某春三人对现场情况的陈述不一致；出警当日，民警在询问具体情况的过程中，并未有人提出肖某春被打一事。最后，王某在复议程序中自述：其当时怀有身孕，未殴打肖某春；其被打后及时打110报警并入院治疗。综合以上事实，辽阳市政府认为，在王某不承认殴打肖某春的情况下，宏伟分局仅依据其在处罚决定中载明的依据作出王某用高跟鞋和石头扔肖某春和肖春艳的认定，并据此作出给予王某拘留八日并罚款三百元的处罚决定所依据的事实不清、证据不足，并无明显不当。此外，肖某春提出的辽阳市政府作出的130号复议决定可以证明王某存在殴打行为等问题，一、二审法院论理并无明显不当，本院予以认可。

关于辽阳市政府在王某未申请行政复议的情形下可否撤销处罚决定问题。《中华人民共和国行政复议法实施条例》第五十一条规定："行政复议机关在申请人的行政复议请求范围内，不得作出对申请人更为不利的行政复议决定。"该条规定了行政复议禁止不利变更原则。因为复议申请人申请行政复议，是为了撤销对自己不利的行政行为。如果行政复议机关在审查行政行为是否合法或适当的过程中，作出对复议申请人较原裁决更为不利的决定，那么就会违背复议申请人提起行政救济的本意。行政复议禁止不利变更原则体现了"申辩不加重"的本意，即要求行政复议机关不得因当事人申辩而加重处罚。但是行政复议禁止不利变更原则的适用也存在例外情形。在行政处罚案件中，排除禁止不利变更原则适用包括但不限于以下情形：一是被侵害人及被处罚人同为复议申请人。此类情形中被侵害人、被处罚人会明示请求撤销处罚决定；二是被侵害人或被处罚人申请了行政复议，另一方作为第三人在复议程序中存在有意识地默示申请撤销处罚决定的行为。本案中，肖某春因不服宏伟分局对王某所作的处罚决定而申请复议，被处罚人王某系复议程序中的第三人。王某虽然并非复议申请人，但其在复议程序中明确主张未殴打肖某春、肖某春存在作伪证等情形，因此可以认定王某并不认可宏伟分局作出的处罚决定，且已提出申辩，符合默示申请撤销处罚决定的要件。在此情形下，辽阳市政府经审理后，决定撤销处罚决定，并未违反禁止不利变更原则。

——最高人民法院第二巡回法庭微信公众号。

921. 学生就高校行为申请行政复议的裁判规则

关键词

高校学生　行政复议

最高人民法院裁判文书

张某某诉中华人民共和国教育部行政复议案［最高人民法院（2021）最

高法行申214号行政裁定书]

裁判要旨：我国的高校有多种类型，如普通高等学校、"独立学校"、特定单位具有颁发学位资格的内设机构等。学生对高校行为不服能否申请行政复议或提起行政诉讼，仍存在较大争议。争议的解决，关键在于正确理解普通高等学校的定位、高校与教育主管部门之间、行政复议与行政诉讼之间的法律关系。

最高人民法院认为，本案的核心争议是再审申请人张某某向再审被申请人教育部所提行政复议申请是否符合法定受理条件。经一、二审法院查明，再审申请人所提出复议请求为：确认中国地质大学（北京）不依法履行法定职责违法；责令中国地质大学（北京）依法履行法定职责，对张某某晚发毕业证、学位证的行政侵权导致人身权利（健康权利、就业权利）受到损害，予以保护。再审被申请人决定不予受理。从再审申请人向本院所提再审申请材料看，难以得出一、二审法院判决驳回其诉讼请求及上诉存在错误的结论。再审申请人所提再审理由不能成立，本院不予支持。

——中国裁判文书网。

附录：本案解析

张某某对独立学院的颁发学位证书行为不服，要求普通高等学校对独立学院的行为进行处理，之后因对处理行为不服向教育部申请行政复议，再对复议决定不服而提起行政诉讼。本案属于典型的涉高校行政争议的案件，但相比于其他对普通高校直接提起行政诉讼的案件，本案的法律关系更为复杂。主要表现在两个方面：一是主体更多。除普通高等学校外，还涉及独立学院。二是程序更多。除提起行政诉讼外，还涉及行政复议程序。妥善解决本案争议，必须理顺不同主体之间的法律关系，以及正确理解行政复议与行政诉讼制度的区别与联系。

一、普通高等学校与独立学院之间的法律关系

根据《高等教育法》第十八条规定，高等教育由高等学校和其他高等教育机构实施。大学、独立设置的学院主要实施本科及本科以上教育。高等专科学校实施专科教育。经国务院教育行政部门批准，科学研究机构可以承担研究生教育的任务。其他高等教育机构实施非学历高等教育。普通高等学校主要是指实行普通高等教育的普通学校，包括普通本科高等学校、普通高等职业学校、普通高等专科学校。普通高等学校实施普通高等教育的教育机构主要有：大学和学院、职业技术大学、职业技术学院、高等专科学校、独立学院等。根据隶属关系不同，高校可分为地方所属高校和中央部属高校。前

者是指归当地政府（包括地市级或省级人民政府或教育行政主管部门）管理的高校，后者是指国务院组成部门及其直属机构在全国范围内直属管理的高校。本案同时涉及大学和独立学院，需进一步研究二者之间的关系，其中难点在于独立学院的界定。根据教育部2008年发布实施的《独立学院设置与管理办法》第二条、第三条第一款之规定，独立学院是指普通高等学校与国家机构以外的社会组织或者个人合作，利用非国家财政性经费举办的实施本科学历教育的高等学校，是民办高等教育的重要组成部分。第六条规定，国务院教育行政部门负责全国独立学院的统筹规划、综合协调和宏观管理；省级教育行政部门主管本行政区域内的独立学院工作。第二十五条第一款规定，独立学院设立理事会或者董事会，作为独立学院的决策机构。第四十四条第二款规定，参与举办独立学院的普通高等学校，应当按照合作办学协议和国家有关规定，对独立学院的教学和管理工作予以指导。本案中的中国地质大学（北京）长城学院，系由中国地质大学（北京）与保定贺阳教育投资有限公司合作开办的独立学院，属于由河北省教育厅主管的高等学校。根据前述规定，中国地质大学（北京）长城学院已更名为保定理工学院，属于独立颁发学位证书、学历证书的办学主体，其与中国地质大学（北京）同属中国高等教育的重要组成部分，其主管单位为所在地的教育主管部门，即河北省教育厅，其与中国地质大学（北京）属于被指导与指导的关系，即中国地质大学（北京）对长城学院并不具有直接的管理关系，其对长城学院如何颁发毕业证、学位证等事项，并无相应的法定职责。因此，长城学院的学生要求中国地质大学（北京）对长城学院颁发学位证等行为进行处理，没有法律依据。另外，本案若按照张某某所主张，中国地质大学（北京）具有查处的相应法定职责，张某某亦应当直接向其申请行政复议，而非申请查处后不服再向教育部申请复议，其复议的对象属于内部监督行为，其提起本案的请求亦不能得到支持。

二、高等学校与教育主管部门之间的法律关系

需要注意的是，根据《高等教育法》第十八条规定，高等教育由高等学校和其他高等教育机构实施。大学、独立设置的学院主要实施本科及本科以上教育。高等专科学校实施专科教育。经国务院教育行政部门批准，科学研究机构可以承担研究生教育的任务。其他高等教育机构实施非学历高等教育。《高等教育法》第六十八条第一款和第二款规定，本法所称高等学校是指大学、独立设置的学院和高等专科学校，其中包括高等职业学校和成人高等学校。本法所称其他高等教育机构是指除高等学校和经批准承担研究生教育任务的科学研究机构以外的从事高等教育活动的组织。我国可以从事高等教育的学校也有多种类型，包括军事机构如国防大学、党的机构如中共中央党校等、研究机构如社科院等。因此，在高校管理方面，也存在业务管理与行政

管理等不同性质，有的事项可能存在双重管理的情形。因此，当事人在对相关管理行为不服而寻求救济时，应当厘清不同管理主体对管理事项的实质决定权。

三、学生与学校之间的法律关系

在学校内，与学校或其他教育机构可能发生法律关系的主体包括教师和其他教育工作者、受教育者等。理顺彼此之间的法律关系，系判断不同主体之间纠纷性质的基本前提。

关于教师和其他教育工作者与学校之间的关系，《教育法》第三十五条规定，国家实行教师资格、职务、聘任制度。第三十六条规定，学校及其他教育机构中的管理人员，实行教育职员制度。学校及其他教育机构中的教学辅助人员和其他专业技术人员，实行专业技术职务聘任制度。第二十九条规定："学校及其他教育机构行使下列权利：（一）按照章程自主管理；（二）组织实施教育教学活动；……（六）聘任教师及其他职工，实施奖励或者处分；……"根据前述规定，学校与其教师和其他教育工作者之间属于单位与员工之间的关系，相关事项大部分属于内部关系或劳动人事关系。教师与学校之间的纠纷一般不能通过行政诉讼路径予以救济，但对部分具有外化特征的内部争议，如教师招录行为，通常认为可以提起行政诉讼，与学生和学校之间的争议解决路径相同，在下文详述。

关于学生与学校之间的关系，《教育法》第二十九条规定："学校及其他教育机构行使下列权利：……（三）招收学生或者其他受教育者；（四）对受教育者进行学籍管理，实施奖励或者处分；（五）对受教育者颁发相应的学业证书；……"第四十三条规定："受教育者享有下列权利：（一）参加教育教学计划安排的各种活动，使用教育教学设施、设备、图书资料；（二）按照国家有关规定获得奖学金、贷学金、助学金；（三）在学业成绩和品行上获得公正评价，完成规定的学业后获得相应的学业证书、学位证书；（四）对学校给予的处分不服向有关部门提出申诉，对学校、教师侵犯其人身权、财产权等合法权益，提出申诉或者依法提起诉讼；……"第四十四条规定："受教育者应当履行下列义务：……（四）遵守所在学校或者其他教育机构的管理制度。"根据前述规定，学校与学生之间的关系较为特殊，具有管理与被管理之属性，但其又不属于单位与员工之间的关系；学校在对学生的教育方面具有全方位的管理职责，但学生又具有相对独立性，因而二者之间原则上属于内部关系，仅在特定事项上具有外部性特征。

——章文英、任海霞：《学生就高校行为申请行政复议的裁判规则》，载最高人民法院行政审判庭编：《行政执法与行政审判》总第84集，中国法制出版社2021年版，第119~127页。

922. 上级行政机关对下级行政机关作出的内部批复行为不对外发生法律效力

关键词

上级行政机关　下级行政机关　内部批复行为

最高人民法院裁判文书

冀某清诉郑州市金水区人民政府行政批复案［最高人民法院（2017）最高法行申 8072 号行政裁定书］

　　裁判要点：上级行政机关对下级行政机关作出的内部批复行为，对外并不发生法律效力。该批复虽然通过其他途径为再审申请人所知悉，但并未改变其系内部行政行为的性质。

　　最高人民法院认为：涉案《通知》系金水区政府根据下级行政机关及行政部门的请示，对其下辖的街道办、政府各部门作出的一个回复，属于上级行政机关对下级行政机关作出的内部审批行为，对外并不发生法律效力。该批复虽然通过其他途径为再审申请人所知悉，但并未改变其系内部行政行为的性质。从内容上看，涉案《通知》原则同意金水区政府对马头岗村合村并城改造计划，统计了马头岗村合村并城项目的位置、面积、涉及人数，但并未制定具体的实施改造方案。涉案《通知》只是马头岗村合村并城改造计划中的一个流程，即涉案《通知》并未直接对再审申请人创设行政法上的权利义务关系，对再审申请人能否被拆迁安置、补偿标准是否得当等后期情况并不直接产生实际影响。如果再审申请人在城中村改造过程中对拆迁安置及补偿等行为不服，可以直接针对某一具体行政行为依法提起行政诉讼，以维护自身的合法权益。一审法院裁定驳回冀某清的起诉，二审法院维持原裁定，并无不当。

　　——最高人民法院第四巡回法庭编：《最高人民法院第四巡回法庭典型行政案件裁判观点 2017-2018》，法律出版社 2020 年版，第 53~54 页。

923. 复议机关对不属于行政诉讼受案范围的行政行为作出复议决定后的处理

关键词

复议机关　行政诉讼　受案范围　复议决定

最高人民法院审判业务意见（行政庭法官会议纪要）

复议机关对不属于行政诉讼受案范围的行政行为作出复议决定，当事人对复议决定不服提起诉讼的，人民法院应当裁定不予立案；已经立案的，裁定驳回起诉。

复议机关依法应当受理公民、法人或者其他组织提出的行政复议申请而不受理，当事人起诉复议机关不履行法定职责的，人民法院应予受理。

——《最高人民法院行政法官专业会议纪要会议纪要（八）（复议诉讼衔接领域）》（2019年11月29日）。

924. 复议机关或其上一级行政机关对复议决定监督行为的处理

关键词

复议决定　监督行为

最高人民法院审判业务意见（行政庭法官会议纪要）

当事人对复议决定不服，向复议机关或其上一级行政机关反映，复议机关或其上一级行政机关不予答复或者作出不改变原复议决定内容的处理决定，当事人仍不服提起诉讼的，不属于行政诉讼受案范围，人民法院可以根据《最高人民法院关于适用〈中华人民共和国行政诉讼法〉的解释》第五十五条第二款之规定，退回诉状并记录在册；坚持起诉的，不予立案并载明不予立案的理由。但复议机关或其上一级行政机关作出撤销或改变原复议决定内容的处理决定的除外。

——《最高人民法院行政法官专业会议纪要会议纪要（八）（复议诉讼衔接领域）》（2019年11月29日）。

925. 未告知复议申请期限的处理

关键词

复议申请期限

最高人民法院审判业务意见（行政庭法官会议纪要）

行政机关作出原行政行为时未告知公民、法人或者其他组织申请复议期限的，申请期限参照《最高人民法院关于适用〈中华人民共和国行政诉讼法〉的解释》第六十四条之规定，从公民、法人或者其他组织知道或者应当知道复议期限之日起计算，但从知道或者应当知道行政行为内容之日起最长不得超过一年。

——《最高人民法院行政法官专业会议纪要会议纪要（八）（复议诉讼衔接领域）》（2019年11月29日）。

926. 行政复议机关改变原行政行为单独作被告的案件中，作出原行政行为的机关是否应列为第三人

关键词

行政复议机关　改变原行政行为　第三人

最高人民法院审判业务意见

16. 行政复议机关改变原行政行为单独作为被告的案件中，作出原行政行为的机关是否应列为第三人。

答：复议机关改变原行政行为单独作被告的案件，作出原行政行为的机关与被诉复议决定有利害关系，人民法院可以通知其作为第三人参加诉讼。但是，作出原行政行为的机关是代表国家行使职权，没有自己的利益，一审未通知其参加诉讼，不属于遗漏必须参加诉讼的当事人应当发回重审的情形。

理由：《适用解释》第八十九条规定，复议决定改变原行政行为错误，人民法院判决撤销复议决定时，可以判决恢复原行政行为的法律效力。作出原行政行为的机关作为第三人参加诉讼，更有利于查明事实，分清是非。因此，人民法院应当鼓励作出原行政行为的机关作为第三人参加诉讼。但是，作出原行政行为的机关不是独立的利益主体，在作出原行政行为的过程中，也并不是为了自身利益，作出原行政行为机关与复议机关的利益是一致的，作为

上级机关，复议机关完全可以代替原行政行为机关。所以，即便作出原行政行为的机关未参加诉讼，也不能认定为遗漏必须参加诉讼的第三人，判决撤销一审判决，发回重审。

——《最高人民法院第一巡回法庭关于行政审判法律适用若干问题的会议纪要》（2018年7月23日）。

927. 未通知第三人参加复议程序案件的裁判

关键词

第三人　复议程序

最高人民法院审判业务意见（行政庭法官会议纪要）

复议机关未通知原行政行为涉及的第三人参加复议程序，复议决定要求第三人承担义务或者减损其权益，第三人主张行政复议程序违法的，人民法院应予支持，但复议决定未对第三人权益造成不利影响的除外。

——《最高人民法院行政法官专业会议纪要会议纪要（八）（复议诉讼衔接领域）》（2019年11月29日）。

928. 举报类行政复议决定合法性的审查

关键词

行政复议　举报人　合法性审查

最高人民法院裁判文书

陈某诉江苏省泗阳县人民政府要求履行行政复议职责案［最高人民法院（2017）最高法行申6732号行政裁定书］

裁判要旨：举报人对行政复议决定不服提起不履责行政诉讼时，应当判断其与被诉行政复议答复行为之间是否具有法律上的利害关系。只有与行政行为具有法律上的利害关系的行政相对人认为行政行为侵犯其合法权益，在法定期限内提起的行政纠纷才能够被人民法院受理。

最高人民法院认为：陈某作为举报人向泗阳县国土资源局举报江苏天沛

建筑工程有限公司经营的"高渡水产商业街"项目存在违法占地并进行建设的行为,申请该局依法查处,其行使的是《土地管理法》规定的检举、控告权利。陈某对该权利的行使不能成为认定其具有行政复议申请人资格的依据。陈某起诉、上诉均认为,根据《土地管理法》第六条的规定,其有权对违反土地管理法律、法规的行为提出检举和控告,国土部门有职责进行受理并作出处理,其不需要进行补正。该主张系对行政复议受理条件的错误认识。陈某申请再审认为泗阳县国土资源局就其举报事项置之不理构成行政不作为,其申请行政复议具有行政复议资格,该认知不符合我国行政复议法的相关规定。泗阳县政府作出不予受理陈某行政复议申请的被诉决定并未违法。

——最高人民法院行政审判庭编:《行政执法与行政审判》总第79集,中国法制出版社2020年版,第96~98页。

929. 复议机关不予受理决定或程序性驳回复议申请决定的可诉性

关键词

复议机关不予受理决定　程序性驳回

最高人民法院审判业务意见(行政庭法官会议纪要)

法律法规规定复议前置的,当事人对复议机关不予受理决定或程序性驳回复议申请决定不服提起诉讼的,人民法院应当受理。

非法定复议前置的,当事人可以起诉复议机关作出的不予受理决定或驳回复议申请决定,也可以起诉原行政行为。当事人既起诉复议决定又起诉原行政行为的,人民法院应当审理先立案的案件,后立案的案件可裁定终结诉讼。当事人同时起诉复议决定和原行政行为的,受诉人民法院应当引导当事人起诉原行政行为;坚持起诉复议决定的,裁定不予立案;已经立案的,裁定驳回起诉。

——《最高人民法院行政法官专业会议纪要会议纪要(八)(复议诉讼衔接领域)》(2019年11月29日)。

930. 不予受理决定或程序性驳回复议申请决定的裁判方式

关键词

不予受理决定　程序性驳回　复议申请

最高人民法院审判业务意见（行政庭法官会议纪要）

当事人对复议机关作出的不予受理决定或程序性驳回复议申请决定提起诉讼，人民法院认为被诉行为证据确凿、适用法律法规正确、符合法定程序的，应当判决驳回原告的诉讼请求。

人民法院认为申请复议的事项明显不符合行政复议受理条件，或者复议机关不予受理决定或程序性驳回复议申请决定是对复议申请人申诉信访事项重复处理的，可以根据《最高人民法院关于适用〈中华人民共和国行政诉讼法〉的解释》第五十五条第二款之规定，退回诉状并记录在册；坚持起诉的，不予立案并载明不予立案的理由。

——《最高人民法院行政法官专业会议纪要会议纪要（八）（复议诉讼衔接领域）》（2019年11月29日）。

931. 复议机关以程序违法为由确认原行政行为违法，是否属于维持原行政行为

关键词

行政行为　复议机关　程序违法　维持原行政行为

最高人民法院裁判文书

余某蓉与重庆市人民政府信息公开行政复议案［最高人民法院（2018）最高法行申1261号行政裁定书］

裁判要旨：我国行政诉讼制度明确行政复议维持原行政行为由复议机关和原行为机关作共同被告，人民法院对复议决定和原行政行为一并审查一并裁判。

最高人民法院认为，行政复议是解决行政争议的重要手段，具有方便、快捷、成本低等优点，但行政诉讼法修改之前，局限于当时的制度安排，行政复议维持率高、撤销率低，纠错能力不足，缺乏公信力。为了改变这种状况，从制度上促使复议机关发挥监督下级机关的行政行为、救济公民权利的作用，2017年《行政诉讼法》明确了复议机关维持原行政行为由复议机关和原行为机关作共同被告的制度。《中华人民共和国行政诉讼法》第二十六条第二款规定："经复议的案件，复议机关决定维持原行政行为的，作出原行政行为的行政机关和复议机关是共同被告；复议机关改变原行政行为的，复议机

关是被告。"第七十九条规定："复议机关与作出原行政行为的行政机关为共同被告的案件，人民法院应当对复议决定和原行政行为一并作出裁判。"《最高人民法院关于适用〈中华人民共和国行政诉讼法〉的解释》第一百三十四条第一款进一步规定"复议机关决定维持原行政行为的，作出原行政行为的行政机关和复议机关是共同被告。原告只起诉作出原行政行为的行政机关或者复议机关的，人民法院应当告知原告追加被告。原告不同意追加的，人民法院应当将另一机关列为共同被告。"第一百三十五条第一款规定："复议机关决定维持原行政行为的，人民法院应当在审查原行政行为合法性的同时，一并审查复议决定的合法性。"依据上述行政诉讼法及司法解释规定，我国行政诉讼制度确定了行政复议维持原行政行为由复议机关和原行为机关作为共同被告，人民法院对复议决定和原行政行为一并审查一并裁判的新型制度。

——中国裁判文书网。

932. 复议机关作出复议决定时应履行何种程度的说明理由义务

关键词

复议机关　复议决定　说明理由义务

最高人民法院审判业务意见（行政庭法官会议纪要）

行政机关行使自由裁量权，应当在行政决定中说明理由。行政复议决定是复议机关居中行使准司法权进行的裁决，也是行使上级行政机关专业判断权的行政行为，人民法院对行政复议决定的判断、裁量及理由说明，应当给予充分尊重。与此相对应，行政复议决定和复议卷宗也应当依法说明行为作出的理由，以此表明复议机关已经全面客观地查清了事实，综合衡量了与案情相关的全部因素，而非轻率或者武断地作出决定。复议机关对违法的行政行为，可以作出撤销、变更或者确认违法等行政复议决定。因此，复议机关应当审慎选择适用复议决定的种类，权衡撤销对法秩序的维护与对权利人合法权益造成损害的程度以及采取补救措施的成本等诸相关因素。在对重叠问题有多种处理方式、有多种复议决定结论可供选择的情况下，复议机关未履行充分说明理由义务，也未提供有关撤销的必要性和紧迫性的相应证据，依法应予纠正。

附：案情简介

2006年1月16日，H省国土厅向丙公司颁发《采矿许可证》，开采矿种为"锡矿、钨、砷"，之后矿山与Z集团合作成立乙公司，2010年11月和

2011年10月，乙公司在某部办理了采矿许可延续登记手续，采矿证的有效期为2011年10月7日至2012年10月7日。2006年3月24日，B市国土局颁发《采矿许可证》，开采矿种为"铅矿、锌、银"，有效期限为2006年3月至2011年3月，之后矿山登记成立甲公司作为新的采矿权人，经延续和变更登记，甲公司采矿证的有效期为2011年9月1日至2014年9月1日。因在采矿许可证有效期内无法解决重叠问题，乙公司于2012年11月向某部申请行政复议，请求撤销甲公司取得的《采矿许可证》。2014年7月14日，某部作出行政复议决定，撤销H省国土厅向甲公司颁发的《采矿许可证》。甲公司不服提起行政诉讼。

——《行政复议机关行使复议撤销权应当充分说明理由》，载最高人民法院行政审判庭编：《最高人民法院行政审判庭法官会议纪要（第一辑）》，人民法院出版社2022年版，第91~92页。

933. 行政复议决定结论正确但适用法律错误的，人民法院应如何处理

关键词

行政复议决定　适用法律错误

最高人民法院审判业务意见（行政庭法官会议纪要）

行政复议决定结论正确，但适用法律错误的，应当依法判决确认行政复议决定违法，保留法律效力。一、二审错误判决驳回原告诉讼请求。当事人申请再审的，考虑再审纠错功能及实质化解行政争议需要，不宜进入再审。

附：案情简介

甲市人民政府申请所在地省人民政府办理案涉土地的征收手续后，经该省人民政府批准，该省国土资源厅下达了批准甲市该年度建设用地的函（以下简称批准征地函）。因刘某等人的宅基地在征收范围内，故以省人民政府未依法履行审查义务，违反法定程序为由，就省人民政府作出的征地批复提出行政复议申请。省人民政府受理后审查认为，其行政复议申请超过法定期限，批准征地函不对当事人权利义务产生实际影响，遂作出驳回行政复议申请的决定。刘某等人不服，提起行政诉讼。

——《对适用法律错误结论正确复议行为的审查》，载最高人民法院行政审判庭编：《最高人民法院行政审判庭法官会议纪要（第一辑）》，人民法院出版社2022年版，第176~177页。

934. 投诉举报人是否具有行政复议的主体资格，取决于其投诉举报事项是否涉及其自身利益

关键词

投诉举报　行政复议　主体资格

最高人民法院裁判文书

徐某新、康某良、张某涛诉山东省济南市章丘区政府行政复议案［最高人民法院（2020）最高法行申 13491 号行政裁定书］

裁判要旨：根据《中华人民共和国行政复议法》第 2、6 条[①]规定，行政机关受理行政复议的前提是行政行为对公民、法人或者其他组织的合法权益产生实际影响。投诉举报分为"公益性质的投诉举报"和"涉己性质的投诉举报"。投诉举报人是否具有行政复议的主体资格，取决于其投诉举报事项是否涉及其自身利益。本案中，徐某新等三人向章丘区综合行政执法局申请查处辛马社区存在的未取得施工许可证即开工建设问题，实际上是向章丘区综合行政执法局进行投诉举报。章丘区综合行政执法局作出的回复，已履行了告知义务。徐某新等三人亦未证明该投诉举报事项涉及其自身利益，因此，该告知行为对其权利义务不产生实际影响，其据此提起行政复议，不属于行政复议受理范围。

最高人民法院经审查认为，根据《中华人民共和国行政复议法》第二条、第六条规定，行政机关受理行政复议的前提是行政行为对公民、法人或者其他组织的合法权益产生实际影响。投诉举报分为"公益性质的投诉举报"和"涉己性质的投诉举报"。投诉举报人是否具有行政复议的主体资格，取决于其投诉举报事项是否涉及其自身利益。本案中，再审申请人向章丘区综合行政执法局申请查处辛马社区存在的未取得施工许可证即开工建设问题，实际上是向章丘区综合行政执法局进行投诉举报。章丘区综合行政执法局作出《关于辛马社区"无建设施工许可证查处申请书"的回复》，已履行了告知义务。再审申请人亦未证明该投诉举报事项涉及其自身利益，因此，该告知行为对其权利义务不产生实际影响，其据此提起行政复议，不属于行政复议受

---

① 本条规定现为《中华人民共和国行政复议法》（2023 年修正）第十一条，下同。

理范围。

——中国裁判文书网。

935. 当事人的重复申请行为是否属于行政复议的受理范围

关键词

行政复议　重复申请行为

最高人民法院裁判文书

董某心诉浙江省人民政府行政复议申请再审案〔最高人民法院（2021）最高法行申 1660 号行政裁定书〕

裁判要旨： 复议期间，行政机关对其作出的行政处理决定所使用公章错误进行更正。在当事人对更正前的行政处理决定申请行政复议，且复议机关已作出行政复议决定情况下，当事人又就更改公章后的行政处理决定申请行政复议的，因更正后的行政处理决定仅是对于落款予以更正，未对当事人权利义务产生新的影响，当事人对更正后的处理决定不服提起复议和诉讼，属于重复申请行为，不属于行政复议的受理范围和行政诉讼的受案范围。

最高人民法院经审查认为：《最高人民法院关于适用〈中华人民共和国行政诉讼法〉的解释》第一条第二款第四项规定，公民、法人或者其他组织对驳回当事人对行政行为提起申诉的重复处理行为不服提起诉讼的，不属于人民法院行政诉讼受案范围。本案中，再审申请人不服案涉的浙征裁告〔2019〕7 号《不予受理告知书》向被申请人提出行政复议申请，被申请人已经作出浙政复〔2019〕459 号《行政复议决定书》。虽然被申请人后又向再审申请人邮寄更正后的《不予受理告知书》，但更正后的告知书仅是对于落款予以更正，并未对再审申请人的权利义务产生新的影响。据此，一、二审法院认定再审申请人针对更正后的《不予受理告知书》提起行政复议，属于重复申请行为，依法不属于行政复议受理范围，亦不属于行政诉讼的受案范围，并无不当。再审申请人提出的再审理由尚不足以否定原生效裁判，其再审请求本院不予支持。

——中国裁判文书网。

936. 行政机关对当事人以信息公开名义进行咨询所作的答复是否属于行政复议受理范围

关键词

行政复议　信息公开

最高人民法院裁判文书

赵某华诉上海市静安区人民政府行政复议不予受理申请再审案〔最高人民法院（2021）最高法行申 2131 号行政裁定书〕

裁判要旨：行政机关对当事人以信息公开的名义进行咨询所作的答复，对当事人的权利义务不产生实际影响，不属于行政复议的受理范围。

最高人民法院经审查认为：本案中，根据一、二审查明的事实，再审申请人向上海市静安区住房保障和房屋管理局（以下简称静安区房管局）所提案涉申请并非指向特定的政府信息，其实质是以政府信息公开申请的形式进行咨询。据此，被申请人认为静安区房管局对该咨询作出的函复行为并未对再审申请人的权利义务产生影响，其提起的行政复议申请不符合行政复议受理条件，并无不当。一、二审分别裁定驳回再审申请人的起诉和上诉，亦无不当。再审申请人提出的再审理由尚不足以否定原生效裁判，其再审请求本院不予支持。

——中国裁判文书网。

六、行政协议

937. 信赖利益保护原则在行政协议纠纷中的运用

关键词

信赖利益保护原则　行政协议纠纷

最高人民法院裁判文书

广和规划公司诉无棣县政府土地开发整理行政补偿案〔最高人民法院（2018）最高法行申 8435 号行政裁定书〕

裁判要旨：政府鼓励社会资金以市场化运作的方式参与土地开发整理，并确立了"谁投资、谁受益"的基本原则，利用社会资金参与土地整治活动的，其合法权益应当受法律保护。行政机关因其权威性而为行政相对人所信赖，行政相对人因信赖行政机关而根据其政策指引或行政指导作出一定的行为，行政机关应当珍视并保护行政相对人对其的信赖，这便是信赖利益保护原则的价值。从监督行政权、保护行政相对人合法权益、维护国家政策和相关法律规定精神能够全面贯彻落实的需要以及信赖利益保护原则的要求考量，行政相对人基于对公权力的信任而作出一定的行为，此种行为所产生的正当利益应当予以保护。虽然当事人之间未签订书面土地开发整理项目协议，但在行政相对人实际投资实施了涉案土地开发整理项目，且行政机关从涉案土地开发整理项目新增耕地指标中获取了收益的情况下，行政相对人应当享有新增耕地指标及转让的收益权利。

最高人民法院认为，本案争议焦点有三，一是无棣县政府、无棣县国土局与广和规划公司之间是否存在案涉土地开发整理项目合作关系；二是广和规划公司是否系本案土地开发整理项目投资主体；三是二审判决适用法律是否错误。

（一）关于无棣县政府、无棣县国土局与广和规划公司是否存在案涉土地开发整理项目合作关系的问题

最高人民法院认为，本案当事人虽未签订书面土地开发整理项目协议，但依据原审法院查明的事实和双方当事人提交的证据，广和规划公司在实际完成土地开发整理工作后向无棣县国土局提交《关于拨付开发未利用地资金的申请》，无棣县国土局向无棣县政府报送《关于对未利用地开发项目施工工程费清算的请示》，内容涉及山东广和建设项目管理有限公司（广和规划公司前身）投资实施了案涉土地开发整理项目的表述。同时指出"建议按照《山东省土地开发整理项目预算定额标准》对案涉项目的工程投资情况进行审计"。2013 年《山东省土地开发整理项目预算定额标准》预算编制规定中显示，土地开发整理项目费用包含工程施工费、设备购置费、其他费用和不可预见费用，与《关于拨付开发未利用地资金的申请》所附《投资汇总表》基

本可对应。可见，广和规划公司实际投资案涉土地开发整理项目是在与无棣县政府、无棣县国土局沟通之后进行，其实际履行情况也可与政府相关文件相互印证。无棣县政府、无棣县国土局在二审庭审中述称的"据我方了解，实际是广和规划公司与冯王村和郭义村先行联系，申请纳入政策开发项目，政府进行立项并确定由广和规划公司作为施工人进行开发，之后政府组织验收"也可以印证上述事实。故双方当事人之间虽未签订书面协议，但依据本案证据可以认定双方当事人之间存在事实上的土地开发整理合作关系。二审法院参照《中华人民共和国合同法》等相关法律法规的规定判断双方当事人之间的权利义务，并无不当。

（二）关于广和规划公司是否为本案土地开发整理项目投资主体的问题

本院认为，广和规划公司向无棣县国土局提交的报告虽名为《关于拨付开发未利用地资金的申请》，但其后所附《投资汇总表》及其内容可以证明其主张的并非工程价款而是土地开发整理项目费用。无棣县国土局"建议按照《山东省土地开发整理项目预算定额标准》对案涉项目的工程投资情况进行审计"的请示内容也表明其认可广和规划公司系项目投资主体。广和规划公司与滨州大通市政工程有限公司签订《工程施工及代收款协议书》，约定款项直接支付该公司；无棣县财政局根据该协议将案涉项目工程施工费2884049.39元拨付给滨州大通市政工程有限公司。上述事实也可印证广和规划公司并非实际施工人。无棣县政府、无棣县国土局主张项目立项、批准等事宜均由其完成。但依据176号通知和24号通知内容，均规定由政府引导公司企业或者个人等社会力量参与土地整理复垦开发项目，可见该类项目并非由社会力量单独完成，而需在政府主管部门的管理和审批、指导下完成。无棣县国土局在广和规划公司完成土地整理前后，对项目进行立项、批准、验收均系行使政府行政管理职权的行为，不足以据此认定广和规划公司不是案涉土地开发整理项目的投资主体。二审法院认定广和规划公司为案涉土地开发整理项目投资主体并无不当。

（三）关于二审判决适用法律是否错误的问题

1.关于二审判决适用信赖利益保护原则是否妥当的问题。无棣县政府、无棣县国土局主张176号通知是倡导性的规定，并非只要有社会资本注入就改变政府主导开发的事实；24号通知适用前提是企事业单位和个人"自筹资金"开发整理，且结果也并非获得土地所有权，而是必须有合同依据的前提下获得指标的优先兑付权。本院认为，176号通知是原中华人民共和国国土资源部下发的关于补充耕地、开展土地整理，促进经济社会发展和生态环境建设的政策性要求；24号通知也是山东省人民政府贯彻"十分珍惜、合理利用土地和切实保护耕地"的基本国策，落实土地管理法，加强土地开发整理复垦工作的政策性文件。上述文件均在土地复垦工作中发挥了积极的政策引导和促进作用。虽然上述文件不属于法律、行政法规和规章，但其内容与《中华人民共和国土地管理法》《山东省土地整治条例》确定的原则一致，可以在山东省区域范围内参照适用。广和规划公司系案涉土地开发整理项目的投资主体，其应当享有24号通知规定的相应优惠政策。二审法院对此问题的认定也是建立在保障投资主体合法权益的基础上。虽广和规划公司未与无棣县政府、无棣县国土局签订书面合同，但其响应国家号召进行土地开发整理，实际完成了相应的工作，也给无棣县增加了120余公顷耕地，7800余万元财政收入。无论从落实国家政策、兑现政府承诺的角度出发，还是从公平角度出发，均应对广和规划公司的工作成果予以一定的补偿。24号通知系山东省人民政府作出，在本省区域内具有指导作用，广和规划公司基于对政府文件的信赖积极参与土地开发整理工作，二审判决适用信赖利益保护原则保护广和规划公司的合法权益并无不当。

2.关于二审判决裁量广和规划公司收益补偿数额是否妥当的问题。虽然双方当事人没有订立书面合同，没有投资分配约定，但二审法院根据广和规划公司在《关于拨付开发未利用地资金的申请》中主张的投入数额，《工程结算审核报告》，无棣县国土局与济南市国土资源局签署的《易地补充耕地协议书》及查明的相关事实，考量土地开发整理的难易程度、交易习惯、社会发展状况等因素，酌定按新增耕地指标收益7853.10175万元的20%对广和规划公司予以补偿，符合本案实际情况。

——中国裁判文书网。

938. 对行政优益权的司法审查

关键词

行政优益权　前提条件　公共利益

附录：最高人民法院主流观点

（一）优益权行使的限制

行政机关享有优益权并不代表行政机关可以任意行使优益权，优益权的介入必须具备一定条件。在司法实践中，对于行政优益进行考察，宜从以下几点进行把握：首先，行政机关对行政协议的监督、指挥，或者变更、解除，必须基于对公共利益或公共秩序的考量。换言之，只有为了公共利益免遭损害，行政机关才能对合同作出调整甚至解除，或者原来的合同已不符合公共利益的需要应当终止。其次，行政机关对行政协议进行调整或予以解除时，除情况紧急外应当听取对方当事人的意见，给予对方当事人争辩的权利和机会。第三，因对行政协议进行调整或予以解除，加重了对方当事人的给付义务或者给其造成损害的，行政机关应当给予补偿。行政机关行使行政优益权不符合上述条件，给行政相对人造成损失的，应当承担赔偿责任。概言之，对行政机关优益权的行使要审查其前提条件而明确不同后果，合法的则对相对人损失予以补偿，违法的按违约承担责任。①

（二）对公共利益的把握

尽管维护公共利益是行政机关行使优益权的前提，但何为公共利益却难以把握。我们认为，公共利益是社会或国家占绝对地位的集体利益而不是某个狭隘或专门行业的利益。但事实上理论界对于何为公共利益并无定论。广义上的公共利益可以分为普遍的公共利益和特定的公共利益，普遍的公共利益是指处于同一社会关系中的不特定的大多数人的共同利益，比如自然环境、社会秩序、国家安全等；特定的公共利益是指一定范围内的特定群体的利益。狭义的公共利益仅指普遍的公共利益，将特定群体的利益排除在公共利益的范畴之外。在探究行使优益权语境下的公共利益，只能是普遍的公共利益，即全民共享的公共资源和公共秩序等。虽然我们试着为公共利益作了界定，但如何判断优益权行使的目的仍然是实践中的难点。判断优益权的行使是否出于公益目的，不能仅从通过合同履行是否直接实现公共资源的最大化或提供公共服务进行考察，还要辅之以考察合同的实质目的。换言之，即使行政行为在形式上没有体现为公共利益，但其实质目的仍然是为了实现公共资源效益最大化，或者为公共服务的增强、扩张与完善提供基础，仍然应当视为维护公共利益。比如，通过合同出让、出租国有自然资源，因为出让后的国有自然资源长期处于闲置或者利用价值的调整，行政机关就有义务解除该合同，收回国有自然资源使用权。形式上看，系国有自然资源使用权与出让金的返还，但最终目的却是通过对国有自然资源的处置以便更加全面有效的改善、扩大公共服务，人民得以共享作为公共财富的国有自然资源。②但是，行政机关若无此目的，或者目的与最终实现维护公共利益尚有一定距离，均不能承认该优益权行使的正当性。

（三）行政优益权审查的难点

优益权源于合同所交易资源的公共性，而且相对人通过合同获得的是使用、利用公共资源的权利，因而优益权不属于行政机关基于法无授权不可为原则而获得的统治权力，其正当性不源于传统的依法行政原则。进言之，优益权不是作为管制公民自由与财产的权力而存在，而是作为政府公共财产管

---

① 麻锦亮：《纠缠在行政性与协议性之间的行政协议》，载《中国法律评论》2017年第1期。
② 参见陈国栋：《行政合同行政性新论——兼与崔建远教授商榷》，载《学术界》2018年第9期。

理权的一部分，并规制公共财产使用权。因此，不需要如同消极行政时代的行政权那样遵循法无授权不可为原则。当然，这并不是说优益权不需要遵守依法行政原则，而是强调，只要没有上位法限制或相反规定，只要这种权力能够助益于公共资源效益最大化，且存在着相应的监督、救济措施，行政机关就可以行使优益权。因此，在法律没有明确规定某合同为行政协议的情况下，认为行政机关当遵循"法无授权不可为"的原则，只有在法律明文授权之处才可行使其权力来干预行政协议的观点，是有违行政协议法理的。

有观点认为，就行政机关一方而言，最终协议的履行问题都将演变为一个一个独立的、单方行政行为。行政协议履行过程中的单方行政行为与普通行政行为，并无本质区别。将行政协议分解为若干独立的行政行为，按照行政诉讼的规则去审理、判决行政协议纠纷案件即可。但是，行政协议属于行政机关与行政相对人的合意，系双方行为，不能单纯以行政行为对其进行考察，应当借鉴德国行政法上及我国台湾地区继承的双阶理论进而构建自身行政协议制度，即区分行政协议的履行和单方优益权的行使。概言之，对于行政行为"违反法律、行政法规的强制性规定"要与对行政协议中行政优益权行为的审查区别开来。行政协议的履行除应当审查行政机关缔结协议的主体资格、依法定职权范围履行协议、依约定全面履行协议外，还要观察行政协议的内容本身是否"违反法律、行政法规的强制性规定"。[①] 对于行政优益权则对其是否符合行使的条件、是否按照法定程序行使、是否按照诚实信用原则履行了合同的附随义务等方面进行审查。同时，利益平衡是构建行政协议案件判决方式体系的重要基础。法院经审理，如果认为行政机关行使行政优益权符合法律规定和协议约定，符合公共利益的需要，可以适用驳回原告诉讼请求、确认合法有效、变更判决、解除判决等判决方式。当然，尊重行政优益权并不意味着要放弃监督，放任行政优益权滥用，一旦发现行政优益权被滥用，法院应判决撤销、确认违法或无效，判决采取补救措施，判决承担赔偿责任等。[②] 当前的司法审查实践，行政机关行使优益权时在一定程度上忽视程序性审查，且法定解除权与行政优益权的关系尚未理顺，行政优益权行使后补救措施不力。因此，应当从司法审查标准、司法审查方式、落实补救措施等方面全面审查行政协议的履行。[③]

但是，有鉴于行政协议具备行政与契约的双重属性，在争议解决中，不能将公的因素与私的因素完全割裂，而需要统筹考虑合同双方争议财产性质

---

① 黄学贤：《行政协议司法审查的理论研究与实践发展》，载《上海政法学院学报（法治论丛）》2018年第5期。
② 程琥：《行政协议案件判决方式研究》，载《行政法学研究》2018年第5期。
③ 参见张鲁萍：《行政协议优益权行使的司法审查——基于对部分司法判决书的实证分析》，载《西南政法大学学报》2018年第5期。

的权利义务关系与体现公共政策、公众利益的政府意志关系。①换言之，处理行政协议争议的规则应当能够做到：既要防止行政机关滥用行政权力（优势地位）以协议名义侵害行政相对人的合法权益，又要防止行政机关与相对人以契约自由、意思自治为名逃避公法责任、侵害公益。行政优益权不是行政协议促成行政权力膨胀的工具，也必然不会让行政协议成为公共利益渗透之处，应当在司法审查的体系中构建出合理标准，以期实现依法行政向最优行政的转变。

——最高人民法院行政审判庭编著：《最高人民法院关于审理行政协议案件若干问题的规定理解与适用》，人民法院出版社2020年版，第300~303页。

939. 相当性原则在行政协议中的适用

关键词

相当性原则　行政协议

最高人民法院审判业务意见

征收补偿协议中，行政机关与被征收人之间的给付与对待给付应符合相当性原则。当事人不得在行政协议中合意排除相当性原则，明显违反相当性原则的约定无效。

审判实践中，法院对于行政行为是否违法或者无效，原则上有完全的审查权。在行政协议争议中，对于行政机关与相对人之间的给付是否明显不相当，法院也有完全的审查权。在审查行政机关与相对人之间互为给付是否"相当"时，应注意以下方面：一是"相当"不是指给付与对待给付的等价性，也不要求给付与对待给付的性质或种类相同，而是二者需是均衡性的相当。二是在作出是否"相当"的判断时，要根据整体情况作出综合判断。考虑行政机关与相对人在协议整体范围内的权利义务是否相当，而不能仅仅局限于个别条款作出判断。三是作出是否"相当"的判断时，要根据个案情况进行判断，而不是按照"一般""通常"情形作出判断。即在具体个案中考虑地域性、相对人给付的急迫性、法律及事实上的困难情形等因素，作出综合判断。四是相当性原则不能通过当事人的合意而约定排除。五是在审查是否"相当"时，要限缩对于相当性的审查密度，一般限于给付与对待给付明显不相当的情形，才认定其不相当。总而言之，原则上只要当事人签订的行政协议并非因为一方受到胁迫、欺诈或滥用权力等因素而缔结，仅仅对于是否相

---

① 李亢：《从特许经营协议探究行政合同的公私融合》，载《中国法律评论》2017年第1期。

当存有一般疑义时，可以推定行政协议约定的给付与对待给付相当。法院在进行相当性审查时，应适度考量给付与对待给付的各种因素，从宽作出认定，不能任意作出给付不相当性的认定，避免取代行政机关而成为直接决策者。

——最高人民法院行政审判庭编著：《行政协议典型案例裁判规则与评析》，人民法院出版社2021年版，第409~416页。

940. 行政协议中约定的义务，是否需要进行合法性审查

关键词

行政协议　合法性审查

最高人民法院审判业务意见

20. 行政协议中约定的义务，是否需要进行合法性审查。

答：行政机关在行政协议中约定义务，属于行政机关签订行政协议的行为。行政机关签订行政协议行为是否合法，应当依照行政诉讼法的规定，依据法律、法规，参照规章进行审查，不能根据合同法关于合同的有效性规定进行审查。

行政机关在其自由裁量权范围内实施的行政协议行为，才是合法有效的。同时，对于违法的行政协议行为，人民法院并非一律判决撤销或者确认无效，撤销违法行政协议行为将会损害国家利益、公共利益，或者行政协议行为轻微程序违法对当事人权利义务不产生实际影响的，人民法院可以判决确认行政协议行为违法，不撤销保留效力，在监督行政协议行为合法性的同时，确保行政协议得到实际履行。

理由：依法行政包含行政机关签订行政协议行为也必须符合法律规定。行政协议案件既然明确为行政诉讼的受案范围，对行政协议行为的合法性，就应当按照《行政诉讼法》关于对被诉行政行为合法性的审查标准进行审查，不能按照行政合同的有效、无效标准审查行政行为的合法性。合同有效、无效，仅仅是合同内容的实体审查，而对行政协议行为的合法性审查，包含了对主体是否越权、行政程序是否合法、适用法律法规是否正确、主要事实是否清楚、是否存在滥用职权、明显不当情形等多方面的审查。行政机关能够与相对人签订行政协议的基础，与行政诉讼中被告与原告能够达成调解协议的基础是相同的，根据《行政诉讼法》第六十条规定，在人民法院的主持下，达成调解协议，行政机关尚需遵循合法性原则，只有行政机关行使法律、法规规定的自由裁量权的案件才可以调解，诉讼外行政机关与行政相对人达成协议，更要遵守合法性原则，在其自由裁量权范围内处分其权力才是合法有

效的。行政协议行为的内容超越行政机关自由裁量权，无论是侵犯国家利益、公共利益，还是侵犯行政相对人的合法权益，都是违法的、不能继续履行的。

——《最高人民法院第一巡回法庭关于行政审判法律适用若干问题的会议纪要》（2018年7月23日）。

941. 行政协议履行争议案件中的合法性审查

关键词

行政协议　合法性审查

最高人民法院裁判文书

任某彬诉黑龙江省齐齐哈尔市铁锋区人民政府履行房屋安置补偿协议案
［最高人民法院（2020）最高法行申2796号行政裁定书］

裁判要旨：人民法院在审理行政协议履行争议案件时，应当针对原告的诉讼请求，对行政机关在诉讼过程中作出的变更、解除行政协议的行为进行合法性审查，并依法作出裁判，以节约司法资源，避免当事人诉累，实质化解行政争议。

最高人民法院认为，一、二审法院关于铁锋区政府系本案适格被告的认定正确，本院不再赘述。本案争议焦点是一、二审法院判决驳回任某彬的诉讼请求是否正确。

行政协议是行政机关和行政相对人通过协商订立的具有行政法上权利义务内容的协议。通常认为，基于实现公共利益或者行政管理的目标，行政机关具有一定的管理权。在特定情形下行政机关有权变更、解除行政协议，但该行政优益权的行使须受到严格限制。行政协议签订后，非因胁迫、欺诈、重大误解、显失公平以及履行协议会给国家利益和社会公共利益带来重大损失等情形不得随意解除，从而最大程度维护行政协议的稳定性以及行政机关的公信力。行政协议案件中协议的订立、履行等都是双方合意的产物，当事人在提起的行政协议案件中所提诉讼请求常常不限于针对行政机关的行政行为。因此，行政协议案件中的法律关系较为复杂。人民法院审理行政协议案件，应当对被告订立、履行、变更、解除行政协议的行为是否具有法定职权、是否滥用职权、适用法律法规是否正确、是否遵守法定程序、是否明显不当、是否履行相应法定职责进行合法性审查。原告认为被告未依法或者未按照约定履行行政协议的，人民法院应当针对其诉讼请求，对被告是否具有相应义务或者履行相应义务等进行审查。故本案中，任某彬向人民法院提起本案诉讼要求铁峰区政府履行涉案协议、为其出具相关手续。针对铁峰区政府在本案一审诉讼过程中单方撤销涉案协议的行为，经一审法院释明，任某彬拒绝变更诉讼请求，则人民法院应当在本案中就铁峰区政府的撤销行为一并进行合法性审查，并依法作出裁判。一审、二审法院未审查铁峰区政府撤销涉案协议行为的合法性，迳以涉案协议已被撤销，任某彬所诉继续履行涉案协议的前提条件及事实依据已不存在为由，驳回任某彬的诉讼请求，裁判结果确有不当，应予纠正。值得一提的是，任某彬即使按照一审法院释明撤回本案起诉，另行就铁峰区政府撤销涉案协议的行为提起诉讼，其核心诉求并未发生变化，仍是要求铁峰区政府继续履行原涉案协议、为其出具相关手续。这也必然要求人民法院对任某彬可能提起的另案行政诉讼中对铁峰区政府的撤销行为进行合法性审查，故其与本案实质上并无区别。为节约司法资源，避免当事人诉累，实质化解行政争议，人民法院亦应当在本案中就铁峰区政府的撤销行为一并进行合法性审查，并依法作出裁判。

——中国裁判文书网。

942. 行政机关单方变更、解除行政协议行为的合法性审查

关键词

行政机关　单方变更　解除行政协议　合法性审查

最高人民法院审判业务意见 / 第二巡回法庭法官会议纪要

在行政机关以决定形式单方变更、解除协议的情况下，应根据当事人不同的诉讼请求，明确不同的诉讼类型，确定审理对象。如果当事人对于行政机关变更、解除行政协议的行为提起诉讼，是行为之诉，当事人可以请求判决撤销行政机关变更、解除行政协议的行为，也可以请求确认该行政行为违法。如果当事人请求判决行政机关依法履行或者按照协议约定履行义务，请求判决行政机关赔偿或者补偿，是履约之诉。作为协议主体的行政机关以决定形式单方变更、解除行政协议，应当视为否定协议效力的行为，人民法院应当在履约之诉一案中同时对于该决定的合法性进行审查，而不应以有生效行政决定改变原协议为由驳回诉讼请求，也不应指导当事人对于单方变更、解除协议的决定另行提起诉讼从而裁定驳回起诉。

附：案情简介

盛某公司与东某区人民政府签订地块改造协议，该协议约定，盛某公

司应当支付拆迁补偿安置金1000万元、稳定保证金100万元、拆迁服务费163.37万元，由东某区政府负责组织安置工作并同意由盛某公司通过摘牌获得该地块的开发权。盛某公司履行协议义务支付相应款项后，东某区政府通知盛某公司，盛某公司应交纳动迁安置补偿保证金总计4500万元，东某区政府才能继续组织该地块的拆迁安置工作。

——《行政机关单方变更、解除行政协议行为的合法性审查》，载贺小荣主编：《最高人民法院第二巡回法庭法官会议纪要》（第二辑），人民法院出版社2021年版，第297~299页。

943. 行政机关签订的招商引资投资协议属于政府信息

关键词

招商引资投资协议　政府信息

最高人民法院审判业务意见（行政庭法官会议纪要）

根据《政府信息公开条例》对政府信息的定义及该条例的立法目的，判断一条信息是否属于政府信息的核心要素为，该信息是否系行政机关在履行行政管理职能过程中产生。属于行政机关在履行行政管理职能过程中制作并保存的政府信息的，对其公开事项应当适用《政府信息公开条例》的规定。

附：案情简介

2015年5月，胡某向甲区政府申请公开甲区政府与乙公司、丙公司分别签订的招商引资投资协议。甲区政府答复胡某：该两份协议与胡某无关，且涉及商业秘密，第三方不同意公开，故不予公开。人民法院判决撤销该答复并责令甲区政府重新答复。甲区政府重新答复胡某：该两份协议属民事合同，不是政府行使行政管理职能单方面制作或获取的政府信息，不予公开。胡某仍不服，遂诉请撤销该第二次答复并判令甲区政府公开前述协议。

——乐敏、杨科雄：《行政机关签订的招商引资投资协议属于政府信息》，载最高人民法院行政审判庭编：《最高人民法院行政审判庭法官会议纪要（第一辑）》，人民法院出版社2022年版，第200~201页。

944. 招商引资协议纠纷如包括大量难以与协议相分离的行政权利义务约定，依法属于行政协议范畴

关键词

招商引资协议　行政权利义务　行政协议

最高人民法院裁判文书

香港斯托尔实业集团有限公司泰州市人民政府经贸行政管理内贸外贸再审行政案［最高人民法院（2017）最高法行再99号行政裁定书］

裁判要旨：判断一项协议是属于行政协议还是属于民事协议，不能仅看其名称，也不能仅依据其中的少数或者个别条文来判定，应当结合行政协议要素和协议的主要内容综合判断。人民法院对此类约定的合法性、有效性进行审查，既要考虑是否确属当事人之间真实自愿和协商一致，还应考虑行政管理领域的具体法律规定，约定对地方政府及其职能部门的约束力，以及合同的相对性原则的适用等。

最高人民法院认为，由于行政管理的复杂性以及双方当事人协议约定内容的多样性，判断一项协议是属于行政协议还是属于民事协议，不能仅看其名称，也不能仅依据其中的少数或者个别条文来判定，而应当结合行政协议要素和协议的主要内容综合判断。本案招商引资协议一方为行政主体，协议目的符合公共利益需要，海陵工业园管委会行使的主要是《江苏省经济技术开发区管理条例》规定的行政职权，协议内容除包括相关民事权利义务约定外，还包括大量难以与协议相分离的行政权利义务约定，依法属于《最高人民法院关于适用〈中华人民共和国行政诉讼法〉若干问题的解释》规定的行政协议范畴。一审法院仅以双方约定的部分内容，即认定招商引资协议仅系形成借款与赠与的民事法律关系，而不具有行政法上的权利义务内容，属于认定事实错误。

本案协议有关民事权利义务的约定与行政权利义务的约定互相交织、难以完全分离。海陵工业园管委会代表海陵区政府所作的权利义务的约定，涉及多个行政管理领域，多项行政管理职能，人民法院对此类约定的合法性、有效性进行审查，既要考虑是否确属当事人之间真实自愿和协商一致，还应考虑行政管理领域的具体法律规定，约定对地方政府及其职能部门的约束力，

以及合同的相对性原则的适用等。与民事诉讼程序相比，行政诉讼程序更有利于全面审查协议中有关税收承诺、土地出让价款承诺、行政许可承诺等诸项涉及行政法律规范之适用条款的合法性与合约性；而协议包含的工商、质监、房管、建设、交通等多个行政许可审批事项的约定，适用行政诉讼程序审理也更为适宜。尤其重要的是，本案斯托尔公司作为一审原告，在诉讼请求、诉讼类型及诉讼标的等问题上依法具有选择权，其有权就招商引资协议的全部或部分内容提起诉讼。如果斯托尔公司在一审诉讼期间或者根据一审法院的指引，选择通过民事诉讼解决本案纠纷，亦无不可。在此情形下，上级法院应当尊重当事人选择权，而不宜仅因协议定性问题推翻下级法院生效裁判。但鉴于斯托尔公司因诉讼管辖等方面考虑，坚持选择行政诉讼程序寻求救济，则人民法院应同样予以尊重，并作为行政案件立案和审理。

——中国裁判文书网。

945. 政府及其部门在招商引资中不应违法作出行政承诺

关键词

政府招商引资　行政承诺

最高人民法院裁判文书

东方天涯驿站旅游开发有限公司诉海南省东方市自然资源和规划局、海南省东方市人民政府土地行政处罚及行政复议案［最高人民法院（2019）最高法行申9071号行政裁定书］

裁判要旨：国务院《社会信用体系建设规划纲要》规定："各级人民政府首先要加强自身诚信建设，以政府的诚信施政，带动全社会诚信意识的树立和诚信水平的提高。"行政机关应当诚信施政，遵循信赖保护原则，保护公民、法人或者其他组织对行政行为正当合理的信赖利益。

当事人的建设行为，是在政府部门的支持和要求下进行的，相应的投入是基于对政府行为的合理信赖而产生。当事人因违法占地建设被处罚而遭受的损失，政府应当根据政府过错等因素承担适当比例，应对当事人的合理实际投入给予适当补偿。政府及其部门在今后的招商引资中不应违法对企业作出承诺，应严格遵守法律规定，在法治化的前提下营造良好的营商环境，推动地方经济发展。

最高人民法院经审查认为，修改前的《中华人民共和国土地管理法》第四十三条第一款规定，任何单位和个人进行建设，需要使用土地的，必须依法申请使用国有土地；但是，兴办乡镇企业和村民建设住宅经依法批准使用本集体经济组织农民集体所有的土地的，或者乡（镇）村公共设施和公益事业建设经依法批准使用农民集体所有的土地的除外。第七十六条第一款规定，未经批准或者采取欺骗手段骗取批准，非法占用土地的，由县级以上人民政府土地行政主管部门责令退还非法占用的土地，对符合土地利用总体规划的，没收在非法占用的土地上新建的建筑物和其他设施，可以并处罚款。本案中，东方驿站公司未办理土地审批手续，未取得案涉土地使用权，在案涉土地上建设天涯驿站项目，构成非法占地。且在原东方市国土局2016年1月15日向其送达《责令停止违法行为通知书》，责令其停止非法占地后，仍然继续违法进行建设。2017年5月31日，原东方市国土局作出78号处罚决定，认定东方驿站公司未取得合法用地审批手续，擅自在案涉土地上进行建设，责令其退还违法占用的案涉5988.55平方米国有土地，没收土地上已建好、外墙完整、内部呈毛坯房的四栋楼房，并处以598855元罚款，符合法律规定。

东方驿站公司因违法占地事后被处罚而遭受损失，既有政府的原因，也有企业的原因。首先，天涯驿站项目建设初期是在东方市政府部门的违法推动下启动的。东方市曾组成了由四套班子领导担任总指挥，包括原东方市国土局在内各相关部门负责人参加的东方市特色村庄旅游项目工作队（以下简称项目工作队），推进包括天涯驿站项目在内的东方市特色村庄旅游项目。2015年7月28日，项目工作队召开会议要求，天涯驿站项目于8月25日开工，整体项目确保年底运营；土地用途变更和招拍挂等工作于10月20日前完成。2015年8月25日，特色村庄旅游建设项目在天涯驿站项目举办启动仪式，天涯驿站项目正式开工，东方市时任市委书记、市长参加了仪式。以上政府行为均构成东方驿站公司违法占地建设的信赖。其次，东方驿站公司曾有两次通过招拍挂程序将用地合法化的机会，但是其均未参加土地竞拍，亦存在一定过错。原东方市国土局曾分别于2015年12月4日、2016年2月6日在《海南日报》上发布案涉土地挂牌出让公告，东方驿站公司完全有机会参与竞拍并以公平合理的价格取得案涉土地使用权，并最终取得合法建设手续。但因种种原因，东方驿站公司未参加拍卖，且因案涉地块被其违法占用，其他社会主体也未参与竞拍，导致案涉土地两次都因无人竞拍而流拍，东方驿站公司也因此丧失了合法取得案涉土地的机会。综上，对于东方驿站公司的损失，相关政府部门和企业均应承担相应责任，至于损失的承担比例，应考虑双方的过错程度、过错与损失之间的因果关系等因素综合确定。

国务院《社会信用体系建设规划纲要（2014-2020年）》（国发〔2014〕21号）规定："各级人民政府首先要加强自身诚信建设，以政府的诚信施政，带动全社会诚信意识的树立和诚信水平的提高。"行政机关应当诚信施政，遵循信赖保护原则，保护公民、法人或者其他组织对行政行为正当合理的信赖利益。原东方市国土局 2016 年 1 月 15 日向东方驿站公司送达《责令停止违法行为通知书》时，东方驿站公司建设的四栋楼地基已经全部建成，一栋楼已经露出地面一层。东方驿站公司 2016 年 1 月 15 日前的建设行为，是在东方市政府部门的支持和要求下进行的，相应的投入是基于对政府行为的合理信赖而产生。东方驿站公司因处罚而遭受的损失，东方市政府应当根据政府过错等因素承担适当比例，应该对东方驿站公司 2016 年 1 月 15 日之前的合理实际投入给予适当补偿，东方驿站公司也可另行申请东方市政府进行补偿。东方市政府及其部门在今后的招商引资中不应违法对企业作出承诺，应严格遵守法律规定，在法治化的前提下营造良好的营商环境，推动地方经济发展。

——中国裁判文书网。

946. 政府采购协议的性质问题

关键词

行政协议　政府采购协议

最高人民法院司法解释

第二条　公民、法人或者其他组织就下列行政协议提起行政诉讼的，人民法院应当依法受理：

（一）政府特许经营协议；

（二）土地、房屋等征收征用补偿协议；

（三）矿业权等国有自然资源使用权出让协议；

（四）政府投资的保障性住房的租赁、买卖等协议；

（五）符合本规定第一条规定的政府与社会资本合作协议；

（六）其他行政协议。

第三条　因行政机关订立的下列协议提起诉讼的，不属于人民法院行政诉讼的受案范围：

（一）行政机关之间因公务协助等事由而订立的协议；

（二）行政机关与其工作人员订立的劳动人事协议。

——《最高人民法院关于审理行政协议案件若干问题的规定》（2019 年 11 月 27 日，法释〔2019〕17 号）。

附录：最高人民法院主流观点

司法实务中，要注意政府采购协议的性质问题。政府采购协议既没有在《司法解释》第二条的正面列举中出现，也没有在第三条的"负面清单"中列出，那么，它究竟是否属于行政协议呢？我们先从政府采购合同概念的分析入手。

在世界贸易组织所规定的《政府采购协议》中，政府采购被界定为："成员国的中央政府、次中央政府租赁、购买货物、服务、工程及公共设施的购买营造"的活动。按照我国政府采购法的说法，政府采购是"各级国家机关、事业单位和团体组织，使用财政性资金采购依法制定的集中采购目录以内的或者采购限额标准以上的货物、工程和服务的行为。"该定义包含了采购主体、资金来源和采购对象三个要素，其中，除采购对象外，均体现出了极强的行政色彩。我们认为，政府采购的实质就是行政机关根据法律规定运用财政资金来执行其行政管理职能的一种行政行为。从世界范围来看，在德国，习惯上将政府行为分为公权力行政与私经济行政。其中，公权力行政包括行政命令、行政处分、地方自治规章；私经济行政包括行政辅助行为、行政营利行为和行政私法行为。这里所说的行政私法行为，"就是以私法行为去完成国家的任务"，政府采购行为就属于典型的行政私法行为。政府在运用行政私法行为时所遵循的私法自治原则，并不完全等同于民事上的私法自治原则，这里的私法自治原则已经受到了公法的限制和修正。也就是说，德国法上，政府采购合同形式上要遵循意思自治的原则，但实质上却又不是完全的民法意义上的意思自治，这就使得这里的政府采购合同不同于民事合同，而是更倾向于行政合同。在法国，原则上包括行政机关签订政府采购协议在内的行政机关从事的行为，或者说与行政机关有关的行为，均由行政法院管辖。即使其中涉及民事法律因素，需要适用民法原则处理，也要由行政法院首先进行适用，如果遇到较为疑难的法律问题，可以将具体问题提交普通法院拿出意见，再根据其意见对案件作出处理。但整体上类似行为的管辖权均由行政法院行使。在我国，有不少学者和实务界人士认为，虽然政府采购合同的一方当事人为行政机关等公共部门，但是，在政府采购合同关系中，双方当事人的权利、义务平等，合同的订立是基于社会市场竞争机制，合同的内容以等价有偿和平等互利为基础，因此，政府采购合同在性质上应当是民事合同。一般认为，政府采购行为的主体是行政机关、目的是完成行政管理目标、使用的资金是国家财政资金、产生的影响是社会管理秩序的波动等一系列特征，必然导致政府采购行为同一般的民事法律行为具有本质上的差别，应当将其归入行政协议范畴，通过行政诉讼的方式进行救济，理由在于：

首先，政府采购资金大部分来源于公民税收，政府采购是为了满足社会公众需要的目的，具有公益性质。因此，在符合法定条件的情况下，公民当然享有诉权，应当允许其通过行政公益诉讼的方式，对政府使用来源于纳税人的国家财政资金的行为进行干预和监督。这一点，只有将政府采购行为看作是具有复效性影响力的行政行为，才可以在理论上得到自洽。

其次，对政府采购行为的有效规制，必然将其导入行政协议范畴。就政府采购协议而言，法律需要规制的对象，不仅仅包括因一方违约、过失等民事侵权所导致的相对方的利益损失如何救济的问题；更要解决政府一方通过信息公开、招投标公告、行政优先等行政手段，干预采购过程，破坏采购秩序，滥用行政权力违法采购以及政府基于公共利益考量变更、撤销或废止政府采购合同而给中标或成交供应商所造成合法损害的补偿等问题。后者，是政府采购过程中更为关键，更加值得关注，也是更为实质性的问题。对此，显然必须通过对行政行为的审查，以及相应的针对违法行政行为的撤销、变更、给付、确认违法等行政诉讼手段方能进行有效的规制和救济。

最后，从宏观上看，政府采购的影响力决定了应当从行政法律规范角度对其进行规制。如前所述，政府采购是行政机关根据法律规定运用财政资金来执行其行政管理职能的一种行政行为，这就决定了它是国家宏观经济调控的重要手段之一。《政府采购法》第一条开宗明义表明该法的立法目的是："为了规范政府采购行为，提高政府采购资金的使用效益，维护国家利益和社会公共利益，保护政府采购当事人的合法权益，促进廉政建设，制定本法。"在上述立法宗旨的诸要素中，首先是维护国家利益和公共利益；其次是规范采购行为，提高采购效益；最后才是保障当事人权益。这足以说明，政府采购法的根本目的在于保护公共利益，以及保障行政机关合法有效的行使其行政管理职责。从实践层面看，政府采购的违法，多数以行政垄断、违反行政承诺、滥用行政职权的方式表现出来，而其结果则是对国家经济发展和政府公信力产生负面影响。这就决定了对政府采购规制的着眼点，绝不是对私权利的保护，而应当立足于对国家行政管理秩序的构建。

在本次司法解释的制定过程中，上述观点得到了立法机关的认可。但是，由于政府采购法立法时，人们对于政府采购协议的认识还在深化之中，当时的《行政诉讼法》也还没有将行政协议的概念引入法律当中，因此，立法者只能通过民事诉讼的途径为政府采购协议提供救济渠道。最终的结果就是现行有效的《政府采购法》第四十三条规定："政府采购合同适用合同法。采购人和供应商之间的权利和义务，应当按照平等、自愿的原则以合同方式约定。"第七十九条规定："政府采购当事人有本法第七十一条、第七十二条、第七十七条违法行为之一，给他人造成损失的，并应依照有关民事法律规定承担民事责任。"因此，本次司法解释，暂时未将政府采购合同纳入行政协议。

——最高人民法院行政审判庭编著：《最高人民法院关于审理行政协议案件若干问题的规定理解与适用》，人民法院出版社2020年版，第61~64页。

947. 特许经营协议的效力认定及归责

关键词

特许经营协议　效力认定

最高人民法院审判业务意见

在能源和公共基础设施建设等领域，行政机关基于行政管理目的在其法定职权范围内与经营者签订的特许经营协议，属于行政协议。行政机关通过签订特许经营协议的方式，将同一区域内特许经营权先后授予给不同的经营者，属于未依照约定履行行政协议的行为。对于市政公用事业特许经营管理，既要秉持公共利益优先原则，充分保障使用市政公用产品的广大人民群众的服务需求和安全保障；又要保护案件当事人的合法权益。在两者之间寻求利益平衡，从根本上化解行政争议。在裁判方式上，可以依据《行政诉讼法》第七十八条、《行政协议司法解释》第十六条，结合原告诉讼请求，判决被告承担相应的法律责任。

——最高人民法院行政审判庭编著：《行政协议典型案例裁判规则与评析》，人民法院出版社2021年版，第37~48页。

948. 行政协议所依托的行政行为未获批准，是否属于协议无效的情形

关键词

行政协议　行政行为　协议无效

最高人民法院审判业务意见

行政协议所依托的行政行为未获有权机关批准，并不必然导致协议本身无效。如果行政主体在签订协议过程中，不存在《行政诉讼法》第七十五条规定的重大明显违法情形，同时也不存在民事法律规范所规定的合同无效的情形，则不宜否定协议的效力。如果未经批准的签约行为本身存在违法情形，人民法院可以依据《行政诉讼法》第七十四条规定，判决确认签订协议行为违法，但保留其效力；其次，如果至一审法庭辩论终结时，该协议所依托的

征收行为仍未取得批准，或者该行为直接被法院判决撤销、确认无效，此时，由于协议事实上已经无法继续履行，合同目的无法实现，协议相对方请求签订协议的行政机关一方承担违约责任，或者要求解除合同并承担损害赔偿责任的，人民法院可以支持。

  需要特别说明的是：首先，虽然不宜轻易否定协议的效力，但是由于"未批先征"的行为确实违反了修订前的土地管理法，因此，在有关部门签订协议时确实没有取得法律授权或者征地批复的情况下，对于其所实施的包括签订安置补偿协议在内的征收行为，人民法院可以依据《行政诉讼法》第七十四条规定，判决确认签订协议行为违法，但保留其效力；其次，如果至一审法庭辩论终结时，该协议所依托的征收行为仍未取得批准，或者征收行为直接被法院判决撤销、确认无效，此时，该协议事实上已经无法继续履行，合同目的无法实现。因此，根据《行政协议司法解释》第十七条："原告请求解除行政协议，人民法院认为符合法律规定或者约定的解除协议情形，且不损害国家利益、社会公共利益和他人合法权益的，可以判决解除该协议。"《合同法》第九十四条[①]："有下列情形之一的，当事人可以解除合同：（四）当事人一方迟延履行债务或者有其他违约行为致使不能实现合同目的；"《最高人民法院关于审理买卖合同纠纷案件适用法律问题的解释》第三条第二款[②]："出卖人因未取得所有权或者处分权致使标的物所有权不能转移，买受人要求出卖人承担违约责任或者要求解除合同并主张损害赔偿的，人民法院应予支持。"的规定，当事人请求签订协议的政府一方承担违约责任，或者要求解除合同并承担损害赔偿责任的，人民法院可以支持。

  ——最高人民法院行政审判庭编著：《行政协议典型案例裁判规则与评析》，人民法院出版社2021年版，第318~325页。

949. 如何理解无效行政行为存在"重大且明显"的违法情形

关键词

无效行政行为　重大且明显违法情形

最高人民法院公报案例 / 裁判文书

濮阳华润燃气有限公司诉河南省濮阳市城市管理局、河南省濮阳市人民

[①] 本条规定现为《中华人民共和国民法典》第五百六十三条。
[②] 本条规定已被《最高人民法院关于审理买卖合同纠纷案件适用法律问题的解释》（2020年修正）删除。

政府确认行政协议无效案［最高人民法院（2022）最高法行再509号行政判决书］

> 裁判摘要：无效行政行为是指该行为存在"重大且明显"的违法情形。"重大"一般是指行政行为的实施将给公民、法人或者其他组织的合法权益带来重大影响；而"明显"一般是指行政行为的违法性已经明显到任何有理智的人都能够作出判断的程度。行政行为只有同时存在"重大且明显"违法的情形，该行为才能被认定为无效。

最高人民法院经审查认为，本案争议焦点为被诉协议是否存在无效情形，以及华润公司关于被诉协议侵害其权益的主张是否成立。行政协议作为一种特殊的行政行为，兼具"行政性"和"合同性"，《最高人民法院关于审理行政协议案件若干问题的规定》第十二条第一、二款规定："行政协议存在行政诉讼法第七十五条规定的重大且明显违法情形的，人民法院应当确认行政协议无效。人民法院可以适用民事法律规范确认行政协议无效。"据此，人民法院在审理行政协议效力认定的案件时，首先要根据行政诉讼法规定的无效情形进行审查，此外，还要遵从相关民事法律规范对于合同效力认定的规定。

一、本案被诉协议是否存在行政诉讼法规定的无效情形。

《中华人民共和国行政诉讼法》第七十五条规定："行政行为有实施主体不具有行政主体资格或者没有依据等重大且明显违法情形，原告申请确认行政行为无效的，人民法院判决确认无效。"根据行政诉讼法的规定可知，无效行政行为是指该行为存在"重大且明显"的违法情形。"重大"一般是指行政行为的实施将给公民、法人或者其他组织的合法权益带来重大影响；而"明显"一般是指行政行为的违法性已经明显到任何有理智的人都能够作出判断的程度。行政行为只有同时存在"重大且明显"违法的情形，该行为才能被认定为无效。在《最高人民法院关于适用〈中华人民共和国行政诉讼法〉的解释》中，对行政行为无效情形亦作了例举式规定。该解释第九十九条规定："有下列情形之一的，属于行政诉讼法第七十五条规定的'重大且明显违法'：（一）行政行为实施主体不具有行政主体资格；（二）减损权利或者增加义务的行政行为没有法律规范依据；（三）行政行为的内容客观上不可能实施；（四）其他重大且明显违法的情形。"

本案中，被诉协议约定了华隆公司在濮阳市特许经营管道燃气的区域、年限等内容。《城镇燃气管理条例》第五条第二款规定："县级以上地方人民政府燃气管理部门负责本行政区域内的燃气管理工作。"《市政公用事业特许经营管理办法》第四条第三款规定："直辖市、市、县人民政府市政公用事业主管部门依据人民政府的授权，负责本行政区域内的市政公用事业特许经营的具体实施。"据此，濮阳市城管局具有负责濮阳市包括城市供气在内的市政公用事业特许经营管理工作的职权。根据《建设部关于印发〈关于加快市政公用行业市场化进程的意见〉的通知》中关于"城市市政公用行业主管部门代表城市政府与被授予特许经营权的企业签订特许经营合同"的规定，濮阳市城管局作为城市市政公用行业主管部门，与华隆公司签订被诉协议，具有法律依据，因此，该协议不存在"签订主体没有行政主体资格或者超越法定权限"的情形。此外，该协议中也不存在《最高人民法院关于适用〈中华人民共和国行政诉讼法〉的解释》第九十九条规定的"减损权利或者增加义务的行政行为没有法律规范依据""行政行为的内容客观上不可能实施"或者其他重大且明显违法的情形。因此，本院认为，被诉协议不存在《中华人民共和国行政诉讼法》第七十五条规定的无效情形。

——《最高人民法院公报》2022 年第 5 期。

950. 行政协议案件中仲裁不予受理情形的类似处理

关键词

仲裁　不予受理　行政协议

最高人民法院司法解释

第八条　公民、法人或者其他组织向人民法院提起民事诉讼，生效法律文书以涉案协议属于行政协议为由裁定不予立案或者驳回起诉，当事人又提起行政诉讼的，人民法院应当依法受理。

——《最高人民法院关于审理行政协议案件若干问题的规定》（2019 年 11 月 27 日，法释〔2019〕17 号）。

附录：最高人民法院主流观点

仲裁是一种与民事诉讼相平行的纠纷解决渠道。若当事人已依据协议中的仲裁条款或者仲裁协议申请仲裁，则当事人通常不可再提起民事诉讼。《仲裁法》第五条规定："当事人达成仲裁协议，一方向人民法院起诉的，人民法院不予受理，但仲裁协议无效的除外。"《民事诉讼法》第一百二十四条第二项[①]规定："人民法院对下列起诉，分别情形，予以处理：……（二）依照法律规定，双方当事人达成书面仲裁协议申请仲裁、不得向人民法院起诉的，

---

① 本条规定现为《中华人民共和国民事诉讼法》（2021 年修正）第二十六条。

告知原告向仲裁机构申请仲裁。"《民事诉讼法解释》第二百一十五条规定："依照《民事诉讼法》第一百二十四条第二项的规定，当事人在书面合同中订有仲裁条款，或者在发生纠纷后达成书面仲裁协议，一方向人民法院起诉的，人民法院应当告知原告向仲裁机构申请仲裁，其坚持起诉的，裁定不予受理，但仲裁条款或者仲裁协议不成立、无效、失效、内容不明确无法执行的除外。"如果依据协议中的仲裁条款或者仲裁协议申请仲裁，仲裁机构审查后以仲裁事项不符合法律规定、不符合受理条件为由不予受理，当事人事后就协议提起行政诉讼的，是否应该依法受理？笔者认为，应参照《民事诉讼法解释》第二百一十五条的规定处理，即：若仲裁机构系以"仲裁条款或者仲裁协议不成立、无效、失效、内容不明确无法执行"为由不予受理，则该协议本身并未经过审查，当事人应先提起民事诉讼，不宜认可其直接提起行政诉讼；若仲裁机构以属于行政协议为由不予受理，而是对该协议本身进行了审查，则当事人可直接提起行政诉讼。例如，公民甲与乙市人民政府房屋征收办公室于2013年5月签订《房屋征收补偿协议》。该协议约定，因该协议引起的或者与该协议有关的任何争议，提请丙仲裁委员会仲裁。公民甲于2016年12月向丙仲裁委员会申请仲裁，请乙市人民政府房屋征收办公室补付短少的房屋补偿款。丙仲裁委员会于2017年5月作出裁决，认为该协议系行政协议，应当向人民法院提起行政诉讼，公民甲的仲裁请求事项不属于其仲裁范围，故驳回公民甲的仲裁申请。对于此种情形，若公民甲其后提起行政诉讼，则人民法院应予受理，不宜以属于民事诉讼受案范围为由不予立案或者驳回起诉，因为该协议的仲裁条款已排斥了民事诉讼途径，甲将陷入无诉讼途径可救济的尴尬境地。另外，若仲裁机构已对涉案协议本身进行了审查，以仲裁请求事项不属于其仲裁范围为由驳回仲裁申请，当事人又提起行政诉讼的，则人民法院即使确认涉案协议为行政协议，也不宜依照《最高人民法院关于审理行政协议案件若干问题的规定理解与适用》第二十六条的规定再确认仲裁条款或者仲裁协议无效。

——最高人民法院行政审判庭编著：《最高人民法院关于审理行政协议案件若干问题的规定理解与适用》，人民法院出版社2020年版，第117~118页。

951. 在行政协议案件中，当事人提起不同诉讼请求，人民法院的相应审查重点

关键词

行政协议　法定程序　正当程序

最高人民法院司法解释

第十一条 人民法院审理行政协议案件，应当对被告订立、履行、变更、解除行政协议的行为是否具有法定职权、是否滥用职权、适用法律法规是否正确、是否遵守法定程序、是否明显不当、是否履行相应法定职责进行合法性审查。

原告认为被告未依法或者未按照约定履行行政协议的，人民法院应当针对其诉讼请求，对被告是否具有相应义务或者履行相应义务等进行审查。

——《最高人民法院关于审理行政协议案件若干问题的规定》（2019年11月27日，法释〔2019〕17号）。

附录：最高人民法院主流观点

（一）请求判决撤销行政机关变更、解除行政协议的行政行为的案件

当事人提起上述诉求的目的在于维持或恢复行政协议的原状，主要理由是行政机关变更或解除行政协议的行政行为违反法律法规规定或行政协议约定，或变更、解除行为没有法律法规依据等。在此类案件中，行政机关被诉的变更或解除行政协议的行为是指行政机关单方变更或解除行政协议，人民法院需要重点审查五个方面。一是行政机关是否有权变更或解除行政协议。这里主要涉及的是行政机关实施变更或解除行政协议行为是否属于其职权范围的问题。二是行政机关变更或解除行政协议是否符合法律法规的规定或者行政协议的约定。当事人的争议焦点就在于行政机关变更或解除行政协议是否合法、合理，因而也是人民法院的审查核心。三是行政机关变更或解除行政协议是否遵循了法定程序或正当程序。行政机关在行政协议法律关系中除了具有协议一方的身份，还是行政管理机关，负有管理社会公共事务的法定职责。因此，法律法规对行政机关实施行为有更加严格的规定和要求，行政机关的行政行为应当遵循法定的行政程序。即使法律法规对相关行政程序未作出明确规定，行政机关也须遵循正当程序原则实施行政行为。四是行政机关变更或解除行政协议对当事人的实际影响。当事人提起诉讼主要是为了保护自身权益不受损害或者弥补已有损失，若被诉行政行为对其未产生实际影响，则不足以动用司法资源予以救济。五是行政机关变更或解除行政协议是否基于公共利益的正当考量。行政机关变更或解除行政协议除了符合法律规定外，还须符合公共利益的需要。在实践中，行政机关单方变更或解除行政协议的理由很多都是出于公共利益的需要等，因而对于是否符合公共利益的审查也是不能忽视的。

此外，人民法院在审理行政协议案件时，除了适用行政法律法规的相

关规定和基本原则外，也需要适用《合同法》①第九十四条的规定来进行判断。《合同法》②第九十四条规定："有下列情形之一的，当事人可以解除合同：（一）因不可抗力致使不能实现合同目的；（二）在履行期限届满之前，当事人一方明确表示或者以自己的行为表明不履行主要债务；（三）当事人一方迟延履行主要债务，经催告后在合理期限内仍未履行；（四）当事人一方迟延履行债务或者有其他违约行为致使不能实现合同目的；（五）法律规定的其他情形。"

（二）请求判决确认行政机关变更或解除行政协议的行为违法的案件

当事人请求人民法院判决确认行政机关变更或解除行政协议的行为违法，其诉讼目的主要是为了获得后续的补偿或赔偿。此类诉讼与当事人请求人民法院判决撤销行政机关变更或解除行政协议的行为有一定的相似之处，人民法院在审理当事人请求撤销行政机关变更或解除行政协议行为的案件时也需要首先对行政机关变更或解除行为的合法性进行判断。在请求判决确认变更或解除行为违法的案件中，人民法院主要审查四个方面。一是行政机关变更或解除行政协议是否出于公共利益的需要。公共利益一直都是一个模糊概念，在审理具体案件时，公共利益的内容需要在法律框架内结合案件实际情况予以认定。二是行政机关变更或解除行政协议是否符合法律规定或行政协议约定。三是行政机关变更或解除行政协议是否履行了相关行政程序或正当程序。四是行政机关是否给予了行政协议另一方补偿或赔偿，或者采取了相应的补救措施等。在当事人请求人民法院确认行政行为违法的案件里，判断行政行为合法与否实际上都是与后续的补偿或赔偿紧密相结合的，而且行政机关作出变更或解除行政协议的行政行为时也应当对协议另一方所受损失进行补偿、采取相应补救措施或予以赔偿。所以，人民法院审查行政机关变更或解除行政协议是否合法也须同步审查行政机关是否对因变更或解除协议而给签订协议另一方造成的损失采取了相应补救措施、补偿或赔偿。

（三）请求判决行政机关依法履行或者按照协议约定履行义务的案件

在请求判决行政机关履行义务的案件中，当事人的诉讼请求是明确的，人民法院在审理时，主要需审查以下几个方面：一是当事人是否具有要求行政机关履行行政协议约定义务的主体资格和权利；二是行政机关依法或依约是否具有履行协议义务的职责；三是行政机关是否已经履行了涉案的义务；四是行政机关未履行协议义务是否有正当理由，如继续履行协议义务将会侵害到公共利益或他人合法权益等。

（四）请求判决确认行政协议效力的案件

---

① 本法已被《中华人民共和国民法典》废止。
② 本法已被《中华人民共和国民法典》废止。

请求判决确认行政协议效力的案件分为两类，即确认行政协议无效和确认行政协议有效。

确认行政协议无效案件是司法实践中较为多见的类型，常见于房屋或土地的征收法律关系中。人民法院审理此类案件主要适用《行政诉讼法》第七十五条和《合同法》的相关规定等。《行政诉讼法》第七十五条规定："行政行为有实施主体不具有行政主体资格或者没有依据等重大且明显违法情形，原告申请确认行政行为无效的，人民法院判决确认无效。"《合同法》[①]第五十二条规定："有下列情形之一的，合同无效：（一）一方以欺诈、胁迫的手段订立合同，损害国家利益；（二）恶意串通，损害国家、集体或者第三人利益；（三）以合法形式掩盖非法目的；（四）损害社会公共利益；（五）违反法律、行政法规的强制性规定。"《合同法》[②]第五十三条规定："合同中的下列免责条款无效：（一）造成对方人身伤害的；（二）因故意或者重大过失造成对方财产损失的。"

对于请求判决行政协议无效的案件，人民法院的审查要点有三项。一是审查行政协议签订主体是否合法。即行政机关是否有权签订涉案行政协议、能否通过行政协议方式行使相关的行政管理职责等。二是行政协议的内容是否违反法律法规的强制性规定。违反法律规定还包括是否严重违反关于法定程序的规定。三是行政协议是否会侵害国家利益、社会公共利益、第三人利益等。

请求判决行政协议有效的案件，人民法院可以适用合法性审查原则，结合排除行政协议无效的情形进行审理即可。

（五）请求判决行政机关依法或者按照约定订立行政协议的案件

当事人提出该种诉讼请求实质上是一个给付之诉。人民法院应主要审查：（1）行政机关依照法律法规规定或者依照相关约定是否应当与原告订立行政协议；（2）行政机关是否有与原告订立行政协议的法定职权；（3）行政机关是否能够通过订立行政协议方式行使相关的行政管理职权；（4）行政机关按照原告要求与其订立行政协议是否存在损害国家利益或社会公共利益或其他人合法权益的阻却因素。在此类型案件中，人民法院主要是从正反两方面进行审查，从而对原告提出的判令行政机关与其订立行政协议的要求作出是否予以支持的判决。

（六）请求判决撤销行政协议的案件

当事人的该项诉讼请求涉及终止履行行政协议事项。人民法院在审理案

---

① 本法已被《中华人民共和国民法典》废止。
② 本法已被《中华人民共和国民法典》废止。

件时除了依据行政法律法规外，可以适用《合同法》[①]及其司法解释的相关规定。《合同法》[②]第五十四条规定："下列合同，当事人一方有权请求人民法院或者仲裁机构变更或者撤销：（一）因重大误解订立的；（二）在订立合同时显失公平的。一方以欺诈、胁迫的手段或者乘人之危，使对方在违背真实意思的情况下订立的合同，受损害方有权请求人民法院或者仲裁机构变更或者撤销。当事人请求变更的，人民法院或者仲裁机构不得撤销。"

人民法院在审理该类型案件时，除了可以适用合同法及其司法解释的相关规定外，还需要结合行政协议的具体约定，若行政协议中对于撤销的情形有约定，人民法院也要审查当事人的诉求是否符合行政协议的相关约定。

（七）请求判决解除行政协议的案件

人民法院可以适用《合同法》第九十四条关于当事人可以解除合同的具体规定来审理此类案件。《合同法》[③]第九十四条规定："有下列情形之一的，当事人可以解除合同：（一）因不可抗力致使不能实现合同目的；（二）在履行期限届满之前，当事人一方明确表示或者以自己的行为表明不履行主要债务；（三）当事人一方迟延履行主要债务，经催告后在合理期限内仍未履行；（四）当事人一方迟延履行债务或者有其他违约行为致使不能实现合同目的；（五）法律规定的其他情形。"人民法院在审理时可依照上述规定审查当事人提出的解除行政协议是否符合法定情形，同时，也需要审查行政协议的约定内容，若协议中对解除情形也有明确约定，则须一并予以审查。此外，鉴于行政协议的履行对社会公共利益会有一定影响，人民法院也必须注意审查解除行政协议是否会侵害到国家利益或社会公共利益等。

（八）请求对行政协议依据的规范性文件一并审查的案件

《行政诉讼法》第五十三条规定："公民、法人或者其他组织认为行政行为所依据的国务院部门和地方人民政府及其部门制定的规范性文件不合法，在对行政行为提起诉讼时，可以一并请求对该规范性文件进行审查。前款规定的规范性文件不含规章。"在行政审判实践中，也经常会有当事人对行政协议订立或约定的权利义务所依据的规范性文件一并提起审查的案件。行政协议案件对相关规范性文件的审查方式与普通的行政案件基本相同。

（九）请求判决行政机关予以补偿或赔偿的案件

在前几类案件中，当事人一般都会提出补偿或赔偿要求。补偿的情形主要出现在行政机关依照法定事由或出于保护国家利益或社会公共利益等的需要而变更或解除行政协议，因变更或解除行政协议给签订协议的另一方造成

---

① 本法已被《中华人民共和国民法典》废止。
② 本法已被《中华人民共和国民法典》废止。
③ 本法已被《中华人民共和国民法典》废止。

了损失。在此种情况下，签订行政协议的另一方所受损失是因行政机关的合法行为而导致，因而仅能要求行政机关予以补偿或采取相应的补救措施来弥补损失。赔偿的情形主要出现在：行政机关违反法律法规的规定或违反行政协议的约定变更、解除或不履行行政协议，因该变更、解除或不履行协议行为而给签订协议的另一方造成了损失。签订协议的另一方所受损失是因行政机关的违法行为而导致，有权提出赔偿请求。

对于当事人请求判决给予补偿的案件，人民法院一般需要重点审查：（1）当事人提出的其所受实际损失与行政机关变更或解除行政协议等行为之间的因果关系；（2）行政机关变更或解除行政协议等行为在造成当事人所受实际损失的所有因素中所占比例；（3）当事人所提的补偿请求是否有相关证据予以支持，即该补偿请求是否有法律依据以及补偿请求与其所受实际损失之间是否存在对应关系等。

对于当事人请求判决给予赔偿的案件，按照法院目前的审理规则，一般分为两种情况：一种是当事人在对行政机关行政行为提起行政诉讼时一并提出行政赔偿请求，另一种是当事人单独向人民法院提起行政赔偿诉讼，要求判决行政机关予以赔偿。在两种情况下，人民法院的审查重点略有不同。在第一种情况中，人民法院需要审查：（1）当事人所提赔偿的事实根据中所涉及的行政行为是否合法；（2）当事人所提赔偿请求是否项目清晰、数额具体明确；（3）当事人所提赔偿请求是否具有事实根据；（4）当事人所提赔偿请求是否具有法律依据；（5）行政机关是否履行了相应的赔偿义务或责任。在第二种情况中，人民法院需要审查：（1）当事人所提赔偿请求是否项目清晰、数额具体明确；（2）当事人所提赔偿请求是否具有事实根据；（3）当事人所提赔偿请求是否具有法律依据；（4）当事人所提赔偿的事实根据中所涉及的行政行为是否已经被人民法院生效裁判确认违法或被有权机关予以撤销或确认违法；（5）行政机关是否履行了相应的赔偿义务或责任。

此外，在人民法院审理行政协议案件时，对于当事人提出的赔偿请求，除了继续适用相关的行政法律法规外，也可以适用合同法中关于违约赔偿责任的规定，如《合同法》①第一百零七条规定："当事人一方不履行合同义务或者履行合同义务不符合约定的，应当承担继续履行、采取补救措施或者赔偿损失等违约责任。"第一百一十三条第一款规定："当事人一方不履行合同义务或者履行合同义务不符合约定，给对方造成损失的，损失赔偿额应当相当于因违约所造成的损失，包括合同履行后可以获得的利益，但不得超过违反合同一方订立合同时预见到或者应当预见到的因违反合同可能造成的损失。"

——最高人民法院行政审判庭编著：《最高人民法院关于审理行政协议案

---

① 本法已被《中华人民共和国民法典》废止。

件若干问题的规定理解与适用》，人民法院出版社2020年版，第171~176页。

952. 人民法院判决确认行政协议未生效后，当事人是否还可以补办批准手续

关键词

行政协议　行政赔偿　报批义务

最高人民法院司法解释

第十三条　法律、行政法规规定应当经过其他机关批准等程序后生效的行政协议，在一审法庭辩论终结前未获得批准的，人民法院应当确认该协议未生效。

行政协议约定被告负有履行批准程序等义务而被告未履行，原告要求被告承担赔偿责任的，人民法院应予支持。

——《最高人民法院关于审理行政协议案件若干问题的规定》（2019年11月27日，法释〔2019〕17号）。

附录：最高人民法院主流观点

人民法院判决确认行政协议未生效后，相对人虽然有权要求行政机关赔偿损失，但由于赔偿的只是缔约过失损失，而相对人追求的是履行协议的利益，因此，有些相对人更希望行政机关履行协议，不要求赔偿。而行政机关在判决后，可能担心被追究行政责任或其他利益考量，此时，是否还可以继续履行报批义务？我们认为，确认行政协议未生效的前提是协议已经依法成立，其效力只是由于依法经过批准才生效的协议而未获批准，导致协议生效条件尚未成就。协议被认定未生效后，处于效力待定状态，将来有可能生效，也有可能不生效。人民法院作出判决时合同实体条款虽不发生效力，但并不因此影响合同的报批条款的效力。报批义务作为连接成立与生效两端的桥梁，是行政协议通往生效的唯一路径。判决后行政机关可以继续履行报批义务，补正协议的效力。这样做，不存在与人民法院判决相抵触的问题，并且有利于维护行政管理秩序，有利于保护相对人的权益，有利于维护双方当事人的利益平衡。

——最高人民法院行政审判庭编著：《最高人民法院关于审理行政协议案件若干问题的规定理解与适用》，人民法院出版社2020年版，第201~202页。

953. 行政机关单方变更、解除行政协议违法的处理

关键词

行政协议　经济补偿　继续履约

最高人民法院司法解释

第十九条　被告未依法履行、未按照约定履行行政协议，人民法院可以依据《行政诉讼法》第七十八条的规定，结合原告诉讼请求，判决被告继续履行，并明确继续履行的具体内容；被告无法履行或者继续履行无实际意义的，人民法院可以判决被告采取相应的补救措施；给原告造成损失的，判决被告予以赔偿。

原告要求按照约定的违约金条款或者定金条款予以赔偿的，人民法院应予支持。

——《最高人民法院关于审理行政协议案件若干问题的规定》（2019年11月27日，法释〔2019〕17号）。

附录：最高人民法院主流观点

不依法履约、不依约履约与单方变更、解除行政协议的关系，在实践中是非常复杂的。有以下两方面需要特别强调：（1）不依法履约、不依约履约、单方变更、解除行政协议在不同的语境下进行运用，且它们最后的法律责任是完全不同的。比如，第一种是行政机关本来应该履约的不履约，动用单方变更、解除协议权，这是在履约意义上的变更和解除。实际上它是一个违约行为。第二种是公共利益变迁后，依据原来的协议履行已经不合适，行政机关就会行使行政优益权，行政优益权这时也表现为行政协议的单方变更和解除。第三种是在行政相对人不履约时，行政机关会变更或者解除行政协议以示惩罚。实践中，有很多人弄不明白这到底有什么差别，实际上这都是在不同语境不同条件下出现的单方变更、解除行政协议行为。在司法实践中，一定要分清楚哪个是履约意义上的变更、解除行政协议，哪个是公共利益变迁带来的作为行使行政优益权的变更、解除行政协议，哪一个是作为惩罚性质的变更、解除行政协议（有时甚至根本分不清楚）。（2）如果行政机关单方变更、解除行政协议是违法的应当如何处理问题。一种比较保守的做法是确认违法但不撤销变更、解除行政行为，同时对行政相对人进行经济赔偿的情况下，让行政机关的违法继续存在下去，这是一种选择；另一种选择就是撤销，撤销变更、解除行政行为之后，还要求行政机关继续履约，且承担相应的违

约责任。这两种处理方法最大的差别和理念上的争议在于，是否将行政协议的稳定性处于优先地位：判决确认违法但不撤销变更和解除行政行为，仅对行政相对人进行经济赔偿的，原则上注重公共行政的现实，不愿意改变已经改变的公共行政，只能牺牲协议的稳定性；而判决直接撤销变更、解除协议行政行为并且要求继续履约和承担违约或者赔偿责任，这类判决在原则上注重协议的稳定性，或者说认为承诺的稳定性是首要的。本《司法解释》第十六条规定："行政协议在履行过程中，可能出现严重损害国家利益、社会公共利益的情形，被告作出变更、解除协议的行政行为后，原告请求撤销、变更被告行为，人民法院经审理认为行政行为合法的，判决驳回原告诉讼请求；给原告造成损失的，可以判决被告予以补偿。被告变更、解除行政协议的行政行为存在《行政诉讼法》第七十条情形的，人民法院判决撤销或者部分撤销，并可以责令被告重新作出行政行为。被告变更、解除行政协议的行政行为违法，人民法院可以依据《行政诉讼法》第七十八条的规定判决继续履行协议、采取补救措施；给原告造成损失的，判决被告予以赔偿。"需要进一步指出的是，违法变更、解除行政协议行为实质上就是违约行为，依约行政就是依法行政，变更、解除行政协议行为被确认违法后，若按照《国家赔偿法》规定的标准进行行政赔偿，民众无法获得预期利益，结果只能是民众承担不利后果。因此，此处的赔偿标准应当尽可能接近违约责任的标准，否则等于鼓励行政机关通过违法变更、解除行政协议行为替代一般的违约行为。

——最高人民法院行政审判庭编著：《最高人民法院关于审理行政协议案件若干问题的规定理解与适用》，人民法院出版社2020年版，第279~282页。

954. 国有土地使用权出让协议是否属于行政协议，相关行为引发的争议，应当通过行政诉讼解决

关键词

国有土地使用权　出让协议　行政协议

最高人民法院审判业务意见

22.国有土地使用权出让协议是否属于行政协议，相关行为引发的争议，应当通过民事诉讼，还是行政诉讼解决。

答：国有土地出让合同属于典型的行政协议，因为签订行政协议行为，行政机关不依法履行、未按照约定履行协议行为，行政机关单方变更、解除协议引发的纠纷，应当通过行政诉讼的途径解决。

理由：行政机关为实现公共利益或者行政管理目标，行使行政职权，与

公民、法人或者其他组织协商订立的具有行政法权利义务内容的协议，属于行政协议。国有土地出让协议，是土地管理部门为实现土地行政管理的目标，行使法律赋予的土地行政管理法定职权，与国有土地使用权的受让人签订的具有行政法上权利义务内容的协议，属于行政协议范畴，是最典型的行政协议，发生相关争议，应当属于行政诉讼的受案范围。

但是，应当注意的是，目前《最高人民法院关于审理涉及国有土地使用权合同纠纷案件适用法律问题的解释》依然有效，该司法解释将国有土地出让合同纠纷作为民事案件受理，而行政诉讼法和相关行政诉讼的司法解释尚未明确国有土地出让合同属于行政诉讼的受案范围，当事人选择民事诉讼途径解决争议的，人民法院应当尊重当事人的选择。

——《最高人民法院第一巡回法庭关于行政审判法律适用若干问题的会议纪要》（2018年7月23日）。

955. 行政协议案件中催告行为的可诉性

关键词

催告行为可诉性　行政不作为

最高人民法院司法解释

第二十四条　公民、法人或者其他组织未按照行政协议约定履行义务，经催告后不履行，行政机关可以作出要求其履行协议的书面决定。公民、法人或者其他组织收到书面决定后在法定期限内未申请行政复议或者提起行政诉讼，且仍不履行，协议内容具有可执行性的，行政机关可以向人民法院申请强制执行。

法律、行政法规规定行政机关对行政协议享有监督协议履行的职权，公民、法人或者其他组织未按照约定履行义务，经催告后不履行，行政机关可以依法作出处理决定。公民、法人或者其他组织在收到该处理决定后在法定期限内未申请行政复议或者提起行政诉讼，且仍不履行，协议内容具有可执行性的，行政机关可以向人民法院申请强制执行。

——《最高人民法院关于审理行政协议案件若干问题的规定》（2019年11月27日，法释〔2019〕17号）。

附录：最高人民法院主流观点

实践当中，出现过就以行政机关没有催告即采取执行措施，而起诉行政不作为的案件，由此提出了催告行为是否可诉的问题。我们认为，催告是行政强制执行启动程序,是行政机关就相对人履行协议义务作出决定的一个必经步骤,本身不具有改变相对人权利义务或者法律地位的效果,即使有时对当事人权益产生实际影响,这种影响亦为行政机关最终作出的书面决定所吸收。也就是说,催告要么是没有杀伤力的事实行为,要么是中间性的过程行为,按照可诉行政行为标准的理论,无论从哪个角度讲,都不具有可诉性。如果相对人认为催告存在违法,可以在起诉行政机关最终书面决定的案件中,一并指出并要求法院处理。如果法院经审查认为催告行为确实存在违法之处,亦可在裁判文书中将其作为书面决定的程序违法予以确认。

——最高人民法院行政审判庭编著:《最高人民法院关于审理行政协议案件若干问题的规定理解与适用》,人民法院出版社2020年版,第345~346页。

956. 行政协议当事人之间真实存在基础民事法律关系的,可依职权向有关行政主管部门核实,并在案件事实部分直接予以认定

关键词

行政争议实质性化解　行政主管部门

最高人民法院公布的典型案例

张某成诉北京市门头沟区人民政府房屋征收办公室、北京市门头沟区龙泉镇人民政府不履行行政协议案

　　裁判要点:司法实践中,行政协议当事人之间的争议可能根源于基础民事法律关系的确认。根据法律规定以及已有证据可以直接认定或者推定基础民事法律关系的,人民法院不宜再要求当事人另行提起民事诉讼。

(一)基本案情

张某祥系北京市门头沟区龙泉镇滑石道村村民。1967年6月,张某祥与李某香结婚,婚后育有两子:张某军、张某成。1985年4月,李某香去世。1999年,张某祥申请宅基地并建设本案被征收房屋,该房屋属张某祥一人所有。2012年6月15日,张某祥作为被征收人与北京市门头沟区房屋征收事务中心(以下简称门头沟征收中心,相关职责已由北京市门头沟区人民政府房屋征收办公室承担)、北京市门头沟区龙泉镇人民政府(以下简称龙泉镇政府)订立房屋征收补偿安置协议。2015年5月11日,张某祥与门头沟征收中心、龙泉镇政府订立补充协议,约定安置张某祥两居室一套、一居室一套,

其中两居室安置房一套已交付被征收人。2015年6月26日，由张某军代张某祥选择了安置房屋。张某祥于2015年12月7日去世，张某军于2016年7月2日去世，此时安置房屋尚未交付。张某成提起行政诉讼，主张其为张某祥的唯一合法继承人，请求判令北京市门头沟区人民政府房屋征收办公室（以下简称门头沟征收办）与龙泉镇政府向其交付涉案安置房屋。

（二）裁判结果

北京市门头沟区人民法院一审认为，张某祥去世后，其作为协议一方当事人的权利应当由其继承人依法继承。现张某成主张其为张某祥的唯一合法继承人并要求两被告向其履行协议，但其提交的现有证据不足以证明其为张某祥的唯一合法继承人。因此，张某成以张某祥唯一合法继承人的身份，要求法院判决两被告向其交付涉案安置房屋并以自己名义领取钥匙的诉讼请求缺乏事实与法律依据，遂判决驳回张某成的诉讼请求。

北京市第一中级人民法院二审时依法向属地派出所、民政局、档案馆等单位查询张某祥、张某军的户籍、婚姻登记信息，张某军与张某成属于同一户籍，未发现张某军的婚姻登记信息。至二审判决作出，未发现存在与张某成处于同等地位的继承人。二审认为，结合张某成提交的证据以及法院调取的证据材料，可以认定被征收房屋属张某祥一人所有，在张某祥去世后，不存在与张某成处于同等地位的继承人，且门头沟征收办与龙泉镇政府对此亦不持异议，因此张某成可以继承张某祥在被诉协议和被诉补充协议中享有的权利。如果事后出现新的证据，能够证明张某祥尚存在与张某成处于同等地位的其他继承人，该继承人亦有权向张某成主张涉案安置房屋的相关权利，有权要求共同分割该部分利益。遂撤销一审判决，并判令门头沟征收办与龙泉镇政府向张某成交付涉案安置房屋。

（三）典型意义

促进行政争议实质性化解是行政诉讼制度的一项重要功能。司法实践中，行政协议当事人之间的争议可能根源于基础民事法律关系的确认。根据法律规定以及已有证据可以直接认定或者推定基础民事法律关系的，人民法院不宜再要求当事人另行提起民事诉讼。本案中，二审法院为确认基础民事法律关系是否真实存在，依职权向有关行政主管部门核实，并在案件事实部分直接予以认定，可以减少当事人进一步证明"我就是我"的诉累，确保当事人的合法权益及时兑现，促进行政争议的实质性化解。同时，因可能存在推翻推定事实的证据，为保障潜在权利人的合法权益，二审法院为后续可能产生的争议明确解决方案或者救济路径，可以实现裁判公平与效率的有机统一，切实增强人民群众的获得感。

——《最高人民法院发布行政协议典型案例》（2021年5月11日）。

957. 行政协议无效的判断

关键词

行政协议无效

最高人民法院裁判文书

吉林郭尔罗斯农村商业银行股份有限公司诉宁夏回族自治区吴忠市利通区人民政府、吴忠市利通区金银滩镇人民政府行政协议案［最高人民法院（2020）最高法行申 8309 号行政裁定书］

裁判要点：对于国有土地使用权的收回和补偿，法律法规规定了两种法定程序：一是《土地管理法》规定的程序。在法定情形下收回国有土地使用权，对土地使用权人给予适当补偿。二是《国有土地上房屋征收与补偿条例》规定的程序。对国有土地上房屋进行征收，同时收回被征收房屋占用范围内国有土地使用权。对被征收房屋价值的补偿，包含对被征收房屋占用范围内国有土地使用权的补偿。本案没有证据证明涉案征地拆迁补偿合同的签订系遵循了上述两种法定程序之一，明显缺乏依据，构成《行政诉讼法》第 75 条规定的无效行政行为。

最高人民法院经审查认为，依照《行政诉讼法》第 75 条的规定，行政行为没有依据系重大且明显违法的情形之一。对于国有土地使用权的收回和补偿，法律明确规定了两种程序：一是金银滩镇政府与九州大地商务代理公司签订征地拆迁补偿合同时有效的《土地管理法》第 58 条第 1 款规定的国有土地使用权的收回和补偿程序；二是《国有土地上房屋征收与补偿条例》第 13 条第 3 款、第 17 条第 1 款等条款规定的征收国有土地上房屋同时收回国有土地使用权程序和相应的补偿程序。从本案现有证据看，对于涉案国有土地使用权的收回和补偿，利通区政府、金银滩镇政府并未依法选择其中任何一种途径。因此，金银滩镇政府与九州大地商务代理公司签订征地拆迁补偿合同及相关补偿约定明显缺乏依据，构成无效行政行为。一审、二审法院虽适用了《行政诉讼法》第 75 条和《行政诉讼法司法解释》第 99 条的规定，但认定金银滩镇政府与九州大地商务代理公司签订征地拆迁补偿合同不具有无效情形，构成适用法律错误，依法应予纠正。郭尔罗斯农村商业银行的再审申请符合《行政诉讼法》第 91 条第 4 项规定的情形，应当再审。据此，依照

《行政诉讼法》第92条第2款之规定，裁定指令宁夏回族自治区高级人民法院再审本案。

——中国裁判文书网。

附录：最高人民法院法官著述

本案系郭尔罗斯农村商业银行以利通区政府、金银滩镇政府为被告，就金银滩镇政府与一审第三人九州大地商务代理公司于2017年2月28日签订的征地拆迁补偿合同提起的确认无效之诉。该合同系利通区政府、金银滩镇政府为实现行政管理目标而签订，属于行政协议。行政协议属于一种特殊的行政行为。对于行政协议是否无效的判断，首先应当适用《行政诉讼法》的相关规定，其次才适用《合同法》[①]第52条等民事法律规范。

《行政诉讼法》第75条规定："行政行为有实施主体不具有行政主体资格或者没有依据等重大且明显违法行为情形，原告申请确认行政行为无效的，人民法院判决确认无效。"基于职权法定原则，行政机关作出行政行为通常需要有明确的法律、法规依据。对于行政机关依职权作出的侵益性行政行为，尤其应当如此。按照对行政行为进行司法审查的审判思路，本案应审查金银滩镇政府与九州大地商务代理公司就涉案国有土地使用权的收回和补偿签订征地拆迁补偿合同是否具有依据。

关于涉案国有土地使用权的收回。对于国有土地使用权的收回，法律规定了两种程序：一是金银滩镇政府与九州大地商务代理公司签订征地拆迁补偿合同时有效的《土地管理法》第58条第1款规定的国有土地使用权的收回程序，即"有下列情形之一的，由有关人民政府土地行政主管部门报经原批准用地的人民政府或者有批准权的人民政府批准，可以收回国有土地使用权：（一）为公共利益需要使用土地的；（二）为实施城市规划进行旧城区改建，需要调整使用土地的；（三）土地出让等有偿使用合同约定的使用期限届满，土地使用者未申请续期或者申请续期未获批准的；（四）因单位撤销、迁移等原因，停止使用原划拨的国有土地的；（五）公路、铁路、机场、矿场等经核准报废的"。二是《国有土地上房屋征收与补偿条例》第13条第3款规定的征收国有土地上房屋同时收回国有土地使用权程序，即"房屋被依法征收的，国有土地使用权同时收回"。从本案现有证据看，对于涉案国有土地使用权的收回，利通区政府、金银滩镇政府并未依法选择其中一种途径。征地拆迁补偿合同载明利通区政府作出的2号通告系签订依据之一。利通区政府、金银滩镇政府亦是将该通告作为证明签订征地拆迁补偿合同合法有效的证据之一予以提交。但该通告载明利通区政府系"决定征收金银滩镇四支渠村、团庄

---

① 本法已被《中华人民共和国民法典》废止。

村、沟台村、杨马湖村部分集体土地，用于金银滩镇美丽小城镇项目建设"。涉案土地系国有土地，并非集体土地，不涉及集体土地征收，在拆迁范围部分将"松原市九州大地商务代理有限公司土地及地上附着物"列入显然文不对题。且本案没有证据证明利通区政府、金银滩镇政府系依照《土地管理法》第58条第1款的规定，完成"由有关人民政府土地行政主管部门报经原批准用地的人民政府或者有批准权的人民政府批准"的行政审批程序后收回涉案国有土地的使用权，从而就"适当补偿"问题签订征地拆迁补偿合同。利通区政府在本案一审、二审及金银滩镇政府在本案二审中主张系依据《国有土地上房屋征收与补偿条例》的相关规定决定对国有土地上的房屋进行征收，亦是缺乏证据支持。依照《国有土地上房屋征收与补偿条例》第25条第1款的规定，房屋征收部门与被征收人可以签订补偿协议。但依照该条例第13条第1款等条款的规定，签订补偿协议的基本前提是市、县级人民政府已作出国有土地上房屋征收决定。但本案显然并不具备这一基本前提。

关于涉案国有土地使用权的补偿。金银滩镇政府与九州大地商务代理公司签订征地拆迁补偿合同时有效的《土地管理法》第58条第2款规定："依照前款第（一）项、第（二）项的规定收回国有土地使用权的，对土地使用权人应当给予适当补偿。"《国有土地上房屋征收与补偿条例》第17条第1款规定："作出房屋征收决定的市、县级人民政府对被征收人给予的补偿包括：（一）被征收房屋价值的补偿；（二）因征收房屋造成的搬迁、临时安置的补偿；（三）因征收房屋造成的停产停业损失的补偿"；第19条第1款规定："对被征收房屋价值的补偿，不得低于房屋征收决定公告之日被征收房屋类似房地产的市场价格。被征收房屋的价值，由具有相应资质的房地产价格评估机构按照房屋征收评估办法评估确定。"《国有土地上房屋征收评估办法》第14条第1款规定："被征收房屋价值评估应当考虑被征收房屋的区位、用途、建筑结构、新旧程度、建筑面积以及占地面积、土地使用权等影响被征收房屋价值的因素。"综合上述规定，对国有土地上的房屋进行征收同时收回国有土地使用权后，对被征收房屋价值的补偿，包含了被征收房屋占用范围内国有土地使用权的补偿。本案中，征地拆迁补偿合同第2条虽约定了"被征土地及房屋拆迁补偿"，但本案并无证据证明对涉案国有土地使用权的补偿系遵循《土地管理法》第58条或《国有土地上房屋征收与补偿条例》第19条等条款的规定进行，相关约定显然缺乏依据。

因此，综合上述两个方面，在法律、法规规定非常明确的情况下，金银滩镇政府与九州大地商务代理公司就涉案国有土地使用权的收回和补偿签订征地拆迁补偿合同明显缺乏依据，构成无效行政行为。

——中国应用法学研究所主编：《最高人民法院案例选（第6辑）》，法律出版社2022年版。

958. 行政协议未约定违约责任时行政机关的违约责任承担

关键词

行政机关　行政协议　全面履行义务　承担违约责任

最高人民法院审判业务意见／第二巡回法庭法官会议纪要

行政机关与相对人签订行政协议后，应当遵循诚信原则按照协议约定全面履行义务，未按照约定期限履行义务的，即构成违约，应当承担违约责任，行政协议中未约定违约责任并不能成为行政机关不承担违约责任的理由。

附：案情简介

加区政府与齐某签订回迁安置协议后，未在约定的期限内履行安置义务。齐某不服提起本案诉讼，请求加区政府承担未在约定期限内履行义务给其造成的损失。一、二审法院均认为，加区政府未依约履行涉案房屋安置协议，齐某要求履行协议的诉讼请求应予支持。但该协议是回迁安置，属非金钱债务的履行，对逾期履行又未约定违约责任，故对齐某要求支付利息和滞纳金的诉讼请求不予支持。齐某不服，申诉至第二巡回法庭。

——《行政协议未约定违约责任时行政机关的违约责任承担》，载贺小荣主编：《最高人民法院第二巡回法庭法官会议纪要》（第二辑），人民法院出版社2021年版，第257~258页。

959. 行政协议对履行期限未做明确约定的处理

关键词

行政协议　履行期限

最高人民法院审判业务意见

行政机关与被征收人签订的补偿安置协议中仅约定了临时安置期间，未对交付安置房时间作出明确约定，行政机关与被征收人对交付安置房时间认识不同，此时，人民法院可以依照合同法关于对协议履行时间约定不明的相关条款进行审理。另外，若被征收人提起行政诉讼时，补偿安置协议中约定的临时安置时间早已期满，行政机关仍没有交付安置房，被征收人要求人民法院判决行政机关履行补偿安置协议，交付安置房屋的诉讼请求应当予以支持，而不能以安置房尚未开始建造，行政机关并未拒绝履行补偿安置协议为由驳回被征收人该诉讼请求。

若行政机关结合房屋租赁市场价格的实际变化情况对临时安置费标准进行上调，为满足被征收人的基本居住需要，确保被征收人的生活质量，一直未能取得安置房的被征收人有权要求按照上调后的标准支付其临时安置费。

行政机关和被征收人在补偿安置协议中仅对行政机关未按期支付各种补偿费用的违约责任进行了约定，对于交付安置房的时间以及逾期交房的违约责任并未进行约定，在行政机关超过案涉补偿安置协议约定的临时安置期限，仍没有履行交付安置房屋的义务时，人民法院应当根据合同法的相关规定，判令行政机关承担相应的违约责任。对于违约责任的具体承担方式，可以根据被征收人因长期未被落实安置房受到的实际损失酌情予以确定。

——最高人民法院行政审判庭编著：《行政协议典型案例裁判规则与评析》，人民法院出版社2021年版，第126~135页。

960. 协议的相对方能否通过行政协议取得行政机关法定职权之外的利益

关键词

行政协议　行政机关法定职权

最高人民法院审判业务意见

行政机关通过框架协议等形式，对行政相对人作出的承诺，构成行政诉讼中给付之诉的请求权基础。在承诺所附条件已经实现的情况下，行政机关应当以实现该承诺作出的目的为原则，合理、善意地作出行政行为。如果其恶意阻却承诺履行造成相对方相应损失，应当承担赔偿责任。但同时，《行政协议司法解释》第十一条规定："人民法院审理行政协议案件，应当对被告订立、履行、变更、解除行政协议的行为是否具有法定职权、是否滥用职权、适用法律法规是否正确、是否遵守法定程序、是否明显不当、是否履行相应法定职责进行合法性审查。"这意味着协议的相对方不能通过行政协议取得不合法的利益，对协议中违反法律法规禁止性要求的约定，人民法院不予支持。

《行政协议司法解释》第十一条规定："人民法院审理行政协议案件，应当对被告订立、履行、变更、解除行政协议的行为是否具有法定职权、是否滥用职权、适用法律法规是否正确、是否遵守法定程序、是否明显不当、是否履行相应法定职责进行合法性审查。"据此，人民法院对行政协议的审查包括了对协议所包含的行政行为的合法性的审查。而规定行政行为合法性的规范，一般来讲可以分为两类，任意性规范和强制性规范。在任意性规范内，双方当事人通过合意，对任意规范加以变通处理，在行政法上一般可以承认其合法性。但若行政协议约定的事项涉及强制规范，则有所不同。

强制规范，可以根据其内容，划分为命令规范与禁止规范。前者一般表现为行政机关需要履行的职责（行政相对人的权利）或者行政相对人在法律上需要承担的责任（行政机关的权力），我们可以将此类命令性质的强制规范，概括为权限规范，其目的在于保障另一方权利（或权力）的行使。如《行政处罚法》第六十四条中规定："（一）当事人要求听证的，应当在行政机关告知后五日内提出；（二）行政机关应当在举行听证的七日前，通知当事人及有关人员听证的时间、地点"，分别对应行政相对人的责任（行政机关的权力）与行政机关的职责（行政相对人的权利），以促进听证程序的快速进行并确保行政相对人顺利行使听证权。假设行政机关选择以行政协议代替行政处罚决定，则双方当事人仍然可以就这里的命令规范加以变通的约定，但需要遵守两方面的要求：对行政相对人一方而言，即便是对自己权利的处分，也不能突破宪法对基本权利保护的底线；对行政机关而言，对自己权力的放弃或调整，不应导致立法机关通过相关规范进行赋权目的的落空。至于禁止规范，由于立法者在条款设计时的目的就是防范某一特定行为的发生，因此，此时即便是双方当事人的合意，也不能阻却特定行为的违法性。本案中，《国土资源部土地利用管理司关于印发〈限制用地项目目录（2006年本增补本）〉和〈禁止用地项目目录（2006年本增补本）〉的通知》中关于商品住宅项目宗地最大出让面积的规定，以及土地管理法中关于建设用地必须使用国有土地的规定，都属于禁止性规范。《行政协议司法解释》第十二条第二款规定："行政协议存在行政诉讼法第七十五条规定的重大且明显违法情形的，人民法院应当确认行政协议无效。人民法院可以适用民事法律规范确认行政协议无效。"本条虽然是对协议无效情形的规定，但是由于不对行政协议的效力作出判断，也就无法继续对是否应当履行协议作出判断。因此，人民法院审理行政协议案件时，都隐含着一个对行政协议效力的判断，人民法院审查被告的行为是否属于违约行为，其前提条件在于行政协议是否有效。只有在协议有效的前提下，才能对行政协议的履行情况进行审查。本案中，即使被申请人与申请人约定了将部分集体土地一并出让，并直接办理国有土地使用证，该约定也会以违反了土地管理法关于建设用地必须使用国有土地的规定而无效，从而不存在依据该约定履行协议的问题。据此，再审法院在审理中对此进行了纠正，变更河南省新乡市中级人民法院（2017）豫07行初38号行政判决的第二项为：责令某市人民政府、某市国土资源局依法定程序在履行本判决第一项所确定的法律义务后60日内，将A5-02地块中郑国用（2011）第0417、0421号宗地与案涉15.83亩土地合并作为一整幅土地，为河南某置业有限公司办理土地出让及土地登记手续。

——最高人民法院行政审判庭编著:《行政协议典型案例裁判规则与评析》,人民法院出版社2021年版,第308~317页。

961. 撤销行政协议诉讼,法院应否主动审查当事人行使撤销权的期限

关键词

撤销行政协议诉讼　撤销权

最高人民法院裁判文书

张某红诉山东省五莲县住房和城乡规划建设局、山东省五莲县人民政府房屋征收行政协议案[最高人民法院(2018)最高法行申3414号行政裁定书]

裁判要旨:诉讼时效的抗辩只能由当事人在诉讼过程中援引,法院不得依职权主动审查。所谓除斥期间,是指法律对某种权利规定的存续期间,主要适用对象为形成权,如撤销权、追认权等,其制度目的在于督促权利人尽快行使权利,以维护交易秩序和合同的稳定性。除斥期间与诉讼时效在制度设计上虽具有一定共性,但也存在不同之处,比如人民法院可依职权主动审查以确定除斥期间是否届满。根据当时有效的《合同法》①第五十五条之规定,权利人行使撤销权应自知道或应当知道撤销事由之日起一年内行使,该期间系除斥期间,不存在中止、中断或延长情形,超出该期限即丧失撤销权的行使权利。

最高人民法院认为:涉案房屋征收决定应否一并审查问题,鉴于该征收决定系五莲县政府作出的具体行政行为而非规范性文件,原审法院不予一并审查,并无不当。至于对被诉补偿协议的有效性应否主动审查问题,根据民商事合同审理规则,法院应对合同有效性进行审查,二审法院对被诉补偿协议所作有效性的评价,本院予以确认,在此不再赘述。结合再审申请人的申请再审理由,本院认为本案的争议焦点为:(1)原审法院主动审查再审申请人行使撤销权的期限是否合法;(2)原审法院关于再审申请人知道或应当知

---

① 本法已被《中华人民共和国民法典》废止。

道撤销事由的时间起点的认定是否准确。

关于法院应否主动审查当事人行使撤销权的期限的问题。根据《最高人民法院关于审理民事案件适用诉讼时效制度若干问题的规定》第三条①之规定,当事人未提出诉讼时效抗辩,人民法院不应对诉讼时效问题进行释明及主动适用诉讼时效的规定进行裁判。根据上述规定,诉讼时效的抗辩只能由当事人在诉讼过程中援引,法院不得依职权主动审查。所谓除斥期间,是指法律对某种权利规定的存续期间,主要适用对象为形成权,如撤销权、追认权等,其制度目的在于督促权利人尽快行使权利,以维护交易秩序和合同的稳定性。除斥期间与诉讼时效在制度设计上虽具有一定共性,但也存在不同之处,比如人民法院可依职权主动审查以确定除斥期间是否届满。根据《合同法》②第五十五条之规定,权利人行使撤销权应自知道或应当知道撤销事由之日起一年内行使,该期间系除斥期间,不存在中止、中断或延长情形,超出该期限即丧失撤销权的行使权利。本案中,原审法院依职权主动审查再审申请人张某红行使被诉补偿协议撤销权是否超过期限,符合法律规定。

关于原审法院确定再审申请人知道或应当知道撤销事由的时间起点是否准确问题。根据原审法院查明的事实,再审申请人张某红在原审中提交了部分村民的宅基地使用证,而其提交的和子沟居委会于2011年8月18日作出的"和子沟居2011年国家征用土地安置费分配方案及说明"中引用《山东省土地征收管理办法》第二十二条时提到"农民集体所有土地全部被征收或者被征收土地后没有条件调整土地的,土地征收安置费的80%支付给承包户,主要用于被征收土地农民的社会保障、生产生活安置"。此后五莲县政府作出的涉案征收决定及补偿方案征求意见公告均载明涉案房屋征收系依据《国有土地上房屋征收与补偿条例》,且表明和子沟居为"城中村"。以上材料均形成于张某红签订被诉补偿协议之前,而被诉补偿协议亦载明系"根据《国有土地上房屋征收与补偿条例》及相关法律法规的规定"签订,基于上述材料所反映的信息,张某红在签订协议时应足以判断可能存在其所称的被欺诈的事实和理由。至于协议内容是否显失公平,应基于特定时间节点予以考量,就本案而言,择取协议签订之时以考察协议内容是否公平乃是合理的选择。考虑到张某红认可其夫与五莲县住建局签订的补偿协议,腾空房屋并支取搬迁补偿费等,实际履行了被诉征收补偿协议,嗣后其主张协议显失公平,但未能举证证明其主张的显失公平情形签订协议时不知道或不应知道而后期方才知晓,即应承担举证不能的法律后果。而涉案土地实际性质的认定,并

---

① 本条规定现为《最高人民法院关于审理民事案件适用诉讼时效制度若干问题的规定》(2020年修正)第二条。
② 本法已被《中华人民共和国民法典》废止。

不足以影响张某红行使协议撤销权。原审法院认定张某红行使协议撤销权应自被诉补偿协议签订之日起算,并无不当。张某红于 2015 年 5 月 27 日提起本案诉讼,已超出撤销权行使期限,原审法院以此为由判决驳回其诉讼请求,亦无不当。张某红其他申请再审的理由也缺乏相应的事实和法律依据。

——中国裁判文书网。

962. 行政协议案件中行政机关的救济途径

关键词

行政协议　行政机关　权利救济　反诉

最高人民法院司法解释

第六条　人民法院受理行政协议案件后,被告就该协议的订立、履行、变更、终止等提起反诉的,人民法院不予准许。

——《最高人民法院关于审理行政协议案件若干问题的规定》(2019 年 11 月 27 日,法释〔2019〕17 号)。

附录:最高人民法院主流观点

作为行政协议一方当事人的行政机关有相关权利救济,其救济途径至少包括以下三个方面。

一是行政优益权。具体而言,行政协议中行政机关享有的行政优益权主要包括以下方面:(1)在不对当事人履行协议造成妨碍的前提下,对行政协议的履行有权进行指挥、检查和监督。(2)在符合合同目的及维持经济平衡前提下有权单方变更给付内容。(3)为防止或免除对公共利益之重大损失,经适当说明理由并支付合理补偿,有权单方解除协议。(4)当出现不可预见的重大情势变更,如相对人依原约定显失公平,行政机关为维护公益,有权在补偿相对人损失后,命其继续履行原约定义务。(5)对不履行行政协议义务的相对人,可依法强制执行并科以处罚。(6)在行政协议内容不明确或存在分歧的情况下,有权进行解释。[①]当然,具体到每一个行政协议中,行政机关所享有的行政优益权的内容并不相同。但行政优益权在行政协议中普遍存在的状态,成为行政机关在相对人违约时获得相应救济的重要保障。另外需要说明的是,行政机关对行政优益权的行使,还需要论证从"职权"到"优

[①] 参见江必新:《中国行政合同法律制度:体系、内容及其构建》,载《中外法学》2012 年第 6 期。

益权"转换的逻辑过程,以及公共利益作为行政优益权行使的合理根据。否则,行政优益权便可能沦为权力压制甚至侵犯权利的"合法"借口。申言之,行政机关在行使行政优益权时,仍然需要遵守依法行政原则,而不得恣意行使。

二是非诉行政执行。根据立法机关等方面的意见,非诉行政执行程序应当作为行政机关在行政协议纠纷中的重要救济手段。《行政协议解释》第二十四条区别两种情形作了规定:第一,行政机关作出履行协议决定作为执行名义。根据行政强制法和行政诉讼法的相关规定,行政机关作出行政决定之后,相对人既不履行又不提起复议或者诉讼的,行政机关可以将行政决定作为执行名义向人民法院申请强制执行。第二,行政机关作出处理决定作为执行名义。如果法律、行政法规规定行政机关对行政协议享有监督协议履行的职权,行政机关有权对不履行协议义务的相对人作出处理决定。例如,"行政相对人一方不履行合同,行政机关一方可以通过其他途径解决,如对特许经营者不按照协议约定提供公共服务的,行政机关可以取消特许经营。"[1]根据行政强制法和行政诉讼法的相关规定,行政相对人未按照协议履行,行政机关依法作出行政决定后,可以向人民法院申请执行该行政决定,人民法院可以参照行政强制法的规定进行审查并决定是否执行。

三是行政和解。不论是行使行政优益权抑或是非诉行政执行程序,本质上均是借助公权力的强制性获得救济,不仅成本较高,而且对抗性强,甚至可能激发新的矛盾。而如果行政机关能够在其权限范围内和行政相对人就行政协议纠纷事项达成和解,则既可平稳高效化解矛盾,亦不失为一种救济途径。按照所处阶段不同,此处的行政和解可分为诉前和解、诉中和解、诉后和解三类。诉前和解即纠纷发生后,相对人尚未起诉前,双方达成和解;诉中和解即纠纷发生后,相对人已经诉至法院,双方于诉中达成和解;诉后和解即法院已就相关纠纷作出裁判,双方在执行裁判阶段达成和解。实践中,主管行政机关在发布各领域行政协议范本时,亦将"协商"列为解决争议的首要途径。如住建部发布的《城镇供热特许经营协议示范文本》第2101项载明:"因本协议的签订、履行、变更和解除而产生的争议,甲、乙双方应当通过协商予以解决。协商应当在争议发生的60日内举行。60日内未能就争议解决达成一致的,视为协商失败,甲、乙任何一方均可以循本协议规定的其他途径解决争议。"对于缺少范本的行政协议,行政机关在和行政相对人签订行政协议时,亦可主动提出对协商解决争议作出相关约定。需要强调的是,和解本身其实也是一种行政协议,故行政机关在订立和解协议时亦应遵守依法

---

[1] 参见全国人大常委会法工委行政法室编著:《中华人民共和国行政诉讼法解读》,中国法制出版社2014年版,第44页。

行政原则,如具备相应职权、遵守法定程序等。

另外需要指出的是,在不允许行政机关提起反诉时,行政机关是否有权另行提起民事诉讼？对此我们认为,由于行政协议争议在性质上属于行政争议,故行政机关不能提起民事诉讼,而仍应主要通过上述几种方式寻求救济。① 此外,实践中部分行政相对人选择通过民事诉讼途径寻求救济,对于此类已经进入民事诉讼程序的行政协议案件,自当适用民事诉讼法的相关规定,允许行政机关在民事诉讼中依法提起反诉。

——最高人民法院行政审判庭编著:《最高人民法院关于审理行政协议案件若干问题的规定理解与适用》,人民法院出版社2020年版,第93~96页。

963. 审理行政协议效力认定案件时的规定

关键词

行政协议　社会公共服务　政府特许经营协议

最高人民法院公报案例

濮阳市华龙区华隆天然气有限公司因濮阳华润燃气有限公司诉河南省濮阳市城市管理局、河南省濮阳市人民政府确认行政协议无效再审案[最高人民法院(2020)最高法行再509号行政判决书]

裁判摘要:行政协议系行政机关为实现行政管理或公共服务目标,与公民、法人或者其他组织协商订立的具有行政法上权利义务内容的协议。管道燃气特许经营协议作为政府特许经营协议,属于典型的行政协议,该协议兼具"行政性"和"合同性"。人民法院在审理行政协议效力认定案件时,不但要根据行政诉讼法及相关司法解释规定的无效情形进行审查,还要遵从相关民事法律规范对于合同效力认定的规定。

最高人民法院认为,为了实现行政管理及提供社会公共服务的需要,濮阳市城管局和华隆公司签订了本案被诉协议。该协议属于典型的政府特许经营协议,即政府根据有关法律、法规的规定,在提供社会公用产品或公共服务领域,通过市场竞争机制,选择公用事业投资者或者经营者,授权其在一

---

① 参见江必新、梁凤云:《最高人民法院新行政诉讼法司法解释理解与适用》,中国法制出版社2015年版,第125~127页;梁凤云:《新行政诉讼法讲义》,人民法院出版社2015年版,第80页。

定期限和范围内进行经营管理、并与其订立的协议。因政府特许经营协议具有行政法上权利义务内容，故其属于行政协议。根据《中华人民共和国行政诉讼法》第十二条第一款第十一项的规定，依法属于行政诉讼受案范围。《城镇燃气管理条例》第五条第二款规定："县级以上地方人民政府燃气管理部门负责本行政区域内的燃气管理工作。"因此，濮阳市城管局具有签订被诉协议的法定职权，其作为能够独立承担法律责任的行政主体，是本案的适格被告。濮阳市政府不是签订被诉协议的主体，一、二审法院关于其不是本案适格被告的认定，本院予以认可。

本案争议焦点为被诉协议是否存在无效情形，以及华润公司关于被诉协议侵害其权益的主张是否成立。行政协议作为一种特殊的行政行为，兼具"行政性"和"合同性"。《最高人民法院关于审理行政协议案件若干问题的规定》第十二条第一、二款规定："行政协议存在行政诉讼法第七十五条规定的重大且明显违法情形的，人民法院应当确认行政协议无效。人民法院可以适用民事法律规范确认行政协议无效。"据此，人民法院在审理行政协议效力认定的案件时，首先要根据行政诉讼法规定的无效情形进行审查，此外，还要遵从相关民事法律规范对于合同效力认定的规定。

一、本案被诉协议是否存在行政诉讼法规定的无效情形。

《中华人民共和国行政诉讼法》第七十五条规定："行政行为有实施主体不具有行政主体资格或者没有依据等重大且明显违法情形，原告申请确认行政行为无效的，人民法院判决确认无效。"根据行政诉讼法的规定可知，无效行政行为是指该行为存在"重大且明显"的违法情形。"重大"一般是指行政行为的实施将给公民、法人或者其他组织的合法权益带来重大影响；而"明显"一般是指行政行为的违法性已经明显到任何有理智的人都能够作出判断的程度。行政行为只有同时存在"重大且明显"违法的情形，该行为才能被认定为无效。在《最高人民法院关于适用〈中华人民共和国行政诉讼法〉的解释》中，对行政行为无效情形亦作了例举式规定。该解释第九十九条规定："有下列情形之一的，属于《行政诉讼法》第七十五条规定的'重大且明显违法'：（一）行政行为实施主体不具有行政主体资格；（二）减损权利或者增加义务的行政行为没有法律规范依据；（三）行政行为的内容客观上不可能实施；（四）其他重大且明显违法的情形。"

本案中，被诉协议约定了华隆公司在濮阳市特许经营管道燃气的区域、年限等内容。《城镇燃气管理条例》第五条第二款规定："县级以上地方人民政府燃气管理部门负责本行政区域内的燃气管理工作。"《市政公用事业特许经营管理办法》第四条第三款规定："直辖市、市、县人民政府市政公用事业主管部门依据人民政府的授权，负责本行政区域内的市政公用事业特许经营的具体实施。"据此，濮阳市城管局具有负责濮阳市包括城市供气在内的市政公用事业特许经营管理工作的职权。根据《建设部关于印发〈关于加快市政公用行业市场化进程的意见〉的通知》中关于"城市市政公用行业主管部门代表城市政府与被授予特许经营权的企业签订特许经营合同"的规定，濮阳市城管局作为城市市政公用行业主管部门，与华隆公司签订被诉协议，具有法律依据，因此，该协议不存在"签订主体没有行政主体资格或者超越法定权限"的情形。此外，该协议中也不存在《最高人民法院关于适用〈中华人民共和国行政诉讼法〉的解释》第九十九条规定的"减损权利或者增加义务的行政行为没有法律规范依据""行政行为的内容客观上不可能实施"或者其他重大且明显违法的情形。因此，本院认为，被诉协议不存在《中华人民共和国行政诉讼法》第七十五条规定的无效情形。

二、被诉协议是否存在民事法律规范规定的无效情形。

本案被诉协议签订时有效的《中华人民共和国合同法》[①]第五十二条规定："有下列情形之一的，合同无效：（一）一方以欺诈、胁迫的手段订立合同，损害国家利益；（二）恶意串通，损害国家、集体或者第三人利益；（三）以合法形式掩盖非法目的；（四）损害社会公共利益；（五）违反法律、行政法规的强制性规定。"本案中，华润公司未提出被诉协议违反前述法律规定的主张，且被诉协议作为在濮阳市城管局和华隆公司之间签订的政府特许经营协议，亦不存在《中华人民共和国合同法》[②]第五十二条规定的无效情形。

三、华润公司关于被诉协议侵害其权益的主张是否成立。

第一，根据本案再审查明的事实，华隆公司与华龙区政府于2010年8月18日已签订《濮阳市濮东产业集聚区燃气项目投资建设合同》，该合同约定华龙区政府授权华隆公司在濮东产业集聚区独家投资建设城市燃气管网。尽管该合同中关于特许经营权年限、区域等约定在2015年12月经人民法院生效判决撤销，但华隆公司基于该合同已于2010年开始在濮阳市投资建设燃气管网，相应的项目用地、建设项目、工程规划经过濮阳市、华龙区政府相关职能部门审批，其经营的天然气管网低压输气管线建设项目经过备案，河南省住房和城乡建设厅亦向华隆公司颁发了燃气经营许可证。上述事实可以证明，华隆公司早在本案被诉协议签订前，已实际在濮阳市濮东产业集聚区投资修建管道并经营管道燃气。

第二，根据本案再审查明的事实，在华润公司与濮阳市城管局签订《濮阳华润燃气有限公司管道燃气特许经营协议》之前，濮阳市法制办就该协议作出濮政法审〔2012〕81号《法制审核意见书》，指出华隆公司、濮阳县博远天然气有限公司、濮阳市天伦燃气有限公司均对该协议所涉特许经营区域

[①] 本法已被《中华人民共和国民法典》废止。
[②] 本法已被《中华人民共和国民法典》废止。

提出异议,建议濮阳市城管局进一步协调,对各方特许经营区域予以明确,达成一致意见。该事实可以证明,对于华润公司管道燃气的特许经营范围是存有争议的。根据《河南省城镇燃气管理办法》第十二条规定,"特许经营协议应当明确特许经营内容、区域、范围、有效期限及服务标准等"。《河南省住房和城乡建设厅关于进一步规范全省城镇管道燃气特许经营管理的通知》中亦有"签订特许经营协议时要充分考虑到城市发展的动态变化,对特许经营的区域要明确界定,标明四至并附《特许经营区域范围图示》"的规定。根据原中华人民共和国建设部建城〔2004〕162号《关于印发城市供水、管道燃气、城市生活垃圾处理特许经营协议示范文本的通知》中《管道燃气特许经营协议示范文本》(GF-2004-2502)的指引,管道燃气特许经营协议中"特许经营权经营范围"应当标明地理四至。因此,签订管道燃气特许经营协议时,应将特许经营的范围标明地理四至,即东、西、南、北各至何路、何界,该特许经营的范围应当是相对固定的。华润公司于2012年8月21日与濮阳市城管局签订《濮阳华润燃气有限公司管道燃气特许经营协议》,将特许经营范围约定为"濮阳市规划区",该约定并没有明确的地理四至,且"濮阳市规划区"亦非一级行政区划。据此,华润公司虽与濮阳市城管局签订特许经营协议的时间早于本案被诉协议签订时间,但因《濮阳华润燃气有限公司管道燃气特许经营协议》约定的特许经营区域四至不明,故不能证明被诉协议与其经营区域部分重叠,亦不能证明华润公司的合法权益受到侵害,故本院认为华润公司关于被诉协议侵害其权益的主张不能成立。

此外,本院还认为,对行政协议效力的审查,一方面要严格按照法律及司法解释的相关规定,另一方面,基于行政协议的订立是为了进行行政管理和提供公共服务的目的,从维护国家利益和社会公共利益的角度出发,对行政协议无效的认定要采取谨慎的态度,如果可以通过瑕疵补正的,应当尽可能减少无效行政协议的认定,以推动协议各方主体继续履行义务。本案中,濮阳市城管局通过与华润公司签订补充协议明确四至,以及华隆公司、华润公司各自按照实际经营区域办理燃气特许经营许可证,都可以说明市场秩序已经稳定。

——《最高人民法院公报》2022年第5期(总第309期)。

964. 行政协议签订及履行不能一概作有利于相对人的解释、明显突破有关标准,损害社会公共利益

关键词

行政协议　有利于相对人原则　社会公共利益

最高人民法院裁判文书

王某诉河南省郑州市金水区人民政府不履行行政协议法定职责案［最高人民法院（2019）最高法行申5940号行政裁定书］

裁判要点：在不履行行政协议职责案件中，行政协议是当事人要求行政机关履行法定职责的依据，行政协议是否合法有效，是判断行政机关是否应当履行行政协议的先决问题。对行政协议效力的判断，要结合行政诉讼法及合同法的相关规定对重大公共利益、契约的安定性、形式上的依法行政、当事人的信赖利益等价值进行利益衡量，在各种价值之间取得相对平衡。在土地征收过程中，行政机关与被征收人签订征收协议时适当突破有关规定，提高给予被征收人的补偿标准，从维护契约自由、维持行政行为的安定性、保护行政相对人信赖利益的角度出发，可以认可行政协议的效力并要求行政机关予以履行。但补偿协议中征收补偿的给付标准明显突破了法定标准、行政相对人故意隐瞒真实情况或伪造虚假材料签订协议获取不正当利益、行政协议的基本依据虚假，履行行政协议会给公共利益造成重大损害的，则不宜认可协议效力并要求行政机关履行。

最高人民法院经审查认为，行政协议是行政机关为了实现公共服务或者行政管理目标，在行使行政职责过程中，与公民、法人或其他组织协商订立的协议。本案中，根据《郑州市城中村改造管理办法》第七条规定，各区人民政府是各辖区城中村改造的主体，负责本辖区的城中村改造工作。惠济区政府负有本辖区城中村改造过程中涉案宅基地上房屋拆迁补偿安置工作的法定职责。原审法院认为"木马村村委会在木马村城中村改造过程中实施的拆迁安置行为，应视为受惠济区政府的委托，其产生的法律责任亦应由惠济区政府承担"并无不当。

《中华人民共和国行政诉讼法》第七十八条第一款规定："被告不依法履行、未按照约定履行或者违法变更、解除本法第十二条第一款第十一项规定的协议的，人民法院判决被告承担继续履行、采取补救措施或者赔偿损失等责任"。在不履行行政协议职责案件中，行政协议是当事人要求行政机关履行法定职责的依据，行政协议是否合法有效，是判断行政机关是否应当履行行政协议的先决问题。对行政协议效力的判断，要结合行政诉讼法及合同法的相关规定对重大公共利益、契约的安定性、形式上的依法行政、当事人的信赖利益等价值进行利益衡量，在各种价值之间取得相对平衡。在土地征收过程中，行政机关与被征收人签订征收协议时适当突破有关规定，提高给予被征收人的补偿标准,从维护契约自由、维持行政行为的安定性、保护行政相对人信赖利益的角度出发,可以认可行政协议的效力并要求行政机关予以履行。但补偿协议中征收补偿的给付标准明显突破了法定标准、行政相对人故意隐瞒真实情况或伪造虚假材料签订协议获取不正当利益、行政协议的基本依据虚假,履行行政协议会给公共利益造成重大损害的,则不宜认可协议效力并要求行政机关履行。

本案中,《惠济区木马村城中村改造项目拆迁安置补偿方案》规定2012年7月20日前落户于该村,且满足该方案第五条第三项其他各项标准的村民可享受村民待遇,获得安置房。班某航、班某蕊要求惠济区政府履行2013年8月31日签订的《木马村城中村改造拆迁安置补偿协议书》中载明:被补偿人姓名为"崔某航、崔某蕊",在安置档案中,"崔某航""崔某蕊"的户口登记信息为:姓名"崔某航""崔某蕊",与户主崔某国的关系分别为"孙子""孙女",出生地为河南省郑州市,户口未经过迁移。本案再审申请人班某航、班某蕊诉讼中提供的户口登记信息为:姓名"班某航""班某蕊",与户主崔建国的关系分别为"外孙子""外孙女",出生地为河南省滑县,2014年4月3日由滑县迁入本市(县)。另外,安置档案中及诉讼中二人户口的户号、人号均不一致。原审庭审中,班某航、班某蕊代理人称"班某航""班某蕊"从未叫过"崔某航""崔某蕊",二人出生地为滑县,2014年4月3日户口从滑县迁入木马村,签订协议的时候大队把孩子姓名改了,自己不了解相关情况。根据上述事实,"班某航""班某蕊"的户口符合真实情况,但不符合协议签定时的安置条件。如按照"崔某航""崔某蕊"的户口记载内容,二人符合当时安置条件,但与"班某航""班某蕊"的户口存在多处矛盾,且不符合客观真实情况。涉案的拆迁安置补偿协议是以"崔某航""崔某蕊"为被征收人签订的,协议明显不符合客观实际,存在重大且明显违法,协议签订人弓银凤显然知道该情况,不存在信赖利益保护问题。因此,班某航、班某蕊要求惠济区政府履行涉案拆迁安置补偿协议的请求不应得到支持,原审法院驳回二人的诉讼请求并无不当。班某航、班某蕊认为协议签订后,2016年6月《木马村一期安置房分房方案》又将户口截止日期调整为2016年6月30日,其已符合相关规定,但该方案是在协议签订后作出的,不影响对协议效力的认定。班某航、班某蕊可另行主张权利。

——中国裁判文书网。

965. 行政协议预期可得利益损失如何认定

关键词

行政协议　预期可得利益损失

最高人民法院裁判文书

池州同晖房产公司、安庆同晖投资公司与大观区政府、华亭路街道办行政协议纠纷案［最高人民法院（2020）最高法行申13316号行政赔偿裁定书］

　　裁判要旨：可得利益损失一般是当事人所期望在合同全面履行以后可以实现和取得的财产权利。案涉投资协议约定的项目仅开展了前期土地使用权竞买及周边拆迁整理工作，尚未进行实际施工建设，将来是否盈利具有很强的不确定性。当事人以此主张可得利益损失没有事实和法律依据。

　　最高人民法院经审查认为，《最高人民法院关于审理行政协议案件若干问题的规定》第十七条规定，原告请求解除行政协议，人民法院认为符合约定或者法定解除情形且不损害国家利益、社会公共利益和他人合法权益的，可以判决解除该协议。本案中，因案涉土地性质无法变更为商服用地，导致池州同晖房产公司签订《投资项目协议书》（以下简称案涉投资协议）的目的无法实现，故池州同晖房产公司起诉要求解除案涉投资协议，原审予以支持，并无不当。本案争议焦点在于案涉投资协议解除后，池州同晖房产公司、安庆同晖投资公司的损失认定问题。

　　《中华人民共和国合同法》第九十七条[①]规定："合同解除后，尚未履行的，终止履行；已经履行的，根据履行情况和合同性质，当事人可以要求恢复原状、采取其他补救措施，并有权要求赔偿损失。"本案中，对于损失数额的问题，安庆市审计局已作出审计报告，认定截至2015年9月项目费用成本为41624900元，利息为8727823.46元。鉴于双方当事人均对安庆市审计局的资质、审计程序、审计方法等未提出异议，故原审法院以该审计结论作为定案依据，并无不当。

　　（一）关于预期可得利益损失的问题。可得利益损失一般是当事人所期望在合同全面履行以后可以实现和取得的财产权利。本案中，案涉投资协议约

---

① 本条规定对应《中华人民共和国民法典》第五百六十六条第一款。

定的项目仅开展了前期土地使用权竞买及周边拆迁整理工作，尚未进行实际施工建设，将来是否盈利具有很强的不确定性，故池州同晖房产公司、安庆同晖投资公司主张的预期可得利益损失1500万元，没有事实和法律依据，原审未予支持，并无不当。

（二）关于利息损失的过错责任承担问题。根据《中华人民共和国城乡规划法》及《安徽省城乡规划条例》的规定，县级以上人民政府城乡规划主管部门负责本行政区域内的城乡规划管理工作。其中，设区的市城市规划区内的城乡规划工作由设区的市人民政府城乡规划主管部门统一管理。据此，大观区政府及花亭路街道办并不具有编制、修改所在城市总体规划的权力，亦不具有改变案涉土地性质的法定职权。双方在签订案涉投资协议时，亦未就办理土地用途变更登记、责任主体等事项作出明确约定。因此，再审申请人主张被申请人负有确保案涉土地性质变更为商服用地的义务，没有事实和法律依据。

再审申请人作为专门从事房地产开发的公司，在与大观区政府、花亭路街道办签订案涉投资协议时，已知晓案涉土地为工业用地性质，亦应知晓案涉土地存在无法变更用途的可能及风险，但仍坚持签约，对协议目的不能实现存在一定程度的过失。大观区政府为确保案涉土地顺利完成规划用途变更，多次向安庆市城乡规划局、安庆市国土资源局去函协调案涉土地规划变更事宜，并成立工作组推进项目开发，应认定其已履行相应协议义务，不存在根本违约的情形。再审申请人主张被申请人未能履行约定义务，构成根本违约，应承担全部责任，没有事实和法律依据。原审法院酌定按照40%、60%的比例确定双方责任，并按照中国人民银行同期贷款利率计算再审申请人利息损失，并无明显不当。

因案涉土地不符合《安庆市人民政府办公室关于有偿收回闲置土地的指导意见》规定的闲置土地有偿收回补偿标准，再审申请人关于应按照该指导意见以同期商业银行贷款基准利率1.3倍计算利息损失的请求，没有事实和法律依据，本院不予支持。

——中国裁判文书网。

966. 行政机关不依法履行、未按照约定履行行政协议案件应按行政案件标准交纳诉讼费用

关键词

行政协议履行　诉讼费用

最高人民法院答复

辽宁省高级人民法院：

你院《关于诸葛文同等人诉大连保税区二十里堡街道办事处履行行政协议一案的请示》收悉。经研究，答复如下：

公民、法人或者其他组织不服行政机关不依法履行、未按照约定履行行政协议行为提起诉讼的案件是行政案件，诉讼费用适用行政案件的交纳标准。

此复

——《关于行政机关不依法履行、未按照约定履行行政协议案件诉讼费用如何交纳问题的答复》（2021年6月28日，（2020）最高法行他8号）。

七、税　务

967. 税款代征、代缴人非行政诉讼适格被告

关键词

税款代征、代缴人　行政委托　适格被告

附录：最高人民法院法官著述

代征、代缴义务人在行政诉讼中能否作为被告的分歧比较大。所谓的代征、代缴义务人，是指依照法律、法规的规定代为征收、代为扣缴的公民、法人或者其他组织。例如，税收征收管理法规定的扣缴义务人，筵席税征收暂行条例规定的筵席税代征人，类似的还有出版社代缴所得税等。在这些情形下，相对人对代征、代缴行为不服应当以谁为被告？对此有两种不同的意见：一种意见认为，代征、代缴单位是依照法律法规授权行使行政征收行为，按照行政诉讼法的规定，应当作为行政诉讼被告；[①] 另一种意见认为，应当以税务机关为被告。理由是：第一，代征单位只有代征税款的义务，没有行政处理的职权，只有税务机关才有对纳税人的违章行为进行处理的权力，甚至代缴人也是税务机关针对的行政相对人。例如，《税收征收管理法》第4条规定，法律、行政法规规定负有代扣代缴、代收代缴税款义务的单位和个人为扣缴义务人。该法第6条第2款纳税人、扣缴义务人和其他有关单位应当按

[①] 肖峋：《诉讼参加人》，载《行政诉讼法专题讲座》，人民法院出版社1989年版，第151页。

照国家有关规定如实向税务机关提供与纳税和代扣代缴、代收代缴税款有关的信息。第8条3款纳税人、扣缴义务人对税务机关所作出的决定，享有陈述权、申辩权；依法享有申请行政复议、提起行政诉讼、请求国家赔偿等权利。第二，代征代缴人虽然有代征代缴的义务，但是没有就违法行为进行处分的权力，在发现违法情形时，尚需经过税务机关作出行政处理。例如，《税收征收管理法》第30条规定，扣缴义务人依照法律、行政法规的规定履行代扣、代收税款的义务。对法律、行政法规没有规定负有代扣、代收税款义务的单位和个人，税务机关不得要求其履行代扣、代收税款义务。扣缴义务人依法履行代扣、代收税款义务时，纳税人不得拒绝。纳税人拒绝的，扣缴义务人应当及时报告税务机关处理。第三，代征代缴义务人大多数为私营企业或者个体经营户，将其列为行政诉讼被告与行政诉讼的性质和目的相悖。第四，法律上对于代征代缴义务人的"授权"与其说是授权，毋宁称为科以义务，与《行政诉讼法》上的"授权"有着本质的区别。对于此类组织不能将其作为行政诉讼被告。[①]

我们认为，对于上述情况，根据《行政诉讼法》和有关司法解释的精神以及适格被告的原理，对于相关法律、法规或者规章的有关规定以视为税务机关委托有关企事业单位代征代缴为宜，不能理解为授权，也不是典型的直接委托。不能理解为授权，因为代征代缴是一种义务，而非行政权力，实质意义上的行政行为必须通过税务机关才能进行。税务机关对于代征代缴人履行义务的，税务机关必须付给相应的报酬。例如，《税收征收管理法》第30条规定，税务机关按照规定付给扣缴义务人代扣、代收手续费。不能理解为直接委托，因为代征代缴义务人履行义务并非基于与税务机关的委托，而是基于法律规定的法定义务，所以不是典型的委托，亦不是直接委托。事实上，各有关税务机关对经营主体都要再进行委托，经营主体领取税务发票的过程就是接受委托的过程。因此，在上述情况下，以税务机关作为被告为宜。

——江必新、梁凤云：《行政诉讼法理论与实务》（第三版），法律出版社2016年版，第651~653页。

[①] 张尚鷟主编：《走出低谷的中国行政法学——中国行政法学综述与评价》，中国政法大学出版社1991年版，第448页。

968. 税务机关采取税收保全措施不当，使纳税人合法利益遭受损失应当承担赔偿责任

关键词

税收保全措施　纳税人合法利益　行政赔偿

最高人民法院裁判文书

谭某诉黑龙江省宝清县地方税务局行政强制措施抗诉案［最高人民法院（2007）行抗字第6号行政判决书］

裁判要点：税务机关在诉讼中提交的，具体行政行为作出后公安机关采集的证据属于严重违反法定程序收集的证据，不得作为证明被诉具体行政行为合法的根据。税务机关实施扣押车辆的强制措施时未查明车辆所有权问题，造成扣押对象错误，属认定事实不清，应当承担其违法扣押行为给相对人造成直接损失的赔偿责任。根据《国家赔偿法》第28条第7项的规定，对财产权造成其他损害的，按照直接损失给予赔偿。营运损失和租赁费不属直接损失，不应予以赔偿。

最高人民法院认为：原审法院判决撤销宝清县地税局扣押车辆的行政强制措施，并判决赔偿因违法扣押行为给相对人造成的直接经济损失，是合法正确的。根据《国家赔偿法》第28条第7项[①]的规定，对财产权造成其他损害的，按照直接损失给予赔偿，营运收益不属于直接损失。最高人民检察院认为营运损失应当赔偿，虽有一定的合理性，但缺乏法律依据，故本院不予支持。

——江必新主编、最高人民法院行政审判庭编：《行政执法与行政审判》总第33辑，人民法院出版社2009年版，第32~33页。

---

① 本项规定现为《中华人民共和国国家赔偿法》（2012年修正）第三十六条第八项。

969. 行政机关将案件移送司法机关追究刑事责任后不宜再对行政相对人作出行政处罚

关键词

税务行政处罚　移送司法机关

最高人民法院司法政策精神

20. 行政机关对被追究刑事责任的当事人能否再予处罚的问题

行政机关将案件移送司法机关追究刑事责任后，不宜再就当事人的同一违法事实作出与刑事处理性质相同的行政处罚。

——《最高人民法院办公厅关于印发〈行政审判办案指南（一）〉的通知》（2014年2月24日，法办〔2014〕17号）。

行政审判指导案例

枣庄永帮橡胶有限公司诉讼山东省枣庄市国家税务局税务行政处罚案
[行政审判指导案例第14号]

裁判要点：根据《行政执法机关移送涉嫌犯罪案件的规定》第三条、第五条、第八条、第十一条的规定，行政执法机关在依法查处违法行为过程中，发现违法事实涉嫌构成犯罪，依法需要追究刑事责任的，必须依照规定向公安机关移送；税务机关在发现涉嫌犯罪并移送公安机关进行刑事侦查后，不再针对同一违法行为作出行为罚和申诫罚以外的行政处罚；行政执法机关将案件移送公安机关立案侦查后，又以当事人涉嫌偷税立案，并作出罚的行政处罚决定，属行政程序违法，缺乏法律依据，依法应予撤销。

本案的主要争议焦点在于一审法院判决认定市国税局在将案件移送公安机关后又对橡胶公司作出行政处罚属于程序违法、适用法律错误是否正确。根据《行政执法机关移送涉嫌犯罪案件的规定》第三条、第五条、第八条、第十条的规定，行政执法机关在依法查处违法行为过程中，发现违法事实涉嫌构成犯罪，依法需要追究刑事责任的，必须依照规定向公安机关移送，行政执法机关对应当向公安机关移送的涉嫌犯罪案件，不得以行政处罚代替移送。只有依照行政处罚法的规定，行政执法机关向公安机关移送涉嫌犯罪案件前，已经依法给予当事人罚款的，人民法院判处罚金时，才依法折抵相应罚金。而本案中，市国税局将案件移送公安机关立案侦查后，又以橡胶公司涉嫌偷税立案，并作出罚款的行政处罚决定，不符合上述法律规定。上诉人虽主张市国税局作出的行政处罚在前，刑事判决在后，应当在执行刑事判决时折抵，但本案中市国税局所作出的行政处罚并非其向公安机关移送涉嫌犯罪案件前已经依法给予当事人罚款的行政处罚。因此，本案中，市国税局在依法将案件移送公安机关立案侦查后，又对橡胶公司以涉嫌偷税立案并作出罚款的行政处罚决定，缺乏法律明确授权，一审法院判决认定其程序违法，适用法律错误并无不当，应予支持。

——江必新主编、最高人民法院行政审判庭编：《中国行政审判指导案例》（第1卷），中国法制出版社2010年版，第71~72页。

970. 企业故意减少应税收入或所得额的应如何认定

关键词

应税收入　应税所得额

最高人民法院裁判文书 / 最高人民法院公布的典型案例

儿童投资主基金诉中华人民共和国杭州市西湖区国家税务局税务行政征收案［最高人民法院（2016）最高法行申1867号行政裁定书］

裁判要点：人民法院审理诉行政机关征收税款案件，在认定非居民企业是否存在避税时，可从以下三方面入手，即：（1）该项交易本身属于中国应税财产交易；（2）涉案企业在避税地或低税地注册且未从事实质经营活动；（3）涉案企业实施了不具有合理商业目的的安排，间接转让中国居民企业股权等财产。如果满足上述三种情形，可以认定非居民企业存在避税的情形，此时税务机构可以按照合理方法调整应纳税范围和数额。

最高人民法院认为：首先，再审申请人儿童投资主基金（TCI）在本案中提交的再审申请材料不足以推翻税务机关和原审法院认定的事实。根据国家税务总局于2013年7月针对再审被申请人西湖区国税局经调查后层报所作的批复等证据，原审法院充分肯定了税务机关认定的以下事实：即"一、境外被转让的CFC公司和香港国汇公司仅在避税地或低税率地区注册，不从事制造、经销、管理等实质性经营活动；二、股权转让价主要取决于对中国居民企业杭州国益路桥公司的估值；三、股权受让方对外披露收购的实际标的为杭州国益路桥公司股权。"上述事实来源于税务机关通过调查所得出的结论，围绕涉案公司的注册地点、股权转让的具体数额与方式、股权收购的实际标的、转让所得的实际来源、转让价格的决定因素以及股权交易的动机与目的等要素，税务机关均有充分证据予以证明。这些事实既是再审被申请人作出本案被诉《税务事项通知书》综合考量的基础，也是杭州市国税局作出复议决定和原审法院作出生效裁判的基础。从行政诉讼证据的客观性、关联性、合法性角度看，税务机关在原审中所提供的证据的证明力更强，具备相对优势，本院对上述事实予以认可。再审申请人有关香港国汇公司2004年以前从事房地产投资业务，CFC公司一直从事投资股权、发行债券、管理股权、债权的业务活动等主张，不足以否定上述事实基础，其所提交的证据证明力不足，本院不予支持。

其次，针对股权转让所得数额的计算、税率的确定等事项，再审被申请人作出的被诉行政行为符合相关法律法规的规定。从原审法院的判决依据看，《中华人民共和国企业所得税法》第三条第三款规定了"非居民企业在中国境内未设立机构、场所的，或者虽设立机构、场所但取得的所得与其所设机构、场所没有实际联系的，应当就其来源于中国境内的所得缴纳企业所得税"，第四十七条规定了"企业实施其他不具有合理商业目的的安排而减少其应纳税收入或者所得额的，税务机关有权按照合理方法调整"，结合法律法规的其他规定，原审法院据此强调中华人民共和国的税务机关有权依法确定涉案情形下的征税对象和征税标准，对相关企业的避税行为作出判断并予以合理调整，本案再审被申请人作出的被诉《税务事项通知书》，其职权、管辖、事实认定、法律适用、行政程序均符合上述规定精神，且该《税务事项通知书》作出之前，再审被申请人还与再审申请人进行了充分沟通。因此，本院认为，再审被申请人在本案中履行职责到位，法律适用正确，被诉行政行为程序合法，原审法院的判决理由和结果于法有据，并无不当。再审申请人有关其转让CFC公司股权所得属于来源于境外所得，依照有关法律规定不负有申报缴纳中华人民共和国企业所得税义务的申请再审理由，本院不予支持。

再者，再审被申请人作出的被诉行政行为符合中华人民共和国税收政策的具体要求。国家税务总局发布的698号文第六条明确指出："境外投资方（实际控制方）通过滥用组织形式等安排间接转让中国居民企业股权，且不具有合理的商业目的，规避企业所得税纳税义务的，主管税务机关层报税务总局审核后可以按照经济实质对该股权转让交易重新定性，否定被用作税收安排的境外控股公司的存在。"本案中，再审被申请人层报国家税务总局后，国家税务总局经审核后作出批复，认定再审申请人与其他涉案公司之间间接转让杭州国益路桥公司股份的交易不具有合理的商业目的，属于以减少我国企业所得税为主要目的安排；国家税务总局因此同意对再审申请人的间接转让交易重新定性，否定用作税收安排的 CFC 公司和香港国汇公司的存在，主张对再审申请人取得的股权转让所得应征收企业所得税。本院认为，被诉行政行为即是对国家税务总局 698 号文规定精神和上述批复内容的具体贯彻落实。再审被申请人的涉案操作流程与对股权转让交易的定性，符合中华人民共和国税收管理政策，具有正当性和必要性。再审申请人有关再审被申请人违反法律逻辑和 698 号文相关规定的主张与理由难以成立。

——最高人民法院行政审判庭编：《最高人民法院行政裁判要旨及评述（第一卷）》，人民法院出版社 2019 年版。

971. 对涉外股权交易避税行为的认定

关键词

涉外股权交易　避税行为

最高人民法院审判业务意见（行政庭法官会议纪要）

对《企业所得税法》第二条第三款有关"非居民企业在中国境内未设立机构、场所的，或者虽设立机构、场所但取得的所得与其所设机构、场所没有实际联系的，应当就其来源于中国境内的所得缴纳企业所得税"以及第四十七条"企业实施其他不具有合理商业目的的安排而减少其应纳税收入或者所得额的，税务机关有权按照合理方法调整"之规定的理解，人民法院应当结合《国家税务总局关于加强非居民企业股权转让所得企业所得税管理的通知》有关"境外投资方（实际控制方）通过滥用组织形式等安排间接转让中国居民企业股权，且不具有合理的商业目的，规避企业所得税纳税义务的"等情形作出合理解释。

附：案情简介

A 公司系 2003 年在开曼群岛注册成立的投资公司。为推进甲市某重大基建项目开发，香港 B 公司与中国内地 C 公司于 2004 年联合设立 D 公司（B 公司占 D 公司股份 95%），D 公司其后取得某市高速公路收费经营权。而于 2005 年同样在开曼群岛注册成立的 E 公司，持有香港 B 公司 100% 股权。A 公司于 2005 年 11 月通过股权转让和认购新股的方式取得了 E 公司 26.32% 的股权，并于 2011 年 9 月将该股权转让给 F 公司（G 集团附属公司），转让价格为 2.8 亿美元，同时向 F 公司收取利息 380 万美元（另 J 公司持有 E 公司 73.68% 的股权，H 公司又持有 J 公司 100% 股权，后 J 公司将其持有的 E 公司 73.68% 股权中转让给 F 公司 22.68%，另 51% 的股权由 H 公司通过转让 J

公司 100% 股权的方式间接转让给 F 公司）。在 A 公司向某区税务局告知本次交易情况后，某区税务局经层报国家税务总局，后者批复：在 A、H、J 间接转让 D 公司股权交易中，存在 E、B 公司仅在避税地或低税率地区注册，不从事制造、经销、管理等实质性经营活动的情形，转让价主要取决于对中国居民企业 D 公司的估值，实际收购标的为 D 公司股权，故有理由认定 A 公司间接转让 D 公司股权的交易不具有合理商业目的，属于以减少中国企业所得税为主要目的的安排。据此，国家税务总局认可对 A 公司等取得的股权转让所得征收企业所得税。某区税务局遂于 2013 年 11 月作出《税务事项通知书》，要求 A 公司按转让所得额 1.73 亿美元的 10% 税率缴纳企业所得税。A 公司其后以某区税务局为被告诉至法院，请求判决撤销上述《税务事项通知书》。

——王晓滨：《对涉外股权交易避税行为的认定》，载最高人民法院行政审判庭编：《最高人民法院行政审判庭法官会议纪要（第一辑）》，人民法院出版社 2022 年版，第 233~235 页。

972. 税务机关能否在房产拍卖形成的拍卖成交价格作为计税依据纳税后，重新核定应纳税额补征税款

关键词

房产拍卖　应纳税额　补征税款

最高人民法院审判业务意见（行政庭法官会议纪要）

"计税依据价格明显偏低，又无正当理由"是税务机关行使法律赋予的应纳税额核定权的法定事实要件之一。税务机关基于法定调查程序，对这一不确定法律概念进行的专业认定和行政解释，具有较强的判断余地和裁量空间，人民法院对此应当给予必要的尊重，除非这种专业认定明显不合常理或者滥用职权。

附：案情简介

2005 年 1 月，甲公司委托拍卖行将其自有的一处房产拍卖后，按 1.38255 亿元的拍卖成交价格，向税务部门缴付了营业税 6912750 元，并取得了相应的完税凭证。2006 年间，甲市税稽局在检查甲公司 2004 年至 2005 年地方税费的缴纳情况时，认为甲公司的上述房产拍卖成交单价严重偏低，遂作出税务处理决定，核定甲公司委托拍卖的上述房产的交易价格为 3.11678775 亿元，并以此为标准核定应缴纳营业税，决定追缴甲公司未缴纳的营业税

8671188.75元，加收营业税滞纳金2805129.56元。甲公司不服该处理决定，提起行政诉讼。

——《对行政机关专业认定的司法尊重》，载最高人民法院行政审判庭编：《最高人民法院行政审判庭法官会议纪要（第一辑）》，人民法院出版社2022年版，第216~217页。

八、海　关

973. 海关行政收缴纠纷如何适用法律问题

关键词

海关行政收缴纠纷　携带国家禁止进出境物品

最高人民法院答复

广东省高级人民法院：

你院《关于郑丽东与中华人民共和国闸口海关行政收缴纠纷如何适用法律问题的请示》收悉。经研究，答复如下：

《海关行政处罚实施条例》第六十二条第一款第（二）项关于"携带数量零星的国家禁止进出境的物品进出境，依法可以不予行政处罚的"，"由海关予以收缴"的规定，仅适用于符合《中华人民共和国行政处罚法》第二十七条第二款"违法行为轻微并及时纠正，没有造成危害后果，不予行政处罚"的情形。携带国家禁止进出境物品数量较多、数额较大的，应当按照《海关法》第八十二条规定依法没收走私物品。

海关作出上述收缴行为，应当遵守国务院《全面推进依法行政实施纲要》规定的程序正当原则和基本要求。

——《最高人民法院关于〈海关行政处罚实施条例〉第六十二条第一款第（二）项"收缴"行为法律适用问题的答复》（2014年9月30日，〔2014〕行他字第1号）。

974. 善意购买人的合法权益应通过民事诉讼等途径解决

关键词

善意购买人合法权益　民事诉讼

最高人民法院裁判文书

广东省湛江荣港汽车贸易公司诉湖南省常德市工商行政管理局行政处罚上诉案,（最高人民法院〔1999〕行终字第3号行政判决书）

裁判要点：对于善意购买者，其在不明真相情况下被海关或者工商机关查获后，不可能提供所持进口汽车的证明文件，只能提供合法购买汽车的有关手续。因此，在对行政机关作出的没收汽车的具体行政行为提起行政诉讼时，往往同时要求法院解决其与出卖汽车的厂家之间的纠纷，以保护自己的合法权益。人民法院在处理这类案件时，只能在判决中告知被处罚人通过民事诉讼等途径解决。

最高人民法院认为：被常德市工商局没收的4辆"三星"牌轻型客车经常德市进出口商品检验局鉴定及湖南省进出口商品检验局核实，系美国克莱斯勒公司原产"道奇"牌七座小客车。海关总署、国家经委、经贸部联合发布的《国家限制进口机电产品进口零件、部件构成整机主要特征的确定原则和审批、征税的试行规定》[①]（以下简称《规定》）第2条规定，进口汽车的发动机总成、驱动桥总成、驾驶室（车身）总成、前桥总成、变速箱总成、车架总成其中四部分，即应视同整机进口。《规定》第6条规定，凡进口零件、部件已构成整机主要特征的，应按整机办理审批手续和申领进口许可证，海关凭经贸部核发的进口许可证放行，并按整机税率征收进口关税、增值税和进口调节税。本案4辆"三星"牌轻型客车经鉴定，全部零部件均属于进口产品，参照上述规定，应当视为整机进口，并应当按整机办理审批手续和申领进口许可证，交纳进口关税、增值税和进口调节税。荣港公司提供的只是汽车部分散件进口证明，而未提供按整机办理审批手续、申领进口许可证、交纳进口关税、增值税和进口调节税等证据，亦未提供《海关货物进口证明书》《商检证》等合法证明。据此，常德市工商局以无合法进口证明为由作出没收该批汽车的处罚决定并无不当。荣港公司认为常德市工商局的处罚决定

---

① 本规定已被《海关总署关于废止部分规章的决定》（海关总署令第257号）废止。

缺乏事实和法律依据的答辩理由不能成立，其所提出的因购销合同而造成有关经济损失问题，可通过民事诉讼的途径解决。一审判决认定该批车手续齐全、合法有效，以常德市工商局的处罚决定事实不清、证据不足为由予以撤销，属适用法律错误。

——最高人民法院行政审判庭编：《最高人民法院最新行政裁判汇编》，人民法院出版社2006年版，第253~254页。

附录：最高人民法院法官著述

审判实践中，我们发现有些被处罚人，其对于所购买的无合法证明的汽车的真实情况并不清楚。如购买组装的汽车，由于生产厂家违反国家关于组装汽车中进口配件使用的标准和比例，使得出卖的汽车被认定为进口汽车。还有汽车生产厂家从非法途径进境的进口汽车，以组装汽车为名，高价（以进口价格）卖给购买者。这两种情况下购买的汽车，应当按照进口汽车来对待，但对于善意的购买者，其在不明真相的情况下被海关或者工商机关查获后，不可能提供出所持进口汽车的证明文件，只能提供合法购买汽车的有关手续。因此，被处罚人往往在对行政机关作出的没收汽车的具体行政行为提起行政诉讼时，同时要求法院解决其与出卖汽车的厂家之间的纠纷，以保护自己的合法权益。人民法院在处理这类案件时，只能在判决中告知被处罚人通过民事诉讼等途径解决。

——段小京：《〈海关法〉的修改与适用》，载李国光主编、最高人民法院行政审判庭编：《行政执法与行政审判参考》2001年第2辑（总第3辑），法律出版社2002年版，第157页。

975. 走私行为构成犯罪时，海关对走私行为人作出没收走私货物的行政处罚缺乏法律依据

关键词

走私罪　行政处罚　没收走私物品

最高人民法院答复

天津市高级人民法院：

你院《关于王某峥不服海关行政处罚决定上诉一案适用法律问题的请示》收悉，经研究，答复如下：

在走私行为构成犯罪的情况下，海关对走私行为人作出没收走私货物的行政处罚，缺乏法律依据。

——《最高人民法院行政审判庭对〈关于王某峥不服海关行政处罚决定上诉一案适用法律问题的请示〉的答复》(2001年12月7日,〔2001〕行他字第11号)。

976. 当事人提供的证据不能证明海关原征税行为造成其直接损失,其行政赔偿请求不能成立

关键词

行政赔偿　海关征税

最高人民法院公报案例

上海汇兴实业公司诉上海浦江海关行政赔偿案〔上海市高级人民法院〕

　　裁判摘要:当事人提供的证据不能证明海关原征税行为造成其直接损失,其行政赔偿请求不能成立。

当事人主张的销售收入减少,是指以较高价格销售产品而获得利益为前提的,而较高利益的实现在销售中是受到供求关系等各种不确定因素决定的,属于不确定的利益,故不构成直接损失。由于当事人提供的证据不能证明海关原征税行为造成其直接损失,故其行政赔偿请求不能成立。

——《最高人民法院公报》2004年第1期(总第87期)。

九、城乡建设规划

977. 违法建设行为达到"严重影响城市规划"的才可予以行政处罚

关键词

严重影响城市规划　限期拆除决定

最高人民法院答复

吉林省高级人民法院:

你院关于对《中华人民共和国城市规划法》第40条应如何适用的请示收

悉。经研究，答复如下：

违反城市规划的行为人其违法行为是否属于"严重影响城市规划"，应从其违法行为的性质和后果来确认。违反该法第35条规定的，属于"严重影响城市规划"的行为，但"严重影响城市规划"的行为不仅限于该规定，应根据个案的具体情况予以确认。

——《最高人民法院行政审判庭关于对〈中华人民共和国城市规划法〉第40条如何适用的答复》（1995年11月14日，〔1995〕法行字第15号）。

最高人民法院公报案例

贵州省电子联合康乐公司不服贵阳市城市规划局拆除违法建筑行政处理决定案［贵州省高级人民法院］

裁判摘要：原告未取得建设工程规划许可即动工修建为违法建筑，且从其行为性质及后果看，严重影响城市规划，属从重处罚情节。

原告新建儿童乐园大楼虽经城管部门原则同意，并向被告申请办理有关建设规划手续，但在尚未取得建设工程规划许可证的情况下即动工修建，违反了《城市规划法》第32条"建设单位或者个人在取得建设工程规划许可证件和其他有关批准文件后，方可申请办理开工手续"的规定，属违法建筑。贵阳市城市规划局据此作出限期拆除违法建筑的处罚决定并无不当。鉴于该违法建筑位于贵阳市区主干道一侧，属城市规划区的重要地区，未经规划部门批准即擅自动工修建永久性建筑物，其行为本身就严重影响了该区域的整体规划，且原告在被告制止及作出处罚决定后仍继续施工，依照《贵州省关于〈中华人民共和国城市规划法〉实施办法》和《贵阳市城市建设规划管理办法》的规定，属从重处罚情节，故原告以该建筑物不属严重影响城市规划的情节为由，请求变更被告的拆除大楼的决定为罚款保留房屋的意见不予支持。

——《最高人民法院公报》1994年第3期（总第39期）。

最高人民法院裁判文书

昆明威恒利商贸有限责任公司诉昆明市规划局行政处罚上诉案［最高人民法院（2008）行终字第1号行政判决书］

裁判要点：未取得建设工程规划许可证件或者违法建设工程规划许可证件的规定进行建设的处罚对象是违法建设的建设者，且只

有在违法建设达到"严重影响城市规划"的情况下才能作出限期拆除的处罚决定。

最高人民法院认为：根据《行政处罚法》第32条[①]规定，行政机关在作出行政处罚决定之前，应当告知当事人作出行政处罚决定的事实、理由及依据，并告知当事人依法享有的权利。被上诉人昆明市规划局作出昆规法罚〔2006〕0063号行政处罚决定之前，没有告知第三人东华街道办事处作出处罚决定的事实、理由及依据和第三人东华街道办事处依法享有的权利，一审判决认定程序违法，并无不当。

《城市规划法》第40条规定："在城市规划区内，未取得建设工程规划许可证件或者违反建设工程规划许可证件的规定进行建设，严重影响城市规划的，由县级以上地方人民政府城市规划行政主管部门责令停止建设，限期拆除或者没收违法建筑、构筑物或者其他设施；影响城市规划，尚可采取改正措施的，由县级以上地方人民政府城市规划行政主管部门责令限期改正，并处罚款。"据此，未取得建设工程规划许可证件或者违法建设工程规划许可证件的规定进行建设的处罚对象是违法建设的建设者，且只有在违法建设达到"严重影响城市规划"的情况下才能作出限期拆除的处罚决定。被上诉人昆明市规划局提供的证据不足以证明小龙路综合楼的建设者是第三人东华街道办事处及小龙路综合楼的建设已经达到"严重影响城市规划"的事实，一审判决认定作出被诉具体行政行为的主要证据不足，具有事实和法律依据。

——江必新主编、最高人民法院行政审判庭编：《行政执法与行政审判》2009年第1集（总第33集），人民法院出版社2009年版，第54~55页。

978. 违法建筑的查处时效

关键词

违法建筑　查处时效

附录：最高人民法院主流观点

有人认为，违法建筑的违法行为发生在建筑物、构筑物施工建设工程中，工程竣工投入使用，施工建设的违法行为即告终结。据此，只要相关行政机关未在施工建设违法行为终结后的2年内发现并查处该项违法行为，违法建筑即成为不得处罚的对象。我们认为，依这种认识，其结果实际是变相承认

---

① 本条规定现为《中华人民共和国行政处罚法》（2021年修订）第四十四条。

了违法建筑的合法性，不利于对违法建筑行为的打击。因此，目前普遍的做法是，承认违法建筑存在属于违法行为的持续状态，即，只要违法建筑存在，就未超过《行政处罚法》第29条规定的处罚时效。

但是，如果认为违法建筑存在属于违法行为的持续状态，又与时效制度理论存在悖论。建立时效制度就是为了维护社会秩序的稳定，促进行政机关及时行使职权。如果违章建筑存在可以作为违法行为持续的事实根据，那么，盗窃他人财物的人一直占用、使用所盗物品是否也可以作为盗窃行为处于持续状态的根据呢？显然不行！因此，目前普遍的以违法建筑存在就是建设违法行为持续，以此延续对违法建筑行为的追溯时效，是对时效制度的否定。因此，有种观点认为，从促进行政机关依法及时行使职权，尽可能减少和杜绝违法建筑发生的角度考虑，还是应当以违法建筑建设违法行为终了之日为行政处罚时效的起算时间为宜。

当然，就目前而言，由于行政机关对违法建筑的不作为行为在过去很长一段时间是普遍存在的，违法建筑情况严重，如果严格按照限缩解释理解和适用行政法规定的时效制度，将无法有效纠正违法建筑泛滥导致的局面，恢复城乡正常的规划秩序。我们建议，在下大力气对当前违法建筑问题进行一次集中全面彻底查处后，应当恢复对行政处罚法关于行政处罚时效制度的正确理解，必要时也可以修改《城乡规划法》等相关法律，通过立法对违法建筑行为规定比《行政处罚法》2年稍长一点的，比如5年的追溯时效。

——江必新主编、最高人民法院行政强制法研究小组编著：《〈中华人民共和国行政强制法〉条文理解与适用》，人民法院出版社2012年版，第233~234页。

979. 城市规划区内建筑物的合法性认定

关键词

城市规划区　建筑物合法性

附录：最高人民法院法官著述

我国有关城市规划的法律制度，是从20世纪80年代开始逐步建立的。因此，有关城市规划区内建筑物的合法性认定，要尊重历史，同时还须结合不同时期的有关法律、法规规定进行认定。

国务院1983年5月25日批准，城乡建设环境保护部于1983年6月4日发布的《城镇个人建造住宅管理办法》[①]第四条第二款规定:"城镇个人建造住宅需要征用土地的,必须按照国家有关规定,办理征地手续,禁止任何单位和个人未经批准擅自建造住宅。"国务院1984年1月5日发布了《城市规划条例》,根据该条例第四十四条和第五十条的规定,在城市规划区内,未取得城市规划主管部门核发的建设许可证或者未按照建设工程规划许可证的规定进行建设的建筑物,属于违法建筑物。这里的"城市规划主管部门",是指县级以上人民政府的城市规划主管部门。设区的城市的区人民政府下设的具有城市规划职能的局(如区规划局、建设局等)亦属于城市规划主管部门。也就是说,在城市规划区内,个人所建住宅在1983年6月4日之前,其他建筑在1984年1月5日之前,就已存在并保留至拆迁或征收时的建筑物,虽未取得城市规划主管部门核发的建设许可证,但因该条例不溯及既往,故不宜认定为违法建筑。

《城市规划条例》发布后,城乡建设环境保护部根据各地在房屋所有权登记发证工作中存在的问题,于1988年2月12日下发的(88)城房字95号《关于房屋所有权登记工作中对违章建筑处理的原则意见》,提出如下原则意见:(1)关于时间界限,考虑到《城市规划条例》是国务院1984年新颁发的,各地制定审批城市规划也有先有后,各市、县可根据实际情况合情合理地确定处理违章建筑的时间界限,各地在处理违章建筑时,对时限以前的可适当放宽,时限以后的应从严处理。(2)关于地域界限。凡影响近期规划建设或城市发展的重要地段,违章建筑应从严处理,其他规划发展地区可适当放宽。(3)凡直接影响交通、消防、市政设施、房屋修改施工、绿地、环保、防灾和邻里居住条件的违章建筑应从严处理,反之可适当放宽。(4)参照以上原则确定从宽处理的范围,只要房屋建筑正规,结构合理,经过一定的申报审批程序,给予批评教育或适当罚款之后,可以补办手续,确认其所有权,发给产权证件。罚款额度由各地制定标准,市人民政府批准执行,所得罚款按有关规定处理。

全国人大常委会1989年12月26日通过了《中华人民共和国城市规划法》,该法自1990年4月1日起施行。根据该法第三十二条和第四十条的规定,在城市规划区内,未取得县级以上城市规划主管部门核发的建设许可证或者未按照建设工程规划许可证的规定进行建设的建筑物,属于违法建筑物。但改正后保留的建筑物,不应认定为违法建筑物。《城市规划条例》发布后,在城市规划区内,根据该条例的规定,对于本属于违法建筑物,但具有职权的机关责令改正后保留的建筑物,亦不应再认定为违法建筑物。

全国人大常委会2007年10月28日通过了《中华人民共和国城乡规划

[①] 本办法已被《国务院关于废止部分行政法规的决定》(国务院令第516号)废止。

法》。该法第四十条、第六十四条中规定的"违法建筑物"的含义与《城市规划法》基本相同，但又有两点不同之处，一是具有颁发建设许可证的机关中增加了省级人民政府确定的镇人民政府，也就是说，省级人民政府可以特别授权镇人民政府颁发建设许可证；二是罚款数额规定得更加具体。《城乡规划法》施行后（即2008年1月1日之后），在城市规划区内，未取得县级以上城市规划主管部门核发的建设许可证或者未按照建设工程规划许可证的规定进行建设的建筑物，属于违法建筑物，改正后保留的建筑物除外；但按省、自治区、直辖市人民政府确定的镇人民政府颁发建筑工程规划许可证的规定进行建设的建筑物，不属于违法建筑物。

根据上述法律、法规规定的精神，人民法院在审理此类案件时，对于取得主管部门颁发产权证的建筑物，一般不应当认定为违法建筑物。

——蔡小雪：《建筑物的合法性认定及其征收补偿问题研究》，载江必新主编、最高人民法院行政审判庭编：《行政执法与行政审判》2012年第1集（总第51集），人民法院出版社2012年版，第83~85页。

980. 被划入城市规划区的集体土地上的建筑物的合法性认定

关键词

城市规划区　农村集体土地　建筑物合法性

附录：最高人民法院法官著述

因城市规划变更后，被划入城市规划区的农民集体所有土地上的建筑物，如果城市规划变更前就已存在，需要根据建筑时有关土地管理方面的法律规范进行审查。

国务院1982年2月13日发布了《村镇建房用地管理条例》，根据该条例第十四条、第十六条、第十八条的规定，农村社员，回乡落户的离休、退休、退职职工和军人，回乡定居的华侨在集体土地上所建住房，经公社管理委员或县级人民政府批准发给宅基地使用证明的房屋属于合法建筑；农村社队企业、事业单位在集体土地上所建的建筑物，经县级以上人民政府批准的，属于合法建筑；反之未经公社管理委员或县级人民政府批准的建筑物则为违法建筑。《村镇建房用地管理条例》发布前（即1982年2月13日之前）就已存在并保留至征收时的建筑物，虽没有经公社管理委员或县级人民政府批准，但亦因该条例不具有溯及既往的效力，不宜认定为违法建筑。

全国人大常委会1986年6月25日通过了《中华人民共和国土地管理法》，该法自1987年1月1日起施行。该法第三十八条规定："农村居民建住宅，应当使用原有的宅基地和村内空闲地。使用耕地的，经乡级人民政府审核后，报县级人民政府批准；使用原有的宅基地、村内空闲地和其他土地的，由乡级人民政府批准。"第三十九条第一款的规定："乡（镇）村企业建设需要使用土地的，必须持县级以上地方人民政府批准的设计任务书或者其他批准文件，向县级人民政府土地管理部门提出申请，按照省、自治区、直辖市规定的批准权限，由县级以上地方人民政府批准。"这两条明确规定，农民使用耕地建住宅和乡（镇）村企业使用集体土地所建的建筑物，只能由县级人民政府批准，乡级人民政府无权批准。非农村居民不得在集体土地上建住宅。全国人大常委会1988年12月29日对该法进行了修正，但对第三十八条和第三十九条的规定未进行修正。根据这两部《土地管理法》的规定，1987年1月1日以后，县级人民政府批准农民占用土地所建的住宅和乡（镇）企业使用集体土地所建的建筑物，一般应当认定为合法建筑；但经乡级人民政府批准，农村居民使用原有的宅基地、村内空闲地和其他土地所建住宅，亦属合法建筑。

全国人大常委会2004年8月28日再次对该法进行修改，修改后的《土地管理法》第六十条第一款规定："农村集体经济组织使用乡（镇）土地利用总体规划确定的建设用地举办企业或者与其他单位、个人以土地使用权入股、联营等形式共同举办企业的，应当持有关批准文件，向县级以上地方人民政府土地行政主管部门提出申请，按照省、自治区、直辖市规定的批准权限，由县级以上地方人民政府批准；其中，涉及占用农用地的，依照本法第四十四条的规定办理审批手续。"第六十二条规定："农村村民一户只能拥有一处宅基地，其宅基地的面积不得超过省、自治区、直辖市规定的标准。""农村村民建住宅，应当符合乡（镇）土地利用总体规划，并尽量使用原有的宅基地和村内空闲地。""农村村民住宅用地，经乡（镇）人民政府审核，由县级人民政府批准；其中，涉及占用农用地的，依照本法第四十四条的规定办理审批手续。"这两条规定与修改前的土地管理法的规定有两个不同点：一是取消了乡级人民政府批准农民占用土地建住宅的职权，农民占用土地建住宅一般应由县级人民政府批准；二是农村居民建住宅或乡（镇）村企业的建筑物，凡涉及占用农用地的，均由省级人民政府批准。因此，第三次修改后的《土地管理法》施行后，即2004年8月28日之后，县级人民政府批准农民占用土地所建的住宅或乡（镇）村企业使用集体土地所建的建筑物为合法建筑；涉及占用农用地的，须经省级人民政府批准，未经省级人民政府批准的为违法建筑；乡级人民政府不再有批准权，经其批准所建的住宅，应为违法建筑。

——蔡小雪：《建筑物的合法性认定及其征收补偿问题研究》，载江必新主编、最高人民法院行政审判庭编：《行政执法与行政审判》2012年第1集（总第51集），人民法院出版社2012年版，第85~87页。

981. 城市规划区内未征收土地上新加盖建筑物的合法性认定

关键词

城市规划区　未征收土地　新加盖建筑物合法性

附录：最高人民法院法官著述

在现实中，存在集体土地已划归城市规划区，但原集体土地未被征收，此时的原集体土地的性质仍然属于集体土地的性质，在第三次修改土地管理法之前（即2004年8月28日之前），根据之前的《土地管理法》的规定，农村村民此时在仍属于集体土地上建住宅，乡级人民政府有权批准农村村民使用原有的宅基地、村内空闲地和其他土地建住宅，而根据有关城市规划方面的法律、法规的规定，县级以上城市规划主管部门有权核发建设许可证，其他县级人民政府部门及乡镇人民政府无权核发建设许可证。

对规划区内未征收土地上，农村居民使用原有的宅基地、村内空闲地和其他土地所新建的住宅，乡镇人民政府是否有权批准的问题，在实践中存在两种不同意见：一种意见认为，因此时的土地性质仍属于集体，仍应当按照《土地管理法》的规定进行管理。因此，在2008年8月28日之前，乡镇人民政府有权作出批准决定。另一种意见认为，《城市规划法》和《城乡规划法》第二条中都明确规定，制定和实施城乡规划，在规划区内进行建设活动，必须遵守本法。当集体土地划入规划区内后，尽管未征收土地的性质未发生变化，但是，为保证城市的合理布局、节约土地、集约发展的原则贯彻，改善生态环境，促进资源、能源节约和综合利用，保护耕地等自然资源和历史文化遗产，保持地方特色、民族特色和传统风貌，防止污染和其他公害，并符合区域人口发展、国防建设、防灾减灾和公共卫生、公共安全的需要。因此，一般须由县级以上城市规划主管部门建设许可证；2008年1月1日之后，经省、自治区、直辖市人民政府确定的镇人民政府亦颁发建设工程规划许可证。没有省级政府特别授权的乡镇人民政府颁发的规划许可证，不具有法律效力。

在行政管理活动中，为了管理方便，在规划区内未征收土地上，农村居民使用原有的宅基地、村内空闲地和其他土地所新建的住宅，一般还是先报乡镇人民政府，经过初步审核后，报有关规划部门审批，如果乡镇人民政府在申请表上写明同意报城市规划部门的，不能认定为批准。只有等到城市规划部门颁发规划许可证后，才能认定为批准。如果乡镇人民政府在申请表中写明批准建设，此时应当认定为越权批准，批准行为仍然无效。

——蔡小雪：《建筑物的合法性认定及其征收补偿问题研究》，载江必新主编、最高人民法院行政审判庭编：《行政执法与行政审判》2012 年第 1 集（总第 51 集），人民法院出版社 2012 年版，第 46~47 页。

982. 规划行政许可虽缩短了相邻人日照时间，但符合最低日照标准的，应认定许可行为合法

关键词

行政许可　最低日照标准

最高人民法院公报案例

念泗三村 28 幢楼居民 35 人诉扬州市规划局行政许可行为侵权案［江苏省高级人民法院］

裁判摘要：规划行政许可虽然缩短了相邻人原日照时间，但符合国家和当地行政主管部门技术规范规定的最低日照标准，且不违反其他法律、法规规定的，应认定其许可行为合法。

根据《民法通则》①的规定，民事主体因建筑物相邻产生的日照、通风、采光、排水、通行等民事纠纷，应当通过民事诉讼的方式解决。但现实中，如果一方当事人实施的与其他当事人相邻权有关的行为是经行政机关批准、许可的，其他当事人就无法通过民事诉讼获得救济。

——《最高人民法院公报》2004 年第 11 期（总第 97 期）。

983. 城市规划管理部门在处罚后同意补办临时规划手续，可认定为核发了临时许可证

关键词

城市规划　临时许可证　违法建筑

最高人民法院裁判文书

陈某翼诉湖北省武汉市城市规划管理局限期拆除违法建筑行政处罚及行政赔偿上诉案［最高人民法院（1999）行终字第 17 号行政判决书］

---

① 本法已被《中华人民共和国民法典》废止。

裁判要点：申请人未经城市规划管理部门批准建设餐船，城市规划管理部门在对其进行处罚后，同意其补办临时规划手续，可认定为为其核发了临时许可证。

最高人民法院认为：申请人建造的餐船（即船型建筑物）在城市规划区内，城市规划管理部门有权依照《中华人民共和国城市规划法》及相关法律规范对餐船进行管理，并作出相应的行政处理决定。申请人未经城市规划管理部门批准建设餐船，城市规划管理部门在对其进行处罚后，同意其补办临时规划手续，有效期限为两年，并在红线图上亦注明了上述内容。据此可以印证城市规划管理部门为申请人核发的许可证为临时许可证。尽管申请人取得的许可证未标注"临时"字样，且交纳了规划管理费和放线费，但并不足以否定城市规划管理部门为其核发的许可证为临时许可证。申请人以城市规划管理部门为其核发的许可证是正式许可证为由，请求撤销市规划局作出的《违法建筑限期拆除通知书》，理由不能成立，应不予支持。

——肖扬总主编、最高人民法院行政审判庭编：《中华人民共和国最高人民法院判案大系》（行政卷1994年~2002年卷），人民法院出版社2003年版，第137~139页。

984. 混合过错情形下行政许可依赖利益的保护程度

关键词

混合过错　行政赔偿　信赖利益

最高人民法院司法政策精神

29. 混合过错情况下行政许可机关的赔偿责任认定问题

相对人的损失系由其自身过错和行政机关的违法许可行为共同造成的，应依据各方行为与损害结果之间有无因果关系及在损害发生和结果中所起作用的大小，合理确定行政机关的赔偿责任。

——《最高人民法院办公厅关于印发〈行政审判办案指南（一）〉的通知》（2014年2月24日，法办〔2014〕17号）。

行政审判指导案例

陈某翼、范某动诉山东省邹某县建设局规划许可暨行政赔偿案［行政审判指导案例第29号］

裁判要点：行政许可法第六十九条确立了违法许可的信赖利益保护原则。行政机关违法实施行政许可，造成当事人实际损失的，诉讼中应当充分保护相对人的信赖利益。相对人自身行为也存在过错的，应综合分析对方行为对损害结果发生的因果关系，合理确定行政机关的赔偿责任。

第一，关于原告的起诉是否超过起诉期限的问题。邹某村镇办向原告颁发一书一证的行为于2004年8月19日作出，原告于2007年4月9日向本院起诉，从时间上确实已超过了最高人民法院《关于执行〈中华人民共和国行政诉讼法〉若干问题解释》（以下简称《解释》）第四十一条规定的两年的起诉期限。但鉴于本案的实际情况，被告对原告作出的是授益性行政许可，自原告获得规划许可证至2005年5月17日邹某县工商行政管理局对原告作出行政处罚，原告不可能对一书一证行为提起诉讼，这段时间应当属于《解释》第四十三条规定的"不属于起诉人自身的原因超过起诉期限的"情形，应当予以扣除。自2005年5月17日至原告起诉时未超过两年，不应认定原告的起诉超过起诉期限。

第二，关于被告行政许可行为的合法性问题。参照国家经贸委等部门《关于进一步整顿和规范成品油市场秩序的意见》①的规定，新建加油站，必须首先由省级经贸委进行预核准，凭批准文件到有关部门办理规划、土地、消防、环保等手续，即规划许可应当以省级经贸委的预核准为前置条件，原告的加油站属于从韩店镇迁建至魏桥镇，也应当按照新建重新办理手续。现被告在原告未取得省级经贸委预核准的前提下，即为原告颁发了一书一证，其行政许可行为不符合有关规范性文件关于行政许可前置条件的规定，致使原告的加油站与早已存在的范宜强加油站的间距不符合加油站合理布局的规定，该规划行政许可不具有合法性，应当予以撤销。

第三，关于该规划行政许可的责任主体。涉案一书一证是以邹某村镇办的名义作出，但邹某县建设局出具证明，邹某村镇办是其下属科室，不对外承担责任。依据《解释》第二十条第一款之规定，应当视为邹某村镇办代表邹某县建设局颁发了规划行政许可，对外的法律责任当然也应由邹某县建设局承担。被告魏桥镇政府依据《建制镇规划建设管理办法》第十六条之规定，在规划行政许可过程中只起到一个审查、上呈的中间环节作用，最终的许可决定权在县级规划行政主管部门即邹某县建设局，涉案一书一证也不是以魏桥镇政府的名义作出，不应对规划行政许可承担责任。原告起诉魏桥镇政府许可违法属错列被告。

---

① 本意见已被《国务院关于宣布失效一批国务院文件的决定》（国发〔2015〕68号）废止。

第四，关于原告损失的责任承担问题。根据建筑施工的相关法律规定，原告应当在领取规划许可证后，办理用地手续，申请建设施工许可证后才可动工建设。现原告仅有规划许可，未办理合法用地手续，未申请施工许可，属于在手续不全的情况下施工建设，且其开工建设的时间早于邹某县建设局作出规划许可的时间，虽然有受相关政府部门招商引资政策引导的因素，但原告作为完全民事行为能力人，施工建设决定权是其自主作出的，自身应承担主要的责任。魏桥镇政府的职能部门收取了原告的土地审批费和规服费，造成原告对政府机关产生信赖进而动工建设，虽然其不是规划许可的决定机关，但对原告因信赖利益造成的损失应承担相应的责任。邹某县建设局是涉案规划许可的决定机关，同时是违法建设的监管机关。在邹某县整顿和规范市场经济秩序领导小组办公室2004年6月8日下发文件对原告的加油站进行查处，不得为其办理规划许可手续的情况下，仍然于2004年8月19日为原告办理了规划许可证，对原告信赖的产生也有一定的原因，也应承担一定的责任。原告的损失888719.91元，结合各方的过错程度，可由原告自行负担60%，被告邹某县建设局和魏桥镇政府各承担20%，即各赔偿原告177743.98元，魏桥镇政府的职能部门违法收取原告的6万元土地审批费和规服费应当返还。

——江必新主编、最高人民法院行政审判庭编：《中国行政审判指导案例》(第1卷)，中国法制出版社2010年版，第152~154页。

985. 商住楼楼间距合法性审查的标准

关键词

规划设计　楼间距　日照要求

行政审判指导案例

周某勇等12户业主诉天水市规划局规划批准行为案［行政审判指导案例第139号］

裁判要点：商住楼底部数层为经营门店，上部数层为住宅，当许可所建楼房与该商住楼之间的距离能满足最底层住宅户窗户台面的日照时间时，规划部门颁发《建设工程规划许可证》的行为即属合法有效。

对城乡规划区内建设工程依法进行规划设计的审核、审批、颁发建设工程规划许可证,是被告的法定职责。本次行政争议因第三人建设的3号5跃6层住宅楼与原告的1号商住楼间距规划行为而引起,按照2002年版《城市居住区规划设计规范》5.0.2条,对住宅建筑的规范设计"住宅间距,应以满足日照要求为基础,综合考虑采光、通风、消防、防灾、管线建设、视觉卫生等要求确定"的规定,日照时间的设计是确定住宅楼间距首先考虑的基础因素,这不包括商业用房,按照设计规范的要求,住宅楼日照时间大寒日不得低于3个小时的最低设计标准。本案原告居住的1号商住楼,底部第1层、第2层均为商业用房,第3层为住宅,按照第3层住宅确定和分析计算、校核日照时间,符合设计规范的规定;本案建设工程土地使用合法,建设工程和项目分别通过了被告和相关职能部门的工程规划许可、基建计划立项、规划设计方案初审、复审,施工图设计审查,消防部门审查批准的红线定位图的审核,取得建设项目批准书,通过有资质的设计、校核单位对日照时间的分析和校核,被告审核定位的楼间距,程序合法,证据充分;2005年3月2日本案涉及的建设工程已经获得批准,2007年12月31日废止的《中华人民共和国城市规划法》和1997年修正实施的《甘肃省实施城市规划法办法》均没有规定规划公示的程序,遵循行政案件对被诉具体行政行为合法性审查的原则,被告依据《中华人民共和国城乡规划法》第四十条,颁发给第三人的2009—132号规划许可证,认定事实清楚,证据充分,程序合法,适用法律正确,应予支持。

——江必新主编、最高人民法院行政审判庭编:《中国行政审判案例》第4卷,中国法制出版社2012年版,第100~101页。

十、其　他

986. 证券短线交易行为的审查要素及认定标准

关键词

证券短线交易　审查要素

最高人民法院审判业务意见(行政庭法官会议纪要)

特定主体的短线交易之所以为各国证券法所禁止,是因为特定主体极易利用信息优势通过此种短线交易获取不正当利益并损害其他投资者利益,该种短线交易违反了证券市场的公开、公平、公正原则。对短线交易的交易标的、交易方式、交易时点、交易目的等方面的认定，根本标准是特定主体是否可能利用其信息优势、决策优势通过此种交易获取不正当利益等。

附：案情简介

2007年11月16日，中国的甲公司与日本的乙公司签订股份转让协议，约定：乙公司将其持有的中国上市公司丙公司6000余万股股票转让给甲公司，股份所有权转移日为双方在中国证券登记结算股份有限公司（以下简称中登公司）办理完标的股份的过户登记之日。2008年2月28日商务部批复同意该股权转让行为，并于3月10日向甲公司颁发了外商投资企业批准证书，该证书载明甲公司已经取代乙公司成为丙公司的投资者。在2008年6月5日丙公司举行的年度股东大会上，甲公司推荐的两人替代乙公司的两人，成为丙公司非独立董事，参与丙公司的日常经营管理。2009年1月13日，甲公司在中登公司完成从乙公司受让丙公司该6000余万股股份的过户登记手续。此后，自2009年3月2日至2009年6月5日，甲公司合计减持丙公司股票3100余万股。甲公司减持前对丙公司持股比例为15.25%，减持后持股比例为11.58%。中国证券监督管理委员会经调查，以甲公司减持丙公司股票的行为构成2005年《证券法》第四十七条（2019年修订的《证券法》第四十四条，以下简称2005年《证券法》第四十七条）所规定的违法的短线交易，作出行政处罚决定。

——《证券短线交易行为的审查要素及认定标准》，载最高人民法院行政审判庭编：《最高人民法院行政审判庭法官会议纪要（第一辑）》，人民法院出版社2022年版，第255~257页。

987. 越权无效原则不适用于离婚登记

关键词

婚姻登记机关　离婚登记　涉外婚姻

最高人民法院公报案例

梁某某诉徐州市云龙区民政局离婚登记行政确认案［江苏省高级人民法院］

裁判摘要：离婚登记是婚姻登记机关依当事人的申请，对当事人之间就自愿解除婚姻关系及对于子女抚养、财产分配等问题所达成的协议予以认可，并以颁发离婚证的形式确认当事人之间婚姻关系解除的行政行为。离婚登记一经完成，当事人之间的婚姻关系即告解除，婚姻解除情况即产生对外效力，具有社会公信力。

不具有级别管辖权的婚姻登记机关为符合离婚实质要件的涉外婚姻当事人进行离婚登记，其后又以无管辖权为由、以自行纠正方式确认离婚登记行为无效的，对于该自行纠正的行政行为，人民法院不予支持。

江苏省高级人民法院二审认为：

本案诉争的案涉《离婚登记情况说明》和原审判决是否符合法律规定，涉及以下两个问题：

一、关于行政越权无效原则的适用问题

行政越权，是指行政主体在行政活动中，超越其法定的权力范围或权力限度而作出的行政行为。行政越权无效（含可撤销）是行政法的基本原则并体现在我国相关具体法律规范中，如《行政诉讼法》第七十条第四项、第七十五条等规定。对于绝大多数行政越权行为，可通过行政机关自纠、层级监督及法院裁判等途径以确认无效或撤销的方式予以纠正。但对于极少数特定的行政越权行为，若以确认无效或撤销的形式予以纠正，会给国家利益、社会公共利益及相关法律秩序带来重大损害，且该损害客观上难以得到有效恢复与补救，则该类行政越权行为应当作为行政越权无效的例外情形，不应确认无效或予以撤销。本案婚姻登记机关对婚姻当事人越权作出的案涉离婚登记即为例外情形之一。

就离婚登记，《婚姻法》[①]第三十一条规定，男女双方自愿离婚的，准予离婚。双方必须到婚姻登记机关申请离婚。婚姻登记机关查明双方确实是自愿并对子女和财产问题已有适当处理时，发给离婚证。据此，离婚登记是婚姻登记机关依当事人的申请，对当事人之间自愿解除婚姻关系及子女抚养、财产等问题所达成的协议予以认可，并以颁发离婚证的形式确认当事人之间婚姻关系解除的行政行为。因在婚姻登记机关颁发离婚证之时，婚姻登记机关对当事人之间的离婚登记即已完成，当事人之间的婚姻关系即已解除，离婚证所确认的婚姻解除情况即产生对外效力，具有社会公信力。在已离婚人员持有离婚证的情况下，符合法定条件的其他人员完全可以对离婚证所反映的婚姻解除情况产生信赖，进而与已离婚人员建立合法的婚姻关系或其他特定关系。如果婚姻登记机关或其他职能部门可以对离婚登记中的被解除的婚姻关系确认无效或予以撤销，将会使相关人身法律关系处于随时可能变化的不稳定状态，也会使社会公众对婚姻登记机关的离婚登记行为产生不安全感及

---

① 本法已被《中华人民共和国民法典》废止。

不信任感，使《婚姻法》确定的一夫一妻等基本原则和基本社会关系架构遭到破坏，进而损害现实的法律秩序和社会公共利益，故当事人之间的婚姻关系一经离婚登记予以解除后便具有不可逆性。而该不可逆性在我国法律法规中亦有体现，《婚姻法》《婚姻登记条例》针对结婚规定了无效婚姻和可撤销婚姻情形，但对离婚没有规定无效离婚或可撤销离婚的情形，亦没有法律规范授权婚姻登记机关对已完成的离婚登记中被解除的婚姻关系能够确认无效或予以撤销。需要指出的是，我国现行诉讼制度也未设立无效离婚或可撤销离婚之诉；而针对生效离婚判决书、调解书所解除的婚姻关系，我国民事诉讼制度已实际作了不可逆的特别规定，《中华人民共和国民事诉讼法》（以下简称《民事诉讼法》）第二百零二条①规定，当事人对已经发生法律效力的解除婚姻关系的判决、调解书，不得申请再审。《最高人民法院〈关于规范人民法院再审立案的若干意见（试行）〉》第十四条第三项也规定，人民法院判决、调解解除婚姻关系的案件，当事人提出再审申请的，人民法院不予受理；但当事人就财产分割问题申请再审的除外。基于此，对于离婚，无论是婚姻登记机关作出离婚登记，还是法院判决、调解离婚，当事人在领取离婚证之时或法院准予离婚的判决书、调解书生效之时，其婚姻关系即被解除，且被解除的婚姻关系具有不可逆性。

因离婚登记中当事人婚姻关系的解除具有不可逆性；对于离婚登记中的子女、财产事项，虽然依相关法律规范，当事人可以向法院申请变更、撤销等法定方式寻求救济，但也没有法律规范授权婚姻登记机关可以确认无效或予以撤销。故对于当事人在婚姻登记机关进行的离婚登记，一旦婚姻登记机关以颁发离婚证的形式完成后，该婚姻登记机关并无确认该离婚登记无效或撤销该离婚登记的职权。对于已完成的离婚登记，如在登记过程中确有违法情形，则由存在相关违法行为的当事人或登记机关及其工作人员依法承担相应的民事、行政、刑事责任。

就涉外离婚登记，《婚姻登记条例》第二条第二款规定，中国公民同外国人，内地居民同香港特别行政区居民、澳门特别行政区居民、台湾地区居民、华侨办理婚姻登记的机关是省、自治区、直辖市人民政府民政部门或者省、自治区、直辖市人民政府民政部门确定的机关。《江苏省婚姻登记工作规范》（江苏省民政厅苏民福〔2005〕62号）第三条规定，省民政厅设置婚姻登记处，负责办理全省涉外、涉港澳台居民、华侨、出国人员的婚姻登记。本案中，上诉人梁某某与原审第三人黄某某办理案涉离婚登记之前，黄某某已取得了新加坡国籍，其在办理案涉离婚登记时系外国人，并非中国公民。因此，被上诉人云龙区民政局并无办理该离婚登记的职权，梁某某与黄某某应在江

---

① 本条规定现为《中华人民共和国民事诉讼法》（2021年修正）第二百一十一条。

苏省民政厅办理涉外婚姻登记的部门进行离婚登记。黄某某与梁某某于2015年8月10日在云龙区民政局自愿办理离婚登记时，未告知云龙区民政局黄某某系新加坡国籍，在黄某某持有未注销的中国内地户口簿、身份证的情况下，云龙区民政局依规定审查了黄某某与梁某某提交的离婚申请材料后，为黄某某与梁某某颁发了离婚证，以法定形式完成了该离婚登记。即使此后云龙区民政局发现其没有办理涉外离婚登记的职权，其亦无职权确认该离婚登记无效或撤销该离婚登记。

据此，被上诉人云龙区民政局作出案涉《离婚登记情况说明》，确认案涉离婚登记应为无效登记及由此形成的相关后果缺乏法律依据，原审法院关于云龙区民政局以确认无效方式纠正原违法离婚登记行为并无不当的认定错误，应予纠正。

二、关于行政程序法律原则的适用问题

行政主体及其工作人员要严格按照法定的行政程序作出行政行为。一般情况下，无论是行政机关还是法院，如直接适用法律原则来判断行政行为的程序合法性需具备前提条件：查明法律规范对该行政行为的程序存在规则不能情形。如查明相关行政程序有可适用的具体法律规范，则应当直接适用该具体法律规范；如查明没有可适用的具体法律规范，即存在行政程序规则缺失、规则模糊等规则不能的情况下，方可直接以正当程序原则等相关行政程序法律原则来判断行政行为的程序合法性。

本案原审法院在未查明案涉相关行政程序可适用的具体法律规范的情况下，直接适用相关行政程序法律原则对案涉行政程序进行合法性评价不当，应予纠正。《江苏省行政程序规定》第三十九条规定，本规定所称行政执法，是指行政机关依据法律、法规和规章，作出的行政许可、行政处罚、行政强制、行政给付、行政征收、行政确认等影响公民、法人或者其他组织权利、义务的行政行为。被上诉人云龙区民政局以《婚姻登记条例》第二条等法律规范为依据作出的案涉《离婚登记情况说明》，是对黄某某、梁某某的权利、义务产生直接影响的行政确认行为，虽然没有法律规范对该类行政行为的程序作出特别规定，但在《江苏省行政程序规定》对此已有一般规定的情形下，云龙区民政局应当履行该程序规定所确定的程序义务。《江苏省行政程序规定》第五十三条规定，行政机关在作出行政执法决定前，应当告知当事人、利害关系人享有陈述、申辩的权利，并听取其陈述和申辩。对于当事人、利害关系人的陈述和申辩，行政机关应当予以记录并归入案卷。对当事人、利害关系人提出的事实、理由和证据，行政机关应当进行审查，并采纳其合理的意见；不予采纳的，应当说明理由。根据在案证据，云龙区民政局在案涉《离婚登记情况说明》作出前，其婚姻登记处袁某明主任告知了上诉人梁某某拟作出的行政行为、相应的事实依据及理由，梁某某也发表了自己的意见，故梁某某已行使了自己的陈述、申辩权。但本案并无证据证明云龙区民政局对梁某某的陈述、申辩进行了记录，故不符合前述关于记录的规定，应予纠正。《江苏省行政程序规定》第六十八条第三款规定，行政执法决定的送达程序参照《民事诉讼法》有关规定执行。《民事诉讼法》第八十五条至第九十二条规定了诉讼文书的直接送达、留置送达、电子送达、委托及邮寄送达、公告送达等送达方式及程序。但云龙区民政局作出案涉《离婚登记情况说明》后并未向梁某某送达，而是要求梁某某自行到档案馆查询。虽然梁某某在档案馆查到案涉《离婚登记情况说明》并提起本案诉讼，该情况说明已实际产生外化结果，但云龙区民政局未按照《民事诉讼法》规定的方式向梁某某送达案涉《离婚登记情况说明》的行为，不符合前述关于送达的规定，亦应予以纠正。

——《最高人民法院公报》2022 年第 1 期（总第 305 期）。

第十一章 国家赔偿

一、综　合

988. 提高法治化规范化精细化水平，推动国家赔偿审判和司法救助工作不断迈上新台阶

关键词

国家赔偿审判　司法救助

最高人民法院司法政策精神

各级法院要坚持以习近平新时代中国特色社会主义思想为指导，认真贯彻落实习近平总书记全面依法治国新理念新思想新战略，增强"四个意识"、坚定"四个自信"、做到"两个维护"，坚定不移走中国特色社会主义法治道路，切实找准服务党和国家工作大局的结合点、着力点。要坚持以人民为中心的发展思想，坚持严格公正司法，依法公正审理国家赔偿案件，充分有效保障赔偿请求人合法权益，促进国家机关依法行使职权。要准确把握新形势新任务新要求，坚持问题导向，深入调查研究，创新完善机制，不断提高国家赔偿和司法救助工作的法治化、规范化、精细化水平。要结合开展"不忘初心、牢记使命"主题教育，加快推进国家赔偿和司法救助工作队伍革命化、正规化、专业化、职业化建设，不断提升依法履职能力和水平，努力为法治中国建设作出新的更大贡献。

——《最高人民法院院长周强对国家赔偿审判和司法救助工作提出要求强调，提高法治化规范化精细化水平，推动国家赔偿审判和司法救助工作不断迈上新台阶》，载陶凯元、陈国庆主编：《国家赔偿与司法救助办案指导》（总23辑），人民法院出版社2020年版，第1~2页。

989. 新时代人民法院国家赔偿审判和司法救助工作的总体思路和要求

关键词

国家赔偿审判　司法救助

最高人民法院司法政策精神

当前和今后一段时期，人民法院国家赔偿审判和司法救助工作的总体思路和要求是：坚持以习近平新时代中国特色社会主义思想为指导，紧紧围绕"努力让人民群众在每一个司法案件中感受到公平正义"目标，以中央关于加强人权和民生司法保护的要求为基本遵循，以审判体制改革、专业化建设和人才激励为驱动，进一步巩固提升司法理念，不断创新完善工作机制，勇于攻坚克难，全面提升国家赔偿审判和司法救助工作的发展质效，切实满足人民群众日益增长的对美好生活的多元化、精细化司法需求。

（一）树立新时代司法理念，充分发挥价值作用

理念是行动的先导。希望大家在继续巩固深化"长春会议""福州会议"等会议所提重要理念理解认识的基础上，切实推动"当赔则赔、应救尽救"从应然到实然的转变，切实"把好事办好"，以期让国家赔偿和司法救助两项事业更有温度、更有质量、更有效能。

树立"当赔则赔、应救尽救"的理念，就是要旗帜鲜明地讲救济，就是要在现有法律制度框架之内从优用足各项法律政策，在司法裁量权范围内尽量做对请求人一方有利的解读。"当赔则赔、应救尽救"，是由国家赔偿和司法救助的质的特点决定的。就国家赔偿审判而言，充分保障赔偿请求人的合法权益是立法的根本宗旨，是国家赔偿制度的本质特征。只有更加充分地救济赔偿请求人，才能更好地倒逼规范公权力的行使。就司法救助而言，其功能定位是"救急难"，其保障的是最基本的、最低限度的人权，故现代国家对此负有不可推卸的义务。据此，在面对适格的赔偿或救助请求人时，我们首先应当考虑的是如何及时、全面、充分地提供救济，除非法律或政策有明确的限制，否则不得减损请求人的权益。

树立"把好事办好"的理念，就是要让人民群众真真切切地感受到国家法律和人民司法的公正与温暖，就是要用情、走心地开展工作。具体而言：一要有坚定的理想信念，坚信两项事业的崇高意义和独特价值；二要有真挚的人民情怀，始终带着深厚感情去做工作，设身处地为人民群众着想，以群众满意为第一评判标准，多听群众声音和意见，不搞自我认可、关门评价；

三要有善谋勇为、锲而不舍的精神，灵活运用各种方法，调动一切有利因素，努力把工作做细、做实、做透；四是不滥用法律和政策赋予的权力，挤占其他赔偿或救助请求人的利益。这里我要特别强调一下，"六部门"《关于建立完善国家司法救助制度的意见（试行）》中有关涉法涉诉信访救助的规定，只是"参照执行"条款，实践中却被很多地方执行成了"主要条款"。希望大家今后严控此类救助比例，确保有限的资金真正用在更加需要救助的群众身上。

（二）把握国家赔偿特点，探索开展国家赔偿案件集中管辖试点

国家赔偿是一项特殊的综合性审判业务，涉及各行政、司法和监察机关，横跨刑事、民事、行政诉讼的审判、保全、执行各程序，面对的又是比民事侵权影响更大、矛盾更加激烈的国家侵权、"官"民矛盾，且需要完成更多后续工作，处理不当必将产生"二次损害"，处理得当则有利于修复提升司法公信和权威，故不仅具有格外重要的法治地位和作用，而且对法官们的知识结构、专业水准、政策水平、协调能力等提出了更高的要求。此前，我们关于国家赔偿专业化建设的思路是尽可能多地单设司法赔偿的办案机构。但现阶段，司法赔偿案件量一直相对不多且呈"倒金字塔"结构的特点，决定了中、基层法院的法官普遍缺乏充分的实战机会；不断深化中的司法体制改革，也对优化审判资源配置提出了更高的要求。故原有思路已不能完全匹配形势的发展变化，必须在统筹协调的基础上，推陈出新。

根据今年下发的《人民法院第五个五年改革纲要》提出的"深化与行政区划适当分离的司法管辖制度改革"，《最高人民法院司法改革领导小组2019年工作要点》明确提出"开展国家赔偿案件集中管辖改革试点工作"。就此，我就集中管辖试点提几点意见，供大家进一步思考：第一，探索推进中级人民法院委赔案件的集中管辖。即，直辖市等高级人民法院可以根据本地区地域、人口、交通、案件、人员等具体情况，指定一个或几个办案经验相对丰富、人员相对充足稳定的中级人民法院赔偿委员会，集中管辖委赔案件。在新的形势下，此举既能为非集中管辖法院腾出更多人手，优化总体人力资源配置，又能为集中管辖法院的法官们创造相对充足的锻炼机会，有利于专业化能力的提升。第二，实行集中管辖的中级人民法院、各高级人民法院应当单设赔偿办案机构。这里，首先要澄清一下，最高人民法院前一阶段下发的法〔2019〕35号通知（《最高人民法院关于废止〈关于各高、中级人民法院赔偿委员会及其办公室机构设置的通知〉的通知》），其本身并非废止赔偿委员会及其办公室的机构设置的通知，而是鉴于新修订的《人民法院组织法》已经为司法赔偿案件的审判机构、审判组织提供了规范依据，故根据中央有关清理文件的要求而下发的废止已完成历史使命的原有司法文件的通知。但如前所述，形势发展变化至今，想要在中级人民法院一级普遍保留专门机构已不现实，必须调整思路。对此，我们研判认为，对于推行委赔案件集中管

辖的地方，作为集中点的中级人民法院应当把握新的历史机遇，保留或单设司法赔偿办案机构，并配齐配强专业人员；对于暂不推进的地方，各中级人民法院应当服从司法改革要求，实事求是地确定适合本院的机构、人员模式。此外，需要特别强调的是，尚无独立办案机构的高级人民法院，应当把握住新的机构改革历史机遇，争取实现机构独立。第三，认真完善配套举措，通过创新便民利民和矛盾实质化解机制，合理安排使用原有人员，巩固司法救助归口管理等改革成果，确保中级人民法院委赔案件集中管辖改革的总体效果最优化。

（三）理顺审判组织机构关系，充分发挥合议庭职能作用

国家赔偿审判中，合议庭是个隐形的存在。根据《国家赔偿法》和新修订的《人民法院组织法》，赔偿委员会是专门审理司法赔偿案件的审判组织，且地位十分特别，可以按照少数服从多数原则直接审理案件并作出赔偿决定。但一方面，新修订的《法官法》明确规定合议庭审判的范围包括国家赔偿案件，另一方面，审判实践中赔偿委员会也普遍被定位为合议庭与审委会之间的一级审判组织。结合本轮司法改革全面落实司法责任制的要求，充分发挥合议庭作用，厘清合议庭、赔偿委员会以及司法责任制之间的关系，实为必要。我们研判认为，无论目前各地赔偿委员会及其办公室的设置情况如何，合议庭的职能作用不能忽视，为提高工作效率，应将合议庭成员均吸收为赔偿委员会委员，并以合议庭作为国家赔偿案件的第一级审判组织。合议庭评议后，案件依法需要提交赔偿委员会，或进一步提交审判委员会讨论决定的，按照程序办理。

至于大家也比较关心的赔偿委员会与审判机构的关系问题，目前全国存在赔偿委员会已经实体化和仍然虚化并下设办公室两种模式，在最高人民法院采取赔偿办法官普遍担任赔偿委员会委员并占委员会委员多数的情况下，这两种模式的效能已经比较接近，故总体上可暂时维持现状。

（四）完善人才激励体系，营造干事创业的浓厚氛围

人才是事业的根基，是发展的核心竞争力。为更好地培养人才、激发活力：一要完善绩效激励。要坚决纠正"以办案绝对数量论英雄"的错误导向，在严格执行《最高人民法院关于进一步加强国家司法救助工作的通知》要求，确保司法救助案件与基准案件绩效按1∶1设定的基础上，充分考虑国家赔偿案件特点和人才状况，科学设定其绩效指标。目前，部分地区将国家赔偿案件按照1∶2的比例计算工作量，值得推荐。二要强化荣誉激励。要用好用足各级各类评选指标，推出更多优秀业务成果；在"审判业务专家""模范法官"等评比中，积极为我们的同志奔走呼吁。此次最高人民法院对国家赔偿审判和司法救助工作先进集体先进个人进行表彰，来之不易，各地要借机做好宣传，提升人民法院"平冤理直、扶危济困"的形象。三要加强机会激

励。要进一步增加培训、调研、交流的机会,在学习、比较中激发同志们的进步活力;要注意基层法院涉赔频率低、人员流动性大的特点,将机会更多向基层倾斜,从源头上提升案件质效。

(五)补齐执法办案短板,充分体现司法为民公正司法

执法办案是人民法院的第一要务。只有盯住人民群众反映强烈的执法办案问题,尽快补齐短板,才能充分发挥国家赔偿和司法救助工作应有的作用。从调研掌握的情况看,当前要着重做好以下工作:一是加强诉权保护,充分认识国家赔偿和司法救助申请人法律政策水平普遍不高的特点,加强对申请人权利的告知,对诉讼风险、举证责任的提示,对法律政策规定的释明,以及对程序事项的指引;加大推进法律援助的广度与力度,积极参与国家法律援助法立法。二是厘清国家赔偿审判与刑事、民事、行政诉讼审判执行程序的关系,杜绝前置审判执行程序未完结即一律不得进入国家赔偿审判程序的"一刀切"现象,充分发挥国家赔偿在制度设计中的补救功能。三是加强国家赔偿审判的协商调解,充分认识和谐社会对于实质化解矛盾纠纷的要求,对虽非再审改判无罪但严重超期羁押,职务行为存在明显瑕疵但不能认定违法,损害可定但范围不清,原因力不能准确区分,以及其他有调解意愿和可能的赔偿案件,尽最大可能促成协商调解。四是充分运用大数据手段,落实类案和关联案件强制检索报告制度,促进法律适用标准统一;下大力气推行电子卷宗同步生成和深度应用,切实解决调卷难及相关问题。五是尽快修改国家赔偿文书样式,强化证据和事实认定要求,加强和规范裁判文书释法说理,充分展示国家赔偿审判工作成果,为社会提供明确的裁判指引。目前,最高人民法院赔偿委员会办公室已启动了这项工作。六是灵活解决司法救助资金方面的问题,充分认识当前司法救助资金与案件量在很多地方呈"倒挂"现象的情况,灵活运用联动救助机制,实现救助资金在上下级法院之间的动态调整,确保涉案困难群众得到及时、充分的救助。

(六)创新完善工作机制,全面提升发展质效

一是创新完善审判监督和对下指导机制。建立健全案件发改分析机制,最高人民法院赔偿委员会办公室将于每年初发布对上年度发改案件的分析报告,并适时发布针对某一类型案件的发改分析报告。要继续坚持案件评查机制,推广交叉互评,增强评查实效,充分利用评查手段推动改进工作;要进一步加强裁判规则指引,对于暂不具备形成司法解释或指导性案例,但具有普遍指导意义的案件,应认真总结提炼其中的裁判规则,并及时以典型案例、会议纪要等方式发布。二是创新完善调研和宣传机制。选取一部分工作开展扎实、调研能力突出的法院,联合开展调研活动。加大个案、精品案的宣传频率和力度,提升国家赔偿审判和司法救助工作的影响力。三是创新完善风险评估和舆情应对引导机制。充分认识国家赔偿和司法救助工作政策性强、

敏感度高的特点,在近年来指导处理重大敏感冤错赔偿案件的基础上,结合"三同步"要求,形成更加符合自身工作特点的风险评估机制和舆情应对引导机制。四是创新完善倒逼督促机制。充分认识国家赔偿对于支持、监督、规范公权力运行的价值和意义,定期制作和发布司法审查白皮书,为各国家机关推进和改进工作提供智力支持;加大司法建议适用力度,就个案中发现的问题提出有针对性的解决策略。五是创新完善重大疑难问题攻坚机制。近些年,国家赔偿、司法救助的主要法律框架已经建立,但依然面临基础理论研究不足、法律供给有限或缺位的现实,使审判实务中积累了一批重大疑难问题。这些问题,暴露了法律适用规范体系不够精细的弱点,制约了我们工作的科学健康发展。在国家赔偿法尚未修订、司法救助法缺位的情况下,要提高工作站位,成立攻坚小组,逐步逐事解决;要广泛征求意见,形成明确的疑难问题汇总清单,充分发挥国家赔偿联席会议、国家责任研究基地等平台作用,汇集各方力量,共同攻坚克难,区分问题层面,形成不同成果,同时推动和参与国家赔偿法的修改和司法救助法的制定。六是创新完善国家赔偿联席会议机制。充分认识加强党的领导、人大监督和政府支持对优化司法环境的重要性,根据形势发展变化,邀请相关职能部门参与到现有国家赔偿联席会议机制中,并将其适用范围拓展至司法救助。充分利用该机制,推动解决国家赔偿审判和司法救助工作中的重点难点问题,推动建立司法救助与社会救助的衔接机制。

——陶凯元:《牢记初心使命 勇于担当作为 谱写新时代人民法院国家赔偿审判和司法救助工作新篇章——在第三次全国法院国家赔偿审判工作会议暨第一次全国法院国家司法救助工作会议上的讲话》,载陶凯元、陈国庆主编:《国家赔偿与司法救助办案指导》(总23辑),人民法院出版社2020年版,第1~2页。

990. 国家赔偿与补偿、救助的关系

关键词

国家赔偿 补偿 救助

附录:最高人民法院法官著述

"司法程序只是尊重和保障人权价值的一种基本形式,但不是唯一的形式"。① 在国家赔偿工作中,以人民法院赔偿委员会裁决赔偿,是权利救济应

---

① 韩大元:《宪法文本中"人权条款"的规范分析》,载《法学家》2004年第4期。

有的规范性命题;以补偿、救助的方式弥补损害、化解纠纷,也是被实践证明可行的经验性事实。党的十八届三中全会提出,要完善人权司法保障制度,健全国家司法救助制度;最高人民法院也明确了国家赔偿部门在健全国家司法救助制度项目中的分工,①国家赔偿与补偿、救助制度将得到进一步整合。正确处理赔偿、补偿和救助的关系,应当把握以下五点。

(一)认识赔偿、补偿和救助的同一性

在国家责任体系的语境下,通常认为:赔偿是国家因违法过错对公民造成损害而承担的法律责任;补偿是国家因合法行为对公民造成的损害所给予的救济;救助是国家对因遭受犯罪侵害或民事侵权的公民,无法经过诉讼获得有效赔偿,而给予的适当救济。此外,广义而言,救助还包括诉讼费用的减免和法律援助。

从上述定义来看,三者之间存在明显的区别。但实践中,人民群众不仅仅要求国家对公权力的违法过错负责,还要求国家对其合法行为所造成的公法负担负责,更不容忍国家存在"有险不排、逢危不救、见灾不灭、遇坏不修"的怠慢,甚至在遭受他人侵权的情形下(如刑事案件受害人补偿、民事侵权受害人补偿等),也要求国家承担一定的责任。

因此,不管是赔偿、补偿还是救助,它们在以下四个方面体现出高度的同一性:其一,其最终目标都是为了保障基本人权,维护人的基本尊严;其二,其主要功能是为了解决受害人和其他社会弱势群体的生存、发展和机会平等;其三,其表现方式都体现为国家以矫正的手段实现对社会公平正义的再分配;其四,其最终效果都体现为维护社会稳定、促进社会和谐。

在国家赔偿工作中,人民法院要正确认识赔偿、补偿还是救助在目的、功能、手段和价值上的统一性,在各级党委的领导和政府的支持下,善于协调有关职能部门,综合、融汇运用赔偿、补偿和救助等不同手段,提升对受害人和涉赔弱势群体救济的水平,提高涉赔矛盾化解的实质效果。

(二)找准赔偿、补偿和救助的联系和区别

赔偿、补偿和救助三种制度之间,既存在紧密联系,也存在彼此区别。除前述四种共性以外,赔偿、补偿和救助还存在以下联系:其一,赔偿、补偿和救助,都是国家对公民承担责任的具体方式;其二,赔偿、补偿和救助,都是现代国家责任体系的组成部分;其三,赔偿、补偿和救助,都是国家发起的公法行为(社会救助除外);其四,赔偿、补偿和救助,都从国家税收中支出。

赔偿、补偿和救助存在以下区别:其一,在历史上出现的时间不同,补

---

① 参见《最高人民法院印发〈关于贯彻实施《中共中央关于全面深化改革若干重大问题的决定》的分工方案〉》。

偿、救助制度在历史上早于国家赔偿，早在大革命以前，法国和德国就规定了因公共利益特别牺牲权益的补偿；其二，引发原因不同，赔偿基于国家公务过错，补偿基于国家合法行为，救助不仅仅基于国家行为，也可能基于犯罪行为和民事侵权，也可能基于自身的情况，如人民群众因经济困难需要减免诉讼费用、获得法律援助等；其三，关注点不同，赔偿更加看重原因，即着眼于引发赔偿的公权力违法、过错行为，补偿和救助则更加强调结果，即是否存在需要救济、救助的现实情况；其四，所依据的理论基础不同，赔偿总体而言基于"过失责任"理论，强调违法行为的"应责性"，补偿和救助基于"特别牺牲""公共负担"和"风险分散"理论，强调国家、社会、个人对必要牺牲和风险平等负担的机制；其五，所追求的价值取向不同，赔偿更多的是追求形式正义、实现形式法治，补偿和救助则强调实质正义和实质公平。

必须说明的是，现代国家责任体系的新近发展，正推动赔偿、补偿和救助制度的彼此融合，弱化恪守经年的过失责任主义立场。在一些国家和地区，赔偿、补偿和救助之间的界限正在缩小或者消失。

（三）把握赔偿、补偿和救助适用的先后位阶

通常而言，补偿和救助制度的设立，目的在于补足国家责任体系的完备性，填补国家赔偿责任所不能及的领域。有学者认为，国家补偿，系在国家责任的法律体系中，紧跟于公务过失（国家赔偿）之后，为补充其（国家赔偿）不周延而形成的第二范畴的国家责任。在这一问题上，有些国家和地区并不采取"辅从原则"，而采用"并行原则"，如法国的受害人补偿、救助制度，并不以侵权人是否支付赔偿金为前提条件，赔偿与补偿、救助的实现互不干扰。但是，着眼我国当前发展阶段和基本国情，在国家赔偿案件中，仍要准确把握赔偿、补偿和救助之间的先后位阶，把握赔偿程序与善后工作的先后衔接。要坚持"赔偿为主先行，补偿和救助为辅补充"的原则。对国家赔偿明显不足以弥补受害人的损害，同时又符合补偿、救助条件的，对其予以适当救济。

（四）推动赔偿、补偿和救助纳入法治轨道

协调、统筹、整合赔偿、补偿和救助制度，应当运用法治思维和法治方法，把三者纳入法治轨道。与国家赔偿相比，补偿和救助制度的法治化程度尚待深入。如何明确补偿和救助的前提、适用条件、决定程序和拨付执行，是一个系统工程，也是今后相当长的一个时期内，司法改革和人民法院面临的重要任务。总体而言，要重点关注以下几个方面：其一，在国家赔偿案件中，要理顺赔偿、补偿和救助的关系，不至于因为补偿和救助而弱化国家赔偿本应有的救济、制裁和淳化风尚的法律效用；其二，细化补偿和救助的适用标准和审批条件，使其更具可操作性，不至于使补偿和救助过于随意，失之于泛；其三，要在全国法院的范围内实现赔偿、补偿和救助制度的统筹、

协调安排，既要确保赔偿、补偿和救助与本地经济社会发展水平相适应，又要避免个案差异过大的消极情形，等等。当前，最高人民法院正对有关工作进行安排。可以在经过一段时间后，对比较成熟的、达成共识的问题，先行规定；对还不具备条件的问题，待取得经验、条件成熟时再予以明确规范。

（五）确保赔偿、补偿和救助与经济社会发展水平相适应

不管是赔偿、补偿还是救助，归根结底都是从国家税收当中支出，有关费用最终会转嫁到每个纳税人身上，最终会给公共利益形成负担，最终会克减每个公民可能得到的福利。当前，我国实行中央、地方财政双轨制，因为地区发展的不平衡，赔偿、补偿和救助费用的支出，对中西部和其他欠发达地区而言并非轻松的负担。因此，在赔偿、补偿和救助的问题上，赔不赔、补不补、怎么救助，要仔细斟酌。

首先，不能任意克减应予赔偿的费用，也不能随意慷国家之慨，把公共财税当成"唐僧肉"，坚决抵制"花钱买平安"的错误做法；其次，既不能将责任推给受害人，同时也不能无视其他导致责任发生的因素（如涉及其他侵权因素导致同一损害结果的国家赔偿案件），把本不应当由国家承担的责任也大包大揽；最后，要准确把握损益相抵的原则，赔偿、补偿和救助的总额不能明显超出受害人实际损失的范围，救济权利要坚持以损害填补为基本原则，避免少数受害人，接受补偿、救助的人因此获得超额利益。

总之，必须坚持公共负担合理的原则，确保赔偿、补偿和救助与当地经济社会发展水平相适应，实现赔偿、补偿和救助工作边际效应的最大化，确保赔偿、补偿和救助制度的可持续发展。

——陶凯元：《正确处理当前国家赔偿法实施中的若干关系》，载《国家赔偿办案指南》2014年第2辑（总第8辑），法律出版社2014年版，第89~92页。

991. 国家赔偿法律适用与法律解释的关系

关键词

国家赔偿法　法律解释

附录：最高人民法院法官著述

《国家赔偿法》仅42个条文，但内容却非常丰富：规定了三种不同性质的赔偿制度，调整五种公权力主体的职权行为，设计了两种不同的赔偿程序，刑事赔偿程序还规定了自赔、复议、赔偿委员会裁决和赔偿监督四个不同环节，规定了可赔偿的行为范围、损害赔偿范围和损失计算规则。可以说，《国

家赔偿法》中原则性、抽象性、不确定性规范较多，具体、可操作性规范较少，规范供给与司法实践明显不对称。因此，正确理解、处理国家赔偿法律适用与法律解释的关系，在抽象的规则和具体的国家赔偿案件之间搭建桥梁，显得尤为重要。

（一）在《国家赔偿法》条文文义的基础上探寻立法原意

法谚云："字义除非不明确，即应严守。"一般而言，立法者无不力图将立法原意反映在法律条文的字义上。法律的适用，不能轻易离开法律条文的字义。一旦离开字义，法律的客观性、可预测性、安定性将荡然无存，最终伤害法律的尊严，影响法治原则的落实。

法官审理国家赔偿案件，应当以法律条文的文义作为一般根据。在正确掌握、理解《国家赔偿法》条文原意的基础上适用法律，就是在国家赔偿工作中遵循法律标准、坚持法治原则的首要体现。例如，《国家赔偿法》已经明文规定的可归责行为范围、损害赔偿范围、责任承担方式和损失计算标准，应当予以遵守；既不得随意扩大、限缩其适用范围，也不能随意克减、否弃其适用条件。在面临国家赔偿法律条文的字面含义存在模糊、不确定和歧义的情况下，应当正确、科学地运用解释方法，探寻立法者原意，如运用平义解释、限缩解释、扩大解释、体系解释和历史解释等方法。在使用解释方法时，要特别注意遵守不同解释方法之间的位阶关系。①

（二）在符合法律目的的基础上填补《国家赔偿法》的疏漏

人非圣贤，纵是智者，也有失处。立法者无法预测社会生活的变幻无常，更不能穷尽法律调整对象的所有可能，不可避免地会留下疏漏，国家赔偿法表现得尤为典型。例如，人民法院赔偿委员会依照《国家赔偿法》第30条的规定重新审查并作出赔偿决定，应如何适用人身自由赔偿标准。如果重审变更了原决定，依照"作出生效决定上年度职工日平均工资"的标准，则可能

---

① 一般认为，法律解释方法应当按以下次序选择适用：第一，文义解释，适用文义解释时，应当平义解释优先；第二，体系解释，即在其他规范和法律体系中确定法律条文的含义；第三，历史解释，即在立法的历史资料和历史背景中寻找立法者的原意；第四，只有在立法不明确、有疏漏或者违背客观目的时，才涉及目的探究、利益衡量、价值评判等法的续造方法问题。当前，涉及解释方法位阶选择的司法解释或者司法政策较少，主要有《最高人民法院关于审理行政案件适用法律规范问题的座谈会纪要（四）》《上海市高级人民法院民事办案要件指南》等。《最高人民法院关于审理行政案件适用法律规范问题的座谈会纪要（四）》认为，法律解释方法的位阶应当是：第一，一般按照法律条文的通常语义进行解释；第二，有专业上的特殊含义的，该含义优先；第三，语义不清楚或者有歧义的，可以根据上下文和立法宗旨、目的和原则等确定其含义。

发生赔偿金显著变化的问题。对此，法律和司法解释并未考虑周全。①近期，最高人民法院依据《国家赔偿法》兼顾权利救济与适当负担的法律目的，明确人民法院赔偿委员会重新审查并作出赔偿决定时，不适用前述规则。人民法院赔偿委员会经重审认为，原生效的人民法院赔偿委员会赔偿决定漏算侵犯人身自由天数，决定予以变更的，不论赔偿请求人是否已经领取赔偿金，均应在维持原决定支付的赔偿金的同时，适用重新审查决定时的上年度国家职工日平均工资标准计算漏算部分的人身自由赔偿金；人民法院赔偿委员会经重审认为，原生效的人民法院赔偿委员会不予赔偿决定错误，决定予以纠正的，应适用重新审查决定时的上年度国家职工日平均工资标准计算人身自由赔偿金。②

实践中，此类问题还很多，比如当法律裁决行为与具体事实行为主体不一致，或者下级机关行使职权的行为系因上级机关决定的，该情形下由谁作为赔偿义务机关？行政侵权、司法侵权与民事侵权多个原因导致同一损害结果的案件中，如何确定责任形态，正确划分责任份额？侵害特定财产权益（不动产、有价证券、字画）的损失应当如何计算，侵害企业经营权（吊销许可证和执照、责令停产停业）的损失如何计算？支付精神损害抚慰金的裁量因素包括哪些？清白无辜者与疑罪从无、证据排非宣告无罪者是否存在差别适用？等等，不胜枚举。可以说，在国家赔偿案件中，法官经常面临案件事实与法律规范明显不对称的局面，经常面临"法的续造"的艰难选择。对此，我们应当在符合立法目的、制度宗旨和立法者原意的前提下，结合案件具体情况，综合运用外部规则援引、指导案例援引、司法政策补充、学理补充、参照类比、轻重相举、目的解释、反向推论等一系列学科方法，确定国家赔偿法当中的抽象原则、一般条款和不确定概念，正确填补国家赔偿法的漏洞。

（三）在具体案件中慎重运用利益衡量和价值判断方法

所谓"利益衡量"，指的是法官对法律事实（主体、行为、因果关系、后果等）所牵涉的利益进行审视、评价，并在裁决时加以选择或者平衡保护。所谓"价值判断"，指的是法官依据特定规则，对法律事实进行价值评价，选择处于优位的价值予以保护。通常而言，利益衡量和价值判断方法都是在司法审判缺乏正式渊源的前提下进行的，要比以法律规范为基础的判决表现出

---

① 具体指《最高人民法院关于人民法院执行〈中华人民共和国国家赔偿法〉几个问题的解释》第6条第1款的规定，即"赔偿法第二十六条关于'侵犯公民人身自由的，每日的赔偿金按照国家上年度职工日平均工资计算'中规定的上年度，应为赔偿义务机关、复议机关或者人民法院赔偿委员会作出赔偿决定时的上年度；复议机关或者人民法院赔偿委员会决定维持原赔偿决定的，按作出原赔偿决定时的上年度执行"。

② 《最高人民法院关于人民法院赔偿委员会依照〈中华人民共和国国家赔偿法〉第三十条的规定重新审查并作出赔偿决定如何适用人身自由赔偿标准问题的批复》。

更大的不确定和不可预见性,所以"先进的法律制度往往倾向于限制价值论推理在司法过程中的适用范围"。①

国家赔偿工作中,法官要经常面对利益主体多元、矛盾关系复杂、权益冲突尖锐的疑难案件,当《国家赔偿法》对某一问题没有明文规定,或者立法存在明显疏漏之时,就需要法官运用司法智慧,参考多种因素、考量多种依据,妥当权衡利益、评判价值,进行"创造性的司法审判活动"。例如,在国家赔偿案件中,确定支付精神损害抚慰金的金额,就是典型的"利益衡量"方法。人民法院赔偿委员会适用精神损害赔偿条款时,应当综合裁量,考虑个案中刑事司法侵权行为的致害情况、侵权机关及其工作人员的违法、过错程度等相关因素,准确认定精神损害赔偿责任;还应当合理衡平,不同情况区别处理,适当衡平个案及地区差异,统筹兼顾社会发展整体水平和当地居民生活水平。②

必须强调的是,运用利益衡量和价值判断,要根据具体案件情况,慎重运用,要注意把握以下几个原则:其一,要注意解释方法的位阶,只有法律确无明文规定,且穷尽其他的解释方法均无法得出妥当的结论时,才有必要进行利益衡量和价值判断;其二,要杜绝"结论先导",不能依靠主观判断,事先得出裁决结论,再寻找利益衡量和价值判断的方法;其三,利益衡量和价值判断,要符合国家赔偿法的立法目的、要尊重社会公平正义观念和道德伦理价值、要适当倾向于人民群众的利益,确保作出裁决符合社会现实需求和正义价值,确保为社会公众建立的行为规则合法、合理、合情。

——陶凯元:《正确处理当前国家赔偿法实施中的若干关系》,载《国家赔偿办案指南》2014年第2辑(总第8辑),法律出版社2014年版,第86~89页。

992. 依法裁决赔偿案件与妥善应对舆情的关系

关键词

赔偿案件　舆情

---

① [美]E.博登海默:《法理学:法律哲学与法律方法》,邓正来译,中国政法大学出版社2004年版,第528页。
② 《最高人民法院关于人民法院赔偿委员会审理国家赔偿案件适用精神损害赔偿若干问题的意见》。

最高人民法院大法官著述

国家赔偿案件充满了个人与国家的对抗、私权与公权的冲突，是最佳的话题样本和舆论炒作焦点。进入新媒体时代以来，基于低成本、同步性和不特定的传播方式，公众对有关国家赔偿案件事实的探讨、议题的设定、价值的评判，呈现"一边倒"、情绪化，脱离法律、理性的轨道。2013年以来，最高人民法院周强院长和院党组高度关注涉及国家赔偿案件的舆情，要求妥善应对。对此，建议处理好以下几个关系。

（一）依法审理裁决是舆情应对的基本前提

司法的归司法，舆论的归舆论。国家赔偿舆情应对的基本前提，应当是依法审理裁决赔偿案件。人民法院审查处理国家赔偿案件，要严守法律底线，坚持法治原则；国家赔偿法官要不偏不倚，敢于担当，站稳"查明事实清楚""审理程序正当""适用法律正确"和"裁决结果公正"的司法立场。在具体应对舆情、民意时，要把握以下几个原则：其一，既要充分听取赔偿请求人和其他有关人员的意见，也要坚决抵制少数赔偿请求人或者所谓"弱势群体"的舆论炒作，避免"大闹大解决，小闹小解决，不闹不解决"的被动局面，规范自由裁量权，坚持同案同判，法律面前人人平等；其二，既要正确分析、宽容对待舆论意见，也要坚决抵制社会舆论中浅薄、庸俗和错误的观点，对法律负责而不是对舆论负责，独立行使审判权，不为舆情所左右；其三，既要加强与新闻媒体的沟通和联络，也要坚决抵制少数媒体不负责任的报道和评论行为，避免媒体意见影响案件裁决，不能把"法院审判"变成"媒体审判"。

（二）"阳光赔偿"是最有力的舆论引导

公开、公正的国家赔偿立案、审理与裁决过程，是最好的舆情"消毒剂"，"阳光赔偿"是国家赔偿最有力的舆论引导。在具体工作中要重点把握以下几点：

其一，杜绝"小事拖大，大事拖炸"。确保畅通赔偿请求人的诉求表达渠道，加大诉权保护力度，恪守立案标准法定，不能无故推诿、拒绝赔偿请求人的赔偿诉求。其二，程序公开是最好的舆论"宣传阵地"。坚持程序正义与实体正义相统一，坚持平等对待赔偿争议各方，在自赔程序和赔偿委员会裁决程序中依法适用听证、质证，充分听取各方意见，避免偏听偏信、信息沟通不畅，确保审理过程公正透明。其三，减少赔偿请求人对赔偿过程的误解。加大国家赔偿司法便民利民力度，向赔偿请求人充分提示权利、说明诉讼风险，提高程序效率，加强弱势群体国家赔偿司法援助工作，降低弱势群体行使权利的成本。其四，国家赔偿决定书是最权威的"新闻宣传稿"。进一步提高国家赔偿法律文书的撰写水平，提高事实查明的翔实程度，提高国家赔偿法律文书说理水平，提升国家赔偿决定书的法律思想含金量，使每一份决定书都成为生动的普法教材，帮助人民群众正确理解国家赔偿法的规定、立法精神和法治观念，引领社会公众对国家赔偿形成正确的价值判断和法治共识。

（三）裁决结果应当符合人民群众的公平正义观念

"要努力使司法过程和处理结果在法律规定的范围内贴近人民群众的公平正义观念"，[①]国家赔偿案件亦应如此。我们要避免舆情影响独立审判，同时也要防止"冒天下之大不韪"的倾向，反对"司法游离于一般民众的倾向"，[②]避免赔偿结果背离人民群众的公平正义观。为此，必须做到：

其一，准确把握人民群众对国家赔偿工作的需求与期待，切实尊重人民群众对国家赔偿工作的认知和感受，高度重视人民群众对具体国家赔偿案件的关切点；其二，加强对国家赔偿个案相关情况的调查研究，认真了解赔偿案件所涉及的利益关系，多听取赔偿请求人所在居住地基层群众和其他关系人的意见和看法；其三，在坚持法治原则和规范要求的前提下，善于运用人民群众熟悉的方式、语言和经验，努力使国家赔偿案件的审理过程、法律问题和裁决结果，为赔偿请求人和群众所理解，增强国家赔偿工作的可接受性。

（四）完善机制、加强敏感、重大案件舆情应对指导

国家赔偿案件复杂敏感，极易成为舆论关注、炒作甚至利用的对象。从历史经验来看，因为国家赔偿案件伤害国家公信，甚至引发社会动荡、执政危机的案例并不少见。因此，必须完善国家赔偿舆情应对机制，加强敏感重大国家赔偿案件舆情应对指导。为此，应特别关注以下几点：

一是要有舆情"雷达仪"，要安排专人负责"扫描"、搜集本辖区涉及国家赔偿的新闻信息，及时发现可能引发炒作、影响人民法院应有形象的新闻动向，为人民法院国家赔偿工作部门和其他有关部门提供"警示信号"，尽快反应并制定预案，做好新闻发布、舆情监测和舆论调控等工作；二是要有信息"交流站"，要安排专人负责国家赔偿案件权威信息的公布，就案件信息和有关工作与新闻媒体、社会公众进行有效沟通、答疑解惑，杜绝虚假信息和传谣制谣的空间；三是要有舆情应对的"把关人"，要严格把关国家赔偿新闻信息的发布工作，避免信息发布粗糙随意、简单轻浮，形成新的炒作点，给人民法院造成第二次伤害。此外，上下级法院应当重点加强敏感、疑难国家赔偿案件的舆情应对指导。对于可能引发全国性影响的重大案件，要尽快层报最高人民法院，做到应对口径、办法上下统一，步调一致，提高工作效率。

---

① 《最高人民法院关于切实践行司法为民大力加强公正司法不断提高司法公信力的若干意见》第10条。

② ［日］棚濑孝雄：《纠纷的解决与审判制度》，王亚新译，中国政法大学出版社2004年版，第258页。

——陶凯元:《正确处理当前国家赔偿法实施中的若干关系》,载《国家赔偿办案指南》2014年第2辑(总第8辑),法律出版社2014年版,第92~95页。

993. 加强赔偿请求权保护

关键词

赔偿请求权

最高人民法院司法政策精神

"权利救济"是《国家赔偿法》的首要宗旨。陶凯元副院长在讲话中明确提出"强化权利救济理念,牢固树立正确的国家赔偿观念","积极受理精心审理国家赔偿案件"等目标要求。加强对赔偿请求权(诉权)和其他程序性权利的保护,是落实"权利救济"的首要环节。就这一问题,我谈以下五个方面的认识。

第一,了解诉权保护模式的异同,准确把握赔偿请求权保护的基本思路。各国对于请求权的司法保护,存在"从宽"和"从严"两种模式。我国民事诉讼采取的是"宽进严出"模式,凡符合形式要件,即可予立案。行政诉讼采取的是"严进严出"模式,对诉的条件审查更为严格。应当说,两种模式体现了不同的程序价值取向,各有优劣。民事诉讼模式有利于保护诉权,但容易助长滥诉行为;行政诉讼模式有利于尽快稳定法律关系,但门槛较高。国家赔偿诉权保护的模式,应当考虑自身特质和现实需求,区别对待:对于初次提出赔偿请求的,应严格贯彻《最高人民法院关于国家赔偿立案工作的规定》规定的条件,宜采取"宽进严出"的模式;对于已经处理但又重复提起国家赔偿请求的,原则上赔偿请求人必须证明其重新请求赔偿有正当理由,人民法院才予受理。

第二,正确区分赔偿请求权与获赔权,用立案条件而不是胜诉条件去对待赔偿请求权。所谓立案条件,指的是《国家赔偿立案司法解释》第4~8条所明确的,人民法院决定是否受理赔偿申请应当具备的条件。所谓实体裁判要件(也有学者称之为"诉讼要件"),指的是人民法院对赔偿请求人的主张是否具备事实基础和法律依据并据此做出赔偿决定的要件。与立案条件对应的是赔偿请求权,与实体裁判要件对应的是获赔权,二者在适用环节、承办部门和判断标准上泾渭分明。正确区分赔偿请求权与获赔权,就是要准确把握立案条件和实体裁判要件的差异,避免将本来在"后端"(实体审查环节)认定的事项,拿到"前端"(立案审查环节)处理,错误抬高救济门槛。

第三，正确应对"一揽子"权利清单，认真识别法定有效的赔偿请求。实践中，特别是刑事冤错赔偿实践中，受害人因蒙受冤狱而受累颇多，故往往"一揽子"提出各种请求，但其中不少事项超出《国家赔偿法》规定的范围或项目。正确应对这个问题，一要贯彻"赔偿法定""职权法定""程序法定""标准法定"和"追偿追责法定"原则，避免因"善意解决"而将原本不属于国家赔偿范围或者本院赔偿范围的申请事项"一锅烩"。二要加强立案识别和释明指引工作，尽早固定有效赔偿申请，释明哪些属于合法合理但应当通过其他途径寻求救济的赔偿申请。三要针对不同的请求事项，区分救济模式。该赔偿的，依法予以赔偿；该补偿救助的，按照补偿救助的相关规定处理。善后工作可以协助，但不能在赔偿决定主文中搞成"一本糊涂账"。

第四，坚持用法律标准对待赔偿请求人，提高赔偿请求权保护的法治水平。实践中，要坚持以法律标准和法治原则对待赔偿请求人的诉求，不能以本辖区关于国家赔偿立案的"土政策""土办法"和"内部规定"去替代公开、成文的法律标准，不能以所谓"个人内心判断"去替代正确、科学的法律方法和司法逻辑。要坚持"救济优先"的法治思维，对应否受理的案件一时把握不准的，可以先行受理后再予审查；对于依法应当受理而没有受理的案件，以及赔偿请求人有证据证明其撤回申请确属违背真实意思表示或者有其他正当理由可以重新申请赔偿的案件，应当依照国家赔偿法和国家赔偿立案司法解释予以受理。

第五，进一步深化对中央精神和最高人民法院司法政策的认识，争取彻底扭转"求偿难""赔偿难"的局面。加强赔偿请求权保护是贯彻党的十八大精神和《最高人民法院关于深入整治"六难三案"问题加强司法为民公正司法的通知》精神的根本要求。党的十八大报告指出，必须畅通和规范群众诉求表达、利益协调、权益保障的渠道；最高人民法院强调，必须解决"门难进、脸难看、事难办""立案难"等问题。国家赔偿工作必须贯彻上述要求，除了确保理念上、法律上到位，还要积极做好便民利民工作，为赔偿请求权的行使打开方便之门，以创新的制度、机制，确保赔偿程序的畅通。

——杨临萍：《在全国法院国家赔偿工作座谈会上的总结发言》，载《国家赔偿办案指南》2014年第3辑（总第9辑），法律出版社2015年版，第14~16页。

994.加强国家赔偿法律援助工作

关键词

国家赔偿　法律援助工作

最高人民法院司法政策精神

为进一步提升刑事冤错案件国家赔偿工作质效，切实加强人权司法保护，促进国家机关及其工作人员依法行使职权，根据《中华人民共和国国家赔偿法》，结合工作实际，提出如下意见。

一、坚持依法赔偿。各级人民法院要认真贯彻落实党的十八大和十八届三中、四中全会精神，紧紧围绕习近平总书记提出的"努力让人民群众在每一个司法案件中都感受到公平正义"的目标，认真做好刑事冤错案件的国家赔偿工作。要坚持依法赔偿原则，恪守职权法定、范围法定、程序法定和标准法定的要求，依法、及时、妥善地处理刑事冤错案件引发的国家赔偿纠纷。坚持公开公正原则，严格依法办案，规范工作流程，加强司法公开，自觉接受监督。坚持司法为民原则，不断创新和完善工作机制，延伸国家赔偿工作职能。

二、做好刑事审判与国家赔偿的衔接。各级人民法院要建立健全刑事冤错案件宣告无罪与国家赔偿工作的内部衔接机制，做到关口前移、联合会商、提前应对。对于拟宣告无罪并可能引发国家赔偿的案件，刑事审判（含审判监督）部门要在宣判前及时通知本院国家赔偿办案机构，国家赔偿办案机构接到通知后要及时形成赔偿工作预案，必要时要共同做好整体工作方案。对再审改判宣告无罪并依法享有申请国家赔偿权利的当事人，人民法院要在宣判的同时依照刑事诉讼法司法解释的规定告知其在判决发生法律效力后有依法申请国家赔偿的权利。

三、加强对赔偿请求人的诉权保护和法律释明。各级人民法院要坚持以法治思维、法治方式审查处理刑事冤错案件引发的国家赔偿纠纷，切实依法保障赔偿请求人申请赔偿的权利。要依法做好立案工作，准确把握立案的法定条件，畅通求偿渠道，不得以实体审理标准代替立案审查标准。要认真贯彻执行《最高人民法院、司法部关于加强国家赔偿法律援助工作的意见》，切实为经济困难的赔偿请求人申请赔偿提供便利。要认真对待赔偿请求人提出的各项权利诉求，引导其依法、理性求偿，发现赔偿请求明显超出法律规定的范围或者依法应当赔偿而赔偿请求人没有主张的，人民法院要依法、及时予以释明。

四、提升执法办案的规范性和透明度。各级人民法院要严格执行国家赔偿法和相关司法解释的规定，确保程序合法公正。要不断创新和完善工作机制，加强审判管理，进一步提升立案、审理、决定、执行等各环节的规范化水平。要针对国家赔偿案件的特点，创新司法公开的形式，拓展司法公开的广度和深度，自觉接受人大、政协、检察机关和社会各界的监督。要加强直接、实时监督，对于重大、疑难、复杂案件决定组织听证或者质证的，可以邀请人大代表、政协委员、检察机关代表、律师代表、群众代表等参与旁听，也可以通过其他适当方式公开听证或者质证的过程，进一步提升刑事冤错案件国家赔偿工作的透明度。

五、严格依法开展协商和作出决定。各级人民法院要充分运用国家赔偿法规定的协商机制，与赔偿请求人就赔偿方式、赔偿项目和赔偿数额进行协商。经协商达成协议的，依法制作国家赔偿决定书确认协议内容；协商不成的，依法作出国家赔偿决定。针对具体赔偿项目，有明确赔偿标准的，严格执行法定赔偿标准；涉及精神损害赔偿的，按照《最高人民法院关于人民法院赔偿委员会审理国家赔偿案件适用精神损害赔偿若干问题的意见》办理。要注意加强文书说理，充分说明认定的案件事实和依据，准确援引法律和司法解释规定，确保说理全面、透彻、准确，语言通俗易懂，增强人民群众对国家赔偿决定的认同感。

六、加强国家赔偿决定执行工作。各级人民法院要积极协调、督促财政部门等做好生效国家赔偿决定的执行工作，共同维护生效法律文书的法律权威。赔偿请求人向作为赔偿义务机关的人民法院申请支付赔偿金的，被申请法院要依法审查并及时将审查结果通知赔偿请求人。人民法院受理赔偿请求人的支付申请后，要严格依照预算管理权限在七日内向财政部门提出支付申请。财政部门受理后超过法定期限未拨付赔偿金的，人民法院要积极协调催办并将进展情况及时反馈给赔偿请求人。赔偿请求人就决定执行、赔偿金支付等事宜进行咨询的，人民法院要及时予以回应。

七、积极推进善后安抚和追偿追责等工作。各级人民法院要在依法、及时、妥善处理刑事赔偿案件的同时，根据案件具体情况，沟通协调政府职能部门或者有关社会组织，促进法定赔偿与善后安抚、社会帮扶救助的衔接互补，推动形成刑事冤错案件国家赔偿纠纷的多元、实质化解机制。要深入研究和完善国家赔偿法规定的追偿追责制度，严格依法开展刑事冤错案件的追偿追责工作。积极回应人民群众关切，既要做好正面宣传引导工作，又要根据舆情进展情况，动态、及时、主动、客观地进行回应，为刑事冤错案件的国家赔偿工作营造良好的社会氛围。

八、加强对新情况新问题的调查研究。各级人民法院要不断总结刑事冤错案件国家赔偿工作经验，密切关注重大、疑难、敏感问题和典型案件。对工作中发现的新情况新问题，要认真梳理提炼，深入分析研究，尽早提出对策，必要时及时层报最高人民法院。

——《最高人民法院关于进一步加强刑事冤错案件国家赔偿工作的意见》（2015年1月12日，法〔2015〕12号）。

附录：理解与适用

为切实保障困难群众依法行使国家赔偿请求权，规范和促进人民法院办理国家赔偿案件的法律援助工作，具体可从十个方面对《关于加强国家赔偿法律援助工作意见》(以下简称《意见》)进行理解和把握。

（一）强化对国家赔偿法律援助工作重要性的认识

从哲学上而言，任何实践，都是在人类通过认识活动所获得的思想、理论指导下的活动，纯粹脱离认识指导的实践活动是不存在的。国家赔偿法律援助工作近些年实践效果之所以并不尽如人意，与对国家赔偿法律援助工作的认识存在一定联系。只有正确认识国家赔偿法律援助工作的重要性，才能自觉实现国家赔偿法律援助制度设计的预期效果。强化对国家赔偿法律援助工作重要性的认识，首先需要的是形成理性的认识，其次是明确理性认识对实践的重要意义。对于前者要明确四个方面：第一，加强国家赔偿法律援助工作，依法维护困难群众合法权益，有利于预防化解涉及困难群众切身利益的矛盾纠纷，让困难群众感受到公平正义。第二，加强国家赔偿法律援助工作，运用法律手段促进解决国家赔偿救济问题，有利于促进法律正确实施，保障司法公正，提升司法公信力。第三，加强国家赔偿法律援助工作，通过提供公正高效法律援助服务，有利于充分发挥法律援助在服务保障和改善民生中的职能作用，推动提高社会服务管理水平。第四，加强国家赔偿法律援助工作，通过治理的法治化实现社会公平正义，有利于促进社会和谐稳定。对于后者，《意见》中明确"各级人民法院和司法行政机关要充分认识加强国家赔偿法律援助工作的重要性，牢固树立群众观点，认真践行群众路线，进一步创新和完善工作机制，不断提高国家赔偿法律援助工作的能力和水平，努力使困难群众在每一个国家赔偿案件中感受到公平正义"。

（二）推进国家赔偿法律援助援务公开

在国家赔偿法律援助中，无论是申请国家赔偿，还是申请法律援助，都是公民所享有的权利。作为一项权利，其行使必须以公民享有充分知情权为前提，即国家赔偿法律援助首要的前提，就是让困难群众知道有申请国家赔偿及法律援助的权利，要积极推行援务公开。只有援务公开，公民知情权才能更大程度地得到满足，进而才能提及国家赔偿请求权和法律援助请求权的行使。

国家赔偿法律援助援务公开是权利平等的体现，彰显了对基本权利的尊重。援务公开，其实质是国家通过有效途径让困难群众知道其所享有的权利，以及作为申请国家赔偿的困难群众了解自己所享有的权利，从而促进国家赔偿请求权的实现。为了确保国家赔偿法律援助援务公开的效果，《意见》中对援务公开主要采取宏观与微观结合、点面结合的方式进行了规定。在宏观层面，国家采取多种形式公布国家赔偿法律援助的条件、程序、赔偿请求人的权利义务等，让公众了解国家赔偿法律援助相关知识。具体如积极开展国家赔偿法律援助普法宣传活动，多用人民群众喜闻乐见的方式、手段和语言，不断扩大国家赔偿法律援助相关知识的普及，确保更多公众的知情权。在微观层面，人民法院采取点对点的方式，在立案时以书面方式告知申请国家赔偿的公民，如果经济困难可以向赔偿义务机关所在地的法律援助机构申请法律援助，从而增强国家赔偿法律援助的针对性和实效性，避免困难群众因缺少了法律援助而权益无法得到救济。

（三）拓宽国家赔偿法律援助申请渠道

国家赔偿法律援助的对象多属身陷经济困难和法律知识缺乏双重困境的弱势群体，在确保其知情权的前提下，如何拓宽赔偿请求人的申请渠道，畅通申请途径，是国家赔偿法律援助工作发挥作用的关键环节。拓宽申请渠道，不仅需要法律援助机构广泛建立法律援助工作站、联络点，扩大基层法律援助服务网络覆盖范围，使困难群众法律援助申请及时就近得到受理，而且也需要人民法院采取相应的措施，在人民法院设立法律援助工作站，方便法律援助机构接受法律援助申请。《意见》中对拓宽国家赔偿法律援助申请渠道进行了规定，"充分发挥基层法律援助工作站点在解答咨询、转交申请等方面的作用，畅通'12348'法律服务热线，有条件的地方可以在人民法院设立法律援助工作站，方便公民寻求国家赔偿法律援助"。此外，各地在《意见》原则规定的基础上，还可以探索法律援助机构授权律师事务所等法律服务机构代为受理公民申请；对老弱病残等有特殊困难的受援对象推行电话申请、邮寄申请、上门受理等服务方式；有条件的地方开展网上受理申请，充分发挥网络公开、便捷、高效的优势，开展网上受理工作，从而充分拓宽国家赔偿法律援助申请渠道。

（四）提高国家赔偿法律援助申请效率

在国家赔偿法律援助申请的价值选择上，《意见》采取了"效率优先、实现公正"价值取向。这样的价值取向主要考虑了两个方面的因素：第一是《国家赔偿法》规定的人民法院办理国家赔偿案件的期限。如该法第23条规定，"赔偿义务机关应当自收到申请之日起两个月内，作出是否赔偿的决定"；第28条规定，"人民法院赔偿委员会应当自收到赔偿申请之日起三个月内作出决定；属于疑难、复杂、重大案件的，经本院院长批准，可以延长三个月"。实践中，当人民法院立案后告知赔偿请求人有申请法律援助的权利，而法律援助机构不能及时提供法律援助，那么该权利的设定就失去了原本的意义。第二是在赔偿请求人申请法律援助中，赔偿请求人多是因（或认为）国家机关侵权行为而权益受到损害的公民，及时高效地给予法律援助，较之于公正地向符合法律援助条件的赔偿请求人提供法律援助更为重要。《意见》对提高国家赔偿法律援助申请效率规定了两个方面：一是原则性规定"法律援助机构对公民提出的国家赔偿法律援助申请进行审查，要在法定时限内尽可能缩短时间"；二是为提高申请效率，对国家赔偿法律援助的特殊情形进行了规定的"对申请事项具有法定紧急或者特殊情况的，法律援助机构可以先行给予法律援助，事后补办有关手续"。

（五）创新国家赔偿法律援助服务方式

《意见》的起草过程中遵循了"要有突破性""要在法律范围内有所延伸"的指导思想，创新国家赔偿法律援助服务方式，以切实解决群众的现实需求。创新服务方式主要体现在两个方面：

第一，推行点援制，规定"法律援助机构根据国家赔偿案件类型，综合法律援助人员专业特长、赔偿请求人特点和意愿等因素，合理确定承办机构及人员，有条件的地方推行点援制"。点援制，是指法律援助在国家赔偿法律援助中，不再为其选任法律援助人员，而是受援人根据案件案由、案情等因素，在法律援助机构建立的人员名册内自主选择法律援助人员。创新点援的服务方式是国家赔偿案件涉及三大诉讼和涉及侦查、检察、审判、执行、监狱管理等多项职权，且由于属于最终的司法救济渠道，案件往往牵涉多个程序和环节，案件代理难度往往较大。"点援制"既可以确保受援人选择自己满意的律师，也可以照顾到法律援助人员参加国家赔偿法律援助的意愿，把缺乏办理国家赔偿经验或参与法律援助热情的法律援助人员排除在外，为提高法律援助质量奠定了基础。

第二，简化法律援助受理审查程序，规定"对无罪被羁押的公民申请国家赔偿，经人民法院确认其无经济来源的，可以认定赔偿请求人符合经济困难标准"。上述规定是《意见》中最大的突破和亮点，也最能体现国家赔偿法律援助权利救济的价值。无罪被羁押的公民已经遭受了公权力的侵害，并且对于这类人而言，亟须使其重归正常的生活轨迹，所以人民法院可根据情况直接确认其无经济来源，减少法律援助机构的审查程序，以便国家尽快地给予合理的赔偿。

（六）加大国家赔偿法律援助保障力度

《意见》综合考虑了各方面的因素，主要在五个方面加大了国家赔偿法律援助保障力度：第一，原则性规定了"人民法院要为法律援助人员代理国家赔偿法律援助案件提供便利"，明确了国家赔偿法律援助中人民法院具有为法律援助人员提供便利的义务。第二，细化了《国家赔偿法》第27条"人民法院赔偿委员会处理赔偿请求，采取书面审查的办法。必要时，可以向有关单位和人员调查情况、收集证据"的规定，明确人民法院调查取证的职责，即"对于法律援助人员申请人民法院调查取证的，应当依法予以积极支持"。第三，考虑国家赔偿案件中申请法律援助的赔偿请求人都是社会的弱势群体，规定了人民法院免收国家赔偿案件材料复制的费用,即人民法院"对法律援助人员复制相关材料的费用,应当予以免收"。第四,为了提升法律援助人员参与国家赔偿法律援助的积极性,规定"司法行政机关要综合采取增强社会认可度、完善激励表彰机制、提高办案补贴标准等方法,调动法律援助人员办理国家赔偿法律援助案件积极性"。第五,为了肯定法律援助机构和法律人员所提供的公共服务,规定了"人民法院办理国家赔偿案件作出的决定书、判决书和裁定书等法律文书应当载明法律援助机构名称、法律援助人员姓名以及所属单位情况等"。

(七)加强国家赔偿法律援助中各方关系的良性互动

在促进国家赔偿法律援助中各方关系良性互动方面,《意见》规定了三个方面内容:第一,细化了《国家赔偿法》第27条"赔偿请求人与赔偿义务机关对损害事实及因果关系有争议的,赔偿委员会可以听取赔偿请求人和赔偿义务机关的陈述和申辩,并可以进行质证"的规定,明确人民法院听取意见的职责,即"人民法院办理国家赔偿案件,要充分听取法律援助人员的意见,并记录在案",以保障法官与法律援助人员的充分沟通。第二,顺畅工作衔接配合机制,尤其是人民法院与法律援助机构在办理案件过程中的相互衔接,即"人民法院和法律援助机构就确定或更换法律援助人员、变更听取意见时间、终止法律援助等情况及时进行沟通,相互通报案件办理进展情况"。第三,建立联席会议机制,强化人民法院与法律援助机构、法律援助人员的衔接配合,畅通沟通联系渠道,保证国家赔偿法律援助工作的无缝衔接,即"人民法院和司法行政机关要建立联席会议制度,定期交流工作开展情况,确保相关工作衔接顺畅"。

(八)提升国家赔偿法律援助工作质效

《意见》在总结实践经验基础上,结合人民法院和法律援助机构相关工作职责,主要从两个方面对提升国家赔偿法律援助案件质效进行了规定:第一,明确承办法官和法律援助人员具体工作要求。法律援助机构要引导法律援助人员认真做好会见、阅卷、调查取证、参加庭审或者质证等工作,根据法律法规和有关案情,从维护赔偿请求人利益出发提供符合标准的法律服务,促进解决其合法合理的赔偿请求。承办法官和法律援助人员在办案过程中要注重做好解疑释惑工作,帮助赔偿请求人正确理解案件涉及的政策法规,促进赔偿请求人服判息诉。司法实践中,特别是一些赔偿请求人在无证据、无法律规定的情况下盲目求索高额赔偿,更应当耐心细致地尽到提示释明责任,以尽可能降低赔偿请求人的预期,避免讼累和社会资源的浪费。第二,加强案件质量管理。法律援助机构根据国家赔偿案件特点完善办案质量监督管理机制,综合运用案件质量评估、案卷检查评比、回访赔偿请求人等方式开展质量监管,重点加强对重大疑难复杂案件办理的跟踪监督。人民法院发现法律援助人员有违法行为或者损害赔偿请求人利益的，要及时向法律援助机构通报有关情况，督促法律援助人员依法、依规办理案件。

（九）建立国家赔偿法律援助效果延伸机制

《意见》对国家赔偿法律援助效果延伸进行了相应的规定：第一，建立纠纷调解工作机制。人民法院和法律援助机构要引导法律援助人员选择对赔偿请求人最有利的方式解决纠纷，对于案情简单、事实清楚、争议不大的案件，根据赔偿请求人意愿，尽量采用调解方式处理，努力实现案结事了。申言之，尊重当事人意愿，根据案情需要引导当事人采取非诉讼方式解决纷争，做到每办一件案子就化解一起纠纷、增加一份和谐。第二，建立矛盾多元化解机制。赔偿请求人是因公权力侵权受到的损害，金钱方面的赔偿不足以弥补其所受到的损害，更应加强对当事人的心理疏导和关爱，帮助赔偿请求人恢复正常生活，即"指导法律援助人员依法妥善处理和化解纠纷，努力解决赔偿请求人的合理诉求，做好无罪被羁押公民的安抚工作，并通过引进社会工作者加入法律援助工作、开通心理热线等方式，加强对赔偿请求人的人文关怀和心理疏导，努力实现法律效果与社会效果的统一"。

（十）扩大国家赔偿法律援助工作的宣传

进一步提升国家赔偿法律援助的社会影响力，以及确保国家赔偿法律援助和《意见》施行效果最大化，离不开相应的宣传工作。并且，做好国家法律援助宣传工作，对于推动社会各界关心支持法律援助、扩大法律援助工作社会影响具有重要作用。为了确保宣传工作的系统性和实效性，《意见》对开展宣传进行了相应的规定，即"加大宣传力度，充分利用报刊、电视、网络等媒体，广泛宣传国家赔偿法律援助工作，及时总结推广工作中涌现出的好经验好做法，为国家赔偿法律援助工作开展营造良好氛围，并对法律援助工作中涌现的先进典型和经验，通过多种形式进行宣传推广，进一步巩固工作成果"。实践中，扩大宣传国家赔偿法律援助工作，应多用人民群众喜闻乐见的方式、手段和语言，充分利用电视广播、报纸杂志以及手机网络等新兴媒体，积极开展各种国家赔偿法律援助主题活动和主题宣传，不断扩大宣传工作覆盖面，增强法律援助宣传工作的针对性和吸引力，提高国家赔偿法律援助在社会和公民中的知晓度。让广大群众了解国家赔偿法律制度，增强运用国家赔偿法律援助维护自身合法权益的意识，不断提高社会公众对国家赔偿法律援助工作的认知率，扩大国家赔偿法律援助工作的社会影响力，形成全社会关心、支持、参与法律援助的良好氛围。

——杨临萍、何君、徐超：《〈关于加强国家赔偿法律援助工作意见〉的理解与适用》，载《国家赔偿办案指南》2014年第2辑（总第8辑），法律出版社2014年版，第35~41页。

995. 行政补偿和行政赔偿竞合的处理

关键词

行政补偿 行政赔偿

最高人民法院审判业务意见

当事人已就案涉土地上附着物的损失提起行政赔偿诉讼,并已获得人民法院判决支持的,其受损的权益已通过行政赔偿方式依法得到救济。当事人就同一地上附着物再行提起行政补偿诉讼,没有事实根据,其提出的行政补偿请求不能予以支持。若当事人认为案涉土地上附着物未得到依法充分赔偿的,可就相关行政赔偿诉讼主张权利。

行政赔偿和行政补偿制度作为行政法领域的两个重要制度,都是国家对行政机关及其工作人员行使职权过程中给公民、法人或者其他组织合法权益造成的损害采取补救措施。然而,在行政法律关系中,行政机关或法律、法规授权组织对于行政管理相对人基于不同情况可能给予行政赔偿,也可能给予的是行政补偿,二者之间具有相似之处,所以极易混淆。行政赔偿性质上属于行政法律责任,而行政补偿性质上属于具体行政行为。行政赔偿是国家对行政机关及其工作人员违法行使职权的行为而承担的一种法律责任,具有否定和谴责的含义;而行政补偿是国家对行政机关及其工作人员合法行为所造成的损害而采取的补救措施,行政机关作出的补偿决定属于具体行政行为。

由于引起损害的原因不同,导致了不同的法律后果。行政赔偿是以违法行为为前提,所以赔偿是针对行政机关实施的侵权行为所造成的损害进行赔偿;而行政补偿则是由于行政机关的合法行为所引起,是对行政机关合法行为所造成的损失进行弥补。如果对一个行政行为的合法性进行肯定的评价,那么即使该行为对行政相对人造成了侵害,行政相对人也只能通过申请行政补偿获得权利救济。例如,在集体土地征收过程中,相关行政机关如果履行了相关的法定程序,合法征收了集体土地的,被征收人均有通过补偿程序获得补偿的权利。而当一个行政行为被依法确认为违法的情况下,权益受侵害的当事人应该受害人应当通过什么程序寻求损害救济呢?我们认为,同样以集体土地征收为例,如果行政机关违法征收了集体土地使用权人的土地,或者违法征收了房屋所有权人的房屋,那么权益受损的被征收人其实享有两种途径实现权利救济:第一,其可以向行政机关申请履行补偿安置的法定职责;第二,其还可以就违法行政行为向违法机关申请行政赔偿。而在权益救济时,则可能发生行政补偿与行政赔偿的竞合。

按照《土地管理法》（2004年修正）第四十七条①的规定，征收土地的，按照被征收土地的原用途给予补偿。征收耕地的，补偿费用包括土地补偿费、安置补助费以及地上附着物和青苗的补偿费。这里是正常征地的补偿范围，即政府合法履行征地手续后开展征地行为，所需支付征收对象的补偿范围。如果征地行为违法或者未履行征地审批手续而直接实施征地行为，亦即征地行为违法的情况下，行政机关理当按照《国家赔偿法》的规定履行行政赔偿义务。补偿与赔偿，虽一字之差，但性质迥异，计算标准与方式也不同，因而在违法征地或违法占地引发的行政赔偿案件中，就会涉及行政补偿和行政赔偿的关系问题。

如果相关行政机关履行了土地征收程序，而在实际实施过程中存在违法侵权的行为的，要区分补偿与赔偿的范围，对于已经纳入或者可以通过行政补偿程序弥补的损失，依法按照补偿的标准和程序来处理，而不宜纳入赔偿范围来处理。但是如果政府没有履行征地补偿程序，而直接实施了相应的征地行为的，在相关行为被确认违法之后，当事人主张赔偿损失的，则应当纳入行政赔偿范围，按照行政赔偿的标准、程序和方式进行赔偿。在这种情况下，裁判的基础是按照《土地管理法》中对正常征地补偿标准的规定确定赔偿数额的基数，再按照《国家赔偿法》的标准，从显示对违法行政行为惩戒和对受侵害人权益的救济来确定赔偿的最终数额。在这种情况下，不能完全参照相关征地安置补偿方案中确定的标准，这样就无法体现对违法行政行为的惩罚了。

本案中，宋某对M县M镇人民政府将其承包地上的附着物强行清除的行为已经提起行政诉讼并获得行政赔偿，在此情况下，宋某因同一事由再次要求M县政府予以行政补偿，其实是对已经通过行政赔偿获得救济的权益，再次申请行政补偿，这就属于重复或者交互运用救济手段。在已经获得行政赔偿的时候，不能重复或者交互运用救济手段，再行寻求行政补偿。若宋某认为案涉土地上附着物未得到依法充分赔偿的，可就相关行政赔偿诉讼主张权利。

——姜伟主编、最高人民法院第四巡回法庭编：《最高人民法院第四巡回法庭疑难案件裁判要点与观点》，人民法院出版社2020年版，第500~505页。

---

① 本条规定现为《中华人民共和国土地管理法》（2019年修正）第四十八条。

996. 行政赔偿与行政补偿的主体与范围

关键词

行政优益权　行政赔偿　行政补偿

最高人民法院司法解释

第十六条　在履行行政协议过程中，可能出现严重损害国家利益、社会公共利益的情形，被告作出变更、解除协议的行政行为后，原告请求撤销该行为，人民法院经审理认为该行为合法的，判决驳回原告诉讼请求；给原告造成损失的，判决被告予以补偿。

被告变更、解除行政协议的行政行为存在行政诉讼法第七十条规定情形的，人民法院判决撤销或者部分撤销，并可以责令被告重新作出行政行为。

被告变更、解除行政协议的行政行为违法，人民法院可以依据行政诉讼法第七十八条的规定判决被告继续履行协议、采取补救措施；给原告造成损失的，判决被告予以赔偿。

——《最高人民法院关于审理行政协议案件若干问题的规定》（2019年11月27日，法释〔2019〕17号）。

附录：最高人民法院主流观点

损害赔偿从狭义上说指因侵权行为致他人损害所产生的损害赔偿之债。但广义上还包括因合同约定债务不履行等行为而产生的损害赔偿之债。从广义上来说，行政损害赔偿不仅包括国家的行政侵权损害赔偿，还应包括国家违反行政协议给公民、组织的合法权益造成的损害所应承担的责任。损害赔偿的功能是权利救济、权力制约以及调整公私利益、实现社会公平。依照我国《国家赔偿法》的规定，国家行政机关和行政机关工作人员在行使职权过程中对公民、法人或其他组织的合法权益造成损害的，受害人有权获得国家赔偿。在行政协议履行过程中，行政机关基于行政权力的运行，行使行政优益权。如果该行为是合法行为，但是给行政协议相对人造成损害的，应当承担补偿责任。如果违法行使行政优益权，单方变更或者解除行政协议给相对人造成损害的，应当承担赔偿责任。

《行政协议解释》将行政赔偿和行政补偿写入相应条款，有利于受到损失的行政协议相对人得到及时的救济，扩展了救济渠道。行政机关因其违法行为给协议相对人造成损害的应当赔偿。出于对公共利益的维护且不归责于双方的情形，如发生情势变更而行使临时接管权或单方解除合同时，同样应当对合同相对方进行补偿。在赔偿或补偿的主体上，首先应当确定责任者。如果损失或损害是由一个部门造成的，则应当由该部门进行赔偿或补偿；如果是由多个部门造成的，则需要评估责任的大小，以确定这几个部门的责任分配。受损一方有过错的，减轻对方的责任。在赔偿或补偿的范围上，可以由受损失的一方将自己的损失情况交予专业第三方鉴定，并由双方在平等协商的基础上列出具体的赔偿项目清单，对受损利益进行科学合理的评估。赔偿标准则应当参照行业标准以及当地经济发展水平等确定。

——最高人民法院行政审判庭编著：《最高人民法院关于审理行政协议案件若干问题的规定理解与适用》，人民法院出版社2020年版，第240页。

二、行政赔偿

997. 涉及行政机关作出行政赔偿决定的相关案件的审理思路

关键词

行政赔偿决定　审理思路

最高人民法院司法解释

第三条　赔偿请求人不服赔偿义务机关下列行为的，可以依法提起行政赔偿诉讼：

（一）确定赔偿方式、项目、数额的行政赔偿决定；

（二）不予赔偿决定；

（三）逾期不作出赔偿决定；

（四）其他有关行政赔偿的行为。

——《最高人民法院关于审理行政赔偿案件若干问题的规定》（2022年3月20日，法释〔2022〕10号）。

附录：最高人民法院主流观点

在行政审判实践中，人民法院对于行政机关作出的行政赔偿决定是否可予以司法审查，进入司法审查之后如何进行处理等问题，各地认识和实际做法均有较大差异。有的地方法院对于公民、法人或者其他组织提出的围绕行政赔偿的多项诉讼请求，只审查行政赔偿请求是否合法合理的诉求，而对于公民、法人或者其他组织提出的要求撤销或者确认行政机关作出的行政赔偿决定则不予审查。有的地方法院则是对公民、法人或者其他组织提出的关于撤销行政机关作出的行政赔偿决定或者要求重新作出行政赔偿决定等予以直接审查和裁判。各地人民法院的上述差异做法主要是由于对行政机关作出的行政赔偿决定与人民法院审理行政赔偿案件之间的关系没有清晰准确的认识而导致的。《最高人民法院关于审理行政赔偿案件若干问题的规定》第三条较好地解决了行政审判实践中的上述争议,明确了涉及行政机关作出行政赔偿决定的相关案件的审理思路。

一、关于行政赔偿诉讼的受理范围

决定人民法院受理案件范围的因素很多,主要包括:

(一)是否适宜司法途径解决

社会生活中有很多类型的争议,但并不是所有的争议都适合通过司法途径予以解决,是否能够通过诉讼方式来解决主要取决于争议的特点和性质。

(二)司法权与其他权力的边界

国家设置不同的机关是为了实现不同的社会治理功能,不同机关之间的职能不能互相取代。司法权的行使尽管是提供司法救济,但无权对所有事项进行审查及评判,如国防事项、外交事项等。

对于行政赔偿诉讼而言,公民、法人或者其他组织提起行政赔偿诉讼的目的就在于,请求人民法院判令行政机关赔偿其所受到的损失。关于公民、法人或者其他组织提出的行政赔偿请求,行政机关可能在诉讼之前已经作出了相应处理,也可能并未作出处理。在行政赔偿诉讼中,对于公民、法人或者其他组织针对行政机关已经作出的行政赔偿决定、不予赔偿决定或其他有关行政赔偿事项提出的诉讼请求都应当属于行政赔偿诉讼的受理范围,即均是人民法院审理行政赔偿案件的审查范围,只有将行政机关作出的行政赔偿决定审查好了才能较全面地解决公民、法人或者其他组织的行政赔偿诉求。当然,对于公民、法人或者其他组织向人民法院提起行政赔偿诉讼时,其并未向行政机关提出过行政赔偿请求的,即尚不曾有行政赔偿决定等情形,公民、法人或者其他组织所提诉讼请求一般是要求判令行政机关承担相应的行政赔偿责任等,此类行政赔偿案件的受理以及审查范围就是行政赔偿请求等。还有一种情形是,在公民、法人或者其他组织向人民法院提起行政赔偿诉讼之前,行政机关已经针对其提出的行政赔偿申请作出过行政赔偿决定等,此时,公民、法人或者其他组织向人民法院提起行政赔偿诉讼的诉讼请求可能除了要求判令撤销行政机关作出的行政赔偿决定等外,还要求人民法院支持其所提的行政赔偿请求,就其行政赔偿请求直接作出行政判决。因此,不同情形之下,公民、法人或者其他组织向人民法院提起的行政赔偿诉讼请求有所不同,行政赔偿诉讼的受理范围也相应要有所区别。

二、行政赔偿决定与行政赔偿判决及行政赔偿请求之间的关系无论是在行政赔偿决定还是在行政赔偿判决中，行政赔偿请求都是核心，行政赔偿程序以及行政赔偿诉讼的启动都源于公民、法人或者其他组织所提起的行政赔偿请求。从结果意义上来说，行政机关作出的行政赔偿决定以及人民法院作出的行政赔偿判决对于公民、法人或者其他组织实现其行政赔偿请求具有决定性作用。

（一）行政赔偿请求涉及行政赔偿决定的，人民法院需要在行政赔偿判决中对行政赔偿决定进行明确处理

基于行政行为的公定力、拘束力等效力，在被有权机关撤销之前，行政行为一旦作出即具有法律效力，对于行政机关作出的行政赔偿决定亦是如此，公民、法人或者其他组织向行政机关提出行政赔偿申请，行政机关作出行政赔偿决定即确定了对公民、法人或者其他组织是否予以行政赔偿；若决定赔偿，赔偿的方式、范围及数额等。行政赔偿决定一经作出即对公民、法人或者其他组织的权利义务产生了直接影响；若公民、法人或者其他组织对于行政机关作出的行政赔偿决定不服，可以通过向人民法院提起行政诉讼的方式保障自身合法权益。如果人民法院在审理行政赔偿案件时不对行政机关作出的行政赔偿决定的合法性进行判断，则无法从实质上解决公民、法人或者其他组织与行政机关之间关于行政赔偿问题的争议；若人民法院在没有撤销已生效的行政赔偿决定之前直接针对公民、法人或者其他组织所提行政赔偿诉讼请求作出实体裁判，还会导致人民法院的判决与行政机关所作出的行政赔偿决定二者效力并存的尴尬局面。尽管实践中当人民法院就赔偿事项作出生效判决之后，行政机关之前所作出的行政赔偿决定即被生效裁判的法律效力所覆盖，但不利于解决行政赔偿纠纷。

（二）行政赔偿判决应主要围绕行政赔偿请求作出

行政赔偿请求是启动行政案件审理程序的起点，与案件情况紧密相连。人民法院审理行政赔偿案件时须结合案件事实对公民、法人或者其他组织提出的行政赔偿请求进行全面审查。

大多数情况下，行政赔偿诉讼都是在行政机关作出的行政行为被确认违法的前提下进行的，审查的重点就在于，公民、法人或者其他组织提出的行政赔偿请求是否合法合理。公民、法人或者其他组织所提的行政赔偿请求一般包括赔偿方式、具体项目以及金额等内容，人民法院也主要是针对行政赔偿方式等具体内容进行审理。

三、针对公民、法人或者其他组织在行政赔偿诉讼中提出的不同诉讼请求，人民法院如何进行裁判

人民法院的诉讼程序基本上都是公民、法人或者其他组织启动的，人民法院在审理案件时也主要围绕原告所提的诉讼请求进行。

当公民、法人或者其他组织对行政机关作出的行政赔偿决定不服，向人

民法院提起行政赔偿诉讼，请求判令撤销行政赔偿决定并要求行政机关重新作出行政赔偿决定的，人民法院可以对行政机关作出的行政赔偿决定进行审理，如果该行政赔偿决定符合法律法规等规定，行政程序合法，认定事实清楚准确，则判决驳回公民、法人或者其他组织的诉讼请求；若该行政赔偿决定确实存在违法或者明显不当之处，则判决撤销该行政赔偿决定并判令行政机关在一定期限内重新作出行政赔偿决定。当公民、法人或者其他组织对行政机关作出的行政赔偿决定不服，请求人民法院撤销该行政赔偿决定并直接作出赔偿判决的，人民法院经审理认为被诉行政机关所作行政赔偿决定违法，在判决撤销行政赔偿决定的同时，一般应当作出赔偿判决。

当公民、法人或者其他组织认为行政机关在法定期限内未对其赔偿申请作出决定违法，向人民法院提起行政赔偿诉讼要求判令确认该未作出决定行为违法，并要求行政机关作出行政赔偿决定的，人民法院原则上应当对行政赔偿争议进行裁判，积极引导当事人围绕行政赔偿争议进行诉讼；公民、法人或者其他组织坚持要求行政机关作出行政赔偿决定，且人民法院无法对行政赔偿争议进行裁判的，经审理认为行政机关应当先行作出行政赔偿决定的，应当判决确认行政机关未作出行政赔偿决定行为违法，并判令其在一定期限内作出行政赔偿决定；若人民法院经审理认为被诉行政机关明显不具有公民、法人或者其他组织所主张的赔偿义务或者作出赔偿决定职责的，可以裁定驳回起诉。

当公民、法人或者其他组织对行政机关作出的行政赔偿决定不服向人民法院提起行政赔偿诉讼，请求人民法院支持其行政赔偿请求，但并未主张撤销行政赔偿决定的，人民法院经审理认为公民、法人或者其他组织所提行政赔偿请求合法，可对赔偿事项作出判决，支持其主张；若认为公民、法人或者其他组织所提行政赔偿请求部分合法、部分不合法不合理的，可针对赔偿事项作出相应判决，支持其部分主张。

关于公民、法人或者其他组织提起的行政赔偿诉讼中涉及的赔偿金额问题，在有的类型案件中，如强制拆除案件中较难确定，由于标的物如房屋、财物等在强制拆除行为实施后已经灭失，当进入行政诉讼时可能已经时隔多年，对被拆除房屋等财产价值的判断即使是借助鉴定等专业技术手段，受客观条件所限，有时也很难准确确定赔偿金额。在此种情况下，就需要人民法院结合当地同一地段的类似房屋市场价值进行综合判断。还有的情况是公民、法人或者其他组织主张在行政机关实施行政强制行为过程中损毁了其所有的贵重物品，在这类案件中主要涉及双方举证责任如何承担，以及人民法院根据生活经验和一般规律进行判定的问题。

——最高人民法院行政审判庭：《最高人民法院关于审理行政赔偿案件若干问题的规定理解与适用》，人民法院出版社2022年版，第58~63页。

998. 单独提起行政赔偿诉讼构成要件的辨识

> **关键词**

行政赔偿构成要件

> **最高人民法院审判业务意见（行政庭法官会议纪要）**

根据《国家赔偿法》《行政赔偿司法解释》的规定，行政机关及其工作人员在行使行政职权时损害公民、法人或其他组织财产权益的，当事人有权在满足一定条件时就该违法行为单独提起，或与行政诉讼同时提起行政赔偿之诉。甲县政府违法颁发《国有土地使用权证》，当事人A基于对甲县政府、县自然资源局的信赖，按照土地使用权载明的年限进行了投入。然而甲县政府在依法纠正其行政违法行为时，客观上使得A的土地使用年限不当缩减，从而造成了A的损失。A在多次向甲县政府、县自然资源局反映情况后，县自然资源局与A共同委托鉴定机构对损失进行鉴定未果。在此情况下，A提起单独行政赔偿之诉符合《行政赔偿司法解释》第二十一条起诉条件的规定，且未超过第二十二条规定的起诉期限，人民法院应当予以受理。

附：案情简介

1999年10月，甲县政府向A颁发《国有土地使用权证》，将荒山5555.5亩的土地使用权出让给A，土地使用期限50年。A随后对该地块进行农林业投资开发经营。2015年12月开始，A的经营活动受到当地村民阻扰。2016年1月，甲县政府责令A所经营企业停产停业。同月，甲县政府注销了前述《国有土地使用权证》，当地部分村民进入案涉土地并造成A生产生活设施的较大损失。2016年开始，A多次向甲县政府、县自然资源局（原县国土资源局）主张赔偿。经协商，双方同意共同委托鉴定机构对损失进行鉴定，但鉴定随后被县自然资源局单方中止。A遂于2018年以甲县政府、县自然资源局为被告提起行政赔偿之诉，形成本案诉讼。另外，A此前还以甲县政府、县自然资源局为被告提起行政诉讼，请求确认1999年颁证行为违法，人民法院以超出起诉期限为由裁定驳回A的起诉。

——《单独提起行政赔偿诉讼构成要件的辨识》，载李少平主编：《最高人民法院第五巡回法庭法官会议纪要》，人民法院出版社2021年版，第322~334页。

999. 因政策性原因实施关闭取缔行为的合法性审查和权益救济

关键词

政策性原因　关闭取缔行为　合法性审查

最高人民法院裁判文书

永兴县鲤鱼塘东风机砖厂诉湖南省永兴县人民政府、湖南省永兴县科技和工业信息化局行政强制及行政赔偿案〔最高人民法院（2020）最高法行申7018号行政裁定书〕

裁判要旨：1. 关闭取缔不符合国家产业政策的有关企业，是事关安全生产、生态保护和环境资源有效利用的专项工作，有利于促进国民经济和社会的发展，满足社会公共利益的现实需要，应当依法开展并注重对企业合法权益的保护。虽然现行立法未对不符合国家产业政策有关企业的关闭退出工作及程序作出具体、明确的规定，但实践中仍应遵守正当程序与法治秩序的基本要求。

2. 有关企业因公共利益而关闭退出，因此所受的直接损失有权利主张公平合理的补偿。行政机关应在一定期限内与关停企业就有关补偿问题进行协商，协商不成的，应尽快就补偿金额、如何采取补偿措施等相关问题作出相应的补偿决定。

最高人民法院经审查认为，关闭取缔不符合国家产业政策粘土砖企业，是事关安全生产、生态保护和环境资源有效利用的专项工作，有利于促进国民经济和社会的发展，应当依法开展并注重砖厂权人的权益保护。虽然现行立法未对不符合国家产业政策粘土砖企业的关闭退出工作及程序作出具体、明确的规定，但实践中仍应遵守正当程序与法治秩序的基本要求。湖南省淘汰落后产能和企业兼并重组工作领导小组办公室《关于落实中央环保督察反馈意见全面取缔违反法律法规及不符合国家产业政策粘土砖企业的督办函》（湘淘汰落后办〔2017〕19号）、郴州市淘汰落后产能工作领导小组办公室《郴州市依法整顿取缔粘土砖企业专项行动工作方案》（郴淘汰落后办〔2017〕1号）等文件从实际出发，对不符合国家产业政策粘土砖企业退出条件、程序和步骤进行了规定，应当作为被诉行政行为合法性的判断标准。

东风砖厂存在使用国家产业政策淘汰类的无顶轮窑及手续不齐等问题，依照上述政策精神，属于依法直接关闭之列。由于东风砖厂未依照"两断三清"的要求自行处置到位,永兴县政府在关闭验收时间将至之际,开展集中整治,联合多个部门对其实施强制拆除,通过永兴县经济和科学技术综合执法大队发出永电法告〔2017〕1212号《停止电力供应告知书》,永兴县砖厂综合整治和规范发展工作领导小组办公室向东风砖厂发出《通知》,载明相关事项,履行了提醒、告知义务,并未通过炸毁等暴力方式对东风砖厂进行关闭取缔,亦未超出必要的限度,无明显不当。永兴县政府根据省、市、县三级政府作出的关闭取缔及"两断三清"行为,是依据中央及地方政策而不是依据法律作出的,总体上符合国务院和湖南省人民政府相关文件的规定。东风砖厂主张永兴县政府在整个关闭取缔程序中未履行催告、公告、充分听取其陈述和申辩等法定程序,径行关闭,造成其财产损失。但东风砖厂因政策性原因关闭,是多环节的综合过程,涉及不同主体不同行为,历经不同程序不同阶段,不同于通常意义的生效行政许可的撤回,而是永兴县政府贯彻落实产业结构调整、满足社会公共利益的现实需要。因此,不应以个别程序瑕疵作为认定整个关闭退出行为违法的依据,应当对整个关闭行为的合法性予以肯定。

东风砖厂因公共利益而关闭退出,因此所受的直接损失有权利主张公平合理的补偿。永兴县政府应在一定期限内与东风砖厂就有关补偿问题进行协商,协商不成的,应尽快就补偿金额、如何采取补偿措施等相关问题作出相应的补偿决定。二审法院责令永兴县政府在判决生效后60日内对东风砖厂的补偿问题作出处理,并无不当。永兴县政府在下一步对东风砖厂转型发展以及土地与附属设施再利用再开发时,应当充分考虑东风砖厂因维护公共利益配合关闭而客观存在的间接损失,积极落实关闭取缔砖厂后存量土地和企业转产政策,促进产业优化转型,多措并举,最大限度减少东风砖厂的间接损失。

——中国裁判文书网。

1000. 行政行为确认违法后当事人再行提起行政赔偿诉讼无须经赔偿义务机关先行处理

关键词

行政行为确认违法　行政赔偿　赔偿义务机关

最高人民法院裁判文书

段某诉辽宁省沈阳市大东区人民政府行政赔偿案〔最高人民法院(2020)行赔申380号行政裁定书〕

裁判要旨：行政行为已经人民法院生效裁判确认违法，当事人再行提起行政赔偿诉讼，无须经赔偿义务机关先行处理程序。对于国家赔偿法规定的单独提起赔偿请求和提起行政诉讼时一并提出赔偿请求的两种途径，当事人可以自由选择，当事人先提起行政诉讼，之后又提起行政赔偿诉讼，表明其没有选择向行政机关直接提出赔偿请求的途径，而是选择由人民法院解决其行政赔偿问题。在这种情况下，如果要求当事人再向赔偿义务机关提出赔偿请求方可提起行政赔偿诉讼，实际上剥夺了当事人在赔偿程序上的选择权。

最高人民法院再审申请审查认为：行政行为已经人民法院生效裁判确认违法，当事人再行提起行政赔偿诉讼无须经过赔偿义务机关先行处理程序。对于国家赔偿法规定的单独提起赔偿请求和提起行政诉讼时一并提出赔偿请求的两种途径，当事人可以自由选择，当事人先提起行政诉讼，之后又提起行政赔偿诉讼，表明其没有选择向行政机关直接提出赔偿请求的途径，而是选择由人民法院解决其行政赔偿问题。在这种情况下，如果要求当事人再向赔偿义务机关提出赔偿请求方可提起行政赔偿诉讼，实际上剥夺了当事人在赔偿程序上的选择权。因此，一、二审法院认为本案系单独提起的行政赔偿诉讼，再审申请人未先向赔偿义务机关提出赔偿申请不符合起诉条件的裁判理由错误，应予以纠正。

但本案中，涉案房屋记载的产权人段某堂已去世，该房屋属于遗产，在未进行遗产分割或取得其他法定继承人授权情况下，段某以自己名义提起行政赔偿诉讼要求赔偿，主体不适格。段某以其他法定继承人曾在证据交换时到过法庭即认为其他法定继承人已作为第三人参加诉讼，是对诉讼程序和诉讼参加人规定的错误理解，本院不予支持。因此，一、二审法院以此裁判理由驳回段某的起诉并无不当。

——中国裁判文书网。

1001. 行政诉讼的适格被告和行政赔偿诉讼的适格被告不一致的处理

关键词

行政赔偿诉讼　适格被告

最高人民法院司法解释

第六条　公民、法人或者其他组织一并提起行政赔偿诉讼中的当事人地位，按照其在行政诉讼中的地位确定，行政诉讼与行政赔偿诉讼当事人不一致的除外。

——《最高人民法院关于审理行政赔偿案件若干问题的规定》（2022年3月20日，法释〔2022〕10号）。

附录：最高人民法院主流观点

一并提起行政赔偿诉讼和单独提起行政赔偿诉讼只是提起行政赔偿诉讼的两种不同的诉讼途径，对公民、法人或者其他组织的实体权益并无影响。由于一并提起行政赔偿诉讼和单独提起行政赔偿诉讼的前提条件不同，公民、法人或者其他组织应当选择恰当的诉讼途径，人民法院亦应当审查公民、法人或者其他组织选择的诉讼途径是否恰当，并作出相应处理，而非一概接受公民、法人或者其他组织选择的诉讼途径。若在立案受理阶段发现行政诉讼的适格被告和行政赔偿诉讼的适格被告不一致，则一般应予释明，告知公民、法人或者其他组织先行提起行政诉讼，在行政行为的违法性得到确认之后再行提起行政赔偿诉讼。

若行政诉讼的适格被告和行政赔偿诉讼的适格被告不一致，在立案受理阶段已经作为一并提起的行政赔偿诉讼予以立案受理，则在审判庭审理阶段需区分情形分别处理：（1）若对行政诉讼案件的处理是裁定驳回起诉，则对一并提起的行政赔偿诉讼亦裁定驳回起诉。（2）若对行政诉讼案件的处理是进入实体审理，且可能对行政行为的违法性作出确认，例如，判决撤销被诉行政行为、确认被诉行政行为违法，则不宜对一并提起的行政赔偿诉讼裁定驳回起诉。可结合《行政诉讼法》第二十九条第一款的规定，告知行政赔偿义务机关，由其作为第三人申请参加行政诉讼，或者由人民法院通知其参加行政诉讼。这种诉讼程序上的处理可使行政赔偿义务机关在行政诉讼中对行政侵权事实予以了解，为行政赔偿争议的实质解决奠定基础。（3）若对行政诉讼案件的处理是进入实体审理，但可能对原告的诉讼请求予以判决驳回，则行政赔偿义务机关不必作为第三人参加诉讼。在行政诉讼对原告的诉讼请求判决驳回后，对一并提起的行政赔偿诉讼亦应裁定驳回起诉。

——最高人民法院行政审判庭：《最高人民法院关于审理行政赔偿案件若干问题的规定理解与适用》，人民法院出版社2022年版，第94~95页。

1002. 行政行为经行政复议机关实体处理之后是否可一并提起行政赔偿诉讼

关键词

行政复议机关　行政赔偿诉讼

最高人民法院司法解释

第六条　公民、法人或者其他组织一并提起行政赔偿诉讼中的当事人地位，按照其在行政诉讼中的地位确定，行政诉讼与行政赔偿诉讼当事人不一致的除外。

——《最高人民法院关于审理行政赔偿案件若干问题的规定》(2022年3月20日，法释〔2022〕10号)。

附录：最高人民法院主流观点

行政行为经行政复议机关实体处理之后，行政诉讼和行政赔偿诉讼的被告就会出现不一致。《行政诉讼法》第二十六条第二款规定："经复议的案件，复议机关决定维持原行政行为的，作出原行政行为的行政机关和复议机关是共同被告；复议机关改变原行政行为的，复议机关是被告。"《行政诉讼法解释》第一百三十四条第一款规定："复议机关决定维持原行政行为的，作出原行政行为的行政机关和复议机关是共同被告。原告只起诉作出原行政行为的行政机关或者复议机关的，人民法院应当告知原告追加被告。原告不同意追加的，人民法院应当将另一机关列为共同被告。"《国家赔偿法》第八条规定："经复议机关复议的，最初造成侵权行为的行政机关为赔偿义务机关，但复议机关的复议决定加重损害的，复议机关对加重的部分履行赔偿义务。"对于这种行政诉讼和行政赔偿诉讼的被告出现的不一致，仍应当允许一并提起行政赔偿诉讼。

具体分为两种情形：(1)复议机关决定维持原行政行为的情形。依照《行政诉讼法》第二十六条第二款以及《行政诉讼法解释》第一百三十四条第一款的规定，在行政诉讼中，被告为双被告，即作出原行政行为的行政机关和行政复议机关。依照《国家赔偿法》第八条的规定，在行政赔偿诉讼中，被告为单被告，即最初造成侵权行为的行政机关。尽管行政诉讼和行政赔偿诉讼的被告不一致，但复议机关只是非常例外地参加行政诉讼，行政诉讼的核心审查对象是原行政行为的合法性，复议决定的合法性只是随之予以审查，且原行政行为机关既是行政诉讼的被告，又是行政赔偿诉讼的被告，故不宜机械地适用《最高人民法院关于审理行政赔偿案件若干问题的规定》第六条规定，而应当从便利解决行政赔偿争议的角度，允许一并提起行政赔偿诉讼。（2）复议机关决定改变原行政行为的情形。依照《行政诉讼法》第二十六条第二款的规定，在行政诉讼中，被告为单被告，即行政复议机关。依照《国家赔偿法》第八条的规定，若行政复议机关的复议决定未加重损害，则在行政赔偿诉讼中，被告为最初造成侵权行为的行政机关，即原行政行为机关；若行政复议机关的复议决定加重损害，则在行政赔偿诉讼中，被告为双被告，即最初造成侵权行为的、作出原行政行为的行政机关和对加重损害部分承担赔偿责任的行政复议机关。无论是哪一种情形，行政诉讼和行政赔偿诉讼的被告都不一致。但是，对于此种情形，亦应结合《行政诉讼法》第二十九条第一款的规定，告知原行政行为机关，由其作为第三人申请参加行政诉讼，或者由人民法院通知其参加行政诉讼。这种诉讼程序上的处理可使原行政行为机关在行政诉讼中对行政侵权事实予以了解，为行政赔偿争议的实质解决奠定基础。

——最高人民法院行政审判庭：《最高人民法院关于审理行政赔偿案件若干问题的规定理解与适用》，人民法院出版社2022年版，第96~97页。

1003. 经复议的案件，赔偿请求人单独提起行政赔偿诉讼与一并提起行政赔偿诉讼时，如何确定适格被告

关键词

行政赔偿　行政复议　适格被告

最高人民法院司法解释

第九条　原行政行为造成赔偿请求人损害，复议决定加重损害的，复议机关与原行政行为机关为共同被告。赔偿请求人坚持对作出原行政行为机关或者复议机关提起行政赔偿诉讼，以被起诉的机关为被告，未被起诉的机关追加为第三人。

——《最高人民法院关于审理行政赔偿案件若干问题的规定》（2022年3月20日，法释〔2022〕10号）。

附录：最高人民法院主流观点

涉及单独与一并这两种不同类型的行政赔偿案件，在被告的确定问题上根据《国家赔偿法》第九条的规定，赔偿诉讼分为单独提起赔偿之诉和一并提出赔偿请求。二者的区别在于，赔偿请求人与被诉行政机关之间不仅对是

否赔偿及如何赔偿有争议,还对造成损害的行政行为是否违法及应否赔偿问题有争议。若相关行政行为已在行政复议或行政诉讼程序中被确认违法,或者作出行政行为的行政机关自行撤销或变更原行政行为,说明涉案行政行为的违法性已经得到上级行政机关或司法机关的确认或行政机关自认,赔偿请求人再行提出的赔偿请求,或者对行政机关作出的赔偿决定中的项目、数额、方式等有异议,因此向人民法院提起赔偿诉讼的,属于单独提出的行政赔偿诉讼。若申请人(原告)在申请行政复议或提起行政诉讼请求撤销原行政行为的同时提出赔偿请求,则属于一并提出赔偿请求。

单独提起行政赔偿之诉的情形一般包括:(1)赔偿请求人向赔偿义务机关提出赔偿请求,赔偿义务机关作出赔偿决定,但赔偿请求人对于赔偿的项目、数额、方式等有异议,向人民法院提起赔偿之诉。(2)经复议后再行提起赔偿之诉的,分为两种情形:第一种,申请人向复议机关申请复议,请求撤销某个行政行为的同时提出赔偿请求。复议机关作出撤销、变更或确认被申请的行政行为违法的复议决定时,同时决定由被申请人赔偿损失,或者复议机关决定不予赔偿。复议申请人不服,可以向人民法院提起行政赔偿诉讼。第二种,复议申请人申请复议时,仅请求撤销某个行政行为,但没有提出赔偿请求。根据《行政复议法》第二十九条第二款①的规定:"申请人在申请行政复议时没有提出行政赔偿请求的,行政复议机关在依法决定撤销或者变更罚款、撤销违法集资、没收财物、征收财物、摊派费用以及对财产的查封、扣押、冻结等具体行政行为时,应当同时责令被申请人返还财产,解除对财产的查封、扣押、冻结措施,或者赔偿相应的价款。"若复议机关依职权决定被申请人赔偿申请人的损失,申请人不服该赔偿部分的内容,可以向人民法院提起行政赔偿诉讼。在单独提起赔偿诉讼的情况下,适格被告应当是最初造成侵权行为的行政机关。因为,从行政赔偿诉讼的构成要件看,被诉行政行为的违法性已经法定程序得到确认,赔偿请求人与被诉行政机关之间的争议在于,是否存在损害后果及损害后果与违法行为之间的因果关系。换言之,双方之间的争议焦点是应否赔偿以及如何赔偿的问题。在单独提起行政赔偿诉讼的情况下,最初造成损害的行政机关为被告,复议机关仅在加重损害时成为共同被告。

一并提起行政赔偿诉讼是指原告请求撤销或确认行政行为违法时一并提出赔偿请求。此种情况下,由于行政行为的违法性未经法定程序确认或自认,

---

① 本条规定现为《中华人民共和国行政复议法》(2023年修正)第七十二条第二款,内容修改为:"申请人在申请行政复议时没有提出行政赔偿请求的,行政复议机关在依法决定撤销或者部分撤销、变更罚款,撤销或者部分撤销违法集资、没收财物、征收征用、摊派费用以及对财产的查封、扣押、冻结等行政行为时,应当同时责令被申请人返还财产,解除对财产的查封、扣押、冻结措施,或者赔偿相应的价款。"

原告认为行政行为违法并给其造成了损害，向人民法院提起行政诉讼附带赔偿诉讼。此时的诉讼实为两个诉，即行为之诉与赔偿之诉并存。在一并提出赔偿请求的情形下，复议决定维持原行政行为（含视为维持的情形）的，应依照《行政诉讼法》①及《行政诉讼法解释》②的相关规定，将复议机关列为共同被告。若原告仅起诉其中一个机关且不同意追加另一个机关为被告的，人民法院应当依职权追加另一个机关为共同被告。换言之，在一并提出赔偿请求的情况下，应当依照上述规定列明被告，复议决定维持原行政行为的，复议机关应当作为共同被告。

之所以要正确识别单独与一并这两种不同的赔偿案件类型，是因为出现了这样的情形：复议决定维持原行政行为，原告仅以复议机关为被告提起行政诉讼，同时一并提出行政赔偿请求，经释明后，原告坚持仅起诉复议机关的，应当如何处理？实务中存在以下两种观点：第一种观点认为，经释明后，原告拒绝变更的，以原告错列被告且拒绝变更为由裁定驳回起诉。第二种观点认为，人民法院可以征得原告同意后变更被告，原告拒绝变更的，应当判决驳回其赔偿诉讼请求。③我们认为，上述处理方式不妥，正确列明行政赔偿案件的被告，首先要识别是哪种赔偿案件类型，如果是一并提出赔偿请求，应当按照《行政诉讼法》及司法解释的规定确定当事人诉讼地位。在复议维持情况下，原告仅起诉复议机关，经释明原告拒绝追加被告的，人民法院应当依职权将复议机关和原行政机关列为共同被告。审理中，应先对被诉行政行为的合法性作出判断，再按照行政赔偿案件的审理要素进行审理并依法作出裁判。

——最高人民法院行政审判庭：《最高人民法院关于审理行政赔偿案件若干问题的规定理解与适用》，人民法院出版社2022年版，第150~153页。

1004. 复议机关是否必须对赔偿请求作出处理

关键词

复议机关　行政赔偿请求　行政复议决定

---

① 《行政诉讼法》第二十六条第二款中规定："经复议的案件，复议机关决定维持原行政行为的，作出原行政行为的行政机关和复议机关是共同被告。"

② 《行政诉讼法解释》第二十六条第二款规定："应当追加被告而原告不同意追加的，人民法院应当通知其以第三人的身份参加诉讼，但行政复议机关作共同被告的除外。"

③ 蔡小雪、甘文：《行政诉讼实务指引》，人民法院出版社2014年版，第564页。

最高人民法院司法解释

第十七条 公民、法人或者其他组织仅对行政复议决定中的行政赔偿部分有异议，自复议决定书送达之日起十五日内提起行政赔偿诉讼的，人民法院应当依法受理。

行政机关作出有赔偿内容的行政复议决定时，未告知公民、法人或者其他组织起诉期限的，起诉期限从公民、法人或者其他组织知道或者应当知道起诉期限之日起计算，但从知道或者应当知道行政复议决定内容之日起最长不得超过一年。

——《最高人民法院关于审理行政赔偿案件若干问题的规定》(2022年3月20日，法释〔2022〕10号)。

附录：最高人民法院主流观点

根据《行政复议法》第二十九条[①]的规定，复议机关在两种情形下对赔偿争议作出决定：第一种情况，申请人在申请行政复议时一并提出行政赔偿请求，复议机关在决定撤销或者部分撤销、变更行政行为或确认行政行为违法、无效时，同时决定被申请人依法予以赔偿；第二种情况，申请人在申请行政复议时没有提出行政赔偿请求，复议机关在决定撤销或者部分撤销、变更罚款、撤销或者部分撤销违法集资、没收财物、征收征用、摊派费用以及对财产的查封、扣押、冻结等行政行为时，同时责令被申请人返还财产、解除对财产的强制措施或者赔偿相应的价款。该条两款规定说明，复议机关依据申请就赔偿争议作出决定是主要途径，在申请人未提出赔偿请求的情况下依据职权主动作出赔偿决定属于特定情形。故《最高人民法院关于审理行政赔偿案件若干问题的规定》第十七条规定中的"复议决定中的行政赔偿部分"应当理解为，复议机关根据《行政复议法》第二十九条[②]规定的两种情形，就被申请人给申请人造成的损失，依照《国家赔偿法》的规定应当给予赔偿的，在决定撤销、变更或确认被申请的行政行为违法的同时，依法作出有行政赔

---

① 本条规定现为《中华人民共和国行政复议法》(2023年修正)第七十二条，内容修改为："申请人在申请行政复议时一并提出行政赔偿请求，行政复议机关对依照《中华人民共和国国家赔偿法》的有关规定应当不予赔偿的，在作出行政复议决定时，应当同时决定驳回行政赔偿请求；对符合《中华人民共和国国家赔偿法》的有关规定应当给予赔偿的，在决定撤销或者部分撤销、变更行政行为或者确认行政行为违法、无效时，应当同时决定被申请人依法给予赔偿；确认行政行为违法的，还可以同时责令被申请人采取补救措施。申请人在申请行政复议时没有提出行政赔偿请求的，行政复议机关在依法决定撤销或者部分撤销、变更罚款，撤销或者部分撤销违法集资、没收财物、征收征用、摊派费用以及对财产的查封、扣押、冻结等行政行为时，应当同时责令被申请人返还财产，解除对财产的查封、扣押、冻结措施，或者赔偿相应的价款。"

② 本条规定现为《中华人民共和国行政复议法》(2023年修正)第七十二条，内容同上。

偿内容的复议决定。

那么是否可以理解为，复议机关必须对赔偿争议作出决定？如果复议机关没有就赔偿问题作出处理，人民法院是否受理？如果复议机关对赔偿问题处理错误，人民法院如何审理？首先，现行法律并不要求复议机关在确认原行政行为违法时必须一并作出赔偿决定或者不予赔偿决定。上文已述，复议程序的启动依据申请人的申请，复议机关就赔偿争议作出决定也要依据申请人的申请，复议机关依职权主动作出赔偿决定属于法律规定的特殊情形。申请人在复议程序中是否提出赔偿请求是申请人的选择，根据不告不理原则，复议机关一般不宜依职权主动作出是否赔偿的决定。其次，即使复议机关对申请人提出的赔偿请求处理错误，人民法院也不必判决复议机关就赔偿争议重新作出复议决定。因为复议机关所作的赔偿决定或者不予赔偿决定并不具有终局性，人民法院对赔偿争议则具有完全的管辖权。公民、法人或者其他组织不服复议机关就赔偿争议的处理决定的，可以向人民法院提起行政赔偿诉讼，人民法院应当受理并依法审理裁判。最后，在复议决定已经撤销、变更或确认被申请的行政行为违法的情况下，原告向人民法院提起的诉讼属于单独提起的行政赔偿诉讼，应当符合《最高人民法院关于审理行政赔偿案件若干问题的规定》第十三条第二款规定的起诉条件。

此外，还有一个问题需要明确，即已经人民法院判决确认行政行为违法的，是否仍需先向赔偿义务机关提出申请、由其先行处理赔偿争议？行政先行处理是世界各国或地区的普遍做法。2010年《国家赔偿法》修改时，对于是否保留行政先行处理原则也有争论。主张取消的观点认为，让赔偿义务机关自行纠错、自觉赔偿非常困难，《国家赔偿法》实施以来的情况证明大量的赔偿案件难以获得及时赔偿。主张保留的观点则认为，如果赔偿请求人先通过非诉讼程序或其他较为简便的程序获得国家赔偿，可以在诉前对大量的赔偿案件进行消化处理，有利于节约司法资源，提高行政性能。立法机关最终采纳了第二种意见。理由是，采用行政先行处理程序比较适应我国国情，同时赋予赔偿请求人选择权，既可以选择先向赔偿义务机关提出赔偿请求，也可以选择申请行政复议或者提起行政诉讼时一并提出赔偿请求，赔偿请求人的合法权益能够得到充分救济。就此问题，全国人大常委会法制工作委员会办公室作出《对国家赔偿法第九条第二款理解与适用问题的意见》（法工办发〔2017〕224号）。该意见指出："对于已通过行政诉讼程序确认行政行为违法，后续提起行政赔偿诉讼的，人民法院可视为提起行政诉讼时一并提出赔偿请求的情形予以处理。"该意见明确，经行政诉讼确认行政行为违法之后，赔偿请求人无须再向赔偿义务机关提出赔偿请求，可以直接向人民法院提起行政赔偿诉讼。

——最高人民法院行政审判庭：《最高人民法院关于审理行政赔偿案件若

干问题的规定理解与适用》，人民法院出版社2022年版，第283~285页。

1005. 在应当由直接加害第三人承担民事赔偿责任的情况下，受害人不得先行提起行政赔偿之诉

关键词

国家赔偿　民事赔偿责任　行政侵权行为　行政赔偿责任

最高人民法院裁判文书

李某红诉襄汾县人民政府行政赔偿案〔最高人民法院（2017）最高法行赔申178号行政裁定书〕

裁判要旨：国家赔偿就其本质而言是对公民、法人或者其他组织的一项最终救济制度，在受害人的人身、财产损失系由第三人行为所造成，尤其是该第三人因受害人损失而受益的情况下，应当先由该加害第三人承担民事赔偿责任，即使行政机关的行政侵权行为对致受害人损失起有一定作用，也只有在穷尽民事诉讼救济途径仍不能使被侵害权益得到足额赔偿时，受害人方得以行政赔偿作补充，行政机关不应当承担应由直接加害人承担的民事赔偿责任。如受害人通过民事诉讼获得充分赔偿，则应当免除行政机关的行政赔偿责任，以避免出现直接加害人不需承担任何赔偿或对同一损害法院判决重复赔偿的情况。

最高人民法院经审查认为，国家赔偿就其本质而言是对公民、法人或者其他组织的一项最终救济制度，在受害人的人身、财产损失系由第三人行为所造成，尤其是该第三人因受害人损失而受益的情况下，应当先由该加害第三人承担民事赔偿责任，即使行政机关的行政侵权行为对致受害人损失起有一定作用，也只有在穷尽民事诉讼救济途径仍不能使被侵害权益得到足额赔偿时，受害人方得以行政赔偿作补充，行政机关不应当承担应由直接加害人承担的民事赔偿责任。如受害人通过民事诉讼获得充分赔偿，则应当免除行政机关的行政赔偿责任，以避免出现直接加害人不需承担任何赔偿或对同一损害法院判决重复赔偿的情况。

襄汾县政府在认定李某红将其在原天明石膏矿的投资股份转让给李某芳的事实证据不足的情况下，即作出襄政发〔2009〕100号文件，确认李某芳对整合后的襄曲石膏矿投资比例为20%，该襄政发〔2009〕100号文件

因认定事实不清已被法院生效判决撤销。此文件在后续的确认襄曲石膏矿投资人及投资比例的工商登记中起到了很关键的作用，如果没有该文件，他人不会取得李某红应享有的襄曲石膏矿20%股份，故襄汾县政府作出襄政发〔2009〕100号文件的行为与李某红丧失襄曲石膏矿20%股份之间具有间接因果关系，起有一定的作用。但襄汾县政府作出该文件并非造成李某红丧失襄曲石膏矿20%股份的直接原因，直接导致李某红丧失襄曲石膏矿20%股份的是李某芳、马某安的民事侵权或违约行为，因李某红损失而受益的是李某芳，李某红被侵害的财产权益应通过民事诉讼起诉李某芳、马某安的民事侵权或违约予以救济，不提起民事诉讼也无法确定其实际损失的具体数额，其直接先行提起行政赔偿诉讼显然不当，原审法院驳回李某红诉求的理由不当，但判决驳回李某红的诉讼请求结果正确，本院予以维持。

——最高人民法院第四巡回法庭编：《最高人民法院第四巡回法庭典型行政案件裁判观点2017—2018》，法律出版社2020年版，第506~510页。

1006. 当事人已获得足额补偿时则赔偿之诉不予支持

关键词

行政赔偿　行政补偿

最高人民法院裁判文书

葛某飞诉嵊州市人民政府拆迁行政赔偿案〔最高人民法院（2020）最高法行赔申1546号行政裁定书〕

裁判要旨：由于我国国家赔偿法未规定惩罚性赔偿制度，当事人申请赔偿的数额和能获得的补偿数额存在重合之处。如果当事人已经获得的补偿数额不存在问题，则其提起的赔偿之诉不予支持。

最高人民法院经审查认为，虽然嵊州市人民政府征收集体土地上房屋的行为已被确认违法，但由于我国国家赔偿法未规定惩罚性赔偿制度，当事人申请赔偿的数额和能获得的补偿数额存在重合之处。从一审、二审法院查明的事实看，葛某飞弟弟葛某中作为在册人口已经于2016年10月签订了补偿安置协议，约定了补偿标准、补偿数额，现在回避补偿安置协议的情况下，另行主张赔偿，缺乏依据。葛某飞的再审申请不符合《中华人民共和国行政诉讼法》第九十一条规定的情形。依照《最高人民法院关于适用〈中华人民共和国行政诉讼法〉的解释》第一百一十六条第二款之规定，裁定如下：

驳回葛某飞的再审申请。
——中国裁判文书网。

1007. 人民法院受理赔偿案件后，赔偿义务机关和复议机关不再享有赔偿事项的处理权

关键词

赔偿义务机关　行政赔偿诉讼　人民法院法定处理职权

最高人民法院裁判文书

苏某诉海南省文昌市人民政府行政赔偿案［最高人民法院（2017）最高法行赔申195号行政裁定书］

裁判要旨：《国家赔偿法》第十四条第一款规定，赔偿义务机关在规定期限内未作出是否赔偿的决定，赔偿请求人可以自期限届满之日起三个月内，向人民法院提起诉讼。赔偿义务机关逾期未作出赔偿决定，当事人提起行政赔偿诉讼，人民法院依法受理行政赔偿诉讼后，案件的审理权限已经转移至人民法院，赔偿义务机关不再享有对相关赔偿事项的法定处理职权。

最高人民法院经审查认为，《国家赔偿法》第二条第一款规定，国家机关和国家机关工作人员行使职权，有本法规定的侵犯公民、法人和其他组织合法权益的情形，造成损害的，受害人有依照本法取得国家赔偿的权利。也就是说，国家赔偿的前提条件是，公民、法人或者其他组织的合法权益受到国家公权力的侵害。没有合法权益受到损害，或者损害并非国家公权力行为造成，均不符合国家赔偿的法定条件。本案中，虽然（2015）琼行终字第208号行政判决以违反《行政强制法》第四十四条规定为由，判决确认291号强拆决定违法。但是，291号强拆决定强制拆除的是已被（2015）海南一中行终字第1号行政判决确认为违法建筑的房屋及围墙，苏某请求恢复违法建筑物的原状，没有合法权益可保护，57号赔偿决定不予赔偿并无不当。苏某申请赔偿律师代理费、差旅费。但是，该部分费用并非291号强拆决定造成的直接损失，亦不符合法定赔偿条件。因此，57号赔偿决定对该部分赔偿请求不予赔偿，亦无不当。《行政诉讼法》第三十八条第二款规定，在行政赔偿案件中，原告应当对行政行为造成的损害提供证据。本案中，苏某申请赔偿因拆除行为导致灌溉设备、水池、鸡棚、养蜂棚、生活设施、部分花果苗木被

毁损的损失，但本案强制拆除行为全程公证，没有证据证明其所主张的上述损失存在，57号赔偿决定不予赔偿该部分损失，符合本案证据证明的事实。苏某主张（2015）海南一中行终字第1号生效判决是一个虚假判决，不能作为本案的判决依据；本案被拆除的建筑物属于农业生产用房，不需要办理规划审批手续。但是，（2015）海南一中行终字第1号生效判决是因苏某诉61号处罚决定不服一审判决上诉的二审终审判决，这是一个不可否定的客观事实，该终审判决认定被拆除的房屋、围墙等属于未经规划审批擅自建设的违法建筑，不属于农业生产用房。根据《最高人民法院关于行政诉讼证据若干问题的规定》第七十条规定，生效判决确认的事实，可以作为定案依据。一、二审采信该生效判决的认定事实和结论，符合法律规定。苏某以生效判决虚假、结论不正确为由，对本案申请再审，理由不能成立。

应当指出的是，《国家赔偿法》第十四条第二款规定，赔偿请求人对赔偿义务机关作出的不予赔偿决定不服，可以自赔偿义务机关作出不予赔偿决定之日起三个月内，向人民法院提起诉讼。二审认为57号赔偿决定不是行政行为，不属于行政诉讼的受案范围，裁定驳回苏某的起诉不妥。一审判决以57号赔偿决定作出时间超过2个月法定期限，存在程序违法，但该决定处理结果对苏某权利不产生实际影响，判决确认57号赔偿决定违法但保留效力，裁判理由和结果更为妥当。鉴于再审程序的主要功能在于维护申请人的合法权益，苏某并没有实体合法权益可保护，再审徒增司法审判程序，本案不予再审。

还应当指出的是，《国家赔偿法》第十四条第一款规定，赔偿义务机关在规定期限内未作出是否赔偿的决定，赔偿请求人可以自期限届满之日起三个月内，向人民法院提起诉讼。也就是说，赔偿义务机关逾期未作出赔偿决定，当事人提起行政诉讼，人民法院依法受理后，案件的审理权限已经转移至人民法院。就同一争议，赔偿义务机关不再享有处理权。本案中，2016年1月12日，苏某向文昌市政府提出行政赔偿申请，在法定2个月期限内文昌市政府没有作出赔偿决定，同年4月18日，苏某单独提起行政赔偿诉讼，人民法院受理该案。此时，赔偿机关已经丧失作出赔偿决定的职权，应当依法终止赔偿程序。文昌市政府在人民法院已经受理相关争议的情形下，继续作出并向苏某送达57号赔偿决定不妥，本院予以指正。

——最高人民法院第一巡回法庭编著：《最高人民法院第一巡回法庭典型行政案件裁判观点与文书指导（第1卷）》，中国法制出版社2020年版，第285~289页。

1008. 裁执不一致时赔偿义务机关的确定

关键词

裁执不一致　赔偿义务机关

附录：最高人民法院法官著述

对于再审改判无罪，原判决的财产刑及追缴财物已经执行，赔偿请求人要求国家赔偿的，应由实际执行的一审法院或者公安、检察机关作为赔偿义务机关，还是由作出原生效裁判的二审法院作为赔偿义务机关，法律和司法解释没有作出具体的规定。在法无明文规定的情况下，应当根据赔偿请求人的主张，遵循"谁侵权，谁为赔偿义务机关"原则、独立行使职权原则、便利原则来确定赔偿义务机关。赔偿请求人主张错判罚金、没收财产赔偿的，赔偿责任构成要件中的侵权行为为法院的刑事错判行为，而非对生效刑事判决涉财产刑部分的执行行为，应当以作出生效判决的法院为赔偿义务机关。赔偿请求人主张实际执行机关在执行生效刑事判决涉财产刑部分的过程中存在违法查封、扣押、追缴等情形要求赔偿的，应当确定为违法查封、扣押、冻结、追缴等赔偿案由，将该执行机关作为赔偿义务机关。

——崔晓林：《裁执不一致时赔偿义务机关的确定》，载《国家赔偿审判实务与裁判观点集成》，人民法院出版社2023年版，第163页。

1009. 委托执行引起国家赔偿责任时赔偿义务机关的确定

关键词

委托执行　国家赔偿责任

附录：最高人民法院法官著述

即使执行裁定系由委托法院作出，受托法院立案以后，亦应审查委托法院先前作出的执行裁定的合法性与妥当性，如果未加审查即径行采取具体执行措施的，应当认定委托法院与受托法院均有过错，应当共同承担赔偿责任。在其他委托法院与受托法院均有过错的情形下，如果能够分清各自的过错，可以由申请人分别以各个法院为赔偿义务机关主张权利；如果存在混合过错的情形，宜由受理国家赔偿案件的人民法院依职权或者根据申请人的申请，追究相关法院作为赔偿义务机关，一并查清案件事实，判定相应的责任。目前，国家赔偿法以及相关司法解释缺乏追加司法赔偿的赔偿义务机关的程序性设计，可以参照《国家赔偿法》第十条行政赔偿程序中共同赔偿义务机关的立法精神，通过法律适用的解释来实施。对于因事项委托产生的国家赔偿案件，宜采取将委托法院作为赔偿义务主体的工作模式。

——李延忱：《委托执行引起国家赔偿责任时赔偿义务机关的确定》，载《国家赔偿审判实务与裁判观点集成》，人民法院出版社2023年版，第175页。

1010. 诉请行政补偿而实际属于行政赔偿案件的处理

关键词

行政补偿　行政赔偿　变更诉讼请求

最高人民法院裁判文书

李某玲诉沈阳市东陵区人民政府强制拆除行为违法并行政赔偿案〔最高人民法院（2015）行监字第236号行政判决书〕

裁判要点：原告在起诉时提出行政补偿请求，而经审理认为应当属于行政赔偿问题，人民法院应当在一审庭审结束之前向原告释明，要求变更诉讼请求。原告坚持不变更，如果原告所称补偿实质属于赔偿的，人民法院可以根据原告提出损害事实情况，直接作出行政赔偿判决。

最高人民法院认为：根据修改前的《行政诉讼法》第三十四条及《最高人民法院关于执行〈中华人民共和国行政诉讼法〉若干问题的解释》[①]第二十六条之规定，被告对作出的行政行为负有举证责任，应当在收到起诉状副本之日起10日内提供作出行政行为时的证据，未提供的，视为没有证据。本案被申请人在收到起诉状副本和举证通知书后，无正当理由在法定举证期限内没有提交证明其强制拆除行为合法的证据，应认定被申请人的强拆行为没有证据。被申请人作出的强制拆除行为，严重违反法定程序，超越职权，且在本案申请再审审查的询问程序中，被申请人对其强拆行为的违法性已予认可。因此，原审法院确认强拆行为违法并无不当。针对申请人提出的几点申请再

---

① 本解释已被《最高人民法院关于适用〈中华人民共和国行政诉讼法〉的解释》（法释〔2018〕1号）废止。

审理由分述如下：

一、关于是否存在漏判诉讼请求问题

根据《国家赔偿法》第四条规定，行政机关违法采取行政强制措施造成当事人财产损失的，依法应当承担行政赔偿责任。《行政强制法》第八条亦规定，因行政机关违法实施行政强制受到损害的，公民法人或者其他组织有权依法要求赔偿。本案申请人一审诉讼请求是，请求"确认被告对征用原告合法的地上青苗、种植大棚不予补偿就强拆的行为违法并依法补偿"。与确认强拆行为违法诉讼请求相对应的应当是行政赔偿，而非行政补偿。李某玲一审提出的行政补偿请求，文字表述不当。通常情况下，一审法院应当先向原告释明，由原告自行将行政补偿请求变更为行政赔偿，然后由人民法院依法作出行政赔偿判决。但是，对于原告诉讼请求内容明显系行政赔偿，而非行政补偿的情形下，人民法院直接根据原告实质诉求，判决被告予以行政赔偿，更有利于原告合法权益的保护，有利于化解行政争议，有利于提高行政审判效率。本案中，李某玲一审所谓"补偿"请求，主要内容是对违法强拆行为造成的地上附着物青苗及大棚损失的"补偿"，明显属于行政赔偿，而非行政补偿。因此，原审法院据此判决被申请人对申请人地上附着物损失进行赔偿，不违反《中华人民共和国行政诉讼法》的规定，更不存在遗漏诉讼请求的问题。

二、关于大棚损失的赔偿问题

《国家赔偿法》第二条规定："国家机关和国家机关工作人员行使职权，有本法规定的侵犯公民、法人和其他组织合法权益的情形，造成损害的，受害人有依照本法取得国家赔偿的权利。"也就是说，国家赔偿只赔偿受害人因违法行为造成其"合法权益"的损失，违法利益损失不予赔偿。本案中，浑南新城管委会于2010年3月12日印发了《关于加强"大浑南"地区土地开发建设管理工作的通知》，并于2010年7月1日发布拆迁公告。这说明，2010年涉案地块已被列入拟征收范围。申请人在明知对列入拟征收范围的地块禁止抢栽、抢建的情形下，于2011年开始大规模建设大棚，且根据申请人提供的照片也可以看出，其建造的大棚仅为水泥墩和细钢筋简单搭建，整体建设结构过于简单，根本无法用于正常的生产经营，明显属于违法抢建。违法抢建的大棚，不属于应予赔偿的"合法权益"范畴。原审判决考虑到被申请人强拆行为违法，参照《补偿办法》中大棚补偿标准的20%对申请人大棚建设成本酌情予以赔偿，并无不当。申请人主张按照《补偿办法》的标准全额补偿，无事实和法律根据。

三、关于青苗损失赔偿问题

在被申请人违法强制清除地上附着物，申请人青苗损失无法计算的情况下，原审判决参照《补偿办法》中最高的每亩6000元补偿标准计算损失，已经充分保护了申请人的合法权益。申请人虽然对青苗补偿标准提出异议,但并未提出青苗损失的相关证据以及具体赔偿标准和数额,对其此项主张,本院亦不予支持。

综上,李某玲的再审申请不符合《行政诉讼法》第九十一条第三、六项规定的情形。依照《最高人民法院关于执行〈中华人民共和国行政诉讼法〉若干问题的解释》第七十四条的规定,裁定驳回李某玲的再审申请。

——中国裁判文书网。

附录:本案解析

行政征收案件中,由于行政机关违法实施强制行为,可能会使行政补偿案件转化为行政赔偿案件。但是,由于原告起诉时的诉讼请求表述不当,将本应转化为赔偿的诉讼请求,表述为请求补偿。人民法院首先应当向当事人释明,要求其更正,如果当事人坚持不予更正的,人民法院从实质解决行政争议的角度考虑,可以作出行政赔偿判决,确定赔偿数额。当事人以漏审行政补偿诉讼请求提起上诉或者申请再审的,人民法院不予支持;或者因疏忽,一审未经释明,直接判决予以行政赔偿的,尽管审判程序存在瑕疵,亦不宜在二审或者再审中予以改判。本案中,李某玲起诉请求确认强制拆除行为违法,但是一并提起的损失救济问题却表述为请求"依法补偿",一、二审直接作出行政赔偿判决,李某玲申请再审,理由不能成立。

根据《行政诉讼法》第三十八条第二款规定,由于行政强制执行行为违法,实施强制执行过程中没有对相关物品进行登记造册,未进行现场录像、拍照,造成当事人财产损失无法计算的,应当由被告承担举证责任。但是,事实上被告也无法举证。在原、被告均不能举证的情况下,人民法院应当从保护当事人合法权益的角度考虑,结合案件的事实,充分运用法官自由心证,参考类似情况,确定损失数额,依法、公平、公正地作出行政赔偿判决,不得简单以没有证据证明损失的具体数额为由,判决驳回原告的行政赔偿请求。本案一、二审判决体现了上述处理原则。

——郭修江、蔡小雪主编:《行政典型案例及审判经验》,人民法院出版社2019年版,第239~242页。

1011. 未履行抽象的职责义务造成当事人损失的不属于行政赔偿的范围

关键词

不履行监管职责　行政赔偿　抽象职责义务

最高人民法院裁判文书

刘某仁、刘某宝、刘某梅诉沈阳市人民政府不履行返还集资款法定职责案〔最高人民法院（2016）最高法行申616号行政裁定书〕

裁判要点：行政机关不履行法定职责造成公民、法人或者其他组织人身、财产损害的，应当依法承担相应的行政赔偿责任。但其前提条件是，行政机关不履行的是针对具体行政相对人的、特定的职责义务，且该不履行法定职责义务的行为造成了当事人人身、财产的实际损失。如果行政机关未履行的是法律规定的抽象的职责义务，即便当事人确有损失，因损失与抽象的不作为行为之间缺乏因果联系，亦不属于行政赔偿的范围。

最高人民法院认为：根据《行政诉讼法》第二条及《最高人民法院关于执行〈中华人民共和国行政诉讼法〉若干问题的解释》①第一条第二款第六项的规定，因行政机关和行政机关工作人员的行政行为而使公民、法人或者其他组织合法权益遭受侵犯的，向人民法院提起诉讼，属于行政诉讼的受案范围。行政机关以外的公民、法人或者其他组织实施的行为造成当事人损害的，应当由造成损害的人承担法律后果，不应当由行政机关承担法律后果，故此类非行政行为不属于行政诉讼的受案范围。本案中，因万象公司实施的集资行为，给刘某仁等人造成经济损失，应由该公司承担相应的法律责任。刘某仁等人请求沈阳市政府返还集资款及利息，没有事实和法律根据。一、二审据此对刘某仁等人的起诉裁定不予立案，并无不当。刘某仁等人主张，沈阳市政府对万象公司负有监管不严的责任，致使当事人遭受经济损失，依法应予赔偿。本院认为，行政机关不履行法定职责造成公民、法人或者其他组织人身、财产损害的，应当依法承担相应的行政赔偿责任。但其前提条件是：第一，必须存在对具体的当事人不履行特定职责义务的违法事实；第二，造成了当事人人身、财产实际损失；第三，不履行特定法定职责义务的行为，与当事人实际损失之间，存在因果关系。本案中，刘某仁等人虽主张沈阳市政府未尽监管职责造成其集资款不能返还，但其所主张的未履行监管职责，仅仅是认为沈阳市政府未履行法律规定的抽象的监管职责，不是沈阳市政府对其负有的特定职责义务。因此，其该项主张亦不能成立。

综上，刘某仁等人的再审申请不符合《行政诉讼法》第九十一条第一项

---

① 本解释已被《最高人民法院关于适用〈中华人民共和国行政诉讼法〉的解释》（法释〔2018〕1号）废止。

规定的情形。依照《最高人民法院关于执行〈中华人民共和国行政诉讼法〉若干问题的解释》第七十四条的规定，裁定驳回刘某仁、刘某宝、刘某梅的再审申请。

——中国裁判文书网。

附录：本案解析

行政机关不履行法定职责行为造成当事人合法权益损失的，应当承担相应的行政赔偿责任。但是，前提条件是行政机关不履行法定职责行为与当事人的损失之间存在直接的因果关系。也就是说，因行政机关不履行法定职责行为造成当事人的实际损害，行政机关对损害的形成具有直接的过错责任。行政机关不履行法定职责行为与当事人的损失之间不具有因果关系，对损失的形成没有过错的，行政机关不承担行政赔偿责任。《最高人民法院关于公安机关不履行法定行政职责是否承担行政赔偿责任问题的批复》[①]（法释〔2001〕23号）也规定："由于公安机关不履行法定行政职责，致使公民、法人和其他组织的合法权益遭受损害的，应当承担行政赔偿责任。在确定赔偿的数额时，应当考虑该不履行法定职责的行为在损害发生过程和结果中所起的作用等因素。"参照该司法解释的规定，行政机关不履行法定职责行为造成当事人合法权益损害，承担行政赔偿责任的前提是：不履行法定职责行为在损害发生过程和结果中发挥了具体的作用。所谓发挥作用，也就是要有因果关系，行政机关不履行法定职责行为对损失的发生和损害结果的形成有过错责任。本案中，刘某仁等人因参与企业非法集资被骗而遭受经济损失，请求沈阳市政府返还集资款及利息，其诉求的实质是对沈阳市政府未尽监管职责造成其上当受骗而请求政府行政赔偿。沈阳市政府是否应当予以赔偿，首先应当分析沈阳市政府的不履责行为是否对其损失的发生和结果发挥了作用，具有过错责任。从本案事实看，刘某仁等人主张沈阳市政府未尽监管职责指的是沈阳市政府未按照法律规定积极履行监管职责义务，并非对刘某仁等人的特定义务，这种抽象的不履责行为与每一位参与非法集资人员的个体经济损失之间，并不存在具体的因果关系。如果沈阳市政府确实未尽监管职责，也是对社会大众合法权益保护的漠视，并非对特定个体权利的漠视，因此，刘某仁等人请求沈阳市政府行政赔偿，缺乏必要的事实根据和法律依据。同时，刘某仁等人与被诉不履行抽象的监管职责行为之间，不存在特定的权利义务关系，亦不具有原告资格。

——郭修江、蔡小雪主编：《行政典型案例及审判经验》，人民法院出版

[①] 本批复已被《最高人民法院关于废止部分司法解释（第十三批）的决定》（法释〔2019〕11号）废止。

社 2019 年版，第 313~314 页。

1012. 已通过行政诉讼程序确认行政行为违法的，当事人再行提起行政赔偿诉讼无须经过赔偿义务机关先行处理程序

关键词

行政行为违法　先行处理程序

最高人民法院审判业务意见

《国家赔偿法》第九条第二款规定，赔偿请求人要求赔偿，应当先向赔偿义务机关提出，也可以在申请行政复议或者提起行政诉讼时一并提出。对于这两种途径，赔偿请求人可以自行选择。赔偿请求人先提起行政诉讼，之后又提起行政赔偿诉讼，表明其没有选择向行政机关直接提出赔偿请求的途径，而是选择由人民法院解决其行政赔偿问题。对于这种特殊请求如何处理，《国家赔偿法》没有明确规定。在这种情况下，如果要求赔偿请求人再向赔偿义务机关提出赔偿请求方可提起行政赔偿诉讼，实际上剥夺了赔偿请求人在赔偿程序上的选择权，增加了赔偿程序的复杂性，不利于畅通赔偿渠道。据此，如果行政行为已经行政诉讼确认违法，无须再要求行政机关对违法行为进行确认，这也体现了司法最终原则。

——《最高人民法院行政法官专业会议纪要》(2018 年 7 月 12 日)。

1013. 对未办理用地手续和相关建房审批手续房屋的补偿或赔偿

关键词

建房审批手续　错误执行　行政赔偿

最高人民法院裁判文书

郭某进、罗甸县人民政府错误执行赔偿行政赔偿案［最高人民法院（2021）最高法行赔申 522 号行政赔偿裁定书］

裁判要旨：当事人修建涉案房屋未办理用地手续和相关建房审批手续，其户口已经迁入，上述房屋位于征收范围内，原审法院以当地政府对该项目中此类情形的补偿标准为基础，综合考虑房价上涨、房屋拆除后当事人一直未能取得赔偿等因素，对上述标准进行

了适当幅度的上浮,并无不当。

最高人民法院经审查认为,本案中,郭某进因罗甸县人民政府拆除其房屋请求行政赔偿,法院已经另案判决确认涉案强制拆除行为违法,郭某进有依法取得赔偿的权利。关于涉案房屋损失的赔偿标准,根据一、二审查明的事实,郭某进修建涉案房屋未办理用地手续和相关建房审批手续,其户口已经迁入,上述房屋位于征收范围内,原审法院以罗甸县人民政府对该项目中此类情形的补偿标准为基础,综合考虑房价上涨、房屋拆除后郭某进一直未能取得赔偿等因素,对上述标准进行了适当幅度的上浮,原审认定并无不当。关于装饰装修、附属设施和屋内物品等的赔偿问题,《中华人民共和国国家赔偿法》第十五条第一款规定,人民法院审理行政赔偿案件,赔偿请求人和赔偿义务机关对自己提出的主张,应当提供证据。本案中,郭某进对罗甸县人民政府制作的《赔偿物品清单》所登记的部分项目予以认可,一审法院组织双方对物品进行了清点并制作了财物清单,一、二审法院结合当事人的主张和在案证据、相关补偿标准,运用生活经验、生活常识等酌情确定赔偿数额,郭某进并未提供充分证据证明一、二审认定事实错误。郭某进提供的申请材料及提出的申请再审主张及理由,尚不足以否定原审生效裁判,其申请再审不符合《中华人民共和国行政诉讼法》第九十一条规定的情形。

——中国裁判文书网。

1014. 行政行为已经人民法院生效裁判确认违法,当事人提起的行政赔偿诉讼是否要以赔偿义务机关先行处理为起诉条件

关键词

行政行为　确认违法　行政赔偿诉讼　起诉条件

最高人民法院审判业务意见(行政庭法官会议纪要)

已通过行政诉讼程序确认行政行为违法的,当事人再行提起行政赔偿诉讼无须经过赔偿义务机关先行处理程序。

《国家赔偿法》第九条第二款规定,赔偿请求人要求赔偿,应当先向赔偿义务机关提出,也可以在申请行政复议或者提起行政诉讼时一并提出。对于这两种途径,赔偿请求人可以自行选择。赔偿请求人先提起行政诉讼,之后又提起行政赔偿诉讼,表明其没有选择向行政机关直接提出赔偿请求的途径,而是选择由人民法院解决其行政赔偿问题。对于这种特殊请求如何处理,《国家赔偿法》没有明确规定。在这种情况下,如果要求赔偿请求人再向赔偿义

务机关提出赔偿请求方可提起行政赔偿诉讼,实际上剥夺了赔偿请求人在赔偿程序上的选择权,增加了赔偿程序的复杂性,不利于畅通赔偿渠道。据此,如果行政行为已经行政诉讼确认违法,无须再要求行政机关对违法行为进行确认,这也体现了司法最终原则。

——《最高人民法院行政法官专业会议纪要(一)(行政赔偿领域)》(2019年11月29日)。

1015. 行政行为违法与他人民事侵权交叉混合致使当事人合法权益受损时,行政机关赔偿责任的承担以及分摊原则

关键词

行政行为违法　民事侵权　责任承担　分摊原则

最高人民法院司法解释

第二十一条　两个以上行政机关共同实施违法行政行为,或者行政机关及其工作人员与第三人恶意串通作出的违法行政行为,造成公民、法人或者其他组织人身权、财产权等合法权益实际损害的,应当承担连带赔偿责任。

一方承担连带赔偿责任后,对于超出其应当承担部分,可以向其他连带责任人追偿。

——《最高人民法院关于审理行政赔偿案件若干问题的规定》(2022年3月20日,法释〔2022〕10号)。

附录:最高人民法院主流观点

首先需要明确的是,行政行为违法并不必然导致行政机关承担行政赔偿责任。行政机关承担赔偿责任除了行政行为违法之外,还需满足损害结果、因果关系等构成要件。尤其是在行政行为违法与他人民事侵权交叉混合致使当事人合法权益受损的情况下,行政机关是否承担赔偿责任以及如何承担赔偿责任,根据《行政诉讼法》《国家赔偿法》以及《最高人民法院关于审理行政赔偿案件若干问题的规定》等,应当区分情况分别对待。第一,行政机关及其工作人员与第三人恶意串通的情况下,行政机关承担连带赔偿责任。原告有权请求行政机关、第三人或者两者承担全部责任。由于判断行政机关"恶意串通"的主观状态比较困难,法院可以通过对行政机关工作人员的行为是否符合常理等综合予以判断。第二,行政机关与第三人分别违法的情况下,行政机关承担按份责任。由于第三人提供虚假材料,导致行政机关作出的行政行为违法,造成公民、法人或者其他组织损害的,人民法院应当根据违法

行政行为在损害发生和结果中的作用大小，确定行政机关承担相应的行政赔偿责任。第三，行政机关已经尽到审慎审查义务的，不承担行政赔偿责任。

——最高人民法院行政审判庭：《最高人民法院关于审理行政赔偿案件若干问题的规定理解与适用》，人民法院出版社2022年版，第359~360页。

1016. 在禁养区内养殖的无权请求停产停业损失

关键词

禁养区　停产停业损失

最高人民法院裁判文书

吴某刚、龙某玉诉湖南省吉首市人民政府行政赔偿案［最高人民法院（2020）最高法行赔申1422号行政裁定书］

> 裁判要旨：当事人在禁养区内实施养殖，属于应当关停的范围，其损失主要是关闭养殖场的补偿损失及生猪损失，根据《国家赔偿法》《畜禽规模养殖污染防治条例》的规定，其请求的停产停业损失没有依据。

最高人民法院经审查认为：《最高人民法院关于行政诉讼证据若干问题的规定》第七十条规定，生效的人民法院裁判文书或者仲裁机构裁决文书确认的事实，可以作为定案依据。《中华人民共和国国家赔偿法》第二条第一款规定，国家机关和国家机关工作人员行使职权，有本法规定的侵犯公民、法人和其他组织合法权益的情形，造成损害的，受害人有依照本法取得国家赔偿的权利。本案中，已生效的（2018）湘31行初140号行政判决已经确认吉首市政府对吴某刚、龙某玉生猪养殖场实施的强制关闭退养行政行为违法，造成其损失，故吴某刚、龙某玉有权请求吉首市政府予以行政赔偿。但吴某刚、龙某玉在禁养区内实施养殖，属于应当关停的范围。吴某刚、龙某玉的损失主要是关闭养殖场的补偿损失及生猪损失。根据《国家赔偿法》《畜禽规模养殖污染防治条例》《湖南省畜禽规模养殖污染防治规定》的规定，吴某刚、龙某玉请求的停产停业损失没有依据、全家5人生活消费损失不属于直接损失范围，一、二审判决均不予支持，并无不当。

从关闭吴某刚、龙某玉养殖场的补偿损失来看，吉首市自然资源局已经与吴某刚、龙某玉签订《安置补偿协议》，对涉案的养殖场进行了补偿，一审判决在吴某刚、龙某玉已经获得上述补偿的基础上，再判决吉首市政府赔偿吴某刚、龙某玉退养补偿费及利息、供电线路及供水管道损失费等，已经对吴某刚、龙某玉的合法权益进行了充分保护，二审判决予以维持，符合法律规定。吴某刚、龙某玉再审对其退养补偿数额及涉案猪场附属设施的赔偿数额确定错误的主张不能成立，不应予以支持。其再审主张的养殖场重建安置费与上述安置补偿及一审判决赔偿的退养补偿费重复，不应予以支持。

《行政诉讼法》第三十八条第二款规定，在行政赔偿、补偿的案件中，原告应当对行政行为造成的损害提供证据。因被告的原因导致原告无法举证的，由被告承担举证责任。本案中，因吉首市政府的原因导致吴某刚、龙某玉无法举证生猪的品种、重量等，应由吉首市政府承担举证责任。但涉案生猪已经处理，吉首市政府亦无法举证。吴某刚、龙某玉与吉首市政府对涉案生猪的数目没有异议，故对吴某刚、龙某玉主张的涉案生猪情况予以认可。同时，由于涉案生猪已经处理，没有实物可供查验、鉴定，评估机构对涉案生猪价格的评估存在一定困难，一审因此未委托评估机构对涉案生猪进行价格评估，而是依照《最高人民法院关于适用〈中华人民共和国行政诉讼法〉的解释》第四十七条的规定，在向相关机构征询生猪价格的基础上，酌定涉案生猪的赔偿数额，属于一审法院的自由裁量权，符合法律规定，二审判决予以支持，亦无不当。吴某刚、龙某玉再审主张一、二审判决确认生猪价格错误的理由不能成立，不应予以支持。

——中国裁判文书网。

1017. 两个以上行政机关分别侵权造成同一损害的，实施侵权行为的行政机关是否属于共同赔偿义务机关

关键词

行政机关　同一损害　共同赔偿义务机关

最高人民法院司法解释

第二十二条　两个以上行政机关分别实施违法行政行为造成同一损害，每个行政机关的违法行为都足以造成全部损害的，各个行政机关承担连带赔偿责任。

两个以上行政机关分别实施违法行政行为造成同一损害的，人民法院应当根据其违法行政行为在损害发生和结果中的作用大小，确定各自承担相应的行政赔偿责任；难以确定责任大小的，平均承担责任。

——《最高人民法院关于审理行政赔偿案件若干问题的规定》（2022年3月20日，法释〔2022〕10号）。

附录：最高人民法院主流观点

《国家赔偿法》第七条第二款规定："两个以上行政机关共同行使行政职权时侵犯公民、法人和其他组织的合法权益造成损害的，共同行使行政职权的行政机关为共同赔偿义务机关。"第十条规定："赔偿请求人可以向共同赔偿义务机关中的任何一个赔偿义务机关要求赔偿，该赔偿义务机关应当先予赔偿。"根据上述规定，两个以上行政机关共同侵权时，为共同赔偿义务机关，这点没有争议。但是，两个以上行政机关分别侵权造成同一损害的，实施侵权行为的行政机关是否属于共同赔偿义务机关，则需要根据具体情形进行判断。

一般来说，认定为共同赔偿义务机关，需要满足以下几个条件：一是作为共同赔偿义务机关的每个行政机关必须具有独立主体资格；二是各个行政机关行使职权的行为都是损害发生的原因，即各个行政机关的职权行为都与损害后果之间存在因果关系；三是各个行政机关共同承担连带赔偿责任。我们认为，在《最高人民法院关于审理行政赔偿案件若干问题的规定》第二十二条第一款规定的"每个行政机关的违法行为都足以造成全部损害的"情形下，各行政机关的行为必然是损害发生的原因，且各个行政机关都承担连带赔偿责任，可以视为共同赔偿义务机关，赔偿请求人可以根据《国家赔偿法》第十条的规定向实施侵权行为的任何一个赔偿义务机关要求赔偿，该赔偿义务机关应当先予赔偿。当然，赔偿请求人也可以向数个赔偿义务机关要求共同赔偿。在《最高人民法院关于审理行政赔偿案件若干问题的规定》第二十二条第二款规定的"两个以上行政机关分别实施违法行政行为造成同一损害后果的"情形下，数个侵权机关之间承担的是按份责任，不构成共同赔偿义务机关。赔偿请求人应当就其受到的损害分别向各赔偿义务机关提出赔偿申请，其可以向一个或数个赔偿义务机关要求赔偿，但此时各赔偿义务机关只在相应的责任份额内承担赔偿责任。如果赔偿请求人对赔偿义务机关的赔偿数额不服，可以提起行政赔偿诉讼，由人民法院根据其违法行政行为在损害发生和结果中的作用大小，确定各侵权行政机关承担相应的行政赔偿责任；难以确定责任大小的，平均承担责任。

——最高人民法院行政审判庭：《最高人民法院关于审理行政赔偿案件若干问题的规定理解与适用》，人民法院出版社2022年版，第375~376页。

1018. 两个以上行政机关分别实施违法行政行为造成同一损害的，举证责任的分配

关键词

行政机关　举证责任分配

最高人民法院司法解释

第二十二条　两个以上行政机关分别实施违法行政行为造成同一损害，每个行政机关的违法行为都足以造成全部损害的，各个行政机关承担连带赔偿责任。

两个以上行政机关分别实施违法行政行为造成同一损害的，人民法院应当根据其违法行政行为在损害发生和结果中的作用大小，确定各自承担相应的行政赔偿责任；难以确定责任大小的，平均承担责任。

——《最高人民法院关于审理行政赔偿案件若干问题的规定》（2022年3月20日，法释〔2022〕10号）。

附录：最高人民法院主流观点

《行政诉讼法》第三十四条第一款规定："被告对作出的行政行为负有举证责任，应当提供作出该行政行为的证据和所依据的规范性文件。"《最高人民法院关于审理行政赔偿案件若干问题的规定》第十一条第一款规定："行政赔偿诉讼中，原告应当对行政行为造成的损害提供证据；因被告的原因导致原告无法举证的，由被告承担举证责任。"根据上述规定，在适用《最高人民法院关于审理行政赔偿案件若干问题的规定》第二十二条规定进行共同诉讼时，原告应当就行政行为造成的损害后果、损害后果与行政行为之间具有因果关系负证明责任，而对于行政行为是否合法，仍应当由作为被告的行政机关承担举证责任，被告不提供或者无正当理由逾期提供证据的，视为没有相应证据。这是对《最高人民法院关于审理行政赔偿案件若干问题的规定》第二十二条规定构成要件的举证责任分配。具体到各个侵权行政机关所应当承担的赔偿责任大小，还要根据不同情形进行区分：

（一）行政机关承担连带赔偿责任的情形

对于"每个行政机关的违法行为都足以造成全部损害的"情形，如原告方主张各行政机关承担连带赔偿，则应当由原告对每个违法行为都"足以"造成全部损害承担举证责任；如原告方主张仅由其中一个或者几个行政机关承担全部责任，而其他行政机关认为其不应当承担连带赔偿责任时，则应当

由其就不承担连带赔偿责任或者不符合《最高人民法院关于审理行政赔偿案件若干问题的规定》第二十二条构成要件的事实承担相应的举证责任。

（二）行政机关承担按份赔偿责任的情形

在两个以上行政机关分别侵权造成同一损害后果，需承担按份赔偿责任时，作为被告的行政机关可以证明自己所实施的违法行政行为在损害发生和结果中的作用大小，从而明确自身的责任份额。行政机关认为自己不应当承担赔偿责任的，还可以就其实施的行为与损害后果之间没有因果关系或者不符合《最高人民法院关于审理行政赔偿案件若干问题的规定》第二十二条构成要件的事实进行举证。根据各方提交的证据，如果人民法院仍不能查明相关事实，或者相关结论难以判断的，则推定各个被告承担同等责任。

——最高人民法院行政审判庭：《最高人民法院关于审理行政赔偿案件若干问题的规定理解与适用》，人民法院出版社2022年版，第376~377页。

1019. 原告的损失已通过行政补偿途径获得充分救济的，法院应判决驳回其行政赔偿请求

关键词

行政补偿　损失充分救济　行政赔偿请求

最高人民法院裁判文书

杜某兴诉被申请人福建省连江县人民政府行政赔偿案［最高人民法院（2020）最高法行赔申1288号行政赔偿裁定书］

> **裁判要旨：** 行政行为被确认违法并不必然产生行政赔偿责任，只有造成实际的损害，才承担赔偿责任。行政机关与当事人已签订房屋征收补偿安置协议，该协议已被法院生效判决认定为合法有效且已经实际履行。因此，当事人的房屋虽被违法强制拆除，但其在诉讼中并未提供证据证明其存在其他损害，其合法权益并未因违法行政行为而实际受损，其请求赔偿缺乏事实和法律依据。

最高人民法院经审查认为，本案的争议焦点是再审申请人杜某兴的赔偿请求依法应否予以支持。根据原审查明的事实，杜某兴所有的涉案房屋位于福州××高速公路东南段建设项目征迁范围内，该建设项目征迁范围内用地已经国土资源部发文批准征收。申请人于房屋被拆除前，就已与福州东绕城高速公路连江段征地拆迁指挥部、连江县房屋征收服务中心签订了《福州东

绕城高速公路工程项目连江段房屋征收补偿安置协议书》。该补偿安置协议业经福建省高级人民法院（2018）闽行终311号生效判决确认合法有效并已实际履行完毕，故申请人主张的房屋及附属物损失、房屋租赁费损失已通过房屋征收补偿协议及履行得以实际弥补，被申请人的强拆行为并未造成该部分损失，其针对该部分提出的赔偿请求缺乏事实根据。关于申请人主张的律师费、差旅费损失，均不属于被申请人违法强拆行为造成的直接损失范围，原审依法不予支持，并无不当。关于申请人主张的屋内物品损失，其仅提供物品损失清单，未提供其他证据予以佐证，原审结合被申请人提交的《洋门村搬迁房屋记工表》等证据，认定申请人的该项赔偿主张缺乏事实根据，亦无不当。另，人民法院在审理行政案件中，是否根据《中华人民共和国行政诉讼法》第六十六条的规定向有关机关发送司法建议，属于人民法院依职权决定的事项，该事项不属于当事人请求裁判的范围。

——中国裁判文书网。

1020. 在被拆除房屋已出租给他人经营的情况下，因强拆行为导致的租金损失是否应予赔偿

关键词

行政赔偿　评估时点　直接损失

最高人民法院裁判文书

安庆荣龙船舶公司与怀宁县政府行政赔偿纠纷申请再审案［最高人民法院（2020）最高法行赔申1477号行政赔偿裁定书］

裁判要旨：1.强拆行为发生后，当事人未及时得到赔偿，为充分保障被征迁人的利益，法院可将委托评估之日作为确定房地产价值的评估时点。《国有土地上房屋征收与补偿条例》中有关补偿的规定是以房屋征收决定公告之日为节点，但本案是强拆行为引发的行政赔偿案件，一般应以强拆行为发生之日为计算赔偿损失的节点。鉴于强拆行为发生后被征迁人未得到及时赔偿，为了最大限度地保障被征迁人利益，故可以委托评估之日作为房地产价值确定的评估时点。

2.当事人将被拆除房屋出租给他人经营，其直接损失应为因强拆行为而导致的租金损失。征收过程中的停产停业损失，只是补偿因征收给房屋所有权人经营造成的临时性经营困难，具有过渡费用

性质，因而只能计算适当期间或者按照房屋补偿金额的适当比例计付。同时，房屋所有权人在征收或者侵权行为发生后的适当期间，也应当及时寻找合适地址重新经营，不能将因自身原因未开展经营的损失，全部由行政机关来承担。行政机关因侵权行为所承担的损失赔偿责任，也仅限因行政侵权行为给被征收人造成的直接现实损失，不应将因自身原因产生的扩大损失和预期可得利益作为直接现实损失，要求行政机关承担赔偿责任。本案中，再审申请人的房屋虽被违法拆除，因此产生的损失赔偿也仅限被强拆部分房屋的租金损失和未被征收部分厂房的经营损失。

最高人民法院经审查认为，《中华人民共和国国家赔偿法》第四条规定："行政机关及其工作人员在行使行政职权时有下列侵犯财产权情形之一的，受害人有取得赔偿的权利：……（四）造成财产损害的其他违法行为。"本案中，怀宁县政府强制拆除再审申请人房屋的行为已经被法院生效判决确认违法，故再审申请人有权要求怀宁县政府对其合法财产的损失承担相应赔偿责任。

（一）关于评估时点及评估方法问题。根据《国有土地上房屋征收与补偿条例》第十九条第一款规定，对被征收房屋价值的补偿，不得低于房屋征收决定公告之日被征收房屋类似房地产的市场价格。本案系因强制拆除行为违法引发的行政赔偿案件，一审法院鉴于再审申请人在强拆行为发生后，未及时得到赔偿，为充分保障被征迁人的利益，将委托评估之日作为确定房地产价值的评估时点，并无不当。再审申请人主张应以被申请人实际赔偿之日为评估时点，无事实和法律依据，最高人民法院不予支持。本案中，一审法院委托的安徽建英房地产土地资产评估有限公司结合案涉房屋实际使用情况，综合运用成本法（房地产分估）、收益法作为评估方法，评估确定案涉房地产价值，符合房地产估价办法的规定，并无不当。再审申请人关于案涉评估报告估价方法错误的再审理由不能成立。综上，安徽建英房地产土地资产评估有限公司具有相应评估资质，其评估程序合法，作出的评估报告不违反房地产估价规范，一审法院以此作为定案依据，并无不当，再审申请人关于评估时点及方法错误的再审理由不能成立，最高人民法院不予支持。

（二）关于停产停业损失问题。依据《中华人民共和国国家赔偿法》第三十六条的规定，对财产权造成损害的，按照直接损失给予赔偿。本案中，荣龙船舶公司被拆除的房屋系出租给他人经营，其直接损失应为因强拆行为而导致的租金损失。二审法院根据评估公司确定的每月每平方米10元工业厂房的租金标准，参照补偿方案计算停产停业损失的期限6个月作为计算租金损失的期限，认定安庆荣龙船舶公司被拆除房屋的租金损失为126164元（每月每平方米10元×2102.733平方米×6个月）并无不当。同时，一、二审法院考虑到生产经营的整体性，认定拆除行为对未拆除部分厂房的经营亦产生一定的影响，故对未拆除部分厂房的停产停业损失酌定为 10 万元，具有合理性，并无明显不当。再审申请人关于应当对全部厂房按照实际面积及实际停产停业时间计算停产停业损失的再审理由不能成立，最高人民法院不予支持。

（三）关于其他损失问题。因填土、消防水管、电缆、大门、窨井、彩钢瓦房、活动板房等损失，均已包含在房地产损失的评估范围内，变压器损耗费用、恢复生产重建办公楼和宿舍费用、人员工资、律师代理费等损失请求，均不属于行政赔偿的范围，原审法院未予支持，并无不当。再审申请人该主张没有事实和法律依据，最高人民法院不予支持。

——中国裁判文书网。

1021. 强制拆除合法房屋的行政赔偿标准

关键词

强制拆除　合法房屋　赔偿标准

最高人民法院审判业务意见

因违法强制拆除合法房屋而引发的行政赔偿案件中，原告请求恢复原状依法不能支持而给予金钱赔偿时，确定赔偿标准时不应使赔偿请求人获得的行政赔偿低于因依法拆迁所应得到的补偿，亦不应低于赔偿时该地段类似房屋的市场价值。在不低于征收补偿标准的前提下，受损财产的价值评判可以一审裁判作出时为基准。确定赔偿具体数额，原则上应当依法委托评估机构确定。经调查，有证据证明征收补偿过程中政府委托评估确定的价格不低于赔偿时的市场价格的，人民法院也可以以该价格为基础，参照征收补偿方案规定的优惠政策，确定赔偿数额。

——《最高人民法院第二巡回法庭建庭以来行政案件审理情况分析报告——以申请再审案件为核心（2015.01—2020.06）》。

1022. 赔偿义务机关未及时赔偿应支付迟延期间的利息

关键词

赔偿义务机关　支付迟延利息

> **最高人民法院审判业务意见**

利息是使用他人金钱时当然应该给付的对价,或者他人无法使用其金钱时当然发生的损失。为尽可能减少受害人的损失,赔偿义务机关应当及时履行赔偿义务,尽快支付违法赔偿金。若赔偿金不计付利息,会导致受害人的损失无法得到足额赔偿,亦不利于督促行政机关及时履行赔偿义务。

在确定利息支付标准时,首先,《国家赔偿法》第三十六条第七项规定:返还执行的罚款或者罚金、追缴或者没收的金钱,解除冻结的存款或者汇款的,应当支付银行同期存款利息。《最高人民法院关于审理民事、行政诉讼中司法赔偿案件适用法律若干问题的解释》第十五条第一款规定:国家赔偿法第三十六条第七项规定的银行同期存款利息,以作出生效赔偿决定时中国人民银行公布的一年期人民币整存整取定期存款基准利率计算,不计算复利。参照上述规定,违法损害赔偿金应当以作出生效赔偿决定时中国人民银行公布的一年期人民币整存整取定期存款基准利率作为计付利息的标准。

其次,当行政机关不能给付被征收人房屋实物时,只能以金钱赔偿代替恢复原状。在以一审裁判时作为计算损失基准时的情况下,被征收人获得的金钱赔偿数额已足以弥补自强制拆除房屋行为至判决时的损失,因此不能再判令行政机关支付此期间的利息。

——《最高人民法院第二巡回法庭建庭以来行政案件审理情况分析报告——以申请再审案件为核心(2015.01—2020.06)》

1023. 赔偿委员会审查司法赔偿案件时应注意的问题

> **关键词**

职务违法行为　损害结果

> **最高人民法院裁判文书**

江油市城市信用社撤销清算组申请确认四川省高级人民法院执行行为违法案[最高人民法院(2009)确申字第1号行政裁定书]

裁判要点:根据《国家赔偿法》第三十一条的规定,人民法院对生效民事法律文书执行错误,造成损害的,受害人有权要求赔偿。根据《最高人民法院关于审理人民法院国家赔偿确认案件若干问题的规定（试行）》[①] 第十一条的规定，确认执行行为违法要求有职务行为（包括不作为行为）存在、行为具有违法性、有实际损害结果。人民法院在执行过程中，因执行裁定实体处理不当，以补正笔误的方式予以纠正，在程序上虽有瑕疵，但并未给确认申诉人的合法权利造成实际损失，其执行行为应不予确认违法。

最高人民法院认为：江油信用社诉雒蜀房地产公司借款纠纷一案，四川省高级人民法院已生效的（1998）川经二初字第70号民事判决判令雒蜀房地产公司偿还江油信用社借款本金3400万元及利息。该案执行过程中，四川省展望实业公司亦持到期公证债权文书申请强制执行雒蜀房地产公司382.4万元的欠款，四川省高级人民法院予以立案执行。在雒蜀房地产公司被查封财产不足以清偿其全部债务，又无其他财产可供执行的情况下，四川省高级人民法院未经申请执行人和被执行人同意，亦未作价，即作出〔2000〕川执字第2号民事裁定，将被执行人全部财产抵偿给其中一个申请执行人，处理确有不当。后又以补正笔误为由作出〔2000〕川执字第2-1号民事裁定对原裁定主文进行纠正，程序确有瑕疵。但该裁定的实体处理结果并未给江油信用社清算组的合法权利造成实际损失。

——中国裁判文书网。

1024. 内外勾结侵犯原告合法权益的行政赔偿责任

关键词

内外勾结 合法权益 行政赔偿责任

最高人民法院司法解释

第九十七条 原告或者第三人的损失系由其自身过错和行政机关的违法行政行为共同造成的，人民法院应当依据各方行为与损害结果之间有无因果关系以及在损害发生和结果中作用力的大小，确定行政机关相应的赔偿责任。

——《最高人民法院关于适用〈中华人民共和国行政诉讼法〉的解释》（2018年2月6日，法释〔2018〕1号）。

[①] 本规定已被《最高人民法院关于废止1997年7月1日至2011年12月31日期间发布的部分司法解释和司法解释性质文件（第十批）的决定》（法释〔2013〕7号）废止。

> **附录：最高人民法院主流观点**

《最高人民法院关于审理房屋登记案件若干问题的规定》（法释〔2010〕15号）第十三条规定，房屋登记机构工作人员与第三人恶意串通违法登记，侵犯原告合法权益的，房屋登记机构与第三人承担连带赔偿责任。该条规定同样是遵循根据违法行政行为对损失形成的作用，判断行政机关应当承担的过错责任，进而判决其承担相应的行政赔偿责任的原则。我们认为，上述规定不仅可以适用于房屋登记案件，也可以适用于类似的其他所有行政机关工作人员与侵权人内外勾结侵害原告或第三人合法权益的情形。也就是说，只要是有充分确凿的证据证明，行政机关工作人员与侵权人相互勾结，共同实施虚假的违法行政行为，侵害原告或第三人合法权益的，行政机关应当与侵权人对全部损失承担连带赔偿责任，行政机关赔偿后，可以向实施侵权行为的工作人员及侵权人追偿。

——最高人民法院行政审判庭编著：《最高人民法院行政诉讼法司法解释理解与适用》，人民法院出版社2018年版，第451页。

1025. 在看守所羁押期间被同监室人员殴打致死致残应按行政赔偿程序处理

> **关键词**
>
> 看守所羁押期间　不履行法定职责　行政赔偿

> **最高人民法院答复**

陕西省高级人民法院：

你院《周某炳诉镇巴县公安局行政违法及赔偿一案的请示报告》收悉。经研究，答复如下：

犯罪嫌疑人、被告人或者罪犯在被羁押期间，被同仓人致残所引起的国家赔偿，应当按照《中华人民共和国行政诉讼法》和《中华人民共和国国家赔偿法》规定的行政赔偿程序处理。

此复

——《最高人民法院行政审判庭关于犯罪嫌疑人、被告人或者罪犯在看守所羁押期间，被同仓人致残而引起的国家赔偿如何处理问题的答复》（2006年12月7日，〔2006〕行他字第7号）。

附录：最高人民法院法官著述

（一）关于〔1997〕行他字第9号答复的效力问题

对被看守所羁押管理的人员在被羁押期内被同监室人犯殴打致死，公安机关应否承担责任的问题，最高人民法院曾于1998年1月9日发布了〔1997〕行他字第9号答复，认为公安机关不承担行政赔偿责任。2001年12月24日由最高人民法院审判委员会第1202次会议通过的法释〔2001〕32号《最高人民法院予以废止的2000年底以前发布的有关司法解释目录（第四批）》明确规定，列入废止名单的司法解释自2001年12月28日起不再适用。该目录第14条将〔1997〕行他字第9号答复列入废止的名册，废止的理由是已被2001年6月26日最高人民法院发布的法释〔2001〕23号《最高人民法院关于公安机关不履行法定行政职责是否承担行政赔偿责任问题的批复》代替。法释〔2001〕23号批复明确了公安机关不履行法定行政职责造成损害应当承担行政赔偿责任。因此，自2001年12月28日起仍然适用〔1997〕行他字第9号答复，对在看守所羁押期间被同监地人犯殴打致残致死不予赔偿的，应当属于适用法律错误，依法应当予以再审改判。

（二）关于行政行政赔偿诉讼与刑事附带民事赔偿的选择问题

行政机关违法失职监管不力，同监舍的人犯实施违法犯罪造成伤害，两种行为共同造成损害结果的发生。这样就存在当事人救济途径可能存在重合，一方面，当事人可以行政机关行政失职为由，提起行政赔偿之诉；另一方面，也可以犯罪人民事侵权为由，提起民事诉讼或者刑事附带民事之诉。

如果行政机关工作人员的刑讯逼供、滥用职权行为造成看守所被关押人犯的人身损害，因公务员职务行为的承担主体是该公务员所属行政机关，所以，2002年8月5日由最高人民法院审判委员会第1236次会议通过并公布，自2002年8月30日起施行的《最高人民法院关于行政机关工作人员执行职务致人伤亡构成犯罪的赔偿诉讼程序问题的批复》指出："一、行政机关工作人员在执行职务中致人伤、亡已构成犯罪，受害人或其亲属提起刑事附带民事赔偿诉讼的，人民法院对民事赔偿诉讼请求不予受理。但应当告知其可以依据《中华人民共和国国家赔偿法》的有关规定向人民法院提起行政赔偿诉讼。二、本批复公布以前发生的此类案件，人民法院已作刑事附带民事赔偿处理，受害人或其亲属再提行政赔偿诉讼的，人民法院不予受理。"

但是，如果是同监房的人犯将受害人打伤致残、致死，当事人应当如何选择呢？我们认为，因同监房人犯实施的违法犯罪行为与行政机关公务人员的职务行为具有实质性区别，对非职务行为造成的损害，行政机关不承担任何责任。因此，当事人只能分别提起两个诉讼。对行政机关的不作为行为，当事人可以在提起确认该不作为行为违法之诉的同时，一并提起行政赔偿之诉，人民法院根据行政机关不作为行为对损害发生的作用大小判决确定行政机关应当承担的比例和数额；对同监房致害人，当事人可以提起一个侵权民事赔偿诉讼或者刑事民事赔偿之诉，请求法院判决致害人对其损害予以民事赔偿。为了避免民、行判决的冲突（主要是在责任划分上），方便当事人诉讼，一揽子解决纠纷，人民法院可以引导当事人就相关行政争议和民事争议提请人民法院一并解决，人民法院可以参照一并审理行政裁决民事争议的规定，对相关诉讼请求一并审理并判决。

——蔡小雪、郭修江、耿宝建：《行政诉讼中的法律适用》，人民法院出版社2009年版，第108~110页。

1026. 拆除违法建筑过程中的侵权认定以及赔偿标准

关键词

拆除违法建筑　行政赔偿　直接损失

最高人民法院司法政策精神

27. 土地、城建类行政案件审查标准问题

在强制拆除违法建筑的案件中，相对人表明仍需使用建筑材料的，行政机关负有返还义务；行政机关无正当理由拒绝返还的，人民法院可以判决确认违法，并要求行政机关承担相应的赔偿责任。

——《最高人民法院办公厅关于印发〈行政审判办案指南（一）〉的通知》（2014年2月24日，法办〔2014〕17号）。

行政审判指导案例

上海彭浦电器开关厂诉上海市闸北区人民政府确认侵占行为违法并要求行政赔偿案（行政审判指导案例第79号）

裁判要点：在强制拆除违法建筑过程中，当事人明确表示仍需使用被拆除的违法建筑材料，拆违实施部门未将该建筑材料返还当事人的，其行为构成违法，对因此给当事人造成的直接损失应承担赔偿责任。

因原告未在原闸北区规划局闸规查〔2009〕第（011）号限期拆除违法建筑决定规定的期限内，自行拆除违法建筑，闸北区政府根据该局的申请，依法组织相关部门实施强制拆除，该强制拆除行为是对限期拆除违法建筑决

定的执行行为。原告在本市彭浦路 4 号厂区 1 号、2 号、3 号房楼顶搭建的建筑物及在地面空间搭建的地面棚，虽已被上述限期拆除决定认定为违法建筑，但原告认为其对被拆除建筑物、搭建物的建筑材料享有权利的主张，能够成立。被告实施强制拆除后，原告曾多次向被告及上海市人民政府信访办提出书面请求，要求返还财物，但没有收到任何答复。原告现向法院提起本案诉讼，符合法律规定的起诉条件。原告在诉讼中提供的强制拆除现场的 DVD 光碟，可以证明执行强制拆除的人员将拆下的部分旧彩钢板运离现场的事实。这部分旧彩钢板尽管被使用多年，但在原告认为仍有使用价值的情况下，被告的执法人员将其作为建筑垃圾进行处理确有不当，被告应依法予以返还。鉴于旧彩钢板是被告在强制执行过程中从违法建筑上拆下已被使用多年的建筑材料，被告的强制拆除行为无法保证全部建筑材料整体的完好无损，且被告已将拆除的建筑材料作为建筑垃圾予以处理，客观上无法返还，故被告应对被执法人员运离执法现场，尚有使用价值部分的彩钢板等建筑材料酌情折价赔偿。至于原告要求确认被告侵占其电表等其他物品的行为违法，并判令被告返还的诉请，因原告未能在诉讼中提供证据证明被告实施了该项事实行为，法院难以支持。

——江必新主编、最高人民法院行政审判庭编：《中国行政审判案例》（第 2 卷），中国法制出版社 2011 年版，第 238~239 页。

1027. 在违法强拆案件中应如何认定财产评估标准

关键词

违法强制强拆　财产评估

最高人民法院裁判文书

郑某斌诉福州市仓山区人民政府、福州市仓山区城门镇人民政府行政赔偿案［最高人民法院（2016）最高法行赔申 309 号行政裁定书］

裁判要点：房屋强拆行为被确认违法后，对于相关损失的国家赔偿范围，法院应当结合拆迁补偿方案中的补偿规定综合考虑，不得低于补偿标准。

按照诉前评估报告已不足以弥补被拆迁人损失的，法院可以根据公平合理的原则依法委托具有评估资质的评估机构重新评估。估价时点和方法应当根据估价目的合理确定。

违法强拆房屋导致屋内财产灭失，无法确定屋内财产具体损失的，法院应当对证据综合审查后，遵循法官职业道德，运用逻辑推理和生活经验，全面、客观、公正地确定赔偿数额。

最高人民法院认为，根据原审所查明的事实，仓山区政府、城门镇政府强制拆除郑某斌房屋的行为已被法院生效判决确认违法，本案属于行政赔偿案件。综合来看，本案争议的焦点主要有以下方面：

1. 关于郑某斌被强拆房屋损失的赔偿问题

主要包括以下几个方面：(1)本案被强拆的房屋涉及有产权登记的面积为244.47平方米。鉴于被拆除房屋所涉地块已规划为城市景观及绿化项目建设用地，且被拆除房屋已灭失，在无法恢复原状的情况下，一审法院依法委托福建中兴资产评估房地产土地估价有限责任公司对有产权登记的房屋面积进行评估，作出的《房地产估价报告》确定该部分房屋市场价值为人民币1775586元，足以采信。因此，郑某斌该部分房屋损失应得到的赔偿为人民币1775586元。(2)本案被强拆的未经登记的无产权房有73.68平方米。根据二审法院调取的有关航拍图、矢量图等证据，可以认定该无产权房屋中属1984年以前所建的有45.42平方米，属1984年至2004年间所建的有28.26平方米。参照《补偿安置实施方案》中有关面积确认和补偿标准的规定，1984年以前所建的45.42平方米可视为合法产权面积，对此可确定该损失应予赔偿（该部分结合相关店面损失的认定予以赔偿）；1984年至2004年间所建的28.26平方米可按房屋结构结合成新确定赔偿损失人民币9990元。根据郑某斌提供的相关工商营业登记等材料，郑某斌被强拆房屋中符合《补偿安置实施方案》相关店面认定和补偿条件的房屋面积有45.42平方米，因此，确认该店面损失的赔偿数额为人民币402512元，并无不当。(3)郑某斌的房屋装修费用的赔偿，郑某斌未提供相关证据且房屋已灭失，无法具体确认，参照《补偿安置实施方案》的相关规定及结合仓山区政府、城门镇政府提供的相关测算材料，可酌定赔偿人民币14233元，不违反法律规定。

2. 关于郑某斌主张其被拆除的房屋内物品的损失赔偿问题

郑某斌列举了物品损失清单，包括玉镯一对、红木床一张、铝合金防盗门一扇及家具等日常生活物品，对此，其只提供清单并无其他证据佐证。二审法院根据行政赔偿举证责任原则和郑某斌的家庭人口、生活水平等情况，结合考虑生活常识、常理，酌定赔偿该部分的损失为人民币40000元，并无不当。

3. 关于郑某斌主张其房屋被拆除后的租房过渡费损失赔偿问题

参照《补偿安置实施方案》有关拆迁过渡费的规定，按住宅每月每平方米7元计算，超过过渡期限的加倍计算过渡费。郑某斌房屋被强拆后，因未得到安置和补偿，二审法院判决从郑某斌房屋被强拆起至2015年11月止该项损失应得到的赔偿为人民币198940元，并无不当。

4. 关于郑某斌主张房租赔偿问题

上诉人主张其房屋有作为店面出租，租金每月12800元的损失应予赔偿。由于房屋的租金收入不属于直接损失，不属于国家赔偿范围，依法不予支持。但是，参照《补偿安置实施方案》有关规定，确定为2004年前经营店面的可给予三个月的经营补助每平方米100元，对此，郑某斌应得到该项损失赔偿人民币13626元，并无不当。

5. 关于郑某斌主张的其他损失的赔偿问题

郑某斌主张精神损害抚慰金、咨询费、诉讼费、上访费、误工费等赔偿事项，因精神损害抚慰金和误工费只适用于侵犯人身权的情形，不适用于本案涉及的侵犯财产权的情形；而咨询费、诉讼费、上访费等损失均不属于直接损失范畴，不属于国家赔偿范围。因此，郑某斌的相关赔偿主张缺乏法律依据，依法不予支持。

——最高人民法院行政审判庭编：《最高人民法院行政裁判要旨及评述（第一卷）》，人民法院出版社2019年版。

1028. 以虚假材料获取公司登记的行政赔偿

关键词

虚假材料　公司登记　行政赔偿

最高人民法院司法政策精神

因申请人隐瞒有关情况或者提供虚假材料导致登记错误引起行政赔偿诉讼，登记机关与申请人恶意串通的，与申请人承担连带责任；登记机关未尽审慎审查义务的，应当根据其过错程度及其在损害发生中所起作用承担相应的赔偿责任；登记机关已尽审慎审查义务的，不承担赔偿责任。

——《最高人民法院办公厅关于印发〈关于审理公司登记行政案件若干问题的座谈会纪要〉的通知》（2012年1月13日，法办〔2012〕62号）。

1029. 金融机构执行划拨存款、汇款错误的通过行政赔偿途径获得救济

关键词

金融机构　划拨存款、汇款　行政赔偿

附录：最高人民法院主流观点

法律规定具有划拨权的行政机关书面通知金融机构采取划拨当事人银行存款、汇款，如果是因为行政机关的决定书、划拨通知错误，造成当事人损失的，应当由作出该错误决定的行政机关承担行政赔偿责任；如果是金融机构执行措施错误，错划当事人存款、汇款的，因金融机构划拨行为属于受行政机关委托行使职权的行为，依然应当属于行政赔偿范畴，当事人可以通过行政赔偿程序要求行政机关和金融机构予以赔偿，通常情况下，人民法院应当将金融机构作为第三人要求其参加行政赔偿诉讼活动，并可以直接判决由金融机构承担行政赔偿责任。

法律规定以外的其他行政机关书面通知金融机构划拨当事人存款、汇款、金融机构未予拒绝，造成当事人损失的，因行政机关实施的划拨行为属于违法的行政行为，当事人仍应当通过行政赔偿途径获得救济。人民法院应当通知金融机构作为第三人参加行政赔偿诉讼活动，对于纯属行政机关违法实施划拨造成当事人损失的，人民法院应当判决行政机关依法予以行政赔偿；如果存在金融机构违法扩大当事人损失的，该部分损失应当判决由金融机构依法予以赔偿。如果行政机关仅属超越职权行使划拨职权，行政决定合法，越权划拨行为并未造成当事人实际损失的，人民法院在判决时，应当采取确认违法判决，还是撤销判决？我们认为，为了严格法定权限和程序，应当撤销越权的划拨决定，并执行回转，同时由行政机关依法申请人民法院强制执行。对于当事人可能转移资产的，可以申请人民法院采取保全措施，查封当事人的账户或者汇款。

——江必新主编、最高人民法院行政强制法研究小组编著：《〈中华人民共和国行政强制法〉条文理解与适用》，人民法院出版社2012年版，第249~250页。

1030. 行政决定违法，行政机关未按规定将划拨的存款、汇款以及拍卖和依法处理所得的款项上缴国库或划入财政专户的不可直接返还当事人

关键词

上缴国库　司法建议

附录：最高人民法院主流观点

行政决定违法，行政机关未按规定将划拨的存款、汇款以及拍卖和依法

处理所得的款项上缴国库或者划入财政专户的赔偿问题。行政机关据以强制执行的行政决定违法，行政机关对违法行政行为造成当事人的损失应当依法承担行政赔偿责任，这是毫无疑问的。那么，在行政机关未将划拨的存款、汇款或者拍卖和依法处理所得的款项上缴国库或者划入财政专户的情况下，人民法院是否可以判决行政机关直接将上述款项返还当事人呢？我们认为是不可以的。人民法院在审理行政赔偿案件中发现行政机关未将相应款项上缴国库或者划入财政专户的，应当向相关政府机构发出司法建议，要求其上缴，并建议对相关责任人员依法作出纪律处分，构成犯罪的依法追究刑事责任。对于行政机关应当承担行政赔偿款项，应当依照《国家赔偿法》规定的途径正常从国库支付。

——江必新主编、最高人民法院行政强制法研究小组编著：《〈中华人民共和国行政强制法〉条文理解与适用》，人民法院出版社2012年版，第257~258页。

1031. 限制出境属于国家赔偿范围

关键词

限制出境　国家赔偿范围

最高人民法院答复

江苏省高级人民法院：

你院〔2012〕苏法委赔字第1号《关于限制出境是否属于国家赔偿范围的请示》收悉。经研究认为，根据《中华人民共和国国家赔偿法》第三十八条的规定，人民法院在民事诉讼过程中违法采取限制出境措施的，属于国家赔偿范围。对于因违法采取限制出境措施造成当事人财产权的直接损失，可以给予赔偿。你院应针对常州市中级人民法院作出的（2007）常民一初字第78-1号民事决定是否构成违法采取限制出境的措施予以认定，并依法作出决定。

此复

——《最高人民法院关于限制出境是否属于国家赔偿范围的复函》（2013年6月4日，〔2013〕赔他字第1号）。

1032. 国家不承担赔偿责任和减轻国家赔偿责任的情形

> **关键词**

国家赔偿责任　免责

> **最高人民法院司法解释**

第七条　具有下列情形之一的，国家不承担赔偿责任：

（一）属于民事诉讼法第一百零五条、第一百零七条第二款和第二百三十三条规定情形的；

（二）申请执行人提供执行标的物错误的，但人民法院明知该标的物错误仍予以执行的除外；

（三）人民法院依法指定的保管人对查封、扣押、冻结的财产违法动用、隐匿、毁损、转移或者变卖的；

（四）人民法院工作人员与行使职权无关的个人行为；

（五）因不可抗力、正当防卫和紧急避险造成损害后果的；

（六）依法不应由国家承担赔偿责任的其他情形。

第九条　受害人对损害结果的发生或者扩大也有过错的，应当根据其过错对损害结果的发生或者扩大所起的作用等因素，依法减轻国家赔偿责任。

第十条　公民、法人和其他组织的损失，已经在民事、行政诉讼过程中获得赔偿、补偿的，对该部分损失，国家不承担赔偿责任。

——《最高人民法院关于审理民事、行政诉讼中司法赔偿案件适用法律若干问题的解释》（2016年9月7日，法释〔2016〕20号）。

> **最高人民法院审判业务意见**

问：《解释》规定了国家不承担赔偿责任和减轻国家赔偿责任的情形，在实践中应如何把握？

答：《解释》对申请保全错误，申请先予执行后申请人败诉，错判执行回转，申请执行人提供执行标的物错误，保管人侵权，人民法院工作人员个人侵权，不可抗力、正当防卫和紧急避险致害等国家不承担赔偿责任的情形予以规定；并对数个原因造成同一损害、受害人与有过失、损失已获补救等应当减轻国家赔偿责任的情形中，如何确定国家赔偿责任范围予以明确。在审判实践中，正确适用国家不承担赔偿责任和减轻国家赔偿责任的条款，理顺关系、分清责任尤为必要。

正确适用国家不承担赔偿责任的条款，需要从两个方面把握：一方面防止以国家赔偿责任替代民事责任。人民法院在民事、行政诉讼过程中，处于居中裁判的地位，人民法院在行使职权过程中因违法侵权而产生的赔偿义务关系与当事人双方之间原有的债权债务关系是两种不同性质的法律关系，二者不能相互替代，不能因人民法院有违法侵权行为而使原债权债务关系归于无形，以全体纳税人的钱为个别民事主体"埋单"。另一方面防止以民事责任逃避国家赔偿责任。在申请保全错误、申请先予执行后败诉、申请执行人提供执行标的物错误、保管人侵权等情形中，同时还存在人民法院及其工作人员违法或者过错行使职权行为的，人民法院对自身的违法或者过错侵权行为承担相应的国家赔偿责任，不能因申请保全人、申请先予执行人、申请执行人、保管人等承担民事责任而逃避依法应当承担的国家赔偿责任。

正确适用减轻国家赔偿责任的条款，要准确把握非刑事司法赔偿中违法归责、过错归责为主的归责原则，穷尽其他救济途径的归责前提。因多个原因或与有过失造成的损害，国家赔偿限于人民法院自身违法侵权行为造成损害的部分，而不能替代当事人、第三人、案外人等其他责任人的民事责任。损失已经法定程序获得赔偿、补偿的，人民法院对该部分损失不承担国家赔偿责任。具体而言：一是对于数个原因造成同一损害结果的非刑事司法赔偿案件，主要根据作用力来确定国家赔偿责任的份额。除作用力以外，还应当考虑过错程度等其他因素，采取作用力为主、过错程度等其他因素为辅的原则来确定国家赔偿责任的份额。二是受害人对损害结果的发生或者扩大也有过错的，可以减轻赔偿义务机关的责任，这是与有过失情形中的过失相抵。三是损失已经法定程序获得赔偿、补偿的，人民法院对该部分损失不承担国家赔偿责任。在诉讼程序或者执行程序尚未终结时，当事人或者第三人通过司法强制措施的复议，保全和先予执行的复议，执行复议、异议以及执行监督等救济途径主张权利，人民法院查证属实并对其所遭受的损害通过回转、返还、修复或者赔偿予以权利救济的，应视为损失已经获得弥补。

问：《解释》首次规定了非刑事司法赔偿中的精神损害赔偿，能否加以介绍？

答：非刑事司法赔偿以财产损害赔偿为主，但人民法院及其工作人员在民事、行政诉讼过程中侵犯公民人身权的，也应当对人身损害予以赔偿。根据《国家赔偿法》第 35 条规定，精神损害赔偿适用于行政赔偿、刑事赔偿中侵犯人身权造成严重后果的情形，未明文规定适用于非刑事司法赔偿。人民法院及其工作人员在民事、行政诉讼过程中实施违法拘留，殴打、虐待等行为，侵犯公民人身权，造成的损害后果有可能不亚于行政赔偿、刑事赔偿中的损害后果。如将非刑事司法赔偿排除在精神损害赔偿条款的适用范围之外，就会背离国家赔偿法尊重和保障人权的立法初衷，故《解释》将精神损害赔偿首次引入非刑事司法赔偿领域，完善了《国家赔偿法》精神损害的适用范围。根据《解释》的规定，非刑事司法赔偿案件中，人民法院及其工作人员侵犯公民人身权造成精神损害的，应当依照《国家赔偿法》第35条的规定，在侵权行为影响的范围内，为受害人消除影响、恢复名誉、赔礼道歉；造成严重后果的，还应当支付相应的精神损害抚慰金。

——《最高人民法院赔偿办负责人对〈最高人民法院关于审理民事、行政诉讼中司法赔偿案件适用法律若干问题的解释〉答记者问》，载《国家赔偿办案指南》2016年第2辑（总第16辑），法律出版社2016年版，第45~46页。

1033. 行政赔偿中当事人的损失因客观原因无法鉴定的，如何确定其赔偿数额

关键词

行政赔偿　赔偿数额确定

最高人民法院裁判文书

湘潭鸿泰宇矿业有限公司与湖南省湘潭县人民政府行政赔偿纠纷申请再审案［最高人民法院（2020）最高法行赔申1440号行政裁定书］

> 裁判要旨：违法行政行为对当事人的合法权益造成损害的，当事人有权申请国家赔偿，行政机关应对当事人因行政行为受到的直接损失予以赔偿。当事人的损失因客观原因无法鉴定的，人民法院可根据相关法律法规，结合当地政策文件精神，考虑当事人的实际情况、各方当事人的主张和在案证据，遵循法官职业道德，运用逻辑推理和生活经验、生活常识，酌情确定赔偿数额。

最高人民法院经审查认为，湘潭县政府强制关闭鸿泰宇公司一矿的行政行为已被生效行政判决确认违法，该违法关闭行为对鸿泰宇公司的合法权益造成了损害，鸿泰宇公司有权依法申请国家赔偿。根据《中华人民共和国国家赔偿法》第三十六条第八项的规定，湘潭县政府应对鸿泰宇公司因违法关闭行为受到的直接损失予以赔偿。但经一审法院依法委托评估机构对鸿泰宇公司因涉案强制关闭行为受到的实际损失进行审计、评估鉴定，由于当事人提交的资料不完善，致使评估机构无法作出审计、评估鉴定结论。鸿泰宇公司虽提供了自行委托其他评估机构作出的川天评报字〔2015〕0134号《资产评估报告书》，但该评估报告载明其评估目的是为鸿泰宇公司拟了解资产市场价值提供参考依据，不能用于司法诉讼等其他目的，且该评估报告亦无法

反映鸿泰宇公司因湘潭县政府的涉案强制关闭行为受到的财产损害情况。二审法院根据《最高人民法院关于适用〈中华人民共和国行政诉讼法〉的解释》第四十七条第三款的规定，结合国务院、湖南省及湘潭市有关加强煤矿安全生产、落后小煤矿关闭退出工作及奖补办法等文件精神，综合考虑鸿泰宇公司一矿的实际产能、各方当事人的主张和在案证据，遵循法官职业道德，运用逻辑推理和生活经验、生活常识，酌情确定由湘潭县政府赔偿鸿泰宇公司各项财产损失2433万元及利息，并指引鸿泰宇公司另循其他途径解决剩余采矿权价款和矿山地质环境治理备用金返还问题，并无不当。鸿泰宇公司的再审申请事由不能成立，不应予以支持。

——中国裁判文书网。

1034. 警察在不得已情况下采取紧急救助行为造成的损失不应赔偿

关键词

紧急救助　行政裁量　行政赔偿　最小侵害原则

最高人民法院司法政策精神

23. 最小侵害原则的运用问题

行政机关未选择对相对人损害较小的执法方式达成执法目的，径行作出被诉行政行为给相对人造成不必要的较大损害的，可以认定被诉行为违法。但在损害较小的方式不能奏效时，行政机关作出被诉行政行为给相对人造成圈套损害的，不宜认定违法。

——《最高人民法院办公厅关于印发〈行政审判办案指南（一）〉的通知》（2014年2月24日，法办〔2014〕17号）。

最高人民法院公报案例／行政审判指导案例

陈某诉庄河市公安局行政赔偿纠纷案（行政审判指导案例第19号）

裁判要旨：最小侵害原则不应单纯从结果上评价，如果被告采取的方式适当，即便给原告造成较大损害，仍应认为方式的选择符合最小侵害原则。

根据《国家赔偿法》第2条第1款的规定，国家机关及工作人员违法行使职权是给予国家赔偿的必要前提。本案中，警方是在司机韩某被夹在发生事故的轿车驾驶室里生死不明，需要紧急抢救的情况下，决定实施强行打开驾驶室车门措施的。由于当时其他方法都不能打开已经变形的车门，为及时抢救出韩某而采取气焊切割车门的方法，实属情况紧急，迫不得已。因为不及时打开车门，就无法对生死不明的韩某实施紧急救护；尽早打开车门救出韩某，就有可能挽救其生命。气焊切割车门的方法虽然会破损车门，甚至造成汽车的毁损，但及时抢救韩某的生命比破损车门或者造成汽车的毁损更为重要。因为就相对人的生命而言，破损汽车车门或者汽车致他人利益损害明显较小，警方在紧急情况下作出强行打开车门抢救韩某的决定，具有充分的合理性，而且在采取措施之前，警方已经尽可能地采取了相应的防范措施。虽然气焊切割车门导致了轿车的失火，但该行为从性质上属于警方正当的抢险救助行为，没有超出交通警察依法履行职责的范围。上诉人陈某要求警方对在不得已情况下的紧急救助行为所造成的损失给予行政赔偿，是没有法律依据的。又由于事故现场客观条件的限制，无法准确判断司机韩某的生死状况，故不能以事后证实的结果为理由认定警方对韩某的救助行为没有实际的意义，故上诉人陈某认为警方实施的紧急抢险行为不当的理由亦不成立。

——《最高人民法院公报》2003年第3期（总第83期）。

附录：最高人民法院法官著述

英国学者韦德认为，行政裁量应当遵循"合理善意而且仅为正当目的行使，并与授权法精神及内容相一致"的原则，即合理性原则。从价值判断的角度讲，合理性原则追求的是一种至善的境界，而且法律也提倡行政机关在行使裁量权时将合理性原则发挥到极致，但若法院严格地以合理性原则的要求去审查行政裁量行为，行政效能必将受到过分的制约，而司法权也可能因过深地进入行政领域而产生替代行政权的嫌疑。因此，运用合理性原则对行政裁量行为进行司法审查必须确定在一个符合我国现实国情的水平上，即只要行政裁量行为没有明显的不合理，就不认为该裁量行为违法。从世界各国的司法实践来看，对行政裁量行为的司法审查也都定位在基本合理的水平上，在此原则下，一般的合理性问题被排除于司法审查范围之外，只有明显的不合理才确认为违法。

针对不同类型的裁量问题，"明显不合理"的标准也有所不同。具体来说，如果裁量行为是在确定概念的范围内，那么可裁量的范围仅限于概念边缘地带，根据具体情况，可以向外作适当延展；如果裁量行为基于不确定概念而发生，由于概念本身的内涵和外延都不确定，司法审查的标准就应当放得更宽。如果裁量行为的性质为授益性行政行为，由于法律保留则并不禁止行政机关对相对人作出授益性处分，司法审查的标准较为宽松；如果裁量行为的性质为侵益性行政行为，那么司法审查的标准相对就要严格一些。如果裁量行为具有较强的专业性和技术性，由于行政机关的知识和手段为人民法院所不具备,因此应当尊重行政机关的判断,而不应作深入的审查;如果裁量行为仅涉及一般性问题,那么人民法院就可以并有能力作出相对严格和深入的审查。如果裁量行为是在紧急情况下作出,由于行政机关没有充分的时间作缜密的思考和细致的准备,因此不太严重的疏漏和失误是可以容忍的,司法审查的标准也应当适当放宽;如果裁量行为是在正常情况下作出,那么司法审查的标准就应当相对严格。

——江必新主编、最高人民法院行政审判庭编:《中国行政审判指导案例》(第1卷),中国法制出版社2010年版,第97~98页。

1035. 混合过错的行政赔偿责任

关键词

混合过错　行政赔偿

最高人民法院司法解释

第十三条　被告在实施行政许可过程中,与他人恶意串通共同违法侵犯原告合法权益的,应当承担连带赔偿责任;被告与他人违法侵犯原告合法权益的,应当根据其违法行为在损害发生过程和结果所起作用等因素,确定被告的行政赔偿责任;被告已经依照法定程序履行审慎合理的审查职责,因他人行为导致行政许可决定违法的,不承担赔偿责任。

在行政许可案件中,当事人一并解决有关民事赔偿问题的,人民法院可以合并审理。

——《最高人民法院关于审理行政许可案件若干问题的规定》(2009年12月14日,法释〔2009〕20号)。

1036. 抽象行政行为未纳入国家赔偿范围

关键词

抽象行政行为　国家赔偿范围

附录:最高人民法院主流观点

抽象行政行为,是指行政机关针对不特定的相对人或事项制定普遍性行为规则的行为。这种行为不是针对具体的人、具体的事项作出处理,而是制定具有普遍约束力的规范性文件的行为,如行政机关制定行政法规、规章等行为。本法承担赔偿责任的仅是具体行政行为，而抽象行政行为并没有纳入国家赔偿的范围。我国《国家赔偿法》将抽象行政行为排除于国家赔偿范围之外，其主要原因在于：第一，目前多数国家仅规定具体行政行为造成损害的赔偿问题，就是少数国家（如法国）规定抽象行政行为可以作为赔偿原因行为的，也多加以严格限制；第二，抽象行政行为通常需通过具体的行政行为实施，如果具体行政行为已经实施，遭受损害的行政相对人就实施的行为造成的损害后果向国家请求赔偿，行政相对人只要控告已经实施的具体行政行为就能获得赔偿，而无须控告抽象行政行为。

——江必新主编、最高人民法院赔偿委员会办公室编著：《〈中华人民共和国国家赔偿法〉条文理解与适用》，人民法院出版社2010年版，第72~73页。

1037. 公有公共设施致害行为未纳入国家赔偿范围

关键词

公有公共设施致害　国家赔偿范围

附录：最高人民法院主流观点

公有公共设施，是指由行政机关或其特许主体，出于公共利益的需要，而直接投资或以各种融资渠道兴建的，并由行政机关或其特许主体进行管理的自然物、合成物及其物之设备。公有公共设施致害，是指公有公共设施由于设置或管理存在瑕疵，致使其使用人的合法权益受到损害，其具体构成要件包括：第一，致害设施必须为公有公共设施；第二，公有公共设施在设置或管理上存在瑕疵，所谓瑕疵，是指公有公共设施缺乏正常的安全特征；第三，须是合法权益受到现实的损害；第四，损害必须与公有公共设施设置或管理上的瑕疵存在因果关系。

我国1995年实施的《国家赔偿法》并没有把公有公共设施致害纳入《国家赔偿法》调整的范围。究其原因主要有二：第一，《国家赔偿法》把归责原则确定为违法责任原则，行政机关及其工作人员违法行使职权是得到国家赔偿的一个前提性条件，而对于公有公共设施设置或管理上的瑕疵行为，全国人大常委会法工委在《关于中华人民共和国国家赔偿法（草案）的说明》中指出："桥梁、道路等公共营造物，因设置或管理瑕疵发生的赔偿问题不属于违法行使职权的问题，不纳入国家赔偿的范围，受害人可以依照《民法通则》[①]

---

① 本法已被《中华人民共和国民法典》废止。

的有关规定，向负责管理的企业、事业单位请求赔偿。"第二，由于我国的国家赔偿制度起步较晚，各种配套制度还不够完善，行政机关和司法机关对其操作还不够熟悉，加之公有公共设施的赔偿问题较为复杂，将其纳入《国家赔偿法》势必会增加日常工作的负担，给政府财政带来很大的压力。可见我国并没有像发达国家那样，把公有公共设施致害的国家赔偿责任纳入到国家赔偿的体系中，当然这也是与我国立法之初的立法背景和国情状况分不开的。[①]

尽管《国家赔偿法》未对公有公共设施致害的赔偿加以规定，但我国立法对因公有公共设施致害的救济还是比较完善的。具体而言，受公有公共设施致害者可以依据《民法通则》[②]第125、126条和《侵权责任法》[③]中第十一章相应法条的规定请求损害赔偿。

——江必新主编、最高人民法院赔偿委员会办公室编著：《〈中华人民共和国国家赔偿法〉条文理解与适用》，人民法院出版社2010年版，第73页。

1038. 履行遗赠扶养协议的集体组织有权要求国家赔偿

关键词

遗赠扶养协议　农村集体经济组织　国家赔偿请求人

附录：最高人民法院主流观点

按照我国法律，集体组织可以与自然人达成遗赠扶养协议。倘若遗赠扶养协议约定的财产因违法行政行为被损毁，而受害人在获得赔偿前死亡，这些集体组织是否可以取得赔偿请求权？根据本法和司法解释规定，受害人死亡后，其请求资格只能转移给自然人主体，故集体组织不能请求赔偿。从现实的角度看，这对集体组织似乎不公平，不利于发扬我国敬老扶弱的传统美德。因此，考虑到我国经济发展状况以及本法发展趋势，实务中办理此类案件时，应当允许履行遗赠扶养协议的集体组织提出赔偿请求。

——江必新主编、最高人民法院赔偿委员会办公室编著：《〈中华人民共和国国家赔偿法〉条文理解与适用》，人民法院出版社2010年版，第103页。

---

① 林准、马原主编：《国家赔偿问题研究》，人民法院出版社1992年版，第111页。
② 本法已被《中华人民共和国民法典》废止。
③ 本法已被《中华人民共和国民法典》废止。

1039. 共同赔偿义务机关的诉讼地位

关键词

共同赔偿义务机关　被告

附录：最高人民法院主流观点

共同赔偿义务机关是否必须作为共同被告，一方面取决于赔偿请求人的起诉；另一方面取决于赔偿请求是否可以分离。根据《最高人民法院关于审理行政赔偿案件若干问题的规定》[①]第17条，两个以上行政机关共同侵权，赔偿请求人对其中一个或者数个侵权机关提起行政赔偿诉讼，若诉讼请求系可分之诉，被诉的一个或者数个侵权机关为被告；若诉讼请求系不可分之诉，由人民法院依法追加其他侵权机关为共同被告。人民法院只判令作为被告的行政机关承担全部赔偿责任。至于共同赔偿义务机关赔偿责任的分配，属于行政机关之间的内部问题，人民法院不应当干预。

——江必新主编、最高人民法院赔偿委员会办公室编著：《〈中华人民共和国国家赔偿法〉条文理解与适用》，人民法院出版社2010年版，第114页。

1040. 行政机关和党的机关共同作出行为造成损害时的处理

关键词

赔偿义务机关　行政机关　党的机关

附录：最高人民法院主流观点

事实上，根据党、政分开的原则，党的组织机构不应当与行政机关共同作出任何属于行政管理权限的行政行为。但现实中，尤其在基层工作中，偶有类似情况发生。对此，在理论上，不能由于党的组织机构和行政机关共同作出处理决定就认为其中的行政行为不可诉。但为了切实能够解决问题，受害人对上述共同决定的行为，应当通过其他途径解决，比如信访申诉的渠道。

——江必新主编、最高人民法院赔偿委员会办公室编著：《〈中华人民共和国国家赔偿法〉条文理解与适用》，人民法院出版社2010年版，第114页。

[①] 本规定已被《最高人民法院关于审理行政赔偿案件若干问题的规定》（2022年）（法释〔2022〕10号）废止。

1041. 如何确定赔偿义务机关

关键词

赔偿义务机关

最高人民法院司法政策精神

十一、批准逮捕与提起公诉不是同一人民检察院的,由作出逮捕决定的人民检察院作为赔偿义务机关。

十二、在行政非诉强制执行中,由人民法院进行合法性审查,行政机关组织具体实施的案件,赔偿请求人仅就具体实施行为申请赔偿的,人民法院应告知其向作出具体实施行为的行政机关提出赔偿申请。

——《最高人民法院办公厅关于国家赔偿法实施中若干问题的座谈会纪要》(2012年12月25日,法办〔2012〕490号)。

附录:最高人民法院法官著述

调研中有法院提出,实践中存在决定逮捕与提起公诉并非同一检察机关的情形,且发生过提起公诉的检察机关主动要求承担赔偿责任的,对此应如何确定赔偿义务机关。事实上,《国家赔偿法》第21条第3项已明确,对公民采取逮捕措施后决定撤销案件、不起诉或判决宣告无罪的,"作出逮捕决定的机关"为赔偿义务机关。可见,无罪逮捕赔偿由决定逮捕的检察机关承担责任并无疑义。实践中若发生批准逮捕与提起公诉并非同一人民检察院的情形,仍应依照该法条,按照"谁侵权谁赔偿""谁出错谁负责"的相对原则确定赔偿义务机关。

调研中有法院提出,行政机关负责实施的行政非诉强制执行案件,赔偿请求人对具体实施行为申请赔偿的,应如何确定赔偿义务机关。《最高人民法院办公厅关于国家赔偿法实施中若干问题的座谈会纪要》第12条明确,该情形下应向具体实施的行政机关请求赔偿。事实上,该问题还涉及不同行政非诉强制执行模式下如何确定赔偿义务机关。对此,行政诉讼法、行政强制法没有明确规定。实践中大概分为四类:一是法院审查裁定,行政机关具体组织实施;二是法院组织实施,地方党委、政府等部门协调配合;三是法院裁定,委托行政机关执行;四是所谓"执行令状"的模式。[①] 以上四种模式下,

---

① 杨科雄:《行政非诉强制执行基本原理与实务操作》,中国法制出版社2014年版,第74~77页。

凡被申请赔偿的对象为具体实施行为，且该行为非由人民法院负责实施的，原则上不应由人民法院受理，其中尤以第一种、第二种模式最为典型。

——杨磊：《〈关于国家赔偿法实施中若干问题的座谈会纪要〉条文注解》，载《国家赔偿办案指南》2015年第1辑（总第11辑），法律出版社2015年版，第126~127页。

1042. 代履行的法律救济

关键词

代履行行政赔偿　行政补偿

附录：最高人民法院主流观点

代履行的法律救济是审判实践中应重点注意问题。行政机关代履行，如果代履行错误，造成当事人财产损失的，行政机关执行职务的行为造成损害，当然应当由实施代履行行为的行政机关承担行政赔偿责任。例如，公安机关交通管理部门依照《道路交通安全法》第93条规定，对违反道路交通安全法律、法规关于机动车停放、临时停车规定的，有权责令其立即驶离；因机动车驾驶人不在现场或者虽在现场但拒绝立即驶离，妨碍其他车辆、行人通行的，公安机关交通管理部门有权将该机动车拖移至不妨碍交通的地点或者公安机关交通管理部门指定的地点停放。该拖车行为即属于代履行行为。如果公安机关交通管理部门拖车行为违法，则应当依法负行政赔偿责任；如果因采取不正确的方法拖车造成机动车损坏的，则应当依法承担补偿责任。

行政机关委托第三人代履行，因第三人代履行行为造成当事人财产损失的，应当由委托的行政机关承担行政赔偿责任，行政机关赔偿之后，可以向存在故意或者重大的第三人追偿。当事人与第三人之间不发生直接法律关系，第三人的行为属于受委托从事代履行活动的行为，在实施委托行为过程中造成当事人的损失，根据委托代理法律关系的一般原理，其法律责任也应由委托人承担。

——江必新主编、最高人民法院行政强制法研究小组编著：《中华人民共和国行政强制法〉条文理解与适用》，人民法院出版社2012年版，第261~262页。

1043. 提起诉讼时（后）一并提出赔偿请求的处理

关键词

行政诉讼　行政赔偿请求

附录：最高人民法院主流观点

（一）行政诉讼一审中一并提出

行政诉讼当事人可以在提起行政诉讼的同时一并提出行政赔偿的请求，也可以在提起行政诉讼后至人民法院一审庭审结束前提出行政赔偿请求。人民法院对当事人在此期间提出的行政赔偿请求应当作出是否予以赔偿的判决。

行政诉讼当事人在一审期间没有提出行政赔偿请求的，根据"不告不理"原则，人民法院无权也无义务主动作出是否予以赔偿的判决；但是，撤销该具体行政行为将会给国家利益或者公共利益造成重大损失的情形除外。根据《最高人民法院关于执行〈中华人民共和国行政诉讼法〉若干问题的解释》第58条[①]，这种除外情形主要指"被诉具体行政行为违法，但撤销该具体行政行为将会给国家利益或者公共利益造成重大损失的，人民法院应当作出确认被诉具体行政行为违法的判决，并责令被诉行政机关采取相应的补救措施；造成损害的，依法判决承担赔偿责任"。

（二）二审中提出行政赔偿请求

行政诉讼当事人在二审期间提出行政赔偿请求的，二审人民法院可以就行政赔偿问题进行调解，调解不成的，告知当事人另行起诉。但是，如果当事人在一审中提出了行政赔偿请求，只是在判决中遗漏行政赔偿请求的，二审人民法院应当分情况处理：经审查认为依法应当给予赔偿的，在确认具体行政行为违法的同时，可以就行政赔偿问题进行调解，调解不成的将行政赔偿部分发回重审；经审查认为依法不应当予以赔偿的，应当驳回赔偿请求。

这种区分处理的法律依据是《最高人民法院关于执行〈中华人民共和国行政诉讼法〉若干问题的解释》第71条[②]的规定："原审判决遗漏了必须参加诉讼的当事人或者诉讼请求的，第二审人民法院应当裁定撤销原审判决，发回重审。原审判决遗漏行政赔偿请求，第二审人民法院经审查认为依法不应

[①] 本条规定已被《最高人民法院关于适用〈中华人民共和国行政诉讼法〉的解释》（法释〔2018〕1号）第八十条代替。

[②] 本条规定已被《最高人民法院关于适用〈中华人民共和国行政诉讼法〉的解释》（法释〔2018〕1号）第一百零九条第三款代替。

当予以赔偿的，应当判决驳回行政赔偿请求。原审判决遗漏行政赔偿请求，第二审人民法院经审理认为依法应当予以赔偿的，在确认被诉具体行政行为违法的同时，可以就行政赔偿问题进行调解；调解不成的，应当就行政赔偿部分发回重审。当事人在第二审期间提出行政赔偿请求的，第二审人民法院可以进行调解；调解不成的，应当告知当事人另行起诉。"

——江必新主编、最高人民法院赔偿委员会办公室编著：《〈中华人民共和国国家赔偿法〉条文理解与适用》，人民法院出版社2010年版，第127页。

1044. 当事人起诉行政机关不作为行为并请求行政赔偿的，必须是基于具体的事由、针对特定的行政相对人承担的具体的作为义务

关键词

行政赔偿　不作为　具体行政行为　适格主体

最高人民法院裁判文书

王某鹏诉阜新市公安局新邱公安分局行政赔偿案［最高人民法院（2015）行监字第81号行政裁定书］

裁判要点：当事人起诉行政机关不作为行为并请求行政赔偿的，行政机关的不作为行为必须基于具体的事由、针对特定的行政相对人承担的具体的作为义务，不是抽象、普遍意义上的法定职责义务。否则，起诉人与所诉行政机关不作为之间不具有法律上的利害关系，不具有适格原告主体资格。

最高人民法院认为：《最高人民法院关于执行〈中华人民共和国行政诉讼法〉若干问题的解释》第十二条规定："与具体行政行为有法律上利害关系的公民、法人或者其他组织对该行为不服的，可以依法提起行政诉讼。"公民、法人或者其他组织提起行政诉讼，应当初步证明其与被诉的行政行为具有法律上的利害关系。本案中，王某鹏受到伤害系刘某超违法侵权行为所致。新邱公安分局"失职和纵容"不履行法定职责行为发生在刘某超伤害白某英案件中，与刘某超伤害王某鹏的事件之间虽具有时间上的先后关系，但并不具有法律上的利害关系。因此，王某鹏以新邱公安分局不履行法定职责为由提起本案行政诉讼，不具有适格的原告主体资格，原审裁定驳回原告起诉，并无不当。王某鹏主张因新邱公安分局西部派出所民警不履行法定职责和纵容刘某超犯罪，造成王某鹏终身残疾，侵害了王某鹏的合法权益，两者之间具

有法律上的利害关系，缺乏事实和法律根据，本院不予支持。

《最高人民法院关于公安机关不履行法定行政职责是否承担行政赔偿责任问题的批复》（法释〔2001〕23号）①（以下简称《批复》）规定："由于公安机关不履行法定行政职责，致使公民、法人和其他组织的合法权益遭受损害的，应当承担行政赔偿责任。"这里的不履行法定职责"致使"公民、法人和其他组织的合法权益遭受损害，应当是指基于具体的事由，公安机关对特定的行政相对人承担的具体的作为义务，公安机关没有履行相关义务，从而造成该行政相对人人身、财产损害的情形。《批复》中所称"法定职责"，不是抽象、普遍意义上的法定职责、义务。否则，公安机关负有保障全社会每一个公民人身、财产安全的法定职责，每一个受到违法犯罪行为侵害的公民，均可以公安机关没有维护好社会治安、违法犯罪频发，系不履行法定职责为由，要求公安机关承担行政赔偿责任。本案中，即便如王某鹏所述，新邱公安分局存在"失职和纵容"刘某超犯罪的不履行法定职责行为，王某鹏受到刘某超伤害，与新邱公安分局不履行法定职责行为之间，也未形成特定的职责义务对应关系。因此，本案并不符合《批复》的适用条件。王某鹏主张的依据《批复》，新邱公安分局应当承担行政赔偿责任，理由不能成立。

——中国裁判文书网。

1045. 选择不同路径申请行政赔偿对赔偿请求人权利的影响

关键词

行政诉讼　赔偿请求　起诉期限

最高人民法院裁判文书

林某通与汕头市人民政府行政决定及行政赔偿案［最高人民法院（2015）行监字第1499号行政裁定书］

裁判要点：1. 因法律对单独提起行政赔偿诉讼与提起行政诉讼的同时一并提出赔偿请求分别规定了不同的起诉期限，故请求人请求行政赔偿的，应当首先确定其请求属于上述哪种类型。请求人明确请求撤销被诉行政行为并要求赔偿的，应认定请求人系在提起行政诉讼的同时一并提出赔偿请求，人民法院无须亦无权对其诉请再

---

① 本批复已被《最高人民法院关于废止部分司法解释（第十三批）的决定》（法释〔2019〕11号）废止。

进行解释，尤其不能对请求人的诉请进行分割并选择性地解释。

2. 请求人提起行政诉讼的同时一并提出赔偿请求的应当适用行政诉讼起诉期限的规定，其起诉若超过了行政诉讼起诉期限，即使未超过单独提起行政赔偿诉讼的请求时效，人民法院亦应根据行政诉讼起诉期限的规定对其起诉裁定不予受理，已经受理的，裁定驳回起诉。

最高人民法院认为：《国家赔偿法》第九条第二款规定："赔偿请求人要求赔偿，应当先向赔偿义务机关提出，也可以在申请行政复议或者提起行政诉讼时一并提出"；《最高人民法院关于审理行政赔偿案件若干问题的规定》（以下简称《行政赔偿规定》）第四条规定："公民、法人或者其他组织在提起行政诉讼的同时一并提出行政赔偿请求的，人民法院应一并受理。赔偿请求人单独提起行政赔偿诉讼，须以赔偿义务机关先行处理为前提。赔偿请求人对赔偿义务机关确定的赔偿数额有异议或者赔偿义务机关逾期不予赔偿，赔偿请求人有权向人民法院提起行政赔偿诉讼。"据此，赔偿请求人向人民法院请求行政赔偿时，可以单独提起行政赔偿诉讼或者在提起行政诉讼的同时一并提出赔偿请求。单独提起行政赔偿诉讼与一并提出行政赔偿请求的区别在于，行政行为的违法确认和赔偿处理是否在一个诉讼程序中予以解决。同时，行政行为具有违法性是承担赔偿责任的前提，《行政赔偿规定》第二十一条第四项规定："赔偿请求人单独提起行政赔偿诉讼，应当符合下列条件：加害行为为具体行政行为的，该行为已被确认为违法。"所以，如果行政行为已被确认为违法，赔偿请求人再向人民法院提起行政赔偿诉讼，即为单独提起行政赔偿诉讼；如果行政行为未被确认为违法，赔偿请求人在向人民法院对该行政行为提起撤销之诉的同时，提出赔偿请求的，则属于一并提出赔偿请求。本案争议的焦点是，再审申请人的起诉是否超过了法定的起诉期限。因法律对单独提起行政赔偿诉讼和一并提出赔偿请求分别规定了不同的起诉期限，故应当先确定再审申请人的起诉属于单独提起行政赔偿诉讼还是一并提出赔偿请求。

本案中，林某通在一审起诉时提出两项诉讼请求，即请求确认1998年政府会议纪要第二条第二款和不予赔偿决定书违法并予以撤销；判决汕头市政府赔偿经济补偿金（以工龄计算基数）及利息。根据对该诉讼请求的文意理解，应当认定其系一并提出行政赔偿请求。况且，本案不符合单独提起行政赔偿诉讼的起诉条件。本案被诉1998年会议纪要为具体行政行为，在林某通向人民法院起诉前，曾以该会议纪要违法侵犯其合法权益为由向汕头市政府提出赔偿请求，汕头市政府认为该会议纪要合法有据，作出了不予赔偿决定，说明赔偿义务机关否认被诉会议纪要违法，亦无证据证明该会议纪要已经其他程序确认违法，故本案不符合单独提起行政赔偿诉讼的起诉条件。综上，再审申请人的起诉应当认定为提起行政诉讼的同时一并提出赔偿请求。

《国家赔偿法》第三十九条第一款规定："在申请行政复议或者提起行政诉讼时一并提出赔偿请求的，适用行政复议法、行政诉讼法有关时效的规定。"《行政赔偿规定》第二十三条第一款亦规定："公民、法人或者其他组织在提起行政诉讼的同时一并提出行政赔偿请求的，其起诉期限按照行政诉讼起诉期限的规定执行。"本案中，再审申请人在提起行政诉讼的同时一并提出赔偿请求，根据上述法律和司法解释的规定，应当适用行政诉讼起诉期限的规定。《最高人民法院关于执行〈中华人民共和国行政诉讼法〉若干问题的解释》（以下简称《执行行政诉讼法司法解释》）第四十二条[①]规定："公民、法人或者其他组织不知道行政机关作出的具体行政行为内容的，其起诉期限从知道或者应当知道该具体行政行为内容之日起计算。对涉及不动产的具体行政行为从作出之日起超过 20 年、其他具体行政行为从作出之日起超过 5 年提起诉讼的，人民法院不予受理。"据此，对涉及不动产之外的其他具体行政行为提起诉讼的起诉期限，自作出之日起最长不得超过 5 年。本案被诉 1998 年会议纪要系上述司法解释中规定的"其他具体行政行为"，应当适用从作出之日起最长不得超过 5 年的规定。再审申请人于 2013 年向人民法院起诉，明显超过了起诉期限，一、二审法院裁定驳回起诉并无不当。

再审申请人称应从其知道 1998 年会议纪要内容之日起计算起诉期限。本院认为，最高人民法院行政审判庭《关于对如何理解〈执行行政诉讼法司法解释〉第四十一条、第四十二条规定的请示的答复》明确，公民、法人或其他组织不知道行政机关作出具体行政行为的内容，但后来知道了具体行政行为的内容，而不知道诉权和起诉期限的，应适用《执行行政诉讼法司法解释》第四十一条的规定确定起诉期限，但最长不得超过该解释第四十二条规定的期间。这是最高人民法院就如何正确理解和适用相关法律及司法解释确定此类案件起诉期限问题作出的答复，在相关法律及司法解释没有修订的情况下，对于类似问题均应遵循上述原则进行认定和处理。故无论相对人是否知道前述"其他具体行政行为"的内容，自该行为作出之日起超过 5 年再提起诉讼，人民法院不予受理。再审申请人的该申请再审理由与上述规定不符，本院不予支持。

关于再审申请人称应当适用《行政赔偿规定》第三十四条的规定对 1998 年会议纪要是否违法予以确认的问题。该条规定："人民法院对赔偿请求人未经确认程序而直接提起行政赔偿诉讼的案件，在判决时应当对赔偿义务机关

[①] 本条规定已被《最高人民法院关于适用〈中华人民共和国行政诉讼法〉的解释》（法释〔2018〕1 号）第六十五条代替。

致害行为是否违法予以确认。"本院认为,《最高人民法院行政审判庭关于如何适用〈行政赔偿司法解释〉第二十一条第（4）项和第三十四条规定的答复》明确,因行政机关的事实行为引起的行政赔偿,赔偿请求人单独提起行政赔偿的,应当适用第三十四条的规定。这一答复同样是最高人民法院关于如何正确理解和掌握《行政赔偿规定》第三十四条适用条件的解释。因本案被诉1998年会议纪要为具体行政行为而非事实行为,故不适用上述条款。

关于再审申请人提出的其在三个月的法定期限内对不予赔偿决定书提起诉讼符合法律规定的再审理由。《国家赔偿法》第十四条第二款规定:"赔偿请求人对赔偿的方式、项目、数额有异议的,或者赔偿义务机关作出不予赔偿决定的,赔偿请求人可以自赔偿义务机关作出赔偿或者不予赔偿决定之日起三个月内,向人民法院提起诉讼。"本院认为,该条款是关于单独提起行政赔偿诉讼的起诉期限的规定。本案系提起行政诉讼的同时一并提出赔偿请求,不适用单独提起行政赔偿诉讼三个月的起诉期限,而应当按照《国家赔偿法》第三十九条第一款适用行政诉讼起诉期限的规定。此外,不予赔偿决定作为先行处理行政赔偿请求的程序性行为,不具有脱离行政赔偿请求的独立可诉性,即使在诉讼请求中提出撤销不予赔偿决定,其实质仍是申请行政赔偿。故再审申请人的上述理由不能成立,本院亦不予支持。

——中国裁判文书网。

1046. 单独提起行政赔偿诉讼的起诉期限

关键词

行政赔偿请求时效　不予答复　起诉期限

行政审判指导案例

于某洋诉辽宁省长海县人民政府行政赔偿案（行政审判指导案例第80号）

裁判要点：赔偿义务机关对赔偿请求人超过两年法定请求时效的赔偿申请不予答复,赔偿请求人单独提起行政赔偿诉讼的起诉期限为赔偿义务机关收到其申请后两个月的法定期间届满之日起三个月内。

本案的争议焦点是上诉人于某洋向被上诉人辽宁省长海县人民政府请求行政赔偿是否超过法定请求时效。辽宁省长海县人民政府主张于某洋超过两年请求时效的主要理由是：撤销〔2003〕53号批复第一项的终审判决已于2006年8月4日送达给于某洋，因此于某洋请求辽宁省长海县人民政府赔偿其因土地批复违法而造成的经济损失的起算点应为2006年8月4日，而于某洋于2008年9月21日才提起行政赔偿请求，已经超过两年的请求时效。于某洋主张其未超过两年请求时效的主要理由是：撤销〔2003〕53号批复第一项的终审判决生效后，上诉人尚未知道自己的合法权益遭受实际损失。2008年3月31日撤销国有土地使用证的终审判决生效后，才导致上诉人遭受经济损失。因此，请求时效的起算点应为2008年3月31日，上诉人于2008年9月21日向辽宁省长海县人民政府提出行政赔偿请求，并未超过两年的请求时效。根据《国家赔偿法》第三十二条[①]的规定，赔偿请求人请求国家赔偿的时效为两年，自国家机关及其工作人员行使职权时的行为被依法确认为违法之日起计算。因此，于某洋向辽宁省长海县人民政府请求行政赔偿的起算点应为行政行为被依法确认为违法之日，而不是于某洋知道自己的合法权益遭受实际损失之日，辽宁省长海县人民政府作出出让国有土地批复和颁发国有土地使用证确系两个不同的行政行为，但是导致于某洋减少277平方米国有土地使用权的根本原因在于辽宁省长海县人民政府作出的长政地字〔2003〕53号批复第一项被生效判决予以撤销。而于某洋向辽宁省长海县人民政府提出行政赔偿请求，归根到底也是基于〔2003〕53号批复第一项被撤销。因此，于某洋向辽宁省长海县人民政府申请行政赔偿应当从〔2003〕53号批复第一项被依法确认违法之日起计算，即于某洋向辽宁省长海县人民政府申请行政赔偿应当自2006年8月4日起的两年之内。于某洋提出的进行撤销国有土地使用证的行政诉讼不属于请求时效中止的法定情形，故辽宁省长海县人民政府关于于某洋超过请求时效的主张成立，一审法院支持了辽宁省长海县人民政府的主张，判决驳回于某洋的赔偿请求是正确的。关于于某洋提出的其有权选择共同赔偿机关中的一个行政机关申请行政赔偿的问题，由于本案不存在辽宁省长海县人民政府与辽宁省庄河市人民政府共同行使职权侵犯于某洋合法权益的情形，因此，不存在共同赔偿义务机关，于某洋的该项上诉理由亦不能成立。综上所述，于某洋向辽宁省长海县人民政府申请行政赔偿确已超过两年的请求时效。

——江必新主编、最高人民法院行政审判庭编：《中国行政审判案例》（第2卷），中国法制出版社2011年版，第245~246页。

[①] 本条规定现为《中华人民共和国国家赔偿法》（2012年修正）第三十九条第一款。

1047. 举证责任由赔偿义务机关承担的具体规则

关键词

行政赔偿　举证责任　赔偿义务机关

附录：最高人民法院主流观点

1. 赔偿请求人应当证明对赔偿义务机关的行为与受害人死亡或者丧失行为能力之间存在外在的、可能的因果关系。对于行政拘留或者限制人身自由的强制措施期间，被限制人身自由的人死亡或者丧失行为能力的行政赔偿案件，其因果关系的证明属于法定的因果关系推定，人民法院不能以赔偿请求人不能证明因果关系而驳回诉讼请求。但是，赔偿请求人就因果关系要件的成立仍负有一定的举证责任，赔偿请求人首先应当证明赔偿义务机关的行为与受害人死亡或者丧失行为能力之间存在外在的、可能的因果关系。赔偿请求人证明外在的、可能的因果关系的标准是，其提供的证据，使法官能够形成因果关系可能性的确信，其范围为相当程度的可能性，而不是高度盖然性。赔偿请求人的证明如果能够使法官建立起这种相当程度的可能性，或者较大可能性的确信，原告的举证责任即告完成。在赔偿请求人能够证明存在因果关系的可能性之后，人民法院才能进行推定，按照因果关系推定的规则，举证责任由赔偿义务机关承担。

2. 人民法院对因果关系实行推定。人民法院在赔偿请求人上述证明的基础上，可以作出因果关系推定。推定的基础条件是：（1）无此行为发生通常不会有损害后果的发生。得到这个结论，首先应当确定事实因素，即赔偿义务机关的行为和损害事实必须得到确认，并确认二者之间可能存在客观的、合乎规律的联系。其次是顺序因素，即分清赔偿义务机关的行为与损害事实的时间顺序，作为原因的赔偿义务机关的行为必定在前，作为结果的受害人死亡或者丧失行为能力的事实必定在后。违背这一时间顺序性特征的行政赔偿责任，为无因果关系。赔偿义务机关直接举证证明其行为和损害结果之间的时间顺序不符合要求，即可推翻因果关系推定。（2）不存在其他可能原因，包括受害人、第三人行为或者其他因素的介入。应当在损害事实与赔偿义务机关行为之间排除其他可能性。当确定这种损害事实没有任何其他原因所致损害的可能时，即可推定赔偿义务机关行为是损害事实发生的原因，推定存在因果关系。（3）判断有因果关系可能性的标准是一般社会知识经验，而非科学技术证明。基于健全的市民经验上的直观判断，其因果关系存在的疑点显著存在，且此疑点于事实上得为合理说明，有科学上假说存在者，则法律上即可推定因果关系的存在。推定的标准是通常标准,即按照一般的社会知识经验判断为可能,在解释上与有关科学结论无矛盾,即可进行推定。

3. 由赔偿义务机关证明其行为与损害没有因果关系。在因果关系推定后,赔偿义务机关认为其行为与损害结果之间没有因果关系,须自己举证证明。只要证明成立,就可以推翻因果关系推定,免除赔偿义务机关的责任。赔偿义务机关否认因果关系要件,应当针对以下三点进行:(1)无其行为损害也会发生;(2)有他人或者受害人的过错行为存在,并且是其发生的原因,从而否认或者减轻其行政赔偿责任;(3)其行为不是造成损害发生的原因。

4. 赔偿义务机关举证的不同后果。实行因果关系推定,要给赔偿义务机关举证的机会,使其能够举出证据证明其行为与损害后果之间不存在因果关系,以保护其不受推定的限制。如果赔偿义务机关无因果关系的证明成立,则推翻因果关系推定,不构成行政赔偿责任;赔偿义务机关不能证明或者证明不足的,因果关系推定成立,具备因果关系要件,构成行政赔偿责任。①

——江必新主编、最高人民法院赔偿委员会办公室编著:《〈中华人民共和国国家赔偿法〉条文理解与适用》,人民法院出版社2010年版,第155~157页。

1048. 在行政赔偿、补偿案件中,如果原告提出了运用逻辑推理和生活经验无法认定的巨额损失,则不能免除原告对该项损失的初步证明责任

关键词

行政赔偿　举证责任　初步证明责任

最高人民法院裁判文书

苏某诉大连金州新区管理委员会强制维修并行政赔偿案〔最高人民法院(2015)行监字第617号行政裁定书〕

> 裁判要点:根据《行政诉讼法》第三十八条第二款规定,在行政赔偿、补偿案件中,原告应当对行政行为造成的损害提供证据。因被告的原因导致原告无法举证的,由被告承担举证责任。当被告亦举证不能时,人民法院应当根据案件具体情况,遵循法官职业道

---

① 参见杨立新:《〈中华人民共和国侵权责任法〉条文释解与司法适用》,人民法院出版社2010年版,第450页以下。

德，运用逻辑推理和生活经验，合理酌定当事人的损失数额。但是，如果原告提出了运用逻辑推理和生活经验无法认定的巨额损失，则不能免除原告对该项损失的初步证明责任。

最高人民法院认为：在发生或者即将发生事故灾难的紧急情况下，为维护人民生命、财产安全，县级以上人民政府有权依法采取应急措施。金州新区管委会在苏某房屋客厅天棚坍塌变形，存在重大安全隐患，可能危及苏某家人和相邻居民生命财产安全的情况下，采取强制维修措施，避免了重大灾难事故的发生。该行为依法有据，一、二审判决驳回苏某的诉讼请求，并无不当。苏某申请再审，理由不能成立。

关于是否应当行政赔偿问题。《最高人民法院关于执行〈中华人民共和国行政诉讼法〉若干问题的解释》第二十七条第三项①的规定，在一并提起的行政赔偿诉讼中，原告需对因受被诉行为侵害而造成损失的事实承担举证责任。苏某主张，在金州新区管委会组织强制维修中，其价值3000余万元的邮票等收藏品丢失，请求予以行政赔偿。苏某应当对其主张承担举证责任，在其举证不能的情况下，一、二审判决驳回其行政赔偿诉讼请求，符合法律和相关司法解释的规定。修改后的《中华人民共和国行政诉讼法》第三十八条第二款规定："在行政赔偿、补偿的案件中，原告应当对行政行为造成的损害提供证据。因被告的原因导致原告无法举证的，由被告承担举证责任。"苏某申请再审时主张，因金州新区管委会违法强制维修，造成相关证据灭失，应当参照上述规定，免除其对损害事实的举证责任。本院认为，根据一、二审判决认定的事实，在强制维修过程中，相关部门已经对苏某客厅物品进行了清理、封存、公证，并对卧室采取了张贴封条禁止他人进入的措施，并不存在苏某所称因金州新区管委会违法强制维修造成相关财产损失的证据灭失的情形。同时，苏某承认，在涉案房屋被强制维修期间，苏某及其家人不在涉案房屋居住。根据生活经验和常理，作为一个理智的人，也不可能在正在维修的房屋内留存价值3000余元万元的邮票等贵重物品。因此，苏某的该项申请再审理由，没有事实根据，最高人民法院不予支持。

——中国裁判文书网。

---

① 本条规定已被《最高人民法院关于适用〈中华人民共和国行政诉讼法〉的解释》（法释〔2018〕1号）废止。

1049. 人民法院违法查封未尽保管义务造成损害应承担国家赔偿责任

关键词

违法查封　直接损失　国家赔偿

最高人民法院答复

四川省高级人民法院：

你院2001年2月5日〔2001〕川法委赔请字第01号《关于泸州汽车运输总公司、李某贵申请泸州市中级人民法院违法查封赔偿一案的请示报告》收悉。经研究，答复如下：

同意你院请示报告中的第二种意见。根据《中华人民共和国国家赔偿法》第28条第（5）项规定，泸州市中级人民法院违法查封且未尽妥善保管义务造成赔偿请求人的直接损失应以被查封汽车折旧后价值166980元减去该车最终变卖价格6万元的差价计算。

此复

——《最高人民法院赔偿委员会关于违法查封且未尽保管义务造成损害人民法院应当承担国家赔偿责任的批复》（2002年3月7日，〔2001〕赔他字第2号）。

1050. 人民法院低价拍卖行为给当事人造成损失的，应当承担赔偿责任

关键词

低价拍卖　赔偿

最高人民法院公布的典型案例

金昌华西商贸发展有限公司申请甘肃省金昌市金川区人民法院错误执行赔偿案

裁判要点：人民法院对所属当事人的在建工程首次拍卖时，确定的保留价仅为评估价的57.6%，远低于法律规定，故确认该人民法院的降价拍卖行为违法，应承担赔偿责任。

本案典型意义在于，人民法院在民事执行过程中，存在对应当拍卖的财产未予拍卖、拍卖财产未经合法评估、低价拍卖等情形，给当事人造成损失的，应承担相应的赔偿责任。本案中，赔偿义务机关对其委托拍卖物确定保留价的行为违反了《最高人民法院关于人民法院民事执行中拍卖、变卖财产的规定》第八条[①]关于"人民法院确定的保留价，第一次拍卖时，不得低于评估价的百分之八十；如果出现流拍，再行拍卖时，每次降价不得超过前次保留价的百分之二十"的规定内容。《国家赔偿法》第三十六条第（五）项规定："财产已经拍卖或者变卖的，给付拍卖或者变卖所得的价款；变卖的价款明显低于财产价值的，应当支付相应的赔偿金。"本案中，赔偿义务机关违法降低拍卖保留价，但评估价值仍为有效，赔偿委员会据此决定，对执行标的物评估价值与实际拍卖价值之间的差价作为直接损失予以赔偿，符合上述规定。

——《最高人民法院办公厅关于印发非刑事司法赔偿典型案例的通知》（2013年12月18日，法办〔2013〕158号）。

1051. 公安机关根据人民法院生效刑事判决将判令追缴的赃物发还被害单位，并未侵犯赔偿请求人的合法权益，不应承担国家赔偿责任

关键词

国家赔偿　刑事赔偿　刑事追缴　发还赃物

最高人民法院指导性案例

卜某光申请刑事违法追缴赔偿案（最高人民法院指导案例44号）

裁判要点：公安机关根据人民法院生效刑事判决将判令追缴的赃物发还被害单位，并未侵犯赔偿请求人的合法权益，不属于《中华人民共和国国家赔偿法》第十八条第一项规定的情形，不应承担国家赔偿责任。

最高人民法院认为：卜某光在承包经营安信证券部期间，未经安信公司授权，私刻安信公司印章并冒用，违反金融管理法规向他人开具虚假的资信

[①] 本条规定现为《最高人民法院关于人民法院民事执行中拍卖、变卖财产的规定》（2020年修正）第五条。

证明，利用职务之便，挪用安信证券部资金9173.2286万元，已被合肥市中级人民法院（2001）合刑初字第68号刑事判决认定构成伪造印章罪、非法出具金融票证罪、挪用资金罪，对包括卜某光以新晖公司名义投资的"深坑村土地"使用权在内的、共计价值8106.05万元（其中土地使用权价值1950万元）的赃款、赃物判决予以追缴。卜某光以新晖公司出资购买的该土地部分使用权属其个人合法财产的理由不成立，人民法院生效刑事判决已将新晖公司投资的"深坑村土地"价值1950万元的使用权作为卜某光挪用资金罪的赃款、赃物的一部分予以追缴，卜某光无权对人民法院生效判决追缴的财产要求国家赔偿。

关于卜某光主张安徽省公安厅以"深坑村土地"抵偿其欠深发行800万元，造成直接财产损失316.6万元的主张。在卜某光涉嫌犯罪案发后，深发行起诉卜某光及安信证券部、安信公司800万元债券回购协议案，深圳市中级人民法院作出（1998）深中法经一初字第311号民事判决并已执行。该案与深圳市中级人民法院于2001年9月21日移送安徽省公安厅侦办的（2000）深中法经调初字第72号，深发行起诉卜某光及安信证券部、安信公司拆借2500万元的债务纠纷案，不是同一民事案件。安徽省公安厅在刑事判决生效后，将判决追缴的价值1950万元的"深坑村土地"使用权发还给其侦办的卜某光以安信证券部名义拆借深发行2500万元资金案的被害单位，具有事实依据，没有损害其利益。卜某光主张安徽省公安厅以"深坑村土地"抵偿其欠深发行800万元，与事实不符。卜某光要求安徽省公安厅赔偿违法返还"深坑村土地"造成其316.6万元损失无事实与法律依据。

综上，"深坑村土地"已经安徽省高级人民法院（2002）皖刑终字第34号刑事裁定予以追缴，赔偿请求人卜某光主张安徽省公安厅违法返还土地给其造成316.6万元的损失没有法律依据，其他请求没有事实根据，不符合国家赔偿法的规定，不予支持。

——《最高人民法院关于发布第九批指导性案例的通知》（2014年12月24日，法〔2014〕337号）。

附录：最高人民法院法官著述

为了保证刑事诉讼活动的正常进行，法律赋予司法机关对财产采取查封、扣押、冻结、追缴等措施的权力。追缴是有关机关对于犯罪工具、物品、赃物、非法所得等进行追查、收缴、退回原主或上缴国家的措施，是刑事诉讼中保护国家、集体财产以及公民、法人和其他组织财产不受损失的必要手段。① 根据《刑法》第 64 条"犯罪分子违法所得的一切财物，应当予以追缴或者责令退赔"的规定和《刑事诉讼法》第 280 条② "依照刑法规定应当追缴其违法所得及其他涉案财产的"的规定，追缴的范围不仅包括"违法所得"，还包括"其他涉案财产"。从追缴回来的财物的实体处理结果而言，主要有两种结果：一是退回原主（返还受害人），二是上缴国家。对于追缴的"违法所得及其他涉案财产的"，一般应当在退还原主后，才上缴国库。

本案中，合肥市中级人民法院作出（2001）合刑初字第 68 号刑事判决，判决内容为：（1）卜某光犯伪造公司印章罪，判处有期徒刑 2 年；犯非法出具金融票证罪，判处有期徒刑 8 年；犯挪用资金罪，判处有期徒刑 10 年，合并执行有期徒刑 15 年。（2）赃款、赃物共计 8106.05 万元予以追缴。卜某光不服，提起上诉。安徽省高级人民法院于 2002 年 2 月 22 日作出（2002）皖刑终字第 34 号刑事裁定，驳回上诉，维持原判。由此可见，本案的生效刑事判决决定追缴 8106.05 万元的赃款、赃物，但并未明确赃款、赃物追缴中的具体处理方式。

对于判后处置的财产，如果财产的处置系由生效裁判所决定，有关机关根据裁判，将财产返还权利人，或将查封、扣押、冻结的财物上缴国库等，只是执行生效裁判，本身并没有对财产进行处分。此时赔偿请求人以查封、扣押、冻结、追缴违法为由申请国家赔偿的，可以将财产处分行为与刑事生效裁判进行比对，如果财产处分行为已为生效刑事裁判所涵盖，是人民法院判决的明确意思表示，则请求赔偿的实质是对生效裁判不服，可在立案阶段即对其请求不予受理，告知其对生效裁判提出申诉；如果在立案阶段难以查清有关机关是否据生效裁判处分财产，可立案后再做进一步审查。本案中，卜某光认为安徽省公安厅违法处分追缴财产，该财产处分行为并未为生效刑事裁判所涵盖，人民法院应当予以立案审查。

此外，根据《最高人民法院关于国家赔偿案件立案工作的规定》第 1 条"本规定所称国家赔偿案件，是指国家赔偿法第十七条、第十八条、第二十一条、第三十八条规定的下列案件：……（七）在刑事诉讼过程中违法对财产采取查封、扣押、冻结、追缴等措施的"和第 7 条"赔偿请求人对行使侦查、检察职权的机关以及看守所、监狱管理机关作出的决定不服，经向其上一级机关申请复议，对复议机关的复议决定仍不服，依照国家赔偿法第二十五条的规定向复议机关所在地的同级人民法院赔偿委员会提出赔偿申请，收到申请的人民法院经审查认为其申请符合下列条件的，应予立案：（一）有复议机

---

① 全国人大常委会法制工作委员会国家法室编著：《中华人民共和国国家赔偿法解读》，中国法制出版社 2010 年版，第 94 页。
② 本条规定现为《中华人民共和国刑事诉讼法》（2018 年修正）第二百九十八条。

关的复议决定书；（二）符合法律规定的请求期间，因不可抗力或者其他障碍未能在法定期间行使请求权的情形除外"的规定。卜某光认为公安机关对追缴的财产进行处理损害了其合法权益，在经过赔偿义务机关和复议机关的先行处理程序后，有权向复议机关所在地的同级人民法院赔偿委员会提出赔偿申请，人民法院赔偿委员会受理后应当进行审查。

3. 公安机关返还财产行为是否侵犯赔偿请求人的合法权益

根据《国家赔偿法》第2条"国家机关和国家机关工作人员行使职权，有本法规定的侵犯公民、法人和其他组织合法权益的情形，造成损害的，受害人有依照本法取得国家赔偿的权利"的规定，受害人取得国家赔偿，应当以合法权益被损害为前提。本案中，人民法院赔偿委员会审理中查明了以下事实：卜某光自1995年1月承包经营安信证券部期间，直接挪用安信证券部资金2941.3909万元替新晖公司付款；同时，还从安信证券部汇出10412.8944万元入新晖公司账户，至少挪用了安信证券部的资金6232.369263万元；卜某光共挪用安信证券部资金9173.760163万元。案发后，追回赃款、赃物共计价值8106.05万元，其中包括"深坑村土地"51.3%的使用权。刑事判决认定"深坑村土地"属于涉案财产，并作为赃物依法予以追缴。另外，卜某光还提出"深坑村土地"是其涉嫌犯罪之前投入1639万元购买，属个人合法财产，当时仅欠深圳发展银行本金800万元，并向深圳发展银行递交了延期还款申请及还款计划，安徽省公安厅以"深坑村土地"抵偿800万元欠款损害其利益的赔偿事项。从本案事实看，在卜某光案发后，深圳发展银行以债券回购协议纠纷起诉卜某光及安信证券部、安信公司，并经深圳市中级人民法院（1998）深中法经一初字第311号民事判决书作出判决，该案与深圳市中级人民法院于2001年9月21日将深圳发展银行诉安信证券部拆借2500万元债务纠纷案移送安徽省公安厅侦办，并非同一民事案件。安徽省公安厅在侦办卜某光利用职务之便，挪用安信证券部资金系列案件中，包括卜某光以安信证券部名义拆借深圳发展银行2500万元资金的案件，刑事判决已将新晖公司投资的"深坑村土地"价值1950万元的使用权作为卜某光挪用的赃款、赃物的一部分予以追缴。卜某光所述新晖公司出资购买"深坑村土地"是其个人合法财产既没有提供证据予以证明，也与事实不符。综上，在人民法院判决主文中已经明确"赃款、赃物共计8106.05万元予以追缴"的情形下，卜某光以追缴的赃款和赃物返还违法为由申请国家赔偿，由于并未损害赔偿请求人的合法权益，卜某光的赔偿请求于法无据。

——最高人民法院案例指导工作办公室：《卜某光申请刑事违法追缴赔偿案》，载《国家赔偿办案指南》2015年第4辑（总第14辑），法律出版社2016年版，第125~130页。

> 说明

指导案例 44 号卜某光申请刑事违法追缴赔偿案,旨在明确公安机关根据人民法院生效刑事判决将判令追缴的赃物发还被害单位,并未侵犯赔偿请求人的合法权益,不应承担国家赔偿责任。从而统一了法律适用标准,解决了司法实践中相关争议问题,对于正确审理类似国家赔偿案件具有指导价值。

1052. 行政行为违法与承担行政赔偿责任的关系

> 关键词

行政行为　违法行政赔偿责任

> 最高人民法院司法解释

第九十七条　原告或者第三人的损失系由其自身过错和行政机关的违法行政行为共同造成的,人民法院应当依据各方行为与损害结果之间有无因果关系以及在损害发生和结果中作用力的大小,确定行政机关相应的赔偿责任。

——《最高人民法院关于适用〈中华人民共和国行政诉讼法〉的解释》(2018年2月6日,法释〔2018〕1号)。

> 附录:最高人民法院主流观点

根据《国家赔偿法》规定,只有行政行为违法,才承担行政赔偿责任。但是,并非只要行政行为违法,就一定要承担行政赔偿责任。在类似于因第三方侵权人伪造权属来源材料,申请办理土地、房产等权属变更登记案件中,有人主张,由于原告自身的责任,侵权人伪造的虚造材料足以让行政机关相信它是真实可信的,行政机关尽到了法律规定的形式审查义务,就不应当判决确认被诉行政行为违法,更不应当判决其承担行政赔偿责任。我们认为,这种观点是错误的。根据《行政诉讼法》第七十条规定,被诉行政行为存在主要证据不足、适用法律法规错误、违反法定程序、超越职权、滥用职权、明显不当情形之一的,就属于违法的行政行为。申请人提供虚假材料,行政机关依据该虚假材料作出被诉行政行为,该行政行为当然属于因主要证据不足而违法的行政行为。行政机关尽到法律规定的形式审查义务,并不等于行政行为就是合法的。因此,认为行政机关尽到审慎审查义务,就不应判决确认根据虚假材料作出的行政行为违法,理由是不能够成立的。事实上,是否尽到审慎的审查义务,不是确认被诉行政行为违法的判断标准,而是判断行政机关违法的行政行为是否应当承担行政赔偿责任的标准。

——最高人民法院行政审判庭编著：《最高人民法院行政诉讼法司法解释理解与适用》，人民法院出版社2018年版，第450~451页。

1053. 非刑事司法赔偿主体的确定

关键词

司法赔偿　非刑事司法赔偿主体

最高人民法院司法解释

第十七条　用益物权人、担保物权人、承租人或者其他合法占有使用财产的人，依据国家赔偿法第三十八条规定申请赔偿的，人民法院应当依照《最高人民法院关于国家赔偿案件立案工作的规定》予以审查立案。

第十八条　人民法院在民事、行政诉讼过程中，违法采取对妨害诉讼的强制措施、保全措施、先予执行措施，或者对判决、裁定及其他生效法律文书执行错误，系因上一级人民法院复议改变原裁决所致的，由该上一级人民法院作为赔偿义务机关。

——《最高人民法院关于审理民事、行政诉讼中司法赔偿案件适用法律若干问题的解释》（2016年9月7日，法释〔2016〕20号）。

附录：最高人民法院法官著述

1. 赔偿请求人

在非刑事司法赔偿中，因人民法院及其工作人员行使职权而遭受损害的公民、法人和其他组织，有取得国家赔偿的权利。赔偿请求人必须是作为人民法院职权行为相对一方，其合法权益受到侵害，以自己的名义请求赔偿的公民、法人和其他组织。通常只有作为人民法院职权行为直接实施对象的直接受害人才享有赔偿请求权，但在受害公民死亡、受害法人或者其他组织终止等特别情况下，赔偿请求人资格发生转移，间接受害人也可以成为请求权人。需要指出的是，《最高人民法院关于审理民事、行政诉讼中司法赔偿案件适用法律若干问题的解释》（以下简称《解释》）第17条还明确了用益物权人、担保物权人、承租人或者其他合法占有使用财产的人，可以依据《国家赔偿法》第38条规定申请赔偿。在非刑事赔偿司法实践中，除财产所有权人以外，财产的抵押权人、质权人、留置权人、使用人、承租人，以及其他合法占有财产的权利人的合法权益也可能因人民法院违法、错误行使职权等受到损害。对于上述主体能否成为赔偿请求人，以往法律、司法解释未有明确规定，实践中存在分歧。《国家赔偿法》第36条规定，侵犯公民、法人和其他组织的财产权造成损害的,应当予以赔偿。该财产权的涵义不仅指所有权,还包括他物权、债权、知识产权以及其他具有金钱价值的合法权益类型。因此,原则上无论公民、法人和其他组织是否为被侵犯财产的所有权人,凡因人民法院违法、错误行使职权侵害其合法财产权益的,国家应当承担相应的赔偿责任。

2. 赔偿义务机关

同为司法赔偿,刑事赔偿的赔偿义务机关包括公安机关、安全机关、检察机关、审判机关、监狱管理机关,而非刑事司法赔偿的赔偿义务机关仅限于审判机关。一般情况下,非刑事司法赔偿中的赔偿义务机关是实施司法行为的人民法院。但在实践中,人民法院司法行为经上级人民法院复议改变后给当事人造成损害的情形亦有发生,该类案件应以作出原司法行为的人民法院为赔偿义务机关,还是以复议机关作为赔偿义务机关,需要统一认识。《民事诉讼法》主要规定了四种复议,即司法强制措施复议、保全复议、先予执行复议和执行复议。上级人民法院未能正确查明事实,或者错误适用法律,作出的复议损害复议申请人、相对人或者其他利害关系人的合法权益的,如仍由实施司法行为的人民法院作为赔偿义务机关,与"权力与责任相一致"的法治原则、《国家赔偿法》规范公权行使的立法宗旨难以相洽。因此,《解释》第18条规定,违法采取强制措施、保全措施、先予执行措施或者执行错误,系因上一级人民法院复议改变原裁决所致的,由该上一级人民法院作为赔偿义务机关。也就是说,司法行为经上级人民法院复议维持的,由作出原司法行为的人民法院为赔偿义务机关。如下级人民法院原司法行为正确,复议机关改变错误并导致损害的,复议机关应作为赔偿义务机关。

——刘合华、陈现杰等:《最高人民法院〈关于审理民事、行政诉讼中司法赔偿案件适用法律若干问题的解释〉的理解与适用》,载《国家赔偿办案指南》2016年第2辑(总第16辑),法律出版社2016年版,第51~52页。

1054. 在当事人已经依照法律规定提出明确的赔偿请求、已经进入司法程序的情况下,人民法院不应再判决由赔偿义务机关先行作出赔偿决定

关键词

赔偿义务机关　赔偿决定

最高人民法院裁判文书

张某志、侯某兰诉山东省枣庄市薛城区人民政府行政赔偿再审案[最高

人民法院（2019）最高法行申8133号行政裁定书］

裁判要旨：在当事人已经依照法律规定提出明确的赔偿请求、已经进入司法程序的情况下，人民法院不应再判决由赔偿义务机关先行作出赔偿决定，使赔偿争议又回到行政途径。为确保当事人获得及时、公平、公正的救济，在行政机关违法强制拆除当事人房屋，难以对房屋及其他损失进行鉴定的情况下，人民法院可以直接判决行政机关对房屋及其他人身、财产损失一并予以行政赔偿，法院在判令赔偿时的标准至少不应低于补偿标准。

最高人民法院认为，行政案件审理应当以实质性化解纠纷为宗旨，及时解决行政争议，减少当事人诉累。《中华人民共和国国家赔偿法》第二条规定，国家机关和国家机关工作人员行使职权，有本法规定的侵犯公民、法人和其他组织合法权益的情形，造成损害的，受害人有依照本法取得国家赔偿的权利。第九条第二款规定，赔偿请求人要求赔偿，应当先向赔偿义务机关提出，也可以在申请行政复议或者提起行政诉讼时一并提出。赔偿请求人对于通过何种方式获得赔偿具有选择权，既可以选择由赔偿义务机关先行处理，也可以在申请行政复议或者提起行政诉讼时一并提出。赔偿请求人先提起行政诉讼，之后再提起行政赔偿诉讼，就是选择通过司法途径解决其赔偿问题。基于司法最终原则，人民法院对赔偿之诉应当依法受理并作出明确而具体的赔偿判决，保护赔偿请求人的合法权益，实质性解决行政争议。在当事人已经依照前述程序提出明确的赔偿请求、已经进入司法程序的情况下，人民法院不应再判决由赔偿义务机关先行作出赔偿决定，使赔偿争议又回到行政途径。人民法院直接判决赔偿更有利于公平、公正解决问题，避免行政机关对赔偿问题不予处理、拖延处理或者作出不合理的赔偿决定，最后当事人仍然需要通过司法裁判寻求救济，增加当事人的诉累。具体到赔偿的数额，为确保当事人获得及时、公平、公正的救济，在行政机关违法强制拆除当事人房屋，难以对房屋及其他损失进行鉴定的情况下，人民法院可以根据原告提出的行政赔偿诉讼请求，结合案件具体情况，参照征收补偿方案确定的征收补偿标准，全面、充分考虑当事人的各项损失，确定损失数额，直接判决行政机关对房屋及其他人身、财产损失一并予以行政赔偿，法院在判令赔偿时的标准至少不应低于补偿标准。

——中国裁判文书网。

1055. 非刑事司法赔偿侵权行为的类型与范围

关键词

非刑事司法赔偿侵权行为

最高人民法院司法解释

第二条 违法采取对妨害诉讼的强制措施，包括以下情形：
（一）对没有实施妨害诉讼行为的人采取罚款或者拘留措施的；
（二）超过法律规定金额采取罚款措施的；
（三）超过法律规定期限采取拘留措施的；
（四）对同一妨害诉讼的行为重复采取罚款、拘留措施的；
（五）其他违法情形。

第三条 违法采取保全措施，包括以下情形：
（一）依法不应当采取保全措施而采取的；
（二）依法不应当解除保全措施而解除，或者依法应当解除保全措施而不解除的；
（三）明显超出诉讼请求的范围采取保全措施的，但保全财产为不可分割物且被保全人无其他财产或者其他财产不足以担保债权实现的除外；
（四）在给付特定物之诉中，对与案件无关的财物采取保全措施的；
（五）违法保全案外人财产的；
（六）对查封、扣押、冻结的财产不履行监管职责，造成被保全财产毁损、灭失的；
（七）对季节性商品或者鲜活、易腐烂变质以及其他不宜长期保存的物品采取保全措施，未及时处理或者违法处理，造成物品毁损或者严重贬值的；
（八）对不动产或者船舶、航空器和机动车等特定动产采取保全措施，未依法通知有关登记机构不予办理该保全财产的变更登记，造成该保全财产所有权被转移的；
（九）违法采取行为保全措施的；
（十）其他违法情形。

第四条 违法采取先予执行措施，包括以下情形：
（一）违反法律规定的条件和范围先予执行的；
（二）超出诉讼请求的范围先予执行的；
（三）其他违法情形。

第五条 对判决、裁定及其他生效法律文书执行错误，包括以下情形：

（一）执行未生效法律文书的；

（二）超出生效法律文书确定的数额和范围执行的；

（三）对已经发现的被执行人的财产，故意拖延执行或者不执行，导致被执行财产流失的；

（四）应当恢复执行而不恢复，导致被执行财产流失的；

（五）违法执行案外人财产的；

（六）违法将案件执行款物执行给其他当事人或者案外人的；

（七）违法对抵押物、质物或者留置物采取执行措施，致使抵押权人、质权人或者留置权人的优先受偿权无法实现的；

（八）对执行中查封、扣押、冻结的财产不履行监管职责，造成财产毁损、灭失的；

（九）对季节性商品或者鲜活、易腐烂变质以及其他不宜长期保存的物品采取执行措施，未及时处理或者违法处理，造成物品毁损或者严重贬值的；

（十）对执行财产应当拍卖而未依法拍卖的，或者应当由资产评估机构评估而未依法评估，违法变卖或者以物抵债的；

（十一）其他错误情形。

第六条 人民法院工作人员在民事、行政诉讼过程中，有殴打、虐待或者唆使、放纵他人殴打、虐待等行为，以及违法使用武器、警械，造成公民身体伤害或者死亡的，适用国家赔偿法第十七条第四项、第五项的规定予以赔偿。

——《最高人民法院关于审理民事、行政诉讼中司法赔偿案件适用法律若干问题的解释》（2016年9月7日，法释〔2016〕20号）。

附录：最高人民法院法官著述

《最高人民法院关于审理民事、行政诉讼中司法赔偿案件适用法律若干问题的解释》（以下简称《解释》）效仿《国家赔偿法》，采取"一般条款＋具体列举"的总分体例。《解释》第1条规定了非刑事司法赔偿的一般条款，除对非刑事司法赔偿责任构成进行了共性抽象，确立了所有非刑事司法赔偿的责任构成基础和请求权规范基础，明确了非刑事司法赔偿适用违法归责、过错归责为主的多元归责原则以外，还涵括作为与不作为的行为形态，包括违法采取司法强制措施、保全措施、先予执行措施、错误执行等侵权类型，对《解释》全篇起到了提纲挈领的作用。《解释》第2条至第6条对非刑事司法赔偿侵权行为的类型与范围进行了具体列举，丰富并体系化了可赔偿的行为范围，为人民法院及其工作人员划下了不当为、不该做的红线。

1. 对违法采取先予执行措施予以单列。《解释》在2000年《最高人民法院关于民事、行政诉讼中司法赔偿若干问题的解释》（以下简称《非刑事司法赔偿解释》）规定违法采取司法强制措施、违法保全、错误执行三类侵权行为类型的基础上，将违法先予执行予以单列，理由是：第一，先予执行的目的在于特定金钱义务的给付、特定行为的紧急制止和具体行政行为的实施，表现出保全和执行的双重性质。在法律和司法解释上，先予执行有其独特的适用范围和法定条件，具有国家赔偿责任构成中违法性判断的独立性，不能简单地将其与保全、执行混为一谈。第二，先予执行在立法体例上与保全、执行分离并列。《民事诉讼法》将先予执行置于第九章"保全和先予执行"中，与保全并列，同时与执行明确区分；《行政诉讼法》亦将其与保全区隔开来，《解释》在体例安排上亦应相循，不应混同。第三，审判实践中，人民法院已经长期受理并审查违法先予执行的案件，既审查具体的先予执行措施，也审查裁量先予执行的职权行为。

2. 对错误执行和违法保全行为着重规范。《解释》在吸收2000年《非刑事司法赔偿解释》《确认司法解释》有关侵权行为范围规定的基础上，根据法律、司法解释和审判实践的发展作了更为丰富的规定。在非刑事司法赔偿审判实践中，被申请赔偿的司法行为主要是错误执行和违法保全，这两类案件分别占非刑事司法赔偿案件的60%和25%左右，合计占非刑事司法赔偿案件的80%以上。为此，《解释》以法律、司法解释、部门规章及实践情况为前提，着重对错误执行和违法保全这两类侵权行为进行了规范，将现有法律和司法解释中关于人民法院在保全、执行程序中应尽的法定义务予以囊括，更好地贯彻落实国家赔偿法救济权利、规范公权的立法宗旨。

3. 对侵权行为范围的列举予以丰富。《解释》对违法采取司法强制措施、违法采取保全措施、违法采取先予执行措施、错误执行这四类侵权行为的具体范围进行了细分和明确。第一，违法采取对妨害诉讼的强制措施。《解释》与2000年《非刑事司法赔偿解释》的规定内容基本一致，但对表述和项序进行了调整。第二，违法采取保全措施。与2000年《非刑事司法赔偿解释》相比，《解释》根据审判实践和新《民事诉讼法》及其司法解释的变化，增加了对不动产、特定动产、不宜长期保存的物品违法采取保全措施，以及违法采取行为保全措施的内容；并对原规定的内容、表述和语序进行了调整。需要注意的是，《解释》吸收了《确认司法解释》的规定，对违法采取保全措施并不仅限于2000年《非刑事司法赔偿解释》规定的依职权保全的情形，还包括人民法院在依申请保全过程中违法行使职权造成损害的情形。第三，违法采取先予执行措施。主要包括违反法定条件决定先予执行，以及超过诉讼请求的数额和范围执行两种情形。通过这一规定，以期防范个别法院滥用职权，不能公平对待当事人，违反法律规定的条件和范围裁定先予执行，以及极少数当事人与法院工作人员勾结，恶意申请先予执行后撤诉，损害另一方当事人利益等现象发生。第四，对判决、裁定及其他生效法律文书执行错误。在

2000年《非刑事司法赔偿解释》的基础上，《解释》第5条第3项、第4项、第6项吸收了《确认司法解释》关于故意拖延执行、不执行，应当恢复执行而不恢复，违法将案件执行款物执行给其他当事人、案外人等三种情形的规定；第7项、第8项、第9项新增了违法对抵押物、质物、留置物采取执行措施，对执行中查封、扣押、冻结的财产不履行监管职责，对不宜长期保存的物品违法采取执行措施等三种情形的规定；第10项将违法拍卖、变卖、以物抵债的情形区分为两类：一类是违法拍卖，另一类是依法应当评估而未评估被变卖或者以物抵债。此外，《解释》还对人民法院工作人员在民事诉讼、行政过程中侵害公民人身权，造成公民身体伤害或者死亡的事实行为进行了规定。

——刘合华、陈现杰等：《最高人民法院〈关于审理民事、行政诉讼中司法赔偿案件适用法律若干问题的解释〉的理解与适用》，载《国家赔偿办案指南》2016年第2辑（总第16辑），法律出版社2016年版，第53~54页。

1056. 人民法院赔偿委员会调查取证的范围

关键词

刑事赔偿　调查取证范围

附录：最高人民法院主流观点

修订后的《国家赔偿法》未对人民法院赔偿委员会调查取证的范围作出明确规定，参照《民事诉讼法》和《行政诉讼法》的规定，在国家赔偿案件中，下列证据可以由人民法院赔偿委员会调查收集：（1）赔偿请求人因客观原因不能自行收集并已提出调取证据的申请和该证据线索的，如不允许赔偿请求人查阅的国家档案和涉及私密的材料；（2）应当由人民法院赔偿委员会勘查或者委托鉴定的；（3）赔偿请求人和赔偿义务机关提出的影响案件主要事实的证据材料相互矛盾，经过质证无法认定其效力的；（4）人民法院赔偿委员会认为需要自行调查收集的其他证据，如赔偿请求人因文化水平低、弱智或残疾等提供证据有困难的。上述证据经人民法院赔偿委员会调查，未能收集到的，仍由负有举证责任的一方承担举证不能的后果。

——江必新主编、最高人民法院赔偿委员会办公室编著：《〈中华人民共和国国家赔偿法〉条文理解与适用》，人民法院出版社2010年版，第267页。

1057. 应如何认定返还财产或者恢复原状

关键词

返还财产　恢复原状　行政赔偿

最高人民法院裁判文书

海南惠普森医药生物技术有限公司诉文昌市人民政府行政赔偿案〔最高人民法院（2015）行提字第25号行政裁定书〕

> **裁判要点**：返还财产或者恢复原状是国家赔偿首选赔偿方式，既符合赔偿请求人的要求，也更为方便、快捷，但是其适用条件是原物未被处分或发生毁损、灭失。相关财产客观上已无法返还或恢复原状的，赔偿义务机关应当支付相应赔偿金。

在《中华人民共和国国家赔偿法》仅规定了赔偿直接损失的原则、未明确具体赔偿标准的情况下，法院可以通过类比《中华人民共和国国家赔偿法》最相近似的具体规定衡平赔偿标准。以"侵权行为发生时"作为估价时点对保护当事人的合法权益明显不公的情况下，法院可以"损失发生时"作为评估时点认定损失。

因赔偿义务机关违法造成财产损害的，赔偿义务机关应当给予赔偿，并应当及时履行赔偿义务。无法返还财产的，赔偿义务机关应当及时支付违法损害赔偿金；未能及时支付赔偿金的，赔偿义务机关应当支付相应利息，以使赔偿金及其孳息尽早归于受害人，尽可能减少并弥补受害人的损失，督促赔偿义务机关依法及时履行国家赔偿义务。

最高人民法院认为：文昌市政府收回惠普森公司土地使用权的行为已由海南高院（2011）琼行终字第119号生效行政判决确认违法，该违法收地行为给惠普森公司造成了损失，惠普森公司请求文昌市政府承担国家赔偿责任的理由成立，本院予以支持。本案争议的焦点问题是，文昌市政府对惠普森公司进行国家赔偿的赔偿方式和计算标准应当如何确定。

1. 关于赔偿方式问题

《中华人民共和国国家赔偿法》第三十二条规定："国家赔偿以支付赔偿金为主要方式。能够返还财产或者恢复原状的，予以返还财产或者恢复原状。"据此，返还财产是国家赔偿首选的赔偿方式，既符合赔偿请求人的要求也更为方便快捷；但其适用条件是原物未被处分或发生毁损灭失，若相关财产客观上已无法返还或恢复原状时，则应支付相应的赔偿金。本案中，文昌市政府的涉案收地行为被人民法院判决确认违法时，涉案土地已因建设文昌火箭发射场设备运载码头这一公共利益需要被划拨给文昌港湾港务有限公司进行建设。文昌市政府和惠普森公司在本院组织的现场勘查中，均认可涉案土地现状因上述原因已无法返还。故在涉案土地确已无法返还的情况下，本案应当以支付赔偿金的方式进行国家赔偿。

2. 关于赔偿标准问题

根据《中华人民共和国国家赔偿法》第三十六条第八项"对财产权造成其他损害的，按照直接损失给予赔偿"的规定，本案应当以赔偿直接损失为原则。

就本案而言，赔偿标准的核心即土地估价时点如何确定。首先，在《中华人民共和国国家赔偿法》对本案的情形仅规定了赔偿直接损失的原则、未明确具体赔偿标准的情况下，可以通过类比《中华人民共和国国家赔偿法》最相近似的具体规定，来分析立法精神、衡平赔偿标准。《中华人民共和国国家赔偿法》第三十六条第五项规定："财产已经拍卖或者变卖的，给付拍卖或者变卖所得的价款；变卖的价款明显低于财产价值的，应当支付相应的赔偿金。"该规定亦适用于行政赔偿，且适用的情形均为侵权机关占用本属受害人所有的财产被确认违法，却因涉案财产被转移给他人致无法返还。二者的区别仅是他人取得涉案财产的方式不同，而他人取得涉案财产的方式并不会对受害人直接损失的大小产生影响，故二者具有高度的可类比性。拍卖或者变卖所得的价款即涉案财产转移给他人时的市场价值，类比到本案应为涉案土地被划拨给他人时的市场价值，即2010年10月20日涉案土地的市场价值。

其次，《中华人民共和国侵权责任法》①第十九条规定："侵害他人财产的，财产损失按照损失发生时的市场价格或者其他方式计算。"本案中，涉案土地被收回后一直闲置，在因公共利益需要被划拨用于文昌火箭发射场设备运载码头建设前仍然存在返还可能，惠普森公司依法仍可恢复原土地使用权。直至2010年10月20日涉案土地因公共利益需要划拨给文昌港湾港务有限公司，惠普森公司的涉案土地使用权才最终丧失、确已无法返还。故本案中"损失发生时"应认定为2010年10月20日涉案土地使用权被划拨给文昌港湾港务有限公司之时。文昌市政府以2004年8月16日为"损失发生时"作为土地估价时点的主张，本院不予支持。退一步讲，惠普森公司的涉案土地使用权若未被无偿收回，则将因建设文昌火箭发射场设备运载码头这一公共利益的需要，被依法征收。惠普森公司享有的土地权益从而转化为相应的补偿请求权，补偿标准应为涉案土地被征收时的市场价格。鉴于涉案土地事实

---

① 本法已被《中华人民共和国民法典》废止。

上未被征收，其被划拨时的市场价格与被征收时的市场价格最为接近，故本案应以涉案土地 2010 年 10 月 20 日的市场价格作为赔偿金基数。涉案土地被划拨后，其价值的提升或贬损显然已与惠普森公司无关，亦不属于惠普森公司的直接损失，故惠普森公司关于应当按生效判决作出时的评估价支付赔偿金的请求，本院不予支持。

再次，《最高人民法院关于民事、行政诉讼中司法赔偿若干问题的解释》①第十一条规定，"财产灭失的，按侵权行为发生时当地市场价格予以赔偿"。本案中，侵权行为是文昌市政府 2004 年 8 月 16 日作出收回涉案土地决定，但文昌市政府未依法履行送达告知义务，仅将收地决定公告送达，惠普森公司因不知道该收地决定内容，在文昌市政府作出收地决定后仍连续多年要求完善涉案土地基础设施以便开发。故若类比上述司法解释，以侵权行为发生时即 2004 年 8 月 16 日作为土地估价时点，对保护惠普森公司的合法权益明显不公。此外，上述司法解释适用于司法赔偿，即人民法院在民事、行政诉讼过程中侵犯公民、法人和其他组织合法权益造成损害的情形，而本案系行政赔偿纠纷，故该司法解释不适用于本案。

综上，以涉案土地使用权因公共利益需要被划拨给他人致无法返还时作为确定赔偿金基数的时点，既符合国家赔偿直接损失的原则，也保护了惠普森公司作为原土地使用权人的合法权益，更为公平合理，故本院确定以涉案土地使用权 2010 年 10 月 20 日的市场价格作为文昌市政府支付惠普森公司赔偿金的基数。海南一中院一审判决以惠普森公司买地合同价作为直接损失，海南高院二审判决以惠普森公司的买地成本及其利息作为直接损失，均缺乏相应的法律依据，本院予以纠正。鉴于文昌市政府在本案二审判决生效后已支付 162.4535 万元赔偿金，故已支付的部分应予以扣除。

3. 关于文昌市政府应否承担利息的问题

《中华人民共和国国家赔偿法》第二条第二款规定，赔偿义务机关应当及时履行赔偿义务；第九条第一款规定，赔偿义务机关违法造成财产损害的，应当给予赔偿。据此，文昌市政府作为赔偿义务机关有及时支付赔偿金的法定义务。本案中，文昌市政府在收地行为被人民法院生效判决确认违法后，理应及时履行赔偿义务，但其在收到惠普森公司的赔偿申请后，仍未在法定期限内作出答复。此外，依据公平原则，加害人理应及时支付违法损害赔偿金，以使赔偿金的孳息尽早归于受害人，尽可能减少受害人的损失。若违法损害赔偿金不计付利息，则会使受害人的直接损失无法得到全部赔偿，甚至可能促使加害人拖延履行赔偿义务。故本院认为，未及时支付赔偿金所产生

---

① 本解释已被《最高人民法院关于废止部分司法解释及相关规范性文件的决定》（法释〔2020〕16 号）废止。

的利息亦属于直接损失的范围，应予赔偿。

此外，《中华人民共和国国家赔偿法》第四十一条规定，赔偿请求人要求国家赔偿的，赔偿义务机关、复议机关和人民法院不得向赔偿请求人收取任何费用；《诉讼费用交纳办法》第八条第四项规定，行政赔偿案件不交纳案件受理费。据此，本案不应当收取案件受理费。海南高院二审判决："一、二审案件受理费100元由文昌市人民政府负担"错误，本院予以纠正，已收取的案件受理费应当退还文昌市政府。

——最高人民法院行政审判庭编：《最高人民法院行政裁判要旨及评述（第一卷）》，人民法院出版社2019年版。

1058. 在民事、行政诉讼司法赔偿案件中如何确定侵犯人身权的损害赔偿

关键词

侵犯人身权　损害赔偿

最高人民法院司法解释

第六条　人民法院工作人员在民事、行政诉讼过程中，有殴打、虐待或者唆使、放纵他人殴打、虐待等行为，以及违法使用武器、警械，造成公民身体伤害或者死亡的，适用国家赔偿法第十七条第四项、第五项的规定予以赔偿。

第十一条　人民法院及其工作人员在民事、行政诉讼过程中，具有本解释第二条、第六条规定情形，侵犯公民人身权的，应当依照国家赔偿法第三十三条、第三十四条的规定计算赔偿金。致人精神损害的，应当依照国家赔偿法第三十五条的规定，在侵权行为影响的范围内，为受害人消除影响、恢复名誉、赔礼道歉；造成严重后果的，还应当支付相应的精神损害抚慰金。

——《最高人民法院关于审理民事、行政诉讼中司法赔偿案件适用法律若干问题的解释》（2016年9月7日，法释〔2016〕20号）。

附录：最高人民法院法官著述

非刑事司法赔偿以财产损害赔偿为主，但人民法院及其工作人员在民事、行政诉讼过程中侵犯公民人身权的，也应当对人身损害予以赔偿。人民法院及其工作人员在民事、行政诉讼过程中侵犯人身权的行为包括法律行为和事实行为。法律行为主要是指违法采取拘留措施等行为；事实行为包括作为和不作为行为，主要是指《最高人民法院关于审理民事、行政诉讼中司法赔偿

案件适用法律若干问题的解释》(以下简称《解释》)第6条规定的殴打、虐待或者唆使、放纵他人殴打、虐待,以及违法使用武器、警械等行为。无论是法律行为还是事实行为,作为还是不作为行为,如果侵犯了相对人的人身权,国家都应当承担赔偿责任。需要注意的是,人民法院工作人员的行为比如殴打、虐待等,不属于行使职权的行为,但只要与行使职权有关,或者是作为行使职权的一种手段,或者是假借行使职权之便实施的,或者是在行使职权的时间或场所实施的,国家应当对由此造成相对人的身体伤害或死亡的结果承担赔偿责任。即使人民法院工作人员因上述行为已被追究刑事责任,国家也应当承担赔偿责任。

对于精神损害赔偿,根据《国家赔偿法》第35条的规定,适用于行政赔偿、刑事赔偿中侵犯人身权造成严重后果的情形,未明文规定适用于非刑事司法赔偿。人民法院及其工作人员在民事、行政诉讼过程中实施违法拘留、殴打、虐待等行为,侵犯公民人身权,造成的损害后果有可能不亚于行政赔偿、刑事赔偿中的损害后果。如将非刑事司法赔偿排除在精神损害赔偿条款的适用范围之外,就会背离国家赔偿法尊重和保障人权的立法初衷,故《解释》将精神损害赔偿首次引入非刑事司法赔偿领域,完善了《国家赔偿法》精神损害的适用范围。根据《解释》第11条的规定,非刑事司法赔偿案件中,人民法院及其工作人员侵犯公民人身权造成精神损害的,应当依照《国家赔偿法》第35条的规定,在侵权行为影响的范围内,为受害人消除影响、恢复名誉、赔礼道歉;造成严重后果的,还应当支付相应的精神损害抚慰金。需要注意的是,在侵犯人身权致人精神损害造成严重后果的情形下,消除影响、恢复名誉、赔礼道歉与精神损害抚慰金者两种责任方式应当同时适用。

——刘合华、陈现杰等:《最高人民法院〈关于审理民事、行政诉讼中司法赔偿案件适用法律若干问题的解释〉的理解与适用》,载《国家赔偿办案指南》2016年第2辑(总第16辑),法律出版社2016年版,第57页。

1059. 在个案中应该如何判断是否属于违法刑事拘留?

关键词

违法刑事拘留

附录:最高人民法院法官著述

第一,对于侦查机关违反刑事诉讼法规定的条件采取拘留措施的情形。此种情形是《最高人民法院、最高人民检察院关于办理刑事赔偿案件适用法律若干问题的解释》第五条规定的违法刑事拘留的情形之一。

对侦查机关拘留行为的合法性审查与违法性界定，按照《国家赔偿法》的规定，应该结合《刑事诉讼法》的规定进行审视、核查。《刑事诉讼法》第八十二条规定，公安机关对于现行犯或者重大嫌疑分子，如果有下列情形之一的，可以先行拘留：（1）正在预备犯罪、实行犯罪或者在犯罪后即时被发觉的；（2）被害人或者在场亲眼看见的人指认他犯罪的；（3）在身边或者住处发现有犯罪证据的；（4）犯罪后企图自杀、逃跑或者在逃的；（5）有毁灭、伪造证据或者串供可能的；（6）不讲真实姓名、住址，身份不明的；（7）有流窜作案、多次作案、结伙作案重大嫌疑的。《刑事诉讼法》在第七十一条和第七十七条增加了刑事拘留的两种情形，即违反取保候审规定以及违反监视居住规定，需要予以逮捕的，可以先行拘留。

结合前文关于刑事拘留证明标准的论述，是否对犯罪嫌疑人适用刑事拘留，应以刑事诉讼法规定的上述统一标准，而不是以有罪或无罪来作界定。具体来讲，违反刑事拘留的条件主要表现为，拘留对象非现行犯或重大嫌疑分子；不符合可予拘留的七种情形；违反取保候审、监视居住规定但不符合逮捕条件的，不得先行拘留。

司法实践中，可能存在侦查机关拘留或延长拘留手续齐全，案件最终为无罪结论申请刑事拘留国家赔偿的情形，对这种情形是否需要进行实质审查存在争议。笔者认为，此种情形其实就是判断侦查机关是否违反刑事诉讼法规定的条件采取拘留措施，涉及刑事拘留条件问题，需要进行实质审查。

第二，对于侦查机关违反刑事诉讼法规定的程序采取拘留措施的情形。程序违法主要表现在：未依法出示拘留证；未在二十四小时以内送至拘留所羁押；不存在无法通知或者涉嫌危害国家安全罪、恐怖活动犯罪通知有碍侦查的情形，但未在拘留后二十四小时以内通知被拘留人的家属；未在拘留后的二十四小时以内进行讯问；等等。这些程序方面的违法行为，不能视为瑕疵。

仅有程序性的违法事项，但拘留本身并未违反刑事诉讼法规定的刑事拘留条件，亦无终止追究刑事责任情形，不能认定为违法刑事拘留。

第三，对于侦查机关依照刑事诉讼法规定的条件和程序对公民采取拘留措施，但是拘留时间超过刑事诉讼法规定的时限的情形。对此类合法拘留超过法定期限最终无罪的情形，如公安机关采取刑事拘留强制措施最长拘留时限超过三十七日；人民检察院所实行的拘留超过十四日，且最终撤销案件、不起诉或者宣告无罪的，应承担赔偿责任。即对于合法拘留后最终无罪的超期刑事拘留，国家承担赔偿责任。

第四，国家赔偿法对于合法拘留后最终无罪的超期拘留给予赔偿，而对于最终有罪的拘留的超期问题未予明确规定。笔者认为，对于刑事拘留后被判处管制、拘役、有期或无期徒刑的，因我国将刑事拘留时间按照天数折抵刑期，超期时间在判决生效后被正常折抵，故对于此种情形的刑事拘留超期问题，不进行特殊处理，不予赔偿。对于刑事拘留后被判有罪，但仅作宣告并不服实刑的，笔者认为，生效的有罪判决已成为前阶段拘留的正当化基础，此种情形的刑事拘留即使超期，也不予国家赔偿。

第五，对于最终被判有罪的，在刑事拘留时即使发生实体或程序上的违法，国家赔偿法并未作出明文规定，笔者认为应不予赔偿。

第六，对于违反法定程序和条件的拘留，如果案件最终处理结果为有罪认定，侦查阶段采取的刑事拘留强制措施，由于可以折抵刑期，不符合刑事赔偿责任的构成要件，不应予以赔偿。

第七，实践中有的赔偿请求人以被拘留人身体状况不符合羁押条件为由，认为刑事拘留违法。只要侦查机关采取的刑事拘留措施不违反刑事诉讼法规定的条件和程序，没有超过时限，即使案件最终作无罪处理，也不应赔偿。

第八，关于侦查机关未发传唤通知书，超期传唤当事人，刑事案件被撤销后，超期传唤是否属于赔偿范围。传唤并不是刑事拘留，国家赔偿法并没有规定对超期传唤的国家赔偿，笔者认为，超期传唤并不属于国家赔偿范围。

——陈娅：《刑事拘留的审查强度及违法情形的认定》，载《国家赔偿审判实务与裁判观点集成》，人民法院出版社2023年版，第17~19页。

1060. 侵犯公民人身自由日赔偿金计算方法

关键词

侵犯人身自由　日赔偿金

最高人民法院司法解释

六、《国家赔偿法》第二十六条[①] 关于"侵犯公民人身自由的，每日的赔偿金按照国家上年度职工日平均工资计算"中规定的上年度，应为赔偿义务机关、复议机关或者人民法院赔偿委员会作出赔偿决定时的上年度；复议机关或者人民法院赔偿委员会决定维持原赔偿决定的，按作出原赔偿决定时的上年度执行。国家上年度职工日平均工资数额，应当以职工年平均工资除以全年法定工作日数的方法计算。年平均工资以国家统计局公布的数字为准。

——《最高人民法院关于人民法院执行〈中华人民共和国国家赔偿法〉几个问题的解释》（1996年5月6日，法发〔1996〕15号）。

---

① 本条规定现为《中华人民共和国国家赔偿法》（2012年修正）第三十三条。

最高人民法院司法政策精神

根据国家统计局 2010 年 7 月 16 日发布的 2009 年城镇非私营单位在岗职工年平均工资（即原"全国在岗职工平均工资"）数额，2009 年城镇非私营单位在岗职工年平均工资为 32736 元。按照人力资源和社会保障部提供的日平均工资的计算公式，日平均工资标准为 32736（元）÷12（月）÷21.75（月计薪天数）= 125.43 元。据此，各级人民法院在 2010 年作出国家赔偿决定时，对侵犯公民人身自由权每日的赔偿金应为 125.43 元。

——《最高人民法院关于 2010 年作出的国家赔偿决定涉及侵犯公民人身自由权计算标准的通知》（2010 年 7 月 16 日，法发〔2010〕28 号）。

根据国家统计局 2011 年 5 月 3 日发布的 2010 年城镇非私营单位在岗职工年平均工资（即原"全国在岗职工平均工资"）数额，2010 年城镇非私营单位在岗职工年平均工资为 37147 元。按照人力资源和社会保障部提供的日平均工资的计算公式，日平均工资标准为 37147（元）÷12（月）÷21.75（月计薪天数）= 142.33 元。据此，各级人民法院在 2011 年作出国家赔偿决定时，对侵犯公民人身自由权每日的赔偿金应为 142.33 元。

——《最高人民法院关于 2011 年作出的国家赔偿决定涉及侵犯公民人身自由权计算标准的通知》（2011 年 5 月 4 日，法〔2011〕167 号）。

根据国家统计局 2012 年 5 月 29 日发布的 2011 年城镇非私营单位在岗职工年平均工资（即原"全国在岗职工平均工资"）数额，2011 年城镇非私营单位在岗职工年平均工资为 42452 元。按照人力资源和社会保障部提供的日平均工资的计算公式，日平均工资标准为 42452（元）÷12（月）÷21.75（月计薪天数）= 162.65 元。据此，各级人民法院在 2012 年作出国家赔偿决定时，对侵犯公民人身自由权每日的赔偿金应为 162.65 元。

——《最高人民法院关于 2012 年作出的国家赔偿决定涉及侵犯公民人身自由权计算标准的通知》（2012 年 5 月 29 日，法〔2012〕134 号）。

最高人民法院裁判文书

朱某蔚申请广东省人民检察院无罪逮捕国家赔偿案〔最高人民法院赔偿委员会（2011）法委赔字第 4 号国家赔偿决定书〕

裁判要点：根据《最高人民法院关于人民法院执行〈中华人民共和国国家赔偿法〉几个问题的解释》第六条规定，人民法院赔偿委员会变更赔偿义务机关尚未生效的赔偿决定，应按照人民法院赔偿委员会作出赔偿决定时的上年度全国职工日平均工资标准，计算侵犯人身自由的赔偿金。

最高人民法院认为：关于广东省人民检察院向朱某蔚支付侵犯人身自由的赔偿金124254.09元的决定。朱某蔚实际羁押时间为875天，广东省人民检察院计算为873天有误，应予纠正。根据《最高人民法院关于人民法院执行〈中华人民共和国国家赔偿法〉几个问题的解释》第六条规定，广东省人民检察院以作出刑事赔偿决定时的上年度即2010年度全国职工日平均工资142.33元为赔偿标准，并无不当，但本院赔偿委员会变更赔偿义务机关尚未生效的赔偿决定，应以作出本赔偿决定时的上年度即2011年度全国职工日平均工资162.65元为赔偿标准。因此，广东省人民检察院应按照2011年度全国职工日平均工资标准向朱某蔚支付侵犯人身自由875天的赔偿金142318.75元。

——中国裁判文书网。

附录：最高人民法院主流观点

实践中，在适用《国家赔偿法》第33条时须注意以下问题：

1. 国家统计局一般会在每年4至5月份公布上年度职工年平均工资，而根据《最高人民法院关于人民法院执行〈中华人民共和国国家赔偿法〉几个问题的解释》第6条的规定，对于赔偿义务机关、复议机关或者人民法院赔偿委员会当年作出赔偿决定的，需要按照国家统计局公布的上年度职工平均工资标准计算侵犯人身自由每日的赔偿金。根据这一规定，实践中有时会出现因国家统计局还未公布上年度职工平均工资，无法确定具体侵犯人身自由的赔偿金额，而赔偿决定期限已经届满的情况。对于此种情况，可以依法先作出赔偿决定，在赔偿决定中只写明应予赔偿的具体天数，同时说明因国家统计局在本决定作出时还未公布上年度全国职工年平均工资标准，本决定的赔偿金额等于具体赔偿天数乘以按照法定标准计算出的职工日平均工资金额。赔偿义务机关应待国家统计局公布上年度平均工资后，及时作出支付令，并在支付令中写明应予赔偿的具体金额。

2. 根据修订后的《国家赔偿法》的规定，司法机关及其工作人员侵犯人身自由的情形有：（1）违反《刑事诉讼法》的规定对公民采取拘留措施的，或者依照《刑事诉讼法》规定的条件和程序对公民采取拘留措施，但是拘留时间超过《刑事诉讼法》规定的时限，其后决定撤销案件、不起诉或者判决宣告无罪终止追究刑事责任的；（2）对公民采取逮捕措施后，决定撤销案件、不起诉或者判决宣告无罪终止追究刑事责任的；（3）依照审判监督程序再审改判无罪，原判刑罚已经执行的。根据上述规定，在具体计算侵犯人身自由的天数时应把握以下原则：一是对完全限制人身自由的强制措施、刑罚期间予以计算，对于不完全限制人身自由的强制措施、刑罚期间不予计算；二是实际羁押一日赔偿一日。

具体来说：第一，对拘留、逮捕、拘役、有期徒刑、无期徒刑等完全限制人身自由的强制措施、刑罚的期间应予计算。第二，对于拘传、监视居住、取保候审、管制、有期徒刑缓刑等不完全限制人身自由的强制措施、刑罚的期间不予计算。理由是：根据《最高人民法院关于人民法院执行〈中华人民共和国国家赔偿法〉几个问题的解释》第4条的规定，人民法院判处管制、有期徒刑缓刑、剥夺政治权利等刑罚的人被依法改判无罪的，国家不承担赔偿责任。而拘传、监视居住、取保候审亦是对人身自由权进行部分限制，与管制、有期徒刑缓刑所部分限制人身自由的情形基本一致。对于实践中出现的以监视居住为名实施变相拘留的或以连续拘传的方式实施拘留的期间是否应计算在内，应由人民法院赔偿委员会遵照上述原则，根据具体情况进行判断。第三，被判处有期徒刑、无期徒刑的，保外就医期间、假释期间不予计算。理由是：在刑罚执行中保外就医、假释，虽然人身自由受到一定限制，但实际上未被羁押。第四，在实施拘留、逮捕等强制措施时脱离监管的或在刑罚执行时脱逃的期间不予计算。

此外，在计算侵犯人身自由具体天数时还应注意将实施强制措施或实际羁押当日以及释放当日计算在内；遇有闰年的，要考虑闰年因素，闰年一年为366天，闰年中的二月份为29天。

——江必新主编、最高人民法院赔偿委员会办公室编著：《〈中华人民共和国国家赔偿法〉条文理解与适用》，人民法院出版社2010年版，第309~310页。

1061. 严格遵循精神损害赔偿的适用原则

关键词

精神损害赔偿

最高人民法院司法政策精神

二、严格遵循精神损害赔偿的适用原则

人民法院赔偿委员会适用精神损害赔偿条款，应当严格遵循以下原则：一是依法赔偿原则。严格依照国家赔偿法的规定，不得扩大或者缩小精神损害赔偿的适用范围，不得增加或者减少其适用条件。二是综合裁量原则。综合考虑个案中侵权行为的致害情况，侵权机关及其工作人员的违法、过错程度等相关因素,准确认定精神损害赔偿责任。三是合理平衡原则。坚持同等情况同等对待,不同情况区别处理,适当考虑个案及地区差异,兼顾社会发展整体水平和当地居民生活水平。

——《最高人民法院关于人民法院赔偿委员会审理国家赔偿案件适用精神损害赔偿若干问题的意见》(2014年7月31日,法发〔2014〕14号)。

附录:最高人民法院法官著述

第一,关于适用原则。适用精神损害赔偿,应当严格遵循以下原则:一是依法赔偿原则。严格依照《国家赔偿法》的规定,不得扩大或者缩小精神损害赔偿的适用范围,不得增加或者减少其适用条件。二是综合裁量原则。综合考虑个案中侵权行为的致害情况,侵权机关及其工作人员的违法、过错程度等相关因素,准确认定精神损害赔偿责任。三是合理平衡原则。坚持同等情况同等对待,不同情况区别处理,适当考虑个案及地区差异,兼顾社会发展整体水平和当地居民生活水平。

——杨临萍:《在全国法院国家赔偿工作座谈会上的总结发言》,载《国家赔偿办案指南》2014年第3辑(总第9辑),法律出版社2015年版,第21~23页。

1062. 精神损害赔偿的前提条件和构成要件的准备把握

关键词

精神损害赔偿

最高人民法院司法政策精神

三、准确把握精神损害赔偿的前提条件和构成要件

人民法院赔偿委员会适用精神损害赔偿条款,应当以公民的人身权益遭受侵犯为前提条件,并审查是否满足以下责任构成要件:行使侦查、检察、审判职权的机关以及看守所、监狱管理机关及其工作人员在行使职权时有《国家赔偿法》第十七条规定的侵权行为;致人精神损害;侵权行为与精神损害事实及后果之间存在因果关系。

四、依法认定"致人精神损害"和"造成严重后果"

人民法院赔偿委员会适用精神损害赔偿条款,应当严格依法认定侵权行为是否"致人精神损害"以及是否"造成严重后果"。

一般情形下,人民法院赔偿委员会应当综合考虑受害人人身自由、生命健康受到侵害的情况,精神受损情况,日常生活、工作学习、家庭关系、社

会评价受到影响的情况，并考量社会伦理道德、日常生活经验等因素，依法认定侵权行为是否致人精神损害以及是否造成严重后果。

受害人因侵权行为而死亡、残疾（含精神残疾）或者所受伤害经有合法资质的机构鉴定为重伤或者诊断、鉴定为严重精神障碍的，人民法院赔偿委员会应当认定侵权行为致人精神损害并且造成严重后果。

——《最高人民法院关于人民法院赔偿委员会审理国家赔偿案件适用精神损害赔偿若干问题的意见》（2014年7月31日，法发〔2014〕14号）。

附录：最高人民法院法官著述

适用精神损害赔偿，总的条件是以公民的人身权益被侵犯为前提。公民以其财产权益或者法人以其财产权、商誉等被侵犯为由申请精神损害赔偿的，不予支持。至于如何判断是否"致人精神损害"及"造成严重后果"，根据《意见》规定，一般情形下采取综合认定法；特殊情形下采取直接认定法，但目前仅限于"受害人因侵权行为而死亡、残疾（含精神残疾）或者所受伤害经有合法资质的机构鉴定为重伤或者诊断、鉴定为严重精神障碍"的情形。

——杨临萍：《在全国法院国家赔偿工作座谈会上的总结发言》，载《国家赔偿办案指南》2014年第3辑（总第9辑），法律出版社2015年版，第21~23页。

1063. 国家机关及其工作人员行使职权时侵犯公民人身权，严重影响受害人正常的工作、生活，导致其精神极度痛苦，属于造成精神损害严重后果

关键词

国家机关及其工作人员　行使职权　精神损害

最高人民法院指导性案例

朱某蔚申请广东省人民检察院无罪逮捕赔偿案［最高人民法院指导案例第42号，最高人民法院赔偿委员会（2011）法委赔字第4号国家赔偿决定书］

裁判要点：国家机关及其工作人员行使职权时侵犯公民人身自由权，严重影响受害人正常的工作、生活，导致其精神极度痛苦，属于造成精神损害严重后果。

最高人民法院认为：朱某蔚被羁押875天，正常的家庭生活和公司经营也因此受到影响，导致其精神极度痛苦，应认定精神损害后果严重。对朱某蔚主张的精神损害抚慰金，根据自2005年朱某蔚被羁押以来深圳一和实业有限公司不能正常经营，朱某蔚之女患抑郁症未愈，以及粤高法〔2011〕382号《关于在国家赔偿工作中适用精神损害抚慰金若干问题的座谈会纪要》明确的广东省赔偿精神损害抚慰金的参考标准，结合赔偿协商协调情况以及当地平均生活水平等情况，确定为50000元。朱某蔚提出的其他请求，不予支持。

——《最高人民法院关于发布第九批指导性案例的通知》（2014年12月24日，法〔2014〕337号）。

附录：最高人民法院法官著述

裁判要点主要界定的是何谓造成精神损害"严重后果"。根据《国家赔偿法》第35条的规定，国家机关及其工作人员行使职权时侵犯公民人身权，致人精神损害，且该精神损害后果严重的，应当给予精神损害抚慰金赔偿。因此，造成精神损害严重后果是国家给予精神损害抚慰金赔偿的要件之一。根据《国家赔偿法》第35条、第3条以及第17条的规定，在国家赔偿案件中应当赔偿精神损害抚慰金的要件为：（1）可以请求精神损害抚慰金赔偿的主体限于公民。通过明确权利主体来限定精神损害赔偿的适用范围。精神损害赔偿中的权利主体仅限于公民，不包括法人和其他组织。精神损害是指精神痛苦和肉体痛苦。按照通常的理解，法人和其他组织没有感知能力，没有所谓的肉体或精神痛苦，也就没有精神损害。对此，可借鉴最高人民法院《关于确定民事侵权精神损害赔偿责任若干问题的解释》第5条[①]的规定，即"法人或者其他组织以人格权利遭受侵害为由，向人民法院起诉请求赔偿精神损害的，人民法院不予受理"。（2）国家机关及其工作人员实施了《国家赔偿

[①] 本条规定现为《最高人民法院关于确定民事侵权精神损害赔偿责任若干问题的解释》（2020年修正）第四条。

法》第3条或者第17条规定的侵权行为。① 在精神抚慰金赔偿的问题上，国家责任下公权力与私权利的结构应当与民事责任下私权利之间的关系区别开来，避免将国家赔偿与侵权损害赔偿直接画等号。公权力行使的职权法定与国家赔偿法上的赔偿法定原则，决定了只有国家机关及其工作人员在行使职权过程中实施了上述第3条或者第17条所列举的侵权行为时，才可能会产生精神损害抚慰金赔偿。(3) 受到侵犯的权利客体限于人身权。精神损害抚慰金赔偿针对的仅是国家机关及其工作人员侵犯人身权，包括人身自由权、生命权、健康权、名誉权等的情形，并不包括侵犯财产权的情形。在侵权法上，特殊情形下可对侵犯财产权所造成的精神损害予以赔偿，如《最高人民法院关于确定民事侵权精神损害赔偿责任若干问题的解释》规定了对于具有人格利益因素的特定纪念物品受到侵害情形中的精神损害赔偿，但这尚不适用于国家赔偿领域。(4) 属于精神损害后果严重。通常认为，对生命权的侵害"超出了正常生活所能容忍的界限的"程度，对身体、健康权的侵害达到一定伤残等级标准，可认定为属于精神损害后果严重。对于人身自由权的侵害，需综合考虑侵害人的主观状态、侵害手段、场合、行为方式和受害人的精神状态等具体情节加以判断。此外，如受害人所受精神损害能通过消除影响、恢复名誉、赔礼道歉这三种非财产性质的责任方式弥补的，不属于精神损害后果严重。

在本案中，朱某蔚提出了两项精神损害赔偿请求，即在深圳市和无锡市两地有影响力的报刊上赔礼道歉，消除影响，恢复名誉；支付精神损害抚慰金200万元。最高人民法院赔偿委员会经审理认为，朱某蔚因无罪羁押造成的精神损害，属于国家赔偿法规定的赔偿范围。(1) 本案应当适用2010年修改后的《国家赔偿法》。广东省人民检察院批准逮捕的复核行为虽发生在2010年12月1日以前，但朱某蔚于2011年3月15日向广东省人民检察院提出赔偿请求，本案应根据2011年3月18日施行的最高人民法院《关于适用〈中

---

① 《国家赔偿法》第3条规定："行政机关及其工作人员在行使行政职权时有下列侵犯人身权情形之一的，受害人有取得赔偿的权利：（一）违法拘留或者违法采取限制公民人身自由的行政强制措施的；（二）非法拘禁或者以其他方法非法剥夺公民人身自由的；（三）以殴打、虐待等行为或者唆使、放纵他人以殴打、虐待等行为造成公民身体伤害或者死亡的；（四）违法使用武器、警械造成公民身体伤害或者死亡的；（五）造成公民身体伤害或者死亡的其他违法行为。"《国家赔偿法》第17条规定："行使侦查、检察、审判职权的机关以及看守所、监狱管理机关及其工作人员在行使职权时有下列侵犯人身权情形之一的，受害人有取得赔偿的权利：（一）违反刑事诉讼法的规定对公民采取拘留措施的，或者依照刑事诉讼法规定的条件和程序对公民采取拘留措施，但是拘留时间超过刑事诉讼法规定的时限，其后决定撤销案件、不起诉或者判决宣告无罪终止追究刑事责任的；（二）对公民采取逮捕措施后，决定撤销案件、不起诉或者判决宣告无罪终止追究刑事责任的；（三）依照审判监督程序再审改判无罪，原判刑罚已经执行的；（四）刑讯逼供或者以殴打、虐待等行为或者唆使、放纵他人以殴打、虐待等行为造成公民身体伤害或者死亡的；（五）违法使用武器、警械造成公民身体伤害或者死亡的。"

华人民共和国国家赔偿法〉若干问题的解释》(一)(法释〔2011〕4号)第2条第2项的规定,适用2010年修改后的《国家赔偿法》。(2)朱某蔚被无罪羁押,兼有财产损失和精神损害,由于国家赔偿法上精神损害赔偿以侵犯人身权而非财产权为前提,对这两种不同性质的损害应当通过不同的责任方式分别予以救济。一是对于财产损失,应当通过返还原物、恢复原状、损害赔偿的责任方式给予救济。广东省人民检察院根据《国家赔偿法》第33条的规定支付人身自由损害赔偿金,是对朱某蔚羁押期间丧失的工资、其他收入等财产损失给予的法定赔偿,其性质不属于精神损害赔偿。二是对于精神损害,应当通过赔礼道歉、恢复名誉、消除影响、支付精神损害抚慰金的责任方式给予救济。根据《国家赔偿法》第17条第2项和第35条的规定,朱某蔚因人身权被侵犯造成的精神损害,属于法定的国家赔偿范围。广东省人民检察院应当在侵权行为影响的范围内,承担消除影响,恢复名誉,赔礼道歉的责任方式;对于造成严重后果的,还应当支付相应的精神损害抚慰金。

本案中,朱某蔚因无罪羁押被侵犯的人身权属于精神性人格权,而非物质性人格权。人身权包括人格权和身份权,人格权又包括生命权、健康权、身体权等物质性人格权和人身自由权、名誉权、姓名权、肖像权等精神性人格权。就本案精神损害赔偿而言,区分物质性人格权和精神性人格权的意义在于:(1)判断精神损害后果严重的标准不同。精神损害赔偿针对的是侵权行为给受害人造成的心理和肉体上的无形痛苦,这种痛苦往往隐藏于受害人自身,具有个体差异,难以完全外现,也难以用金钱客观衡量,在人身自由权、名誉权等精神性人格权受到侵害时尤为如此。相对而言,对于物质性人格权的侵犯,一般有外在表现,造成的精神痛苦相对容易判断,可以根据定型化的标准认定。对于精神性人格权特别是人身自由权被侵犯的情形,由于该类人格权益很难外化且存在个体差异,在确定是否达到严重标准时,判断的因素较为繁多复杂。(2)精神损害赔偿的责任方式和赔偿标准不同。一般而言,侵犯物质性人格权(如致人死亡),是在物质上损害甚至消灭受害人的人格,造成的精神损害具有不可回复性;而侵犯精神性人格权(如侵犯人身自由),造成受害人精神利益的损害,通常不损及受害人的物质人格,造成的精神损害具有可回复性。基于此,对于侵犯物质性人格权造成的精神损害,往往适用金钱赔偿的责任方式;对于侵犯精神性人格权造成的精神损害,根据损害后果是否严重,可单独适用赔礼道歉、恢复名誉、消除影响的责任方式,亦可一并给予金钱赔偿;对于侵犯物质性人格权的精神损害赔偿金额通常高于侵犯精神性人格权的精神损害赔偿金额。上述区别决定了本案广东省人民检察院因侵犯朱某蔚精神性人格权,所承担精神损害赔偿的责任方式,以及酌定精神损害抚慰金数额时应当从严把握。

——最高人民法院案例指导工作办公室:《朱某蔚申请广东省人民检察院

无罪逮捕赔偿案》，载《国家赔偿办案指南》2015年第4辑（总第14辑），法律出版社2016年版，第29~33页。

> 说明

指导案例42号朱某蔚申请无罪逮捕赔偿案，旨在明确国家赔偿中"精神损害严重后果"的内涵，以及确定赔偿义务机关支付精神损害抚慰金的数额应当综合考虑的因素。本案是2010年修订后的《国家赔偿法》实施后，最高人民法院赔偿委员会审理的首例决定由赔偿义务机关支付精神损害抚慰金的案件，也是首例由最高人民检察院作为赔偿复议机关的案件。这有利于落实加强人权司法保障，警示司法人员严格依法办案，为审理类似案件提供参考标准。

1064. 国家机关及其工作人员在行使职权过程中侵犯公民人身权造成严重精神损害后果的，如何确定精神损害抚慰金的具体数额

> 关键词

国家赔偿　刑事赔偿　无罪逮捕　精神损害赔偿

> 最高人民法院指导性案例

朱某蔚申请广东省人民检察院无罪逮捕赔偿案（最高人民法院指导案例第42号）

裁判要点： 赔偿义务机关支付精神损害抚慰金的数额，应当根据侵权行为的手段、场合、方式等具体情节，侵权行为造成的影响、后果，以及当地平均生活水平等综合因素确定。

最高人民法院认为：赔偿请求人朱某蔚于2011年3月15日向赔偿义务机关广东省人民检察院提出赔偿请求，本案应适用修订后的《中华人民共和国国家赔偿法》。朱某蔚被实际羁押时间为875天，广东省人民检察院计算为873天有误，应予纠正。根据《最高人民法院关于人民法院执行〈中华人民共和国国家赔偿法〉几个问题的解释》第六条规定，赔偿委员会变更赔偿义务机关尚未生效的赔偿决定，应以作出本赔偿决定时的上年度即2011年度全国职工日平均工资162.65元为赔偿标准。因此，广东省人民检察院应按照2011年度全国职工日平均工资标准向朱某蔚支付侵犯人身自由875天的赔偿金142318.75元。朱某蔚被宣告无罪后，广东省人民检察院已决定向朱某蔚

以口头方式赔礼道歉,并为其恢复生产提供方便,从而在侵权行为范围内为朱某蔚消除影响、恢复名誉,该项决定应予维持。朱某蔚另要求广东省人民检察院以登报方式赔礼道歉,不予支持。

——《最高人民法院关于发布第九批指导性案例的通知》(2014年12月24日,法〔2014〕337号)。

附录:最高人民法院法官著述

裁判要点的核心是对于国家机关及其工作人员在行使职权过程中侵犯公民人身权造成严重精神损害后果的,应当综合考虑哪些因素确定精神损害抚慰金的具体数额。

2001年《最高人民法院关于确定民事侵权精神损害赔偿责任若干问题的解释》第10条规定了确定精神损害赔偿金数额时应考虑的六类因素:侵权人的过错程度;侵害的手段、场合、行为方式等具体情节;侵权行为所造成的后果;侵权人的获利情况;侵权人承担责任的经济能力;受诉法院所在地平均生活水平。该司法解释规定的这些考量因素,对于审理绝大多数涉及精神损害赔偿的案件具有重要意义。由于2014年《最高人民法院关于人民法院赔偿委员会审理国家赔偿案件适用精神损害赔偿若干问题的意见》尚未出台,《最高人民法院关于确定民事侵权精神损害赔偿责任若干问题的解释》第10条的规定也成为国家赔偿案件审理中适用精神损害赔偿的参考依据之一。具体而言,国家赔偿案件中确定精神损害抚慰金数额的考量因素包括以下几个方面:(1)双方的过错程度。从过错程度上判断,侵权方过错越大,则责任越重,相应地给予受害人赔偿更多;反之亦然。受害人对精神损害事实和严重后果的产生或者扩大有过错的,可以根据其过错程度减少甚至不予支付精神损害抚慰金。(2)侵权的具体情节,包括侵害的手段、场合、行为方式等。侵害的手段越恶劣、场合越公开、行为方式越粗暴,则对被侵害人造成的精神损害越大。(3)侵权造成的后果。虽然直接判定精神损害的大小有一定的难度,但可以通过侵害造成的其他后果,如正常学习、工作、生活遭受影响的情况,又如所判罪名、刑罚的轻重的情况等,间接地判断精神损害的大小。(4)侵权机关事后采取弥补措施的有效度。侵权机关事后采取的弥补措施越有效,则受害人受到的精神损害就可能越小,反之就可能越大。(5)当地平均生活水平。可供参考的当地平均生活水平可以包括赔偿请求人住所地或者经常居住地平均生活水平,赔偿义务机关所在地平均生活水平,受诉法院所在地平均生活水平。此外,在2014年《最高人民法院关于人民法院赔偿委员会审理国家赔偿案件适用精神损害赔偿若干问题的意见》出台后,确定精神损害抚慰金数额还需注意体现法律规定的抚慰性质,原则上不超过依照《国家赔偿法》第33条、第34条所确定的人身自由赔偿金、生命健康赔偿金总额的35%，最低不少于1000元。

在本案中，朱某蔚被无罪羁押875天，其生产经营和家庭生活受到较大影响，造成了严重的精神痛苦，属于国家赔偿法上精神损害后果严重的情形，除应当赔礼道歉、恢复名誉、消除影响外，还应当给予精神损害抚慰金。根据《国家赔偿法》第35条的规定，凡是侵犯人身权造成精神损害的，应当消除影响，恢复名誉，赔礼道歉。广东省人民检察院应当在侵权行为影响的范围内，为朱某蔚消除影响，恢复名誉，赔礼道歉，但不以在报刊上赔礼道歉为必要条件。广东省人民检察院决定向朱某蔚口头赔礼道歉，并依法在职能范围内为朱某蔚恢复生产提供方便，并无违法。《国家赔偿法》第35条还规定，侵犯人身权造成严重后果的，应当支付相应的精神损害抚慰金。精神损害程度是判断受害人能否获得精神损害抚慰金以及确定抚慰金数额时，必须斟酌的最重要因素。国外立法例和我国民法上一般只对严重精神损害给予赔偿，对轻微精神损害，如能通过其他救济方式补偿，原则上不适用金钱赔偿的责任方式，以实现充分保护人权和防止诉讼泛滥之间的平衡。

最高人民法院赔偿委员会根据以下情形认定朱某蔚精神损害后果严重，并酌定精神损害抚慰金为5万元：(1)朱某蔚在一审宣告无罪前被羁押875天，失去人身自由时间较长，虽可通过支付人身自由损害赔偿金对其工资收入等财产损失给予有限的法定赔偿，但这种赔偿不属于精神损害赔偿性质，不能抚慰朱某蔚的精神伤害。(2)朱某蔚涉嫌犯合同诈骗罪一案因事实不清、证据不足宣告无罪，根据刑事诉讼法上无罪推定原则，其在法律上应当视为无罪之人，且《国家赔偿法》第17条第2项规定了无罪羁押赔偿的结果归责原则，存疑宣告无罪不成为免除或者减轻国家赔偿责任的法定理由。(3)朱某蔚在刑事追诉过程中受到羁押的事实，确对其生产经营和家庭生活造成了一定的负面影响：朱某蔚系深圳一和公司董事长和法定代表人，该公司自2005年朱某蔚被羁押以来未参加年检，不能正常经营；其女儿在朱某蔚被刑事拘留时未满18周岁，后患有抑郁症未愈。(4)2011年9月5日广东省公、检、法联合发布的《关于在国家赔偿工作中适用精神损害抚慰金若干问题的座谈会纪要》明确了该省赔偿精神损害抚慰金的参考标准，"以丧失人身自由的时间长短为主要依据，结合其他损害或者损失的情况综合确定……一年以上，三年以下的，五万元以下；精神损害后果特别严重的，十万元以下"。在本案协调过程中，广东省人民检察院口头表示愿意遵行该纪要支付相应的精神损害抚慰金。本案是最高人民法院赔偿委员会审理的首例涉及精神损害抚慰金的国家赔偿案件，鉴于精神损害抚慰金所具有的抚慰性质，以及在全国范围内统一裁判尺度的需要，精神损害抚慰金数额不宜过高。最终参考最高人民法院《关于确定民事侵权精神损害赔偿责任若干问题的解释》第10条确定精神损害赔偿数额应当考虑的因素，根据国家赔偿案件的实际情况，确定精神损害抚慰金为5万元。

（四）其他说明问题

本案中还涉及人身自由损害赔偿金的计算问题。《最高人民法院公报》"裁判要点"将这一问题归纳为："根据《最高人民法院关于人民法院执行〈中华人民共和国国家赔偿法〉几个问题的解释》第六条规定，人民法院赔偿委员会变更赔偿义务机关尚未生效的赔偿决定，应按照人民法院赔偿委员会作出赔偿决定时的上年度全国职工日平均工资标准，计算侵犯人身自由的赔偿金。"这一问题包括了侵犯人身自由时间的计算，以及具体计算标准的问题。

关于侵犯人身自由时间的计算问题，国家赔偿法没有作出明确规定。最高人民法院在实践中一直将羁押起始和结束之日均计算在内，比如对广西壮族自治区高级人民法院请示的高某峰申请柳城县人民检察院刑事赔偿一案，在〔2001〕赔他字第4号《关于检察机关采取刑事拘留后因证据不足决定撤销案件，应承担错误拘留刑事赔偿责任的答复》中认为："《国家赔偿法》规定赔偿金是以日来计算，赔偿的天数应包括当日在内。"在本案中，朱某蔚于2005年7月25日被刑事拘留，2005年8月26日被取保候审，2006年6月1日被逮捕，2008年9月19日被释放，包括羁押当日、取保候审当日和释放当日在内的实际羁押时间为875天，广东省人民检察院认定为873天，计算有误。朱某蔚未对人身自由损害赔偿提出异议，请求对广东省人民检察院支付人身自由损害赔偿金124254.09元的决定予以维持。为保障公民、法人和其他组织的合法权益，督促国家机关及其工作人员依法行使职权，人民法院赔偿委员会对经审理发现的错误应予纠正，并不以赔偿请求人的请求范围为限，故最高人民法院赔偿委员会将实际羁押时间计算为875天。

关于具体计算标准的问题，实质上是指在计算侵犯公民人身自由的赔偿金时如何确定"上年度"的问题。《国家赔偿法》第33条规定："侵犯公民人身自由的，每日赔偿金按照国家上年度职工日平均工资计算。"根据《最高人民法院关于人民法院执行〈中华人民共和国国家赔偿法〉几个问题的解释》第6条的规定，"上年度"应为赔偿义务机关、复议机关或者人民法院赔偿委员会作出赔偿决定时的上年度。广东省人民检察院以其作出自赔决定的上年度即2010年度全国职工日平均工资142.33元为赔偿标准，并无不当。但变更广东省人民检察院尚未生效的自赔决定时，最高人民法院赔偿委员会应以作出生效赔偿决定的上年度即2011年度全国职工日平均工资为赔偿标准。

——最高人民法院案例指导工作办公室：《朱某蔚申请广东省人民检察院无罪逮捕赔偿案》，载《国家赔偿办案指南》2015年第4辑（总第14辑），法律出版社2016年版，第33~36页。

> **说明**
>
> 指导案例42号朱某蔚申请无罪逮捕赔偿案，旨在明确国家赔偿中"精神损害严重后果"的内涵，以及确定赔偿义务机关支付精神损害抚慰金的数额应当综合考虑的因素。本案是2010年修订后的《国家赔偿法》实施后，最高人民法院赔偿委员会审理的首例决定由赔偿义务机关支付精神损害抚慰金的案件，也是首例由最高人民检察院作为赔偿复议机关的案件。这有利于落实加强人权司法保障，警示司法人员严格依法办案，为审理类似案件提供参考标准。

1065. 如何确定委托法院和受托法院何为赔偿义务机关

> **关键词**

委托法院　受托法院　赔偿义务机关

> **最高人民法院司法政策精神**

十二、受托法院对判决、裁定及其他生效法律文书执行错误，系因委托法院作出执行裁定错误所致的，应由委托法院作为赔偿义务机关；因受托法院具体执行行为违法所致的，应由受托法院作为赔偿义务机关。

——《最高人民法院办公厅关于国家赔偿法实施中若干问题的座谈会纪要（二）》（2013年12月12日，法办〔2013〕151号）。

1066. 被执行人无能力履行债务不应由国家承担赔偿责任

> **关键词**

被执行人无能力履行债务

> **最高人民法院公报案例**

辽宁省海城市甘泉镇光华制兜厂申请国家赔偿确认案

裁判摘要：当事人依法主张自己的合法权益，并得到法院支持胜诉后，其仍可依法就胜诉时被执行人的财产状况穷尽各种强制手段，被执行人是否有能力履行债务，均不应由国家承担赔偿责任。

最高人民法院认为：根据《中华人民共和国国家赔偿法》第31条以及《最高人民法院关于审理人民法院国家赔偿确认案件若干问题的规定（试行）》（法释〔2000〕27号）第4条的规定，人民法院在民事诉讼、行政诉讼过程中，违法采取强制措施、保全措施或者对判决、裁定及其他生效法律文书执行错误，并且造成损害的，才由国家承担赔偿责任。在此范围内的确认申请，才属于国家赔偿违法确认案件的受理范围。当事人依法主张自己的合法权益，并得到法院支持胜诉后，其仍可依法就胜诉时被执行人的财产状况穷尽各种强制手段，被执行人是否有能力履行债务，均不应由国家承担赔偿责任。

——《最高人民法院公报》2007年第7期（总第129期）。

1067. 国家赔偿决定不能处分当事人之间的民事权利义务关系

关键词

赔偿义务机关　民事法律关系

最高人民法院裁判文书

李某才申请确认司法拘留和罚款决定违法案［最高人民法院赔偿委员会（2007）法委赔字第1号决定书］

裁判要点：法院作为赔偿义务机关，在作出赔偿决定时，不能一并审理及处分当事人之间的民事权利义务关系。

最高人民法院认为：高级法院将不属于该院执行的案件提级执行，且存在超诉讼标的查封及未经法定程序随意处分当事人财产等行为。上述违法行为已被该法院裁定书予以确认。根据《中华人民共和国国家赔偿法》及相关司法解释的规定，赔偿请求人依法享有申请国家赔偿的权利。

——《人民司法·案例》2008年第14期（总第553期）。

附录：最高人民法院主流观点

根据我国《宪法》《人民法院组织法》等法律规定，人民法院是国家审判机关，其根据宪法和法律的授权，行使国家审判权。同时，根据《国家赔偿法》的规定和国家赔偿制度的性质，在国家赔偿法律关系中，国家是赔偿责任主体，具体的侵权机关是赔偿义务主体。以人民法院为例，当某个法院成为赔偿义务机关时，其是在替代国家履行法定之赔偿义务。因此，人民法院在不同情况下应具备不同身份，且不应同时具备。通常情况下，人民法院在审理刑事、民商事、行政案件过程中,其身份是国家审判机关;而当某个法院成为赔偿义务机关时,其履行的是法定赔偿义务,故不能再同时享有国家审判机关的身份。

同时,国家机关与公民之间基于侵权形成的国家赔偿法律关系,与公民之间存在的民事权利义务关系是两种不同的法律关系,亦不能混为一谈。在赔偿义务机关办理赔偿案件时,应解决的是其行为是否构成职务违法行为、有否造成损害、应否赔偿以及赔偿多少的问题,而不能在该程序中一并审查处理当事人之间存在的民事权利义务关系问题。因此,当法院作为赔偿义务机关办理赔偿案件时,只能解决其与赔偿请求人之间形成的国家赔偿法律关系问题,而无权审理及处分当事人之间的民事权利义务关系。

——江必新主编、最高人民法院赔偿委员会办公室编著:《〈中华人民共和国国家赔偿法〉条文理解与适用》,人民法院出版社2010年版,第375页。

1068. 人民法院违法保全应负赔偿责任

关键词

违法保全赔偿

最高人民法院司法政策精神

十、用益物权人、担保权人、承租人或者其他合法占有、使用财产的人,认为人民法院在民事诉讼、行政诉讼过程中,违法采取保全措施或者对判决、裁定及其他生效法律文书执行错误,给其合法权益造成损害并依照《国家赔偿法》第三十八条申请赔偿的,人民法院应当依据《最高人民法院关于国家赔偿案件立案工作的规定》予以受理。

人民法院发现上述财产权益存在争议的,应当决定不予受理。已经受理的,应当决定驳回赔偿请求人的赔偿申请,并告知其经民事诉讼程序确认财产权益后再行申请国家赔偿。

——《最高人民法院办公厅关于国家赔偿法实施中若干问题的座谈会纪要(二)》(2013年12月12日,法办〔2013〕151号)。

最高人民法院公布的典型案例

酒泉市绿宝鑫啤酒花有限责任公司申请甘肃省酒泉市中级人民法院违法保全赔偿案

裁判要点: 人民法院因长期查封不宜长期保存的物品,致使查封物报废，其行为违法，应负赔偿责任。

本案典型意义在于，非刑事司法赔偿案件中，人民法院违法采取强制措施、保全措施、错误执行，既可能表现为积极作为的情形，也可能表现为怠于履行法定职责情形。本案中，被保全人多次申请解封并提供房产作为担保，但赔偿义务机关违反法律规定，对应予解封的不宜长期保存财产未予解封，又未依法及时处理或变卖保存价款，导致查封财产毁损变质，违反了《最高人民法院关于适用〈中华人民共和国民事诉讼法〉若干问题的意见》第99条关于"人民法院对季节性商品、鲜活、易腐烂变质以及其他不宜长期保存的物品采取保全措施时，可以责令当事人及时处理，由人民法院保存价款；必要时，人民法院可予以变卖，保存价款"的规定，且造成赔偿请求人的财产损失，应当予以赔偿。此外，《最高人民法院关于民事、行政诉讼中司法赔偿若干问题的解释》第七条第五项关于"被保全人、被执行人，或者人民法院依法指定的保管人员违法动用、隐匿、毁损、转移、变卖人民法院已经保全的财产的"，国家不承担赔偿责任的规定，系针对保全、执行中被保全人、被执行人、保管人有违法侵权行为造成财产损害的情形。本案中，被保全人在查封期间自行加工压缩啤酒花的行为，系其作为保管人为确保查封物的价值、降低财产损失的行为，该行为未使查封物脱离法院的控制，性质上不存在违法性，故不属于该司法解释规定的国家免责情形。

——《最高人民法院办公厅关于印发非刑事司法赔偿典型案例的通知》（2013年12月18日，法办〔2013〕158号）。

1069. 已生效裁判文书所认定的事实对人民法院赔偿委员会审查案件具有羁束力

关键词

裁判文书　事实认定　羁束力

最高人民法院公布的典型案例

新乐市对外贸易公司破产清算组申请河北省新乐市人民法院违法保全赔偿案

裁判要点：根据民事判决书认定的事实能够证明法院在保全中违法查封、扣押了案外人的财产，可以据此裁定人民法院的行为违法，要求其承担赔偿责任。

本案典型意义在于，非刑事司法赔偿案件审理中，已经由生效刑事、民事、行政裁判文书认定的事实，对于人民法院赔偿委员会审查认定案件事实，具有羁束力；在无充分证据证明该生效裁判可能存在错误的情况下，赔偿委员会应直接予以认定。本案中，就法院查封扣押财产是否属于案外人财产以及错误执行案外人财产造成的损失数额，生效民事判决已予以认定。赔偿委员会应据此对错误执行案外人财产的事实及损失予以认定并决定赔偿。

此外，赔偿义务机关违法保全案外人财产，但案外人选择依据合同约定向赔偿请求人主张权利并已实际获得救济，即赔偿请求人已承担了因赔偿义务机关违法保全给案外人造成的损害后果，故赔偿请求人有权作为实际受害人申请并获得国家赔偿。

——《最高人民法院办公厅关于印发非刑事司法赔偿典型案例的通知》（2013年12月18日，法办〔2013〕158号）。

1070. 因被指定的财产保管人的行为致使保全财产损害的，人民法院不承担赔偿责任

关键词

财产保管人　保全财产　赔偿责任

最高人民法院公布的典型案例

老挝力宏摩托车组装有限公司申请重庆市第五中级人民法院违法保全赔偿案

裁判要点：人民法院查封担保财产并委托他人保管，因保管人未尽妥善保管义务致使担保财产损害的，应由保管人承担赔偿责任。

本案典型意义在于，非刑事司法赔偿案件中，赔偿请求人所受损害，可能牵涉人民法院的职权行为、案件当事人甚至案外人的侵权行为等不同情形，要严格区分因果关系、分清责任。本案中，赔偿义务机关指定申请保全人为保管人，在发现其擅自处分财产后及时变更保管人，故不存在故意不履行监管职责的情形。赔偿请求人所受损害系因申请保全人在保管期间擅自处分查封财产的违法行为所致，《最高人民法院关于民事、行政诉讼中司法赔偿若干问题的解释》第七条第五项规定："被保全人、被执行人，或者人民法院依法指定的保管人员违法动用、隐匿、毁损、转移、变卖人民法院已经保全的财产的"，国家不承担赔偿责任。

——《最高人民法院办公厅关于印发非刑事司法赔偿典型案例的通知》（2013年12月18日，法办〔2013〕158号）。

1071. 因赔偿请求人未能提供正确的信息致使人民法院未能及时采取有效执行措施的，人民法院不承担赔偿责任

关键词

赔偿请求人

最高人民法院公布的典型案例

方某英申请福建省福州市台江区人民法院违法保全赔偿案

裁判要点：赔偿请求人在提出财产保全申请中错误提供了相关法人名称，致使人民法院未能及时采取有效保全措施，其行为不属于违法保全，不承担赔偿责任。

本案典型意义在于，人民法院在审理各类案件过程中，或者是在考虑实施某些职权行为时，享有一定的自由裁量空间。一般来说，人民法院在行使职权过程中作出的司法裁量行为，如无明显违反法律、滥用职权、故意不履行职责或有悖常理等情形，则不属于国家承担赔偿责任的范围。在本案中，民事诉讼法虽对何为"立即"执行未予明确，但赔偿义务机关在收到保全申请同日作出保全裁定，第二日即积极采取保全措施，因赔偿请求人提供的信息有误，后经多方查找核实，人民法院在裁定作出的五个工作日即送达了协助执行单位，不存在故意滥用权力或故意不履行职责或有悖常理等情形，因此，本案情形不具备承担国家赔偿责任的要件。

——《最高人民法院办公厅关于印发非刑事司法赔偿典型案例的通知》（2013年12月18日，法办〔2013〕158号）。

1072. 人民法院以当事人拒不履行生效法律文书所确定的义务为由决定对其拘留的行为于法有据

关键词

拒不履行生效法律文书

> **最高人民法院公布的典型案例**

高某乾申请确认河南省登封市人民法院违法拘留案

裁判要点：生效判决对案件双方当事人均具有法律约束力，人民法院多次催促当事人以及先后两次保证支付余款但均未履行的情况下对其采取司法拘留措施合乎法律规定。

本案的典型意义在于，民事诉讼中的强制措施作为维护民事判决既判力和法律权威的合法手段，有其独立价值。生效判决在其被依法变更以前，对于案件当事人具有法律效力。当事人对生效判决存有异议，可通过合法渠道寻求救济。1991 年《民事诉讼法》第一百七十八条①规定："当事人对已发生法律效力的判决、裁定，认为有错误的，可以向原审人民法院或者上一级人民法院申请再审，但不停止判决、裁定的执行。"对于当事人拒不履行生效判决确定义务，或具有其他违法行为符合《民事诉讼法》关于采取拘留措施条件的，人民法院决定采取拘留措施于法有据。该措施之合法性不因作为执行依据的生效判决被依法改判而发生变化。因此，对于司法拘留、罚款等强制措施是否属于《国家赔偿法》第三十八条规定范围之审查，应适用违法归责原则，而非结果归责原则。

——《最高人民法院办公厅关于印发非刑事司法赔偿典型案例的通知》（2013 年 12 月 18 日，法办〔2013〕158 号）。

1073. 赔偿请求人向赔偿委员会申请作出赔偿决定的形式要件

> **关键词**

赔偿请求人　申请赔偿决定　形式要件

> **最高人民法院司法解释**

第一条　赔偿请求人向赔偿委员会申请作出赔偿决定，应当递交赔偿申请书一式四份。赔偿请求人书写申请书确有困难的，可以口头申请。口头提出申请的，人民法院应当填写《申请赔偿登记表》，由赔偿请求人签名或者盖章。

——《最高人民法院关于人民法院赔偿委员会审理国家赔偿案件程序的

---

① 本条规定现为《中华人民共和国民事诉讼法》（2023 年修正）第二百一十条。

规定》(2011年3月17日,法释〔2011〕6号)。

附录:最高人民法院主流观点

根据本条规定,赔偿请求人申请赔偿可以采用书面和口头两种方式。一般情况下,应当以书面申请,即向赔偿委员会递交申请书为原则,以口头申请为例外。以书面方式申请,有利于赔偿请求人详尽阐述案情,明确请求内容,同时也有利于赔偿委员会对赔偿申请进行审查。但是,如果赔偿请求人书写申请书确有困难,也应当允许以口头方式提出申请。以口头方式提出申请的,人民法院应当将赔偿请求人口头申请内容填写《申请赔偿登记表》,并由赔偿请求人签名或者盖章。

赔偿请求人向赔偿委员会递交的申请书应列明以下内容:

第一,赔偿请求人的基本情况。即:赔偿请求人是公民的,应列明其姓名、性别、年龄、工作单位和住所;赔偿请求人是法人或者其他组织的,应列明其名称、住所地、法定代表人或者主要负责人的姓名、职务。根据《国家赔偿法》第6条的规定,受害的公民死亡的,其他继承人和其他有扶养关系的亲属可以作为赔偿请求人;受害的法人或者其他组织终止的,其权利承受人可以作为赔偿请求人。赔偿请求人不是受害人本人,则需同时列明受害人的基本情况,赔偿请求人与受害人的关系。

第二,具体的要求、事实依据和理由。这是赔偿申请书的核心部分,直接关系赔偿请求人能否获得国家赔偿。赔偿义务机关在作出是否赔偿的决定时,主要依据该项内容,查明有关的事实,并依据相关法律,判断构成国家赔偿的理由是否合法和充分。"具体的要求"是指请求赔偿的方式是金钱赔偿还是恢复原状。如果要求金钱赔偿应写明具体的赔偿数额。如果要求恢复原状,应写明恢复原状的内容和程度。此外,如果造成名誉权、荣誉权的损害,还可以要求在侵权行为影响的范围内,为受害人消除影响、恢复名誉、赔礼道歉。如果造成公民精神损害严重后果的,可以请求赔偿精神损害抚慰金。总之,赔偿请求人根据国家赔偿法规定的赔偿范围、标准和方式,提出一项或者多项赔偿请求。"事实依据"主要指因行政机关和行政机关工作人行使职权过程中侵犯了赔偿请求人合法权益,且属于国家赔偿法所规定的法定赔偿情形。

第三,申请的日期,即申请的年、月、日。署明申请日期可以说明赔偿申请本身是否符合有关向赔偿委员申请作出赔偿决定的期限的规定。《国家赔偿法》第25条第2款规定:"赔偿请求人不服复议决定的,可以在收到复议决定之日起三十日内向复议机关所在地的同级人民法院赔偿委员会申请作出赔偿决定;复议机关逾期不作决定的,赔偿请求人可以自期限届满之日起三十日内向复议机关所在地的同级人民法院赔偿委员会申请作出赔偿决定。"对于赔偿义务机关为法院时，第24条规定："赔偿义务机关在规定期限内未作出是否赔偿的决定，赔偿请求人可以自期限届满之日起三十日内向赔偿义务机关的上一级机关申请复议。赔偿请求人对赔偿的方式、项目、数额有异议的，或者赔偿义务机关作出不予赔偿决定的，赔偿请求人可以自赔偿义务机关作出赔偿或者不予赔偿决定之日起三十日内，向赔偿义务机关的上一级机关申请复议。赔偿义务机关是人民法院的，赔偿请求人可以依照本条规定向其上一级人民法院赔偿委员会申请作出赔偿决定。"赔偿申请中注明申请日期，有利于人民法院进行立案审查时，根据申请注明的日期及具体案情判断该申请是否在向赔偿委员会申请作出赔偿决定的期限之内。如果赔偿请求人因不可抗力或者其他障碍未能在法定期间行使请求权，则应在赔偿申请中写明具体情况。

第四，赔偿请求人向赔偿义务机关申请赔偿、向复议机关申请复议情况。我国国家赔偿在刑事赔偿程序中实行赔偿义务机关先行处理原则，即赔偿请求人申请赔偿必须先向赔偿义务机关提出。赔偿义务机关是人民法院以外的其他司法机关时，还规定了复议程序，即赔偿请求人对赔偿义务机关作出的赔偿决定不服，或赔偿义务机关逾期未作决定，赔偿请求人应当向其上一级机关申请复议。赔偿请求人才可以向人民法院赔偿委员会申请作出赔偿决定。因此，赔偿请求人向赔偿委员会递交的申请书，还应说明赔偿义务机关决定赔偿情况和复议机关复议情况。如，赔偿义务机关作出赔偿或不予赔偿决定的时间及决定内容，复议机关作出复议决定的时间及内容。如果赔偿义务机关或者复议机关在规定期限内未作出决定，则应在申请书中说明已在法定期限内向赔偿义务机关或复议机关提出申请及提出申请的具体日期。

——江必新主编、最高人民法院赔偿委员会办公室编著：《最高人民法院国家赔偿最新司法解释理解与适用》，中国法制出版社2012年版，第86~88页。

1074. 国家赔偿程序与诉讼程序、执行程序的衔接

关键词

国家赔偿程序　诉讼程序　执行程序

最高人民法院司法解释

第十九条 公民、法人或者其他组织依据国家赔偿法第三十八条规定申请赔偿的，应当在民事、行政诉讼程序或者执行程序终结后提出，但下列情形除外：

（一）人民法院已依法撤销对妨害诉讼的强制措施的；

（二）人民法院采取对妨害诉讼的强制措施，造成公民身体伤害或者死亡的；

（三）经诉讼程序依法确认不属于被保全人或者被执行人的财产，且无法在相关诉讼程序或者执行程序中予以补救的；

（四）人民法院生效法律文书已确认相关行为违法，且无法在相关诉讼程序或者执行程序中予以补救的；

（五）赔偿请求人有证据证明其请求与民事、行政诉讼程序或者执行程序无关的；

（六）其他情形。

赔偿请求人依据前款规定，在民事、行政诉讼程序或者执行程序终结后申请赔偿的，该诉讼程序或者执行程序期间不计入赔偿请求时效。

——《最高人民法院关于审理民事、行政诉讼中司法赔偿案件适用法律若干问题的解释》（2016年9月7日，法释〔2016〕20号）。

最高人民法院司法政策精神

第八条 赔偿请求人认为人民法院有《国家赔偿法》第三十八条规定情形的，应当在民事诉讼、行政诉讼程序或者执行程序终结后提出赔偿申请。有下列情形之一的，人民法院应当依照《最高人民法院关于适用〈中华人民共和国国家赔偿法〉若干问题的解释（一）》第八条的解释精神，予以审查立案：

（1）不属于被执行人的财产，且经民事诉讼程序确认权属的；

（2）人民法院生效法律文书已确认相关行为违法的；

（3）赔偿请求人有证据证明其与民事诉讼、行政诉讼程序或者执行程序无关的。

——《最高人民法院办公厅关于国家赔偿法实施中若干问题的座谈会纪要》（2012年12月25日，法办〔2012〕490号）。

附录：最高人民法院法官著述

非刑事司法赔偿一般以穷尽其他救济途径作为国家赔偿责任发生的前提，即国家赔偿程序是最后的救济程序。通常只有诉讼程序或者执行程序终结，在此过程中采取的司法行为是否违法、是否造成损害结果等才能最终确定。如未终结即申请国家赔偿，会造成诉讼程序或者执行程序与国家赔偿程序并存的情况，人民法院赔偿委员会也无法进行终局性审查。因此，《最高人民法院关于审理民事、行政诉讼中司法赔偿案件适用法律若干问题的解释》（以下简称《解释》）继受了《最高人民法院关于适用〈中华人民共和国国家赔偿法〉若干问题的解释（一）》第 8 条的规定，以民事、行政诉讼程序或者执行程序终结作为启动国家赔偿程序的一般原则。

非刑事司法赔偿实践中情况复杂多样，有些案件诉讼程序或者执行程序虽未终结，但司法行为已被确认违法、损害结果已无法补救。为及时救济受到侵害的权利，实现国家赔偿的实质正义，需要对诉讼程序或者执行程序终结原则的例外情形进行规定。《解释》第 19 条按照已确认违法或者撤销原措施、已确认合法权利、事实行为和相对独立性等四类标准，主要归纳了五种可以在诉讼程序或者执行程序终结前启动赔偿程序的情形：一是人民法院已依法撤销对妨害诉讼的强制措施的，这是对《最高人民法院关于适用〈中华人民共和国国家赔偿法〉若干问题的解释（一）》第 8 条规定的例外情形的继受。二是实施了侵犯公民人身权的事实行为的，无须等待诉讼程序或者执行程序终结。三是通过执行标的异议之诉或者民事诉讼审判监督程序已经确认财产权属的，与原诉讼程序或者执行程序显然区隔，具备启动赔偿程序的独立性。四是上级法院通过生效法律文书确认下级法院行使职权违法或者人民法院自己确认违法，且在诉讼程序或者执行程序内已无法予以补救的。五是赔偿请求人有证据证明其请求与诉讼程序或者执行程序无关的。

需要说明的是，司法实践中存在个别法院利用中止执行、终结本次执行程序等形式将执行案件长期挂案，以规避公民、法人或者其他组织申请国家赔偿的情形，这既不利于对受到公权侵害的赔偿请求人的权利救济，也不利于对依法保全、执行的人民法院的公信维护。对此，在掌握《解释》第 19 条规定的以民事、行政诉讼程序或者执行程序终结作为启动国家赔偿程序的原则时，也不可一概而论，不能仅以未作出终结执行裁定，简单作为判定执行程序尚未终结的形式要件。有的案件虽未作出终结执行裁定，但裁定中止执行或者终结本次执行程序后已不具备恢复执行条件无法重新启动执行，或者对于不具有执行终结条件的案件裁定中止执行或者终结本次执行程序，致实际损害结果已经发生，且无法通过其他救济途径获得补救的，也应认为执行程序已经实际终结。

——刘合华、陈现杰等：《最高人民法院〈关于审理民事、行政诉讼中司法赔偿案件适用法律若干问题的解释〉的理解与适用》，载《国家赔偿办案指南》2016 年第 2 辑（总第 16 辑），法律出版社 2016 年版，第 59~60 页。

《最高人民法院办公厅关于国家赔偿法实施中若干问题的座谈会纪要》（以下简称《纪要》）第 8 条重申了赔偿程序与民事诉讼、执行程序衔接的基本原则［见《最高人民法院关于适用〈中华人民共和国国家赔偿法〉若干问题的解释（一）》第 7 条、第 8 条］，同时明确了人民法院可以突破该原则受理赔偿申请的三种例外。需要说明的是，第 8 条已经被《关于国家赔偿法实施中若干问题的座谈会纪要（二）》（以下简称《纪要二》）第3条所吸收，且表述得更为完善，建议予以参照。总的来说，《纪要》第8条和《纪要二》第3条关于程序衔接例外情形的规定，体现了以下法律适用精神：（1）事实行为无须等待程序终结，比如人民法院实施对妨害诉讼采取的强制措施过程中，造成公民身体伤害或者死亡的；（2）已经确认职权行为违法，且在程序内无法补救损失的，比如人民法院已依法撤销对妨害诉讼采取的强制措施的，人民法院生效法律文书已确认相关保全、执行行为违法的等；（3）已经确认财产权属的，比如确实不属于被执行人的财产，且经民事诉讼程序（执行异议之诉或者民事审判监督程序）确认权属的；（4）确实无关，如赔偿请求人有证据证明其请求与民事诉讼、行政诉讼程序无关的；等等。

——杨磊：《〈关于国家赔偿法实施中若干问题的座谈会纪要〉条文注解》，载《国家赔偿办案指南》2015年第1辑（总第11辑），法律出版社2015年版，第123~124页。

1075. 在相关诉讼、执行程序终结后提出赔偿申请的，相关诉讼、执行期间不计入赔偿请求时效

关键词

赔偿申请　赔偿请求时效

最高人民法院司法解释

第二十条　赔偿请求人依照《最高人民法院关于适用〈中华人民共和国国家赔偿法〉若干问题的解释（一）》第7条、第8条的规定，在刑事、民事、行政诉讼或者执行程序终结后提出赔偿申请，相关诉讼、执行程序期间不计入赔偿请求时效。

——《最高人民法院办公厅关于国家赔偿法实施中若干问题的座谈会纪要》（2012年12月25日，法办〔2012〕490号）。

附录：最高人民法院法官著述

《国家赔偿法》第39条规定了时效制度，要点有三：（1）请求时效为2年，自知道或者应当知道职权行为侵权之日起计算；（2）被羁押等限制人身自由期间不计算在时效内；（3）时效中止仅适用于请求时效的最后六个月。应当说，该规定是比较原则、比较宽泛的，特别是《最高人们法院关于适用〈中华人民共和国国家赔偿法〉若干问题的解释（一）》实施后，其所确立的诉讼、执行程序终结再请求赔偿的原则，与《国家赔偿法》第39条第1款有

潜在的冲突。因此,《最高人民法院办公厅关于国家赔偿法实施中若干问题的座谈会纪要》第20条对此予以统一明确,如果原则上确定刑事、民事、行政诉讼或者执行程序终结后才能申请赔偿,那么相关诉讼、执行程序期间则不应计入赔偿请求时效。事实上,最高人民检察院在2001年的个案答复中也体现了"法定程序期间不计入时效"的原则,具体可参考《最高人民检察院刑事赔偿工作办公室关于人民检察院对人民法院终审裁定抗诉的,应视为时效中断,请求赔偿的实效应当从驳回抗诉、维持原判之日起计算的答复》。

——杨磊:《〈关于国家赔偿法实施中若干问题的座谈会纪要〉条文注解》,载《国家赔偿办案指南》2015年第1辑(总第11辑),法律出版社2015年版,第129页。

1076. 在民事诉讼过程中因其他民事主体违法、侵权行为造成的损害结果,应由相应的民事主体承担赔偿责任

关键词

侵权行为　损害结果　因果联系

最高人民法院公布的典型案例

刘某艳申请确认吉林省长春市宽城区人民法院错误执行案

裁判要点: 当事人未履行生效判决确定的义务,法院在立案执行及作出执行通知后对其予以强制搬出,执行时作出执行笔录及造具执行财产清单,并指定其他民事主体保管,因该民事主体自行封门、未清点财产的侵权行为导致当事人财产损失的,应由该民事主体承担赔偿责任。

本案典型意义在于,国家赔偿实行法定赔偿原则。在人民法院民事诉讼、执行过程中,对于因其他民事主体违法、侵权行为造成的损害结果,应由相应的民事主体承担赔偿责任,对此国家不承担赔偿责任。本案中,赔偿义务机关依据生效民事判决采取执行措施,其执行行为并无不当。赔偿请求人所主张的损失,已经生效民事判决认定系申请执行人的侵权行为所致,并已经通过民事诉讼及执行得到补救。因此,本案人民法院的执行行为不属于依法应予确认违法并予赔偿的情形。

此外,根据《最高人民法院关于适用〈中华人民共和国国家赔偿法〉若干问题的解释(一)》第四条、第六条的规定,人民法院在修正的《国家赔偿

法》实施以后，对 2010 年 12 月 1 日以前已发生法律效力的确认裁定予以复查的，仍应适用 1994 年《国家赔偿法》及当时的司法解释规定。

——《最高人民法院办公厅关于印发非刑事司法赔偿典型案例的通知》（2013 年 12 月 18 日，法办〔2013〕158 号）。

1077. 受委托执行的法院在收到终结执行通知后未及时履职，拖延将扣划款项返还赔偿请求人，并造成赔偿请求人的利息损失，应当承担赔偿责任

关键词

错误执行赔偿　利息损失

最高人民法院公布的典型案例

张某娥申请重庆市渝北区人民法院错误执行赔偿案

裁判要点：人民法院在发现其对当事人银行存款的扣划行为属于重复执行时，没有即时进行纠正，导致当事人银行存款在该院银行账户上无故停留九个多月的执行行为确有错误。

本案典型意义在于，修正后的《国家赔偿法》施行后，对于原需要单独确认程序认定的事项，应适用"确赔合一"审理模式，即人民法院赔偿委员会在非刑事司法赔偿案件审查中，对人民法院是否存在违法情形、是否给赔偿请求人造成损失、是否应予赔偿及赔偿数额、标准等一并予以审查；人民法院赔偿委员会在其赔偿决定中应当对案件是否存在法律规定的违法侵权情形，是否构成国家赔偿责任，以及赔偿事项及标准等一并进行认定及论证理由。

本案中，受委托执行的法院实际采取执行措施，在其收到终结执行通知后未及时履职，拖延将扣划款项返还赔偿请求人，并造成赔偿请求人的利息损失。根据《国家赔偿法》第三十六条第七项规定："返还执行的罚款或者罚金、追缴或者没收的金钱，解除冻结的存款或者汇款的，应当支付银行同期存款利息。"受委托执行法院应对其扣划期间给赔偿请求人造成的利息损失予以赔偿。

——《最高人民法院办公厅关于印发非刑事司法赔偿典型案例的通知》（2013 年 12 月 18 日，法办〔2013〕158 号）。

三、刑事赔偿

1078. 受害公民死亡后赔偿请求人的请求顺序

关键词

赔偿请求人　请求顺序　继承

附录：最高人民法院主流观点

对于法定继承人要求行政赔偿的顺序，本法并没有明确规定。我们认为，《继承法》关于继承顺序的规定应当适用于所有法定的可能产生财产继承的情形，包括国家赔偿领域。因此，受害的公民死亡的，其继承人并非同等地享有行政赔偿请求权，继承人要求行政赔偿的顺序应等同于遗产继承的顺序。丧失继承权的，则无权要求行政赔偿；顺序在前的继承人没有放弃赔偿请求权之前，顺序在后的继承人不能取得赔偿请求权。

对于同时存在继承人和有扶养关系的非继承人的情形下的请求顺序，本法也没有明确规定。有人认为，只有在继承人都放弃国家赔偿请求权后，有扶养关系的非继承人才能请求行政赔偿。我们认为，根据《继承法》第14条和第19条规定体现的精神，有扶养关系的非继承人无须等待所有继承人都放弃赔偿请求权后才能请求行政赔偿。

——江必新主编、最高人民法院赔偿委员会办公室编著：《〈中华人民共和国国家赔偿法〉条文理解与适用》，人民法院出版社2010年版，第103~104页。

1079. 被限制人身自由者被迫的自我损害应纳入国家赔偿

关键词

不履行法定职责　行政赔偿

附录：最高人民法院主流观点

行政机关（如看守所、派出所）承担着对被监管人员的监护职责，如果被羁押人在行政机关工作人员违法行使职权，如暴力殴打时，不堪忍受肉体或精神痛苦，而自伤、自残甚至自杀；或者因为行政机关工作人员滥用职权，采取殴打、虐待或指使其他被监管人员殴打或虐待被监管人员造成其难以忍受而自杀或自残的，国家也应当承担由此产生的赔偿责任。

——江必新主编、最高人民法院赔偿委员会办公室编著：《〈中华人民共和国国家赔偿法〉条文理解与适用》，人民法院出版社2010年版，第93页。

1080. 外国人、无国籍人一定条件下可以作为刑事赔偿请求人

关键词

刑事赔偿请求人　外国人　无国籍人

附录：最高人民法院主流观点

公民、法人和其他组织的合法权益受到侦查、检察、审判以及看守所、监狱管理机关侵害时，有权提起刑事赔偿请求。外国人、无国籍人能否提起刑事赔偿请求，本条没有具体的规定。但根据《国家赔偿法》中的其他条款的规定，当外国人或无国籍人的人身权、财产权受到司法机关违法行为侵害时，并非必然享有赔偿请求权。外国人或无国籍人是否享有赔偿请求权、取得请求人资格，我国主要采取同等主义原则和对等主义原则。同等主义原则，即在刑事赔偿中，外国人享有同本国公民在法定条件下的同等的请求赔偿的权利。对等主义原则，是指外国人能否提起赔偿申请，而成为国家赔偿请求人，以外国人所在国的法律是否允许本国公民提起赔偿请求而定。

综上，在我国，外国人、无国籍人在一定条件下是可以作为刑事赔偿请求人提起刑事赔偿请求。

——江必新主编、最高人民法院赔偿委员会办公室编著：《〈中华人民共和国国家赔偿法〉条文理解与适用》，人民法院出版社2010年版，第208~209页。

1081. 刑事赔偿请求权不能向债权人转移

关键词

债权人　刑事赔偿请求权

附录：最高人民法院主流观点

刑事赔偿请求权是公民、法人或者其他组织的合法权益遭受司法行为损

害后，向国家请求赔偿的权利。刑事赔偿请求权就形式上而言，属债上请求权，是受司法行为损害的人向国家要求赔偿其所受损害的一种请求权，从本质上而言，刑事赔偿请求权是一种公法权利，不同于普通的民事损害赔偿请求权。公法上的请求权具有以下基本特征：其一，请求权是以国家行为为对象，要求国家作一定积极行为的主观权利；其二，请求权是一种确保基本权利实现的手段性权利；其三，请求权是具有一般效力的、具体的、现实的权利。①

作为一种公法上的请求权，刑事赔偿请求权的实现主要依赖于国家的公权力，并且其行使过程中需要对社会公共利益进行考量。故刑事赔偿请求权在权利主体、请求权的行使、请求权实现的方式与程序上均有别于民法上的赔偿请求权行使。在请求权实现的方式上，我国《国家赔偿法》没有规定刑事赔偿请求权可以转移为债权人所有，并且在司法实践中对这种转移也多持否定态度，其主要原因是：

第一，国家对公民的赔偿只限于国家对该公民的损害赔偿，并不涉及对民事债权债务关系的补救，即国家赔偿的立法目的是对公法秩序的维护，不涉及私法上债权债务关系。

第二，对于受害的法人或者其他组织的债权人，他们无须借助赔偿请求权的转移来实现债权，法律对于他们的债权已经提供了相应的保障手段。②

第三，国家赔偿除了对受损害人进行物质上的赔偿外，也通过国家承担责任的方式对受害人精神上进行一定的慰藉，弥补公权力造成的精神或心灵上的伤害，如果赔偿请求权向债权人转移，那么这样的功能则无法得到体现。此外，《国家赔偿法》中规定的某些赔偿方式是具有人身依附性的，不宜进行转移，如赔礼道歉等。

——江必新主编、最高人民法院赔偿委员会办公室编著：《〈中华人民共和国国家赔偿法〉条文理解与适用》，人民法院出版社2010年版，第200~210页。

1082. 刑事赔偿请求人资格转移与法定代理的关系

关键词

刑事赔偿请求人　资格转移　法定代理

---

① 董和平、韩大元、李树忠：《宪法学》，法律出版社2000年版，第414页。
② 肖峋：《中华人民共和国国家赔偿法的理论与实用指南》，中国民主法制出版社1996年版，第193页。

附录：最高人民法院主流观点

刑事赔偿请求人资格在一般意义上是不能转移的，但是在法律所承认的特定条件下，请求人资格可以发生转移，这种转移就承受方来说是资格承受。请求人资格的转移是由法律规定的，只要法定条件发生，转移和承受就必然发生，不以当事人的意志为转移，不受转移主体与承受主体意志的支配。如果承受者行使其赔偿请求权，提起刑事赔偿申请，应当提交有关近亲属的证明文件或者作为被终止组织的权利义务承受者的证明文件，以及提起刑事赔偿请求的必要证据资料。由于发生转移而获得请求人资格的主体，承受者有权以自己的名义，按照自己的意志，而不是被承受者的意志行事。申言之，刑事赔偿请求权承受者可以提起赔偿请求，也可以不提起，还可以撤回赔偿请求。

国家赔偿中的请求人资格转移与法定代理既有联系又有区别。二者的联系在于：承受者与法定代理人之所以能提起刑事赔偿申请，都是基于法律的规定；在诉讼过程中，二者都可以按自己的意思行事。二者的区别在于：第一，承受者以自己的名义提起刑事赔偿请求，而法定代理人以其被代理人的名义提起赔偿请求。第二，承受者享有赔偿请求权，法定代理人不享有赔偿请求权，请求权由被代理人享有。第三，提起赔偿请求的依据不同。承受者提起赔偿请求，是因为转移者死亡，他和转移者之间存在继承、扶养、权利义务承受关系；法定代理人提起赔偿请求，是基于他与请求人之间存在着亲权关系。第四，承受者可以是自然人、法人或其他组织，法定代理人通常只能是自然人。第五，承受者承担裁决的法律后果和责任，法定代理人不承担裁决的法律后果与责任，其法律后果和责任由被代理人承担。[①]

——江必新主编、最高人民法院赔偿委员会办公室编著：《〈中华人民共和国国家赔偿法〉条文理解与适用》，人民法院出版社2010年版，第210页。

1083. 再审改判无罪的国家赔偿

关键词

再审改判无罪　国家免责　刑事赔偿

[①] 参见熊志翔、许晓珠主编：《案例国家赔偿法学》，中南工业大学出版社1999年版，第208页。

最高人民法院答复

福建省高级人民法院赔偿委员会：

你院〔1995〕闽赔字第1号《关于郑某振申请国家赔偿一案的请示》收悉，经研究，答复如下：

一、你院1995年3月15日〔1995〕闽刑再终字第5号刑事判决，维持了对郑某振投机倒把罪判处有期徒刑1年的部分，撤销了对郑某振盗窃罪判处有期徒刑7年的部分。虽不属于全案宣告无罪，但再审撤销盗窃罪不是因为情节显著轻微，而是因为事实不清、证据不足，盗窃罪不能成立，不属于《国家赔偿法》第17条规定的国家免责情形。《国家赔偿法》第15条第（3）项的规定：依照审判监督程序再审改判无罪，原判刑罚已经执行的，受害人有取得赔偿的权利。这一规定应理解为是针对具体个罪而言的。郑某振盗窃罪被撤销，其盗窃罪已执行的刑罚，依法有取得国家赔偿的权利。因此，本案属于国家赔偿的范围。

二、郑某振因盗窃罪被错判，羁押至1995年4月24日，应视为侵权行为持续至1995年1月1日以后。根据最高人民法院法复〔1995〕1号《关于〈中华人民共和国国家赔偿法〉溯及力和人民法院赔偿委员会受案范围问题的批复》的规定，对1995年1月1日以后羁押的部分按《国家赔偿法》的规定予以赔偿；对《国家赔偿法》实施之前羁押的部分，适用当时的规定予以赔偿，当时没有规定的，参照《国家赔偿法》的规定予以赔偿。

——《最高人民法院赔偿委员会关于郑某振申请赔偿案请示的批复》（1996年8月1日，法赔复〔1996〕1号）。

最高人民法院公报案例

郑某振申请南平市中级人民法院刑事赔偿案〔福建省高级人民法院〕

裁判摘要：错误判决造成的侵权虽然发生在《国家赔偿法》实施之前，但侵权行为一直持续至《国家赔偿法》实施之后，对属于实施以后应予赔偿部分，应当适用《国家赔偿法》进行赔偿，实施以前应予赔偿部分，也可以参照《国家赔偿法》予以赔偿。依照审判监督程序再审改判无罪，原判刑罚已经执行的，受害人有取得赔偿的权利。这一规定应理解为是针对具体个罪而言的。

法复〔1995〕1号批复中关于《国家赔偿法》不溯及既往的规定，是指国家机关及其工作人员行使职权时侵犯公民、法人或者其他组织合法权益的行为，发生并结束于1994年12月31日以前的，不适用《国家赔偿法》，应当适用行为时的规定进行处理。本案是1995年3月15日再审改判撤销了原审对郑某振盗窃罪的判决部分。郑某振因盗窃罪被错判，一直羁押至1995年4月24日才被释放。错误判决造成的侵权虽然发生在1995年1月1日之前，但是侵权行为一直持续至1995年1月1日以后。所以对郑某振的刑事赔偿申请中属于1995年1月1日以后应予赔偿的部分，应当适用《国家赔偿法》予以赔偿，属于1994年12月31日以前应予赔偿的部分，当时没有规定的，也可以参照《国家赔偿法》予以赔偿。

《国家赔偿法》中的刑事赔偿贯彻的是无罪羁押予以赔偿原则。只有符合《国家赔偿法》规定的违法羁押，才能导致国家赔偿。《国家赔偿法》第15条第3项的规定，应当理解为是针对具体个罪而言。福建省高级人民法院对郑某振一案的再审判决，虽然没有全案宣告无罪，但是撤销了对郑某振以盗窃罪判处有期徒刑7年的判决部分。再审改判不是因为郑某振的盗窃情节显著轻微不认为是犯罪，而是因为原判认定的事实不清，证据不足，盗窃罪根本不能成立，也不属于《国家赔偿法》第17条规定的国家免责情形。郑某振的盗窃罪已被撤销，被执行的刑罚已经失去了合法的根据，构成侵权。因此，郑某振依法有取得国家赔偿的权利。

——《最高人民法院公报》1998年第4期（总第65期）。

附录：最高人民法院主流观点

1. 再审改判无罪的赔偿，国家只赔偿原判刑罚已执行的部分，未执行的不予赔偿。申请人因再审改判无罪原判刑罚已执行的，在审判监督程序再审过程中有两种情况，一种情况是申请人对原判刑罚已经执行完毕，人民法院对申请人提出符合法律规定的申请理由，依照审判监督程序依法改判申请人无罪的；另一种情况是申请人对原判刑罚尚未执行完毕，人民法院因申请人的申诉符合法律规定的申诉理由，依照审判监督程序改判申请人无罪的。申请人因原判刑罚已全部执行或者已部分执行的，国家只承担刑罚已实际执行给赔偿请求人造成人身权侵犯的赔偿责任。对于刑罚尚未执行的部分，国家不承担赔偿责任。因此，再审改判无罪的赔偿，国家只承担赔偿请求人因人身权实际被侵犯，即刑罚已实际执行部分的赔偿责任。

2. 关于量刑不当，量刑畸重，即轻罪重判是否予以国家赔偿问题。轻罪重判是以有罪为前提，原判认定的罪名或罪刑较重，后经再审改判减轻刑罚的，属于轻罪重判情形，如原判认定为绑架罪，判处有期徒刑10年，再审改判为非法拘禁罪，判处有期徒刑3年。从现行国家赔偿法遵循的无罪羁押赔偿原则出发，国家对轻罪重判情形不承担赔偿责任。

3. 经再审数罪并罚中一罪改判无罪的国家赔偿问题。依照审判监督程序再审改判无罪，因数罪中一罪改判无罪，另一罪仍然成立的，是否予以国家的赔偿问题,可按下列三种情况予以掌握。

(1)数罪中一罪改判无罪,改判无罪的刑罚已执行完毕或已部分执行的,对改判无罪已执行之部分,国家应承担赔偿责任。对于这种赔偿,应根据原判刑罚是否已实际执行为依据,作出是否赔偿的决定。

(2)数罪中一罪改判无罪,另一罪仍然成立的刑罚尚未执行完毕,改判无罪的刑罚尚未开始执行的,不发生国家赔偿的问题。

(3)原审生效的判决中认定的数罪并罚,这两个罪实际上是两种犯罪行为牵连在一起,而经审判监督程序再审定罪量刑时认定为一个罪名,这种情况国家不承担赔偿责任。

4.关于主刑和附加刑之赔偿问题。《刑法》规定刑罚分为两类:一类是主刑(即对犯罪分子适用的主要刑罚方法。主刑只能独立使用,不能附加适用);另一类是附加刑(即补充主刑的刑罚方法。它即可以随主刑附加适用,也可以独立适用)。根据《刑法》规定的刑罚结合"再审改判无罪原判刑罚已经执行"的立法精神,这里讲的原判刑罚已经执行的,指的是主刑,即管制、拘役、有期徒刑、无期徒刑、死刑。不包括附加刑。"已经执行"是指实际执行,已经执行的"刑罚"是指剥夺公民人身自由的刑罚,主要是指实际羁押的拘役、有期徒刑、无期徒刑和死刑,换言之,即只有实际侵犯公民人身自由权的,才能获得国家赔偿。如再审对原审判处管制刑、剥夺政治权利刑予以改判无罪之案件,如没有发生公民被羁押情形,则不属于剥夺人身自由权的情形,不能获得国家赔偿;有期徒刑缓刑是附条件的不执行刑罚,亦没有发生实际侵犯公民人身自由权之损害事实,故亦不发生国家赔偿问题。

5.对于监视居住、取保候审、保外就医、假释、暂予监外执行等期间,由于公民的人身自由虽受到一定限制,但在上述情形中实际上未被羁押,故不属于《国家赔偿法》规定的侵犯公民人身自由权情形,国家不承担赔偿责任。

——江必新主编、最高人民法院赔偿委员会办公室编著:《〈中华人民共和国国家赔偿法〉条文理解与适用》,人民法院出版社2010年版,第182~183页。

1084. 超期服刑不属再审改判无罪情形不予国家赔偿

关键词

再审改判无罪

最高人民法院答复

四川省高级人民法院：

杨某亮因犯故意伤害罪被判处有期徒刑十三年，剥夺政治权利二年。杨某亮在监狱服刑中因病保外就医，在保外就医一年期满后监狱未对其收监执行直至判决确定的刑期届满，以致杨某亮有六年八个月零二天刑罚未实际收监执行。后杨某亮又犯新罪，人民法院在以寻衅滋事罪判处其有期徒刑二年六个月的同时，加判其原未收监执行的刑罚，决定执行有期徒刑八年。案经达州市中级人民法院再审认定原加判刑期不当，故予以纠正。达州市中级人民法院再审生效的刑事判决，只是对原加判刑期不当予以纠正，不属于再审改判无罪的情形。《国家赔偿法》遵循无罪羁押赔偿原则，本案杨某亮未被再审改判无罪，且此前杨某亮有六年八个月零二天刑罚未实际收监执行，综合全案的情况看，本院认为其赔偿请求不属于《国家赔偿法》第十五条规定的刑事赔偿范围。

——《最高人民法院关于杨某亮申请四川省达州市中级人民法院刑事赔偿一案的复函》(2010年3月29日，〔2009〕赔他字第8号)。

附录：最高人民法院主流观点

（一）本案不属于"再审改判无罪赔偿"的范围

1994年《国家赔偿法》第15条第3项规定"依照审判监督程序再审改判无罪，原判刑罚已经执行的"，受害人有取得赔偿的权利，但杨某亮申请国家刑事赔偿的请求事项不符合该规定。首先，杨某亮申请赔偿依据的确认文书是达州中院2008年4月7日作出的〔2008〕达中刑再字第1号刑事判决，根据1994年《国家赔偿法》第20条的规定，该判决不是再审改判无罪判决，而是对原生效判决中监狱部门在杨某亮保外就医期满后未将其收监服刑的余刑予以加刑不当，对刑期予以纠正的判决。其次，我国国家赔偿法实行的是无罪羁押赔偿原则，即只对无罪被错误羁押的公民给予赔偿，对于被判有罪的公民，即使出现超期羁押、轻罪重判的情形，也不予赔偿。达州中院〔2008〕达中刑再字第1号刑事判决，仅对原生效刑事判决中加判部分给纠正，并未宣告杨某亮无罪，不是再审改判无罪判决。故本案不属于1994年《国家赔偿法》第15条第3项规定的再审改判无罪的情形，不应给予赔偿。

（二）杨某亮犯故意伤害罪，原判有六年八个月二天刑罚未实际收监执行

1.保外就医期满后未收监执行，四川省巴中监狱工作存在失误。

司法部《罪犯保外就医执行办法》①（司发〔1990〕247号）第12条规定："对符合本办法第二条第（一）（二）项规定情形的罪犯，实行定期保外就医制度。依据罪犯病情，可以一次批准决定保外就医时间半年至一年。期满前，监狱、劳改队、少管所应当派干警实地考察或者发函调查。保外就医罪犯病情基本好转的，由监狱、劳改队、少管所收监执行；经县级以上医院证明尚未好转的，由监狱、劳改队、少管所提出意见，报省、自治区、直辖市劳改局批准，办理延长保外就医期限手续，每次可以延长半年至一年。决定收监执行或者延长保外就医时间的，监狱、劳改队、少管所应当及时通知当地公安机关和人民检察院。"第16条第2款规定："保外就医罪犯未经公安机关批准擅自外出的期间不计入刑期。"

从四川高院请示所认定的事实，杨某亮保外就医一年期满后，四川省巴中监狱未履行相应职责，既未将杨某亮收监执行，也未报省劳改局批准，为其办理延长保外就医期限手续。四川省巴中监狱明知杨某亮有间断性离家外出行为但仍未将其收监，反而在原判决确定的刑期届满后的2001年6月27日，为杨某亮补发了刑满释放证明。四川省巴中监狱的做法违反上述规定。

2. 保外就医期限届满后未归监的时间不计入刑罚执行期。

《刑法》第71条规定："判决宣告以后，刑罚执行完毕以前，被判刑的犯罪分子又犯罪的，应当对新犯的罪作出判决，把前罪没有执行的刑罚和后罪所判处的刑罚，依照本法第六十九条的规定，决定执行的刑罚。"《最高人民法院研究室关于服刑罪犯保外就医期限届满后未归监又重新犯罪应如何计算前罪余刑问题的答复》②（1994年6月18日）指出："服刑罪犯经批准保外就医期应计入执行期，保外就医期限届满后未归监的时间不得计入执行期；又重新犯罪的，其前罪的余刑应从保外就医期限届满第二日起计算至前罪刑满之日为止。"

根据《全国人民法院代表大会常务委员会关于加强法律解释工作的决议》的规定，只有最高人民法院、最高人民检察院具有司法解释权。司法部监狱管理局〔95〕司狱字第166号《关于罪犯保外就医执法活动中有关问题的批复》是司法部下属监狱管理局针对陕西省监狱管理局的请示作出的批复，属于行政部门规范性文件，效力等级低于属于行政规章的司法部《罪犯保外就医执行办法》。该批复不属于司法解释，且与《罪犯保外就医执行办法》的精神相抵触。达州中院〔2008〕达中刑再字第1号刑事判决根据该批复内容认

---

① 本办法已被《最高人民法院、最高人民检察院、公安部、司法部、国家卫生计生委关于印发〈暂予监外执行规定〉的通知》（司发通〔2014〕112号）废止。

② 本办法已被《最高人民法院关于废止1980年1月1日至1997年6月30日期间发布的部分司法解释和司法解释性质文件（第九批）的决定》（法释〔2013〕2号）废止。

定原判加判刑罚不当,判决撤销原判属于依据错误。《最高人民法院关于裁判文书引用法律、法规等规范性法律文件的规定》(法释〔2009〕14号)第3条规定,刑事裁判文书应当引用法律、法律解释或者司法解释。第6条规定,第3条规定之外的规范性文件,根据审理案件的需要,经审查认定为合法有效的,可以作为裁判说理的依据。

3. 四川省巴中监狱出具的释放证明不能作为杨某亮超期或重复服刑的确认依据。

本案赔偿请求人杨某亮在1992年10月26日因病保外就医,保外就医一年期届满后,四川省巴中监狱未对其收监,致使杨某亮还有余刑六年八个月二天未收监执行,直至判决确定的刑期届满后的2001年6月27日,四川省巴中监狱为杨某亮补发了刑满释放证明,认为杨某亮的刑罚已经执行完毕。四川省巴中监狱补发的释放证明实质是对其工作失误的补救。由于前罪故意伤害罪有余刑六年八个月二天未实际收监执行,所以杨某亮因前罪加判的刑期被再审改判撤销后已为此服刑的201天不属于对同一罪名所判刑期的重复执行,此201天也没有超出原判未收监执行的六年八个月二天。综上,四川省巴中监狱出具的释放证明不能作为杨某亮原判刑期已执行完毕的依据,由此认定杨某亮再审改判被释放时已超期或重复服刑。

——江必新主编、最高人民法院赔偿委员会办公室编著:《最高人民法院国家赔偿最新司法解释理解与适用》,中国法制出版社2012年版,第184~187页。

1085. 人民法院如何确定再审行政案件的审理范围

关键词

再审行政案件审理范围

最高人民法院裁判文书

梁某洪诉浙江省新昌县人民政府土地征收及行政赔偿案[最高人民法院(2016)最高法行申3030号行政裁定书]

裁判要点:为保证人民法院在各审理阶段保护诉权的一致性和规范性,行政案件的审理范围通常应当局限于当事人在一审阶段提出的诉讼请求,在二审阶段中增加新的诉讼请求、要求扩大审查范围的,人民法院一般不予支持。

最高人民法院认为：从原审法院查明的事实看，浙江省人民政府于2013年4月12日审批同意了再审被申请人新昌县人民政府的拟征收决定，故再审被申请人不存在未经批准即征收再审申请人所租赁的集体土地的行为。再审申请人称"二审法院认为其所提诉讼请求仅指再审被申请人征收集体土地的决定是否经过浙江省人民政府的批准，明显违背其意思表示"，但在再审申请人向一审法院提交的起诉状中，明确将诉讼请求表述为"确认被告未经批准征收原告承租的位于羽林街道拔茅村3.35亩集体土地的行政行为违法，判令被告向原告赔偿苗木损失共计人民币700002元，本案诉讼费由被告承担"，因此其在二审以及再审中要求法院对再审被申请人征收土地的具体组织实施行为是否合法进行审查，属于增加诉讼请求、要求扩大审查范围的情形，本院对此不予支持。至于再审申请人要求赔偿苗木损失700002元的主张，因没有相应的行政行为被确认违法，本院亦不予支持。

——最高人民法院行政审判庭编：《最高人民法院行政裁判要旨及评述（第一卷）》，人民法院出版社2019年版。

1086. 二审将一审数罪中的部分罪名撤销后被告人被羁押的时间超过判决确定的刑期不属于国家赔偿范围

关键词

国家赔偿　撤销部分罪名　羁押时间超过刑期

最高人民法院答复

广西壮族自治区高级人民法院：

你院二审判决将一审判决认定故意杀人罪予以撤销后，赔偿请求人被羁押的期限超出判决确定的刑期，属于在整个刑事追诉活动中，人民法院作出生效裁判之前对犯罪嫌疑人的羁押，是司法机关根据刑事诉讼法的规定保障刑事诉讼程序顺利进行的程序措施，既不属于国家赔偿法规定的"对没有犯罪事实的人错误逮捕"，也不属于再审改判无罪，或者数罪中个罪改判无罪且原判刑罚已经执行的情形。依照国家赔偿法规定的无罪羁押赔偿原则，赔偿请求人就此申请国家赔偿没有法律依据。

——《最高人民法院关于二审将一审数罪中的部分罪名撤销后被告人被羁押的期间超过刑期的情形是否属于国家赔偿范围的复函》（2011年4月15日，〔2011〕赔他字第3号）。

附录：最高人民法院主流观点

（一）本案不适用《最高人民法院关于执行〈中华人民共和国刑事诉讼法〉若干问题的解释》第 81 条第 2 项之规定

根据《最高人民法院关于执行〈中华人民共和国刑事诉讼法〉若干问题的解释》①第 81 条第 2 项之规定，第二审人民法院审理期间，被告人被羁押的时间已到第一审人民法院对其判处的刑期期限的，对已经逮捕的被告人，人民法院应当变更强制措施或者释放。而本案赔偿请求人龙某坤经一审法院先后两次审理判决的刑期都是有期徒刑十七年，其被羁押的时间并没有达到一审法院对其判处刑期的期限。因此，上述规定不能作为认定本案应予刑事赔偿的依据。

（二）本案不属于"再审改判无罪赔偿"范围，不适用最高人民法院赔偿委员会〔1996〕法赔复 1 号《关于原判数罪再审个罪改判无罪且已执行属于国家赔偿范围的答复》

审判监督程序，也称再审程序，是指人民法院、人民检察院对已发生法律效力的判决和裁定，发现其在认定事实或适用法律上确有错误时，依法提出并重新审理的程序。而上诉程序，也称二审程序，则是对未生效的判决裁定进行重新审查的程序。二者在审理对象、提起的主体与理由、期限、审理法院的级别以及有无加刑限制等方面均有不同。这两种程序都能引起国家赔偿，只是分属于再审宣告无罪赔偿和错误逮捕赔偿。

最高人民法院赔偿委员会〔1996〕法赔复 1 号《关于原判数罪再审个罪改判无罪且已执行属于国家赔偿范围的答复》，是针对再审改判无罪且已执行的情形作出的。本案是二审判决将一审故意杀人罪以证据不足为由予以撤销，故意伤害罪仍然成立，龙某坤在折抵刑期后，被羁押的期限超出判决确定的刑期。由于判决之前被羁押的日期属于合法审查期限，目的是保障刑事诉讼顺利进行，而并非生效的错误判决导致的刑罚执行期间，因此不适用〔1996〕法赔复 1 号答复。

（三）本案二审判决仅撤销一审判决数罪中的部分罪名，不属于"对没有犯罪事实的人错误逮捕"的情形，不适用 1994 年《国家赔偿法》规定的错误逮捕赔偿

根据 1994 年《国家赔偿法》第 15 条第 2 项之规定，只有对"没有犯罪事实"的人错误逮捕的，国家才承担赔偿责任。换言之，错误逮捕赔偿的前提是无罪但并被实际羁押；因有罪而被羁押，国家均不承担赔偿责任。本案

---

① 本解释已被《最高人民法院关于适用＜中华人民共和国行政诉讼法＞的解释》（法释〔2018〕1 号）废止。

中，广西壮族自治区高级人民法院〔2005〕桂刑复字第270号刑事附带民事判决虽然撤销了对龙某坤犯故意罪的定罪量刑部分，导致龙某坤被羁押的期限超出判决确定的刑期，但同时维持了原审对龙某坤犯故意伤害罪的定罪量刑部分，因而不属于"对没有犯罪事实的人错误逮捕"的情形。龙某坤在人民法院作出生效裁判之前的羁押，属于对有犯罪事实的人超过刑期的羁押，国家不承担赔偿责任。

综上，赔偿请求人龙某坤提出赔偿请求，既不属于"对没有犯罪事实的人错误逮捕"的情形，也不属于再审改判无罪，或者数罪中个罪改判无罪且原判刑罚已执行的情形。龙某坤在二审法院作出生效裁判之前被羁押，属于在整个刑事追诉活动中，人民法院作出生效裁判之前对犯罪嫌疑人的羁押，是司法机关根据刑事诉讼法的规定保障刑事诉讼程序顺利进行的程序措施，赔偿请求人龙某坤就此申请国家赔偿没有法律依据。

附带说明两点：第一，虽然都是限制人身自由的行为或状态，都是"关押"的下位概念，但在刑事诉讼和国家赔偿领域，"羁押"和"监禁"两概念不宜混用。"羁押"针对的是未决犯，目的保障刑事诉讼活动顺利进行；而"监禁"则针对已决犯，目的是惩戒犯罪人，维护社会安定。第二，因二审改判轻罪或无罪致被告人实际羁押期限超出终审判决刑期的，不宜笼统称为"超期羁押"，后者在刑事诉讼法上具有约定俗成的含义，其中的"期"系狭义，是针对法定羁押期限而言的，实践中主要有三种表现形式：（1）侦查机关对已被采取刑事拘留强制措施的犯罪嫌疑人，未及时提请检察机关批准逮捕；对已被批准逮捕并已受羁押的犯罪嫌疑人所涉案件未能在法定的办案期限内侦查完毕；（2）对涉案犯罪嫌疑人已被羁押的案件，检察机关未能在规定的办案期限内审查完毕；（3）对被告人已被羁押的案件，审判机关在法定期限内未能审结案件；或者检察机关根据刑事诉讼法的规定提出抗诉的案件。如果从形态上区分，"超期羁押"包括绝对的超期羁押和相对的超期羁押。绝对的超期羁押是指司法机关在诉讼阶段羁押犯罪嫌疑人、被告人超过了最长的法定期限而继续羁押的违法行为；相对的超期羁押是指司法机关在诉讼阶段羁押犯罪嫌疑人、被告人超过了法定期限而又未办理延长羁押期限的法律手续而继续羁押的违法行为。

——江必新主编、最高人民法院赔偿委员会办公室编著：《最高人民法院国家赔偿最新司法解释理解与适用》，中国法制出版社2012年版，第175~178页。

1087. 省级监狱管理局为复议机关的国家赔偿案件的管辖

【关键词】

国家赔偿 省级监狱管理局 复议机关 管辖

【最高人民法院答复】

黑龙江省高级人民法院：

根据国家赔偿法关于刑事赔偿程序的规定，结合既往国家赔偿工作实践，赔偿请求人对省、自治区、直辖市监狱管理局作为复议机关作出的复议决定不服，或者该复议机关逾期未作复议决定的，其应当向省、自治区、直辖市高级人民法院赔偿委员会申请作出赔偿决定。

——《最高人民法院关于省级监狱管理局为复议机关的国家赔偿案件管辖问题的复函》(2011年6月7日，〔2011〕赔他字第4号)。

【附录：最高人民法院主流观点】

1. 黑龙江高院的请示，反映出实践中部分边疆大省设置监狱较多的问题，这样的设置确实对于作为复议机关的同级人民法院赔偿委员会，在审理监狱为赔偿义务机关的案件时将面临一定的压力。但该院请示报告中提出的拟作出调整的相关意见，最大的障碍是缺乏法律依据。《国家赔偿法》第24条规定："赔偿义务机关在规定期限内未作出是否赔偿的决定，赔偿请求人可以自期限届满之日起三十日内向赔偿义务机关的上一级机关申请复议。赔偿请求人对赔偿的方式、项目、数额有异议的，或者赔偿义务机关作出不予赔偿决定的，赔偿请求人可以自赔偿义务机关作出赔偿或者不予赔偿决定之日起三十日内，向赔偿义务机关的上一级机关申请复议。"该法第25条同时规定："赔偿请求人不服复议决定的，可以在收到复议决定之日起三十日内向复议机关所在地的同级人民法院赔偿委员会申请作出赔偿决定；复议机关逾期不作决定的，赔偿请求人可以自期限届满之日起三十日内向复议机关所在地的同级人民法院赔偿委员会申请作出赔偿决定。"从上述规定可以看出，在刑事赔偿案件中，赔偿义务机关一旦确定，其复议机关就是确定的，即其上一级机关，那么人民法院赔偿委员会也随之确定，必然是复议机关的同级人民法院。

2. 我国《国家赔偿法》规定了三类赔偿，即行政赔偿、刑事赔偿和民事、行政诉讼中的司法赔偿。三类赔偿分别适用两种不同的程序。《国家赔偿法》第14条针对有关行政赔偿程序时规定："赔偿义务机关在规定期限内未作出是否赔偿的决定，赔偿请求人可以自期限届满之日起三个月内，向人民法院提起诉讼。赔偿请求人对赔偿的方式、项目、数额有异议的，或者赔偿义务机关作出不予赔偿决定的，赔偿请求人可以自赔偿义务机关作出赔偿或者不予赔偿决定之日起三个月内，向人民法院提起诉讼。"即在行政赔偿程序中，以行政诉讼程序为最终解决途径。针对刑事赔偿程序时即如前述第24、25条之规定，即在刑事赔偿程序中以赔偿委员会决定程序为最终解决途径。因此，在适用《国家赔偿法》审理刑事赔偿案件时，只能依照《国家赔偿法》关于刑事赔偿程序的有关规定，而不能参照《行政诉讼法》或其他法律、司法解释关于行政赔偿程序的有关规定。

3. 国办发〔1994〕54号《国务院办公厅关于印发司法部职能配置、内设机构和人员编制方案的通知》中将"监狱管理局"作为司法部的内设局级机构，同时规定其职责为"指导全国监狱执行刑罚和狱政管理工作，监督检查国家监管改造罪犯的法律、法规和政策的执行情况，规划全国监狱的布局，掌握重要罪犯和省际之间的调犯工作，指导对罪犯的教育和改造工作，组织司法领域人权问题的研究，指导全国监狱的生产、基建、装备、财务和工人管理工作并监督其国有资产的保值增值，管理部直属监狱。"司法部1994年8月19日下发的《司法部关于统一规定监狱管理机关和监狱名称的通知》中称："根据国办法〔1994〕54号《国务院办公厅关于印发司法部职能配置、内设机构和人员编制方案的通知》和即将出台的《监狱法》规定，部机关劳动改造工作管理局更名为监狱管理局"，"各省、自治区、直辖市司法厅（局）和新疆生产建设兵团的劳动改造工作管理局，统一更名为监狱管理局"，"部分省、自治区、直辖市劳改局的派出机构，即辽宁省凌源分局、内蒙古自治区东部分局、湖北省沙洋农管局、安徽省白湖管理局，统一改称为××省（区）××监狱管理分局"，"直接管理本地区监狱的地、市司法局（处）的监狱管理机构，统一改称为监狱处或监狱管理科"。根据上述规定，司法部和省级司法厅（局）中对监狱进行管理的机构，分别为部监狱管理局和省监狱管理局。就监狱管理局的设置情况来看，我国基本上实行部、省二级管理模式，司法部下设监狱管理局，各省、自治区、直辖市设监狱管理局，为各省级人民政府下设的二级局（副局级机构），此外全国范围内还有几个监狱管理分局，分别为其所属的省、自治区、直辖市监狱管理分局的派出机构。

虽然监狱管理局只是隶属于司法部、省级司法厅（局）的内设机构。但根据前述规定和设置情况综合分析，部监狱管理局是代司法部指导全国监狱执行刑罚和狱政管理工作，省监狱管理局则是代省级司法厅（局）对省内监狱行使相关管理和指导工作。从这一职责和分工来看，以省级监狱管理机构为复议机关的，与之对应的人民法院应当是与省级司法厅（局）同级的人民法院，即省高级人民法院。

4. 在贯彻执行1994年《国家赔偿法》时，对于监狱为赔偿义务机关的案件，如该监狱的上一级机关（即复议机关）为省级监狱管理局，申请人不服复议决定申请法院赔偿委员会作出赔偿决定的，实践中受理法院均为省高级人民法院。2012 年修正，未对与此相关的部分，即赔偿义务机关上一级机关为复议机关，以及赔偿请求人不服复议决定的，应向复议机关同级人民法院赔偿委员会申请作出赔偿决定等内容作出修改调整。因此，为了法律适用的前后统一，最高人民法院答复认为，赔偿请求人对省、自治区、直辖市监狱管理局作为复议机关作出的复议决定不服，或者该复议机关逾期未作复议决定的，其应当向省、自治区、直辖市高级人民法院赔偿委员会申请作出赔偿决定。

——江必新主编、最高人民法院赔偿委员会办公室编著：《最高人民法院国家赔偿最新司法解释理解与适用》，中国法制出版社 2012 年版，第 190~193 页。

1088. 法院准予撤诉的裁定可视为刑事诉讼程序已终结而使得案件进入国家赔偿程序

关键词

准予撤诉　刑事诉讼程序终结　国家赔偿

最高人民法院答复

四川省高级人民法院：

乐山市中级人民法院在审理四川省高级人民法院二审发回重审的熊某祥一案过程中，乐山市人民检察院以'事实、证据有变化'为由撤回起诉。乐山市中级人民法院裁定准许乐山市人民检察院撤回起诉后，乐山市人民检察院将案件退回乐山市金口河区公安分局补充侦查。而乐山市金口河区公安分局未在法定期限内侦查完毕移送起诉，乐山市人民检察院亦未对该案重新起诉或者作出不起诉决定。根据《中华人民共和国刑事诉讼法》第一百四十条[①]

[①] 本条规定现为《中华人民共和国刑事诉讼法》（2018 年修正）第一百七十五条，内容修改为："人民检察院审查案件，可以要求公安机关提供法庭审判所必需的证据材料；认为可能存在本法第五十六条规定的以非法方法收集证据情形的，可以要求其对证据收集的合法性作出说明。人民检察院审查案件，对于需要补充侦查的，可以退回公安机关补充侦查，也可以自行侦查。对于补充侦查的案件，应当在一个月以内补充侦查完毕。补充侦查以二次为限。补充侦查完毕移送人民检察院后，人民检察院重新计算审查起诉期限。对于二次补充侦查的案件，人民检察院仍然认为证据不足，不符合起诉条件的，应当作出不起诉的决定。"

和《最高人民法院关于执行〈中华人民共和国刑事诉讼法〉若干问题的解释》①第一百一十七条第（四）项的规定，结合本案具体情况，乐山市中级人民法院准许乐山市人民检察院撤回起诉的裁定，可视为本案刑事诉讼程序已经终结。本案可进入国家赔偿程序。

——《最高人民法院关于熊某祥申请国家赔偿一案的答复函》（2011年12月1日，〔2011〕赔他字第10号）。

附录：最高人民法院主流观点

（二）本案的刑事诉讼程序是否终结

《刑事诉讼法》没有规定撤回起诉制度，但是根据《最高人民法院关于执行〈中华人民共和国刑事诉讼法〉若干问题的解释》②第177条的规定，"在宣告判决前，人民检察院要求撤回起诉的，人民法院应当审查人民检察院撤回起诉的理由，并作出是否准许的裁定"，以及根据《人民检察院刑事诉讼规则》第351条的规定，"发现不存在犯罪事实、犯罪事实并非被告人所为或者不应当追究被告人刑事责任的，可以要求撤回起诉"。在人民法院审理刑事案件的第一审程序中，当案件尚未宣判时，也即处于审理过程中，人民检察院存在法定撤回起诉的三种情形时可以要求撤回起诉，而法院应当审查检察院撤回起诉的理由，并作出是否准许的裁定。2007年颁布的《最高人民检察院关于公诉案件撤回起诉若干问题的指导意见》第7条进一步规定，"法庭审判过程中，人民检察院发现提起公诉的案件证据不足或者证据发生变化，需要补充侦查的，应当要求法庭延期审理；经补充侦查后，仍然认为证据不足，不符合起诉条件的，可以作出撤回起诉决定。"本案中检察机关以"事实、证据有变化"为由要求撤回起诉，人民法院经审查并裁定准许其撤回起诉，均符合前述规定。

检察院撤回起诉的案件，没有新的事实或者新的证据不得再行起诉，即意味着该刑事案件撤回起诉，则针对犯罪嫌疑人此次刑事追诉的过程已经结束。即使发现了该犯罪嫌疑人新的犯罪事实或者是收集、调取了新的证据后重新起诉，也应理解为是另一次刑事追诉的开始，并不影响此次刑事追诉的结束。对于刑事案件来说，没有公诉机关的有罪指控，法院也就无从审理，刑事诉讼程序自然无法启动或者继续。因此，检察院要求撤回起诉，法院裁定予以准许，可以视为原刑事诉讼程序已经终结。

此外，对于类似情况，最高人民法院曾经有过答复意见。如2006年4月

---

① 本文件已被废止。
② 本解释已被《最高人民法院关于适用〈中华人民共和国刑事诉讼法〉的解释》（法释〔2012〕21号）废止。

3 日最高人民法院针对辽宁省高级人民法院请示的祁向东向辽宁省沈阳市中级人民法院申请国家赔偿一案，作出的〔2005〕赔他字第 6 号答复，该答复认为法院作出准予撤诉的裁定，可视为对无罪的确认，自然也应视为刑事诉讼程序的终结。

（三）该案能否进入国家赔偿程序

四川高院赔偿委员会和审判委员会少数意见认为，法院准予撤诉的裁定不能视为刑事诉讼程序已终结，本案不应进入国家赔偿程序。我们认为该意见不能成立，理由如下：

1. 检察院在撤诉后应该限期决定以何种方式，要么作出不起诉的决定，要么将案件退回公安机关补充侦查，并建议公安机关重新侦查或者撤销案件。本案中，乐山检察院撤诉后，没有决定不起诉，而是将案件退回了金口河区分局补充侦查。金口河区分局在超过了退补的 1 个月法定时限后，并未补充侦查完毕移送至检察院，检察院也没有进一步的决定，即检察院并未启动重新起诉的诉讼程序。故在检察院撤诉后，针对熊某祥的刑事诉讼程序已终结，且没有新的指控其犯罪的刑事诉讼程序启动，该案可进入国家赔偿程序。

2. 检察院撤诉之后将案件退回公安机关，可以说检察院审理案件的程序只是暂时结束，应由公安机关完成之后的程序，即根据《刑事诉讼法》第 140 条①的规定，公安机关应在 1 个月内侦查完毕移送检察院，补充侦查以 2 次为限。本案中，乐山检察院于 2008 年 11 月 25 日作出撤回起诉决定书，同月 28 日，乐山中院裁定准许乐山检察院撤回起诉。之后，乐山检察院将本案退回乐山市公安局金口河区分局补充侦查。金口河区分局于 2010 年 9 月 28 日提供了一份《关于熊某祥案件的基本情况》的说明，其中虽强调该案尚在进一步侦查之中，但事实上，金口河区分局没有在法定期限 1 个月内侦查完毕并移送检察院，而是将该案一直处于未结状态，显然，该做法违反了刑事诉讼法的规定。且嗣后金口河区分局将熊某祥释放并变更措施为监视居住，又于半年后释放了熊某祥。其再以该案未侦查为由出具说明缺乏法律依据。

公安部于 2007 年 10 月颁布并于 12 月 1 日实施的《公安机关办理刑事案件程序规定》第 271 条②规定，"对人民检察院退回补充侦查的案件，原侦查

---

① 本条规定现为《中华人民共和国刑事诉讼法》（2018 年修正）第一百七十五条，内容修改为："人民检察院审查案件，可以要求公安机关提供法庭审判所必需的证据材料；认为可能存在本法第五十六条规定的以非法方法收集证据情形的，可以要求其对证据收集的合法性作出说明。人民检察院审查案件，对于需要补充侦查的，可以退回公安机关补充侦查，也可以自行侦查。对于补充侦查的案件，应当在一个月以内补充侦查完毕。补充侦查以二次为限。补充侦查完毕移送人民检察院后，人民检察院重新计算审查起诉期限。对于二次补充侦查的案件，人民检察院仍然认为证据不足，不符合起诉条件的，应当作出不起诉的决定。"

② 本条规定现为《公安机关办理刑事案件程序规定》（2020 年修正）第二百九十六条。

部门应当对案件的事实、证据和定性处理意见进行认真、全面地审查,分析研究人民检察院退回补充侦查意见,根据不同情况,报县级以上公安机关负责人批准,分别作如下处理:(一)原认定犯罪事实清楚,证据不够充分的,在补充证据后,应当制作《补充侦查报告书》,移送人民检察院审查;对有些证据无法补充的,应当作出说明;(二)在补充侦查过程中,发现新的同案犯或者新的罪行,需要追究刑事责任的,应当重新制作《起诉意见书》,移送人民检察院审查;(三)发现认定的犯罪事实有重大变化,不应当追究刑事责任的,应当重新提出处理意见,并将处理结果通知退查的人民检察院;(四)原认定犯罪事实清楚、证据确实充分、人民检察院退回补充侦查不当的,应当说明理由,移送人民检察院审查。"以上规定明确了公安机关对于检察院退回补充侦查案件的几种处理结果;即公安机关认为退补充理由充分的,应该在1个月内补充侦查完毕并移送检察院;认为退补理由充分的,应该在1个月内补充侦查完毕并移送检察院;认为退补不当的,可继续移送检察院审查;发现新罪行的,应重新立案审查;发现不应追究刑事责任的,应重新提出处理意见。简言之,到刑事诉讼法规定的补充侦查期限时,公安机关补充侦查后发现新的事实证据的,可以重新立案审查,若没有收集、调取到新的事实证据,应撤销案件,无论哪种情况都不能将案件无限期搁置。尽管公安机关认为还在侦查该案,然而其解除熊某祥的监视居住距今已三年多,既没有提供新的犯罪事实和证据,又没有重新立案审查,早已超过了该案的办案期限,不结案没有法律依据。因此,公安机关出具的案件未办结的说明,与刑事诉讼法的规定不符,不能作为刑事诉讼程序尚未终结的依据。

3. 从国家赔偿法的立法本意出发,本案应赋予赔偿请求人申请国家赔偿的权利。具体到办理赔偿案件,就要多考虑从保护公民合法权益的角度出发,在涉及公民人身自由权时更应慎重,以保障公民最基本的权利。本案从2002年案发至今已近十年时间,其间经过两次发回重审,最终以检察院撤诉并退回公安机关补充侦查告终。公安机关解除熊某祥的监视居住措施后没有采取新的强制措施,也未获得新的犯罪证据,新的刑事诉讼程序并未启动,故目前证据不能证明其为犯罪行为的实施者。而检察院和公安机关在超过刑事诉讼法规定的补充侦查期限后均未做任何结案处理,若以公安机关出具的案件在侦查中的说明来证明本案刑事诉讼程序未终结,不仅不符合刑事诉讼法的规定,也意味着若一直不结案,熊某祥的权利将最终得不到保障,这与国家赔偿法的立法本意不符。因此,从贯彻执行修正的国家赔偿法,体现法律修改加大人权保护力度的角度出发,结合本案刑事诉讼的具体情况,本案应赋予赔偿请求人申请国家赔偿的权利。

综上,一审法院在审理过程中,检察院撤回起诉,法院裁定准许检察院撤回起诉。法院准许检察院撤回起诉的裁定,可视为刑事诉讼程序已经终结,案件可进入国家赔偿程序。

——江必新主编、最高人民法院赔偿委员会办公室编著：《最高人民法院国家赔偿最新司法解释理解与适用》，中国法制出版社2012年版，第198~205页。

1089. 刑事赔偿举证责任中因果关系的推定

关键词

刑事赔偿　举证责任　因果关系推定

附录：最高人民法院主流观点

在国家赔偿司法实践中，适用因果关系推定，应当从以下几方面加以注意：①

第一，适用前提是赔偿请求人就事实上的因果关系举证面临障碍。赔偿请求人的举证障碍通常包括两种情况，一是行为人不能确定；二是赔偿请求人只能证明初步的因果关系，不能完全证明行为和结果之间的因果关系。在此情况下赋予法官一定的自由裁量权，由法官根据经验法则推定因果关系的存在。在刑事赔偿案件中，适用因果关系推定的前提是因被羁押人在羁押期间死亡或者丧失行为能力，造成赔偿请求人的举证障碍。

第二，适用目的是保护受害人。实行因果关系推定，意味着赔偿请求人在因果关系的证明上不必承担过重的举证责任，只需证明了因果关系的盖然性，即被羁押人在羁押期间死亡或者丧失行为能力，就由法官进行因果关系的推定。

第三，在适用过程中，由法官根据经验法则进行推定。经验法则中的经验是经常的、一般发生的、符合普遍性和通常性的。因果关系推定赋予了法官一定的自由裁量权，但法官在推定时必须在经验法则与被判断的行为事实之间，存有一个可以对照比较的关系。

第四，仅在法定的情形下才能适用因果关系推定。由于因果关系推定在减轻了赔偿请求人负担的同时加重了赔偿义务机关的责任，有必要由法律对此作出明确的规定。我国民法和民事诉讼法上适用因果关系推定均由法律和司法解释明确规定，国家赔偿法上也不例外，仅在《国家赔偿法》第15条和

---

① 参见王利明：《侵权行为法研究》（上卷），中国人民大学出版社2004年版，第439~443页；杨立新：《〈中华人民共和国侵权责任法〉条文释解与司法适用》，人民法院出版社2010年版，第34页。

第 26 条规定的情形下才能适用因果关系推定。

第五，赔偿请求人并非完全不对因果关系承担举证义务。赔偿请求人须就初步的因果关系进行证明，即至少必须证明被羁押人遭受了人身损害，该损害与赔偿义务机关的行为有关。不宜将因果关系的推定误认为赔偿请求人不承担任何举证义务。

第六，由于这种因果关系是推定的，还应当在损害事实与赔偿义务机关的行为之间排除其他可能性。当确定这种损害事实没有任何其他原因（包括被羁押人或者第三人的原因）所致的可能时，即可断定赔偿义务机关的行为是损害事实的原因，推定因果关系成立。

——江必新主编、最高人民法院赔偿委员会办公室编著：《〈中华人民共和国国家赔偿法〉条文理解与适用》，人民法院出版社 2010 年版，第 257~258 页。

1090. 刑事赔偿案件中如何确定侵犯财产权的赔偿

关键词

刑事赔偿　侵犯财产权

最高人民法院司法解释

第三条　对财产采取查封、扣押、冻结、追缴等措施后，有下列情形之一，且办案机关未依法解除查封、扣押、冻结等措施或者返还财产的，属于国家赔偿法第十八条规定的侵犯财产权：

（一）赔偿请求人有证据证明财产与尚未终结的刑事案件无关，经审查属实的；

（二）终止侦查、撤销案件、不起诉、判决宣告无罪终止追究刑事责任的；

（三）采取取保候审、监视居住、拘留或者逮捕措施，在解除、撤销强制措施或者强制措施法定期限届满后超过一年未移送起诉、作出不起诉决定或者撤销案件的；

（四）未采取取保候审、监视居住、拘留或者逮捕措施，立案后超过两年未移送起诉、作出不起诉决定或者撤销案件的；

（五）人民检察院撤回起诉超过三十日未作出不起诉决定的；

（六）人民法院决定按撤诉处理后超过三十日，人民检察院未作出不起诉决定的；

（七）对生效裁决没有处理的财产或者对该财产违法进行其他处理的。

有前款第三项至六项规定情形之一，赔偿义务机关有证据证明尚未终止追究刑事责任，且经人民法院赔偿委员会审查属实的，应当决定驳回赔偿请求人的赔偿申请。

——《最高人民法院、最高人民检察院关于办理刑事赔偿案件适用法律若干问题的解释》(2015年12月28日，法释〔2015〕24号)。

最高人民法院审判业务意见

问:《最高人民法院、最高人民检察院关于办理刑事赔偿案件适用法律若干问题的解释》(以下简称《司法解释》)对侵犯财产权赔偿主要进行了哪些规定？

答：司法实践中，对于两种侵犯财产权的情形存在较大争议：第一是在没有撤销案件、不起诉或判决无罪的情况下，哪些情形可以纳入国家赔偿法规定的侵犯财产权审查范围；第二是法院作出生效有罪裁决后，对裁决没有处理的财产，刑事赔偿程序中是否有权对相应涉财行为进行审查并作出赔偿决定。《司法解释》结合国家赔偿法的立法精神和赔偿工作的实践经验，对侵犯财产权的情形进行了明确的规定。根据2012年修正的刑事诉讼法，《司法解释》将七种侵犯财产权的情形纳入刑事赔偿审查范围，保证了财产受到侵害的受害人有权进入国家赔偿程序并依法取得国家赔偿。如"采取取保候审、监视居住、拘留或者逮捕措施，在解除、撤销强制措施或者强制措施法定期限届满后超过一年未移送起诉、作出不起诉决定或者撤销案件"，办案机关未依法解除查封、扣押、冻结等措施或返还财产的，"未采取取保候审、监视居住、拘留或者逮捕措施，立案后超过两年未移送起诉、作出不起诉决定或者撤销案件"，办案机关未依法解除查封、扣押、冻结等措施或返还财产的，即属第一种情形；又如"对生效裁决没有处理的财产"，办案机关未依法解除查封、扣押、冻结等措施或者返还财产的，或者违法进行其他处理的，即属于第二种情形。

——最高人民法院赔偿办、最高人民检察院刑申厅有关负责人答记者问，载江必新主编:《解读人民法院司法解释、指导性案例（行政·国家赔偿卷）》，人民法院出版社2016年版，第551页。

1091. 赔偿请求人以监狱及其工作人员存在怠于履行监管职责情形为由提出的申请，属于国家赔偿法规定的刑事赔偿范围

关键词

国家赔偿　职务违法行为　审查范围

最高人民法院司法政策精神

二、赔偿请求人以监狱及其工作人员在对罪犯改造中具有《中华人民共和国国家赔偿法》第十七条第四、五项规定情形，或者存在怠于履行监管职责等情形为由提出的赔偿申请，属于《中华人民共和国国家赔偿法》规定的刑事赔偿范围。

罪犯或者其亲属以罪犯在监狱劳动过程中因劳动致伤亡为由提出的赔偿、补偿申请，不属于《中华人民共和国国家赔偿法》规定的刑事赔偿范围。

——《最高人民法院、司法部印发〈关于监狱作为赔偿义务机关的刑事赔偿有关问题的调研会议纪要〉的通知》（2019年12月13日，法〔2019〕290号）。

附录：最高人民法院主流观点

修正后的《国家赔偿法》第十七条第四、五项规定："行使侦查、检察、审判职权的机关以及看守所、监狱管理机关及其工作人员在行使职权时有下列侵犯人身权情形之一的，受害人有取得赔偿的权利：（四）刑讯逼供或者以殴打、虐待等行为或者唆使、放纵他人以殴打、虐待等行为造成公民伤害或者死亡的；（五）违法使用武器、警械造成公民身体伤害或者死亡的"。监狱作为刑罚的执行机关，主要负责刑罚的执行和狱政管理，与公安机关一样行使着司法和行政的双重职能，修正后的《国家赔偿法》明确将监狱纳入刑事赔偿义务机关的主体范畴，故赔偿请求人以监狱及其工作人员在对罪犯改造中具有《国家赔偿法》第十七条第四、五项规定情形为由提出的申请，属于国家赔偿法规定的刑事赔偿范围。

根据构成国家赔偿责任之行为要件，目前达成之共识是，产生国家赔偿责任的行为，应当是国家机关及其工作人员所为之职务违法行为，包括以下三类：一是行使职权本身的行为违法，也称法律行为违法，如行政机关作出的具体行政行为违法，司法机关作出的拘留、逮捕、审判行为违法或者被再审纠正，或者司法机关作出的查封、扣押、冻结、追缴行为违法；二是与行使职权有关且密不可分的行为违法，也称事实行为违法，如刑讯逼供，违法使用武器、警械，以暴力殴打虐待或者唆使、放纵他人以暴力殴打、虐待等行为；三是怠于履行职权的行为，主要是指负有特定义务的机关怠于履行其职责义务的消极不作为的违法行为，实践中主要指看守所、监狱等负有监管职责的机关怠于履行或未尽善履行监管职责的情形。这几类违法行为，与国家赔偿法规定的赔偿范围相互对应，共同构成了国家赔偿责任的重要内容。

司法实践普遍认为，《国家赔偿法》第十七条第四、五项规定的行为，不仅仅包含殴打、虐待、违法使用武器警械等积极作为的违法行为，同时也应当包含负有监管职责的看守所、监狱,在犯罪嫌疑人、罪犯被羁押或者服刑期间,不履行或者不尽善履行监管职责的消极不作为情形。因此,《关于监狱作为赔偿义务机关的刑事赔偿有关问题的调研会议纪要》明确规定,赔偿请求人以监狱及其工作人员存在怠于履行监管职责情形为由提出的申请,亦属于《国家赔偿法》规定的刑事赔偿范围。

——苏戈、李钟慧:《〈关于监狱作为赔偿义务机关的刑事赔偿有关问题的调研会议纪要〉的理解与适用》,载陶凯元、陈国庆主编:《国家赔偿与司法救助办案指导》2020年度(总第24辑),人民法院出版社2020年版,第15~16页。

1092. 以监狱及其所属医院怠于履行救治义务或者救治不及时、救治不当为由提出的申请,属于国家赔偿法调整范围

关键词

监狱　职务违法行为　国家赔偿法调整范围

最高人民法院司法政策精神

二、赔偿请求人以监狱及其工作人员在对罪犯改造中具有《中华人民共和国国家赔偿法》第十七条第四、五项规定情形,或者存在怠于履行监管职责等情形为由提出的赔偿申请,属于《中华人民共和国国家赔偿法》规定的刑事赔偿范围。

罪犯或者其亲属以罪犯在监狱劳动过程中因劳动致伤亡为由提出的赔偿、补偿申请,不属于《中华人民共和国国家赔偿法》规定的刑事赔偿范围。

——《最高人民法院、司法部印发〈关于监狱作为赔偿义务机关的刑事赔偿有关问题的调研会议纪要〉的通知》(2019年12月13日,法〔2019〕290号)。

附录:最高人民法院主流观点

我们认为,以监狱及其所属医院怠于履行救治义务或者救治不及时、救治不当为由提出的申请,与其他因监管职权引发的国家赔偿案件一样,在目前尚无其他法律法规明确规定的情况下,应纳入国家赔偿法调整范围,理由如下:

首先,根据《监狱法》的规定,监狱的主要宗旨是执行刑罚,惩罚和改造罪犯,预防和减少犯罪。而根据该法的授权及其相关规定,监狱的法定职责,主要包括刑罚执行、狱政管理、对罪犯的教育改造,以及对罪犯在监狱

内的犯罪案件进行侦查。

其次,《监狱法》第五十四条规定,监狱应当设立医疗机构和生活、卫生设施,建立罪犯生活、卫生制度。罪犯的医疗保健列入监狱所在地区的卫生、防疫计划。即监狱的狱政管理职责,包含有关医疗、卫生范畴。换言之,监狱医院系监狱为贯彻实施《监狱法》规定,设立的专门为解决罪犯医疗问题的机构,其隶属于所在监狱,没有独立的法人资格。监狱医院的医疗行为亦具有一定的强制性,罪犯并无选择权,且监狱医院不收取任何费用,有别于社会医院向普通患者提供医疗服务的民事关系,不属于医疗服务范畴。监狱医院的医生一般也是双重身份,既具有医生资格,又同时具有狱警身份,其所作出的医疗行为亦同时属于监狱工作人员的执法行为。监狱医院与罪犯之间基于监管与被监管的关系而产生,监狱在狱政管理过程中实施的有关医疗、卫生领域的行为,属于监管职责的组成部分。更进一步讲,监狱医院对罪犯从事医疗诊治的行为,是监狱履行其监管职责的重要组成部分,或者说是监管行为的延伸。

再次,从现行的民事相关法律规定来看,无论是《侵权责任法》[①]还是《最高人民法院关于审理医疗损害责任纠纷案件适用法律若干问题的解释》,其所规范的医患关系以及医疗损害责任纠纷,均不包括监狱医院及其相关医疗行为。且如前所述,司法实践中,罪犯及其亲属无法通过民事诉讼方式,向监狱及其所属医院主张医疗损害赔偿。

最后,如前所述,以监狱违法行使职权,或者怠于履行监管职责为由提出的赔偿申请,都属于国家赔偿法调整范围,而作为监狱行使职权、监管职责中重要组成部分的医疗行为如不能纳入其中,则有失标准统一。此外,以监狱及其所属医院怠于履行救治义务为由申请赔偿的绝大多数案件中,当事人申请的行为通常难以区分是单纯的医疗行为还是监管履职行为,其所提申请往往二者皆有,如既申请监狱及其所属医院怠于履行救治义务,又申请其救治行为不当等。若将纯医疗行为纳入民事诉讼范围,则将产生同一申请人提出的关于监狱及其所属医院的诉求,分属不同调整范围,如此操作显然不利于及时、统一地审查处理所涉案件。

综上所述,以监狱及其所属医院怠于履行救治义务或者救治不及时、救治不当为由提出的申请,属于国家赔偿法调整范围,属于本《纪要》规定的监狱涉赔案件范畴。

——苏戈、李钟慧:《〈关于监狱作为赔偿义务机关的刑事赔偿有关问题的调研会议纪要〉的理解与适用》,载陶凯元、陈国庆主编:《国家赔偿与司法救助办案指导》2020年度(总第24辑),人民法院出版社2020年版,第

---

① 本法已被《中华人民共和国民法典》废止。

16-18 页。

1093. 监狱服刑期间感染艾滋病病毒监狱应就相关事实承担进一步的举证责任

关键词

监狱　感染艾滋病病毒　举证责任

最高人民法院裁判文书

赵某辉申请吉林省四平监狱刑事赔偿申诉案［最高人民法院（2016）最高法委赔监230号国家赔偿决定书］

裁判要旨：国家赔偿案件一般情况下是谁主张谁举证。只有被羁押人在羁押期间死亡或者丧失行为能力的，适用举证责任倒置，监狱管理机关应就其履职行为与被羁押人的死亡或者丧失行为能力之间是否存在因果关系提供证据，否则可能承担举证不利的后果。罪犯就其在监狱服刑期间感染艾滋病病毒的损害事实及因果关系等提供了初步证据后，监狱应承担进一步的举证责任。

附录：本案解析

根据《中华人民共和国国家赔偿法》第二十六条规定，人民法院赔偿委员会处理赔偿请求，赔偿请求人和赔偿义务机关对自己提出的主张，应当提供证据。被羁押人在羁押期间死亡或者丧失行为能力的，赔偿义务机关的行为与被羁押人的死亡或者丧失行为能力是否存在因果关系，赔偿义务机关应当提供证据。综上规定，国家赔偿案件的举证责任，一般情况下是谁主张谁举证。只有被羁押人在羁押期间死亡或者丧失行为能力的，适用举证责任倒置，监狱管理机关应就其履职行为与被羁押人的死亡或者丧失行为能力之间是否存在因果关系提供证据，否则可能承担举证不利的后果。同时，我们认为对于被羁押人在羁押期间发生伤害的，虽然应当由赔偿请求人就伤害事实和因果关系进行举证，但由于被羁押人当时处于被限制人身自由的状态，监控视频、监管材料等证据还需向监狱申请提供，很不利于案件事实的查明。因此，从举证的便利性而言，负责监管的监狱管理机关应当调取、收集其在羁押期间形成的相关影像、日常监管材料等，协助、配合审查处理国家赔偿案件的监狱管理机关、人民法院赔偿委员会调查了解案件的基本情况。必要时，人民法院赔偿委员会可视案件的具体情况，公平、合理地分配案件举证责任。

本案中，赵某辉主张其系在四平监狱服刑期间感染艾滋病病毒，并提供其服刑后几次血液检测结果，以证明其在入监狱服刑前及服刑初期并未感染艾滋病病毒；其同时还举证证明四平监狱羁押艾滋病病毒携带者赵某某，且对赵某某的监管不符合监管规范。根据前述规定，可以认为其已就本案损害事实及因果关系等提供了初步证据。同时，赵某辉因被羁押，其人身自由受到限制，且其入狱时已高位截瘫多年，行动不便，生活起居均需人照料，其虽不是丧失行为能力人，但如将四平监狱的监管行为与赵荣辉感染艾滋病病毒之间是否存在因果关系的举证责任完全交由赵荣辉承担，一方面，仅凭赵某辉一己之力难以完成，另一方面，亦显失公平。综合以上案件具体情况，本案应将进一步的举证责任分配给享有举证便利条件的四平监狱为宜。

——陶凯元、陈国庆主编：《国家赔偿与司法救助办案指导》（总23辑），人民法院出版社2020年版，第92~93页。

1094. 监狱对服刑人员未尽到及时救治义务应承担相应的赔偿责任

关键词

监狱　服刑人员　救治义务

最高人民法院裁判文书

廖某妹等申请河北省太行监狱刑事赔偿申诉案［最高人民法院（2018）最高法委赔监125号国家赔偿决定书］

裁判要旨：监狱怠于履行监管责任，对服刑人员未尽到及时救治义务，造成损害后果时，应在综合考虑监狱怠于履行职责行为对损害结果所起作用、其过错程度的基础上，适当确定国家赔偿责任的比例和数额。

附录：本案解析

在服刑人员因病死亡的情形下，判断监狱是否对服刑人员尽到及时救治义务是国家赔偿中的一个难点问题。《监狱法》等相关规定关于监狱对服刑人员的救治义务规定比较原则，实践中需要结合具体情况和经验常识进行判断。由于监狱具有管理、教育、改造服刑人员的特殊职能，其所承担的及时救治义务不同于普通的医疗机构，应当以其是否尽到法定的、合理的以及属于正常认知范围内的注意义务作为判断的前提。本案中，太行监狱违反《监狱法》及司法部相关规定，其医疗制度不健全、不完善，没有专业医护人员对其所患疾病进行必要的检查和诊断，而安排服刑人员从事医疗保障工作，在一定程度上影响了生病的服刑人员得到及时的诊断和治疗，应当认定其对于王某福的患病情形，未尽到法定的、合理的以及属于正常认知范围内的注意义务。河北省高级人民法院赔偿委员会认定该监狱未依法履行监管责任、未尽到及时的救治义务，与王某福的死亡之间存在一定联系，具有事实和法律依据。

本案中，王某福直接致死原因系患化脓性肺炎致呼吸循环衰竭死亡，案件中并不存在监狱工作人员殴打、虐待行为，或者放纵、唆使他人殴打、虐待等情形，故只需考虑监狱未尽到及时救治义务应承担的赔偿责任的比例问题。此时，应当全面、综合考虑监狱怠于履行职责行为对损害结果所起作用、其过错程度等方面因素，适当确定国家赔偿责任的比例和数额。河北省高级人民法院赔偿委员会综合考虑以上情况，酌定太行监狱就王某福死亡承担 40% 的国家赔偿责任，其酌定因素及数额均在合理的自由裁量权范围内，并无不当。本案对同类案件的处理具有一定参考作用，彰显了《国家赔偿法》立足尊重与保障人权，促进国家机关依法行使职权的立法目的与意义。

——陶凯元、陈国庆主编：《国家赔偿与司法救助办案指导》（总 23 辑），人民法院出版社 2020 年版，第 95~96 页。

1095. 监狱监管行为已尽到合理注意义务应认定为正当履职

关键词

监狱　监管行为　合理注意义务　正当履职

最高人民法院裁判文书

李某申请十堰中院错误执行赔偿案［最高人民法院（2018）最高法委赔监 43 号国家赔偿决定书］

裁判要旨：在审查处理监狱作为赔偿义务机关的国家赔偿案件时，应当以合法性、合理性、正当性作为监狱及其人员是否依法尽善履职的实体审查判断标准。监狱对服刑人员的监管、救助行为符合法律、法规及相关规范性文件的规定，或已尽到合理、及时或属于正常认知范围内的注意义务的，应当认定为正当履职行为。反之，如监狱管理人员未尽到合法、合理、及时监管或注意义务造成损害后果的，可能被认定为怠于履职的情形。

附录：最高人民法院主流观点

各级监狱、监狱管理机关、人民法院赔偿委员会在审查处理监狱作为赔偿义务机关的国家赔偿案件时，应当以合法性、合理性、正当性作为监狱及其人员是否依法尽善履职的实体审查判断标准。监狱对服刑人员的监管、救助行为符合法律、法规及相关规范性文件的规定，或已尽到合理、及时或属于正常认知范围内的注意义务的，应当认定为正当履职行为。反之，如监狱未尽到合法、合理、及时监管或注意义务造成损害后果的，可能被认定为怠于履职的情形。

首先，根据《国家赔偿法》第十七条第四项、第五项规定，监狱及其工作人员有刑讯逼供，违法使用武器、警械，以殴打、虐待等行为，或者唆使、放纵他人以殴打、虐待等行为，造成公民身体伤害或者死亡的，由国家承担赔偿责任。其中，"唆使、放纵他人以殴打、虐待等行为"，应当理解为，监狱及其工作人员在行使职权时，虽未直接实施暴力行为，但其以授意、怂恿、引诱等方法，唆使或者放纵他人对服刑人员实施殴打、虐待等暴力行为；此外，监狱及其工作人员在具有制止殴打、虐待的法定义务及条件的情况下，明知殴打、虐待情形已发生时，不予理睬、听之任之，严重不负责任，放任甚至追求损害后果发生或者加重的，亦应理解为属于放纵情形。

其次，监狱及其工作人员在被羁押人员殴打、虐待等行为发生时，因具有人员脱岗、工具失管等怠于履行职责情形，或者对罹患重病的被羁押人不及时救治、送诊，或者监狱所属医疗机构因故意或重大过失出现医疗过错，与损害结果的发生或者加重具有一定关联的，应当综合考虑该怠于履行职责行为在损害发生过程和结果中所起的作用等因素，适当确定国家赔偿的比例和数额。

再次，在理解和把握监狱履行法定职责的界限问题时，不应片面理解为只要监管场所内出现人身伤亡事件，就必然认定监狱未尽到监管职责。而应当将监狱及其工作人员是否尽到了法定的、合理的以及属于正常认知范围内的注意义务，作为判断其是否尽善履职的标准。对于某些意外事件或者突发情形，经查监狱及其工作人员已依法履行了相关职责，尽到了合理的注意义务，则应当认定监狱不承担赔偿责任，不能严苛要求监狱及其工作人员一律承担违法的赔偿责任。

本案在查明相关事实的基础上，认定监狱不存在怠于履职的情形，充分体现了国家赔偿法既保障人权、又保障国家机关工作人员依法履职行为不受不当追究的价值追求，具有典型示范意义。

——陶凯元、陈国庆主编：《国家赔偿与司法救助办案指导》（总23辑），人民法院出版社2020年版，第104~105页。

1096. 监管机关对刑满释放的限制行为能力人未尽通知等注意义务应承担相应的赔偿责任

关键词

监管机关　刑满释放　赔偿责任

最高人民法院裁判文书

郭某立等五人申请南阳市公安局刑事赔偿申诉案［最高人民法院（2018）最高法委赔监30号国家赔偿决定书］

裁判要旨：看守所在羁押期间，对被羁押人有日常生活管理和教育职责，其在释放时，对限制行为能力的被羁押人未尽到通知原籍公安机关和司法行政机关，或通知亲属等合理注意义务，以致产生被羁押人下落不明的后果，监管机关对此应当承担相应的赔偿责任。

附录：本案解析

对于限制责任能力人被释放后下落不明，被宣告死亡的情况，是否应予赔偿，有两种观点。支持赔偿的观点认为，羁押机关对于无责任能力和限制责任能力的人都应负有特别关照义务，在释放时应通知其亲属或原籍公安机关或司法行政机关，没有适当履行此义务时应当承担相应责任。不予赔偿的观点则认为，对于无责任能力的人，羁押机关负有特殊义务还说得过去。对于限制责任能力的人，因刑法已认可其有控制和辨认自己行为的能力，其应对自己的行为负刑事责任，这种情况下还对羁押机关赋予特殊关照义务，使羁押机关的义务过重，有失公平。本案河南省高级人民法院赔偿委员会的决定虽然驳回了赔偿申请人的赔偿请求，但是同时对河南省公安厅的复议决定予以撤销，即否定了羁押机关无责任的观点，决定书的论理部分明确了对于限制责任能力人，羁押机关负有特别注意义务，如未能履行此义务，其不作为行为与损害后果有因果关系的，应承担一定的赔偿责任。由于限制责任能力人毕竟不同于正常人，其辨认和控制能力均有所削弱，对羁押机关赋予一定的特殊关照义务，但对责任承担的比例予以适当限制，可以达到公平目的。

故本院决定对此予以认可。

——陶凯元、陈国庆主编:《国家赔偿与司法救助办案指导》(总23辑),人民法院出版社2020年版,第111页。

1097. 罪犯因劳动致伤残或死亡所涉赔偿申请问题

关键词

罪犯　监狱　劳动关系

最高人民法院司法政策精神

二、赔偿请求人以监狱及其工作人员在对罪犯改造中具有《中华人民共和国国家赔偿法》第十七条第四、五项规定情形,或者存在怠于履行监管职责等情形为由提出的赔偿申请,属于《中华人民共和国国家赔偿法》规定的刑事赔偿范围。

罪犯或者其亲属以罪犯在监狱劳动过程中因劳动致伤亡为由提出的赔偿、补偿申请,不属于《中华人民共和国国家赔偿法》规定的刑事赔偿范围。

——《最高人民法院、司法部印发〈关于监狱作为赔偿义务机关的刑事赔偿有关问题的调研会议纪要〉的通知》(2019年12月13日,法〔2019〕290号)。

附录:最高人民法院主流观点

罪犯与监狱之间不存在属于劳动法调整的劳动关系。罪犯在监狱参加劳动,是使其矫正恶习,养成劳动习惯,学会生产技能,并为释放后再就业创造条件的有效改造途径。《监狱法》第七十三条规定:"罪犯在劳动中致伤致残或者死亡的,由监狱参照国家劳动保险的有关规定处理"。据此规定以及司法部规范性文件规定,罪犯在劳动改造过程中,因劳动致伤残或死亡的,适用司法部《罪犯工伤补偿办法(试行)》,对罪犯给予一次性伤残补助金。目前,该办法亦在修改完善过程中。因此,除罪犯以监狱及其工作人员在其劳动改造过程中具有《国家赔偿法》第十七条第四、五项规定情形为由提出的申请,属于国家赔偿法调整范围外,罪犯或其亲属以罪犯因劳动致伤残或死亡为由提出的申请,不属于《关于监狱作为赔偿义务机关的刑事赔偿有关问题的调研会议纪要》规定的监狱涉赔案件范畴,由监狱管理机关依据司法部相关规定予以处理。

——苏戈、李钟慧:《〈关于监狱作为赔偿义务机关的刑事赔偿有关问题的调研会议纪要〉的理解与适用》,载陶凯元、陈国庆主编:《国家赔偿与司法救助办案指导》2020年度（总第24辑），人民法院出版社2020年版，第19页。

1098. 公民在看守所羁押期间患病死亡所引起的国家赔偿，应当按照刑事赔偿程序处理

关键词

国家赔偿　赔偿义务机关　赔偿程序　羁押期间　患病死亡

最高人民法院裁判文书

张某诉三门峡市人民政府不予受理行政复议申请决定案［最高人民法院（2017）最高法行申1468号行政裁定书］

裁判要点：1. 根据不同的标准，国家赔偿有不同的分类。《国家赔偿法》所规定的行政赔偿、刑事赔偿以及民事、行政诉讼中的司法赔偿，就是以国家赔偿的原因为标准进行的分类。国家赔偿的种类不同，赔偿义务机关和赔偿程序就有所不同。公民在看守所羁押期间患病死亡所引起的国家赔偿，应当按照《国家赔偿法》规定的刑事赔偿程序处理。受害人对此主张行政赔偿并申请行政复议，行政复议机关以不属于行政复议范围为由不予受理，并无不当。

2. 在《国家赔偿法》修改之前，对于犯罪嫌疑人在看守所羁押期间患病死亡所引起的国家赔偿应如何处理，的确存在不同意见，但是在《国家赔偿法》以及相关司法解释已有明确规定的情况下，应当适用《国家赔偿法》的相关规定。

最高人民法院认为：根据《国家赔偿法》第二条第一款的规定，国家机关和国家机关工作人员行使职权，有本法规定的侵犯公民、法人和其他组织合法权益的情形，造成损害的，受害人有依照本法取得国家赔偿的权利。根据不同的标准，国家赔偿有不同的分类。《国家赔偿法》所规定的行政赔偿、刑事赔偿以及民事、行政诉讼中的司法赔偿，就是以国家赔偿的原因为标准进行的分类。国家赔偿的种类不同，赔偿义务机关和赔偿程序就有所不同。本案所涉及的公民在看守所羁押期间患病死亡所引起的国家赔偿，就应当按照《国家赔偿法》规定的刑事赔偿程序处理。受害人对此主张行政赔偿并申请行政复议，行政复议机关以不属于行政复议范围为由不予受理，并无不当。具体理由如下：

一、看守所对在押的犯罪嫌疑人的监管属于刑事司法行为而不是行政行为。根据《国家赔偿法》第三条和第十七条的规定，行政机关及其工作人员在行使行政职权时有侵犯人身权情形的，属于行政赔偿范围；行使侦查、检察、审判职权的机关以及看守所、监狱管理机关及其工作人员在行使职权时有侵犯人身权情形的，属于刑事赔偿范围。公安机关具有行政管理和刑事司法双重职能。公安机关在行使行政管理职权过程中违法侵害他人合法权益的，产生的是行政赔偿责任；在依照《刑事诉讼法》的明确授权行使刑事司法职能过程中违法侵害他人合法权益的，产生的是刑事赔偿责任。由公安机关管辖的看守所，是羁押依法被逮捕、刑事拘留的犯罪嫌疑人的机关，看守所对犯罪嫌疑人实施羁押监管，其职权的立法依据源于《刑事诉讼法》。因此，看守所对在押的犯罪嫌疑人的监管属于刑事司法行为而不是行政行为，由此引起的国家赔偿，不属于《中华人民共和国行政复议法》所规定的行政复议范围。

二、《国家赔偿法》以及相关司法解释对此已有明确规定。再审申请人主张，"根据2005年5月8日最高人民法院研究室《关于犯罪嫌疑人在看守所羁押期间患病未得到及时治疗而死亡所引起的国家赔偿应如何处理问题的答复》（法研〔2005〕67号）的内容，本案应当按照行政赔偿程序处理。"本院注意到，在《国家赔偿法》修改之前，对于犯罪嫌疑人在看守所羁押期间患病死亡所引起的国家赔偿应如何处理，的确存在不同意见，但是修改后的《国家赔偿法》第十七条规定："行使侦查、检察、审判职权的机关以及看守所、监狱管理机关及其工作人员在行使职权时有下列侵犯人身权情形之一的，受害人有取得赔偿的权利：……（四）刑讯逼供或者以殴打、虐待等行为或者唆使、放纵他人以殴打、虐待等行为造成公民身体伤害或者死亡的……"《最高人民法院办公厅关于国家赔偿法实施中若干问题的座谈会纪要》第十四条第一款规定："依照国家赔偿法第十七条第四项的规定，行使侦查、检察、审判职权的机关以及看守所、监狱管理机关及其工作人员，有放纵他人虐待、违法不履行或怠于履行法定职责等不作为情形，且与公民在羁押期间死亡或者受到伤害存在因果关系的，受害人有取得赔偿的权利。"《最高人民法院、最高人民检察院关于办理刑事赔偿案件适用法律若干问题的解释》第十条规定："看守所及其工作人员在行使职权时侵犯公民合法权益造成损害的，看守所的主管机关为赔偿义务机关。"据此，在《国家赔偿法》以及相关司法解释已有明确规定的情况下，应当适用《国家赔偿法》的相关规定。再审申请人的再审理由本院不予支持。

——最高人民法院第四巡回法庭编：《最高人民法院第四巡回法庭典型行政案件裁判观点2017—2018》，法律出版社2020年版，第493~497页。

1099. 侦查机关采取扣押措施不当，应当承担国家赔偿责任

关键词

国家赔偿　刑事扣押措施不当

最高人民法院公布的典型案例

重庆英广房地产经纪有限公司申请重庆市公安局九龙坡区分局违法查封国家赔偿案

裁判要点：侦查机关虽未直接查封、扣押赔偿请求人的财产，但客观上占用了其物业，且在查明该公司与刑事案件无关的情况下，未及时将案涉物业移交，属于采取扣押措施不当，应当承担国家赔偿责任。

基本案情

2011年7月1日，重庆英广房地产经纪有限公司（以下简称英广公司）分别与重庆鼎利茂业汽车租赁有限公司（以下简称鼎利公司）、广东邦家健康产业超市有限公司（以下简称邦家公司）签订《房屋租赁合同》，将九龙坡区某商业用房负一层、一层出租给前述两公司。因两公司涉嫌非法吸收公众存款，重庆市公安局九龙坡区分局（以下简称九龙坡区公安局）于2012年5月15日决定立案侦查，同日对相关涉案人员进行查处，并对该两公司相关承租场地内的涉案物品及车辆进行就地扣押。因涉案物品不宜移动，九龙坡区公安局将其置于该两公司承租场地内。自2013年5月22日起，九龙坡区公安局将腾退的物资置于英广公司、重庆亚城房屋销售有限公司（以下简称亚城公司）车位内。九龙坡区公安局在使用英广公司、亚城公司物业期间，造成物业管理费、车位租金、水电费等损失。因九龙坡区公安局分别对英广公司、亚城公司的申请作出决定，对其损失不便计算，后经英广公司、亚城公司协商同意，将此部分损失的主张权利单独归为英广公司享有。英广公司遂向重庆市第五中级人民法院申请九龙坡区公安局赔偿损失。

裁判结果

重庆市第五中级人民法院赔偿委员会经审理认为，九龙坡区公安局在决定对鼎利公司、邦家公司立案侦查后，对上述公司相关承租场地内的涉案物品及车辆进行就地扣押，并将其置于承租场地内的保管，虽然九龙坡区公安局未对上述物业进行查封，但客观上占用该物业，且在查明英广公司与刑事

案件无关的情况下,未及时将案涉物业移交给英广公司,给英广公司造成损失,应当承担国家赔偿责任。据此决定由九龙坡区公安局赔偿英广公司1083300元。

典型意义

公权力的行使,往往是一把双刃剑,依法运行可以造福人民,违法行使则可能损害公民和企业的合法权益。党的十八大以来,党中央始终强调要把权力关进制度的笼子,加强对权力运行的制约和监督。本案即是一起因刑事扣押措施不当引发的国家赔偿案件。侦查机关虽未直接查封、扣押赔偿请求人的财产,但客观上占用了其物业,且在查明该公司与刑事案件无关的情况下,未及时将案涉物业移交,属于采取扣押措施不当,应当承担国家赔偿责任。本案的审理结果,对于促进公权力机关严格规范办案程序,依法审慎采取措施,改进办案方式方法,注意保护案外第三人的合法产权等,均具有一定的规范引导作用。

——《人民法院国家赔偿和司法救助典型案例》(2019年12月19日)。

1100. 指定重审的不同法院先后作出有罪判决的以在后的法院为赔偿义务机关

关键词

指定重审　赔偿义务机关

最高人民法院答复

河北省高级人民法院:

你院(2017)冀赔他1号《关于高某增以重审无罪为由请求国家赔偿如何确定赔偿义务机关的请示》收悉。经研究,答复如下:

一审判决有罪,二审发回重审后重审期间人民检察院作出不起诉决定的,属于《国家赔偿法》第二十一条第四款规定的重审无罪赔偿,作出一审有罪判决的人民法院为赔偿义务机关。高某增涉嫌犯寻衅滋事罪一案,经河北省唐山市中级人民法院两次发回重审和两次指定管辖,滦南县人民法院、乐亭县人民法院先后作出一审有罪判决。本案应当适用赔偿义务机关后置赔偿,以在后作出一审有罪判决的乐亭县人民法院为赔偿义务机关。

此复

——《最高人民法院关于对河北省高级人民法院〈关于高某增以重审无罪为由请求国家赔偿如何确定赔偿义务机关的请示〉的答复》(2018年9月18日,〔2018〕最高法赔他5号)。

1101. 重审期间检察院变更起诉罪名，被告人被羁押的期限超出生效判决确定的刑期是否纳入国家赔偿范围

关键词

检察院变更起诉罪名　国家赔偿

附录：最高人民法院法官著述

（一）对无罪羁押赔偿的理解

我国国家赔偿遵循无罪羁押赔偿。无罪羁押赔偿，是指只有在受害人没有犯罪的情况下，司法机关对其采取的逮捕及判处拘役、徒刑等羁押行为才是错误的，国家才承担赔偿责任。如果受害人有犯罪行为，即使逮捕和判处刑罚存在着违法的情况，例如超过法定期限羁押的，国家也不承担赔偿责任。我国国家赔偿法强调"无罪"，受害人有犯罪事实而被逮捕的、轻罪重判或犯此罪而被宣判彼罪的情形，不属于国家赔偿法上的错误逮捕、错误判决的范围。

（二）对重审无罪赔偿的理解

重审无罪赔偿的第一种情形，即原审人民法院改判无罪并已发生法律效力的，要同时具备两个条件：原审人民法院在被二审发回重审后改判无罪，且已发生法律效力。我国刑事诉讼法采用的是二审终审制，即刑事案件的审理要经过一审、二审，审理案件的诉讼程序至此终结。一审法院审理刑事案件作出有罪判决后，被告只要不服，提出上诉，就引起了二审程序，二审法院作出改判无罪的判决或是维持原判的裁定即为案件的最终结论，该案的刑事诉讼程序终结。二审法院发回重审是指发回原一审法院重审，该案的刑事诉讼程序尚未终结，案件又进入一审阶段。首先，原一审法院必须作出无罪的刑事判决，才能引起赔偿，若再次作出有罪判决，即使是定罪免刑也不能引起赔偿，因为无罪是赔偿的前提。其次，原一审法院作出无罪的刑事判决后，按照程序仍存在进入二审的情形，如果被告人上诉或检察院抗诉，或同时存在，那么一审无罪判决不能生效，则二审程序被启动。只有在被告人不上诉、检察院不抗诉的情况下，该一审无罪判决才发生法律效力，也即此时才符合重审无罪的第一种情形，作出一审有罪判决的法院为赔偿义务机关。

（三）王某因被追究刑事责任而被羁押不应予以国家赔偿

我国《国家赔偿法》实行法定赔偿，对涉及刑事羁押的明文规定了无罪羁押赔偿原则。本案中，北海市人民检察院对王某以犯抢劫和盗窃两罪向北海市中级人民法院提起公诉。王某案经广西壮族自治区高级人民法院两次发

回重审。北海市人民检察院后对王某变更起诉罪名为盗窃，北海市中级人民法院判决王某构成盗窃罪。此时，王某被羁押的时间已经超过了判决确定的盗窃罪的刑罚期限。我们认为，王某被羁押的期限超出判决确定的刑期，属于在整个刑事追诉活动中，人民法院作出生效裁判之前对犯罪嫌疑人的羁押，是司法机关根据刑事诉讼法的规定保障刑事诉讼法顺利进行的程序措施。此种情形不属于国家赔偿法规定的"对没有犯罪事实的人错误逮捕"，也不属于再审改判无罪，亦不属于数罪中个罪改判无罪且原判刑罚已经执行的情形。因此，王某要求国家赔偿没有法律依据。

（四）关于广西壮族自治区高级人民法院提出的对同一刑事案件被告人庞某某因重审后检察机关决定不起诉已予以赔偿，本案对王某不予赔偿难以使其服判息诉的问题

《国家赔偿法》第二十一条第四款规定的重审无罪赔偿的第二、三种情形，即重审期间人民检察院作出不起诉决定的情形、人民检察院在重审期间撤回起诉超过三十日或者人民法院决定按撤诉处理超过三十日未作出不起诉决定的情形，均非法院作出无罪判决引发的赔偿，而是由检察院是否作出不起诉决定引发的赔偿。一审法院作出有罪判决后，二审发回原一审法院重审，案件又重回一审审理期间，在一审法院尚未作出判决前的阶段，就是第二、三种情形所指的重审期间。如果一审法院已作出判决，那么一审程序就结束了，不存在第二、三种情形。重审与一审审理过程没有不同，均为检察院提起公诉后等待法院判决的阶段。

检察机关作出不起诉的内容在《中华人民共和国刑事诉讼法》第一百七十三条①有规定，犯罪嫌疑人没有犯罪事实，或者有本法第十五条②规定的情形之一的，人民检察院应当作出不起诉决定；对于犯罪情节轻微，依照刑法规定不需要判处刑罚或者免除刑罚的，人民检察院可以作出不起诉决定。《人民检察院刑事诉讼规则（试行）》对此规定得更为详细，第四百零一条规定，人民检察院对于公安机关移送审查起诉的案件，发现犯罪嫌疑人没有犯罪事实，或者符合刑事诉讼法第十五条规定的情形之一的，经检察长或者检察委员会决定，应当作出不起诉决定；对于犯罪事实并非犯罪嫌疑人所为，需要重新侦查的，应当在作出不起诉决定后书面说明理由，将案卷材料退回公安机关并建议公安机关重新侦查。第406条规定，人民检察院对于犯罪情节轻微，依照刑法规定不需要判处刑罚或者免除刑罚的，经检察长或者检察委员会决定，可以作出不起诉决定。以上不起诉内容实际与撤回起诉的条件基本相同，也即撤回起诉是程序，而不起诉则是检察院对不是犯罪等情形所做的

---

① 本条规定现为《中华人民共和国刑事诉讼法》（2018年修正）第一百七十七条。
② 本条规定现为《中华人民共和国刑事诉讼法》（2018年修正）第十六条。

法律结论，与法院作出的无罪判决具有同等法律效力。

因此，与王某为同一刑事案件被告人的庞某某因重审后检察机关决定不起诉，符合重审无罪赔偿的第二种情形，即重审期间人民检察院作出不起诉决定的，赔偿义务机关应当依法给予国家赔偿。

——陈娅：《重审期间检察院变更起诉罪名 被告人被羁押的期限超出生效判决确定的刑期是否国家赔偿》，载最高人民法院赔偿委员会办公室编著：《最高人民法院国家赔偿司法救助司法解释理解与适用》人民法院出版社2020年版，第216~221页。

1102. 再审改判无罪，退还以罚金名义收取的钱款应赔偿相应利息

关键词

国家赔偿　再审改判无罪　以罚金名义　利息

最高人民法院裁判文书

孙某杰申请葫芦岛中院再审无罪赔偿案［最高人民法院（2019）最高法委赔提1号国家赔偿决定书］

裁判要旨：法院在刑事诉讼程序中，以罚金名义收取被告人钱款，并作出生效刑事判决予以明确，当事人被再审改判无罪后申请国家赔偿的，人民法院在退还该款项的同时，应对该款项的利息予以赔偿。

附录：本案解析

本案人身自由赔偿金及精神损害抚慰金部分并无争议，争议焦点为孙某杰提出的所缴钱款利息损失问题。

根据《中华人民共和国国家赔偿法》第十八条第二项、第三十六条第一项、第七项的规定，依照审判监督程序再审改判无罪，原判罚金、没收财产已经执行的，返还财产，并应当支付银行同期存款利息。本案葫芦岛中院生效刑事判决认定在孙某杰犯逃税罪，判处有期徒刑三年，缓刑五年，并处罚金人民币3000000元，连山区法院向孙某杰收取的2867081.31元亦以罚金名义上缴国库，该笔钱款应视为法院对孙某杰罚金刑的执行，在本金已返还的情况下，孙某杰有权利依据前述条文主张利息损失。辽宁高院赔偿委员会认为该款未作为罚金刑执行，葫芦岛中院并未侵犯孙某杰的财产权，有所不当。

至于计息期间如何计算的问题，存在两种不同意见。

一种意见认为，计算期限应该自法院收取时至退库缴税止，理由是：在孙某杰涉嫌逃税罪刑事案件中，连山法院共收取孙某杰2867081.31元，生效刑事判决对孙某杰判处罚金300万元，且该笔款项当时系以罚金名义上缴国库，该行为应视作对孙某杰罚金刑的执行。但是，连山法院按照虹螺岘分局的要求将该笔款项退库缴税，该局出具了税收通用完税凭证，且在孙某杰再审改判无罪后应其要求对该笔款项进行了退库，故连山法院退库缴税后，该笔款项的性质应认定为税款。因此，孙某杰向法院交纳钱款至法院退库期间，应认定该笔款项是罚金，应由再审无罪的赔偿义务机关葫芦岛中院根据国家赔偿法第三十六条第七项、《最高人民法院、最高人民检察院关于办理刑事赔偿案件适用法律若干问题的解释》第二十条的规定赔偿利息。对于连山法院退库缴税至返还期间的利息，孙某杰应依据税收征管法的相关规定向税务部门进行主张。

另一种意见认为，计算期限应该自法院收取时至最终返还孙某杰时止，理由是：根据《最高人民法院、最高人民检察院关于办理刑事赔偿案件适用法律若干问题的解释》第二十条的规定，返还执行的罚款或者罚金、追缴或者没收的金钱，解除冻结的汇款的，应当支付银行同期存款利息，利率参照赔偿义务机关作出赔偿决定时中国人民银行公布的人民币整存整取定期存款一年期基准利率确定，不计算复利，计息期间自侵权行为发生时起算，至侵权行为停止时止。本案连山区法院系以罚金名义向孙某杰收取了钱款，后虹螺岘分局以先缴税款再缴罚金为由要求连山区法院退库缴税，是基于其行政职责并依据认定孙某杰犯逃税罪的生效刑事判决所出的具体行政行为。孙某杰再审改判无罪后，国家公权力机关对孙某杰钱款的处分依据已不存在，本案中虽然存在司法机关和税务机关对孙某杰钱款予以混合处分的情形，但该混合处分导致退款延后的后果不应由当事人承担。故应决定由赔偿义务机关葫芦岛中院就收取钱款起至返还孙某杰止期间的利息损失进行赔偿。

案经最高人民法院赔偿委员会讨论认为，本案存在公权力机关对孙某杰钱款予以混合处分的情形，该处分所引发的后果不应由当事人自行承担，从有利于当事人的角度出发，应由人民法院依据国家赔偿法的相关规定，对孙某杰所交钱款自缴纳到返还期间的全部利息进行赔偿，此举更符合国家赔偿"当赔则赔"的新理念。

——陶凯元、陈国庆主编：《国家赔偿与司法救助办案指导》（总24辑），人民法院出版社2020年版，第77~78页。

1103. 再审改判无罪，原维持一审财产刑判决的二审法院为赔偿义务机关

关键词

再审改判无罪　维持一审财产刑判决　赔偿义务机关

最高人民法院裁判文书

路某业、路某启等申请抚顺市中级人民法院刑事赔偿申诉案［最高人民法院（2016）最高法委赔监396号国家赔偿决定书］

裁判要旨：经再审改判无罪，原判自由刑、财产刑及追缴财物已经执行的，应当以原维持一审有罪判决的二审法院作为赔偿义务机关。

附录：本案解析

侵犯财产权的刑事赔偿是国家赔偿的重要组成部分，同时也是实践中法律适用问题较为疑难复杂的赔偿领域。涉案款物的处分，往往涉及侦查机关、检察机关、审判机关甚至政府部门在不同阶段的处理，刑事法律关系与民事等其他法律关系的交织，以及财产性质、权属的判断等问题，一直是刑事诉讼的规范重点和难点所在。与之相关的侵犯财产权的刑事赔偿，除前述问题外，通常还涉及撤销案件、决定不起诉或判决宣告无罪，是否属于对涉案款物处分行为违法的确认，国家赔偿程序与其他法律程序如何衔接，人民法院赔偿委员会如何行使司法审查权，如何确定赔偿义务机关等问题。这些法律适用问题在实践中分歧较大，有待进一步明确审理规则和统一裁量尺度。

对于经再审改判无罪，原判自由刑、财产刑及追缴财物已经执行的，司法机关根据该生效裁判执行的，应由实际执行的司法机关，还是作出原生效裁判的二审法院作为赔偿义务机关，未有明确规定，在实践中做法不一。考虑到《国家赔偿法》确立的便民及时原则，经研究，我们认为，根据国家赔偿法的规定，依照审判监督程序再审改判无罪的，作出原生效判决的人民法院为赔偿义务机关。本案中，路某业涉嫌犯职务侵占罪一案，经再审改判无罪，原判自由刑、财产刑及追缴财物已经执行，新抚区人民法院仅为生效判决的执行法院，并非最终确定损害后果的机关，故应以原二审法院即抚顺中院作为赔偿义务机关为宜。同时，对于同一赔偿请求人就同一案件分别提出

的人身权、财产权请求，如人为割裂为两个赔偿义务机关予以审理，一方面，不符合国家赔偿及时便民的原则，另一方面，亦可能造成不同机关针对同一案件的裁判适用的不统一。

——陶凯元、陈国庆主编：《国家赔偿与司法救助办案指导》（总23辑），人民法院出版社2020年版，第125~126页。

1104. 原判缓刑且判前羁押的，再审改判无罪后应由作出原生效判决的法院予以赔偿

关键词

再审改判无罪　原生效判决法院　判前羁押

最高人民法院裁判文书

朱某海申请依兰县法院再审无罪赔偿案［最高人民法院（2019）最高法委赔提3号国家赔偿决定书］

裁判要旨：原判缓刑且存在判前羁押，经再审改判无罪后，应由作出原生效判决的人民法院为赔偿义务机关，并应对判前羁押部分予以赔偿。法院赔偿委员会决定直接审理或者指定下级法院赔偿委员会重新审理后作出的决定，赔偿请求人或者赔偿义务机关仍不服的，可以继续申诉。

附录：本案解析

1. 本案赔偿义务机关的认定

对于本案赔偿义务机关的问题，一种观点认为，朱某海虽被法院再审改判无罪，但因原生效判决为缓刑，且朱某海在法院判决后亦未再行羁押，故法院原判刑罚并未实际执行，朱某海判前被羁押并非法院错判所致，故依兰法院并非本案赔偿义务机关。

对此，我们认为：根据《国家赔偿法》第二十四条[①]的规定，再审改判无罪的，作出原生效判决的人民法院为赔偿义务机关。以上规定未列除外情形，即只要存在再审改判无罪情形，即应由作出原生效判决的人民法院为赔偿义务机关。同时，对犯罪嫌疑人展开的刑事追诉程序，包括刑事拘留、逮

---

① 本条规定现为《中华人民共和国国家赔偿法》（2012年修正）第二十一条第四款。

捕、提起公诉、审判，这是一个刑事诉讼的完整连续过程，在进入法院审判阶段并存在再审改判情形后，已不可能再针对原违法刑事拘留、无罪逮捕申请赔偿。此外，在本案存在法院错判及判前羁押（等同于折抵刑期）的情况下，仍应适用赔偿义务机关后置吸收原则，即作出原生效判决的法院为赔偿义务机关。本院赔偿办2016年第1次审判长联席会议纪要所载案例案情与本案案情明显不同，不宜对本案及与本案类似案件产生示范作用。

2. 本案应否赔偿

黑龙江高院赔偿委员会认为，朱某海被再审改判无罪。因原生效判决为缓刑，且朱某海在缓刑考验期内未重新犯罪，原判刑罚未实际执行，朱某海的赔偿请求不符合《中华人民共和国国家赔偿法》第十七条第三项规定的情形。对此，本院认为，根据《最高人民法院关于人民法院执行〈中华人民共和国国家赔偿法〉的几个问题的解释》第四条"根据赔偿法第二十六条、第二十七条的规定，人民法院判处管制、有期徒刑缓刑、剥夺政治权利等刑罚的人被依法改判无罪的，国家不承担赔偿责任，但是，赔偿请求人在判决生效前被羁押的，依法有权取得赔偿"。法院判决所致后果，不应理解为只针对其判决生效后的服刑部分，因法律规定判前羁押部分在判决生效后均应折抵刑期，故存在判前羁押情形且被法院有罪判决予以认可的，亦应视为法院判决所致后果。本案中，朱某海原判缓刑前，存在判前羁押情形，依兰法院原生效判决对此予以认可，故依据前述司法解释的规定，其有取得国家赔偿的权利。

3. 本案所涉申诉问题

根据《国家赔偿法》第三十条和《最高人民法院关于国家赔偿监督程序若干问题的规定》第一条规定，国家赔偿监督程序的启动方式有三种：（一）赔偿请求人或者赔偿义务机关向上一级人民法院赔偿委员会申诉；（二）人民法院赔偿委员会依职权监督；（三）人民检察院法律监督。根据《最高人民法院关于国家赔偿监督程序若干问题的规定》第七条第一项和第三项的规定，赔偿委员会驳回申诉后，申诉人再次提出申诉的，以及赔偿请求人、赔偿义务机关对最高人民法院赔偿委员会作出的决定不服提出申诉的，不予受理。对于高、中级人民法院赔偿委员会未决定驳回申诉而决定直接审理或者指定重新审理的案件，决定作出后，赔偿请求人或者赔偿义务机关不服，是否可以申诉？上述司法解释未予规定，实践中有可以申诉和不可以申诉两种观点，主张不可以申诉的，认为应当作程序终结处理。

我们认为，赔偿请求人、赔偿义务机关对于经高、中级法院赔偿委员会直接审理或者指定重新审理后作出的决定仍不服的，可赋予其再申诉一次的权利。其理由在于，《国家赔偿法》第三十条规定，赔偿请求人或者赔偿义务机关对赔偿委员会作出的决定，认为确有错误的，可以向上一级法院赔偿委员会提出申诉。高、中级法院赔偿委员会经直接审理或者重新审理后作出的决定，当然属于赔偿委员会作出的决定。法律、司法解释对此再无特别规定的，应当赋予赔偿请求人或者赔偿义务机关申诉的权利，这样符合立法本意，有利于实现程序公正，从而达到实体公正。

本案中，黑龙江高院赔偿委员会经提审并直接审理后作出的决定，朱某海不服向最高人民法院赔偿委员会申诉。且经过审查，朱某明虽原审被判缓刑，但其存在判前被羁押的事实，根据前述司法解释规定，对朱某明判前羁押部分应予赔偿。黑龙江高院经直接审理作出的决定确有错误，应予纠正，如不赋予赔偿请求人再一次申诉权，则不利于对赔偿请求人申诉权和实体权利的依法保护。

——陶凯元、陈国庆主编：《国家赔偿与司法救助办案指导》（总24辑），人民法院出版社2020年版，第71~72页。

1105. 定罪量刑变化但犯罪事实无变化的轻罪重判情形不予赔偿

关键词

国家赔偿　轻罪重判　定罪量刑

最高人民法院裁判文书

邹某敏申请福建高院再审无罪赔偿案［最高人民法院（2019）最高法委赔2号国家赔偿决定书］

裁判要旨： "再审改判无罪"是指当事人被指控的行为（事实）被彻底认定为不构成犯罪，包括确定的无罪和存疑的无罪，也包括犯罪事实发生变化而导致定罪量刑由重改轻，或者因犯罪事实发生变化，被撤销数罪中一罪或者数罪的情况。但犯罪事实本身没有变化，仅因法律修订导致定罪量刑由重改轻发生变化的，不能作为再审无罪情形予以赔偿。

附录：本案解析

本案涉及对《国家赔偿法》第十七条第三项规定的"再审改判无罪"的理解。对于典型的原判认定一罪，经过再审改判无罪的情形，理解上不存在争议。但实践中存在被告人的罪名和刑期在再审后发生变化，但又没有完全宣告无罪的情形。这种情况下，能否认定为再审改判无罪，存在一定争议。

一种观点认为，应将法条中的"再审改判无罪"理解为原生效判决确定的具体罪名被改判无罪或被撤销，原审所认定的罪名的不成立，而不是笼统地指原生效判决涉及的案件被再审判决确定全案无罪。也即本案中，邹某敏的贩卖毒品罪被撤销，无论其是否仍构成其他犯罪，都应理解为被改判无罪。另一种观点认为，对这一条文的理解应立基于文意理解，可以做适度扩张解释，但不能脱离文意太多。

我们认为，"再审改判无罪"是指当事人被指控的行为（事实）被彻底认定为不构成犯罪，不论是确定的无罪和存疑的无罪。后期也扩大理解为原审认定的行为（事实）发生了变化而导致定罪发生变化的情况。这种情况又包括两种，一种是原审认定的多个行为中的一部分被撤销，而导致的罪名减少，或者量刑的减轻。例如郑某振案，郑某振原被判处投机倒把罪和盗窃罪，再审后被撤销盗窃罪，仅保留投机倒把罪，即数罪（数事实）中的一罪（一事实）被改判无罪；又如田某平案，田某平原审被认定四起抢劫事实（两起抢劫杀人事实、两起拦路抢劫），遂以抢劫罪被判处无期徒刑，再审认定两起抢劫杀人事实均不成立，仅认定两起拦路抢劫事实，遂以抢劫罪被改判有期徒刑三年。另一种情形是原审认定的事实被撤销，又认定了新的事实，例如王某余案，原审认定其有强奸、杀人行为，定为强奸罪、故意杀人罪，后来发现真凶为他人，再审认定王某余仅有包庇他人、协助抛尸行为，改判为包庇罪，即犯罪事实的重大变化导致罪名、量刑发生重大变化。以上情形，实质上也符合"再审改判无罪"的理解，即原指控的行为因不成立被取消，也导致相应罪名被取消，或者刑期被减轻，或者原认定较重的事实不存在而存在较轻的事实，故应可扩大理解为属于再审改判无罪的情形。但若被告人实施的行为（事实）本身没有变化，仅是法律评价的改变，即定性由某一罪改为另一罪，或者是由于自由裁量权行使幅度上的差异，则无法认定为"再审改判无罪"。本案中，邹某敏贩卖氯胺酮注射液的行为，在原审、再审判决中均无变化，仅是因为原审、再审判决作出之时对氯胺酮注射液是否属于毒品的认定不同，而导致对行为性质的定性不同，由原审的贩卖毒品罪改判为再审的非法经营罪。此种情形下，邹某敏犯罪事实前后并未发生变化，其亦最终仍被认定构成犯罪，因此，本案的情形不符合现行国家赔偿法"再审改判无罪"的情形，不能获得国家赔偿。

同时，也应看到本案邹某敏因所涉刑事案件被再审改判，导致其实际被多羁押12年之久，确实值得同情，但限于现行法律的规定精神，尚无法将此种情形解释为属于国家赔偿范围。故对此类问题，宜继续研究，以期推进修改法律时纳入国家赔偿范围。

此外，福建高院在驳回邹某敏国家赔偿申请后，根据邹某敏的家庭情况，对邹某敏给予司法救助15万元，此举亦不失为当前对此类情形解决路径的一种探索。

——陶凯元、陈国庆主编：《国家赔偿与司法救助办案指导》（总24辑），人民法院出版社2020年版，第85~87页。

1106. 申请人撤回赔偿申请后再次申请赔偿的一般不予支持

关键词

赔偿申请　再次申请赔偿

最高人民法院裁判文书

肖某乾申请大连中院再审无罪赔偿案〔最高人民法院（2019）最高法委赔监30号国家赔偿决定书〕

裁判要旨：在自赔程序中，赔偿请求人撤回国家赔偿申请后，再次提出赔偿申请的，原则上不予支持。但撤回赔偿申请违背当事人真实意思且未超过赔偿请求时效的除外。

附录：本案解析

在目前的国家赔偿审判实践中，赔偿请求人撤回国家赔偿申请后，原则上不得就同一损害事实重复申请赔偿。撤回赔偿申请存在自赔程序中撤回申请和委赔程序中撤回申请两种情况。《最高人民法院关于人民法院办理自赔案件程序的规定》第九条第二款规定，"赔偿请求人撤回赔偿申请后，在国家赔偿法第三十九条规定的时效内又申请赔偿，并有证据证明其撤回申请确属违背真实意思表示或者有其他正当理由的，人民法院应予受理。"即人民法院办理自赔案件中，赔偿请求人撤回申请后，如果能够证明其撤回申请确属违背真实意思表示或者有其他正当理由的，且在国家赔偿法规定的赔偿请求时效内再次申请赔偿的，人民法院应当受理，相当于附条件的准许重复申请。《最高人民法院办公厅关于国家赔偿法实施中若干问题的座谈会纪要》第二条规定，"人民法院赔偿委员会审理国家赔偿案件，决定准予赔偿请求人撤回赔偿申请，赔偿请求人收到该决定书后又向人民法院赔偿委员会申请作出赔偿决定的，收到申请的人民法院应当依照国家赔偿法第三十条的规定审查处理"，也就是无论赔偿请求人因何种原因或出于何种目的撤回申请，因该委赔程序已经终结，之前赔偿义务机关作出的决定已经发生法律效力，赔偿请求人不得再次申请赔偿，但是可以按照国家赔偿法的规定进行申诉救济。

在自赔程序中撤回赔偿申请的，赔偿请求人再次申请赔偿应否受理，也不能一概而论，应区别不同情况。一种情况是，赔偿请求人提出赔偿申请后，因准备不足，如证据不足、需要继续收集证据等原因，撤回赔偿申请，在法定赔偿请求时效内重新申请赔偿的，作为赔偿义务机关的人民法院应当受理并对该申请进行审查处理。另一种情况是，人民法院在办理自赔案件过程中，与赔偿请求人协商达成一致，赔偿义务机关以支付赔偿金、补偿金或者以其他方式解决该争议，赔偿请求人同意并撤回赔偿申请的，因争议已实质得到解决，如果赔偿请求人再次申请赔偿，则不仅受到赔偿请求时效的限制，而且应当对其撤回申请系违反其真实意思表示提供证据证明，或者提出其他正当理由，即原则禁止，例外准许。

本案中，首先，肖某乾于2010年5月26日被再审改判无罪，2012年6月提出国家赔偿申请，同年12月撤回了赔偿申请，其于2014年再次提出国家赔偿申请，已明显超出了法定的国家赔偿请求时效。

其次，肖某乾先后明确表示"本人诉大连市中级人民法院国家赔偿一事，因调解后，得到较为及时解决，因此声明撤回案件的申请"、"拿到20万补偿款后，保证以后不再上访要求国家赔偿"。并实际领取了补偿款20万元。上述事实表明，肖某乾在其与大连中院协商一致，形成实质性的解决方案后撤回申请，该撤回申请行为系其真实意思表示。其主张当时受到赔偿义务机关干扰、诱骗和胁迫，撤回申请不是其真实意思表示，没有事实依据。

此外，从国家赔偿申请诉权化、审查国家赔偿案件程序诉讼化的趋势角度，我们认为，对《最高人民法院关于人民法院办理自赔案件程序的规定》第九条第二款规定的两个条件，即是否超过请求时效，是否属真实意思表示，不宜作为立案受理审查条件，而应当由赔偿委员会在审理过程中予以实体判断。

——陶凯元、陈国庆主编：《国家赔偿与司法救助办案指导》（总24辑），人民法院出版社2020年版，第114~115页。

1107. 因法律修改而终止追究刑事责任的应自新法施行之日起计付羁押赔偿金

关键词

法律修改　新法施行之日起计　羁押赔偿金

最高人民法院答复

河北省高级人民法院：

你院（2016）冀委赔6号《关于王某宏二审期间因法律修改改判无罪应

否给予国家赔偿一案的请示报告》收悉。经研究，答复如下：

原则同意你院审判委员会多数意见。现行国家赔偿法和刑事诉讼法没有就因法律规定变化致终止追究刑事责任是否应予国家赔偿问题作出明确规定。我院经征求全国人大常委会法工委意见后认为：（1）2013年12月28日，全国人大常委会对公司法作出修改，将一般公司的注册资本实缴登记制改为认缴登记制。由于这一修改，《刑法》第一百五十九条抽逃出资罪的罪状"违反公司法的规定"含义发生相应变化。修改后的公司法于2014年3月1日起施行，此前依据刑法、刑事诉讼法和公司法规定对抽逃出资行为进行追诉并对行为人采取羁押措施的，属于《国家赔偿法》第十九条第三项和《刑事诉讼法》第十五条第六项①规定的免责情形，国家不承担赔偿责任。（2）虽然《全国人民代表大会常务委员会关于〈中华人民共和国刑法〉第一百五十八条、第一百五十九条的解释》于2014年4月24日发布和实施，但因全国人大常委会在作出修改公司法的决定时已经为有关法律规定的实施预留了时间，故对于因公司法修改而不再符合抽逃出资罪构成要件的行为人继续羁押、监禁的，侵犯人身自由的天数应自修改后的公司法施行之日即2014年3月1日起计算。

此复

——《最高人民法院关于对河北省高级人民法院〈关于王某宏二审期间因法律修改改判无罪应否给予国家赔偿一案的请示报告〉的答复》（2018年9月3日，（2016）最高法赔他7号）。

山东省高级人民法院：

你院（2016）鲁委赔23号《山东省高级人民法院关于因案件审理期间法律发生变化致再审无罪处理的对一审判决前合理羁押期间是否赔偿问题的请示》收悉。经研究，答复如下：

现行国家赔偿法和刑事诉讼法没有就因法律规定变化致终止追究刑事责任是否应予国家赔偿问题作出明确规定。我院经征求全国人大常委会法工委意见后认为：（1）2013年12月28日，全国人大常委会对公司法作出修改，将一般公司的注册资本实缴登记制改为认缴登记制。由于这一修改，《刑法》第一百五十九条抽逃出资罪的罪状"违反公司法的规定"含义发生相应变化。修改后的公司法于2014年3月1日起施行，此前依据刑法、刑事诉讼法和公司法规定对抽逃出资行为进行追诉并对行为人采取羁押措施的，属于《国家赔偿法》第十九条第三项和《刑事诉讼法》第十五条第六项②规定的免责

---

① 本条规定现为《中华人民共和国刑事诉讼法》（2018年修正）第十六条第六项。
② 本条规定现为《中华人民共和国刑事诉讼法》（2018年修正）第十六条第六项。

情形，国家不承担赔偿责任。（2）虽然《全国人民代表大会常务委员会关于〈中华人民共和国刑法〉第一百五十八条、第一百五十九条的解释》于2014年4月24日发布和实施，但因全国人大常委会在作出修改公司法的决定时已经为有关法律规定的实施预留了时间，故对于因公司法修改而不再符合抽逃出资罪构成要件的行为人继续羁押、监禁的，侵犯人身自由的天数应自修改后的公司法施行之日即2014年3月1日起计算。

此复

——《最高人民法院关于对山东省高级人民法院〈关于因案件审理期间法律发生变化致再审无罪处理的对一审判决前合理羁押期间是否赔偿问题的请示〉的答复》（2018年9月3日，（2017）最高法赔他1号）。

浙江省高级人民法院：

你院2017年6月30日（2017）浙法赔1号《关于陈某建抽逃出资再审无罪赔偿一案的请示报告》收悉。经研究，答复如下：

现行国家赔偿法和刑事诉讼法没有就因法律规定变化致终止追究刑事责任是否应予国家赔偿问题作出明确规定。我院经征求全国人大常委会法工委意见后认为：（1）2013年12月28日，全国人大常委会对公司法作出修改，将一般公司的注册资本实缴登记制改为认缴登记制。由于这一修改，《刑法》第一百五十九条抽逃出资罪的罪状"违反公司法的规定"含义发生相应变化。修改后的公司法于2014年3月1日起施行，此前依据刑法、刑事诉讼法和公司法规定对抽逃出资行为进行追诉并对行为人采取羁押措施的，属于《国家赔偿法》第十九条第三项和刑事诉讼法第十五条第六项规定的免责情形，国家不承担赔偿责任。（2）虽然《全国人民代表大会常务委员会关于〈中华人民共和国刑法〉第一百五十八条、第一百五十九条的解释》于2014年4月24日发布和实施，但因全国人大常委会在作出修改公司法的决定时已经为有关法律规定的实施预留了时间，故对于因公司法修改而不再符合抽逃出资罪构成要件的行为人继续羁押、监禁的，侵犯人身自由的天数应自修改后的公司法施行之日即2014年3月1日起计算。

此复

——《最高人民法院关于对浙江省高级人民法院〈关于陈某建抽逃出资再审无罪赔偿一案的请示报告〉的答复》（2018年9月4日，〔2017〕最高法赔他3号）。

1108. 刑事诉讼中未依法定期限返还所扣押财产应自被确定违法之日起支付超期返还期间的利息

关键词

法定期限　扣押财产　超期返还期间利息

最高人民法院答复

山东省高级人民法院：

你院（2016）鲁委赔16号《关于李某忠申请山东省齐都公安局刑事违法扣押国家赔偿如何确定计息期间的请示报告》收悉。经研究，答复如下：

原则同意你院审判委员会少数意见。根据《中华人民共和国国家赔偿法》以及《中华人民共和国刑事诉讼法》的相关规定，刑事扣押赔偿采取违法归责原则，且需结合刑事诉讼不同阶段具体确定违法性判断标准；对于已认定构成刑事违法扣押的，应当从定性之日起按照《最高人民法院、最高人民检察院关于办理刑事赔偿案件适用法律若干问题的解释》的相关规定计付利息。本案中，根据你院查明认定的事实，齐都公安局以赔偿请求人李某忠涉嫌窝赃500万元为由扣押其2530405元现金及现金支票，符合法定条件和程序。但是，在该500万元的上游资金即8000万元涉嫌挪用的公款并没有被关联刑事案件生效判决或者经其他法定程序认定为违法所得或者依法应当追缴的其他涉案财物，反而被关联刑事案件生效判决认定为企业间正常借贷款，检察机关指控的挪用公款罪不成立的情况下，该500万元不能认定为赔偿请求人的窝赃款。此时，刑事扣押的必要性已消除，齐都公安局应当按照刑事诉讼法相关规定在关联刑事案件判决生效之日起3日内解除对2530405元的扣押并将其返还赔偿请求人。现齐都公安局未在上述期限内解除扣押并予以返还，又无延长上述3日期限的法定事由，故其刑事扣押行为的违法性应从相关案件刑事判决生效的第4日起认定；相应地，计息期间亦应从该定性之日起计算。至于合法扣押期间是否及如何计息，可由赔偿请求人与赔偿义务机关在法律和司法解释规定的范围内参照有关案例协商解决。

此复

——《最高人民法院关于对山东省高级人民法院〈关于李某忠申请山东省齐都公安局刑事违法扣押国家赔偿如何确定计息期间的请示报告〉的答复》（2017年11月2日，〔2017〕最高法赔他2号）。

1109. 法院赔偿委员会已受理的案件除法定事由外不宜终结审理

关键词

赔偿义务机关　不予赔偿决定　继续审理

最高人民法院裁判文书

王某扬申请自贡市人民检察院刑事赔偿申诉案〔最高人民法院（2017）最高法委赔监248号国家赔偿决定书〕

　　裁判要旨：人民法院赔偿委员会已经受理赔偿请求人的国家赔偿申请，赔偿义务机关在案件审理过程中作出不予赔偿决定的，赔偿委员会应当依法继续审理，除法定事由外，不能终结审理程序。

附录：本案解析

　　首先，《国家赔偿法》规定，刑事赔偿程序由赔偿义务机关先行处理、刑事赔偿复议以及人民法院赔偿委员会决定三部分组成。同时，根据其规定来看，复议机关是否实际作出复议决定，并非人民法院赔偿委员会审理国家赔偿案件的必要前置条件，其目的在于保护赔偿请求人依法及时行使赔偿请求权，即在赔偿义务机关、复议机关漠视赔偿请求权，不作赔偿决定、复议决定时，其可直接向人民法院赔偿委员会寻求程序救济。据此，人民法院赔偿委员会不得以复议机关未作复议决定而拒绝受理案件。

　　其次，四川省高级人民法院原决定适用《最高人民法院、最高人民检察院关于办理刑事赔偿案件适用法律若干问题的解释》第四条规定，亦有不当。该司法解释的本意在于保护赔偿请求人的申请复议权利，即在赔偿义务机关未告知申请复议期限的情况下，从宽给赔偿请求人自收到赔偿决定两年内申请复议的权利，而本案情形与该款规定情形不同，此前王某扬已经向四川省检察院申请复议而未获救济，此时再让其重新申请复议，使程序倒转，就会人为地增加了当事人诉累与司法审查成本，不符合国家赔偿法及时便民的原则。

　　再次，《最高人民法院关于人民法院赔偿委员会审理国家赔偿案件程序的规定》第十八条规定："有下列情形之一的，赔偿委员会应当决定终结审理：（一）赔偿请求人死亡，没有继承人和其他有扶养关系的亲属或者赔偿请求人的继承人和其他有扶养关系的亲属放弃要求赔偿权利的；（二）作为赔偿请求人的法人或者其他组织终止后,其权利义务承受人放弃要求赔偿权利的;(三)赔偿请求人据以申请赔偿的撤销案件决定、不起诉决定或者无罪判决被撤销的;(四)应当终结审理的其他情形。"该规定中的终结审理,涉及到赔偿程序的终局,且该终局可能对当事人的实体权益造成不利影响,故应严格谨慎适用。该规定的前三种情形均具体明确,不存在争议,而规定的第四种情形,即"应当终结审理的其他情形",虽属兜底条款,但一般亦针对那些与前述规定最相类似且又未予穷尽的情形,对该条款的理解适用,不宜扩大,如需要做扩大理解,则应有进一步的法律依据。本案中复议机关未作复议决定不属于解释规定的终结审理情形。

——陶凯元、陈国庆主编:《国家赔偿与司法救助办案指导》(总23辑),人民法院出版社2020年版,第117页。

1110. 刑事赔偿案件中确定精神损害赔偿责任,应当综合考量精神损害的严重程度和其他相关因素

关键词

刑事赔偿　赔偿委员会审理程序　精神损害抚慰金

最高人民法院裁判文书

吴某红申请河南省高级人民法院再审无罪赔偿案[最高人民法院(2020)最高法委赔25号国家赔偿决定书]

裁判要旨:本案是最高人民法院适用《关于审理国家赔偿案件确定精神损害赔偿责任适用法律若干问题的解释》审理并作出决定的第一起案件,认定赔偿请求人的精神损害程度及确定精神损害抚慰金数额,应结合案件具体情况,坚持以人为本,综合考量侵权行为方式、侵权机关违法、过错程度以及原错判罪名、刑罚、羁押时间等情节,充分考虑受害人因刑事错判被长期羁押所带来的身体健康损害和巨大的精神创伤,以及漫长纠错过程给赔偿请求人及其家庭成员在生活、求学、就业、生产经营等方面造成的严重影响。

最高人民法院赔偿委员会认为,河南省高级人民法院作为原作出刑事生效裁判的人民法院,在赔偿请求人吴某红被再审改判无罪后,应当依照《中华人民共和国国家赔偿法》第十七条、第二十一条的规定承担相应的国家赔偿责任。针对吴某红的赔偿请求,结合最高人民法院审理查明的事实,最高

人民法院赔偿委员会总结本案争议焦点如下：一是侵犯人身自由赔偿金的计算标准问题，二是应否向吴某红支付误工费、补偿费和医疗费等费用，三是如何确定精神损害抚慰金的数额问题。现分别论述如下：

一、关于人身自由赔偿金

首先，关于赔偿天数。经审理查明，赔偿请求人吴某红自2004年11月20日被刑事拘留，至2020年4月1日被再审改判无罪释放，一共被羁押5612天。对此事实赔偿请求人和赔偿义务机关均无异议，最高人民法院赔偿委员会予以认可。

其次，关于赔偿标准。《中华人民共和国国家赔偿法》第三十三条明确规定："侵犯公民人身自由的，每日赔偿金按照国家上年度职工日平均工资计算。"《最高人民法院、最高人民检察院关于办理刑事赔偿案件适用法律若干问题的解释》第二十一条第一款对上述法律规定的"上年度"，解释为"赔偿义务机关作出赔偿决定时的上一年度"。本案中，赔偿义务机关河南省高级人民法院作出（2020）豫法赔1号国家赔偿决定的时间是2020年8月5日，故应当按照2019年度职工日平均工资计算每日赔偿金。2020年5月18日最高人民法院发布法〔2020〕138号《关于作出国家赔偿决定时适用2019年度全国职工日平均工资标准的通知》，明确规定对侵犯公民人身自由的，自2020年5月18日起，人民法院作出国家赔偿决定时，每日赔偿金为346.75元。

河南省高级人民法院依据上述法律、司法解释规定，决定赔偿吴某红侵犯人身自由赔偿金1945961元（346.75元/天×5612天），认定事实清楚，适用法律正确，赔偿数额计算准确，应予维持。吴某红主张其在错捕错判之前的收入能力远远超过全国职工日平均工资水平，应以每日赔偿金三至五倍标准赔偿人身自由赔偿金，没有法律依据，最高人民法院赔偿委员会不予支持。

二、关于误工费、补偿费和医疗费用

吴某红主张其服刑期间患眼疾未得到应有医疗，身患多种疾病，右眼几近失明，劳动能力丧失，服刑前从事木材加工，家庭经济条件较好，后因冤案失去劳动机会，没有经济收入，家中物品大多被毁损，请求河南省高级人民法院赔偿其误工费、补偿费200万元，医疗费、伤残赔偿金200万元。最高人民法院赔偿委员会认为，国家赔偿为法定赔偿，赔偿项目、金额和方式皆由法律规定。本案系因吴某红被错判有罪且原判刑罚已经执行引发的刑事赔偿案件，根据《中华人民共和国国家赔偿法》第十七条、第二十一条等相关条款的规定，本案需要解决的是，针对无罪羁押给吴某红人身自由造成的侵害依法进行赔偿。根据《中华人民共和国国家赔偿法》第三十三条、第三十五条的规定，作为赔偿义务机关的河南省高级人民法院应当对其侵犯吴某红人身自由以及给吴某红造成的精神损害承担国家赔偿责任，即应当向吴某红支付人身自由赔偿金和精神损害抚慰金。至于吴某红主张的赔偿误工费、补偿费、医疗费、伤残赔偿金等请求，系《中华人民共和国国家赔偿法》第三十四条规定的侵犯公民生命健康权造成损害应当赔偿的项目，不属于本案吴某红申请再审无罪羁押赔偿的范围，原决定对上述请求不予支持并无不当。如果吴某红认为监狱管理机关等国家机关及其工作人员，在羁押期间对其实施《中华人民共和国国家赔偿法》第十七条规定的"殴打、虐待"等侵权行为，造成其上述身体伤害，可以依照法律规定向相应的赔偿义务机关主张权利，申请赔偿，而不应在本案中一并主张，最高人民法院赔偿委员会对吴某红上述两项赔偿请求不予支持。

三、关于精神损害抚慰金

第一，赔偿义务机关河南省高级人民法院应当向赔偿请求人吴某红支付精神损害抚慰金。《中华人民共和国国家赔偿法》第三十五条规定，赔偿义务机关侵权行为致人精神损害"造成严重后果的"，应当支付相应的精神损害抚慰金。本案审理期间，最高人民法院于2021年3月24日发布了法释〔2021〕3号《最高人民法院关于审理国家赔偿案件确定精神损害赔偿责任适用法律若干问题的解释》(以下简称《精神损害赔偿解释》)，并于2021年4月1日正式施行。根据《精神损害赔偿解释》第七条规定，结合本案的实际情况，最高人民法院赔偿委员会认为河南省高级人民法院侵犯吴某红人身自由造成的精神损害达到了"造成严重后果"以上的情形，依法应当向吴某红支付精神损害抚慰金。

第二，原决定确定的精神损害抚慰金数额具有一定合理性。如何确定精神损害抚慰金的数额是刑事赔偿案件中的难点问题，河南省高级人民法院在决定支付吴某红精神损害抚慰金的数额时，《精神损害赔偿解释》尚未发布施行，该院综合考虑了原判罪名、刑罚、羁押时间，以及吴某红的身心健康状况、精神损害程度，吴某红日常生活、家庭关系、社会评价受到影响情况等因素，参照《最高人民法院关于人民法院赔偿委员会审理国家赔偿案件适用精神损害赔偿若干问题的意见》的相关规定，决定支付吴某红精神损害抚慰金68万元，具有一定合理性。

第三，本案应当适用《精神损害赔偿解释》来确定吴某红精神损害程度及精神损害抚慰金的数额。《精神损害赔偿解释》是最高人民法院第一部专门就审理国家赔偿案件如何确定精神损害赔偿责任作出的司法解释，相比以前的法律、相关司法解释及司法政策，该解释进一步明确、细化了《中华人民共和国国家赔偿法》第三十五条有关精神损害赔偿责任的规定，确定了较高的精神损害抚慰金赔偿标准。关于《精神损害赔偿解释》的适用问题，该《解释》第十四条规定"本解释自2021年4月1日起施行"。同时，最高人民法院发布的法〔2021〕83号《关于适用〈最高人民法院关于审理国家赔偿案件确定精神损害赔偿责任适用法律若干问题的解释〉的通知》第一条规定："《解释》施行之日起，人民法院赔偿委员会已立案受理、尚未审结的国家赔偿案件，适用《解释》规定"。最高人民法院赔偿委员会审理本案期间，《精神损害赔偿解释》发布、施行，本案符合上述通知所列情形，故应当以《精神损害赔偿解释》的相关规定为依据，确定赔偿请求人吴某红的精神损害程度和赔偿义务机关河南省高级人民法院支付精神损害抚慰金的数额。

第四，关于本案吴某红精神损害严重程度及精神损害赔偿责任大小的认定。根据《精神损害赔偿解释》第四条、第七条规定，致人精神损害的可分为一般损害后果、造成严重后果、后果特别严重等三种损害程度。造成一般损害后果的，赔偿义务机关应当为受害人消除影响、恢复名誉或者向受害人赔礼道歉；造成严重后果（包括后果特别严重）的，在上述责任形式之外，赔偿义务机关还应当向受害人支付精神损害抚慰金。在《精神损害赔偿解释》第七条第一款规定了四种情形可以认定为"造成严重后果"的基础上，第二款又规定"受害人无罪被羁押十年以上；受害人死亡；受害人经鉴定为重伤或者残疾一至四级，且生活不能自理；受害人经诊断、鉴定为严重精神障碍或者精神残疾一至二级，生活不能自理，且与侵权行为存在关联的，可以认定为后果特别严重。"本案赔偿请求人吴某红被无罪羁押时间超过15年，符合该解释规定的致人精神损害"后果特别严重"的情形，依据《精神损害赔偿解释》第八条规定，受害人精神损害"后果特别严重"的，精神损害抚慰金数额可以在人身自由赔偿金、生命健康赔偿金总额的百分之五十以上酌定。

第五，关于如何确定本案精神损害抚慰金的数额。《精神损害赔偿解释》第九条规定："精神损害抚慰金的具体数额，应当在兼顾社会发展整体水平的同时，参考下列因素合理确定：（一）精神受到损害以及造成严重后果的情况；（二）侵权行为的目的、手段、方式等具体情节；（三）侵权机关及其工作人员的违法、过错程度、原因力比例；（四）原错判罪名、刑罚轻重、羁押时间；（五）受害人的职业、影响范围；（六）纠错的事由以及过程；（七）其他应当考虑的因素。"最高人民法院赔偿委员会在确定本案精神损害抚慰金数额时，主要参考了以下情节或因素：1.吴某红刑事案件原判罪名重，羁押时间长。吴某红先后三次被以故意杀人罪判处死刑，缓期二年执行，最终生效判决仍然认定吴某红犯故意杀人罪，判处无期徒刑，从2004年11月20日被刑事拘留至2020年4月1日被释放，吴某红共被羁押5612天，时间超过15年。2.劳动能力受限，家庭经济条件较差。吴某红原先从事木材加工生产，错判羁押导致其经营活动终止，家中原有住房毁损严重，无法居住使用，被释放后因身体健康情况较差，无法从事稳定工作，目前家中经济条件较差。3.刑事申诉过程曲折漫长。吴某红在服刑期间坚持认为自己无罪，一直没有停止申诉，也没有获得减刑，2012年河南省高级人民法院审查驳回了吴某红的申诉后，吴某红继续向最高人民法院提出申诉，直至2018年9月29日最高人民法院决定指令河南省高级人民法院再审，该院再审作出无罪判决后吴某红才于2020年4月1日被释放。4.身患多种疾病，影响生活。吴某红在被改判无罪释放后，身患多种疾病，身体健康状况大不如被追究刑事责任之前，特别是右眼近乎失明，需要长期治疗，日常生活需要他人照顾。上述情况虽不属于因刑事案件错判引起的国家赔偿责任范围，但作为一种客观情况，在酌定精神损害抚慰金具体数额时应予适当考虑。

虽然吴某红刑事案件已经依法得到纠正，赔偿义务机关河南省高级人民法院也在尽力为吴某红消除刑事错判影响，协调善后工作，并对吴某红给予了5万元的国家司法救助，对吴某红的精神损害有所缓解，但尚未消除。最高人民法院赔偿委员会充分理解吴某红因被错误追究刑事责任所遭受的巨大精神痛苦，针对其主张赔偿精神损害抚慰金500万元的请求，在充分考虑各种因素的情况下，依法酌定赔偿义务机关河南省高级人民法院向吴某红支付精神损害抚慰金120万元，超过部分不予支持。

——中国裁判文书网。

四、赔偿方式和计算标准

1111. 国家赔偿精神损害抚慰金的标准与支付

关键词

国家赔偿精神损害抚慰金

附录：最高人民法院主流观点

《最高人民法院关于审理国家赔偿案件确定精神损害赔偿责任若干问题的解释》（以下简称《解释》）第八条至第十二条是关于精神损害抚慰金的标准与支付的规定。

1. 精神损害抚慰金的标准

精神损害抚慰金的标准，无疑也是法律适用的难点之一。《民法典》《国家赔偿法》等法律法规对此均未作出较为明确具体的规定，现行可资参考的规范，一是《最高人民法院关于确定民事侵权精神损害赔偿责任若干问题的解释》（以下简称《民事精损解释》），二是《最高人民法院关于人民法院赔偿委员会审理国家赔偿案件适用精神损害赔偿若干问题的意见》（以下简称《意见》）。

修改前的《民事精损解释》第九条规定："精神损害抚慰金包括以下方式：（一）致人残疾的，为残疾赔偿金；（二）致人死亡的，为死亡赔偿金；（三）其他损害情形的精神抚慰金。"第十条规定："精神损害的赔偿数额根据以下因素确定：（一）侵权人的过错程度，法律另有规定的除外；（二）侵害的手段、场合、行为方式等具体情节；（三）侵权行为所造成的后果；（四）侵权人的获利情况；（五）侵权人承担责任的经济能力；（六）受诉法院所在地平均生活水平。法律、行政法规对残疾赔偿金、死亡赔偿金等有明确规定的，适用法律、行政法规的规定。"第十一条规定："受害人对损害事实和损害后果的发生有过错的，可以根据其过错程度减轻或者免除侵权人的精神损害赔偿责任。"《民法典》颁布施行后，《民事精损解释》亦作了相应修改，原第九条、第十一条被删除，第十条现条文序号调整为第五条，其内容修改为："精神损害的赔偿数额根据以下因素确定：（一）侵权人的过错程度，但是法律另有规定的除外；（二）侵权行为的目的、方式、场合等具体情节；（三）侵权行为所造成的后果；（四）侵权人的获利情况；（五）侵权人承担责任的经济能力；（六）受理诉讼法院所在地的平均生活水平。"

此前的《意见》对于精神损害抚慰金的标准及支付问题亦作出相应规定，即："人民法院赔偿委员会适用精神损害赔偿条款，决定采用'支付相应的精神损害抚慰金'方式的，应当综合考虑以下因素确定精神损害抚慰金的具体数额：精神损害事实和严重后果的具体情况；侵权机关及其工作人员的违法、过错程度；侵权的手段、方式等具体情节；罪名、刑罚的轻重；纠错的环节及过程；赔偿请求人住所地或者经常居住地平均生活水平；赔偿义务机关所在地平均生活水平；其他应当考虑的因素。

"人民法院赔偿委员会确定精神损害抚慰金的具体数额，还应当注意体现法律规定的'抚慰'性质，原则上不超过依照国家赔偿法第三十三条、第三十四条所确定的人身自由赔偿金、生命健康赔偿金总额的35%，最低不少于1000元。

"受害人对精神损害事实和严重后果的产生或者扩大有过错的，可以根据其过错程度减少或者不予支付精神损害抚慰金。"

各国确定精神损害抚慰金数额的方法，概括来讲，大致有如下几种：（1）酌定法，即法律不规定统一标准，由法官根据案件情况自由裁量。这是目前各国普遍适用的方法之一。（2）固定赔偿法，指按照通常的社会标准和法律政策，制定固定（但适时修改）的抚慰金表，对照适用。（3）最高限额法，指明确限定最高赔偿金额（包括两类，其一是就单独项目精神损害赔偿金规定最高额；其二是就所有精神损害赔偿金规定最高额），在该限额内允许自由裁量。（4）医药费比例法，即按照受害人必须花费的医疗费的一定比例（区间）计算，典型如秘鲁、德国。（5）日标准赔偿法，指规定每日固定赔偿金额,据实计算,典型如丹麦。(6)区分不同损害的赔偿方法。总体来看,鉴于精神损害的特质,多数国家实务中并不会采用单一方法,往往是几种方法的组合。基于以上规定及参考因素,《解释》采取了主客观综合考量的方式,即在确定相关客观标准的同时,由法官在这些客观标准的基础上综合考虑各种参考因素,并通过自由心证和裁量,在给定区间内具体酌定精神损害抚慰金数额。

具体说明如下:

(1)以客观情形将精神损害按照后果严重程度分为3档,即《解释》第三条、第七条规定的"致人精神损害""造成严重后果""后果特别严重"。对于"造成严重后果""后果特别严重"情形,分别列举相应的客观情形。

(2)以侵犯人身权的两类赔偿金,作为确定精神损害抚慰金的计算基数,对应前述造成严重后果、后果特别严重情形,确定相应比例范围。即造成严重后果的,精神损害抚慰金在相关人身自由赔偿金、生命健康赔偿金总额的50%以下(包括本数)酌定;后果特别严重的,或者虽不具有后果特别严重情形,但确有证据证明前述标准不足以抚慰的,可以在50%以上酌定。

(3)考虑极少数个案因素,对50%以上的酌定区间范围,未设定上限。如当年轰动全国的麻某旦申请赔偿案,麻某旦涉嫌卖淫被限制人身自由2天,后经作医学检查其为处女。该案对麻某旦的精神及声誉造成较大伤害,因当时并无精神损害赔偿的规定,故其最终仅获赔被限制人身自由2天的赔偿金74.66元。类似情形,羁押时间很短,但造成的精神损害后果非常严重,即便以人身自由赔偿金的100%比例确定精神损害抚慰金,可能也不足以抚慰受害人所受精神痛苦。据此,《解释》考虑到实践中此类特殊情形,对50%以上酌定区间范围未设定上限。但需要注意的是,一般情况下,酌定精神损害抚慰金,不宜超过人身自由赔偿金、生命健康赔偿金总额的100%。

(4)在确定前述客观标准、档次及基准(即《解释》第七条、第八条确定的范围及幅度内)的情况下,将若干主观考虑因素加以列举,以便法官在具体个案中予以综合衡量,确定具体数额。《解释》第九条参考《民法典》《民事精损解释》《意见》规定,对受害人精神受损程度,侵权行为的目的、方式,侵权机关及其工作人员的违法过错程度、原因力比例,受害人的职业、影响范围等相关参考因素予以列举,期望在确定一定客观标准的同时,兼顾到个案具体差异,以便法官兼采主客观双重标准,公正、合理确定精神损害抚慰金具体数额。例如前述的同样残疾等级情况下,手部伤害对于普通人和钢琴家,其精神损害程度可能存在不同。法官可以在某些案件具备同等客观标准时,参考各因素,利用自由裁量权确定一个相对公平、合理的数额。

2. 精神损害抚慰金的支付

《解释》第十条规定,一是确定了精神损害抚慰金的最低限额及计数单位,二是对赔偿请求人请求数额少于最低限额时如何处理作出规定。

关于精神损害抚慰金的最低限额,《解释》规定精神损害抚慰金最低为1000元,以示对人格权的基本尊重;关于精神损害抚慰金的计数单位,此前的司法实践中,有的法院存在机械适用《意见》的做法,即以人身自由赔偿金、生命健康赔偿金总额简单乘以一定比例确定精神损害抚慰金,得出的抚慰金数额甚至精确到元角分,严重背离了精神损害抚慰金难以具体量化的特点。鉴此,《解释》规定精神损害抚慰金数额在千元以上的,应以千为计数单位,如30000元、105000元等;司法实践中,有的赔偿请求人申请精神损害抚慰金时,申请数额可能少于1000元,如个别案例只申请1元钱,以示其并不为钱,而是"不蒸馒头争口气",我们经研究认为,如其所请确实符合《解释》规定的造成严重后果情形,经释明后又不予变更的,可按照其请求数额予以支付。

《解释》第十一条是关于在受害人自身存在过错时,精神损害抚慰金支付的相关规定。在受害人自身存在过错的情况下,可以减轻侵权人相应责任,这是侵权责任法中的一项重要规则。《民法典》第一千一百七十三条规定:"被侵权人对同一损害的发生或者扩大有过错的,可以减轻侵权人的责任。"民法典其他一些条款,亦体现了受害人自身有过错时,应自行承担相应责任的立法精神。修改前的《民事精损解释》以及《意见》亦有类似规定。国家赔偿法对此虽未予明确规定,但该法第十九条第(一)项、第(五)项实际上也体现了该规则。我们经研究认为,将该规则在《解释》中予以体现,符合侵权责任的一般原理。

——刘竹梅、王振宇、苏戈:《〈关于审理国家赔偿案件确定精神损害赔偿责任若干问题的解释〉的理解与适用》载《人民司法》2021年第13期,第51~60页。

1112. 综合酌定"精神损害抚慰金"的具体数额

关键词

精神损害抚慰金

最高人民法院司法政策精神

七、综合酌定"精神损害抚慰金"的具体数额

人民法院赔偿委员会适用精神损害赔偿条款,决定采用"支付相应的精神损害抚慰金"方式的,应当综合考虑以下因素确定精神损害抚慰金的具体数额:精神损害事实和严重后果的具体情况;侵权机关及其工作人员的违法、

过错程度；侵权的手段、方式等具体情节；罪名、刑罚的轻重；纠错的环节及过程；赔偿请求人住所地或者经常居住地平均生活水平；赔偿义务机关所在地平均生活水平；其他应当考虑的因素。

人民法院赔偿委员会确定精神损害抚慰金的具体数额，还应当注意体现法律规定的"抚慰"性质，原则上不超过依照国家赔偿法第三十三条、第三十四条所确定的人身自由赔偿金、生命健康赔偿金总额的百分之三十五，最低不少于一千元。

受害人对精神损害事实和严重后果的产生或者扩大有过错的，可以根据其过错程度减少或者不予支付精神损害抚慰金。

——《最高人民法院关于人民法院赔偿委员会审理国家赔偿案件适用精神损害赔偿若干问题的意见》(2014年7月29日，法发〔2014〕14号)。

关于酌定精神损害抚慰金的具体数额。关于酌定精神损害抚慰金具体数额的参考因素，《最高人民法院关于人民法院赔偿委员会审理国家赔偿案件适用精神损害赔偿若干问题的意见》(以下简称《意见》)规定明确，不再展开。这里强调一下法律规定的"抚慰"性质，并谈一下限额问题。考虑我国经济社会发展总体水平和地区差异，经对全国法院赔偿案件进行实证研究、征求法工委等部委意见以及最高人民法院审委会两次讨论，最终确定以人身赔偿金总额的35%为原则性的上限，以体现对人格尊严起码尊重的1000元为下限，允许参考"赔偿请求人住所地或者经常居住地平均生活水平、赔偿义务机关所在地平均生活水平"及个案具体情况进行调整。具体执行时，经济欠发达地区可以掌握得略低一些，经济发达地区不能轻易突破。如果赔偿请求人有确凿充分证据证明其所受精神损害异常严重的，可以适当提高一点，但必须向最高人民法院赔偿办报备。

另外，需要注意《意见》中有关过失相抵的规定，在坚持人身自由、生命健康同等保护的前提下，该规定肯定了纯粹无辜者和因排除非法证据等原因而疑罪从无者的精神损害抚慰金的差异。之所以如此规定，一方面，遵循各国均根据实际需求对精神损害赔偿施以一定限制的通例，考虑了我国冤假错案处理和刑事赔偿工作的实际；另一方面，在证明标准方面有所折中，即在英美法系国家大多要求受害人必须证明自己绝对无辜才有权获得国家赔偿、公权力机关有故意或重大过失时甚至可以要求惩罚性赔偿的证明标准和部分大陆法系国家仅要求受害人无罪结果的证明标准之间做了适度折中。

——杨临萍：《在全国法院国家赔偿工作座谈会上的总结发言》，载《国家赔偿办案指南》2014年第3辑(总第9辑)，法律出版社2015年版，第21~23页。

1113. 应当妥善处理"消除影响，恢复名誉，赔礼道歉"与"支付相应的精神损害抚慰金"两种责任方式的内在关系

关键词

消除影响　恢复名誉　赔礼道歉　精神损害抚慰金

最高人民法院司法政策精神

五、妥善处理两种责任方式的内在关系

人民法院赔偿委员会适用精神损害赔偿条款，应当妥善处理"消除影响，恢复名誉，赔礼道歉"与"支付相应的精神损害抚慰金"两种责任方式的内在关系。

侵权行为致人精神损害但未造成严重后果的，人民法院赔偿委员会应当根据案件具体情况决定由赔偿义务机关为受害人消除影响、恢复名誉或者向其赔礼道歉。

侵权行为致人精神损害且造成严重后果的，人民法院赔偿委员会除依照前述规定决定由赔偿义务机关为受害人消除影响、恢复名誉或者向其赔礼道歉外，还应当决定由赔偿义务机关支付相应的精神损害抚慰金。

六、正确适用"消除影响，恢复名誉，赔礼道歉"责任方式

人民法院赔偿委员会适用精神损害赔偿条款，要注意"消除影响、恢复名誉"与"赔礼道歉"作为非财产责任方式，既可以单独适用，也可以合并适用。其中，消除影响、恢复名誉应当公开进行。

人民法院赔偿委员会可以根据赔偿义务机关与赔偿请求人协商的情况，或者根据侵权行为直接影响所及、受害人住所地、经常居住地等因素确定履行范围，决定由赔偿义务机关以适当方式公开为受害人消除影响、恢复名誉。人民法院赔偿委员会决定由赔偿义务机关公开赔礼道歉的，参照前述规定执行。

赔偿义务机关在案件审理终结前已经履行消除影响、恢复名誉或者赔礼道歉义务，人民法院赔偿委员会可以在国家赔偿决定书中予以说明，不再写入决定主文。人民法院赔偿委员会决定由赔偿义务机关为受害人消除影响、恢复名誉或者向其赔礼道歉的，赔偿义务机关应当自收到人民法院赔偿委员会国家赔偿决定书之日起三十日内主动履行消除影响、恢复名誉或者赔礼道歉义务。赔偿义务机关逾期未履行的，赔偿请求人可以向作出生效国家赔偿决定的赔偿委员会所在法院申请强制执行。强制执行产生的费用由赔偿义务机关负担。

——《最高人民法院关于人民法院赔偿委员会审理国家赔偿案件适用精神损害赔偿若干问题的意见》（2014年7月29日，法发〔2014〕14号）。

《国家赔偿法》没有明确"消除影响,恢复名誉,赔礼道歉"与"精神损害抚慰金"的关系,也没有明确前者的内部关系。《意见》对此予以明确:(1)在两种责任方式之间,后者对前者是递进补充关系,即造成严重后果的,除了适用非财产型责任,还应当支付相应的精神损害抚慰金。(2)在非财产型责任方式内部,消除影响、恢复名誉作为一种具体方式,赔礼道歉作为另一种具体方式。如此分开,一是考虑与《民法通则》[①]《侵权责任法》[②]的衔接;二是考虑案件具体情况和具体责任方式在功能上的差异。如狱警未尽监管职责导致服刑人员被他人殴打受伤的,赔礼道歉即可,无须捆绑适用消除影响、恢复名誉;相反情形如,赔偿请求人的行为虽不构成犯罪,但确实违法或者明显违背公序良俗的,为其消除错误追究刑事责任的影响并恢复名誉即可,不必一律捆绑适用赔礼道歉,精神抚慰金也可以酌情减少。

——杨临萍:《在全国法院国家赔偿工作座谈会上的总结发言》,载《国家赔偿办案指南》2014年第3辑(总第9辑),法律出版社2015年版,第21~23页。

1114. 仅精神损害的直接受害人死亡情形下请求权转移

关键词

赔偿请求人　请求权转移　精神损害赔偿

附录:最高人民法院主流观点

对于受害没有死亡的情况下,间接受害人能否具有行政赔偿请求权人资格,在理论上存在较大争议,各国和地区规定也不完全一致。韩国的国家赔偿制度承认了在受害人遭受身体伤害情况下的近亲属的精神损害赔偿请求权,但大多数国家的制度中没有承认此种精神损害赔偿请求权。理论上一般认为,此种精神损害是一种反射性损害,如子因公安机关殴打致亡,其父母所遭受的精神损害。"损害赔偿法中对反射之损害,原则上采不予赔偿之制度。"我国有学者认为,在受害人没有死亡的情况下,原则上不建议承认近亲属的精神损害赔偿请求人资格,但如果客观上已经给近亲属造成了极为严重的精神损害,也可以适当承认近亲属的精神损害赔偿请求人资格。我们认为,精神

---

① 本法已被《中华人民共和国民法典》废止。
② 本法已被《中华人民共和国民法典》废止。

损害赔偿请求人资格必须符合《国家赔偿法》第 6 条①之规定,故只能由受害人本人请求赔偿,如果受害人无法请求,则可以由其法定代理人或委托代理人代为提起。

——江必新主编、最高人民法院赔偿委员会办公室编著:《〈中华人民共和国国家赔偿法〉条文理解与适用》,人民法院出版社 2010 年版,第 104 页。

1115. 财产上损害赔偿的损失计算

关键词

财产损害　直接损失　间接损失

最高人民法院司法政策精神

《国家赔偿法》条文较少且规定原则,所以,健全国家赔偿法律适用的规则体系,是最高人民法院赔偿办近年来的重要工作,现已陆续出台《最高人民法院关于适用〈中华人民共和国国家赔偿法〉若干问题的解释(一)》(法释〔2011〕4 号)、《最高人民法院关于人民法院赔偿委员会审理国家赔偿案件程序的规定》(法释〔2011〕6 号)、《最高人民法院关于国家赔偿案件立案工作的规定》(法释〔2012〕1 号)、《最高人民法院关于人民法院办理自赔案件程序的规定》(法释〔2013〕19 号)、《最高人民法院关于人民法院赔偿委员会适用质证程序审理国家赔偿案件的规定》(法释〔2013〕27 号)等司法解释及数个司法政策、文件。大家要注意加强学习。上述法律适用规则,主要是程序方面的。在本次会议的讲话中,陶副院长明确提出,"要把法律适用规则体系建设的重心转移到实体法上来"。今后,大家要按照这一目标要求,加强对实体法律问题的调查研究,配合最高人民法院做好相应工作。接下来,我就结果意义上的损害赔偿这一重要实体问题,按照财产上损害赔偿和非财产上损害赔偿的基本分类,谈两部分内容。首先谈一下有关财产上损害赔偿的两个问题。

根据损害事故是否导致受害人财产上的不利益,损害分为财产上损害和非财产上损害,后者也称精神损害。财产上损害,既可能由于侵犯财产权而导致,也可能由于侵犯人身权而导致。从国家赔偿工作实际看,以下两个问题需要重点关注:

第一,直接损失与间接损失的问题。《国家赔偿法》关于可赔偿损害的范围的规定要窄于民事赔偿,系以直接损失为原则,以法定的间接损失为例外。

---

① 《国家赔偿法》第 6 条。

实务中，有观点认为间接损失一概不赔，对直接损失赔偿原则理解得过于机械。对此，需要予以澄清：一是直接损失与间接损失的划分标准是加害行为与损害因果关系的远近以及损害是否属于固有利益。直接损失是受害人已经发生的现有财产的减少，受害人无法采取各种合理措施予以减轻或者避免，应当给予完全赔偿。间接损失是受害人将来可能发生的可得利益的丧失，该可得利益一般需要其他因素介入才能实现。二是侵犯人身或财产导致的财产上损害的赔偿范围，包括全部直接损失和法定间接损失。在侵犯人身权引起的损害赔偿中，误工费属于间接损失，残疾生活辅助具费、康复费、残疾赔偿金、死亡赔偿金都可能包含间接损失。

第二，损害计算的时点问题。财产上损害的赔偿，以支付赔偿金为主要方式。确定损害和赔偿金，需要用到时点理论。对于侵犯财产权所致财产上损害赔偿的计算时点，《国家赔偿法》没有一般性规定，现行非刑事司法赔偿解释规定的是以侵权行为发生时为标准。但实践中常常遇到同一财产在作出赔偿决定时的价值和被侵权时的价值差异巨大的问题，处理起来比较棘手。从民事领域来看，《侵权责任法》[①] 在以侵权行为发生时为原则性标准之外，又规定了"或者其他方式计算"，以适应不同情形。例如，侵权致人房屋毁损灭失，如两年后作出判决时仍按照两年前损害发生时的市场价格计算并赔偿损失，由于房价上涨过快，实际难以弥补受害人损失；相比之下，按照民法矫正正义的价值理念和填补实际损失的原则，选择其他方式，以房屋重置价格折旧计算实际损失，更能实现矫正正义，更符合公平原则。借鉴这一经验，修订中的非刑事司法赔偿解释（稿）规定，"财产不能恢复原状或者灭失的，应当按照侵权行为发生时的市场价格计算损失，市场价格无法确定或者赔偿请求人有证据证明该价格不足以弥补其所受损害的，依照其他方式计算损失并支付相应的赔偿金"。我认为，该规定既贯彻了法定赔偿原则，又恰当地解释了法律的模糊之处，更有利于保障赔偿请求人的合法权益。

至于侵犯人身权所致财产上损害，《国家赔偿法》规定的赔偿标准是国家上年度职工日平均或者年平均工资，故时点就是"上年度"。对于类似问题，民事司法解释规定的时点是"一审法庭辩论终结时的上一统计年度"，但《国家赔偿法》没有明确。为此，《最高人民法院关于人民法院执行〈中华人民共和国国家赔偿法〉几个问题的解释》第6条将计算侵犯人身自由赔偿金的"上年度"明确为"赔偿义务机关、复议机关或者人民法院赔偿委员会作出赔偿决定时的上年度；复议机关或者人民法院赔偿委员会决定维持原赔偿决定的，按作出原赔偿决定时的上年度执行"。相比民事上"上年度"时点比较固定而言，国家赔偿领域有所不同。随着修正的《国家赔偿法》增加有关赔

---

① 本法已被《中华人民共和国民法典》废止。

偿申诉监督程序的规定，前述解释规则是否也适用于赔偿申诉监督案件，存在以下分歧：第一种意见（全案从新）认为，应参照《几个问题的解释》，全案按照新的赔偿委员会决定作出时的上年度日工资标准计算人身自由赔偿金。第二种意见（全案从旧）认为，应按照原决定作出时的上年度日工资标准计算人身自由赔偿金。第三种意见（部分从新）认为，应仅就需要纠正的天数，按照新的赔偿委员会决定作出时的上年度日工资标准计算人身自由赔偿金。本着有利于保障赔偿请求人权益的基本精神，最高人民法院经审委会讨论研究采纳了第三种意见，并作出了《关于人民法院赔偿委员会依照〈中华人民共和国国家赔偿法〉第30条规定纠正原生效的赔偿委员会决定应如何适用人身自由赔偿标准问题的批复》（法释〔2014〕7号）：人民法院赔偿委员会依照《中华人民共和国国家赔偿法》第30条规定纠正原生效的赔偿委员会决定时，原决定的错误系漏算部分侵犯人身自由天数的，应在维持原决定支付的人身自由赔偿金的同时，就漏算天数按照重新审查或者直接审查后作出决定时的上年度国家职工日平均工资标准计算相应的人身自由赔偿金；原决定的错误系未支持人身自由赔偿请求的，按照重新审查或者直接审查后作出决定时的上年度国家职工日平均工资标准计算人身自由赔偿金。请大家注意学习。

——杨临萍：《在全国法院国家赔偿工作座谈会上的总结发言》，载《国家赔偿办案指南》2014年第3辑（总第9辑），法律出版社2015年版，第18~21页。

1116. 受害的公民死亡后的精神损害赔偿问题

关键词

受害公民　继承人　有扶养关系的亲属

最高人民法院司法解释

第二条　公民以人身权受到侵犯为由提出国家赔偿申请，未请求精神损害赔偿，或者未同时请求消除影响、恢复名誉、赔礼道歉以及精神损害抚慰金的，人民法院应当向其释明。经释明后不变更请求，案件审结后又基于同一侵权事实另行提出申请的，人民法院不予受理。

第三条　赔偿义务机关有国家赔偿法第三条、第十七条规定情形之一，依法应当承担国家赔偿责任的，可以同时认定该侵权行为致人精神损害。但是赔偿义务机关有证据证明该公民不存在精神损害，或者认定精神损害违背公序良俗的除外。

——《最高人民法院关于审理国家赔偿案件确定精神损害赔偿责任适用

法律若干问题的解释》（2021年3月24日，法释〔2021〕3号）。

> **附录：最高人民法院主流观点**
>
> 受害的公民死亡后的精神损害赔偿问题。《国家赔偿法》第六条第二款规定："受害的公民死亡，其继承人和其他有扶养关系的亲属有权要求赔偿。"在由继承人和其他有扶养关系的亲属作为赔偿请求人的精神损害赔偿案件中，受到精神损害的是受害的公民还是赔偿请求人，这个问题易让人产生疑惑，因为自然人死亡后不能感受精神痛苦和肉体痛苦，不享有精神损害赔偿权利。对于这个问题要从对受害公民的损害后果进行理解。受害的公民死亡后，其损害后果的表现是受害公民的继承人和其他有扶养关系的亲属蒙受精神痛苦和感情创伤，因此，受到精神损害的是作为赔偿请求人的继承人和其他有扶养关系的亲属，他们基于与死亡的公民存在亲属或扶养关系而受到精神损害，从而享有赔偿权利。此种情形不属于精神损害赔偿权利的继承。人民法院在立案时对此类案件不能以赔偿请求人的人身权没有受到侵犯为由不予受理。
>
> ——最高人民法院赔偿委员会办公室编著：《最高人民法院关于审理国家赔偿案件确定精神损害赔偿责任适用法律若干问题的解释理解与适用》，人民法院出版社2021年版，第51~52页。

1117. 精神损害赔偿请求的申请与受理

关键词

精神损害赔偿

最高人民法院司法解释

第一条 公民以人身权受到侵犯为由提出国家赔偿申请，依照国家赔偿法第三十五条的规定请求精神损害赔偿的，适用本解释。

法人或者非法人组织请求精神损害赔偿的，人民法院不予受理。

第二条 公民以人身权受到侵犯为由提出国家赔偿申请，未请求精神损害赔偿，或者未同时请求消除影响、恢复名誉、赔礼道歉以及精神损害抚慰金的，人民法院应当向其释明。经释明后不变更请求，案件审结后又基于同一侵权事实另行提出申请的，人民法院不予受理。

——《最高人民法院关于审理国家赔偿案件确定精神损害赔偿责任适用法律若干问题的解释》（2021年3月24日，法释〔2021〕3号）。

附录：最高人民法院主流观点

《最高人民法院关于审理国家赔偿案件确定精神损害赔偿责任适用法律若干问题的解释》（以下简称《解释》）第一条、第二条规定了精神损害赔偿请求的申请与受理。根据《国家赔偿法》第三十五条的规定："有本法第三条或者第十七条规定情形之一，致人精神损害的，应当在侵权行为影响的范围内，为受害人消除影响，恢复名誉，赔礼道歉；造成严重后果的，应当支付相应的精神损害抚慰金。"换言之，国家赔偿制度中的精神损害赔偿，其责任范围应仅限于公民人身权部分，即存在《国家赔偿法》第三条、第十七条规定的侵犯人身自由权、生命健康权情形之一的，赔偿请求人可依法申请精神损害赔偿。针对侵犯公民财产权情形，以及侵犯法人或者非法人组织合法权益情形，即便可能产生精神损害的，也不在现行法律保护之列。据此，《解释》明确规定，公民因人身权受到侵犯，依照赔偿法规定请求精神损害赔偿的，适用本解释；法人或者非法人组织请求精神损害赔偿的，不予受理。在《解释》征求意见过程中，有专家指出，法人或者非法人组织如被错判单位犯罪，可能会对该法人名誉权、商业信誉等造成一定损害，从保障权利角度出发，对此种情形应予考虑。我们经研究认为，此意见虽有一定道理，但因受法律规定所限，《解释》不宜对此作扩大解释，可将此作为今后《国家赔偿法》修改与完善的建议，适时向立法机关提出。

《解释》第二条在于体现保护当事人求偿权与维护司法资源和效率的平衡。此条有两层含义：一是公民以人身自由权、生命健康权受到侵犯为由申请赔偿的同时，应一并提起精神损害赔偿请求，以及应就支付精神损害抚慰金或者消除影响、恢复名誉、赔礼道歉等不同责任方式一并申请。对此，人民法院负有释明义务，并应记录在案。二是如赔偿请求人经释明后在申请人身权赔偿时未一并申请精神损害赔偿，或者仅申请消除影响、恢复名誉、赔礼道歉以及精神损害抚慰金之中的一种责任方式，未一并申请其他责任方式的，视为其在知道或者应当知道权利时不行使该权利，其在案件审结后再基于同一侵权事实另行提出精神损害赔偿请求，或者另行提出其他责任方式请求的，将面临一事不再理的请求风险，人民法院对此不予受理和支持。《解释》如此规定，既保护了赔偿请求人的请求权，也保证司法资源得以优化、高效配置。

——最高人民法院赔偿委员会办公室编著：《最高人民法院关于审理国家赔偿案件确定精神损害赔偿责任适用法律若干问题的解释理解与适用》，人民法院出版社2021年版，第215~216页。

1118. 停产停业损失是否属于赔偿范畴

关键词

停产停业　损失　行政赔偿

最高人民法院司法解释

第二十九条　下列损失属于国家赔偿法第三十六条第八项规定的"直接损失"：

（一）存款利息、贷款利息、现金利息；

（二）机动车停运期间的营运损失；

（三）通过行政补偿程序依法应当获得的奖励、补贴等；

（四）对财产造成的其他实际损失。

——《最高人民法院关于审理行政赔偿案件若干问题的规定》（2022年3月20日，法释〔2022〕10号）。

附录：最高人民法院主流观点

目前，《国家赔偿法》第三十六条仅规定了停产停业期间的经常性费用开支作为赔偿范围，而没有明确停产停业损失也属于赔偿范围，这与《国家赔偿法》仅赔偿直接损失的原则是一致的。但是在违法征收征用土地房屋的赔偿案件中，根据赔偿不低于合法补偿的原则，因为补偿的范围包括因征收房屋造成的停产停业损失的补偿，故就停产停业损失的赔偿问题，在违法征收拆迁案件中属于赔偿范围，成为特别的规定，不同于一般行政行为如责令停产停业造成的营业损失。关于征收拆迁过程中涉及的停产停业损失如何赔偿问题，应当参照征收补偿安置方案或者相关的规定进行，而不完全按照实际停产停业时间计算。通常情况下，征收过程中的停产停业损失是考虑征收需要过渡期而给予被征收人相应时间的过渡补助，被征收人也需要积极配合征收拆迁，寻找新场所营业，如果其故意拖延时间导致损失进一步扩大，则相应权利不在赔偿保护范围内。

此外，对于营运车辆的停运损失予以赔偿也体现出对经营损失的赔偿，虽然目前尚未将停产停业损失全部纳入赔偿范围，但是并非此类损失就一概必然不可赔偿，从损失的性质来看，其与车辆停运期间的损失具有一定的相似性，鉴于《国家赔偿法》尚未将一般的停产停业损失纳入赔偿范围，故司法解释也不能突破规定，只能通过将来法律修改加以实现。

——最高人民法院行政审判庭：《最高人民法院关于审理行政赔偿案件若

干问题的规定理解与适用》，人民法院出版社2022年版，第500页。

1119. 已签订补偿协议领取补偿款后，另行就停产停业损失主张行政赔偿的，如何认定

关键词

行政赔偿　停产停业损失

最高人民法院裁判文书

杜某章与洛阳市政府行政赔偿纠纷申请再审案［最高人民法院（2021）最高法行赔申154号国家赔偿决定书］

裁判要旨：当事人已签订合法有效的《国有土地上房屋征收补偿协议书》，并对停产停业损失等进行约定，被征收人对上述征收补偿协议中停产停业损失的补偿标准无异议，并已实际领取补偿款的，应视为行政机关已就停产停业损失履行了赔偿义务。被征收人在其停产停业损失已得到补偿的情况下，再次要求行政机关对其停产停业损失予以赔偿，缺乏法律依据，人民法院不予支持。

最高人民法院经审查认为，《中华人民共和国国家赔偿法》第四条规定："行政机关及其工作人员在行使行政职权时有下列侵犯财产权情形之一的，受害人有取得赔偿的权利：……（四）造成财产损害的其他违法行为。"本案中，洛阳市政府封闭商业街的行为已被生效判决确认违法，故杜某章有权要求洛阳市政府对其合法财产的损失承担相应赔偿责任。

2020年6月1日，杜某章与龙门石窟世界文化遗产园区龙门石窟街道办事处签订《龙门石窟商业街拆迁项目国有土地上房屋征收补偿协议书》，系双方真实意思表示，内容不违反法律、行政法规的强制性规定，合法有效。该征收补偿协议中已就杜某章的停产停业损失等进行约定，杜某章对上述征补偿协议中停产停业损失的补偿标准亦无异议，并已实际领取了补偿款，故应视为洛阳市政府已就停产停业损失履行了赔偿义务。杜某章在其停产停业损失已得到补偿的情况下，再次要求洛阳市政府对其停产停业损失予以赔偿，缺乏法律依据，原审法院未予支持，并无不当。

——中国裁判文书网。

1120. 在民事、行政诉讼中司法赔偿案件中关于侵犯财产权的损害赔偿计算方式的确定

关键词

侵犯财产权　损害赔偿

最高人民法院司法解释

第十条　公民、法人和其他组织的损失，已经在民事、行政诉讼过程中获得赔偿、补偿的，对该部分损失，国家不承担赔偿责任。

第十一条　人民法院及其工作人员在民事、行政诉讼过程中，具有本解释第二条、第六条规定情形，侵犯公民人身权的，应当依照国家赔偿法第三十三条、第三十四条的规定计算赔偿金。致人精神损害的，应当依照国家赔偿法第三十五条的规定，在侵权行为影响的范围内，为受害人消除影响、恢复名誉、赔礼道歉；造成严重后果的，还应当支付相应的精神损害抚慰金。

第十三条　人民法院及其工作人员对判决、裁定及其他生效法律文书执行错误，且对公民、法人或者其他组织的财产已经依照法定程序拍卖或者变卖的，应当给付拍卖或者变卖所得的价款。

人民法院违法拍卖，或者变卖价款明显低于财产价值的，应当依照本解释第十二条的规定支付相应的赔偿金。

第十四条　国家赔偿法第三十六条第六项规定的停产停业期间必要的经常性费用开支，是指法人、其他组织和个体工商户为维系停产停业期间运营所需的基本开支，包括留守职工工资、必须缴纳的税费、水电费、房屋场地租金、设备租金、设备折旧费等必要的经常性费用。

第十五条　国家赔偿法第三十六条第七项规定的银行同期存款利息，以作出生效赔偿决定时中国人民银行公布的一年期人民币整存整取定期存款基准利率计算，不计算复利。

应当返还的财产属于金融机构合法存款的，对存款合同存续期间的利息按照合同约定利率计算。

应当返还的财产系现金的，比照本条第一款规定支付利息。

第十六条　依照国家赔偿法第三十六条规定返还的财产系国家批准的金融机构贷款的，除贷款本金外，还应当支付该贷款借贷状态下的贷款利息。

——《最高人民法院关于审理民事、行政诉讼中司法赔偿案件适用法律若干问题的解释》(2016年9月7日，法释〔2016〕20号)。

附录：最高人民法院法官著述

非刑事司法赔偿案件主要涉及财产的返还、修复和赔偿，财产损害赔偿的计算规则一直以来都是非刑事司法赔偿审判的热点和难点；特别是在财产不能恢复原状或者灭失的情形下，如何确定损失，在实践中有较大争议。对此，《最高人民法院关于审理民事、行政诉讼中司法赔偿案件适用法律若干问题的解释》（以下简称《解释》）从以下几个方面进行了规范：

1. 明确了财产损害赔偿的一般原则和特殊规则

第一，《解释》规定凡涉及财产损害赔偿的，仍应以《国家赔偿法》第36条为一般原则，即能返还的返还、能恢复的恢复，不能返还或者恢复原状的予以赔偿。第二，财产不能恢复原状或者灭失的，原则上按照侵权行为发生时市场价格计算直接损失。《解释》沿用了2000年《最高人民法院关于民事、行政诉讼中司法赔偿若干问题的解释》（以下简称《非刑事司法赔偿解释》）以侵权行为发生时作为计算时点的规定，而没有采用损失发生时的计算时点。理由是：在损害赔偿原理上，涉及侵犯财产权的损害时点计算，通说以侵权行为发生时的市场价格作为受损财产的原值，侵权行为发生时往往就是损失发生时，但前者较后者的时点更为确定，便于实务理解和操作，有利于司法裁量的统一。第三，对于一些特定财产如不动产、稀缺物品或者大宗商品等，受到侵权损害的时间较长且受损财产价值发生较大波动的，按照财产原值计算直接损失，显然有失公允。为此，《解释》进一步规定市场价格无法确定或者该市场价格不足以弥补受害人所受损失的，可以采取其他合理方式计算损失，以更加公允地计算财产损失，更加充分地救济权利。这里所说的其他方式可以是资产重置的方法，可以根据财产所在地价格统计数据来计算，还可以委托有关专业机构评估等，具体由人民法院结合案件实际情况决定。

2. 丰富了可赔偿的财产损害范围

在财产损害中，直接损失是现有财产的减少，间接损失是可得利益的丧失。在民事赔偿上，对财产损害适用全部赔偿和实际损害赔偿的原则，不仅要赔偿直接损失，对确定的间接损失也要予以赔偿。《民法通则》[①] 第117条第3款规定："受害人因此遭受其他重大损失的，侵害人并应当赔偿损失。"在国家赔偿上，对于人身损害的赔偿，包括医疗费、护理费、残疾生活辅助具费、康复费、丧葬费等直接损失，也包括误工费、残疾赔偿金、死亡赔偿金、被扶养人生活费等间接损失；对于财产损害的赔偿，《国家赔偿法》2010年修改前仅限于直接损失，修法后增加了对利息的赔偿，从而扩及至间接损失。

---

① 本法已被《中华人民共和国民法典》废止。

《解释》根据《国家赔偿法》的修法精神，在《国家赔偿法》第36条第7项规定返还执行的罚款或者罚金、追缴或者没收的金钱，解除冻结的存款或者汇款的，应当支付银行同期利息，以及2000年《非刑事司法赔偿解释》第12条第3项规定对贷款在借贷状态下的贷款利息予以赔偿的基础上，进一步规定应当返还的财产属于现金的，应当支付利息。

此外，对于可赔偿的直接损失范围也进一步予以明确。比如，对于拍卖、变卖财产的损失，《解释》在《国家赔偿法》第36条第5项规定的基础上进一步区分和细化。如果应当返还的财产已经依照法定程序拍卖或者变卖的，视该依法拍卖或者变卖的价值为财产直接损失的体现，按照《国家赔偿法》第36条第5项的规定给付拍卖或者变卖款。如果人民法院违反法定程序拍卖的，或者变卖的价款明显低于财产价值的，支付相应的赔偿金。又如，对于停产停业期间必要的经常性费用开支，《解释》在2000年《非刑事司法赔偿解释》规定的基础上，除对留守职工工资、必须缴纳的税费、水电费予以列举并进一步明确之外，还增加了应当缴纳的房屋场地租金、针对租赁设备生产的设备租金和针对自有设备生产的设备折旧费等。

3. 确定了银行同期存款利息的计算基准

对于以何种利率计算银行同期存款利息，《国家赔偿法》未作规定，非刑事司法赔偿实践中做法不一。在比较法上，《日本刑事补偿法》第4条、第5条规定对侵害财产权的赔偿标准为"由于执行罚金或罚款而给予的补偿，应在已经征收罚金或罚款额的基础上，按照从征收的次日起至决定补偿之日止的日期，加上年息5厘(年利率5%)的数额交付补偿金"；《美国联邦侵权赔偿法》第2411条规定为"依据1346条对美国联邦政府提起之民事诉讼所成立之终局判决，自判决之日起至为清偿判决而提出之拨款获得批准之日或不超过该日后三十日，其利息按年利率4%计算"。《解释》起草过程中经调研认为，如借鉴上述立法例的模式，以较为成熟、稳定的市场化利率即资本平均利润率来客观计算资金孳息的损失，能够做到赔偿数额合理、适当，计算方式简便。为此，《解释》明确以作出生效赔偿决定时中国人民银行公布一年期人民币整存整取定期存款基准利率作为银行同期存款利息的固定计算基准，不计算复利。如应当返还的财产属于金融机构合法存款的，在存款合同存续期间，按照合同约定利率计算利息。这意味着，对于应当返还的合法存款，其存款利率高于一年期人民币整存整取定期存款基准利率的，存款合同存续期间的利息赔偿是就高不就低，以更好地保护存款人的合法权益。

——刘合华、陈现杰等：《最高人民法院〈关于审理民事、行政诉讼中司法赔偿案件适用法律若干问题的解释〉的理解与适用》，载《国家赔偿办案指南》2016年第2辑(总第16辑)，法律出版社2016年版，第54~57页。

1121. 财产无法返还的，如何确定行政赔偿基数的时点

关键词

行政赔偿基数

最高人民法院裁判文书

海南惠普森医药生物技术有限公司与文昌市人民政府行政赔偿案［最高人民法院（2015）行提字第 26 号行政判决］

> 裁判要点：《国家赔偿法》仅规定了赔偿直接损失的原则、未明确具体赔偿标准的情况下，可以通过类比《国家赔偿法》最相近似的具体规定，来分析立法精神、衡平赔偿标准。《国家赔偿法》第三十六条第五项规定："财产已经拍卖或者变卖的，给付拍卖或者变卖所得的价款；变卖的价款明显低于财产价值的，应当支付相应的赔偿金"。该规定亦适用于行政赔偿，且适用的情形均为侵权机关占用本属受害人所有的财产被确认违法，却因涉案财产被转移给他人致无法返还。二者的区别仅是他人取得涉案财产的方式不同，而他人取得涉案财产的方式并不会对受害人直接损失的大小产生影响，故二者具有高度的可类比性。拍卖或者变卖所得的价款即涉案财产转移给他人时的市场价值，类比到本案应为涉案土地被划拨给他人时的市场价值。

最高人民法院认为：文昌市政府收回惠普森公司土地使用权的行为已由海南高院（2011）琼行终字第 118 号生效行政判决确认违法，该违法收地行为给惠普森公司造成了损失，惠普森公司请求文昌市政府承担国家赔偿责任的理由成立，本院予以支持。本案争议的焦点问题是，文昌市政府对惠普森公司进行国家赔偿的赔偿方式和计算标准应当如何确定。

（一）关于赔偿方式问题

《国家赔偿法》第三十二条规定："国家赔偿以支付赔偿金为主要方式。能够返还财产或者恢复原状的，予以返还财产或者恢复原状"。据此，返还财产是国家赔偿首选的赔偿方式，既符合赔偿请求人的要求也更为方便快捷；但其适用条件是原物未被处分或发生毁损灭失，若相关财产客观上已无法返还或恢复原状时，则应支付相应的赔偿金。本案中，文昌市政府的涉案收地行为被人民法院判决确认违法时，涉案土地已因建设文昌火箭发射场设备运

载码头这一公共利益需要被划拨给文昌港湾港务有限公司进行建设。文昌市政府和惠普森公司在本院组织的现场勘查中，均认可涉案土地现状因上述原因已无法返还。故在涉案土地确已无法返还的情况下，本案应当以支付赔偿金的方式进行国家赔偿。根据《国家赔偿法》第三十六条第八项"对财产权造成其他损害的，按照直接损失给予赔偿"的规定，本案应当以赔偿直接损失为原则。

（二）关于赔偿标准问题

就本案而言，赔偿标准的核心即土地估价时点如何确定。首先，在国家赔偿法对本案的情形仅规定了赔偿直接损失的原则、未明确具体赔偿标准的情况下，可以通过类比《国家赔偿法》最相近似的具体规定，来分析立法精神、衡平赔偿标准。国家赔偿法第三十六条第五项规定："财产已经拍卖或者变卖的，给付拍卖或者变卖所得的价款；变卖的价款明显低于财产价值的，应当支付相应的赔偿金"。该规定亦适用于行政赔偿，且适用的情形均为侵权机关占用本属受害人所有的财产被确认违法，却因涉案财产被转移给他人致无法返还。二者的区别仅是他人取得涉案财产的方式不同，而他人取得涉案财产的方式并不会对受害人直接损失的大小产生影响，故二者具有高度的可类比性。拍卖或者变卖所得的价款即涉案财产转移给他人时的市场价值，类比到本案应为涉案土地被划拨给他人时的市场价值，即2010年10月20日涉案土地的市场价值。

其次，《中华人民共和国侵权责任法》[①]第十九条规定："侵害他人财产的，财产损失按照损失发生时的市场价格或者其他方式计算"。本案中，涉案土地被收回后一直闲置，在因公共利益需要被划拨用于文昌火箭发射场设备运载码头建设前仍然存在返还可能，惠普森公司依法仍可恢复原土地使用权。直至2010年10月20日涉案土地因公共利益需要划拨给文昌港湾港务有限公司，惠普森公司的涉案土地使用权才最终丧失、确已无法返还。故本案中"损失发生时"应认定为2010年10月20日涉案土地使用权被划拨给文昌港湾港务有限公司之时。文昌市政府以2004年8月16日为"损失发生时"作为土地估价时点的主张，本院不予支持。退一步讲，惠普森公司的涉案土地使用权若未被无偿收回，则将因建设文昌火箭发射场设备运载码头这一公共利益的需要，被依法征收。惠普森公司享有的土地权益从而转化为相应的补偿请求权，补偿标准应为涉案土地被征收时的市场价格。鉴于涉案土地事实上未被征收，其被划拨时的市场价格与被征收时的市场价格最为接近，故本案应以涉案土地2010年10月20日的市场价格作为赔偿金基数。涉案土地被划拨后，其价值的提升或贬损显然已与惠普森公司无关，亦不属于惠普森

---

① 本法已被《中华人民共和国民法典》废止。

公司的直接损失，故惠普森公司关于应当按生效判决作出时的评估价支付赔偿金的请求，本院不予支持。

再次，《最高人民法院关于民事、行政诉讼中司法赔偿若干问题的解释》第十一条规定，"财产灭失的，按侵权行为发生时当地市场价格予以赔偿"。本案中，侵权行为是文昌市政府2004年8月16日作出收回涉案土地决定，但文昌市政府未依法履行送达告知义务，仅将收地决定公告送达，惠普森公司因不知道该收地决定内容，在文昌市政府作出收地决定后仍连续多年要求完善涉案土地基础设施以便开发。故若类比上述司法解释，以侵权行为发生时即2004年8月16日作为土地估价时点，对保护惠普森公司的合法权益明显不公。此外，上述司法解释适用于司法赔偿，即人民法院在民事、行政诉讼过程中侵犯公民、法人和其他组织合法权益造成损害的情形，而本案系行政赔偿纠纷，故该司法解释不适用于本案。综上，以涉案土地使用权因公共利益需要被划拨给他人致无法返还时作为确定赔偿金基数的时点，既符合国家赔偿直接损失的原则，也保护了惠普森公司作为原土地使用权人的合法权益，更为公平合理，故本院确定以涉案土地使用权2010年10月20日的市场价格作为文昌市政府支付惠普森公司赔偿金的基数。海南一中院一审判决以惠普森公司买地合同价作为直接损失，海南高院二审判决以惠普森公司的买地成本及其利息作为直接损失，均缺乏相应的法律依据，本院予以纠正。鉴于文昌市政府在本案二审判决生效后已支付162.4535万元赔偿金，故已支付的部分应予以扣除。

（三）关于文昌市政府应否承担利息的问题

《国家赔偿法》第二条第二款规定，赔偿义务机关应当及时履行赔偿义务；第九条第一款规定，赔偿义务机关违法造成财产损害的，应当给予赔偿。据此，文昌市政府作为赔偿义务机关有及时支付赔偿金的法定义务。本案中，文昌市政府在收地行为被人民法院生效判决确认违法后，理应及时履行赔偿义务，但其在收到惠普森公司的赔偿申请后，仍未在法定期限内作出答复。此外，依据公平原则，加害人理应及时支付违法损害赔偿金，以使赔偿金的孳息尽早归于受害人，尽可能减少受害人的损失。若违法损害赔偿金不计付利息，则会使受害人的直接损失无法得到全部赔偿，甚至可能促使加害人拖延履行赔偿义务。故本院认为，未及时支付赔偿金所产生的利息亦属于直接损失的范围，应予赔偿。

此外，《国家赔偿法》第四十一条规定，赔偿请求人要求国家赔偿的，赔偿义务机关、复议机关和人民法院不得向赔偿请求人收取任何费用；《诉讼费用交纳办法》第八条第四项规定，行政赔偿案件不交纳案件受理费。据此，本案不应当收取案件受理费。海南高院二审判决："一、二审案件受理费100元由文昌市人民政府负担"错误，本院予以纠正，已收取的案件受理费应当退还文昌市政府。

——中国裁判文书网。

1122. 补发工资后仍需进行国家赔偿

关键词

单位补偿　国家赔偿

最高人民法院司法政策精神

划清国家赔偿和单位补偿的界限

国家赔偿是依据《国家赔偿法》的规定，由国家给予的一种救济，与当地政府或原单位为解决善后问题而给予的一定补偿，有着本质的区别，两者不可相互替代，也不可混淆。

——祝铭山：《在全国高级法院赔偿委员会主任会议上的讲话》(1997年9月20日)。

最高人民法院答复

陕西省高级人民法院：

你院1999年6月10日〔1999〕陕高法委赔字第6号《关于王某诚申请赔偿案的请示报告》收悉。经研究，答复如下：

根据《中华人民共和国国家赔偿法》的规定，公民因被侦查、检察、审判机关错拘、错捕、错判而错误限制人身自由的，该公民有权申请并依照法律规定获得赔偿。国家赔偿与单位补发工资性质不同，不能相互混淆。不能基于单位已经补发工资就剥夺该公民依法获得的申请并取得国家赔偿的权利。本案王某诚于1995年1月1日以前被错误羁押的部分，根据以前的规定已经补发工资，国家不承担赔偿义务；其于1995年1月1日以后被错误羁押的部分虽也已补发了工资，但不影响其申请并依照法律规定获得国家赔偿。

此复

——《最高人民法院赔偿委员会关于补发工资后仍需进行国家赔偿的批复》(2000年1月10日，〔1999〕赔他字第20号)。

宁夏回族自治区高级人民法院：

你院1999年7月6日〔1999〕宁高法赔他字第3号《关于蒋某秀申请国家赔偿一案的请示》收悉。经研究，答复如下：

国家赔偿与单位补发工资性质不同，前者是法律赋予公民的权利，后者是一种善后工作，不能相互混淆。根据《中华人民共和国国家赔偿法》的规定，公民因被侦查、检察、审判机关错拘、错捕、错判而限制人身自由的，无论其所在单位补发工资与否，该公民有权申请并依照法律规定获得国家赔偿。本案固原县人民法院、固原县人民检察院应当承担全部共同赔偿义务，蒋某秀补发的工资不应扣除。

此复

——《最高人民法院赔偿委员会关于国家赔偿不应扣除已补发工资的批复》（2000年1月10日，〔1999〕赔他字第23号）。

辽宁省高级人民法院：

你院1999年6月22日〔1999〕辽法委赔疑字第1号《关于被限制人身自由期间的工资已由单位补发，国家是否还应支付被限制人身自由的赔偿金的请示报告》收悉，经研究，答复如下：

国家赔偿是国家机关或国家机关工作人员违法行使职权侵犯公民、法人和其他组织的合法权益造成的损害进行的赔偿。国家赔偿与企业补偿是两种不同性质的补偿方式，不应混淆。根据《国家赔偿法》第15条第（2）项规定，赔偿义务机关应作出赔偿决定。

此复

——《最高人民法院关于被限制人身自由期间的工资已由单位补发国家是否还应支付被限制人身自由的赔偿金的批复》（2000年1月26日，〔1999〕赔他字第21号）。

黑龙江省高级人民法院：

你院1999年10月10日〔1999〕黑法委赔批字第4号《关于赔偿请求人李某申请国家赔偿一案的请示》收悉。经研究，答复如下：

同意你院对李某申请国家赔偿一案请示中第一种意见，即赔偿请求人被侵犯人身自由权的事实发生在1995年1月1日《国家赔偿法》实施之前的，不适用《国家赔偿法》。赔偿请求人李某1995年7月13日至1996年2月14日被限制人身自由权的部分，应按照《国家赔偿法》的规定，由作出错误逮捕决定的机关履行赔偿义务。原单位已补发工资与国家予以赔偿是两种不同性质的补偿方式，两者不能混淆，更不能替代。

此复

——《最高人民法院赔偿委员会关于李某申请国家赔偿一案的批复》（2000年1月10日，〔1999〕赔他字第30号）。

1123. 证据保全措施违法不属于国家赔偿确认案件受理范围

关键词

国家赔偿确认案件　证据保全　案件受案范围

最高人民法院答复

吉林省高级人民法院：

国家赔偿范围系由《国家赔偿法》确定。现行《国家赔偿法》及其相关司法解释均未将违法采取证据保全措施纳入国家赔偿范围。故同意你院关于证据保全措施违法不应当属于国家赔偿确认案件受理范围的意见。

——《最高人民法院关于对证据保全措施违法是否属于国家赔偿违法确认案件受理范围一案的答复》（2006年9月19日，〔2009〕确他字第3号）。

1124. 当事人请求行政赔偿，不能证明财产损失的具体数额的，人民法院酌定予以赔偿

关键词

行政行为　行政赔偿　财产损失

最高人民法院裁判文书

李某明诉沈阳市和平区人民政府行政赔偿案〔最高人民法院（2015）行监字第42号行政裁定书〕

裁判要点：原告因行政行为违法请求行政赔偿。不能证明财产损失的具体数额大小的，人民法院可以根据生活经验和常理，结合案件具体情况，酌定予以赔偿。

最高人民法院认为：根据《中华人民共和国国家赔偿法》第四条规定，行政机关违法采取行政强制措施造成当事人财产损失的，依法应当承担行政赔偿责任。和平区政府在房屋征收过程中对被征收人李某明的房屋实施强行断电、断水等强制措施，上述行政行为已经被辽宁省高级人民法院（2013）辽行终字第131号生效行政判决确认违法，和平区政府对由此给李某明造成的财产损失应予赔偿。最高人民法院《关于行政诉讼证据若干问题的规定》

第五条规定,在行政赔偿诉讼中,原告应当对被诉行政行为造成损害的事实提供证据。据此,李某明应当对和平区政府违法实施强制措施行为对其造成的财产损失承担举证责任。为证明其损失,李某明向一、二审法院提供了相应证据。但是,这些证据不足以证明其所主张的损失。其中,烧毁、丢失中药材清单为其自列清单,房内物品损失为其单方提供的照片,二者均没有其他相关证据予以佐证,无法证明其所称损失。药品进货单为《童玲药材有限公司销售出库单》,记录了自2007年至2012年间,李某明从安国市童玲药材有限公司购买中药材的数量和价格,所有单据票面数额合计约15000元,且进货单所列药材至和平区政府违法采取强制措施时的存量是多少,没有相关证据予以证明。李某明要求原审法院调取的出警记录,仅是其个人报警时所称损失,未经公安机关核实确认,亦不能作为证明房内物品实际损失的证据。李某明在二审庭审中承认,已于2012年6月初从被征收的房屋搬走。根据生活经验和常理,作为一个理智的人,通常不可能在即将被强制拆迁、无人居住、使用的房屋内留存大量贵重物品。因此,在李某明没有充分证据证明其损失的情况下,原审判决根据案件具体情况,酌定和平区政府赔偿李某明2万元,符合本案基本事实,判决结果并无不当。

——中国裁判文书网。

1125. 在错误执行赔偿案件中不能简单以执行程序尚未终结为由驳回赔偿请求人的申请

关键词

错误执行赔偿 申诉审查程序 执行程序终结 受理条件

最高人民法院裁判文书

安华公司申请北京市第二中级人民法院错误执行赔偿申诉案[最高人民法院(2020)最高法委赔监273号国家赔偿决定书]

裁判要旨:对于申请错误执行赔偿案件不应一概以执行程序尚未终结为由不予受理或驳回申请,应根据《国家赔偿法》和相关司法解释规定精神,正确把握原则和例外的关系,结合案件具体情况,准确适用《最高人民法院关于审理民事、行政诉讼中司法赔偿案件适用法律若干问题的解释》第19条其他例外情形的规定,对于执行期限较长、被执行人下落不明、无财产可供执行且已经终结本次执行程序的案件,应当及时受理并作出赔偿决定,防止出现当事人长期告状无门的情况①。

最高人民法院赔偿委员会认为，本案的焦点问题是安华公司申请北京市第二中级人民法院错误执行赔偿一案是否符合国家赔偿案件受理条件。

关于赔偿请求人申请错误执行赔偿的条件和阶段，《最高人民法院关于适用〈中华人民共和国国家赔偿法〉若干问题的解释（一）》（法释〔2011〕4号）第八条、《最高人民法院关于审理民事、行政诉讼中司法赔偿案件适用法律若干问题的解释》（法释〔2016〕20号）第十九条第一款均明确规定，公民、法人或者其他组织依据国家赔偿法第三十八条规定申请错误执行赔偿的，应当在民事、行政执行程序终结后提出。之所以作出如此规定，主要是因为国家赔偿程序是最后的救济程序，申请国家赔偿一般应在穷尽其他救济途径后提出，只有在执行程序终结的情况下，才能对执行行为是否造成了损害后果作出最终认定，否则，会造成执行程序和国家赔偿程序并存的情况，不利于人民法院赔偿委员会进行终局性审查。然而，由于《中华人民共和国民事诉讼法》对于执行程序终结条件的规定较为严格，一些民事案件进入执行程序后，因种种原因长期得不到执行，也不符合终结执行条件，导致赔偿请求人长期无法行使赔偿请求权。因此，为了维护赔偿请求人的合法权益，保障赔偿请求人依法、及时行使赔偿请求权，避免以案件尚未终结执行为由变相剥夺或限制赔偿请求人申请国家赔偿，《最高人民法院关于审理民事、行政诉讼中司法赔偿案件适用法律若干问题的解释》第十九条第一款还规定了下列除外情形，即"（三）经诉讼程序依法确认不属于被保全人或者被执行人的财产，且无法在相关诉讼程序或者执行程序中予以补救的；（四）人民法院生效法律文书已确认相关行为违法，且无法在相关诉讼程序或者执行程序中予以补救的；（五）赔偿请求人有证据证明其请求与民事、行政诉讼程序或者执行程序无关的；（六）其他情形。"对于符合前几种例外情形的国家赔偿案件的受理和审查，实践中相对比较容易把握和适用，但是，对于司法解释规定的"其他情形"具体是指何种情形以及如何适用，国家赔偿审判实践中存在较大争议。一般而言，适用"其他情形"规定受理审查错误执行赔偿案件，应当具备以下条件：（1）债权人申请执行后，被执行人无财产可供执行，亦无履行债务能力；（2）案件无法得到有效执行，或者处于中止执行或终结本次执行状态；（3）债权人申请执行或执行案件立案后，执行法院不执行或不能执行超过一定期限；（4）执行法院的错误执行行为给赔偿请求人造成了确定的财产损害，且无法通过其他程序救济，或者赔偿请求人申请赔偿时提供了证

---

① 2022年3月发布的《最高人民法院关于审理涉执行司法赔偿案件适用法律若干问题的解释》第五条第一款第三项规定吸收了本案要旨。

明执行行为违法并造成一定财产损害的证据。在上述情况下,如果仍然以执行程序尚未终结为由拒绝受理赔偿申请,将使赔偿请求人告状无门,不能及时有效保护赔偿请求人的合法权益,显然违背国家赔偿法的立法精神。本案的情况是:北京市第二中级人民法院于 2000 年 9 月 28 日即受理了安华公司的执行申请,并于 2009 年 9 月 14 日作出(2000)二中执字第 1504-2 号民事裁定,查明被执行人西马改装厂已于 2000 年 12 月 5 日被吊销营业执照且无财产可供执行,裁定终结本次执行程序。截至最高人民法院赔偿委员会审查申诉期间,生效判决确定的安华公司对西马改装厂享有的债权,仍未得到执行。最高人民法院赔偿委员会认为,安华公司申请北京市第二中级人民法院强制执行西马改装厂一案,因被执行人西马改装厂被吊销营业执照且无可供执行的财产,导致该案长期未能得到执行,亦未终结执行程序,安华公司申请执行、执行法院受理后进行执行的时间距今已经超过 20 年,北京市第二中级人民法院终结本次执行程序的时间距今也已超过 10 年,安华公司享有的债权亦无法通过其他途径进行救济。在此情况下,安华公司向北京市第二中级人民法院申请错误执行赔偿,属于申请错误执行赔偿应当在执行程序终结后提出原则之例外情形,即本案的情形符合《最高人民法院关于审理民事、行政诉讼中司法赔偿案件适用法律若干问题的解释》第十九条第一款第六项"其他情形"的规定,对于安华公司提出的赔偿申请,人民法院赔偿委员会应当依法进行实体审理并作出决定,原决定以安华公司申请赔偿所涉案件执行程序尚未终结为由,从程序上驳回安华公司的赔偿申请,属于适用法律错误,应予纠正。

——中国裁判文书网。

1126. 当事人主张除案涉直接损失之外间接损失的,依法不属于国家赔偿范围

关键词

国家赔偿范围　直接损失　间接损失

最高人民法院裁判文书

福建远大船业有限公司诉福建省平潭综合实验区管理委员会、福建省平潭县人民政府行政强制及行政赔偿案〔最高人民法院(2017)最高法行申 132 号行政裁定书〕

裁判要点:《国家赔偿法》第三十六条规定明确了对财产造成损

害的，一般按照直接损失给予赔偿。此处的直接损失，是与间接损失相对的。间接损失，是指由于侵权人侵害他人财产的行为，导致被害人在一定范围内与财产相关的未来利益的损失。间接损失不是现有财产的减少，而是可得利益的减少。

最高人民法院认为：再审申请人平潭管委会和平潭县政府对被申请人远大公司实施的行政强制行为因缺乏法律依据，被一、二审法院判决确认违法，并无不当，对此当事人亦无异议。《行政诉讼法》第七十六条规定："人民法院判决确认违法或者无效的，可以同时判决责令被告采取补救措施；给原告造成损失的，依法判决被告承担赔偿责任。"《国家赔偿法》第三十六条第三项、第四项、第八项规定："侵犯公民、法人和其他组织的财产权造成损害的，按照下列规定处理：……（三）应当返还的财产损坏的，能够恢复原状的恢复原状，不能恢复原状的，按照损害程度给付相应的赔偿金；（四）应当返还的财产灭失的，给付相应的赔偿金；……（八）对财产权造成其他损害的，按照直接损失给予赔偿。"平潭管委会和平潭县政府因行政强制行为对远大公司造成的在建工程、机器设备及原材料等资产的损失应支付相应的赔偿金。

首先，关于评估机构的选定问题。一审法院根据平潭管委会的申请，通过公开摇号的方式确定荣成评估公司作为鉴定机构，并依法办理了委托鉴定手续。荣成评估公司属于浙江省高级人民法院公布在册的具有司法鉴定资质的鉴定机构，在原审中也提供了资产评估资质证书（副本）、注册资产评估师资格证书等证据。再审申请人有关荣成评估公司不具有鉴定资质的主张不能成立。

其次，关于《资产评估报告》的评估范围问题。在一审法院委托评估之前，2011年5月再审申请人即对远大公司在建工程、现场机器设备及原材料等实施了强制拆除。荣成评估公司作出的浙荣成评字〔2015〕第15号《资产评估报告》中载明："本次纳入评估范围的资产，现场勘查时大部分已被拆除，无法实地勘查资产的实际情况及对资产数量进行清点，资产数量及对资产状况的判断以福州中院提供的资料确定。"福州中院向荣成评估公司出具的《同意鉴定委托书》明确："主诉评估的对象为在建工程、现场机器设备及原材料的价值（以双方共同委托中兴评估、双方诉讼中再次确认的评估明细为准）。"根据二审查明的事实，2013年9月，平潭县政府（甲方）和远大公司（乙方）共同委托中兴评估公司对涉案资产进行鉴定，双方签订的《资产评估业务约定书》中评估范围为"远大公司吉钓修造船厂项目土地使用权、海域使用权、甲乙双方已确认的在建工程量、设备、库存货物、临时设施（有实物，按实物进行评估；实物灭失的，按甲乙双方确认的数量予以评估）"。

第四条约定："甲乙双方共同委托所提供的在建工程量是由福建省交通运输厅专家组织核实，甲乙双方签字、盖章确认，各相关单位对真实性已认可。"由于再审申请人在先的违法强拆行为，导致评估机构不具备实地勘查、检验被评估资产的情况，在此情况下，一审法院以之前双方当事人共同委托中兴评估公司时确定的在建工程量等为基础，确定评估范围，是公平合理的。再审申请人称为了和解而让步多计算了工程量，与上述约定书的内容不符，本院不予采信。再审申请人提出荣成评估公司的《资产评估报告》包含安全施工措施费、扫海费、勘察设计费、工程保险费等不在法院委托评估范围的项目，荣成评估公司回应，上述费用是在建工程依据相关规定和实际情况必然支出的费用。对此，再审申请人未能提出反证，故对其主张本院不认可。

再次，关于原审法院以荣成评估公司出具的《资产评估报告》作为判断赔偿依据是否违反《国家赔偿法》规定的问题。荣成评估公司在《资产评估报告》中写明："本次评估所采用的价值类型为市场价值。市场价值是指自愿买方与自愿卖方，在评估基准日进行市场营销之后所达成的公平交易中，某项资产应当进行交易的价值估计数额。因被评估资产处在在建阶段，对其未来的收益较难预测，且市场上无相似资产交易，故无法采用市场法及收益法评估。本次选取重置成本法评估。再审申请人主张一、二审法院以该《资产评估报告》作为赔偿依据违反《国家赔偿法》有关赔偿直接损失的规定。《国家赔偿法》第三十六条规定明确了对财产造成损害的，一般按照直接损失给予赔偿。此处的直接损失，是与间接损失相对的。间接损失，是指由于侵权人侵害他人财产的行为，导致被害人在一定范围内与财产相关的未来利益的损失。间接损失不是现有财产的减少，而是可得利益的减少。荣成评估公司出具的《资产评估报告》，采用市场价值的价值类型、重置成本法的评估方法，并不违反《国家赔偿法》有关赔偿直接损失的精神。《福建省海域使用补偿办法》第十一条规定，海域附着物补偿费按照其重置价格并结合成新予以补偿。《国有土地上房屋征收与补偿条例》第十九条规定，对被征收房屋价值的补偿，不得低于房屋征收决定公告之日被征收房屋类似房地产的市场价格。荣成评估公司出具的《资产评估报告》中评估项目包括：房屋建筑物、机器设备、临时设施、原材料和在建工程。基于上述相关规定，该评估报告亦不存在违法之处。关于土石方二次利用，《资产评估报告》明确"在建船坞价值，未考虑土石方的二次利用因素"。荣成评估公司的解释为，如果场地上没有土石方，就需付款购买。土石方二次利用是一个施工工艺条件，不因为土石方系二次利用就不计算土石方的价值。无论土石方是否二次利用，在对建设单位的工程进行资产评估时均需作价评估。再审申请人有关土石方因系二次利用故其价值应在人民法院判决的赔偿金中扣减的主张，理据不足，本院不予支持。

最后，关于远大公司涉案建设项目是否违法的问题。远大公司经工商行政主管部门认可的经营范围包括修船、造船、拆船及船务代理。该公司依法取得国有土地使用权和海域使用权之后，进行船舶修造厂项目建设。在诉讼中，远大公司提供了土地、海域相关权属证书以及再审申请人征收、限期拆除等文件。而再审申请人并未提供远大公司建设行为违法并得到相关行政主管部门依法认定并处理的证据，故对再审申请人要求对远大公司以违法建筑进行赔偿的主张，不予采纳。

——最高人民法院第三巡回法庭编著：《最高人民法院第三巡回法庭典型行政案件理解与适用》，中国法制出版社2019年版，第362~373页。

1127.未按集体土地征收补偿协议约定安排宅基地相关损失的赔偿标准

关键词

集体土地征收　异地新建　价值损失　过渡费

最高人民法院审判业务意见（主审法官会议纪要）

行政机关怠于履行法定义务，宅基地价值损失和过渡费损失应予赔偿。根据2008年《安置办法》的规定以及案涉《房屋拆迁协议书》的约定，涟源市政府为被拆迁人安置宅基地既是法定义务，也是约定义务。涟源市政府不履行、拖延履行法定职责，导致被拆迁人合法权益遭受损害的，应当承担赔偿责任。王某虽然已经死亡，但不应免除涟源市政府对王某未获得宅基地偿还造成相关损失的赔偿责任，否则不符合公平原则；其因未获得宅基地偿还造成的损失属于财产权，其继承人有权要求赔偿。王术某虽然在房屋被拆除前已经获得宅基地并建设住宅，但包含在王术某户内的王买某、王净某系在案涉房屋拆除后自行获得的宅基地，虽然无须涟源市政府再行安置宅基地，但涟源市政府应向王买某、王净某支付宅基地价值赔偿。2008年《安置办法》未对过渡期超过18个月时过渡费如何计算作出规定，但根据充分赔偿原则，对超过18个月仍未获安置的被拆迁人，应当相应增加过渡费，对该部分损失，涟源市政府应予赔偿。

附：案情简介

因修建二广高速公路安化（梅城）至邵阳段，2009年6月24日，湖南省人民政府作出《农用地转用、土地征收审批单》，共计征收娄星区及涟源市辖区内452.2286公顷土地用于该路段建设。涟源市政府于2009年9月20日作出《征地公告》，于 2009 年 10 月 15 日发布《征地拆迁补偿安置方案公告》。2010 年 2 月 6 日，高速公路指挥部与王术某签订《拆迁房屋协议书》，约定案涉房屋拆迁补偿一律按照湖南省娄底市有关政策文件的规定执行，即采取异地新建方式安置，由征地单位另行安排宅基地；用地单位支付地上附着物补偿款、"三通一平"及超深基础补偿；搬家过渡费按 3 户（王术某户、王买某户、王净某户）11 人，城市规划区外 2000 元/人标准补助，过渡期不超过 18 个月。同日，王术某等人的父亲王某亦与高速公路指挥部签订《拆迁房屋协议书》，约定内容同上，搬家过渡费按 1 户 2 人计算。上述协议签订后，王术某、王某位于征收范围内的房屋均已被拆除。王术某在其房屋被拆除前，在该村集体土地上已另有宅基地并建设了住宅；王买某、王净某在王术某案涉房屋被拆除后，自行获取宅基地建设了住宅；王聪某不属于该集体经济组织成员。因涟源市政府一直未履行宅基地安置义务并对王术某等人提出的国家赔偿申请未予答复，王术某等人提起行政赔偿诉讼，请求涟源市政府赔偿因未履行王术某、王某宅基地安置义务而造成王术某等人的宅基地损失、住房过渡费损失、维权成本以及人口安置费损失。

——《未按集体土地征收补偿协议约定安排宅基地相关损失的赔偿标准》，载最高人民法院第一巡回法庭编著：《最高人民法院第一巡回法庭行政主审法官会议纪要（第 1 卷）》，中国法制出版社 2020 年版，第 226~229 页。

1128. 因行政不作为所导致的应予赔偿的损失范围如何界定，因果关系如何认定

关键词

行政不作为　损失范围　因果关系　赔偿标准

最高人民法院裁判文书

仙居县常青山庄老年公寓诉浙江省仙居县人民政府土地行政赔偿案〔最高人民法院（2017）最高法行赔申 2 号行政裁定书〕

裁判要旨："直接损失"涉及利息计算问题时不宜仅限于《国家赔偿法》第三十六条第七项，还有必要延及因行政不作为所产生的以行政缴费形式所投资金的利息计算。对这部分因滞延审批造成的经济损失可通过对已纳入公共资金的前期投资计息之方式给予赔偿，在此意义上能够架构行政法上的因果关系，应视为投资人投资的直接损失；国家赔偿须满足损失与行政机关的违法行为有因果关系且

已实际发生等条件。

一是关于"投资贷款利息损失"。最高人民法院认为，国家赔偿制度设立的初衷，在于弥补公民因国家行政权或者司法权的违法运用而遭受的损失。要最大程度地发挥《国家赔偿法》在维护和救济因受到国家公权力不法侵害的行政相对人的合法权益方面的功能与作用，理解"直接损失"涉及利息计算问题时不宜仅限于《国家赔偿法》第三十六条第七项有关"返还执行的罚款或者罚金、追缴或者没收的金钱，解除冻结的存款或者汇款"，还有必要延及类似本案因行政不作为所产生的以行政缴费形式所投资金的利息计算。由于行政机关长期不履责，致使当事人向公权力机关支出大笔费用后却无法正常开展建设，以缴费方式投入的资金无法产生效益，由此对这部分因滞延审批造成的经济损失可通过对已纳入公共资金的前期投资计息之方式给予赔偿，在此意义上能够架构行政法上的因果关系，应视为投资人投资的直接损失。对《国家赔偿法》有关"直接损失"的准确理解，有利于防止实践中不当限缩赔偿义务机关应当承担的国家赔偿责任，厘清不作为情形下的行政赔偿范围，以减少纠纷，统一裁判尺度，彰显"有权必有责，用权受监督，侵权要赔偿"的法治理念。

二是关于"日常支出费用"和"建筑工程延误增加的人工费"。国家赔偿须满足损失与行政机关的违法行为有因果关系且已实际发生等条件。从在案证据材料看，当事人主张的"日常支出费用"主要为正常运行支出的工资、用车、水电及办公费用等，因当时尚未获得施工、运营等全部许可，这些实际支出难以归入因行政机关未及时审批所导致的属于国家赔偿范围的"直接损失"；同时，当事人主张的"建筑工程延误增加的人工费"以及"建安成本增加支出"，上述费用不仅会受市场因素影响产生波动，亦非因行政机关的不作为所直接导致的经济损失。就当事人所称的损害发生过程和结果看，行政机关未及时履责并不足以由此形成法律上的必然因果关系。在防止不当限缩赔偿义务机关赔偿责任的同时，也要避免超越立法精神泛化解读"直接损失"，坚持国家赔偿范围的法定性与直接性。

——中国裁判文书网。

1129. 当事人将法院解封约定为违约条件，由此产生的违约金责任不属于直接损失

关键词

解除查封　承担违约责任　违约金　直接损失

最高人民法院裁判文书

李某申请十堰中院错误执行赔偿案[最高人民法院（2018）最高法委赔监82号国家赔偿决定书]

裁判要旨：当事人将人民法院解除查封行为约定为承担违约责任条件的，并因条件成就而支付了相应的违约金，此违约金损失不属于国家赔偿法规定的直接损失；当事人就此申请国家赔偿的，不予支持。

附录：本案解析

《国家赔偿法》第三十六条第八项为法律规定的其他直接损失。对此，一般理解为现有财产或利益的减少，比较明显的有丧失占有或财物灭失两种情形，但如果在赔偿时返还了原物，而在保全、执行期间，该标的物发生了财产的贬值、孳息的损害、支付成本的增加或交易增值机会的丧失，是否属于国家赔偿法上规定的直接损害，实践中存在争议。从国家赔偿法实务和制定国家赔偿法初衷的情形看，有些特殊情形，将国家赔偿的范围限定在直接损害之内，是基于国家财力与实际操作风险及追求社会秩序稳定性的需要。目前，随着国家财力的持续增长，司法理念的不断更新，实践中已将一些直接造成的必然可得利益损失视为直接损害，如房屋被违法保全或执行期间，所有人基于合同约定本应实际取得的出租收益；以营运为基本谋生手段的人在其营运车辆被查扣期间所不能必然取得的营运损失等，视为直接损失予以赔偿。

结合本案而言，案涉争议焦点在于，李某所支付的违约金损失，与法院未及时解除查封的公权力行为之间是否存在直接因果关系。李某基于与王某的约定，将处于十堰中院查封控制之下的房产解封设定为其交易的保证性条款，并对不能如期解封和交易房屋设定违约责任，该约定条款带有一定的风险性，李某作为具有完全民事行为能力，在与他人在签订合同时即为自己设定了合同标的物限制状态下的特别风险加重义务，属于一种预约责任，并因该约束性条款而产生的特别义务及后果，但这只在李某与王某之间产生民事上的法律后果，不能及于人民法院。因此，李某向王某依约支付的违约金损失，与房屋未及时解封之间没有必然的联系。十堰中院亦无法预料到其解封行为与李某的违约金损失之间存在侵权关系，李某的45万元损失并非人民法院未及时解除对李某个人房产的查封所造成的国家赔偿法意义上的其他损害。因此，李某申诉所称的45万元的财产损失，并非属于《国家赔偿法》第三十六条第八项规定的直接损失。

可见,《国家赔偿法》规定的损害范围和赔偿内容,并不包括公民基于信赖和信任而为公权力行使设定的义务或责任内容,《国家赔偿法》第三十六条第八项所规定的其他财产权损害必须是公权力行使过程中对所作用的客体产生的直接影响或法律上所规定的后果。

——陶凯元、陈国庆主编:《国家赔偿与司法救助办案指导》(总24辑),人民法院出版社2020年版,第106~107页。

1130.《国家赔偿法》第三十六条第八项"直接损失"应包括再审申请人应享有的农房拆迁安置补偿权益以及对动产造成的直接损失

关键词

国家赔偿 直接损失 拆迁安置补偿权益

最高人民法院裁判文书

周某平与浙江省湖州经济技术开发区管理委员会城乡建设行政管理房屋拆迁管理拆迁再审行政案[最高人民法院(2018)最高法行再163号行政赔偿判决书]

> 裁判要旨:《国家赔偿法》第三十六条第八项"直接损失"的范围,应当包括再审申请人应享有的农房拆迁安置补偿权益以及对动产造成的直接损失。将拆迁安置补偿权益归入赔偿范围,符合国家赔偿法的立法精神。

最高人民法院认为,《国家赔偿法》第三十六条第八项"直接损失"的范围,除包括被拆建筑物重置成本损失外,还应当包括再审申请人应享有的农房拆迁安置补偿权益以及对动产造成的直接损失等。主要理由是:

第一,将拆迁安置补偿权益归入赔偿范围,符合国家赔偿法的立法精神。国家赔偿制度设立的初衷,在于弥补公民因国家行政权或者司法权的违法运用而遭受的损失,使之恢复到未被侵害前的状态。要最大程度地发挥《国家赔偿法》在维护和救济因受到国家公权力不法侵害的行政相对人的合法权益方面的功能与作用,对《国家赔偿法》第三十六条中关于赔偿损失范围之"直接损失"的理解,就不仅包括既得财产利益的损失,还应当包括虽非既得但又必然可得的财产利益损失,才符合该法的立法精神。

第二,将再审申请人必然可得的拆迁补偿排除在行政赔偿之外,明显有失公正。如果再审申请人无法通过行政赔偿程序,获得按照拆迁补偿程序本可获得的全部补偿,客观上将造成其受到法律保护的利益因无法得到司法救济难以实现,而被申请人却因违法行为而免于承担本应更关键、影响程度更大的一部分赔偿责任之负面后果。而二审判决有关"周某平仍享有章家湾村农房拆迁改造安置补偿的权利"之表述,在实践中可能为行政机关开脱其过错,不明晰责任性质,甚至不及时兑现赔偿义务留出空间与借口。如对此听之任之,不加以纠正,则明显违背行政诉讼法维护公民、法人和其他组织合法权益的立法目的,与司法需要彰显的公平正义背道而驰。

第三,人民法院在条件允许的情况下,通过行政赔偿程序一并解决相关拆迁补偿问题,符合诉讼经济原则,有利于行政争议的实质性化解,也有利于警示教育赔偿义务机关及其工作人员。无论此前的拆迁补偿还是实施强拆行为被法院确认违法之后的拆迁赔偿,相关责任主体都是被申请人湖州经开区管委会。被申请人此前与此后都无法规避行政法上的补偿或赔偿义务。对于涉案房屋而言,两种程序解决的是同一损失的弥补问题,而从国家赔偿的实际功能看,不仅在于实现国家对行政侵权受害者的救济和体恤,也在一定程度上体现着对赔偿义务机关及其工作人员的警示与教育。在此情况下,如果依循原审判决的逻辑,要求再审申请人必须通过拆迁补偿程序另行寻求救济,不仅实无必要,且会给国家的司法和行政资源造成浪费,也会淡化对赔偿义务机关及其工作人员的惩戒意义。因此,出于实质解决争议,减少当事人讼累,节约国家司法和行政资源,以及警示赔偿义务机关及其工作人员及时纠错、严格公正文明执法之考量,本案宜通过行政赔偿程序一并解决纠纷为宜。按照全面赔偿原则,对再审申请人的合法权益全面及时、一次性地赔偿救济到位,有利于体现行政诉讼便于当事人诉讼,便于人民法院依法独立、公正和高效行使审判权的"两便"原则,体现诉讼经济的司法规律和促进行政机关依法行政的新时代要求。

——中国裁判文书网。

1131. 行政机关未按期支付赔偿金所产生的利息损失属于直接损失,应当予以赔偿

关键词

按期支付 赔偿金 利息 直接损失

最高人民法院裁判文书

海口市海联区造船厂诉海南省海口市人民政府土地行政赔偿案〔最高人

民法院（2017）最高法行再 5 号行政判决书］

  裁判要点：《国家赔偿法》第三十六条第八项规定，对财产权造成其他损害的，按照直接损失给予赔偿。若违法损害赔偿金不计付利息，则会使受害人的直接损失无法得到全部赔偿，甚至可能促使加害人拖延履行赔偿义务。行政机关未按期支付赔偿金所产生的利息损失属于直接损失，应当予以赔偿。

  最高人民法院经审查认为，海口市政府在 1992 年征用海联造船厂 663.28 平方米用地后，没有依法办理征用及补偿手续而实际占用海联造船厂剩余用地 3334.41 平方米的行为，已由海南省高级人民法院作出的（2013）琼行终字第 18 号生效行政判决确认违法，该违法征地行为给海联造船厂造成损失，海口市政府应当承担国家赔偿责任。争议焦点之一是海口市政府应否向海联造船厂支付赔偿款利息的问题。《国家赔偿法》第三十二条规定："国家赔偿以支付赔偿金为主要方式。能够返还财产或者恢复原状的，予以返还财产或者恢复原状。"参照《最高人民法院关于审理民事、行政诉讼中司法赔偿案件适用法律若干问题的解释》第十二条第二款的规定，财产不能恢复原状或者灭失的，应当按照侵权行为发生时的市场价格计算损失。根据《国家赔偿法》第二条第二款的规定，赔偿义务机关应当及时履行赔偿义务。本案中，涉案土地确已无法返还，应当以违法占地不能返还时的土地价值为赔偿金基数的方式进行国家赔偿。海口市政府作为赔偿义务机关，有及时支付赔偿金的法定义务。海口市政府违法征占土地不能返还后，理应及时履行赔偿义务，尽快支付违法损害赔偿金，以使赔偿金的孳息尽早归于受害人，尽可能减少受害人的损失。根据《国家赔偿法》第三十六条第八项"对财产权造成其他损害的，按照直接损失给予赔偿"的规定，本案应当以赔偿直接损失为原则。若违法损害赔偿金不计付利息，则会使受害人的直接损失无法得到全部赔偿，甚至可能促使加害人拖延履行赔偿义务。故本院认为，未及时支付赔偿金所产生的利息亦属于直接损失的范围，应予赔偿。海联造船厂的申请再审理由部分成立。二审判决认定本案不属于我国赔偿法规定的应支付利息损失的情形，属适用法律错误，应予纠正。

  ——最高人民法院第一巡回法庭编著：《最高人民法院第一巡回法庭行政案件裁判精要》，中国法制出版社 2020 年版，第 219~222 页。

1132. 申请人获得国家赔偿超过给付期限后可就继续发生的损害再次申请国家赔偿

关键词

国家赔偿　超过给付期限　继续发生损害

最高人民法院答复

广西壮族自治区高级人民法院：

你院（2018）桂赔他1号《关于黄某亿因平果县公安局违法使用武器致人伤害申请国家赔偿一案的请示报告》收悉。经研究，答复如下：

原则同意你院第一种意见。即：申请人因人身损害致残获得国家赔偿后，超过相关费用给付期限或年限，再次提起国家赔偿申请，请求支付护理费、残疾生活辅助具费等因残疾而增加的必要支出的，人民法院应予受理，并可依据国家赔偿法第三十四条的规定精神，判令赔偿义务机关继续支付相关费用五至十年的赔偿；但根据国家赔偿法第三十四条第一款第二项的规定，对申请人再次提出的赔偿残疾赔偿金请求，不予支持。

此复

——《最高人民法院关于获得国家赔偿后超过相应期限或年限能否再次申请国家赔偿的答复》（2020年2月14日，（2019）最高法赔他2号）。

最高人民法院裁判文书

黄某亿申请平果公安局违法使用武器致伤赔偿请示案［最高人民法院（2019）最高法赔他2号国家赔偿决定书］

裁判要旨：申请人因人身损害致残获得国家赔偿，超过相关费用给付年限后，就继续发生的必要支出，可以再次申请国家赔偿；人民法院可依据国家赔偿法第三十四条的规定精神，判令赔偿义务机关继续支付相关费用。但对申请人再次提出的赔偿残疾赔偿金请求，不予支持。

附录：本案解析

在该请示案件办理中，曾经形成了三种意见：第一种意见为：应当受理，但残疾赔偿金不应给予再赔偿，因残疾而增加的必要支出和继续治疗所必需的费用可以继续赔偿；第二种意见认为，应当受理，并且可以参考《最高人民法院关于审理人身损害赔偿案件适用法律若干问题的解释》(以下简称《人身损害赔偿解释》) 第三十二条规定，对残疾赔偿金和因残疾而增加的必要支出和继续治疗所必需的费用均应给予赔偿；第三种意见认为，该案不应当受理，但可从司法救助角度给予申诉人救济。对此，我们认为：

一、关于超过给付年限的国家赔偿请求，应否立案受理的问题。本案中黄某亿不是对以前的赔偿决定不服，也不是要求变更原决定的赔偿项目和内容，而是对生存期满二十年后，其继续生存而可能产生的后续生活及康复开支提出新的事实请求，此基于同一侵权行为引发的后续生活及护理需求的赔偿请求，应当属于新产生的诉求，不应认为是对原决定提出的申诉，该情形可以借鉴《人身损害赔偿解释》第三十二条的规定加以适用。理由是：第一，《人身损害赔偿解释》从属于侵权法，而侵权法与国家赔偿法之间在法律关系的性质及法律结构上仍具有一般法和特别法的关系。超过给付期限或者继续发生的赔偿项目是侵权行为的损害结果，按照侵权责任法的一般原则，有损害必有赔偿。在国家赔偿法未作规定的情况下，参考适用侵权法领域的一般规定不违反法的一般性逻辑。第二，《人身损害赔偿解释》作为参考适用，在国家赔偿实体处理时作为说理依据，更易为受众接受。

二、关于《人身损害赔偿解释》与《国家赔偿法》在残疾赔偿金规定上的异同及选择适用原则。

尽管说，同为人身权受到侵害，受侵害的客体相同，但因侵权主体不同，赔偿能力、赔付要求等方面仍是存在着明显的不同。在国家赔偿法未作规定的情况下，参考适用侵权法领域的一般规定是不违反法的一般性逻辑的，但在《国家赔偿法》有特别规定时，则应遵循特别法优于一般法的适用规则。关于残疾赔偿金的规定，首先，位于同一位阶的《民法通则》①与《国家赔偿法》的规定对其进行规定的详细程度是不同的，前者规定残疾者生活补助费，后者明确为残疾赔偿金；前者没有赔偿年限的限定，后者则设定了二十年的最高给付年限；人身侵权领域，最高人民法院在《人身损害赔偿解释》第二十五条②规定："残疾赔偿金根据受害人丧失劳动能力程度或者伤残等级，按照受诉法院所在地上一年度城镇居民人均可支配收入或者农村居民人均纯收入标准，自定残之日起按二十年计算。但六十周岁以上的，年龄每增加一岁减少一年；七十五周岁以上的，按五年计算。受害人因伤致残但实际收入没有减少，或者伤残等级较轻但造成职业妨害严重影响其劳动就业的，可以对

---

① 本法已被《中华人民共和国民法典》废止。
② 本条规定现为《最高人民法院关于审理人身损害赔偿案件适用法律若干问题的解释》(2020年修正) 第十二条第一款。

残疾赔偿金作相应调整。"而后者则在《国家赔偿法》第三十四条规定："残疾赔偿金根据丧失劳动能力的程度，按照国家规定的伤残等级确定，最高不超过国家上年度职工年平均工资的二十倍。"故民事领域人身侵权损害赔偿关于残疾赔偿金的给付情形是依实际情况有调节的，而国家赔偿领域则遵循计算标准的普适性、规则性和强制性特点。因为黄某亿当年已经获得二十倍的残疾赔偿金，如果再次给予残疾赔偿金，则会突破《国家赔偿法》对残疾赔偿金给付最高额的限制性规定，在全国人大未授权最高人民法院对残疾赔偿金赔偿年限给予突破的情形下，在国家赔偿领域，调整或延长残疾赔偿金的最长给付期限，都是违背目前的强制性法律规定的。

第三，关于受害人依据修改前的国家赔偿法获得赔偿后，仍可对超过给付年限之后发生的护理费、辅助器具费等康复性合理性支出提出赔偿，具体如何适用法律的问题。

修改后的《国家赔偿法》第三十四条规定是可以适用于新法实施以后发生的护理费、残疾生活辅助器具费等支出，但不适用于法律修改之前发生的上述支出。理由：一是《国家赔偿法》修改后才将护理费、残疾生活辅助器具费等支出作为单独的赔偿项目列入赔偿范围，此前发生的上述费用，即使有受害人在国家赔偿案件中提出主张，赔委会也只能依据修改前的《国家赔偿法》将其纳入医疗费名目之下才可以赔偿。至于修改后的《国家赔偿法》，按照法不溯及既往原则，不宜直接作为支持此等诉求的依据。二是《国家赔偿法》修改后发生的护理费、残疾生活辅助器具费等支出，虽然归因于法律修改前的侵权行为，但它是一个新的损害事实，再次受理本案不违反一事不再理原则；而且这一事实发生在法律修改之后，应当受新法调整，应当适用修改后的《国家赔偿法》第三十四条规定。具体计算方法和标准，也可依照《最高人民法院、最高人民检察院关于办理刑事赔偿案件司法解释》的第十三至十八条所规定赔偿项目和计算方法，计算有关护理费、残疾辅助器具费的给付数额，但对于相关可能发生的必要费用支出应给付的时间，因目前尚无直接明确的规定，本案参照《人身损害赔偿解释》相关规定，决定赔偿义务机关继续支付赔偿义务人护理费、残疾辅助器具费等后性费用按五至十年进行赔偿，既尊重了受害人在生命延续过程中维护健康权的客观性需求，也对国家赔偿法这部人权保障领域的重要法律的强制性规定的普适性的维护，是对国家赔偿实践中遇到的新问题的化解和处理。

——陶凯元、陈国庆主编：《国家赔偿与司法救助办案指导》（总24辑），人民法院出版社2020年版，第92~94页。

1133. 国家赔偿给付期限届满后继续发生的损害之赔偿

关键词

国家赔偿　给付期限　损害赔偿

附录：最高人民法院法官著述

（一）再次申请赔偿与一事不再理

超过给付期限或者年限后，受害人就继续发生的损失再次求偿，程序上唯一可能的障碍就是一事不再理原则。如果有违一事不再理原则，其申请即应被拒之门外。如果不违反一事不再理原则，即应进入实体审理；如果损害确实存在，且与原侵权行为之间的因果关系得到了证明，即应再次获得赔偿。

一事不再理原则要求当事人，对已经发生法律效力的判决、裁定的案件，除法律另有规定外，不得就同一事实再行起诉和受理。因为在该事实范围内，生效裁判具有既判力。即使裁判确有错误，亦不可无视其存在而再行起诉，只能依照审判监督程序加以纠正。只有借助一事不再理原则，裁判才能发挥定分止争的作用，并成为秩序稳定的基石。

所谓"一事"，是指同一当事人，就同一法律关系，而为同一诉讼请求。将本案与原赔偿案件比较，两案当事人和法律关系的同一性显而易见，需要重点判断的是诉讼请求是否同一。按照《国家赔偿法》的规定，残疾赔偿金、残疾生活辅助具费、护理费等均采用一次性赔偿的方式。这种方式具有一定迷惑性，使人以为上述费用的一次性支付，意味着其所对应的损害得到了全部赔偿。如果是这样，再次提出的赔偿请求就被包含在原赔偿请求当中了，两者也就具有了同一性。要搞清楚这个问题，必先了解一次性赔偿方式的性质。

首先，一次性赔偿是对预期利益损失的预先估算。预期利益损失的发生虽属必然，但损失的大小与时俱增，而持续时间的长短事先不能确定，导致赔偿数额在决定赔偿时往往无法确定。残疾赔偿金、残疾生活辅助具费、护理费、被扶养人的生活费等均属于预期利益损失。从精准弥补损害的需要来看，预期利益损失的赔偿采用定期支付赔偿金的方式更为适宜。但是这种方式在民事赔偿领域存在较大障碍，即侵权人参差不齐的诚信水平和变动不居的财政状况，使得判决的执行充满不确定，对受害人来说显然弊大于利。因此，民事赔偿退而求其次，以预估的损失发生时间为给付年限计算赔偿数额并予以一次性赔偿。

其次，一次性赔偿是最低赔偿标准。一次性赔偿标准适用的结果，受害人获得的赔偿额与其遭受损失的总额经常是不平衡的。一是受害人在给付年限届满前死亡，其实际损失小于一次性赔偿额，按照民法有关规定，此种情况并不会追回超出部分。二是给付年限届满后，受害人继续发生的损失不在一次性赔偿额的范围之内，按照民法有关规定，受害人有权继续主张赔偿。这表明一次性赔偿具有最低赔偿标准的性质。在给付年限之内，按照最低标准予以赔偿，超出给付年限之后，则对新发生的预期损失再次预估并予以一次性赔偿。

国家赔偿脱胎于民事赔偿，其关于残疾赔偿金等费用的一次性赔偿，亦同样具有上述两种性质。

通过对一次性赔偿方式的分析可知，原赔偿决定只是就给付期限之内的损害，对申请人提出的赔偿请求予以满足。本案中，申请人提出的赔偿请求，针对的却是超出给付期限的后续损害，两案的赔偿请求并不完全一致。作为两个赔偿请求基础的损害，虽然都是同一侵权行为所造成，但是原赔偿决定既判力范围限于给付期限之内的损害事实，而本案的赔偿请求则立基于给付期限届满后新的损害事实，两个案件并非"一事"。因此，黄某就原侵权行为产生的后续损害事实提出赔偿请求，并不违反一事不再理的原则。

（二）关于再次申请赔偿的法律适用问题

2010年《国家赔偿法》只有42条，如此之短的篇幅显然难以囊括国家赔偿的所有内容。一般认为，国家赔偿法只是国家赔偿在实体和程序方面的特别规定，其一般规定，实体部分在侵权法，程序部分在行政诉讼法和民事诉讼法。

按照法律选择适用规则，预期利益损失的赔偿应当优先适用国家赔偿法的特别规定；在特别规定缺位时，可以适用一般规定；一般规定不仅包括法律条款，也包括从属于该条款的司法解释和司法政策。按照上述原则，对案涉三个赔偿项目是否赔偿以及如何赔偿，分以下两步进行分析。

首先，关于残疾赔偿金。当时的原《侵权责任法》（现《民法典》侵权责任编）只是规定在人身损害致残时应予赔偿，但未规定给付年限和计算标准。《人身损害赔偿解释》规定的给付年限为"自定残之日起按二十年计算"。超过20年后，法院可以依申请再次判令侵权人给付残疾赔偿金，给付年限为"五至十年"。2010年《国家赔偿法》第34条第1款第2项规定："……残疾赔偿金根据丧失劳动能力的程度，按照国家规定的伤残等级确定，最高不超过国家上年度职工年平均工资的二十倍……"对照上述两种规定，原《侵权责任法》及其司法解释规定的是残疾赔偿金的给付年限，而《国家赔偿法》规定的则是残疾赔偿金的数额上限。从语义来看，本次给付年限届满后，受害人劳动能力受损的程度没有改善的，则损害继续发生，原《侵权责任法》及其司法解释关于给付年限的规定并不妨碍其再次获得残疾赔偿金，但是

《国家赔偿法》规定的残疾赔偿金数额上限却是无法逾越的障碍。因此，2010年《国家赔偿法》第34条关于残疾赔偿金数额上限的规定就是一个特别规定，必须优先适用，如此，原《侵权责任法》及其司法解释关于再次获得残疾赔偿金的一般规定即无适用余地。

其次，关于残疾生活辅助具费、护理费。《国家赔偿法》没有规定给付期限届满后可否再次申请赔偿，但如前所述，给付期限届满后受害人就此提出的赔偿请求与原请求已非"一事"。如果法院认为受害人仍需继续护理、配制辅助具的，则该情形符合2010年《国家赔偿法》第2条的赔偿要件，属于2010年《国家赔偿法》第17条第5项规定的具体情形，依法应予赔偿。此种情形如何赔偿，在国家赔偿法没有具体规定的情况下，可以适用民事赔偿的有关规定。人身损害赔偿解释关于"赔偿权利人确需继续护理、配制辅助具，或者没有劳动能力和生活来源的，人民法院应当判令赔偿义务人继续给付相关费用五至十年"之规定，作为一般规定，可以用于计算以上两个赔偿项目的具体数额。

本案还涉及一个法律适用问题：1994年《国家赔偿法》列举的各种应赔费用中未提及残疾生活辅助具费和护理费。有观点认为，旧法上两种费用不属于国家赔偿范围，后续发生的两种费用支出亦可不予赔偿。笔者对此不能苟同。因为没有列为单独的赔偿项目未必不属于可赔损失范围。事实上，法院过去对这两种费用并非置之不理，只不过做法不同。有的直接列入赔偿决定，有的则是将其归入医疗费或者残疾赔偿金等名目之下一并考虑。正是上述实践探索的支撑，2010年《国家赔偿法》才将两种费用明确列入应赔的损失范围。也就是说，两种费用旧法不排斥，又被新法明确纳入范围。本案中，黄某再次提出申请时新法已经实施，在此情况下，人民法院应当依照新法决定赔偿两种费用。

（三）余论：再次申请残疾赔偿金的正当性

残疾赔偿金是对受害人因人身损害致残造成的劳动能力下降的补偿，对应的是由此减少的收入损失。对受害人而言，残疾赔偿金所起的作用就相当于工资保障。按20年的给付年限确定的残疾赔偿金，就相当于发了20年的工资。如果20年后，受害人仍然存活，则其后的收入损失就是侵权行为造成的新的损害。这一点，国家赔偿与民事赔偿并无本质不同。而对于给付期限届满后继续申请残疾赔偿金的问题，之所以民事赔偿予以支持，国家赔偿则予以否定，其正当性应与《国家赔偿法》制定的时代背景有关。当时综合国力比较薄弱，国家赔偿的功能更强调对受害人的抚慰，而非充分补偿，因此赔偿标准低于民事赔偿。

"治国有常，而利民为本。"如今，中国特色社会主义已经进入新时代，以人民为中心的发展思想亦已牢固确立，且综合国力已经取得了长足进步，残疾赔偿金的封顶规定显然已经不合时宜。笔者认为，如果能够启动《国家赔偿法》修改，可以在以下两种方案中择一：一是该法第34条对残疾赔偿金给付年限的最高限制应当取消，其再次申请的问题应当向民事赔偿规则看齐。二是考虑到国家信誉和支付能力的稳定性，建议定期发放残疾赔偿金，直至受害人死亡。

——王振宇：《行政诉讼与国家赔偿审判理论与实务》，人民法院出版社2023年版，第273~278页。

五、其　他

1134. 人民法院执行行为确有错误造成申请执行人损害，因被执行人无清偿能力且不可能再有清偿能力而终结本次执行的，不影响申请执行人依法申请国家赔偿

关键词

国家赔偿　错误执行　执行终结　清偿能力

最高人民法院指导案例 / 最高人民法院裁判文书

丹东益阳投资有限公司申请丹东市中级人民法院错误执行国家赔偿案
[最高人民法院指导案例116号、最高人民法院（2018）最高法委赔提3号国家赔偿决定书]

裁判要点：人民法院执行行为确有错误造成申请执行人损害，因被执行人无清偿能力且不可能再有清偿能力而终结本次执行的，不影响申请执行人依法申请国家赔偿。

最高人民法院赔偿委员会认为，本案基本事实清楚，证据确实、充分，申诉双方并无实质争议。双方争议焦点主要在于三个法律适用问题：第一，丹东中院的解封行为在性质上属于保全行为还是执行行为？第二，丹东中院的解封行为是否构成错误执行，相应的具体法律依据是什么？第三，丹东中院是否应当承担国家赔偿责任？

关于第一个焦点问题。益阳公司认为，丹东中院的解封行为不是该院的执行行为，而是该院在案件之外独立实施的一次违法保全行为。对此，丹东中院认为属于执行行为。最高人民法院赔偿委员会认为，丹东中院在审理益阳公司诉丹东轮胎厂债权转让合同纠纷一案过程中，依法采取了财产保全措施，查封了丹东轮胎厂的有关土地。在民事判决生效进入执行程序后，根据《最高人民法院关于人民法院民事执行中查封、扣押、冻结财产的规定》第四条的规定，诉讼中的保全查封措施已经自动转为执行中的查封措施。因此，丹东中院的解封行为属于执行行为。

关于第二个焦点问题。益阳公司称，丹东中院的解封行为未经益阳公司同意且最终造成益阳公司巨额债权落空，存在违法。丹东中院辩称，其解封行为是在市政府要求下进行的，且符合最高人民法院的有关政策精神。对此，最高人民法院赔偿委员会认为，丹东中院为配合政府部门出让涉案土地，可以解除对涉案土地的查封，但必须有效控制土地出让款，并依法定顺位分配该笔款项，以确保生效判决的执行。但丹东中院在实施解封行为后，并未有效控制土地出让款并依法予以分配，致使益阳公司的债权未受任何清偿，该行为不符合最高人民法院关于依法妥善审理金融不良资产案件的司法政策精神，侵害了益阳公司的合法权益，属于错误执行行为。

至于错误执行的具体法律依据，因丹东中院解封行为发生在2008年，故应适用当时有效的司法解释，即2000年发布的《最高人民法院关于民事、行政诉讼中司法赔偿若干问题的解释》。由于丹东中院的行为发生在民事判决生效后的执行阶段，属于擅自解封致使民事判决得不到执行的错误行为，故应当适用该解释第四条第七项规定的违反法律规定的其他执行错误情形。

关于第三个焦点问题。益阳公司认为，被执行人丹东轮胎厂并非暂无财产可供执行，而是已经彻底丧失清偿能力，执行程序不应长期保持"终本"状态，而应实质终结，故本案应予受理并作出由丹东中院赔偿益阳公司落空债权本金、利息及相关诉讼费用的决定。丹东中院辩称，案涉执行程序尚未终结，被执行人丹东轮胎厂尚有财产可供执行，益阳公司的申请不符合国家赔偿受案条件。对此，最高人民法院赔偿委员会认为，执行程序终结不是国家赔偿程序启动的绝对标准。一般来讲，执行程序只有终结以后，才能确定错误执行行为给当事人造成的损失数额，才能避免执行程序和赔偿程序之间的并存交叉，也才能对赔偿案件在穷尽其他救济措施后进行终局性的审查处理。但是，这种理解不应当绝对化和形式化，应当从实质意义上进行理解。在人民法院执行行为长期无任何进展、也不可能再有进展，被执行人实际上已经彻底丧失清偿能力，申请执行人等已因错误执行行为遭受无法挽回的损失的情况下，应当允许其提出国家赔偿申请。否则，有错误执行行为的法院只要不作出执行程序终结的结论，国家赔偿程序就不能启动，这样理解与国家赔偿法以及相关司法解释的目的是背道而驰的。本案中，丹东中院的执行行为已经长达十一年没有任何进展，其错误执行行为亦已被证实给益阳公司造成了无法通过其他渠道挽回的实际损失,故应依法承担国家赔偿责任。辽宁高院赔偿委员会以执行程序尚未终结为由决定驳回益阳公司的赔偿申请,属于适用法律错误,应予纠正。

至于具体损害情况和赔偿金额,经最高人民法院赔偿委员会组织申诉人和被申诉人进行协商,双方就丹东中院(2007)丹民三初字第32号民事判决的执行行为自愿达成如下协议:(一)丹东中院于本决定书生效后5日内,支付益阳公司国家赔偿款300万元;(二)益阳公司自愿放弃其他国家赔偿请求;(三)益阳公司自愿放弃对该民事判决的执行,由丹东中院裁定该民事案件执行终结。

——《最高人民法院关于发布第22批指导性案例的通知》(2019年12月24日,法〔2019〕293号)

> 说明

指导案例116号《丹东益阳投资有限公司申请丹东市中级人民法院错误执行国家赔偿案》,是最高人民法院赔偿委员会提审的首例错误执行国家赔偿案件。该案例总结的裁判规则明确人民法院执行行为确有错误造成申请执行人损害,被执行人无清偿能力且不可能再有清偿能力的,执行程序是否终结,不影响申请执行人依法申请国家赔偿。

1135. 人民法院在民事、行政诉讼过程中,对判决、裁定及其他生效法律文书执行错误,造成损害的,受害人有取得赔偿的权利

> 关键词

国家赔偿　执行错误

> 最高人民法院公布的典型案例

丹东益阳投资有限公司申请丹东市中级人民法院错误执行国家赔偿案

裁判要点:在人民法院执行行为长期无任何进展、也不可能再有进展,被执行人实际上已经彻底丧失清偿能力,申请执行人等已因错误执行行为遭受无法挽回损失的情况下,应当允许其提出国家赔偿申请。

基本案情

在益阳公司诉辽宁省丹东市轮胎厂借款纠纷一案中,丹东市中级人民法

院根据益阳公司的财产保全申请，裁定冻结轮胎厂银行存款 1050 万元或查封其相应价值的财产，后查封丹东轮胎厂的 6 宗土地。之后，丹东市中级人民法院判决丹东轮胎厂于判决发生法律效力后 10 日内偿还益阳公司欠款本金 422 万元及利息 6209022.76 元。案件执行过程中，丹东市国土资源局依据丹东市政府办公会议议定在《丹东日报》刊登将丹东轮胎厂总厂土地挂牌出让公告，后丹东市中级人民法院裁定解除对轮胎厂其中 3 宗土地的查封。随后，上述 6 宗土地被整体出让，出让款 4680 万元由轮胎厂用于偿还职工内债、职工集资、医药费、普通债务等，但没有给付益阳公司。2009 年起，益阳公司多次向丹东市中级人民法院递交国家赔偿申请，请求赔偿本金 10429022.76 元及相应利息。丹东市中级人民法院于 2013 年 8 月 13 日立案受理，但一直未作决定，后益阳公司向辽宁省高级人民法院赔偿委员会申请作出赔偿决定，2015 年 10 月 28 日辽宁省高级人民法院赔偿委员会予以立案。在审理过程中，2016 年 3 月 1 日，丹东市中级人民法院针对益阳公司申请民事执行案，裁定终结本次执行程序。

裁判结果

辽宁省高级人民法院赔偿委员会认为，益阳公司认为丹东市中级人民法院错误执行给其造成损害，应当在执行程序终结后提出赔偿请求，决定驳回其赔偿申请。

最高人民法院赔偿委员会提审认为，丹东市中级人民法院的解封行为属于执行行为，其为配合政府部门出让涉案土地，可以解除对涉案土地的查封，但未有效控制土地出让款并依法予以分配，致使益阳公司的债权未受任何清偿，该行为不符合最高人民法院关于依法妥善审理金融不良资产案件的司法政策精神，侵害了益阳公司的合法权益，应认定为错误执行行为。同时，在人民法院执行行为长期无任何进展、也不可能再有进展，被执行人实际上已经彻底丧失清偿能力，申请执行人等已因错误执行行为遭受无法挽回损失的情况下，应当允许其提出国家赔偿申请。本案中，丹东市中级人民法院的执行行为已经长达十一年没有任何进展，其错误执行行为亦已被证实给益阳公司造成了无法通过其他渠道挽回的实际损失，故应依法承担国家赔偿责任。最高人民法院赔偿委员会经组织双方进行协商，当庭达成赔偿协议，丹东市中级人民法院给予丹东益阳公司国家赔偿 300 万元，随后丹东益阳公司向丹东市中级人民法院申请撤回民事案件的执行，由丹东市中级人民法院裁定民事案件执行终结。

典型意义

根据《国家赔偿法》的规定，人民法院在民事、行政诉讼过程中，对判决、裁定及其他生效法律文书执行错误，造成损害的，受害人有取得赔偿的权利。今年是基本解决执行难的攻坚之年、决胜之年，人民法院任务艰巨、责任重大。同时，要实现基本解决执行难这一阶段性目标，在抓外部执行攻坚的同时，也要坚决解决法院内部在执行中存在的问题，对自身短板绝不回避遮掩，依法当赔则赔。本案是最高人民法院赔偿委员会提审的错误执行国家赔偿案，其典型意义在于，对于人民法院在执行程序中存在的问题不推诿、不回避，敢于承担责任，同时也用案例的形式，对于如何理解"执行程序终结""终结本次执行"，以及在执行程序、国家赔偿程序衔接过程中，如何有效地保护和规范赔偿请求人的求偿权利等法律适用问题，起到了示范引领作用，为处理此类纠纷树立了标杆，也为倒逼和规范法院执行行为，助推实现基本解决执行难目标，起到重要促进作用。

——《人民法院国家赔偿和司法救助典型案例》（2018年11月13日）。

1136. 受害人对被确认违法的执行行为无法通过诉讼或者执行程序救济，可申请国家赔偿

关键词

确认违法　执行行为

最高人民法院裁判文书

新阳公司申请保定中院错误执行赔偿案［宁夏回族自治区高级人民法院（2016）宁委赔1号国家赔偿决定书］

裁判要旨：人民法院执行行为已被确认违法，受害人在无法通过相关诉讼或者执行程序得到补救的情况下，可以申请国家赔偿。对受害人的赔偿申请，人民法院不得以诉讼程序或者执行程序尚未终结，尚不具备进入司法赔偿程序的条件为由，不予受理或者予以驳回。

附录：本案解析

民事、行政诉讼中司法赔偿，以穷尽其他救济途径为其责任发生的一般原则，赔偿请求人提出赔偿申请，原则上应在民事、行政诉讼程序或者执行程序终结后。但在相关行为已被确认违法、损害已经确定且无法补救的情形下，法院赔偿委员会不宜再以执行程序尚未终结为由驳回国家赔偿申请，而应当对案件进行实体审查。

根据《最高人民法院关于审理民事、行政诉讼中司法赔偿案件适用法律

若干问题的解释》第十九条第四项的规定,公民、法人或者其他组织依据《国家赔偿法》第三十八条规定申请赔偿的,原则上应当在民事、行政诉讼程序或者执行程序终结后提出,但人民法院生效法律文书已确认相关行为违法,且无法在相关诉讼程序或者执行程序中予以补救的除外。本案中,一方面,河北高院已经确认保定中院拍卖案外人新阳公司保留所有权设备的行为违法,且该民事案件(引起侵权的原民事案件)已执行完毕。另一方面,新阳公司诉威尔公司买卖合同纠纷案已于2011年11月16日经保定中院审理作出民事判决,该判决进入执行程序至今已历多年尚未终结。从后续执行情况来看,新阳公司对威尔公司享有的146.2万元及其利息的普通债权,难以通过该判决的执行得到受偿,可以认为本案情况符合执行(另案执行)程序虽未终结,但属于"人民法院生效法律文书已确认相关行为违法,且无法在相关诉讼程序或者执行程序中予以补救的"的例外情形,应当进入国家赔偿程序予以审理。

——陶凯元、陈国庆主编:《国家赔偿与司法救助办案指导》(总24辑),人民法院出版社2020年版,第130~131页。

1137. 长期没有执行且被执行人不可能再有执行能力的赔偿请求人提出的国家赔偿申请应予受理审查

关键词

执行程序终结 执行能力

最高人民法院裁判文书

益阳公司申请丹东市中级人民法院错误执行赔偿案[最高人民法院(2018)最高法委赔提3号国家赔偿决定书]

裁判要旨:被执行人长期没有执行能力、也不可能再有执行能力的,可视为执行程序已经终结;对赔偿请求人提出的错误执行国家赔偿申请,可以纳入国家赔偿程序予以审查,并决定是否赔偿。

附录:本案解析

1. 目前全国许多地方法院审理的国家赔偿案件中,错误执行赔偿案件数量占一半左右,其中绝大多数赔偿申请被以民事案件执行程序尚未终结为由驳回。审判实践中,许多民事案件的执行系以"终结本次执行程序"的形式出现，而本次执行程序却又存在明显的执行错误，被执行人又长期没有清偿能力，也几乎不可能再有清偿能力。在此种情况下，是否可以允许当事人申请国家赔偿，是亟须解决的问题。本案为处理此类纠纷树立了标杆，即对于人民法院确有错误的执行行为并已造成损害，被执行人又长期没有清偿能力的，当事人也可以申请国家赔偿。

2.《最高人民法院关于适用〈中华人民共和国国家赔偿法〉若干问题的解释（一）》第八条规定："赔偿请求人认为人民法院有修正的国家赔偿法第三十八条规定情形的，应当在民事、行政诉讼程序或者执行程序终结后提出赔偿请求。"但对于何为"执行程序终结"，实践中的具体适用却出现了一定程度的偏差。

为了避免对上述解释进行一刀切式的僵化理解，最高人民法院在其他司法解释中对类似情形作了进一步规定。2016年10月1日起施行的《关于审理民事、行政诉讼中司法赔偿案件适用法律若干问题的解释》第十九条即规定："公民、法人或者其他组织依据国家赔偿法第三十八条规定申请赔偿的，应当在民事、行政诉讼程序或者执行程序终结后提出，但下列情形除外：……（三）经诉讼程序依法确认不属于被保全人或者被执行人的财产，且无法在相关诉讼程序或者执行程序中予以补救的；（四）人民法院生效法律文书已确认相关行为违法，且无法在相关诉讼程序或者执行程序中予以补救的；（五）赔偿请求人有证据证明其请求与民事、行政诉讼程序或者执行程序无关的；（六）其他情形。"

可以看出，执行程序终结不是国家赔偿程序启动的绝对标准，对于执行程序终结应当从实质意义上理解。一般来讲，执行程序只有终结以后，才能确定错误执行行为给当事人造成的损失数额，才能避免执行程序和赔偿程序之间的并存交叉，也才能对赔偿案件在穷尽其他救济措施后进行终局性的审查处理。但是，在对于执行行为长期无进展、有证据证明也不可能再有进展，即被执行人实际上已经彻底丧失清偿能力，申请执行人等已因错误执行行为遭受无法挽回的损失情况下，允许其提出国家赔偿申请，符合国家赔偿制度设计的本意。否则，有错误执行行为的法院只要不作出执行程序终结的结论，国家赔偿程序就不能启动，这显然与《国家赔偿法》以及司法解释制定的初衷不相吻合。

3.《国家赔偿法》第三十八条规定："人民法院在民事诉讼、行政诉讼过程中，违法采取对妨害诉讼的强制措施、保全措施或者对判决、裁定及其他生效法律文书执行错误，造成损害的，赔偿请求人要求赔偿的程序，适用本法刑事赔偿程序的规定。"《最高人民法院关于审理民事、行政诉讼中司法赔偿案件适用法律若干问题的解释》据此设定"执行程序终结"后方能申请国家赔偿，是因为国家赔偿是民事、行政诉讼程序之后的救济程序，一般来说以穷尽其他救济途径为其责任发生的一般原则,即赔偿请求人提出国家赔偿请求,原则上应在民事、行政诉讼程序或者执行程序终结后。且在执行案件尚未终结时,如可以申请赔偿,势必造成诉讼或执行与国家赔偿两个程序并存的局面,将会扰乱赔偿与原诉讼、执行程序之间的关系,而赔偿程序在诉讼或执行程序终结以前,亦无法进行终局性的审查处理。应当说,司法解释的该条规定,对于理顺执行程序与国家赔偿程序的衔接问题具有重要意义。所以,在执行程序尚未终结的情况下要申请国家赔偿,就要具备人民法院确有执行错误行为,确已造成损害,被执行人长期没有执行能力,也不可能再有执行能力等情形。本案即是同时具备上述条件,最终本院赔偿委员会决定给予国家赔偿。

——陶凯元、陈国庆主编:《国家赔偿与司法救助办案指导》(总23辑),人民法院出版社2020年版,第72~74页。

1138. 认定申请人知道或者应当知道不以其是否实际签收法律文书为唯一依据

关键词

知道或者应当知道　实际签收

最高人民法院裁判文书

陈某勤申请乐山中院错误执行赔偿案[最高人民法院(2019)最高法委赔监151号国家赔偿决定书]

裁判要旨: 依照国家赔偿法规定,知道或者应当知道权利被侵害,是当事人行使请求权的起算时点。国家赔偿案件的审理,应结合个案具体案情,判断当事人是否知道或者应当知道,不以其是否实际签收法律文书为唯一依据。

附录:本案解析

《国家赔偿法》一直以来都有关于请求国家赔偿的时效规定。现行《国家赔偿法》的规定是2010年修正后的第三十九条:赔偿请求人请求国家赔偿的时效为两年,自其知道或者应当知道国家机关及其工作人员行使职权时的行为侵犯其人身权、财产权之日起计算,但被羁押等限制人身自由期间不计算在内。在申请行政复议或者提起行政诉讼时一并提出赔偿请求的,适用《行政复议法》《行政诉讼法》有关时效的规定。赔偿请求人在赔偿请求时效的最后六个月内,因不可抗力或者其他障碍不能行使请求权的,时效中止。从中止时效的原因消除之日起,赔偿请求时效期间继续计算。而在此之前,1994年通过的《国家赔偿法》第三十二条规定,赔偿请求人请求国家赔偿的时效为两年,自国家机关及其工作人员行使职权时的行为被依法确认为违法之日起计算,但被羁押期间不计算在内。赔偿请求人在赔偿请求时效的最后六个月内,因不可抗力或者其他障碍不能行使请求权的,时效中止。从中止时效的原因消除之日起,赔偿请求时效期间继续计算。

当事人"知道或者应当知道"应是一个事实认定问题,《国家赔偿法》此处的表述与《民法通则》①第一百三十七条关于"诉讼时效期间从知道或者应当知道权利被侵害时起计算"的规定没有本质区别,只不过对于再审改判无罪的案件应自再审改判之日起算。对于当事人依据《国家赔偿法》第三十八条之规定针对人民法院在民事诉讼、行政诉讼过程中违法采取强制措施、保全措施或者执行错误提起的国家赔偿,确定"知道或者应当知道"最大的困扰在于2016年《最高人民法院关于审理民事、行政诉讼中司法赔偿案件适用法律若干问题的解释》(法释〔2016〕20号)第十九条所规定的,公民、法人或者其他组织依据《国家赔偿法》第三十八条规定申请赔偿的,应当在民事、行政诉讼程序或者执行程序终结后提出。当事人有可能以其并不知晓民事、行政诉讼程序或者执行程序已经终结为由,否定请求国家赔偿时效的起算。我们认为这一问题应当辩证地看待:如果当事人已经提起国家赔偿请求但被以程序尚未终结为由驳回,则不能倒推至行为发生之时起算其"知道或者应当知道",否则就有可能陷入一方面以程序尚未终结为由驳回、另一方面又认为其请求国家赔偿的两年时效已经经过的矛盾悖论,令当事人主张权利救济求告无门;如果当事人以其并不知晓民事、行政诉讼程序或者执行程序已经终结为由否定请求国家赔偿时效的起算,也不应以其是否实际签收法律文书为唯一依据,毕竟标志执行结案的行为有很多,如案件财产已执行给付完毕,法院留置送达,或者存在司法解释规定的"终结执行"的情形等,而不能仅以当事人是否实际签收结案文书作为唯一判断标准。

——陶凯元、陈国庆主编:《国家赔偿与司法救助办案指导》(总24辑),人民法院出版社2020年版,第121~122页。

---

① 本法已被《中华人民共和国民法典》废止。

第十二章 司法救助

1139. 国家司法救助的救助范围

关键词

国家司法救助　救助范围

最高人民法院司法政策精神

第一条 人民法院在审判、执行工作中，对权利受到侵害无法获得有效赔偿的当事人，符合本意见规定情形的，可以采取一次性辅助救济措施，以解决其生活面临的急迫困难。

第三条 当事人因生活面临急迫困难提出国家司法救助申请，符合下列情形之一的，应当予以救助：

（一）刑事案件被害人受到犯罪侵害，造成重伤或者严重残疾，因加害人死亡或者没有赔偿能力，无法通过诉讼获得赔偿，陷入生活困难的；

（二）刑事案件被害人受到犯罪侵害危及生命，急需救治，无力承担医疗救治费用的；

（三）刑事案件被害人受到犯罪侵害而死亡，因加害人死亡或者没有赔偿能力，依靠被害人收入为主要生活来源的近亲属无法通过诉讼获得赔偿，陷入生活困难的；

（四）刑事案件被害人受到犯罪侵害，致使其财产遭受重大损失，因加害人死亡或者没有赔偿能力，无法通过诉讼获得赔偿，陷入生活困难的；

（五）举报人、证人、鉴定人因举报、作证、鉴定受到打击报复，致使其人身受到伤害或财产受到重大损失，无法通过诉讼获得赔偿，陷入生活困难的；

（六）追索赡养费、扶养费、抚育费等，因被执行人没有履行能力，申请执行人陷入生活困难的；

（七）因道路交通事故等民事侵权行为造成人身伤害，无法通过诉讼获得赔偿，受害人陷入生活困难的；

（八）人民法院根据实际情况，认为需要救助的其他人员。

涉诉信访人，其诉求具有一定合理性，但通过法律途径难以解决，且生活困难，愿意接受国家司法救助后息诉息访的，可以参照本意见予以救助。

——《最高人民法院关于加强和规范人民法院国家司法救助工作的意见》（2016年7月1日，法发〔2016〕16号）。

附录：最高人民法院法官著述

人民法院国家司法救助工作按照救助的时间节点进行分类，可以分为立案救助、审判救助、执行救助、信访救助。此前，各地法院由于维稳压力及经费有限的缘故，通常将国家司法救助工作的重心放在信访阶段，多数地方法院都认为信访救助运行的效果并不佳，甚至一些地方法院认为应当取消人民法院的国家司法救助工作。为了确保国家司法救助效果，人民法院将通过正确把握救助时机，来提升国家司法救助制度的法治化水平。即，将国家司法救助提前至立案、诉讼和执行阶段，减少信访阶段的救助。

人民法院国家司法救助工作按照救助原因进行分类，可以分为刑事司法救助、民事司法救助、行政司法救助、国家赔偿司法救助、执行司法救助等。将"维稳"救助转变为"维权"救助，符合"国家司法救助案件司法化、救助制度法治化"的发展方向。在《中央政法委意见》颁布之前，人民法院的国家司法救助主要是刑事被害人和执行救助，其他类型的救助一般都纳入信访救助范围中，这客观上制约了救助制度法治化，故应当对救助进行类型化，将相关救助从信访救助中剥离开。为了更好地回应现实的需要，在对全国法院近三年司法救助情况进行调研的基础上，2015年5月，最高人民法院印发《关于印发〈关于人民法院案件案号的若干规定〉及配套标准的通知》，首次对司法救助案件的案号进行了系统的规定，将司法救助案件分类为刑事司法救助案件（司救刑）、民事司法救助案件（司救民）、行政司法救助案件（司救行）、国家赔偿司法救助案件（司救赔）、执行司法救助案件（司救执）和涉诉信访司法救助案件（司救访）六类案件。

与《中央政法委意见》规定相一致，《最高人民法院关于加强和规范人民法院国家司法救助工作的意见》第3条第1款第8项规定，"当事人因生活面临急迫困难提出国家司法救助申请，符合下列情形之一的，应当予以救助：……（八）人民法院根据实际情况，认为需要救助的其他人员"。这一兜底条款的适用，由人民法院根据实际情况加以把握。例如，无罪的人被刑事拘留后获释，面临生活困难的，如果刑事拘留按照当时的条件和程序判断并不违法，则其难以依法获得国家赔偿；又如，因为执行依据错误，案件需要执行回转，但此后无法执行回转，按照现行国家赔偿法规定，回转执行的申请人也不能依法获得国家赔偿。为保障这些情形下的困难群众的合法权益，当前实践中，人民法院通常通过司法救助予以权利救济。并且，从逻辑和情理上分析，较之于民事、执行程序中困难群众，行政诉讼、国家赔偿程序中的困难群众由于受到了公权力的侵害，更应得到司法关怀。因此，实务中，人民法院可以根据上述第8项之规定，将行政诉讼、国家赔偿程序中的困难群众纳入救助对象，这也与《中央政法委意见》的精神一致。

——刘合华、何君等：《最高人民法院〈关于加强和规范人民法院国家司法救助工作的意见〉理解与适用》，载《国家赔偿办案指南》2016年第3辑（总第17辑），法律出版社2016年版，第56~57页。

1140. 国家司法救助的对象

关键词

国家司法救助对象

最高人民法院司法政策精神

第三条 当事人因生活面临急迫困难提出国家司法救助申请，符合下列情形之一的，应当予以救助：

（一）刑事案件被害人受到犯罪侵害，造成重伤或者严重残疾，因加害人死亡或者没有赔偿能力，无法通过诉讼获得赔偿，陷入生活困难的；

（二）刑事案件被害人受到犯罪侵害危及生命，急需救治，无力承担医疗救治费用的；

（三）刑事案件被害人受到犯罪侵害而死亡，因加害人死亡或者没有赔偿能力，依靠被害人收入为主要生活来源的近亲属无法通过诉讼获得赔偿，陷入生活困难的；

（四）刑事案件被害人受到犯罪侵害，致使其财产遭受重大损失，因加害人死亡或者没有赔偿能力，无法通过诉讼获得赔偿，陷入生活困难的；

（五）举报人、证人、鉴定人因举报、作证、鉴定受到打击报复，致使其人身受到伤害或财产受到重大损失，无法通过诉讼获得赔偿，陷入生活困难的；

（六）追索赡养费、扶养费、抚育费等，因被执行人没有履行能力，申请执行人陷入生活困难的；

（七）因道路交通事故等民事侵权行为造成人身伤害，无法通过诉讼获得赔偿，受害人陷入生活困难的；

（八）人民法院根据实际情况，认为需要救助的其他人员。

涉诉信访人，其诉求具有一定合理性，但通过法律途径难以解决，且生活困难，愿意接受国家司法救助后息诉息访的，可以参照本意见予以救助。

第四条 救助申请人具有以下情形之一的，一般不予救助：

（一）对案件发生有重大过错的；

（二）无正当理由，拒绝配合查明案件事实的；

（三）故意作虚伪陈述或者伪造证据，妨害诉讼的；

（四）在审判、执行中主动放弃民事赔偿请求或者拒绝侵权责任人及其近亲属赔偿的；

（五）生活困难非案件原因所导致的；

（六）已经通过社会救助措施，得到合理补偿、救助的；

（七）法人、其他组织提出的救助申请；

（八）不应给予救助的其他情形。

——《最高人民法院关于加强和规范人民法院国家司法救助工作的意见》（2016年7月1日，法发〔2016〕16号）。

附录：最高人民法院法官著述

（一）应予救助的对象规定

《最高人民法院关于加强和规范人民法院国家司法救助工作的意见》（以下简称《意见》）第3条第1款规定了人民法院在刑事、民事、执行案件中的国家司法救助的对象。本款是根据《中央政法委意见》中应予救助的对象做出的相应规定。

1. 未作修改或者只作"造成"和"致使"语词调整的四种情形，即"（二）刑事案件被害人受到犯罪侵害危及生命，急需救治，无力承担医疗救治费用的；"以及"（五）举报人、证人、鉴定人因举报、作证、鉴定受到打击报复，致使其人身受到伤害或财产受到重大损失，无法通过诉讼获得赔偿，陷入生活困难的；（六）追索赡养费、扶养费、抚育费等，因被执行人没有履行能力，申请执行人陷入生活困难的；（七）因道路交通事故等民事侵权行为造成人身伤害，无法通过诉讼获得赔偿，受害人陷入生活困难的"。

2. 适用范围从刑事侦查、刑事诉讼缩小到刑事诉讼的三种情形，删去《中央政法委意见》中"因案件无法侦破造成生活困难的"的表述，将相应条款修改为"（一）刑事案件被害人受到犯罪侵害，造成重伤或者严重残疾，因加害人死亡或者没有赔偿能力，无法通过诉讼获得赔偿，陷入生活困难的……（三）刑事案件被害人受到犯罪侵害而死亡，因加害人死亡或者没有赔偿能力，依靠被害人收入为主要生活来源的近亲属无法通过诉讼获得赔偿，陷入生活困难的；（四）刑事案件被害人受到犯罪侵害，致使其财产遭受重大损失，因加害人死亡或者没有赔偿能力，无法通过诉讼获得赔偿，陷入生活困难的"。

3. 保留的兜底条款，实施主体由"党委政法委和政法各单位"具体落实为"人民法院"。本条中均有"生活困难"的表述，生活困难一般是指家庭成员中有孤寡老人、接受义务教育的儿童、没有固定生活来源的残疾人或者家庭主要劳动力因重大疾病、意外事故丧失劳动能力，致使家庭没有生活来源或者家庭收入不能维持户口所在地或经常居住地最低生活标准等情形。国家司法救助案件中是否满足"生活困难"的条件，需要在具体司法救助工作中评估、衡量，不宜以社会救助标准进行"一刀切"的规定。在司法实践中，多以救助申请人的生活困难的证明为重要参考，另见《意见》第10条。

（二）刑事被害人救助

《意见》第3条第1款第1项至第4项是关于刑事被害人救助的相关规定，与2009年3月，中央政法委员会、最高人民法院、最高人民检察院、公安部、司法部、财政部、民政部、人力资源和社会保障部联合印发《关于开展刑事被害人救助工作的若干意见》中的规定基本一致。在实际司法实践中，会出现因证据不足宣告被告人无罪的案件以及久侦不破的案件，被害人或其近亲属因侵害行为造成生活困难的情形，该情形可以根据不同情况适用第3、4、5项。对于第1项和第3项中均有"因加害人死亡"而致使被害人及其依靠被害人收入为主要生活来源的近亲属无法通过诉讼获得赔偿，陷入生活困难的表述，但是司法实践中，一般加害人死亡案件不会进入审判程序。第2项刑事案件被害人受到犯罪侵害生命并急需救助的情形，在法院审理阶段也极少出现。第4项中"刑事案件被害人受到犯罪侵害后，致使财产遭受重大损失"中重大损失如何界定问题，这属于法官自由裁量权的范围，应结合案件具体进行认定。因此，《意见》中未作更细规定。

（三）举报人、证人、鉴定人救助

《意见》第3条第1款第5项是对举报人、证人、鉴定人救助的相关规定，完整保留了《中央政法委意见》的规定。在司法实践中，对举报人、证人、鉴定人的救助一般是由刑事侦查机关，即公安机关和检察机关来实施，在审判中，人民法院需要对证人、鉴定人因作证、鉴定受到打击报复，致使其人身受到伤害或财产受到重大损失，无法通过诉讼获得赔偿，陷入生活困难的实施国家司法救助。该项"人身受到伤害"应该包括最高人民法院、最高人民检察院、公安部、国家安全部、司法部《人体损伤程度鉴定标准》中规定的轻微伤、轻伤和重伤，还应该包括死亡的情形。如举报人、证人、鉴定人因举报、作证、鉴定受到打击报复，致使其死亡的，依靠其收入为主要生活来源的近亲属无法获得赔偿，陷入生活困难的，应该纳入国家司法救助的范畴。

（四）执行救助

《意见》第3条第1款第6项是执行救助的相关规定，在追索赡养费、扶养费、抚育费等案件中，因被执行人没有履行能力，申请执行人陷入生活困难的，应当予以救助。该项规定是落实中央政法委《关于切实解决人民法院执行难问题的通知》（政法〔2005〕52号）规定的"探索建立特困群体案例执行的救助办法。各地可积极探索建立特困群体案件执行的救助基金，对于双方当事人均为特困群体的案件，如刑事附带民事赔偿、按一定程序给予申请执行人适当救助，解决其生活困难，维护社会和谐稳定"。在司法实践中，《意见》规定为"追索赡养费、扶养费、抚育费等案件"，结合国家司法救助的经验，也可以扩大至追索社会保险金、劳动报酬、经济补偿金、抚恤金等案件的申请执行人。

（五）民事侵权救助

《意见》第3条第1款第7项是民事侵权救助的相关规定。该项与《中央政法委意见》规定一致，规定为"因道路交通事故等民事侵权行为"造成人身伤害案件的受害人。在司法实践中，除道路交通事故之外，医疗事故、工伤事故、产品质量事故或者其他民事侵权行为均可纳入国家司法救助的范畴。同对举报人、证人、鉴定人的救助，如因民事侵权行为造成被侵权人死亡的，依靠其收入为主要生活来源的近亲属无法获得赔偿，陷入生活困难的，也应该纳入国家司法救助的范畴。

（六）涉诉信访救助

《意见》第3条第2款是根据《中央政法委意见》中的"涉法涉诉信访人，其诉求具有一定合理性，但通过法律途径难以解决，且生活困难，愿意接受国家司法救助后息诉息访的，可参照执行"进行的相应规定，根据人民法院审判、执行工作的特点，进行了范围缩限，即将"涉法涉诉信访"修改为"涉诉信访"。2014年3月中共中央办公厅、国务院办公厅印发了《关于依法处理涉法涉诉信访问题的意见》，该意见要求："健全国家司法救助制度。各级政法机关要在党委和政府的领导和支持下，统筹解决信访群众的法律问题和实际困难。对于因执法问题给当事人造成伤害或损失的，依法予以纠错、补偿。"

（七）不予救助的对象

《意见》第4条规定了人民法院国家司法救助的例外情形。本条是根据《中央政法委意见》中关于不予救助的情形来进行相应的规定。

1. 未作修改保留的两种情形，即"（一）对案件发生有重大过错的"和"（五）生活困难非案件原因所导致的"。

2. 适用范围从刑事诉讼扩大到审判、执行的两种情形，即将"无正当理由，拒绝配合查明犯罪事实的"修改为"（二）无正当理由，拒绝配合查明案件事实的"，将"故意作虚伪陈述或者伪造证据，妨害刑事诉讼的"修改为"（三）故意作虚伪陈述或者伪造证据，妨害诉讼的"。

3. 对用语进行调整的三种情形：

（1）将"在诉讼执行中主动放弃民事赔偿请求或拒绝加害责任人及其近亲属赔偿的"修改为"（四）在审判、执行中主动放弃民事赔偿请求或拒绝侵权责任人及其近亲属赔偿的"，一方面，将诉讼执行修改本意见中规范的审

判、执行的用语;另一方面,采用在民事侵权案件中规范的侵权责任人的概念取代加害责任人的称谓;

(2)将"通过社会救助措施,已经得到合理补偿、救助的"修改为"(六)已经通过社会救助措施,已经得到合理补偿、救助的",目的是要强调救助申请人获得合理补偿、救助的现实性,不能因为救助申请人可能获得其他补偿,就将该申请人列为不予救助对象,暂停或者终止国家司法救助程序;

(3)将"对社会组织、法人,不予救助"列为除外情形,因为国家司法救助对象限定为公民,并且"社会组织、法人"跟民事法律中"公民、法人和其他组织"表述一致,因此本项修改为"(七)法人、其他组织提出救助申请的";

4.增加兜底条款,即"(八)不应给予救助的其他情形"。

有意见建议加入部分不予救助的情形,例如因违法信访被治安处罚、刑事处罚、拒不悔过的;组织参加团伙信访串联信访的;明确表示获得救济金也不息诉罢访的等。这些情形实际与可以给予司法救助的涉诉信访规定不符,因此无须重复表述。

——刘合华、何君等:《最高人民法院〈关于加强和规范人民法院国家司法救助工作的意见〉理解与适用》,载《国家赔偿办案指南》2016年第3辑(总第17辑),法律出版社2016年版,第58~63页。

1141. 国家司法救助的救助程序

关键词

国家司法救助　救助程序

最高人民法院司法政策精神

第八条　人民法院审判、执行部门认为案件当事人符合救助条件的,应当告知其有权提出国家司法救助申请。当事人提出申请的,审判、执行部门应当将相关材料及时移送立案部门。

当事人直接向人民法院立案部门提出国家司法救助申请,经审查确认符合救助申请条件的,应当予以立案。

第九条　国家司法救助申请应当以书面形式提出;救助申请人书面申请确有困难的,可以口头提出,人民法院应当制作笔录。

救助申请人提出国家司法救助申请,一般应当提交以下材料:

(一)救助申请书,救助申请书应当载明申请救助的数额及理由;

(二)救助申请人的身份证明;

（三）实际损失的证明；

（四）救助申请人及其家庭成员生活困难的证明；

（五）是否获得其他赔偿、救助等相关证明；

（六）其他能够证明救助申请人需要救助的材料。

救助申请人确实不能提供完整材料的，应当说明理由。

第十条 救助申请人生活困难证明，主要是指救助申请人户籍所在地或者经常居住地村（居）民委员会或者所在单位出具的有关救助申请人的家庭人口、劳动能力、就业状况、家庭收入等情况的证明。

——《最高人民法院关于加强和规范人民法院国家司法救助工作的意见》（2016年7月1日，法发〔2016〕16号）。

附录：最高人民法院法官著述

（一）救助的启动程序

《最高人民法院关于加强和规范人民法院国家司法救助工作的意见》（以下简称《意见》）第8条规定了人民法院国家司法救助的启动程序。

第8条第1款前半部分是根据《中央政法委意见》中的"（一）告知。人民法院、人民检察院、公安机关、司法行政机关在办理案件、处理涉法涉诉信访问题过程中，对符合救助条件的当事人，应当告知其有权提出救助申请"，具体规定为："人民法院审判、执行部门认为案件当事人符合救助条件的，应当告知其有权提出国家司法救助申请。"

第8条第1款后半部分是根据《中央政法委意见》中的"（二）申请。救助申请由当事人向办案机关提出；刑事被害人死亡的，由符合条件的近亲属提出"，具体规定为："当事人提出申请的，审判、执行部门应当将相关材料及时移送立案部门。当事人直接向人民法院立案部门提出国家司法救助申请，经审查确认符合救助申请条件的，应当予以立案。"

第8条第2款规定了国家司法救助的统一受理机制，即，"当事人直接向人民法院立案部门提出国家司法救助申请，经审查确认符合救助申请条件的，应当予以立案"。该款规定是在借鉴了社会救助经验的基础上，结合司法实践进行的规定。即，2014年出台的民政部、教育部、财政部、人力资源社会保障部、住房城乡建设部、国家卫生计生委《关于贯彻落实〈社会救助暂行办法〉的通知》，明确规定建立健全"一门受理，协同办理"机制。故人民法院的司法救助受理可借鉴社会救助的统一受理机制，做到让困难群众求救有门。而人民法院的案件实行立审分离，统一司法救助的受理只涉及人民法院内部机构工作的衔接，较之于社会救助的统一受理更为方便有效。

在以往的司法实践中，国家司法救助的启动都是由案件承办人告知救助申请人提出救助申请，这就在一定程度上决定了司法救助是以原办案法官为中心，而不是以困难群众为中心，其标准多是办案法官"认为生活困难应给予救助"，而不是"生活确有困难"，因此必然也存在人情救助或者是困难群众无法获得救助的情形。而统一受理机制可从以往实践中"法官认为群众生活困难"转变为"群众生活确有困难"，从而切实发挥司法救助生存照顾的功能。概括而言，统一救助受理机制，具有以下四个作用：第一，保障困难群众的权益。人民法院在启动阶段给予救助申请人充分的程序性保护，确保困难群众顺利进入司法救助程序。第二，规范救助受理的申请程序。人民法院通过确定司法救助的受理部门，明确受理救助的条件，可以有效减少救助申请无门的情形，规范司法救助的启动程序。第三，科学统计申请司法救助的数量。司法救助作为一项工作，在之前的司法实践中都是从属于案件审理的附属工作，无法进行科学统计，更无法进行救助管理，而由立案部门统一受理并编案号后，可以科学统计申请司法救助的数量，为健全司法救助制度提供确凿的数据基础。第四，实现规模经济效益。统一救助的受理机制，指定立案部门受理救助申请，可以提高人民法院司法救助受理工作的效率和方便困难群众的救助申请，从而实现规模经济效益。此外，作为试点单位，天津高院统一司法救助的受理已经取得良好的法律效果和社会效果。

（二）救助的申请程序

《意见》第9条和第10条规定了国家司法救助的申请程序。

第9条第1款是根据《中央政法委意见》中的"（二）申请……申请一般采取书面形式。确有困难，不能提供书面申请的，可以采用口头方式"，规定为"国家司法救助申请应当以书面形式提出；救助申请人书面申请确有困难的，可以口头提出，人民法院应当制作笔录"。该款增加了对于口头方式提出申请，应当只作笔录的规定。

第8条第2款和第3款是根据《中央政法委意见》中的"（二）申请……申请人应当如实提供本人真实身份、实际损害后果、生活困难、是否获得其他赔偿等相关证明材料"，规定为"救助申请人提出司法救助申请，一般应当提交以下材料：（一）救助申请书，救助申请书应当载明申请救助的数额及理由；（二）救助申请人的身份证明；（三）实际损害后果的证明；（四）救助申请人及家庭成员生活困难的证明；（五）是否获得其他赔偿、救助等相关证明。当事人确实不能提供完整材料的，应当说明理由"。该两款规定采用列举的方式进一步细化申请材料的规定，同时与同一案件中申请人只能进行一次性救助的原则相符，要求申请人在其他赔偿之外，需要提供获得其他救助的相关证明。

《意见》第10条规定了国家司法救助的申请程序，即，"申请人生活困难证明，主要是指当事人户籍所在地或者经常居住地村（居）民委员会或者所在单位出具的有关当事人的家庭人口、劳动能力、就业状况、家庭收入等情况的证明"。

本条是对《中央政法委意见》"(二)申请……申请人应当如实提供本人真实身份、实际损害后果、生活困难、是否获得其他赔偿等相关证明材料"中的生活困难进行的必要解释，同时也是结合了司法实践中的经验进行的相应规定。

此外，在本意见中，根据部分法院的建议，区分使用"当事人"和"申请人"的称谓。已经进入司法救助程序的当事人，包括提交救助申请的当事人以及领取司法救助金的当事人统称为"申请人"或者"救助申请人"，虽符合司法救助条件但未申请司法救助当事人称为"当事人"或者"案件当事人"。

——刘合华、何君等：《最高人民法院〈关于加强和规范人民法院国家司法救助工作的意见〉理解与适用》，载《国家赔偿办案指南》2016年第3辑（总第17辑），法律出版社2016年版，第64~66页。

1142. 因受到国家保护动物袭击而致残，应予救助

关键词

司法救助　医疗费用

最高人民法院公布的典型案例

李某清、陆某凤申请行政诉讼司法救助案

裁判要点：因受到国家保护动物袭击而致残，虽然部分医疗费已由当地政府承担，但大量后续医疗费用无法落实，生活因此陷入急迫困难，应予救助。

基本案情

李某清、陆某凤夫妻系四川省汉源县富春乡楠木村3组村民。2010年9月30日，二人在承包地内采收黄豆时遭到国家二级保护动物黑熊袭击致伤。在抢救和治疗二人过程中，当地林业部门承担了大部分医疗费用。经司法鉴定，二人的伤残情况和后续医疗费用为："李某清的伤残等级定级为三级伤残，后期医疗费用共计54500~77500元，如遇并发症或感染等费用可能增加，以当时具体出具为准；陆某凤的伤残等级定级为四级伤残，后期医疗费用共计30700~35600元，如遇并发症或感染等费用可能增加，以当时具体出具为准。"后因剩余及后续医疗费用未获解决，李某清、陆某凤以请求"判令

四川省人民政府在有关野生保护动物人身伤害补偿办法尚未出台的情况下为二申请人尽快解决续医疗和生活的现实困难问题"为由,以四川省人民政府为被告提起行政诉讼。四川省成都市中级人民法院经审理,以诉讼请求较为概括、抽象、不具体为由,判决驳回诉讼请求。二人上诉后,四川高院驳回上诉,维持原判。2018年,李某清、陆某凤向四川省高级人民法院申请国家司法救助。

裁判结果

四川省高级人民法院经审查认为,申请人李某清、陆某凤确因案件原因陷入生活急迫困难,属于"人民法院根据实际情况,认为需要救助的其他人员",应予一次性司法救助。依照《最高人民法院关于加强和规范人民法院国家司法救助工作的意见》的相关规定,决定给予李某清、陆某凤司法救助金10万元。

典型意义

本案系人民法院在审理行政诉讼案件过程中决定予以救助的典型案例。本案申请人因受到国家保护动物袭击而致残,虽然部分医疗费已由当地政府承担,但大量后续医疗费用无法落实,生活因此陷入急迫困难,应予救助。司法救助金基本解决了申请人取体内医用"钢板"的治疗费用,解了其燃眉之急,申请人服判息诉并向法院寄来感谢信。四川省高级人民法院在决定救助的同时,坚持能动司法,先后向四川省人民政府、四川省汉源县人民政府发出司法建议书,建议省政府尽快制定《四川省陆生野生动物危害补偿办法》,建议县政府依法及时处理案涉补偿问题。据了解,两份司法建议书得到及时反馈,汉源县政府积极落实后续补偿事宜,四川省政府起草的《四川省陆生野生动物危害补偿办法》已公开征求意见,法院办案过程中以一案推全面,推进了社会治理格局创新,实现了法律效果与社会效果的有机统一。

——《人民法院国家赔偿和司法救助典型案例》(2018年11月13日)。

1143. 刑事案件被害人受到犯罪侵害,致使严重残疾,因案件无法侦破造成生活极度困难的人民法院应及时给予司法救助

关键词

刑事案件无法侦破　司法救助

最高人民法院公布的典型案例

王某芳申请刑事被害人司法救助案

裁判要点：刑事被害人及其家属往往难以获得应有的赔偿，不仅无法弥补被害人遭受的人身和财产损害，而且加重被害人及其家属的心理创伤，不利于社会的和谐稳定。因犯罪行为侵害致严重残疾，无法通过诉讼获得赔偿，家庭生活陷入极度困难的，人民法院应及时给予司法救助，帮助他们摆脱生活困境。

基本案情

2014年11月4日晚，王某芳家着火。火灾导致王某芳被烧伤，其丈夫王某文死亡，七间房屋被烧毁。经山西省和顺县公安局消防大队认定，起火原因排除电路故障，排除遗留火种，不排除人为放火。犯罪嫌疑人刘某明因涉嫌放火罪被逮捕。2017年5月24日，山西省晋中市中级人民法院经审理后，认为检察机关指控的刘某明犯放火罪事实不清、证据不足，遂判决被告人刘某明无罪，同时驳回附带民事诉讼原告人王某芳等人的诉讼请求。王某芳及其家庭，因被人放火导致七间房屋毁坏，丈夫王某文死亡，王某芳本人被烧成重伤一级，治疗三年，生活仍不能自理，依靠其女王某晶全程陪护，家中唯一的经济来源是其子王某务工所得，但王某因无固定工作，收入微薄，居无定所，且已负债累累，无力承受家庭重负。因刑事案件无法侦破，王某芳无法通过诉讼获得赔偿，造成生活极度困难。

裁判结果

山西省晋中市中级人民法院经审查认为，救助申请人王某芳受到犯罪侵害致严重残疾，现因刑事案件无法侦破，无法通过诉讼获得赔偿，生活面临急迫困难，符合《最高人民法院关于加强和规范人民法院国家司法救助工作的意见》规定的应予救助情形，遂决定给予王某芳司法救助金50000元。

典型意义

司法实践中，刑事被害人及其家属往往难以获得应有的赔偿，不仅无法弥补被害人遭受的人身和财产损害，而且加重被害人及其家属的心理创伤，不利于社会的和谐稳定。本案是刑事案件被害人受到犯罪侵害，致使严重残疾，因案件无法侦破造成生活极度困难的典型案例。因案件无法侦破，申请人王某芳受犯罪行为侵害致严重残疾，无法通过诉讼获得赔偿，家庭生活陷入极度困难。人民法院及时给予司法救助，帮助他们摆脱生活困境，体现了国家司法救助的救急难、扶危困的重要功能，既彰显了党和政府对于弱势群体的民生关怀，又有利于促进社会和谐。

——《人民法院国家赔偿和司法救助典型案例》(2019年12月19日)。

关键词索引

A

安置补偿 300,841
安置补偿协议 905
按期支付 1565
案件受案范围 1554
案件移送 694
案由确定规则 381,385

B

颁发毕业证 150,672
颁发营业执照 604
办案期限 826
办理期限 365
包工头 1080,1133
保护人身权、财产权 124
保护诉权 214,359
保留所有权 626
保全财产 1468
报酬 223
报告或文书的可诉性 983
报批义务 1286
备案行为 77

被拆房屋恢复原状 964
被告 311,317,318,319,322,498,740,741,1161,1419
被告补充证据 501,503,505
被告不适格 25,256
被告怠于举证 999
被告适格 279
被告所在地 992
被告资格 240,255,314
被侵害人申诉 254
被申请人 313
被诉协助执行行为 116
被诉行政行为 401
被征收房屋 941
被征收房屋产权 905
被征收人 916,950
被征收人欺诈行为 898
被执行人名下股权 724
被执行人无能力履行债务 1464
本单位重大利益 1092
比例原则 437
避税行为 1316
变更 126
变更被告 323,1237
变更裁决 825

变更诉讼请求　893,1385
变相申请　1203
并诉　196
驳回诉讼请求　687,714,733
驳回行政复议申请决定　777
补偿　1344
补偿安置　892
补偿安置案件　930
补偿安置标准　773
补偿安置协议　943,950
补偿安置协议效力　895
补偿安置义务主体　940
补偿标准　805,936
补偿方案　772
补偿费用　950
补偿决定　798
补偿款　928
补偿款遗漏　761
补偿请求　764
补充材料的告知书　1192
补充赔偿责任　825
补救措施　690
补考资格　696
补贴培训学费　180
补征税款　1317
哺乳期内　1139
不产生外部法律效力的行为　188
不产生外部效力的行为　189
不动产　203
不动产登记　1019
不动产登记错误事项　1019
不动产登记行为　157
不动产所在地　204
不动产统一登记　1019
不动产专属管辖　992

不符合起诉条件　357
不告不理　394
不公开审理　1176
不可抗力　368
不可诉　88
不利益变更禁止　452
不履行　229,707
不履行法定职责　52,126,153,170,
191,226,670,671,672,690,695,
696,700,705,707,955,1403,1478
不履行监管职责　1387
不履行行政协议　818
不同行政主体　345
不依法受理复议申请　1242
不予补偿　920
不予答复　1427
不予登记　683
不予赔偿决定　1527
不予受理　1279
不予受理、不予答复案件　1001
不予受理复议申请决定　1227
不予受理决定　1253
不予受理行政复议　1202
不正当竞争　619,621
不正当竞争经营者　626
不正当行使诉讼权利　410
不重复答复行为　1160
不作为　195,1423
部门规章　595,599,600
部门职权冲突　576

C

财产保管人　1468
财产保全　412

财产共有人　356
财产评估　1406
财产损害　916，1539
财产损失　808，1554
财务报告　293
裁定驳回起诉　226
裁定中止　489
裁决结果判决变更　688
裁判标准　10
裁判方式　408，822
裁判理由　439
裁判文书　1467
裁判依据　569
裁执不一致　1384
裁执分离　39，184，193，194，717
采矿权投影重叠　302
采矿许可证　301，302
参加人　458
参加诉讼时间　336
参与分管　21
参照规章　557
残疾人联合会　180
层级监督　131
查处时效　1323
查处违法行为　670
查处职责案件　229
查封、扣押清单　518
查阅权诉讼　271
拆除房屋　971
拆除违法建筑　1405
拆迁安置补偿　810
拆迁安置补偿权益　1564
拆迁安置补偿协议　197，907
拆迁办　739
拆迁补偿安置　771，813

拆迁补偿安置费　818
拆迁当事人达成合意　825
拆迁期限延长许可通知　868
拆迁许可　868
拆迁许可前置行为　871
拆违　39
产品质量监督　590
产权调换　810
产权界定　205
产权手续　932
产权争议　908
产权置换　798
超出委托范围的拆除行为　854
超过法定退休年龄　1055
超过给付期限　1567
超期返还期间利息　1526
超越权限　556
超越职权　655，657，658，659，660
车辆挂靠关系　1140
车辆行政登记　268
撤换法定代表人　137
撤回抗诉申请　462
撤回行政复议　1229
撤诉　33，377，409，456
撤销　126，319，441
撤销部分罪名　1488
撤销登记　609，1017
撤销权　1298
撤销诉讼　378
撤销违法行政行为　691
撤销行政登记　776
撤销行政协议诉讼　1298
撤销行政行为　249，755
撤销之诉　268
成交确认书　158

成熟原则　1143
承担违约责任　1295,1562
承租人　747,752,784,817,902
城市规划　1329
城市规划区　1324,1326,1328
城市规划缩减　584
城市排水设施使用费　178
城乡规划　108,968
城镇户籍　861
城中村改造方案批复　1214
程序　586
程序从旧、实体从新　591
程序从新、实体从旧兼从轻　530
程序规定　55
程序合法性　870
程序审查　662,663
程序违法　418,419,424,664,668,702,885,1118,1254
程序瑕疵　1118
程序性驳回　219,1253
程序性裁判　679
程序性行为　100,218
程序正当　442,713
抽象行政行为　71,1416
抽象职责义务　1387
出具介绍信　73
出让　642
出让协议　1288
出售淫秽物品　640
出庭　519
出庭负责人　20
出庭身份　22
出庭应诉　16,17,18,25,26,27,28,30,31,32,33,37
出庭作证　515

出资人　291
初步证明责任　1430
处罚决定　638
次数　415
重复处理行为　736,1160
重复起诉　376,377,378,379,1235
重复申请行为　1258
重新作出处理　121
重新作出判决　669
重修祖宅　865
催告程序　726,851
催告履行　69
催告行为　65
催告行为可诉性　1289
村集体土地　925
村集体组织成员　443
村民待遇　153
村民会议　276
村民平权　443
村民委员会或村民小组　283
村民委员会主任　1120
村民小组会议　276
村民自治　51
村提留、乡统筹款　717
村委会　274,316,857
错列被告　310
错误颁证　440
错误执行　1390,1573
错误执行赔偿　724,1477,1555

D

答复行为　78
代管房屋　985
代履行行政赔偿　1421

贷款银行　646
单独继承　862
单独提起诉讼　195，768
单方变更　1268
单位补偿　1552
单位组织　1048
当然无效　419
当事人行为发生时　621
当事人主义　393
党的机关　1419
道路安全　633
道路外交通事故　713
登报公告　196
登记立案　54，55
登记立案前　396
等外解释　578
低价拍卖　1432
低温雨雪冰冻灾害　368，710，711，1119
抵押登记　1004
抵押权人优先受偿权　809
地方人民政府　21，90，118
地方性法规　536，547，549
地方政府规章　557
地方政府文件　598
地籍调查　1006
地上房屋拆迁　805
第三人　202，503，991，1251，1252
第三人合法权益　499
第三人举证　999
第三人民事侵权赔偿　1128
第三人侵权　1053
第三人原因　1084
第三人造成工伤死亡　1088
电动车事故　1067

电梯验收检验报告　179
电子证据　520
吊销驾驶证　636
吊销营业执照　294
调查取证范围　1444
定案证据　684
定罪量刑　1520
董事　290
兜底条款　552
督查通知　81
独立起诉　196
对被告不利证据　503
对第三人有利证据　505
对遇险者实施救助　1093
多个关联行政行为　401
多个管辖法院　207
多个行政行为　345，346
多元化解　397，511
多征少批　872

E

恶意串通　1006
二审程序　452
二审举证　684

F

发布征收土地公告　777
发放奖学金、贷学金、助学金　148
发放救济款物　711
发还赃物　1433
发回重审　457，711
发生法律效力的裁判　439
法不溯及既往　987

法定程序　812，1280
法定代理　1480
法定期限　349，720，1101，1526
法定起诉期限　300
法定起诉条件　217
法定申请样式　1151
法定条件　810
法定职责　113，121，124，174，227，261，375，416，424，644，679
法官释明义务　964
法律变更　591，686
法律冲突　534，536，547，549，580，611
法律法规　668
法律顾问　38
法律解释　1347
法律漏洞　700
法律上利害关系　248，1240
法律适用　10，11，527，582，621，633，652
法律位阶　601
法律效力　24，276，542，649
法律行为　93
法律修改　1523
法律依据　607
法律与政策　709
法律援助工作　1354
法条竞合　652
法院调取证据　506，507，1000
法院强制执行　947
法院协助执行义务　119
繁简分流　395
反垄断　630
反射性利益　241
反诉　1300

反信息公开行政诉讼　1143，1176，1183
返还财产　1445
妨碍举证　482
房产拍卖　1317
房地产纠纷　994
房屋补偿安置　861
房屋拆除　932，962
房屋拆迁　804，870
房屋拆迁裁决　809
房屋初始登记　1026
房屋登记　476，804，976，977，978，982，983，984，990，991，992，995，998，999，1000，1001，1006
房屋登记过程行为　980
房屋登记基础民事行为　985
房屋登记行为　987，1003
房屋继承人　907
房屋价格评估　796
房屋价值　814，962
房屋买卖协议　901
房屋灭失　977
房屋内财产损失审查　921
房屋强拆　792
房屋权属争议　928
房屋权属证书　982
房屋所有权变动　791
房屋所有权人　918
房屋坍塌　892
房屋行政登记　1023
房屋行政强制　819
房屋用途　804
房屋征收　131，238，240，300，740，741，789，791，792，793，794，798，901，945，966

房屋征收补偿　826,834,836,883,949
房屋征收补偿决定　882,885,947
房屋征收部门　854
房屋征收程序　874
房屋征收过程性行为　1204
房屋征收决定　419,874,885
房屋征收决定公告　787
房屋征收行政案件　788
房屋转移登记　1023
非法拆除　764
非法转包建筑工程　607
非国有企业　291
非国有企业强制终止　293
非农村集体经济组织成员　814
非农业居民　1008
非书面形式通知　32
非诉讼方式　397
非诉行政执行　39,717,721,726,727,728,730,731,732,733,735,956,1127,1239
非相对人　489
非刑事司法赔偿侵权行为　1441
非刑事司法赔偿主体　1438
非因工作原因　1093
非自身原因　359
分包　1079
分别立案　450
分别起诉　450
分户补偿　801
分期付款　626
分摊原则　1392
服务大局　11
服务型政府　44
服刑人员　1504

负责人　21,30
复核鉴定　883
复核评估　883
复议程序　317,1252
复议法定职责　1240
复议范围　1221
复议机关　175,219,1250,1254,1255,1377,1491
复议机关不予受理决定　1253
复议机关不作为　1235
复议决定　1250,1255
复议前置　372,785,1205,1214,1235
复议申请　371,1253
复议申请决定　219
复议申请期限　1233,1251
复议申请人　934
复印件、影印件证据　998

G

改变复议决定　1237
改变具体行政行为　377,408,409
改变企业形态　293
改变原行政行为　1251
感染艾滋病病毒　1503
港务监督　57
高等学校　284
高考录取行为　149
高校学生　1245
个案解释　569
个人信息保护　1143,1165
个体工商户　289
给付期限　1570
更改、补充告知行为　1159
更正政府信息　1193

工伤 1031,1078,1080,1083,1084,
1139
工伤保险 1133
工伤保险补偿 1088
工伤保险待遇 1121,1128
工伤保险费 1045
《工伤保险条例》第64条 1098
工伤保险责任 1035,1080,1083,
1140
工伤待遇 1129
工伤认定 1042,1045,1046,1048,
1049,1053,1056,1058,1066,
1067,1070,1072,1077,1079,
1080,1083,1090,1091,1092,
1093,1096,1097,1100,1101,
1106,1107,1108,1109,1112,1115,
1118,1119,1120,1122
工伤认定前置程序 1120
工伤原因 1046
工业盐制销企业 630
工作场所 1039,1046
工作纠纷 1077
工作期间 1073,1078
工作时间 1039
工作时间和工作岗位 1073
工作时间内因公伤亡 1055
工作原因 1039,1091
公安机关 707
公安机关返还财产 310
公定力 419
公告 75,370,773
公告方式 1206
公告送达 948
公共利益 690,789,1262
公路桥梁下面违法建筑 635

公民 223
公民代理 391
公平补偿原则 900
公平合理补偿安置 941
公平竞争权 252
公司登记 407,609,1408
公司登记可诉性 77
公文行为 101
公有公共设施致害 1417
公正、独立审判 199
公证机构 83
公证行为 83
公职律师 22
公众参与原则 792
共同被告 25,467,915
共同赔偿义务机关 1394,1419
共同署名 320
股东诉权 296
股份制企业 289,290
挂靠 1079
挂靠车辆 1090
挂靠企业 658
关闭取缔行为 1370
关联事实 497
关联性 516
关联性行为 346
管辖 199,202,203,204,205,215,
788,834,1491
管辖法院错误 353
管辖范围 54
管辖权 200,206
管辖权竞合 659
管辖权异议 202
管辖协议 209
广告宣传资料 713

规范性文件　85,542,550,565,566,
580,768
规划批复意见　107
规划设计　1332
规划许可　663
国家机关及其工作人员　1456
国家机关聘用人员　1097
国家秘密　1166
国家免责　1481
国家赔偿　721,1344,1354,1380,1432,
1433,1460,1488,1491,1493,1499,
1509,1511,1513,1515,1520,1552,
1564,1567,1570,1573,1575
国家赔偿程序　1472
国家赔偿法　1347
国家赔偿法调整范围　1501
国家赔偿范围　1410,1416,1417,1557
国家赔偿精神损害抚慰金　1532
国家赔偿请求人　1418
国家赔偿确认案件　1554
国家赔偿审判　1339,1340
国家赔偿责任　1384,1411
国家司法救助　1583,1589
国家司法救助对象　1585
国务院土地征收批准文件　1216
国有企业分立决定　142
国有企业改制　237
国有企业职工　973
国有土地　874,966,972
国有土地上房屋　746,795,841
国有土地上房屋征收　796
国有土地使用权　642,748,753,
772,889,1217,1288
国有土地使用权拍卖　158
国有土地使用权拍卖出让公告　154

国有土地使用权权属争议　1016
国有资产　205
国有资产管理　645
过程信息　1187
过程性行为　218
过渡费　1560
过罚不当　1234

H

海关行政处罚　587
海关行政收缴纠纷　1318
海关征税　1321
海事行政案件　215
合并审理　400,401
合法财产　916
合法产权人　784
合法房屋　845,1400
合法权益　38,443,1211,1402
合法性审查　6,108,463,468,469,
632,978,1252,1266,1267,1268,
1370
合伙人　288
合理限度　653
合理信赖利益　603
合理性原则　713
合理注意义务　1505
合同解释　649
合宪性解释　572
核实申请材料　683
后法优于前法　595
后续工商变更登记　146
划拨存款、汇款　1408
环保评价前置许可　604
环境安全　38

环境资源行政案件　38
换发、补发、更新登记簿　976
患病死亡　1509
恢复名誉　1537
恢复原状　821，1445
会议纪要　104，110，113
会议纪要信息　1185
婚姻登记　307
婚姻登记案件　304
婚姻登记机关　1334
婚姻关系当事人死亡　308
混合过错　1330，1416
混合侵权　1004
火灾事故　177
货币鉴定行为　183

J

击毙犯罪嫌疑人　56
机动车让行　329
机动车事故　1066
基层人民法院管辖　206
基础关系　645
基础民事法律关系　511
羁束力　1467
羁押赔偿金　1523
羁押期间　1509
羁押时间超过刑期　1488
及时补偿原则　900
即时强制措施　692
集体土地　842，874，944
集体土地地上物补偿款　912
集体土地上房屋　929
集体土地使用证　751
集体土地征地批复　972
集体土地征收　764，773，853，879，912，915，940，941，943，1560
集体土地征收补偿款　912
计量行政处罚　566
记载于登记簿　982
既判力　338
继承　1478
继承人　310，1541
继续发生损害　1567
继续履约　1287
继续审理　1527
加处罚款　736
家庭成员　289，800
价格鉴定认证　183
价值损失　1560
间接授权　637
间接损失　1539，1557
监督检查　81
监督行为　1250
监管机关　1507
监管行为　1505
监狱　1501，1503，1504，1505，1508
检察院变更起诉罪名　1513
检索义务　1197
检验合格标志　563
减免税费　711
简易程序　327
见义勇为　1075
建房审批手续　1390
建设规划许可证　839
建筑工程违法分包　1090
建筑物合法性　1324，1326
鉴定　471
鉴定结论　173，472
交换证据　413，480，509

交通事故 1058
交通事故责任认定书 1080
交通违章处理 563
交通行政处罚 484
交通行政处罚职权依据 327
缴纳养路费 626
教育行政处理 654
节假日 758
解除查封 1562
解除行政协议 1268
金额确定 222
金钱补偿 680
金融机构 1408
紧急救助 1414
紧急情况 1092
进城务工农民 1055
进口货物监管权 583
近亲属 307, 308, 309
禁毒法 641
禁养区 1393
"禁止不利变更"原则 1242
禁止不利变更原则 1243
经过评阅的高考试卷 1188
经济补偿 1287
经营许可 434
精神分裂症 1083
精神损害 1456
精神损害抚慰金 1528, 1535, 1537
精神损害赔偿 1454, 1455, 1460, 1538, 1542
警告 64
竞合 412
纠正下级行政行为 645
救济路径 15
救治义务 1504

救助 1344
救助程序 1589
救助范围 1583
举报 261
举报答复 266
举报人 254, 261, 263, 1199, 1252
举报事项 1199
举报行政奖励 673
举证 457, 498
举证权利 503
举证责任 465, 491, 493, 495, 497, 651, 760, 837, 882, 1001, 1093, 1165, 1167, 1168, 1183, 1429, 1430, 1497, 1503
举证责任倒置 1001
举证责任分配 464, 499, 1396
举证质证 513
拒不到庭 456
拒不履行生效法律文书 1469
拒不清理地上附着物 935
拒不提供证据 794
拒绝变更 310
拒绝履行 677, 705
拒收处理决定 355
具体处理规定 650
具体的诉讼请求 778
具体权利义务承诺 95
具体行政行为 56, 75, 85, 158, 180, 354, 476, 497, 1423
决策信息 1187
决定 318

K

开除公职 143

开除学籍　147
开发区管委会　315, 739, 742
开庭审理　28
看守所羁押期间　1403
可分割性原则　1171
可诉行政行为　736, 986
可诉性　65, 66, 80, 81, 90, 95, 100, 104, 111, 113, 118, 131, 132, 135, 147, 148, 149, 171, 175, 177, 182, 184, 193, 194, 772, 773, 787
空地院落　929
控股股东　289
扣留机动车　433
扣押财产　626, 1526
扣押财物　638
矿产开采许可证　641
矿产资源补偿费　301
扩大处罚权　565

L

滥用诉权　436
滥用诉讼权行为　1145
滥用职权　433, 434, 709, 810
劳动保障监察职权　1126
劳动关系　1027, 1056, 1090, 1508
劳动监察指令书　1127
劳动教养　318
劳动行政部门　1100
劳动争议仲裁　1120
雷电防护设施检测　611
离婚登记　1334
离婚妇女　443
离退休人员　1056
历史信息　1196

历史遗留问题　767
历史原因　920
立案　200, 278
立法目的　552
立法原意　566
利害关系　238, 249, 263, 347, 751, 752, 753, 755, 799, 1224, 1228
利害关系人　374, 959, 991, 992
利息　1515, 1565
利息损失　1477
例示解释　578
例外情形　452
连续转移登记　989
联合规章　599, 600
联合执法　320
廉租住房　399
两审判审制　344
林木剪伐许可证　657
林木林地权属争议　1015
林木林地权属证书　1015
林权确权　944
林权争议　655
林业行政裁决　1007
临时安置费　800
临时机构　312
临时许可证　1329
另行起诉　1012
楼间距　1332
履行法定职责　93, 217, 673, 679
履行公务必需的财产　722
履行能力　411
履行期限　1295
履行职责　683
履行职责诉讼　229
律师　38

律师注册 71

M

没收地上建筑物 735
没收走私物品 1320
密级规定 1188
免责 1411
免征规费 252
民事法律关系 1465
民事合同 178, 780
民事赔偿 1088
民事赔偿责任 1380
民事侵权 1392
民事诉讼 379, 1319
民事争议事实 431
民行交叉行政案件 404, 407, 511, 985, 994
明确被诉行政行为 778
明显不合理的低价 748
目的解释 574, 576

N

纳税人合法利益 1312
内部批复行为 1249
内部审批行为 103
内部条文不一致 602
内部信息 1187
内部行政行为 58, 84, 143
内部行政行为外部化 97, 106
内幕交易行为 475
内外勾结 1402
黏土砖企业 975
农村房屋重建 1008

农村集体经济组织 955, 1418
农村集体经济组织成员 973
农村集体土地 643, 767, 910, 930, 956, 1326
农村集体土地被征收 644
农村集体组织成员 274
农村液化气管理 557
农村宅基地使用权 862
农村宅基地使用权人 1013
农业行政检查 174

P

排除合理怀疑 525
派出机构 315
判决驳回诉讼请求 226
判决方式 304, 683
判决确认违法 690
判决限期颁发毕业证 696
判前羁押 1518
旁系亲属申请工伤认定 1113
赔偿 1432
赔偿案件 1350
赔偿标准 246, 816, 1400, 1561
赔偿程序 1509
赔偿基准 916
赔偿金 1565
赔偿决定 1439
赔偿请求 1424
赔偿请求权 1353
赔偿请求人 1469, 1470, 1478, 1538
赔偿请求时效 1475
赔偿申请 376, 1475, 1522
赔偿数额确定 1413
赔偿委员会审理程序 1528

赔偿义务机关 195,1371,1382,1384,
1400,1419,1420,1429,1439,1464,
1465,1509,1512,1517,1527
赔偿责任 1468,1507
赔礼道歉 1537
批复、指示 105
批准兼并企业 145
批准权 415
品格证据 516
评估时点 798,1398
破产清算 171
普遍登记 354
普通共同诉讼 450
普通债权人 268

Q

期间竞合 359
期限 498
期限告知义务 350
其他正当理由 1233
其他政府部门 741
企业变更登记 714
企业补缴社会保险费 1133
企业法人变更登记 682
企业经营自主权 137,142,630
企业责令关停 926
企业资产行政划转 293
启动再审程序 460
起诉 317,341
起诉方所在地 207
起诉期限 221,353,354,355,356,
359,362,363,365,368,369,370,
447,476,764,766,948,1001,
1229,1231,1424,1427

起诉期限届满 762
起诉期限扣除 361
起诉时间 372
起诉受理程序 339
起诉条件 200,450,785,1391
起算标准 540
起算点 414
前提条件 1262
潜在影响 273
强制搬迁 812
强制拆除 635,745,758,762,808,
828,831,839,845,846,848,853,
855,860,867,925,959,1400
强制拆除房屋 495,754
强制拆除机关 495
强制拆除行为 858,859
强制拆除行为违法 784
强制拆除责任主体 819
强制拆迁 760,810,825,837
强制隔离戒毒 641
强制执行 184,719,720,935
强制执行措施 400,722
强制治疗 693
侵犯财产权 1498,1546
侵犯人身权 1448
侵犯人身自由 1451
侵权赔偿 1129
侵权行为 1476
轻罪重判 1520
清偿能力 1573
清楚而具有说服力 487
清算 698
情势变更 680
请求权转移 1538
请求顺序 1478

请示 534
权利救济 1300
权属争议 157, 815, 941
全案审查 394
全面履行义务 1295
全面审查原则 795
缺席判决 691
确定原则 483
确定债务人和担保人 707
确认考试成绩无效 654
确认劳动关系 1100
确认违法 378, 1391, 1577
确认行使行为无效 369
确认行政行为无效 362

R

扰乱人民法院工作秩序 436
人民法院法定处理职权 1382
人民银行分支机构 296
人事争议 189
认定标准 376
认定工伤 1055
认知程度有限 446
日赔偿金 1451
日照要求 1332

S

"三通一平" 880
"三需要" 1189
善意购买人合法权益 1319
善意取得 1002
伤残鉴定结论 175
商标独占许可权 292

商业贿赂 621
上级委托执法 823
上级行政机关 1249
上缴国库 1409
上路设卡检查 604
上位法 580, 584, 627
上下班途中 1058, 1066, 1067, 1070, 1139
尚未完成工伤认定 1098
少批多用 873
设定罚则 566
社会公共服务 1302
社会公共利益 1305
社会管理秩序 44
社会危害性 537
社会稳定风险评估 786
社会影响 245
涉密证据 513
涉外股权交易 1316
涉外婚姻 1334
申请撤诉 375
申请调取证据 507
申请复议期限 1231
申请获取 1191
申请赔偿决定 1470
申请期限 719, 1232
申请启动层级监督 130
申请强制执行 826, 834, 836, 949
申请时机 815
申请时效 1108, 1109
申请再审 453
申请宅基地 865
申诉 721
申诉审查程序 1555
申诉再审分工 44

身份关系　525	市场登记证　286
审查　362,471	市、县级人民政府　747
审查标准　730	市、县级政府　740
审查范围　1499	事故调查报告批复　66
审查期限　414,415,731	事故调查结论　174
审查要点　692,693	事实劳动关系　1090
审查要素　1333	事实认定　467,1467
审查义务　608	事实行为　78,81
审查执行　727	事业单位改制　192
审核认定　474	视同工伤　1073,1075,1079
审理　213	视为放弃复议申请　1240
审理范围　461	适当形式　13
审理期限　445	适当性审查　553
审理思路　1365	适当性原则　697
审理依据　566	适格　311
审判监督　453	适格被告　180,229,278,281,283,
审判经验　10	742,745,746,859,1163,1310,
生产留地补偿款　164	1372,1375
生效裁判　338	适格主体　1423
生效裁判文书　439	适用法律错误　650,651,1256
生效时间　570	适用条件　417
胜诉权　349	释明义务　447
省级监狱管理局　1491	收费行为可诉性　984
实际签收　1580	收回国有土地使用权　160
实际影响　111	收回决定　772
实施行为　193	收回土地使用权　889
实施性规定　601	收回宅基地决定　864
实体　586	收缴非法物品　70
实体从旧、程序从新　570	收缴违禁品　70
实体从新、程序从旧　214	收取佣金　621
实体权利　460	首次开庭　30
实体性裁判　679	受案范围　53,56,58,67,69,71,73,
实质诉求　136	75,77,78,82,83,84,85,95,97,
实质性化解　6	101,105,107,110,116,127,130,
实质性适格　279	132,136,137,142,143,145,150,

153, 154, 156, 160, 164, 165, 170, 173, 174, 178, 179, 180, 181, 182, 183, 186, 187, 188, 189, 195, 197, 266, 292, 717, 767, 770, 1209, 1250
受害公民　1541
受教育权　147
受理　77, 213
受理范围　103
受理条件　1555
受理条件与程序　836
受审范围　158
受生效裁判羁束　453
受托法院　1464
受委托组　308
授权　316
授权范围内的治安案件　638
授益性行政行为　662
授予学位　150
水库取水　618
水土流失补偿费　574
税款代征、代缴人　1310
税收保全措施　1312
税务行政处罚　1313
顺序　37
说明理由义务　1255
司法裁量权　506
司法建议　572, 1409
司法救济　664
司法救助　1339, 1340, 1592, 1593
司法赔偿　1438
司法强制执行行为　186
司法确认　397
司法审查　157, 649, 682
司法行为　1202
司法自限原则　690

私力救济　679
私自买卖外汇　620
死亡宣告之日　1106
四至范围　1015
送达　221
诉的利益　1221
诉前调解　396, 398
诉前分流　395
诉权　245, 349, 711
诉讼标的　378
诉讼程序　375, 1472
诉讼代理人　35, 223, 391
诉讼费用　409, 410, 1309
诉讼利益　263
诉讼模式　393
诉讼请求　376, 378, 446, 464
诉讼请求不明确　224, 345, 449
诉讼上的自认　522
诉讼外的自认　524
诉讼系属　449
诉讼主体资格　286
溯及力　1196
损害国家利益、公共利益　422
损害结果　1401, 1476
损害赔偿　1448, 1546, 1570
损害善意第三人合法权益　423
损害事实　495
损失　1544
损失充分救济　1397
损失范围　246, 1561
所属行政管理部门、下级政府　106

T

台湾地区居民　391

特别法优于一般法　590
特定工程房屋拆迁补偿安置文件　770
特定工伤认定　1033
特殊缴费行业　1121
特殊情形　501
特许经营协议　1276
提起诉讼　348,357
体系解释　602
调解结案　781
调解协议　397
调解组织　396
听证　728,793
听证笔录　512
听证结束　512
庭前准备　413
停产停业　1544
停产停业损失　918,1393,1545
停产停业损失补偿　918
停航通知　57
通报批评　64
通知行为　78
同时起诉　219
同一损害　1394
同一行政主体　345
同一争议　379
投诉　261,263,348
投诉处理结果　259
投诉举报　1257
投诉举报人　262
投诉者　259
突发疾病死亡　1078,1122
土地案件　873
土地被征收人　936
土地承包合同　418,533,1021

土地承包经营权　774,955,1025
土地承包经营权证　418,775,1024
土地承包经营行政登记　645
土地储备机构　769
土地登记　273
土地及其附属物　853
土地权利归属　886
土地权利证书　782
土地权属登记　1012,1013
土地权属登记证据　978
土地权属纠纷　572,643,1009,1011
土地权属争议　52,156,782,1205
土地、山林、水利权属纠纷　1007
土地使用权　641,875,1002,1008
土地使用权变更登记　1006
土地使用权价值　814
土地使用权收购　780
土地闲置　875
土地行政管理　880
土地行政批准　879
土地行政确权　204
土地征收　775,799,805,956
土地征收补偿安置义务　896
土地征收实施方案　1216
土地租赁权人　751
团队建设　1048
推定　482
推定工伤　1115
退休人员　865
退休审批　1132
拖欠社会保险基金　1128
拖延履行　707

W

外部法律效力　90
外部行政行为　84
外国人　1479
外国政府贷款项目　707
完整行政程序　669
网络申请　1194
网约车　437，537
危房拆除　878
危房认定　878
违法保全赔偿　1466
违法查封　1432
违法发包　1079
违法建设的养殖场　846
违法建筑　762，851，904，920，921，924，959，965，966，1323，1329
违法建筑拆除　817
违法建筑强拆　850
违法建筑物　916
违法判决　417
违法强制拆除　844，847，851
违法强制强拆　816，1406
违法设定许可、处罚　557
违法刑事拘留　1449
违法行为　540
违法行为的特殊性　330
违法行为发生时　539
违法行政赔偿责任　1437
违法性的继承　420
违法责任人　474
违法占地　946
违法征收土地　872
违反法定程序　471，472，665，700，711
违反治安管理规定　1066，1072
违约金　1562
违章建筑　808
维持判决　714
维持一审财产刑判决　1517
维持原行政行为　1254
未按照约定履行棚户区改造安置协议　800
未办证房屋　920
未经清算的组织　286
未履行　705
未批先用　873
未确权登记的土地　886
未提交的证据　470
未引用具体法律条款　651
未予释明　449
未征收土地　1328
委托　36
委托代理诉讼　309
委托代为调剂人民币　620
委托法院　1464
委托范围　308
委托评估　831
委托行政机关　321
委托执行　1384
文书送达方式　1206
文物　471
无查处职责　341
无偿收回土地　880
无关联证据　480
无国籍人　1479
无权占有　990
无效情形　209
无效行政行为　1277

无正当理由 456
无证驾驶 636,1070
无主财产上缴财政 46
无主体拆迁行为 324
无主物 638
无罪逮捕 1460
物权法定原则 1017
物业服务 550

X

瑕疵痊愈 594,686
下岗、待岗职工 1096
下级行政机关 1249
下位法 584
下位法与上位法抵触 582,583,584
先行处理程序 1390
先行登记 704
先予执行 411,412,449,813
先征后批 872
闲置土地 889
显失公正 639
县级以上人民政府 842
现场指界 1006
限期拆除决定 1321
限期改正违规行为 965
限期公开 1171
限期履行 358,677
限期受理复议申请 1242
限缩解释 574
限制出境 1410
限制竞争 630
限制人身自由 202,309
限制市场公平竞争 598
限制性解释 576

乡、村庄规划区 839
乡(镇)人民政府 95,127,153
乡镇政府 823
相当性原则 1265
相对人权利义务 110
相对人信赖利益 440
相关行政执法人员 519
相应的工作人员 18,20
相应工作人员 36
消除影响 1537
效力认定 1276
协调机制 7
协商改变缴存方式 1130
协议收购集体土地 876
协议无效 1276
协助执行行为 126
协助执行义务 120
携带国家禁止进出境物品 1318
新法施行之日起计 1523
新加盖建筑物合法性 1328
新建房屋用地审批 968
新旧法的适用 214,587
新旧法律规定不一致 586
新旧规定衔接 949
新时代能动司法 1
新事实 512
新证据 421,499,512
信访 136,337
信访答复 132,190,1148
信访答复行为 736
信访答复意见 1219
信访复核意见 1219
信访事项 135,191
信访行为 1209
信赖保护原则 533,603,685

信赖利益　271, 924, 932, 1330
信赖利益保护原则　1259
信息公开　801, 1169, 1192, 1259
信息披露　474
刑满释放　1507
刑事案件无法侦破　1593
刑事犯罪　995
刑事扣押措施不当　1511
刑事赔偿　1433, 1444, 1460, 1481, 1497, 1498, 1528
刑事赔偿请求权　1479
刑事赔偿请求人　1479, 1480
刑事诉讼程序终结　1493
刑事行为　192
刑事侦查行为　56
刑事追缴　1433
行使职权　1456
行政案件　213, 431
行政案件案由　381, 385
行政案件级别管辖　206
行政案件信访　44
行政补偿　165, 533, 653, 680, 685, 893, 924, 1362, 1364, 1381, 1385, 1397, 1421
行政不作为　217, 236, 246, 365, 465, 491, 1161, 1289, 1561
行政裁定　88, 819
行政裁决　643
行政裁决案件　688
行政裁量　1414
行政裁量权　1234
行政承诺　1271
行政程序　350, 595
行政处罚　56, 59, 61, 64, 70, 296, 308, 329, 330, 400, 530, 537, 539, 553, 557, 580, 584, 607, 620, 633, 639, 657, 660, 710, 713, 719, 946, 1234, 1320
行政处罚原则　628
行政处罚主体　619
行政处分　58, 143
行政处理决定　170, 687, 944, 985
行政登记　774
行政调解　95, 399
行政法规　549
行政附带民事诉讼　404
行政复议　53, 103, 108, 218, 262, 313, 337, 357, 468, 469, 470, 933, 1031, 1201, 1203, 1209, 1216, 1219, 1220, 1222, 1225, 1228, 1232, 1233, 1243, 1245, 1252, 1257, 1258, 1259, 1375
行政复议程序前置　1016
行政复议范围　771
行政复议机关　1251, 1374
行政复议决定　358, 1215, 1239, 1256, 1377
行政复议决定书　1227
行政复议前置　1217
行政复议申请人　1224
行政复议申请人资格　1228
行政复议申请资格　1208
行政复议受案范围　1202, 1211, 1213, 1214
行政复议受理范围　1202, 1204
行政复议制度　371
行政给付　222, 399, 411
行政公益诉讼　339
行政管理　145
行政惯例　603

行政规范性文件　553
行政规章　556
行政合同　160，178，181，889
行政机关　30，35，38，88，113，119，124，193，319，341，424，441，552，665，720，761，1268，1295，1300，1394，1396，1419
行政机关法定代表人　1154
行政机关法定职权　1296
行政机关法定职责　928，946
行政机关负责人　16，17，18，26，27，28，31，33，36，37
行政机关负责人出庭应诉　13
行政机关所在地　204
行政机关依法改正　46
行政监察机关　58
行政检验、检测、检疫　80
行政奖励　84
行政解释　566
行政解释性文件　570
行政决定　453，717，736，1219
行政可诉性　91
行政赔偿　256，685，760，822，825，828，837，845，846，847，850，893，916，925，929，1222，1286，1312，1321，1330，1362，1364，1371，1375，1381，1385，1387，1390，1398，1403，1405，1408，1413，1414，1416，1423，1429，1430，1445，1478，1544，1545，1554
行政赔偿构成要件　1369
行政赔偿基数　1549
行政赔偿决定　1365
行政赔偿请求　1377，1397，1422
行政赔偿请求时效　1427

行政赔偿诉讼　495，1372，1374，1382，1391
行政赔偿责任　707，1004，1006，1380，1402
行政赔偿之诉　814，815，816，817，848
行政批复　189
行政批复之诉　221
行政强制　256，860
行政强制拆除　255，841
行政强制拆除行政赔偿　819
行政强制措施　57，65，321，518，664，668，694，697，704，710
行政强制之诉　857
行政强制执行　717，821
行政侵权行为　1380
行政权利义务　1270
行政确认　1075
行政审判　6
行政审判理念现代化　5
行政审批　1132
行政诉权　288，289，290，291
行政诉讼　53，83，105，107，127，130，164，182，203，230，241，248，266，270，284，308，318，347，358，379，503，651，764，766，950，1026，1203，1250，1422，1424
行政诉讼被告　313
行政诉讼撤诉　7
行政诉讼程序　395，1027
行政诉讼的受案范围　774
行政诉讼第三人　336
行政诉讼法　15
行政诉讼审理模式　394
行政诉讼受案范围　51，52，119，

126, 160, 183, 190, 191, 192, 198, 858, 1142, 1143, 1201

行政诉讼原告资格　237, 293

行政诉讼证据　489

行政听证　663

行政委托　87, 178, 322, 637, 1310

行政相对人的债权人提起行政诉讼　198

行政协议　95, 363, 649, 1265, 1266, 1267, 1270, 1273, 1276, 1279, 1280, 1286, 1287, 1288, 1295, 1296, 1300, 1302, 1305, 1308

行政协议纠纷　1259

行政协议履行　1309

行政协议无效　1292

行政行为　100, 135, 154, 171, 175, 183, 268, 283, 296, 357, 374, 420, 422, 423, 442, 464, 653, 665, 780, 948, 1254, 1276, 1391, 1437, 1554

行政行为错误　421

行政行为的成熟性　97

行政行为合法　598

行政行为合法性　46, 453

行政行为确认违法　1371

行政行为违法　1390, 1392

行政行为无效　344, 447

行政行为依据　1149

行政许可　59, 80, 82, 108, 179, 271, 350, 365, 441, 550, 591, 594, 686, 690, 1329

行政许可权　434

行政应诉专用章　24

行政优益权　363, 428, 1262, 1364

行政允诺　113, 428

行政争议　397, 511

行政争议实质性化解　1290

行政征收　178, 614

行政征收通告　67

行政征用　711

行政证明　73, 153

行政执法人员　515

行政职权　342

行政指导　93

行政制裁　61

行政主管部门　1290

行政主体资格　321, 742

形式上适格　279

形式瑕疵　687

形式要件　418, 1470

虚假材料　1408

虚假证明文件　609

畜禽养殖行业　926

学术自治　284

学位授予　284, 627

询问流程　459

询问主体　458

Y

烟草专卖许可　576

延长　415

延长审限　445

延期答复　1169

严格准入行业　608

严重影响城市规划　1321

盐务部门　630

验收合格证　153

养殖场　925

要求置换赔偿　817

业主利益　1019

业主委员会备案行为　986
一事一申请　1147
医疗费用　1592
医疗广告　671
医疗事故鉴定　170
依法取缔　59
依法行政　6
依职权行为　181
移送司法机关　1313
遗赠扶养协议　1418
已经生效　441
以罚金名义　1515
异地新建　1560
异议程序　732
易地建设费　614
意向性协商　95
因工伤亡　1133
因工外出期间　1049
因果关系　246, 639, 1561
因果关系推定　1497
因果联系　1476
隐名股东　724
应纳税额　1317
应税收入　1314
应税所得额　1314
用人单位　1035, 1093
用益物权人　784
优势证明标准　484
优先适用　595, 599, 600, 601
邮寄信件　1154
有扶养关系的亲属　1541
有利害关系　754
有利于相对人原则　578, 1305
逾期答复　1194
逾期复议　1231

逾期提供证据　683
舆情　1350
预期可得利益损失　1308
原告　375
原告举证　465
原告起诉　25
原告诉讼请求　971
原告所在地　202, 207
原告主体资格　784
原告资格　229, 230, 236, 238, 241, 248, 252, 254, 255, 263, 266, 268, 270, 271, 273, 274, 292, 294, 295, 300, 304, 310, 314, 747, 752, 809, 989, 990, 992, 1189, 1199
原告资格转移　307
原公司法定代表人　146
原企业法定代表人　293
原生效判决法院　1518
原始资料　962
原土地使用权人　753
原行政行为　1214, 1215
原则条文　650
源头治理　6
约定补偿　904
约定不明确　209
约定仲裁条款　209

Z

再次申请赔偿　1522
再审案件　461
再审程序　344, 462
再审改判无罪　1481, 1484, 1515, 1517, 1518
再审阶段　499

再审申请案件　458
再审审查案件　459
再审行政案件审理范围　1487
在建工程抵押权人　646
责令改正　61
责令停止建设行为　965
责令限期改正决定　187
责令限迁决定　695
责任承担　1392
宅基地　861，892
宅基地房屋翻建　867
宅基地上房屋　864
宅基地实际使用人　907
宅基地使用权　861，892
宅基地征收补偿协议　897
债权人　268，1479
招商引资　84
招商引资投资协议　1269
招商引资协议　15，1270
招投标管理　632
诊断鉴定结论　1083
征地补偿安置方案　163，933
征地补偿、安置方案公告　644
征地补偿安置费　915
征地补偿标准　785
征地补偿职责　935
征地批复行为　1228
征迁补偿协议　800
征收安置补偿方案　69
征收补偿　238，400，746，747，831，910，930
征收补偿标准　828
征收补偿方案　196，786
征收补偿决定　68，747，875，894
征收补偿协议　68，281，747，754，894，898，900，901，902，908
征收部门　918
征收拆迁　39，801
征收拆迁主体资格　857
征收范围　855
征收方案　793
征收房屋　786
征收管理部门　747，908
征收决定　753
征收决定合法性　792
征收决定违法　875
征收实施单位　854
征收水资源费　542，618
征收土地补偿款　934
征收土地决定　934，950
征收行为　918
正当程序　440，660，702，975，1280
正当理由　446
正当履职　1505
正当事由　1112
正在通过人行横道　329
证据　463，471，1013
证据保存　478
证据保全　1554
证据不足　552
证据采纳　794
证据查封　478
证据出示顺序　513
证据初步证明　416
证据排除规则　480
证据"三性"　508
证据收集　471
证据提交　467
证据效力　468，469，484
证明标准　483，487

证明材料 182
证明对象 463
证明效力 470,472,475,516,518,520,522,524
证明责任 495
证券短线交易 1333
证券行政处罚 474,475,493
证人 519
政策性关闭 165
政策性原因 1370
政府办公厅(室) 313
政府采购协议 1273
政府法律顾问 22
政府法制办公室 241
政府规章 812
政府会议纪要 111
政府强拆行为 842
政府特许经营协议 1302
政府信息 1196,1213,1221,1269
政府信息不存在 1167,1197
政府信息公开 314,1142,1143,1145,1147,1148,1149,1151,1154,1157,1159,1160,1161,1163,1165,1166,1168,1171,1173,1188,1189,1191,1194,1197,1199
政府信息公开申请权及诉权 1146
政府招商引资 1271
政府职能部门 227,342
政务微博 1213
支付迟延利息 1400
知道或者应当知道 1580
知道具体行政行为内容 355
知情权 1145
执法主体资格 739
执行程序 1472

执行程序终结 1555,1578
执行措施 120
执行错误 1575
执行和解范围 723
执行能力 1578
执行行为 1577
执行政策 11
执行终结 1573
直接继承 1013
直接判决 695
直接授权 637
直接损失 1398,1405,1432,1539,1557,1562,1564,1565
职工大会 295
职工档案涂改 1132
职工受指派外出 1053
职工突发疾病 1079
职工住房公积金 1130
职权变更 319
职权主义 393
职务违法行为 1401,1499,1501
职业病 1042,1083
职责范围 375
指定重审 1512
指令继续审理 457
质证 480,509
质证方式 513
质证顺序 508
治安不作为 679
治安管理处罚决定 254
滞纳金 736
中国人民银行 189
中止审理 534,1012
中止诉讼 404,994,995,1220
终审判决生效 374

终止调解　398
仲裁　1279
重大明显违法　871
重大且明显违法情形　1277
重大添附　752
主动公开　1191
主动公开政府信息义务　1158
主体资格　87, 241, 262, 293, 296, 301, 312, 315, 316, 320, 324, 769, 1257
主要证据不足　713
属地管辖原则　1209
住改非　930
住改商房屋性质　945
注销企业登记　294, 698
注销行为　751
注销行政许可　442
专门技术鉴定结论　175
专业意见　474
专属职权　595
转包　1079
转无权机关处理　670
转移登记　1002

追加被告　323
追溯期限　640
准行政行为　65, 73, 77, 78, 173
准予撤诉　408, 1493
酌情裁量　524
酌情调高　816
资格转移　1480
自残　1083
自认　525
自设义务　673
自身合法权益　259
自由裁量权　400
自由裁量行为　660
综合整治　926
综合整治指挥部　312
走私罪　1320
组织实施行为　118, 194
最低日照标准　1329
最小侵害原则　1414
最严重不利影响　245
罪犯　1508
作出行政行为的机关　344